Studientexte Funkkolleg Religion

Studientexte Funkkolleg
Religion

Herausgegeben von
Peter Fiedler, Heinrich Fries, Wilfried Härle,
Reinhart Hummel, Josef Müller, Karl Ernst Nipkow,
Arno Schilson, Peter Schmoock, Johannes Wallmann

Beltz Verlag · Weinheim und Basel
Gütersloher Verlagshaus Gerd Mohn · Gütersloh
Patmos Verlag · Düsseldorf

Gesamtredaktion der neubearbeiteten Buchausgabe auf der Grundlage der Studienbegleitbriefe des Deutschen Instituts für Fernstudien an der Universität Tübingen zum Funkkolleg „Religion“: Dr. Peter Schmoock

Das Funkkolleg „Religion“ war eine Veranstaltung im Medienverbund, die im Jahre 1983/1984
- vom Süddeutschen Rundfunk (Federführung), von Radio Bremen, dem Hessischen Rundfunk, Saarländischen Rundfunk, dem Südwestfunk sowie dem Westdeutschen Rundfunk,
- dem Deutschen Institut für Fernstudien an der Universität Tübingen,
- den Volkshochschul-Landesverbänden Baden-Württemberg, Bremen, Hessen, Rheinland-Pfalz, Saarland und Nordrhein-Westfalen,
- den Kultus- bzw. Wissenschaftsverwaltungen der genannten Länder,
- den Wissenschaftlichen Hochschulen der beteiligten Länder

entwickelt und durchgeführt wurde.

Konzeptentwicklung:
Prof. Dr. Günter Biemer / Prof. Dr. Karl Ernst Nipkow

Das Wissenschaftliche Team:
Prof. Dr. Josef Müller / Prof. Dr. Karl Ernst Nipkow (Vorsitz)
Prof. Dr. Peter Fiedler, Prof. Dr. Heinrich Fries, Prof. Dr. Wilfried Härle,
Dr. theol. habil. Reinhart Hummel, Prof. Dr. Arno Schilson, Prof. Dr. Johannes Wallmann
Dr. phil., Dr. theol. habil. Bernhard Uhde (Assistenz)

Redaktion des Süddeutschen Rundfunks:
Reinfried Hörl (verantwortlich)

Redaktion des Deutschen Instituts für Fernstudien an der Universität Tübingen:
Dr. Peter Schmoock (verantwortlich)

CIP-Kurztitelaufnahme der Deutschen Bibliothek
Studientexte Funkkolleg Religion / hrsg. von Peter Fiedler ... – Neubearb. Buchausg. – Weinheim ; Basel : Beltz ; Gütersloh : Gütersloher Verlagshaus Mohn ; Düsseldorf : Patmos-Verlag, 1985.
ISBN 3-407-54163-5 (Beltz)
ISBN 3-579-01782-9 (Gütersloher Verlagshaus Mohn)
ISBN 3-491-78234-1 (Patmos-Verl.)
NE: Fiedler, Peter [Hrsg.]

Gesamtherstellung: Beltz, Offsetdruck, 6944 Hemsbach über Weinheim
Umschlaggestaltung: Atelier Warminski, 6470 Büdingen 8
Printed in Germany

ISBN Beltz Verlag: 3-407-54163-5
ISBN Gütersloher Verlagshaus Gerd Mohn: 3-579-01782-9
ISBN Patmos Verlag: 3-491-78234-1

Inhaltsverzeichnis

II. Weltreligionen in ihrer Bedeutung für unseren Lebensbereich

6. Juden und Judentum

ERNST LUDWIG EHRLICH

7. Juden und Christen

ROLF RENDTORFF

Exkurs I: Texte zur Geschichte des Verhältnisses von Judentum und Christentum

DIE HERAUSGEBER

8. Islam – Religion, Kultur, Politik

PETER ANTES

Exkurs II: Zum historischen Verhältnis von Islam und Christentum

SIEGFRIED RAEDER

9. Muslime in unserer Gesellschaft – eine Herausforderung

Michael Mildenberger

10. Licht aus Asien? Hinduismus und Buddhismus im Westen

Reinhart Hummel

III. Christentum

11. Anspruch und Leben Jesu von Nazaret

Ulrich Luz

12. Auferstehungsbotschaft und Christusbekenntnis

Peter Fiedler

13. Werden und Selbstverständnis der christlichen Kirche

Harald Wagner

14. Konstantinische Wende, Kirche und Staat

KARL SUSO FRANK / WOLF-DIETER HAUSCHILD

15. Christentum in getrennten Konfessionen

REINHARD FRIELING

16. Offenbarung

EILERT HERMS

17. Bekenntnis zum Schöpfer

WINFRIED THIEL

18. Rechtfertigung

WILFRIED HÄRLE

19. Christliche Hoffnung — Herbert Vorgrimler

20. Gemeinde – Basis des Christentums — Josef Müller

21. Gottesdienst und Sakrament — Werner Jetter

22. Religion und Erziehung — Karl Ernst Nipkow

23. Christliche Ethik — Johannes Gründel

24. Kirche und Gesellschaft — Trutz Rendtorff

IV. Zukunft der Religion – Zukunft der Menschheit

25. Volkskirche und neue Religiosität — Karl Ernst Nipkow

26. Formen christlicher Spiritualität heute — Waltraud Herbstrith / Elisabeth Moltmann-Wendel

27. Die ökumenische Aufgabe der Christen
Geiko Müller-Fahrenholz

28. Mission als Dialog? Die Koexistenz der Weltreligionen
Horst Bürkle

29. Christentum und Marxismus – ein Beispiel ideologischer Auseinandersetzung
Ferdinand Reisinger

30. Die Zukunft der Menschheit und die Antworten der Religionen
Hans Waldenfels

Vorwort

Das vorliegende Werk entfaltet auf wissenschaftlicher Grundlage die zentralen Themen der Religion in ihrer historischen Entwicklung und in ihrer Bedeutung für unsere Zeit. Es klärt den Zusammenhang von Religion und Leben, bedenkt die Frage nach Gott, erhellt die Grundmerkmale der Religiosität und vermittelt Erkenntnisse über ihren Wandel in der gegenwärtigen Gesellschaft.

Angesichts unserer kulturellen Entwicklung und der Rolle der christlichen Tradition soll im Rahmen eines solchen Buches zuverlässiger Aufschluß über das Christentum gegeben werden. In einer zusammenrückenden Welt gewinnen aber auch die anderen großen lebenden Religionen für uns immer mehr an Bedeutung. Alle Religionen werden heute gemeinsam von den drängenden Problemen der Gegenwart und von der ungewissen Zukunft der Menschheit herausgefordert. Daher bilden die Antworten der Religionen und die Frage des Dialogs zwischen den Konfessionen und den Religionen einen besonderen Schwerpunkt.

Das Werk orientiert sich in seiner Konzeption an einem „offenen, konfessionell kooperativen Modell“ und behandelt folgende vier großen Themenblöcke:

I. Grundelemente der Religiosität
II. Weltreligionen in ihrer Bedeutung für unseren Lebensbereich
III. Christentum
IV. Zukunft der Religion – Zukunft der Menschheit

Dieser Band verfolgt die Absicht, einen Querschnitt der in unserer Gesellschaft tatsächlich praktizierten oder zum Problem gewordenen Religiosität in einer wissenschaftlich verantwortlichen Weise zu vermitteln. Er bietet damit für eine große Zahl von persönlich und beruflich Interessierten die Möglichkeit, sich in differenzierter, vertiefender Weise mit den Grundfragen von Religion und Glauben vertraut zu machen. Das Buch will Impulse für den weiten Bereich kirchlicher Arbeit und die Lehrtätigkeit an Schulen und Hochschulen geben, ohne sich auf den dadurch erreichten Personenkreis zu beschränken. Vielmehr sollen diese Grenzen bewußt überschritten und eine breitere Leserschaft angesprochen werden.

Das Werk wendet sich daher an alle, die interessiert sind, über Religion nachzudenken und über Religion informiert zu werden. Bestimmte Kenntnisse werden dabei nicht vorausgesetzt. Das Buch ist gerade so angelegt, daß es von unterschiedlichen Stufen eines Erfahrungs- und Wissensstandes aus begriffen und verarbeitet werden kann. Vom Leser wird in erster Linie erwartet, daß er ein starkes Interesse mitbringt und für religiöse Fragen offen ist, auch wenn er seine Kenntnisse in diesem Bereich als nur gering oder bruchstückhaft einschätzt. Für Studenten und Lehrer, die an einer Ausweitung und Vertiefung ihrer Arbeit interessiert sind, dürfte dieses Buch von besonderem Nutzen sein. Der Leser soll angeregt werden, nicht nur sein Wissen zu vermehren und seine Erfahrungen beurteilen zu lernen, sondern darüber hinaus religiöse Fragestellungen in größerem Zusammenhang zu reflektieren.

In diesem Werk tritt – seiner Thematik und seiner Konzeption zufolge – eine Vielfalt religiöser Auffassungen und Ansprüche zutage. Diese Pluralität richtet an alle die Herausforderung, sich auf einen offenen Dialog und eine ernsthafte Auseinandersetzung zwischen den Konfessionen und Religionen einzulassen. Insofern ermutigt das Buch zu einem „ökumenischen“ Denken, das nicht an den Grenzen der christlichen Kirchen haltmacht. Die dafür erforderliche Dialogbereitschaft schließt die Möglichkeit klarer Positionen und deutlicher Stellungnahmen nicht aus, sondern setzt sie voraus.

Die Herausgeber

Die Religion im menschlichen Zusammenleben – Zur Einführung in die Thematik des Werkes

Der Stellenwert der Religion im Leben des Einzelnen und der Gesellschaft

Josef Müller

Ein allgemeiner Religionsbegriff

Der Begriff „Religion" stellt im Sinne dessen, was allen Religionen gemeinsam ist, einen Sammelbegriff dar für die mannigfachen Weisen, wie sich Menschen mit dem „Göttlichen" bzw. dem „letzten Grund ihres Daseins" verbunden fühlen.
Durch die Informationsmöglichkeiten über die Massenmedien und die weltweite Kommunikation zwischen den zusammenrückenden Welten sind für den Christen auch die nichtchristlichen Religionen ins Blickfeld getreten. Fremde Religionen üben besonders auf junge Menschen – aber nicht nur auf sie – eine starke Faszination aus. Der Lebensformen unserer westlichen Zivilisation überdrüssig, suchen sie nicht selten ihre Zuflucht und ihr Glück in den östlichen Religionen.

Für eine „vorwissenschaftliche" Umschreibung der Religion eignen sich unter anderem Definitionen, die sich in den bekannten Lexika finden. Danach bezeichnet man mit Religion „das Ergriffenwerden von der Wirklichkeit des Heiligen, das überwiegend in Glaubensgemeinschaften, in geschichtlichen Religionen seine Ausdrucksform findet" (Neuer Brockhaus 1968).

Der Evangelische Erwachsenenkatechismus von 1975 fügt dieser Beschreibung noch hinzu: „Eine Religion hat gemeinschaftliche und mehrere Generationen überdauernde Ausdrucksformen: Gebräuche, Riten, Feste, Lieder, Bilder und Kunstwerke, Gebäude, Mythen, Legenden, Lehren, Ämter. Darin wird sie mitgeteilt, erlebt und überliefert. Das in diesen Formen Ausgedrückte oder Erscheinende ist zugleich mehr als die Formen selbst, die es vergegenwärtigen oder darauf hinweisen. Auch wird die in der Religion erfaßte Sinndeutung der Welt nicht als das Werk menschlichen Nachdenkens aufgefaßt, sondern als Selbsterschließung der Wahrheit, als maßgebende Offenbarung einer Übermacht, die allem Menschlichen unendlich überlegen ist und die deshalb auch ‚das Heilige' genannt wird" (1. Aufl., Gütersloh, S. 93).

Der vorliegende Studienband, der Grundkenntnisse über die großen Religionen vermitteln will, denen wir in unserem westlichen Kulturkreis begegnen, stellt einzelne große Religionen aus ihrem jeweiligen Selbstverständnis dar. Dabei kommen die religiösen Impulse und Aufbrüche zur Sprache, die von den verschiedenen Religionen ausgehen und den glaubenden Menschen in wichtigen Fragen bereichern können. Bevor in den einzelnen Studieneinheiten neben dem Christentum (STE 11–24) die Weltreligionen in ihrer Bedeutung für unseren Lebensbereich (STE 6–10) behandelt werden, sollen zunächst Grundelemente der Religionen und der Religiosität besprochen werden (STE 1–5).

Daten empirischer Erhebungen

Für eine intensivere Beschäftigung mit den vielfachen Erscheinungsformen von Religion und Religiosität ist zunächst aufschlußreich, was sich die Menschen unter Religion vorstellen.
Nach den neuesten Erhebungsdaten der Meinungsforschung bezeichnen sich noch etwa 50% der Bevölkerung in der Bundesrepublik als religiös interessiert[1] (vgl. STE 1 und 25). Sosehr davon ausgegangen werden muß, daß soziographische Untersuchungen die religiösen Motivationen und Bedürfnisse nur begrenzt erfassen (über innere Einstellungen kann aus Befragungen nur unzulänglich oder überhaupt nichts erschlossen werden), zeigt sich doch, daß Religion nach wie vor ein Gesprächsthema ist – wenn auch nicht unbedingt ein zentrales.
Am häufigsten wird über die Themen Beruf und Arbeit, Freizeit, Reisen, Hobbys gesprochen (etwa die Hälfte der Befragten führen „oft" Gespräche darüber); das an dritter Stelle genannte wichtigste Gesprächsthema bildet die Gesundheit (40% „oft"); danach folgen Gespräche über Familie, Schule, Politik, Sport. Nur 15% nennen Religion und Glauben als „häufiges" Gesprächsthema. Daraus ergibt sich, daß die ausdrückliche und häufige Beschäftigung mit religiösen Fragen augenblicklich an den Rand gerückt ist. Allerdings verschiebt sich dieser Eindruck etwas, wenn man bedenkt, daß nach den neuesten Untersuchungsergebnissen 38% der Gesamtheit der Befragten angeben, „gelegentlich" über religiöse Fragen zu sprechen. Selbst bei Personen, die der Kirche fernstehen, liegt der Anteil bei 29%, bei den Nichtreligiösen bei 22%. Bei Jugendlichen (14–19 Jahre) bilden Glauben und Religion für 11% „oft", für 28% „gelegentlich" den Gegenstand ihrer Gespräche. Daraus läßt sich folgern, daß es in unserer Gesellschaft keine scharfe Trennungslinie gibt zwischen religiös eingestellten und nichtreligiösen Menschen, Ungläubigen und Gläubigen, zwischen Christen und Andersdenkenden. Für einen nicht unbeträchtlichen Teil der Bevölkerung werden Wert- und Normvorstellungen nach wie vor vom christlichen Gedankengut geprägt. Dennoch sind nicht nur das religiöse Wissen, sondern auch religiöse Gewohnheiten, die für das Leben von Bedeutung waren, im Schwinden begriffen.

Eine „funktionale" Sicht der Religion

Für viele Menschen übt die Religion eine schützende Funktion aus. Das, woran ihr Herz hängt: individuelles Glück, Beheimatung, Geborgenheit, ein glückliches Familienleben, wird mit Gott und seinem „bergenden" Wirken in Verbindung gebracht. Ohne Religion, sagen diese Menschen, lassen sich schwierige Situationen im Leben nicht bewältigen. Der amerikanische Religionssoziologe Peter L. Berger hat dafür, angeregt von der Bilderwelt des Alten Testaments, das Bild von der Religion bzw. der Gottheit als schützendem „heiligen Schild" geprägt, der vom Leben Bedrohungen und Ängste abwehren hilft.
Sosehr die schon erwähnten Einschränkungen ernst zu nehmen sind, unter denen religionssoziologische Untersuchungen ausgewertet werden müssen, weil den Befragten die Hintergründe einer Fragestellung oft zu wenig deutlich werden, ist doch auffallend, wie sehr demoskopische und religionssoziologische Erhebungen in dem einen Ergebnis übereinstimmen, daß für die Menschen angesichts der vielfachen Störungen und Zerstörungen des Lebens die Religion in Beziehung gebracht wird zu einer „heilen" Welt. Die Gottesfrage „als Frage des Menschen" (STE 3) ist aus der alltäglichen Erfahrung der Abhängigkeit und des Ausgeliefertseins häufig mit der Erwartung verknüpft, daß höhere Macht (Mächte) das eigene Leben bewahrt und seinen Schutz garantiert. Die Zahl derer, für die die Religion im Alltag den „Gebrauchswert" einer „Versicherung" hat, ist nach wie vor groß (vgl. die eingangs genannten Zahlen). Man spricht von der „Funktion", welche die Religion im Leben der Menschen übernommen hat. (Religion wird „funktional" zu einem menschlichen Grundbedürfnis gesehen – vgl. dazu Themenblock I.) In

---

1 Vgl. die Ergebnisse der von ARD und ZDF gemeinsam mit der evangelischen und katholischen Kirche 1981/82 durchgeführten Repräsentativstudie „Kirche und Glauben".

diesem Zusammenhang werden vor allem die Riten und heiligen Symbole, in denen die Berührung mit der Welt Gottes gesucht wird, hoch geschätzt. Die Kirchen und die religiösen Gemeinschaften gelten als Orte, an denen das unentbehrliche Wissen über Gott und seine „Welt" gegenwärtig gehalten wird.
In den alltäglichen Lebensvorgängen tritt dem Menschen in der Wahrnehmung von Grenzen und in der Auseinandersetzung mit der Erfahrung der Endlichkeit die Notwendigkeit einer Sinnvergewisserung vor Augen. Viele Menschen erwarten von der Religion Hilfe und Trost in den Krisensituationen des Lebens. Die Religion soll das Bedrohende und Gefährdende abwenden. Etwa die Hälfte der in den großen Umfragen der jüngsten Zeit über ihre Einstellung zur Religion Befragten geben an: „Religion ist Trost in den Nöten des Lebens." „Ohne sie verliert man die Hoffnung." Zu den Grundsehnsüchten des Menschen gehört die Hoffnung auf die größere und umgreifende Wirklichkeit des Göttlichen, das die Grenzen der irdischen Welt, auch die Grenzen des Todes überschreitet.
Daß die religiöse Dimension des Lebens von Bedeutung ist, zeigt sich besonders an den sog. „Lebenswenden", die als Übergangssituationen in ihrer vielschichtigen Deutungsbedürftigkeit erfahren werden (STE 1, 21, 25). Hier stellt sich die Frage: Was kommt danach? mit besonderer Dringlichkeit. Während viele Menschen die Gedanken an die Befristetheit und Endgültigkeit des Lebens im Alltag nicht wahrhaben wollen und zu verdrängen suchen, rücken solche Überlegungen im Spüren der eigenen Endlichkeit klarer ins Bewußtsein. Je deutlicher die Grenzen des vom Menschen Erreichbaren und Machbaren erlebt werden, desto größer wird das Verlangen nach einem tragenden Lebenssinn. Auf die Sehnsucht nach einem „ganzen", „heilen" und „unzerstörbaren" Leben und Glück geben die einzelnen Religionen auf je ihre Weise Antwort: in einer bestimmten geschichtlichen Situation, in einem festgeprägten kulturellen Umfeld, auf dem Hintergrund bestimmender Traditionen (vgl. STE 3, 4, 19).
Religion stellt „Deutungsmuster" zur Verfügung, mit deren Hilfe die existentiellen Fragen nach dem Sinn des individuellen Lebens, die rein rational oft nicht beantwortet werden können, einer Lösung zugeführt werden. Der Mensch braucht das Ewige, das Macht besitzt über die Vergänglichkeit dieser Welt hinaus. Damit findet der einzelne in den Äußerungsweisen der Religion jenen Rückhalt, den er angesichts der mannigfachen Bedrohung und Zerstörung von Leben und Lebensgütern braucht.
In den einzelnen Studieneinheiten des vorliegenden Werkes kommt dem Problem zentrale Bedeutung zu: Welche verläßlichen Antworten auf die Sinnfrage, auf die Frage nach der Bewältigung des Leids bieten die großen Religionen, denen wir in unserem Kulturkreis begegnen?

Die gesellschaftliche Bedeutung der Religion

In einem Zeitalter, in dem tradierte Werte und Ideale nicht mehr allgemein verbindlich sind – am allerwenigsten für die jungen Menschen –, kommt auf die Religion(en) vermehrt die Aufgabe zu, eine positive Grundeinstellung zum Leben zu verstärken. Wenn viele Menschen fragen: Wozu soll ich Werte verwirklichen?, wird die Bedeutung der Religion als „Stabilisierungsfaktor" deutlich. Dabei trifft allerdings für einen Großteil der Menschen zu, daß ihre Zustimmung zu Werten nicht bloß eine Angelegenheit ihrer persönlichen Entscheidung ist, sondern von der jeweiligen kulturellen und gesellschaftlichen Situation mitbestimmt wird, in der der Einzelne lebt.
Für viele Menschen in unserer Gesellschaft wird die Religion in zunehmendem Maß zu einem „Unruhe" stiftenden Faktor: Sie sehen sich durch die Religion ausdrücklich zum Ergreifen eines alternativen Lebensstils ermutigt – das Anliegen vieler junger Menschen, die eine neue Lebenseinstellung suchen.
Es besteht andererseits ein enger Zusammenhang zwischen der moralischen Einstellung (Normvorstellungen) von Einzelnen, Gruppen und ganzen Gesellschaften und ihrer Lebenshaltung (u.a. der Leistungsgesinnung). Gläubige Menschen haben im allgemeinen eine positive Einstellung zu wirtschafts- und arbeitsethischen Prinzipien. Epochen in der Geschichte zeigen, wie sehr sich religiöse Grundeinstellungen auf die „Wirtschaftsmoral" auswirken können. Ein Beispiel dafür ist der durch CALVINS Erwählungsgedanken angespornte Handelsaufschwung, der von Genf aus durch Angelsachsen und Holländer weite Teile der Welt erfaßte.
Im Gesamtgefüge des gesellschaftlichen Lebens wird die Religion darüber hinaus häufig in der Funktion einer Ordnungsmacht und als Legitimierungsfaktor gesellschaftlichen Handelns eingestuft und gewertet.
Wie sehr alle Einzelheiten des „weltlichen Lebens" direkt von religiösen Vorschriften bestimmt werden, zeigt die Wechselbeziehung, besser „Koppelung", von Religion und Politik, wie sie in der islamischen Welt durch die Gründung eines „theokratischen Staatswesens" im Iran durch KHOMEINI realisiert wurde.
Ein ganz anderes Beispiel für das Verhältnis zwischen Religion und Staat stellt im Rahmen der Zusicherung und des Schutzes der fundamentalen Menschenrechte die Garantie der freien Religionsausübung dar, wie sie z.B. in Artikel 4 des Grundgesetzes der Bundesrepublik Deutschland gewährleistet wird. Die christlichen Kirchen vertreten nachdrücklich „das Recht auf Religionsfreiheit", das nach der Erklärung des II. Vatikanischen Konzils in der „Würde der menschlichen Person" gründet.[2]
Für die Wechselbeziehung von Religion und Gesellschaft bietet die *Religionssoziologie* unter anderem zwei einander fast gegensätzlich gegenüberstehende Erklärungsversuche an. Nach dem einen wird die Notwendigkeit der Religion in der Gesellschaft selbst gesehen. Deren Bestand fordert geradezu das Vorhandensein der Religion. Sie schärft jene allgemein verbindlichen Werte und Normen ein, die das Zusammenleben der Menschen ermöglichen. So kommt der Religion vorwiegend die Aufgabe zu, Regeln und Verhaltensweisen für das soziale Handeln zu formulieren, zu überliefern und zu interpretieren. Hier wird die Religion gewissermaßen als eine „Funktion" der Gesellschaft gesehen. Man versucht, ihren Ursprung und ihr Wesen rational aus der historischen und wirtschaftlichen Lage der Gesellschaft zu erklären. Der zweite Erklärungsversuch geht von der „Außerweltlichkeit" religiöser Erscheinungsformen und Erfahrungen aus und betont, Religion sei nicht auf innerweltliche Gegebenheiten reduzierbar.
Die *Religionsgeschichte* stellt fest, daß es Menschen nie ohne eine bestimmte Form der Religion gab. Der Mensch ist demnach in einer Weise immer „religiös". Man kann beobachten, daß die Religion auch in unserer säkularisierten Welt weiterlebt. Gerade wenn sie unterdrückt und ihre Ausübung verboten wird, findet sie zu neuer Kraft und bildet neue Formen heraus. Je mehr in der „Zeitmelodie", die sich im Erscheinungsbild der Gesamtgesellschaft niederschlägt, zeittypische Ängste, Resignation und Ratlosigkeit mitschwingen, um so größer wird das Bedürfnis nach verläßlichen „Autoritäten". Im derzeit vielerorts feststellbaren emotionalen Vakuum kann die explosive Zunahme der Jugendsekten und Jugendreligionen, die Bereitschaft zur Gefolgschaft gegenüber „messianischen Führern" (vgl. bes. STE 25) Ausdruck des Verlangens nach unmittelbarer, authentischer, erlebbarer Erfahrung der bergenden Welt des Religiösen sein.
Aus dem Versuch einer vorläufigen Bestandsaufnahme des Stellenwerts der Religion im Leben des Einzelnen, bestimmter Gruppen und der Gesellschaft ergibt sich ein buntes Kaleidoskop mit vielschichtigen Facetten. Andererseits sind heute viele motiviert, sich gründlicher mit den Fragen nach dem Wahrheitsanspruch der Religion(en) (STE 5) und ihren Antworten auf die bleibenden Menschheitsfragen auseinanderzusetzen (STE 30).

2 Vgl. bes. Nr. 2 der „Erklärung über die Religionsfreiheit" des II. Vatikanischen Konzils.

Aus der Sicht der Theologie als Wissenschaft stellt sich die Frage nach Gott, nach dem Heil des Menschen und seiner Zukunft. Insofern fordert die theologische Reflexion zur Überprüfung des religiösen Denkens und Verhaltens heraus. Für den einen bietet damit das vorliegende Werk die Möglichkeit, größere Klarheit darüber zu gewinnen, was er selbst glaubt, und wie er seine Religiosität lebt. Dabei kann sich auch die Frage stellen, was unverzichtbar zur christlichen Religion gehört und was daran zeitbedingt ist. Für den anderen ermöglicht das Studienbuch die Auseinandersetzung mit der Religion überhaupt und den großen Religionen, die im Rahmen der Studieneinheiten in den Blick kommen.

Religion – Kirche – Theologie

Karl Ernst Nipkow

Unter der Perspektive des „Stellenwertes der Religion im Leben des Einzelnen und der Gesellschaft" (vgl. den Essay von Josef MÜLLER) wird deutlich, daß Religion ähnlich wie Recht, Wissenschaft, Kunst in das Gesamtleben verflochten und einem unterschiedlichen „Gebrauch" unterworfen ist. Spricht man demgegenüber von Religion im Zusammenhang mit Kirche und Theologie, tritt in gewissem Sinne eine gegenläufige Bewegung in den Blick. Die christliche Religion – um sie geht es nach wie vor in erster Linie in unserem geschichtlich gewordenen Kontext – muß sich zwar in Gebrauch nehmen lassen, weil sie den Menschen dienen will. Sie will aber auch ihrer Sache treu bleiben. Sie will nicht nur lebensgerecht und zeitgemäß, sondern auch sachgemäß sein. Darum muß von Kirche und Theologie gesprochen werden.

I

Die christliche Religion hat eine über Jahrhunderte hin ausgebildete soziale Verfaßtheit; sie ist eine soziale Institution, eben: *Kirche,* und zwar noch dazu in Form verschiedener konfessioneller Ausprägungen. Sie ist ferner ein kontinuierlich sich fortsetzender Vorgang des Nachdenkens über sich selbst, im Gespräch mit ihren biblischen und urchristlichen Ursprüngen und ihren Selbstauslegungen in der Geschichte der Kirche; sie erscheint als wissenschaftliche Reflexion, als *Theologie.* In beiden Weisen will sie von ihrem Auftrag Zeugnis ablegen und der Wahrheit dienen, der sie sich verdankt. Für viele Menschen heute sind diese beiden Erscheinungsformen von Religion jedoch spröde und fremd anmutende Gestalten eines Themas, dem man an sich im großen und ganzen noch Erwartungen und Interesse entgegenbringt.

Woher rührt diese Mischung aus *Zustimmung* und *Ablehnung, Nähe* und *Distanz?* Es wäre von seiten der Vertreter der Kirche und der Theologie zu bequem, die Ursache nur bei den Menschen und der, wie es scheint, in der Tat immer persönlicheren, auf die eigenen Bedürfnisse abgestimmten Verwendung von Religion zu suchen, einem Gebrauch, dem in abgestufter Weise das eine am Christentum begrüßenswert bleibt, das andere noch gerade annehmbar ist und etwas Drittes längst irrelevant. Es könnte auch sein, daß das große und zentrale Thema der Kirche und christlichen Theologie, daß Gott selbst dem Menschen in Wirklichkeit viel näher ist, als es die Sachwalter zu erkennen geben: kirchliche Regelungen, dogmatische Inhalte und theologische Sprache könnten im Wege stehen und beiden hinderlich sein: den Menschen wie der Sache. Daher kommt es darauf an, daß das Reden über Religion inhaltlich elementar und sprachlich verständlich ist. Ein Funkkolleg ist zugleich eine Aufforderung hierzu und eine Chance.

Die Rolle der Theologie in den christlichen Kirchen deutet noch auf einen anderen bemerkenswerten Umstand hin: das Ja zur Wissenschaft, zur *Theologie als Wissenschaft.* Wie ein Vergleich zwischen den Religionen zeigt, ist dies für eine Religion nicht selbstverständlich, zumindest nicht hinsichtlich des Ausmaßes und der in der Neuzeit wachsenden Rückhaltlosigkeit, mit der das Christentum wissenschaftliche Denkweisen auf sich angewendet hat. Könnte man sich nicht hypothetisch vorstellen, daß sich die christliche Religion auf Gebet, Liturgie und christliches Leben konzentriert und beschränkt?

Die christlichen Kirchen haben dies von Anfang an anders gesehen. Das Glaubensleben schließt Erkenntnisse ein. Stets geht es auch um die Entwicklung und selbstkritische Klärung des rechten Glaubensverständnisses. Außerdem kann und darf dies Glaubensverständnis nicht von den anderen Lebensvollzügen des Menschen isoliert werden. Christlicher Glaube zielt nicht auf ein frommes Ghetto oder auf Religiosität nur am Sonntag. Er verbindet sich mit dem ganzen Leben des Einzelnen und will für die Aufgaben in allen gesellschaftlichen Lebensbereichen relevant werden. Damit beides sachgemäß geschieht, die Entwicklung und Tradierung des Glaubensverständnisses sowie das Leben und Handeln aus Glauben in der Welt, ist theologische Besinnung notwendig.

Ein Rückblick auf die Geschichte der Kirche bestätigt, daß Glauben und Denken verbunden worden sind. Schon in seinen ersten Anfängen ragt im Urchristentum die intellektuell überaus anspruchsvolle Denkergestalt des Paulus auf. Er mutet den einzelnen verstreuten Gemeinden in Korinth, Rom und anderswo eine differenzierte gedankliche Rechenschaftsabgabe über den Glauben zu. In den folgenden Jahrhunderten sind immer wieder die im Abendland entwickelten denkerischen Mittel in den Dienst von Kirche und Theologie gestellt worden. Schließlich wurden vor allem seit dem Zeitalter der Aufklärung im 18. Jahrhundert die modernen, heute geltenden wissenschaftlichen Fragestellungen und kritischen Methoden – wenn auch nicht ohne Probleme und zum Teil anhaltenden Widerstand – für die christliche Theologie selbstverständlich. Die Geistesgeschichte Europas und die Geschichte des Christentums haben sich eng verbunden. Dies zeigte sich auch dort, wo man das Christentum bestritt.

Theologie treiben ist damit in mehrfachem Sinne ein großes Wagnis geworden und bis in die Gegenwart geblieben. Von früh an wagte man es, sich dem Geheimnis Gottes mit seinem Verstand zu nähern. Glaube sollte reflektierter Glaube sein. Dies ist besonders heute unerläßlich, in einer Zeit, in der sich die Tradierung des Glaubens nicht mehr wie von selbst, durch fortwirkende selbstverständliche Konvention vollzieht. – Die rationale theologische Begründung, Verteidigung und Auseinandersetzung hat aber auch ihre Kehrseite. Das Interesse an der richtigen theologischen Erkenntnis mußte bei einem „Erkenntnisgegenstand" von dieser Bedeutung zu heftigsten Kontroversen über unterschiedliche Auslegungen führen. Die Folgen waren und sind belastende Kirchenspaltungen, ein in der Gegenwart zunehmender theologischer Pluralismus und eine sich verstärkende Individualisierung des Glaubensverständnisses auch bei den einzelnen Kirchenmitgliedern. – Nicht nur in der Religionswissenschaft, sondern auch in der Theologie hat sich die Annahme durchgesetzt, daß sich jede Religion, auch die christliche, in Erscheinungen verkörpert, die wie andere Phänomene im menschlichen Leben wissenschaftlich untersucht werden können. Hierunter fällt seit längerem auch das Grunddokument der christlichen Religion, die Bibel. Sie wird anhand derselben wissenschaftlichen Maßstäbe geprüft, wie sie auf andere, nichtreligiöse Texte angewendet werden. In manchen kirchlichen Kreisen ist dies nach wie vor umstritten. – In jenen christlichen Kirchen Afrikas, Asiens und Lateinamerikas, in denen man sich des eigenen kulturellen Erbes mit seinen eigentümlichen Denkweisen bewußt wird oder in denen man sich vor besondere gesellschaftliche Herausforderungen gestellt sieht, kommt seit kurzem noch ein Moment hinzu, der Zweifel, ob Theologie, wenn sie schon gebraucht wird, notwendig am kritisch-analytischen Wissenschaftsverständnis Europas und Nordamerikas orientiert sein muß.

Wenn sie ihren risikoreichen Weg verantworten will, muß sich christliche Theologie offensichtlich bemühen, ihre Behauptungen ständig kritisch zu überprüfen – zunächst bereits im wissenschaftlichen Gespräch der Theologen untereinander und mit Vertretern anderer Wissenschaften wie den Geistes-, Natur- und Sozialwissenschaften. Sie wird ferner zu beherzigen haben, daß nicht nur der professionelle Theologe Bescheid weiß, sondern daß die Erfahrung jedes Laien in der Kirche zum Ganzen der Wahrheit beitragen kann. Religion, Kirche und Theologie bilden einen Zusammenhang. Theologen und Laien, Glieder der Kirche, die ein Amt haben und die keins haben, kurz: die Kirche als „das ganze Volk Gottes" ist nach der gemeinsamen Rechenschaftsablage über den Wahrheitsanspruch gefragt, den sie öffentlich zu vertreten wagt.

II

Als Wissenschaft hat die Theologie auch ihre eigene *Systematik* entwickelt. Der Leser dieses Buches soll mit ihr nicht überfallen und unnötig beschwert werden. Sie schimmert in den Studieneinheiten nur durch. Das Werk entfaltet sich in einer Reihe von Themen, die für das Gesamtthema Religion wichtig sind; es ist themen-, nicht disziplinenorientiert angelegt. So sinnvoll es nämlich einerseits ist, sich die wissenschaftlichen Gesichtspunkte wie die Einteilung in Teildisziplinen und die Verwendung bestimmter wissenschaftlicher Fragestellungen und Methoden klarzumachen, die jede Wissenschaft bestimmen, so muß man andererseits diese Einteilungen auch wieder hinter sich lassen und die methodischen Instrumente beiseite legen können; denn sie sind letztlich nur Hilfsmittel. Sie gehen aus dem Zusammenhang des religiös-kirchlichen Lebens als spezifische, notwendige Versuche der Vergewisserung hervor und sollten wieder in diesen Lebenszusammenhang einmünden. Sie haben eine dienende Aufgabe.

Außerdem ist das religiöse und kirchliche Leben durch seine Zerlegung in verschiedene Aspekte und die Zuordnung zu einer wissenschaftlichen theologischen Systematik nur bedingt zu erfassen. Dies gilt auch für das Verhältnis von Kunsttheorie und Kunst, Rechtswissenschaft und Rechtswirklichkeit oder andere Lebensbereiche. Die wesentliche Selbstbegrenzung jedoch erwächst der christlichen Religion aus ihrer eigenen Mitte, erlegt ihr die geheimnisvoll-offenbare Wirklichkeit auf, von der sie als ihrem Thema gemäß ihrem Namen „Theo-logie" spricht. Man muß daher die folgenden Bemerkungen unter diesen Vorbehalten und Grenzen sehen.

Theologie ist erstens wissenschaftliche Beschäftigung mit den Ursprungsdokumenten der christlichen Religion. Die einschlägige Forschung findet in den sog. *exegetischen* bzw. *bibelwissenschaftlichen Disziplinen* des Alten Testaments und Neuen Testaments statt. Exegese meint Auslegung, Interpretation. Daher werden zunächst *philologische, linguistische* und *literaturwissenschaftliche Methoden* angewendet, dieselben, wie sie auch in anderen Wissenschaften üblich sind, die es mit Texten zu tun haben. Die Stein gewordenen Überreste aus der Ursprungszeit (Bauten), topographische Fragen (der Lokalität) und andere verwandte Aufgaben werden in der *Biblischen Archäologie* mit *Ausgrabungsmethoden* angegangen. Es ist in jeder Religion schlicht unerläßlich, immer wieder zu ihren Ursprüngen zurückzukehren, um die geschichtliche Weiterentwicklung aus ihren Anfängen zu verstehen und spätere Ausformungen an ihren Grundlagen zu messen. Hierbei sind für die christliche Religion die Erscheinung Jesu von Nazaret und das auf ihn verweisende Christusbekenntnis von schlechthin ausschlaggebender Bedeutung (vgl. STE 11 und 12).

Wie komplex freilich schon dieser Gegenstand ist, die an sich noch relativ überschaubaren Texte des Alten und Neuen Testaments, und wie verzweigt entsprechend die Zugriffsweisen sein müssen, sei durch folgenden Hinweis angedeutet. Die Bibel enthält Glaubenszeugnisse aus einem Zeitraum, der mehr als tausend Jahre vor Christi Geburt umfaßt (Altes Testament) und mehrere Generationen danach (Neues Testament). Folglich müssen die Exegeten zugleich Historiker sein und sich in *historischen Methoden* auskennen. Diese bilden wiederum ein ganzes Bündel; denn es versteht sich, daß wie bei jeder Religion auch bei der Entwicklung des Christentums soziale, politische, kulturelle und ökonomische Faktoren eine Rolle gespielt haben, ferner der Einfluß anderer Religionen. Daher sind zum Beispiel *soziologische, philosophische* und *religionsgeschichtliche Fragestellungen* zu verfolgen.

Das nächste große klassische Feld der Theologie ist die *Kirchengeschichte* (vgl. bes. STE 14 und 15, teilweise auch STE 13). Hier werden die historischen Methoden beherrschend, wie sie auch aus der profangeschichtlichen Forschung bekannt sind. Der Kirchengeschichtler muß sich genau in den geistes- und sozialgeschichtlichen Fragestellungen auskennen. Der Weg der Kirche ist stets eng mit allen anderen Faktoren des individuellen und gesellschaftlichen Lebens verbunden gewesen. Der Schwerpunkt des Kirchenhistorikers gilt jedoch dem Weg der Kirche selbst inmitten der Prozesse, in die dieser Weg eingebettet ist. Die oben genannten exegetischen Methoden treten zurück, verschwinden aber nicht. Da der Kirchenhistoriker mit Quellentexten zu tun hat, bleiben selbstverständlich auch alle interpretatorischen Methoden elementar wichtig.

Seit altersher gilt den religiösen bzw. kirchlichen Lehren – in Tuchfühlung mit der exegetisch-bibelwissenschaftlichen und kirchengeschichtlichen Arbeit – eine eigene systematische Durchdringung. Sie prägt das Feld der *Systematischen Theologie,* das sich in die Fragen der Grundlegung *(Fundamentaltheologie),* der Erörterung des Glaubensverständnisses *(Dogmatik)* mit der Besinnung auf das christliche Leben *(Ethik)* untergliedert. Mehrere Studieneinheiten behandeln systematische Grundprobleme (vgl. bes. STE 16–19, 23 und 24). Die Dogmatik legt das überkommene Bekenntnis der Kirche aus und interpretiert es neu für die betreffende Zeit. Die christliche Ethik bedenkt die grundsätzlichen Probleme hinsichtlich des Verhältnisses von Kirche und Gesellschaft, Glaube und Handeln und muß sich darüber hinaus, den Ausdifferenzierungen des gesellschaftlichen Lebens folgend, den ethischen Fragen in den einzelnen Lebensbereichen und Lebensbeziehungen zuwenden. Hierbei handelt es sich nicht nur um die klassischen Fragen der Ethik in Staat, Politik, Arbeitswelt, Ehe und Familie, sondern auch um neue Herausforderungen auf Grund problematischer Folgen der zivilisatorischen Entwicklung, zum Beispiel hinsichtlich der Zerstörung unserer natürlichen Umwelt.

Die Systematische Theologie arbeitet in einem Gesamtfeld, das von drei Größen bestimmt ist: von der Bibel als dem Ursprungsdokument des Christentums, der kirchlichen Überlieferung in Bekenntnissen und Dogmen und der gegenwärtigen Situation. Für seine Aufgaben in diesem Spannungsfeld muß der systematische Theologe verschiedene Fragestellungen verfolgen. Auch er fühlt sich Denkformen und wissenschaftlichen Methoden verpflichtet, wie sie in anderen Wissenschaften üblich sind. Seit altersher spielt die *Philosophie* eine besondere Rolle, denn es geht um klare Begriffe und schlüssige Argumentationen. In unserer Zeit sind außerdem Fragerichtungen und Ergebnisse der *Humanwissenschaften* (z.B. Anthropologie, Psychologie, Soziologie) und der *Naturwissenschaften* immer wichtiger geworden. Das breite Spektrum zu berücksichtigender Denkweisen kann nicht im einzelnen entfaltet werden. Es beginnt mit der Respektierung der Gesetze der *Logik* und endet, bei einigen theologischen Richtungen zumindest, mit der *Ideologiekritik,* der rückhaltlosen, selbstkritischen Überprüfung des eigenen Gedankengebäudes unter dem Gesichtspunkt des Ideologieverdachts, der Möglichkeit der Selbsttäuschung und Selbstrechtfertigung durch ein absichtlich-unabsichtlich entstandenes falsches Bewußtsein von einem Sachverhalt (vgl. hierzu STE 3 und 5). Heute sieht sich die Systematische Theologie wie schon in manchen früheren Epochen des geistigen Umbruchs und gesellschaftlichen Wandels besonders stark auch zur Auseinander-

setzung mit anderen Ideologien und Religionen herausgefordert. Wir haben eine offene weltanschauliche Situation mit vielen schwierigen Fragen hinsichtlich der Zukunft (vgl. hierzu insgesamt Themenblock IV, besonders STE 27–30).
Die *Praktische Theologie* pflegt die Reihe der theologischen Teildisziplinen abzuschließen. Sie erforscht und klärt das Leben der Kirche heute, z. B. in Gemeinde und Gottesdienst (vgl. STE 20 und 21). Sie wendet sich ferner den praktischen Aufgaben des Predigens, der Seelsorge, des Erziehens und Unterrichtens, der Diakonie und noch anderen zu (vgl. exemplarisch STE 22). Man könnte in der theologischen Wissenschaftssystematik mit der Praktischen Theologie aber auch beginnen; denn es ist ja diese gegenwärtige religiöse und kirchliche Wirklichkeit, das Handlungsfeld der Praktischen Theologie, die auf Grund ihrer Probleme und Aufgaben pausenlos nötigt, geschichtlich zurückzufragen, um der Kontinuität in allem Wandel innezuwerden und neue Schritte für morgen geschichtsbewußt und sachgemäß zu verantworten.

In gewisser Hinsicht ist die Praktische Theologie die komplexeste Teildisziplin der Theologie. Dies spiegelt sich auch in ihren wissenschaftlichen Methoden. Sie muß sich mit Hilfe *empirischer* Untersuchungen (z. B. *kirchensoziologischer Befragungen* von Kirchenmitgliedern) Einblick in die gegenwärtigen Bedingungen und Erwartungen verschaffen. Sie greift beim Durchdenken der Predigtaufgabe auch auf *kommunikationswissenschaftliche,* bei der Aufgabe der Seelsorge auch auf *psychologische* und selbstverständlich bei der kirchlichen Bildungsarbeit einschließlich des schulischen Religionsunterrichts auf *pädagogische* bzw. *erziehungswissenschaftliche Fragestellungen und Methoden* zurück. Zugleich aber hat die Praktische Theologie als theologische Disziplin immer wieder noch einmal die Ergebnisse der Exegese, der Kirchengeschichte und der systematischen Grundlagendiskussion eigenständig auf ihre besonderen Aufgaben zu beziehen.
Die Erwähnung nichttheologischer Methoden wirft das Problem auf, was Theologie zur Theologie macht. Was heißt es, daß in jeder theologischen Teildisziplin immer auch *theologisch* gedacht werden muß?
Theologie ist nicht die Summe der oben genannten Methoden, die im übrigen ja auch in anderen, „weltlichen" Wissenschaften anzutreffen sind. Theologie ergibt sich ebensowenig durch den „religiösen" Gegenstand. Die Religionswissenschaft mit ihren Teildisziplinen der Religionsphänomenologie, Religionsgeschichte, Religionsphilosophie, Religionssoziologie und Religionspsychologie behandelt ebenfalls das Christentum als ihr Thema. Umgekehrt gehören zum Gegenstandsfeld christlicher Theologen auch die anderen, nichtchristlichen Religionen. Nicht der Gegenstand macht den einen zum Religionswissenschaftler, den anderen zum Theologen. Der Unterschied erwächst aus dem erkenntnisleitenden Interesse.
Wer *religionswissenschaftlich* fragt und forscht, sieht von seiner Zugehörigkeit zu einer bestimmten Religionsgemeinschaft und von seiner inneren Bindung an sie ab. Er will Religionen beschreiben, ihre Entstehung historisch ergründen, ihre Formen vergleichen, ihre Fortentwicklung zu verstehen suchen und ihre Funktionen für das gesellschaftliche und individuelle Leben erhellen. (Religionsphänomenologische Aspekte spielen besonders im Block I eine Rolle, vgl. STE 1–5; zu religionsvergleichenden Fragestellungen siehe besonders Block II, STE 6–10; zu religionssoziologischen und -psychologischen Fragen siehe teilweise STE 25.)
Wer *theologisch* fragt, will demgegenüber von dem Zusammenhang von Religion, Theologie und Kirche, um den es in diesem Essay geht, gerade nicht absehen, auch nicht persönlich. Theologen treiben Theologie als Glieder ihrer Kirche. Sie teilen ein bestimmtes, für ihre Kirche charakteristisches religiöses Gesamtverständnis, ein Glaubensverständnis und eine Glaubenshaltung. Ihre Arbeit wird dadurch nicht weniger wissenschaftlich, jedenfalls solange nicht, wie sie ihr Vorverständnis klar zu erkennen geben und zeigen, wie es die Ergebnisse ihres Denkens und Urteilens beeinflußt. Im übrigen forschen auch Religionswissenschaftler nicht ohne ein bestimmtes, in ihrer Arbeit mitschwingendes Gesamtverständnis von Religion. Die Aufgabe, die Maßstäbe wissenschaftlicher Objektivität zu berücksichtigen und subjektive Stellungnahmen kenntlich zu machen, gilt für jeden Wissenschaftler.

III

In diesem Studienband nimmt die Behandlung des Christentums einen Raum ein, wie dies unserer geschichtlichen Lage entspricht (s. Themenblock III). Dieselbe geschichtliche Situation verbietet es jedoch, sich hierauf zu beschränken. In vielen Ländern auf unserer Erde existieren mehrere große Religionen – man spricht von „lebenden Religionen" oder *„Weltreligionen"* – nebeneinander (z. B. in großen Bereichen Afrikas Christentum und Islam neben Stammesreligionen, in Indien Hinduismus und Christentum, in Südkorea Buddhismus und Christentum, in Japan Buddhismus, Shintoismus und Christentum). In Asien sind Christen in der Minderheit. Auch in einigen Großstädten europäischer Staaten, zum Beispiel innerhalb Großbritanniens in Birmingham, Liverpool oder London, bahnt sich durch den Zuzug von Muslimen aus Pakistan, Hindus und Sikhs aus Indien eine „multireligiöse" Gesellschaft an. Davon kann zwar in der Bundesrepublik Deutschland noch nicht insgesamt gesprochen werden. Aber auch hier leben bereits seit längerem nicht nur Christen aus bisher uns ziemlich fremd gebliebenen christlichen Kirchen (z. B. der griechisch-orthodoxen Kirche), sondern auch 1,58 Millionen (September 1982) Angehörige des Islam aus der Türkei. Jedoch selbst angenommen, wir würden diese neue religiöse Zusammensetzung nicht vorfinden, so sind doch auf unserem Planeten durch neue Kommunikationsmittel (Fernsehen, Reisemöglichkeiten), durch die weltpolitisch uns mitbetreffenden umstrittenen Schauplätze auf anderen Kontinenten (z. B. im Nahen Osten) und vor allem durch die gemeinsame Verantwortung aller Völker für die „eine Welt" alle Menschen einander so nahe gerückt, daß jede Kultur und jede andere Religion große Aufmerksamkeit verdient (vgl. insges. Themenblock II). Daß hierbei der Dialog mit dem Judentum für Christen und für Deutsche einen besonderen Rang hat, sei eigens betont (vgl. STE 6–7).
So ist denn das Konzept des Buches *offen* angelegt worden. Der Block III über das „Christentum" wird in einen weiten Bezugsrahmen gestellt. Nach einem mehr religionsphänomenologisch orientierten einleitenden Themenblock I kommt der Themenblock II über andere „Weltreligionen". Auf Block III folgt Themenblock IV über gemeinsame Herausforderungen für alle Religionen, wenn wir in die Zukunft blicken. Auf dem Hintergrund scheinbar ziemlich unveränderter volkskirchlicher Verhältnisse heben sich, herausgefordert durch Krisenerscheinungen in unserer Zeit, „neue religiöse Bewegungen" ab. Sie haben zum Teil synkretistischen Charakter, das heißt, sie vermischen Elemente aus verschiedenen Religionen (STE 25). Nicht wenige Menschen suchen auch innerhalb des Christentums eine neue Frömmigkeit (Spiritualität), sei es im Zusammenhang des Ordenslebens oder auf dem Hintergrund der Selbstbesinnung der Frau, ihrer Eigenart und Würde (Frauenbewegung, feministische Theologie) (STE 26). Weltweit schließlich stehen die Fragen nach den Herausforderungen und Chancen der ökumenischen Bewegung (STE 27), nach der Koexistenz der Weltreligionen (STE 28), nach der ideologischen Auseinandersetzung zwischen Christentum und Marxismus (STE 29) und nach den Antworten der Religionen auf die Zukunftsfragen der Menschheit an (STE 30).
Eine klare, transparente eigene Haltung mit Offenheit für andere Positionen zu verbinden, ist im Feld der Religion nicht leicht, aber notwendig. Eine Probe hierauf ist zweifellos hierzulande bereits das Verhältnis der beiden christlichen Konfessionen, der römisch-katholischen Kirche und der evangelischen Kirche. Am vorliegenden Werk arbeiteten Theologen aus beiden Kirchen zusammen. Nicht zuletzt will ihre Zusammenarbeit dem Charakter der Konzeption als eines *„offenen, konfessionell kooperativen" Modells* gerecht werden und dem Erfordernis religiöser Verständigung in gemeinsamer Wahrheitssuche Ausdruck geben.

I. Grundelemente der Religiosität

In diesem ersten Themenblock geht es um grundlegende Elemente religiösen Lebens und Denkens, wie sie sich in der Geschichte der Menschheit und in der Gegenwart beobachten lassen. Dabei soll der Blick zunächst darauf gerichtet werden, ob und wie Religion überhaupt in unserer Alltagswirklichkeit vorkommt. Solche Erscheinungs- und Ausdrucksformen von Religiosität, wie beispielsweise Riten, Symbole, Feste, werden dann eingehender dargestellt und analysiert. Dabei wird sich zeigen, daß Religiosität mit der Frage nach einer letzten Sinnerfahrung bzw. Sinndeutung der Wirklichkeit zu tun hat. Ein begrifflicher Ausdruck für eine solche umfassende Sinnhaftigkeit, aus welcher der Mensch seine Welt und sich selbst zu verstehen sucht, war und ist das Wort „Gott". Die Frage nach seinem Ursprung und seiner Bedeutung ist darum für das Verstehen von Religion unerläßlich. Aber das Reden von Gott ist nicht unbestritten. Unter allen Einwänden ist derjenige, der sich auf das Leiden in der Welt beruft, der elementarste und wirkungsvollste. Deswegen muß diesem Einwand Gehör verschafft werden, und es ist nachzufragen, welche Antworten die Religionen hierauf zu geben versuchen. Dabei können solche Antworten wie alle religiösen Aussagen nicht allein dadurch gerechtfertigt werden, daß sie für den Menschen nützlich sind, weil sie ihm etwa Trost oder Ansporn zum ethischen Handeln vermitteln. Religion versteht sich selbst immer als wahre Erfassung und Beschreibung der Wirklichkeit. Welche Besonderheit dieser Wahrheitsanspruch hat (da er vom Ganzen der Wirklichkeit handelt), wodurch er in Frage gestellt wird und wie er eingelöst werden kann, wird darum das abschließende Thema des ersten Blockes sein.

1. Religion in der Alltagswirklichkeit

Autor der Studieneinheit: Heinrich Fries

HEINRICH FRIES (73), Dr. theol., em. Professor an der Katholisch-theologischen Fakultät der Universität München, zuvor in Tübingen. Bis 1979 Vorstand des Seminars für Fundamentaltheologie und des Instituts für Ökumenische Theologie.
Veröffentlichungen zu Fragen der Religionsphilosophie, der Theologie der Offenbarung, des Glaubens, der Kirche, der Ökumene. Herausgeber des „Handbuchs theologischer Grundbegriffe", der „Beiträge zur ökumenischen Theologie", der „Newman-Studien", der „Wegbereiter heutiger Theologie" und der „Klassiker der Theologie".

Allgemeine Einführung

Das Thema „Religion" ist so alt wie die Menschheit. In der Gegenwart ist Religion zu einer echten Frage geworden, weil sie in ihrer traditionellen Gestalt heute nicht mehr wie früher selbstverständlich ist, sondern kritisch nach ihrem Grund und Recht befragt wird, ebenso nach ihrer Funktion und Glaubwürdigkeit, nach dem Zusammenhang von Anspruch und Realität. Vor allem die Religionskritik der Neuzeit hat für diese Anfragen gesorgt; sie ist in ihren verschiedenen Gründen, Motiven und Aussagen außerordentlich wirksam und einflußreich gewesen.
Die mit dem Thema „Religion" verbundenen Fragen beziehen sich aber auch darauf, ob Religion und Religionen angesichts der Probleme von Gegenwart und Zukunft Antwort und Orientierung zu geben vermögen.
Ein besonderes Interesse an der Religion ist dadurch erweckt worden, daß die Weltreligionen, besonders die Religionen des fernen Ostens, in den Gesichtskreis des heutigen Bewußtseins getreten sind, und zwar nicht nur theoretisch, sondern auch durch deren Vertreter unter uns. Die christliche Religion, die lange Zeit die einzig maßgebliche Religion Europas war, sieht sich einer ganz neuen Situation gegenüber – die eine Herausforderung und zugleich eine Chance und Bewährungsprobe darstellt. Dies verlangt auch eine entsprechende Verhältnisbestimmung von Christentum und Religion, von Kirche und religiösem Leben, deren Konsequenzen nicht nur in der Theorie, sondern insbesondere in der Praxis und im Leben des Einzelnen und der Gesellschaft zu verwirklichen sind.

Nach dem Durcharbeiten der Studieneinheit sollen Sie in der Lage sein,

- ein Problembewußtsein für die Wirklichkeit dessen zu gewinnen, was mit Religion als menschlichem und geschichtlichem Phänomen, als Existenzbestimmung, als Verhaltensweise, als Institution, gemeint ist;
- die Religion in ihren vielfältigen geschichtlich und gesellschaftlich wirksam gewordenen Erscheinungen zu erkennen;
- Gestalt und Schicksal der Religion im größeren Horizont und im Zusammenhang von Zeit- und Geistesgeschichte zu sehen;
- die vielfachen Zusammenhänge zu beachten, in denen Religion steht: in der Anthropologie, also in der Bestimmung des Menschen, in der Frage der Menschenwürde, in der Ethik, in der Frage nach dem Sinn;
- die Präsenz der Religion in der Alltagswirklichkeit und die Gründe für die bleibende Gegenwart der Religion zu bestimmen;
- die religionskritischen Fragestellungen und Überlegungen zu prüfen und zu beurteilen, welche Konsequenzen ein mögliches völliges Verschwinden der Religion hätte.

Bestimmung der Religion

Die Rede von Religion erfordert zunächst eine Besinnung auf Wort und Begriff „Religion" selbst. Im folgenden zeigen wir 2 wichtige Zugänge der Bestimmung von Religion auf:

Bestimmung der Religion vom Wort her

Das Wort „Religion" ist so sehr in unsere Sprache eingegangen, daß wir gar nicht mehr merken, daß es eigentlich ein Fremdwort ist. Es stammt aus der lateinischen Sprache und hat verschiedene Deutungen erfahren: CICERO leitet Religion ab von *religere:* „achten, hüten, pflegen" (Gegenbegriff: *negligere:* „vernachlässigen") und deutet Religion als menschliche Haltung der Achtung gegenüber der göttlichen Macht (*De natura deorum* II 28). AUGUSTINUS leitet Religion von *re-eligere:* „wiedererwählen" her (*De civitate dei* X 3). LACTANTIUS schließlich bringt Religion in Verbindung mit *religare:* „binden" und kommt damit dem Wesen von Religion vielleicht am nächsten, wenn er sie als „Rückbindung des Menschen" beschreibt (*Div. Inst.* IV 28).
Unwillkürlich fragen wir: „Rückbindung an wen oder was?" und erfahren dann, daß es die Rückbindung des Menschen an eine Wirklichkeit meint, die außerhalb seiner selbst liegt und die zugleich die Macht hat, den Menschen zu binden, das heißt, zu verpflichten oder gar über ihn zu verfügen, aber auch die Macht, die dem Menschen Führung und Geleit gibt, in der er sich geborgen fühlt, der er unbedingtes Vertrauen entgegenbringt. Das bedeutet von vornherein: Diese Wirklichkeit – wie immer sie näher bestimmt werden mag – ist zugleich von der Art, daß sie den Menschen zutiefst berührt und betrifft.
Darin wird schon ersichtlich, daß der Mensch kein in sich geschlossenes und verschlossenes Wesen ist. Er greift und weist über sich hinaus, und zwar zunächst auf die Wirklichkeit, die ihn umgibt: die Welt und die Mitmenschen, und schließlich auf eine alles bestimmende Wirklichkeit. Darin vollzieht sich seine Existenz.
Diese Wirklichkeit außerhalb und über dem Menschen, die ihn zugleich innerlich angeht, hat viele Namen. Im allgemeinen wird sie als „das Göttliche" benannt oder „Gottheit" oder „persönlicher Gott" oder „das Heilige" im Gegensatz zum „Profanen", aber sie wird auch als „Weltgesetz" und „Weltprinzip" verstanden. Das Verhalten des Menschen zu dieser Wirklichkeit wird als „Religion" bezeichnet. Es zeigt sich sowohl in Furcht und Scheu wie auch in Hingabe und Vertrauen.
Die Bestimmungen von Religion aus neuerer Zeit erklären Religion als ein „Gefühl schlechthinniger Abhängigkeit" (SCHLEIERMACHER), als „Kreaturgefühl angesichts des Numinosen" (OTTO), als „Ergriffensein von dem, was uns unbedingt angeht" (TILLICH). Diese Deutungen sind Varianten und Umschreibungen der Bestimmung von Religion als Rückbindung des Menschen an eine Wirklichkeit außer uns selbst, die zugleich die alles bestimmende Wirklichkeit ist.
Wem diese Bestimmung zu schmal begründet oder zu formal erscheint, auch zu wenig inhaltlich gefüllt, wer sagt, um zu bestimmen, was Religion sei, müsse man das weite Feld der Religionsgeschichte, der Weltreligionen, der Religionspsychologie, der Religionssoziologie bedenken, dem ist es unbenommen, solches zu versuchen; aber er muß sich darüber klar sein, daß er, wenn und ehe er dies tut, schon eine Vorstellung von dem haben muß, was Religion bedeutet, sonst könnte er aus dem weiten Feld menschlicher Daseinsbedingungen nicht das Religiöse ausfindig machen und beschreiben.
Niemand wird bestreiten, auch wer die Sache selbst ablehnt, daß beispielsweise das *Gebet* ein religiöses Phänomen ist; jedermann wird auch zugeben, daß man das Phänomen „Gebet" von anderen Verhaltensweisen und Praktiken des Menschen unterscheiden kann. Aber wiederum gilt: Das ist nur möglich, wenn eine Vorstellung von Religion zugrunde liegt. Und diese bewegt sich im Umkreis der genannten Bestimmung:

Religion ist die Bindung des Menschen an eine Wirklichkeit, die nicht mit ihm selbst identisch ist, aber ihn zugleich betrifft und bewegt, wie es nur von einer Wirklichkeit gesagt werden kann, die eine alles bestimmende Wirklichkeit ist.

So könnte man Religion in einem ersten Schritt *subjektiv* bestimmen als eine Wirklichkeit und als ein Weltverständnis unter den genannten Bedingungen. Von hier aus ergibt sich aber auch ein Verständnis von Religion im *objektiven Sinn:* als Inbegriff und System von Lehren, Weisungen, Riten, von gottesdienstlichen Formen und Gebräuchen (Kult, Gebet, Opfer, Tempel, heilige Orte und Zeiten) sowie von bestimmten und spezifischen Institutionen (Priester, Propheten, heilige Schriften, Kirche, Orden, Gruppen, Sekten).

(1) Nennen Sie einige Deutungsvarianten und Umschreibungen des Begriffs „Religion".

....

....

....

....

....

Bestimmung der Religion von ihrer Funktion her

Es gibt – vor allem in der Gegenwart – Versuche, Religion nicht von ihrem Wesen her zu bestimmen, sondern von dem, was sie leistet und bewirkt, also von ihrer Funktion her.

Dabei wird gesagt, Religion übe eine *Schutz- und Schildfunktion* angesichts der inneren oder äußeren Gefährdungen des Daseins aus, sie nehme dem Menschen die Angst vor seiner Ohnmacht und seiner Begrenztheit, sie beschwichtige in Konfliktfällen, sie biete Trost und Vertröstung angesichts von Leid, Unglück, Scheitern, Schuld, ja auch angesichts des Todes, sie sei eine Form der Leidbewältigung. Religion erfülle Bedürfnisse und Sehnsüchte der Menschen, sie gewähre dem Dasein gerade an den Lebenswenden eine über das Alltägliche hinausführende Sinnbestimmung.

Religion wird als Funktion auch dahin bestimmt und verstanden, daß sie bestehende Verhältnisse, zumal Herrschaftsverhältnisse, legitimiere und stabilisiere. Religion wirkt als *Legitimations- und Stabilisierungsfaktor* und wird dafür in Anspruch genommen – was verständlich ist, wenn man daran denkt, daß die Religion die gegebene Wirklichkeit als Gabe und Auftrag Gottes bejaht. Aber gerade hier liegt der immerwährende Anhalt moderner Religionskritik im Blick auf Geschichte und Gegenwart.

Der Religion wird aber auch – und zwar zu Recht – eine *Änderungsfunktion* zugeschrieben. Die christliche Religion beispielsweise hat nicht nur Bestehendes stabilisiert (etwa im Blick auf Existenz, Verständnis und Bestimmung des Menschen oder der Welt und der Geschichte), sondern sie hat es verändert und erneuert. Dies geschah in der einst revolutionären Aussage: Der Mensch ist keine Ware, keine Sache, sondern eine Person, die nicht Mittel zum Zweck ist, sondern ihren Zweck, genauer ihren Sinn und ihre Würde, in sich selbst trägt, so daß die dadurch gegebene Menschenwürde unantastbar ist. Die verändernde Kraft der Religion ist in der Geschichte und in vielen geschichtlichen Bewegungen wirksam geworden – man denke an die Orden, an die Erneuerungsbewegungen, die Befreiungsbewegungen, die prophetischen Aufbrüche, die es zu allen Zeiten gegeben hat.

Eine weitere Funktion der Religion wird in ihrer *gesellschaftlichen Dimension* deutlich – so etwa in dem Wort „Die Religion muß dem Volk erhalten bleiben". Dieser Satz kann zwar, aber er muß nicht, als Ideologie angesehen werden, das heißt als eine Theorie im Dienst ganz bestimmter Zwecke und Interessen: zur Erhaltung von Recht, Sitte und Ordnung, als Grundlage menschlicher Gesellschaft, als Gehorsam gegen die Obrigkeit. Die gesellschaftliche Funktion der Religion kann vielmehr darin gesehen werden, daß der Mensch ein gesellschaftliches Wesen ist und zu seiner Menschwerdung auf die Gesellschaft angewiesen ist.

• Vertreter heutiger Religionssoziologie, etwa Thomas Luckmann, erklären, daß Menschwerdung „Sozialisierung" bedeutet und daß Sozialisierung das Überschreiten der biologischen, gegenwärtigen und individuellen Verfassung und Erfahrung beinhaltet, mit anderen Worten: das Transzendieren und die Einübung in ein übergreifendes Sinngefüge, welches zugleich eine für die Gesellschaft stabilisierende Funktion hat. Es vermittelt die allgemein verbindlichen Werte, die Grundwerte, die das Zusammenleben der Menschen ermöglichen, und sorgt zugleich für die entsprechenden Regeln und Verhaltensformen. Diesen Vorgang des mehrdimensionalen Transzendierens nennt Luckmann „Religion". Infolgedessen stellt er die These auf, daß in diesem Sinn jeder Mensch religiös sei, daß ein unreligiöser Mensch einen inneren Widerspruch darstelle und seine „Menschwerdung" verfehle.[1]

• Noch eine zweite Position, die in der modernen Religionssoziologie eine große Bedeutung erlangt hat, sei erwähnt: es ist die Theorie von Niklas Luhmann. Er gilt als der bedeutendste Vertreter einer soziologischen Systemtheorie. Es geht ihm dabei darum, nicht nur soziale Einzelerscheinungen, sondern die Wirklichkeit insgesamt zu erfassen, um daraus eine theoretische Gesamtkonzeption zu gewinnen. Ausgangspunkt ist dabei die Beziehung von System und Umwelt: Durch Ausgrenzung bestimmter sektoraler Sinngefüge aus der gesamten Umwelt, die in ihrer Vielfalt niemals umfassend wahrgenommen werden kann, entsteht beim Menschen die Bildung von (Sinn-)Systemen. Diese Systeme stellen aber, weil sie aus einer Auswahl hervorgehen, notwendigerweise auch eine Verengung der Wirklichkeit dar. Diese Reduktion wird durch die Grenze des jeweiligen Systems deutlich. Innerhalb des ausgewählten Systems gelingt es nun, Sinn zu verwirklichen. Es erfolgt eine Auswahl, eine Selektion dessen, was unmittelbar bedeutsam ist. Aber dabei wird die Fülle des Möglichen nicht vernichtet, sondern als Horizont aufrechterhalten, der auf andere Möglichkeiten und Selektionen verweist. Die Welt, die selbst als Bezugseinheit für alle sozialen Systeme zu sehen ist, kann ihrerseits nicht mehr als Ganzes und als System begriffen werden. Die Welt wird damit definiert als der Gesamthorizont, in dem das System sich auf die Umwelt bezieht. In diesem Zusammenhang des gesamtgesellschaftlichen Systems wird die Religion ins Spiel gebracht. Sie ist nach Luhmann der Welt als Ganzer, das heißt deren Komplexität, zugeordnet, die letztlich als unbestimmte Komplexität zu verstehen ist. Die Funktion der Religion bezieht sich nun auf die Bestimmbarkeit der durch Komplexität gekennzeichneten Welt. Ihre Aufgabe besteht darin, daß sie unbestimmte Komplexität in bestimmte oder doch bestimmbare Komplexität umsetzt. Sie hat letzte und grundlegende Reduktionen und Auswahlen bereitzustellen. Damit ermöglicht sie es, Ungewißheit und Unsicherheit tragbar zu machen. Sie schließt die Möglichkeit aus, daß alles und das Ganze sinnlos sein könnte. Insofern ist Religion unentbehrlich.[2]

Bei einer Bestimmung der Religion von ihrer Funktion her entsteht unwillkürlich die Frage: *Wieso kann die Religion diese umfassenden Funktionen ausüben?,* Funktionen, die ebenso den Menschen in seiner Existenz wie die Gesellschaft, die Welt und die Geschichte des Menschen umgreifen? Die Funktion ist ja nicht allein von ihrem Vollzug her zu verstehen, sondern von der Realität, der Wirklichkeitskraft, die sich dahinter verbirgt und die imstande ist, solche Wirkungen auszuüben, solche Funktionen zu haben.

Hier zeigt sich, daß die funktionale Betrachtung von Religion die Frage nach ihrem Wesen, ihrem Ursprung und ihrem Wahrheitsgehalt weder beantworten noch ersetzen, sondern sie höchstens für einige Zeit zurückstellen kann. Religion kann nämlich nur richtig verstanden werden, wenn gesehen wird, daß ihr ursprünglicher Sinn nicht allein in ihrer Verwendbarkeit für bestimmte Funktionen besteht, sondern daß ihr Gehalt unabhängig von diesem Zweck überzeugende Kraft besitzt.

1 Thomas Luckmann: Das Problem der Religion in der modernen Gesellschaft. Freiburg 1963. – Ders.: The invisible Religion. New York 1967. – Ders.: The Structures of the Live-World. Evanston 1973.

2 Niklas Luhmann: Funktion der Religion. Frankfurt 1977. – Ders.: Die Organisierbarkeit von Religion und Kirchen. In: J. Wössner (Hrsg.): Religion im Umbruch. Stuttgart 1972, S. 245–285.

Es ist deshalb falsch zu sagen, die Bedürfnisse schaffen die Religion. Der Hunger erschafft nicht das Brot. „Eben ihre unabhängig von jener Verwendung bestehende Plausibilität macht die betreffende Religion verwendbar für den Legitimierungszweck."[3] Wenn die Funktion der Religion so weit und so tief greift, so muß ihr ein entsprechender Realitätsrang zugrunde liegen, ein Realitätsrang, der das Vorfindliche und Vorhandene zugleich umgreift und übersteigt, aber nicht in eine nichtige Leere hinein, sondern in den Bereich einer tieferen Wirklichkeit.

Ist es unangemessen zu sagen: Auch und gerade die funktionale Bestimmung von Religion rühre an jene Wirklichkeit, die wir die alles bestimmende Wirklichkeit genannt haben, die eine Umschreibung für die Wirklichkeit Gottes und des Göttlichen ist? Gewiß nicht alle, die von der Religion als funktionaler Größe sprechen, ziehen diese Konsequenz, sondern verbleiben bei der Beschreibung der Funktion als solcher. Andererseits: Nach den Bedingungen der Möglichkeit solcher Funktionen zu fragen, kann durch kein Frageverbot verwehrt sein.

(2) Beschreiben Sie kurz die funktionale Bestimmung der Religion nach Thomas Luckmann und Niklas Luhmann.

....

....

....

....

....

....

....

Bestimmung der Alltagswirklichkeit

Was mit Alltagswirklichkeit gemeint ist, scheint zwar auf den ersten Blick selbstverständlich, beim näheren Zusehen ergeben sich indes bedenkenswerte Perspektiven:

Alltag als säkularisierte Wirklichkeit

Man könnte zunächst sagen: Alltagswirklichkeit ist dadurch bestimmt, daß der Alltag die ganze Wirklichkeit des Menschen von heute ausmacht.

Was bedeutet dies? Der Alltag ist der Tag des beruflichen Dienstes, der täglichen Geschäfte, des Leistungsdrucks, der Sorgen und Besorgungen, der Zwangsläufigkeit, der Angepaßtheit, der Tag, an dem es sehr weltlich, sehr routiniert, sehr nüchtern, profan und bürokratisch zugeht. Es ist zugleich die Welt, die wir mit anderen teilen. Der Alltag ist, so könnte man sagen, die *säkularisierte Wirklichkeit.* Wenn von weltlicher, säkularisierter Wirklichkeit die Rede ist, soll damit gesagt sein, daß ein „Gegenüber" zum Alltag fehlt: es gibt keinen Festtag, keinen Feiertag, der den Menschen über den profanen Alltag erhebt; es gibt nichts, was dem Festtag einen anderen Inhalt geben könnte, als er im Alltag ohnehin schon gegeben ist. Der Sonntag, in früheren Zeiten der „Tag des Herrn" genannt, ist heute das „Wochenende", wo liegengebliebene Arbeit erledigt wird, wo man vielleicht auch etwas anderes tut als am Werktag, aber nichts, was nicht im Horizont der Alltagswirklichkeit verbliebe; es ist eine andere Art der Beschäftigung und Betriebsamkeit mit weltlichen Dingen. Die früheren Feiertage, die der Erinnerung und Vergegenwärtigung der durch das Kirchenjahr geprägten religiösen Inhalte dienten (zumal an Weihnachten und Ostern), werden zum verlängerten Wochenende oder zum Urlaub, der wiederum im profanen Bereich verbleibt. Nichts ist dafür so bezeichnend wie die Wörter „Freizeitindustrie" und „Tourismus". Hier wird dem Menschen abgenommen, seine freie Zeit selbst zu erfüllen und zu gestalten, indem man ihn zu beschäftigen und somit in Gang zu halten sucht, damit er für die Alltagswirklichkeit wieder neue Kräfte und Antriebe sammelt. Nichts anderes meint das Wort „Freizeitbeschäftigung". Von den früheren Sonn- und Feiertagen ist gleichsam nichts übrig geblieben. Dazu kommt das häufig festgestellte Eingeständnis, daß Sonntage, vor allem aber Feiertage, für die Menschen langweilig, ja oft unerträglich werden, weil sie damit nichts anzufangen wissen.

Abb. 1: Das allegorische Lehrbild „Sonntag" aus einem Katechismus des 19. Jahrhunderts illustriert den damaligen Anspruch auf eine scharfe Trennung von Sonn- und Werktag

Aus: Die Welt des Christentums. Hrsg. von G. Barraclough. München 1982, S. 241.

3 Helmut Gollwitzer: Was ist Religion? Fragen zwischen Theologie, Soziologie und Pädagogik. München 1980, S. 29.

Das ist die wichtigste Charakterisierung der Alltagswirklichkeit: sie ist zur Wirklichkeit schlechthin geworden. Der Sinn für das, was den Alltag als Arbeitswelt übersteigt oder ein Gegenüber zu ihm bildet, ist weithin abhanden gekommen. Das Profane, Weltliche, Vorhandene, unmittelbar Gegebene und vor Augen Liegende ist die alles bestimmende Wirklichkeit geworden, neben der sonst nichts mehr Platz hat. Das frühere Morgengebet wird durch die Lektüre der Zeitung ersetzt, das Abendgebet durch das Fernsehen, am besten durch Sportberichte oder Kriminalfilme; das im Fernsehen ausgestrahlte „Wort zum Sonntag" ist eine günstige Pause zum Bierholen. Kirchen gelten als Museen, feierliche lateinische Choräle als Konzert. Man sieht: Die Alltagswirklichkeit ist die Wirklichkeit des durchschnittlichen Daseins, des „Man" – verbunden mit den Merkmalen dessen, was alle tun, es ist die Welt des Jedermann.

Alltag als sekundäre Wirklichkeit

Die Alltagswirklichkeit ist zugleich eine sekundäre Wirklichkeit, weil sie weithin von außen gesteuert wird, von Sachzwängen, von äußeren Anforderungen und Belastungen, von der Umwelt, vom „Ensemble gesellschaftlicher und wirtschaftlicher Faktoren" (MARX). Es ist eine Wirklichkeit, die durch die Massenmedien, vor allem durch das Fernsehen, vermittelt wird. Dadurch erfolgt aber eine große Gleichschaltung des Denkens bis hin zu einer allgemeinen Durchschnittlichkeit des Bewußtseins. Alltäglich wird alles von allen gleich erfahren. Dadurch entsteht der Eindruck, daß das durch die Medien vermittelte Bild der Wirklichkeit die wahre, objektive und volle Wirklichkeit sei.

Diese Tendenz gibt der Alltagswirklichkeit den Zug einer merkwürdigen *Zeiterfahrung*. Zeit wird eigentlich nicht als ein Nacheinander von Vergangenheit, Gegenwart und Zukunft erlebt, sondern als ein gleichsam räumliches Nebeneinander, wobei alles immer nur Gegenwart ist, lebendiges Präsens mit dem Zusatz: Es war immer schon so, es gibt nichts Neues. Das Gestern scheint endgültig vergangen und vergessen („Nichts ist so alt wie die Zeitung von gestern"). Die Zukunft wird zumeist als Bedrohung empfunden, die entweder Angst auslöst oder völlig verdrängt wird. All dies gibt der Alltagswirklichkeit das Merkmal der Eindimensionalität, der Eintönigkeit und Blasiertheit. Sie ist kaum zu beeindrucken – weder im Sinne der großen Erschütterung als einer bleibenden Haltung noch im Sinne einer länger anhaltenden Begeisterung. In dieser Alltagswirklichkeit ist es schwer vorstellbar, daß es schlechthin Neues und anderes geben könne außer dem, was schon gegeben und bekannt ist.

(3) Beschreiben Sie Phänomene, die den Alltag zur säkularisierten, sekundären Wirklichkeit werden lassen.

....

....

....

....

....

....

....

....

....

....

....

Religion und Alltagswirklichkeit

Wenn die Alltagswirklichkeit im eben umschriebenen Sinn die menschliche Wirklichkeit von heute ist, dann wird es schwer, wenn nicht ausgeschlossen sein, hier noch eine Möglichkeit für Religion zu entdecken, deren Thema das Verhalten über die Alltagswirklichkeit hinaus und die Hinordnung des Menschen zu einer alles bestimmenden Wirklichkeit ist. In der Tat, das ist der unmittelbare Eindruck. Deshalb ist zuerst vom Ausfall der Religion in der Alltagswirklichkeit zu sprechen.

Der Ausfall von Religion

Vor vierzig Jahren hat Dietrich BONHOEFFER während seiner Gefangenschaft folgendes geschrieben:

„Wir gehen einer völlig religionslosen Zeit entgegen; die Menschen können einfach, so wie sie nun einmal sind, nicht mehr religiös sein. [...] Der Mensch hat gelernt, in allen wichtigen Fragen mit sich selbst fertig zu werden ohne Zuhilfenahme der ‚Arbeitshypothese: Gott'. In wissenschaftlichen, künstlerischen, auch ethischen Fragen ist das eine Selbstverständlichkeit geworden, an der man kaum mehr zu rütteln wagt; seit etwa 100 Jahren gilt das aber in zunehmendem Maße auch für die religiösen Fragen; es zeigt sich, daß alles auch ohne ‚Gott' geht, und zwar ebensogut wie vorher."[4]

Dieser Tatbestand zeigt sich darin, daß Gott in der Alltagswirklichkeit heute zwar meist nicht ausdrücklich geleugnet wird, aber tatsächlich auch von vielen nicht mehr erlebt wird. Bei Umfragen wie „Glauben Sie an Gott?" haben viele die Standardantwort bereit: „Ich bin nicht religiös." So wie jemand sagt: „Ich interessiere mich nicht für Sport." Oder: „Ich bin unmusikalisch." Oder: „Ägyptologie ist nicht mein Fach." Gott kommt nicht mehr vor, weder in der Welt der Arbeit noch in der Freizeit.

Bischof Joachim WANKE von Erfurt hat in einer viel beachteten Rede erklärt:

„Der ‚Ausfall' Gottes ist radikal und die ganze Breite des Lebens abdeckend. Eine größere Profanität als das Leben in einem VEB-Betrieb bzw. in einem Neubaublock in unseren Trabantenstädten ist kaum vorstellbar... [...] Für den Menschen in einer säkularisierten Umwelt ist die religiöse bzw. dann auch die christliche Rede so fremd wie normalerweise Chinesisch für den mitteldeutschen Zeitgenossen."[5]

Wenn ehedem die Kirchen das Gesicht der Städte prägten und ihre hochragenden Türme über den Alltag hinaus auf das Ewige verwiesen, so hat der Mensch heute in den modernen Hochbauten die Monumente seiner eigenen Größe errichtet, die längst die Türme der Gotteshäuser überragen und den Blick zum Himmel verdecken oder vielmehr auch den Himmel als den Raum des Menschen, als Welt erklären, die er zu erforschen und in seinen Dienst zu nehmen sich anschickt.

Auch wenn der Religion noch eine gewisse Berechtigung aufgrund ihrer menschlichen oder gesellschaftlichen Funktion zugewiesen wird, bleibt es bei der vordergründigen Einschätzung: Religion hat eine Funktion für denjenigen, der sie braucht. Nach einer sie begründenden Realität wird nicht gefragt, sie wird bewußt in der Schwebe gelassen – wobei nicht ausgeschlossen wird, daß es sich um Schein, Illusion oder um Wunschdenken handelt. Aber gerade darin liegt der Gegensatz zur eigentlichen Bestimmung und zum Selbstverständnis von Religion, die nicht auf Schein, Illusion oder Wunschdenken bezogen ist und davon lebt, sondern getragen bleibt von einer alles, also auch sie selbst bestimmenden Wirklichkeit.

---

4 Dietrich BONHOEFFER: Widerstand und Ergebung. Briefe und Aufzeichnungen aus der Haft. Hrsg. von E. BETHGE. München 1956, S. 178 und 215.

5 Joachim WANKE: Die Kirche hat die Wirklichkeit Gottes zu bezeugen. Überlegungen eines Bischofs zur seelsorgerlichen Lage. *Herderkorrespondenz* 36 (1982), S. 437 und 439.

Abb. 2: Kirche, von Hochhäusern umstellt

Foto: Wolf Krabel

Das heißt konkret: Der Ausfall Gottes und des Göttlichen im Alltag bedeutet den Ausfall der Religion und hat als Konsequenz die Antwort: Ich bin nicht religiös. Diese Konsequenz schließt allerdings *Ersatzreligionen* und *Religionsersatz* in vielfältiger Form nicht aus, sondern ein. Das zeigt sich in einem heute weit verbreiteten Aberglauben, in dem ein religionsähnliches, aber auch ein religionswidriges Verhalten vorliegt. Die Zuwendung, die in der Religion der göttlichen Wirklichkeit entgegengebracht wird, ist hier auf weltliche und irdische Dinge übertragen: von den Sternen, vom Horoskop, von den Amuletten, von der Wahrsagerei, von den vielen Formen des Okkultismus erwartet man jene Orientierung, Stärke und Hilfe, die eine recht verstandene Religion Gott als der alles bestimmenden Wirklichkeit anheimgibt. Hier trifft der Satz zu: Wo Gott verschwindet, tauchen die Götter und Götzen auf. Man kann sich nur wundern, welches Vertrauen, welche Glaubensintensität den Praktiken des Aberglaubens entgegengebracht wird. Menschen, welche die angeblichen Zumutungen eines religiösen Glaubens entrüstet von sich weisen, verfallen einem blinden und höchst unaufgeklärten Irrationalismus.

Für die oben beschriebene Wirklichkeit läßt sich eine ganze Reihe von Gründen anführen, die von verschiedenen Perspektiven aus das Problem des Ausfalls von Religion aus dem Alltag illustrieren können:

- *Der geistesgeschichtliche Hintergrund*

Die Alltagswirklichkeit wird unterschwellig, aber höchst wirksam von einer geistigen Haltung bestimmt, welche die gesamte neuzeitliche Geschichte und das sich darin bewegende Denken prägt. Man könnte es als ein Denken bezeichnen, in dem nicht wie im Mittelalter Gott und die von ihm geschaffene Welt als die alles bestimmende Wirklichkeit in der Mitte stehen, sondern allein der Mensch und die von ihm hervorgebrachte Schöpfung. Das neuzeitliche Denken ist nicht mehr gottbezogen *(theozentrisch),* sondern mensch-bezogen *(anthropozentrisch).* Der Ausgangspunkt des Denkens und der Grund aller Vergewisserung ist das menschliche Subjekt – gemäß der bekannten Position von Descartes: „Ich denke, also bin ich." (Das bedeutete für Descartes allerdings nicht die Leugnung Gottes, sondern dessen ausdrückliche Anerkennung als den Garanten für die Wahrheit des Denkens. Dieser Zusatz ist später weggelassen worden.) Der Gesetzgeber für den Menschen ist demnach nicht der Wille Gottes, sondern die Vernunft des Menschen. Der Mensch wird autonom, das heißt, er wird sich selbst Gesetz und löst sich von der Herrschaft Gottes als einer „Fremdbestimmung".

Dieser Entwicklung entspricht, daß nicht mehr der Glaube, näherhin der christliche Glaube, die maßgebende Orientierung für das Verständnis der Welt und aller Dinge, vor allem auch des Menschen, bleibt, sondern die Wissenschaft, deren Ideal in Mathematik und Logik gesehen wird. Allein die Klarheit des Denkens ist nunmehr wichtig und wird zugleich zum Erweis der Wahrheit. Die Schöpfung Gottes wird zur Natur; Glauben und Wissen werden getrennt.
Gleichzeitig haben die großen naturwissenschaftlichen Entdeckungen der Neuzeit, die an die Namen Galilei, Kepler, Kopernikus und Newton geknüpft sind, das alte ptolemäische Weltbild abgelöst: Die Auffassung, daß die Erde im Mittelpunkt des Weltalls stehe und sich alles um sie als Zentrum drehe (geozentrische Auffassung), wurde zugunsten der heliozentrischen Auffassung, nach der sich die Sonne im Zentrum befindet und sich die Erde um die Sonne dreht, aufgegeben.
In dieser „kopernikanischen Wende" ist die Erde aus ihrer Mittelpunktstellung herausgefallen. Aber obwohl der Mensch nur noch eine Randexistenz im gesamten Universum einnimmt, ist seine zentrale Stellung nicht aufgehoben; denn der Mensch wird zum Herrn, zum Eigentümer und zum Beherrscher der Natur. Der Mensch, so bemerkt Blaise Pascal, einer der großen Denker am Beginn der Neuzeit, ist im Rahmen des Universums nur ein zerbrechliches Schilfrohr, aber ein Schilfrohr, das denkt:

„Nicht ist es nötig, daß sich das All wappne, um ihn zu vernichten: ein Windhauch, ein Wassertropfen reichen hin, um ihn zu töten. Aber, wenn das All ihn vernichten würde, so wäre der Mensch doch edler als das, was ihn zerstört, denn er weiß, daß er stirbt, und er kennt die Übermacht des Weltalls über ihn; das Weltall aber weiß nichts davon. Unsere ganze Würde besteht also im Denken, an ihm müssen wir uns aufrichten und nicht am Raum und an der Zeit, die wir doch nie ausschöpfen werden. [...] Durch den Raum erfaßt mich das Weltall und verschlingt mich wie einen Punkt, durch das Denken erfasse ich es."[6]

Diese Grundorientierungen, welche die „Neuzeit" begründet und geprägt haben, haben sich im Lauf der folgenden Zeit bis in die Gegenwart immer mehr durchgesetzt; sie sind erweitert und vertieft worden. Übereinstimmend bestätigen sie sich in der schon getroffenen Feststellung, daß im Grund der Mensch und die Frage nach

6 Blaise Pascal: Über die Religion und über einige andere Gegenstände (Pensées). Übertragen und hrsg. von E. Wasmuth. Heidelberg [6]1963, Nr. 347 und 348.

dem Menschen das Thema der Gegenwart sind. Dieses Denken bildet den Horizont und die Atmosphäre der heutigen Alltagswirklichkeit, auch wenn dies nicht bewußt reflektiert wird.

- *Die moderne Wissenschaft*

Unsere Alltagswirklichkeit ist durch die heute maßgebliche, die sogenannte „exakte" Wissenschaft (Naturwissenschaft und Mathematik) und durch die daraus entwickelte Technik bestimmt. Das hier vorwaltende Denken hat die Wissenschaft allgemein geprägt. Das bedeutet: Auf wissenschaftliche Exaktheit hat nur Anspruch, was unmittelbar erfahren werden kann, was vorhanden ist, „was der Fall ist", was durch Beobachtung, Wiederholung und Experiment kontrolliert und verifiziert werden, was durch Mathematik erklärt, was in Gesetze und Regeln gefaßt werden kann, was seine Exaktheit dadurch erweist, daß es berechenbar und vorhersehbar ist. Auf diesen Grundvoraussetzungen, die nicht nach dem Wesen einer Sache fragen, sondern nach dem Wie ihrer Funktion, beruht unsere Alltagswirklichkeit; wir verlassen uns auf ihre unumstößliche Gesetzlichkeit. Sie bilden das System, in dem wir leben.
In all diesen Wissenschaften und ihren exakten Methoden kommt aber Gott nicht vor: in keinem Labor, in keinem Experiment, in keinem Rechenzentrum. Daraus wird sehr leicht der Schluß gezogen: ... also gibt es Gott nicht! Der Kosmonaut GAGARIN erklärte auf seinem Rückflug vom Weltraum zur Erde: „Genossen, das Weltall ist dunkel, ich habe Gott nicht gefunden." Gott kann, so sagt man, nicht bewiesen werden – man kann an Gott nur glauben. Aber dieser Glaube, so fügt man hinzu, stützt sich nicht auf Tatsachen, sondern auf eine unbewiesene und unbeweisbare Annahme. Diesen Glauben muß der moderne Forscher und Techniker an der Garderobe zu seinem Labor abgeben; denn er hilft ihm nicht nur nichts, er behindert ihn vielmehr bei seiner Arbeit.

In einem weltanschaulichen Grundbuch der DDR stehen die Sätze:

„Mit der wachsenden Einsicht des Menschen in die Zusammenhänge aller Erscheinungen wurde eine Naturgottheit nach der anderen entthront. Als letzte blieb für einige Jahrtausende die eine Gottheit des Christentums übrig, die nichts anderes darstellt als die nicht weniger naive Personifizierung der von der Gesamtheit noch unerkannten Gesetzmäßigkeiten des eigenen gesellschaftlichen Lebens. Die Natur mit Gott zu erklären, ist zwar bequem und einfach, aber es hält uns in Unwissenheit und versperrt uns die Wahrheit und steht im Grunde auf derselben Ebene wie das Märchen vom Klapperstorch. Weil Benjamin Franklin begriffen hatte, daß der Blitz nicht ein Zeichen des Zornes Gottes, sondern eine natürliche Erscheinung sei, erfand er den Blitzableiter."[7]

In seinem Radiolehrstück: *„Der Ozeanflug"* sagt Bertolt BRECHT:

Wenn ich fliege, bin ich
Ein wirklicher Atheist.
[...]
Unter den schärferen Mikroskopen
Fällt er [gemeint ist jedweder Gott].
Es vertreiben ihn
Die verbesserten Apparate aus der Luft.
Die Reinigung der Städte
Die Vernichtung des Elends
Machen ihn verschwinden und
Jagen ihn zurück in das erste Jahrtausend.[8]

7 R. DEDERMANN in: Weltall – Erde – Mensch. Berlin (Ost) o.J., S. 8.
8 Bertolt BRECHT: Gesammelte Werke. Bd. 2. Frankfurt 1967, S. 576f.

Das ist die dichterische Umschreibung des nüchternen Satzes:

Die Geschichte der Naturwissenschaft ist die Geschichte des Atheismus.

Daß damit Religion ausfällt und keinen Ort mehr hat in der naturwissenschaftlich-technischen Welt, die weithin unsere Alltagswirklichkeit bildet, ist selbstverständlich. Ja noch mehr: möglicherweise verbleibende Reste sind nicht nur zum Absterben verurteilt, sie sind zu bekämpfen nach der Anweisung NIETZSCHES: Was fällt, soll man auch noch stoßen.

- *Philosophie und Literatur*

Die Alltagswirklichkeit des Menschen von heute ist nicht nur durch Naturwissenschaft und Technik geprägt, sondern durch ein Bewußtsein, das sich in Philosophie und Literatur widerspiegelt, die ihrerseits Ausdruck dieser Zeit sind. Damit betreten wir ein weiteres, fast unüberschaubares Feld, aus dem nur einige Beispiele angeführt werden können:

Berühmt geworden ist die Vision von JEAN PAUL: „Rede des toten Christus, vom Weltgebäude herab, daß kein Gott sei." In JEAN PAULS Traumrede stehen um Mitternacht die Toten auf und fragen den vom Weltgebäude herabsinkenden Christus: „Christus, ist kein Gott?" Er antwortete: „Es ist keiner." – Bestürzt werfen sich die gestorbenen Kinder vor die Füße und fragen: „Jesus, haben wir keinen Vater?" – Und er antwortete mit strömenden Tränen: „Wir sind alle Waisen, ich und ihr, wir sind ohne Vater."[9] Ist der Erzähler dieser Rahmengeschichte am Ende auch glücklich darüber, daß alles nur ein „böser Traum" war, so haben die dort geäußerten atheistischen Gedanken selbst natürlich weitergewirkt.

HEGEL formulierte in seinem Wort vom „spekulativen Karfreitag" in einem „unendlichen Schmerz" die These, daß Gott selbst tot ist: ein Wort, das bei HEGEL selbst nicht atheistisch, sondern christlich und theologisch gemeint ist – es ist auf den Tod Jesu bezogen –, was sich aber als Schlagwort gleichsam verselbständigte und in der gegenwärtigen Alltagswirklichkeit eine ganz andere Bedeutung bekam, als HEGEL gemeint hat.[10]

Bekannt und überaus wirksam geworden ist NIETZSCHES Wort vom Tode Gottes.[11] Seiner Ansicht nach muß Gott sterben, damit der Mensch, genauer der Übermensch, lebe. Denn „Gott ist unsere größte Gefahr". In seiner Schrift *„Die fröhliche Wissenschaft"* erklärt NIETZSCHE:

„In der Tat, wir Philosophen und ‚freien Geister' fühlen uns bei der Nachricht, daß der ‚alte Gott tot' ist, wie von einer neuen Morgenröte angestrahlt; unser Herz strömt dabei über von Dankbarkeit, Erstaunen, Ahnung, Erwartung, – [...] endlich dürfen unsere Schiffe wieder auslaufen, auf jede Gefahr hin auslaufen, jedes Wagnis des Erkennenden ist wieder erlaubt, das Meer, *unser* Meer liegt wieder offen da, vielleicht gab es noch niemals ein so ‚offenes Meer'."[12]

Zuletzt sei noch das Werk des Philosophen und Dramatikers Jean-Paul SARTRE genannt, das bis zur Stunde für viele Zeitgenossen repräsentativ und wirksam ist. Auf die Frage der eines Tages zu seinem Empfang versammelten Journalisten: „Was

9 JEAN PAUL: Rede des toten Christus, vom Weltgebäude herab, daß kein Gott sei. In: G. BORNKAMM: Studien zu Antike und Urchristentum. München 1959, S. 245–252, hier S. 247f.
10 Georg Wilhelm Friedrich HEGEL: Glauben und Wissen. In: Sämtliche Werke. Bd. I. Neu hrsg. von H. GLOCKNER. Stuttgart 1927, S. 433. – Vgl. dazu: Ders.: Philosophie der Religion, ebda, Bd. XVI, S. 306–308.
11 Friedrich NIETZSCHE: Die fröhliche Wissenschaft. 3. Buch. Nr. 125. Stuttgart 1950, S. 140.
12 Friedrich NIETZSCHE: Die fröhliche Wissenschaft. 5. Buch. Nr. 343. Stuttgart 1950, S. 236.

gibt's Neues?" sagte SARTRE von der Gangway eines Flugzeugs herab: „Voilà, meine Herren, Gott ist tot." In seinem autobiographischen Bericht *„Die Wörter"* erzählt er:

„[Ich] beschloß, an den Allmächtigen zu denken. Augenblicklich machte er sich in den Azur davon und verschwand ohne irgendeine Erklärung: er existiert nicht, sagte ich, höflich erstaunt, zu mir selbst, und hielt die Angelegenheit für abgetan. In gewisser Weise war sie es auch, denn seither habe ich niemals die leiseste Versuchung gespürt, ihn von neuem zu beschwören."[13]

In seinem philosophischen System des Existentialismus sagt er:

„Der Existentialismus ist mithin nicht ein Atheismus im Sinne, daß er sich erschöpfen würde im Beweis, Gott existiere nicht. Eher erklärt er: Selbst wenn es einen Gott gäbe, würde das nichts ändern; das ist unser Standpunkt. Nicht, als ob wir glaubten, daß Gott existiert, aber wir denken, daß die Frage nicht die seiner Existenz ist."[14]

Hatte VOLTAIRE erklärt, wenn es keinen Gott gäbe, müßte man ihn erfinden, geht SARTRE von der Grundüberzeugung aus, daß ein Gott – selbst wenn es ihn gäbe – abzuschaffen wäre, um der Freiheit des Menschen nicht im Wege zu stehen.

- *Die Religionskritik*

Ein nicht unwichtiger Grund für den Ausfall von Religion in der Gegenwart ist die neuzeitliche Religionskritik. Davon wird in Studieneinheit 3 ausführlich die Rede sein. Aber das Thema ist auch in dieser einleitenden Studieneinheit wenigstens zu nennen.

Ludwig FEUERBACH hat in der wohl einschneidendsten Form der Religionskritik, die in vielen Varianten wiederkehrt, erklärt, Religion sei eine Projektion des Menschen. Das im menschlichen Bewußtsein sich zeigende Gefühl des Unendlichen werde in der Religion fälschlicherweise als eine Realität außerhalb des Menschen vorgestellt. Die andere Motivationskette für Religion liegt in den Wünschen des Menschen: „Was er selbst nicht ist, aber zu sein wünscht, das stellt er sich in seinen Göttern als seiend vor; die Götter sind die als wirklich gedachten, die in wirkliche Wesen verwandelten Wünsche des Menschen."[15]

Die Unterschiede in den Religionen sind demnach die im Menschen liegenden Unterschiede. Der Wendepunkt in der Geschichte wird eintreten, wenn es dem Menschen bewußt wird, daß der einzige Gott des Menschen der Mensch ist: Homo homini Deus (Der Mensch ist dem Menschen ein Gott). Die wahre Unendlichkeit des Menschen liegt im Ganzen der Menschheit selbst, in der menschlichen Gattung. Der Mensch ist deshalb Anfang, Mittelpunkt und Ende der Religion. Die durch die Religionen Gott zugeschriebenen Eigenschaften der Allmacht, Güte, Barmherzigkeit, Liebe sollen dem Menschen zurückerstattet werden. Das Wort: „Gott ist die Liebe" bedeutet: Die Liebe selbst ist Gott, und außer ihr ist kein Gott. Das Programm FEUERBACHS kann in seinen eigenen Worten ausgesprochen werden: „An die Stelle des Glaubens ist der Unglaube getreten, an die Stelle der Bibel die Vernunft, an die Stelle der Religion und Kirche die Politik, an die Stelle des Himmels die Erde, des Gebetes die Arbeit, der Hölle die materielle Not, an die Stelle des Christen der Mensch."[16]

Eine weitere Stufe der Religionskritik findet sich bei Karl MARX, der Religion als ideologischen Überbau über die ökonomischen und gesellschaftlichen Verhältnisse bestimmt und ihr die Funktion eines verklärenden und lähmenden Opiums zuschreibt. Religion sei Ausdruck des wirtschaftlichen Elends und zugleich ohnmächtiger Protest dagegen. Deshalb werde die Religion in der klassenlosen Gesellschaft von selbst aussterben. Um diesem Prozeß nachzuhelfen, empfehle es sich, die Religion nicht nur, wie es FEUERBACH tat, zu entlarven, sondern zu bekämpfen.[17]

Überaus wirksam geworden ist die Religionskritik im Namen der Psychoanalyse von Sigmund FREUD, der Religion zuerst als kollektive Zwangsneurose, später als Illusion und Wunschdenken erklärte.[18]

Tilman MOSER hat vor einiger Zeit ein Buch veröffentlicht mit dem provokatorischen Titel: *„Gottesvergiftung"*. Er gibt darin die Erfahrung wieder, daß viele seelische Erkrankungen darauf beruhen, daß Gott als eine allmächtige, tyrannische, niederdrückende, stets beobachtende und vergeltende, strafende, quälende Realität erfahren und durch eine Erziehung vermittelt wird, die das Bewußtsein vieler Menschen vergiftet.[19]

- *„Der Fels des Atheismus"*

Noch ein letzter Grund soll genannt sein, der den Ausfall von Religion in der Alltagswirklichkeit vieler Menschen bedingt und bewirkt hat. In Georg BÜCHNERS Drama *„Dantons Tod"* heißt es: „Warum leide ich? Das ist der Fels des Atheismus. Das leiseste Zucken des Schmerzes, und rege es sich nur in einem Atom, macht einen Riß in der Schöpfung von oben bis unten" (III,1).[20] Die Frage nach dem Sinn des *Leidens* stellt hier den Grund dar, an dem sich die Verneinung Gottes entzündet – ein viel tragfähigerer Grund als manche theoretischen Reflexionen; denn er rührt an die Mitte und den Grund menschlicher Existenz und greift in den ganzen Lebenszusammenhang ein. Zugleich ist diese Frage der Fels, an dem alle Vorstellungen vom allmächtigen und allgütigen Gott zerbrechen und aufsplittern können. Dies geschieht in folgendem bekannten Gedankengang: Entweder ist Gott nicht allmächtig, dann kann er nicht helfen; oder er ist nicht allgütig, dann will er nicht helfen. An dem Schrei und an der Frage: „Warum gerade ich?, warum gerade mir?" zerbricht das Bild von Gott, dem allmächtigen und allgütigen Vater.

Martin WALSER hat diesen Gedanken bei der Verleihung des Georg-Büchner-Preises so interpretiert: „Daran stirbt ihm sein Gott, daß er den Menschen nicht helfen kann. Büchner kann Menschen nicht leiden sehen, das ist alles. Ein Gott, der nicht hilft, ist keiner." Dem fügt WALSER hinzu: „Aber wenn dann keiner ist, schießt eben aus allem, was Zeit und Raum servieren, dieser Leere-Schrecken heraus."[21]

Ungleich eindrucksvoller als das scheinbare Argument des Astronauten: Das Weltall ist dunkel, ich habe Gott nicht gefunden, ist die These, „nach Auschwitz" könne man weder glauben noch beten. Oder wie es Dorothee SÖLLE formuliert: „Wie man nach Auschwitz den Gott loben soll, der alles so herrlich regiert, das weiß ich auch nicht. [...] Es führt kein Weg zurück zum Kindervater, der Wolken, Luft und Winden Wege, Lauf und Bahn gibt."[22]

---

13 Jean-Paul SARTRE: Die Wörter. Reinbek 1968, S. 142.

14 Jean-Paul SARTRE: Ist der Existentialismus ein Humanismus? Zürich 1947, S. 67.

15 Ludwig FEUERBACH: Sämtliche Werke. Bd. VIII. Hrsg. von W. BOLIN / F. JODL. Stuttgart-Bad Cannstatt 1959, S. 250.

16 Ludwig FEUERBACH: Sämtliche Werke. Bd. II. Hrsg. von W. BOLIN / F. JODL. Stuttgart-Bad Cannstatt 1959, S. 218f.

17 Karl MARX: Die Frühschriften. Hrsg. von S. LANDSHUT. Stuttgart 1953.

18 Die religionskritischen Schriften sind am leichtesten zugänglich in: Sigmund FREUD: Studienausgabe. Bd. IX. Hrsg. von A. MITSCHERLICH u. a. Frankfurt 1974.

19 Tilman MOSER: Gottesvergiftung. Frankfurt 1976.

20 Georg BÜCHNER: Werke und Briefe. Gesamtausgabe. Hrsg. von F. BERGEMANN. Wiesbaden 1958, S. 53.

21 Martin WALSER: Woran Gott stirbt. Rede vor der Darmstädter Akademie bei Entgegennahme des Georg-Büchner-Preises. *Süddeutsche Zeitung* vom 24./25. Oktober 1981.

22 Dorothee SÖLLE, zitiert bei H. GOLLWITZER: Von der Stellvertretung Gottes. Zum Gespräch mit D. Sölle. München 1967, S. 142.

Die in diesen Worten ausgesprochene Erfahrung hat für viele Menschen und damit für die Religion in der Alltagswirklichkeit eine nicht leicht zu überschätzende Plausibilität. Sie bewegt nicht nur den Verstand und das Denken, sie revolutioniert den ganzen Menschen mit der Kraft, ja der Wucht ihrer existentiellen Emotion. Sie ist in der Tat ein Fels, an dem kluge, allzu kluge Worte der Theologie abprallen oder zerbrechen (vgl. dazu STE 4: „Die Frage nach Gott und die Erfahrung des Leidens").

Nimmt man all diese Erscheinungen und ihre Gründe zusammen, die unsere Alltagswirklichkeit bestimmen, dann wird man sich des Eindrucks nicht erwehren können, daß diese weithin unreligiös bestimmt ist, daß BONHOEFFERS Wort sich erst jetzt voll zu erfüllen scheint: Wir gehen einer völlig religionslosen Zeit entgegen. Der Mensch lebt und verhält sich, als ob es Gott nicht gäbe.

(4) Skizzieren Sie kurz die Gründe, die zu einem weitgehenden Ausfall der Religion im Alltag geführt haben.

....

....

....

....

....

....

....

....

....

....

Ein Ausweg der Theologen: ein religionsloses Christentum

Angesichts dieser für die Religion, aber auch für die Theologie höchst bedrohlichen Situation hat man einen Ausweg gesucht, der diese Entwicklung ernst nimmt, ja sie sogar für notwendig erklärt und der dennoch für die Theologie einen Raum offenläßt.

Man glaubte, dieser Situation theologisch nur gerecht zu werden bzw. die in ihr liegende Herausforderung nur so annehmen zu können, daß man den christlichen Glauben von allem trennte, was Thema der Religion ist. Man proklamierte ein „religionsloses Christentum", indem man sagte, die gottlose, weltliche, religionslose Welt habe eigentlich erst an den Tag gebracht, worum es im christlichen Glauben geht: um das Bekenntnis zu dem Gott, der in der Welt ohnmächtig ist und der die Menschen durch seine Ohnmacht, durch sein Leiden, durch das Kreuz erlöst. Und eben diese Aussagen des christlichen Glaubens seien das genaue Gegenteil dessen, von dem die Religion spricht: von Gott, dem allmächtigen Schöpfer, der rettenden Zuflucht in menschlicher Not, aus der er befreien, in der er helfen kann. „Menschen gehen zu Gott in ihrer Not [...] Christen stehen bei Gott in Seinen Leiden" – so formuliert BONHOEFFER in einem Gedicht den Unterschied zwischen allgemeiner Religion und christlichem Glauben.[23]

Von diesem Programm aus hat eine bestimmte Richtung der Theologie ihre Aufgabe darin gesehen, den Inhalt des christlichen Glaubens „weltlich" zu interpretieren, was gleichzeitig zu einer weithin politischen Interpretation geführt hat: Erlösung heißt demzufolge Emanzipation, Befreiung aus unfrei machenden, repressiven Strukturen, bis hin zur gewaltsamen Änderung der Zustände, gegebenenfalls auch Revolution. Denn das Bestehende, so lautet die dieser Auffassung zugrunde liegende Überzeugung, bleibt immer hinter dem eigentlich gewünschten Idealzustand zurück; daher muß es verändert, das Negative überwunden werden. In den biblischen Begriffen „Gerechtigkeit", „Friede", „Heil", „Versöhnung" gehe es darum, innerweltliche, gesellschaftliche, politische Verheißungen und Aufgaben zu sehen und an ihrer Erfüllung zu arbeiten. Diese allein, nichts sonst, seien Absicht und Aufgabe des christlichen Glaubens. Gott, das ist die Konsequenz, sei nur die Chiffre für Mitmenschlichkeit und Erneuerung im Sinne einer radikalen Veränderung. Christ sein, christlich handeln bedeute politisch und sozial handeln. Die Funktion der Kirche bestehe darin, gesellschaftskritische Instanz und Vorhut sozialer Reformen zu sein.

In diesem Horizont war es auch möglich, daß sich eine „Theologie ohne Gott", eine „a-theistische" Theologie, eine „Theologie nach dem Tod Gottes" vorstellte, vor allem in Amerika, in „God's own country".

Diese Theologie übernahm die These heutiger Sprachanalytiker, daß Sätze mit Gott als Subjekt nicht verifizierbar und deshalb sinnlos seien. (Dieses Problem wird nochmals ausführlicher in STE 5: „Der Wahrheitsanspruch der Religion", aufgegriffen.) Sie vermied deshalb solche Sätze in ihrem Vokabular und meinte, damit dem Glauben einen Dienst zu tun. Die christliche Religion sollte im Grunde nur noch eine als Lebensregel gemeinte Orientierung an Jesus und seiner Existenz sein, die als „Dasein für andere" beschrieben wurde.

In all diesen Überlegungen wurde – im Bild gesprochen – die Vertikale: die Beziehung Mensch–Gott, in die Horizontale: Mensch–Mitmensch/Gesellschaft umgebogen. Das Kreuz als Verschränkung von Vertikale und Horizontale wurde durch den einen Querbalken der Horizontalen ersetzt. Damit verschwand das Kreuz. Übrig blieb die Horizontale als alleinige Dimension, als Bild des Menschlichen, das keine andere Verwiesenheit über sich hinaus zeigt – außer vom Ich zum Du und zum Wir, außer der Verwiesenheit des Einzelnen zur Gesellschaft, zur Geschichte, zur Welt oder zur Zukunft. Sie hatte keinen Raum mehr für die Vertikalität, für die religiöse Dimension, für jene anthropologische Bestimmung, die besagt, daß „vom Menschen reden" zugleich auch „von Gott reden" bedeutet, daß Gott aber weder Welt noch Menschheit noch Zukunft meint, sondern die unwelthafte, ungegenständliche, alles bestimmende Wirklichkeit.

In dieser Situation war es fast verpönt, religiöse Vokabeln zu gebrauchen, Begriffe wie „Gebet", „Gottesdienst", „Kult", „Seele", „Person", „Fest", „Feier", „Opfer". Es wurde vorgeschlagen, den Namen und das Wort „Gott" fallenzulassen, weil es im Grund durch andere ersetzt werden könne oder müsse, zum Beispiel durch das Wort „Mitmenschlichkeit" oder das „‚Woher' meines ‚Ich darf' oder ‚Ich soll'". Das Wort „Gott" sei total verbraucht und abgenutzt und stelle ein Relikt aus überholten paternalistischen und feudalistischen Strukturen dar. Aus der Bibel wurde als wichtig nur beachtet, was in dieses Konzept paßte und entsprechend interpretiert werden konnte: der Exodus aus Ägypten als Befreiungsgeschichte, als immerwährendes Modell, wie der Glaube sich zu bewähren habe, wie er zugleich glaubwürdig und aktuell werden könne; von den Propheten erfreute sich Amos als Ankläger sozialer Ungerechtigkeit besonderer Vorliebe. Aus dem Neuen Testament wurde die Gestalt Jesu als des revolutionären Kämpfers gegen Establishment und Institution, als „Jesus in schlechter Gesellschaft" (A. HOLL) zum verbindlichen Vorbild gemacht.

Viele Christen erkannten in dieser Konzeption eine äußerste Bedrohung für das Fundament christlichen Glaubens und christlicher Existenz. Mit Recht. Denn was soll das Christliche, in dessen Mitte eine konkrete Aussage über Gott und sein Reich steht, über Gott und seine Zuwendung zum Menschen, über Gott und seine

23 Dietrich BONHOEFFER: Widerstand und Ergebung, a.a.O., S. 246f.

Geschichte, die in seiner Selbsterschließung in Jesus Christus ihren Höhepunkt findet, wenn der Mensch durch den Entzug bzw. durch die Abwesenheit des Religiösen jedes Gespür für das eingebüßt hat, was Religion eigentlich meint: Darstellung und Ausdruck der zum Menschen gehörenden Verwiesenheit über sich hinaus zum Grund und Ziel seiner selbst, zu jener alles bestimmenden Wirklichkeit, die in allen Sprachen „Gott“ genannt wird.

Wenn der Ausfall der Religion die Alltagswirklichkeit und die Religion in der Alltagswirklichkeit tatsächlich im ganzen bestimmte, dann brauchte man dieses Studienbuch erst gar nicht zu beginnen; es hätte verloren, auf was es sich beruft und bezieht: die Religion. Das bedeutet aber: Die Alltagswirklichkeit ist durch das bisher Gesagte nicht in allem und nicht im ganzen bestimmt. Es zeigen sich auch andere Phänomene. Und von diesen sei im folgenden die Rede.

(5) Analysieren Sie das Konzept des „religionslosen Christentums“.

....

....

....

....

....

....

....

....

....

....

....

....

....

....

....

Die Präsenz von Religion in der Alltagswirklichkeit

Das Wahrnehmen von Religion im Alltag erfordert zunächst eine phänomenologische Betrachtung von Tatsachen, die zu Recht religiös interpretiert werden können. Im folgenden sind Phänomene beschrieben, die Aufschluß über neuere religiöse Entwicklungen zu geben vermögen.

Die Statistik

Nach den neuesten Erhebungsdaten der Meinungsforschung bezeichnen sich ungefähr 50% der Bevölkerung der Bundesrepublik Deutschland als noch „religiös interessiert“. Sosehr soziographische Untersuchungen gerade in dieser Frage, die innere Einstellungen und Motivationen betrifft, problematisch sind – keine Frage ist, daß Religion nach wie vor ein Gesprächsthema ist, wenngleich nicht gerade ein zentrales: nur 15% der Befragten nennen Religion und Glauben als „häufiges“ Gesprächsthema. Daraus ergibt sich, daß die ausdrückliche und häufige Beschäftigung mit religiösen Fragen im Augenblick an den Rand gerückt ist. Andere Themen wie Beruf, Freizeit und Gesundheit stehen hier an vorderer Stelle:

Grafik 1: Themen, über die sehr oft gesprochen wird

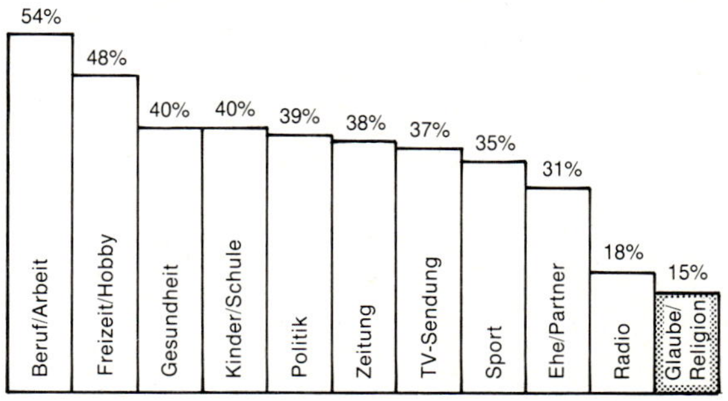

Allerdings verschiebt sich dieser Eindruck, wenn immerhin 38% von der Gesamtheit der Befragten angeben, „gelegentlich“ über religiöse Fragen zu sprechen. Selbst bei Personen, die der Kirche fernstehen, liegt der entsprechende Anteil bei 39%:

Grafik 2: Häufigkeit, mit der über das Thema „Glauben/Religion“ gesprochen wird

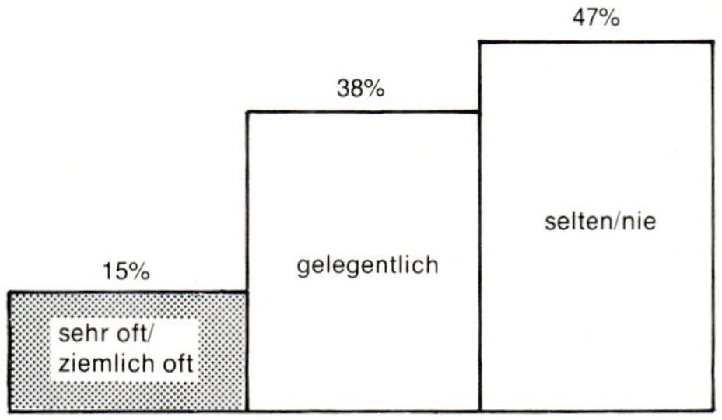

Unter Jugendlichen (14–19 Jahre) bilden Religion und Glaube für 39% „oft“ bzw. „gelegentlich“ Gegenstand ihres Gesprächs. Für einen nicht unbeträchtlichen Teil der Bevölkerung werden Wert- und Normvorstellungen also nach wie vor von religiösem Gedankengut geprägt. Dennoch sind nicht nur religiöses Wissen, sondern auch religiöse Gewohnheiten, die für das Leben von Bedeutung waren, im Schwinden begriffen.[24]

Dabei müßte allerdings hinzugefragt werden, ob dieses Schwinden die Religion als solche betrifft oder ob es nicht vielmehr gewisse Lebensbezüge meint, die früher von der Religion bestimmt waren, aber inzwischen eine eigenständige Bedeutung gewonnen haben. Dadurch könnte sogar eine Entlastung für den eigentlichen Kern der Religion gewonnen werden, die immer noch mehr und anders ist als die Summe aller ihrer Funktionen.

Das Leitthema der Frankfurter Buchmesse 1982 lautete: „Religion von gestern – in der Welt von heute“. Ein solcher Titel wäre noch vor wenigen Jahren undenkbar gewesen. Er wäre nicht gewählt worden, wenn man heute in Fragen der Religion nur „Fehlanzeige“ zu machen hätte. Religion ist wieder gefragt, ist wieder Thema – nicht nur für religiöse Fachleute, sondern als Tages- und Tagungsthema. Der Titel: „Religion von gestern“ will nicht besagen, daß die Religion von gestern sei, im Sinne von abgetan, antiquiert; er will vielmehr darauf hinweisen, daß und wie sehr in der Welt von heute die Kraft und Inspiration einer durch Religion bestimmten Überlieferung wirksam bleiben.

24 Vgl. die Ergebnisse der von ARD und ZDF gemeinsam mit der evangelischen und katholischen Kirche 1981/82 durchgeführten Repräsentativstudie „Kirche und Glauben“. *Funkkorrespondenz* 30 (1982), Nr. 51/52.

Die Beschäftigung mit Religion und Religionsgeschichte

Heute beschäftigen sich viele Menschen mit dem Thema „Religionen" und „Religionsgeschichte". Dabei finden die Naturreligionen, die östlichen Religionen und neuestens der Islam ein besonderes Interesse. Sie weisen darauf hin, daß es in weiten außereuropäischen Bereichen auch heute noch eine intensive Verbindung von Religion und Alltagswirklichkeit gibt. Im Iran des Ayatollah KHOMEINI wird in extremer Weise ein alles bestimmender Religions- und Glaubensstaat errichtet. Aber auch mitten unter uns geben etwa türkische Gastarbeiter davon Zeugnis, wie sehr für sie der Islam und seine Praktiken und Weisungen zur Alltagswirklichkeit gehören. Gewiß ist bei der Beschäftigung mit fremden Religionen oftmals nicht nur religiöse Motivation, sondern auch oberflächliche Neugier im Spiel, Interesse an Merkwürdigkeiten und Besonderheiten. Aber daß überhaupt das Interesse vieler Menschen von heute religiösen Phänomenen gilt, ist auffallend und zeigt wiederum, daß und wie sehr der Mensch auf diese Dimension angewiesen ist. Wenn er sie im bisherigen abendländischen, christlichen Bereich – aus welchen Gründen auch immer – nicht mehr zu finden glaubt, dann sucht er sie anderswo. Aber daß er solche Orientierungen überhaupt sucht und daß er das religiöse Suchen nicht einfach einstellt, ist bemerkenswert genug.

Es mag vielleicht seltsam erscheinen, daß Menschen aus dem Bereich einer angestammten christlichen Religion, einer christlichen Kirche ausziehen, um anderswo das religiöse Heil zu suchen. Man sollte den Grund oder gar die Schuld dafür nicht sofort in der Unkenntnis oder in der Undankbarkeit der Menschen suchen. Die Christen und die Kirchen sollten auch fragen, ob es nicht Mängel, Ausfallserscheinungen bei ihnen selbst sind, die möglicherweise einen solchen Auszug bewirken: Mangel an Stille, Innerlichkeit, Schweigen, Mangel an Brüderlichkeit, Gemeinschaft, Solidarität. Haben vielleicht Christen und Kirchen bei sich selbst das spezifisch Religiöse und seine vielfältigen Äußerungen zu wenig bedacht, angeboten und verwirklicht, zugunsten anderer, manchmal beengender, lähmender Elemente: der Organisationen, der Institutionen und ihres immer perfekteren Ausbaus, zugunsten auch des politischen Einflusses? Der oft außerhalb des Christlichen gesuchte Aufbruch des religiösen Geistes müßte auch eine heilsame Besinnung und eine heilsame Rückwirkung auf das Christliche, auf die Kirchen mit sich bringen.

Ein anderer Effekt könnte auch darin bestehen, daß eine nähere Bekanntschaft mit religiösen Praktiken der Fremdreligionen eine gewisse Ernüchterung, eine „Entmythologisierung" und eine neue Sicht der christlichen Religion bewirkt, die man um des Religiösen willen verlassen zu sollen glaubte. Man entdeckt vielleicht, daß es nicht nötig war, um des Religiösen willen aus dem Raum des Christlichen, aus dem Bereich der Kirchen auszuwandern. Die Verantwortlichen erkennen vielleicht darin eine neue Aufgabe, im Bereich des Christlichen übersehene oder verkannte religiöse Ausdrucksformen wieder zu entdecken, ins Licht zu heben, um in neuer Weise davon Zeugnis zu geben.

Die Volkskirche

Ein eigenes Thema dieses Studienbandes wird das Thema „Volkskirche und neue Religiosität" sein (STE 25). Dies weist darauf hin, daß Kirche im Volk, in der Öffentlichkeit gegenwärtig ist, nicht nur durch die Kirchen – als Kirchenbauten verstanden –, sondern durch das gelebte Leben der Gläubigen. Die frühere Tatsache, daß Religion und Volk oder Volk und Kirche zusammenfielen, ist heute allerdings nicht mehr gegeben. Gewiß, Kirche und Kirchlichkeit sind nicht identisch mit Religion, aber sie sind davon auch nicht getrennt. Man kann zwar Religion nicht nur am gottesdienstlichen Leben messen – andererseits ist dieses aber zweifellos Ausdruck von Religion und Religiosität. Es ist bemerkenswert, daß sich in der Bundesrepublik Deutschland Sonntag für Sonntag Millionen zum Gottesdienst versammeln – eine Zahl, die an großen Feiertagen wie Weihnachten und Ostern noch erheblich zunimmt.

Abb. 3: Ostermesse im Alltag

Ennio Iacobucci

Bereit zur Kommunion, nehmen die Bewohner der römischen Vorstadt Casal de'Pazzi in einer unfertigen Ladenstraße an der Ostermesse teil, die im Freien abgehalten wird, solange die Kirche noch im Bau befindlich ist.

Aus: Die Gemeinschaft. Time-Life. Amsterdam 1977, S. 123.

Zweifellos gibt es einen Rückgang der Gottesdienstbesucher in allen christlichen Kirchen; das ist für die Kirchen selbst ein Gegenstand großer Sorge und vertiefter Bemühung. Hier ist aber auch hinzuzufügen, daß heute zahlreiche Gottesdienste im Unterschied zu früher zeitgemäßer sind und daß die Teilnahme der Gottesdienstbesucher bewußter, aktiver und lebendiger geworden ist. Davon können neue Impulse ausgehen.

Die Dienste der Kirchen im Leben der Menschen, besonders an den Wendepunkten des Lebens, werden von der überwiegenden Mehrheit der Christen wahrgenommen: die Taufe, das Abendmahl, die Feier der Versöhnung und Buße, die kirchliche Eheschließung und das kirchliche Begräbnis. Gewiß, alle diese Dienste werden nicht mehr so selbstverständlich hingenommen wie früher, wo die Volkskirche als Identität von Kirche und Volk gegeben war. Es gibt Reserven hiergegen, Verzichte und Unterlassungen. Bei manchen erfolgt die Annahme der Dienste der Kirche mehr aus Gewohnheit und Tradition denn aus Überzeugung. Aber man darf solches Brauchtum auch nicht verächtlich machen oder geringschätzen. Oftmals können solche Gelegenheiten Anknüpfungspunkte für ein bewußtes und intensiveres religiöses Leben werden. Überdies ist es kennzeichnend, daß kirchliche Handlungen nicht einfach vollzogen werden, sondern daß ihnen in den meisten Fällen Gespräche vorausgehen, die vermittelnd und sinnerschließend sein können.

Wie die Situation konkret aussieht, zeigt die neueste Statistik der Evangelischen Kirche in Deutschland: Nach wie vor werden fast alle Kinder evangelischer Eltern getauft, der weitaus größte Teil getaufter Kinder wird konfirmiert, 69% der evangelischen Hochzeitspaare lassen sich kirchlich trauen, und 94% der gestorbenen Gemeindemitglieder werden nach einer kirchlichen Trauerfeier beigesetzt. Dies geht aus der Statistik für 1981 hervor. Danach gehörten den 17 Mitgliedskirchen der EKD mit ihren 10661 Gemeinden Ende 1981 knapp 25,9 Millionen Mitglieder an. Den Besuch der sonntäglichen Haupt- und Kindergottesdienste gibt die EKD mit durchschnittlich 1,4 Millionen Gläubigen an. Er blieb damit seit 1974 nahezu konstant. An Feiertagen waren es mehr; das galt vor allem für den Heiligen Abend, an dem 1981 fast 6,7 Millionen zu Christvespern und Metten gingen.[25]

Mehr noch als das gottesdienstliche Leben der Kirche findet ihr caritatives, soziales, diakonisches Wirken Zustimmung, Respekt und Anerkennung – angefangen vom Kindergarten über Kinderheime und Krankenhäuser bis zu Altersheimen und Pflegeheimen. Hier wird Religion als konkrete Praxis gegenwärtig. Diese Aufgaben werden heute allerdings nicht nur von den Kirchen, sondern auch vom Staat erfüllt, aber dennoch sind die caritativen und diakonischen Dienste der Kirchen innerhalb der Gesellschaft nicht nur erwünscht, sondern fast unverzichtbar.

Ebenso findet das weltweite Engagement der Kirchen für die Dritte Welt Anerkennung, so die Werke „Brot für die Welt“, „Adveniat“, „Misereor“. Noch mehr könnte es Zustimmung finden, wenn sich die Kirche etwa in Lateinamerika bewußt auf die Seite der Armen stellt, wenn sie sich zur Stimme der Stimmlosen macht, wenn sie sich engagiert gegen Gewalt, Unterdrückung und Ungerechtigkeit, gegen unsoziale Strukturen, gegen die Folter.

Das Interesse an Jesus von Nazaret

Ein weiteres Zeichen der Gegenwart des Religiösen in der Alltagswirklichkeit ist die auffallende Tatsache, daß Jesus von Nazaret Thema und Gegenstand vielfältiger Bemühungen in Kunst, Literatur und Philosophie geworden ist und daß seine Gestalt im allgemeinen mit Verehrung, Bewunderung und Liebe bedacht wird. Dies geschieht gewiß in vielfachen Schattierungen, und diese kommen keineswegs alle von jenem ungebrochenen Licht, das von Jesus ausgeht; oftmals wird er nur zum Repräsentanten und zum Modell eigener Vorstellungen. Aber es ist erstaunlich, daß es gerade Jesus ist, dem diese beispielgebende Bedeutung zuerkannt wird.

Neben der Literatur ist es die *Philosophie,* die Jesus zum Thema ihrer Reflexion macht, erstaunlicherweise auch die marxistische Philosophie, wie sie zum Beispiel in Ernst Blochs *„Das Prinzip Hoffnung“*[26] begegnet, wie sie Milan Machoveč in seinem Buch *„Jesus für Atheisten?“*[27] vertritt oder bei Roger Garaudy, von dem die Sätze stammen: „Dieses Leben, dieser Tod [Jesu Christi] ist uns Menschen über die zeitbedingte Form des Bildes hinaus das höchste Modell der Freiheit und der Liebe, der Offenheit für eine unendliche Bestimmung.“[28] Sein Werk *„Parole d'homme“* schließt mit den Worten: „Leben nach dem Grundsatz des Seins: der Liebe. Das Kreuz hat mich ihre Entsagungen gelehrt. Die Auferstehung die Überwindungen. Ich bin Christ.“[29] Machoveč und Garaudy wurden aus der Kommunistischen Partei ausgeschlossen und verloren ihre Stellung, wohl nicht zuletzt infolge von Äußerungen wie diesen. Aber sie kamen von ihren ursprünglichen Voraussetzungen aus – die gewiß von der Partei verworfen wurden – zu dieser Sicht des Jesus von Nazaret.

Eine besondere Bedeutung kommt Jesus in der „Jesus-People-Bewegung“ zu, wenngleich ihr Höhepunkt in Amerika und Europa bereits überschritten ist. Diese Bewegung ist in den sechziger Jahren in Nordamerika entstanden, als Protest gegen den von Technokratie, Leistung und Konsum sowie vom Fortschrittsdenken geprägten „American way of life“, aber ebenso als Ablösung der sozialrevolutionären Bewegungen und als Befreiung von der Glücksverheißung der Drogen. „Jesus ist der beste Trip!“ Er schenkt Befreiung von Angst, Einsamkeit und Sinnleere. Andere berühmte Kurzformeln heißen: „Wenn dein Gott tot ist, nimm meinen!“ „Jesus lebt!“ „Schalt um auf Jesus!“ Daraus kann ein Gebet werden wie: „Komm für die, die Marihuana rauchen, und zu denen, die reden, reden, reden. Komm zu den Menschen, die immer noch meinen, die Welt sei doch o.k.“[30]

Gewiß, man kann über diese Bewegungen sehr geteilter Meinung sein. Ihre Parolen sind keineswegs neu. Erstaunlich ist aber auf jeden Fall, daß Jesus heute aktuell und faszinierend ist wie eh und je und daß er eine lebensbestimmende Wirkung ausübt auf eine Generation, die man gern als „verlorene“ bezeichnet und so einstuft, als sei sie religiös abzuschreiben. Damit soll die Einseitigkeit des hier vorgestellten Jesusbildes – oft nach dem Bild und Gleichnis der Hippies – nicht übersehen oder verschwiegen werden. Nicht weniger einseitig wäre es aber auch, darin eine Verspottung oder eine Verhöhnung Jesu zu sehen. Vielleicht ist es möglich, von einem einseitigen Bild Jesu zur Ganzheit seiner Gestalt zu finden; auf jeden Fall gelingt es auf diese Weise mehr und eher, als wenn überhaupt kein Bild von Jesus lebendig wäre. Vielleicht eröffnet sich von hier aus auch ein neuer Weg in die Gemeinschaft der Kirche, obwohl gerade die Jesus-People-Bewegung ihr „Ja“ zu Jesus mit dem „Nein“ gegen die Kirchen verbindet. Das ist eine Herausforderung, zugleich aber auch eine Aufgabe für die Kirchen.

---

25 Ergebnisse der Statistik über das kirchliche Leben in den Gliedkirchen der EKD im Jahre 1981. *Amtsblatt der evangelischen Kirche in Deutschland* (Statistische Beilage, Nr. 70), Heft 3 vom 15. März 1983.

26 Ernst Bloch: Das Prinzip Hoffnung. Frankfurt 1959, S. 1482ff.

27 Milan Machoveč: Jesus für Atheisten? Gütersloh 1980.

28 Zitiert bei Heinrich Fries: Zeitgenössische Grundtypen nichtkirchlicher Jesusdeutungen. In: J. Gnilka (Hrsg.): Wer ist doch dieser? Die Frage nach Jesus heute. München 1976, S. 76.

29 Roger Garaudy: Menschenwort (Parole d'homme). Ein autobiographischer Bericht. Wien/München/Zürich 1976, S. 223. (Inzwischen ist G. zum Islam übergetreten.)

30 Belegt bei Heinrich Fries: Zeitgenössische Grundtypen nichtkirchlicher Jesusdeutungen, a.a.O., S. 64f. – Vgl. auch Hans Küng: Christ sein. München 1974, S. 125–130.

Abb. 4: Jesus-Begeisterung auf einem Pop-Festival in den USA

In dieser dreitägigen Veranstaltung wurden, den Organisatoren zufolge, „125000 Leute aller Altersstufen von der Sünde weg zu Gott erweckt".

Aus: Die Welt des Christentums. Hrsg. von G. BARRACLOUGH. München 1982, S. 290.

Kirchentage

Religion und Religionen sind Thema und Inhalt vieler Bewegungen und Gruppen der heutigen Jugend.
Auffallend ist, daß sowohl die Evangelischen Kirchentage wie die Katholikentage vor allem auf die Jugend eine große Ausstrahlung ausüben.[31] Ihre Beteiligung gibt diesen Veranstaltungen oft das Gepräge. Gewiß ist damit noch kein Bekenntnis zur Kirchlichkeit im spezifischen Sinn abgelegt: Das Verhältnis zur Kirche als Institution bleibt gerade auch bei Veranstaltungen dieser Art oft distanziert, wie es in der Formel: „Religion Ja – Kirche Nein!" zum Ausdruck kommt. Andererseits wird aber bei diesen kirchlichen Veranstaltungen das spezifisch Religiöse gesucht: Meditation, Stille, Kommunikation.

31 Deutscher Katholikentag München 1984. Hrsg. vom Zentralkomitee der Deutschen Katholiken. Paderborn 1984, sowie: Deutscher Evangelischer Kirchentag Düsseldorf 1985. Dokumentarband. Hrsg. im Auftrag des Präsidiums des Deutschen Evangelischen Kirchentages. Stuttgart 1985 (erscheint im Dezember 1985).

Darüber hinaus wird erkannt und bekundet, daß politische Fragen wie die nach Frieden, Gerechtigkeit, reichen und armen Völkern, Dritter Welt usw. nicht nur rein politisch und diplomatisch gelöst werden können, sondern mit religiösen Prinzipien, Erfahrungen und Motivationen in Verbindung gebracht werden müssen.

Taizé

Für die Gegenwart der Religion in der Alltagswirklichkeit gerade junger Menschen gibt es einen Ort, der inzwischen Symbol geworden ist: Taizé. Ein kleiner Ort in Burgund ist zu einer Stätte des religiösen, im besonderen auch des christlichen Aufbruchs geworden. Ohne die eigentliche Absicht der dort lebenden Brüder wuchs Taizé zu einem Treffpunkt von Tausenden von Jugendlichen.
Gerade das wirklich Religiöse ist es, was die Faszination von Taizé ausmacht: der Gottesdienst, das Stundengebet, die Eucharistie, das Schweigen, die Kontemplation, das Lied, in vielen Sprachen und einer Melodie, die im Religiösen gefundene Gemeinsamkeit, die gegenseitige Annahme, die absichtslos wächst wie das Samenkorn im Gleichnis Jesu (Mk 4,26–29). Daß dies alles nicht nur ein vorübergehendes Erlebnis ist, zeigt die Tatsache, daß die jungen Menschen wiederkommen, daß sie den Geist und die Inspiration von Taizé zur Form ihres Lebens machen, daß sie andere Menschen für die gleichen Ziele zu gewinnen suchen. Dabei dient das Religiöse keineswegs nur der eigenen Selbsterbauung. Taizé verbindet, wie es der Titel einer Schrift von Roger SCHÜTZ sagt, „Meditation und Engagement", Meditation und Kampf, und zwar Kampf gegen alle Formen des Bösen, damit „der Mensch nicht mehr Opfer des Menschen werde", wie es das Programm des Konzils der Jugend sagt.[32]

„Nach Auschwitz"

Einer der schwersten und am tiefsten wirkenden Einwände gegen den in der Religion praktizierten Gottesglauben lautet, in der Formulierung von Dorothee SÖLLE: Wie man nach Auschwitz noch soll glauben und beten können, das weiß ich nicht.

Die Antwort auf diese Frage darf man sich nicht zu leicht machen, denn es könnte wie eine Beleidigung der Opfer aussehen. Ohne Zweifel gab es dort die totale Verzweiflung, die Trostlosigkeit und Verlassenheit des Rufes: „Wo bleibst du, Gott? Warum hast du mich verlassen?" oder auch die Überzeugung: „Wo solches geschieht, was und wie es hier geschieht, ist Gott gestorben, wenn es je einen Gott gegeben hat." Über solche Aussagen steht niemand ein Urteil zu.
Dennoch gilt: Auch in Auschwitz ist geglaubt und gebetet worden. Unvergeßlich ist eine Szene aus dem Film *„Holocaust"*. SS-Leute hatten Juden in eine Holzbaracke gesperrt, diese mit Benzin übergossen und dann angezündet. Aus den Flammen hörte man den uralten jüdischen Gebetsruf: „Höre, Israel, der Herr, unser Gott, ist der einzige Herr."
Eine noch tiefere Antwort auf diese Situation des Leidens gibt der christliche Glaube in seinem Bekenntnis zu Jesus, als dem Gekreuzigten. Hier wird offenbar, wie sehr das Kreuz allen menschlichen Vorstellungen von Gott, wie Gott sein müßte und wie er handeln sollte, entgegengesetzt ist. Das bedeutet: Kreuz und Tod sind christlich gesehen und gedeutet nicht das Zeichen der Abwesenheit oder des Todes Gottes, sondern ein Ort, da Gott dem Menschen und der Mensch Gott begegnen kann. Wenn Gott wirklich Gott ist, nämlich die, wie wir sagten, „alles bestimmende Wirklichkeit", dann kann der Tod für ihn keine Grenze sein, sondern Zeit und Ort seines Kommens und Handelns. Ungezählte Christen bis zum heutigen Tag sind in der Nachfolge des Gekreuzigten diesen Weg gegangen.

32 Frère ROGER: Kampf und Kontemplation. Freiburg 1973.

Auf Dorothee Sölles Wort: Es gibt nach Auschwitz kein Zurück mehr zum Kinderglauben, zu Gott, „der alles so herrlich regieret", hat der evangelische Theologe Helmut Gollwitzer folgendes geantwortet:

„Was soll damit gesagt sein? Es weiß jeder, der in dieser Zeit nicht schläft, daß die Choralstrophen, auf die hier angespielt wird, daß die tradierte Rede vom Gottvertrauen, vom Vater im Himmel die übelste Ausflucht, die kaltherzigste Bagatellisierung sein kann, den Gemarterten wie ein Hohn in den Ohren klingend, und daß das Hohnlachen, mit dem solche Phrasen beantwortet werden, das Hohnlachen Hiobs sein kann. Aber diese Worte selbst? Sind sie durch falschen Gebrauch unwahr geworden? Sind sie durch die geschehenen und noch kommenden Greuel unseres Jahrhunderts unwahr geworden? Wieso ‚führt kein Weg zurück' zu ihnen? Sind sie heute unwahr, dann waren sie auch früher unwahr, auch während der Greuel des 30jährigen Krieges, die dem, was diese Lieder sagen, nicht weniger widersprechen als die Greuel von Auschwitz, von Hiroshima und von Vietnam. War die Zumutung, inmitten der Greuel, der wahnwitzigen Zufälle, der Preisgegebenheit an die Grausamkeit der Mächtigen, inmitten dieser Welt ohne Gott, der Verheißung, dem ‚Ich werde da sein' zu trauen, denn damals geringer als heute? War Gottvertrauen damals eher eine Möglichkeit als heute? Was mir an jenen Sätzen – ich muß es gestehen – zuwider ist, ist die Abwertung, die Mißachtung, die sie enthalten: als ob solche Lieder früherer Jahrhunderte, als ob die Rede von Gottes Führung, Regierung und Vaterschaft simpler Gedankenlosigkeit und naivem Optimismus ihre Entstehung verdankten. Sie sind gebetet in extremis, in härtesten Anfechtungen, sie kennen die Hiob-Situation, sie sprechen im Angesicht der Gottverlassenheit von Golgatha, sie finden die eigene Gottverlassenheit auf Golgatha wieder und wiederholen sich in sie hinein die österliche Antwort, das ‚Ich bin da' als Verheißung. [...] Wer meint, ‚wir heute' könnten nicht mehr so beten, sagt damit, die damals hätten das Grauen der Welt weniger erfahren, und behandelt sie als ahnungslose Kinder; er sagt damit, die Hoffnung der Damaligen sei eine Illusion gewesen, die sich nur innerhalb gewisser Grenzen aufrechterhalten lasse, oder die Väterlichkeit Gottes sei eine Annahme, die an sonnigen Tagen und aus leichtgläubigen Kinderherzen entstehe, aber an den Belastungsproben unseres Jahrhunderts zerbreche. Er verkleinert die früheren Belastungsproben, um die Unmöglichkeit des Gebets für uns heute zu erweisen, und stellt damit die Verheißung als eine begrenzte hin, als eine, die nur am Kreuz vorbei, nicht aber in der Nacht des Kreuzes ihre Gültigkeit hat. Indem der Glaube an die Zusage von Gottes gegenwärtiger Vatergüte für uns heute als *Unmöglichkeit* erklärt wird, zeigt sich, daß man ihn bei den Menschen früherer Zeiten für eine *Möglichkeit* hält.

Dem widerspricht der christliche Glaube fundamental. Er ist keine menschliche Möglichkeit; der Gott des christlichen Glaubens ist nicht ein möglicher Gott, der als Ergebnis möglicher menschlicher Betrachtungsweisen verstehbar wäre. Daß er alles so herrlich regiert, ist kein mögliches Fazit aus der Betrachtung des Weltlaufs; das Vertrauen auf ihn ist nicht eine mögliche Verhaltensweise, erklärbar bei Leuten, die noch keine schlimmeren Tage gesehen haben und von Gaskammern, Napalm und Nuclear-Krieg noch nichts wissen. Der, dessen Verheißung uns in der biblischen Verkündigung zugerufen wird, ist ein unmöglicher Gott; ihn als Vater zu erkennen, zu lieben und anzurufen, war früher ebenso wie heute ‚nicht durch eigene Vernunft noch Kraft' möglich, sondern durch die dem Augenschein widersprechende und zum Widerspruch gegen den Augenschein erweckende und ermächtigende Kraft des Verheißungswortes selbst, durch den Geist dieses Wortes, den Heiligen Geist.

Damit wird der Unterschied der Zeiten durchaus relativiert. Was heute unmöglich ist, war es früher auch; was früher möglich war, ist es auch heute."[33]

(6) Durch den Gollwitzer-Text haben Sie eine Weise kennengelernt, wie man zu der Bestreitung der Möglichkeit von Religion heute Stellung nehmen kann. Versuchen Sie am Ende dieses Kapitels der Frage nachzugehen, an welchen Gegebenheiten religiöse Elemente der Alltagswelt belegt werden können.

....

....

....

....

....

33 Helmut Gollwitzer: Von der Stellvertretung Gottes. Zum Gespräch mit Dorothee Sölle. München 1968, S. 142–144.

Gründe für die bleibende Gegenwart der Religion

Wir sprachen von den Anzeichen für den Ausfall von Religion sowie von deren Präsenz im Alltag. Nun wollen wir von den *Gründen* reden, die zeigen, daß Religion auch in der heutigen Alltagswelt gegenwärtig ist, daß wir also nicht, wie Bonhoeffer meinte, einem völlig religionslosen Zeitalter entgegengehen.

Der Mensch, das nicht eindimensionale Wesen

Der Mensch, auch der Mensch der Gegenwart, der Mensch in der Alltagswirklichkeit, ist das nicht eindimensionale Wesen, das heißt: das Wesen, das sich mit der vorfindbaren und früher geschilderten Alltagswirklichkeit einfach abfindet und gleichsam mit ihr identisch wird. Er begnügt sich nicht mit dem Vorhandenen, mit bloßen Fakten und Zahlen, mit dem, was der Fall ist, mit dem „Man" oder auch mit der Errungenschaft von Wissenschaft und Technik – so unverzichtbar sie sind –, er ist auch nicht einfach zu programmieren auf Prestige, Leistung, Haben, Konsum, Lustgewinn, Arbeit und Freizeit. Die Bibel sagt dafür: „Der Mensch lebt nicht vom Brot allein" (Mt 4,4; Dtn 8,3).

Der Mensch ist auch mehr als das Ensemble gesellschaftlicher und wirtschaftlicher Faktoren. Das bedeutet für unsere Fragestellung: Die Unruhe des menschlichen Geistes in seinem Fragen und Erkennenwollen, die Ruhelosigkeit menschlichen Wollens und Strebens, die nirgendwo in der endlichen Welt und Wirklichkeit den Ort einer endgültigen Erfüllung und Verwirklichung findet, sondern den Menschen, wie Pascal meint, unendlich übersteigt, die Unbedingtheit, die im Bereich und in den Funktionen des menschlichen Gewissens und der Verantwortung begegnet, in jenem seltsamen Ruf, der „aus mir und zugleich über mich" kommt, die Sehnsucht nach dem „ganz Anderen", von der Max Horkheimer am Ende eines an Erkenntnissen und Erfahrungen reichen Lebens spricht[34] – all diese Phänomene wären unbegreiflich und unbegründet, wären die Welt und die Umwelt, die Geschichte und die Gesellschaft, die unsere Alltagswirklichkeit bestimmen, die einzige uns angehende Wirklichkeit.

Das heißt aber: Die Alltagswirklichkeit ist mehr und anders als die bloße Welt der Tatsachen. Dieses mehr und anders wird nicht künstlich über die Alltagswirklichkeit gestülpt, es ist vielmehr mitten in ihr anwesend und gegenwärtig und führt zugleich über sie hinaus. Dieses sogenannte „Transzendieren" trifft jene alles bestimmende Wirklichkeit, die Gott genannt wird, auf die sich Religion bezieht, wodurch sie betroffen wird.

Das Problem der Ethik

Heute erwacht in besonderer Intensität die Erkenntnis, die nach Ansicht des Philosophen Ludwig Wittgenstein darin liegt, daß dann, wenn alle wissenschaftlichen Probleme gelöst sind, die Lebensprobleme erst anfangen.[35] Aber die Lösung der Lebensprobleme kommt nicht aus der Technik, dem Labor, dem Computer, der Naturwissenschaft, sondern aus einer anderen Orientierung. Die damit gemeinte Thematik kann man so umschreiben: *Wir leben in einer Zeit perfekter Mittel und verworrener Ziele.* Wir vermögen die Erde zu umkreisen, auf dem Mond zu landen; es ist möglich geworden, daß sich Weltraumfahrer im Weltall begegnen und die

34 Max Horkheimer: Die Sehnsucht nach dem ganz Anderen. Ein Interview mit Kommentar von H. Gumnior. Hamburg 1970.

35 Ludwig Wittgenstein: Tractatus logico-philosophicus 6.52. Frankfurt [13]1978.

Hände reichen; aber wie schwierig ist es, die nächstliegenden Probleme auf der Erde zu lösen: die Schaffung des Friedens und der Gerechtigkeit, die Überwindung der Armut, des Hungers, der Unwissenheit, die Lösung der Probleme der Beziehungen zwischen den Generationen, den Geschlechtern, den Völkern, den Konfessionen, den Religionen, den politischen Anschauungen.

Damit sind Probleme angesprochen, die Fragen nach der Orientierung, der Zielsetzung, der Verantwortung, der Gemeinschaft unter den Menschen auslösen. Solche Fragen beanspruchen eine Ethik, die ihrerseits einer letzten Begründung bedarf, soll sie nicht in ein Spektrum möglicher und beliebiger Perspektiven auseinanderfallen.

Ein weiteres Motiv für ein Erwachen der Religion ist die Entlarvung moderner Heilslehren, etwa des Wissenschaftsaberglaubens, der für viele Menschen die Stelle einer Religion eingenommen hat. Dazu kommen die Entlarvung und Entmythologisierung der „irdischen Paradiese" in der angeblich klassenlosen Gesellschaft. Genannt sei ferner die Ernüchterung angesichts der durch Drogen verheißenen Glückseligkeit des Vergessens, des Rausches. Mehr und mehr hat sich herausgestellt, daß diese Dinge nur in neue Abhängigkeiten führen, genau wie die vielgepriesene schrankenlose sexuelle Emanzipation. Schließlich haben wir Erfahrung darin gewonnen, wie in der Welt der Systeme, der Strukturen, der Apparate, der Funktionen der Mensch um sich selbst, vor allem um seine Person, um seine Eigentlichkeit, um seine Freiheit gebracht wird.

Die Jagd nach Fortschritt und die Zielsetzung „Fortschritt über alles" muß sich klarmachen, wohin die Schritte gehen. In seinen Studien und Analysen hat der „Club of Rome" eindringlich auf die „Grenzen des Wachstums" hingewiesen.[36] Der Mensch, der alles Machbare erstrebt und mit allen Mitteln zu erreichen sucht, erkennt schmerzlich die Grenzen dieses Tuns. Er sieht sich vor die Frage gestellt: Dürfen wir in menschlicher Verantwortung und in Verantwortung vor der Zukunft tun, was wir technisch zu tun vermögen?

Eine religiöse Begründung gibt der Ethik als Verpflichtung und als Verantwortung den Charakter der Verbindlichkeit und der Unbedingtheit, die nicht zur Disposition stehen, sondern einen Ursprung darstellen, von dem die Ethik herkommt und ausgeht. Max HORKHEIMER hat in einem Interview dazu gesagt:

> „Vom Standpunkt des Positivismus aus gesehen, läßt sich keine moralische Politik ableiten. Rein wissenschaftlich betrachtet, ist der Haß, bei aller sozial-funktionellen Differenz nicht schlechter als die Liebe. Es gibt keine logisch zwingende Begründung dafür, warum ich nicht hassen soll, wenn ich mir dadurch im gesellschaftlichen Leben keine Nachteile zuziehe."

Alles, was mit Moral zusammenhängt, geht nach HORKHEIMER letztlich auf religiöse, nicht auf säkulare Gründe zurück. Im Blick auf die Zukunft meint er:

> „Man wird das Theologische abschaffen. Damit verschwindet das, was wir ‚Sinn' nennen aus der Welt. Zwar wird große Geschäftigkeit herrschen, aber eigentlich sinnlose, also langweilige. Und eines Tages wird man auch die Philosophie als eine Kinderangelegenheit der Menschen betrachten."[37]

Die Sinnfrage

In dem eben genannten Text ist die Thematik der Sinnfrage aufgegriffen. Die Sinnfrage gehört zu jenen Fragen, die in besonderem Maße die Alltagswirklichkeit bestimmen, die Frage nach dem Ganzen, die Frage nach dem Zusammenhang des Einzelnen und der Teile mit einem Größeren, mit einem Umfassenden, mit einer Totalität. Sinn ist Einklang, Harmonie zwischen dem, was mir widerfährt und was ich erwarte, zwischen dem, was ich bin und habe und dem, was ich zu Recht wünsche. Die oft gescholtene, aber heimlich ersehnte „heile Welt" wäre die Welt, die mit Sinn erfüllt ist und in der Sinnhaftigkeit offenbar wird.

Die Frage nach dem Sinn wird geweckt durch Erfahrungen von Glück und Gelingen, von der Erreichung gesteckter Ziele, der Erfahrung von Vertrauen, Freundschaft und Liebe, aber auch durch negative Erfahrungen, dort, wo der Sinn verdeckt oder zerbrochen erscheint, in den Erfahrungen des Unglücks in allen Formen und Gestalten, in Krankheit, Scheitern – aber auch in der Situation der Langeweile, welche die Zeit zu vertreiben oder totzuschlagen sucht; oder angesichts von Menschen, die durch keine Leistung, durch keine Arbeit, keine Funktion, durch keinen Nutzen mehr abgedeckt und gleichsam gerechtfertigt sind, die unheilbar Kranken, die alten Menschen, die fragen oder die die Frage hören: „Wozu bin ich eigentlich noch da?" Die extremste Form der Sinnerfahrung im negativen Sinn ist die Erfahrung des Todes – nicht des Todes als Beendigung eines reifen Lebens, sondern des unerwarteten Todes, der ein junges blühendes Leben zerstört, der ein Lebenswerk vernichtet, der den Kindern die Mutter raubt; des Todes in der Form der Katastrophen, der Brutalität des Verbrechens, des Todes in den Vernichtungs- und Todeslagern.

Unsere Sinnerfahrungen im positiven und negativen Betracht sind indes nicht nur nüchtern-rationale Feststellungen. Sie sind vielmehr mit einer lebendigen Sehnsucht und einem leidenschaftlichen Willen verbunden. Diese äußern sich zunächst negativ: Die Unvernunft, das Sinnlose, das Böse, der Haß, die Ungerechtigkeit, die Brutalität, die Macht des Stärkeren dürfen nicht das letzte Wort behalten. Das „ganz Andere" HORKHEIMERS, die Überwindung dieser Dunkelheiten darf keine illusionäre Sehnsucht sein.

Dazu kommt die Bereitschaft, es nicht bei dem bloßen Wunsch zu belassen, sondern sich zu engagieren und zu helfen, der Macht des Bösen in den Arm zu fallen und dem Unrecht zu widerstehen. So haben wir eine vielfältige Erfahrung von Sinn in der Form der Negativität, der Sinnlosigkeit. Auch jene bedienen sich dieser Vokabel, welche die Frage nach dem Sinn als unzulässig ablehnen. Doch wer von Sinnlosigkeit spricht, setzt ein wie immer geartetes Wissen und Verständnis von Sinn voraus, von dem sich die Sinnlosigkeit abhebt und als Gegenteil von Sinn bestimmt wird. Der Mensch hat ein Wissen, ein Vorverständnis von Sinn, sonst könnte er nicht von Sinnlosigkeit als Abwesenheit von Sinn reden. Wer erklärt: „Alles ist Unsinn", kann nicht begründen, warum er gegen den Unsinn in allen Formen, Gestalten und Konkretionen angeht, ihn zu überwinden sucht, ihm gerade nicht das letzte Wort und den endgültigen Sieg überlassen will. Das bedeutet: Das „Ja" kommt als Vorzeichen vor dem „Nein", das „Nein" wird von einem „Ja" getragen, nicht umgekehrt. Der Sinn kommt vor der Sinnlosigkeit – sonst käme die Erfahrung von Sinnlosigkeit nicht zustande.

Die Frage läßt sich vertiefen: Wieso hat der Mensch eine Sinnerfahrung? Dies liegt in der dem Menschen eigenen Weltoffenheit. Der Mensch ist nicht wie das Tier in eine ihm zugeordnete und vorgegebene Umwelt eingepaßt, in der er sich mit der Sicherheit des Instinktes bewegt. Vielmehr ist er – so der Grundgedanke des Soziologen A. GEHLEN – ein „biologisches Mängelwesen", das schlecht versorgt ist und viele „Prothesen" braucht.[38] Der Mensch bekommt den Ausgleich dadurch, daß er mit Intellekt, mit Freiheit, Geist und Willen begabt ist, daß er dadurch für die ganze Welt offen ist. In der Form der Erkenntnis eignet sich der Mensch die Welt an, er macht sich diese Erkenntnis dienstbar und greift gestaltend in die Welt ein, er macht die Welt zu seiner Welt. Daß der Mensch nach dem Sinn fragt als nach dem Ganzen, hat seinen Grund im grenzenlos offenen *Geist* des Menschen. Daß darüber hinaus der Mensch die Sinnfrage so stellt, daß er sich gegen das Böse wendet, daß er dagegen protestiert, daß er alles daran setzt, daß Haß, Gewalt und Unrecht nicht das

36 Dennis MEADOWS / Donella MEADOWS / Erich ZAHN / Peter MILLING: Die Grenzen des Wachstums. Bericht des Club of Rome zur Lage der Menschheit. Stuttgart 1972.

37 Max HORKHEIMER: Die Sehnsucht nach dem ganz Anderen, a.a.O., S. 60 und 88f.

38 Arnold GEHLEN: Der Mensch. Seine Natur und seine Stellung in der Welt. Bonn 1950.

letzte Wort haben, daß er den Sieg des Guten und den Triumph der Gerechtigkeit wünscht, das hat seinen Grund im *Gewissen* des Menschen und in der Bestimmung seines Willens durch das Gute als dem Ziel des menschlichen Strebens. Das universale Gute ist der Grund und der Horizont, innerhalb dessen der Mensch das einzelne Gute, die gute Tat als Verwirklichung des Guten vollbringt. Die Sinnfrage ist vom Geist und vom Gewissen des Menschen her bestimmt; darin hat sie ihren Grund. Man kann diese Aussage noch konkretisieren, indem man sagt: Gott hat deshalb mit der Sinnfrage zu tun, weil er der Schöpfer Himmels und der Erde ist, vor allem der Schöpfer des Menschen. Das bedeutet: Die Dinge, vor allem aber der Mensch, haben eine in Gott gründende Herkunft; sie sind als Schöpfung gegeben und haben dadurch ihren eigenen Wert und ihre Würde in sich selbst – eine Würde und einen Wert, der ihnen vom Ursprung her zukommt, der ihnen von keinem Menschen gegeben oder genommen werden kann. Er empfängt dadurch eine ursprüngliche und grundsätzliche Sinngebung vor jeder anderen Bestimmung des Menschen, etwa durch Leistung und Arbeit.

Durch das Bekenntnis zu Gott dem Schöpfer bekommt das Geschöpf seine Anerkennung, die sagen läßt: Es ist gut, daß du da bist; es ist gut, daß es dich gibt. Ich bejahe dich in deinem Selbstwert, in dem Anderssein, das dir gegeben ist, als einer einmaligen und unwiederholbaren Verwirklichung inmitten einer Millionen Jahre umgreifenden geschichtlichen Zeit und inmitten der Milliarden von Menschen. Daß der Mensch diese seine Würde auch verlieren und preisgeben kann, spricht nicht gegen diese Wahrheit, sondern ist das Zeichen einer dem Menschen in seiner Freiheit möglichen Verkehrung.

Das bedeutet: *Gott hat mit Sinn zu tun,* weil er die sinngebende, sinngewährende Instanz bleibt, auch dort, wo kein innerweltlicher Wert, kein Nutzen, keine Leistung, keine Brauchbarkeit mehr aufleuchtet, dort, wo man von lebensunwertem Leben sprach und heute wieder zu sprechen in Gefahr kommt: bei den Ungeborenen, bei den unheilbar Kranken, bei den „Erloschenen", wo Passivität die einzige Form ist, in der sich Dasein noch vollzieht. Auch über diesen Menschen hat Gott seine Schöpfermacht und Liebe ausgebreitet, auch wenn wir die Zusammenhänge im einzelnen nicht kennen. Auch dieser Mensch ist Geschöpf Gottes, ist sein Bild und Gleichnis, auch wenn es äußerlich gesehen bis zur Unkenntlichkeit verdeckt erscheint. Jeder Mensch hat eine ihm verliehene Würde und ist deshalb unantastbar; er verlangt nach unserer Hilfe und Barmherzigkeit, nach Schutz und Annahme.

Machen wir die Gegenprobe: Wenn diese von Gott gewährte, von jedem Menschen zu beanspruchende Garantie für die Menschenwürde ausfällt, wo kann es einen Schutz und eine Hoffnung für den geben, der den Normen und Zwängen der Leistungs- und Produktionsgesellschaft nicht entspricht und der damit seine Nutzlosigkeit dokumentiert? Womit sonst als mit Berufung auf die Gottunmittelbarkeit eines jeden Menschen als Person kann man den Menschen und kann der Mensch sich davor bewahren, Mittel zu irgendeinem Zweck zu sein?

In seinem Buch *„Wozu ist das Christentum gut?"* sagt Heinz ZAHRNT auf die Frage: „Wozu brauchen Sie eigentlich Gott?": „Im Sinne eines Nutzeffekts – um gut durchs Leben zu kommen..., um den Staat zu schützen oder die Gesellschaft zu verändern – braucht der Mensch Gott nicht." Gott ist vielmehr der ganz und gar nicht Notwendige im Leben des Menschen, aber gerade darum das, was ihm allein not tut.

„Denn gerade dieses ganz und gar Nicht-Notwendige im Leben des Menschen ist es, was ihn davor bewahrt, nun seinerseits unter dem Gesichtspunkt von Nutzen und Notwendigkeit verrechnet zu werden. Wo Gott nicht unter dem absoluten Aspekt der wahren Bestimmung des Menschen, sondern nur unter dem relativen Gesichtspunkt des Nutzens und Zwecks für notwendig erachtet wird, dort gerät der Mensch in die höchste Not; denn dort droht er selbst nun für Gott und die Menschen zu einem Zweck und Nutzen zu werden [...]. Nur wo ‚Gott um Gottes willen' gilt, dort gilt auch ‚der Mensch um des Menschen willen'."[39]

39 Heinz ZAHRNT: Wozu ist das Christentum gut? München 1972, S. 59 und 70.

Die Frage unserer Zeit lautet: Ob der Mensch ohne Gott leben, ob er ohne Gott Mensch sein kann.

(7) Inwiefern spielt die Religion im Zusammenhang der Suche nach einer allgemeinverbindlichen Ethik sowie der Antwort auf die Sinnfrage eine entscheidende Rolle?

....

....

....

....

....

....

....

....

....

....

....

....

....

Das Grundvertrauen

Mit der Sinnfrage hängt es auch zusammen, daß es für den Menschen in der gegenwärtigen Alltagswirklichkeit jene Haltung gibt, die man das „Urvertrauen" oder das „Grundvertrauen" nennen kann.

Trotz der Erfahrung des Scheiterns, trotz unserer Niederlagen lassen wir uns immer wieder auf das Leben ein, schöpfen wir neue Hoffnung und glauben an den Sinn. Wir glauben, daß das Leben immer wieder neu beginnen kann, daß die Mutter, ohne die Unwahrheit zu sagen, ihr Kind trösten darf mit den Worten: „Hab keine Angst, alles wird wieder gut." Woher weiß das die Mutter, die doch zugleich weiß, daß sie und ihr Kind einer Wirklichkeit ausgesetzt sind, an deren Ende der Tod steht? Die Aussage der Mutter ist keine Lüge aus Liebe, sondern entstammt einem Grund- und Urvertrauen auf das Ganze von Leben und Sterben: In diesem Sinne schreibt der Soziologe Peter BERGER:

„Die natürliche Welt, in die wir hineingeboren werden, in der wir lieben und sterben, [ist] nicht die einzige, sondern der sichtbare Vordergrund einer anderen, in der Liebe nicht durch Tod zunichte wird und in der das Vertrauen in die Mächtigkeit der Liebe, Chaos zu bannen, seine Rechtfertigung findet. [...] Elterlicher Liebe liegt nicht Lüge aus Liebe zugrunde. Sie legt im Gegenteil Zeugnis von der wahren Position des Menschen in seiner Wirklichkeit ab."[40]

„Gott sei Dank"

Man soll es nicht überbewerten – es kann bloße Routine oder auch Gedankenlosigkeit sein –, aber die Tatsache ist des Nachdenkens wert, daß das Wort „Gott" in der Sprache der Alltagswirklichkeit begegnet in den Wendungen: „Gott sei Dank", „um Gottes willen", „in Gottes Namen", „Grüß Gott". Diese Wendungen stehen jeweils in einem konkreten Zusammenhang unserer Handlungen und dessen, was uns widerfährt, und sie sind bis zum heutigen Tag – wenigstens bei uns – noch nicht außer

40 Peter L. BERGER: Auf den Spuren der Engel. Die moderne Gesellschaft und die Wiederentdeckung der Transzendenz. Frankfurt 1970, S. 85.

Gebrauch gekommen. Ist dies ein Hinweis, daß sie gebraucht werden, daß man auf sie nicht verzichten will, oder vielleicht sogar nicht verzichten kann? Wirft das vielleicht auch ein Licht auf das Thema „Religion" in der Alltagswirklichkeit? Könnte es sein, was einmal gesagt wurde, daß Gott in früheren Zeiten weniger lebendig war, als man glaubt, und daß er heute weniger tot ist, als viele meinen? In diesem Zusammenhang müßte schließlich noch gefragt werden, was die Leugnung Gottes bedeuten kann. Wird dabei immer Gott als die alles bestimmende Wirklichkeit geleugnet oder nur ein bestimmtes Bild, eine bestimmte, zumeist infantile und primitive Vorstellung von ihm, die mit dem wahren Gott nichts zu tun hat – vor allem nicht mit dem Gott, der in Jesus Christus offenbar geworden ist? Oder ist der Atheismus eine in eine Antwort gekleidete Frage, die ob der schweigenden Verborgenheit Gottes bekümmert ist, die die Frage: „Wo bleibst du, Gott?" in die These verwandelt: „Gott ist tot."

Der Schweizer Kurt MARTI, Pastor und religiöser Schriftsteller, hat ein kurzes Gedicht geschrieben mit dem Titel „grosser gott klein". Hier sind die Ambivalenz der Religion in der Alltagswirklichkeit sowie die Nähe und die Verborgenheit Gottes in knappster Weise zum Ausdruck gebracht:

grosser gott:
uns näher
als haut
oder halsschlagader
kleiner
als herzmuskel
zwerchfell oft:
zu nahe
zu klein –
wozu
dich suchen?

wir:
deine verstecke[41]

41 Kurt MARTI: Schon wieder heute. Ausgewählte Gedichte 1959–1980. Darmstadt/Neuwied 1982, S. 102.

2. Religiöse Ausdrucksformen

Autor der Studieneinheit: Dietrich Stollberg

DIETRICH STOLLBERG (48), Studium der evangelischen Theologie, der Pädagogik und Literaturwissenschaft, später der Tiefenpsychologie und Psychotherapie (u. a. bei V. E. VON GEBSATTEL). Gesangsausbildung bei H. FIRCHOW. 1965 Ordination zum geistlichen Amt, 1968 Promotion, 1971 Habilitation, 1971 o. Professor für Praktische Theologie und Direktor des Seelsorgeinstituts an der Kirchlichen Hochschule Bethel in Bielefeld, 1979 o. Professor für Praktische Theologie an der Universität Marburg. Mitglied deutscher und internationaler Fachverbände. Autor zahlreicher Veröffentlichungen, vorwiegend zu Seelsorge und Psychotherapie, Religions- und Pastoralpsychologie, Praktischer Theologie. Als Sänger rege Konzerttätigkeit.

Allgemeine Einführung

„Gott ist [zwar] kein Phantasma, und doch ist ohne Phantasie kein Glaube an ihn möglich."
(Theodosius HARNACK: Katechetik. Erlangen 1882, S. 124)

In dieser Studieneinheit soll es um menschliche Religiosität gehen. Ungeachtet dessen, ob jemand einer Religion oder Konfession zugehört oder nicht, sind alle Menschen auf irgendeine Weise religiös. Das bedeutet, sie verlassen sich auf Voraussetzungen, die jenseits aller naturwissenschaftlichen Objektivität und beobachtbaren Empirie liegen. Diese Voraussetzungen haben vielmehr zu tun mit zwischenmenschlichen Erfahrungen von Vertrauen und Mißtrauen, Wahrhaftigkeit und Lüge, Betroffenheit und Unbeteiligtsein. Um solche und andere existentiellen Grunderfahrungen zu verarbeiten, entwickelt der Mensch im Kontakt mit seinen Mitmenschen eine „Weltanschauung". Dabei liegt jedem Menschen daran, sich gerade in dieser Hinsicht wenigstens mit einigen anderen zu verständigen und in Übereinstimmung zu befinden. Der Wunsch nach Zugehörigkeit bzw. die Angst vor Isolierung spielen hierbei eine entscheidende Rolle.

Weil es sich bei den Dingen, die einen Menschen unmittelbar und „im Innersten" angehen, nicht einfach um zählbare und meßbare Fakten oder Tatbestände handelt, sondern um Arten und Weisen, die Welt zu erleben – wobei Gefühle und Interessen eine ganz wichtige Rolle spielen –, reichen auch Zahlen und Tatsachenbeschreibungen für die Kommunikation im Bereich der „Weltanschauung" (im weitesten Sinne des Wortes) nicht aus. Menschen bedienen sich daher, wenn sie auf der existentiellen Ebene der Betroffenheit miteinander kommunizieren wollen, gemeinsamer *Symbole*.

In dieser Studieneinheit wird zu untersuchen sein, was Symbole sind, woher sie stammen und wie sie gebraucht werden. Geheimnisvolle Erzählungen (Mythen), aber auch Feste und Rituale, kultische Veranstaltungen aller Art (Gottesdienste) und Festspiele bilden Höhepunkte im menschlichen Leben, wo Gemeinschaftsbedürfnis, Sinnfindung und Wunsch nach letztgültig Wichtigem zusammentreffen. Dabei steht immer das Verhältnis des Einzelnen zur Gemeinschaft zur Debatte.

Symbole sind in allen Religionen Ausdruck für die letzten Gründe und Zusammenhänge des Seins, das Metaphysische. Dabei dient das Symbol als „Sprache der Religion", weil das Metaphysische außerhalb rationaler Deutungsmöglichkeiten liegt und deshalb nur schwer sprachlich dargestellt werden kann. In diesem Zusammenhang steht auch der Begriff des Rituals; denn Symbole sind Bestandteile ritueller Handlungen.

Symbole und Ritual als Sprache der Religion bilden schon vorgegebene Verständigungsmuster und bedürfen im Blick auf menschliche Begegnung und Aktionen somit keiner Klärung mehr. Probleme können sich dort ergeben, wo der Einzelne herausfinden muß, wie er den überlieferten Sinn traditioneller Rituale für sich aussagefähig machen kann. Dies ist deshalb schwierig, weil Rituale in einem Spannungsverhältnis zu Tradition und gegenwärtiger (Lebens-)Situation stehen können. Dann allerdings, wenn Menschen ihre Lebens- und Sinnfrage nicht mehr durch Religion beantwortet finden, suchen sie oft individuelle, unter anderem auch kirchlich-seelsorgerliche Hilfe.

Viele – ja in einem tieferen Sinne alle – seelischen Probleme des Menschen lassen sich als *Beziehungsprobleme* verstehen, und so kommt „weltlicher“ und „religiöser“ *Seelsorge* erhebliche Bedeutung bei der Bearbeitung der Sinnfindungsprobleme des Menschen zu. In gewisser Weise bedarf der Mensch ganz individueller Zuwendung im Interesse größerer Distanz und Selbständigkeit gegenüber der Gemeinschaft (Seelsorge), andererseits aber auch der unbedingten Beteiligung an und Zugehörigkeit zu der Gemeinschaft, die ihm Anerkennung, Geltung, ja Liebe zuteil werden läßt. Deshalb sollen in dieser Studieneinheit sowohl Aspekte individueller Hilfe (Seelsorge und Psychotherapie) als auch kollektiver Bedürfnisregelung (Kult) näher betrachtet werden.

Eine Schwierigkeit dieser Studieneinheit für den Verfasser wie die Leser besteht darin, daß wir uns auf einem *Grenzgebiet* zwischen verschiedensten Wissenschaften bewegen, die alle durch ihr Interesse am Symbolischen und durch ihren Umgang mit Symbolen verbunden sind: Vergleichende Religionswissenschaft mit ihren verschiedenen Unterabteilungen (z. B. Religionsphänomenologie, Religionspsychologie und Religionssoziologie), Theologie und Pastoralpsychologie, Tiefenpsychologie und Psychotherapie, theologische und nichttheologische Hermeneutik. All diesen Forschungszweigen geht es um Verstehen und Verständigung, und sie kommen daher nicht darum herum, sich für das Symbol, das „Sinnbild“, als Ausdruck menschlicher Erfahrung (Tatsache der Wahrnehmung) und menschlichen Erlebens (Art und Weise der Wahrnehmung) zu interessieren.

Während sich die *Vergleichende Religionswissenschaft* für menschliche Religionen überhaupt interessiert, diese erforscht, beschreibt und interpretiert, geht *Theologie* im Zusammenhang einer bestimmten Religion von deren Glaubensbekenntnis (Credo) aus, beschreibt seinen Ursprung, seine Wirkungsgeschichte und seinen heutigen Sinn und sucht so Erfahrung und Erlebnis in einen für die Mitglieder der Glaubensgemeinschaft nachvollziehbaren Zusammenhang zu bringen. Sinn ergibt sich aus Zusammenhang. Was aber suchen Gläubige in ihrer gemeinsamen Religion anderes als Sinn! Die *Pastoralpsychologie* (nicht zu verwechseln mit der *Religionspsychologie,* die freilich zur Pastoralpsychologie werden kann) leistet bei dieser Arbeit an der gemeinsamen Sinnfindung Hilfe unter Einbeziehung psychologischer Kenntnisse auf der Basis des Credo; sie ist Psychologie im Dienste der jeweiligen Glaubensgemeinschaft. *Tiefenpsychologie* und *Psychotherapie* haben mit Symbol, Verstehen und Verständigung insofern zentral zu tun, als alle menschlichen Konflikte, die es therapeutisch durchzuarbeiten gilt, in Symbolen ausgedrückt und oft genug von dem, der diese Symbole (z. B. in Träumen) hervorbringt bzw. wahrnimmt, selbst nicht hinreichend verstanden werden; dabei soll ihm der Therapeut Hilfe leisten, sich selbst und andere besser zu verstehen.

Es ist leicht einzusehen, daß theologisch motivierte *Seelsorge* und *Psychotherapie* sich laufend begegnen, weil der Therapeut ständig mit „religiösen“ Symbolen konfrontiert wird, während er dem Patienten helfen will, seine Probleme zu lösen, und weil der Seelsorger im Bereich der religiösen Symbolik ständig aktuellen Lebens- und Existenzproblemen begegnet, die sich in religiöser und – scheinbar – nichtreligiöser Symbolik ausdrücken. Es ist aber nicht möglich, menschliche Probleme und ihren symbolischen Ausdruck so auseinanderzunehmen, daß der Theologe nur mit den nicht weiter entschlüsselten Symbolen umginge, während der Therapeut die Probleme seiner Klienten unabhängig von der Art, wie sie ausgedrückt werden, behandelte; man kann Sprache und Sache nicht auseinanderreißen. Daher ergibt sich zwangsläufig eine enge Kooperation zwischen Seelsorge und Psychotherapie.

Hermeneutik, die Theorie der Verständigung, kommt schließlich ins Spiel, weil alle Texte der Menschheit, insbesondere im engeren Sinn religiöse (aber auch literarische wie z. B. Mythen, Märchen und Sagen und sogar politische), keineswegs nur sofort verstehbare und zeitübergreifende eindeutige Fakten mitteilen, sondern Sinn, also gedeutete, von Menschen in Situationen verstandene Tatsachen, die von anderen Menschen in anderen Zeiten und Situationen neu verstanden werden müssen. Dies gilt, wie schon angedeutet, für die Bibel wie für CICERO oder GRIMMS Märchen.
Bei unserem Kennenlernen religiöser Ausdrucksformen werden wir auf diese verschiedenen Aspekte und Forschungszweige, die sich alle um das Thema „Symbol“ versammeln, hören müssen. Arbeitsziel ist dabei in dieser Studieneinheit nicht das theologisch verantwortete Zeugnis christlichen Glaubens, sondern die religionskundliche Beschäftigung mit dem vorgegebenen Thema. Christliche Religion und Theologie kommen hier deshalb als im Abendland besonders naheliegende Beispiele menschlicher Religiosität vor, nicht jedoch im Interesse theologischer oder konfessioneller Auseinandersetzung. Es scheint beinahe unnötig festzustellen, daß die Hermeneutik des Symbols unmittelbar mit der menschlichen *Kunst,* ausgeübter und gelebter, aber auch bedachter und wissenschaftlich systematisierter, zu tun hat. Die Nähe zwischen Religion und künstlerischem Ausdruck wird daher in dieser Studieneinheit besonders auffallen.

Nach Durcharbeit dieser Studieneinbeit sollen Sie in der Lage sein,

- wichtige Ausdrucksformen von Religion (Religiosität, Frömmigkeit) zu beschreiben und zu deuten;
- menschliche Verständigung und Gemeinschaftsbildung (Kommunikation) als Umgang mit Symbolen zu bestimmen;
- die Bedeutung von Symbol und symbolischer Interaktion für menschliche Sinnfindung zu erkennen und vom Austausch mit Hilfe von Zeichen und Klischees zu unterscheiden;
- Sinn und Gestalt religiöser und weltlicher Feste zu charakterisieren;
- Grundmodelle kirchlicher Seelsorge heute als Hilfe zur Sinnfindung und zum Umgang mit individuellen und kollektiven Symbolen zu erläutern.

Religiosität und Frömmigkeit

In dieser Studieneinheit geht es um *Religiosität:* Alle Menschen sind mehr oder weniger religiös. Das heißt nicht, daß sie einer Religion oder Konfession im engeren Sinne angehören, daß sie evangelische oder katholische Christen, Muslime der einen oder anderen Tradition, Juden oder auch Buddhisten seien, sondern es heißt, daß sie der Welt, wie sie sie erleben, einen *Sinn* geben, der die reinen Fakten und alltäglichen Erscheinungen übersteigt. Sie haben eine „Welt-Anschauung“, wie immer diese auch geartet sein mag. Der Begriff der Religiosität ist also recht weit gefaßt.
Religiosität äußert sich in *Frömmigkeit.* Das Wort „fromm“ bedeutet ursprünglich „hervorragend“, „treu“, „tapfer“, „mutig“, „rechtschaffen“. In Redewendungen ist diese Bedeutung noch heute erhalten: „lammfromm“, „zu Nutz und Frommen“, Kirchenlied „O Gott, du frommer Gott“, alte Luther-Bibel: „Ei, du frommer und getreuer Knecht“ (Mt 25, 21 u. 23). Im Laufe der Zeit wandelte sich die Bedeutung des Wortes immer mehr zu: „kirchentreu“, „den Maßstäben der Religion entsprechend“, „moralisch“. Dieser Bedeutungswandel hat mit dem Auseinandertreten von öffentlichem und kirchlichem Leben *(Säkularisierung)* zu tun, das im Mittelalter in dieser Weise noch nicht beobachtet werden kann, so daß damals wie auch in der Antike öffentliches und religiöses Leben eine Einheit bildeten. Auch die Unterscheidung von religiösem Kultus und öffentlicher Kultur ist sehr späten Datums.

Manchmal bezeichnen wir heute als „fromm" auch Leute, die besonders kirchlich oder religiös erscheinen, vielleicht sogar den Eindruck der Heuchelei erwecken. Neben dieser abschätzigen Bezeichnung verwenden wir das Wort aber durchaus auch im seriösen Sinn für Menschen, die „glauben", „sich etwas Höherem hingeben", die Vertrauen in eine Instanz setzen, die „größer ist als sie selbst und ihre Mitmenschen", und die diesem Glauben auch Ausdruck verleihen, so daß sie sich mit anderen darüber verständigen und vielleicht sogar Übereinstimmung finden können, um mit ihnen gemeinsam dieses Anliegen der Frömmigkeit zu pflegen. (Die lateinische Wurzel von „Kultus" heißt *colere* bzw. *cultus* und bedeutet „bebauen, hegen, pflegen" bzw. „Pflege" u. ä.) Im folgenden soll darüber gesprochen werden, wie solche gemeinsame „Pflege" geschieht.

Ausdrucksformen der Religiosität

Wir bedienen uns *religionsphänomenologischer* und *religionspsychologischer Kategorien,* das heißt: wir sammeln Beobachtungen, ordnen sie und interpretieren sie unter psychologischen Gesichtspunkten. Mit einem solchen Verfahren können wir keine Aussagen über Wahrheit oder Unwahrheit religiöser Glaubensbekenntnisse machen, sondern nur feststellen, daß es solche gibt, welche Ausprägungen von gemeinsamer Frömmigkeit sie hervorbringen und auf welche allgemeinmenschlichen Bedingungen, Bedürfnisse und Notwendigkeiten sie antworten. Die *theologische Perspektive* hätte es dagegen von vornherein mit einem Glaubensbekenntnis zu tun, wie es sich selbst versteht und von daher die Welt deutet. Das Credo der „Väter" wäre die Basis solcher theologischen Arbeit (wie sie in dieser Studieneinheit noch nicht geleistet werden kann).

Gemeinsamer Kult

Menschen, die sich über ihre Weltanschauung so weit verständigt haben – möglicherweise bereits im Verlauf einer jahrhundertealten Tradition –, daß sie eine gemeinsame Basis ihrer Weltdeutung bejahen, schließen sich zu einer *Religionsgemeinschaft* zusammen. Ursprünglich waren solche Zusammenschlüsse immer zugleich politischer Art. Wer zum selben Stamme oder Volk gehörte, glaubte auch an dieselbe Gottheit und beteiligte sich selbstverständlich an der gemeinsamen Religionsausübung, die zugleich ein Bekenntnis zum gemeinsamen Volk war.
Diese Art von *religiöser und politischer Einheit* kann man als organisch gewachsen ansehen. Sie ist ihren Mitgliedern zunächst nicht weiter bewußt. Ihre Basis ist die der Blutsverwandtschaft und der gemeinsamen Geschichte (wie heutzutage noch in der Kleinfamilie). Daneben stehen auch in religionsgeschichtlich primitiven Kulturen die sog. *Bundesschlüsse.* Menschen, oftmals die Männer eines Dorfes oder Stammes, schließen sich bewußt zusammen, um gemeinsam zu palavern, zu jagen, zu arbeiten, aber eben auch um zu opfern und zu beten. In der Geschichte der alttestamentlichen Religion spielen Bundesschlüsse eine große Rolle. Einmal schließen sich die verschiedenen israelitischen Stämme zum Zweck der gemeinsamen Anbetung im Heiligtum zusammen (12-Stämme-Bund), zum anderen schließt ihr Gott mit ihnen einen Bund, der in der Folgezeit immer wieder erneuert wird, nicht zuletzt im „neuen Bund" (= Neues Testament).[1] Damit wird zugleich etwas aus der menschlichen Erfahrungswelt zum Hinweis auf eine diese übersteigende Beziehung, zum Symbol.

1 Vgl. u. a. Josua 23 u. 24 (24,25); 1. Mose 9,12; 15,18; 17,11; 17,19; 2. Mose 24,8; 5. Mose 5,2; 9,11; Jes 8,12; Lk 1,72; Apg 3,25; Röm 9,4.

Rituale

Damit der Kultus gemeinsam ausgeübt werden und aus der gemeinsamen Frömmigkeitspraxis wiederum ein gestärktes Gemeinschaftsbewußtsein, eine kollektive, nationale oder stammesmäßige Identität, hervorgehen kann, bedarf es der Ausprägung von allgemein nachvollziehbaren Ritualen. Diese entstehen aus der – entwicklungsgeschichtlich zunächst mehr oder weniger unbewußten, später aber auch von Priestern, Propheten und Lehrern gedanklich durchdrungenen und bewußtgemachten – weltanschaulichen Übereinstimmung der Gemeinschaft und werden „beschworen", sobald die *Einheit der Gruppe* gefährdet erscheint: „Haltet euch an die geheiligte Überlieferung!" Dies ist gleichbedeutend mit „Bleibt bei der Stange!"

Dabei geht es um mit der Zeit mehr und mehr genau festgelegte Verhaltensweisen ethischer und religiöser Art. Was sich aus dem gemeinsamen Selbstverständnis ergibt, betrifft auch den anderen; deshalb muß man sich zu ihm so oder so verhalten. Je mehr im Bewußtsein einer Gruppe ihr Selbstverständnis als *Gottheit* personifiziert wird und der Gruppe damit gegenübertritt, desto mehr werden aus den zwischenmenschlichen Verhaltensweisen auch Verhaltensweisen gegenüber der Gottheit abgeleitet. Im Verlauf der Religionsgeschichte können sich diese im engeren Sinne religiösen Verhaltensweisen sehr stark von den alltäglichen zwischenmenschlichen Verhaltensweisen loslösen; es treten dann Propheten auf, die daran erinnern, daß beides zusammengehört, daß *Gottesdienst und Menschendienst* unmöglich auseinanderfallen dürfen und daß niemand behaupten darf, er liebe Gott, wenn er seinen Bruder mißachte (vgl. u. a. 1 Joh 4, 20f.).

Im Verlauf der Entwicklung einer Gemeinschaft und ihrer Religion nehmen solche Verhaltensregeln, deren Gesamtheit ein Ritual oder mehrere Rituale (also Abfolgen von vorgeschriebenen Handlungen, die immer gleich zu verlaufen haben) bildet, *gesetzlichen Charakter* an. Man versteht ihren ursprünglichen Sitz im Leben und ihre für die Gemeinschaft wichtigen Funktionen gar nicht mehr, sondern weiß nur noch, daß man diese Rituale nach strengen Regeln der Überlieferung zu gestalten habe, und entwickelt große *Angst,* wenn die Einhaltung der Regeln nicht möglich ist oder jedenfalls nicht gelingt. Hinter dieser Angst steckt natürlich die Furcht vor dem Verlust der Gemeinschaft bzw. Gemeinsamkeit, also die Angst vor der Isolierung, die eine wichtige Wurzel aller Religiosität darstellt.

Gottes-/Götterglaube und Gruppenidentität

Was der Gottheit bzw. den Göttern wohlgefällt, ist ursprünglich stets zugleich das, was in der Situation der Gruppe für deren Überleben sinnvoll und praktisch erscheint. Denn die Götter sind psychologisch gesehen *Symbole der Identität einer Gruppe,* das heißt, sie verkörpern die gemeinsamen Phantasien, die das Selbstverständnis einer Gruppe ausmachen und die wiederum das Selbstverständnis jedes einzelnen Mitgliedes prägen, so daß wir eine Art Zirkulation zwischen Einzelnem und Gemeinschaft über die Inhalte der religiösen Vorstellungen feststellen können.

Der Aufrechterhaltung der gemeinsamen Gottesvorstellungen und der sich daraus ergebenden Verhaltensweisen kommt daher höchste Bedeutung für den Fortbestand der Gruppe zu. Die religiösen Führer des Volkes sind daher stets zugleich politische Führer und umgekehrt. Werden die Führungsfunktionen bei fortschreitender Bewußtseinsentwicklung aufgeteilt, trennen sich ferner religiöse und politische Vorstellungen, so kann es zu heftigen Konflikten zwischen politischen Führern und Priesterschaft einer Gruppe kommen, die möglicherweise den Zerfall der Gemeinschaft einleiten.

Transzendenz

Die das Selbstverständnis der Gemeinschaft begleitenden und ausdrückenden religiösen Phantasien beziehen sich in doppelter Hinsicht stets auf *Überindividuelles:*

- Überindividuell ist die Tradition einer Gemeinschaft in der *Zeit.* Die Überlieferung überdauert das Leben des Einzelnen und seiner Familie.
- Überindividuell ist auch die Tradition einer Gemeinschaft im *Raum.* Sie betrifft viele Familien, Sippen, Stämme, ja – bei großen Religionen und fortgeschrittenem Bewußtseinsstand – sogar Völker und Nationalitäten.

Das Gemeinsame und Überindividuelle wird zugleich als Übermenschliches interpretiert, so daß den Inhalten der Vorstellungen, die das Selbstverständnis einer Gruppe ausmachen, *Hinweischarakter* auf „Transzendentes" zugeschrieben wird. „Transzendentes" bedeutet, daß hier Einzelner, Gruppe, Volk, Land, Natur, ja schließlich und endlich alles Materielle, gedeutet als „Geschaffenes", „überschritten" wird. So bildet sich aus dem Selbstverständnis der Gruppe heraus ein „Jenseits". Von diesem Jenseits her ist die Gruppe in der Lage, sich gleichzeitig als endlich, begrenzt und „diesseitig" zu erfahren und zu bestimmen, aber auch durch einen „Bund" mit dieser Transzendenz und allem, was dazugehört, als mächtig, allumfassend und an der „Ewigkeit" teilhabend zu verstehen.

Symbol, Zeichen, Klischee

Durch dieses skizzierte Auseinandertreten von „Diesseits" und „Jenseits" ist es nun auch möglich, daß alles „Diesseitige" zum Hinweis auf „Jenseitiges" werden kann: Es gewinnt den Charakter eines *Symbols.*
Symbole sind Erscheinungen unserer Welt – Personen, Dinge, Gedanken, Verhaltensweisen –, denen wir eben jene Funktion geben, für etwas zu stehen, das sie nicht selbst sind, für das wir aber keine unmittelbaren Bezeichnungen haben. Verwenden wir aber Bezeichnungen hergebrachter oder künstlich geschaffener Art für jene Welt, die als solche selbst nicht erfahrbar ist, wie beispielsweise „Transzendenz" oder gar „Gott", dann müssen wir diese Begriffe durch erfahrbare Sachverhalte und Erscheinungen unserer „diesseitigen" Welt näher füllen und bestimmen. So kann es schließlich zu der Vorstellung kommen, man müsse Gott als Menschen sehen und begreifen (Christentum: Inkarnation, Menschwerdung) oder auch, das Verhältnis zwischen Gott und Mensch sei das eines Vaters zu seinen Kindern.
Da die beobachtbare Kraft, aus der die das Selbstverständnis einer Gruppe konkretisierenden Vorstellungen hervorgehen, die menschliche *Phantasie* ist, welche alle die Symbole bildet, die eben jenes Selbstverständnis (Identität) bilden, hat es die Religionspsychologie mit eben dieser Phantasie und ihren Möglichkeiten zu tun. Von daher wird verständlich, daß *Träume* nicht nur in Religionen eine große Rolle spielen, sondern auch als verhältnismäßig freier Ausdruck menschlicher Phantasie die Aufmerksamkeit des Religionswissenschaftlers auf sich ziehen. Unmittelbar verwandt mit der Fähigkeit des Menschen zu träumen ist seine Fähigkeit, künstlerisch Eindrücke zu verarbeiten und Welt durch eigenen Ausdruck neu zu gestalten. In diesem Sinne können wir sagen: *Menschliche Religiosität und die menschliche Fähigkeit zur schöpferischen Symbolbildung sind identisch, Kunst und Religion gehören unmittelbar zusammen.* Wir können jetzt auch die Beobachtung einordnen, daß in so gut wie allen Religionen der Menschheit die bedeutendsten Kunstwerke stets im Zusammenhang mit der Religiosität der jeweiligen Kultur entstanden sind.
Freilich gibt es in allen Religionen alsbald immer auch eine Art *Gegenbewegung,* die auf der Sorge um die gemeinsame Identität beruht, wenn die künstlerische Phantasie einzelner Mitglieder oder auch ganzer Untergruppen die gemeinsame Tradition dermaßen umgestaltet, daß das Selbstverständnis, symbolisiert in der Gottheit, in Gefahr gerät. Es kommt dann zu Bildersturm und Bilderverboten. In einzelnen Religionen, so auch im Christentum, lassen sich dann Extreme von einer geradezu ausschließlichen Bilderfrömmigkeit (Ostkirche) bis zu einer puritanisch-abstrakten Ablehnung irgendwelcher bildhaften religiösen Vorstellungen (Teile des abendländischen Christentums, insbesondere des Protestantismus) beobachten.

Um Sache und Begriff des Symbols zu verstehen, ist es notwendig, eine Abgrenzung gegen den Begriff des *Zeichens* vorzunehmen. Im Gegensatz zu einem verabredeten Zeichen, etwa in der Mathematik, ist das Symbol stets mehrdeutig. Dies hat unter anderem damit zu tun, daß es für viele Menschen gemeinsame Erfahrung wie in einem Brennpunkt zusammenfassen und ausdrücken soll, ohne jedem Einzelnen seine individuellen Vorstellungen, Ziele und Interessen zu nehmen. Es muß von jedem individuellen Standort her, wenn auch gewiß innerhalb einer begrenzten Gemeinschaft, deutbar sein. Am ehesten entspricht dem, was wir unter Symbol verstehen, das lyrische Gedicht oder vielleicht auch ein abstraktes Gemälde moderner Kunst („offenes Kunstwerk", das dem Betrachter, Hörer usw. aktive Mitarbeit gestattet). Wird das Symbol als Zeichen mißverstanden, kommt es zu Glaubenskämpfen, dogmatischer Rechthaberei und steriler Orthodoxie. Der lebendige Glaube einer Gemeinschaft läßt sich eben nicht in eindeutigen Zeichen und logischen Satzwahrheiten einfangen; er bedarf der Vieldeutigkeit künstlerischer Symbolbildung, die freilich immer im Rahmen der Gemeinsamkeit und der innergemeinschaftlichen Verständigung bleiben muß, will sie nicht die Keimzelle einer neuen – möglicherweise die alte Gemeinschaft sprengenden – Gruppe bilden.
Damit sich das Symbol zwischen die Gemeinschaft sprengender Individualisierung und das Individuum gefährdender Kollektivierung als sinnvoller und sinngebender Hinweis und als Medium der Verständigung über das gemeinsame Selbstverständnis bewähren kann, bedarf es der Einbettung in den gemeinsamen *Mythos.* Den Mythos können wir als „Exegese des Symbols" (Bachofen) verstehen. Es handelt sich um Erzählungen und Geschichten, deren historische Zuverlässigkeit fragwürdig ist – es aber auch im Interesse der Lebendigkeit des Symbols sein muß, damit die Symbole nicht als Zeichen mißverstanden werden können (vgl. etwa den Streit um das leere Grab Jesu; dazu auch STE 12). Freilich sind die religiösen Mythen keine reinen Phantasiegebilde, sondern ranken sich stets um so etwas wie einen historischen Kern, in dem die *Erinnerung an die gemeinsame Geschichte* wachgehalten wird. Das Bewußtsein einer gemeinsamen Geschichte ist aber für jede Gemeinschaft (nicht zuletzt auch für Ehe und Familie) grundlegend. Alles, was sich dazu eignet, gemeinsame Geschichte in Erinnerung zu bringen, für gemeinsame Zukunft zu motivieren und gemeinsame Gegenwart deutlich werden zu lassen, kann unter bestimmten Umständen zum Symbol werden. Von daher läßt sich verstehen, daß in vielen Religionen das gemeinsame Mahl ins Zentrum des Kultus rückt, daß aber in anderen Religionen, mindestens in der Antike, auch der Sexualakt als Ausdruck innigster Gemeinschaft zum religiösen Symbol werden konnte. Daß die menschliche Sprache, das „Wortgeschehen", selbst ebenfalls zum Symbol für Transzendenz werden kann (wie innerhalb des Christentums besonders im Protestantismus), wird von daher ohne weiteres verständlich.

Aber auch in Bereichen, wo wir zunächst Religion, Mythos und Symbol am wenigsten vermuten, lassen sich heute wie ehedem wichtige Symbole allgemeiner und kollektiver Identität entdecken. So etwa beim Sport: Man hofft auf die Umsetzung von Rivalität und Konkurrenz in konstruktives Zusammenspiel. Freilich mißglückt der Prozeß solcher symbolischen Interaktionen häufig genug: Sportveranstaltungen werden zu rituellen Kämpfen, bei denen gerade auch „Schlachtenbummler" oft keine rühmliche Rolle spielen. Doch trotz der Perversionen ist die Symbolkraft des Sports nicht zu verkennen.

Dabei dürfen wir nicht vergessen, daß Symbole ihre größte Kraft dann entfalten, wenn sie weitgehend unbewußt sind, und daß dabei freilich auch die ganze *Ambivalenz,* die sie ausdrücken, deutlich wird. Konstruktivität und Destruktivität liegen als Möglichkeiten eng beieinander. Als Beispiel dafür, wie uralte religiös-politische Phantasien plötzlich erneute Aktualität und Symbolkraft gewinnen können, sei an das aus dem Alten Testament stammende Motto „Schwerter zu Pflugscharen!" (Jes 2,4; Micha 4,3) erinnert. Auch die uralte Mehrdeutigkeit des *Lebensrhythmus* von Ruhe und Arbeit, Einatmen und Ausatmen, Freiheit und Ordnung gelangte in unserer Zeit zu ganz neuer Aktualität in säkularem Gewande: etwa in der Auseinandersetzung um verlängerte Wochenenden, Freizeitkultur und Arbeitszeitverkürzung.

In solchen Erscheinungen, in denen sich viele Menschen ihrer Gemeinsamkeit bewußt werden können, verdichten sich unterschiedliche gemeinsame Erfahrungen zu einem einleuchtenden Symbol. Der Eindruck wird im Symbol wiederum zu einem neuen Ausdruck, und dieser Impuls regt die Gemeinschaft zu weiterer gemeinsamer Aktivität einschließlich neuer Symbolbildung an. Das Symbol ist also in gewisser Weise eine „Drehscheibe" von Eindruck und Ausdruck, von Geben und Nehmen, von Kommunikation (communicatio = Gemeinschaftsbildungsprozeß).

Gehen solche Symbole im Laufe der Entwicklung in gemeinsame Rituale ein, erfahren sie eine zunehmende *Stilisierung* bis zur *Ablösung von der Ursprungssituation,* der sie entstammen. Sie fangen dann an, ein Eigenleben zu führen, das sogar kultische Verehrung des Symbols selbst nach sich ziehen kann. Das Symbol, das einerseits als mathematisches Zeichen mißverstanden werden konnte, wird nun andererseits für die unbenennbare Sache der Transzendenz selbst gehalten. Solche Entwicklungen lassen sich in jeder Religion beobachten: verehrungswürdige Steine, Pflanzen, Tiere, Menschen, ja Heilige, die schließlich selbst zu Göttern werden.

Solche Symbole haben teil am *Tabucharakter der Transzendenz* oder des Heiligen: Sie dürfen nicht mit sonstigem Irdischen auf eine Stufe gestellt, berührt oder entweiht werden. Dies gilt insbesondere für die Namen der Götter (vgl. das Namenstabu im Alten Testament, zweites Gebot: 5 Mose 5,11), aber auch für Gegenstände und Zusammenhänge aller Art, die einmal diese Entwicklung des Symbols mitgemacht haben. Festzuhalten bleibt, daß Symbole weder nur Zeichen sind, die auf die eigentliche Sache hinweisen und sie benennen, noch die Sache selbst darstellen, sondern eine indirekte Darstellung von etwas bedeuten, was direkt weder aussagbar noch begreifbar erscheint. *Die Symbolgemeinschaft reicht deshalb über die Sprachgemeinschaft hinaus* (S. Freud). Im Symbol ist das Gemeinte gegenwärtig, ohne doch mit dem Symbol identisch zu sein.

Genau um diesen Sachverhalt ging es übrigens in dem berühmten Streit zwischen Martin Luther und Huldreich Zwingli 1529 im →*Marburger Religionsgespräch,* in dem die Wörtchen „est" (ist) und „significat" (bezeichnet, bedeutet) eine zunächst so erstaunlich große Rolle spielten: „Ist" das Brot beim Abendmahl der Leib Christi, oder „bedeutet" es ihn nur? Luther beharrt auf dem „Ist", und man trennt sich in dieser Sache uneins. Während Luther für das lebendige *Symbol* plädiert, kann Zwingli das Abendmahl nur im Sinne eines *Zeichens* verstehen.

Nimmt man schließlich die Möglichkeit hinzu, den Vollzug des Abendmahls im Sinne eines gesetzlich abgewickelten Rituals zu verstehen, bei dem es in erster Linie auf konkrete Einhaltung überlieferter Regeln ankommt, so läßt sich daran noch der Begriff des *Klischees* erläutern: Dieses bezeichnet ein in seinem Sinn nicht mehr wahrgenommenes Symbol, das gleichsam zum Selbstzweck verkommen ist. Nicht eine dogmatische Fixierung, wie beim Zeichen, liegt zugrunde, sondern ein *sinnentstellendes Vorurteil,* das aus dem Symbol ein Klischee macht.

Wichtige Quellen der Symbolforschung sind auf psychologischer Seite die Arbeiten von Sigmund Freud und Carl Gustav Jung, auf theologischer Seite die von Wilhelm Stählin, Paul Tillich und – auf der Grenze zwischen beiden Disziplinen – von Paul Ricoeur. Auch die Veröffentlichung von Susanne Langer ist zu nennen.

Religiöse Symbole

Bevor wir einzelne religiöse Symbole nennen, betrachten und uns einprägen, ist noch einmal festzuhalten: *Religion drückt sich grundsätzlich symbolisch aus.* Das bedeutet, daß jene Dimension des Lebens, die in besonderer Weise als „religiös" erlebt und beschrieben wird, nicht direkt in eigens dafür geschaffenen Begriffen aussagbar ist, sondern stets durch Hinweise, die nicht die Sache selbst sind, aber doch auf geheimnisvolle Weise an ihr teilhaben, ausgedrückt werden müssen. Das Wesen der Religion besteht ja gerade darin, daß sie von endlichen Menschen geübt, ausgestaltet und ausgedrückt wird, selbstverständlich in absolut endlichen Medien, aber stets behauptet und behaupten muß, ins Unendliche hineinzureichen und vom Unendlichen her bestimmt zu sein. Könnte dieses Unendliche selbst ausgedrückt werden, indem man direkte Begriffe dafür schüfe, würde gerade jene Differenz, die das Wesen der Religion ausmacht und die im Christlichen als Differenz zwischen Schöpfer und Geschöpf beschrieben wird, verwischt bzw. aufgehoben.

Selbst das religiöse Symbol „Gott" wird, sobald man es irgendwie inhaltlich bestimmen und sich eine Vorstellung bilden will, zu einer Fülle, möglicherweise auch zu einem Konglomerat, menschlicher Erfahrungen, Bilder und Vergleiche, die nie die Sache selbst sind. Dies zeigt beispielsweise der abgebildete Holzschnitt mit seiner symbolischen Darstellung der „himmlischen Welt".

Abb. 1: Detail aus einem Emblem-Holzschnitt des Christopher van Sichem zu H. Hugo SJ: Pia Desideria Emblematis Elegiis et affectibus S. S. Patrum Illustrata, 1628

Das mit der Spitze nach oben weisende Dreieck als Symbol der himmlischen Welt, über Tod und Hölle triumphierend.

Aus: Inge Schwarz-Winklhofer / Hans Biedermann: Das Buch der Zeichen und Symbole. Graz 1972. Taschenbuchausgabe: München/Zürich 1975, S. 75.

Das Wort „Gott" bezeichnet ja zunächst die Einzahl von Wesen, die weder Mensch noch Tier sind, sondern als diesen übergeordnet gelten. Wenn wir als Christen von „Gott" sprechen und damit den „Vater Jesu Christi" meinen, gebrauchen wir also eine Art Gattungsbezeichnung wie einen Eigennamen; wir legen das Wort „Gott" bereits aus, und wir legen Jesus aus, indem wir ihn als „Gottes Sohn" bezeichnen, also aus der Gemeinschaft der Menschen herausnehmen. Über die christologischen Probleme des Verhältnisses von Gottsein und Menschsein Jesu Christi ist hier nicht zu reden, aber es ist auch symboltheoretisch von Interesse, was eigentlich passiert, wenn wir sagen, daß Gott, der Vater, in Jesus, dem Sohn, zum Bruder der Menschen wird.

Man kann natürlich darüber nachdenken, wie denn ein Vater zugleich sein eigener Sohn und damit Bruder seiner anderen eigenen Kinder werden könne. Aber genau damit verließe man die symbolische Ebene und ginge auf die von Zeichen und Klischee über. Die symbolische Redeweise meint anderes als die naturwissenschaftlich-zeichenhafte. Daher sind Symbole auch nicht einfach in logische Gedankenabfolgen zu übersetzen. Sonst könnte man schließlich gleich eindeutig ausdrücken, was gemeint ist; man brauchte gar keine Symbole. Es ist wie in der Kunst: Wer ein Kunstwerk in eine Gedankenfolge auflöst, löst die eigentliche Aussage des Kunstwerks auf.
Wenn wir trotzdem die Rede vom Vater, der zum Bruder wird, zu „übersetzen" versuchen, dann im Bewußtsein davon, daß es sich bei solcherlei Deutung und Interpretation nur um *Aspekte des Symbols* handelt, die weder gegeneinander ausgespielt noch als die ganze Wahrheit dessen, was gemeint ist, betrachtet werden dürfen: So ist also eine von mehreren möglichen Bedeutungen der Bruderschaft des Vaters die, daß aus einer hierarchischen eine partnerschaftliche Beziehung zwischen Gott und Mensch wird, eine andere, daß die bisherige Strenge der väterlichen Zuwendung jetzt geschwisterlicher Liebe weicht. Anthropologisch könnte man sagen: Das Aufkommen geschwisterlicher Modelle zur Beschreibung der Vorstellungen über die Beziehung zwischen Gottheit und Menschheit zeigt auch einen Wandel sozialer Vorstellungen und die Möglichkeit gesellschaftlicher Veränderungen an – beispielsweise den Abschied von autoritär-hierarchischen zugunsten partnerschaftlich-kooperativer Strukturen.

Wenn wir also davon sprechen, Gott sei unser „Vater", dann wissen wir sehr genau, daß es sich nicht um unseren leiblichen Vater handelt, sondern wir meinen damit, Gott sei wie ein Vater. Freilich, und das ist entscheidend, dieses Wie reicht nicht aus. Das Symbol des Vaters greift tiefer als ein oberflächlicher Vergleich. Denn wir wollen ja zugleich ausdrücken, daß Gott in einem gleichsam höheren Sinne auch unser leiblicher Vater sei. Das hat in der Antike zu der Vorstellung geführt, alle Menschen stammten über die Kette ihrer Vorfahren letzten Endes doch von Gottheiten ab, die als Schöpfer zugleich Urväter waren und sind.

Sodann ist in diesem Zusammenhang vom Begriff des *Heiligen* zu reden, das gleichzeitig ein Stück Welt bedeutet, *in der Welt* ist und doch über sie hinausweist. Die Unterscheidung von „sakral" und „profan" bedeutet im Gegensatz zum allgemeinen Sprachgebrauch hier nicht eine Aufteilung der Welt in gleichsam göttliche und teuflische oder neutrale Zonen, sondern zunächst stets die Ausgrenzung bestimmter Orte, Gegenstände, Personen usw. innerhalb der als Ganzer als heilige Schöpfung verstandenen Welt, um an diesen besonderen Orten usw. die Heiligkeit der ganzen Welt deutlich zu machen, zu feiern und zu begehen.

Vielleicht darf man die Unterscheidung von „heilig" und „profan" einmal mit der Unterscheidung verschiedener Zimmer in einer Wohnung vergleichen, die ganz funktional zu begründen ist: Dort gibt es eben ein Wohnzimmer, in dem man Feste feiert, und es gibt vielleicht einen davon unterschiedenen Raum für den Alltag, es gibt Wasch- und Schlafräume usw. Wer käme auf die Idee, einen besonderen Sündenfall darin zu sehen, daß man die Küche und die „gute Stube" voneinander unterscheidet und auch verschieden mit diesen Räumen umgeht! Selbstverständlich kann man in jeder Ecke des Hauses feiern, und dennoch erscheint es zweckmäßig, besondere Räume für besondere Zwecke auszugrenzen. Der Raum, in dem Feste stattfinden, wird dennoch auf die Fröhlichkeit der ganzen Familie im ganzen Haus hinweisen.

Ähnliches gilt dann auch für die Ausgrenzung heiliger Orte durch die Religionen und – im christlichen Bereich – für die Unterscheidung von Kirchengebäuden, Gemeindehäusern und völlig säkularen Bauwerken. Wer wollte schon aus der Möglichkeit, überall auf der Welt Festspiele (durchaus nicht im engeren Sinne religiösen Charakters) abzuhalten, ein puritanisches Gesetz ableiten, das künftig den Bau und Besuch von Festspielhäusern und Konzerthallen verbietet! Daß es in der Geschichte immer wieder zu bildersturmartigen Reformen kommt, hängt natürlich mit der Tendenz zusammen, die Ausgrenzung des Heiligen mit der Entwicklung einer Priesterhierarchie zu koppeln und von dort im Namen der Gottheit autoritäre Machtinteressen zu vertreten. Auch der *Tabucharakter* des Heiligen läßt sich in solcher Weise mißbrauchen. Dagegen bricht sich alsbald das emanzipatorische Urinteresse der Religion durch prophetischen Protest Bahn. Diese emanzipatorische Funktion gehört zu den Grundfunktionen von Religion. (Man vergleiche etwa auch die Initiationsriten in archaischen Religionen, bei denen die Jugendlichen das Haus, in dem sie aufgewachsen sind, verlassen, ja überhaupt die Passageriten, die Hilfen zur Bewältigung existentieller Übergänge bereitstellen.)

Hinzuweisen ist schließlich auf den unauflöslichen *Zusammenhang von Symbol und Sinnlichkeit.* Die Tendenz alles Religiösen zur Abstraktion – bis hin zu Bilderverbot und Namenstabu antiker Gottheiten – macht es in besonderer Weise erforderlich, daß die Dimension des Unvorstellbaren, Zwecklosen und in jeder Weise alles Menschliche Übersteigenden zugleich durch die Symbole immer wieder ins Vorstellbare, Konkrete und Menschliche hereingeholt, begreifbar und anfaßbar, verehrbar und einsehbar (sichtbar) wird. Auch die reformatorische christliche Theologie wollte darauf nicht verzichten und sprach im Zusammenhang mit dem Abendmahl und der Taufe vom „sichtbaren Wort".

Freilich dürfen wir nicht übersehen, daß es auch so etwas wie nicht sichtbare, abstrakte und rein *gedankliche Symbole* gibt: Sämtliche theologischen Lehrgebäude gehören hierher, auch wenn sie oft den Eindruck erwecken, sie redeten von der religiösen Wirklichkeit wie von einer mathematischen und absolut berechenbaren materiellen Erscheinung. Solange theologische Systeme in irgendeiner Weise der geistlichen Dimension gerecht werden wollen, von der sie reden, müssen sie sich ihres Symbolcharakters bewußt bleiben. Dies ist wohl auch der Sinn der von Theologen immer wieder vertretenen Auffassung, Theologie könne man letzten Endes nur als eine Art Gotteslästerung betreiben.[2]

Der Mensch bedenkt sozusagen etwas, das er grundsätzlich nicht bedenken darf und nicht bedenken kann, weil es alle Möglichkeiten des Verstandes nicht nur in Frage stellt, sondern überschreitet und ihnen gar nicht wirklich zugänglich ist. Andererseits bedeutet eine symbolische Vorstellung wie die von der Menschwerdung Gottes im Christentum dann auch wieder, daß es legal ist, wenn der Mensch Gott begreifen will, weil Gott selbst sich zum Menschen herabbegeben hat und begreifbar geworden ist. Dabei ist es jedoch wichtig, den begreifbaren Gott zugleich als den unbegreifbaren zu verstehen, den Menschgewordenen zugleich als Gott zu verehren und nicht zu vergessen, daß es eben Gott war, der Mensch geworden ist, damit nicht die Gottheit überhaupt verlorengeht und der Mensch durch Gottes Menschwerdung auf sich selbst zurückgeworfen und der Verzweiflung preisgegeben wird. Dieser kleine Gedankengang soll verdeutlichen, wie Theologie bei aller Rationalität doch zugleich symbolisch – und das heißt mythologisch! – zu reden gezwungen ist.

2 Vgl. die Auffassung des berühmten Basler Theologen Karl BARTH: Einführung in die Evangelische Theologie. Zürich 1962, S. 150.

Unter diesen Voraussetzungen können wir nun eine ganze Reihe von religiösen Symbolen betrachten, immer eingedenk der Tatsache, daß letzten Endes alles und jedes, was in der Welt vorkommt, religiösen Symbolcharakter annehmen kann, wenn gläubige Menschen es zum Symbol für die von ihnen wahrgenommene und geglaubte Transzendenz machen.

Wenn wir von heiligen Erscheinungen in der Welt reden, dann ist zunächst an die *Toten* zu denken, die in jeder Kultur, besonders in deren Anfängen, eine große Bedeutung für Religionsausübung und religiöse Vorstellungen haben. Man kann und will sich nicht vorstellen, daß Menschen leben und vergehen wie das Gras, das nachher überhaupt nicht mehr da ist. Irgendwie sind die Toten – besonders die, die wir gekannt haben und von denen wir gehört haben: also die Ahnen – von großer Bedeutung für unser Leben. Selbstverständlich sind Vater und Mutter, wenn sie gestorben sind, in uns gegenwärtig, sprechen mit uns, loben und tadeln uns, begleiten uns und beschützen uns. Sigmund FREUD hat einen wichtigen Teil seiner Forschungen gerade dem Entstehen von Religion im Zusammenhang mit der Aufrichtung der Eltern-Bilder *(imagines)* in uns und ihrer Bedeutung für unser Leben gewidmet. Die psychoanalytische Religionspsychologie in seinem Gefolge hat uns wertvolle Hinweise zum Verständnis menschlicher Religiosität geliefert.
Reste dieses tiefen Zusammenhangs zwischen dem menschlichen Umgang mit dem Tod und den Toten und der Entstehung von Religion finden wir auch noch im Christentum: So wurden die ersten Kirchen häufig über den Gräbern von Märtyrern errichtet, und später – bis auf den heutigen Tag – mußte mindestens symbolisch die Reliquie eines Märtyrers im Altar der Kirche verborgen sein (Katholizismus). Selbstverständlich gehören auch Tod und Auferstehung Jesu psychologisch gesehen in diesen Zusammenhang. Freilich ist ein Symbol wie das des Todes und Auferstehens Jesu vielfach determiniert und nicht aus einem einzigen religionsgeschichtlichen Phänomen her verstehbar und erklärbar – ganz abgesehen von seiner theologischen Bedeutung, die hier aber bewußt ausgeklammert wird.

So findet sich im Neuen Testament auch die Interpretation vom *Opferkult* antiker Religionen her. Das Symbol des Opfers – im modernen Christentum weitgehend spiritualisiert (Protestantismus: dankbare Gebete und ein verantwortliches Leben als Existenzopfer des Menschen) – geht ursprünglich auf frühzeitliche Menschenopfer zurück, die im Laufe der Entwicklung in Tieropfer umgewandelt wurden (vgl. die biblische Geschichte von Isaaks Opferung: 1. Mose 22). Der Zusammenhang zwischen Totenkult und Opfer ist leicht herstellbar. Jeder Tod läßt sich unter anderem auch als Opfer verstehen.

Abb. 2: Kultus, Opfer, Priester und Beter. Assyrische Opferszene. Bildstreifen vom Obelisken Assurnasirpals II. 883–859 v. Chr., der etwa 3,50 m hoch ist.

Links liegt auf einem (künstlichen) Hügel das von zwei Türmen geschützte Heiligtum. Man sieht in das Allerheiligste hinein, wo die Gottheit thront; vor ihr steht der Priester-König. Beide haben eine Hand grüßend erhoben. Vor dem Tempeleingang ist eine Opferszene dargestellt: Zunächst ein Vorlegealtar auf Tierfüßen, mit Opfergaben reich beladen, dann ein Räucheraltar mit brennendem Räucherwerk, endlich ein (kupfernes) Weihwasserbecken in einem (hölzernen) Gestell. Rechts steht der König im langen Fransenmantel und mit der Königsmütze bekleidet, ein Gefäß in der Linken, dessen Deckel er in der Rechten zu halten scheint. Hinter ihm ein barhäuptiger Priester mit flacher Schale. Rechts wird ein Opferstier herangeführt; hinter ihm schreiten vier barhäuptige Männer paarweise, die Hände anbetend erhoben.

Aus: H. GRESSMANN: Altorientalische Bilder zum Alten Testament. Berlin/Leipzig ^{2}1927, Tafel CCXIII.

Zu den Tieropfern kommen dann Opfergaben vom Felde und mit zunehmender Differenzierung von Kultur und Handel Opfergaben aus allen Bereichen des Erwerbs und der wirtschaftlichen Blüte, an der man die Götter beteiligen will, nicht zuletzt um ihren Neid abzuwehren.
Leicht entsteht ein Zusammenhang zwischen dem, was geopfert wird, und dem Opfer selbst, so daß schließlich alles, was eine mögliche *Opfergabe* darstellt, selbst heilig werden kann: So gibt es in Religionen heilige Steine, Pflanzen, Tiere und natürlich auch Menschen. Die *Orte,* an denen geopfert wird, sind selbst heilig. Zum einen werden sie dadurch heilig, daß man an ihnen opfert und Altäre errichtet, zum anderen errichtet man Altäre dort, wo einem auf irgendeine Weise die Gottheit begegnet ist. In der Geschichte eines Volkes wichtige Orte bekommen heiligen Charakter und werden in der Folge zu Opferstätten, auf denen später möglicherweise Tempel errichtet werden. Auch *Wege* an und zu diesen Orten können selbst in der Folgezeit als heilig betrachtet werden, Umgänge (Prozessionen) werden zu heiligen Ritualen. Das Symbol des Weges und der Umkehr spielt in vielen Religionen, so auch in der biblisch-christlichen, eine große Rolle.
Selbstverständlich opfert man den Göttern zu bestimmten *Zeiten.* Es bildet sich im Laufe der naturgegebenen Jahreszeiten auch der Rhythmus für die gemeinsamen religiösen Feiern heraus, und so entsteht das Kultjahr, bei uns im Kirchenjahr erhalten. Dieses Jahr verläuft oft analog zu einer bestimmten Geschichte der Kultgemeinschaft, zum Beispiel der der sich mehrfach wiederholenden Errettung des Volkes aus Gefahr, und ist durch immer wiederkehrende Feste mit dem jeweils gleichen *Zeremoniell* gekennzeichnet.
Dieses Zeremoniell besteht jeweils aus einem ganzen Komplex von Symbolen, symbolischen Handlungen und Verhaltensweisen, symbolischen Beziehungen zur Natur und über die Natur zu den Göttern, *Farben,* die dem Sinn der jeweiligen Feste und Feiern gemäß interpretiert werden (einleuchtend beispielsweise die Farbe Rot als Symbol des Blutes, des Todes, aber selbstverständlich auch des Lebens und der Liebe) und immer wieder auch *heiligen Stätten,* mit denen ein bestimmter Ausschnitt der gesamten „Heilsgeschichte" in Verbindung gebracht wird. Da man nicht zu ihnen allen wallfahrten kann, finden sich etwa an heiligen Wegen Symbole dafür (vgl. noch die Kreuzwegstationen der Leidensgeschichte Jesu in christlichen Kirchen). Da bei solchen Festen und Ritualen mancherlei *Gegenstände* gebraucht werden, gewinnen auch sie heiligen Charakter, werden eigens für den Kult hergestellt und dürfen nur in ihm verwendet werden. Mißbrauch bedeutete „Ent-Heiligung" und würde streng geahndet.
Solche heiligen Gegenstände sind selbstverständlich ursprünglich aus dem alltäglichen Leben genommen, wie überhaupt alles Kultische sich direkt mit dem *menschlichen Alltag* in Beziehung setzen läßt. Es repräsentiert den Alltag und hebt alles menschliche Leben zugleich über den Alltag hinaus: Was du im Alltag erlebst, tust, erfährst, gehört zu der heiligen Welt deiner heiligen Götter; hier, im Kult, wird es dir bewußt und sollst du auch bewußt damit umgehen. Angemessene Einstellungen dafür sind Dankbarkeit, Anbetung, Verehrung, Gehorsam, Liebe und Eifer. Alles, was sich zwischen Menschen ereignet, kann auch als *kultische Handlung* wiederkehren: Bitte, Dank, Streit, Geschenke, die Freude erhöhende Genüsse, aus Gemeinschaft hervorgehende und Gemeinschaft stiftende Bräuche aller Art.[3]

---

3 Vgl. beispielsweise Theodor SCHNITZLER: „Was die Messe bedeutet", Freiburg 1979, wo die direkten Analogien und Bezüge zwischen christlicher Messe und menschlichem Alltag hervorgehoben werden.

Heilige Mahlzeiten, heilige Gespräche und Petitionen (Gebete) gehören zu jeder Religion. Einen besonders deutlichen Symbolisierungsvorgang, der zugleich einen Abstraktionsvorgang darstellt, haben wir im Zusammenhang von Gebet und Weihrauch vor uns. Hier wird der ursprüngliche Opferrauch auf das aufsteigende Opfer des Gebetes bezogen, ja er kann dieses sogar vertreten.

Am Beispiel des Osterfestes soll im folgenden der Symbolcharakter bestimmter Handlungsriten im Blick auf dieses Fest verdeutlicht werden:

„*Die Weihe von Feuer und Weihrauch:* In der Kirche sind alle Lichter erloschen, Sinnbild des Alten Bundes, der beim Erscheinen Christi endete. Vor der Kirche wird Feuer aus einem Stein geschlagen, Sinnbild Christi, der wie der Funke aus dem verschlossenen Steingrab hervorgegangen ist. Mit diesem Funken wird das Feuer für die Osterkerze angezündet und zugleich mit den fünf Weihrauchkörnern geweiht.

Weihe von Osterkerze und Weihwasser: Die Kerze ist das Sinnbild des Auferstandenen, wird am Feuer geweiht, mit den Weihrauchkörnern besteckt, die an die fünf Wunden Christi erinnern, und in feierlicher Prozession in die Kirche getragen. An ihrem Licht werden alle anderen Kerzen in der Kirche, das Ewige Licht und die in den Händen der Gläubigen entzündet, Lumen Christi venit, das Licht Christi kommt. Nach der Weihe des Taufwassers wird die Taufe vollzogen, und beim Gloria der Messe ertönen zum ersten Mal wieder seit Gründonnerstag die Orgel und die Glocken. Dieser Glockenklang verkündet auch das Ende der Fastenzeit.

Taufsamstag heißt der Karsamstag auch, weil früher alle Erwachsenen nur zweimal im Jahr, Ostern und Pfingsten, getauft wurden.

Die Osterkerze wird bis zum Himmelsfahrtstag auf einem eigenen Leuchter neben dem Hochaltar aufgestellt und bei jeder Messe angezündet. Auch die eigene Osterkerze wird mit nach Hause genommen, gut aufbewahrt und im Laufe des Jahres bei Krankheit oder Not wieder angezündet.
In den Alpen versuchen die Kinder, das Osterlicht der Kerze brennend heimzutragen. Manche Kinder stecken eine Kerze in eine Laterne, bringen sie zum Osterfeuer, zünden sie an ihm an und bringen das Osterlicht auf diese Weise wohlbehütet nach Hause. Fürs Osterfeuer verwendet man vor allem Buchen-, Hasel-, Eichen- und Nußbaumholz, manchmal auch Kastanie.

In Österreich und im deutschen Süden ist es noch vielfach üblich, am Karfreitag das Feuer im Herd zu löschen, so wie in der Kirche die Kerzen gelöscht werden.

Das Osterfeuer vor der Kirche wird dann schon am Nachmittag oder Spätnachmittag des Karsamstag entzündet und geweiht, und die Buben zünden ein Holzscheit, meist ein Buchenscheit an einem Draht, eine Teerfackel oder einen Feuerschwamm daran an und bringen das Osterfeuer heim. Damit wird dann das Herdfeuer wieder entzündet. Manchmal wird das Holzscheit gespalten, mit der einen Hälfte wird das Herdfeuer angezündet, die andere wird ins Feld gesteckt. Oder man hebt das Scheit für Gewitter auf oder für den nächsten Heiligen Abend, um damit das Weihnachtsscheit anzuzünden. Das Löschen des alten Herdfeuers und das Anzünden des neuen soll ebenso wie Dunkelheit und Licht in der Kirche sinnbildlich darstellen, daß das Alte vergangen ist und daß mit Christus etwas Neues kam.

Judasfeuer oder Osterfeuer wurden und werden auch als alte Frühlingsfeuer in der Karsamstagnacht oder in der Osternacht entzündet. Überall sammeln auch heute Kinder schon lange vorher das Brennmaterial zusammen, Holz und Stroh, Gerümpel, Besen und Teertonnen, Weihnachtsbäume und ähnliches.

Im Harz entzündet man das Feuer auf einem Hügel, und die Jugend steckte die ebenfalls seit langem vorbereiteten Pechfackeln an langen Stangen in die Glut und machte Fackelschwenken. – In manchen Gegenden tanzt man um die Feuer oder verbrennt einen Strohmann, einen Judas. Oder man singt Auferstehungslieder.

An der Elbe, in Blankenese und im Alten Land, tun sich immer die Kinder von ein paar Häusern zusammen, sammeln ab Weihnachten Holz und Brennmaterial und bauen gemeinsam auf dem Sandstrand Holzstöße auf, wobei jeder natürlich größer und mächtiger als der der Nachbarn sein soll. Manche Holzstöße werden höher als die Häuser. Bei Einbruch der Dunkelheit wird der erste Holzstoß angezündet, dann antworten die Flammen auf dem anderen Elbufer und flußaufwärts und -abwärts, und schließlich ist der breite Strom von steilen Feuersäulen und rotgoldenen Glutbergen gesäumt, und man wandert hin und her oder fährt mit dem Boot an den Feuern vorbei und vergleicht und bewundert, bis überall der letzte Funken erloschen ist.

Abb. 3: Feuerweihe in der Osternacht

Hildebrand hießen die Osterfeuer oder die „Heiligen Brände" in Hamburg schon vor 500 Jahren, und sie sollten Hexen und andere Unholde abwehren.

Die Asche von beiden Feuern, den kirchlichen und den heidnischen, galt als segensreich. Mancherorts schnitzte man aus den angesengten Holzscheiten Späne und verarbeitete sie zu Kreuzen, die im nächsten Jahr in die Palmbuschen gesteckt wurden, oder man steckte die Scheite in alle vier Ecken des Feldes oder streute die Asche aufs Feld.

Die Sonne tanzen sehen: Der Legende nach macht die Sonne am Ostermorgen drei Sprünge aus Freude über die Auferstehung des Herrn.

In Schlesien wanderte das ganze Dorf in der Karsamstagnacht nach der Messe auf einen Hügel, lagerte sich dort ums Feuer und verbrachte die Nacht mit Essen und Trinken und Gesprächen, bis das Morgenrot den Sonnenaufgang ankündigte. Dann riefen alle: „Christ ist erstanden, Halleluja!" und wanderten heim."

Aus: Sybil Gräfin Schönfeldt: Das große Ravensburger Buch der Feste und Bräuche. Ravensburg 1980, S. 109–112.

Zu sehr vielen Religionen gehört auch die *Bundes-Vorstellung:* Zwischen Menschen und Göttern sind Kontrakte geschlossen worden, die gelegentlich der Erneuerung bedürfen, die gebrochen werden, die durchgehalten werden müssen, will man nicht verbannt und ausgeschlossen werden. Dies verweist uns auf den besonders innigen Zusammenhang zwischen *Religion und Gemeinschaft,* einmal zwischen den Menschen, zum andern zwischen Menschen und Gottheit. Auch der Zusammenhang von *Kultus und Ethos,* von Verhalten den Göttern gegenüber und Verhalten zu den Glaubensgenossen wird von daher deutlich. In verschiedenen Religionen tauchen

Propheten und prophetenähnliche Gestalten auf, die gerade diesen Zusammenhang ins Gedächtnis rufen, wenn die Balance zwischen Kultus und Ethos verlorenzugehen droht oder wenn große politische Krisen die Religionsgemeinschaft (die ja entwicklungsgeschichtlich zunächst immer zugleich auch politische Schicksalsgemeinschaft ist) bedrohen.

Wenn wir von „heiligen Gesprächen" redeten, so müssen auch „heilige Worte" erwähnt werden. Selbstverständlich sind die *Namen* der Gottheiten häufig tabu, sie dürfen nicht einmal ausgesprochen werden und müssen, schreibt man sie auf, beim Lesen konsequent ersetzt werden (Praxis bei der Überlieferung des Alten Testaments). *Heilige Schriften* enthalten heilige Worte und heilige Geschichten, Gedanken, Auslegungen, Betrachtungen. Selbstverständlich gehören auch alte durchformulierte Gebete, die eine lange mündliche Tradition aufweisen können, dazu (z. B. Psalter). Daß bei *heiligen Mahlzeiten,* haben sie erst einmal eine gewisse Traditionsstufe erreicht, das, was gegessen wird, selbst heilig wird, leuchtet ein. So werden ganz bestimmte Speisen vorgeschrieben, andere verboten, es entstehen Regeln der Zubereitung, und für alles gibt es mit der Zeit jeweils eine ganz bestimmte *Erklärungsgeschichte,* die den Sinn der Sache verdeutlichen will.[4]

Manchmal entstehen durch den Gebrauch all dieser Symbole und Symbol-Gefüge Wirkungen, die zu *selbständigen Geschichten* und *mythologischen Traditionen* werden, so etwa zu Überlieferungen von Heilungen, die auch an ganz bestimmte Orte gebunden sein können (wie etwa an Wallfahrtsorte). Bestimmte überlieferte Formulierungen, etwa aus den heiligen Schriften, werden dann geradezu zu *magischen Formeln,* denen Heilkraft zugeschrieben wird. In diesen Zusammenhang gehört auch der *Segen,* sozusagen die positive Seite des *Fluchs;* beide sind Aspekte des heiligen Wortes, das zugleich Tat bedeutet und Veränderung bewirkt.[5] Unsere ganze Gruß- und Wunsch-Kultur kommt von daher: „Grüß' dich Gott!", „Guten Tag!", „Herzliche Glück- und Segenswünsche!" – natürlich auch: „Hol's der Teufel!", „Verdammt nochmal!" usw.

Verselbständigen sich die Symbole und werden mit den Göttern und deren Kräften gleichgesetzt, so kommt es oft zur *Vergöttlichung von Gegenständen und Bildern.* Meist entsteht sehr rasch eine *Protestbewegung,* an deren Spitze Prophetenfiguren mit heiligem Zorn auftreten. Ihr Engagement wird verständlich, ruft man sich ins Gedächtnis, daß die Gefahr besteht, die für jede Religion grundlegende Unterscheidung von Schöpfer(n) und Geschöpf(en) aus dem Blickfeld zu verlieren. Das *Abhängigkeitsbedürfnis der Gläubigen* und ihr regressives Verhalten erreichen dann ein Ausmaß, das die gesamte religiöse Gemeinschaft verführbar und manipulierbar macht, so daß die Gefahr totalitären Mißbrauchs durch einzelne Führergestalten besonders groß wird. Religionskritische Prophetengestalten sind in diesem Zusammenhang zu verstehen als Exponenten des gesunden Überlebenswillens der jeweiligen religiösen und völkischen Gruppe.[6]

Die prophetischen Gestalten weisen uns darauf hin, daß es in jeder Religion *heilige Personen* gibt. Waren ursprünglich in aller Regel Familienväter (aber auch Mütter – je nach kulturgeschichtlicher Situation) zugleich diejenigen, die priesterliche Funktionen gegenüber der Gottheit wahrnahmen (und das bedeutet ja zunächst wiederum, daß sie einfach die Kontinuität zu den Ahnen, mit allem, was das psychologisch einschloß, zu wahren hatten), so ergab sich bald – vor allem durch größere kultische Zusammenschlüsse – die Notwendigkeit, priesterliche Funktionen von der kleineren Familie auf den größeren Stamm und dessen „Funktionäre" zu übertragen, bis schließlich verschiedene Arten von *Priesterkönigtum* entstanden. In der Geschichte differenzierte sich dieses Priesterkönigtum dann wieder in die Aufgaben des politischen und die des religiösen Führers bzw. jeweiliger Führungsgruppen. Außer Priestern und Königen, Propheten und „Vätern" bzw. „Müttern" (vgl. diese Bezeichnungen in bestimmten christlichen Traditionen, z. B. Orden, bis zum heutigen Tag) hatten auch Lehrer, Meister und besondere Gruppen oder Kasten am Heiligen teil. Es war ein weiter Weg bis zu der Vorstellung, daß alle Angehörigen der Glaubensgemeinschaft „Heilige" seien. Hier ist dann zu den *hierarchischen Vorstellungen,* die aus der Eltern-Kind-Beziehung stammen, die geschwisterliche hinzugekommen, in der „Bruderschaft" zu einem bedeutenden Symbol wird (wie etwa im Christentum). Selbst die Gottheit hat teil an dieser Bruderschaft, die mit dem Mündigkeitsgedanken aufs engste verbunden ist und über das Christentum auf die Gestaltung der Neuzeit und Moderne erheblichen Einfluß gewonnen hat.

4 Zum Abendmahl vgl. insbesondere: M. Josuttis / G. M. Martin (Hrsg.): Das heilige Essen. Stuttgart 1980.

5 Vgl. D. Stollberg: Umgang mit der Sinnlichkeit. Über den Segen und das Segnen. *Evangelische Kommentare* 12 (1979), S. 208–210.

6 Vgl. die Geschichte vom goldenen Kalb: 2. Mose 32.

Es wurde mehrfach darauf hingewiesen, daß einzelne Symbole und Symbolgefüge ihren festen Sitz in der Geschichte einer religiösen Gemeinschaft haben, die jeweils immer wieder neu durch Rituale und Ritualzusammenhänge, etwa in ganzen Kultjahren, realisiert werden und vergegenwärtigende (repräsentative) Bedeutung haben. Auch im Zusammenhang der in jedem Menschenleben individuell wie kollektiv auftretenden regelmäßigen Krisen (Schwellenkonflikte) spielen sie eine große Rolle. Man spricht in diesem Zusammenhang von „Passageriten", die das menschliche Leben von der Geburt über das Ende der Kindheit und den Eintritt ins Erwachsenenalter, Eheschließung, Überwechseln auf das Altenteil bis zum Übergang in die Welt des Reichs der Toten begleiten.

Ein spezielles *Problem* in allen Religionen ist mehr oder weniger deutlich das Verhältnis von Spontaneität, Kreativität und individueller Ausgestaltung des Überkommenen einerseits und kollektiv „anerkannter" geheiligter Überlieferung, Kult und Ritual andererseits. Regelmäßig findet sich innerhalb der Religionsgemeinschaft eine Gruppe, die stärker an einer kreativen Handhabung der Überlieferung und spontanen Anpassung an die Gegenwart, und eine andere, die an Dauer, Bestand, Verläßlichkeit und „ewiger Ordnung" interessiert ist. Dahinter stehen ganz bestimmte Wünsche, Ängste und Bedürfnisse.[7]

(1) (a) Erläutern Sie die Begriffe „Kult" und „Ritual".

....

....

....

....

(b) Was haben Gottheiten und Gruppenidentitäten miteinander zu tun?

....

....

....

....

(c) Was unterscheidet die Begriffe „Symbol", „Zeichen", „Klischee"?

....

....

....

....

7 Vgl. F. Riemann: Grundformen der Angst. München 1961.

Religiosität im menschlichen Miteinander

Was bisher überblickartig skizziert wurde, soll im folgenden an ausgewählten Beispielen konkret dargestellt werden. Gedacht ist zum einen an Fest und Feier, zum anderen an Seelsorge und Pastoralpsychologie.

Fest und Feier

Im bisherigen war bereits von Kult, Ritus und Ritual die Rede. Bestandteile jedes Kults sind Feste und Feiern. Dabei sind Fest und Feier nicht ohne weiteres dasselbe, wie man zwischen dem ganzen Hochzeits*fest* und der kirchlichen Hochzeits*feier* unterscheiden muß. Im allgemeinen wird „Feier" in seriöseren Zusammenhängen als „Fest" gebraucht. (Noch lockerere Vorstellungen verbinden wir mit den heute gängigen Begriffen „Party" und „Fete".) Die Übergänge sind freilich fließend, wobei der Grad der Öffentlichkeit und der jeweilige Anlaß eine Rolle spielen.

Es gibt Festzeiten und festlose Zeiten, und damit wird zugleich auf ein Charakteristikum des Festes hingewiesen: Üppigkeit, Fülle und Genuß gegenüber Zurückhaltung, ja Askese und Verzicht. Festlose Zeiten sind, beispielsweise im Kirchenjahr, sogenannte Fastenzeiten, Zeiten der Einkehr und Besinnung, „stille Zeiten", oft auch Zeiten der Buße und Reue aufgrund von Angst und Schuld, etwa in aktuellen politischen Krisenzeiten oder in Erinnerung daran.
Freilich, sosehr man Fest und Feier unterscheiden kann, sosehr gehören sie doch zusammen: Man feiert Feste. Zu jeder Feier gehört das Spiel, ja die Feier selbst hat spielerischen Charakter – nicht: verspielten, gleichsam nicht ernst zu nehmenden, unechten. Man spricht ja auch in unserer Zeit von „Festspielen" und assoziiert damit festliche Kulturereignisse, Konzertreihen und Opernaufführungen (z. B. Bayreuth, Salzburg), die auf den Ursprung des Festes durchaus hinweisen: So wurden in der griechischen Antike religiöse Feste mit dramatischen Aufführungen, kultischen und zugleich historischen Inhalts (Tragödien, Komödien), verbunden, in denen die geltende Weltanschauung zur Darstellung kam, und auch der christliche Gottesdienst läßt sich als ein Stück stilisierter und – oftmals durch allzu große historische Distanz und Abstraktion nicht mehr verstandene – holzschnittartige dramatische Gestaltung der „Heilsgeschichte", wie sie der christliche Glaube bekennt, verstehen. Selbst bei sich noch so säkular gebenden Festen, Feiern und Festspielen geht es immer um Finden und Bestätigen von Gemeinschaft und Solidarität, Genuß und Freude, Gefühl und Ausdruck dessen, was uns unmittelbar betrifft.[8]

Man geht zum Fest aus Sehnsucht und Übermut, aus Hoffnung und Angriffslust, aus Hunger und doch überfließend, aus Leere und doch in der Erwartung, etwas geben, sich beteiligen zu können. Man hofft auf ein bißchen Glück, wenn schon nicht auf ewige Seligkeit. Sehnsucht und Leere weisen auf die Tatsache hin, daß glückende Feste selten aus Situationen allgemeiner Zufriedenheit und Ruhe hervorgehen, sondern aus ängstigenden, irgendwie armseligen und bedrohlichen Situationen: Sie werden von Menschen im Krieg, auf Dachböden oder in Kellern, inszeniert, Menschen, deren Zukunft höchst ungewiß ist; sie werden in Schützengräben gefeiert und zwischen Unbekannten zelebriert, die sich „an bessere Zeiten" erinnern und die „auf bessere Zeiten" hoffen.
Natürlich gibt es neben diesen spontanen Hochfesten, die sich kaum ritualisieren und wiederholen lassen, regelmäßig wiederkehrende, längst institutionalisierte Feste, die man zur seelischen und sozialen Hygiene feiert – beinahe so, wie man sich die Zähne putzt. Und auch sie sind äußerst sinnvoll und haben ihre Reize: alljährlich wiederkehrende Begehungen des rhythmischen Wechsels der Jahreszeiten etwa, allwöchentliche Feiern des Wechsels von Ruhe und Arbeit, allwöchentliche Erinnerung an große Heilsereignisse – wie beispielsweise im Christentum an Ostern und Karfreitag (Sonntag bzw. Freitag). Man feiert Geburtstage von Personen, Gruppen und Organisationen, Stiftungsfeste von Institutionen, politische Ereignisse, Jahrestage von allen erdenklichen als wichtig geltenden Daten und ganze Jahre für Martin LUTHER, Ludwig van BEETHOVEN, Johann Wolfgang VON GOETHE, aber auch JESUS und MARIA; ja man glaubt, verschiedene Phasen der Weltgeschichte im Sinne einer Abfolge von Festen zu erkennen: Zeitalter des Sohnes, Zeitalter des Geistes, Zeitalter verschiedener Apostel, Zeitalter von Sternbildern und dergleichen. *Fest und Feier sind Markierungen des pulsierenden Rhythmus fließenden Lebens,* wie es von Einzelnen und von Gruppen erlebt wird. Wir können daher neben den übergreifenden kollektiven Passageriten Berufs- und Standesfeste einzelner Kulturen beobachten. Unter dem Gesichtspunkt der Zeit lassen sich Erinnerungsfeste, Gegenwartsfeste und Erwartungsfeste beschreiben. Es gibt Ruhe- und Aufbruchsfeste; Naturfeste, Kulturfeste; Kriegs-, Friedens- und Wettkampffeste (seit den Zeiten Olympias und davor).

Gerade an den Festen, die in Zusammenhang mit sportlichen Wettkämpfen gefeiert werden, lassen sich verschiedene *Funktionen des Festes* deutlich erkennen. Besonders wichtig ist die Funktion der *Integration von als unvereinbar erlebten Gegensätzen* emotionaler Impulse in einzelnen Menschen wie in ganzen Gruppen, also die Funktion der Bewältigung unbewußter *Ambivalenzen,* beispielsweise von Zusammengehörigkeits- und Unabhängigkeitsbedürfnissen, von Konkurrenz- und Kooperationsstreben, von Loslassen (Passivität) und Erobern (Aktivität und Aggression), von realistischem Anpassungsbedürfnis und Streben nach schöpferischer Veränderung der Zustände.

So dienen Feste der *Bewältigung von Grundproblemen menschlichen Zusammenlebens.* Bei allen Wettkämpfen besteht ein Teil des Genusses und der Freude darin, daß unvereinbare Gegensätze miteinander zur Aussöhnung gebracht werden. Von daher gilt auch Fairneß als einer der höchsten Werte beim Sport, denn Verlierer und Gewinner bleiben – jedenfalls im Idealfall – Freunde, die Auseinandersetzung geschieht auf der nicht anzuzweifelnden Basis von Mitmenschlichkeit und Solidarität. So sind Wettkämpfe, wenn sie gelingen, das ideale Modell von Friedensfesten. Das menschliche Bedürfnis nach Auseinandersetzung wird nicht geleugnet und nicht in den – gefährlichen! – Untergrund verbannt, ins Unbewußte abgeschoben, aus dem es in nicht mehr erkennbarer Verkleidung um so destruktiver wiederkehrt, sondern Auseinandersetzung und Zusammenarbeit, Individuation und Kommunikation finden einander im Spiel zu höherer Einheit. Daß es sich um Feste handelt, die man mit Freude feiert, liegt daran, daß dieser Frieden als Normalfall nicht gegeben ist und nur in der menschlichen Sehnsucht als dauerhaft phantasiert und erhofft wird. Hier, im Festspiel des „edlen" (!) Wettstreits sieht sich die Sehnsucht ein Stück weit realisiert. So eignet jedem Fest „Wartecharakter", etwas „Eschatologisches", ein „Schon-Jetzt" und gleichzeitig „Noch-Nicht". Man hat deshalb von der „utopischen Funktion" des Festes gesprochen (G. M. MARTIN). Ein Fest, etwas Besonderes und Lustvolles, ist es, weil es tatsächlich hier und jetzt stattfindet, weil man daran teilnehmen und die Festgenossen sehen, riechen, anfassen kann, weil es etwas zu essen und zu trinken gibt – und gemeinsam schmeckt es allemal besser – und weil man sich an außergewöhnliche Ereignisse der Vergangenheit erinnert, wie man auf das Außergewöhnliche – den ewigen Frieden etwa – gemeinsam neu zu hoffen wagt, um schließlich getröstet, erhoben, erschöpft und satt von Freude nach Hause zu gehen. Die alltägliche Ruhe wurde von einem Höchstmaß ritualisiert-kanalisierter Erregung abgelöst und darf nun mit neuem Recht zurückkehren.

---

8 Vgl. Paul TILLICHS berühmte Definition des „ultimate concern": „das, was uns unbedingt angeht". TILLICH baut von daher seine Gotteslehre auf: Systematische Theologie. Bd. I. Stuttgart 1956, S. 247ff.

So ist jedes Fest Schnittpunkt von Erinnerung, Wahrnehmung und Hoffnung, von Vergangenheit, Gegenwart und Zukunft, aber auch von Nehmen und Geben, Lieben und Geliebtwerden, Leidenschaft und Depression, Hemmungslosigkeit und Ordnung.

Ein Fest wird zum Fest dadurch, daß all dieses Ausdruck erfährt. Tausend Eindrücke müssen im menschlichen Leben täglich verarbeitet werden. Die Chance der Bewältigung schlechthin ist das Finden neuen Ausdrucks, dadurch der Aufbau neuen Kontakts, Überwindung der Einsamkeit, Erwerb von Selbstachtung und Selbstvertrauen durch Anerkennung und Verständigung, die zum Verständnis führt: Wer sich verstanden fühlt, erlebt jedesmal ein kleines Fest mit dem, der ihn versteht (s. Abschnitt 2.3.2). Dieses gilt natürlich nicht nur in „guten", sondern auch in „schlechten" Zeiten, etwa Zeiten des Verlusts, der Krankheit und des Todes, so daß man auch in Zusammenhang mit der von den Tiefenpsychologen so genannten „Trauerarbeit" feiern muß. Man denke an Begräbnis- und Gedenkfeiern.

Als Mittel des Ausdrucks kommt alles in Frage, was in einer bestimmten gesellschaftlichen oder kulturellen Situation der feiernden Gruppe zur Verständigung dienen kann. Das Mittel festlichen Ausdrucks schlechthin ist die *Musik,* die außerdem durch all die Jahrtausende menschlicher Entwicklung ihre internationale Verständlichkeit bewahrt hat. (LUTHERS Hochschätzung gerade dieser Kunst ist keineswegs zufällig.) Ihr folgen alle anderen künstlerischen Ausdrucksmittel, beispielsweise Plastiken und Bilder, Ornamente und Schmuck (Blumen) aller Art, Düfte (Weihrauch) und andere die menschlichen Sinne ansprechende Impulse. Der *Tanz* und seine Urformen, zum Beispiel für jedermann zur Beteiligung geeignete Umgänge und Prozessionen, gehören selbstverständlich zu den ältesten und direktesten Ausdrucksmöglichkeiten, unter die wir auch Schreien, Stöhnen, Seufzen, Weinen, Schlagen (Trommeln) und Stampfen rechnen dürfen. Das Aus-sich-heraus-Gehen, Sich-Äußern, Sich-aus-Drücken kann so heftige Formen annehmen, daß wir vom Zustand der *Ekstase,* des Außer-sich-Seins, sprechen. Er kommt in allen Religionen vor und muß, falls er, aus welchen Gründen auch immer, dort nicht mehr erreicht werden kann, anderswo aufgesucht werden.[9] Unterdrückte Emotionalität macht anfällig für demagogische Appelle und führt unter Umständen zu extrem destruktiven kollektiven Ausbrüchen.

Den Gemeinschaft stiftenden, spielerischen, Ambivalenzen und Schwellenängste bewältigenden, erinnernden und vorausschauenden sowie ekstatischen Funktionen des Festes sind die transzendierende und die repräsentative Funktion hinzuzufügen. Wie schon im Abschnitt über Symbol und Symbolgefüge erläutert, geht es bei der transzendierenden Funktion des Festes um jene Ausgrenzung von Zeit aus dem ewig erscheinenden Fluß des Alltags, der das tötende Einerlei unbewegter Dauer rhythmisiert, der Arbeit und Ruhe aufeinander sinnvoll bezieht und die ganze Zeit als Geschöpf auf die Schöpfergottheit bezieht. Sie wird damit erträglich, ja lebens- und liebenswert und genießbar: „Meine Zeit steht in deinen Händen" (Ps 31, 16). So entstehen *Festzeiten* und *Festtage,* die aus der Zeit hinausweisen, *heilige Tage* (engl. *holy days = holidays*).

Daß jedes Fest irgend etwas im vordergründig vergegenständlichenden Sinn, in dem wir von reinen Tatsachen sprechen, nicht Vorhandenes „herbeizaubert" und insofern repräsentiert, ist für das Verständnis des Menschen als des Wesens, das feiert, besonders wichtig. *Repräsentation* bedeutet Zurückholen in die Gegenwart. Das „Re-"(zurück) deutet auf die Vorstellung hin, es sei schon einmal dagewesen. Und entsprechende Geschichten werden im Zusammenhang der jeweiligen Feste ja auch erinnert und erzählt, verlesen und im Sinne von Kunst und Dichtung sogar neu geschaffen. „Re"-präsentiert wird aber auch die Zukunft (s.o. zur utopischen Funktion): Das „Heil" ist plötzlich schon angebrochen, das „Reich" schon vorhanden, der „Sieg" schon errungen. Insofern ist jedes Fest auch ein Probeaufstand gegen das Althergebrachte, die nur scheinbar unumstößlichen Regeln, kurz: gegen die Unfreiheit. Feste sind daher gefährlich, und jede Gesellschaft ist bestrebt, festliche Kreativität nicht überschießen zu lassen. Totalitäre Systeme oder Tyrannen mißtrauen den Festen ihrer „Untertanen" gründlich und – von ihrem Standpunkt aus gesehen – zu Recht. Denn, wo gerieten wir hin, wenn die Freude als höchster Zweck alle anderen Zwecke relativierte, wenn die Zwecklosigkeit des Feiertags, an dem Gott mit seinen Geschöpfen ruht und das Leben genießt, zur Maxime würde, wenn Zwänge und Dienst von jedermann gegen Freiheit und (aktive Teilnahme an) Herrschaft eingetauscht würden! Und wo gerieten die Tyrannen hin – oder die Bürokraten!

Der *christliche Gottesdienst* bekommt von daher ganz neue – uralte – Züge, und wir ahnen plötzlich, warum er immer wieder zu wilden Verdächtigungen und Christenverfolgungen Anlaß gab. Wir verstehen aber auch, warum Kirchen- und Katholikentage mit ihrer Wiederentdeckung von Fest und Feier und Gemeinschaften wie die ökumenische Kommunität von Taizé, die „das Leben als Fest" verstehen und feiern wollen, auf viele eine so große Faszination ausüben und warum politisch äußerst wichtige und von den jeweiligen Regierungen wiederum mit äußerstem Mißtrauen betrachtete Bewegungen wie die Friedensbewegung sich im Zusammenhang mit Fest und Feier etablieren. Ohne Zweifel: die Chance von Christentum und Theologie besteht derzeit besonders in der Wiederentdeckung von Fest und Feier, also ihrer liturgischen Tradition. Dabei ist den genannten Ambivalenzen und Bedürfnissen im Interesse größerer Integration und einer von der Öffentlichkeit nachvollziehbaren Versöhnung der Gegensätze (wie z.B. Konkurrenz und Kooperation, Furcht und Mut, Hingabe und Rückzug, Aktivität und Passivität, Festhalten und Loslassen, Fließen und Gerinnen, Liebe und Aggression) größte und liebevolle Aufmerksamkeit zu schenken.

(2) Charakterisieren Sie Hauptfunktionen des Festes.

....

....

....

....

....

....

....

....

....

....

Seelsorge und Pastoralpsychologie

Im Bisherigen wurde immer wieder darauf hingewiesen, daß Religion, Ritus, Kult usw. die Antwort auf menschliche Grundbedürfnisse – etwa der Bewältigung von Ambivalenzkonflikten – und auf innerseelische wie zwischenmenschliche Kräfte darstellen, mit denen der Mensch konstruktiv-schöpferisch, also letztlich „künstlerisch", umzugehen versucht, indem er zum Zwecke der Kommunikation Symbole bildet, Erfahrung (einschließlich „innerer" Erfahrung im Phantasiebereich) austauscht und die stets durch Kommunikationsabbrüche bedrohte Gemeinschaft mit anderen aufrechterhält. Dieses ist eine religionsphänomenologische, also eine beobachtend-beschreibende Perspektive. Ein Aspekt davon ist der psychologische.

9 Vgl. moderne Psychotherapieformen wie Primärtherapie nach A. JANOV.

Wir nennen ihn „Religionspsychologie". Stellt man die Erkenntnisse der Religionspsychologie in den Zusammenhang zwischenmenschlicher Krisenhilfe und Lebensberatung unter Christen, so wird die Religionspsychologie zur „Pastoralpsychologie", also zur Psychologie im Dienste kirchlicher Seelsorge (auch „Pastoral" genannt). *Seelsorge* kann im Sinne der bisherigen Ausführungen verstanden werden als *Hilfe bei der symbolisierenden Bewältigung von Lebenskonflikten des Einzelnen im sozialen Zusammenhang seiner verschiedenen Bezugsgruppen.* Seelsorge dient zum einen dazu, *Religion als kollektives Symbolgefüge* lebendig zu erhalten, in dem sich die Einzelnen zur Gemeinschaft derer zusammenfinden, die das, was sie unbedingt angeht, miteinander teilen, zum anderen – und das ist nur die Kehrseite der Medaille – dazu, dem Einzelnen zu helfen, den Kontakt mit dieser Gemeinschaft (der „Kirche") konstruktiv zu gestalten oder wiederzufinden. „Kirche" ist dabei nicht unbedingt gleichzusetzen mit „Diözese" oder „Landeskirche", sondern bedeutet überhaupt die Gemeinschaft derer, die miteinander in der Solidarität des Glücks und der Not menschlicher Existenz auf der Basis des christlichen Glaubensbekenntnisses verbunden sind (vgl. STE 13, 20 und 24). Durch diese Verbindung und die aktive Mitarbeit daran – wie immer sie „äußerlich", das heißt organisatorisch und inhaltlich ausgestaltet sein und aussehen mag – erfahren sie ihr Leben als sinnvoll, finden sie heraus aus Einsamkeit und Verzweiflung, erleben sie sich als notwendige und erwünschte Glieder menschlicher Gemeinschaft. Seelsorge ist also Hilfe bei der ständigen und in Krisen besonders dringlichen Arbeit an zwischenmenschlichen Beziehungen. Dabei spielt der verantwortliche, also zunehmend bewußtere und realistischere *Umgang mit den eigenen Phantasien,* von denen her jeder Mensch seine Umwelt wahrnimmt und mitgestaltet, eine erhebliche Rolle. Innerhalb dieser grundlegenden und insgesamt überwiegend unbewußten Phantasiewelt wiederum bildet das, was wir „Religion" im engeren Sinne nennen können, das Zentrum: Hier geht es um als letztgültig Bewertetes, um als absolut anerkannte Normen und Werte, um alle menschlichen Beziehungen übersteigende Relationen, zunächst zu den „verewigten" Eltern und Ahnen, zur Familienmoral, dann aber darin und darüber hinaus zur „höchsten Instanz", zur „Gottheit", zum „Urgrund des Seins".

Weil nun in unserer Zeit die offiziell institutionalisierte Religion und ihre rituellen Ausgestaltungen in den verschiedensten Kulturen weithin nicht mehr die allgemeine Verbindlichkeit früherer Zeiten besitzen und im Leben des Einzelnen so verankert sind, daß sie ihrer ursprünglichen Bestimmung gemäß „funktionieren", wie umgekehrt der Einzelne nicht mehr über seine Religionszugehörigkeit existenzerhaltende und -heilende Kommunikation mit wirklich bedeutsamen Bezugsgruppen erfährt, bedarf es in zunehmendem Maße der individuellen Seelsorge. Hier wird Religion (lat. *religio:* Rückbindung, Kommunikation im Bereich dessen, was uns unbedingt angeht) gesucht. Hier kommt in aller Regel weit mehr zur Sprache als irgendein aktueller zwischenmenschlicher Konflikt, der auch auf juristischer und formaler Basis zu lösen wäre; hier geht es um Hoffnung und Enttäuschung, Sinn und Verzweiflung, Ideal und Realität, Ewigkeitswünsche und Einsicht in die Notwendigkeiten bzw. Begrenztheiten des eigenen Lebens, letztlich also auch um die Todverfallenheit unserer Existenz.

Da die kollektive Überlieferung nicht mehr zu helfen scheint, bemüht sich kirchliche Seelsorge unter Zuhilfenahme moderner Einsichten psychotherapeutischer Schulrichtungen, dem Einzelnen beizustehen, seine Schwierigkeiten deutlicher wahrzunehmen, auszudrücken und mit anderen zu teilen, so daß neue Gemeinschaft entstehen kann.

Dies gilt zum Beispiel auch für die Eheberatung, die häufig genau darin ihre Aufgabe hat, daß die Partner wieder miteinander in Austausch über ihre wahren Freuden und Nöte treten können; es gilt aber ähnlich für Seelsorge in allen nur erdenklichen Konfliktsituationen: Seelsorge an Alleinstehenden, Kindern und Jugendlichen, alten Menschen, Sterbenden und Trauernden, Seelsorge an bestimmten Berufsgruppen, an ethnischen Minderheiten usw.

Im einzelnen lassen sich zur Zeit ganz grob etwa *drei Richtungen der Seelsorge* in Theorie und Praxis unterscheiden:

1. die tiefenpsychologisch orientierte Richtung,
2. die verhaltenspsychologisch bestimmte Richtung,
3. die „biblisch-theologische" Richtung.

1. Die *tiefenpsychologisch orientierten Seelsorgekonzepte* sind alle auf Arbeit an den Alltag eines Menschen und damit seine Konflikte und Schwierigkeiten bestimmenden Phantasieinhalten einschließlich der fundamentalen religiösen Vorstellungen gerichtet. Sie interessieren sich für Träume, Affekte, Wünsche und Ängste der Ratsuchenden und gehen davon aus, daß eine Befreiung und Korrektur in diesem seelischen Bereich auch das äußere Verhalten konstruktiv beeinflussen kann. Ändert sich zum Beispiel eine bisher gesetzlich-moralistische Gottesvorstellung und gewinnt das Bild eines verzeihenden, annehmenden Gottes die Oberhand, so wird dieser Mensch toleranter sich selbst und anderen gegenüber werden. In der Sprache der reformatorischen Theologie: Dem jeweiligen Glauben entsprechen die jeweiligen Werke. Konzepte und Beispiele solcher Seelsorge finden sich bei Autoren wie Hans van der GEEST, Helmut HARSCH, Hans-Christoph PIPER, Richard RIESS, Joachim SCHARFENBERG, Dietrich STOLLBERG und Klaus WINKLER.

2. Die *verhaltenspsychologisch bestimmten Seelsorgekonzepte* halten hingegen die Arbeit im Bereich der Vorstellungswelt der Ratsuchenden weder für sinnvoll noch für notwendig, sondern setzen direkt beim Verhalten des Einzelnen an: Welches schädliche Verhalten ist unerwünscht, welches nützliche soll gefördert werden? Mit Hilfe, stark vereinfacht gesagt, von Lob und Tadel, positiven und negativen „Verstärkern", wird versucht, das Verhalten in die gewünschte Richtung zu lenken. Im Rahmen kirchlicher Seelsorge kommen als *Maßstäbe* für erwünschtes oder abzulehnendes Verhalten Kategorien theologisch begründeter Ethik (Moraltheologie) ins Spiel; es wird also gefragt, was als christliches Verhalten zu gelten habe und Gott wohlgefällig sei und was nicht. Konzepte und Beispiele solcher Seelsorge finden sich bei Autoren wie J. E. ADAMS und G. BESIER.

Diese Position erscheint fragwürdig, weil hier ein autoritäres Gefälle von Seelsorger und Klient bzw. Norm und unerwünschtem Verhalten entsteht, das Partnerschaft im Lichte des Evangeliums unter der Hand in gesetzlichen Moralismus im Schatten des Todes verwandelt.

3. Die *„biblisch-theologisch" orientierten Seelsorgekonzepte* halten wir aus erkenntnistheoretischen und theologischen Gründen für problematisch, da Theologie stets eine „zusammengesetzte" Wissenschaft sein muß, in der das Credo des Menschen bzw. einer Glaubensgemeinschaft, das über empirisch-humanwissenschaftlich beobachtbare Sachverhalte hinausgeht, und die humanwissenschaftlichen Beobachtungen und Erfahrungen eine Einheit bilden: Menschen glauben an Gott; Gott ist freilich kein Mensch und entzieht sich insofern jeder humanwissenschaftlichen Beobachtung, aber der Glaube an ihn, ohne den er nicht wahrgenommen wird, ist eine menschliche Aktivität, die sich beobachten, untersuchen und beschreiben läßt, und zwar einmal als Glaubensfähigkeit (*fides qua creditur:* Vertrauen), zum anderen als Vorstellungs- und Überlieferungsinhalte (*fides quae creditur:* Glaubensinhalte, die als wahr anerkannt werden).

Davon ganz abgesehen wird im christlichen Glauben die Menschwerdung Gottes *(Inkarnation)* bekannt, mit der eine bedingte Begreifbarkeit Gottes ausgesagt wird, so daß gleichzeitig zwischen Gott und Mensch unterschieden, andererseits aber eine innige Verbindung hergestellt wird. Wendet man dies auf das Verhältnis theologischer Aussagen und humanwissenschaftlicher Beobachtungen an, erhalten die

Humanwissenschaften ihr Recht auf Unbefangenheit und tabufreie Wahrnehmung zurück und der Glaube braucht einen offenen Dialog mit ihnen nicht zu scheuen. Gerade der an Gottes Menschwerdung Glaubende darf alles wahrnehmen, was er in dieser Schöpfung wahrzunehmen vermag, und es verantwortlich unter Einsatz aller Kräfte seiner Vernunft gebrauchen, auswerten, betrachten und dankbar damit umgehen.

Seelsorge kann also gerade darin bestehen, einem Menschen dabei zu helfen, seinen unbefangenen Zugang zur Realität wiederzugewinnen, Scheuklappen abzustreifen und Gott und seiner Schöpfung in jener Freiheit zu begegnen, die sich daraus ergibt, daß Gott ihn annimmt, wie er ist. Wir können auch sagen, Seelsorge sei immer Arbeit an der Beziehungs- und Vertrauensfähigkeit, die man „Glauben" nennt, und sie sei zugleich nicht möglich ohne Arbeit an den Vorstellungsinhalten (Symbolen und Symbolgefügen = Mythen, „fides quae"), die mit dieser Fähigkeit verbunden sind, auf die sich diese „fides qua" bezieht.

Die in *Alternative bzw. Hierarchie von Theologie und Humanwissenschaften* denkende Seelsorgekonzeption findet sich in klassischer Ausformulierung bei E. THURNEYSEN und einigen seiner Schüler, so z.B. bei R. BOHREN, H. TACKE und H. WULF. Dabei werden die Humanwissenschaften nicht rundweg verdammt, sondern durchaus als helfende Ergänzung, wenngleich eher additiv und im Sinne von Hilfswissenschaften, hinzugezogen. Dahinter steckt ein theologisches Interesse, das christliche Credo aller menschlichen Beobachtung und Analyse vorzuordnen. Problematisch erscheint eine solche Konzeption, wenn damit eine unzulässige Verwechslung oder Vermischung völlig verschiedener Wahrnehmungsebenen wie etwa der naturwissenschaftlichen und der der Glaubensperspektive verbunden wird. Man kann nicht aus dem Credo biblischer Theologie geographische oder psychologische Befunde ableiten und umgekehrt, bzw. man muß, falls so etwas geschieht oder gar geschehen soll, den methodischen Weg solcher Ableitungen genau reflektieren, um darüber Rechenschaft abzulegen.

Freilich führt diese Problematik in eine komplizierte Fachdebatte, die im Zusammenhang dieses kompakten Werkes und besonders dieser Studieneinheit nicht von Belang ist. Interessant sind hingegen die *konkreten Auswirkungen* verschiedener theoretischer Ansätze der Seelsorgelehre:

1. In der tiefenpsychologisch orientierten Seelsorge wird in erster Linie an der *Verständigung* über die den Alltag gestaltenden inneren Vorstellungen eines Menschen gearbeitet,
2. in der verhaltenspsychologisch bestimmten Seelsorge geht es um handfeste *Änderungen* des jeweiligen Lebensstils oder gewisser Aspekte davon, gemessen an „biblischen" Maßstäben,
3. in der „biblisch-theologischen" Seelsorge werden anfängliche Verständigung über Sorgen und Nöte des Ratsuchenden und „verkündigender" Zuspruch des Seelsorgers in diese Not hinein *addiert.* Dabei erhält der zweite Schritt das entscheidende Gewicht.

   (Es wird Wert darauf gelegt, daß „theologisch" hier nur das Selbstverständnis dieser Richtung und nicht etwa die Meinung des Verfassers wiedergibt, der die Kategorie der Theologie grundsätzlich allen empirisch möglichen psychologischen Ansätzen, wenn sie seelsorgerisch eingesetzt werden, vorordnet.)

Wir können auch sagen:

1. In der tiefenpsychologischen Arbeit geht es um wechselseitige Verständigung der Seelsorgepartner,
2. in der verhaltenspsychologischen um therapeutische Arbeit am Klienten,
3. in der „biblisch-theologischen" um Hören auf das Wort Gottes, das von außen kommt.

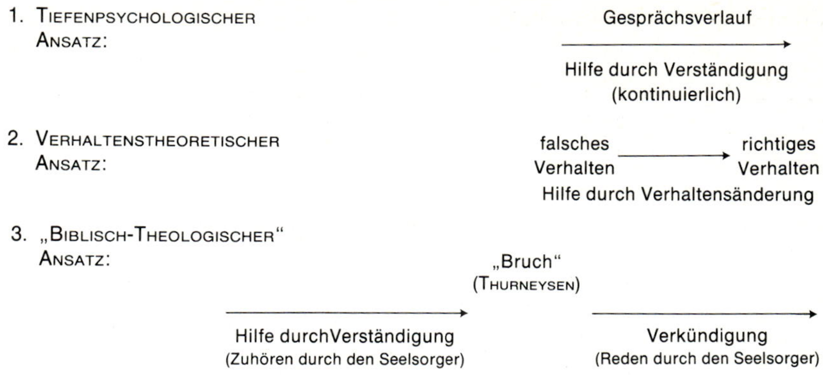

Weitere Seelsorgekonzepte sind etwa das an der *Gesprächstherapie* nach Carl R. ROGERS orientierte (Seelsorge als Beratung) oder eine im Dienste der Seelsorge eingesetzte *Transaktionsanalyse* nach E. BERNE. Erwähnt werden muß, daß neben Einzelgesprächen auch sehr effektiv in Gruppen gearbeitet werden kann.

Maßgebliche Autoren für die seelsorgerlich eingesetzte Gesprächstherapie sind u. a. H. FABER, M. KROEGER, M. VON KRIEGSTEIN und H. LEMKE. Der führende Transaktionsanalytiker unter den deutschsprachigen Seelsorgefachleuten ist derzeit H. HARSCH. „Seelsorge durch die Gruppe" wurde vor allem durch D. STOLLBERG bekannt.

Unabhängig von der jeweiligen psychologischen Theorie bestimmter Schulrichtungen hat sich ein *Ausbildungsmodell* für zeitgerechte Seelsorge als besonders sinnvoll erwiesen, das in Deutschland zunächst unter seinem amerikanischen Namen „Clinical Pastoral Training" bekannt wurde und das heute „Klinische Seelsorgeausbildung" („KSA") genannt wird: In dreimonatiger Klausur sollen angehende, aber auch bereits erfahrenere Seelsorger von vornherein im seelsorgerlichen Vollzug unter Praxisbegleitung *(Supervision)* zusätzlich ausgebildeter Lehrpfarrer ihre eigene Praxis genauer wahrnehmen, beschreiben, reflektieren und gegebenenfalls verändern oder flexibler und situationsgemäßer gestalten lernen. Zur Durchführung dieser Ausbildung wurden in Landeskirchen und Diözesen Institute geschaffen. Das älteste in der Bundesrepublik ist das Pastoralklinikum an der Medizinischen Hochschule Hannover. Auf überregionaler Basis arbeitet das Seelsorgeinstitut an der Kirchlichen Hochschule Bethel in Bielefeld. Katholischerseits wurde ein entsprechendes Zentrum an den Heidelberger Universitätskliniken aufgebaut. Alle in der pastoralpsychologischen Forschung und Lehre arbeitenden und dafür qualifizierten Fachleute gehören der 1972 gegründeten *Deutschen Gesellschaft für Pastoralpsychologie* (DGfP) an, die Ausbildungsrichtlinien der einzelnen *Sektionen* des Verbandes – Klinische Seelsorgeausbildung, Kommunikations- und Verhaltenspsychologie, Gruppendynamik, Tiefenpsychologie – erarbeitet hat und das Interesse an einer soliden seelsorgerischen Arbeit in den Kirchen vertritt.

(3) Nennen Sie Hauptströmungen kirchlicher Seelsorge heute, und geben Sie jeweils ein bis zwei charakteristische Stichwörter dazu an.

....

....

....

....

....

....

Frömmigkeit und Religiosität

1. Frömmigkeit im Sinne von Weltanschauung drückt sich verbal und nonverbal, religiös und nichtreligiös, auf jeden Fall aber symbolisch aus. Der Begriff des Symbols wurde daher genauer geklärt.

2. Religiöse Ausdrucksformen sind meist in irgendeine Art von kollektivem Kult eingebettet.

3. Bestandteile des Kults sind unter anderem Liturgien und Rituale, bestehend aus einzelnen Riten, die alle möglichen menschlichen Verhaltensweisen durch den kultischen Stellenwert, den sie ihnen geben, „heiligen" können: Musik und Tanz, anbetendes und verkündigendes Wort, ethische Tat, aber auch sportliche Wettkämpfe und helfende Aktivitäten.

4. An den Beispielen von Fest und Seelsorge wurden die religiösen Ausdrucksformen noch einmal gesondert dargestellt. Hauptfunktionen des Festes wurden beschrieben, Gruppen neuerer Seelsorgekonzeptionen grob skizziert.

5. Es wurde unterschieden zwischen einer bekennenden (theologischen) und einer beobachtenden (religionswissenschaftlichen) Perspektive, wobei sich die bekennende als existenznotwendig erwies.

6. Es zeigte sich, daß Frömmigkeit und Religiosität der Bewältigung menschlicher Grundprobleme dienen und Sinnfindung ermöglichen.

7. Verkommt Religiosität im Laufe der Geschichte zu steriler Gesetzlichkeit, bewirkt sie freilich das Gegenteil, so daß Abkehr vom „Glauben der Väter" einerseits und prophetischer Protest andererseits die Folgen sind.

8. Sinn aber lebt für den Menschen stets „jenseits" alltäglicher und berechenbarer Tatsachen, und auch „jenseits" gesetzlicher Sterilität „frommer" Moral. Er hat vielmehr zu tun mit heilsgeschichtlicher Erinnerung, lebenserfüllter Gegenwart und sehnsüchtiger Hoffnung.

Der Dichter Friedrich von Hardenberg (1772–1801), genannt Novalis, hat diese eschatologische („endzeitliche") Dimension von Sinn treffend erfaßt. Einige Zeilen von ihm mögen diese Studieneinheit beschließen:

Wenn nicht mehr Zahlen und Figuren
sind Schlüssel aller Kreaturen,
wenn die, so singen oder küssen,
mehr als die Tiefgelehrten wissen,
wenn sich die Welt ins freie Leben
und in die Welt wird zurückbegeben,
wenn dann sich wieder Licht und Schatten
zu echter Klarheit werden gatten
und man in Märchen und Gedichten
erkennt die wahren Weltgeschichten,
dann fliegt vor einem geheimen Wort
das ganze verkehrte Wesen fort.[10]

10 Orthographie und Interpunktion dem heutigen Verständnis angeglichen. Vgl. Novalis: Schriften. Das dichterische Werk. Bd. 1. Hrsg. von Paul Kluckhohn (†) und Richard Samuel. Darmstadt ^{3}1977, S. 344f.

3. Die Frage nach Gott als Frage des Menschen

Autor der Studieneinheit: Peter Neuner

Peter Neuner (44), Studium der Philosophie und Theologie in München. 1966 Priesterweihe, anschließend Kaplan. Ab 1972 Assistent am Institut für ökumenische Theologie der Universität München. 1976 Promotion, 1978 Habilitation in München. Seit 1980 Professor für Fundamentaltheologie an der Universität Passau, gleichzeitig Ökumenereferent der Diözese Passau. Veröffentlichungen vornehmlich aus dem Bereich der Modernismusforschung sowie zu Themen der Ökumene.

Allgemeine Einführung

Nirgendwo auf unserer Erde gibt es Völker und Kulturen, die ohne Religion existieren. Religion gehört – das zeigt die Völkerkunde – so ursprünglich zum Menschen wie die Sprache und der Gebrauch von Werkzeugen; sie ist so alt wie die Menschheit. Dabei gehen religiöse Formen weit auseinander: Wir finden Haltungen, die mit Bewunderung erfüllen; selbstlose Hingabe an Gott und die Menschen; vorbildliches Leben; staunenswerte Formen des Gebets. Daneben gibt es aber auch Erscheinungen, die Abscheu oder gar Entsetzen hervorrufen: härteste Selbstkasteiung zur Sühne von Schuld; Opfer von Tieren und von Menschen, durch die eifersüchtige Götter versöhnt werden sollen; kultische Prostitution, die im Zeichen der Geschlechtlichkeit die Einheit von Gott und Mensch symbolisch ausdrücken will. Wir sprechen von Religion, wo Menschen glauben, daß höhere Mächte in ihr Leben eingreifen, daß es eine Vorsehung gibt; wo sie in Mythen Antwort finden auf die Fragen nach dem Wohin und Woher, nach dem Sinn des Lebens; wo Menschen Kulthandlungen vollziehen, in denen sie auf Erlösung, Heil, Unsterblichkeit hoffen. Wir verbinden mit Religion die Verpflichtung auf ein Sittengesetz, auf Einrichtungen wie Kirchen mit ihren Kultgegenständen, Sakramenten, Opfern, Festtagen. Beim Wort „Religion" denken wir aber auch an Dinge wie Fanatismus, Grausamkeit und Heuchelei.

Im Gegensatz zu früheren Jahrhunderten ist in unserem Kulturkreis Religion heute keineswegs selbstverständlich. In der Öffentlichkeit ist sie offiziell anerkannt, aber Einfluß auf die Gestaltung des gesellschaftlichen oder privaten Lebens hat sie nur in sehr engem Rahmen. Sicher sind auch in der Gegenwart viele Menschen in ihrem Gottesglauben unerschüttert, finden in ihm Halt und Zuversicht. Aber die meisten unserer Mitmenschen sind mit einem Phänomen konfrontiert, das wohl noch nie so verbreitet war: dem Atheismus. Fast jeder hat Arbeitskollegen, Freunde, Familienangehörige, die in ihrem Gottesglauben unsicher geworden sind, an Gott zweifeln oder ihn verneinen. Gott ist dem heutigen Menschen fraglich geworden. Die Frage nach Gott ist eine Frage des Menschen.

Der heutige Atheismus hat seine wichtigste Wurzel in der Entstehung der modernen Naturwissenschaften. Während früher alle Abläufe in Natur und Geschichte auf Gott zurückgeführt wurden, haben die Wissenschaften die Ursachen erforscht, nach denen Geschehnisse ablaufen. Gott ist als Erklärung entbehrlich geworden. Verschärft wurde dies, als philosophische Strömungen Gott nicht nur für überflüssig, sondern als für den Menschen, seine Personwerdung, seine Freiheit gefährlich erklärten. Jetzt wurde Gott nicht nur Schritt für Schritt zurückgedrängt, sondern direkt bekämpft, und das um des Menschen willen. Offizieller Atheismus und Religionsverfolgungen in marxistischen Staaten sind das bekannteste Beispiel.

Es zeigte sich aber, daß sich der Mensch damit vor neue und vielleicht noch größere Probleme gestellt sah. Durch die Abschaffung Gottes wurden der Mensch, der Staat und die Gesellschaft keineswegs immer größer, freier, besser und glücklicher; sie wurden vielmehr oft engherzig, unfrei, unglücklich, einer zum Wolf des anderen. Auch dafür ist die Geschichte der Verfolgung der Religion im 20. Jahrhundert ein Beispiel. Die Frage nach Gott ist auch in dem Sinn eine Frage des Menschen, als er sich durch den Zerfall des Gottesglaubens unterdrückt und in seiner Verwirklichung behindert erkennt. Über diese beiden Aspekte der Überschrift „Die Frage nach Gott als Frage des Menschen" soll in dieser Studieneinheit nachgedacht werden.

Nach dem Durcharbeiten der Studieneinheit sollen Sie in der Lage sein,

- die Religionen in ihrer Vielfalt als universale Weltdeutungen zu begreifen;
- Gott als die Universalursache von Welt und Geschichte zu erkennen, als die er in der Zeit vor der Entstehung der modernen Naturwissenschaft angesehen wurde;
- das Entstehen der modernen Naturwissenschaften als eine Wurzel des Atheismus aufzuzeigen;
- die Positionen von Feuerbach, Marx, Freud, Nietzsche und Sartre zum Gottes- und Weltverständnis darzulegen;
- Naturwissenschaft und Religion als sich nicht gegenseitig ausschließende, sondern wechselseitig ergänzende Sichtweisen zu begründen;
- die Antwort des Glaubens auf die Anfragen des Atheismus in ihren Grundzügen nachzuzeichnen;
- die Gründe, warum nach religiöser Überzeugung Transzendenz zum Wesen des Menschen gehört, darzulegen.

Die Universalität des Gottesglaubens

Religion scheint so alt wie die Menschheit. Wohin wir in der Geschichte blicken, welchen Kulturkreis wir betrachten: überall finden wir Religionen, bei den Reitervölkern Ostasiens ebenso wie bei den Eingeborenenstämmen in Australien, auf den Osterinseln ebenso wie bei den Indianern in Feuerland, bei den afrikanischen Stämmen ebenso wie im abendländischen Kulturkreis. Wer heute fremde oder untergegangene Kulturen studiert, ist auf deren schriftliche oder künstlerische Äußerungen angewiesen. Und diese stammen zum überwiegenden Teil aus dem Bereich der Religion. Sie erzählen von der Entstehung der Welt und ihrer Vollendung, Kunstgegenstände dienten bei Beisetzungsfeiern. Sie sollten den Toten ein Leben jenseits der Todesschwelle möglich oder angenehm machen, sie sollten die Götter besänftigen oder ihren Segen herabflehen, daß die Jagd erfolgreich, die Felder ertragreich, die Frauen fruchtbar würden. Die vorangegangene Studieneinheit 2 über „Religiöse Ausdrucksformen" hat die Vielgestaltigkeit der Religion bereits dargestellt.
Doch was ist Religion, von der behauptet wird, sie sei eine allgemein menschliche Erscheinung? Die genannten Völker sind zu verschieden, als daß man ihre Religionen ohne weiteres auf einen gemeinsamen Nenner bringen könnte. In umfassendster Sicht wird Religion verstanden als „erlebnishafte Begegnung mit dem Heiligen und antwortendes Handeln des vom Heiligen bestimmten Menschen".[1] Das Heilige wird in den Religionen erlebt als „mysterium tremendum et fascinans", als eine geheimnisvolle Wirklichkeit, vor der der Mensch erzittert, erbebt, und die ihn gleichzeitig anzieht und fasziniert, die ihn erschreckt und hinreißt zugleich.[2]

1 G. Mensching: Die Religion. Berlin, o.J., S. 15.
2 R. Otto: Das Heilige. München 1963.

Religion entsteht, wo sich der Mensch seiner Abhängigkeit von ihm überlegenen Mächten und seiner Angewiesenheit auf sie bewußt wird, wo er an Grenzen seiner Existenz stößt und darauf vertraut, daß jenseits dieser Grenze eine Wirklichkeit sich auftut, die sein innerstes Sehnen und Wünschen zu erfüllen vermag.
Die Begegnung mit dem Heiligen äußert sich in Formen, die je nach Kulturkreis sehr unterschiedlich sein können. Wir sprechen von Religion, wenn Menschen glauben, daß höhere Mächte in ihr Leben eingreifen; daß es eine Vorsehung gibt; wo sie sich Mythen erzählen, die Antworten geben auf die Fragen nach dem Woher, dem Wohin, nach dem Sinn des Lebens; wo Menschen beten und Kulthandlungen vollziehen; wo sie auf Heil, Erlösung, Unsterblichkeit und ein Leben nach dem Tod hoffen. Wir verbinden mit Religion die Verpflichtung auf ein höchstes Sittengesetz, Einrichtungen wie Kirchen mit ihren Kultgegenständen, Sakramenten, Opfern, Festtagen. Beim Wort „Religion" denken wir aber auch an Dinge wie Fanatismus, Grausamkeit und Heuchelei.[3]
Die Vielgestaltigkeit des Phänomens „Religion" hat in der vergleichenden Religionswissenschaft zu einer weit aufgefächerten Religionstypologie geführt. Sie hat damit einen Raster erstellt, der Ähnlichkeit und Unterschiede der Religionen in verschiedener Hinsicht erkennen läßt.

Die sachlich unzutreffende, früher aber häufig vertretene Unterscheidung von primitiven Religionen und Hochreligionen ist heute weithin überwunden. Primitiv sind die archaischen Religionen sicher nicht. Besondere Bedeutung hatte in der religionswissenschaftlichen Forschung die Einteilung in dynamistische, animistische, theistische und monistische Religionsformen. Diese Typologie orientierte sich an der Art und Weise, wie das Heilige erfahren wird:

- Dachte man sich das Heilige als eine impersonale Macht, die in den Dingen oder Personen wohnt, sprach man von *Dynamismus.* Heute wird allerdings kaum noch die These vertreten, das Heilige könne im Sinne einer rein impersonalen Macht gedeutet werden.
- Als *Animismus* bezeichnete man eine Religion, die geprägt ist durch den Glauben an Geister, an personhafte, dämonische Wesen. Die ganze Welt erscheint dem Animisten als beseelt von solchen numinosen, der Personengestalt angenäherten Mächten. In der Naturerscheinung erkennt der Animismus das Wirken übernatürlicher Kräfte.
- Dynamismus und Animismus sind unterschieden vom *Theismus,* einem Glauben an personhafte Götter oder an einen Gott, die von den Naturkräften unterschieden werden, die hinter oder jenseits der Welt der Erscheinungen stehen. Der Theismus zeigt sich zum einen als „Polytheismus", als Mehr- oder Vielgötterglaube, und zum anderen als „Monotheismus", als Glaube an einen einzigen Gott. Wie bei den übrigen Formen dieser Typologienreihe gibt es auch hier Zwischenstufen, etwa wenn sich im Glauben eines Volkes eine Gottheit gegen ihre Rivalen langsam durchsetzt und sich diese unterordnet.
- Von theistischen Religionen ist der *Monismus* zu unterscheiden, welcher die Fülle der Erscheinungen einschließlich der Götter und Geister auf ein unpersönliches Prinzip zurückführt und auf diese Weise den Polytheismus überwindet. Zu diesen Religionen werden heute der Hinduismus und der Taoismus, aber auch andere Formen eines religiösen Pantheismus gezählt.

Verschiedentlich sah man in der hier aufgezeigten Typologie eine historische Entwicklungsreihe, als habe sich aus dem Dynamismus der Animismus, aus diesem dann der Polytheismus, der Monotheismus, gegebenenfalls auch der Monismus,

3 Nach W. Dupré: Die Religion in den Religionen. In: Jesus Christus und die Religionen. Hrsg. von A. Paus. Graz/Wien/Köln 1980, S. 14.

entwickelt. Dies wird heute so kaum noch vertreten. Vielmehr zeigt die Völkerkunde, daß die verschiedenen Typen von Religion bis in die ältesten Stufen der Menschheitsgeschichte zurückreichen, soweit sich diese für uns überhaupt noch erschließen lassen.

Die Völkerkunde zeigt, daß alle Völker und Kulturen ursprünglich religiös bestimmt waren, daß sie sich alle im Licht einer göttlichen Wirklichkeit erfuhren. Religion gehört so ursprünglich zum Menschen wie die Sprache und der Gebrauch der Werkzeuge. Ein a-religiöses Selbstverständnis des Menschen ist immer ein Spätprodukt der Menschheitsgeschichte. In dem uns vertrauten europäisch-abendländischen Kulturkreis bedeutet dies, daß für diese Welt – jedenfalls bis zum Beginn der Neuzeit – Religion und mit ihr der Glaube an einen persönlichen Gott, der die Geschicke jedes einzelnen Menschen und der Welt und ihrer Geschichte als Ganzer in Händen hält und lenkt, weitgehend selbstverständlich war. Es gab nur wenige, die die Existenz Gottes bestritten, und sie bezahlten ihren „Unglauben" mit einer gesellschaftlichen Außenseiterstellung, nicht selten auch mit schweren Beeinträchtigungen an Gut, Leib und Leben. Erst mit dem Beginn der Neuzeit wird die Gottesfrage zu einem Problem, das weitere Kreise bewegt.

Die Anfragen des Atheismus

Der gegenwärtige Atheismus ist ein vielgestaltiges Gebilde. Die Existenz Gottes wird aus unterschiedlichsten Gründen bestritten. So hat der Atheismus auch historisch mehrere Wurzeln. Bahnbrechend war dabei das Entstehen der Naturwissenschaften im modernen Sinn.

Die Gottesfrage angesichts des Fortschritts der Wissenschaften

Galt Gott zunächst als universale Ursache aller Ereignisse, so haben (1) der Fortschritt der modernen Naturwissenschaften und (2) der Positivismus diesen Glauben zunichte gemacht und einem allgemeinen Säkularismus den Boden bereitet.

Die klassische Physik

Die Väter der modernen Naturwissenschaft standen ganz im Rahmen der religiösen Welt. Es wäre ihnen nicht im Traum eingefallen, daß durch die Wissenschaft Gott angezweifelt werden sollte oder daß er überflüssig würde. Johannes KEPLER schloß sein Buch *„Harmonia cosmi"* mit einem Gebet:

> „Er, der selber unsterblich ist, [möge] mir gnädig sein und mich davor bewahren, daß ich etwas über sein Werk berichte, das vor seiner Herrlichkeit nicht bestehen kann und unser Auffassungsvermögen in die Irre leitet, und er möge bewirken, daß wir der Vollkommenheit seiner Schöpfungswerke nacheifern durch Heiligung unseres Lebens."[4]

GALILEI sah die Natur als Offenbarung Gottes: wie der Theologe in der Heiligen Schrift Offenbarung findet, so wollte er im Buch der Natur lesen, um die dort verborgene göttliche Offenbarung zu entdecken. Er verlangte nur, beim Lesen im Buch der Natur selbständig zu sein, nicht unter der Bevormundung der Theologen und Philosophen zu stehen. Weil er Offenbarung erkennen wollte, kam es zum Konflikt mit der Kirche. Die Theologen fürchteten, daß durch die Entdeckung neuer, naturwissenschaftlicher Gesetze Gott in seiner Allmacht eingeschränkt würde, daß das neue Weltbild den alten Glauben gefährden würde. Die Verurteilung GALILEIS war eines der verhängnisvollsten Ereignisse der europäischen Geistesgeschichte: die Wissenschaft wurde dem Glauben entfremdet, der Glaube zog sich von der Welt und der Wissenschaft zurück und konzentrierte sich auf ein Eigenleben, und büßte dabei mehr und mehr an Aussagekraft ein.

Es ließ sich nicht aufhalten, daß immer mehr Bereiche der Wirklichkeit mit naturwissenschaftlichen Mitteln untersucht wurden. Gott, der früher als die Universalursache gegolten hatte, die hinter jeder Erscheinung zu wirken schien, verlor Schritt um Schritt an Terrain. Mit jeder neuen Erkenntnis war das Wissen erweitert, wurde Gott an diesem Punkt entbehrlich. Gott wurde in zunehmendem Maße funktionslos und ortlos.

NEWTON, der große englische Physiker, überwand das ptolemäische Weltbild durch die Entdeckung der Gravitationsgesetze: Massen ziehen sich an. Das Gleichgewicht der Zentrifugalkräfte und der Zentripetalkräfte ermöglicht die Harmonie im Weltsystem. Doch eines war NEWTON unklar: die umlaufenden Gestirne üben gegenseitig ebenfalls eine Anziehungskraft aus. Diese ist zwar im Verhältnis zur Anziehungskraft der Sonne sehr gering, aber sie müßte im Laufe langer Zeit das System doch in Unordnung bringen. Und so glaubte NEWTON: nur ein von Zeit zu Zeit erfolgender Eingriff Gottes könne gewährleisten, daß die Gestirne wirklich auf den ihnen bestimmten Bahnen blieben, und nicht das gesamte System zusammenbricht. Gott ist hier nicht mehr für das Ganze der Bewegung zuständig, sondern nur noch für die wenigen Korrekturen, die immer wieder notwendig werden. Er muß nur noch eine kleine Restlücke der Erkenntnis ausfüllen. In ihr hatte er seinen Platz und sein Wirkungsfeld.

Gott galt zunächst als Universalursache, die für alle Ereignisse unmittelbar verantwortlich gemacht wurde. Er diente später als universale Erklärung für alle Lücken unserer Erkenntnis, für alles, was der Mensch (noch) nicht kennt und weiß. Dieser Gott ist unaufhaltsam auf der Bahn der Verlierer; denn mit jeder neuen Erkenntnis hat er wieder eine Bastion eingebüßt, an Terrain verloren. Wissenschaft scheint in diesem Sinne dem Gottesglauben direkt entgegengesetzt. Wo Wissen ist, kann Gott nicht sein. Der Gottesglaube wird damit zur Angelegenheit einiger Zurückgebliebener, zu denen die Wissenschaft noch nicht durchgedrungen ist. Die Hypothese „Gott" wird zentimeterweise getötet, Gott stirbt den Tod der tausend Einschränkungen. Wie in der Astronomie verliert er seinen Platz auch in anderen Bereichen der Naturerkenntnis, zuletzt wohl in der Biologie. Die Welt als ganze wird als grandioser Mechanismus verstanden, in dem alles nach unumstößlichen physikalischen und chemischen Gesetzen abläuft. So erklärte der englische Biologe Julian HUXLEY:

> „Die Gott-Hypothese hat für die Auslegung und das Verständnis der Natur keinerlei Bedeutung mehr. Im Gegenteil: sie steht einer wahren Auslegung oft im Wege. Es wird einem gebildeten Menschen bald ebenso schwerfallen, an Gott zu glauben, wie daran, daß die Welt flach sei, daß Fliegen spontan erzeugt werden, daß Krankheit eine göttliche Strafe sei und der Tod das Geheimnis von Zauberei."[5]

Der Positivismus

Der Positivismus führte die durch die Wissenschaften begonnene Kritik am Gottesglauben fort. Begründer des Positivismus ist Auguste COMTE, der durch sein 3-Stadien-Gesetz alle Erkenntnis auf wissenschaftlich sichere Basis führen will.

---

4 Zitiert nach W. HEISENBERG: Wandlungen in den Grundlagen der Naturwissenschaft. Stuttgart ^{9}1959, S. 108.

5 Nach H. FRIES: Die Gottesfrage in der Begegnung mit der modernen Naturwissenschaft. In: H. FRIES (Hrsg.): Gott, die Frage unserer Zeit. München 1973, S. 26.

Dieses Gesetz besagt, daß all unsere letzten Gedanken und einzelnen Kenntnisse nacheinander drei verschiedene Stadien des Erkennens durchlaufen: das theologische oder fiktive, das metaphysische oder abstrakte, das wissenschaftliche oder positive:

- Das theologische Stadium ist dadurch geprägt, daß der Mensch in diesem primitiven Zustand gerade die für uns immer unlösbaren Fragen stellt: nach dem Wesen der Dinge, Anfang und Ende der Welt, nach dem Sinn des Lebens und dem Ziel der Geschichte. Die lösbaren Probleme werden dagegen kaum ins Auge gefaßt, als wären sie eines ernsteren Nachdenkens unwert.
- Dies gilt auch noch für das metaphysische Zeitalter, wenn auch hier nicht mehr übernatürliche Mächte, sondern abstrakte Kräfte oder „Entitäten", die den verschiedenen Wesen der Welt innewohnen sollen, zur Beantwortung der alten Fragen herangezogen werden.
- Im Gegensatz dazu werden im positiven Zeitalter grundsätzlich theologische und metaphysische Probleme vermieden, werden die unfruchtbaren und nie lösbaren Fragen der beiden ersten Stadien nicht mehr gestellt.

Dies hat Auswirkungen auf die Gottesfrage. Im positiven Zeitalter werden nicht neue Antworten auf die immer schon gestellten Fragen gegeben, vielleicht atheistische Antworten, sondern die Frage nach Gott verschwindet selbst. Nicht von der Antwort, sondern von der Fragestellung her wird Gott der Boden entzogen.

COMTE läßt damit auch den Atheismus hinter sich. „Vom reinen Vernunftstandpunkt aus stellt der Atheismus nur eine ungenügende Befreiung dar, da er die Tendenz hat, das metaphysische Stadium unabsehbar zu verlängern, indem er ohne Unterlaß neuen Lösungen der theoretischen Probleme nachjagt, anstatt alle unzulänglichen Fragen als vollkommen müßig beiseite zu lassen. Der wahre positive Geist besteht vor allem darin, die Erforschung der letzten oder ersten Ursachen durch die Erforschung der unabänderlichen Gesetze der Erscheinungen, kurz: die Bestimmung des Warum durch die des Wie zu ersetzen." Die Atheisten sind nach COMTE nur inkonsequente Theologen, weil sie an denselben Fragen arbeiten wie jene, nur mit negativer Antwort. Die positive Denkart „geht nicht in diese Falle. Sie überwindet den Atheismus, um dem Theismus endgültig den Garaus zu machen. Sie gibt beiden, dem Atheismus und dem Theismus, den beiden feindlichen Brüdern, den rückschrittlichen Überzeugungen wie den archaischen Dogmen den Laufpaß." Jetzt erst kommt der Atheismus zur Vollendung: „Der Positivismus allein leistet ganze Arbeit. Dank ihm ist Gott gegangen, ohne eine Frage zu hinterlassen."[6]

Mit seiner Vorhersage über die Bedeutung der Wissenschaft hat sich COMTE als Prophet des heraufkommenden technisch-wissenschaftlichen Zeitalters erwiesen, in dem vor allem zählt, was klar erkennbar, vorhersehbar und dadurch beherrschbar ist. Wissenschaft ist ein Zauberwort unserer Zeit. Das Wort „Gott" dagegen ist aus unserem Alltagssprechen weithin verschwunden.

Der Neo-Positivismus verband sich mit der Sprachphilosophie. Danach erschien es als Hauptaufgabe der Philosophie, Aussagen hinsichtlich ihrer Verifizierbarkeit zu überprüfen. Was nicht verifizierbar oder falsifizierbar ist, gilt weder als wahr noch als falsch, sondern als sinnlos. Das trifft alle Aussagen aus dem Bereich der Religion, der Ethik. Darüber kann nach dieser Vorstellung nicht sinnvoll, das heißt nicht allgemeingültig und wissenschaftlich gesprochen werden. Alle Fragen nach Gott, nach dem Sinn des Lebens, nach Gut und Böse sind nicht beantwortbar, sie werden darum als sinnlos abgetan. Bestenfalls bleibt für diesen Bereich die Sprachlosigkeit. „Wovon man nicht sprechen kann, darüber muß man schweigen."[7] Die Forderung nach universaler Verifizierbarkeit und Objektivität der Erkenntnis wird heute in dieser Härte nicht mehr erhoben, vor allem weil die Naturwissenschaften selbst erkannt haben, daß sie diesen Forderungen nicht zu genügen vermögen. Dennoch wird in der heutigen Sprachphilosophie in abgewandelter Form immer noch die neopositivistische Kritik an Religion und Gottesglauben formuliert.

Eine Entsprechung findet der Neo-Positivismus im gegenwärtigen *Säkularismus*. Dessen Grundcharakteristikum sind eine weitgehende Gleichgültigkeit gegenüber religiösen Fragen, der Frage nach dem Sinn, nach Gut und Böse, und der Rückzug auf das praktische, konkrete Leben. Diese Grundhaltung prägt heute viele Menschen. Sie sind nicht gegen Religion und gegen Gott, sind aber auch nicht religiös und gläubig. Sie beschäftigen sich nicht mit der Vergangenheit, aber auch die Zukunft ist ihnen kein ernstes Problem. Sie sind nicht gegen die Kirche, aber engagieren wollen sie sich auch nirgendwo. Sie beschränken sich auf ihren unmittelbaren Lebensbereich, ihre Familie, ihren Arbeitsplatz, ihre Wohnung, ihren Urlaub und die kleinen Vergnügungen des Alltags. Von allem, was sie nichts angeht, wie sie sagen, „lassen sie die Finger". Sie glauben an die Wissenschaft und ihre Ergebnisse, nehmen sie in Anspruch, wenn sie das Leben angenehmer und freundlicher gestalten.
Diese Position ist in der Gegenwart deswegen so verbreitet, weil ihre Anhänger Konflikten und Entscheidungen aus dem Weg gehen können. Sie müssen sich für nichts und gegen nichts einsetzen. Angesichts der verschiedenen Deutungsversuche der Welt können sie unentschieden bleiben. Sie müssen sich nicht festlegen und halten sich für „tolerant", weil sie niemandem etwas zuleide tun.

Während die in dieser Studieneinheit vorgestellten philosophischen Schulen immer elitär geblieben sind, ist der Säkularismus heute eine Massenerscheinung. Nach ihm geht unsere Welt nicht einem Entscheidungskampf zwischen verschiedenen, einander widerstreitenden Positionen entgegen. Hier gibt es keinen Streit zwischen Atheisten und Gläubigen, zwischen Existentialisten und Marxisten, sondern die zugrunde liegenden Überzeugungen scheinen langsam zu verblassen, sich aufzulösen und damit zu verschwinden.

(1) Legen Sie dar, wodurch sich der Positivismus von der klassischen Religionskritik unterscheidet.

....
....
....
....
....
....
....
....
....
....
....
....
....

6 H. FRIES: Die Gottesfrage in der Begegnung mit dem Positivismus, a.a.O., S. 34–45.

7 L. WITTGENSTEIN: Tractatus logico-philosophicus. Frankfurt [17]1983, S. 115.

Gott – eine Projektion des Menschen

Im Zentrum des neuzeitlichen Atheismus stehen Konzeptionen, die die Realität Gottes bestreiten, um das, was man ihm fälschlicherweise zugesprochen hat, dem Menschen zurückzugeben. Hier stirbt Gott nicht einen Tod der tausend Einschränkungen, sondern hier wird er um des Menschen willen abgesetzt.

Ludwig Feuerbach

Ludwig FEUERBACH (1804–1872) wird als „Kirchenvater des modernen Atheismus" bezeichnet. Auf ihn und sein Werk gehen fast alle derzeitigen atheistischen Systeme zurück. Seine Bedeutung zeigt die oft Karl MARX zugeschriebene Formulierung: „Feuerbach ist unser größter Prophet – es gibt keinen anderen Weg zur Wahrheit als durch den Feuer-bach; er ist das Purgatorium [Fegefeuer] der Gegenwart."

FEUERBACH begann als Theologe. Er studierte dann Philosophie bei HEGEL und brach unter dem Einfluß der Linkshegelianer, die HEGEL als den Philosophen der Antithese, des Widerspruchs, des Konflikts verstanden, mit dem Christentum. Ins Zentrum seines Denkens tritt der Mensch. Das Wesen des Menschen ist nach FEUERBACH unendlich; dies unterscheidet den Menschen vom Tier. Mit dieser Aussage hat er einen zentralen Gedanken HEGELS übernommen. Dieses sein unendliches Wesen schaut der Mensch in der Religion so, als ob es eine ihm gegenüberstehende Wirklichkeit wäre. „Die Religion ist das Bewußtsein des Unendlichen." In der Religion verhält sich der Mensch also nicht zu einem real existierenden Gott, sondern zu seinem eigenen Wesen.

„Die Religion [...] ist das Verhalten des Menschen zu sich selbst oder richtiger: zu seinem Wesen [...] als zu einem anderen Wesen. Das göttliche Wesen ist nichts Anderes als das menschliche Wesen oder besser: das Wesen des Menschen, abgesondert von den Schranken des individuellen, d. h. wirklichen, leiblichen Menschen, vergegenständlicht, d. h. angeschaut und verehrt als ein anderes, von ihm unterschiedenes, eigenes Wesen – alle Bestimmungen des göttlichen Wesens sind darum Bestimmungen des menschlichen Wesens."[8]

FEUERBACH faßt dies zusammen in die Umkehrung des Satzes aus der Schöpfungsgeschichte (Gen 1,27), indem er sagt: „Der Mensch schuf Gott nach seinem Bilde".

Der Mensch ist endlich; die Menschheit als Ganze dagegen ist nach FEUERBACH, der hier einen Gedanken HEGELS aufgreift und umgestaltet, zugleich unendlich. Insofern jeder einzelne Mensch zur Menschheit gehört, hat er teil an deren Unendlichkeit; darum kann er sich nach Unendlichkeit sehnen, obwohl er selbst endlich ist. Weil die Menschheit als Ganze die ersehnte Unendlichkeit darstellt, ist sie die wahre Transzendenz des Menschen.
Auf der Suche nach Unendlichkeit und Transzendenz ist der Mensch nach FEUERBACH in die Irre gegangen. Weil seine Sehnsucht nach Unendlichkeit nicht erfüllt wird, projiziert er aus sich selbst Unendlichkeit, ein unendliches Wesen, das er Gott nennt. „Was der Mensch nicht wirklich ist, aber zu sein wünscht, macht er zu seinem Gott, das ist sein Gott." „Hätte der Mensch keine Wünsche, hätte er auch keine Religion." Aus seinem Streben nach Glückseligkeit entsteht Religion.

„Er glaubt ein seliges Wesen, nicht nur, weil er eine Vorstellung der Seligkeit hat, sondern weil er selbst selig sein will; er glaubt ein vollkommenes Wesen, weil er selbst vollkommen zu sein wünscht; er glaubt ein unsterbliches Wesen, weil er selbst nicht sterben will. Was er selbst nicht ist, aber zu sein wünscht, das stellt er sich in seinen Göttern als seiend vor. Die Götter sind die als wirklich gedachten, die in wirkliche Wesen verwandelten Wünsche des Menschen" (Bd. VIII, S. 250).

Durch diese Projektion entfremdet sich der Mensch. Er bringt sich dabei um das Beste seiner selbst. „Der Mensch bejaht in Gott, was er an sich selbst verneint." „Um Gott zu bereichern, muß der Mensch arm werden; damit Gott alles sei, der Mensch nichts sein." Religion ist somit „die Entzweiung des Menschen mit sich selbst". Ein religiöser Mensch sein bedeutet, ein zwiespältiger Mensch sein, in der Religion wird der Mensch verneint, wird er klein, schwach und erbärmlich. Religion entfremdet den Menschen von sich selbst; sie ist die Negation des Menschen.[9]
Der Atheismus als das „Nein" zu Gott ist nach FEUERBACH das uneingeschränkte „Ja" zum Menschen; er ist die Negation der Negation. Nachdem erkannt ist, daß Anthropologie das Geheimnis der Theologie darstellt, können die Menschen sich selbst zurückgewinnen. Er wünscht, die Menschen „aus Gottesfreunden zu Menschenfreunden, aus Betern zu Arbeitern, aus Candidaten des Jenseits zu Studenten des Diesseits, aus Christen, welche ihrem eigenen Bekenntniss und Geständniss zufolge ‚halb Thier, halb Engel' sind, zu Menschen, zu ganzen Menschen zu machen" (Bd. VIII, S. 360).[10] Durch den Atheismus wird die Religion erfüllt und überwunden zugleich. Alle Aussagen der Religion müssen so interpretiert werden, daß in ihnen sichtbar wird, was hier über den Menschen gesagt ist. Im Atheismus wird der Mensch fähig, nicht mehr ein besseres Leben nur zu glauben, sondern ein besseres Leben zu wollen, und es zu schaffen.

Karl Marx

Bei Karl MARX (1818–1883) spielt die Religionskritik eine nur untergeordnete Rolle. Er sah Religion durch FEUERBACH als endgültig widerlegt. Er wollte über ihn hinaus lediglich noch begründen, warum es zur religiösen Entfremdung komme – ein Problem, das dieser offengelassen bzw. durch seinen Verweis auf das angeblich unendliche Wesen der Menschheit keineswegs befriedigend gelöst hatte. Darüber hinaus leitete ihn die Absicht, Religion zu überwinden, weil er in ihr einen Feind des gesellschaftlichen Fortschritts, der Freiheit und der Würde des Menschen sah.
Den Grund für die religiöse Entfremdung des Menschen findet MARX in seiner gesellschaftlichen und wirtschaftlichen Entfremdung. Diese ist Ursache für die Religion. Weil der Mensch in einem Jammertal lebt, entsteht Religion. Diese ist ihrerseits Ausdruck der wirtschaftlichen Entfremdung. „Dieser Staat, diese Sozietät produzieren die Religion, ein verkehrtes Weltbewußtsein, weil sie eine verkehrte Welt sind." Die religiöse Entfremdung kann nach MARX darum nicht unmittelbar durch eine theoretische Kritik der Religion, durch ihre Entlarvung überwunden werden. Es bedarf vielmehr der praktischen Kritik, das heißt der Änderung der Zustände, welche die Religion hervorbringen, und die ihrerseits durch die Religion wieder legitimiert werden.

„Die Religion ist die allgemeine Theorie dieser Welt [...], ihre moralische Sanktion, ihre feierliche Ergänzung, ihr allgemeiner Trost- und Rechtfertigungsgrund. Sie ist die phantastische Verwirklichung des menschlichen Wesens, weil das menschliche Wesen keine wahre Wirklichkeit besitzt. Der Kampf gegen die Religion ist also mittelbar der Kampf gegen jene Welt, deren geistiges Aroma die Religion ist."[11]

Religion wird hier nicht nur negativ gesehen: „Das religiöse Elend ist in einem der Ausdruck des wirklichen Elendes und in einem die Protestation gegen das wirkliche Elend. Die Religion ist der Seufzer der bedrängten Kreatur, das Gemüt einer

8 L. FEUERBACH: Sämtliche Werke. Hrsg. von W. BOLIN und F. JODL. Bd. VI. Stuttgart-Bad Cannstatt 1960/64, S. 17.

9 W. KASPER: Der Gott Jesu Christi. Mainz 1982, S. 45.

10 Vgl. H. FRIES: Ludwig Feuerbachs Herausforderung an die Theologie. In: Ders.: Glaube und Kirche als Angebot. Graz/Wien/Köln 1976, S. 62–90.

11 K. MARX: Die Frühschriften. Hrsg. von S. LANDSHUT. Stuttgart 1971. Die Zitate stammen, soweit nicht anders angegeben, aus der Einleitung: Zur Kritik der Hegelschen Rechtsphilosophie, S. 207–224, hier S. 208.

herzlosen Welt, wie sie der Geist geistloser Zustände ist." (S. 208). Religion ist das Selbstbewußtsein eines sich selbst entfremdeten, einem anderen versklavten Menschen. Religion wächst auf dem Boden des Elends, der Ausbeutung, der Leibeigenschaft, des Feudalismus, des Kapitalismus. Sie ist der Ausdruck des wirklichen Elends des Menschen und zugleich der Protest dagegen. Aber dieser Protest bleibt unwirksam und ist deshalb so gefährlich. Er gleicht dem des chinesischen Kuli, der seine Lage kennt, aber das Elend seiner Situation betäubt, indem er nach der Opiumpfeife greift. Religion ist „Opium des Volkes" (S. 208). Als solche tröstet sie, indem sie die wahren Zustände verschleiert und eine Traumwelt vorgaukelt; als solche macht sie gleichzeitig unfähig, das bestehende Elend zu überwinden.

Religion hat ihren Grund in den sozialen Verhältnissen. Sie gibt eine Gesamtdeutung von Welt, die dem Interesse der herrschenden Klasse dient. Das sachfremde Klasseninteresse verkleidet sich gleichsam „in das Gewand der schönen Idee".[12] Religion ist damit „Ideologie", wie Marx diesen Begriff definiert, ist „ideologischer Überbau", im Gegensatz zu den Produktions- und Eigentumsverhältnissen, die für ihn die „Basis" darstellen.

Unter „Basis" versteht Marx die ökonomische Struktur einer Gesellschaft, also die Eigentumsverhältnisse an Produktionsmitteln, die Formen der Güterverteilung oder auch die Stellung von den am Produktionsprozeß beteiligten Gruppen bzw. Klassen. Über diese Basis wölbt sich nach marxistischer Auffassung ein politischer und ideologischer Überbau. Der politische Überbau besteht aus den Elementen Staat und Recht, der ideologische Überbau aus den Bereichen Religion, Philosophie, Bildung, Kunst usw. Dabei versteht Marx den Überbau als Widerspiegelung der Basis:

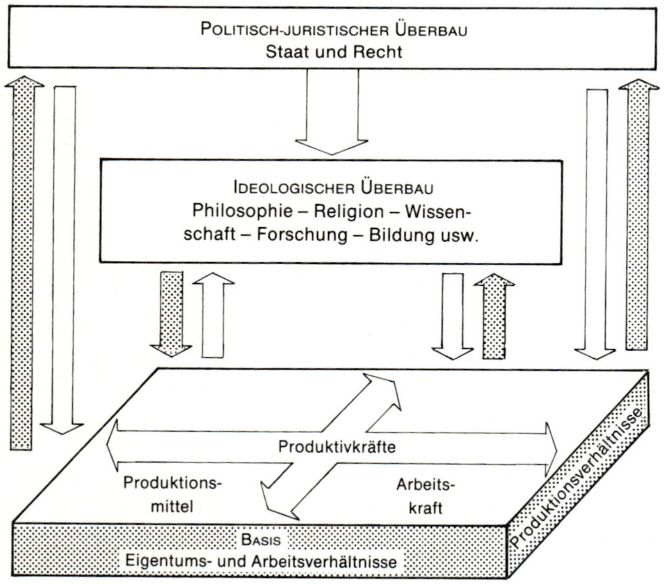

Da die Produktionsverhältnisse im Kapitalismus nach Marx durch Ausbeutung gekennzeichnet und damit ungerecht sind, steht auch notwendigerweise der Überbau, und damit beispielsweise auch die Religion, im Dienste dieser Ungerechtigkeit. Die Religion leistet nach marxistischer Auffassung eine ideologische Absicherung der ungerechten Produktionsverhältnisse, indem sie die ausgebeuteten Massen auf ein „paradiesisches Jenseits" vertröstet. Damit schwächt die Religion (oder religiöse Ideologie) den Willen des Proletariates zur Änderung der realen Verhältnisse.

12 B. Welte: Ideologie und Religion. In: Christlicher Glaube in moderner Gesellschaft. Bd. 21. Freiburg/Basel/Wien 1980, S. 13.

Wenn Religion aber als Ideologie entlarvt wird, ist sie auch als Illusion und als Verdrängung erkannt, die ungerechte Herrschaftsverhältnisse legitimieren will. Religion als Illusion, als Verdrängung kann nur dadurch überwunden werden, daß man die sozialen Verhältnisse ändert, die sie ideologisch rechtfertigt. Es hätte keinen Sinn, den Menschen nur ihr Opium wegzunehmen und jene Zustände unverändert zu lassen, die schmerzlindernde Mittel notwendig machen.

„Die Aufhebung der Religion als des illusorischen Glücks des Volkes ist die Forderung seines wirklichen Glücks. Die Forderung, die Illusion über seinen Zustand aufzugeben, ist die Forderung, einen Zustand aufzugeben, der der Illusionen bedarf. Die Kritik der Religion ist also im Keim die Kritik des Jammertales, dessen Heiligenschein die Religion ist." (S. 208)

Religionskritik ist nach Marx eher eine Sache der Praxis als der Theorie. An Feuerbach kritisierte er: „Die Philosophen haben die Welt nur verschieden interpretiert; es kömmt darauf an, sie zu verändern" (S. 341). Marx stellt der Philosophie die Aufgabe, an der Überwindung der Entfremdung mitzuwirken:

„Es ist also die Aufgabe der Geschichte, nachdem das Jenseits der Wahrheit verschwunden ist, die Wahrheit des Diesseits zu etablieren. Es ist zunächst die Aufgabe der Philosophie, [...] nachdem die Heiligengestalt der menschlichen Selbstentfremdung entlarvt ist, die Selbstentfremdung in ihren unheiligen Gestalten zu entlarven. Die Kritik des Himmels verwandelt sich damit in die Kritik der Erde, die Kritik der Religion in die Kritik des Rechts, die Kritik der Theologie in die Kritik der Politik." (S. 208f.)

Nach Marx kann es nicht genügen, Religion zu bekämpfen und auszurotten. Unterdrückung der Religion kann sich nicht auf ihn berufen. Religion ist nach seiner Überzeugung Symptom gesellschaftlicher und wirtschaftlicher Entfremdung. Es gilt, diese Entfremdung aufzuheben; dann wird Religion von selbst verschwinden. Jetzt ist es das relative Recht der Religion, Protest zu sein gegen die Zustände, die sie nötig machen; es ist ihr Unrecht, daß sie diesen Kampf mit Mitteln führt, die unfähig machen, für die Überwindung der Entfremdung zu kämpfen.

Versuchen aus dem christlichen Bereich, die Lage der Arbeiterschaft zu verbessern, stand Marx allerdings sehr skeptisch gegenüber. So schrieb er in einem Aufsatz in der *Deutschen Brüsseler Zeitung* vom 12. 9. 1847:

„Die sozialen Prinzipien des Christentums haben jetzt achtzehnhundert Jahre Zeit gehabt, sich zu entwickeln, und bedürfen keiner ferneren Entwicklung durch preußische Konsistorialräte. Die sozialen Prinzipien des Christentums haben die antike Sklaverei gerechtfertigt, die mittelalterliche Leibeigenschaft verherrlicht und verstehen sich ebenfalls im Notfall dazu, die Unterdrückung des Proletariats, wenn auch mit etwas jämmerlicher Miene, zu verteidigen. – Die sozialen Prinzipien des Christentums predigen die Notwendigkeit einer herrschenden und einer unterdrückten Klasse und haben für die letztere nur den frommen Wunsch, die erstere möge wohltätig sein. – Die sozialen Prinzipien des Christentums setzen die konsistorialrätliche Ausgleichung aller Infamien in den Himmel und rechtfertigen dadurch diese Infamien auf der Erde. – Die sozialen Prinzipien des Christentums erklären alle Niederträchtigkeiten der Unterdrücker gegen die Unterdrückten entweder für gerechte Strafe der Erbsünde und sonstigen Sünden oder für Prüfungen, die der Herr über die Erlösten nach seiner unendlichen Weisheit verhängt. Die sozialen Prinzipien des Christentums predigen die Feigheit, die Selbstverachtung, die Erniedrigung, die Unterwürfigkeit, die Demut, kurz alle Eigenschaften der Kanaille, und das Proletariat, das sich nicht als Kanaille behandeln lassen will, hat seinen Mut, sein Selbstgefühl, seinen Stolz und seinen Unabhängigkeitssinn noch viel nötiger als sein Brot. – Die sozialen Prinzipien des Christentums sind duckmäuserig, und das Proletariat ist revolutionär."[13]

Die ideologische Auseinandersetzung zwischen Christentum und Marxismus in Vergangenheit und Gegenwart wird in Studieneinheit 29 Gegenstand detaillierter Erörterung sein.

13 Vgl. W. Post: Kritik der Religion bei K. Marx. München 1969, S. 190–194, zitiert nach H. Fries: Die Gottesfrage in der Begegnung mit dem Marxismus, a.a.O., S. 51.

Sigmund Freud

Sigmund FREUD (1856–1939) ist in die Geschichte eingegangen als der Begründer der Psychoanalyse. Diese ist ursprünglich eine Methode, unbewußt-unterbewußte Vorgänge im menschlichen Seelenleben aufzuhellen und Neurosen zu heilen. Doch hat die Psychoanalyse diesen Rahmen weit gesprengt: sie dient als Instrumentarium der Literatur-, Kultur- und Kunstwissenschaft, beeinflußt Pädagogik, Ethik, Religionswissenschaft und Philosophie. Sie ist ein neuer Schlüssel zur Interpretation der Wirklichkeit, auch und nicht zuletzt der Wirklichkeit der Religion.
FREUDS Theorie baut auf FEUERBACHS Projektionsthese auf. Wie dieser sieht er in Gott eine Projektion des Menschen. Während MARX diese Projektion gesellschaftlich-wirtschaftlich deutet, begründet FREUD die Entzweiung und Projektion mittels des Instrumentariums der Psychoanalyse.

FREUD versteht den Menschen in erster Linie als Triebwesen. Durch äußere Begrenzungen, vor allem durch die kulturelle Eingebundenheit, wird dem Menschen Triebverzicht auferlegt. Daraus entstehen Konflikte. Falsche oder nicht gelungene Konfliktbewältigung führt zur Neurose, wobei vor allem frühkindliche Konflikte Anlaß zu dauernder Neurotisierung werden können. Neurose ist immer eine Flucht weg von der harten Wirklichkeit, die verdrängt werden soll, weil sie nicht verarbeitet wurde und immer noch schmerzt, hin zu Ersatzlösungen, die das Problem scheinbar beheben. Doch der Preis für eine derartige nicht ich-gerechte Konfliktbewältigung ist hoch: Der Neurotiker ist geplagt von übermäßigem Angstgefühl, unbewußtem Schuldgefühl und dem Verlangen nach Selbstbestrafung. „Der Neurotiker läuft ständig seinen eigenen Ohrfeigen hinterher." Heilung von Neurosen ist dadurch möglich, daß die Verdrängung aufgedeckt und dann die Verarbeitung geleistet wird, die sich der Neurotiker ursprünglich ersparen wollte.

Mittels des psychoanalytischen Instrumentariums erklärt FREUD Religion: Zunächst fällt auf, daß es eine weitreichende Ähnlichkeit gibt zwischen religiösen Vorstellungen und Riten einerseits und neurotischen Zwangsvorstellungen andererseits. Zwangsneurose und religiöses Ritual sind bestimmt von Gewissensangst bei Nichterfüllung bestimmter von außen gestellter Ansprüche; vom Bedürfnis, den Ablauf vor äußerer Störung zu bewahren; von der peinlichen Gewissenhaftigkeit in der Ausführung; vom Hineingleiten in ein immer komplizierteres, kleinlicheres Zeremoniell; von Bußhandlungen und Anrufungen, die als Abwehr- und Schutzmaßnahmen dienen. FREUD kommt zu dem Ergebnis: „Nach diesen Übereinstimmungen und Analogien könnte man sich getrauen, die Zwangsneurose als pathogenes Gegenstück der Religionsbildung aufzufassen, die Neurose als eine individuelle Religiosität, die Religion als eine universelle Zwangsneurose zu bezeichnen."[14]

Neurotisch ist Religion nach FREUD allerdings nicht allein als äußeres Ritual, sondern vor allem als illusionäre Wunschvorstellung. Sie entspringt dem Versuch, angesichts der Härte des Lebens und der Entbehrungen einen Trost zu finden, um so die menschliche Hilflosigkeit erträglich zu machen. Religiöse Vorstellungen sind Illusionen, Erfüllungen der ältesten, stärksten, dringendsten Wünsche der Menschheit. Es liegt im Wesen des Kindes, an die Stelle der harten Realität den Wunsch zu setzen. Wunschdenken ist also nach FREUD die kindliche Form der Bewältigung der Wirklichkeit. Der Erwachsene muß sich von solchen Wunschbildern lösen und der Tatsache ins Auge sehen, daß die tiefsten Wünsche und Sehnsüchte der Menschheit keine Erfüllung finden. Diese Not muß er verarbeiten. Ist er dazu nicht in der Lage, schafft er sich Götter, die ihn schützen, die seinem Leben Sinn und Wert verleihen sollen.

14 S. FREUD: Zwangshandlungen und Religionsübungen. In: Gesammelte Werke. Hrsg. von M. BONAPARTE und A. FREUD. London 1940–1968, Bd. VII, S. 138f.

Der Vater hat „das schwache, hilflose, allen in der Außenwelt lauernden Gefahren ausgesetzte Kind beschützt und bewacht; in seiner Obhut hat es sich sicher gefühlt. Selbst erwachsen geworden, weiß sich der Mensch zwar im Besitz größerer Kräfte, aber auch seine Einsicht in die Gefahren des Lebens hat zugenommen, und er schließt mit Recht, daß er im Grunde noch ebenso hilflos und ungeschützt geblieben ist wie in der Kindheit, daß er der Welt gegenüber noch immer ein Kind ist. Er mag also auch jetzt nicht auf den Schutz verzichten, den er als Kind genossen hat. Längst hat er aber auch erkannt, daß sein Vater ein in seiner Macht eng beschränktes, nicht mit allen Vorzügen ausgestattetes Wesen ist. Darum greift er auf das Erinnerungsbild des von ihm so überschätzten Vaters der Kinderzeit zurück, erhebt es zur Gottheit und rückt es in die Gegenwart und in die Realität" (Bd. XV, S. 175f.).

Gott ist nichts anderes als der überhöhte Vater. Wenn der Mensch nicht fähig ist, die Welt in ihrer Härte zu ertragen, wenn er wie ein Kind vom Wunschdenken beherrscht ist und damit im Kindeszustand bleibt, wenn er eine Illusion an die Stelle der Realität setzt, schafft er Religion. Diese ist darum nach FREUDS Urteil „eine infantile Illusion". „Der letzte Grund der Religion ist die infantile Hilflosigkeit des Menschen." Diesem Infantilismus setzt FREUD die Erziehung zur Realität gegenüber, wenn er gegen jeden Versuch einer Illusionierung der menschlichen Lebensverhältnisse behauptet, daß die Absicht, daß der Mensch glücklich wird, im Plan der Schöpfung nicht vorhanden ist. „Im Moment, da man nach Sinn und Wert des Lebens fragt, ist man krank; denn beides gibt es ja in objektiver Weise nicht."[15] Der Mensch muß von der Krankheit „Religion" befreit werden, muß seine Illusionen und Wünsche preisgeben, damit er sich der Wirklichkeit sachgerecht stellt. „Dadurch, daß er seine Erwartungen vom Jenseits abzieht und alle freigewordenen Kräfte auf das irdische Leben konzentriert, wird er wahrscheinlich erreichen können, daß das Leben für alle erträglich wird und die Kultur keinen mehr erdrückt" (Bd. XIV, S. 373f.).

Die Religionskritik des Nihilismus

Der Nihilismus stellt Werte und Normen menschlichen Verhaltens ebenso in Frage wie den Sinn des Lebens und der Geschichte. Damit muß auch ein Gott als Herr der Geschichte und tiefster Grund jeder Wertordnung entfallen.

Friedrich Nietzsche

Friedrich NIETZSCHE (1844–1900) stellt seinen Kampf gegen Gott in den Rahmen seiner Kritik an der abendländischen Metaphysik. PLATO ist für ihn das größte Unglück in der Geschichte Europas. In seiner Nachfolge hat das Christentum eine Welt hinter der Welt etabliert. Jetzt wird zwischen Ideenwelt und Erscheinungswelt unterschieden, hinter der Welt unseres Alltags, die wir mit den Augen erfassen, eine andere, höhere, die metaphysische Welt geglaubt. Diese Weltverdoppelung, wie NIETZSCHE sie versteht, verspottet er als „Hinterweltlerei". Die Hinterwelt ist eine Illusion, eine Projektion des Menschen, durch die er sich aus seiner Welt, seinen Aufgaben, seinem Alltag flüchtet. Den Grund für diese Hinterweltlerei findet NIETZSCHE wie FREUD in der Psychologie: nach seiner Überzeugung sind alle unsere Ideale aus dem Gegenteil geboren, sie entstammen aus niedrigen Trieben und Beweggründen und wollen diese scheinheilig verdecken.
Weil der Mensch sich für schlecht hält, schafft er die Idee des Guten, weil er lügt, schafft er die Idee des Wahren, weil er häßlich ist, schafft er die Idee des Schönen. Alle diese Ideen haben keinerlei Wirklichkeit außerhalb des Wunsches des Menschen. „Wo ihr ideale Dinge seht, sehe ich – Menschliches, ach nur Allzumenschliches." Die Metaphysik ist die Wissenschaft, „welche von den Grundirrtümern des Menschen handelt – doch so, als wären es Grundwahrheiten".
Bekannt geworden ist NIETZSCHES Wort vom Tode Gottes. Er verkündet diesen Tod zuerst in seiner Schrift *„Die fröhliche Wissenschaft"* in der Vision vom „tollen

15 S. FREUD: Briefe 1873–1939. Frankfurt ^{2}1968, S. 469.

Menschen“, einem scharfsichtigen Seher, „der am hellen Vormittage eine Laterne anzündete, auf den Markt lief und unaufhörlich schrie: ‚Ich suche Gott!‘ Da dort gerade viele von denen zusammenstanden, welche nicht an Gott glaubten, so erregte er ein großes Gelächter. Ist er denn verlorengegangen? sagte der eine. Hat er sich verlaufen wie ein Kind? sagte der andere. Oder hält er sich versteckt? Fürchtet er sich vor uns? Ist er zu Schiff gegangen? ausgewandert? – so schrieen und lachten sie durcheinander.“ NIETZSCHE wendet sich an dieser Stelle nicht an die Theologen und die Glaubenden, sondern in erster Linie an jene, die ganz selbstverständlich nicht an Gott glauben, „an unsere Herren Naturforscher und Physiologen [...] – ihnen fehlt die Leidenschaft in diesen Dingen, das Leiden an ihnen“. Ihnen tut der Atheismus nicht weh. So fährt die Parabel vom tollen Menschen weiter: „Der tolle Mensch sprang mitten unter sie und durchbohrte sie mit seinen Blicken. ‚Wohin ist Gott?‘ rief er, ‚ich will es euch sagen! Wir haben ihn getötet – ihr und ich! Wir alle sind seine Mörder! Aber wie haben wir dies gemacht? Wie vermochten wir das Meer auszutrinken? Wer gab uns den Schwamm, um den ganzen Horizont wegzuwischen? Was taten wir, als wir diese Erde von ihrer Sonne losketteten? Wohin bewegt sie sich nun? Wohin bewegen wir uns?“

NIETZSCHE ist durch den Tod Gottes zutiefst betroffen. Seine Botschaft ist es, die Konsequenzen dieses Todes zu verkünden. Hier wird nicht ruhig und distanziert gesprochen wie bei FEUERBACH, sondern in höchster Erregung. Jetzt, nachdem Gott tot ist, muß die gesamte Ordnung der Welt stürzen; denn sie war auf dem Gottesgedanken aufgebaut. Nun lautet die erschrockene und zugleich hoffnungsvolle Frage: „Wohin bewegen wir uns? Fort von allen Sonnen? Stürzen wir nicht fortwährend? und rückwärts, seitwärts, vorwärts, nach allen Seiten? Gibt es noch ein Oben und ein Unten? Irren wir nicht wie durch ein unendliches Nichts? Haucht uns nicht der leere Raum an? Ist es nicht kälter geworden? Kommt nicht immerfort die Nacht und mehr Nacht?“[16]

Nachdem Gott tot ist, gilt es, eine völlig neue Ordnung aufzubauen. Man kann nicht Gott leugnen und so weiterleben, als wäre nichts geschehen. Mit dem Tod Gottes fällt auch der Glaube an eine vergöttlichte Natur, an eine letzte Ordnung, eine Zweckhaftigkeit, eine Zielgerichtetheit, eine Vernünftigkeit, entfällt jede Ethik, die zwischen Gut und Böse unterscheiden will, ja sogar die Möglichkeit, zwischen Wahr und Falsch zu scheiden. „Im Anfang war der Unsinn, und der Unsinn war, bei Gott!, und Gott (göttlich) war der Unsinn.“[17] Konsequenz des Todes Gottes ist der Nihilismus, der Zusammenbruch aller Werte und Wahrheit.

Am Horizont sieht NIETZSCHE aber eine neue Welt, eine neue Moral heraufziehen, geprägt vom Willen zur Macht. „Wir Philosophen und freien Geister fühlen uns bei der Nachricht, daß der alte Gott tot ist, wie von einer neuen Morgenröthe angestrahlt; unser Herz strömt dabei über von Dankbarkeit, Erstaunen, Ahnung, Erwartung – endlich erscheint uns der Horizont frei, gesetzt selbst, daß er nicht hell ist, endlich dürfen unsere Schiffe wieder auslaufen, auf jede Gefahr hin auslaufen, jedes Wagnis des Erkennenden ist wieder erlaubt, das Meer, unser Meer liegt wieder offen da, vielleicht gab es noch niemals ein so offenes Meer.“[18] In diesen freien, offenen Horizont hinein kündet NIETZSCHE die Botschaft vom Übermenschen und seinem Willen zur Macht. Er kann nur werden auf Kosten Gottes, der Moral, der Wahrheit. Denn Gott und der Übermensch widerstreiten sich. Damit der Übermensch wird, muß Gott sterben, müssen die Konsequenzen des Gottesglaubens, die Schatten Gottes eigens noch getötet werden. Gott ist die größte Gefahr für den Menschen, den Übermenschen. Der Mensch kann nur frei sein, wenn Gott tot ist. Atheismus ist bei NIETZSCHE die Tat der Befreiung des Menschen.

16 Fr. NIETZSCHE: Die fröhliche Wissenschaft, Nr. 125. In: Werke. Hrsg. von K. SCHLECHTA. München 81977, Bd. II, S. 126f.

17 Fr. NIETZSCHE: Menschliches, Allzumenschliches II, Nr. 22. In: Bd. I, S. 750.

18 Fr. NIETZSCHE: Die fröhliche Wissenschaft, Nr. 343. In: Bd. II, S. 206.

Jean-Paul Sartre

Jean-Paul SARTRE (1905–1980) hat den Nihilismus NIETZSCHES zu Ende geführt. In seiner Besinnung auf das Verhältnis von Wesen und Existenz geht er im Gegensatz zur klassischen Metaphysik davon aus, daß der Mensch nicht durch ein ihm vorgegebenes, ihn bestimmendes Wesen geprägt ist. Galt früher: „Werde, der du bist“, dreht SARTRE dies um: der Mensch ist, was er wird, was er aus sich macht, und sonst nichts. „Es gibt ein Wesen, das existiert, bevor es durch irgendeinen Begriff definiert werden kann, und dieses Wesen ist der Mensch [...] Der Mensch ist lediglich so, wie er sich konzipiert [...] Der Mensch ist nichts anderes, als wozu er sich macht.“[19] Der Mensch ist also nicht durch ein vorentworfenes Wesen bebestimmt, er ist damit völlig frei.

Wenn Gott existierte, könnte der Mensch nach SARTRE nicht frei sein, dann hätte er von Gott sein Wesen empfangen, wäre er durch dieses Wesen, seine Natur, immer schon geprägt. Er stünde unter dem Zwang, sich nach den Gegebenheiten seines Wesens zu richten, fremden Gesetzen zu gehorchen. Die Existenz Gottes würde den Menschen zu einer Puppe reduzieren, die nach dem Willen eines anderen zu tanzen hätte. Da aber der Mensch frei ist, sein eigener Schöpfer, kann Gott nicht existieren. Gott wäre die Unmöglichkeit menschlicher Freiheit.

Menschliche Freiheit ist für SARTRE die Voraussetzung dafür, daß es dem Menschen möglich wird, aus sich selbst heraus sinnstiftend zu wirken – allerdings ohne transzendente Bezugspunkte. Denn: Menschliche Realität ist nach SARTRE durch die vom Menschen verfolgten Ziele bestimmt. Er kann sich nicht aus ontologischen Gründen auf ethische Verhaltensweisen berufen: „die Welt ist aus dem Nichts in das Nichts hineingehalten.“[20]

Die vom Menschen verfolgten Ziele gilt es nach SARTRE mit Hilfe der existentiellen Psychoanalyse zu klassifizieren: Ziel der Psychoanalyse ist es, die Weisen des empirischen Sichverhaltens des Menschen zu entziffern (S. 715); sie „enthüllt uns die ideale Bedeutung aller Einstellungen des Menschen“ (S. 783).

Ausgehend von seiner Definition der existentiellen Philosophie, kann SARTRE zu dem Schluß kommen, daß es vom Grad des Bewußtseins abhängt, ob „die Gelassenheit des stillen Säufers“ wertvoller sein kann als die „eitle Unruhe des Führers von Völkern“ (S. 785).

SARTRE beschreitet mit seiner Philosophie des Existentialismus einen anderen theoretischen Weg, um den Zustand „einer vollkommenen, humaneren Welt“ zu erreichen, als beispielsweise der Marxismus oder das Christentum. Mit dem Existentialismus tritt aber die Religionskritik SARTRES in aller Schärfe in Erscheinung.

Der Mensch muß frei sein, und seine Freiheit läßt sich nur ohne Gott verwirklichen. Um ihretwillen muß man die letzte Einsamkeit und Verlassenheit tragen. SARTRE ist überzeugt: „Der Atheismus ist ein grausames und langwieriges Unterfangen; ich glaube, ihn bis zum Ende betrieben zu haben.“[21]

19 J.-P. SARTRE: Ist der Existentialismus ein Humanismus? In: Drei Essays. Berlin 1961, S. 11.

20 J.-P. SARTRE: Das Sein und das Nichts. Hamburg 1962, S. 57.

21 J.-P. SARTRE: Die Wörter. Hamburg 1965, S. 194.

(2) (a) Eine Anzahl atheistischer Systeme versteht Gott als Projektion des Menschen. Stellen Sie kurz dar, wie FEUERBACH, MARX und FREUD begründen, warum der Mensch einen Gott projiziert.

....

....

....

....

....

....

(b) Sowohl NIETZSCHE als auch SARTRE verneinen die Existenz Gottes. Skizzieren Sie stichwortartig die Folgerungen, die NIETZSCHE und SARTRE daraus ziehen.

....

....

....

....

....

....

....

....

Das Gespräch mit dem Atheismus

Der Glaubende ist durch den Atheismus betroffen. Er muß die Fragen, die ihm gestellt sind, ernst nehmen. Er wird allerdings auch prüfen, ob ein Einwand seinen Glauben tatsächlich trifft, oder vielleicht nur eine bestimmte einseitige Vorstellung von Gott – sei sie nun zu einer bestimmten Zeit tatsächlich vertreten worden oder sei sie lediglich eine Karikatur, die man sich von Gott macht, um ihn leichter „widerlegen" zu können. Manche Kritik am Gottesglauben richtet sich in erster Linie gegen eine verzerrte kirchliche Gestalt der Religion und ist darum für die Kirche Grund zur Gewissenserforschung, weil mangelhafte Verwirklichungen Anlaß gegeben haben und immer noch geben, Gott in Frage zu stellen.
In diesem Dialog muß sich auch der Atheismus befragen lassen. Er ist daraufhin zu prüfen, ob er in seinen verschiedenen Formen die Wirklichkeit in ihrer ganzen Breite zur Kenntnis nimmt, oder ob er nur einen Aspekt herausgreift und diesen für das Ganze erklärt. Es ist zu prüfen, ob er die Wirklichkeit in ihrer Vielfalt besser zu erklären vermag als der Gottesglaube.
Wenn eine Vorstellung die Wirklichkeit verkürzt, um sie denkerisch zu bewältigen, gilt ihr gegenüber, was der Philosoph Edmund HUSSERL erklärte: „Wer mehr sieht, hat recht." Ausdrücke wie „nichts als", „nur", die einschränken und begrenzen, sind darum mit besonderer Aufmerksamkeit zu betrachten.
In der Religion geht es um Lebensfragen. Deshalb ist hier immer auch Entscheidung mit im Spiel. Ebenso wie bei der Wahl eines Berufs oder eines Lebensgefährten ist auch in der Religion die Entscheidung nicht einfach die Konsequenz aus Voraussetzungen und logischen Schlüssen. Aber wie jeder vernünftige Mensch, der eine Lebensentscheidung treffen muß, darüber nachdenkt, was für ihn gut und recht und vorteilhaft ist, so darf auch in der Religion der Verstand nicht einfach ausgeschaltet werden. Der Gottesglaube muß sich den Anfragen konkurrierender Welterklärungen stellen. In diesem Disput muß sich zeigen, welche Erklärung der Welt mehr leistet, die Wirklichkeit in ihrer Vielfalt besser und umfassender zu deuten vermag.

Können die Wissenschaften Gott überflüssig machen?

Es fällt auf, daß die modernen Wissenschaften in dem Kulturkreis entstanden sind, der von der christlichen Tradition geprägt ist. Der christliche Gottesglaube war historisch offensichtlich mit eine Voraussetzung für das Entstehen wissenschaftlichen Denkens. In der jüdisch-christlichen Religion sieht sich der Mensch unter den Auftrag gestellt: „Macht euch die Erde untertan" (Gen 1, 28). Der Schöpfungsglaube setzt den Menschen frei, die Natur in seine Hand zu nehmen. Wer die Natur und ihre Gesetze erforscht, steht nicht in Konkurrenz zu Gott; er macht sich nicht des Eindringens in göttliche Bereiche und in vorbehaltene Zonen schuldig. Das Tabu ist gefallen. Die Vorstellung, daß der Mensch die Welt nur in Konkurrenz zu den Göttern beherrschen kann, daß er die Götter eifersüchtig macht, wenn er groß, mächtig und wissend wird, ist nicht biblischen Ursprungs, sondern stammt aus dem griechischen Denken, wo PROMETHEUS dafür bestraft wird, daß er den Göttern das Feuer gestohlen hat. Wer die Gesetze der Welt entdeckt, versündigt sich nach christlicher Überzeugung nicht an Gott, er vollzieht vielmehr seinen Auftrag.
Die Entdeckung naturwissenschaftlicher Zusammenhänge ist keine Widerlegung Gottes. Der Gott, den der christliche Glaube als den Schöpfer des Himmels und der Erde bekennt, existiert nicht auf der Ebene der Wirklichkeiten, die durch wissenschaftliche Forschung erhellt wird. Gott kann darum auch nicht als Lückenbüßer menschlicher Kenntnis dienen. Der Blitz ist nicht Gott; und wenn derartige Gottesvorstellungen durch die Naturwissenschaft überwunden wurden, war das ein Dienst am Glauben. Durch die Wissenschaften wurden Mißverständnisse, Verkürzungen, Verwechslungen und unberechtigte Identifizierungen von innerweltlichen Erscheinungen mit Gott überwunden. Dadurch wurde der Glaube geläutert, auch wenn dieser Prozeß für den Glaubenden oft schmerzlich war.
Die Naturwissenschaften sind in ihrem Anspruch bescheidener geworden. Sie treten in der Regel nicht mehr mit dem Versprechen auf, alle Welt- und Lebensrätsel zu lösen. Es gibt neben dem, was der naturwissenschaftlichen Methode zugänglich ist, auch andere Aspekte der Wirklichkeit, die nicht weniger entscheidend sind für unser Leben. Was im englischen Begriff „humanities", Wissen vom Menschen, zusammengefaßt wird, erschließt sich dem naturwissenschaftlichen Denken nicht. Realitäten wie Liebe, Treue, Schuld, Schmerz, Scheitern, Konflikt, Verantwortung, Glück, Freude, Sachverhalte wie das Schöne, die Kultur, die Kunst liegen auf einer anderen Ebene. Bei all dem handelt es sich um Erfahrungen, die den Menschen zutiefst bewegen. Sicher haben sie auch eine naturwissenschaftlich erhebbare Komponente – schließlich ist der Mensch Leib, und damit sind alle seine Verhaltensweisen von physikalischen und chemischen Prozessen abhängig und damit naturwissenschaftlich beeinflußbar. Dennoch sind sie mehr als ihre durch Naturwissenschaften erhebbare Seite. Der Mensch ist in seinen Leistungen in Kunst und Kultur, im Reich der Geschichte, der Literatur, des Schönen, des Guten, der Werte durch naturwissenschaftliches Erkennen allein nicht hinreichend zu beschreiben. Wer es tun möchte, raubt ihm das, worin er seine höchsten Möglichkeiten sieht.
Die Frage nach dem Ziel, dem Zweck, dem Sinn, denen unsere Erkenntnis dienen soll, ist naturwissenschaftlich nicht hinlänglich beantwortbar. Die Wissenschaften haben ungeheure Möglichkeiten erschlossen, unsere Welt zu gestalten, aber auch, sie zu verwüsten oder gar zu zerstören. Es stellt sich die Frage nach dem Wozu, nach dem Ziel, ob man darf, was man heute kann. Das Problem der Werte, einer Ethik, drängt sich geradezu auf. Die Wasserstoffbombe und die Verbrennungsanlagen in Auschwitz gehorchen den Naturgesetzen nicht weniger als die Entdeckung eines Impfstoffes und die Züchtung von Reis und Weizen, die in bisher unfruchtbaren Gegenden gedeihen können. Die Antwort darauf, was mit den Erkenntnissen der Wissenschaft geschehen soll, ist aus der Naturwissenschaft selbst nicht zu erheben. So formuliert der Naturwissenschaftler und Philosoph C.F. VON WEIZSÄCKER:

„Wenn der Szientismus seine Hoffnung darauf setzt, die Wissenschaft werde uns aus ihrem eigenen Wesen heraus die nötige Leitung in den Angelegenheiten der Menschen geben, so ist er eine falsche Religion. Geht sein Glaube so weit, so ist er Aberglaube [...] Das Verhaltensschema der Wissenschaft braucht den Hintergrund einer Ethik, die uns die Wissenschaft selbst nicht zu geben vermocht hat."[22] Die Wissenschaften stellen heute perfekte Mittel zur Verfügung, aber die Ziele sind verworren. Aus den Wissenschaften allein lassen sich die Ziele nicht erheben. Wissenschaften sind auf einen Bereich verwiesen, der außerhalb ihrer Forschung liegt.

Ein Beispiel, wie destruktiv sich Ergebnisse wissenschaftlicher Forschung auswirken können, wenn sie nicht im Sinne C. F. von Weizsäckers in eine Ethik eingebunden sind, zeigt folgendes Bild:

Abb. 1: Hiroshima nach der Zerstörung durch eine Atombombe am 6. August 1945

Yoshito Matsushige

Aus: Hiroshima – Nagasaki. Eine Bildchronik der atomaren Zerstörung. Hrsg. vom Publikationsausschuß Hiroshima-Nagasaki. Tokio 1981, S. 20/21.

Wie die Überlebenden von Hiroshima noch heute von den Auswirkungen dieses Atombombenangriffes betroffen sind, schildert plastisch das Buch von Elke und Jannes K. Tashiro: *„Hiroshima – Menschen nach dem Atomkrieg".*[23] Lesen Sie im folgenden Auszüge aus einer in der *Frankfurter Rundschau* vom 26. März 1983 erschienenen Besprechung dieses Buches:

Elke und Jannes K. Tashiro – sie in Berlin geborene Ärztin, er in Japan geborener Journalist – haben zusammengestellt, was Betroffene und Augenzeugen erlebt und was Forschungskommissionen ermittelt haben: „Am Tag nach der Bombe hatten wir gehört, daß meine Schwester und ihr Mann bei der Tsurumi-Brücke am Fuße des Hijiyama-Hügels seien. Mutter ging sie suchen und fand sie. Ich folgte. ‚Kimie! Kimie! Schwester! Schwester!' riefen wir. Sie antwortete ganz leise. Ihr Blick war hohl. ‚Ich kann mich nicht mehr bewegen. Es ist aus.' Beim Wiedersehen hatten wir vor Freude geweint. Aber innerhalb eines Tages hatte sie sich schrecklich verändert, war blau geworden, eingefallen ... Unter ihr trieben im Fluß Menschen, viele einzeln, aber manche hielten sich auch umarmt ... Die Hölle. Ich war traurig und wütend und voller Angst vor dem Krieg. Am Flußdeich und an den Straßenbahngeleisen entlang lagen grausam Verletzte, wie meine Schwester. Menschen mit herausgedrückten Augen waren dabei, Menschen, in deren Körper zahllose Glassplitter steckten. ‚Mutter!' riefen sie und die Namen ihrer Frauen, Kinder – dann verstummte eine Stimme nach der anderen . . . es ist nicht möglich, niederzuschreiben . . . getröstet hätten sie werden wollen . . ."

Zigtausende waren zunächst dem Tode durch Explosionsdruck und Verbrennungen entronnen. Sie sammelten sich am Rande der verwüsteten Stadt in schnell errichteten Baracken-Quartieren, geplagt von sich rasend schnell vermehrenden Würmern und Insekten: „Wenn wir in der Baracke saßen, kamen so viele Fliegen auf die Schüsseln in unserer Hand, daß sie fast völlig schwarz wurden. Verjagen nützte gar nichts. Sie flogen auch sogar mit dem Essen in unseren Mund. Nachts saßen sie an der Decke aus Blech, die sie fast vollständig bedeckten. Wir nahmen eine brennende Papierrolle, und sie fielen herunter wie ein Regen."

Bis Ende Dezember 1945 waren 140 000 Menschen in Hiroshima an der Bombe gestorben. Übrig blieb die Masse der Hibakusha, der Strahlengeschädigten. Hi heißt leiden, baku Bombe, sha Mensch. Wer weiß, daß heute noch 360 000 Japaner mit dem Hibakusha-Ausweis leben? Schwache, kränkliche, vielfach von sozialer Ächtung bedrohte Atombombenopfer? Ursprünglich war die Zahl noch viel höher gewesen. Strahlengeschädigte Mütter hatten tote, mißgebildete oder behinderte Kinder geboren. Viele von der Radioaktivität getroffene Kinder waren kleinwüchsig geblieben und in hoher Zahl bald an Krebs gestorben. Unter den erwachsenen Hibakusha hatten sich nach 1960 Leukämie, Schilddrüsen-, Brust-, Lungen-, Speicheldrüsen- und Leberkrebs gehäuft.

Unter den überlebenden Hibakusha und ihren Nachkommen – also der zweiten Hibakusha-Generation – grassiert die Angst vor Erbschäden. Die Menschen wissen nicht, ob und wann sich noch bei späteren Generationen herausstellen wird, daß ihre Erbsubstanz verändert worden ist. Bei Hibakusha, die zur Zeit des Atombombenabwurfs bis zu 30 Jahre alt waren, hat man vierunddreißigmal häufiger Chromosomen-Schäden als bei einer Kontrollgruppe gefunden.

Die naturwissenschaftlich bestimmte Kritik am Gottesglauben lebt fort im Neo-Positivismus mit seiner Forderung, Erkenntnis auf klare, eindeutig verifizierbare oder falsifizierbare Aussagen zu beschränken und Behauptungen, die dem nicht entsprechen, als sinnlos abzutun. Religiöse und ethische Aussagen, Sätze über Werte und die Frage nach dem Sinn sind unmöglich, werden als sinnlos, weil wissenschaftlich nicht verifizierbar, bezeichnet. In diesem Bereich gibt es lediglich individuelle Vorlieben und Entscheidungen, die sich dem Argument und dem Wissen entziehen.

---

22 Zitiert nach: Religion und Wissenschaft (Theologisches Forum. Bd. 4. Hrsg. von W. Trutwin), S. 37.

23 E. u. J. K. Tashiro: Hiroshima – Menschen nach dem Atomkrieg. München 1982.

Dagegen ist zu fragen, ob der Positivismus dem Menschen und seiner Wirklichkeit gerecht zu werden vermag. Wird hier nicht um der Allgemeingültigkeit und Objektivität, um einer strengen Wissenschaftlichkeit willen vieles ausgeklammert, was für den Menschen unverzichtbar ist? Wird nicht menschliche Wirklichkeit beschnitten, der Gesamtbereich des Personalen, der Ethik, der Kunst aus dem Reich des Wissens ausgeschieden und damit einer unverbindlichen Entscheidung anheimgegeben, eventuell sogar als direkt unsinnig abgetan? Darf man denken, daß die Unterscheidung von Gut und Böse, von Haß und Liebe, von Mitleid und Grausamkeit sinnlos sei, weil sie den Kriterien wissenschaftlich-objektiver Erkenntnis nicht genügt? Auf der Ebene rein positivistischen Denkens kann diese Unterscheidung nicht gelingen; denn Lüge kann sich bewähren, Haß kann sich durchsetzen.

Um der Möglichkeit menschlichen Lebens willen gilt: Wir brauchen eine Ethik, die überindividuell verbindlich zu formulieren sucht, wie die Gesellschaft die Werte versteht; eine Ethik, die Werte ausspricht, über die nicht nur geschwiegen werden kann. Man darf nicht denken, daß es wissenschaftlich unbedeutend sei, wie man die Technik anwendet: zum Nutzen oder zum Schaden der Menschheit. Man darf nicht denken, daß der Mörder und sein Opfer auf *einer* Stufe stehen und für beide letztlich keine Gerechtigkeit besteht. Wird ein Kriterienkatalog für Erkenntnis aufgestellt, der all dies aus dem Bereich des Wissens ausschließt, wie es der Neo-Positivismus versuchte, so ist ihm um des Menschen willen zu widersprechen.

Tatsächlich machen wir Sinnerfahrungen: in einer Begegnung mit anderen Menschen, mit Werken der Kunst, im Gelingen unseres eigenen Werks, in der Erfahrung von Liebe, Geborgenheit und Vertrauen. Bloßes Beweiswissen versagt an diesen Punkten. Dennoch erfährt der Mensch in derartigen Situationen, daß sein Leben nicht sinnlos ist. Wenn wir Liebe, Treue, Hilfsbereitschaft erfahren, dann wird uns auch offenkundig: solches hat Sinn, das Gute hat seinen Sinn in sich selbst. Wir erfahren Sinnhaftigkeit des Guten, insbesondere im Gegensatz zum Bösen. Es ist uns durch unser ganzes Sein verwehrt, nicht zu glauben, daß das Gute einen Sinn hat und daß dieser Sinn erkennbar ist.

In unserer Welt wird oft über die Sinnlosigkeit geklagt, darüber, daß es immer schwerer wird, Sinn zu entdecken: im konkreten Tun ebenso wie im Leben jedes Einzelnen und der Geschichte als Ganzer. Viele Menschen leiden unter dem Ausfall von Sinn, und diese Erfahrung kann krank machen, neurotisieren. Das zeigt, daß die Frage nach Sinn und Werten keineswegs sinnlos ist; sie erweist sich für das Gelingen menschlichen Lebens vielmehr als höchst bedeutsam. Wer diesen Bereich abtut, nimmt den Menschen nicht ernst, er macht ihn eng und läßt ihn verkümmern.

Damit ist wiederum kein Gottesbeweis geführt. Aber es ist bezweifelt, daß der Positivismus recht hat mit seiner Beschränkung menschlicher Erkenntnis auf den Bereich, der klar und eindeutig verifizierbar ist. Er macht den Menschen eng und klein, er beraubt ihn einer Dimension der Wirklichkeit, die für seine Existenz unverzichtbar ist. Er sieht zu wenig und hat nicht recht.

Die Auseinandersetzung mit dem Atheismus ist nicht allein ein theoretisches Problem. Weiter verbreitet als der kämpferische Atheismus ist heute eine Stimmung der Gleichgültigkeit und Unentschiedenheit. Es ist eine Schicksalsfrage für den Gottesglauben, wie er dieser Haltung begegnet. Die Auseinandersetzung zwischen Glaube und Atheismus bewegt sich also nicht allein im theoretischen Bereich, es geht vielmehr auch um Lebenspraxis und ihre Bewährung. Durch konkretes Leben ist der Beweis zu erbringen, daß der Glaube dem Unglauben überlegen ist. Gelingt dieser Beweis nicht, wird die theoretische Argumentation wenig Erfolg haben können.

(3) (a) Warum schließen sich Naturwissenschaft und Religion nicht unbedingt aus? Notieren Sie Ihre Überlegungen in Stichworten.

....

....

....

....

(b) Die Wissenschaften haben heute große Möglichkeiten, in die Gestaltung der Welt einzugreifen. Inwiefern könnte angesichts dieser Tatsache eine religiös motivierte Ethik als Korrektiv wirken?

....

....

....

....

Die Kritik der Religionskritik

Die Entlarvung der Religion als Wunschvorstellung des Menschen – ist sie gelungen? Die Befreiung des Menschen durch den Nihilismus – ist sie erfolgt? Die Antwort auf diese Fragen unserer Zeit muß die vorgebrachten Argumente ernst nehmen und in ihrer Bedeutung als gewichtig einschätzen, sie muß aber auch der Religionskritik selbst kritische Fragen stellen.

Rückfragen an die These von der Projektion

In den nachfolgenden Abschnitten soll geprüft werden, ob die Religionskritik Feuerbachs, Marx' und Freuds aus theologischer Sicht in allen ihren Punkten zutreffend ist. Kann als Ergebnis dieses Befundes das Thema „Religion" damit für immer zu den Akten gelegt werden? Oder ist Religion – anders, als der Atheismus des 19. Jahrhunderts glauben machen will – nicht viel umfassender im Blick auf die Lebenswirklichkeit der Menschen?

Zu Ludwig Feuerbach

Es ist nicht zu bezweifeln, daß Religion mit Projektion zu tun hat. Der Mensch stellt sich Gott oder die Götter so vor, wie er selbst ist bzw. wie er zu sein wünscht. Aber damit ist keineswegs gesagt, daß Gott nichts als nur eine Projektion des Menschen ist, daß er insgesamt vom Menschen entworfen wird. „Projizieren" kann auch bedeuten, eine Wirklichkeit ins Licht setzen, die dem Menschen vorgegeben ist, und die er in der ihm möglichen Weise anschaut. Sicher ist Religion auch das, was Feuerbach von ihr sagt – aber damit ist keineswegs entschieden, daß sie nur das ist. Natürlich wäre es unzulässig, aus dem Wunsch die Erfüllung abzuleiten. Aber ebenso unzulässig ist es, deswegen auf Nicht-Erfüllung und Nur-Projektion zu schließen. Schon einer der frühesten Kritiker Feuerbachs stellte die Frage, ob Brot etwa Projektion des Hungers sei, weil es dem menschlichen Wunsch nach Sättigung entspreche. Nach Feuerbach antwortet besonders das Christentum dem innersten Sehnen des Menschen. Dies beweist aber keineswegs, daß es deshalb dem menschlichen Sehnen entspringen muß. Es kann auch bedeuten, daß hier erfüllt ist, was die menschliche Sehnsucht im tiefsten prägt. So gesehen stellt Feuerbachs Werk geradezu ein Erbauungsbuch für Christen dar, in dem aufgezeigt wird, in welchem Maß das Christentum Antwort gibt auf das, was der Mensch sich im Tiefsten seines Herzens wünscht, was er ersehnt.

Die gegenwärtige Theologie antwortet auf FEUERBACHS Anfrage im wesentlichen in einer zweifachen Weise:

• Vornehmlich im Bereich der katholischen Theologie, aber keineswegs auf sie allein beschränkt, wird die Frage gestellt, woher im Menschen der Drang nach Unendlichkeit kommt, da er doch ein endliches, begrenztes Wesen ist. Kann der endliche Mensch als solcher Unendliches projizieren? Wäre der Mensch nur endlich, könnte er seine Endlichkeit nicht übersteigen, auch nicht in seinen Wünschen und seinen Projektionen. Er kann Unendliches nur wünschen, wenn in ihm etwas angelegt ist, was ihn über seine bloße Endlichkeit hinaushebt. Natürlich kann aus dem Wunsch nicht gefolgert werden, daß er auch in Erfüllung geht, aus der Frage nicht, daß sie eine Antwort findet. Aber es gilt zu bedenken, wie der endliche Mensch Unendliches überhaupt wünschen kann. Wäre er einfachhin nur endlich, nichts als endlich, ließe sich seine Sehnsucht nach dem Vollkommenen und Absoluten nicht erklären. Eine Wirklichkeit, die mir völlig unzugänglich ist, könnte ich auch nicht wünschen und herbeisehnen. Im Menschen ist offensichtlich eine Sehnsucht nach Unendlichkeit, die nicht von ihm selbst stammt, die ihn aber dennoch zutiefst bestimmt. Diese Wirklichkeit wird in der Religion angeschaut, und das in menschlichen Formen. Wäre der Mensch nicht immer schon von Unendlichkeit angerührt, wäre nicht zu erklären, warum er – wie FEUERBACH und MARX sagen – das höchste Wesen sein soll, warum alle die Eigenschaften, die in der Religion Gott zugesprochen werden, ihm gelten sollten. Ohne Religion wird der Mensch nicht größer, umfassender, heil, ohne sie fällt vielmehr der Grund weg, warum von ihm groß gedacht werden soll und kann, warum er Maßstab und höchster Wert ist für unser Tun, warum er nie zum Mittel für einen Zweck gemacht werden darf. Die Geschichte beweist, daß der Ausfall von Religion Hand in Hand geht mit einer Unterdrückung des Menschen und seiner Würde. Allerdings gibt es auch Beispiele dafür, daß im Namen der Religion der Mensch klein gehalten, unterdrückt und geknechtet, ja sogar getötet wurde. Niemand kann das im Ernst bezweifeln. Immer aber gab es auch im Namen der Religion den Protest gegen eben diesen Mißbrauch. Der Ansatz FEUERBACHS ist deshalb immer auch ein Gewissensspiegel für Religion und Kirche. Die Tatsache aber, daß im Namen der Religion Unrecht geschehen ist, widerlegt nicht, daß durch rechte Religion der Mensch groß und seine unantastbare Menschenwürde begründet wird.
Diese These wird, wie schon festgestellt, hauptsächlich von katholischen Theologen vertreten. Sie geht vornehmlich zurück auf die französischen bzw. belgischen Philosophen M. BLONDEL und J. MARÉCHAL, von denen der Theologe K. RAHNER entscheidende Impulse empfangen hat. In dieser Weise antworten auf FEUERBACH unter vielen anderen der Theologe H. FRIES und der Religionsphilosoph B. WELTE. Diese Namen stehen stellvertretend für ihre weitverzweigten Schulen. In ähnlicher Weise stellen sich der Kritik FEUERBACHS aber auch evangelische Theologen wie P. TILLICH und W. PANNENBERG und ihre Schüler.

• Vorherrschend ist im evangelischen Bereich aber eine andere Argumentationsweise. Ihr scheint der angeführte Gedankengang in der Gefahr, daß Gott letztlich doch als Erfüllung des menschlichen Wunsches nach Unendlichkeit verstanden wird, und daß damit FEUERBACH mit seiner Kritik recht behält, er sei lediglich eine Projektion des Menschen. Vor allem mache diese Theologie zu wenig ernst mit der Tatsache des Kreuzes. Im christlichen Verständnis ist Gott nicht die Erfüllung des menschlichen Wunsches nach Unendlichkeit, er entspricht nicht einfachhin den Sehnsüchten des Menschen, steht nicht in einfacher und geradliniger Korrespondenz zu dem, was im Menschen angelegt ist, sondern durchkreuzt all das, was der Mensch ist und will. Der christliche Gott ist immer der Ganz-Andere. Sein Zeichen ist das Kreuz. Der Gott, der allem widerstrebt, was menschliche Vorstellung von ihm sich ausdenken würde: der im Stall geboren wird, dessen Leben von Ausgestoßenheit, Armut, Erniedrigung und Entäußerung geprägt ist, der am Kreuz stirbt: ein solcher Gott stammt nicht aus den Wunschvorstellungen des Menschen. Angesichts eines solchen Gottes kann er nur Skandal, Wahnsinn und Narrheit vermuten. Daß Gott ganz anders ist, als wir es uns erhoffen und erwünschen, ist ein Grundzug der Bibel, dargestellt in dem Gebot: „Du sollst dir kein Gottesbild machen" (Ex 20,4). Durch den christlichen Gott wird der Mensch nicht einfach bestätigt und in dem, was er ohnehin schon ist und von sich weiß, von oben her abgesegnet; er wird immer auch in Frage gestellt, seine Pläne immer auch durchkreuzt.
Diese These, deren Wahrheitsgehalt auch die Theologen der erstgenannten Richtung anerkennen, wurde in unserem Jahrhundert in klassischer Form von Karl BARTH formuliert. Er gibt FEUERBACH recht mit seiner Destruktion der Religion. Das Christentum aber, so BARTH, verehre nicht wie die Religionen einen Gott, der erfüllt, was im Menschen angelegt ist, es glaube vielmehr an den gekreuzigten Gott, den Ganz-Anderen. FEUERBACHS Religionskritik erscheint BARTH geradezu als ein Dienst am Christentum; denn hier wird der Gott der Religionen entlarvt, der christliche Gott dagegen nicht getroffen. Diese These BARTHS wird in ihrer Radikalität heute kaum noch vertreten. Doch bedeutende Theologen waren oder sind von diesem Denken geprägt: die Hauptvertreter der sog. dialektischen Theologie wie R. BULTMANN, E. BRUNNER, F. GOGARTEN, in der Gegenwart unter vielen anderen J. MOLTMANN, E. JÜNGEL, H. GOLLWITZER und ihre Schüler.
Ebenso wie gegenüber der ersten Position erheben sich auch gegenüber dieser Argumentation kritische Einwände, wenn sie einseitig und isoliert vorgetragen wird. Die Destruktion der Religion kommt keineswegs der Wahrheit des christlichen Glaubens zugute; denn die Religionskritik der Neuzeit bezog sich maßgeblich auf die Religion in ihrer christlichen Ausprägung. Wenn die Theologie, so der kritische Einwand, das Kreuz isoliert, kann sie nicht mehr begründen, warum sie dieses als die Offenbarung Gottes versteht. Das Neue Testament selbst stellt eine Dialektik auf, die in unserer Frage maßgeblich ist, und die nie außer acht gelassen werden darf: Paulus spricht vom Kreuz, das, menschlich gesehen, Ärgernis und Torheit ist (1 Kor 1,23). Und als Prediger auf dem Areopag in Athen dagegen formuliert er: „Was ihr verehrt, ohne es zu kennen, das verkünde ich euch" (Apg 17,23). Diese beiden Aussagen umreißen die neutestamentliche Spannung zwischen Anknüpfung und Widerspruch.

Zu Karl Marx

Karl MARX hat die Religionskritik FEUERBACHS übernommen. Insofern gelten die Rückfragen an dessen Projektionsthese auch ihm gegenüber. Der Einfluß menschlicher Erkenntnisformen auf das Gottesbild ist kein Einwand gegen die Wirklichkeit Gottes. Wenn gesellschaftlich-ökonomische Faktoren die Religion prägen, beweist das nichts hinsichtlich der Existenz oder der Nicht-Existenz Gottes. MARX ist zu fragen, ob sein Humanismus nicht eine tiefere Fundierung benötigte, als er sie geben kann. Wenn der Mensch nicht mehr ist, als MARX ihm zubilligt, nämlich „das Ensemble der gesellschaftlichen Verhältnisse", hängt die These in der Luft, daß der Mensch das Höchste für den Menschen sein soll.
Sicher wäre es MARX gegenüber ungerecht, die Verletzungen der Menschenrechte und der Menschenwürde in Ländern, die sich auf seine Gesellschafts- und Wirtschaftslehre berufen, ihm direkt anzulasten. Was hier geschieht, hat MARX nicht gewollt und auch die direkte Unterdrückung der Religion kann sich nicht auf ihn berufen. Dennoch muß er befragt werden, warum der Mensch das höchste Wesen für den Menschen sein soll. Wenn der Mensch nicht mehr ist als das, was MARX von ihm sagen kann, wenn seine Würde nicht letztlich in der Transzendenz begründet wird, ist nicht einzusehen, warum diese Würde als absoluter Wert auch dann noch Bestand haben soll, wenn der Mensch für die Gemeinschaft nichts mehr zu leisten vermag, wenn er krank, leidend, unbrauchbar geworden ist. SOLSCHENIZYNS Roman „*Krebsstation*" illustriert, was in solcher Sicht vom Menschen noch bleibt.

Nach MARX hat der arme Mann einen reichen Gott. Dem widerspricht christliches Denken, das bekennt: Weil Gott alles ist, deshalb ist der Mensch alles. Die Triumphe der Menschheit sind Siege Gottes. Der bekannte französische Ex-Marxist GARAUDY beruft sich auf den Theologen M.-D. CHENU: „Je mehr ich arbeite, desto schöpferischer ist Gott. Gott steht nicht außerhalb. Gott ist ganz in den Menschen eingetreten: Er offenbart sich und setzt seine Schöpfung in ihm, durch ihn fort."[24] Gott ist nicht stark, wo der Mensch schwach ist; er entfaltet sich nicht in Konkurrenz zum Menschen. Autonomie des Menschen und Theonomie wachsen nicht im umgekehrt proportionalen, sondern im gleichen Verhältnis.

Jede theologische Kritik an MARX muß aber mit einer Selbstkritik der christlichen Kirchen beginnen. Von wenigen Ausnahmen abgesehen hat das Christentum im 19. Jahrhundert die Bedeutung der sozialen Frage viel zu spät erkannt. Mit gutem Grund spricht die Gemeinsame Synode der Bistümer in der Bundesrepublik Deutschland von einem fortwirkenden Skandal. Die Kirchen haben in aller Regel caritativ Not gelindert, nicht aber aktiv mitgewirkt, Not strukturell zu beseitigen. Nicht selten wurde der Gottesgedanke in den Dienst sehr ungöttlicher, unreligiöser Interessen gestellt. Er wurde dazu mißbraucht, das Bestehende zu rechtfertigen, die Unterschiede zwischen Herrschenden und Sklaven zu untermauern. Der Ausblick auf Gott sollte nicht selten das irdische Los erträglich machen, die Abkehr von der Welt als christliche Grundhaltung ausgeben. Die Vorwürfe von MARX haben ihre bleibende Berechtigung. Sie müssen Gewissensspiegel für Religion und Kirche bleiben. Es ist aber zu bezweifeln, daß MARX recht hat, wenn er aus derartigen Fehlformen eine Wesensbestimmung von Religion ableitet. Religion ist keineswegs immer oder auch nur vorherrschend „Opium des Volkes" oder „Opium für das Volk", wie LENIN später abweichend formulierte. Der Neomarxismus erkennt heute immer deutlicher, daß Religion vor allem ein dynamisches Element in sich birgt, daß sie den Menschen aufrüttelt, mit dem Bestehenden nicht zufrieden zu sein, daß sie Hoffnung und Zuversicht verleiht und die Kraft gibt, die Wirklichkeit zu verändern. Nirgendwo wird der Mensch so auf Zukunft hin offen gesehen wie in der Religion. Dies wird vor allem von Ernst BLOCH eindrucksvoll dargestellt. Religion ist keineswegs oder auch nur vorherrschend Opium des Volkes, sondern vielmehr Salz der Erde. Gerade marxistische Denker machen heute auf diese ihre Funktion aufmerksam. Religion dient keineswegs allein der Beruhigung; sie hat immer auch Anstöße gegeben zu Umgestaltung, Neubesinnung und Revolution. Jesus wird von Marxisten heute eher als Brandstifter denn als Brandlöscher verstanden. Und der Impuls, den er brachte, ist im Laufe der Geschichte der Kirche nie ganz verstummt.

Zu Sigmund Freud

FREUD verwendet die Psychoanalyse als Methode – nicht nur zur Erforschung des Seelenlebens, sondern als Schlüssel zur Erkenntnis verschiedenster Formen der menschlichen Weltgestaltung. „In Wirklichkeit ist die Psychoanalyse eine Forschungsmethode, ein parteiloses Instrument, wie etwa die Infinitesimalrechnung" (Bd. XIV, S. 360). Als Methode ist sie zunächst neutral. FREUD stellt Analogien auf zwischen seelischen Erkrankungen und menschlichem Schaffen. Dabei kommt er zu einer zumindest partiellen Identifizierung von Kunst und Hysterie, von Philosophie und Paranoia (Wahndenken) und eben von Religion und Zwangsneurose. FREUD kann mit seiner Methode nur die krankhaften Formen erkennen, er kritisiert und heilt abnorme Verhaltensweisen. Aber wie es absurd wäre, Kunst insgesamt auf Hysterie, Philosophie insgesamt auf Paranoia zurückzuführen, so ist es auch nicht zulässig, Religion als Zwangsneurose zu verstehen. Was FREUD kritisiert, ist keineswegs die rechte gültige Form der Religion, sondern es sind die krankhaften Phänomene, die sich seinem Ansatz erschließen. Es ist nicht zu bezweifeln, daß es auch in der Religion krankhafte Erscheinungen gibt, ebenso wie in der Kunst. Hier kann die Psychoanalyse helfen. Darum ist es verhängnisvoll, daß sie im religiösen Bereich nach wie vor beargwöhnt und häufig abgelehnt wird. Aber es ist zu bestreiten, daß durch FREUDS Kritik Religion insgesamt getroffen und in all ihren Formen als Krankheitsphänomen widerlegt ist.

FREUD selbst hat seine Entdeckung als neutrale Methode gewertet. „Verteidiger der Religion werden sich mit demselben Recht der Psychoanalyse bedienen, um die affektive Bedeutung der religiösen Lehre voll zu würdigen" (Bd. XIV, S. 360). Daß Psychoanalyse nicht zu den atheistischen Folgerungen FREUDS kommen muß, zeigt eindrucksvoll die Haltung seines Freundes und späteren Gegners C. G. JUNG, der das gleiche Instrumentarium anwendet, aber zu gegenteiligen Schlüssen kommt. Nach JUNG gilt: „Der Ausfall der religiösen Dimension kann Grund und Ursache für Neurose werden. Denn Religion gehört zum Archetypus des Menschen. Die Erscheinungsweisen der Religionen entsprechen den Motiven, Inhalten und Gestalten, die sich archetypisch im Menschen finden."[25] Nach JUNG ist Religion nicht Neurose; vielmehr birgt der Ausfall von Religion die Gefahr der Neurotisierung. Der Wiener Psychotherapeut Viktor FRANKL zeigt die Erfahrung von Sinn als Weg zur Heilung von Neurosen auf. Trotz aller Kritik an FREUDS Auffassung der Religion darf aber nicht übersehen werden, welche Bedeutung seine Methode für die Läuterung des Glaubens hat. Bisher hat die Psychoanalyse zwar den „Glauben" der Ungläubigen gestärkt, aber sie hat noch wenig beigetragen, den Glauben der Gläubigen zu reinigen.[26]

Rückfragen an den Nihilismus

Wie die These von der Projektion muß sich auch der Nihilismus Gegenfragen gefallen lassen. Hat die Verneinung aller vorgestellten Werte, Ideale und Ziele den Menschen zutreffend eingeschätzt? Wird sie ihm wirklich gerecht?

Zu Friedrich Nietzsche

NIETZSCHE zerstört die Metaphysik, um den Menschen für die Erde zu retten. Mit der Metaphysik fallen alle bisherigen Wertmaßstäbe, fallen Gut und Böse, Wahr und Falsch. Übrig bleibt bei NIETZSCHE allein noch ein ungebändigter Drang zum Leben. „Wahrheit ist die Art von Irrtum, ohne welche eine bestimmte Art von lebendigen Wesen nicht leben könnte. Der Wert für das Leben entscheidet zuletzt." Um des Lebens, der Erde, des Übermenschen willen wird Gott als Garant jeder Ordnung, letztlich sogar der Regeln unserer Sprache, abgelehnt. „Ich fürchte, wir werden Gott nicht los, weil wir noch an die Grammatik glauben."[27]

Durch diesen Nihilismus ist NIETZSCHE ebenso wie SARTRE ein unheimlich gegenwärtiger Denker, viel gegenwärtiger als MARX, der noch immer von der Sinnhaftigkeit des menschlichen Daseins ausgeht. Bei NIETZSCHE zerbricht der Glaube an die Vernunft und damit an die Moderne. Er deckt das Sinnvakuum und das Orientierungsdefizit, die Langeweile der modernen Zivilisation auf.

Doch es stellt sich die Frage: Kann der Mensch, will er ein menschlicher Mensch bleiben, den Unterschied von Gut und Böse aufheben? Kann er Ja sagen zum Bösen, zu Lüge, Mord, Gewalt? Muß er nicht um eines menschlichen Lebens willen zwischen Gut und Böse unterscheiden? Kann er in seinem Denken den Unterschied

24 R. GARAUDY: Menschenwort. Wien/München/Zürich 1976, S. 197.

25 Nach H. FRIES (Hrsg.): Gott, die Frage unserer Zeit. München 1973, S. 70.

26 Vgl. P. RICOEUR: Der Atheismus der Psychoanalyse Freuds. In: Psychoanalyse und Religion. Hrsg. von E. NASE/J. SCHARFENBERG. Darmstadt 1977, S. 206–218; hier S. 217.

27 Vgl. W. KASPER: Der Gott Jesu Christi. Mainz 1982, S. 59, 64.

von Wahr und Falsch aufgeben? Wer dies tut, will eine wahre Aussage machen und setzt damit den Unterschied von Wahr und Falsch bereits voraus.

Die Welt der Religion hat NIETZSCHE nie ganz losgelassen. Er flüchtet in den Mythos der griechischen Göttersagen, wo die Gesetze von Wahr und Falsch im Sinne des modernen Denkens nicht gelten. Durch diese Zuflucht in den Mythos führt er zurück in die Bilderwelt der religiösen Sprache. Der Mensch, wie NIETZSCHE ihn beschreibt, ist letztlich nur in religiösen Bildern darzustellen. Im Menschen, so die Folgerung, lebt eine Wirklichkeit, die ihn selbst und seine ihm eigenen Möglichkeiten auf Unendlichkeit hin übersteigt. Der Mensch ist auch dem Kritiker NIETZSCHE eine zutiefst religiöse Realität; ohne göttliche Sphäre bliebe er schlechterdings unbegreiflich. In all seiner Negation und Kritik vermag NIETZSCHE der Religion nicht zu entfliehen. JASPERS urteilt sogar: Nietzsches Kampf gegen das Christentum erwächst aus seiner eigenen Christlichkeit.[28]

Die Botschaft vom Leben, die NIETZSCHE verkündet, darf nicht allein dem Übermenschen gelten, dem Starken, dem Mächtigen, dem Herrenmenschen. Es ist Grundforderung christlicher Botschaft, daß die Kranken, die Schwachen, die Gebrechlichen nicht dem Willen zur Macht, dem Lebensdrang des Herrenmenschen geopfert werden dürfen.

Zu Jean-Paul Sartre

SARTRES Nihilismus soll die abgründige Freiheit des Menschen retten. Der Nihilismus, wie SARTRE ihn verkündet, trifft zweifellos das Welt- und Wertempfinden vieler Menschen der Gegenwart. Insofern birgt er seine Faszination.

SARTRE versteht die Freiheit des Menschen so absolut, daß der Mensch nur das sein kann, was er allein aus sich macht. In diesem System darf es keinerlei Vorentwurf einer wie auch immer gedachten Wertvorstellung geben. SARTRE will den vollkommen autonomen Menschen, der sein Schicksal in Richtung auf eine bessere Existenz in absoluter Freiheit zu meistern versucht.

An dieser Stelle muß allerdings bedacht werden, daß sich der freie Vollzug hin zur idealen Existenz in Wirklichkeit nicht nur in Gedanken abspielen kann, sondern auch immer innerhalb der nur bedingten Möglichkeiten menschlicher Existenz, die auch durch Schwäche, Leid und Unvollkommenheit gekennzeichnet ist. Es bleibt also die Einsicht, die bei jedem Entwurf einer nihilistischen Menschensicht mitzubedenken ist, daß alle Möglichkeiten des Sich-Entwerfens auf eine bessere Existenz hin auf vorgegebene, wesenhaft unverfügbare Grenzen menschlicher Freiheit stoßen.

Hier liegt das Christentum näher an der Wirklichkeit, weil es die Defizite des Menschen in seine Lehre miteinbezieht und erkennt, daß der Mensch nicht aus eigener Kraft zum „Heil“ gelangen kann.

In der Auseinandersetzung zwischen Gottesglaube und Atheismus geht es nicht um irgendwelche „Hinterwelten“, es geht auch nicht allein darum, ob ein fremdes, außerweltliches Wesen existiert. Vielmehr steht immer der Mensch in seinen Lebensmöglichkeiten zur Diskussion. Der religiöse Mensch ist überzeugt, daß der Gottesglaube den Menschen reicher, freier, glücklicher macht. Rechter Gottesglaube erniedrigt den Menschen nicht, sondern macht ihn lebensfähig und frei; er verleiht dem Menschen unverlierbare Würde. Ohne Fundierung in Gott entbehren die Würde, die Freiheit, der Wert des Menschen ihrer tiefsten Begründung und ihres Charakters als absolute, unantastbare Verpflichtung. Umgekehrt gilt: Der Gottesbeweis heute ist nur über den Menschenbeweis möglich.

---

28 K. JASPERS: Nietzsche. Einführung in das Verständnis seines Philosophierens. Berlin ^{3}1950. – Ders.: Nietzsche und das Christentum. München 1952.

(4) Zu welchen Ergebnissen führen die Rückfragen an die Thesen von der Projektion und an den Nihilismus?

....

....

....

....

....

....

....

....

Möglichkeiten der Gotteserkenntnis

In der Theologie und der kirchlichen Verkündigung wird verschiedentlich die Auffassung vertreten, daß Ungesichertheit, Ungeschütztheit und Preisgegebenheit den christlichen Glauben auszeichnen. Er könne nur Torheit und Ärgernis sein. Das Kreuz verlange, daß der Glaube jeder menschlichen Vernunft entgegensteht. Aufgabe der Theologie sei es darum, alle intellektuellen Stützen und „Beweise“ zu zerschlagen. Der Mensch sei allzu leicht bereit, seinen Glauben durch ein vermeintliches Wissen zu ersetzen. Damit aber werde er zerstört; denn zum Kreuz führt kein Beweiswissen, kein Erkennen. Glauben könne man immer nur gegen den Augenschein, gegen die Vernunft, in reiner Entscheidung. Er sei ein Sprung ins Bodenlose ohne jede Sicherheit. Wir wollen im folgenden der Frage der Berechtigung dieser Auffassung nachgehen.

Zum Problem der Gottesbeweise

Zu allen Zeiten haben Menschen versucht, Gott zu beweisen und sich dabei ihre eigenen Götter gemacht, die, nach FEUERBACH, nichts als die Projektionen ihrer eigenen Wünsche waren. Wer dagegen der Offenbarung glaube, und dies ohne intellektuelle Absicherung, schaffe sich nicht einen Gott, der seinen Wünschen entspricht. Ihm werde vielmehr ein Gott verkündet, dessen Attribut das Kreuz ist, und einen solchen Gott könnte und würde der Mensch niemals wünschen und erfinden.
Im Gegensatz zu dieser Position steht die Auffassung, man könne Gott sicher durch die menschliche Vernunft erkennen. Die Welt brauche eine erste Ursache; im Menschen sei, wie die Religionsgeschichte zeigt, so etwas wie eine Gottesidee angelegt; die Geschichte könne nicht als sinnvoll verstanden werden, wenn ihr nicht von außen her ein Sinn gegeben wird. Gott steht nach dieser Grundposition, so verschieden sie im einzelnen auch sein mag, am Ende der Argumentationskette: er erscheint als denknotwendig; denn ohne ihn wären der Mensch, die Geschichte, die Wirklichkeit als Ganze nicht erklärbar. Diese theologische Grundeinstellung gipfelt in der Auffassung, die Existenz Gottes sei mit Sicherheit beweisbar. Wer dennoch nicht glaubt, sei entweder zu töricht, um die Beweise zu verstehen, oder er sei nicht bereit, seiner Erkenntnis die Zustimmung folgen zu lassen. Er glaube nicht, weil er nicht glauben wolle, weil Gott ihm unbequem sei.

Diese beiden Positionen sind natürlich Extreme. Wo aber ist der rechte Ort dazwischen? Das Neue Testament verlangt vom Christen, er müsse immer bereit sein, Rechenschaft zu geben über den Grund seiner Hoffnung (1 Petr 3,15). Rechenschaft wird von außen verlangt. Aber jeder muß auch vor sich selbst seinen Glauben verantworten, vor allem wenn er ihn weitergibt: sei es in der Familie, der

Schule, der Kirche – wo auch immer. Es kann also nicht genügen, sich auf eine irrationale Glaubensentscheidung zurückzuziehen. Im Dienst dieser Rechenschaft stehen die sogenannten „Gottesbeweise".

Die Gottesbeweise gehen in ihrer klassischen Form, die vor allem im katholischen Bereich nachgewirkt hat, auf THOMAS von Aquin zurück.[29] THOMAS selbst hat sie allerdings nicht als Beweise bezeichnet, sondern als fünf Wege zu Gott. Sie dienen dazu, auf Gott zuzugehen. Gott ist als Ziel längst vor den Beweisen bekannt. Der Welt des THOMAS war die Existenz Gottes selbstverständlich. Er mußte nicht bewiesen werden, weil er nicht bezweifelt war. Doch dieser Glaube sollte im nachhinein auch als vernünftig dargetan werden. THOMAS zeigt, daß der Glaube der menschlichen Vernunft nicht widerspricht. Ohne diesen Glauben wären die Wege zu Gott ohne Ausgangspunkt und Ziel. Aber auch die Vernunft muß das ihrige beitragen, um den Weg des Glaubens zu finden. Die Vernunft hat ihren Platz innerhalb des Glaubens, sie steht nicht gegen ihn.

Diese Argumentationsweise wird vor allem in den Schlußfolgerungen der fünf Wege deutlich. THOMAS zeigt jeweils mit philosophischen Mitteln eine Wirklichkeit auf, von der er dann als Theologe sagt: Das ist es, was alle „Gott" nennen. Um ein Beispiel zu geben: Als Philosoph erkennt THOMAS einen ersten unbewegten Beweger. Dann beginnt er gleichsam von der anderen Seite her, bei Gott, und sagt: Dieser erste unbewegte Beweger ist es, was alle „Gott" nennen. THOMAS wollte also keineswegs vom Nullpunkt, aus dem absoluten Zweifel heraus, Gott beweisen. Er bemühte sich vielmehr darzulegen, daß die Glaubensentscheidung, die der Mensch als Ganzer trifft, auch vor dem Forum der Vernunft bestehen kann, ja daß die menschliche Vernunft die Glaubensentscheidung mitträgt. Wie bei jeder Lebensentscheidung gilt auch hier, daß die Entscheidung nicht einfach die logische Konsequenz von rationalen Voraussetzungen darstellt. Der Mensch als Ganzer glaubt oder glaubt nicht, und dieser Mensch ist eben nicht nur Verstand und Logik, sowenig diese ausgeschlossen sind. Darum findet niemand durch die Gottesbeweise allein zum Glauben.

Was „Beweise" im Bereich des Glaubens vermögen, hat besonders eindrucksvoll John Henry NEWMAN, der große englische Theologe des 19. Jahrhunderts, dargestellt. Er vergleicht den Glauben bildlich mit einem Kabel, von dem keines der vielen Einzeldrähte das Gewicht halten könnte, das ein Kabel tatsächlich trägt. Aber insgesamt vermag das Kabel aus vielen, vielleicht nur schwachen Einzelhinweisen oder Wahrscheinlichkeiten in vielen Fällen mehr als der massive, unumstößliche, gleichsam naturwissenschaftliche Beweis (den NEWMAN mit einer Eisenstange vergleicht). In allen Lebensfragen haben wir nicht mathematische, sondern moralische, wir sagen heute: personale Beweise.

> „Was ich meine, läßt sich am besten illustrieren durch ein Kabel, das aus einer Anzahl einzelner Drähte verfertigt ist, jeder an sich zu schwach, zusammen aber so stark wie eine Eisenstange. Eine Eisenstange verkörpert die mathematische oder strikte Beweisführung; ein Kabel repräsentiert die moralische Beweisführung, die in einer Häufung von Wahrscheinlichkeiten besteht, die einzeln nicht hinreichen, Gewißheit zu geben, zusammengenommen aber unumstößlich sind. Ein Mann, der sagte: ‚Ich kann einem Kabel nicht trauen, ich muß eine Eisenstange haben' wäre in gewissen bestimmten Fällen unvernünftig und seine Behauptung sinnlos; ebenso verhält es sich mit einem Menschen, der sagt: ‚Ich brauche einen strikten, nicht einen moralischen Beweis religiöser Wahrheit'."[30]

Wer glaubt, ist nicht unwissenschaftlich. Er wendet vielmehr im Bereich von Lebensfragen die Erkenntnisweisen an, die ihnen angemessen sind, und deren Zurückweisung Erkenntnis verhindert. Wer glaubt, ist nicht blind, sondern er sieht mehr.

29 THOMAS VON AQUIN: Summa theologiae I q. 2.

30 J. H. NEWMAN: Briefe und Tagebuchaufzeichnungen aus der katholischen Zeit seines Lebens. Werke. Bd. II/III. Würzburg [2]1957, S. 378f. Übersetzung nach J. ARZT (Hrsg.). Vgl. J. H. NEWMAN: Glaubensbegründung aus dem Persönlichen. Freiburg 1958, S. 63f.

Gotteserfahrung heute

Die Gottesbeweise haben heute keinen hohen Stellenwert. Man hatte ihnen mehr zugetraut, als sie zu leisten vermochten; die Kritik daran führte dazu, daß man ihnen oft auch das abspricht, was sie vermögen. Große Hoffnungen werden heute dagegen auf Gotteserfahrung gesetzt. Hier erscheint Gott unmittelbar zugänglich, hier ist er nicht durch rationale Verzerrungen verstellt, ist er direkt gegenwärtig, noch vor aller Vermittlung durch eine kirchliche Institution. Es sind nicht allein die Pfingstbewegungen, die charismatischen Gruppen in allen Kirchen, die diesen Gedanken vertreten. Von Gotteserfahrungen erwartet und erhofft man sich heute oft, was die Gottesbeweise nicht mehr zu leisten scheinen, nämlich subjektive Sicherheit und Gewißheit über Gott und sein Wirken am Menschen.

Bei aller Berechtigung dieses Wunsches ist hier auch ein kritisches Wort am Platz. Gott ist nicht eine endliche Wirklichkeit neben anderen endlichen Wirklichkeiten, und darum nicht so erfahrbar wie ein Ding oder wie eine Person, die mich anspricht. Gott ist anders. Er ist jenseits aller innerweltlichen Realität und geht in keiner Endlichkeit auf. Darum ist er nicht so erfahrbar wie eine Sache, ein menschliches Du. Erfahrungen sind auf die Sinne verwiesen, und eine direkte sinnliche Erfassung Gottes ist unmöglich. Wird derartiges versprochen oder behauptet, ist Skepsis am Platz.

Im Alten Testament wird im Buch Exodus erzählt, wie Moses den Gott Jahwe erfahren hat:

> „Dann sagte Mose: Laß mich doch deine Herrlichkeit sehen! Der Herr gab zur Antwort: Ich will meine ganze Schönheit vor dir vorüberziehen lassen [...] Weiter sprach er: Du kannst mein Angesicht nicht sehen; denn kein Mensch kann mich sehen und am Leben bleiben. Dann sprach der Herr: Hier, diese Stelle da! Stell dich an diesen Felsen! Wenn meine Herrlichkeit vorüberzieht, stelle ich dich in den Felsspalt und halte meine Hand über dich, bis ich vorüber bin. Dann ziehe ich meine Hand zurück, und du wirst meinen Rücken sehen. Mein Angesicht aber kann niemand sehen." (Ex 33,18–23)

Gott wird nicht unmittelbar erfahren, sondern von seiner Rückseite her, aus seinen Spuren, in seiner Umkehrung, von dem her, was er nicht ist. Gott ist ein verborgener, aber nicht abwesender Gott. Religiöse Erfahrung haben heißt also nicht, Stimmen hören, Gesichte haben, psychisch höchst ergriffen sein oder sich aufheizen. Gotteserfahrung geschieht anders.

Die Sehnsucht nach dem Unendlichen

Der Mensch ist darauf angelegt, daß er das Ganze, das Absolute, das Vollkommene, das Unendliche und Ewige will. Dies beweist jedes wissenschaftliche Streben, zeigt sportliche Bemühung, am deutlichsten wird es wohl sichtbar im künstlerischen Schaffen. Von MICHELANGELO wird berichtet, daß er die großartige Steinfigur seines Moses zerstören wollte, weil sie nicht lebte. Er wollte das Ganze, das Vollkommene. Jede Erfüllung bleibt aber notwendig hinter dem Wunsch und der Sehnsucht zurück, läßt eher ein schales Gefühl aufkommen denn Zufriedenheit. Wie ist es möglich, daß der endliche Mensch sich an seinen Grenzen reibt, daß er immer mehr will, das Ganze, das Unbedingte, das Unendliche? Was macht ihn zu dieser Sehnsucht fähig?

Diese Frage ist im Laufe der vorliegenden Überlegungen schon verschiedentlich begegnet. FEUERBACH führte den Drang nach Unendlichkeit zurück auf den Unterschied zwischen dem endlichen Menschen und seinem unendlichen Wesen, das in der Menschheit als ganzer verwirklicht sei: Weil der Mensch am Wesen der Menschheit teilhat, ist in ihm die Sehnsucht nach Unendlichkeit angelegt.

Nietzsche sieht dieses Streben nach Unendlichkeit begründet im Drang des Lebens, das den Übermenschen hervorbringen will: Das Absolute und Unendliche steht hier nicht über dem Menschen, sondern ist gleichsam noch vor ihm, harrt der Verwirklichung.
Im Menschen ist offensichtlich etwas lebendig, was ihn auf Unendlichkeit hin überschreitet. Der Mensch ist mehr als nur Mensch. Er überschreitet sich, er transzendiert notwendig. Dieses „Mehr-Als" gilt es zu erklären.
Sinnvoller als die Deutung Feuerbachs, der schon Marx widersprochen hat, oder die Verlegung dieser Transzendenz in die Zukunft scheint die religiöse Erklärung. Sie geht davon aus, daß die hier angezielte Wirklichkeit im Menschen lebt, ohne von ihm zu stammen. Und diese Wirklichkeit, die den Menschen jedenfalls in seinen Wünschen über alle Grenzen hinaushebt und auf Unendlichkeit hin orientiert, nennt der Glaubende, so können wir analog zu Thomas sagen, Gott. Dort, wo der Mensch sein Leben am dichtesten erlebt, wo es seine Höhepunkte hat, wo er alles übersteigen will, was ihn begrenzt, dort macht der Mensch Erfahrung Gottes, wird Gott in der innerweltlichen Wirklichkeit mit-erfahren.[31]

Der Mensch vor der absoluten Forderung

Der Mensch, der wach und bewußt lebt, findet sich immer wieder in Situationen, die ihn ganz in Anspruch nehmen, die über das Gelingen oder Mißlingen seines Lebens entscheiden, wo letztlich gilt: hier stehe ich, ich kann nicht anders. In solchen Situationen wird er sich sogar gefordert sehen, im Extremfall sein Leben einzusetzen, weil er ganz und unbedingt betroffen ist. Diese Erfahrung, die Menschen in dem Maße, als sie bewußt leben, immer wieder machen, gilt es zu erklären.
Hier steht der Mensch vor einer Forderung, die nicht von ihm selbst stammt; denn wäre sie sein eigener Wille, eine Selbstverpflichtung, könnte er sich vor ihr auch davonstehlen. Offensichtlich trifft der Mensch in solchen Augenblicken auf einen Willen, der nicht der seine ist, der ihn aber dennoch angeht, ihn sogar unbedingt betrifft. Dieses unbedingte, absolute, schlechthinnige Angesprochensein gründet in einem unbedingten Willen, den der Glaubende „Gott" nennt. Gott ist dort erfahrbar, wo mich etwas unbedingt angeht und betrifft.

Die Erfahrung von Sinn

Gegen alle Einsprüche der Nihilisten und der Positivisten: Wir machen die Erfahrung von Sinn. Wir erfahren, daß Liebe einen Sinn hat, daß Güte, Gerechtigkeit, Mildtätigkeit, Barmherzigkeit, Nächstenliebe ihren Sinn in sich selbst haben. Wir machen diese Erfahrung besonders intensiv, wenn der Sinn fragwürdig wird, wenn wir ihn nicht mehr zu entdecken vermögen: beim Untergang des Guten und beim Triumph des Bösen, wenn der Mörder offensichtlich doch endgültig der Sieger bleibt über sein Opfer, wenn Menschen unterdrückt werden, leiden, hungern, in Kriegen sinnlos dahingerafft werden. Die Tatsache aber, daß sich angesichts solcher offensichtlichen Sinnlosigkeit alles in uns aufbäumt, daß wir dagegen protestieren, beweist, daß wir immer schon Sinn vorausgesetzt haben. Wer nicht von Sinn ausgeht, erkennt vielleicht wertfrei ein ungeordnetes Chaos, einen blinden Ablauf von Geschehenszusammenhängen, aber eben nicht Sinnlosigkeit. Die Tatsache, daß ich darunter leide, daß ich manchmal am Sinn des Ganzen verzweifeln möchte, zeigt, daß ich um des Sinns willen gegen Sinnlosigkeit protestiere. Nur wenn ich Sinn voraussetze, kann ich an tatsächlicher oder vermeintlicher Sinnlosigkeit leiden.

31 Vgl. hierzu B. Welte: Das Licht des Nichts. Von der Möglichkeit neuer religiöser Erfahrung. Düsseldorf 1980.

Sinn ist immer dann gegeben, wenn eine Wirklichkeit, ein Ereignis, eine Sache, eine Person in größeren Rahmen passen. Etwas erweist sich als sinnvoll, wenn es mit seiner Umgebung zusammenstimmt: sei es ein Mensch, ein Wort, ein Satz, eine Sache, ein Geschehen. Ein Ereignis wird als sinnvoll erfahren, wenn es einem Gesamtplan dient; wenn es dies nicht tut, wenn es dem umfassenden Rahmen widerspricht, wird es als sinnlos, als widersinnig betrachtet. Ein Wort erhält seinen Sinn durch den Satz, in dem es steht, der Satz durch den Abschnitt, dieser durch das Kapitel usw. Die Frage nach dem Sinn verweist also immer und notwendig auf den jeweils größeren Rahmen; aber auch dieser muß dadurch seine Sinnhaftigkeit erweisen, daß er im wiederum größeren Zusammenhang stimmt. Die Frage nach dem Sinn ist damit grundsätzlich unabschließbar; denn es ist immer die Frage nach dem jeweils größeren Kontext mitgestellt, letztlich die Frage nach dem Sinn des Ganzen unserer Welt und unserer Geschichte. Ist dieser letzte und größte Horizont nicht sinnvoll, dann kann es auch auf niedrigerer Ebene keinen Sinn geben, dann läuft alles auf dasselbe und auf nichts hinaus, dann wäre jede Sinnerfahrung von vornherein ein Trugbild, weil alles Unsinn wäre.

Wenn wir Sinn erfahren und dieser Erfahrung trauen (und das erkennen wir immer wieder als lebensnotwendig), dann bedeutet das, daß wir auch die Sinnhaftigkeit des Ganzen mit-erfahren. In jeder partiellen Sinnerfahrung wird universaler Sinn erfahrbar, und diesen universalen Sinn nennt der Glaubende „Gott".[32] Das sagt nicht, daß nicht auch andere Deutungsmöglichkeiten bestehen, und die Philosophiegeschichte ist voll von ihnen. Aber die Deutung, die diese unendliche, absolute, sinnstiftende Wirklichkeit „Gott" nennt, hinkt anderen Deutungen durchaus nicht nach. Der Glaubende ist vielmehr überzeugt, daß sie überlegen ist, daß sie die Fakten besser und ungezwungener erklärt als konkurrierende Weltentwürfe, daß ihr Blick umfassender ist; und: „Wer mehr sieht, hat recht".

Gott wird nach dieser Überzeugung dort erfahren, wo der Mensch sich an seinen Grenzen reibt, wo er mehr will und mehr sein will, als er ist und hat. Gott ist nicht die Wunschvorstellung des schwachen und kleinen Menschen. Er wird vielmehr dort erfahren, wo der Mensch etwas tut, gestaltet, wo sich sein Leben am höchsten verdichtet. Gott und Mensch stehen keineswegs in Konkurrenz zueinander.

Abschließend sei noch zwei Mißverständnissen vorgebaut:

- Alle diese Überlegungen wollen nicht sagen, daß jeder, der nicht an Gott glaubt, nicht ähnliche Erfahrungen machen könnte wie die hier dargestellten, daß für ihn die Welt grundsätzlich flach, oberflächlich, ohne Sinn, Absicht und Wert erscheinen müßte. Vielmehr gilt: Wer solche Erfahrungen macht, dem ist Gotteserfahrung zuteil geworden, selbst wenn er das Wort „Gott" nicht verwendet, wenn er sich selbst als nicht-gläubig versteht. Der Glaubende kann sagen: Jeder, der sein Leben von solchen Erfahrungen bestimmt weiß, lebt aus dem Glauben.
- Diese Überlegungen zur Möglichkeit von Gotteserfahrung sind natürlich keine umfassende Gotteslehre. Vor allem die Personalität Gottes ist hier noch nicht angesprochen. Dazu sind weitere Überlegungen nötig. An dieser Stelle kann es genügen festzuhalten, daß Gott in unserer Welt erfahrbar ist, wenn wir sie nur nicht zu eng und uns selbst nicht zu klein sehen.

32 Vor allem die moderne Religionssoziologie legt dar, daß sich in unserer Gesellschaft eine Fülle von Verhaltensweisen zeigen, die den Transzendenzbezug des Menschen ausweisen. Vgl. hierzu P. L. Berger: Auf den Spuren der Engel. Die moderne Gesellschaft und die Wiederentdeckung der Transzendenz. Frankfurt 1970.

4. Die Frage nach Gott und die Erfahrung des Leidens

Autor der Studieneinheit: Bernhard Uhde

BERNHARD UHDE (36), Studium der Philosophie, Katholischen Theologie und Religionsgeschichte in Mainz und Freiburg i. Br. 1973 Promotion zum Dr. phil., 1982 Habilitation zum Dr. theol. habil. und Venia legendi für Religionsgeschichte in Freiburg i. Br., dort seit 1973 am Seminar für Religionsgeschichte der Universität.
Veröffentlichungen auf den Gebieten der Philosophie, Katholischen Theologie und Religionsgeschichte.

Allgemeine Einführung

Die Geschichte der Menschheit ist eng mit der Geschichte der Religion verbunden, das Leben vieler Menschen ist von Religion bestimmt. In vielen Religionen ist die Frage nach Gott zentraler Inhalt von Erfahrung und Wissensentfaltung, wenn Gott als allmächtiger und gütiger Schöpfer von Allem geglaubt wird. Andere Religionen (z. B. die Früh-griechische Religion) kennen eine solche Gottesvorstellung nicht, wieder andere Religionen (z. B. Schulen des Buddhismus) wenden sich ausdrücklich gegen sie. Diese Unterschiede erlauben es nicht, die Frage nach Gott und die Erfahrung des Leidens allgemein zu behandeln, wiewohl viele Menschen aller religiösen Bereiche zu allen Zeiten die konkrete Erfahrung des Bösen und des Übels gemacht haben. Das Leiden, aus dieser Erfahrung hervorgegangen, wird in Verbindung mit der Frage nach Gott zum Problem:

▷ *Wie kann Gott das Leiden zulassen oder gar schaffen? Ist die Existenz des Leidens nicht ein Argument gegen die Existenz Gottes?* ◁

Dies Problem betrifft, so scheint es, zunächst die monotheistischen Religionen, die im Glauben an einen einzigen Gott und Schöpfer das Leiden der Menschen erklären müssen. Eine solche Erklärung ist die „Rechtfertigung Gottes", die in der Tradition des abendländischen Denkens „Theodizee" genannt wird. Auf dem Wege dieser Rechtfertigung wird das Leiden, das im Gegensatz zur Gerechtigkeit und Güte Gottes zu stehen scheint, als vereinbar mit dem Glauben an Gott gezeigt: dieser Nachweis ist notwendig, weil eine Religion, die in der Darstellung ihrer Inhalte einen eklatanten Widerspruch aufweist, die Grenze zur Absurdität überschritte. Die bedeutenden Überlegungen, die im Bereich der monotheistischen Religionen zum Theodizee-Problem erarbeitet wurden, zeigen aber nicht nur die Vereinbarkeit von menschlichem Leiden und göttlicher Gerechtigkeit und Güte, sondern sie suchen auch eine Begründung für das Leiden zu geben. Damit wenden sie sich nicht einem beliebigen „Schreibtischproblem" zu, dessen Lösung allein den Verstand befriedigte, sondern sie nehmen die existentielle Erfahrung von Leiden auf, die vielen Menschen in vielerlei schrecklichem Schmerz begegnet. Was als Problem für die Theorie der monotheistischen Religionen erscheint, ist auch eine ungeheure Herausforderung für deren Praxis, die im Umgang mit dem Leiden eine Bewährung des Glaubens an Gott finden muß. Daher dürfen die monotheistischen Religionen in dieser Frage nicht auskunftslos sein, wenn sie ihre Glaubwürdigkeit behalten wollen, und jeder, dessen Religion auf dem Glauben an einen gerechten und guten Gott gründet, muß Zeugnis von dieser Auskunft ablegen können, um die Erfahrung des Leidens nicht als Argument gegen die Existenz Gottes auffassen zu müssen. Daher muß geklärt werden:

▷ *Wie beantworten die monotheistischen Religionen die Frage nach Gott in Verbindung mit der Erfahrung des Leidens?* ◁

Diese Fragestellung zeigt an, daß monotheistische Religionen die Erfahrung des Leidens im Zusammenhang mit der Frage nach Gott behandeln. Gerade dieser Zusammenhang aber ist fraglich, wenn das Leiden als Argument gegen die Existenz Gottes genommen wird; dieser Zusammenhang ist nicht gegeben, wenn das Leiden in einem religiösen Bereich begründet werden soll, der die Vorstellung eines einzigen gerechten und guten Schöpfergottes nicht kennt. Um also die Stärke des so oft vertretenen Arguments gegen die Existenz Gottes zu prüfen, sind Religionen aufzusuchen, die das Leidensproblem nicht als Theodizeeproblem verstehen: hier ist zu sehen, ob das durch die monotheistische Gottesvorstellung aufgekommene Theodizeeproblem die Frage nach der Erfahrung des Leidens und dessen Begründung behindert oder beantworten hilft. Daher muß geklärt werden:

▷ *Wie beantworten nichtmonotheistische Religionen die Frage nach der Erfahrung des Leidens ohne Verbindung mit der Vorstellung von Gott?* ◁

An dieser Fragestellung wird deutlich, daß Leiden nicht nur im Zusammenhang mit der Frage nach Gott betrachtet werden kann, wenn die religiöse Begründung des Leidens gesucht wird. Diese Begründung und die Bestimmung dessen, was Leiden ist, sind nicht nur in Beziehung auf den Gottesglauben zu geben, weshalb dessen Erklärungen des Leidens (z. B.: „Leiden ist eine von Gott gesandte Prüfung") für nichtmonotheistische Religionen unbrauchbar sind. Andererseits zeigt sich, daß die Bestimmung des Leidens niemals ohne jegliche Beziehung zum jeweiligen religiösen Umfeld sein kann; der religionsgeschichtliche Befund lehrt, daß eine einheitliche Bestimmung von Leiden für alle Religionen dem Inhalt nach nicht durchführbar ist: was hier als Leiden gilt, kann in anderem religiösen Bereich als Vorzug oder gar als nichtexistent verstanden werden. Dennoch ist die Rede vom Leiden in allen Religionen bekannt und verständlich. Es muß also vor der jeweiligen Begründung des Leidens in den Religionen eine allgemeine Bestimmung von Leiden angegeben werden, welche die verschiedenen Leidenserfahrungen umfaßt. Diese Bestimmung wird als Voraussetzung für die Fragestellungen an die Religionen genommen. Daher muß geklärt werden:

▷ *Wie kann Leiden allgemein und für verschiedene Religionen treffend bestimmt werden?* ◁

Die Frage nach Gott und die Erfahrung des Leidens, zentrale Themen der Religionen, sind für die Darstellung des Theodizeeproblems grundlegend. Es ist deutlich, daß dieses Problem innerhalb der monotheistischen Religionen zumindest eine derartige Lösung erfahren muß, daß die Möglichkeit der Existenz Gottes bei gleichzeitiger Erfahrung des Leidens gezeigt werden kann. Gilt diese Möglichkeit als Widerspruch, so muß eine Erklärung der Erfahrung des Leidens gefunden werden, die ohne Widerspruch ist, und es muß eine Antwort auf das Bemühen der monotheistischen Religionen gegeben werden, die gerade die Existenz Gottes als eine besonders glaubhafte Begründung für das Leiden ansehen. Das Theodizeeproblem weist mithin nicht nur in das Dunkel des göttlichen Geheimnisses, sondern es stellt, einer Lösung nahegebracht, ein Argument für die Möglichkeit der Existenz Gottes dar. Der Durchgang durch die Religionen zeigt, daß eine Erklärung des Leidens ohne die Annahme eines gütigen, barmherzigen und allmächtigen Schöpfergottes nicht leichter wird. Der Durchgang zeigt aber auch, daß eben diese Annahme eine dem Verstand nicht widersprechende Lösung des Theodizee-Problems anbietet, so daß das Problem der Theodizee gerade nicht als Argument gegen die Existenz Gottes gewonnen werden kann. So ergibt sich die überraschende Einsicht:

▷ *Die Erfahrung des Leidens spricht nicht gegen, sondern für die Möglichkeit der Existenz Gottes.* ◁

Die Einsicht, daß die Existenz eines barmherzigen Gottes angesichts der Erfahrung des Leidens nicht als Widerspruch, sondern als Begründung der Hoffnung aufgenommen werden kann, daß Gott alles Leiden zum Guten wende, vereint die Gläubigen aller monotheistischen Religionen in jener Hoffnung auf Gottes unendliches Erbarmen.

Der Studientext ist methodisch einer religionsgeschichtlichen Wissensentfaltung verpflichtet, die beschreibend die Struktur einer Religion darstellt, ohne deren Interpretation vorzunehmen. Jede philosophische oder religiöse Auffassung des Theodizee-Problems ist daher, soweit möglich, so zu ihrer Stärke zu bringen, wie sie sich selbst versteht. Eine vergleichende Bewertung der dargestellten Bereiche wird nicht vorgenommen.

Der Studientext geht der Frage nach Gott und der Erfahrung des Leidens so nach, wie sich diese Fragestellung als Theodizee-Problem zeigt: das Thema wird eingeschränkt auf die Frage nach dem Widerspruch oder der Entsprechung von Gottesfrage und Leidenserfahrung, da diese Einschränkung die entscheidende Herausforderung zum Gegenstand hat. Andere Aspekte des Rahmenthemas – etwa: welche pastoralen Aspekte ergeben sich aus der Lösung des Problems, welche anderen Aspekte, wenn die Lösung gar nicht gesucht wird – bleiben im Hintergrund.

Nach dem Durcharbeiten dieser Studieneinheit sollen Sie in der Lage sein,

- den Begriff des Leidens hinsichtlich seines Ursprungs aus Bösem und Übel zu differenzieren;
- die Problemstellung von Leidenserfahrung im Zusammenhang mit der Frage nach Gott zu begründen;
- das Theodizee-Problem in den monotheistischen Religionen darzustellen;
- die Lösungsmöglichkeiten des Theodizee-Problems in Judentum, Islam und Christentum an Beispielen zu erläutern;
- die Bedeutung der Lösungsmöglichkeiten des Theodizee-Problems für Glaube und Hoffnung innerhalb monotheistischer Religionen aufzuzeigen.

Das Theodizee-Problem als Problem des Verstandes

Die abendländische Tradition kennt eine Anzahl von Versuchen, den im Theodizee-Problem bestehenden Widerspruch zu lösen: Wie kann die Vorstellung von einem guten Gott mit der Erfahrung des Leidens in Einklang gebracht werden?

In diesem Kapitel werden zwei bedeutende Versuche einer „Rechtfertigung Gottes" *(Theodizee)* – bei Thomas von Aquin und Leibniz – vorgestellt und die Einsicht Kants in die Unmöglichkeit einer philosophischen Lösung des Theodizee-Problems gezeigt.

Der Widerspruch: Die Vorstellung von einem guten Gott und die Erfahrung des Leidens

„Es scheint, daß Gott nicht existiert. Denn: wenn unter Gegensätzen die eine Seite unbegrenzt wäre, würde die andere Seite vollkommen zerstört. Aber dies versteht man unter dem Begriff ‚Gott': nämlich das, was ein gewisses unbegrenztes Gutes sei. Wenn daher Gott existierte, dürfte nichts Schlechtes aufgefunden werden. Man findet aber Schlechtes in der Welt. Also existiert Gott nicht."[1]

1 Thomas von Aquin, Summa Theologiae I, 2,3.

Mit dieser Herausforderung beginnt Thomas von Aquin (um 1225–1274), der größte lateinische Kirchenlehrer, seinen großen Gottesbeweis in der *„Summa Theologiae"*, der „Summe der Theologie". Die „Summe der Theologie" will „im Vertrauen auf die göttliche Hilfe (alles), was zur Heiligen Lehre gehört, kurz und deutlich darstellen"[2], sie will es überliefern zur Ausbildung derer, die am Beginn des Studiums stehen.[3] Wenn Thomas schon bald auf die Voraussetzung der Heiligen Lehre – der christlichen Theologie – eingeht und nach der Existenz Gottes fragt, so nimmt er einen Einwand als Herausforderung, der die Existenz Gottes als einen Widerspruch betrachtet. Dieser Einwand wird in eine Form gebracht, die den Kern des oft vorgetragenen Einwandes gegen die Existenz eines Gottes, der gut sei und Schlechtes zulasse, freilegt: der Widerspruch für den Verstand wird damit in schärfster Weise deutlich.

Die Herausforderung, die sich Thomas selbst stellt, ist unter einer Vielzahl von Formen und Darstellungen belegt: Dichter und Denker haben immer wieder das Widersprechende von Gottesvorstellung und Leidenserfahrung zum Ausdruck gebracht, sie haben das Leiden selbst als Widerspruch zu Gott und Gottes guter Schöpfung gesehen. Dabei wird besonders das Leiden ganz Unschuldiger, das Leiden der Kinder, in den Blick gebracht, „nicht nur, weil Kinder persönlich unschuldig sind, sondern auch, weil sie dem Leiden distanzlos ausgeliefert sind und sich nicht reflektierend, sinngebend oder protestierend dazu verhalten können".[4] Ganz deutlich findet sich diese existentielle Radikalisierung der Frage nach Gott bei Dostojewski, der in seinem großen Roman *„Die Brüder Karamasoff"* die wohl schärfste Anklage erheben läßt, vorgetragen von Iwan Karamasoff:

„... Eigentlich wollte ich mit dir von den Leiden der ganzen Menschheit sprechen, aber es ist besser, wir begnügen uns mit den Leiden der Kinder allein. Das wird den Umfang meiner Beweisführung ungefähr um das Zehnfache verringern, daher ist es schon besser, nur von den Kindern zu reden. Für mich ist das natürlich unvorteilhafter. Aber, erstens, Kinder kann man auch in der Nähe lieben, sogar schmutzige, sogar häßliche ... (übrigens finde ich, daß kleine Kinder nie häßlich sind). Und zweitens werde ich schon allein deswegen nicht über die Großen reden, weil es sich bei ihnen, abgesehen davon, daß sie abstoßend und der Liebe unwürdig sind, um Vergeltung handeln kann: sie haben vom Apfel gegessen und Gut und Böse erkannt und sind ‚wie Gott' geworden. Und auch jetzt noch fahren sie fort, davon zu essen. Die Kleinen aber haben noch nicht davon gegessen und sind vorläufig noch ganz schuldlos. Liebst du kleine Kinder, Aljoscha? Ich weiß, daß du sie liebst, und du wirst verstehen, warum ich jetzt nur von ihnen sprechen will. Wenn auch sie auf Erden unglaublich leiden, so geschieht das natürlich ihrer Väter wegen; sie werden für ihre Väter bestraft, die den Apfel vom Baum der Erkenntnis gegessen haben. Aber das ist doch eine Erklärung aus einer anderen Welt, denn hier auf Erden ist sie dem Menschenherzen unbegreiflich. Ein Unschuldiger kann doch nicht für einen Schuldigen leiden, und dazu noch solche Unschuldige!

[...] Höre mich an: ich habe nur die kleinen Kinder genommen, als Beispiele, damit es übersichtlicher sei. Von den übrigen Tränen der Menschen, mit denen die Erde von ihrer Rinde bis zum Mittelpunkt durchtränkt ist, will ich weiter kein Wort reden, ich habe das Thema absichtlich beschränkt. Ich bin ja nur ein winziges Lebewesen, eine Wanze etwa, und gestehe in aller Demut, daß ich durchaus nicht begreifen kann, wozu alles so eingerichtet ist. [...]

Aber da sind nun die Kinder, was soll ich mit ihnen anfangen? Das ist eine Frage, die ich nicht zu beantworten vermag. Zum hundertsten Mal sage ich dir: solche Fragen gibt es in Unmengen, ich aber habe nur die Kinder allein genommen, denn hier ist das, was ich zu sagen habe, unwiderlegbar klar. Höre: wenn alle leiden müssen, um damit die ewige Harmonie zu erkaufen, so sag mir doch bitte, was das mit den kleinen Kindern zu tun hat? Es bleibt unbegreiflich, warum auch sie leiden müssen und warum auch sie durch Leiden die Harmonie erkaufen sollen. Warum sind auch sie zum Dünger für irgend jemandes zukünftige Harmonie geworden? Die Solidarität der Menschen in der Sünde begreife ich sehr wohl, ich begreife

2 Thomas von Aquin, Summa Theologiae, Prolog.
3 Vgl. Thomas von Aquin, Summa Theologiae, Prolog.
4 Walter Kasper: Das Böse als theologisches Problem. In: *Christlicher Glaube in moderner Gesellschaft* 9 (1981), S. 177.

auch die Solidarität in der Vergeltung – aber doch nicht mit kleinen Kindern Solidarität in der Sünde! Und wenn die Wahrheit wirklich darin besteht, daß sie mit ihren Vätern in all deren Verbrechen solidarisch sind, so ist jene Wahrheit, versteht sich, nicht von dieser Welt und ist für mich unfaßbar. Manch ein Spaßvogel wird vielleicht bemerken, daß es schließlich auf dasselbe hinauskäme: das Kind werde groß und hätte dann selbst übergenug Zeit zum Sündigen. [...]
Darum danke ich im voraus für jede höhere Harmonie. Ist sie doch nicht einmal ein einziges Tränlein jenes gequälten Kindchens wert, das sich mit dem Fäustchen an die kleine Brust schlug und zu seinem ‚lieben Gottchen' betete. Sie ist es nicht wert, denn diese Kindertränlein sind ungesühnt geblieben. Sie aber müssen gesühnt werden, sonst gibt es keine Harmonie. Aber womit, wodurch kannst du sie sühnen, wie sie rächen? Ist das überhaupt möglich? Was tut es schließlich, daß sie gerächt werden? Was tue ich mit der Rache, was nützen mir die Höllenqualen der Peiniger, was kann die Hölle hierbei wieder gutmachen, wenn das Kindchen schon zu Tode gequält ist? Und was ist das für eine Harmonie, wenn es noch eine Hölle gibt? Ich will verzeihen und umarmen und will nicht, daß noch gelitten werde. Und wenn die Leiden der Kinder zu jener Summe von Leid, die zum Kauf der Wahrheit erforderlich ist, unbedingt hinzukommen müssen, so behaupte ich im voraus, daß die Wahrheit diesen Preis nicht wert ist. [...]
Ich will keine Harmonie, aus Liebe zur Menschheit will ich sie nicht. Lieber bleibe ich bei ungesühnten Leiden. Lieber bleibe ich rachelos bei meinem ungerächten Leid und in meinem unstillbaren Zorn, *selbst wenn ich nicht im Recht wäre.* Ist doch diese Harmonie gar zu teuer eingeschätzt! Wenigstens erlaubt es mein Beutel nicht, so viel für den Eintritt zu zahlen. Darum aber beeile ich mich, mein Eintrittsbillett zurückzugeben. Und wenn ich nur ein ehrlicher Mensch bin, so ist es meine Pflicht, dies sobald wie möglich zu tun. Das tue ich denn auch. Nicht Gott ist es, den ich ablehne, ich gebe ihm nur die Eintrittskarte ergebenst zurück."[5]

Bei DOSTOJEWSKI wird die Unvereinbarkeit der Vorstellung von einem guten Gott mit der Erfahrung des Leidens, des schrecklichen Leidens, von einem Problem des Verstandes zu einem Problem der Existenz: „Darum aber beeile ich mich, mein Eintrittsbillett zurückzugeben." Der Zusammenhang mit dem Verstandesproblem, dessen radikale Form THOMAS als Herausforderung diente, ist aber deutlich; Gottes Güte und menschliches Leiden widersprechen sich, sie schließen sich gegenseitig aus, und selbst der Gedanke einer Harmonie im Jenseits, einer „höheren Harmonie" – wie DOSTOJEWSKIS Iwan sagt –, ist unbefriedigend, weil auch er dem Verstand widerspricht: „wenn alle leiden müssen, um damit die ewige Harmonie zu erkaufen, so sag mir doch bitte, was das mit den kleinen Kindern zu tun hat?" Weshalb müssen Unschuldige leiden, und weiter, weshalb kann der Mensch schuldig werden, um diese Schuld durch Leiden abzutragen?

Die entscheidende Herausforderung ist bei dieser Frage zunächst an den Verstand gerichtet, der vor einem Paradox steht, vor einem Widerspruch. Dieser Widerspruch ist von solcher Bedeutung, daß THOMAS ihn als erste Herausforderung gegen die Existenz Gottes genommen hat; Gott, unendlich und gut, auf der einen Seite – die Welt, endlich und schlecht, auf der anderen Seite:

Unendliches Gutsein	<->	Endliches Schlechtsein
Gott	<->	Welt

Das Unendliche kann aber nicht gegenüber dem Endlichen begrenzt sein, sonst wäre es ja nicht unendlich: also kann das unendliche Gutsein nicht begrenzt sein gegenüber dem endlichen Schlechtsein. Es ergibt sich: da endliches Schlechtsein vorhanden ist, Leiden erfahren werden, kann Gott nicht unendlich gut sein. Dann aber ist er in seiner Güte begrenzt, nicht mehr unendlich und allmächtig, was seinem eigenen Begriff widerspricht. Wenn also Gott unendlich gut und zugleich und in gleicher Hinsicht nicht unendlich, sondern begrenzt gut ist, so ergibt sich ein deutlicher Selbstwiderspruch bei der Vorstellung von Gott. Eine solche selbstwidersprechende Vorstellung kann aber keinen wirklichen Inhalt haben, da dieser unvorstellbar ist („hölzernes Eisen").

5 F. M. DOSTOJEWSKI: Die Brüder Karamasoff. Übertr. von E. K. RAHSIN. Fünftes Buch, IV: „Empörung". München [8]1977, S. 385 ff. – Es lohnt, die ausgelassenen Passagen mit den Schilderungen konkreten Leidens zu lesen, um die ganze Schärfe der Anklage zu verstehen.

Die Schärfe dieser Argumentation wird noch deutlicher, wenn ihre philosophiegeschichtliche Grundlage bedacht wird. Diese Grundlage ist der „Satz vom (zu vermeidenden) Widerspruch", den ARISTOTELES (384–322 v. Chr.) als „sicherstes Prinzip" bezeichnet hatte und der alles Verstandeswissen begründet. Dieser Satz lautet:

„Daß nämlich dasselbe zugleich zukommen und nicht zukommen kann demselben in selbiger Hinsicht: das ist unmöglich."[6]

Das bedeutet: es ist unmöglich, daß demselben – gleichzeitig und in gleicher Hinsicht – etwas Selbstwidersprechendes zugesprochen wird. Ein Beispiel:

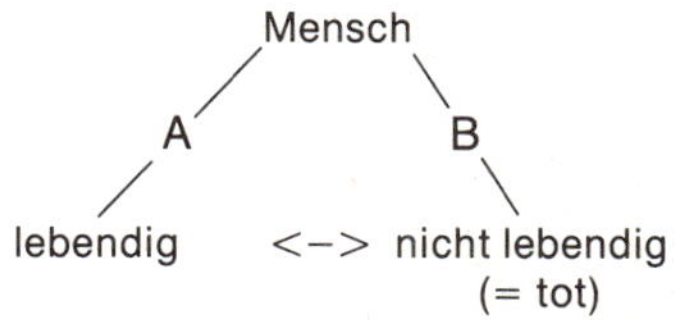

Es ist unmöglich, vom gleichen Menschen zu gleicher Zeit und in derselben Hinsicht zu sagen, er sei lebendig *und* tot – es muß entweder das eine (A) *oder* das andere (B) gesagt werden, wenn überhaupt verständig gesprochen wird.

Der „Satz vom (zu vermeidenden) Widerspruch" gilt als sicheres Prinzip der traditionellen Logik aller Verstandesaussagen; ist er also auch auf Gott anwendbar, so kann Gott nicht selbstwidersprechend vorgestellt werden. So wird das logische Prinzip der griechischen, durch ARISTOTELES vollendeten Philosophie zur Herausforderung einer Philosophie, die – wie diejenige des THOMAS von Aquin – die Vorstellung des Schöpfergottes zum Prinzip hat. Das Verstandesprinzip wird somit aber auch zur Herausforderung des Glaubensprinzips, das in seinem Grundbestand bedroht ist: wenn Gott als selbstwidersprechend geglaubt werden muß, dann ist etwas Widersinniges als Prinzip anerkannt. Das Problem der Unvereinbarkeit der Vorstellung von einem guten Gott mit der Erfahrung des Leidens ist also, als Problem des Verstandes, auch für die Entfaltung des Glaubenswissens von erstem Rang. Von erstem Rang sind daher auch die Versuche, dieses Problem für den Verstand befriedigend zu lösen, was gerade deshalb als so schwer erscheint, weil damit das Prinzip des Verstandeswissens selbst aufgehoben werden müsse, woraus ein neuer Widerspruch entsteht: ein Problem unter Aufhebung des Verstandesprinzips für den Verstand befriedigend zu lösen. So scheint ein Ausweg aus dieser Schwierigkeit unmöglich.
Und doch hat THOMAS dieses Problem als Herausforderung aufgenommen, er hat es nicht nur nicht beiseite geschoben, sondern an hervorragender Stelle eingeführt. Seine Antwort auf diese Herausforderung gehört zu den Versuchen, den Widerspruch für den Verstand zu lösen.

Die Versuche:
Auflösung des Widerspruchs für den Verstand in philosophischen Überlegungen

Unter vielen Versuchen der Auflösung des im Theodizee-Problem deutlichen Widerspruchs für den Verstand sollen beispielhaft diejenigen des THOMAS von Aquin und von LEIBNIZ genannt werden. Beide Lösungsversuche können als für ihre Epoche typisch bezeichnet werden: während THOMAS das Prinzip des Schöpfergottes als notwendige Voraussetzung allen Denkens begreift, nimmt LEIBNIZ gerade die Sicherheit des Verstandeswissens, wie es sich in der Mathematik entfalte, als Prinzip.

6 ARISTOTELES, Metaphysik 1005 b 8 f.

Thomas von Aquin antwortet auf die Herausforderung, die er sich zu Beginn der *„Summe der Theologie“* selbst gestellt hatte, mit einem Zitat aus einem Werk des großen lateinischen Kirchenvaters Augustinus (354–430),[7] dem er eine Bemerkung anfügt:

„Dazu ist das zu sagen, was Augustinus sagt: ‚Da Gott in höchster Weise gut ist, würde er auf keine Weise zulassen, daß etwas Schlechtes in seinen Werken ist, wenn er nicht so allmächtig wäre, daß er Gutes schaffte auch aus Schlechtem.‘ Daher gehört es zur unendlichen Güte Gottes, daß er dem Schlechten gestattet zu sein, und aus ihm Gutes hervorbringt.“[8]

Wie kann diese Antwort den Verstand befriedigen? Ist sie nicht geradezu eine Bestätigung dessen, was bei Dostojewski angeklagt wurde?

Zunächst: Daß Gott in höchster Weise gut ist, ist Voraussetzung der Lösung des Theodizee-Problems. Gott ist als derjenige begriffen, über den hinaus nichts Besseres denkbar ist;[9] es ist aber besser, aus Schlechtem Gutes hervorzubringen, als nur Gutes zu schaffen, weil die Hervorbringung des Guten aus seinem Gegenteil stärkerer Güte bedarf als jene Güte, die sich gegenüber Nichtvorhandenem ausbreitet; da Gott aber gedacht werden muß als derjenige, über den hinaus nichts Besseres denkbar ist, muß er aus Schlechtem Gutes hervorbringen, da andernfalls ein Gott gedacht werden könnte, der dieses Vermögen besitzt. Einen Gott über Gott zu denken ist aber – gerade nach dem „Satz vom (zu vermeidenden) Widerspruch“ – unmöglich. Soweit Augustinus. Sodann: Wenn Gott unendlich gut ist, kann er in seinem Vermögen an Güte nicht übertroffen werden. So ist gerade die unendliche Güte Gottes notwendige Bedingung zur Existenz des Schlechten, aus dem Gutes hervorgebracht werden kann, die unendliche Güte durchdringt alles Schlechte:

Unendliches Gutsein	→	Endliches Schlechtsein
Gott	→	Welt

Nur wenn Gott das Schlechte als Schlechtes belassen würde, wäre seine Güte begrenzt und damit der Selbstwiderspruch gegeben, den die Herausforderung nahegelegt hatte. Soweit Thomas.

Ist hiermit das Problem des Verstandes gelöst? Es ist gelöst, soweit der „Satz vom (zu vermeidenden) Widerspruch“ nun nicht mehr gegen die Existenz Gottes angesichts des Schlechten in der Welt spricht, sondern zur Begründung dieser Existenz verwandt wird. Es ist aber nicht gelöst, insofern diese Begründung zwar die *Möglichkeit* der Existenz des Schlechten in der Welt zeigt, nicht aber dessen *Notwendigkeit.* Das bedeutet: deutlich ist, wie Leiden sein *kann* angesichts der Güte Gottes, unklar aber ist, weshalb Leiden sein *muß.* So zeigt die Lösung des Thomas „nur“ die Einsicht, daß sich die Vorstellung eines guten Gottes bei gleichzeitiger Erfahrung von Leiden nicht notwendig als Widerspruch für den Verstand darbieten muß; Thomas kann aber in diesem Zusammenhang nicht zeigen, weshalb das Leiden sinnvoll oder gar notwendig sein sollte.

Gottfried Wilhelm Leibniz (1646–1716) hat sich dem Problem der Theodizee besonders in seiner Schrift *„Essais de théodicée sur la bonté de Dieu, la liberté de l'homme et l'origine du mal“* („Abhandlungen der Theodizee über die Güte Gottes, die Freiheit des Menschen und den Ursprung des Übels“) (1710) zugewandt. Diese komplexe Schrift kann hier nicht umfassend gewürdigt, nur der Grundgedanke der Lösung des Theodizee-Problems soll gezeigt werden.

Die Überlegung über das Theodizee-Problem beginnt mit der Erläuterung, daß Gott die Welt als „die beste aller möglichen Welten“[10] erschaffen haben muß. Begründung: Gottes Handeln stammt aus überlegener Weisheit in Verbindung mit unendlicher Güte – andernfalls wäre ein weiser und besser handelnder Gott denkbar, was aber, da Gott das höchste Denkbare ist, nicht sein kann. Daher ist das von Gott Gehandelte stets die „Erwählung des Besten“, die Welt also die beste aller möglichen Welten: „gäbe es nicht die beste aller möglichen Welten, dann hätte Gott überhaupt keine erschaffen [...] da er nichts ohne höchste Vernunft tut“ (S. 101). Daher muß alles in der Welt aus der höchsten Vernunft erklärbar sein; daher müssen Schlechtes, Übel und Leiden notwendig Bestandteil der besten Welt sein:

„Kann ein Gegner diesem Argument nicht beikommen, so wird er vielleicht auf unsere Schlußfolgerung mit einem entgegengesetzten Argument antworten: er wird sagen, die Welt hätte ja sündlos und ohne Leiden sein können; aber was ich bestreite, ist, daß sie dann besser wäre...“ (S. 101).

Zur Begründung wird erklärt: da die Welt im Ganzen unter allen möglichen Welten die beste sein muß – da sie dem unübertreffbaren Handeln Gottes entspringt –, so muß jede gedachte Veränderung in ihr notwendig eine Verschlechterung sein. Denkt man also eine Welt ohne Leiden, so denkt man notwendig eine schlechtere Welt.

Diese Gedankenführung ist nicht gegen den Verstand und dessen Prinzipien. Aber wieder ist zu fragen: Ist das Problem des Verstandes gelöst? Es ist gelöst, insofern die *Notwendigkeit* des Schlechten in dieser Welt als dem Verstand nicht widersprechend gezeigt werden kann. Es ist aber nicht gelöst, insofern die Begrenzung des Verstandes die *Möglichkeit* einer besseren als der gegebenen Welt nicht einzusehen vermag.

So zeigt die Lösung Leibniz' die Sicherheit einer verständigen Auskunft, zugleich aber die Grenze derselben. Eben diese Begrenztheit macht deutlich: das Problem der Theodizee als Problem des Verstandes kann zwar innerhalb der Grenzen des Verstandes so gelöst werden, daß ein *Widerspruch* gegen die Lösung unmöglich ist, nicht aber so, daß eine „Rechtfertigung Gottes“ im Sinne eines *Beweises* gegeben werden könnte. Dies aber ist der Kern des Theodizee-Problems, wie er auch in der Anklage bei Dostojewski freigelegt wurde: Leibniz kann zwar die Harmonie der Welt zeigen, nicht aber den *Sinn dieser Art von Harmonie beweisen.* Genau dies ist Anhalt für die Absage an alle Versuche einer philosophischen Theodizee, da die Philosophie – gerade nach dem, wie sie auch Leibniz verstand – die Notwendigkeit ihrer Schlüsse nicht allein widerspruchsfrei darstellen muß, sondern auch so, daß diese Schlüsse eine sichere Kenntnis vermitteln (Beispiel: „Auf dem Planeten Venus liegt ein goldenes Zwanzigmarkstück“ – der Satz ist nicht zu widerlegen, aber auch nicht zu beweisen).

So hat Kant eine Kritik der philosophischen Theodizee-Versuche unternommen, die das Scheitern dieser Versuche innerhalb der Philosophie einsichtig macht.

Das Scheitern: Unmöglichkeit eines philosophischen Lösungsversuchs des Theodizee-Problems

Eine Wende in der Geschichte der Behandlung des Theodizee-Problems wird durch die Schrift *„Über das Mißlingen aller philosophischen Versuche in der Theodicee“* von Immanuel Kant angezeigt.[11] Diese kleine Schrift aus dem Jahre 1791 klärt die Begrenzung des Verstandeswissens. Nachdem Kant die herkömmlichen Theodi-

7 Augustinus, Enchiridion XI.

8 Thomas von Aquin, Summa Theologiae I, 2,3.

9 So bereits Augustinus, Bekenntnisse VII,4 (6); Über den freien Willen II, 25; II, 39; Über die christliche Lehre I, 7. Vgl. Boethius: Über den Trost der Philosophie III, 10, 25.

10 Vgl. G. W. Leibniz: Die Theodizee. Übers. von Artur Buchenau. Hamburg [2]1968, S. 101ff. (= I. Teil, 8).

11 Immanuel Kant: Über das Mißlingen aller philosophischen Versuche in der Theodicee. Hrsg. von F. Gross. Leipzig 1926.

zee-Versuche auf den Begriff bringt und die Herausforderungen und deren traditionelle Beantwortungen, schließlich deren Schwierigkeiten gezeigt hat, fährt er fort:

„Der Ausgang dieses Rechtshandels vor dem Gerichtshofe der Philosophie ist nun: daß alle bisherige Theodicee das nicht leiste, was sie verspricht, nämlich die moralische Weisheit in der Weltregierung gegen die Zweifel, die dagegen aus dem, was die Erfahrung an dieser Welt zu erkennen gibt, gemacht werden, zu rechtfertigen: obgleich freilich diese Zweifel als Einwürfe, so weit unsre Einsicht in die Beschaffenheit unsrer Vernunft in Ansehung der letztern reicht, auch das Gegenteil nicht beweisen können. Ob aber nicht noch etwa mit der Zeit tüchtigere Gründe der Rechtfertigung derselben erfunden werden könnten [...] das bleibt dabei doch immer unentschieden, wenn wir es nicht dahin bringen, mit Gewißheit darzutun: daß unsere Vernunft zur Einsicht *des Verhältnisses, in welchem eine Welt, so wie wir sie durch Erfahrung immer kennen mögen, zu der höchsten Weisheit stehe,* schlechterdings unvermögend sei; denn alsdann sind alle fernere Versuche vermeintlicher menschlicher Weisheit, die Wege der göttlichen einzusehen, völlig abgewiesen. Daß also wenigstens eine negative Weisheit, nämlich die Einsicht der notwendigen Beschränkung unsrer Anmaßungen in Ansehung dessen, was uns zu hoch ist, für uns erreichbar sei: das muß noch bewiesen werden, um diesen Prozeß *für immer* zu endigen; und dieses läßt sich gar wohl tun." (S. 808)

Die bisherige Theodizee leistet nicht, was sie verspricht, weil sie dem Zweifel – sei er sinnvoll oder nicht – nicht begegnen kann: sie kann ihre Position nicht beweisen. Wenn sich auch freilich nicht beweisen läßt, daß die bisherige Theodizee irrt, so läßt sich aber doch beweisen, daß eine Theodizee mit Beweischarakter vollkommen unmöglich ist. Zu diesem Beweis nimmt KANT eben jene Positionen auf, die bei THOMAS und LEIBNIZ vorgestellt waren.

Die Passage, deren Wortlaut unmittelbar nicht leicht verständlich ist, schließt sich an die oben zitierte an. Die Gedankenführung läßt sich so wiedergeben:

- Wir haben einerseits einen Begriff von der Welt und ihrer Einrichtung, der uns die *Notwendigkeit* alles in der Welt Gegebenen – mithin auch des Schlechten und des Leidens – zeigt: diese „Kunstweisheit", wie KANT sie bezeichnet, erinnert an LEIBNIZ.
- Wir haben andererseits einen Begriff von der Welt und ihrer Einrichtung, der uns die *Möglichkeit* zur Vollkommenheit alles in der Welt Gegebenen – mithin auch des Schlechten und des Leidens – zeigt: diese „moralische Weisheit", wie KANT sie bezeichnet, erinnert an THOMAS.

Genau diese Begriffe sind es nun, die wir nicht zusammenfügen können: „von der *Einheit in der Zusammenstimmung* jener Kunstweisheit mit der moralischen Weisheit in einer Sinnenwelt, haben wir keinen Begriff und können auch zu demselben nie zu gelangen hoffen" (S. 809). Denn als Geschöpf in einer nach Notwendigkeit eingerichteten Welt bloß dem Willen des Urhebers zu folgen – Konsequenz aus LEIBNIZ –, dennoch aber als frei handelndes Wesen Möglichkeit zum Schlechten zu haben, „der Zurechnung fähig zu sein und seine eigene Tat doch auch zugleich als die Wirkung eines höheren Wesens anzusehen" – Konsequenz aus THOMAS –, dies „ist eine Vereinbarung von Begriffen, die wir zwar in der Idee einer Welt, als des höchsten Gutes, zusammen denken müssen; die aber nur der einsehen kann, welcher bis zur Kenntnis der übersinnlichen (intelligiblen) Welt durchdringt und die Art einsieht, wie sie der Sinnenwelt zum Grunde liegt; auf welche Einsicht allein der Beweis der moralischen Weisheit des Welturhebers in der letztern gegründet werden kann, da diese doch nur die Erscheinung jener erstern Welt darbietet, – eine Einsicht, zu der kein Sterblicher gelangen kann" (S. 809).

Das bedeutet: Ist, wie bei THOMAS, das Schlechte zur Hervorbringung von Gutem da, so ist die Welt nicht vollkommen; ist aber, wie bei LEIBNIZ, das Schlechte notwendig wie alles Gegebene, so ist die Welt die beste aller möglichen Welten. Dies „müssen" wir zusammendenken, weil bei THOMAS die Notwendigkeit, bei LEIBNIZ die Möglichkeit einer besseren, leidlosen Welt nicht geklärt war – und gerade im Versuch dieses Zusammendenkens ergibt sich für den Menschen wieder das Dilemma, daß er sich zugleich als unfrei und als frei verstehen muß. Dieser Widerspruch ist aber philosophisch nicht lösbar.

Die Lösung des Theodizee-Problems ist deshalb, wie KANT begründet, innerhalb der Philosophie nicht möglich, sofern die Grundsätze des Verstandes gebraucht werden, da selbst bedeutende Versuche einer Lösung entweder nur die Möglichkeit des Leidens, nicht aber dessen Notwendigkeit, oder aber dessen Notwendigkeit, nicht aber den Ausschluß einer besseren Möglichkeit zeigen können. Da diese Versuche zwar in Einheit gedacht werden müssen, aber nicht in ihrem Zusammenhang eingesehen werden können, ist eine auf den Verstand gegründete, beweiskräftige Lösung des Theodizee-Problems innerhalb der Grenzen des Verstandes unmöglich, das Scheitern eines verstandesmäßig zwingenden Nachweises von der Möglichkeit *und* Notwendigkeit des Leidens und Bösen in der Welt bei gleichzeitiger Vorstellung eines guten Gottes nachgewiesen.

Solche Überlegungen können auch bei der Betrachtung der unterschiedlichen Religionen nicht gleichgültig sein. Freilich ist leicht einzusehen, daß das Theodizee-Problem nicht besteht, wenn die Vorstellung eines guten Schöpfergottes wegfällt. Ob durch eine solche Umgehung des Theodizee-Problems die Erklärung jenes schrecklichen Leidens, das bei DOSTOJEWSKI angeklagt wurde, leichter wird, soll im Durchgang durch unterschiedliche Religionen erhellt werden.

(1) (a) Begründen Sie die jeweilige Unzulänglichkeit der philosophischen „Lösung" des Theodizee-Problems bei

– THOMAS von Aquin

....

....

....

....

....

– G. W. LEIBNIZ

....

....

....

....

....

(b) Stellen Sie kurz die Argumente KANTS, daß das Theodizee-Problem verstandesmäßig nicht zu lösen ist, dar.

....

....

....

....

....

....

....

....

....

....

Das Theodizee-Problem als Problem der Religionen

Wie in den Religionen mit dem Theodizee-Problem umgegangen wird, ist hier an einzelnen Beispielen erörtert. Es ist zu zeigen, wie eine frühe Religion die Theodizeefrage noch gar nicht kennt, einzusehen, daß sie für den Buddhismus ohne jede Bedeutung ist. Von entscheidender Wichtigkeit wird die Problematik erst in den drei großen monotheistischen Religionen: Judentum, Christentum, Islam.

Das Theodizee-Problem in nicht-monotheistischen Religionen

Die großen monotheistischen Religionen Judentum, Christentum und Islam sind vom Theodizee-Problem in besonderer Weise herausgefordert. Aber auch nicht-monotheistische Religionen sind betroffen, sofern sich ihnen die Frage nach der Erfahrung des Leidens stellt. Diese Frage wird auch in nicht-monotheistischen Religionen im Hinblick auf den Glauben anderer Religionen an einen guten Schöpfergott geprüft, wie aus dem Buddhismus bekannt ist; ein Schritt vor das Theodizee-Problem führt aber zu Religionen, die den Glauben an einen solchen Schöpfergott nicht kennen. Vielleicht ist überhaupt nur dieser Glaube für Fehlinterpretationen menschlichen Leidens verantwortlich? Vielleicht entfällt der Meinungsstreit um das Problem, wenn *vor* das Problem zurückgegangen wird?

Früh-griechische Religion

Als Beispiel für den Rückgang vor das Theodizee-Problem soll die Früh-griechische Religion befragt werden. Wenn hier von „Früh-griechischer Religion" gesprochen wird, so ist jenes Denken und Vorstellen gemeint, das in der Dichtung des HOMER seinen Ursprung hat. Diese Dichtung stammt aus dem 8. Jahrhundert v. Chr.; die mit dem Namen des HOMER verbundenen großen Versepen *„Ilias"* und *„Odyssee"*, deren Inhalt vom Kampf der Griechen vor Troja und den Irrfahrten des Odysseus nach Beendigung des Kampfes auf dem Weg in die Heimat erzählt, sind die älteste abendländische Literatur.

Die Dichtung des HOMER ist für die Antike wie auch für die spätere europäische Geistesgeschichte von größter Wirkung, „da von Anfang an alle von Homer gelernt haben", wie der Philosoph XENOPHANES (um 570–um 470 v. Chr.) gesagt hat.[12] Die Dichtung HOMERS ist „ein schöner Spiegel des menschlichen Lebens"[13], ein Lehrbuch über Götter[14], Tod und Unterwelt[15]. Die gesamte Dichtung ist geprägt von Spannungen, die sich in Gegensätze auslegen: diese Gegensätze bestimmen den Handlungsablauf, wie sie des Menschen Leben bestimmen. Sie zeigen, zum Austrag gebracht, die Macht des alles beherrschenden Gegensatzes, die alles Erfahrbare und Erkennbare umfaßt. In der *„Ilias"* ist diese Macht wirksam im Gegensatz von Troern und Griechen, der im Kampf ausgetragen wird, sodann in der Entzweiung der Helden Agamemnon und Achill, schließlich in dem Achill zur Wahl gestellten Lebensweg: früher Tod, Verlust der Heimkehr und Nachruhm oder glückliche Heimkehr, langes Leben, aber kein bleibender Ruhm.[16] Achill wählt, trotz Wiederholung von Todesdrohung und Todesankündigung[17], den Kampf, Ruhm und Tod: „Gut nun wohl weiß ich auch selbst: der meinige Teil ist, hier zu verderben."[18]

Anders Odysseus: in der *„Odyssee"* herrscht der Gegensatz von Fremde und Heimat, dem Odysseus auf seinen Irrfahrten ausgesetzt ist, sodann der Gegensatz zwischen Odysseus und seinen Gefährten, die nicht die Heimat erreichen, und schließlich der Gegensatz in der Heimat, wo Odysseus auf seine treue Frau Penelope inmitten der von ihr zurückgewiesenen Freier trifft. Odysseus nimmt den äußersten Gegensatz auf sich, als er in nie gekannter Gefahr die Welt der Toten, den Hades, bereist[19] – und genau hier bricht der Gegensatz auf, indem ihm hier, am äußersten Ort seiner Irrfahrten, die glückliche Heimkehr prophezeit wird, indem ihm genau hier, im Reich der Toten, langes Leben vorausgesagt ist.[20]

Am Geschick beider Helden, des Achill in der *„Ilias"* und des Odysseus in der *„Odyssee"*, wird deutlich, wie die Macht des Gegensatzes nicht nur alle Lebensbereiche umgreift, sondern vor allem den größten Gegensatz beherrscht, dem der Mensch unterworfen ist: der Gegensatz von Leben und Tod, der die Menschen so bestimmt, daß sie im Gegensatz zu den Göttern, den „Unsterblichen", „Sterbliche" genannt werden.[21]

Die menschliche Einsicht begreift die Macht des Gegensatzes *im* Leben in der Betrachtung der Abfolge von Gegensätzlichem: Tag und Nacht[22], Wärme und Kälte[23], Liebe und Streit[24], Freude und Leid[25], Reichtum und Armut[26], Freiheit und Unfreiheit[27], Gutes und Böses[28]. Daher ist auch für den Menschen nichts Bleibendes, das nicht der Macht des Gegensatzes ausgesetzt wäre, und auch die Götter können diese Macht nicht brechen, ist sie doch nicht von ihnen hervorgebracht. So kann der höchste Gott, Zeus, nicht einmal seinen Sohn Herakles, der ihm am liebsten war, vor der Macht des Gegensatzes – die den Tod bedeutet – schützen.[29] Die Menschen sind dem Wechsel, der aus dem Gegensatz den Tod hervorbringt, unterworfen; dem Tod als größtes Leiden – weil Ausdruck größten Gegensatzes für den Menschen – ist nicht zu entgehen: „Aber den Tod, dem alle verfallen, können die Götter auch dem (ihnen) liebsten Manne nicht nehmen, wenn ihn ergreift die vernichtende Macht des nichtschonenden Todes."[30] So gibt es keine Hilfe, kein Mittel gegen dieses größte Leiden: „wir sterben ja gleichermaßen alle", wie der Dichter PINDAR singt.[31]

Eine Erklärung für diese den Menschen so sehr betreffende Macht des Gegensatzes kann nicht eingesehen werden. Eingesehen kann nur werden, daß dieser Gegensatz nicht von den Göttern hervorgebracht ist, ihnen also auch nicht angelastet werden kann. Leiden und Tod sind die gegensätzliche Seite zu Freude und Leben, so bleiben sie nicht aus. Die Götter werden freilich von den Menschen verdächtigt, Urheber

12 XENOPHANES B 10 (DK).
13 So wird die Äußerung des Rhetors ALKIDAMAS (1. Hälfte des 4. Jahrhunderts v. Chr.) über die *„Odyssee"* bei ARISTOTELES, Rhetorik 1406 b 13f. zitiert.
14 Vgl. die Bemerkung bei HERODOT (um 484 – nach 430 v. Chr.), II, 53.
15 Vgl. die Diskussion bei PLATON (427–348/7 v. Chr.), Politeia 386 af.
16 Vgl. HOMER, Ilias IX, 410f.
17 Vgl. HOMER, Ilias: von Achills Pferd Xanthos (XIX, 416f.); vom sterbenden Hektor (XXII, 358f.); von der Seele des Patroklos (XXIII, 80f.).
18 HOMER, Ilias XIX, 421.
19 Vgl. HOMER, Odyssee X, 496f.; XI, 156; XII, 21f.
20 HOMER, Odyssee XI, 134f.; vgl. V, 203f.
21 Vgl. HOMER, Ilias XVIII, 361f.; Odyssee XI, 218 u. a.
22 Vgl. HESIOD (um 700 v. Chr.), Theogonie 748f.
23 Vgl. MELISSOS (Mitte des 5. Jahrhunderts v. Chr.) B 8, 3 (DK).
24 Vgl. EMPEDOKLES (um 500 – um 430 v. Chr.) B 17 (DK).
25 Vgl. PINDAR (um 500 v. Chr.), Pythien VIII, 88f.
26 Vgl. HOMER, Odyssee XIV, 192f.
27 Vgl. EURIPIDES (485/4–407/6 v. Chr.), Hekabe 342f.
28 Vgl. HOMER, Odyssee VIII, 130f.
29 Vgl. HOMER, Ilias XVIII, 117f.
30 HOMER, Odyssee III, 231.
31 PINDAR, Isthmien VII, 42.

des Leidens – vor allem der Zuteilung des frühen Todes – zu sein; diese Beschuldigung wird aber in Dichtung und Denken zurückgewiesen: die Menschen selbst sind es, die bei Überschreitung ihres Maßes („Hybris") Leiden und Tod auf sich ziehen. So spricht Zeus:

> „Von uns nämlich sagen sie sei das Übel, wo [die Menschen] doch selbst
> durch eigene Torheit über ihren Anteil hinaus Leiden haben,
> wie nun auch Aigisthos über seinen Anteil hinaus des Atriden
> Weib ehelichte, ihn aber erschlug bei dessen Heimkehr,
> [obwohl] wissend um das jähe Verhängnis, da wir es (ihm) ansagten..."[32]

Aigisthos, der nicht mit den Griechen nach Troja gezogen war, hatte gegen göttliche Warnung zunächst Klytaimestra geheiratet, die Frau des Atriden Agamemnon, und dann, gegen abermalige göttliche Warnung, den heimgekehrten Agamemnon ermordet. So zog er seinen Tod auf sich, indem er „über den Anteil hinaus" handelte: die Überschreitung des Maßes, das die eine Seite des Gegensatzes begrenzt, zieht die andere Seite nach sich, die Überschreitung der Grenze menschlicher Freiheit bringt die Unfreiheit, die in der Unfreiheit gegenüber dem Tod am deutlichsten hervortritt. Die Götter bewahren den Ausgleich der Gegensätze, indem sie über das Recht wachen – sie sind aber nicht Urheber des allbeherrschenden Gegensatzes.

So ist zwar deutlich, *wie* menschliches Leiden erklärt werden kann, wenn es als Folge von Maßüberschreitung gedacht ist: ein Grund für den Mißbrauch der menschlichen Freiheit aber, der zur Maßüberschreitung führt, kann nicht genannt werden. Daher bleiben Leiden und Tod letztlich unerklärt; des Menschen Dasein ist somit im Ganzen einem unerklärbaren und daher bedrückenden Wechsel ausgesetzt. Die Sterblichen sind Elende, die „den Blättern gleichend bald aufleuchtend erstehen, der Erde Frucht genießend, bald aber hinschwinden ohne Leben"[33], der „Mensch ist Hauch und Schatten nur".[34] Leiden und Tod sind unerklärt, das Dasein nach dem Tode selbst hoffnungslos; im Reich der Toten, unter den Schatten, ist zwar kein Gegensatz mehr, aber somit auch keinerlei Freude, wie Achill im Reich der Toten dem dort hingereisten Odysseus klagt:

> „Preise mir jetzt nicht tröstend den Tod, ruhmvoller Odysseus.
> Lieber möcht ich fürwahr dem unbegüterten Meier,
> Der nur kümmerlich lebt, als Tagelöhner das Feld baun,
> Als die ganze Schar vermoderter Toten beherrschen."[35]

Dies also ist ein Ertrag, wenn *vor* das Theodizee-Problem zurückgegangen wird: Leiden und Tod sind nicht erklärbar, des Menschen Leben ist der Macht des Gegensatzes ausgesetzt. Wohl stellt sich die problematische Frage nach der Theodizee für diese Religion nicht, doch gibt es keine Leidenserklärung. Der Frage, die in philosophischer Überlegung nicht lösbar für den Verstand erschien (vgl. Abschnitt 4.1.3), braucht daher nicht nachgegangen zu werden; die Befreiung von dieser Schwierigkeit aber führt in die Auskunftslosigkeit und Hoffnungslosigkeit:

> „Allbewandert: unbewandert in nichts schreitet (der Mensch)
> ins Künftige: vor'm Hades allein
> Flucht er nicht findet."[36]

32 HOMER, Odyssee I, 32–37.
33 HOMER, Ilias XXI, 464f. – Vgl. Psalm 103, 15–16.
34 SOPHOKLES (497/6–406/5 v. Chr.), fr. 13 (PEARSON). – Vgl. Psalm 39, 6–7.
35 HOMER, Odyssee XI, 469f. (Übersetzung Voß). Vgl. zur Thematik Bernhard UHDE: PSYCHE – ein Symbol? In: G. STEPHENSON (Hrsg.): Leben und Tod in den Religionen. Darmstadt 1980, S. 103ff.
36 SOPHOKLES, Antigone 360–363.

(2) Die Betrachtung der früh-griechischen Religion führt *vor* das Theodizee-Problem zurück. Begründen Sie die Umgehung des Theodizee-Problems, und zeigen Sie die Konsequenzen, die sich für die Leidenserklärung daraus ergeben.

....

....

....

....

....

....

....

....

....

....

....

Buddhismus

Ein Beispiel für eine Religion, die das Theodizee-Problem kennt, doch gerade auch wegen dessen Unlösbarkeit für den Verstand darin einen Grund zur Ablehnung des Glaubens an einen Schöpfergott sieht, ist der Buddhismus. Bei der folgenden Betrachtung soll aus den buddhistischen Schulen diejenige des „Theravada", die „Schule der Alten", befragt werden, glaubt diese Schule doch, die Lehren des Buddha genau zu überliefern.

Der Buddhismus geht auf seinen Stifter SIDDHARTHA GAUTAMA zurück, der von 563–483 v. Chr. in Nordindien lebte und den Namen „Buddha" = „Erwachter", „Erleuchteter" erhielt. Den Inhalt und die Konsequenz seiner Erleuchtung predigte der Buddha etwa fünfzig Jahre lang bis zu seinem Tode. Diese Lehre ist von überraschender Einsichtigkeit und Einheitlichkeit. Sie beginnt bei der Einsicht in die Vergänglichkeit von allem: alles ist in stetem Übergang, nirgends findet sich etwas Beharrendes, überall ist Ursache und Wirkung. Wenn nun überall Übergang, Vergänglichkeit ist, so ist auch das Freudvolle vergänglich; wenn aber die Freude selbst vergeht, dann ist Leiden. Diese aus der altindischen Umwelt genommene Einsicht erkennt die Kausalität von allem als Ursache der Vergänglichkeit von allem; wenn aber alles vergänglich ist, ist alles leidvoll: „Alles, ihr Mönche, ist vergänglich. Alles, ihr Mönche, ist leidvoll."[37]

1. Leiden und Dasein sind mithin identisch. So predigt der Buddha die erste von „Vier hohen Wahrheiten":

„Dies nun, ihr Mönche, ist die hohe Wahrheit vom Leiden: Geburt ist leidvoll, Alter ist leidvoll, Krankheit ist leidvoll, Tod ist leidvoll; Kummer, Jammer, Schmerz, Gram und Verzweiflung sind leidvoll; mit Unliebem vereint zu sein ist leidvoll, von Liebem getrennt zu sein ist leidvoll, nicht erlangen, was man begehrt, ist leidvoll.[38]

37 Samyutta-Nikaya XXXV, 43–45. Eine Sammlung übersetzter Quellentexte bietet Karl SEIDENSTÜCKER: Pali-Buddhismus in Übersetzungen. München/Neubiberg ²1923. Eine neuere Sammlung: Helmuth VON GLASENAPP: Der Pfad zur Erleuchtung. Düsseldorf 1956 u. ö.
38 Dies ist die erste der „Vier hohen (edlen) Wahrheiten", die der Buddha der Überlieferung nach in Benares gepredigt hat (= „Predigt von Benares"). Zitiert nach: Bernhard UHDE (Hrsg.): Die Bibel und die Religionen. Religionsgeschichtliche Quellentexte (= Die Bibel. Bd. 8). Salzburg 1979, S. 3902.

2. Dieses alles umfassende Leiden, das auch die Freude umgreift, hat seine Wurzel in dem, was der Buddha „Durst“, „Gier“ nennt, wie die zweite der „Vier hohen Wahrheiten“ lehrt:

„Dies nun, ihr Mönche, ist die hohe Wahrheit von der Entstehung des Leidens: Es ist jener Wiedergeburt-erzeugende, von Wohlgefallen und Lust begleitete Durst, der bald hier, bald dort sich ergötzt, das will sagen: der Durst nach Sinnenlust, der Durst nach Werden, der Durst nach Vernichtung“ (S. 3902).

3. Dieser „Durst“, der als Drang nach Lust, nach Erhalt oder auch nach Vergehen begegnet und, weil er ein Streben ist, Ursache für Wirkungen darstellt, setzt die Kausalität des Daseins, also des Leidens fort. Die Vergänglichkeit wird nicht aufgehoben, sondern bestärkt. Also muß der „Durst“ aufgehoben werden, um das Leiden zu beenden, aufzuheben, wie die dritte der „Vier hohen Wahrheiten“ erklärt:

„Dies nun, ihr Mönche, ist die hohe Wahrheit von der Aufhebung des Leidens: Es ist eben dieses Durstes spurloses, restloses Aufheben, Aufgeben, Verwerfen, Ablegen, Vertreiben“ (S. 3902).

4. Wie aber ist der „Durst“ aufzuheben? Die vierte der „Vier hohen Wahrheiten“ weist darauf hin:

„Dies nun, ihr Mönche, ist die hohe Wahrheit von dem zur Aufhebung des Leidens führenden Pfade: Es ist das dieser hohe, achtteilige Weg, nämlich: Rechte Anschauung, rechte Gesinnung, rechtes Reden, rechtes Handeln, rechte Lebensführung, rechter Kampf, rechtes Gedenken, rechte Konzentration“ (S. 3902).

Die Einzelheiten dieses „Pfades“ sollen hier nicht erläutert werden.[39] Entscheidend an dem „Pfad“ ist das *Ziel:* es sollen die Bedingungen, die Konditionen, für die Möglichkeit der Erkenntnis geschaffen werden. Diese Erkenntnis gründet auf dem Wissen von den „Vier hohen Wahrheiten“ und hat die Kette des „Bedingten Entstehens“ zum Inhalt, deren zwölf Glieder konditional – nicht kausal! – verbunden sind.[40] Alles ist in konditionaler Wechselwirkung miteinander verflochten, so daß kein Einzelnes isoliert werden könnte. Was als Einzelnes erscheint, ist eine konditionale Verbindung, deren Namen, deren als Einzelteile aufgefaßte Konditionen benannt werden können, obwohl sie als Einzelne gar nicht existieren. Das Wissen um diese konditionale Verbindung von allem zeigt: wie bei einem Magneten nicht ein Pol entfernt werden kann ohne den anderen, so ist alles bedingt Entstandene – und alles ist bedingt entstanden – wechselseitig bedingt. Bricht man einen „Pol“ aus dem Bedingungsgefüge, so sind auch die anderen „Pole“ aufgelöst. Dabei ist es ohne Belang, welcher „Pol“ herausgebrochen wird, welches Glied aus der Kette des bedingten Entstehens: in jedem Fall ist der Bedingungszusammenhang gebrochen, die konditionale Wechselwirkung aufgehoben.

Was bedeutet dies für das Theodizee-Problem? Es bedeutet zunächst: auch die Erfahrung des Leidens ist konditional bedingt, wie alles konditional bedingt ist. Diese konditionale Bedingtheit wird wegen „Unwissenheit“ nicht erkannt; wird sie erkannt, so zeigt sich der Zusammenhang von Leiden mit der Vorstellung eines „Ich“ im Menschen. Diese Vorstellung aber ist aus der „Unwissenheit“ entstanden, die „hinter“ der Vergänglichkeit, der Leidhaftigkeit von allem etwas Beharrendes und Unvergängliches sucht – sei es ein „Ich“, sei es ein „Gott“. Eine solche ganz unbegründete und nicht zu begründende Annahme aber zieht eine Reihe von Irrtümern nach sich, die in der Annahme einer realen Existenz eines „Ich“ gipfeln. Nur durch diese Annahme bleibt es beim Anhaften an die Welt, an das Leiden in der Welt, denen folglich ebenfalls Realität zugesprochen wird. Diese Wechselwirkung von fälschlich als real genommenem „Ich“ und fälschlich als real genommener „Welt“ bedingt alles Dasein, alles Leiden. Es gilt also einzusehen, daß diese Wechselwirkung im Durchschauen ihres Illusionscharakters aufzuheben ist: „Alles, ihr Mönche, ist vergänglich. Alles, ihr Mönche, ist leidvoll. Alles, ihr Mönche, ist nicht das Ich.“[41]

Wird das „Ich“ aufgehoben, kann „Ich“ auch nicht leiden, weil die konditionale Wechselwirkung entfällt: so gibt es Leiden, doch niemanden, der leidet, also letztlich auch kein Leiden mehr. Eine einfache Skizze zeigt dies:

a:	Ich	–	Leiden
b:		–	Leiden
c:			

Während zunächst noch Realität angenommen wird (a), erkennt man dann die Irrealität – Illusion – des „Ich“ (b), woraus die Auflösung allen Leidens (c) folgt, da Leiden ohne Bezug irreal ist. Das Leidensproblem ist durch Einsicht in die konditionale Wechselwirkung von allem und die sich daraus ergebende Aufhebung von allem zum „Verwehen“, „Nirwana“, gebracht.

Diese „Beseitigung“ des Theodizee-Problems von der Seite der Leidenserfahrung her ermöglicht mit dem, was dem Unverständigen als Leiden erscheint, gelassenen Umgang. In der Welt des Scheins, zur Einübung der Rücknahme des eigenen „Ich“, geben sich die buddhistischen Mönche mit Leidenden ab, wie schon vom Buddha selbst berichtet wird.[42] Es ist dabei aber zu beachten, daß diese Zuwendung eine Übung auf dem Wege zur Erkenntnis ist, nicht etwa eine Ethik der Nächstenliebe. Die Bewältigung des Leidens ist nur durch eigene Zucht und durch Einsicht möglich, eine Einsicht, welche die Nichtigkeit des Leidens lehrt.

Diese „Beseitigung“ des Theodizee-Problems wirkt sich aber auch auf die Vorstellung von einem guten Gott aus. Gott als Schöpfer könnte nicht in konditionaler Wechselwirkung zu seiner Schöpfung sein, da er die Schöpfung bedingt, nicht aber umgekehrt; schon von daher ist bei der Erkenntnis der konditionalen Wechselwirkung – die überall herrscht – die Annahme eines bleibenden Schöpfergottes ausgeschlossen. Dazu kommt der Hinweis auf jenen Widerspruch, der auch für den Verstand nicht lösbar war (vgl. S. 56f.); der Buddha lehrt:

„Jene Asketen und Priester, ihr Mönche, die da behaupten und der Ansicht sind, daß, was auch immer einem Menschen zuteil wird, sei es Gutes oder Schlechtes oder weder Gutes noch Schlechtes – daß dies alles bedingt sei durch des Weltenherrn Schöpferwillen, jene habe ich aufgesucht und also befragt: ‚Ist es wahr, Verehrte, daß ihr da, wie es heißt, behauptet und der Ansicht seid, daß, was auch immer einem Menschen zuteil wird, sei es Gutes oder Schlechtes oder weder Gutes noch Schlechtes – daß dies alles bedingt sei durch des Weltenherrn Schöpferwillen?‘ Also von mir befragt stimmten jene mit einem ‚Ja!‘ bei. Ich aber sprach folgendes zu ihnen: ‚Demnach also, Verehrte, würden Menschen infolge des Weltenherrn Schöpferwillen zu Mördern, Dieben, Wüstlingen, Lügnern, und solchen, denen Gier, Übelwollen, irrige Meinungen eignen. Diejenigen, die sich wahrhaftig auf des Weltenherrn Schöpferwillen berufen, haben nicht die Willensfreiheit zu entscheiden, was zu tun und was zu lassen ist.“[43]

Der Glaube an einen Schöpfergott nimmt mithin nicht allein die Verantwortung des Menschen, sondern auch seine Freiheit. Dann aber ist auch religiöses Verdienst unmöglich; und selbst die Berufung auf den Schöpfergott ist nicht verdienstvoll, sondern aus dem Schöpferwillen hervorgegangene Notwendigkeit. Damit wird sie inhaltslos und hebt sich selbst auf. So wird das Theodizee-Problem zur Herausforderung an den Glauben, der einen Schöpfergott annimmt, zumal dieser Schöpfergott ebensowenig wie das „Ich“ nachweisbar ist; die Priester solchen Glaubens lehren mithin:

39 Siehe dazu Hans Wolfgang Schumann: Buddhismus. Stifter, Schulen und Systeme. Olten 1976, S. 89–102. – Das Werk bietet eine solide Einführung in die Grundgedanken des Buddhismus.

40 Zu dieser „Kette des Bedingten Entstehens“ vgl. Schumann, S. 79.

41 Samyutta-Nikaya XXXV, 43–45; vgl. B. Uhde, Religionsgeschichtliche Quellentexte, a.a.O., S. 3906.

42 Vgl. B. Uhde, Religionsgeschichtliche Quellentexte, a.a.O., S. 3948f.

43 Anguttara-Nikaya III, 61.

„‚Zu dem, den wir nicht kennen und nicht sehen, zur Gemeinschaft mit ihm weisen wir den Weg, und dies ist der einzige gerade Weg zur Erlösung.‘ Das ist so [wie Buddha hinzufügt], als ob jemand auf einem Platze eine Treppe bauen wollte, die zu dem obersten Stock eines Palastes führen soll, den er nie gesehen hat und von dem er nicht weiß, wie groß er ist.“[44]

Gerade weil Gott nicht im Konditionalverhältnis gedacht werden kann, kann er überhaupt nicht gedacht werden. So ist die Berufung auf einen Schöpfergott widersinnig, die Auflösung der Eigenverantwortlichkeit bei solcher Berufung sittlich verwerflich und daher beides dem Heil des Menschen abträglich, hilft es doch nicht, die Erfahrung des Leidens aufzuheben. Daher ist das Theodizee-Problem zwar nicht gelöst, aber es bedarf auch keiner Lösung, weil es selbst aufgehoben und zum „Verwehen“ gebracht ist – dies ist die Herausforderung an monotheistische Religionen und abendländische Philosophie.

(3) Die Betrachtung des Buddhismus führt die Aufhebung des Theodizee-Problems innerhalb dieser Religion vor Augen. Zeigen Sie die Abfolge der dazu notwendigen Erkenntnisschritte und deren Konsequenz für Leidenserklärung und Gottesvorstellung.

....

....

....

....

....

....

....

....

Das Theodizee-Problem in monotheistischen Religionen

Das Theodizee-Problem ist für den Verstand nicht lösbar (vgl. S. 56–57), es ist Argument nicht-monotheistischer Religionen gegen monotheistische Religionen (vgl. S. 59–61): so sind die monotheistischen Religionen in dieser Herausforderung nicht mit Verstandesbeweisen gegen nicht-monotheistische Religionen zu verteidigen. Es kann aber gezeigt werden, daß die großen monotheistischen Religionen Judentum, Christentum und Islam das Theodizee-Problem bedacht und jeweils für sich gelöst haben. Dies ist nur deshalb möglich, weil zur Lösung des Problems nicht allein das Verstandeswissen, sondern auch die Glaubensgewißheit herangezogen wird, so daß gezeigt werden muß, daß zwischen Verstandeswissen und Glaubensgewißheit kein Widerspruch nachweisbar ist. Dies zu zeigen, ist Aufgabe der Beispiele aus den großen monotheistischen Religionen.

Judentum

Das Judentum – wenn angesichts der vielen Gruppierungen innerhalb dieser Religion so allgemein gesprochen werden darf – ist „vor allem anderen geglaubte Geschichte“.[45] Es lebt im Glauben an die Geschichte, die der Eine Gott mit seinem Volk Israel hat; daher ist nicht die äußere Faktengeschichte von Bedeutung, sondern allein die Geschichte des Bundes Gottes mit Israel, deren Inhalt in Kult und Festen vergegenwärtigt wird. Israel ist von Gott erwählt, von seinem Gott in den Bund genommen, der nicht nur unauflöslich ist, sondern der auch die Israeliten untereinander verpflichtet, wie in Erklärung des Schriftwortes gelehrt wird:

44 Digha-Nikaya XIII, 14f.

45 Arnold Goldberg: Judentum. In: E. Brunner-Traut (Hrsg.): Die fünf großen Weltreligionen. Freiburg 1974, S. 90.

„‚Nach diesen Begebenheiten erging das Wort des Herrn an Abram in einem Gesicht‘ (Gen 15,1).
Rabbi Levi hat im Namen des Rabbi Chama gesagt: Arge Gedanken gab es da [über Gottes Worte]. Wer hatte arge Gedanken? Abraham hatte arge Gedanken und sprach vor dem Heiligen, gepriesen sei Er: Herr der Welt, du hast mit Noach einen Bund geschlossen, daß du seinen Samen nicht aus der Welt austilgen wolltest; nun bin ich erstanden und habe gute Werke vor dir aufgehäuft, und mein Bund (= der Bund mit mir) hat seinen Bund verdrängt. Vielleicht wird ein anderer Mensch erstehen und Gebotserfüllungen und gute Werke aufhäufen mehr als ich, und dann wird ein [neuer] Bund mit ihm den Bund mit mir verdrängen! Der Heilige, gepriesen sei Er, sprach zu ihm: Fürchte dich nicht, Abram, ich bin dir Schild (Gen 15,1)! Von Noach habe ich keine Schilde (= schirmende Männer) und keine Gerechten erstehen lassen, aber von dir werde ich Schilde und Gerechte erstehen lassen, und nicht bloß dies, sondern wenn deine Kinder in Übertretung und böse Werke hineingeraten, sehe ich, wer ein großer Mann unter ihnen ist, der zum strengen Recht (= zur göttlichen Strafgerechtigkeit) sagen kann: Genug! Und den nehme ich und verpfände ihn für sie …“.[46]

Israel lebt in und aus dieser unlösbaren Verbindung, von der Jehoschua ben Levi, ein großer Lehrer aus der ersten Hälfte des 3. Jahrhunderts n. Chr., gesagt hat: „Selbst eine eiserne Scheidewand kann keine Trennung erwirken zwischen Israel und seinem Vater im Himmel.“[47]

Damit ist das Problem der Theodizee in aller Schärfe gestellt: wie kann Gott als liebender Vater seinem Volk solch unermeßliche Leiden, wie sie die Geschichte Israels kennt, zukommen lassen? Diese Frage nimmt das Theodizee-Problem – das ja die Vorstellung von einem guten Gott angesichts der Erfahrung des Leidens betrachtet – von der Frage nach Gott her auf, um den Sinn des Leidens zu verstehen. Die erste und wichtigste Voraussetzung zur Klärung dieser Frage ist der Hinweis, daß alles von Gott kommt, daher alles zur Belehrung des Menschen und seiner Heiligung vor Gott beiträgt. Von da aus ist die erste Einsicht, daß auch das Leiden zur Belehrung ist, vor allem zur Erwirkung der Demut vor dem Unbegreiflichen als Voraussetzung der Heiligkeit, wie das Buch Ijob eindringlich lehrt.[48] Diese Demut maßt sich nicht an, die Heilspläne Gottes erkennen zu wollen, sie forscht nicht nach dem, „was zu schwierig ist“.[49] So forscht sie auch nicht mit Verstandesgründen nach etwas, was den Verstand übersteigt, da eine solche Forschung nicht zu Gott führt, sondern von ihm trennt. Dennoch aber können im Sinne der Belehrung Gründe für das Leiden genannt werden, die im Verschulden des Menschen zu sehen sind, so daß das Leiden als Züchtigung über ihn kommt. Dazu lehren die Rabbinen:

„Wenn der Mensch sieht, daß Leiden über ihn kommen, so soll er seine Werke prüfend untersuchen, wie es heißt: Laßt uns unsere Wege erforschen und zum Herrn uns bekehren (Midrasch zu den Klageliedern 3,40). Hat er sie untersucht und nichts (Sündliches an ihnen) gefunden, so suche er den Grund seines Leidens in Vernachlässigung des Thorastudiums, wie es heißt: Wohl dem Mann, den du züchtigst und aus deiner Thora belehrst (Ps 94, 12). Wenn er (auch) hier nichts gefunden hat, so sind es sicherlich Züchtigungen der Liebe, wie es heißt: Wen der Herr liebt, den züchtigt er (Spr 3,12) …“[50]

„Leiden“ und „Züchtigung“ sind im Hebräischen mit demselben Wort – „yisurim“ – bezeichnet: Erst auf die Züchtigung folgt die Belehrung aus der Tora, ein Beweis, daß es vorher an der Beschäftigung mit der Tora gefehlt hat.

So sind Leiden ein Mittel, den Menschen zur Umkehr zu Gott zu führen, ein Mittel, das Sünden vor Gott tilgt und schließlich Züchtigungen der Liebe, die den Zweck haben, den Menschen zur Demut und damit zum religiösen Verdienst zu führen. Die Erfahrung des Leidens ist somit die Erfahrung des Abstandes von Gott oder der Unvollkommenheit vor Gott, die sich in „Züchtigungen“ ausdrücken. Solche

46 ShirR § 1,14; § 3 (12 c/d). Vgl. dazu Bernhard Uhde: Zum Verständnis von „Bund“ (berith) im rabbinischen Judentum. In: G. Biemer u. a. (Hrsg.): Freiburger Leitlinien zum Lernprozeß Christen–Juden. Düsseldorf 1981, S. 248ff.

47 Pesachim 85b.

48 Vgl. dazu den Schluß der Ijob-Geschichte, besonders Ijob 41, 1–3.

49 Vgl. Sir 3, 17–24; vgl. Js 55, 8–9 u. a.

50 bBerachoth 5a.

Leidenserfahrung ist eingebettet in den unerschütterlichen Glauben an Gott; und nur durch diesen Glauben ist sie erträglich, wie sie auch aus diesem Glauben begründet ist.[51] Von daher können selbst die grauenvollen Erfahrungen des „Holocaust", die an die Grenze allen Verstehens und Erklärens führen, das Weiterleben und Weiterglauben nicht auslöschen. So ist alles, was als Leiden angesehen werden könnte, eine Züchtigung oder Prüfung, damit Belehrung, damit zum Guten. Eindringlich lehrt dies die Geschichte, die von dem großen Lehrer Rabbi Aqiba (gest. 135 n. Chr.) berichtet:

„Immer gewöhne sich ein Mensch zu sagen: Alles, was der Allbarmherzige tut, tut er zum Guten, wie jenes Erlebnis des Rabbi Aqiba zeigt. Als dieser sich einmal unterwegs befand, kam er in eine Ortschaft; er bat um Beherbergung, aber man gewährte sie nicht. Er sprach: Alles, was der Allbarmherzige tut, ist zum Guten. Er ging und übernachtete auf einem Felde. Er hatte bei sich einen Hahn und einen Esel und eine Lampe. Es kam ein Windstoß, er löschte die Lampe aus; es kam eine Katze, sie fraß den Hahn; es kam ein Löwe, er fraß den Esel. Da sagte er: Alles, was der Allbarmherzige tut, ist zum Guten. In jener Nacht kam eine Streifschar und führte die Ortschaft in Gefangenschaft. Da sprach er zu ihnen: Habe ich es euch nicht gesagt: Alles, was der Heilige – gepriesen sei Er! – tut, das ist alles zum Guten."[52]

Wenn alles Leiden zum Guten ist, dann ist das Leiden selbst in seiner Bedeutung gemindert, es ist erträglich als Wegpfand zur Heiligung. Dabei ist die Unterscheidung in Leiden, die als Sündenstrafe vom Menschen selbst hervorgerufene Folge von Bösem sind, und jene Leiden, die dem Menschen zur Prüfung als Übel begegnen, aufgehoben. Alle Leiden dienen dem einen Ziel: der Erlangung der „zukünftigen Welt". Von daher kann Rabbi Schimon ben Jochai (um 150 n. Chr.) sagen:

„Beliebt sind die Leiden [Züchtigungen]; denn drei Gaben hat Gott den Israeliten gegeben, nach denen die Völker der Welt Verlangen tragen, und sie wurden den Israeliten nur auf Grund der Leiden gegeben: die Thora, das Land Israel und die zukünftige Welt..."[53]

Das Problem der Theodizee ist hiermit nicht gelöst, weil die Notwendigkeit des Leidensweges – begründet in der Freiheit Israels, dem Bund immer wieder untreu zu werden – nicht einzusehen ist. Sie kann auch gar nicht eingesehen werden, weil sie im Handeln Gottes liegt; einzusehen ist nur der Sinn des Leidens, wenn vom Ziel her gedacht wird. Nun hat Israel aber auch die Tora erhalten, die göttliche Offenbarung und Lehrerin, die in allem und für alles Belehrung ist. Also muß sich in der Tora auch ein Hinweis finden, der nicht nur den Sinn des Leidens zeigt, sondern auch eine Begründung möglich oder überflüssig macht, damit auch der Verstand belehrt werde, der die Frage nach der Begründung des Leidens als Theodizee-Problem aufnimmt.

Wenn alles von Gott ist, so sind nicht allein die begegnenden Übel zur Prüfung des Menschen von Gott, sondern auch das Böse, das den Menschen zur Sündenstrafe bringt. Dies wird in der Schrift nahegelegt, wenn es heißt: „Ich bin der Herr, und sonst keiner: der Licht bildet und Dunkelheit schafft, der Frieden tut und Böses schafft: ich bin der Herr, der dies alles tut."[54]

Wie ist das möglich? Gott als Schöpfer des Bösen? Wie ist die Stelle Jesaia 45, 6–7 zu verstehen? Eine Erklärung, die zugleich Hinweis auf die Aufhebung des Theodizee-Problems ist, findet sich in einem Lehrstück des berühmten Rabban Gamliel (um 90 n. Chr.).[55] Der Gelehrte bringt, innerhalb eines anderen Fragenbereichs, das in der Jesaia-Stelle genannte „Böse" in Zusammenhang mit dem „Tohuwabohu", das zu Beginn der Schrift von der Erde ausgesagt wird (Gen 1,2). „Tohuwabohu" wird mit „wüst", „leer" wiedergegeben. Das Böse ist demnach gleichbedeutend mit dem „Leeren", es ist nichts an sich selber, es ist eine pure Möglichkeit zu etwas: sei es zum Leiden, sei es zum Geordneten, Guten. „Böses" wird nichtig an sich selbst, und Leiden als Folge des Bösen werden nichtig an sich selbst, wenn sie – so die Geschichte des Rabbi Aqiba – doch zum Guten führen. Strafen und Prüfungen sind Stationen auf dem Wege zur Heiligung, die den Glaubenden nicht wahrhaft betreffen: diese Einsicht ist es, zu der Ijob geführt wurde, diese Einsicht ist es, die Rabbi Aqiba gelehrt hatte. Das Leiden trennt also nicht von Gott, sondern es führt zu ihm hin. Böses, Übel und Leiden aber sind vor diesem Ziel belanglos, ja aufgehoben in die Nichtigkeit:

„Ein Schüler fragte den Lubliner (Rabbi Jaakob Jizchak): ‚Der Satz: Der Mensch soll Gott für das Übel lobpreisend danken, wird ergänzt: mit Freude und heiterem Herzen. Wie kann das geschehen?' Der Rabbi hörte, daß die Frage aus einem leidvollen Herzen kam. ‚Du', antwortete er, ‚verstehst die Ergänzung nicht, und ich verstehe den Satz selber nicht. Gibt es denn in Wahrheit ein Übel in der Welt?'"[56]

Damit ist das Problem der Theodizee aufgehoben und eine Begründung des Leidens überflüssig: was nicht ist, braucht auch nicht begründet zu werden. Wenn es „in Wahrheit kein Übel in der Welt" gibt, bedarf Gott keiner Rechtfertigung. So ist in Wahrheit das Maß der Demut, die zur Heiligung führt, überschritten, wenn ein Grund für etwas gesucht wird, was keines Grundes bedarf, weil es seinen letzten Grund in Gott hat. Und es ist das Maß des Verstandes überschritten, denn es ist für den Verstand unmöglich, vom Nichtigen einen Grund anzugeben.[57]

Mit dieser Aufhebung des Theodizee-Problems ist aber, genau betrachtet, das Problem nicht gelöst. Die Aufhebung war nur möglich durch die Aufhebung des Leidens; wenn kein Leiden, dann auch kein Theodizee-Problem. Die Aufhebung ist aber nicht mit Verstandesbeweisen zu begründen, da diese Begründung das Handeln Gottes kennen müßte, was unmöglich ist: so ist „nur" gezeigt, daß bei Aufhebung des Leidens eine Aufhebung des Theodizee-Problems erfolgt, die nicht als dem Verstand widersprechend gezeigt werden kann. Wird das Leiden nicht aufgehoben, so muß sich der Verstand vom Theodizee-Problem zunächst in Demut zurückziehen. Dies ist eine Grundhaltung der Religion des Islam.

(4) Die Betrachtung des Judentums lehrt die Aufhebung des Theodizee-Problems durch Aufhebung des Leidens. Begründen Sie die zu dieser Sichtweise führenden Lehrmeinungen, und erklären Sie deren Konsequenzen für das Theodizee-Problem.

....

....

....

....

....

....

....

....

....

....

51 Vgl. Lev 26, 23 ff.

52 bBerachoth 60 b.

53 S Dt 6,5 § 32 (73 b).

54 Jes 45, 6–7 (wörtlich übersetzt).

55 Vgl. Bereschit Rabba I, 9.

56 Nach Martin Buber: Die Erzählungen der Chassidim. In: Werke. Bd. 3. München 1963, S. 439.

57 Vgl. dazu Hagiga 2, 2: „Wer sein Leben vier Fragen widmet, für den wäre es besser, nicht geboren zu sein: Was ist oben? Was ist unten? Was war vorher? und: Was wird danach sein?" Dazu Abraham Joschua Heschel: Gott sucht den Menschen. Eine Philosophie des Judentums. Neunkirchen-Vluyn 1980, S. 47 ff. – Zum Problem des Bösen a.a.O., S. 282 ff.

Islam

Der Islam ist die Religion der „Hingabe" an den Einen Gott. Er versteht sich als die Wiederherstellung des unverfälschten und reinen Monotheismus, wie er in der Religion des Abraham bereits hervortrat und wie er dem Mose und Jesus geoffenbart wurde zur „Rechtleitung" für alle Menschen. Diese Wiederherstellung erfolgte durch den Propheten Mohammed (um 570–632 n. Chr.) hindurch, wie es im Buch der göttlichen Offenbarungen selbst heißt: „Er [Gott] hat euch als Religion verordnet, was er (seinerzeit) dem Noach anbefohlen hat, und was wir (nunmehr) dir [Mohammed] (als Offenbarung) eingegeben, und was wir (vor dir) dem Abraham, Mose und Jesus anempfohlen haben..."[58]

Muhammad predigte diese „Rechtleitung" als göttliche Korrektur vorhergegangener verfälschter Offenbarungs*verbreitung*, nicht aber als Korrektur des Offenbarungs*inhalts*. Die „Rechtleitung" wird allen Menschen vorgetragen: „Und wenn Gott einen rechtleiten will, weitet er ihm die Brust für den Islam."[59] Prinzip der Religion ist der Glaube an einen einzigen Gott: „Er ist Gott, ein Einziger Gott, der souveräne (Herrscher). Er hat weder Kinder gezeugt noch ist er (selber) gezeugt worden. Und keiner ist ihm gleichrangig..."[60]

Gott wird geglaubt als der Allmächtige, der Allerbarmer, der Schöpfer von allem, der Herr von allem, der Richter von allem. Das Buch der göttlichen Offenbarungen, der Koran, ist durchdrungen von diesen prinzipiellen Glaubensinhalten. Alles Geschehen ist somit vom Willen und der Macht Gottes abhängig, nichts kann gegen seinen Willen und seine Macht sein, sonst wäre er ja nicht allmächtig. So sind auch das Leiden, das Böse, ja sogar die Sünde Bestandteil von Gottes Planen. Diese Allmacht und diese unergründliche Weisheit bezeugt der Koran: „Gott führt nun irre, wen er will, und leitet recht, wen er will. Er ist der Mächtige und Weise."[61]

Diese Erhabenheit Gottes ist für die Menschen nicht ohne weiteres einsichtig. Wie kann Gott irreführen, wie kann er Böses, Übles und Leiden verursachen, ohne ungerecht und unbarmherzig zu sein? Die orthodoxe Antwort der Muslime lautet: Unsere Vorstellungen reichen nicht an Gott heran. Was Menschen als Gerechtigkeit und als Barmherzigkeit bezeichnen, ist nicht Gottes Gerechtigkeit und Barmherzigkeit. Diese theologische Überlegung nahm ihren Ausgang von Formulierungen im Koran, die als Ausdruck menschlicher Vorstellung erscheinen: Gottes Hand, Gottes Auge. Der Interpretationsstreit um solche Ausdrücke wurde schließlich durch die Lehre des „bi-lâ kayf" – „ohne wie" entschieden: so ist etwa die geoffenbarte Formulierung „Gottes Hand"[62] wahr, *ohne* daß ihr Inhalt dem entspricht, *wie* ihn Menschen denken können. So ist auch Gott gerecht und barmherzig, ohne daß der Mensch dies denken kann. Als Beleg wird dafür die Offenbarung selbst herangezogen: „Es gibt nichts, was ihm gleichkommen würde"[63] heißt es von Gott – daher wird der Mensch nie einsehen können, wie Gott wirklich ist.[64]

Damit könnte die Frage einer Theodizee abgetan sein, weil in der Frage eine „Unbekannte" enthalten ist: wenn Gott größer als alles Denken und Vorstellen ist, kann er nicht in einer Fragestellung bedacht werden. Auch ist eine Fragestellung nach der „Rechtfertigung Gottes" vor seiner Schöpfung eine Beleidigung Gottes, der sich vor seinen Geschöpfen nicht rechtfertigen muß, zumal er in seiner Offenbarung deutlich gemacht hat, wie alles zum Besten geschaffen wurde.[65]

Vergleichbar dazu ist der für die islamische Theologie seltene Gedanke, die geschaffene Welt müsse die beste aller möglichen Welten sein, der sich bei dem wohl bedeutendsten islamischen Theologen, MUHAMMAD AL-GHAZZALI (1058–1111), findet:
„Schöneres, Vollendeteres und Vollkommeneres (als die Welt) ist überhaupt nicht möglich. Denn wenn es das gäbe und Gott behielte es für sich und täte es nicht, so wäre das Geiz, der der Großmut, und Unrecht, das der Gerechtigkeit widerspräche, und wenn er dazu nicht fähig wäre, wäre das ein Unvermögen, das der Gottheit widerspräche."[66] – Die Gedankenführung läßt an LEIBNIZ denken.

Gerade hier aber kann die islamische Theologie anknüpfen. Wenn Gott alles in Gerechtigkeit und zum Besten geschaffen hat, wozu könnten dann die Leiden geschaffen sein? Diese Frage zielt nicht auf die „Rechtfertigung Gottes", sondern auf die in seiner „Rechtleitung" liegende Belehrung:
Die Belehrung, die im Leiden liegt, macht die Heimsuchung des Leidens zu einer Gabe. Heimsuchung und Gabe sind ohnehin nicht einfach zu unterscheiden: Leiden kann eine zu enge Bindung an die Welt verhindern und so zur Gabe werden, die im Jenseits Frucht bringt:

„Es gibt eben unter den diesseitigen Gaben keine, die nicht zu einer Heimsuchung werden könnte, [...] und es gibt keine Heimsuchung, die nicht zu einer Gabe werden könnte [...] Es gibt so manchen Menschen, bei dem das für ihn Gute in der Armut und der Krankheit liegt, und wenn sein Leib gesund wäre und sein Besitz groß, so wäre er übermütig und gewalttätig. Gott sprach [im Koran]: ‚Wenn Gott seinen Dienern den Unterhalt reichlich zuteilte, würden sie (überall) im Land Gewalttaten verüben' (Koran 42,27)."[67]

Sodann ist zu sehen, daß die Belehrung Sündenstrafe sein kann, daß das Leiden in der Endlichkeit ein Leiden in der Unendlichkeit der Hölle erspart. Dazu heißt es: „Als das Gotteswort ‚Wenn einer Böses tut, wird ihm dafür vergolten'[68] geoffenbart wurde, sagte ABU BAKR [enger Freund und Nachfolger des Propheten in der Leitung der Gemeinde (gest. 634)]: ‚Wie kann es nach diesem Vers noch Freude geben?' Der Gesandte Gottes [Muhammad] erwiderte: ‚Gott vergebe dir, Abu Bakr! Wirst du nicht krank? Erfährst du kein Leid? Wirst du nicht traurig? Damit wird euch vergolten!'"[69]
Schließlich ist bei allen diesseitigen Unglücksfällen und Leiden festzustellen, daß sie schlimmer sein könnten, „als sie sind, da die in Gottes Allmacht stehenden Möglichkeiten grenzenlos sind. Wenn Gott sie daher vervielfachte oder vergrößerte, was sollte ihn zurückhalten und hindern? Der Mensch soll also danken, wenn sie im Diesseits nicht größer sind, als sie sind."[70]
Zuletzt bleibt noch zu bedenken, daß alle Unglücksfälle und Leiden gering sind, die nicht den Verlust der Religion betreffen. „[Einer sagte:] ‚Ein Räuber ist in mein Haus eingedrungen und hat meine Sachen mitgenommen.' Man antwortete: ‚Danke Gott! Wenn der Teufel in dein Herz eingedrungen wäre und das Gottesbekenntnis verdorben hätte, was tätest du dann?'"[71]

---

58 Koran 42, 13. – Alle Koran-Zitate nach der Übersetzung von Rudi PARET: Der Koran. Stuttgart 1966. Runde Klammern: Zusätze PARETS. Eckige Klammern: weitere Verständnishilfen.
59 Koran 6, 125.
60 Koran 112, 1–4; vgl. 2, 255; 59, 22 u. a.
61 Koran 14, 4; vgl. 16, 93; 35, 8; 74, 31.
62 Vgl. Koran 38, 75.
63 Koran 42, 11.
64 Zu Anthropomorphismen im Koran bereits Ignaz GOLDZIHER: Die Richtungen der islamischen Koranauslegung. Zweiter photomechanischer Nachdruck. Leiden 1970, S. 96f.; sodann Handwörterbuch des Islam. Hrsg. von WENSINCK/KRAMERS. Leiden 1941, s. v. „Tashbîh".
65 Vgl. Koran 16, 1–18; 30, 17–30 u. a.
66 Muhammad al-Gazzalis Lehre von den Stufen der Gottesliebe. Die Bücher 31–36 seines Hauptwerkes, eingeleitet, übersetzt und kommentiert von Richard GRAMLICH. Wiesbaden 1983, E 73.
67 AL-GHAZZALI (Übers. GRAMLICH, a.a.O., B 266).
68 Koran 4, 123.
69 AL-GHAZZALI (Übers. GRAMLICH, a.a.O., B 281).
70 AL-GHAZZALI (Übers. GRAMLICH, a.a.O., B 269).
71 Nach AL-GHAZZALI (Übers. GRAMLICH, a.a.O., B 269. Vgl. dazu die drastische Erzählung in B 270!).

Die Struktur dieser Argumentationen ist einheitlich. Der menschliche Verstand wird belehrt, daß seine Einwände gegen Gottes Gerechtigkeit und Barmherzigkeit angesichts des Leidens in der Welt nicht beweiskräftig sind, weil diese Einwände durch Verstandesargumente aufgehoben werden können: freilich kann der Sinn des Leidens so nicht letztlich erklärt, aber eben auch nicht bestritten werden. Genau dies ist das Ziel dieser islamischen Theologie: Ernst zu machen mit Gottes Erhabenheit und Allmacht, die des Menschen Verstand übersteigen – was aber den Verstand übersteigt, kann auch nicht als dem Verstand widersprechend erwiesen werden.
Von daher und von dem festen Vertrauen in Gottes Fügung und Planen ist auch das Leiden der Kinder, das für das Theodizee-Problem besondere Bedeutung hat (vgl. vor allem S. 55: DOSTOJEWSKI), aufzunehmen. In der Tat ist beim Tod des unschuldigen Kindes nicht widerlegbar, daß Gott es auf diese Weise vor schwerer Sünde behütet und ihm den Weg zum Paradies freigehalten hat. Eine solche Auffassung gründet freilich auf der Einsicht in die Schwäche aller Verstandesargumente – war der Verstand doch an seine Grenze geführt worden – und auf unerschütterliches Vertrauen auf Gott, dem sich der Mensch in Demut und Dankbarkeit unterwerfen muß: genau dies heißt „Islam".

Das Problem der Theodizee ist damit nicht gelöst, weil es als Problem des Verstandes nicht lösbar ist, als Problem des Glaubens aber keiner Lösung bedarf. Gottes Zuwendung zu den Leidenden ist deutlich geworden. Freilich wird diese Zuwendung und Nähe zum Leiden und zum Leidenden noch eindringlicher, wenn Gott selbst leidet. Dieser unerhörte Gedanke – daß Gott selbst leidet – gehört zu den Grundlagen des Christentums.

(5) Die islamische Theologie löst zwar das Theodizee-Problem nicht, doch zeigt sie, wie aus der Theodizee-Problematik genommene Argumente entkräftet werden können, indem das Leiden einen glaubhaften Sinn haben kann. Nennen Sie mögliche Sinngehalte für Leidenserfahrungen, und begründen Sie daraus das Versagen des Verstandes in der Theodizee-Problematik.

....

....

....

....

....

....

....

....

....

Christentum

Die christliche Theologie hat sich dem Problem der Theodizee, insbesondere der in dem Problem enthaltenen Frage nach dem Bösen als dem Ursprung des Leidens, in vielerlei Versuchen zugewandt. Selbst der Versuch einer Zusammenfassung dieser Bemühungen ist unmöglich, wie dies auch bei der Darstellung der Religionen des Buddhismus, des Judentums und des Islam unmöglich war. Die Vielfalt der christlichen Gedankengänge umgreift auch manches, was bereits in Judentum und Islam zur Theodizee-Problematik vorgestellt wurde. Wenn hier nur ein Beispiel aus den verschiedenen christlichen Überlegungen vorgestellt wird, so sind andere Überlegungen nicht ausgeschlossen.

Das Christentum ist gegründet auf Verkündigung, Leiden, Tod und Auferstehung Jesu Christi. Daher ist das Problem der Theodizee nicht nur an einen Gott gestellt, mit dessen Erhabenheit und Allmacht Ernst gemacht wird, sondern auch an einen Gott, der selbst mit der Zuwendung zum Leiden unüberbietbar Ernst macht, der die Passion auf sich nimmt. Existenz Gottes und Erfahrung des Leidens sind hier nicht als verschiedene und zu vermittelnde Größen zu begreifen, sondern als von Gott selbst bereits vermittelte Größen – nämlich im Leiden und Tod Jesu Christi.

Diese Grundlage unterscheidet auch jene Überlegungen der christlichen Theologie zum Theodizee-Problem, die jüdischen und islamischen Traditionen ähnlich sind, von solchen, die durch ihren Bezug auf Jesus Christus nur innerhalb des Christentums möglich sind. Wenn die frühe christliche Theologie bereits das Leiden der Menschen im Gedenken an die Nachfolge Christi betrachten konnte,[72] so nimmt sie hier einen innerhalb der monotheistischen Religionen eigenen Weg. Dieser Weg erinnert, daß Christus die Nähe der Leidenden, der Armen und Elenden oft gesucht hatte; dieser Weg erinnert aber auch, daß das Leiden – insbesondere das aus unverschuldetem Übel stammende Leiden – Christus ähnlich macht und Christi Zuwendung in besonderem Maße erfahren läßt. Auch für die Erkenntnis ist dieser Weg von größter Bedeutung, weil er das Kreuz Christi als Grundlage aller Theologie begreift und der Glaubende aus dieser, letztlich geheimnisvollen Zuwendung Gottes demütig die Gnade und die Rechtfertigung empfängt.[73]

Der Gedanke der Nähe Jesu Christi im Leiden konnte aber nicht leicht auf jenes Leiden übertragen werden, das aus vom Menschen selbst verschuldetem Bösen kommt. War das aus unverschuldetem Übel hervorgehende Leiden,[74] war auch das von anderen Menschen aus Bösem hervorgebrachte Leiden in radikaler, jüdischer Tradition ähnlicher Weise nicht als wahres Leiden betrachtet worden (vgl. Röm 8,18f.), so blieb doch als Problem des Verstandes jenes Leiden, das aus selbstverschuldetem Bösen hervorging: wenn auch dieses Leiden als nichtig betrachtet werden könnte, so verbieten sich Erklärungen, die es als Sündenstrafe und Belehrung darstellen, denn Nichtiges kann nicht strafend oder lehrend wirken. Hier liegt der Kern des christlichen Theodizee-Problems frei: Übel können als Strafe oder Belehrung Wege zu Gott sein, weil sie zu Christus hinführen könnten – eine eindeutige Qualifikation von Leiden als Schlechtem, von Kritikern einer Theodizee immer vorausgesetzt, ist also gar nicht möglich. Das selbstverschuldete Böse ist aber keinesfalls unmittelbar Weg zu Gott. So muß also nach der Möglichkeit dieses Bösen als der Ursache von Leiden gefragt werden.

Da nun „aus (Gott) und durch ihn und für ihn alles ist" (Röm 11,36), ist die Herkunft dieses Bösen unklar. Die Evangelien bieten zur Lösung dieser Frage wenig Anhalt: sie rufen zur Bekämpfung des Bösen, zur Umkehr vom Bösen, nicht zu dessen Begründung auf. So lehren sie auch, daß es vordringlicher ist, die Bösen zur Umkehr zu bringen als über den Ursprung des Bösen nachzusinnen. Diese aus der Erwartung des kommenden Gottesreichs lebende Haltung ist auch für die Kirchenväter und Kirchenlehrer bestimmend; sie schließt aber für eine Theologie, deren Inhalte nicht im Widerspruch zum Verstand stehen sollen, einen Begründungsversuch des Bösen nicht aus. Als wirkungsgeschichtlich hochbedeutend können die Überlegungen des AUGUSTINUS (354–430 n. Chr.) genommen werden, beispielhaft für *eine* Betrachtung des Problems, die zur Lösung des Theodizee-Problems *innerhalb* der christlichen Religion beiträgt.

---

72 Im Anschluß an den Aufruf zur Nachfolge; vgl. Mk 8, 34f., Mt 16, 24f., Lk 9, 23f.

73 Hier ist besonders an die „Theologia Crucis" zu denken, wie sie Martin LUTHER entfaltet hat; vgl. dazu W. v. LOEWENICH: Luthers Theologia crucis. München ^{4}1954 u. ö.

74 Zur Unterscheidung von „Bösem" und „Übel": Wilfried HÄRLE: Systematische Philosophie. Eine Einführung für Theologiestudenten. München/Mainz 1982, S. 246f.

Die Evangelien bieten zwar wenig Anhalt zur Lösung des Theodizee-Problems, aber ein Hinweis findet sich doch:

„Denn von innen, aus dem Herzen der Menschen, kommen die bösen Gedanken, Unzucht, Diebstahl, Mord, Ehebruch, Habsucht, Bosheit, Arglist, Ausschweifung, Neid, Lästerung, Hochmut, Unbesonnenheit. Alles dieses Böse kommt von innen heraus und macht den Menschen unrein." (Mk 7, 21–23)

Der Lasterkatalog läßt in seiner Struktur eine Folge erkennen, welche in der „Unbesonnenheit" gipfelt. Von dieser „Unbesonnenheit" kann gesagt werden, daß sie „insofern mit Recht den Katalog beschließt, als sie als Quelle jeglichen Bösen ... gelten darf".[75] „Unbesonnenheit" (griechisch: *Aphrosyne*) deutet aber an, daß der Grund des Bösen in einem Mangel liegt.

Das Böse hat mithin seinen Grund in einem Mangel an Gutem; es ist der Mangel an Gutem, der nicht gleichgültig übergangen werden darf, sondern ein Mangel an Geschuldetem, ein Mangel, der einen Aufruf zur Umkehr herausfordert.

Hierbei ist der oft vorgetragene Verweis auf die Freiheit des Menschen, die auch die Fähigkeit zum Bösen umgreifen müsse, zur Lösung des Theodizee-Problems ungeeignet: eine menschliche Freiheit, die, von einem guten Gott gegeben, die Möglichkeit zur Verwirklichung des Bösen umfaßt – wenn Böses eine Wirklichkeit wäre –, bleibt für den Verstand ein Widerspruch und daher paradox.

Augustinus hat den Gedanken, das Böse als Mangel an geschuldetem Guten zu verstehen, in eine Formulierung gebracht, die für die christliche Tradition von größter Bedeutung ist: „Malum est nihil nisi privatio boni" – „Das Böse ist nichts wenn nicht Beraubung des Guten."[76] Wenn aber das Böse so als purer Mangel erscheint, als etwas, das an sich selbst nichts ist, so ist es ohne Verhältnis zum Guten, insbesondere zu Gott, dem „Höchsten Gut".[77] Ist aber das Böse an sich selbst nichts und auch ohne Verhältnis zu Gott, so ist es auch nicht geschaffen, und so gibt es kein Theodizee-Problem hinsichtlich der Leiden, die aus Bösem kommen – sie können Gott nicht als Urheber haben.

Die Bestimmung des Bösen als des puren Mangels an geschuldetem Gutem ist nicht leicht nachzuvollziehen. Sie erklärt sich, wenn das Seiende als das Gute betrachtet wird,[78] das Fehlen aber als Nichtseiendes eingesehen ist. Mangel ist immer ein Fehlen von etwas, das sein könnte – so ist das Böse ein Mangel an Gutem, das sein könnte und sollte. Bei dieser Auffassung bleibt zu fragen, woher die Möglichkeit des Menschen zur Sünde, zum Bösen, zur Entfaltung des Willens zum Bösen hin kommt, wie eine Bewegung des Menschen zum Nichtigen hin möglich ist. Augustinus erklärt dies mit dem Hinweis, daß der Mensch als Endlicher aus dem Nichts geschaffen wurde,[79] mithin ist die Entfaltung des menschlichen Willens zum Bösen – zum Nichtigen – als eine Folge dieser Herkunft eine Bestätigung der Endlichkeit des Menschen. Der Grund dieser Möglichkeit aber ist deshalb nicht erforschbar, weil es über das Nichts nur ein Nicht-wissen geben kann.[80]

Was bedeutet dies für die Theodizee? Es bleibt für das Problem die Frage, wie ein Unendliches („Gott") etwas anderes, von sich Verschiedenes („Nichts") als Ziel einer möglichen Bewegung zulassen kann. Genau so ist aber nicht zu fragen, weil dann das „Nichts" als „Etwas" aufgefaßt würde, und das ist unmöglich.[81] Daher kann außer der Unendlichkeit Gottes nichts sein, außerhalb seiner Wirkkraft nichts sein, außerhalb seiner Güte nichts sein.

So hat nichts Bestand, was außerhalb Gottes liegt. Drängt der durch „Unbesonnenheit" geleitete Mensch zu dem, was nichts ist, so kann er den göttlichen Schöpfungswillen, der alles zum Guten führen will, nicht brechen: denn eben diesem Willen ist es eigen, den menschlichen Willen zum Bösen zur Umkehr bringen zu können.[82] Dieser Vorgang entspricht genau der „Schöpfung aus dem Nichts", die nur ein allmächtiger Gott vermag: wenn Böses nichtig ist, so ist der Wandel vom Bösen in Gutes ein Schöpfungsakt, für den Menschen aber ein Akt der Gnade wie die gesamte Schöpfung auch. Die größte Gnade ist dann freilich die durch den Tod Jesu Christi bewirkte Neuschöpfung durch Gott, deren Vollendung alles Leiden überwindet.

Böses als Ursache von Leiden spricht mithin nicht gegen die Existenz Gottes, sondern dafür: Die christliche Bewältigung des Theodizee-Problems setzt den Glauben an den Auferstandenen voraus, an dem Gottes Handeln sichtbar wurde. Fällt dieser Glaube weg, fällt der Glaube an einen allmächtigen und guten Schöpfergott überhaupt weg, dann braucht man der Frage nach Gott angesichts der Erfahrung des Leidens nicht nachzugehen; eine Erklärung des Leidens so vieler Menschen, insbesondere der Kinder (vgl. vor allem S. 55: Dostojewski), wird dadurch aber – soweit erkennbar – unmöglich. Auch hierzu Augustinus, dessen Argumentation durch diese Einsicht getragen ist; eine Einsicht, die dem Nichtglaubenden hart, ja zynisch erscheinen mag, dem Glaubenden aber sinnvoll und tröstlich:

„Noch lauter und gleichsam mitleidig pflegt sich die Klage über die körperlichen Leiden zu äußern, denen Kinder unterworfen sind, die zufolge ihres geringen Alters noch nicht sündigten. Hierbei gilt freilich die Voraussetzung, daß die Seelen nicht früher zu sein begannen als die von ihnen belebten Menschen. Man fragt: Was haben sie Böses getan, daß sie das leiden? Als ob es ein Verdienst der Unschuld geben könnte, bevor man etwas Böses tun kann. Wenn aber Gott in der Verbesserung der Eltern etwas Gutes bewirkt, indem die Kinder, die ihnen teuer sind, durch Schmerzen und Tod getroffen werden: warum soll das nicht geschehen? Einmal vorüber, trifft es die Kinder nicht mehr, den Eltern aber kann es nur nützen, wenn sie durch zeitliche Niederlagen verbessert werden und sich entschließen, richtiger zu leben; hingegen werden sie vergeblich nach einer Entschuldigung beim künftigen Strafgericht suchen, wenn sie durch die Leiden dieses Lebens nicht veranlaßt wurden, ihre Sehnsucht nach dem ewigen Leben zu wenden. Wer weiß jedoch, was Gott mit solchen Kindern vorhat, durch deren Leiden die Härte der Erwachsenen erweicht, ihr Glaube geübt, ihr Mitgefühl erprobt wird; wer weiß also, was Gott diesen Kindern im Geheimnis Seiner Ratschlüsse an gutem Ausgleich vorbehält, da sie, zwar nicht als Rechtschaffene, aber auch nicht als Sünder, geduldet haben? Nicht umsonst hat die Kirche jene Kinder zur Ehre der Märtyrer erhoben, die umgebracht wurden, als der Herr Jesus Christus, um ermordet zu werden, von Herodes gesucht worden ist."[83]

Hier wird deutlich, wie das Leiden als Belehrung genommen werden, wie aber das Leiden der Kinder nicht als Argument gegen, sondern für die Möglichkeit der Existenz eines guten Gottes gebraucht werden kann.

So kommt die überraschende Einsicht zustande, daß die Erfahrung des Leidens nicht gegen, sondern für die Möglichkeit der Existenz eines guten, weil aus Bösem Gutes schaffenden Gottes spricht. Von daher kann Thomas von Aquin sagen: „Quia malum est, Deus est" – „Weil es Böses gibt, existiert Gott."[84]

So ist innerhalb der Religion die Hoffnung auf Gott nicht gegen den Verstand begründet, Überlegungen zum Theodizee-Problem führen nicht einfach in die

75 Rudolf Pesch: Das Markusevangelium. I. Teil. Freiburg/Basel/Wien ^{3}1980, S. 383.

76 Zu diesem mehrfach begegnenden Satz und dem Problem vgl. die bei Carl Andresen: Bibliographia Augustiniana. Darmstadt 1973, S. 116 genannten Werke; dazu noch Walter Mostert: Gott und das Böse. *Zeitschrift für Theologie und Kirche* 77 (1980), S. 453 ff.

77 Vgl. Augustinus, Über den Gottesstaat XII. Dazu Augustinus, Dreiundachtzig verschiedene Fragen, Frage 21.

78 Vgl. Augustinus, Bekenntnisse VII, 18 u. a.

79 Vgl. Augustinus, Über den Gottesstaat XII, 6; übereinstimmend Thomas von Aquin, Über die Wahrheit XXII, 7.

80 Vgl. Augustinus, Über den Gottesstaat XII, 7; Über den freien Willen II, 54, 202.

81 Vgl. Augustinus, Gegen Julian op. imp. V, 42.

82 Thomas von Aquin, Summa Theologiae I, 2,3 (s. o. 4.1.2).

83 Augustinus, Über den freien Willen III, 68 (Übersetzung C. J. Perl, Paderborn ^{3}1962).

84 Thomas von Aquin, Summa contra Gentiles III, 71.

Auskunftslosigkeit. Nur innerhalb der Religion – nicht außerhalb, etwa im Bereich der Philosophie (vgl. insbes. S. 56f.) – ist das Problem lösbar. Die Lösungsversuche erklären die Frage nach dem Leiden und geben dem Leidenden verständige Hoffnung. Das Theodizee-Problem kann somit als Problem der Hoffnung aufgenommen werden.

(6) Eine Auffassung innerhalb der christlichen Theologie lehrt, wie das Theodizee-Problem durch die Frage nach der Ursache und die Bestimmung des Bösen gelöst werden kann. Nehmen Sie diese Bestimmung auf, und zeigen Sie die Schritte des Lösungsversuchs und dessen Bedeutung für den Glauben an Gott.

....

....

....

....

....

....

....

....

....

....

Das Theodizee-Problem als Problem der Hoffnung

Das Theodizee-Problem hat in verschiedenen Religionen eine unterschiedliche Behandlung erfahren. Dabei wurde deutlich, daß die vom Theodizee-Problem besonders betroffenen monotheistischen Religionen ihre Inhalte widerspruchsfrei zum Verstandeswissen darstellen können, dem Verstandeswissen aber auch Grenzen setzen. Die Einsicht in diese Begrenzung zeigt gleichzeitig, daß die Hoffnung innerhalb der Religionen über alles Verstandeswissen hinausreicht.

Zur Widerspruchsfreiheit von Verstand und Religion

„Daß alle bisherige Theodicee das nicht leiste, was sie verspricht" – das hatte KANT an allen Theodizee-Versuchen kritisiert.[85] Was KANT anmerkt, ist auch durch die Beispiele aus den Religionen und deren Behandlung der Problematik nicht widerlegt. Wenn Theodizee als Rechtfertigung Gottes vor dem Verstand aufgenommen wird, so ist – bleibt man ausschließlich auf der Ebene des Verstandes – der in der Theodizee-Problematik liegende Widerspruch deshalb nicht lösbar, weil die Existenz Gottes nicht vorausgesetzt werden darf, wenn sie erst bewiesen werden soll: wenn die Möglichkeit der Existenz Gottes angesichts der Erfahrung des Leidens untersucht wird, kann die Wirklichkeit Gottes nicht bereits Mittel zur Lösung des Theodizee-Problems sein.

Die philosophischen Versuche einer Theodizee müssen also scheitern. Anders aber die religiösen Versuche: wenn sie auf die Widerspruchsfreiheit von Verstand und Religion bei der Theodizee-Problematik ausgehen, können sie gelingen. Das hatte die Behandlung der Problematik in Judentum, Islam und Christentum gezeigt. Genügt es aber, die Widerspruchsfreiheit von Verstand und Religion zu erweisen? Diese Fragestellung ist innerhalb der jüdischen, islamischen und christlichen Religion ausführlich bedacht worden. Dabei hat sich in allen Überlegungen – auf die hier nur äußerst knapp hingewiesen werden kann – gezeigt: bereits die Fragestellung bedient sich des Verstandes, weshalb das Verstandeswissen zunächst zu einer Selbstbestimmung kommen muß. Diese Selbstbestimmung zeigt, daß Grundsatz aller Verstandesurteile das Prinzip vom zu vermeidenden Selbstwiderspruch ist (vgl. S. 54–55). Wenn also die Widerspruchsfreiheit Prinzip des Verstandeswissens ist, dann muß auch die Religion zum Verstand widerspruchsfrei stehen, wenn sich das Verstandeswissen nicht selbst vom Prinzip her aufheben will. Vom Verstand aus ist deshalb zu fordern, daß kein gedachter oder geglaubter Inhalt dem Verstand widerspricht.

Dieser herkömmlichen Auffassung kann auch seitens der hier genannten Religionen beigetreten werden. Alle diese Religionen wenden sich mit einer Sprache an den Menschen, die ihn ganzheitlich betrifft – mithin auch seinen Verstand betreffen muß. Der menschliche Verstand ist zwar nicht das einzige Instrument menschlichen Existenzvollzuges, doch eben ein Teil dessen. Daher werden religiöse Inhalte so zur Darstellung gebracht, daß sie auch mit Hilfe des Verstandes lehrbar und lernbar sind, selbst wenn der Verstand die Inhalte nicht ganz ausschöpft. Indem nun der Verstand Teil des Menschen ist, kann der religiöse Inhalt nicht dem Verstand widersprechend dargeboten werden, da ein solcher Widerspruch einen Widerspruch im Menschen zur Folge hätte, mithin die ganzheitliche Ansprache verhinderte.

Die Widerspruchsfreiheit zwischen Verstand und Religion genügt, um religiöse Inhalte glaubhaft zu machen: sie können geglaubt werden, weil sie ohne Widerspruch zum Verstand sind. Damit sind sie aber vor dem Verstand weder verifizierbar noch falsifizierbar. Eine Theodizee, welche die Widerspruchsfreiheit zwischen Verstand und Religion aufzeigt, leistet zwar nicht die „Rechtfertigung Gottes" vor dem Verstand, aber sie leistet eine Begründung zu verständiger Hoffnung, indem sie diese ermöglicht. Daher sind Theodizee-Versuche innerhalb von Religionen sinnvoll, weil sie die Möglichkeit zu glauben und zu hoffen eröffnen. Gleichwohl machen sie deutlich, daß dem Verstand gegenüber der Religion Grenzen gesetzt sind, die nicht über die Widerspruchsfreiheit zur Religion hinausgeschoben werden können.

Zur Grenze des Verstandes in der Religion

Die Bestimmung des Verstandeswissens, das auf das Prinzip vom zu vermeidenden Selbstwiderspruch gegründet ist, läßt eine Grenze zum Inhalt von Religion erkennen. Diese Grenze wird dort deutlich, wo vom Prinzip der Religion selbst die Rede ist. Um dieses Prinzip zu erhellen, muß eine kurze Bestimmung von „Religion" versucht werden. Eine Vielzahl von derartigen Versuchen aus verschiedenen Disziplinen liegt vor. Ein systematischer Überblick steht aus.

Religion gründet in der Einsicht in den alle Menschen umfassenden Mangel an Gegenwart, der sich für die Menschen in ihrer Sterblichkeit ausdrückt. Diese Begründung fordert ein Wissen heraus, das die Überwindung dieses Mangels verspricht; die Herkunft dieses Wissens – Offenbarung, Erkenntnis – ist ohne Einfluß auf dessen Inhalt, der sich als die Kenntnis einer verborgenen Gegenwart und Einheit auslegt. Das Beachten dieser gegenwärtigen und einheitlichen Voraussetzung ist die lebendige Seite von Religion.

Eine solche allgemeine Sicht von Religion macht deutlich, daß es in allen Religionen um die Kenntnis eines verborgenen, nichtoffenbaren Prinzips geht, das einheitlich als Voraussetzung allen Wissens – mithin auch des Verstandes – genommen wird. Ein solches Prinzip kann aber nicht Gegenstand des Verstandes selbst sein: da es als einheitlich gedacht ist (oder: hervorgetreten ist), kann es keinen Selbstwiderspruch – der zum Vergleich ja zwei Seiten haben müßte – an sich haben und auf sich ziehen.

85 KANT, Über das Mißlingen... (vgl. Fußnote 11, Abschnitt 4.1.3).

Das Verstandeswissen ist also grundsätzlich nicht auf jene Einheit anwendbar, vielmehr gilt die Einheit als Voraussetzung des Verstandeswissens, weil Einheit Voraussetzung von Zweiheit ist.

Diese Argumentation macht deutlich, daß den Verstand eine Grenze von Religion scheidet. Diese Grenze, welche als Endlichkeit des Menschen angesehen werden kann, befreit die Religion und das religiöse Wissen von einer nur verstandesgemäßen Darlegung. Daher muß religiöses Wissen nicht nach den Regeln des Verstandes aufgelöst werden, wenngleich sein Inhalt dem Verstand auch nicht widersprechen darf.

Dies bedeutet für die Theodizee-Problematik, daß ihre Darstellung den Verstand an seine Grenze führen darf (Islam), ihn übersteigen darf (Christentum). Von daher ist die Einsicht in die Begrenztheit des Verstandes ein Grund zur Hoffnung, da die verstandesgemäßen Argumente – wie sie etwa bei Dostojewski vorgetragen werden (vgl. dazu oben S. 55) – zur Betrachtung des Theodizee-Problems kategorial ungeeignet sind. Die Hoffnung gründet im Wissen von Religion und der Grenze des Verstandes in der Religion, indem sie selbst die Grenzen des Verstandes übersteigt.[86] So wird das Theodizee-Problem gerade zu einem Grund verständiger Hoffnung, daß die menschliche Verstandeskraft nicht das höchste Denkbare sei.

Innerhalb der verschiedenen Religionen ist diesem Zug einer weder dem Verstand widersprechenden noch dem Verstand unterworfenen Hoffnung große Beachtung geschenkt worden. Die Lösung der Religion und der religiösen Hoffnung vom Verstand konnte eine Möglichkeit zur Bewältigung des unermeßlichen Leidens in der Welt werden, indem die Hoffnung weder gegen noch vom Verstand begründet werden mußte, sondern eine andere Begründung suchte und fand. Die Feststellung, „daß alle bisherige Theodicee das nicht leiste, was sie verspricht"[87], kommt daher der Hoffnung zugute, die das Theodizee-Problem innerhalb einer Religion als Argument *für* die Existenz Gottes gebraucht. Eine solche Hoffnung aber ist den monotheistischen Religionen grundsätzlich eigen.

Zur Hoffnung in der Religion

Hoffnung ist ein Kennzeichen religiösen Denkens und Glaubens.[88] Hier können nur wenige Hinweise auf diese die Religionen tragende Hoffnung erfolgen; dabei ist der Zusammenhang zum Theodizee-Problem als einem Problem der Hoffnung zu wahren.

Für die monotheistischen Religionen ist die im Theodizee-Problem gestellte Frage nach der Erfahrung des Leidens eine Herausforderung. Dieser Herausforderung konnte widerspruchsfrei zum Verstandeswissen und das Verstandeswissen übersteigend nachgegangen werden. Die Herausforderung ist aber nicht allein an den Verstand gerichtet, auch wenn sie als eine an den Verstand gestellte aufgenommen wurde. Es ist auch eine Herausforderung an die Praxis, jenes Leiden zu bekämpfen, das von Menschen bekämpfbar ist, im tätigen Einsatz alles zu tun, was gegen Leiden getan werden kann. Und es ist eine Herausforderung der Hoffnung, daß alles Leiden in der Welt aufgehoben werde: „Er wird alle Tränen von ihren Augen abwischen: Der Tod wird nicht mehr sein, keine Trauer, keine Klage, keine Mühsal. Denn was früher war, ist vergangen" (Offb 21,4).

Die Hoffnung lebt aus der Einsicht in die Endlichkeit, in die Begrenztheit allen menschlichen Leidens, in die Begrenztheit alles irdischen Bösen. Diese Hoffnung nimmt nicht den Schmerz, aber sie macht ihn dem Glaubenden erträglich, der seine Hoffnung auf die Vergänglichkeit und deren Verwandlung in Unvergängliches richtet. Diese verständige Hoffnung einzuüben, damit sie sich im Leiden bewähre, ist ein Gebot der Wachsamkeit; dieses Gebot ergibt sich gerade aus der Problematik der Theodizee. Es vereint vom Leiden Verschonte und vom Leiden Betroffene in der verständigen Hoffnung auf den hin, dessen Erbarmen, Güte und Treue allen Verstand übersteigen. So ist die Antwort auf jenes „Mein Gott, mein Gott, warum hast du mich verlassen!"[89], in dem die ganze Klage und Anklage einer Theodizee verwahrt ist, in der Hoffnung und Gewißheit der Zuwendung dessen aufgehoben, auf den sich die im Theodizee-Problem bewährte Hoffnung richtet:

> „Denn er hat nicht verachtet, nicht verabscheut das Elend des Armen.
> Er verbirgt nicht sein Gesicht vor ihm; er hat auf sein Schreien gehört"
> (Psalm 22,25).

(7) Umreißen Sie das Theodizee-Problem als ein Problem der Hoffnung.

....
....
....
....
....
....
....
....
....
....
....
....
....
....
....
....
....
....
....
....
....
....
....
....
....

86 Vgl. für das Christentum auch Röm 8,24f.

87 Kant, Über das Mißlingen... (vgl. Fußnote 11, Abschnitt 4.1.3).

88 Innerhalb des Christentums ist als neuer Beitrag zu einem alten Thema von besonderer Bedeutung die „Theologie der Hoffnung" von Jürgen Moltmann (München 1963); dazu (u. a.) die „Diskussion über die ‚Theologie der Hoffnung' von Jürgen Moltmann" (Hrsg. von W.-D. Marsch, München 1967). Siehe auch Heinrich Fries: Theologische Überlegungen zum Verhältnis von Hoffnung und Utopie. In: Christlicher Glaube in moderner Gesellschaft. Bd. 23. Freiburg/Basel/Wien 1982, S. 72ff. Dort auch Bibliographie.

89 Psalm 22, 2; vgl. die Worte Jesu Mk 15, 34.

5. Der Wahrheitsanspruch der Religion

Autor der Studieneinheit: Richard Schaeffler

RICHARD SCHAEFFLER (58), Studium der Philosophie, Psychologie und katholischen Theologie in München und Tübingen. 1952 Dr. phil., 1953 Fakultätsexamen in katholischer Theologie. 1961 Habilitation in Philosophie. 1968 o. Professor für philosophisch-theologische Grenzfragen an der Ruhr-Universität Bochum. Forschungsgebiete: Geschichtsphilosophie, Religionsphilosophie, Wissenschaftstheorie der theologischen Disziplinen.

Allgemeine Einführung

Von der Religion wird gewöhnlich zweierlei erwartet: Praxisanleitung und Lebensorientierung. Dabei bezieht sich die *Praxisanleitung,* die die Religion geben soll, nicht nur auf gottesdienstliche Handlungen und auf spezielle Formen des Gemeindelebens, sondern ganz allgemein auf eine religiös motivierte und normierte Lebenspraxis im Alltag. Die *Lebensorientierung* aber, die die Religion vermittelt, soll jene zentralen und zugleich umfassenden Fragen beantworten, die das Ganze des menschlichen Lebens in der Welt betreffen.

Religionen können diese Erwartungen nur erfüllen, indem sie einerseits

- Handlungsanweisungen (Gebote, Gesetze, Weisheitsregeln) und Gründe für Handlungsmotivationen bereitstellen (vor allem in der Form von Erzählungen göttlicher Taten, die der Mensch abbildhaft nachvollziehen kann, und von Berichten über die Einsetzung des Menschen in einen Dienst an Gott, der Welt und den Menschen), und indem sie andererseits
- Aussagen aufstellen (z.B. über den Ursprung und das Ziel der Welt, über den Sinn des menschlichen Lebens, über die Bedeutung von Leid und Schuld im Menschenleben, über die Inhalte der Hoffnung, auf die dieses Leben sich ausrichten kann). Vor allem aber enthalten die religiöse Verkündigung und Überlieferung Aussagen über Gott (oder die Götter), sein Wirken in Vergangenheit und Gegenwart und seine „Ratschlüsse" zum Heil der Menschen und der Welt. Für diese ihre Aussagen erhebt die Religion den Anspruch, daß sie als wahr anerkannt werden sollen.

Dieser Wahrheitsanspruch ist notwendig, wenn die Religion den Menschen das geben soll, was sie von ihr erwarten:

- Orientierung im Leben;
- Öffnung von Wegen zu jenem „Heil", zu dem der Mensch berufen ist;
- sicheren Grund, auf den der Mensch sich in seinem Leben vertrauensvoll stellen kann.

Dennoch ist gerade dieser Wahrheitsanspruch der bevorzugte Gegenstand der Religionskritik. Diese Kritik richtet sich teils gegen die *Inhalte* der religiösen Aussagen, teils gegen ihre *Gründe,* teils gegen gewisse *Folgen,* die sich aus dem Wahrheitsanspruch der Religion ergeben:

• Hinsichtlich des *Inhalts* werden religiöse Aussagen kritisiert, wenn sich herauszustellen scheint, daß sie gesicherten Ergebnissen der Wissenschaft widersprechen. So hat man schon im Altertum gemeint, religiöse Erzählungen (Mythen) über die Entstehung der Gestirne, über den Ursprung der Fruchtbarkeit des Ackers, über die Gründung von Städten und Staaten seien durch die Ergebnisse der Astronomie, der Biologie und der Geschichtsschreibung widerlegt. In jüngerer Zeit war jahrzehntelang die Überzeugung verbreitet, die biblischen Aussagen über die Erschaffung der Welt stünden im Widerspruch zu gesicherten Ergebnissen der physikalischen Forschung über die Entstehung unseres Kosmos oder der biologischen Forschung über die Entwicklung der Arten. Heute ist man mit dieser Art von Kritik an den Inhalten religiöser Aussagen vorsichtiger geworden; es erscheint zweifelhaft, ob religiöse Aussagen überhaupt in Konkurrenz zu Ergebnissen der Wissenschaft treten können; es ist wahrscheinlicher, daß sie auf einer anderen Ebene liegen, also nicht das behaupten, was die Wissenschaft bestreitet, und nicht das bestreiten, was die Wissenschaft behauptet. Dann aber entsteht die Frage:

▷ *Worin besteht der qualitative Unterschied der Wahrheitsansprüche, welche die Religion einerseits, die Wissenschaft andererseits erheben?* ◁

• Hinsichtlich ihrer *Begründung* werden religiöse Aussagen kritisiert, weil ihr Wahrheitsanspruch sich oft darauf gründet, daß von Gott erwählte Menschen (z.B. Seher oder Propheten) diese Kenntnisse aus übernatürlicher Quelle geschöpft haben. („Selig bist du, Simon, denn nicht Fleisch und Blut haben dir das geoffenbart, sondern mein Vater im Himmel", Mt 16,17.) Dagegen wird kritisch vorgebracht, daß auf diese Weise die religiöse Gemeinde in zwei ungleiche Gruppen zerfällt: die „privilegierten Sprecher", die solche Offenbarungen empfangen haben oder sie mit göttlich begründeter Autorität weitergeben, und die „Hörer", die darauf angewiesen bleiben, allem zuzustimmen, was die privilegierten Sprecher ihnen sagen. Der Wahrheitsanspruch der Religion erscheint dann als Rechtfertigung für Autoritäts- und Herrschafts-Verhältnisse in der Religionsgemeinschaft. Dieser Kritik wird entgegengehalten: Jener „Geist Gottes", der Seher, Propheten und andere erwählte Boten des göttlichen Wortes zu ihrem Dienst an der Gemeinde befähigt hat, ist auch den Hörern gegeben; darum ist ihre Zustimmung zum Wahrheitsanspruch der religiösen Botschaft nicht einfach Unterwerfung unter eine äußere Autorität, sondern die Folge einer ihnen von Gott verliehenen Fähigkeit zum freien Urteil („Der Geistbegabte beurteilt alles", 1 Kor 2,15). Dann aber entsteht die Frage:

▷ *Auf welche Weise verbindet der Wahrheitsanspruch der Religion die Aufforderung zum „Glaubensgehorsam" mit der Zusage der „Freiheit des Geistes"?* ◁

• Hinsichtlich der *Folgen* des religiösen Wahrheitsanspruches hat man auf die Gefahren hingewiesen, die daraus erwachsen können, daß die Aussagen der religiösen Verkündigung und Überlieferung sich nicht auf mehr oder weniger gleichgültige Tatsachen beziehen, sondern diejenige Wirklichkeit aufweisen wollen, von der „Heil oder Unheil" des Menschen abhängen. Religiöse Wahrheit will immer „Heilswahrheit" sein. Darum erkennen die Anhänger der Religion deren Wahrheitsanspruch mit einer Unbedingtheit an, die erkennen läßt, daß der religiöse Mensch in dieser Wahrheit den Grund für sein Leben gefunden zu haben glaubt – mit der Folge, daß er dort, wo der Wahrheitsanspruch der Religion bestritten wird, seine Lebensgrundlage in Frage gestellt sieht. Religiöse Menschen engagieren sich leidenschaftlich für den Wahrheitsanspruch der Religion, zu der sie sich bekennen. Daraus können schwerwiegende Konflikte in der Gesellschaft entstehen. In manchen Religionen (so z.B. in Judentum und Christentum) verbindet sich diese

Unbedingtheit mit dem Gedanken an Ausschließlichkeit (keine anderen Götter, kein anderes Evangelium, kein anderer Name, in dem wir selig werden können usw.). Dann wächst die Gefahr solcher Konflikte. Und leicht kommen Haltungen zustande, die man als „Dogmatismus“, „Intoleranz“ und „Fanatismus“ bezeichnet. Daraus entsteht die Frage:

▷ *Ist es ohne inneren Widerspruch möglich, den Wahrheitsanspruch der Religion anzuerkennen und dennoch die Gefahren des Dogmatismus, der Intoleranz und des Fanatismus zu vermeiden?* ◁

Satzwahrheiten, deren Anerkennung für heilsnotwendig gehalten wird, das heißt Dogmen, sind für die Religion nicht entbehrlich; aber sie haben dienende Funktion. Der Fehler des Dogmatismus besteht nicht darin, daß er den Wahrheitsanspruch von Bekenntnisaussagen für heilsbedeutsam hält, sondern darin, daß er an den Satzwahrheiten genug hat und deren dienende Funktion für das Leben vergißt.
Spricht eine Religion davon, daß Gott nicht nur das Heil weniger Auserwählter, sondern *das Heil aller Menschen* wirken will, dann ist es logisch gar nicht anders möglich, als daß auch die Wahrheit, die diese Religion beansprucht, *für alle Menschen* Geltung verlangt. Der Fehler des Intoleranten besteht nicht darin, daß er sich zum Dienst am Heil aller Menschen berufen weiß und deshalb den Wahrheitsanspruch derjenigen Bekenntnisaussagen, die diesen Heilsdienst möglich machen, gegenüber allen Menschen vertritt, sondern darin, daß er auf den Widerstand, den seine Botschaft hervorruft, falsch reagiert: durch Flucht oder Aggression statt durch die Bereitschaft dazu, der Freund derer zu sein, die meinen, seine Feinde sein zu müssen.
Der Christ ist also nicht nur aus allgemein-humanitären Gründen zur Toleranz verpflichtet, etwa aus Rücksicht auf den Frieden in der Gesellschaft und aus Respekt vor der Meinungsfreiheit anderer Menschen. Es gibt darüber hinaus spezifische Gründe für das Gebot der Toleranz, die sich aus der christlichen Botschaft selbst ergeben: Wer Jesus auf seinem Weg nachfolgen will, muß bereit sein, sich dem Widerspruch und Widerstand, der der christlichen Überzeugung entgegengesetzt wird, zu stellen. Er darf sich diesem Widerspruch und Widerstand weder durch Fluchtreaktionen entziehen noch mit Aggression darauf reagieren, sondern muß ihn in der Haltung der Feindesliebe „ertragen“, das heißt „tolerieren“ – auch wenn dies von ihm schmerzliche Verzichtleistungen verlangt, im Extremfall die Hingabe des Lebens.

Nach dem Durcharbeiten dieser Studieneinheit sollen Sie die Fähigkeit gewonnen haben,

- den unterschiedlichen Wahrheitsanspruch von Religion, Philosophie und Wissenschaft darzulegen;
- die Zusammenhänge zwischen dem Wahrheitsanspruch der Religion und anderen Teilmomenten des religiösen Lebens, zum Beispiel dem Gottesdienst und der religiösen Lebenspraxis, zu erläutern;
- die Gründe der Anhänger von Religionen für die Anerkennung dieses Wahrheitsanspruchs zu beurteilen;
- den Übergang der von der Religion geforderten Anerkennung ihres Wahrheitsanspruches in die Fehlhaltungen von Dogmatismus, Intoleranz und Fanatismus zu bestimmen;
- die Möglichkeiten zur Vermeidung dieser Fehlhaltungen einzuschätzen.

Die Eigenart des religiösen Wahrheitsanspruchs

Wenn Religionen für ihre Aussagen den Anspruch auf Wahrheit erheben, aber auch wenn Religionskritiker diesen Wahrheitsanspruch der Religionen bestreiten, muß zuerst geklärt werden, in welchem Sinne beide von „Wahrheit“ sprechen. Wenn der Psalmist singt: „Die Wahrheit des Herrn währet ewiglich“ (Ps 100,5), dann ist etwas anderes gemeint, als wenn ein Mathematiker sagt: „Eine mathematische Gleichung bleibt wahr, auch wenn alle Lebensbedingungen der Menschen sich ändern.“ Wenn die Jünger Jesu sagen: „Der Herr ist wahrhaft auferstanden“ (Lk 24,34), dann ist etwas anderes gemeint, als wenn ein Archäologe sagt: „Meine Ausgrabungen haben gezeigt, daß die Stadt Troja, die in der *‚Ilias‘* des HOMER beschrieben wird, wahrhaftig an der Küste Kleinasiens bestanden hat.“ Wenn also Religionen für ihre Aussagen Wahrheit beanspruchen, dann sagen sie nicht, diese Aussagen seien mathematisch beweisbar oder durch empirische Forschung belegbar. Aber von welcher Art ist dann ihr Wahrheitsanspruch?
Ein Vergleich zwischen dem religiösen und dem philosophischen Wahrheitsanspruch soll helfen, diese Frage zu klären.

Ähnlichkeiten von Religion und Philosophie – und eine auf beide abzielende Kritik

Die Bedeutung der Religion für das Leben der Menschen kann darin gesehen werden, daß die Religion zentrale Fragen des menschlichen Lebens beantwortet. So formuliert das Zweite Vatikanische Konzil in seinem Dekret „Über das Verhältnis der Kirche zu den nichtchristlichen Religionen“ *(Nostra aetate):*

> „Die Menschen erwarten von den verschiedenen Religionen Antwort auf die ungelösten Rätsel des menschlichen Daseins, die heute wie von je die Herzen der Menschen im tiefsten bewegen: Was ist der Mensch? Was ist Sinn und Ziel unseres Lebens? Was ist das Gute, was die Sünde? Woher kommt das Leid, und welchen Sinn hat es? Was ist der Weg zum wahren Glück? Was ist der Tod, das Gericht und die Vergeltung nach dem Tode? Und schließlich: Was ist jenes letzte und unsagbare Geheimnis unserer Existenz, aus dem wir kommen und wohin wir gehen? [...]
> Im Zusammenhang mit dem Fortschreiten der Kultur suchen die Religionen mit genaueren Begriffen und in einer mehr durchgebildeten Sprache Antwort auf die gleichen Fragen.“[1]

In diesem Text macht sich eine Religionsgemeinschaft, in diesem Falle die katholische Kirche, eine Erwartung zu eigen, die von „den Menschen“ an die Religionen gerichtet wird. Dieser Erwartung gemäß haben die Religionen die Aufgabe, Antwort auf Fragen zu geben. Diese *Fragen* gelten als ewig („heute wie von je“), während die *Antworten* von der Kulturentwicklung abhängen („Im Zusammenhang mit dem Fortschreiten der Kultur...“). Zu anderen Zeiten, vor allem in der Antike, hätte diese Beschreibung als eine angemessene Kennzeichnung der *Philosophie* gelten können. Die als Beispiele aufgeführten Fragen sind Themen philosophischen Nachdenkens gewesen: Philosophen wie PLATON und ARISTOTELES haben diese Fragen in dem Bewußtsein behandelt, daß es sich um ewige Fragen der Menschheit handle, daß sich aber die Antwort auf diese Fragen im Laufe der Geschichte geändert habe. Und der Anspruch, auf diese ewigen Fragen der Menschheit jetzt „mit genaueren Begriffen und in einer mehr durchgebildeten Sprache“ zu antworten, konnte damals als Unterscheidungsmerkmal der Philosophie gegenüber der alten Mythologie gelten.

So entsteht zunächst dieser Eindruck: Im Altertum ist die Philosophie mit dem Anspruch aufgetreten, die Fragen, auf welche die Religionen unpräzise und in einer wenig durchgebildeten Sprache geantwortet haben, präzise zu stellen und auf begründete Weise zu beantworten; während der Neuzeit dagegen hat eine Enttäuschung an der Philosophie, die diese Lebensfragen der Menschheit nicht beantworten konnte, aber auch eine Selbstkritik der Philosophie, die sich die Unbeantwortbarkeit dieser Fragen eingestand, dahin geführt, daß die Erwartung, Antwort auf diese Fragen zu finden, sich wieder an die Religion richtet. Ein Ausdruck dieser

1 Zweites Vatikanisches Konzil. Erklärung über das Verhältnis der Kirche zu den nichtchristlichen Religionen (Nostra aetate). In: K. RAHNER / H. VORGRIMLER (Hrsg.): Kleines Konzilskompendium. Freiburg 1966, S. 355, 356.

Enttäuschung an der Philosophie oder auch ihrer Selbstkritik ist der Satz von Ludwig WITTGENSTEIN: „Wir fühlen, daß selbst, wenn alle *möglichen* wissenschaftlichen Fragen beantwortet sind, unsere Lebensprobleme noch gar nicht berührt sind.“[2] *Nach der früheren Vorstellung wäre die Religion die noch unentwickelte Vorstufe der Philosophie; nach der späteren die Philosophie der mit untauglichen Mitteln unternommene Versuch, die Religion zu überbieten und zu ersetzen.*

Können wir das Verhältnis zwischen dem Wahrheitsanspruch der Religion und dem der Philosophie heute noch auf diese Weise bestimmen?

Bei einer solchen Betrachtung wird vorausgesetzt, daß der Wahrheitsanspruch der Religion und der Philosophie qualitativ gleichartig sei – wenn auch bald mehr der Religion, bald mehr der Philosophie zugetraut wird, daß sie diesem ihrem eigenen Anspruch gerecht werden kann. Die Identität der Fragestellungen und der gemeinsame Wille, diese Fragen möglichst klar zu formulieren und möglichst wohlbegründet zu beantworten, lassen dieser Auffassung nach Religion und Philosophie in einen Wettbewerb untereinander treten, auch wenn sich im Wechsel der geschichtlichen Epochen bald die Philosophie, bald die Religion in diesem Wettbewerb als überlegen erweist.
Die so verstandene Identität der Fragestellungen und der Kriterien (Klarheit, durchgebildete Sprache, Wohlbegründetheit der Antworten) ist auch dort vorausgesetzt, wo Religion und klassische Philosophie (von ihren Kritikern oft unter den Sammelbegriff „Metaphysik“ gefaßt) gemeinsam kritisiert werden. Eine solche Kritik wird vor allem von Vertretern des *Positivismus* und des *Kritischen Rationalismus* geführt. Diese Kritik richtet sich nicht so sehr gegen diese oder jene einzelne Aussage der Religion oder der Metaphysik, als vielmehr gegen die Eigenart ihres Wahrheitsanspruchs:

- Dieser ist, so sagen die Positivisten, *prinzipiell nicht zu begründen,* weil es keine empirisch eindeutig feststellbaren Tatsachen gibt, an denen man entscheiden könnte, ob ein Satz der Religion bzw. der Metaphysik wahr oder unwahr ist. Nach dem Vorwurf der Positivisten fehlt den Aussagen der Metaphysik und der Religion die zureichende Begründung.

- Der gleiche Wahrheitsanspruch der Religion und der Metaphysik ist, so sagen die Anhänger des Kritischen Rationalismus, *prinzipiell nicht überprüfbar,* weil es keine empirisch eindeutig feststellbaren Tatsachen gibt, welche die Anhänger der Religion bzw. der Metaphysik nicht durch geeignete Interpretation mit ihren Annahmen in Übereinstimmung bringen könnten. Nach dem Vorwurf der Kritischen Rationalisten fehlt es diesen Aussagen an einer Bewährungsprobe. Denn ein Satz, der niemals der Gefahr ausgesetzt wird, widerlegt zu werden, kann sich auch nicht bewähren; ein Satz, der mit jedem scheinbar noch so sehr entgegengesetzten Befund der Erfahrung in Übereinstimmung gebracht werden kann, erweist sich eben dadurch als ein inhaltsloser Satz.

Wenn aber religiöse Sätze ebensowenig durch Argumente zu begründen und zu überprüfen sind wie Sätze der Metaphysik, dann entsteht die Frage: Wie kommt es, daß nur sehr wenige Menschen von der Wahrheit metaphysischer Sätze zweifelsfrei überzeugt sind, während verhältnismäßig viele Menschen ohne Zögern die Wahrheit religiöser Sätze anerkennen? Die Kritiker der Religion antworten darauf: Das liegt daran, daß die Vertreter der Religion den Anspruch erheben, von Gott selbst für ihre Aussagen bevollmächtigt zu sein. So verbinde sich der Wahrheitsanspruch der Religion mit dem Autoritätsanspruch gewisser Menschen, die man „privilegierte Sprecher“ nennt, seien sie nun Charismatiker und Erleuchtete, seien sie Priester oder Inhaber anderer religiöser Ämter.

2 Ludwig WITTGENSTEIN: Tractatus logico-philosophicus. Frankfurt [17]1983, Nr. 6.52.

Der Unterschied zwischen Religion und Metaphysik – Was ist eine „Heilswahrheit“?

Einwendungen der geschilderten Art haben immer wieder zu dem Vorwurf geführt, Religion sei Metaphysik mit unzulänglichen Argumenten, Metaphysik sei Religion mit unbegründetem Autoritätsanspruch. Um solchen Vorwürfen zu begegnen und die Religion gegenüber aller Kritik an der Metaphysik unbetroffen zu erklären, haben Vertreter der Religion versucht, zwischen Religion und Metaphysik einen scharfen Trennungsstrich zu ziehen. Eine besonders konsequente Form dieser Trennung besteht in der Behauptung, religiöse Sätze, die wie metaphysische Behauptungen aussehen, seien in Wahrheit gar keine Aussagen, sondern Sprachhandlungen, die sich in die Form von Aussagen nur „verkleiden“.[3]
Doch hat sich gezeigt: Aussagen mit Wahrheitsanspruch sind im Zusammenhang der Religion unentbehrlich, vor allem deshalb, weil sie die Bedingungen benennen, ohne die gewisse religiöse Sprachhandlungen nicht wirksam wären. Teilweise beziehen sich die Aussagen, für die im religiösen Zusammenhang Wahrheit beansprucht wird, auf solche Fragen, die auch in der Metaphysik erörtert werden. (Vgl. die oben auf S. 69 zitierte Stelle aus einer Erklärung des Zweiten Vatikanischen Konzils.) Der Unterschied zwischen Religion und Metaphysik besteht also nicht darin, daß die Metaphysik Aussagen macht, die Religion aber ihre Sprachhandlungen nur in die Gestalt von Aussagen „verkleidet“; er besteht auch nicht darin, daß die Themen metaphysischer Aussagen stets von den Themen religiöser Aussagen verschieden sein müßten. Der Unterschied betrifft die *Art des Wahrheitsanspruchs.*
Aussagen der Religion, nicht aber Aussagen der Metaphysik (und noch weniger solche der Wissenschaft) werden mit dem Anspruch vorgetragen, „Heilswahrheiten“ zu sein, so daß die Zustimmung zu ihrem Wahrheitsanspruch „heilsnotwendig“ sei. Beispiel: „Wenn Du in Deinem Herzen glaubst, daß Gott ihn (Jesus) von den Toten auferweckt hat, wirst Du gerettet werden“ (Röm 10,9). Die Frage lautet also: Wodurch und unter welchen Bedingungen gewinnen „Wahrheiten“ (d.h. Sachverhalte, die in Aussagesätzen kundgemacht werden können) den Charakter von „Heilswahrheiten“?

Ein Beispiel aus einem ganz anderen Bereich mag hier weiterhelfen. Nehmen wir an, eine Frau sucht in einer Krise ihrer Ehe einen Berater auf und schildert ihm das Verhalten ihres Gatten, das ihr ganz unverständlich ist und sie oft verletzt. Dann kann es vorkommen, daß der psychologisch geschulte Berater gewisse Verhaltensformen des Ehemannes, die als besonders lieblos erscheinen, in folgender Weise deutet: Sie sind verstreckte, ja sich selbst versteckende Ausdrucksformen dafür, daß dieser Ehemann seine Frau noch immer liebt; aber aufgrund von Enttäuschungen, von Erfahrungen eigener Schuld, von Eindrücken, überfordert zu sein, überdeckt er seine Sehnsucht, zu lieben und geliebt zu werden, mit befremdlichem, oft aggressivem, oft scheinbar gleichgültigem Verhalten. Es kann also sein, daß der Berater zu der Ehefrau sagt: Ihr Mann liebt Sie und sehnt sich danach, von Ihnen geliebt zu werden. Und es kann sein, daß die Frau sagt: „Ihre Deutung überzeugt mich“, oder einfach: „Das ist wahr.“ Es kann sein, daß die Wahrheit, zu deren Anerkennung der Berater die Ehefrau durch seine Argumente bewogen hat, den Anfang einer Heilung der in die Krise geratenen Ehe darstellt; aber sie ist noch nicht die heilende Wahrheit.
Nehmen wir nun an, es gelingt dem Ehemann, in dieser Lage aus ehrlichem Herzen zu seiner Frau zu sagen: „Ich weiß, wie oft ich Dich gekränkt habe, aber bitte glaube mir, daß ich Dich liebe“; und nehmen wir an, es gelingt der Frau, zu antworten: „Ich glaube Dir, und im Vertrauen darauf wollen wir einen neuen Anfang setzen.“ Wir sehen wohl sofort: Diese Wahrheit und ihre Anerkennung ist von anderer Art als die Wahrheit einer psychologischen Deutungshypothese und als die Erklärung der Ratsuchenden, sie finde diese Deutung überzeugend. Beide Arten der Wahrheit sind inhaltsgleich, aber der Wahrheitsanspruch ist je von qualitativ eigener Art. Beide Male sind die Aussagen wahr, weil sie einen Sachverhalt beschreiben, der wirklich besteht. Wären die Aussagen nicht wahr, dann hätte der Berater

3 So etwa Richard B. BRAITHWAITE: An Empiricist's View of the Nature of Religious Belief (Ansichten eines Empiristen über die Natur des religiösen Glaubens). Cambridge 1955.

sich geirrt, und die Anrede des Ehemannes an seine Frau würde nicht weiterführen. Und doch ist in dieser Anrede mehr enthalten als nur eine zutreffende Mitteilung. Sie ist zugleich aktiver und, wenigstens der Absicht nach, wirksamer Vollzug jener Sehnsucht, zu lieben und geliebt zu werden, von dem in dieser Aussage die Rede ist. Sie beschreibt nicht nur, was schon ist (obgleich auch das wesentlich zu ihr gehört), sondern vergegenwärtigt das Beschriebene und bietet es der Angeredeten als Grundlage eines erneuerten gemeinsamen Lebens an. Und dieses Angebot ist es, das sich die Ehefrau mit dem Satz „Ich glaube Dir" zu eigen macht. Der Satz des Beraters war eine Aussage; der Satz des Ehemannes war – und das macht unser Beispiel sprachphilosophisch lehrreich – *Aussage und Sprachhandlung zugleich:* Sie beansprucht Wahrheit und erstrebt eben damit zugleich Wirksamkeit; sie benennt die Voraussetzung für die Heilung der Ehe und ist selbst schon der erste Schritt dazu.

Das Verhältnis von Aussagen und Sprachhandlungen ist also vielgestaltiger, als die geläufige einfache Gegenüberstellung erkennen läßt, die besagt: Aussagen sind wahr oder falsch, Sprachhandlungen sind wirksam oder unwirksam.

1. Es gibt Aussagen, die gar keinen Handlungscharakter haben, die also bestenfalls wahr, aber keinesfalls wirksam sind (z. B. die Aussage: Bonn liegt am Rhein). Und es gibt Sprachhandlungen, die sich gar nicht auf einen Sachverhalt beziehen, der außerhalb ihrer schon bestünde, die also bestenfalls wirksam, aber weder wahr noch falsch sind (z. B. die Sprachhandlung: Ich verzichte auf meinen Erbanspruch).
2. Es gibt Sprachhandlungen, die sich als Aussagen „verkleiden" (z. B. der Satz „Ich besuche Dich morgen", wenn er nicht als Prognose kommender Ereignisse, sondern als Versprechen gemeint ist).
3. Es gibt Aussagen, welche die Bedingungen benennen, die eine Sprachhandlung wirksam machen (z. B. die Aussage: „Es ist mein wohlüberlegter und freier Wille, Dir Folgendes zu versprechen." Denn man kann nicht zugleich etwas wirksam versprechen und im selben Atemzug behaupten, man stehe unter Zwang oder man wisse nicht, was das Versprechen bedeute).
4. Es gibt Aussagen, die nicht nur die Bedingungen von Sprachhandlungen benennen, sondern zugleich selber Sprachhandlungen sind. Sie sprechen von wirklich bestehenden Sachverhalten und sind deshalb wahr. (Der Ehemann im erwähnten Beispiel liebt seine Frau wirklich und hat deshalb die Wahrheit gesagt.) Zugleich aber sprechen sie diesen Sachverhalt dem Hörer wirksam zu. (Der Ehemann hat seine Frau nicht nur über seine Liebe informiert, sondern ihr diese Liebe als tragendes Moment seiner Beziehung zu ihr wirksam zugesprochen.) Die angemessene Antwort auf solche Aussagen besteht deshalb nicht in einer bloß theoretischen Zustimmung („Was Du sagst, überzeugt mich"), sondern darin, die angebotene Möglichkeit des Lebens mit dem Einsatz der ganzen Person zu ergreifen.

Diejenigen Wahrheiten, von denen in religiösen Aussagen die Rede ist, sind von der 3. bzw. der 4. Art. Und darauf beruht ihr Charakter als „Heilswahrheiten". Sie benennen die Voraussetzung für die Wirksamkeit heilsbedeutsamer Sprachhandlungen (vgl. das Verhältnis zwischen der Aussage „Jesus ist auferstanden" und der Sprachhandlung „Ich sage Dir die göttliche Vergebung Deiner Sünden zu"); oder sie sprechen dem Hörer das, wovon sie als wahre Aussagen reden, zugleich wirksam zu (vgl. den Zuruf: „Der Herr, unser Gott, ist ein einziger Herr" und die Antwort: „Es ist kein Gott außer Dir").

Das Beispiel vom Eheberater und dem Gespräch zwischen den Ehegatten kann jedoch nicht nur den *Unterschied* zwischen einem wissenschaftlichen Argumentationsergebnis und einer Heilswahrheit deutlich machen, sondern auch einen möglichen *Zusammenhang* zwischen ihnen aufzeigen. Was der Berater sagte, war nicht die „heilende Wahrheit"; diese kam erst in dem Gespräch zwischen den Ehegatten zur Sprache. Aber was der Berater sagte, war eine Wahrheit, die der Ehefrau dazu verhalf, bereitwillig auf die Worte ihres Mannes zu hören und zu verstehen, was diese Worte sein wollten: Angebot eines neuen Beginns in ihrem ehelichen Leben. So wurde sie fähig, ihrerseits dieses Angebot mit dem Zuspruch ihres Vertrauens zu beantworten. So sind auch metaphysische Sätze, die von Gottes Existenz und Einzigkeit sprechen, nicht die Heilswahrheit; diese kommt erst im Zuspruch der göttlichen Gnade und in der Antwort des Glaubensbekenntnisses zur Sprache. Aber metaphysische Sätze und ihre argumentierende Begründung können einem Menschen dazu helfen, bereitwillig auf die Zusage des Heils zu hören und zu verstehen, was diese Worte der Glaubensverkündigung sein wollen: Angebot eines radikalen Neubeginns im menschlichen Leben. Und so kann es dem Hörer leichter werden, diese Heilszusage mit dem Bekenntnis seines Glaubens zu beantworten. In diesem Sinne wird in der katholischen Theologie die Metaphysik als ein Teil der „Vorübungen zum Glauben" *(praeambula fidei)* verstanden.

Der Wahrheitsanspruch der Religion im Unterschied zum Wahrheitsanspruch der Philosophie besteht darin, daß die religiöse Wahrheit Heilswahrheit sein will, sei es als Benennung der Voraussetzungen, die allem wirksamen Heilsdienst der Kirche (z. B. dem Dienst an der Sündenvergebung) vorausliegen, sei es als wirksamer Zuspruch der Grundlage eines neuen Lebens (z. B. die wirksame Zusage, daß Gott, der „an sich" immer schon Gott ist und ein einziger ist, auch „für uns" unser Gott und unser einziger Gott sein will). Diese Art von Wahrheitsanspruch kann die Philosophie nicht erheben. Aber der Wahrheitsanspruch der Philosophie kann auf den der Religion bezogen sein. *Philosophische Aussagen können den Grund freilegen, der es dem Menschen möglich macht, bereitwilliger auf das Wort der Glaubensverkündigung zu hören, dieses Wort als Heilszusage zu verstehen und mit dem Bekenntnis des Glaubens zu beantworten.*

(1) Religion und Philosophie haben eine Reihe von Themen gemeinsam. Versuchen Sie, Ähnlichkeiten und Unterschiede zwischen den Wahrheitsansprüchen zu klären, die einerseits von der Philosophie für ihre Aussagen, andererseits von der Religion für ihre Verkündigungsinhalte erhoben werden. Als Bearbeitungshilfe können Sie dabei das im Text gebotene Beispiel vom Eheberater und dem heilenden Gespräch zwischen den Ehegatten benutzen.

....
....
....
....
....
....
....
....

Glaubensgehorsam und Geistesfreiheit – ein Aspekt des Problems von Autorität und Selbstbestimmung auf dem Gebiet der Religion

In einem weiteren Schritt sollen nun die Konsequenzen bedacht werden, die sich aus dem Wahrheitsanspruch der Religionen ergeben. Erheben sie zu Recht Anspruch auf Wahrheit ihrer Aussagen, so dürfen sie auch zu Recht die vertrauensvolle Zustimmung ihrer Mitglieder fordern. Dieser Anspruch gerät allerdings sogleich in einen Konflikt mit dem Anspruch des „modernen" Menschen auf Selbstbestimmung seiner Lebensinhalte.
Die folgenden Abschnitte versuchen, dieses Problem innerhalb der Theologie einer Lösung näherzuführen.

Der Wahrheitsanspruch der Glaubensbotschaft als Aufforderung zum „Gehorsam des Glaubens"

Die Glaubensverkündigung begegnet dem Menschen als ein Wort, das er sich nicht selbst sagen könnte. Er muß es sich von anderen Menschen sagen lassen. In diesem Sinne hat LUTHER davon gesprochen, daß das Wort der Predigt „äußeres Wort" *(verbum externum)* ist und daß nur Schwärmer meinen können, sie könnten dieses äußere Wort durch das innere Zeugnis des Geistes *(verbum internum)* überflüssig machen. Die Zustimmung zum Wahrheitsanspruch der Glaubensbotschaft ist deshalb stets ein Ja-Sagen, das nicht eigener Einsicht („Menschenweisheit") entspringt, sondern sich der Autorität des gehörten Wortes anvertraut. Sich dem, was *gehört* wurde, anvertrauen, ist die Mitte dessen, was die Bibel „*Gehorsam* des Glaubens" nennt (vgl. Röm 1,5).

Das „äußere Wort", das der Mensch sich nicht selbst sagen kann, sondern in der Predigt hören muß, spricht in erster Linie nicht von dem, was der Mensch tun soll, sondern von dem, was Gott für den Menschen getan hat. Seine Form ist deshalb vor allem der Indikativ (Aussagesatz), nicht der Imperativ (Befehl). Aber aus dem Indikativ geht der Imperativ hervor. Denn die Glaubensbotschaft will nicht nur theoretische Einsichten vermitteln, sondern dadurch zugleich dem Leben eine neue Richtung geben. Darum hat der Glaubensgehorsam auch eine praktische Bedeutung: Der Glaubende, der dem Wahrheitsanspruch der Botschaft zustimmt, läßt sich auf einen Weg senden, den er sich nicht selbst ausgesucht hat. Er geht diesen Weg im Gehorsam gegenüber einem Auftrag.

So enthält der Wahrheitsanspruch der Glaubensbotschaft die Verpflichtung der Glaubenden zu Akten des Gehorsams. Dieser Gehorsam äußert sich in der Zustimmung zum Wahrheitsanspruch der Botschaft und in der Bereitschaft, ein Leben zu führen, das dieser Glaubensbotschaft entspricht.
Daraus entsteht die Frage:

▷ *Wie kann ein solcher Gehorsam sittlich verantwortet werden?* ◁

Diese Frage hat einen sozialethischen und einen theologischen Aspekt:

• Sozialethisch ist zu fragen: Ist ein *Gehorsam in Fragen der Wahrheit* mit dem Anspruch des Menschen auf Meinungs- und Gewissensfreiheit zu vereinbaren?

• Theologisch ist zu fragen: Wie verhält sich der Gehorsam, den die Glaubensbotschaft verlangt, zu jener *Freiheit des Geistes,* die gerade die christliche Botschaft den Glaubenden in Aussicht stellt?

Schließlich ist zu fragen: Stehen sozialethische und theologische Aussagen über die Geistesfreiheit in einem Widerspruch zueinander, oder lassen sie sich miteinander vereinbaren?

Gehorsam und Freiheit als sozialethisches Problem

Die Begriffe „Gehorsam" und „Freiheit" werden heute zumeist in sozialethischen Zusammenhängen verwendet. „Gehorsam" ist die freie Unterwerfung des Individuums unter Handlungsanweisungen, die es sich nicht selbst gegeben hat. „Freiheit" dagegen ist Selbstbestimmung, also die Fähigkeit, Ziele und Wege des Handelns selbst zu wählen (Wahlfreiheit) und das so Gewählte in wirksame Taten umzusetzen (Handlungsfreiheit). Gehorsam und Freiheit schließen sich nicht aus, vielmehr schließt Gehorsam Freiheit ein, weil es zum Gehorsam – im Gegensatz zu physischem Zwang oder psychischer Nötigung – gehört, daß die Unterwerfung unter fremde Handlungsanweisungen in einer freien Entscheidung vollzogen wird. Beispiele dafür sind: die Gehorsamsverpflichtung als Bestandteil des Beamteneids und das Gehorsamsgelübde der Mönche.

Sowohl der Gehorsam als auch die Freiheit müssen ethisch verantwortet werden. Sozialethische Überlegungen zur Verantwortlichkeit des Gehorsams und der Geistesfreiheit können zu der Auffassung führen, der Begriff des „Glaubensgehorsams" bezeichne etwas sittlich Unverantwortbares, der Begriff „Geistesfreiheit" etwas sittlich unbedingt Gefordertes, und beide Begriffe schlössen einander aus. Dann wäre der Wahrheitsanspruch der Religion, weil er die Forderung des „Glaubensgehorsams" einschließt, aus sittlichen Gründen zurückzuweisen.

Zur sittlichen Verantwortung des Gehorsams und zur Problematik des Begriffs „Glaubensgehorsam"

Gehorsam ist sittlich nicht verantwortbar, wenn er aus mangelnder Verantwortungsbereitschaft entspringt. Wäre dies der Fall, dann hätte der Gehorsam jene „selbstverschuldete Unmündigkeit" zur Folge, aus der die Aufklärung den Menschen herausführen will.

„Aufklärung ist der Ausgang des Menschen aus seiner selbstverschuldeten Unmündigkeit. Unmündigkeit ist das Unvermögen, sich seines Verstandes ohne Leitung eines anderen zu bedienen. Selbstverschuldet ist diese Unmündigkeit, wenn die Ursache derselben nicht am Mangel des Verstandes, sondern der Entschließung und des Mutes liegt, sich seiner ohne Leitung eines anderen zu bedienen."[4]

Positiv gewendet bedeutet dies: Gehorsam ist sittlich nur dann zu verantworten, wenn er aus dem Willen zur sozialen Verantwortung entspringt. Dies ist dann und nur dann der Fall, wenn dem freien Entschluß zum Gehorsam folgende Einsichten zugrunde liegen: die Einsicht, daß keine soziale Gruppe funktionsfähig ist, wenn ihre Mitglieder nicht gemeinsame Ziele und Normen des Handelns anerkennen, sowie die Einsicht, daß Einstimmigkeit über solche Ziele und Normen des Handelns in vielen Fällen nicht erreicht werden kann. Aus diesen beiden Einsichten folgt:

Die Solidarität mit der Gruppe verlangt von einzelnen Mitgliedern, daß sie sich Handlungsziele und Handlungsnormen zu eigen machen, die sie sich selbst nicht gegeben hätten – sei es, daß diese Ziele und Normen von der Mehrheit der Gruppenmitglieder definiert werden, sei es, daß diese Entscheidung von der Mehrheit eines Beschlußgremiums oder von einem mit Entscheidungsvollmacht ausgestatteten Funktionsträger getroffen wird.

Wenn aber der ethisch verantwortbare *Gehorsam eine Folge der Solidaritätspflicht* ist, dann hat dieser ethisch verantwortbare Gehorsam eine Grenze: Es gibt keine Solidaritätspflicht zum sittlich Bösen (z.B. keine Treuepflicht bei der Ausübung eines gemeinsam geplanten Verbrechens); es gibt folglich auch keine Gehorsamspflicht gegenüber Handlungsanweisungen, die gegen das Gewissen des Individuums verstoßen (z.B. keine Pflicht, einen Befehl auszuführen, der die Ausübung eines Verbrechens verlangt).
Wichtig zur Beurteilung solcher Konfliktfälle ist die *Unterscheidung zwischen Überzeugung und Gewissen.* Wer beispielsweise als Mitglied eines Beschlußgremiums nach der Debatte und bei der Abstimmung bemerkt, daß er zur Minderheit gehört, den haben die Argumente der Mehrheit nicht überzeugt. Gerade in solchen Fällen wird die Gehorsamspflicht (d.h. die Pflicht, Handlungsan-

4 Immanuel KANT: Beantwortung der Frage: Was ist Aufklärung? Königsberg 1783, die ersten Sätze.

weisungen zu folgen, die man sich nicht selbst gegeben hätte) aktuell: sie verlangt die Zurückstellung der eigenen Überzeugungen zugunsten der mehrheitlich beschlossenen Handlungsanweisung. Aber die Pflicht zur Solidarität und folglich zum Gehorsam endet dort, wo die beschlossene Handlungsanweisung nicht nur der Überzeugung, sondern dem Gewissen des Mitglieds der überstimmten Minderheit widerspricht. Denn wer gegen sein Gewissen handelt, vernichtet eben jene sittliche Selbstbestimmung, die zugleich die Voraussetzung des freien, sittlich verantworteten Gehorsams wäre. *Gehorsam zu Lasten des Gewissens hebt sich (als freie, sittliche Selbstunterwerfung) selber auf.*

Diese Überlegungen machen es verständlich, daß aus sozialethischen Gründen schwere Bedenken gegen den Begriff des „Glaubensgehorsams" und gegen die Ausübung von Autorität in Sachen des Glaubens erhoben werden. Solidaritätspflichten und daraus abgeleitete Gehorsamspflichten sind sittlich begründbar, wenn sie sich auf Ziele und Wege des *Handelns* beziehen; denn in dieser Hinsicht ist Übereinstimmung der Gruppenmitglieder notwendig, wenn die Gruppe funktionsfähig und also lebensfähig sein soll. Eine entsprechende Übereinstimmung der *Gesinnungen* dagegen scheint für die Lebensfähigkeit der Gruppe nicht im gleichen Maße notwendig zu sein, so daß darauf keine Solidaritäts- und Gehorsamspflicht gegründet werden kann. Auf diesen Unterschied zwischen Handlungen und Gesinnungen bezieht sich das lateinische Sprichwort: „Gesinnungen gehen den Richter nichts an" (de internis non iudicat praetor), oder allgemeiner: die Gruppe und ihre Organe haben kein Recht, in Gesinnungsfragen Vorschriften zu machen. Dies tritt nun besonders deutlich hervor, wo Fragen des Glaubens zur Erörterung stehen. Denn: *Glaubensfragen sind immer zugleich Gewissensfragen.* Und in Gewissensfragen, so hat sich gezeigt, gibt es keine Solidaritäts- und Gehorsamspflichten, weil ein Gehorsam zu Lasten des Gewissens sich selbst aufhöbe. So scheint ein Gehorsam in Sachen des Glaubens eine Unterwerfung des Gewissens unter fremde Entscheidungen einzuschließen – eine Unterwerfung, die sittlich unverantwortlich wäre.

Zur sittlichen Verantwortung der Freiheit und zur Forderung der Geistes- und Religionsfreiheit

Zu einem ähnlichen Ergebnis führen sozialethische Überlegungen, die nicht beim Begriff des Gehorsams, sondern bei dem der *Freiheit* einsetzen. Auch Freiheit als Selbstbestimmung der Wahl (von Handlungszielen und Handlungswegen) und der Tat (der Realisierung gewählter Handlungsziele und Handlungswege) muß sozialethisch verantwortet werden. Das Recht, ja die Pflicht zur sittlichen Selbstbestimmung darf nicht zum Vorwand werden für ungezügelte Selbstdurchsetzung zu Lasten anderer Menschen. Um diesen Unterschied deutlich zu machen, haben Philosophen wie Immanuel KANT vorgeschlagen, nicht von einer Selbstbestimmung *des Menschen* (d.h. des Individuums in Konkurrenz zu anderen Individuen), sondern von einer Selbstbestimmung *der Vernunft* zu sprechen.[5] Vernunft ist die Fähigkeit zum Dialog. Man kann mit einem Menschen „vernünftig reden", wenn dieser Mensch fähig ist, sich in die Lage des anderen zu versetzen und die Dinge, über die gesprochen wird, auch vom fremden Standpunkt aus zu sehen und zu beurteilen. Selbstbestimmung der Vernunft (KANT sagte: „Vernunftautonomie") als Grundlage der sittlichen Freiheit bedeutet deshalb stets zugleich: Zurückstellung der bloß individuellen Ansichten, Neigungen und Interessen zugunsten derjenigen Regeln, die es möglich machen, den jeweils begegnenden Menschen (und im Prinzip *alle* Menschen) als gleichberechtigte Partner eines dialogischen Verhältnisses anzuerkennen. Der Wille zur Freiheit ist, wenn er aus dieser Selbstbestimmung der Vernunft entspringt, stets zugleich der Wille zur Freiheit des anderen und der Wille, in ein Verhältnis der Partnerschaft zu diesem anderen einzutreten und zu einer Gemeinsamkeit der Überzeugungen und Entscheidungen zu finden. Manche Philosophen, wie etwa HEGEL, haben diese Fähigkeit zu Partnerschaft und Gemeinsamkeit mit dem Ausdruck „Geist" bezeichnet.

> „Das ist der Geist Gottes oder Gott als gegenwärtiger Geist: Gott in seiner Gemeinde wohnend [...]. In dieser absoluten Bedeutung des Geistes, in diesem tiefen Sinne der christlichen Wahrheit, ist die christliche Religion die Religion des Geistes. [...]. Das Wahrhafte der Natur des Geistes [...], das ist der Inhalt der christlichen Religion."[6]

Geist ist immer ganz individuell (ein Prinzip der Selbsttätigkeit und Selbstbestimmung) und zugleich ganz gemeinschaftlich (ein Prinzip universaler Partnerschaft und Gemeinsamkeit); er ist „individueller Geist" und zugleich „Gemeingeist": *Die sittlich verantwortete Freiheit wird als „Geistesfreiheit" begriffen: nicht als Fähigkeit zu ungezügelter Selbstdurchsetzung des Individuums, sondern als Fähigkeit, sich vernünftig, also kommunikationsfähig und gemeinschaftsfähig, zu entscheiden.*

Die so verstandene Geistesfreiheit hängt eng mit dem *Wahrheitsanspruch* zusammen, der für Aussagen erhoben werden kann Wenn jemand eine Aussage macht und hinzufügt: „Das ist wahr", dann bedeutet dies: „Das ist nicht nur mein individueller Eindruck von der Sache, sondern so ist es wirklich; darum gilt das Gesagte nicht nur für mich als Individuum, sondern für jeden, der sich bemüht, von dieser Sache sachgerecht zu reden." Jeder Wahrheitsanspruch appelliert also an das individuelle Urteil des Hörers, aber zugleich und vor allem an dessen Fähigkeit, nicht bloß seine individuellen Neigungen und Interessen, Eindrücke und Stimmungen zum Maßstab seines Urteils zu machen, sondern sich in seinem Urteil vernünftig (kommunikations- und gemeinschaftsfähig) zu verhalten, also als Geist (als ein Subjekt, das zugleich „für alle" denkt und urteilt) tätig zu werden. Daraus folgt: *Jeder Wahrheitsanspruch setzt Geistesfreiheit voraus.* Oder umgekehrt: Ein Wahrheitsanspruch, der den Verzicht auf Geistesfreiheit verlangte, entzöge sich selbst die Grundlage.

Dies gilt in besonderem Maße dort, wo eine Wahrheit als Heilswahrheit anerkannt werden will. Denn die Zustimmung zu einem solchen religiösen Wahrheitsanspruch kann nur mit dem Einsatz der ganzen Person gegeben werden. Die Heilswahrheit bietet ja dem Menschen einen Neubeginn seines Lebens an, und sie wird nur dadurch angenommen, daß der Mensch sich auf diesen Neubeginn seines ganzen Lebens einläßt. Das aber ist nur möglich, wenn diese Zustimmung als freie Entscheidung des Geistes vollzogen wird. *Wer also die Zustimmung zum Wahrheitsanspruch der Religion will, muß die Geistesfreiheit wollen.*

Das ist der Grund, warum gerade Vertreter der Religion für Geistesfreiheit in religiösen Fragen, also für *Religionsfreiheit*, eingetreten sind. Das Zweite Vatikanische Konzil hat eine eigene Erklärung „Über die Religionsfreiheit" verabschiedet. In diesem Dokument wird die Religionsfreiheit als ein Recht beschrieben, das aus der Würde der menschlichen Natur entspringt. Darum beginnt die Erklärung mit den Worten „Die Würde der menschlichen Person" *(Dignitatis humanae)* und wird gewöhnlich nach diesen Anfangsworten zitiert. Der Text betont weiterhin, daß das Recht auf Religionsfreiheit nicht nur der Würde des Menschen als eines Geistsubjekts, sondern auch dem Wahrheitsanspruch der religiösen Botschaft entspricht. „Denn der Glaubensakt", also derjenige Akt, in dem auch der Wahrheitsanspruch der religiösen Botschaft angenommen wird, „ist seiner Natur nach ein freier Akt".[7]

5 Immanuel KANT: Kritik der praktischen Vernunft. Riga 1788, A 74.

6 Georg Wilhelm Friedrich HEGEL: Philosophie der Religion. II. In: Sämtliche Werke. Hrsg. von Hermann GLOCKNER. Stuttgart 1927–1940, Bd. 16, S. 315.

7 Zweites Vatikanisches Konzil. Erklärung über die Religionsfreiheit (Dignitatis humanae). In: K. RAHNER / H. VORGRIMLER (Hrsg.): Kleines Konzilskompendium. Freiburg 1966, S. 669.

(2) Mit dem Wahrheitsanspruch der Religion ist die Forderung verbunden, einer Botschaft, die der Mensch sich nicht selbst sagen könnte, im Vertrauen darauf zuzustimmen, daß der Vermittler dieser Botschaft von Gott bevollmächtigt sei. Paulus hat diese Art der Zustimmung „Gehorsam des Glaubens" genannt (Röm 1,5). Versuchen Sie, die Einwände zusammenzufassen, die aus sozialethischen Gründen gegen die Forderung eines „Glaubensgehorsams" vorgebracht werden können.

....

....

....

....

....

....

....

....

....

....

....

....

....

....

....

Glaubensgehorsam und Geistesfreiheit – ihr Verhältnis als Thema der Theologie

Wenn gerade der Wahrheitsanspruch der Religion die Freiheit des Geistes voraussetzt, dann scheint es um so schwerer verständlich, daß die Anerkennung dieses Wahrheitsanspruchs den Charakter des Gehorsams haben soll, also der Unterwerfung unter eine Anweisung, die der Mensch sich nicht selbst geben würde. Dieses Problem soll daher nun einer Lösung zugeführt werden.

Eine biblische Aussage zum Verständnis von „Geist" und „Geistesfreiheit"

Es gibt einen Textabschnitt im Neuen Testament, der sich, wenigstens beim ersten Lesen, sehr ähnlich anhört wie das, was soeben zur Selbstbestimmung der Vernunft und zur Freiheit des Geistes gesagt worden ist. Philosophen wie HEGEL haben diesen Textabschnitt gewiß gekannt. Es ist sogar wahrscheinlich, daß sie sich von diesem Text zu ihrem Verständnis von Geist und Geistesfreiheit haben anregen lassen. Und doch zeigt eine genauere Lektüre: Dieser Text spricht ein speziell religiöses – ja, jetzt muß man sagen: ein unverwechselbar christliches – Verständnis von Geist und Geistesfreiheit aus.

„Der Geist ergründet nämlich alles, auch die Tiefen Gottes. Wer von den Menschen kennt den Menschen, wenn nicht der Geist des Menschen, der in ihm ist? So erkennt auch keiner Gott – nur der Geist Gottes. Wir aber haben nicht den Geist der Welt empfangen, sondern den Geist, der aus Gott stammt, damit wir das erkennen, was uns von Gott geschenkt worden ist. Davon reden wir auch, nicht mit Worten, wie menschliche Weisheit sie lehrt, sondern wie der Geist sie lehrt, indem wir den Geisterfüllten das Wirken des Geistes deuten. Der irdisch gesinnte [wörtlich: der seelische] Mensch aber läßt sich nicht auf das ein, was vom Geist Gottes kommt. Torheit ist es für ihn, und er kann es nicht verstehen, weil es nur mit Hilfe des Geistes beurteilt werden kann. Der geisterfüllte Mensch urteilt über alles, ihn aber vermag niemand zu beurteilen." (1 Kor 2,10–15)

Vieles an diesem Textabschnitt erinnert an das philosophische Verständnis von „Geist" und „Geistesfreiheit". Auch wenn hier nicht auf alle Bedeutungsmomente der biblischen Rede von „Seele" und „Geist" eingegangen werden kann, so scheint doch soviel deutlich zu sein: „Seele" ist etwas ganz Individuelles, „Geist" dagegen macht fähig zum Dialog („Davon reden wir auch") und zur gemeinsamen Urteilsfindung („damit wir das erkennen, was uns von Gott geschenkt worden ist"). Und dieser Geist ist unbegrenzt wahrheitsfähig (er „ergründet alles, sogar die Tiefen Gottes"). Darum ist der Geistbegabte nicht abhängig von fremder Belehrung („nicht mit Worten, wie menschliche Weisheit sie lehrt"). Er erfaßt vielmehr die Wahrheit in eigenem Urteil, das keinem fremden Urteil unterworfen ist („Der geisterfüllte Mensch urteilt über alles, ihn aber vermag niemand zu beurteilen"). Wahrheitsfähigkeit, Urteilsfähigkeit, Gemeinschaftsfähigkeit und in alledem Freiheit sind also die unterscheidenden Eigenschaften dessen, der nicht nur „Seele", sondern „Geist" besitzt.

Fragen wir jedoch nach der Quelle, aus der unser Text diese Geistesfähigkeiten herleitet, so müssen wir uns vor Fehldeutungen hüten. Da gibt es einen Satz, der die philosophische Meinung zu bestätigen scheint, Quelle aller Geistesfreiheit sei die Fähigkeit, sich selbst zu erkennen und kritisch zu beurteilen. „Denn wer von den Menschen kennt den Menschen, wenn nicht der Geist des Menschen, der in ihm ist?" Man könnte meinen, Paulus bestätige hier die Regel des SOKRATES, nach welcher alle Fähigkeit zur Erkenntnis auf kritischer Selbstbeurteilung beruht. „Erkenne dich selbst" ist das Motto dieser philosophischen Auffassung von der Geistesfreiheit und Wahrheitsfähigkeit des Menschen. Aber unser Text schreibt die unbegrenzte Fähigkeit zum Erforschen und Erfassen von Wahrheit und die souveräne Fähigkeit zum eigenen Urteil ohne Abhängigkeit vom Urteil anderer gar nicht demjenigen Geiste zu, den er den „Geist des Menschen" nennt, sondern dem „Geist Gottes", der „Gott erkennt". Vor allem aber kennt nur dieser Geist Gottes das, „was uns von Gott in Gnaden gewährt ist". Jene „Tiefen Gottes", die der Geist „ergründet", bestehen in den innersten Absichten Gottes zum Heil der Menschen. Und: *Diejenige Geistesfreiheit, die sich als Fähigkeit zum Urteil über „das, was Gottes ist", bewährt, ist nicht eine Folge des menschlichen Selbstbewußtseins, sondern eine Folge davon, daß die Glaubenden am „Geiste Gottes", an Gottes Wissen von seinen Heilsabsichten, Anteil gewinnen.* „Wir haben nicht den Geist der Welt empfangen, sondern den Geist, der aus Gott stammt."

Geistesfreiheit als Fähigkeit zum selbständigen Urteil, als unbegrenzte Fähigkeit zum Erfassen von Wahrheit, als Fähigkeit zur gemeinschaftlichen Urteilsfindung ist hier als Folge davon gedacht, daß Gott in einem freien Akt seiner Gnade dem Menschen an seinem göttlichen Wissen von sich selbst Anteil gegeben hat.

Es kann an dieser Stelle nicht näher darauf eingegangen werden, daß diese Auffassung vom Geist und seiner Freiheit auch bei HEGEL wiederkehrt. HEGEL war überzeugt, daß der Geist, der uns Menschen wahrheitsfähig, urteilsfähig und gemeinschaftsfähig macht, Teilhabe am göttlichen Selbstbewußtsein sei.

„Die Freiheit des Menschen besteht im Wissen und Wollen Gottes, ist nur durch Aufhebung des menschlichen Wissens und Wollens. Der Geist [...] bewegt sich zu dem Menschen und ist in ihm durch Aufhebung des Menschen. Was als unser Thun erscheint, ist alsdann Gottes Thun und auch umgekehrt."[8]

Wichtiger aber als diese Übereinstimmung ist im hier erörterten Zusammenhang der Unterschied: Es gibt nach Auffassung des Apostels Paulus nicht nur den Geist Gottes, an dem die Glaubenden Anteil gewinnen, sondern auch den „Geist der Welt", der sich in „Worten, wie menschliche Weisheit sie lehrt", ausspricht. Dieser Geist der Welt ist gerade in den Dingen, von denen der Apostel sprechen will, völlig

---

8 Georg Wilhelm Friedrich HEGEL: Philosophie der Religion (I). In: Sämtliche Werke, Ausgabe GLOCKNER, a.a.O., Bd. 15, S. 238.

unfähig, zu einem sachgerechten Urteil zu finden. *Freiheit des Geistes, Wahrheitsfähigkeit, Urteilsfähigkeit und Gemeinschaftsfähigkeit, wie Paulus sie versteht, sind also Folgen davon, daß dem Glaubenden anstelle des „Geistes der Welt" ein neuer Geist, der Geist Gottes, gegeben ist.*

(3) Versuchen Sie, anhand des Textes 1 Kor 2,10–15 das christliche Verständnis von „Geistesfreiheit" mit einem rein sozialethischen Verständnis dieses Begriffs zu vergleichen.

....

....

....

....

....

....

....

....

....

....

....

Geistesfreiheit als Folge einer „Umgestaltung des Denkens"

Der Mensch, der am Geiste Gottes Anteil gewinnt, wird dadurch in seinem Denken „umgestaltet". Von dieser Umgestaltung des Denkens spricht eine Stelle aus einem anderen Brief des Apostels. Diese zweite Briefstelle kann dazu helfen zu verstehen, warum nach Auffassung des Paulus Geistesfreiheit und Glaubensgehorsam keine Gegensätze sind.

In seinem Brief an die Römer schreibt der Apostel Paulus:

„Ich ermahne euch also, Brüder, bei der Barmherzigkeit Gottes, bringt euren Leib als lebendige und heilige Opfergabe Gott dar, als euren vollgültigen Gottesdienst. Und lasset euch nicht mitprägen ins Schema dieser Weltzeit, sondern lasset euch umgestalten in der Neuheit des Denkens, damit ihr abschätzen könnt, was Gottes Wille ist, das Gute und Zustimmungswürdige und Vollkommene." (Röm 12, 1f.)

Auch an dieser Briefstelle ist von der Urteilsfähigkeit die Rede, die den Christen auszeichnen soll. Was Gottes Wille ist, das soll der Christ selbst „abschätzen" können, so daß es ihm nicht durch fremde Autoritäten gesagt werden muß. Paulus scheut sich deshalb nicht, den religiösen Begriff „der Wille Gottes" durch eine Reihe anderer Begriffe zu erläutern, die er aus der Sprache der Philosophie seiner Zeit übernimmt: „das Gute, Zustimmungswürdige, Vollkommene". Damit sind Themen genannt, die man auch mit ganz menschlichen, keineswegs nur den Glaubenden verständlichen Argumenten erörtern kann. Und es sind Inhalte bezeichnet, auf die der menschliche Geist sich in freier Selbstbestimmung verpflichten kann.
Aber nach Auffassung des Apostels versteht sich diese Urteilsfähigkeit und Dialogfähigkeit des menschlichen Geistes nicht von selbst. Sie wird erst dann gewonnen, wenn das Denken sich in eine neue Gestalt bringen läßt. Und dazu ist es nötig, daß das Denken aus einer alten Prägung befreit wird. Darin, daß der menschliche Geist auf eine solche Befreiung und Neugestaltung angewiesen ist, die er nicht selbst bewirken kann, sondern die an ihm geschehen muß, liegt offensichtlich nach Auffassung des Paulus die *Grenze der Autonomie des menschlichen Geistes.*

In dem früher zitierten Textabschnitt aus dem 1. Brief an die Korinther war vom „Geist der Welt" (des „Kosmos") die Rede, der nicht fähig ist, „das, was Gottes ist", zu erfassen. Nach dem hier zitierten Abschnitt aus dem Römerbrief macht das „Mitgeprägtsein ins Schema dieser Weltzeit" (dieses „Äon") den Menschen unfähig, das, was Gott will, richtig „abzuschätzen". Damit ist deutlicher gesagt, daß es sich hier nicht um ewige Gesetze des Kosmos, sondern um geschichtliche und also veränderliche Gestaltungen handelt, die für je eine „Weltzeit" charakteristisch sind. Und Paulus meint: „diese Weltzeit", also die Epoche, in der wir leben, präge unser Denken auf solche Art, daß wir unfähig werden, den Wahrheitsanspruch der christlichen Botschaft richtig zu beurteilen. Und er gibt an einer anderen Stelle, im 10. Kapitel des Römerbriefs, eine Charakteristik derjenigen „Prägung des Denkens", die uns durch diese Weltzeit auferlegt wird. Er spricht von dem Bestreben der Menschen, „eine eigene Gerechtigkeit aufzurichten", das heißt, sich vor Gott und den Menschen ins Recht zu setzen (Röm 10,3).

Wir kennen heute genauer, als Paulus dies zu seiner Zeit konnte, die psychischen und sozialen Mechanismen, die unser Denken prägen. Die Theorie, die diese Bestimmungsgründe unseres theoretischen und praktischen Urteilens beschreibt, heißt „Ideologietheorie". Eine zentrale Behauptung der philosophischen Ideologietheorie lautet:

Das menschliche Bewußtsein spiegelt die realen Bedingungen, unter denen der Einzelne und die Gruppe, der er angehört, leben. Diese Spiegelung hat insbesondere zur Folge, daß das Urteil über Wahr und Falsch, Gut und Böse, also über die Normen der Theorie und der Praxis, von den Interessen bestimmt wird, die sich aus der realen Lebenssituation der Menschen ergeben. Und weil diese Lebenssituationen sich ändern, darum ändern sich mit den wechselnden Zeitumständen auch die Interessen und mit ihnen die theoretischen und praktischen Überzeugungen der Menschen.[9]

Diese Entdeckung erweckte zunächst den Anschein, als sei sie mit dem Wahrheitsanspruch der Religion unvereinbar. Denn Religionen wollen Wahrheiten verkünden, die „göttlich" und darum von den wechselnden Lebensumständen der Menschen unabhängig sind. Doch zeigt eine genauere Betrachtung, daß gerade die christliche Verkündigung die Aussage einschließt, das Denken des Menschen sei „geprägt in das Schema dieser Weltzeit", also durch die Eigenart der Epoche, in der wir leben, bestimmt. Diese überraschende Entsprechung zwischen der Ideologietheorie und der Paulinischen Verkündigung tritt noch deutlicher hervor, wenn man fragt, auf welche Weise das jeweilige Zeitalter das menschliche Urteil prägt.

Die Weise, wie diese Prägung geschieht, wird durch eine zweite, ebenso zentrale Behauptung der Ideologietheorie beschrieben:

Der Mensch, so wird gesagt, kann seine natürlichen Bedürfnisse nur befriedigen, wenn er sich in der Gesellschaft gegen konkurrierende Individuen und Gruppen durchsetzt. Das kann ihm auf Dauer nur gelingen, wenn er vor sich selbst und vor anderen den Anschein erweckt, nicht nur für seine eigenen Interessen, sondern für die gerechte Sache zu kämpfen. Nur so findet er Bundesgenossen und vermindert die Zahl und die Durchsetzungskraft seiner Konkurrenten.

So ist das Urteil des Menschen von dem Interesse geprägt, sich selbst ins Recht und die Konkurrenten ins Unrecht zu setzen. Wir sind, ganz wie Paulus dies sagte, durch „diese Weltzeit" so geprägt, daß wir bestrebt sind, „unsere eigene Gerechtigkeit aufzurichten".

9 Vgl. Karl Mannheim: Ideologie und Utopie. Bonn 1929, 5. Aufl. Frankfurt 1963.

So versteht man unter „Ideologien“ Wahrheitsansprüche, die mit scheinbar ganz sachlichen Argumenten vorgetragen werden, die sich aber bei näherer Betrachtung – meist ohne daß die Vertreter solcher Wahrheitsansprüche dies bemerken – als Mittel erweisen, um einen Vorteil in den gesellschaftlichen Auseinandersetzungen zu erwerben. Wir erleben beständig, daß diese Ideologisierung des Denkens (das heißt die Verwandlung von Argumenten, die das objektiv Wahre und Gute nachweisen sollen, in Mittel zur Verbesserung unserer gesellschaftlichen Konkurrenzlage) die Wahrheitsfähigkeit, Kommunikationsfähigkeit und Konsensfähigkeit unseres Denkens bedroht.

Die moderne Ideologietheorie zeigt, wie die Prägung ins Schema dieser Weltzeit die Geistesfreiheit verdirbt; die Kritik des Paulus an der Selbstgerechtigkeit zeigt, woran es liegt, daß wir für die Ideologisierung unseres Denkens so anfällig sind.

Und was wichtiger ist: *Paulus nennt die Bedingung, unter der allein wir von diesem Zwang zur Selbstrechtfertigung und damit zur Ideologisierung befreit werden können.* Dies geschieht nur dadurch, daß wir uns sagen lassen: Unsere Hoffnung auf Heil beruht nicht darauf, daß wir uns vor uns selbst und vor anderen als gerecht erscheinen lassen, sondern darauf, daß Gott uns Sündern gnädig ist. Gott schenkt uns das Heil nicht, weil wir es durch unsere eigene Gerechtigkeit verdient hätten, sondern allein durch seine vergebende Gnade.

In den Jahrhunderten nach Paulus haben die Theologen diese zentrale Lehre des Apostels die „Lehre von der Rechtfertigung des Sünders allein durch Gottes Gnade“ oder kurz die „Rechtfertigungslehre“ genannt (vgl. STE 18). Diese Rechtfertigungslehre ist sowohl von LUTHER und den übrigen Reformatoren als auch von der katholischen Kirche auf dem Konzil von Trient (1545–1563) ins Zentrum der christlichen Verkündigung gerückt worden. Von dieser Verkündigung behauptet der Apostel und hoffen alle Christen, daß sie uns aus der „Prägung ins Schema dieser Weltzeit“ befreit. Und das schließt ein, daß diese Verkündigung den Zwang der Selbstrechtfertigung und folglich der Ideologisierung von uns nimmt und uns befähigt, „abzuschätzen, was der Wille Gottes ist, das Gute, Zustimmungswürdige, Vollkommene“.

Daraus ergibt sich, von welcher Art der Wahrheitsanspruch ist, den Paulus für das Evangelium, das er verkündet, erhebt: *Der Wahrheitsanspruch der christlichen Botschaft von der Rechtfertigung des Sünders ist der Anspruch, daß dieses Wort dem Menschen die Befreiung von der „Prägung ins Schema dieser Weltzeit“ zuspricht, so daß der Mensch erst im Hören auf dieses Wort zum Urteil über „das, was Gottes ist“ (1 Kor 2,11) bzw. über „das Gute“ (Röm 12,2) fähig wird.*

(4) Versuchen Sie, anhand des Textes Röm 12,1f. zu zeigen, inwiefern die christliche Botschaft von der Rechtfertigung des Sünders ein Angebot enthält, die ideologische Befangenheit des menschlichen Denkens zu erkennen und zu überwinden.

....

....

....

....

....

....

....

....

....

Wenn wir aber die ideologische Befangenheit unseres Denkens nur dadurch überwinden können, daß wir auf das Wort von Gottes vergebender Gnade hören, dann wird auch verständlich, daß nach Auffassung des Apostels Paulus der Gehorsam des Glaubens die Freiheit des Geistes nicht aufhebt, sondern erst möglich macht. Denn das Wort von der Vergebung unserer Sünden können wir uns nicht selbst sagen, sondern müssen es uns sagen lassen. Ehe dieses Wort zu uns gesprochen wurde, lief alle Selbstbestimmung des Geistes darauf hinaus, daß wir uns immer neu in den Zwang zur Selbstrechtfertigung und damit in immer neue Ideologien verstrickt haben. Die Freiheit des Geistes, seine Wahrheitsfähigkeit und Konsensfähigkeit geht so verstanden aus dem Hören des Wortes und aus dem Gehorsam hervor, mit dem wir uns dieses Wort zusprechen lassen und uns so dazu auffordern lassen, uns „als lebendige Opfergabe darzubringen“ (Röm 12,1), statt nach Selbstdurchsetzung zu streben.

Der Glaubensgehorsam als Kreuzesgehorsam und die Freiheit des Geistes als Folge der Hoffnung auf die Auferweckung der Toten

Alle Überlegungen zum christlichen Verständnis von Glaubensgehorsam und Geistesfreiheit wären unvollständig, wenn sie nicht zuletzt auf die Mitte der christlichen Botschaft bezogen würden: auf die Botschaft von Jesu Kreuz und Auferstehung. Dieser Zusammenhang läßt sich auf folgende Weise nachzeichnen:

Die Freiheit des Geistes, so hat sich gezeigt, kann durch äußere Zwänge nur deshalb bedroht werden, weil diese äußeren Zwänge uns in Auseinandersetzungen verstrikken, in denen die innere Nötigung zur Ideologisierung des Denkens entsteht. Diese Ideologisierung erfolgt dadurch, daß Argumente der Vernunft in Mittel zur gesellschaftlichen Durchsetzung verwandelt werden. Der Zwang zu solcher Ideologisierung des Denkens beruht darauf, daß sich in der Gesellschaft auf die Dauer nur durchsetzen kann, wer sich gegenüber seinen Konkurrenten ins Recht, seine Mitbewerber ins Unrecht setzt. Der Verzicht auf konkurrierende Selbstgerechtigkeit wird also mit einer Minderung der Chancen auf gesellschaftlichen Erfolg erkauft.

Aus diesen Überlegungen folgt: Die bedrohte Freiheit des Geistes kann nur der wiedergewinnen, der, wenn es sein muß, die Niederlage im gesellschaftlichen Konkurrenzkampf in Kauf nimmt, und zwar auch dann, wenn es in diesem Konkurrenzkampf um Leben oder Tod geht. Das Wort von dem Gott, der den Sünder gerecht macht und ihm gerade deshalb jeden „Ruhm der Selbstgerechtigkeit“ verbietet, wird dann zum Gebot, Jesus auf dem Weg des Kreuzes nachzufolgen. *Glaubensgehorsam, also Anerkennung des Wahrheitsanspruchs dieser Botschaft, wird zur Gemeinschaft mit dem Kreuzesgehorsam Jesu,* der zu seinem Vater sagte: „Nicht mein Wille geschehe, sondern der Deine.“ Freiheit des Geistes als Überwindung der Verstrickung in Ideologien fordert die Gemeinschaft mit diesem Kreuzesgehorsam Jesu. Wer sein Leben nicht hingeben kann, gewinnt die Freiheit des Geistes nicht.

Nun haben freilich schon in der Antike die Philosophen aus der Schule der →*Stoiker* gewußt, daß Todesbereitschaft der Preis der Freiheit ist. Dieser Todesbereitschaft verdankten sie die Freiheit ihres Sprechens und Handelns, auch in Gestalt des „Mannesmuts vor Fürstenthronen“, das heißt die Kraft zur freimütigen Rede in Gegenwart der Mächtigen, die durch diese Rede erzürnt wurden. Und doch ist christlicher Glaubensgehorsam etwas anderes als stoischer Todesmut. Denn dieser stoische Todesmut ist noch immer eine Weise, sich selbst gegenüber der bösen Welt ins Recht zu setzen – ein bitterer Triumph des Gerechten inmitten einer Welt von Ungerechtigkeit. Darum wird diese Art von Todesmut leicht zu einer Ideologie der Machtlosen, zur geistigen Rache für die physische Ohnmacht. Kreuzesgehorsam verlangt, auch auf diesen Triumph zu verzichten. Christliche Toleranz ist die Fähigkeit des Christen, der Freund derer zu sein, die meinen, seine Feinde sein zu müssen. Christliche

Überwindung des Fanatismus besteht darin, nicht das Gericht an der bösen Welt zu vollstrecken (und sei es in dem Ersatz-Triumph, als Gerechter an dieser ungerechten Welt zu scheitern), sondern sich gemeinsam mit dieser Welt als Sünder zu wissen, sich gemeinsam mit ihr unter Gottes Gericht zu beugen, um gemeinsam mit ihr auf Gottes Vergebung zu hoffen.

Dieser Zusammenhang zwischen Geistesfreiheit, Kreuzesgehorsam und Hoffnung auf die Auferweckung derer, die durch die Sünde tot gewesen sind und durch Gottes Vergebungsgnade lebendig gemacht werden, kommt an einer anderen Stelle aus dem Römerbrief des Apostels Paulus besonders deutlich zum Ausdruck. Dieser Text soll hier in der Übersetzung Martin LUTHERS geboten werden; denn manchem sind gerade diese Sätze vielleicht aus der Vertonung durch Johann Sebastian BACH in seiner Kantate *„Jesu, meine Freude“* bekannt:

„So ist nun nichts Verdammliches an denen, die in Christo Jesu sind [. . .] Denn das Gesetz des Geistes, der da lebendig macht in Christo Jesu, hat mich frei gemacht von dem Gesetz der Sünde und des Todes [. . .] So aber Christus in euch ist, so ist der Leib zwar tot um der Sünde willen, der Geist aber ist Leben um der Gerechtigkeit willen. So nun der Geist des, der Jesum von den Toten auferwecket hat, in euch wohnt, so wird auch derselbe, der Christum von den Toten auferweckt hat, eure sterblichen Leiber lebendig machen um deswillen, daß sein Geist in euch wohnt.“ (Röm. 8,1–11)

Die christlich verstandene Freiheit des Geistes ist also nicht, wie der stoische Todesmut, ein Pochen auf die innere Kraft, die allen äußeren Schicksalsschlägen trotzt, sondern der Mut des Vertrauens auf den Geist Gottes, der die Toten lebendig macht. „Denn wenn der Geist dessen, der Jesus von den Toten auferweckt hat, in euch ist, dann wird auch der gleiche, der Jesus von den Toten auferweckt hat, eure sterblichen Leiber lebendig machen“ (Röm 8,11).

Glaubensgehorsam, christlich verstanden, ist also zunächst die Zustimmung zum Wahrheitsanspruch des Wortes, das der Mensch sich nicht selbst sagen kann: des Wortes, das ihm Gottes Vergebung zuspricht. Aber zutiefst und zuletzt ist diese Zustimmung zu Gottes Gnadenwort Gemeinschaft mit dem Kreuzesgehorsam Jesu, von dem gesagt wird: „Er ist für uns gehorsam geworden bis zum Tod, ja bis zum Tod am Kreuze“ (Phil 2,8). Und Geistesfreiheit, christlich verstanden, ist zunächst die Befreiung vom Selbstrechtfertigungszwang und damit von der ideologischen Verstrickung und so die Befähigung zu erkennen, „was Gottes ist“: nämlich Gottes Gnade, und „abzuschätzen, was Gottes Wille ist“: nämlich unsere Erlösung ohne all unser eigenes Verdienst. Aber zuletzt und zutiefst ist diese Befreiung unseres Geistes die Befreiung vom Zwang zur Selbstdurchsetzung in der Hoffnung auf jenen Geist Gottes, der die Toten erweckt. „Denn das Gesetz des Geistes, der da lebendig macht in Christus Jesus, hat mich frei gemacht von dem Gesetz der Sünde und des Todes“ (Röm 8,2). *Der Wahrheitsanspruch der christlichen Glaubensbotschaft ist ihr Anspruch, durch den Ruf in die Kreuzesnachfolge und durch die Zusage der Auferstehungshoffnung dem Menschen die Freiheit des Geistes zu vermitteln.*

Christlich-theologische und sozialethische Rede von „Geistesfreiheit“ und „Glaubensgehorsam“ – ein unvermittelter Gegensatz?

Sozialethische und christlich-theologische Überlegungen zum Thema „Geistesfreiheit und Glaubensgehorsam“ scheinen zu Ergebnissen zu führen, die einander widersprechen. Der Gegensatz der Ergebnisse, wie er sich einem ersten, korrekturbedürftigen Blick darstellt, kann in folgender Weise formuliert werden: Sozialethisch gesehen, setzt jeder Gehorsam die Freiheit des Geistes voraus; theologisch betrachtet, setzt die Befreiung des Geistes den Gehorsam des Glaubens voraus. Sozialethisch gesehen, verstößt jede Unterwerfung des Gewissens und also auch jede Unterwerfung des Glaubens unter fremde Autoritäten gegen die Forderung der Geistesfreiheit und entzieht so dem Gehorsam seine eigene Voraussetzung; theologisch gesehen, beruht jeder Versuch, menschliche Geistesfreiheit als gegeben vorauszusetzen, auf der Verschleierung der Tatsache, daß der menschliche Geist immer schon im Zwang zur Selbstrechtfertigung und damit zur Ideologisierung gefangengehalten ist und daß er seine Urteilsfähigkeit, Wahrheitsfähigkeit und Konsensfähigkeit erst wiedergewinnt, wenn er sich im Gehorsam des Glaubens die Vergebung der Sünden zusprechen läßt. Die Verweigerung des Glaubensgehorsams entzieht so gesehen umgekehrt der Geistesfreiheit ihre Voraussetzung. So entsteht die Frage:

▷ *Kann und muß es bei diesem unvermittelten Gegensatz zwischen sozialethischer und theologischer Betrachtung bleiben?* ◁

Dabei ist deutlich: Solange es bei einem solchen unvermittelten Gegensatz zwischen dem christlich-theologischen und dem sozialethischen Verständnis von „Geistesfreiheit“ und „Glaubensgehorsam“ bleibt, ist die christliche Forderung, sich durch den Gehorsam gegenüber dem Wahrheitsanspruch des Evangeliums erst zur „Freiheit des Geistes“ befreien zu lassen, sozialethisch nicht zu verantworten. Denn es entsteht der Anschein: Wer Freiheit verspricht und als Bedingung dafür Gehorsam verlangt, kehrt das Verhältnis von Bedingung und Folge um: Nicht Gehorsam, so scheint es, ist Bedingung der Freiheit, sondern Freiheit ist die Bedingung jedes sittlich verantwortbaren Gehorsams, und wer dieses Bedingungsverhältnis umkehrt, verdirbt die Freiheit und den Gehorsam zugleich. Wenn also der Wahrheitsanspruch der christlichen Botschaft sittlich verantwortet werden soll, dann kann und darf es bei dieser unvermittelten Entgegensetzung nicht bleiben.

Eine genauere Analyse zeigt jedoch: *Es braucht bei dieser Entgegensetzung auch nicht zu bleiben.* Denn die christliche Kritik an der menschlichen „Selbstgerechtigkeit“ hat auf einen Sachverhalt aufmerksam gemacht, an dem auch der Sozialethiker nicht vorbeigehen kann. „Freiheit des Geistes“, auf welche die Sozialethik sich beruft, kann nicht einfach als gegeben vorausgesetzt werden. Tatsächlich sind wir in unserem Denken, Urteilen und Wollen immer schon in Zwänge verstrickt, die durch die moderne Ideologietheorie deutlich gemacht worden sind. Wir sind gerade dort, wo wir in Freiheit zu urteilen und zu entscheiden meinen, auf eine besonders wirksame, weil für uns selbst besonders schwer durchschaubare Weise befangen in Interessen, die ihrerseits in der Notwendigkeit begründet sind, sich in gesellschaftlichen Auseinandersetzungen zu behaupten.

Der Wahrheitsanspruch der christlichen Botschaft besteht, sozialethisch gesehen, darin, daß diese Botschaft den Grund für die tatsächliche Verstrickung unseres Denkens und Wollens benennt (den Zwang, „seine eigene Gerechtigkeit aufzurichten“) und den Weg zur Überwindung dieser inneren Unfreiheit öffnet (das Vertrauen auf die göttliche Vergebungsgnade, die uns vom Zwang zur Selbstrechtfertigung befreit).

Das bedeutet freilich auch, daß sich der Wahrheitsanspruch der christlichen Botschaft einer Bewährungsprobe unterstellt. Jene „Freiheit des Geistes“, die diese Botschaft uns verheißt, muß sich darin als wirksam erweisen, daß der Gehorsam gegenüber dem Evangelium die ideologische Befangenheit unseres Denkens in ihrer Wurzel aufdeckt und von dieser Wurzel her überwindet. *Die Bewährungsprobe für den Wahrheitsanspruch des christlichen Glaubens besteht, sozialethisch gesehen, in seiner ideologiekritischen und die Ideologien in ihrer Wurzel überwindenden Kraft.*

II. Weltreligionen in ihrer Bedeutung für unseren Lebensbereich

Bei der Beschäftigung mit den Weltreligionen, die für unseren Lebensbereich besondere Bedeutung haben, nehmen Judentum und Islam naturgemäß den größten Raum ein. Durch seine Herkunft ist das Christentum mit dem Judentum am nächsten verwandt. Ihren bleibenden Ausdruck findet diese Verwandtschaft in der Tatsache, daß die Hebräische Bibel zum Alten Testament für die Christen wurde – eine Tatsache, die zugleich Nähe und Unterschied zum Ausdruck bringt. Aber nicht nur durch ihre heiligen Schriften sind Juden und Christen miteinander verbunden, sondern auch durch eine lange – weithin schuldbeladene und leidvolle – gemeinsame Geschichte. In diese Geschichte gehören auch die Judenverfolgung und Judenermordung des Dritten Reiches hinein. Was folgt aus alledem für das heutige Verhältnis von Juden und Christen? Nicht weniger vorgeprägt durch gemeinsames Erbe und belastende geschichtliche Erfahrungen ist das Verhältnis des Christentums zur dritten und jüngsten semitischen Religion, zum Islam. Ihn verstehen zu lernen, ist nicht nur im Blick auf seine allgemeine Bedeutung und seine Neubelebung erforderlich, sondern auch im Hinblick auf die soziale und religiöse Herausforderung, die die Existenz von mehr als 1,5 Millionen Muslimen in der Bundesrepublik darstellt. Auf ganz anderen Wegen sind die großen östlichen Religionen, voran Hinduismus und Buddhismus, zu einer Herausforderung für uns geworden: Sie bieten religiöse Erfahrungen und Lebensformen, die von vielen (vor allem jüngeren) Menschen als echte Alternative zum Christentum und zur abendländisch-westlichen Lebens- und Wertordnung empfunden werden. In wenigstens einer Studieneinheit soll deswegen ein erster Einblick in die Welt dieser Religionen vermittelt werden.

6. Juden und Judentum

Autor der Studieneinheit: Ernst Ludwig Ehrlich

ERNST LUDWIG EHRLICH (64), Studium der Judaistik, alttestamentlichen Wissenschaft, Philosophie und Psychologie. 1950 Promotion in Basel. Seit 1958 an verschiedenen Universitäten tätig, so in Berlin, Frankfurt, Zürich und Bern. Seit 1958 Zentralsekretär der Christlich-Jüdischen Arbeitsgemeinschaft in der Schweiz; seit 1961 europäischer Direktor der jüdischen Organisation B'nai B'rith. Verfasser zahlreicher wissenschaftlicher Arbeiten über das Judentum, besonders auf dem Gebiete der Religionsgeschichte und Geschichte. Herausgeber der wissenschaftlichen Forschungsreihe „Studia Judaica" (Berlin, bisher 12 Bände erschienen). Mitglied in zahlreichen nationalen und internationalen Gremien der christlich-jüdischen Zusammenarbeit.

Allgemeine Einführung

Jüdisches Volk und jüdischer Glaube sind in Vergangenheit und Gegenwart keine in sich geschlossene Einheit. Das Judentum ist vielmehr eine Größe von lebendiger Vielfalt. Es hat jedoch in dieser Vielfalt seine Identität von den biblischen Zeiten bis heute wahren können, auch über die Katastrophen einer höchst wechselvollen Geschichte hinweg – wie etwa die Zerstörungen des ersten (Salomonischen) und des zweiten Tempels mitsamt der Hauptstadt Jerusalem oder zuletzt den Versuch der Nationalsozialisten, die europäische Judenheit zu vernichten.

Für diese Lebenskraft des Judentums sind von der Heiligen Schrift und der jüdischen Tradition her diese Grundvoraussetzungen wesentlich:

- Der Glaube an den einen Gott, der sich als Schöpfer und Erhalter der Welt diesem Volk Israel in besonderer Weise zugewandt, mit ihm in den Vätern Abraham, Isaak und Jakob, später – nach der Befreiung aus der ägyptischen Knechtschaft – in der Wüste durch Mose den Bund geschlossen hat.
- Die Offenbarung der Tora als Richtschnur für das Leben in allen seinen Dimensionen – insofern beinhaltet Tora wesentlich mehr, als der christlicherseits leicht mißzuverstehende Begriff „Gesetz" zu erkennen gibt; indem Israel die Herrschaft Gottes annimmt und sich nach ihr ausrichtet, bezeugt es der Welt das Recht und die Gerechtigkeit, die Gottes Heilswillen für die Menschheit gesetzt hat.
- Die Hoffnung auf Erlösung, die für das Volk Israel mit seinem Land *(Erez Israel)* verbunden ist; wie Gott einst durch die Heilstat der Befreiung aus Ägypten *(Exodus)* seinen Bund bewährt hat, so wird er auch sein Reich, das Friedensreich für Israel, kommen lassen; dieses Reich wird als die Vollendung von Recht und Gerechtigkeit für alle Völker verstanden.

Nicht zuletzt von der Vergegenwärtigung dieser Grundgedanken in den Festen und Feiern des jüdischen Jahres, vor allem auch innerhalb der Familien, nährt sich die Dynamik des Judentums. Von diesen Grundgedanken aus konnte und kann es sich sein Selbst- und Glaubensverständnis in den Wandlungen der Geschichte stets neu und den Erfordernissen der jeweiligen Zeit entsprechend aneignen. Dies gilt für die Epoche des Neuaufbaus nach dem Babylonischen Exil, als im 5. und 4. Jahrhundert prophetische Impulse der Königs- und Exilszeit (8.–6. Jahrhundert) in starkem Maß wirksam wurden, ebenso wie für die Festigung des Judentums während und nach den Erschütterungen, die der Verlust der verbliebenen vergleichsweise großen Selbständigkeit im 1. und 2. Jahrhundert mit sich brachte. Es gilt auch für die mittelalterliche Religionsphilosophie und Mystik, wo gegenüber Christentum und Islam der Eigenwert des Jüdischen erfahren und herausgearbeitet wurde, und neuerdings für die Aufbrüche, die das Judentum im Gefolge der Aufklärung und der bürgerlichen Gleichstellung *(Emanzipation)* im 18. und 19. Jahrhundert und schließlich durch die unvorstellbaren mörderischen Steigerungen des Antisemitismus im vorigen und besonders in unserem Jahrhundert erlebte, die wesentlich zur Neugründung des Staates Israel im Jahre 1948 beigetragen haben.

In dieser Studieneinheit werden die geistigen Grundlagen des Judentums aus den Quellen der Bibel und der Tradition – das schließt die Liturgie ein – vorgestellt, wie sie für Glauben und Leben des jüdischen Volkes prägend wirken.

Nach dem Durcharbeiten dieser Studieneinheit sollen Sie in der Lage sein,

- den jüdischen Gottesglauben in seinen Hauptlinien nachzuzeichnen;
- jüdische Glaubens- und Lebenspraxis an Beispielen von Feier, Gebet und Gottesdienst aufzuzeigen;
- die Bedeutung der Erwählung Israels in Bibel und jüdischer Tradition zu erläutern;
- biblische Grundlagen und wesentliche Inhalte der jüdischen Zukunftshoffnung darzustellen;
- den Zionismus nach seinem Selbstverständnis zu beschreiben.

Der Name Gottes

Die Frage, die wir uns zunächst stellen, ist die Frage nach Gottes Namen. An welchen Stellen der Bibel wird Gott namentlich erwähnt, wie wird sein Name sprachlich gefaßt, welche Namen hat er? Daraus leitet sich der weitere Fragenkreis nach seinem Anspruch an den Menschen, und insbesondere an das Volk Israel, aber auch seiner Gegenwart in Geschichte und Zukunft ab.

Der eine Gott

„Da sagte Mose zu Gott: Siehe, ich komme zu den Kindern Israels, und ich sage ihnen: der Gott eurer Väter hat mich zu euch geschickt, und sie sagen mir: was ist sein Name? – was soll ich ihnen sagen? Da sagte Gott zu Mose: ‚Ich bin, der ich bin'. – Und er sagte: So sollst du den Kindern Israels sagen: ‚Ich bin' hat mich zu euch geschickt" (Ex 3,13f.).

Diese Stelle aus dem 2. Buch Mose stellt eine der Schlüsselaussagen der ganzen Bibel dar. Gott soll keinen Namen haben, er besitzt gewiß kein Bild. Gott hat sozusagen einen namenlosen Namen: Er ist der Seiende, der, der ist. Der Gedanke findet hier seine äußerste Grenze in der Sprache. Was Gott eigentlich ist, kann mit der Sprache des Menschen kaum noch ausgedrückt werden, und diese Grenzsituation des Menschen, in welcher er versucht, sich das Ewige und den Ewigen zu vergegenwärtigen, kommt zum Ausdruck, indem der Mensch Gott als den Seienden, als den, „der ist", zu begreifen sucht.
Wann dieser eben zitierte biblische Text entstanden ist, wissen wir nicht mehr. Aber wir hören in diesen Worten einen neuen Klang; sie drücken offenbar etwas aus, was vorher niemals gesagt worden ist; ein neues Prinzip hat hier einen Ausdruck gefunden – wobei offensichtlich ist, daß hier mit den Worten gerungen wird. Das Ewige, was hier ergriffen werden soll, im Worte sowohl als auch in der existentiellen Begegnung, entzieht sich einer anderen Begriffsfestlegung als dieses „Ich bin, der ich bin". Das ist eine deutliche Polemik gegen jede Festlegung in der Magie, im Götzendienst; der Seiende läßt sich nicht in einem Bilde oder in eine Formel bannen.

In einem offenbar späteren Text wird erneut etwas über diesen Einen ausgesagt, und dieser Text ist zum Bekenntnis des Juden bis zum heutigen Tage geworden; diese Stelle findet sich im 6. Kapitel des 5. Buches Mose:

שְׁמַע יִשְׂרָאֵל יְהוָה אֱלֹהֵינוּ יְהוָה אֶחָד׃

Schema Yisrael Adonai Elohenu Adonai Echad – Höre, Israel, der Herr, unser Gott, ist einzig!

Hier hat dieser Gott zwar einen Namen bekommen, den der Jude mit „Adonai" („Mein Herr") wiedergibt (schon die eigentliche Aussprache der Konsonantenfolge JHWH ist heute unsicher), aber es wird an der Einheit festgehalten. Gott ist eins. Im übrigen steht dieser Gottesname, was immer er auch bedeuten mag, in einer Beziehung zum Begriff des Seins. Es handelt sich hier wahrscheinlich um eine begriffliche Konkretisierung jenes alten Wortes vom „Ich bin, der ich bin".
Der Name Gottes ist daher im Grunde in diesem Text nicht verändert worden, eher gedeutet, wie das so oft in der Bibel und im nachbiblischen Judentum erfolgt ist. Es zeigt sich hier das Ringen um eine Wahrheit, die nie voll erfaßt werden kann.
Über diesen Gott wird gesagt, daß er „ein" ist, aber dieses Wort bedeutet zugleich auch „einzig". Dieser Glaube an den einen Gott ist keine Frage einer mathematischen Reduktion, bis von vielen Göttern nur noch einer übrig bleibt, sondern es ist der Glaube, es könne nur ein Gott sein. Und so hat es der protestantische Theologe Tillich richtig verstanden, wenn er meinte, Gott sei kein Wesen unter anderen, sondern das Sein schlechthin. Der Eine also bedeutet zugleich der Einzige.

Eine andere Übersetzung des Gottesnamens von Ex 3,14 kann noch erwähnt werden. In der Buber-Rosenzweigschen Bibelübersetzung heißt es:

„Gott sprach zu Mosche:
Ich werde dasein, als der ich dasein werde.
Und er sprach:
So sollst du zu den Söhnen Jißraels sprechen:
ICH BIN DA schickt mich zu euch."[1]

Auch diese Wiedergabe ist nicht als Name zu verstehen, mit dem Gott festgelegt wäre; aber sie hebt einen Aspekt der Gotteserfahrung Israels hervor, der für die Geschichte dieses Volkes vom Exodus an grundlegend ist: Gottes Aktivität in der Geschichte, seine helfende Gegenwart. Martin Buber hat daher einmal gesagt, ein wahrer Gott kann nicht ausgedrückt werden, man kann sich nur an ihn wenden.

Es wäre jedoch ein oberflächliches Betrachten, spräche man heute nicht auch von der Problematik, die sich aus der schlichten Tatsache ergibt, daß dieser eine Gott, der „Ich bin, der ich bin", sich nicht zeigte, als Millionen Menschen, nicht wenige von ihnen mit dem „Höre Israel", mit dem Schma-Gebet auf den Lippen, durch andere Menschen, die nur noch zum Schein die menschliche Dimension mit anderen Menschen gemeinsam hatten, ermordet wurden. Keine religiöse Betrachtung über Gott in unserer Zeit kann an der Tatsache dieses Geschehens vorbeigehen. Es ist nicht unsere Sache, darüber zu entscheiden, wie andere sich zu diesem Geschehen einzustellen haben; für Juden jedenfalls ist es ein ungeheures Problem, wenn sie an den „Ich bin, der ich bin" denken, daß sie zugleich auch an die unendlich vielen jüdischen Menschen in den Gaskammern von Auschwitz denken müssen. Man könnte sogar fast paradox sagen, das jüdische Nachsinnen über das Geschehen von Auschwitz ist von den Menschen weg zu dem Einen, zu dem, der ist, herübergewechselt. Hatte man sich in der ersten Zeit nach diesem schrecklichen Geschehen vor allem mit jenen Individuen beschäftigt, welche diese Verbrechen begingen, oder sie befahlen, oder sie duldeten, oder ihnen zustimmten, oder sie nicht hinderten, so geht jetzt der Gedanke eher zu dem, von dem die Bibel sagt, er sei der Gott Israels: „Höre Israel, der Herr ist unser Gott, der Herr ist einzig."

Eine Antwort auf die Frage, wo dieser Eine war, als sein Volk zu einem Teile unterging, kann es nicht geben. Alle Versuche, präzise Auskünfte darüber zu erteilen, sind so zum Scheitern verurteilt, wie das Bestreben, diesen Gott in einem definierbaren Namen oder gar im Bilde festzulegen. Und jedes allzu glatte Sprechen darüber, jede kunstvolle, elegante Formulierung würde den Gedanken oder das Wort erst recht anrüchig machen.

Gottes Anspruch und Gegenwart

Die Bibel hat sich im übrigen nie daran interessiert gezeigt, *wer* Gott ist, *was* er ist, daher ja auch diese offene Formulierung des „Ich bin, der Ich bin", die Bibel hat vielmehr stets eine Antwort darauf zu geben gesucht, was dieser Gott für sein Volk und von da aus für die Menschheit tut und was der *Mensch* tun soll. Dieser „Ich bin, der Ich bin" tritt aus seinem Geheimnis, aus seiner steten Unfaßbarkeit mit einem Anspruch, mit einer Forderung an den Menschen heran. Sicher kann man diese Forderung ablehnen, besonders dann, wenn man die Legitimität dieses Einen, der diese Forderung an uns stellt, überhaupt leugnet. Sie ist aber nichts anderes als das, was die Bibel „Gebot" nennt, das, was wir tun sollen, obwohl es uns durchaus unbequem ist. Das was wir sollen, ist in der Bibel oft ausgedrückt worden. Die knappste Formulierung hat wohl der Prophet Micha gefunden:

„Es ist dir, Mensch, gesagt, was gut ist, und was der Herr von dir fordert: Nichts anderes als das Rechte zu tun, die Barmherzigkeit zu lieben, und demütig mit deinem Gotte zu gehen" (Mi 6,8).

Man kann Gott aus diesem Satz ausklammern, und es blieben dann dennoch erhabene Worte übrig. Man müßte sich in diesem Falle aber fragen, ob diese nicht ihre eigentliche Verankerung verlören, wenn man sie aus der religiösen Forderung, aus der Fundierung herausnimmt.

(1) Lesen Sie bitte das Sabbat-Gebot in den beiden Fassungen der Zehn Gebote

Ex 20,2-14	Dtn 5,6-18
8. Gedenke des Sabbat-Tages, ihn zu heiligen: 9. Sechs Tage kannst du arbeiten und all deine Werke verrichten: 10. Aber der siebente Tag ist Feiertag dem Ewigen deinem Gott; da sollst du keinerlei Werk verrichten, du und dein Sohn und deine Tochter, dein Knecht und deine Magd und dein Vieh, und dein Fremder, der in deinen Toren. 11. Denn sechs Tage hat der Ewige gemacht, den Himmel und die Erde, das Meer und alles, was darin ist, und geruhet am siebenten Tage; deswegen hat gesegnet der Ewige den Sabbat-Tag, und ihn geheiligt.	12. Beobachte den Sabbat-Tag, ihn zu heiligen, wie der Ewige dein Gott dir geboten. 13. Sechs Tage kannst du arbeiten und all deine Werke verrichten: 14. Aber der siebente Tag ist Feiertag dem Ewigen deinem Gott; da sollst du keinerlei Werk verrichten, du und dein Sohn, und deine Tochter, und dein Knecht, und deine Magd, und dein Ochs, und dein Esel, und all dein Vieh, und dein Fremder, der in deinen Toren, auf daß ruhe dein Knecht und deine Magd wie du: 15. Und sollst bedenken, daß du ein Knecht gewesen im Lande Mizrajim und dich herausgeführt der Ewige dein Gott von da mit starker Hand und ausgestrecktem Arm; darum hat dir der Ewige dein Gott geboten den Sabbat-Tag zu halten.

Aus: Die vierundzwanzig Bücher der Heiligen Schrift. Übersetzt von Leopold Zunz. Basel 1980, S. 73 und 164.

1 Die fünf Bücher der Weisung. Verdeutscht von Martin Buber gemeinsam mit Franz Rosenzweig. 9., abermals durchgesehene und verbesserte Auflage der neubearbeiteten Ausgabe von 1954. Heidelberg 1976, S. 158.

An welchen konkreten Beispielen läßt sich von dort die Forderung von Mi 6,8 illustrieren, ‚das Rechte zu tun, die Barmherzigkeit zu lieben‘“?

....

....

....

....

....

....

....

....

....

....

....

....

....

Die eben zitierten Worte, „das Rechte zu tun“, also die „chesed“ auszuüben, wobei hier die Liebe in ihrer umfassendsten Form, in ihrer Totalität gemeint ist, und „demütig mit Gott zu gehen“, haben eigentlich erst Sinn, wenn sie in einen außerhalb dieser Welt gehörigen Sinnzusammenhang gebracht werden. Das hat der jüdische Philosoph Max Horkheimer deutlich gesehen. Er hatte es abgelehnt, die Sehnsucht des Menschen nach dem Ewigen, nach dem „ganz Anderen“ zu verweltlichen; Horkheimer lag sehr viel daran, den Begriff des „ganz Anderen“ zu vitalisieren, das heißt, ihn zur lebendigen Sehnsucht nach dem „ganz Anderen“ zu überführen. Deswegen verlangt er nach konkreten Ausdrucksformen dieser Sehnsucht. Sie liegen gerade in den Geboten, in der Forderung nach Gerechtigkeit, in dem Streben, die gebotene Liebe zu verwirklichen, in der menschlichen Demut. Der Philosoph unserer Tage versuchte daher zumindest Ähnliches, nämlich den Propheten der Antike neu in unserer Zeit zum Sprechen zu bringen, das, was für die Zeiten des Propheten Micha galt, den Menschen von heute wieder zu erschließen.[2]

Dieses Ringen um den Ewigen oder um das Ewige zieht sich durch die ganze jüdische Religionsgeschichte. Dabei ging es nicht um ein abstraktes Philosophieren, sondern um den Versuch des existentiellen Aneignens dessen, was als Botschaft und als Forderung dieses einen Gottes verstanden wurde.

Was hier gemeint ist, wird in der Geschichte von Rabbi Akiba deutlich, der, während er durch die Römer zu Tode gemartert wird, das „Höre Israel“, das Schma zitiert, bis er seinen Geist aufgab.
Dabei deutete er seinen Schülern an, daß er erst jetzt, den Märtyrer-Tod sterbend, so ganz die Worte voll *erfüllen* könne, die gleich nach dem „Höre Israel“ stehen: „Und du sollst lieben den Herrn mit deinem ganzen Herzen, mit deiner ganzen Seele und mit deiner ganzen Kraft.“ Mit seinem ganzen Einsatz bezeugt hier ein Mensch nicht nur seinen Glauben, sondern den tiefsten Grund seiner Existenz.

Wo ist dieser Gott, wo ist dieser Eine? Nach biblischer Vorstellung ist Gott überall, wo ein Mensch sich mit Gott verbindet. Es gibt in den „Sprüchen der Väter“ (III,3) in der Mischna ein charakteristisches Wort: „Wenn zwei zusammen sitzen, und zwischen ihnen gibt es Worte der Tora, so weilt die Schechina bei ihnen.“ Was bedeutet dieser merkwürdige Satz? Die „Schechina“ ist die Gegenwart Gottes, ist das Wohnen Gottes bei den Menschen. Gott wohnt nicht mehr in einem Haus, nicht mehr in einem Tempel, er weilt auch nicht nur in einem Land. Durch den Begriff der Schechina wurde ein kühner Rückgriff auf die Gedanken vollzogen, welche schon früher einmal von Menschen gedacht und erlebt worden waren: „Was ist sein Name? Was soll ich ihnen sagen? Da sagte Gott zu Mose: ‚Ich bin, der ich bin‘“ ...
Im Talmud wird ein Wort eines Lehrers überliefert, der einmal gesagt hat: „An dem Tage, an dem der Tempel zerstört wurde, ist eine eiserne Mauer, die zwischen Israel und Gott gewesen war, gefallen.“ Dieser Lehrer wollte sagen, Gottes Nähe sei nicht durch eine Stätte, nicht durch ein Haus bestimmt, sondern durch den Menschen selbst, der Gott nahe oder Gott fern ist.
Es ist ein kühner Gedanke, mit dem hier die Tempelzerstörung des Jahres 70 bewältigt wurde. Der Tempel sei also eine Mauer zwischen dem Menschen und dem einen, lebendigen Gotte gewesen. Durch die Vorstellung der Schechina, der Einwohnung Gottes bei den Menschen, ist der Universalismus des biblischen Gottesglaubens voll zum Zug gekommen, und so konnten die Juden auch über die Tatsache hinweggelangen, kein kultisches Zentrum mehr zu besitzen. Ja – noch mehr, die Schechina, Gottes Anwesenheit, war überall gewährleistet: Dieser Gott zog mit Israel in alle seine Exile.

(2) Im Neujahrsgottesdienst heißt es in einem Gebet:

„Unser Vater, unser König, offenbare die Ehre deines Reiches bald über uns, erstrahle und erhebe dich über uns vor den Augen alles Lebenden, bringe nahe unsere Zerstreuten aus der Mitte der Völker, unsere Zersprengten sammle von den Enden der Erde und bringe uns nach Zion, deiner Stadt, in Jubel und nach Jeruschalaim [Jerusalem], dem Hause deines Heiligtums, in ewiger Freude!“[3]

Wie sind in diesem Gebet Gottvertrauen und Diaspora-Existenz aufeinander bezogen? Beachten Sie dafür die beiden Dimensionen „betende Gemeinde“ und „zukünftiges Offenbarwerden des Gottesreiches“.

....

....

....

....

....

....

....

....

....

....

Es gibt in der Mischna, dem frühen Teil des Talmud, eine tiefsinnige Stelle. Sie lautet:

„R. Akiba sprach: Heil euch, Israel! Wer ists, vor dem ihr euch reinigt, und wer ists, der euch reinigt? Euer Vater im Himmel (hebr.: *awichem schebaschamajim*)“ (Joma VIII,9).

Gott wird also im Judentum als „Vater“, als himmlischer Vater, angesprochen. Und wenig später fährt die Mischna mit einem merkwürdigen Worte fort: „Israels *Reinheitsquell* ist der Herr. Wie die Quelle dem Unreinen die Reinheit wiedergibt, so reinigt der Heilige, gelobt sei Er, Israel.“

2 Max Horkheimer: Die Sehnsucht nach dem ganz Anderen. Ein Interview mit Kommentar von H. Gumnior. Hamburg 1970.

3 Sidur Sefat Emet [Gebetbuch]. Mit deutscher Übersetzung von Rabbiner Dr. S. Bamberger. Basel 1967, S. 240.

In diesem Ausspruch gibt es ein bemerkenswertes Wortspiel. Es bildet die eigentliche Pointe dieser Aussage: „Reinheitsquell" heißt im Hebräischen ‚miqwēh'; den gleichen Konsonantenbestand hat aber das Wort für „Hoffnung": ‚miqwāh'. Und so kann auch übersetzt werden: „Israels *Hoffnung* ist der Herr."

So schließt sich der Kreis: „Ich bin, der ich bin" hat alle Mauern zwischen sich und den Menschen durchbrochen; Er wurde den Menschen zum Vater, und Er ist Israels Hoffnung.

Die Erwählung Israels

Was bedeutet die Vorstellung der Erwählung in der Hebräischen Bibel und später für die Juden? Zunächst muß festgestellt werden: Der Erwählungsgedanke ist den Juden selten ein Problem gewesen. Er hat eine Fülle von Vorstellungen in sich einschmelzen können, ohne daß man ihn als unaktuell verworfen hätte. Die Bibel hat mit der Erwählungsvorstellung – wie immer man ihr Alter beurteilen mag – eine Reihe anderer Elemente verbunden: die Verheißung des schon Abraham zugesprochenen Landes, die Herausführung aus Ägypten, die Gabe der Tora am Sinai, das Bewußtsein, wegen dieser Beziehung mit Gott den kananäischen Völkern überlegen zu sein, die Erwählung der Davidischen Dynastie, die Heiligkeit Zions – um nur einige Grundgedanken zu erwähnen.

Die Erwählungsvorstellung in der Heiligen Schrift

Die Vorstellung ist denkbar einfach: Gott erwählt das Volk Israel, das immer wieder Gott wählen soll. Die Erwählung Israels hängt eng mit dem Bunde zusammen, den Gott mit diesem Volk geschlossen hat. Es ist ein ewiger Bund, der auch bei Nichterfüllung durch das Volk nicht aufgelöst wird (vgl. unten S. 88–93). Gott verwirft also niemals sein Volk. Die Erwählung kann nicht aufgelöst werden.

Daß Gott gerade dieses *eine* Volk erwählte, war aber nicht in irgendwelchen Vorzügen dieses Volkes begründet, sondern einzig in dem, was man theologisch als Tat seines freien Gnadenhandelns bezeichnet hat. Weniger anspruchsvoll könnte man heute sagen, es handle sich hier um eines jener Geheimnisse, welche alle Religionen besitzen und die letztlich nicht durch Erklärungen zu erhellen sind.

Bemerkenswerterweise variiert die Hebräische Bibel den gesamten Erwählungskomplex jeweils nur leicht. So lautet der Text im 5. Buch Mose, Kapitel 7:

> „Denn ein heilig Volk bist du dem Herrn deinem Gott,
> dich hat der Herr dein Gott erwählt, ihm ein Eigentumsvolk zu sein,
> aus allen Völkern, die auf dem Erdboden sind.
> Nicht weil ihr zahlreicher als andere Völker seid,
> hat der Herr an euch gehangen, hat euch erwählt,
> denn ihr seid das kleinste von allen Völkern.
> Sondern weil der Herr euch liebt,
> und weil Er den Schwur wahrt, den Er euren Vätern geschworen,
> führte Er euch heraus mit starker Hand,
> und löste euch aus dem Hause der Knechtschaft,
> aus der Hand Pharaos, des Königs von Aegypten."

Der Akzent liegt hier also auf der *Liebe Gottes* als einzigem Grund für die Erwählung, und jede Höherwertigkeit des Volkes wird deutlich abgewiesen. „Erwählung" bedeutet, Gottes Eigentum zu sein, weil Er es so beschlossen hat.

Und an anderer Stelle, im 2. Buch Mose, Kap. 19,5f., wird der Gedanke so ausgedrückt:

> „Und jetzt, hört ihr, hört auf Meine Stimme und wahrt Meinen Bund,
> dann werdet ihr Mir
> aus allen Völkern erwählt,
> denn Mir gehört die ganze Erde.
> Ihr aber sollt Mir werden
> ein Königreich von Priestern,
> ein heiliger Stamm."

(3) Den Höhepunkt der häuslichen Sabbatfeier am Freitagabend (der jüdische Tag geht von Sonnenuntergang zu Sonnenuntergang) bildet der „Kiddusch", die Heiligung des Sabbats. Vor dem Essen spricht der Vater über einen vollen Becher Wein zunächst die Worte aus 1 Mose 1,31–2,3 (vgl. die Begründung des Sabbat-Gebotes in Ex 20,11, oben, Aufgabe 1). Dann fährt er fort:

Gelobt seist du, Ewiger, unser Gott, König der Welt, der du die Frucht des Weinstocks erschaffen. Gelobt seist du, Ewiger, unser Gott, König der Welt, der du uns geheiligt durch deine Gebote, uns erwählt hast und deinen heiligen Sabbat in Liebe und Wohlgefallen uns zum Anteil gegeben hast als Gedenken des Schöpfungswerkes. Er ist der erste Tag der heiligen Feste, eine Erinnerung an den Auszug aus Ägypten. Uns hast du auserwählt, uns geheiligt von allen Nationen, und deinen heiligen Sabbat hast du uns in Liebe und Wohlgefallen zum Anteil gegeben. Gelobt seist du, Ewiger, der du den Sabbat geheiligt.[4]

Welche Elemente des Erwählungsglaubens Israels verbindet dieses Gebet mit der Feier des Sabbats? Welches Motiv spricht die universale Ausrichtung des Erwählungsglaubens an?

....

....

....

....

....

....

....

....

....

....

Die Erwählung erfolgt zu einem bestimmten Ziel. Das erwählte Volk hat eine Aufgabe, eine Funktion, um derentwillen diese Erwählung geschah: in dieser Welt für Gott zu zeugen. Denn nichts anderes kann dieser Begriff „Königreich von Priestern" bedeuten, er meint hier keine kultische Aufgabe, sondern ein Ausgesondertsein für denjenigen, der einst dieses eine kleine Volk aus der Völkerschar herausgeholt hat. Das aber ist die entscheidende Frage: Anders in dieser Welt zu sein, einsam, so wie der heidnische Seher Bileam Israel bezeichnet: „Da, ein Volk, einsam wohnt es, unter die andern Völker rechnet's sich nicht." Warum also diese Einsamkeit, warum diese Erwählung, warum ist Israel in der Welt, nur damit Gott ein Objekt seiner Liebe hat? Und, so dürfen wir fragen, wie hat sich denn diese Liebe an diesem einen Volke im Laufe der Jahrtausende ausgewirkt? Ein Volk Gottes Vorzuges stellt man sich eigentlich etwas anders vor.
Der Prophet des Exils, man nennt ihn den Deutero-Jesaja, gibt eine sehr präzise Auskunft: Er sieht das Volk Israel in der Gestalt des Knechtes, den Gott erwählt hat: Dieser Knecht soll für die Völker „das Recht herausgehen lassen", und noch einmal: Das Recht auf der Erde zu errichten, als ein Licht für die Völker, das ist seine Aufgabe. Hier bricht nun deutlich jede nationalistische Verengung der

4 Sidur Sefat Emet [Gebetbuch], a.a.O., S. 100.

Erwählung auseinander, Israel soll ein Knecht für die Völker sein, gleichsam den Menschen als Lehrer dienen. In unvergleichlicher Weise formuliert der Prophet es, indem er darlegt, Israel möge diese Aufgabe nicht laut und aufdringlich, sondern leise und ohne Aufhebens erfüllen. Der Blick ist also hier über das Volk hinaus auf die ganze Welt gerichtet.

Mit einer derartigen Vorstellung ist ein Volk gekennzeichnet; sie muß dieses Volk formen, sein Denken und Fühlen wesentlich bestimmen. „Erwählung" bedeutet also Mission für die Völker – nicht im Sinne der Bekehrung zu einer bestimmten Religion, wohl aber das Zeugnis für den einen Gott und vor allem auch für das Recht und die Gerechtigkeit, die Er für die Menschheit, also nicht nur für Israel, gesetzt hat. Dies ist prophetischer Universalismus. Israel ist nur Knecht, Werkzeug des einen Gottes.

Das Anderssein der Juden, um Gott zu dienen, hat ihnen viel Feindschaft eingetragen, die Juden durch die Jahrhunderte jedoch geformt. Es handelt sich hier nicht nur um die Situation einer Minderheit, um Probleme, die es seit jeher bei allen Minderheiten überall auf der Welt gibt. Das Entscheidende scheint uns zu sein, diese Minderheitensituation sei inhaltlich durch eine bestimmte Funktion geprägt worden. Das wird deutlich in einem der wichtigsten Gebete der Juden, in welchem es heißt:

> „An uns ist es, den Herrn des Alls zu preisen,
> Huldigung darzubringen dem Schöpfer des Anbeginns,
> daß er uns nicht wie die Völker der Welt gemacht,
> und uns nicht so gestellt hat,
> wie die Familien der Erde,
> daß er unsern Anteil nicht dem ihren,
> und unser Schicksal nicht dem der Menge gleich bestimmt hat."

Das könnte anmaßend klingen, wenn eine solche Vorstellung nicht allein in den Dienst für Gott gestellt worden wäre, dem allein der Mensch untertan ist. Denn das Gebet wird so fortgesetzt:

> „Darum hoffen wir auf Dich, Herr unser Gott,
> bald die Herrlichkeit Deiner Macht zu schauen,
> daß die Greuel von der Erde verschwinden
> und die Götzen vertilgt werden."[5]

Das Gebet schließt mit der Hoffnung auf das Königtum Gottes.

(4) Im wöchentlichen Morgengebet heißt es unmittelbar vor dem Sprechen des „Schma Israel":

> „Mit großer Liebe hast du uns geliebt, Ewiger, unser Gott, großes, reiches Erbarmen hast du uns erwiesen. Unser Vater, Unser König, um unserer Väter willen, die auf dich vertraut und welchen du Satzungen des Lebens gelehrt, begnadige uns und belehre uns!"[6]

Wie sieht dieses Gebet die Gabe der Tora („Satzungen des Lebens")? Worin sieht das Gebet die Möglichkeit begründet, die Weisung Gottes zu befolgen?

....

....

....

....

....

....

....

....

5 Sidur Sefat Emet (Gebetbuch), a.a.O., S. 65.
6 Sidur Sefat Emet (Gebetbuch), a.a.O., S. 35.

Tora und Erwählung

Der Erwählungsgedanke hat in der rabbinischen Tradition und in der jüdischen Religionsphilosophie weitergewirkt, indem man an die Bibel anknüpfte und sie interpretierte. Es wurde stets versucht, aus der Notwendigkeit, die Bibel aktuell zu halten, sie jeweils aufs neue für den jeweiligen Augenblick zu deuten. Das ist in besonderer Weise bei dem Erwählungsgedanken der Fall:

> Wir gehen von einer Kernstelle im Midrasch aus: Dort wird beschrieben, wie Gott den Völkern, bevor er damit zu Israel kam, die Tora angeboten hatte; sie aber verweigerten die Annahme der Tora. Die Söhne Esaus konnten sie nicht nehmen, weil in der Tora der Mord verboten wird, ihnen aber das Leben durch das Schwert verheißen wurde. Darauf brachte Gott die Tora zu den Söhnen Amons und Moabs. Diese vermochten sie nicht zu akzeptieren, weil in ihr der Ehebruch verboten wurde, sie sich aber von Lot herleiteten, der bekanntlich seine beiden Töchter geschwängert hatte. Auch die Jischmaeliten konnten die Tora nicht nehmen, weil ihr Stammvater mit einem merkwürdigen Segen bedacht wurde: „Er wird ein Wildesel von Mensch sein, seine Hand ist wider alle" (Gen 16,12). Daraus schließt der Midrasch, hier sei der Diebstahl gemeint, und dieser wird bekanntlich von der Tora verboten. Als Gott aber mit der Tora zu Israel kam, taten sie alle den Mund auf und sprachen: „Alles was der Herr geredet, wollen wir tun und gehorchen" (Ex 22,7). (Mekilta = Auslegung von Ex, hier von 20,2).

Der Midrasch stellt deutlich heraus, Israel sei nicht wegen eines Vorzuges erwählt worden, sondern weil es willens war, die Tora auf sich zu nehmen. Aber schon früh hatte die jüdische Tradition die Kehrseite der Erwählung, nämlich die Judenfeindschaft, gesehen. Daher beginnt der oben wiedergegebene Midrasch mit einem Bericht, wie alle Völker der Welt sich in feindlicher Absicht bei Bileam, dem Frevler, versammelt hatten. Dieser teilt ihnen mit, Gott würde die Tora seinem Volke geben. Darauf gingen sie alle heim, ein jeder an seinen Ort. Dem Midrasch geht es vor allem darum darzutun, die Völker der Welt sollten keinen Vorwand erhalten, um sagen zu können: Wenn wir aufgefordert worden wären, hätten wir die Tora auch angenommen, daher stellt er fest: „Siehe, sie sind aufgefordert worden, haben sie aber nicht angenommen."

Was liegt hinter dieser Tora-Theologie, welche die Erwählung Israels begründet? Offenbar herrscht hier die Tendenz, gegen alle die zu polemisieren, welche die Tora verworfen haben, sei es, weil sie ihnen zu schwer einzuhalten ist, sei es, weil sie meinen, sie hätten andere Heilsgüter. Andererseits tritt jedoch jenseits aller Auseinandersetzung ein zentraler Gedanke jüdischen Selbstverständnisses in Erscheinung: Nicht Israel hat Gott erwählt, sondern Israel hat auf Gottes Anruf geantwortet, und die Völker der Welt haben nicht geantwortet, obwohl der Ruf zuerst an sie ergangen war. Mit diesem Problem setzt sich die jüdische Tradition eingehend auseinander, und trotz aller Betonung der Rolle Israels bei der Offenbarung kann sich das Judentum damit nicht begnügen. Das kommt in einer Äußerung zum Ausdruck, die sich im Anschluß an den oben zitierten Midrasch von den Völkern findet:

> „Die Tora wurde in der Wüste gegeben, öffentlich und offen, an einem Platz, der niemandem gehört. Die Tora gleicht drei Dingen: Der Wüste, dem Feuer und dem Wasser, damit du daraus begreifst, daß so wie diese drei Dinge frei für alle sind, die in die Welt kommen, so sind auch die Worte der Tora frei für alle, die in die Welt kommen."

Mit diesem Wort aus der rabbinischen Tradition gelangt das Judentum zu einem alles umgreifenden Universalismus. Typischerweise steht es unmittelbar im Anschluß an Israels Rolle bei der Offenbarung, sozusagen der Kernsituation der Erwählung. Aber plötzlich durchbricht das Judentum dieses Schema vom Offenbarungsvolk, dem eine besondere Funktion zukäme, und erklärt einfach, das Wort der Tora sei an niemanden gebunden, sondern für alle da. Und um diesen Universalismus besonders zu betonen, sagt der Text hier bewußt: „alle, die in die Welt kommen"; hier findet also nicht einmal mehr der Ausdruck „Völker" Verwendung.

Abb. 1: Marc Chagall, Rabbiner mit Thora-Rolle

Städtisches Museum Amsterdam

Israel hat dennoch eine Funktion in der Welt, wenn diese auch nicht auf positiven Leistungen beruht, kraft deren sich Gott zur Erwählung hätte bestimmen lassen. Diese besondere Funktion sieht die rabbinische Tradition in folgender Weise: Der Schriftvers Ex 19,17: „Und sie stellten sich am Fuße des Berges auf" wird so ausgelegt: „Dies lehrt, daß der Heilige, gepriesen sei sein Name, den Berg über sie wie einen Kübel stülpte und zu ihnen sprach: Wollt ihr die Tora empfangen, so ist es gut, wenn aber nicht, so ist hier euer Grab" (Schabbat 88a). Hätten die Israeliten sich geweigert, so wäre die Welt von Gott ins Chaos zurückverwandelt worden (Talmud-Abschnitt Aboda z.3a) oder die Engel hätten die Welt vernichtet (Midrasch Ps 68,10). Der Sinai ist also nicht ihr Grab geworden, weil sie die Tora mit den Worten „Wir wollen tun und wollen gehorchen" akzeptierten.
Zweifellos ist diese Sicht insofern problematisch, als hier die freie Willensentscheidung Israels stark eingeschränkt wird; wohl haben sie Gottes Angebot auf sich genommen, aber unter welchen Bedingungen! Es ging aber im Grunde darum, ob die Welt vernichtet werden soll, und durch die Annahme der Rechtsnormen, welche diese Welt erhalten, hat Israel eine Funktion in dieser Welt bekommen. Das steht hier hinter der Frage nach der besonderen Funktion Israels.
Um jeden Gedanken an besondere Verdienste Israels abzuweisen, hat die rabbinische Theologie hier den Liebesbegriff Gottes eingeführt. Als sein geliebtes Eigentum hat Gott Israel erwählt, und er hat es um so lieber, weil er es durch seine eigene Tat erworben hat (Mek. Ex 19,5). Aus Liebe hat er diesem Volke die Tora gegeben, ist aus Liebe in der Wüste selbst vor dem Volke hergegangen und hat ihm mit der Feuersäule geleuchtet, wie wenn ein König selbst die Lampe nimmt, um seinen Söhnen zu leuchten und sie vor den Leuten zu ehren (Mek. Ex 13,21). Denn dies Volk allein nennt er seine Söhne: „Geliebt sind die Israeliten, denn sie werden Söhne Gottes genannt; eine noch größere Liebe, denn es wurde ihnen auch gesagt, daß sie Söhne Gottes genannt sind," sagt Rabbi Akiba (Aboth III,15). Und wie ein Vater, der seinen Sohn vor jeder Gefahr schützt, ja, wie ein Adler, der seine Jungen auf dem Rücken trägt, damit die Pfeile der Jäger nicht sie, sondern ihn treffen, so ist Gott rettend zwischen die Israeliten und die Ägypter getreten (Mek. Ex 19,4).

Die Verbindung Gottes mit Israel, gleichsam eine Art von seelischer Identität, ergibt sich aus folgender Auffassung: Wer sich wider Israel erhebt, dem geschieht es so, als ob er sich gegen Mich erhöbe, läßt der Midrasch Gott sprechen, durch dessen Wort die Welt geschaffen wurde. Diese Vorstellung wird aus Sach 2,12 abgeleitet: „Daß, wer euch anrührt, rührt an seinen Augapfel."
Von diesem Gedanken aus, viel weniger aus äußeren Motiven der verschiedensten Art, erklärt es sich, daß sich Israel in seiner Heilsbedürftigkeit allein an Gott hat wenden können, weil es sich in seiner Ganzheit erwählt glaubte. Israel behauptet also von sich das, was in der christlichen Theologie von Jesus als Heilsmittler ausgesagt wird. Das wird etwa deutlich, wenn die rabbinische Tradition Bibelstellen auslegt, welche im Christentum auf Jesus Christus gedeutet werden. Die klassische Stelle dafür ist Ps 2,7: „Mein Sohn bist du, ich habe dich heute gezeugt." Dazu sagt der Midrasch:

> „Die Kinder Israels werden nach der Tora, nach den Propheten und nach den Schriften *Söhne* genannt. Nach der Tora: Es heißt: Israel ist Mein Sohn, Mein Erstgeborener (Ex 4,22); nach den Propheten: ‚Sieh, Glück erschaut mein Knecht, er steigt, emporgetragen, raget hoch' (Jes 52,13). Und nach den Schriften: ‚Sitze mir zur Rechten, bis deine Feinde ich gemacht zum Schemel deiner Füße' (Ps 110,1)."

Schließlich wird sogar noch die Menschensohnvision von Dan 7,13f. auf die Kinder Israels gedeutet. Hier wird also bewußt eine Position eingenommen, nach der das Volk Israel eine Funktion bekommen habe, die im Christentum allein in Jesus zentriert ist, wobei die Schriftbelege entsprechend gesammelt und gedeutet werden. So gehen gerade in der Theologie der Erwählung eher schärfer als sonst die Wege auseinander, obwohl sich Juden und Christen der gleichen Texte bedienen.

Viele der hier kurz gestreiften Vorstellungen und Bilder haben Eingang in die synagogale Liturgie gefunden und erhalten so im Volksbewußtsein das Wissen um die Stellung Israels als Volk Gottes aufrecht. So heißt es in einem Hymnus, der mehrere Male in der Liturgie des Versöhnungstages wiederkehrt:

> „Unser Gott und Gott unserer Väter, vergib uns,
> verzeihe und entsühne uns!
> Denn wir sind Dein Volk, und Du bist unser Gott,
> wir sind Deine Söhne, und Du bist unser Vater,
> wir sind Deine Knechte, und Du bist unser Herr,
> wir sind Deine Lämmer, und Du bist unser Hirt,
> wir sind Dein Weinberg, und Du bist unser Hüter,
> wir sind Dein Erbe, und Du bist unser Anteil,
> wir vertrauen Dir, und Du bist unser Retter,
> wir sind Dein Werk, und Du bist unser Schöpfer,
> wir sind Deine Lieblinge, und Du bist unser Verwandter,
> wir sind Dein Volk, und Du bist unser König,
> wir sind Deine Geliebte, und Du bist unser Geliebter,
> wir sind Deine Gepriesenen, und Du bist unser Preis!"[7]

Das Problem der Erwählung Israels wäre nur ein innerjüdisches gewesen, wenn die christliche Kirche nicht einen Teil der israelitischen Glaubensüberlieferungen übernommen hätte. Für den Apostel Paulus waren diese Probleme noch verhältnismäßig klar und durchsichtig. Er formuliert im 9. Kapitel des Römerbriefes die Erwählung Israels so:

7 Gebetbuch für den Versöhnungstag. Hrsg. von W. Heidenheim. Übersetzt von S. Bamberger. Basel 1970, S. 133.

„Sie sind Israeliten, und ihnen gehört die Sohnschaft und die Herrlichkeit und die Bundschließungen und die Gesetzgebung und der Gottesdienst und die Verheißungen, ihnen gehören die Väter zu und von ihnen stammt der Christus dem Fleische nach ab."

Und im 11. Kapitel des Römerbriefes heißt es dann:

„Gemäß der Erwählung sind die Juden Geliebte um der Väter willen, denn unwiderruflich sind die Gnadengaben und die Berufung Gottes."

Die Worte des Apostels Paulus sind völlig eindeutig: Die Juden behalten das, was Gott ihnen einst in seinem Geheimnis zugedacht hat. Und Paulus zeigt in dem bekannten Ölbaumgleichnis, in welcher Weise Christen an diesen sogenannten Heilsgütern Israels Anteil erhalten.

Das aber hatte schon den Kirchenvätern nicht mehr genügt. Sie schaffen sich mit der Lehre von den zwei Israel, dem fleischlichen der Juden und dem geistlichen der Kirche, eine der folgenreichsten Enterbungstheorien der Geschichte. Paulus war davon noch frei, aber eben deshalb mußte man versuchen, die den Juden gegebenen göttlichen Verheißungen nun allein der Kirche zuzuteilen, Israel also zu enterben. Als ob der Apostel schon geahnt haben mag, wie Spätere versuchen würden, seine jüdischen Brüder geistlich zu beseitigen. Darüber schreibt der christkatholische Berner Neutestamentler Ernst GAUGLER in seinem Kommentar zum Römerbrief das Folgende:

„Hier ist eine sehr alte, aber darum nicht minder gefährliche ‚Tradition' zu korrigieren. Schon sehr früh, schon im Barnabasbrief, wird das Problem ‚Israel' in der Kirche nicht mehr im Sinn des Apostels gelöst. Das darf uns aber nicht abhalten, unserm Entsetzen Ausdruck zu geben, daß hier durch Jahrhunderte hindurch, gewiß nicht zum Heil der Kirche, ein Mysterium apostolischer Offenbarung verkannt, ja willkürlich verschüttet worden ist, was über Israel unendlich viel Leid und der Kirche nur Schande eingebracht hat."[8]

Biblischer Humanismus für die Welt

Als man im 19. Jahrhundert versuchte, das Judentum mit modernen Begriffen zu definieren, hat man dafür den Begriff des „ethischen Monotheismus" geprägt. Diese Kennzeichnung des Judentums ist seither wegen der abstrakten Formulierung, und weil das nationale Element darin nicht zum Ausdruck kommt, etwas in Verruf geraten; man bedient sich ihrer nicht mehr so gern. Dennoch gibt es kaum eine präzisere Definition für wesentliche Seiten der jüdischen Religion, insbesondere in ihrer *Bedeutung für die Welt.* Wenn man sich vergegenwärtigt, was das Judentum für die Welt geleistet hat, und wozu es aus seinem Wesen heraus auch heute noch imstande ist, wird man auf diese beiden Grundbegriffe zurückzukommen haben; aus ihnen folgt alles weitere: Das Eintreten des einen unsichtbaren Gottes in die Welt der Vielheit und die moralische Forderung dieses einen Gottes, denn jedes biblische Gebot gewinnt erst seine Verankerung durch den ihm beigegebenen Satz: „So spricht der Herr". Wir wollen versuchen, diesen Gedanken näher zu erläutern:

Im Midrasch Sifra wird im Namen des Rabbi AKIBA das Folgende überliefert: „Und Du sollst deinen Nächsten lieben, wie dich selbst, ich bin der Herr" (Lev 19,18), das ist ein umfassendes Gebot in der Tora."
Ben AZZAI erwiderte darauf: „Es heißt: ‚das ist das Buch von den Nachkommen des Menschen, am Tage als Gott den Menschen schuf, machte er ihn im Bilde Gottes' (Gen 5,1). Das ist ein noch umfassenderes Wort."

Beide Vorstellungen, das Liebesgebot und die Lehre von der Gottesebenbildlichkeit des Menschen, haben die gesamte menschliche Dimension auf Erden erweitert und verändert. Das Judentum hat nicht nur gezeigt, welche Möglichkeiten im Menschen sind, wenn er sie wirklich nutzt, sondern daß er durch sein Wirken Mitarbeiter Gottes im Schöpfungswerk werden kann. Das formuliert der Talmud im folgenden Bilde:

„Die Heilige Schrift betrachtet jeden Richter, der ein richtiges Urteil um der Wahrheit willen fällt, wenn auch nur eine Stunde, als einen Mitarbeiter Gottes am Schöpfungswerk" (Schabbat 10a).

In diesem Sinne gewinnt das Wort von Ben AZZAI an Kontur, wenn er meint, aus der Tatsache der Gottesebenbildlichkeit des Menschen folge eigentlich alles weitere. Und so hat es die Hebräische Bibel verstanden; denn die Konzeption von der absoluten Unverletzlichkeit des Individuums ist hier begründet. Es geht doch darum, daß wir keine Philosophie oder naturwissenschaftliche Lehre kennen, welche in der Lage wäre, das menschliche Leben als heilig zu erklären. Tatsächlich ist es allein die Bibel gewesen, und auf ihr fußend die jüdische Tradition, welche Mord als Kardinalverbrechen bezeichnet hat, eben weil der Mensch im Ebenbild Gottes geschaffen wurde (Gen 9,6), und Rabbi AKIBA fügte dem hinzu, der Mörder würde sozusagen die göttliche Gegenwart in der Welt mindern (vgl. Midrasch Gen rabba 34,14). Das Judentum hat der Welt die Vorstellung von der Heiligkeit des menschlichen Lebens und damit die Grundlage für jede Form des Humanismus gegeben. Einprägsamer und tiefer, als die Mischna es formuliert, könnte man es auch heute nicht ausdrücken:

„Deshalb ist nur ein einziger Mensch erschaffen worden, um dich zu lehren, daß jeder, der auch nur ein einziges Menschenleben vernichtet, so ist, als wenn er eine ganze Welt vernichtet hätte. Und jeder, der einen einzigen Menschen am Leben erhält, so ist, als ob er eine ganze Welt gerettet hätte" (Sanhedrin IV,5).

Hier liegt nun wirklich die Basis für jedes demokratische Staatswesen: die Betonung des Judentums von der absoluten Heiligkeit eines *jeden,* da ja alle Menschen Nachkommen des *einen* Adam sind, von ihrer Gleichheit vor Gott, von ihrem Recht zu leben, ihrem Recht auf Gerechtigkeit.

Der biblische Monotheismus, das heißt: der Glaube an die bildlose und gestaltlose Einheit Gottes, hat das Judentum dazu geführt, die Götzenwelt der Umwelt kritisch zu betrachten. Der Versuch, die Kritik gleichsam zu verdinglichen, kommt in der Geschichte vom Propheten Elia und seinem Kampfe gegen die Baalspriester zum Ausdruck. Dieses 2. Gebot: Du sollst keine anderen Götter haben, kein Bildnis und keine Gestalt von Gott machen, hat die Zertrümmerung der antiken Mythen durch die Juden zur Folge gehabt. Die Geschichte des „Alten Testaments" ist weitgehend die Geschichte der Entmythologisierung überhaupt. Der Monotheismus des Judentums ist die Grundlage für den kritischen Sinn des Juden geworden, und die Vorstellung von der Gottesebenbildlichkeit des Menschen hat den biblischen Humanismus begründet. Diese beiden Gedanken haben Juden und Judentum in Jahrtausenden geformt, und sie haben schließlich dazu geführt, daß aus der spezifischen jüdischen Glaubens- und Geisteshaltung zwei Begriffe für den jüdischen Menschen wesensbestimmend geworden sind, die eben nur aus der biblischen und rabbinischen Geisteswelt entspringen konnten: *der kritische Geist* und *der Wille zur Gerechtigkeit.* Das ist die moderne Formulierung des oben erwähnten alten Gedankens vom Mitarbeiter des einen Gottes an seinem Schöpfungswerk.

So mußten die Juden von Beginn ihrer Geschichte an die Nonkonformisten sein; denn die jüdische Religion hatte sie ja von jeher gelehrt, daß es nicht darauf ankomme, das Absolute, diesen Einen, zu benennen und gedanklich oder bildlich festzulegen, sondern seinen Willen zu tun, und so anders als die andern zu sein. Die Absetzung der Götzen, die Zerstörung der Mythen, die Forderung nach Gerechtigkeit im Namen des Einen und Absoluten, mußten die Juden in die Rolle der Nonkonformisten, der anderen, der Einsamen bringen. Und sie haben – wenn auch

8 Ernst GAUGLER: Der Brief an die Römer. 2. Teil. Kap. 9–15. Zürich 1952, S. 23ff.

unter mannigfachen Nöten – diese ihnen aufgegebene Funktion in der Welt durchgehalten. Aber mehr noch hat trotz vieler eigener Verirrungen und vielem Scheitern diese besondere Rolle der Juden ihnen Feindschaft eingetragen.

Es dient niemandem, wenn man, was gelegentlich geschieht, den Beitrag der vielen Juden zur deutschen Kultur im einzelnen aufzeigt. Auf diese Weise ist noch nicht ein einziger Antisemit bekehrt worden; es interessiert eigentlich nur bedingt, ob der Schöpfer einer bedeutenden Leistung ein Jude oder jüdischer Abstammung ist. Andererseits wird man gerade angesichts der aus der jüdischen Tradition oder aus der Bibel abgeleiteten Begriffe vom kritischen Geist und dem Willen zur Gerechtigkeit nicht umhin können, daß uns Namen von Menschen einfallen, deren jüdische Abstammung bekannt ist, und von denen einige auch das Schicksal der Judenverfolgung erlitten.

• Mit dem Begriff des kritischen Geistes hängt eng der von der Analyse zusammen. Wer dieses Wort hört, wird damit den Namen Sigmund FREUDS verbinden, der gerade wegen seiner kritischen Forschungen die Judenfeindschaft aller nur möglichen Schattierungen auf sich gezogen hat. Wir meinen hier nicht, daß FREUD in allem recht gehabt hätte, oder daß man ihm in allem zustimmen müsse. Er bietet aber gerade ein charakteristisches Beispiel dafür, wie Menschen sich gegen einen kritischen Geist aufgelehnt haben. Wer aufgrund der eigenen Einsicht eine Sache oder einen Menschen respektiert und liebt, dem kann die psychologische Erklärung seines Ideals nichts antun. Der uneingestandenen, unbewußten Ahnung jedoch, daß das eigene Bekenntnis auch Motive hat, zu denen man nicht stehen mag, erscheint psychologische Analyse als Gefahr. Man haßt den analytischen Zugriff, sofern man des eigenen Glaubens nicht so sicher ist. Je aufrichtiger das Bedürfnis nach Klarheit, desto willkommener jede Möglichkeit einer Bewußtseinserhellung. Die Ablehnung, die FREUD erfahren hat, erfolgte weniger, weil man seine wissenschaftlichen Einsichten und Methoden als solche ablehnte, sondern vor allem, weil man sich der Kritik nicht stellen wollte, der Zertrümmerung moderner Mythen.

• Die Leistung von Karl MARX, einem Manne jüdischer Abstammung – auf die er gar nicht stolz war –, lag darin, auf seine Weise kritischen Geist und den Willen zur Gerechtigkeit in einem System niederzulegen. Ihm ging es darum, die Bedingtheit und Vergänglichkeit der wirtschaftlichen Harmonie zu erweisen, und den Weg für eine gerechte Gesellschaft zu bahnen. MARX zum bloßen Kollektivisten zu stempeln, blieb denen vorbehalten, die seine Lehren zum ideologischen Mittel der Gewaltherrschaft benutzen.

• Es ist im übrigen ein charakteristisches Merkmal für Menschen, die kritischen Geistes sind und den Willen zur Gerechtigkeit besitzen, daß sie bis heute umstritten sind. Dazu gehört schließlich ein Dichter, dessen Heimatstadt Düsseldorf sich bis heute beharrlich und erfolgreich weigert, die Universität nach ihm zu benennen: Heinrich HEINE. Auch er ein Mann jüdischer Herkunft, der sich zuzeiten glühend zum Judentum bekannte, von ihm wegging, zu ihm zurückkehrte, und, wie er gelegentlich geäußert hat, eigentlich immer dabeigeblieben sei. Heinrich HEINE war exakt ein Mann kritischen Geistes, der Typ eines jüdischen Nonkonformisten, und seine jüdische Identität hat er einmal so umschrieben: „Ich mache kein Hehl aus meinem Judentum, zu dem ich nicht zurückgekehrt bin, da ich es niemals verlassen hatte. Ich habe mich nicht taufen lassen aus Haß gegen das Judentum. [...] Ich habe den Weg zum lieben Gott weder durch die Kirche noch durch die Synagoge genommen. Es hat mich kein Priester, es hat mich kein Rabbiner vorgestellt. Ich habe mich selbst bei ihm eingeführt, und er hat mich gut aufgenommen."[9] Das ist ein Zeugnis eines jüdischen Nonkonformismus.

An der Persönlichkeit HEINES läßt sich auch noch ein weiteres Charakteristikum für manche Vertreter eines kritischen jüdischen Geistes studieren: der kritische Geist, von dem hier die Rede ist, richtet sich nicht etwa nur auf die Umwelt, sondern auch auf Menschen und Vorstellungen oder Verhaltensweisen aus dem eigenen jüdischen Bereich. Das gilt in gleicher Weise für HEINE wie für MARX oder FREUD, der in seinem Alter sogar daran gegangen war, das Mosebild der Bibel zu zerstören, weil er meinte, dies seinem kritischen wissenschaftlichen Bewußtsein schuldig zu sein. Dennoch ist es gerade FREUD gewesen, der im Jahre 1926, in einem Brief an seine jüdischen Mitbrüder, das, was wir hier mit den Begriffen vom kritischen Geist und dem Willen zur Gerechtigkeit meinen, auf seine Weise formuliert hat:

„Weil ich Jude war, fand ich mich frei von vielen Vorurteilen, die andere im Gebrauch ihres Intellekts beschränkten, als Jude war ich dafür vorbereitet, in die Opposition zu gehen und auf das Einvernehmen mit der ‚kompakten Majorität' zu verzichten."[10]

Die Zukunft des jüdischen Volkes in der biblischen Verkündigung

Grundsätzlich spielt bis zum heutigen Tage das Gedankengut der Bibel für die Entstehung des jüdischen Bewußtseins eine wesentliche Rolle. Begriffe wie „Volk" und „Land" sowie deren Beziehung zu Gott, der Bund und der Exodus, prophetische Weisung und Erleben haben das Bewußtsein des jüdischen Volkes in Jahrhunderten geformt und ihren Niederschlag bis in die Gegenwart gefunden. Auch säkularisierte Juden sind daher noch durch diese biblischen Vorstellungen geprägt worden, da sie in mannigfachen Gestaltungen in der jüdischen Tradition weiterüberliefert wurden. Nicht zuletzt spielten hier der Festkalender und das jüdische Gebetbuch eine wichtige Rolle: die hier dargestellten biblischen Gedanken werden durch Lesungen und Gebete im Gottesdienst, aber auch in den Feiern im Familienkreis lebendig erhalten.

Existentielle Vergegenwärtigung biblischer Grundgedanken

Die existentielle Verpersönlichung biblischer Vorstellungen tritt beispielhaft beim Pessach-Fest hervor. Denn jede jüdische Generation soll sich aufs neue so betrachten, als ob sie selbst den Exodus erlebt hätte, also aus Ägypten herausgeführt worden wäre. Eine solche existentielle Vergegenwärtigung biblischer Grundgedanken hat dazu geführt, daß die Bibel auch heute noch im jüdischen Volke ein lebendiges Buch ist, dessen literarischer und teilweise archaischer Charakter die Menschen nicht davon abhält, sich von diesem Buche ansprechen zu lassen. Das aber hat zur Folge: In der Bibel erscheinende Begriffe wie „Land" und „Volk" haben wesentlich zur jüdischen Identität beigetragen und bewirken sie immer aufs neue.

Abb. 2: Jüdisches Pessachmahl. Aus der Nürnberger Haggada

Aus: Jesus in Selbstzeugnissen und Bilddokumenten. Dargestellt von David FLUSSER. Reinbek 1968, S. 113.

9 Heinrich HEINE: Jüdisches Manifest. Hrsg. von Hugo BIEBER. New York 1946, S. 290.

10 Sigmund FREUD: Briefe 1873–1939. Frankfurt 1960, S. 363f.

Wie wird im folgenden Abschnitt aus der Pessach-Haggada, die am Beginn des Pessach-Festes, dem „Seder-Abend", zu Hause vorgelesen wird, die Verbindung von der Feier zu den in der Bibel erzählten Ereignissen hergestellt?

„Dieses ungesäuerte Brot, das wir essen, was bedeutet es? Es soll auf den Umstand deuten, daß der Brotteig unserer Väter die Zeit zu säuern nicht hatte, bis ihnen der König, aller Könige König, erschien und sie erlöste; so erzählt die Schrift: ‚Von dem Teige, den sie aus Ägypten mitgenommen, backten sie ungesäuertes Brot, denn er war nicht gesäuert; denn sie wurden aus Ägypten hinausgetrieben und konnten sich nicht aufhalten, so daß sie sich auch keine Zehrung zubereiteten.'

Dieses bittere Kraut, das wir essen, was für Bedeutung hat es? Es deutet darauf, daß die Ägypter das Leben unserer Väter in Ägypten bitter gemacht haben; so sagt auch die Schrift: ‚Sie (die Ägypter) machten ihnen das Leben bitter durch harte Arbeit mit Lehm und Ziegeln und allerlei Arbeit auf dem Felde; nebst anderen Hausarbeiten, wozu sie dieselben mit Härte antrieben.'

In allen Zeitaltern ist jeder verpflichtet, sich zu betrachten, als ob er gleichsam selbst aus Ägypten gegangen wäre, denn so sagt die Schrift: ‚Du sollst deinem Sohne an jenem Tage erzählen und sagen: Um dessentwillen, was der Ewige mir getan, als ich aus Ägypten ging.' Nicht unsere Väter nur hat der Heilige – gelobt sei er – erlöst, sondern auch uns mit ihnen; denn so sagt die Schrift: ‚Und uns hat er von da weggeführt, um uns hieher zu bringen und uns das Land zu geben, das er unseren Eltern zugeschworen hat.'"[11]

....

....

....

....

....

....

Der kommende Gott

Das Volk Israel hat eine Zukunft, weil es eine besondere Vergangenheit besitzt. Man könnte sagen: Israel lebt in einer Spannung zwischen der Vergangenheit und der Zukunft. Die Vergangenheit mit den großen Heilstaten Gottes, mit der Herausholung aus Ägypten, dem Bund und den Verheißungen ragt gleichsam in die Zukunft hinein. Erst in der Zukunft wird voll verwirklicht werden, was in der Vergangenheit begonnen hat. Gegenwart ist daher stets etwas Provisorisches: sie verweist auf das Heilsgeschehen in der Vergangenheit und zugleich auf das, was einmal kommen muß, da Gott es verbürgt. Diese Vorstellungen haben Konsequenzen, weil sie institutionsüberwindend wirken. Selbst Tempel und Kult gehören in diese Welt des Vorläufigen, da sie menschlichen Interessen untergeordnet sind; die Propheten berichten darüber ausführlich.

Die Zukunft Israels vollzieht sich im Kommen Gottes. Er, der kam, als alles begann, Er, der *dieses* Volk in die Geschichte rief, wird auch in der entscheidenden Stunde am Ende erscheinen. *Der Gott Israels ist ein kommender Gott.* Er kommt in der Geschichte, im konkreten Ereignis. Er kommt und geht, kommt und verbirgt sich, eine Erfahrung der Patriarchen und der Propheten. Den sich verbergenden Gott haben die Propheten ebenso erlitten wie den kommenden Gott. Aber gerade auch hier gilt die Tatsache, daß dieser Gott in die Zukunft weist.

Die Hebräische Bibel kann die Zukunft des Volkes Israel nur so begreifen, daß Gott am Ende zu diesem Volk kommt, und durch dieses Kommen zu *einem* Volk auch zu allen anderen Völkern. Die Antwort der Bibel mag uns heute zu einfach sein, aber sie lautet schlicht: Das Volk Israel wird leben, weil es Gottes Absicht ist. Man mag in der Interpretation von Israels Rolle in dieser Welt noch einen Schritt weiter gehen und sagen, Israel lebt, um die von Gott geforderte Gerechtigkeit in dieser Welt zu verkünden, Gottes Willen, wie ihn Tora und Propheten entfalten.

Der Abraham-Bund

Eine der Kernstellen biblischer Heilsverkündung für Israel findet sich im 12. Kapitel der Genesis. Dabei handelt es sich nicht um eine historisierende Legende, sondern um Zukunftsverheißung. In Gen 12, 1–9 kehrt nicht weniger als siebenmal das Leitwort „Land" wieder, und dreimal hören wir „Kanaan". Abraham wird der Befehl erteilt, aus dem Vaterhaus auszuziehen „in das Land, das ich dich schauen lassen werde. Ich will dich zu einem großem Stamme machen und will dich segnen." Und ferner: „Mit dir werden sich segnen alle Sippen des Bodens." Und es erschien der Herr dem Abraham und sprach: „Deinem Samen werde ich *dieses* Land geben." Nicht ein Land, sondern *dieses* Land. Es ist nicht einmal von einem guten Lande die Rede, es ist dieses Land, das Gott hier dem Abraham zeigt. Mit dieser ersten Landverheißung ist auch ein erstes Sehenlassen Gottes verbunden: „Er ließ von Abraham sich schauen." Erst jetzt in Kanaan hören wir davon, daß Abraham hier im Angesicht Gottes stand, man pflegt es auch das „Sehen Gottes" zu nennen: „Der Mann, dem Gott das Land zu sehen gibt, ist der erste, der Ihn sieht" (M. BUBER).

Abb. 3: Die Kundschafter kehren aus dem Lande Kanaan zurück

Aus: Die Heilige Schrift in farbigen Bildern, nach SCHNORR VON CAROLSFELD. Konstanz o.J., S. 17.

Der Abrahambund war ein Bund mit Zukunftserwartung, die unlöslich mit dem Volke Israel verbunden ist. Auf diesen Bund konnte Israel stets zurückgreifen, wenn es sich fragte, ob es noch in der Wirklichkeit des Bundes lebte; eine derartige Ungewißheit war gewiß durch das Babylonische Exil aufgekommen. Es ist in diesem Zusammenhang interessant, daß der Sinaibund in der israelitischen Religionsgeschichte eine viel geringere Rolle gespielt hat als der Exodus, die einmalige Heilstat Gottes an seinem Volk, sowie dieser Abrahamsbund, auf den Israel immer

11 Die Pessach-Haggada. Erzählung von dem Auszuge Israels aus Ägypten. Übersetzt von W. HEIDENHEIM. Basel 1981, S. 28–30.

wieder zurückkommt, weil er Zukunft ermöglicht. Diese Väterverheißung als Landverheißung hat dann wiederholt eine entscheidende Rolle gespielt; auf sie ist man in der Bibel in den verschiedensten Formen zurückgegangen, nicht zuletzt übrigens in einer Verarbeitung im Deuteronomium, wobei diese Verheißung auch als „Schwur Gottes" (Dtn 26, 3.15) bezeichnet wird. Israel sah sich als wanderndes Gottesvolk in seinen Vätertraditionen, ein Volk, unterwegs zur Erfüllung der empfangenen Verheißungen und zur Vollendung seines Weges in der Gemeinschaft mit seinem Gott.

Es gibt also in der Hebräischen Bibel verschiedene in die Zukunft führende Linien. Von der Erschaffung des Menschen zu Abraham, dem Stammvater, dem Träger der Verheißung, jenem Abraham, in welchem, wie Gen 15 meint, das kommende Volk gleichsam angelegt ist: „Wie die Sterne sollen deine Nachkommen sein" (15,5) und: „Deinen Nachkommen gebe ich dieses Land vom Strom Mizraims bis zum großen Strom, dem Strom Perat" (15,18). Das ist kein rein politisches Versprechen, sondern Teil einer Bundesverheißung. Ohne Bund keine Verheißung, ohne Bund hat das Volk Israel keine Zukunft. Das mag etwas zu einfach klingen, für heutige problembelastete Menschen kaum nachzuvollziehen. Es ist biblische Wahrheit: Ohne Bund keine Verheißung, keine Zukunft. Die Geburtsstunde des Volkes Israel beginnt mit diesem Bund, und er allein gewährt Zukunft für dieses Volk. Dieser Bund gilt für das Volk, und er gilt auch für die Dynastie, welche dieses Volk einmal regieren wird (2. Sam 7,12ff.): Dieser Bund mit dem Hause David, von dem es heißt, es sei ein ewiger Bund *(ad'olam)*, hat schließlich die Zukunftserwartungen *(Eschatologie)* beherrscht, und ist zu einer wesentlichen Größe endzeitlicher Vorstellungen geworden. In diesen beiden Worten „ad'olam": „auf ewig", welche im 2. Sam 7, 13–16 dreimal als Leitwort vorkommen, liegt eine erstaunliche Dynamik; die Davidische Dynastie ist auf Zukunft angelegt, kein König verkörpert das wahre Königtum, fast alle scheitern, aber einer wird schließlich erhofft, denn es ist ein Königtum „ad'olam".

Wohl ist 2 Sam 7 die Verheißung für David, die Gründungsurkunde für seine Dynastie; das Entscheidende aber ist, daß hier nicht nur die Fundierung für das Davidische Geschlecht gelegt wird, sondern parallel dazu, mit gleich großem Gewicht, für das Volk. Dem „Ich will dir einen bedeutenden Namen machen" (Vers 9b) – gemeint ist der davidische König – folgt in Vers 10–11: „Ich will Meinem Volk Israel einen Platz zuweisen und es einpflanzen, daß es an seiner Stätte wohnen kann. Es soll nicht mehr zittern und frevelhafte Menschen dürfen es nicht mehr bedrücken wie früher...". Und noch einmal am Ende des Abschnittes, Vers 23–24. War am Anfang das Leitwort für den König „ad'olam", auf ewig, so finden wir diesen Hinweis nun am Schluß auch für das Volk. In diesen beiden Versen erscheint das Wort „am" (Volk) nicht weniger als fünfmal. Die entscheidenden Leitmotive zu unserem Thema sind in dem Abschnitt angedeutet: am/Volk, erez/Land, Elohim/Gott. „Wer ist wie Dein Volk Israel, ein Volk im Lande; daß ein Gott gegangen wäre, es sich zum Volk zu erlösen, um ihm einen Namen zu verschaffen, und ihnen Großes zu tun[...] Du hast Dir Dein Volk Israel zum Volk auf ewig aufgerichtet, und Du Herr bist ihnen Gott geworden."

Uns scheint, deutlicher könne man diese Einheit von Gott, Volk, Land nicht ausdrücken, vor allem aber diesen Zukunftscharakter; denn wie kann man Zukunft anders bezeichnen, als wenn man sie „ad'olam" erstreckt.

Prophetische Erwartungen

Eine andere Linie findet sich bei einigen Propheten: Sie sind sozusagen die Späher, welche in die Zukunft blicken, um Gottes Kommen anzukündigen, die Herolde, die Gottes Herrschaft auf dieser Erde verkünden, eine Herrschaft, die freilich vom Menschen etwas fordert, nämlich den Willen Gottes zu erfüllen.

Wir können hier im einzelnen nicht die Zukunftshoffnung der großen Schriftpropheten des 8. Jahrhunderts behandeln, aber über das Wort Jesajas soll kurz gesprochen werden:

> „Da wird der Wolf zu Gast sein bei dem Lamme und der Panther bei dem Böcklein lagern. Kalb und Jungleu weiden beieinander, und ein kleiner Knabe leitet sie. Kuh und Bärin werden sich befreunden, und ihre Jungen werden zusammen lagern; der Löwe wird Stroh fressen wie das Rind. Der Säugling wird spielen an dem Loch der Otter, und nach der Höhle der Natter streckt das kleine Kind die Hand aus." (Jes 11,6–8)

Jesaja beschreibt den Tierfrieden. Ihm entspricht der totale Menschenfrieden, von dem Jes 2, 2–5 spricht, wiederholt in Mi 4, 1–4:

> „Sie schmieden ihre Schwerter zu Pflügen,
> und ihre Lanzen zu Winzermessern;
> nicht hebt Volk wider Volk das Schwert,
> sie lernen nicht mehr Krieg."

Diese totale Friedenshoffnung steht jedoch in einem bestimmten Zusammenhang: Die Völker wallfahrten zum Hause des Herrn, zum Haus von *„Jakobs Gott"*, „daß Er uns Seine Wege weise, und wir in Seinen Pfaden wandeln. Denn von Zion geht Weisung aus, und von Jerusalem das Wort des Herrn" (Jes 2,3). Der Frieden ist also nur möglich auf der Grundlage göttlicher Weisung; sie ist die Basis möglicher künftiger Existenz. Zion ist der Mittelpunkt der Gerechtigkeit, und deshalb muß Frieden sein, der sich auch darin äußert, daß eine große Völkerwallfahrt zum Gottesberg stattfindet.

Kaum ein anderer Prophet hat stärker als Jesaja seinem Volke das Gericht angekündigt. Dennoch aber sind auch bei ihm die Erwartung einer kommenden göttlichen Rettung und die Hoffnung auf Frieden und Gerechtigkeit lebendig geblieben. Was immer die Propheten von ihren besonderen Voraussetzungen erlebt und erlitten, gesehen und verkündet haben, sie standen in der Konfrontation des Gottes*volkes* mit seinem Gotte, den Jesaja „den Heiligen Israels" nennt. Daß Gottes Plan gegen alle anderen Mächte zustande kommt, darum geht es: „Der Herr der Heerscharen hat es beschlossen; wer will's zunichte machen; seine Hand ist ausgestreckt, wer will sie zurückbiegen?" (Jes 14,27).

Gottes Treue

Die theologische Basis für Israels Zukunft ist vielfältig. Grundlage bilden jedoch immer Gottes Plan, Absicht, Ziel in der Geschichte. Die Berufung Israels zum Dienst war die Versicherung dieses Planes. Israel konnte diesem Dienste zu entfliehen suchen, den Bund brechen, Gott jedoch wurde nicht abtrünnig. Solange diese Welt besteht, wird Israel bleiben (Jer 31,35). Gott ist Israels Schöpfer (Dtn 32,15), sein Fels (Dtn 32,18), sein Schild (Ps 3,3).

Gott ist es gleichsam sich selbst schuldig, um Israels Zukunft besorgt zu sein, weil sonst Gottes Verheißung als ungültig vor den Völkern der Welt erschiene:

> „Und da man zu den Völkern kam, wohin sie kamen, schändeten sie Meinen heiligen Namen, da man von ihnen sagte: Das Volk des Herrn sind diese, aber aus Seinem Land mußten sie ziehen. Da tat es Mir leid, um Meines heiligen Namens willen, den das Haus Israel geschändet unter den Völkern, dahin sie gekommen[...] Nicht um euretwillen tu Ichs, Haus Israel, sondern für Meinen heiligen Namen, den ihr geschändet unter den Völkern, wohin ihr gekommen. Und Ich heilige Meinen großen Namen [...] und erkennen sollen die Völker, daß Ich der Herr bin [...] indem Ich mich an euch heilig erweise vor ihren Augen." (Ez 36,20–23)

Trotz des Exils bleibt Hoffnung und Zukunft für dieses Volk. Es kann nicht für sich beanspruchen, den Bund gehalten zu haben, es ist abgefallen, aber dennoch muß gleichsam Gott zu diesem Volke stehen: Es ist nicht die wie beim Propheten Hosea aufflammende Liebe Gottes, die nicht länger strafen kann; es ist nicht wie bei Jesaja der Hinweis auf die Treue Gottes zu seiner Stadt und dem von ihm erwählten Davididen, sondern die Majestät und Ehre Gottes selbst, in der Er die einmal geschehene Verpfändung Seines Namens an das Volk Israel, das Sein Volk ist, nicht zurücknimmt, sondern Seinem Namen durch die Neuerweckung Israels Seine Ehre wieder zurückgibt. Das soll kein verborgenes Tun bleiben. *Die Völker* mögen erkennen, daß Gott in alldem handelt und sich der Welt in Seinem wahren Wesen vorstellt.

Gott hat seinen Plan und Israel eine Zukunft, aber diese Zukunft und das Heil für dieses Volk sind keineswegs immer deutlich zu erkennen. Es ist der Prophet Jeremia, der offenbar nur in Andeutungen darüber zu sprechen gewagt hat. So, wenn Jeremia an die Verbannten in der Ferne schreibt: „Ich weiß, was für Gedanken ich über euch hege, [...] Gedanken zum Heil und nicht zum Unheil, euch eine Zukunft und Hoffnung zu gewähren“ (Jer 29,11). Und dennoch wird Gott von Jeremia „Mikweh“, das heißt „Gegenstand des Vertrauens“ für Israel, genannt: Hoffnung. In einer Liturgie heißt es: „Du Hoffnung Israels, sein Retter zur Zeit der Bedrängnis“ (Jer 14,8). Und im 31. Kapitel spricht Jeremia davon, daß es noch eine Hoffnung *(tikwah)* für die Zukunft gibt, „die Kinder kehren heim in ihre Marken“ (Vers 15ff.). Daß Jeremia diese Zukunft als eine Zukunft im Lande der Verheißung erwartet, wird in Kapitel 32 deutlich. Mitten in der Belagerungszeit Jerusalems, als der Prophet schon in Haft im Wachthof festgehalten wird, kündigt ihm der Herr das Kommen eines Verwandten an, der ihm, weil Jeremia als Nächstverwandter das Vorkaufsrecht hat, einen Acker in Anatoth, dem schon vom Feinde besetzten Lande, zum Kauf anbietet. Jeremia kauft auf Geheiß Gottes am Vorabend der Katastrophe diesen Acker und sorgt dafür, daß die Kaufurkunden mit den Zeugenunterschriften sorgfältig verwahrt werden. In diesem Zusammenhange wird nun das Wort gesprochen: „Noch werden Häuser und Felder und Weinberge in diesem Lande gekauft werden“ (Jer 32,15) – *baarez hassot:* „in diesem Lande“. Stärker kann man wohl Hoffnung und Zukunft für ein Volk nicht verfremden, indirekter wird man schwerlich Zukunftshoffnung ausdrücken können: Die Katastrophe ist im Kommen, aber „in diesem Lande“ wird man weiter leben, auch nach dem hereinbrechenden Unheil.

Inhalte der Hoffnung

Die Erwartungen Israels haben ihren eigentlichen Ausdruck in den verschiedensten Formen der Vorstellungen eines neuen Zeitalters gefunden. Man mag dabei an eine Vollendung dessen denken, was Gott mit dieser Welt eigentlich gewollt hat, und was zunächst mißlungen schien; denn das Scheitern ist nicht endgültig, es ist so provisorisch wie eine Welle im Meere der Geschichte.

In diesen vielfältigen Zukunftsbildern müssen die Propheten vor allem an die historischen Ereignisse anknüpfen, an das, was schon war, aber in anderer, überhöhter Weise wieder sein wird, nicht in Form bloßer Wiederholung, sondern in einzigartiger Überbietung.

Am deutlichsten geschieht dies bei Deutero-Jesaja, dem namentlich nicht bekannten großen Exilspropheten. Er verwendet Bilder aus dem Exodus und den verschiedenen Stadien des Wüstenzuges. Das, was einst Angst und Dunkel war, als Gott sein Volk aus Ägyptens Fron befreite, als er sich dieser Sklavenschar als der Herr erwies, und damit aus Sklaven ein Volk schuf, wird hier nun verklärt und verherrlicht: „Nicht in angstvoller Eile werdet ihr ausziehen, noch fluchtartig davonziehen, denn vor euch her geht der Herr, und den Schluß eures Zuges bildet der Gott Israels“ (Jes 52,12). Das Grundmotiv der Verwendung von Geschichte durch Deutero-Jesaja für seine Zukunftsschau Israels ist das der Überhöhung. Alles wird neu sein: „Gedenket nicht mehr der früheren Dinge, und des Vergangenen achtet nicht mehr. Siehe ich mache Neues[...]“ (Jes 43,18,19). Eine solche Vorstellung bedingt keine Auslöschung oder gar Verachtung der Geschichte – denn diese bleibt ja an Bund und Verheißung gekettet –, sondern es ist Verwendung von Geschichtli-

Abb. 4: Jesaja-Handschrift aus den Schriftrollen vom Toten Meer in der Einöde von Qumran (2. Jh. v. Chr.)

Aus: Die Israeliten. Hrsg. von der Time-Life-Redaktion. Amsterdam 1975, S. 31.

chem für eine wunderbare Zukunft. Diese aber hat ein einziges Ziel: „Dieses Volk, das ich mir geschaffen habe, wird meinen Ruhm erzählen“ (Jes 43,21). Das ist das eigentliche Ziel der Geschichte, der Inhalt der Hoffnung. Wir sagten vorhin, Israel lebt in einer Spannung zwischen der Vergangenheit und der Zukunft; hier, bei Deutero-Jesaja, wird es ganz offenbar. Die Heilsankündigung bekommt ihr Ziel im Vorausblicken auf die Folge, die der neue Exodus haben soll. Aber nun kommt das Entscheidende: Alles, was Deutero-Jesaja hier meint, so neu es sein mag, spielt sich auf dem Boden der Geschichte ab. Die Bilder stammen aus ihr, und die Zukunft vollzieht sich auch in dieser unserer Welt. Die Geschichte Gottes mit Israel geht also weiter. Eine neue Heilstat ist erfolgt, und sie findet ihr Echo im Lob der Erretteten: „Dieses Volk, das ich mir erschaffen habe, wird meinen Ruhm erzählen“ (Jes 43,21) (nicht: *das* Volk, sondern: *dieses* Volk: *„Am zu jazarti li, tehillati jesapper“*). Deutero-Jesaja meint also nicht, mit dem Neuen, das Gott zu schaffen im Begriff sei, würde ein absoluter Heilszustand eintreten. Die Geschichte geht weiter. Das erzählende Lob ist nur sinnvoll in einem geschichtlichen Fortgang: es sind noch die da, denen von Gottes Heilstat an Israel erzählt werden muß, und Gottes Tat wird so über den Kreis derer, die sie erfuhren, hinausgetragen werden.

In unser Thema gehört eigentlich nicht mehr die Frage hinein, inwieweit Deutero-Jesaja sich auch der Völkerwelt zuwendet; daher sei hier nur angedeutet, daß der Prophet auch die Völker in seine Weltschau mit hineinnimmt, eine Folge seiner universalistischen Gotteskonzeption. „Ich habe bei mir selber geschworen, aus Meinem Munde ist Wahrheit ausgegangen, ein Wort, das nicht rückgängig wird: Mir wird sich beugen *jedes* Knie, Mir Treue schwören *jede* Zunge: Nur im Herrn ist Heil und Stärke" (Jes 45,23f.). In diesen Zusammenhang tritt dann auch das eigene, in den Liedern vom Gottesknecht geschilderte Amt des Propheten, der den Auftrag bekommt, zum Licht der Völker zu werden (Jes 49,6).

Deutero-Jesaja ist jener Prophet gewesen, der an die Grenze des Aussagbaren vorstößt:

„Jubelt, ihr Himmel, denn gehandelt hat der Herr,
Ruft laut, ihr Tiefen der Erde!
Brecht aus ihr Berge in Jubel,
der Wald und alle Bäume darin,
denn erlöst hat der Herr Jakob, und an Israel sich verherrlicht." (Jes 44,23)

Diese Lieder (es gibt andere, etwa in Jes 42, 10–13) sind Antwort, Widerhall der majestätischen Rettungstat Gottes an seinem Volke Israel. Aber nicht nur dieses eine Volk wird zum Jubel aufgerufen, sondern Himmel, Erde, Berge, Bäume. Der, der Israel rettet, ist wirklich der Schöpfer der Welt; das wird nicht nur vom Wirken dieses Gottes gesagt (Jes 40, 12–31), sondern auch von anderer Seite, von der Schöpfung her, die dazu aufgerufen wird, diesem Wirken Gottes entsprechend zu antworten. Das Heilshandeln Gottes und das Wirken des Schöpfers werden hier in eins gesehen. Der Schöpfer ist zugleich auch der Erlöser.

„Gott hat Israel erlöst und sich an diesem Volk verherrlicht."

Knapper wird man die theologische Dimension der Zukunftshoffnung kaum ausdrücken können.

Erneuerung des Bundes

Die Grundlage der Zukunft Israels ist der Bund. Die Propheten haben an dieser Spannung gelitten, daß Israel ohne diesen Bund seinem Gott doch gar nichts sei und an diesem Bunde sich immer aufs neue vergehe. Dem verzweifelten Ausruf des Jesaja vom „verstoßenen Volk" (Jes 2,6), steht das „Und dennoch" des Hosea gegenüber: „Mein Volk bist du" (Hos 2,25), und dieses Volk wird antworten: „Elohaj" – „mein Gott". Daß aber eben dieses Volk das „Elohaj" – „mein Gott" so oft nicht geantwortet hat, ist Quelle der Verzweiflung für die Propheten. Daher gehört notwendigerweise in jede Zukunftshoffnung nicht nur eine Konkretisierung der Hoffnung im Lande, auf dem Boden Israels, der ja Teil der Verheißung ist, sondern vor allem auch im Geiste. Dieses Volk muß und wird einen neuen Geist bekommen. Man kann sich die Zukunft des Volkes Israel schlechthin nicht vorstellen, wenn dieses Volk nicht so sein wird, wie Gott es will. Bedeutet die Rückkehr in das Land eine politische Konkretisierung, so die neue Hinwendung zu Gott eine geistige: „Und ihr werdet Mir zum Volk, und Ich werde euch zum Gott" (Jer 30,22). Das ist vorerst nur Hoffnung des Propheten.

Wir haben in der Hebräischen Bibel zwei große Schilderungen dieser geistigen Wende Israels in der Zukunft; die eine stammt von Ezechiel (Ez 36, 24–28), die andere von Jeremia (Jer 31, 31–34). Wenn wir diese Texte vernehmen, mögen wir vor allem das große „Ich" heraushören; denn die Initiative liegt allein bei Gott. Diese Zukunftshoffnung stellt Gott in den Mittelpunkt.

„Und Ich nehme euch aus den Völkern und sammle euch von allen Landen und bringe euch auf euren Boden. Und Ich sprenge über euch reines Wasser, daß ihr rein werdet von allen euren Unreinheiten, und von allen euren Götzen will ich euch rein machen. Und Ich gebe euch ein neues Herz, und neuen Geist setze Ich in euer Inneres, entferne das Herz von Stein aus eurem Leib und gebe euch ein Herz von Fleisch. Und Meinen Geist lege Ich in euer Inneres, und mache, daß ihr in Meinen Satzungen wandelt und Meine Rechtsvorschriften wahrt und sie übt. Und ihr sollt wohnen in dem Lande, das Ich euren Vätern gegeben, und ihr sollt *Mir* sein zum *Volk,* und *Ich* will euch *Gott* sein." (Ez 36, 24–28)

Der Prophet stellt zwei zunächst getrennte, dann verbundene Vorstellungsgruppen heraus: *‚Lew chadasch‘:* ein neues Herz / *‚ruach chadascha‘:* einen neuen Geist stehen gegenüber: *‚Erez‘:* Land / *‚admatechem‘:* euer Boden. Das beide Vorstellungsgruppen verbindende Element ist der Begriff des *am* – des Volkes: "Ihr werdet Mir zum Volk, und Ich werde euch zum Gott." Eigentlich, so müßte man meinen, sei dieser Hinweis überflüssig. Ist Israel nicht schon längst Gottes Volk gewesen? Gott verheißt hier jedoch die entscheidende Wende, das Neue. Der Prophet sieht ein *neues* Volk Israel in den Ordnungen göttlicher Gerechtigkeiten, ein Volk, das in seinem Land, auf seinem Boden wohnt, aber jetzt erst wirklich und ganz Volk Gottes ist.

Diesen Vorstellungen entspricht die Konzeption vom neuen Bund, einem Gedanken, den wir bei Jer 31, 31–34 finden:

„Siehe Tage kommen, ist des Herrn Spruch, da schließe Ich mit dem Haus Israel und dem Haus Juda einen neuen Bund. Nicht wie der Bund, den Ich mit ihren Vätern geschlossen am Tag, da Ich sie an der Hand faßte, um sie aus dem Land Mizraim zu führen, wo sie dann Meinen Bund übertraten, wiewohl Ich ihr Herr geworden, ist des Herrn Spruch. Sondern dies ist der Bund, den Ich mit dem Haus Israel schließen will nach jenen Tagen, ist des Herrn Spruch: Ich senke meine Weisung in sie und schreibe sie auf ihr Herz. Dann werde Ich ihnen Gott, und sie Mir Volk sein. Dann lehrt nicht mehr einer den andern und einer den Bruder, sprechend: Erkennt den Herrn! Denn sie werden Mich kennen, von ihrem Kleinsten bis zum Größten, ist des Herrn Spruch. Denn Ich verzeihe ihre Sünde und ihrer Schuld will ich nicht mehr gedenken."

Dieser Abschnitt gehört zu einem Trostbüchlein (Kap. 30,31), das Jeremia wohl erst in den Tagen nach der Katastrophe abgefaßt hat. Hier wird dem wiedervereinigten Volke ein neuer Bund verheißen: ein Bund, nicht mehr auf Tafeln, sondern ein Bund ins Herz. Der Zusammenhang freilich bleibt durch den Hinweis auf die göttliche Herausholung aus Mizraim gewahrt, aber dieser neue Bund weist auf die Vollendung hin. Das Wort des ersten Bundesschlusses kann nun endlich zur vollkommenen Wirklichkeit werden: JHWH ist GOTT Israels, Israel ist Volk JHWHs. Die Deuteronomiker meinten (Dtn 30,14), das Wort Gottes brauche nur eben getan zu werden, aber Jeremia weiß nur zu gut um menschliche Schwäche und menschliches Scheitern, hält es für notwendig, daß Gott selbst sein Wort Israel ins Herz schreibe, ohne Tafeln, ohne gegenständliche Mittel. Freilich, selbst Jeremia konzipiert nicht nur eine abstrakte Vorstellung vom neuen Menschen, vom neuen Bund, vom neuen Volk mit seinem Gott. Die biblische Zukunftshoffnung mit Gott im Mittelpunkt ist objektbezogen:

„So spricht der Herr der Scharen, der Gott Israels: Noch wird man dieses Wort sprechen im *Land Jehuda* und in seinen Städten, *wenn Ich sie wiederherstelle:*

‚Der Herr segne dich,
Aue des Rechts,
Geheiligter Berg.‘

Und es werden darin wohnen, Jehuda und alle seine Städte insgesamt, Landleute, und die mit Herden ziehen." (Jer 31,23f.)

Das Volk und auch das Land haben also eine Zukunft.

Die Grundmotive dieser Zukunftshoffnung Israels sind der neue Bund, das neue Herz, der neue Geist. Die Hebräische Bibel hat die Schöpfung mit der Geschichte verknüpft, nicht mit der Wiederkehr, wie sonst im Alten Orient. In der Bibel ist daher von Schöpfung und Neuschöpfung die Rede. Es geht nicht etwa um eine Verwandlung der Natur, sondern um neue Schöpfung durch ein nochmaliges Eingreifen Gottes. Die ursprüngliche Schöpfung kehrt nicht wieder. Die Hebräische Bibel kennt also die Verbindung von Schöpfung und Geschichte einerseits und die neue Tat Gottes zum Heil seiner Welt und seines Volkes andererseits. Die neue Schöpfung durch Gott führt dann die Natur und ihre Geschichte, führt das Volk Israel und die Welt zur Vollendung. Gott also stellt seine Welt durch ein neues Handeln wieder her. Gott vollendet damit auch seine Gemeinschaft mit seinen Geschöpfen und schenkt nochmals seinen Geist als neuschaffende Kraft. So vollendet Gott seinen Weg mit seinem Volk – einen Weg, der als Geschichte dieses Volk von Hoffnung zu Hoffnung führte.

Der Zionismus – Befreiungsbewegung des jüdischen Volkes

Der Zionismus ist die nationale Befreiungsbewegung des jüdischen Volkes. In einer Welt, in der jede noch so kleine Gruppe mit Recht ernstgenommen wird, wenn sie ihre Unabhängigkeit fordert, kann man einem Volk, zu dem Millionen von Menschen auf der Welt gehören und von dem bereits ein Fünftel in seiner ursprünglichen Heimat lebt, das Recht auf Selbstbestimmung nicht verweigern. Die Juden haben sich im Laufe von 3000 Jahren ein religiöses, kulturelles und geistiges Erbe erworben und sind durch die Bande des gemeinsamen Glaubens, der Kultur, der Tradition, des Schicksals und der Geschichte zu einem Volk geworden.

Das jüdische Volk hat einen längeren, mühsameren Weg zur nationalen Befreiung zurückgelegt als viele andere Völker, die seit dem 19. Jahrhundert und besonders in der zweiten Hälfte des 20. Jahrhunderts ihre Unabhängigkeit erlangten. Andere Völker befreiten sich von der Fremdherrschaft durch eine Revolte oder mit Hilfe eines internationalen Beschlusses. Der Zionismus hingegen setzte seine Ziele auf eine Weise durch, die in der Geschichte kaum ein Beispiel hat: Um einer dem jüdischen Volke eigenen Konzeption und eines nationalen Ideals willen folgte ein Strom von Einwanderern dem anderen, wurden Gebiete im Lande Israel urbar gemacht, wurde ein neuer Menschentypus geschaffen, ein neues Gesellschaftskonzept entworfen, eine Arbeiterklasse gebildet, eine Nationalsprache zu neuem Leben erweckt und mit all dem das Fundament für eine Demokratie gelegt. Dieser Prozeß vollzog sich, ohne daß wirksame politische Druckmittel eingesetzt werden konnten und bedeutende finanzielle Mittel zur Verfügung standen. Man mußte vor allem mit der Kolonialmacht verhandeln oder gegebenenfalls Widerstand leisten sowie an vielen Fronten Feinde abwehren. Dies war der langjährige Befreiungsprozeß des Zionismus.

Der moderne Zionismus ist von seiner Entstehung im 19. Jahrhundert an keine einheitliche Erscheinung gewesen. Die mannigfachen, auf verschiedenen Ideologien beruhenden Richtungen und Parteien bestehen in der einen oder anderen Form bis heute fort. Allen gemeinsam ist das Bewußtsein der Verbundenheit des Landes Israel mit dem jüdischen Volke; das vielgestaltige religiöse und geistige Erbe blieb von dieser Zionsidee durchdrungen. Während zweier Jahrtausende betete man, wo auch immer Juden in der Fremde *(Diaspora)* zerstreut lebten, um die Rückkehr nach Zion.

Den modernen politischen Ausdruck für die zionistischen Bestrebungen fanden Juden aber erst im 19. Jahrhundert in Verbindung mit Weltanschauungen jener Zeit. Moses HESS sah in einem jüdischen Staat in Palästina die Verwirklichung des emanzipatorischen Grundsatzes des Sozialismus auf dem besonderen Hintergrund der jüdischen Existenz. So wurde der Zionismus auf seine Weise ebenfalls mit der Gesamterscheinung der Emanzipation der Juden im 19. Jahrhundert verknüpft. Rabbi Yehuda Hai ALKALAI (1798–1878) und Rabbi Zwi Hirsch KALISCHER (1795–1874) waren die Vorläufer einer Bewegung, welche die jüdische Orthodoxie mit den nationalen Hoffnungen des jüdischen Volkes verband. Es dauerte dann freilich noch viele Jahrzehnte, bis der breite Strom der gesetzestreuen Juden den Anschluß an die zionistische Bewegung vollzog.

In der Folge hat die zionistische Idee durch Persönlichkeiten wie Léo PINSKER, Max NORDAU und Theodor HERZL ihren Ausdruck gefunden. Durch das Charisma und die leidenschaftliche Intensität HERZLS wurde eine moderne politische Bewegung geschaffen, die sich die Aufgabe stellte, einen Judenstaat in Palästina zu errichten. Das spirituelle Element im Zionismus verkörperte Achad HA'AM, in dessen Tradition später Martin BUBER wirkte. Heute stehen sich im Zionismus neben den verschiedenen religiösen Richtungen vor allem zwei Varianten gegenüber:

- die von Aharon David GORDON (1856–1922) begründete *sozialistische Richtung* sowie
- die Vladimir JABOTINSKI (1880–1940) verpflichtete *nationalistische Richtung,* die von jeher für ein Groß-Israel eingetreten ist.

Eine der letzten zionistischen Persönlichkeiten von Format war David Ben GURION (1886–1973), dem es aus mannigfachen Gründen nicht gelang, sein Ziel eines jüdischen Modellstaates einer gerechten Gesellschaft mit dem Tagesgeschäft praktischer Politik zu vereinen. Für ihn bedeutete jedoch die zionistische Revolution neben der politischen zugleich auch eine soziale und geistige Renaissance des jüdischen Volkes. Einen Ausgleich mit den Arabern konnte er, jedenfalls solange er Ministerpräsident war, nicht finden, weil er, in Skepsis gegenüber dem Friedenswillen der arabischen Führer befangen, kaum Wege für eine Verständigung suchte. Zu seiner Zeit zeigten die arabischen Staaten freilich auch keinerlei Zeichen einer Bereitschaft, das Lebensrecht des Staates Israel anzuerkennen. Es ist daher müßig, darüber zu spekulieren, was geschehen wäre, wenn Ben GURION von sich aus eine aktivere Friedenspolitik betrieben hätte.

Die geschilderten historischen Entwicklungslinien bestehen heute in den politischen Parteien fort. Nur Splittergruppen der Linken sowie nicht wenige Einzelpersönlichkeiten aus verschiedenen politischen Lagern sind heute bereit, das große Wagnis einzugehen, auch unkonventionelle Durchbrüche zu vollziehen, um zu einer Verständigung mit den Palästinensern zu gelangen. Das ist übrigens im Zionismus kein neues Phänomen: Auseinandersetzungen über Grundsatzfragen und -entscheidungen haben sich seit jeher jenseits der eigentlichen politischen Zielsetzungen und des politischen Parteigetriebes abgespielt, die nach außen hin die Geschichte der Bewegung und später des Staates bestimmten (Achad HA'AM, Josef Chajim BRENNER, Martin BUBER u.a.). Da die Palästinenser ihrerseits in zahlreiche sich teils befehdende Richtungen zerfallen sind, ist ein sinnvolles Übereinkommen leider nicht sichtbar. Ähnliches gilt für die arabischen Staaten, die sich in feindlichen Lagern gegenüberstehen und den Gedanken an die eine „arabische Nation" zwar literarisch pflegen, sich aber nicht für eine Friedenspolitik einsetzen. Bei den Juden schließlich ist durch das tragische Erlebnis des Holocaust das ohnehin durch Jahrhunderte Diasporaerfahrung vorhandene Mißtrauen noch gewachsen. Daher herrscht die schon von Ben GURION vertretene Meinung vor, nur massive militärische Überlegenheit könne den Bestand des Staates Israel sichern. Wie auch sonst in der Politik dürfte jedoch ein Pochen auf militärische Rüstung langfristig kaum dem Wohle des israelischen Staates dienen. Eine militärische Eskalation in diesem Raum erhöht eher die Kriegsgefahr und führt die Völker noch weiter von dem dringend notwendigen Friedensprozeß weg. Dieser kann, nach Lage der Dinge, nur in zahlreichen kleinen Schritten erfolgen. Dazu gehört heute mehr Mut als zum Bestellen von Massenvernichtungsmitteln.

Die nationale Befreiungsbewegung des jüdischen Volkes entstand Jahrzehnte vor dem Erwachen des arabischen Nationalbewußtseins. Ihre Anfänge gehen, wie erwähnt, bis in die 1880er Jahre zurück, während sich der arabische Nationalismus erst im Anschluß an die Revolution der Jungtürken im Jahre 1908 nach außen zeigte.

Die Geschichte der Juden im jüdischen Lande fing nicht mit der Staatsgründung im Jahre 1948 an. Es ist ferner ein Irrtum, die Balfour-Erklärung von 1917 als eine von den Briten ausgestellte „Eintrittskarte nach Palästina" zu betrachten. Diese Erklärung stellte bereits die Anerkennung einer Bewegung dar, die eine jüdische Gesellschaft in jenem Land errichten wollte, zu dem das Judentum eine starke innere Beziehung besitzt, weil seit altersher religiöse und historische Bande zwischen diesem Volk und diesem Land bestehen. Diese Verbindung ist in vielen Jahrhunderten durch die Bibel, durch das Gebetbuch, durch die Feste lebendig erhalten worden.

„Wenn der Zionismus gesiegt hat – mindestens auf der Ebene historischer Entscheidungen in der Geschichte der Juden –, so hat er das vor allem drei Faktoren zu verdanken, die seinen Charakter prägten: Er war alles in allem eine Bewegung der Jugend, in der, wie es nicht anders sein konnte, auch starke romantische Momente mitspielten; er war eine Bewegung des sozialen Protestes, die ihre Inspiration ebensosehr aus dem uralten und noch immer lebendigen Anruf der Propheten Israels wie aus den Losungen des europäischen Sozialismus schöpfte; und er war bereit, sich mit dem Schicksal der Juden in allen, ich sage allen Aspekten, den religiösen und den weltlichen gleichermaßen, zu identifizieren."[12]

Die zionistische Bewegung stand in den Reihen derer, die sich für die Befreiung des Nahen Ostens vom Kolonialismus einsetzten. Sie erhob sich gegen eine Weltmacht, das damals noch bestehende britische Imperium, und verleidete den Engländern ihr Mandat in Palästina. Dies geschah zu einer Zeit, als kein arabischer Staat es wagte, sich offen gegen die Fremdherrschaft aufzulehnen. Eine Gemeinschaft von 600 000 Menschen erhob sich zu jener Zeit gegen eine imperialistische Militär- und Seemacht.

Seit 1949 hat das Land und der Staat Israel Flüchtlinge aus aller Welt aufgenommen und eingegliedert. Etwa die Hälfte kam aus islamischen Ländern. Diese Flüchtlinge waren bei ihrer Ankunft vollkommen mittellos, da man sie enteignet hatte. Die israelische Gesellschaft hat diese Juden jedoch niemals als „Flüchtlinge" betrachtet, sondern bemühte sich, sie vom ersten Augenblick an als Staatsbürger einzugliedern. Dies steht im Gegensatz zu dem Verhalten der meisten arabischen Staaten gegenüber den Palästinensern, obgleich sie mit diesen in religiöser, sprachlicher und ethnischer Hinsicht nicht weniger eng verbunden waren. Nur Jordanien hat sich schließlich bemüht, die 1,2 Millionen Palästinenser in den jordanischen Staat voll einzubeziehen, so daß dieser heute ebenso palästinensisch wie jordanisch ist. Natürlich ist das Palästinenserproblem längst kein Flüchtlingsproblem mehr wie noch in den ersten Jahren nach 1948. Die Palästinenser haben fast zwanzig Jahre gebraucht, um zu ihrer palästinensischen Identität zu finden. Sie ist einmal durch die Entstehung des Staates Israel gefördert worden, dann jedoch mindestens ebenso stark durch den fehlenden Willen der anderen Araber-Staaten, sich des Elends der Flüchtlinge anzunehmen. Insofern ist die palästinensische Identität aus zweifachem Protest gewachsen: gegen den Staat Israel, in dem die „Flüchtlinge" entweder nicht leben wollten oder nicht leben konnten, und gegen die arabischen Brüder, die das Flüchtlingsproblem bewußt als eine „offene Wunde" erhalten. Die Schaffung der palästinensischen Identität ist daher Ausdruck des Willens der Palästinenser, das Schicksal in die eigene Hand zu nehmen. Daß sie dann freilich bald in zahlreiche, ihren Zielen nicht förderliche neue Abhängigkeiten gerieten, ergab sich aus der politischen Situation, hat jedoch die Lösung des Nahost-Konflikts nicht erleichtert. Die aus den arabischen Staaten vertriebenen Juden hingegen befanden sich in einer anderen Situation: sie erhielten im Staat Israel ihre Heimat, zumal die Errichtung dieses Staates die Ursache ihrer Vertreibung oder zumindest ihrer Bedrückung durch die arabischen Staaten war, in denen die Juden jahrhundertelang gelebt hatten.

Abb. 5: Unter dem Porträt Herzls verliest David ben Gurion die Proklamation des Staates Israel (15. Mai 1948)

Aus: Leo PRIJS: Die Welt des Judentums. Religion, Geschichte, Lebensweise. München 1982, S. 124.

Heute, nach nahezu einem Jahrhundert nationalen Ringens und der erfolgreichen Gründung des einzigen Staates im Nahen Osten, der auf dem Prinzip individueller Freiheit, auf Fortschritt und Demokratie basiert, ist der Zionismus nicht länger gezwungen, für die Anerkennung seines Rechts auf Selbstbestimmung zu kämpfen. Es ist Tatsache, daß Israel existiert. Ihm dieses Recht absprechen hieße, an der Illusion festzuhalten, die Geschichte könne rückgängig gemacht werden. Eine Haltung, die für das Recht der Palästinenser oder anderer ethnischer Gruppen auf Selbstbestimmung eintritt, den Juden jedoch dieses gleiche Recht streitig macht, ist Ausdruck des Hasses oder der bewußten Heuchelei.

Es kann dabei freilich nicht bestritten werden, daß mit der nationalen Befreiung des jüdischen Volkes, also mit dem Zionismus, zugleich auch Leid über viele Palästinenser gekommen ist, sei es, daß diese ihre Heimat verließen, sei es, daß sie unter einem Besatzungsregime leben müssen. Daher hat einstweilen der Zionismus sein Ziel auch auf Kosten anderer erreicht. Hier einen für alle Seiten tragbaren Ausgleich und eine Verständigung zu finden, bleibt eine wesentliche Aufgabe. Der Zionismus, wie ihn seine zahlreichen Begründer konzipiert hatten – Martin BUBER war einer von ihnen –, wollte nicht nur den Juden ein Leben in Würde und Gerechtigkeit verbürgen, sondern auch jenen Menschen, mit denen sie im Lande Israel zusammenleben. Dieses unabdingbare Ziel des Zionismus ist bis heute noch nicht erfüllt. Bewegungen wie „Gusch Emunim" sind Perversionserscheinungen, welche mit Zionismus nichts zu tun haben, der seinem Wesen nach niemals nationaler

12 Gershom SCHOLEM: Judaica 2. Frankfurt 1970, S. 58f.

Fanatismus sein darf, sondern sich an der Botschaft der biblischen Propheten zu orientieren hat. Politikern bis hin zu David Ben GURION war dieses Ethos – wenigstens theoretisch – noch bewußt; bei Späteren gewinnt man den Eindruck, hier seien wertvolle geistige Güter des Judentums verschüttet worden. Der Staat Israel hat gewiß ein Recht auf Sicherheit und sichere Grenzen, diese dürfen jedoch nicht als Fetisch oder Vorwand benutzt werden, um der friedlichen Regelung des Palästinenserproblems bereits im vorhinein aus dem Wege zu gehen. Die Gründe hierfür liegen beim Zionismus viel tiefer. Die zionistische Bewegung hatte sich von Beginn an Illusionen über das arabische Problem und damit über das Heimatrecht der Palästinenser hingegeben. Gewiß haben die bedeutenden zionistischen Führer wie WEIZMANN, SHARETT und Ben GURION grundsätzlich eine Verständigung mit den Arabern gewollt, sie besaßen jedoch noch kein ausreichendes Verständnis für die legitimen nationalen Ansprüche der arabischen Bevölkerung, mit der die Juden bei der Besiedlung des Landes und später angesichts der Errichtung des Staates Israel zusammenstießen. Es darf aber gerade in diesem Zusammenhang nicht verschwiegen werden, daß es auf jüdischer Seite nie an Versuchen gefehlt hat, auf den verschiedensten Ebenen, von der politischen bis zur persönlichen, positive Beziehungen zu den Arabern herzustellen. Leider hat sich gezeigt, daß die Stimmen, die von arabischer Seite hier und da entgegenkamen und mit denen ein Gespräch fruchtbar schien, fast durchweg durch Mord seitens ihrer arabischen Landsleute zum Schweigen gebracht worden sind. Judah L. MAGNES, Martin BUBER, Gershom SCHOLEM, Ernst SIMON sind unter anderen zu nennen, die eine Brücke zu den Arabern zu schlagen suchten. Sie sind nicht nur an der offiziellen israelischen Politik gescheitert, sondern ebensosehr an dem nackten Terror der arabischen Extremisten.

Bei der Einschätzung des Zionismus kann schließlich nicht außer acht gelassen werden, daß er von Beginn an nicht unabhängig von den Weltmächten existieren konnte. Dies gilt um so mehr heute, da der gesamte Nahostkonflikt – unbeschadet der sachlichen Probleme, die er enthält – Teil des weltpolitischen Ringens der beiden Supermächte ist. Diese Tatsache wiegt für eine Lösung des Nahostkonfliktes schwer, weil es den Supermächten nicht nur um den Frieden in diesem Teil der Erde geht, sondern um die Einnahme eigener Machtpositionen. Die direkt Beteiligten dieser Kontroverse sind daher im Grunde allesamt zugleich Opfer wie Nutznießer dieser weltpolitischen Situation.

Minoritätengruppen gibt es nicht nur im Staate Israel; auch in den arabischen Staaten leben religiöse und sprachliche Minderheiten. Hierzu zählen unter anderen die Kurden im Irak, die Christen in der Türkei sowie im südlichen Sudan und die christlichen Kopten in Ägypten. Gerade auch die arabisch-christliche Gemeinschaft im Libanon lebt in einer dauernden, nur allzu berechtigten Angst vor Übergriffen. Israel hat allmählich seinen Minoritätengruppen die Möglichkeit geschaffen, ihr Leben nach demokratischen Grundsätzen zu führen. Gewiß ist ihr Lebensstandard um vieles höher als der ihrer Brüder in den umliegenden Staaten; dennoch ist Israel noch weit davon entfernt, sein arabisches Minoritätsproblem befriedigend gelöst zu haben. Der Nahostkonflikt wirkt sich auch hier hemmend aus.

Das Problem der Palästinenser ist nicht das einzige Problem dieser Art in der Welt. In Indien und Pakistan, Nigeria und Biafra, Äthiopien, Eritrea und Zypern, Kambodscha und Vietnam befinden sich Millionen notleidender Flüchtlinge. Die 1982 vom Schweizerischen Roten Kreuz herausgegebene Weltkarte der Krisenherde „Den Frieden gewinnen" zählt nicht weniger als 22 Schauplätze von Konflikten auf; einer davon ist der israelisch-palästinensische. Man hat für noch schwerere Notsituationen Lösungen gefunden: Das nach 1945 verarmte Westdeutschland nahm 10 Millionen Flüchtlinge auf, Griechenland 1½ Millionen. Allein aus dem tschechoslowakischen Sudetenland wurden 3 Millionen Menschen deportiert, ohne daß je ihre Repatriierung gefordert worden wäre. Die arabischen Staaten haben sich jedoch auf das palästinensische Flüchtlingsproblem konzentriert, als ob dies heute in der Welt das einzige Beispiel für eine gewiß ungerechte Situation darstellte.

Wenn mit der „Dritten Welt" jene Staaten gemeint sind, die erst in den letzten Jahrzehnten ihre Unabhängigkeit erlangten und hart arbeiten, um ihre Wirtschaft aufzubauen und ihre Gesellschaft zu formieren, dann ist Israel ein Teil dieser Dritten Welt. Israel wurde zur gleichen Zeit mit Indien und Pakistan und nur kurz vor Libyen und mehreren anderen Staaten unabhängig. Dennoch wird Israel so eingeordnet, als stünde es im Gegensatz zur Dritten Welt. Auf der Bandung-Konferenz im Jahre 1954 wurde es aus dieser Gemeinschaft ausgeschlossen. Allem Anschein nach disqualifiziert sich Israel vor allem dadurch, daß es Schwierigkeiten zu meistern sucht, denen andere Entwicklungsländer oft hilflos gegenüberstehen.

Gegner des Zionismus behaupten, der Staat, den die Zionisten schufen, beruhe auf religiösen Grundlagen. Im Bewußtsein der Juden sind Religion und Geschichte des eigenen Volkes jedoch miteinander verknüpft. Auch in anderen Befreiungsbewegungen wird die Religion als ein nicht unbedeutender Faktor für die Identität eines Volkes als berechtigt angesehen. Dies war – und ist – der Fall in den Unabhängigkeitskriegen gegen die türkische Herrschaft auf dem Balkan (Griechenland, Serbien, Bulgarien), in Zypern sowie im Bürgerkrieg in Irland. Der Vorwurf des „religiösen" Charakters wird gerade von solchen Staaten erhoben, die selbst noch tief in eigenen urtümlichen Strukturen befangen sind (etwa Saudiarabien, Libyen und Kuwait sowie jetzt Iran).

Der Zionismus ist eine nationale Befreiungsbewegung, die sich das Ziel gesetzt hat, das Problem des jüdischen Volkes zu lösen. Dennoch wird er gelegentlich als eine Art von großer „internationaler Macht" hingestellt, die insgeheim gegen andere Völker und Staaten arbeite: In Argentinien wird ihm zum Beispiel unterstellt, er wolle einen Teil des Landes an sich reißen, um auf argentinischem Boden einen zweiten jüdischen Staat zu errichten. In Rußland wird er als Vorhut einer internationalen imperialistischen Verschwörung gegen die UdSSR abgestempelt. In anderen Ländern gilt er aber als Agent des Kommunismus (eine Anschauung, die früher etwa König Feisal von Saudiarabien verbreiten ließ).

Diese Theorien wurden aufgestellt, als während des Sechstagekrieges die sowjetischen Waffen in den Händen der Ägypter versagten. Der sowjetische Vertreter, Nikolai Fedorenko, bezeichnete Israel in seiner Rede am 12. Juli 1967 vor der Vollversammlung der UNO als Erbe der Nazi-Politik und den Zionismus als ein Instrument, das sich der Methoden HITLERS bediene. So absurd diese Vorwürfe klangen, sind sie doch von manchen aufgenommen worden und haben in gewissen linksextremen Kreisen und in der arabischen Propaganda Verbreitung gefunden. Eine derartige Verleumdung kann auf fruchtbaren Boden fallen, weil sie das Konzept des „bösen Juden" widerspiegelt, das seit Generationen im europäischen Bewußtsein verankert ist. Der Jude ist ein vertrauter Gegner, gegen den die Massen leicht aufgehetzt werden können. Die Europäer wissen wenig über die Polynesier oder die Sudanesen, doch Vorwürfe gegen Juden erscheinen ihnen glaubwürdig.

Der Haß auf das jüdische Volk gehört unter anderem zu den urzeitlichen Mythen, die in jeder neuen Generation in zeitgemäßen Formen auftreten: Der Antizionismus kann deshalb als eine Art von Wiederauflage des Antisemitismus bezeichnet werden, der nur, den historischen Umständen entsprechend, eine andere Form angenommen hat: Im Mittelalter war es vor allem religiöser Fanatismus, im 19. Jahrhundert waren es die wirtschaftlichen Mißstände, im 20. Jahrhundert ist es der pseudowissenschaftliche Rassismus. Der Kampf gegen den Zionismus ist die neuzeitliche Metamorphose dieses Mythos, der es auch dieses Mal auf die Existenz des jüdischen Volkes abgesehen hat und damit auf die nationale Befreiungsbewegung des jüdischen Volkes und den Staat Israel.

7. Juden und Christen

Autor der Studieneinheit: Rolf Rendtorff

ROLF RENDTORFF (60), Studium der Theologie, 1953 Habilitation, seit 1963 Professor für Alttestamentliche Theologie an der Universität Heidelberg, 1970–1972 Rektor der Universität. Vorsitzender der Studienkommission „Kirche und Judentum" der Evangelischen Kirche in Deutschland, Mitglied der Arbeitsgemeinschaft „Juden und Christen" des Deutschen Evangelischen Kirchentages. 1966 Mitbegründer der Deutsch-Israelischen Gesellschaft, bis 1977 deren Vizepräsident; 1977 Mitbegründer des Deutsch-Israelischen Arbeitskreises für Frieden im Nahen Osten und seither dessen 1. Vorsitzender.
Zahlreiche Veröffentlichungen auf den Gebieten der alttestamentlichen Wissenschaft, der jüdisch-christlichen und der deutsch-israelischen Beziehungen sowie der Hochschulpolitik.

Allgemeine Einführung

Das Christentum ist aus dem Judentum hervorgegangen – „herausgewachsen" im doppelten Sinne des Wortes: seine Wurzeln liegen im Judentum, aber es hat sich sehr bald über den Rahmen des Judentums hinausentwickelt und diesen schließlich ganz verlassen. So stehen sich Judentum und Christentum als zwei selbständige Religionen gegenüber. Aber immer noch besteht eine grundlegende Gemeinsamkeit: die gemeinsame Bibel, die für die Juden einfach „die Bibel" ist, für die Christen der erste Teil ihrer Bibel, das „Alte Testament".
Diese Gemeinsamkeit ist zugleich Anlaß für einen grundlegenden Konflikt: Wie ist die gemeinsame Bibel (bzw. der gemeinsame Teil der Bibel) auszulegen? Die christliche Gemeinde (später: die Kirche) hat das Alte Testament stets so verstanden, daß es auf Christus hinweist und hinführt, und zwar ganz konkret: auf Jesus von Nazaret als den im Alten Testament verheißenen „Messias" (Christus). Daraus erwuchs zunächst ein „innerjüdischer" Streit um die richtige Auslegung der „Schrift", da die erste christliche Gemeinde nur aus Juden bestand. Je mehr sich aber auch „Heiden", das heißt Nichtjuden, dem christlichen Glauben zuwandten, um so mehr verlagerte sich dieser Konflikt und führte schließlich zu einem Gegenüber von Juden, die nicht an Jesus als den Messias glaubten, und Christen, die nicht aus dem Judentum kamen. Die letzteren beanspruchten das Alte Testament für sich und bestritten damit den Juden das Recht einer eigenen, nichtchristlichen Auslegung und Weiterführung der biblischen Tradition.
So ging das Bewußtsein des gemeinsamen Ursprungs und der gemeinsamen biblischen Basis bald ganz verloren. Statt dessen herrschte auf beiden Seiten das Bestreben nach Abgrenzung und Wahrung der eigenen Identität, was oft zu Feindschaft und gegenseitiger Verfolgung führte. Seit das Christentum unter Kaiser KONSTANTIN (306–337) zur herrschenden Religion im römischen Staat wurde, gerieten die Juden in die Minderheit und wurden mehr und mehr politisch und rechtlich benachteiligt, oft auch angefeindet und verfolgt. Es begann eine lange Geschichte christlicher Judenfeindschaft, in der es oft zu blutigen Verfolgungen der Juden kam, häufig mit religiösen Begründungen. Einen Höhepunkt bildeten die Kreuzzüge. Sie wurden aber weit überboten durch die kalte Grausamkeit des millionenfachen Mordes, mit dem der nationalsozialistische Staat die „Endlösung der Judenfrage" herbeizuführen versuchte.
Nur zögernd setzte sich nach dem Ende der nationalsozialistischen Herrschaft die Einsicht durch, daß die lange Tradition christlicher Judenfeindschaft mit zu den Ursachen dieses „Holocausts" gehört. In jüngster Zeit ist in kirchlichen Dokumenten ausdrücklich von der „Mitverantwortung und Schuld" der Christen die Rede. Dies hat zugleich dazu geführt, daß in kirchlichen und theologischen Kreisen wieder ganz neu nach den Gemeinsamkeiten von Judentum und Christentum gefragt wird. Dabei wird zunächst die gemeinsame Bibel neu „entdeckt". Es entsteht ein neues Bewußtsein für die grundlegende Bedeutung alttestamentlicher Traditionen für den christlichen Glauben und für christliches Handeln. Zugleich wächst auch die Einsicht, daß die polemische Abgrenzung gegenüber dem Judentum nicht notwendig zum Wesen des Christentums gehört, sondern ihren Grund vor allem in den geschichtlichen Umständen der neutestamentlichen Zeit hat, die heute nicht mehr gegeben sind. Schließlich wird auch mehr und mehr erkannt, daß angesichts der Herausforderungen der Gegenwart und der Zukunft der Menschheit die Gemeinsamkeiten zwischen Juden und Christen viel bedeutsamer und wichtiger sind als die Gegensätze und daß beide gemeinsam ihre in der biblischen Tradition begründete Verantwortung für die Welt von heute und morgen wahrnehmen sollten.
All diese Einsichten und Ansätze stehen noch in den Anfängen und sind keineswegs unumstritten. Sie lassen aber eine Richtung erkennen, in der die jahrtausendealte Feindschaft zwischen Christen und Juden überwunden und wieder an die gemeinsamen Ursprünge angeknüpft werden könnte.
Die vorliegende Studieneinheit soll beides sichtbar und verständlich machen: die grundlegenden Gemeinsamkeiten von Judentum und Christentum und das Auseinandergehen der Wege bis hin zu Feindschaft und Haß und deren mörderischen Konsequenzen. Sie soll zugleich neue Ansätze aufzeigen, mit denen heute versucht wird, die antijüdische Tradition der christlichen Geschichte zu überwinden und die ursprünglichen Gemeinsamkeiten beider Religionen wiederzuentdecken und fruchtbar zu machen.

Nach dem Durcharbeiten dieser Studieneinheit sollen Sie in der Lage sein,

- die grundlegenden Gemeinsamkeiten von Judentum und Christentum darzustellen;
- die Gründe für das Auseinandergehen der Wege beider Religionen zu beschreiben;
- die Hauptvorwürfe, die in der christlichen Tradition gegen die Juden erhoben worden sind, zu beurteilen;
- den Anteil der christlichen Judenfeindschaft am neuzeitlichen Antisemitismus und seinen Folgerungen zu bestimmen;
- neue Ansätze zur Überwindung des christlichen Antijudaismus und zur Herstellung eines partnerschaftlichen Dialogs aufzuzeigen.

Die Entstehung des Christentums innerhalb des Judentums

Wann ist das „Christentum" entstanden? Wenn man anstelle des unscharfen Begriffs „Christentum" vom „christlichen Glauben" spricht, ergibt sich eine erste Antwort von selbst: Christlicher Glaube ist Glaube an Christus, das heißt an den gekreuzigten und auferstandenen Jesus Christus. Deshalb schreibt Rudolf BULTMANN im ersten Absatz seiner „Theologie des Neuen Testaments":

> „Die Verkündigung Jesu gehört zu den Voraussetzungen der Theologie des NT und ist nicht ein Teil dieser selbst [...] Christlichen Glauben [...] gibt es erst, seit es ein christliches Kerygma [Verkündigen] gibt, d.h. ein Kerygma, das Jesus Christus als Gottes eschatologische Heilstat verkündigt, und zwar Jesus Christus, den Gekreuzigten und Auferstandenen. Das geschieht erst im Kerygma der Urgemeinde, nicht schon in der Verkündigung des geschichtlichen Jesus."[1]

Jesus war also kein „Christ". Nach der Definition BULTMANNS waren auch seine Jünger und Anhänger zu seinen Lebzeiten keine „Christen". Ganz sicher ist hingegen, daß sie Juden waren, Jesus selbst genauso wie alle seine Nachfolger.

---

1 R. BULTMANN: Theologie des Neuen Testaments. Tübingen [8]1980, S. 1f.

Die Jesusbewegung innerhalb des jüdischen Volkes

Während der Zeit, von der die Evangelien berichten, gab es noch kein „Christentum". Was es gab, war eine „Jesusbewegung" innerhalb des jüdischen Volkes. Die Evangelien berichten sogar, daß Jesus sich mit seiner Botschaft zunächst ausdrücklich innerhalb des jüdischen Volkes gehalten habe (etwa in der Erzählung von der kanaanäischen Frau: Mt 15,21–30; Mk 7,24–30, oder der Erzählung von dem greisen Simeon im Tempel: Lk 2,25–35).

Dieser Sachverhalt ist historisch eindeutig und unbestreitbar. Umstritten ist allerdings die Frage, ob und wie schon in dieser Zeit Gegensätze zwischen Jesus und seinen Anhängern einerseits und den „Juden" andererseits entstanden sind bzw. von den Beteiligten empfunden wurden.

Eine breite christliche Auslegungstradition versteht das Auftreten Jesu vom ersten Augenblick an als „antijüdisch" in dem Sinne, daß Jesus sich bewußt und ausdrücklich gegen das damals herrschende jüdische Gesetzesverständnis und damit gegen die Repräsentanten des damaligen Judentums wendet. So schreibt etwa Adolf von Harnack in seinem berühmten Buch *„Das Wesen des Christentums"*:

„Er trat sofort den offiziellen Führern des Volkes, in ihnen aber dem gemeinen Menschenwesen überhaupt entgegen. Sie dachten sich Gott als den Despoten, der über dem Zeremoniell seiner Hausordnung wacht, er atmete in der Gegenwart Gottes. Sie sahen ihn nur in seinem Gesetze, das sie zu einem Labyrinth von Schluchten, Irrwegen und heimlichen Ausgängen gemacht hatten, er sah und fühlte ihn überall. Sie besaßen tausend Gebote von ihm und glaubten ihn deshalb zu kennen; er hatte nur *ein* Gebot von ihm, und darum kannte er ihn. Sie hatten aus der Religion ein irdisches Gewerbe gemacht – es gab nichts Abscheulicheres –, er verkündete den lebendigen Gott und den Adel der Seele."[2]

An diesen Sätzen ist zunächst charakteristisch, daß Harnack als führender Repräsentant des „Neuprotestantismus" Jesus als große religiöse Persönlichkeit darstellt: „er atmete in der Gegenwart Gottes...; er sah und fühlte ihn überall...; er hatte nur *ein* Gebot von ihm, und darum kannte er ihn...; er verkündete den lebendigen Gott und den Adel der Seele." Diesem Bild Jesu wird das Judentum als Institution gegenübergestellt, indem von den „offiziellen Führern" des Volkes gesprochen wird. Sie repräsentieren das „gemeine Menschenwesen"; Religion ist für sie nur „Zeremoniell" und „irdisches Gewerbe", Gott ein „Despot", der „über seiner Hausordnung wacht". Hier kommt Harnacks Abneigung gegen jede Form von institutioneller Religion zum Ausdruck, von der auch die eigene Kirche mitbetroffen wird. Speziell gegen das Judentum sind vor allem die Aussagen über das „Gesetz" gerichtet. Die offiziellen Vertreter des Judentums glauben Gott zu kennen, weil sie „tausend Gebote" von ihm haben. Zugleich haben sie aber ihre jüdische Gesetzesreligion zu einem „Labyrinth" gemacht, in dem es viele „Irrwege" gibt – aber auch „heimliche Ausgänge", weil ja doch kein Mensch all diese Gebote erfüllen kann. So beruht die jüdische Gesetzesreligion letzten Endes auf einem Selbstbetrug ihrer Anhänger.

Die gleiche Grundtendenz, das Christentum schon im Ansatz als „antijüdisch" zu verstehen, vertritt ein Aufsatz des evangelischen Neutestamentlers Ulrich Wilckens:

„Weil sich so das Christentum nicht nur religionsgeschichtlich, sondern vor allem auch theologisch gesehen, aus jüdischer Glaubensüberlieferung herausgebildet und *gegen* dieses sein eigenes Profil gewonnen hat, sind die ‚antijudaistischen' Motive im Neuen Testament christlich-theologisch *essentiell.* So sehr sie richtig nur verstanden und rezipiert werden, wenn sie nicht zur religiösen Diffamierung ‚der Juden', sondern zur Profilierung des eigenen Glaubens gebraucht werden, so wichtig ist ihre theologische Rezeption in jeder christlichen Gegenwart. Es wäre in der Tat sehr viel gewonnen, wenn einerseits von christlicher Seite alles getan wird, um nicht nur jeder Verquickung dieses Antijudaismus mit Antisemitismen aller Art, sondern auch jeder religiös begründeten Verteufelung des jüdischen Volkes zu wehren, andererseits von jüdischer Seite akzeptiert würde, daß der christliche ‚Antijudaismus', richtig verstanden, nicht die Juden als Mitmenschen und als Volk trifft, wohl aber in der Tat den Nerv jüdischer Glaubensüberlieferung. Aber Röm 9–11 zeigt, wie unaufhebbar, weil heilsgeschichtlich begründet, dieses leidvolle polemische Aneinandergewiesensein von Christen und Juden ist."[3]

Das Christentum hat *gegen* das Judentum „sein eigenes Profil gewonnen", darum muß es „antijudaistisch" sein – zugleich muß es allerdings bemüht sein, „jeder Verquickung dieses Antijudaismus mit Antisemitismen jeder Art" entgegenzuwirken. (Ob und wie das geschehen kann, ist allerdings eine sehr schwierige und noch gänzlich ungelöste Frage!)

Demgegenüber sind heute aber auch ganz anders lautende Stimmen zu hören. So schreibt der katholische Neutestamentler Franz Mussner in seinem Buch *„Traktat über die Juden"*:

„Man könnte Jesus von Nazareth, gerade was sein Verständnis von der ‚Erfüllung' des Gesetzes angeht, als einen ‚Reformjuden' bezeichnen, dann freilich als den bedeutendsten und radikalsten Reformjuden, den das Judentum je hervorgebracht hat. Im Judentum ist aber immer Platz für ein ‚Reformjudentum' gewesen. Auch mit seiner Kritik an der konkreten Verwirklichung des gesetzlichen Lebens ist Jesus nicht aus dem Rahmen des Judentums gefallen, wie gerade jüdische Leben-Jesu-Forscher betonen. Jesus kam es in der Erfüllung der Tora vor allem auf das an, was in Mt 23,23 als ‚das Schwerere [Gewichtigere] des Gesetzes' (τὰ βαρύτερα τοῦ νόμου) genannt wird: das Recht, das Erbarmen und die Treue (κρίσις, ἔλεος, πίστις). Natürlich bedeutet das eine Verlagerung der Schwerpunkte in der Erfüllung der Tora. Aber deswegen fiel Jesus noch lange nicht aus dem Rahmen des Judentums; denn damit steht Jesus völlig in der Nachfolge der Propheten Israels. Der Umstand freilich, daß nach Ostern in der Urkirche eine entschiedene Beschränkung auf einen einzigen Lehrer, nämlich Jesus von Nazareth, stattfand – und die allmähliche Sammlung des ‚Jesusmaterials' ihren ‚Sitz im Leben' auch in dem sich vollziehenden Prozeß der Loslösung der Kirche von Israel hat –, dazu der Einfluß der paulinischen Rechtfertigungslehre, führten und verführten christliche Theologie dazu, das ‚Unjudentum' Jesu gerade in der Gesetzesfrage zu suchen, wo es in Wirklichkeit in ganz anderen Bereichen zu finden ist [...] Jesus wurde so zu Unrecht in Opposition zum Judentum und sein gewaltsamer Tod in Zusammenhang mit der Gesetzesfrage gebracht. ‚Den angeblich souveränen Gesetzesübertreter Jesus gibt es gar nicht!' *(C. Thoma).*"[4]

Mussner betont also gerade den *Zusammenhang* Jesu mit dem Judentum. Jesus ist geradezu ein „Reformjude", das heißt, sein Verständnis der Tora steht ganz und gar innerhalb des Judentums, und „damit steht Jesus völlig in der Nachfolge der Propheten Israels".

Der evangelische Neutestamentler Peter von der Osten-Sacken erläutert die Haltung Jesu zur Tora (dem jüdischen „Gesetz") folgendermaßen:

„Nach der wohl kaum bezweifelbaren Evangelienüberlieferung hat Jesus vor seinem Tod anscheinend mit derselben Selbstverständlichkeit, mit der er in der Zeit zuvor Gast in den Synagogen war, in Treue zur Tora des Mose das Passah gefeiert, ohne sich von einem zerstörerischen Zerbrechen aller jüdischen Kategorien auch nur träumen zu lassen. Deshalb dürfte die Art und Weise, wie die frühchristliche Gemeinde mit Worten wie Mk 7,15 umgegangen ist, indem sie hier dankbar eine Weisung in Richtung auf die Einbeziehung der Völker vernommen hat, nicht nur heilsamer, sondern zugleich auch jesuanischer sein."[5]

In Mk 7,15 wird ein Wort Jesu zitiert: „Nichts, was von außen in den Menschen hineinkommt, kann ihn unrein machen, sondern was aus dem Menschen herauskommt, macht ihn unrein." Dies wird häufig so interpretiert, daß Jesus damit die für das Judentum grundlegenden Bestimmungen über Rein und Unrein

2 A. von Harnack: Das Wesen des Christentums (1900). Mit einem Geleitwort von R. Bultmann. Gütersloh 1964, S. 42.

3 U. Wilckens: Das Neue Testament und die Juden. Antwort an David Flusser. *Evangelische Theologie* 34 (1974), S. 602–611, Zitat S. 611.

4 F. Mussner: Traktat über die Juden. München 1979, S. 193.

5 P. von der Osten-Sacken: Grundzüge einer Theologie im christlich-jüdischen Gespräch. München 1982, S. 89.

(z. B. Speisegebote) verneint und damit das Judentum „aufhebt". Demgegenüber macht von der Osten-Sacken darauf aufmerksam, daß dieses Wort im Markus-Evangelium in einem größeren Zusammenhang steht: Auf die Debatte und Belehrung über Rein und Unrein (Mk 7,1–23) folgt die Erzählung über das Gespräch Jesu mit der (heidnischen, also unreinen) syrophönizischen („kanaanäischen") Frau und die Fernheilung ihrer besessenen Tochter (Vers 24–30). In diesem Zusammenhang geht es also um die Einbeziehung der Völker in das von Jesus verkündigte Heil. Diesem Zweck kann sogar die Außerachtlassung einer Bestimmung der Tora dienen. Das ist aber auch in der jüdischen Tradition möglich. So wird in der Mischna (Traktat Berachot IX,5) ein Wort des Rabbi Nathan überliefert: „In Notzeiten kann es richtig sein, die Gebote Gottes, die in seiner Tora enthalten sind, beiseite zu tun oder zu ändern: Die Tora kann so am besten gehalten werden, indem sie gebrochen wird."[6]

Diese Auslegungstradition steht in enger Verbindung mit neueren jüdischen Arbeiten, in denen Jesus als Jude „wiederentdeckt" worden ist und hohe Anerkennung findet. Schon am Beginn dieses Jahrhunderts hat Joseph Klausner ein Buch über *„Jesus von Nazareth"* veröffentlicht, in dem er schreibt:

Jesus sei für das Volk „ein Lehrer hoher Sittlichkeit und ein Gleichnisredner ersten Ranges. Er ist geradezu *der* Lehrer der Sittlichkeit, die für ihn im religiösen Bereich alles bedeutete." Weiter heißt es: „Und wenn einst der Tag kommen wird, wo diese Ethik die Hülle ihrer mystischen und mirakelhaften Umkleidung abstreift, dann wird Jesu Buch der Ethik einer der erlesensten Schätze der jüdischen Literatur aller Zeiten sein."[7]

Weitere wichtige Namen jüdischer Autoren in diesem Zusammenhang sind Martin Buber, der Jesus als seinen „großen Bruder" bezeichnete, David Flusser und Schalom Ben-Chorin.

So werden heute von zahlreichen jüdischen und christlichen Wissenschaftlern das Wirken und die Verkündigung Jesu innerhalb des Rahmens des damaligen Judentums verstanden. Jesus ist eine herausragende Erscheinung, die in die Reihe der ganz großen Gestalten der jüdischen (das heißt insbesondere der alttestamentlichen) Geschichte gehört, aber nirgends das Judentum „sprengt" oder verläßt – geschweige denn sich gegen das Judentum wendet.
Die Verkündigung Jesu war im Kern „eschatologisch", das heißt auf das unmittelbar bevorstehende Ende dieser Welt ausgerichtet. Mit seiner Predigt wollte er die endzeitliche Gemeinde derer um sich sammeln, die im bevorstehenden Endgericht bestehen und dadurch in die kommende Welt hinübergerettet werden sollten (vgl. Studieneinheit 11). Nach seinem Tod führte die Ostererfahrung der Jünger zur Bildung einer Gemeinde derer, die sich im Glauben an den Auferstandenen verbunden wußten (vgl. Studieneinheit 13).

(1) Jesus war Jude und trat innerhalb des jüdischen Volkes auf. Umstritten ist jedoch die Frage, wie sich seine Verkündigung und die Praxis seines Handelns zum Judentum seiner Zeit verhielten. Skizzieren Sie stichwortartig die unterschiedlichen Positionen.

....

....

....

....

....

....

....

....

....

6 Vgl. P. von der Osten-Sacken: Grundzüge einer Theologie im christlich-jüdischen Gespräch, a.a.O., S. 86.

7 Joseph Klausner: Jesus von Nazareth. Seine Zeit, sein Leben und seine Lehre. Jerusalem ³1952.

Die Gemeinden der Heidenchristen

Im Blick auf diese Gemeinde stellt sich nun erneut die Frage, wie sie sich zu ihrer jüdischen Umwelt verhielt. Im Neuen Testament wird an vielen Stellen ganz selbstverständlich vorausgesetzt, daß die Angehörigen der christlichen Gemeinde weiterhin am Tempelgottesdienst teilnahmen (etwa Apg 3,1; 21,18–26), ebenso auch am Wortgottesdienst in den Synagogen. Dort kam es allerdings zu Konflikten, wie es beispielsweise in Mk 13,9; Mt 10,17 angedeutet wird. Auch vom Ausschluß aus den Synagogen wird gesprochen (vgl. Joh 9,22; 12,42; 16,2).

Man wird daraus folgern können, daß sich die erste christliche Gemeinde nach Ostern zunächst ganz selbstverständlich als Bestandteil des jüdischen Volkes und der jüdischen religiösen Gemeinschaft verstand. Ja mehr noch: die Anhänger dieser Gemeinde waren überzeugt, daß ihre Botschaft von dem gekreuzigten und auferstandenen Christus für das ganze jüdische Volk galt und daß es ihre Aufgabe sei, so viele Juden wie möglich von der Wahrheit ihrer Botschaft zu überzeugen.

Die weitere Entwicklung wurde vor allem durch zwei Faktoren bestimmt:

- Zum einen blieben die an den auferstandenen Christus glaubenden Juden („Judenchristen") eine Minderheit, die von der jüdischen Mehrheit nicht akzeptiert und wohl auch bedrängt und verfolgt wurde. So gerieten sie mehr und mehr in die Rolle einer jüdischen „Sekte".
- Zum anderen begann, vor allem durch die Tätigkeit des Paulus, eine ausgedehnte christliche Missionstätigkeit außerhalb Palästinas, die zum Entstehen einer ständig wachsenden Gemeinde von „Christen" führte, die keine Juden waren („Heidenchristen").

Seit Entstehung der Gemeinden der „Heidenchristen" kann man eindeutig von der christlichen Gemeinde (oder Kirche) als einer von der jüdischen Gemeinschaft unterschiedenen, selbständigen „Religionsgemeinschaft" sprechen, so daß man nun auch das „Christentum" dem „Judentum" gegenüberstellen kann.

Abb. 1: Die Reisen des Apostels Paulus

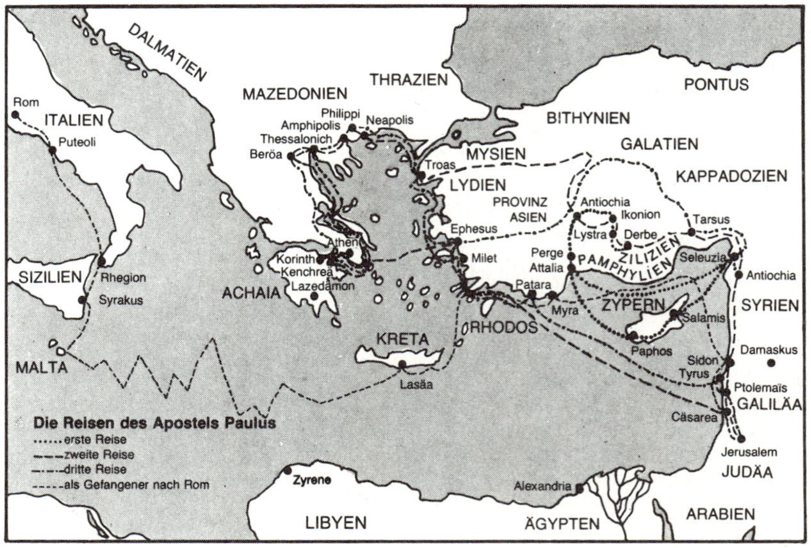

Aus: Die Bibel. Einheitsübersetzung. Freiburg/Basel/Wien 1980, S. 1451, Karte 12.

Eine wichtige Rolle spielt dabei auch der jüdisch-römische Krieg in den Jahren 66–70 n. Chr., der mit der Zerstörung Jerusalems im Jahre 70 endet. Nach dem Bericht des jüdischen Historikers Flavius JOSEPHUS sollen die Christen schon vor Ausbruch dieses Krieges aus Jerusalem geflohen sein und sich in Pella im Ostjordanland angesiedelt haben. Diese Überlieferung ist umstritten. Sicher scheint hingegen zu sein, daß die Zerstörung Jerusalems die Beziehungen zwischen der judenchristlichen Gemeinde und den übrigen Juden beendete.
Dies findet auch in manchen neutestamentlichen Texten seinen Niederschlag. So wird im Matthäus-Evangelium (22,1–14) das Gleichnis vom Festmahl und den unwürdigen Gästen, das auch im Lukas-Evangelium überliefert ist (14,15–24), neu erzählt: Der Einladende ist ein König, die Gäste leben in einer anderen Stadt, die schließlich von dem zornigen König zerstört wird, nachdem er ihre als „Mörder" bezeichneten Bewohner umgebracht hat (Mt 22,8). Mit der Stadt ist zweifellos Jerusalem gemeint, dessen Zerstörung als göttliches Strafgericht über die Juden gedeutet wird.

Man könnte hier von „Antijudaismus" innerhalb des Neuen Testaments sprechen. Allerdings ist diese Frage umstritten. Manche Ausleger (wie etwa WILCKENS, s. o.) sehen antijüdische Elemente im Neuen Testament als vorhanden und notwendig an. Andere bestreiten dies mit der Begründung, daß die Verfasser der neutestamentlichen Schriften selbst Juden gewesen seien, so daß es einen Antijudaismus innerhalb des Neuen Testaments gar nicht geben könne, sondern nur innerjüdische Polemik. Meines Erachtens ist aber mit Aussagen wie Mt 22,8 der Rahmen der innerjüdischen Auseinandersetzung überschritten, und es wird eine „von außen" gegen das Judentum gerichtete Polemik erkennbar.[8]

(2) Welche Bedeutung hat die Entstehung des „Heidenchristentums" für das Aufkommen des christlichen Antijudaismus? Welche geschichtlichen Entwicklungen und Ereignisse spielen dabei eine Rolle?

....

....

....

....

....

....

....

....

....

....

....

Paulus und die Juden

Ein besonders schwieriges und umstrittenes Problem ist das Verhältnis des Paulus zur jüdischen Tradition. Dies bekommt dadurch sein besonderes Gewicht, daß er in der reformatorischen und nachreformatorischen Theologie weithin zum Maßstab für die christliche Theologie überhaupt gemacht worden ist.

8 Vgl. zum Ganzen: W. P. ECKERT / N. P. LEVINSON / M. STÖHR: Antijudaismus im Neuen Testament? Exegetische und systematische Beiträge. München 1967.

Die Zugehörigkeit des Paulus zum Judentum

Zunächst muß festgehalten werden, daß Paulus selbst seine Zugehörigkeit zum Judentum nachdrücklich betont hat: „Ich bin ein Israelit, ein Nachkomme Abrahams, aus dem Stamm Benjamin" (Röm 11,1). Diese betonte Feststellung steht im Zusammenhang der Abwehr der These, daß Gott Israel verworfen habe. Beides gehört für Paulus zusammen: seine Zugehörigkeit zu Israel und die Aufrechterhaltung der von Gott gewollten Sonderstellung Israels in der Heilsgeschichte:

„Sie sind Israeliten; damit haben sie die Sohnschaft, die Herrlichkeit, die Bundesordnungen, ihnen ist das Gesetz gegeben, der Gottesdienst und die Verheißungen, sie haben die Väter, und dem Fleisch nach entstammt ihnen der Christus – Gott, der über Allem ist, sei gepriesen in Ewigkeit. Amen." (Röm 9,4f.)

Der Übersetzung der Einheitsbibel: „Christus, der über allem als Gott steht" kann ich nicht zustimmen. Dagegen steht, „daß Paulus sonst nirgendwo Christus direkt das Prädikat ‚Gott' zuspricht".[9]

Dieses Zitat zeigt die große Solidarität und das Mitleiden des Paulus mit seinem Volk. Er tritt geradezu in die Rolle des Mose, der am Sinai fürbittend für das sündige Volk eintrat (Ex 32,31f.):

„Ich bin voll Trauer, unablässig leidet mein Herz. Ja, ich möchte selber verflucht und von Christus getrennt sein um meiner Brüder willen, die der Abstammung nach mit mir verbunden sind." (Röm 9,2f.)

Hier wird sehr deutlich, daß Paulus keinesfalls „antijüdisch" verstanden werden kann. Das ändert nichts daran, daß Paulus seinen jüdischen Brüdern vorwirft, daß sie nicht an die Botschaft von Christus glauben, die doch gerade in erster Linie für sie bestimmt ist. Es kann also gewiß nicht darum gehen, den Gegensatz zwischen denen, die an Christus glauben, und denen, die es nicht tun, zu verwischen. Entscheidend ist aber, welche Folgerungen für das Verhältnis von Christen und Juden daraus gezogen werden.

Die Frage des Verworfenseins Israels

Paulus hat sich mit der Frage auseinandergesetzt, ob Gott sein Volk „verworfen" habe. Er hat diese Behauptung leidenschaftlich bestritten:

„Ich frage also: Hat Gott sein Volk verstoßen? Keineswegs! [...] Gott hat sein Volk nicht verstoßen, das er einst erwählt hat." (Röm 11,1f.)

Der Zusammenhang läßt erkennen, daß die These von der Verwerfung Israels unter den Empfängern des Briefes in der Gemeinde in Rom vertreten wurde. Dabei ist nun besonders wichtig, wie Paulus diese These zurückweist:

- Auf der einen Seite betont er seine Solidarität mit Israel, indem er mitten in der Ablehnung dieser These nachdrücklich hervorhebt: „Auch ich bin ein Israelit, ein Nachkomme Abrahams, aus dem Stamm Benjamin." Die These von der Verwerfung Israels würde also auch ihn selbst treffen.
- Auf der anderen Seite macht er den Heidenchristen in Rom klar, daß sie selbst die heilsgeschichtliche Vorrangstellung Israels nicht für sich in Anspruch nehmen können: Sie sind wie Zweige, die entgegen aller gärtnerischen Vernunft von einem wilden Ölbaum in einen guten Ölbaum eingepfropft worden sind (Röm 11,17). Der Baum ist also nicht durch sie veredelt worden, sondern umgekehrt! Wenn man dies im Zusammenhang mit den eben zitierten Sätzen am Anfang des gleichen Kapitels

9 U. WILCKENS: Der Brief an die Römer. Bd. 2. Zürich/Köln/Neukirchen-Vluyn 1980, S. 189.

liest, dann wird deutlich, daß Paulus selbst mit seinem Volk leidet und für es eintritt, und daß er zugleich den Heidenchristen verwehrt, sich gegenüber den Juden zu „rühmen“, sich erhaben zu dünken und dabei zu vergessen: „Nicht du trägst die Wurzel, sondern die Wurzel trägt dich“ (Vers 18).

Daraus ergibt sich die Frage, ob wir als Heidenchristen überhaupt berechtigt sind, theologische Urteile über Israel – wie etwa das der „Verwerfung“ – zu fällen. Der Zusammenhang der Kapitel 9–11 des Römerbriefes zeigt deutlich, daß es Paulus entscheidend darauf ankommt, dieses Urteil Gott selbst zu überlassen. Denn gegen Ende dieses Abschnitts schreibt er:

„Damit ihr euch nicht auf eigene Einsicht verlaßt, Brüder, sollt ihr dieses Geheimnis wissen: Verstockung liegt auf einem Teil Israels, bis die Heiden in voller Zahl das Heil erlangt haben; dann wird ganz Israel gerettet werden.“ (Röm 11,25f.)

Die jetzige „Verstockung“ Israels ist ein Übergangsstadium, das schließlich – das heißt wohl: bevor das Ende dieser Welt eintritt – aufgehoben werden wird. Aber das Wann und das Wie hat sich Gott selbst vorbehalten.

Abb. 2: Der gefangene Paulus in Rom. Gemälde Rembrandts

Aus: Kursbuch Religion. Frankfurt 1978, S. 209.

Es ist bemerkenswert, daß der Zusammenhang zwischen der Auslegung dieses Abschnitts des Römerbriefes und dem Problem der heutigen Beziehungen von Christen und Juden auch von Auslegern hervorgehoben wird, die der oben dargestellten Sicht keineswegs in allem zustimmen. Deshalb sei hier der Schlußabschnitt der Auslegung von Röm 11,25–32 aus dem Kommentar zum Römerbrief von Ulrich WILCKENS aus dem Jahr 1980 wiedergegeben:

„Seit der Alten Kirche pflegt die heilsgeschichtliche Problematik, die Paulus in Röm 9–11 als zentralen Aspekt seiner Rechtfertigungslehre zu bewältigen suchte, entweder übersehen, umgedeutet oder als theologische Verirrung beurteilt zu werden. Die Kirche hat sich weithin daran gewöhnt, die Juden nur als die außenstehenden Feinde zu sehen, als welche sie ihr vom 2. Jh. an faktisch gegenüberstanden, als Erzketzer oder gar als das von Gott verfluchte Volk der Gottesmörder; und so konnte – weithin unbemerkt – ein großes Arsenal in der Umwelt verbreiteter Judenpolemik, religiös motiviert und so faktisch legitimiert, in das Bewußtsein der Kirche Einzug halten und sich zur Ächtung des Juden in der christlichen Gesellschaft und einer Fülle von kollektiven Gewalttaten gegen sie auswirken. Die Theologie hat wenig getan, um den verhängnisvollen Irrtum all dessen erkennen zu lassen, und im übrigen eine Kirchen- und Heilslehre entwickelt, in der das Verhältnis zu Israel aus dem Problemhorizont des eigenen kirchlichen Selbstverständnisses nahezu vollständig eliminiert worden ist, und die darum genau jene rein ‚heidenchristliche‘ Atmosphäre annahm, vor der Paulus in Röm 11 so eindringlich gewarnt hat. Die paulinische Problematik wurde auf das Thema der Judenmission reduziert.

Von Vorstößen einzelner abgesehen, war es erst das planmäßige Genozid an den europäischen Juden durch den NS-Staat, das die Kirchen der Welt zu moralischem Abscheu und in dessen Folge zu intensiver theologisch-verantwortlicher Aufnahme der ganzen Israel-Problematik provoziert hat.“[10]

(3) Paulus war und blieb Jude, obwohl die Mehrheit seiner jüdischen Zeitgenossen seine Botschaft von Christus nicht annahmen. Skizzieren Sie stichwortartig, wie Paulus mit dieser Spannung umgeht.

....

....

....

....

....

....

....

....

Vergessene Gemeinsamkeiten

In dem zuletzt zitierten Text hieß es: „Die Kirche hat sich weithin daran gewöhnt, die Juden nur als die außenstehenden Feinde zu sehen.“ Das hatte zur Folge, daß die Gemeinsamkeiten fast ganz aus dem Bewußtsein der Christen verschwanden. Das beginnt schon mit dem Sprachgebrauch – wenn man beispielsweise sagt: „Paulus und das Alte Testament“. Eine solche Formulierung erweckt den Eindruck, als stehe der „Christ“ Paulus in einem mehr oder weniger distanzierten Verhältnis zum „jüdischen“ Alten Testament, das er auf seine Weise benutzen und auslegen kann, soweit es ihm richtig und nützlich erscheint. Richtig und allein zutreffend wäre die Formulierung: „Paulus und seine Bibel“ – genauer: „der Jude Paulus und die jüdische Bibel“.

Bibel – Gott als Schöpfer und Handelnder – Tora

Christen und Juden verfügen im Alten Testament über eine gemeinsame Glaubensgrundlage. Einige Wesensmerkmale seien hier im einzelnen nachgezeichnet:

10 U. WILCKENS: Der Brief an die Römer, a.a.O., S. 267.

• Das ist die erste Gemeinsamkeit: die Bibel. Zur Zeit Jesu und der Apostel gab es noch kein „Altes Testament", weil es kein „Neues Testament" gab. (Das wurde ja erst später geschrieben, und Paulus hätte sich wohl nicht träumen lassen, daß seine Briefe an die verschiedenen Gemeinden einmal zum Bestandteil der Bibel werden würden!) Es gab nur das „Alte Testament" als Bibel und damit als die alleinige Glaubensgrundlage für alle Juden – auch für diejenigen, die an den gekreuzigten und auferstandenen Jesus von Nazaret als den Messias (Christus) glaubten. Sie fanden in der Bibel Verheißungen und Hinweise auf diesen Christus und unterschieden sich deshalb in der Auslegung bestimmter Stellen von den anderen, die diesen Glauben nicht teilten. Aber das war nichts Außergewöhnliches. Auch unter den übrigen Juden gab es die verschiedensten Gruppen, und die jeweiligen Besonderheiten wurden meistens mit der Auslegung bestimmter Bibelstellen begründet.

Dennoch blieb die Bibel die gemeinsame Glaubensgrundlage, und in vielen grundlegenden Fragen gab es überhaupt keine Meinungs- und Auslegungsunterschiede zwischen den christusgläubigen und den anderen Juden. Ein elementares Beispiel dafür ist der Glaube an den *einen* Gott, den Schöpfer des Himmels und der Erde. Für uns ist es allzu selbstverständlich, daß wir mit dem Wort „Gott" den *einen* bezeichnen, daß Gott ein Singular ist. Das war in der Umwelt des Neuen Testaments alles andere als selbstverständlich – außer bei den Juden. Der Glaube an einen einzigen Gott *(Monotheismus)* ist im Volk Israel, im jüdischen Volk, entstanden. Für Jesus und seine Jünger war er eine Selbstverständlichkeit; aber in der Mission unter den Heiden mußte Paulus erst den *einen* Gott verkündigen, damit diese sich „von den Götzen bekehren" konnten, „um dem lebendigen und wahren Gott zu dienen" – und dann auch „seinen Sohn vom Himmel her zu erwarten, Jesus, den er von den Toten auferweckt hat und der uns dem kommenden Gericht Gottes entreißt" (1 Thess 1,9f., vgl. Apg 14,15). Im gleichen Sinne heißt es in Röm 3,29f.: „Ist denn Gott nur der Gott der Juden, nicht auch der Heiden? Ja, auch der Heiden, da doch gilt: Gott ist ‚der Eine'."
Diese Tradition setzt sich fort bis in unser christliches Glaubensbekenntnis: Der 1. Artikel: „Ich glaube an Gott, den Schöpfer des Himmels und der Erde", ist nur aus dem „Alten Testament", der gemeinsamen Bibel von Juden und Christen, zu begründen. Im Neuen Testament wird dieses Thema nicht ausdrücklich behandelt. Das war auch nicht nötig; denn darüber stand ja schon alles in der Bibel, und die Christen hatten dem nichts hinzuzufügen.

• Aber diese grundlegende Gemeinsamkeit geht weit über den Glauben an Gott den Schöpfer hinaus. Daß Gott in der Geschichte seines Volkes Israel und der gesamten Menschheit handelt – in Erwählung, Führung, Befreiung, aber auch im Gericht –, all das gehört auch zu den selbstverständlichen Grundlagen des christlichen Glaubens, die aus der gemeinsamen Bibel von Juden und Christen stammen. Mehrfach wird in der Apostelgeschichte von „Geschichtspredigten" berichtet (Apg 7; 13,16ff.), und das ganze Neue Testament ist voll von Hinweisen und Anspielungen auf die heilsgeschichtlichen Traditionen des Alten Testaments. Auch dies war in der damaligen religionsgeschichtlichen Umwelt keineswegs selbstverständlich; aber auch hierin hat die christliche Tradition die biblischen (alttestamentlichen) Voraussetzungen aufgenommen und weitergeführt.

• Eine dritte grundlegende Gemeinsamkeit sei genannt: die Tora. Das mag zunächst überraschen; denn das „Gesetz" (wie die gebräuchliche, aber nicht unproblematische Übersetzung des Wortes „Tora" lautet) gilt doch gerade als einer der grundlegenden Konfliktpunkte zwischen Christen und Juden. Hier zeigt sich wieder, daß die christliche Tradition bestimmte Elemente der neutestamentlichen Tradition überbetont, andere dagegen vernachlässigt hat.

Es war schon die Rede von der Stellung Jesu zur Tora, von der Selbstverständlichkeit seiner Passah-Feier am Abend vor seinem Tod und davon, daß er es nach jüdischer Tradition für erlaubt hielt, in bestimmten Fällen die Tora zu brechen, um sie zu halten (s. S. 97f.). In den drei ersten Evangelien wird überliefert, daß Jesus nach dem „höchsten Gebot" gefragt wird und darauf mit dem „Doppelgebot der Liebe" antwortet: Gott und den Nächsten zu lieben, ist das höchste Gebot (Mt 22,34–40; Mk 12,28–34; Lk 10,25–28). Beide Teile dieses „Doppelgebots" stammen aus der Bibel, also der jüdischen Tradition. Auch die Verbindung der beiden Sätze, die im Alten Testament an verschiedenen Stellen stehen (Dtn 6,5 und Lev 19,18), stammt nach Meinung neuerer Exegeten aus der jüdischen Tradition und ist nicht erst von Jesus vollzogen worden.[11] Nach der Fassung im Lukas-Evangelium ist es ja auch nicht Jesus selbst, sondern sein Gesprächspartner, ein jüdischer Gesetzeslehrer, der die Antwort gibt; und im Markus-Evangelium bestätigt der fragende Schriftgelehrte, daß die Antwort Jesu richtig ist, das heißt in Übereinstimmung mit der jüdischen Tora-Auslegung.

Heilsnotwendigkeit des Gesetzes und Rechtfertigungslehre

Das Gebot der Nächstenliebe, das weithin als besonderes, auch heute grundlegendes Kennzeichen des Christentums verstanden wird, stammt also aus der gemeinsamen Bibel von Juden und Christen und gehört damit zu den jüdischen Grundlagen des Christentums. Auch Paulus bezeichnet es als das grundlegende Gebot: „Denn das ganze Gesetz ist in dem einen Wort zusammengefaßt: Du sollst deinen Nächsten lieben wie dich selbst!" (Gal 5,14). Noch grundsätzlicher klingt es in Röm 13,10: „Also ist die Liebe die Erfüllung des Gesetzes." Dabei ist in beiden Fällen ganz klar, daß Paulus es für geboten hält, daß die Tora erfüllt wird. Dazu schreibt Ulrich Wilckens:

> „Die Erwähnung des Gesetzes ist an dieser Stelle also keineswegs beiläufig. Gesetz und Liebe schließen sich nicht aus; sondern wie die Liebe der eigentliche Inhalt des Gesetzes ist, so ist das Gesetz die Autorität, die dem Tun der Liebe absolute Verbindlichkeit zuspricht."[12]

Diese Gemeinsamkeit ist in der christlichen Tradition fast völlig in Vergessenheit geraten, weil sie durch einen anderen Aspekt verdeckt wurde, unter dem das Problem des „Gesetzes" im Neuen Testament außerdem behandelt wird: die Frage der „Heilsnotwendigkeit" des Gesetzes. Paulus hat sich mit dieser Frage ausführlich und leidenschaftlich auseinandergesetzt. Seine Position ist ganz klar und entschieden: „So halten wir nun dafür, daß der Mensch gerecht werde ohne des Gesetzes Werke, allein durch den Glauben" (Röm 3,28; Text der Luther-Bibel). „Gerecht werden" heißt für Paulus: das „Heil" erlangen, oder auch: „gerettet werden" im bevorstehenden Endgericht – worum es schon in der eschatologischen Predigt Jesu ging. Dieses Heil, diese Rettung kann das Gesetz nicht bewirken, sondern nur der Glaube an Jesus Christus.

Die „Rechtfertigungslehre", die in den Aussagen des Paulus zum Gesetz ihre entscheidende Grundlage hat, ist ein schwieriges theologisches Thema (vgl. Studieneinheit 18). Aber auch wenn die dialektischen Gedankengänge des Paulus oft schwer verständlich sind, so ist doch ganz eindeutig, daß für ihn ein fundamentaler Gegensatz besteht zwischen dem rechtfertigenden Glauben an den gekreuzigten und auferstandenen Christus und dem Gesetz:

11 Vgl. die Belege bei F. Mussner: Traktat über die Juden, a.a.O., S. 194ff.
12 U. Wilckens: Der Brief an die Römer, a.a.O., Bd. 3, S. 71.

„Dabei ist auch noch folgende Frage zu bedenken: Gegen wen hat eigentlich Paulus seine Gesetzes- und Rechtfertigungslehre primär entwickelt? Die oft gehörte und wie selbstverständlich klingende Antwort christlicher Theologen lautet: Gegen das Judentum. In Wirklichkeit ist dem nicht so, wie gerade jener Brief des Paulus erkennen läßt, in dem er zum ersten Mal literarisch greifbar die ‚Basissätze' seiner Rechtfertigungslehre entwickelt hat, nämlich der Galaterbrief, geschrieben entweder im Jahre 55 oder im Jahre 57. Als Paulus diesen Brief schrieb, hat er also schon mehr als zwanzig Jahre als christlicher Missionar gewirkt. Erst jetzt – das ist vielen christlichen Theologen nicht bewußt – schreibt er die Sätze seiner Rechtfertigungslehre nieder. Den Anlaß dazu gaben ‚einige', die in die von Paulus gegründeten heidenchristlichen Gemeinden in Galatien eingedrungen waren und das Evangelium vom Christus verdrehten (vgl. Gal 1,7). Diese ‚einige' waren ganz bestimmt keine Juden, sondern höchstwahrscheinlich Judenchristen, die ein ‚anderes Evangelium' verkündeten als jenes, das Paulus verkündet hat, indem sie lehrten, daß auch die Heidenchristen sich beschneiden lassen und das gesetzliche Leben beobachten müßten, trotz Taufe und Glaube an Jesus Christus. Gegen dieses ‚andere Evangelium', das für Paulus gar kein wirkliches ‚Evangelium' ist, weil es für ihn kein ‚anderes Evangelium' gibt (Gal 1,6f.), schrieb Paulus die ‚Basissätze' seiner Rechtfertigungslehre, daß nämlich kein Mensch aus Werken des Gesetzes gerechtfertigt wird, vielmehr nur aus Glauben an Jesus Christus (Gal 2,16). Paulus entwickelte also seine Gesetzes- und Rechtfertigungslehre *nicht gegen Juden, sondern gegen Mitchristen!* Dies ist in der christlichen Auslegung des Galaterbriefs vielfach nicht beachtet worden, obwohl die Beachtung dieses Tatbestands für das Verständnis dieses Briefes den Rang eines hermeneutischen Schlüssels hat. Wenn man den Text von Gal 2,11–22 genau im Auge behält, muß man sogar sagen, daß Paulus die Basissätze seiner Rechtfertigungslehre nach seiner eigenen Aussage an Petrus, den ‚ersten Papst', adressiert hat! Denn der unmittelbar Angeredete in 2,14ff. ist ja Petrus, der gegen seine eigene Überzeugung auf die Linie der Gegner des Apostels in heuchlerischer Weise eingeschwenkt war [...]. Natürlich kann man sagen, ‚daß Paulus in seiner Auseinandersetzung mit seinen judenchristlichen Gegnern zu Formulierungen kommt, die im Endeffekt das Judentum selber betreffen' *(J. Blank)*. Aber dem Apostel geht es weder im Galater- noch im Römerbrief, in dem er das Thema ‚Rechtfertigung' aus dem Glauben weiter entfaltet hat, um *diesen* ‚Endeffekt'. Er will mit seinen Formulierungen nicht das Judentum erledigen. Was er erledigen will, ist ein christliches Pseudoevangelium, zu dem dem äußeren Anschein nach sich sogar Petrus bekannte, als er in Antiochien die Tischgemeinschaft mit den Heidenchristen unter dem Druck der Jakobusleute aufgab. Mit den Juden setzt sich Paulus im Galaterbrief überhaupt nicht auseinander, im Grunde auch nicht im Römerbrief. Im Römerbrief weist Paulus nur darauf hin, daß Juden und Heiden in gleicher Weise vor Gott schuldig geworden sind, weil sie sein Gesetz nicht beachten (Röm 1–3), und daß die Juden, obwohl ‚teilweise' dem Evangelium gegenüber verstockt, dennoch am Ende von Gott gerettet werden (11,26)."[13]

Mussner macht ferner darauf aufmerksam, daß das Wort „Jude" in den beiden Paulus-Briefen, in denen es besonders um Gesetz und Rechtfertigung geht, niemals im antijüdischen Sinne gebraucht wird und daß es in den Partien des Römerbriefes, in denen Paulus seine Rechtfertigungslehre entwickelt, überhaupt nicht vorkommt.

Man muß meines Erachtens zwei Folgerungen aus diesen Sachverhalten ziehen:

1. Was Paulus über das Gesetz schreibt, ist nicht grundsätzlich und nicht in erster Linie gegen „das Judentum" gerichtet. Paulus versteht sich nach wie vor selbst als Jude, und er weiß sich zutiefst mit der Geschichte und den Glaubenstraditionen seines Volkes verbunden. Das große Glaubensvorbild ist für ihn der „erste Jude", der Stammvater des jüdischen Volkes: Abraham (vgl. besonders Röm 4 und Gal 3).

2. Man muß sehr genau unterscheiden zwischen den Forderungen der Tora zu einem bestimmten Tun und der Frage der „Heilsbedeutung" des Gesetzes.

• Im Blick auf das erstere wird im Neuen Testament durchgängig, ganz besonders bei Jesus und Paulus, festgehalten, daß der Wille Gottes, wie er in der Tora offenbart worden ist, getan werden soll. Unter diesem Aspekt gibt es nirgends eine Einschränkung oder Abwertung der Tora in ihrer Bedeutung für die Christen: Paulus bezeichnet die Tora als „heilig, gerecht und gut" (Röm 7,12), und er freut sich an der Tora Gottes in seinem Innern (Röm 7,22). Von den Zusammenfassungen der Tora im Liebesgebot bei Jesus und Paulus war schon die Rede. In der Bergpredigt Jesu werden folgende Grund-Sätze zum Tun der Tora überliefert:

„Denkt nicht, ich sei gekommen, um das Gesetz und die Propheten aufzuheben. Ich bin nicht gekommen, um aufzuheben, sondern um zu erfüllen. Amen, das sage ich euch: Bis Himmel und Erde vergehen, wird auch nicht der kleinste Buchstabe des Gesetzes vergehen, bevor nicht alles geschehen ist. Wer auch nur eines von den kleinsten Geboten aufhebt und die Menschen entsprechend lehrt, der wird im Himmelreich der Kleinste sein. Wer sie aber hält und halten lehrt, der wird groß sein im Himmelreich. Darum sage ich euch: Wenn eure Gerechtigkeit nicht weit größer ist als die der Schriftgelehrten und Pharisäer, werdet ihr nicht in das Himmelreich kommen." (Mt 5,17–20)

Insofern gehört also in der Tat die Offenbarung des göttlichen Willens, der von den Menschen erfüllt werden soll, zu den gemeinsamen Grundlagen von Judentum und Christentum. Luther hat dem dadurch sichtbaren Ausdruck verliehen, daß er die Zehn Gebote, die im Zentrum der alttestamentlichen Berichte über die Willensoffenbarung Gottes am Sinai stehen (Ex 20,1–17; Dtn 5,6–21), als erstes „Hauptstück" an den Anfang des *„Kleinen Katechismus"* gestellt hat. Im *„Großen Katechismus"* schreibt er dazu:

„Aus dem siehet man abermal, wie hoch diese zehen Gepot zu heben und preisen sind über alle Stände, Gepot und Werk, so man sonst lehret und treibt. Denn hie können wir trotzen und sagen: Laß auftreten alle Weisen, und Heiligen, ob sie künnden ein Werk erfurbringen als diese Gepot, so Gott mit solchem Ernst fodert und befiehlt bei seinem hohisten Zorn und Strafe, dazu so herrliche Verheißung dazu setzet, daß er uns mit allen Gütern und Segen überschütten will. Darümb soll man sie je fur allen andern Lehren teur und wert halten als den hohisten Schatz, von Gott gegeben."[14]

Eine christliche Ethik läßt sich auch heute nicht ohne die Gebote des Alten Testaments entwickeln.

• Der zweite Aspekt: die Heilsbedeutung des Gesetzes und die damit zusammenhängende Rechtfertigungslehre, steht bei Paulus im Zusammenhang des Problems der Sünde des Menschen und damit auch und vor allem des Christen; deshalb schreibt Paulus gerade in dem zentralen (und außerordentlich schwierigen) Kapitel Röm 7 in der Ich-Form. Dazu sagt Ulrich Wilckens:

„Auch der Christ muß nämlich dem Gesetz seine volle göttliche Autorität zusprechen, indem ich seinem Widerspruch gegen die Sünde und also seinem Todesurteil gegen mich vollauf Recht gebe. Nicht im Gesetz also liegt eigentlich der Widerspruch; indem es das Gute fordert und das Böse negiert ist es ‚heilig, gerecht und gut'. Der Widerspruch fällt vielmehr ganz in mich, der ich dem Gesetz zustimmen muß, das mein Tun des Bösen verurteilt. Dieser Widerspruch besteht darin, daß ich in der Faktizität meines Tuns ‚fleischlich' bin und dem ‚geistlichen' Gesetz entgegenhandle."[15]

Die Auslegungs- und Wirkungsgeschichte dieses Textes zeigt sehr deutlich und sehr aufschlußreich, wie sich die jeweiligen theologischen Positionen und Diskussionen in der Auslegung widerspiegeln. Insofern ist es konsequent und notwendig, die Auslegung des Gesetzesverständnisses des Paulus heute *auch* unter dem Aspekt der christlich-jüdischen Beziehungen und der Erfahrungen damit in den vergangenen zweitausend Jahren neu zu durchdenken, wie es in Ansätzen schon geschieht (s. S. 100).

13 F. Mussner: Traktat über die Juden, a.a.O., S. 227–229.

14 M. Luther: Der große Katechismus. Beschluß zu den Zehn Geboten, letzter Absatz, zitiert nach: Die Bekenntnisschriften der Evangelisch-Lutherischen Kirche. Hrsg. vom Deutschen Evangelischen Kirchenausschuß. Göttingen 1930, Bd. 2, S. 645.

15 U. Wilckens: Der Brief an die Römer, a.a.O., Bd. 2, S. 98.

(4) (a) Nennen Sie stichwortartig die grundlegenden Gemeinsamkeiten zwischen Judentum und Christentum.

....

....

....

....

....

....

(b) Die Tora gehört zu den grundlegenden Gemeinsamkeiten von Juden und Christen; zugleich zeigen sich an ihrem Verständnis grundlegende Gegensätze. Skizzieren Sie kurz das hier entstehende Problem.

....

....

....

....

....

....

....

Entfremdung und Feindschaft

Die Kirche hat entgegen dem Einspruch des Paulus sehr bald damit begonnen, die Juden für von Gott „verworfen" zu erklären und sich ihnen gegenüber zu „rühmen". Dies findet unter anderem seinen sinnfälligen Ausdruck in den mittelalterlichen Darstellungen von „Kirche" und „Synagoge". Aber auch bis in die Gegenwart hinein wird dieser Ansatz noch vielfach festgehalten.

Vorwürfe: Gottesmord – Ritualmord – Hostienschändung – Brunnenvergiftung

Zu theologisch begründeten Vorwürfen gesellten sich im Laufe des Mittelalters andere, die eher in den Bereich des Aberglaubens gehören:

• Ein grundlegender theologischer Vorwurf bestand in der Behauptung, die Juden hätten Christus getötet. Die Verbindung mit dem Gedanken der Verwerfung zeigt sich zum Beispiel sehr ausgeprägt in dem „Wort zur Judenfrage" des Reichsbruderrats der Evangelischen Kirche in Deutschland aus dem Jahre 1948: „Indem Israel den Messias kreuzigte, hat es seine Erwählung und Bestimmung verworfen."[16] Dieser Vorwurf wurde durch den Bischof Melito von Sardes im 2. Jahrhundert zu dem Vorwurf des *Gottesmordes* gesteigert:

„Hört es, alle Geschlechter der Völker, und seht es: Ein nie gewesener Mord geschah in Jerusalem, in der Stadt des Gesetzes, in der hebräischen Stadt, in der Stadt der Propheten, in der Stadt, die als gerecht angesehen wurde!... Der, welcher die Erde aufgehängt hat, ist selbst aufgehängt worden; der, der die Himmel anheftete, ist angeheftet worden; der, der das All festgemacht hat, ist am Holz festgemacht worden!... *Gott ist getötet,* der König Israels ist durch Israels Rechte beseitigt worden!"[17]

16 Der Reichsbruderrat der Evangelischen Kirche in Deutschland: Ein Wort zur Judenfrage. Abgedruckt in: *Kirchliches Jahrbuch für die Evangelische Kirche in Deutschland* 72–75 (1945–1948), S. 224ff.

17 Aus der „Passah-Homilie" des Melito von Sardes, zitiert nach: K. H. Rengstorf / S. von Kortzfleisch: Kirche und Synagoge. Handbuch zur Geschichte von Christen und Juden. Bd.1. Stuttgart 1968, S. 73.

Die Konsequenzen daraus waren für die Juden besonders bedrohlich, so daß durch Jahrhunderte hindurch in vielen Teilen der christlichen Welt der Karfreitag oft zugleich ein Tag blutiger Ausschreitungen war.

Bei der Neubesinnung hierüber stehen vor allem zwei Fragen im Vordergrund:
– Wieweit ist es berechtigt, „die Juden" für den Tod Jesu verantwortlich zu machen? Dabei ist nicht nur zu bedenken, daß das Todesurteil durch den römischen Statthalter gefällt wurde, sondern vor allem auch, daß die ersten drei (die „synoptischen") Evangelien deutlich erkennen lassen, daß die große Mehrheit der damals in Jerusalem anwesenden Juden als Anhänger Jesu betrachtet wurden, so daß die Gruppe in der jüdischen Oberschicht, die seine Hinrichtung betrieb, dies heimlich vorbereiten mußte, um nicht einen Volksaufstand zu riskieren (Mk 14,1f. und Parallelen). Das Zweite Vatikanische Konzil hat inzwischen diesen Vorwurf ausdrücklich zurückgewiesen: „Obgleich die jüdischen Obrigkeiten mit ihren Anhängern auf den Tod Christi gedrungen haben, kann man dennoch die Ereignisse seines Leidens weder allen damals lebenden Juden ohne Unterschied noch den heutigen Juden zur Last legen."[18]
– Wie verhält sich die Heilsbedeutung, ja Heilsnotwendigkeit des Todes Jesu zu diesem Vorwurf? Kann es theologisch gerechtfertigt sein, die vermeintlich an dem notwendigen und von Gott gewollten Tode Jesu Verantwortlichen mit unauslöschlichem Haß zu verfolgen, wie es weithin durch die Kirchengeschichte hindurch geschehen ist?

• Eher in den Bereich des Aberglaubens gehört die Behauptung, die Juden entführten kleine Kinder und töteten sie, um ihr Blut zu trinken oder zu geheimnisvollen kultischen Zwecken zu gebrauchen *(Ritualmord).* Vergebens versuchten

Abb. 3: Christliche Vorstellung eines jüdischen Ritualmordes. Holzschnitt aus der Schedelschen Weltchronik, 1493

Aus: Schedelsche Weltchronik, 1493, Blatt CCLIII recto.

18 K. Richter (Hrsg.): Die katholische Kirche und das Judentum. Dokumente von 1945–1982. Freiburg 1982, S. 69ff.

immer wieder Kaiser und Päpste gegen diese Behauptungen und die sich daraus oft ergebenden Judenverfolgungen anzugehen. So erklärte Kaiser FRIEDRICH II. im Jahre 1236 nach einer gründlichen Untersuchung die Behauptungen für falsch und verbot, sie weiterhin zu erheben. Auch die Päpste INNOZENZ IV. (im Jahre 1247 und 1253) und GREGOR X. (im Jahre 1272) wiesen diese Vorwürfe zurück. Jedoch hielten sie sich bis in die Neuzeit. So gab es noch im Jahre 1891 in Xanten einen Ritualmordprozeß, der jedoch eindeutig die Unschuld des bezichtigten Schlachters der Jüdischen Gemeinde ergab; und in Konitz wurde im Jahre 1900 im Zusammenhang mit einem Mordprozeß die Beschuldigung des Ritualmordes gegen die Juden von antisemitischen Kreisen öffentlich erhoben.

- Ein anderer Vorwurf betraf die *Hostienschändung*. Es wurde behauptet, Juden hätten aus christlichen Kirchen geweihte Hostien gestohlen und sie zerstochen, um den Leib Christi noch einmal zu martern; oft sei dabei aus den Hostien Blut geflossen. So gab etwa im Jahre 1337 ein solches Gerücht den Anlaß zur Ermordung der Juden in Deggendorf. Allerdings hören diese Anklagen seit dem Beginn des 16. Jahrhunderts fast völlig auf. Dies hängt wohl damit zusammen, daß jetzt das Verständnis der Eucharistie zum Streitpunkt zwischen den christlichen Konfessionen wurde.

- Eine besonders gefährliche und folgenreiche Beschuldigung gegenüber den Juden war die der *Brunnenvergiftung*. Sie spielte eine besonders verhängnisvolle Rolle in den Jahren der großen Pest, des „Schwarzen Todes", 1348/49. Überall in Europa verbreitete sich das Gerücht, die Juden hätten die Brunnen vergiftet und dadurch die Pest ausgelöst. Dies führte zur Vernichtung eines großen Teils der jüdischen Bevölkerung in Mitteleuropa.[19]

Der Antisemitismus in Europa

Schließlich traten zur Judenfeindschaft auch *ökonomische Gründe* hinzu. Da den Juden die Mitgliedschaft in den Zünften, die sich als christliche Bruderschaften verstanden, verwehrt war, blieben ihnen viele Berufe verschlossen. Sie wurden unter anderem auf das Geldgeschäft abgedrängt, weil den Christen das Zinsnehmen verboten war, und betätigten sich als Händler in den verschiedensten Bereichen. So verband sich oft wirtschaftlicher Neid mit den traditionellen religiösen Vorurteilen und dem allgemeinen Fremdenhaß. Allerdings wurde dies immer wieder dadurch verschärft, daß die Mehrheit der Bevölkerung sich als christliche Gemeinschaft unter der Leitung der Kirche verstand, so daß alle Fremden zugleich außerhalb der Kirche standen und oft als deren Feinde angesehen wurden. Religiöse und nichtreligiöse Gründe der Judenfeindschaft lagen deshalb oft unlösbar und unentwirrbar ineinander.

Nur selten gab es für die Juden in den vergangenen zweitausend Jahren ihrer Geschichte im Abendland Atempausen oder gar friedliche und glückliche Zeiten. Am Rhein lebten sie in den Städten eine Zeitlang ungestört unter der Schutzherrschaft des Kaisers, der Fürsten und der Bischöfe – bis im Jahr 1096 die Kreuzfahrerscharen über sie hereinbrachen und alles ermordeten, was ihnen in den Weg kam. In der Zeit vom 3. Mai bis zum 29. Juni 1096 fielen die von Frankreich heranziehenden Scharen der Kreuzfahrer über die jüdischen Gemeinden her und ermordeten viele tausend Juden: allein in Worms am 18. Mai waren es 800, in Mainz am 27. Mai über 1100.[20] Im zweiten Kreuzzug setzte sich BERNHARD von Clairvaux nachdrücklich für den Schutz der Juden ein, so daß dieser für sie glimpflicher verlief. Doch BERNHARDS Gegenspieler, der Abt von Cluny, PETRUS Venerabilis, formulierte zugleich ein besonders perfides Konzept zur Behandlung der Juden:

> „Gott will nicht, daß sie ganz getötet werden, daß sie vollkommen zum Verschwinden gebracht werden, sondern daß sie zur größeren Qual und zur größeren Schmach, wie der Brudermörder Kain, zu einem Leben schlimmer als der Tod bewahrt bleiben."[21]

In der Neuzeit gab es im 17. Jahrhundert, in der Zeit des Barock, eine verbreitete Bewegung des Philosemitismus, die auch in der pietistischen Judenmission ihren Niederschlag fand. Im 19. Jahrhundert begann dann schließlich im Gefolge der Französischen Revolution die „Emanzipation" der Juden – aber sogleich regten sich nationalistische Gegenkräfte (Johann Gottlieb FICHTE, Ernst Moritz ARNDT, Turnvater Friedrich Ludwig JAHN), und auch der theologische und kirchliche Antisemitismus (Friedrich Daniel SCHLEIERMACHER, Adolf STÖCKER) trug dazu bei, den Weg zu bereiten, der zum Holocaust führte. Der Historiker Gottfried SCHRAMM resümiert:

> „Die eigentliche Kontinuität, die hinter der jahrtausendlangen Unterdrückung der Juden steckt, ist, wie ich im engen Anschluß an Bernd Martin formulieren möchte, die Tatsache, daß die Europäer in ihrer überwältigenden Mehrheit überzeugte Christen waren. Gewiß, diese Geschlossenheit lockerte sich im 19. Jahrhundert. Und die Nazis, die in unserem Jahrhundert die schrecklichste aller Judenverfolgungen entfachten, haben zwar Vorwurf über Vorwurf auf ihre Erzfeinde gehäuft, aber der traditionelle Kernvorwurf war ihnen herzlich gleichgültig: daß die Juden den Sohn Gottes ans Kreuz geschlagen hatten. Der Befund, daß die Nationalsozialisten Postchristen oder Neuheiden waren, entkräftet jedoch, wie ich meinen möchte, meine Behauptung nicht. Denn sie waren eben doch Produkte eines Jahrtausends christlicher Vergangenheit und christlicher Bewußtseinsprägung. Und mit ihrem – zunächst so unchristlich scheinenden – Angriff auf die Juden als Rasse haben sie ein eingewurzeltes christliches Denkschema pervertierend weitergeführt. Die langandauernde, bis an die Schwelle unserer Generation nie überwundene Judenfeindschaft in Deutschland, auf das ich mich als unser Stück Abendland hier konzentrieren möchte, ist, so sei noch einmal provozierend formuliert, ein Strang praktizierter Christlichkeit. Nicht, wie man das vielleicht von den Hexenverfolgungen und von der Astrologie behaupten könnte, an den wenig spezifischen Rändern, sondern im Kern unserer abendländischen Kultur ist sie angesiedelt."[22]

Hier wird herausgestellt, daß bei aller notwendigen Differenzierung das antijüdische Element in der christlichen Tradition ein wesentliches, ja vielleicht sogar das entscheidende kontinuierliche Element in der abendländischen Judenfeindschaft, die schließlich zu Antisemitismus und Holocaust geführt hat, darstellt.

Auch der Reichsbruderrat der Evangelischen Kirche in Deutschland stellt in seinem bereits erwähnten „Wort zur Judenfrage" von 1948 diese Zusammenhänge fest:

> „Bitter mußte sich rächen, daß nicht nur im Raume des Volkes, das immerhin unter christlichen Zeichen zu stehen schien, nicht nur in den Geistesströmungen der Bildungsschicht und in den Kreisen der Machthaber und des Militärs sich der Antisemitismus regte und wehrte, sondern daß auch die Stimmen führender Christen in diesem Chor nicht fehlten. Und als endlich der radikale, rassisch begründete Antisemitismus von innen unser Volk und unsere Gemeinden zersetzte und sie von außen in seine brutale Gewalt zwang, war die Kraft des Widerstandes nicht vorhanden, weil die Erkenntnis über Israel und die Liebe zu ihm in den Gemeinden verdrängt und erloschen war. In christlichen Kreisen entzog man sich der Verantwortung und rechtfertigte sich dafür mit dem über Israel verhängten Fluch. Man wollte die Fortdauer der Verheißung über Israel nicht mehr glauben, verkündigen und im Verhalten zu den Juden erweisen. Damit haben wir Christen die Hand geboten zu all dem Unrecht und dem Leid, das unter uns an Israel geschah."[23]

---

19 Vgl. dazu F. KRAUS: Judenpogrome im 14. Jahrhundert: Der Schwarze Tod. In: B. MARTIN / E. SCHULIN (Hrsg.): Die Juden als Minderheit in der Geschichte. München 1981, S. 68–84.

20 Vgl. dazu D. MERTENS: Christen und Juden zur Zeit des ersten Kreuzzuges. In: B. MARTIN / E. SCHULIN: Die Juden als Minderheit in der Geschichte, a.a.O., S. 46–67.

21 Vgl. K. H. RENGSTORF / S. VON KORTZFLEISCH: Kirche und Synagoge, a.a.O., Bd. 1, S. 121.

22 G. SCHRAMM: Die Juden als Minderheit in der Geschichte. Versuch eines Resümees. In: B. MARTIN / E. SCHULIN: Die Juden als Minderheit in der Geschichte, a.a.O., S. 316–334, hier: S. 318.

23 Der Reichsbruderrat der Evangelischen Kirche in Deutschland: Ein Wort zur Judenfrage, a.a.O., S. 224ff.

Der Antisemitismus, bei dem auch „die Stimmen führender Christen" nicht fehlten, steht in einem inneren Zusammenhang damit, daß „die Erkenntnis über Israel und die Liebe zu ihm" in den Gemeinden verdrängt und erloschen waren, und daß man sich statt dessen angesichts der Judenverfolgung „mit dem über Israel verhängten Fluch" rechtfertigte. Dadurch sind die Christen mitschuldig geworden an dem, was an den Juden geschehen ist. Hier werden Einsichten formuliert, die dann nach langer Pause in der Erklärung der Synode der Evangelischen Kirche im Rheinland: „Zur Erneuerung des Verhältnisses von Christen und Juden", im Jahre 1980 wieder ausgesprochen worden sind: „Wir bekennen betroffen die Mitverantwortung und Schuld der Christenheit in Deutschland am Holocaust."[24]

(5) (a) Benennen Sie stichwortartig die wichtigsten Vorwürfe, die gegen die Juden erhoben worden sind.

....

....

....

....

....

(b) Charakterisieren Sie den Anteil des christlichen Antijudaismus an der neuzeitlichen Judenfeindschaft.

....

....

....

....

....

Neue Ansätze zur Verständigung

Im Rückblick kann man in den ersten Jahrzehnten dieses Jahrhunderts einige zögernde „Versuche des Verstehens" zwischen Juden und Christen erkennen.[25] Aber es waren auf beiden Seiten nur ganz wenige, die sich daran beteiligten, und nur selten kam es zu wirklichen Gesprächen. Erst nach dem Zweiten Weltkrieg und seinen schrecklichen Erfahrungen gelangte man zu einer wirklichen Intensivierung des Dialogs auch von offizieller Seite.

Versuche des Verstehens zwischen Juden und Christen

Das eindrucksvollste und zugleich erschütterndste Zeugnis dieser Versuche ist das Gespräch zwischen dem evangelischen Neutestamentler Karl Ludwig Schmidt und Martin Buber im Jüdischen Lehrhaus in Stuttgart am 14. Januar 1933 (!). Die zweite und letzte Antwort Martin Bubers in diesem Gespräch lautete:

„Ich lebe nicht fern von der Stadt Worms, an die mich auch eine Tradition meiner Ahnen bindet; und ich fahre von Zeit zu Zeit hinüber. Wenn ich hinüberfahre, gehe ich immer zuerst zum Dom. Das ist eine sichtbar gewordene Harmonie der Glieder, eine Ganzheit, in der kein Teil aus der Vollkommenheit wankt. Ich umwandle schauend den Dom mit einer vollkommenen Freude. Dann gehe ich zum jüdischen Friedhof hinüber. Der besteht aus schiefen, zerspellten, formlosen, richtungslosen Steinen. Ich stelle mich darein, blicke von diesem Friedhofgewirr zu der herrlichen Harmonie empor, und mir ist, als sähe ich von Israel zur Kirche auf. Da unten hat man nicht ein Quentchen Gestalt; man hat nur die Steine und die Asche unter den Steinen. Man hat die Asche, wenn sie sich auch noch so verflüchtigt hat. Man hat die Leiblichkeit der Menschen, die dazu geworden sind. Man hat sie. Ich habe sie. Ich habe sie nicht als Leiblichkeit in Raum dieses Planeten, aber als Leiblichkeit meiner eigenen Erinnerung bis in die Tiefe der Geschichte, bis an den Sinai hin.
Ich habe da gestanden, war verbunden mit der Asche und quer durch sie mit den Urvätern. Das ist Erinnerung an das Geschehen mit Gott, die allen Juden gegeben ist. Davon kann mich die Vollkommenheit des christlichen Gottesraums nicht abbringen, nichts kann mich abbringen von der Gotteszeit Israels. Ich habe da gestanden und habe alles selber erfahren, mir ist all der Tod widerfahren: all die Asche, all die Zerspelltheit, all der lautlose Jammer ist mein; aber der Bund ist mir nicht aufgekündigt worden. Ich liege am Boden, hingestürzt wie diese Steine. Aber aufgekündigt ist mir nicht. Der Dom ist, wie er ist. Der Friedhof ist, wie er ist. Aber aufgekündigt ist uns nicht worden.
Wenn die Kirche christlicher wäre, wenn die Christen mehr erfüllten, wenn sie nicht mit sich selbst rechten müßten, dann würde, meint Karl Ludwig Schmidt, eine schärfere Auseinandersetzung zwischen ihnen und uns kommen.
Wenn das Judentum wieder Israel würde, wenn aus der Larve das heilige Antlitz hervorträte, dann gäbe es, erwidere ich, wohl die Scheidung unabgeschwächt, aber keine schärfere Auseinandersetzung zwischen uns und der Kirche, vielmehr etwas ganz anderes, das heute noch unaussprechbar ist.
Ich bitte Sie, zum Schluß auf zwei Worte hinzuhören, die einander zu widersprechen scheinen, aber einander nicht widersprechen.
Im Talmud (Jewamot 47 a) wird gelehrt: Der Proselyt, der in diesem Zeitalter kommt, um ins Judentum aufgenommen zu werden, zu dem spricht man: ‚Was hast du bei uns ersehen, daß du dazu übertreten willst? Weißt du denn nicht, daß die von Israel in dieser Zeit gepeinigt, gestoßen, hingeschleudert, umgetrieben werden, daß die Leiden über sie gekommen sind?'
Wenn er spricht: ‚Ich weiß, und ich bin nicht würdig', dann nimmt man ihn sogleich auf.
Es möchte scheinen, das sei jüdischer Hochmut. Es ist keiner. Es ist nichts anderes als die Kundgebung, deren man sich nicht entschlagen kann. Die Not ist eine wirkliche Not und die Schande ist eine wirkliche Schande. Aber es ist ein Gottessinn darin, der uns zuspricht, daß uns Gott, wie er uns verheißen hatte (Jes. 54,10), aus seiner Hand nicht hat fallen lassen.
Und im Midrasch (Schemot Rabba XIX, Sifra zu Lev. 18,5) heißt es: ‚Der Heilige, gesegnet sei er, erklärt kein Geschöpf ungültig, sondern alle nimmt er auf. Die Tore sind geöffnet zu jeder Stunde, und wer hinein zu gelangen sucht, gelangt hinein. Und so spricht Er (Jes. 26,2): Öffnet die Tore, / daß komme ein bewährter Stamm (goj zaddik), / der Treue hält. Es ist hier nicht gesagt: Daß Priester kommen, daß Leviten kommen, daß Israeliten kommen; sondern es ist gesagt: Daß komme ein goj zaddik.'
Das erste Wort handelte von den Proselyten, dieses nicht, es handelt vom Menschenvolk. Die Gottestore sind offen für alle. Der Christ braucht nicht durchs Judentum, der Jude nicht durchs Christentum zu gehen, um zu Gott zu kommen."[26]

Buber stellt hier den christlichen Dom als Zeichen der Vollkommenheit und den jüdischen Friedhof als Ausdruck des jüdischen Schicksals (schon vor dem Holocaust!) einander gegenüber. Dennoch zieht er daraus gegen den Augenschein die Folgerung: „Aber der Bund ist mir (uns) nicht aufgekündigt worden." Und für das Verhältnis von Juden und Christen folgert er: „Die Gottestore sind offen für alle. Der Christ braucht nicht durchs Judentum, der Jude nicht durchs Christentum zu gehen, um zu Gott zu kommen."
Zweifellos bedarf dieser Satz weiterer Diskussion. Auf christlicher wie auf jüdischer Seite gibt es viele, die diesem Schlußsatz widersprechen. Sie können dafür viele Gründe aus ihrer jeweiligen religiösen Tradition anführen. Aber die entscheidende Frage ist doch, ob die alten Gründe, die zur Trennung und Feindschaft zwischen Christen und Juden geführt haben, noch unverändert Gültigkeit haben können, nachdem wir erfahren haben, zu welchen furchtbaren Konsequenzen diese Feindschaft führen kann. Geschah dies alles *trotz* der christlichen Theologie, die als solche keiner Veränderung bedarf – oder geschah es *wegen* bestimmter Elemente in der christlichen Theologie, die im Blick auf die Konsequenzen, die aus ihnen erwachsen

---

24 Zuerst veröffentlicht in: Handreichung Nr. 39 für Mitglieder der Landessynode, der Kreissynoden und der Presbyterien in der Evangelischen Kirche im Rheinland. – Wortlaut u. a. auch in: B. Klappert / H. Starck (Hrsg.): Umkehr und Erneuerung. Erläuterungen zum Synodalbeschluß der Rheinischen Landessynode 1980 „Zur Erneuerung des Verhältnisses von Christen und Juden". Neukirchen 1980, S. 264ff.

25 R. R. Geis / H.-J. Kraus (Hrsg.): Versuche des Verstehens. Dokumente jüdisch-christlicher Begegnung aus den Jahren 1918–1933. München 1966.

26 R. R. Geis / H.-J. Kraus (Hrsg.): Versuche des Verstehens, a.a.O., S. 165f.

sind, der Überprüfung und Revision bedürfen? Der evangelische Theologe Jürgen MOLTMANN schreibt dazu:

„‚Nach Auschwitz' muß die christliche Kirche, die den Juden Jesus den Christus nennt, radikal umdenken. Durch ihren latenten und offenen Antijudaismus haben sich die christlichen Kirchen durch Jahrhunderte hindurch selbst paganisiert [heidnisch gestaltet]. Sie wurden zu Institutionen der Einheitsreligion in ihren Staaten und verfolgten als ‚politische Religion' Andersdenkende und Andersglaubende sowohl als Religionsfeinde wie als Staatsfeinde. Wie Christen vor Konstantin selbst als ‚Atheisten und Staatsfeinde' verfolgt wurden, so verfolgte das zur Staatsreligion etablierte Christentum Juden und Dissidenten als Gottlose, denen nichts heilig ist, und als ‚bindungslose', d. h. irreligiöse Zerstörer der Gesellschaft. Je mehr sich heute die Kirche aus diesem Mißbrauch ihrer selbst löst, um so besser wird sie Israel als ihren bleibenden Ursprung, ihren Partner in der Geschichte und ihren Bruder in der Hoffnung erkennen."[27]

Dieses Lösen der Kirche aus dem Mißbrauch ihrer selbst und die Neuordnung ihres Verhältnisses zum Judentum werfen für die christliche Theologie zwingend folgende Fragen auf:

- Welche Traditionen der Judenfeindschaft und welche unreflektierten Antijudaismen sind bis heute in Theologie und Kirche wirksam? Inwieweit liegen ihre Wurzeln in neutestamentlichen Ansätzen und christlich-dogmatischen Traditionen? Trifft diese kritische Rückfrage auch das Zentrum bisheriger christlicher Aussagen? Können sich Theologie und Kirche angesichts der Opfer der auch von ihnen mitzuverantwortenden bisherigen Geschichte der Aufgabe einer Neubestimmung ihrer Fundamente entziehen?
- Müssen christliche Theologie und Kirche nicht stärker in Rechnung stellen, daß ihre Aussagen und Grundeinstellungen über ihren eigenen Bereich hinaus säkularisiert werden und politische und sozialpsychologische Folgen hatten und haben?[28]

Wenn man diese Fragen stellt, muß man sich aber auch gleichzeitig bewußt werden, daß das schonungslose Aufarbeiten dieser Problembereiche nicht einfach ist; denn eine der großen Schwierigkeiten in der Beziehung von Judentum und Kirche liegt darin begründet, daß sich die Christen aus dem Judentum herausgelöst haben, ohne jedoch die gemeinsamen Fundamente verlassen zu können: einerseits sah die (mittelalterliche) Kirche in den Juden die „Gottesschlächter", andererseits wurzelt das Christentum aber in der jüdischen Religion. Dieses Phänomen ist eine der Ursachen von ständigen Konflikten gewesen, an deren Ende der Völkermord an den Juden während des Zweiten Weltkrieges stand.
Angesichts des Schreckens, der den Völkermord an Juden ausgelöst hat und für den sich Christen nennende Menschen verantwortlich waren, wurde der Dialog zwischen Christen und Juden zwingend. Die Aufgabe bestand zunächst darin, die schlimmsten Vorurteile gegenüber den Juden und dem Judentum abzubauen.

▷ *Welche Initiativen sind von den beiden großen christlichen Kirchen ausgegangen, um das christlich-jüdische Gespräch voranzubringen?* ◁

Zentrale Dokumente zur Neuordnung des Verhältnisses zwischen Christen und Juden

An 4 zentralen Dokumenten lassen sich die Bemühungen um eine Klärung des Verhältnisses Juden–Christen ablesen:

27 J. MOLTMANN: Kirche in der Kraft des Geistes. Ein Beitrag zur messianischen Ekklesiologie. München 1975, S. 156.

28 R. RENDTORFF (Hrsg.): Arbeitsbuch Christen und Juden. Zur Studie des Rates der Evangelischen Kirche in Deutschland. Gütersloh ^{2}1980, S. 244.

1. Die „Judenerklärung" des Zweiten Vatikanischen Konzils (*Nostra aetate*, Artikel 4) (1965) und die „Richtlinien und Hinweise" für die Durchführung dieser Konzilserklärung (1975)[29]

Das Zweite Vatikanische Konzil der katholischen Kirche (1962–1965) verabschiedete am 28. Oktober 1965 die „Erklärung über das Verhältnis der Kirche zu den nichtchristlichen Religionen" („Nostra aetate"). Artikel 4 lautet:

Bei ihrer Besinnung auf das Geheimnis der Kirche gedenkt die Heilige Synode des Bandes, wodurch das Volk des Neuen Bundes mit dem Stamme Abrahams geistlich verbunden ist.
So anerkennt die Kirche Christi, daß nach dem Heilsgeheimnis Gottes die Anfänge ihres Glaubens und ihrer Erwählung sich schon bei den Patriarchen, bei Moses und den Propheten finden. Sie bekennt, daß alle Christgläubigen als Söhne Abrahams dem Glauben nach[6] in der Berufung dieses Patriarchen eingeschlossen sind und daß in dem Auszug des erwählten Volkes aus dem Lande der Knechtschaft das Heil der Kirche geheimnisvoll vorgebildet ist. Deshalb kann die Kirche nicht vergessen, daß sie durch jenes Volk, mit dem Gott aus unsagbarem Erbarmen den Alten Bund geschlossen hat, die Offenbarung des Alten Testaments empfing und genährt wird von der Wurzel des guten Ölbaums, in den die Heiden als wilde Schößlinge eingepfropft sind[7]. Denn die Kirche glaubt, daß Christus, unser Friede, Juden und Heiden durch das Kreuz versöhnt und beide in sich vereinigt hat[8].
Die Kirche hat auch stets die Worte des Apostels Paulus vor Augen, der von seinen Stammverwandten sagt, daß „ihnen die Annahme an Sohnes Statt und die Herrlichkeit, der Bund und das Gesetz, der Gottesdienst und die Verheißungen gehören wie auch die Väter und daß aus ihnen Christus dem Fleische nach stammt" (Röm 9,4–5), der Sohn der Jungfrau Maria. Auch hält sie sich gegenwärtig, daß aus dem jüdischen Volk die Apostel stammen, die Grundfesten und Säulen der Kirche, sowie die meisten jener ersten Jünger, die das Evangelium Christi der Welt verkündet haben.
Wie die Schrift bezeugt, hat Jerusalem die Zeit seiner Heimsuchung nicht erkannt[9], und ein großer Teil der Juden hat das Evangelium nicht angenommen, ja nicht wenige haben sich seiner Ausbreitung widersetzt[10]. Nichtsdestoweniger sind die Juden nach dem Zeugnis der Apostel immer noch von Gott geliebt um der Väter willen; sind doch seine Gnadengaben und seine Berufung unwiderruflich[11]. Mit den Propheten und mit demselben Apostel erwartet die Kirche den Tag, der nur Gott bekannt ist, an dem alle Völker mit *einer* Stimme den Herrn anrufen und ihm „Schulter an Schulter dienen" (Zef 3,9)[12].
Da also das Christen und Juden gemeinsame christliche Erbe so reich ist, will die Heilige Synode die gegenseitige Kenntnis und Achtung fördern, die vor allem die Frucht biblischer und theologischer Studien sowie des brüderlichen Gespräches ist.
Obgleich die jüdischen Obrigkeiten mit ihren Anhängern auf den Tod Christi gedrungen haben[13], kann man dennoch die Ereignisse seines Leidens weder allen damals lebenden Juden ohne Unterschied noch den heutigen Juden zur Last legen. Gewiß ist die Kirche das neue Volk Gottes, trotzdem darf man die Juden nicht als von Gott verworfen oder verflucht darstellen, als wäre dies aus der Heiligen Schrift zu folgern. Darum sollen alle dafür Sorge tragen, daß niemand in der Katechese oder bei der Predigt des Gotteswortes etwas lehre, das mit der evangelischen Wahrheit und dem Geiste Christi nicht im Einklang steht.
Im Bewußtsein des Erbes, das sie mit den Juden gemeinsam hat, beklagt die Kirche, die alle Verfolgungen gegen irgendwelche Menschen verwirft, nicht aus politischen Gründen, sondern auf Antrieb der religiösen Liebe des Evangeliums alle Haßausbrüche, Verfolgungen und Manifestationen des Antisemitismus, die sich zu irgendeiner Zeit und von irgend jemandem gegen die Juden gerichtet haben.
Auch hat ja Christus, wie die Kirche immer gelehrt hat und lehrt, in Freiheit, um der Sünden aller Menschen willen, sein Leiden und seinen Tod aus unendlicher Liebe auf sich genommen, damit alle das Heil erlangen. So ist es die Aufgabe der Predigt der Kirche, das Kreuz Christi als Zeichen der universalen Liebe Gottes und als Quelle aller Gnaden zu verkünden.

6 Vgl. Gal 3,7. – Die Zählung der Anmerkungen folgt hier dem Konzilsdokument.
7 Vgl. Röm 11,17–24.
8 Vgl. Eph 2,14–16.
9 Vgl. Lk 19,44.
10 Vgl. Röm 11,28.
11 Vgl. Röm 11,28–29; vgl. II. Vat. Konzil, Dogm. Konst. über die Kirche *Lumen Gentium:* AAS 57 (1965) 20.
12 Vgl. Jes 66,23; Ps 65,4; Röm 11,11–32.
13 Vgl. Joh 19,6.

29 Wortlaut in: K. RICHTER (Hrsg.): Die katholische Kirche und das Judentum. Dokumente von 1945–1982. Freiburg 1982, S. 69ff. und 80ff.

Die „Judenerklärung" des Zweiten Vatikanischen Konzils stellte nach den schrecklichen Vorgängen der Judenverfolgung in Europa während des Zweiten Weltkrieges einen wirklichen Neuanfang in den Beziehungen zwischen Juden und Christen dar. Nach vielfältigen einzelnen Versuchen, nach dem Krieg das Gespräch zwischen Juden und Christen wieder in Gang zu bringen, brachte diese Erklärung einen wirklichen Durchbruch in den Beziehungen zwischen beiden Religionen. Dank der Initiative von JOHANNES XXIII. stellte man fortan die Gemeinsamkeiten des Ursprungs in den Mittelpunkt der Überlegungen. Dabei wurden vor allem in den „Richtlinien und Hinweisen" 4 Aufgaben gegenüber dem Judentum hervorgehoben: 1. Dialog, 2. Liturgie, 3. Lehre und Erziehung, 4. Gemeinsame soziale Aktion.

In diesem Zusammenhang ist auch an die Rede von Papst JOHANNES PAUL II. an die Vertreter der Juden in Mainz im Jahre 1980 anläßlich seines Besuches in der Bundesrepublik Deutschland zu erinnern. In dieser Rede hebt der Papst ausdrücklich die Erkenntnis des Apostels Paulus hervor, daß der Bund zwischen Gott und Israel nie gekündigt wurde – ein Gedanke, der auch heute von nicht wenigen Theologen nur mit ängstlichen Einschränkungen akzeptiert wird.

2. Die Studie der Evangelischen Kirche in Deutschland „Christen und Juden" (1975) und das vertiefende „Arbeitsbuch Christen und Juden" (1979)[30]

Der Rat der Evangelischen Kirche in Deutschland veröffentlichte im Jahr 1975 eine Studie „Christen und Juden". Sie hat folgenden Aufbau:

Die Studie der Evangelischen Kirche in Deutschland „Christen und Juden" (1975) hat unter den evangelischen Christen in Deutschland ein lebhaftes Echo hervorgerufen. Die dort angesprochenen Probleme haben eine intensive theologische Weiterarbeit ausgelöst. Auch auf jüdischer Seite ist das Erscheinen der Studie mit großem Interesse zur Kenntnis genommen worden, zumal sie die erste ausführliche theologische Äußerung der Evangelischen Kirche in Deutschland zum Verhältnis von Christen und Juden war.

Das „Arbeitsbuch ‚Christen und Juden'" (1979) zu dieser EKD-Studie soll ein weiterführendes Gespräch und vertiefendes Nachdenken ermöglichen. Das Arbeitsbuch ist nach Maßgabe der verantwortlichen Studienkommission „Christen und Juden" als Kommentar zu der EKD-Studie von 1975 angelegt. Es stellt die gemeinsamen Wurzeln sowie das Auseinandergehen der Wege von Juden- und Christentum dar, betrachtet das Judentum in seiner Geschichte und die Frage des Verhältnisses von Juden und Christen heute.

Sowohl die EKD-Studie als auch das Arbeitsbuch der Studienkommission sind zweifelsohne ein wichtiger Fortschritt im Hinblick auf den Dialog zwischen Christen und Juden. In der Studienkommission wird nicht mehr nur über, sondern vor allem mit Juden geredet – eine immer wieder erhobene Forderung wird hier praktiziert.

In diesem Zusammenhang ist auch der von der Rheinischen Landeskirche gefaßte Synodalbeschluß *„Zur Erneuerung des Verhältnisses von Juden und Christen"* (1980) noch einmal zu erwähnen (vgl. S. 105). Dieser Beschluß erfuhr Zustimmung und Widerspruch. Das jüdische Selbstverständnis wird hier sehr ernst genommen, ohne daß die rheinischen Christen ihr Bekenntnis zu „Jesus Christus, dem Juden", verschwiegen hätten. Der entscheidende Abschnitt 4 lautet:

> (1) Wir bekennen betroffen die Mitverantwortung und Schuld der Christenheit in Deutschland am Holocaust (vgl. Thesen I).
>
> (2) Wir bekennen uns dankbar zu den „Schriften" (Lk. 24, 32 und 45; 1. Kor. 15, 3 f.), unserem Alten Testament, als einer gemeinsamen Grundlage für Glauben und Handeln von Juden und Christen (vgl. Thesen II).
>
> (3) Wir bekennen uns zu Jesus Christus, dem Juden, der als Messias Israels der Retter der Welt ist und die Völker der Welt mit dem Volk Gottes verbindet (vgl. Thesen III).
>
> (4) Wir glauben die bleibende Erwählung des jüdischen Volkes als Gottes Volk und erkennen, daß die Kirche durch Jesus Christus in den Bund Gottes mit seinem Volk hineingenommen ist (vgl. Thesen IV).
>
> (5) Wir glauben mit den Juden, daß die Einheit von Gerechtigkeit und Liebe das geschichtliche Heilshandeln Gottes kennzeichnet. Wir glauben mit den Juden Gerechtigkeit und Liebe als Weisungen Gottes für unser ganzes Leben. Wir sehen als Christen beides im Handeln Gottes in Israel und im Handeln Gottes in Jesus Christus begründet (vgl. Thesen V).
>
> (6) Wir glauben, daß Juden und Christen je in ihrer Berufung Zeugen Gottes vor der Welt und voreinander sind; darum sind wir überzeugt, daß die Kirche ihr Zeugnis dem jüdischen Volk gegenüber nicht wie ihre Mission an die Völkerwelt wahrnehmen kann (vgl. Thesen VI).
>
> (7) Wir stellen darum fest:
> Durch Jahrhunderte wurde das Wort „neu" in der Bibelauslegung gegen das jüdische Volk gerichtet: Der neue Bund wurde als Gegensatz zum alten Bund, das neue Gottesvolk als Ersetzung des alten Gottesvolkes verstanden. Diese Nichtachtung der bleibenden Erwählung Israels und seine Verurteilung zur Nichtexistenz haben immer wieder christliche Theologie, kirchliche Predigt und kirchliches Handeln bis heute gekennzeichnet. Dadurch haben wir uns auch an der physischen Auslöschung des jüdischen Volkes schuldig gemacht.
>
> Wir wollen deshalb den unlösbaren Zusammenhang des Neuen Testaments mit dem Alten Testament neu sehen und das Verhältnis von „alt" und „neu" von der Verheißung her verstehen lernen: als Ergehen der Verheißung, Erfüllen der Verheißung und Bekräftigung der Verheißung; „Neu" bedeutet darum nicht die Ersetzung des „Alten". Darum verneinen wir, daß das Volk Israel von Gott verworfen oder von der Kirche überholt sei.

---

30 Christen und Juden. Eine Studie des Rates der Evangelischen Kirche in Deutschland. Gütersloh 1975; R. RENDTORFF (Hrsg.): Arbeitsbuch Christen und Juden. Zur Studie des Rates der Evangelischen Kirche in Deutschland. Gütersloh [2]1980.

(8) Indem wir umkehren, beginnen wir zu entdecken, was Christen und Juden gemeinsam bekennen:

Wir bekennen beide Gott als den Schöpfer des Himmels und der Erde und wissen, daß wir als von demselben Gott durch den aaronitischen Segen Ausgezeichnete im Alltag der Welt leben.

Wir bekennen die gemeinsame Hoffnung eines neuen Himmels und einer neuen Erde und die Kraft dieser messianischen Hoffnung für das Zeugnis und das Handeln von Christen und Juden für Gerechtigkeit und Frieden in der Welt.

3. Theologische Schwerpunkte des christlich-jüdischen Gesprächs (1979)[31]

Die Erklärung „Theologische Schwerpunkte des christlich-jüdischen Gesprächs" stammt vom „Gesprächskreis Juden und Christen" des Zentralkomitees der Deutschen Katholiken. Die Meinungsverschiedenheiten zwischen Juden und Christen werden dabei nicht verschwiegen:

„Ein jüdisch-christlicher Dialog gelingt nicht, wenn der Christ im Judentum von heute lediglich das Denkmal seiner eigenen Vergangenheit, der Zeit Jesu und der Apostel, sieht. Der Dialog gelingt aber auch nicht, wenn der jüdische Gesprächspartner in den jüdischen Wesenselementen christlichen Glaubens nichts anderes entdeckt als die Nachwirkungen eines vergangenen Zustandes, der zwar in den ersten Christengemeinden bestand, aber heute nicht mehr besteht." (S. 5f.)

Gleichzeitig wird unter der Überschrift „Der gemeinsame Auftrag" der Blick nach vorn gerichtet:

„Haben nicht Juden und Christen gemeinsam die Verpflichtung, angesichts der Weltverhältnisse, die das Überleben der Menschheit bedrohen, zu zeigen und in Modellen vorzuleben, was biblisch verstandene Gerechtigkeit und Freiheit ist? [...] Zu den Grundforderungen der den Juden und Christen gemeinsamen biblischen Offenbarung gehört die unbedingte Achtung vor dem Leben des anderen. Es sollte gemeinsam von ihnen präzisiert werden, was hieraus heute für die Wahrung von Menschenwürde und Menschenrechten folgt. Insbesondere wäre z. B. gemeinsam eine Ethik der Wissenschaften, der Technik, der Zukunftssorge zu entwickeln." (S. 13)

Dieses Arbeitspapier, das nichts beschönigt und doch im Verhältnis Juden–Christen den Blick in die Zukunft richtet, hat den jüdisch-christlichen Dialog ein weites Stück vorangebracht.

4. Die Erklärung der deutschen Bischöfe über das Verhältnis der Kirche zum Judentum (1980)[32]

Bei der „Erklärung der deutschen Bischöfe über das Verhältnis der Kirche zum Judentum" handelt es sich um ein kirchenamtliches Dokument, das sich mit dem geistlichen Erbe Israels für die Kirche und den Grundlagen der Schrift und der Kirche über das Verhältnis von Kirche und Judentum ebenso beschäftigt wie mit den Glaubensunterschieden zwischen Juden und Christen bis hin zum Umdenken gegenüber dem Judentum und den gemeinsamen Aufgaben. Ähnlich selbstkritisch wie in den „Theologischen Schwerpunkten des jüdisch-christlichen Gesprächs" wird in der „Erklärung der deutschen Bischöfe" festgestellt:

„Die Juden dürfen nicht als das Volk der ‚Gottesmörder' bezeichnet werden. [...] Wir sollten, statt anderen die Schuld am Kreuzestod Jesu aufzurechnen, an unsere eigenen Sünden denken, durch die wir alle am Kreuz Jesu mit schuldig geworden sind." (S. 24)

31 Theologische Schwerpunkte des jüdisch-christlichen Gesprächs. Arbeitspapier des Gesprächskreises „Juden und Christen" des Zentralkomitees der Deutschen Katholiken. Bonn-Bad Godesberg 1979.

32 Über das Verhältnis der Kirche zum Judentum. Erklärung der deutschen Bischöfe. Bonn 1980.

Drei Problemkreise scheinen in diesem Dokument allerdings zu kurz zu kommen: die Wirkung der jahrhundertelangen kirchlichen Judenfeindschaft auf das Bewußtsein der Menschen und, damit zusammenhängend, die Schwächung der Abwehrkräfte gegen den Judenhaß der Nationalsozialisten sowie ferner die Bedeutung des Staates Israel für das Selbstverständnis des einzelnen Juden sowie des jüdischen Volkes.[33]

Im Hinblick auf diese insgesamt sehr positiven Ansätze zur Aufarbeitung des historisch oft negativen Verhältnisses zwischen Juden und Christen ist es erforderlich, auf der Basis des eingeleiteten christlich-jüdischen Dialoges darüber hinaus gemeinsam auch mit Menschen anderer Religionszugehörigkeit und anders geprägter Weltanschauung die Verantwortung für die Zukunft zu übernehmen. Angesichts wachsender Probleme – die mittlerweile Weltmaßstab angenommen haben – ist die Einsicht in die gegenseitige Abhängigkeit (über)lebensnotwendig. Keine Religionsgruppe, keine ethnische Mehr- oder Minderheit, keine Nation, kein Erdteil kann seine Probleme mehr allein bewältigen. Dies gilt auch und besonders für den Nahen Osten. Ohne ein „Aufeinander-Zugehen", ohne den Abbau von Haß und Aggressionen zwischen Muslimen, Juden und Christen ist in dieser Region kein Frieden zu erreichen.

(6) Welche gemeinsamen Anliegen verfolgen die neuen Ansätze zur Verständigung zwischen Christen und Juden?

....
....
....
....
....
....
....
....
....
....
....
....
....
....
....
....
....
....
....
....
....
....

33 Zur Entwicklung des Verhältnisses zwischen Christen und Juden anhand zentraler Veröffentlichungen der katholischen und evangelischen Kirche vgl. E. L. Ehrlich: Einander näher gekommen? Der christlich-jüdische Dialog. In: B. Rübenach (Hrsg.): Begegnungen mit dem Judentum. Stuttgart 1981, S. 239ff.

Exkurs I: Texte zur Geschichte des Verhältnisses von Judentum und Christentum

Die Geschichte des Verhältnisses von Judentum und Christentum erstreckt sich über einen Zeitraum von fast 2000 Jahren und spielt auf einer Vielzahl von historischen Schauplätzen in nahezu allen Erdteilen. In den Studieneinheiten 6 und 7 wurde darauf hingewiesen, wie spannungsvoll diese Geschichte war und wie strittig ihre Deutung bis heute ist. Diese Strittigkeit resultiert nicht zuletzt daraus, daß die Geschichte des Verhältnisses von Judentum und Christentum über weite Strecken eine noch ungeschriebene Geschichte ist. Es gibt zwar zahlreiche Darstellungen der Kirchengeschichte und auch Darstellungen der Geschichte des Judentums, aber die Geschichte des Verhältnisses von Judentum und Christentum ist erst in jüngster Zeit Gegenstand der Geschichtsschreibung geworden. Wichtige Teilbereiche dieser Geschichte, etwa die Wirkungsgeschichte von LUTHERS Judenschriften in den Jahrhunderten nach der Reformation, sind bisher noch gänzlich unerforscht.
Angesichts dieser Situation und der Brisanz des Themas „Juden und Christen" erschien es den Herausgebern dieses Buches notwendig und hilfreich, in Form einer Zusammenstellung unterschiedlicher Texte aus verschiedenen, für das Verhältnis von Judentum und Christentum beispielhaften Epochen den Lesern eine gewisse Hilfestellung zu einer selbständigen, differenzierten Urteilsbildung im Blick auf diese wechselhafte Geschichte zu geben. Bei den Texten handelt es sich teilweise um zusammenfassende Darstellungen, teils um Quellen, teils um Interpretationen der geschichtlichen Vorgänge.
Sinn dieser Text-Zusammenstellung ist es nicht, ein einheitliches, in sich geschlossenes Geschichtsbild entstehen zu lassen oder bestimmte geschichtliche Linien aufzuzeigen, sondern – im Gegenteil – ein solches geschlossenes und eindeutiges Geschichtsbild zu problematisieren. Die Texte wurden deswegen bewußt so ausgewählt, daß sowohl die Judenverachtung und -feindschaft als auch Duldung und Hochachtung gegenüber dem Judentum Ausdruck finden. Und in allen geschichtlichen Epochen läßt sich – wenn auch mit sehr unterschiedlichen Anteilen – *beides nebeneinander* beobachten und dokumentieren. Wenn die folgenden Texte zu einem solchen differenzierten Bild der Geschichte des Verhältnisses von Judentum und Christentum eine Hilfestellung bieten, dann haben sie ihren Zweck erfüllt.

Alte Kirche und frühes Mittelalter

Nach anfänglichen Verfolgungen christlicher Gruppen durch Vertreter des Judentums (vgl. die Berichte der Apostelgeschichte und der Paulusbriefe) lebten christliche und jüdische Gemeinden jahrhundertelang im Römischen Reich in einem friedlichen Nebeneinander. Anfangs hatten auch die Christen an den Religionsprivilegien teil, die den Juden im Römischen Staat eingeräumt waren. Später wurden die Christen in zunehmendem Maße staatlich verfolgt. Mit der Konstantinischen Wende und der Erhebung des Christentums zur Staatsreligion im vierten Jahrhundert wendete sich dann das Blatt. In dem von den christlichen Kaisern begründeten Staatskirchentum des Römischen Reiches wurde die jüdische Religion nicht – wie die Vielzahl der antiken, heidnischen Religionen – ausgerottet. Die Juden wurden als Bekenner der „Schrift" toleriert, ähnlich wie später im Islam die Juden und Christen als Besitzer der „Schrift" begrenzte Toleranz genießen. Durch das ganze Mittelalter hindurch blieb das Judentum wegen des Besitzes der Heiligen Schrift als einzige nichtchristliche Religion anerkannt. Die Juden behielten das Recht, in ihren Synagogen Gottesdienst zu halten. Doch wurden die religiösen und weltlichen Rechte der Juden sehr stark eingeschränkt: Sie durften für ihren Glauben nicht aufdringlich werben, keine christlichen Dienstboten halten, mit Christen keine Ehe eingehen. Von den meisten Berufen und vom Landerwerb blieben sie ausgeschlossen.
Als sich durch die Missionierung der germanischen und slawischen Völker das Ausbreitungsgebiet des Christentums über die Grenzen des Römischen Mittelmeerreiches hinaus nach Mittel- und Osteuropa verschob, wanderten die Juden auch in die neu christianisierten Gebiete ein und siedelten dort neben den Christen. Seit der Karolingerzeit erfreuen sich die Juden sogar außerordentlicher Hochschätzung seitens der christlichen Herrscher. Der Versuch des Bischofs AGOBARD von Lyon, die aus altkirchlicher Zeit stammenden Judengesetze durchzusetzen, findet kaum Widerhall.
Jahrhundertelang finden wir so im frühen Mittelalter ein friedliches Zusammenleben, ein einvernehmliches Nebeneinander von Christen und Juden.
Der jüdische Politiker und Schriftsteller Nahum GOLDMANN bemerkt hierzu:

„Bis zu den Kreuzzügen, die das Schicksal des mitteleuropäischen Judentums entscheidend negativ beeinflußt haben, leben die deutschen Juden im Mittelalter als nicht nur geduldete, sondern geschätzte Fremde und erfüllten mit Wissen und Billigung der nichtjüdischen Majorität wesentliche ökonomische und finanzielle Aufgaben, als Geldverleiher, Bankiers, internationale Kaufleute usw."

N. GOLDMANN: Mein Leben als deutscher Jude. Berlin 1983, S. 457.

Auch Bernhard BLUMENKRANZ stellt fest:

„Was dürfen wir nunmehr als Ergebnis unserer raschen Übersicht über ein Jahrtausend jüdisch-christlicher Beziehungen im Okzident verzeichnen? Vorerst die Feststellung, daß der theologische Gegensatz allein durchaus nicht notwendig in Feindschaft ausmünden mußte. Lange Epochen friedlichen Zusammenlebens sind der Beweis dafür, ohne daß jeweils darum die theologischen Ansprüche im geringsten verwässert worden wären, ohne Verzicht auch auf die intellektuelle Konfrontation, in der jeweils diese theologischen Gegensätze entschieden herausgestrichen wurden. Gleichzeitig kam es häufig genug dazu, daß im Inneren des Christentums jede Sonderrichtung – es ist dabei natürlich an die häretischen Bewegungen gedacht – auf unnachsichtigste Weise mit Feuer und Schwert verfolgt wurde. Außerhalb der Kirche und innerhalb des gleichen territorialen Verbandes akzeptierte jedoch die Christenheit noch ruhig das jüdische Anderssein."

B. BLUMENKRANZ: Patristik und Frühmittelalter. A. Die Entwicklung im Westen zwischen 200 und 1200. In: Kirche und Synagoge. Handbuch zur Geschichte von Christen und Juden. Hrsg. von K. H. RENGSTORF / S. VON KORTZFLEISCH. Bd. 1. Stuttgart 1968, S. 132.

Kreuzzugsepoche

Die lange Phase friedlichen Zusammenlebens endete abrupt mit den Kreuzzügen (1095–ca. 1270). Den Zusammenhang, der zwischen den Kreuzzügen und den Judenverfolgungen besteht, beschreibt Bernhard BLUMENKRANZ wie folgt:

„Am deutlichsten wird der Zusammenhang zwischen Kreuzzugsbewegung und antijüdischen Verfolgungen in England sichtbar. Während des ersten und des zweiten Kreuzzuges, an denen dieses Land noch nicht teilgenommen hatte, war auch die Lage der Juden dort außerordentlich günstig geblieben. Ja, viele Juden aus Frankreich waren dorthin geflüchtet, um sich vor der auf dem Kontinent wütenden Verfolgung in Sicherheit zu bringen. Seit den achtziger Jahren des 12. Jahrhunderts kommt es schon zu vereinzelten örtlichen Judenverfolgungen, ein allgemeiner Ausbruch erfolgt jedoch im Jahre 1190, der praktisch sämtliche jüdischen Gemeinden heimsucht; Hunderte von Todesopfern sowie der Verlust des Großteils des jüdischen Vermögens besiegeln das Ende der bisherigen glücklichen Periode des englischen Judentums. Wie auch hier in England die antijüdischen Ausschreitungen durchaus nicht frei von materiellen Momenten waren, die in ein religiöses Gewand gesteckt wurden, zeigt der Bericht des englischen Geschichtsschreibers Wilhelm von Newbury:

‚... der Eifer der Christen gegen die Juden in England, der kurz zuvor ... sich in London entzündet hatte, entflammte sich heftig. Dies war jedoch nicht ein echter Eifer, das heißt nur aus Glaubensgründen, sondern aus Neid um ihr (der Juden) glückliches Leben und aus Gier nach ihrem Besitz. Verwegene und habsüchtige Männer meinten, sie täten ein gottgefälliges Werk, indem sie jene, die Christum ablehnen (die Juden), beraubten und zugrunde richteten. Und sie verrichteten ihr Werk ohne oder fast ohne jedes Gewissensbedenken im frohen Eifer ihrer Gier...
Danach (nach dem Gemetzel in Lynn) entstand eine neue Bewegung gegen die Juden in Stamford. Als dort der feierliche Fasten-Jahrmarkt vor sich ging, war eine große Menge von jungen Menschen, die das Zeichen des Herrn für die Fahrt nach Jerusalem angenommen hatten, aus verschiedenen Provinzen zusammengekommen. Sie waren entrüstet darüber, daß die Gegner des Herrn, die dort wohnten, so reichen Besitz hatten, während sie für die Ausgaben einer so langen Reise weniger zur Verfügung hatten, und sie beschlossen, daß sie von ihnen, wie von unrechten Besitzern, nehmen könnten, was sie für die Bedürfnisse der unternommenen Pilgerfahrt verwenden würden. Sie meinten nämlich, daß sie Christum dienten, wenn sie seine Gegner bekriegen; und sie stürzten sich tollkühn auf jene (die Juden), nach deren Gütern es sie gelüstete.'

Zum grausigsten Blutbad war es in York gekommen. Und da hatte es sich auch am deutlichsten gezeigt, daß es sich schließlich durchaus nicht mehr um eine Glaubensbewegung handelte, daß vielmehr die blinde und unnachsichtige Verfolgung der Juden gewissermaßen zum Selbstzweck geworden war: Nachdem sämtliche Juden in der Stadt niedergemetzelt waren und die anderen auf der Burg sich selbst getötet hatten oder im Feuer umgekommen waren, waren einige wenige übriggeblieben, die – es sei dahingestellt, ob aufrichtig oder zum Scheine – bereit waren, die Taufe anzunehmen; auch sie wurden restlos niedergemacht."

B. Blumenkranz: Patristik und Frühmittelalter, a.a.O., S. 130f.

In seinem Artikel *„Antisemitismus"* im Mittelalter schreibt W. P. Eckert:

„So blutig die Verfolgungen der Juden vor allem während des ersten Kreuzzuges waren und wiewohl es auch in den nachfolgenden Kreuzzügen an Verfolgungen nicht fehlte, so wurden diese doch noch weit überboten durch Ausweisungen und Vernichtung ganzer jüdischer Gemeinden, vor allem der rheinischen jüdischen Gemeinden, als das Massensterben infolge der Pest von 1348/49 zu einem tiefen Schock führte. Die Juden insgesamt wurden der Brunnenvergiftung beschuldigt. Neben der Angst vor den Juden als den angeblichen Brunnenvergiftern spielten freilich noch ganz andere Motive eine Rolle, nicht zuletzt die Aussicht, durch die Vernichtung der Juden die Schulden bei ihnen loszuwerden. Darin sieht der Straßburger Chronist Jakob Twinger sogar den eigentlichen Grund für den Massenmord an den Straßburger Juden. Die Zahl der Getöteten schätzt er auf 2000. ‚Das bare Gut, das sie hatten, nahm der Rat und verteilte es unter die Handwerker nach der Kopfzahl. Das war auch das Gift, das die Juden tötete' (Die Chroniken der dt. Städte vom 14. bis 16. Jh., Bd. 9, 764). – Neben der Beschuldigung der Brunnenvergiftung war für die Juden nicht ungefährlicher der Vorwurf der Hostienschändung und des Ritualmords [...] Gegen die Behauptung, daß Juden besonders zum Passafest einen Ritualmord begingen, haben sich die Päpste, aber auch Kaiser Friedrich II., wiederholt gewandt. So erhebt Papst Innozenz IV. in seiner Bulle vom 5. Juli 1247 Einspruch gegen die Verfolgung der Juden in Deutschland aufgrund der Blutbeschuldigung und unterstreicht, daß der Genuß von Blut den Juden verboten ist. Trotz dieser Stellungnahmen und Widerlegungen der Blutbeschuldigung wollte diese nicht verstummen."

W. P. Eckert: Art. „Antisemitismus. IV. Mittelalter." Theologische Realenzyklopädie, Bd. III, Berlin/New York 1978, S. 141.

In der eben zitierten Bulle Papst Innozenz' IV. heißt es:

„Wir haben die jammervolle Klage der Juden Deutschlands vernommen, daß einzelne geistliche und weltliche Fürsten und andere Adelige und Machthaber in euren Staaten und Diözesen, um ungerechterweise ihre Güter zu plündern und sich anzueignen, gottlose Anschläge gegen sie ersinnen und mannigfache und verschiedene Anlässe erdichten, ohne vernünftig zu bedenken, daß gewissermaßen aus ihrem Archiv die Zeugnisse des christlichen Glaubens hervorgegangen sind. Obwohl die Heilige Schrift unter anderen Gesetzesvorschriften sagt: ‚Du sollst nicht töten' und ihnen verbietet, am Passah-Fest etwas Gestorbenes zu berühren, erheben jene die falsche Beschuldigung, daß die Juden gerade an diesem Feste das Herz eines gemordeten Kindes unter sich verteilen, und manche glauben, daß das Gesetz es so befehle, während so etwas offenkundig dem Gesetz zuwider ist, und wenn irgendwo ein Leichnam gefunden wird, legt man böswillig ihnen den Mord zur Last. Durch solche und andere zahlreiche Erdichtungen wütet man gegen sie und ohne Anklage, ohne Geständnis, ohne Überführung, entgegen den ihnen vom apostolischen Stuhl gnädig gewährten Privilegien, beraubt man sie wider Gott und Gerechtigkeit aller ihrer Güter, bedrückt sie mit Hunger, Gefängnis und so vielen Martern und Qualen, sucht sie heim mit den verschiedenartigsten Strafen, verurteilt möglichst viele zu dem schimpflichsten Tode, so daß diese Juden unter der Herrschaft der vorgenannten Fürsten, Machthaber und Adeligen vielleicht ein noch schrecklicheres Los haben als ihre Väter unter Pharao in Ägypten und gezwungen werden, im Elend die Orte zu verlassen, die sie und ihre Vorfahren seit Menschengedenken bewohnt haben. In Furcht vor völliger Vertreibung haben sie die Fürsorge des apostolischen Stuhles in Anspruch genommen. Da wir nicht wollen, daß die genannten Juden mit Unrecht verfolgt werden, deren Bekehrung der Herr erbarmungsvoll erwartet, da nach dem Zeugnis des Propheten die Überreste derselben selig werden sollen, bestimmen wir, daß ihr euch ihnen gegenüber gnädig und gütig zeigt, daß ihr, wenn ihr findet, daß von den genannten Prälaten, Adeligen und Machthabern hinsichtlich des Erwähnten etwas grundlos gegen die Juden unternommen wird, den gesetzmäßigen Zustand wiederherstellt und nicht duldet, daß dieselben fernerhin wegen dieser und ähnlicher Anklagen zu Unrecht belästigt werden; und diejenigen, welche sie auf diese Weise belästigen, durch kirchliche Strafen, ohne Berufung zuzulassen, in Schranken haltet."

W. P. Eckert: Hoch- und Spätmittelalter. Katholischer Humanismus. In: Kirche und Synagoge. Bd. I. Stuttgart 1968, S. 265f.

Martin Luther

Luther hat sich wiederholt zum Thema „Juden" geäußert. Besonders bekannt sind seine frühe Schrift *„Daß Jesus Christus ein geborener Jude sei"* aus dem Jahre 1523 und seine späte – außerordentlich problematische – Schrift *„Von den Juden und ihren Lügen"* aus dem Jahre 1543. Aus beiden Schriften sowie aus einem frühen Brief Luthers an einen zum Christentum übergetretenen Juden soll hier zitiert werden:

„Gnade und Friede vom Herrn! Fast aller Welt gilt eine Bekehrung von Juden als infam. Nicht nur bei den Christen, sondern auch bei den Juden. Letztere sagen, niemand könne guten Glaubens vom Judentum zum Christentum abfallen, wer aber dies erstrebe, könne als durch eine Untat gekennzeichnet nicht bei Juden bleiben. Jene in der Tat bezeugen aus Erfahrung, diese (scil. getaufte Juden) würden gewöhnlich zu ihrem Erbrechen (vgl. 2 Petr 2,22) zurückkehren oder unter erdichtetem Namen das Judentum verlassen. [...]
Aber als Ursache solcher Infamie sehe ich weniger den Starrsinn und die Nichtsnützigkeit der Juden an als die höchst geschmacklose Rohheit und die eselhafte Ignoranz, dann das höchst lasterhafte und schamlose Leben der Päpste, Priester, Mönche und Studenten, die weder durch die Lehre noch durch christliche Sitten auch nur einen Funken von Licht oder Wärme den Juden erweisen, sondern völlig im Gegenteil jener (der Juden) Herzen und Gewissen abstoßen durch die Dunkelheiten und Irrtümer ihrer Traditionen und durch Beispiele schlechtester Sitten. [...]
Jedoch, da jetzt aufgeht und leuchtet das goldene Licht des Evangeliums, besteht Hoffnung, daß viele Juden sich ernsthaft und gläubig bekehren und so von Herzen zu Christus hingerissen werden, wie du hingerissen worden bist, und auch manche andere, die ihr übriggeblieben seid von der Nachkommenschaft Abrahams, um durch Gnade gerettet zu werden (Röm 11,5) [...]. Deswegen schien es mir gut, dir beiliegendes Büchlein (lateinischer Text von Luthers Schrift: Daß Jesus Christus ein geborener Jude sei) zu schicken zur Stärkung und Festigung deines Glaubens an Christus, den du jüngst aus dem Evangelium kennengelernt hast [...]. Ich möchte, daß dieser (Gott) durch dein Beispiel und dein Wirken auch bei anderen Juden allgemein bekannt werde, damit diejenigen, die zuvor verordnet sind, berufen werden und auch hingelangen zu ihrem König David (Röm 8,29–30; Eph 1,11)."

In der eben erwähnten Schrift: *„Daß Jesus Christus ein geborener Jude sei"* schreibt Luther:

„Darum will ich aus der Schrift erzählen die Ursachen, die mich bewegen, zu glauben, daß Christus ein Jude sei, von einer Jungfrau geboren [...], ob ich vielleicht auch der Juden etliche möchte zum christlichen Glauben reizen. Denn unsere Narren, die Päpste, Bischöfe, Sophisten und Mönche, die groben Eselsköpfe, haben bisher also mit den Juden gefahren, daß wer ein guter Christ gewesen wäre, hätte wohl ein Jude zu werden gemocht. Und wenn ich ein Jude gewesen wäre und hätte solche Tölpel und Knebel gesehen den Christenglauben regieren und lehren, so wäre ich eher eine Sau geworden denn ein Christ. [...]
Denn sie haben mit den Juden gehandelt, als wären es Hunde und nicht Menschen, haben nichts mehr kundgetan denn sie schelten und ihr Gut nehmen. Wenn man sie getauft hat, keine christliche Lehre noch Leben hat man ihnen erwiesen, sondern (sie) nur der Päpsterei und Möncherei unterworfen. Wenn sie dann gesehen haben, daß der Juden Ding so stark (die) Schrift für sich hat und der Christen Ding ein lauter Geschwätz gewesen ist ohne alle Schrift, wie haben sie (die Juden) da mögen ihr Herz stillen und recht gute Christen werden? Ich hab's selbst gehört von frommen getauften Juden, daß wenn sie nicht zu unserer Zeit das Evangelium gehört hätten, sie wären ihr Leben lang Juden unter dem Christenmantel geblieben. [...]
Ich hoffe, wenn man mit den Juden freundlich handelt und aus der heiligen Schrift sie säuberlich unterweist, es sollten ihrer viele rechte Christen werden und wieder zu ihrer Väter, der Propheten und Patriarchen, Glauben treten, davon sie nur weiter geschreckt werden, wenn man ihr Ding verwirft und so gar nichts will sein lassen und handelt gegen sie nur mit Hochmut und Verachtung. Wenn die Apostel, die auch Juden waren, also hätten mit uns Heiden gehandelt wie wir Heiden mit den Juden, es wäre nie einer von den Heiden Christ geworden. Haben sie denn mit uns Heiden so brüderlich gehandelt, so sollen wir wiederum brüderlich mit den Juden handeln, ob wir etliche bekehren möchten, denn wir sind auch selbst noch nicht alle hinan, geschweige denn hinüber..."

Zur Haltung des späten Luther gegenüber den Juden schreibt Bienert:

„Hatte er zuvor auf die freie Entwicklung der Gemeinden und auf die Hinwendung der Juden zur evangelischen Wahrheit gesetzt, so verstand er sich jetzt als verantwortlichen Kirchen-

mann, der das aus seiner Reformation gewordene Kirchenwesen nicht im Stich lassen und alle Dinge einfach laufen lassen durfte. Das Verharren der Juden bei ihrer Religion und die jüdische Bestreitung der altkirchlichen Dogmen erschienen Luther als Gefährdung der religiösen Existenzberechtigung der lutherischen Religion.
Eine andere als die Staatsreligion mußte damals als Fremdkörper empfunden werden [...] das bloße Dasein der jüdischen Religion war für eine Staatsreligion schon Stein des Anstoßes. Luther sieht 1543 hier jetzt Gegensätze, die durch Diskussion nicht mehr zu beheben sind, vielmehr nur noch durch staatliches Eingreifen, das die gegenteilige Lehre einfach verbietet oder unmöglich macht.

Den Schlußteil der Schrift ‚Von den Juden und ihren Lügen' 1543 bilden Folgerungen für das praktische Verhalten:
Was sollen wir Christen nun tun mit diesem verworfenen, verdammten Volk der Juden? Zu leiden ist's uns nicht, nachdem sie bei uns sind und wir solche Lügen, Lästern und Fluchen von ihnen wissen, damit wir uns nicht teilhaftig machen aller ihrer Lügen, Flüche und Lästerung. So können wir das unlöschliche Feuer göttlichen Zorns [...] nicht löschen, noch die Juden bekehren. Wir müssen mit Gebet und Gottesfurcht eine scharfe Barmherzigkeit üben, ob wir doch etliche aus der Flamme und Glut erretten könnten. Rächen dürfen wir uns nicht. Sie haben die Rache am Halse, tausendmal ärger als wir ihnen wünschen möchten. Ich will meinen treuen Rat geben.
Jetzt bricht Luther aus seiner bisherigen – wenn auch bereits gehässigen – theoretischen Argumentation, ja aus seiner eigenen Theologie und Glaubenslehre aus und stürzt sich in das Gebiet der Politik mit deren damaligen Methoden hinein. Aus kirchenpolitischen Gründen wendet er sich an den Staat und wird so vom kirchlichen Amtsträger zum Politiker – ein warnender und abschreckender Vorgang.
Fast unerträglich ist es für heutige Leser nach der ‚Kristallnacht' (1938), den folgenden Text auch nur als einmal von Luther gedacht zur Kenntnis zu nehmen. Aber um der Wahrheit willen ist es unerläßlich. [...]
Was Luthers Rat zum Anzünden der Synagogen angeht, sei vorausgeschickt, daß damals die meisten Synagogen in der Zeit nach 1349 schon verbrannt worden waren [...] Mindestens 300 Synagogen waren [...] vernichtet. Kaiser Maximilian ließ zu Luthers Zeiten die Nürnberger Synagoge 1509 verbrennen. [...]

Und nun folgt Luthers Appell an die Landesherren:

Erstlich, daß man ihre Synagoge oder Schule mit Feuer anstecke und, was nicht verbrennen will, mit Erde überhäufe und beschütte, daß kein Mensch einen Stein oder Schlacke davon sehe ewiglich. Und solches soll man tun unserem Herrn und der Christenheit zu Ehren, damit Gott sehe, daß wir Christen sind und solches öffentliches Lügen, Fluchen und Lästern seines Sohnes und seiner Christen wissentlich nicht geduldet noch gewilligt haben. Denn was wir bisher aus Unwissenheit geduldet [Ich hab's selbst nicht gewußt], wird uns Gott verzeihen. Nun wir's aber wissen und darüber frei vor unserer Nase den Juden ein solches Haus schützen und schirmen, darin sie Christum und uns belügen, lästern, fluchen, anspeien und schänden [wie droben gehört] das wäre ebensoviel, als täten wir's selbst, und viel ärger, wie man wohl weiß...

Zum andern, daß man auch ihre Häuser desgleichen zerbreche und zerstöre. Denn sie treiben eben dasselbige drinnen, das sie in ihren Schulen treiben. Dafür mag man sie etwa unter ein Dach oder Stall tun wie die Zigeuner, auf daß sie wissen, sie seien nicht Herren in unserem Lande, wie sie rühmen, sondern im Elend (= Ausland) und gefangen, wie sie ohne Unterlaß vor Gott über uns Zeter schreien und klagen.

Zum dritten, daß man ihnen nehme alle ihre Betbüchlein und Talmudisten, darin solche Abgötterei, Lügen, Fluch und Lästerung gelehrt wird.

Zum vierten, daß man ihren Rabbinern bei Leib und Leben verbiete, hinfort zu lehren. Denn solch Amt haben sie mit allem Recht verloren, weil sie die armen Juden mit dem Spruch Dtn 17 (10ff.) gefangenhalten, da er gebietet, sie sollen ihren Lehrern gehorchen bei Verlust (des) Leibes und (der) Seelen, so doch Moses daselbst klar hinzufügt: ‚Was sie dich lehren nach dem Gesetz des Herrn'. Solches übergehen die Bösewichter und gebrauchen des armen Volkes Gehorsam zu ihrem Mutwillen wider das Gesetz des Herrn, gießen ihnen solch Gift, Fluch und Lästerung ein...

Zum fünften, daß man den Juden das Geleit und Straße ganz und gar aufhebe, denn sie haben nichts auf dem Lande zu schaffen, weil sie nicht Herren, noch Amtleute, noch Händler oder desgleichen sind. Sie sollen daheim bleiben. Ich lasse mir sagen, es soll ein reicher Jude jetzt aufs Land reiten mit zwölf Pferden [der will ein Kochab werden] und wuchert Fürsten, Herren, Land und Leute aus...

Zum sechsten, daß man ihnen den Wucher verbiete und nehme ihnen alle Barschaft und Kleinod und lege es zur Verwahrung beiseite. Und dies ist die Ursache: Alles, was sie haben [wie droben gesagt], haben sie uns gestohlen und geraubt durch ihren Wucher, weil sie sonst keine andere Nahrung haben. Solches Geld soll man dazu brauchen [und nicht anders], wo ein Jude sich ernstlich bekehrt, daß man ihm davon auf die Hand gebe hundert, zwei, drei Gulden nach Gelegenheit der Person, damit er eine Nahrung (Beruf) für sein arm Weib und Kindlein anfangen möge, und die Alten und Gebrechlichen damit unterhalte, denn solch böse gewonnenes Gut ist verflucht, wo man es nicht mit Gottes Segen in guten nötigen Gebrauch wendet...

Zum siebenten, daß man den jungen starken Juden und Jüdinnen in die Hand gebe Flegel, Axt, Karst, Spaten, Rocken, Spindel und lasse sie ihr Brot verdienen im Schweiß der Nasen, wie Adams Kindern Gen 3 (19) auferlegt ist. Denn es taugt nicht, daß sie uns verfluchte Gojim wollten im Schweiße unseres Angesichts arbeiten lassen und sie, die heiligen Leute, wollten es hinter dem Ofen mit faulen Tagen, Festen und Pomp verzehren.

Es wird wohl keinen Christen mehr geben, der diese wutgeborenen Ratschläge Luthers gegen die Juden für berechtigt halten, gutheißen oder auch nur widerspruchslos dulden würde.
Mag man den Rat zur Zerstörung der Synagogen und Wohnhäuser der Juden als vermeintlicher Stätten der Gotteslästerung herabzumildern versuchen, mit christlicher Ethik ist er nicht zu begründen, selbst wenn man Luthers Rat des Verzichtes auf Rache und auf Gewalt gegen Personen in Rechnung stellt. [...]
Luther befand sich [...] in Übereinstimmung mit vielen bedeutenden Männern seiner Zeit. Das macht seinen Ratschlag nicht besser oder gar christlicher, was er in keinem Falle war, aber für seine Zeit verständlicher.
Noch im gleichen Jahr 1543 hat Luther diesen Rat zur Behandlung der Juden fallengelassen und in seiner Schrift ‚Vom Schem Hamphoras' schamhaft verschwiegen.
Luther wies nicht den Weg nach ‚Auschwitz'. Nie – auch nicht in seinen wütendsten Angriffen auf die Juden bzw. deren Religion – hat er ein Töten von Juden angeregt oder auch nur gutgeheißen."

Die Luther-Texte und die zugehörenden Kommentare stammen aus: W. Bienert: Martin Luther und die Juden. Ein Quellenbuch mit zeitgenössischen Illustrationen, mit Einführungen und Erläuterungen. Frankfurt 1982, S. 72–74, 148–152.

Daß und warum die lutherische Kirche außerstande war, sich diese Aussagen Luthers zur Judenfrage zu eigen zu machen, belegt auf eindrückliche Weise eine Aussage des konfessionell-lutherischen Theologen E. W. Hengstenberg, der im übrigen für Luthers Haltung gegenüber den Juden ein gewisses Verständnis aufbringen kann. Er schreibt jedoch:

„Diese Stellung, die Luther in seinen späteren Jahren zu den Juden einnahm, ist allerdings recht geeignet, uns den Unterschied zwischen ihm und den Aposteln zur Anschauung zu bringen und zu zeigen, wie bedenklich es wäre, sich einem solchen Meister unbedingt und ohne Prüfung nach der Schrift hinzugeben, was auch die Lutherische Kirche nie gethan hat."

E. W. Hengstenberg: Die Juden und die christliche Kirche. In: Ders.: Die Opfer der Heiligen Schrift. Die Juden und die christliche Kirche. Berlin ^{2}1859, S. 57.

Aufklärungszeit (17. und 18. Jahrhundert)

Daß es auch in der Aufklärungszeit nicht nur einen „Philosemitismus" gab, belegen sowohl der Artikel *„Juden"* aus dem in der frühen Aufklärungszeit weit verbreiteten *Zedlerschen Universallexikon* als auch die Selbstzeugnisse des jüdischen Philosophen Moses Mendelssohn. Beide sollen zunächst zu Worte kommen:

„... Ihren Talmud erheben sie weit über die Bibel und achten ihn von solcher Weisheit, daß auch Gott selbst noch darinnen studieren müsse. Ihr wichtigster Artikel ist die Erwartung des Messias. Allein, da ihnen alle Sprüche und gesetzten Merkmale in der Schrift deutlich sagen, daß er schon gekommen sein müsse; sind sie ganz schwindelnd und verwirrt untereinander, daß sie bald auf diese, bald auf jene Meinung fallen, und nicht wissen, wo sie fußen sollen. Dagegen die Grund-Artikel, worauf der allein seligmachende Glaube gebauet ist, und den Sohn Gottes, Jesum Christum, verlästern sie auf das allergreulichste; wenn sie ihn nennen, speien sie aus, und legen ihm überdies lauter Götzen-Titel und alle Schand-Namen bei; dergleichen sie auch uns Christen tun, wie denn kein Läster-Name zu ersinnen ist, den sie uns nicht aufzuheften pflegen. Sie sind unsere geschworenen Feinde. Und wie oft haben sie nicht Christen-Kinder geschlachtet, gekreuzigt, im Mörser zerstoßen. Sie sind die ärgsten Diebe, und Betrug ist ihr eigentliches Wahrzeichen. Alle Mal schwören sie falsch, wenn sie gleich die entsetzlichsten Eide ablegen müssen. Denn sie können bald von einem Rabbi oder drei Juden davon losgesprochen werden [...] Gott hat sie auch in der Natur gezeichnet: Gewiß, ein Jude hat etwas an sich, daran man ihn bald erkennen und von anderen Menschen unterscheiden kann. Sie sind einem ein Ekel und Grauen, und Gestank und Unflat macht sie abscheulich [...] Das härteste aber über die Juden ist dieses, daß ihre Verwerfung ewiglich währet [...] Inzwischen ists kein Wunder, daß sie unter dem immerwährenden Fluche liegen. Ihre greulichen Sünden der Abgötterei strafte Gott nur mit 70jährigem Gefängnis. Da sie aber nun beinahe 1700 Jahre verstoßen sind, müssen sie unendlich größere Sünden als ihre Väter begangen haben. Freilich, denn sie haben den Sohn Gottes getötet und den Herrn der Herrlichkeit gekreuzigt. Dessen Blut drückt sie noch und erfüllt das Urteil, welches sie sich selbst sprachen..."

Art. „*Juden*" aus J. H. Zedler: Grosses vollständiges Universallexikon. 14. Bd. Leipzig/Halle 1739, Sp. 1499f. (Grammatik und Orthographie wurden um der besseren Lesbarkeit willen leicht modernisiert.)

Wie dieses Bild von den Juden unter Umständen das Verhalten der Bevölkerung gegenüber den Juden bestimmen konnte, zeigen beispielhaft zwei kurze Berichte von Erlebnissen des jüdischen, in Berlin lebenden Philosophen Moses MENDELSSOHN. Der eine Bericht ist von David FRIEDLÄNDER überliefert, der andere in einem Brief MENDELSSOHNS an einen Benediktinermönch:

„Mendelssohn ging mit Professor Engel im sogenannten Lustgarten in Berlin lustwandelnd auf und ab. Ein berauschter, seinem Dialekt nach polnischer Soldat bleibt mit in die Seite gestemmten Armen stehen und stößt die gemeinsten Pöbelworte gegen den buckligen Juden aus. Da darauf nicht geachtet wird, geht er den Männern nach und ist nach Stellung und Handbewegung im Begriff, den kleinen Mann mit wiederholten Schimpfreden am Ohrläppchen zu ziehen. Engel, der zur Rechten Mendelssohns geht, darüber empört, hebt seinen Stock auf, um den Unverschämten tätlich abzuwehren. Aber der gleichmütige Weltweise [Mendelssohn] fällt ihm schnell in den Arm. ‚Nicht doch, Freund, lassen Sie dem unglücklichen Sklaven die Freude, einen Juden ein wenig necken zu dürfen'."

Daß solcher Gleichmut tiefste Betroffenheit nicht ausschließt, zeigt freilich eine Briefnotiz von MENDELSSOHN aus dem Jahre 1780:

„Ich ergehe mich zuweilen des Abends mit meiner Frau und meinen Kindern. Papa, fragt die Unschuld, was ruft uns jener Bursche dort nach? Warum werfen sie mit Steinen hinter uns her? Was haben wir ihnen getan? Ja, lieber Papa, spricht ein anderes, sie verfolgen uns immer in den Straßen und schimpfen Juden! Juden! Ist denn dieses so ein Schimpf bei den Leuten, ein Jude zu sein? Und was hindert dieses andere Leute? Ach, ich schlage die Augen unter und seufze mit mir selber: Menschen! Menschen! wohin habt ihr es endlich kommen lassen?"

Beide Texte sind entnommen aus: M. MENDELSSOHN: Selbstzeugnisse. Hrsg. von M. PFEIDELER. Tübingen/Basel 1979, S. 18f.

Es folgen nun drei Texte, in denen sich die Theologische Fakultät zu Jena sowie zwei der bedeutendsten Theologen jener Jahrhunderte, S. J. BAUMGARTEN und D. F. E. SCHLEIERMACHER, aus ganz unterschiedlichen Anlässen mit der Frage auseinandersetzen, ob Juden in den christlichen Ländern geduldet werden sollten.
Im August 1611 bat der Syndikus im Namen des Magistrats der Stadt Hamburg die Theologische Fakultät zu Jena um eine gutachtliche Äußerung bezüglich der Frage, ob es Bedenken dagegen gäbe, daß aus Portugal ausgewanderte jüdische Kaufleute in Hamburg ansässig werden könnten. Am 13. September 1611 erstattet die Fakultät das erbetene Gutachten, in dem sie unter anderem zu den beiden folgenden Fragen im einzelnen Stellung nimmt:

„1. Ob unter den wahren Christen, die der rechten, reinen, in Gottes Wort gegründeten Religion zugetan sind, und in ihren Städten und Gemeinwesen die abergläubischen Juden, die die Feinde des Herrn Christus sind, mit gutem Gewissen toleriert und von der weltlichen Obrigkeit politisch geduldet werden können?
2. Inwiefern, auf welche Weise und in welchem Maße dieselben zu dulden seien?"

Diese beiden Fragen werden wie folgt beantwortet:

„1. Was die erste Frage anbelangt, können wir nicht sehen, warum die Juden, obwohl sie abergläubisch und Feinde Christi gleich wie andere Heiden auch sind, von den Städten und Staaten der Christen ganz und gar ausgeschlossen werden sollten. Denn erstens kann aus der Hl. Schrift nicht aufgewiesen werden, daß Gott der Herr schlechterdings verboten haben sollte, im neuen Bund mit den Juden umzugehen [...]
2. Wenn man die Juden unter den Christen und also in ihren Städten und in ihrem weltlichen Umgang gar nicht dulden und leiden wollte, so müßte man sagen, daß sie entweder alle miteinander politische Verbrecher und offenkundige greuliche Übeltäter wären, die das Leben verwirkt haben, oder daß Gott sie ganz und gar verworfen hätte. Nun kann man aber keines [von beidem] sagen; denn auch unter den Juden werden solche gefunden, die sich im äußeren Leben so verhalten, daß die weltliche Obrigkeit nichts an ihnen zu strafen hat. Auch hat Gott sie nicht ganz und gar verworfen [...] Hat Gott sie nicht ganz und gar verworfen, obwohl er sie wegen ihrer greulichen Mißtat mit zeitlichen Strafen (wie auch die Unbußfertigen mit der ewigen) hart heimsucht, warum wollen wir Christen denn so hart und unbarmherzig sein und sie gänzlich verwerfen?
3. Man kann ja auch nicht leugnen, zumal es aus Gottes Wort hell und sonnenklar hervorgeht, daß alle Zeit von den Juden bis zum Jüngsten Tag etliche zum christlichen Glauben bekehrt und selig werden [...] Weil denn nun alle Zeit etliche unter den Juden sollen bekehrt und der ewigen Seligkeit teilhaftig werden und Gott der Herr sie nicht alle gänzlich miteinander vom Himmelreich und ewigem Leben ausgeschlossen hat, wie wollen oder können denn wir die Juden schlechterdings vom politischen Umgang und aus den Städten der Christen ausschließen und ausgrenzen? Gönnt Gott ihnen die himmlische und ewige Gemeinschaft und Wohnung, warum wollen wir ihnen dann nicht in gewissem Maße die zeitliche und weltliche Gemeinschaft und Wohnung gönnen? Sollen nun immer und alle Zeit etliche von den Juden bis zum Jüngsten Tage, wie jetzt bewiesen, [...] zum christlichen Glauben bekehrt und selig werden, so muß solche Bekehrung geschehen entweder ordentlicherweise unter den Christen und also vermittelt durch die ordentlichen Heilsmittel [d. h. durch Wort und Sakrament] oder aber außerhalb des Lebensverbandes mit Christen und folglich unmittelbar und außerordentlich, unabhängig von der geordneten Wortverkündigung. Nun kann diese letzte Weise, nämlich der außerordentliche Modus nicht stattfinden, da ja keine Verheißung vorhanden ist, daß Gott die Juden unabhängig von den geordneten Heilsmitteln oder dergestalt, wie er den Paulus bekehrt hat, bekehren wolle. So folgt daraus, daß es geschehen wird durch die geordnete Predigt des Wortes. Soll es aber durch die geordnete Predigt des Wortes geschehen, so müssen sie ja unter den Christen gelitten und geduldet werden [...]
Betreffs der anderen Frage ist dieses unsere richtige Antwort: Weil Paulus 1 Tim 5 lehrt, daß man sich fremder Sünden nicht teilhaftig machen soll, so obliegt einer christlichen Obrigkeit, daß, soweit das immer möglich ist, die jüdischen Greuel und Gotteslästerungen, welche sonst die Juden treiben, abgeschafft, verboten und gänzlich verhindert werden.
Es sollten demzufolge den Juden keine öffentlichen Synagogen noch heimliche Zusammenkünfte in ihren Häusern gestattet werden, weil gar zu gewiß und allgemein bekannt ist, daß sie in diesen unseren Messias und Heiland Jesus Christus und folglich auch Gott den Vater (denn wer den Sohn leugnet, der hat auch den Vater nicht) aufs allergreulichste lästern, verfluchen und vermaledeien. Wenn man ihnen nun solches wissentlich zuläßt, so macht man sich ihrer Gotteslästerung teilhaftig. Denn derjenige, der eine Untat begeht, und derjenige, der ihr zustimmt, sind derselben Strafe würdig.
Zum anderen soll man ihnen die Beschneidung nicht erlauben, weil sie nunmehr abgeschafft ist.
Auch soll man die Polygamie nicht gestatten, die im Neuen Bund, nach dem Christus uns zur ursprünglichen Institution der Ehe zurückgeführt hat, nichts anderes ist als eine öffentliche Hurerei.
Daß ihnen auch der bekannte unchristliche, ungerechte Wucher, den man sonst Judenwucher nennt, den Gottes Wort an vielen Stellen als eine verdammungswürdige Sünde verwirft, mit Ernst verboten werde [...]
Sie sollen niemanden wehren, wenn ein Jude sich zum christlichen Glauben bekehren will; viel weniger soll ihnen gestattet werden, sich zu unterstehen, Christen zu ihrem Aberglauben zu überreden.
Sie sollen keine Christen zu Dienstboten haben, damit es nicht den Anschein gewinne, als ob sie über die Christen herrschten; auch könnte es leicht geschehen, daß solch ein christlicher Dienstbote zum jüdischen Aberglauben verleitet würde.
Sie sollen auch zu keinen weltlichen Ämtern oder Ehren zugelassen werden, auch soll ihnen überhaupt keine weltliche Herrschaft noch ein besonderes Privileg gestattet werden...
Endlich soll man sie zwar nicht mit Gewalt zwingen, doch ansonsten ernstlich anhalten, daß sie in die Kirche gehen und unsere Predigten hören: Ob Gott Gnade geben wollte, daß wenigstens etliche bekehrt werden möchten, und dieses auch darum, damit es nicht den Anschein habe, als wenn man den äußerlichen und weltlichen Geldnutz mehr suchte als die Bekehrung der Juden und Gottes Ehre...
Auf solche Weise halten wir dafür, daß ohne Verletzung des Gewissens eine christliche Obrigkeit die Juden wohl dulden und gegen Frevel und Gewalt mutwilliger Leute schützen könne."

Zitiert nach G. DEDEKENN: Thesauri Consiliorum et Decisionum, Vol. I. Hamburg 1623, S. 139–143 – in modernisierter Fassung.

Auch Siegmund Jacob BAUMGARTEN setzt sich mit der Frage auseinander: „Ob eine christliche Obrigkeit mit gutem Gewissen Juden in ihrem Lande dulden und bei ihrem Gottesdienste lassen und schützen könne?"
Bei der Beantwortung unterscheidet er zunächst die beiden Teile (Stücke) der Fragestellung:

„Das eine Stück, ob die Juden von christlichen Obrigkeiten mit gutem Gewissen in ihren Landen geduldet werden können, ist mit Ja zu beantworten: Wenn und solange dies weder durch anderweitige Obliegenheiten, die die besonderen Umstände mancher Gemeinwesen verursachen können, noch auch durch ein gemeinschaftliches Verbrechen der Juden gegen eine Landesherrschaft und die Wohlfahrt eines Gemeinwesens gehindert wird [...] Das andere Stück, ob die Juden bei ihrem Gottesdienst gelassen und geschützt werden können, ist eine notwendige Folge des ersten, und muß demnach auf gleiche Weise beantwortet werden. Dies hätte kaum eines besonderen Hinweises bedurft, wenn nicht von manchen, die vorgeben, die Duldung der Juden in christlichen Ländern nicht zu verwerfen, die Duldung des jüdischen Gottesdienstes und wesentlicher Stücke desselben aufs heftigste bestritten und der Schutz dieses Gottesdienstes seitens der christlichen Obrigkeit in der Tat für unrechtmäßig gehalten würde. Dabei ist nicht bedacht einerseits, daß das eigentliche und wesentliche Unterscheidungsmerkmal der Juden nicht eine besondere Abstammung des Geschlechts, sondern vielmehr nur ein besonderer Gottesdienst ist, zu dem sie sich durch göttliche Verordnung, also des Gewissens wegen verpflichtet fühlen; andererseits, daß der obrigkeitliche Schutz [der Religion] von der Duldung und dem gestatteten Aufenthalt in einem Land unmöglich getrennt werden kann."

Für diese Auffassung macht BAUMGARTEN u. a. folgende Gründe geltend:

„Weil die Juden als Menschen einen begründeten Anspruch haben, auf dem Erdboden geduldet zu werden; weil sie mangels eines eigenen Landes und Staates unter der unausbleiblichen Notwendigkeit stehen, ihren Aufenthalt in fremden Staaten mit anderen Religionen zu suchen. Zur Bewilligung dessen ist die Christenheit im allgemeinen und besonders der protestantische Teil der Christenheit mehr verpflichtet als irgend ein Volk mit einer anderen Religion, weil (1) die Juden unter allen ungläubigen Völkern den Christen am nächsten zugehören, da unstreitig das Christentum aus denselben [den Juden] entstanden ist und sie einen großen Teil der göttlichen Schriften und Offenbarung mit uns gemeinsam haben [...]; (2) das Christentum die höchste Verpflichtung zur allgemeinen Menschenliebe selbst gegen Feinde und Verfolger mit sich bringt, nebst der Pflicht, Irrenden mit Sanftmut zurechtzuhelfen [...]; (3) die Besserung und Gewinnung vieler Juden bei ihrer Duldung unter den Christen, besonders an Orten, wo der Anstoß des Bilderdienstes wegfällt, eher stattfindet und zu erhoffen ist, als bei ihrem Aufenthalt unter anderen ungläubigen Völkern [...] und (4) die Protestanten, die allen Gewissenszwang nach ihrer Lehre mißbilligen und verabscheuen, um so mehr verpflichtet sind, sich jeglichen Verfahrens nach solchen Grundsätzen zu enthalten, je mehr sie selbst die schädlichen Wirkungen dieser Grundsätze [des Gewissenszwangs] gefunden haben. Demzufolge stehen sie auch unter der Verpflichtung, ihren Abscheu gegen die Gewalttätigkeiten, die den Juden in der Christenheit zu nicht geringer Schändung derselben [der Juden] zugefügt worden sind, auf tätige Weise darzutun."

S. J. BAUMGARTEN: Theologisches Bedenken von gewissenhafter Duldung der Juden und ihres Gottesdienstes unter den Christen. Halle 1745, S. 6–9 – modernisierte Fassung.

In ähnlicher Weise bezieht der – gelegentlich als Judenfeind charakterisierte – „Kirchenvater des 19. Jahrhunderts", Daniel Friedrich Ernst SCHLEIERMACHER, in zwei Briefen aus dem Jahre 1799 Stellung:

„Die Vernunft fordert, daß alle Bürger sein sollen, aber sie weiß nichts davon, daß alle Christen sein müssen, und es muß also auf vielerlei Art möglich sein, Bürger und Nichtchrist zu sein – von denen ja auch schon mehrere wirklich geworden sind – und diejenigen darunter aufzufinden, die unserm Zustande und dem gegebenen Falle angemessen ist, das ist die Aufgabe, die niemand umgehen darf, der über diese Sache öffentlich spricht, und die noch gar nicht so behandelt ist, daß man sie als abgetan könnte beiseite liegen lassen. Wenn es schon faule Vernunft ist [...], etwas Wünschenswertes deshalb für unmöglich zu halten, weil es bisher noch nicht hat gelingen wollen: wie sollte es nicht eine unverantwortliche Feigherzigkeit sein, dasjenige, was nicht nur wünschenswert, sondern als notwendig erkannt ist, jetzt [...] bloß deswegen aufzugeben, weil die Bedingungen, unter denen es in diesen ersten Versuchen zustande gekommen ist, für uns teils nicht wünschenswert, teils nicht möglich sind [...] Wohinter versteckt sich aber diese faule Vernunft, als hinter das Dogma von einer inneren Verderbnis der Juden und hinter die Maxime, daß es deshalb gefährlich sei, sie in den bürgerlichen Verein aufzunehmen? [...] Es ist doch vergebens, leugnen zu wollen, daß die Juden mehr und mehr an der Bildung des Zeitalters einen verhältnismäßig gleichen Anteil nehmen wie die Christen, daß sie von dem Ausländischen in ihren Sitten und ihrem Betragen immer mehr fahren lassen, und was das beste ist, daß diejenige Rechtlichkeit immer herrschender unter ihnen wird, welche die natürliche Folge eines sicheren Wohlstandes ist, wenn bessere Geselligkeit und Ehrgefühl auf das Gemüt wirken können. Je mehr dies alles der Fall ist, desto mehr verschwindet dasjenige, was dazu dienen könnte, die angebliche Rechtmäßigkeit eines bürgerlichen Unterschiedes zwischen ihnen und den Christen anschaulich zu machen, desto mehr sieht das Festhalten dieses Unterschiedes einer ganz grundlosen Parteilichkeit ähnlich. Wenn man nun sieht, wie in anderen Staaten, und zwar am meisten in denen, welche aufgehört haben, christliche zu sein, die Einbürgerung schnell und ohne Schwierigkeit vonstatten gegangen ist... so scheint es mir jetzt die höchste Zeit zu sein, daß die christliche Kirche sich offiziell durch ihre vom Staat bestellten Aufseher und Wortführer und einzeln durch ihre angesehensten Lehrer öffentlich und womöglich geradezu gegen den Staat über diese ganze Angelegenheit dahin erkläre, daß sie ihn ... beschwöre, alles aus dem Wege zu räumen, was die Juden veranlassen kann, aus unreinen und fremdartigen Bewegungsgründen zum Christentum überzugehen. Sie [die Kirche] kann ihm [dem Staat] freilich nicht vorschreiben, ob überhaupt und unter welchen Bedingungen er die Juden zum uneingeschränkten Genuß der bürgerlichen Freiheit zulassen solle, aber sie kann vor der ganzen Welt erklären, daß *sie* gar nichts dagegen haben und sich gar nicht für verletzt halten wolle, wenn er darüber ohne auf die Religion im geringsten Rücksicht zu nehmen, eine mit seinen Einsichten und Absichten übereinstimmende Einrichtung träfe."

„Nein, so von Ihnen mißverstanden zu werden, das hätte ich nicht erwartet. *Ich* wäre ein Judenfeind? *Ich* glaubte heimlich, vielleicht ohne es selbst zu wissen, auch an ihre moralische Erniedrigung? Und das bloß deswegen, weil ich sie nicht in die christliche Kirche hinein haben will? Meinetwegen machen Sie immer Konsequenzen aus meinen Äußerungen; ich denke wohl dabei zu bestehen, wenn Sie sie nur recht machen. Haben Sie vergessen, daß ich auch den größten Teil der Christen aus der Kirche heraus wünsche? Meinen Sie nicht, daß darunter fast alle meine guten Freunde und namentlich auch Sie mitgehören? Und denken Sie, daß ich auch an Ihre moralische Erniedrigung mit glaube? Darüber werde ich mich also nicht weiter verteidigen."

D. F. E. SCHLEIERMACHER: Briefe bei Gelegenheit der politisch theologischen Aufgabe und des Sendschreibens jüdischer Hausväter. Von einem Prediger außerhalb Berlin. 1799. In: Sämmtliche Werke. Erste Abtheilung. 5 Bd. Berlin 1846, S. 8–10, 24f. und 27 – Orthographie und Zeichensetzung modernisiert.

Auch von den Hauptvertretern der im 17. und 18. Jahrhundert vorherrschenden Richtungen protestantischer Theologie (Pietismus und Aufklärungstheologie) haben wir Äußerungen zur Judenfrage, die geeignet sind, das Bild einer durchgehenden Linie christlicher Judenfeindschaft gründlich in Frage zu stellen. So schreibt ZINZENDORF:

„...wir haben sehr viele [Gründe], eine ungemeine Hochachtung vor den Juden zu hegen, und ihnen solche zu bezeugen, damit sie sehen, daß wir ihre Religion verstehen, und damit sie ein Herz zu uns fassen, von der unsrigen [Religion] manchmal auch etwas anzunehmen." Und ZINZENDORF zählt 6 solche Gründe auf:

"1. Ist ein einziger Jude, um dessentwillen (schreibt D. Luther an den Juden Iesel) soll man alle Juden liebhaben.

2. Wir haben den größten Teil der heiligen Schrift durch die Juden.

3. Sie sind alle leibhaftige Kinder des gesegneten Sems, des Erstgeborenen in der neuen Welt; ja, was noch mehr ist, von unserem geistlichen Vater Abraham sind sie der Same, und wir sind nur eingepfropft.

4. Ists uns ausdrücklich verboten, uns wider sie zu rühmen; denn (1) tragen sie uns, und wir sie nicht; (2) kann sie Gott wieder einpfropfen, und uns abhauen.

5. Sind sie nicht weiter von der Seligkeit [entfernt] als wir [...].

6. Unsre Juden haben größtenteils ein Gefühl, das den meisten unter uns fehlt, eine Ehrerbietung vor Gott, einen Respekt vor dem Gesetz, und vor alle dem, was sie meinen, daß es ihnen befohlen oder verboten sei. Man hat sich gewiß zu hüten, daß sie mit ihrem Gehorsam und ihrer Ehrfurcht uns nicht einen Ekel erwecken vor den ungehorsamen und verwegenen Menschen, die den Namen Christi nennen, und nichts nach ihm fragen; die das Evangelium haben, und zum Mutwillen gebrauchen."

N. L. VON ZINZENDORF: Sonderbare Gespräche zwischen einem Reisenden und Allerhand anderen Personen von Allerley in der Religion vorkommenden Wahrheiten. Altona ^{2}1739, S. 105–107 – modernisierte Fassung.

In den von LESSING 1774–1778 herausgegebenen Fragmenten des „Wolfenbüttelschen Ungenannten" hatte der Orientalist und Religionsphilosoph Hermann Samuel REIMARUS geschrieben:

„Weil Christus zum Unglück nicht auf den Wolken des Himmels wiedergekommen ist, so sucht man heutigen Tages der offenbaren Falschheit dieser Verheißung durch eine gekünstelte, gar kahle Deutung der Worte zu Hilfe zu kommen. Die Worte: ›Dieses Geschlecht wird nicht vergehen‹ [Mk 13,30 Parr] müssen sich foltern lassen, und nunmehr das jüdische Volk oder die jüdische Nation bedeuten. Damit könne ja die Verheißung bestehen, das jüdische Volk sei [ja] noch nicht vergangen, und also die Zeit der andern Zukunft [Wiederkunft] Christi noch nicht verstrichen. Es ist wahr, man hegt und pflegt die Juden in der Christenheit nur allzusehr, daß ja das saubere Volk nicht vergehen soll."

Hiergegen setzt sich der Aufklärungstheologe J. S. SEMLER zur Wehr:

„Die Spötterei über die Juden, daß ja das saubere Volk nicht vergehen soll, ist einem würdigen Menschenfreund wahrlich ganz unanständig; für einen Kenner der Geschichte aber ein großer Fehler. Leider haben die Christen dieser Nation, der sie doch viel zu danken haben, weit mehr Not, Elend und Bedrückung von jeher zugefügt, als daß man sagen könnte, Christen hätten dies Volk gehegt und gepflegt. Sogar päpstliche und kaiserliche Befehle sind viele Jahrhunderte lang nötig gewesen, den törichten unmenschlichen Eifer, den Geiz, die Unterdrückung und grausame Verfolgung einigermaßen bei den Christen zu hemmen und einzuschränken. Die Juden haben es unter Römern, Griechen und Mohammedanern viel besser gehabt als gewöhnlicherweise unter den Christen."

Beide Aussagen zitiert nach: J. S. SEMLER: Beantwortung der Fragmente eines Ungenanten insbesondere vom Zweck Jesu und seiner Jünger. Halle 1779, S. 324f. – modernisierte Fassung.

Rassentheorie, Antisemitismus und Holocaust

Die Geschichte des Verhältnisses von Judentum und Christentum wird heute häufig mit der Geschichte des zum Holocaust führenden Antisemitismus verkoppelt. So liest man in einem maßgebenden theologischen Nachschlagewerk der Gegenwart:

„Wie weit sind antisemitische Verbrechen der näheren und ferneren Vergangenheit auf das Schuldkonto der [...] christlichen Botschaft zu buchen? Ist die antisemitische Vergangenheit des Christentums nicht das stärkste Zeugnis gegen die christliche Wahrheit? Solche Fragen werden seit Ende des Zweiten Weltkrieges innerhalb und außerhalb des Christentums mit zunehmender Häufigkeit gestellt [...] Daß der Antisemitismus auf die Jahrhunderte alte antijüdische Lehre und Predigt der christlichen Kirche zurückgeht, ist heute weithin anerkannt [...]"

N. R. M. DE LANGE / C. THOMA: Artikel *„Antisemitismus.* I. Begriff / Vorchristlicher Antisemitismus". Theologische Realenzyklopädie, Bd. III. Berlin/New York 1978, S. 114.

Gegenüber dieser Behauptung sind jedoch zwei Fragen zu stellen: Ist es historisch überhaupt berechtigt, den Begriff „Antisemitismus" in dieser Allgemeinheit zu gebrauchen, so daß er den nationalsozialistischen Rassenantisemitismus mit jeder früheren Form von christlicher Judenfeindschaft gleichsetzt oder doch aus ihr herleitet? Und ist es überhaupt angemessen, die planmäßige Vernichtung von Millionen von Juden durch den nationalsozialistischen Machtapparat direkt ursächlich aus dem Antisemitismus herzuleiten?
Auf diese zweite Frage wollen wir zunächst kurz eingehen, bevor wir uns abschließend etwas ausführlicher der ersten Frage zuwenden. Zu beiden Fragen sollen vor allem namhafte jüdische Autoren zu Worte kommen.
Der amerikanische jüdische Historiker Norman COHN vertritt die These, daß der Antisemitismus als Erklärungsmuster für den Holocaust nicht ausreicht. Nach COHN hat die nationalsozialistische „Endlösung der Judenfrage" ihre Wurzeln in erster Linie nicht in einem Antisemitismus, sondern in einem „revolutionären Messianismus" und in dem Streben nach einem „tausendjährigen Reich" *(Chiliasmus).* COHN findet die historischen Parallelen nicht in den mittelalterlichen Judenpogromen, sondern in der mittelalterlichen Sektengeschichte, wo in Zeiten sozialer Krisen und des Autoritäts- und Machtzerfalls der bisherigen religiösen Institutionen charismatische Führerpersönlichkeiten auftraten, die einen gesellschaftlichen Treibsand von Arbeitslosen und Entwurzelten sammelten unter der Suggestion, sie seien das auserwählte Volk, bestimmt zur Herrschaft über die Erde, nachdem die Gottlosen ausgerottet worden seien. Nach COHN läßt sich die „Endlösung der Judenfrage" bzw. der Holocaust nur aus diesem „Chiliasmus" herleiten, also aus dem Versuch, das „tausendjährige Reich" zu verwirklichen, genauer gesagt: aus dem mit dem Chiliasmus stets verbundenen Gedanken der Ausrottung des Bösen.

Siehe dazu: N. COHN: Das Ringen um das tausendjährige Reich. Revolutionärer Messianismus im Mittelalter und sein Fortleben in den modernen totalitären Bewegungen. Bern/München 1961.

Auch nach Ansicht der jüdischen Historikerin und Soziologin Eva REICHMANN bestand weder zwischen dem Antisemitismus und der Judenvernichtung ein Kausalverhältnis noch zwischen der Wahlentscheidung zugunsten der NSDAP und antisemitischen Motiven ein unmittelbarer Zusammenhang:

„Innerhalb der Ursachen, die zur Vernichtung der deutschen Juden durch den Nationalsozialismus geführt haben, spielen Judenfrage und Antisemitismus nur eine untergeordnete Rolle."

E. REICHMANN: Flucht in den Haß. Die Ursachen der deutschen Judenkatastrophe. Frankfurt [5]1968, S. 73.

In einem Gespräch mit Hans LAMM antwortete Eva REICHMANN auf die Frage:

„[...] am 5. März 1933 (haben) 17 Millionen Deutscher der NSDAP ihre Stimme gegeben [...] Haben diese 17 Millionen NSDAP gewählt, weil die nationalsozialistische Partei antisemitisch war, [...] oder hat das Anti-semitisch-Sein der NSDAP für den Durchschnittswähler keine entscheidende Rolle gespielt?":

„Das ist eine sehr komplizierte und eine sehr tief in den Mittelpunkt der ganzen Problematik vorstoßende Frage. Ich habe mich auf den Standpunkt gestellt, daß zwar der Anti-Semitismus durch die teuflisch, aber geniale Nazi-Propaganda zur Siedehitze angefacht war, daß das aber zum Teil ein vermeintlicher Anti-Semitismus war, der sich einfach gegen das Gespenst des Juden, wie es hingestellt wurde, richtete, nicht aber gegen den jüdischen Nachbarn, den man gekannt hat und mit dem man fünfzig Jahre in bester Eintracht zusammengelebt hat. Es ist also so, um es kurz zu fassen, ich würde sagen, daß der Anti-Semitismus bei dem Sieg des Nationalsozialismus nicht die entscheidende Rolle gespielt hat."

ZDF, Reihe „Zeugen des Jahrhunderts", 4. Januar 1982: Eva Reichmann im Gespräch mit Hans Lamm, S. 53f.

Wir kommen nun auf die eingangs genannte erste Frage zurück: Ist es berechtigt, den Begriff „Antisemitismus" in solcher Allgemeinheit zu gebrauchen, daß er unterschiedslos jede Form von Judenfeindschaft deckt, also den modernen, im Nationalsozialismus zur letzten Radikalität getriebenen Antisemitismus mit jeder früheren, etwa religiös begründeten Judenfeindschaft gleichzusetzen oder doch aus ihr herzuleiten?

Gegen eine solche Gleichsetzung wandte sich schon Theodor HERZL, der Begründer des Zionismus. In seinem Hauptwerk *„Der Judenstaat"* schrieb HERZL 1897:

„Unser heutiger Anti-Semitismus darf nicht mit dem religiösen Judenhasse früherer Zeiten verwechselt werden, wenn der Judenhaß auch in den einzelnen Ländern noch jetzt eine konfessionelle Färbung hat. Der große Zug der judenfeindlichen Bewegung ist heute ein anderer. In den Hauptländern des Antisemitismus ist dieser eine Folge der Juden-Emanzipation."

Th. HERZL: Gesammelte Zionistische Werke. Bd. I: Zionistische Schriften. Berlin [3]1934, S. 39.

HERZL unterscheidet hier zwischen dem religiös bedingten Judenhaß, wie er im konstantinischen Zeitalter der Kirchengeschichte von der christlichen Majorität gegen die oft fast rechtlose jüdische Ghetto-Minderheit ausging, und der modernen Bewegung des Antisemitismus, die sich gegen die Juden-Emanzipation, das heißt gegen die Befreiung der Juden aus den jahrhundertelangen Rechtsbeschränkungen des konstantinischen Zeitalters und ihr Einströmen in die bürgerliche Gesellschaft, ihre rechtliche Gleichstellung mit den Christen und gegen das Eindringen in bürgerliche Berufe richtet. Die These HERZLS, der moderne Antisemitismus sei als Reaktion auf die Juden-Emanzipation vom Judenhaß früherer Zeiten zu unterscheiden, wird durch die neuere Geschichtswissenschaft bestätigt. Der Historiker Reinhard RÜRUP faßt die Ergebnisse der neueren Forschung über Herkunft und Wesen des Antisemitismus folgendermaßen zusammen:

„Die These, daß der moderne Antisemitismus ein Produkt der bürgerlichen Gesellschaft des 19. Jahrhunderts ist und aus den Strukturen und Tendenzen dieser Gesellschaft begriffen werden muß, dürfte in der wissenschaftlichen Diskussion heute kaum noch ernsthaft bestritten werden. Man ist sich einig darüber, daß es trotz einer scheinbaren räumlichen und zeitlichen Universalität der Judenfeindschaft seit hellenistischer Zeit keine Kontinuität eines ‚ewigen' Antisemitismus gibt, daß vielmehr die religiös und wirtschaftlich motivierte, durch den einzigartigen Minderheitsstatus der Juden bedingte Judenfeindschaft der vorbürgerlichen abendländisch-christlichen Welt deutlich vom Antisemitismus des 19. und 20. Jahrhunderts unterschieden werden muß."

R. Rürup: Emanzipation und Antisemitismus. Studien zur „Judenfrage" der bürgerlichen Gesellschaft. (Kritische Studien zur Geschichtswissenschaft, Bd. 15). Göttingen 1975, S. 74.

Zur Entstehung des modernen Antisemitismus hat der jüdische Historiker Alex Bein folgende Ausführungen gemacht:

„In der Geschichte der Judenfrage bedeutet die Entstehung des modernen Antisemitismus in den siebziger Jahren des 19. Jahrhunderts den Abschluß einer jahrhundertelangen Entwicklung und zugleich den Anfang einer neuen Epoche.
Schon die Tatsache, daß für den Judenhaß nun ein eigenes Wort entstand, zeigt, daß die Judenfrage in ein neues Stadium getreten war. Es ist ja kein Zufall, wenn für eine gesellschaftliche Bewegung ein Sammelbegriff entsteht. Derartige Begriffe werden im allgemeinen geschaffen, wenn eine Bewegung ein Entwicklungsstadium erreicht hat, in dem sich ihre verschiedenartigen Strömungen zu einer Gesamtauffassung vereinigen, ein Stadium, in dem die Bewegung gewissermaßen zur Erkenntnis ihrer selbst gelangt oder – weniger abstrakt gesagt – ihre Träger sich des Neuartigen, Besonderen im Gedankengut und Willensziel der Bewegung bewußt werden. Von hier aus eröffnet sich auch dann meist der Weg zu einer rationaleren, zielbewußteren, systematischeren Verwirklichung ihrer Ziele. Die moderne judenfeindliche Bewegung erreichte dieses Stadium Ende der siebziger Jahre des vorigen Jahrhunderts.
Als daher um 1879, zunächst in Deutschland, das Wort »Antisemitismus« aufkam – es ist wahrscheinlich von dem jüdischen Gelehrten Moritz Steinschneider 1860 in einer polemischen Äußerung gegen Ernest Renan geprägt und von dem deutschen Pamphletisten Wilhelm Marr 1879 zuerst als politischer Begriff verwendet worden –, setzte es sich in kürzester Zeit in allen Kreisen und in allen Sprachen durch. [...]
Der Judenhaß wurde [...] gewissermaßen salonfähig. Gleichzeitig gab man ihm einen wissenschaftlichen Anstrich, indem man den terminus technicus der modernen Wissenschaft entnahm, sogar der modernsten der modernen Wissenschaften, der Naturwissenschaft – der Biologie und ihrem allermodernsten Ableger: der *Rassenkunde.* In dem neuen Namen fand auch die neue Auffassung der Judenfrage einen klaren Ausdruck: ihre Betrachtung als *Rassenfrage.* Gleichzeitig erhob man durch die Nachsilbe »ismus« die Gegnerschaft gegen die Juden in die Sphäre der modernen philosophisch-politischen Doktrinen und Begriffe.

Die Entwicklung der antisemitischen Rassentheorie

Gobineau

Die Entstehung dieser Rassentheorie und ihre feindselige Anwendung auf die Judenfrage ist in ihren wesentlichen Zügen bekannt. Alle modernen antijüdischen Rassentheorien gehen auf das Werk des Grafen Joseph Arthur von Gobineau (1816–1882) zurück. In seinem »Essai sur l'inégalité des races humaines« (Paris 1853–1855) hatte Gobineau [...] den epochemachenden Versuch unternommen, der Geschichte eine vom Subjektiven unabhängige Grundlage zu geben, indem er sie in die Naturwissenschaften einreihte. »Es gilt«, schrieb er in der »Conclusion« seines Hauptwerkes, »der Geschichte den Eintritt in die Familie der Naturwissenschaften zu erwirken, ihr die ganze Genauigkeit dieser Klasse von Kenntnissen zu verleihen... endlich sie der interessierten Gerichtsbarkeit, deren Willkür ihr die politischen Parteien bis auf den heutigen Tag auferlegen, zu entziehen.« In der Rasse glaubte er die Ursache für alle geschichtlichen Ereignisse gefunden zu haben. Nicht die individuellen Eigenschaften einzelner bedeutender Persönlichkeiten, nicht der freie Wille und Schaffenstrieb der Menschen, nicht ihr individuelles Interesse bewirkten die Aktionen der Geschichte und führten die Veränderungen im geschichtlichen Leben der Menschen herbei. In der Geschichte herrsche ein ehernes Gesetz. Der entscheidende, der eigentlich einzig wesentliche Faktor sei der von Natur bestimmte: die Rasse. Gegenüber der Rasse als grundlegendem Element seien alle anderen Einflüsse von nebensächlicher Bedeutung. Nach Gobineau waltet das Naturgesetz über allem geschichtlichen Geschehen; kein Wille, kein noch so schöner Glaube kann diese Alleinherrschaft des naturgesetzlichen Fatums aufheben, dessen Ausdruck die Rasse ist. [...]
In der Rassentheorie Gobineaus nahm, wie schon der Titel seines Buches ausdrückt, die Lehre von der Ungleichheit der Rassen einen wesentlichen Platz ein. Es gibt höhere und niedere Rassen, die einen sind zum Herrschen bestimmt, die anderen hat das Rassenschicksal zum Dienst an den höheren Rassen ausersehen. Die weiße Rasse ist die schöpferischste, ja eigentlich die einzig schöpferische. Innerhalb der weißen Rasse sind die »Arier« der begabteste Zweig, den Ariern blutmäßig am nächsten stehen die Germanen. Sie also sind die edelste Rasse der Welt.
Dieser hochgewachsenen, blondhaarigen und blauäugigen germanischen Rasse (seit Ende des Jahrhunderts auch »nordische Rasse« genannt) werden nun von Gobineau – und von seinen Nachfolgern in immer derberer Gegensätzlichkeit – die körperlich kleinen, dunkelhaarigen Semiten als unschöpferische, in ihren Leistungen unselbständige, parasitäre Elemente gegenübergestellt. Besonders der berühmte französische Philologe und Historiker *Ernest Renan* (1823–1892) hat mit einem um die gleiche Zeit (1855) erschienenen Jugendwerk über die semitischen Sprachen dazu beigetragen, diese Konfrontation der Rasseneigenschaften zuungunsten der »semitischen« Rasse zur Geltung zu bringen. [...]
Die herrschende antijüdische Strömung griff begierig diese neuen »wissenschaftlichen« Argumente auf. Schriften über die Judenfrage, insbesondere antijüdische Schriften, waren [...] im Zusammenhang mit der umstrittenen Frage der Judenemanzipation seit dem Ende des 18. Jahrhunderts in großer Anzahl erschienen; alle politischen Richtungen, von den Konservativen bis zu den Sozialisten, alle literarischen Strömungen, von der Klassik bis zum Realismus und besonders die Romantik, hatten ihren Beitrag dazu geliefert. Die Argumente waren im allgemeinen eine Wiederholung des judenfeindlichen Traditionsstoffes, der sich auf religiös-dogmatischer Basis seit dem Aufstieg des Christentums zur herrschenden Religion des Abendlandes angesammelt hatte und dann immer wieder neu bestätigt und verstärkt wurde. Im 19. Jahrhundert waren als neue Schicht im Komplex der antijüdischen Tradition Beschuldigungen hinzugekommen, die vornehmlich aus den wirtschaftlich-sozialen Mißständen der Gegenwart geschöpft waren und mit dem sich entwickelnden Kapitalismus in Verbindung standen. Auch das Rassenprinzip wird, spätestens seit den vierziger Jahren, zumindest andeutungsweise verwendet. Das alles und die »instinktive«, im Nationalen wurzelnde Abneigung hat u.a. auch bereits Ausdruck in Richard Wagners Aufsatz »Das Judentum in der Musik« gefunden, der 1850 pseudonym, 1869 dann aber – ein Zeichen der Zeit! – unter Wagners eigenem, inzwischen sehr bekannten Namen erschienen war. Nun erhielten alle diese antijüdischen Strömungen durch das mit dem Anspruch der Wissenschaft vorgetragene Argument der Rasse eine scheinbar objektive Grundlage. [...]

Eugen Dühring

Den ersten und bedeutendsten Versuch, die nun entstehende politisch-antisemitische Bewegung (deren Entwicklung in ihrem Auf und Ab und in ihren mannigfaltigen organisatorischen Verzweigungen hier nicht zu schildern ist) durch Philosophie, Biologie und Geschichte wissenschaftlich zu unterbauen, machte 1881 der Berliner Philosoph und Nationalökonom Eugen Dühring (1833–1921) mit seiner Schrift »Die Judenfrage als Racen-, Sitten- und Culturfrage«. Dem Haupttitel hinzugefügt ist das ominöse Versprechen: »Mit einer weltgeschichtlichen Antwort«. Dühring behandelt die Judenfrage mit der Konsequenz, Gradlinigkeit und Engstirnigkeit, die man oft bei Entdeckern neuer »Wahrheiten« findet und die ihn auch sonst auszeichnet: als *Frage der Rasse.*
Sie als Frage der Religion darzustellen, ist nach Dührings Meinung eine bewußte Irreführung und Verdunkelung. [...] denn es handelt sich hier nicht um Duldung religiöser Gebräuche: »Die Judenreligion ist eine Racenreligion, wie die Judenmoral eine Racenmoral.« Man verlange also in Wirklichkeit »Toleranz gegen eine Race von moralisch schlechten und von unsocialen, dem übrigen Menschengeschlecht feindlichen Eigenschaften« (S. 99). Auch die religiösen Körperschaften der Juden seien doch tatsächlich politische Gebilde. Unter dem Deckmantel der Religion, für die man Toleranz fordert, genössen die Juden zu Unrecht größere politische Privilegien als jeder andere politische Verband. Die Juden seien als »geduldete und geschützte Fremde« von den europäischen Völkern im Mittelalter aufgenommen worden. Daß man sie überhaupt, wenn auch mit minderen Rechten, zugelassen habe, sei – angesichts ihrer verderblichen Eigenschaften – ein Fehler gewesen, und in diesem, nicht in dem von den Juden behaupteten, Sinne leide die Gegenwart, »gleichsam an einem Stück Mittelalter« (S. 107). Hier lasse sich nichts bessern oder tolerieren. »Die Judenhaftigkeit läßt sich ... nicht anders als mit den Juden selbst beseitigen« (S. 108). Ihre Stammesnatur sei unverbesserlich, biologisch mindestens für absehbare Zeiten unabänderlich (S. 112). Von der Erkenntnis dieser Naturgegebenheit aus müsse man die Lösung suchen.
Welche? Die logische Konsequenz, die Juden »aus unseren Ländern der hohen Kultur in andere Erdgebiete« zu vertreiben, wagt der Verfasser nicht zu ziehen; sie sei »vorläufig von der übersehbaren Wirklichkeit und Praxis noch zu entlegen«. Man müsse sie daher »in eine weitere und energischere Zukunft verschieben« (S. 110). [...]

Houston Stewart Chamberlain

Alle vorangegangene antisemitische Literatur wurde jedoch an Einfluß bei weitem übertroffen durch das zweibändige Werk des englischen Wahldeutschen Houston [sc.] Stewart [sc.] Chamberlain (1855–1927) »Die Grundlagen des 19. Jahrhunderts«, das erstmalig 1899 (und dann in vielen, auch populären Ausgaben) erschien. Schon die Absicht des Buches, am Ende jenes auf allen Gebieten so bahnbrechenden Jahrhunderts die Grundlagen der Zeit klarzu-

legen, mußte von vornherein einen weiten Widerhall erregen. Und dazu kam nun die Behandlung des Themas durch Chamberlain: In dem blendenden Stil eines begabten Schriftstellers und mit ebenso blendenden Verallgemeinerungen von Halbwahrheiten und wissenschaftlich dilettantischen »Erkenntnissen« und Erlebnissen wurde hier einer an sich selbst zweifelnden Generation ein Geschichtsbild entworfen, in dem von den ältesten Zeiten her alles Große, Kulturschöpferische von den Ariern, von den Germanen stammte, während die Semiten, die Juden, nur Minderwertiges und Schädliches in die Welt gebracht hätten.
Das Buch vermied allzu scharfe Ausfälle gegen die Juden ebenso wie die grobnaturalistischen Ausdeutungen des Rassenprinzips. Gerade dadurch und durch seinen Versuch, die Rasse vom Seelischen und Geistigen her zu verstehen und in ihrer Wirkung auf das weltgeschichtliche und vor allem kulturelle Geschehen zu zeigen, vermochte das Buch auch in solche Kreise einzudringen, welche die radikal antisemitische Literatur mit Entrüstung ablehnten. Kein Buch hat daher vielleicht so viel zur Verbreitung der antijüdischen Rassenlehre beigetragen, wie dieses Werk mit seinem harmlos-kulturphilosophischen Titel. [...]
Die antisemitische Rassenlehre tritt mit H. S. Chamberlain über den oft recht provinziellen Rahmen der einseitigen Rassenideologen hinaus in die Sphäre der Kulturgeschichte, Kulturpolitik und allgemeinen Bildung. Man kann sie übernehmen, sich im einzelnen abgrenzen oder sie in toto ablehnen: Sie ist auf jeden Fall von nun an eine Theorie, die man ernst nimmt, über die man in allen Kreisen diskutiert, wie man andere Lehren aus Naturwissenschaft, Philosophie und Geschichte bespricht; sie wird immer mehr zu einem konstituierenden Element des Zeitbewußtseins – in allen möglichen Ausdrucksweisen: in der naturwissenschaftlichen oder anthropologischen, in der historischen, politischen und gar in der zum mythischen Glauben erhöhten.

Die Bedeutung der antisemitischen Rassenlehre

Man hat häufig den modernen Antisemitismus und seine antijüdischen Theorien nur als eine Abwandlung und Neuformung des von alters her vorhandenen Judenhasses betrachtet. Eine solche Betrachtungsweise, so viel Wahres auch in ihr enthalten ist, übersieht doch die grundlegend neuen Elemente, durch die der Antisemitismus einen entscheidenden Wendepunkt in der Entwicklung der Judenfrage bildet. Wohl ist es richtig, daß der Antisemitismus sich auf vorangegangene Entwicklungen und Theorien in der Judenfrage aufbaut [...] und daß er – so gesehen – ein neuer Ausdruck der alten Judenfeindschaft ist. Die antisemitische Lehre ging jedoch weiter. Sie hat nicht nur alles Vorangegangene zusammengefaßt und auf einen gemeinsamen Nenner gebracht. Durch die Einführung und Durchsetzung der Rassentheorie hat sie, mindestens theoretisch, die Judenfrage und ihre Lösung auf völlig neue Grundlagen gestellt."

Alex Bein: Die Judenfrage. Biographie eines Weltproblems. Bd. I. Stuttgart 1980, S. 217–231.

Diese Sicht von Alex Bein bestätigt Nahum Goldmann in seinem bereits eingangs zitierten Werk. Zugleich zieht Goldmann hieraus Schlüsse für die „Lehre, die aus dem Nationalsozialismus gezogen werden muß":

„Der deutsche Antisemitismus vor Hitler war nicht stärker als in anderen europäischen Ländern, besonders wenn man bedenkt, daß das deutsche Judentum numerisch viel stärker und in seiner kulturellen, ökonomischen und sozialen Auswirkung viel einflußreicher war als irgend eine andere westeuropäische jüdische Gemeinschaft. Dementsprechend war auch die nichtjüdische Reaktion stärker. Die theoretischen Grundlagen des modernen Antisemitismus waren viel mehr von Franzosen, wie Gobineau, Drummond und Maurras, oder von dem Engländer Henry Steward Chamberlain (der bekanntlich später der Schwiegersohn Wagners wurde) formuliert als von Deutschen. Ein irrationales und einzigartiges Phänomen wie die Verbrechen Adolf Hitlers kann überall vorkommen. Das Schlimme und Furchtbare, aus dem sowohl Deutsche wie alle demokratischen Länder Konsequenzen ziehen müssen, war nicht Hitler mit seinem charismatischen Einfluß, sondern die passive Haltung der deutschen Gesellschaft gegenüber seinem Aufstieg und die kurzsichtige, überoptimistische und feige Appeasement-Politik der europäischen Staaten und der Vereinigten Staaten. Mit mehr Mut und Weitsicht seitens der deutschen Parteien und der westlichen Demokratien hätte Hitler ohne allzu große Gefahren verschiedentlich entmachtet werden können. Dies ist die wahre Lehre, die aus dem Nationalsozialismus gezogen werden muß."

N. Goldmann: Mein Leben als deutscher Jude, a.a.O., S. 460.

Die Herausgeber

8. Islam – Religion, Kultur, Politik

Autor der Studieneinheit: Peter Antes

Peter Antes (43), Professor für Religionswissenschaft an der Universität Hannover. Studium der Religionswissenschaft, Orientalistik (Islamkunde), Philosophie und katholischen Theologie in Freiburg und Paris, 1969–73 Wiss. Ass. am Seminar für Religionsgeschichte der Universität Freiburg i. Br., 1970 Promotion mit einer Arbeit zur sunnitischen Theologie zum Dr. theol., 1971 Promotion mit einer Arbeit zur schiitischen Theologie zum Dr. phil., 1972 Habilitation für Religionsgeschichte u. Vergl. Religionswissenschaft, 1973 Berufung nach Hannover. Zusätzliche Lehrtätigkeiten in Bossey (Universität Genf), Oldenburg, St. Georgen (Frankfurt/M.), Hamburg und Kassel. Forschungsaufenthalte in islamischen Ländern. *Forschungsschwerpunkte:* Islamische Theologie und Ethik; Methodendiskussion innerhalb der systematischen Religionswissenschaft.

Allgemeine Einführung

Der Islam ist nicht nur als eine der großen Weltreligionen mit ungefähr 750 Millionen Gläubigen ein wichtiger bevölkerungspolitischer Faktor auf Weltebene, sondern er ist in den letzten beiden Jahrzehnten auch verschiedentlich politisch in unser Bewußtsein getreten: durch muslimische Studenten und Gastarbeiter (vornehmlich Türken) in der Bundesrepublik Deutschland, durch die Preispolitik der Ölstaaten, durch die islamische Revolution und das Ausrufen der „Islamischen Republik Iran" (1979) sowie durch manch konkreten Kontakt deutscher Touristen und Geschäftsleute bei Reisen nach Afrika und Asien.
Was heute die politische Bedeutung der Erneuerungsbewegungen innerhalb des Islam ausmacht, ist der Versuch der Muslime, die islamische Gesetzgebung aus der Zeit der ersten Jahrzehnte der islamischen Zeitrechnung wieder vorbildgetreu einzuführen und dadurch viele von Europa importierte Vorstellungen zu beseitigen. „Re-Islamisierung" – wie wir diesen Erneuerungsprozeß in der islamischen Welt gewöhnlich nennen – bedeutet folglich eine Imitation der „guten alten Zeit" und damit eine Absage an den europäisch-westlichen Lebensstil, der zunehmend als entartet kritisiert und entsprechend bekämpft wird. Dies bedeutet, daß hierin auch eine Anfrage an uns liegt. Unser Lebensstil wird ernsthaft in Frage gestellt, und konkretes Wissen über den Islam und seine Idealvorstellungen wird notwendig. Durch den Erwerb dieses Wissens können zudem traditionelle Vorurteile gegenüber dem Islam abgebaut und dadurch die Grundlage für ein besseres gegenseitiges Verstehen gelegt werden.
Der Islam nimmt nach dem Judentum eine bedeutende Sonderrolle im Verhältnis zum Christentum ein. Längst nicht mehr eine romantisch-legendäre Welt, die allenfalls aus Karl May oder den Erzählungen von Tausendundeiner Nacht bekannt oder aus der Erinnerung an die Türkenkriege gefürchtet ist, tritt der Islam mit aller Macht ins europäische Bewußtsein und beginnt in zunehmendem Maße nicht nur Theologen und Politiker zu beschäftigen. Die steigende Zahl von Muslimen unserer unmittelbaren Umwelt trägt dieses Interesse über den engen Kreis orientalistischer Fachgelehrter hinaus und läßt diese Fragen unser aller Angelegenheit werden.
Natürlich kann im Rahmen dieser Studieneinheit nur eine erste Einführung geboten werden, die sich auf Basiswissen beschränken wird. Hier kann nicht die Fülle theologischer Schulrichtungen, Spekulationen und Lösungsvorschläge vorgestellt oder gar erörtert werden, die im Laufe der nahezu 1400jährigen Geschichte in unterschiedlichen Regionen der islamischen Welt entstanden ist. Vieles muß deshalb notwendigerweise fehlen, und was in dieser Hinsicht für die Theologie gilt, trifft auch für das islamische Recht und noch mehr für die politische Geschichte des Islam zu, die in so vielfältiger Weise die Ereignisse der europäischen Geschichte berührt und mit ihnen verwoben ist.

Nach dem Durcharbeiten der Studieneinheit sollen Sie in der Lage sein,

- die islamische Vorstellung von der Offenbarungsgeschichte und von Mohammed als dem „Siegel der Propheten“ darzustellen;
- die fünf „Säulen“ des Islam als tragende Elemente dieser Religion zu erläutern;
- die Grundzüge des nach islamischer Vorstellung richtigen, gottwohlgefälligen Verhaltens des Einzelnen in der Familie und in der Gemeinschaft zu beschreiben;
- die Gründe für die Vielfalt innerhalb des Islam zu charakterisieren.

Die religiöse Kraft des Islam

Spätestens seit der islamischen Revolution im Iran, die dazu führte, daß Anfang 1979 Schah Muhammad Reza (gest. 1980) aus der Dynastie der Pahlevis den Iran verließ und die Islamische Republik Iran ausgerufen wurde, ist jedem Beobachter klar, daß es innerhalb des Islam Kräfte gibt, die im Begriffe sind, als „islamische Bewegung“ international revolutionär und mit eigenen sozialpolitischen Vorstellungen aufzutreten. Ihr Bestreben ist es, die Erneuerung des Islam in den traditionell islamischen Ländern einzuleiten. Diese Erneuerung (bei uns oft „Re-Islamisierung“ genannt), die auch viele andere, weniger revolutionäre Gruppen unterstützen, hat zum Ziel, die islamische Gesetzgebung – wie sie historisch überliefert ist – ohne Abschwächung oder Zugeständnisse an die Moderne einzuführen, weil man davon überzeugt ist, daß nur so Gottes Willen entsprochen und alles zum Besten für die Menschen geregelt wird. Daher bekämpfen diese Muslime heute zahlreiche „moderne“ Praktiken und Auffassungen in den islamischen Ländern und fordern statt dessen die unbedingte Rückkehr zum ursprünglichen Ideal: der Frühzeit der islamischen Geschichte. Wer folglich verstehen will, was sich inhaltlich mit dieser Erneuerung verbindet, muß sich mit den Anfängen des Islam befassen und lernen, wie die Muslime diese entscheidende Ausgangsphase sehen, in der die Dinge grundgelegt wurden, die das heutige Denken aller Erneuerungsbestrebungen bestimmen. Dabei wird deutlich, daß es schon sehr früh auch große Meinungsverschiedenheiten innerhalb des Islam gab – eine Entwicklung, die sich bis heute fortgesetzt hat.

Als ideale Zeit gelten – grob gesagt – die ersten 40 Jahre der islamischen Zeitrechnung, nämlich die Jahre 622–632 n. Chr., als der Prophet Mohammed die Urgemeinde von Medina, die *umma,* leitete, und dann die Zeit unter seinen unmittelbaren Nachfolgern (arab.: *ḫalīfa,* gesprochen: chalifa, eingedeutscht: Kalif) im höchsten Amt des „Führers der Gläubigen“. Es waren dies die vier Kalifen:

1. Abu Bakr (632–634),
2. Umar (634–644),
3. Uthman (644–656),
4. Ali (656–661).

Sie werden gewöhnlich die vier „rechtgeleiteten Kalifen“ genannt, wobei die → *Schiiten* allerdings davon nur die Staatsführung des 4. Kalifen Ali als verbindlich ansehen und dementsprechend die „ideale Zeit“ auf Mohammeds und Alis Leitung der *umma* beschränken. Demgegenüber gilt für die → *Sunniten,* die überwältigende Mehrheit der Muslime (d. h. ungefähr 90% der 750 Mill. Muslime, wenn man von etwa 10% Schiiten ausgeht), die gesamte Zeitspanne von 622–661 als Maßstab für eine ausschließlich vom Islam her geprägte Lebens- und Staatsgemeinschaft.

Diese Zeit war zugleich die Zeit großer politischer Erfolge der neuen Religion. Was in Medina auf der arabischen Halbinsel (also im Gebiet des heutigen Saudi-Arabiens) als Stadtstaat begann, weitete sich rasch aus, umfaßte noch zu Mohammeds Lebzeiten Mekka, die Geburtsstadt des Propheten, und überschritt bald die Grenzen der arabischen Halbinsel. 639–642 gelang die Eroberung Ägyptens und 640–642 die Persiens. Aus dem Stadtstaat von Medina war so innerhalb weniger Jahre ein bedeutendes Reich geworden, und es ist verständlich, daß die Muslime aller Zeiten diese wunderbaren Erfolge als Zeichen Gottes angesehen haben. Auch auf dem Gebiet der Wissenschaft und Kunst wurden nun neue Wege beschritten (vgl. Übersicht im Anhang, S. 516).

Karte 1: Die Ausbreitung des Islam bis zum Jahre 750

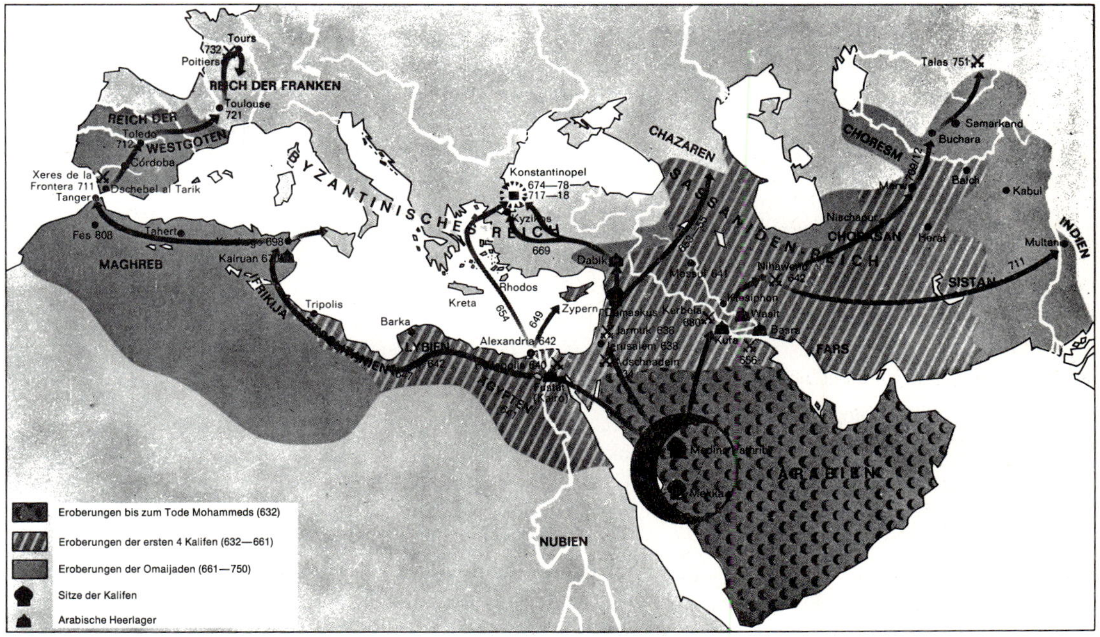

Nach: Karl Bosl: Europa im Mittelalter. Weltgeschichte eines Jahrtausends. Wien/Heidelberg 1970, Anhang.

Der Islam war demnach seit Beginn der islamischen Zeit erfolgreich gewesen. Erst Jahrhunderte später, als – wie die Muslime sagen – der ursprüngliche Glaubenseifer allmählich nachgelassen hatte, schwand der Erfolg. Stagnation und Resignation waren die Folge. Hinzu kamen politisch-militärische Mißerfolge und Niederlagen. Auch das kulturelle Leben erfuhr dann Rückschläge, die bis in die Neuzeit andauerten, so daß aus dem einst blühenden Zentrum des Geisteslebens ein kulturell bedeutungsloses Randgebiet wurde, das mit der Entwicklung der europäischen Wissenschaft in der Neuzeit nicht mehr konkurrieren konnte.

Aus alldem wird klar, weshalb der Muslim heute stolz und mit ein wenig Nostalgie über die „gute alte Zeit" spricht und glaubt, daß der ursprüngliche Glaubenseifer von damals und der politische Erfolg eng miteinander verbunden sind und zusammen die Voraussetzung für eine kulturelle Blütezeit schaffen. Demzufolge lautet immer wieder die Reformparole:

Die Rückkehr zum Glaubenseifer der ersten Zeit ist die Garantie für das (politische) Erstarken des Islam.

Bei diesem Rückblick auf die ersten Jahrzehnte der islamischen Zeitrechnung fällt auf, daß all das Gesagte so gilt, weil 622 n. Chr. als Anfangsdatum genommen wird. Die Frage stellt sich, was davor war, und damit wird zugleich nach den äußeren Daten des Lebens von Mohammed gefragt.

Das Leben Mohammeds

Das Leben Mohammeds gliedert sich in 3 größere Phasen, die gleichzeitig entscheidende Wenden darstellen:

1. Die Zeit vor 610
2. Die Verkündigung der göttlichen Offenbarung von 610–622
3. Die umma unter Mohammed von 622–632

Von den weltlichen Anfängen eines erfolgreichen Kaufmannes wandelt sich Mohammed nach schweren religiösen Auseinandersetzungen in seiner Heimatstadt Mekka zum Begründer einer neuen Religionsgemeinschaft.

Die Zeit vor 610

Das erste sichere Datum aus dem Leben Mohammeds ist sein öffentliches Auftreten als Prophet in seiner Heimatstadt Mekka im Jahre 610 n. Chr. Mohammed war damals etwa 40 Jahre alt (weshalb seine Geburt um das Jahr 570 n. Chr. liegen muß). Der Tradition nach soll er im „Jahr des Elephanten" geboren sein, das heißt in jenem Jahre, als der Herrscher des Jemen, Abraha, einen Feldzug gegen Mekka unternahm, auf dem mindestens ein Elephant mitgeführt wurde.

Noch vor der Geburt Mohammeds war sein Vater gestorben, und als er 6 Jahre alt war, starb auch seine Mutter Amina bint-Wahb aus dem Geschlecht der Zuhra, das wie alle Mekkaner zum Stamm der Koraisch gehörte. Sehr wahrscheinlich wuchs Mohammed schon vor dem Tod seiner Mutter bei seinem Großvater väterlicherseits, Abd al-Muttalib, auf, der zum Geschlecht bzw. der Familie der Haschim im Stamme der Koraisch gehörte und in Mekka ein gewisses Ansehen genoß. Als auch Abd al-Muttalib starb – Mohammed war damals 8 –, nahm sich ein Onkel, Abu Talib, ein Bruder von Mohammeds Vater, seiner an. Wie der Onkel wurde auch Mohammed Kaufmann und zog mit Karawanen umher. So kam er in den Dienst der Ḫadīǧa, einer wohlhabenden Witwe, die etwa 15 Jahre älter war als er. Sie schlug dem etwa 25jährigen Mohammed schließlich die Ehe vor, und dieser nahm das Angebot an. Beide führten nahezu 25 Jahre eine glückliche Ehe, aus der 4 Töchter (besonders bekannt ist darunter Fatima, später die Frau des 4. Kalifen Ali) sowie 2 oder 3 Söhne hervorgingen, die allerdings noch als Kinder starben. Erst nach dem Tod Ḫadīǧas heiratete er – nachdem er Oberhaupt des medinensischen Stadtstaates geworden war – mehrfach, hatte schließlich 9 Frauen, worunter Aischa als Lieblingsfrau gilt. Sicherlich waren einige dieser Eheschließungen rein politisch motivierte Heiraten gewesen. Die große Zahl von Ehefrauen war für die damaligen Verhältnisse nicht anstößig, weil – nach Ausweis der islamischen Historiker – die Polygamie, präziser: die Polygynie (Vielweiberei), durchaus üblich war. Erst durch die Verkündigung Mohammeds wurde die Zahl der legitimen Frauen für die Muslime später auf höchstens 4 Frauen begrenzt (vgl. Koran 4, 3).

Durch die Heirat mit Ḫadīǧa hatte es Mohammed sicherlich auch gesellschaftlich zu etwas gebracht. Wir dürfen annehmen, daß er zu den respektablen Kaufleuten Mekkas gehörte, die eigentlich für das weitere Leben ausgesorgt hatten. Dennoch gab sich Mohammed damit allein nicht zufrieden. Er beschäftigte sich mit religiösen Fragen, wurde wohl in zunehmendem Maße davon angezogen und zog sich sogar des öfteren zu Gebet und Meditation in die Stille, in die Einsamkeit der Wüste um Mekka herum, zurück. Dort wurde ihm im Jahre 610 n. Chr. „in der Nacht der Bestimmung", der die Muslime heute am 27. Ramadan in Form gesteigerter Frömmigkeit gedenken, geoffenbart, was er sogleich in Mekka verkündigte:

> „Trag vor im Namen deines Herrn, der erschaffen hat
> den Menschen aus einem Embryo erschaffen hat!
> Trag vor! Dein Herr ist edelmütig wie niemand auf der Welt
> (er) der den Gebrauch des Schreibrohrs gelehrt hat
> den Menschen gelehrt hat, was er (zuvor) nicht wußte."
> (Koran 96, 1–5)[1]

Abb. 1: Höhle am Berg Hirā' bei Mekka, an der Stätte der Berufung Mohammeds

Frédérique Duran, Paris

Aus: Propyläen Weltgeschichte. Hrsg. von Golo MANN und August NITSCHKE. Bd. 5. Berlin/Frankfurt/Wien 1963, Bildtafel zwischen S. 40/41.

1 Der Koran wird in dieser Studieneinheit stets in der Übersetzung von Rudi PARET, Stuttgart [2]1980, zitiert.

Die Verkündigung der göttlichen Offenbarung von 610–622

Ab 610 trat Mohammed immer wieder in Mekka auf und verkündete göttliche Offenbarungen, die vornehmlich zwei Aussageschwerpunkte haben:

1. die Beteuerung, daß es nur einen einzigen Gott gibt;
2. die Ankündigung eines Gerichtes, bei dem jeder für das Rechenschaft ablegen muß, was er im Leben an Gutem und Bösem getan hat.

Der eine Gott

Mekka war damals, wie die islamischen Historiker schreiben, ein Zentrum des Heidentums, wo viele Götter verehrt wurden. Die zahlreichen Heiligtümer dürften dem wichtigen Handelsplatz zusätzlich beträchtliche Summen aus Wallfahrtsgeldern gebracht haben. Dadurch wird verständlich, daß eine strikte Befolgung des Eingottglaubens *(Monotheismus)* für Mekka eine erhebliche finanzielle Einbuße bedeutet hätte, so daß sich die Mekkaner wehrten, Mohammeds Lehre anzunehmen.

Andererseits war monotheistisches Gedankengut wohl nicht überhaupt unbekannt. Seit Jahrhunderten gab es Christen und Juden im Orient und mit Sicherheit auch auf der arabischen Halbinsel. Wir können daher sagen, daß Mohammed mit derartigem Gedankengut in Berührung gekommen war, noch ehe er als Prophet auftrat, und dies – wenn nicht im Umkreis von Mekka selbst – so vielleicht im Zusammenhang mit einigen Geschäftsreisen als Kaufmann. Auch die Offenbarungen, die Mohammed verkündete und die heute gesammelt in Buchform im Koran, dem Heiligen Buch der Muslime, vorliegen, enthalten zahlreiche Aussagen über das Judentum und das Christentum. Diese Aussagen werden nur verständlich, wenn jüdische und christliche Gedankengänge den Hörern Mohammeds nicht allgemein unbekannt waren, da der Koran als Belehrung und Richtigstellung, „als Rechtleitung für die Gottesfürchtigen" (Koran 2, 2) geoffenbart ist.
Für die Forschung bleibt heute allerdings umstritten, welche christlichen Gruppen hierbei möglicherweise eine Rolle gespielt haben. Denn durch die Auseinandersetzungen um das Wesen bzw. die Gottheit Christi war die Kirche seit dem 4. Jahrhundert gespalten. Es gab ein offizielles Christentum, das – politisch vom byzantinischen Kaiser in Konstantinopel gestützt – die Lehre vom Gottmenschen Jesus Christus, und damit eng verknüpft die von der Dreieinigkeit Gottes, mit Hilfe hellenistisch-griechischer Gedankengänge entfaltete, während die semitisch-orientalischen Kirchen nur von einer engelhaften Sonderstellung Jesu sprachen, ihn somit als Geschöpf Gottes ansahen und dadurch die Gemeinsamkeit mit der offiziellen Kirche der Konzilien von Nizäa (325) bis Chalzedon (451) verloren hatten. Infolgedessen bot das Christentum im 6./7. Jahrhundert ein Bild innerer Zerrissenheit, wie es durch mehrere Stellen im Koran zum Ausdruck gebracht wird.

Zumindest ein biblischer Erzählstoff war in Mekka damals direkt bekannt: Abraham. Er soll der Legende nach in Mekka seinen Sohn – nach Überzeugung vieler Muslime: den Ismael, den Sohn der Hagar und Stammvater der Araber – zu opfern bereit gewesen sein und das bekannte Heiligtum, die Kaaba, gegründet haben. Es ist die einzige vorislamische Wallfahrtsstätte, die bis heute innerhalb des Islam eine zentrale Rolle spielt. Sie ist das Ziel der Gebetsrichtung des Muslim seit Mohammeds Zeiten, wobei der Korrektheit wegen hinzugefügt sei, daß in der allerersten Zeit zunächst für einige Jahre in Richtung Jerusalem gebetet worden war. Das Umkreisen der Kaaba, eines großen quaderförmigen Baues, in dessen Wand ein heiliger Stein eingelassen ist, der einst vom Himmel gefallen sein soll, ist heute einer der wichtigsten Riten während der Wallfahrt nach Mekka, der 5. Säule des Islam (vgl. dazu S. 125–129). Durch die Kaaba wird zum Ausdruck gebracht, daß die monotheistische Religion älter ist als die Verkündigung durch Mohammed, die an diese Tradition anknüpft, sie fortführt und ein für allemal besiegelt.

Abb. 2: Die Moschee in Mekka mit der Kaaba

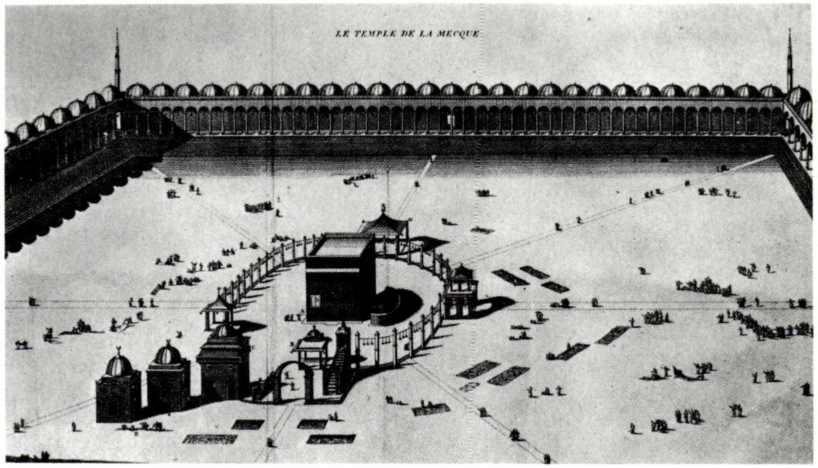

Der in der Mitte der Moschee-Anlage befindliche Quaderbau, die Kaaba, läßt auf der hier dem Betrachter zugewandten Seite (im weiß erscheinenden Viereck) die Stelle an der Wand erkennen, in die der heilige Opferstein Abrahams eingelassen ist.

Aus: Umberto Rizzitano: Mohammed und der Islam. Paris o. J., S. 26.

Das Endgericht

Mohammeds Verkündigung stellt ein Gericht Gottes für jeden Menschen an einem allgemeinen Gerichtstag am Ende der Zeiten in Aussicht:

„Wenn (dereinst) die Erde von ihrem (gewaltigen) Beben erschüttert wird und ihre Lasten (an Toten) von sich gibt, und der Mensch (der das miterlebt) sagt: ‚Was ist (denn) mit ihr?', an jenem Tag wird sie aussagen, was sie zu berichten hat, da ihr Herr (es) ihr (dann) eingegeben hat. An jenem Tag werden die Menschen (voneinander) getrennt (oder: [in verschiedene Gruppen] aufgeteilt?) hervorkommen, damit ihre (während des Erdenlebens vollbrachten) Werke ihnen (im einzelnen) gezeigt werden (können). Wenn dann einer (auch nur) das Gewicht eines Stäubchens an Gutem getan hat, wird er es zu sehen bekommen. Und wenn einer (auch nur) das Gewicht eines Stäubchens an Bösem getan hat, wird er es (ebenfalls) zu sehen bekommen." (Koran 99)

Es gibt folglich eine allgemein verbindliche Verpflichtung für jeden Menschen, das Gute zu tun und das Böse zu lassen. Die Folgen des menschlichen Tuns werden für jeden Einzelnen am Tage des Gerichtes sichtbar, und an anderen Stellen des Korans wird gesagt, daß die, welche Gutes getan haben – und zwar Mann und Frau –, mit den Annehmlichkeiten des Paradieses und der Zufriedenheit Gottes belohnt werden, während die, welche Böses getan haben, der Strafe nicht entgehen werden. Dennoch darf auch der Sünder hoffen, weil Gott barmherzig und gnädig ist.

Eine solche Verantwortlichkeit für das eigene Tun über den individuellen Tod hinaus mit konkreten Folgen für den Einzelnen beim Gericht mußte ebenfalls die Mekkaner erzürnen, weil sie – wie allgemein angenommen wird – bis dahin gar nicht an ein Weiterleben nach dem Tode geglaubt hatten und infolgedessen recht bzw. gut war, was dem Stamm (bzw. der eigenen Familie) nützte, und böse war, was schadete. Das Gruppeninteresse stand demnach über allem; der Einzelne hatte sich diesem unterzuordnen: eine individuelle Ethik gab es nicht. Die Verkündigung einer für den Einzelnen grundsätzlich gültigen Ethik stellte das damals geltende Stammesdenken radikal in Frage und mußte folglich zu einem Umbruch führen, dem sich verständlicherweise alle Verfechter der herkömmlichen Ordnung widersetzten.

Das Bekenntnis zum Monotheismus und die Ankündigung eines Gerichtes für alle Menschen sind Grund genug zu erklären, weshalb die Mekkaner die Botschaft Mohammeds abgelehnt haben. Er konnte lediglich einige wenige Anhänger finden, ja die Konfrontation zwischen Mohammed und den Mekkanern drohte immer ernstere Formen anzunehmen. Zum offenen Konflikt kam es allerdings nicht, weil Mohammed vorher Mekka verließ, da er ein Aussiedlungsangebot annahm, das ihm von Einwohnern aus Yathrib, dem späteren Medina, etwa 450 km nördlich von Mekka auf der arabischen Halbinsel, gemacht wurde. Dort lebten mehrere Stämme untereinander in Unfrieden und waren bereit, die neue Religion anzunehmen, wenn es Mohammed gelänge, die Fehden zu begraben und Frieden zu stiften. Ihre Identität sollte dann nicht mehr durch die stammesmäßigen Blutsbande, sondern allein durch die Religionszugehörigkeit bestimmt sein, so daß die islamische Gemeinde, die *umma,* von nun an die geistige Heimat und der Garant für den Schutz des Lebens in dem Maße für den Einzelnen werden sollte, wie dies bislang vom Stamm galt. Mohammed verhandelte mindestens ein Jahr lang über diese Umsiedlung und legte dabei auch die Bedingungen für das Zusammenleben mit den dort ansässigen Stämmen jüdischen Glaubens fest, die nicht bereit waren, zum Islam überzutreten. Das Ergebnis dieser Verhandlungen ist ein Text, der allgemein als „Verfassung von Medina" (vgl. *Dokument 1*) bekannt ist und dessen Kerngedanken als authentisch gelten, obwohl die genaue Entstehungszeit bis heute umstritten ist. Vermutlich ist er in der überlieferten Form der Mohammed-Biographie des Hischam in der Bearbeitung von Ibn Ishak eine Komposition aus verschiedenen und zu verschiedenen Zeiten entstandenen Elementen.

Dokument 1: Die Verfassung von Medina

»Im Namen des barmherzigen und gütigen Gottes. Dies ist eine Urkunde von Mohammed, dem Propheten Gottes, über die Beziehungen zwischen den gläubigen Muslimen von *Quraisch* und Jathrib (Medina), jenen die ihnen folgen, sich ihnen angeschlossen haben und zusammen mit ihnen kämpfen. Sie sind *eine* Gemeinde in Unterscheidung zu den anderen Menschen. Die Auswanderer von den Quraisch sollen, entsprechend ihrer bisherigen Sitte, gemeinsam die Blutschuld unter sich bezahlen und ihre Gefangenen auslösen mit der Billigkeit und Gerechtigkeit, wie sie unter den Muslimen üblich sind. Die Banu *Auf* zahlen ihre Blutschuld entsprechend ihrer bisherigen Sitte und jede Untergruppe löst ihre Gefangenen aus, entsprechend der Billigkeit und Gerechtigkeit unter den Muslimen. Ebenso die Stämme *Sâ'ida, Hârith, Dschuscham, Naddschâr, Amr* ibn Auf, *Nabit* und *Aus.* Die Gläubigen geben keinen Schuldner unter ihnen auf, sondern helfen ihm nach Billigkeit, seine Auslösesumme oder das Blutgeld zu zahlen. Ein Gläubiger schließt kein Bündnis mit dem Freigelassenen eines anderen Muslims ohne dessen Zustimmung. Die gottesfürchtigen Gläubigen stellen sich gegen jeden, der ungerecht gegen sie handelt oder versucht, Unrecht, Sünde, Feindschaft und Verderbtheit unter die Gläubigen zu streuen; gemeinsam wenden sie ihre Hände gegen ihn, und sei es der Sohn eines von ihnen. Ein Gläubiger tötet keinen Gläubigen wegen eines Ungläubigen und hilft keinem Ungläubigen gegen einen Gläubigen. Gottes Schutz ist ein einziger; gibt auch nur der geringste von ihnen einem Fremden Schutz, so ist dies für alle verpflichtend. Die Gläubigen stehen – gegenüber den anderen Menschen – gegenseitig in einem Verhältnis wie Herr und Freigelassener. Die Juden, die uns folgen, genießen die gleiche Hilfe und Unterstützung, solange sie die Gläubigen nicht ungerecht behandeln und andere gegen sie unterstützen. Der Friede der Gläubigen ist ein einziger. Kein Gläubiger schließt für sich gegen einen anderen Gläubigen einen Frieden im Kampf für Gott, es sei denn auf der Grundlage von Gerechtigkeit und Gleichheit. Auf jedem Feldzug wechseln sich die Reiter in der Führung ab. Die Gläubigen rächen für einander das im Heiligen Kampf vergossene Blut. Die gottesfürchtigen Gläubigen stehen unter der besten und richtigsten Rechtleitung. Kein Ungläubiger aus Medina gewährt den Quraisch Schutz für Güter oder Personen, noch setzt er sich für einen Quraischiten gegen einen Gläubigen ein. Wenn jemand ungerechterweise einen Gläubigen tötet und dabei die Unrechtmäßigkeit eindeutig ist, dann ist jener der Vergeltung unterworfen, es sei denn, der Vertreter des Ermordeten ist mit einer Zahlung zufrieden. Alle Gläubigen stehen gemeinsam gegen den Mörder und sind verpflichtet, sich gegen ihn zu wenden. Einem Gläubigen, der dem Inhalt dieser Urkunde zugestimmt hat und an Gott und den Letzten Tag glaubt, ist es nicht erlaubt, einem Übeltäter zu helfen oder ihm Zuflucht zu gewähren. Auf dem, der dies dennoch tut, liegen der Fluch und der Zorn Gottes am Tage der Auferstehung, und durch nichts kann er sich dafür entschädigen. In jeder Frage, in der ihr uneins seid, wendet euch an Gott und Mohammed. Die Juden tragen ihre eigenen Unkosten, solange sie zusammen mit den Muslimen kämpfen. Die Juden im Stamme Auf bilden mit den Gläubigen eine Gemeinde. Den Juden ihre Religion und den Muslimen die ihre! Dies gilt für ihre Freunde wie für sie selbst, es sei denn, einer hat unrecht oder sündhaft gehandelt; er bringt Unheil nur über sich und seine Familie. Dies gilt gleichermaßen für die Juden in den Stämmen *Naddschâr, Hârith, Sâ'ida, Dschuscham, Aus, Tha'laba,* Dschafna, einem Unterstamm der Tha'laba, und Schutaiba. Treue geht vor Verrat. Für die Klientel der Tha'laba gilt das gleiche und ebenso für die engen Freunde der Juden. Niemand aus der Gemeinde zieht ohne die Erlaubnis Mohammeds in den Kampf, doch wird er nicht daran gehindert, Rache für eine Verwundung zu nehmen. Wer immer vorschnell jemand tötet, vernichtet nur sich selbst und seine Familie, es sei denn, jener hat Unrecht getan: Gott wird mit ihm zufrieden sein. Die Juden tragen ihre Unkosten und ebenso die Muslime die ihren. Sie helfen einander gegen jeden, der gegen die Leute dieser Urkunde kämpft. Zwischen ihnen herrscht echte Freundschaft und Treue ohne Verrat. Ein Mann ist nicht schuld für den Verrat seines Bundesgenossen. Wem Unrecht geschieht, dem wird geholfen. Die Juden tragen ihre eigenen Unkosten, solange sie zusammen mit den Muslimen kämpfen. Das Tal von Jathrib (Medina) ist ein Heiligtum für die Leute dieser Urkunde. Der unter dem Schutz stehende Fremde wird behandelt wie derjenige, der ihm Schutz gewährt, solange er nicht schadet und keinen Verrat begeht. Einer Frau wird nur mit Zustimmung ihrer Familie Schutz gewährt. Immer wenn zwischen den Leuten dieser Urkunde etwas geschieht oder zwischen ihnen Streit entsteht, woraus Unheil zu befürchten ist, so ist dies Gott und Mohammed, seinem Gesandten, vorzulegen. Gott nimmt aus dieser Urkunde an, was am frömmsten und rechtschaffensten ist. Den Quraisch und ihren Helfern wird kein Schutz gewährt. Die Leute dieser Urkunde helfen sich gegen jeden der Jathrib überfällt. Wenn die Juden zu einem Friedensschluß aufgerufen werden, so tun sie es und halten ihn ein. Und wenn sie die gleiche Forderung an die Gläubigen stellen, so tun diese es ebenso, es sei denn, sie kämpften für den Glauben. Jeder erhält den Schutz von seiner Seite. Die Juden vom Stamme Aus, ihre Schutzbefohlenen wie sie selbst, haben die gleichen Rechte und Pflichten wie die Leute dieser Urkunde, solange sie sich diesen gegenüber aufrichtig verhalten. Treue geht vor Verrat. Jeder, der etwas erwirbt, erwirbt es für sich selbst. Gott billigt diese Urkunde. Sie schützt nicht den Übeltäter und den Sünder. Derjenige, der auszieht zum Kampf, ist in Medina sicher wie derjenige, der nichts unternimmt, solange er nicht Unrecht oder Verrat begeht. Gott schützt jeden, der aufrichtig ist und ihn fürchtet. Und Mohammed ist der Prophet Gottes.«

Die arabischen Namen bezeichnen Stämme bzw. Unterstämme in Medina. *Quraisch = Koraisch* ist der Stamm von Mekka.

Aus: Ibn ISHÂQ: Das Leben des Propheten. Aus dem Arabischen übertragen und bearbeitet von Gernot ROTTER. Tübingen/Basel 1976, S. 109–111.

Nachdem die Bedingungen des Zusammenlebens unter Muslimen und mit den jüdischen Stämmen in Yathrib klar waren, vollzog Mohammed die Ausbürgerung aus seinem Stamm in Mekka. Es handelt sich dabei also nicht um eine Flucht, sondern um eine Emigration (die in der arabischen Überlieferung *Hiğra* heißt), die im Jahre 622 n. Chr. stattfand und als Ausgangsdatum für die islamische Zeitrechnung genommen wird.

Die umma unter Mohammed von 622–632

Es ist bemerkenswert, daß die islamische Zeitrechnung mit der Auswanderung Mohammeds nach Yathrib (Medina) einsetzt und nicht schon mit seinem öffentlichen Auftreten als Prophet in Mekka. 12 Jahre prophetischer Verkündigung, die durch die mekkanischen Suren im Koran präsent ist, fallen somit aus der Sicht der islamischen Zeitrechnung noch in die vorislamische Zeit.

Lediglich die „medinensischen" Suren des Koran, also die Offenbarungen, die Mohammed zwischen 622 und seinem Tod 632 verkündet hat, sind mit Hilfe der islamischen Zeitrechnung zu datieren. Mohammed war damals Oberhaupt der *umma,* der islamischen Gemeinde, die ausschließlich den Anweisungen des Propheten folgte und durch ihn geleitet wurde. Alles, was Mohammed als Leiter dieser Gemeinde anordnete, hatte folglich die unbezweifelbare Autorität des prophetischen Wortes, und die Suren aus dieser Zeit machen deutlich, daß alle Bereiche des menschlichen Lebens in diese göttliche Weisung einbezogen sind. Sie umfaßt Verhaltensregeln beim Grüßen und Betreten eines Hauses (z. B. Koran 24, 27–29) ebenso wie Speisevorschriften (z. B. Koran 2, 219; 5, 3–5.94–96) oder die Beachtung der Privatsphäre (z. B. Koran 24, 58). Die vielen einzelnen Vorschriften aus jener Zeit ergeben in ihrer Gesamtheit zwar noch kein fertiges System des menschlichen Idealverhaltens, sie verdeutlichen aber die Tendenz, keinen Bereich menschlicher Aktivität ohne göttliche Weisung zu lassen.

Daher ist dem Islam nach Meinung vieler Muslime heute eine Scheidung der Lebensbereiche in „das, was des Kaisers ist" und „das, was Gottes ist" (vgl. Mt 22,21), in Weltliches und Religiöses also, von seinem Ursprung und Wesen her – was die medinensische Zeit angeht – fremd. Hier liegt auch der Grund dafür, daß diese Muslime heute weithin den säkularen, von der Religion getrennten Staat als „Import" aus Europa ansehen und ihn als unislamisch ablehnen.

Andere Muslime, etwa die Schwarzafrikas oder Indonesiens, haben sich nach der Unabhängigkeit ihrer Staaten mehrheitlich für den säkularen Staat entschieden und wollen auch in Zukunft daran festhalten, um etwa in Schwarzafrika die historische, ethnische und sprachliche Einheit ihrer Völkerschaften zu erhalten und sie nicht einer religionsbedingten Unterschiedlichkeit der Volksgenossen zu opfern. Sonst wirkt in den mehrheitlich islamischen Staaten Nordafrikas und Asiens das Ideal der *umma* für die Muslime heute zunehmend attraktiver und begünstigt den Prozeß der Erneuerung des Islam im Sinne einer Abkehr vom westlichen Ideal mit seiner deutlichen Trennung zwischen Staat und Religion (vgl. S. 117f.).

Die Tatsache, daß der Koran selbst zwar die Tendenz sichtbar macht, das Leben des Einzelnen wie der Gemeinschaft umfassend zu regeln, aber noch kein fertiges System mit allen Details enthält, sondern lediglich durch einige konkrete Festlegungen die Richtung dazu weist, hat bewirkt, daß in den ersten Jahrhunderten nach Mohammed derartige Systematisierungen formuliert worden sind. Vier davon haben eine bis heute offizielle Anerkennung im Islam in Form der „Rechtsschulen" (vgl. unten S. 135f.) gefunden, zu denen noch die schiitische Richtung als weitere hinzuzufügen ist.

Gleich nach dem Tode des Propheten begann man mit dem Sammeln seiner als Offenbarung vorgetragenen Verkündigungen. Unter dem 3. Kalifen, Uthman, wurde dann der endgültige Koran in seiner heutigen Fassung zusammengestellt, wobei einige unbedeutende Varianten ausgeschieden wurden, so daß das uns bekannte Buch im Unterschied zur Bibel textlich in allen Passagen als gesichert erscheint und im Vergleich mit den einzelnen Büchern der Bibel eine recht kurze Entstehungsgeschichte von nur rund 20–25 Jahren hat.

Die Muslime verweisen auf diese kurze Entstehungsgeschichte, um mit ihrer Hilfe rational die Glaubensüberzeugung zu begründen, daß Mohammed im Vergleich zu den voraufgehenden Propheten eine Schlüsselstellung bei der Überlieferung der Offenbarung zukommt, das heißt, sie sehen darin ein Argument zur Stützung ihrer Vorstellung von der Offenbarungsgeschichte.

(1) Worin unterscheiden sich die Inhalte der mekkanischen Suren von denen der in Medina entstandenen?

....

....

....

....

....

....

....

Die Offenbarungsgeschichte

Der Koran betont an vielen Stellen, daß die Verkündigung Mohammeds an frühere Offenbarungen anknüpft und diese fortführt. Die islamische Theologie stellt dies – etwas vereinfacht gesagt – etwa so dar: Gott hat in seiner Güte dem Menschen geoffenbart, was gut ist, und was der Herr von ihm fordert. Er hat ihn darüber belehrt, daß Gott der Schöpfer der Welt und der Richter der Menschen ist und daß er dem Menschen gegenüber gnädig sein wird, wenn dieser sich redlich bemüht, Gottes Willen zu erfüllen.

Diese Botschaft ist die Substanz aller prophetischen Verkündigung. Leider aber haben die Anhänger der einzelnen Propheten im Laufe der Zeit diese Botschaft lückenhaft überliefert und bisweilen mittels neuer Entstellungen die inzwischen bemerkten Auslassungen oder Ungenauigkeiten zu korrigieren versucht, so daß die überlieferte Lehre des jeweiligen Propheten oft beträchtlich von seiner ursprünglichen Botschaft abwich und eine Art Mischung von Dichtung und Wahrheit war. Irgendwann, so glauben die Muslime, wollte dann Gott selbst korrigierend eingreifen und schickte einen neuen Propheten, der die ursprüngliche Botschaft des voraufgehenden Propheten wortgetreu wiederholen sollte. Die Anhänger der überlieferten Lehre des voraufgehenden Propheten hielten die Botschaft des neuen Propheten logischerweise für etwas Neues, obwohl sie in Wahrheit das Ursprüngliche wiedergab, dem gegenüber sie selbst etwas Neues vertraten – doch wußten sie um diesen Sachverhalt natürlich nicht und lehnten den neuen Propheten meist ab. Nur einige wenige waren von der Wahrheit dieser Botschaft überzeugt, schlossen sich ihm an und bildeten so eine neue Religionsgemeinschaft, die ihrerseits recht bald die Religionsgeschichte insofern wiederholen sollte, als auch ihr Auslassungen und Entstellungen der überlieferten Lehre nicht erspart blieben und alles schließlich seinen Lauf nahm wie im vorhergehenden Falle.

So kommt es immer wieder zu neuen Propheten. Die Reihe der Propheten reicht von Adam über Noah, Abraham (arab.: *Ibrahim*), Moses (arab.: *Musa*) und Jesus (arab.: *Isa*) – um nur diese zu nennen – bis hin zu Mohammed. Im Falle von Moses und Jesus verdient zusätzlich die Besonderheit Erwähnung, daß ihre Lehren später (also nach erfolgter Entstellung) sogar niedergeschrieben wurden und so als heilige Schrift überliefert werden, obwohl sie – nach Meinung der Muslime – nicht in allen Punkten historisch zuverlässig die ursprüngliche Botschaft wiedergeben. Ja die Muslime sehen mit Blick auf das Christentum eine Bestätigung ihrer Entstellungsbehauptung in der dogmatischen Entwicklung, wie sie in den großen Konzilien von Nizäa (325) bis Chalzedon (451) sichtbar wird, wenn man diese Glaubensaussagen mit denen der Evangelien vergleicht. Es wird nach Auffassung der Muslime hier deutlich, wie ein einmal begonnener Entstellungsprozeß immer weitere Konsequenzen nach sich zieht, bis er systematisch abgeschlossen ist.

Die Botschaft Mohammeds wird demnach folgerichtig als eine neue Korrektur der überlieferten Lehren aller voraufgehenden Propheten angesehen. Sie erhebt folglich keinen Anspruch auf Originalität, wohl aber – und das mit aller Entschiedenheit – auf irrtumsfreie Wahrheit. Und da die Botschaft noch zu Mohammeds Lebzeiten oder unmittelbar danach niedergeschrieben und in weniger als 25 Jahren endgültig zusammengestellt wurde und so überliefert wird, bietet diese Textsammlung, der Koran (mit seinen 114 Suren), nach islamischer Überzeugung die Gewähr dafür, daß nun die Offenbarung jeder späteren Entstellung oder Verkürzung entzogen ist. Deshalb bedarf es auch keines weiteren Propheten mehr. Mohammed schließt somit folgerichtig die Reihe der Propheten endgültig ab und wird daher „das Siegel der Propheten" genannt.

Wer also wissen will, was wirklich dem Menschen als Offenbarung mitgeteilt wurde, kann es nach islamischer Glaubensüberzeugung ohne Entstellung für immer im Koran nachlesen. Er hat damit zugleich die Möglichkeit festzustellen, was in den Überlieferungen der früheren Propheten ursprüngliche Botschaft und was verfälscht ist: alles, was mit dem Koran übereinstimmt, ist göttliche Offenbarung, was dazu im Widerspruch steht, Verfälschung.

Deshalb glaubt der Muslim, daß er mehr noch als der Christ den Anspruch erheben kann, die Botschaft Jesu zu kennen. Dank der durch Mohammed verkündeten und im Koran festgehaltenen Offenbarung Gottes ist der Muslim gewissermaßen der wahre Jude und der wahre Christ in einem. Er ist im Besitz der vollen Wahrheit, während die Juden und die Christen nur Teilwahrheiten besitzen.

Diese Sichtweise der Offenbarungsgeschichte erklärt, weshalb die Juden und Christen als „Leute des Buches" oder „Schriftbesitzer" einen gewissen Sonderstatus innerhalb der *umma* zuerkannt bekommen. Durch die im heiligen Buch enthaltenen Wahrheiten nämlich sind sie grundsätzlich von den Heiden unterschieden. Infolge der erwähnten Entstellungen fehlt ihnen andererseits noch die letzte, volle, ungetrübte Wahrheit, die den Muslim über alle anderen Gläubigen in der Welt hinaushebt. Zuviel Menschliches ist nach Auffassung der Muslime dem Wort Gottes in der langen Zeit seiner Überlieferung hinzugefügt worden. Demgegenüber lebt der Muslim hinsichtlich des Korans aus der Überzeugung, daß er hier Gottes Wort in absoluter Form vorliegen hat. Dies ist sogar mit allen Konsequenzen gültig: Der arabische Text des Korans gilt in dieser Form als von Gott allein verfaßt, weshalb keine Übersetzung irgendeine Autorität gegenüber diesem Original beanspruchen oder geltend machen kann. Mohammed hat den vorliegenden arabischen Text lediglich so vorgetragen, zu seiner sprachlichen Gestaltung aber hat er nicht das Geringste beigetragen. Mohammed diente somit – wie die islamischen Theologen gern sagen – lediglich als „Schreibrohr" für Gott oder noch genauer als „Sprachrohr" Gottes. Hier liegt auch der Grund dafür, daß es die Muslime gewöhnlich ablehnen, als „Mohammedaner" bezeichnet zu werden. Sie fühlen sich nicht als die Anhänger Mohammeds, sondern einfach als „Gottergebene" (arab.: „Muslim" oder bei anderer Vokalisierung „Moslem" – was beides sprachlich mit „Islam" zusammenhängt).

Ihre Gottergebenheit wird vor allem durch die monotheistische Bekenntnisformel deutlich, wodurch sie im Grunde mit allen früheren Prophetenaussagen übereinstimmen, von Abraham über Moses bis zu Jesus. Es versteht sich von selbst, daß Jesus in dieser Sichtweise nur von Gott gesandt und ein Diener Gottes ist, aber nicht Sohn Gottes genannt werden darf (vgl. Koran 5, 72–75). Auch seine wunderbare Geburt von der Jungfrau Maria ändert daran nichts. Sie zeichnet ihn vor den anderen Menschen aus, da er ohne Zutun eines Mannes auf die Welt kam, läßt aber keine weitergehenden Schlüsse zu, weil Adam auf eine noch wunderbarere Art zur Welt kam, nämlich ohne Vater und Mutter.

(2) Was besagt die Aussage: Mohammed ist das „Siegel der Propheten"?

....

....

....

....

....

....

....

....

....

Die islamische Theologie

Mit dem Hinweis auf das monotheistische Bekenntnis ist zugleich die Grundaussage der islamischen Theologie angesprochen. Gott ist der Herr der Welt und des Menschen. Der Mensch hat Gottes Anweisungen zu befolgen – ohne Wenn und Aber. Als Richtschnur dient dem Menschen hierfür die göttliche Offenbarung, die gegeben wurde, damit er nicht irre-, sondern rechtgeleitet ist. Sie wurde verkündet von den Propheten:

„Ihr Gläubigen! Glaubt an Gott und seinen Gesandten und die Schrift, die er auf seinen Gesandten herabgeschickt hat, und die Schrift, die er (schon) früher herabgeschickt hat! Wer an Gott, seine Engel und seine Schriften, seine Gesandten und den jüngsten Tag nicht glaubt, ist (damit vom rechten Weg) weit abgeirrt." (Koran 4, 136)

Der Koran formuliert also hier wie an vielen anderen Stellen Aufforderungen, denen die Menschen Folge leisten sollen und wohl auch Folge leisten können. Diese Aussagen stehen somit in formalem Widerspruch zu den Stellen, die Gottes Allmacht so sehr betonen, daß sogar gesagt wird, Gott habe die Menschen und alle ihre Taten erschaffen (vgl. Koran 37, 96), so daß eine Art Vorherbestimmung der menschlichen Taten durch Gott *(Prädestination)* angenommen werden müßte.

Im Koran stehen diese beiden Vorstellungen nebeneinander. Es ist dort nicht entschieden, welche der beiden den Vorrang hat – weshalb es darüber im frühen Islam zu vielen theologischen Auseinandersetzungen gekommen ist. Trotz der oft pointiert vertretenen Extrempositionen muß gesagt werden, daß hierbei das Wort „kismet" nie auftaucht. Der Karl-May-Leser verbindet damit wohl die Haltung, alles widerspruchs- und letztlich auch teilnahmslos ohne jede Eigeninitiative als Gottes Willen und von ihm allein bestimmt hinzunehmen. „kismet" aber ist kein Ausdruck der klassischen theologischen Literatur und im übrigen zur allgemeinen Charakterisierung der Haltung des Muslim sowohl praktisch als auch theoretisch ungeeignet:

– *praktisch,* weil der Islam von der Hiğra bis in die Neuzeit hinein das europäische Mittelalter in Furcht und Schrecken vor dem Herannahen islamischer Truppen – sei es über Spanien, Sizilien oder über die Türkei – versetzte und neuerdings im Begriffe ist, seine ursprüngliche Vitalität wiederzugewinnen (von Fatalismus kann dabei wirklich nicht die Rede sein);

– *theoretisch,* weil die Vorstellung vom Menschen als der willenlosen, fremdbestimmten Marionette Gottes trotz des Festhaltens an Gottes Allmacht stets von der Mehrheit der Theologen bekämpft wurde zugunsten eines Kompromisses, der das Zusammenwirken beider aufrechterhält und in einer modernen Selbstdarstellung sunnitischer Theologie etwa so gefaßt wird:

„Alles im Weltall unterliegt ewigen, unveränderlichen Gesetzen. Ihre Wirkungen sind gewiß und unumstößlich. In ihnen bekundet sich der immerwährende göttliche Wille. Durch zwei Eigenschaften, die Ihm innewohnen – die Allmacht und das Allwissen – beherrscht Gott das ganze Weltgeschehen. Gott gab den Menschen Verstand und Entschlußkraft, damit sie sich für gute oder schlechte Taten entscheiden können. Demnach ist der Mensch Träger eines begrenzt freien Willens. Dies bedeutet laut Muhammed Ebū Zehrā (gest. 1974), daß Gott ‚dem Geschöpf die Kraft zum Handeln gibt und die Handlungen zu seinen eigenen macht. Dadurch gehören die Taten dem Menschen, ohne daß sie aus Gottes Herrschaft herauskommen.' Selbst dieses Teilvermögen des Menschen ist durch die Vielfalt bekannter und unbekannter Naturgesetze vorherbestimmt. In noch größerem Maße sind die Erscheinungen, die außerhalb des menschlichen Teilvermögens liegen, der Vorherbestimmung unterworfen. Alle Fäden der Verwaltung des Weltalls, d. h. alle Naturgesetze, laufen bei Gott zusammen. Der Mensch muß bestrebt sein, gute Taten zu vollbringen, die ihm Glück und Seligkeit einbringen. Eine Missetat droht, früher oder später Unglück auszulösen.

Alles Bestehende, sei es gut oder schlecht, Nutzen oder Schaden, hängt vom Willen Gottes ab. So besteht mit Bezug auf diesen Willen kein Unterschied zwischen Erhaltung und

Untergang, zwischen Tod und Leben, denn Gott ist unabhängig von der Schöpfung. Manches von Gott Gewollte, z. B. gute Handlungen, ist ihm jedoch erwünscht, manches wieder, wie Unglauben und Schlechtigkeit, Sünden und Verderbnis, dagegen unerwünscht. Der Muslim muß das Wohlgefallen Gottes suchen. Erst im Jenseits wird Gott eine Ordnung entstehen lassen, die Seinem Wohlgefallen ganz und gar entspricht. In dieser Ordnung werden die guten Menschen ihr Seelenheil finden.
Die erschaffene Welt zerfällt in zwei scharf voneinander abgegrenzte Teile: die wahrnehmbare Welt, in der wir leben, und eine Wirklichkeit, die des Menschen nach seinem Tode harrt. Der Anfangspunkt der Lebenslinie ist die Geburt. Der vorausschaubare Untergangspunkt, der Tod, ist ein Wagnis, weil man nicht weiß, was danach kommt. Aber dieses Wagnis muß jedes lebende Geschöpf auf sich nehmen. Trotz der Gewißheit des Todes versucht der Mensch, ihm zu entgehen. Der Gedanke an Gott als Quelle der Gnade und Hoffnung vermag dem Menschen zu helfen, den Tod zu überwinden. Auch der Schlaf ist ein Wagnis. Als man einen mittelalterlichen Gelehrten fragte, warum er so gut schlafen könne, antwortete er: ‚Es geht so, daß ich mich hergebe. Wie in mütterliche Arme gebe ich mich her. All mein Widerstand fällt im Nu ab, und ich gebe mich her.‘ Eben dieses Rezept wird vom Islam in einem größeren Zusammenhang als der Weg des ‚Heils‘ geboten. Das Wesen des Islam ist die Hingabe an Gott. Der Gläubige gestaltet sein Leben nach dem Gedanken, daß er in ein großes Ganzes hineingestellt ist. Gott ist überall zugegen. Der Mensch kann sich Ihm jederzeit ganz hingeben, ohne dabei seine Persönlichkeit, seine Freiheit zu verlieren. Die Hingabe in den Willen, der in der Schöpfung schaltet und waltet, ist kein Fatalismus. Sie ist eine konkrete Bezeugung des Glaubensbekenntnisses: ‚Es gibt keinen Gott außer Allāh.‘“[2]

(3) Häufig wird der Islam in der westlichen Literatur als fatalistisch hingestellt. Stimmt es nach islamischer Auffassung wirklich, daß die Taten des Menschen von Gott vorherbestimmt sind, so daß der Mensch keinen freien Willen hat?

…………………………………………………………………………………………

…………………………………………………………………………………………

…………………………………………………………………………………………

…………………………………………………………………………………………

…………………………………………………………………………………………

…………………………………………………………………………………………

…………………………………………………………………………………………

…………………………………………………………………………………………

…………………………………………………………………………………………

…………………………………………………………………………………………

…………………………………………………………………………………………

Die fünf Säulen des Islam

Es hat sich unter den Muslimen und in den europäischen Einführungen in den Islam eingebürgert, eine Handvoll Prinzipien zu nennen, auf denen gewissermaßen der Islam beruht, die ihn sozusagen wie „Pfeiler“ oder „Säulen“ tragen. Diese fünf Säulen sind:

1. Das Glaubensbekenntnis *(schahāda)*
2. Das fünfmalige tägliche Gebet *(salāt)*
3. Die Almosensteuer *(zakāt)*
4. Das Fasten im Monat Ramadān
5. Die Pilgerfahrt *(Hağğ)* nach Mekka im Wallfahrtsmonat

2 Smail Balić: Ruf vom Minarett. Weltislam heute – Renaissance oder Rückfall? Eine Selbstdarstellung. Wien 1979, S. 30f.

Das Glaubensbekenntnis (schahāda)

Die Aussagen zur Offenbarungsgeschichte und zur islamischen Theologie lassen sich knapp und formelhaft durch die *schahāda*, die islamische Bekenntnisformel, zusammenfassen:

„Ich bezeuge, es gibt keine Gottheit außer Gott;
ich bezeuge, Mohammed ist der Gesandte Gottes.“

„Es gibt keine Gottheit außer Gott“

Für „Gott“ steht hier jeweils im arabischen Original – wie im obigen Zitat – das Wort „Allāh“. Dies ist kein Eigenname, sondern wird auch von den Juden und Christen arabischer Zunge als Wort für den einen Gott gebraucht. Dennoch besteht ein grundlegender Unterschied zwischen der islamischen und der christlichen Rede von Gott:

„Entgegen der biblisch orientierten christlichen Theologie, die nicht einfach von Gott, sondern von ‚Gott und Mensch‘ im Zentrum des Geschehens, von einer Personalunion zwischen ‚Gott und Mensch‘ redet, ist der Islam eifrig darauf bedacht, jeden Gedanken an eine Teilhaberschaft des Menschen an der göttlichen Einmaligkeit aus dem Bewußtsein seiner Gläubigen zu verdrängen.“[3]

Dementsprechend wird die Belohnung der Guten im Jenseits als Verweilen in einem angenehmen Paradies und nicht als Sein bei Gott vorgestellt. Gott wohnt im unzugänglichen Lichte – weshalb der Islam keine Aussagen über ihn, seine Gedanken oder gar sein Innenleben zuläßt, sondern die Rede von Gott auf dessen Wirkung nach außen, nämlich wie sie von der Schöpfung her erlebt wird, eingrenzt, wenn beispielsweise gesagt wird, „Gott ist der Herr, der Schöpfer der Welt, der Barmherzige und der Gnädige“. Deshalb wollen manche Muslime (auch in anderen Sprachen als der arabischen) das arabische Wort „Allah“ für „Gott“ im Gespräch mit Christen beibehalten, um sicher zu sein, daß wirklich von Gott in ihrem Sinne und nicht etwa vom dreifaltigen Gott oder von Jesus Christus die Rede ist.

Das fünfmalige tägliche Gebet (salāt)

Die *salāt* legt den äußeren Rahmen des Tagesablaufes eines Muslim fest:

„Der Islam schreibt fünf tägliche Gebete vor, und zwar: am Morgen, zu Mittag, zum Nachmittag, am Abend und vor dem Schlafengehen. Das Bestreben des Islam, den Gläubigen ganz dem Wohlgefallen Gottes nahe zu bringen, bekundet sich auch in der Zusammensetzung des Gebetes. Die Andacht hat daher nicht nur mit dem Herzen und der Zunge zu erfolgen; ihr sollen auch die Gedanken und der Leib dienen. Charakteristische Teile des Gebetes sind die Verbeugung und Berührung des Bodens mit dem Gesicht. Auf die Stärkung des Glaubens und des Willens nach dem Guten abgestimmt, trägt dieses Gebet nebenbei zur körperlichen Kultur bei. Zusammen mit der ihm vorausgehenden Reinigung weckt und festigt es den Sinn für die persönliche und gesellschaftliche Disziplin.
Außer den fünf täglichen Gebeten besteht noch ein feierliches gemeinsames Wochengebet, das am Freitag jeder Woche stattfindet. Es gibt ferner noch Gelegenheitsgebete, wie das Toten- und das Bayramgebet.
Um der Verrichtung des Gebetes beizutreten, muß der Gläubige:

a) sich von der Reinlichkeit des Körpers, der Kleidung und des Ortes, an dem das Gebet stattfinden soll, vergewissern,

3 Smail Balić: Das Jesusbild in der heutigen islamischen Theologie. In: Glauben an den einen Gott. Menschliche Gotteserfahrung im Christentum und im Islam. Hrsg. von A. Falaturi und W. Strolz. Freiburg/Basel/Wien 1975, S. 11.

b) vor dem Gebet in vorgeschriebener Weise das Gesicht und die äußerlichen Körperteile waschen. In gewissen Fällen ist sogar das Baden erforderlich. Fehlt das reine Wasser für diese Waschung, z. B. in der Wüste, so kann eine symbolische Reinigung vorgenommen werden;
c) anständig gekleidet sein. Die Frauen dürfen mit einem zu tief ausgeschnittenen Kleid oder mit entblößten Armen und Beinen das Gebet nicht antreten,
d) die vorgeschriebene Gebetszeit einhalten,
e) vor dem Beginn des eigentlichen Gebetes die Absicht, sich der Andacht zu widmen, verbal zum Ausdruck bringen. Dadurch soll bestätigt werden, daß das vorgenommene Gebet eine bewußte Handlung ist. Denn nach den Absichten werden die Taten beurteilt. Die Fassung der Absicht erfolgt ungefähr in folgender Weise: ‚Ich habe mir vorgenommen, im Namen des Allmächtigen, das Morgen-, Mittags-, Abendgebet usw. zu verrichten. Mit Millionen anderer Gläubiger im Geiste vereinigt, wende ich mein Gesicht nach Mekka',
f) das Gesicht und den Vorderkörper in Richtung Mekka, wo sich das Heiligtum Ka'ba befindet, wenden."[4]

Eines der beliebtesten Gebete aus dem Koran ist die „Eröffnende" (arab.: *al-Fātiha*), die erste Sure des Koran:

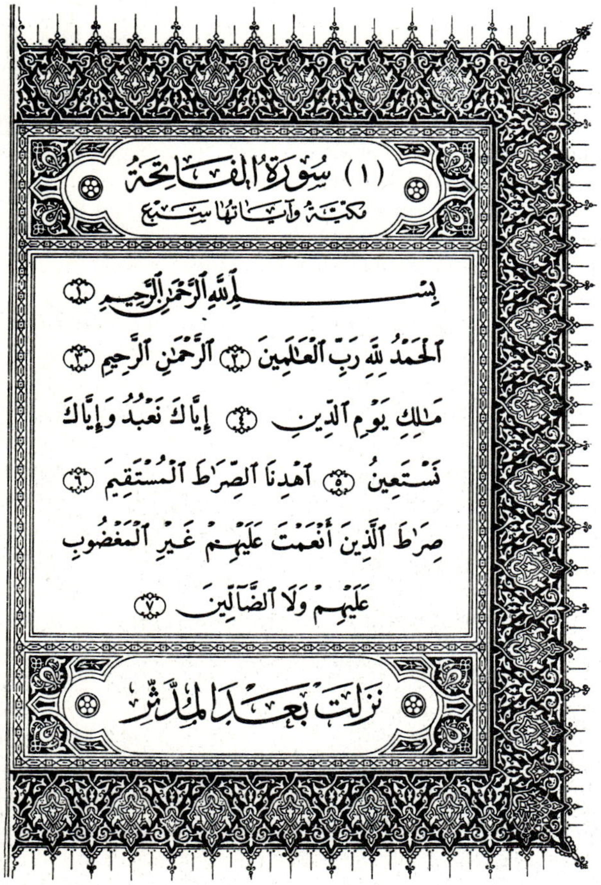

Die Eröffnung

1 Im Namen des barmherzigen und gnädigen Gottes. 2 Lob sei Gott, dem Herrn der Menschen in aller Welt, 3 dem Barmherzigen und Gnädigen, 4 der am Tag des Gerichts regiert! 5 Dir dienen wir, und dich bitten wir um Hilfe. 6 Führe uns den geraden Weg, 7 den Weg derer, denen du Gnade erwiesen hast, nicht (den Weg) derer, die d(ein)em Zorn verfallen und irregehen!

Die Gebete sind dem Koran entnommen und folglich – dem Brevier christlicher Mönche vergleichbar – vorformuliert. Der Islam kennt darüber hinaus auch das frei formulierte Gebet, bringt aber schon durch die andere Bezeichnung als *du'ā* (Anrufung) zum Ausdruck, daß es sich dabei nicht um die *salāt* handelt. Die Nennung der *du'ā* in diesem Zusammenhang ergibt sich allein aus der christlich-jüdischen Gebetsvorstellung, bei der biblische Gebetstexte, wie etwa das Vaterunser oder die Psalmen, und frei formulierte Fürbitten oder Lobpreisungen Gottes unter demselben Oberbegriff „Gebet" zusammengefaßt werden. Der Muslim kennt einen solchen Oberbegriff nicht. Dementsprechend sind *salāt* und *du'ā* für ihn zwei völlig verschiedene Dinge, die eigentlich gar nichts miteinander zu tun haben.

Die Almosensteuer (zakāt)

Die *zakāt* ist eine jährliche Sozialabgabe, die durch den Koran (2, 110) vorgeschrieben wird:

„Und verrichtet das Gebet und gebt die Almosensteuer! Und was ihr für euch (im Erdenleben) vorweg an Gutem tut, das werdet ihr (dereinst) bei Gott vorfinden. Er durchschaut wohl, was ihr tut."

Bei der *salāt* wird auch der Brüder in der Gemeinde gedacht. Dieses Gedenken findet durch die *zakāt* einen konkreten Ausdruck und macht die Solidarität mit den anderen sichtbar. Deshalb beschreibt die Aufforderung: „verrichtet das Gebet und gebt die Almosensteuer" einen inneren Zusammenhang zwischen beiden. *Salāt* und *zakāt* sind wie die zwei Seiten ein und derselben Münze.

„Alle gut situierten Männer und Frauen, deren jährliches Mehreinkommen, d.h. was nach Abzug der Unterhaltskosten und der etwaigen Schulden übrig bleibt, wertmäßig 96 Gramm Gold oder 641 Gramm Silber ausmacht, sind verpflichtet, für die Fürsorge $\frac{1}{40}$ oder $2\frac{1}{2}\%$ davon abzuführen. Diese Steuer, *zakāt*, wird entweder in Geld oder in Naturalien während des Fastenmonats geleistet. Sie kommt den Menschen zugute, die über keine Mittel verfügen: den Sklaven, die sich loskaufen wollen (in früheren Zeiten), den Schuldnern, die ohne ihr Verschulden in Geldschwierigkeiten geraten sind, den freiwilligen Kämpfern für den Glauben oder die Heimat, den Reisenden, die ohne Mittel geblieben sind und den mittellosen Studenten. Aus diesem Armenfonds kann jedem Bedürftigen, gleich ob Mann oder Frau, Muslim, Christ oder Jude, Unterstützung gewährt werden. Die Sozialabgabe ist mit Vorzug den armen Verwandten zu gewähren, allerdings kann sie der Spender nicht zu Gunsten seines Vaters, seiner Mutter, seiner Ehegattin, seiner Kinder oder Enkelkinder und der Großeltern abführen. Bei der Bestimmung der Höhe des jährlichen Sozialbeitrages ist nicht nur das Einkommen aus der jeweiligen Erwerbstätigkeit zu berücksichtigen; das ganze Kapital, das den Haushaltsbedarf übersteigt, dient als Grundlage für die Bemessung.
Der Zweck des jährlich abzuführenden Sozialbeitrages ist:

1. daß der Muslim sich für Güter, die ihm Gott geschenkt hat, dankbar zeigt,
2. daß die sozialen Gegensätze und die Klassenunterschiede gemildert und eine gerechte Güterverteilung gefördert wird,
3. daß die Freigebigkeit und die gegenseitige Liebe unter den Menschen zunimmt.

Der Ausgangspunkt des islamischen sozialen Denkens ist, daß die Eigentumsrechte, die Souveränität und die Macht in Gotteshand liegen. Flüsse, Berge, Erzreichtum und Naturkräfte sind zum Wohle aller Menschen geschaffen. Der Islam verurteilt Methoden des maßlosen Gelderwerbs und verlangt bei Anhäufung von Kapital in einer Hand Übernahme von sozialen Verpflichtungen."[5]

Das Gesagte läßt sich auch mit Hilfe eines Koranverses zusammenfassen und vertiefen:

„Die Frömmigkeit besteht nicht darin, daß ihr euch (beim Gebet) mit dem Gesicht nach Osten oder Westen wendet. Sie besteht vielmehr darin, daß man an Gott, den jüngsten Tag, die Engel, die Schrift und die Propheten glaubt und sein Geld – mag es einem noch so lieb

4 Smail Balić: Ruf vom Minarett, a.a.O., S. 33f.

5 Smail Balić: Ruf vom Minarett, a.a.O., S. 55f.

sein – den Verwandten, den Waisen, den Armen, dem, der unterwegs ist (oder: dem, der dem Weg (Gottes) gefolgt (und dadurch in Not gekommen) ist; w. dem Sohn des Wegs), den Bettlern und für (den Loskauf von) Sklaven hergibt, das Gebet verrichtet und die Almosensteuer bezahlt. Und (Frömmigkeit zeigen) diejenigen, die, wenn sie eine Verpflichtung eingegangen haben, sie erfüllen, und die in Not und Ungemach und in Kriegszeiten (w. zur Zeit von [kriegerischer] Gewalt) geduldig sind. Sie (allein) sind wahrhaftig und gottesfürchtig." (Koran 2, 177)

Abb. 3: Arme Gläubige warten, um gespeist zu werden

Aus: Symbolik des Islam. Tafelband von J. Christoph Bürgel und Franz Allemann. Stuttgart 1975, S. 66.

Das Fasten im Monat Ramadān

Der Fastenmonat *Ramadān* stellt für jeden Muslim eine besondere Herausforderung dar, weil die Fastenvorschriften – wie durch Koran 2, 183–87 beschrieben – einen radikalen Eingriff in die üblichen Lebensgewohnheiten bedeuten.

Fasten heißt für den Muslim – und zwar für Mann und Frau –, auf Essen, Trinken, Rauchen, jedwede geschlechtliche Betätigung und alle anderen leiblichen Genüsse einen ganzen Monat hindurch jeweils von Sonnenaufgang bis Sonnenuntergang zu verzichten. Diese Umstellung des üblichen Rhythmus und der Eß- und Lebensgewohnheiten setzt ein hohes Maß an persönlicher Willenskraft und Selbstdisziplin voraus, und viele moderne Autoren der islamischen Welt sehen gerade in der Entfaltung dieser Selbstdisziplin den eigentlichen Sinn der Fastenvorschrift. Obwohl der Mensch wie das Tier das Triebverlangen kennt und ihm gewöhnlich auch entspricht, besitzt er im Unterschied zum Tier die Kraft, frei über die Befriedigung dieser Bedürfnisse zu entscheiden. Diese Freiheit soll durch das Einhalten der Fastenvorschriften während eines ganzen Monats unter Beweis gestellt werden.

Das Fasten kann darüber hinaus bewirken, daß die Wohlhabenden die Bedürfnisse der Mittellosen am eigenen Leibe verspüren und auf sie aufmerksam werden, wenn sie wie die Notleidenden Hunger und Durst haben. Indem sie dies erleiden, können sie menschliches Mitleid oder Mit-Leiden erlernen und sind nachher wohl eher bereit zu helfen, wo Hilfe notwendig ist.

Es versteht sich von selbst, daß die geforderte Selbstdisziplin besonders groß sein muß, wenn der Ramadan in den Sommer fällt (1983 lag er im Juni/Juli); denn wie alle Monate des islamischen Jahres durchwandert auch der Ramadan sämtliche Jahreszeiten.

Das ist so, weil das reine Mondjahr nur 354 Tage hat und somit 11 Tage kürzer ist als unser Sonnenjahr. Die Folge davon ist, daß der Neujahrstag im Vergleich zum Kalender des Sonnenjahres stets um 11 Tage nach vorne rückt (d.h. beispielsweise vom 19. Oktober 1982 auf den 8. Oktober 1983), und dementsprechend wandern alle Feste und Monate über die Jahreszeiten hinweg. Dies ist auch der Grund dafür, weshalb am 8. Oktober 1983 schon das Jahr 1404 der Hiǧra beginnt, obwohl die Differenz zwischen 1983 und 622, dem Jahr der Hiǧra, nur 1361 beträgt.

Fasten im Islam meint also etwas anderes als bei den Christen. Es ist weder ein zeitweiliges Verbot bestimmter Speisen (z.B. Fleisch, Fisch oder Eier) noch die

Abb. 4: Reitergruppe mit Fahnen und Fanfaren aus einem Umzug des Fastenbrechens. Arabische Miniatur aus einer Handschrift der Maqāmen des Hariri (1237)

Aus: Symbolik des Islam. Tafelband von J. Christoph Bürgel und Franz Allemann, a.a.O., S. 67.

Verringerung der Essensmenge beabsichtigt, sondern ausschließlich die Verschiebung der Essenszeiten gefordert. Sobald es Abend ist, darf wieder gegessen und getrunken werden, was in der Praxis oft zu ausgiebigen Nachtmählern führt, so daß man in den Ramadannächten lange aufbleibt und gerne feiert. Mit jedem Tag steigert sich die Festesfreude. Sie findet am 27. Ramadan, der „Nacht der Bestimmung", wo man der Offenbarung des ersten Passus aus dem Koran gedenkt, einen ersten Höhepunkt und gipfelt im „Fest des Fastenbrechens" (arab.: *'īd al-fitr;* türk.: *şeker bayramı* oder *küçük* [kleiner] *bayram*) zum Abschluß des Ramadan.

Die Einhaltung der Fastenvorschriften bringt in der modernen Welt mancherlei Schwierigkeiten mit sich. Die Arbeitskraft ist durch Hunger und Durst und eine gewisse Übermüdung infolge der nächtlichen Feiern eingeschränkt. Dadurch erhöht sich die Zahl der Betriebsunfälle, während die wirtschaftliche Leistungskraft im Vergleich zu den anderen Monaten des Jahres nachläßt. Besonders hart ist der Ramadan für Muslime, die außerhalb der islamischen Welt leben und auf welche die Ausnahmeregelungen für Reisende deshalb nur eingeschränkt Anwendung finden können. Sie haben daher nicht nur mit ihrem eigenen Hunger und Durst zu kämpfen, sondern auch noch mit der Verständnislosigkeit von Arbeitskollegen oder Mitstudenten, die nicht einsehen, daß die angebotene Zigarette oder der Kaffee im Gegensatz zu sonst in dieser Zeit abgelehnt werden. Hinzu kommt, daß die nächtlichen Feiern oft zu Ruhestörungen führen und daß in diesem Monat durch die Festessen sowie durch die einfache Tatsache, daß nachts die Kantine oder die Mensa geschlossen bleibt, erhebliche Mehrausgaben notwendig werden. Der europäische Tourist wird in der islamischen Welt insofern vom Ramadan berührt, als meist nur die großen Touristenrestaurants tagsüber geöffnet sind, und es nicht ratsam ist, in aller Öffentlichkeit am Tage etwas zu essen oder zu trinken bzw. zu rauchen.

Im Zuge der eingangs erwähnten Erneuerung des Islam ist zu beobachten, daß der Ramadan gegenwärtig wieder stärker befolgt wird als etwa vor einigen Jahren. Auch verzichten viele, die aufgrund von Krankheit oder irgendwelchen Gebrechen von der Einhaltung des Fastens befreit sind, auf die konsequente Anwendung der Ausnahmeregelung, indem sie wenigstens den Versuch unternehmen, einige Tage lang mitzufasten. Dabei spielt der Gedanke der Solidarität mit den anderen in der *umma* zweifellos eine sehr wichtige, motivierende Rolle. So kann man etwa in Ägypten heute davon ausgehen, daß mindestens 60% den Ramadan streng einhalten, ja es scheint, daß selbst die sich ihm noch verpflichtet fühlen (im Sinne einer kulturellen Gewohnheit und einer Solidaritätsbekundung), die sonst eine eher lasche Religionspraxis haben und distanziert bis kritisch eingestellt erscheinen. Diese emotional-soziokulturelle Bindung an das Fasten im Ramadan kann daher nicht hoch genug eingeschätzt werden.

Die Pilgerfahrt (Hağğ) nach Mekka im Wallfahrtsmonat

Der *Hağğ,* die Wallfahrt nach Mekka im Pilgermonat *Du l-Hiğğa,* dem 12. Monat des islamischen Jahres, soll den Menschen an die Stätten der ersten Verkündigungen Mohammeds führen und durch das Umkreisen der Kaaba daran erinnern, daß seit Abrahams Zeiten die monotheistische Religion in der Menschheitsgeschichte fest verankert ist.

Die wesentlichen Etappen des *Hağğ* sind:

- das Anlegen des weißen Gewandes (für die Männer zwei Stück Stoff, wobei das Untergewand von der Taille bis zu den Knöcheln reicht und das Obergewand über die linke Schulter geworfen wird, und für die Frauen ein ungemustertes, weißes Gewand und eine Kopfbedeckung ohne Schleier) beim Eintritt in den heiligen Bezirk, den kein Nichtmuslim betreten darf und der etwa 30 Kilometer vor Mekka beginnt;
- die große Waschung;
- das Umschreiten der Kaaba;
- der Besuch der Moschee von Mina (8 Kilometer von Mekka entfernt);
- der Besuch des Berges Arafat (15 Kilometer von Mina entfernt);
- die Steinigung des Teufels bei Muzdalifa (auf dem Wege vom Berg Arafat nach Mina; man wirft gewöhnlich 49 oder 70 Steine oder ein Vielfaches davon auf den angegebenen Steinhaufen);
- das große Opferfest in Mekka (arab.: *'īd al-adhā;* türk.: *kurban bayramı* oder *büyük* (großer) *bayram.* Dieses Fest feiert die gesamte islamische Welt mit den Pilgern mit);
- das Rasieren des Kopfes (Frauen lassen sich gewöhnlich nur eine Locke von ihrem Haar abschneiden) in Mina;
- das Ablegen des Pilgergewandes und das Anlegen neuer Kleider: Die Ent-Weihung beginnt.

Das Gruppenerlebnis im internationalen Gedränge des *Hağğ* hat von jeher auf die Muslime beglückend gewirkt. Wie verwandelt kehren sie in die Heimat zurück. Ihre Rückkehr wird dort von den Verwandten, Nachbarn und Freunden intensiv miterlebt. Sie haben am *Hağğ* teilgenommen, sind in einem gewissen Sinne dadurch neue Menschen geworden und dürfen sich deshalb von nun an *Hağğī* nennen.

Die Teilnahme am *Hağğ* war früher mit zahllosen Gefahren und Problemen verbunden. Der moderne Tourismus hat sicher manche Erleichterung gebracht. Dennoch ist es für die meisten Muslime heute ein recht kostspieliges Unternehmen, und man versteht deshalb leicht, daß die Teilnahme am *Hağğ* ein besonderes Erlebnis ist, nach dessen Verwirklichung der Muslim wenigstens einmal im Leben strebt und hofft, daß es die Umstände auch tatsächlich erlauben werden. Für den Fall, daß dies nicht möglich sein sollte, kann man auch einen Vertreter nach Mekka schicken. Zudem gibt es seit alters her Empfehlungen für gewisse Ersatzriten, den „kleinen *Hağğ*", der etwa darin bestehen kann, einen Armen zu speisen oder anderweitig zu helfen. Trotzdem bleibt die Verwirklichung des eigentlichen *Hağğ* der Traum und die Hoffnung für jeden Muslim und jede Muslima. So ist es nicht verwunderlich, daß jährlich Millionen von Muslimen im letzten, dem 12. Monat des islamischen Jahres nach Mekka pilgern, die Politiker und Monarchen der islamischen Welt Wert darauf legen, dabei zu sein – wobei sich dank des Charterflugs nach Dschidda die Reisezeit auf eine angemessene Länge verringern läßt, während Pilger früherer Zeiten, wenn sie beispielsweise aus Indien oder Schwarzafrika kamen, Monate zu diesem Zweck auf Reisen waren.

*

Die fünf Säulen haben gewissermaßen schlaglichtartig deutlich gemacht, wie der Muslim – Mann und Frau –, fest im Bekenntnis des einen Gottes verankert, mit allem Tun vor Gott und in der Gemeinschaft der Gläubigen steht. Ein detailliertes System für alle Lebenslagen ist dies noch nicht, sondern lediglich so etwas wie eine Trendmeldung zur besseren Erkenntnis der richtigen Richtung. Die detaillierten Ausformulierungen sämtlicher Bereiche menschlicher Aktivität – von der Berufs- und Lebenswelt des Einzelnen bis hin zu den Festen und Feiern – blieb dem Teil islamischer Wirklichkeit vorbehalten, der nun als das richtige Verhalten gekennzeichnet werden soll.

(4) Nennen Sie die fünf Säulen des Islam, und erläutern Sie, was mit den einzelnen Begriffen gemeint ist.

....

....

....

....

....

Abb. 5: Mekka – Zentrum der islamischen Welt

Aus: MERIAN. Heft „Arabien“. Hamburg 1981, S. 10/11. (Foto: Helmut Biber)

Abb. 6: Die einzelnen Stationen der Mekka-Pilgerfahrt

HADSCH: DIE FÜNFTE SÄULE DES ISLAM

Von Devlet Khalid

Die einzelnen Stationen der Mekkapilgerfahrt sollen an den Weg des Propheten und an den Sieg des rechten Glaubens erinnern

Auf fünf Imperative (Säulen) stützt sich der Islam: es sind der Glaube an den einen Gott, das Gebet, das Fasten, die Almosen, die Pilgerfahrt nach Mekka. Nur die fünfte Säule ist nicht unabdingbar, aber jeder Moslem möchte gern ein Hadschi sein.

Adam, so lehrt der Islam, war nicht das erste menschliche Lebewesen, sondern der erste bewußte Mensch, der an den einen Gott glaubte und von diesem eine Botschaft empfing. Adam baute den ersten Tempel zu Ehren Gottes, das »älteste Haus der Menschheit« im Tal von Mekka. Seine Nachkommen aber verloren den Glauben und ließen den Tempel verfallen.
Abraham und sein Sohn Ismael mauerten ihn wieder auf, ein kleines würfelförmiges Gebäude: die Kaaba. Dabei verwendeten sie auch einen ganz schwarzen Stein, einen Meteoriten.
Aber auch die Nachfahren Ismaels fielen vom rechten Glauben ab. Alle Götzen, deren sie habhaft werden konnten, stellten sie in der Kaaba auf, um möglichst viele Pilger anzulocken und ihrer zum Stadtstaat herangewachsenen Handelsmetropole Mekka eine kommerzielle und politische Vorrangstellung zu sichern. 360 Götzenbilder mußte Mohammed zertrümmern, als er siegreich in seine Vaterstadt zurückkehrte und den Islam, die Religion Adams und Abrahams, wieder aufrichtete.
Den Besuch der Kaaba machte er zu einem der fünf Grundpfeiler des Glaubens. Voraussetzung ist allerdings, daß der Gläubige sich deshalb nicht in Schulden stürzt oder seine Familie Not leiden läßt. Millionen befolgen jedes Jahr sein Gebot.
In Mekka angekommen, bekleidet der Pilger sich mit dem Weihegewand (ihram), zwei ungenähten weißen Tüchern. Die Frauen tragen normale Kleidung, in jedem Fall ein Kopftuch, in der Regel aber keinen Schleier (1). Dann geht er auf dem kürzesten Weg zum Masdjid al' Haram, der Heiligen Moschee, um die Kaaba mit dem Tawaf al-Qudum, dem Ankunftsumgang zu grüßen, dreimal mit schnellem, dreimal mit normalem Schritt (2). Mit diesen Umrundungen hat Mohammed den Einwohnern Mekkas demonstrieren wollen, daß er ungebrochen aus dem Exil in Medina zurückgekehrt ist.
Die folgende Zeremonie erinnert an eine Notlage Hagars, der Magd Abrahams. Sie war mit ihrem Söhnchen Ismael dem Verdursten nahe, bis sie in der Nähe der Kaaba den Brunnen Zamzam entdeckte, von dessen Wasser jeder Pilger heute trinken möchte. Siebenmal gehen die Pilger zwischen den Hügeln as-Safa und al-Marwah (heute Galerie in der Heiligen Moschee) hin und her, etwa drei Kilometer (2).
Von Mekka fahren die Pilger 40 Kilometer nach Osten in die Ebene des Arafat-Berges, wo die größte Zeltstadt der Welt aufgeschlagen ist (3). Hier erhebt sich der Gnadenberg, ein Hügel, von dem der Prophet kurz vor seinem Tod die letzte Ansprache an die Gemeinde hielt. Diese »Abschiedsrede« hat für den Moslem eine ähnliche Bedeutung wie die Bergpredigt für das Christentum. Hier wird der Tag mit Andacht und Rezitation verbracht. Das Abendgebet, unmittelbar nach Sonnenuntergang, ist der Höhepunkt.
Auf dem Rückweg nach Mekka machen die Pilger Station in Muzdalifa. Aus Arafat sind sie als neue Menschen entlassen worden, die abgelegt haben, was zuvor ihren Glauben trübte. Hier in Muzdalifa beschließen sie, alle ihnen zugefügten Kränkungen zu vergeben.
Drei Tage verbringen sie in der Ebene von Mina. Auch hier ist ein Zeltlager von schier unüberschaubarer Ausdehnung aufgeschlagen. Während aber am Arafat eine Atmosphäre tiefer Ergriffenheit und großer Ordnung das Bild bestimmt, herrscht in Mina buntes Treiben. Den Kernpunkt der Pilgerfahrt haben die Gläubigen hinter sich, jetzt kommen die Abschlußriten: Der Besuch der drei Pfeiler, die die dreimalige Versuchung Satans darstellen, als dieser Abraham davon abbringen wollte, seinen Sohn Ismael (nicht Isaak) Gott zu opfern. Eine andere Überlieferung sieht in den drei Pfeilern Symbole für die Versuchung der drei Familienmitglieder: An der Stelle des großen Pfeilers sollte Abraham verleitet werden, beim mittleren Hagar und beim kleinen wurde Ismael versucht davonzulaufen. Die Pilger ziehen mehrfach von Pfeiler zu Pfeiler und bewerfen sie mit Steinchen – oder auch ihren Sandalen – als symbolische Austreibung des Bösen. Da längst nicht mehr alle Pilger auf normalem Wege in die Nähe der Pfeiler gelangen können, ist eine Rampe gebaut worden, so daß die Steinigung entweder oben oder unten erfolgen kann (5). Wie bei katholischen Wallfahrten auch, mischen sich aus dem Heidentum erhaltene Vorstellungen und Praktiken unter die Riten der neuen Religion. Am Arafat kommt die reine Botschaft des Islam am deutlichsten zum Ausdruck als »Ergebung in den Willen Gottes«: *islām* – das Wort kann auch mit »Friedfertigkeit« übersetzt werden, hat es doch eine gemeinsame Wurzel mit *salam* (shalom). Die Kommunikation zwischen Mensch und Gott, für den Islam bezeichnend, erfolgt individuell und ohne Mittler, aber als gemeinsamer Glaubensakt der Bruderschaft Mensch. Arafat gilt auch als eine Art Generalprobe für den »Tag der Versammlung«, der das Jüngste Gericht einleitet, wenn die Menschheit geschlossen vor Gott hintritt und jeder befragt wird.
Beim Steinigen der Satanspfeiler in Mina dagegen zeigt sich eine psychotherapeutische Seite des Islam: Emotionen wird freier Lauf gelassen, die sich mit Vehemenz entladen. Für viele Pilger nimmt Satan dort wirklich Gestalt an, und sie bestrafen ihn wutentbrannt für all die Peinigungen und Versuchungen, denen sie selber nicht haben standhalten können. Daher schleppen sie auch mehr Steinchen an als die vorgeschriebenen 49, vor allem aber sind viele davon erheblich größer. Jede Nacht werden sie mit Lastwagen davongekarrt.
In Mina bringen die Pilger Schlachtopfer zur Erinnerung an den Widder, der Gott Abraham an Stelle von Ismael schlachten ließ (6). Die Zahl der Schlachtungen entspricht etwa der Zahl der Pilger – Arme teilen sich ein Tier, Reiche schlachten mehrere, insgesamt sind es rund zwei Millionen. Kühlhäuser und Verarbeitungsanlagen sorgen dafür, daß die Opfertiere auch wirklich ihrer Bestimmung dienen: der Speisung der Bedürftigen.
Nach dem Schlachtopfer

Aus: MERIAN. Heft „Arabien". Hamburg 1981, S. 116–118.

hrt der Weg wieder nach ekka zurück, wo die Pilr wieder die Kaaba umreiten (7). Daran schließt h die »kleine Pilgerfahrt« mra) an. Pilgergruppen rlassen die Stadt, bis sie ßerhalb des für Nichtoslems unzugänglichen iligen Bezirks sind. Von rt kehren sie zurück, treı also wieder in den Stand r Heiligkeit ein und umreiten erneut die Kaaba. st die Hälfte der Pilger sucht das Grabmal des opheten in Medina schon r Mekka. Ist Medina die zte Station, könnten die ger das Heilige Land versen. Viele aber bleiben ige Tage oder Wochen.
e Regierung von Saudiabien beschränkt allergs den Aufenthalt der ger auf sechs Wochen. Zu oß ist die Zahl derer, die n im Königreich eine Art aufnehmen möchten. Es nicht nur der Ölreichtum, r lockt. Das Verhältnis s Gläubigen zu den drei iligen Städten ist gleichermaßen innig: Jerusalem vergleicht er mit seiner Mutter, Mekka mit seiner Lebensgefährtin, und Medina ist ihm wie eine Tochter.
Manches am Ritual erweckt bei Skeptikern Bedenken, und rationalistische Moslems aus modernen Gesellschaften äußern sich bisweilen kritisch, hauptsächlich über das chaotische Durcheinander, die noch immer nicht ausreichende hygienische Vorsorge und vor allem über das Schlachten so vieler Tiere zur gleichen Zeit. Es gibt daher Schulen und religiöse Bewegungen, die den rituellen Ablauf reformieren wollen. Vorläufig sucht Saudi-Arabien der Schwierigkeiten noch durch technische Perfektionierung und teilweise recht originelle Einfälle Herr zu werden. Die in den siebziger Jahren geschaffene Infrastruktur der Pilgerstätten ist eine bewundernswürdige Leistung der Saudis.
Auch der Zweifler kann sich nur schwer dem Zauber der Zeremonien entziehen. Überwältigend ist vor allem die Bruderschaft aller Menschen, die hier friedfertig zu einer Demonstration ihrer Einheit und Gleichheit zusammenkommen. Das unterstreicht schon das bei allen gleiche Gewand, das sie beim Betreten des Heiligen Bezirks anlegen. Im Gewühl der Gleichgekleideten lassen sich keine Rang- und Standesunterschiede erkennen, mischen sich die Hautfarben in bunter Vielfalt.
Während sich die religiösen Aktivitäten zahlreicher moslemischer Gemeinden nach Geschlechtern getrennt vollziehen (Männer in den Moscheen, Frauen in häuslichen Gebetsversammlungen), verrichten Mann und Frau die Pilgerfahrt gemeinsam.
Die Kaaba, der innen leere Kubus aus einfachem groben Stein, ist für die Moslems Symbol der Einheit aller Menschen, er ist ihr *gibla*, der Ort, zu dem sie sich im Gebet hinwenden und an dem sich ihre Hoffnungen treffen. Sie bedecken deshalb jedes Jahr die Kaaba mit einem neuen schwarzen Kleid. Darauf sind goldene Koranverse in prachtvoller Kalligraphie aufgestickt, die von der Zerstrittenheit der Menschen und ihrer Zusammenführung durch Gottes Gnade sprechen: »Haltet fest am Bande Gottes und zersplittert euch nicht!«
Die Schlichtheit der Kaaba ist symbolisch für den abstrakten Monotheismus des Islam, der jede Ablenkung vom Wesentlichen ausschalten will. Nicht Mohammed, der Prophet, steht im Mittelpunkt, sondern es ist Allah, »der Eine Gott«, dessen Haus der Pilger besucht.
Die geographische Entfernung von der Kaaba scheint die Sehnsucht nach ihr noch zu stärken. Das beweisen die vielen indonesischen Pilger, die gemeinsam mit den anderen Gläubigen immer den einen Satz wiederholen: »labbaik-Allahumma labbaik!« (Siehe, o unser Gott, wir sind Deinem Ruf gefolgt, hier stehen wir vor Dir!) □

Das richtige Verhalten

Der Muslim – so wurde mehrfach gesagt – steht mit all seinem Tun vor Gott, und deshalb werden sowohl die wichtigen Abschnitte des Tages, des Jahres und des Lebens als auch die privaten, beruflichen und öffentlichen Belange von der göttlichen Ordnung berührt. Dementsprechend soll hier zunächst der Bereich der Feste und Feiern und dann der Orientierungsrahmen für das menschliche Handeln vorgestellt werden.

Feste und Feiern

Auf den Seiten 123–124 war bereits ausführlich vom fünfmaligen täglichen Gebet die Rede, das – vergleichbar dem „Bete-und-Arbeite" christlicher Mönche – den Tagesablauf prägt und so die Erinnerung an Gott und die damit verbundene Beachtung der Glaubensbrüder sowie aller Menschen inmitten der Sorge und Geschäfte des Alltags wachhält. Dieser tägliche Rhythmus erfährt eine gewisse Akzentuierung am Freitag, wenn sich die Muslime (vornehmlich die erwachsenen Männer) zum Mittagsgebet in der Moschee versammeln. Die Predigt im Rahmen dieses Gottesdienstes dient der religiösen Unterweisung und der Fortbildung im Wissen um die Religion und die Sache Gottes; der Gottesdienst unterbricht die Eintönigkeit des Alltags und hilft so, daß das Gebet nicht zur Routine wird; das Gemeinschaftserlebnis wehrt der Gefahr, die Beachtung der anderen zu einem nur zu Hause gesprochenen Lippenbekenntnis werden zu lassen. Dadurch ähnelt der Freitag in der islamischen Welt weitgehend unserem Sonntag, ohne daß jedoch vielerorts dort die Läden oder Werkstätten ganztägig geschlossen sind.

Über diesen wöchentlichen Höhepunkt hinaus kennt der Muslim im Laufe des islamischen Jahres zahlreiche Feste, die gern und ausgiebig gefeiert werden. Das bedeutendste dieser Feste ist zweifellos das *Opferfest,* dessen Bedeutung bereits im Zusammenhang mit dem *Haǧǧ* (vgl. S. 126–129) angeklungen ist. Ihm steht an Bedeutung das *Fest des Fastenbrechens* kaum nach, das am Ende des Monats Ramadan gefeiert wird und dabei den festlichen Abschluß eines ganzen Festmonats darstellt, in dessen Verlauf noch der 27. Ramadan als Fest der *Nacht der Bestimmung* eigens hervorgehoben ist (vgl. vor allem S. 118 und S. 126). Schließlich wären noch das islamische *Neujahrsfest* und das *Geburtsfest des Propheten Mohammed* sowie je nach Land und Gegend der eine oder andere *Gedenktag* zu erwähnen, an dem besonderer Persönlichkeiten der Region oder wichtiger Ereignisse aus der islamischen Geschichte gedacht wird. Von all diesen Festen ist lediglich das Opferfest für die erste Zeit des Islam sicher belegt.
Mit Blick auf die Schiiten muß noch besonders der 1. Monat des islamischen Jahres, Muharram, hervorgehoben werden, in dem vor allem während der ersten 10 Tage Trauerprozessionen und Passionsspiele stattfinden, die das Leid der Schiiten am Beispiel des Todes von Husain, des 3. Führers der Schiiten, der 680 n. Chr. bei Kerbela (im heutigen Irak) umgekommen ist, vergegenwärtigen.

Zu diesen stets wiederkehrenden Festen kommen dann noch für den einzelnen Muslim Bräuche und Gebete hinzu, die anläßlich der wichtigsten Etappen im menschlichen Leben die Bedeutung des Ereignisses unterstreichen. So findet man:

– Bräuche für die Geburt und die Namensgebung

Beispielsweise liebt man es, dem neugeborenen Kind die *schahada* ins Ohr zu flüstern, damit die ersten Laute, die dieses Kind vernimmt, gleich die Erinnerung an das monotheistische Bekenntnis enthalten. Der Brauch, vielfach auch als Pflicht gesehen, paßt gut zu der im Islam weithin verbreiteten Ansicht, daß Gott, als er den Adam erschaffen hat, aus seinem Rücken die gesamte Menschheit hervortreten ließ und die Frage stellte: „Bin ich nicht euer Herr?", worauf alle antworteten: „Jawohl, wir bezeugen es" (vgl. Koran 7, 172). Daraus folgt, daß jeder Mensch, der geboren wird, damals ein monotheistisches Urbekenntnis abgelegt hat. Erst die Umstände im Zusammenhang mit der Geburt und die Eltern und Umgebung bewirken bei vielen Kindern, daß sie sich dessen nicht mehr erinnern – weshalb es gut ist, dies wieder und möglichst frühzeitig ins Gedächtnis zurückzurufen, damit es nicht in Vergessenheit gerät.

- Besondere Riten zur Beschneidung der Jungen

  Die Beschneidung ist regional unterschiedlich zwischen dem 7. Tag nach der Geburt und dem 15. Lebensjahr üblich; wenngleich im Koran nicht vorgeschrieben, wird sie aber doch weithin als religiöse Pflicht angesehen (die Beschneidung der Mädchen kommt zwar in manchen Gegenden wie etwa dem Sudan vor, hat aber nie eine offizielle Anerkennung im Islam gefunden, ja wird sogar vielfach scharf verurteilt).
- Feiern anläßlich der Eheschließung
- besondere Gebete und Rituale beim Tod und der Bestattung

Abb. 7: Türkische Miniatur einer Beschneidungszeremonie

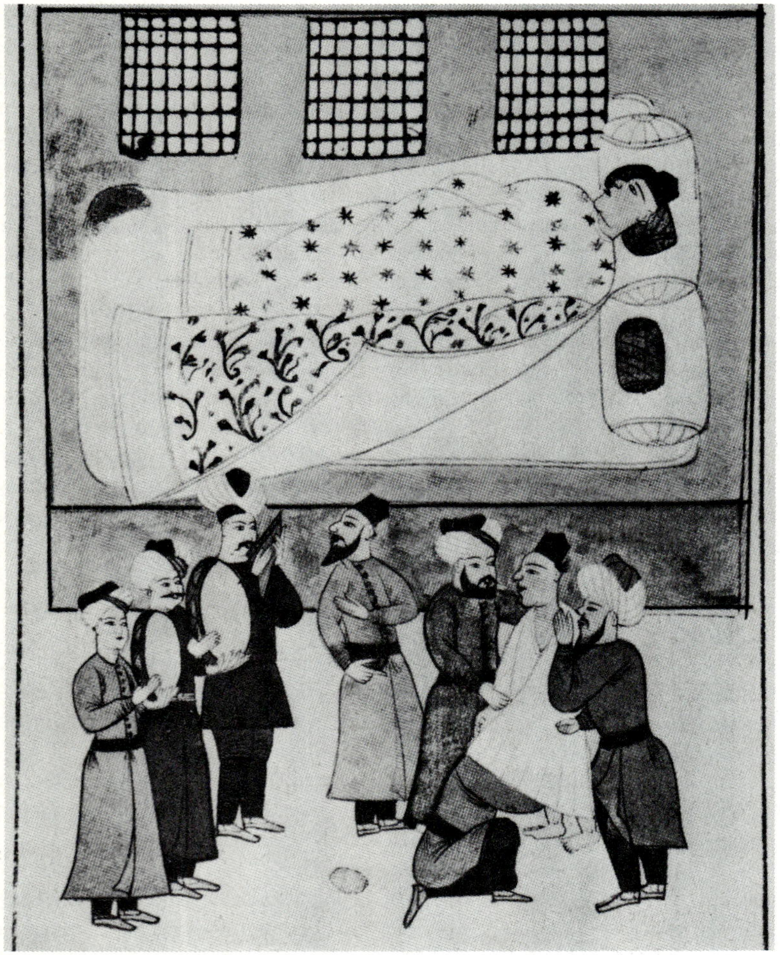

Auf der unteren Bildhälfte sieht man rechts den von zwei Männern gehaltenen Knaben, an dem die Beschneidung vollzogen wird; links eine kleine Musikkapelle, die zum Fest aufspielt. Die obere Bildhälfte zeigt den beschnittenen Knaben in einem Prunkbett.

Aus: Symbolik des Islam. Tafelband von J. Christoph Bürgel und Franz Allemann, a.a.O., S. 80.

Durch all dies verleiht der Islam mit Anweisungen, Empfehlungen und vielerlei Bräuchen dem Tagesablauf, dem Verlauf des Jahres und den wichtigsten Etappen des menschlichen Lebens ein besonderes Gepräge und wirkt darüber hinaus weiter richtungweisend in alle Bereiche des Lebens hinein, indem er das Ideal des richtigen Verhaltens ausformuliert.

Das richtige Tun

Das richtige Tun vor Gott ist sowohl für den Einzelnen und die Familie als auch für die Gemeinschaft als Ganzes von großer Bedeutung. Schule des richtigen Verhaltens ist die Familie; die Rollenverteilung erfolgt hier: Auswirkungen erstrecken sich bis in die Gemeinschaft hinein, die als oberstes Prinzip das der allgemeinen Gerechtigkeit verfolgt.

Der Einzelne

Die Handbücher des Islam sind voll von konkreten Anweisungen für alle Lebenslagen, wobei sich durch den Koran Gebotenes und kulturell Schickliches miteinander verbinden, so daß diese Bücher hierin durchaus denen der jüdischen Überlieferung gleichen.

Als Beispiel sei hier die idealtypische Verhaltensweise beim Essen, und zwar sowohl hinsichtlich der erlaubten Speisen als auch hinsichtlich des erwünschten Verhaltens, gewählt. Bezüglich der Speisen heißt es im Koran:

„Ihr Gläubigen! Eßt von den guten Dingen, die wir euch beschert haben! Und danket Gott, wenn (anders) ihr ihm (allein) dienet! Verboten hat er euch nur Fleisch von verendeten Tieren (wörtlich: Verendetes), Blut, Schweinefleisch und Fleisch (wörtlich: etwas), worüber (beim Schlachten) ein anderes Wesen als Gott angerufen worden ist. Aber wenn einer sich in einer Zwangslage befindet, ohne (von sich aus etwas Verbotenes) zu begehren oder eine Übertretung zu begehen, trifft ihn keine Schuld. Gott ist barmherzig und bereit zu vergeben." (Koran 2, 172f.)

Demzufolge ist also unter anderem der Genuß von Schweinefleisch durch den Koran verboten. Die Gründe hierfür sind nicht mehr ohne weiteres zu erkennen, möglicherweise setzt dabei der Koran nur eine jüdische Tradition fort. Medizinische Gründe jedenfalls lassen sich nicht immer geltend machen, wenn man bedenkt, daß die Schiiten im Unterschied zu den Sunniten etwa keine Hasen essen dürfen. Doch die Handbücher des Islam beschränken sich nicht nur auf das, was im Koran direkt angeordnet ist. Für vieles andere zitieren sie als stützendes Argument Aussprüche Mohammeds, die er privat geäußert haben soll und die – da sie nicht zur Offenbarung gehören – nicht im Koran, sondern in Spruchsammlungen mit Aussprüchen Mohammeds, den *Hadithen,* überliefert werden, die zusammen mit den Berichten über Mohammeds Verhalten bei gewissen Gelegenheiten als *sunna* des Propheten bekannt sind.

Auf ein solches *Hadith* bezieht sich der 1234 n. Chr. in Bagdad verstorbene Mystiker Umar as-Suhrawardī, um zu erklären, weshalb der Mystiker wie jeder anständige Muslim mit der rechten Hand essen soll; denn Mohammed soll gesagt haben:
„Ein jeder von euch soll mit seiner Rechten essen und mit seiner Rechten trinken, und er soll mit seiner Rechten nehmen und mit seiner Rechten geben. Denn der Teufel ißt mit seiner Linken und trinkt mit seiner Linken, und er nimmt mit seiner Linken und gibt mit seiner Linken."[6]

---

6 Die Gaben der Erkenntnisse des Umar as-Ṣuhrawardī (‘Awārif al-ma ‘ārif). Übersetzt und eingeleitet von Richard Gramlich. Wiesbaden 1978, S. 302f.

Diesem Ideal von der rechten Hand entspricht in unserer Gesellschaft bisweilen das Problem, daß türkische Kinder nicht mit Messer und Gabel essen wollen (denn „der Teufel ißt mit seiner Linken"), wie es also der wohlerzogene Deutsche tut, wenn er in seiner Rechten das Messer hält, um damit das Fleisch zu schneiden. Die negative Einschätzung der Funktion der linken Hand erklärt SUHRAWARDĪ so: „Die Reinigung vom Kot mit der linken Hand ist Heiliger Brauch" (S. 257).

Das Beispiel vom rechten Gebrauch der Hände führt drastisch vor Augen, daß die Anweisungen wirklich alles umfassen und deshalb auch nicht vor der Toilettentür haltmachen. Sie betreffen alle Bereiche: von der Körperpflege über die richtigen Formen des Grüßens bis hin zu den in unserem Sinne ethischen Fragen wie der Aufforderung, die Eltern zu ehren, nicht zu töten und nicht zu stehlen.

Die islamische Ethik stellt sich daher – aus westlich-europäischer Sicht – als ein Sittenkodex dar, bei dem Vorschriften im Stile unseres „Knigge" und Prinzipien christlich-jüdischer Ethik nach dem Muster der Zehn Gebote anhand einzelner Anhaltspunkte im Koran oder unter Rückgriff auf gewisse Aussprüche des Propheten in den Handbüchern der Gelehrten so eng miteinander verknüpft erscheinen, daß eine Unterscheidung nach bloßer Konvention und gottwohlgefälliger Verhaltensweise kaum vorstellbar ist.

Das Fehlen einer solchen Unterscheidung ist auch für die Diskussion um das Strafrecht (z. B. Auspeitschen für Ehebruch; Abhacken der Hand bei Diebstahl) bedeutsam. Ein humanes Strafrecht nach europäischem Vorbild beinhaltet zwangsläufig einen Verzicht auf die vorgestellte gottgewollte Ordnung und wird daher von den Befürwortern der Erneuerung des Islam abgelehnt.
Andererseits bedeutet die strikte Einhaltung des islamischen Gesetzes, der *scharia*, noch nicht, daß für jeglichen Diebstahl diese schwere, äußerste Strafe verhängt werden muß. Bereits im Mittelalter haben die Rechtsgelehrten die Bedingungen festgelegt, die alle erfüllt sein müssen, damit eine solche Strafe verhängt werden kann. In allen anderen Fällen werden mildernde Umstände geltend gemacht, die sich auf das Strafmaß und die Art der Strafe auswirken.

Die Familie

Die entscheidende Schule für richtiges Verhalten ist wie in vielen anderen Kulturen die des Elternhauses, und damit kommt die Familie in den Blick, für die ihrerseits zahlreiche Verhaltensregeln gültig sind.

Nach traditionellem Muster beginnt die geschlechtsspezifische Erziehung des idealen Rollenverhaltens recht früh in der Familie: Die Mädchen werden auf ihre spätere Rolle als Hausfrau und Mutter vorbereitet, und die Jungen werden auf die spätere berufliche Tätigkeit und die Rolle als Ernährer und Beschützer der Familie hin erzogen. Als Ideal gilt das brave, hilfsbereite Kind, das möglichst nicht auffällt, bei Konkurrenzkämpfen um den eigenen Vorteil gemaßregelt und zur gegenseitigen Rücksichtnahme angehalten wird. Dementsprechend gleichen die Ideale der islamischen Erziehung weitgehend denen anderer traditioneller Gesellschaften, vornehmlich des Mittelmeerraumes.

Dies gilt vor allem auch hinsichtlich des streng beachteten Ehrgefühls, dem zufolge Fehltritte der Kinder als Schande für die Familie anzusehen sind und gewissermaßen von vornherein verhindert werden müssen. Deshalb ist die Forderung nach einem tadellosen Lebenswandel nicht nur eine Aufgabe für den Einzelnen, sondern eine Familienangelegenheit. Daher werden Kontakte zwischen Jugendlichen beiderlei Geschlechts möglichst unterbunden, um niemand in Versuchung zu führen. Der Verlust der Jungfräulichkeit bedeutet für das noch unverheiratete Mädchen und seine Familie, daß normale Heiratschancen praktisch nicht mehr bestehen, sondern lediglich jemand in Frage kommt, der bereit ist, zum Vertuschen dieser peinlichen Angelegenheit beizutragen.

Westlich-europäische Forderungen nach Koedukation oder gar die Duldung eines vorehelichen Geschlechtsverkehrs werden daher als Sittenverfall, als Dekadenz angesehen. Dies zu betonen ist wichtig, weil der Islam – im Unterschied zu vielen Strömungen innerhalb der Geschichte des Christentums – die Sexualität positiv bewertet und grundsätzlich nichts Sündhaftes damit verbindet. Ja, die Sexualität gilt so viel, daß man für das christliche Ideal der Ehelosigkeit für Priester und Mönche keinerlei Verständnis aufbringen konnte.
Die positive Einschätzung der Sexualität darf aber nicht mit sexueller Freizügigkeit oder gar mit der Sexwelle der letzten Jahrzehnte in Europa verwechselt werden. Sie findet allein ihren Ausdruck in der Beziehung zwischen den Ehepartnern. Deshalb ist jede öffentliche Darstellung von Nacktheit oder erogenen Zonen verpönt und gilt als sittenwidrig.
Es versteht sich von selbst, daß die europäisch-amerikanische Filmproduktion und insbesondere das Zeigen solcher Filme im Fernsehen sowie das Verhalten vieler Touristen (vor allem an den Stränden) für die islamische Welt große Herausforderungen darstellen. Vielfach wird dadurch das Bemühen um die Emanzipation der Frau in diesen Ländern sogar noch behindert, weil Emanzipation der Frau im Bewußtsein vieler irrtümlich mit der Sexwelle verwechselt wird. Der Konflikt zwischen der traditionellen Lebensform im Orient und dem modernen Lebensstil in den Industrienationen bewegt heute viele Muslime. Sie befürchten, durch Anpassung ihre (religiöse) Identität zu verlieren, schlagen deshalb bisweilen recht radikale Abwehrmaßnahmen vor und fühlen sich in diesem Bestreben von den Europäern und Nordamerikanern häufig unverstanden, obwohl doch diese selbst ähnliche Auseinandersetzungen in der Zeit nach dem Zweiten Weltkrieg durchlebt, dies heute aber – zumindest in der Bundesrepublik Deutschland – weitgehend vergessen haben.

Dieser Konflikt ist für die traditionell islamische Gesellschaft insofern größer, als – anders als bei uns – das öffentliche Leben dort vorwiegend vom Erscheinungsbild des Mannes geprägt ist, während der Tätigkeitsbereich der Frau hauptsächlich innerhalb des Hauses liegt, wohin auch der Besucher nicht vordringt. Nach außen tritt die Frau nur selten allein auf; meist sieht man mehrere Frauen zusammen, oder sie ist von Kindern begleitet. Vor den Blicken der anderen verbirgt die Frau ihre Reize. Was darunter zu verstehen ist, wird kulturell recht unterschiedlich gesehen. Vielerorts zählt dazu auch das Haar der Frau; deshalb ist etwa das Kopftuch sehr verbreitet. In den Städten gehörte zudem vielfach noch der Gesichtsschleier zum guten Ton. Er ist nicht im Koran vorgeschrieben. Es handelt sich dabei vielmehr um eine jahrtausendealte Sitte aus vorislamischer Zeit, die besonders unter den Frauen der Oberschicht üblich war und deshalb gern von jeder Frau, die etwas auf sich hielt, nachgeahmt wurde.

Besonders geeignet für Erzählungen sind die Schilderungen über die Praxis der *Polygamie* (richtiger: *Polygynie,* also Vielweiberei). Richtig dabei ist, daß der Koran (4, 3) die Höchstzahl legitimer Ehefrauen auf vier festsetzt, während andererseits dieselbe Koranstelle die Ehe mit nur einer Frau für den Fall empfiehlt, daß eine Gleichbehandlung aller Frauen nicht gewährleistet ist. Moderne Autoren sehen in dieser Empfehlung praktisch das Plädoyer für eine allgemeine Monogamieforderung, weil sie es psychologisch nicht für wahrscheinlich halten, daß der normale Mann tatsächlich zur Gleichbehandlung mehrerer Frauen in der Lage ist. Hinzu kommt, daß die Mehrehe in vielen Ländern der islamischen Welt nach europäischem Vorbild gesetzeswidrig ist. Doch auch in der Vergangenheit war die Einehe im Orient meist die Regel, wenn man von sehr Wohlhabenden und Herrschern oder von Kriegszeiten bzw. besonderen Umständen einmal absieht.

Sabine Karasan-Dirks hat umfangreiche Forschungen über die Familie in der Türkei vorgelegt. Ein Passus aus ihren Schriften soll das hier Gesagte am konkreten Beispiel der Türkei zusammenfassen und vertiefen:

„In den Dörfern sind die Häuser natürlich nicht wie in den früheren osmanischen Städten in Männer- und Frauengemächer unterteilt. Trotzdem bemühen sich die Männer ihrerseits, unter sich zu bleiben und während der tagtäglichen Geschäfte keinen zu engen Kontakt mit den Frauen zu pflegen. Wenn in einem Haus kein separater Raum für sie vorhanden ist, ziehen sie es sogar vor, sich draußen im Freien zu treffen, selbst bei sehr schlechtem Wetter. Im übrigen treffen sie sich gern im Café (fast in jedem Dorf gibt es ein solches), wo die Frauen niemals eintreten.
Männer sprechen in Gesellschaft nicht von ihren Frauen, und man sieht beide selten zusammen. Ein Mann soll seine Zuneigung zu seiner Frau nicht zeigen, dies würde als ganz und gar unschicklich, beschämend angesehen werden. Rein äußerlich tut er so, als ob sie kaum existierte (während seine weiblichen Blutsverwandten mehr Beachtung erhalten), nicht unbedingt, weil er sie wenig schätzt, sondern weil es unschicklich, ungehörig ist, auf persönliche Gefühle und sexuelle Beziehungen aufmerksam zu machen und sie Drittpersonen wissen zu lassen. Wie uns auch eine türkische Bekannte von einem Dörfler erzählte, der im Geschäft ihres Vaters in der Stadt arbeitete; als eines Tages ein Kunde in dieses Dorf reisen wollte, trug er dem Mann Grüße an seine Eltern, an seine Geschwister, an seine Freunde, an alle im Dorf auf – nur nicht an seine Frau. Warum? Das wäre unanständig gewesen!
Wenn eine Frau bei ihrem Mann nicht glücklich ist, sei es, er schlage sie oder behandle sie sonst nicht gut, sucht sie meist Zuflucht in ihrem Elternhaus. Nachbarinnen oder entfernte Verwandte des Mannes suchen sie dann auf, um mit ihr zu sprechen und sie zur Rückkehr zu bewegen, nicht der Mann selbst. Die Hausflucht ist überhaupt das gewöhnlich angewandte Mittel, um einer unerfreulichen ehelichen Verbindung ein Ende zu bereiten, sowohl vom Mann wie von der Frau. Auch bei offiziell registrierten (zivilstandesamtlichen) Ehen kommt Hausflucht als einer der häufigsten Scheidungsgründe vor, während im modernen Westeuropa eher feinere Gründe psychologischer Art angegeben werden.
Hier wäre noch zu vermerken, daß das Türkische Zivilgesetzbuch (Paragraph 132) im Unterschied zu seinem schweizerischen Vorbild eine Scheidung nach nur drei Monaten Abwesenheit des schuldigen Partners erlaubt (nicht erst nach zwei Jahren, wie es im Schweizer Zivilgesetzbuch vorgesehen ist). Dies hat den Zweck, eine möglichst rasche Wiederverheiratung zu gestatten, gemäß der islamischen Auffassung, die das gezwungene Zölibat als unsittlich und asozial betrachtet.
Polygame oder vielmehr bigame Ehen mögen, unstandesamtlich, noch vorkommen, sind aber selten. Meist sind sie dem Umstand zuzuschreiben, daß die erste Frau keine Kinder oder keine männlichen Kinder geboren hat. Es kommt auch vor, daß die Frau aus gesundheitlichen oder anderen Gründen den Haushalt nicht mehr allein bewältigen kann und den Mann selbst bittet, eine zweite Frau zu nehmen (um eine Hilfe für die tägliche Arbeit zu bekommen).
Die zweite Gattin ist meist eine Geschiedene oder eine Witwe, selten ein Mädchen aus gutem Haus; sie hat sich der ersten Gattin gegenüber respektvoll zu verhalten und soll ihr immer ihre Dankbarkeit beweisen. Im allgemeinen leben die zwei Frauen zusammen, aber es kommt auch vor, daß sie getrennt haushalten. Die Kinder werden nach Möglichkeit unter dem Namen einer einzigen der beiden Frauen angegeben."[7]

Die Beschreibung von S. Karasan-Dirks wird manche Leserin und den einen oder anderen Leser in der Ansicht bestätigen, daß der Koran letztlich der Höherwertigkeit des Mannes im Vergleich zur Frau das Wort redet und sogar offiziell dem Mann das Züchtigungsrecht gegenüber der Frau einräumt. Heutige Autoren in der islamischen Welt machen demgegenüber geltend, daß damit auf die körperliche Kraft des Mannes angespielt wird, wodurch die Frau dem Manne gegenüber anlehnungsbedürftig sei und im übrigen auch ökonomisch abhängig gesehen wurde – was alles in der Rede vom „schwachen Geschlecht" zum Ausdruck gebracht wird.

7 Sabine Karasan-Dirks: Türkei. Das Leben im großen Familienverband. In: Kultur und Alltag der Arbeits-Emigranten in ihren Heimatländern. Zum Verständnis ihrer Lebensgewohnheiten. Hrsg. von Peter Seifried. Hannover 1981, S. 104f.

Abb. 8: Braut bei türkischen Nomaden des Antitaurus

Die Vollverschleierte trägt eine Brautkrone mit Federn und Spiegel gegen den „Bösen Blick" und in den Händen Tücher zum Verschenken an die Hochzeitsgäste.

Aus: Symbolik des Islam. Tafelband von J. Christoph Bürgel und Franz Allemann, a.a.O., S. 83.

Eine grundsätzliche Zweitrangigkeit der Frau gegenüber dem Mann sei also nicht beabsichtigt, wenn es im Koran heißt:

„Die Männer stehen über den Frauen, weil Gott sie (von Natur vor diesen) ausgezeichnet hat und wegen der Ausgaben, die sie von ihrem Vermögen (als Morgengabe für die Frauen?) gemacht haben. Und die rechtschaffenen Frauen sind (Gott) demütig ergeben und geben acht auf das, was (den Außenstehenden) verborgen ist, weil Gott (darauf) acht gibt (d. h. weil Gott darum besorgt ist, daß es nicht an die Öffentlichkeit kommt). Und wenn ihr fürchtet, daß (irgendwelche) Frauen sich auflehnen, dann vermahnt sie, meidet sie im Ehebett und schlagt sie! Wenn sie euch (daraufhin wieder) gehorchen, dann unternehmt (weiter) nichts gegen sie! Gott ist erhaben und groß." (Koran 4, 34)

Bei der Diskussion über die Stellung der Frau im Islam muß in jedem Falle sehr genau unterschieden werden, ob man Beispiele aus der tatsächlichen Situation in manchen Gegenden oder die rechtlich festgelegte und gegenwärtig gültige Praxis diskutiert. Daß es zwischen diesen beiden Bereichen oft erhebliche Unterschiede geben kann, zeigen auch Beispiele aus der Bundesrepublik, wenn man etwa die tatsächlichen Schicksale einzelner Frauen (man denke etwa nur an die, welche in die Frauenhäuser geflüchtet sind) mit dem juristisch Zulässigen vergleicht.

„Ohne in die apologetische Haltung mancher Muslims verfallen zu wollen, sei im Hinblick auf den zweiten Teil des Verses daran erinnert, daß August Bebel noch vor hundert Jahren schreiben konnte: ‚Dem gemeinen deutschen Rechte nach ist die Frau überall dem Manne gegenüber unmündig, der Mann ist der Herr, dem sie in der Ehe Gehorsam schuldig ist. Ist sie ungehorsam, so steht nach dem preußischen Landrecht dem Manne von ‚niederem' Stande das Recht einer mäßigen körperlichen Züchtigung der Frau zu ... Da nirgends die Kraft und die Zahl der Schläge vorgeschrieben ist, entscheidet darüber souverän der Mann."[8]

Im Bericht von S. KARASAN-DIRKS war auch von der *Scheidung* die Rede. Hierzu ist erläuternd zu sagen, daß die Ehe für den Muslim kein Sakrament wie etwa für den Katholiken ist, sondern eine Rechtsinstitution, die durch Vertrag zustande kommt und nach ausgehandelten Vertragsbedingungen sowie dem offiziell geltenden Recht auch wieder gelöst werden kann. Die recht detailliert entwickelten Möglichkeiten für eine derartige Scheidung machen insgesamt deutlich, daß es hierbei für den Mann in mancher Hinsicht leichter ist, die Scheidung durchzusetzen, als dies für die Frau möglich ist. Während also die islamische Theologie stets an der Gleichheit von Mann und Frau (mit Leib und Seele) vor Gott festhielt, hat das islamische Recht eine solche innerhalb der Gesellschaft nicht in allen Bereichen propagiert. Die Unterschiede sind sogar bis in den Gebetsraum hinein deutlich, da in der Moschee – ähnlich wie heute in vielen Synagogen – die Frauen nur auf Emporen oder in abgetrennten Raumteilen am Gebet der Gemeinde teilnehmen, während die zentralen Hallen gewöhnlich für die Männer vorgesehen sind.

Zusammenfassend läßt sich sagen, daß gerade im Bereich der Familie und ihres Verhaltens kulturelles Erbe und koranisch-göttliche Weisung stark miteinander verschmolzen sind. Die Reformbemühungen in der Moderne berühren daher oft (vermeintliche) Identitätsmerkmale der Religion und brauchen mehr Geduld und Beharrlichkeit zu ihrer Durchsetzung also solche in anderen Bereichen. Schließlich gilt, daß die konkrete Wirklichkeit dann immer noch hinter dem gesetzlich vorgegebenen Rahmen zurückbleibt, so daß vor allem hinsichtlich der Familienpolitik und der juristischen Reformbestrebungen in diesem Bereich Zündstoff für die Zukunft liegt.

(5) Vielfach kann man hierzulande hören, im Islam habe die Frau keine Seele und sei deshalb weniger wert als der Mann. Was ist dazu theologisch und sozialgeschichtlich zu sagen?

....

....

....

....

....

....

....

....

Die Gesellschaft

Oberstes Prinzip für das Zusammenleben in der Gemeinschaft ist die Gerechtigkeit, durch welche die Willkür und Stärke der Mächtigen eingeschränkt und damit der Lebensraum der Schwachen gesichert wird. Von daher betonen die Muslime gern, daß alle – Herrscher und Beherrschte – unter demselben Gesetz stehen. Niemand steht folglich über dem Gesetz oder außerhalb seiner Gültigkeit. Gott allein ist für alle der Gesetzgeber, und der Mensch hat sich diesem Gesetz Gottes zu beugen. Lediglich die Bereiche, die dadurch noch nicht konkret geregelt sind, können durch die Rechtsgelehrten oder die Regierenden im Rahmen dieser Vorgaben und ihrem Sinn entsprechend ausgefüllt werden. Die Vorgaben aber entziehen sich, da sie von Gott selbst stammen, der Mehrheitsentscheidung zur Bestätigung ihrer Gültigkeit. Steht also eine solche konkrete Entscheidung im Widerspruch zum Geiste des göttlichen Gesetzes, so hat sie auch dann keinerlei Verbindlichkeit, wenn sie aus einer demokratischen Mehrheitsentscheidung stammt.

Das allgemein formulierte Gerechtigkeitsideal wird in wirtschaftlicher Hinsicht – nach Auslegung vieler Muslime heute – vor allem durch die *zakāt* (vgl. S. 124–125) zum Ausdruck gebracht, welche die Eigeninitiative zum Erwerb von Eigentum bejaht, aber zugleich die soziale Verpflichtung von Eigentum unterstreicht.

Die „politisch-religiöse islamische Grundsatzerklärung" von 1980 beschreibt dementsprechend die Grundzüge islamischer Wirtschaftspolitik so:

„Das islamische ökonomische System ruht auf sozialer Gerechtigkeit, Gleichheit, Maßhalten und ausgewogenen Beziehungen. Es ist ein universelles System, das ewige Werte enthält, die des Menschen Rechte gewährleisten und ihn ständig an seine Verpflichtungen gegenüber sich selbst und der Gesellschaft erinnern. Es verbietet jede Form der Ausbeutung, ehrt die Arbeit und ermutigt den Menschen, seinen Lebensunterhalt auf ehrliche Weise zu verdienen und sein Einkommen auf vernünftige Art zu gebrauchen. Die wichtigsten Eigenschaften dieses Systems sind:
Alle natürlichen Rohstoffe sind von Allah anvertrautes Gut (amâna), und der Mensch ist persönlich und kollektiv der Hüter (mustahlif) dieser Rohstoffe. Des Menschen wirtschaftliche Leistung und ihre Belohnung ergeben sich aus der Natur dieses Sachverhaltes.
Reichtum muß durch Leistung und auf gesetzliche Weise erworben werden. Er sollte bewahrt und nur entsprechend den Vorschriften Allahs und Seines Propheten eingesetzt werden.
Reichtum soll gerecht verteilt werden. Wenn persönlicher Reichtum die legitimen Bedürfnisse seines Besitzer befriedigt hat, sollte der Überschuß für die Befriedigung der Bedürfnisse anderer Menschen verwendet werden.
Alle materiellen Güter, die dem Menschen im allgemeinen und der UMMA im besonderen zur Verfügung stehen, müssen immer auf die beste Weise verwendet werden. Niemand hat das Recht sie zu horten oder brachliegen zu lassen; oder sie zu vergeuden; oder sie in frivoler Weise zur Schau zu stellen, sei es als Person, Gemeinschaft oder als Staat.
Entwicklung ist ein wesentlicher Bestandteil wirtschaftlicher Tätigkeit. Teilnahme an ihr ist für jeden Muslim verpflichtend. Er muß hart arbeiten und immer versuchen, mehr zu produzieren als er für sich persönlich nötig hat, denn nur dann kann er seiner Verpflichtung zum zakât, dem Beitrag zum Wohl der andern, nachkommen.
Jeder Arbeiter hat das Recht auf eine gerechte Entlohnung für seine Arbeit. Es darf kein Unterschied gemacht werden, der auf Rasse, Farbe, Religion oder Geschlecht beruht.
Die Erwerbung von Reichtum und die Produktion von Gütern muß rechtens sein entsprechend den Vorschriften der šarî'a. Geldverleihung gegen Zinsen *(riban)*, Glücksspiel, Horten usw. sind als Erwerbsquellen nicht erlaubt.
Die Grundsätze von Gleichheit und Brüderlichkeit erfordern eine gerechte Teilung des vorhandenen Reichtums in guten wie in schlechten Zeiten. Zakât, ṣadaqa, 'afw (Überschuß) und Vererbung sind einige der Wege, die für ausgeglichene Verteilung von Reichtum und Besitz in der Gesellschaft in Frage kommen.
Personen, die infolge von dauernder oder zeitweiser Behinderung unfähig sind, für ihr eigenes Wohlergehen zu sorgen, haben gerechten Anspruch auf den Reichtum der Gesellschaft. Die Gesellschaft trägt für sie die Verantwortung und muß sich darum kümmern, daß die grundlegenden Notwendigkeiten des Lebens wie Nahrung, Kleidung, Wohnung, Erziehung und Gesundheitsfürsorge ohne Rücksicht auf ihr Alter, Geschlecht, Hautfarbe oder Religion ausreichend zu Verfügung stehen.
Die wirtschaftliche Macht der UMMA soll so strukturiert sein, daß Kooperation und Teilen innerhalb der UMMA mit einem Maximum an Selbstvertrauen und Eigenhilfe verbunden ist."[9]

Zur Erläuterung sei gesagt, daß *ṣadaqa* die Almosenabgaben meint, die über die *zakāt* hinaus von den Muslimen gegeben werden.

8 Wiebke WALTHER: Die Frau im Islam. Stuttgart/Berlin/Köln/Mainz 1980, S. 23.

9 Zit. nach Cibedo-Texte, Nr. 4, vom 15. Juli 1980, S. 12–14.

Das angesprochene Verbot, Geld gegen Zinsen zu verleihen, war im Laufe der islamischen Geschichte immer wieder Gegenstand von Neuinterpretationen und Erklärungsversuchen. Teilweise wurde betont, *riban* meine nicht „Zinsen", sondern „Wucher". In der Moderne gibt es, etwa in Saudi-Arabien, sogar den Versuch, in Anlehnung an gewisse mittelalterliche Umgehungspraktiken Banken anders als auf der Zinsbasis aufzubauen, indem die Banken beispielsweise nicht mehr als Geldgeber, sondern als Projektmanager auftreten und dafür vom Kunden bezahlt werden. Geht man vom Geist und nicht vom Buchstaben bei diesem Verbot aus, so dürfte dies eindeutig sein: es soll unter allen Umständen verhindert werden, daß die Notlage eines anderen zum Zwecke eigener, ungerechtfertigter Bereicherung ausgenützt wird.

Die zitierte islamische Grundsatzerklärung hat darüber hinaus noch einen weiteren Gesichtspunkt angesprochen, der in einer Einführung in den Islam nicht fehlen darf: das Verhältnis zu den Andersgläubigen. Bereits im Zusammenhang mit der Offenbarungsgeschichte (vgl. S. 121–122) ist deutlich geworden, daß die Juden und Christen als „Schriftbesitzer" innerhalb des Islam eine Sonderstellung einnehmen, die juristisch als ein „Schutzrecht" *(dhimma)* für die Existenz ihrer Gemeinden ausformuliert ist. Diese Duldung oder Toleranz führt in der Theorie und in der Praxis zu einer Koexistenz von Schriftbesitzern und Muslimen, wobei klassischerweise ein unterschiedliches Besteuerungsprinzip zugrunde gelegt wird. Das Ideal ist dabei allerdings nicht die Integration im Sinne eines Miteinander, sondern lediglich das friedliche Nebeneinander, welches in der Praxis auch nicht immer durchgehalten werden konnte. Deshalb kennt die islamische Geschichte auch viele Beispiele von haßerfülltem Gegeneinander, so daß Toleranz (auch über das dhimma-Recht hinaus z.B. durch Aufstieg von Christen in hohe Staatsämter) wie auch Intoleranz durch die Geschichte hindurch belegbar sind. Wahre Integration ist ohnehin praktisch nur zum Islam hin möglich. Nach dem islamischen Recht nämlich darf der Muslim eine Jüdin oder Christin zur Frau nehmen, ein Schriftbesitzer aber keine Muslima – es sei denn, er tritt zum Islam über, so daß in beiden Fällen die Kinder Muslime werden. Während der Übertritt zum Islam als Entscheidung für die volle Wahrheit begrüßt wird, gilt die Konversion eines Muslim zu einer anderen Religion als Glaubensabfall und bewußte Entscheidung für eine Teilwahrheit bzw. den Irrtum und wird nach klassischem Recht in Anlehnung an einen Ausspruch des Propheten mit dem Tode bestraft, wenn die gewährte Bedenkzeit keine Einsicht und damit verbunden die Rückkehr in die *umma* bewirkt. Obwohl in den meisten Staaten der islamischen Welt dieses klassische Recht nicht mehr Staatsgesetz ist, sind nach wie vor die gesellschaftlichen Sanktionen so stark, daß Konversionen kaum vorkommen, es sei denn, der Konvertit wandert aus. Im Prinzip gilt somit der Grundsatz des Koran: „Ihr habt eure Religion, und ich die meine." (109, 6)

Freie Religionsausübung bedeutet somit Kultfreiheit und Gedankenfreiheit, aber nicht Zugang zu allen Ämtern in Gesellschaft und Staat. Dementsprechend werden auch die Rechte der Minderheiten in der arabischen Fassung der allgemeinen islamischen Menschenrechtserklärung von 1981 beschrieben:

„Die religiöse Stellung der Minderheiten wird bestimmt durch den allgemeinen koranischen Grundsatz: ‚In der Religion gibt es keinen Zwang' (Koran 2, 256).
Die zivilrechtliche und personenstandsrechtliche Stellung der Minderheiten wird bestimmt durch die šarī'a des Islam, wenn sie sich bei Rechtsstreitigkeiten an uns wenden: ‚Wenn sie nun zu dir kommen, dann entscheide zwischen ihnen oder aber wende dich von ihnen ab (und überlaß sie sich selbst!). Wenn du dich von ihnen abwendest, können sie dir keinen Schaden zufügen, wenn du aber (als Schiedsrichter strittige Fragen) entscheidest, dann entscheide unter ihnen nach Gerechtigkeit!' (Koran 5, 42)
Wenden sie sich nicht an uns mit ihren Streitigkeiten, so sind ihre Gesetze anzuwenden, solange diese bei ihnen göttlichen Ursprungs sind: ‚Aber wie können sie dich zum Schiedsrichter machen, wo sie doch die Thora haben, in der die Entscheidung Gottes vorliegt, und sich hierauf, nachdem diese Voraussetzung (zur richtigen Einsicht für sie) gegeben ist, (in Ungehorsam) abwenden?' (Koran 5, 43); ‚die Leute des Evangeliums sollen (nun) nach dem entscheiden, was Gott darin herabgesandt hat' (Koran 5, 47).
Jeder in der Umma ist fähig, öffentliche Stellungen und Ämter zu übernehmen, so bei ihm die legalen Bedingungen dazu erfüllt sind. Diese Fähigkeit entfällt nicht und wird auch nicht durch Rassen- oder Klassenerwägung beschränkt: ‚Das Blut der Muslime ist gleichwertig; sie halten gegen die anderen zusammen; auch der einfachste von ihnen bemüht sich um ihre Sicherheit' (nach Aḥmad)."[10]

Der letzte Passus dieses Textes läßt unwillkürlich an den sog. „heiligen Krieg" denken. Das arabische Wort *ǧihād* (gesprochen: dschihād) heißt wörtlich „Anstrengung" und meint eine „besondere Anstrengung" um der Sache Gottes willen, worunter nach außen vielfach (aber nicht ausschließlich!) auch der Verteidigungskrieg fällt. Wie die zahlreichen Erörterungen über den „gerechten Krieg" im europäischen Mittelalter nicht den einen oder anderen Eroberungsfeldzug im Namen des „gerechten Krieges" verhindert haben, so wurde bisweilen auch von *ǧihād* gesprochen, wo es nicht nur um die Verteidigung des islamischen Reiches ging. Dem, der im *ǧihād* fällt, ist das Paradies sicher. Sprachlich ist noch anzumerken, daß *ǧihād* eine eigene Art Krieg bezeichnet, so daß man von einem konkreten Krieg zwar sagen kann, es sei ein *ǧihād,* mit Blick auf mehrere jedoch keine Aussage machen kann, da *ǧihād* nur in der Einzahl vorkommt.
Die Auseinandersetzungen der islamischen Welt mit (meist christlichen) Nachbarstaaten haben bei den Muslimen oft viele schmerzliche Erinnerungen hinterlassen. Besonders nachhaltig und negativ wirken bis heute die Kreuzzüge nach und die Epoche des Kolonialismus/Imperialismus, die nicht selten im Zusammenhang mit der Aktivität christlicher Missionare gesehen wird.

*

Die kurze Darstellung des Lebens im Islam hat deutlich gemacht, wie andersartig dieses im Vergleich zu unserem in Europa ist. Dem Ideal nach ist folglich jeder Bereich menschlichen Tuns von Gottes Weisung her bestimmt, und es liegt nur am guten Willen der Menschen, dies so auch Wirklichkeit werden zu lassen. Einen grundsätzlichen Vorbehalt für diese Verwirklichung kennt der Islam nicht; denn der Mensch ist im Kern seines Wesens heil und fähig, Gottes Willen hier zu verwirklichen. Eine Erbsünde des Menschen anzunehmen, ist dem Islam ebenso fremd wie dem Judentum.
Bei der Darstellung des Lebens im Islam sind viele Aspekte weggelassen worden, um den Text lesbar zu machen und nicht durch allzu viele Einzelheiten zu überladen – so daß manch drängende Frage ohne Antwort blieb. Dazu gehört möglicherweise auch die nach der Vergeltung, einer Art Fehderecht zum Schutz des Einzelnen vor Mördern (vgl. *Dokument 1*). Eine solche Regelung mutet deshalb für uns heute merkwürdig und kaum nachvollziehbar an, weil bei uns der Staat den Schutz des Einzelnen übernommen hat. Sobald dies nicht der Fall ist, liegt die Schutzfunktion bei der Gruppe (Familie, Klan, Stamm), deren Vergeltung der Mörder und die Seinen zu fürchten haben. Hier zeigt sich erneut, wie sehr das Gruppendenken im Vordergrund steht. Demnach kommt die Gemeinschaft nicht durch den freiwilligen Zusammenschluß Einzelner unter Verzicht auf gewisse individuelle Freiräume zustande, sondern genau umgekehrt: der Einzelne wird erst jemand, weil ihm die Gemeinschaft einen Namen gibt und ihn damit als ihr Mitglied nach innen wie nach außen anerkennt.

Dieses Gruppendenken hat historisch allerdings nicht bewirkt, daß alle innerhalb der *umma* dasselbe wollten. Deshalb muß die bislang recht einheitliche Darstellung durch einen Hinweis auf die Vielfalt innerhalb des Islam ergänzt und ins rechte Licht gerückt werden.

10 Zit. nach Cibedo-Dokumentation, Nr. 15/16, vom Juni/September 1982, S. 30f.

(6) Versuchen Sie die Grundidee der islamischen Wirtschaftspolitik zu formulieren.

....

....

....

....

....

Die Vielfalt des Islam

Bereits durch den Tod Mohammeds kam es zu einer ersten Bewährungsprobe für die Einheit der *umma.* Während die Mehrheit (die der *sunna,* der „Gewohnheit", des Propheten treu bleiben wollte, daher die Bezeichnung →*Sunniten*) lediglich für einen politischen Nachfolger im Amt des „Führers der Gläubigen" eintrat, forderten andere für diesen Nachfolger zudem eine spezielle göttliche Leitungsgabe, die der Familie Mohammeds vorbehalten sein sollte. Die Anhänger dieser zuletzt genannten Gruppe unterstützten folglich Ali, den Mann der Fatima und Schwiegersohn Mohammeds (arab.: *šīʿa ʿAlī,* also: *Schia Ali* = Partei Alis, weshalb die Anhänger →*Schiiten* heißen). Als Ali 661 umgekommen war, wollte diese Partei Alis, daß Alis Sohn Hasan und nach dessen Tod (669 n. Chr.) sein Bruder Husain statt Muawiyas und seiner Nachkommen (Umaiyaden-Dynastie in Damaskus) an die Macht kommt. Tatsächlich ist es jedoch mit Ausnahme des Ali keinem Machtprätendenten der Schiiten (d. h. keinem *Imam*) gelungen, Kalif zu werden. Lediglich regional kam es zeitweise zu schiitischen Herrschaften, wie etwa im Mittelalter unter den Fatimiden in Ägypten oder seit dem 16. Jahrhundert in Persien. Andererseits gab es auch immer wieder Spaltungen unter den Schiiten, deren wichtigste durch Nachfolgestreitereien bei den Imamen ausgelöst worden sind und zu den Gruppen der Fünfer-, Siebener- und Zwölferschiiten geführt haben. Es würde zuweit führen, hier die Geschichte oder die Auffassungen der Schiiten bzw. ihrer einzelnen Untergruppen ausführlich darzustellen. Mit Blick auf die islamische Geschichte sei nur soviel gesagt: die Schiiten hoffen, daß die Sache letztlich zu ihren Gunsten ausgehen wird. Deshalb erwarten die Zwölferschiiten im Iran, daß der 12. Imam (daher der Name Zwölferschiiten!), der noch im Kindesalter entrückt wurde, dereinst wiederkommen und die Führung aller Muslime übernehmen wird.

Während der Abwesenheit oder Verborgenheit *(ghaiba)* des Imams sind die Rechtsgelehrten *(muǧtahidūn)* die einzigen, die dazu befähigt sind, das koranische Recht richtig auszulegen. Mehr noch: die Führer unter ihnen, „Zeichen Gottes" (arab.: *Āyat Allāh,* lautlich zusammengezogen: Ayatollah) genannt, können dank göttlicher Eingebung unter bestimmten Voraussetzungen durchaus eine sehr flexible Auslegung der im Koran festgelegten Gesetze vornehmen, bei der die geschichtlichen und gesellschaftlichen Veränderungen berücksichtigt werden.

Besonders zentral für das schiitische Lebensgefühl ist die geschichtliche Erfahrung der Opposition zu verschiedenen sunnitischen Herrschern und Kalifen, die das Gefühl des Verratenseins, des Leidens und den Mut zum Widerstand zur typisch schiitischen Haltung werden ließ und bei den Sunniten stets ein Gefühl der Skepsis gegenüber den Schiiten und der mangelnden Loyalität ihnen gegenüber ausgelöst hat. Die sunnitische Zurückhaltung gegenüber den Schiiten war begründet, weil im Laufe der Geschichte immer wieder schiitische Richtungen auftraten, die wie Geheimbünde organisiert waren, deren Mitglieder zu äußerstem Stillschweigen verpflichtet waren, bei Gefahr (wie alle Schiiten) den Glauben verleugnen mußten und im günstigen Augenblick politisch aktiv wurden.

Eine Vielzahl von Richtungen gibt es aber auch bei den Sunniten. Am bekanntesten sind die vier Rechtsschulen, die nach ihren Gründern benannt werden: Hanafiten (von: Abu Hanifa, gest. 767 n. Chr.), Malikiten (von: Malik ibn Anas, gest. 795 n. Chr.), Schafiiten (von: aš-Šafiʿi, gest. 854 n. Chr.) und Hanbaliten (von: Ibn Hanbal, gest. 855 n. Chr.). Je nachdem, welche Rechtsschule in einem Lande vorherrschend ist, zeigt sich dieses weniger oder mehr geneigt, Reformen einzuführen bzw. abzulehnen. So ist Saudi-Arabien ein gutes Beispiel für die konservative Ausrichtung der *Wahhabiten* in der Gefolgschaft Ibn Hanbals, während Ägypten der schafiitischen Richtung, der liberalsten von allen, auch insofern Ehre macht, als man dort die meisten Reformtheologen der islamischen Welt während der letzten 150 Jahre (z. B. Muhammad Abduh) findet.

Um das Mosaikbild der islamischen Vielfalt noch um ein ganz anderes Feld zu erweitern, sei hier nur als Stichwort die *„islamische Mystik"* (*Sufik* bzw. *Sufismus*) genannt, die mindestens so facettenreich ist wie die christliche.

Abb. 9: Tanz der Derwische. Indische Miniatur aus dem 17. Jahrhundert

Zu Pfeifen- und Trommelklang drehen sich die Derwische und verrenken die Arme. Zwei Mystiker (unten rechts) sind bereits in Ekstase zusammengebrochen.

Aus: Die großen Religionen der Welt. Time-Life Redaktion. München/Zürich 1957, S. 116.

Es kann im Rahmen einer einzigen Studieneinheit die Vielfalt der islamischen Richtungen, ihrer Glaubensvorstellungen und ihrer politischen Verhaltensweisen und Zielvorstellungen nicht zur Sprache kommen. Dennoch mußte sie wenigstens angedeutet werden, weil sonst der Eindruck entsteht, der Islam sei aus einem Guß und ohne innere Differenzierung. Im übrigen hat eine erste Einführung in diese fremde Welt vornehmlich die Andersartigkeit und das Typische hervorzuheben, um überhaupt ein Gespräch mit den Muslimen und dabei ein Verständnis für ihren Glauben und ihre Lebensweise sowie ihre Probleme zu ermöglichen, zumal den Muslimen ihre Religion normalerweise so einleuchtend vorkommt, daß sie sich gar nicht vorstellen können, daß andere all dies nicht ebenso einleuchtend finden. Bei alledem darf schließlich nicht übersehen werden, daß es sich hier vornehmlich um idealtypische Vorstellungen handelt, die mehr programmatische Wunschvorstellungen für die Zukunft als ein konkretes Abbild der gegenwärtigen Wirklichkeit sind. Denn seit Jahrhunderten lebt die islamische Welt nicht mehr ausschließlich nach der hier vorgestellten Ordnung. Viele Vorschriften des Islam wurden überlagert und ersetzt durch die staatliche Gesetzgebung, und die islamischen Religionsgelehrten haben dies nicht selten gerechtfertigt. Bereits im Mittelalter war die politische Entscheidung in den Händen der Regierenden einzelner Länder, während sich der Kalif (von Gegenkalifen ganz zu schweigen) vielfach nur noch mit einer religiösen oder mehr symbolischen Führung der *umma* begnügen mußte. Unter dem Einfluß europäischer Ideen kam es dann im 19. und 20. Jahrhundert in vielen Ländern der islamischen Welt zu Rechtsreformen, die zum Teil europäisches Recht an die Stelle des islamischen setzten, so daß heute eine Art Mischgesetzgebung herrscht, die den Konservativen wie den Progressiven ein Dorn im Auge ist: den Konservativen, weil sie zur klassischen *scharia* ohne jede Modifikation und ohne Zugeständnisse an die moderne Welt zurückkehren wollen und daran auf unterschiedliche Weise arbeiten, da seit der Abschaffung des Kalifats durch Atatürk im Jahre 1924 dem Islam eine zentrale Führung fehlt; den Progressiven, weil sie eine deutliche Trennung zwischen Staat und Religion wollen und deshalb den Einfluß des Islam auf die Gesetzgebung möglichst zurückzudrängen versuchen. Deshalb soll auch nach Vorstellung der Progressiven an die Stelle des theologisch vorgebildeten Kadi der Richter treten, der Jura nach europäischem Vorbild studiert hat und heute in fast allen Ländern der islamischen Welt für viele Bereiche der Rechtsprechung fest etabliert ist.

So kommt es, daß es neben dem arabischen Islam auch einen türkischen, einen persischen, einen indischen, einen indonesischen und einen schwarzafrikanischen Islam gibt und daß innerhalb eines jeden von diesen – und mit Blick auf den arabischen sogar innerhalb eines jeden arabischen Landes – konservative und modernisierende Strömungen miteinander und untereinander ringen, um Gottes willen und für die Menschen. Der Wille Gottes ist hierbei keine fromme Floskel, sondern entscheidend für die Zukunft, die – was den Islam angeht – heute von den meisten Muslimen durchaus positiv und vielversprechend gesehen wird.

In einer Welt, die immer schneller und immer konkreter *eine* Welt wird, ist gegenseitige Unwissenheit keine Basis für das Zusammenleben. Verständnisbereitschaft und Offenheit für Andersdenkende sind gefordert, doch der notwendige Dialog kann ohne solides Wissen keine Früchte bringen. Die Andersartigkeit des Dialogpartners setzt die Kenntnis der gemeinsamen Überzeugungen und das Wissen um die Unterschiede sowie die andersartigen Gewichtungen und Sichtweisen voraus. Dies heißt: Man muß lernen, seine und des anderen Position klar zu bestimmen, wenn jeder in dieser einen Welt er selbst sein soll.

Exkurs II: Zum historischen Verhältnis von Islam und Christentum

Dieser „Exkurs" will den großen zeitlichen Schritt zwischen der Entstehung des Islam (STE 8) und seiner heutigen Stellung in unserer Gesellschaft (STE 9) überbrücken. Er gibt einen historischen Abriß über die anfängliche Lage der Kirche in den vom Islam eroberten Gebieten und über das Verhältnis der christlichen Kirche zum Islam vom Mittelalter bis zur Neuzeit.

Der Siegeszug des Islam in Asien und Europa hat in der Geschichte kaum Parallelen. Trotz innerer Auseinandersetzungen war das Vordringen zunächst unaufhaltbar: 711 eroberten die Araber Spanien, 1453 die Osmanen Konstantinopel, 1529 stießen sie bis Wien vor. Wie hat sich der Islam zu den Christen in den von ihm eroberten Gebieten verhalten? Diese Frage wird im Umkehrschluß gleichzeitig eine Überprüfung des Verhältnisses der abendländischen Kirche zum Islam: Der Gegenschlag von Tours und Poitiers (732) gebietet der Ausbreitung des Islam nach West- und Mitteleuropa Einhalt, die Kreuzzüge (11.–13. Jh.) lassen die Interessen im Vorderen Orient aufeinanderprallen, die zweite Belagerung Wiens (1683) scheitert aufgrund des inneren Verfalls des Osmanenreiches. Die Auseinandersetzung mit dem Islam dauert an: im Zeichen der neuzeitlichen Überlegenheit und der Krise der abendländischen Zivilisation und der Reaktion der Islamwelt auf die Herausforderung durch den Westen.

Die exemplarische Arbeitsweise dieses Buches gestattete keine eigene Studieneinheit für diesen Themenbereich. Der „Exkurs" hat daher bewußt die Form eines Essays gewählt, um einerseits diese wichtigen Fragen nicht unerwähnt zu lassen, andererseits jedoch den Stoffumfang des Curriculums zu entlasten.

Zur Lage der Kirche in der Islamwelt

Wenn wir heute von „Islam" und „Christentum" sprechen, so verbinden wir mit diesen Begriffen die Vorstellung von zwei geographisch getrennten Bereichen: hier die islamischen Länder, dort die christlichen. Wir sollten uns aber bewußtmachen, daß gerade die alten Kerngebiete der Islamwelt östlich und südlich des Mittelmeers einst christliche Länder waren. Die Frage nach dem historischen Verhältnis von Islam und Christentum bedeutet deshalb zunächst:

▷ *Wie hat sich der Islam zu den Christen in den von ihm eroberten Gebieten verhalten?* ◁

Am Ende der *Omaijadenzeit* (750 n. Chr.) dehnte sich das islamische Reich nach Osten bis an den Indus und nach Westen bis an den Atlantik und die Pyrenäen aus (vgl. *Karte 1* in STE 8). Ohne die Hilfe der unterworfenen Bevölkerung waren die Araber nicht in der Lage, dieses riesige Gebiet, zu dem alte Kulturvölker gehörten, zu beherrschen. Sie ließen die politischen und sozialen Ordnungen bestehen und verlangten von den Andersgläubigen lediglich die Anerkennung der islamischen Theokratie. Unter dieser Voraussetzung durften die Unterworfenen gegen Entrichtung einer Kopfsteuer ihres Glaubens leben, sofern dieser vom Islam geduldet wurde. Maßgebend war dafür die Praxis des Propheten, der den Heiden nur die Wahl zwischen einem Kampf auf Leben und Tod oder der Annahme des Islam ließ, von den „Leuten der Schrift" aber nur die Unterwerfung unter seine Herrschaft durch Entrichtung eines Tributs forderte (Koran, Sure 9, 5. 29). Als „Leute der Schrift" hatte Mohammed im Koran ausdrücklich die Juden und Christen genannt.

Ferner erwähnt er die Sabier und Zoroastrier, die im Islam aufgrund bestimmter Traditionen den „Leuten der Schrift" gleichgestellt wurden. Unter den Sabiern sind wahrscheinlich die Mandäer zu verstehen, eine synkretistisch-gnostische Religionsgemeinschaft im Zweistromland, die sich noch bis heute im Schatt el-Arab erhalten hat.

Den muslimischen Herrschern lag zunächst gar nicht daran, die Unterworfenen zum Islam zu bekehren, ganz im Gegenteil: Massenbekehrungen hätten die Steuereinkünfte empfindlich vermindert, die vor allem zum Unterhalt des Heeres dringend benötigt wurden. So war das islamische Reich bis zum Ende der Omaijadenzeit eigentlich ein arabisches Reich. Dies fand auch darin seinen Ausdruck, daß Nichtaraber, die zum Islam übertraten, sich als „Schutzbefohlene" oder „Klienten" einem arabischen Stamm eingliedern mußten.

Für die Christen (und andere Angehörige einer Offenbarungsreligion) hatte also die islamische Herrschaft mindestens in den ersten hundert Jahren nichts Bedrückendes an sich. Sie wurde von den Christen in den ehemals byzantinischen Gebieten zunächst sogar mit Erleichterung begrüßt. Die christologischen Streitigkeiten hatten im Osten zur Bildung von Nationalkirchen geführt, die auf die eine oder andere Art von der byzantinischen Orthodoxie abwichen. Immer wieder hatte der oströmische Kaiser durch theologische Formeln und Einsatz der Staatsgewalt versucht, die „Häretiker" zur Rechtgläubigkeit zurückzuführen. Jene orientalischen Nationalkirchen waren also vor dem Islam seit beinahe zweihundert Jahren ständigem Druck durch den byzantinischen Staat und seine Kirche ausgesetzt. Mußte es da nicht als Befreiung empfunden werden, daß die neuen Herrscher sich um die dogmatischen Streitigkeiten überhaupt nicht kümmerten und die verschiedenen christlichen Gemeinschaften unbehindert bei ihrem Glauben ließen?

Zu berücksichtigen ist dabei noch, daß die zur Reichskirche gehörigen Christen entweder vor den heranrückenden arabischen Heeren flohen oder später in byzantinisches Gebiet emigrierten. Ähnlich war die Lage in Nordafrika, wo seit dem 4. Jahrhundert die Katholiken sich der religiös-sozialen Opposition der Donatisten zu erwehren hatten. Die katholisch-romanisierte Bevölkerung der Städte emigrierte, und zurück blieb in den ländlichen Gebieten eine nur oberflächlich christianisierte oder heidnische berberische Bevölkerungsschicht.

Die Nichtmuslime, die unter islamischer Herrschaft geduldet wurden, hießen „Leute des Vertrags". Nach dem *islamischen Gesetz* wurde ihnen unter bestimmten Bedingungen Schutz gewährt; aber sie galten in politischer, religiöser und sozialer Hinsicht als zweitrangig. Sie durften ihre Religion nur unter gewissen Einschränkungen ausüben. Gottesdienstliche Handlungen blieben auf die Räume der Kirchen (und Synagogen usw.) beschränkt. Glockengeläut war verboten. In der Nähe islamischer Städte durften keine Kirchen (und andere nichtmuslimische Kultgebäude) errichtet werden. Die Instandsetzung bereits vorhandener Kirchen war aber erlaubt. Selbstverständlich durfte nichts zur Bekehrung von Muslimen unternommen werden. Dies war bei Todesstrafe verboten. Ferner galt es auch als schweres, todeswürdiges Verbrechen, sich um die Rückführung von Christen zu bemühen, die zum Islam übergetreten waren. Die „Schriftbesitzer" hatten sich durch ihre Kleidung kenntlich zu machen und mußten den Muslimen mit Ehrfurcht begegnen. Nichtmuslime durften nicht auf Pferden, sondern nur auf Eseln reiten. Ein Muslim konnte eine Christin heiraten, aber ein Christ keine muslimische Frau. Trat in einer christlichen Ehe die Frau zum Islam über, so galt die Ehe damit als geschieden. Christen (und andere „Leute des Vertrages") hatten nicht das Recht, vor Gericht als Zeugen aufzutreten. Andererseits erlaubte das islamische Gesetz den „Schriftbesitzern" manches, was einem Muslim verboten war, beispielsweise das Ausleihen von Geld gegen Wucher (d.h. Zinsen), das Essen von Schweinefleisch und das Trinken von Wein. Ein muslimischer Herr durfte seinen christlichen Sklaven nicht am Besuch des Gottesdienstes hindern.

Von den Bestimmungen des islamischen Gesetzes, das mit der Bildung der vier klassischen Rechtsschulen (Hanifiten, Malikiten, Schafiiten und Hanbaliten) bis etwa 850 n. Chr. zum Abschluß kam, kann man selbstverständlich keine unmittelbaren Schlüsse auf die *Wirklichkeit des Lebens* ziehen. Es gab freundliche, ja freundschaftliche Beziehungen zwischen Christen und Muslimen, es gab ausgesprochen christenfreundliche muslimische Herrscher, wie die Fatimiden Ägyptens (969–1171), die als Schiiten gegen ihre sunnitischen Untertanen bei den christlichen Kopten Rückhalt suchten und sogar mit der koptischen Hierarchie verwandtschaftlich verbunden waren, und es gab auch Herrscher, die den Druck des Gesetzes durch Willkürmaßnahmen verstärkten.

Um die inneren Angelegenheiten der nichtmuslimischen Gemeinschaften innerhalb der Islamwelt kümmerten sich die muslimischen Oberherren nicht. Sie übertrugen den geistlichen Oberhäuptern der Andersgläubigen, den Patriarchen, Bischöfen und Rabbinern, die Verantwortung für die loyale Haltung ihrer Gemeinde. Dadurch erhielten christliche und jüdische Würdenträger zusätzliche rechtliche und polizeiliche Vollmacht. Sie konnten zur Aufrechterhaltung der Ordnung in ihren Gemeinden die Hilfe des Staates in Anspruch nehmen. Die „Leute der Schrift" bildeten also in der Islamwelt je für sich gleichsam Staaten im Staat. Diese Tatsache findet ihren literarischen Ausdruck darin, daß muslimische Geschichtsschreiber in der Regel die nichtmuslimischen Gemeinschaften in der Islamwelt mit Stillschweigen übergehen. Ebenso berichten die christlichen Autoren in der Islamwelt gewöhnlich nichts über die muslimische Gemeinde.

Die *Lage der Christen im Osten* des islamischen Reiches war anders als im Westen. Dies hängt mit der vorislamischen kirchlichen Situation zusammen. In den ehemals byzantinischen Gebieten bildeten unter den Christen bei weitem die Angehörigen solcher Gemeinschaften die Mehrzahl, die vom Standpunkt der Orthodoxie aus gesehen als häretisch galten. Nestorianer und Monophysiten waren die Hauptgruppen. Es ist klar, daß die muslimischen Herrscher den konfessionellen Gegensatz der östlichen Nationalkirchen zur byzantinischen Reichskirche ihren Zwecken dienstbar machten. Sie behandelten nicht nur die religiösen Oberhäupter der Christen (und anderer Nichtmuslime) schonend, sondern machten sich auch die Vornehmen und Beamten geneigt, so daß diese die islamische Herrschaft bejahten und unterstützten. In ihrem eigenen Reich wurden die Muslime in den ersten Jahrhunderten in erheblichem Umfang von christlichen Beamten regiert. Ein muslimischer Schriftsteller des 9. Jahrhunderts bemerkt zu diesen Verhältnissen: „Die Muslime mußten die Hände der Christen küssen und ihre Befehle ausführen."[1] Wenn ein Muslim in der Frühzeit des Islam Karriere machen wollte, tat er gut daran, sich des Wohlwollens seiner christlichen Kollegen und Vorgesetzten zu vergewissern. Im 9. Jahrhundert gab es in Ägypten einen christlichen Bezirksamtmann, der jeden Freitag hoch zu Roß seinen muslimischen Stellvertreter zur Moschee geleitete. Dort ließ er ihn das rituelle Gebet verrichten und kehrte dann mit ihm zurück. Zweimal hatten im 9. Jahrhundert Christen das Amt eines muslimischen Kriegsministers inne!

Man kann verstehen, daß der bedeutende Einfluß der Christen in allen Lebensbereichen manchem Muslim ein Ärgernis war. So schreibt AL-ĞĀḤIẒ (gest. 869 n. Chr.), ein muslimischer Autor:

> „Einer der Umstände, der (die Christen) in den Augen des Volkes groß erscheinen und den geringen Leuten lieb sein läßt, ist die Tatsache, daß sie die Sekretäre der Fürsten und Diener der Könige, die Ärzte der Standespersonen, Parfümhändler (bzw. Drogisten) und Geldwechsler sind, während du die Juden nur als Färber, Gerber, Schröpfer, Schlächter und Schuhflicker findest. Da nun das gewöhnliche Volk Juden und Christen in dieser Situation sah, kam es zu dem Schluß, das Verhältnis der beiden Religionen sei wie das Verhältnis der Berufe (denen ihre Bekenner folgen)";[2] d.h. das Christentum sei eine edle, vornehme und das Judentum eine gewöhnliche, geringe Religion.

1 Peter KAWERAU: Geschichte der mittelalterlichen Kirche. Marburg 1967, S. 122.
2 G. E. VON GRUNEBAUM: Der Islam im Mittelalter. Zürich/Stuttgart 1963, S. 234f.

Al-Ǧāḥiẓ gibt zu, daß die Christen wohlhabend sind und sich muslimischen Sitten angeglichen haben. Er gesteht ihnen sogar die bessere Erziehung zu. Aber alle diese Vorzüge dienen ihm als Grund, die Niederhaltung des Christentums zu fordern. Denn gerade durch ihre Vorzüge und ihren starken Einfluß sind sie den Muslimen gefährlich:

„Unsere Gemeinde (umma) hat von den Juden, Magiern und Sabiern nicht so viel zu leiden gehabt wie von den Christen; denn diese haben es (in ihren polemischen Auseinandersetzungen mit uns) auf widersprüchliche Aussagen im Koran abgesehen. (Sie wählen als Themen für Disputationen) die zweideutigen Verse des Buches (und machen uns verantwortlich) für Traditionen mit fehlerhafter Zeugenkette (isnād). Dann (diskutieren sie diese Dinge) privat mit (Muslimen) von schwacher Bildung und befragen die gewöhnlichen Leute darüber. Dann bringen sie ihnen zu guter Letzt noch die Argumente der mulḥidūn (d.h. der Abtrünnigen, der Ketzer) und der verfluchten zanādiqa (d.h. der Freigeister...) bei. Und trotz alle dem erscheinen sie unschuldig in den Augen unserer Gelehrten und einflußreichen Männer. So gelingt es ihnen, unter den Glaubensstarken Unruhe hervorzurufen und die Glaubensschwachen zu verwirren. Es ist ein wahres Unheil, daß jeder Muslim sich für einen Theologen (mutakallim) hält und meint, daß jedermann gleich geeignet ist, mit den Ungläubigen (griechisch: Atheisten) eine Diskussion zu führen." (S. 235)

Das Werk Al-Ǧāḥiẓ' ist eine Tendenzschrift. Sie soll die islamische Regierung zu einem strengeren Durchgreifen gegen die Christen bewegen. Deshalb malt sie die dem Islam vom Christentum her drohenden Gefahren mit kräftigen Farben aus. Berücksichtigt man diese Absicht, so kann dennoch nicht bezweifelt werden, daß die Christen noch im 9. Jahrhundert in der Islamwelt einflußreiche Stellungen einnahmen.

Al-Ǧāḥiẓ erwähnt besonders die Disputationen über religiöse Themen zwischen Christen und Muslimen. In der Tat hat es solche gegeben. Der früheste christliche Autor, von dem uns solche Streitgespräche erhalten sind, ist Johannes von Damaskus (gest. vor dem Jahre 754 n.Chr.), der letzte große Kirchenvater des Ostens, der einst als Beamter im Dienste des Kalifen stand, ehe er sich um 700 als Mönch in das Sabbaskloster bei Jerusalem zurückzog. Aus seinen Schriften gegen den Islam ist zu ersehen, wie gerade jene Streitgespräche einen starken Anstoß zur Bildung der islamischen Theologie gaben. So hat etwa die islamische Lehre vom Koran als Gottes ewigem Wort auffällige Strukturähnlichkeit mit der christlichen Lehre von Jesus Christus als Gottes ewigem Wort, das Fleisch geworden ist. Ferner sahen sich die Muslime gezwungen, in der theologischen Auseinandersetzung mit den Christen das Problem der göttlichen Vorherbestimmung im Hinblick auf die Verantwortlichkeit des Menschen für sein Tun zu bedenken. Freilich waren solche Gespräche, besonders wenn sie offiziellen Charakter hatten, auch mit gewissen Gefahren verbunden. Die christlichen Diskussionsredner mußten sich vor Worten hüten, die als Beleidigung des Propheten ausgelegt werden konnten. Das kam einem Majestätsverbrechen gleich. Vor allem die hohen kirchlichen Würdenträger mußten sich aus Rücksicht auf die ihnen anvertraute Gemeinde auch zu manchem lobenden Wort über Mohammed bereit finden, etwa daß er die bis dahin heidnischen Araber vom Götzendienst bekehrt habe usw.

Die Behandlung der Christen in der Islamwelt hing sehr von *Zeit und Umständen* ab. Außerdem waren die Rechtsschulen in dieser wie in allen anderen Fragen nicht ganz eines Sinnes. So waren die Vorschriften der Malikiten hinsichtlich der Christen weniger liberal als die der Hanifiten. Man kann ferner allgemein sagen: In dem Maße, wie das Weltreich der Araber von der Religion des Islam durchdrungen wurde, verschlechterte sich auch die Lage der Christen. Der Zusammenstoß mit dem militanten abendländischen Christentum in den Kreuzzügen war nicht nur von Nachteil für die Byzantiner und die orientalischen Christen, die (meist) nicht in der Glaubenseinheit mit Rom standen, sondern rief auch unter den Muslimen eine antichristliche Stimmung hervor, die sich negativ auf die Christen in der Islamwelt auswirkte. Im 14. Jahrhundert brachten die mörderischen Mongolen über die bis dahin schon arg zusammengeschmolzene östliche Christenheit schwere Leiden. Etwa um 1300 war es deutlich, daß die Mongolen, unter denen vorher nestorianische Missionare gewirkt hatten, sich dem Islam anschlossen.

Wenn das orientalische Christentum im Laufe der Jahrhunderte zu einem Minderheitenstatus in der Islamwelt zusammenschrumpfte, so lassen sich dafür im ganzen wohl vier Gründe angeben:

1. Die Christen waren durch das islamische Gesetz diskriminierenden Bestimmungen unterworfen. Sie waren geduldete Fremde in der islamischen Gemeinde.
2. Geschichtliche Ereignisse verstärkten zuweilen den Druck des Gesetzes.
3. Die orientalischen Kirchen waren größtenteils konfessionell von der byzantinischen Reichskirche geschieden, hatten also keinen Rückhalt in einem konfessionsgleichen Land jenseits der Grenzen. Das Bewußtsein der Isolierung und zudem der zusätzlichen Spaltungen innerhalb des orientalischen Christentums selbst bedeutete eine religiöse Schwäche.
4. Neben dem politischen, sozialen und wirtschaftlichen Druck, der auf den Christen lastete, darf aber nicht die Anziehungskraft der islamischen Religion übersehen werden.

Diese *Anziehungskraft* pries At-Tabarī, ein zum Islam übergetretener Christ, mit den Worten:

„Lob gebührt Gott für die Religion des Islams: Wer sich ihr anschließt, dem wird Erfolg (zuteil), wer sich an sie hält, wird rechtgeleitet; wer sich für sie einsetzt, wird gerettet, wer ihr Feind ist, geht zugrunde. Durch sie hat sich der Schöpfer zu erkennen gegeben; nach ihr trachten die Völker und verlangen die Seelen [...] durch sie wird früher oder später das Hoffen erfüllt; denn sie ist das lebendige Licht und die Brücke in die Stätte des ewigen Heils, wo es weder Kummer noch Verblendung gibt. Gott, der Allerhöchste, hat uns unter die Gefolgsleute seiner sunna (d.h. der Art, sich mit dem Leben auseinanderzusetzen) eingereiht und das Nichtige mitsamt den Übeln, die es für seine Anhänger bringt, vermeiden lassen: Gott ist in Wahrheit preiswürdig und gepriesen; sein Königtum hat kein Ende, und keiner kann seine Worte ändern. Er ist der Wohltäter, der Weise, der die Wahrheit offenbart und erleuchtet hat; seine Diener hat er erschaffen, seinen Apostel, seinen Geliebten, seinen Freund hat er gesandt zu denen, die an ihm zweifelten, sie aufrufend zum immerwährenden Sieg und zum strahlenden Licht." (von Grunebaum, S. 52f.)

Es ist deutlich, was diesen ehemaligen Christen für den Islam gewonnen hat: die Verheißung des Erfolgs, des Sieges. Der Islam ist die Religion der Weltgestaltung gemäß dem offenbarten Gesetz durch die triumphierende Muslimgemeinde.

Die *Lage der Christen im Westen* des islamischen Reiches läßt sich kurz wie folgt umreißen: In Spanien, wo der Islam beinahe 800 Jahre bestand, ehe mit dem Königreich Granada 1492 der letzte Rest islamischer Herrschaft auf der iberischen Halbinsel zugrunde ging, erwiesen sich die Christen widerstandsfähiger als im Osten. Dies hängt sicher auch wesentlich mit der Tatsache zusammen, daß die spanischen Christen von den abendländischen nicht durch einen Glaubensgegensatz getrennt waren. Dies hatte zur Folge, daß spanische Christen von den muslimischen Herrschern in der Regel nicht mit Regierungsämtern betraut wurden. Man argwöhnte, daß sie mit den Franken kollaborieren würden. Auch war im islamischen Spanien der jüdische Einfluß stärker.
Wenig anfällig für den Islam waren auch die orthodoxen Balkanvölker, besonders die Griechen, unter osmanischer Herrschaft.

Soweit heute in den islamischen Staaten die Verfassungen von westlichen Toleranzvorstellungen bestimmt sind, sind die Christen in vollem Sinne Staatsbürger. Für religiöses Empfinden sind sie aber weiterhin Fremde in der islamischen Gemeinde, die sich als religiös-politische Einheit versteht. Dies mag ein Zitat aus dem vom

Islamischen Zentrum in Genf 1968 herausgegebenen Buch *„Der Islam. Geschichte, Religion, Kultur“* bestätigen:

„Wenn ein Glaubender oder ein Kapitalist in den kommunistischen Ländern als Fremdling angesehen wird, oder ein Schwarzer in den Ländern der Weißen oder ein Nicht-Deutscher in Deutschland, darf man sich nicht darüber wundern, wenn auf islamischem Gebiet ein Nicht-Muslim gleichermaßen als Fremdling gilt [...] Wie jedes andere politische oder soziale System, so unterscheidet auch der Islam zwischen seinen Mitgliedern und den anderen, jedoch mit zwei besonderen Kennzeichen: der Leichtigkeit, mit der dieses Hindernis überschritten werden kann (durch Anerkennung seiner Ideologie), und der geringfügigen Ungleichheit zwischen den beiden Arten von Menschen im Hinblick auf irdische Belange.“[3]

Die Kirche des Abendlandes in ihrem Verhältnis zur Islamwelt

Mittelalter und Reformationszeit

Die Krise der spanischen Kirche

In der Schlacht von Tours und Poitiers (732) wehrte KARL MARTELL den Vorstoß der Araber aus Spanien in das *Frankenreich* ab. Es war eine für die Geschichte Europas entscheidende Schlacht. In England, dem damaligen Zentrum der europäischen Kultur, betrachtete der gelehrte Theologe BEDA VENERABILIS (gest. 735) dieses Ereignis allerdings ohne tieferes Interesse. Ihm genügte es zu wissen, was die Bibel über das kriegerische Volk der Sarazenen – so nannte man die Muslime – sagte: Auf sie trifft ganz und gar die Charakterisierung ihres Stammvaters Ismael in Gen 16,2 zu: „Er wird ein wilder Mensch sein: seine Hand wider jedermann, und jedermanns Hand wider ihn.“

Die *spanischen Christen,* die unter islamischer Herrschaft standen, durchlebten im 9. Jahrhundert eine Krise. Sie waren von ihren Glaubensbrüdern im Frankenreich getrennt. Die arabische Sprache und Kultur breitete sich auf der Pyrenäenhalbinsel aus. Die christlich-lateinischen Traditionen gerieten in Vergessenheit. In Cordoba, Hauptstadt des omaijadischen Emirats und Sitz des Erzbischofs, hatte man kein Exemplar von AUGUSTINS berühmtem Werk *„Der Gottesstaat“!* EULOGIUS, der Oberhirte der spanischen Christen, mußte sich aus dem benachbarten christlichen Navarra jene Schrift und andere christlich-lateinische Literatur beschaffen. Viele Christen wandten sich mit Begeisterung der arabischen Sprache und Kultur zu. Der mit dem Oberhirten befreundete Laie PAULUS ALBARUS beklagte diesen Zustand:

„Welcher tüchtige Mann, so frage ich, ist heute unter unseren gläubigen Laien zu finden, der zu den heiligen Schriften die lateinisch verfaßten Bücher welcher Lehrer auch immer berücksichtigt? Wen gibt es, der von Liebe zu den Evangelien, den Propheten und Aposteln entbrannt ist? Ist es nicht so, daß alle christlichen Jünglinge, schön von Angesicht, ausdrucksvoll in der Sprache, ausgezeichnet in Verhalten und Benehmen, glänzend durch heidnische Bildung, erhöht durch arabische Rede, die Bücher der Chaldäer (d. h. der Araber) mit größter Begierde bearbeiten, aufs angespannteste lesen, aufs leidenschaftlichste erörtern, indem sie mit ungeheuerem Eifer (Bibliotheken?) zusammenhäufen? In ausführlicher und gebundener Rede verbreiten sie mit Lob (die arabische Bildung), wobei sie die kirchliche Schönheit nicht kennen und die Ströme der Kirche, die vom Paradiese her fließen, als wertlosestes (Geschwätz) verachten. Welch ein Jammer! Ihre Sprache kennen die Christen nicht, und auf ihre eigene Sprache achten die Lateiner nicht, so daß in der ganzen Genossenschaft Christi kaum einer unter tausend Menschen zu finden ist, der an seinen Bruder auf vernünftige Weise ein Begrüßungsschreiben richten kann. Dagegen findet man eine unermeßliche (Schar) von Leuten, die mit feiner Bildung das chaldäische (d.h. arabische) Wortgepränge entfalten.“[4]

PAULUS ALBARUS unterscheidet nicht zwischen Sprache und Kultur auf der einen und Religion auf der anderen Seite. In seiner Sicht muß die Abkehr vom lateinisch-nationalen Erbe letztlich zur Verleugnung des Christentums führen. Sicher gab es genug Beispiele, die seiner Befürchtung recht zu geben schienen. Aufs Ganze gesehen führte aber die Anpassung der spanischen Christen an die arabische Sprache und Kultur keinesfalls zu einem Massenabfall. Den arabisierten Christen Spaniens nannte man *musta'rib,* was wörtlich bedeutet: „einer, der sich den Arabern assimiliert hat“. Daher kommt das Wort „Mozaraber“.

Die Opposition gegen den anpassungswilligen Zeitgeist führte in den Jahren 850–859 zu Martyrien. Anführer der christlichen Widerstandsbewegung waren der Abt SPERAINDEO, Erzbischof EULOGIUS und PAULUS ALBARUS. In diesen Kreisen beschränkte man sich nicht darauf, die eigenen Glaubensgenossen zur Treue zu ermahnen, sondern griff auch den Islam selbst an. BEDA VENERABILIS hatte in der Bibel Auskunft über den Ursprung der Sarazenen und ihre Art gefunden. Die spanischen Islambekämpfer des 9. Jahrhunderts erfuhren aus der Bibel, welches Ziel den Muslimen von Gott gesetzt sei. In Dan 7,25 lasen sie von dem gottfeindlichen König der Endzeit:

„Er wird (lästerliche) Reden gegen den Höchsten führen und die Heiligen des Höchsten verstören und meinen, er könne Zeiten und Gesetze ändern. Sie werden aber in seine Hand gegeben werden eine Zeit und (zwei) Zeiten und eine halbe Zeit.“

Dies konnte man nur von Mohammed verstehen. Hatte er nicht Lästerworte gegen das Evangelium geredet, die Kirche verwüstet und selbstherrlich ein neues Gesetz aufgestellt? Wie lange noch würden die Heiligen in seine Hand gegeben sein? „Eine Zeit und (zwei) Zeiten und eine halbe Zeit.“ Diese geheimnisvollen Worte deutete man auf dreieinhalb Perioden von 70 Jahren, so daß sich 245 Jahre ergaben. Nach spanischer Zeitrechnung war Mohammed im Jahre 666 gestorben. Dies ist aber auch nach der Offenbarung des Johannes (13, 18) die Zahl des Antichrists. Rechnete man zu den 666 Jahren die 245 hinzu, so kam man zu dem Ergebnis, daß das Ende unmittelbar bevorstehe. Gab es nicht auch zu denken, daß der Emir, der seit 852 in Cordoba herrschte, sich wie der Urheber der antichristlichen Macht Mohammed nannte? PAULUS ALBARUS bezeichnete Mohammed als den „Vorläufer des verdammten Menschen unserer Zeit“ (MPL 121,535 D), die Gegenwart als „die letzten Zeitspannen“ und die herrschende Verfolgung als „die Verfolgung des Antichrists“ (MPL 121,518). EULOGIUS wurde hingerichtet.

Die spanischen Christen gestalteten sich ihr Islambild aber nicht nur aus der Bibel, sondern auch aus polemischen byzantinischen und orientalisch-christlichen Schriften. Später wurde diese Streitschriftenliteratur durch Übersetzungen ins Lateinische auch dem Abendland zugänglich. Schon JOHANNES VON DAMASKUS (gest. vor 754) hatte den Islam als antichristliche Macht am Ende der Zeiten verstanden. In seinem Buch über die Häresien leitet er das 101. Kapitel, das den Islam als Sekte beschreibt, mit den Worten ein:

„Es existiert aber auch der bis jetzt mächtige, das Volk verführende Kult der Ismaeliten, der da ein Vorläufer des Antichrists ist.“[5]

Außerhalb Spaniens, im christlichen Frankenreich, nahm man die Meinung, die Sarazenen seien die Verkörperung des Antichrists, nicht sonderlich ernst. Die Schriften von EULOGIUS und PAULUS ALBARUS blieben im christlichen Abendland unbekannt. Auch im islamisch beherrschten Spanien wurden sie bald vergessen.

3 Islamisches Zentrum (Hrsg.): Der Islam. Geschichte, Religion, Kultur. Genf 1968, S. 260.
4 PAULUS ALBARUS: Indiculus luminosus. In: Jacques Paul MIGNE (Hrsg.): Patrologiae cursus completus. Series Latina. Paris 1841–1864, Bd. 121, 554 D–556 B.
5 JOHANNES VON DAMASKUS: Liber de haeresibus. In: Schriften des Johannes von Damaskus. Hrsg. vom Byzantinischen Institut der Abtei Scheyern. Berlin/New York 1969 ff. Bd. 4 (1981), S. 60.

Das Islamproblem im Zeitalter der Kreuzzüge

In engere Berührung mit der Islamwelt kam das Abendland durch die *Kreuzzüge.* Zwar gab es schon früher kriegerische Auseinandersetzungen mit den Muslimen in Spanien und Süditalien/Sizilien; aber im Unterschied zu den Kreuzzügen waren es keine gesamtabendländischen Unternehmungen, die von der Kirche ausgerufen wurden. Die Kreuzzüge hängen mit dem Reformpapsttum des 11. Jahrhunderts zusammen. Die Päpste wollten ihre geistliche Autorität über die gesamte Christenheit in Ost und West ausdehnen. Dies führte 1054 zum Bruch mit der byzantinischen Kirche. Hinzu kam, daß Byzanz im Jahre 1071 eine vernichtende Niederlage durch die Seldschuken bei Mantzikert in Armenien erlitten hatte. Das Ostreich war in bedrohlicher Lage und auf verstärkte militärische Hilfe aus dem Westen angewiesen. Diese Gefahr bot der abendländischen Kirche die Möglichkeit, ihren Einfluß auf die Gebiete des Orients auszudehnen. Die Kreuzzüge haben also nicht nur eine Stoßrichtung nach Jerusalem und Palästina, sondern auch nach Byzanz.

Schon Papst Gregor VII. plante 1074 einen Kreuzzug. An der Spitze eines westlichen Ritterheeres wollte er in seiner Eigenschaft als „Führer und Hoherpriester“ *(dux et pontifex)* dem christlichen Kaiserreich der Griechen Rettung bringen, den Zug aber weit über Konstantinopel hinaus bis zum Grabe des Herrn führen. Alle Christen sollten unter seiner obersten Leitung in *einer* Kirche vereint sein. Der erste Kreuzzug (1096–1099), von Papst Urban II. veranlaßt, endete mit der Eroberung Jerusalems unter unvorstellbaren Greueltaten im Jahre 1099. Als es nichts mehr zu morden und zu plündern gab, zogen die Kreuzfahrer in feierlicher Prozession zum Dankgottesdienst in die heilige Grabeskirche. – Es entstanden vier christliche Staaten in Palästina und Syrien: Jerusalem, Antiochia, Edessa und Tripolis.

Die Kreuzzüge waren nicht nur ein blutiges militärisch-religiöses Unternehmen, sondern führten auch zu einer großen Bereicherung der abendländischen Kultur durch die des Morgenlandes.

Davon zeugen noch heute Lehnwörter wie Algebra, Ziffer, Chemie, Drogerie, Zucker, Kaffee, Konditor, Sirup, Aprikose, Banane, Orange, Spinat, Zwetschge, Zimt, Kümmel, Safran, Muskat, Damast, Kattun, Musselin, Kittel, Jacke, Mütze, Gamasche, Pantoffel, Sofa, Matratze, Scheck, Tarif, Schach usw.

Im Handel mit dem Orient stiegen die Seestädte des Mittelmeers zu Macht und Reichtum empor, alle übertreffend die Republik Venedig. Ihre gewaltigen Festungsbauten, zur Sicherung des Handelsweges über den ganzen östlichen Mittelmeerraum verstreut, künden noch heute von der einstigen Größe des Stadtstaates.

Der erfolgreiche Verlauf des ersten Kreuzzuges veranlaßte die abendländischen Christen keinesfalls zu einer ernsthaften Beschäftigung mit dem Islam: Im Gegenteil – im Hochgefühl des Triumphes hatte man für den unterlegenen Feind nur Verachtung, und diese Verachtung fand ihren Niederschlag in *phantasievollen Erzählungen über die Sarazenen* und ihre Religion. Man hatte einen gewissen Rahmen bruchstückhafter historischer Kenntnisse: Mohammeds Heirat mit einer reichen Witwe, seine Beziehungen zu häretischen Christen, sein „sexueller Libertinismus“ usw. Mit diesen Richtigkeiten oder Halbwahrheiten verband man nun die unglaublichsten Geschichten, etwa Mohammed sei ein Zauberer gewesen, seinen Leichnam hätten Schweine aufgefressen, und die Sarazenen würden zahlreiche Götzen anbeten, ja, es gebe bei ihnen eine Perversion der Trinität, indem sie Mohammed, Apollon und Tervagant verehrten. Andere Autoren nennen andere Namen ihrer angeblichen Götter. Offenbar wußte man nichts oder wollte nichts vom monotheistischen Charakter des Islam wissen. Für die Leichtfertigkeit und Gewissenlosigkeit, mit der christliche Autoren Lügen über den Islam verbreiteten, ist Guibert von Nogent (gest. 1121) beispielhaft. Er war Abt und Bearbeiter eines Geschichtswerkes über den ersten Kreuzzug. Guibert gibt zu, daß er sich bei der Beschreibung von Mohammeds Leben und Lehre auf die Meinung der Volksmasse stütze – von der er natürlich weiß, daß sie für den Historiker keine solide Grundlage ist. Aber es habe keinen Zweck, nun darüber zu streiten, ob das, was er von Mohammed erzähle, historisch falsch oder wahr sei. Weil Mohammed ein solcher Ausbund von Teufelei sei, könne man gar nicht genug Schlimmes über ihn sagen.[6] Bei dieser Einstellung ist es nicht verwunderlich, daß Guibert sich nicht einmal die Mühe gemacht hat, nachzuforschen, wie jener Unhold der Sarazenen eigentlich heiße. Er nennt ihn einfach Mathomus.

Man könnte gleichsam zur Entlastung dieser skrupellosen Islambestreiter darauf hinweisen, daß sie in einer Zeit allgemein üppig wuchernder Phantasie lebten, die sich in verschiedenen Dichtungen und Sagen niederschlug. Es gab nur seltene Ausnahmen von der allgemeinen Unkenntnis des Islam.

So kann man auf Papst Gregor VII. (1073–1085) hinweisen. Der muslimische Herrscher von Mauretanien (Nordwestafrika) hatte ihm einen gewissen Servandus geschickt, den die einheimischen Christen sich zum Bischof gewählt hatten. Vom Papst sollte er die Bestätigung empfangen. Zu Ehren Gregors hatte der muslimische Fürst auch einige christliche Gefangene freigelassen. Der Papst bedankt sich bei ihm in einem Brief und schreibt, Gott, der Schöpfer aller Dinge, der Urheber alles Guten, habe dem Herrscher solche Liebe ins Herz gelegt. Auch in Zukunft soll nach dem Wunsche des Papstes solche gegenseitige Liebe geübt werden. Denn sowohl er als auch der Muslimherrscher würden, wenn auch auf verschiedene Weise, an den einen Gott glauben, den Barmherzigen und Allmächtigen, den Schöpfer Himmels und der Erde.[7] Mit diesen Papstworten hat übrigens das Zweite Vatikanische Konzil den Muslimen die „Hochachtung“ der Kirche bezeugt.[8] Man sollte aber nicht übersehen, daß Gregor VII. der Vater des Kreuzzugsgedankens war.

Einen Fortschritt in der Auseinandersetzung mit dem Islam brachte Petrus Venerabilis, seit 1122 Abt des berühmten Reformklosters Cluny. Er war eine hochangesehene Persönlichkeit von versöhnlichem Charakter. Daher wurde er oft als Vermittler in Auseinandersetzungen herangezogen. Auf einer Inspektionsreise in den rückeroberten Teil Spaniens kam er zu der Überzeugung, daß man die „Häresie Mohammeds“ mit geistigen Waffen angreifen müsse. Dies setzte aber solide Kenntnisse über den Islam voraus. Deshalb gab Petrus den Auftrag, den Koran und einige andere Schriften über den Islam aus dem Arabischen ins Lateinische zu übersetzen.

Die Koranübersetzung fertigte 1143 der Engländer Robert Ketton an. Petrus hatte ihn in der Gegend des Ebro angetroffen, wo er sich dem Studium astronomischer und mathematischer Werke der Araber widmete. Seine recht freie Übertragung des heiligen Buches der Muslime wurde erstmals 1543 in Zürich von dem Pfarrer Theodor Bibliander, mit Verbesserungen versehen, in gedruckter Form herausgegeben.
Von den übrigen arabischen Werken, die Petrus übersetzen ließ, war das bedeutendste die sogenannte Apologie Al-Kindīs. Es handelt sich um einen wohl fiktiven Briefwechsel zwischen einem hochgestellten Muslim und seinem christlichen Freunde zur Zeit des Kalifats von Al-Ma'mūn (813–833 n. Chr.). Wahrscheinlich wurde diese Schrift im 10. Jahrhundert von einem Christen verfaßt, der die Form einer Korrespondenz zweier hochgestellter Persönlichkeiten am Hofe des Kalifen wählte, um dem Werk Ansehen zu verschaffen und es vor Unterdrückung zu schützen. Der Muslim fordert darin den Christen auf, den Islam anzunehmen, und der Christ verteidigt in seinem umfassenden Antwortschreiben den eigenen Glauben, indem er den Koran einer gründlichen Kritik unterzieht. Für die Islamkenntnis des Mittelalters und der Reformationszeit war Al-Kindīs Apologie von grundlegen-

6 Gesta Dei per Francos, c. 3. MPL 156, 689 C.
7 Ep. 3, 21. MPL 148, 451 A.
8 Erklärung über das Verhältnis der Kirche zu den nichtchristlichen Religionen, Nr. 3. In: Karl Rahner / Herbert Vorgrimler (Hrsg.): Kleines Konzilskompendium. Freiburg [13]1979, S. 357.

der Bedeutung. *Der schottische Orientalist* William MUIR war von der Brauchbarkeit dieser Schrift für die Mission so überzeugt, daß er sie 1881 auszugsweise in englischer Sprache herausgab.[9]

PETRUS VENERABILIS veranlaßte nicht nur die Übersetzung arabischer Werke, sondern griff auch selbst zur Feder, um den Islam zu bekämpfen. Er verfaßte fünf Bücher *„Gegen die abscheuliche Sekte der Sarazenen“* und eine *„Summe der ganzen Häresie der Sarazenen“*. Obwohl er ein Mann des Kreuzzugszeitalters war, gab er der geistigen Auseinandersetzung den Vorzug vor der militärischen:

„Ich greife euch an, nicht, wie die Unsrigen es oft tun, mit Waffen, sondern mit Worten, nicht mit Gewalt, sondern mit der Vernunft, nicht mit Haß, sondern mit Liebe, dennoch mit solcher Liebe, wie sie unter Christusverehrern und denen, die von Christus abgewandt sind, bestehen muß.“[10]

Vergeblich versuchte PETRUS den berühmtesten Mann seiner Zeit, Abt BERNHARD VON CLAIRVAUX, für sein Anliegen der geistigen Auseinandersetzung mit dem Islam zu gewinnen. Dieser hatte sich aber ganz den Idealen des Kreuzzuges verschrieben. Den Templerorden pries er in einer Werbeschrift mit den Worten an:

„Wie man hört, ist eine neue Art von Ritterdienst aufgekommen, in den Landen, die einst der Aufgang aus der Höhe leibhaftig besucht hat. Wo er einst mit seinem gewaltigen Arm die Fürsten der Finsternis vertrieben hat, da will er nun auch ihre Helfershelfer [...] verbannen [...] Eine neue Art von Ritterschaft, sage ich, wie sie die Welt noch nicht gesehen hat, bei der [...] gegen Fleisch und Blut wie auch gegen die Geister des Verderbens in der Luft gestritten wird [...] Wo der äußere und innere Mensch sich jeder mit seinem Schwerte gürtet [...], wer wollte das nicht aller Bewunderung wert achten? Furchtlos wahrlich ist der Soldat und allseitig geschützt, der an seinen Körper legt den Panzer von Eisen und seine Seele wappnet mit dem Panzer des Glaubens [...] Darum vorwärts, ihr Kämpfer! Furchtlos treibt die Feinde des Kreuzes vor euch her und seid gewiß, daß weder Tod noch Leben euch scheiden kann von der Liebe Gottes!“[11]

Die Kreuzzugsideologie entspricht der muslimischen Lehre vom Heiligen Krieg *(ǧihād)*. BERNHARD wollte den Islam mit seinen eigenen Waffen schlagen. Der zweite Kreuzzug (1147–1149), für den er sich als vom Papst beauftragter Propagandist mit seiner ganzen geistlichen Autorität in Wort und Schrift eingesetzt hatte, endete als Katastrophe und rief im Abendland eine tiefe Erschütterung hervor: Wie konnte der wahre Gott der Christen sein eigenes Volk so im Stich lassen, das zur Ehre seines Namens kämpfte?

Wenn man die Geschichte des abendländischen Atheismus von ihren ersten Ursprüngen an beschreiben will, wird man wahrscheinlich auch BERNHARDS VON CLAIRVAUX und des zweiten Kreuzzuges gedenken müssen.

Neue Hoffnung, die ungläubigen Sarazenen überwinden zu können, keimte auf, als die *Mongolen* im 13. Jahrhundert zu ihren gewaltigen Eroberungszügen nach Osten, Süden und Westen aufbrachen. 1241 unterlag ihnen bei Liegnitz in Schlesien ein deutsch-polnisches Ritterheer, und nur ihr unerwarteter, plötzlicher Rückzug rettete Europa. 1258 zerstörten sie die Millionenstadt Bagdad. 1260 brachten die ägyptischen Mamluken in Galiläa ihren Ansturm zum Stehen. Die aus Asien anrückenden Mongolen glaubten – von schamanischer Religiosität geprägt – an *einen* höchsten Gott, den Schöpfer der Welt und Herrn über Glück und Leid. In einem nicht klar erkennbaren Verhältnis zu ihm standen gewisse Nebengötter, wie Sonne, Mond, Dämonen usw. Unter den Mongolen wirkten mit einigem Erfolg nestorianische Missionare. Die Nestorianer waren die bedeutendste der asiatischen Sonderkirchen; sie missionierten schon im 8. Jahrhundert in China. Mongolische Gesandtschaften, die ins Abendland reisten, wurden nicht selten von nestorianischen Diplomaten geleitet. Durch die Mongolen wurde im Abendland die Vorstellung von einem gewaltigen christlichen Hinterland in Asien lebendig. Man sprach von einem sagenhaften Priesterkönig Johannes, der im Bund mit den westlichen Christen in einer gewaltigen Kreuzzugsoffensive die Sarazenen vernichten werde.

Im Zusammenhang solcher religiös-politischen Bündnispläne schickte König LUDWIG IX. von Frankreich eine Gesandtschaft zu den Mongolen. Sie stand unter der Führung des Franziskaners WILHELM VON RUBRUCK und traf 1254 in Karakorum, der Hauptstadt des Mongolenreiches, ein. Dort fand ein Religionsgespräch auf Weltebene statt. Der Großkhan persönlich leitete die Konferenz. Er wollte sich ein Bild von der religiösen Weltlage machen, um dementsprechend seine Religionspolitik zu gestalten.

Vertreten waren in Karakorum neben den abendländischen Christen die Nestorianer, die Muslime und die Buddhisten. Wenn WILHELM den Großkhan für das abendländische Christentum gewinnen wollte, so mußte er sich seinen Konkurrenten überlegen erweisen. Dem diente die Taktik des Gesprächs. Zunächst überredete er die Nestorianer, ihm bei der Diskussion den Vortritt zu lassen. Sodann war er bestrebt, sich der Zustimmung der Muslime zu seinen Ausführungen zu vergewissern. Dem entsprach die Ordnung der zu behandelnden Themen. Die Buddhisten stellten WILHELM zu Beginn der Disputation zwei Themen zur Auswahl: Man solle erörtern, entweder wie die Welt entstanden sei oder was mit den Seelen nach dem Tode geschehe. WILHELM erkannte richtig, daß die Buddhisten sich hinsichtlich dieser Fragen, die im Zentrum ihrer Religion standen, besonders stark fühlten. Deshalb ging er nicht auf ihren Vorschlag ein, sondern forderte, man solle die Lehre von Gott an den Anfang aller Erörterungen stellen: „Von Gott ist alles. Er ist die Quelle und das Haupt aller Dinge. Deshalb müssen wir zuerst von Gott reden, über den ihr anders denkt als wir.“[12] Die Schiedsrichter stimmten WILHELMS Antrag zu. Damit wurden die Buddhisten auf ein für sie denkbar ungeeignetes Thema festgelegt. Denn nach buddhistischer Auffassung sind die Götter nur eine Erscheinung des unendlichen Weltprozesses. Den Muslimen konnte natürlich der theozentrische Ausgangspunkt WILHELMS nur gefallen. Im Verlaufe des Gesprächs kam dann zutage, welche Ungereimtheiten der Buddhismus in den Augen von Anhängern streng monotheistischer Religionen enthielt. Die Buddhisten sprachen zunächst einmal nicht von Gott, sondern von Göttern, und zudem unterschieden sie zwischen himmlischen und irdischen Göttern. Auf WILHELMS beharrliches Fragen mußten sie schließlich eingestehen, daß keiner dieser Götter allmächtig sei. Diese Antwort war religionsgeschichtlich absolut korrekt. Allmächtig ist nach buddhistischer Anschauung nicht irgendein Gott, sondern allein die automatisch wirksame Vergeltungskausalität, die den unaufhörlichen Prozeß des Entstehens und Vergehens immer neuer Welten bestimmt. Für die monotheistischen Gesprächsteilnehmer klang aber das Eingeständnis der Buddhisten, keiner der Götter sei allmächtig, wie eine unglaubliche Torheit. Besonders die Muslime brachen in lautes Gelächter aus. Sie waren von WILHELMS Sieg in der Disputation so angetan und befriedigt, daß sie keinerlei Wert darauf legten, mit ihm noch Streitgespräche zu führen: „Wir geben zu, daß euer Gesetz wahr ist und daß wahr ist, was auch immer im Evangelium steht. Deshalb wollen wir nicht mit euch über irgend etwas disputieren“ (S. 297). Christen und Muslime feierten ihren Sieg über die Buddhisten bei fröhlichem Mahle.

So interessant das Religionsgespräch von Karakorum für den Historiker ist, so hat es doch keinesfalls eine für das Christentum günstige Wende gebracht. Es hatte wohl überhaupt keine geschichtlichen Auswirkungen. Um 1300 wurde deutlich, daß die Mongolen zum Islam übertraten.

Aber etwas anderes noch war in Karakorum deutlich geworden: Der *Nutzen wissenschaftlicher Bildung*. WILHELM schätzte die Nestorianer als einfältige Christen ein, während er selbst gezeigt hatte, daß er die Dialektik, die Kunst der logischen Erörterung, beherrschte. Sollte es nicht möglich sein, die Muslime, wenn auch nicht mit militärischen, so doch mit den geistigen Waffen der Wissenschaft zu schlagen? Die wissenschaftliche Auseinandersetzung hat allerdings nur dann Sinn,

9 William MUIR: The Apology of Al-Kindy. London 1881.

10 Liber contra sectam sive haeresim Saracenorum, lib. 1. – J. KRITZECK: Peter the Venerable and Islam. Princeton 1964, S. 231.

11 De laude novae militiae ad milites Templi. Paul BÖRGER (Hrsg.): Quellen zur alten und mittelalterlichen Kirchengeschichte. Heidelberg 1953, S. 49f.

12 Sinica Franciscana, Bd. 1, Ad Claras Aquas (Quaracchi-Firenze) 1929, S. 292.

wenn beide Seiten bestimmte Prinzipien anerkennen. Es muß eine gemeinsame Basis für die Diskussion geben. Nur dann kann man vom Gegner erwarten, daß er die logische Notwendigkeit bestimmter Beweise einsieht. Diese gemeinsame Grundlage für die wissenschaftliche Erörterung der religiösen Frage gab es – verdankte doch die abendländische Schulwissenschaft ihr volles Erblühen im 13. Jahrhundert der intensiven Berührung mit der *arabischen Philosophie* und ihren Quellen. Vor allem der größte Teil der Schriften des griechischen Philosophen ARISTOTELES (gest. 322 v. Chr.) wurde dem Abendland durch Übersetzungen aus dem Arabischen (und daneben auch direkt aus dem Griechischen) bekannt. Damit verbunden war die Übertragung von Werken arabischer und jüdischer Philosophen ins Lateinische. Man nennt diesen ganzen Vorgang „Aristotelesrezeption". THOMAS VON AQUIN (gest. 1274) stellte in seiner (von ihm selbst nicht mehr vollendeten) *„Summe der Theologie"* den christlichen Glauben auf der Grundlage der Aristotelischen Philosophie in Form eines eindrucksvollen systematischen Gedankengebäudes dar. Dabei setzte er sich auch intensiv mit den arabischen und jüdischen Philosophen und ihren Aristotelesdeutungen auseinander. Als die Kirche ein Handbuch für Missionare brauchte, die in Spanien unter den Muslimen wirkten, verfaßte THOMAS auch (!) zu diesem Zweck seine *„Summe gegen die Heiden"*.

In den drei ersten Büchern stellt er die Inhalte des christlichen Glaubens dar, die der Vernunft zugänglich sind (Gott, Schöpfung, Ethik). Das vierte Buch ist den über die Vernunfterkenntnis hinausgehenden Glaubensartikeln vorbehalten (Gottessohnschaft Christi usw.). Der Gedanke des THOMAS ist dabei, daß sich der christliche Glaube zwar nicht in reine Vernunfterkenntnis auflöst, wohl aber weitgehend rational zu begründen ist und alle Vernunfteinsicht zum krönenden Abschluß bringt. In dieser Sicht mußte es für das Glaubensgespräch mit Muslimen eine breite gemeinsame Basis geben, sofern beide Teile sich der philosophischen Vernunfterkenntnis, wie sie im System des ARISTOTELES entfaltet war, verpflichtet wußten. Allerdings durfte er nicht so gedeutet werden, daß dabei ein Widerspruch zum christlichen Glauben herauskam. Gegen solche Aristotelesdeutung, die mit dem Namen des arabischen Philosophen AVERROES (gest. 1198 n. Chr.) verbunden ist („Averroismus") und die an der Pariser Universität vertreten wurde, richtet sich die *„Summe gegen die Heiden"* gleichfalls. Das Werk sollte also der Auseinandersetzung mit den Ungläubigen sowohl auf dem Missionsfeld als auch im Bereich der Universitätswissenschaft dienen.

Der Scholastiker Raimundus LULLUS (gest. 1316) wirkte selbst als Missionar unter Muslimen und bezahlte diesen Einsatz mit dem Leben. Er ging über THOMAS hinaus, indem er der Wissenschaft nicht nur eine den Glauben vorbereitende Funktion zuwies, sondern den Anspruch erhob, mit seiner „Großen Kunst", einem komplizierten System logischer Verknüpfungen, alles Wissen, einschließlich der Glaubenssätze des Christentums, als denknotwendig zu erweisen.

Schließlich gab es unter den Missionaren des 13. Jahrhunderts auch solche, die sich von der schlichten Predigt mehr Erfolg versprachen als von allen philosophischen Beweisen. Zu ihnen gehörte WILHELM VON TRIPOLIS, der gegen Ende des Kreuzzugszeitalters in der 2. Hälfte des 13. Jahrhunderts in Palästina als Dominikanermissionar wirkte. Seine Denkschrift zum Islamproblem *(„Tractatus de statu Saracenorum...")* beschließt er mit folgendem Hinweis auf seine eigenen missionarischen Erfahrungen:

„... So erbitten sie, belehrt durch das einfache Wort Gottes, das ohne philosophische Beweise oder militärische Waffen wirkt, wie einfältige Schafe die Taufe Christi und gehen hinüber zum Schafstall Gottes. Dies hat gesagt und beschrieben, der durch Gottes Wirken schon mehr als tausend Sarazenen getauft hat. Lob sei Gott von Ewigkeit zu Ewigkeit, Amen!"[13]

13 Hans PRUTZ: Kulturgeschichte der Kreuzzüge. Berlin 1983, S. 598.

Wenn wir auf die Auseinandersetzung des Abendlandes mit dem Islam im Zeitalter der Kreuzzüge zurückblicken, so gibt es noch eine bemerkenswerte Erscheinung, die nicht übersehen werden sollte. Es ist schwer, sie zu erfassen, weil sie nicht in erster Linie in einer neuen Theorie oder politischen Konzeption besteht. Sie läßt sich am ehesten mit dem Wort „Begegnung" erfassen. Ein anderes ist es nämlich, sich mit dem Islam aus der Ferne auseinanderzusetzen, ein anderes, muslimischen Menschen zu begegnen und mit ihnen zu leben. Wirkliche Begegnung mit Muslimen gab es im hohen Mittelalter nur in den Randgebieten des Abendlandes, also in Spanien, im süditalisch-sizilischen Bereich und vor allem im Gebiet der Kreuzfahrerstaaten Palästinas und Syriens. Gewiß blieben die im Orient lebenden Franken – so nannte man im Osten die aus dem Abendland kommenden Eroberer – ihrer angestammten Religion treu und waren bereit, die neue Heimat mit dem Schwert gegen die Ungläubigen zu verteidigen; aber wenigstens einige jener Orientfranken, die sich in die andersartige Umwelt eingelebt hatten, empfanden Respekt vor den Muslimen und ihrer überlegenen Kultur, übernahmen vieles von der orientalischen Lebensweise und konnten trotz ständiger militärischer Auseinandersetzungen zuweilen sogar freundschaftliche Beziehungen zu den Muslimen unterhalten. Der leibhaftige muslimische Mensch trat vor das von Vorurteilen geprägte Bild vom Ungläubigen. Interessanterweise wird dieser menschliche Aspekt der Begegnung auch von muslimischen Schriftstellern des Kreuzzugszeitalters bezeugt.

So berichtet der Emir USĀMA IBN MUNKIḎ in seiner Lebensbeschreibung:

„Es gibt unter den Franken einige, die sich im Lande angesiedelt und begonnen haben, auf vertrautem Fuße mit den Muslimen zu leben. Sie sind besser als die anderen, die gerade aus ihren Heimatländern gekommen sind; aber jene sind eine Ausnahme, und man kann sie nicht als Regel nehmen." Es folgt die Erzählung eines Freundes: „Wir kamen zum Hause eines der alten Ritter, die mit dem ersten Zug der Franken gekommen waren. Er hatte sich von seinem Amt und Dienst zurückgezogen und lebte von den Einkünften seines Besitzes in Antiochia. Er ließ einen schönen Tisch bringen mit ganz reinlichen und vorzüglichen Speisen. Als er sah, daß ich nicht zulangte, sagte er: ‚Iß getrost, denn ich esse nie von den Speisen der Franken, sondern habe ägyptische Köchinnen und esse nur, was sie zubereiten; Schweinefleisch kommt mir nicht ins Haus.'"
Jener betagte Kreuzritter hatte sich also islamischen Reinheits- und Speisegeboten angeglichen. Bald sollte er in die Lage kommen, dem Muslim, dem er Tischgemeinschaft gewährt hatte, das Leben zu retten. Dieser geriet nämlich in arge Bedrängnis, als er zufällig auf dem Markt von einer Christin gestellt und mit lautem Geschrei in einer Sprache, die er nicht verstand, beschuldigt wurde, ihren Bruder, einen Ritter aus Apamea, getötet zu haben. Sofort lief eine Volksmenge zusammen, und glücklicherweise war auch jener alte Ritter anwesend. Er wies die Frau mit den Worten zurecht: „Das hier ist ein Bürger, ein Kaufmann, der nicht in den Krieg zieht und sich nicht aufhält, wo man kämpft." Darauf befahl er der Menge, auseinanderzugehen. Den muslimischen Freund nahm er bei der Hand und führte ihn hinweg.[14] Ein schönes Beispiel ritterlicher Tugend!

Nicht nur Krieger, die unter dem Zeichen des Kreuzes ausgezogen waren, sondern auch ostfränkische Kleriker konnten nicht umhin, an den Muslimen bestimmte menschliche Vorzüge festzustellen, obwohl sie natürlich den Islam nicht für die wahre Religion hielten. So charakterisiert Erzbischof WILHELM VON TYRUS (gest. nach 1186) den muslimischen Herrscher NŪR AD-DĪN (1146–1174 n. Chr.), der ganz von der Idee des Heiligen Krieges bestimmt und militärisch sehr erfolgreich war, als „größten Verfolger des christlichen Namens und Glaubens, der dennoch (!) ein gerechter Fürst war, schlau und vorsichtig und nach den Überlieferungen seines Volkes religiös".[15]

14 USĀMA IBN MUNKIḎ: Buch der Belehrung durch Beispiele. In: F. GABRIELI: Die Kreuzzüge aus arabischer Sicht. Zürich/München 1973, S. 121 f.

15 Historia rerum in partibus transmarinis gestarum, XX, 31 (Recueil des historiens des croisades, Historiens occidentaux I. Paris 1844, S. 1000).

Der Dominikanermissionar WILHELM VON TRIPOLIS, wahrscheinlich als Orientfranke im syrischen Tripolis geboren, ist in seiner 1273 verfaßten Denkschrift über den Zustand des Islam des Lobes voll über Sultan BAIBARS (1260–1277 n. Chr.):

„Er verabscheut und haßt Wein und Huren. Er sagt, daß diese Dinge starke Männer wahnwitzig und weibisch machen würden. Deshalb ist schon seit fünf Jahren kraft seines Verbotes keine Weinschenke zu finden und in dem ihm unterworfenen Land auch kein Hurenhaus, und man wagt nur, verstohlen Wein zu trinken [...] Er lobt die Ehe und hat vier Gattinnen. Die vierte ist eine sehr junge Christin aus Antiochien, die er immer mit sich führt. Konkubinen zu halten, verwirft und verdammt er als eine Sünde gegen die Natur. Er fordert und befiehlt, daß seine Untertanen gerecht und in Frieden leben. Zu den ihm unterworfenen Christen, besonders den Mönchen, die auf dem Berg Sinai und in den verschiedenen Teilen seines Reiches leben, verhält er sich huldvoll. Sobald er ihre Rechtssachen angehört hat, fällt er eine Entscheidung und schneidet (so jede Ursache) für Streitigkeiten ab."[16]

Ein bemerkenswertes Lob muslimischer Herrschertugend aus dem Munde eines Christen! Es ist sicher kein Zufall, daß gerade dieser im Orient aufgewachsene Dominikaner den Islam ungewöhnlich positiv darstellt, indem er dessen biblisches Erbe betont.

Schließlich ist auch die Orientpolitik des Staufenkaisers FRIEDRICH II. (1210–1250) nur vor dem Hintergrund der Begegnung mit der Wirklichkeit des Islam zu verstehen. FRIEDRICH war Erbe des Königreichs Sizilien, in dem noch islamische Traditionen lebendig waren. Etwa 200 Jahre hatte diese Insel zur Islamwelt gehört, ehe sie im 11. Jahrhundert unter die Herrschaft der Normannen kam. „Das Staunen der Welt" nannte man den vielseitig gebildeten FRIEDRICH II., der in Palermo aufgewachsen war, dem Umschlagsplatz östlicher und westlicher Kultur. Zu muslimischen Gelehrten unterhielt er enge Beziehungen. Als er das 1187 verlorengegangene Jerusalem 1229 mit anderen der Christenheit teuren Stätten (Bethlehem und Nazareth) wieder vorübergehend dem Abendland zurückgewann, geschah es ohne Blutvergießen durch Abschluß eines Vertrages mit Sultan AL-KĀMIL von Ägypten. Aber eben der friedliche Weg der vertraglichen Regelung, in der auch den Muslimen kultische Rechte in Jerusalem eingeräumt wurden, mißfiel den Verfechtern der Kreuzzugsideologie. Der Patriarch von Jerusalem beschwerte sich beim Papst über den Kaiser, der „in der Kleidung und sonst wie ein Sarazene" lebe. „Gegen die Sarazenen war er nicht nur freigebig, sondern ein richtiger Verschwender, als wollte er den Frieden erkaufen, den er mit Gewalt und Schrecken nicht erzwingen konnte."[17] Es ist nicht verwunderlich, daß Papst GREGOR IX. diesem Herrscher, der die Einflüsse auch außerchristlicher Kulturen in sein Wesen aufgenommen hatte, fälschlich die Äußerung zuschrieb:

„Durch drei Betrüger, Christus Jesus, Moses und Mohammed, hat sich die ganze Welt täuschen lassen. Zwei von ihnen sind auf der Höhe ihres Ruhmes gestorben, während der dritte, Jesus, am Galgen aufgehängt worden ist."[18]

Die Bedrohung des Abendlandes durch die Türken

Einen neuen Anstoß zur Beschäftigung mit dem Islam gaben dem Abendland die *osmanischen Türken*. Während der Islam aus Spanien Ende des 15. Jahrhunderts nach Nordafrika zurückgedrängt wurde, stürmte die osmanische Macht seit dem 14. Jahrhundert unaufhaltsam im Balkangebiet vor. 1453 fiel Konstantinopel, und 1529 standen die Türken zum ersten Mal vor Wien. Um 1460 erstreckte sich ihre Herrschaft bis an die Donau mit Einschluß Serbiens. Die Walachei im Norden der Donau stand nach einer Zeit tributärer Abhängigkeit unter türkischer Oberhoheit. Was war in dieser Lage zu tun? Eine militärische Überwindung der Ungläubigen war nicht zu erwarten. Bekehrungsarbeit in ihren Ländern würde mit Sicherheit unterdrückt werden. Könnten vielleicht Religionskonferenzen zwischen christlichen und muslimischen Gelehrten zu gegenseitiger Verständigung und friedlicher Koexistenz führen? Diesen Gedanken verfolgte JOHANNES VON SEGOVIA (gest. 1458). Er machte sich keine Illusionen. Er rechnete nicht mit Massenbekehrungen als Folge von Religionsgesprächen. Er meinte aber, selbst wenn solche Gelehrtenkonferenzen länger als zehn Jahre dauern würden, seien sie immer noch sinnvoller als Kosten verschlingende und wenig Erfolg versprechende Kreuzzüge. Als Grundlage für wissenschaftliche Auseinandersetzungen ließ er eine streng wörtliche Koranübersetzung anfertigen (von der uns leider nur noch die umfangreiche Vorrede erhalten geblieben ist).

Ähnliche Gedanken entwickelte NIKOLAUS VON KUES (gest. 1464), der universalste und genialste Denker des Spätmittelalters. In einer großen und scharfsinnigen Analyse des Korans versuchte er nachzuweisen, daß dieses Buch eine ursprünglich christliche Grundlage habe, zu der noch zu Mohammeds Lebzeiten und dann nach seinem Tod durch jüdische Ratgeber gewisse antichristliche Tendenzen hinzugekommen seien. Der Kusaner wollte daher im Unterschied zu allen Islambestreitern vor ihm nicht den Koran widerlegen, sondern aus ihm selbst das Evangelium als wahr erweisen. Die Muslime brauchten sich also nicht in einer radikalen Wende zum Christentum zu bekehren, sondern nur ihres im Koran gleichsam verborgenen und verdeckten Christentums bewußt zu werden.

Den Versuch, das Islam- und Türkenproblem mit Hilfe politischer Rhetorik zu lösen, unternahm Papst PIUS II. (gest. 1464). Er schrieb dem Eroberer Konstantinopels, MOHAMMED II., eine lange Epistel. Darin vermied er selbstverständlich alles, was wie eine Herabsetzung des Islam hätte klingen können. Allen Nachdruck legte er auf den Gedanken, daß der osmanische Herrscher durch den Übertritt zum Christentum nichts von seiner Macht verlieren, sondern nur ihren Glanz vermehren könne:

„Damit Wir endlich auf das kommen, wohin Unsere Rede eilt, und das sagen, was (Uns) zu schreiben nötigt, und damit Wir schließlich deinen Ruhm und dein Heil (dir) zeigen, so schenke diesen wenigen Worten deine Aufmerksamkeit! Wenn du unter den Christen deine Herrschaft ausbreiten und deinen Namen so ruhmreich wie nur möglich machen willst, so bedarf es (dazu) keines Goldes, keiner Waffen, keiner Heere, keiner Flotten. Ein geringes Ding kann dich zum größten, mächtigsten und berühmtesten Mann aller, die heute leben, machen. Du fragst, was es sei? Es ist nicht schwer zu finden, es ist auch nicht in der Ferne zu suchen, bei allen Völkern ist es vorhanden: Es ist ein klein wenig Wasser, womit du dich taufen läßt, dich zu den Mysterien der Christen begibst und dem Evangelium glaubst. Wenn du dies tust, wird es auf dem ganzen Erdkreis keinen Fürsten geben, der dich an Ruhm überragt oder dir an Macht gleichzusein vermag." Der Papst vergißt auch nicht, sich selbst als den Mehrer der Macht und Würde des Sultans gebührend herauszustellen: „Wir werden dich den Kaiser der Griechen und des Morgenlandes nennen, und was du jetzt durch Gewalt mit Beschlag belegst und mit Unrecht innehast, das wirst du mit Recht besitzen."[19] Es ist nichts von einer Antwort des Sultans auf diesen Brief des Papstes bekannt.

Die Menschen der *Reformationszeit* waren nicht nur von der Glaubensfrage in Anspruch genommen, sondern lebten auch im Bewußtsein einer ständigen Bedrohung durch die Türken. 1529 belagerten sie – wie gesagt – zum ersten Male Wien. Daß sie damit die äußerste Grenze ihres Vorstoßens nach Westen erreicht hatten, konnte man damals noch nicht wissen. Viele befürchteten, die Türken würden bald

---

16 Tractatus de statu Saracenorum, c. 21 (vgl. Fußnote 13: H. PRUTZ, S. 588).

17 MG Epp. Pont. I, Nr. 384, S. 299. Wolfgang LAUTEMANN (Hrsg.): Mittelalter. München 1975, Nr. 451, S. 525 (Geschichte in Quellen, II).

18 MG Epp. saec. XIII, I, S. 646ff. Wolfgang LAUTEMANN (Hrsg.): Mittelalter. München 1975, Nr. 469, S. 547 (Geschichte in Quellen, II).

19 PIUS II: Lettera a Maometto II (Epistola ad Mahumetem), ed. G. TOFFANIN, Napoli 1953, S. 113f.

ganz Europa überrennen. Man rechnete die Türkenplage zu den Zeichen der Endzeit. Es gab aber auch einige, die, unzufrieden mit den bestehenden sozialen und politischen Verhältnissen, sich von der Herrschaft der Türken eine Besserung ihrer Lage erhofften. Für die weltlich denkenden Machthaber waren die Türken eine wichtige Figur auf dem Schachbrett europäischer Politik. Frankreichs „allerchristlichster König" FRANZ I. (1515–47) hatte keine Bedenken, sich in seinen kriegerischen Auseinandersetzungen mit Kaiser KARL V. (1519–56) um militärische Unterstützung durch die Türken zu bemühen. Der Kaiser seinerseits mußte auf die protestantischen Reichsstände gewisse Rücksichten nehmen, wenn er ihrer Unterstützung im Abwehrkampf gegen die Türken sicher sein wollte.

In der Geschichte der theologischen Auseinandersetzung mit dem Islam ist Martin LUTHER (gest. 1546) nicht zu den großen Islamkennern zu rechnen. Sein Wissen über diese Religion schöpfte er aus den Werken christlicher Autoren des Mittelalters. Aber in der theologischen Beurteilung des Islam ging er neue Wege. Der Islam hatte für ihn eine politische und eine religiöse Seite. Was den politischen Gesichtspunkt betraf, so unterstützte er in mehreren Schriften den Abwehrkampf des Abendlandes gegen den Islam. LUTHERS Türkenschriften sind aber nach ihrem theologischen Gehalt nicht eine Fortsetzung der Kreuzzugsliteratur. Der Krieg gegen die Türken soll nicht im Namen des christlichen Glaubens oder der Kirche geführt werden, sondern unter dem Panier des Kaisers, des obersten weltlichen Herrschers: „Des Kaisers Schwert hat nichts zu schaffen mit dem Glauben; es gehört in leibliche, weltliche Sachen."[20]

Hier kommt LUTHERS Lehre von den zwei Reichen und Regimenten zur Anwendung. Da der Reformator im Ansturm der Türken Gottes Strafgericht erkennt, das die Christenheit durch ihre Undankbarkeit gegenüber Gottes Gnade verdient hat, hält er Buße und Gebet für die unerläßlichen Voraussetzungen des Abwehrkampfes gegen die Türken.

Von gewissen religiösen Erscheinungen des Islam war LUTHER beeindruckt. Er hatte das *„Büchlein über Religionsausübung und Sitten der Türken"* (Libellus de ritu et moribus Turcorum) gelesen. Es ist der Erlebnisbericht eines Siebenbürgers, der im 15. Jahrhundert in türkische Gefangenschaft geraten war und erst nach 22 Jahren ins Abendland zurückkehren konnte. Dieser Autor beschreibt mit größter Bewunderung die strenge Moral, den radikalen Monotheismus und die eindrucksvollen Riten der Türken. Er sieht freilich in dem allen nur die Bestätigung des Wortes (2 Kor 11, 14), daß der Satan sich zum Engel des Lichtes verstellt habe. Aus dieser Schrift nun lernte LUTHER, daß der Islam als religiöses Phänomen dem Papsttum überlegen sei. Nicht einmal Christus, die Propheten und die Apostel hätten ein so beeindruckendes Bild von Religion geboten. Dennoch fehle den Türken das Entscheidende, nämlich das Evangelium, „daß Christus Gottes Sohn ist, gestorben für unsere Sünden, auferweckt, damit wir leben, (ferner) daß wir durch den Glauben an ihn gerecht und durch die Vergebung der Sünden erlöst sind".[21]

Sodann war LUTHER davon überzeugt, daß der Islam trotz der strengen Moral und Kultfrömmigkeit seiner Anhänger die Aufhebung der drei elementaren Ordnungen Gottes bedeute, welche sind: „rechtes geistliches Wesen, rechte weltliche Obrigkeit, rechte Hauszucht".[22] Er meinte damit:

- die Leugnung Christi als Gottes Sohn und Heiland,
- die Vorschrift des „Heiligen Krieges" und
- die islamischen Gesetze über Ehe und Scheidung.

20 Martin LUTHER: Vom Kriege wider die Türken, 1529. In: Werke. Kritische Gesamtausgabe. Weimar 1883ff. (= WA). Bd. 30 II, 131, 8f.

21 Martin LUTHER: Vorrede zum Libellus de ritu etc., 1530, WA 30 II, 207, 37–39.

22 Martin LUTHER: Vom Kriege wider die Türken. WA 30 II, 127, 16.

LUTHERS Urteil über den Islam wurde noch härter und schärfer, als er 1542 den vollständigen Koran in der lateinischen Übersetzung Robert KETTONS kennenlernte. Unter dem Eindruck dieser Koranlektüre gab er in freier deutscher Übersetzung eine scharfe polemische Schrift heraus, die um 1300 der Dominikanermissionar RICALDO DA MONTE CROCE verfaßt hatte: *„Verlegung [Widerlegung] des Alcoran Bruder Richardi"*, 1542. Der Übersetzung fügte er eine eigene „Verlegung" an. Darin beschäftigt er sich mit der Frage, wie es wohl möglich sei, daß so viele, darunter auch kluge Menschen, dem Islam anhangen würden, obwohl sie doch wissen müßten, welche Lügen, Ungeheuerlichkeiten und Widersprüche er enthalte. Ferner vergleicht er in der „Verlegung" beständig den Islam mit bestimmten Erscheinungen im Papsttum. Islam und Papsttum sind in LUTHERS Sicht nur Varianten der einen Religion des Unglaubens. Für den Antichrist hält LUTHER indes Mohammed und den Islam nicht. Dafür seien die islamischen Lehren in ihrer Verderbtheit zu offenkundig. Der rechte Antichrist sitze, wie die Heilige Schrift zeige, mitten in der Christenheit, und das sei der Papst.[23]

Neuzeit

Die Auseinandersetzung mit dem Islam im Zeichen der Überlegenheit und Krise der abendländischen Zivilisation

Das Osmanische Reich war schon im 16. Jahrhundert im Westen auf die Grenze seiner Ausdehnungsfähigkeit gestoßen, als sich die türkischen Heere, die 1529 vor Wien standen, bald wieder zurückziehen mußten. Nach der zweiten Belagerung Wiens im Jahre 1683 schritt der politische Verfall des Osmanenreiches fort, der schließlich zu seinem vollständigen Zusammenbruch nach dem Ersten Weltkrieg führte. Die österreichisch-ungarische Herrschaft der Habsburger entwickelte sich zur Großmacht. Die Weltherrschaft der europäischen Völker erreichte im 19. Jahrhundert ihren Höhepunkt. Um 1914 gehörten 68% der Weltfläche den Kolonialmächten, nämlich den europäischen Staaten, den USA und Japan. 11% der Erdgebiete entfielen auf halbkoloniale Staaten, wie Persien und das Osmanische Reich, und 21% auf selbständige Staaten, die aber keinesfalls ausnahmslos politisch unabhängig von Kolonialmächten waren. Auch die Islamwelt war um 1914 größtenteils direkter oder indirekter Herrschaft europäischer Staaten unterworfen, nämlich Frankreichs, Rußlands, Großbritanniens und der Niederlande. Die Kolonialmächte, allen voran England, waren von einem geschichtlichen Sendungsbewußtsein erfüllt. Das Streben nach wirtschaftlichem und machtpolitischem Gewinn verband sich mit der Überzeugung, den in ihrer Entwicklung zurückgebliebenen Völkern der Erde Fortschritt und Zivilisation zu bringen. Es läßt sich in der Tat nicht bestreiten, daß die westlichen Nationen die Lebensweise der Menschen Asiens und Afrikas tiefgreifend und – wie es scheint – auch unwiderruflich beeinflußt haben. Das europäische Prinzip der Rationalität, geboren aus biblischem Schöpfungsglauben und antiker Wissenschaft, das sich im Zeitalter der Aufklärung von den Fesseln religiöser Tradition befreite, hat die Erde erobert. Der Zusammenstoß mit der abendländischen Zivilisation erweckte in den Völkern Asiens und Afrikas neue Bedürfnisse, führte aber auch zu Ressentiments und gab den Anstoß zur Entwicklung eines neuen Selbstbewußtseins. Die Kolonialvölker strebten nach Erneuerung ihrer religiös-kulturellen Traditionen und befreiten sich, besonders seit dem Ende des Zweiten Weltkrieges, von der Herrschaft des weißen Mannes.

Zu den Voraussetzungen des Aufstiegs der europäischen Völker zur Weltherrschaft, die um 1900 ihren Höhepunkt erreichte, gehört eine große geistesgeschicht-

23 Verlegung Mart. Luther, 1542. WA 53, 394, 31–395, 14.

liche Wandlung, die sich etwa seit der zweiten Hälfte des 17. Jahrhunderts vollzog: die *Aufklärung,* eine ausschließlich europäische Erscheinung. Das alte Weltbild zerbrach; ein neues, umfassendes Lebens- und Weltverständnis setzte sich durch. Im Lichte der dem Menschen von Gott verliehenen Vernunft strebte man nach vorurteilsloser Erforschung und Beurteilung der gesamten Wirklichkeit, auch der Welt der Religionen. Die Jahrhunderte hindurch betriebene Polemik gegen den Islam wich dem Streben, diese Religion möglichst objektiv zu beschreiben und im Hinblick auf ihre eigenen Werte zu würdigen. Dies schloß freilich negative Urteile über den Islam nicht aus; nur waren sie – ihrem Anspruche nach – eher rational als religiös-dogmatisch begründet.

Als erster verfaßte der reformierte holländische Theologe und Orientalist Hadrian RELAND ein Werk über den Islam, das von dem Streben nach strenger Sachlichkeit geprägt war: *„De religione Mohammedica libri duo"* (Zwei Bücher über die mohammedanische Religion), 1705.

Das erste Buch ist eine quellenmäßige Zusammenstellung der islamischen Theologie in Form arabischer Texte mit lateinischer Übersetzung. Im zweiten Buch setzt sich RELAND mit den falschen Meinungen auseinander, die unter den Christen hinsichtlich der islamischen Glaubenslehren herrschen. Der eigentliche Gegner sind also die unaufgeklärten Christen! Es ist daher nicht verwunderlich, daß die katholische Kirche dieses Werk wegen Verdachtes proislamischer Propaganda auf die Liste der verbotenen Bücher *(Index)* setzte. In Wahrheit wollte RELAND keinesfalls für den Islam werben, sondern gleichsam nur den Schuttberg von Vorurteilen abräumen, der einer erfolgversprechenden Auseinandersetzung mit dem Islam im Wege war. RELAND selbst stand fest auf dem Boden des Christentums.

Von dem Toleranzideal der Aufklärung bestimmt ist LESSINGS Drama *„Nathan der Weise"* (1779). Hier wird den Anhängern der drei monotheistischen Religionen – Judentum, Christentum, Islam – der Weg zur wahren Einheit gewiesen: Sie besteht nicht in dogmatischer Gleichförmigkeit, sondern im Tun:

„Es eifre jeder seiner unbestochnen,
Von Vorurtheilen freyen Liebe nach!"[24]

GOETHE war für die islamische Welt sehr aufgeschlossen. Er widmete sich dem Studium orientalistischer Werke. Im *„West-œstlichen Divan"* unternahm er den Versuch, die persische Lyrik in europäische Dichtung umzugestalten. Die Religion besaß freilich für ihn keinen Eigenwert. Sie war ihm ein Element voll entfalteter Humanität. Der wahre Heilige ist „Humanus", um den sich die Bekenner aller Religionen scharen, „der Menschliche":

„Jede besondere Religion (erreicht) einen Moment ihrer höchsten Blüte und Frucht..., worin sie jenem oberen Führer (d.h. Humanus) sich angenaht, ja sich mit ihm vollkommen vereinigt."[25]

Im 19. Jahrhundert entfaltete sich die historisch-kritische *Islamwissenschaft.* Sie stellte die Frage nach der Wahrheit des Islam zurück hinter die Aufgabe, den Islam als geschichtliche Erscheinung zu erforschen und zu beschreiben. Meister der klassischen Islamwissenschaft war Ignaz GOLDZIHER (1850–1921).

Weder von der Aufklärungsreligion LESSINGS noch von der Humanitätsreligion GOETHES waren Anstöße für die christliche *Mission* zu erwarten. Wenn sie im 19. Jahrhundert aufblühte, so war dies eine Wirkung der *Erweckungsbewegung,* in der neben anderen Strömungen das Erbe des Pietismus fortlebte. Wie sich pietistischer Biblizismus mit aufklärerischen Elementen zu einem Ganzen verbinden konnte, zeigt das Werk *"Mīzān al-ḥaqq"* (Die Waage der Wahrheit). Es ist von dem Basler Islam-Missionar Karl Gottlieb PFANDER 1829 verfaßt und später in mehrere orientalische Sprachen übersetzt worden. Noch heutzutage wird es in verbesserter Auflage gedruckt und in der Mission verwendet. Allerdings reagieren die Behörden islamischer Länder auf dieses Buch äußerst empfindlich. Der Titel, *„Die Waage der Wahrheit",* ist bezeichnend. Die biblischen Zeugnisse und die islamischen Lehren werden von PFANDER sorgfältig gegeneinander abgewogen. Als Ergebnis stellt sich dem Verfasser heraus, daß die biblische Offenbarung die wahre ist, der Islam dagegen einer gründlichen Prüfung nicht standhält.

Die Norm, an der PFANDER das Christentum und den Islam mißt, sind bestimmte Prinzipien der natürlichen Vernunft und des natürlichen Sittlichkeitsempfindens. Diese *Kriterien der wahren Offenbarung* sind:

- das geistliche Verlangen des Menschen zu stillen;
- dem sittlichen Gesetz zu entsprechen, das jedem Gewissen eingepflanzt ist;
- Gott als gerecht und heilig zu erweisen;
- Gottes Offenbarung in der Natur zu entsprechen;
- keine logischen Widersprüche zu enthalten.

Die Problematik der Methode PFANDERS besteht darin, daß er eine richterliche Instanz *über* Islam und Christentum kennt. Der Verbindung von Biblizismus und mildem Rationalismus entspricht bei ihm auf dem Gebiet der Praxis das harmonische Verhältnis von Mission und Kolonisation.

Im Horizont der Synthese von Natur und Gnade der neuprotestantischen Erweckungsbewegung wird das Werk PFANDERS noch überboten durch Samuel ZWEMER (1867–1952). Man hat von ihm gesagt, er sei seit Raimundus LULLUS (gest. 1316) der größte christliche Missionar in der islamischen Welt gewesen. ZWEMER war Nordamerikaner holländisch-reformierter Herkunft. Er hat als Missionar in verschiedenen islamischen Ländern gewirkt, zahlreiche Schriften über den Islam verfaßt, 1911 die bedeutende Zeitschrift *The Moslem World* gegründet und von 1929 bis zu seiner Emeritierung 1937 am Princeton-Seminar in New Jersey als Professor für Mission und Religionsgeschichte gelehrt. Entscheidend geprägt war er in seinem Denken und Handeln vom späten 19. und frühen 20. Jahrhundert, also von der Blütezeit der Vorherrschaft des weißen Mannes über die nichteuropäischen Völker. Sein missionarischer Eifer verband sich problemlos mit der Überzeugung von der Überlegenheit der europäischen Völkerfamilie. Er glaubte (um 1900) zu erkennen, daß der Islam auf allen Gebieten des modernen Lebens offensichtlich versagt habe, und empfand dieses Versagen als eine Herausforderung, die ganze Islamwelt noch in der Zeitspanne seiner eigenen Generation zu evangelisieren. Diesem Ziel wollte er mit seinem 1907 erschienenen Werk dienen: *„Islam, a Challenge to Faith"* (deutsche Übersetzung 1909). Noch 1916, als die europäischen Völker durch ihre kriegerische Selbstzerfleischung bereits im Begriff waren, zugleich ihre Weltmachtstellung zu zerstören, behandelte ZWEMER in seinem Werk *„The Disintegration of Islam"* den Islam als eine sterbende Religion, die weder durch Modernisierung noch durch Aufnahme fremdreligiöser Elemente gerettet werden könne.

Der Zusammenbruch der europäischen Vormachtstellung seit dem Ersten Weltkrieg wirkte sich auch auf die theologische Arbeit und damit auf die theologische Auseinandersetzung mit dem Islam aus. Der neuprotestantischen Synthese von Natur und Gnade, Kultur und Christentum stellte Karl BARTH in seiner Auslegung des Römerbriefs (1919; zweite, veränderte Auflage 1922) den schneidenden Gegensatz von Gott und Welt, Offenbarung und Menschenlehre, Evangelium und

24 Gotthold Ephraim LESSING: Nathan der Weise. III, 7. In: Sämtliche Werke. Hrsg. von K. LACHMANN / F. MUNCKER. Stuttgart 1887, Bd. 3, S. 94f.

25 Goethes Kommentar zum Fragment „Geheimnisse". Wolfgang PHILIPP (Hrsg.): Der Protestantismus im 19. und 20. Jahrhundert. Bremen 1965, S. 34.

Religion gegenüber. Die von BARTH ausgehenden Impulse verarbeitete Hendrik KRAEMER in seinem Werk *„The Christian Message in a Non-Christian World"*, 1938. KRAEMER war kein Berufstheologe, sondern hatte nach dem Studium der Orientalistik von 1922 bis 1937 in Indonesien als Missionar gewirkt. Seit 1937 war er Professor für Religionsphänomenologie an der Universität Leyden. Sein Buch *„The Christian Message..."* war als Programmschrift für die dritte Weltmissionskonferenz in Tambaram (1938) konzipiert. Die zweite Weltmissionskonferenz von Jerusalem (1928) hatte im Christentum die Basis für den gemeinsamen Kampf aller Religionen gegen den Säkularismus gesehen. Diese Betrachtungsweise, die in den Vordergrund stellte, was das Christentum mit anderen Religionen verband, hielt KRAEMER für falsch. Beeinflußt von Karl BARTHS Theologie, trennte er scharf zwischen dem „biblischen Realismus" und allen anderen Glaubensweisen und Heilslehren. Während und nach der Konferenz von Tambaram wurde KRAEMERS Buch von liberalen Kreisen, die dem in Jerusalem gewiesenen Weg folgten, heftig angegriffen. Der Zweite Weltkrieg schnitt die Diskussion ab. Obwohl KRAEMER von anderen theologischen Voraussetzungen als der Kulturprotestant ZWEMER ausgeht, kommt er doch in der Beurteilung des Islams zu einem vergleichbaren Ergebnis:

> „Seit Ghazali hat im religiösen Leben des Islams keine wirklich entscheidende Entwicklung stattgehabt. Er rettete den Islam durch seine große Synthese, die er in seinem berühmten Werke ‚Iḥyā 'ulūm al dīn' niederlegte, vor der Versteinerung; aber gleichzeitig rechtfertigte er die gesetzlichen und scholastischen Fesseln, in welchen der Islam als System gekettet war und ist."[26]

In den letzten Jahrzehnten hat sich die Überzeugung durchgesetzt, daß eine rein verkündende, predigende Konfrontation des Evangeliums mit den Religionen kein wirkliches Gespräch mit den Nichtchristen, kein gemeinsames Ringen um die Wahrheit aufkommen läßt. So wird besonders seit den frühen sechziger Jahren in der Kirche die Forderung des *Dialogs* mit den Religionen erhoben. Führend und erfahren im Dialog mit dem Islam ist Kenneth CRAGG, Verfasser des Werkes *„The Call of the Minarett"*, 1956. Er versucht, den Muslim bis an die äußerste Grenze seiner religiösen Verstehensmöglichkeiten zu führen, um ihm dann einen Bereich zu zeigen, der ihm bislang verschlossen war und der sich ihm vielleicht öffnet. Für die Methode des Dialogs sprechen zum einen gewichtige theologische Gründe, zum anderen die politisch-sozialen Verhältnisse in den islamischen Ländern, die in der Regel eine direkte missionarische Verkündigung nicht zulassen.

Die Haltung der *katholischen Kirche* gegenüber dem Islam ist durch die Erklärung des *Zweiten Vatikanischen Konzils „Über das Verhältnis der Kirche zu den nichtchristlichen Religionen"* (1965) bestimmt. Darin werden die Elemente, die dem Islam mit dem Christentum gemeinsam sind, hervorgehoben, während beispielsweise die Leugnung der Kreuzigung Jesu (Koran, Sure 4, 157f.) überhaupt nicht erwähnt wird. Die Kirche betrachte die Muslime ihres monotheistischen Glaubens und der daraus folgenden sittlichen Forderungen wegen mit Hochachtung. Es gelte, vergangene Streitigkeiten beiseite zu lassen und sich gemeinsam um gegenseitiges Verstehen, Gerechtigkeit, Friede und Freiheit zu bemühen. Die katholische Kirche glaubt, in den Religionen „nicht selten einen Strahl jener Wahrheit" zu erkennen, „die alle Menschen erleuchtet".[27]
Die volle Wahrheit allerdings ist die Christusoffenbarung, als deren treue Hüterin sich die katholische Kirche versteht. Auch im Bereich des Protestantismus gibt es ähnliche Anschauungen vom Wirken des göttlichen Geistes oder Christi in der Welt der Religionen.

26 Die christliche Botschaft in einer nichtchristlichen Welt. Zürich 1940, S. 202.
27 Erklärung über das Verhältnis der Kirche zu den „nichtchristlichen Religionen", Nr. 2 (vgl. Fußnote 8), S. 356.

Die Reaktion der Islamwelt auf die Herausforderung durch den Westen

Für islamisches Denken gebührt der wahren Religion die Macht und Herrschaft. Gott hat seinen Propheten mit der wahren Religion gesandt, „um ihr zum Sieg zu verhelfen über alles, was es (sonst) an Religion gibt" (Sure 9, 33). In der Neuzeit mußten die Anhänger des Islam die bittere Erfahrung machen, daß die Wirklichkeit diesem Grundsatz zu widersprechen schien. Die Macht lag in den Händen der Ungläubigen, großenteils auch die Macht über die Islamwelt. Vom Standpunkt des Islam aus ließ sich dieser Zustand nur so erklären, daß die Muslime in entscheidenden Punkten ihrer Religion nicht folgten und so den Zustand der Rückständigkeit und Ohnmacht selbst verschuldet hätten. Die Begegnung mit der westlichen Zivilisation veranlaßte die Muslime zur kritischen Besinnung auf ihre eigene Religion. Der Islam mußte irgendwie reformiert werden. Aber in der Beantwortung der Frage, welcher Weg der Erneuerung einzuschlagen sei, ging man auseinander. Grob gesprochen, bewegen sich die islamischen *Reformbestrebungen* der Neuzeit zwischen zwei Extremen, *Traditionalismus* und *Modernismus:*

Die Traditionalisten sehen das Heil in der kompromißlosen Rückkehr zu den reinen Ursprüngen des Islam, die Modernisten in der konsequenten Anpassung der Religion an die Erfordernisse der Gegenwart. Dem Traditionalismus droht der Verlust der Beziehung zur gegenwärtigen Wirklichkeit, dem Modernismus die Überfremdung der ursprünglichen religiösen Kräfte. Es ist zumindest zweifelhaft, ob es bis jetzt in der Islamwelt eine überzeugende theologische Lösung gibt, die es den Muslimen erlaubt, ohne Vorbehalt alles zu bejahen, was sie von der abendländischen Kultur und Zivilisation übernommen haben, und zugleich in vollem Umfang an ihrer Religion festzuhalten. Die Schwierigkeit liegt darin, daß der Islam nicht nur ein System von Glaubenssätzen und Kultpraktiken ist, sondern vor allem eine umfassende Lebensordnung, die durch Gottes Gesetz bis ins einzelne bestimmt ist, und die göttliche Offenbarung ist unantastbar. Hort des Traditionalismus ist heute in der arabischen Welt vor allem Saudi-Arabien. Hier hat die *scharia,* das auf Offenbarung beruhende Gesetz des Islam, theoretisch volle Gültigkeit.

Einen gemäßigten Modernismus vertrat der berühmte ägyptische Reformtheologe Muḥammad ᶜABDUH (gest. 1905). Er versuchte, den Islam im Lichte der modernen Wissenschaft und der Erfordernisse der Gegenwart zu deuten. Manche seiner Deutungen muten allerdings wie Umdeutungen an. So bezieht er etwa das Wort *ǧinn,* das im Koran „Geisterwesen" bezeichnet, die Krankheiten verursachen können, auf die von der modernen Wissenschaft entdeckten Bakterien. Im Kern der Sache ging es ihm um die Festigung der Religion, nicht um die Beibehaltung der konkreten Gestalten islamisch-orientalischen Lebens. Seine Glaubenslehre zeigt eine gewisse Tendenz zum Rationalismus: Offenbarung ist intuitive, von Gott gewirkte Erkenntnis; der Prophet ist der moralisch-religiöse Erzieher der Massen, was ihn zu gewissen Konzessionen nötigt; in der Welt waltet, wie die abendländische Naturwissenschaft lehrt, eine kausale Gesetzmäßigkeit, was in Spannung zu der orthodoxen Lehre steht, daß Gott unmittelbar von Zeitatom zu Zeitatom die Welt erschaffe. In der Deutung des Gesetzes betont Muḥammad ᶜABDUH den Gesichtspunkt der Entwicklungsfähigkeit. Dies erlaubt ihm beispielsweise, die Einehe als die im Koran eigentlich gemeinte Forderung Gottes darzustellen.

In der Gegenwart haben sich in einigen islamischen Ländern die traditionalistischen Tendenzen verstärkt. So ist im Iran KHOMEINI nach der Festigung seiner politischen Macht dazu übergegangen, das gesamte Rechtswesen zu re-islamisieren, weil in seinen Augen ein islamischer Staat ohne islamisches Recht ein Unding ist. Es bleibt abzuwarten, wie weit die sich verstärkende Re-Islamisierung Ausdruck einer antiwestlichen Reaktion oder einer echten religiösen Neubesinnung ist.

SIEGFRIED RAEDER

ASTRONOMEN UND WAHRSAGER *benutzten das Astrolabium; dieses Instrument aus dem Jemen diente im 13. Jahrhundert dem Studium der Planetenbahnen wie der Aufstellung von Horoskopen. Durch Einrichten eines Zeigers auf die Sonne konnte man die geographische Breite messen und die genaue Tageszeit ermitteln.*

WEIHNACHT IN DER WÜSTE

Die religiöse Lehre des Islam, auf jüdisch-christlicher Tradition fußend, enthält viele Legenden, die auch in der Bibel stehen. Der Koran erzählt von Jonas und dem Wal, von Noahs Rettung in der Arche und einem Jüngsten Gericht, dessen Visionen von Grauen und Seligkeit selbst christliche Vorstellungen übertreffen.

Der Islam ehrte Christus an zweiter Stelle nach dem Propheten und stellte die Ereignisse des Neuen Testaments so dar, wie das oben abgebildete Gemälde aus dem 16. Jahrhundert andeutet. Zwar ist es eine islamische Version der Christgeburt – eher in einer Oase stattfindend als im Stall von Bethlehem –, doch das Wunder des Geschehens galt auch für Moslems. Unser Bild zeigt Maria, die für ihren Sohn die Wüste zum Blühen bringt: Sie berührt eine verdorrte Dattelpalme, und ihre Zweige tragen Früchte, ihre Wurzeln spenden Wasser. Die Heiligkeit des Jesuskindes wird im moslemischen Stil nicht durch einen Heiligenschein, sondern durch eine Flammenaura ausgedrückt.

ERBGUT DER SPRACHE

ALCHIMIE – *AL-KIMIJA*
Die mittelalterliche Vorform der modernen Chemie

ALKOHOL – *AL-KUHL*
Eine Art von feingemahlenem Pulver, später die Bezeichnung für feine oder destillierte Substanzen

ALEMBIK – *AL-INBIK*
Wörtlich „das Tropfende"; die von den Alchimisten zum Destillieren verwendete Retorte

ALGEBRA – *AL-DSCHABR*
Das Verbinden unzusammenhängender Einheiten

ALKALI – *AL-KILI*
Salzkraut-Asche zur Bereitung von Seife und Papier

AMALGAM – *AL-MALGHAM*
Die verschiedenen Quecksilberlegierungen, angewandt in der Alchimie und zur Goldraffination

AZIMUT – *AL-SUMUT*
Winkel zwischen Horizont und Mittagskreis

BORAX – *BURAK*
Ein weißes, pulveriges Mineral, schon in früher Zeit zum Löten und zur Glasherstellung verwandt

Aus: Desmond STEWART: Die Frühzeit des Islam. In der Reihe: Zeitalter der Menschheit. Eine Weltkulturgeschichte. Amsterdam 1969, S. 32, 123, 126.

9. Muslime in unserer Gesellschaft – eine Herausforderung

Autor der Studieneinheit: Michael Mildenberger

MICHAEL MILDENBERGER (51), Studium der evangelischen Theologie, 1965 Gemeindepfarrer, 1970 Referent in der Evangelischen Zentralstelle für Weltanschauungsfragen, 1981 Oberkirchenrat und Referent für Islamfragen im Kirchenamt der Evangelischen Kirche in Deutschland. Mitglied mehrerer ökumenischer und internationaler Gremien für interreligiöse Begegnung. Wissenschaftliche Arbeiten und Buchveröffentlichungen zu neuen religiösen Bewegungen und zum Dialog der Weltreligionen.

Allgemeine Einführung

Bis in die Gegenwart hinein war die religiöse Situation in Mitteleuropa verhältnismäßig einheitlich durch die christlichen Volkskirchen und andere christliche Gemeinschaften beherrscht. Zwar gab es religiöse Gruppen und weltanschauliche Strömungen außerchristlicher Herkunft, doch das blieben Randerscheinungen. Der „nachchristliche", säkularisierte Mensch war das einzige Gegenüber für die Christen, die Auseinandersetzung mit dem neuzeitlichen Säkularismus das große Thema in Theologie und Kirche.
In den letzten Jahren hat sich die Lage verändert. Ein neuer Partner hat die religiöse Szene betreten: der Islam. Nahezu zwei Millionen Muslime leben heute in unserer Gesellschaft. Der Islam, wie sie ihn mehrheitlich praktizieren, ist nicht wie das europäische Christentum durch Aufklärung und gesellschaftliche Emanzipation hindurchgegangen. Seine religiösen und ethischen Normen durchdringen das ganze Leben und Verhalten der Muslime. Für die muslimischen Bevölkerungsgruppen ebenso wie für die christliche und säkulare Umwelt stellt diese neue Situation eine Herausforderung dar. Die islamische Minderheit mit ihrer ethnisch-kulturellen, sozialen und religiösen Eigenprägung gibt der gesellschaftlichen Pluralität eine neue Dynamik und wirft viele praktische und grundsätzliche Fragen auf. Nicht zuletzt stehen die christlichen Kirchen vor der Aufgabe, sich über ihre Beziehungen zum Islam und ihren Auftrag gegenüber den muslimischen Menschen klarzuwerden.
Das Auftreten des Islam ist jedoch nicht das Ergebnis religiösen Einflusses oder missionarischer Aktivität, sondern eine Folge wirtschaftlich und politisch bedingter Wanderbewegungen. Um die Situation der Muslime in unserer Gesellschaft zu verstehen und die darin liegende Herausforderung zu erfassen, muß man sich zunächst diesen wirtschaftlichen und politischen Hintergründen zuwenden. Ursache der muslimischen Präsenz ist das ökonomische und soziale Gefälle zwischen den industriellen Ballungszentren der Europäischen Gemeinschaft und ihren weniger entwickelten Randzonen im Mittelmeerraum.

Um so deutlicher muß die gesellschaftspolitische Herausforderung erkannt werden, ein Modell von Integration zu entwickeln, das ein gutes Zusammenleben zwischen Deutschen und Ausländern, Muslimen und Christen in einer Gesellschaft ermöglicht. Die demokratisch verfaßte staatliche Gemeinschaft steht damit vor einer wichtigen Bewährungsprobe. Besondere Bedeutung kommt in diesem Zusammenhang der Sozialisation und Bildung der hier heranwachsenden muslimischen Kinder und Jugendlichen zu, die in absehbarer Zeit das Gesicht der islamischen Minderheit bestimmen werden.

Nach dem Durcharbeiten dieser Studieneinheit sollen Sie in der Lage sein,
- die Motive für die Zuwanderung muslimischer Familien nach Mitteleuropa zu erklären;
- die unterschiedlichen ethnisch-kulturellen, religiösen und sozialen Gruppen innerhalb der islamischen Bevölkerung in der Bundesrepublik zu unterscheiden;
- die wichtigsten Probleme, die das Zusammenleben mit Menschen anderer religiöser und kultureller Prägung mit sich bringt, zu charakterisieren;
- mit diesen Problemen und möglichen Lösungsversuchen umzugehen;
- die grundsätzlichen gesellschaftspolitischen, rechtlichen und theologischen Fragestellungen, die sich mit der Präsenz einer islamischen Minderheit in unserer Gesellschaft ergeben, darzustellen.

Islam in Deutschland – ein Resultat von Zuwanderung

Bei einer ausführlicheren Erörterung der Probleme zwischen Muslimen und Christen in unserer Gesellschaft ist es unerläßlich, sich darüber zu informieren, wie die heutige Situation entstanden ist und welche vielfältigen Faktoren zu ihrer Entstehung beigetragen haben.

Motive der Zuwanderung nach Mittel- und Westeuropa

Die Tatsache, daß heute in der Bundesrepublik Deutschland und in Berlin nahezu zwei Millionen Menschen islamischen Glaubens leben, ist nicht ein Ergebnis religiöser Expansion des Islam, sondern die Folge ökonomisch und politisch bedingter Wanderbewegungen.

Die ersten Anfänge islamischer Präsenz in Deutschland reichen bis ins Jahr 1732 zurück, als der Preußenkönig FRIEDRICH WILHELM I. den türkischen Soldaten aus seiner Elitetruppe in Potsdam einen Gebetsraum zur Verfügung stellte.[1] Doch erst die Entwicklung des industriellen Großraums der Europäischen Gemeinschaft nach dem Zweiten Weltkrieg führte mit der massenhaften Anwerbung von Arbeitskräften aus dem Mittelmeerraum zur Bildung erheblicher islamischer Bevölkerungsgruppen in der Bundesrepublik Deutschland und in anderen Staaten der Europäischen Gemeinschaft. Es handelt sich dabei um großräumige und langfristige Verschiebungen, die dem allgemeinen Gefälle zwischen dem hochtechnisierten nördlichen Industriegürtel und den Entwicklungsländern der südlichen Erdhälfte folgen. So kommt beispielsweise die Mehrheit der in Großbritannien ansässigen muslimischen Bevölkerung aus Pakistan; in Frankreich leben über zwei Millionen Muslime aus Nord- und Westafrika. Diese Beispiele machen deutlich, daß sich in der islamischen Zuwanderung teilweise auch alte Beziehungen und Abhängigkeiten aus der Kolonialzeit fortsetzen.

Das Gros der islamischen Bevölkerungsgruppen bilden Arbeiterfamilien aus wenig entwickelten, ländlichen Regionen, die in ihren Heimatländern nur in geringem Maße mit der europäischen Zivilisation in Berührung gekommen waren. Ungenügende ökonomische und soziale Lebensbedingungen ließen sie dem Arbeitsangebot der Wirtschaft in den Ländern der Europäischen Gemeinschaft folgen. Daneben gibt es eine kleinere Gruppe städtisch geprägter Intelligenz: Studenten und Wissenschaftler, Ärzte, Lehrer, Publizisten, Künstler. Bei ihnen tritt zu den ökonomischen Gründen vielfach noch eine ideologische und politische Motivation hinzu. So stehen viele türkische Intellektuelle, die in der Bundesrepublik leben, der Regierung ihres Heimatlandes kritisch gegenüber. Schließlich ist die zunehmende Zahl der Flüchtlinge und Asylanten zu nennen, die aus islamischen Ländern oder Krisengebieten des Nahen und Mittleren Ostens und Afrikas kommen.

1 M. S. ABDULLAH: Geschichte des Islams in Deutschland. Graz/Wien/Köln 1981, S. 13.

Statistik 1: Islamische Minderheiten in mittel- und westeuropäischen Ländern

Belgien	250000	(1980)
Dänemark	30000	(1981)
Deutsche Demokratische Republik	15000	(1980)
Bundesrepublik Deutschland	1700000	(1980)
Finnland	1500	–
Frankreich	2000000	(1979)
Großbritannien	800000	(1980)
Italien	180000	(1979)
Niederlande	280000	(1980)
Norwegen	12000	(1979)
Österreich	70000	(1980)
Portugal	30000	–
Schweden	25000	(1979)
Schweiz	70000	(1981)
Spanien	15000	(1980)

Die Zahlen sind Schätzungen von unterschiedlicher Genauigkeit. Sie sind einer Untersuchung des „Centre for the Study of Islam and Christian-Muslim-Relations" in Birmingham entnommen (vgl. *News of Muslims in Europe,* No. 12, 27. Januar 1982). In Klammern ist das entsprechende Jahr angegeben.

Aus: J. MICKSCH / M. MILDENBERGER: Christen und Muslime im Gespräch. Frankfurt 1982, S. 7.

Die Grenzen zwischen diesen verschiedenen Motiven, die zum Verlassen der Heimat geführt haben, sind oft fließend. In den seltensten Fällen jedoch wird die Übersiedelung nach Mitteleuropa als endgültige Auswanderung betrachtet. Das ist schon aufenthaltsrechtlich nicht möglich, entspricht aber auch nicht den subjektiven Zukunftsplänen, bei denen der Gedanke der Rückkehr eine wesentliche Rolle spielt. Deshalb bleibt die innere Bindung an die Heimat aufrechterhalten und bestimmt viele Jahre lang das Lebensgefühl, auch wenn man sich äußerlich mit der neuen Umwelt arrangiert hat. Erst die zweite und dritte Generation, vor allem die hier geborenen Kinder, finden allmählich in Deutschland das Zentrum ihrer Lebensbeziehungen.

Anwerbeland Türkei

Die allgemeinen Motive und Hintergründe der Abwanderung lassen sich am Beispiel der Türkei illustrieren.[2]

Die Türkei ist fast dreimal so groß wie die Bundesrepublik Deutschland. Im Jahre 1980 hatte sie eine Bevölkerung von 45,2 Millionen; der jährliche Zuwachs beträgt 2,9 Prozent. Auffälligstes Merkmal ist ein starkes, geographisch bedingtes West-Ost-Gefälle in der industriellen Entwicklung und, davon abhängig, in der infrastrukturellen Erschließung. Wenigen Industriezentren und Großstädten im Westen stehen die riesigen Regionen Mittel- und Ostanatoliens mit ihrer schwachentwickelten Landwirtschaft und einer dörflichen Bevölkerung gegenüber.

Es gibt etwa 40000 Dörfer in der Türkei, nur die Hälfte von ihnen haben Strom und fließendes Wasser; viele, besonders im Osten, sind ohne Schulen und ärztliche Versorgung. Etwa 80% der Landbevölkerung haben keinen oder nur geringen Landbesitz. Sie sind von Großgrundbesitzern abhängig, bei denen sie oft hoch verschuldet sind. Verknappung des Bodens, Verarmung durch das herrschende Pachtsystem und eine hohe Inflationsrate sowie die schnelle Bevölkerungszunahme

2 Die folgenden Ausführungen stützen sich weithin auf: P. KAPPERT: Die Türkei – gestern und heute. In: H.-J. BRANDT/C.-P. HAASE (Hrsg.): Begegnung mit Türken – Begegnung mit dem Islam. Hamburg 1981, Teil 8.1.

führen zu wachsender Unterbeschäftigung auf dem Lande. Es gab mehrfach Versuche einer Landreform, die aber gescheitert sind.

Die ungünstigen Lebensbedingungen und die hohe Arbeitslosigkeit haben zu einer seit langem anhaltenden Landflucht geführt. Die städtischen Zentren sind dem Ansturm nicht gewachsen. Allein die Einwohnerzahl Istanbuls (1980: ca. 4,8 Millionen) wächst durch Zuwanderung jedes Jahr um 200000. In den Randgebieten der Städte entstanden riesige slumartige Wohnviertel *(Gecekondu)*. In Ankara beträgt der Anteil der Gecekondu-Bewohner etwa 75%, in Istanbul 50% und in Izmir 60%.

In der Industrie überwiegen immer noch die kleineren privaten Betriebe. Vorherrschende Produktionsform ist die Montageindustrie, bei der importierte Fertigteile zusammengebaut werden. Die dafür notwendigen Importe haben die Türkei immer mehr von ausländischem Kapital abhängig gemacht. Ein großer Teil der ausländischen Investitionen fließt als Gewinn wieder ins Ausland zurück. Anfang 1981 betrug die Auslandsverschuldung der Türkei 24 Milliarden Dollar, das Außenhandelsdefizit 5,5 Milliarden Dollar. Die Löhne für Industriearbeiter liegen deutlich über denen der Landarbeiter. Zudem konnte die gesetzliche Sozialversicherung in den Großstädten relativ gut ausgebaut werden. Die rapide steigende Inflationsrate ließ aber auch in der Industrie das Realeinkommen ständig sinken. Die Preissteigerung wuchs von etwa 6% im Jahr 1971 bis auf 118% im Jahr 1980; erst seit der Machtübernahme durch die Militärs konnte sie allmählich etwas gedämpft werden.

Die Binnenwanderung in der Türkei von den ländlichen Regionen in die städtischen Zentren stellt einen tiefgreifenden gesellschaftlichen Umbruch dar. Dörfer veröden, die Slumviertel in den großstädtischen Randgebieten wachsen. Für viele türkische Familien sind sie die erste Station in der Verstädterung. Von dort versuchen sie den Absprung in bessere soziale Verhältnisse oder ins Ausland. Da die Industrie in der Bundesrepublik bevorzugt Facharbeiter anwarb, wanderten – zumindest in der Anfangsphase – in erster Linie verhältnismäßig gut ausgebildete Arbeitskräfte ab und keineswegs die Arbeitslosen; diese blieben vielmehr in der Türkei hängen.

In den Jahrzehnten nach dem Zweiten Weltkrieg nahm die türkische Republik eine krisenhafte Entwicklung, die sich seit 1977 rapide beschleunigte und im September 1980 zur erneuten Machtübernahme durch das Militär führte. Die wirtschaftlichen und sozialen Gründe dieser Krise sind bereits angedeutet. Doch müssen auch einige historische, politische und ideologische Faktoren genannt werden, weil sie zum Verständnis der türkischen Minderheit in der Bundesrepublik notwendig sind:

Im Jahre 1923 hatte Kemal Atatürk die türkische Republik gegründet mit dem Ziel, einen modernen, wirtschaftlich unabhängigen Nationalstaat nach europäischem Vorbild zu schaffen. Bis heute bestimmen die „kemalistischen Prinzipien“ das Selbstverständnis des türkischen Staats:

- Dazu gehört der *Laizismus,* das heißt die scharfe Trennung von Staat und Religion und die Etablierung der staatsbürgerlichen Grundwerte im säkularen europäischen Verständnis. Der Laizismus ist nicht gegen den Islam selbst gerichtet, sondern gegen seine die moderne Fortentwicklung der gesellschaftlichen Verhältnisse blockierende Wirkung.
- Ein weiteres Prinzip der Staatsideologie ist der *Nationalismus,* der die türkische Identität des Staates herausstellt und die Unversehrtheit der Republik gegen alle Gefährdungen von innen oder außen verteidigt.

Zweifellos hat der Kemalismus zu einem tiefen gesellschaftlichen und politischen Wandlungsprozeß geführt. Die Säkularisierung ist besonders unter der städtischen Bevölkerung vorangeschritten, ein modernes staatsbürgerliches Bewußtsein zusammen mit einem starken türkischen Nationalgefühl weit verbreitet. Dennoch ist inzwischen deutlich, daß die Reformen Atatürks die alte Gesellschaftsordnung und das von ihr geprägte Denken und Verhalten nur teilweise überwinden konnten. In der Zeit nach dem Zweiten Weltkrieg setzte eine allmähliche Restaurierung der islamischen Traditionen ein. Die religiöse Praxis faßte überall in der Öffentlichkeit wieder Fuß, und die Bewegung für eine Rückkehr zum Islam gewinnt an Stärke. Sie trägt einen deutlich anti-säkularistischen und anti-demokratischen Akzent, verbindet sich teilweise mit reaktionären Kräften und findet nicht zuletzt unter der türkischen Bevölkerung in der Bundesrepublik Anklang. Auch der kemalistische Nationalismus hat zwiespältige Folgen: Er führt zum Druck auf die nichttürkischen Minderheiten in der Türkei, deren ethnische Identität (Sprache, Kultur usw.) eingeengt oder direkt geleugnet wird, und zur massiven Verfolgung aller Autonomiebestrebungen. Das trifft heute besonders die Kurden, die nach Schätzungen wohl ein Fünftel der Bevölkerung ausmachen.

Die feste Einbindung der Türkei in das westliche Lager, besonders durch den Beitritt zur NATO, führte nicht nur zu wachsender ökonomischer und militärischer Abhängigkeit von den USA, sondern auch zur Differenzierung des politischen Lebens. Das Mehrparteiensystem wurde eingeführt, die Gewerkschaftsbewegung konnte sich entfalten, das ideologische Spektrum wurde breiter. Das freie Spiel der politischen Kräfte war jedoch dem Druck der wirtschaftlichen und sozialen Krise nicht gewachsen; sie führten vielmehr zur Zersplitterung, Polarisierung und Radikalisierung der Gesellschaft. Ausdruck dieser Entwicklung war schließlich der offene politische Terror. Das Regime der Militärs hat ihn beendet, freilich um den Preis der Aussetzung des demokratischen Lebens und elementarer Menschenrechte. Nicht nur die konservativ-islamische, sondern auch die demokratisch-ideologische Opposition sucht den Weg ins Ausland. Die allgemeinen Wahlen im November 1983 brachten zwar ein Ende der dreijährigen Militärherrschaft, doch ist die politische und ökonomische Lage weiterhin gespannt.

Die islamische Bevölkerung in der Bundesrepublik Deutschland

In der Bundesrepublik Deutschland und Berlin (West) dürften am 30. September 1982 ungefähr 1,9 Millionen Menschen islamischer Religionszugehörigkeit gelebt haben. Die Zahl ergibt sich aus den Angaben des Statistischen Bundesamtes in Wiesbaden, das jedoch Ausländer nicht nach ihrer Religionszugehörigkeit ausweist. Deshalb ist man auf Rückschlüsse aus der Nationalität und auf Schätzungen angewiesen. Man rechnet beispielsweise damit, daß etwa 15 bis 20% der hier lebenden Jugoslawen Muslime sind, doch bleibt die daraus gewonnene Schätzung sehr ungenau. In anderen Staaten wie etwa der Türkei fällt die Zahl der Nichtmuslime kaum ins Gewicht. Ein erheblicher Unsicherheitsfaktor ist die Dunkelziffer der illegal in Deutschland lebenden muslimischen Ausländer. Schätzungen sprechen von „Zehntausenden“ oder gehen sogar über hunderttausend hinaus. Sie werden in der hier vorgelegten Statistik (vgl. *Statistik 2*) nicht berücksichtigt.

Es ist wichtig, sich über die statistische Auflistung hinaus die ethnische, kulturelle und historisch-politische Vielfalt klarzumachen, die sich hinter diesen Zahlen verbirgt und die den Islam in Deutschland zu einer so vielschichtigen Größe macht:

- Nahezu fünf Sechstel aller Anhänger des Islam sind *Muslime türkischer Nationalität.* Doch ist die türkische Bevölkerung keineswegs einheitlich. Ethnische Minderheiten, die sich in der Türkei aufgrund des türkisch-nationalen Regierungskurses nicht äußern können, treten in der Bundesrepublik in Erscheinung. Das gilt

Statistik 2: In der Bundesrepublik Deutschland lebende Muslime, nach Herkunftsländern geordnet und in Regionen zusammengefaßt

Europa	
Deutsche	1 000–6 500
Flüchtlinge, hauptsächlich aus osteuropäischen Staaten	5 000
Jugoslawien (insgesamt: 631 700)	100 000
Türkei	1 580 600
Nordafrika	
Marokko	42 500
Algerien	5 000
Tunesien	25 100
Libyen	1 500
Naher und Mittlerer Osten	
Ägypten	8 000
Jordanien	13 000
Libanon	5 000
Syrien	8 000
Irak	3 000
Iran	18 400
Asien	
Afghanistan	6 700
Indien	7 000
Pakistan	23 200
Indonesien	9 000
Schwarzafrika	10 000

Quelle: Statistisches Bundesamt Wiesbaden (Stand: September 1982). Ergänzt durch: Die Präsenz des Islam in der Bundesrepublik Deutschland III, CIBEDO-Dokumentation, Nr. 13, Frankfurt, Dezember 1981, und J. Micksch (Hrsg.): Zusammenleben mit Muslimen. Frankfurt ⁶1983, S. 9.

besonders für die Kurden. Sie haben „oft hier zum ersten Mal die Möglichkeit, ihre eigene Sprache und Kultur ohne Angst vor Strafe zu lernen und auszuüben, die eigene Geschichte kennenzulernen sowie sich offen zu ihrem Volk zu bekennen", stellt KOMKAR, eine Föderation kurdischer Arbeitervereine, fest.[3] Ähnliches gilt für religiöse Minderheiten innerhalb der islamischen Bevölkerung. Der größte Teil der türkischen Muslime sind Sunniten. Daneben gibt es, vor allem im Osten der Türkei, die schiitische Gruppe der Aleviten. Der schiitische Islam ist innerlicher, viel freier in den äußeren Verpflichtungen als der orthodox sunnitische Islam, oft kritisch gegenüber Staat und Gesellschaft. In der Türkei verbindet sich mit dem konfessionellen Unterschied die soziale Diskriminierung der Aleviten. Die Schätzungen über den alevitischen Anteil unter den Türken in der Bundesrepublik schwanken zwischen 50000 und 200000.

• Der *jugoslawische Islam* ist ein Ergebnis der osmanischen Herrschaft über den Balkan. Deshalb hat er enge religiöse und kulturelle Beziehungen zum türkischen Islam. Andererseits gehören die islamischen Regionen (besonders Bosnien-Herzegowina) inzwischen historisch und politisch über ein Jahrhundert lang zur früheren Donaumonarchie und zum sozialistischen Jugoslawien. Diese mitteleuropäische Orientierung hat den jugoslawischen Islam liberalisiert, teilweise sogar säkularisiert.

• Zusammengerechnet leben über hunderttausend *Muslime aus der arabischen Welt* in der Bundesrepublik. Die größte Gruppe bilden Arbeiterfamilien aus Marokko und Tunesien. Arabische Intellektuelle und Geschäftsleute aus Ägypten und den Staaten des Nahen Ostens spielen eine wichtige Rolle in der Meinungsbildung des Islam in Europa. Sie stellen vielfach, vor allem mit den Mitgliedern der ägyptischen und syrischen Muslimbruderschaft, die treibenden Kräfte in der fundamentalistischen Bewegung. Ihre wichtigsten Stützpunkte in der Bundesrepublik sind die Islamischen Zentren in Aachen und München. Sie stehen in engstem Kontakt mit der konservativen Gruppe unter den deutschen Konvertiten zum Islam, die zwar zahlenmäßig gering ist, aber eine rigorose, auch missionarisch aktive Linie vertritt.

• Die genaue Zahl der *deutschen Muslime* ist nicht bekannt. Schätzungen schwanken zwischen einigen hundert und „etwas mehr als 6500". Den orthodox-konservativen Konvertiten, die sich gegenüber der gesellschaftlichen und kulturellen Umwelt deutlich abgrenzen, steht ein liberaler Flügel gegenüber, der bewußt in der kulturellen Tradition Europas bleibt. In den letzten Jahren ist die Zahl der Ehen zwischen einem deutschen und einem ausländisch-muslimischen Partner ständig gestiegen. Allein etwa 3000 deutsch-türkische Ehen werden jährlich geschlossen. Es ist zu beobachten, daß in einem solchen Fall öfter die christliche Frau um der Einheit der Familie willen zum Islam konvertiert.

• Die *Muslime aus dem Iran,* vor allem Geschäftsleute und Akademiker, geben dem Islam in Deutschland einen besonderen Akzent. Sie repräsentieren den schiitischen Islam, der in Persien seit dem 16. Jahrhundert Staatsreligion ist und durch die Revolution Ayatollah Khomeinis zur politischen Ideologie des neuen Regimes umgeformt wurde. Heute leben auch viele iranische Oppositionelle, die beispielsweise zur Bewegung der Volks-Mudjahidin gehören und durchaus bewußte Muslime sind, in der Bundesrepublik. Es kam mehrfach zu gewaltsamen Auseinandersetzungen zwischen beiden Lagern.

Annahme und Ablehnung des „Fremden"

Die wirtschaftlichen Schwierigkeiten der letzten Jahre und die damit verbundene hohe Arbeitslosigkeit, aber auch Wohnungsknappheit und Schulprobleme in den Ballungsgebieten haben zu Spannungen zwischen Deutschen und Ausländern geführt. Zunehmende Fremdenfeindlichkeit unter der deutschen Bevölkerung, das Auftauchen alter Vorurteile, aber auch die Radikalisierung bestimmter Ausländergruppen und ihre Ablehnung der deutschen Gesellschaft sind die Folge. Da der Islam in der Bundesrepublik Deutschland ein Ergebnis der ausländischen Zuwanderung ist und in erster Linie durch den größten Block unter den „Gastarbeitern", die Türken, verkörpert wird, schieben sich für viele Deutsche die Phänomene mehr und mehr ineinander, so daß schließlich die Gleichung entsteht: Ausländer = Türken = Islam = fremd und bedrohlich. Umgekehrt breitet sich besonders unter den Türken eine Stimmung der Unsicherheit und Angst aus, die einerseits die Tendenz zur Abkapselung und Radikalisierung verschärft, andererseits Resignation hervorruft und allmählich das traditionell freundschaftliche Bild erschüttert, das die Türken von den Deutschen hatten.

In dieser Situation sind drei Überlegungen wichtig:

3 KOMKAR-Publikationen 1, Januar 1980.

• Erstens ist es eine historische Erfahrung, daß besonders in wirtschaftlichen Krisenzeiten Vorurteile verstärkt auftreten und zur Entlastung ein „Sündenbock" gesucht wird. Rationale Argumente, die beweisen, daß die Ausländer keineswegs den Deutschen „die Arbeitsplätze wegnehmen", sondern daß die ökonomische und gesellschaftliche Krise strukturell bedingt ist, bleiben nahezu wirkungslos. Man braucht einen Schuldigen, und die Geschichte hat bis in die jüngste Zeit gezeigt, daß solche Sündenböcke meistens in Bevölkerungsgruppen oder Minderheiten gesucht wurden, die irgenwie „fremd" waren. Viele Beobachter weisen hier auf den Antisemitismus und die lange Geschichte der Judenverfolgungen in Europa hin.

• Zweitens haben Anthropologen und Verhaltensforscher bestimmte Gesetzmäßigkeiten im Phänomen der „Xenophobie", der Fremdenfurcht, untersucht. Danach liegt dem „Feindschema: Fremder" ein „Feindschema: Mensch" zugrunde: Ein Mensch löse beim anderen grundsätzlich zuerst Mißtrauen aus; nur wo freundliche Erfahrungen es überlagern, werde das Feindschema langsam abgebaut. Zurückgeführt wird diese Haltung auf die Notwendigkeit des Gruppenzusammenhalts im Prozeß der menschlichen Entwicklungsgeschichte: Nur die Mitglieder der eigenen „Horde" gehören zusammen, alle Fremden sind eine feindliche Konkurrenz. Für den vorliegenden Zusammenhang sind diese Folgerungen wichtig:

- Fremdenfurcht bricht immer wieder auf, weil sie gleichsam angeboren ist. Man muß also nüchtern mit ihr rechnen.
- Fremdenfurcht wird dort abgebaut, wo gute Erfahrungen und Vertrautheit sie überlagern. Sie ist keine unüberwindliche Konstante der menschlichen Natur, positive Begegnung mit Fremden kann zu einer anderen Einstellung führen.
- Fremdenfurcht wird durch eine stabile, unbedrohte eigene Gruppenidentität vermindert. Nicht Abbau der eigenen Identität unterschiedlicher Bevölkerungsgruppen, sondern deren Bestätigung ist also wichtig für ein gutes Zusammenleben.

• Drittens ist darauf zu verweisen, daß zwar alle Religionen ein Element der Exklusivität und Distanzierung vom „Fremden", aber ebenso den Auftrag zum Frieden und zur Gemeinschaft in sich tragen. Das Alte Testament hat die Zuwendung zum Fremden in besonderer Weise dargestellt und mit den eigenen Erfahrungen Israels verknüpft:

„Wenn ein Fremder bei euch wohnt in eurem Lande, den sollt ihr nicht bedrücken. Er soll bei euch wohnen wie ein Einheimischer unter euch, und du sollst ihn lieben wie dich selbst; denn ihr seid auch Fremde gewesen in Ägypten. Ich bin der Herr, euer Gott" (3 Mose 19, 33 und 34).

Die Kirchen in der Bundesrepublik haben dieses biblische Motiv in den letzten Jahren immer wieder aufgegriffen und den besonderen Auftrag der Christen unterstrichen, sich für menschliche Lebensbedingungen, für die rechtliche Sicherheit, für gleiche Chancen in Arbeit und Bildung, für die Wahrung der kulturellen Identität der Ausländer einzusetzen. Während seines Deutschlandbesuches rief Papst Johannes Paul II. in Mainz jeden einzelnen auf, „seine eigene Einstellung zu den Ausländern in seiner Nähe zu überprüfen und sich im Gewissen Rechenschaft zu geben, ob er in ihnen bereits den Menschen entdeckt hat, mit der gleichen Sehnsucht nach Frieden und Freiheit, nach Ruhe und Sicherheit, deren Erfüllung wir für uns selbst so selbstverständlich beanspruchen".[4] Und die Synode der Evangelischen Kirche in Deutschland hat in einer Entschließung vom 1. Februar 1980 die „besondere Verantwortung" der Kirchengemeinden herausgestellt, „die jetzt vielerorts schon bestehende ‚Mauer des Schweigens' zu durchbrechen und sich für die berechtigten menschlichen, sozialen, rechtlichen und politischen Erwartungen muslimischer Einwanderer einzusetzen".[5] Wenn es richtig ist, daß die ausländische Zuwanderung in den großen Zusammenhang der Nord-Süd-Problematik einzuordnen ist, dann sind die ausländischen Menschen – und unter ihnen zweifellos im besonderen die Muslime – sozusagen die „Dritte Welt bei uns". Es ist in der Tat eine Herausforderung für jeden Christen, wie er mit ihnen umgeht.

4 Muslime in Deutschland, Arbeitshilfe 26. Hrsg. vom Sekretariat der Deutschen Bischofskonferenz. Bonn 1982, S. 10.

5 Christliche Stimmen zum Dialog I. CIBEDO-Dokumentation, Nr. 18/19. Frankfurt, April 1983, S. 48.

(1) Welche Gründe haben zur Zuwanderung muslimischer Familien aus der Türkei in die Bundesrepublik geführt?

....
....
....
....
....
....
....
....

Islam in der Diaspora

Es macht die besondere Situation einer Religion in der Diaspora aus, daß hier – als Folge von Unsicherheit und Isolierung – besonders leicht extreme Ausformungen und Gruppierungen des Glaubens entstehen können. Griffen zwar die islamischen Führungsschichten die neuzeitlichen wissenschaftlich-technischen und ökonomischen Ideen der westlichen Zivilisation in ihren Heimatländern auf, so sind doch die ländlichen Bevölkerungsschichten, aus denen die meisten der jetzigen muslimischen Zuwanderer kommen, bisher kaum mit diesen Vorstellungen vertraut geworden. Der „Kulturschock" muß um so stärker sein, als er gerade zu einer Zeit erfolgt, in der die Wertvorstellungen der westlichen Zivilisation ihrerseits in eine Krise geraten sind. Zwischen Anpassung und Abkapselung schwankt daher das Verhalten der zugewanderten Muslime.

Das islamisch-osmanische Modell von „umma" und „millet"

Im Islam gibt es keine der christlichen Kirche vergleichbare Einrichtung. Der wichtigste Grund dafür ist die Tatsache, daß Muhammad von Anfang an darum kämpfte, nicht nur einen Teilbereich, sondern das ganze Leben des einzelnen Muslim und der gesamten islamischen Gemeinschaft nach dem geoffenbarten Willen Gottes zu gestalten und so die Herrschaft Gottes in dieser Welt zu verwirklichen. Die islamische Gemeinschaft in diesem umfassenden religiösen, gesellschaftlichen und politischen Sinn wird mit dem Ausdruck *umma* bezeichnet (vgl. STE 8). Das Verhältnis von Religion und Staat ist heute in der islamischen Welt sehr unterschiedlich geregelt. Es gibt vielerlei Modelle – bis hin zum „laizistischen" Staat der Türkei. Dennoch ist die Identität von Religion und Volk und ihre Verwirklichung in einem öffentlichen islamischen Gemeinwesen wenigstens als Ideal erhalten geblieben. Deshalb kann man eigentlich nur innerhalb der *umma*, eingefügt mit allen Lebensbeziehungen in die islamische Gemeinschaft, wirklich Muslim sein. Außerhalb ihrer, in der Isolation einer nichtislamischen Umwelt, fehlt eine entscheidende Dimension.

Es ist verständlich, daß von diesem Ansatz her eine islamische Minderheit größte Schwierigkeiten haben muß, sich in der säkularen, pluralistischen Gesellschaft einer europäisch-westlichen Demokratie zu organisieren und eine ihr entsprechende Form religiösen Lebens und religiöser Gemeinschaft zu finden. Sie neigt im Grunde immer dazu, sich an der überkommenen Einheit von Volk und Religion zu orientieren und sie in die neue Umgebung zu übertragen, also eine verkleinerte Wiederholung der heimatlichen *umma* zu bilden. Sie wird zur islamischen Insel in der nichtislamischen Gesellschaft.

Diesem Selbstverständnis der islamischen *umma* entspricht umgekehrt die religiöse und gesellschaftlich-rechtliche Existenzform, die der Islam in seiner klassischen Zeit den nichtislamischen Bevölkerungsgruppen in seinem eigenen Herrschaftsgebiet gab. Juden und Christen sind als „Leute der Schrift" religiös anerkannt, wenn auch minderen Ranges. Dementsprechend erhalten sie einen genau begrenzten Freiraum: Sie dürfen ihre Religion beibehalten und haben Autonomie im privatrechtlichen Bereich, zudem garantiert ihnen der islamische Staat den Schutz von Leben und Eigentum. Dafür müssen sie eine Sondersteuer zahlen, sind von bestimmten öffentlichen Funktionen ausgeschlossen und in der Praxis mancherlei Einengungen ausgesetzt (vgl. STE 8). Dieses klassische Modell wurde im Osmanischen Reich zur Gestalt der *millets* weiterentwickelt, in denen ethnisch-kulturelle Minderheiten jüdischer und christlicher Religion im Rahmen der feudalen Gesellschaftsordnung nach innen eine verhältnismäßig große Selbständigkeit behielten, solange sie dem Staat gegenüber ihre Verpflichtungen erfüllten.

Dieses klassische Gemeinschafts- und Minderheitenmodell ist auch für das Verständnis der gegenwärtigen Situation in Europa wichtig, weil es bis heute im islamischen Denken und Empfinden lebendig ist.

Auseinandersetzung mit der westlichen Zivilisation

In der gesamten islamischen Welt hat in den letzten Jahrzehnten eine intensive Auseinandersetzung mit der „westlichen" Zivilisation, ihren Lebensformen und Gesellschaftsstrukturen begonnen. Sie ist dadurch gekennzeichnet, daß die islamischen Völker während der Kolonialzeit diese Zivilisation bzw. ihre wissenschaftlich-technischen, ökonomischen und militärischen Mittel als Instrument der Fremdherrschaft erfahren haben. Es war freilich nicht nur eine gewaltsam aufgezwungene Herrschaft. Vielmehr nahmen die islamischen Führungsschichten die europäischen Ideen und Lebensformen bereitwillig auf, weil ihre Überlegenheit offenkundig schien.

Diese Entwicklung einer zunehmenden Verwestlichung wird im Islam heute von vielen als ein Prozeß materieller Ausbeutung und geistiger Entfremdung verstanden und mit einer Gegenbewegung, der sogenannten „Re-Islamisierung", also einer Neubelebung des Islam, beantwortet. Die islamische Welt müsse, so lautet ihr Programm, zu ihren eigenen Quellen zurückkehren und den Islam wieder als umfassende Ordnung für alle Lebensbereiche in Kraft setzen. Nur so könne die materielle und ideologische Abhängigkeit überwunden, könne der moralische und geistige Verfall, in dem sich die westliche Gesellschaft befinde, von den islamischen Völkern ferngehalten werden. In der gegenwärtigen *Islamisierungsbewegung* sind jedoch zwei Ebenen deutlich voneinander zu unterscheiden:

- Auf der einen geht es wirklich um eine geistige Rückbesinnung und Erneuerung. Das ursprüngliche islamische Erbe soll zu neuem Leben erweckt werden, um die säkularistischen Kräfte des Unglaubens und der Unmoral, die man vor allem im Westen am Werk sieht, zu überwinden und den islamischen Völkern die ihnen eigene Identität zu bewahren.
- Auf einer zweiten Ebene geht es derzeit viel lautstärker zu, weil die politische Macht im Vordergrund steht und ein konservativ und nahezu totalitär verstandener Islam zur politischen Ideologie umgeformt wurde. Für diese Tendenz hat sich die Bezeichnung „Fundamentalismus" eingebürgert. Kennzeichnend für diesen islamischen Fundamentalismus sind die programmatische Forderung eines „islamischen Staates", ein gesetzlich-formalistisches Verständnis des Islam und die Bildung politisch aktiver Kadergruppen.

Textbeispiel 1: Aus der Predigt eines türkischen Hodscha, auf Cassetten bei türkischen Schülern und Familien in Deutschland verbreitet

„Um es kurz zu sagen: Es muß einen Menschen geben, damit es auf der Welt Leben gibt. Um sich fortpflanzen zu können, müssen die Menschen Kinder zur Welt bringen. Deswegen müssen Mann und Frau heiraten. Um heiraten zu können, müssen sie an den islamischen Gesetzen festhalten. Damit die Heirat eine feste Grundlage hat, muß man auf die Gesetze des Islams achten...
Was für ein wichtiges Ereignis! Den Schatz des Menschen hat die Frau. Da es nichts Wertvolleres gibt als den Menschen, können Sie sich gar nichts Wertvolleres vorstellen als die Frau, die Menschen gebärt!...
Nicht, daß sie sich auf den Straßen herumtreibt und sich herabwürdigt, sondern daß sie ihre Würde bewahrt und den Schatz des Menschen in sich aufbewahrt. Denn in der Frau, in der Gebärmutter, liegt der Mensch (Juwel). Er soll nicht schmutzig und nicht zunichte gemacht werden. Was soll man dann machen? Die Frau soll sich von Kopf bis Fuß verhüllen. Ihr wertvolles Juwel wird durch einen Mann geschaffen, durch Heirat, ohne Heirat geht es absolut nicht!...
Das ist auf dem Markt auch so. Wenn Sie billige Orangen kaufen wollen, sind sie im Haufen da. Aber es gibt auch wertvolle Orangen, die sind in Kisten, in Papier gewickelt. Je teuerer sie sind, desto mehr sind sie verdeckt. Weil es im Islam nichts Wertvolleres gibt als die Frau, befiehlt Allah, daß die Frau unter dem Schutz ihres Ehemannes steht, wegen ihres Wertes.
Gottloses Europa! Grausames Europa! Es leugnet diese Wahrheit und wirft die Frauen auf die Straße wie eine billige Ware. Und alle Straßen verwandeln sich in einen Marktplatz, wo die Ehre der Frauen mit Füßen getreten wird. Schamloses Europa!...
Islam und Europa sind nicht zu vergleichen. In Europa erwartet man von einer Frau nicht, daß sie ein Kind kriegt und Nachwuchs bekommt. Außerdem sind ihr Verhalten und ihr Aufbau ganz anders. Das hat mit uns nichts zu tun. Bei denen ist die Frau mit ihrer Begierde ein Vergnügungsmittel. Da sie ein Mittel des Vergnügens ist, heiratet die Frau in Europa meistens nicht. Wenn sie heiratet, darf sie nicht in Discos, in Restaurants, in Lokale gehen. Sie heiratet nicht, weil sie viel Vergnügen sucht und frei sein will..."

Aus: E. Kubat: Cassetten von islamischen Freitagspredigten aus der Türkei in deutschen Schulen. In: H.-J. Brandt / C.-P. Haase (Hrsg.): Begegnung mit Türken – Begegnung mit dem Islam, a.a.O., Teil 11.1.

Um die islamische Bevölkerung, die sich heute in die mitteleuropäische Gesellschaft hineinzufinden hat, und ihre besondere Situation zu verstehen, ist die Kenntnis dieses Hintergrundes wichtig. Zweierlei wird daran deutlich:

- Die erste Erkenntnis bezieht sich darauf, daß der Prozeß der Verwestlichung in den islamischen Ländern im wesentlichen auf die städtischen Mittel- und Oberschichten beschränkt blieb, während die Massen der ärmeren Landbevölkerung in den Dörfern von dieser Entwicklung ausgeschlossen waren und weiterhin in den Normen und Strukturen der traditionellen islamischen Gesellschaft lebten. Das gilt verstärkt für die Türkei, da dort seit je der Abstand zwischen der alten städtischen Tradition und der ländlichen, aus den Turkstämmen hervorgegangenen Bevölkerung besonders groß war. Die meisten der in den letzten Jahren aus der Türkei, aus Nordafrika und anderen Regionen zugewanderten muslimischen Arbeiterfamilien stammen aber aus diesen traditionsgebundenen ländlichen Bevölkerungsschichten. Sie hatten, bevor sie in die Randzonen der Großstädte und von dort nach Mitteleuropa zogen, wenig Kontakt mit der europäischen Zivilisation gehabt.

Es ist also ein volkstümlicher, unintellektueller Islam, der mit den meisten der muslimischen Familien nach Deutschland kam. Er drückt sich in alltäglichen Verhaltensweisen, sozialen Ordnungen und konkreten Lebensregeln aus, in denen Religion, Kultur und soziales Milieu oft ununterscheidbar ineinanderfließen. Seine Frömmigkeit ist an den volkstümlichen Überlieferungen orientiert. Feste und alltägliche Riten, aber auch Dämonenängste und Tabuvorstellungen spielen darin eine Rolle. Für den türkischen Islam sind darüber hinaus folgende Momente zu beachten:

- Der Islam befindet sich hier seit Jahrzehnten in einer verlustreichen Auseinandersetzung mit den Säkularisierungstendenzen der kemalistischen Regierungspolitik, in der er viel an Offenheit und geistiger Kraft eingebüßt hat. Was bleibt, sind Traditionalismus und die Abwehr aller aufklärerisch-emanzipatorischen und „linken" Kräfte.
- Der türkische Islam ist seit je ein Spätling; er ist erst nach der klassischen arabisch-persischen Zeit in die islamische Welt eingetreten und mit vielen Relikten aus der vorislamischen Zeit des Schamanismus belastet.
- Der türkische Volksislam wird besonders stark aus den Quellen der islamischen Mystik und der sie pflegenden Bruderschaften gespeist. Diese bildeten von jeher eine Gegenkraft gegen alle staatlich reglementierte Religion.

• Die zweite Erkenntnis aus der allgemeinen Entwicklung in der islamischen Welt betrifft die Bedeutung der gegenwärtigen Re-Islamisierung und des Fundamentalismus für die islamische Bevölkerung in Deutschland. Sie ist widersprüchlich:

- Einerseits haben die Muslime ein neues Selbstbewußtsein gewonnen, seitdem der Islam in der Welt wieder zu einem ernsthaften politischen Faktor geworden ist. Auch Muslime, die den fundamentalistischen Islam entschieden ablehnen, treten ihren christlichen und „westlichen" Partnern mit einem Gefühl von Eigenwert, oft sogar Überlegenheit, gegenüber. In der Situation einer kulturell und religiös verunsicherten Minderheit hat ein solches Selbstbewußtsein eine wichtige Funktion.
- Andererseits üben die fundamentalistischen Gruppen vielfach Druck auf die muslimischen Familien aus. Der ideologisierte und politisch orientierte Islam der Fundamentalisten ist weit entfernt von dem volkstümlichen, traditionsgebundenen Islam türkischer Sippen und Dorfgemeinschaften, der in der Bundesrepublik weiterlebt. Da es diesem jedoch an Organisationskraft und einer eigenen Führungsschicht fehlt und die fundamentalistischen Gruppen die religiösen Bedürfnisse der türkischen Bevölkerung aufgreifen, haben sie Einfluß gewonnen und nützen ihn energisch aus. Viele einfache Muslime werden dadurch in eine ideologische Richtung gedrängt, die ihnen ursprünglich ganz fremd war.

Zwischen Assimilierung und Segregation

„Das Ruhrgebiet hat im Laufe der letzten 100 Jahre ein halbes Dutzend Einwandererwellen fast spurlos geschluckt. Aber die Integration der Türken ist seit 15 Jahren keinen Schritt von der Stelle gekommen."[6]

Dieses Zitat ist aus einem doppelten Grund interessant:

• Erstens spricht es mit ungeschminkter Deutlichkeit aus, was wohl die Mehrheit der deutschen Bevölkerung meint, wenn von „Integration" die Rede ist: Daß die islamisch-türkischen Einwanderer die besonderen Merkmale ihrer Herkunft ablegen und „fast spurlos" in der deutschen Gesellschaft aufgehen sollen.

• Zweitens steht es in einem Bericht über die zunehmende Islamisierung der türkischen Bevölkerung im Gebiet von Rhein und Ruhr. Die Resistenz der Türken gegen eine „Integration" wird also auf ihre islamische Prägung zurückgeführt.

▷ *Was ist von solchen Beobachtungen und Erwartungen zu halten?* ◁

In den letzten Jahren ist eine intensive Diskussion über unterschiedliche Erfahrungen und Möglichkeiten der Eingliederung von Ausländern in die Gesellschaft der Bundesrepublik geführt worden. Ausländer, die aus einem anderen kulturellen und gesellschaftlichen Zusammenhang in die deutsche Industriewelt kommen, haben zunächst einen heftigen Bruch, einen „Kulturschock", zu verkraften. Bisherige Verhaltensweisen, Lebensbezüge und Wertmaßstäbe „funktionieren" in der neuen Umwelt nicht mehr. Allmählich ebbt dieser Kulturschock ab und ein langsamer Prozeß der Akklimatisierung setzt ein, der jedoch ganz unterschiedlich verlaufen kann. Dabei spielen vielerlei Motive eine Rolle: biographische Faktoren, Zukunftspläne, menschliche Beziehungen, heimatliche Prägungen, ökonomische und politische Tendenzen usw.

Die beiden extremen Entwicklungsmöglichkeiten – zwischen denen es zahlreiche Zwischenstufen gibt – werden als „Assimilation" und „Segregation", Angleichung und Abkapselung, bezeichnet:

• Die muslimischen Zuwanderer haben in aller Regel eine besonders weite kulturelle Distanz zu überwinden und müssen sich zudem in einer christlichen, jedenfalls nichtislamischen Umwelt zurechtfinden. Eine rasche und problemlose *Assimilation,* wie sie das obige Zitat mit dem Begriff „Integration" im Blick hat, ist unwahrscheinlich. Das gilt auch für Türken oder Araber, die schon in ihrer Heimat säkularisiert waren und für die der Islam nur noch eine Sache der kulturellen oder nationalen Identität, nicht aber persönlicher religiöser Praxis ist.
Gleichwohl gibt es eine große Gruppe unter den Ausländern islamischer Herkunft, die sich dem Denken und Verhalten ihrer Umwelt mehr oder weniger angeglichen hat. Das kann pragmatisch unter dem Motto geschehen: „Wenn wir in der Bundesrepublik Erfolg haben wollen, müssen wir uns den hier geltenden Spielregeln anpassen." Diese Spielregeln bringen ja auch durchaus persönliche Vorteile und Annehmlichkeiten mit sich: das individualistische Verständnis von Glück und Lebenserfüllung, die Freizügigkeit im Umgang der Geschlechter usw. Die Angleichung kann jedoch auch sehr bewußt unter ideologischen oder sozialen Vorzeichen geschehen. Eine große, in sich freilich sehr differenzierte Gruppe von Ausländern aus islamischen Ländern ist politisch und ideologisch „links" orientiert: Gewerkschafter, Studenten, Intellektuelle. Sie suchen bewußt eine weitgehende Angleichung an die Umwelt, halten dabei aber häufig die Verbindung zur kulturellen und politischen Szene ihres Herkunftslandes aufrecht. Türkische, persische, arabische Frauen haben sich in der Gesellschaft der Bundesrepublik konsequent emanzipiert – und Emanzipation bedeutet für sie fast unausweichlich den Abschied von einem patriarchalisch fixierten Islam. In aller Regel ist Assimilation nicht nur ein sozialer und kultureller Angleichungsprozeß, sondern auch mit dem Verlust der islamisch-religiösen Bindung verknüpft.

• Die andere Entwicklungstendenz ist gegenläufig. Neue Mauern gegen die europäische Zivilisation, der man sich jetzt so bedrohlich ausgeliefert sieht, werden aufgebaut. So war besonders die zweite Hälfte der siebziger Jahre dadurch gekennzeichnet, daß sich die türkische Wohnbevölkerung Zug um Zug zusammenfand. Familien wurden aus der Türkei nachgeholt. Man suchte Wohnungen im gleichen Stadtviertel. Um die allerorts neu entstandenen islamischen Zentren, Gebetsräume und Moscheen bildeten sich Vereine zur Pflege der traditionellen Identität. Dem äußeren Zusammenrücken entsprach eine innere Konzentrations-

6 *Der Spiegel,* Nr. 15/1983, S. 87.

bewegung. Der Islam in seiner strengen überkommenen Gestalt spielte eine immer bewußtere Rolle. Die aus der Heimat mitgebrachten Lebensformen wurden betont als „islamisch" herausgestellt und gleichsam als Markenzeichen der eigenen Andersartigkeit festgehalten. Das Kopftuch der Mädchen und Frauen ist nur ein besonders augenfälliges Beispiel für diese Haltung.

Abb. 1: Hodscha beim Korankurs

Quelle: foto-present. Agentur für internationale Bilddokumentation, Essen. C 7060/16.

Wo solche Tendenz beherrschend wird, führt sie zur *Segregation* und zur wachsenden gesellschaftlich-kulturellen Isolierung. Zweifellos hat sich diese Tendenz unter der türkischen Bevölkerung Deutschlands in den letzten Jahren verstärkt. In den Ballungsgebieten ist eine deutlich abgegrenzte türkisch-islamische Subkultur entstanden. Das historische und gesellschaftliche Modell dafür findet man, wenn auch eher unbewußt, in der eigenen Vergangenheit: in den *millets* des Osmanischen Reichs. Es wäre jedoch voreilig, heute von „Türkenghettos" zu reden und der islamischen, besonders der türkischen Bevölkerung vorzuhalten, sie sei nicht fähig oder nicht willens, sich in die offene Gesellschaft der Bundesrepublik zu integrieren. Dieses Urteil ist in mehrfacher Hinsicht kurzschlüssig. Es nimmt nicht zur Kenntnis, daß den Rückzugstendenzen der islamischen Bevölkerung eine ebenso deutliche, oft aggressive, manchmal sogar rassistische Abgrenzung von seiten der deutschen Bevölkerung entspricht. Es übergeht außerdem die historische Erfahrung, daß in aller Regel solche Prozesse der Zuwanderung und Eingliederung Jahrzehnte dauern und erst in der dritten oder vierten Generation abgeschlossen sind. Es ist also viel zu früh, heute bereits über die Integrationsfähigkeit des Islam zu urteilen. Und schließlich ist die gegenwärtig zu beobachtende Überbetonung des eigenen Profils ein notwendiger Schritt der Selbstbehauptung und der Sicherung einer eigenen Identität. Dies letztere kennzeichnet in besonderer Weise den gegenwärtigen Status islamischer Existenz in der europäischen Fremde *(Diaspora)* und soll deshalb weiter erläutert werden.

Sicherung der islamischen Identität durch Profilierung

In der Arbeitswelt müssen die muslimischen Männer und Frauen eine hohe Anpassungsleistung erbringen. In der sozialen Schichtung nehmen sie zumeist die unteren Ränge ein und sind, schon bei der Wohnungssuche, vielfachen Diskriminierungen ausgesetzt. Die hochorganisierte und zugleich anonyme, moralisch und sozial offene Industriegesellschaft bedeutet eine tägliche Herausforderung, ist Verlockung und Bedrohung zugleich. In dieser Lage werden der Rückgriff auf vertraute Wert- und Verhaltensmuster und auch die deutliche Abgrenzung gegenüber der Umwelt zum stabilisierenden Ausgleich. Eben das leistet die Rückbindung an den Islam. Er wird zur Garantie eigener Identität angesichts des drohenden Selbstverlusts.

Das bedeutet freilich zugleich, daß ein Islam, der diese Bedürfnisse erfüllen soll, eher starr als beweglich, eher eng als liberal, eher formalistisch als spirituell sein muß. Muslime in der Diaspora sind zunächst mit ganz konkreten und praktischen Fragen beschäftigt: Können wir im Arbeitsrhythmus der Industrieproduktion die Zeiten für das tägliche Pflichtgebet einhalten? Wie kommen wir mit den islamischen Speisevorschriften zurecht? Was tun wir, wenn unsere Kinder die überkommene Familienordnung nicht mehr anerkennen und uns den Gehorsam verweigern? Wie sollen sich unsere Frauen kleiden? Darf unsere Tochter am Sport in der Schule teilnehmen? Es sind diese Bedürfnisse und Fragestellungen, die die islamischen Minderheiten für die Einflüsse des Fundamentalismus anfällig machen. Denn dieser trägt ähnliche Züge einer gesetzlich-formalistischen, auf Abgrenzung bedachten Haltung.

Das Selbstverständnis des Diaspora-Islam läßt sich an vielen Beispielen illustrieren. Eines davon sind die islamischen Speisevorschriften. Der Koran verbietet den Muslimen, Alkohol zu trinken und Schweinefleisch zu essen. Im Heimatland war das vermutlich nie ein Problem; denn die türkische oder pakistanische Küche nimmt selbstverständlich auf diese religiösen Vorschriften Rücksicht. Fleisch und andere Lebensmittel sind rituell in Ordnung, besondere Anstrengungen deshalb gar nicht nötig. In Deutschland versuchen viele Muslime nun mit einer fast übertriebenen Vorsicht, alle Speisen zu vermeiden, die rituell nicht korrekt sein könnten. Zu Hause können sie sich noch einigermaßen einrichten, da es inzwischen in den größeren Städten entsprechende Einkaufsmöglichkeiten gibt. Aber bei Einladungen, in Gasthäusern, im Krankenhaus und in der Kantine stehen sie vor fast unüberwindlichen Schwierigkeiten und lehnen lieber alles ab, was beispielsweise Schweinefleisch oder Schweinefett enthalten könnte.

Bei alledem ist jedoch noch einmal darauf hinzuweisen, daß die islamische Bevölkerung in der Bundesrepublik Deutschland größtenteils aus ländlichen Regionen und sozial schwachen Schichten stammt. Es fehlen ihr die bildungsmäßigen Voraussetzungen, um ihre religiöse Situation richtig einzuschätzen. Es fehlt aber auch eine Führungsschicht, die diese Aufgabe übernehmen könnte; denn die Intellektuellen sind meistens so weit säkularisiert, daß sie für die religiös gebundenen Muslime nicht mehr akzeptabel sind. Die aus der Türkei gekommenen Hodschas sind der Herausforderung auch nicht gewachsen. Sie kennen die hiesigen Lebensbedingungen und ihre geistigen Hintergründe zu wenig und begnügen sich im allgemeinen mit der Wiedergabe eines traditionellen religiösen Pensums. Den Nutzen haben die Vertreter der Re-Islamisierung, die mit einem klaren Programm und einem massiven Führungsanspruch auftreten. Ihr Ziel ist jedoch nicht eine offenere Entwicklung des Islam in Europa, sondern seine Festlegung auf eine maximal ausgelegte islamische Rechtsordnung.

Auf dem Weg zu einem „europäischen Islam"?

Dennoch gibt es Tendenzen, die auf die langsame Entwicklung eines neuen Selbstverständnisses unter den Muslimen in Mittel- und Westeuropa hindeuten. Es kann sich dabei nicht um einen „neuen Islam" handeln, sondern nur um eine Form islamischer Existenz, die sich der zentralen Inhalte ihrer Religion neu vergewissert hat und sie im Rahmen der europäischen Kultur und Gesellschaft verwirklicht.

Die meisten hier lebenden Muslime sind sich darüber klar, daß sie unter den Arbeits- und Lebensbedingungen der heutigen Industriewelt ihre religiöse Praxis verändern müssen. Aber sie sind unsicher in der Unterscheidung zwischen den unverzichtbaren Kernstücken ihrer Religion und dem, was an religiösem und kulturellem Beiwerk im Lauf der Zeit hinzutrat und also auch verändert oder wieder aufgegeben werden kann. Dieser Klärungsprozeß müßte stattfinden, und es sind die islamischen Theologen, die dazu berufen und herausgefordert sind. Freilich ist schon die Unterscheidung zwischen einem wesentlichen religiösen Kern und sekundären Elementen, die kulturell und historisch bedingt wären, in der innerislamischen Diskussion umstritten. Denn sie setzt eine kritische Prüfung und Sichtung der Tradition voraus. Nach gängiger islamischer Auffassung ist aber zumindest die auf Koran und *sunna* fußende *scharia* einer kritischen Wertung nicht zugänglich, da sie die Autorität göttlicher Offenbarung und ihrer authentischen Auslegung besitze. Vor allem der fundamentalistische Flügel lehnt jede kritische Rückfrage an die Quellen der *scharia* radikal ab. Sie sind bis zum letzten Buchstaben gottgesetzte Norm, an der es nichts zu fragen und zu rütteln gibt.

Der in Wien lebende muslimische Wissenschaftler Smail BALIĆ hat sich weit in diese Fragestellung vorgearbeitet. Nach seiner Überzeugung ist bereits im klassischen Bestand der *scharia* der eigentliche Kern des religiösen Rechts, der Koran und die authentische *sunna,* in weitem Umfang überwuchert von den Bestimmungen der nachträglichen Rechtsfindung, vom orientalischen Gewohnheitsrecht und zeitbedingten Regeln. BALIĆ folgert:

„Will sich der Islam in der modernen Gesellschaft für alle Zukunft einen festen Platz bewahren, so genügt es nicht allein, die Forderung der *salafiyya* [Re-Islamisierung] nach der Rückkehr zu den Quellen zu verwirklichen. Diese Quellen müssen auch *kritisch* benützt werden. Ein historisch-kritisches Qur'an-Verständnis stellt sich als unumgängliches Erfordernis ein."

BALIĆ nennt auch den inneren Maßstab, der nach seinem Verständnis dem Geist des Korans entspricht und bei einer Neuinterpretation kritisch zum Zuge kommen muß:

„Nur das wirklich Große und Humane im islamischen Rechtserbe darf den Kern der Shari'a bilden [...] Diese Essenz ist es, die vor allem den muslimischen Minderheiten und den kommenden Geschlechtern einer hochzivilisierten islamischen Welt das Überleben in Treue zur eigenen religiösen Identität ermöglichen kann."[7]

Der Rückgriff auf die Humanität als inneres Prinzip der islamischen Tradition klingt idealistisch und blaß, ist aber deutlich in der Absicht einer perspektivischen Annäherung zwischen dem authentischen islamischen Erbe und der europäischen Kulturtradition gedacht.

Es sind bisher Einzelgänger, die so denken, und man darf sich über ihre Wirksamkeit keine Illusionen machen. Aber sie geben Impulse und öffnen Perspektiven. Sie machen deutlich: Sollen die islamischen Gruppen, die in Deutschland und anderen europäischen Ländern leben, zu einer Neuinterpretation ihres Selbstverständnisses

Abb. 2: Bilal-Moschee in Aachen

Quelle: foto-present. Agentur für internationale Bilddokumentation, Essen. G 3579/35A.

finden, dann kann das nicht allein Aufgabe des Islam sein, sondern nur in einem offenen Dialog zwischen Muslimen, Christen und den Vertretern des säkularen europäischen Geistes geleistet werden. Jenes „fast spurlose" Aufgehen der islamischen Bevölkerung in der europäischen Gesellschaft kann jedenfalls nicht das Ziel sein. Gemeint ist vielmehr ein Islam, der einen eigenständigen Beitrag zur religiösen und kulturellen Welt Europas leistet – und der das kann, weil er sich dieser Welt zugehörig weiß. Doch davon sind wir heute weit entfernt.

(2) Auf welche Schwierigkeiten stoßen Muslime, die in der Bundesrepublik ihre gewohnte Frömmigkeitspraxis (Gebet, Fasten, Speisevorschriften usw.) beibehalten wollen?

....

....

....

....

....

....

....

....

....

....

7 S. BALIĆ in: *Islam und der Westen,* Wien, Nr. 1/1981.

Zusammenleben in einer Gesellschaft – Integration als Aufgabe

Die Überlegungen im vorigen Kapitel haben gezeigt: Integration kann nicht bedeuten, daß die islamischen Bevölkerungsgruppen einfach in der deutschen Gesellschaft aufgehen. Integration ist ein Prozeß wechselseitiger Begegnung und gemeinsamer Veränderung. Ob er gelingt, entscheidet sich vor allem am Verhältnis von Mehrheit und Minderheit. Erwartet die deutsche Mehrheit, daß die islamische Minderheit die vorherrschende Kultur voll übernimmt? Oder toleriert sie die religiös-kulturelle Besonderheit der islamischen Minderheit, empfindet diese vielleicht sogar als Bereicherung und Herausforderung? Ist sie zu einem sozialen Ausgleich bereit, der die gesellschaftliche Schichtung durchlässig macht und den Angehörigen der Minderheit Aufstiegsmöglichkeiten und gleiche gesellschaftliche Chancen öffnet?

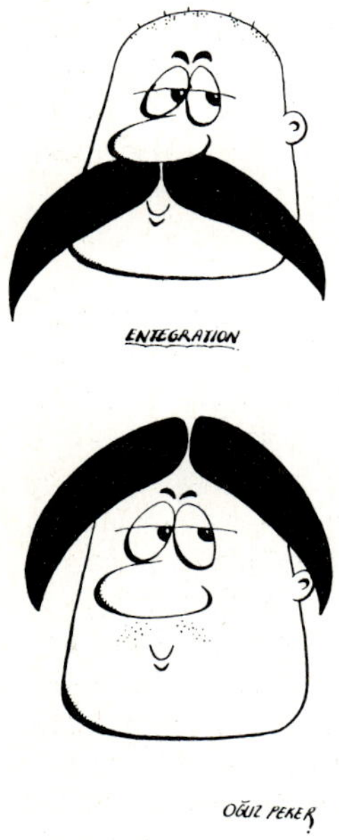

Ein Berliner Initiativkreis türkischer Arbeits-Immigranten veröffentlichte im Mai 1981 eine Broschüre zum Thema „Gleichberechtigung/Integration". Darin heißt es:

„Integration darf nicht verstanden werden als eine eindimensionale Anpassung der Ausländer an die deutsche Gesellschaft und an das deutsche Lebensmuster. Sie ist vielmehr ein wechselseitiger Prozeß, eine gegenseitige Annäherung und Akzeptierung der kulturellen Vielfalt. Sie setzt eine gegenseitige Bereitschaft der deutschen und der ausländischen Bevölkerung zum Zusammenleben voraus. Die allererste Grundvoraussetzung einer Integrationspolitik ist allerdings die rechtliche und politische Gleichstellung der Ausländer und Schaffung gleicher Chancen und Bedingungen im sozialen Bereich für sie. Nicht gleichberechtigte Menschen können nicht in einer Gesellschaft harmonisch, friedlich und partizipierend nebeneinander und miteinander leben."[8]

Textbeispiel 2: Sema, eine junge Türkin, zum Thema „Zusammenleben"

„Mit Sicherheit sollten die Deutschen toleranter werden. Aber es liegt schon in der Natur der Deutschen, daß sie es nicht sind. Zum Beispiel wird eine Inderin in einem Sari, was wirklich sehr fremd aussieht, viel eher akzeptiert als eine Türkin, die in Hose und Kleid und Kopftuch herumläuft. Bei der Inderin wird es als alte Tradition akzeptiert, aber bei der Türkin kommt es eigentlich auch aus einer alten Tradition her. Das ist ihre Landkleidung oder so...
Ich finde, die Deutschen müßten als westliche aufgeklärte Nation eher auf ihre Gastarbeiter zugehen. Denn von den Gastarbeitern, die hier nach Deutschland kommen, kann man diese Aufgeklärtheit nicht erwarten...
Die Türken müßten sich von ihrem Fanatismus lösen. Sie sind mir zu patriotisch geprägt, sie sind nicht offen genug... Die Türken müßten einfach weicher werden. Sie sollten nicht aus Angst, weil sie jetzt in der Fremde sind, sich total abkapseln, sondern auch versuchen, einen Schritt wenigstens auf die Deutschen zuzugehen und sie auch nicht als die bösen, die bösen Freien, die ihnen die Kinder wegnehmen, und einfach als etwas Schlimmes sehen..."

Aus einem unveröffentlichten Interview der türkischen Journalistin Aysim Atsiz-Alpman, Westdeutscher Rundfunk Köln.

8 Initiativkreis Gleichberechtigung/Integration (IGI). Stellungnahme der Ausländer zur Ausländerpolitik. Zitiert nach: H.-J. Brandt / C.-P. Haase (Hrsg.): Begegnung mit Türken – Begegnung mit dem Islam, a.a.O., Teil 11.1.

Die Forderung einer vollen rechtlichen und politischen Gleichstellung ist unrealistisch, solange gleichzeitig an der Unterscheidung „Ausländer/Deutsche" festgehalten wird. Darin zeigen sich Grenzen der Integrationsmöglichkeiten, die nur in einer langfristigen und stufenweisen Verfestigung des rechtlichen Status der ausländischen Wohnbevölkerung überwunden werden können. Im übrigen fassen die türkischen Arbeiter in ihrem Text zusammen, was Fachleute und Betroffene als wichtigste Bedingungen und Ziele nennen, wenn das Zusammenleben gelingen soll.

Muslimische Kinder und Jugendliche

In der Bundesrepublik Deutschland leben heute etwa 700000 Kinder und Jugendliche aus muslimischen Familien im Alter bis zu 18 Jahren, rund 650000 davon türkischer Nationalität. Sie wachsen in zwei Welten auf und geraten dadurch oft in bedrängende Spannungen und Konflikte. Ihre Eltern gehören meistens zu jener ersten Generation muslimischer „Gastarbeiter", die als erwachsene Menschen mit dem ausgereiften, fertigen Weltbild ihres türkisch-islamischen Kulturkreises hierherkamen. Sie paßten sich zwar äußerlich den Zwängen der industriellen Arbeitswelt an, schufen sich aber im Wohn- und Familienbereich ein Milieu, das so weit wie möglich den heimischen Vorstellungen und Gepflogenheiten entsprach. Auch die Kinder, die von zu Hause nachgeholt oder in Deutschland geboren wurden, erfahren die erste Lebensphase in dieser Atmosphäre. Schon früh aber, spätestens mit dem Eintritt in deutsche Kindergärten und Schulen, lernen sie eine andere Welt kennen, in der eine andere Sprache und Lebensweise, andere Werte, andere Erziehungsmethoden herrschen. Zunächst unbewußt, mit wachsendem Alter häufig ganz bewußt, wandern sie täglich zwischen diesen beiden Welten hin und her und müssen sie in ihrer individuellen Sozialisation irgendwie ineinanderfügen. Viele entwickeln dabei eine beachtliche Lernfähigkeit und Belastbarkeit und können trotz aller Widersprüche eine stabile Persönlichkeit aufbauen. Viele aber verlieren die Orientierung, sind gleichsam in beiden Welten heimatlos oder zerbrechen an den Konflikten.
Man kann diese Erfahrungen nach entwicklungspsychologischen Erkenntnissen schematisieren, wobei das Alter der Kinder bei der Einreise eine entscheidende Rolle spielt. Kinder, die in Deutschland geboren sind oder als Kleinstkinder hierher kamen, wachsen bereits in eine Art Mischkultur hinein, in der sicher das türkisch-islamische Erbe vorherrscht, die aber in Sprache, Denkweise und Verhalten auch Elemente der deutschen Umwelt enthält. Sie führt zu den erwähnten Spannungen und Konflikten, trägt aber auch die Möglichkeiten einer bikulturellen Entwicklung und einer echten Integration in sich. Kinder und Jugendliche, die spät nach Deutschland einreisten und ihre entscheidende Prägung im Heimatland bekamen, haben zwar den Vorteil einer einheitlichen Sozialisation im frühkindlichen Alter, dafür aber erhebliche Anpassungsschwierigkeiten. Die deutsche Umwelt ist ihnen fremd, und sie werden sich auch noch als Ausländer fühlen, wenn sie längst erwachsen sind. Dazwischen gibt es all jene „Wanderer zwischen zwei Welten" – oft im buchstäblichen Sinn –, die nicht wissen, wo sie eigentlich hingehören und im Grunde sowohl in der Türkei als auch in Deutschland fremd bleiben.
Diese psychischen und sozialen Tatbestände sind deswegen entscheidend, weil die jetzt heranwachsende zweite und teilweise schon dritte Generation muslimischer Ausländer in absehbarer Zeit Träger der islamischen Religion und Kultur in der Bundesrepublik sein wird. Die Eltern werden vielfach im Alter wieder in die türkische Heimat zurückreisen, die Kinder und Jugendlichen neigen dazu, in Deutschland zu bleiben. Von ihnen also wird es abhängen, welches Gesicht der Islam hier in Zukunft tragen wird. Es wird auf jeden Fall ein anderes sein als das jetzige, wird Züge einer Mischkultur, vielleicht der um sich greifenden Säkularisierung tragen. Muslimische Eltern und Lehrer, aber auch deutsche Erzieher, Bildungseinrichtungen und Schulen stehen vor großen Aufgaben.

Mit Sorge erleben muslimische Eltern die Konflikte, in die ihre Kinder geraten. Doch stehen sie ihnen oft hilflos gegenüber, da sie die Spannung zwischen dem eigenen Herkommen und der neuen Umwelt selbst nicht bewältigt haben und ebenfalls erheblichen Rollenkonflikten ausgesetzt sind. In dieser Lage verfestigt sich eher der Druck konservativer Autoritätsstrukturen und Erziehungsmuster – etwa die Vorstellung, daß die Ehre der Familie an der Unberührtheit der Tochter hängt. Weil sie bei den deutschen Mädchen und Frauen ein freieres Verhalten erlebt und in der Schule zur Selbstbestimmung erzogen wird, muß sie unter um so strengerer Kontrolle durch den Vater und die Brüder gehalten werden, um dem traditionellen Bild der islamisch-türkischen Frau zu entsprechen und ihre Heiratschancen zu wahren.

Abb. 3: Mädchengruppe in einer Koranschule in Gelsenkirchen

Quelle: foto-present. Agentur für internationale Bilddokumentation, Essen. C 7059/18A.

Solche Tendenzen werden verstärkt durch die Korankurse, die eine wichtige Rolle in der islamischen Subkultur spielen. In den Zentren der türkischen Bevölkerung, also etwa in Berlin und den Städten des Ruhrgebiets, besuchen schätzungsweise 20% der muslimischen Kinder einen Korankurs. Einzelne Organisationen, wie der traditionalistische „Verband Islamischer Kulturzentren" in Köln, haben ihre Aktivitäten ganz um die Korankurse gruppiert. Nachmittags und am Wochenende kommen die Kinder in die Moschee, wo sie, Jungen und Mädchen streng getrennt, den Koran in der arabischen Ursprache kennenlernen und die wichtigsten Suren auswendig lernen – freilich häufig, ohne ihren Inhalt wirklich zu verstehen. Darüber hinaus bietet der Kurs eine Einführung in die islamische Frömmigkeitspraxis, besonders das rituelle Gebet, und in die allgemeinen religiösen und moralischen Grundsätze des Islam.

Koranunterricht ist eine in der ganzen islamischen Welt bekannte Einrichtung. Alles hängt davon ab, in welchem Geist und mit welcher erzieherischen Zielsetzung der Unterricht erteilt wird. In der türkisch-islamischen Szene der Bundesrepublik tendiert er meistens zum gesetzlichen Formalismus und zur Segregation und verschärft dadurch für die heranwachsende Generation den Konflikt zwischen der Gesellschaft, in der sie später leben soll, und ihrer islamischen Identität. In der jetzigen Form ist der Koranunterricht also kein geeignetes Instrument der Integration, doch gibt es auch Ansätze für offenere Konzeptionen.

Um so wichtiger sind die Bemühungen in den öffentlichen Bildungseinrichtungen und Schulen, sich auf die muslimischen Kinder und Jugendlichen einzustellen und ihnen den Weg in die Gesellschaft und Arbeitswelt zu erleichtern. Dafür sind in einzelnen Bundesländern unterschiedliche Modelle entwickelt worden, die aber alle mit den Schwierigkeiten der ungleichen biographischen und schulischen Voraussetzungen der ausländischen Schüler zu kämpfen haben. Ein besonders kritischer Punkt sind die geringen Möglichkeiten qualifizierter Berufsausbildung. Da ein hoher Prozentsatz türkischer Jugendlicher keinen Hauptschulabschluß erhält, haben sie angesichts der angespannten Lage auf dem Arbeitsmarkt nur wenig Aussicht auf einen Ausbildungsplatz. Die Arbeitslosigkeit ist dementsprechend unter türkischen Jugendlichen erheblich höher als bei ihren deutschen Altersgenossen.

Seit langem fordern islamische Vertreter die Einrichtung eines islamischen Religionsunterrichts als ordentliches Lehrfach an den öffentlichen Schulen. Für die religiöse Erziehung der muslimischen Kinder wäre das zweifellos ein großer Gewinn. Ein nach den Grundsätzen des deutschen Schulwesens qualifizierter islamischer Religionsunterricht könnte die Chance bieten, die hier heranwachsende muslimische Generation zum offenen Dialog mit ihrer Umwelt und mit den Fragen der Zeit zu befähigen, und damit ein von gegenseitigem Verständnis getragenes Zusammenleben fördern. Doch stehen der Einrichtung eines islamischen Religionsunterrichts große Schwierigkeiten entgegen. Vor allem fehlt bisher auf islamischer Seite eine repräsentative Vertretung, die als Partner des Staates im Sinne der Bestimmungen des Grundgesetzes Träger dieses Unterrichts sein könnte. Grundsätzliche Bedenken kommen hinzu. Auch muslimische Stimmen aus der konservativen Ecke fragen, ob ein islamischer Religionsunterricht an der öffentlichen Schule, der dem Religionsverständnis des Grundgesetzes entsprechen müßte, mit dem ganzheitlichen Selbstverständnis des Islam vereinbar ist. Aus diesen Gründen ist es zwar, vor allem in Nordrhein-Westfalen, zu manchen Planungen und Modellversuchen, aber bisher noch nicht zur regulären Einführung eines islamischen Religionsunterrichts gekommen.

Elternhaus und Bildungseinrichtungen allein sind damit überfordert, der heranwachsenden Generation junger Muslime Orientierung und Zukunftsperspektiven zu vermitteln. Ihre Integration kann nur gelingen, wenn alle gesellschaftlichen Kräfte zusammenwirken.

Islam in der Demokratie

Die Herausforderungen einer wechselseitig verstandenen Integration werden im Bereich der Gesellung und Gemeinschaftsbildung besonders sichtbar. Eine nennenswerte Durchlässigkeit oder gegenseitige Beteiligung in kulturellen Vereinen, Freizeitangeboten oder Sportvereinen hat es bisher kaum gegeben. Gerade auf dem Felde der Kulturpflege und Freizeitbeschäftigung zeigt sich, wie fremd die deutsche Mehrheit und die islamisch-türkische Minderheit einander bis heute geblieben sind. Eine Ausnahme bilden die eigens zum Zweck der Begegnung und gegenseitigen Annäherung gegründeten deutsch-türkischen Gruppen und andere bikulturelle Initiativen, die sich inzwischen in wachsender Zahl bilden.

Im Bereich der sozialpolitischen Gruppenbildung und Interessenvertretung ist die Lage etwas anders. Die Türken stellen zahlreiche Betriebsräte und sind im Deutschen Gewerkschaftsbund gewerkschaftlich organisiert. Dagegen sind, von

Ausnahmen abgesehen, die im engeren Sinne politischen Gruppierungen in der islamischen Bevölkerung ganz an der politischen Situation des Heimatlandes orientiert und vielfach die ausländischen Ableger der heimischen Parteien. Das gilt für türkische, iranische und arabische Gruppen gleichermaßen und bringt ein Element ständiger Unruhe, Desintegration und potentieller Konflikte mit sich, die häufig auch offen ausbrechen. Die politische Dimension, die dem Islam eigen ist, kommt darin zum Ausdruck, daß sich bei solchen Auseinandersetzungen religiöse und politische Motive oft kaum voneinander trennen lassen. Die übliche Unterscheidung, die religiösen Gruppierungen seien „rechts" und die säkularistischen „links" orientiert, stimmt freilich nur teilweise.

Textbeispiel 3: Türkisch-islamische Gruppierungen in der Bundesrepublik Deutschland

Nach den Ergebnissen einer im Juni 1980 im ZDF veröffentlichten Erhebung ist rund ein Fünftel der in der Bundesrepublik lebenden Türken in religiösen Vereinen oder Verbänden organisiert. Diese Zahl scheint allerdings eher zu hoch gegriffen. Der Verfassungsschutzbericht 1981 gibt die Gesamtzahl der Mitglieder politisch extremer Gruppierungen mit rund 55000 an. Davon ist mehr als die Hälfte dem linken und linksextremen Lager zuzurechnen, etwas weniger als die Hälfte gehört dem rechtskonservativen und rechtsextremen Lager an.

- *Verband Islamischer Kulturzentren e. V.:* Der Verband mit Sitz in Köln wird von der Ordensbewegung der Süleymanli getragen und vertritt einen traditionalistischen und streng anti-laizistischen Islam. In der Türkei ist die Bewegung illegal. Sie konzentrierte ihre Aktivitäten auf Deutschland, wo sie zeitweise über 200 Gemeinden umfaßte.

- *Milli Görus Teskilati:* Die Organisation „Nationale Sicht" wurde von Mitgliedern der nationalistisch-religiösen, seit dem Militärputsch in der Türkei verbotenen „Nationalen Heilspartei" (MSP) gegründet. Sie umfaßte, auch unter anderen Namen wie „Türkische Union Europas" und „Islamisches Zentrum", 1981 nach eigenen Angaben 126 Vereine und Gemeinden. Ihr Islamkonzept ist fundamentalistisch und verneint, auf lange Sicht als Muslim in einem nicht nach den Grundsätzen des Korans regierten Staat leben zu können.

- *Föderation Islamischer Vereinigungen und Gemeinden in Westberlin:* Eine Sammelbewegung in Berlin, die nach eigenen Angaben Anfang 1983 für 26 unterschiedliche – nicht nur türkische – Vereinigungen meist konservativer Prägung spricht und die Einführung eines islamischen Religionsunterrichts anstrebt.

Anfang des Jahres 1983 wurde eine deutliche Konzentrationsbewegung im konservativ-fundamentalistischen Lager sichtbar. Sie ist auch als Reaktion auf die Bestrebungen der Behörde für Religiöse Angelegenheiten der Türkei (Diyanet) zu verstehen, ein regierungskonformes und „liberales" Gegengewicht zu schaffen und mit eigenen Imamen Gemeinden und Korankurse einzurichten. So stehen sich ein konservativ-fundamentalistischer Block und eine offenere Gruppierung gegenüber.

Quellen: P. KAPPERT: Türkische Organisationen in der Bundesrepublik Deutschland. In: H.-J. BRANDT / C.-P. HAASE: Begegnung mit Türken – Begegnung mit dem Islam, a.a.O., Teil 2.15.2; Verfassungsschutzbericht 1981; Gesellschaft für Sozialforschung und Sozialplanung (Hrsg.): Türkische Organisationen in der Bundesrepublik. Neunkirchen 1981.

Die fundamentalistisch orientierten Gruppierungen lehnen die Prinzipien westlicher Demokratie, besonders den weltanschaulich-religiösen Pluralismus und das Mehrparteiensystem, ab und treten für das Konzept eines „Islamischen Staates" ein. Es ist freilich außerordentlich schwierig abzuschätzen, wie stark der harte Kern ist, der dieses extreme Programm aktiv vertritt. Vielfach überlagern sich konservative Einstellungen und radikalere Positionen. Es steht jedoch außer Frage, daß die Unsicherheit und die Randexistenz, in der gerade türkische Muslime in der Bundesrepublik leben, einen günstigen Nährboden für solche extremen Tendenzen bieten. Für die staatliche Gemeinschaft der Bundesrepublik stellt sich damit die doppelte Frage, wo sie im Rahmen ihres eigenen Demokratieverständnisses die Toleranzgrenze für politisch-religiös radikale Kräfte ansetzen muß, und zugleich, welchen Anteil sie selbst am Erstarken solcher Kräfte hat.

Es ist oft behauptet worden, Islam und Demokratie seien unvereinbar, weil der Islam seinem Wesen nach auf exklusive und totale Herrschaft ausgerichtet sei. Daran ist soviel richtig, daß es für den Islam eine letzte Pluralität nicht geben kann; denn Gott ist einer, und sein Wille, an dem sich jede menschliche Gemeinschaft ausrichten soll, ist ebenfalls einer. Wo dies zur totalen politischen Ideologie umgemünzt wird wie im Fundamentalismus, muß es zum Konflikt mit dem demokratischen Staat kommen. Wo eine solche Überzeugung aber zur gestaltenden Kraft im Leben einer islamischen Gruppe wird, die innerhalb des Geltungsbereichs einer demokratischen Verfassung lebt, muß der Staat sie achten und schützen. In einer Stellungnahme zur Frage des rituellen Schlachtens sagte die Bundesregierung am 10. Dezember 1982:

„Nach der Rechtsauffassung des Bundesverfassungsgerichts gewährt die in Art. 4 Abs. 1 und 2 GG garantierte Glaubensfreiheit dem einzelnen einen von staatlichen Eingriffen freien Rechtsraum, in dem er sich die Lebensform zu geben vermag, die seiner Überzeugung entspricht."[9]

Damit ist die Toleranzgrenze angedeutet, die das demokratische Gemeinwesen einer religiösen Minderheit wie den Muslimen gewähren kann. Sie gibt den Möglichkeiten zur Integration einen großen Spielraum. Denn es ist nicht von vornherein festgelegt, wie weit der Rahmen für jenen „von staatlichen Eingriffen freien Rechtsraum" gesteckt ist. Es ist die gegenseitige Bereitschaft zum Zusammenleben, die darüber entscheidet.

(3) Umschreiben Sie die Ausdrücke „Assimilation", „Segregation" und „Integration".

....

....

....

....

....

....

....

....

....

....

Die christlichen Volkskirchen und die islamische Minderheit

Die oft leidvolle Geschichte, aber auch der Grundstock gleichartiger Gotteserfahrung und gemeinsamer Einsichten in die menschliche Wirklichkeit verbinden Muslime und Christen in vielfacher Weise. Die Offenbarungs- und Glaubenstradition der beiden Religionen eröffnet daher bei aller Unterschiedlichkeit nicht nur die Möglichkeit einer wechselseitigen Respektierung, sondern auch gemeinsamen Handelns angesichts der Herausforderungen des Prozesses der neuzeitlichen Säkularisierung.

9 Protokoll des Deutschen Bundestags. 9. Wahlperiode. 137. Sitzung, 10. Dezember 1982, S. 8503.

Die neue Situation

Islamische Bevölkerungsgruppen gehören heute zum gesellschaftlichen, kulturellen und religiösen Erscheinungsbild in der Bundesrepublik Deutschland. Damit stehen Christen und Kirchen vor einer neuen Situation, auf die sie in keiner Weise vorbereitet waren. Der Islam tauchte für sie bisher nur am Rande unter exotischen oder missionarischen Gesichtspunkten auf. Er war eine fremde Religion und ist es bis heute geblieben. Freilich wirken in dieser Fremdheit auch traumatische Erinnerungen der konfliktreichen Geschichte des Mittelmeerraumes nach, die bei Christen und Muslimen zu gegenseitigen Feindbildern und Berührungsängsten geronnen sind.

Jahrzehntelang gab es für die Christen in Deutschland und Europa ein einziges Gegenüber: den „nachchristlichen", säkularisierten Menschen. Die Auseinandersetzung zwischen Glauben und Säkularismus war das Grundthema in Theologie und Kirche. Mit den islamischen Minderheiten hat ein neuer Geprächspartner die Szene betreten: eine Religion, die nicht wie das europäische Christentum durch das Feuer der Aufklärung und säkularistischen Emanzipation gegangen ist, sondern in einem kaum noch für möglich gehaltenen ganzheitlichen Anspruch das Leben ihrer Gläubigen bestimmt. Diese Religion steht ihrerseits in einer besonderen Auseinandersetzung mit der westlichen Moderne. In der Bundesrepublik hat sie darüber hinaus mit einer doppelten Schwierigkeit zu kämpfen:

- Der Islam ist die Religion der Ausländer, also von vornherein mit der Problematik des Fremden gegenüber dem Einheimisch-Vertrauten belastet.

- Der Islam ist die Religion einer Minderheit, während die überwältigende Mehrheit der Bevölkerung mindestens formell Mitglieder der christlichen Kirchen sind, die damit erhebliche institutionelle und gesellschaftliche Vorteile haben.

Die Bedingungen, unter denen Christen und Muslime heute miteinander in Kontakt kommen, sind also sehr verschieden. Es ist die gleiche Welt, unter deren Möglichkeiten und Gefährdungen sie leben, aber die Kräfte sind ungleich. Eben diese Situation jedoch fordert beide heraus, Christen und Muslime, einander als Nachbarn zu begegnen und zu einem besseren Zusammenleben zu finden. Von der menschlichen und gesellschaftlich-politischen Seite dieser Aufgabe war bereits die Rede. Hier geht es nun um die eigentlich religiöse Dimension.

Christentum und Islam

Christentum und Islam stehen in einer besonderen inneren Beziehung zueinander, in der sich Nähe und Fremdheit spannungsvoll verbinden. Das sei wenigstens skizzenhaft erläutert, indem die Grunderfahrungen des islamischen und des christlichen Glaubens einander gegenübergestellt werden.[10]

„Allahu akbar"! („Gott ist größer!") – größer als alles, was es in der Welt geben oder was der Mensch sich vorstellen kann. Dieser Ruf hat seinen festen Platz im täglichen rituellen Gebet der Muslime. Er drückt einen Hauptgedanken der islamischen Glaubenserfahrung aus. Sie ist bestimmt von der Einzigkeit und Größe Gottes, die den Menschen überwältigt und zu Anbetung und Gehorsam führt. Gott allein die Ehre zu geben, davon lebt der Islam und darum kämpft er.

Dieser strenge Rahmen füllt sich für den gläubigen Muslim mit reichem Inhalt. In den Werken der Natur erkennt er die Herrlichkeit des Schöpfergottes. Doch Gott ging in seiner Güte noch weiter: er hat den Menschen sein Wort geoffenbart. Durch seine Propheten, in erster Linie durch Mohammed, hat er ihnen den rechten Weg zum Heil gewiesen, damit sie das Gute tun und das Böse meiden können. Denn es ist die Bestimmung und der höchste Ruhm des Menschen, ein treuer Diener des Herrn zu sein und seinen Willen zu erfüllen. So konzentriert sich für den Muslim der Glaube auf das Tun, auf die religiösen Pflichten und die richtige Lebenspraxis. Wer sich durch Gottes Gebote leiten läßt, kehrt zu seinem Herrn zurück, wenn am Ende der Tag des Gerichts kommen wird. Das alles weiß der Muslim aus dem Koran, der Gottes eigenes Wort ist und alles enthält, was über Gott und Mensch zu sagen ist. Auch dieses, daß allein der Koran die unverfälschte Wahrheit und deshalb die Gemeinde der Muslime die beste Gemeinschaft vor Gott ist. Denn Mohammed ist das „Siegel der Propheten" (vgl. STE 8). Darin liegt eine deutliche Abgrenzung gegenüber dem christlichen Glauben und dem Evangelium, das nach islamischem Verständnis zwar durch den Propheten Jesus gebracht, aber später von den Christen verfälscht worden ist und nur insoweit die Wahrheit enthält, als es mit Koran und Islam übereinstimmt.

Auch in der Mitte des christlichen Glaubens steht Gott. Auch die Erfahrung der Christen beginnt und endet mit der Anbetung des großen, einzigen Gottes. Anders als der Islam jedoch sieht der christliche Glaube seine Gotteserfahrung in einem Menschen konzentriert: Jesus Christus. Was ein Christ über Gott und sich selbst, den Menschen, sagen kann, ist in der Geschichte Jesu eingeschlossen: im Evangelium von seinem Predigen und Wirken, seiner Kreuzigung und Auferweckung. Der sonntägliche Gottesdienst und die großen Feste der Kirche leben aus der Vergegenwärtigung des Evangeliums von Jesus Christus. Es ist eine doppelte Erfahrung, die sich darin ausdrückt: In der Geschichte Jesu erschließt sich die Wirklichkeit Gottes. Mit dem Kind in der Krippe und dem Mann am Kreuz begegnet Gott selbst den Menschen. Und sie erfahren in der Art, wie Jesus mit ihnen umgeht, daß Gott in Liebe für seine Geschöpfe da ist. Gottes Herrschaft ist die Herrschaft der Liebe. Damit ist zugleich die zweite Erfahrung gegeben: In der Zuwendung Jesu erkennen die Menschen nicht nur Gottes Liebe, sondern ihre eigene Bedürftigkeit. Nur in der Doppelheit, die dieser Erfahrung entspricht, kann im Christentum vom Menschen geredet werden: Er ist von Gott geliebt und darum ein geheilter, guter Mensch – und er ist ein „Sünder", der die Gebrochenheit seines Wesens nicht selbst überwinden kann.

Von dieser Mitte aus öffnet sich die christliche Glaubenserfahrung. Aus der Überlieferung Israels hat der christliche Glaube, wie der Islam, das Bekenntnis zur Schöpferallmacht Gottes übernommen. Gottes Geist erleuchtet die Menschen zur Wahrheit und erneuert das durch Sünde und Tod gebrochene Leben. Sein Wirken in der Welt ist ein Vorgriff auf jene geheilte Schöpfung, die der Glaube am Ende der Zeiten erwartet.

Vergleicht man diese Grunderfahrungen, so fällt das Ineinander von Gemeinsamkeiten und Unterschieden ins Auge. Man kann die gemeinsamen und unterscheidenden Elemente im Christentum und Islam nicht säuberlich auseinandertrennen, sondern sie durchdringen sich gegenseitig: auch dort, wo Christen und Muslime sich auf gemeinsame Glaubensaussagen berufen – etwa im Glauben an den einen Gott –, werden zugleich die Unterschiede sichtbar.

10 Die folgenden Ausführungen lehnen sich eng an ein entsprechendes Kapitel in J. Micksch / M. Mildenberger (Hrsg.): Christen und Muslime im Gespräch. Frankfurt 1982, S. 34–36, an.

Es gibt im Christentum und im Islam nun aber in der Tat einen breiten Grundstock gemeinsamer Gotteserfahrung und Einsicht in die menschliche Wirklichkeit. Diese Gemeinsamkeit ist vor allem in der alttestamentlich-jüdischen Überlieferung begründet, aus der das Christentum ganz unmittelbar herausgewachsen ist, auf die aber auch der Islam zurückgreift.

Doch sind sich Christen und Muslime gleichzeitig fremd und fern. Das hat mit vielerlei religionsgeschichtlichen, kulturellen und historischen Gründen zu tun, aber auch mit ganz elementaren Unterschieden im Zentrum des Glaubens. Diese Unterschiede kommen vielleicht am deutlichsten in der Art zum Ausdruck, wie sich im Christentum und Islam die religiöse Erfahrung jeweils zu festen Traditionen und Institutionen verdichtet hat. Im Christentum bildete sich die Kirche, die das Heilsereignis der Menschwerdung Gottes in Jesus Christus vergegenwärtigt und die Gemeinschaft der Glaubenden darstellt. Sie faßte ihren Glauben schließlich in einem großen, dogmatisch-verbindlichen Bekenntnis zusammen. Der Islam entfaltete demgegenüber die mit dem Koran gegebene Offenbarung und das Vorbild des Propheten *(sunna)* zu einer großen Rechtsordnung, damit Gottes Wille im Leben des Einzelnen und, mehr noch, in der islamischen Gemeinschaft Wirklichkeit werde. Seine Norm ist die Praxis, und noch das Bekenntnis zur Einzigkeit Gottes wird „praktisch", nämlich als religiöse Pflicht, verstanden. Man hat deshalb im Blick auf den Islam von „Orthopraxie" gesprochen, weil es ihm um das „Tun des Richtigen" gehe, so wie dem Christentum um die „Orthodoxie", den richtigen Glauben. Gewiß werden solche schematischen Verallgemeinerungen der religiösen Vielfalt einer Weltreligion nicht gerecht, doch können sie wenigstens die Richtung andeuten, in der das Zentrum des religiösen Lebens liegt.

Christliche Zugänge zum Islam

Der Islam ist nicht zuletzt darin eine „nachchristliche" Religion, daß sein Urteil über das Christentum im Koran selbst enthalten und damit ein für allemal verbindlich vorgegeben ist. Deswegen werden Muslime die Christen immer aus der Sicht des Korans sehen und beurteilen: Sie sind „Leute der Schrift", die mit den Muslimen in einer gemeinsamen Offenbarungs- und Glaubenstradition stehen, aber das Bekenntnis zur Einzigkeit Gottes mit ihrer Lehre von der Dreieinigkeit und der Gottessohnschaft Jesu Christi gefährden und sich unbegreiflicherweise der vollen Wahrheit des Islam verschließen.

Die christlichen Kirchen sind in ihrem Urteil über den Islam dagegen nicht so festgelegt. Deswegen gibt es auch unterschiedliche Einstellungen zum Islam. Viele Jahrhunderte lang stand die Theologie im Dienste der Auseinandersetzung zwischen dem christlichen Abendland und dem islamischen Orient. Christliche Theologen haben den Islam häufig als vom Christentum abgefallene Irrlehre oder als eine Mischreligion mit oberflächlichen Entlehnungen aus der biblisch-christlichen Tradition gedeutet. Dabei wurde das Bild des Islam und seines Propheten oft zur Karikatur verzerrt. Bis heute sind solche Feindbilder lebendig, und erst allmählich setzt sich eine andere Sicht durch.

Auf katholischer Seite bedeutete das Zweite Vatikanische Konzil einen Durchbruch. In zwei wichtigen Konzilstexten erklärt die römisch-katholische Kirche ihre „Hochachtung" für die Muslime und ihren Glauben, der mit dem Glauben der Kirche so vieles gemeinsam habe, und drängt Christen und Muslime, die vergangenen Kontroversen beiseite zu lassen, sich um gegenseitiges Verstehen zu bemühen und sich im gemeinsamen Dienst für Gerechtigkeit und Frieden zusammenzufinden.

Textbeispiel 4: Aus der Erklärung des Zweiten Vatikanischen Konzils über das Verhältnis der Kirche zu den nichtchristlichen Religionen

„Mit Hochachtung betrachtet die Kirche auch die Muslim, die den alleinigen Gott anbeten, den lebendigen und in sich seienden, barmherzigen und allmächtigen, den Schöpfer des Himmels und der Erde, der zu den Menschen gesprochen hat. Sie mühen sich, auch seinen verborgenen Ratschlüssen sich mit ganzer Seele zu unterwerfen, so wie Abraham sich Gott unterworfen hat, auf den der islamische Glaube sich gerne beruft. Jesus, den sie allerdings nicht als Gott anerkennen, verehren sie doch als Propheten, und sie ehren seine jungfräuliche Mutter Maria, die sie bisweilen auch in Frömmigkeit anrufen. Überdies erwarten sie den Tag des Gerichtes, an dem Gott alle Menschen auferweckt und ihnen vergilt. Deshalb legen sie Wert auf sittliche Lebenshaltung und verehren Gott besonders durch Gebet, Almosen und Fasten. Da es jedoch im Lauf der Jahrhunderte zu manchen Zwistigkeiten und Feindschaften zwischen Christen und Muslim kam, ermahnt die Heilige Synode alle, das Vergangene beiseite zu lassen, sich aufrichtig um gegenseitiges Verstehen zu bemühen und gemeinsam einzutreten für Schutz und Förderung der sozialen Gerechtigkeit, der sittlichen Güter und nicht zuletzt des Friedens und der Freiheit für alle Menschen."

Erklärung über das Verhältnis der Kirche zu den nichtchristlichen Religionen *(Nostra Aetate)*, Nr. 3, Dokumente des Zweiten Vatikanischen Konzils. Band VII. Trier 1966, S. 75.

Nach dieser theologischen Sicht ist und bleibt Jesus Christus Gottes Offenbarung und das Maß aller Wahrheit. Er ist das lebendige, fleischgewordene Wort Gottes. Christen erkennen aber an, daß Gottes Wirken nicht auf die christliche Kirche und ihr Zeugnis beschränkt ist. Denn die Wahrheit Christi reicht weiter als die Christenheit. Diese Beurteilung des Islam und der christlich-islamischen Beziehungen ist nicht auf die römisch-katholische Kirche beschränkt. Sie wird auch im Raum der protestantischen und orthodoxen Kirchen, besonders in der ökumenischen Bewegung, vielfach vertreten. In einem Text aus der Konferenz Europäischer Kirchen heißt es beispielsweise:

„Wir sollten uns bemühen, das Verhältnis der Kirchen zu den muslimischen Gemeinschaften neu zu gestalten,

– indem wir als Kirchen die Tatsache ernst nehmen, daß christliche und islamische Gemeinschaften in der gleichen Welt leben und je ihren Glauben zu bewähren haben. Dies schließt ein, daß beide Gemeinschaften im vollen Respekt voreinander das Zeugnis ihres Glaubens einander nicht schuldig bleiben.

– indem wir als Kirchen lernen, in unserer Einheit und Vielfalt auf die Einheit und Vielfalt der muslimischen Stimmen zu hören. Dabei sollten wir besonders auf die achten, die die Herausforderungen unserer säkularen Zeit aufgreifen und zu gemeinsamem Handeln bereit sind. Es gibt Bereiche, in denen Christen und Muslime auf der Grundlage geistlicher Werte und im Widerstand gegen entmenschlichende Tendenzen in der säkularistischen Gesellschaft zusammengehen können."[11]

Gerade dieser Text zeigt, daß ein solcher Zugang zum Islam das christliche Wahrheitszeugnis gegenüber den Muslimen keineswegs ausklammert, sondern im Gegenteil voraussetzt. Aber er läßt Raum, aufeinander zu hören und miteinander zu reden, und ist offen für das Wirken Gottes, der die Menschen andere Wege führen kann, als sie erwartet hatten. Diese Haltung ist am Dialog orientiert.

Es gibt jedoch in beiden Konfessionen Gruppierungen, die in einem solchen dialogischen Zugang eine unerlaubte Aufweichung der Wahrheit des Evangeliums und eine Verkürzung des missionarischen Auftrags der Christen sehen. Der evangelische Pietismus beispielsweise rückt die Beziehung des Menschen zu Gott vor allem unter den Blickwinkel der Erlösung und der persönlichen Heilserfahrung.

11 Kirche und muslimische Präsenz in Europa. Konsultation der Konferenz Europäischer Kirchen Salzburg 1978. Bericht der Arbeitsgruppe III. Genf 1978, S. 20.

Wer seine Sünde erkennt und das erlösende Opfer Jesu Christi im Glauben annimmt, gehört zur Gemeinde der Geretteten und hat teil am ewigen Leben. Es ist offenkundig, daß aus dieser Sicht der missionarische Auftrag im traditionellen Verständnis eine unaufgebbare Dringlichkeit erhält. Es ist notwendig, allen Menschen das wahre Heil zu verkündigen und sie zu Jesus Christus zu rufen. Damit sind die anderen Religionen, auch der Islam, als Irrwege aufgedeckt. Sie können den Menschen das Heil nicht geben, das ausschließlich an Jesus Christus gebunden ist. Eine solche Haltung muß den Wahrheits- und Heilsanspruch des Islam grundsätzlich ablehnen. Sie zeichnet deshalb auch ein sehr viel dunkleres Bild vom Islam, betont seine Gesetzlichkeit, die tiefe Ungewißheit im Blick auf das ewige Heil, in der auch der fromme Muslim bleibe. Manchmal bekommt dann der Islam geradezu dämonische Züge und wird zur endzeitlich-antichristlichen Gegenkraft.

In allen Lagern besteht jedoch darin Einigkeit, daß die Begegnung der Muslime mit dem christlichen Glauben entscheidend davon abhängt, welche Erfahrungen sie im praktischen, alltäglichen Umgang mit den Christen machen. In diesem Zusammenhang wird noch einmal der biblische Auftrag zur Nächstenliebe wichtig, die den „Fremden" in die eigene Gemeinschaft mit einbezieht. Die diakonischen und sozialcaritativen Dienste der Kirchen haben sich diesem Auftrag zunehmend gestellt. Doch er kann nicht allein an die Institutionen und Funktionäre delegiert werden, sondern bleibt Sache der Kirchengemeinden und der Christen selbst. In einer Handreichung hat die Evangelische Kirche in Deutschland schon 1974 festgestellt:

> „Im konkreten Vollzug christlicher Existenz geht es darum, die Situation der Moslems zu verstehen, in brüderlicher Solidarität mitzutragen und gemeinsam mit ihnen zum Besseren zu ändern. Die Christen können den Moslems das Zeugnis des eigenen Glaubens nicht schuldig bleiben. Die Sendung der Kirche an allen Orten ist es, als Gottes Werkzeug der Welt die Liebe Gottes und das Heil in Jesus Christus zu bezeugen und Männern und Frauen zu helfen, dort seine Liebe zu erkennen und zu erwidern. Dieser Verkündigungsauftrag gehört zum unveräußerlichen Wesen der Kirche. Dabei wird das Zeugnis von einer großen Offenheit und Achtung vor dem andersgläubigen Menschen, vor seiner religiösen Erfahrung und Prägung getragen sein müssen. Das gelebte Bild christlicher Existenz hat seine Überzeugungskraft in sich selbst."[12]

Im christlichen Zugang zu den Muslimen verknüpfen sich also drei Elemente:

– ein dialogisches – ein missionarisches – ein diakonisch-soziales

Sie kommen in unterschiedlicher Mischung vor, häufig tritt eines beherrschend in den Vordergrund. Das führt dann leicht zu einseitigen Haltungen, die weder der christlichen Sache noch dem muslimischen Partner gerecht werden. Deshalb sollten sich Christen und Kirchen um eine ausgewogene Verbindung aller drei Elemente bemühen.

Die islamische Seite hat sich bisher dem Gespräch mit den Kirchen nur zögernd geöffnet und neigt heute eher zur verstärkten Abgrenzung. Die Gründe dafür liegen in der allgemeinen Tendenz der islamischen Welt zu der bereits charakterisierten „Re-Islamisierung", die sich auf die eigene Herkunft und Identität konzentriert und häufig mit einer anti-westlichen und anti-christlichen Einstellung verbunden ist. Die Kontakte zwischen Christen und Muslimen, auch in Deutschland, sind deshalb heute oft großen Belastungen ausgesetzt. Daneben gibt es jedoch immer wieder einzelne Angebote zur Zusammenarbeit, vielfach auf der Basis einer gemeinsamen Allianz gegen die um sich greifenden Kräfte der Säkularisierung.

12 Moslems in der Bundesrepublik. Hrsg. vom Kirchlichen Außenamt der Evangelischen Kirche in Deutschland. Frankfurt 1974, S. 17.

Textbeispiel 5: Offizielle Stimmen des Islam

„Der ‚Islamische Weltkongreß' ist der Meinung, daß man sich über eine bessere Verständigung von Christen und Muslimen hinaus darüber Gedanken machen muß, wie man die Zusammenarbeit der Anhänger der beiden Religionsgemeinschaften in den Dienst der gesamten Menschheit stellen kann. Die Probleme sozialer Natur müssen dabei ebenso angesprochen werden wie die, die der immer stärker um sich greifende Unglaube und die wachsende Unmoral mit sich bringen. Der Islam tritt für eine humane Gesellschaft ein, für einen Frieden, der alle Völker umfaßt, alle Menschen, gleich welcher Religion, Rasse, Nationalität oder Hautfarbe."
(Aus einer Erklärung des Generalsekretärs des Islamischen Weltkongresses von 1973)

„Von der muslimischen Seite möchte ich unseren christlichen Brüdern unsere uneingeschränkte Zusammenarbeit anbieten und dieses nicht etwa aus Berechnung, sondern als eine Forderung unseres Glaubens und mit der Absicht, die Menschen zu befähigen, ihr Leben in Wahrheit, Güte, Frömmigkeit und Gerechtigkeit zu führen."
(Aus einer Botschaft des Generalsekretärs des Islamrats für Europa von 1976)

M. S. Abdullah (Hrsg.): Islamische Stimmen zum Dialog. CIBEDO-Dokumentation, Nr. 12. Köln 1981, S. 7 und 25.

Auf dem Weg zur christlich-islamischen Nachbarschaft

Es ist nicht leicht, diese Modelle und allgemeinen Ansätze in die praktische christlich-islamische Begegnung in der Bundesrepublik zu übertragen. Eine der größten Schwierigkeiten ist die tiefe Ungleichheit zwischen den fest institutionalisierten christlichen Volkskirchen und den wenig konsolidierten islamischen Minderheiten. Gefühle der Macht auf der einen und der Ohnmacht auf der anderen Seite erschweren das Zusammenleben und führen zu inneren Blockierungen.

Niemand kann freilich davon absehen, daß fast 90% der Bevölkerung wenigstens formell Mitglieder einer der christlichen Volkskirchen sind und daß Gesellschaft und Kultur in der Bundesrepublik Deutschland von der abendländisch-christlichen Tradition geprägt sind. Im Prozeß der neuzeitlichen Säkularisierung ist das christliche Erbe vielfach umgeformt, gebrochen und von anderen Einflüssen überlagert worden, doch ist es nach wie vor lebendig. Auch der Staat fühlt sich unbeschadet seiner Religionsneutralität der christlichen Tradition in besonderer Weise verpflichtet. Diese historisch gewachsene Bindung zeigt sich beispielsweise im öffentlichen Schulwesen, aber auch darin, daß sich die Rechtsformen, nach denen die Religionsgemeinschaften in der Bundesrepublik verfaßt sind, ganz an den Strukturen der christlichen Kirchen orientieren.

Es ist verständlich, daß diese Situation für die islamische Minderheit den Eindruck einer einseitigen Privilegierung der christlichen Kirchen erweckt. An diesem Eindruck ist jedenfalls soviel richtig, daß die christlichen Kirchen religionssoziologisch gesehen das Feld beherrschen, während der Islam die Religion einer Randgruppe ist. Die islamische Religion kann zwar nach dem Grundrecht der Religionsfreiheit ungestört ausgeübt werden, trägt aber die Züge einer gesellschaftlich unterprivilegierten Minderheit. An diesem Zustand läßt sich kirchlicherseits zunächst nicht viel ändern; denn er hängt in erster Linie mit der aufenthaltsrechtlichen und gesellschaftspolitischen Unsicherheit zusammen, die die Lage der Ausländer aus Nicht-EG-Ländern – und das sind eben die Muslime – kennzeichnet. In erster Linie sind also politische Entscheidungen notwendig, die den ausländischen Minderheiten einen rechtlich gesicherten Status geben. Darüber hinaus können jedoch die christlichen Kirchen in zwei Richtungen Verantwortung wahrnehmen und aktiv werden:

• Erstens haben sie in dieser Gesellschaft und vielfach auch dem Staat gegenüber eine Art Anwaltsfunktion in Sachen Religion. Sie können auf die berechtigten religiösen Bedürfnisse der islamischen Minderheit aufmerksam machen und für sie eintreten. Die islamischen Gruppen haben vielerlei innere und äußere Schwierigkeiten, die gesellschaftlichen und öffentlichen Strukturen zu durchschauen und einen ihrem Selbstverständnis entsprechenden Platz in dieser Gesellschaft zu finden.

Ein Beispiel dafür ist die langjährige Diskussion um die Anerkennung des Islam als Körperschaft des öffentlichen Rechts. Die Muslime verbinden damit die berechtigte Erwartung, daß der Islam den christlichen Kirchen öffentlich gleichgestellt werde, doch ist diese Rechtsform an bestimmte strukturelle Voraussetzungen geknüpft, die der Islam nur schwer erfüllen kann. Die Kirchen sollten sich am Nachdenken über andere, vielleicht neue und dem Islam angemessenere Rechtsformen beteiligen. Denn es liegt im kirchlichen und im gesellschaftlichen Interesse, daß eine so große religiöse Gruppe wie die islamische Minderheit nicht ins Abseits gedrängt wird, sondern sich zu größerer gesellschaftlicher Offenheit entwickelt.

Durch die islamischen Minderheiten hat sich die Gesamtsituation in der deutschen Gesellschaft verändert. Das religiöse und kulturelle Spektrum ist breiter, der Pluralismus größer geworden. Diese Entwicklung trägt die Gefahr der Polarisierung und des Zerfalls, aber auch die Chance der Bereicherung in sich. Es ist eine Aufgabe aller Kräfte und Gruppen in der Gesellschaft, dieser Situation Rechnung zu tragen und Richtlinien des Zusammenlebens zu entwickeln. Die Kirche ist dafür in besonderer Weise geeignet; denn sie ist ihrer biblischen Bestimmung und ihrem Selbstverständnis nach eine Gemeinschaft, in der Menschen verschiedenster Kultur und Rasse zusammengehören. Der Ökumenische Rat der Kirchen hat in seinen „Leitlinien zum Dialog" das Modell einer „Gemeinschaft von Gemeinschaften" entwickelt.[13] Dieses Modell geht davon aus, daß das Zusammenleben verschiedener Religionen in einer Gesellschaft nur gelingen kann, wenn die Identität der einzelnen religiösen Gemeinschaften gesichert ist. Die islamische Minderheit in der Bundesrepublik fühlt sich bis heute unsicher, nicht zuletzt durch die übermächtige Stellung der christlichen „Volkskirchen". Die christlichen Kirchen müssen deshalb bereit sein, auch ihre eigene Position in der Gesellschaft zu überdenken, um mit der islamischen Minderheit zu einer „Gemeinschaft von Gemeinschaften" zu finden. Sie vertreten die überwiegende Mehrheit der Bevölkerung. Sie sind stärker und können deshalb leichter auf die Minderheit zugehen, um eine Partnerschaft aufzubauen. Das schließt die Bereitschaft zur eigenen Veränderung für die Kirchen mit ein.

Abb. 4: Christlich-islamische Begegnung bei einer marokkanischen Familie in Köln

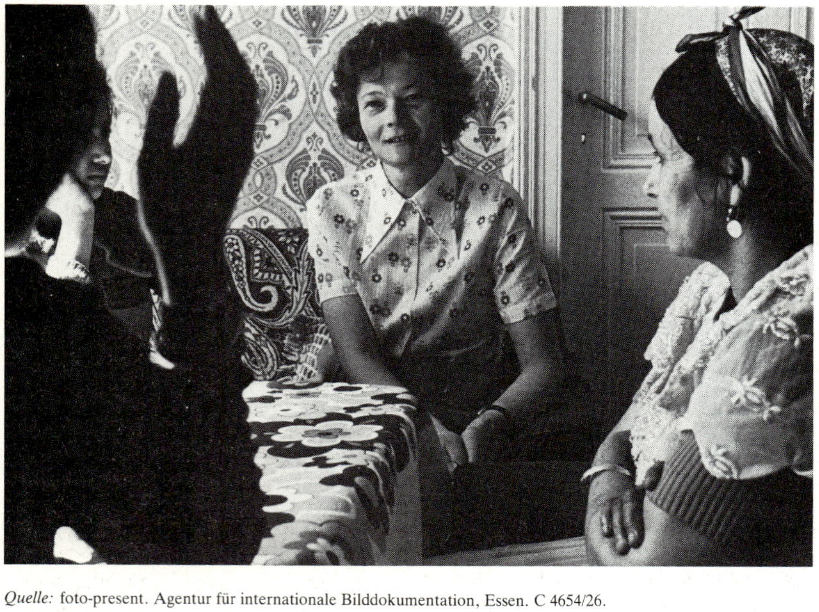

Quelle: foto-present. Agentur für internationale Bilddokumentation, Essen. C 4654/26.

• Zweitens können kirchliche Gruppen und Einrichtungen auf lokaler und regionaler Ebene mit ihren muslimischen Nachbarn Kontakt aufnehmen und ganz praktisch das alltägliche Zusammenleben verbessern. Auf die Arbeit des Diakonischen Werkes und der Caritas wurde bereits hingewiesen. Je länger die muslimischen Ausländer in Deutschland leben, um so mehr verlagert sich die kirchliche Sozialarbeit von der akuten „Nothilfe" in die regulären sozialen Dienste. So wird es beispielsweise immer dringlicher, in den Krankenhäusern auf die besonderen Bedürfnisse und Gewohnheiten muslimischer Patienten einzugehen.

Textbeispiel 6: Aus einem Bericht über kirchliche Kindergartenarbeit in Pforzheim

„Ausgang der Überlegungen in unserem Kindergarten war die Erkenntnis, daß wir (Christen und Muslime) noch so gut wie nichts voneinander wissen. Eine türkische Elternbeirätin: ‚Ihr Christen habt ja fürchterliche Vorstellungen von unserer Religion. Ihr glaubt, bei unserem Schlachtfest gehe es um blutrünstige Tierquälerei. Ihr meint immer noch, wir seien Barbaren.' Dieses Zitat braucht nicht erklärt zu werden, es spricht für sich selbst. Der erste Arbeitsschritt bestand nun darin, möglichst viele uns gemeinsame Elemente und Anliegen zu finden, auf denen sich ein Dialog aufbauen ließe. Diese sind (in Zusammenfassung) nun folgende: Zuerst wählten wir den Sonntag, an dem bei uns Muttertag gefeiert wird, da dieses Fest in der Türkei auch als Familienfest bekannt ist. Wir formulierten daraus das verbindende gemeinsame Thema: ‚Wir haben Zeit füreinander; denn Familie ist schön.' Dieses Thema wies uns auf ein gemeinsames Anliegen: den Nachholbedarf angesichts des Defizits, den Christen bei dem Stichwort Familie empfinden. Auf türkischer Seite das Selbstbewußtsein und die Stärke, mit der die Großfamilie ein soziales Netz der Geborgenheit schafft. Übergeordnet stehen im Mittelpunkt die Kinder, die als liebevolle Subjekte unserer Fürsorge alle Kreatur herzlich vereinen, die auf dieser Welt Nester baut."

Unveröffentlichtes Manuskript.

Die Kirchengemeinden selbst haben die Herausforderung, daß vielerorts im eigenen Bezirk einzelne muslimische Familien, oft aber auch Gruppen von erheblicher Größe leben, bisher nur vereinzelt aufgegriffen. Oft sind die personellen Möglichkeiten begrenzt. Im allgemeinen sind es auf deutscher Seite sozial schwache Bevölkerungsteile, die in unmittelbarer Nachbarschaft mit den muslimischen Familien leben. Zudem prallen gerade im Wohn- und Freizeitbereich die unterschiedlichen Lebensgewohnheiten und Verhaltensweisen unmittelbar aufeinander, Reibungsflächen und Konflikte lassen sich nicht ausschalten. Trotz solcher Schwierigkeiten sind einzelne Kirchengemeinden zu Schrittmachern eines praktisch gelebten und dann auch theologisch verantworteten Dialogs geworden. Meistens sind es konkrete Einrichtungen oder Initiativen, die den Anstoß geben: ein Kindergarten, ein offener Jugendklub, ein Gemeindeseminar, der Besuch einer Gruppe in der örtlichen Moschee, eine deutsch-türkische Frauengruppe. Die Zeiten romantischer Verbrüderung sind längst vorbei. Überall weiß man, wie mühsam es ist, aufeinander zuzugehen, wieviel Zeit es erfordert und wie klein die Schritte auf diesem Wege sind. Um so beglückender sind die positiven Erfahrungen, wenn die Mauer der Fremdheit abgebaut werden kann und sich gegenseitiges Verstehen eröffnet.

13 Ökumenischer Rat der Kirchen: Leitlinien zum Dialog mit Menschen verschiedener Religionen und Ideologien. Arbeitstexte Nr. 19 der Evangelischen Zentralstelle für Weltanschauungsfragen. Stuttgart 1979, S. 7.

10. Licht aus Asien? Hinduismus und Buddhismus im Westen

Autor der Studieneinheit: Reinhart Hummel

REINHART HUMMEL (55), nach Studium der Theologie und Promotion im Fach Neues Testament als Gemeindepastor in Schleswig-Holstein, 1966–1973 als Principal eines Theologischen Colleges in Kotapad/Indien, danach als Wissenschaftlicher Assistent in Heidelberg. 1979 habilitiert für Religions- und Missionswissenschaft. Seit 1981 Leiter der Evangelischen Zentralstelle für Weltanschauungsfragen in Stuttgart.
Veröffentlichungen hauptsächlich über Themen der missionarischen und dialogischen Begegnung der Religionen mit Schwerpunkt Hinduismus.

Allgemeine Einführung

Auf den Straßen unserer Städte tauchen immer wieder Gestalten auf, die in indische Mönchsgewänder gekleidet sind oder sich durch ihre Aufmachung als Anhänger eines indischen Guru zu erkennen geben. Vor zehn Jahren waren es die Anhänger der Hare-Krishna-Bewegung, jetzt sind es die orange- oder rotgekleideten „Sannyasins", Anhänger des Bhagwan Shree Rajneesh. Volkshochschulen und andere Bildungseinrichtungen bieten Yoga- und Zenkurse an; östliche Vorstellungen und Praktiken spielen auch im therapeutischen Bereich eine zunehmende Rolle.
All diese Erscheinungen gehören in den größeren Zusammenhang der Faszination östlicher Religionen, vor allem des Hinduismus und Buddhismus. Unter dem Thema „Licht aus Asien?" soll in dieser Studieneinheit versucht werden, die etwa 150jährige Geschichte dieser Faszination, ihre Hintergründe und Problematik darzustellen. Daß die Anwesenheit östlicher Religiosität auf westlichem Boden zu Problemen führen kann, wird schon an der Tatsache deutlich, daß eine Reihe indischer Guru-Bewegungen zu den „Jugendreligionen" gerechnet werden.
Wenn eine Religion sich in den Bereich einer fremden Kultur hinein ausbreitet, geht es nicht ohne Anpassungen und Wandlungen ab. Vor allem erfolgt zunächst eine gewisse Beschränkung auf bestimmte Elemente, für die im neuen Kulturbereich ein Bedürfnis besteht: Der Westen ist nicht vom indischen Kastensystem oder der Verehrung der Kuh fasziniert, sondern etwa von östlichen Meditationspraktiken oder von der „Seelenwanderung". Andererseits sind diese Elemente auf dem Boden der östlichen Religionen gewachsen und von ihnen geprägt. Man kann sie nicht verstehen, ohne zumindest ansatzweise das Ganze dieser Religionen zu begreifen.

Es geht in dieser Studieneinheit also nicht um Hinduismus und Buddhismus in ihrer ganzen Breite und Vielfalt, sondern um zentrale hinduistische bzw. buddhistische Vorstellungen und Praktiken, die für den Weg dieser Religionen in den Westen wichtig sind. Dabei darf sich das Interesse nicht auf deren traditionelle Gestalt beschränken, sondern muß gerade ihr Wiedererstarken berücksichtigen, das im 19. Jahrhundert begonnen und zu einem dynamischen, universalen Sendungsbewußtsein geführt hat; dessen Auswirkungen werden jetzt auch in den USA und in Westeuropa sichtbar.

Das Einströmen östlicher Religiosität in den Westen ist ein langfristiger, in mehreren Phasen verlaufender Prozeß, der seine Dynamik aus dem neu erwachten Sendungsbewußtsein des Hinduismus und Buddhismus bezieht.

Das letzte Heilsziel des *Hinduismus* wird von der All-Einheitslehre und von der Karma-Vorstellung bestimmt: Es geht darum, sich aus dem Kreislauf der Wiederverkörperungen zu befreien und die Einheit mit dem Göttlichen zu realisieren.

Im *Buddhismus* spielen die Lehre von der Ichlosigkeit und die Forderungen selbst-loser Güte eine wichtige Rolle. Entscheidend ist die Überwindung der Gier und des Anhaftens an vergänglichen Dingen als Voraussetzung für die Überwindung des Leidens und für die Erlangung des Nirvana.

Die Beurteilung dieses Vorgangs ist kontrovers; er kann als Bereicherung oder Gefährdung der abendländischen Identität, als Krisensymptom von Gesellschaft und Kirche oder als Station auf dem Weg zu einer zukünftigen Weltkultur begriffen werden. Auf jeden Fall ist er mehr als eine Randerscheinung der gegenwärtigen Situation und verdient unsere Aufmerksamkeit.

Nach dem Durcharbeiten dieser Studieneinheit sollen Sie in der Lage sein,
- die vielfältigen Formen östlicher Religiosität im Westen als Teil einer langfristigen Entwicklung einzuordnen;
- einige zentrale hinduistische und buddhistische Vorstellungen bzw. Praktiken als solche zu beschreiben;
- Gründe und Auswirkungen der hinduistisch-buddhistischen Renaissance im 19. und 20. Jahrhundert darzustellen;
- wichtige Unterschiede zwischen Hinduismus und Buddhismus sowie zwischen diesen beiden und dem Christentum aufzuzeigen;
- einige Reaktionen von Kirche und Gesellschaft auf den Einbruch östlicher Religiosität zu bewerten;
- die mit der Verpflanzung östlicher Meditationspraktiken in den Westen gegebenen Probleme zu charakterisieren.

Die Ausstrahlung und Ausbreitung östlicher Religionen im neuzeitlichen Westen

Die religiöse und geistige Situation der Gegenwart ist durch einen zunehmenden Einfluß östlicher Religiosität und Spiritualität gekennzeichnet. Die Worte „östlich" bzw. „asiatisch" bezeichnen in diesem Zusammenhang den süd- und südostasiatischen Raum (Indien, Sri Lanka usw.) sowie den Fernen Osten (China und Japan) – Bereiche, die religiös vom *Hinduismus* und *Buddhismus* geprägt oder zumindest stark beeinflußt sind. (Bei dieser Bezeichnung bleibt außer Betracht, daß auch Judentum, Christentum und Islam östlichen bzw. asiatischen Ursprungs sind.) Interesse finden im Westen freilich nicht nur hinduistische und buddhistische Traditionen, sondern auch der *Sufismus* (eine bestimmte Form islamischer Mystik), der *Taoismus* (eine der Formen chinesischer Religion) sowie der *Schamanismus* (eine Form archaischer Religion, die z.B. in Sibirien und bei den nordamerikanischen Indianern praktiziert wird). Wir konzentrieren uns hier auf den Hinduismus und den Buddhismus.
Die hinduistischen und buddhistischen Einflüsse sind zunächst das Ergebnis veränderter äußerer Bedingungen (Zusammenrücken der Kontinente, globale Kommunikation). Dazu kommt ein neues Sendungsbewußtsein dieser beiden Religionen; dieses wiederum stellt eine Reaktion auf die Begegnung mit der westlichen Zivilisation und der christlichen Mission in der Zeit des Kolonialismus dar. Zu dem neu erwachten Sendungsbewußtsein dieser östlichen Religionen kommt als ein dritter Faktor das zunehmende Krisenbewußtsein der westlichen Industriegesellschaft und ihrer technologischen Zivilisation, das zur Suche nach kulturellen und religiösen Alternativen geführt hat. Es ist diese Wechselwirkung zwischen östlichem Sendungsbewußtsein und westlichem Krisenbewußtsein unter den Bedingungen einer weltweiten Kommunikation, die den zunehmenden Einfluß östlicher Religion und Geistigkeit erklärt.

Was darunter zu verstehen ist, geht aus dem folgenden geschichtlichen Überblick hervor, in dem die drei Phasen hinduistisch-buddhistischer Ausbreitung in den Westen dargestellt werden:

Die erste Phase beschränkte sich auf *literarische und philosophische Einflüsse.* Seit dem Ende des 18. Jahrhunderts wurden indische Dichtung und religiöse Literatur westlichen Gebildeten in zuerst noch mangelhaften Übersetzungen zugänglich und lösten große Begeisterung aus, in Deutschland vor allem unter den Romantikern. Friedrich SCHLEGEL meinte, im Orient müßten wir das höchste Romantische suchen; sein Bruder August Wilhelm wurde 1818 der erste Inhaber des Bonner Lehrstuhls für Indologie, des ersten Lehrstuhls dieser Art in Deutschland. Arthur SCHOPENHAUER begeisterte sich für die *„Upanischaden"* und stellte eine innere Verwandtschaft seiner eigenen Philosophie mit ihnen fest. Er erwartete, daß das Einströmen indischer Weisheit nach Europa eine Grundveränderung in unserem Wissen und Denken hervorbringen werde. Dieser Vorgang der literarischen und künstlerischen Befruchtung hat sich bis heute fortgesetzt und ist inzwischen aus dem westlichen Geistesleben nicht mehr fortzudenken.

Die zweite Phase bereitete mit literarischen Einflüssen das Auftreten *östlicher Religiosität auf westlichem Boden in organisierter Gestalt* vor. Ein Vorläufer in dieser Hinsicht war die 1875 in New York gegründete *„Theosophische Gesellschaft".* Ihre Konzepte und Praktiken waren von östlichen Religionen beeinflußt; ihre Gründer, die Russin H. P. BLAVATSKY und der Amerikaner H. S. OLCOTT, konvertierten im damaligen Ceylon zum Buddhismus. Annie BESANT, die zweite Präsidentin der Theosophischen Gesellschaft, wandte sich dem Hinduismus zu. Die von ihnen gelehrte Theosophie ist eine Mischung aus westlichem Okkultismus und östlichen Religionen. Insofern gehört die Theosophische Gesellschaft zu jenen Gruppierungen und Strömungen, die einen wesentlichen Beitrag zur Verbreitung östlicher Religionen im Westen, aber auch zu deren Entstellung geleistet haben, und die darum den Zugang zu den echten hinduistischen und buddhistischen Traditionen zugleich erschweren.

Das folgenreichste Ereignis für den Aufbruch östlicher Religionen zu organisierter Ausbreitung im Westen war das 1893 von christlichen Liberalen der USA organisierte „Weltparlament der Religionen" in Chikago. Unter den dort anwesenden Hindus gewann Svami VIVEKANANDA (1863–1902), ein Schüler des bengalischen Ekstatikers Shri RAMAKRISHNA, das größte Ansehen. Er blieb anschließend einige Jahre in den USA, gewann dort erste Anhänger und gründete mit ihnen eine Reihe von „Vedanta-Gesellschaften" – die ersten Hindu-Organisationen im Westen. Nach seiner Rückkehr nach Indien gründete er die „Ramakrishna-Mission", zu deren Aufgaben die Sozialarbeit in Indien und die Verbreitung des →*Vedanta* im Westen gehören. – Der wichtigste Buddhist auf dem Weltparlament der Religionen war Anagarika DHARMAPALA, der in den USA einen Zweig der 1891 von ihm in Ceylon gegründeten Maha-Bodhi-Gesellschaft („Gesellschaft der großen Erleuchtung") aufbaute. – Auch der Zen-Buddhismus hatte in Chikago seine Repräsentanten; einer von ihnen schickte bald darauf einen seiner Schüler in die USA, nämlich D. T. SUZUKI, den bekannten „Apostel des Zen im Westen". Diese Männer waren alle Vertreter des Neohinduismus bzw. Neobuddhismus, einer Reformbewegung in diesen beiden Religionen (vgl. S. 174ff., 178f.). *Das Weltparlament der Religionen von 1893 hat die Phase organisierter Ausbreitung östlicher Religionen im Westen eingeläutet.*

Die Mitglieder der Vedanta-Gesellschaften waren überwiegend Gebildete der angelsächsischen Länder, unter ihnen profilierte Persönlichkeiten wie Aldous HUXLEY. Auch sonst waren es überwiegend Intellektuelle, die in dieser zweiten Phase zu den hinduistischen und buddhistischen Gruppierungen stießen. Das gilt auch für die *buddhistischen Gemeinden in Deutschland,* deren Anfänge am Beginn dieses Jahrhunderts liegen und die heute in der „Deutschen Buddhistischen Union" zusammengeschlossen sind. Diese Anfänge gehen auf die Initiative einzelner deutscher Persönlichkeiten wie Karl SEIDENSTÜCKER, Paul DAHLKE und Georg GRIMM zurück, die durch Übersetzungen buddhistischer Schriften mit dieser Religion vertraut geworden waren. Die ersten Europäer empfingen damals, seit 1903, in Ceylon die buddhistische Mönchsweihe; aus ihrer Mitte sind anerkannte buddhistische Gelehrte wie NYANATILOKA hervorgegangen. Nach dem Zweiten Weltkrieg kam es zum verstärkten Einsatz von Mönchen aus Sri Lanka innerhalb der buddhistischen Gemeinden Deutschlands.

Die dritte Phase begann in den sechziger Jahren, als es der östlichen Religiosität gelang, in der westlichen Massengesellschaft Fuß zu fassen, vor allem in der *jugendlichen Subkultur.* Das buddhistische Zen wirkte wegen seiner Betonung des Paradoxen und Spontanen auf Intellektuelle wie Alan WATTS attraktiv; in der Hippie-Szene jener Jahre fanden Gurus mit ihrem hinduistischen Meditationsangebot und ihrem religiösen Autoritätsanspruch Zulauf (Hare-Krishna-Bewegung, Transzendentale Meditation usw.). Jugendliche Pilger zogen in Indien von Ashram zu Ashram auf der Suche nach neuen Erfahrungen. Yoga und Zen entfalteten, häufig losgelöst von allzu deutlichen hinduistischen bzw. buddhistischen Merkmalen, eine starke Breitenwirkung. Von den USA ausgehend (Esalen-Zentrum), entstanden zahlreiche Wachstums- bzw. Therapiezentren, in denen östliche Meditation zusammen mit westlichen Formen der Einzel- und Gruppentherapie mit dem Ziel praktiziert werden, ungenutzte seelische Potentiale zu mobilisieren und veränderte Bewußtseinszustände zu erlangen. Die starke Verwestlichung und teilweise auch Kommerzialisierung östlicher Religiosität stärkte wiederum das Bedürfnis nach echten Formen religiöser Praxis, wie sie seit der chinesischen Besetzung Tibets vor allem durch tibetische Lamas in den Westen gebracht werden. Überhaupt zeichnet sich die dritte Phase durch eine starke Betonung der *religiösen und meditativen Praxis* als des bevorzugten Weges zu echter Wirklichkeitserfahrung aus.

Ein weiteres Kennzeichen dieser dritten Phase liegt darin, daß nicht nur eine neue Religion bzw. religiöse Praxis, sondern häufig auch eine neue Kultur gesucht wurde. Bis in Äußerlichkeiten wie Kleidung und Ernährung hinein wurden östliche Werte, teilweise freilich ohne den alten Zusammenhang, übernommen. Das indische Mönchsideal des jenseits aller gesellschaftlichen Konventionen stehenden „Sannyāsin" konnte und kann als Rechtfertigung eines gegenkulturellen Lebensstils und des Aussteigens aus der Gesellschaft verstanden werden.

Die Entwicklung der letzten 150–200 Jahre, insbesondere der Zeit seit dem Chikagoer Religionsparlament, hat ein vielschichtiges Ergebnis gezeitigt:

- Neben den *kulturellen Einflüssen* aus dem Osten auf westliche Literatur, Musik und Malerei stehen die verschiedenen Formen *religiöser Ausstrahlung* und Ausbreitung.

- *Organisierte Formen* östlicher Religionen sind einmal die indischen Meditations- bzw. Guru-Bewegungen, die hinsichtlich ihrer Glaubwürdigkeit freilich auch in Indien umstritten sind; ferner die älteren buddhistischen Gemeinden und Zentren sowie die neueren Gruppen vor allem tibetischen Ursprungs. Diese Gruppierungen zeichnen sich dadurch aus, daß in ihnen auch kultische und rituelle Praktiken ausgeübt werden und daß man sich mehr oder weniger deutlich darum bemüht, überkommene Traditionen, obgleich in einer dem Westen angepaßten Form, zu bewahren.

• Ein weiterer Faktor sind die *säkularisierten und die synkretistischen Formen* oder Elemente östlicher Religiosität: Yoga- und Zen-Meditationsangebote in allen denkbaren Variationen: von gesundheitsorientierten Volkshochschulkursen bis zu kirchlichen Veranstaltungen; Meditationspraktiken im Dienst der Psychotherapie oder der gymnastischen Betätigung; Aufnahme östlicher Vorstellungen in geheimes Wissen vermittelnden Zirkeln und Veröffentlichungen, usw.

Diese ganze Entwicklung hat die religiöse Situation des Westens, vor allem im Bereich städtischer Kultur, tiefgreifend verändert in Richtung auf *ein multireligiöses Angebot, das den religiös Interessierten mit der Möglichkeit, aber auch dem Zwang zur Wahl zwischen verschiedenen religiösen Gegebenheiten konfrontiert.*

(1) Welche Faktoren haben das Einströmen östlicher Religiosität in den Westen veranlaßt?

....

....

....

....

....

....

....

....

....

....

....

....

....

....

....

....

Zentrale Vorstellungen und Praktiken des traditionellen Hinduismus

Die folgende Darstellung beschreibt den Hinduismus, wie er sich in Indien im Verlauf einer langen Geschichte entwickelt hat, nicht in seiner ganzen Vielfalt, sondern nur jene Konzeptionen und Praktiken, die für das Verständnis der Ausbreitung des Hinduismus in den Westen unerläßlich sind. Das gleiche gilt auch für die Darstellung des Buddhismus und des Neohinduismus.

Zum Zweck des Nachlesens werden im folgenden zu bestimmten Themen Stellen aus der →*„Bhagavadgita“*, der heute populärsten heiligen Schrift des Hinduismus, angegeben. Damit soll freilich nicht der Eindruck erweckt werden, daß die jeweilige Auffassung der Bhagavadgita von allen Hindus als autoritativ anerkannt würde.

Grundstrukturen des Hinduismus

Der Hinduismus ist durch das Kastensystem gekennzeichnet. Hindu wird man durch Geburt in eine der vier Hauptkasten. Das Kastensystem spiegelt die soziale Gliederung der Gesellschaft wider und gibt ihr eine religiöse Grundlage. Wie sich dies im einzelnen darstellt, wird in den beiden folgenden Kapiteln erörtert.

Der traditionelle Hinduismus als ethnische Religion Indiens

Der traditionelle Hinduismus unterscheidet sich grundsätzlich von dem, was man im Westen unter einer Religion versteht. Er ist eine *Geburtsreligion;* Hindu ist derjenige, der in eine der vier Hauptkasten hineingeboren wird. Die Kastenlosen sind in diesem Sinn keine Hindus. Im allgemeinen erkennen die Hindus die *„Veden“* als autoritative Schriften an und akzeptieren die Lehre von Karma und Wiederverkörperung (vgl. dazu S. 166–167). Zu den in Sanskrit abgefaßten *„Veden“* werden dabei nicht nur die vier „Sammlungen“ (*Rig-Veda* usw.) gerechnet, sondern auch die sich an die Sammlungen anschließende Literatur, einschließlich der *„Upanischaden“*. Heute sind diese Kriterien des Hinduseins aufgeweicht. Hindu ist heute der Inder, der Hindu sein will (P. HACKER); überdies hat man angefangen, Nichtinder durch eine Reinigungszeremonie in den Schoß des Hinduismus aufzunehmen.

Der Hinduismus hat *keinen Stifter.* Er ist eine gewachsene Religion mit einer unübersehbaren Fülle von Lehren, Kulten, Riten und Praktiken; er wölbt sich wie ein Dach über die Vielfalt regionaler und lokaler Traditionen bis hin zu „primitiven“ Formen der Volksfrömmigkeit. Sie alle sind im Laufe der Jahrhunderte in das brahmanische System einbezogen und aufgenommen worden.

Der traditionelle Hinduismus als Ordnung der Kasten und Lebensstadien

Was die vielen Traditionen des Hinduismus miteinander verbindet, ist vor allem das Bekenntnis zum *Varnāshrama Dharma,* das heißt zur ewigen Ordnung *(Dharma)* der Kasten *(Varna)* und Lebensstadien *(Āshrama):*

• Als „Varnas“ werden die vier Hauptkasten bezeichnet. Faktisch ist das Kastensystem weitgehend eine berufsständische Gliederung der Gesellschaft, die freilich durch strenge rituelle Reinheitsvorschriften religiös untermauert ist (sie regeln, wer mit wem Umgang pflegen, gemeinsam essen, wen heiraten darf usw.).

Abb. 1: Das indische Kastensystem

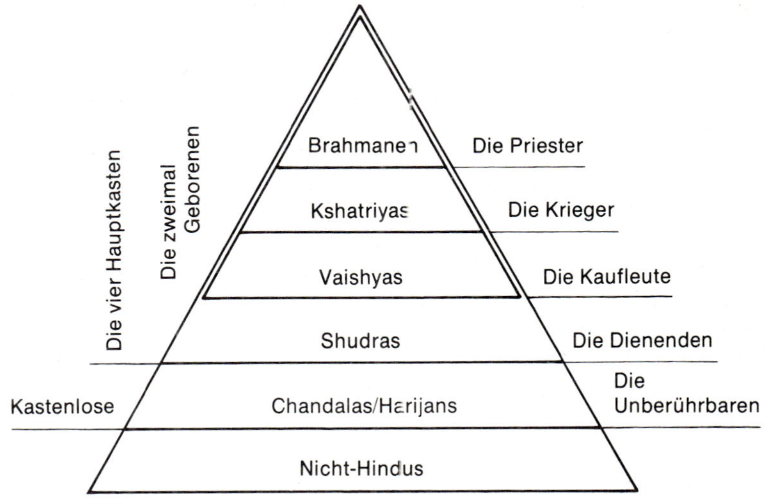

Nach: Kurt BÄTZ (Hrsg.): Weltreligionen heute: Hinduismus. Materialien für Schule und Erwachsenenbildung. Planung, Texte, Kopiervorlagen, Dias. Zürich/Köln/Lahr 1979, Anhang S. 3.

• Die Lebensstadien *(Āshramas)* unterteilen das Leben des Hindu der obersten drei Hauptkasten in vier Phasen, nämlich die des Lernenden *(Brahmacharya)*, Hausvaters *(Grihastha)*, Waldeinsiedlers *(Vānnaprastha)* und Wanderasketen bzw. Mönchs *(Sannyāsa)*. In der Regel mußte der Hindu, bevor er *Sannyāsin* werden durfte, seine „weltlichen" Pflichten durch die Gründung einer Familie erfüllt haben.

Der traditionelle Hinduismus stellt also eine enge *Verbindung von Religion und Sozialsystem* dar; soweit es um religiöse Vorstellungen geht, ist er durchweg liberal und tolerant, in ritueller und sozialer Hinsicht dagegen streng und hart. Für moderne Hindus ist er eher eine Kultur oder ein *Lebensstil* als ein Glaubenssystem.

Die *Einheit in der Mannigfaltigkeit* ist für den Hinduismus schon von seiner Geschichte her das Grundthema. Er betrachtet es als seine große Leistung, verschiedenartige religiöse Traditionen zusammengefaßt und einheimische Stammeskulturen sowie die Kulturen der Eroberervölker immer wieder in eine übergreifende Synthese aufgenommen zu haben.

„Die Institution der Kaste illustriert den Geist der zusammenfassenden Synthese, der so charakteristisch für den Hindu-Geist ist, in seiner Verknüpfung mit dem Glauben an die Zusammenarbeit der Rassen und Kulturen. So paradox es auch erscheinen mag, das Kastensystem ist eine Frucht der Duldsamkeit und des Vertrauens. Obgleich es jetzt zu einem Instrument der Unterdrückung und Unduldsamkeit entartet ist [...]"[1]

Zentrale Themen seit der upanischadischen Zeit

Die Grundlagen hinduistischen Denkens sind in den frühen → *„Upanischaden"* zu finden, die etwa zur gleichen Zeit wie der Buddhismus entstanden sind (siehe Zeittafel auf S. 519). Die frühen Upanischaden sind von der Frage nach der Ursubstanz bzw. dem Urgrund bewegt, der allem Seienden zugrunde liegt. Was ist das Eine, aus dem die Vielfalt der Erscheinungswelt *(Māyā)* hervorgegangen ist und in das sie wieder zurückkehrt? Und was ist der unvergängliche Wesenskern des Menschen? Die *„Chandogya Upanishad"* antwortet:

„Da sprach der Vater: ‚Hole doch das Salz, das du am Abend ins Wasser gelegt hast!' Er langte danach, aber fand es nicht; es war wie verschwunden [...]. Zu ihm sprach der Vater: ‚Obwohl es darin ist, siehst du es nicht mehr, mein Lieber, und es ist doch darin. Was dieses feine Ding ist, derartig ist die ganze Welt, das ist das Reale, das ist der Ātman, *das bist du* [in Sanskrit: Tat tvam asi]!'" (6, 13)

Die Einheit von Brahman und Ātman

Die Erkenntnis der upanischadischen Seher lautet: Das Eine hinter der Vielfalt der Erscheinungswelt, also der Weltengrund, ist mit dem Personkern, das heißt dem Seelengrund, identisch. Der Kosmos und der Mensch kommen vom gleichen Seinsgrund her. Und umgekehrt: „Der Kosmos als Ganzer hat dasselbe Streben wie der Mensch, sich in der uranfänglichen Einheit zu reintegrieren."[2] Als Ausdruck für den göttlichen Weltengrund bürgerte sich das Wort „Brahman" ein, für den individuellen Seinsgrund, das göttliche Selbst, die Worte „Ātman" oder „Purusha". (Im obigen Zitat aus der *„Chandogya Upanishad"* wird beides als *Ātman* bezeichnet.)

Für den Menschen bedeutet diese Erkenntnis, daß er das Göttliche in sich trägt. Auf dem Weg ins eigene Innere kann er der Transzendenz begegnen und die eigene Göttlichkeit „realisieren". Diese *Identifizierung mit dem Göttlichen,* die eine Entidentifizierung mit der eigenen leib-seelischen Person einschließt, ist ein wesentliches Element hinduistischer Frömmigkeitspraxis, wie das häufig verwendete →*Mantra* „Shivoham" („Ich bin Shiva") verdeutlicht. Weil diese Einheitserkenntnis bzw. All-Einheitslehre am Ende der vedischen Zeit auftaucht, wird sie auch als „Vedānta" (*Veda-anta:* „Ende des Veda") bezeichnet. Der Ausdruck für die Einheit lautet „Advaita" (*A-dvaita:* „Nicht-Zweiheit"). In diesem Sinne spricht man von der „Schule des Vedānta" oder speziell des „Advaita-Vedānta" (vgl. S. 167f.).

Reinkarnation und Karma

In den frühen Upanischaden taucht auch zum erstenmal die Lehre auf, daß der Mensch nach seinem Tod in einem anderen Wesen – beispielsweise in einer höheren oder niederen Kaste oder als Tier – wiederverkörpert wird, und zwar entsprechend seinem eigenen Verdienst. Der Personkern *(Ātman)* ist in einem endlosen Kreislauf des Werdens und Vergehens gefangen, der mit dem Wort „Samsāra" und dem Symbol des sich ewig drehenden Rades bezeichnet wird. Die Befreiung (*Moksha* oder *Mukti*) aus diesem Kreislauf, also nicht die Fortdauer des Lebens über den Tod hinaus, wird damit zum eigentlichen Heilsziel.

Die Re-Inkarnations- oder Wiederverkörperungslehre ist im Hinduismus mit der Karmalehre verbunden. *Karma,* eigentlich „Werk", bezeichnet aber auch die Wirkung oder Frucht einer Tat. Die Wiederverkörperung erfolgt entsprechend dem Karma-Gesetz, das heißt entsprechend dem *Gesetz der automatischen Vergeltungskausalität der Taten* (H. von Glasenapp), das den Menschen auch über den Tod hinaus zwingt, in weiteren Existenzen gemäß den vollbrachten Taten auf höheren oder tieferen Lebensstufen zu erscheinen. Daraus darf freilich nicht gefolgert werden, daß es dem Hindu nur darum geht, schlechtes Karma zu vermeiden und gutes zu produzieren. Mit Hilfe guten Karmas kann man bestenfalls – zeitweilig – zum Gott aufsteigen, nicht aber zur Befreiung aus dem Kreislauf des Samsāra gelangen. Dazu sind andere Wege, Befreiungswege nötig (vgl. unten). Gutes wie schlechtes Karma stellen Potenzen bzw. Energien dar, die zu neuen Existenzen führen, um in ihnen ihre Wirkung entfalten zu können. Es ist also das Karma selbst, das den Kreislauf des Samsāra in Gang hält. Darum hat das Ideal des Nichthandelns oder des innerlich distanzierten, an Erfolg oder Mißerfolg uninteressierten Handelns im Hinduismus große Bedeutung gewonnen. Dieser „mystisch gebrochene Aktivismus" (H. von Glasenapp) wird vor allem in der *„Bhagavadgita"* gelehrt (2.47ff.; 4, 16ff. u.ö.).

Die Stärke der Karma-Lehre besteht darin, daß sie der gesamten Wirklichkeit eine rational einsichtige Gesetzmäßigkeit gab, der sogar die Götter unterworfen waren. Der Mensch war nicht mehr der unberechenbaren Gunst von Göttern und Geistern ausgeliefert, sondern auf sich selbst als den Schmied des eigenen Glücks zurückgeworfen.

Die Befreiungswege

Auf der Grundlage der Spekulationen über das Verhältnis von Ātman und Brahman sowie der Karma-Lehre entwickelten sich verschiedene Wege *(Mārga)* zur Befreiung, die hier nur, überdies etwas schematisch, angedeutet werden können. Sie haben gemeinsam, daß Befreiung

- negativ als Entkommen aus dem Kreislauf der Wiederverkörperungen *(Samsāra)*,
- positiv als Vereinigung mit dem Göttlichen bzw. als Realisierung der vorgegebenen Einheit mit ihm verstanden wird.

---

1 S. Radhakrishnan: Die Lebensanschauung des Hindu. Leipzig 1928, S. 52.

2 M. Eliade: Yoga. Unsterblichkeit und Freiheit. Zürich 1977, S. 53.

Zum besseren Verständnis muß noch etwas über das Verhältnis zwischen dem Göttlichen *(Brahman)* und dem „höchsten Gott“ *(Īshvara)* oder dem „Herrn“ *(Bhagavān)* gesagt werden. Im Unterschied zur Vielzahl der Götter *(Devas),* die zwar Erscheinungsformen des Brahman, aber selbst dem samsarischen Kreislauf unterworfen sind, steht der höchste Gott, ob er nun unter dem Namen Shiva, Vishnu oder Krishna verehrt wird, praktisch außerhalb dieses Kreislaufs. Der höchste Gott konnte nun gegenüber dem Brahman als dessen niedere Erscheinungsform abgewertet oder als dessen weltzugewandter persönlicher Aspekt aufgefaßt oder sogar als die höchste Form des Göttlichen aufgewertet werden.

Abb. 2: Tanzender Shiva

Aus: Kurt Bätz (Hrsg.): Weltreligionen heute: Hinduismus, a.a.O., S. 11.

Für die Vertreter des Advaita-Vedānta (vgl. oben S. 166) ist die Verehrung des unpersönlichen Brahman die höchste Form der Gottesverehrung, und die Befreiung wird nach ihrer Ansicht erlangt, indem der Mensch seine Identität – genauer: die Identität des eigenen Selbst *(Ātman)* – mit dem Brahman verwirklicht. Das kann auf dem Weg der Ewiges und Zeitliches unterscheidenden *Erkenntnis* und der entsprechenden yogischen Erfahrung geschehen. Um das Jahr 1000 n. Chr. setzte sich in Indien eine emotionale, theistische Richtung stärker durch. Sie empfiehlt die *Bhakti,* das heißt die *liebende Hingabe,* an eine personhaft vorgestellte Gottheit (darum theistisch) als die höchste Form der Gottesverehrung und als Weg zur Befreiung. Sie bestimmt das Verhältnis des Menschen zu Gott nicht im Sinne einer uneingeschränkten Identität, sondern sucht die Gemeinschaft mit ihm auf dem Weg der Hingabe (vgl. Bhagavadgita 12).

Die übliche schematische Einteilung unterscheidet drei Befreiungswege:

- den Weg der Erkenntnis *(Jñāna-Mārga),*
- den der liebenden Hingabe an Gott *(Bhakti-Mārga),*
- den der Tat bzw. des Handelns *(Karma-Mārga).*

Der letztere wird heute zumeist im Sinne des leidenschaftslosen, an Erfolg und Mißerfolg uninteressierten Handelns verstanden, wie es vor allem die *„Bhagavadgita“* lehrt (vgl. dazu oben S. 166). Allen Befreiungswegen sind einige Züge gemeinsam, wie im folgenden zu zeigen ist.

Wichtige Merkmale der Befreiungswege

Die Tendenz, hinter der Vielzahl von Gottheiten die Einheit des Göttlichen sichtbar zu machen, ist im Hinduismus alt. „Was nur das Eine ist, benennen die Dichter vielfach“, heißt es schon im Rig-Veda. Für den praktischen Vollzug der Gottesverehrung, zumeist in Gestalt von Bilderverehrung, ist die Idee wichtig, daß es nur einen „Herrn“ *(Bhagavān)* bzw. höchsten Gott *(Īshvara)* gibt.

Die Einheit des Göttlichen und die freie Wahl der Lieblingsgottheit

Die Mehrzahl der Hindus verehrt als „Bhagavān“ entweder

- *Vishnu* oder einen seiner „Herabkünfte“ *(Avatāras)* (etwa Krishna oder Rama),
- *Shiva* (teilweise unter anderen Namen) oder eine
- *Shakti,* das heißt eine weibliche Gottheit (wie etwa Kali, die Gattin Shivas).

In diesem Sinn kann man von drei hinduistischen „Konfessionen“ sprechen: den *Vishnuiten, Shivaiten* und *Shaktisten.* Durchaus nicht alle Hindus glauben, daß die Namen der Gottheiten austauschbar sind. Vor allem bei Anhängern der Krishna- und Vishnu-Bhakti findet sich eine erhebliche Exklusivität. Den meisten Hindus ist jedoch bewußt, daß es sich stets um den einen göttlichen Herrn handelt, und viele Legenden erzählen wunderhafte Begebenheiten, durch die eine Gottheit allzu eifrige Verehrer zur Toleranz bekehrt hat.

Dennoch verehrt der Hindu nicht wahllos verschiedene Gottheiten. „Auch der Hindu hat ein erstes Gebot. Er soll nur einen Ishtadevatā haben, dem er seine volle Aufmerksamkeit zukommen läßt.“[3] „Ishtadevatā“ ist die Lieblings- oder Wahlgottheit, deren Verehrung sich eine Person oder eine Familie ausschließlich widmet, ohne damit die Existenz anderer Gottheiten zu bestreiten. Im modernen Hinduismus wird auch Christus als Wahlgottheit akzeptiert:

> „Wenn ein Schüler seinen religiösen Lehrer um eine Unterweisung bittet, dann fragt dieser ihn nach seinem Lieblingsgott; denn jeder hat ein Recht, sich die Form des Glaubens und der Verehrung zu wählen, die ihm am meisten zusagt [...] Angenommen, ein Christ bittet einen Hindulehrer um geistlichen Rat, so wird er nicht von ihm verlangen, seine Ergebenheit zu Christus aufzugeben, sondern ihm sagen, daß seine Vorstellung von Christus nicht ausreicht [...]“[4]

Die Betonung der Praxis – der Yoga

Gemeinsam sind allen hinduistischen Heilswegen eine Abwertung der rein intellektuellen Erkenntnis und ihres Wertes für die Erlangung der Befreiung sowie eine Betonung der „Realisierung“ im Doppelsinn des englischen Wortes: „erkennen“ und „verwirklichen“. *Orthopraxie: rechtes Handeln ist wichtiger als Orthodoxie: rechter Glaube.* Eine wichtige Rolle spielen dabei Praktiken der Bewußtseinsveränderung. „Realisierung“ ist schon nach upanischadischer Lehre nur in einem vierten Bewußtseinszustand jenseits von Wachen, Träumen und Schlafen möglich, und der wird durch die Praxis des Yoga erreicht. Indien hat den Körper und die Physiologie in den Dienst des religiösen Strebens gestellt. Dieses Land hat einen großen Reichtum yogischer Praktiken entwickelt; denn der Yoga ist anpassungsfähig. Die meisten Yoga-Konzepte berufen sich auf die klassische Grundschrift des Yoga, die

3 K. Klostermeier: Hinduismus. Köln 1965, S. 87.

4 S. Radhakrishnan: Die Lebensanschauung des Hindu, a.a.O., S. 24f.

„Yoga-Sutras" des PATANJALI, und auf den von ihnen gelehrten achtgliedrigen Yoga-Pfad; sie deuten sie freilich verschieden (vgl. auch Bhagavadgita 6, 10ff.).

Abb. 3: Yoga

Aus: Kurt BÄTZ (Hrsg.): Weltreligionen heute: Hinduismus, a.a.O., Dia Nr. 28.

Daß es dem Yoga um Ausschaltung des normalen, auf logisches Denken angelegten Bewußtseins geht, wird schon an PATANJALIS Definition deutlich: „Yoga ist die Stillegung der Bewegungen des Bewußtseins." Den Anfang des 8gliedrigen Yoga-Pfades bilden zwei „Glieder", die moralische und religiöse Disziplin fordern; darauf folgen drei weitere, welche die eigentliche Meditation vorbereiten; diese wird in den letzten drei Gliedern beschrieben:

1. YAMA:	„Disziplin": niemandem Schaden zufügen, nicht stehlen, usw.
2. NIYAMA:	„Beachtung der positiven Gebote": Reinheit, Askese, Forschen in den Schriften, usw.
3. ĀSANA:	„Körperposition": Bei PATANJALI soll sie „fest und bequem" sein und damit der Stillegung des Körpers dienen. In späterer Zeit ist eine Fülle teilweise sehr komplizierter Āsanas entwickelt worden, vor allem im Hatha-Yoga.
4. PRĀNAYAMA:	„Atemzügelung": Der Atemrhythmus wird verlangsamt bis zur fast völligen Stillegung. Das Achten auf den Atemvorgang dient zugleich der Konzentration.
5. PRATYĀHĀRA:	„Zurückziehen der Sinne", „wie eine Schildkröte ihre Glieder einzieht": völlige Isolierung des Bewußtseins von der Außenwelt.
6. DHĀRANA:	„Konzentration": Fixierung des Denkens auf einen Punkt: auf Nabel, Herz, Stirn, äußere Objekte oder auf ein Mantra.
7. DHYĀNA:	„Meditation, Versenkung": Tieferes Eindringen in den Gegenstand, dessen Besitzergreifung und Assimilierung bis hin zur „magischen Bemeisterung"[5].
8. SAMĀDHI:	„Versunkenheit; Enstase im Unterschied zur Ekstase": Einheitserfahrung. In ihrer höchsten Form wird der Unterschied zwischen dem meditierenden Subjekt und dem Meditationsobjekt völlig aufgehoben. Der geistige Personkern *(Ātman, Purusha)* ist dann von allem Materiellen isoliert. Er verschmilzt, wenn das Brahman als Objekt der Meditation dient, mit diesem.

5 M. ELIADE: Yoga, a.a.O., S. 104.

Im folgenden modernen Text werden die beiden letzten Stufen des Yoga-Pfades, nämlich 7. Dhyāna („Meditation") und 8. Saṃādhi („Versunkenheit") beschrieben, und zwar in der Weise, daß der göttliche Urgrund, das Brahman, als Gegenstand der Meditation dient. Dabei wird auch die Rolle des Guru als Lehrer und „Zerstreuer der Finsternis" deutlich gemacht. Erklärungen und Sanskrit-Begriffe sind in Klammern hinzugefügt:

„Der Schüler nähert sich dem gütigen Lehrer und spricht zu ihm mit den Worten Shankaras [vgl. oben S. 166]: ‚Errette mich vom Tode, der ich ergriffen bin von dem Feuer, das heftig lodert unter dem Wind der bösen Taten, die ich in meinem früheren Leben vollbracht habe *[Karma]* [...] Geruhe, mich zu retten, und sage mir genau, wie ich ein Ende machen kann der ewigen Wiederholung von Geburt und Tod *[Samsāra]*, begleitet von Leid und Enttäuschung.' – ‚Fürchte dich nicht, o Gesegneter', ermutigt der Guru den betrübten Schüler, ‚es gibt einen Weg [...] Das Feuer der Erkenntnis *[Jñāna]*, entzündet durch die Unterscheidung zwischen dem Selbst *[Ātman]* und dem Nicht-Selbst, verzehrt die Unwissenheit und ihre Folgen'.
Während der Schüler über seine Einheit mit dem Brahman meditiert *[Dhyāna]*, gerät er in eine Gemütsverfassung, die ihn fühlen läßt, daß er Brahman ist [das „Tat tvam asi", vgl. oben S. 166), immer frei, immer selig, immer erleuchtet. Dieser Zustand zerstört gradweise seine Unwissenheit und Zweifel über das Brahman. Selbst jetzt ist Brahman für ihn nur ein Geisteszustand oder eine Welle in seinem Verstand. Mit dem Tieferwerden der Meditation wird der Verstand, der eine Manifestation der Unwissenheit und eine Form der Materie ist, zerstört, und nach dem Verschwinden des reflektierenden Mediums wird der im Brahman reflektierte Verstand von dem höchsten Brahman absorbiert, das aus sich selbst strahlt [Übergang von der „Meditation" zur „Versunkenheit", von *Dhyāna* zu *Samādhi*]; es ist ähnlich der Rückkehr des in einer Schüssel Wasser sich spiegelnden Sonnenlichts zur Sonne, wenn die Schüssel zerstört wird. So werden das Subjekt und das Objekt, das reine Bewußtsein und das individualisierte Bewußtsein eins. Diese Einheit *[Advaita]*, unbeschreibbar mit Worten, kennt nur der, der es erlebt."[6]

(2) Beschreiben Sie den Zusammenhang zwischen dem hinduistischen Heilsziel und der Yogapraxis anhand des vorstehenden Textes.

....

....

....

....

....

....

....

....

....

....

....

....

Dieser Text macht deutlich, daß der eigentliche Yoga nur in seinen vorbereitenden Stufen auf Entspannung und Gesundheit zielt, im Grunde aber ein *praktischer Weg zur Verwirklichung des hinduistischen Heilszieles* ist. Er ist eine „Technik der Autonomie" und „verwirklicht zugleich einen Traum, welcher den menschlichen Geist seit den Anfängen seiner Geschichte beschäftigt, nämlich den Traum ... der Wiederherstellung der anfänglichen Nichtdualität, der Aufhebung der Zeit und der Schöpfung ..., der Aufhebung vor allem der Zweiteilung des Realen in Objekt und Subjekt."[7]

6 Swami NIKHILANANDA: Der Hinduismus. Berlin 1960, S. 127.
7 M. ELIADE: Yoga, a.a.O., S. 108.

Tafel 1: Götter und Dämonen der Hindus

Boris Artzybasheff

Aus: Die großen Religionen der Welt. München/Zürich 1958, S. 21.

Auf dem Bilde sind nur die bekanntesten und beliebtesten Götter der Hindus verzeichnet. Ganz oben haben wir die Dreifaltigkeit: Brahma, Wischnu, Schiwa. Der vierköpfige Brahma (Mitte), der Schöpfer, der Opfergeräte, Gebetsperlen und ein Manuskript in den Händen hält, thront über der Welt auf dem mystischen Meru-Berg, wo er mit seinem Weib Saraswati wohnt. Saraswati wird gewöhnlich auf einem Pfau reitend dargestellt. Sie ist die Göttin der schönen Künste. Wischnu, der Erhalter (rechts), der einen Lotos, eine Muschel und ein Zepter trägt, lebt mit seinem Weibe Lakschmi ebenfalls auf dem Meru. Manchmal sieht man ihn auch auf Ananta, einer vielköpfigen Schlange, liegen. Wenn er durch den Himmel reitet, trägt ihn der Vogel Garuda. Aus Wischnus Nabel wächst eine Lotosblüte, die den Gott Brahma trägt. Damit soll die Verflechtung der Götter versinnbildlicht werden. Bei früheren Inkarnationen hatte Wischnu unter anderem die Gestalten eines Fisches und einer Schildkröte angenommen, die den Göttern in ihrem Kampf mit den Dämonen halfen; auch als Löwe (den wir hier bei der Zerfleischung eines Dämons sehen), als Eber und als Zwergenkind, das eine Verschwörung gegen die Götter vereitelt, war Wischnu „Fleisch geworden“, schließlich auch als Rama und Krischna. Radha, die Geliebte des jungen Rama, ist eine gewöhnliche Sterbliche, sein Weib Sita hingegen ist eine wiedergeborene Lakschmi. Als Ramas wichtigster Helfer gilt der langgeschwänzte Affengott Hanuman.

Schiwa, der Zerstörer (links), drittes Glied der Dreifaltigkeit, lebt auf dem Berg Kailas. Manchmal reitet er auf einem Stier und hält dabei sein Weib Parwati im Arm. Er tanzt auf dem Rücken eines Zwerges oder sitzt in tiefer Meditation auf einem Tigerfell, während der heilige Ganges-Strom aus seinem Haupte quillt. Schiwas Gemahlin, die viele Formen hat, ist als Parwati oder Uma voll weiblicher Grazie, als Durga wild und als Kali blutrünstig. Kali hält ein abgeschlagenes Haupt in der Hand und hat sich eine Girlande von Schädeln umgehängt. Schiwas Söhne sind die kriegerischen Karttikeja, die Führer der göttlichen Heere, und der sanfte Ganescha, der alles Hinderliche beseitigt und dem eine Ratte helfend zur Seite steht. Diese Götter (die auf unserem Bild die obere Hälfte einnehmen) sind die wichtigsten Gestalten des indischen Pantheons.

Auf einer tieferen Ebene haben wir (von links nach rechts): die Zwillinge Aschwins, die Ärzte der Götter; Uschas, die Göttin der Morgenröte, die die sieben Tage der Woche in Gestalt von sieben Kühen vor sich hertreibt; Surja, den Sonnengott, dessen Wagen von sieben Pferden gezogen wird; Agni, den Feuergott, auf einem Widder; Indra, den tausendäugigen Gott des gestirnten Himmels; Schandra, den Mondgott, den eine Antilope zieht; Waju, den Gott des Windes, und die Maruts, die die Sturmwolken lenken und deren Waffen Donnerkeile sind.

Noch tiefer in der Rangordnung der übernatürlichen Wesen stehen: Kubera, der Gott des Reichtums, mit seinem Gefolge von Jakschinis und Jakschas, weiblichen und männlichen Dämonen; Rawana, der Dämonenkönig, der im Epos *„Ramajana“* Ramas Weib Sita entführt; die Rakschasas, böswillige Kobolde in Ramas Gefolge; Manu, ein Stammvater der menschlichen Rasse, der gleich Noah eine Sintflut überstand; Soma, der Gott des Rauschgiftes der heiligen Soma-Pflanze, aus der, ähnlich wie in der persischen Zarathustra-Religion, ein stark berauschendes Getränk gebraut wird; ferner Waruna, der Gott der kosmischen Ordnung, der auf dem Fischungetüm Makara reitet; die Schlange Writra, die Hauptfeindin der Götter; Jama, der König des Todes, den zwei Hunde begleiten, wenn er Seelen zum Himmel bringt oder zur Hölle schleppt; die Kinnaras, halb menschliche, halb vogelartige himmlische Musiker; die Apsaras, Wassernymphen, die die Asketen zu verführen suchen; die Nagas oder Schlangengötter und die Wrikschadewatas oder Baumgöttinnen, die die Baumstämme mit ihren Füßen treten, um anzudeuten, daß ohne Reiz keine Zeugung möglich ist. Die Riten und Formen, in denen die Hindus diese ihre Götter und Göttinnen anbeten, sind äußerst unterschiedlich.

Guru – Initiation – Mantra

Die Bedeutung des *Guru* ist im Verlauf der indischen Religionsgeschichte immer größer geworden und heute, jedenfalls in bestimmten Kreisen, kaum noch steigerungsfähig. In der Frühzeit wurde der Guru vor allem als Lehrer verehrt, später konnte er als Gott, ja als „größer denn Gott“ gepriesen werden. „Wenn Shiva zornig ist, ist der Guru der Retter, ist aber der Guru zornig, so kann keiner retten.“[8] Vom Guru wird erwartet, daß er andere den Weg zur Befreiung führen kann, weil er ihn selbst gegangen oder auf ihm zumindest weit fortgeschritten ist. Er ist der Mann – in bestimmten Kreisen kann es auch eine Frau sein –, der „schwimmen“ und darum „einen Ertrinkenden aus dem Wasser ziehen“ kann. Ein Guru in diesem Sinne war selbst einmal Jünger eines anderen Guru und steht darum in einer ununterbrochenen Traditionskette, die in die mythische Vorzeit zurückreicht und der Gegenwart deren Geheimnisse und Kräfte vermittelt. Selbst ans Ziel gelangt, wird er zum Meister, nimmt seinerseits Jünger an und initiiert sie, das heißt weiht sie ein, zumeist indem er ihnen vertraulich ein passendes Mantra gibt.

Der Laut OM, dessen Symbol hier dargestellt ist, versinnbildlicht das Brahman, das höchste Weltprinzip. Es heißt darüber: „Wer diese eine Silbe kennt, dem wird zuteil, was ihm beliebt.“

Ein *Mantra* ist nicht einfach eine „heilige Silbe“. Auch die Verse der Veden gelten als Mantras, das heißt als machtgeladene Rezitationsformeln, in denen das Göttliche oder eine bestimmte Gottheit gegenwärtig ist. Einzelne Mantras sind bestimmten Gottheiten zugeordnet und machen dem Rezitierenden deren Kraft zu seinem freien Gebrauch verfügbar. Das Göttliche wird im Hinduismus auch als Klang vorgestellt. Ein Mantra ist also die Klanggestalt einer Gottheit, wie ihr Bild deren sichtbare Gestalt ist. Das Ur-Mantra ist die Silbe „Om“ – wie viele Mantras einsilbig und durch den nasalen Charakter zur Erzeugung von Lautschwingungen besonders geeignet.

Die Macht des Mantras wird aber nur durch die Einweihung *(Initiation)* zugänglich, und diese wiederum kann nur durch einen legitimen Guru gegeben werden. Insofern ist der Guru die „Wurzel der Initiation“, die Initiation ist die „Wurzel des Mantra“, und auf ihm beruht die Gottheit, die dem Eingeweihten den höchsten Erfolg verleiht. Mit dem Yoga wiederum sind alle drei verbunden, weil viele Yoga-Techniken mit Mantras arbeiten (Mantra-Yoga) und der Guru sowohl in die Yoga-Technik einführt als auch jedem Jünger ein oder mehrere passende Mantras gibt. Zudem dient die Gestalt des jeweiligen Guru häufig als Gegenstand der Meditation. *Dieser Zusammenhang zwischen Guru, Initiation und Mantra ist als geistiger Hintergrund vieler indischer Guru-Bewegungen im Westen wichtig.*

Zentrale Vorstellungen und Praktiken des traditionellen Buddhismus

Das folgende Kapitel arbeitet die Wesenszüge des Buddhismus heraus und nimmt gleichzeitig eine Abgrenzung zwischen Buddhismus und Hinduismus vor. Dabei werden insbesondere Fragen des buddhistischen Atheismus, der Nicht-Ich-Lehre, aber auch die zentralen Themen der edlen vier Wahrheiten und des Achtgliedrigen Pfades zur Überwindung allen menschlichen Leidens erörtert.

Buddha, Dharma und Sangha

Der Buddhismus, im 6. vorchristlichen Jahrhundert in Nordindien entstanden, ist im Unterschied zum Hinduismus eine gestiftete Religion. „Buddha“ ist kein Name, sondern ein Ehrentitel („der Erwachte“), der dem Menschen SIDDHARTHA GAUTAMA (wahrscheinlich 563–483 vor Chr.) aus dem Geschlecht der Shakyas beigelegt wurde. Im Unterschied zu anderen Buddhas wird er darum auch der „Buddha Shakyamuni“, der Weise aus dem Stamm der Shakyas, genannt.

Im Alter von 29 Jahren verließ er, der Überlieferung nach, seine Familie, ging „in die Hauslosigkeit“, erlebte nach sechsjähriger religiöser Suche beim heutigen Bodh Gaya in Nordindien seine Erleuchtung (*Bodhi*, japanisch: *Satori*), sammelte einen Kreis von Jüngern um sich und hinterließ bei seinem Tod (buddhistisch gesprochen: bei seinem Eingang ins Parinirvana) einen wohlgeordneten „Sangha“, das heißt eine Ordensgemeinschaft von Mönchen und Nonnen mit einem größeren Kreis von Laienanhängern.

Abb. 4: Das Leben des Buddha. Thanka, 19. Jahrhundert, Tibet (Umzeichnung)

Nach: Kurt BÄTZ (Hrsg.): Weltreligionen heute: Buddhismus. Zürich/Köln/Lahr 1983. Kopiervorlage.

8 Kularnava Tantra 12, 49, zitiert nach: The Nature of Guruship. Ed. by C. O. MCMULLEN. Delhi 1976, S. 22.

Erläuterungen:

1 Empfängnis

Will man an die Buddhabiographie allzu strenge historische Maßstäbe anlegen, geht man an ihrer Intention vorbei. Den Verfassern ging es darum, eine jenseits aller Historie liegende Wahrheit zu verkünden. So ist es selbstverständlich, daß schon natürliche Ereignisse einer Biographie, wie Empfängnis und Geburt, sich ganz anders darstellen als bei einem gewöhnlichen Menschen. Auf dem Bild bekundet der künftige Buddha die Ankunft seiner Mutter Māyā, die während seines Eintritts in ihren Schoß träumt, ein weißer Elefant beträte ihren Schoß.

2 Geburt

Nach zweifelsfreier historischer Überlieferung wurde Gautama Siddhartha, der später den Beinamen Buddha erhielt, um das Jahr 560 v. Chr. als Sohn des Stammesfürsten der Sākyas, Suddhodana, geboren. So wurde er auch Sākyamuni, „der Weise aus dem Sākya-Geschlecht", genannt. Sein Geburtsort war Lumbinī, ein Dorf in der Nähe der damaligen Hauptstadt Kapilavastu – heute an der Südgrenze von Nepal gelegen. Die Mutter Māyā starb kurz nach der Geburt, und der Knabe wurde von seiner Tante und Stiefmutter aufgezogen. Soweit die historische Überlieferung. Die Legende dagegen macht aus ihm einen Königssohn, den seine Mutter stehend gebiert. Er tritt aus ihrer Seite, wie er auch bei der Empfängnis in sie eingetreten war, macht je sieben Schritte in die vier Himmelsrichtungen und bekundet seine zukünftige Buddhaschaft. Aus diesem Kinde konnte nur ein großer politischer oder ein geistlicher Weltenherrscher, ein Buddha, werden.

3 Leben im Palast

In den Predigten des späteren Buddha kommen Berichte vor, in denen er selbst in Ich-Form spricht. So sagt er von sich selbst, daß er ein verwöhntes und verzärteltes Kind gewesen sei. Als Jüngling habe er drei Paläste besessen, einen für die heiße, einen für die kalte Jahreszeit und einen für die Regenzeit. Offensichtlich war er der Stolz seines Vaters und für eine große Zukunft vorgesehen. Das Bild stellt ihn mit Musikantinnen dar, um die Freuden eines müßigen Palastlebens auszudrücken. Alle Behaglichkeiten stehen ihm auf Wunsch zur Verfügung. Er heiratet später eine Stammesangehörige, mit der er einen Sohn namens Rāhula hat. Die Legende schmückt diesen Lebensabschnitt in echt orientalischer Übertreibung aus, um einen gebührenden Kontrast zum späteren Weltentsagung darzustellen. So war auch der Vater erschüttert als der Sohn anfing, sich Gedanken über die Vergänglichkeit irdischen Lebens zu machen. Es blieb nur die Flucht

4 Flucht aus dem Hause

Die Flucht geschah nicht abrupt, sondern war die letzte Konsequenz aus einer Kette von Überlegungen über Altern, Krankwerden und Sterben. Der Vater, der um die Überlegungen seines Sohnes wußte, traf strengste Sicherheitsvorkehrungen, um den Sohn bei sich zu halten. Nach der Legende mußten daher sogar die Götter eingreifen, um diese Flucht zu ermöglichen. Bei Nacht verließ Gautama mit Pferd und einem Diener das Haus. Den Diener schickte er dann mit Pferd und den kostbaren Kleidern wieder zurück. Der Begriff „Auszug" ist heute noch gleichbedeutend mit „in den buddhistischen Orden eintreten".

5 Weltentsagung

Die Abbildung zeigt die Szene, wie Gautama nach Ablegen seiner kostbaren Kleider sich zum Zeichen seiner Weltentsagung die Haare abschneidet. Auch heute noch bekommt der Mönch bei seinem Ordenseintritt den Kopf kahlgeschoren. Für Gautama beginnt nun eine abenteuerliche Zeit der Erlösungssuche. Die Heilsmethoden seiner beiden wichtigsten Lehrer hat er nach eigener Aussage sehr schnell erlernt, ohne jedoch die Erlösung erreicht zu haben. So gibt er sich schließlich mit fünf Schülern strengster Askese hin und fastet sich fast zu Tode, ohne sein Ziel zu erreichen. Nach diesem Mißerfolg nimmt er wieder Speise zu sich, worauf ihn seine Schüler enttäuscht verlassen. Er selbst aber setzt sich unter einen Feigenbaum (heute Bodh Gaya) und beschließt, erst dann wieder aufzustehen, wenn er die erlösende Einsicht (Bodhi) gewonnen habe. Auch diese Szene ist legendär ausgeschmückt, denn alle Gottheiten dienen ihm, um ihn in seiner Bemühung zu unterstützen.

6 Versuchung

Der erste Schritt zur Verwirklichung der erlösenden Erkenntnis war die Beseitigung aller der Versenkung im Wege stehenden Hindernisse. Die Legende macht daraus ein dramatisches Geschehen: Māra, der Böse, läßt ein Dämonenheer auf den Erhabenen los, Personifikationen menschlicher Untugenden, die ihn an die Welt binden. Māra ist eigentlich ein Todesgott, dann aber der Herr der Welt, weil ja die Welt dem Tod und der Vergänglichkeit unterworfen ist. Eine wesentliche Erkenntnis des Buddha war, daß alles, Gutes und Böses, vergänglich ist. Dies bezeichnet er mit dem Begriff „Leiden". Insofern durch die erlösende Einsicht Buddha diesen Kern aller irdischen Existenz erkannt hat, wird er selbst zum Herrn der Welt und macht Māra dessen eigene Domäne streitig. Māra bittet nun den Buddha, den er nicht überwinden konnte, die Lehre nicht zu verkünden, damit die Menschen in seinen Fesseln verstrickt bleiben. Doch Buddha lehnt ab.

7 Erlösende Einsicht

Nachdem Māra geschlagen war, kamen himmlische Wesen, um den Erhabenen zu bedienen und ihn zu bitten, die Lehre zu verkünden. Die erlösende Einsicht (Bodhi) bestand im wesentlichen in der Erkenntnis, daß alles vergänglich ist und daß die Ursache für die Wiedergeburt die Unwissenheit ist. Die Wiedergeburt gehört zur Grundüberzeugung indischen Denkens. Erlösung bedeutet demnach Befreiung von der Wiedergeburt. Die Welt als ganze ist durch Wiedergeburt gekennzeichnet. So wird sie auch einfach als Kreislauf der Wiedergeburt bezeichnet (Samsara). Wiedergeburt ist eine Kette von Ursache und Wirkung; will man diese unterbrechen, muß man das erste Glied kennen. Die Ursache ist das Anhaften an der Welt in positiver wie negativer Hinsicht. Nur in der absoluten Unberührtheit ist die Befreiung gewährleistet. Zu diesem Wissen ist der Erhabene erwacht; so trägt er seit dem Erwachen (Bodhi) den Beinamen Buddha, der „Erwachte".

8 Das vollständige Erlöschen

Die Abbildung zeigt den erhabenen Buddha auf einer Liege, eine Darstellung, die traditionell als „Eingang in das Nirvana" bezeichnet wird. Nirvana bedeutet Verlöschen (nämlich der Ursachen, die zur Wiedergeburt führen). Nun lebt aber Buddha seit der erlösenden Erkenntnis im Nirvana, das insofern unvollkommen ist, als er noch irdisch da ist. So wird sein Sterben, das sich in seinem achtzigsten Lebensjahre auf dem Weg in seine Heimatstadt Kapilavastu ereignete, Parinirvāna, vollständiges Erlöschen, genannt.

9 Die drei Körper des Buddha

Der Mittelteil der Thanka zeigt drei übereinander stehende Kreise, die sich über der Darstellung vom vollkommenen Erlöschen erheben. Diese Vorstellung hat nichts mehr mit dem historischen Buddha zu tun, sondern stammt aus der Buddhologie, in der das Wort Buddha nicht mehr den historischen Gautama Siddhartha meint, sondern die ewige und wahre Buddhanatur. Der oberste Kreis zeigt Yab Yum, die Vereinigung aller Gegensätze und zugleich Ausgangspunkt aller Erscheinungen. Der zweite Kreis zeigt die Ebene der Bodhisattvas: Das eigentlich unsichtbare Wesen ist in Erscheinung getreten, um in gnädiger Weise über den Fortgang der buddhistischen Religion zu wachen. Der dritte Kreis schließlich zeigt die in historisch konkrete Erscheinungsform getretene Buddhanatur. So ist die Thanka eigentlich von der Mitte her zu lesen, alles andere ist nur „Randerscheinung".

Aus: D. Back in Kurt Bätz (Hrsg.): Weltreligionen heute: Buddhismus, a.a.O., S. 37f.

Vom damaligen, brahmanisch beherrschten Hinduismus trennte sich diese neu entstehende Religion auf mehrfache Weise. Sie lehnte das in den Veden vorgeschriebene Opferritual und die damit verbundene Vorherrschaft der Brahmanen ab und erkannte, jedenfalls innerhalb des Ordens, das Kastensystem nicht an. Als einzige Autorität galt die von Buddha verkündete Lehre, der „Dharma", der in den folgenden Jahrhunderten schriftlich niedergelegt und weiterentwickelt wurde. Bis heute bekennt man sich als Buddhist, indem man die *dreifache Zufluchtsformel* spricht:

> „Ich nehme meine Zuflucht zum Buddha,
> ich nehme meine Zuflucht zum Dharma,
> ich nehme meine Zuflucht zum Sangha."

Diese drei: der Buddha, seine Lehre und sein Orden bzw. seine Gemeinde machen das Wesen des Buddhismus aus. (Im tibetischen Buddhismus kommt noch als vierte Zuflucht die zum Lama, das heißt dem Guru, dazu.)

Die Entstehung der „Fahrzeuge"

Im Unterschied zum traditionellen Hinduismus erwies sich der Buddhismus als eine missionierende Religion. Als er um etwa 1200 n. Chr. in seinem Ursprungsland Indien weitgehend verschwand, hatte er längst seinen Weg in andere Länder gefunden. Unter dem indischen Kaiser Ashoka (gest. 232 vor Chr.) war er nach Sri Lanka getragen worden, das heute das wichtigste Zentrum der ältesten noch lebenden Form des Buddhismus bildet. Als „Kleines Fahrzeug" *(Hīnayāna)* wurde es abfällig von den Anhängern des „Großen Fahrzeugs" *(Mahāyāna)* bezeichnet, das im ersten vorchristlichen Jahrhundert ebenfalls noch in Indien entstand und vor allem in China und Japan den Buddhismus geprägt hat. Die heutigen Anhänger des Kleinen Fahrzeugs bezeichnen ihre Richtung lieber als „Theravāda", als den „Weg der Alten". Auf dem Mahāyāna aufbauend und an die einheimische Religion anknüpfend, entwickelte sich schließlich in Tibet das „Diamantfahrzeug" *(Vajrayāna)*. Diese Ausbreitung und Weiterentwicklung des Buddhismus läßt sich an den verschiedenen Worten für die buddhistische Meditation verdeutlichen. Aus dem Sanskrit-Wort *Dhyāna* und dem entsprechenden Pali-Wort *Jhāna* wurden das chinesische *Ch'an* und das japanische *Zen*.

Im *Kleinen Fahrzeug* bzw. dem *Theravada-Buddhismus* strebt der Mensch danach, das Ideal des Heiligen, des „Arhat", aus eigener Kraft zu verwirklichen und für sich selbst das Nirvana zu erlangen. Das gelingt freilich nur einer Minderheit, während die Mehrheit sich damit begnügen muß, das eigene Karma und die Ausgangsposition für die Erlangung des Nirvana in einer späteren Wiedergeburt zu verbessern.

Im *Großen Fahrzeug* dagegen steht das Ideal des „Erleuchtungswesens" *(Bodhisattva)* im Mittelpunkt. Der Bodhisattva arbeitet nicht nur für die eigene Erlösung, sondern, an der Schwelle zum Nirvana umkehrend, aus großem Mitleid für die Befreiung aller Wesen, und der Mensch darf darauf hoffen, auf dem Weg zum Nirvana den Beistand göttlicher Wesen zu erhalten. (Der moderne Buddhismus bemüht sich, die traditionellen Gegensätze zwischen den Fahrzeugen in Richtung auf eine gesamtbuddhistische Ökumene abzubauen.)

Die *Literatur* des Kleinen Fahrzeugs ist im sogenannten Pali-Kanon zusammengefaßt, einer Sammlung von Schriften in der indischen Pali-Sprache. (Wir verwenden allerdings im folgenden, wie beim Hinduismus, die Sanskrit-Begriffe.) Die Grundschriften des Mahayana sind die in Sanskrit, Chinesisch und Tibetisch abgefaßten oder übersetzten „Leitfäden" *(Sūtras)*; dazu kommt weitere chinesische und japanische Literatur. Zitiert wird im folgenden überwiegend nach H. von Glasenapps Buch *„Pfad der Erleuchtung"* (abgekürzt „Pfad", mit Seitenzahl), oder nach Nyanatilokas „Buddhistischem Wörterbuch" (abgekürzt „Nyanatiloka", mit Seitenzahl).

Unterschiede gegenüber dem Hinduismus

Der Buddha hat es stets abgelehnt, sich zu metaphysischen Fragen zu äußern, die er für nutzlos zur Erlangung der Befreiung hielt. Kein von einem Giftpfeil Getroffener wird, nach einem Gleichnis des Buddha, vor der Entfernung des Geschosses wissen wollen, wer der Schütze war, woher er stammt und aus welchem Material Pfeil und Bogen waren. Gleichermaßen habe er vieles nicht erklärt, „weil es nicht zum Heiligen Wandel gehört und nicht zur Weltentsagung, zur Leidenschaftslosigkeit, zur Erkenntnis und zum Nirvana führt" (Pfad, Seite 69). Obgleich Vertrauen zur Lehre des Buddha unerläßlich ist, dient diese doch nur als ein Floß, „das man benutzt, um über einen Strom an das andere Ufer (das Nirvana) zu gelangen, das man aber, wenn es diesen Zweck erfüllt hat, nicht mehr mit sich herumschleppt" (Pfad, Seite 56). Der Buddhismus ist kein System von Glaubenswahrheiten, sondern vor allem ein zu betretender Pfad.

Metaphysische Skepsis und buddhistischer „Atheismus"

In diesem Sinn, nicht unbedingt als Leugnung der Existenz eines oder vieler göttlicher Wesen, ist auch der sogenannte buddhistische „Atheismus" zu verstehen. Gottheiten sind wie alle Wesen dem samsarischen Kreislauf des Werdens und Vergehens unterworfen und für den Menschen wertlos zur Erlangung des Heils. Am stärksten betont der Theravada-Buddhismus, daß der Mensch selbst nach der Befreiung zu streben hat. „Habt euch selbst als Leuchte, euch selbst als Zuflucht, nichts anderes als Zuflucht" (Pfad, Seite 58). Im Theravada wird auch am deutlichsten herausgestellt, daß der Buddha trotz aller ihm dargebrachten Verehrung als Mensch anzusehen ist. „Wenn also Gleichgültigkeit gegenüber einem persönlichen Weltenschöpfer Atheismus bedeutet, dann ist der Buddhismus in der Tat atheistisch."[9] Nach den „Zwölf Grundsätzen" findet der Buddhismus im Westen auch deshalb Anklang, „weil er den Menschen allein zum Schöpfer seines jetzigen Lebens und zum einzigen Planer seines Schicksals bestimmt".[10]

Die Nicht-Ich-Lehre

Der Buddhismus, wie er im Pali-Kanon gelehrt wird, unterscheidet sich vom Hinduismus vor allem dadurch, daß er die Existenz eines substantiellen göttlichen Personkerns (*Ātman,* darum „An-ātman-Lehre", in Pali „An-ātta-Lehre", d.h. Nicht-Selbst- bzw. Nicht-Ich-Lehre) leugnet und gleichsam eine „Seelenwanderung ohne Seele" lehrt. Wie eine Billardkugel ihre Energie an die nächste weitergibt, ohne daß ein Teil von ihr auf die andere übergeht, so kommt es zur Wiedergeburt. Ein zentrales Ziel buddhistischer Einsicht und Meditation besteht gerade darin, *die Vorstellung eines Ich als Illusion und als Ursache des Leidens zu entlarven.* (Es ist freilich zu beachten, daß dabei nicht die westliche Vorstellung von Individualität und Persönlichkeit zugrunde liegt. Überhaupt sind die Deutung und das Alter der Nicht-Ich-Lehre auch unter Buddhisten umstritten.)

In Wirklichkeit besteht nach der Lehre des Pali-Kanons das Leben aus nichts anderem als einem rastlos vorwärts drängenden Strom von einander bedingenden „Daseinsfaktoren" *(Dharmas),* die in fünf Gruppen *(Skandhas)* aufgeteilt sind.

9 E. Conze: Der Buddhismus, Wesen und Entwicklung. Stuttgart 1962, S. 36.

10 Die Zwölf Grundsätze des Buddhismus, zitiert nach: H. Rzepkowski: Buddhismus in geistiger Auseinandersetzung mit der modernen Welt. Arbeitstexte der Evangelischen Zentralstelle für Weltanschauungsfragen, Nr. 12, Stuttgart 1973, S. 14. Englisches Original in: C. Humphreys: Buddhism. Harmondsworth 1975, S. 76.

Diese werden als „Anhaftungs-" oder „Aneignungsgruppen" bezeichnet, weil jeder unerlöste Mensch sie sich bei seiner Wiedergeburt „aneignet" und, im Sinne einer falschen Identifizierung, an ihnen gierig „haftet". Diese fünf Gruppen, nämlich Körper, Empfindung, Wahrnehmung, Geistesregungen und Bewußtsein, können hier nicht näher erläutert werden. Es genügt, sich klarzumachen, daß dieses ungewöhnliche Wirklichkeitsverständnis an der Psychologie der Wahrnehmung mit ihrem ständigen Wechsel von äußeren Eindrücken orientiert ist. Entscheidend ist die buddhistische Aussage, daß sich die gesamte Wirklichkeit in diesen Gruppen von Daseinsfaktoren erschöpft, und daß es hinter ihnen kein Ding an sich, keine bleibende Substanz gibt, weder in der Außenwelt noch im Menschen selbst.

„Die Zuhörer werden von einer Melodie nur so lange betört, wie sie sie als beseelte Klangeinheit verstehen. Werden sie sich der einzelnen Töne bewußt, ist der Zauber für sie zerstört. In ähnlicher Weise lassen sich die Menschen von der Welt nur so lange beeindrukken, wie sie sie für wesenhaft halten. Durchschauen sie eines Tages sich selbst und ihre empirische Welt als von Bedingten Dharmas hervorgerufene Phänomene, geht ihnen auf, daß sie sich seit unausdenklichen Zeiten von etwas Scheinhaftem haben nasführen und ängstigen lassen."[11]

Der Buddhismus mutet dem Menschen also zu, sich von seinem Ich-Bewußtsein als von einer wahnhaften Idee zu lösen und zu der Einsicht zu kommen:

„Das Leiden gibt es, doch kein Leidender ist da.
Die Taten gibt es, doch kein Täter findet sich.
Erlösung gibt es, doch nicht den erlösten Mann.
Den Pfad gibt es, doch keinen Wanderer sieht man."
(Nyanatiloka, S. 25)

Diese Einsicht erschließt zugleich auch den Weg ins Nirvana. Eine neue Wiederverkörperung wird unmöglich, wenn der Mensch jene „wahnhafte Idee" und das „Anhaften" an die Daseinsfaktoren überwunden hat. Der Strom des bedingten Seins kommt dort zum Stillstand, wo keine karmische Energie mehr übrig ist, welche die fünf Gruppen von Daseinsfaktoren zu neuen Existenzen verbindet. Der Buddhismus führt das Elend des Menschen dementsprechend auf *zwei Ursachen* zurück:

- die *Unwissenheit,* vor allem über die Nichtexistenz eines Selbst, und
- *die Gier bzw. den „Durst",* der die innere Loslösung von der scheinhaften Außenwelt verhindert.

Die erste Ursache wird in erster Linie durch die innere Aneignung der Buddha-Lehre, die zweite vor allem durch Meditationspraktiken überwunden.

Buddhistische Meditationsformen wie die „Achtsamkeitsübung" *(Satipatthāna)* sollen methodisch die Vorgänge, die im Körper, in den Empfindungen, Wahrnehmungen, im Denken und Bewußtsein (also in den fünf „Gruppen") ablaufen, bewußtmachen. Sie zielen aber nicht auf Selbsterfahrung im westlichen Sinne, sondern im Gegenteil darauf, daß sich der Mensch von den inneren Abläufen als von etwas Fremdem distanziert und die falsche Identifikation mit ihnen aufgibt: „Das gehört mir nicht, das bin ich nicht, das ist nicht mein Selbst" (Nyanatiloka, S. 109). Eine schöne Frau beispielsweise soll nicht als „begehrenswert", sondern objektivierend als „groß gewachsen", „dunkelhaarig" und „braunäugig" beschrieben werden. „Erfahrungen sollen durch Analyse zerlegt werden, so daß sie als ein Spiel unpersönlicher Kräfte erkennbar werden."[12] Hier liegt auch die speziell buddhistische Begründung für die ethische Forderung der Selbstlosigkeit: Der Mensch soll selbstlos sein, weil es überhaupt kein Selbst gibt.

11 H. W. Schumann: Buddhismus. Stifter, Schulen und Systeme. Olten/Freiburg i. Br. 1976, S. 155.

12 E. Conze: Der Buddhismus, a.a.O., S. 102.

Abb. 5: Bildnis des meditierenden Buddhas. Wat Bovornives Tempel, Bangkok. 13. Jahrhundert

Aus: Kurt Bätz (Hrsg.): Weltreligionen heute: Buddhismus, a.a.O., Dia Nr. 13.

Der Weg der Negation

Schon an der Nicht-Ich-Lehre und an dem aus ihr folgenden Abbau falscher Identifizierungen wird deutlich, wie wichtig die Negation, das Verneinen, in der buddhistischen Theorie und Praxis ist. Auch der Begriff für das buddhistische Heilsziel enthält eine Negation: *Nir-vāna.* Die Etymologie ist unklar; dem Sinn nach bedeutet das Wort „Verwehen", „Erlöschen". Der Eingang ins Nirvana fällt mit der Erleuchtung zusammen und kann sich mitten im Leben ereignen, nämlich als Erlöschen des Feuers der Leidenschaften. (Dazu gehört übrigens auch die Gier nach Selbstvernichtung. Eine so motivierte Selbsttötung ist für den Buddhisten der sicherste Weg zur Wiedergeburt.) Der physische Tod bedeutet dann nur noch das endgültige Zerfallen der fünf „Daseinsgruppen".

Wie die Mystik es häufig tut, so beschreibt der Buddhismus sein positives Heilsziel auf dem Weg der Verneinung *(via negationis):* Das Nirvana ist „weder ein Kommen noch ein Gehen, weder ein Geborenwerden noch ein Sterben" (Nyanatiloka, S. 136). Es ist „weder eine Vernichtung der Persönlichkeit noch ein ewiger Daseinszustand. Weder gibt es das Nirvana noch gibt es es nicht." Seine Wonne besteht gerade darin, „daß dort nichts empfunden wird" (Pfad, S. 103).

Das *Große Fahrzeug* treibt den Weg der Verneinung auf die äußerste Spitze, indem es auch noch den Gegensatz zwischen dem Kreislauf des Vergänglichen und dem Heilsziel, also zwischen Samsara und Nirvana, leugnet, ebenso den Unterschied zwischen Weg und Ziel sowie zwischen Übung und Erleuchtung. In allem Vergänglichen ist das Absolute, in allem Bedingten das Un-bedingte zu finden, nämlich die „Buddha-Natur"; aber nicht im Sinne einer Substanz, sondern als „Leerheit" *(Shūnyatā).* Der Zen-Buddhismus symbolisiert sie durch den leeren Kreis. Die Leerheit ist also eine Chiffre für das unsagbare und unausdenkbare Absolute, sie ist „die Identität von Ja und Nein".[13] Auf diesem Hintergrund kann das Zen, diese Meditationsschule des Mahayana-Buddhismus, in einer plötzlichen Durchbruchserfahrung die Buddha-Natur in einem Hund und in allem Konkreten überhaupt wahrnehmen. *Das Durchschauen der Leerheit aller Dinge beendet das falsche Anhaften und eröffnet Freiheit: „Alle Dinge sind leer, und es gibt nichts, das begehrenswert ist oder wert, daß man ihm nachgeht."*[14]

Abb. 6: Zen – Exkarnation als Ziel

Der leere Kreis auf dem Bild an der Wand hinter dem Zen-Meister symbolisiert die Erleuchtung des Zen.

Aus: E. Stürmer: Zen. Zauber oder Zucht? Wien 1973, S. 81.

13 E. Conze: Der Buddhismus, a.a.O., S. 124.
14 Bodhidharma, zitiert nach E. Conze: Der Buddhismus, a.a.O., S. 124.

Zentrale Themen des Buddhismus

Die buddhistische Legende erzählt, der Buddha sei „aus dem Haus in die Hauslosigkeit" gezogen, nachdem er bei drei Ausfahrten dem Leiden in der erschreckenden Gestalt eines Alten, eines Kranken und eines Toten begegnet sei. Die vierte Begegnung, mit einem Wandermönch, habe ihm den Weg zur Überwindung des Leidens gewiesen: Befreiung findet sich nur auf dem Weg des allem entsagenden Asketen.

Die vier edlen Wahrheiten

Damit ist das zentrale Thema aller buddhistischen Schulrichtungen benannt, das in den sogenannten „vier edlen Wahrheiten" zusammengefaßt ist. Sie handeln vom Leiden, von seiner Entstehung, von seiner Aufhebung und von dem Weg dahin:

1. Dies ist die edle Wahrheit vom Leiden: Geburt ist leidvoll, Altern ist leidvoll, Krankheit ist leidvoll, Sterben ist leidvoll. Mit Unliebem vereint zu sein ist leidvoll, von Liebem getrennt zu sein ist leidvoll, und wenn man etwas, das man sich wünscht, nicht erlangt, auch das ist leidvoll – kurz, die fünf „Gruppen" von Daseinsfaktoren, die durch den Lebenshang bedingt sind, sind leidvoll.
2. Dies ist die edle Wahrheit von der Entstehung des Leidens. Es ist der Durst (die Gier), der die Wiedergeburt hervorruft, der von Freude und Leidenschaft begleitet ist, der hier und dort seine Freude findet, der Durst nach Sinnenlust, der Durst nach Werden, der Durst nach Entwerden.
3. Dies ist die edle Wahrheit von der Aufhebung des Leidens: Es ist eben dieses Durstes Aufhebung durch völlige Leidenschaftslosigkeit, das Aufgeben, Sich-Entäußern, Sich-Loslösen, Sich-Befreien von ihm.
4. Dies ist die edle Wahrheit von dem zur Aufhebung des Leidens führenden Wege. Es ist dieser edle achtgliedrige Pfad, nämlich: rechte Anschauung, rechte Gesinnung, rechtes Reden, rechtes Handeln, rechtes Leben, rechtes Streben, rechtes Überdenken, rechtes Sich-Versenken.[15]

Die *erste Wahrheit* will nicht feststellen, daß die Summe des Leidens die der Freuden überwiegt, sondern daß alles Leben grundsätzlich Leiden ist, schon wegen der Unbeständigkeit der Daseinsfaktoren, über die hinaus es ja nichts Bleibendes gibt.

Die *zweite Wahrheit* nennt als Ursache des Leidens das Verlangen oder die Gier (*trishnā:* [eigentlich] „Durst"), und zwar in dreifacher Gestalt: als sinnliches Begehren, als Lebenwollen, aber auch umgekehrt als Verlangen nach Selbstvernichtung. Die Gier ist es, die den karmischen Prozeß der Wiedergeburten in Gang hält. An anderen Stellen wird als zweite Ursache die Unwissenheit genannt. Der Wille zum Leben ist die Mutter, Nichtwissen der Vater des Prozesses des Werdens und Vergehens.

Die *dritte Wahrheit* zieht die radikale Konsequenz: *Wenn alles Dasein Leiden, das Leiden aber Folge der Gier ist, so braucht man nur die Gier zu überwinden, um zusammen mit dem Daseinsprozeß auch das Leiden, zusammen mit der Geburt auch Alter und Tod abzuschaffen.*

Die *vierte Wahrheit* zeigt den methodisch aufgebauten Weg dieser Radikalkur, nämlich den „Edlen achtgliedrigen Pfad". Mag die buddhistische Daseinsanalyse auch pessimistisch erscheinen, so wird sie doch durch einen Heilsoptimismus ausbalanciert, der an der Möglichkeit, das Leiden durch eine Änderung des Bewußtseins zu überwinden, nicht zweifelt. Die Gemeinsamkeiten und Unterschiede gegenüber PATANJALIS achtgliedrigem Yoga-Pfad sind deutlich. Auch im edlen achtgliedrigen Pfad des Buddha folgen auf einige sittliche Vorschriften (Glieder drei bis fünf) Meditationsregeln mit dem Samadhi als Krönung (Glieder sechs bis acht). Anders als bei PATANJALI stehen aber am Anfang zwei Glieder (eins und zwei), die die Kenntnis und Zustimmung zur buddhistischen Lehre fordern. In Wirklichkeit werden die einzelnen Glieder freilich nicht nacheinander, sondern miteinander ausgeübt, und die Realisierung der Lehre, der praktische Lebenswandel und die Meditationsübungen bilden eine Einheit.

15 Nach: H. VON GLASENAPP: Pfad der Erleuchtung. Düsseldorf/Köln 1974, S. 84.

Mitleid und Güte

So kommen beispielsweise die zentralen buddhistischen Gebote des Mitleidens und der Güte in diesen drei Aspekten zur Geltung. Selbstlosigkeit als Tugend folgt aus der Realisierung, daß die Idee eines eigenen Selbst eine Illusion ist. Sie bewährt sich ethisch im Verzicht auf Lügen, Töten, Stehlen, Ehebruch, Drogengenuß usw. Güte und Mitleid sollen aber auch durch bestimmte Meditationsübungen in alle Richtungen zum Wohl aller Wesen ausgestrahlt werden.

Diesem „Wunschbeten" (H. DUMOULIN) traut der Buddhist eine machtvolle Wirkung zu; weiß er doch, daß der Buddha sogar einen gegen ihn anstürmenden Elefanten durch das Entgegenstrahlen seiner Güte besänftigt hat. Im Bodhisattva-Ideal des Großen Fahrzeugs, das dem Kleinen Fahrzeug Heilsegoismus vorwirft, ist die buddhistische Idee der Güte zur Vollendung gebracht. Die Bodhisattvas übernehmen sogar die karmische Last anderer Menschen und sind bereit, zum Wohl aller Wesen „ihren Körper zu zerfleischen und in die tiefste Hölle einzutreten".[16] Beides, die innere Distanz und die mitleidsvolle Zuwendung, kommt in jener Heiterkeit zum Ausdruck, die man häufig an buddhistischen Mönchen wahrnimmt.

(3) Woher kommt nach buddhistischer Lehre das Leiden, und wie wird es überwunden?

....

....

....

....

....

....

....

Renaissance und Aufbruch der östlichen Religionen zur Ausbreitung im Westen

Im ersten Kapitel gingen wir von den drei Phasen hinduistischer und buddhistischer Ausbreitung im Westen aus und skizzierten sodann in den folgenden Abschnitten diese beiden Religionen in ihrer traditionellen Gestalt. Dieses Kapitel schlägt nun die Brücke von den traditionellen östlichen Religionen zu ihrer Ausbreitung in den Westen, indem er nach dem Ursprung und Inhalt ihres neuerwachten Sendungsbewußtseins fragt. Dieses Erwachen wird als „Renaissance", „Revitalisierung" oder „Reform" beschrieben; sein Ergebnis sind der *Neohinduismus* und *Neobuddhismus* – modernisierte, mit westlichen Inhalten angereicherte Formen dieser Religionen, die vor allem in gebildeten Kreisen in Geltung stehen, während das religiöse Leben der ländlichen Bevölkerung noch überwiegend in traditionellen Bahnen verläuft. Renaissance und neues Sendungsbewußtsein sollen im folgenden anhand zweier hervorragender Repräsentanten des Neohinduismus exemplarisch beschrieben werden: VIVEKANANDA und AUROBINDO. Das Wiederaufleben der Guru-Verehrung in den neuen Guru-Bewegungen hat hier ihren Ursprung.

16 Zitiert nach H. W. SCHUMANN: Buddhismus, a.a.O., S. 162.

Vivekanandas religiöser Nationalismus

Swami VIVEKANANDA (1863–1902), der Held des Chikagoer Religionsparlaments, verband in origineller Weise reformerischen Eifer für sein Heimatland Indien mit einem ausgeprägten Bewußtsein der Weltsendung des Hinduismus. Was Indien betrifft, so hat er das moderne Ideal eines weltzugewandten, sozial aktiven Hindu-Mönchtums geprägt und es in der von ihm gegründeten Ramakrishna-Mission zugleich verwirklicht. Er machte die traditionelle All-Einheitslehre zur Grundlage der Nächstenliebe und Sozialethik: „Jede individuelle Seele ist ein Teil jener universalen Seele, die unendlich ist. Wenn daher das Individuum seinen Nächsten verletzt, verletzt es tatsächlich sich selbst.“[17] Auch von seiner Reise nach Chikago erhoffte er sich Hilfe für die notleidenden Massen Indiens.
Neben der Sozialarbeit in Indien hat VIVEKANANDA der Ramakrishna-Mission auch die Aufgabe zugewiesen, *die Botschaft des Vedanta in der ganzen Welt zu verbreiten.*

Umgekehrt erwartete er von der Begegnung mit dem Westen Hilfe und Anregung für die Entwicklung Indiens: „Wie unser Land arm an sozialen Tugenden ist, so fehlt es diesem (den USA) an Spiritualität. Ich gebe ihnen Spiritualität, und sie geben mir Geld.“ Daß die Spiritualität des Ostens und die wirtschaftliche und soziale Dynamik des Westens einander ergänzen müssen, ist seit VIVEKANANDA ein oft wiederholter Grundsatz des Neohinduismus.

Wegweisend wurde auch seine universale Zusammenschau aller Religionen:

Abb. 8: Vivekanandas Zusammenschau der Religionen

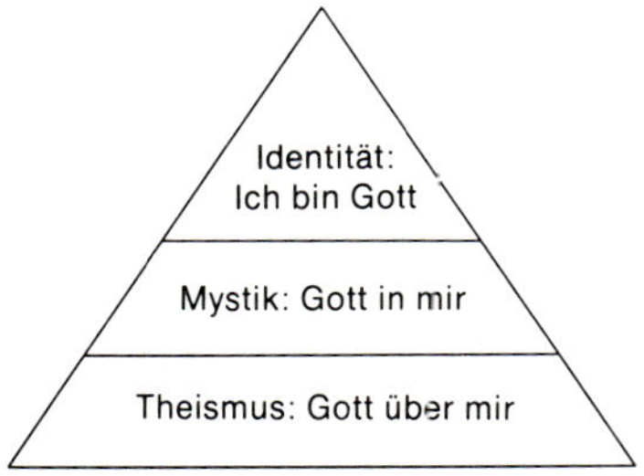

Anknüpfend an die Lehre des Vedanta, entwickelte er die „neovedantische“ Vorstellung, daß die Menschheit eine evolutionäre Entwicklung des Gottesbildes durchlaufen habe: Die Religion der „ungebildeten Massen“ war stets der Glaube an Gottheiten „draußen im Universum“ (Gott über mir) Darüber hinaus führt der Weg der mystischen Gotteserkenntnis (Gott in mir), und nur wenige Auserwählte gelangen zur höchsten Erfahrung der Identität von Atman und Brahman (Ich bin Gott).

17 The Complete Works of Swami Vivekananda. Calcutta [9]1955, Bd. III, S. 276.

Abb. 7: Swami Vivekananda auf dem Chikagoer Religionsparlament (1893)

Abb. 9: Sri AUROBINDO

Aus: Auroville. Stadt der Zukunftsmenschen. Ffm 1976, S. 94.

Der Mensch schreitet nie vom Irrtum zur Wahrheit, sondern von niederer zu höherer Wahrheit voran. Diese relative Anerkennung aller Religionen mit der neovedantischen Einheitserfahrung als Höhepunkt hat P. HACKER treffend als „Inklusivismus“ bezeichnet. Sie schließt nicht aus, sondern ein, *daß die harmonisierende Botschaft des Vedanta weltweit verkündet und die ihr zugrundeliegende yogische All-Einheitserfahrung unter Anleitung eines Gurus überall vermittelt wird.* Dieser Wille zur religiösen Synthese dokumentiert sich in Indien in unzähligen Bildern und Kalenderblättern, die Jesus zusammen mit Shiva, Krishna, Guru NANAK (dem Gründer der Sikh-Religion) und Mahatma GANDHI friedlich vereinen.

Sri Aurobindo als Lehrer der kosmischen Evolution und als indischer Meister

Der Bengale AUROBINDO Ghosh (1872–1950), in England aufgewachsen und erzogen, hat die im Westen populäre Vorstellung der Evolution – von der Materie über das tierische Leben zum menschlichen Bewußtsein – aufgenommen und die Linie in die Zukunft ausgezogen: Die Evolution geht weiter in Richtung des Übermenschen, einer „neuen Rasse mit dem Prinzip des supramentalen Bewußtseins“. Damit hat AUROBINDO das traditionelle indische Kreislaufdenken aufgebrochen. Was für den traditionellen Hindu der individuelle Yoga-Aufstieg ist – AUROBINDO verspottet ihn als „Flaschenzug ins Nirvana“ –, wird bei ihm zur Entwicklungsgeschichte des gesamten Kosmos. In beiden Fällen ist die Verwandlung von Materie in Geist das letzte Ziel. Wie der Geist schon in der Materie angelegt ist, so ist nach AUROBINDO das Göttliche bereits im Menschen verborgen. Dem Meister-Yogi – hier AUROBINDO selbst – wächst damit eine neue Funktion zu: Indem er heute schon das Bewußtsein von morgen und übermorgen verwirklicht, ist er die Vorwegnahme und der Vorreiter der Evolution. *Meditation wird zur Evolutionsförderung.*

AUROBINDO und seine französische Lebensgefährtin Mira RICHARD, die „Mutter“, machten den „Aurobindo-Ashram“ im südindischen Pondicherry zu einem Anziehungspunkt für Suchende aus dem Westen. Noch mehr gilt das für die 1968 gegründete „Stadt des Zukunftsmenschen“, Auroville, zumindest bis zum Tod der „Mutter“ 1974. Auf der Grundlage seines Denkens wurde in Auroville mit neuen künstlerischen, erzieherischen und religiösen Konzepten experimentiert.

In mehrfacher Hinsicht ist AUROBINDO typisch für die Ausstrahlung des Neohinduismus auf den Westen: westliches Gedankengut wird aufgenommen; jedoch nicht der eigenen Tradition künstlich aufgepfropft, sondern aus ihr heraus neu entwickelt und gedeutet. Das alte Ideal des indischen Ashram, einer Stätte der Lebensgemeinschaft von Guru und Jüngern, wird der Gegenwart angepaßt und, bis zum Gebrauch der englischen Sprache hin, auf westliche Bedürfnisse zugeschnitten. Der Ashram wächst zu einer

Stadt mit alternativem Lebensstil. Der Meister entwickelt sich, über das traditionelle Guru-Ideal hinaus, zum Hoffnungsträger einer menschheitlichen Zukunft, wie auch die Yoga-Praxis über das Individuelle hinaus kosmische Bedeutung erhält. Alle diese Motive tauchen auch in den Guru-Bewegungen im Westen auf: Meditation als Evolutionsförderung bei der Transzendentalen Meditation und die spirituelle Zukunftsstadt in der Bhagwan-Bewegung („Rajneeshpuram").

Das Wiederaufleben der Guru-Verehrung

In den hinduistischen Reformbewegungen des frühen 19. Jahrhunderts galten der Guru als eine fragwürdige Gestalt und die Guru-Verehrung als ein Zeichen der Rückständigkeit. Das sollte sich gründlich ändern. VIVEKANANDA und seine Nachfolger haben die Guru-Verehrung wiederhergestellt, und im heutigen Indien sind Guru-Bewegungen ein machtvoller Faktor des religiös-kulturellen Lebens mit erheblichem politischen Einfluß. Viele von ihnen berufen sich nicht auf die Upanischaden und den Vedanta, sondern auf bestimmte indische Heilige aus der Zeit um 1500 n. Chr., etwa auf den Mystiker KABIR oder den Ekstatiker und Krishna-Verehrer CHAITANYA, und stehen damit nicht selten am Rande hinduistischer Orthodoxie. Gerade diese Guru-Bewegungen, die häufig das Kastensystem und die Bilderverehrung ablehnen, haben ihren Missionsdrang auch im Westen entfaltet.

In den modernen Guru-Bewegungen ist der Guru nicht der individuelle geistliche Lehrer eines kleinen Schüler-Kreises, sondern häufig Oberhaupt einer „Sekte", einer Anhängerschaft, die oft in die Hunderttausende oder gar Millionen geht. Die Initiation, vom Guru selbst oder einem seiner Beauftragten gegeben, soll hier die Aufnahme in die jeweilige Guru-Bewegung bewirken. Der Guru gilt nicht selten als der einzige „lebende Meister des Zeitalters" und somit als ausschließlicher Heilsmittler, seine Gestalt als Gegenstand der Meditation. Je stärker die Verehrung von Götterbildern sowie die traditionellen kultischen und rituellen Praktiken in den Hintergrund treten – das gilt besonders für den Westen –, desto größer wird die Rolle des Guru als der einzigen Verkörperung des Göttlichen auf Erden. Es ist also nicht nur der moderne, westlichen Ideen gegenüber aufgeschlossene Neohinduismus, sondern auch die wiedererstarkte Frömmigkeit des indischen Mittelalters mit ihrer „sektarischen" Guru-Verehrung, die den Hinduismus im Westen prägen.

Die Erneuerung des Hinduismus im 19. und 20. Jahrhundert ist natürlich vielschichtiger, als die wenigen exemplarischen Darstellungen hier deutlich machen konnten. Eine vergleichbare Renaissance hat sich zur gleichen Zeit im Buddhismus abgespielt.[18] Die Gemeinsamkeit liegt darin, *daß der durch die Begegnung mit dem Westen, besonders mit der christlichen Mission, ausgelöste Kulturschock nicht zum Erlöschen, sondern zum Wiederaufleben dieser beiden Religionen geführt hat. Sie haben ein universales Sendungsbewußtsein entwickelt oder – wie im Fall des Buddhismus – neu entdeckt. Insofern kann man von einer „Gegenmission" der asiatischen Religionen sprechen.* Es ist aber überwiegend keine fundamentalistische Reaktion, sondern eine kreative Antwort auf eine geschichtliche Herausforderung und zugleich ein eindrucksvoller Versuch, den religiösen Pluralismus der Neuzeit produktiv zu bewältigen.

(4) Nennen Sie einige Neuerungen, durch die der Neohinduismus sich vom traditionellen Hinduismus unterscheidet.

....

....

....

18 Dieser Vorgang ist u.a. beschrieben worden von E. BENZ: Buddhas Wiederkehr und die Zukunft Asiens. München 1963.

Das Einströmen östlicher Religiosität als Problem der westlichen Gesellschaft

Die Begegnung mit den östlichen Religionen, im Zeitalter der weltweiten Kommunikation unausweichlich, hat auf den Westen zweifellos anregend und bereichernd gewirkt. Probleme haben sich in dem Maße ergeben, in dem die Kultur des Westens ihrer selbst unsicher geworden ist und die Tendenz zur Bildung von Sub- und Gegenkulturen zugenommen hat. Die Suche nach religiösen und kulturellen Alternativen traf in der dritten Phase hinduistisch-buddhistischer Ausbreitung auf ein Angebot, das zusammen mit religiöser Praxis und Gemeinschaftsbildung auch Elemente östlicher Kulturen einschloß. *Damit entstand die Möglichkeit kultureller Entfremdung durch „unintegrierte Fremderfahrung"* (C. F. VON WEIZSÄCKER), das heißt durch die Unfähigkeit oder fehlende Bereitschaft, einer anderen Kultur entstammende Elemente sinnvoll in die eigene einzugliedern – ein Problem, das auch aus der christlichen Missionsgeschichte bekannt ist. Daß etliche indische Guru-Bewegungen zu den „Jugendreligionen" gerechnet und als solche kritisiert werden, verdeutlicht das Gewicht der Probleme, die sich aus der Begegnung der Religionen und Kulturen ergeben können.

Die damit gestellten religionswissenschaftlichen Fragen, wie etwa nach dem Verhältnis zwischen Religion und Kultur, nach den Möglichkeiten und Gefahren des Eindringens einer Religion in eine ihr fremde Umgebung *(Inkulturation)*, nach der Grenze zwischen rechtmäßiger Anpassung und fragwürdiger Vermischung *(Synkretismus)* usw., können hier nicht grundsätzlich erörtert werden. Daß Religionen die Fähigkeit besitzen, Kulturgrenzen zu überschreiten, geht schon aus der Tatsache hervor, daß sowohl Christentum als auch Buddhismus ihren Schwerpunkt außerhalb ihres Entstehungsbereiches haben und in diesem nur noch schwach vertreten sind.

Im Blick auf die hinduistisch-buddhistische Ausbreitung als Problem der westlichen Gesellschaft gibt es eine Reihe von Denkmodellen, die kurz skizziert werden sollen:

- *Komplementaritätsmodell*

Die schon von VIVEKANANDA vertretene These, daß westlicher Materialismus und östliche Spiritualität einander ergänzen, ist von neohinduistischen Denkern weiterentwickelt worden, vor allem von S. RADHAKRISHNAN, Indiens zweitem Staatspräsidenten:

> „Jeder einzelne von uns ist sowohl östlich als westlich. Ost und West sind nicht zwei historische und geographische Konzepte. Es sind zwei Möglichkeiten, die jeder Mensch in jedem Zeitalter in sich trägt, zwei Entfaltungsweisen des menschlichen Geistes. Die Spannung zwischen wissenschaftlichen und religiösen Impulsen liegt in der menschlichen Natur [...] Jeder einzelne von uns ist sowohl religiös als auch rational."[19]

In diesem Sinne werden östliche Naturmystik, Verinnerlichung, „Kultur der Stille" und gelassene Toleranz – häufig in idealisierter Gestalt – als Korrektur und Gegengewicht gegen die technologische Naturbeherrschung, das Konsumdenken und die Aggressivität des Westens empfunden. Die Werte, die auf dem Boden der verschiedenen Religionen gewachsen sind, werden in diesem Modell als komplementär, das heißt: als einander ergänzend, angesehen.

- *Pervertierungsmodell*

Daß östliche Traditionen durch westliche Bedürfnisse pervertiert werden können, läßt sich vor allem an dem Gebrauch östlicher Meditationspraktiken in westlichen Wachstums- und Therapiezentren verdeutlichen. Mit „Pervertierung" ist in diesem

19 S. RADHAKRISHNAN: Wissenschaft und Weisheit. München 1961, S. 155.

Zusammenhang gemeint, daß westliche Bedürfnisse den ursprünglichen Sinn und die eigentliche Funktion östlicher Konzepte und Praktiken bis zur Unkenntlichkeit entstellen und dadurch den Zugang zu den echten Traditionen des Ostens erschweren oder verstellen. So werden beispielsweise buddhistische Praktiken wie die Achtsamkeitsübung, die ursprünglich der Erkenntnis dienen, daß es kein substantielles Selbst gibt, im Westen häufig in den Dienst narzißtischer Selbsterfahrung gestellt und damit ihrem eigentlichen Sinn entfremdet. Ein besonders deutliches Beispiel dafür ist die Bhagwan-Bewegung des Bhagwan Shree RAJNEESH.

Harvey Cox, ein amerikanischer Theologe, rechnet damit, „daß ein wachsender Gebrauch von der Meditation und schließlich jeder erreichbaren religiösen Disziplin – Gebet, Kontemplation, Fasten – gemacht wird, um die Erforschung und Verwirklichung des unersättlichen westlichen Selbst zu steigern. Auch dies wird zweifellos ‚Christentum' genannt werden, selbst wenn es den Geist der Propheten und Jesu völlig verkehrt." „Sie kamen, um Erleuchtung zu lehren, aber was kam, war nichts als eine neue Flut amerikanischer Selbstverbesserungssekten."[20] Ein weiteres Beispiel ist die schon erwähnte Legitimierung eines gegenkulturellen Lebensstils durch das indische Mönchsideal.

Nicht nur die allzu offensichtlichen Verletzungen hinduistischer und buddhistischer Standards (Initiation ohne Vorbereitungszeit und gegen Bezahlung, überhaupt: die Kommerzialisierung östlicher Meditation) versperren den Zugang zu den östlichen Traditionen. Das gilt auch für die optimistische Deutung der ursprünglich zutiefst pessimistischen Re-Inkarnationslehre, für das Ausspielen religiöser Erfahrung und Emotionalität gegen die Mühe linguistischer und gedanklicher Arbeit an den klassischen Texten sowie die Degradierung des Yoga zu einer Entspannungstechnik.

Abb. 10: Yoga – Ost und West

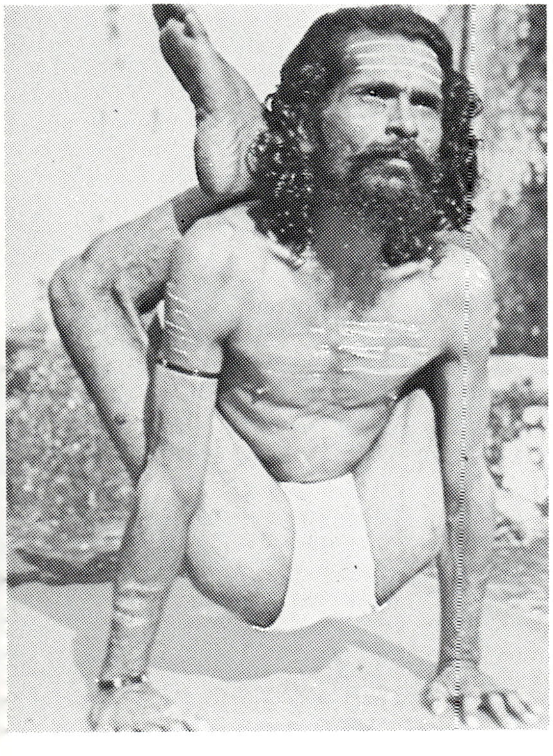

Aus: Kurt BÄTZ (Hrsg.): Weltreligionen heute: Hinduismus, a.a.O., Dia Nr. 28.

• *Vakuum- und Herausforderungsmodell*

Inwiefern das Bedürfnis nach östlicher Religion mit kulturellen und religiösen Defiziten der westlichen Industriegesellschaft zusammenhängt, ist hier nicht im einzelnen zu untersuchen (vgl. STE 25). Die Wechselwirkung zwischen dem neu erwachten Sendungsbewußtsein östlicher Religionen und dem Krisenbewußtsein des Westens ist dabei ein unübersehbarer Faktor. Für das Christentum und die Kirchen stellt sich damit die Frage, ob sie nicht allzu sehr ohne großes Nachdenken dem tiefgreifenden Prozeß der Säkularisierung nachgelaufen sind, ihn theologisch gerechtfertigt und dadurch die Entstehung eines religiösen Vakuums zugelassen haben, in das die Angebote östlicher Religionen einströmen konnten. In diesem Sinne hat H. COX festgestellt: „Die Zuwendung zum Orient ist das logische Ergebnis des Todes Gottes."[21] („Tod Gottes" hier als Chiffre für die Erfahrung der Abwesenheit Gottes in der säkularen Welt verstanden; vgl. dazu die Position NIETZSCHES, S. 43–44.) C. H. RATSCHOW hat die Anfälligkeit der europäischen Menschheit für asiatische Religionen damit erklärt, daß „das Christentum unter uns in zunehmendem Maße nicht mehr religiös verstanden und gelebt wird".[22] Carl Gustav JUNG, dem das Verdienst zukommt, die östlichen Religionen als Thema westlicher Psychologie erschlossen zu haben, war zugleich ein Warner vor ihrer kurzschlüssigen Übernahme und vor einer Unterschätzung der Probleme, die aus der kulturellen Differenz zwischen Ost und West entstehen können: „Was nützt uns die Weisheit der ‚Upanischaden', was die Einsichten des chinesischen Yoga, wenn wir unsere eigenen Fundamente wie überlebte Irrtümer verlassen und uns wie heimatlose Seeräuber an fremden Küsten diebisch niederlassen."[23] Auf der Basis dieses Modells wird die *Anwesenheit östlicher Religionen auf westlichem Boden zu einer kulturellen und religiösen Herausforderung, die freilich weithin noch nicht zur Kenntnis genommen worden ist.*

Erst die Zusammenschau der verschiedenen Modelle erlaubt freilich eine abgewogene Beurteilung dieses Phänomens.

(5) (a) Beschreiben Sie die jeweiligen Vorzüge der drei „Modelle" zum Inkulturationsproblem.

....

....

....

....

....

....

(b) Mit welchem der drei genannten Modelle können Sie sich am ehesten identifizieren?

....

....

....

....

....

....

20 H. COX: Licht aus Asien. Verheißung und Versuchung östlicher Religiosität. Aus dem Amerik. von W. SIMPFENDÖRFER. Stuttgart/Berlin 1978, S. 109, 168.

21 H. COX: Licht aus Asien, a.a.O., S. 125.

22 C. H. RATSCHOW: Die Begegnung des Christentums mit den asiatischen Religionen in Europa. *Theologische Beiträge* 1 (1975) S. 58.

23 C. G. JUNG: Gesammelte Werke. Bd. 15, Olten 1971, S. 69 (aus der Gedächtnisrede Jungs für Richard Wilhelm).

Das Einströmen östlicher Religiosität als Problem der christlichen Theologie und Kirche

Die obige Darstellung von Hinduismus und Buddhismus hat bereits wesentliche Unterschiede gegenüber dem Christentum zutage treten lassen. In der religionswissenschaftlichen Diskussion ist eine Reihe von Strukturmerkmalen aufgezeigt worden, durch die sich die östlichen Religionen von den semitischen, das heißt von Judentum, Christentum und Islam, abheben. Dabei ist man der Gefahr des Schematisierens freilich nicht immer entgangen. Nicht nur gibt es zwischen Hinduismus und Buddhismus beträchtliche Unterschiede – auch diese beiden Religionen je für sich genommen weisen eine große Vielfalt und Wandlungsfähigkeit auf. Außerdem stellt sich für den Christen in der Begegnung mit anderen Religionen auch immer die Frage, wie er seine eigene christliche Identität bestimmt. Wer zum Beispiel die mystischen Traditionen des Christentums hochschätzt, wird eine größere Übereinstimmung mit den östlichen Traditionen feststellen als jemand, der der christlichen Mystik kritisch gegenübersteht – wie es beispielsweise viele protestantische Theologen getan haben. Einige Strukturunterschiede seien genannt.

Strukturmerkmale östlicher Religionen im Gegenüber zum Christentum

Die Unterscheidung zwischen den *mystischen* Religionen des Ostens und den *prophetischen* der semitischen Tradition geht auf Friedrich HEILER zurück. Während die mystischen Religionen die unmittelbare Erfahrung der göttlichen Wirklichkeit und die Vereinigung der Seele mit ihr anstreben, sind die prophetischen stärker ethisch und geschichtlich ausgerichtet. Die mystischen Traditionen des Christentums lassen freilich nicht zu, diese Unterscheidung als absolut gültig hinzustellen.
Auch die Unterscheidung zwischen östlichem *Monismus* (Einheit von Gott und Mensch bzw. Welt) und semitischem *Dualismus* (wesenhafter Unterschied zwischen beiden) kann nicht uneingeschränkt gelten. Innerhalb des Hinduismus, vor allem in der Bhakti-Tradition, gibt es trotz des monistischen Gesamtrahmens einen deutlichen Widerspruch gegen die uneingeschränkte Identifizierung von Gott und Menschenseele; umgekehrt ist das christlich verstandene, unaufhebbare Gegenüber von Schöpfer und Geschöpf nicht einfach als metaphysischer Dualismus bestimmbar.
Die Unterscheidung zwischen dem *zyklischen Zeitverständnis* (Kreislaufdenken) des Ostens und dem *linearen Geschichtsdenken* der semitischen Religionen trifft etwas Wesentliches, läßt sich heute aber auch nicht mehr strikt durchhalten – wie das Evolutionsdenken AUROBINDOS zeigt.
Die Unterscheidung zwischen buddhistisch verstandener *Selbst-losigkeit* und christlichem *Personalismus* ist zur Zeit Gegenstand des christlich-buddhistischen Dialogs. Dabei wird deutlich, daß das christliche Verständnis der Personalität nicht mit dem modernen Subjektivismus gleichgesetzt werden darf. Schon Paul TILLICH hatte den Vorwurf als berechtigt anerkannt, der populär-christliche Personalismus sei primitiv und bedürfe zu seiner Vertiefung „transpersonaler Kategorien".[24]
Alle diese Unterscheidungen gehen zweifellos von richtigen Beobachtungen aus, bedürfen aber der Klärung und Präzisierung im interreligiösen Dialog (vgl. STE 28). „Wo die Annäherung am nächsten scheint, tritt der wesentliche Unterschied am klarsten hervor."[25] Dieser Satz geht freilich als solcher von christlichen Voraussetzungen aus. Wo, wie in vielen östlichen Traditionen, die All-Einheitserfahrung das höchste religiöse Ziel darstellt, bekommt das Bekenntnis zur Einheit aller Religionen eine fast dogmatische Geltung. Das Bestehen auf religiösen Differenzen muß auf diesem monistischen Hintergrund als bedauerliches Zeichen eines unerleuchteten Geisteszustandes erscheinen – eine unangenehme Position, in der sich der christliche Dialogpartner leicht vorfindet.
Am deutlichsten tritt der Unterschied zwischen den östlichen Religionen und dem Christentum im *Verhältnis zur materiellen Welt und zur geschichtlichen Wirklichkeit* zutage. Für den Christen folgt aus dem Glauben an Gott als den Schöpfer der Welt und an die Inkarnation, die Fleischwerdung Gottes in Jesus Christus, eine „überwältigende Bejahung des endlichen Daseins".[26] Die materielle Welt und der Mensch in seiner Leiblichkeit werden als gute Schöpfung Gottes aufgefaßt. Die östlichen Religionen dagegen zielen weithin auf die Überwindung der materiellen Welt, auf die Aufhebung der Zeit und der Schöpfung sowie auf die Rückkehr zur uranfänglichen Einheit. Darin liegt zum Beispiel auch das letzte Ziel des Yoga. Während der Yoga dieses Ziel jenseits der materiellen Welt sucht und es im Aufstieg über sie hinaus zu verwirklichen trachtet, findet der Zen-Buddhist es in der materiellen Welt, indem er realisiert, daß „alle Dinge leer sind" und er mit ihnen eins ist. Ob nun im Aufstieg über das Materielle oder in der mystischen Aufhebung des Konkreten – in beiden Fällen geht es um deren Überwindung. *Erlösung wird nicht wie im Christentum als Vollendung der Schöpfung verstanden, sondern als deren Aufhebung.*

Abb. 11: Der deutsche Pater Hugo Lassalle feiert mit den Christen in seinem Zen-Zentrum bei Tokio die Heilige Messe

Aus: Ernst STÜRMER: Zen. Zauber oder Zucht, a.a.O., S. 106/107.

24 P. TILLICH: Das Christentum und die Begegnung der Weltreligionen. In: Die Frage nach dem Unbedingten. Gesammelte Werke. Bd. 5. Stuttgart 1964, S. 94.
25 H. DUMOULIN: Begegnung mit dem Buddhismus. Eine Einführung. Freiburg i. Br. 1978, S. 14.
26 W. PANNENBERG: Auf der Suche nach dem wahren Selbst. In: Erlösung in Christentum und Buddhismus. Hrsg. von A. BSTEH. Beiträge zur Religionstheologie 3. Mödling 1982, S. 143.

Der Zen-Buddhist D. T. SUZUKI hat den Unterschied in der Einschätzung der materiellen Welt in einer Weise beschrieben, die bewußt auf biblische Schöpfungsaussagen Bezug nimmt, beispielsweise auf Joh 1,1: „Im Anfang war das Wort." Er führt die Entstehung der materiellen Welt in buddhistischer Tradition auf die Gier bzw. den „Durst" zurück (*trishnā,* hier *trsna* geschrieben): „Im Anfang ist trsna. Es hat den Drang, sich zu verkörpern, um sich in einer Gestalt auszudrücken [...] Trsna drängt es, zu sehen, und wir (als seine Verkörperung) haben Augen [...] Es will fliegen, und es gibt Vögel aller Art [...] Trsna ist der Schöpfer des Universums."[27] Das heißt: Ursprung der materiellen Welt ist jener Lebensdurst, der auch die Ursache des Leidens ist und darum überwunden werden muß.

An anderer Stelle hat SUZUKI den Unterschied auf die Formel: Inkarnation (Fleischwerdung) – Exkarnation (Entfleischlichung? Entweltlichung?) gebracht:

„Das Christentum, die Religion des Westens, spricht von Logos, Wort, Fleisch, Inkarnation und leidenschaftlicher Weltlichkeit. Die Religionen des Ostens streben nach Exkarnation, Stille, Absorption, ewigem Frieden."

„Für Zen ist Inkarnation gleich Exkarnation, die Stille dröhnt wie Donner, das Wort ist wortlos, das Fleisch fleischlos, Hier-jetzt ist gleich Leere (sunyata) und Unendlichkeit."[28]

27 D. T. SUZUKI: Der westliche Weg und der östliche Weg. Essays über christliche und buddhistische Mystik. Frankfurt/Berlin/Wien 1974, S. 115f.

28 D. T. SUZUKI, in: Zen-Buddhismus und Psychoanalyse. Frankfurt 1972, S. 20.

Die *verschiedensten Motive kommen in einem Brennpunkt zusammen: bei der fast einhelligen Ablehnung der Heilsbedeutung des Kreuzigungsgeschehens durch die Vertreter östlicher Religionen.* Hinduistische Toleranz läßt es zu, daß in Hindu-Ashrams mit westlicher Anhängerschaft Weihnachten und Ostern gefeiert werden, nicht aber der Karfreitag. Die Geburt des göttlichen Kindes und die Auferstehung des Lebens können als universale religiöse Symbole gedeutet werden; der gekreuzigte Christus aber ist, in SUZUKIS Worten, „ein schrecklicher Anblick".[29] Warum? Aus der Sicht der östlichen Religionen schließen Leiden und Erlöstsein einander aus. Das christliche Verständnis von Sünde und Sühneleiden ergibt auf dem Hintergrund des All-Einheitsdenkens keinen Sinn; im Rahmen des östlichen Kreislaufdenkens kann ein einmaliges geschichtliches Geschehen keine universale Bedeutung haben. Dazu kommt schließlich die Wichtigkeit des Ästhetischen in den östlichen Religionen, das am Anblick des Leidenden Anstoß nimmt. Erst bei modernen japanischen Mahayana-Philosophen kündigt sich eine Änderung dieser Einstellung und ein vertieftes Verständnis für die Selbstentäußerung an, die ein wichtiger Aspekt des Kreuzigungsgeschehens ist.

Östliche Meditation für Christen?

Die Tendenz zu dem, was D. T. SUZUKI „Exkarnation" nennt, bestimmt auch den hinduistischen Yoga, diejenige zur Aufhebung des Konkreten in der Erfahrung der „Leerheit" aller Dinge das buddhistische Zen. Damit ist die theologische Problematik formuliert, die mit der Übernahme östlicher Meditationspraktiken im christlichen Bereich verbunden ist. *Hinduistische Versunkenheit (Samādhi) und buddhistisch verstandene Erleuchtung (Satori) können nicht das letzte Ziel christlicher Meditation sein.* Eine andere Frage ist, ob östliche Meditationswege deshalb für die christliche Praxis ausfallen müssen. Tatsächlich hat das Zen auch außerhalb des buddhistischen Bereiches Eingang gefunden, sowohl in die Praxis christlichen Meditierens als auch in einem schwer zu bestimmenden Zwischenbereich. Erfahrungen zeigen, daß es wesentlich auf die Einbettung östlicher Meditationsformen ankommt. In einem religiösen Vakuum praktiziert, wie es häufig geschieht, bleiben sie leicht der ihnen innewohnenden Dynamik überlassen und führen somit zu Erfahrungen und Bewußtseinszuständen, die den Heilszielen der östlichen Religionen entsprechen. Solche Erfahrungen dienen nicht der Festigung und Vertiefung des christlichen Glaubens, ja können sogar von diesem wegführen. Werden östliche Meditationspraktiken jedoch in einen christlichen Lebensvollzug integriert und möglicherweise noch zum Bestandteil einen kommunitären Lebens gemacht, so können sie als Bereicherung und Vertiefung einer weithin ausgetrockneten christlichen Spiritualität erfahren werden.

Die damit zusammenhängenden theologischen Fragen sind noch nicht hinreichend geklärt und werden auch kontrovers diskutiert. Untersuchungen über das Verhältnis des Zen etwa zur Mystik Meister ECKHARTS oder zu den Exerzitien des IGNATIUS von Loyola dienen dieser Klärung. Übrigens ist auch unter Buddhisten umstritten, ob das Zen eine wesenhaft buddhistische oder eine universale, vom buddhistischen Mutterboden ablösbare Meditationsform ist. Jedenfalls können östliche Meditationspraktiken, in der Regel freilich nur unter kundiger Leitung, eine methodische Hilfe zur inneren Sammlung und ein Gegengewicht gegen die Reiz- und Wortüberflutung sowie die Weltverfallenheit sein, die den westlichen – im Osten auch den verwestlichten – Lebensstil kennzeichnen. Die Übung im Schweigen und im Sich-leer-Machen kann die zumeist verschüttete Fähigkeit zum Hören und Empfangen wieder erwecken.

An der Frage nach dem Wert östlicher Meditationsformen zeigt sich, daß Begegnung und Auseinandersetzung mit den östlichen Religionen noch in den Anfängen stecken und weiterhin eine Herausforderung und eine unabgeschlossene Aufgabe für Theologie, Kirche und für die westliche Gesellschaft darstellen.

29 D. T. SUZUKI: Der westliche Weg und der östliche Weg, a.a.O., S. 127.

III. Christentum

Fragt man nach dem Ursprung und Wesen des Christentums, so sieht man sich in jedem Fall auf Jesus Christus verwiesen. In seinem Doppelnamen kommt zum Ausdruck, daß eine historische Person, Jesus von Nazaret, als der Christus, und das heißt als der Gesandte Gottes und Heilbringer der Welt, geglaubt und bekannt wird. Deswegen beginnt der Themenblock über das Christentum mit der Rückfrage nach Jesus von Nazaret, seinem Wirken, seiner Verkündigung, seinem Anspruch und seinem Geschick sowie nach der Auferstehungsbotschaft, die das Fundament für das Bekenntnis zu Jesus als Christus bildet. Diese Botschaft und dieses Bekenntnis haben von Anfang an gemeinschaftsbildend gewirkt. Durch die Verkündigung der Botschaft von Jesus Christus entstand die christliche Kirche mit ihren verschiedenen Funktionen, Ordnungen und Ämtern. Was ist Grund und Ziel dieser Kirche? Worin besteht ihre Aufgabe? Woran kann man sie als wahre Kirche erkennen? Neben diesen Fragen nach dem Selbstverständnis der Kirche stellte sich schon sehr früh die Frage nach ihrem Verhältnis zum Staat. Im Begriff „Konstantinische Wende“ sind dabei zwei extreme Möglichkeiten einer solchen Verhältnisbestimmung: die der Verfolgungssituation der Kirche durch den Staat und die der offiziellen Anerkennung als Staatskirche, brennpunktartig zusammengefaßt. Aber als Problem bleibt die Verhältnisbestimmung von Kirche und Staat durch das ganze Mittelalter und die Neuzeit bis in die Gegenwart hinein bestehen. Wurde bislang von „der Kirche“ gesprochen, als sei sie eine Einheit, so gilt es nun ausdrücklich zu bedenken, daß es spätestens seit dem Bruch zwischen der griechischen und der lateinischen Kirche (im Jahre 1054) und seit der Reformation die christliche Kirche als empirische Größe nur in der Vielfalt voneinander getrennter Konfessionen gibt. Nach den Ursachen und nach der bleibenden Berechtigung oder Unvermeidlichkeit dieser Trennungen zu fragen ist auch deshalb wichtig, weil mit der konfessionellen Pluralität zugleich das Verständnis des christlichen Glaubens überhaupt strittig wurde. Einige Zentralthemen der christlichen Glaubenslehre werden in den dann folgenden Studieneinheiten angesprochen und entfaltet: Offenbarung, Schöpfung, Rechtfertigung und christliche Hoffnung. An ihnen allen wird freilich deutlich, daß die vielfältige christliche Überlieferung nicht nur im Gespräch der christlichen Konfessionen untereinander behandelt werden darf, sondern daß sie auch angesichts der Lebens- und Denkbedingungen der gegenwärtigen Welt verantwortet werden muß. Von hier aus richtet sich dann der Blick auf die soziale Gestaltung des Christentums in den verschiedenen Lebensbereichen: als christliche Gemeinde, die im Gottesdienst durch Wort und Sakrament versammelt ist; in der religiösen Erziehung, durch die Einstellungen, Erfahrungen und Überzeugungen an die nachwachsenden Generationen weitergegeben werden; in der Ethik, als der Theorie christlicher Lebensführung, sowie umfassend in der Verhältnisbestimmung von Kirche und Gesellschaft.

11. Anspruch und Leben Jesu von Nazaret

Autor der Studieneinheit: Ulrich Luz

Ulrich Luz (46), Studium der Theologie, 1967 Promotion, 1968 Habilitation, 1970 Gastdozentur in Japan, 1972 o. Professor für Neues Testament in Göttingen, 1980 o. Professor für Neues Testament in Bern. Wissenschaftliche Arbeiten über Paulus, das Matthäusevangelium und zur Friedensforschung.

Allgemeine Einführung

Jesus von Nazaret ist eine Schlüsselgestalt der Menschheitsgeschichte, nicht nur für die christlichen Kirchen, sondern auch für andere: Das Judentum hat ihn, einer vielhundertjährigen Geschichte seiner eigenen Unterdrückung durch das Christentum zum Trotz, wieder als jüdischen Bruder entdeckt. Für den Islam spielt er eine Rolle als von Mohammed anerkannter großer Prophet und Vorläufer. Marxisten, Humanisten und Psychologen entdeckten die Gestalt Jesu und schrieben Bücher über ihn als Revolutionär, als Symbol der Hoffnung, als Humanisten, als Mann, als Mensch. Gerade heute, wo Jesus, vielfältig interpretiert, zur universalen Gestalt und zum Menschheitssymbol wurde, ist es für die christlichen Kirchen wichtig, sich zu überlegen, ob und wie sie sich denn überhaupt als Kirchen in besonderer Weise auf Jesus berufen können. Hat der Glaube an den Gottessohn und an seinen stellvertretenden Sühnetod einen Anhalt an Jesus selbst? Oder setzt mit der Ostererfahrung der Jünger nach seinem Tod eine ganz neue Entwicklung ein, die von Jesus wegführt?

Diese Grundfragen sollen in den folgenden beiden Studieneinheiten über Jesus und über Ostern bedacht werden. Diese Studieneinheit beschäftigt sich mit Jesus, seinem Wirken, seiner Verkündigung und seinem Tod.

Die Schwierigkeit, darüber zu reden, besteht nicht darin, daß es hier darum ginge, einen neuen und komplizierten Stoff einzuführen. Jesus ist als „Stoff" leicht verständlich; denn er war ein Mann ohne besondere Bildung, der selbst nichts geschrieben und sich mit Jüngern aus dem einfachen Volk umgeben hat. Nach dem Zeugnis der Evangelien wurde er von den einfachen Leuten verstanden und geschätzt, nicht geschätzt (ob verstanden, ist die Frage!) wurde er dagegen von den gebildeten Schriftgelehrten. Also können die Schwierigkeiten einer Studieneinheit über Jesus nicht im Stoff liegen. Sie liegen vielmehr in uns selbst: Fast jeder von uns weiß bereits etwas über Jesus. Er ist eine vertraute Gestalt. Fast jeder hat irgendein Jesusbild, weil er ihn beeindruckt oder geärgert hat. Viele Menschen „glauben" an Jesus, das heißt, sie versuchen ihr Leben in ganz besonderer Weise nach Jesus auszurichten. Sie haben in besonderer Weise ein Jesusbild als Leitbild ihres Glaubens. Daß hier eine Schwierigkeit liegt, wird dann deutlich, wenn zutage kommt, daß die Jesusbilder sehr verschieden sind. Der Humanist sieht Jesus als Humanisten, der Christ als Gottessohn und Erlöser, der Jude als Juden und Propheten. Wer war Jesus wirklich?

Unsere Beschäftigung mit Jesus wird also zwangsläufig auch ein Stück weit Konfrontation mit einem „fremden" Jesus bringen und vor die Frage stellen, ob wir nicht unser eigenes Jesusbild überprüfen und vielleicht sogar verändern müssen. Gerade in dem Fall, wo ein Bild eine zentrale Bedeutung für das eigene Leben gewonnen hat, wie etwa Jesus für den christlichen Glauben, ist Abschied von Bildern ein schmerzhafter Prozeß. In diesem Sinn wird diese Studieneinheit auch Sie mit „Glaubensfragen" konfrontieren, obwohl sie nicht direkt Glaubensfragen beantworten kann und will.

Nach dem Durcharbeiten dieser Studieneinheit sollen Sie in der Lage sein,

- die Spannweite und Vielfalt der Jesusbilder bei verschiedenen Menschen sowie verschiedenen Konfessionen und Religionen zu charakterisieren;
- die Probleme der Quellenlage von Evangelien, nichtbiblischen und nichtchristlichen Quellen aufzuzeigen;
- das Zentrum der Verkündigung Jesu zu bestimmen;
- die für ein christliches Jesusbild besonders wichtigen Fragen nach Jesu Selbstverständnis und seinem eigenen Todesverständnis zu beurteilen.

Zur Vorbereitung auf den Studientext möchten wir anhand des folgenden Grundschemas ein Bild von den Abhängigkeiten der Evangelien als Quelle für Jesus geben:

Praktisch die einzigen uns für Jesu Anspruch und Leben zur Verfügung stehenden Quellen sind die Evangelien des Neuen Testaments. Das Johannesevangelium ist eine spirituelle Glaubensschau und fällt als historische Quelle praktisch aus. Aber auch die drei synoptischen Evangelien sind keine neutralen Berichte, sondern Zeugnisse, in denen die Evangelisten je auf ihre persönliche Weise und in ihrer besonderen Situation den lebendigen Herrn Jesus Christus bezeugen und verkündigen wollen.

Verhältnis der synoptischen Evangelien nach der „Zwei-Quellen-Hypothese"

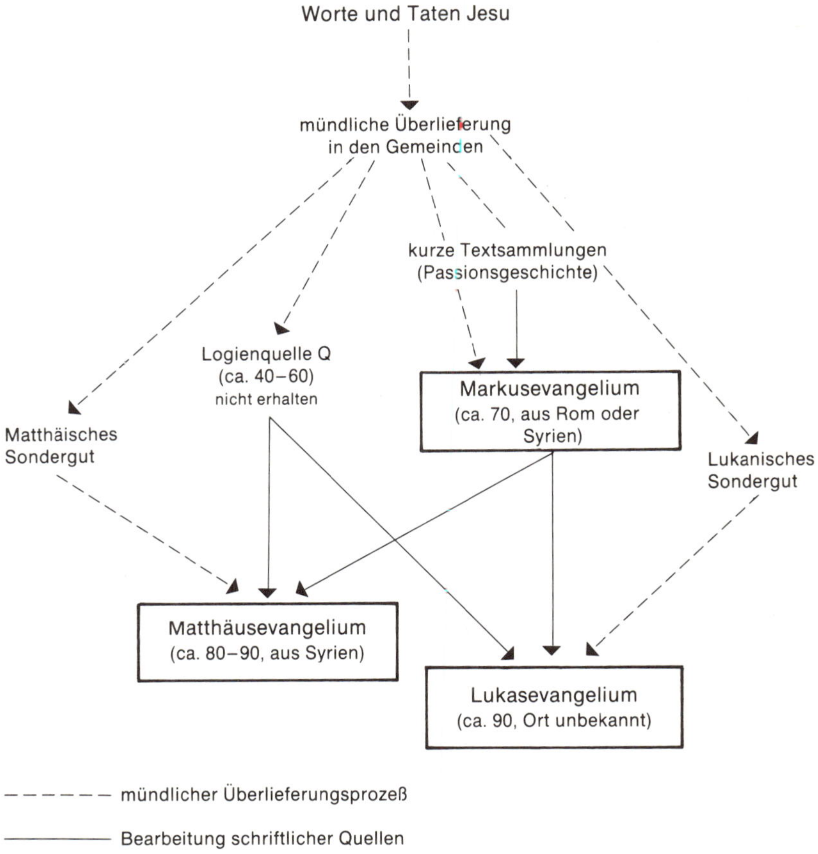

Vorbereitungsaufgabe 1

Nach der Zwei-Quellen-Hypothese zur Entstehung der Evangelien sind das Lukas- und das Matthäusevangelium jünger als das Markusevangelium; das Markusevangelium ist die Quelle der beiden anderen Evangelien. Man kann deshalb die Absicht des Matthäus und des Lukas so entdecken, daß man ihren Text mit dem Markusevangelium vergleicht und fragt, wo und warum sie ihre Quelle verändert haben.

Nebeneinander sind drei Texte aus der Passionsgeschichte abgedruckt, nämlich die Geschichte Jesu in Gethsemane. Unterstreichen Sie bitte im Matthäustext, was in ihm aus Markus wörtlich übernommen worden ist. Unterstreichen Sie ebenso im Lukastext die wörtlichen Übereinstimmungen mit Markus. Versuchen Sie nun die nicht unterstrichenen Partien bei Matthäus und Lukas besonders zu interpretieren: Worin weichen beide von Markus ab? Warum haben sie ihre Markusquelle verändert?

MT 26

36 Da kam Jesus mit ihnen zu einem Gehöft mit Namen Gethsemane und sagte zu den Jüngern: „Setzt euch hier nieder, während ich dorthin gehe, um zu beten!" 37 Und er nahm Petrus und die beiden Söhne des Zebedäus mit; und Traurigkeit und Angst überkam ihn. 38 Da sagte er zu ihnen: „MEINE SEELE IST ZU TODE BETRÜBT. Bleibt hier und wacht mit mir!" 39 Und er ging ein Stück weiter, warf sich zum Gebet auf sein Angesicht und sagte: „Mein Vater, wenn es möglich ist, so laß diesen Becher an mir vorübergehen! Doch nicht wie ich will, sondern wie du willst!" 40 Und er kam zu seinen Jüngern zurück und fand sie schlafend. Und er sagte zu Petrus: „So wenig habt ihr es vermocht, eine einzige Stunde mit mir wach zu bleiben? 41 Wacht und betet, damit ihr nicht in Versuchung geratet! Der Geist ist willig, doch das Fleisch ist schwach." 42 Noch ein zweites Mal ging er fort und betete: „Mein Vater, wenn es denn nicht möglich ist, daß dieser Becher an mir vorübergeht, ohne daß ich ihn trinke, so geschehe dein Wille!" 43 Und bei seiner Rückkehr fand er sie wieder schlafend; denn die Augen waren ihnen schwer geworden. 44 Und noch einmal verließ er sie, ging davon und betete zum dritten Mal dasselbe Gebet. 45 Dann kam er zu seinen Jüngern und sagte zu ihnen: „Wollt ihr alles verschlafen und euch zur Ruhe legen? Siehe, die Stunde ist da: Der Menschensohn wird in die Hände der Sünder ausgeliefert. 46 Steht auf, laßt uns gehen! Siehe, mein Verräter ist nahe!"

MK 14

32 Und sie kamen zu einem Gehöft mit Namen Gethsemane. Da sagte er zu seinen Jüngern: „Setzt euch hier nieder, bis ich gebetet habe." 33 Und er nahm Petrus, Jakobus und Johannes mit sich, und Schrecken und Angst überkam ihn, 34 und er sagte zu ihnen: „MEINE SEELE IST ZU TODE BETRÜBT. Bleibt hier und wacht!" 35 Und er ging ein Stück weiter, warf sich zu Boden und betete, daß, wenn es möglich wäre, die Stunde an ihm vorübergehen möge, 36 und sagte: „Abba, Vater, alles ist dir möglich. Laß diesen Becher an mir vorübergehen! Aber nicht wie ich will, sondern wie du willst!" 37 Als er zurückkam, fand er sie schlafend und sagte zu Petrus: „Simon, du schläfst? Hast du es nicht vermocht, eine einzige Stunde wach zu bleiben? 38 Wacht und betet, damit ihr nicht in Versuchung geratet. Der Geist ist willig, doch das Fleisch ist schwach." 39 Nochmals ging er fort und betete mit den gleichen Worten. 40 Und bei der Rückkehr fand er sie wieder schlafend; denn die Augen waren ihnen schwer geworden. Und sie wußten nicht, was sie ihm antworten sollten. 41 Und er kam zum dritten Mal und sagte zu ihnen: „Wollt ihr alles verschlafen und euch zur Ruhe legen? Genug damit! Die Stunde ist da: Siehe, der Menschensohn wird in die Hände der Sünder ausgeliefert. 42 Steht auf, laßt uns gehen! Siehe, mein Verräter ist nahe."

LK 22

39 Dann ging er hinaus und wanderte, wie er es gewohnt war, zum Ölberg; und seine Jünger folgten ihm. 40 Als er dort angelangt war, sagte er zu ihnen: „Betet, daß ihr nicht in Versuchung geratet!" 41 Und er selbst zog sich etwa einen Steinwurf weit von ihnen zurück, 42 warf sich auf die Knie und betete: „Vater, wenn du willst, so laß diesen Becher an mir vorübergehen. Doch nicht mein Wille, sondern der deine soll geschehen." 43 Da erschien ihm ein Engel vom Himmel, um ihn zu stärken. 44 Doch er geriet in Todesangst und betete noch flehentlicher; und sein Schweiß rann ihm wie Blutstropfen zur Erde nieder. 45 Als er sich aber vom Gebet erhob und zu seinen Jüngern zurückkam, fand er sie vor Kummer eingeschlafen. 46 Da sagte er zu ihnen: „Was schlaft ihr? Steht auf und betet, damit ihr nicht in Versuchung geratet!"

Vergleichen Sie, worin Matthäus und Lukas jeweils von der älteren Markus-Vorlage abweichen:

....

....

....

....

....

....

Vorbereitungsaufgabe 2

Das Johannesevangelium hat einen ganz anderen Charakter als die übrigen drei Evangelien. Vermutlich hat sein Verfasser keines der anderen drei Evangelien gekannt, wohl aber benutzt er ähnliche Überlieferungen.

Nebeneinander sind nochmals derselbe Text aus Mk 14 und ein Abschnitt aus Joh 12 abgedruckt. Versuchen Sie, die beiden Abschnitte miteinander zu vergleichen. Wo gibt es Berührungen? Wie würden Sie das Johannesevangelium im Vergleich mit dem Markusevangelium aufgrund dieses Textes charakterisieren?

MARKUS 14

32 Und sie kamen zu einem Gehöft mit Namen Gethsemane. Da sagte er zu seinen Jüngern: „Setzt euch hier nieder, bis ich gebetet habe." 33 Und er nahm Petrus, Jakobus und Johannes mit sich, und Schrecken und Angst überkam ihn, 34 und er sagte zu ihnen: „MEINE SEELE IST ZU TODE BETRÜBT. Bleibt hier und wacht!" 35 Und er ging ein Stück weiter, warf sich zu Boden und betete, daß, wenn es möglich wäre, die Stunde an ihm vorübergehen möge, 36 und sagte: „Abba, Vater, alles ist dir möglich. Laß diesen Becher an mir vorübergehen! Aber nicht wie ich will, sondern wie du willst!" 37 Als er zurückkam, fand er sie schlafend und sagte zu Petrus: „Simon, du schläfst? Hast du es nicht vermocht, eine einzige Stunde wach zu bleiben? 38 Wacht und betet, damit ihr nicht in Versuchung geratet. Der Geist ist willig, doch das Fleisch ist schwach." 39 Nochmals ging er fort und betete mit den gleichen Worten. 40 Und bei der Rückkehr fand er sie wieder schlafend; denn die Augen waren ihnen schwer geworden. Und sie wußten nicht, was sie ihm antworten sollten. 41 Und er kam zum dritten Mal und sagte zu ihnen: „Wollt ihr alles verschlafen und euch zur Ruhe legen? Genug damit! Die Stunde ist da: Siehe, der Menschensohn wird in die Hände der Sünder ausgeliefert. 42 Steht auf, laßt uns gehen! Siehe, mein Verräter ist nahe."

JOHANNES 12

20 Es waren auch einige Griechen unter den Festpilgern, die zur Anbetung gekommen waren. 21 Die traten an Philippus heran, der aus dem galiläischen Bethsaida stammt, und baten ihn: „Herr, wir möchten gern Jesus sehen." 22 Da ging Philippus zu Andreas und sagte es ihm; und Andreas und Philippus gingen gemeinsam zu Jesus und sagten es ihm. 23 Jesus aber antwortete: „Jetzt ist die Stunde gekommen, daß der Menschensohn verherrlicht wird! 24 Amen, Amen, ich sage euch: Wenn das Weizenkorn nicht in die Erde fällt und stirbt, so bleibt es allein. Doch wenn es stirbt, bringt es viel Frucht. 25 Wer sein Leben liebt, verliert es; und wer sein Leben in dieser Welt haßt, wird es für das ewige Leben bewahren. 26 Wenn mir jemand dienen will, so folge er mir nach; und wo ich bin, da wird auch mein Diener sein. Wenn jemand mir dient, wird mein Vater ihn ehren. 27 Jetzt ist meine Seele in Angst; und was soll ich sagen: ‚Vater, errette mich aus dieser Stunde?' Aber nein: Deswegen bin ich in diese Stunde gekommen! 28 Vater, verherrliche deinen Namen!" Da kam eine Stimme aus dem Himmel: „Ich habe ihn verherrlicht und will ihn nochmals verherrlichen." 29 Die Leute, die dabeistanden und es hörten, sagten, es habe gedonnert. Andere sagten: „Ein Engel hat mit ihm gesprochen!" 30 Jesus antwortete: „Nicht meinetwegen ist diese Stimme erschollen, sondern euretwegen. 31 Jetzt bricht das Gericht über diese Welt herein. Jetzt wird der Herrscher dieser Welt ausgestoßen werden. 32 Ich aber werde, wenn ich von der Erde erhöht worden bin, alle zu mir ziehen."

Das Neue Testament. Übersetzt und kommentiert von Ulrich WILCKENS. Zürich/Einsiedeln/Köln und Gütersloh [6]1980.

....

....

....

....

....

....

....

....

....

....

....

....

....

Jesus als Gottessohn

Die Frage nach dem Selbstverständnis Jesu wird von christlicher Seite her normalerweise als Frage, ob Jesus Gottes Sohn gewesen sei, gestellt. Dabei steht hinter dieser Frage in vielen Fällen eine Unklarheit: „Gottes Sohn" ist ein sehr offener, vielschichtiger Ausdruck, der im Laufe der Jahrhunderte sehr verschieden gefüllt worden ist. Von vornherein muß klar sein: Nach der Gottessohnschaft Jesu kann man historisch nur so fragen, wie sie damals, zur Zeit des Neuen Testaments, verstanden werden konnte.

Die Bedeutungsmöglichkeiten von „Gottes Sohn"

• Gottessohnschaft im Sinne der späteren Trinitätslehre scheidet bei der Frage nach Jesu Selbstverständnis aus. Die Trinitätslehre (die Lehre vom Verhältnis von Vater, Sohn und Geist) hat sich erst nach einem langen Entwicklungsprozeß im 4. Jahrhundert n. Chr. herausgebildet. Sie ist ein in griechischen Kategorien gedachter Versuch, den (ursprünglich griechischen) Gedanken der Transzendenz, Einheit und Unbewegtheit Gottes mit dem (ursprünglich alttestamentlichen) Gedanken zusammenzudenken, daß Gott in der Welt und ihrer Geschichte handelt. Darum offenbart sich der (griechisch gedachte) eine, wahre Gott in drei (dem alttestamentlichen Gottesbild entsprechenden aktiv handelnden) Personen. Im Neuen Testament gibt es keine Trinitätslehre und kann es keine geben; denn in dieser frühen Zeit denkt das Christentum noch wesentlich in alttestamentlich-jüdischen Kategorien. Sogar an den verhältnismäßig spärlichen neutestamentlichen Stellen, wo der Vater, der Sohn und der Geist nebeneinander vorkommen (etwa Mt 28,19), steht nicht die spätere Trinitätslehre im Hintergrund.

• In neutestamentlicher Zeit ist „Gottessohn" ein sehr verschieden interpretierbarer Ausdruck. Für Jesus wird eine an sich naheliegende Bedeutung von vornherein ausscheiden müssen, nämlich der Gedanke, daß Gott (physisch) einen Sohn gehabt habe. Die Möglichkeit, daß Götter Kinder haben können, ist in der griechischen Antike zu finden; man denke an die Heroen oder an die göttliche Zeugung von bedeutenden Männern (von PLATO wird beispielsweise schon sehr früh die Legende einer Jungfrauengeburt erzählt!).

In den jüdischen Bereich ist dieser Gedanke kaum eingedrungen; man darf nicht vergessen, wie negativ die Geschichte von der Erzeugung der Riesen im Alten Testament (Gen 6,1–7) damals wirkte. Auch im Neuen Testament taucht der Gedanke einer Jungfrauengeburt nur ganz am Rand auf (Mt 1,18–25; Lk 1,26–38) und ist überdies sehr verhalten als Ausdruck des Geheimnisses von Jesu Geburt ausgedrückt. Für Jesus selbst wird diese Möglichkeit seines Selbstverständnisses ausscheiden müssen.

• Die für Jesus wahrscheinlich wichtigste Bedeutung des Ausdrucks „Gottessohn" wurzelt in alttestamentlich-jüdischer messianischer Erwartung. Die judäischen Könige wurden – vielleicht durch Priester – bei ihrer Thronbesteigung als „Gottes Sohn" ausgerufen. Hinter dieser Proklamation steht nicht (wie etwa bei den ägyptischen Pharaonen) der Gedanke einer physischen Zeugung, sondern eher der einer Adoption des Königs durch Gott. Vor allem aber ist wichtig, daß der Ausdruck „Gottes Sohn", wie fast alle messianischen und christologischen Titel im Judentum, eine Aussage über die Funktion, also die Rolle und den Auftrag, nicht eine Aussage über das Wesen des Königs meinte: Der König war Gottes Auserwählter und war von Gott mit einer ganz besonderen Aufgabe bedacht. Dieser Aspekt wird in Psalm 2 deutlich:

> „,Habe ich doch meinen König eingesetzt auf Zion, meinem heiligen Berge!' Kundtun will ich den Beschluss des Herrn: er sprach zu mir: ‚Mein Sohn bist du; ich habe dich heute gezeugt. Heische von mir, so gebe ich dir Völker zum Erbe, die Enden der Erde zum Eigentum.'"
> (Ps 2,6–8, Zürcher Übersetzung)

Dieser Psalm stammt – ähnlich wie Psalm 110 – aus dem Thronbesteigungsritual der Könige in Jerusalem.

Im Judentum erwartete man aufgrund biblischer Verheißungen den „Gesalbten" (hebräisch: *maschiach* – „Messias"; griechisch: *christos*), das heißt einen neuen König aus der Familie Davids, der das Königtum in Jerusalem wiederherstellen und die Römer aus dem Land vertreiben würde. Das bedeutet: Der Messias wurde im Judentum grundsätzlich als Mensch gedacht, und seine Rolle wurde grundsätzlich politisch verstanden. Eine biblische Grundstelle zu diesem Gedanken ist die sogenannte Nathanweissagung aus dem 2. Samuelbuch:

> „Wenn einst deine Zeit um ist und du dich zu deinen Vätern legst, dann will ich deinen Nachwuchs aufrichten, der von deinem Leibe kommen wird, und will sein Königtum befestigen. Der soll meinem Namen ein Haus bauen, und ich will seinen Königsthron auf ewig befestigen. *Ich will ihm Vater sein, und er soll mir Sohn sein.* Wenn er sich vergeht, will ich ihn mit menschlicher Rute [...] züchtigen; aber meine Gnade will ich ihm nicht entziehen, wie ich sie Saul entzogen habe, der vor dir gewesen ist, sondern dein Haus und dein Königtum sollen immerdar vor mir Bestand haben; dein Thron soll in Ewigkeit feststehen."
> (2 Sam 7,12–16, Zürcher Übersetzung)

Die Frage nach der Gottessohnschaft Jesu war also, ebenso wie die Frage, ob er Messias, König oder Davidssohn sei, im damaligen jüdischen Lebenszusammenhang in erster Linie eine Frage nach seiner politischen Rolle in der Endzeit.

Der neutestamentliche Befund

In den synoptischen Evangelien ist „Gottessohn" ein ausgesprochener Bekenntnistitel. Er kommt in keinem Jesuswort auf ihn selbst bezogen vor, sondern nur

- als Bekenntnis von Menschen (Mt 14,33; 16,16; Mk 15,39 Parr),
- als Bekenntnis von Dämonen (Mk 3,11 Parr; 5,7 Parr),
- als Anrede Satans (Mt 4,3.6 Par),
- in der Frage des Hohenpriesters (Mk 14,61 Parr),
- als Stimme Gottes bei Taufe und Verklärung (Mk 1,11 Parr; 9,7 Parr, vgl. Lk 1,35; Mt 2,15).

Als einziger möglicher Beleg bleibt das Gleichnis von den bösen Weingärtnern (Mk 12,6 Parr); hier liegt aber bildhafter Sprachgebrauch vor.

Par = mit einer
Parr = mit mehreren } Parallelstelle(n) in anderen Evangelien

Von „Gottessohn" ist zu unterscheiden das absolut gebrauchte „der Sohn", das in den synoptischen Evangelien sehr selten vorkommt (Mt 11,27 Par; Mk 13,32 Parr; häufiger bei Johannes). Dieser Ausdruck hat mit dem messianischen „Gottessohn" nichts zu tun und wurzelt vermutlich in der engen persönlichen Gottesbeziehung Jesu. Daß Jesus Gott als *Abba* (Vater) angeredet hat, wurde im Urchristentum als etwas Besonderes empfunden (vgl. Lk 11,2; Mk 14,36).

Abb. 1: Jesus in göttlicher Gestalt am Ende der Tage. Pietro Cavallini: Das jüngste Gericht (Ausschnitt). Fresko. S. Cecilia in Trastevere, Rom, um 1293

Aus: D. Thomas: Jesus Christus – sein Bildnis in der Kunst. Zollikon 1980, Umschlag.

Ähnlich nicht von Jesus selbst beansprucht wurde der messianisch verstandene Ausdruck „Davidssohn". Abgesehen von der schwierigen und vermutlich nicht von Jesus stammenden christologischen Erörterung in Mk 12,35–37 kommt dieser Ausdruck nur in der Anrede an Jesus vor (z. B. oft im Munde von Kranken) und in anderen Texten – wie etwa den Stammbäumen Jesu –, nicht aber in Jesusworten. Dabei ist historisch denkbar, daß Jesus wirklich Davidide (aus dem Geschlecht Davids) war; man machte damals in vielen Familien Stammbäume, und es gab offenbar auch andere Davididen. Unwahrscheinlich ist aber, daß Jesus aus seiner (möglichen) davidischen Abstammung messianische Ansprüche abgeleitet hat.

Der Ausdruck „Christos" (= Messias) kommt in Jesusworten der synoptischen Evangelien sehr selten, nämlich nur drei Mal vor (wieder Mk 12,35–37; Mt 23,20 und Mk 9,41: vermutlich beides spätere Gemeindebildungen) und Mk 14,61 (in der Frage des Hohenpriesters). Mit diesem sehr spärlichen Befund paßt zusammen, daß Jesus sich selbst nie in messianische, das heißt theopolitisch-revolutionäre Aktivitäten verwickelte. Es gibt keinen Hinweis darauf, daß Jesus die politisch-messianischen Hoffnungen seines Volkes erfüllen wollte. Dennoch ist es natürlich denkbar, daß solche Erwartungen an ihn herangetragen wurden. Hinter der Geschichte vom Einzug Jesu in Jerusalem (Mk 11,1 ff.) könnte eine kleinere messianische „Demonstration" seiner Anhänger stehen. Aber wie Jesus darauf reagiert hat, wissen wir nicht.

Ist diese Beobachtung richtig, so folgen daraus erhebliche Konsequenzen in einer doppelten Richtung:

- Man sollte nicht mehr sagen, daß Israel seinen eigenen Messias verworfen hat. Es sind im 1. und 2. Jahrhundert n. Chr. in Israel mehrere Menschen mit dem Anspruch aufgetreten, „Messias" zu sein. Alle sind sie gescheitert, unter anderem in den großen Kriegen gegen Rom in den Jahren 66–70 und 132–135 n. Chr. Jesus ist aber nie mit dem ausdrücklichen Anspruch aufgetreten, Israels Messias zu sein. Entsprechend ist der Vorwurf, Israel habe seinen eigenen Messias verworfen, unsachlich. Jesu Anspruch war ein anderer.
- Man muß sich darüber klar werden, daß „Messias" bzw. „Christos" einen ganz anderen Sinn bekommen hat, nachdem die Jesusanhänger diesen Titel nach Ostern auf Jesus anwandten. Historisch ist dieser Wandel durch den Tod Jesu angestoßen worden; denn Jesus wurde – zu Unrecht – als Messiasanwärter, das heißt als politischer Aufrührer, hingerichtet: die Römer hielten ihn tatsächlich für politisch gefährlich, was die historische Kreuzesinschrift „König der Juden" (Mk 15,26) zeigt. Nach Ostern ist dieser Titel dann wohl von den Jesusanhängern polemisch aufgenommen worden, etwa in dem Sinn: Ja, Jesus war „Messias", aber ganz anders, als man dachte, gerade in seinem Leiden und Sterben. Auch „Gottessohn" gewann nachösterlich eine andere Bedeutung als die traditionelle messianisch-politische.

(1) Welche der folgenden Aussagen zu den christologischen Hoheitstiteln „Gottessohn", „Davidssohn" und „Messias" im Neuen Testament ist/sind zutreffend?
(Mindestens 1, höchstens 3 Antworten ankreuzen!)
- (a) Daß Gott von Jesus als „Abba" angeredet wurde, verweist darauf, daß er sich selbst als „Gottessohn" bezeichnet hat.
- (b) Die Selbstbezeichnung „Davidssohn" legt nahe, daß Jesus aus seiner möglicherweise davidischen Abstammung messianische Ansprüche abgeleitet hat.
- (c) Der in Jesusworten häufig vorkommende Titel „Christos" (= Messias) deutet darauf hin, daß Jesus die politisch-messianischen Hoffnungen seines Volkes erfüllen wollte.
- (d) Die alttestamentlich-jüdischen Titel „Messias" und „Gottessohn" gewannen nach dem Osterereignis eine andere Bedeutung.
- (e) Der Titel „Gottessohn" hat seinen Ursprung in der Trinitätslehre.

(2) (a) Lesen Sie die folgenden Stellen, die sich mit der politischen Dimension von Jesu Anspruch befassen. Notieren Sie zu jeder Stelle Ihre Meinung über die „Echtheit" (Herkunft von Jesus selbst?), und überlegen Sie sich die Gründe, die dafür oder dagegen sprechen.

Mt 4,8–10: 8 Und wieder nahm ihn der Teufel mit sich auf einen sehr hohen Berg, zeigte ihm alle Königreiche der Welt und ihre Herrlichkeit 9 und sagte zu ihm: „Das will ich dir alles geben, wenn du dich niederwirfst und mir huldigst!" 10 Da sagte Jesus zu ihm: „Fort mit dir, Satan! Es steht ja doch geschrieben: DEM HERRN, DEINEM GOTT, SOLLST DU HULDIGEN UND IHM ALLEIN DIENEN!"

....

....

Mk 12,13–17: 13 Und sie entsandten einige Pharisäer und Parteigänger des herodianischen Königshauses, die es darauf anlegten, daß er sich in der Diskussion verfangen sollte. 14 So kamen sie zu ihm und sagten: „Meister, wir wissen, du bist wahrhaftig und kümmerst dich nicht um die Gunst der Leute. Denn du siehst die Person nicht an, sondern lehrst in Wahrheit den Weg Gottes. Ist es erlaubt, dem Kaiser Steuern zu zahlen oder nicht? Sollen wir zahlen oder nicht zahlen?" 15 Doch er durchschaute ihre Scheinheiligkeit und sagte: „Was versucht ihr mich? Bringt mir eine Silbermünze, ich will sie mir ansehen." 16 Sie reichten ihm eine. Da fragte er sie: „Wessen Bild und Aufschrift ist das?" Sie antworteten: „Des Kaisers." 17 Da sagte Jesus zu ihnen: „So gebt dem Kaiser, was des Kaisers ist – und Gott, was Gottes ist!" Und sie staunten über ihn.

....

....

....

Mk 11,15–17: 15 Dann kamen sie nach Jerusalem. Und wie er den Tempel betrat, fing er an, die Händler und Käufer aus dem Tempel hinauszutreiben, und die Tische der Geldwechsler und die Sitze der Taubenhändler stieß er um 16 und ließ nicht zu, daß jemand noch ein Gerät durch den Tempel trage. 17 Und er lehrte sie und sagte: „Steht nicht in der Schrift: MEIN HAUS SOLL EIN HAUS DES GEBETS HEISSEN FÜR ALLE VÖLKER. Ihr aber habt es zu einer RÄUBERHÖHLE gemacht!"

....

....

(b) Was können wir aus den mutmaßlich echten Stellen über die politische Dimension des Anspruchs Jesu lernen?

....

....

....

Jesus als Menschensohn

Die Frage, ob Jesus sich für den „Menschensohn" gehalten habe, ist eine der schwierigsten und umstrittensten der neutestamentlichen Forschung überhaupt.

Zur Bedeutung „Menschensohn"

Dieser fremd klingende Ausdruck „Menschensohn" entspricht semitischer Redeweise. „Mensch" ist im Hebräischen und im Aramäischen ein Kollektivbegriff; „Sohn" bezeichnet einen einzelnen Vertreter dieses Kollektivs. „Menschensohn" meint also: ein einzelner Vertreter der Gattung „Menschheit", also einfach ein bzw. der Mensch (ähnlich etwa alttestamentlich: „Kinder Israels" für Israeliten).
In einzelnen jüdischen Texten bzw. Kreisen taucht „Menschensohn" als Bezeichnung für eine in der Endzeit erwartete Gestalt auf. Die Grundstelle ist Dan 7,13. Im Zusammenhang dieses Textes ist die Rede vom Gericht eines „Hochbetagten" auf dem himmlischen Thron. Dann folgt V. 13f.:

„Ich schaute in den Nachtgesichten, und siehe, mit den Wolken des Himmels kam einer, der einem Menschensohn glich, und gelangte bis zu dem Hochbetagten, und er wurde vor ihn geführt. Ihm wurde Macht verliehen und Ehre und Reich, dass die Völker aller Nationen und Zungen ihm dienten. Seine Macht ist eine ewige Macht, die niemals vergeht, und nimmer wird sein Reich zerstört." (Dan 7,13f., Zürcher Übersetzung)

In Dan 7,27 wird dieser „Menschensohn" kollektiv auf die „Heiligen des Höchsten", das heißt auf das Volk Israel als Ganzes gedeutet. Dennoch ist aber in der Zeit nach Daniel aus dem, „der einem Menschensohn glich", eine individuelle Gestalt geworden, ein himmlischer Weltenrichter oder Gerichtszeuge. Diesbezügliche Texte sind verhältnismäßig spärlich und nicht sicher datierbar; deutlich ist aber, daß die Vision von Dan 7 „messianisch" ausgelegt wurde. An diese Erwartung eines „Menschensohns" scheinen vor allem diejenigen Evangelienstellen anzuknüpfen, die vom Kommen des künftigen Menschensohns als Weltrichter sprechen (vgl. dazu das folgende Unterkapitel).

Ob auch die anderen Evangelienstellen vom Menschensohn daran anknüpfen, ist fraglich: Man muß überlegen, ob nicht einzelne Menschensohnstellen vom „Menschen" im allgemeinen, also nicht von Jesus, reden wollen. Man hat sich auch überlegt, ob „Menschensohn" im Aramäischen eine Umschreibung für „ich" gewesen sein sollte. Das Ergebnis der Untersuchungen scheint zu sein, daß „Menschensohn" nur dann das „Ich" des Sprechers miteinschließen kann, wenn er sich mit der ganzen Menschheit zusammenschließen, also etwa sagen will: „ich als Mensch" oder: „ein Mensch wie ich". In diesem Fall hätte „Menschensohn" eine ähnliche Bedeutung wie das deutsche „man" oder „ein", beispielsweise in dem Satz: „Man" kann es noch so gut meinen, es wird „einem" doch nicht gedankt (der Sprecher meint sich selbst, spricht aber von einer allgemeinen Erfahrung).

Die synoptischen Menschensohnstellen

Die Analyse des Titels „Menschensohn" ergibt einen völlig anderen Befund als die Untersuchung der Titel „Gottessohn", „Davidssohn" und „Messias". „Menschensohn" erscheint in den drei ersten Evangelien nie als Anrede Jesu oder als Bekenntnis, sondern ausschließlich in Jesusworten. Wenn man die Parallelen abrechnet, bleibt eine stattliche Anzahl von etwa 35 verschiedenen Jesusworten, in denen „Menschensohn" vorkommt.

Abb. 2: Jesus zwischen Himmel, Erde und Hölle. Äthiopische Handschrift. 10. Jahrhundert. British Library, London

Aus: D. Thomas Jesus Christus – sein Bildnis in der Kunst, a.a.O., S. 102.

Herkömmlicherweise teilt man die Menschensohnworte in drei Gruppen ein:

- *Worte vom zukünftigen Menschensohn/Weltrichter*

1. Lk 12,8f. / Mk 8,38 Parr
   8 Doch ich sage euch: Jeder, der sich zu mir bekennt vor den Menschen, zu dem wird sich auch der Menschensohn bekennen vor den Engeln Gottes; 9 doch wer mich verleugnet vor den Menschen, wird auch verleugnet werden vor den Engeln Gottes.
   38 Wenn wer sich meiner und meiner Worte schämt in diesem ehebrecherischen und frevlerischen Geschlecht, dessen wird sich auch der Menschensohn schämen, wenn er kommen wird in der Herrlichkeit seines Vaters, im Geleit der heiligen Engel.

2. Lk 17,26–30 Par

26 Und wie es in den Tagen Noahs ging, so wird es in den Tagen des Menschensohnes sein: 27 Sie aßen, tranken, heirateten, ließen sich heiraten – bis zu dem Tage, da Noah in die Arche stieg; da kam die Flut und vernichtete sie allesamt. 28 Genauso war es auch zu Lots Zeiten: Sie aßen, tranken, kauften, verkauften, pflanzten, bauten – 29 doch an dem Tage, als Lot aus Sodom fortzog, REGNETE ES FEUER UND SCHWEFEL VOM HIMMEL und vernichtete sie allesamt. 30 Genauso wird es an dem Tage sein, an dem der Menschensohn aus der Verborgenheit hervortreten wird.

3. Lk 11,30 Par

30 Denn wie Jona den Männern von Ninive zum Zeichen geworden ist, so wird es auch der Menschensohn für dies Geschlecht sein.

4. Mt 10,23

23 Verfolgen sie euch in der einen Stadt, so flieht in die nächste. Denn amen, ich sage euch: Ihr werdet nicht vollständig durch die Städte Israels hindurchkommen, bis der Menschensohn kommt.

5. Mt 19,28

28 Jesus antwortete: «Amen, ich sage euch: Ihr, die ihr mir nachgefolgt seid, werdet in der Geburtsstunde der neuen Welt, wenn der Menschensohn auf dem Thron seiner Herrlichkeit sitzen wird, gleichfalls auf zwölf Thronen sitzen und über die zwölf Stämme Israels herrschen. [...]»

- *Worte vom gegenwärtigen Wirken des Menschensohns*

6. Lk 7,34 Par

34 Der Menschensohn kam, aß und trank – und ihr sagt: ‹Sieh, was das für ein Fresser und Säufer ist, auf du und du mit Zöllnern und Sündern!›

7. Lk 9,58 Par

58 Jesus sagte zu ihm: «Die Füchse haben ihren Bau und die Vögel des Himmels ihre Nester, doch der Menschensohn hat nichts, um sein Haupt niederzulegen.»

8. Lk 12,10 Parr

10 Und jeder, der ein Wort gegen den Menschensohn sagt, dem wird vergeben werden; wer aber gegen den Heiligen Geist lästert, dem wird nicht vergeben werden.

9. Mk 2,10 Parr

10 «Doch damit ihr merkt, daß der Menschensohn Vollmacht hat, auf Erden Sünden zu vergeben», sagte er zu dem Gelähmten: 11 «Ich sage dir: Steh auf, nimm dein Bett und geh nach Hause!»

10. Mk 2,28 Parr

28 Also ist der Menschensohn Herr auch über den Sabbat!

- *Worte vom Leiden und Auferstehen des Menschensohns*

11. Mk 8,31 Parr

31 Und er begann sie zu lehren: «Viele Leiden müssen den Menschensohn treffen. Von den Ältesten, Hohenpriestern und Schriftgelehrten muß er verworfen und getötet werden – und nach drei Tagen auferstehen.»

12. Mk 9,31 Parr

31 Denn er lehrte seine Jünger: «Der Menschensohn wird Menschenhänden ausgeliefert, und sie werden ihn töten: Doch, von ihnen getötet, wird er nach drei Tagen auferstehen!»

Anmerkung: In dieser Zusammenstellung sind diejenigen Menschensohnworte nicht enthalten, die auf Echtheit von vornherein nur unsicheren Anspruch haben.

Texte aus: Das Neue Testament. Übersetzt und kommentiert von Ulrich WILCKENS. Zürich/Einsiedeln/Köln und Gütersloh [6]1980.

Wir notieren zu diesen Menschensohnworten einige *Beobachtungen:*

- Sie sind immer in der 3. Person („er") formuliert, sprechen also formal nicht von Jesus.
- In zwei Fällen, nämlich bei Nr. 1 und Nr. 5, wird unterschieden zwischen dem „Ich" Jesu und dem Menschensohn; man scheint also von jemandem anderen als Menschensohn zu sprechen.
- Die Worte vom künftigen Menschensohn sprechen alle vom Gericht bzw. legen eine solche Gedankenverbindung durch den Zusammenhang mindestens nahe. Sie stehen inhaltlich bei Dan 7 und den von Dan 7 abhängigen jüdischen Texten.
- Die Worte vom irdischen Wirken des Menschensohns sind uneinheitlich: Nr. 6 und 7 (evtl. auch Nr. 8) betonen eher die Niedrigkeit des Menschensohns, Nr. 9 und 10 seine Vollmacht.
- Die Worte vom Leiden und Auferstehen des Menschensohns kommen nur in der Markusüberlieferung vor und fehlen in der Quelle Q.

Erklärungsversuche

Die Menschensohnfrage ist sehr schwierig. In der Forschung stehen sich gegensätzliche Thesen gegenüber:

Jesus hat überhaupt nicht vom Menschensohn gesprochen; alle Worte sind erst von der nachösterlichen Gemeinde gebildet (P. VIELHAUER, E. LOHSE).

Die Vertreter dieser These versuchen, für alle Menschensohnworte die Möglichkeit zu beweisen, daß sie erst von der nachösterlichen Gemeinde gebildet worden sind. In der Tat kann man für alle Worte eine Entstehung in der Gemeinde für möglich halten, das heißt, sie entsprechen den Interessen und der Situation der Gemeinden. Aber: Diese Hypothese erklärt den Gesamtbefund nicht. Man muß erklären, warum es so viele Jesusworte gibt, in denen der Titel „Menschensohn" vorkommt, ganz anders als bei den oben auf S. 185f. besprochenen Titeln. Dafür eine Erklärung zu finden, ist um so schwieriger, als in den nachösterlichen Gemeinden nachweislich „Menschensohn" nie ein Bekenntnistitel geworden ist. Außerhalb der Evangelien kommt der Titel kaum vor, und vermutlich hat man schon sehr bald im hellenistischen Raum nicht mehr gewußt, was er bedeutet. Warum also hätte die Gemeinde so viele Menschensohnworte Jesu (und etwa keine Gottessohnworte Jesu!) bilden sollen? Der unterschiedliche Überlieferungsbestand bei diesen beiden Titeln zeigt beispielhaft, daß die Überlieferung der Jesustradition doch nicht so frei und so „erfinderisch" war, wie es manche Forscher meinen.

Es gehen einige von den Worten vom künftigen Menschensohn auf Jesus selbst zurück. Aber Jesus hat nicht von sich selbst als Menschensohn gesprochen, sondern er hat einen anderen als Menschensohn erwartet. Für die Frage nach dem Selbstverständnis Jesu bringen die Menschensohnworte also nichts. Erst die nachösterliche Gemeinde hat Jesus selbst mit dem kommenden Menschensohn identifiziert (R. BULTMANN, H. E. TÖDT).

Diese These trägt manchen der zur ersten These skizzierten Schwierigkeiten Rechnung. Sie erklärt, warum in Lk 12,8f. und Mt 19,28 zwischen dem „Ich" Jesu und dem „Menschensohn" unterschieden wird. Die Schwierigkeit dieser These besteht darin, daß es kaum möglich ist, die Unechtheit von wenigstens einigen Worten aus der zweiten Gruppe der Menschensohnworte, die vom gegenwärtigen Wirken des Menschensohns sprechen, darzutun, nämlich von Nr. 6 und Nr. 7 (von dem ganz schwierigen Wort Nr. 8 abgesehen). Warum hätte man nach Ostern den Vorwurf, daß der Menschensohn ein Fresser und Weintrinker sei, bilden sollen

(Lk 7,34)? Warum hätte man nach Ostern das Wort von der Heimatlosigkeit des Menschensohns bilden sollen (Lk 9,58)? Bei manchen Worten der zweiten Gruppe ist denkbar, daß sie ursprünglich nicht von Jesus als dem Menschensohn reden wollten, sondern vom Menschen überhaupt (bei Nr. 9 und Nr. 10). Aber bei Nr. 6 und 7 ist das undenkbar: Hier geht es nicht um Vorwürfe, die jedem Menschen gemacht worden sind, und nicht um die Heimatlosigkeit jedes Menschen, sondern um besondere Vorwürfe an Jesus und die besondere Heimatlosigkeit des Menschensohns Jesus. Wenn aber Jesus in Lk 7,34 und Lk 9,58 mit „Menschensohn" sich selbst gemeint hat, dann muß man das auch für die Worte aus der ersten Gruppe annehmen, soweit sie auf ihn zurückgehen. Jesus hat sich dann in irgendeiner Weise mit dem kommenden himmlischen Menschensohn/Weltrichter identifiziert.

Es gehen Worte aus allen drei Gruppen auf Jesus selbst zurück. Jesus hat sich in geheimnisvoller, indirekter Weise mit dem kommenden Menschensohn/Weltrichter identifiziert (L. Goppelt, R. Pesch).

Am schwierigsten ist die Frage, ob Worte aus der dritten Gruppe, nämlich Worte vom leidenden und auferstehenden Menschensohn, auf Jesus zurückgehen können. Hier ist ein uneingeschränkt positives Urteil fast unmöglich: Wenn Jesus von seiner eigenen Auferstehung nach drei Tagen gesprochen hätte, könnten wir nicht mehr verstehen, warum die Jünger während seiner Passion offensichtlich verzweifelt waren und geflohen sind. Nicht auszuschließen ist aber, daß hinter Jesu Ankündigung des Leidens des Menschensohns, die ja sehr oft bezeugt ist, eine auf ihn selbst zurückgehende Urform steht, die entweder nur vom Leiden des Menschensohns oder nur in allgemeiner Weise von der Erhöhung des Menschensohns sprach (ähnlich wie Lk 13,32 von der Vollendung). Dazu würde passen, daß Jesus seinen eigenen Tod wahrscheinlich nicht als Katastrophe verstand. Aber wir müssen das Urteil über die dritte Gruppe, die Worte vom leidenden Menschensohn, doch offenlassen.
Die These, daß Jesus sich in geheimnisvoll-indirekter Weise mit dem kommenden Menschensohn/Weltrichter identifiziert habe, hängt aber nicht an diesem Urteil. Es genügt vielmehr, wenn Worte aus der ersten und aus der zweiten Gruppe, in denen Jesus eindeutig von sich als Menschensohn redet, auf ihn zurückgehen. Dies ist wahrscheinlich. Die Schwierigkeit dieser These ist inhaltlicher Art: Ist sie richtig, so hätte Jesus ein einmaliges, ganz besonderes Selbstverständnis gehabt. Er hätte sich selbst für denjenigen gehalten, der einst als himmlische Gestalt die Welt richten wird. Er hätte sein irdisches Wirken gleichsam als Inkognito-Existenz des himmlischen Weltrichters verstanden. Das ist ohne Beispiel. Es gibt im Judentum zwar einige „Brücken" und Ansätze, die so etwas verstehen ließen: Es gibt die Erwartung, daß bestimmte Menschen, etwa Elia oder Hiskia, in der Endzeit wiederkehren werden. Es gibt auch einmal die Vorstellung, daß der in den Himmel entrückte Henoch (Gen 5,24) der himmlische Menschensohn/Weltrichter sein werde. Aber trotzdem: daß ein lebender Mensch das von sich sagte, wäre schlechthin einmalig.

Die eigene Position

Man muß sich zwischen der zweiten und der dritten These entscheiden. Man muß sich dabei klar sein: Eine auch nur irgendwie sichere Entscheidung ist unmöglich. Es läßt sich nicht beweisen, daß Jesusworte wie Lk 9,58 oder 7,34 nicht in der Gemeinde gebildet worden sein könnten (obwohl ein solcher Gedanke schwierig ist). Auf der anderen Seite sollte man auch nicht sagen (und sagt es in der Regel auch nicht): So überspannt und einzigartig, wie dies in der dritten Hypothese vorausgesetzt wird, kann Jesus gar nicht gewesen sein. Im Gegenteil: Wenn Jesus sich für denjenigen, der als Weltrichter/Menschensohn einst die Welt richten wird, gehalten hätte, würde das gar nicht schlecht zu anderen Jesusworten passen, die ähnlich unglaublich sind: Was ist das für ein Mensch, der angesichts von Dämonenaustreibungen, wie sie von vielen jüdischen Exorzisten auch vollbracht wurden, sagen konnte: „Wenn ich mit dem Finger Gottes Dämonen austreibe, so ist das Gottesreich da!" (Lk 11,20)? Was ist das für ein Mensch, der sein eigenes „Ich aber sage euch" souverän dem Gotteswort der Bibel gegenüberstellt (Mt 5,21f., 27f.)? Was ist das für ein Mensch, der von sich sagt: „Ich bin gekommen, ein Feuer auf die Erde zu bringen, und wie sehr wünschte ich, es wäre schon entfacht!" (Lk 12,49)? Wenn sich hier „Feuer" auf das Feuer des Gerichtes bezieht – und das ist viel wahrscheinlicher als irgendeine andere Deutung, etwa das „Feuer der Begeisterung" –, dann sagt ja Jesus eigentlich nichts anderes, als daß er das Weltgericht auf die Erde bringen muß. Und genau das sagt seine Identifikation mit dem Menschensohn auch. Die dritte These paßt also recht gut zu dem, was Jesus anderweitig auch sagen kann.

Allerdings muß man festhalten: Jesus hat nie direkt gesagt, daß er der Menschensohn sei. Er spricht, wie die jüdische Tradition, vom Menschensohn in der dritten Person, das heißt geheimnisvoll, andeutend. Er lehrt nie offen, wer er ist. Die meisten Menschensohnworte werden von den Evangelien – vielleicht zu Recht – als nur zu den Jüngern gesprochene Worte überliefert. Er sagt nie, wie er zum himmlischen Menschensohn wird und was in der Zwischenzeit mit ihm passiert. Er deutet sein Geheimnis nur an. Aber er stellt einen Anspruch für sich selbst und seine Verkündigung, die Aufsehen erregt: Denn wessen Worte und wessen Forderungen könnten wichtiger sein als die, welche der Weltrichter selbst stellt?

Der Menschensohn als Weltrichter

Wenn Jesus wirklich seinen Jüngern in dieser geheimnisvollen Weise angedeutet hätte, daß er einst als himmlischer Menschensohn die Welt richten werde, so hätte das weitreichende Konsequenzen. Jesus hat zwar keine messianische Rolle beansprucht – seine Sendung ist nicht in erster Linie politisch zu verstehen. Er hat sich aber als derjenige verstanden, der einst als Menschensohn die Welt richten wird. Daraus ergibt sich die Konsequenz, daß sich an der Entscheidung des Hörers gegenüber Jesu Verkündigung schlechthin alles entscheidet. Dieser Sachverhalt der indirekten Identifizierung Jesu mit dem Menschensohn kann vor allem an dem sogenannten „Bekenner-Verleugner-Spruch" aufgezeigt werden:

> „Jeder, der sich zu mir bekennt vor den Menschen,
> zu dem wird sich auch der Menschensohn bekennen vor den Engeln Gottes;
> wer mich aber verleugnet vor den Menschen,
> den wird man verleugnen vor den Engeln des Himmels." (Lk 12,8f.)

So spricht der, der in seinem Wirken das Gottesreich in paradox-verborgener Weise schon anbrechen sieht. Ich kenne keine Analogie für dieses Selbstverständnis im gesamten Judentum. Jesus ist etwas innerhalb des Judentums völlig Einmaliges.

Auch der „Lehrer der Gerechtigkeit", ein uns namentlich unbekannter jüdischer Priester im 2. Jahrhundert v.Chr., der vermutlich die Sekte von Qumran gegründet hat und ihr autoritativer Lehrer war, ist damit nicht zu vergleichen. Entsprechend hat es in der Qumransekte nach dem Tode des Lehrers keine der neutestamentlichen Christologie vergleichbare „Lehre über den Lehrer" gegeben.

Und noch eine andere Konsequenz muß man andeuten: Ist alles Gesagte richtig, so muß Jesus in irgendeiner Weise mit einer Erhöhung nach dem Tode gerechnet haben, wenigstens als ihm klar wurde, daß er sterben müsse. Sein Tod kann dann für ihn nicht das Ende bedeutet haben – es sei denn, er wäre an seiner eigenen Sendung verzweifelt.

Aber dies gilt nur, wenn diese These richtig ist. Ob sie richtig ist, läßt sich in diesem Fall nicht sicher sagen. Über eine Hypothese kommen wir nicht hinaus. Auch die andere Hypothese, daß Jesus zwar mit dem Kommen eines Menschensohnes rechnete, sich aber nicht mit diesem Menschensohn identifizierte, bleibt denkbar – wenn auch unwahrscheinlicher.

Eine *historische Gewißheit* gibt es also nicht. Und selbst wenn es sie gäbe, so bedeutete das noch keine *Gewißheit des Glaubens.* Denn wer garantiert, daß Jesus sich in seinem Anspruch nicht täuschte? Wer garantiert, daß Jesus wirklich der war, für den er sich hielt? Wer garantiert, daß er mehr war als ein – nun allerdings überspannter und in seinem Anspruch fast verrückter – jüdischer Prediger?

Abb. 3: Jesus als Weltenrichter beim Jüngsten Gericht. Michelangelo, 1536–1541. Sixtinische Kapelle, Rom (Ausschnitt)

Aus: D. Thomas: Jesus Christus – sein Bildnis in der Kunst, a.a.O., S. 116.

(3) Lesen Sie die folgenden jüdischen Menschensohntexte aus dem äthiopischen Henochbuch und aus dem 4. Buch Esra.

1. *Äthiopischer Henoch 46,1–6* (Entstehungszeit unbekannt)

[1]Ich sah dort den, der ein betagtes Haupt (hat), und sein Haupt (war) weiß wie Wolle; bei ihm (war) ein anderer, dessen Antlitz wie das Aussehen eines Menschen (war), und sein Antlitz (war) voll Anmut gleichwie eines von den heiligen Engeln. [2]Ich fragte den Engel, der mit mir ging und mir alle Geheimnisse zeigte, über jenen Menschensohn, wer er sei, woher er stamme, (und) weshalb er mit dem betagten Haupte gehe? [3]Er antwortete mir und sagte zu mir: „Dies ist der Menschensohn, der die Gerechtigkeit hat, bei dem die Gerechtigkeit wohnt, und der alle Schätze dessen, was verborgen ist, offenbart; denn der Herr der Geister hat ihn auserwählt, und sein Los hat vor dem Herrn der Geister alles durch Rechtschaffenheit in Ewigkeit übertroffen. [4]Dieser Menschensohn, den du gesehen hast, wird die Könige und die Mächtigen von ihren Lagern und die Starken von ihren Thronen sich erheben machen; er wird die Zügel der Starken lösen und die Zähne der Sünder zermalmen. [5]Er wird die Könige von ihren Thronen und aus ihren Königreichen verstoßen, weil sie ihn nicht erheben, noch preisen, oder dankbar anerkennen, woher ihnen das Königtum verliehen worden ist. [6]Er wird das Angesicht der Starken verstoßen, und Schamröte wird sie erfüllen. Finsternis wird ihre Wohnung und Gewürm ihre Lagerstätte sein; sie dürfen nicht hoffen, daß sie sich von ihren Lagerstätten erheben werden, weil sie den Namen des Herrn der Geister nicht erheben.

Äthiopischer Henoch 71,5.9–16 (dieser Text stammt von einem anderen Verfasser als der erste Text)

[5]Da entrückte der Geist den Henoch in den Himmel der Himmel und ich sah dort in der Mitte jenes Lichts einen Bau aus Krystallsteinen und zwischen jenen Steinen Zungen lebendigen Feuers. [...] [9]Aus jenem Hause traten heraus Michael, Gabriel, Raphael und Phanuel und viele unzählige heilige Engel. [10]Und mit ihnen (kam) der Betagte; sein Haupt (war) weiß und rein wie Wolle und sein Gewand unbeschreibbar. [11]Da fiel ich auf mein Angesicht, mein ganzer Leib schmolz zusammen, und mein Geist verwandelte sich. Ich schrie mit lauter Stimme, mit dem Geiste der Kraft, und segnete, pries und erhob (ihn). [12]Diese Lobpreisungen aber, die aus meinem Munde hervorkamen, waren wohlgefällig vor jenem Betagten. [13]Jenes betagte Haupt kam mit Michael, Gabriel, Raphael und Phanuel und tausendmal Tausenden und zehntausendmal (Zehntausenden) unzähliger Engel. [14]Er kam zu mir, grüßte mich mit seiner Stimme und sprach zu mir: „Du bist der Mannessohn, der zur Gerechtigkeit geboren wird; Gerechtigkeit wohnt über dir und die Gerechtigkeit des betagten Hauptes verläßt dich nicht.“ [15]Dann sagte er zu mir: „Er ruft dir Frieden zu im Namen der zukünftigen Welt; denn von dort geht hervor der Friede seit der Schöpfung der Welt, und also wird dir geschehen in Ewigkeit und von Ewigkeit zu Ewigkeit. [16]Alle, die auf deinem Wege wandeln werden – du, den die Gerechtigkeit nimmer verläßt –, deren Wohnungen und Erbteil werden bei dir sein, und sie werden sich bis in alle Ewigkeit nicht von dir trennen.“

2. *4 Esra 13, 1–6. 8–11. 25–29. 35f.* (geschrieben Ende 1. Jh. n. Chr.)

[1]Nach den sieben Tagen geschah es, da träumte ich des Nachts einen Traum: [2]siehe, da stieg ein gewaltiger Sturm vom Meere auf und erregte alle seine Wogen. [3]Ich schaute, siehe da führte jener Sturm aus dem Herzen des Meeres etwas wie *einen Menschen* hervor; ich schaute, siehe dieser Mensch flog mit den Wolken des Himmels. Und wohin er sein Antlitz wandte und hinblickte, da erbebte alles, was er anschaute; [4]und wohin die Stimme seines Mundes erging, da zerschmolzen alle, die seine Stimme vernahmen, wie Wachs zerfließt, wenn es Feuer spürt. – [5]Darnach schaute ich, siehe, es kam von den vier Winden des Himmels her ein *unzählbares Heer* von Menschen zusammen, um den Menschen, der aus dem Meer emporgestiegen war, zu bekämpfen. [6]Da schaute ich, wie er sich einen großen Berg losschlug und auf ihn flog. [...] [8]Darnach schaute ich, siehe, alle, die sich gegen ihn zum Kriege versammelt hatten, gerieten in große Furcht, wagten aber doch den Kampf. [9]Als er aber den Ansturm des Heeres, das auf ihn loskam, sah, da erhob er keine Hand, noch führte er ein Schwert oder eine andere Waffe, sondern ich sah nur, [10]wie er von seinem Munde etwas wie einen *feurigen Strom* ausließ, von seinen Lippen einen flammenden Hauch, und von seiner Zunge ließ er hervorgehen stürmende Funken: alle diese aber vermischten sich ineinander: der feurige Strom, der flammende Hauch und der gewaltige Sturm. [11]Das fiel über das anstürmende Heer, das zum Kampfe bereit war, und entzündete sie alle, so daß im selben Augenblick von dem unzählbaren Heer nichts anderes zu sehen war außer dem Staube der Asche und dem Dunste des Rauchs. Als ich das sah, entsetzte

ich mich. [...] 25Die Deutungen des Gesichtes sind diese: wenn du einen *Mann* aus dem Herzen des Meeres hast emporsteigen sehen: 26das ist derjenige, den der Höchste lange Zeiten hindurch aufspart, *durch den er die Schöpfung erlösen will;* der wird selber unter den Übergebliebenen die neue Ordnung schaffen. 27Wenn du gesehen hast, wie aus seinem Munde Sturm und Feuer und Wetter hervorging, 28wie er kein Schwert noch eine Waffe führte und doch den Ansturm jenes Heeres, das wider ihn zu Felde zog, vernichtete, das bedeutet: 29siehe, Tage kommen, da der Höchste die Erdenbewohner erlösen wird. [...] 35Er selbst aber wird auf den Gipfel des *Zionberges* treten; 36Zion aber wird erscheinen und allen offenbar werden, vollkommen erbaut, wie du gesehen hast, daß ein Berg ohne Menschenhände losgehauen ward.

(a) Vergleichen Sie die Texte mit Daniel 7 (Daniel 7 war den Verfassern von äth. Henoch und 4. Esra bekannt). Welche Aussagen über den Menschensohn machen äth. Henoch und 4. Esra über Dan 7 hinaus?

Zum Vergleich: Dan 7,9–14. 16. 26f.
9Ich sah immer noch hin; da wurden Throne aufgestellt, und ein Hochbetagter nahm Platz. Sein Gewand war weiß wie Schnee, sein Haar wie reine Wolle. Feuerflammen waren sein Thron, und dessen Räder waren loderndes Feuer. 10Ein Strom von Feuer ging von ihm aus. Tausendmal Tausende dienten ihm, zehntausendmal Zehntausende standen vor ihm. Das Gericht nahm Platz, und es wurden Bücher aufgeschlagen. 11Ich sah immer noch hin, bis das Tier – wegen der anmaßenden Worte, die das Horn redete – getötet wurde. Sein Körper wurde dem Feuer übergeben und vernichtet. 12Auch den anderen Tieren wurde die Herrschaft genommen. Doch ließ man ihnen das Leben bis zu einer bestimmten Frist. 13Immer noch hatte ich die nächtlichen Visionen:
Da kam mit den Wolken des Himmels / einer wie ein Menschensohn.
Er gelangte bis zu dem Hochbetagten / und wurde vor ihn geführt.
14Ihm wurden Herrschaft, / Würde und Königtum gegeben.
Alle Völker, Nationen und Sprachen / müssen ihm dienen.
Seine Herrschaft ist eine ewige, / unvergängliche Herrschaft. / Sein Reich geht niemals unter.
[...] 16Ich wandte mich an einen der Umstehenden und bat ihn, mir das alles genau zu erklären. Er deutete mir die Vorgänge und sagte: [...] 26Dann aber wird Gericht gehalten. Jenem König wird seine Macht genommen; er wird endgültig ausgetilgt und vernichtet. 27Die Herrschaft und Macht und die Herrlichkeit aller Reiche unter dem ganzen Himmel werden dem Volk der Heiligen des Höchsten gegeben. Sein Reich ist ein ewiges Reich, und alle Mächte werden ihm dienen und gehorchen.

Zusätzliche Aussagen über den Menschensohn bei äth. Henoch gegenüber Daniel 7:

....

....

....

Zusätzliche Aussagen über den Menschensohn bei 4 Esra 13 gegenüber Daniel 7:

....

....

....

(b) Vergleichen Sie diese beiden jüdischen Texte mit den mutmaßlich echten Jesusworten Lk 12,8f.; Lk 17,26–30 (S. 187f., Nr. 1 und 2). Was ist gegenüber den jüdischen Texten das Besondere an diesen Jesusworten?

Besonderheit von Lk 12,8f. gegenüber den jüdischen Texten:

....

....

Besonderheit von Lk 17,26–30 gegenüber den jüdischen Texten:

....

....

Jesus als Prophet

Jesus wurde von den Menschen seiner Umgebung am ehesten für einen *Propheten* gehalten. Folgende Stellen geben darauf Hinweise:

Lk 7,16: Auferweckung des Jünglings von Nain

16 Da wurden alle von Schrecken gepackt, und sie priesen Gott und sagten: «Ein großer Prophet ist unter uns aufgestanden!» und: «Gott hat sein Volk heimgesucht!»

Mk 6,14f.: Herodes Antipas fragt, wer Jesus sei

14 Auch der König Herodes hörte von ihm. Denn sein Name war bekannt geworden, und die Leute sagten: «Johannes der Täufer ist von den Toten auferstanden, darum wirken die Kräfte in ihm!» 15 Andere sagten: «Er ist Elia!», andere: «Er ist ein Prophet, wie einer von den Propheten!»

Wie bei den vorigen christologischen Titeln fragen wir auch hier: Gehen solche Volksmeinungen auf Jesu Selbstverständnis zurück?

Prophetische Redeformen

Jesus gebraucht prophetische Redeformen. Man kann nicht deutlich genug sagen, daß Jesus kein Schriftgelehrter, also kein Rabbi, war. Er hatte keine schriftgelehrte Ausbildung und beschäftigte sich nicht mit schriftgelehrter Auslegung der Bibel. Er entschied nicht, wie die Rabbinen, Rechtsfragen. Er gründete keine Schule, die einer rabbinischen vergleichbar wäre. Wenn er Jünger in seine Nachfolge berief, so weckte er dadurch in erster Linie Erinnerungen an Elia, der in ähnlicher Weise Elischa in seine Nachfolge berufen hatte (1 Kön 19,19ff.).

Berührungen zwischen Jesus und den Rabbinen ergeben sich nur dadurch, daß er sich in ähnlicher Weise wie sie an das ganze Volk Israel gewandt hat und in seiner Predigt ähnlich volkstümlich war, also Gleichnisse und plastische Bilder gebraucht hat. Aber im ganzen hat Jesu Verkündigung viel mehr Ähnlichkeit mit prophetischer Predigt als mit rabbinischer Lehre. Wie die Propheten, so kennt auch Jesus Drohworte (Mt 8,11f.), Weherufe (Lk 11,39ff.) oder Heilsankündigungen (die Seligpreisungen Lk 6,20f.). Wie die Propheten hat er Visionen (Lk 10,18) und vollbringt Zeichenhandlungen (die Reinigung des Tempelvorhofs Mk 11,15–17 oder seine Dämonenaustreibungen Mk 1,23–27; dazu gehören wohl auch seine Mahlzeiten mit Sündern). Man kann deshalb schon verstehen, daß Jesus von seinen Zeitgenossen für einen Propheten gehalten wurde.

Prophetisches Selbstverständnis

Wir müssen aber weiter fragen: Hat er sich selbst für einen Propheten gehalten? Es gibt manche Stellen, die dies indirekt bezeugen: Jesus kann in bezug auf sich sagen, daß kein Prophet etwas in seinem Vaterland gilt (Mk 6,4). Er kann seine eigene Wirksamkeit derjenigen der alttestamentlichen Propheten an die Seite stellen (Mk 12,1ff. – wenn das Weingärtnergleichnis auf Jesus zurückgehen sollte, was umstritten ist). Aber er sagt nie von sich: Ich bin ein Prophet.

Im Gegenteil, in einigen Aussprüchen, die wahrscheinlich auf ihn selbst zurückgehen, knüpft er zwar an die Kategorie des Prophetischen an, überhöht sie aber: In Lk 11,31f. vergleicht Jesus sich selbst mit Salomo (alttestamentliche Weisheit) und

Jona (alttestamentliche Prophetie) und sagt: *Hier* ist mehr als Salomo bzw. Jona. Noch wichtiger ist der schwierige sog. *Stürmerspruch* Lk 16,16:

> „Das Gesetz und die Propheten gehen bis zu Johannes,
> von da an geschieht dem Reich Gottes Gewalt,
> Gewalttätige reißen es an sich."
> (Schluß ergänzt nach der Parallele Mt 11,12)

Abb. 4: Jesus in der Darstellung als Prophet vor seinen Jüngern. Bury-Bibel. 1121–1148. Corpus Christi College, Cambridge

Aus: D. Thomas: Jesus Christus – sein Bildnis in der Kunst, a.a.O., S. 32.

Was auch immer dieses dunkle Wort bedeuten mag, deutlich ist, daß Jesus das von ihm „eingeleitete" Gottesreich den alttestamentlichen Propheten bis zu Johannes dem Täufer gegenüberstellt. Und das heißt doch wohl: Mit Jesu Wirken passiert etwas Neues, das Gottesreich. Es könnte also sein, daß Jesus zwar an die alttestamentlichen Propheten anknüpft, aber nicht einfach einer unter vielen Propheten sein will, sondern etwas Neues, mehr als sie. Aber wieder zeigt sich, daß Jesus nicht in griffigen Formeln über seine Person gesprochen hat. Seinen eigenen Anspruch hat er eher nur angedeutet. Das ist wichtig; denn es ist offenbar unmöglich, einfach zu „wissen", wer Jesus ist. Man kann ihn nicht in ein vorgegebenes System einordnen. Eher ist zu vermuten, daß er durch versteckte Andeutungen seines eigenen Selbstverständnisses immer wieder auf die Bedeutung seiner Verkündigung aufmerksam machen wollte, die so ungeheuer ist, daß kein Mensch daran vorbeigehen darf. Ist das richtig, so würde dieser Sachverhalt auch der Entwicklung im Urchristentum gut entsprechen: Es hat nämlich auch im Urchristentum nicht einfach *die* Lehre über Jesus gegeben; vielmehr versuchte man bereits damals immer wieder und in immer wieder neuer Weise zu sagen, wer Jesus für den Glauben der Gemeinde ist. Aber keine dieser Formulierungen hat in erschöpfender Weise das Geheimnis Jesu umschrieben; deswegen mußte man es immer wieder neu sagen. Der Reichtum der christologischen Versuche und Entwürfe des Urchristentums spricht also eher dagegen, daß Jesus in klaren Worten gelehrt hat, wer er selbst ist.

Indirekte Christologie

Dazu paßt, daß Jesus in vielen seiner Worte überhaupt darauf verzichtet, seinen eigenen Anspruch in irgendeiner begrifflichen Weise zu umreißen. Und trotzdem ist er da. Die neutestamentliche Forschung hat dies mit dem Ausdruck „indirekte Christologie" bezeichnet und meint damit: Jesus hat einen gewaltigen Anspruch für seine Verkündigung gestellt, obwohl er vielleicht nicht direkt gelehrt hat, wer er ist. Hier bewegen wir uns wieder auf „sicherem" Boden und kommen in ein Gebiet, wo sich die Forschung einig ist.

Die Worte von der Gegenwart des Gottesreiches kennen wir bereits. Wenn Jesus etwa sagt, daß das Gottesreich da ist, wenn er mit dem Finger Gottes Dämonen austreibt (Lk 11,20), so steckt in dieser Formulierung ein ungeheurer Anspruch für seine Person. Dieser Anspruch ist aber nicht ausweisbar; denn unter den Juden hat es ebenfalls Menschen gegeben, die Dämonen austrieben (Lk 11,19). Jesu Wunder sind also auch für diejenigen Menschen, die sie miterlebten, etwas Zweideutiges gewesen und kein Beweis für Jesu Einzigartigkeit. Das Einzigartige war vielmehr, daß Jesus mit seinen Dämonenaustreibungen das Kommen des Gottesreiches verbunden hat.

Ein ungeheurer Anspruch steckt auch in der Art und Weise, wie er sich nicht unter, sondern neben oder gar über das alttestamentliche Gesetz gestellt hat: In der ersten Antithese der Bergpredigt (Mt 5,21 f.) wird von Jesus das alttestamentliche Verbot, zu töten, so zugespitzt, daß bereits ein ganz „normales" Schimpfwort eine Übertretung dieses Gebotes bedeutet. Diese Überbietung schafft zwar das Gebot gerade nicht ab, aber dennoch kann man nicht sagen, daß Jesus unter dessen Autorität steht. Jesus tritt mit seinem „Ich aber sage euch" dem alttestamentlichen Gebot gegenüber und spitzt es zu. Er kann auch – ausnahmsweise – alttestamentliche Vorschriften abschaffen, etwa die Regelung der Scheidung in Mt 5,31 f. Noch wichtiger ist, wie Jesus – im Namen des Gottes Israels und seiner Liebe – in aller Selbstverständlichkeit, etwa bei Krankenheilungen, Reinheitsgebote übertritt. Er kann sagen: „Ich bin nicht gekommen, Gerechte zu berufen, sondern Sünder" (Mk 2,17) und stellt damit fest, daß die größte Gabe, die Gott bisher Israel zur Erlangung der Gerechtigkeit gegeben hat, nämlich das Gesetz, durch seine ungeheure Liebe zu den Sündern und bisher Ausgeschlossenen überboten ist. Das Gesetz wird also von Jesus nicht abgeschafft, sondern durch eine noch größere Liebe Gottes gleichsam in den Schatten gestellt.

Ein ungeheurer Anspruch steckt auch in Jesu Ruf in die Nachfolge: Was ist das für ein Mensch, der – wie Elia – andere Menschen von ihrem Beruf und ihrer Familie wegruft, damit sie sein Wanderleben mit ihm teilen und mit ihm das Gottesreich verkünden?

(4) Umschreiben Sie, worin in den folgenden Worten der indirekte Anspruch Jesu, den er für seine eigene Person stellt, besteht:

1. Mk 2,19
   19 Jesus sagte zu ihnen: «Können denn die Hochzeitsgäste fasten, während der Bräutigam bei ihnen ist? Solange sie den Bräutigam in ihrer Mitte haben, können sie unmöglich fasten! ...»
2. LK 9,59f.
   59 Zu einem anderen sagte er: «Folge mir!» Der entgegnete: «Erlaube mir, zuerst noch hinzugehen und meinen Vater zu begraben!» 60 Jesus sagte darauf: «Laß die Toten ihre Toten begraben, – du aber geh und verkündige das Reich Gottes!»
3. Lk 17,20f.
   20 Als die Pharisäer ihn fragten, wann das Gottesreich kommen werde, antwortete er: «Das Reich Gottes kommt nicht so, daß man es (wie ein heraufziehendes Gestirn) beobachten könnte. 21 Man wird auch nicht sagen können: ‹Sieh, hier ist es›, oder ‹dort!› Denn siehe, das Reich Gottes ist mitten unter euch!»

4. Mt 8,11f.
11 «Doch ich sage euch: Viele aus Ost und West werden kommen und mit Abraham, Isaak und Jakob zusammen zu Tisch liegen im Himmelreich, – 12 die Söhne des Reiches aber werden in die äußerste Finsternis verstoßen werden. Da wird Heulen und Zähneknirschen sein.»

5. Lk 12,49f.
49 «Feuer bin ich gekommen auf die Erde zu werfen, und wie sehr wünschte ich, es hätte schon Flammen geschlagen! 50 Aber mit einer Taufe muß ich getauft werden, und wie ist mir so bange, bis sie vollzogen ist!»

6. Lk 11,21–23
21 «Wenn ein starker Mann schwer gerüstet seinen Hof bewacht, so bleibt in Frieden, was er besitzt. 22 Doch wenn ein Stärkerer als er über ihn kommt und ihn besiegt, so nimmt er ihm seine Rüstung, auf die er vertraute, und verteilt, was er von ihm erbeutet hat. 23 Wer nicht mit mir ist, ist gegen mich; und wer nicht mit mir sammelt, der zerstreut.»

Jesu Verständnis seines Todes

Für den christlichen Glauben ist die Heilsbedeutung von Jesu Tod zentral. Die Deutungen, die seinem Tod gegeben werden, sind bereits im Urchristentum verschieden. Zentral ist die *Sühnevorstellung:* Jesus ist „für unsere Sünden" gestorben (1 Kor 15,3). Wichtig ist auch der *Stellvertretungsgedanke:* Einer ist für alle gestorben (2 Kor 5,15). Eine wichtige Hilfe zur Bewältigung des Todes Jesu war im Urchristentum die *Schrift.* Immer wieder entdeckte man im „Alten" Testament prophetische Weissagungen, die man auf Jesu Tod deuten konnte, oder man las vor allem die Leidenspsalmen (etwa Ps 22) im Lichte von Jesu Tod. So konnte die Gemeinde bereits in einem frühen Bekenntnis sagen: Jesus ist „gestorben für unsere Sünden nach den Schriften" (1 Kor 15,3). Sind solche Bekenntnisaussagen nachösterlich, das heißt spätere Versuche der christlichen Gemeinde, im Lichte des Auferstehungsglaubens dem Tod Jesu, den sie zunächst nur als unfaßbar und schrecklich verstehen konnten, einen Sinn abzugewinnen? Oder haben solche Bekenntnisaussagen auch Anhalt am irdischen Jesus selbst, daß also die Gemeinde Jesu Tod gedeutet hat, indem sie auch an diesem Punkt Jesus selbst weiterführte und vertiefte? Diese Frage ist darum so wichtig, weil sich hier Juden und Christen unterscheiden.

Warum ist Jesu Verständnis seines Todes so schwer zu bestimmen?

Zunächst muß man eingestehen, daß wir hier vor einer der schwierigsten theologischen Fragen stehen, die es im Neuen Testament gibt. Sie ist noch schwieriger als die Menschensohnfrage. Wenn die Überlieferung der Evangelien richtig ist, wonach die Jünger beim Tod Jesu verzweifelten und wahrscheinlich davonliefen (Mk 14,50–52), so daß nur einige Frauen Jesus bis zum Kreuz folgten (Mk 15,40f.), dann heißt das, daß es die Jünger zu Jesu Lebzeiten nicht verstanden hätten, wenn er seinen Tod als etwas Positives gesehen oder ihm gar eine entscheidende Heilsbedeutung gegeben hätte. Die Jünger empfanden Jesu Sterben offenbar als eine Katastrophe. Von hier aus wird man folgern müssen, daß es zu diesem Punkt kaum klare und eindeutige Jesusworte gibt.
Ferner sahen wir, daß die Evangelien nicht historische Berichte, sondern Glaubenszeugnisse sind. Für die Evangelisten und auch für die Gemeinden, die den Jesusstoff vor den Evangelisten überlieferten, war es nicht wichtig zu sagen, wer Jesus als historische Person war, sondern es war wichtig, anhand der Geschichte Jesu zu bezeugen, wer er – aus der Sicht des Glaubens – ist. Wir müssen also von vornherein annehmen, daß die Gemeinde beim Tod Jesu ihre spätere Glaubenssicht in die Geschichte des irdischen Jesus zurückprojiziert hat. Von da her ist es ausgesprochen schwierig, die Echtheit etwa des in den Evangelien ja sehr vereinzelten Wortes, daß der Menschensohn sein Leben als Lösegeld für viele gebe (Mk 10,45), anzunehmen. Gerade bei Stellen, wo Jesus über seinen Tod spricht, ist äußerste Behutsamkeit am Platz.

Was wissen wir über Jesu Tod?

Wir sind in dieser Frage insofern in einer verhältnismäßig günstigen Lage, als die Forschung weitgehend darin übereinstimmt, daß den Passionsgeschichten der Evangelien ein älterer, zusammenhängender Passionsbericht zugrunde liegt. Er berichtet einigermaßen zuverlässig über die Grunddaten des Ablaufs von Jesu Verhaftung, Prozeß und Kreuzigung. Natürlich gibt es auch in den Passionsgeschichten der Evangelien klar erkennbare Tendenzen, zum Beispiel den Versuch, Jesu Leidensgeschichte immer stärker im Lichte der alttestamentlichen Leidenspsalmen zu erzählen. Oder es gibt eine deutlich erkennbare Tendenz, das Gewicht der Schuld am Tod Jesu zu verschieben: Die Römer, man denke etwa an Mt 27,24 oder an Joh 18,38 und 19,6–12, werden immer stärker entlastet, während der Hohepriester und das von seinen Parteigängern aufgewiegelte jüdische Volk als die wahren Schuldigen an Jesu Tod dargestellt werden. Dieser Sachverhalt ist historisch nicht richtig; denn nur die Römer konnten im damaligen Judäa ein Todesurteil fällen, und die Kreuzesinschrift „König der Juden" ist eindeutig römischen Ursprungs. Jesus wurde also von den Römern – zu Unrecht, wie wir sahen – als Messiasanwärter und Hochverräter hingerichtet. Daß es bei diesem Prozeß jüdische Komplizen gegeben hat, ist angesichts der Passionsgeschichten der Evangelien wahrscheinlich. Es fällt aber auf, daß die Pharisäer abgesehen von einer späten Matthäusstelle nach dem Zeugnis der Evangelien nicht an der Hinrichtung Jesu beteiligt gewesen sind. Dies ist wiederum bemerkenswert, weil Jesus wegen seiner Haltung zum Gesetz gerade mit Pharisäern große Auseinandersetzungen gehabt hat. Die Tatsache, daß die Pharisäer in der Passionsgeschichte keine aktive Rolle spielten, spricht dafür, daß Jesu freie Haltung zum Gesetz nicht die eigentliche Ursache seines Todes gewesen ist. Eher wird man an die Situation und die Interessen der sadduzäischen Oberpriesterschaft und der Jerusalemer Aristokratie denken müssen: Für sie war Jesus, wie spätestens die Austreibung der Händler und Wechsler aus dem Tempelvorhof zeigen mußte, ein Unruhestifter. Da er unter der Landbevölkerung, den Galiläern, viele Anhänger hatte und diese an den großen

Pilgerfesten in Massen in Jerusalem weilten, galt er als gefährlich. Den Sadduzäern und den vornehmen Jerusalemern war an der Aufrechterhaltung von Ruhe und Ordnung und des gegenwärtigen Zustandes gelegen. Ihnen lag auch an einem guten Arrangement mit den Römern. Von anderen Fällen wissen wir, daß sie mögliche Unruhestifter den Römern übergaben, die diese dann entweder hinrichteten, ins Gefängnis brachten oder freiließen. Die Mitwirkung der jüdischen Aristokratie beim Prozeß Jesu ist also wahrscheinlich. Der Prozeß vor dem Hohenrat ist dann am ehesten als ein inoffizielles „Vorverhör" ohne Verurteilung denkbar. Nach den synoptischen Evangelien spielte in diesem Vorverhör ein falsches Zeugnis, daß Jesus in drei Tagen den Tempel zerstören und wieder aufbauen werde (Mk 14,58), eine Rolle. Dazu paßt, daß in den Evangelien verschiedentlich eine Jesuanische Weissagung der Zerstörung des Tempels überliefert ist (Mk 13,2 Parr, vgl. Joh 2,19–21; Lk 13,35). Möglicherweise bildete also Jesu Verhältnis zum Tempel, das heißt zur traditionellen Religion, ein Element der Anklage gegen ihn.

Ist Jesus bewußt in den Tod gegangen?

Für Rudolf BULTMANN ist Jesu Tod letztlich ein geschichtlicher Zufall:

„Sicher ist [...], daß er von den Römern gekreuzigt worden ist, also den Tod eines politischen Verbrechers erlitten hat. Schwerlich kann diese Hinrichtung als die innerlich notwendige Konsequenz seines Wirkens verstanden werden; sie geschah vielmehr aufgrund eines Mißverständnisses seines Wirkens als eines politischen. Sie wäre dann – historisch gesprochen – ein sinnloses Schicksal. Ob oder wie Jesus in ihm einen Sinn gefunden hat, können wir nicht wissen. Die Möglichkeit, daß er zusammengebrochen ist, darf man sich nicht verschleiern."[1]

Wir stellen dieser Aussage die These gegenüber, daß Jesus seinen Tod bewußt in Kauf genommen und demgemäß auch bejaht hat. Der Verlauf der Passionsgeschichte zeigt, daß jedermann gewußt haben mußte, wie gespannt die Situation in Jerusalem zur Zeit der großen Pilgerfeste war. Jesus hat durch die Austreibung der Händler und Wechsler aus dem Tempelvorhof mindestens eine „unvorsichtige" Aktion begangen. Falls es bei seinem Einzug in die heilige Stadt wirklich zu einer kleineren messianischen „Demonstration" seiner Anhänger gekommen ist (Mk 11,8ff.), war diese Aktion doppelt problematisch. Er hatte sich nachher nicht aus der Stadt abgesetzt, obwohl er, wenn wir die Passionsgeschichte als richtig annehmen, dazu noch reichlich Gelegenheit gehabt hätte. Vielmehr war er in Jerusalem geblieben, was dafür spricht, daß Jesus jedenfalls nichts getan hat, um seiner Verhaftung und Verurteilung zu entgehen.

Diese Überlegung wird durch einige Stellen aus den Evangelien gestützt, die mit hoher Wahrscheinlichkeit auf Jesus selbst zurückgehen:

- In Lk 12,49f., dem Wort vom großen Feuer, das Jesus auf der Erde entfachen muß, heißt es im zweiten Teil: „Mit einer Taufe muß ich getauft werden, und wie ist mir so bange, bis sie vollzogen ist!" Dieses Wort, das ja noch nicht von der christlichen „Taufe" sprechen kann – das griechische Wort meint einfach ein Untertauchen –, bezieht sich wahrscheinlich auf den Tod Jesu.
- In Lk 13,31f. wird Jesus davor gewarnt, daß sein Landesherr HERODES ANTIPAS ihn töten lassen will. Seine Antwort lautet: „Geht hin und sagt diesem Fuchs: Siehe, ich treibe Teufel aus und vollbringe Heilungen – heute und morgen. Am dritten Tag werde ich vollendet werden." Das allgemeine Wort „vollenden" spricht wohl nicht von der Auferstehung, sondern eher in dem Sinn, wie wir von der Vollendung des Lebens bei Verstorbenen reden, vom Tod Jesu.

1 R. BULTMANN: Das Verhältnis der urchristlichen Christusbotschaft zum historischen Jesus. In: Exegetica. Aufsätze zur Erforschung des Neuen Testaments. Hrsg. von E. DINKLER. Tübingen 1967, S. 453.

Abb. 5: Atelier von Dirck Bouts: *Dornengekrönter Christus.* Ca. 1475. National Gallery, London

Aus: D. THOMAS: Jesus Christus – sein Bildnis in der Kunst, a.a.O., S. 43.

- In Mk 14,7 sagt Jesus bei der Salbung in Bethanien: „Die Armen habt ihr immer bei euch, mich aber habt ihr nicht immer bei euch." Setzt dieses Wort, über das allgemeine Bewußtsein, daß jeder Mensch einmal sterben muß, ein besonderes Wissen Jesu um seinen nahen Tod voraus?

- Muß diese Frage unsicher bleiben, so gibt doch spätestens der eschatologische Ausblick beim Abendmahl einen sicheren Hinweis: Von den Einsetzungsworten beim Abendmahl ist der letzte Satz (Mk 14,25) am sichersten als echt anzusehen; denn er ist sehr altertümlich formuliert und enthält keinerlei Hinweis auf den Heilssinn des Abendmahls: „Amen, ich sage euch: Ich werde nun nicht mehr von dem Gewächs des Weinstocks trinken bis zu jenem Tage, wo ich es im Gottesreich neu trinken werde." Dieser wichtige Vers zeigt ein Doppeltes: Jesus hat – wenigstens am Abend vor seiner Verhaftung – mit seinem Tod bewußt gerechnet und von seinen Jüngern Abschied genommen. Und: Der Gedanke an seinen nahen Tod hat ihn keineswegs in seiner Hoffnung auf das Kommen des Reiches Gottes verzweifelt gemacht. Die Formulierung „bis zu jenem Tage" läßt zwar den Zeitpunkt des Kommens des Gottesreichs in der Schwebe, aber eine sichere Hoffnung auf das Kommen des Gottesreiches hält sich ungebrochen durch. Von da her ist die von BULTMANN erwähnte Möglichkeit, daß Jesus vor seinem Tod zusammengebrochen ist, sehr unwahrscheinlich.

Wie hat Jesus seinen Tod verstanden?

Wenn Jesus bewußt in den Tod gegangen ist, so muß er in seinem Tod auch einen Sinn gesehen haben. Können wir darüber noch etwas sagen? Ich möchte einige ganz vorsichtige Überlegungen zu dieser schwierigen Frage formulieren:

Etwas vom Eindrücklichsten bei der Person Jesu ist, wieweit sein Leben und seine Verkündigung zusammenstimmen. Diese Einheit von Verkündigung und Wirken Jesu wird auch in der Passion Jesu sichtbar und von den Evangelisten herausgehoben. Jesus, der dazu aufrief, einem Schläger auch die andere Wange hinzuhalten, leidet und stirbt völlig gewaltlos. Jesus, der davon sprach, daß seine Nachfolger bereit sein müssen, das Kreuz auf sich zu nehmen (Mk 8,34), tut dies nun buchstäblich selbst. Jesus ist seiner eigenen Verkündigung bis in den Tod hinein treu. Er liebte seine Feinde und segnete die, die ihn verfluchten und mißhandelten. Darin gewinnt sein Tod einen Sinn.

Wir müssen nochmals zu dem schwierigen Wort in Lk 12,49f. zurückkehren:

„Ich bin gekommen, ein Feuer auf die Erde zu werfen;
und wie wollte ich, es wäre schon entfacht;
mit einer Taufe muß ich getauft werden,
und wie ist mir so bange, bis sie vollzogen ist!"

Dieser geheimnisvolle Spruch ist sehr schwer zu deuten. Die beiden Aussagen über das Feuer und die Taufe stehen parallel; sie müssen etwas miteinander zu tun haben. Wenn Jesus mit dem Feuer das Gericht und mit der Taufe vielleicht seinen Tod meint, ergibt sich eine Beziehung beider zueinander. Jesus, der das Weltgericht bringt, muß im Zusammenhang damit in besonderer Weise leiden oder sterben. Weiter kommen wir nicht – das Wort bleibt ein Rätselwort und ist bewußt bildhaft und geheimnisvoll gehalten.

Es stellt sich nun weiter die Frage, ob bei Jesu Abendmahl nicht nur der eschatologische Ausblick, sondern auch die Deuteworte zu Brot und Becher auf Jesus selbst zurückgehen. Das Becherwort deutet Jesu Tod als Tod „für viele", also wohl als Sühnetod: „Dieser Becher (ist) mein Bundesblut, für viele vergossen" (Mk 14,24). Spricht hier Jesus selbst oder die Gemeinde, die auf Jesu Tod zurückblickt? Und wie lautet die ursprüngliche Formulierung des Deuteworts?

Nur eine Erwägung können wir noch anstellen: Es fällt auf, daß in allen Berichten über das Abendmahl von *dem* Becher die Rede ist. Alle Jünger haben also aus einem, gemeinsamen Becher getrunken. Dieser Umstand ist auffällig und sowohl beim jüdischen Passahmahl als auch bei anderen jüdischen Mahlzeiten unüblich. Daß nicht jeder aus seinem eigenen Becher, sondern alle aus einem Becher tranken, ist so auffällig, daß man annehmen kann, daß Jesus irgendein Deutewort beim Trinken aus dem einen Becher gesprochen hat. Ob es jenes ist, das wir heute in Mk 14,24 oder in 1 Kor 11,25 lesen, wissen wir natürlich nicht. Der Ritus selbst läßt nur die Vermutung zu, daß das Trinken aus einem Becher die Gemeinschaft der Jünger untereinander stärken wollte.

Abb. 6: Emil Nolde: *Das letzte Abendmahl,* 1909. Ada-und-Emil-Nolde-Sammlung, Neukirchen

Aus: D. THOMAS: Jesus Christus – sein Bildnis in der Kunst, a.a.O., S. 142.

Soviel kann man einigermaßen sicher zu Jesu Todesverständnis sagen. Alle weiteren Überlegungen müssen darüber hinaus offenbleiben. Insbesondere die Frage, ob irgend etwas aus den Leidensankündigungen (Mk 8,31; 9,31) auf Jesus selbst zurückgeht, ist so schwierig, daß sie hier ausgeklammert wird. Aber das, was wir sagen konnten, genügt doch, um ein vorläufiges Fazit zu ziehen. Es lautet:

Ein historischer Zufall oder ein tragisches Versehen ist Jesu Tod nicht gewesen. Er wurde von ihm in Kauf genommen und bewußt bestanden. Entsprechend hat er ihn auch nicht als Abbruch, sondern als Konsequenz seiner Verkündigung gesehen.

In seiner Hoffnung auf Gott hat ihn sein Tod wahrscheinlich nicht irregemacht. Ob Jesus selbst seinem Tod einen besonderen Heilssinn gegeben hat, etwa als Sühnetod, können wir nicht mehr sagen. Aber ausschließen können wir es keineswegs.

Welche Konsequenzen für den christlichen Glauben ergeben sich?

Für den christlichen Glauben ergeben sich aus diesem Befund, so dürftig er auch sein mag, zwei Konsequenzen:

• Wenn nach Ostern die christlichen Gemeinden über Jesu Tod nachdachten und in ihm ein für ihren Glauben ganz besonders wichtiges, heilvolles Ereignis sahen, so taten sie dies nicht einfach ohne Rückhalt am irdischen Jesus. Die urchristlichen Deutungen des Todes Jesu können nicht einfach als nachträgliche Versuche, eine Katastrophe in ein Heilsmysterium umzudeuten, gesehen werden.

• Was wir über den Tod Jesu sagen konnten, bedeutet nicht, daß man nun den Glauben gleichsam historisch absichern kann. Man kann sagen, daß Jesus seinem Tod bewußt entgegenging und ihn vielleicht sogar bewußt riskierte. Man kann sagen, daß er seinen Tod als Teil seiner Sendung verstand. Aber das beweist noch nichts für die Sache Jesu – man kann ja auch für eine falsche Sache sterben. Er hat mit seinem Leben und Sterben zwar in eindrucksvoller Weise Gott bezeugt – aber er kann ja auch ein Illusionist gewesen sein. Die subjektive Gewißheit, mit der Jesus vermutlich in seinen Tod ging, beweist noch nichts für die Wahrheit seiner Verkündigung. Und diese letztlich allein entscheidende Frage nach der Wahrheit von Jesu Verkündigung kann die historische Forschung keinem Menschen abnehmen.

(5) Lesen Sie den Markinischen Kreuzigungsbericht (Mk 15,21–39), und notieren Sie die Stellen, die den Tod Jesu deuten. Wie wird er gedeutet?
Achten Sie dabei insbesondere auf die im abgedruckten Kommentar von U. Wilckens gegebenen Hinweise auf den Zusammenhang mit dem Leidenspsalm 22.

MARKUS 15

21 Und sie zwangen einen Vorübergehenden, Simon von Kyrene, der vom Felde kam, den Vater des Alexander und Rufus,[1] ihm das Kreuz zu tragen.
22 Und sie brachten ihn nach Golgatha, das heißt übersetzt Schädelplatz.[2] 23 Dort wollten sie ihm Wein, der mit Myrrhe gewürzt war,[3] zu trinken geben; aber er nahm ihn nicht.
24 Dann kreuzigten sie ihn und VERTEILTEN SEINE KLEIDER, INDEM SIE DAS LOS DARÜBER WARFEN,[4] wer was nehmen dürfe. 25 Es war neun Uhr morgens,[5] als sie ihn kreuzigten.
26 Und es war eine Tafel angebracht, auf der angeschrieben war, welches Vergehens er schuldig sei: ‹Der König der Juden.›[6]
27 Mit ihm zusammen kreuzigten sie auch zwei Räuber, einen zu seiner Rechten, einen zu seiner Linken.[7] 29 Und DIE VORÜBERGEHENDEN verhöhnten ihn, SCHÜTTELTEN DEN KOPF[8] und sagten: «Ha! Der du den Tempel abreißen und nach drei Tagen wieder aufbauen willst,[9] 30 rette doch dich selbst und steig vom Kreuz herab!» 31 Ebenso sagten auch die Hohenpriester mit den Schriftgelehrten spottend zueinander: «Andere hat er errettet – sich selbst kann er nicht retten: 32 der Messias, der König Israels! Steige er doch vom Kreuz herab, damit wir's sehen und gläubig werden!» Auch seine Mitgekreuzigten verhöhnten ihn.
33 Um zwölf Uhr mittags kam eine Finsternis über das ganze Land bis um drei Uhr. 34 Und um drei Uhr schrie Jesus laut: «Eli Eli lama sabachthani», das heißt übersetzt: «MEIN GOTT, MEIN GOTT, WARUM HAST DU MICH VERLASSEN?»[10] 35 Einige der Umstehenden, die das hörten, sagten: «Sieh, er ruft den Elia!» 36 Und jemand lief herzu, tränkte einen Schwamm mit Essig, steckte ihn auf einen Rohrstock und wollte ihm zu trinken geben[11] und sagte: «Laßt doch sehen, ob Elia kommt, um ihn abzunehmen!» 37 Jesus aber schrie laut auf und verschied. 38 Da zerriß der Vorhang im Tempel in zwei Teile, von oben bis unten. 39 Als aber der Hauptmann, der ihm gegenüberstand, sah, daß er so verschied, sagte er: «Wahrhaftig, dieser Mann ist Gottes Sohn gewesen!»

Kommentar:

1 Diese beiden Namen erwähnt nur Markus. Der alten Überlieferung waren sie wohl als Christen bekannt.
2 Das heißt: ein Hügel, der die Form eines Schädels hat; nicht: die Hinrichtungsstätte.
3 Nämlich zur Betäubung.
4 Ps 22,19.
5 Wörtlich: «die dritte Stunde». Entsprechend V 33f. die sechste und neunte Stunde.
6 Dem Verbrecher pflegte man eine Tafel um den Hals zu hängen, auf der die Schuld verzeichnet war, der er überführt war, der sogenannte ‹titulus›. Er enthielt hier die Anklage [...] und wird am Pfahl oben angeheftet.
7 Einige Handschriften haben hier als V 28 den Satz: «Da wurde die Schrift erfüllt, wo es heißt: Und er ist zu den Ungerechten gerechnet worden» (vgl. Lk 22,37; Jes 53,12).
8 Vgl. Ps 22,8.
9 Vgl. 14,58.
10 Ps 22,2.
11 Vgl. Ps 69,22 und Joh 19,28.

Jesus zwischen Judentum und Christentum

Jesus ist mein jüdischer Bruder, sagte Martin Buber. Jesus für sich ist Teil der jüdischen Religionsgeschichte und nur Voraussetzung des christlichen Osterglaubens, sagte Rudolf Bultmann. Jesus und nur er allein ist Inhalt des christlichen Glaubens, sagte Joachim Jeremias. Wir wollen versuchen, zum Schluß auf diese drei Positionen zurückzublicken:

- *Jesus als jüdischer Bruder* – diese These war insofern richtig, als Jesus besonderer Gesandter Gottes zu seinem Volk Israel sein wollte, und nichts anderes. Er hat keine christliche Kirche neben Israel gegründet und so etwas nie beabsichtigt. Insofern wollte er nichts anderes als jüdischer Bruder sein. Um ihn herum war eine Jüngergemeinschaft, die im Anbruch des Gottesreiches Israel zu Gott rufen sollte. Jesus war aber nicht einer von vielen Brüdern, Schriftgelehrten oder Propheten. Seine Botschaft vom Anbruch des Gottesreichs verband sich mit einem ganz besonderen, geradezu ungeheueren Selbstbewußtsein und Anspruch für seine Person. Sie führte ihn auch dazu, die für das Judentum fundamentale Voraussetzung, daß das Gesetz die letzte Basis des Gottesvolkes Israel sei, in ihrer Absolutheit einzuschränken. Daß das Judentum mit ihm, der Bruder sein wollte, Mühe hatte, kommt vielleicht doch nicht von ungefähr.
- *Jesus als alleiniger Grund des christlichen Glaubens* und
- *Jesus als bloße Voraussetzung für den urchristlichen Osterglauben* –

diese beiden Grundhypothesen erwiesen sich uns als nicht allein tragfähig. Das Leben Jesu endete gleichsam mit einer offenen Frage. Ob sein Tod bedeutete, daß seine Sache nun zu Ende war oder nicht, bildete eine schwere Frage; die Flucht der Jünger während der Passion vermag anzudeuten, wie schwer sie zu beantworten war. Jesu subjektive Gewißheit in seinem Sterben löste diese Frage ebenfalls noch nicht. Auf dieses offene Problem wird die Osterbotschaft von der Auferstehung Jesu eine Antwort zu geben versuchen (sie wird in der folgenden Studieneinheit erläutert werden.) Jedenfalls endete Jesu Leben in einer offenen Frage, die eine neue Antwort erforderte. Umgekehrt aber kann man nicht sagen, daß Ostern einen völligen Neueinsatz bedeutete. Das Osterereignis muß ja eine Antwort auf die durch Jesu Tod offengebliebene Frage nach Gott geben. Das heißt: Was Ostern bedeutet, kann man ohne Jesus gar nicht verstehen. Ostern ist daher kein völliger Neueinsatz, sondern eine – nach dem Zeugnis der biblischen Texte nicht von Menschen, sondern von Gott gegebene – neue Antwort auf Jesus. Von diesem Osterereignis her formulierten dann die ersten Gemeinden ihre eigenen Antworten auf Jesus. Auch diese Antworten waren nicht einfach etwas Neues. Vielmehr haben wir gesehen, daß die Gemeinden immer wieder, in ihren Bekenntnissen zu Jesus als ihrem Herrn, als Richter, als Gottes Auserwählter, und in ihren Bekenntnissen zur besonderen Heilsbedeutung von Jesu Tod, Ansätze aufnahmen, die in größerem oder geringerem Maße von Jesus selbst vorgegeben waren. Die Entwicklung zur Christologie, die nach Ostern einsetzte, ist von Jesus her angelegt.

Das alles bedeutet nun aber nicht, daß Christen einfach beruhigt feststellen könnten, daß ihre christliche Antwort auf Jesus, also das Bekenntnis zur Besonderheit und Einzigartigkeit Jesu, von Jesus selbst her gesehen die richtige Antwort sei. Zu groß sind zu solcher Beruhigung die Unstimmigkeiten, die zwischen Jesus und der christlichen Kirche – die Jesus selbst ja nicht gegründet hat – bestehen: Dem Verkünder des Gottesreichs, das sich entgegen Jesu gewisser Hoffnung nicht vollendete, steht der Glaube an das Wunder der Auferstehung Jesu aus dem Tod gegenüber. Dem Gottesreich, Gottes neuer Welt, steht die Kirche gegenüber, mitten in der alten Welt. Jesu Bergpredigt steht ihre vielfache Anpassung an die Gegebenheiten und Verhältnisse der Welt gegenüber. Jesu Gedanke einer Sammlung des Zwölfstämmevolks Israel im Anbruch des Gottesreichs steht die von Israel getrennte Kirche gegenüber, die eben dieses Volk Israel in vielfacher Weise unterdrückt und benachteiligt hat. Jesu eigener radikaler Forderung nach Besitzverzicht und Gewaltlosigkeit steht heute in dieser Welt das gerade Gegenteil gegenüber. Nein, ein Grund zur Beruhigung ist Jesus für die christlichen Kirchen, die ihn in ihren Bekenntnissen als ihr Zentrum erklären, wirklich nicht.

12. Auferstehungsbotschaft und Christusbekenntnis

Autor der Studieneinheit: Peter Fiedler

PETER FIEDLER (45), Studium der Katholischen Theologie und der Klassischen Philologie in München und Freiburg, hier Staatsexamen und Promotion; nach Referendars- und Assessorenzeit seit 1969 wissenschaftlicher Assistent am Exegetischen Seminar, Neutestamentliche Abteilung, der Universität Freiburg; 1975 Habilitation und Venia legendi für Biblische Einleitungswissenschaften und Neutestamentliche Exegese; von 1977 bis 1982 Mitarbeit am Seminar für Pädagogik und Katechetik beim Projekt „Das Judentum im katholischen Religionsunterricht"; seit 1979 Professor für Katholische Theologie/Religionspädagogik an der Pädagogischen Hochschule in Lörrach und jetzt in Ludwigsburg. *Veröffentlichungen* vor allem zur Jesus- und Evangelienforschung, zu theologischen und religionspädagogischen Problemen des christlich-jüdischen Verhältnisses.

Allgemeine Einführung

Ohne Ostern kein Christentum! Dieser Zusammenhang ist heute so unaufgebbar wie in der Anfangszeit der Kirche. Denn mit dem katastrophalen Ende am Kreuz waren Botschaft und Person Jesu von Nazaret nach menschlichem Ermessen gescheitert. Die Jünger waren nach seiner Verhaftung verängstigt aus Jerusalem geflohen. Doch bald verkündigten sie die Botschaft ihres Meisters erneut und stellten dabei seine Person betont in den Mittelpunkt. Sie führten dies auf ein wunderbares Eingreifen des hingerichteten Jesus zurück: Er habe sich ihnen von Gott her als lebend mitgeteilt.

Ohne Ostern kein Christentum – das gilt in anderer Weise auch für unsere Zeit. Jesu Ende am Kreuz wird zwar nicht mehr wie damals als Skandal empfunden, den erst die Ostererfahrung überwinden konnte. Doch wenn heute diese Ostererfahrung ausgeblendet wird, dann wird Jesus auf einen edlen, tragisch gescheiterten Menschen verengt. Seine Botschaft könnte dann zwar für viele Menschen anziehend wirken – selbst für Atheisten –, aber sie bliebe im letzten unverbindlich.

Verbindlichen Anspruch können Jesus und seine Botschaft nur erheben, wenn die „Dimension Gott" nicht ausgeschaltet wird. Es geht also beim Osterglauben letztlich um Gottesglauben. Nur wer an Gott glaubt, wird überhaupt der Möglichkeit offenstehen, daß Gott jenseits der Todesgrenze Macht besitzt. Erst auf dieser Basis des Gottesglaubens – genauer: des biblischen Gottesglaubens – kann dann ein Zugang dazu gefunden werden, daß Gott den gekreuzigten Jesus aus dem Tod befreit und so seinen Heilsmittleranspruch endgültig bestätigt hat. Darum ist in dieser Studieneinheit immer wieder von Offenbarung und Glaube, von Zeugnis und Bekenntnis, von Verkündigung und Botschaft die Rede.

In den neutestamentlichen Schriften tritt uns solcher Glaube an Gott, der Jesus aus dem Tod befreit hat, und somit der Glaube an den Auferweckten selbst in ursprünglichen Bezeugungen entgegen. Deshalb bleibt der Glaube jeder christlichen Generation, also auch in unserer Zeit, daran gebunden.

Allerdings hat sich seit der Neuzeit und da besonders seit dem Aufkommen der modernen Bibelwissenschaft das Verständnis der neutestamentlichen Glaubensurkunden gegenüber früheren Zeiten beträchtlich gewandelt. In der Vergangenheit konnte man die Ostererzählungen unbefangen als Darstellungen lesen, die Erlebnisse von Augenzeugen schilderten. Die christliche Kunst trug das ihre dazu bei, den Osterglauben auf die Inhalte dieser Geschichten zu fixieren. Als jedoch vom neuzeitlichen Weltbild aus das „Übernatürliche" zunehmend in Frage gestellt wurde, boten die Ostererzählungen mit ihrem vordergründigen Realismus eine geeignete Angriffsfläche. Mit den Engelserscheinungen und Visionen schien der Osterglaube im ganzen als unglaubwürdig abgetan werden zu können.

Die moderne Bibelwissenschaft sucht demgegenüber den eigentlichen Sinn der neutestamentlichen Osterzeugnisse und so die Bedeutung des Osterglaubens auch für unsere Zeit zu erweisen. Sie kann dabei den Anfragen vom neuzeitlichen Weltbild aus soweit Berechtigung zuerkennen, als die Ostererzählungen der Evangelien selbst schon die Absicht verraten, Vergewisserung für den Osterglauben zu bieten. Ihre Verfasser bedienten sich dabei zeitgemäßer, also auch weltbildabhängiger Motive und Vorstellungen.

Dies bedeutet, daß die neutestamentlichen Bezeugungen des Osterglaubens differenziert zu sehen sind: nach der geistigen Herkunft und den Zielsetzungen der Autoren, die ja auch verschiedenen urchristlichen Gemeinden und Generationen angehörten. Entsprechendes gilt es hinsichtlich der Bekenntnisbildung in der frühen Kirche zu berücksichtigen. Wenn wir uns so dem vielstimmigen Osterzeugnis der Urkirche öffnen, gelingt es uns vielleicht, selbst wieder bessere Zugänge zum Osterglauben zu entdecken.

Einige Hinweise noch zu den verwendeten Begriffen des Themas: Auferstehungsbotschaft und Christusbekenntnis sind hier um einer größeren Übersichtlichkeit willen nebeneinandergestellt. Sachlich greift eins ins andere. Wenn in dieser Studieneinheit hauptsächlich von Auferweckung statt von Auferstehung gesprochen wird, so ist an den überwiegenden Sprachgebrauch des Neuen Testaments angeknüpft. „Auferweckung" drückt das Handeln Gottes am toten Jesus aus, während „Auferstehung" mehr von der göttlichen Macht Jesu aus gebraucht wird. Dasselbe wie Auferstehungsbotschaft meint Osterbotschaft. Die einzelnen Osterbekenntnisse und -erzählungen sind Äußerungen des Osterglaubens.

Nach dem Durcharbeiten der Studieneinheit sollen Sie in der Lage sein,

- Voraussetzungen der neutestamentlichen Auferstehungsbotschaft zu erörtern;
- die hauptsächlichen Formen und zentrale Aussagen der neutestamentlichen Auferstehungsbotschaft darzulegen;
- die Eigenart und den aktuellen Bezug von Osterbekenntnissen und -erzählungen zu charakterisieren;
- die Eigenart und den aktuellen Bezug von Christusbekenntnissen zu bestimmen;
- den Wechselbezug von Auferstehungsbotschaft und Christusbekenntnissen zu beschreiben;
- Bezüge von neutestamentlichen Christusbekenntnissen zu kirchlichen Bekenntnisformulierungen aufzuzeigen;
- die Entwicklung des Christusverständnisses bis in die heutige Diskussion hinein in ihren Grundzügen zu entfalten.

Voraussetzungen der neutestamentlichen Auferstehungsbotschaft

Die Hoffnung auf eine Auferweckung der Toten am Ende der Geschichte ist eine recht junge „Errungenschaft" des biblischen Gottesglaubens. Sie tritt erst im 2. Jahrhundert v. Chr. hervor. Bis dahin ist der im „Alten Testament" bezeugte Glaube ganz auf das Leben in dieser Welt ausgerichtet. Das hängt vor allem auch mit dem biblischen Menschenbild zusammen. Der Mensch wird nicht wie im griechischen, hauptsächlich von PLATON beeinflußten Denken dualistisch verstanden, das heißt: aus Leib (vergänglicher Materie) und (ewiger) Seele (als dem wahren Selbst des Menschen) zusammengesetzt. Die Bibel sieht den Menschen vielmehr ganzheitlich, als ein „lebendiges Wesen" (Gen 2,7), das im Tod ganz vergeht. An die Toten denkt Gott nicht mehr, sie sind seiner Hand entzogen (Ps 88,6). Umgekehrt denkt bei den Toten niemand mehr an ihn (Ps 6,6). Und wenn der Beter von Ps 139,8 sagt: „Steige ich hinauf in den Himmel, so bist du dort; bette ich mich in der Unterwelt, bist du zugegen", so will er damit nur veranschaulichen, daß er sich in diesem Leben Gott nicht entziehen kann.

Die Aussagen der Bibel

Ein Ausgriff über die Todesgrenze hinaus kommt ganz vereinzelt nur dort als Hoffnung vor, wo Menschen ihr Gottvertrauen auch in äußerster Not nicht aufgeben:

> „... ich, ich weiß: mein Erlöser lebt,
> als letzter erhebt er sich über dem Staub.
>
> Ohne meine Haut, die so zerfetzte,
> und ohne mein Fleisch werde ich Gott schauen.
>
> Ihn selber werde ich dann für mich schauen;
> meine Augen werden ihn sehen, nicht mehr fremd.
> Danach sehnt sich mein Herz in meiner Brust." (Ijob 19,25–27)

Das Aufkommen der Erwartung individueller Errettung aus dem Totenreich wird entscheidend vorbereitet durch die Erfahrung der Hilfe Gottes für das Volk, das geschlagen und nach Babylonien verschleppt ist. Durch die vom Perserkönig Kyros gewährte Erlaubnis zur Heimkehr, die der Glaube durch Gott gewirkt sieht, ist die Neukonstituierung des jüdischen Volkes ermöglicht. In Ez 37 ist dies durch die Vision von den herumliegenden ausgetrockneten Totengebeinen ausgedrückt, aus denen Gott wieder lebendige Menschen werden läßt (V. 1–10): „Diese Gebeine sind das ganze Haus Israel", dem der Prophet nun verkünden soll:

> „So spricht Gott, der Herr: Ich öffne eure Gräber und hole euch, mein Volk, aus euren Gräbern heraus. Ich bringe euch zurück in das Land Israel. Wenn ich eure Gräber öffne und euch, mein Volk, aus euren Gräbern heraufhole, dann werdet ihr erkennen, daß ich der Herr bin" (V. 11–13).

Dieses für den späteren Auferstehungsglauben folgenreiche Bild hat seinen Vorläufer in Hos 6. Dort ist in einem Bußgebet die Hoffnung des „verwundeten", das heißt von Gott gestraften Volkes ausgesprochen: „Nach zwei Tagen gibt er uns das Leben zurück, am dritten Tag richtet er uns wieder auf, und wir leben vor seinem Angesicht" (V. 2). Diese Hoffnung, die sich des Bildes der Heilung eines Verwundeten bedient, wird allerdings vom Propheten zurückgewiesen (V. 5).

Für Ezechiel ist die Lage des Volkes viel aussichtsloser: Ein verbanntes Volk verlor normalerweise seine Identität, die ja religiös begründet war – hatte sich der Gott Israels durch die Niederlage seines Volkes nicht von ihm distanziert, oder hatte er sich gar als schwächer erwiesen als die Götter der Neubabylonier? In einer solchen Situation kann die Rettung des Volkes nur mit einem gegenüber Hos 6 radikalisierten Bild markiert werden: Es handelt sich um so etwas wie eine Neuschöpfung durch Gott.

Ähnlich dürfte das Bild in der sogenannten Jesaja-Apokalypse (24–27) gebraucht sein:

> „Deine Toten werden leben, die Leichen stehen wieder auf;
> wer in der Erde liegt, wird erwachen und jubeln.
> Denn der Tau, den du sendest, ist ein Tau des Lichts;
> die Erde gibt die Toten heraus" (26,19).

Dagegen wird der Satz in 25,8 (Gott „beseitigt den Tod für immer") später hinzugefügt worden sein; er erhofft die Aufhebung des Todesfluchs von Gen 3,19.

Unzweideutig ist in Dan 12,1–3 die Überzeugung ausgesprochen, daß es bei der Rettung des Volkes aus großer Not zu einer Neubelebung gestorbener Individuen kommen wird, und zwar mit dem Bild des Erwachens von Schlafenden:

> „... Dann kommt eine Zeit der Not, wie noch keine da war, seit es Völker gibt, bis zu jener Zeit. Doch dein Volk wird in jener Zeit gerettet, jeder, der im Buch verzeichnet ist.
> Von denen, die im Land des Staubes schlafen, werden viele erwachen, die einen zum ewigen Leben, die anderen zur Schmach, zu ewigem Abscheu.
> Die Verständigen werden strahlen, wie der Himmel strahlt; und die Männer, die viele zum rechten Tun geführt haben, werden immer und ewig wie die Sterne leuchten."

Das Daniel-Buch stammt aus der Zeit des makkabäischen Aufstandes (167–164 v. Chr.), der die akute Gefahr der hellenistischen Überfremdung des jüdischen Glaubens bannte. Offensichtlich haben die schlimmen Erfahrungen der Zeit zum Durchbruch des Auferstehungsglaubens geführt, bei dem auch Vorstellungen der persischen Religion im Hintergrund stehen. Dan 12,1–3 verheißt die Rettung des Volkes aus dieser Notzeit, genauer: die Rettung derjenigen, die Gott kennt – das meint der Hinweis auf das „Buch (des Lebens)". Der bürgerkriegsähnliche Verlauf des Aufstands wirft aber nun die Frage nach dem Geschick derer auf, die im Kampf umgekommen sind. Ihnen allen (so sinngemäß für „viele") wird verheißen, daß Gott sie aus dem Tod herausholt: die Treuen, die ihr Leben als Märtyrer einsetzten, zu einem Leben in vollendeter Fülle, die Abgefallenen zu einem Dasein in Schande. Ein besonderer Lohn wird denen in Aussicht gestellt, die anderen den Weg der Glaubenstreue gewiesen haben. Ziel des Textes ist es also, den Glaubensmut in der Verfolgung zu stärken.

Vorstellungen frühjüdischer Gemeinschaften

Im *Frühjudentum* bildeten sich aus den Kreisen der Frommen (Chassidim), die sich in der Aufstandszeit von der Auferstehungshoffnung inspirieren ließen, apokalyptische Gemeinschaften und auch die pharisäische Bewegung. Hier wurde der Auferstehungsglaube weitergetragen und im Volk allgemein bekannt gemacht. Die dabei verwendeten Vorstellungen waren vielfältig, und sie wurden unsystematisch gebraucht. Bei aller Unterschiedlichkeit besteht aber darin weitreichende Übereinstimmung, daß der Schwerpunkt nicht auf dem Gedanken der Totenauferweckung an sich liegt. Das eigentlich angestrebte Ziel ist vielmehr – wie auch schon in Dan 12 –, die Gerechten des göttlichen Lohnes für ihre Glaubenstreue zu versichern. Diesem Ziel können hinsichtlich der Feinde der Gerechten durchaus gegensätzliche Aussagen dienen: Ihre Strafe kann entweder darin bestehen, daß sie im Tod bleiben (nach dieser Auffassung werden also nur die Gerechten auferweckt), oder aber darin, daß sie zu Verurteilung und ewiger (Höllen-)Pein auferweckt werden. Diese Ausrichtung auf das Schicksal der Gerechten knüpft an die in der Bibel grundgelegte Hoffnung an, Gott werde den verfolgten, leidenden Gerechten aus der Bedrängnis durch seine Feinde befreien, so seine Not wenden und ihm wieder sein Recht verschaffen. Diese Zuversicht ist vor allem in Klagepsalmen ausgesprochen (etwa Ps 22; 69). Sie gründet letztlich in der Gotteserfahrung Israels bei der Befreiung aus der ägyptischen Knechtschaft – nur daß sie hier eben ins Individuelle gerichtet ist. Die Hoffnung, daß Gott dem unterdrückten Gerechten schließlich doch wieder aufhelfen werde, wäre aber von der Religionsverfolgung der Makkabäerzeit und den nachfolgenden Krisen der frühjüdischen Geschichte nachhaltig erschüttert worden, hätte sie sich nicht auf das zukünftige Leben verlagern können. Auf diese Weise war Gottes Treue auch durch noch so entgegenstehende Erfahrungen – bis hin zum Martyrium – nicht widerlegt.

Auch *Jesus und seine Anhänger* teilten die Erwartung der endzeitlichen Auferweckung der Toten. Das gilt auch dann, wenn das Streitgespräch Mk 12,18–27 zwischen Jesus und Sadduzäern, die sich dieser Neuerung im überkommenen Glauben gegenüber verschlossen zeigten, wahrscheinlich erst nachösterlich entstand. Allerdings steht die Totenerweckung keineswegs im Zentrum der Verkündigung Jesu. Ihm geht es ja nicht um das Schicksal seiner Hörer nach dem Tode, sondern darum, daß sie auf Gottes Heilsangebot, das er ihnen in Wort und Tat nahebringt, in ihrem gegenwärtigen Leben angemessen eingehen. Ein Wort wie Mk 14,25 zeigt indes unmißverständlich die Überzeugung Jesu, sich auch jenseits des drohenden Todes in Gott geborgen zu wissen. Dieses Wort ist jedoch keine Vorhersage seiner (exklusiven) Auferweckung, wie sie die Leidensweissagungen unserer Evangelien (etwa Mk 8,31) im Licht des Osterglaubens enthalten.

Zu den wesentlichen Voraussetzungen des Osterglaubens gehören aber nun auch die *Erfahrungen der Jünger Jesu,* die sie mit Jesus während ihres gemeinschaftlichen Lebens gemacht hatten: also seine Botschaft und der darin einschlußweise vorhandene Heilbringeranspruch, der sich für die engsten Vertrauten etwa in der Nachfolgeforderung geäußert hatte. Ebenso bedeutsam war für sie die Tatsache, welche die Kreuzesinschrift offenkundig machte: Jesus war von den Römern als messianischer Aufrührer hingerichtet worden. Dies konnte seinen Anspruch grundsätzlich in Frage stellen, auch wenn Jesu Geschick ihn in den Augen seiner Anhänger als *das* Beispiel des leidenden Gerechten erscheinen lassen mußte. Von dieser Vorstellung her war jedoch die Wende des Geschicks Jesu durch Gott erst für die endzeitliche Auferweckung der Toten bzw. der Gerechten nahegelegt.

Sind demnach jetzt als die entscheidende Voraussetzung der neutestamentlichen Auferstehungsbotschaft noch die Erscheinungen des Auferstandenen anzuführen? Das ist uns verwehrt. Die „Erscheinungen" können nicht unter die Voraussetzungen einfach neben den anderen, vorher besprochenen eingereiht werden, denn bei den „Erscheinungen" handelt es sich um ein Geschehen von Gott her – jedenfalls nach den Behauptungen der „Erscheinungsempfänger". Diese Behauptungen sind es allein, die wir – und zwar unmittelbar nur durch das Selbstzeugnis des Paulus – historisch überhaupt fassen können. Dazu ja zu sagen, also letztlich Gott als den Urheber der Auferstehungsbotschaft anzuerkennen, ist aber keine Sache historischen Feststellens und Beweisens, sondern verlangt Glauben.

Unter den Voraussetzungen der Auferstehungsbotschaft, die historisch festzumachen sind, kann schließlich auch nicht das leere Grab Jesu angeführt werden. Das verbieten sowohl historische als auch – wiederum – theologische Gründe. Historisch haben wir zunächst die Schwierigkeit, daß das leere Grab weder in den alten Osterbekenntnissen und Osterliedern noch bei Paulus, sondern erst später – in Mk 16,1–8 – erwähnt wird; dabei verfolgt diese Geschichte deutlich andere Interessen als einen historisch genauen Bericht. Darüber hinaus ist nach der Wahrscheinlichkeit zu fragen, daß Jesu Grab überhaupt bekannt war. Denn zur römischen Kreuzigungspraxis paßt viel eher das Verscharren des Leichnams als die Erlaubnis zu seiner feierlichen Bestattung: Die Entehrung eines so schändlich Hingerichteten sollte durch nichts abgemildert werden. Und wenn Jesu Grab wirklich irrtumsfrei auszumachen gewesen war, dann ließ sich das Fehlen des Leichnams immer noch unterschiedlich erklären – eher harmlos (Umbettung) oder eben bösartig (Betrug der Jünger). Ein Beweis für die Auferweckung wäre das leere Grab also nicht, und das ist – theologisch gesehen – gut so. Denn dadurch bleibt Raum für die Glaubensentscheidung. Wer sie positiv getroffen hat, kann für den Fall, daß er die Entdeckung des leeren Grabes Jesu als historisch wahrscheinlich ansieht, darin eine Bekräftigung seines Glaubens erblicken. Nur – zu den Voraussetzungen für die Auferstehungsbotschaft gehört dadurch das leere Grab nicht.

Als Ergebnis läßt sich somit festhalten: Einerseits haben die Jünger für die Auferstehungsbotschaft bestimmte Voraussetzungen aus der Zeit bis zum Karfreitag mitgebracht, so vor allem die Erwartung der endzeitlichen Totenerweckung, die den am Glauben festhaltenden Juden – gerade auch denen, die dafür zu leiden hatten – den Lohn ihrer Treue bringen würde; dazu die Erfahrungen, die ihnen das Zusammensein mit Jesus gebracht hatte, also seine Gottesreichbotschaft und der darin eingeschlossene Heilbringeranspruch, aber auch sein Gottvertrauen angesichts der drohenden Todesgefahr. Andererseits können wir feststellen, daß die Auferstehungsbotschaft zwar von diesen Voraussetzungen her in Worte gefaßt, aber nicht daraus abgeleitet, sondern im letzten auf Gott zurückgeführt wurde. Gott als die entscheidende „Voraussetzung" der neutestamentlichen Auferstehungsbotschaft kann aber historisch weder bewiesen noch widerlegt werden. Allein der Glaube nimmt ihn wahr.

(1) Welche Voraussetzungen der neutestamentlichen Auferstehungsbotschaft waren in der Bibel und den Zeitverhältnissen gegeben?

....

....

....

....

....

....

....

....

Die Auferstehungsbotschaft in Glaubensformeln und Liedern

Die älteste Gestalt der neutestamentlichen Auferstehungsbotschaft treffen wir nicht in den Ostergeschichten unserer Evangelien an, sondern in kurzen Bekenntnissen und Liedern. Sie finden sich hauptsächlich in der Briefliteratur des Neuen Testaments, und da vor allem in den (echten) Paulusbriefen.

Unser Zugang zu den Quellen

Die erhaltenen Paulusbriefe – als der älteste Bestandteil des Neuen Testaments – stammen aus den fünfziger Jahren n. Chr. Seit dem Karfreitag (vermutlich im Frühjahr 30) sind also mindestens schon zwei Jahrzehnte vergangen. Für diesen Zeitraum sind wir auf Rückschlüsse angewiesen. Denn die Bildung (und weitere Ausgestaltung) von Bekenntnissen setzte zweifellos sehr bald nach dem Tod Jesu ein, und zwar durch uns unbekannte Christen. Zudem ist nur selten kenntlich gemacht, daß ein übernommenes Textstück vorliegt – wie in 1 Kor 15,3a. Wenn Begriffe wie „bekennen" und „glauben" auftauchen, ist es immerhin sehr wahrscheinlich, daß traditionelles Gut zitiert wird – wie in Röm 10,9: „Wenn du mit deinem Mund bekennst ‚Herr ist Jesus' und in deinem Herzen glaubst ‚Gott hat ihn von den Toten auferweckt', wirst du gerettet werden" (vgl. Röm 4,24). Andere Hinweise werden vom Textzusammenhang eher indirekt gegeben. Deshalb bleiben Unschärfen.

Veranschaulichen wir uns nun an einigen Beispielen die *Vielfalt des Osterzeugnisses,* wie sie bereits in der vorpaulinischen „Formel-Tradition" erkennbar ist, also in Bekenntnissen und Liedern, die Paulus nicht erst selbst formuliert hat:

In seinem ältesten erhaltenen Brief erinnert er die Christen in Thessalonich – dem heutigen Saloniki – an seine erfolgreiche Missionsarbeit: wie sie sich „von den Götzen zu Gott bekehrt" haben, „um dem lebendigen und wahren Gott zu dienen und seinen Sohn vom Himmel her zu erwarten, Jesus, den er von den Toten auferweckt hat und der uns dem kommenden Zorn (Gericht Gottes) entreißt" (1 Thess 1,9f.). Paulus läßt uns hier einen Blick in die urkirchliche Heidenmission werfen. Denn die Bekehrung vom Polytheismus zum jüdischen Monotheismus war für Heiden die Grundvoraussetzung, um die Auferstehungs- und somit die Christusbotschaft annehmen zu können. Indem Paulus als Ziel dieser Bekehrung „Gott *dienen*" angibt, verdeutlicht er, daß sie nicht lediglich einen Erkenntnisfortschritt, sondern eine Lebenswende bedeutet. Das spezifisch Christliche, das den Unterschied zu sonstigen, damals häufigen Bekehrungen vom Heidentum zum Judentum ausmacht, drückt Vers 10 mit seinen christologischen Aussagen aus: einerseits das Bekenntnis zur Auferweckung Jesu, andererseits die Hoffnung auf endgültige

Rettung durch eben diesen auferweckten Jesus. Beide Aussagen, also auch die zweite, sind traditionell. Die Heilsmittlerfunktion Jesu, schon mit dem Hoheitstitel „sein (Gottes) Sohn“ angezeigt, ist hier ganz stark eschatologisch ausgerichtet, das heißt: auf das (damals noch in naher Zukunft erwartete) Ende dieser Welt bezogen. Die verwendete Vorstellung ist apokalyptisch: der Zorn Gottes, der sich im Gericht über diese Welt ergießen wird. Aus diesem Gericht Gottes werden die Christen aber durch Jesus gerettet werden, eine Zuversicht, die sich ebenfalls apokalyptisch äußert.

Abb. 1: Christus als Weltenrichter und Erlöser

Aus: M.-D. Chenu: Thomas von Aquin in Selbstzeugnissen und Bilddokumenten. Reinbek 1981, S. 112.

Wie Paulus sich dieses Kommen Jesu „aus den Himmeln“ (so im Urtext) zur endgültigen Rettung der Christen vorgestellt haben mag, kann eine spätere Briefstelle zeigen:

(2) Paulus muß aus gegebenem Anlaß die Frage beantworten, ob die Christen, die gestorben sind, von der erhofften Heilsvollendung ausgeschlossen sind. Nachdem er Jesu Auferweckung als Grund der Zuversicht auch für die Verstorbenen aufgezeigt hat, fährt er fort:

„Wir, die Lebenden, die noch übrig sind, wenn der Herr kommt, werden den Verstorbenen nichts voraushaben. Denn der Herr selbst wird vom Himmel herabkommen, wenn der Befehl ergeht, der Erzengel ruft und die Posaune Gottes erschallt. Zuerst werden die in Christus Verstorbenen auferstehen; dann werden wir, die Lebenden, die noch übrig sind, zugleich mit ihnen auf den Wolken in die Luft entrückt, dem Herrn entgegen. Dann werden wir immer mit dem Herrn zusammen sein“ (1 Thess 4,15–17).

– Wann erwartet Paulus nach diesem Text das Kommen des Herrn?

....

....

– Von woher ist dieses Kommen des Herrn vorgestellt?

....

....

– Weshalb ist von unserem naturwissenschaftlichen Weltbild aus diese Vorstellung nicht nachvollziehbar?

....

....

....

....

....

....

....

– Über wen sagt dieser Text nichts aus?

....

....

– Was läßt dieser Befund darüber erkennen, was das Aussageziel des Textes ist und was nicht?

....

....

....

....

....

....

....

Einflüsse zeitgenössischer Welt- und Menschenbilder

Da in 1 Thess 1,10 das Bekenntnis zur Auferweckung Jesu mit der Erwartung seiner Ankunft zur Heilsvollendung *(Parusie)* verbunden ist, sehen wir, daß die Auferwekkungsaussage die Vorstellung einschließt, Jesus befinde sich seitdem im Himmel, also in der Sphäre, im Bereich Gottes. Fragte man dann danach, wie Jesus in den Himmel gekommen sei, dann legte sich die Vorstellung ungezwungen nahe, die wir in den „Himmelfahrtserzählungen“ (Lk 24,50–52 und Apg 1,9–11) antreffen. In der zweiten Fassung wird die Verbindung zur Parusie so hergestellt: „Dieser Jesus, der von euch weg in den Himmel aufgenommen wurde, wird so kommen, wie ihr ihn habt in den Himmel gehen sehen“ (Apg 1,9). Während der Verfasser der Apostelgeschichte die Aufnahme Jesu in den Himmel, seine Entrückung zu Gott, erzählerisch ausgestaltet und nur knapp auf die Parusie ausblickt, entfaltet Paulus in 1 Thess 4,15–17 die Erwartung der Bewegung des im Himmel befindlichen Jesus in der anderen Richtung, also zurück zur Erde. Da beide Verfasser dasselbe Weltbild haben, ist diese Entsprechung im Grunde selbstverständlich.

1 Thess 1,10 konzentriert sich auf das Kommen des Auferweckten zur Heilsvollendung. Anders das nächste Beispiel, das Lied Phil 2,6–11:

(Vers 6) der in der Gestalt Gottes war und (doch) sein Gott-Gleichsein nicht als (festzuhaltenden) Raub erachtete,
(7) vielmehr entäußerte er sich selbst, indem er Knechtsgestalt annahm,
in Gleichgestalt der Menschen geworden und der Erscheinung nach (vor)gefunden wie ein Mensch,
(8) er erniedrigte sich selbst, indem er bis zum Tod gehorsam wurde (– ja, bis zum Tod am Kreuz).
(9) Darum hat ihn auch Gott über (alle) erhöht
und ihm den Namen verliehen, der jeden Namen übertrifft,
(10) damit vor dem Namen Jesu jedes Knie sich beuge –
derer im Himmel, auf der Erde und der Unterirdischen
und jede Zunge bekenne: HERR IST JESUS CHRISTUS
(zur Ehre Gottes des Vaters).

(Dem Urtext möglichst nahe Übersetzung.)

Das Lied stammt nicht von Paulus. Das zeigt sein Inhalt, der so wenig charakteristisch Paulinisches aufweist, daß der Apostel selbst durch die Anfügung am Ende von Vers 8 etwas nachgeholfen hat. Diese Zufügung erinnert an die Paulinische Kreuzestheologie. Vom Lied selbst her stellt sie eine überflüssige Doppelung der Todesaussage dar. Möglicherweise geht auch die Schlußwendung in Vers 11: „zur Ehre Gottes des Vaters“ erst auf Paulus zurück. Jedenfalls erreicht das Lied mit der Bekenntnisformulierung „Herr ist Jesus Christus“ sein Ziel.

Der zweiteilige Aufbau des Liedes tritt klar hervor. Im ersten Teil geht es um die Selbsterniedrigung Jesu Christi. Sie ist darin zu sehen, daß er sein Gott-Gleichsein aufgibt und Mensch wird – und das bis zur letzten Konsequenz: Er nimmt auch den Tod auf sich; eine Tätigkeit von Menschen, etwa von Feinden Jesu, kommt nicht in den Blick, ebensowenig eine besondere (Heils-)Bedeutung dieses Todes. Die Selbsterniedrigung Jesu Christi ist als Tat des Gehorsams gegenüber Gott verstanden. Deshalb rühmt der zweite Teil Gottes Antwort auf diesen Gehorsam. Sie stellt – als Gegenbewegung zur Selbsterniedrigung – eine „Erhöhung“ dar. Sie bedeutet indes nicht einfach eine Rückführung ins Gott-Gleichsein. Vielmehr verschafft Gott Jesus Christus eine umfassende Machtstellung. Sie will in Anbetung und Bekenntnis anerkannt werden.

Welche Vorstellungen stehen hinter einem solchen Lied? Am ehesten kommen Spekulationen in Betracht, wie sie in der synkretistischen Gnosis vom 2. Jahrhundert an belegt sind; dort taucht eine himmlische Gestalt auf, die auf die Erde herabsteigt und auch wieder in die jenseitige Welt zurückkehrt. Wenn eine derartige Vorstellung hinter dem Erniedrigungs/Erhöhungs-Schema von Phil 2,6–11 steht, dann wird das Lied einen heidenchristlichen Verfasser gehabt haben. Er gestaltet sein Christusbekenntnis von dem her, was ihm aus seiner heidnischen Vergangenheit vertraut war.

Bekräftigt wird die Annahme einer heidenchristlichen Herkunft des Liedes durch die Bekenntnisformulierung in Vers 11. Hier ist Christus kein Hoheitstitel mehr, sondern eindeutig Bestandteil des „Eigennamens“ Jesus Christus. Die Heilbringerwürde ist mit dem Titel „Herr“ ausgedrückt.

Ferner ist wohl nicht zufällig von „Erhöhung“ gesprochen, aber nicht von „Auferweckung“. Zwar gilt auch hier, daß das eine das andere einschließt. Aber wir müssen doch die Schwierigkeit bedenken, die für hellenistische Heidenchristen die Erwartung einer Totenauferstehung im Sinn einer Neuschaffung des ganzen Menschen mit sich brachte. Denn im Unterschied zur biblischen Anthropologie ist das griechische Menschenbild dualistisch (vgl. dazu S. 197). Deshalb war für Heidenchristen die Aussicht auf eine zukünftige – wenn auch von Gott geschenkte – Leiblichkeit gar nicht so erfreulich und tröstlich wie auf jüdischer Seite. Wir können das in 1 Kor 15 beobachten, wo Paulus sich ausführlich mit dieser Schwierigkeit beschäftigen muß; denn sie hatte in der korinthischen Gemeinde zu dem gefährlichen Schlagwort geführt: „Eine Auferstehung der Toten gibt es nicht“ (15,12). Wenn der Autor des Liedes also statt „auferwecken“ den Begriff „erhöhen“ verwendete, konnte er sich und anderen Heidenchristen eine verfängliche Vorstellung ersparen. Das Hauptanliegen des Liedes, das Bekenntnis am Schluß, war durch diese begriffliche Frage, hinter der sich allerdings eine wichtige Sachfrage verbirgt, nicht betroffen.

Im übrigen bestätigt Paulus an anderer Stelle, daß Auferweckungsaussage und Erhöhungsvorstellung durchaus verbunden werden können. In Röm 8,34 spricht er – mit ebenfalls traditionellen Wendungen – von, genauer: vom „Christus (= Messias) Jesus, der gestorben, vielmehr auferweckt ist, der auch zur Rechten Gottes ist, der auch für uns eintritt“. Hier knüpft die Erhöhungsvorstellung („zur Rechten Gottes“) eindeutig an die Bibel an, nämlich an die messianisch verstandene Aussage von Ps 110,1. Die Heilsbedeutung des Erhöhten wird demnach im Unterschied zu Phil 2,6–11 nicht im universalen Horizont ausgesagt (Herr über das All), sondern in bezug auf die messianische Gemeinde. Solange die Parusie noch nicht erfolgt, tritt der als Messias bei Gott befindliche Jesus fürbittend für die Seinen ein. Er läßt sie also auch in der Zwischenzeit bis zu der erhofften Ankunft zur Heilsvollendung nicht im Stich. Von diesem Bekenntnis zur fürbittenden Tätigkeit des erhöhten Jesus her, das an der Hinordnung des Messias Jesus auf Gott keinen Zweifel läßt, kann schließlich auch die Zufügung von „zur Ehre Gottes des Vaters“ in Phil 2,11 einsichtig werden. Ohne sie konnte ein polytheistisches Mißverständnis nahegelegt sein. Mit ihr bleibt dagegen das Bekenntnis zur universalen Machtstellung des Erhöhten eindeutig in den biblischen Monotheismus eingebunden. Denn diese Zufügung läßt das Bekenntnis ausdrücklich einen Akt der Anbetung des Gottes Israels sein.

(3) Welche Einflüsse auf die Auferstehungsbotschaft gingen von zeitgenössischen Welt- und Menschenbildern aus?

....

....

....

....

....

....

....

....

....

Das Glaubensbekenntnis in 1 Kor 15

Das letzte Beispiel vorpaulinischer Osterbekenntnisse, das hier besprochen werden soll, wird von Paulus im ersten Korintherbrief mitgeteilt:

„[3]Denn vor allem habe ich euch überliefert, was auch ich empfangen habe:
Christus ist für unsere Sünden gestorben, gemäß den Schriften,
[4]*und ist begraben worden.*
Und er ist am dritten Tag auferweckt worden, gemäß den Schriften,
[5]*und erschien dem Kephas.*" (1 Kor 15,3–5a)

Die Erscheinungsaussage

Zunächst lassen sich bei einer Analyse folgende Überlegungen anstellen:

1. Der kunstvolle Aufbau mit seiner klaren Gliederung (Hauptgewicht auf dem 1. und 3. Satz) weist auf einen fortgeschrittenen Stand theologischer Durchdringung des Osterglaubens hin.
2. Die Auferweckung ist hier zum ersten Mal auf den dritten Tag datiert.
3. Ebenso begegnet hier neu der Hinweis „gemäß den Schriften", also auf Erfüllung biblischer Verheißungen.
4. Das in der 1. Zeile enthaltene Bekenntnis zur Heilsbedeutsamkeit des Todes Jesu („für unsere Sünden") weist auf eine Entstehung nicht im aramäischsprechenden, sondern im hellenistischen Judenchristentum; denn die Vorstellung eines stellvertretend(-sühnend)en Sterbens bestand damals nachweisbar allein im hellenistischen Bereich.
5. Die „Erscheinungsaussage" entstammt biblischen Gottes-„Erscheinungs"-Erzählungen. Deshalb widersteht sie unserem Wunsch, das Geschehen konkret(er) zu fassen, obwohl wir in Paulus einem – dem einzigen – Oster-Zeugen unmittelbar begegnen; denn von keinem anderen „Erscheinungs"-Empfänger besitzen wir eine schriftliche Aussage.

Von diesen Beobachtungen sollen hier nur die Punkte 2, 3 und 5 etwas eingehender besprochen werden:

zu 2: Worauf geht die Datierung „am dritten Tag" in 1 Kor 15,4 zurück?

– *Haben am dritten Tag die „Erscheinungen" begonnen?* Doch davon steht nichts da, auch nicht hinsichtlich der erstgenannten vor Kephas = Simon Petrus.
– *Ist das leere Grab am dritten Tag entdeckt worden?* Aber abgesehen von den Schwierigkeiten, die Kenntnis des leeren Grabes Jesu zu sichern, steht auch davon nichts in unserem Bekenntnis; sein zweiter Satz („er wurde begraben") darf nicht im (vordergründigen) Sinn der Grabeserzählungen unserer Evangelien verstanden werden.
– *Stammt diese Terminangabe aus der Datierung gottesdienstlicher Versammlungen (am Grabe Jesu)?* Das ist ebenso unbegründet. Viel wahrscheinlicher ist eine umgekehrte Entwicklung, daß man also von dieser Bekenntnisaussage zum Termin des Gottesdienstes am dritten Tag nach dem (Kar-)Freitag, somit am Sonntag, gelangte.
– *Kann man auf religionsgeschichtliche Parallelen zurückgreifen?* Bestand etwa die Anschauung, daß die Seele noch drei Tage beim Leichnam bleibt, bevor sie ihn endgültig verläßt? Doch ist das viel zu weit hergeholt.
– *Entstammt die Zeitangabe theologischer Reflexion?* Die Antwort darauf führt bereits zum nächsten Punkt.

zu 3: „Gemäß den (heiligen) Schriften" ist eine neue Art, die Auferstehungsbotschaft mit der Bibel Israels und von ihr her auszusagen.

In den bisher besprochenen Texten hatten biblische Aussagen, Begriffe oder Vorstellungen stets nur mehr oder weniger deutlich im Hintergrund gestanden. Nun wird der Schritt zur ausdrücklichen Berufung auf „die Schriften" getan.

Für unser Bekenntnis ist es allerdings schwierig, solche Schriftstellen anzugeben, die eine Auferweckung des Messias „am dritten Tag" enthalten. Das „Alte Testament" kennt nämlich überhaupt keine Erwartung eines gewaltsam getöteten und dann auferweckten Messias. Diese Beweisnot für das judenchristliche Messiasbekenntnis soll durch die pauschale Formulierung „gemäß den Schriften" aufgefangen werden.

Dennoch läßt sich ein Bezugspunkt wahrscheinlich machen, von dem aus gerade die Auferweckung am dritten Tag als von Gott gefügt (also schriftgemäß) bezeugt werden konnte. Es handelt sich um eine Stelle in Hos 6,2. Aus frühjüdischen Übersetzungen ins Aramäische und rabbinischen Schriftauslegungen in erzählerischer Gestalt können wir entnehmen, daß damals – unter weitgehender Anlehnung an Hos 6,2 – der dritte Tag als Tag der Wende zum Heil galt. Dabei besteht nach einer Untersuchung von K. Lehmann eine enge Beziehung zum Motiv vom leidenden Gerechten, den Gott aus seiner Not – damals schon einschließlich des Todes – errettet und erhöht.[1]

So konnte man also gerade dadurch, daß man Jesu Geschick als Leiden des Gerechten schlechthin verstand, den Gott aus dem Tod gerettet hatte, zur Bekenntnisaussage gelangen, daß die Auferweckung „am dritten Tag" stattgefunden habe. Auch wenn eine solche christologische Bedeutung von „am dritten Tag" uns heute fremd anmutet, trifft sie doch wohl am ehesten die ursprüngliche Aussageabsicht.

Im übrigen bestehen die gleichen Schwierigkeiten, wenn man für die „Schriftgemäßheit" der Aussage von Vers 3 nach biblischen Belegtexten sucht, die möglicherweise angezielt sind.

zu 5: Die „Erscheinungs"-Aussage von 1 Kor 15,5(–8) ist in der Neuzeit besonders umstritten. Woran liegt das?

Erinnern wir uns nochmals daran, daß das mit Auferweckung/Auferstehung bezeichnete Geschehen auch den „Erscheinungsempfängern" unzugänglich war. Wollten sie ihr Bekenntnis zur Auferweckung Jesu bekräftigen, so mußten sie auf ihre Erfahrung verweisen. In eben diese Richtung weist die „Erscheinungs"-Aussage von 1 Kor 15,5(–8): Sie soll offenbar so etwas wie eine bestätigende Aufgabe für die Auferweckungsaussage erfüllen – und deshalb scheiden sich an ihrem Verständnis bis heute die Geister. Die Behauptung, Christus sei nach seinem Kreuzestod bestimmten Personen „erschienen", beinhaltet die Überzeugung, daß er bei Gott und in göttlicher Machtfülle lebt – dies drückt der von Gotteserscheinungserzählungen her aufgenommene Begriff aus (etwa Gen 17,1 bei Abraham; Ex 33,23 bei Mose).
Ein Wirklichkeitsverständnis, das die Grenzen unserer Welt nicht überschreiten will, wird darum die Erscheinungsaussage und damit die Auferstehungsbotschaft grundsätzlich ablehnen. Aber auch als Gläubige sind wir Menschen unserer Zeit; das meint: Wir können heute (meist) nicht mehr so einfach wie der Verfasser der „Apostelgeschichte" das Selbstzeugnis des Paulus („er erschien mir") als Christusvision verstehen (Apg 9,3 und 17), bei der es sogar zu einem Zwiegespräch kommt (Vers 4–6).

1 K. Lehmann: Auferweckt am dritten Tag nach der Schrift. Früheste Christologie, Bekenntnisbildung und Schriftauslegung im Lichte von 1 Kor. 15,3–5 (Quaestiones Disputatae, 38). Freiburg/Basel/Wien 1968.

(4) Paulus schreibt in 1 Kor 15:

„Wenn aber verkündigt wird, daß Christus von den Toten auferweckt worden ist, wie können dann einige von euch sagen: Eine Auferstehung der Toten gibt es nicht?
Wenn es keine Auferstehung der Toten gibt, ist auch Christus nicht auferweckt worden. Ist aber Christus nicht auferweckt worden, dann ist unsere Verkündigung leer und euer Glaube sinnlos." (Vers 12–14)

Vergleichen Sie damit die Verse 3–8, die hier noch einmal abgedruckt sind:

„[3]Denn vor allem habe ich euch überliefert, was auch ich empfangen habe:
Christus ist für unsere Sünden gestorben, gemäß den Schriften,
[4]*und ist begraben worden.*
Und er ist am dritten Tag auferweckt worden, gemäß den Schriften,
[5]*und erschien dem Kephas,* dann den Zwölf.

[6]Danach erschien er mehr als fünfhundert Brüdern zugleich; die meisten von ihnen sind noch am Leben, einige sind entschlafen. [7]Danach erschien er dem Jakobus, dann allen Aposteln. [8]Als letztem von allen erschien er auch mir, dem Unerwarteten, der ‚Mißgeburt'."

Welche Bedeutung scheint die Liste von „Erscheinungsempfängern" in Vers 5–8 zu haben, wenn Sie damit das in Vers 12–14 Gesagte verbinden?

....

....

....

....

....

Die Bedeutung der Erscheinungsaussage

Aufgrund dieser Gegebenheiten kam es verständlicherweise zu den unterschiedlichsten Erklärungsversuchen für die „Erscheinungs"-Aussage:

- Die Betrugshypothese erhielt neuen Auftrieb durch H. S. REIMARUS im 18. Jahrhundert: um den Schock des Karfreitags zu überwinden, hätten die Jünger den Leichnam Jesu beseitigt und Erscheinungen mit Worten des Auferstandenen erfunden.[2] Der Betrugsverdacht ist im übrigen mindestens so alt wie die Evangelien (Mt 27,62–66 und 28,11–15); dasselbe gilt vom auch heute gern als sensationelle Enthüllung aufgetischten Verdacht, der Gekreuzigte sei scheintot gewesen (vgl. Mk 15,44f.).
- Der Theologe D. F. STRAUSS im 19. Jahrhundert behauptete, die Jünger hätten Halluzinationen gehabt, weil Jesu schändlicher Tod am Kreuz in ihnen „das psychologische Bedürfniß" geweckt hatte, „den Widerspruch der letzten Schicksale Jesu mit ihrer früheren Ansicht von ihm aufzulösen".[3]
- Der Theologe A. VON HARNACK erklärte in den zwanziger Jahren dieses Jahrhunderts, es handle sich um Legitimationsaussagen der führenden Leute in der Urkirche.[4]
- R. BULTMANN sieht die historisch faßbare Behauptung der Jünger, visionäre Erlebnisse gehabt zu haben – was von ihrer persönlichen Verbundenheit mit Jesus her begreiflich sei –, als für den christlichen Osterglauben unerheblich an; von seinem existentialphilosophischen Ansatz aus ist der Glaube an das Wort der Verkündigung *(Kerygma),* in dem uns Christus als der Gekreuzigte und Auferstandene begegnet, der Osterglaube, und allenfalls seine Entstehungszeit sei mit den visionären Erlebnissen im Blick, aber nicht sein Entstehungsgrund.[5]
- Für Bultmanns Schüler W. MARXSEN ist die Erscheinungsaussage eine (nachträgliche) Darstellung der zunächst unerklärlichen Erfahrung der Jünger, gerade vom gekreuzigten Jesus zur Verkündigung gesandt zu sein („die Sache Jesu geht weiter"); dieses „Widerfahrnis" des „Sehens" Jesu habe durch Nachdenken auf die Auferstehungsaussage geführt.[6]
- Demgegenüber wird bis heute – so etwa von J. JEREMIAS[7] oder H. SCHLIER[8] – nicht nur die Erscheinungsaussage wörtlich verstanden, sondern auch das, was sie offenläßt, von anderswoher ergänzt (Lichtglanz, geistgewirkte Auferstehungsleiblichkeit).
- Eine „mittlere" Position nimmt U. WILCKENS ein, der jedenfalls die Ersterscheinung vor Petrus als „ein wirkliches Erlebnis" versteht, und zwar als eine Vision, wie sie Paulus in Gal 1,15 für sich beansprucht; als dritte nicht gut zu bestreitende Vision wird die vor Jakobus eingeschätzt; wegen der „Schwierigkeit, sich die Vision einer Gruppe vorzustellen", wird die „Historizität" der übrigen in 1 Kor 15,5–8 genannten „Visionen" bestritten.[9]
- Demgegenüber scheint – im Anschluß an A. VÖGTLE – 1 Kor 15,5 gerade unter Berücksichtigung des Paulinischen Selbstzeugnisses in keiner Weise konkretisierbar zu sein; umgekehrt will die „Erscheinungs"-Aussage – wiederum besonders von Paulus her – glaubwürdig ein Geschehen behaupten, das den Osterglauben der Jünger und damit die Auferstehungsbotschaft überhaupt in Gang brachte.[10]

Bevor diese Auffassung näher erläutert wird, empfiehlt es sich, ein Fazit aus den Überlegungen der vorangegangenen Kapitel zu ziehen:

Die vorgeführten Beispiele des Osterglaubens lassen eine beträchtliche Vielfalt erkennen. Die verwendeten Motive und Vorstellungen variieren offensichtlich nach der jüdischen oder heidnischen Herkunft und dem entsprechenden Adressatenkreis der unbekannten urchristlichen Verfasser. Bei aller Unterschiedlichkeit spricht aber aus den Bekenntnissen und Liedern die gleiche Grundüberzeugung: Der gekreuzigte Jesus lebt bei Gott; deshalb ist von ihm die endgültige Verwirklichung des Heiles zu erwarten und seinem Anspruch im Leben Folge zu leisten.

Ebenso ist deutlich, daß Bekenntnisse und Lieder den Osterglauben zunächst gleichsam objektiv ausdrückten, etwa „Gott hat Jesus auferweckt/erhöht". Das ruft bei vordergründiger Betrachtung den Eindruck des Berichts von Augenzeugen hervor. Die gibt es jedoch nicht; es kann sie gar nicht geben, weil es um ein Geschehen jenseits unserer raum-zeitlichen Welt geht. Die Bekenntnisformel, die in 1 Kor 15 aufgenommen wurde, zeigt nun, daß die „objektive" Aussage „Christus ist auferweckt" an menschliche Bezeugung, zuerst die des Petrus, zurückgebunden wird. Hier ist also ein „menschlicher" Zugang zum Glauben eröffnet. Indem das

2 G. E. LESSING: Werke. Siebenter Band. Bearbeitet von H. GÖBEL. Theologiekritische Schriften I und II. München 1976. Darin: Ein Mehreres aus den Papieren des Ungenannten [= H. S. REIMARUS], S. 331ff., hier: Fünftes Fragment „Über die Auferstehungsgeschichte", S. 426–457, zusammen mit: „Von dem Zwecke Jesu und seiner Jünger. Noch ein Fragment des Wolfenbüttelschen Ungenannten", S. 496–604.

3 D. F. STRAUSS: Das Leben Jesu, kritisch bearbeitet. Zweiter Band. Dritte, mit Rücksicht auf die Gegenschriften verbesserte Auflage. Tübingen 1839, S. 690, vgl. S. 604–717.

4 A. VON HARNACK: Die Verklärungsgeschichte Jesu. Der Bericht des Paulus (I. Cor. 15,3ff.) und die beiden Christusvisionen des Petrus. Sitzungsberichte der Preußischen Akademie der Wissenschaften. Berlin 1922, S. 62–80.

5 R. BULTMANN: Neues Testament und Mythologie. Das Problem der Entmythologisierung der neutestamentlichen Verkündigung. In: Kerygma und Mythos (Theologische Forschung, 1). Hrsg. von H.-W. BARTSCH. Hamburg-Volksdorf 1948, S. 15–53, besonders S. 44ff.

6 W. MARXSEN: Die Auferstehung Jesu von Nazareth. Gütersloh 1968. – Ders.: Die Sache Jesu geht weiter. Gütersloh o.J.

7 J. JEREMIAS: Neutestamentliche Theologie. Erster Teil: Die Verkündigung Jesu. Gütersloh 1971, S. 285–295.

8 H. SCHLIER: Über die Auferstehung Jesu Christi. Einsiedeln 1968.

9 U. WILCKENS: Auferstehung. Das biblische Auferstehungszeugnis, historisch untersucht und erklärt. Gütersloh o.J. (= Stuttgart/Berlin 1974); die Zitate auf S. 107f.

10 A. VÖGTLE: Wie kam es zum Osterglauben? In: A. VÖGTLE / R. PESCH: Wie kam es zum Osterglauben? Düsseldorf 1975, S. 9–131.

Geschehen, das den Osterglauben und damit seine Bezeugung auslöste, als „Erscheinen“ des bei Gott lebenden Jesus bezeichnet wurde, konnte mit dieser von der Bibel her geläufigen Vorstellung die göttliche Verursachung dieses Geschehens deutlich gemacht werden: Es konnte von seiten der Menschen nicht herbeigeführt werden, und die von diesem Geschehen betroffenen Menschen konnten sich ihm nicht entziehen.

Die Auferstehungsbotschaft des Paulus

Paulus hat an drei Stellen der erhaltenen Briefe von seinem Damaskuserlebnis gesprochen.

An den beiden Stellen, wo er von sich aus formuliert, nämlich in Gal 1,11–24 und in 1 Kor 9,1, ist schon vom Abfassungsdatum des jeweiligen Briefes her (rund zwei Jahrzehnte nach seiner Berufung) keine spontane Äußerung zu erwarten:

[11]Ich erkläre euch, Brüder: Das Evangelium, das ich verkündigt habe, stammt nicht von Menschen; [12]ich habe es ja nicht von einem Menschen übernommen oder gelernt, sondern durch die Offenbarung Jesu Christi empfangen. [13]Ihr habt doch gehört, wie ich früher als gesetzestreuer Jude gelebt habe, und wißt, wie maßlos ich die Kirche Gottes verfolgte und zu vernichten suchte. [14]In der Treue zum jüdischen Leben übertraf ich die meisten Altersgenossen in meinem Volk, und mit dem größten Eifer setzte ich mich für die Überlieferungen meiner Väter ein. [15]Als aber Gott, der mich *schon im Mutterleib* auserwählt und durch seine Gnade berufen hat, mir in seiner Güte [16]seinen Sohn offenbarte, damit ich ihn unter den Heiden verkündige, da zog ich keinen Menschen zu Rate; [17]ich ging auch nicht sogleich nach Jerusalem hinauf zu denen, die vor mir Apostel waren, sondern zog nach Arabien und kehrte dann wieder nach Damaskus zurück. [18]Drei Jahre später ging ich nach Jerusalem hinauf, um Kephas kennenzulernen, und blieb fünfzehn Tage bei ihm. [19]Von den anderen Aposteln habe ich keinen gesehen, nur Jakobus, den Bruder des Herrn. [20]Was ich euch hier schreibe – Gott weiß, daß ich nicht lüge. [21]Danach ging ich in das Gebiet von Syrien und Zilizien. [22]Den Gemeinden Christi in Judäa aber blieb ich persönlich unbekannt, [23]sie hörten nur: Er, der uns einst verfolgte, verkündigt jetzt den Glauben, den er früher vernichten wollte. [24]Und sie lobten Gott um meinetwillen. (Gal 1,11–24)

„Bin ich nicht frei? Bin ich nicht ein Apostel? Habe ich nicht Jesus, unseren Herrn, gesehen? ...“ (1 Kor 9,1)

Der Zusammenhang läßt zudem keinen Zweifel daran, daß es beidemal um Legitimation geht, um die Berechtigung seines Apostelamtes bzw. seiner Evangeliumsverkündigung unter den Heiden. In 1 Kor 15,8 schließt sich Paulus mit „erschien er auch mir“ sprachlich und „inhaltlich“ an die vorgegebene Liste und somit letztlich an die Bekenntnisformel an. Eine Möglichkeit, sein Damaskuserlebnis von daher zu konkretisieren, gewinnen wir daraus gewiß nicht.

Wir haben aber nun bereits gesehen, daß die Gedankenführung des Paulus in 1 Kor 15 die „Erscheinungs“-Aussage in Vers 5–8 eindeutig im Sinn einer Bekräftigung der vorangehenden „Auferweckungsaussage“ verstehen läßt. Wenn demnach „er erschien“ der Vergewisserung des Osterglaubens und damit der Auferstehungsbotschaft dienen will, dann ist jedenfalls Paulus, der unmittelbar zu uns spricht, ein Garant für die Auffassung, daß der Osterglaube in einem offenbarenden Impuls Gottes bzw. des bei Gott befindlichen Jesus gründet.

Gewiß – eine solche „Erklärung“ des Osterglaubens setzt den Glauben an Gott und besonders an seine todüberwindende Macht voraus. Jesus und seine Jünger lebten aber in diesem Glauben, und ebenso der Pharisäer Paulus.

(5) Welcher Lösungsvorschlag aus der oben S. 203 genannten Liste von Erklärungsversuchen paßt gut zu den Aussagen in Gal 1,11–24 und 1 Kor 9?

....

....

....

Die Ostererfahrung in den Briefen des Paulus

Auf den ersten Blick mag es befremdlich scheinen, daß Paulus nur so wenig, eher zufällig, von seiner Ostererfahrung spricht. Dieser Befund erklärt sich zunächst aus der Eigenart der Briefe des Apostels. Es handelt sich um „Gelegenheitsschriften“ für aktuelle Gemeindeprobleme. Paulus verfaßt keine Lehrabhandlungen, sondern setzt die persönlich begonnene Gemeindearbeit in brieflicher Form fort. Zugleich haben wir zu bedenken, daß sich Paulus in seinen sämtlichen Briefen an Gemeinden wendet, die christlich, also auf dem Glauben an den auferweckten Jesus (Christus) gegründet sind. Dabei können wir nicht einfach unsere heutigen Schwierigkeiten mit dem Osterglauben in die Anfangszeit der Kirche zurückverlegen, auch wenn – wie es sich bereits gezeigt hat – manche Probleme von damals bis heute, wenn auch in abgewandelter Form, aktuell geblieben sind.

Der tiefste Grund, weshalb Paulus so spärlich von seiner Ostererfahrung spricht, liegt aber wohl darin, daß er ganz aus dieser Erfahrung heraus lebt und missioniert. Ein paar Zitate aus seinen Briefen können uns dieses persönliche Ergriffensein des Paulus spüren lassen:

„Ich bin mit Christus gekreuzigt worden; nicht mehr ich lebe, sondern Christus lebt in mir. Soweit ich aber jetzt noch in dieser Welt lebe, lebe ich im Glauben an den Sohn Gottes, der mich geliebt und sich für mich hingegeben hat.“ (Gal 2,19 b–20)

„Christus will ich erkennen und die Macht seiner Auferstehung und die Gemeinschaft mit seinen Leiden; sein Tod soll mich prägen. So hoffe ich, auch zur Auferstehung von den Toten zu gelangen. Nicht daß ich es schon erreicht hätte oder daß ich schon vollendet wäre. Aber ich strebe danach, es zu ergreifen, weil auch ich von Christus Jesus ergriffen worden bin.“ (Phil 3,10–12)

Der auferweckte Christus ist also für Paulus eine existentiell erfahrene Wirklichkeit. Zu dieser Wirklichkeit des Auferstandenen gehört aber für Paulus ganz wesentlich das Kreuz. Deshalb versteht er nicht nur seine christliche Existenz insgesamt vom Kreuz Jesu her, sondern insbesondere auch die Erfahrungen von Leid und Verfolgung, die er während seines missionarischen Wirkens immer wieder machen mußte (vgl. 2 Kor 11,23–33). So wird Paulus durch die Ostererfahrung nicht zum Schwärmer; er weiß, daß er noch nicht zur Vollendung gelangt ist. Aber er kann den bitteren Realitäten seines Lebens mit unverbrüchlicher Hoffnung begegnen: „Wie uns nämlich die Leiden Christi überreich zuteil geworden sind, so wird uns durch Christus auch überreicher Trost zuteil“ (2 Kor 1,5).

Diese Lebenswirklichkeit des Gekreuzigten und Auferweckten hat Paulus in seiner Missionstätigkeit und Gemeindearbeit mitzuteilen gesucht. Eindringlich zeigt er, worum es dabei geht:

„Wenn also jemand in Christus ist, dann ist er eine neue Schöpfung“ (2 Kor 5,17) – „Ihr seid alle durch den Glauben Söhne Gottes in Christus Jesus. Denn ihr alle, die ihr auf Christus getauft seid, habt Christus (als Gewand) angelegt“ (Gal 3,26f.) – „Wenn der Geist dessen in euch wohnt, der Jesus von den Toten auferweckt hat, dann wird er, der Christus Jesus von den Toten auferweckt hat, auch euren sterblichen Leib lebendig machen, durch seinen Geist, der in euch wohnt“ (Röm 8,11).

Die Lebenswirklichkeit Christi wirkt sich demnach schöpferisch auf die Existenz der Christen aus; sie sind in Christus hineingenommen und haben dadurch die Gotteskindschaft erlangt; in ihnen wohnt darum der Geist Gottes, der zugleich der Geist Jesu Christi ist.

Die Taufe im Existenzvollzug

Die neue Existenz der Christen, die sie im Glauben an den Gekreuzigten und Auferweckten erhalten, verlangt allerdings entschlossene, tatkräftige Verwirklichung. Dies betont beispielsweise Röm 6,3–13; hier stellt Paulus das in der Taufe empfangene Leben zum Dienst Gottes dem Unterworfensein unter die Macht der Sünde gegenüber:

„[3]Wißt ihr denn nicht, daß wir alle, die wir auf Christus Jesus getauft wurden, auf seinen Tod getauft worden sind? [4]Wir wurden mit ihm begraben durch die Taufe auf den Tod; und wie Christus durch die Herrlichkeit des Vaters von den Toten auferweckt wurde, so sollen auch wir als neue Menschen leben. [5]Wenn wir nämlich ihm gleich geworden sind in seinem Tod, dann werden wir mit ihm auch in seiner Auferstehung vereinigt sein. [6]Wir wissen doch: Unser alter Mensch wurde mitgekreuzigt, damit der von der Sünde beherrschte Leib vernichtet werde und wir nicht Sklaven der Sünde bleiben. [7]Denn wer gestorben ist, der ist frei geworden von der Sünde. [8]Sind wir nun mit Christus gestorben, so glauben wir, daß wir auch mit ihm leben werden. [9]Wir wissen, daß Christus, von den Toten auferweckt, nicht mehr stirbt; der Tod hat keine Macht mehr über ihn. [10]Denn durch sein Sterben ist er ein für allemal gestorben für die Sünde, sein Leben aber lebt er für Gott. [11]So sollt auch ihr euch als Menschen begreifen, die für die Sünde tot sind, aber für Gott leben in Christus Jesus.

[12]Daher soll die Sünde euren sterblichen Leib nicht mehr beherrschen, und seinen Begierden sollt ihr nicht gehorchen. [13]Stellt eure Glieder nicht der Sünde zur Verfügung als Waffen der Ungerechtigkeit, sondern stellt euch Gott zur Verfügung als Menschen, die vom Tod zum Leben gekommen sind, und stellt eure Glieder als Waffen der Gerechtigkeit in den Dienst Gottes." (Röm 6,3–13)

Abb. 2: Marc Chagall: *Die weiße Kreuzigung,* 1938

Chicago, Ill., Art Institute

Aus: Kursbuch Religion. Arbeitsbuch für den Religionsunterricht im 7./8. Schuljahr. Stuttgart/Frankfurt 1978, S. 57.

An diesem Text fällt auf, wie zielstrebig Paulus zwar den Tod Christi, aber nicht seine Auferstehung mit der gegenwärtigen Existenz der Christen zusammenbringt: Sie sind auf seinen Tod getauft, mit ihm begraben durch die Taufe auf den Tod, ihm gleich geworden in seinem Tod, mit Christus gestorben.

Die Vereinigung mit ihm in seiner Auferstehung, das Leben mit ihm ist Inhalt der *Hoffnung*. Sowenig wie bei sich selbst läßt Paulus hier von der Taufe aus ein christliches Schwärmertum aufkommen, das sich des Heilsbesitzes sicher ist. Dennoch kommt auch hier die neue Lebenswirklichkeit nicht zu kurz – jedoch bezeichnenderweise überwiegend als *Aufgabe*: Wir sollen als neue Menschen leben (Vers 4), und dann in den Aufforderungen von Vers 11–13. Dazwischen wird in Vers 6f. die in der Taufe uns von Gott geschenkte Neuwerdung festgestellt. Wir müssen hier im Auge behalten, daß Paulus Erwachsene anspricht, welche die Taufe und damit das Christwerden bewußt erfahren haben. Für Paulus steht aber von seinem Christusglauben aus fest, daß der Mensch vor der Taufe grundsätzlich der Macht der Sünde verfallen ist. Doch ebenso steht für ihn fest, daß der Getaufte, also mit Christus Gestorbene, dieser Macht nicht mehr unterworfen ist. Jedenfalls braucht er das nicht mehr zu sein. Denn Paulus ist Realist genug, die bleibende Gefährdung der Christen nicht zu verharmlosen. Solange sie auf Erden (im „sterblichen Leib") sind, droht ihnen ein Rückfall in ihre frühere Gottferne. Paulus kennzeichnet sie hier als Gehorsam gegenüber den Begierden des sterblichen Leibes. Er meint damit all die eigenmächtigen Bestrebungen des Menschen, von denen er sich beherrschen läßt, wenn er sich und sein Leben ohne und gegen Gott verwirklichen will. Vers 13 hebt hervor, daß es dabei nicht um etwas rein Innerliches geht. Die Entscheidung gegen oder für Gott zeigt sich im Tun und Verhalten. Die Taufe ermöglicht also nicht nur, sondern sie verlangt auch entschlossen praktiziertes Christentum.

Der „Sitz im Leben" der Paulinischen Osterbotschaft

Selbstverständlich brauchen wir nicht die Augen davor zu verschließen, daß sich Paulus zeit- und situationsbedingt äußert, etwa in der recht negativen Einschätzung sowohl der irdischen Existenz des Menschen allgemein als auch im besonderen unserer Leiblichkeit. Die Orientierung des christlichen Daseins auf die „Heimat im Himmel", bestärkt durch die Naherwartung der Heilsvollendung (Phil 3,20f.), ließ den Wert und das Gewicht des Diesseitigen zurücktreten. Als persönliche Grundüberzeugung kommt dabei die Prägung der christlichen Existenz vom Kreuz Jesu Christi her in den Briefen des Paulus immer stärker zur Geltung – so eben auch in Röm 6,3–13. Diese „Kreuzestheologie" geht – was hier nur anklingt – für den Apostel damit zusammen, daß der Gekreuzigte und Auferweckte die Tora Gottes als „Heilsweg" ersetzt (Gal 2,21). Deshalb äußert er sich über das „Gesetz" in teilweise sehr schroffer Weise. Von da aus beurteilt er nicht nur seine eigene frühere toratreue Lebensweise „um Christi willen" negativ (Phil 3,4–9), sondern verallgemeinert dieses Urteil auch gegenüber den Angehörigen seines Volkes, die ihren Gottesglauben nicht an den gekreuzigten Jesus als Messias binden (etwa Röm 10, 1–3). Diese eigenständige Auslegung seiner Christuserfahrung durch Paulus, der im Neuen Testament durchaus andersgeartete Auslegungen gegenüberstehen, hat sich dann vor allem in der Reformation als geschichtlich wirksam erwiesen (vgl. STE 18). Im Blick auf die damit verbundene negative Einschätzung des Judentums und der Tora erhebt sich heute allerdings die Frage, ob „subjektive Erfahrungssätze des Paulus in allgemeine und objektiv sein wollende Feststellungen um(ge)münzt"[11] werden können (vgl. STE 7).

11 U. Luz in: R. Smend / U. Luz: Gesetz (Biblische Konfrontationen, 1015). Stuttgart/Berlin/Köln/Mainz 1981, S. 100f.

Paulus ignoriert allerdings auch bei seinen Christen sowenig wie bei sich selbst die bitteren Realitäten des Lebens. Dies meint: wie er für sich selbst in solchen Anfechtungen vom Kreuz Jesu her einen Sinn erfährt, vermag er auch anderen Christen in ihren damals meist bedrückenden Lebensumständen Ausdauer und Hoffnung gegen Resignation und Verzweiflung zuzumuten. In ihrem Glauben sind sie sich doch gewiß, daß der gekreuzigte und auferweckte Jesus Christus ihnen den Zugang zu Gott, den Frieden mit Gott, sein unverbrüchliches Ja vermittelt hat. So brauchen sie sich auch in den Schattenseiten des Lebens nicht alleingelassen vorzukommen.

„Was kann uns scheiden von der Liebe Christi? Bedrängnis oder Not oder Verfolgung, Hunger oder Kälte, Gefahr oder Schwert? [...] Denn ich bin gewiß: Weder Tod noch Leben, weder Engel noch Mächte, weder Gegenwärtiges noch Zukünftiges, weder Gewalten der Höhe oder Tiefe noch irgendeine andere Kreatur können uns scheiden von der Liebe Gottes, die in Christus Jesus ist, unserem Herrn." (Röm 8,35.38f.)

(6) Im zweiten Satz (Vers 38f.) nennt Paulus aus der damaligen Weltsicht heraus überpersönliche „Mächte", an die sich der Christ ebenfalls verlieren kann, vor denen er sich aber ebenso in der Liebe Gottes und Christi geborgen wissen soll. Versuchen Sie, stichwortartig festzuhalten, was Paulus an Gefährdungen und Versuchungen möglicherweise im Blick hat. Vergleichen Sie Ihr Ergebnis mit der Auslegung eines modernen Exegeten, die wir im „Anhang" abdrucken.

....

....

....

....

....

Fassen wir wieder zusammen: Die Paulinischen Briefe, der älteste Bestandteil des Neuen Testaments, lassen die Lebensbedeutung der Auferstehungsbotschaft hervortreten – sowohl für den Apostel wie für seine Briefempfänger. Die christliche Existenz hat Grund, Bestand und Ziel in Jesus Christus, durch den Paulus persönlich die Zuwendung Gottes erfahren hat. Indem der Apostel die Auferweckung ganz eng mit dem Kreuz Jesu verbindet, erweist es sich für die Glaubenden als das entscheidende Heilsereignis: In ihm bietet Gott durch seinen Sohn der Menschheit, die unter der Macht der Sünde steht, die Versöhnung an. Somit sind diejenigen, die sich die Versöhnung (das neue Leben, den Geist Gottes und Christi, die Gotteskindschaft usw.) im Glauben an Jesus Christus schenken lassen, vom Kreuz ihres auferweckten Herrn geprägt. So hat Paulus sein eigenes Leben als sinnerfüllt erfahren.
In seinem missionarischen Wirken hat er diese in Kreuz und Auferweckung Jesu begründete Sinnerfahrung anderen bezeugt und so die gleiche Lebensbedeutung der Auferstehungsbotschaft vermittelt. Durch den Glauben sind sie seit ihrer Taufe in Christus – und in seinen „Leib", die Kirche – hineingenommen. Durch ihn, durch seinen Geist haben sie die Freiheit zu ungeteilter Hingabe an Gott und den Nächsten erlangt. Diese Freiheit bedeutet zugleich Verantwortung.
Allerdings ist dieses Leben, das auf die volle Gemeinschaft mit dem Auferstandenen – und das heißt: mit Gott – angelegt ist, in der Gegenwart bedroht: einerseits durch Rückfall in menschliche Eigenmächtigkeit (Sünde), andererseits durch Lebensangst, die an Gott und damit an der Sinnhaftigkeit christlichen Lebens verzweifeln läßt. Angesichts solcher Gefährdungen des (Oster-)glaubens wird die Botschaft vom gekreuzigten und auferweckten Jesus Christus, aus dem die christliche Hoffnung ihre Kraft schöpft, vor allem durch das Lebenszeugnis des Paulus als glaubwürdig erwiesen. Das ist viel überzeugender, als wenn er statt dessen regelmäßig und eventuell sogar „detaillierter" von seinem Damaskuserlebnis gesprochen hätte.

Die Auferstehungsbotschaft der Erzähltradition

Das Verlangen nach Vergewisserung des Osterglaubens, das bereits in 1 Kor 15, 5(–8) erkennbar ist, mußte wachsen, je mehr man sich zeitlich und räumlich – durch die rasche Ausbreitung der Christusbotschaft – von den Osterzeugen entfernte. Von den Bekenntnissen und Liedern her sind diesbezüglich sonst keine Antworten zu erhalten. Daher kommt es im Zusammenhang der Evangelien und der Apostelgeschichte, die Verkündigungsschriften in erzählerischer Gestalt sind, zur Ausbildung auch von Erscheinungserzählungen. Dementsprechend ist es von der Erwähnung des Begräbnisses Jesu aus (1 Kor 15,4) folgerichtig, daß auch das Grab Jesu erzählerisch mit der Auferstehungsbotschaft verknüpft wird.

(7) Unterstreichen Sie die Abweichungen von der Markus-Vorlage in Mt 28,1–8, und überlegen Sie mögliche Gründe für solche Abweichungen.

Mk 16,1–8	*Mt 28,1–8*
1 Und da der Sabbat vorüber war, kauften Maria, die von Magdala, und Maria, die des Jakobus und Salome, Kräuteröle, um zu gehen, ihn zu salben.	1 Spät aber des Sabbats, da es auf- leuchtete zum ersten Wochentag, kamen Maria, die von Magdala, und die andere Maria,
2 Und sehr früh am ersten Wochen- tag kommen sie zur Grabstätte, als die Sonne aufging.	zu schauen das Grab.
3 Und sie sagten zueinander: »Wer wird uns den Stein aus der Tür der Grabstätte wegwälzen?« 4 Und auf- blickend schauen sie, daß der Stein umgewälzt ist. Er war nämlich sehr groß. 5 Und hineingegangen in die Grabstätte,	2 Und siehe, ein großes Erdbeben entstand. Denn ein Engel des Herrn stieg vom Himmel, trat herzu und wälzte den Stein weg
sahen sie einen Jüngling zur Rechten sitzen, umgeworfen einen weißen Talar; und sie erschauderten.	und setzte sich auf ihn. 3 Es war aber sein Aussehen wie ein Blitz und seine Kleidung weiß wie Schnee. 4 Vor Furcht aber vor ihm erbebten die Wächter und wurden wie Tote.
6 Er aber sagt ihnen: »Erschaudert nicht! Jesus sucht ihr, den Nazarener, den Gekreuzigten. Er ward auferweckt, er ist nicht hier! Sieh der Ort, so sie ihn hingelegt hatten. 7 Doch geht hin, sprecht zu seinen Jüngern und dem Petrus: ›Er zieht euch voran nach Galiläa! Dort werdet ihr ihn sehen, wie er zu euch sprach.‹«	5 Antwortete aber der Engel, sprach zu den Frauen: »Ihr, fürchtet euch nicht! Denn ich weiß, daß ihr Jesus, den Gekreuzigten sucht! 6 Er ist nicht hier, denn er ward aufer- weckt, wie er sprach. Auf! Seht den Ort, wo er lag. 7 Und rasch hin- gezogen, sprecht zu seinen Jüngern: ›Er ward auferweckt von den Toten! Und siehe, er zieht euch voran nach Galiläa! Dort werdet ihr ihn sehen.‹ Siehe, ich sprach zu euch.«
8 Und hinausgegangen, flohen sie von der Grabstätte; denn Zittern und Entsetzen hielt sie (gebannt). Und niemandem sagten sie etwas; denn sie fürchteten sich.	8 Und rasch fortgegangen von der Grabstätte mit Furcht und großer Freude, liefen sie, (es) zu melden seinen Jüngern.

Die Offenbarung der Osterbotschaft im Grab

Bei der ältesten Fassung dieser Geschichten, Mk 16,1–8 (wie bei ihren Parallelen), handelt es sich also nicht um Erzählungen „vom leeren Grab" oder auch von der Entdeckung des wunderbarerweise geöffneten[12] und leeren Grabes durch mehrere Frauen oder wenigstens eine, nämlich Maria von Magdala (die als einzige in allen

12 Dieser Erzählzug wird heute gern übergangen. Vgl. dazu L. Oberlinner: Die Verkündigung der Auferweckung Jesu im geöffneten und leeren Grab. Zu einem vernachlässigten Aspekt in der Diskussion um das Grab Jesu. *Zeitschrift für die neutestamentliche Wissenschaft und die Kunde der Älteren Kirche* 73 (1982), S. 159–182.

vier Evangelien genannt ist). Weil der Engel und seine Botschaft im Mittelpunkt stehen, haben wir es vielmehr mit Offenbarungs-, ja eben mit Erscheinungserzählungen zu tun – nur daß sich hier noch nicht der Auferstandene selbst zeigt und redet. Was der Gottesbote mitteilt, ist nichts anderes als das uralte Bekenntnis „Gott hat Jesus von den Toten auferweckt". Insofern stellt Mk 16,1–8 (Parr) eine erzählerische Umsetzung der Auferstehungsbotschaft dar.

Erst danach weist der Gottesbote auf den leeren Platz des Leichnams hin. Das Fehlen des Leichnams bekräftigt nur die Auferweckungsaussage, besitzt aber kein eigenständiges Gewicht. An diesem Befund muß sich auch die heute interessierende Frage nach der Geschichtlichkeit ausrichten. Denn selbst wenn Jesu Grab zweifelsfrei leer vorgefunden wurde, läßt sich der Osterglaube darauf nicht gründen. Nur wer den Osterglauben schon angenommen hat, kann das Fehlen des Leichnams Jesu „eindeutig" erklären. Das Markusevangelium hat dies von der „Gegenseite" her unterstrichen: Durch die Verdoppelung des Furchtmotivs in Vers 8 schließt der Verfasser aus, daß die Frauen die Botschaft annehmen, obwohl ein Engel sie bringt. Der Osterglaube wird erst durch (die) Selbstoffenbarung(en) des Auferstandenen ausgelöst, auf die der Evangelist in 16,7 hindeutet.

Matthäus und Lukas schwächen bzw. ändern das Furchtmotiv zwar ab und lassen die Frauen den Auftrag ausführen. Doch die Ausrichtung ihrer jeweiligen Fassungen ist grundsätzlich die gleiche wie in der Markus-Vorlage. Die Änderungen des Matthäus und des Lukas mögen uns zwar schwerwiegend vorkommen – wenn schon nicht bei dem, was über die Frauen erzählt wird, so doch bei den Formulierungen der Botschaft oder gar der Verdoppelung des Engels. Aber Matthäus und Lukas wollten ihren Lesern damit nur den Inhalt des vorgegebenen Textes besser zugänglich machen. Vor allem mußten sie sich auch um eine passende Einfügung in ihren jeweiligen Erzählzusammenhang bemühen. Deswegen konnte etwa Matthäus den Hinweis auf Galiläa stehenlassen, während Lukas ihn streichen mußte. Denn wie vor allem das zweite Werk dieses Evangelisten, die Apostelgeschichte, zeigt, hat Jerusalem für Lukas theologisch dasselbe Gewicht wie Galiläa für Markus und Matthäus. Deshalb läßt Matthäus seine (einzige) Erscheinung des Auferstandenen vor den Jüngern „auf dem Berg" (der Leser soll verstehen: auf dem Berg der „Bergpredigt") in Galiläa stattfinden, während Lukas die Erscheinungen, die „Himmelfahrt" und das Pfingstereignis mit Jerusalem verknüpft – von hier aus breitet sich dann nach dem Programm von Apg 1,8 die Kirche in die Welt hinein aus.

Abb. 3: Die Frauen am Grab. Köln, um 1150–1170

Quelle: Schnütgen-Museum, Köln. Inv. No. B 103. *Aus:* Rhein und Maas. Kunst und Kultur 800–1400. Ausstellungskatalog. Köln 1972, Bd. I, S. 306.

Die Selbstoffenbarung des Erhöhten

Wenden wir uns nun Mt 28,16–20 als dem Beispiel einer Erscheinungserzählung zu:

> 16 Die elf Jünger gingen nach Galiläa auf den Berg,
> wohin Jesus sie beschieden hatte.
> 17 Und als sie ihn sahen, fielen sie vor ihm nieder,
> hatten aber doch Zweifel.
> 18 Und herzutretend sprach Jesus zu ihnen und sagte:
> Gegeben wurde mir alle Macht im Himmel und auf Erden.
> 19 Geht also, macht alle Völker zu Jüngern,
> indem ihr sie tauft auf den Namen des Vaters und des
> Sohnes und des Heiligen Geistes
> 20 und sie lehrt, alles zu halten, was ich euch geboten habe.
> Und siehe, ich bin mit euch alle Tage bis zur Vollendung
> der Weltzeit. (Übersetzung von A. Vögtle)[13]

(8) Vergleichen Sie diesen Text mit Phil 2,6–10:

(Vers 6) der in der Gestalt Gottes war und (doch) sein Gott-Gleichsein nicht als (festzuhaltenden) Raub erachtete,
(7) vielmehr entäußerte er sich selbst, indem er Knechtsgestalt annahm,
in Gleichgestalt der Menschen geworden und der Erscheinung nach (vor)gefunden wie ein Mensch,
(8) er erniedrigte sich selbst, indem er bis zum Tod gehorsam wurde – ja, bis zum Tod am Kreuz.
(9) Darum hat ihn auch Gott über (alle) erhöht
und ihm den Namen verliehen, der jeden Namen übertrifft,
(10) damit vor dem Namen Jesu jedes Knie sich beuge – derer im Himmel, auf der Erde und der Unterirdischen und jede Zunge bekenne: HERR IST JESUS CHRISTUS zur Ehre Gottes des Vaters. (Dem Urtext möglichst nahe Übersetzung.)

Welche Entsprechungen können Sie feststellen?

....
....
....
....
....
....
....
....
....

13 A. Vögtle: Was Ostern bedeutet. Meditationen zu Matthäus 28,16–20. Freiburg/Basel/Wien [4]1983, S. 15.

Die oben zitierten Verse Mt 28,16–20 bilden den Zielpunkt des Matthäus-Evangeliums. Es ist – wie die anderen Evangelien – zwar schon von Anfang an vom Osterglauben des Verfassers her angelegt und in der ganzen Darstellung der Person und des Wirkens Jesu davon durchdrungen. Aber hier spricht der Evangelist seine Auferstehungsbotschaft sehr verdichtet aus. Aus der in Vers 18b mitgeteilten umfassenden Machtstellung, die Gott dem Auferstandenen verliehen hat, ergibt sich der Anspruch auf die Gefolgschaft „aller Völker". Dieser Anspruch wird in der universal ausgerichteten Mission vorgetragen, mit der die Elf – hier auch schon die Repräsentanten der Gemeinde des Matthäus – beauftragt werden (Vers 19a). Diese Mission hat das Heil anzubieten, das in der Taufe vermittelt wird (Vers 19b); zugleich hat sie zur Nachfolge gemäß den Gebotsweisungen Jesu aufzurufen, die in der christlichen Gemeinde weitergegeben werden (Vers 20a). Für diese dauernde Aufgabe – von Naherwartung ist hier nichts mehr zu spüren – versichert der Auferstandene die Kirche seines machtvollen Beistands (Vers 20b).

Wie kommt Matthäus zu dieser Erscheinungserzählung? Das „Sehen" war ihm jedenfalls von Mk 16,7 vorgegeben; auch an die Bekenntnistradition 1 Kor 15,5 (ff.) ist zu erinnern. Ebenfalls aus urchristlicher Überlieferung liegen die Motive bereit, die in den Worten des Erscheinenden hervortreten. Ein Vergleich mit dem Lied in Phil 2,6–11, und zwar mit seinem zweiten Teil, ist da sehr aufschlußreich. Der universale Anspruch des Erhöhten, der dort von der betenden Gemeinde bezeugt wird, ist in Mt 28 als Wort des Auferstandenen formuliert. Da hier im Evangelium der Osterglaube unmittelbar mit der Jesusüberlieferung verbunden ist, kann das Bekenntnis zum Herr-Sein Jesu, das in der Taufe vollzogen wird, als Befolgung seiner Weisungen ausgelegt werden.

Matthäus hat jedoch diese Szene nicht nur von der urkirchlichen Bekenntnistradition aus gestaltet, sondern auch von der Situation seiner Gemeinde aus und für sie. Die „trinitarische" Form des Taufbefehls (s. STE 11) weist ebenso auf die damals geübte Praxis wie die Sendung zur universalen „Völker"-Mission: die Heidenmission war bereits erfolgreich im Gange, als Matthäus sein Evangelium schrieb (in den achtziger Jahren n. Chr.). Im Motiv des Zweifels aller Jünger (nicht „einiger", wie es in vielen Übersetzungen heißt) spricht er die seinerzeit bestehende Schwierigkeit mit der Auferstehungsbotschaft an, die aber für jede christliche Generation besteht. Die Antwort des Matthäus ist sowohl ermutigend wie anspruchsvoll: Jesus Christus ist bei seiner Kirche; ihr Leben und Handeln – im Innern wie nach außen – lassen erfahren, daß er der Herr ist.

Diese Konzeption der Erzählung des Matthäus schließt im übrigen aus, daß von einem Weggehen des Erscheinenden erzählt wird. Eine derartige Bemerkung müßte das Versprechen der helfenden Gegenwart (Vers 20b) um seine Wirkung beim Leser bringen.

„Himmelfahrt" und Pfingsten

Wie steht es dann aber mit den „Himmelfahrtserzählungen" des Lukas?

„Dann führte er sie hinaus in die Nähe von Betanien. Dort erhob er seine Hände und segnete sie. Und während er sie segnete, verließ er sie und wurde zum Himmel emporgehoben; sie aber fielen vor ihm nieder." (Lk 24, 50–52; vgl. Apg 1,9–11).

Bei diesem Autor liegt ein anderer Leitgedanke vor. Während nämlich Matthäus mit der Beistandszusage die Namensdeutung Jesu von 1,23 erfüllt werden läßt („Gott ist mit uns"), steht der Erhöhte bei Lukas *durch den heiligen Geist* seiner Kirche bei. Deshalb kann er den Auferstandenen in den Himmel entrückt werden und von dort die Gabe des heiligen Geistes herabsenden lassen (Apg 2,1–4). Das eine, die „Himmelfahrtserzählung", gestaltet somit das Bekenntnis zur Erhöhung erzählerisch aus; das andere, die „Pfingsterzählung", verknüpft damit ursächlich die Geisterfahrung der frühen Kirche.

Halten wir dieses Ergebnis fest: Die Ostergeschichten der Evangelien bilden Inszenierungen des Osterglaubens für die Zeit nach dem Tod der Osterzeugen. Sie versuchen auf Fragen zu antworten, die von der Bekenntnistradition offengelassen worden waren und die sich neu stellten: so die Frage nach dem Verbleib des Leichnams Jesu; sodann Fragen nach konkreten Einzelheiten und Verläßlichkeit des Geschehens, auf das sich die Urzeugen berufen hatten; darüber hinaus Fragen nach der Gegenwart des Auferweckten/Erhöhten bei seiner Kirche, in der diese Zeugen nicht mehr befragt werden können. So dienen diese Geschichten der Vergewisserung des Osterglaubens.

In der erzählerischen Umsetzung geht jedes Evangelium eigene Wege. Sie sind abhängig von der leserorientierten Gesamtausrichtung, von theologischen und literarischen Vorgaben und Mustern, die wiederum vom damaligen Weltbild geprägt sind. Die Uneinheitlichkeit, die sich daraus für die geschilderten Ereignisse und die dem Auferstandenen in den Mund gelegten Worte ergibt, besteht allerdings nur vordergründig. Denn übereinstimmend wird der Osterglaube vom Auferstandenen ausgelöst, der sich offenbart; das gilt auch für Mk 16,1–8 Parr.

Abb. 4: Himmelfahrt Christi. Köln, um 1150–1170

Quelle: London. Victoria and Albert Museum. Inv. No. 258–1867. *Aus:* Rhein und Maas. Kunst und Kultur 800–1400. Ausstellungskatalog. Köln 1972, Bd. I, S. 306.

Wie in der Bekenntnisüberlieferung beinhaltet die Auferweckung die Endgültigkeit des Heilbringeranspruchs Jesu. Dieser Anspruch bezieht sich in den Evangelien naturgemäß direkt auf die Verkündigung des irdischen Jesus. Wie Paulus die Lebensbedeutung der Auferstehungsbotschaft in den Mittelpunkt seiner Verkündigung gestellt hatte, so werden die Leser der Evangelien durch die Ostergeschichten in entsprechender Weise immer wieder auf Jesus und seine Worte verpflichtet. Wer dagegen um das leere Grab streitet, sucht „den Lebenden bei den Toten" (Lk 24,5); das ist ebenso dem Sinn der Auferstehungsbotschaft unangemessen wie ein „Starren zum Himmel" (Apg 1,11) – das heißt: ein unfruchtbares Spekulieren um die himmlische Existenz Jesu Christi, das daran hindert, die christliche Verantwortung hier und heute wahrzunehmen.

Christologische Entwürfe im Neuen Testament

Die Christusbekenntnisse des Neuen Testaments sind sehr mannigfaltig – sowohl im Gebrauch von Hoheitstiteln als auch in den damit verbundenen Vorstellungen. Darauf wurde in den Beispielen von Osterbekenntnissen bereits hingewiesen. Außerdem sind in Studieneinheit 11 verschiedene wichtige Titel besprochen worden; sie bezeichnen stets die *Funktion* des Auferweckten. Nehmen wir nur „Messias" = Christus. Das Bekenntnis „Jesus ist der Messias" besagte im Mund eines jüdischen Anhängers Jesu für jüdische Ohren: Der gekreuzigte und von Gott aus dem Tod befreite Jesus ist derjenige, durch den Gott sein verheißenes Heil herbeiführen wird. Im Messiasbekenntnis geht es somit eindeutig um *Soteriologie* (Rede von „Heil, Erlösung" – das griechische Wort dafür ist „soteria").

Dieser unauflösbare Zusammenhang zwischen *Christologie und Soteriologie* besteht auch bei den anderen neutestamentlichen Christusbekenntnissen, so etwa bei der Verwendung der Hoheitstitel „Herr" und „Sohn Gottes", die ursprünglich in messianischem Horizont stehen. Dies veranschaulicht der Gebetsruf „marana tha" („unser Herr, komm!"), der sogar aramäisch erhalten ist (1 Kor 16,22). Denn mit diesem Gebetsruf – als Ausdruck ihres Christusglaubens – bittet die Gemeinde ihren „Herrn Jesus", also den bei Gott weilenden Messias, zur Vollendung des Heils zu kommen, das sie in seinem Erdenwirken angebrochen sah. Aber auch beim Christusbekenntnis des Liedes in Phil 2,6–11 handelt es sich um eine soteriologische Aussage. Denn wenn die Erhöhung mit dem anbetenden Bekenntnis „Herr ist Jesus Christus" beantwortet werden will, ist denen Heil zugesagt, die dieses Bekenntnis vollziehen.

Bei Phil 2,6–11 sind wir auf eine christologische Aussage gestoßen, die für die Folgezeit äußerst wichtig wurde, nämlich die *Präexistenz-Aussage:* Jesus Christus war bei Gott, bevor er ins Menschen-Dasein herabstieg. Die Vorstellung dürfte hier heidnisch-gnostische Wurzeln haben (vgl. dazu S. 200–201). Allerdings war die Präexistenz-Vorstellung auch schon Paulus geläufig. Bei ihm müssen wir nach jüdischen Voraussetzungen suchen. Da kommt die Vorstellung der Weisheit in Betracht, die vor den Schöpfungswerken Gottes in der Urzeit geschaffen wurde und sich dann bei den Menschen aufhält (Spr 8,22–31). Mit dieser präexistenten Weisheit wurde dann die Tora gleichgesetzt (Sir 24,1–23).

Paulus bezeugt das Verständnis Christi als „Gottes Weisheit" (etwa 1 Kor 1,30). Ebenso findet sich bei ihm die Vorstellung von der Mittlerschaft der Weisheit (= der Tora) bei der Schöpfung auf Jesus Christus übertragen. Denn in 1 Kor 8,6 spricht er angesichts des antiken Polytheismus davon:

> „Wir haben nur einen Gott, den Vater.
> Von ihm stammt alles, und wir leben auf ihn hin.
> Und einer ist der Herr, Jesus Christus.
> Durch ihn ist alles, und wir sind durch ihn."

Zweifellos trägt in diesem Bekenntnis der letzte Satz das Hauptgewicht. Aber die Hintergrundvorstellung der präexistenten Weisheit (Tora) ist unverkennbar.
Das Gewicht, das Paulus selbst der Präexistenz-Aussage beimißt, zeigt sich in Röm 1,3f. Hier kennzeichnet Paulus seine Verkündigung als „das Evangelium von seinem (= Gottes) Sohn, der dem Fleisch nach geboren ist als Nachkomme Davids, der dem Geist der Heiligkeit nach eingesetzt ist als Sohn Gottes in Macht seit der Auferstehung von den Toten".

Aufgrund sprachlicher und stilistischer Beobachtungen ist anzunehmen, daß Paulus ein Bekenntnis aufgenommen hat. Der Analyse H. Schliers zufolge lautete es ursprünglich: „Jesus Christus, geworden aus dem Samen Davids, bestellt zum Sohn Gottes aus (= kraft) der Auferstehung der Toten."[14] Danach geht es um die Messianität des Irdischen („Davids Sohn") und um die des Auferweckten (durch Inthronisation zum Sohn Gottes). Die Zusätze „dem Fleisch nach" und „dem Geist der Heiligkeit nach" haben die beiden Existenzweisen hervorgehoben. Für Paulus war das offenbar zu wenig. Durch die Einfügung von „in Macht" trägt er in das vorgegebene Bekenntnis die Präexistenz-Vorstellung ein: Zum Sohn Gottes ist Jesus Christus nicht erst durch die Auferweckung eingesetzt worden; er gelangte dadurch „nur" in seine Herrscherstellung. Was dagegen vorher war, bezeugt Paulus in Gal 4,4:

> „Als aber die Zeit erfüllt war, sandte Gott seinen Sohn, geboren von einer Frau und dem Gesetz unterstellt."

Hiermit dürfen wir allerdings nicht das Christusbekenntnis der beiden „Kindheitsevangelien" des Matthäus und des Lukas verknüpfen. Denn Paulus weiß nichts davon, daß Jesu Gottessohnschaft aufgrund der Zeugung durch den Heiligen Geist in der Jungfrau Maria gegeben ist. Umgekehrt ist in Mt 1 und 2 sowie in Lk 1 und 2 die Präexistenz-Vorstellung nicht vorhanden.

Paulus bekennt zwar die Präexistenz Jesu Christi. Aber er behält den Gottes-Namen dem Vater vor. Der Monotheismus des Juden kommt hier zum Tragen, wie vor allem 1 Kor 15,28 verdeutlicht; hier steht Ps 110,1 im Hintergrund:

> „Wenn ihm dann alles unterworfen ist, wird auch er, der Sohn, sich dem unterwerfen, der ihm alles unterworfen hat, damit Gott herrscht über alles und in allem."

Im Johannes-Evangelium ist dagegen die Gottes-Prädikation auf Jesus Christus angewendet, zunächst im Prolog:

> „Im Anfang war das Wort, und das Wort war bei Gott,
> und das Wort war Gott. Im Anfang war es bei Gott." (1,1f.)

Dabei kann die Vorstellung der präexistenten Weisheit (Tora), vor allem in der Gestalt der Logos-[Wort Gottes]Spekulation des jüdischen Philosophen Philo aus dem hellenistischen Alexandrien, Pate gestanden haben. Doch ebenso sind Vorstellungen zu bedenken, wie wir sie hinter Phil 2,6–11 stehen sahen. Wie dort das Gott-Gleichsein den Ursprung der Selbsterniedrigung anzeigte, so hier das Gott-Sein – das von der Feststellung des Bei-Gott-Seins gerahmt wird – den Ausgangspunkt der Fleisch(= Mensch)werdung (Joh 1,14).

Im ursprünglichen Schlußkapitel 20 des Johannes-Evangeliums findet sich zuletzt die Erzählung vom „ungläubigen Thomas" (Vers 24–29). Er war bei der Selbstoffenbarung des Auferstandenen am Ostersonntag nicht anwesend und verweigert den anderen Jüngern, als sie ihm von ihrer Christusbegegnung erzählen, den Glauben. Daraufhin offenbart sich Jesus noch einmal und fordert Thomas zum Glauben auf.

14 H. Schlier: Zu Röm 1,3f. In: Neues Testament und Geschichte. Historisches Geschehen und Deutung im Neuen Testament (O. Cullmann zum 70. Geburtstag). Hrsg. von H. Baltensweiler / Bo Reicke. Zürich/Tübingen 1972, S. 207–218.

Da bekennt Thomas: „Mein Herr und mein Gott!" Hier ist an Joh 14,9f. zu denken: „Wer mich gesehen hat, hat den Vater gesehen [...] Glaubst du nicht, daß ich im Vater bin und der Vater in mir ist?" Der Sohn offenbart den Vater, und diese Offenbarung geschieht im „Wort". Deshalb sagt der Johanneische Jesus auch zu Thomas und so zu allen Lesern dieser Geschichte: „Selig sind, die nicht sehen und doch glauben" (Joh 20,29).

Die Entwicklung des Christusverständnisses

Alle diese und andere derartige Aussagen wollen das in Jesus Christus geglaubte Heil bekennen. Zur Erklärung der beträchtlichen Unterschiede ist ähnlich wie bei den Auferstehungsbekenntnissen der Zeitfaktor mitzuveranschlagen: Die Sicht Jesu Christi wurde immer mehr vertieft – auch wenn dies nicht in einliniger Entwicklung erfolgte. Werden beispielsweise „Sohn Davids" und „Sohn Gottes" zunächst gleicherweise messianisch verstanden, entfernt sich das Sohn-Gottes-Verständnis durch die Aufnahme der Präexistenz-Vorstellung bereits grundsätzlich von seinem Ausgangspunkt. Wie der Vergleich zwischen dem Johannes-Evangelium und Paulus zeigt, bedeutet dann die Übertragung der Gottes-Prädikation eine neue Stufe des Christusverständnisses.

Daß das Neue Testament die unterschiedlichen Christusbekenntnisse nicht ausgleicht, ist selbstverständlich. Es ist ja eine Sammlung ursprünglich eigenständiger Schriften von großenteils weit auseinanderliegender Herkunft aus der Zeit zwischen etwa 50 und 130 n. Chr. Schon in diesem Zeitraum hat es, wie verstreute Hinweise in den neutestamentlichen Schriften zu erkennen geben, Auseinandersetzungen um das rechte Christusverständnis gegeben.

Doch als Problem trat die Unausgeglichenheit erst hervor, als es vom 2. Jahrhundert an zur Kanonbildung kam: Durch sie hat die Kirche eine Sammlung neuer heiliger Schriften, die sie als solche gegen häretische Angriffe verteidigte, neben die bis dahin einzige heilige Schrift gestellt, die auf diese Weise zum „Alten Testament" wurde. Der Pluralismus von Christusbekenntnissen des so entstehenden „Neuen Testaments" mußte das theologische Denken nachhaltig anregen.

Die Entfaltung der Christologie

Wir dürfen uns da von den altkirchlichen Glaubensbekenntnissen, die wir bis heute im Gottesdienst verwenden, nicht zur Annahme verleiten lassen, es sei damit getan gewesen, die auseinandergehenden Christusaussagen möglichst widerspruchsfrei zusammenzubringen. Danach sieht es ja aus, wenn etwa die ursprünglich selbständigen Bekenntnisse zur Gottessohnwürde Jesu in der Form der Präexistenz-Aussage einerseits, andererseits in der Aussage von der geistgewirkten Empfängnis in der Jungfrau Maria so nebeneinandergestellt werden, daß der Eindruck einer Geschehensabfolge entsteht. Auch die Einfügung der „Höllenfahrt" Christi („hinabgestiegen in das Reich des Todes" – um die Seelen der Verstorbenen aus der Hand des Todes zu befreien), einer dem Neuen Testament unbekannten Vorstellung, ruft diesen Eindruck hervor; denn so wird die Zeitspanne zwischen Begräbnis und Auferstehung am dritten Tag „überbrückt". Solche altkirchlichen Glaubensbekenntnisse, die ursprünglich bei der Taufe verwendet wurden, konnten aber nie auf das ganze neutestamentliche Christuszeugnis eingehen. Deshalb machten sie auch die Aufgabe nicht überflüssig, dieses Christuszeugnis in seiner vielfältigen Gesamtheit zu durchdringen.

Die Aufgabe war dadurch erschwert, aber zugleich sehr drängend, daß sich die Kirche rasch ins Heidentum hinein ausgebreitet und die Verbindung zum Judentum dabei weitgehend gelöst hatte. Dies hatte zur Folge, daß die überlieferten Christusbekenntnisse je länger desto mehr von zeitgenössischen Voraussetzungen hellenistischer Philosophie aus durchdacht wurden.

So schälten sich vor allem zwei Fragenkreise heraus, auf die die neutestamentlichen Christusbekenntnisse die Antwort schuldig geblieben waren – ja, auf die sie gar keine Antwort geben konnten, weil für ihre Verfasser andere Voraussetzungen bestanden:

1. Wie ist das Verhältnis des Sohnes Gottes zum Vater zu verstehen? Entsprechend wurde die Fragestellung dann auch auf den Heiligen Geist ausgedehnt.
2. Wie verhalten sich das Göttliche und das Menschliche in Jesus Christus zueinander?

Abb. 5: Die Heilige Dreifaltigkeit. Miniatur aus dem Landgrafenpsalter. Niedersachsen (?), zwischen 1211–1213

Quelle: Stuttgart. Württembergische Landesbibliothek, cod. H. B. II. fol. 24. *Aus:* Württembergisches Landesmuseum, Stuttgart: Die Zeit der Staufer. Geschichte – Kunst – Kultur. Katalog der Ausstellung Stuttgart 1977, Bd. II, Abb. 558.

Mit diesen Fragen wurden keine theologischen Spitzfindigkeiten erörtert, sondern nach der Gewißheit des Heils gefragt, um das es im Glauben an Jesus Christus geht. Nach lange währenden Auseinandersetzungen wurden auf den vier Ökumenischen Konzilien: von Nikaia (= Nicaea = Nizäa) im Jahre 325, Konstantinopel im Jahre 381, Ephesus im Jahre 431 und Chalkedon (= Chalcedon = Chalzedon) im Jahre 451 n. Chr., auf diese Fragen verbindliche Antworten gegeben:

1. Der Sohn Gottes ist eines Wesens mit dem Vater. Unter Einbeziehung des Heiligen Geistes heißt dies, daß die eine göttliche Natur in den drei Personen Vater, Sohn und Heiliger Geist, also „dreifaltig", ist. Indem so der biblische Monotheismus gewahrt wird (*ein* Gott in drei Personen), muß zugleich die Menschheit der zweiten göttlichen Person unverkürzt zum Zug kommen.
2. Jesus Christus ist wahrer Gott und wahrer Mensch – oder: In der zweiten göttlichen Person sind zwei Naturen, die göttliche und die menschliche, und zwar „unvermischt, unverwandelt, ungetrennt und ungesondert" (so das Konzil von Chalkedon).

Diese Antworten wollen das neutestamentliche Christuszeugnis vor drohenden Vereinseitigungen und Verfälschungen bewahren. Sie tun es unter gewandelten Denkvoraussetzungen und in zeitgemäßer Begrifflichkeit. Dabei hat sich offenkundig das Schwergewicht gegenüber dem Neuen Testament von Aussagen über die Heilsmittler*funktion* Jesu Christi auf solche über sein *Wesen*, sein Gott- und Mensch-*Sein* verlagert.

„Trotz aller Eindeutigkeit des Bekenntnisses haben es die Christen aller Jahrhunderte schwer gehabt, diese Antwort der Kirche zu verstehen. Wie kann denn ein Mensch Gott sein? Im Altertum mochten Menschen so etwas behaupten können; denn es war damals nicht unerhört, daß es Götter in Menschengestalt gab, und das kam der christlichen Botschaft und zuletzt der Lehre der Kirche über Christus zugute. Aber kann man eine solche Behauptung heute noch wiederholen? Hat der Gedanke an einen ‚Gottmenschen' Platz innerhalb der Art, wie wir heute unsere Wirklichkeit erfahren und verstehen? So fragt nicht nur der intellektuelle Zweifel. So fragt der Glaube selbst. Denn er muß sich nicht nur mit der kirchlichen Überlieferung identifizieren, sondern auch mit der Wirklichkeitserfahrung dessen, der glaubt, oder der Glaube bleibt wirklichkeitsfern und damit ohne Kraft."[15]

Die heutige christologische Diskussion

Für unser neuzeitliches Wirklichkeitsverständnis ist der Mensch und seine Geschichtlichkeit zentral, nicht mehr Gottes ewiges Sein. Daher drängte es sich geradezu auf, die Christologie nicht mehr vom Wesen Gottes her, sondern von der geschichtlichen Existenz Jesu Christi aus zu entwerfen. Diese Versuche, die seit der Aufklärung zunächst in der evangelischen Theologie zum Zuge kamen, werden unter dem Schlagwort „Christologie von unten" zusammengefaßt; dies darf indes nicht übersehen lassen, daß es sich um recht verschiedenartige Versuche handelt. Die „liberale Theologie" des 19. und beginnenden 20. Jahrhunderts, die Jesu Gott-Sein aus der Historie ableiten wollte, ist Vergangenheit. Doch baut auch ein Entwurf heutiger Christologie wie der von W. Pannenberg auf dem „Auftreten und Geschick Jesu" auf, wozu seine Auferweckung hinzugenommen wird. Indem Jesus so „die Vorwegnahme der ewigen Entscheidung Gottes über die Menschen" bringt und sich an ihm der „Anbruch des Endes", nämlich „das Endgeschehen der Totenauferweckung" ereignet, ist hierin „seine Bedeutung als endgültige Offenbarung Gottes an die Menschen begründet".[16]

Für die katholische Seite, wo „durch die konstitutive Bindung an die kirchliche Tradition"[17] eine grundsätzlich andere Lage als evangelischerseits besteht, kann K. Rahner als ein Wegbereiter einer „Christologie von unten" gelten, indem er seinen anthropologischen Ansatz – der Mensch grundsätzlich auf Gott verwiesen – mit einer „heilsgeschichtlichen Christologie" zusammenbringt. Diese sei mit der „Erfahrung des Menschen Jesus mit dem Ende seines Schicksals in der Auferstehung" im Neuen Testament durchaus noch faßbar. Diesem Menschen Jesus „begegnet der Mensch in seiner Existenznot, in seiner Heilsfrage, und erfährt an Jesus, daß das von ihm nicht manipulierbare Geheimnis des Menschen [...] in der Liebe Gottes geborgen ist".[18]

Während bei Rahner der Zugang auf den Menschen Jesus in seiner Anthropologie verankert bleibt, sind bei anderen Entwürfen (die) Ergebnisse der historisch-kritischen Evangelienforschung in starkem Maß in die christologischen Überlegungen eingebracht. Welche Schwierigkeiten die dadurch verstärkte Beachtung des Menschseins Jesu hervorrufen kann, zeigt beispielhaft die um das Verständnis von Jesu Gottessohnschaft geführte Auseinandersetzung. Vom Neuen Testament aus unterstreicht H. Küng die *funktionale* Bedeutung, um so die Heilsbedeutung Jesu Christi in heute geläufigen Vorstellungen ausdrücken zu können.[19] Die in gleicher Weise „unten", also beim irdischen Jesus ansetzende Kritik wirft ihm vor, dabei die *Wesens*bedeutung unzulässig zurückzudrängen: „Ontologische und funktionale Christologie können unmöglich gegeneinander ausgespielt werden."[20] Demgegenüber betont Küng:

„Es könnten gewichtige Verschiebungen der biblischen Perspektiven nicht so leicht hingenommen, deutliche Brüche in der nachbiblischen Entwicklung nicht so leicht übersprungen werden. Die Kontinuität in der Vermittlung der christlichen Botschaft müßte auf dem Hintergrund einer immer wieder neu durchbrechenden Diskontinuität gesehen werden." Deshalb seine Gegenfrage: „Kann man also funktionales und ontologisches Verständnis einfach harmonisieren?"[21]

Die Richtung, in der solche Schwierigkeiten aufgearbeitet werden könnten, läßt sich mit W. Kasper jedenfalls so angeben:

Die altkirchlichen „Bekenntnis- und Lehraussagen über Jesus Christus als wahren Gott und wahren Menschen in einer Person, die bis heute alle großen christlichen Kirchen verbinden, sind gefunden worden, indem man sich kritisch und offen zugleich auf die Begegnung mit der Welt der griechischen Philosophie einließ. Wir dürfen sie jedoch nicht nur als Schlußpunkt einer Entwicklung verstehen. Sie müssen zugleich Ausgangspunkt und Anfang für ein neues und ‚heutiges' Verständnis von Person und Sache Jesu Christi sein. Die bleibende Bedeutung der damals gefallenen Entscheidungen besteht nicht zuletzt darin, daß sie uns ein Modell bieten, wie wir *heute* versuchen können und müssen, das Geheimnis der Person Jesu Christi und die Bedeutung seiner Sache zu verstehen und auszudrücken."[22]

Dabei besitzen die im Neuen Testament versammelten Antworten auf diese Frage einen unüberholbaren Rang, weil sie an den Ursprung des Christusglaubens zurückreichen.

15 A. Grillmeier, in Verbindung mit F. Hahn und U. Wilckens: Gottes Gottheit und Menschheit. In: Neues Glaubensbuch. Der gemeinsame christliche Glaube. Hrsg. von J. Feiner / L. Vischer. Freiburg/Basel/Wien/Zürich 1973, S. 245–276; das Zitat auf S. 270f.

16 W. Pannenberg: Was ist der Mensch? Die Anthropologie der Gegenwart im Lichte der Theologie. Göttingen [4]1972, S. 101. Vgl. vor allem sein Buch: Grundzüge der Christologie. Göttingen [5]1976.

17 W. Kasper: Christologie von unten? Kritik und Neuansatz gegenwärtiger Christologie. In: Grundfragen der Christologie heute. Hrsg. von L. Scheffczyk (Quaestiones Disputatae, 72). Freiburg/Basel/Wien 1975, S. 141–170; das Zitat auf S. 152.

18 K. Rahner: Die zwei Grundtypen der Christologie. In: Ders.: Im Gespräch mit der Zukunft (Schriften zur Theologie, 10). Zürich/Einsiedeln/Köln 1972, S. 227–238; das Zitat auf S. 229. Vgl. W. Kasper, a.a.O., S. 152–159.

19 H. Küng: Christ sein. München 1974. Vgl. bereits: Ders.: Menschwerdung Gottes. Eine Einführung in Hegels theologisches Denken als Prolegomena zu einer künftigen Christologie. Freiburg/Basel/Wien 1970.

20 W. Kasper, a.a.O., S. 167; vgl. sein Buch „Jesus der Christus". Mainz 1974 (u.ö.).

21 H. Küng: Anmerkungen zu Walter Kasper, „Christologie von unten?". In: Grundfragen der Christologie heute, a.a.O., S. 170–179; die Zitate auf S. 174 und 176.

22 W. Kasper, in Verbindung mit F. Hahn: Gottes sichtbare Liebe. In: Neues Glaubensbuch, a.a.O., S. 276–290; das Zitat auf S. 277.

13. Werden und Selbstverständnis der christlichen Kirche

Autor der Studieneinheit: Harald Wagner

HARALD WAGNER (40), Studium der Philosophie und Katholischen Theologie. 1972 Promotion. 1972 bis 1974 Kaplan. 1976 Habilitation. 1980 bis 1981 Professor für Systematische Theologie und Religionspädagogik an der Pädagogischen Hochschule Schwäbisch Gmünd. Seit 1981 Professor an der Theologischen Fakultät Fulda und Leiter des Katholisch-Theologischen Seminars an der Philipps-Universität Marburg.
Mehrere Buch- und zahlreiche Zeitschriftenveröffentlichungen zu Themen der Fundamentaltheologie (besonders Ekklesiologie) und Ökumenik. Neben Lehre und Forschung vielfältige Vortragstätigkeit im In- und Ausland (USA, England, Italien).

Allgemeine Einführung

„Jesus ja – Kirche nein!" Diesen Slogan hört man oft, oder er verbirgt sich unter anderen Formulierungen. Viele Menschen heute wollen zwar Christen sein, jedoch tun sie sich schwer mit der Institution „Kirche". Nur ein vergleichsweise geringer Teil von ihnen stimmt voll und ganz mit Lehre und Lebensordnung der Kirche, der sie angehören, überein; die anderen stehen der Kirche mehr oder weniger zurückhaltend gegenüber. Die Kritik reicht von maßvollem Tadel an einzelnen kirchlichen Unternehmungen bzw. dem einen oder anderen kirchlichen Amtsträger bis hin zur Ablehnung von Kirche überhaupt – sei es, daß man sein Christsein nur noch an bestimmten traditionellen Gepflogenheiten festmacht, sei es, daß man sich um radikale Christlichkeit außerhalb der Kirche bemüht. Eine neue Wertschätzung der Kirche, wie sie sich sowohl im katholischen als auch im evangelischen Raum seit mehreren Jahrzehnten beobachten läßt, hat an dieser „großflächigen" Entwicklung nichts geändert.
Angesichts dieser Lage muß es ein besonders zentrales Anliegen von Theologie und Kirche sein, kirchliches Selbstverständnis für den Menschen von heute klar verständlich zu machen. Von besonderem Gewicht ist dabei wiederum die Frage, in welchem Verhältnis Jesus von Nazaret zur Kirche steht. Auf ihn berufen sich ja alle christlichen Kirchen. Diese Frage hat zum einen einen mehr historischen Aspekt: Hat der „historische" Jesus überhaupt so etwas wie eine Kirche (und sei es auch nur in allgemeinster Vorform) gewollt? Bezieht man sich also zu Recht auf ihn als „Kirchenstifter"? Die genannte Frage hat zum anderen einen mehr theologischen Aspekt: Wenn sich Gott in Jesus von Nazaret tatsächlich in unmittelbarster Weise dem Menschen mitgeteilt hat, wenn sich Kirche also berechtigt auf ihn zurückbeziehen darf, dann ist sie eine „gottgewollte" Einrichtung, ist Ort und Raum, wo Jesu Botschaft weitergesagt und verwirklicht wird.

Es soll Ihnen nach Bearbeitung dieser Studieneinheit möglich sein,
- die Frage nach dem Ursprung der Kirche in Jesus von Nazaret sachgemäß zu beantworten;
- die Überlieferung und Vergegenwärtigung des Christusglaubens durch den neutestamentlichen Kanon, das kirchliche Amt, Bekenntnis und Dogma sowie die Sakramente zu erklären;
- die Aussage von der einen, heiligen, katholischen/allgemeinen und apostolischen Kirche nach ihrer theologischen Bedeutung zu begründen.

Jesus und die Kirche

Jesus hat selbst keine Kirche gegründet. Doch seinen Worten wie seiner Erwartung des kommenden Reiches Gottes wohnen Momente des Gemeinschaftstiftenden inne, die zum Entstehen der Kirche führten.

Jesu Verkündigung und Selbstverständnis

Ganz unbestritten steht im Mittelpunkt der Verkündigung Jesu die Botschaft vom Reich Gottes.

Der Evangelist Markus faßt dies zu Beginn seines Evangeliums programmatisch so zusammen: „Nachdem man Johannes ins Gefängnis geworfen hatte, ging Jesus wieder nach Galiläa; er verkündete das Evangelium Gottes und sprach: Die Zeit ist erfüllt, das Reich Gottes ist nahe. Kehrt um, und glaubt an das Evangelium!" (Mk 1,14–15). Die Zeit des Heils, die im Alten Testament vorhergesagt wurde, ist gekommen. Die Herrschaft Gottes steht nahe und unmittelbar bevor. Was besagt dieses „Reich Gottes" (oder, wie man auch übersetzen kann, die „Königsherrschaft Gottes", die „Gottesherrschaft")? Es geht um jenen Vorgang, durch den Gott sich als König und Herr erweist. Das ist aber nicht politisch zu verstehen, sondern im Sinne eines Heilsereignisses: Gott schenkt und gewährt sich allen Menschen, ungeachtet von deren Leistungen. Man darf sagen, daß Jesus für die Gottesherrschaft gelebt hat und auch für sie gestorben ist. Darüber hinaus hat er beansprucht, daß in ihm und in seinem Wirken das Reich Gottes gegenwärtig sei.

Wie Jesus selbst sein eigenes Sterben verstanden und begriffen hat, ist für die uns leitende Frage – die nach der Kirche – von nicht geringer Bedeutung. Es wird heute als sicher angenommen, daß Jesus sich der Lebensgefährlichkeit seines Widerstandes gegen Verhalten und Praxis des damaligen offiziellen Judentums gegen Ende seiner Wirksamkeit immer mehr bewußt wurde. Wie hat Jesus dieses Bewußtsein seines Todes mit der Botschaft vom nahenden Gottesreich vereinbart?

Einige sehr suggestive Hinweise im Neuen Testament (Mk 10,45; Lk 22,27; Lk 12,37b; Joh 13,1–20) lassen annehmen, daß Jesus seinen Tod als Hingabe verstanden hat und daß er über sein Scheitern hinaus an die Gemeinschaft und Geborgenheit bei Gott glaubte, wenn es auch keine historisch völlig sicheren Aussagen gibt, in denen er selbst seinem Tod Heilsbedeutung zuschreibt. Viele der Bibelausleger *(Exegeten)* sehen allerdings bereits bei Jesus selbst (nicht erst in der Deutung durch die Urgemeinde) einen Bezug auf die Gestalt des „Gottesknechtes" im zweiten Teil des Jesajabuches (Jes 40-55, bes. Jes 53).

Wenn das richtig ist, dann hätte er sich in der Tat in den Heiligen Schriften seines Volkes als prophetisch verheißen gefunden. Viel weniger ist umstritten, daß sich Jesus als Prophet verstanden hat und von daher im Bewußtsein lebte, auch das Schicksal der Ablehnung mit den großen Propheten Israels teilen zu müssen.

Jesu Naherwartung

Früher kam ein wichtiges Argument gegen eine „Kirchenstiftung" durch Jesus aus der Problematik der sogenannten „Naherwartung": Nach einzelnen Aussagen des Neuen Testamentes (Mk 9,1 Par; Mt 10,23; Mk 13,30 Par), die zudem zum historischen „Urgestein" der Botschaft Jesu zu gehören scheinen, habe Jesus an ein ganz unmittelbar bevorstehendes Hereinbrechen des Gerichtes gedacht und nicht eine fortdauernde, „institutionalisierte" Gemeinschaft im Blick gehabt.

Während es über dieser exegetischen Frage früher zu heftigen Kontroversen kam, hat sie in neuerer Zeit an Bedeutung verloren und ist folgerichtig in den Hintergrund getreten. Es gab und gibt Exegeten, die direkt einen „Irrtum" Jesu in der Frage des Gerichtstermins annehmen. Zumeist aus christologischen Gründen zieht es eine Reihe von Exegeten vor, eine andere Lösung zu suchen. So wird etwa argumentiert, die Verkündigung Jesu habe prophetischen Charakter gehabt. Wie die Propheten des Alten Testamentes wollte Jesus die Menschen unmittelbar in die Entscheidung rufen. Dabei wird das Kommende in zeitliche Nähe gerückt, es entsteht eine „verkürzte Perspektive".[1] Jesus komme es einzig auf den Heilsappell an, seine „Naherwartung" sei eher „Stetserwartung".[2]

Die Frage verliert an Schärfe, da man eine entfaltete, organisierte Kirche heute gar nicht mehr als im Bewußtseinshorizont Jesu gegeben annimmt – ohne daß deshalb der Gedanke einer „Kirchenstiftung" durch ihn aufgegeben werden müßte.

1 Rudolf SCHNACKENBURG: Art. „Naherwartung". In: Lexikon für Theologie und Kirche. Bd. VII. Freiburg [2]1957, Sp. 778.
2 So etwa Gerhard SCHNEIDER: Parusiegleichnisse im Lukas-Evangelium. Stuttgart 1975, u.a. S. 92.

Ältere „Kirchenstiftungstheorien"

In jedem älteren katholischen theologischen Handbuch kann man zur Frage der Entstehung und Herkunft der Kirche etwa folgendes nachlesen: Das von Jesus verkündigte Gottesreich besteht bereits im Diesseits. Obwohl es nicht in jeder Hinsicht mit der Kirche identisch ist, ist diese doch dessen Raum, Darstellung und Äußerung auf Erden und soll dessen voller Verwirklichung dienen. Die sozialen Strukturen des Gottesreiches hat Jesus selbst bestimmt.

Die Belege, die nun im einzelnen aus den Evangelien herangezogen werden, sind durchweg historisch verstanden und historisierend verwendet: Einsetzung der Taufe durch Jesus (Mt 28,19), Forderung des Bekenntnisses (Mt 10,32f. Par), Einsetzung der Eucharistie mit Wiederholungsbefehl (Abendmahlsberichte) und damit Einrichtung einer bleibenden Kultgemeinschaft, Einsetzung der Apostel (als erste „Bischöfe") und des Petrus (als des ersten „Papstes", vgl. Mt 16,18) usw.

Abb. 1: Der heilige Petrus, der auf seinen Schultern die Kirche trägt. S. Kliment, Ochrid, 13. Jahrhundert

Aus: Hans-Joachim Schulz: Orthodoxe Eucharistiefeier und ökumenisches Glaubenszeugnis. *Der christliche Osten* 34 (1979), S. 11.

Im protestantischen Raum wurde (sieht man einmal von vielen Extrem- und Einzelpositionen ab) mehrheitlich Kirche als Gottes Setzung und Schöpfung verstanden. So war man dort nicht in der mißlichen Lage, exegetische Ergebnisse und Schwierigkeiten jeweils mit dogmatischen Sachverhalten (Kirche als Werk des Christus, der identisch ist mit Jesus von Nazaret) vereinbaren zu müssen.

Heutige „Kirchenstiftungstheorien"

Die heutige theologische Lage angesichts des Problems von „Kirchenstiftung" ist von einer großen Vielfalt von Meinungen gekennzeichnet. Einig sind sich die Kirchen und Konfessionen, daß es berechtigt ist, Jesus Christus und Kirche „aneinanderzukoppeln", und dies auch aufgrund des neutestamentlichen Befundes. Jene Positionen des 19. und beginnenden 20. Jahrhunderts, die Kirche als ein „großes Mißverständnis" begriffen, als eine grundsätzliche „Fehlentwicklung", werden heute praktisch nicht mehr vertreten. Jedoch besteht ein breiter Meinungspluralismus, wie die Zusammengehörigkeit von Jesus und der Kirche im einzelnen exegetisch zu rechtfertigen und systematisch zu begründen ist.

Christus als Bräutigam der Kirche. Bibel, 14. Jahrh.

Die Meinung, der „vorösterliche" Jesus habe gleichsam eine „Kirche im Kern" (oder gar eine schon im wesentlichen ausgestattete Kirche) ins Leben gerufen, wird heute so gut wie nicht mehr vertreten. Jedoch besteht weitgehende Übereinstimmung, daß Jesus Gemeinschaft gewollt hat und sich die Jüngergemeinschaft nach Jesu Tod und aus der Erfahrung seiner Auferstehung als das bleibende Gottesvolk (= Kirche) begreift, das sich in lückenlosem Zusammenhang mit jener vorösterlichen Gemeinschaft weiß.

Der „vorösterliche" Jesus hat Gemeinschaft gewollt: Dies läßt sich zunächst einmal an seiner Verkündigung der Gottesherrschaft dartun. Durch diese Verkündigung ruft Jesus das Volk Israel zur Umkehr auf. Seine Predigt ist Appell, sich der Gottesherrschaft zu öffnen. Insofern liegt in ihr eine scheidende Funktion, impliziert sie doch Scheidung und Gruppierung. Die einen wollen sich als Anwärter auf die Gottesherrschaft verstehen, wie Jesus sie verkündet, die anderen lehnen diese Botschaft ab. Insofern in der Verkündigung der Gottesherrschaft durch Jesus also eine „soziale Dynamik" liegt, ist sie der sachliche Grund für die spätere Kirche.

Insofern trifft das Zweite Vatikanische Konzil durchaus den Forschungsstand, wenn es in der Dogmatischen Konstitution über die Kirche *„Lumen Gentium"* sagt: „Das Geheimnis der Heiligen Kirche wird in ihrer Gründung offenbar. Denn der Herr Jesus machte den Anfang seiner Kirche, indem er frohe Botschaft verkündigte, die Ankunft nämlich des Reiches Gottes" (I,5). – Mit anderen Worten und mit etwas veränderter Perspektive: Jesus geht es um die Sammlung Israels als des wahren Gottesvolkes. Deshalb gehören Verkündigung der Gottesherrschaft und Sammlung einer Gemeinde zusammen: zum Gottesreich eine Gottesgemeinde.

Aufschlußreich ist in dieser Hinsicht die Auswahl und Aussendung *der Zwölf* aus einem größeren Jüngerkreis. (Vgl. vor allem Mk 3,14: „Und er setzte die Zwölf ein, die er bei sich haben und später aussenden wollte, damit sie predigten.") Die Zwölfzahl bezieht sich offensichtlich auf die Zwölfzahl der Stämme Israels. Da von diesen nach zeitgenössischer Anschauung nur noch einige bestanden, will Jesus offensichtlich mit der Einsetzung des Zwölferkreises eine prophetische Zeichenhandlung vollziehen. Der Zwölferkreis veranschaulicht die beginnende Existenz des endzeitlichen Gottesvolkes. Diese Zwölf, die (bei Lukas) nach Ostern zu den „zwölf Aposteln" werden, spielen in der nachösterlichen Gemeinde eine große Rolle – wiederum ein Beweis, wie sehr den frühen Christen daran gelegen ist, die Verbindung zwischen den „vorösterlichen" Jüngern und den „nachösterlichen" Gemeinden darzutun.[3]

---

3 Gerhard Lohfink: Wie hat Jesus Gemeinde gewollt? Freiburg i. Br. 1982.

Exegetisch nicht unbestritten ist die bereits angedeutete These, die Jesus in seinem Selbstverständnis mit dem leidenden Gottesknecht in Verbindung bringt. Jesus hätte dann seinen herannahenden Tod als Sühnetod verstanden, ein Sühnesterben für „die Vielen" (d.h. die Ungezählten aus allen Völkern). Sein Sterben hätte in seinen eigenen Augen bundesstiftende Kraft besessen. „Kirche" wäre in seinen Augen die durch seinen Tod versöhnte, entsündigte Gemeinschaft der Heilserben.[4] Dies alles berechtigt zur Feststellung einer grundsätzlichen Kontinuität zwischen der vorösterlichen, von Jesus beabsichtigten Gemeinschaft und der späteren Kirche. Ihren eigentlichen Ursprung hat diese aber erst in der *Ostererfahrung* der Jünger und erhält von der Auferstehung her ihre eigentliche Rechtfertigung. Die Jüngergemeinde setzt zunächst die endzeitliche Sammlung des Gottesvolkes fort. Jedoch werden Tod und Auferstehung Jesu nun die eigentlichen Bedingungen für die Umkehr. Jesus, der Auferstandene und Erhöhte, ist es eigentlich, der nun sein Volk versammelt – die „ekklesia", das heißt die Kirche Gottes. Ursprung der Kirche liegt in Jesu Tod und Auferstehung. Wenn sich die nachösterliche Jüngergemeinschaft bald als „Kirche Gottes" versteht, dann wird verständlich, daß sie ihre konkreten Strukturen vielfach von Auftragsworten des Auferstandenen (ekklesiologische Auftragsworte) her versteht (z.B. Joh 20,21–23; Lk 24,44–49; aber auch: Mt 16,16–19; Mt 18,18).

Will man angesichts dieser Lage dennoch von einer „Kirchenstiftung" durch Jesus sprechen, so ist dies freilich in weitem Sinne zu verstehen, im Sinne einer grundsätzlichen „Herkünftigkeit", die auch die kirchenstrukturierenden Vorgänge der ersten Jahrhunderte miteinbezieht. Karl Rahner sagt dazu:

„Eine Herkünftigkeit und in diesem Sinne eine Gestiftetheit von Jesus her ist auch dann noch gegeben, wenn sich diese Gemeinde in geschichtlichen Entscheidungen in einer Entwicklung Strukturen gibt, die einerseits aus einer breiteren Zahl von Möglichkeiten, die an sich und abstrakt gegeben sind, ausgewählt werden und doch für die kommenden Epochen irreversibel [nicht rückgängig zu machen] und verpflichtend sind."[5]

Im ersten Teil werden die meisten Theologen der These Rahners zustimmen. Daß bestimmte Strukturen, die sich in der ersten Zeit entwickelt haben, für immer verpflichtend sein sollen (z.B. Bischofsamt, Petrusamt, Papsttum), ist der Standpunkt der katholischen (und zum Teil der orthodoxen) Theologie.

Soziologie der Jesusbewegung

Die Theologie der Gegenwart hat gelernt, auch Gesichtspunkte anderer Wissenschaften für ihre eigenen Aussagen fruchtbar zu machen. Für die Frage der Kirchenentstehung sind die Analysen und Überlegungen wertvoll, die Gerd Theissen vorgelegt hat.[6] Aus seinen Untersuchungen wird deutlich, daß die innere Struktur der Jesusbewegung im damaligen Palästina durch das Zusammenwirken von drei Rollen bestimmt wurde: den Wandercharismatikern, deren Sympathisanten in den Ortsgemeinden und Jesus als dem Offenbarer. Für die erstgenannte Gruppe gilt: Die entscheidenden Gestalten des frühen Urchristentums waren heimatlose, „vagabundierende" Wanderer. Sie fügen sich in ein bekanntes, soziales Phänomen ein. Der ethische Radikalismus Jesu (Heimat- und Familienlosigkeit, Besitzlosigkeit usw.) bekommt von daher ein neues Profil. Die Sympathisanten in den Ortsgemeinden waren die materielle Basis der Wandercharismatiker und bildeten (in den Ortschaften) soziale Strukturen heraus, die für die spätere Kirche wichtig werden sollten. Jesus selbst, verstanden als Messias und Offenbarer, war zentrale Gestalt jener Bewegung. Seine Person schafft und gewährleistet (auch und gerade aus soziologischen Überlegungen heraus) die Kontinuität zwischen dem vorösterlichen Jüngerkreis und den nachösterlichen Gemeinden sowohl hinsichtlich ihres Glaubens als auch hinsichtlich anderer Wesenselemente:

- die sozioökonomischen Faktoren: Räuber, Neusiedler, Bettler, Widerstandskämpfer im damaligen Palästina; Besitzverhältnisse;
- die sozioökologischen Faktoren: Stadt-Land-Gegensatz;
- die sozialpolitischen Faktoren: Funktion von Gruppen wie der Essener; die Messianologie; die Rolle des römischen Imperiums und der jüdischen Aristokratie;
- die soziokulturellen Faktoren: etwa die Bedeutung von inter- und intrakulturellen Abgrenzungstendenzen.

(1) Welcher Zusammenhang besteht zwischen der Reich-Gottes-Predigt Jesu und der Entstehung der Kirche?

....

....

....

....

....

....

....

....

....

....

Die Überlieferung des Christusgeschehens durch Kanon, Amt und Bekenntnis

Ist auch das wahre Zeugnis von Jesus dem Christus für die Kirche ausschließlich im schriftlichen Kanon gegeben, so geht dieser Schriftgestalt eine mündliche Überlieferung voraus, welche ihren „Sitz im Leben" hat. Die Entstehung des Neuen Testaments ist daher für das Werden der Kirche von entscheidender Wichtigkeit. Der Dienst an diesem Wort verlangt nach dem Träger dieses Amtes und führt im Laufe der Entwicklung zur Herausbildung bestimmter Amtsstrukturen, welche die Vereinheitlichung und Systematisierung von Lehre und Bekenntnis gewährleisten.

Die mündliche Kunde von Jesus dem Christus

Schon in den ersten Jahrzehnten dieses Jahrhunderts haben evangelische Exegeten erkannt, daß die neutestamentlichen Verfasser bereits mündlich vorgeformtes Gut verarbeitet haben.[7] Dessen „Sitz im Leben" waren Tauffeier, Mission, Katechese, Predigt, Eucharistiefeier. Der schriftlichen Gestalt (Neues Testament) geht also mündliche Überlieferung voraus. Innerhalb dieser kann man grob vorösterliche Jesusüberlieferung und Traditionen der nachösterlichen Zeit voneinander unter-

4 Vgl. dazu u.a. Joachim Jeremias: Neutestamentliche Theologie. I. Gütersloh 1971, S. 164ff.

5 Karl Rahner: Grundkurs des Glaubens. Freiburg/Basel/Wien 1976, S. 322.

6 Gerd Theissen: Soziologie der Jesusbewegung. München [3]1981.

7 Martin Dibelius: Die Formgeschichte des Evangeliums. Tübingen [5]1966. – Karl-Ludwig Schmidt: Der Rahmen der Geschichte Jesu. Berlin 1919 (unver. Nachdr. Darmstadt 1964). – Rudolf Bultmann: Die Geschichte der synoptischen Tradition. Göttingen [6]1964.

scheiden. Die Phase der mündlichen Überlieferung bleibt in gewissem Umfang im Dunkel, wenn es auch nicht aussichtslos ist, nach Stoffen zu suchen, die auf die Zeit des vorösterlichen Jesus zurückgehen, und sie abzuheben von solchen, die dem nachösterlichen Jesus zuzuschreiben sind. Sehr schwierig ist und bleibt die Erhellung des Problems, welche aktuellen Bedürfnisse den Stoff nach Inhalt und Form beeinflußt haben. Dies kann nur im Einzelfall festgestellt werden, und dies auch nur mit mehr oder weniger großer Wahrscheinlichkeit.

Hintergründe der Entstehung des Neuen Testamentes

Der Eingang der mündlichen Überlieferung in eine schriftliche Form ist für das Werden der Kirche von größter Bedeutung; denn das wahre Zeugnis von Jesus dem Christus ist von nun an nirgendwo anders zugänglich als in jener schriftlichen Gestalt. Kirche bleibt zu aller Zeit und in allen ihren Aktivitäten an jene Schriftgestalt als Norm rückgebunden und rückverwiesen.

Die frühe Gemeinde besaß als „Heilige Schrift" bereits die heiligen Schriften des Judentums. Es ist nicht selbstverständlich, daß diesen ein weiteres Buch, das spätere „Neue Testament", beigegeben wurde. Auch dieses lag nicht von Anfang an als solches vor, sondern verschiedene Schriften entstanden aus verschiedenen Anlässen. Die ältesten literarischen Dokumente sind die Briefe des Apostels Paulus. Dabei handelt es sich um aus unterschiedlichen Situationen heraus geschriebene Gelegenheitsschriften. Hingegen gibt es keine christlichen Schriften in hebräischer (oder aramäischer) Sprache aus dem 1. Jahrhundert n. Chr. Dagegen wird angenommen, daß den Evangelien, wie sie heute vorliegen, nicht mehr erhaltene Quellenschriften zugrunde liegen.

Am bekanntesten ist die sogenannte *Reden-* oder *Logienquelle,* die Worte und Reden Jesu vielleicht schon in den vierziger Jahren n. Chr. schriftlich festlegte. Daneben wird von vielen Exegeten eine frühe Sammlung von *Lehr- und Streitgesprächen* vorausgesetzt. Wahrscheinlich gab es auch schriftliche Sammlungen von *Wundergeschichten,* welche die Missionare besonders im hellenistischen Raum mit sich führten, um Jesus als den Heiland zu erweisen. Auch die *Passionsgeschichte* wird schon in früherer Zeit entworfen worden sein. Warum ist es zu solchen Aufzeichnungen gekommen? Mehr und mehr wurde die Unzulänglichkeit der heiligen Schriften des Judentums für die prophetisch frühe Gemeinde erkannt; sie konnten bald nur noch als auf Christus prophetisch hinweisende Schriften verstanden werden, ihre Lebensnormen waren in vielem durch Jesu Verkündigung überholt. Jedoch behielten (und behalten) sie bis heute einen gewissen Eigenwert, als sie Aussagen hinsichtlich des Verständnisses von Gott, Welt und Mensch machen, die so nicht im Neuen Testament gegeben sind. Auf der anderen Seite mußte sich ein anderer, verbindlicher Überlieferungsbereich immer mehr in den Vordergrund schieben: eben die Worte des Herrn, die Erzählung von seinem Leiden und dergleichen. Nachdem die Epoche der Augen- und Ohrenzeugen zu Ende ging, wurden erste Versuche unternommen, die Ereignisse um Jesus aufzuzeichnen (vgl. Lk 1,1–4; Apg 1,1). Schon gegen Ende des 1. Jahrhunderts n. Chr. dürfte eine Sammlung von Paulusbriefen vorgelegen haben; die vier Evangelien lagen um die Jahrhundertwende – jedenfalls nicht wesentlich später – vor.

Abb. 2: Frühe griechische Bibelhandschrift: Römerbrief, Kap. 1, Vers 1–7. Papyrus von Oxyrhynchos. Ägypten, Anfang 4. Jahrhundert

Aus: Claude TRESMONTANT: Paulus in Selbstzeugnissen und Bilddokumenten. Reinbek 1980, S. 38.

Der Kanon des Neuen Testamentes

Ein Problem, das die Theologie bis heute befaßt, liegt darin, warum gerade jene 27 verschiedenartigen Schriften des Neuen Testamentes, die dessen Inhalt ausmachen, zum verbindlichen „Kanon" zusammenwuchsen. (Die endgültige Abgrenzung des Kanons ist erst im 5. Jahrhundert gegeben; die Zweifel betrafen aber nur wenige Schriften: die Offenbarung des Johannes vor allem und den Hebräerbrief.) Es ist, rein äußerlich gesehen, gar keine Frage, daß es angesichts vieler umlaufender Schriften und Berichte zu einer bestimmten Auswahl kommen mußte. Mit angestoßen wurde dieser Prozeß durch die Irrlehre der →*Gnosis* (im ausgehenden 1. und dann vor allem im 2. Jahrhundert n. Chr.): Hier wurde das Offenbarungszeugnis keineswegs auf das beschränkt, was durch die Apostel und Apostelschüler belegt war. Auch das radikale Vorgehen des MARCION, der um 150 n. Chr. eine eigene Kirche gründete und für seine Anhänger einen eigenen Kanon zusammenstellte, wird den Prozeß der Kanonbildung beschleunigt haben.

Besonderer Wert wurde darauf gelegt, daß die Schriften literarisch oder sachlich von den Aposteln und Apostelschülern herkünftig, also „apostolisch", waren. Dabei ist einerseits eine unkritische Übereinstimmung hinsichtlich der „apostolischen Herkunft" im Spiele, andererseits war das „Apostolische" sehr weit verstanden. Wert wurde außerdem auf ihr Alter gelegt; das war aber in der Regel schon in der Forderung nach apostolischer Herkunft mitenthalten. Auch innere Kriterien („Erbaulichkeit", Übereinstimmung mit schon Geltung besitzenden Schriften u. ä.) spielten eine Rolle.

Die ganz entscheidende Faktor war aber die *Rezeption durch die Kirche.* Wie war die Kirche in der Lage, zwischen jenen Schriften zu scheiden, welche die Christusüberlieferung „rein" enthielten, und jenen, welche sie verfälschten? Der Hinweis auf die historischen Fakten und Umstände ist noch keine vollständige Antwort. Diese lassen zunächst nur eine „Wechselwirkung zwischen dem sich selbst durchsetzenden Schriftkanon und der durch die Verkündigung dieses Kanons konstituierten und diese umgekehrt wieder autorisierenden Kirche" erkennen.[8] Dogmatisch läßt sich diese Wechselwirkung so interpretieren: Gottes Offenbarung ereignet sich in einem bestimmten raumzeitlichen Abschnitt und schließt eine raumzeitlich greifbare Gemeinschaft ein. Die frühe Kirche als „Kirche im Werden" (Kirche im Entstehen ihrer normativen Elemente) bringt auch die Schrift als Norm und Maßstab allen

8 Hermann DIEM: Dogmatik. München ^{2}1957, S. 180f.

späteren Glaubens hervor und soll dies nach Gottes Willen tun. Die Schrift ist Ausdruck dessen, was die Kirche glaubt; nur das, was dem Glauben der frühen kirchlichen Gemeinschaft entsprach, wurde von der Kirche aufgenommen. Der Kanon der Schrift ist für die Kirche grundlegend; das sich dort ausdrückende „Wort Gottes" gründet Kirche erst als Glaubensgemeinschaft. Diesen „Zirkel" (Kanon–Kirche–Kanon) erklärt Karl RAHNER so:

„Indem die Kirche [...] ihren Glauben und ihren Selbstvollzug schriftlich konkretisiert, also Schrift in sich bildet, wendet sie sich als die maßgebende Urkirche an ihre eigene Zukunft, und umgekehrt: indem sie sich als das maßgebende Gesetz, nach dem alle Zukunft der Kirche angetreten ist, für diese Zukunft konstituiert, bildet sie Schrift."[9]

Diese Zitate sollen nur Sachverhalte belegen, nicht aber den Eindruck erwecken, daß sich die Auffassungen von Hermann DIEM und Karl RAHNER entsprechen.

So ist Kirche eine „Schöpfung des Wortes" (Martin LUTHER), wie sie auch der der Bewahrung und Verkündigung dieses Wortes angemessene Raum ist. In der Theologie der Reformation war und ist es selbstverständlich, in der Heiligen Schrift, besonders wie sie im neutestamentlichen Kanon gegeben ist, die entscheidende Form der Überlieferung des Christusgeschehens zu sehen, dessen Verkündigung von Kirche immer neu auszurichten ist. Ihre Hauptaufgabe ist Dienst am Wort. Diese Sicht hat sich auch in der katholischen Kirche (nicht zuletzt im Umfeld der Theologie des Zweiten Vatikanischen Konzils) neu durchgesetzt. Die Kirche lebt „vom Tisch des Wortes", ist Hörerin der Schrift, anerkennt diese als ihr Gegenüber und als die ihr vorgegebene Norm des Glaubens und des Lebens. In Gehorsam gegen die Schrift ist sie zugleich Dienerin des Wortes und des Heils: „Das Hören auf die Schrift [ist] die geschichtliche Form, in der die Kirche ihr Wesen als Leib Christi, der dem Haupt gehorcht, als Braut des Geistes, die sich seiner Eingebung öffnet, als Dienerin des Heiles, das sie vermittelt, verwirklicht."[10]

Es soll nicht verschwiegen werden, daß die oben angesprochene Frage des Kanons und seiner Verbindlichkeit eine Reihe von Problemen aufwirft, die in der Theologie unterschiedlich gelöst werden. Während die katholische Theologie an der oben beschriebenen „Wechselbeziehung" zwischen Kanon und Kirche festhält (ohne den Vorrang des Wortes zu bestreiten), ist man evangelischerseits geneigt, im Kanon den Ausdruck einer Selbstmächtigkeit des Wortes Gottes zu sehen (ohne in der Regel die wichtige Rolle der Kirche bei diesem Vorgang zu leugnen). Mehr als auf katholischer Seite stellt sich von daher seit der Reformation evangelischerseits die Frage, wie sich denn dieser Kanon als solcher erweise. Die Antwort darauf wird vielfach durch Feststellung eines „Kanons im Kanon" gegeben, durch ein inhaltliches Kriterium also, durch das man den Kanon einleuchtend machen möchte. Wird er katholischerseits als grundsätzlich abgeschlossen angesehen, weil er im vorliegenden Umfang von der Kirche aufgenommen und festgestellt wurde, so wird innerhalb der evangelischen Theologie die Frage nach der Abgeschlossenheit (oder eventuellen Offenheit) des Kanons diskutiert.

Das Amt als apostolischer Dienst

Der Dienst am Wort fordert zu seinem Vollzug das Amt; das Amt selbst ist Dienst. Fast alle Kirchen sind sich darin einig, daß die Kirche Jesu Christi – unbeschadet der Verantwortung und der Dienste aller Christen in Verkündigung und Bekenntnis – das Amt braucht. Im sogenannten „Lima-Papier", einer Verständigung der wichtigsten christlichen Kirchen (einschließlich der römisch-katholischen) über Taufe, Eucharistie und Amt heißt es:

„Um ihre Sendung zu erfüllen, braucht die Kirche Personen, die öffentlich und ständig dafür verantwortlich sind, auf ihre fundamentale Abhängigkeit von Jesus Christus hinzuweisen, und die dadurch innerhalb der vielfältigen Gaben einen Bezugspunkt ihrer Einheit darstellen. Das Amt solcher Personen, die seit sehr früher Zeit ordiniert wurden, ist konstitutiv für das Leben und Zeugnis der Kirche."

Bei aller Einmaligkeit der Apostel und ihrer Funktion wird doch eine grundlegende Verbindung zwischen jenen und den (ordinierten) Amtsträgern gesehen. So wie Christus die Apostel auserwählt und gesandt habe, so fahre Christus durch den Heiligen Geist fort, Personen für das ordinierte Amt auszuwählen und zu berufen; als Herolde und Botschafter seien die ordinierten Amtsträger Repräsentanten Jesu Christi gegenüber der Gemeinschaft und verkündeten seine Botschaft der Versöhnung. Ausübung des Amtes bedeute nicht nur Verkündigung. Deshalb sagt der Text über die Amtsträger weiter:

„Als Leiter und Lehrer fordern sie die Gemeinschaft auf, sich der Autorität Jesu Christi, des Lehrers und Propheten, in dem das Gesetz und die Propheten erfüllt worden sind, zu unterstellen. Als Hirten unter Jesus Christus, dem obersten Hirten, sammeln und leiten sie das zerstreute Volk Gottes in Antizipierung [Vorwegnahme] des kommenden Gottesreiches."

Die meisten Kirchen, besonders die römisch-katholische, die orthodoxe und die anglikanische, schreiben dem Amt noch eine besondere, unverzichtbare Bedeutung bei der Spendung der Sakramente zu, ganz besonders bei der Feier des heiligen Abendmahls, der Eucharistie. Daher formuliert das „Lima-Papier":

„Besonders in der eucharistischen Feier ist das ordinierte Amt der sichtbare Bezugspunkt der tiefen und allumfassenden Gemeinschaft zwischen Christus und den Gliedern seines Leibes. In der Feier der Eucharistie sammelt, lehrt und erhält Christus die Kirche. Es ist Christus, der zum Mahl einlädt und ihm vorsteht. In den meisten Kirchen wird diese Leitung durch einen ordinierten Amtsträger bezeichnet und repräsentiert."[11]

Vielfalt der Amtsstrukturen; Episkopat und Papstamt

Die Urkirche beschreibt eine Vielfalt von Formen des Amtes, die zu verschiedenen Zeiten in verschiedenen Gemeinden bestanden haben. Es gibt also im Neuen Testament keine einheitliche Struktur, was die Ämter betrifft. Die im Neuen Testament nebeneinander feststellbaren Formen bleiben noch längere Zeit nebeneinander bestehen. Etwa seit dem 2. Jahrhundert setzt sich der *monarchische Episkopat* durch, das Amt des Einzelbischofs, eingebettet in ein größeres und umfassendes Kollegium. Neben den Bischof treten ab dem 2. Jahrhundert seine Mitarbeiter, die *Presbyter;* dazu kommen zur selben Zeit die *Diakone.* Seit IGNATIUS von Antiochien ist diese Unterscheidung von Bischöfen, Priestern und Diakonen nachweisbar.

Die katholische Kirche sieht bis heute in der Gestaltwerdung dieser Strukturen einen gottgewollten und -gewirkten Vorgang, der nicht einfach dadurch aufgehoben werden kann, daß man der Kirche eine völlig neue Ämterstruktur gibt. Im Zweiten Vatikanischen Konzil bekennt sie sich, was ihre oberste Leitung angeht, zum Kollegium der Bischöfe (als Nachfolger des Apostelkollegiums), innerhalb dessen dem Papst (als Nachfolger des Petrus) eine besondere Bedeutung zukommt. Viele Kirchen haben ebenfalls die episkopale Struktur beibehalten (z. B. die orthodoxen

9 Karl RAHNER: Über die Schriftinspiration. Freiburg i. Br. 1958, S. 56f.
10 Philipp SCHÄFER: In: Bibel und Kirche. Festschrift E. SCHICK. Paderborn/München/Wien/Zürich 1979, S. 354f.
11 „Lima-Papier". Teil „Amt", II. 8. 11. 14.

Kirchen). Die eigentlich bedeutsame Schwierigkeit im heutigen ökumenischen Gespräch stellt das Papstamt dar, sowohl in seinem Anspruch, eine (wie immer auch geartete) Aufgabe des Petrus wahrzunehmen, als auch hinsichtlich der besonderen Befugnisse, die ihm im Laufe der Geschichte zugewachsen sind.

Doch während das ökumenische Gespräch noch bis vor wenigen Jahren an diesem Punkt in einer Sackgasse zu sein schien, sind seit Beginn der siebziger Jahre Bewegungen und Aufbrüche in dieser Frage zu verzeichnen. Der gesamte Fragenkreis ist vielschichtig und soll hier nur benannt sein; eine Entfaltung würde den vorgegebenen Rahmen bei weitem sprengen. Es sei nur angedeutet, welche Übereinstimmungen und Gesichtspunkte Fortschritte in diesem Punkt erwarten lassen:

- Die neutestamentliche Exegese ist sich weitgehend einig, daß dem Petrus tatsächlich eine besondere Rolle im Neuen Testament zukommt; von daher darf man also das Papsttum als Nachfolge in Amt und Dienst des Petrus nicht als unbiblisch verwerfen, wie es früher oft geschah.
- Unbeschadet der Frage einer „Gottgewolltheit“ des Papsttums sind sich viele Theologen einig, daß die Kirche Christi eines Amtes der Einheit und Einigung bedarf. Sie fragen, ob dieses Amt nicht in einer geeinten Christenheit dem Bischof von Rom zufallen könnte.
- Katholische Theologen bringen klar zum Ausdruck, daß das Amt des Papstes in vielerlei Rücksicht anders ausgeübt werden könnte als heute; daß dem Papst viele Kompetenzen im Laufe der Geschichte zugefallen sind, die nicht zum Wesen dieses Amtes gehören.

Bekenntnis und Dogma

Die Kirche, Hörerin des Wortes Gottes, hat den Auftrag, dieses Wort zu allen Zeiten zu verkündigen. Schon im Neuen Testament finden wir *Bekenntnisformulierungen,* in denen nicht nur der Einzelne, sondern die Gemeinschaft ihren Glauben bezeugt: „Jesus ist der Kyrios“ (Röm 10,9; 1 Kor 12,3); „Jesus ist der Christus“ (1 Joh 2,22; 2 Joh 7); „Jesus ist der Sohn Gottes“ (1 Joh 4,15). Das bekannteste Beispiel ist wohl die Formel in 1 Kor 15, 3–5:

> „Christus ist für unsere Sünden gestorben nach der Schrift, er ist begraben worden und am dritten Tage auferweckt worden nach der Schrift, und er ist dem Kephas [Petrus] erschienen, dann den Zwölfen.“

Der Glaube der Kirche wird im Bekenntnis auf seinen wesentlichen Gehalt zusammengefaßt. Dies ist nicht nur eine Notwendigkeit im Sinne von Kontinuität und Kommunikation. Vielmehr zeigt sich am Bekenntnis, daß Kirche zu allen Zeiten die Aufgabe hat, Gottes Heil vor aller Welt öffentlich zu erklären. Zugleich ist dieses öffentliche Bekenntnis Lobpreis Gottes vor aller Welt. Die altkirchlichen →*Symbole* (Glaubensbekenntnisse) haben eine herausragende Bedeutung, weil sie die Grundgestalt christlichen Glaubens ausdrücken; sie sind gewissermaßen erste Übersetzungen der biblischen Botschaft in andere kulturelle Zusammenhänge. Sie sind heute bei so gut wie allen Kirchen und Konfessionen im Gebrauch. Spätere Bekenntnisse müssen nicht unbedingt eine kirchentrennende Wirkung haben. Das Bekenntnis der Lutheraner 1530 in Augsburg („Confessio Augustana“) oder das Glaubensbekenntnis der Synode der Katholischen Bistümer in Würzburg von 1975 („Unsere Hoffnung“) zeigen zentrale Aspekte aus der Fülle der christlichen Botschaft auf.

Die jeweils anderen Kirchen und Konfessionen können diese Bekenntnisse als Ausdruck der *einen* christlichen Wahrheit respektieren. Zugleich zeigt sich an diesen Darlegungen die grundsätzliche Geschichtlichkeit und Zeitbedingtheit der Bekenntnisse. Ist es schon im Sinne einer Sprachregelung nicht sinnvoll, die alten Symbole dem Wortlaut nach unverändert weiterzugeben, so bedürfen sie auch inhaltlich ständig der Interpretation und Übersetzung. Andererseits steht nichts im Wege, daß die Kirche ihren Glauben auch in neuen Bekenntnissen auszudrücken versucht.

„Bekenntnis“ kann noch in einem vertieften Sinn verstanden werden. Nach der Überzeugung vor allem der römisch-katholischen und der orthodoxen Kirche hat das Bekennen der Heilstaten Gottes durch die Kirche seinen Höhepunkt in jener lobpreisenden Verkündigung, welche die Feier der Eucharistie darstellt. „Deinen Tod, o Herr, verkünden wir, und deine Auferstehung preisen wir, bis du kommst in Herrlichkeit“, spricht oder singt die Gemeinde an zentraler Stelle der katholischen Messe. Das Zweite Vatikanische Konzil sieht Kirche dort am dichtesten und intensivsten verwirklicht, wo sie Eucharistie feiert. In den Kirchen außerhalb des katholischen und orthodoxen Raums läßt sich in den letzten Jahren eine zunehmende Beachtung der Eucharistiefeier für den kirchlichen Selbstvollzug feststellen, sowohl theologisch als auch praktisch. Das schon erwähnte „Limapapier“ sowie zahlreiche andere Dokumente, die aus Dialogen zwischen verschiedenen Kirchen hervorgegangen sind, bilden dafür den breiten Beleg.

In der Nähe des Bekenntnisses steht das *Dogma.* Auf das unterschiedliche Verständnis von „Dogma“ im Laufe der Geschichte soll hier nicht eingegangen werden. Besonders wichtig ist für unseren Zusammenhang der kirchlich-soziale Charakter des Dogmas. Weil Kirche die christliche Wahrheit zu allen Zeiten zu verkünden hat, deshalb „ist Dogma nicht nur die einheitsstiftende Gestalt des gemeinsamen Hörens, sondern auch die einheitsstiftende Gestalt des Ergehens des Wortes Gottes an alle“.[12] Das Dogma ist weder gleichzusetzen mit dem ursprünglichen Offenbarungswort noch ist es eine „end-gültige“ Formel. Es weist über sich hinaus, ist ständiger Interpretation bedürftig, unterliegt in besonderem Maße der Geschichtlichkeit. Evangelische Theologie hat stets die radikale Unterordnung aller dogmatischen Aussagen unter die Heilige Schrift betont. Die altkirchlichen Dogmen wurden und werden als angemessene Auslegung des Neuen Testaments angesehen und deshalb übernommen. Die katholische Theologie hat mehr die Vorlage einer geoffenbarten Aussage durch die Kirche betont: In den gängigen Handbüchern aus den Jahrzehnten nach dem Ersten Vatikanum werden unter Dogmen jene Aussagen verstanden, die von der Kirche ausdrücklich und amtlich als geoffenbart vorgelegt werden. Es bestehen bis heute konfessionell bedingte Feinheiten im theologischen Verständnis des Dogmas. Im Grundsätzlichen ist man sich aber einig: Daß man in der kirchlichen Gemeinschaft die abgewogene, einander verbindende, mitunter abgrenzende Glaubensaussage braucht und daß diese Aussagen, die Dogmen, ständig auf die Schrift hin bezogen und von ihrem Gehalt her kritisch überprüft werden müssen. Auch die katholische Theologie weiß um die Gefahren eines „Dogmatismus“ und setzt sich gegen ihn zur Wehr, und dies um so mehr, weil sie in der Vergangenheit in besonderem Maße diesen Gefahren ausgesetzt und vielleicht auch hin und wieder erlegen war.

Der apostolische Glaube wurde sehr bald in eine neue Situation und Zeit hinein „übersetzt“; er mußte für den griechisch-römischen Kulturraum in dessen Vorstellungen gesagt werden. Viele Fragen waren im Neuen Testament nicht beantwortet (z. B. die nach dem genauen Verhältnis zwischen Gott und Jesus). So hat die Kirche ihren Glauben in den ersten Jahrhunderten genauer bestimmt. Es setzt das ein, was wir „Dogmenentwicklung“ nennen.

---

12 Karl Rahner: Art. „Dogma“. In: Sacramentum Mundi I, Sp. 907.

Diese Entwicklung vollzog sich auf theologischem Gebiet, in der Arbeit und durch die Arbeit von Theologen. Als dogmatische Entscheidungen wurden sie aber in der Regel von *Konzilien* ausformuliert. Die sieben Ökumenischen Konzilien des 1. Jahrtausends, die von den römischen (später oströmischen) Kaisern einberufen wurden, unterschieden sich so sehr von den folgenden, daß man berechtigt ist, sie als geschichtliche Einheit zu betrachten. Sie sind insofern von besonderem theologischen Rang, als sich hier die noch ungeteilte Christenheit aussprach. Vor allem die ersten vier haben äußerst zentrale Lehrentscheidungen getroffen. Ihre Aussagen haben in den meisten christlichen Kirchen bis heute verbindlichen oder zumindest richtungsweisenden Charakter, sei es wegen der Autorität jener Konzilien (so vor allem im katholischen und im orthodoxen Raum), sei es, weil man in deren Erklärungen eine schriftgemäße Übersetzung wichtiger christlicher Aussagen in den griechisch-römischen Kulturraum der Antike sieht (so vor allem bei den Kirchen aus der Reformation).

Von herausragender Bedeutung war die „Große und Heilige Synode der 318 Väter" im Jahr 325 n. Chr. in Nizäa, das 1. allgemeine Konzil. Die Zahl ist eine biblische Erinnerung an die 318 Knechte Abrahams (Gen 14,14); in Wirklichkeit waren es wohl nur wenig mehr als 200. Das Konzil tagte im kaiserlichen Sommerpalast in Nizäa (in der heutigen Türkei). Hauptsächlich ging es um die von dem Priester ARIUS aufgeworfene Frage, in welchem Verhältnis Jesus Christus (der Sohn) zu Gott (dem Vater) steht. Ist er – wie ARIUS meinte – nur „Geschöpf des Vaters", dem Vater im Wesen nur ähnlich? Das Nizänische Glaubensbekenntnis schließt in eindeutiger Sprache jede Unterordnung unter den Vater aus. Er ist „aus dem Wesen des Vaters", „Gott aus Gott, Licht aus Licht, wahrer Gott aus wahrem Gott, gezeugt, nicht geschaffen, wesensgleich mit dem Vater".

Jedoch waren mit den Konzilsaussagen die theologischen Fragen noch nicht insgesamt und zufriedenstellend gelöst. Vor allem war noch offengeblieben, wie denn der „Heilige Geist" zu begreifen sei, von dem in der Schrift die Rede ist. Das im Jahr 381 n. Chr. von Kaiser THEODOSIUS nach Konstantinopel berufene 2. Konzil erneuert zunächst den Glauben von Nizäa und betont in seinem Bekenntnis (dem sogenannten „Symbolum Nicaeno-Constantinopolitanum") die Gottheit des Heiligen Geistes. Er ist „Herr und Lebendigmacher, der vom Vater ausgeht, der mit dem Vater und dem Sohne in gleicher Weise angebetet und verherrlicht wird, der durch die Propheten gesprochen hat". Das Glaubensbekenntnis wurde vom Kaiser als Reichsgesetz verkündet.

Das 3. allgemeine Konzil, das von Ephesus im Jahr 431, bezog sich nur auf den ersten Blick auf ein mit Maria, der Mutter Jesu, zusammenhängendes Problem. Der Bischof NESTORIUS von Konstantinopel vertrat die Ansicht, Maria dürfe nicht als „Gottesgebärerin" bezeichnet werden, sondern nur als „Christusgebärerin"; denn (dies ist das eigentliche Problem) sie habe nur den Menschen Jesus, in dem Gott „wie in einem Tempel wohnte", zur Welt gebracht. Das Konzil, stark beeinflußt vom theologischen Denken des Patriarchen CYRILL von Konstantinopel, stellte die Gottesmutterschaft Marias und damit die Gottheit Christi fest.

Jedoch war damit noch nicht die Frage beantwortet, wie sich denn Göttliches und Menschliches in Christus verhalten. Das 4. Ökumenische Konzil – 451 in Chalzedon – war vom Kaiser berufen, jedoch ganz beherrscht von der Figur des Papstes LEO I. Ein von ihm verfaßter und auf dem Konzil verlesener dogmatischer Brief führte zum Konzilsentscheid:

Abb. 3: Der Gegensatz zwischen Orthodoxie und arianischer Lehre, bezeugt in den Kuppeldarstellungen zweier Baptisterien in Ravenna

Zwei Baptisterien in Ravenna bezeugen den Gegensatz zwischen Orthodoxie und arianischer Lehre. Der Streit ging dabei um die Natur Christi. Die Kirche lehrte, er sei „eines Wesens mit dem Vater", d. h. göttlich. Die Arianer dagegen glaubten, er sei Teil der Schöpfung und stehe deshalb unter dem Vater. In der Kuppel des Baptisteriums der Orthodoxen *(oben)* sehen wir die Taufe Jesu im Mittelpunkt, die gekrönten Apostel im nächsten Kreis und darunter eine Zone mit Thronen und Altären, auf denen die aufgeschlagenen Evangelien liegen. Als die arianischen Ostgoten in Ravenna die Macht übernahmen, baute Theoderich ein anderes Baptisterium *(rechts)*. Der Innenkreis ähnelt dem früheren Werk, doch schreiten die Apostel auf einen Thron zu, und die Zone mit den Thronen und Altären fehlt.

Aus: Die Welt des Christentums. Hrsg. von G. BARRACLOUGH. München 1982, S. 44.

„Wir lehren alle einstimmig einen und denselben Sohn, unseren Herrn Jesus Christus, vollständig der Gottheit und vollständig der Menschheit nach [...], in zwei Naturen, unvermischt und unverwandelt, ungetrennt und ungesondert, die beide in einer Person und einer Hypostase zusammenkommen."[13]

Die folgenden beiden, 5. und 6. Konzilien (553 und 680/81 in Konstantinopel), bestimmten im Grunde nur die christologischen Aussagen der vorangegangenen Konzilien noch genauer. Hatte das 5. Konzil mehr abgrenzenden Charakter, so formulierte das 6. die Lehre von den zwei natürlichen Willen und zwei „Energien" in Christus. Das 7. Konzil im Jahre 787 in Nizäa erlaubte die bildliche Darstellung Christi, der Muttergottes, der Heiligen und Engel, nachdem kirchliche Kreise mit Berufung auf die Bibel („Du sollst dir kein geschnitztes Bild machen") über mehrere Jahrzehnte hin gegen die Bilderverehrung zu Felde gezogen waren und einen regelrechten Bildersturm *(Ikonoklasmus)* ausgelöst hatten. – Das letzte Konzil des 1. Jahrtausends endlich, das 8. Konzil (869, Konstantinopel), hob die zwei Jahre dauernde Kirchenspaltung, hervorgerufen durch den Konflikt zwischen Papst NIKOLAUS I. und dem Patriarchen PHOTIUS von Konstantinopel, wieder auf (vgl. STE 15, S. 246). Dieses Konzil wird bis heute von der katholischen Kirche als „ökumenisch", das heißt die Gesamtkirche repräsentierend und (deshalb) allgemein verbindlich, anerkannt, nicht aber von der orthodoxen.

In ihrem Anspruch, wahre Kirche Jesu Christi zu sein, hat die Kirche Roms weiterhin „ökumenische" Konzilien abgehalten, jedoch faktisch seit 1054 ohne Beteiligung der Kirche des Ostens. Das erste Konzil nach der Reformation, das von Trient (1545–1563), fand auch ohne Beteiligung der Kirchen aus der Reformation statt, obwohl man im Verlaufe der Reformation immer wieder ein allgemeines, freies Konzil gefordert hatte. Das Zweite Vatikanische Konzil (1962–65) wird von der katholischen Kirche als das 21. ökumenische Konzil gezählt.
Mit neutestamentlichem Kanon, Amt und Bekenntnis sind drei Überlieferungsformen des Christlichen bezeichnet, die zugleich Grundstrukturen von Kirchesein darstellen. Wer vom Amt redet, muß auch immer die Sakramente im Blick haben. Das Amt ist ja Dienst an Wort und Sakrament (vor allem Taufe und Abendmahl). Man könnte Sakrament (und Liturgie) durchaus als eigene Überlieferungsformen ansehen. Zugleich sei festgehalten, daß die Kirche diese drei Dimensionen ihres Seins an die Apostel rückbindet. Der neutestamentliche Kanon erhielt, so sahen wir, seine Rechtfertigung vor allem durch seine Herkunft von den Aposteln oder Apostelschülern (wobei nochmals daran zu erinnern ist, daß das „Apostolische" durchaus weit verstanden wurde). Das Amt wird bis heute auf die Autorität der Apostel zurückgeführt. In der römisch-katholischen Kirche kommt diese Rückführung besonders deutlich im Gedanken der „apostolischen Nachfolge" zum Ausdruck. Auch für das Bekenntnis suchte man schon für die ältesten Formulierungen eine „Abdeckung" durch die Apostel – so beim „Apostolikum", dessen einzelne Artikel man den zwölf Aposteln zuschrieb. Dies ist zwar fromme Legende, zeigt aber etwas Zentrales und Richtiges im kirchlichen Selbstverständnis an: Sie will „apostolisch" sein, und sie kann dies nur, wenn sie sich immer wieder rechtfertigend rückbindet an Zeugnis und Dienst der Apostel. Daß es keine „Wiederholung" der Apostel geben kann (sie allein waren Augen- und Ohrenzeugen Jesu Christi, sie allein haben den Auferstandenen gesehen, sie allein sind und bleiben Fundamente der Kirche), ist selbstverständlich, aber es gibt die Nachfolge in Dienst und Aufgabe der Apostel.

(2) Welche Faktoren bedingten die Entstehung des neutestamentlichen Schriftkanons?

....

....

....

....

....

13 Die deutschen Übersetzungen der Konzilsaussagen nach Josef NEUNER / Heinrich ROOS: Der Glaube der Kirche. Regensburg [9]1971.

Selbstverständnis der Kirche

Die Schriften des Neuen Testaments sind in bereits bestehenden Gemeinden, also in „Kirche", entstanden. Deshalb ist es gerechtfertigt, anhand des Neuen Testaments nach dem Selbstverständnis der frühen Kirche zu fragen. Zwar bietet es keine systematisch entfaltete Lehre von der Kirche; das Interesse an ihr ist in den verschiedenen Schriften ganz unterschiedlich ausgeprägt. Jedoch gibt es genügend Aussagen und Hinweise, die es gestatten, jenes Selbstverständnis zu erheben.

Selbstverständnis der frühen Kirche

Kirche ist im Neuen Testament eine geistliche Wirklichkeit, die sich in konkreter, greifbarer Form darstellt. Dennoch ist sie als geschichtliche Größe an Gottes Willen und Vorsehung rückgebunden. Sie ist sein Werk, gründet in Tod und Auferstehung Jesu Christi. Das Handeln Gottes in Jesu Tod und Auferstehung geschieht in der Kraft seines Geistes. Deshalb bleibt die Sendung des Geistes für Kirchesein grundlegend. Rückgebunden an Gott, darf sich Kirche verstehen als Volk Gottes, Tempel und „Haus" Gottes, als Leib und Braut Christi. Ihre Glieder sind die Geheiligten und Heiligen, die Erwählten und Gerufenen. Nicht nur aus dem alten Gottesvolk Israel beruft Gott, sondern auch aus den Nichtjuden. Kirche ist die aus Juden *und* Heiden herausgerufene Christusgemeinschaft, in der und durch die die Heilstat Gottes in Christus verkündet, sein Gedächtnis im Sakrament vergegenwärtigt wird.

In dieses Gesamtbild tragen die einzelnen neutestamentlichen Schriften unterschiedliche Züge ein. Das sei an einigen Beispielen verdeutlicht:

- Wenn für *Matthäus* die Botschaft vom nahe herbeigekommenen Gottesreich besonders wichtig ist, so gehört dazu auch ein von ihr betroffenes Volk, gehört dazu eine in besonderer Weise die Gerechtigkeit des Gottesreiches suchende Jüngerschar. Innerhalb der Jünger gibt es bei Matthäus noch die „Zwölf", die als Stammväter des neuen Gottesvolkes in besonderer Weise gerufen, beauftragt und bevollmächtigt sind. Das alles zeigt bleibend an, was Kirche ist: universale Jüngerschaft Jesu, das neue Gottesvolk. Taufe und Lehre sind grundlegend für die Kirche.

- Bei *Lukas* rückt Kirche besonders deutlich in den Blick. „Sie ist eingebettet in die gesamte Heilsgeschichte und löst Israel ab in der Zeit bis zu Jesu Wiederkunft, und zwar als Kirche aus Juden und Heiden."[14] Der Heilige Geist ist der eigentliche Schöpfer dieser Kirche. Er beruft die Apostel, wirkt durch Wort und Zeichen. Die Kirche ist bei Lukas von Anfang an strukturiert: es gibt in ihr Propheten und Charismatiker, auch Ordnungs- und Leitungsämter (vgl. Apg 13,1ff.; 11,27ff.; 21,10ff.; 14,23; 16,4).

- Während die frühere Exegese den Stellenwert von Kirche im *Johannesevangelium* eher gering veranschlagte, so ist man heute der Überzeugung, daß sie dem Verfasser des Evangeliums sehr deutlich vor Augen steht. Zwar geht er kaum auf ihre konkreten Strukturen ein, überdenkt aber um so gründlicher die Gemeinschaft ihrer Glieder. Kirche ist Schar der Glaubenden, die von Jesus erwählt und mit seinem Geist beschenkt sind. Sie setzen die Sendung Jesu in der Welt fort, ohne von dieser Welt zu sein. Konkrete Elemente der Kirchenstruktur deuten sich an: Taufe, Kult, Amt, Eucharistie.

- Die *Paulinischen Schriften,* teilweise auch die aus dem Umkreis bzw. der Schülerschaft des Paulus, die sogenannten *Deuteropaulinischen,* geben uns beson-

14 Heinrich SCHLIER: In: Mysterium Salutis IV/2, S. 134.

ders ins einzelne gehende Einblicke in das konkrete Leben der frühen Gemeinden – sind sie doch an bestimmte Gemeinden geschrieben und gehen auf das gemeindliche Leben ein. Es fehlt aber auch die theologische Besinnung nicht: Kirche ist Gottes Volk, ist Leib Christi und Tempel Gottes –, wobei darauf hinzuweisen ist, daß „Leib Christi" durchaus unterschiedlich verstanden wird: anders im Römerbrief und im ersten Korintherbrief, anders in den Gefangenschaftsbriefen. Ein Geheimnis Gottes – wird sie doch konkret erbaut und wächst durch verschiedene Dienste und Ämter, mit denen sie Christus durch seinen Geist ausgestattet hat.

Vor allem Eph 3,4 und 3,10 sehen die Kirche, die von Gott gewollte Gemeinschaft der Endzeit, als „Geheimnis"; denn in ihr verwirklicht sich der ewige Ratschluß des Vaters, der alle Menschen (Juden und Heiden) zur Vollendung bringen will. In diesem „Mysterium" (eine Idee, die aus der jüdischen Apokalyptik übernommen ist, vgl. Dan 2,18f.) bezeugt Gott seine Liebe; ihre Offenbarung geschieht im Wort. Kirche hat nach diesem Verständnis ihre letzte Begründung also in Gott selbst und kann deshalb auch nicht Gegenstand theologischer Erkenntnis, sie muß gelebte Wirklichkeit sein.

Die nachapostolische Zeit lehnt sich in ihrem Kirchenverständnis eng an das Neue Testament an. Kirche ist grundsätzlich ein Glaubensgeheimnis, ist *Mysterium.* Sie ist Geheimnis, weil sie durch Gottes geheimnisvollen Ratschluß zusammengerufen ist. Ihre Glieder haben lebendigen Anteil an diesem Mysterium, verwirklichen es in Wort und Sakrament, in Glaube, Hoffnung und Liebe.

Kirche versteht sich, ganz wie die Gemeinden des Neuen Testamentes, als neues Volk Gottes, als Leib und Braut Christi, als Gemeinschaft *(communio).* In reicher Symbolik wird Kirche typologisiert gesehen in den Gestalten von Eva und Maria, wird begriffen unter den Bildern des Mondes (die Sonne ist Christus), des Schiffes, des Paradieses, der Taube, des Netzes – um nur einige zu nennen.

Die vom Zweiten Vatikanischen Konzil aufgenommene Aussage des CYPRIAN von Karthago (1. Hälfte des 3. Jh.s) faßt die Sicht der nachapostolischen Zeit besonders genau zusammen. Nach seinen Worten ist Kirche „das von der Einheit des Vaters und des Sohnes und des Heiligen Geistes her geeinte Volk".[15]

15 De Orat. Dom. 23 i PL 4,553

Kirche nach der „Konstantinischen Wende"

Studieneinheit 14 wird sich mit der „Konstantinischen Wende" und dem Verhältnis von Kirche und Staat befassen. Deshalb wird hier auf Details nicht eingegangen. Vielmehr seien einige Folgen im kirchlichen Selbstverständnis genannt, die diese Wende mit sich brachte. Kirche deckt sich mehr und mehr mit dem politischen und geographischen Raum des Römischen Reiches und übernimmt dessen Einteilungen.

Abb. 4: Das Westportal von Chartres – steingewordene Macht der Kirche

Gjon Mili

Die 19 großen Statuen in den Portalseiten sind Figuren des Alten Testaments. Das Tympanon über dem Mittelportal zeigt den thronenden Christus, inmitten der Evangelistensymbole, die beiden Seitenportale Geburt und Auferstehung.

Heinrich FRIES bringt das kirchliche Selbstverständnis während der etwa eintausend Jahre nach der „Konstantinischen Wende" auf den Begriff: „Kirche als Imperium".[16] Die Kirche wird in der Tat zur „Herrin" und „Herrscherin" – dies freilich nicht aus ungerechtfertigtem Machtstreben heraus, sondern als eine fast „natürliche" Folge der Tatsache, daß aus dem Gottesvolk das christliche Volk des Reiches geworden war. Siege des politischen Reiches waren auch Siege der Kirche, damit zugleich Anzeichen des Wachstums und der Entfaltung des Gottesreiches.

Es kann hier nicht einmal ansatzweise gezeigt werden, wie sich dieses „Imperium Kirche" im Laufe der Jahrhunderte darstellte und verwirklichte. Ein Hauptkennzeichen sind die streng hierarchische Sicht und die entsprechende Handhabung von Autorität. Kirche ist vor allem Klerikerkirche. An ihrer Spitze steht, ausgestattet mit nahezu unbegrenzter geistlicher (und zeitweise auch politischer) Macht, der Papst, dem diese Stellung nur zeitweise durch den →*Konziliarismus* streitig gemacht wird. Jedoch darf nicht vergessen werden, daß es auch in dieser Zeit die betende und dienende Kirche gab, in der versucht wurde, Jesus Christus nachzufolgen.

Aus: Zeitalter des Glaubens von Anne FREMANTLE und der Time-Life-Redaktion. Amsterdam 1975, S. 128/129.

Kirchenverständnis der Reformation

Das Kirchenverständnis der römischen Westkirche am Vorabend der Reformation war im wesentlichen kirchenpolitisch und kirchenrechtlich bestimmt und ist als theologisches Problem kaum in Erscheinung getreten. Fragen der Ekklesiologie waren weniger Themen für Theologen als für kirchliche Rechtsgelehrte. Die Ekklesiologie war erheblich weniger entwickelt als die Trinitätslehre oder die Christologie. Mit Recht kann von einem „ekklesiologischen Minimalismus" gesprochen werden. Der katholische Lutherforscher PESCH umschreibt die damalige Situation und bezieht die lutherische, reformatorische Antwort darauf gleichsam mit ein:

„Die spätmittelalterliche Kirche lebte mit praktisch-faktischen, das heißt kirchenrechtlichen und kirchenpolitischen Antworten auf eine Reihe von ekklesiologischen Fragen, die in der theologischen Reflexion unbearbeitet blieben, bis die Reformation sie nicht nur aus kirchenrechtlichen und kirchenpolitischen, sondern auch und zuerst aus theologischen Gründen zur Diskussion stellte und theologisch reflektierte Antworten gab."[17]

Die theologischen Mängel in Fragen der Ekklesiologie werden deutlich, wenn man bedenkt, in welch zentralen Fragen die spätmittelalterliche Kirche sich noch im unklaren war: beispielsweise über das theologische Verhältnis von Papst und Konzil, über die eigentliche Bedeutung des Bischofsamtes im Verhältnis zum Priesteramt und über das Verhältnis von Wort und Sakrament. All diese Fragen kirchlich-christ-

16 Heinrich FRIES: In: Mysterium Salutis IV/2, S. 235ff.

17 Otto Hermann PESCH: Luther und die Kirche. Referat auf dem VI. Kongreß für Lutherforschung in Erfurt, 14.–20. September 1983. Manuskript, S. 1.

Abb. 5: Martin Luther als Mönch. Kupfer von Lucas Cranach d. Ä. (1520)

Aus: Joachim ROGGE: Martin Luther. Sein Leben, seine Zeit, seine Wirkungen. Gütersloh 1982, S. 160 (Abb. 138).

Abb. 6: Luthers „Fünfundneunzig Thesen" gegen den Ablaß. Wittenberger Anschlag vom 31. Oktober 1517, Einblattdr.

Amore et studio elucidande veritatis: hec subscripta disputabuntur Wittenberge. Presidente R. P. Martino Lutther: Artiu[m] et S. Theologie Magistro: eiusdemq[ue] ibidem lectore Ordinario. Quare petit: ut qui non possunt verbis presentes nobiscu[m] disceptare: agant id literis absentes. In noie d[omi]ni nostri hiesu chri. Ame[n].

Quelle: Wien, Haus-, Hof- und Staatsarchiv. *Aus:* Propyläen Geschichte Europas. Bd. 1: Anspruch auf Mündigkeit, 1400–1555, a.a.O., Tafel XVA.

lichen Selbstverständnisses werden in der Reformation theologisch zu klären versucht und erhalten auch durch die Reaktion der römischen Kirche auf die reformatorisch-lutherischen Deutungen ein neues Gewicht.

LUTHER und seine Anhänger hatten keineswegs die Absicht, die römische Kirche zu verlassen und die Christenheit nach dem schmerzlichen Schisma von 1054 ein weiteres Mal zu spalten. Reichsrechtlich ging man noch bis zum Westfälischen Frieden von 1648 von der Einheit der Kirche aus und sprach lediglich von „Religionsparteien".[18] Und doch sagt Paul ALTHAUS zu Recht: „Luthers Reformation geschah im Kampf mit der Kirche seiner Zeit. Er stand nicht nur gegen ihre empirische Wirklichkeit, sondern auch wider den römischen Kirchengedanken."[19] Auch wenn man davon ausgeht, daß bei LUTHER ebensowenig eine ekklesiologische Programmatik vorhanden war wie in der Kirche seiner Zeit, und man ebenfalls einräumen mag, daß seine Kritik an Papsttum und Hierarchie nicht eigentlich „die Kirche" als Gemeinschaft der Heiligen *(communio sanctorum)* zum Ziele hatte, so liegen doch unzweifelhaft unterschiedliche Kirchenbegriffe oder zumindest stark unterschiedene Gewichtungen der Kirchenvorstellungen vor.

Derselbe LUTHER, dessen Reformation im Kampf mit der Kirche seiner Zeit geschah, hat auch gesagt: „Wer Christum finden soll, der muß die Kirche am ersten finden. Nun ist die Kirche nicht Holz und Stein, sondern der Haufe christgläubiger Leute; zu der muß man sich halten und sehen, wie die glauben, beten und lehren; die haben Christum gewißlich bei sich."[20] Hiermit ist beispielhaft belegt, daß Kirche als *communio* für LUTHER nie weniger wichtig gewesen ist als für den Katholizismus.

18 Eduard LOHSE: Martin Luther. Leben und Werk. München 1983, S. 182.

19 Paul ALTHAUS: Die Theologie Martin Luthers. Gütersloh ^{4}1975, S. 248.

20 Martin LUTHER: Werke. Kritische Gesamtausgabe. Weimar 1910, 10. Bd., Erste Abteilung, 1. Hälfte, S. 140.

Im Laufe der sich entwickelnden Auseinandersetzungen mit Rom sah LUTHER sich gezwungen, von seiner frühen Haltung zu Beginn des Ablaßstreites, als er die Autorität der überkommenen Kirche mit Papsttum und Bischofsgewalt noch bejahen konnte, abzurücken und den eigenen Kirchenbegriff mehr und mehr herauszuarbeiten.

So unterscheidet LUTHER in seiner Schrift *„Von dem Papsttum zu Rom“* aus dem Jahre 1520 grundsätzlich zwischen der Christenheit als der Versammlung aller Christgläubigen im Sinne des Credo und der äußeren Erscheinung der Christen eines Bistums, einer Pfarrei oder des gesamten Papsttums. Er erklärt, daß die Schrift stets die Versammlung der Christgläubigen meine, wenn sie von „Kirche“ spreche. Daran anschließend, verdeutlicht er diese Unterscheidung noch durch die Ausführungen über die „zwo Kirchen“, von welchen die eine die geistliche, wesentliche und wahrhaftige, die andere die äußere, leibliche und „gemachte“ sei, als deren Repräsentanten er alsbald den Papst ansieht, um gegen die Institution des Papsttums zu Felde zu ziehen.[21]

Läßt man die vielschichtigen Fragen nach der Bedeutung von Hierarchie und kirchlichen Ämtern einmal beiseite, so bleibt als Ergebnis, daß nicht und niemals vorausgesetzt werden kann, daß die Schar der sichtbaren Kirchenmitglieder (äußere, leibliche Kirche) mit der Anzahl der wahrhaft Gläubigen, welche nur Gott kennt (geistliche, wesentliche Kirche), zusammenfällt. Nur zu naheliegend, angesichts der das Äußere überbetonenden Kirche seiner Zeit, muß es für LUTHER gewesen sein, mit Nachdruck auf die innere, geistliche und wesentliche Kirche hinzuweisen. Daß hieraus nicht gefolgert werden darf, er habe sich grundsätzlich gegen die Institutionen der „äußeren Kirche“ ausgesprochen, wurde bereits angedeutet.

Der katholische Theologe PESCH sieht die für LUTHER zentrale Frage nach der Heilsgewißheit eng mit der Frage nach der Kirche verbunden, wenn er sagt:

„In der Sache ist das die Wurzel von Luthers Frage nach der Heilsgewißheit, sofern der Konflikt Luther die Frage aufnötigte, wem er das Leben in der Gnade Gottes verdankt: dem fraglosen Mittun in der Kirche oder aber dem Zuspruch des Wortes Gottes, das zwar nur *in* der Kirche und durch die Kirche hörbar wird, aber nicht zu ihren *Bedingungen*. Die persönliche Gewissensfrage Luthers geht hier vollinhaltlich über in die theologische Sachfrage nach Wesen und Auftrag der Kirche und ihres Amtes.“ (S. 5)

Daß die sich nach 1530 herausbildende lutherische Kirche nicht eine Kirche nach den Vorstellungen Martin LUTHERS sein konnte, soll hier nicht weiter erörtert werden. Festgehalten werden muß lediglich, daß bestimmte theologische, ekklesiologische Mängel nun auf ähnliche Weise gelöst wurden wie ehedem in der spätmittelalterlichen Kirche: kirchenrechtlich und politisch. Das sich in diesem neuen Kirchentum entwickelnde theologische und geistliche Leben sieht man katholischerseits heute immerhin schon als „theologisch verantwortbare Notlösungen unter den Bedingungen des 16. Jahrhunderts, deren Schicksal es freilich war, durch wachsende Gewöhnung zur Normalität zu werden...“[22] Dies scheint den Schluß zu ermöglichen, daß beide Seiten inzwischen geneigt sind, sich über alles Trennende hinweg auch auf den großen Besitz gemeinsamer Überzeugungen und Ansichten zu besinnen – sei es, daß diese von Anfang an bestanden haben, sei es, daß hier Entwicklungen aufeinander zu stattfinden konnten.

Daher sei abschließend der theologische Ertrag von LUTHERS Kirchenverständnis stichwortartig zusammengefaßt:

- Die Kirche ist „Geschöpf des göttlichen Wortes“, weil sie durch das Wort des Evangeliums, und nur darin eingeschlossen durch Taufe und Abendmahl, geformt, genährt und zusammengehalten wird.
- Die Kirche ist nicht unsichtbar, wohl aber verborgen; der Vernunft nicht zugänglich, dem Glauben aber durchaus sichtbar und erkennbar an bestimmten Kennzeichen: Wort, Taufe, Abendmahl, Schlüsselgewalt, kirchliches Amt.
- Die Kirche ist heilsnotwendig; man muß sie finden, sich zu ihr halten, wenn man Christus finden will.
- Die Kirche ist ihrem Wesen nach „ein christlich heilig Volk, das da gläubt an Christum“. Auf keinen Fall darf die Kirche also mit der Hierarchie gleichgesetzt werden.
- Innere, geistliche Kirche der wirklich Glaubenden ist mit äußerlicher Kircheninstitution nicht gleichzusetzen. Beide sind jedoch aufeinander bezogen.
- Auch der Papstkirche fehlt nichts, was die Kirche zur Kirche macht. Das „Falsche“ an der Papstkirche ist kein Mangel, sondern eine widerchristliche Überfremdung.
- Das kirchliche Amt ist von Christus eingesetzt und bleibt Christi Amt auch im Amtsträger.
- Das Priestertum aller Gläubigen wird nur dort zu einer wirklichen Berufungsinstanz, wo kirchliche Amtsträger eindeutig versagt haben.
- Die Leitung der Kirche gebührt den Bischöfen. Nur um ein Scheitern der Reformation zu verhindern, übertrug LUTHER (wie er meinte: „vorübergehend“) den Fürsten bischöfliche Funktionen.
- Die Sonderaufgaben der Bischöfe bedeuten – bei aller Betonung der Wesensgleichheit von Priester- und Bischofsamt – Vollmachten und Kompetenzen, die aus katholischer Sicht als „Jurisdiktion“ bezeichnet werden.
- LUTHERS Haltung zum Papsttum erklärt sich aus der Zumutung, die Überlegenheit des Papstes über die Schrift anerkennen zu sollen.

(In Anlehnung an PESCH, S. 9ff.)

Als letzte Ursache für die Kirchenspaltung durch ein neues Kirchenverständnis zur Zeit der Reformation kann PESCH zu Recht das Nichtzustandekommen einer Reform ins Feld führen:

„Nicht theologische Gründe beziehungsweise Gegengründe, sondern staatskirchenrechtliche und kirchenpolitische Realitäten haben Luther daran gehindert, eine Kirchenreform nach seinem Verständnis in die Wege zu leiten, und das heißt konkret: die Änderungen in der Frömmigkeitspraxis herbeizuführen, die aufgrund seiner theologischen Einsichten zwingend waren.“ (PESCH, S. 11)

Das Neue in LUTHERS Verständnis von Kirche ist also nicht eigentlich eine neue inhaltliche Bestimmung, sondern die Betonung ihrer funktionellen Abhängigkeit vom Wort Gottes der Heiligen Schrift. Mit seiner Grundauffassung von der völligen Unterordnung unter das Wort konnte LUTHER das bisherige Selbstverständnis der Kirche kaum noch billigen, nämlich eine rechtsetzende, weitgehend selbständige, glaubensverpflichtende Größe zu sein. Zweifellos hatte auch in der traditionellen Theologie das Wort Gottes, wie es in der Heiligen Schrift gegeben war, hohe und höchste Autorität. Aber die Schrift war auslegungs- und erklärungsbedürftig – durch die Kirche, die Autorität der Väter, die Instanzen des Lehramts. Für LUTHER ist die Schrift einzig aus sich selbst zu verstehen, das heißt, von ihrer Mitte, von Christus her. Die Heilige Schrift ist hinsichtlich der Hauptsache des Christentums das erste Prinzip *(primum principium)*, aus dem alles andere bewiesen werden muß.

Die Reformatoren wollten keine Kirche gründen. Deshalb wollten sie auch die Grundlagen der altkirchlichen Bekenntnisse nicht verlassen. Am deutlichsten versteht sich die „Confessio Augustana“ von 1530 als Ausdruck des Überkommenen, des „katholischen“ Glaubens. Sie stellt in der Zusammenfassung des ersten wie des zweiten Teiles fest, in ihr sei nichts enthalten, was im Widerspruch zur Schrift oder zur „Ecclesia catholica“, ja zur „Ecclesia romana“, stehe. Mit dieser „katholischen“ Auffassung ist die „Confessio Augustana“ Auslegungsnorm auch der

21 Eduard LOHSE: Martin Luther, a.a.O., S. 184f.
22 Otto Hermann PESCH: Luther und die Kirche, a.a.O., S. 8.

übrigen *lutherischen* Bekenntnisschriften. Die reformierten Bekenntnisschriften sind alle erst nach der bereits geschehenen Ausbildung konfessioneller Kirchentümer entstanden. Sie haben von vornherein eine konfessionsbegründende und konfessionsabgrenzende Absicht. Andererseits haben sie, wie von reformierter Seite herausgestellt wird, nicht das gleiche Gewicht wie die Bekenntnisschriften im lutherischen Raum.

Dennoch zählen die Aussagen der „Confessio Augustana" über die Kirche zu den am meisten umstrittenen.

Abb. 7: Die „Confessio Augustana", Artikel 3 und 4

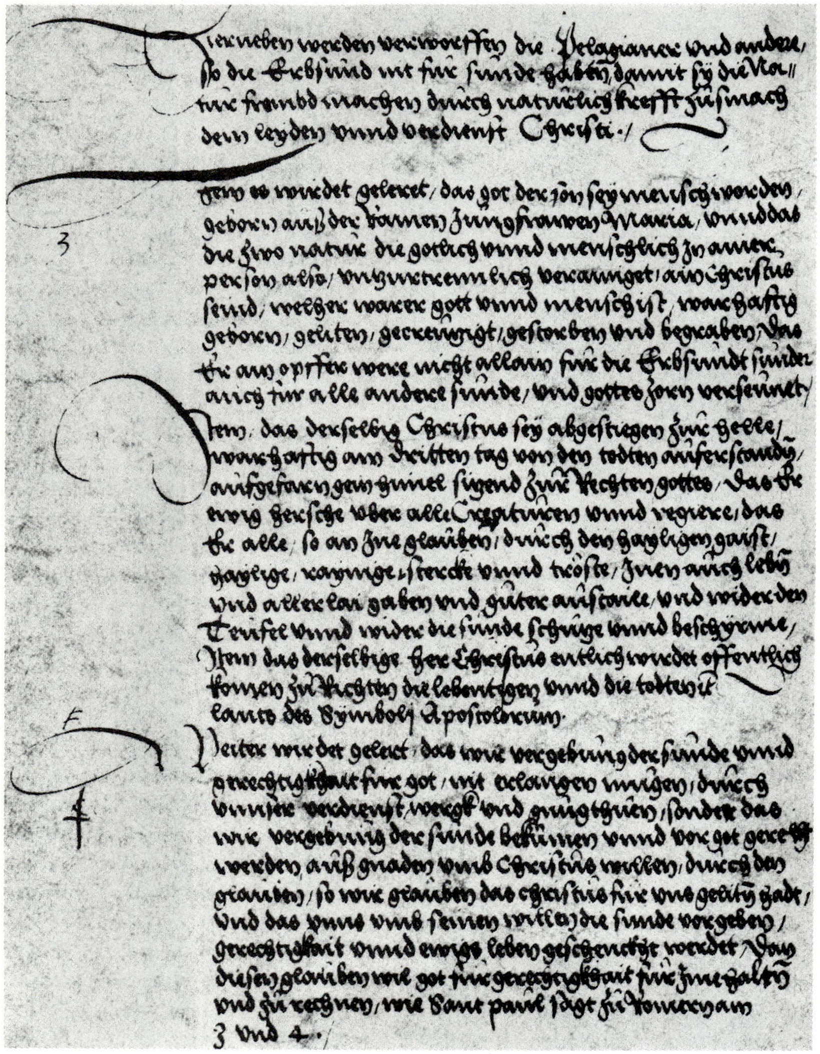

Hieneben werden verworfen die Pelagianer und andere, so die Erbsund nicht fur Sund halten, damit sie die Natur fromm machen durch naturlich Kräft, zu Schmach dem Leiden und Verdienst Christi.

(III. Von dem Sohne Gottes) Item, es wird gelehret, daß Gott der Sohn sei Mensch worden, geborn aus der reinen Jungfrauen Maria, und daß die zwo Natur, die gottlich und menschlich, in einer Person also unzertrennlich vereiniget, ein Christus seind, welcher wahr Gott und wahr Mensch ist, wahrhaftig geboren, gelitten, gekreuzigt, gestorben und begraben, daß er ein Opfer wäre nicht allein fur die Erbsund, sunder auch fur alle andere Sunde und Gottes Zorn versohnet; item, daß derselbig Christus sei abgestiegen zur Helle, wahrhaftig am dritten Tag von den Toten auferstanden, aufgefahren gein Himmel, sitzend zur Rechten Gottes, daß er ewig herrsche uber aller Kreaturen und regiere, daß er alle, so an ihne glauben, durch den heiligen Geist heilige, reinige, stärke und troste, ihnen auch Leben und allerlei Gaben und Guter austeile und wider den Teufel und wider die Sunde schutze und beschirme; item, daß derselbig Herr Christus endlich wird offentlich kommen, zu richten die Lebendigen und die Toten etc., lauts des Symboli Apostolorum.

(IV. Von der Rechtfertigung) Weiter wird gelehrt, daß wir Vergebung der Sunde und Gerechtigkeit vor Gott nicht erlangen mogen durch unser Verdienst, Werk und Genugtun, sonder daß wir Vergebung der Sunde bekommen und vor Gott gerecht werden aus Gnaden umb Christus willen durch den Glauben, so wir glauben, daß Christus für uns gelitten habe und daß uns umb seinen willen die Sunde vergeben, Gerechtigkeit und ewiges Leben geschenkt wird. Dann diesen Glauben will Gott fur Gerechtigkeit vor ihme halten und zurechnen, wie Sant Paul sagt zun Romern am 3. und 4.

Diese Abschrift ist wahrscheinlich eines der ältesten erhaltenen Stücke der Confessio Augustana. Die hier wiedergegebene Seite enthält den Schluß von Artikel 2 (Über die Erbsünde) sowie den Text der beiden nächsten Artikel (Vom Sohn Gottes und über die Rechtfertigung).

In dem Artikel über die Rechtfertigung des Sünders (4) sind diejenigen Aussagen des evangelischen Glaubens ausgesprochen, die über die Existenz der Kirche entscheiden (articulus stantis et cadentis ecclesiae). Text nach der Ausgabe von 1930.

Aus: Joachim Rogge: Martin Luther, a.a.O., S. 254 (Abb. 354) und S. 375.

Der angesprochene Art. VII trägt die Überschrift „Über die Kirche und ihre Einheit" und beginnt mit den Worten:

> „Es wird auch gelehrt, daß allezeit die eine, heilige, christliche Kirche sein und bleiben muß. Sie ist die Versammlung aller Gläubigen, bei denen das Evangelium rein gepredigt und die heiligen Sakramente dem Evangelium gemäß gereicht werden. Denn das genügt zur wahren Einheit der christlichen Kirche ..."[23]

Hier wird formuliert worauf das Kirchenverständnis der Reformation hinausläuft. Es gibt eine heilige Kirche, die immer bleiben wird: die geistliche Christenheit, das Werk des Heiligen Geistes. Dabei ist aber nicht an eine *rein* geistige Größe zu denken. Es geht um lebendige Menschen, deren Zusammenkommen sich als Kirche sichtbar zeigt, wenn sie zu Predigt und Sakramentenempfang zusammentritt. Ob Predigt und Sakramentenspendung zur Einheit der Kirche „genügen", oder ob hier nicht das Amt logischerweise mitgemeint ist, weil ja Wort und Sakrament des Amtes bedürfen, wird heute meist im zweiten Sinne entschieden.[24]

Man darf sagen, daß in vielen Punkten das Kirchenverständnis Luthers dem katholischen von heute näher ist, als man denken mag. Viele seiner Ansätze waren in der theologischen Diskussion durchaus offene Möglichkeiten. Ein Vorrang des Wortes widerspricht im Wesen katholischer Ekklesiologie nicht. Die Kirche des Zweiten Vatikanischen Konzils bekennt sich zu einer grundsätzlichen Überlegenheit des Wortes. Kirche läßt sich auch katholischerseits als Versammlung der Glaubenden *(congregatio fidelium)* oder Gemeinschaft der Heiligen *(communio sanctorum)* umschreiben. In der Frage des Amtes – auch des päpstlichen Amtes – gibt es manche Bewegungen aufeinander zu.

Kirche in der Neuzeit

Tatsächlich geht kirchliches Selbstverständnis (in allen Konfessionen) davon aus, daß Kirche als Setzung und Werk Gottes zu verstehen ist. In ihr wird das Christusgeschehen weitervermittelt. Es ist zugänglich im Kanon des Neuen Testaments, wird durch Wortverkündigung und Sakramentenspendung in der Welt immer neu gegenwärtig und bekommt im Bekenntnis der kirchlichen Gemeinschaft je neue Aktualität.

Ergebnis der Reformation ist die Tatsache der in *Konfessionen getrennten Kirchen*. Alle weiteren Schwerpunkte im kirchlichen Selbstverständnis, die in den folgenden Jahrhunderten noch gesetzt wurden, sind nur Füllung dieses vorgegebenen Rahmens.

Während das Konzil von Trient noch merkwürdig wenig über Kirche als solche sagte, sind die beiden → *Vatikanischen Konzilien* für das katholische Kirchenverständnis in der Gegenwart sehr wichtig.

23 Confessio Augustana, Artikel VII. Zitiert nach: Günther Gassmann (Hrsg.): Das Augsburger Bekenntnis Deutsch. 1530–1980. Revidierter Text. Göttingen 1978, S. 26f.

24 Vgl. dazu die Stellungnahme des Ökumenischen Studienausschusses der VELKD aus dem Jahr 1977, veröffentlicht in der *Ökumenischen Rundschau* (1978), S. 94–107.

Das Erste Vatikanum bringt eine restlose Zentralisierung aller kirchlichen Macht in der Hand des Papstes. Das Konzil hat seine Erwägungen über Kirche aufgrund der politischen Umstände nicht zu Ende führen können. Dies blieb dem Zweiten Vatikanum vorbehalten. In Anlehnung an das Neue Testament und die nachapostolische Zeit wurde Kirche hier verstanden als Volk Gottes, als Leib Christi und Geistgeschöpf, als → *Sakrament* der Einheit für diese und in dieser Welt. Die Lehre von der päpstlichen Vorrangstellung wird nicht zurückgenommen, aber die Stellung des Papstes ist eingebettet in das Kollegium der Bischöfe. Die Kirche des Konzils betont zwar den Vorrang der römisch-katholischen Kirche, anerkennt aber auch die anderen Kirchen in ihrem Charakter als Kirchen und kirchliche Gemeinschaften (nicht nur „de facto", sondern auch „de jure"). In vielen Aussagen des Konzils werden Grundlagen für verstärkte ökumenische Aktivität gelegt, die bereits zu ganz erstaunlichen Ergebnissen geführt hat.

Im lutherischen Raum hatte sich in den einhundertfünfzig Jahren nach der Reformation zunächst eine Art Norm- und Schultheologie entwickelt und gehalten, die sogenannte „Orthodoxie". Was deren Sicht von der Kirche angeht, so bedeutete sie eine Festschreibung der kirchlichen Strukturen in nächster Nähe zum katholischen (gegenreformatorischen) Kirchenverständnis: Kirche als sichtbare Größe, ausgewiesen durch bestimmte „Kennzeichen", wenn auch mit eigenen Akzenten (Kirche aus dem Wort Gottes).
Neue Ansätze ergeben sich im „Pietismus", eine gestaltenreiche Bewegung, die in Frontstellung gegen das in der damaligen („etablierten") Kirche gelebte Christentum eine „Wiedergeburt" des christlichen Menschen zu empfundener Gottesbeziehung und daraus folgender tätiger Religiosität anstrebte. Es kommt also ganz auf das Tun des Menschen an. Einzelne Gruppen von Christen fanden sich zusammen, gewissermaßen „Kerngemeinden", die es mit christlichem Leben und Tun ganz ernst machen wollten. Sie nannten sich selbst „collegia pietatis", Zusammenkünfte und Verbindungen zur Pflege lebendigen Christentums, und sind so etwas wie kleine Kirchen in der Kirche („ecclesiolae in Ecclesia"). Der Pietismus (zwischen 1675 und 1750) stand allerdings in immer bewußterem Gegensatz zu aufklärerischem Denken, wo Kirche als menschlich machbare, „vernünftige" Gesellschaft von Individuen zum Zwecke der „Gottesverehrung in einer bestimmten Form" verstanden wurde.

In neuester Zeit stehen im evangelischen Raum wiederum eine größere Zahl von Kirchenbildern nebeneinander (und teilweise gegeneinander), die eigentlich nur in einer eingehenderen Analyse hinreichend beschrieben werden könnten. Ist Kirche vor allem als „Gemeinde der Entweltlichten" zu fassen, zu einer Gemeinde von Menschen, die „hinter" bzw. „über" Welt, Zeit und Geschichte steht?[25] Ist Kirche vor allem die Gemeinschaft, in der Mitmenschlichkeit geübt wird?[26] Muß Kirche doch vor allem an Jesu Wort zurückgekoppelt werden?[27] Ist Kirche vor allem das „wandernde Gottesvolk"[28], eine „Stiftung für die Zwischenzeit"[29] bis zur Wiederkunft Christi?

Eine gewisse Annäherung in der Sicht der Ökumene ergibt sich indes aus der ökumenischen Bewegung, an der offiziell so gut wie alle nicht-katholischen Kirchen teilhaben, in der sich heute aber auch die römisch-katholische Kirche beteiligt, jedenfalls in einzelnen Bereichen. Diese hat, obwohl sie selbst keine „Superkirche" sein will, in der „Basisformel" auch eine vorläufige ekklesiologische Grundlage gefunden. Nach dieser Formel ist der Ökumenische Rat der Kirchen (offiziell gegründet 1948) „eine Gemeinschaft von Kirchen, die den Herrn Jesus Christus gemäß der Heiligen Schrift als Gott und Heiland bekennen". Vervollständigt wurde diese Formel 1961 in Neu-Delhi und lautet:

> „Der Ökumenische Rat der Kirchen ist eine Gemeinschaft von Kirchen, die den Herrn Jesus Christus gemäß der Heiligen Schrift als Gott und Heiland benennen und darum gemeinsam zu erfüllen trachten, wozu sie berufen sind, zur Ehre Gottes, des Vaters, des Sohnes und des Heiligen Geistes."[30]

Zu diesem grundlegenden Bekenntnis sind in den letzten Jahren zahlreiche Dokumente getreten, die eine weitgehende Übereinstimmung (oder zumindest Annäherung) sowohl zwischen nicht-katholischen Kirchen untereinander als auch zwischen der römisch-katholischen Kirche und einzelnen Kirchen hinsichtlich vieler Teilbereiche des Kirchenverständnisses anzeigen.

(3) Charakterisieren Sie kurz das Selbstverständnis der nachapostolischen Kirche.

....

....

....

....

....

....

Die eine, heilige, katholische/allgemeine und apostolische Kirche

Das von den Christen gemeinsam gebetete Glaubensbekenntnis bekennt Kirche als die eine, die heilige, die katholische/allgemeine und die apostolische.

Die *Einheit* der Kirche ist vor allem bestimmt und gewährleistet durch Jesus Christus und die Einheit mit ihm. Die Kirche verdankt ihre Existenz Jesus Christus. Er ist das Haupt, sie der Leib. „Christus befreit und eint", lautete das Thema der Vollversammlung des Lutherischen Weltbundes im Jahr 1957.

Eine solche christologische Begründung der (gegebenen) Einheit der Kirche wird auch immer die Wirksamkeit des Heiligen Geistes einschließen müssen: Der erhöhte Christus ist ja immer im Heiligen Geist gegenwärtig. Christus schafft den Glauben und die Gemeinschaft der Glaubenden durch seinen Geist. Diese Einheit ist also nicht Ergebnis menschlicher Bemühungen, sondern Gabe Gottes an die Menschen. Dieser Überzeugung liegt das Glaubenswissen zugrunde, daß die Kirche als Zeichen, ja, als Selbstmitteilung Gottes und des erhöhten Christus begriffen werden muß. Das Zweite Vatikanische Konzil hat die Einheit der Kirche, die über die katholische Kirche hinaus besteht, garantiert gesehen durch Glaube, Hoffnung und Liebe, durch andere Gaben des Geistes, aber auch durch Sichtbares wie Taufe und geschriebenes Wort Gottes.[31] Die sichtbare Einheit nach Kräften wiederherzustellen, ist freilich Gebot und Auftrag an die einzelnen Kirchen und ihre Glieder. Dieses ökumenische Grundanliegen bewegt die römisch-katholische Kirche ebenso wie die im Weltrat der Kirchen zusammengeschlossenen Kirchen und kirchliche Gemeinschaften.

In welchem Sinne kann man von der *Heiligkeit* der Kirche reden? Der Ausdruck ist sicher biblisch. Der Gebrauch des Wortes im Neuen Testament stützt sich auf das Alte Testament und muß von dorther verstanden werden. Dort aber bedeutet „Heiligkeit": Ausgesondertheit, Reinheit. Aber auch Gott selbst ist heilig (vgl. Jes

25 Rudolf BULTMANN: Theologie des Neuen Testamentes. Tübingen [5]1965.
26 So Herbert BRAUN. Seine wichtigsten Veröffentlichungen und über ihn: Hermann HÄRING: Kirche und Kerygma. Das Kirchenbild der Bultmannschule. Freiburg/Basel/Wien 1972.
27 So etwa Ernst FUCHS, Gerhard EBELING und Gerhard BORNKAMM. Gut zugänglich in: Hermann HÄRING: Kirche und Kerygma (Fußnote 26).
28 Ernst KÄSEMANN: Das wandernde Gottesvolk. Eine Untersuchung zum Hebräerbrief. Göttingen [2]1957.
29 Hans CONZELMANN: Die Mitte der Zeit. Tübingen [4]1962.
30 Vgl. dazu u.a. Laurentius KLEIN: Das Ringen um die Einheit. Trier 1967, S. 16ff.
31 Vgl. *Lumen Gentium* II, 15.

6,3). Das ist Gottes eigentliche Seinsweise: heilig zu sein. „Gott" sagen bedeutet „heilig" sagen. Heilig ist auch alles, was in Beziehung zum Kult steht. Darum ist das Gottesvolk besonders „heilig", wenn es zum Kult zusammenkommt. Diese alttestamentlichen Aussagen überträgt das Neue Testament auf die Kirche und bringt dabei die neuen Wirklichkeiten des Volkes Gottes zur Sprache: Christus und den Heiligen Geist. Jesus ist der „Heilige Gottes" (vgl. Mk 1,24 u. a.), ist Gottes Wort (Joh 1,14) und Tempel (Joh 2,21; 4,21 f.). Er ist Priester, Opfer und Kult (vgl. Hebr 7,26; 10,1–14). Darum wird er Ursprung und Mitte eines neuen, geheiligten Volkes. Was Christus für uns wurde, ist uns mitgeteilt durch den Heiligen Geist. Die Gläubigen bilden das Volk Gottes, einen heiligen Tempel (Eph 2,21), eine heilige Priesterschaft (1 Petr 2,5); sie sind „ein heiliges Volk" (1 Petr 2,9). Deshalb verdienen die Glieder der Kirche auch den Namen „Heilige" (1 Kor 14,33; 16,1; Röm 15,25 u. ö.). „Die Kirche ist heilig" bedeutet, daß sie gekennzeichnet ist durch Erwählung, Berufung, Bund, Einwohnen Gottes. Diese Erwählung wird für die Menschen zur Verpflichtung: „Seid heilig, wie ich heilig bin!" (Lev 11,44 f.; 17,1; 19,2; vgl. 1 Petr 1,16). Die frühe Kirche hat diese Forderungen sehr ernst genommen. Gleichwohl hat sich diese sehr strenge Haltung nicht durchgesetzt. Kirche ist nicht (nur) Kirche der Heiligen, sondern Kirche der Sünder, die sich immer wieder auf den Weg der Umkehr begeben. Weil Kirche aus den vielen Einzelnen besteht, die immer auf dem Wege sind, deshalb bedarf Kirche (insgesamt und ungeteilt) immer wieder der Umkehr und der Erneuerung. Es sei hier deutlich vermerkt, daß die Haltungen der Konfessionen hinsichtlich der Heiligkeit der Kirche nicht in allem übereinstimmen. Auch finden sich bei den einzelnen Theologen nicht unbedeutende Unterschiede. Dies dürfte aber die hier ausgezogenen Grundlinien nur unwesentlich berühren.

Die Rede von der *Katholizität* der Kirche darf nicht zu dem Mißverständnis führen, als sei hier einseitig die römisch-katholische Kirche im Blick. *Alle* Kirchen, die das alte Glaubensbekenntnis sprechen, bekennen sich auch als katholisch, wenn auch das Wort übersetzt wird („allgemein"), eben wegen der Gefahr jenes Mißverständnisses. Ursprünglich wurde mit dem Wort eine zahlenmäßige Allgemeinheit ausgedrückt. Theologisch bedeutsamer ist Katholizität aber als qualitativer Begriff: als solcher meint er die umfassende Fülle, Hereinnahme der Völker und Kulturen, aber auch die Verbindung der vielen Einzelnen (trotz aller individuellen Verschiedenheit bis zur Gegensätzlichkeit). Katholizität bedeutet Anteil an jener Fülle, die Christus selbst ist, und durch welche die Welt wieder die Welt Gottes werden kann. Volle Katholizität ist erst erreicht, wenn auch die Spaltung der Christen in verschiedene Kirchen und Konfessionen aufgehoben sein wird. Auch die Einheit, die die katholische Kirche (die Kirche Roms) für sich beansprucht, ist Einheit erst in bruchstückhafter Gestalt.

Unter *apostolisch* ist jene Eigenschaft der Kirche gemeint, durch welche sie ihre Identität durch die Zeiten hindurch bis hinauf zu den Aposteln bzw. der apostolischen Generation wahrt. Die schwierige exegetische Lage hinsichtlich Umfang, Inhalt und Abgrenzung des Begriffs „Apostels" bzw. des „Apostolischen" berührt die ekklesiologische Frage kaum. Mit der frühen Zeit darf man als Apostel hier „die Zeugen Jesu Christi, des menschgewordenen Logos, und diejenigen (betrachten) [...], die das, was er zu unserem Heil verfügt hatte, uns weitergegeben haben [...]. So ist die dogmatische Frage der Apostolizität relativ unabhängig von den Diskussionen, die man über den Umfang der Bezeichnung ‚Apostel' anstellen kann."[32]

Im 2. Jahrhundert, im Kampf gegen die Gnosis, haben Name und Sache des „Apostolischen" eine Einengung erfahren: Man beruft sich auf die Verbindung mit ganz bestimmten Aposteln bzw. auf die Gründung durch Apostel oder Apostelschüler. Die Bestimmung „apostolisch" bleibt seit dem 3. Jahrhundert maßgebliches Charakteristikum der „Glaubensregel", das heißt des aus der „apostolischen Tradition" erwachsenen kirchlichen Glaubens. Aber auch spätere Glaubensbekenntnisse – bis hin zu heutigen Versuchen, den Glauben neu auszusagen – dürfen nicht nur von Fragen und Forderungen der Stunde bestimmt sein, sondern müssen den dynamischen Zusammenhang mit den „Ursprüngen" aufzeigen, die zu allen Zeiten wesentliche Grundlagen christlicher Kirche bleiben:

> „Mitbürger der Heiligen und Hausgenossen Gottes, aufgebaut auf dem Fundament der Apostel und Propheten, und der Eckstein dieses Fundamentes ist Jesus Christus, in dem zusammengefügt der ganze Bau emporwächst zu einem heiligen Tempel im Herrn, in dem auch ihr mit auferbaut werdet zu einer Wohnung Gottes im Geiste." (Eph 2,19–22)

Ganz besonders bleibt das Apostolische eine Bestimmung im Blick auf das Amt, wie oben schon kurz dargelegt.

Diese vier Wesenseigenschaften der Kirche (einig, heilig, katholisch/allgemein, apostolisch), im Symbolum von Konstantinopel im Jahre 381 erstmals ausgesagt, wollen also zentrale, grundlegende Aussagen über die Kirche machen. Gleichwohl sollte man die Zahl und die Aufzählung als solche nicht überbewerten. In früheren Zeiten wurden noch eine Reihe von anderen „Eigenschaften" und „Kennzeichen" von Kirche aufgezählt, die man in den Blick zu nehmen hätte, wenn man einigermaßen vollständig von Kirche reden wollte.

(4) Welche der folgenden Aussagen zum Verhältnis von Staat und Kirche in der Neuzeit ist/sind zutreffend? (Mindestens 1, höchstens 3 Antworten ankreuzen!)

(a) Grundlegend für dieses Verhältnis ist die Loslösung des Staatszwecks von den Inhalten des Christentums.
(b) In Preußen unter Friedrich dem Großen geht die Toleranz für die individuelle Religionsausübung einher mit einer scharfen Aufsicht des Staats über die Institution „Kirche".
(c) Seit der Französischen Revolution besteht in Frankreich eine gesetzlich geregelte Trennung der Institutionen „Kirche" und „Staat".
(d) Die abschreckende Wirkung der Französischen Revolution stärkte als späte Folge in Deutschland die weltliche Macht der noch bestehenden geistlichen Fürstentümer.
(e) In Deutschland ist seit der Reichsverfassung von 1849 die grundsätzliche Trennung von Kirche und Staat verwirklicht.

(5) Was bedeutet die Aussage von der „apostolischen" Kirche?

....
....
....
....
....
....
....
....
....
....
....
....
....
....

32 Yves Congar: Mysterium Salutis IV/1, S. 538.

14. Konstantinische Wende, Kirche und Staat

Autoren der Studieneinheit: Karl Suso Frank / Wolf-Dieter Hauschild

Karl Suso Frank (51), Franziskaner, Studium der Theologie in Fulda und Münster. 1963 Promotion. 1968 Habilitation. 1968 o. Professor für Alte Kirchengeschichte und Patrologie in Mainz, seit 1974 in Freiburg. Mitglied der Göttinger Akademie-Kommission zur Erforschung altchristlichen Mönchtums, des *Conseil de l'Association Internationale d'Etudes Patristiques,* Vorsitzender des Kirchengeschichtlichen Vereins der Erzdiözese Freiburg.
Wissenschaftliche Arbeiten zur Geschichte der Alten Kirche, ihrer Theologie, besonders zur Geschichte des christlichen Mönchtums.

Wolf-Dieter Hauschild (43), Studium der evangelischen Theologie, Promotion 1967 in Hamburg, Ordination zum Pastor 1968 in Lübeck, Habilitation 1971 in München, 1971–74 Universitätsdozent in München, 1974–77 Oberkirchenrat in Hannover, 1977–82 Professor für Kirchengeschichte in München, seit 1982 in Osnabrück.
Veröffentlichungen zur altkirchlichen Pneumatologie, zum Verhältnis von Staat und Kirche in der Spätantike, zur Kirchengeschichte Lübecks und zur Bekenntnisgeschichte der Reformationszeit. Herausgeber des „Kirchlichen Jahrbuchs für die Evangelische Kirche in Deutschland". Mitglied in verschiedenen historischen und ökumenischen Kommissionen.

Allgemeine Einführung

In der Bundesrepublik Deutschland gibt es keine Staatskirche; aber das Verhältnis von Staat und Kirche ist rechtlich genau geregelt. Die großen christlichen Kirchen haben in Kirchenverträgen *(Konkordaten)* ihr Verhältnis zum Staat ausgehandelt. So erleben wir Staat und Kirche weithin Hand in Hand: Der Staat zieht die Kirchensteuer ein; in den staatlichen Schulen wird Religionsunterricht erteilt; Priester, Religionslehrer und kirchliche Mitarbeiter werden an den staatlichen Theologischen Fakultäten unserer Universitäten ausgebildet; kirchliche Werke und Institute werden vom Staat finanziell unterstützt. Bei einer Bischofswahl wird ein Einvernehmen mit der jeweiligen Landesregierung angestrebt. Beide christliche Kirchen haben ihre „Bevollmächtigten" bei der Bundesregierung in Bonn. Der Vertreter des Papstes, der Nuntius, führt in Bonn das Diplomatische Corps an.
Dieses Miteinander von Staat und Kirche ist für uns weithin selbstverständlich. Das war nicht immer so, und auch in anderen Ländern erleben wir das Verhältnis anders: Es gibt noch wirkliche Staatskirchen (z.B. in Großbritannien); es gibt die Trennung von Staat und Kirche bei wohlwollender Anerkennung der Glaubens- und Religionsfreiheit und ebenso die Trennung bei feindseliger Unterdrückung.
Die Studieneinheit will die geschichtlichen Wurzeln dieser Verhältnisse aufdecken. Der erste Teil beschränkt sich auf das Altertum, also die Anfänge der Kirche. Mit ihren Anfängen ist auch ein Verhältnis zum Staat gegeben: genauer ein Verhältnis zum römischen Staat. Beide Größen – Christentum und Römerreich – stehen von Anfang an nicht beziehungslos nebeneinander. Ihr Verhältnis wandelt sich im Laufe der Jahrhunderte; wobei beide mit je eigenen Akzenten ihre Freiheit, Zuständigkeit und Macht verteidigen.

Beide Partner – das Römerreich und die Christenkirche – brachten wenig Grundsätzliches für die Beziehung zueinander mit. Wir hörten von den Voraussetzungen: Das Römerreich hatte sein eigenes Religionsverständnis, das Christentum seine eigene Wertung dieser Welt und ihrer Ordnungen. Diese Voraussetzungen ermöglichten eine Koexistenz, begrenzten sie jedoch auch und führten zum Konflikt. Die Anerkennung des Christentums als einer möglichen Religion im Rahmen der römischen Religiosität führte zu einer neuen Verhältnisbestimmung, die nur in der Einheit von Römerreich und christlicher Kirche liegen konnte.

Die Besonderheiten der europäischen Geschichte führen dazu, daß im frühen Mittelalter zunächst die weltliche Gewalt, die Könige, Fürsten und Kaiser, in großem Umfang religiöse Funktionen wahrnimmt. Für mehr als fünfhundert Jahre drängt sie die geistliche Gewalt, den Klerus, zurück. Das ist bedingt durch die allmähliche Unterwerfung der germanischen Volksstämme und durch den Aufbau eines neuen fränkisch-deutschen Universalreiches, welches an die Stelle des aufgelösten Römischen Reiches tritt. Doch dagegen besinnt sich die Kirche seit dem 11. Jahrhundert auf ihre Eigenständigkeit und setzt diese in zähem Kampf gegen die weltlichen Herrscher durch. Allerdings unterliegt jetzt auch sie der Tendenz zur Vermischung von geistlicher und weltlicher Gewalt, weil die Päpste und Bischöfe erhebliche politische Macht ausüben. So entspricht der alten Sakralisierung des Herrschers eine neue Politisierung des Priesters, die wiederum eine Reaktion hervorruft: die Kritik an der Verweltlichung der Kirche und die Forderung nach Trennung beider Bereiche.

Die Reformation ist zunächst ein Ausdruck dieser Reaktion, wie etwa die Staatslehre Martin Luthers zeigt. In der Praxis kommt es jedoch schon bald zu einer neuen Vermischung, weil die politische Obrigkeit angesichts der Auflösung der mittelalterlichen Kirchenstrukturen Ordnungsfunktionen in der Kirche wahrnehmen muß. Dies verstärkt sich dann im neuzeitlichen Staatskirchentum, weil der absolute Monarch die Kirchenhoheit als einen Teilbereich seiner Allgewalt ansieht. Gegen das damit verbundene Zwangssystem erhebt sich die Forderung nach Trennung von Staat und Kirche, um so Toleranz und Religionsfreiheit zu gewährleisten. Erstmals wird durch den neuzeitlichen Säkularismus die bis dahin vorherrschende öffentliche Bedeutung der Religion bestritten. Die Trennung soll die Weltlichkeit des Staates und die Privatheit der Religion sichern. Doch sie läßt sich nicht überall in gleicher Weise verwirklichen, weil die Kirche von ihrem Auftrag her auch öffentliche Verantwortung wahrnimmt. So stehen am Ende der Entwicklung unterschiedliche Systeme der Partnerschaft oder der Rivalität beider Institutionen.

Die Beziehung von Staat und Kirche stellt sich als die wechselhafte Geschichte des Verhältnisses von weltlicher und geistlicher Gewalt dar, als Konkurrenz von religiösem Anspruch der politischen Herrschaft und politischer Auswirkung der geistlichen Herrschaft.

Die Aufklärungszeit fördert eine innerliche Entchristianisierung und äußerliche Säkularisierung, gipfelnd in der Französischen Revolution von 1789, die das verfassungsrechtliche Prinzip der Trennung von Staat und Kirche erstmals in Europa verwirklicht. Auch in Deutschland bahnt sich, gefördert durch den Liberalismus und durch die konfessionelle Parität der Einzelstaaten, allmählich die verfassungsrechtliche Trennung an, die dann mit der Weimarer Reichsverfassung von 1919 endgültig durchgesetzt wird. Die deutsche Situation im 20. Jahrhundert läßt sich – von dem staatskirchlichen und christentumsfeindlichen Zwischenspiel von 1933 bis 1945 abgesehen – mit dem Begriff der Partnerschaft zwischen Kirche und Staat charakterisieren. Die Kirche nimmt in besonderer Weise öffentliche Verantwortung wahr, gerade auch in sozialistischen Ländern.

Allgemein kann festgestellt werden, daß die abendländische Geschichte der Beziehungen zwischen Kirche und Staat – bei erheblichem Wandel der verfassungsrechtlichen und soziokulturellen Situation – durch ein grundlegendes Merkmal gekennzeichnet ist: durch die weitgehende Identität von Staatsvolk und Christengemeinde. Die Zugehörigkeit aller Staatsbürger zur Kirche (d.h. seit der Reformationszeit: zu einer der bestehenden Kirchen) ist bis zur Mitte des 19. Jahrhunderts in den meisten europäischen Staaten bindend vorgeschrieben, danach eine gesellschaftliche Selbstverständlichkeit, welche einerseits zunehmend problematisiert, andererseits in atheistischen Staaten beseitigt wird. Jene Deckungsgleichheit von Kirche und Gesellschaft bezeichnet man als „Volkskirche", die neuzeitliche Reglementierung kirchlicher Belange durch den Staat als „Staatskirche".

Nach dem Durcharbeiten dieser Studieneinheit sollen Sie in der Lage sein,

- die Hauptprobleme in der Geschichte der Beziehungen zwischen Staat und Kirche zu bestimmen;
- den Wechsel in der Zuordnung von weltlicher und geistlicher Gewalt im Mittelalter zu charakterisieren;
- die Bedeutung der Reformation für das neuzeitliche Staatskirchentum und die reformatorische Beurteilung des Staates zu begründen;
- die Bewegung vom Staatskirchentum zur modernen Trennung von Staat und Kirche in den Grundzügen nachzuzeichnen;
- die gegenwärtige Situation (vor allem in Deutschland) als das Ergebnis einer historischen Entwicklung einzuschätzen, in welcher bestimmte Grundentscheidungen der Christianisierung Europas, mittelalterliche und reformatorische Kirchenstrukturen sowie neuzeitliche Ideen ihren Ausdruck finden.

Die Voraussetzungen der Konstantinischen Wende

Im gelebten Verhältnis von Kirche und Staat bringt das frühe 4. Jahrhundert eine neue Erfahrung: nach dem Ende der Epoche der Unsicherheit im Verhältnis von christlicher Kirche und römischem Staat mit verschiedenen Formen der Christenunterdrückung bis hin zum Versuch der Vernichtung der Kirche, aber auch deren Aufbau im ganzen Römischen Reich, beginnt Kaiser KONSTANTIN (306–337) die christliche Religion großzügig zu fördern. Die folgenden Jahrzehnte führen zur Erkenntnis der Ausschließlichkeit der christlichen Religion; sie wird unter Kaiser THEODOSIUS (379–395) Staatsreligion. Das Verhältnis von Römerreich und christlicher Kirche hat damit eine neue Bestimmung gefunden, die für das Mittelalter und weit in die Neuzeit hinein gültig bleibt, doch ist die Geschichte dieses Verhältnisses damit nicht zu Ende. Im römischen Westreich zerfällt die staatliche Macht, im Ostreich lebt das Kaisertum weiter. Für den Westen formuliert Papst GELASIUS I. (492–496) die Zuordnung von Kirche und Staat, im Osten geschieht dies durch Kaiser JUSTINIAN (527–565). Die unterschiedlichen Proklamatoren der Verhältnisbestimmung stehen für eine je unterschiedliche Verteilung der Machtbereiche, die wiederum ihre eigene Auswirkung in Ost und West der folgenden Zeit bedingt.

Der Römische Staat

Unser Thema heißt „Staat und Kirche“. Das ist eine moderne Themenstellung, die vom Gegenüber von Staat und Kirche ausgeht. Wenn wir uns mit dem Römischen Staat beschäftigen, so gilt es zu bedenken, daß ihm ein solches Gegenüber zunächst fremd ist. Er kennt keine kirchlich organisierte Religion. Er kennt eine offizielle Religiosität, die unlösbar zum Staat selbst gehört. Wir sprechen in diesem Zusammenhang von „politischer Religiosität“.
Religion ist danach eine Äußerung des öffentlichen, politischen Lebens. Der Inhalt ist das Wohl und Heil des Staates. Dieses hängt vom Wohl und Heil der Götter ab, der offiziellen Staatsgötter. Also muß die Verehrung dieser Götter Sorge des Staates, Angelegenheit und Pflicht des Gemeinwesens sein. Das geschieht im staatlichen Kult. Dem Kaiser selbst ist die Sorge dafür auferlegt; er ist oberster Priester *(Pontifex maximus)* – womit seine priesterliche und herrschaftliche Würde zum Ausdruck gebracht wird. Von Staats wegen werden Tempel erbaut und unterhalten; die Tempelpriester stehen im öffentlichen Dienst. Sie vollziehen den genau geregelten Kult im Interesse des Staates.
Keine Staatshandlung geschieht ohne religiöse Zeremonie. Denn alles weiß man von der Lenkung und Leitung der Götter abhängig. Deren Wohlwollen ist zu

Abb. 1: Kaiser Marcus Aurelius Caracalla am Opferaltar. Relief an dem zu Ehren des Septimius Severus errichteten Arcus Argentariorum in Rom, 204

Aus: Propyläen Weltgeschichte. Hrsg. von Golo MANN und Alfred HEUSS. Bd. 4: Rom. Die römische Welt. Berlin/Frankfurt/Wien 1963, Abb. zwischen S. 402/403.

erreichen. Der Kult ist das den Göttern Geschuldete; die Sicherung des Staatswesens ist das, was die Götter dem Gemeinwesen schulden. Der Austausch beruht auf dem Prinzip: Ich gebe den Göttern das ihnen Schuldige, damit sie mir das Geschuldete geben. Dieses Prinzip zeigt ein den Römern eigenes rechtliches Verständnis von Religion. Es verweist auch darauf, daß solche Religiosität sich mit der äußeren Haltung, der korrekten Handlung begnügen kann.

Freilich gehört zur römischen Religiosität auch Frömmigkeit *(Pietas)*. Die römische Frömmigkeit betont vor allem die Ergebenheit, Dankbarkeit und Anteilnahme. Unter diesem Aspekt ist politische Religiosität immer auch Loyalitätsreligion, also Ausdruck der Ergebenheit dem Staat gegenüber und besorgte Anteilnahme an seinem Wohlergehen. In der kultischen Verehrung des Kaisers zeigt sich diese Loyalität in besonderem Maße; sie legt ein religiöses Band der Einheit um das weltweite Römerreich.

Die politische Religiosität läßt einen weiten Freiraum für private Religiosität. Sie nimmt ihre Anregung aus der Philosophie. Als Beispiel stehe dafür der fromme Stoiker EPIKTET (gest. um 140 n. Chr.), der sich „leidend und ertragend" der Führung Gottes überläßt und dankbar Gott lobt:

„Was sollten wir doch, wenn uns der Sinn dafür aufgegangen wäre, insgesamt und einzeln anderes tun, als Gott lobsingen und preisen und seine Wohltaten aufzählen? Sollte man nicht beim Pflügen, beim Graben, beim Essen den Lobgesang auf Gott singen: Groß ist Gott, daß er uns dies Werkzeug gegeben hat, die Erde zu bebauen! Groß ist Gott, daß er uns Hände gegeben hat, daß er unseren Schlund, unseren Magen geschaffen hat. Der gemacht, daß wir unvermerkt wachsen, daß wir atmen im Schlafe! [...] Was kann ich lahmer Greis anderes tun, als Gott loben? Wäre ich eine Nachtigall, so täte ich, was die Nachtigall kann. Wäre ich ein Schwan, so täte ich, was der Schwan kann. Nun bin ich ein vernünftiges Geschöpf: ich muß Gott loben ..."[1]

Persönliche Frömmigkeit, individuelles Verlangen nach Erlösung und Unsterblichkeit finden ihr Ziel auch in den „Mysterienkulten". Sie kommen aus dem Osten (der Mithras-, Serapis-, Kybele- und Attiskult u. a.) und finden im ganzen Römerreich rasch Anhänger. Das ist mögliche und erlaubte Religiosität. Hier ist der römische Staat großzügig und tolerant. Soweit sich solche Religiosität nicht gegen den staatlichen Kult stellt, kann sie sich ungehindert entfalten. Dem Judentum gegenüber geht die Toleranz weiter: Seine Religion bleibt anerkannt und rechtlich geschützt. Der Jude ist von staatlicher Kultleistung ausgenommen. Dieses Privileg kommt zunächst auch den Christen zugute. Unter diesem Schutz können die Christen leben, solange sie in den Augen der Römer nichts anderes als eine Sondergruppierung innerhalb des Judentums sind.

Das Christentum

Das Christentum entsteht im Römischen Reich. Hier tritt es mit seiner universalen Erlösungsbotschaft auf; sein Missionsland ist das Römerreich. Seine Verkündigung verspricht kein innerweltliches Heil, sondern ewiges Leben im Jenseits. Den Gläubiggewordenen fordert es zur Nachfolge Christi auf, die in der Kirche gelebt wird. Der Christ bleibt in dieser Welt, aber seine eigentliche Heimat ist der Himmel; sein wirkliches Bürgerrecht hat er nur dort. In dieser Welt – aber nicht von dieser Welt! Das bedingt Abstand zu dieser vergänglichen Welt, führt zum Unbeteiligtsein an ihrem Leben. Aber auch der Christ bleibt in diesem Leben und seinen Ordnungen. Er respektiert sie, sieht sie durchaus von Gott gegeben. Hier teilt er die Auffassung seiner Umwelt. Und wo er diese Auffassung in ihr Gegenteil verkehrt – satanische Macht ist in diesem irdischen Staat am Werk –, da steigert er das Unbeteiligtsein in Gleichgültigkeit. Apokalyptische Bewegungen und gnostische Gruppierungen mit ihrer tiefen Weltverachtung tragen diese Tradition durch das kirchliche Altertum. Die christliche Mehrheit hält sich an die andere Tradition. Sie weiß auch um Verantwortung für diese Welt. Das zeigt sich im selbstverständlichen Gebet für den Staat, die Herrscher und alle Menschen. Auch diese Tradition läuft bruchlos durch die Zeit:

„Ich hege keinen Zweifel, daß nur durch das Gebet der Christen diese Welt fortbesteht."[2]

Das Denken der politischen Religiosität ist somit dem frühen Christentum nicht fremd, wenn es auch die rechnerische Religion der Heiden ablehnen muß. In seiner Verantwortung für die Welt wird auch der Christ dem Staat gegenüber Loyalität beweisen:

„Wir wenden uns für das Wohl der Kaiser an den ewigen Gott, den wahren Gott, den lebendigen Gott, den auch die Kaiser selbst sich vor allen anderen Göttern gnädig wünschen."[3]

1 EPIKTET, Vorträge über die Vorsehung I 16.
2 ARISTIDES, Apologie 16.
3 TERTULLIAN, Apologeticum 30, 1.

Aber diese Loyalitätsbezeugung wird vom römischen Staat nicht angenommen, solange der „Gott der Christen" nicht zu seinen hilfreichen Staatsgöttern gezählt wird. Und die römischen Staatsgötter kann der Christ nicht verehren.

Der Konflikt zwischen Römischem Staat und Christentum

Der Römische Staat hat die Christen verfolgt und schließlich versucht, die christliche Kirche zu zerschlagen. Weithin herrscht die Vorstellung, die Verfolgung sei der Dauerzustand bis zur Konstantinischen Wende gewesen; das ist falsch. Die Kirche kann sich in den ersten drei Jahrhunderten im ganzen Römerreich ausbreiten. Sie kann in ihren Gemeinden eine eigene Organisation aufbauen. Die Gemeinden haben ihre Versammlungsstätten, sie haben auch Besitz. Sie können eine rege karitative Tätigkeit entfalten. Es gibt den lebhaften Verkehr zwischen den Gemeinden. Die Bischöfe versammeln sich seit dem späten 2. Jahrhundert zu Synoden, um kirchliche und theologische Fragen zu besprechen. Die Kirche ist durchaus nicht zu einem Katakombendasein verurteilt.

Der eigentliche Grund der Christenverfolgung ist die betonte Absonderung der Christen von ihrer Umwelt, die zutiefst von der heidnischen Religiosität durchdrungen ist. Mit ihrer Absonderung ziehen die Christen den peinlichen Verdacht auf sich, „Feinde des Menschengeschlechtes", „Störenfriede der Ordnung" zu sein. Sie können leicht in die Rolle des „Sündenbocks" gedrängt werden – wie es häufig peinliches Los von Minderheiten ist. (Vgl. dazu das Beispiel Kaiser NEROS und den Text des Christen TERTULLIAN, Anhang, S. 519, Zitate 4 und 5.) Die stimmungsmäßige Ablehnung und Feindseligkeit reichen freilich nicht zur Verfolgung aus. Aber sie verdichten sich zu handfesten Verdächtigungen: eine verbrecherische Vereinigung wird in den Christen gesehen. Wie TACITUS die römischen Christen beurteilte und verurteilte, ist bekannt (vgl. dazu Zitat 4, Anhang, S. 519). Die Verbrechen – Gottlosigkeit, Verachtung der Menschen und Unsittlichkeit – stören und zersetzen die Ordnung, die jedoch den staatlichen Behörden heilig ist. Empörend und ärgerlich für die Römer, daß sich da eine Religionsgemeinschaft dem Diktat nicht einfach beugt. Obwohl den Christen unterstellt wird, sie seien staatsgefährdende Verbrecher, gibt es doch keine allgemeine Jagd auf die Christen. Kaiser TRAJAN (98–117) verbietet es, daß die Behörde von sich aus nach Christen fahndet.[4] Aber der gleiche Kaiser gebietet, daß Anzeigen angenommen werden müssen; und wenn sich bei der Befragung das christliche Bekenntnis des Angezeigten herausstellt, genügt das bloße Christsein als Hinrichtungsgrund. Warum jemand seinen christlichen Nachbarn, Kollegen, seine christliche Frau anzeigt, kann dem Richter einerlei sein; ihm geht es nur um Christ oder Nichtchrist.

Wir kennen einige Einzelfälle, bei denen ganz eigene Gründe zur Anzeige geführt haben: Der christliche Lehrer Justin erzählt von einer Christin in Alexandria, bei der Eheprobleme zur Anzeige führten.[5] Ein christlicher Offizier namens Marinus sollte befördert werden; ein neidischer Kollege zeigte ihn deshalb als Christen an.[6] Der Neid und Ärger eines Kollegen haben wohl auch den eben erwähnten Lehrer Justin in Rom vor den Richter gebracht.[7] Vielleicht waren irgendwo auch die Fleischhändler empört, weil sie sich von den Christen boykottiert sahen, wenn sie Opferfleisch verkaufen wollten. Als der Statthalter Plinius gegen die Christen einschritt, konnte er mitteilen: „Auch das Opferfleisch, für das sich bisher nur ganz selten ein Käufer fand, findet wieder Absatz."[8]

4 Pliniusbriefe X 97.
5 JUSTINUS, Apologie II 2.
6 Martyrium des Marinus: R. KNOPF / G. KRÜGER / G. RUHBACH: Ausgewählte Märtyrerakten 85.
7 JUSTINUS, Apologie II 8.
8 Pliniusbriefe X 96.

Man muß an solch weitgefächerte Motive denken, wenn man die Christenverfolgungen des 2. und frühen 3. Jahrhunderts verstehen will. Einzelne Christen, kleinere und größere Gruppen fallen so der Verfolgung zum Opfer: Bischof POLYKARP von Smyrna (um 160), Christen in Scili/Nordafrika (um 180), in Karthago (um 200) usw. Die Christen leben in Unsicherheit und Gefährdung; aber die Kirche breitet sich weiter aus: „Ein Same ist das Blut der Christen", schreibt mit einigem Stolz TERTULLIAN.[9]

Eine neue Phase beginnt in der Verfolgung um die Mitte des 3. Jahrhunderts. Jetzt wird nicht mehr der einzelne Christ verfolgt, vielmehr gilt nun der Kampf der christlichen Kirche. Sie erscheint als „Staat im Staat". Ihr Selbstbewußtsein ist gewachsen, sie verteidigt sich gegen die ungerechte Verfolgung und fordert Lebensrecht und Anerkennung. Dem römischen Staat – ständig geschüttelt von inneren und äußeren Krisen – erscheint die christliche Kirche als ernste Gefahr; denn die Kaiser sehen die Rettung des Reiches in einer Erneuerung der römischen Tradition, vor allem der Religion. Einer solchen Politik verweigern sich die Christen. Ihre Verweigerung wird als „Vernachlässigung der Götter" gewertet. Darauf haben die Römer seit alters her jede Gefährdung und Niederlage des Staates zurückgeführt. So müssen die Christen jetzt „Reichsfeind Nr. 1" werden.

Es ist Kaiser DECIUS (249–251), der als erster die Konsequenz aus dieser Erkenntnis zieht. In einem raffinierten Unternehmen stellt er die Loyalität der Christen auf die Probe: alle Reichsuntertanen werden zum Opfer für den Staat aufgerufen. Die Zwangslage der Christen: Sie möchten loyale Untertanen sein, können diesen Beweis aber nicht erbringen. Die Verweigerung des Opfers muß als Staatsverbrechen gelten. Die Rechnung des Kaisers geht zwar nicht ganz auf; viele Christen opfern oder wissen die kaiserliche Anordnung geschickt zu umgehen. Aber damit ist ein neuer Weg im Kampf gegen die Christen gewiesen. Nach DECIUS nimmt ihn Kaiser VALERIAN (257–258) wieder auf. Die Maßnahmen werden verschärft: Inhaftierung des Klerus, Güterkonfiskation, Verbannung usw. Großen Erfolg konnten die Unternehmungen nicht verbuchen. Da zeichnet sich die Alternative ab: Sollte man sich nicht mit der christlichen Kirche arrangieren? Kaiser GALLIENUS (260–268) wagt eine zaghafte Verbindung mit den Christen – aus innenpolitischen Gründen. Dann läßt man die Christen wieder gewähren, duldet sie stillschweigend, bis Kaiser DIOKLETIAN (303–305) und sein Nachfolger GALERIUS (305–311) erneut in harter Verfolgung den Sieg über die Christen erringen wollen. Am Ende muß freilich GALERIUS das Scheitern eingestehen. Sein Edikt (311) (vgl. Zitat 6, Anhang, S. 519) gewährt den Christen die langersehnte und erwartete Anerkennung.

9 TERTULLIAN, Apologeticum 50, 14.

Abb. 2: Die Schlacht an der Milvischen Brücke – Ausgangspunkt der Konstantinischen Wende im Verhältnis des Römischen Staates

Aus: Die großen Religionen der Welt. Life-Redaktion, München/Zürich 1957, S. 199.

...r christlichen Kirche. Fresko Raffaels im Vatikan. Ausschnitt

Die Konstantinische Wende

Die entscheidende Wende im Verhältnis des Römischen Staates zur christlichen Kirche ist durch Kaiser GALERIUS eingeleitet worden. Die christliche Religion ist nun eine anerkannte Religion im Römerreich, deutlich eingespannt in die Struktur der politischen Religiosität: „... Sie sollen zu ihrem Gott beten für unser Heil, für das des Staates und für ihr eigenes, damit das Staatswesen in jeder Hinsicht unversehrt bleibe." (vgl. Zitat 6 im Anhang, S. 519).

Kaiser KONSTANTIN regiert damals in den westlichen Reichsteilen. Das Galerius-Edikt findet sicher seinen Beifall, aber aktiven Anteil hat er an dieser Entscheidung nicht. Welche religiöse Haltung läßt sich für ihn ausmachen? Greifen wir ein wenig zurück: Sein Vater CONSTANTIUS CHLORUS, Mitregent DIOKLETIANS, hat in seinem Herrschaftsbereich die Verfolgungsgesetze nicht ernstlich ausgeführt. Britannien und Gallien – ohnehin noch recht schwach von Christen besiedelt – bleiben von der Verfolgung weithin verschont. Das mag für den Sohn eine wichtige Erfahrung gewesen sein. KONSTANTIN, von göttlichem Sendungsbewußtsein tief erfüllt, geht seinen eigenen religiösen Weg. Geführt und gesandt weiß er sich von einem höchsten göttlichen Wesen *(Henotheismus)*. Das kann Apoll sein, aber auch der „unbesiegte Sonnengott"! Sicher aber sind es nicht die vielen Götter des römischen Staatskultes. Der „eine Gott" wird von ihm dann langsam mit dem Gott der Christen gleichgesetzt. Dafür liefert die Schlacht an der Milvischen Brücke, am 28. Oktober 312, in der er seinen Rivalen MAXENTIUS besiegte, den Beweis. Als göttlichen Schlachtenbeistand wählte er sich diesen „Gott der Christen", der ihm den Sieg bescherte.

Aus dieser Überzeugung kommen seine Förderung und Bevorzugung der christlichen Kirche: Wie die Kaiser vor ihm Tempel bauten, läßt er christliche Kirchen bauen. Wie die heidnischen Priesterkollegien staatlich unterstützt wurden, unterstützt er den christlichen Klerus. Der heidnische Priesterdienst gilt als öffentliche Dienstleistung; das gilt jetzt auch vom christlichen Dienst. Der Kaiser bestimmt den Sonntag zum arbeitsfreien Tag und ermöglicht den Christen damit die rechte Gottesverehrung. Die großzügige Privilegierung der Kirche hat zuerst ihre kultischen Dienste im Auge. Das entspricht wieder genau der antiken Religiosität, die Gott in Kult und Ritus die schuldige Verehrung erweist. Und da KONSTANTIN als Kaiser auch oberster Priester ist, muß der Kult jener Religion, die ihm nun selbst am Herzen liegt, seine ganz persönliche Sache sein. Seine eindeutige Bevorzugung des Christentums muß auch vom herrscherlichen Selbstverständnis her verstanden werden. Das gibt ihm die rechtliche Hoheit über alles in seinem Reich, auch über den Sakralbereich, dessen

Sachen (Tempel) und Personen (Priester). Von Rechts wegen ist die Kirche deshalb ihm verantwortlich, und er trägt Verantwortung für die Kirche. Das ergibt sich aus dem römischen Recht.

Erst die Erfahrung und das Erlebnis, nun selbst ein Teil des römischen Staates zu sein, den notwendigen religiösen Dienst für ihn zu leisten, drängen auf die angemessene Verhältnisbestimmung. Vor allem zwei Vorgänge verlangen nach Klärung: der Donatismus in Nordafrika und der Arianismus im östlichen Reichsteil:

- Im *Donatismus* ist der christliche Glaube nicht unmittelbar berührt. Es geht um Fragen der christlichen Ordnung und Disziplin. Die donatistische Partei ruft den Kaiser als Schiedsrichter an. Sie anerkennt also seine Rechtshoheit über die Kirche und verlangt von ihm eine Entscheidung auf dem Rechtsweg. Für KONSTANTIN stellte sich angesichts einer gespaltenen Kirche in Nordafrika die Frage: Wer von den beiden Kirchen bringt Gott die geschuldete Verehrung in rechter Weise dar? Eine sakralrechtliche Frage also, die durchaus in seine Kompetenz gehört. Er überträgt die Entscheidung einem bischöflichen Gericht in Rom (Oktober 313) – wodurch die Bischöfe zu staatlichen Richtern werden – und in zweiter Instanz ein Jahr später der Bischofssynode in Arles. Der Bischofsspruch hat – im Auftrag des Kaisers gesprochen – reichsrechtliche Geltung. Die abgewiesenen Donatisten werden nicht nur aus der Kirche ausgeschlossen, sie werden auch staatlich verfolgt. Unter dem Druck der kaiserlichen Strafen sollen sie zur Einsicht finden und in die eine christliche Kirche zurückkehren. Damit hat KONSTANTIN freilich keinen Erfolg. Die Donatisten behaupten sich auch unter der staatlichen Verfolgung. Erst hundert Jahre später – zuerst mit dem theologischen Einsatz des großen Kirchenlehrers AUGUSTINUS (gest. 430) und dann mit staatlicher Gewalt, von AUGUSTINUS gefordert und begründet – hört ihre Sonderkirche auf. Gerade die Erfahrung staatlicher Verfolgung macht die Donatisten zu scharfen Kritikern der neuen kaiserlichen Religionspolitik: „Was hat der Kaiser mit der Kirche zu schaffen?"
- Im *Arianismus* steht der christliche Glaube selbst zur Debatte. Trotz des Mißerfolges in Nordafrika läßt sich KONSTANTIN nach 324 – er ist jetzt Alleinherrscher im ganzen Reich – erneut in kirchliche Streitfragen ein. Seine kaiserliche Stellung zwingt ihn dazu. Nachdem er in der christlichen Religion die erste Stütze seiner Regierung sieht – und rückblickend kann er in seiner Regierung nur Erfolg sehen, weiß sich also von Gott geführt und gesegnet –, kann er keine gespaltene und zerstrittene Kirche ertragen. ARIUS, ein Pfarrer in Alexandrien, war als Irrlehrer verurteilt worden. Er lehrte, Gott-Sohn sein ein Geschöpf seines Vaters und Gott-Vater deshalb nicht wesensgleich. ARIUS hatte außerhalb Alexandriens Unterstützung gefunden. Innerkirchlich war der Streit nicht beizulegen. Kaiser KONSTANTIN beruft im Jahr 325 das Konzil von Nizäa ein. Bischöfe entscheiden in seinem Namen über ein Glaubensbekenntnis, und das Bekenntnis von Nizäa wird dann in seinem Namen verkündet. Auch hier regt sich kein Widerspruch: Religion (und der christliche Glaube) sind Sache des Reiches geworden; darüber hat der Kaiser zu entscheiden. Die notwendige theologische Arbeit kann man dabei durchaus den Bischöfen überlassen.

Ernste Fragen werden auch zehn Jahre später gestellt. Der Kaiser rückt vom nizänischen Bekenntnis ab; die Mehrheit der Bischöfe ebenso. Das Bekenntnis zu Nizäa vereinigt nur noch eine christliche Minderheitenkonfession. Die Christenheit sieht sich konfessionell gespalten. Wie steht man jetzt zum Kaiser? Wo man gleichen Bekenntnisses mit ihm ist, ist man kaiserlich. Wo man im Bekenntnis von ihm getrennt ist, ist man antikaiserlich. Diese Erfahrung läßt erneut fragen, was der Kaiser mit dem Glauben der Kirche zu tun habe. Aber grundsätzlich wird diese Frage kaum entschieden. Die nizänischen Bischöfe beginnen schon unter Kaiser KONSTANTIN, die notwendige Eigenständigkeit der Kirche zu verteidigen.

Die persönliche Entscheidung KONSTANTINS für die christliche Religion – er ist 337 als getaufter Christ gestorben – bringt für den Römischen Staat und das Christentum weitreichende Folgen. Blicken wir noch einmal zurück: Kaiser GALERIUS gewährt den Christen im Jahre 311 freie Religionsausübung. Die christliche Religion ist damit im Römerreich eine mögliche Religion. Kaiser KONSTANTIN fördert von 313 an nachhaltig die christliche Religion. Ihr gehört seine Sorge; ihr gegenüber vor allem erfüllt er seine religionspolitische Sendung als Kaiser. Das Christentum ist die bevorzugte Religion im Römerreich. Als Triumphator zieht er nach dem Sieg an der Milvischen Brücke in Rom ein, unterläßt aber das übliche Dankopfer auf dem Kapitol. „Auf Eingebung der Gottheit" habe er den Sieg errungen, lautet die offizielle Version. Für KONSTANTIN war diese Gottheit Christus.

Abb. 3: Triumphbogen Konstantins in Rom, errichtet um 315 zur Erinnerung an den Sieg über Maxentius (312)

Über dem mittleren Bogen die Inschrift:

Dem Caesar Flavius Constantinus Maximus,
dem frommen und glücklichen Augustus der Senat und das Volk von Rom,
weil er auf Eingebung der Gottheit
durch die Größe seines Geistes mit seinem Heer
vom Tyrannen und seiner ganzen Rotte
zu einer einzigen Zeit
mit gerechten Waffen den Staat gerächt hat,
weihte diesen Bogen zum Zeichen seines Triumphes.

Aus: Kursbuch Religion 5/6. Frankfurt 1976, S. 43.

Ganz im Denken antiker Religiosität hat dieser Gott sich als der stärkere Gott erwiesen. Von da an baut der Kaiser auf die Hilfe Christi. Der politischen Religiosität bleibt er dabei durchaus verbunden: Will er der Hilfe Christi sicher sein, so muß er für die rechte Verehrung Christi Sorge tragen. Also muß er die christliche Kirche fördern und unterstützen. Was GALERIUS eingestehen mußte: Auch die christliche Religion nützt dem Staat – heißt bei KONSTANTIN aus ganz freiem Entscheid: Gerade die christliche Kirche nützt dem römischen Staat. (Vgl. Zitat 7 im Anhang, S. 519). Aber Kaiser KONSTANTIN läßt das Heidentum weiterexistieren; es erfährt einige Beschränkung, aber keinerlei Verfolgung. Immerhin ist die Mehrheit der Bevölkerung zu seiner Zeit noch heidnisch: etwa ein Viertel nur ist christlich.

Der christliche Absolutheitsanspruch bleibt also noch verborgen. Aber ist das lange Zeit durchzuhalten? Kann neben der einzig wahren Religion auch noch Platz sein für die falsche? Kann neben Christus weiterhin Juppiter stehen? Die kaiserliche Religionspolitik muß sich entscheiden. Die Kirche hilft dabei kräftig nach. Die Zeit nach Kaiser KONSTANTIN bringt deshalb erhebliche Beschränkungen für das Heidentum. Der Staat zieht sich mehr und mehr vom alten staatlichen Kult zurück. Warum soll er noch Tempel bauen und unterhalten, Priester und die Vestalinnen unterstützen, wenn er sich von dieser Religion für das Staatswohl nichts mehr erhofft.

„Christus oder Juppiter" – die Entscheidung fällt im Jahr 380 durch Kaiser THEODOSIUS I. (378–395). Innerkirchlich kommt in seiner Regierungszeit die langandauernde Auseinandersetzung um das Glaubensbekenntnis von Nizäa zu Ende. Er selbst ist überzeugter nizänischer Christ. Am 28. Februar 380 verkündigt er in einem neuen Gesetz für das ganze Reich das christliche Bekenntnis – und zwar in seiner nizänischen Form – als einzig gültige Religion (vgl. Zitat 9, Anhang, S. 519). Alle anderen christlichen Bekenntnisse sind Ketzerei *(Häresie)* und müssen mit staatlicher Verfolgung rechnen. Wenige Jahre später erläßt der gleiche Kaiser Gesetze, die das Heidentum verbieten; denn Heide-sein paßt jetzt nicht mehr zum Römer-sein. Das Reich ist offiziell unter *einer* Religion vereinigt, der christlichen Religion. Sie ist Staatsreligion; das Kirchenvolk ist identisch mit dem Reichsvolk. Erst mit Kaiser THEODOSIUS kommt also die „Konstantinische Wende" an ihr Ziel. Die knapp geschilderten Vorgänge sind für uns nicht leicht nachvollziehbar. Der Schlüssel liegt im Verständnis der antiken Religiosität und des römischen Rechts: Das Staatswesen bedarf der Religion; die Religion ist ein Teil der Staatsöffentlichkeit, unterliegt also dem öffentlichen Recht. Damit darf aber nur im eingeschränkten Sinn von „Wende" geredet werden. Sie bringt im Religionsverständnis und im Rechtsbereich weder einen wirklichen Wechsel oder gar einen Bruch. Die Konstantinische Wende liegt darin, daß die christliche Religion in den römischen Staat und in sein Recht einbezogen wird.

(1) Welche Bedeutung kommt Kaiser KONSTANTIN für die Einheit von römischem Staat und christlicher Kirche zu?

....

....

....

....

....

Die Folgerungen aus der Konstantinischen Wende

Für den römischen Staat sind die Folgerungen bereits dargestellt: in ihm gibt es jetzt nur die christliche Religion. Für die Kirche sind auch einige Konsequenzen genannt: das Ringen um die kirchliche Freiheit und die Sorge, den christlichen Glauben zu bewahren. Hier wird seit KONSTANTIN einiges an Klarstellung und Grenzziehung gesucht, auch um den Preis der Verfolgung und Verbannung.

Eine Lösung bietet sich mit der Unterscheidung von „Innerem" und „Äußerem" der Kirche an. Für das „Äußere" soll der Kaiser zuständig sein: für die Struktur, Organisation und Ordnung der Kirche; auch für alles, was von der christlichen Kirche in sichtbare Erscheinung tritt, wo der christliche Glaube äußerlich Alltag und Leben durchformen soll. Anders dagegen das „Innere": der Glaube als Entfaltung der Gottesoffenbarung und die Sakramente als Vermittlung der Erlösung und des ewigen Heils. Ein solches Inneres ist der römischen Religiosität ziemlich fremd. Aber dem Christentum ist es wesentlich. Soll der Kaiser auch darauf Einfluß, auch darüber Macht haben? Wenn wir dabei bleiben, daß mit der Konstantinischen Wende das Christentum bruchlos in die antike Religiosität einbezogen wurde, dann kann das Innere dieser Religion davon ausgenommen werden. Darauf hat sich jene Religiosität nicht bezogen. Und hier kann die Kirche Eigenständigkeit und Freiheit fordern, ohne aus dem vorgegebenen Rahmen auszubrechen. Bischof AMBROSIUS von Mailand (374–397), aus römischer Aristokratenfamilie stammend, vor seiner Bischofswahl hoher römischer Staatsbeamter, zieht daraus wichtige Konsequenzen. Unter seinem Einfluß legt der römische Kaiser den Titel „Pontifex maximus" ab; AMBROSIUS läßt dem Kaiser die rechtliche Aufsicht für die äußeren Belange der Kirche; nur er hat die Rechtsmittel, hier ordnend und helfend einzugreifen. Aber entschieden wehrt er ihm den Zugriff auf das Innere der Kirche: „Der Kaiser steht nicht über der Kirche, sondern in der Kirche; er ist ein Sohn der Kirche!"[10] Dadurch wird der Kaiser in die Kirche eingebürgert; als Christ hört er auf das in und von der Kirche verkündigte Wort Gottes. Freilich ist er als Kaiser ein besonderer Sohn der Kirche. Die Kirche beansprucht ihn und erwartet von ihm den Schutz nach außen, die Durchsetzung ihrer Gesetze, die Bestrafung ihrer Gegner!

Es ist ja nicht so, daß die „Konstantinische Wende" die Kirche unmittelbar und sofort zur „Machtkirche" gewandelt hätte. Die Voraussetzungen jener Wende führen vielmehr zur Kirche in der Hand des Kaisers und im Dienst des Staates! Erst nach und nach versucht sich die Kirche wieder aus der Umarmung des Staates zu befreien und ihr Verhältnis zu Staat und Kaiser neu zu bestimmen. Das zeigt der eben erwähnte AMBROSIUS mit seiner Einbürgerung des Kaisers in die Kirche. Das wird jetzt vor allem von den Päpsten fortgeführt. Sie sind es, die jene ausgesprochene Platzanweisung des Kaisers genauer abstecken. Dabei kommt ihnen entgegen, daß die Macht des römischen Kaisertums im Westen zerbröckelt; im Jahr 476 verschwindet es ganz. Bald danach wird von Papst GELASIUS (492–496) die berühmte Formel von „beiden Gewalten" verkündet (vgl. Zitat 10, Anhang, S. 520), in der die vorher genannte Teilung von Innerem und Äußerem die Platzanweisung für den Kaiser bestimmt. Der Vorrang der geistlichen Gewalt ist deutlich herausgehoben, auch wenn sie als „Last der Verantwortung" erscheint. Der Kaiser ist Sohn der Kirche, für den die Kirche letzte Verantwortung trägt. Was Papst GELASIUS im Jahr 494 an den römischen Kaiser schreibt, war von bestimmter kirchenpolitischer Situation diktiert. Die Papstworte werden später von dieser Situation abgelöst und im Mittelalter als unbedingt gültige Aussage formuliert.

Im oströmischen Reich kann die kaiserliche Platzanweisung nicht in dieser Weise bestimmt werden. Hier bleibt die kaiserliche Macht ungebrochen bestehen. Sie bleibt der konstantinisch-theodosianischen Verhältnisbestimmung von Staat und Kirche verbunden. Nicht von ungefähr ist es dort der Kaiser, der die Zuordnung der beiden Gewalten beschreibt. Im Jahr 535 bestimmt Kaiser JUSTINIAN I. das Zueinander und Ineinander von Staat und Kirche (vgl. Zitat 10, Anhang, S. 520). Wohl wird auch da Geistliches und Weltliches unterschieden, die Verschiedenheit von Innerem und Äußerem reflektiert. Aber deutlich beansprucht der Kaiser für sich die höhere Verantwortung: Seine erste Sorge gilt den wahren göttlichen Lehren und der Ehre der Geistlichkeit! Das hätten ebenso Worte Kaiser KONSTANTINS sein können, und das werden die Überzeugung und das Programm der byzantinischen Kaiser bis zu ihrem Untergang im Jahre 1453 sein.

(2) Wie finden christliche Kirche und römische Herrschaft zu einem angemessenen Verhältnis?

....

....

....

....

....

....

....

---

10 AMBROSIUS von Mailand: Rede gegen Auxentius.

Geistliche und weltliche Gewalt im Mittelalter

Das Grundproblem der mittelalterlichen Entwicklung seit KARL DEM GROSSEN und OTTO DEM GROSSEN ist die Zuordnung von geistlicher und weltlicher Gewalt: die religiöse Qualifikation des politischen Handelns und die Autonomie des kirchlichen Bereichs. Es fallen Entscheidungen, die das Verhältnis von Staat und Kirche bis in die Neuzeit prägen (vor allem die Herausbildung der geistlichen Fürstentümer der Bischöfe), begleitet durch Lehren, die fundamentale Theorien formulieren. Nach der Periode kirchlicher Autonomie im hohen und späten Mittelalter bringt die Reformation neue Formen des Staatskirchentums, aber auch ein kritisches Korrektiv in den Lehren LUTHERS, MELANCHTHONS, ZWINGLIS und CALVINS, die das Spezifikum des Christlichen vor einer Vereinnahmung durch den Staat bewahren. Der Kampf zwischen Staatsaufsicht über die Kirche und kirchlicher Emanzipation vom Staat bestimmt die Geschichte vom 17. bis zum 19. Jahrhundert und endet in verschiedenen Formen der Trennung von Staat und Kirche (Beispiele: USA, Frankreich, Sowjetunion, Deutschland). Die komplizierte deutsche Entwicklung nach 1918, nach 1933 und nach 1945 spiegelt abschließend noch einmal die seit dem Mittelalter drängenden Probleme wider.

Sakrales Herrscheramt im Frankenreich

Das Frankenreich hatte sich seit den Eroberungskriegen CHLODWIGS und seiner Nachfolger (486–534) mächtig ausgedehnt. Es trat in Westeuropa die Nachfolge des Römischen Reiches an. Das galt auch im Blick auf die organisatorische Abhängigkeit der Kirche vom König und von den Grundherren, die zudem durch das germanische Eigenkirchenrecht gerechtfertigt war. Der seit dem durch König DAGOBERT I. im Jahre 626 verfügten Taufzwang herrschende Grundsatz, daß jeder fränkische Untertan Christ sein mußte (welcher dem seit 380 geltenden römischen Recht entsprach), konnte in der Praxis erst im Verlauf des 6.–8. Jahrhunderts verwirklicht werden – wie die mühsame Christianisierung und der allmähliche Aufbau einer Kirchenorganisation durch das Werk der iroschottischen und angelsächsischen Missionare zeigen. Unter BONIFATIUS kam dieses Werk zwischen 720 und 750 zu einem gewissen Abschluß, und mit ihm setzte sich ein für die weitere Geschichte von Staat und Kirche entscheidender Aspekt durch: Die fränkische Kirche unterstellte sich wie die angelsächsische der geistlichen Oberhoheit des Bischofs von Rom. Das bildete den Ansatzpunkt dafür, daß sich in der Folgezeit die universal-abendländische Bedeutung des Papsttums entwickeln konnte.

Ein zweiter wirkungsgeschichtlich bedeutsamer Aspekt ergab sich zur selben Zeit im Blick auf die Neubegründung des fränkischen Königtums. Um die bislang herrschende Dynastie der Merowinger ablösen zu können (die zwar tatsächlich keine Macht mehr besaß, aber für germanisches Denken durch das königliche Geblüt allein ausgewiesen war), schufen sich die Karolinger als die bisherigen Reichsverwalter eine neue Legitimation: die christlich-sakrale Königswürde. PIPPIN DER JÜNGERE (714–768), der Sohn des Araberbezwingers KARL MARTELL, ließ sich vom Papst die Möglichkeit einer solchen Herrschaftsablösung bestätigen, wurde daraufhin 751 von einer Reichsversammlung zum König gewählt und von den fränkischen Bischöfen unter Führung des BONIFATIUS – in Anlehnung an das alttestamentliche Vorbild Davids – zum König gesalbt (754 durch Papst STEPHAN II. Bekräftigung der Salbung). Diese Weihe symbolisierte eine Beauftragung durch Gott – weswegen sich seit PIPPINS Söhnen jeder mittelalterliche König als „von Gottes Gnaden" *(gratia Dei rex)* legitimiert wußte. Die Verbindung mit dem Papst wurde 754 durch den Bündnisvertrag von Quierzy begründet, der dem Papst ehemals byzantinische Territorien in Italien überließ (Rechtsgrundlage für den späteren Kirchenstaat in der „Pippinschen Schenkung") und den König zum „Schutzherrn der Römer" *(patricius Romanorum)* machte.

Allerdings verband sich mit dem Kaisertum ein Konstruktionsproblem, das seinen Trägern bis in die Neuzeit politische Schwierigkeiten bereitete: Es war vom Papst (der ebenfalls den Anspruch erhob, Repräsentant der Christenheit zu sein) übertragen worden, so daß sich hinfort jeder König in Rom die Kaiserkrone holen mußte. Daraus leitete die päpstliche Kurie seit dem 11. Jahrhundert die Theorie von der „translatio imperii" ab, wonach die weltliche Herrschaft ihre Gewalt und Autorität aus der Hand der geistlichen Herrschaft empfängt, also nur eine mittelbare Vollmacht besitzt. KARL DER GROSSE und seine Nachfolger allerdings verstanden sich als unmittelbare Beauftragte Gottes.

Abb. 4: Papst Leo III. und Karl der Große als Getreue des Apostels Petrus. Mosaik vom Speisesaal aus dem alten Lateranpalast in einer Freilichtapsis an der Piazza di Porta S. Giovanni in Rom, um 800

Aus: Propyläen Weltgeschichte. Hrsg. von Golo MANN und August NITSCHKE. Bd. 5: Islam. Die Entstehung Europas. Berlin/Frankfurt/Wien 1963, Abb. zwischen S. 296/297.

Auf diesem Fundament baute PIPPINS Sohn KARL DER GROSSE (768–814 regierend) die Herrscherstellung weiter aus, insbesondere auch den Einfluß auf die fränkische Kirche und Rom. Um seinem universalen Anspruch Ausdruck zu verleihen, ließ er sich im Jahre 800 von Papst LEO III. zum Kaiser krönen – womit das Frankenreich die Nachfolge des Imperium Romanum beanspruchte, aber in Konflikte mit dem Ostreich (Byzanz) geriet. Die machtpolitische Grundlage des neuen Kaisertums bildete das fränkische Königtum, die ideelle Grundlage das Bewußtsein, von Gott erwählt und gekrönt zu sein: Der Kaiser verwaltet die Welt in Gottes Auftrag, darum ist er das Haupt der Christenheit, die im Imperium ihre politische Organisation findet. Symbolischen Ausdruck erhielt dieser religiöse Anspruch in der karolingischen Krönungsliturgie (seit dem 9. Jahrhundert überliefert), die in der späteren deutschen Zeremonie fortwirkte.

Schema 1: Das Verhältnis von Kirche und Staat im Europa des 8. Jahrhunderts

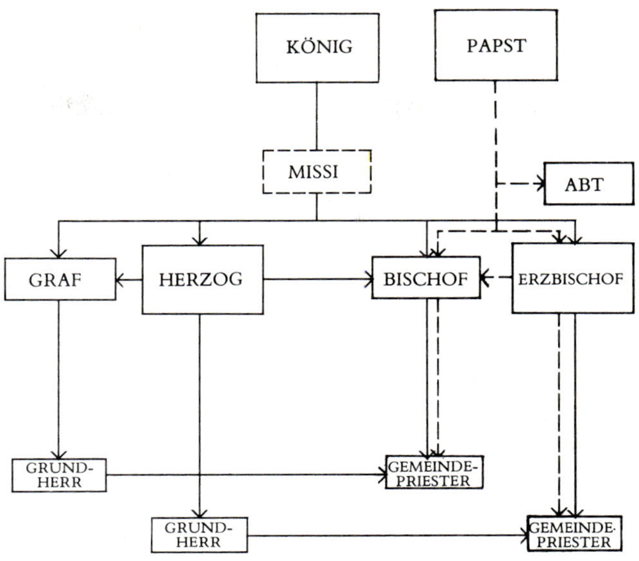

Dieses Schema zeigt in vereinfachter Form die Regierungsstruktur im größten Teil Europas zum Ende des 8. Jahrhunderts. Sie galt, mit verschiedenen Abweichungen, fast 300 Jahre; allerdings verlagerte sich die Macht – unter einem schwachen König – manchmal auf die niederen Verwaltungsränge.

Die königliche Autorität (schwarze Pfeile) bediente sich zweier Kanäle, eines weltlichen und eines geistlichen. Staats- und Kirchenverwaltung wurden durch die sogenannten „missi" beaufsichtigt.

Herzöge und Grafen, von den Grundherren unterstützt, nahmen die königliche Gerichtsbarkeit wahr, erhoben Steuern und rekrutierten das Heer. Auf der anderen Seite überwachten Erzbischöfe und Bischöfe die gewöhnlich von den Grundherren eingesetzten Gemeindepriester. Obwohl von der Kirche konsekriert, unterstanden die hohen Kleriker zunächst dem König; die päpstliche Macht (gestrichelte Pfeile) galt für sie nur in Dingen des Kirchenrechts und in reinen Glaubensfragen.

Aus: Die Geburt Europas, von Gerald SIMONS und der Redaktion der Time-Life-Bücher. Amsterdam 1978, S. 64.

Die Herrschaft des Kaisers über die Kirche zeigte sich auf vielen Gebieten. Er ernannte die Bischöfe und regelte das kirchliche Finanzwesen sowie die Pfarrorganisation. In Bildung und Lebensweise der Geistlichen, in Liturgie und Predigt, in Klosterwesen und Wissenschaft setzte er vielfältige Reformen durch, zum Teil gegen den Widerstand des Klerus. In theologischen Streitfragen entschied er als für die Abwehr von Irrlehren zuständiges Haupt der Christenheit, wobei er sich auch gegen die byzantinische Ostkirche wandte. Und für die Ausbreitung des Glaubens sorgte er durch die Christianisierung der Sachsen, Friesen, Wenden (um Main und Regnitz sowie in Kärnten) und Awaren, wobei er – in Ausführung des erwähnten Taufzwangs – auch massive Gewalt anwandte („Schwertmission", vor allem unter den Sachsen). Auf eine derartige Einbeziehung des geistlichen Bereichs in den weltlichen hat man fälschlich den modernen Begriff der Staatskirche angewandt. Zutreffender müßte man von der religiös-politischen Einheit des christlichen Gottesvolkes sprechen, das im Frankenreich seine Organisationsform und im Kaiser seinen obersten Repräsentanten besitzt.

Christliches Kaisertum von Otto I. bis Heinrich III.

Nach dem Zerfall des Frankenreiches nahm in dessen Ostteil OTTO DER GROSSE (936–973) mit der Kaiserkrönung von 962 die karolingische Programmatik auf, wobei in dem nunmehr an das deutsche Königtum gebundenen Kaisertum (mit den Staatsgebieten Deutschland und Italien, seit 1032 auch Burgund) Anspruch auf Universalherrschaft und staatliche Wirklichkeit noch stärker auseinanderklafften. Im Verhältnis zur Kirche wirkte sich die sakrale Herrscherauffassung nicht nur in der Förderung der Mission unter den Westslawen im Elbe-Ostsee-Raum aus (Gründung des Erzbistums Magdeburg 968), sondern auch in der Tatsache, daß OTTO I. das Papsttum in völlige Abhängigkeit vom Kaiser brachte (vor allem durch das „Pactum Ottonianum" von 962) und dies in spektakulärer Weise 963 durch die Amtsenthebung von Papst JOHANNES XII. demonstrierte. Dieser erstmaligen Papstabsetzung folgte ein Jahrhundert kaiserlicher Eingriffe, die zumeist der Reform der Kurie dienten; sie gipfelten in der Absetzung dreier rivalisierender Päpste durch HEINRICH III. im Jahre 1046 auf der Synode von Sutri.

Von tiefgreifender Bedeutung für die deutsche Geschichte wurde die Einrichtung des geistlichen Fürstentums durch OTTO I., das im Prinzip bis zur großen Säkularisation von 1803 bestand: Im Kampf gegen die Stammesherzöge um die Reichseinheit stärkte OTTO nach 955 die königliche Macht allmählich dadurch, daß er den Bischöfen und Äbten Territorien (Grafschaften) von teilweise beachtlichem Ausmaß als Reichslehen übertrug und ihnen dazu königliche Hoheits- und Vermögensrechte *(Regalien)*, wie etwa Münz-, Zoll- und Marktrechte mit beträchtlichen Einnahmen, verlieh. Gleichzeitig konnten sie die ihnen übertragene weltliche Gerichtsbarkeit, die durch Kirchenvögte ausgeübt wurde, kräftig ausbauen. Da diese Territorien wegen der pflichtmäßigen Ehelosigkeit *(Zölibat)* nicht vererbt werden konnten, behielt der König die Verfügungsgewalt über sie. So band er im Laufe der Zeit alle Bistümer und die großen Abteien lehnsrechtlich an das Reich. Die Reichsgewalt stärkten die geistlichen Fürsten dadurch, daß sie erhebliche Abgaben leisteten, zum königlichen Heerbann beitrugen und durch ihre Kanzleien die zentrale Verwaltung unterstützten.

Dieses ottonisch-salische Reichskirchensystem drückte die politische Einheit von geistlicher und weltlicher Gewalt aus, die im 10./11. Jahrhundert Europas Geschichte bestimmte. Als eine Folge für die Kirche ergab sich, daß die politischen und ökonomischen Interessen die geistlichen Aufgaben überlagerten. Für den König stand nunmehr bei Bischofswahlen, die er noch massiver als früher beeinflußte, der Aspekt politischer Nützlichkeit und Zuverlässigkeit im Vordergrund. Wie die Grundherren ihre Pfarreien, so behandelte er die Kirche im Reich gleichsam nach königlichem Eigenkirchenrecht. Das Ineinander von geistlicher und weltlicher Herrschaft im Bischofsamt fand bei der *Investitur*, der Wahl und Weihe eines Bischofs, symbolträchtigen Ausdruck (sicher bezeugt seit HEINRICH III.): Der König bzw. sein Vertreter überreicht dem Gewählten als Herrschaftsinsignien Bischofsstab und -ring. Dann folgt die kirchliche Weihe durch den Erzbischof bzw. andere Bischöfe. Wie der Bischof auch weltliche Funktionen ausübt, so versteht sich ebenfalls der König/Kaiser nicht als „Laie", sondern als religiöser Amtsträger. HEINRICH III., unter dessen Herrschaft (1039–56) der königliche Einfluß auf die Kirche seinen Höhepunkt fand, sah sich als Gesalbten Gottes und Stellvertreter *(vicarius)* Christi auf Erden, der König- und Priestertum *(regnum* und *sacerdotium)* vereinte. Dies schloß für ihn die Sorge um vielfältige kirchliche Reformen, von den Klöstern bis zur römischen Kurie, ein. Dadurch trug er zu einer Stärkung des Papsttums bei, die nach seinem Tod zu einer Bestreitung der bisherigen sakralen Herrscherauffassung führte.

Gregorianische Reform: Autonomie der Kirche

Einer Kirche, die sich ihrer Eigenart bewußt wurde und daher auf Autonomie bedacht war, mußte jene Praxis der Investitur problematisch erscheinen. Diese Bewußtseinsänderung vollzog sich im Zusammenhang mit den innerkirchlichen Reformen, die seit dem 10. Jahrhundert vom burgundischen Kloster Cluny ausgingen („Cluniazensische Reform") und seit 1049 durch Papst Leo IX. und die Kurie zielstrebig von oben her verordnet wurden. Da sie unter Papst Gregor VII. (1073–1085) entscheidend durchgesetzt wurde, bezeichnet man die ganze Epoche auch als „Gregorianische Reform". In der Beziehung zwischen geistlicher und weltlicher Gewalt hat sie so grundlegende Veränderungen bewirkt, daß die bislang dargestellte frühmittelalterliche Form der Integration beider Bereiche einer neuen Verhältnisbestimmung wich: der Gegensätzlichkeit von *imperium* und *sacerdotium*. Das war allerdings mit erbitterten Kämpfen verbunden, unter denen der deutsche Investiturstreit (1075–1122) herausragt.

VATIKANISCHE BIBLIOTHEK, ROM

Diese Handschriften-Miniatur zeigt Heinrich IV., den mächtigen deutschen Kaiser, wie er vor Mathilde, der großen Markgräfin der Toskana, und dem Abt Hugo von Cluny, dem Gesandten des Papstes Gregor VII., niederkniet. Heinrich war exkommuniziert worden, weil er die päpstlichen Privilegien der Ernennung von Bischöfen und Äbten angetastet hatte. Um vom Kirchenbann gelöst zu werden, suchte er den Papst auf, der sich damals in Mathildes Burg im Apennin aufhielt. Den Kaiser zu demütigen, ließ Gregor ihn drei Tage lang barfuß im Schnee stehen, bevor er ihn empfing.

Das kirchenpolitische Programm der Reformpartei, maßgeblich von deren führendem Kopf, Kardinal Humbert (gest. 1061) geprägt, orientiert sich an den Leitbegriffen „Gerechtigkeit" *(iustitia)*, „Ordnung" *(ordo)* und „Freiheit" der Kirche *(libertas ecclesiae)*: Die Welt befindet sich nur dann in der rechten Ordnung, wenn das Weltreich sich dem Gottesreich fügt. Die Verwirklichung der Gerechtigkeit gemäß Gottes Willen erfordert die Unterordnung der weltlichen Gewalt unter das Gottesreich, konkret: unter die Gewalt des Papstes, der kraft seines Lehr- und Richteramtes jene Gerechtigkeit, die im Kirchenrecht konkrete Form annimmt, glaubwürdig anwendet. Dazu bedarf es aber zuvor der Herstellung der kirchlichen Freiheit auf allen Ebenen: von der Freiheit der Pfarreien, Bistümer und Klöster gegenüber den Grundherren und Fürsten bis hin zur Freiheit des Papstes gegenüber kaiserlicher Bevormundung. Die bisherige Praxis der Bischofsinvestitur kritisierte Humbert – unter bewußter Verneinung des sakralen Charakters der Kaiserwürde – als Laieninvestitur und qualifizierte diese „Simonie" (Ämterkauf gemäß der in Apg 8,18ff. berichteten Geschichte vom Erzketzer Simon Magus) als Häresie.

Gegen das bisher herrschende germanische Rechtsdenken stellte die Kurie den Rückgriff auf das alte kanonische Recht, das sie freilich im Sinne eines papalistischen Zentralismus veränderte. Damit gelang es im 11. Jahrhundert dem Papst, die Oberherrschaft über die westliche Kirche zu erlangen – was die Voraussetzung dafür bot, daß er mit dem kaiserlichen Anspruch konkurrieren konnte. Das bedeutendste Dokument der Reform ist der *„Dictatus Papae"* (vermutlich aus dem Jahre 1075) – Ausdruck der universalistischen Amtsauffassung Gregors VII. Hier werden neben innerkirchlichen Zentralisierungsmaßnahmen auch politische Grundsätze verkündet: Der Papst kann alle Lehnsträger von ihrem Treueid entbinden, er kann Kaiser absetzen, untersteht selbst aber keiner richterlichen Gewalt (vgl. Zitat 14 im Anhang, S. 520). Damit war der Kampf zwischen Papsttum und Kaisertum um die Führungsrolle in der abendländischen Christenheit gleichsam vorprogrammiert.

Der deutsche Investiturstreit: Dualismus von weltlicher und geistlicher Gewalt

Der Investiturstreit, ein Kampf zweier verschiedener Rechtssysteme und politischer Theologien, begann, als Gregor VII. den jungen König Heinrich IV., der gemäß der alten Praxis den Mailänder Erzbischofsthron mit einem Kandidaten seines Vertrauens besetzt hatte, im Dezember 1075 deswegen mit dem Bann, dem Ausschluß aus der christlichen Gemeinschaft, bedrohte, falls er diesen Verstoß gegen das neue Verbot der „Laieninvestitur" nicht durch öffentliche Kirchenbuße sühne. Heinrich konterte: Eine von ihm einberufene Reichssynode in Worms erhob im Januar 1076 Anklage gegen Gregor und forderte dessen Rücktritt. In dramatisch-feierlichem Gestus verhängte daraufhin der Papst auf einer römischen Synode 1076 den Bann über Heinrich und entband – gemäß dem Anspruch von These 27 seines Dictatus – all dessen Untertanen von ihrem Treueid.

Dieser Bann mußte in einer derart transzendenzorientierten Zeit ungeheuer wirken, zumal Gregor sich geschickt mit der antiköniglichen Opposition in Deutschland verband, die Heinrich ein Ultimatum stellte: Falls er sich nicht binnen eines Jahres vom Banne löse, verliere er sein Amt. Es war ein geschickter politischer Schachzug, als der König sich nun im Büßergewand auf den Weg nach Rom machte und vor dem Papst (der sich schon auf der Reise nach Deutschland befand, um dort die Neuordnung zu beeinflussen) im Januar 1077 in der Burg Canossa die geforderte Bußleistung erbrachte. Und Gregor bewies geistliches Format, indem er allen machtpolitischen Interessen zum Trotz den König vom Bann löste. Nun entbrannte ein heftiger Kampf unter Einsatz aller militärischen Mittel, in dessen Verlauf sich Heinrich Zug um Zug durchsetzte. Einerseits zielte Gregor darauf, die universale Stellung des König-Kaisers zu beseitigen und ihn auf die Position eines bloßen Nationalkönigtums herabzudrücken (weswegen die päpstliche Publizistik erstmals den Begriff „Deutsches Reich", *Regnum Teutonicum,* verwandte und damit dokumentierte, daß Italien nicht dazugehöre und ein Imperium nicht mehr gelte). Andererseits wollte Heinrich IV. die bisherige königliche Hoheit über die Kirche und die kaiserliche Universalgewalt nicht preisgeben. Unterstützte Gregor den von den deutschen Fürsten gewählten Gegenkönig Rudolf von Schwaben, so ließ Heinrich durch eine Reichssynode in Brixen 1080 den Erzbischof von Ravenna, Wibert, (als Klemens III.) zum Gegenpapst wählen – das erste Mal in der Kirchengeschichte, daß der König einen Gegenpapst und der Papst einen Gegenkönig bestellte! Mit militärischer Macht setzte sich Heinrich seit 1081 durch und ließ sich 1084 nach der Eroberung Roms durch Klemens III. zum Kaiser krönen.

Dieser Kampf kündigte eine epochale Wende an. An die Stelle des einheitlichen, im Einvernehmen mit dem Papst vom Kaiser gelenkten *Corpus Christianum* trat seit 1077 der Gegensatz der beiden Universalgewalten. Dies verdeutlichte auch das Vertragswerk, mit dem schließlich unter Heinrich V. der Investiturstreit beendet wurde. Das Wormser Konkordat von 1122 unterschied nunmehr zwischen den geistlichen und weltlichen Aufgaben, den *spiritualia* und *temporalia,* eines Bischofs. Der frei von der Kirche gewählte Bischof sollte in seinem geistlichen Amt vom König unabhängig sein (weswegen dieser auf die bisherige Investitur mit Stab und Ring verzichtete); aber er sollte doch in erster Linie ein Reichsfürst bleiben (weswegen er zunächst vom König – noch vor der Bischofsweihe – zum Zeichen der Belehnung mit den Regalien das Zepter als Symbol weltlicher Macht erhielt und dem König als Herrn huldigte). Für Italien und Burgund galt allerdings die letztere Regelung nicht, so daß dort die Kirche der kaiserlichen Verfügungsgewalt entzogen wurde. Das Ergebnis war ein Markstein in der Entwicklung kirchlicher Autonomie.

Universaler Herrschaftsanspruch und Verfall des Papsttums

Nachdem der Papst im Zuge der Gregorianischen Reform die innerkirchliche Gesamtleitung gewonnen hatte, legte einerseits die Idee der Einheit der Christenheit, andererseits die Überzeugung von der Höherwertigkeit des Geistlich-Transzendenten es nahe, daß das Papsttum über eine gleichberechtigte Partnerschaft mit dem Kaisertum, die im 11./12. Jahrhundert erst ansatzweise erreicht wurde, hinausdrängte. Kirchliche Autonomie allein reichte nicht mehr; jetzt wurde die Obergewalt *(Suprematie)* über alle Lebensbereiche angestrebt.
Nach der kurialen Theorie besitzt das *Corpus Christianum* zwei Häupter, ein weltliches und ein geistliches, und wird durch zwei Schwerter regiert. Papsttreue Theologen, voran BERNHARD VON CLAIRVAUX, der einflußreichste Prediger des 12. Jahrhunderts, machten nun darauf aufmerksam, daß Christus gemäß Lk 22,37 f. beide Schwerter dem Petrus übergeben habe, daß beide Gewalten also ursprünglich dem Papsttum gebührten, wenngleich dieses die weltliche Gewalt nicht direkt ausübe, sondern auf die Könige und Fürsten übertrage. Eine derartige theologische Lehre, zumal sie noch mit der juristischen Translationstheorie verbunden werden konnte, besaß für damaliges Denken unmittelbar praktisches Gewicht.

Papst INNOZENZ III. (1198–1216), einer der glänzendsten Politiker auf dem Stuhle Petri, setzte erstmals derartige Ansprüche in die Praxis um. Dabei nutzte er geschickt das nach dem Tode der Kaiser FRIEDRICH I. (BARBAROSSA) und HEINRICH VI. entstandene Machtvakuum. (FRIEDRICH I. hatte übrigens noch einmal die kaiserliche Macht über die Kirche voll zur Geltung gebracht, jetzt allerdings gestützt auf das römische Recht.) In den deutschen Thronwirren beeinflußte INNOZENZ III. nachhaltig die Wahlen und erlangte vom jeweiligen König (zunächst OTTO IV., dann PHILIPP, dann FRIEDRICH II.) einen vertraglichen Verzicht auf bisherige Rechte. Übrigens gelang es ihm, daß die Könige von England, Dänemark, Ungarn und Polen wegen innenpolitischer Schwierigkeiten ihr Amt als Lehen aus seiner Hand empfingen – was zwar realpolitisch wenig bedeutete, aber die Macht des Papstes (der sich erst jetzt als „Stellvertreter Christi“, *vicarius Christi,* titulierte) über die Christenheit symbolisierte.
Doch diese Suprematie dauerte nicht lange, da die entstehenden Nationalstaaten sich universalen Ansprüchen entzogen. Das zeigt die Geschichte des Papstes BONIFATIUS VIII., der in schroffster Form die päpstliche Weltherrschaft forderte (mit seiner Bulle „Unam Sanctam“ von 1302 – vgl. Zitat 15, Anhang, S. 520), aber von einem Überfallkommando des französischen Königs kurzerhand gefangengenommen wurde. Die Verlegung der Kurie in den französischen Einflußbereich, nach Avignon (1309–77) (von der späteren Publizistik Roms unangemessen als „babylonische Gefangenschaft“ stilisiert), das große Papstschisma von 1378–1415 und die Verweltlichung im Renaissancepapsttum dokumentierten, daß der Papst im politischen Bereich nicht mehr als Repräsentant der Christenheit angesehen wurde. Fortan war das Papsttum in alle Konflikte Europas verstrickt, so daß die Kirche zunehmend als ein politisch-ökonomischer Zweckverband erschien.

Dem Aufstieg der Nationalstaaten gingen Veränderungen der christlichen Staatslehren parallel. Laizistische Papstkritiker wie MARSILIUS VON PADUA (gest. 1343) und WILHELM VON OCKHAM (gest. 1349) betonten gegen den geistlichen Universalanspruch nicht nur die Emanzipation der weltlichen Gewalt, sondern sogar die Einordnung der Kirche in den naturrechtlich definierten Staatszweck. Kirchliches Handeln galt – am schärfsten bei MARSILIUS – als bloße Funktion des staatlichen Ordnungs- und Erziehungsauftrags (vgl. Zitat 16, Anhang, S. 520). Damit kündigte sich das neuzeitliche Staatskirchentum an.

Kirchenhoheit des Staates in Reformation und früher Neuzeit

Die Reformation, die nicht zufällig mit dem Übergang zur Neuzeit zusammenfällt, bewirkte tiefgreifende Veränderungen im Gefüge der Kirche und damit auch von Staat und Gesellschaft: Die Emanzipation religiös selbstbewußter Bürger von der Klerikerherrschaft und die Ablösung von der kultisch-sakramentalen Bestimmung der Christenexistenz führten dazu, daß der Begriff „Kirche“ nicht mehr klerikal-hierarchisch definiert, sondern mit dem Begriff „Gemeinde“ gleichgesetzt wurde. Der Christ, der sich nun im Gegenüber zum Wort Gottes als religiös selbständige Person verstand, nahm eine entsprechende soziale Verantwortung wahr. Das hatte insofern unmittelbare politische Folgen, als die bisherigen „Laien“, das Kirchenvolk ebenso wie die weltliche Obrigkeit, neue Mitbestimmungsmöglichkeiten bekamen. Allerdings ist dies in den verschiedenen reformatorischen Kirchen unterschiedlich verwirklicht worden. Hinzu kamen die schon im späten Mittelalter angebahnten Tendenzen, den staatlichen Einfluß auf bestimmte Sektoren bisheriger kirchlicher Zuständigkeit (vor allem Schul- und Armenwesen, Pfarrerwahl und Finanzverwaltung) auszudehnen. Die verschiedenen reformatorischen Kirchenordnungen seit 1525/26 regelten das im einzelnen durchaus unterschiedlich. Mit alledem eröffnete die Reformation eine neue Periode in den Beziehungen von Staat und Kirche, während in den katholisch bleibenden Territorien für längere Zeit noch die älteren Strukturen im wesentlichen fortbestanden.

Abb. 5: Das Wormser Edikt vom 8. Mai 1521. Gesiegelte Schlußseiten des originalen Quartdrucks, Worms 1521 (Straßburg, Archives municipales)

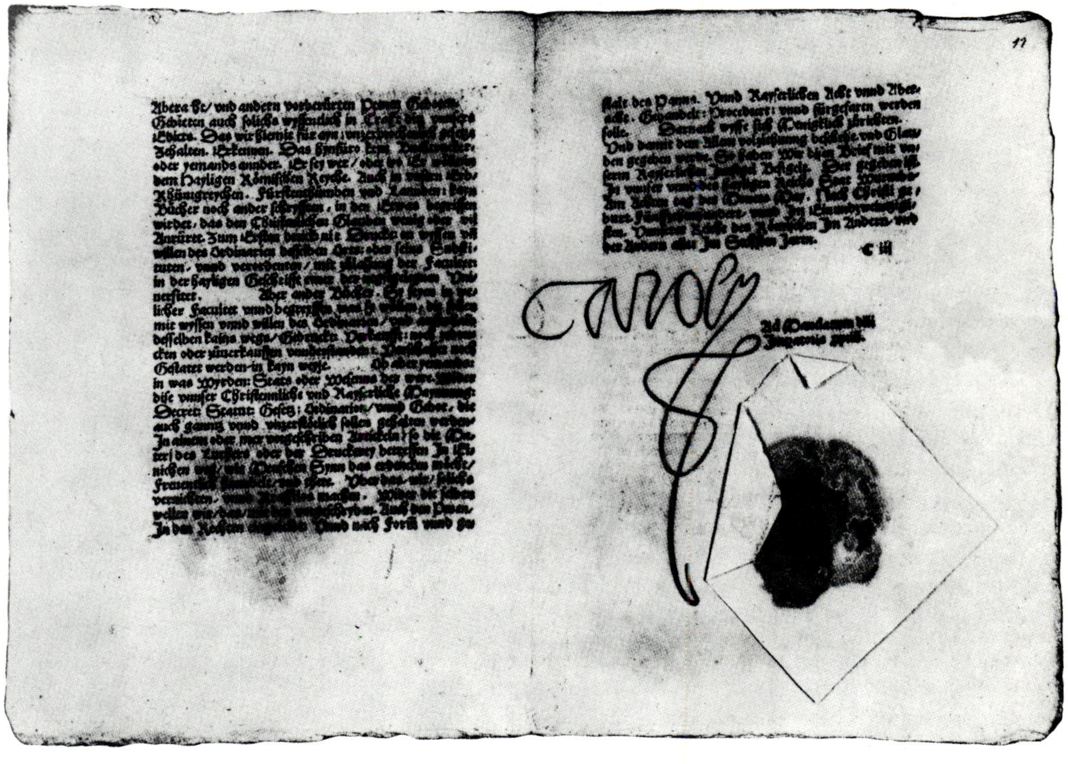

Aus: Gerhard BOTT / Gerhard EBELING / Bernd MOELLER: Luther. Sein Leben in Bildern und Texten. Frankfurt 1983, S. 161.

Die politische Bedeutung der Reformation für das Deutsche Reich

Die Reformationsgeschichte zwischen 1517 und 1555 läßt sich ohne die politischen Voraussetzungen und Folgen kirchlichen Handelns nicht verstehen. Das Thema „Kirche/Staat" begegnet hier unter verschiedenen Aspekten, von denen zunächst der reichspolitische erwähnt werden soll. LUTHERS Angriff auf die Kirche mußte auch den Staat auf den Plan rufen; denn nach mittelalterlichem Recht war der deutsche König verpflichtet, einen vom Papst gebannten Ketzer in die Reichsacht zu tun, das heißt, ihn physisch zu vernichten, was KARL V. mit dem *Wormser Edikt* (1521) einzulösen versuchte. Der Reformation kam aber in der Folgezeit die politische Situation zugute: Deutsche Fürsten förderten sie, weil sie sich so der Zentralgewalt entziehen, mit der Ausschaltung der Bischöfe ihre Kirchenhoheit stärken und durch die Säkularisierung von Kirchengut außerordentlich große finanzielle Mittel gewinnen konnten. Der Kaiser mußte angesichts vielfältiger Kriege gegen Frankreich, den Papst und die Türken innenpolitische Rücksicht üben. Und der Papst war viel zu sehr mit machtpolitischen Fragen beschäftigt, als daß er sich um die innerkirchlichen kümmern konnte. So entwickelte sich die Reformation gegen den Widerstand von Kaiser und Papst und gegen ihre ursprüngliche Absicht zu einer eigenen Kirche, die in enger Verbindung mit den Territorialstaaten lebte.

Ihr grundlegendes Bekenntnis, mit dem sie ihre Position gegenüber Kaiser und Reich als katholisch zu rechtfertigen suchte, das *Augsburger Bekenntnis* von 1530, wurde auf dem Reichstag als Bekenntnis der Obrigkeiten vertreten. In der Folgezeit bildete es die konfessionelle Grundlage für den Schmalkaldischen Bund, zu dem sich seit 1531 die protestantischen Staaten zusammenschlossen. Die Entschiedenheit Kaiser KARLS V., die Ketzerei gewaltsam auszurotten, um als Vogt der Kirche deren Einheit wiederherzustellen, führte 1546/47 zum ersten Religionskrieg auf deutschem Boden („Schmalkaldischer Krieg"). Doch die Niederlage überwand der Protestantismus rasch und konnte im Augsburger Religionsfrieden 1555 erstmals reichsrechtliche Anerkennung erlangen (vgl. Zitat 17, Anhang, S. 521). Wieder trat hier die staatliche Macht schützend für die evangelische Kirche ein. Damit war aber die konfessionelle Spaltung des Reiches endgültig; das Christentum gewährleistete nicht mehr die ideelle Einheit des Abendlandes.

Die daraus folgende Konsequenz war zunächst der Versuch jeder Religionspartei, sich auf Kosten der anderen politische Vorteile zu verschaffen. Das führte schließlich wie in anderen europäischen Staaten (Hugenottenkriege in Frankreich 1562–1598; Kampf der Niederlande gegen die spanische Okkupation 1568–1609) in Deutschland 1618–48 zum Religionskrieg, der freilich vorwiegend aus machtpolitischen und ökonomischen Gründen und weniger um der Konfession willen geführt wurde. Eine seiner Folgen bildete dann die Einsicht, daß die Konfessionen in gegenseitiger Toleranz im Reich zusammenleben müßten. So wurde der Westfälische Friede von 1648 – in Fortführung des Religionsfriedens von 1555 – zu einem Grundgesetz des Reiches bis 1806. Symbolisch stellte sich diese Gleichstellung hinfort darin dar, daß der Reichstag aus zwei Fraktionen bestand, dem *Corpus Catholicorum* und dem *Corpus Evangelicorum*.

Die konfessionelle Spaltung des Reiches bewirkte unterschiedliche Regelungen des Verhältnisses von Staat und Kirche und damit religiös-kulturelle Unterschiede in den Einzelterritorien. Das politische Leben wurde dadurch bis in die Gegenwart hinein bestimmt. Auch im gesamteuropäischen Horizont wirkten sich die Konfessionsunterschiede auf die zwischenstaatlichen Beziehungen aus.

Reformatorische Staatslehre

Die reformatorische Lehre richtete sich gegen zwei Fronten: gegen die mittelalterliche Vermischung des geistlichen und weltlichen Bereichs im priesterherrschaftlichen System der Papstkirche ebenso wie gegen eine schwärmerische Trennung, wonach die Christen von der Gewaltordnung der Welt abrücken (vgl. STE 24 zur Zwei-Reiche-Lehre). Die Obrigkeit als das „weltliche Regiment" ist für Martin LUTHER (1483–1546) eine gute Ordnung Gottes, weil sie dem Chaos wehrt (womit er ihr gegen das erst 1486/95 verbotene Faustrecht der Fehdepraxis ein Gewaltmonopol zubilligt). Aber ihre Zuständigkeit hat eindeutige Grenzen: Über die Seelen darf sie nicht gebieten, das heißt, in Fragen des Bekenntnisses und des Gottesdienstes muß sie der Kirche Freiheit lassen. In seiner Schrift von 1523: *„Von weltlicher Obrigkeit, wie weit man ihr Gehorsam schuldig sei"* hat LUTHER das betont (vgl. Zitat 18, Anhang, S. 521). Einen christlichen Staat als Institution hält er für einen Selbstwiderspruch, weil die Welt nicht durch das Evangelium regiert werden kann. Wohl aber sieht er es als göttlichen Segen, wenn die Personen, die ein weltliches Amt führen, wahre Christen sind, weil sie die Begrenztheit ihrer Zuständigkeit und ihre Verantwortung gegenüber Gott kennen. Denn normalerweise sind die „großen Hansen", wie er sie nennt, „Spitzbuben", die nur zum persönlichen Vorteil, gegen die Interessen der Untertanen, handeln. LUTHER mit bestimmten volkstümlichen Vereinfachungen als „Fürstenknecht" darzustellen, entspricht ebensowenig den Tatsachen wie der Vorwurf, die evangelische Kirche hätte allgemein einer totalen Obrigkeitshörigkeit gehuldigt.

Das zeigen auch die anderen Reformatoren. Ulrich ZWINGLI (1484–1531) ordnet die Aufgabenbereiche von Staat und Kirche (als der beiden korrespondierenden Institutionen desselben Gemeinwesens) unter dem Leitbegriff „Gerechtigkeit" einander in unterscheidender Weise zu. Die Obrigkeit soll angesichts der Bedrohung geordneten Zusammenlebens durch die menschliche Sündhaftigkeit mit Androhung und Anwendung von Gewalt das Recht (das als dem göttlichen Willen gemäß gedacht ist) zur Geltung bringen und damit für eine menschlich-äußerliche Gerechtigkeit sorgen. Das Predigtamt sorgt dafür, daß nicht nur die Inhalte dieses Rechtsbereichs klar bleiben, sondern die Gemeinde auch zur göttlich-innerlichen Gerechtigkeit durch Gotteserkenntnis und Glauben erzogen wird. Unter volkspädagogischem Aspekt arbeiten also Staat und Kirche zusammen. Doch insofern, als der Obrigkeit auch religiös bedeutsame Aufgaben zugeschrieben werden, kommt es bei ZWINGLI zu Tendenzen, die später – vor allem im anglikanischen Bereich – ein Staatskirchentum theoretisch begründen.

Im Einflußbereich von Johannes CALVIN (1509–1564) wird dagegen die Eigenständigkeit der Kirche stärker gewahrt, weil er den Unterschied zwischen Staat und Kirche stärker als die Übereinstimmung betont. Beide vertreten grundsätzlich verschiedene „Regimente", die aber nicht im Widerspruch zueinander stehen, zumal sie sich auf denselben Personenkreis – hier unter geistlichem, dort unter weltlichem Aspekt – beziehen. Die Kirche unterweist die Gewissen und überwacht die Moral ihrer Glieder, das politische Regiment regelt das bürgerliche Zusammenleben. Die Einheit beider liegt in Gott als dem gemeinsamen Bezugspunkt; staatliches wie kirchliches Handeln sollen der allgemeinen Gottesverehrung dienen. Weicht der Staat davon ab, so hat die Kirche das Recht und die Pflicht, den Widerstand gegen eine ungerechte Obrigkeit zu erklären.

Landesherrliches Kirchenregiment im Protestantismus

Die verfassungsrechtlichen Auswirkungen der Reformation auf das Verhältnis von Staat und Kirche sind zweideutig: Einerseits konzentrieren die Reformatoren durch ihre Kritik an der Verweltlichung von Papst und Bischöfen die Zuständigkeit der

Kirche ganz auf den geistlichen Bereich und betonen ihre Freiheit von politischen Interessen. Andererseits sind sie zur praktischen Durchführung der Neuordnung in den Territorien und zu deren rechtlicher Absicherung auf die Obrigkeiten angewiesen, so daß diese als „Notbischöfe" (wie LUTHER sie sieht) einen Einfluß auf das Kirchenwesen bekommen, der an die frühmittelalterliche Situation erinnert, der den Ausbau der Landeshoheit stärkt und damit das neuzeitliche Staatskirchentum vorbereitet. Man bezeichnet diese Leitungsfunktion der Obrigkeiten als „Landesherrliches Kirchenregiment". Es hat sich seit 1526/27 in Kursachsen und Hessen, den protestantischen Führungsmächten, danach auch in den anderen Staaten entwickelt. Durch den Passauer Vertrag von 1552 und den Augsburger Religionsfrieden von 1555 ist es reichsrechtlich bestätigt worden, weil nun die Jurisdiktionsgewalt der katholischen Bischöfe in den evangelischen Gebieten den Obrigkeiten übertragen wurde (juristische Lehre von der Translation der bischöflichen Rechte; „Episkopaltheorie"). Bis zur Abschaffung der Monarchie im Jahre 1918 bestand diese fürstliche Kirchengewalt *(Summepiskopat)*.

Was zunächst als Schutz und Hilfe für die „neue" evangelische Kirche gedacht war, erwies sich bald als schwer erträgliche Einengung, gegen welche die Geistlichkeit ohne Erfolg auf die Autonomie der Kirche verwies. Die Obrigkeit bestimmte letztlich in Bekenntnisfragen und theologischen Kontroversen; sie ordnete das religiöse Leben, den Gottesdienst und die Liturgie; sie verwaltete das Kirchenvermögen; sie stellte die Amtsträger ein, besoldete und entließ sie, wenn es ihr ratsam schien. So entwickelte sich ein System, das man als „Staatskirche" bezeichnen kann.

Die theoretische Begründung des Landesherrlichen Kirchenregiments lieferte vor allem Philipp MELANCHTHON (1497–1560), dessen Lehren auf allen Gebieten, insbesondere auch zum Verhältnis Staat–Kirche, den deutschen Protestantismus stärker als diejenigen LUTHERS geprägt haben. Die Obrigkeit ist – eine alte Tradition seit KONSTANTIN – für die Einhaltung des göttlichen Gesetzes zuständig, konkret für die Zehn Gebote, die nach 2 Mos 31,18; 34,1 auf zwei Tafeln geschrieben sind. MELANCHTHON nennt die obrigkeitliche Aufgabe *„custodia utriusque tabulae":* sie dient der Einhaltung der Gebote beider Tafeln, also nicht bloß der zivil- und strafrechtlichen Ordnung der Gebote 4–10, sondern auch der Fürsorge für die Religion, der *cura religionis*.

Diese Lehre nahmen evangelische Juristen des 16./17. Jahrhunderts auf und verbanden sie mit der Episkopaltheorie: Die Obrigkeiten besitzen die volle Kirchenhoheit, das *ius circa sacra* (dieser Begriff erstmals bei dem Heidelberger Theologen David PAREUS 1608), das eigentlich nur die äußeren Ordnungsfragen betrifft – aber religiöse Fragen berühren in einer Zeit, in der das bürgerliche Leben noch ganz kirchlich bestimmt ist, die öffentliche Ordnung. Vergeblich versuchten die Theologen, die staatliche Allmacht mit ihrer Drei-Stände-Lehre einzuschränken, die Johann GERHARD (1582–1637) in Anknüpfung an LUTHER zum Prinzip der Kirchenverfassung erhob: Die bischöflichen Rechte stehen der Kirche als ganzer zu, und diese besteht aus drei Ständen mit je besonderen Aufgaben und Rechten: der Obrigkeit, der Geistlichkeit und der Gemeinde. Hier liegt für den kirchlichen Bereich also ein System der Gewaltenteilung vor – das aber vom Staat nicht akzeptiert wurde. Dieser verfuhr nach dem Grundsatz „Die Kirche ist Teil des Staates" *(Ecclesia est in civitate)* und gab zunehmend jene theologische Begründung zugunsten einer naturrechtlichen auf, des „Territorialismus" (seit Anfang des 17. Jahrhunderts, voll in Geltung mit dem 18. Jahrhundert): Der Staat führt die politisch-moralische Aufsicht über alle in seinem Territorium befindlichen Institutionen, also auch über die Kirche. Verständlicherweise stand die evangelische Geistlichkeit gegen eine derartige Vermischung von geistlichem und weltlichem Bereich. Sie tat es zumeist nicht prinzipiell-theoretisch, sondern praktisch in vielen alltäglichen Konflikten. Sie war gewiß loyal gegenüber dem Staat, aber keineswegs obrigkeitshörig. Gegen den heraufziehenden fürstlichen Absolutismus des 17./18. Jahrhunderts übten vielerorts gerade die Theologen ersten Widerstand.

Das Landesherrliche Kirchenregiment hat zwar die Entfaltung des kirchlichen Lebens behindert, aber die Entwicklung des neuzeitlichen Staates beträchtlich gefördert:

- In der einheitlich disziplinierten Pfarrerschaft wuchs ihm ein wichtiges Instrument zur Beeinflussung der Bevölkerung zu.
- Durch die Übernahme und Umwandlung der bischöflichen Gerichtsbarkeit erlangte der Staat die unbeschränkte Justizhoheit.
- Angesichts der traditionell engen Verschränkung von Kirche und Schule konnte der Staat – sei es durch direkte Eingriffe in die Schule, sei es durch die Vermittlung der Theologen – als Erziehungsmacht prägend wirken, von der Volksschule bis zur Universität.
- Mit der Einbeziehung der kirchlichen Armenfürsorge konnte der Staat soziale Verantwortung wahrnehmen und ausbauen, ohne die sein Bestand bedroht gewesen wäre.

(3) Durch welche Entscheidungen bereitete die Reformation das neuzeitliche Staatskirchentum vor, und welche ihrer Intentionen standen einer derartigen Entwicklung entgegen?

....

....

....

....

....

....

....

....

....

....

....

....

....

....

....

Neuzeitlicher Säkularismus und die Trennung von Staat und Kirche

Grundlegendes Merkmal der neuzeitlichen Theoriebildung zum Verhältnis Staat–Kirche ist die rationalistische Konstruktion des Naturrechts, die das Religiöse als für die politische Gemeinschaft grundlegend ausscheidet. Der Staatszweck wird losgelöst von den Inhalten des Christentums bestimmt. Das führt einerseits zu Formen eines verschärften Staatskirchentums, andererseits zur Trennung beider Institutionen. Die grundsätzliche Trennung als die für das 20. Jahrhundert maßgebliche Verfassungssituation bedeutet die endgültige Abkehr von den im Mittelalter gelegten Fundamenten. Die vielschichtige Entwicklungsgeschichte kann hier nur beispielhaft angesprochen werden.

Rationalistisches Staatskirchentum

Die vor allem von Jean Bodin (1529–1596) und Thomas Hobbes (1588–1679) beeinflußten neueren Theorien gehen von der absoluten Souveränität des Staates aus. Der Staat ist eine natürliche bzw. göttliche Ordnung, die durch das Gewaltmonopol das Zusammenleben der Untertanen in all ihren Lebensbereichen regelt. Das schließt eine Autonomie der Kirche aus. Religion wird vorwiegend unter dem Aspekt gesellschaftlicher Nützlichkeit betrachtet und der Staatsräson untergeordnet.

Abb. 6: Allegorie des Staates. Holzschnitt des Monogrammisten M. S., zweite Hälfte des 16. Jahrhunderts. Berlin, Staatliche Museen Preußischer Kulturbesitz, Kupferstichkabinett

Aus: Propyläen Geschichte Europas. Bd. 1: H. Diwald: Anspruch auf Mündigkeit. 1400–1555. Frankfurt/Berlin/Wien 1975, Tafel XIII A.

Preußen unter Friedrich dem Grossen (1740–1786) und Österreich unter Joseph II. (1780–1795), der sich an Friedrichs Vorbild orientierte, bieten lehrreiche Beispiele für die sich seit dem 18. Jahrhundert anbahnenden Veränderungen. Friedrich sieht die Funktion der Kirche in einem nach den Grundsätzen der Toleranz und der Effektivität organisierten Staat darin, daß sie als Erziehungsfaktor dem Bürger die staatspolitisch erwünschte Moral beibringt und somit auf ihre Weise zum Gemeinwohl beiträgt. Die Prediger werden damit zu geistlichen Polizeiorganen und Multiplikatoren staatlicher Ideologie. Der rein religiös-kultische Bereich bleibt insofern unberührt, als er politisch neutral ist, und jeder Bürger kann „nach seiner Façon“ selig werden. Der Toleranz für das Individuum steht aber eine scharfe Staatsaufsicht der Institution „Kirche“ gegenüber, die zu substantiellen Eingriffen in das gottesdienstliche und disziplinäre Leben führt. „Staatskirche“ bedeutet, daß die Kirche als Teil der staatlichen Verwaltung gilt, vom Staat finanziell abhängig ist und ihre Geistlichen als „Religionsdiener“ Staatsbeamte sind. Das gilt unabhängig von der jeweiligen religiösen Einstellung des Herrschers. Im Allgemeinen Preußischen Landrecht von 1794 werden die staatskirchlichen Grundsätze fixiert (vgl. Zitat 20 im Währendteil). So kommt es unter Friedrichs Nachfolgern zu zwei Eingriffen in den Kernbereich der Kirche: Friedrich Wilhelm II. reguliert 1788 die Bekenntnisbindung der Pfarrer („Wöllnersches Edikt“), und Friedrich Wilhelm III. verfügt im Zusammenhang der Unionsbestrebungen 1822 eine neue Gottesdienstordnung *(Agende)*. Wenn beide Maßnahmen auf beträchtlichen Widerstand stoßen, dann wird daran deutlich, daß auch in jener Periode die Kirche ihr Eigenleben zu bewahren sucht.

Das Beispiel Österreichs unter Joseph II. zeigt, wie konfessionsneutral ein derartiges Staatskirchentum ist, hier der sog. Josephinismus. Es illustriert zugleich, wieviel schärfer staatliche Eingriffe in einem katholischen Kirchenwesen ausfallen, das nicht schon wie das evangelische über zwei Jahrhunderte lang vom Staat mitbestimmt ist. In Zuspitzung der reform-katholischen Politik Maria Theresias sucht Joseph dem Kirchenwesen aufgeklärte, dem Staatsinteresse angepaßte Strukturen zu vermitteln. Zum Beispiel werden alle Klöster und Orden, die nicht sozialkaritativ (also gesellschaftlich nützlich) tätig sind, aufgelöst. Ein neues Meßformular wird erlassen, um den barocken „Aberglauben“ durch vernünftige Religion zu ersetzen. Wallfahrten, Prozessionen und Feiertage werden als Störungen der Produktionskraft eingeschränkt bzw. aufgehoben. Die gewaltigen Mittel aus säkularisiertem Kirchenvermögen werden zur Verbesserung der Pfarrorganisation, des Schulwesens, der Armen- und Krankenfürsorge eingesetzt. Seit 1781 gilt für die bis dahin verbotenen Protestanten Toleranz, das heißt bürgerliche Gleichberechtigung. Als Staatsreligion erfüllt das Christentum (das katholische in Österreich wie das evangelische in Preußen) die Aufgabe, die Gesellschaft innerlich zu festigen und die staatliche Ordnung zu stützen. So gilt es im wesentlichen in fast allen europäischen Ländern bis ins 20. Jahrhundert.

Trennung von Staat und Kirche im Dienst christlicher Toleranz: die USA

Eine verfassungsrechtliche Trennung von Staat und Kirche ist erstmals in den Vereinigten Staaten von Amerika seit 1776 verwirklicht worden. Sie ist wirkungsgeschichtlich das Ergebnis einerseits der Aufklärung, andererseits des im europäischen Staatskirchentum unterdrückten Nonkonformismus. Die christlich geprägten Ideen des einflußreichsten Theoretikers der Menschenrechte und der staatlichen Gewaltenteilung, des Engländers John Locke (1632–1704), haben sich in der Verfassung der USA dahingehend ausgewirkt, daß zwar die gesellschaftliche Wirklichkeit durch das Christentum geprägt ist, aber es weder eine Staatsreligion noch staatskirchliche Strukturen gibt. Grundsätzlich gilt Religionsfreiheit für jedermann, wie es erstmals in der „Bill of Rights" von Virginia 1776 verkündet und 1791 durch die erste Ergänzung zur USA-Verfassung von 1787 festgesetzt ist. Einen Zwang zu irgendeinem Bekenntnis gibt es nicht, doch wird die Anerkennung Gottes und einer göttlichen Moralordnung vorausgesetzt (vgl. Zitat 21, Anhang, S. 521). Als gestaltungskräftiges Element wirkt das Christentum jedoch in allen Bereichen des öffentlichen Lebens, weil dieses im 18./19. Jahrhundert von Menschen getragen wird, die unter anderem auch um religiöser Verfolgung willen ihr europäisches Heimatland verlassen haben bzw. die Nachkommen solcher Nonkonformisten sind. Besonders zu nennen sind hier die im 17. Jahrhundert vor dem Zwang des anglikanischen Staatskirchentums in die Kolonien auswandernden Dissenters und Separatisten (Kongregationalisten, Puritaner und Quäker), aber auch deutsche Täufer, Spiritualisten und Pietisten. Dieser dem kontinentalen Staatskirchentum widerstrebende Nonkonformismus bildet mit seiner religiösen Pluralität neben der aufklärerischen Toleranz das wichtigste Element für eine positiv-christliche Trennung von Staat und Kirche.

Die Französische Revolution: Feindselige Trennung von Staat und Kirche

Ein ganz anderes Trennungsmodell leitet sich von der Französischen Revolution (1789–95) her. Die gewaltsame Ablösung der alten Staats- und Gesellschaftsordnung markiert einen auch kirchengeschichtlich bedeutsamen Einschnitt: Zum ersten Mal wird die Verbindung von allgemeiner Kultur und Christentum durch eine programmatische Dechristianisierung zerbrochen. Säkularismus und Atheismus werden seitdem politisch wichtige Faktoren. Daß es zu einer derartigen Zuspitzung kommt, liegt in den besonderen französischen Verhältnissen begründet. Absolutistische Monarchie, feudalistische Ständeordnung und privilegierter Klerikalismus bilden ein Geflecht, welchem das aufgeklärte, eigentlich staatstragende Bürgertum so entgegentritt, daß es auf die klerikale und ideologische Beanspruchung des Christentums mit einer radikalen Negierung des Christlichen überhaupt reagiert.

In einer ersten Phase der Revolution (1789–90) soll nach der Säkularisierung des Kirchenguts und der Proklamation allgemeiner Religionsfreiheit eine konstitutionelle Volks- bzw. Staatskirche nach den Ideen der Aufklärung geschaffen werden mit Geistlichen als Staatsdienern, die das Evangelium von Freiheit, Gleichheit und Brüderlichkeit verkünden. Da aber Klerus und Kirchenvolk gegen diese Vorstellung Widerstand leisten und mit zunehmender Radikalisierung der Revolution antichristliche Gruppen die Oberhand gewinnen (einerseits die Atheisten um Hébert, andererseits die Deisten und Verfechter einer natürlichen Religion um Robespierre), wird in einer zweiten Phase seit 1793 die Entchristlichung des öffentlichen Lebens durchgeführt. An die Stelle des Christentums tritt eine neue Nationalreligion rationalistischer Prägung, in welcher der abstrakte „Kultus des höchsten Wesens" bald einem Kult der Vernunft weicht, in dessen Tempel beispielsweise auch die Kathedrale Notre Dame verwandelt wird (vgl. Zitat 22). Nach dem Scheitern derartiger Experimente bringt unter Napoleon I. seit 1799 die dritte Phase eine Rückkehr zu staatskirchlichen Verhältnissen. Diese bestehen in staatlicher Aufsicht über eine rechtlich autonome Kirche (Konkordat von 1801); doch das Christentum gilt nicht mehr als Staatsreligion und ist hinfort kein Faktor, der das öffentliche Leben nachhaltig bestimmt.

Nach mancherlei Schwankungen in den Beziehungen zwischen Staat und Kirche kommt es in Frankreich dann 1904–08 zur gesetzlich geregelten Trennung beider Institutionen. Daß politisch-soziale Revolutionen zur verfassungsrechtlichen Trennung von Staat und Kirche, meist mit antichristlicher Tendenz, führen, belegen weitere Beispiele: Mexiko 1857 und 1910, Sowjetunion 1917 (und in deren imperialistischer Gefolgschaft die Ostblockstaaten nach 1945), Äthiopien 1974.

Abb. 7: Déclaration des Droits de L'Homme et du Citoyen (Erklärung der Rechte des Menschen und des Bürgers), 1789

Erklärung der Rechte des Menschen und des Bürgers

Präambel. Die als Nationalversammlung vereinigten Vertreter des Französischen Volkes betrachten die Unkenntnis der Menschenrechte, die Vergessenheit oder Mißachtung, in die sie geraten sind, als die einzigen Ursachen der öffentlichen Mißstände und der Verderbtheit der Regierungen. Daher haben sie beschlossen, in einer feierlichen Erklärung die angestammten, unveränderlichen und heiligen Rechte des Menschen darzulegen, damit diese Erklärung allen Gliedern der menschlichen Gesellschaft ständig vor Augen sei und ihm seine Rechte und Pflichten immer wieder ins Gedächtnis rufe; damit die Handlungen der gesetzgebenden und die der ausübenden Gewalt jederzeit am Endzweck jeder politischen Einrichtung gemessen werden können und um so mehr Achtung finden mögen; damit die Forderungen der Bürger, nunmehr auf klare und unerschütterliche Prinzipien gegründet, stets der Aufrechterhaltung der Verfassung und dem Wohle aller dienen.
So erkennt und verkündigt die Nationalversammlung, angesichts des Höchsten Wesens und unter seinen Auspizien, die Rechte des Menschen und des Bürgers wie folgt:
1. Artikel. Frei und gleich an Rechten werden die Menschen geboren und bleiben es. Die sozialen Unterschiede können sich nur auf das gemeine Wohl gründen.
2. Artikel. Der Zweck jeden politischen Zusammenschlusses ist die Bewahrung der natürlichen und unverlierbaren Menschenrechte. Diese Rechte sind Freiheit, Eigentum, Sicherheit und Widerstand gegen Bedrückung.
3. Artikel. Jegliche Souveränität liegt im Prinzip und ihrem Wesen nach in der Nation; keine Körperschaft und kein einzelner kann eine Autorität ausüben, die sich nicht ausdrücklich von ihr herleitet.
4. Artikel. Die Freiheit besteht darin, alles tun zu können, was anderen nicht schadet. Also hat die Ausübung der natürlichen Rechte bei jedem Menschen keine anderen Grenzen als die, den anderen Mitgliedern der Gesellschaft den Genuß der gleichen Rechte zu sichern. Diese Grenzen können nur durch das Gesetz bestimmt werden.
5. Artikel. Das Gesetz hat nur das Recht, Handlungen zu verbieten, die der Gesellschaft schädlich sind. Was nicht durch Gesetz verboten ist, darf nicht verhindert werden, und niemand kann gezwungen werden, etwas zu tun, was das Gesetz nicht befiehlt.
6. Artikel. Das Gesetz ist der Ausdruck des allgemeinen Willens; alle Bürger haben das Recht, persönlich oder durch ihre Vertreter an seiner Schaffung mitzuwirken. Es muß für alle das gleiche sein, mag es nun beschützen oder bestrafen. Alle Bürger sind vor seinen Augen gleich. Sie sind in der gleichen Weise zu allen Würden, Stellungen und öffentlichen Ämtern zugelassen, je nach ihrer Fähigkeit und ohne andere Unterschiede als ihre Tüchtigkeit und Begabung.
7. Artikel. Niemand kann angeklagt, verhaftet und gefangengehalten werden in anderen als den vom Gesetz festgelegten Fällen und in den Formen, die es vorschreibt. Wer Willkürakte anstrebt, befördert, ausführt oder ausführen läßt, ist zu bestrafen; aber jeder Bürger, der durch ein Gesetz gerufen oder erfaßt wird, muß augenblicklich gehorchen; durch Widerstand macht er sich schuldig.
8. Artikel. Das Gesetz darf nur unbedingt und offensichtlich notwendige Strafen festsetzen, und niemand darf bestraft werden, es sei denn kraft eines bereits vor seinem Delikt erlassenen, veröffentlichten und legal angewandten Gesetzes.
9. Artikel. Jeder wird so lange als unschuldig angesehen, bis er als schuldig erklärt worden ist; daher ist, wenn seine Verhaftung als unerläßlich gilt, jede Härte, die nicht dazu dient, sich seiner Person zu versichern, auf dem Gesetzeswege streng zu unterdrücken.
10. Artikel. Niemand darf wegen seiner Überzeugungen, auch nicht der religiösen, behelligt werden, vorausgesetzt, daß ihre Betätigung die durch das Gesetz gewährleistete öffentliche Ordnung nicht stört.
11. Artikel. Die freie Mitteilung seiner Gedanken und Meinungen ist eines der kostbarsten Rechte des Menschen. Jeder Bürger darf sich also durch Wort, Schrift und Druck frei äußern; für den Mißbrauch dieser Freiheit hat er sich in allen durch das Gesetz bestimmten Fällen zu verantworten.
12. Artikel. Die Sicherung der Menschen- und Bürgerrechte macht eine öffentliche Gewalt notwendig; diese Gewalt wird demnach zum Nutzen aller eingesetzt, nicht aber zum Sondervorteil derjenigen, denen sie anvertraut ist.
13. Artikel. Für den Unterhalt der öffentlichen Gewalt und für die Ausgaben der Verwaltung ist eine allgemeine Steuer vonnöten; sie ist gleichmäßig auf alle Bürger zu verteilen nach Maßgabe ihres Vermögens.
14. Artikel. Die Bürger haben das Recht, selbst oder durch ihre Vertreter die Notwendigkeit einer öffentlichen Auflage zu prüfen, sie zu bewilligen, ihren Gebrauch zu überwachen und ihre Teilbeträge, Anlage, Eintreibung und Dauer zu bestimmen.
15. Artikel. Die Gesellschaft hat das Recht, von jedem öffentlichen Beauftragten ihrer Verwaltung Rechenschaft zu fordern.
16. Artikel. Eine Gesellschaft, deren Rechte nicht sicher verbürgt sind und bei der die Teilung der Gewalten nicht durchgeführt ist, hat keine Verfassung.
17. Artikel. Da das Eigentum ein unverletzliches und heiliges Recht ist, darf es niemandem genommen werden, es sei denn, daß die gesetzlich festgelegte öffentliche Notwendigkeit es augenscheinlich verlangt, und nur unter der Bedingung einer gerechten und im voraus zu entrichtenden Entschädigung.

Aus: Christian Zentner: Zentners Illustrierte Weltgeschichte. München [3]1980 S. 402.

Folgen der Französischen Revolution in Deutschland

In geistiger Hinsicht hat die Revolution lange als Schreckgespenst der konservativen Mächte nachgewirkt und in machtpolitischer Hinsicht durch die Napoleonischen Kriege zur Neuformierung der europäischen, insbesondere der deutschen Staatenordnung geführt. Beides berührt die Beziehungen von Staat und Kirche.

Das imperialistische Frankreich unter Napoleon I. bringt seit 1795 deutsche Territorien widerrechtlich in seinen Besitz; zur Entschädigung der betroffenen Fürsten wird unter anderem vereinbart, die seit der Reformation bzw. seit 1648 noch bestehenden geistlichen Fürstentümer (die Bistümer von Osnabrück und Münster bis Passau und Salzburg) und die reichsunmittelbaren Klöster zu verstaatlichen.

Eine Kommission des deutschen Reichstags handelt mühevoll die Einzelheiten der Gebietsübertragungen aus und legt sie im „Reichsdeputationshauptschluß" von 1803 nieder. Dieses Gesetzeswerk verändert mit der großen Säkularisation nicht nur die deutsche Landkarte. Die katholische Kirche büßt jetzt endgültig ihre seit dem Mittelalter bestehende weltliche Macht ein, konzentriert sich aber stärker auf die geistliche Erneuerung. Sämtliche deutschen Staaten sind seitdem konfessionell gemischt und geben das Prinzip der einheitlichen Staatsreligion zugunsten der Gleichberechtigung *(Parität)* der Konfessionen auf. Da die Staaten sich zu finanzieller Entschädigung an die Kirchen (auch an die evangelischen, die ebenfalls Kirchengut verlieren) verpflichten, bildet der Reichsdeputationshauptschluß bis heute eine Grundlage der Staatsleistungen.

Gegen die zersetzenden Kräfte der Revolution versuchen restaurative Politiker die Idee des „christlichen Staates" neu zu beleben. 1815 schließen die Monarchen von Rußland, Österreich und Preußen die „Heilige Allianz" (der die meisten Staaten beitreten) mit dem Ziel, außenpolitisch gegen den heraufziehenden Nationalismus eine europäische Friedensordnung in der „einen Nation der Christen" zu errichten und innenpolitisch die rechtmäßigen alten Ordnungen zu schützen (vgl. Zitat 23 im Anhang, S. 522). Im protestantischen Deutschland, vorab in Preußen unter Friedrich Wilhelm IV. (1840–61), wird die Kirche in dem vielbeschworenen Bündnis von „Thron und Altar" als gesellschaftlicher Stabilisator herangezogen. Doch durch die Neubesinnung auf Reformation und Konfession verstärkt sich ihr Selbstbewußtsein – was sich vor allem in der Forderung nach Kirchenverfassungen kundtut.
In langen Auseinandersetzungen werden so kirchliche Strukturreformen im Sinne einer Selbstverwaltung unter Abkoppelung von der Staatsverwaltung durchgesetzt, nicht aber die völlige Unabhängigkeit erreicht. Diese ist ein wichtiger Programmpunkt des Liberalismus. Doch die von ihm beeinflußte Reichsverfassung, 1849 von der Deutschen Nationalversammlung in der Frankfurter Paulskirche beschlossen, wirkt sich mit ihrer Verkündung der Trennung von Staat und Kirche (vgl. Zitat 24 im Anhang, S. 522) praktisch kaum aus, weil sie nach 1850 nicht verwirklicht wird. Gleichwohl führt die Entwicklung auf verschiedenen Gebieten zur Entflechtung staatlicher und kirchlicher Zuständigkeiten, nachhaltig beeinflußt durch die Gesetzgebung im → *Kulturkampf* (1871–87), die beispielsweise erstmals in Deutschland den Kirchenaustritt und damit die völlige Religionslosigkeit ermöglicht.

Partnerschaft von Staat und Kirche in Deutschland seit 1919

Die skizzierten Tendenzen des 19. Jahrhunderts führen nach der Ablösung der Monarchie durch die Republik (die innerkirchlich ein Ende der Staatsaufsicht und des Landesherrlichen Kirchenregiments impliziert) dazu, daß mit der Weimarer Reichsverfassung von 1919 die grundsätzliche Trennung von Kirche und Staat verwirklicht wird (vgl. Zitat 25, Anhang, S. 522). Doch in der Praxis bedeutet dies keineswegs ein völliges Auseinandertreten beider Bereiche. Die beiden Großkirchen behalten als Folge ihrer Bedeutung für das öffentliche Leben wichtige Privilegien (z.B. Kirchensteuer, staatliche theologische Fakultäten, öffentlichen Religionsunterricht). In bewußter Programmatik versuchen sie als „Volkskirche" gesellschaftliche Verantwortung wahrzunehmen. Ihr politisches Gewicht wird dadurch unterstrichen, daß der Staat (konkret: die Länder, wegen ihrer Kultushoheit) völkerrechtsähnliche Verträge mit ihnen schließt, sie also als Partner behandelt. (Nach dem Vorbild der katholischen Konkordate für Bayern 1924, Preußen 1929 und Baden 1932 werden entsprechende evangelische Staatskirchenverträge 1924, 1931 und 1932 geschlossen, die nach 1945 fortgelten bzw. erneuert werden.) Besser als der Begriff der „hinkenden Trennung" kennzeichnet derjenige der „Partnerschaft" die Realität.

Die nationalsozialistische Diktatur 1933–45 bildet in verfassungsrechtlicher Hinsicht nur eine Episode, weil ihre Versuche zur Gleichschaltung der evangelischen Kirche durch die Konstruktion einer deutschchristlichen Reichskirche und zur Unterdrückung der katholischen Kirche scheitern. In politischer Hinsicht bewirkt sie, daß beim Wiederaufbau demokratischer Strukturen nach 1945 die Kirchen als moralische Instanz neu gefragt sind. Allerdings entwickeln sich die Verhältnisse in den beiden deutschen Staaten auseinander: Die Bundesrepublik Deutschland wiederholt in ihrem Grundgesetz von 1949 die Kirchenartikel von 1919 (vgl. Zitat 26, Anhang, S. 522) und ordnet ihre Beziehungen zu den Kirchen auf einer vertraglichen Basis, die diesen eine bedeutsame öffentliche Verantwortung zubilligt. In der Deutschen Demokratischen Republik wird zwar verfassungsrechtlich 1949 zunächst der Status der Kirche kaum berührt, doch in der Praxis die Trennung vom Staat konsequenter durchgeführt (vor allem auf dem Schulsektor). Durch ausgesprochen atheistische Programmatik wird die Kirche aus dem öffentlichen Leben verdrängt und in ihrem Bestand eingeschränkt. Doch da sie nicht ganz ausgeschaltet werden kann und sie ihrerseits als „Kirche im Sozialismus" ein rein negatives Verhältnis zum Staat zu überwinden sucht, ist es in jüngster Zeit auch in der DDR zu einer Art Partnerschaft gekommen, wobei noch deutlicher als in der Bundesrepublik ist, daß beide Institutionen auf unterschiedlichen Ebenen tätig sind. In beiden Teilen Deutschlands ist somit die Vermischung von Staat und Kirche, welche Mittelalter und Neuzeit bestimmt hat, durch eine mehr oder weniger konstruktive Zusammenarbeit abgelöst.

(4) Wie wird die neuzeitliche Trennung von Staat und Kirche begründet?

....

....

....

....

....

....

....

....

....

....

....

....

....

....

....

....

....

....

....

....

....

....

....

15. Christentum in getrennten Konfessionen

Autor der Studieneinheit: Reinhard Frieling

REINHARD FRIELING (48), Studium der evangelischen Theologie, Schulpfarrer in Westfalen, 1967 Promotion über die ökumenische Bewegung für Glauben und Kirchenverfassung 1910–1937.
1967 wissenschaftlicher Mitarbeiter des Konfessionskundlichen Instituts in Bensheim, seit 1981 Leiter des Instituts und Direktor des Evangelischen Bundes. Teilnehmer an zahlreichen ökumenischen Konferenzen und Mitglied ökumenischer Kommissionen, Autor einiger Bücher zum ökumenischen Dialog und zur lateinamerikanischen Theologie der Befreiung. Mitherausgeber des „Materialdienstes des Konfessionskundlichen Instituts Bensheim".

Allgemeine Einführung

Vielen Christen erscheint heute die Frage nach der Konfession als überholt: Es interessiert nicht, was „katholisch", „evangelisch" oder „orthodox" ist, sondern, was überhaupt als „christlich" gilt. Das Schwinden des konfessionellen Bewußtseins kann Ausdruck religiöser Gleichgültigkeit sein. Es kann auch ein Unverständnis gegenüber den Feinheiten theologischer Gegensätze bedeuten, die als inzwischen unnötiger Ballast der Geschichte angesehen werden. Es kann aber auch eine Konzentration auf das Wesentliche des christlichen Glaubens anzeigen, das allen Christen gemeinsam ist.
Andererseits begegnen im persönlichen wie im gesellschaftlichen Leben unvermeidlich die Auswirkungen der Kirchenspaltungen. Ob es um die konfessionsverschiedenen Familien geht, ob Bildungsfragen, die Grundwerte, die Reform des Strafrechts, die Trägerschaft von Kindergärten und Sozialstationen zur Debatte stehen – stets spielt die „Konfession" eine Rolle, wenn die Kirchen sich zu Wort melden. Soziologen stellen sogar fest, daß sich in der Praxis des politischen und kulturellen Lebens die Folgen der konfessionellen Spaltungen in konfessionstypischen Verhaltens- und Entscheidungsweisen erstaunlich zäh (auch in säkularisierten Kreisen) durchhalten, etwa bei politischen Wahlen und bei ethischen Fragen. So besteht ein kirchlich-ökumenisches und ein sozio-politisches Interesse, nach den religiös-kulturellen Wurzeln unserer Gesellschaft zu fragen.

Methodisch ergeben sich bei unserer Studieneinheit einige Probleme:

• Der Begriff „Konfessionen" hat sich vor allem im deutschen Sprachraum seit dem 19. Jahrhundert als Bezeichnung für die getrennten Kirchen durchgesetzt. „Confessio" ist das lateinische Wort für „Bekenntnis" und meint ursprünglich das Glaubens- oder das Sündenbekenntnis. Im 16. Jahrhundert formulierten die Reformatoren Bekenntnisschriften als Bekenntnis-Zeugnisse ihrer Rechtgläubigkeit. Verbreitet sprach man bis ins 19. Jahrhundert hinein von „Religionsparteien", wenn die getrennten kirchlichen Gemeinschaften im Blick waren. Vom Standpunkt eigener Rechtgläubigkeit wurden die anderen Gruppen „Häretiker", „Ketzer" oder „Irrlehrer" genannt. Der katholische Theologe Johann Adam MÖHLER wandte im 19. Jahrhundert den Begriff „Konfessionen" auf die reformatorischen Kirchen an. Diese wurden katholischerseits nicht als „Kirchen" anerkannt. Die römisch-katholische Kirche konnte und kann sich dogmatisch nicht als eine „Konfession" im Sinne einer Teilkirche (ähnlich wie die orthodoxen Kirchen) verstehen, neben der es gleichberechtigt noch andere Kirchen gibt. In der Alltagssprache hat sich freilich (bis hin zu Angaben auf der Steuerkarte) der Konfessionsbegriff wertneutral eingebürgert, und in diesem Sinne wird er auch hier verwendet.

• Es gibt keine „objektive" Beschreibung der Konfessionskirchen. Das Bild, das ein Christ von seiner eigenen Kirche malt, hat andere Farbtöne als das Bild, das ein Außenstehender von ihr hat. Bei allem Bemühen um Objektivität wird vermutlich mancher Leser den Eindruck gewinnen, daß die subjektive Sicht des Autors dieser Studieneinheit durchscheint. Jeder Leser muß kritisch fragen, wo er selbst die Akzente anders setzt.

• Durch das Thema bedingt, werden die konfessionellen Besonderheiten hervorgehoben, so daß der Eindruck entstehen könnte, die Bedeutung der Gemeinsamkeiten sei gering zu veranschlagen. Demgegenüber ist zu betonen, daß tatsächlich die Gemeinsamkeiten überwiegen und wesentlicher sind als alle konfessionellen Unterscheidungen.

• Daß die Konfessionen keine „einheitlichen" Gebilde sind, sondern in sich eine Vielfalt bergen, kann in dieser Studieneinheit nicht behandelt werden. Eigentlich müßte deutlich voneinander unterschieden werden:
– wie der christliche Glaube sich in den geltenden Lehren und Ordnungen der Kirchen niederschlägt,
– wie Gemeinsamkeiten und konfessionelle Gegensätze in der Volksmeinung erscheinen, und
– wie alte Streitfragen unter den Theologen allmählich an Gewicht verlieren gegenüber der Herausbildung neuer Gegensätze, die quer durch die Konfessionen gehen.

• Von „Konfession" zu unterscheiden ist eine „Sekte". Diese Bezeichnung benutzen Kirchenglieder für Gruppen, die sich von ihnen getrennt haben (lat. *secare:* „trennen") oder die einer Sonderlehre oder ihrem Gründer nachfolgen (lat. *sequi:* „nachfolgen"). Die Sekten leugnen zumeist die grundsätzlichen Gemeinsamkeiten der Konfessionskirchen, wie sie etwa in den altkirchlichen Glaubensbekenntnissen festgehalten sind. Sie verstehen sich selbst als alleinseligmachend und bekämpfen die Konfessionskirchen. Besonders missionarisch sind apokalyptische Gruppen, die vom Bewußtsein des nahen Weltuntergangs und ihrer besonderen Erwählung durch Gott geprägt sind (etwa „Zeugen Jehovas" und „Neuapostolische Gemeinde"). Einige Gruppen bewegen sich auf der Grenze von Kirche und Sekte, zum Beispiel in der „Pfingstbewegung" und bei den „Adventisten", wo es neben ausgesprochen antikirchlichen Sektierern auch gemäßigte Gruppen gibt, die dem Ökumenischen Rat der Kirchen angehören und alles Sektenhafte abgelegt haben. Im Rahmen unseres Themas gehen wir auf die Sekten nicht ein.

Es ist natürlich die Frage zu stellen, ob es jemals eine geschlossene institutionelle Einheit der Kirche gegeben habe. Diese Frage mag freilich schon konfessionell protestantisch geprägt sein. Katholischerseits wird sie entschieden bejaht. Der Blick auf die angeblich „konfessionellen" Spannungen im Neuen Testament und auf die zwischen Orthodoxen Ostkirchen, Römisch-katholischer Kirche und Reformatorischen Kirchen umstrittene Frage, welche Konfessionskirche sich von der anderen abgespalten hat, veranlaßt – soll das Thema „Christentum in getrennten Konfessionen" angemessen behandelt werden –, das unterschiedliche konfessionelle Geschichtsbild näher zu betrachten.

Nach dem Durcharbeiten dieser Studieneinheit sollen Sie in der Lage sein,

– die Entstehung der christlichen Konfessionen im Überblick aufzuzeigen;

– das Selbstverständnis der einzelnen Konfessionen zu begründen;

– die Haupttypen konfessioneller Lehre und Frömmigkeit im Vergleich darzustellen.

Die konfessionellen Geschichtsbilder

Die Frage, welche Kirche sich „abgespalten“ hat und welche die „wahre“ christliche Tradition fortsetzt, ist höchst umstritten, ja sie ist das konfessionelle Problem schlechthin.

Zwei „Stammbäume“

Schon der Begriff „Konfession“, den wir bisher wertneutral wie in der Alltagssprache benutzt haben, wird von einigen Kirchen nicht gern oder gar nicht als Selbstbezeichnung benutzt. Der Begriff kann nahelegen, die Christenheit sei aufgeteilt in verschiedene mehr oder weniger rechtmäßige Gruppen oder Parteien. Eben dies ist nach dem Selbstverständnis einiger Kirchen jedoch zu bestreiten; sie verstehen sich nicht als Teilkirchen, sondern als die eigentliche und rechtmäßige Kirche Christi.

Ein anderes Beispiel verdeutlicht denselben Sachverhalt:

In Religions- und Kirchengeschichtsbüchern finden sich bisweilen verschiedene Kapitelüberschriften für das 16. Jahrhundert: „Zeitalter der Reformation“ oder „Zeitalter der Glaubensspaltung“. Einmal ist das Motiv der Erneuerung der Christenheit im Blick, das andere Mal das Ergebnis der Erneuerungsbemühungen. Zugleich spricht sich in diesen Bezeichnungen das jeweilige konfessionelle Selbstverständnis aus. Die „reformatorischen“ Kirchen betonen das „re“, das heißt „zurück“: zurück zur Bibel als allein maßgeblicher Norm für die Kirche. Evangelische Christen sprechen darum von „Reformation“. Die römisch-katholische Kirche hingegen ist überzeugt, daß in ihr selbst die Kirche Jesu Christi verwirklicht ist und daß die reformatorischen Kirchen sich durch Einseitigkeiten und Irrtümer von ihr getrennt haben. Die „Stammbäume“ des Christentums in getrennten Konfessionen werden dann (bis in die jüngere Literatur) unterschiedlich gemalt:

Schema 1: Unterschiedliche Stammbäume des Christentums

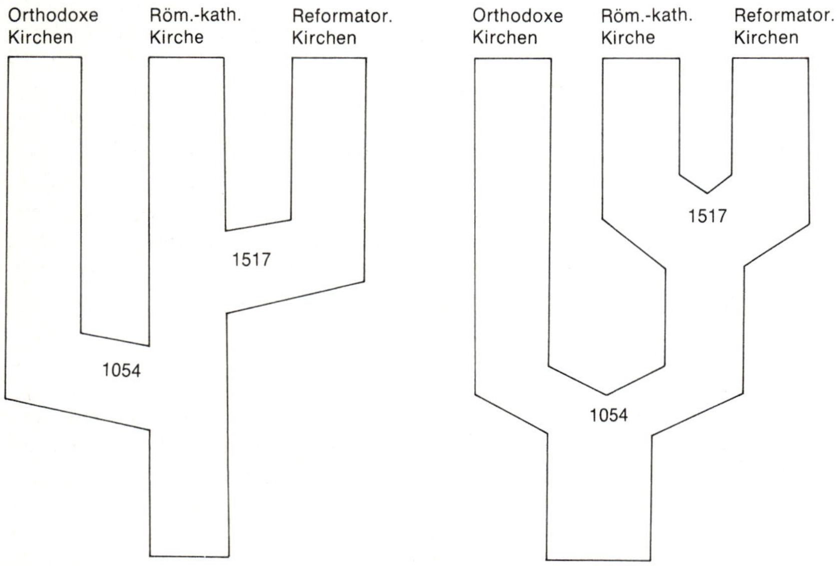

Original: Reinhard Frieling.

(1) Welches Verständnis von Einheit und Spaltung der Kirche drücken diese Stammbäume aus?

„Konfessionelle“ Spannungen im Neuen Testament?

Die Graphik der Stammbäume könnte den Eindruck erwecken, im 1. Jahrtausend habe es eine einheitliche Kirche gegeben. Wie war es aber um diese Einheit der Kirche am Anfang der Christenheit bestellt? Wie sind die Spannungen zu bewerten, von denen bereits im Neuen Testament die Rede ist?

Drei *Beispiele* für Spannungen im Neuen Testament:

- Der erste große Streit in der Christenheit betraf die Geltung des jüdischen Gesetzes für die Christen. Der Konflikt spitzte sich zwischen getauften Juden und getauften Heiden zu. Bei einem Konzil der Apostel in Jerusalem (etwa 48 n. Chr.; vgl. Apg 15) wurde Frieden geschlossen.
- Bei den Christusbekenntnissen begegneten in der frühen Christenheit eine Reihe unterschiedlicher Formulierungen, ja man spricht von verschiedenen Christologien im Neuen Testament, auch von erheblichen Unterschieden in Lehre und Praxis der Gemeinden, welche die Verfasser der Evangelien als Leser im Blick hatten.
- Die Entwicklung der Kirchenverfassung war in den ersten Generationen vielfältig. Die Autorität der Apostel, hier besonders die des Petrus, war wohl nicht einheitlich geregelt; die Struktur der kirchlichen Ämter lehnte sich an vorhandene Verfassungsgrundsätze der Gesellschaft an. Die Frage etwa, ob die Gemeinde als ganze die Vollmacht hat, Sünden zu vergeben oder zu behalten (Binde- und Lösegewalt, auch Schlüsselgewalt genannt), oder ob dies dem Petrus, den Aposteln oder anderen Amtsträgern vorbehalten bleiben sollte, kann anhand der biblischen Zeugnisse nicht eindeutig beantwortet werden.

Die Frage, wie die Spannungen im Neuen Testament zu beurteilen sind, wird heute unterschiedlich beantwortet, und zwar bezeichnenderweise von den konfessionellen Prägungen her.

Der evangelische Neutestamentler Ernst KÄSEMANN brachte sogar den Konfessionsbegriff für die urchristliche Zeit ins Spiel:

„Wir blicken also in einen gar nicht anders als konfessionell zu bezeichnenden Streit der ältesten Christenheit hinein."[1] – „Die Variabilität des Kerygmas [der Verkündigung] im Neuen Testament ist Ausdruck des Tatbestandes, daß bereits in der Urchristenheit eine Fülle verschiedener Konfessionen nebeneinander vorhanden war, aufeinander folgte, sich miteinander verband und gegeneinander abgrenzte."[2]

Hingegen stellte der katholische Neutestamentler Rudolph SCHNACKENBURG fest:

„Es wäre verfehlt, sich die Urkirche nur als einen ökumenischen Zusammenschluß verschiedener ‚Konfessionskirchen' zu denken. Nicht nur das Bekenntnis zu Jesus Christus [...] schloß die Gemeinden und Kirchengebiete zusammen, sondern auch [...] die eucharistische Gemeinschaft, die soviel wir wissen, nirgends angefochten oder aufgehoben wurde."[3]

Die unterschiedlichen Auffassungen weisen auf eine eigentümliche Widersprüchlichkeit hin:

Der evangelische Theologe folgert aus seiner Sicht konfessioneller Vorformen im Neuen Testament, daß es die eine ungeteilte Kirche nie gegeben habe; die Idee einer kirchlichen Einheitsinstitution sei vom Neuen Testament her eine Fiktion. Oder anders: Der evangelische Christ erlebt Kirche in erster Linie als eine bekenntnisgebundene Gemeinde, die mit anderen Gemeinden und Konfessionen in Verbindung tritt. Er will damit nicht Kirchenspaltungen rechtfertigen, aber ihm sind Einheitsstrukturen zweitrangig, wenn nur in der Predigt des Evangeliums und in der Feier der Sakramente Einigkeit besteht.

Der katholische Theologe folgert aus seiner Sicht der grundlegenden Einheit der Kirche in Lehre und apostolischer Verfassung, daß die Kirche ihre Einheit im Glauben, im Kult und im Amt auch sichtbar darstellen muß. Oder anders: Dem katholischen Christen ist Kirche in erster Linie die Gesamtkirche, die auch in seiner Ortskirche zur Geltung kommt. Sie vereinigt in sich durchaus vielfältige Formen, aber sie darf sich nicht in selbständigen Konfessionskirchen darstellen.

(2) Nehmen Sie in Stichworten Stellung zu der These, die Bibel sei das Einheitsband der Konfessionen.

Dafür spricht:

....

....

....

....

....

....

Dagegen spricht:

....

....

....

....

....

....

1 E. KÄSEMANN: Die Anfänge christlicher Theologie. *Zeitschrift für Theologie und Kirche* 57 (1960), S. 166.

2 E. KÄSEMANN: Das Neue Testament als Kanon. Göttingen 1970, S. 131.

3 R. SCHNACKENBURG: Die Kirche im Neuen Testament. Freiburg/Basel/Wien 1961, S. 117f.

Die Konfessionen – eine Übersicht

In der folgenden Darstellung geben wir einen Überblick über die heute bestehenden Konfessionskirchen. Wir gehen chronologisch nach ihrem Entstehen vor, konzentrieren uns jedoch im wesentlichen auf ihr heutiges Selbstverständnis. Historische Verweise sind hier und da freilich unerläßlich.

Die Orthodoxen Ostkirchen

Seit Jahrhunderten ist unser christlich-abendländisches Bildungssystem so „westlich" orientiert, daß häufig die Existenz der orthodoxen Ostkirchen übersehen wurde. Seit einigen Jahrzehnten vollzieht sich in den kirchlichen West-Ost-Beziehungen ein grundlegender Wandel:

- durch die moderne ökumenische Bewegung: die Orthodoxie bildet ein Drittel der Mitgliedskirchen des Ökumenischen Rates, und zwischen Rom und dem Ökumenischen Patriarchat von Konstantinopel wurde 1965 der „Bann" vom Jahre 1054 „aufgehoben",
- infolge der Anwesenheit von 500000 orthodoxen Christen in der Bundesrepublik Deutschland, hauptsächlich griechische und jugoslawische Gastarbeiter mit ihren Familien (drittgrößte christliche Konfession in Deutschland!).

Seit wann gibt es die orthodoxen Ostkirchen?

Studieneinheit 14 über „Konstantinische Wende, Kirche und Staat" hat bereits verdeutlicht, wie im römischen Westreich nach dem Zerfall der staatlichen Macht das Papsttum das Verhältnis von Kirche und Staat regelte, während im Osten für die byzantinische Reichskirche der Kaiser bestimmend blieb und sich eine „Symphonie" von Kirche und Staat entwickelte, die der Entwicklung voll unabhängiger Patriarchate und Nationalkirchen Raum ließ.

Im Westen unterlagen Kirche und Theologie einer Wechselwirkung mit römischem Denken und römischer Kultur. Aus östlicher Sicht fällt vor allem das Rechtsdenken auf – sei es in der Theologie, wo das Verhältnis von Gott und Mensch vorrangig in Rechtskategorien wie „Sünde und Vergebung", „Gericht und Gnade", „Rechtfertigung" usw. beschrieben wird, sei es im Kirchenverständnis, wo der institutionelle Aspekt und hier besonders der römische Vorranganspruch nach östlich-orthodoxer Auffassung die Kirche als „Mysterion" (Geheimnis) und „Koinonia" (Gemeinschaft) verdunkelt. Zu keinem Zeitpunkt der Geschichte haben die Ostkirchen einen Vorrang des römischen Papstes im dogmatischen oder rechtlichen Sinne anerkannt. Nach orthodoxer Interpretation der ersten Ökumenischen Konzile war der römische Bischof als „Patriarch" des Abendlandes den übrigen Patriarchen (Konstantinopel, Jerusalem, Antiochien, Alexandrien) gleichgestellt; höchstens von einem „Ehrenprimat", also einer Sprecherrolle des römischen Bischofs, war die Rede.

Im Osten entwickelte sich eine Spiritualität, die von der mystisch-sakramentalen Gegenwart des Göttlichen bestimmt ist. Christus hat der todesverfallenen Welt das göttliche Leben gebracht. Seine Erlösungstat bedeutet weniger Rechtfertigung und Vergebung des Menschen als vielmehr den Beginn der „Theosis", der Vergöttlichung des Menschen: „Gott wurde Mensch, damit der Mensch vergottet würde."[4]

4 ATHANASIUS (295–373 n.Chr.) in: De incarnatione, S. 54.

Abb. 1:

ANLEITUNG ZUM ORTHODOXEN CHRISTENTUM AUF DER IKONOSTASE

1. Patriarchen des Alten Testaments

2. Propheten des Alten Testaments

3. Szenen aus dem Leben Christi und Mariä

4. Das Jüngste Gericht

5. Heilige von lokaler Bedeutung und Engel

6. Die Königliche Pforte

Zwischen dem Allerheiligsten und der Gemeinde ragt in jeder russisch-orthodoxen Kirche die Ikonostase, die reich geschmückte Ikonenwand mit Darstellungen aus der Bibel. Jede Ikonenreihe hat ihren traditionellen Platz. Die dritte Reihe zeigt stets die Hauptbegebenheiten aus dem Leben Christi und der Muttergottes, die an besonderen Festtagen gefeiert werden. In der vierten erscheint Christus eingerahmt von Maria und Johannes dem Täufer sowie Erzengeln und Heiligen. Die Gläubigen vom Allerheiligsten trennend, symbolisiert die Ikonostase die Trennung von Gotteswelt und Menschenwelt. Die Königliche Pforte in der Mitte vereinigt sie symbolisch wieder.

Aus: Der Aufstieg Rußlands, von Robert Wallace und der Redaktion der Time-Life-Bücher. Amsterdam 1975, S. 101.

Schon recht früh bedeutete im Osten die theologische Reflexion weniger rationales Bedenken des Glaubens als mehr das Nachdenken der Heiligen Göttlichen Liturgie, in der sich die ganze Heilsgeschichte Gottes mit den Menschen darstellt. Der orthodoxe Gottesdienst ist stark „doxologisch" geprägt, das heißt: lobpreisend und Gott verherrlichend feiert die Gemeinde auf symbolträchtige Weise die Heilstaten Gottes.

Dabei handelt es sich nicht um dogmatische Ost-West-Gegensätze, sondern um Akzente, die erst im Laufe von Jahrhunderten nach einem wachsenden Entfremdungsprozeß zu verschiedenen Kirchentümern führten:

Die ersten sieben Ökumenischen Konzilien (von Nizäa 325 bis Nizäa 787) (vgl. STE 13, S. 218f.) erkennen die Kirchen im Osten und Westen gleichermaßen an. Das (nach römisch-katholischer Zählung) achte Konzil (Konstantinopel, 869–870) brachte eine erste zweijährige Kirchenspaltung *(Schisma)* zwischen Ost und West zu Ende, als die mit Zustimmung des Papstes 867 ausgesprochene Exkommunikation des ökumenischen Patriarchen Photius wieder aufgehoben wurde.

Die eigentliche Kirchenspaltung *(Schisma)* erfolgte bei der gegenseitigen Exkommunikation im Jahre 1054. Eine päpstliche Gesandtschaft sollte in Konstantinopel über strittige dogmatische und disziplinäre Fragen verhandeln: Vorrangstellung *(Primat);* ob der Heilige Geist nur von Gott-Vater oder auch vom Sohn ausgeht (das „filioque" im westlichen Glaubensbekenntnis); ungesäuertes Brot bei der Eucharistie; Fasten am Samstag; Priesterehe. Als keine Einigung erfolgte, legte der römische Kardinal Humbert in der Hagia Sophia die Exkommunikationsbulle nieder, auf welche die östliche Seite mit dem Gegenbann reagierte.

Umstritten ist, wer sich von wem abgespalten hat. Die Ost- wie die Westkirche beanspruchen, die wirkliche Fortsetzung der Alten Kirche zu sein. Die Ostkirchen gehen davon aus, daß allein sie die apostolische Tradition rechtgläubig („orthodox") bewahrt haben. Dem Westen wird eine darüber hinausgehende Weiterentwicklung der Lehre und Theologie vorgeworfen, die sich in neuen Dogmen (etwa über Papst und Maria) oder in einseitigen Hervorhebungen einzelner Glaubenswahrheiten (etwa der Rechtfertigungslehre) bekundete.

Die westliche Kirche wiederum betonte, daß die grundsätzlich mit Jesus Christus abgeschlossene Offenbarung immer wieder neu ausgelegt werden müsse. Die Tradition ist nichts Starres, sondern unter Führung des Heiligen Geistes etwas Dynamisches, das seine Rechtfertigung durch Ökumenische Konzile und durch eine verbindliche Entscheidung des Papstes gewinnt. So ist die römisch-katholische Kirche überzeugt, daß die eine universale Kirche nach wie vor in der katholischen Kirche verwirklicht ist, die vom Papst als Träger des Einheitsamtes geleitet wird. Die westlichen Konzilien des zweiten Jahrtausends werden darum „Ökumenische Konzile" genannt – was die Orthodoxie entschieden ablehnt.

Mit Rom unierte Ostkirchen

Dem universalen Selbstverständnis entsprechend hat die römisch-katholische Kirche nach 1054 in den Gebieten der alten Patriarchate eigene mit Rom verbundene, unierte Ostkirchen gegründet. Die Bezeichnungen hierfür werden nicht einheitlich gebraucht, so daß häufig Verwirrung entsteht: „Unierte Riten", „Orientalische Ostkirchen", „Katholische Ostkirchen". Die Existenz dieser römisch-katholischen Kirchen im Osten empfinden die Orthodoxen als ein großes ökumenisches Ärgernis. Unter dem Druck kommunistischer Regierungen sind einige mit Rom unierte Kirchen (etwa in der Ukraine, der CSSR und Rumänien) in die jeweilige orthodoxe Kirche des Landes integriert worden. Das „Uniatenproblem" ist ein heißes Eisen zwischen Rom und den Ostkirchen.

Die mit Rom unierten Ostkirchen haben weithin ihren orientalischen Ritus beibehalten. Auch im Kirchenrecht besitzen sie eine Eigenständigkeit; das neue römische Kirchenrecht, *Codex Iuris Canonici* (1983), gilt nur für den „lateinischen" Ritus. Die unierten Kirchen in Osteuropa befinden sich in einer schwierigen Lage inmitten kommunistischer Länder oder orthodoxer Umgebung. Im Vorderen Orient gibt es neun Regionalkirchen; insgesamt zählt das Statistische Jahrbuch des Vatikans für 1980 142 unierte Diözesen. Die Zahl der mit Rom unierten Christen wird auf 3 bis 4 Millionen geschätzt.

Orthodoxie und Ökumene

Trotz der Kirchenspaltung rissen seit dem 11. Jahrhundert die West-Ost-Kontakte nie ganz ab – teilweise freilich eher politisch als religiös-kirchlich bedingt.

Beim (römisch-katholischen) Konzil zu Florenz (1439–1443) wurde aufgrund politischer Erwägungen (Türkengefahr für Konstantinopel) eine „Union" beschlossen, bei der unter anderem die Vorrangstellung des Papstes anerkannt wurde. Sie blieb jedoch wirkungslos auf dem Papier stehen, weil das östliche Kirchenvolk und der Klerus die Union nicht annahmen. Im Jahre 1965 wurde während des Zweiten Vatikanischen Konzils vom Papst und vom Ökumenischen Patriarchen in Konstantinopel feierlich erklärt, der Bann von 1054 solle aus dem Gedächtnis der Kirche getilgt werden. Man spricht sich heute gegenseitig als „Schwesterkirchen" an, ohne sich freilich damit schon voll anzuerkennen und Kirchengemeinschaft zu praktizieren.

Die evangelischen Reformatoren beriefen sich im 16. Jahrhundert in ihrer Kritik an Rom häufig auf die alten Kirchenväter. Ein evangelisch-orthodoxes Zusammengehen lag nahe, kam jedoch aus zwei Gründen nicht zustande:

- Zum einen verhinderte die politische Situation (Türkenherrschaft im Osten) intensive Kontakte.
- Zum andern konnten die Ostkirchen in den reformatorischen Anliegen nur teilweise eine westliche Rückkehr zur ungeteilten alten orthodoxen Kirche erkennen; der Ökumenische Patriarch von Konstantinopel brach 1581 einen zunächst verheißungsvollen Briefwechsel mit der evangelisch-theologischen Fakultät von Tübingen ab.

An der modernen ökumenischen Bewegung des 20. Jahrhunderts beteiligen sich inzwischen alle orthodoxen Kirchen. Sie sind Mitglieder im Ökumenischen Rat der Kirchen und hier bereit, mit den anderen Kirchen zusammenzuarbeiten. Allerdings legen sie großen Wert darauf, ihren eigenen Standpunkt nicht preiszugeben, nämlich die echte Fortsetzung der Alten Kirche zu sein, während alle übrigen Kirchen davon abgewichen seien. Im Ökumenischen Rat der Kirchen sind die Orthodoxen ein kritischer Partner, vor allem gegenüber einer einseitigen Interpretation des Heils als gesellschaftspolitische Veränderung. Die Orthodoxen lehnen auch das Drängen auf Interkommunion (Abendmahls- oder Eucharistiegemeinschaft) ab, weil diese nicht den getrennten Konfessionen, sondern den Christen erst nach vollzogener Kirchengemeinschaft möglich sei.
Die orthodoxen Ostkirchen führen theologische Dialoge mit verschiedenen westlichen Konfessionen. Am weitesten sind die Gespräche mit den Anglikanern gediehen; Einigungsergebnisse liegen jedoch noch nicht vor.

Überblick heute

Die Gemeinschaft der Orthodoxen Ostkirche umfaßt heute

- 14 „autokephale" (voll selbständige),
- 7 „autonome" (verwaltungsmäßig selbständige, doch einem Patriarchat unterstehende) National- oder Regionalkirchen,
- einige unabhängige Kirchen, beispielsweise die Exilkirchen.

Die Mitgliederzahl ist schwerlich exakt abzuschätzen; in der UdSSR etwa gibt es keine Konfessionsstatistik. Realistisch dürfte die Schätzung des Ökumenischen Rates von 105 Millionen Mitgliedern in 350 Diözesen und 36000 Gemeinden mit über 400 Bischöfen und 33000 Priestern sein.
Einen Ehrenvorrang nimmt seit alters das Ökumenische Patriarchat von Konstantinopel ein, das auch die Jurisdiktion über einige Auslandsdiözesen im Westen hat (z.B. auch der Bundesrepublik Deutschland). Seine äußere Machtstellung erlitt beim Untergang von Byzanz/Konstantinopel 1453 durch die Türken erhebliche Einbuße.
Besonderen Einfluß übt seit dem 15. Jahrhundert das Moskauer Patriarchat aus (seit 1448 autokephal, seit 1589 eigenes Patriarchat).
Haupt der autokephalen Kirche ist der „Patriarch". Die eigentlichen Hirten und Leiter der orthodoxen Kirchen sind jedoch die Bischöfe; der Patriarch ist Erster unter Gleichen. Der Bischof überträgt seine liturgischen und kirchenrechtlichen Aufgaben an die Priester und Diakone. Oberstes gesetzgebendes Organ ist die Landessynode; im 2. Jahrtausend wurde kein „Ökumenisches Konzil" mehr einberufen. Vorbereitet wird seit Jahren ein „Panorthodoxes Konzil". Es ist klar, daß bischöfliche oder konziliare Entscheidungen niemals den Beschlüssen der alten sieben Ökumenischen Konzile widersprechen dürfen.

Orientalische Nationalkirchen

Zu den Ostkirchen gehören einige im 5. Jahrhundert entstandene orientalische Nationalkirchen, auch als „alt-orientalische" oder „vorchalzedonensische" Kirchen bekannt, mit insgesamt etwa 18 Millionen Mitgliedern. Es sind dies – dogmatisch unterteilt – die *Nestorianer* und *Monophysiten:*

Bei den Lehrstreitigkeiten des 5. Jahrhunderts haben diese Gruppen die Aussagen des Konzils von Chalzedon 451 abgelehnt, Christus habe „unvermischt und unverwandelt" zwei Naturen besessen, und zwar eine göttliche und eine menschliche Natur. NESTORIUS (abgesetzter Patriarch von Konstantinopel) lehrte, Christus sei nur gesinnungsmäßig mit dem ewigen Logos, dem Wort Gottes, eins geworden. Die

Karte 1: Der orthodoxe Kirchenbund

Die vier alten Patriarchate (unterstrichen) Konstantinopel, Alexandria, Antiochia (Sitz Damaskus) und Jerusalem

Nationalkirchliche Patriarchate (Moskau, Belgrad, Bukarest, Sofia) Georgisches Katholikat Tiflis

Autokephale Gliedkirchen ohne Patriarchatsrang (Cypern, Griechenland, Albanien, Polen, Tschechoslowakei)

Nach: Friedrich Wilhelm FERNAU: Patriarchen am Goldenen Horn. Gegenwart und Tradition des Orthodoxen Orients. Opladen 1967, S. 183.

Monophysiten sagten im Gegenteil, der göttliche Logos habe in Christus ganz und gar eine fleischliche Natur angenommen, so daß Christus in jeder Beziehung unvergänglich war, leidlos im Leiden, unsterblich im Tode. Das Konzil von Chalzedon verurteilte beide Positionen, so daß es zur Spaltung kam.

Die *Nestorianische Kirche,* heute auch als „Assyrische Kirche" bekannt, war über Jahrhunderte eine eifrige Missionskirche im Gebiet von Persien bis China (ca. 230 Diözesen mit 27 Metropoliten). Der Mongolensturm um 1400 bescherte ihr weithin ein blutiges Ende. Heute leben etwa 80000 „Assyrer" (Nestorianer) im Iran, Irak und Syrien, 4000 in der Sowjetunion und 10000 in den USA.

Als *monophysitische Nationalkirchen* bestehen heute:

Koptische Orthodoxe Kirche (in Ägypten und Arabien)	1,3 Millionen
Äthiopische Orthodoxe Kirche (bis zum Sturz Kaiser Haile Selassis Staatskirche)	10 Millionen
Syrische Orthodoxe Kirche	120 000
Syrische Orthodoxe Kirche in Indien	1,5 Millionen
Armenische Apostolische Kirche (in Sowjet-Armenien und in anderen Sowjetrepubliken)	5 Millionen

Die Indische *Mar-Thoma-Kirche* hat sich im 15. Jahrhundert als nicht-monophysitische Kirche von der syrisch-orthodoxen Kirche abgespalten. Sie verdankt ihre Entstehung einer von anglikanischen Missionaren ausgegangenen Reformbewegung. Ihre 500000 Mitglieder stehen heute in voller kirchlicher Gemeinschaft mit den Anglikanern.

Nach Angaben des Ökumenischen Rates der Kirchen gibt es insgesamt 23 Millionen orientalisch-orthodoxe Christen.

Ökumenische Beziehungen

Alle genannten Nationalkirchen gehören dem Ökumenischen Rat der Kirchen an. Sie verstehen sich, wie die byzantinische Kirche, als „orthodox" und betonen dies gegenüber den Kirchen im Westen. Nach jahrhundertelangem Neben- und teilweise Gegeneinander wird heute besonders das Gespräch mit der chalzedonensischen Orthodoxie gepflegt. Die alten dogmatischen Streitigkeiten über die zwei Naturen Christi spielen dabei nur noch eine geringe Rolle. Eine Aufhebung der Bannerklärungen ist denkbar.

Die Römisch-Katholische Kirche

Die römisch-katholische Kirche glaubt, daß die einzige Kirche Christi, die wir im Glaubensbekenntnis als die eine, heilige, katholische/allgemeine und apostolische bekennen, in ihr verwirklicht ist. Sie versteht sich also nicht als eine der „Konfessionen" neben anderen, gleichberechtigten Konfessionskirchen:

„Diese Kirche, in dieser Welt als Gesellschaft verfaßt und geordnet, ist verwirklicht in der katholischen Kirche, die vom Nachfolger Petri und von den Bischöfen in Gemeinschaft mit ihm geleitet wird. Das schließt nicht aus, daß außerhalb ihres Gefüges vielfältige Elemente der Heiligung und Wahrheit zu finden sind, die als der Kirche Christi eigene Gaben auf die katholische Einheit hindrängen."

Kirchenkonstitution des II. Vatikanum, Nr. 8.

Über das Verhältnis zu den anderen Kirchen und kirchlichen Gemeinschaften heißt es:

„Ebenso sind diese getrennten Kirchen und Gemeinschaften trotz der Mängel, die ihnen nach unserem Glauben anhaften, nicht ohne Bedeutung und Gewicht im Geheimnis des Heiles. Denn der Geist Christi hat sich gewürdigt, sie als Mittel des Heiles zu gebrauchen, deren Wirksamkeit sich von der der katholischen Kirche anvertrauten Fülle der Gnade und Wahrheit herleitet.

Dennoch erfreuen sich die von uns getrennten Brüder, sowohl als einzelne wie auch als Gemeinschaften und Kirchen betrachtet, nicht jener Einheit, die Jesus Christus all denen schenken wollte, die er zu einem Leibe und zur Neuheit des Lebens wiedergeboren und lebendig gemacht hat, jener Einheit, die die Heilige Schrift und die verehrungswürdige Tradition der Kirche bekennt. Denn nur durch die katholische Kirche Christi, die das allgemeine Hilfsmittel des Heiles ist, kann man Zutritt zu der ganzen Fülle der Heilsmittel haben. Denn einzig dem Apostelkollegium, an dessen Spitze Petrus steht, hat der Herr, so glauben wir, alle Güter des Neuen Bundes anvertraut, um den einen Leib Christi auf Erden zu konstituieren, welchem alle völlig eingegliedert werden müssen, die schon auf irgendeine Weise zum Volke Gottes gehören."

Ökumenismusdekret des II. Vatikanums, Nr. 3.

Die Aussagen über das Wirken des Heiligen Geistes in den nichtkatholischen Kirchen haben zu einer positiven römisch-katholischen Einstellung den anderen Kirchen gegenüber geführt, wie sie jahrhundertelang so nicht bestanden hatte.

Wie keine andere Kirche ist die römisch-katholische Kirche eine „Weltkirche" mit einer einheitlichen Organisationsstruktur, was nicht ausschließt, daß die Teil- oder Ortskirchen in den einzelnen Ländern in ihrer Theologie und Frömmigkeit recht unterschiedlich geprägt sind. Innerhalb der römisch-katholischen Kirche als Institution gibt es den „Katholizismus" – genauer: Katholizismen, die als geistige und gesellschaftliche Größe über die kirchliche Form hinausgehen. So stellen sich etwa der europäische und der lateinamerikanische, der deutsche und der polnische, der angelsächsische und der romanische Katholizismus durchaus verschieden dar. In Deutschland spielt der „Verbandskatholizismus" eine maßgebliche Rolle: Im Zentralkomitee der deutschen Katholiken sind alle katholischen Werke und Verbände sowie die Aktivitäten des Laienapostolats zusammengeschlossen („Katholikentage").

Die römisch-katholische Weltkirche ist hierarchisch gegliedert: Papst – Bischöfe – Priester – Laien. Das Verständnis der Kirche als „Volk Gottes" hat den „Laienapostolat" gestärkt und bei einer Reihe von Katholiken an den Aufbau einer „Kirche von unten" denken lassen. Das Mitspracherecht der Laien ist seit dem II. Vatikanum gewachsen. Dogmatisch gilt, daß das gemeinsame Priestertum der Gläubigen und das hierarchische Priestertum der geweihten Amtsträger „dem Wesen und nicht nur dem Grade" nach zu unterscheiden sind (Kirchenkonstitution Nr. 10).

Schema 2: Katholische Kirchenverfassung

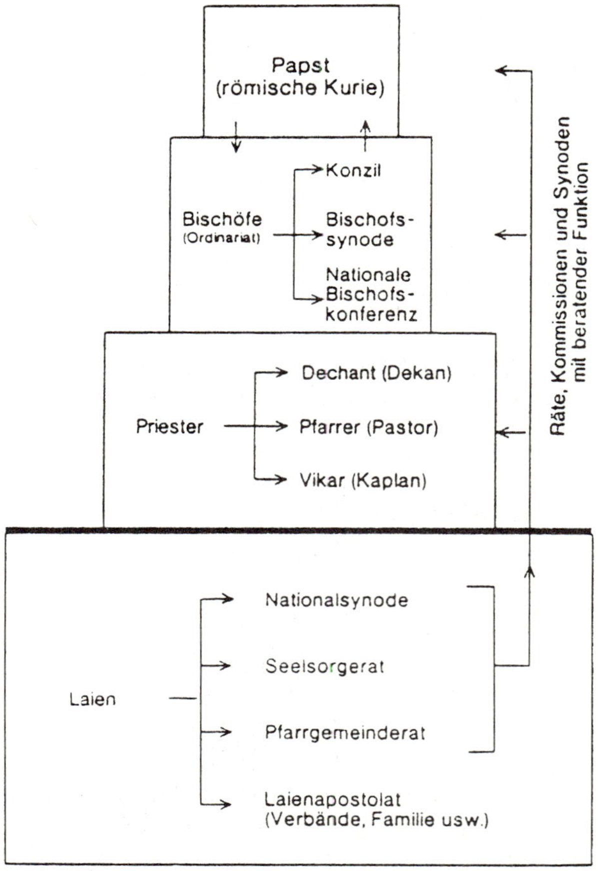

Aus: R. Frieling / E. A. Ortmann: Katholisch und Evangelisch. Informationen über den Glauben (Bensheimer Hefte. 46). Göttingen [6]1980, S. 106.

Im Unterschied etwa zu evangelischen Kirchen sind einzelne Amtshandlungen, wie die Leitung der Eucharistiefeier oder die Absolution bei der Beichte, an einen geweihten Priester gebunden. (In den evangelischen Kirchen ist diese Praxis eine Frage der Ordnung, nicht der Gültigkeit an sich.) Das Lehramt üben die Bischöfe aus, in letzter Instanz, „unfehlbar", der Papst und in Gemeinschaft mit ihm das Konzil. Theologen haben die Aufgabe, Lehraussagen zu interpretieren und das Lehramt zu beraten. In der katholischen Praxis muß im Gewicht der Aussagen unterschieden werden zwischen lehramtlichen Äußerungen der Bischöfe (die nicht alle mit dem Anspruch der Unfehlbarkeit vorgetragen werden) und theologischen Lehrmeinungen.

Die Alt-Katholischen Kirchen

Die „Alt-Katholischen Kirchen der Utrechter Union" umfassen 8 autonome katholische National- oder Regionalkirchen, die großenteils aus dem Widerstand gegen die Dogmen des I. Vatikanischen Konzils der römisch-katholischen Kirche entstanden sind. Sie sind „katholisch", halten aber die Unfehlbarkeit und die rechtliche Oberhoheit („Jurisdiktionsprimat") des Papstes für unvereinbar mit der Überlieferung der alten ungeteilten Kirche.

In Deutschland war der Kirchenhistoriker Ignaz DÖLLINGER (1799–1890) Wortführer der alt-katholischen Bewegung (die sich in der Schweiz „christkatholisch" nennt). Bereits 1871 begannen nach Exkommunikation seitens Rom die Vorbereitungen zur Gründung einer selbständigen Kirche. Dabei kam es zu einem Zusammenschluß mit der 1723 im Zusammenhang mit den jansenistischen Streitigkeiten (Gnadenlehre) entstandenen „Kirche von Utrecht". Die „Utrechter Union" wurde 1889 geschlossen. Schon früh suchten die Altkatholiken Unionsverhandlungen mit anglikanischen und orthodoxen Kirchen, denen sie sich lehr- und verfassungsmäßig eng verbunden fühlen. Zu einer Vereinbarung über Interkommunion mit Anglikanern kam es im Jahre 1931. Die Alt-Katholiken halten an historischem Amt und Würde des Bischofs *(Episkopat)* fest und betonen das synodale Prinzip der kirchlichen Selbstverwaltung aus Geistlichen und Laien. Die römisch-katholische Wandlungs- und Opferlehre wurde nicht voll übernommen, der Pflichtzölibat abgeschafft.

Das Katholische Bistum der Alt-Katholiken in Deutschland ist Mitglied der Arbeitsgemeinschaft christlicher Kirchen. Mit der römisch-katholischen Kirche werden seit dem II. Vatikanum Lehrgespräche geführt.

Die Evangelisch-Lutherischen Kirchen

Die lutherischen Kirchen verstehen sich als Teile der einen, heiligen, allgemeinen christlichen (= katholischen) und apostolischen Kirche Jesu Christi. Sie erkennen auch andere Kirchen und Konfessionen als Teile der Kirche Christi an, obwohl wegen Unterscheidungen in einzelnen Glaubensfragen weithin keine Kirchengemeinschaft praktiziert wird.

Die lutherische Reformbewegung des 16. Jahrhunderts hatte in Form von „Bekenntnissen" oder „Bekenntnisschriften" ihre Rechtgläubigkeit und Katholizität darzulegen versucht. Als es dennoch zur Ausbildung eines „lutherischen" Kirchentums kam, wurden diese Bekenntnisse die verbindende Lehrgrundlage. Sie sind jedoch nicht als unfehlbare und in allen Einzelaussagen immer gültige Dogmen zu verstehen, sondern als Hilfe zur Auslegung der Heiligen Schrift, die als eigentliche und verpflichtende Norm für die kirchliche Verkündigung gilt.

Lutherische Bekenntnisschriften:

1. Die drei altkirchlichen Glaubensbekenntnisse (Apostolikum, Nizänum, Athanasianum)
2. Augsburger Bekenntnis (1530)
3. Die „Apologie" des Augsburger Bekenntnisses (1531) (Vf.: Melanchthon)
4. Die Schmalkaldischen Artikel (1537) (Vf.: Luther)
5. Von der Gewalt und Obrigkeit des Papstes (1537) (Vf.: Melanchthon)
6. Der Kleine Katechismus Martin Luthers (1529)
7. Der Große Katechismus Martin Luthers (1529)
8. Die Konkordienformel (1577)

Kennzeichnend für das Luthertum ist es, auf die „reine Lehre" Wert zu legen, während Fragen der Kirchenverfassung und der Ordnungen in den Gemeinden ein geringeres dogmatisches Gewicht haben. Mit „reiner Lehre" *(pura doctrina)* meinten die Reformatoren vor allem die „Predigt" des Evangeliums, welches die Rechtfertigung allein aus Gnaden durch den Glauben zur Mitte hat.

Augsburger Bekenntnis, Artikel 7: Über die Kirche und ihre Einheit

Es wird auch gelehrt, daß allezeit die eine, heilige, christliche Kirche sein und bleiben muß. Sie ist die Versammlung aller Gläubigen, bei denen das Evangelium rein gepredigt und die heiligen Sakramente dem Evangelium gemäß gereicht werden.
Denn das genügt zur wahren Einheit der christlichen Kirche, daß das Evangelium einmütig im rechten Verständnis verkündigt und die Sakramente dem Wort Gottes gemäß gefeiert (urspr.: gereicht) werden. Für die wahre Einheit der christlichen Kirche ist es daher nicht nötig, überall die gleichen, von den Menschen eingesetzten kirchlichen Ordnungen einzuhalten – wie Paulus an die Epheser schreibt: „*Ein* Leib und *ein* Geist, wie ihr auch durch eure Berufung zu *einer* Hoffnung berufen seid; *ein* Herr, *ein* Glaube, *eine* Taufe" (Eph. 4,4f.).[5]

Allerdings hat sich – auch in der Frage kirchlicher Ordnungen – das Luthertum nicht einheitlich entwickelt. Nach Einführung des „Landesherrlichen Kirchenregiments" (d.h. der Landesherr war Oberhaupt der Landeskirche) (vgl. dazu S. 238f.) gab es Unterschiede in den Gottesdienstordnungen und im Verständnis des kirchlichen Amtes. Ein Teil des Luthertums hat soviel „katholische" Elemente bewahrt wie eben möglich, während andere Lutheraner die Kirche radikaler reformierten.
Die lutherischen Kirchen betonen das allgemeine Priestertum der Gläubigen. Ordinierte Amtsträger nehmen öffentlich den Auftrag der Wortverkündigung und der Sakramentsfeier wahr, der grundsätzlich der ganzen Kirche gilt. Die Ordination ist ein Berufungsakt, keine „Weihe", so daß es keinen Unterschied zwischen „Priestern" und „Laien" gibt.
Aus diesem Ansatz folgt ein Aufbau der Kirche von unten nach oben, wobei der Zusammenschluß der Gemeinden in „Landeskirchen" kennzeichnend ist. Die Landessynode mit einem Drittel Theologen und zwei Dritteln Nichttheologen ist die höchste juridische Autorität in den evangelisch-lutherischen Kirchen. Die kirchlichen Zusammenschlüsse auf überregionaler Ebene sind „Kirchenbünde" ohne Weisungsbefugnisse (Evangelische Kirche in Deutschland, Lutherischer Weltbund, Ökumenischer Rat der Kirchen). Die Synoden wählen Kirchenleitungen und Bischöfe/Kirchenpräsidenten; deren Kompetenzen und Titel sind unterschiedlich geregelt.

In der Bundesrepublik Deutschland gibt es folgende lutherischen Landeskirchen:
- Vereinigte Evangelisch-Lutherische Kirche Deutschlands (VELKD): Nordelbische Kirche, Hannoversche Landeskirche, Braunschweig, Bayern, Schaumburg-Lippe
- Oldenburg, Württemberg

Darüber hinaus gibt es zahlreiche Lutheraner und lutherische Gemeinden in „unierten" Landeskirchen.

5 Das Augsburger Bekenntnis Deutsch 1530–1980. Hrsg. von Günther GASSMANN. VELKD Hannover 1978.

Schema 3: Evangelische Kirchenverfassung

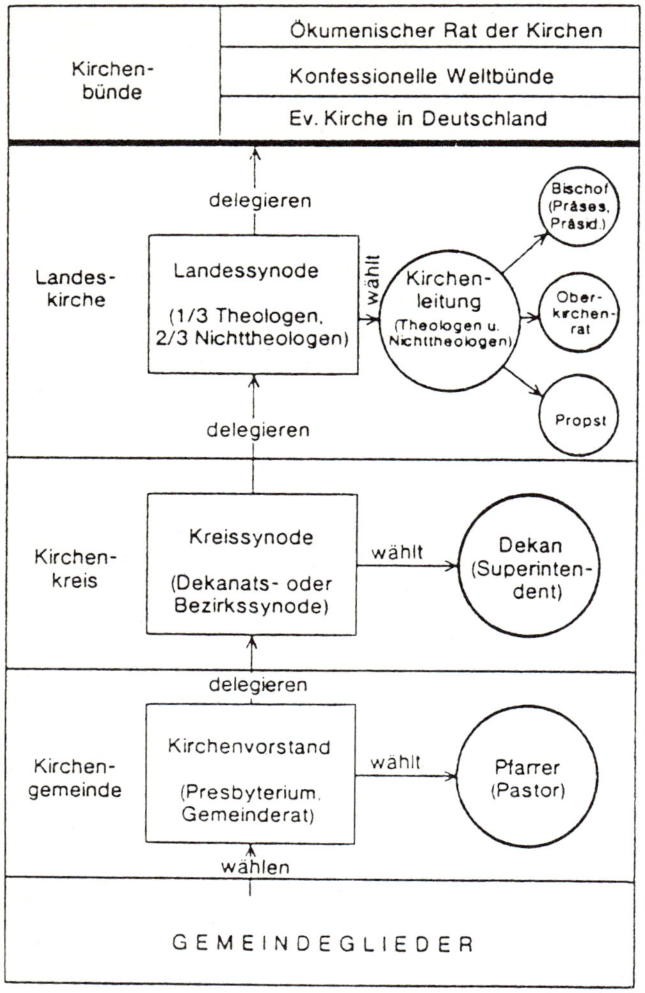

Aus: R. Frieling / E. A. Ortmann: Katholisch und Evangelisch. Informationen über den Glauben, a.a.O., S. 108.

Die Reformierten Kirchen

Das reformierte Kirchentum geht auf die Schweizer Reformatoren Huldrych Zwingli und Johannes Calvin zurück. Im angelsächsischen Raum breitete es sich zunächst in Schottland aus, und zwar als „presbyterianische" Kirche – ein Name, der bis heute im angelsächsischen Sprachgebiet gebräuchlich ist.

„Reformierte" Kirchen gibt es in Holland, Frankreich, Schweiz, Ungarn und Deutschland; große „presbyterianische" Kirchen in Südafrika, Neuseeland, Australien, Indonesien und Korea.

Wie die Lutheraner verstehen sich die Reformierten als Teil der einen Kirche Christi. Ihr Bestreben ist, die Kirche nach dem Modell des Neuen Testaments zu gestalten. Dabei spielen der Gemeindebegriff und der Gedanke der Erwählung eine besondere Rolle.

Frage 54 des Heidelberger Katechismus:

„Was glaubst du von der heiligen, allgemeinen christlichen Kirche?
Daß der Sohn Gottes aus dem ganzen menschlichen Geschlecht sich eine auserwählte Gemeinde zum ewigen Leben, durch seinen Geist und Wort, in Einigkeit des wahren Glaubens von Anbeginn der Welt bis ans Ende versammle, schütze und erhalte, und daß ich derselben ein lebendiges Glied bin und ewig bleiben werde."[6]

Bei den Reformierten wurde nicht eine Sammlung von Bekenntnisschriften verbindlich. Vielmehr ist deren Autorität weithin auf die Ortsgemeinden, in denen sie entstanden, beschränkt. Einige Bekenntnisse erlangten freilich größere Bedeutung. Insbesondere der „Heidelberger Katechismus" (1563) ist ein Bindeglied zwischen den reformierten Kirchen in aller Welt geworden. Die reformierten Gottesdienste und die Kirchengebäude sind bewußt schlicht gestaltet – was von einer besonderen Hervorhebung der Predigt herrührt und im Gebot „Du sollst dir kein Gottesbildnis machen" (Ex 20,4) begründet ist.

Die reformierten Kirchenverfassungen bevorzugen auf allen Ebenen von der Ortsgemeinde bis zur Landeskirche die Leitung durch ein Gremium (Presbyterium, Synode). Ein Unterschied zwischen „Priestern" und „Laien" wird (wie im gesamten Protestantismus) nicht gemacht. Calvins Ämterordnung – Pastor, Presbyter, Lehrer, Diakon – hat sich nicht allgemein durchgesetzt.

In der Bundesrepublik Deutschland gliedert sich das reformierte Kirchentum in zwei reformierte Landeskirchen: Evangelisch-reformierte Kirche Nordwestdeutschland und Lippische Landeskirche. In den unierten Landeskirchen gibt es etliche reformierte und auf dem Boden lutherischer Landeskirchen einige selbständige Gemeinden. Alle sind zusammengeschlossen im „Reformierten Bund", der als eingetragener Verein einen gewählten Vorstand („Moderamen") hat.

Die reformierten Kirchen bilden auf Weltebene den Reformierten Weltbund. Ihm ist der Weltrat der *Kongregationalisten* beigetreten. Zu ihm gehören auch die vorreformatorischen Kirchen der *Waldenser* und der *Böhmischen Brüder.*

Lutherisch-reformierte Gemeinschaft

Die beiden evangelischen Konfessionen lebten sich seit der Reformation – auch politisch bedingt – immer mehr auseinander. Allerdings blieb trotz der Trennung noch ein Bewußtsein der Zusammengehörigkeit erhalten. „Evangelisch", „protestantisch", „reformatorisch" – das waren oft Adjektive, die immer noch ein Stück kirchlicher Gemeinschaft zum Ausdruck brachten.

Zum Verständnis der jahrhundertelangen Trennung mag eine vergröbernde Typologisierung hilfreich sein:

- Das Luthertum ist davon bestimmt, daß der Mensch sein Heil in der Verkündigung des Evangeliums und in der Feier der Sakramente erfährt. Für die Gestaltung der Welt ist die vom Glauben zur Sachlichkeit befreite Vernunft zuständig: Hier herrscht Gott durch weltliche Ordnungen wie Staat und Ehe. In der lutherischen Kirche behält der Gottesdienst seine Liturgie. Für die Bibelauslegung und für das kirchliche Selbstverständnis haben die Bekenntnisschriften der Reformation eine besondere Bedeutung.
- Das Reformiertentum betont die absolute Souveränität Gottes gegenüber allem Menschlichen und Kirchlichen; die Hervorhebung der Predigt führte hier zu einem fast liturgielosen Gottesdienst und zu einem Sakramentsverständnis, bei dem nicht „in, mit und unter" Brot und Wein die leibliche Gegenwart Christi geglaubt wird, sondern die Sakramente als „Wahrzeichen und Siegel" aufgefaßt werden, durch deren rechten Gebrauch der Heilige Geist die Predigt des Evangeliums „bestätigt" (Heidelberger Katechismus 65ff.). Beim Kirchenbegriff werden das Gemeindeprinzip und die kollegiale Leitung betont. Aus der reformierten Auffassung von Person und Werk Christi – als Hohepriester, Prophet und König – folgt eine bisweilen rigorose puritanische Ethik; an die Stelle der lutherischen Zwei-Reiche-Lehre tritt die von der Königsherrschaft Christi; Ansätze einer politischen Theologie im Protestantismus werden deutlich.

6 Der Heidelberger Katechismus. Hrsg. von Otto Weber. Gütersloh ^{2}1983.

• Hier und da gab es lutherisch-reformierte Unionen. Die bedeutsamste für Deutschland war die Preußische Union (1817), bei der durch Verordnung des Königs lutherische und reformierte Gemeinden bei Wahrung ihres Bekenntnisstandes zur Gemeinschaft einer Landeskirche zusammengeführt wurden. Das ökumenische Machtwort des Königs hatte freilich wieder eine neue Spaltung zur Folge: Es formierten sich die „Alt-Lutheraner", die bis heute als eine alt-lutherische Freikirche bestehen; sie verweigerten die Union mit dem Hinweis auf LUTHERS Haltung in Marburg. Darüber hinaus bedeutete die Preußische Union, wie auch andere Unionen in Baden und in der Pfalz, daß es in Deutschland bis heute nicht nur zwei evangelisch-landeskirchliche Konfessionen gibt, sondern drei: lutherische, reformierte und unierte. Immerhin sind diese in der Evangelischen Kirche in Deutschland zusammengeschlossen.

Seit 1973 sind die lutherischen und reformierten Kirchen in Europa auf dem Weg zu mehr evangelischer Einheit ein Stück vorangekommen. In der Konkordie von Leuenberg hat das Marburger Religionsgespräch seine Fortsetzung und mit 450 Jahren Verspätung seine Wende erfahren: Lutherische und reformierte Kirchen stellen heute fest, daß „die Verwerfungen der reformatorischen Bekenntnisse nicht den Stand der Lehre dieser Kirche betreffen", die alten Verwerfungen seien „kein Hindernis mehr für die Kirchengemeinschaft". Man hat erkannt, daß ein Teil des Gegensatzes zwischen LUTHER und ZWINGLI in philosophischen Voraussetzungen begründet lag, daß man bei einigen theologischen Fragen aneinander vorbeigeredet hatte, daß heute die lutherische und reformierte Eigenart jedenfalls nicht mehr als kirchentrennend empfunden wird. Allerdings hat die mit der Leuenberger Konkordie begründete Kanzel- und Abendmahlsgemeinschaft bisher noch zu keiner organisatorischen Konsequenz mit einer einzigen kirchlichen Institution geführt. Selbst die Evangelische Kirche in Deutschland versteht sich nur als einen Kirchenbund, nicht als Kirche.

Die Anglikanischen Kirchen

Die Anglikanische Kirchengemeinschaft *(Anglican Communion)* geht auf die Kirche von England zurück, die in der Reformationszeit als von Rom unabhängige Kirche entstand. Sie umfaßt heute 25 autonome National- bzw. Regionalkirchen, die ihre organisatorische Einheit in den Lambeth-Konferenzen der Bischöfe hat, benannt nach dem Londoner Amtssitz des Erzbischofs von Canterbury, dem als „Primas" ein Ehrenprimat eingeräumt wird.

Die „Anglikaner" halten ihre Kirche für wahrhaft katholisch und wahrhaft reformatorisch, als die rechtmäßige Fortsetzung der altkirchlichen und mittelalterlichen Tradition auf englischem Boden. Als katholisch gilt vor allem das Verständnis des dreigliedrigen Amtes (der Bischof in historischer apostolischer Nachfolge, der Priester und der Diakon), als reformatorisch die zentrale Stellung der Rechtfertigung und der alleinigen Autorität der Bibel und die Unabhängigkeit von Rom. Innere Spannungen im Anglikanismus führten zur Redeweise von „High Church". Die „hochkirchliche" Bewegung wird auch Anglokatholizismus genannt. Ihre Anhänger wirken für einen eigenständigen romfreien Katholizismus, der vor allem im Amtsverständnis und in der Liturgie altkirchlich orientiert ist und so auch Nähe zu den Orthodoxen sucht.

Das theologische und ökumenische Selbstverständnis des Anglikanismus kommt bis heute in dem sog. Lambeth-Viereck („Quadrilateral") zum Ausdruck, das 1888 von der Lambeth-Konferenz verabschiedet wurde.

Die sichtbare Einheit der Kirche setzt voraus, von Herzen anzunehmen:

1. die Heilige Schrift als höchste Richtschnur des Glaubens
2. die altkirchlichen Glaubensbekenntnisse (das Nizänische und das Apostolische)
3. die Sakramente Taufe und Abendmahl (Eucharistie)
4. das Bischofsamt in historischer apostolischer Nachfolge.[7]

---

7 Randall T. DAVIDSON (Hrsg.): The Five Lambeth Conferences. London 1920, S. 112.

Gemäß ihrem Selbstverständnis, die Mitte zwischen Katholizismus und Protestantismus zu sein, waren die Anglikaner von Anfang an in der modernen ökumenischen Bewegung stark engagiert. Alle anglikanischen Kirchen gehören dem Ökumenischen Rat der Kirchen an. Mit der römisch-katholischen Kirche werden seit dem II. Vatikanischen Konzil Lehrgespräche über Taufe, Eucharistie und Amt geführt.

Mennoniten

Die Mennoniten-Gemeinden sind aus der reformatorischen Täuferbewegung hervorgegangen. Sie sind benannt nach MENNO SIMONS (1492–1561), der in Holland und Ostfriesland die „stillen" Täufer sammelte (im Gegensatz etwa zu den gewaltsamen „Wiedertäufern in Münster"). Jede Gemeinde ist autonom und leitet sich selbst. Glaubenstaufe und Eidesverweigerung, Gewaltverzicht und die Toleranzidee sind in Geltung geblieben. Die Mennoniten gaben den ersten Anstoß zur Abschaffung des Sklavenhandels. Eine von den Mennoniten in Amsterdam sich absondernde Sondergruppe bildete die Grundlagen für das englische und nordamerikanische Täufertum, den „Baptismus".

Die Mennonitische Weltkonferenz zählt gegenwärtig etwa 550000 Mitglieder, von denen rund die Hälfte in Nordamerika leben und etwa 40000 in den Niederlanden. In der Bundesrepublik Deutschland haben sich die Mennoniten-Gemeinden mit ihren insgesamt etwa 10000 Mitgliedern in drei Zweckverbänden zusammengeschlossen: der „Vereinigung der Deutschen Mennonitengemeinden", dem „Verband deutscher Mennonitengemeinden" und der „Arbeitsgemeinschaft der Mennonitischen Brüdergemeinden". Die „Vereinigung" ist neben den holländischen Mennoniten als einzige mennonitische Organisation Mitglied des Ökumenischen Rates der Kirchen; andere verhalten sich gegenüber dem Rat zurückhaltend, weil gegen eine ökumenische Einheitsinstitution starke Vorbehalte bestehen.

Baptisten

Die Baptisten („Täufer") gehen nur indirekt auf das Täufertum während der Reformation in Deutschland zurück. Holländische Mennoniten bildeten jedoch eine Brücke zu den baptistischen Gemeinden, die im Gefolge der englischen Reformbewegung der „Puritaner" entstand.

Ihre Anhänger suchten völlige Unabhängigkeit *(independence)* von staatlichen und kirchlichen Autoritäten in einer „Gemeinde der Heiligen". Durch den ehemals anglikanischen Geistlichen John SMYTH (1554–1612) entstanden die ersten baptistischen Gemeinden. Sie breiteten sich in England nur wenig aus, hatten jedoch seit Mitte des 17. Jahrhunderts in Nordamerika großen Zulauf. Drei Erweckungsbewegungen im 18. Jahrhundert führten dort zu vielen kleineren und größeren Gemeinschaften mit reger Missionstätigkeit in allen Kontinenten.

Auf dem europäischen Kontinent faßte der Baptismus erst im 19. Jahrhundert wieder Fuß, hauptsächlich als Teil der damaligen Erweckungsbewegung im Luthertum, aber dann auch unterstützt durch die Gemeinschaft mit den Baptisten in Übersee. Johann Gerhard ONCKEN (1800–1884) gründete mit anderen Gläubiggewordenen in Hamburg 1834 die erste Baptistengemeinde in Deutschland. Er blieb bis zu seinem Tod Leiter und Evangelisator des deutschen Baptismus.

In der Bundesrepublik Deutschland sind die Baptisten im „Bund Evangelisch-Freikirchlicher Gemeinden" zusammengeschlossen. Er gehört dem 1905 gegründeten Baptistischen Weltbund an. Dem Ökumenischen Rat der Kirchen sind nicht alle baptistischen Gemeinden beigetreten. Sie beteiligen sich aber als evangelische Freikirche an der Arbeitsgemeinschaft christlicher Kirchen in Deutschland und an kirchlichen Einrichtungen wie dem Evangelischen Missionswerk und dem Diakonischen Werk.

Für das Selbstverständnis der Baptisten gilt die Gläubigentaufe bis heute als charakteristischer Bekenntnisakt. In ihm gipfelt, was den Baptismus prägt: die persönliche und freiwillige Entscheidung für den Glauben sowie die Nachfolge Jesu gemäß der Heiligen Schrift als alleiniger Richtschnur des Glaubens. Es gibt eine Reihe von baptistischen Glaubensbekenntnissen. Wegen der Selbständigkeit der einzelnen Gemeinden haben diese jedoch nicht die Geltung wie ein Dogma in der römisch-katholischen Kirche oder wie eine Bekenntnisschrift im Luthertum.

Der Bund Evangelisch-Freikirchlicher Gemeinden formulierte 1974 für seine Verfassung folgende Sätze:

„Die im Bund Evangelisch-Freikirchlicher Gemeinden in Deutschland vereinigten Gemeinden bekennen sich zu Jesus Christus, dem Sohn des lebendigen Gottes, dem Herrn und Erlöser der Welt und Haupt seiner Gemeinde gemäß der Heiligen Schrift als der Grundlage ihres Glaubens, Denkens und Handelns. Entsprechend diesem Bekenntnis sind sie Gemeinden, die aufgrund des persönlichen Glaubens ihrer Glieder an Jesus Christus gebildet werden; sie vollziehen die Gläubigentaufe. Ihre Aufgaben sind, das Evangelium von Gottes Liebe zur Welt in Jesus Christus allen Menschen durch Wort und Dienst zu bezeugen und die Glieder der Gemeinden zu einem Leben in der Nachfolge Christi anzuleiten.“[8]

Brüder

Der Name „Brüder“ begegnet in den Bezeichnungen mehrerer Konfessionen, die historisch und organisatorisch nicht unmittelbar zusammengehören.

Die Gemeinschaft der *Böhmisch-Mährischen Brüder* entstand bereits im 15. Jahrhundert im Rahmen der Reformbewegung, die der Reformator Jan Hus ausgelöst hatte, der beim Konstanzer Konzil 1415 als Ketzer verbrannt worden war. Aus der Brüder-Bewegung entstand die „Brüder-Unität“ *(Unitas Fratrum),* die sich später der Reformation, insbesondere dem Calvinismus, öffnete.

Das Erbe der Böhmischen Brüder wurde bei der Gründung der *Herrnhuter Brüdergemeine* im 18. Jahrhundert miteingebracht. Aber diese von Zinzendorf geprägte Erneuerte Brüder-Unität wurde stark vom lutherischen Pietismus beeinflußt. Heute ist die Brüder-Unität mit 17 Provinzen in allen Erdteilen vertreten. Zur Europäisch-Festländischen Brüder-Unität gehören 7 Gemeinden in der Bundesrepublik Deutschland, 9 in der DDR, 5 in den Niederlanden und je 1 in Dänemark und in der Schweiz. Um die Mitgliedschaft können sich Erwachsene bewerben, die nach brüderlicher Gemeinschaft und dem Heil in Christus verlangen und sich dazu bekennen. Doppelmitgliedschaft in einer anderen Kirche ist möglich. Die Brüder-Unität wirkt vor allem durch die „Losungen“ in weite Kreise des Protestantismus hinein. Jeder Tag wird dabei unter ein bestimmtes Bibelwort gestellt.

Als *Brüderkirche* wurde ein anderer Zweig der pietistischen Erweckungsbewegung in den deutschen lutherischen und reformierten Kirchen bekannt. Zunächst wurden sie „Neue Täufer“ genannt, wanderten im 18. Jahrhundert nach Amerika aus und hießen dort „Dunker“, weil sie durch Untertauchen tauften. Als „Brethren Church“ lebten sie lange Zeit isoliert, von außen gekennzeichnet durch strenge Sitten, radikale pazifistische Einstellung und Bewahrung ihres Deutschtums. Die Brüderkirchen stehen lehrmäßig in der Tradition der Reformation des 16. Jahrhunderts. Statt eigener Bekenntnisschriften betrachten sie die Heilige Schrift selbst als ihr Glaubensbekenntnis. Die Kirche der Brüder gehört zu den „historischen Friedenskirchen“. Berühmt sind ihre Initiativen weltweiter Programme für Flüchtlings- und Katastrophenhilfe. Ihre Aktivitäten wurden Vorbild für das *Peace Corps* der US-Regierung.

Bei weitgehender Selbstbestimmung der Ortsgemeinden verbindet die Brüderkirchen eine Jahreskonferenz mit einem „General Board“ an der Spitze.

Quäker

In den religiösen Kämpfen Englands Mitte des 17. Jahrhunderts entstand durch George Fox (1624–91) eine mystisch-enthusiastische Gemeinschaft, „Gesellschaft der Freunde“ genannt. Der Name „Quäker“ war ursprünglich ein Spitzname, weil Fox während einer Gerichtsverhandlung forderte, vor dem Namen Gottes zu zittern (engl. *quake:* = „zittern“). Weil die Wirklichkeit Gottes größer ist als alle Aussagen über ihn und weil die göttliche Gegenwart im Menschen (als „inneres Licht“, als „inwendiger Christus“, als „innere Offenbarung“) wirkt, hat die Individualität des Menschen den höchsten Wert in allen weltlichen Bezügen. Glaubens- und Gewissensfreiheit, Gleichberechtigung von Mann und Frau, Gewaltlosigkeit und engagierter Einsatz für soziale Gerechtigkeit kennzeichnen die Quäker, die als Vorkämpfer neuzeitlichen Menschenrechtsverständnisses gelten.

Innerchristlich führte der Ansatz der Quäker zu einem dogmenfreien Christentum ohne feste kirchliche Institutionen. Sie gelten als eigenständige Gemeinschaft, nicht als „Kirche“ im traditionellen Sinne einer Institution, aber auch keineswegs als „Sekte“! Einige Quäkergruppen gehören dem Ökumenischen Rat der Kirchen an. Quäker verneinen den Traditionszusammenhang mit der nachapostolischen Christenheit mit ihren Dogmen und Ämtern. Sie erwarten darum auch nichts von Reformen der alten Konfessionskirchen, sondern sie leben ihre Gesellschaft der Freunde in der Stille schweigender Andacht ohne Priester und Sakramente, ohne Predigt und Gesang, jedoch im Gebet und im Gespräch. Theologisches Haupt der Quäker war in den Anfangsjahren Robert Barclay (1648–1690).

Ein hervorragender Vertreter der Quäker wurde William Penn (1644–1718). Er verknüpfte seine fromme Gesinnung mit politischen Theorien und staatsmännischem Handeln, indem er in Nordamerika den Freistaat Pennsylvania gründete, den ersten Staat, in dem Gewaltlosigkeit sowie Religions- und Gewissensfreiheit verwirklicht wurden. Das Engagement der Quäker für Frieden und Sozialhilfe wurde 1947 durch die Verleihung des Friedensnobelpreises anerkannt; der Friedensnobelpreisträger Philip Noel-Baker mit seinen konsequenten Abrüstungsplänen war ein Quäker.

Methodisten

Im 18. Jahrhundert entstand in England die Evangelisch-methodistische Kirche – vor dem Anwachsen der Pfingstkirchen im 20. Jahrhundert „die letzte große Kirchenbildung, die in der Geschichte des Christentums stattgefunden hat“.[9] Zunächst handelte es sich um eine Erweckungsbewegung innerhalb der anglikanischen Kirche. Der anglikanische Geistliche John Wesley (1703–1791) hatte durch den Einfluß der Herrnhuter Brüder in Deutschland und vor allem auch die Schriften Luthers (insbesondere zum Römerbrief) eine „Bekehrung“ erfahren. Gemeinsam mit seinem Bruder Charles gründete er in Oxford einen Bibelkreis frommer Studenten und Laien, um nach besonderen „Methoden“ das

8 Nach E. Fahlbusch: Kirchenkunde der Gegenwart. Stuttgart 1979, S. 163.

9 Martin Schmidt: John Wesley. Zürich/Frankfurt 1953, Bd. I, S. 9.

Seelenheil und das christliche Leben zu fördern. Der Name „methodistisch" war zunächst ein Spottname der Gegner, wurde jedoch als Ehrenname aufgegriffen, um die rechte Weise des Christseins in der bewußten Hinkehr zu Christus und im Streben nach Heiligung und sozialem Engagement herauszustellen.

WESLEY gründete als Reiseprediger methodistische Zirkel, blieb selbst jedoch in der anglikanischen Kirche. Die Bewegung breitete sich in der entkirchlichten und sozial schwachen Bevölkerungsschicht aus. Bei seinem Tod gab es in Großbritannien und Irland über 70000 Anhänger. In den USA wurde im Jahre 1784 die „Bischöfliche Methodistenkirche" gegründet, die rasch mehr Anhänger hatte als die Methodisten in England. In Übersee entwickelten die Methodisten eine rege Missionstätigkeit. Im 19. Jahrhundert gelangte der Methodismus durch amerikanische Rückwanderer auch nach Deutschland. Die damals entstandenen Gemeinschaften sind heute in der Evangelisch-methodistischen Kirche vereinigt. Auf Weltebene wirkt der Methodistische Weltbund.

Die Lehre der Methodisten knüpft an die altkirchlichen Bekenntnisse an und ist insbesondere in den 25 Glaubensartikeln festgehalten, die John WESLEY als Verkürzung der anglikanischen 35 Artikel aufgestellt hatte. Insofern legen die Methodisten darauf Wert, eigentlich keine Sondergemeinschaft zu sein, sondern nur das altkirchliche und reformatorische Erbe weiterzutragen und mit dem Leitmotiv der „Heiligung" zu verknüpfen; danach wirken Gottes Gnade in der Rechtfertigung und die menschliche Glaubensentscheidung im Streben nach Vollkommenheit zusammen. Faktisch ist aus diesen Motiven heraus eine eigene Konfessionskirche mit besonderen theologischen Akzenten entstanden:

„Gegenüber der reformatorischen Lehre akzentuiert der Methodismus (unter Abschwächung des reformatorischen Sündenverständnisses), daß im Rahmen des göttlichen Heilshandelns der Mensch durch eigenes Bemühen an seiner Erlösung aktiv beteiligt ist (Buße, Bekehrung, Glaube) und auf dem Wege fortschreitender Erkenntnis beteiligt bleibt (heiliges Leben, Wachstum, Früchte des Glaubens). – Gegenüber der römisch-katholischen Lehre akzentuiert der Methodismus (unter Abschwächung des römisch-katholischen Sakraments- und Kirchenverständnisses), daß das Heil (die Versöhnung Gottes mit dem Menschen in Christus) durch das persönliche Glaubenszeugnis und seine überzeugende Realisierung in der individuellen Praxis dargestellt wird, auf diese Weise Christus sein Heilshandeln durch die verschiedenartigen Glieder seines Leibes auf Erden fortsetzt und die Kirche als eine geistliche Bewegung eine dynamische Offenheit besitzt."[10]

Heilsarmee

Der Methodistenprediger William BOOTH (1829–1912) gründete 1865 die Ost-Londoner-Erweckungsgesellschaft, ab 1878 „Heilsarmee" genannt. Die traditionellen Evangelisationsmethoden seiner Methodistenkirche reichten ihm nicht mehr aus, um die Ärmsten in der Bevölkerung zu erreichen. Den methodistischen Zielen treu bleibend, Evangelisation mit sozialen Aktivitäten zu verbinden, baute er eine straffe, militärisch organisierte Glaubensgemeinschaft auf.

Die Heilsarmee versteht sich nicht als selbständige Kirche und läßt Doppelmitgliedschaften zu. Tatsächlich ist sie jedoch eine Konfessionskirche geworden; sie tritt auch als solche in ökumenischen Gremien auf. Ihre Mitgliedschaft im Ökumenischen Rat ruht seit 1978, weil die Heilsarmee verschiedene politische Aktivitäten des Rates nicht mittragen wollte. Sie ist weiterhin Mitglied der Arbeitsgemeinschaft christlicher Kirchen in der Bundesrepublik Deutschland.

Der „General" und die „Offiziere" wirken hauptamtlich, und alle Mitglieder („Heilssoldaten", englisch: *salutist*) arbeiten strikt nach Vorschrift der „Dienstinstruktionen".

10 E. FAHLBUSCH: Kirchenkunde der Gegenwart, a.a.O., S. 150.

Die Heilsarmee-Lehre wurde von BOOTH in elf Glaubensartikeln nach methodistischen Grundsätzen aufgestellt. Diese und die folgenden „Kriegsartikel" unterschreibt jeder Heilssoldat:

1. Bekenntnis der persönlichen Erfahrung des Heils, 2. Gelübde der Trennung von der Welt und der Treue zu Jesus Christus, 3. Gelübde der Treue zur Heilsarmee, die unter anderem im Gehorsam den Offizieren gegenüber Ausdruck finden sollte, 4. Bekenntnis des Glaubens an die Möglichkeit eines heiligen Lebens, 5. Gelübde der gänzlichen Enthaltsamkeit von allen berauschenden Getränken und verderblichen Rauschgiften, 6. Versprechen, jede freie Zeit, alle verfügbaren Kräfte und Gelder der Förderung des Heilskrieges zu weihen.[11]

Die Evangelisation der Uniform tragenden Heilsarmee-Angehörigen geschieht an öffentlichen Plätzen durch Lieder und Bibelauslegung, durch Schriftenmission und Sammlungen in Gaststätten und an „Stätten sittlicher Gefährdung" sowie durch rund 3000 soziale Einrichtungen auf der Welt (Trinkerfürsorge, Krankenpflege, Seemannsmission, Obdachlosenasyle, Selbstmordvorsorge usw.).

Freie evangelische Gemeinden

In Deutschland gibt es als evangelische Freikirche seit Ende des 19. Jahrhunderts den „Bund Freier evangelischer Gemeinden" (unter diesem Namen seit 1928). Ihre Vorläufer sind in bruderschaftlichen Gemeinden zu sehen, die Anfang des 19. Jahrhunderts im Verlauf einer Erweckungsbewegung in Frankreich und in der Schweiz, also in vorwiegend reformierter Umgebung, entstanden. In Deutschland ergaben sich Berührungen mit Baptisten, woraus eine Ablehnung der Kindertaufe folgte. In Lehre und Struktur gibt es Anlehnungen an die Brüdergemeinden und die Baptisten.
Heute bestehen Freie evangelische Gemeinden in fast allen Ländern Europas und Nordamerikas. Der „Internationale Bund Freier evangelischer Gemeinden" umfaßt über 3000 Ortsgemeinden mit mehr als 300000 Mitgliedern, über 2700 Predigern und über 500 Missionaren.

Pfingstkirchen

Die Pfingstkirchen sind eine immer noch wachsende Erscheinung des 20. Jahrhunderts. Von der angelsächsischen Heiligungsbewegung vor allem in den USA angeregt, bildeten sich seit Anfang des Jahrhunderts Pfingstkreise, deren Kennzeichen darin besteht, daß ihre Mitglieder mit besonderen Gnadengaben erfüllt sind: mit der „Geisttaufe" (eine seelische Erschütterung, ein Erfaßtwerden durch den Geist Gottes) und mit „Charismen" wie Zungenreden, Prophetie und heilungskräftigem Gebet. Häufig ist eher von einer Pfingstbewegung zu reden als von Pfingstkirchen. Denn das Spontane und Geistbewegte vermögen viele Pfingstler kaum als kirchliche Organisation darzustellen; viele Pfingstler bleiben Mitglieder der Traditionskirchen und bewirken in ihnen eine „charismatische Bewegung", so auch charismatische Gruppen innerhalb der römisch-katholischen Kirche.

Der Großteil hat sich freilich als „Kirche" organisiert, und zwar auf Landesebene, kaum als internationale Institution. Besondere Beachtung verdienen die amerikanischen Pfingstkirchen: in den USA die „Assemblies of God", in Brasilien die „Assembleias de Deus", die „Congregação Cristo do Brasil" und die „Iglesia Evangelica Pentecostal: Cristo pora Brasil", in Chile die „Iglesia Pentecostal de Chile". Erstaunlich ist die Ausbreitung in Afrika und Asien, in Europa bemerkenswerterweise in Schweden und in der Sowjetunion (etwa 700000 Anhänger). Eine Verkirchlichung der pfingstlerischen Bewegungen zeigt sich unter anderem auch in der Einführung traditioneller Ämter wie des Bischofsamtes.

11 *Nach:* The Salvation Army Year Book. London 1982, S. 48 u. 124.

In der Bundesrepublik sind zwei Pfingstgemeinschaften hervorzuheben: der „Christliche Gemeinschaftsverband GmbH Mülheim/Ruhr" und die „Arbeitsgemeinschaft der Christengemeinden Deutschlands". Beide Gruppen sind Gastmitglieder der Arbeitsgemeinschaft christlicher Kirchen in Deutschland. Ferner gibt es die „Volksmission entschiedener Christen", die „Gemeinde Gottes", die „Apostolische Kirche" und die „Spätregenmission".

Über „Geheimnis und Grenze der Pfingstbewegung" schreibt E. Fahlbusch:

„a) Für den Aufbruch, das Umsichgreifen und die Vielfalt der pfingstlichen Erscheinungen wie für die Faszination und die Kraft, die sie ausüben, lassen sich einige Gründe nennen. (1) Der Pfingstler erlebt in den pfingstlichen Erscheinungen konkret das Heil Gottes und sieht in den Geistausgießungen Zeichen und Erweise für das nahe Gottesreich. So spürbar, so real kennt sonst keine Kirche die endzeitliche Erwartung. (2) Hinzu kommt das Spontane, das Unplanmäßige, das sonst kaum Raum in den verfaßten Großkirchen findet, und die zwingende Macht persönlicher Indienstnahme, das Mitreißende ungewöhnlicher Berufungen. Wo ein Analphabet zum mitreißenden Prediger wird, ein Fußballer zum pfingstlichen Radiostar und ein Schaffner der Transsibirischen Eisenbahn Mission zu treiben beginnt, werden Kräfte erschlossen, die sich im Rahmen kirchlicher Verfassung nicht entfalten können. (3) Zu den Voraussetzungen der großen Missionserfolge gehört auch die Affinität zu bestimmten religiösen Kulturen, die sich etablierte Kirchlichkeit nur mühsam zu erschließen vermag. (4) Die außerordentliche Flexibilität im kirchlichen Aufbau erlaubt eine große Vielfalt. Es gibt Pfingstler, die stolz das Bischofsamt beibehalten haben, wie die von den Methodisten abgespaltenen Pfingstler in Chile. Es gibt die verschiedenen Apostolischen Kirchen mit dem Amt der Apostel. Andere verzichten radikal auf jegliche Organisation wie die brasilianische Congregaçao, wo nur der Buchhalter ein bezahlter Mitarbeiter ist. Die Pfingstler liefern Beispiele, wie mit Geisttaufe, Gebetsheilung und Zehntem Kirche gebaut wird. Der erste Enthusiasmus hat zwar nie länger als eine Generation vorgehalten, aber das Unplanmäßige, die Offenheit für ungewöhnliche Führungen des Geistes, läßt bei aller möglichen Erstarrung doch den Raum frei für neue Aufbrüche, für außerordentliche Aufgaben und Initiativen.

b) Die frühere großkirchliche Apologetik, die vom Sektenhaften, Spiritistisch-Angehauchten sprach, ist zurückhaltender geworden. [...] Pfingstliche Theologenarbeit hat manches geklärt und Übersteigertes abgebaut; abstruse Weissagungen sind selten geworden, man zielt auf Mission, Seelsorge und soziale Diakonie. Die eindrucksvolle pfingstliche Missionsarbeit, dazu die Tatsache, daß die Großkirchen durch die charismatische Bewegung das Gefühlsmoment und die Realität geistlicher Gaben anders zu sehen gelernt haben, hat zu einem neuen Klima beigetragen. Als enthusiastische und charismatische Ausprägung des Christentums nehmen die pfingstlichen Kirchen und Gemeinschaften einen eigenen Platz unter den sonstigen christlichen Frömmigkeitsformen ein. [...] Im Jahre 1961 traten die ersten Pfingstkirchen dem Ökumenischen Rat der Kirchen bei (die ‚Pfingstkirche von Chile' und die ‚Pfingstliche Mission, Chile'); seitdem hat sich die Zahl pfingstlicher Mitgliedskirchen weiter erhöht. Verschiedene Pfingstgemeinschaften arbeiten in den Nationalen Kirchenräten mit, so der Mülheimer Verband und die Arbeitsgemeinschaft der Christengemeinden in der BRD. Zwischen dem Vatikanischen Einheitssekretariat und Vertretern der Pfingstbewegung wird ein lockerer Dialog geführt. Allerdings besteht bei den meisten Pfingstkirchen eine tiefverwurzelte Abwehrhaltung sowohl gegen Rom als auch gegen den Ökumenischen Rat, der ihnen als ‚scheinchristliche Weltkirche' erscheint."[12]

Abschließend vergegenwärtigt die folgende Statistik die Größenverhältnisse der Kirchen anhand ihrer Mitgliederzahlen:

Wichtiger Hinweis zur Statistik: Exakte Angaben über die Mitgliederzahlen der einzelnen Konfessionen sind nicht möglich, da es in vielen Ländern und Kirchen keine Zählungen, sondern nur Schätzungen gibt. Für unsere zahlenmäßige Übersicht (vgl. *Statistik 1*) wurden die hier angegebenen Quellen benutzt – und bei Divergenzen der Mittelwert eingesetzt:

- Annuarium Statisticum Ecclesiae, Vatikan 1980
- World Council of Churches, Handbook Memberchurches, Geneva 1982
- Handbuch religiöse Gemeinschaften. Hrsg. von H. Reller. Gütersloh 1978
- Jahresberichte einzelner Weltbünde oder Kirchen

12 E. Fahlbusch: Kirchenkunde der Gegenwart, a.a.O., S. 197f.

Statistik 1: Kirchen der Welt und ihre Mitglieder (1980)

Orthodoxe Ostkirchen	105 000 000
Orientalisch Orthodoxe Nationalkirchen	23 000 000
Römisch-katholische Kirche	783 000 000
Altkatholische Kirche	429 000
Lutheraner	69 000 000
Reformierte	70 000 000
Anglikaner	55 000 000
Mennoniten	550 000
Baptisten	34 000 000
Brüder	630 000
Quäker	200 000
Methodisten	43 000 000
Heilsarmee	1 200 000
Freie evangelische Gemeinden	300 000
Pfingstkirchen	40 000 000
Sonstige (z. B. Unabhängige Kirchen in Afrika etc.)	10 000 000
	1 235 309 000

Zum konfessionellen Problem – Unterschiede und Gemeinsamkeiten

Wir haben bisher das „Christentum in getrennten Konfessionen" beschrieben und dabei das jeweilige Selbstverständnis der Kirchen skizziert. Die Frage, ob dies „objektiv" gelingen kann und hier gelungen ist, wurde bereits als Problem benannt. Um so dringlicher ist eine systematische Besinnung darüber, wie das konfessionelle Problem angegangen werden kann. Nicht in der Weise, daß hier eine ökumenische Lösung gefunden werden könnte: es ist ja gerade die Schwierigkeit, daß bisher alle Lösungsvorschläge ein „Bekenntnis" darstellen und konfessionell geprägt sind. Eine Vergegenwärtigung der verschiedenen Zugänge zum ökumenischen Problem kann jedoch zu einem besseren gegenseitigen Verstehen und vielleicht zu einer Verständigung beitragen.

Wir hatten oben bereits gefragt, ob die Bibel als Einheitsband der Christenheit ausreicht und wie die „konfessionellen" Spannungen im Neuen Testament zu bewerten sind. Wir fragen jetzt:

▷ Wie wird der Stellenwert von Heiliger Schrift, kirchlicher Tradition und verbindlichem Lehramt der Kirche beschrieben? ◁

▷ Welches Bündel theologischer und nichttheologischer Faktoren bestimmt das Konfessionsproblem mit? ◁

▷ Welche Perspektiven könnten sich für eine Ökumene der Konfessionen ergeben? ◁

Schrift, Tradition und Lehramt

Neben der Frage nach Einheit und „konfessionellen" Spannungen im Neuen Testament ist umstritten, ob heute nur das als verbindlich christlich gelten darf, was eindeutig in der Bibel belegt ist, oder ob durch Führung des Heiligen Geistes auch spätere Entscheidungen von Konzilien oder Päpsten letztverbindliche Autorität besitzen können. Die drei großen konfessionellen Blöcke in der Christenheit – Orthodoxie, Katholizismus und Protestantismus – geben verschiedene Antworten:

• *Orthodox:* Nach orthodoxer Auffassung ist die sogenannte Heilige Apostolische Tradition umfassender als die Heilige Schrift. Sie enthält neben der Bibel die mündlichen Überlieferungen der Apostel, welche die heiligen Väter der Alten Kirche in Liturgien und Schriften bewahrten und in den Ökumenischen Konzilien einstimmig als apostolische Überlieferung bezeichneten. Von dieser heiligen Überlieferung, die als abgeschlossen und unveränderlich rechtgläubig gilt, sind kirchliche Überlieferungen, etwa in der Marien- und Ikonenfrömmigkeit, zu unterscheiden; hier sind vielfältige Formen rechtmäßig.

• *Katholisch:* Die römisch-katholische Kirche stimmt den Orthodoxen zu, daß in der Heiligen Schrift und in den Ökumenischen Konzilien die apostolische Überlieferung einen verbindlichen Ausdruck gefunden hat. Sie legt jedoch Wert darauf, daß in jeder lebenden Generation die Kirche, konkret das bischöfliche Lehramt und der Papst, – in letzter Instanz unfehlbar – eine entscheidende Bedeutung für die Auslegung der Offenbarung hat. Autorität gewinnt also nicht allein das kirchliche Altertum; sie wird vielmehr unter Führung des Heiligen Geistes fortgerückt auf die ganze kirchliche Entwicklung und auf das gegenwärtige kirchliche Lehramt, wenn es verbindlich spricht. Das Lehramt steht unter dem Wort Gottes und dient ihm, indem es auslegt, aber nicht grundsätzlich Neues festlegt. Dennoch sind die Orthodoxen befremdet über die theologische Vielfalt im Westen, über die jüngste Experimentierfreude der Katholiken bei der Liturgie, über die Dogmenentwicklung (vor allem im Kirchenverständnis) und über Einzelheiten im Kirchenrecht.

• *Evangelisch:* Die reformatorischen Kirchen betonen, daß „allein die Heilige Schrift“ als Norm für die Verkündigung des Wortes Gottes ausreiche. Sie halten keine menschliche oder kirchliche Instanz für fähig, irrtumsfreie oder unfehlbare Aussagen über den Glauben zu machen. Evangelische Lehre äußert sich vor allem in Predigt und Unterricht, wo die Heilige Schrift ausgelegt wird. Die Formulierungen der Glaubensinhalte, die in einem „Bekenntnis“ (beispielsweise Apostolisches und Nizänisches Glaubensbekenntnis; Augsburger Bekenntnis) zum Ausdruck kommen, gelten als verpflichtende Zeugnisse richtiger Schriftauslegung.
Bei der orthodoxen Festlegung auf die Alte Kirche und beim katholischen Dreiklang von Schrift, Tradition und Lehramt befürchten evangelische Christen, der Überlieferung und dem Lehramt werde zu leicht eine größere Autorität als der Heiligen Schrift beigelegt. Orthodoxie und Katholizismus stellen die Gegenfrage, ob wirklich die Heilige Schrift sich gewissermaßen selbst auslegt, ob der Verzicht auf ein autoritatives Lehramt nicht einer unüberschaubaren Vielfalt Raum gibt, bei der jeder einzelne Bibelausleger schließlich glaubt, was er will.
Tatsächlich liegt hier die Wurzel des protestantischen Pluralismus, ja der Vielfalt evangelischer Konfessionskirchen. Bei einigen ist der Subjektivismus so ausgeprägt, daß nur die Führung des Heiligen Geistes als Autorität anerkannt wird und die Bibel als höchste Autorität eine geringe Rolle spielt (z. B. bei den von LUTHER bekämpften Schwärmern; heute bei einigen Pfingstlern). Es ist einsichtig, daß Lehr- oder gar Unionsgespräche zwischen Kirchen mit klaren Dogmen und Autoritäten einerseits und Kirchen ohne feste Traditions- und Lehramtsbindung andererseits sich recht schwierig gestalten.

Ein Bündel theologischer und nichttheologischer Faktoren

Den Zugang zum konfessionellen Problem haben wir bisher durch die methodische Frage gesucht, welche Autoritäten in den Konfessionskirchen gelten. Es bleibt die Frage nach dem Grund: Warum ist es zu solch verschiedenen Akzentuierungen gekommen, die schließlich konfessionelle Spaltungen zur Folge hatten?
Ein Bündel theologischer und nichttheologischer Faktoren muß zur Beantwortung herangezogen werden:

Theologische Faktoren

Theologisch ist eine Kernfrage zumindest des evangelisch-katholischen Dialogs die, was bei allem Ernstnehmen des ganzen Offenbarungsgeschehens letztlich als Zentrum dieses Offenbarungsgeschehens gelte und was daraus für die Kirche, ihre Sendung und ihre Gestalt folge. Beim Hauptanliegen der Reformation, der „Rechtfertigung allein aus Gnaden durch den Glauben“, gibt es heute an sich weitreichende evangelisch-katholische Übereinstimmungen. Wenn es jedoch um die Stellung der Rechtfertigungslehre im Gesamtgefüge von Kirche und Theologie geht, begegnet ein bedeutsamer Unterschied: in der evangelischen Kirche ist die Rechtfertigungslehre nicht *ein* Kapitel der Theologie, sondern *das* Vorzeichen der Theologie überhaupt. Die katholische Kirche sieht darin eine Einseitigkeit, bei der andere Aspekte der Offenbarung nicht gebührend berücksichtigt sind.

Im 1983 erschienenen *„Kleinen Handbuch für evangelisch-katholische Begegnungen“*, das von der Evangelischen Kirche in Deutschland herausgegeben wurde, heißt es:

„Im Vertrauen auf die Gnade Gottes sind sich evangelische und katholische Christen einig. Doch über der Frage, wie Rechtfertigung vermittelt und aufgenommen wird und welche Autorität der Kirche dabei zukommt, gibt es bis jetzt eine wichtige Differenz. Die evangelischen Kirchen wenden die Rechtfertigungslehre auch auf die Kirche als Gemeinschaft der Glaubenden und als Institution an, so daß diese immer als ‚gerecht und sündig zugleich‘ angesehen wird. Die katholische Kirche betont hingegen stärker, daß die Kirche eine komplexe Wirklichkeit sei, ‚die aus menschlichem und göttlichem Element zusammenwachse‘, ‚in einer nicht unbedeutenden Analogie dem Mysterium des fleischgewordenen Wortes ähnlich sei‘ (Kirchenkonstitution des II. Vatikanum Nr. 8), sakramentalen Charakter habe und im Zusammenhang damit im hierarchischen Weihepriestertum Christus repräsentiere. Aus evangelischer Sicht ist hier zu fragen, ob in der katholischen Kirche nicht letztlich das rechtfertigende Handeln Gottes an die Kirche selbst und an das geweihte hierarchisch geordnete Priesteramt gebunden ist. Dies würde nach evangelischer Auffassung die Botschaft von der freien Gnade Gottes beeinträchtigen. Umgekehrt fragt die katholische Kirche, ob in den evangelischen Kirchen die Sakramentalität der Kirche und des Amtes nicht zu gering geachtet wird, so daß das Wirken Christi in der Kirche und durch die Kirche verdunkelt wird.“[13]

Die Frage nach dem Grund der konfessionellen Auffächerung des Christentums ist mit diesen theologischen Hinweisen freilich erst teilweise beantwortet. Woher kommen die verschiedenen theologisch begründeten Akzentuierungen der Mitte des christlichen Glaubens? Liegt der grundsätzliche Unterschied in verschiedenen Denkstrukturen, also in der Philosophie? In der Anthropologie, wie der berühmte deutsche Theologe des 19. Jahrhunderts, Johann Adam MÖHLER, meinte?
Demnach blieb nach katholischem Verständnis Adams Natur im Sündenfall bewahrt, und er verlor nur die übernatürliche Begnadung; bei der Menschwerdung Gottes in Christus wurde die Natur wieder mit Gnade gekrönt, Erlösung und neues Menschsein wurden offenbart. Nach evangelischer Auffassung war hingegen Adams Heiligkeit natürlich und wurde im Sündenfall ganz zerstört, so daß erst am Kreuz Jesu Gottes Gericht und Gnade neues Menschsein eröffneten. Liegt also der grundsätzliche Unterschied im Verständnis von Natur und Gnade?

Der katholische Holländische Katechismus beschreibt das evangelisch-katholische Verhältnis folgendermaßen:

„Vielleicht kann der tiefste Unterschied so beschrieben werden: die katholische Christenheit glaubt stärker, daß das Heil bis in die gewöhnlichsten Dinge hinein festgelegt ist: das Brot auf dem Altar, die Stimme einer Versammlung in Rom, die Worte der Vergebung. So sehr wird Gott Mensch, auch in der heutigen Kirche.

---

13 Kleines Handbuch für evangelisch-katholische Begegnungen. Mit einem Geleitwort von Eduard LOHSE. Hrsg. vom Kirchenamt der EKD. Göttingen 1983, S. 9.

Natürlich begegnet ihm in alledem nur, wer ihm gläubig gegenüberstehen will. Doch was sein Angebot angeht, so ist man sicher, daß das Brot der Leib Christi ist, die Absolution die Vergebung, das Wort der allgemeinen Kirche die Wahrheit. Dieser Glaube an Gottes Greifbarkeit hängt mit der Überzeugung zusammen, daß die weltliche Wirklichkeit, der Mensch nicht ausgenommen, letzten Endes gut ist, so gut, daß Gott sich in ihr, trotz all unserer Verdunkelung durch Sünde und Verderbnis, antreffen lassen kann.
Dagegen lebt in der Reformation von Anfang an eine Überzeugung, daß Gott in den Sakramenten und im machtvollen Wort der heutigen Kirche nicht so greifbar zu erreichen ist. Das Heil ist geistlicher. Die irdischen Dinge sind nicht so, daß sie das Heil ganz in sich aufnehmen könnten."[14]

Man kann nun noch weiter fragen, wie es zum unterschiedlichen Verständnis von Natur und Gnade kommt. Spiegeln sich vielleicht in den Konfessionen überhaupt nur psychologisch klar erkennbare Frömmigkeitstypen wider, die in allen anderen Religionen und Weltanschauungsgruppen ihre Parallelen haben?

Psychologisch erkennbare Frömmigkeitstypen

Erwin Fahlbusch unterscheidet mit Hilfe der Religionssoziologie und Anthropologie „idealtypisch" einen „urbanisierenden", einen „nomadisierenden" und einen „spiritualisierenden" Typ; sie können zusammenfassend so skizziert werden:

• Den *urbanisierenden Typ* kennzeichnet Seßhaftigkeit. Er bindet sich an eine Institution, an einen fest umgrenzten Kultverband, der seine Sehnsucht nach Geborgenheit und Heimat sakramental stillt und der nicht erst auf Rechtmäßigkeit hin befragt werden muß. Dieser gesellschaftliche Typ hat ein starkes Integrationsvermögen, das verschiedene Auffassungen zu verschmelzen vermag. Er besitzt ein vertrauenerweckendes Ordnungsgefüge, das Überlieferungen, Dogmen, unveränderbare Sittengesetze, hierarchische Strukturen, Kollektivbewußtsein, die Würde der einzelnen Person, Autorität und Freiheit, Recht und Liebe miteinander verbindet. Beispielsweise in indischen Kasten, in afrikanischen Stämmen und in verschiedenen politischen Ideologien hat der urbanisierende Typ Gestalt gefunden. In der Christentumsgeschichte brachte er ein eindrucksvolles katholisches Kirchengebilde hervor.

• Der *nomadisierende Typ* ist stark individualistisch geprägt; er zeichnet sich durch Mobilität, Offenheit und Diesseits-Orientierung aus. Er muß gestalten, verändern, improvisieren. In seinen Gemeinschaftsformen kommt er mit ganz wenigen Steuerungselementen aus. Historisch aufweisbar ist er in allen Reformbestrebungen gegen verfestigte Strukturen, in sozial-revolutionären Strömungen, im marxistisch-maoistischen Modell permanenter Revolutionen, in den Reformationen des 15. und 16. Jahrhunderts, im sogenannten „protestantischen" Menschen.

• Der *spiritualisierende Typ* ist passivisch-asketisch bestimmt. Er lebt in der mystischen Einheit mit dem Göttlichen. Er vermeidet die weltliche Auseinandersetzung im Kampf mit den Gewalten der politischen Mächte. Hingabe an das Göttliche führt zu immer weiteren Stufen der Vollkommenheit. Er ist Wahrer der Tradition. Das östliche Christentum wurde von ihm geprägt.[15]

Diese Idealtypen gibt es nirgends in Reinkultur. Jede Konfession und wohl auch jeder Christ haben in sich ein Stück von beiden Frömmigkeitstypen. Aber es ist aufschlußreich zu sehen, daß in den christlichen Konfessionen sich diese Typen wiederfinden, die man phänomenologisch betrachtet auf allgemeine anthropologische und soziologische Grundphänomene zurückführen kann, nicht etwa nur auf theologische! Es geht bei der gedanklichen Hilfskonstruktion, von „Idealtypen" zu sprechen, also weniger um die Behauptung, das „Urbanisieren" sei etwas „typisch Katholisches" und das „Nomadisieren" etwas „typisch Protestantisches"; vielmehr geht es um die Einsicht, daß das Konfessionsspezifische nicht nur theologisch verrechnet und erklärt werden kann, sondern daß auch die theologischen Gegensätze von anthropologischen und sozialpsychologischen Voraussetzungen geprägt sind.

Politik und Kultur

Wie sehr das Verhältnis von Kirche und Staat und unmittelbare politische Machtinteressen zur Entstehung der Konfessionen und zu ihrem Verhältnis zueinander beigetragen haben, ist in den historischen Überblicken bereits deutlich geworden. Die Ehe von Bekenntnis und Bündnis prägte die konfessionelle Landkarte Europas und im Zuge der Kolonisation und Mission auch der „Dritten Welt". Die Freikirchen sind als Protestbewegungen gegen die enge Verknüpfung von Religion, Macht und Kultur in den jeweiligen Volks- oder Staatskirchen entstanden.

Häufig verschmolz die Kultur eines Landes mit der jeweiligen Konfession, wobei genau beobachtet werden müßte, welcher Faktor vorherrschte. Was bedeutete und bedeutet es, vom „katholischen Polen", vom „orthodoxen Griechenland", vom „evangelischen Preußen", vom „katholischen Lateinamerika" usw. zu sprechen? Nicht nur konfessionelle Größenverhältnisse sind damit angesprochen, sondern auch nachhaltige politisch-kulturelle Prägungen der Konfessionskirchen. Langjährige gegenseitige konfessionelle Vorurteile sind oft im Zusammenhang der politischen und kulturellen Faktoren zu sehen.

Je mehr die Menschen heute über Länder- und Kulturgrenzen hinweg miteinander Gemeinschaft pflegen, je mehr sich die Verbindung von Bekenntnis und politischer Macht heute lockert und die Konfessionskirchen gemeinsam in eine Diasporasituation gegenüber einer verweltlichten und religiös gleichgültigen Umwelt geraten, um so günstiger sind die Aussichten für ein vorurteilsfreies und ökumenisch offenes Verhältnis der Christen und der Konfessionen zueinander.

Ökumenische Perspektiven

Als wir die Bedeutung der Bibel behandelten, wurde bereits angedeutet, daß die Existenz getrennter Konfessionen unterschiedlich beurteilt wird. Während im Protestantismus die Konfessionen durchaus als rechtmäßige Vielfalt in der einen Kirche Christi angesehen werden können, solange gewisse grundsätzliche Gemeinsamkeiten anerkannt werden, neigen die orthodoxen Kirchen und die römisch-katholische Kirche zu einer „Kirche ohne Konfessionen", zu einer einheitlichen Kirche, die zwar in sich mannigfaltige Glaubensformen zuläßt, die jedoch ihre Einheit sichtbar als eine institutionalisierte Gemeinschaft darstellt.

Der Ökumenische Rat der Kirchen ist seit 1948 ein Zusammenschluß fast aller nicht-römisch-katholischen Kirchen. Seine Gremien haben jedoch keinerlei Weisungsbefugnisse gegenüber den Mitgliedskirchen. So ist er keine Superkirche, welche die Einheit bereits darstellt, sondern nur ein Instrument der Kirchen, das die sichtbare Einheit der Kirchen zu erreichen sucht. Die römisch-katholische Kirche, die mehr als die Hälfte der Christenheit ausmacht und wie keine andere Kirche als eine Weltkirche mit Rom als Zentrum organisiert ist, hat aus praktischen Gründen und wegen noch bestehender dogmatischer Vorbehalte bezüglich des päpstlichen Einheitsamtes von einer Mitgliedschaft bisher abgesehen.

14 Holländischer Katechismus. Glaubensverkündigung für Erwachsene. Freiburg [9]1976, S. 254.

15 E. Fahlbusch: Kirchenkunde der Gegenwart, a.a.O., S. 280.

Konziliare Gemeinschaft

Der Ökumenische Rat der Kirchen hat idealtypisch versucht, als gemeinsames Ziel eine „Konziliare Gemeinschaft von Ortskirchen" zu beschreiben.[16] Jede Ortskirche bekennt denselben apostolischen Glauben, die Christen empfangen die gleiche Taufe und feiern das gleiche Abendmahl, sie erkennen die Ämter gegenseitig an und stehen gemeinsam im Zeugnis und Dienst an der Welt. Untereinander sollen die Ortsgemeinden durch „konziliare Zusammenkünfte" der Einheit Ausdruck geben, und auf Weltebene soll ein Ökumenisches Konzil verbindlich für alle Christen sprechen.

Nach diesem Modell gibt es als Endziel keine getrennten Konfessionen, ja gar keine Konfessionen im heutigen Sinne mehr. Dieses Ziel wird von Orthodoxen, Katholiken und Anglikanern besonders begrüßt. Vor allem die Orthodoxen betonen jedoch, daß die konziliare Gemeinschaft kein Weg ist, um Einheit zu erreichen, sondern umgekehrt: wo Einheit im Verständnis des Glaubens, der Liturgie, der Ämter und der Mission der Kirche vorhanden ist, da legen sich konziliare Strukturen nahe.

Versöhnte Verschiedenheit der Konfessionen

Ergänzende Akzente setzte der Lutherische Weltbund mit dem Einheitsmodell „Versöhnte Verschiedenheit":

Es „soll zum Ausdruck bringen, daß die konfessionellen Ausprägungen christlichen Glaubens einen bleibenden Wert besitzen, daß diese Verschiedenheiten aber ... ihren trennenden Charakter verlieren und miteinander versöhnt werden können zu einer verpflichtenden ökumenischen Gemeinschaft, die in sich auch konfessionelle Gliederungen bewahrt... Die Verschiedenheiten werden nicht ausgelöscht. Sie werden auch nicht einfach konserviert und unverändert beibehalten. Sie verlieren vielmehr ihren trennenden Charakter und werden miteinander versöhnt."[17]

Es ist nicht nur an friedliche Koexistenz gedacht, sondern an wirkliche Kirchengemeinschaft, zu der Verkündigungs- und Abendmahlsgemeinschaft und auch gemeinsame strukturelle Ausdrucksformen gehören (etwa Ämteranerkennung, ein Ökumenischer Rat).

Die katholische und die orthodoxe Kirche erkennen bei diesem Modell einige positive Elemente an, können jedoch die bleibende Existenz von Konfessionskirchen nicht akzeptieren.

Gemeinschaft mit dem Papst

Die römisch-katholische Kirche findet wesentliche Aussagen ihres Einheitsverständnisses in den Zielvorstellungen der „Konziliaren Gemeinschaft" wieder. Nach ihrer Auffassung kann die Kirche jedoch nicht ohne das päpstliche Amt der Einheit bestehen, das in Gemeinschaft mit dem Kollegium der Bischöfe wirkt. Sie erkennt durchaus das Wirken des Heiligen Geistes außerhalb ihrer Grenzen an, aber sie ist überzeugt, daß die von Christus gewollte und von allen Christen anzustrebende Einheit der Kirche in wesentlichen Grundzügen in der römisch-katholischen Kirche vorgezeichnet ist. Das Zweite Vatikanische Konzil formulierte:

„Denn nur durch die katholische Kirche Christi, die das allgemeine Hilfsmittel des Heiles ist, kann man Zutritt zu der ganzen Fülle der Heilsmittel haben. Denn einzig dem Apostelkollegium, an dessen Spitze Petrus steht, hat der Herr, so glauben wir, alle Güter des Neuen Bundes anvertraut, um den einen Leib Christi auf Erden zu konstituieren, welchem alle völlig eingegliedert werden müssen, die schon auf irgendeine Weise zum Volke Gottes gehören."[18]

16 Vollversammlung in Nairobi 1975; Bericht aus Nairobi 1975. Hrsg. von Hanfried Krüger und Walter Müller-Römheld. Frankfurt 1976, S. 25f.

17 Sechste Vollversammlung des Lutherischen Weltbundes Daressalam 1977. Offizieller Bericht. Frankfurt 1978, S. 205f.

18 Ökumenismus Dekret, II. Vatikanisches Konzil, Nr. 3.

Die Gemeinsame Synode der katholischen Bistümer in der Bundesrepublik Deutschland machte im Jahre 1975 weiterführende Aussagen, die sich dem Modell der Versöhnten Verschiedenheit näherten:

„Aus alledem ergibt sich, daß Spaltung und Trennung der Kirche widersprechen, zu deren Grundbestimmung die Einheit gehört. Es ist jedoch berechtigt, in der Vielheit der Traditionen der verschiedenen Konfessionen auch eine legitime Vielfalt zu erkennen und positiv zu werten. Die Synode hofft auf eine Entwicklung, in der bisher kirchentrennende Gegensätze abgebaut und überwunden und bisher getrennte Kirchen und kirchliche Gemeinschaften zu Trägern solcher Vielfalt der einen Kirche Jesu Christi werden. Aber die Kirche geht ihren Weg in Sünde und Schwachheit. Daher werden wir meist nur Zwischenziele erreichen. Der Glaube wird darüber weder ungeduldig werden noch resignieren, sondern sich der Aufgabe stellen, das heute Mögliche zu verwirklichen, um dadurch für morgen neue Möglichkeiten zu eröffnen."[19]

(3) Vergleichen Sie die vorgestellten „Einheitsmodelle"

(a) untereinander:

....
....
....
....
....

(b) mit kirchengeschichtlichen Erfahrungen:

....
....
....
....
....

(c) mit Ihrer eigenen Anschauung:

....
....
....
....
....
....
....
....
....
....
....
....
....
....
....
....
....
....

19 Gemeinsame Synode, Ökumene-Beschluß, Nr. 4.33, Würzburg 1975.

16. Offenbarung

Autor der Studieneinheit: Eilert Herms

Eilert Herms (44), Professor für Systematische Theologie an der Evangelisch-theologischen Fakultät der Universität München. Studium der evangelischen Theologie, der Philosophie und Germanistik in Berlin, Tübingen, Mainz und Göttingen. Vikariat und Ordination (1971) in Oldenburg (Oldb). Assistenten- und Privatdozentenjahre (1971 bis 1979) an der Theologischen Fakultät der Universität Kiel. Arbeitsschwerpunkte: Theologiegeschichte, Fundamentaltheologie (Wissenschaftstheorie der Theologie), Systematische Fragen der Praktischen Theologie, Ethik.

Allgemeine Einführung

Mehrfach ist in den bisherigen Studieneinheiten hervorgehoben worden, daß Religion ein wesentlicher Aspekt allen menschlichen Lebens ist. Ein wesentlicher Aspekt allen *religiösen* Lebens aber ist seine Begründung durch *Offenbarung.* Wohin wir in der Welt der Religionen blicken, überall entdecken wir als Fundament des religiösen Lebens Vorgänge, die wir in der Sprache unserer Kultur als „Offenbarung" ansprechen. Offenbarung ist der Ursprung aller religiösen Anschauungen der Welt und des menschlichen Lebens.

Wenn heute Menschen Hemmungen empfinden, sich auf die Weltsicht einer Religion – etwa des Christentums – einzulassen, so entzünden sich solche Hemmungen nicht nur an mehr oder weniger zentralen Inhalten der jeweiligen religiösen Lebensanschauung, sondern häufig schon gerade daran, daß sie den Anspruch erhebt, auf Offenbarung zu beruhen.

Insbesondere im Abendland ist seit dem Mittelalter die Auffassung herrschend geworden, daß es für alle Gegenstände des Glaubens wesentlich sei, zwar nicht unbedingt inhaltlich der Vernunft zu widersprechen, aber doch auf jeden Fall nicht durch die Vernunft, sondern ausschließlich durch Offenbarung zugänglich zu sein.

Demgegenüber ist es für uns heute selbstverständlich geworden, daß wir die Vernunft als das Medium ansehen, in dem wir unser alltägliches Leben zu führen und zu gestalten haben. Sogar mit Grenzen unserer Einsicht und Macht, also unserer Vernunft, zu rechnen, halten wir noch für eine „vernünftige" und deshalb verbindliche Lebensregel.

Diese beiden Traditionen – einerseits die Forderung der Vernünftigkeit unserer Lebensführung, andererseits der Grundsatz der Unzugänglichkeit aller Offenbarungsinhalte für die Vernunft – haben dazu geführt, daß wir dazu neigen, den Begriff „Offenbarung" und seine Inhalte als solche schon als etwas zu betrachten, was ohne jeden Bezug zu unserem Alltag ist und häufig sogar einer Infragestellung, Störung oder gar Bedrohung dieses unseres Alltags gleichkommt. Viele meinen: Wer sich auf Offenbarung einläßt, entfremdet sich eben damit den Grundsätzen und Regeln des vernünftigen Umgangs mit der Wirklichkeit und mit anderen Menschen, von deren Befolgung das Gelingen unseres täglichen Zusammenlebens abhängt.

Wenn überhaupt mit so etwas wie Offenbarung gerechnet werden muß, dann nur in genau bestimmten Grenzen, deren Beachtung sicherstellt, daß die Vernünftigkeit unseres Alltagslebens dadurch nicht aufgehoben und durcheinandergebracht wird.

Ist dieses *Nebeneinander von Alltagsvernunft und Offenbarung* unvermeidlich? Die These der folgenden Studieneinheit ist: Die Entfremdung ist nur das Ergebnis eines bestimmten, keineswegs selbstverständlichen und der Sache nach höchst problematischen Verständnisses von Offenbarung.

Es gibt demgegenüber auch bei uns eine umgangssprachliche Tradition des Redens von „Offenbarung", die uns nicht zumutet, den Bereich unserer alltäglichen Lebenserfahrung zu verlassen, sondern die statt dessen eine bestimmte Schicht unserer Alltagserfahrung selbst anspricht. In dieser umgangssprachlichen Rede von „Offenbarung" ist die Weite festgehalten, in der ursprünglich auch das christliche Bewußtsein mit Offenbarung als einem grundlegenden Element im menschlichen Alltagsleben rechnete – noch bevor die Theologie Offenbarung zu einem Vorgang „über" der natürlichen Alltagswirklichkeit erklärte.[1]

Wenn nun diese späte theologische Engführung der Rede von „Offenbarung" mit ein Grund dafür ist, daß es so schwer geworden ist, das Reden von Offenbarung in das Reden über das einheitliche Ganze unserer Lebenswelt einzufügen, so ist zu erwarten, daß ein Rückgang hinter diese Engführung auch jene Hemmung beseitigen wird. Wir wollen daher mit dem Versuch einsetzen, uns den genauen Sinn und Inhalt jener weiten umgangssprachlichen Rede von Offenbarung genauer vor Augen zu führen.

Alle Probleme, mit denen sich die Studieneinheit beschäftigt, sind also Probleme der inhaltlichen Bestimmung des *Begriffs* „Offenbarung". Sie laufen auf die Frage hinaus: Welche Merkmale von Offenbarung müssen in den Begriff „Offenbarung" aufgenommen werden, und welche dürfen in ihn nicht aufgenommen werden, wenn jenes Nebeneinander von Vernunft und Offenbarung vermieden werden soll. Auch die Beschäftigung mit einzelnen historischen Offenbarungsphänomenen dient dieser Klärung des Begriffs „Offenbarung". Die Beschreibung der Einzelfälle soll zeigen:

- welche Art von historischen Phänomenen als religiöse „Offenbarung" in Betracht kommen, wenn man die vorgeschlagene Fassung des Begriffs „Offenbarung" bzw. „religiöse Offenbarung" anerkennt;
- welche Züge dieser Vorkommnisse ihren Offenbarungscharakter ausmachen;
- daß zwar nicht ausschließlich, aber auch alle diejenigen Vorgänge als religiöse Offenbarung in Betracht kommen, die für die Existenz des Christentums grundlegend sind.

Das bedeutet dann: Dieser weite, aber wohlbestimmte Begriff von „Offenbarung" reicht für sich allein nicht mehr aus, das unverwechselbar Eigentliche und die Überlegenheit des christlichen Glaubens anderen Weltanschauungen und Religionen gegenüber zu kennzeichnen. Aber das ist kein Nachteil, sondern ein Vorteil: Denn wir können nun die Vorgänge, die den christlichen Glauben ermöglichen und diejenigen Vorgänge, die anderen Weltanschauungen und Religionen zugrunde liegen, als vergleichbare Vorgänge zusammenschauen (eine wesentliche Forderung gerade des christlichen Schöpfungsglaubens). Und im Rahmen und auf Grund eines solchen Vergleichs kann dann das Eigentümliche und die Absolutheit der christlichen Offenbarung deutlich werden.

1 Über das offene, dem Alltagsbewußtsein ihrer Zeit nahestehende Offenbarungsverständnis der alten Christenheit informiert eindrucksvoll: P. Stockmeier: „Offenbarung" in der frühchristlichen Kirche. In: M. Seybold u.a.: Offenbarung. Von der Schrift bis zum Ausgang der Scholastik = Schmaus / Grillmeier / Scheffczyk (Hrsg.): Handbuch der Dogmengeschichte. Band I. Heft 1a. Freiburg 1971.

Das Problem der genauen inhaltlichen Bestimmung des *Begriffs* „Offenbarung" ist der Theologie erst verhältnismäßig spät zum Bewußtsein gekommen, hat sich dann aber ganz in den Vordergrund geschoben. Heute ist die theologische Debatte sowohl auf katholischer als auch auf protestantischer Seite auf dieses Problem konzentriert.[2] Diese schwierige und noch unabgeschlossene theologische Arbeit an der Bestimmung des Begriffs „Offenbarung" bedeutet natürlich nicht, daß damit etwa der Gegenstand des Glaubens – Jesus von Nazaret als der Christus Gottes – in Zweifel gezogen oder gar dieser bestimmte Offenbarungs*inhalt* durch einen allgemeinen Begriff ersetzt würde. Zu klären ist lediglich, was es heißen soll, daß dem Glauben sein Inhalt und sein Gegenstand auf eine bestimmte Weise – nämlich durch „Offenbarung" – vorgegeben sind. Von der Antwort auf diese Frage hängt nicht ab, ob der Glaube seinen unverwechselbaren Gegenstand hat oder nicht. Sondern zur Debatte steht lediglich, ob die Weise, wie der Glaube zu seinem Gegenstand kommt und seinen Gegenstand hat, in einem einheitlichen Zusammenhang steht mit derjenigen Weise, in der uns Menschen überhaupt Gegenstände bewußt sind; oder ob man annehmen soll, daß der Glaubensgegenstand uns auf eine unvergleichbar andere Weise gegeben ist als alle sonstigen Gegenstände unseres Bewußtseins. Wo die letztere Ansicht behauptet wird, ergeben sich zwangsläufig die eingangs geschilderten Schwierigkeiten eines Neben- oder Übereinanders von Glauben und Vernunft. Demgegenüber wird in der vorliegenden Studieneinheit eine solche Fassung des Begriffs „Offenbarung" vorgeschlagen, die diese schwierigen Konsequenzen vermeidet.

Nach dem Durcharbeiten dieser Studieneinheit sollen Sie in der Lage sein,

- den Begriff „Offenbarung" als grundlegend für das Selbstverständnis religiöser Rede zu erläutern;
- den in dieser Studieneinheit vorgeschlagenen weiten Begriff von Offenbarung zu charakterisieren;
- in seinem Lichte die inhaltlichen Züge der christlichen Offenbarung im Vergleich mit anderen religiösen Offenbarungen zu bestimmen.

Bestimmung eines weiten Offenbarungsbegriffs im Anschluß an die Umgangssprache

Setzen wir noch einmal bei der Feststellung ein, daß der Ausdruck „Offenbarung" wesensnotwendig ist für das Verständnis von Ursprung und Inhalt des Christentums. Aufgrund dessen sollte man nun vermuten, daß das christliche Glaubensbekenntnis selbst an grundlegender Stelle den Ausdruck „Offenbarung" verwendet. Aber diese Erwartung wird nicht erfüllt: In keiner der verschiedenen Fassungen des christlichen Glaubensbekenntnisses kommt der Ausdruck „Offenbarung" vor. Auch in den klassischen Katechismen der christlichen Kirchen begegnet der Ausdruck nicht; in den neueren nur ausnahmsweise.[3] Auch die Bibel selbst kennt keinen einheitlichen Ausdruck, der dem heutigen theologischen Begriff „Offenbarung" genau entspricht. Daran zeigt sich: Der Ausdruck „Offenbarung" gehört nicht der religiösen Sprache des christlichen Glaubens selbst an, sondern er gehört ursprünglich in den Zusammenhang der christlichen Theologie und ihres Redens *über* den christlichen Glauben.[4]

Und zwar ist es ein ganz bestimmter Aspekt des christlichen Glaubens, den die Theologie mit ihrer Rede von „Offenbarung" zur Sprache bringt: Sie beschreibt die Tatsache, daß der christliche Glaube kein Phantasieakt ohne vorgegebenen Grund und Gegenstand ist und die Gemeinschaft der Glaubenden keine objektiv grund- und gegenstandslose Verbindung von Menschen. Vielmehr setzt die Theologie mit ihrer Rede von Offenbarung voraus, daß auch der christliche Glaube eine Weise ist, im Gegenüber zu vorgegebener Wirklichkeit zu leben, bezogen auf und verpflichtet durch sie. Zugleich trägt sie der Tatsache Rechnung, daß die Gestalt dieses Verhältnisses zur Wirklichkeit davon abhängt, wie die Wirklichkeit dem Menschen selbst begegnet, welches Gesicht sie ihm zeigt. Wenn Theologie von „Offenbarung" redet, faßt sie genau dieses Ereignis in den Blick, daß die Wirklichkeit einem Menschen so begegnet, daß eine spezifische Einstellung ihr gegenüber die Folge ist – eben die Einstellung des christlichen Glaubens. Mit dem Ausdruck „Offenbarung" wird also der schlechthin *grundlegende Aspekt* des Glaubenslebens angesprochen: das Zustandekommen des Gegenstandsbezugs des Glaubens.

Zu dieser ersten Beobachtung nehmen wir eine zweite hinzu: Die ursprüngliche theologische Rede von „Offenbarung" ist inzwischen auch in unsere gehobene Umgangssprache eingewandert und hier verallgemeinert worden. Sie bezeichnet jetzt den Ursprung des Sach- und Wirklichkeitsbezuges auch außerchristlicher Religionen, ja – in einer äußersten Bedeutungsausweitung – des menschlichen Lebens überhaupt.[5]

Wir wollen jetzt diesen Weg des theologischen Begriffs „Offenbarung" in die Umgangssprache nicht nachzeichnen, sondern an seinem Ende einsetzen und uns dann von dieser inzwischen erreichten ganz allgemeinen Bedeutung des Ausdrucks auf seine ursprüngliche theologische und christliche Bedeutung zurückbesinnen.

„Offenbarung" in der alltäglichen Umgangssprache

Wird ein Engländer von einer unerwarteten Entdeckung überrascht, so reagiert er darauf möglicherweise mit dem Ausruf: „What a revelation!" Berichtet er den Vorfall einem anderen, kann er sagen: „It was a revelation to me." Im Deutschen würden wir sagen: „Es fiel mir wie Schuppen von den Augen." Aber auch: „Das war mir eine echte Offenbarung." Was meinen wir mit dieser alltäglichen Redewendung?

Sagt jemand: „Das war mir eine Offenbarung", so berichtet er, daß sich seine Sicht der Wirklichkeit geändert hat; oder besser: daß sich ihm die Wirklichkeit in einem *Erschließungsgeschehen* neu und anders gezeigt hat.[6]

---

2 Vgl. für den Bereich der röm.-kath. Theologie: Karl RAHNER: Hörer des Wortes. München 1941 (^{2}1963). Für den Bereich der evangelischen Theologie: Karl BARTH: Das christliche Verständnis von Offenbarung. In: Theologische Existenz heute. N.F. 12. München 1948. – Detaillierte Beschreibungen der skizzierten theologiegeschichtlichen Entwicklung bieten: F. KONRAD: Das Offenbarungsverständnis in der evangelischen Theologie. München 1971; P. EICHER: Offenbarung. Prinzip neuzeitlicher Theologie. München 1977.

3 Nämlich in: An American Catholic Catechism. New York 1975. Dt.: Ein Katholischer Katechismus. Kempten 1976, S. 15–30.

4 Über die langsame Entstehung eines festen theologischen Offenbarungsbegriffs informiert am besten: M. SEYBOLD u.a.: Offenbarung. Von der Schrift bis zum Ausgang der Scholastik. Freiburg 1971.

5 In Deutschland haben klassische Autoren wie HERDER, HAMANN, SCHLEIERMACHER, HEGEL eine wichtige Rolle in diesem Prozeß gespielt. – Eine erste Sammlung von Belegen dieser Sprachgeschichte bietet der Artikel *„Offenbarung"* in: R. EISSLER: Wörterbuch der philosophischen Begriffe. Berlin ^{4}1929. Bd. II, S. 334–336. Dabei konnte an den alten vortheologischen Gebrauch des Wortstammes „offenbar-" angeknüpft werden; dazu vgl. die Artikel in GRIMMS „Deutschem Wörterbuch". Bd. VII. Sp. 1172–1179.

6 Die folgende Analyse ist angeregt durch Untersuchungen des Philosophen Edmund HUSSERL (1859–1938): Zur Phänomenologie der Intersubjektivität (Husserliana XIII–XV, Leiden 1973ff.), Erfahrung und Urteil (hrsg. von L. LANDGREBE), Hamburg 1948. – Aus der Tradition des angelsächsischen Empirismus heraus hat der Religionsphilosoph und Theologe I. T. RAMSEY Überlegungen vorgetragen, die ähnlich ansetzen wie die vorliegende Studieneinheit, aber anders pointiert sind: Religious Language. An Empirical Placing of Theological Phrases. London 1957.

Wir wollen diesen Vorgang genauer ins Auge fassen. Worin besteht er? Jedenfalls zumindest darin, daß uns ein vorher unbekannter Sachverhalt – möglicherweise durch eine andere Person – zur Kenntnis gelangt. Die neue Erkenntnis hat sich an einem bestimmten Gegenstand entzündet. Wir sind selbst mit einem mehr oder weniger großen Maß an Eigenaktivität in den Vorgang eingeschlossen. Und vor allem: Der Vorgang bewirkt etwas in und an uns.

Wir können uns das an zwei Beispielen klarmachen:

• In der Zeitung finden wir ein Suchbild; eine Landschaft, Bäume und Sträucher. Die Suchaufgabe heißt: Wo ist der Wanderer? Der Blick streift über die Zeichnung; ein Wanderer ist nicht zu erkennen. „Gut gemacht", denken wir. Unser Ehrgeiz erwacht. Wir sehen genauer hin, verändern den Abstand, legen den Kopf schief. Ohne Erfolg. Der unbefriedigte Ehrgeiz weicht einer leichten Verärgerung, und wir lassen das Blatt auf dem Tisch liegen. Stunden später treten wir – inzwischen innerlich mit völlig anderen Dingen beschäftigt – zufällig von der anderen Seite an den Tisch. Unser Blick fällt auf die Zeitung, und nun springt er uns in die Augen – der Wanderer, der mitten im Bild kräftig ausschreitet. „Aha!", entfährt es uns.

• Mechanikermeister Peters zählt zu den geachtetsten Kollegen im Betrieb. Er versteht nicht nur sein Handwerk, sondern alle Mitarbeiter können sich auf seine freundliche Ausgeglichenheit, sein Verständnis, seine Verschwiegenheit und Hilfsbereitschaft verlassen. Seine Lehrlinge halten Herrn Peters für ein echtes „Sonntagskind", für einen Menschen, an dessen unverwüstlich guter Laune sich zeigt, daß auch das Leben es mit ihm gut gemeint haben muß. Zu dieser Lehrlingsgruppe gehört auch Klaus Weier. Er fährt täglich mit einem Nachbarn zur Arbeit und zurück. Auf einer dieser Fahrten erfährt er, daß Peters schon nach kurzer Ehe seine Frau durch eine schwere Krankheit verloren und seine beiden Kinder dann allein aufgezogen hat. Seit diesem Gespräch sieht er Herrn Peters in einem neuen Licht.

Beide Beispiele lassen erkennen, daß für ein solches Erschließungsgeschehen sechs Aspekte wesentlich sind, die im folgenden aufgezählt werden:

1. Jedes Erschließungsgeschehen hat einen bestimmten *Inhalt;* in unserem zweiten Beispiel die Familiensituation und Persönlichkeit von Herrn Peters, im ersten Beispiel den gesuchten Wanderer.

2. Jedes Erschließungsgeschehen besitzt einen *Urheber.* Das ist im zweiten Beispiel der Nachbar, im ersten würden die meisten von uns sagen: der Zufall.

3. Jedes Erschließungsgeschehen hat einen *Empfänger:* den Betrachter des Vexierbildes bzw. Klaus Weier.

4. Jedes Erschließungsgeschehen entzündet sich an einem *situativen Anlaß.* In unserem ersten Beispiel ist dies das Rätsel des Vexierbildes. Im zweiten ist es die überraschende Rede des Nachbarn, die Klaus Weier vernimmt.

5. Daß jedes Erschließungsgeschehen situativ veranlaßt ist, heißt zugleich: Jedes Erschließungsgeschehen bezieht seinen Empfänger *leibhaft in sich ein.* Deshalb gehört zu jedem Erschließungsgeschehen eine sinnliche Affektion des Empfängers und seine Provokation zu leibhafter Eigenaktivität. So ist beispielsweise Klaus Weier durch ein Hörerlebnis beeindruckt und zu einem recht hohen Maß an Eigenaktivität veranlaßt. Von ihm werden verlangt: Aufmerksamkeitsleistungen, Sprachverstehen, Vergleiche, Schlußfolgerungen. Der Betrachter des Vexierbildes fühlt sich optisch herausgefordert, dann aber zur Aufgabe aller Eigenaktivität veranlaßt. Erst später erschließt sich ihm das Bild plötzlich bei einer zufälligen Gelegenheit, ohne sein Zutun – durch das die Einsicht erweiternde „Aha-Erlebnis".

6. Jedes Erschließungsgeschehen verändert die Situation seines Empfängers und damit den Empfänger selbst: es hat eine *Wirkung auf das Personsein seines Empfängers.* Auf unsere Beispiele angewandt: Mit der plötzlichen Lösung des Vexierbildes tritt an die Stelle von Frustration und Ärger lustvolles Behagen; das neue Bild, das Klaus Weier von seinem Meister gewonnen hat, verändert seine Einstellung zu ihm so, daß das auch Einfluß auf seinen Umgang mit ihm haben wird.

Dieser 6. Aspekt aller Erschließungsvorgänge wird besonders leicht übersehen. Alle Vorgänge im Bereich unserer gewissen Einsichten und Überzeugungen pflegen wir leicht als „bloß theoretisch" interessant gegenüber den für unsere Lebensführung praktisch wichtigen Fragen und Entscheidungen ins zweite Glied zu rücken. Aber tatsächlich besteht unser individuelles Personsein aus nichts anderem als eben dem Inbegriff unserer Gewißheiten. Sie haben diejenigen Bedingungen unseres Handelns zum Inhalt, die uns als schlechthin verbindlich so gegenwärtig sind, daß wir ihnen faktisch im Handeln Rechnung tragen. Und weil jede einzelne Person dieser Inbegriff ihrer handlungsleitenden Einsichten ist, deshalb verändert ein Wechsel dieser Einsichten auf jeden Fall auch sie selbst. Wie tiefgreifend eine solche Veränderung ist, das hängt davon ab, wie grundlegend die vom Wechsel betroffene Einsicht jeweils ist. Glücklicherweise betreffen die meisten Erschließungsvorgänge nur Einzelheiten oder Teilbereiche dessen, was uns gewiß ist, so daß uns die meisten Erschließungsvorgänge auch erlauben, an unseren zentralen Gewißheiten festzuhalten. Wir werden nicht stündlich und täglich zur Revolution unseres Selbstbildes und unseres Wirklichkeitsverständnisses veranlaßt. Aber in abgestufter Weise wirken alle Erschließungsvorgänge verändernd auf uns ein; keiner ist schlechthin wirkungslos.

Offenbarung als Grund unserer alltäglichen Gewißheiten und Handlungsmöglichkeiten

Unser Alltag ist durchsetzt von Erschließungsvorgängen, wie wir sie eben betrachtet haben. Aber nicht von jedem würden wir sagen: „Das war mir eine echte Offenbarung." Vielmehr sprechen wir so – auch umgangssprachlich – nur über eine besondere Klasse von Erschließungsereignissen. Ihr unterscheidendes Merkmal ist, daß wir uns in ihnen *völlig passiv* einbezogen erleben.

„Passivität" wird in diesem Text zur Beschreibung des Zustandekommens des Wirklichkeitsbezuges verwendet, in dem personales Leben als solches steht. Alle Gedanken an „Lethargie", „Faulheit" usw. (z.B.: „Fernsehen macht passiv") sind fernzuhalten. Denn der in den Blick gefaßte passive Vorgang schafft gerade die Bedingungen der Möglichkeit unserer aktiven Lebensführung. – Auch die Rede von der *völligen* Passivität zielt auf eine – unsere aktive Lebensführung durchgehend tragende – *Schicht* unserer Existenz. Sie besagt nicht, daß es Lebenssituationen gäbe, in denen wir nicht aktiv sind. Sie besagt gerade umgekehrt, daß wir in allen Lebenssituationen aktiv sein *müssen;* und zwar aus Gründen, die unserer Aktivität vorausliegen und durch die wir deshalb *völlig* passiv dazu bestimmt werden, zu sein, was wir sind: nämlich frei.
An dem Suchbildbeispiel springt dieses Merkmal sofort in die Augen. Aber auch die Erzählung über die Familiensituation des Mechanikermeisters Peters trägt für seinen Lehrling diesen Zug einer zunächst grundlegend passiven Beteiligung. Denn wie hoch man hier auch immer den Anteil der Eigenaktivität von Klaus Weier am Endergebnis des ganzen Vorgangs, dem neuen Bild von der Persönlichkeit des Herrn Peters, einschätzen mag: grundlegend für den ganzen Vorgang bleibt doch die Tatsache, daß Klaus Weier durch die Rede seines Nachbarn einer Sachlage völlig passiv innewird, deren Existenz ihm zuvor unbekannt war.

Erschließungsvorgänge werden also dann eine „echte Offenbarung" genannt, wenn und soweit durch sie Sachverhalte für uns so existent werden, daß wir ihnen dann aktiv – deutend und gestaltend – Rechnung tragen können und müssen. Eine „echte Offenbarung" nennen wir die Erschließung von Sachverhalten, von denen zweierlei gilt:
– sie liegen jenseits dessen, was uns bisher als Umkreis der Bedingungen und Möglichkeiten unseres eigenen Handelns gegenwärtig war;
– sie treten kraft ihres Erschlossenwerdens in den Umkreis der absolut verbindlichen Bedingungen unseres Handelns ein, die uns so gewiß sind, daß wir sie nicht bezweifeln, sondern nur aktiv respektieren (oder an ihnen scheitern) können.

Das zeigt sich in beiden vorhin betrachteten Beispielen: Der Betrachter des Suchbildes erlebt die Erscheinung des Wanderers als rein passives Widerfahrnis, und genau insoweit, wie er die Sache so erlebt, ist für ihn diese Erscheinung auch keiner weiteren absichernden Erkenntnis bedürftig und keiner Bezweiflung fähig. Im zweiten Beispiel wird Klaus Weier zumindest die Rede seines Nachbarn über die Familiensituation von Herrn Peters als etwas erleben, was sich ihm passiv erschloß. Und wiederum gilt: soweit er den Sachverhalt, daß der Nachbar solches zu ihm geredet hat, als passiv erschlossen erlebt, wird er den Sachverhalt nicht erkenntnismäßig weiter absichern wollen oder bezweifeln können. Es ist ihm gewiß: Der Nachbar hat zu mir über die Familiensituation von Herrn Peters geredet. Diesen Sachverhalt wird er als den selbst unbezweifelbaren Ausgangspunkt aller seiner weiteren eigenen Überlegungen ansehen. Als bezweifelbar wird ihm höchstens erscheinen, ob der Inhalt dieser Rede mit der Wirklichkeit übereinstimmt bzw. ob er ihn richtig aufgefaßt hat; und als einer weitergehenden Erkenntnis bedürftig werden ihm etwa die Konsequenzen erscheinen, die diese Rede – vorausgesetzt, daß sie richtig aufgefaßt wurde und wahr ist – für die Einschätzung von Herrn Peters hat.

Es bleibt also dabei: Was wir als passiv für uns erschlossen erleben, das erleben wir als den unbezweifelbaren, schlechthin gültigen Grund und Gegenstand aller unserer eigenen Aktivitäten.
Aber wird dieser unser personhaftes Leben tragende Kontakt mit der Realität nicht durch die *Erfahrung* hergestellt? Ja. Freilich würde eine genaue Besinnung auf den Begriff der Erfahrung zeigen, daß diese schließlich selbst nur gedacht werden kann als „die einzige *Offenbarerin* dessen, was wirklich ist“.[7]

Ist alle Offenbarung religiöse Offenbarung?

Man kann also sagen: Wie die Theologie bezeichnet auch unsere Umgangssprache mit dem aus der Theologie übernommenen Ausdruck „Offenbarung“ das Zustandekommen des Wirklichkeitsbezuges von menschlichem Leben. Schließt also etwa diese umgangssprachliche Verwendung von „Offenbarung“ die Meinung ein, daß alles personale Leben selbst immer schon von *religiöser* Offenbarung lebt und insofern religiösen Charakter hat?

Die Antwort auf diese Frage hängt davon ab, was wir unter „Religion“ verstehen wollen. Ich schlage vor: Religion ist das Innewerden und der Umgang des Menschen mit der Tatsache, daß seine Macht, etwas in der Welt zu bewirken, nur existiert als eine ihm gewährte, von ihm völlig passiv empfangene begrenzte Anteilhabe an der uns schlechthin überlegenen weltschöpferischen Macht über alle Wirklichkeit.[8]
Dann ist auf die gestellte Frage zu antworten: Zwar ist in der Tat alles mögliche personale Dasein schon aufgrund des Gewährt- und Empfangenwerdens seines Wirklichkeitsbezuges und seiner Macht abhängig von der überlegenen Ursprungsmacht. Aber das schließt nicht ein, daß jede Person auch dieser Tatsache selbst so innegeworden ist, daß sie bewußt mit ihr umgeht.

Inhaltliche Merkmale religiöser Offenbarung und ihre Konsequenzen

Nicht alle rein passiv erlebten Erschließungsvorgänge, die wir vielleicht umgangssprachlich eine „echte Offenbarung“ nennen würden, können wir als solche auch schon als „religiöse Offenbarung“ bezeichnen – sondern nur solche Erschließungsvorgänge, die sich innerhalb der passiv erlebten Erschließungsvorgänge durch ein weiteres Merkmal ausgrenzen. Und dieses Merkmal ist jetzt inhaltsbezogen: Wir nennen nur diejenigen passiv erlebten Erschließungsvorgänge eine religiöse Offenbarung, *deren Inhalt die alle Welt begründende und zusammenhaltende Macht ist, der alle menschliche Macht in der Welt sich verdankt.*

Religiöse Offenbarung steht also zu Offenbarung im vorhin besprochenen allerallgemeinsten Sinne in einem bestimmten Verhältnis: Durch sie erscheint uns das völlig passive (transzendente) Erschlossensein des Wirklichkeitsbezuges, in dem unser personales Leben als solches steht, *für uns als Gegenstand;* und zwar in je spezifischem Lichte.
Auf dieser inhaltlichen Eigenart von religiöser Offenbarung beruht ihr Verhältnis zum religiösen *Glauben.* Ganz allgemein gilt: *Religiöse Offenbarung gibt dem Glauben den Gegenstand, auf den er sich richtet.* Oder: Religiöse Offenbarung begründet den Wirklichkeitsbezug, in dem der *Glaubende als solcher* sein Leben führt.

Aus der inhaltlichen Eigenart von religiöser Offenbarung ergeben sich zwei Konsequenzen:

- Zunächst ihre eigentümlich fundamentale *Wirkung.* Weil religiöse Offenbarung den transzendenten Ursprung, die ursprüngliche Verfassung sowie die Reichweite und Begrenztheit menschlicher Macht überhaupt zum Inhalt hat, hat sie genau diejenigen Gewißheiten zum Inhalt, aus denen das handlungsbestimmende Selbst- und Wirklichkeitsverständnis einer Person besteht. Die Lebenswirklichkeit einer Person selbst wird durch den Inhalt dieser religiösen Gewißheiten qualifiziert – und dann natürlich auch durch jede sie betreffende Veränderung. Denn vom Inhalt dieser Gewißheiten hängt schon die Art und Weise des Erlebens und Auffassens aller Einzelheiten und aller Teilbereiche einer Lebenssituation ab und dann der aktive Umgang mit ihr.

- Darüber hinaus ergibt sich aus dem eigentümlichen Inhalt der religiösen Offenbarung eine Konsequenz für das Verständnis ihres *Urhebers:* Es läßt sich einsehen, daß Erschließungsvorgänge *insoweit* ihre Empfänger mit Gewißheit erfüllen, als sich in ihnen „die Sache selbst“ zeigt. Daß sich aber in einem Erschließungsvorgang die Sache selbst zeigt, kann nur heißen, daß hier Inhalt und Urheber identisch sind. Dies vorausgesetzt, gilt also: Religiöse Offenbarung kann ihren Empfänger nur unter der Bedingung gewiß machen, daß ihm ihr *Inhalt* – die Ursprungsmacht – auch als ihr *Urheber* erscheint.

Auch diese Rede von „religiöser Offenbarung“ ist zwar das Ergebnis einer Übernahme des theologischen Sprachgebrauchs in die Bildungssprache. Aber der Ausdruck bezeichnet nun einen Bereich von Sachverhalten, der mehr umfaßt als den in der Theologie ursprünglich allein gemeinten Ursprung des Gegenstandsbezuges der biblisch-christlichen Frömmigkeit (Glaubens). Vielmehr bezeichnet der Ausdruck „religiöse Offenbarung“ jetzt das gesamte Feld derjenigen Erschließungsereignisse, durch die einem Menschen die Abhängigkeit seiner Macht von der weltbegründenden Ursprungsmacht erschlossen wird. In der Mannigfaltigkeit dieser Erschließungsvorgänge wurzeln dann auch die vielfältigen Formen des religiösen Lebens der Menschheit, zu denen auch die christliche Religion als eine besondere Form zählt.[9]

Wir stehen damit am Ende unserer Betrachtung der umgangs- und bildungssprachlichen Verallgemeinerung der theologischen Rede von Offenbarung und können ihr Ergebnis folgendermaßen zusammenfassen:
Als „Offenbarung“ bezeichnen wir umgangssprachlich nicht nur den Ursprung des Wirklichkeitsbezuges des christlichen Lebens, sondern allgemein das Zustandekommen des Wirklichkeitsbezuges von welthaftem Personsein, wie es sich in all denjenigen Erschließungsvorgängen vollzieht, in die sich Personen schlechthin passiv einbezogen erleben.

---

7 Vgl. E. Herms: Art. *„Erfahrung“,* TRE X, S. 89–109. – Die zitierte Formel stammt von Chr. M. Wieland: Sämtliche Werke. Leipzig 1794–1805, Bd. XXXIV, S. 114.

8 Diesen auf F. D. E. Schleiermacher zurückgehenden Religionsbegriff legt für die religionswissenschaftliche Arbeit zugrunde etwa:. G. van der Leeuw: Phänomenologie der Religion. Tübingen ^{2}1956.

9 Zu dieser religionswissenschaftlichen Anwendung des universalisierten Offenbarungsbegriffs vgl. besonders: G. Rosenkranz: Gibt es Offenbarung in der Religionsgeschichte? Leipzig 1936; dann auch: G. Mensching: Typologie der Offenbarung. Eine religionswissenschaftliche Untersuchung. Bologna 1940.

Als „religiöse Offenbarungen“ bezeichnen wir diejenigen – ebenfalls rein passiv erlebten – Erschließungsvorgänge, in denen eben der Sachverhalt dieses schlechthin passiven Zustandekommens des Spielraums menschlicher Handlungsmöglichkeiten (also der Teilhabe menschlicher Macht an der überlegenen Ursprungsmacht) selbst erschlossen wird und in denen somit der spezifische Sach- und Wirklichkeitsbezug einer religiösen Gestalt menschlichen Lebens zustande kommt. Als „religiöse Offenbarung“ bezeichnen wir also eine Klasse von Erschließungsvorgängen, die nicht bloß das Merkmal des völlig passiven Einbezogenseins ihres Empfängers tragen (wie im Falle von Offenbarung im ganz allgemeinen Sinn), sondern die darüber hinaus durch einen ganz spezifischen Inhalt (nämlich: die passive Teilhabe menschlicher Macht an der überlegenen Ursprungsmacht) ausgezeichnet sind.

Wichtig ist hierbei, daß wir uns stets daran erinnern, daß es sich auch bei religiöser Offenbarung stets um Erschließungsvorgänge mit den vorhin herausgearbeiteten 6 wesentlichen Aspekten handelt. Aus diesem Aspektreichtum sind im Falle religiöser Offenbarung nur 4 Momente – und diese in sich nicht einmal durchgehend – auf eine spezifische Gestalt festgelegt:

- das völlig passive Einbezogensein des Empfängers;
- die Unmöglichkeit, daß eine innerweltliche Instanz als Urheber in Betracht kommt;
- der Inhaltsbereich (das völlig passive Teilhaben menschlicher Macht an der überlegenen Macht des Ursprungs);
- die für das Lebensgefühl und die Lebensführung einer Person schlechthin grundlegende Wirkung.

Variabel bleiben hingegen:

- der situative Anlaß;
- die Weisen der sinnlichen Affektion;
- das Detail des Bildes menschlicher Macht und ihrer völlig passiven Teilhabe an der schöpferischen Macht;
- das Detail des Bildes der Ursprungsmacht selbst.

Damit gilt: Auch die jeweiligen Annahmen über den Urheber der Offenbarung sind variabel.

(1) (a) Notieren Sie die 6 wesentlichen Faktoren eines Erschließungsgeschehens anhand des Beispiels von Klaus Weier und seinem Vorgesetzten.

....

....

....

....

(b) Versuchen Sie, den wesentlichen Unterschied zwischen „Offenbarung“ im allgemeinen Sinne und „religiöser Offenbarung“ wiederzugeben.

....

....

....

....

(c) Warum handelt es sich beim Beispiel von Klaus Weier und seinem Vorgesetzten nicht um eine spezifisch „religiöse Offenbarung“?

....

....

....

....

Religiöse Offenbarung im außerchristlichen Bereich

Diese Variabilität von religiöser Offenbarung wird anschaulich, wenn man verschiedene Offenbarungsphänomene auf dem Gebiet der Religionsgeschichte betrachtet: etwa die Erschließungsvorgänge, die der buddhistischen Lehre zugrunde liegen oder der Lehre des Zarathustra oder der mosaischen Religion oder dem Christentum oder dem Koran Mohammeds.

Aus Platzgründen können hier nur zwei Beispiele aus dem außerchristlichen Raum betrachtet werden: die von Mose empfangene Offenbarung und der Erschließungsvorgang, der der Lehre des Zarathustra zugrunde liegt.

Zarathustra

Im Zendavesta, den heiligen Büchern des Parsismus, sind 17 Opfergesänge auf uns gekommen, die mit Wahrscheinlichkeit auf Zarathustra selbst zurückgehen. Ihre Erforschung in jüngster Zeit erlaubt, folgendes Bild der ihm zuteil gewordenen religiösen Offenbarung zu zeichnen:[10]

Zarathustra lebte im 9. oder 8. vorchristlichen Jahrhundert unter den Großvieh züchtenden Stämmen in der Steppe zwischen Aral-See, Amur-Daja und Syr-Daja. Er war Opferpriester, gehörte also zu den Personen, denen die Durchführung des jeweils von Hof- und Herdenbesitzern veranstalteten Brandopfers oblag. Sie hatten im rituellen Umschreiten des Altars, auf dem die Opferflamme brennt, in gebundener Rede die Bedeutung des Opfers zur Sprache zu bringen. Diese Opfersituation wurde für Zarathustra zum Ort religiöser Offenbarung: In der Opferflamme ist für ihn der Gott anwesend. Hier wird sein Wesen und auf Befragen auch sein Wille offenbar. Das Wesen des Gottes ist es, unerschöpflicher Spender eines personalen Lebens in Wahrhaftigkeit zu sein. Insofern ist auch der Gott selbst: Erkenntnis und Wahrhaftigkeit. Sein Wille an die Menschen ist die Forderung eines Lebens, das der göttlichen Gabe entspricht, ihr „gemäß“ ist. Im Begriff „Gemäßheit“ erfaßt Zarathustra die Einheit des richtigen Verhältnisses der Menschen zu Gott und zueinander. Für das Gemeinschaftsleben bedeutet „Gemäßheit“ gegenüber dem Willen Gottes: Treue und Wahrhaftigkeit, statt Trug und Gewalttat – zum Wohle des Gemeinwesens. Die „Gemäßheit“ der Menschen gegenüber Gott besteht dann darin, daß sie Gott die Macht, die sie von ihm empfangen haben, wiederum darbringen, und zwar im Opfer.

Nun geht Zarathustra im Vollzug des Opfers auf, daß die Gemäßheit der Menschen Gott gegenüber ein Opfer unter Genuß von Rauschtrank und ritueller Schlachtung einer Kuh ausschließt. Nur ein solches Opfer ist dem Wesen und Wirken Gottes gemäß, das die physischen und psychischen Gaben Gottes – also Vieh und Wahrheitserkenntnis – nicht zerstört, sondern erhält. In ihm dürfen also statt der Kuh nur Milch, Fett und Käse dargebracht werden, und sein nüchterner Vollzug macht es zum Ort der wahren Erkenntnis des Lebensgrundes. Zarathustra bringt daher kein Blutopfer dar, was man von ihm erwartete, sondern verurteilt diese Weise des Opfers:

> „Es klagt die Stimme der Kuh: ‚Für wen habt ihr (Götter) mich gestaltet, wer hat mich gebildet? Gebunden halten mich Mordrausch und Vergewaltigung, Fesselung, Übermut, Rohheit. Ich habe keinen anderen Hirten als euch. So erscheint mir mit guter Hirtentätigkeit.‘ / Es fragt der Bildner der Kuh die Wahrhaftigkeit: ‚Wie ist nach deinem Urteil der gebührende Weg für die Kuh beschaffen?‘“ – (Und) „es spricht der allkundige Lebensspender: ‚Dein Gestalter hat dich ja für den Melker und für den Weidhirten gebildet‘“ (Humbach I, S. 80f.).

Für Zarathustra manifestieren sich die beiden alternativen Lebensformen der Trughaftigkeit oder Wahrhaftigkeit grundlegend in den alternativen Gestalten des Opfers. Und umgekehrt besteht die Gemäßheit des lebensspendenden Gottes dem Menschen gegenüber darin, daß er den beiden Haltungen jeweils ihren verdienten Lohn erteilt (Wurzeln des ethischen Dualismus und Gerichtsgedankens des Parsismus).

An diesem Zeugnis aus einer alten kulturellen Situation erkennen wir deutlich die wesentlichen Aspekte einer religiösen Offenbarung:

Situativer Anlaß ist die Opfersituation, an der der Offenbarungsempfänger selbst als Opferpriester teilnimmt.

10 Zum Folgenden vgl.: K. Rudolph: Zarathustra – Priester und Prophet. In: B. Schlerath (Hrsg.): Zarathustra. Darmstadt 1970, S. 270–313. – Die Quellengrundlage ist: H. Humbach: Die Gathas des Zarathustra. Bd. 1 (Einleitung, Text, Übersetzung, Paraphrase). Heidelberg 1959.

Das sich an dieser Situation entzündende Erschließungsgeschehen *bezieht* seinen Empfänger so *ein*, daß er optisch und akustisch betroffen wird. Er gestaltet zwar die Situation in Ausübung seines priesterlichen Berufs mit. Aber gleichwohl wird von ihm die Offenbarung als Antwort auf eine – nicht von ihm, sondern „der Sache selbst" (der Kuh) gestellte – Frage rein passiv vernommen.
Inhalt des Erschließungsgeschehens ist das Verhältnis menschlicher Macht zur überlegenen Ursprungsmacht. Und dies so, daß seine ethischen Konsequenzen für das Verhältnis der Menschen untereinander und ihr Verhältnis zu Gott sichtbar werden.
Diesem Inhalt des Erschließungsvorganges entspricht es, daß wir auf die bestimmte Annahme stoßen, *Urheber* des Erschließungsvorganges sei der allmächtige Lebensspender selbst.
Die *Wirkung* des Erschließungsvorganges ist eine Praxis des Offenbarungsempfängers, die dem geoffenbarten Inhalt genau entspricht: Zarathustra verweigert das orgiastische, blutige Opfer und kämpft für das nüchterne, unblutige.

Mose

Für das Leben Israels wurde die von Mose empfangene Offenbarung des Jahwenamens von grundlegender Bedeutung. Die Erforschung der biblischen Überlieferung hat wahrscheinlich gemacht, daß Mose gegen Ende des zweiten Jahrtausends vor Chr. unter den Stämmen von Kleinviehnomaden lebte, die in der Gegend von Kadesch auf der Sinai-Halbinsel ihre Weidegründe hatten.[11] Jeder dieser Stämme verehrte einen Gott, der jeweils als derjenige bekannt war, der sich dem Stammvater offenbart hatte und mit ihm in einen Bund getreten war (Verheißung von Heil an den Stammvater und seine Nachkommen unter der Bedingung, daß die ethischen Forderungen des Gottes an das Leben der Gemeinschaft erfüllt werden). Eine Mehrzahl solcher Stämme, die jeweils den Gott ihres Stammvaters verehrten, wäre dann zu einer gemeinsamen Opferpraxis zu verbinden gewesen, wenn der den Stämmen je einzeln offenbare Gott in Wahrheit ein und derselbe wäre. Diese die Kultgemeinschaft der Stämme um Kadesch ermöglichende Offenbarung der Einheit, der Identität, des Gottes der Väter wurde Moses zuteil. Und zwar durch die Offenbarung des eigenen Namens dieses Gottes. Ein späterer Bericht lautet:

„Mose hütete die Schafe seines Schwiegervaters Jethro, des Priesters der Midianiter. Einst kam er an den Gottesberg, den Horeb. Dort rief ihm Gott aus dem Dornbusch zu: Mose, Mose. Er antwortete: Hier bin ich. Gott sprach: Ich bin der Gott deines Vaters, der Gott Abrahams, der Gott Isaaks und der Gott Jakobs. Da verhüllte Mose sein Gesicht. Gott sprach: Ich bin mit dir. Und als Zeichen dafür soll dir dienen: Ihr werdet (gemeinsam) an diesem Berg Gott verehren. Da sprach Mose zu Gott: Ich werde zu dem Volk kommen und ihnen sagen: Der Gott eurer Väter hat mich zu euch gesandt. Da werden sie mich fragen: Welches ist sein Name? Was soll ich ihnen darauf sagen? Da antwortete Gott dem Mose: Ich bin der ich sein werde. So sollst du zum Volke sagen: „Ich-bin-der-ich-sein-werde" hat mich zu euch gesandt; Jahwe, der Gott eurer Väter, der Gott Abrahams, der Gott Isaaks und der Gott Jakobs. Das ist mein Name ewiglich und so will ich angerufen sein von Geschlecht zu Geschlecht" (Ex 3,1.4b.6.12–14).

Die Eigentümlichkeiten dieses Offenbarungsvorganges werden wieder an seinen wesentlichen Aspekten sichtbar:

Situativ veranlaßt ist das Ereignis, ähnlich wie bei Zarathustra, durch einen schon durch Tradition geheiligten Ort. Die primäre Form religiöser Offenbarung ist die sich an bestimmten Orten und/oder Gegenständen vollziehende Manifestation derjenigen Macht, welcher der Mensch seine Macht verdankt. So sagt beispielsweise der heidnische römische Dichter VERGIL vom Hügel Capitolinum, daß er, der jetzt prächtig bebaut „in goldenem Glanze" erscheint, „vor Zeiten starrend vor Buschwald" war, und daß damals die „dira religio loci" (die „schauervolle Heiligkeit der Stätte") Furchtsame erschreckt habe (Aeneis, Buch VIII). Eine solche Machtmanifestation ist also sowohl für Zarathustra als auch für Moses im Spiel. Aber die von ihnen empfangene Offenbarung hat nicht einfach dynamistischen Charakter, sondern baut auf ihr nur auf und ist insofern mehr als sie. Jedenfalls aber sind Zarathustra und Mose nicht nur von einer beliebigen sinnlich wahrnehmbaren Gegebenheit – Berg, Busch, Opferfeuer – berührt, sondern zum situativen Anlaß, an dem sich das Erschließungsgeschehen für beide entzündet, gehört die traditionelle Geltung der Orte und Gegenstände als heilig selbst mit hinzu.
Einbezogen ist der Offenbarungsempfänger so, daß er wiederum optisch, vor allem aber akustisch betroffen ist. Gegenüber dem vorigen Beispiel spürbar deutlicher tritt die Passivität hervor: Mose erhält nicht auf eine schon gestellte Frage eine Antwort, sondern antwortet seinerseits erst auf einen ihm widerfahrenen Anruf.

11 Zum Folgenden vgl.: R. SMEND: Das Mosebild von H. Ewald bis M. Noth. Tübingen 1959; E. OSSWALD: Art. *„Moses"*. In: Religion in Geschichte und Gegenwart. 3. Auflage. Bd. IV, Sp. 1151–1155; A. ALT: Der Gott der Väter. In: Kleine Schriften zur Geschichte des Volkes Israel. Bd. I. München 1953, S. 1–78.

Inhalt des Erschließungsgeschehens ist: Die Identität des Gottes, der sich bereits verschiedenen Stammvätern zu verschiedenen Zeiten an verschiedenem Ort erschlossen hatte. Diese Identität wird sichtbar in der Erschlossenheit ihres *eigenen Namens*. Daß die Gottheit einen eigenen Namen hat, besagt erstens, daß sie ihre Identität nicht – wie es bisher erscheinen konnte – durch ihr Erschlossensein für einzelne Offenbarungsempfänger besitzt (als „Gott-des-n", „Gott-des-o", „Gott-des-p" usw.), sondern daß diese ihre Identität als ihre eigene jedem einzelnen derartigen Offenbarungsakt voraus- und zugrunde liegt, so daß diese alle von ihr abhängig sind. Zweitens besagt der geoffenbarte Name Gottes inhaltlich, daß es sich hier um die Identität derjenigen Instanz handelt, die in ihrem Wesen jedem Einzelsachverhalt – Ding oder Ereignis, ja sogar jeder ihrer eigenen Offenbarungen – überlegen ist; denn der erschlossene Gottesname lautet übersetzt: „Ich bin, der ich sein werde".[12] (Das Hebräische unterscheidet nicht zwischen der Sprachform der Gegenwart und der Zukunft. Daher ist auch die Übersetzung: „Ich bin, der ich bin", möglich.) Er ist also im strikten Sinne Name über alle Namen. Und die Macht, die ihn trägt, ist im strikten Sinne die Macht über alle Wirklichkeit. – Die Offenbarung der Identität *dieser* Macht schließt ihre lebenermöglichende Verbündung mit den Menschen selbst ein. – Die Konzentration dieser Offenbarung auf das Wesen der Ursprungsmacht selbst schließt nicht aus, sondern ein, daß der Offenbarungsinhalt zugleich Konsequenzen für das Verhältnis der Ursprungsmacht zur Macht des Menschen und für das Verhältnis der Menschen untereinander hat.

Abb. 1: Mose und der brennende Dornbusch. Lavierte Federzeichnung Rembrandts, um 1654

REMBRANDT stellt den Erschließungsvorgang als „Erleuchtung" des Moses dar: als Begegnung mit einem Licht, dessen Quelle selbst nicht darstellbar ist, dessen Glanz aber vom Gesicht und von der Gestalt des Moses widerstrahlt.

Aus: Otto BENESCH: The Drawings of Rembrandt – first complete edition in six volumes. Phaidon press, London 1957, Volume V, No. 1160 / Cat. No. 951.

Die Bestimmung des *Urhebers* dieser Offenbarung ergibt sich aus ihrem Inhalt: der Identität des Gottes, der sich den Vätern schon offenbart hat und zu dessen Wesen es daher gehört, sich zu offenbaren. Im Falle dieser Offenbarung haben wir also erstmals den Fall, daß der Offenbarungsinhalt notwendig den Gedanken der Selbstoffenbarung Gottes einschließt; also den Gedanken, daß das Offenbarungsgeschehen nicht nur faktisch (zufällig) die Ursprungsmacht selbst zum Urheber hat, sondern daß man auf Grund dessen, was sich in der Offenbarung als das Wesen der Ursprungsmacht zeigt (eben: sich zu offenbaren), diese Ursprungsmacht auch als Urheber des Erschließungsgeschehens annehmen muß.
Die *Wirkung* des Erschließungsvorgangs ergibt sich direkt aus seinem Inhalt. Dieser Inhalt gibt dem Offenbarungsempfänger zunächst einen Auftrag, dessen Schwierigkeit Mose selbst anspricht. Sie liegt darin, daß der Offenbarungsinhalt sich auf bereits geschehene Offen-

12 M. NOTH: Das zweite Buch Mose. Göttingen [2]1961 (ATD 5), S. 31.

barung bezieht, und zwar korrigierend. Es ist unsicher, ob diese Korrektur angenommen werden wird, insofern konfrontiert der Offenbarungsinhalt Mose mit der Möglichkeit des Scheiterns. Aber ebenfalls wegen des Offenbarungsinhaltes ist der Auftrag trotz dieses Risikos verbindlich. Denn – wie wir gesehen haben – schließt der Offenbarungsinhalt ein, daß Inhalt und Urheber identisch sein müssen. Dann schließt aber der Offenbarungsinhalt zugleich mit dieser Identität auch ein, daß er für den Offenbarungsempfänger handlungsbestimmende Gewißheit besitzt. Das bringt die alte Erzählung dadurch zum Ausdruck, daß sie nicht nur die Beauftragung und Sendung des Offenbarungsempfängers, sondern auch die Überwindung seines Widerstandes in den Offenbarungsinhalt selbst mit hineinnimmt.
Freilich besagt die Tatsache, daß der Offenbarungsinhalt für den Offenbarungsempfänger selbst diese handlungsbestimmende Gewißheit logisch einschließt, nicht, daß der Offenbarungsempfänger die Zustimmung anderer Menschen durch logische Beweisführung herbeiführen könnte. Diese Zustimmung hängt vielmehr daran, daß der neue, über das bisher Bekannte hinausgehende Offenbarungsinhalt selbst den Hörern einleuchtet. Diese Offenheit der Situation haben alle Propheten erfahren, von deren Wirken die biblische Überlieferung berichtet – bis hin zu Johannes dem Täufer und Jesus von Nazaret.

Religiöse Offenbarung im christlichen Bereich

Wir wollen zunächst die Offenbarung betrachten, die Jesus von Nazaret empfing und die für sein Selbstverständnis und seine Lebensführung grundlegend wurde. Freilich begründet diese Offenbarung allein noch nicht den Gegenstandsbezug des christlichen Glaubens. Dieser kommt vielmehr allererst durch eine religiöse Offenbarung zustande, die nicht von Jesus selbst empfangen wurde, sondern ihn zum Inhalt hat und ihn als Christus, als Sohn Gottes, als schöpferisches Wort Gottes selbst erschließt. Wir werden uns also auch mit diesem Unterschied zwischen jener von Jesus selbst empfangenen und dieser sich auf ihn richtenden Offenbarung befassen müssen. Dann wollen wir die Eigenart dieser religiösen Offenbarung betrachten, die den Glauben an Jesus als den Christus Gottes begründet. Wir wählen dazu zwei Beispiele aus der Zeit des Urchristentums und zwei aus der späteren Kirchengeschichte.

Die von Jesus von Nazaret empfangene religiöse Offenbarung[13]

Jesus von Nazaret empfing die für sein Auftreten grundlegende religiöse Offenbarung in einem konkreten individuellen Lebenszusammenhang: Er stammte aus einer Handwerkerfamilie in Nazaret, einer Stadt in Galiläa, das damals – zur Zeit der Kaiser Augustus und Tiberius – ein Teil der römischen Provinz Palästina war. In dieser Provinz besaß die jüdische Gemeinde, deren Mittelpunkt der Jerusalemer Tempelkult war, eine begrenzte, vor allem kulturelle Autonomie. Zu dem Bereich dieser Gemeinde gehörte auch Galiläa, allerdings als Randgebiet. Hier waren sehr verschiedenartige Traditionsströme und Ausformungen des jüdischen Glaubens nebeneinander lebendig: alttestamentlich prophetische Traditionen, pharisäisches Denken, apokalyptische Strömungen.
Auf Jesus persönlich ging jedenfalls eine deutliche Faszination von der Botschaft Johannes' des Täufers aus. Diese verband den apokalyptischen Gedanken vom bevorstehenden Weltgericht und dem Erscheinen des Weltenrichters, der endgültig zwischen Gerechten und Ungerechten scheidet (Mk 1,2–8; Mt 3,1–12 Par; Mt 11, 1–19 Par; Mk 6, 14–29 Par; Lk 9,7–9), mit der alttestamentlichen Prophetie des Deutero-Jesaja, die dazu aufforderte, sich auf den zu Gericht und Heil kommenden Gott vorzubereiten, und von der Zeit sprach, in der die „Freudenbotschaft“ (das „Evangelium“) von der angebrochenen Königsherrschaft Gottes erschallen wird (Jes 40,1–5; 52,7ff.).

13 Zum Folgenden vgl.: R. Bultmann: Jesus. Tübingen 1926 und G. Bornkamm: Jesus von Nazareth. Stuttgart 1956.

Diese Jesajanische Prophetie vom Auftreten eines Rufers in der Wüste: „Bereitet dem Herrn den Weg!“ verwirklichte Johannes, indem er selbst in der Wüste auftrat, die Nähe der Gottesherrschaft und des Gerichts ansagte, zur Buße aufforderte und als Besiegelung der erfolgten Umkehr zur Gerechtigkeit eine Wassertaufe vollzog, von der er erwartete, daß der Weltenrichter sie selbst durch die Gabe des Endheils an die getauften Gerechten bestätigen werde. So predigte Johannes:

> „Das Reich der Himmel ist nahe. Tut Buße und laßt euch taufen zur Vergebung eurer Sünden. Ich taufe nur mit Wasser. Aber nach mir kommt einer [gemeint ist der Weltenrichter] [...], der wird euch mit Heiligem Geist und Feuer taufen. Er hat die Wurfschaufel in der Hand und wird seine Tenne fegen und den Weizen in die Scheune sammeln, die Spreu aber mit unauslöschlichem Feuer verbrennen.“ (Mt 3,2.11–12 Parr)

Jesus hörte diese Botschaft und ließ sich selbst taufen. Und indem er dies tat, erschloß sich ihm ein bestimmtes Verständnis der prophetischen Rede von der „Königsherrschaft Gottes“, das für das Verständnis und die weitere Führung seines Lebens grundlegende Bedeutung gewann. Von diesem religiösen Erschließungsgeschehen berichten die drei ersten Evangelisten ziemlich übereinstimmend so:

> „Und es begab sich in jenen Tagen, daß Jesus aus Nazaret in Galiläa kam und sich von Johannes im Jordan taufen ließ. Und sobald er aus dem Wasser stieg, sah er die Himmel sich öffnen und den Geist wie eine Taube auf sich herabschweben. Und eine Stimme erscholl aus den Himmeln: Du bist mein lieber Sohn. An dir habe ich Wohlgefallen.“ (Mk 1,9–11 Parr)

Der Bericht stammt in dieser Form nicht von Jesus selbst. Dennoch können wir etwas über das in ihm berichtete Erschließungsgeschehen ausmachen, wenn wir wiederum schrittweise nach seinen wesentlichen Aspekten fragen und dabei anderweitige Nachrichten der Evangelien mit zu Rate ziehen:

Der *situative Anlaß,* der Jesus berührt und an dem sich der Erschließungsvorgang entzündet, sind die Bußpredigt des Johannes und dessen Taufpraxis. Vor allem aber auch die Tatsache, daß Jesus an dieser Praxis teilnimmt, indem er sich der Taufe selbst unterzieht.

Abb. 2: Taufe Christi. Zeichnung Rembrandts (?), 1654/1660 (?)

Die Offenbarungsdimension des Geschehens ist zeichnerisch nicht darstellbar. Sie kann nur behauptet und bezeugt werden mit Mitteln, die selbst nicht mehr zeichnerisch sind: mit zwei „Strichen“ auf Johannes und Jesus.

Aus: Otto Benesch: The Drawings of Rembrandt – first complete edition in six volumes. Phaidon press, London 1957, Volume VI, No. 1680 / Cat. No. A 86.

Dementsprechend umfassend ist Jesus in das Erschließungsgeschehen einbezogen: Unter optischen und akustischen Eindrücken wird er auf völlig passive Weise eines völlig unerwarteten Sachverhaltes inne.

Inhalt dieses Erschließungsgeschehens sind *zwei* Sachverhalte: eine bestimmte Gestalt des „Himmels" und zugleich der Offenbarungsempfänger selbst in einer bestimmten Beziehung zum Himmel als „Sohn" Gottes. Der Bericht rückt diesen zweiten Sachverhalt so in den Vordergrund, daß der Eindruck entstehen kann, der direkte und besondere Inhalt des Erschließungsgeschehens sei Jesu persönliche Berufung und Bevollmächtigung. Als Inhalt ist aber vielmehr das aufzufassen, was Jesus hinsichtlich des Himmels sieht: daß der gegenwärtig offen ist und der Geist Gottes herabkommt. Jesus wird anläßlich seiner Taufe also der Gegenwart genau dessen inne, was Johannes für die Zukunft verheißen hatte: der Offenheit des Himmels, der Herabkunft des Geistes. An anderer Stelle ist uns ein Wort Jesu selbst überliefert, das mit unserem Bericht in einen sinnvollen Zusammenhang gebracht werden kann: „Ich sah den Satan vom Himmel fallen wie einen Blitz" (Lk 10,18). Das bedeutet: Jesus sieht, daß die endgültige Entscheidung schon gefallen ist: schon jetzt ist allein Gott König, seine Herrschaft ist schon dabei, sich zu manifestieren, ist schon jetzt im Kommen. *Die Gegenwart ist das Kommen der Gottesherrschaft.*

Jesus hat also nicht statt der zukünftigen Gottesherrschaft ihre vollendete Gegenwärtigkeit gepredigt. Vielmehr hat er die Zukünftigkeit der Gottesherrschaft nur in der besonderen Weise verkündigt, in der sie sich ihm gezeigt hatte: Die Gegenwart selbst ist schon durch das Kommen der Gottesherrschaft qualifiziert. Die Gegenwart ist schon das Kommen der Gottesherrschaft. Daher fehlt in Jesu Verkündigung nicht der Zukunfts- und Erwartungsaspekt (vgl. etwa Mk 1,15 oder Mt 24,27). Aber dieser Aspekt tritt in den Zusammenhang von Jesu Einsicht in das Kommen der Gottesherrschaft als eines schon die Gegenwart qualifizierenden Machtgeschehens.

Aufgrund dieses Verständnisses der Gottesherrschaft ist Jesus der überlieferten Meinung entgegengetreten, die das Kommen der Gottesherrschaft für eine rein zukünftige und an wundersamen Vorzeichen erkennbare Sache hielt:

„Die Herrschaft Gottes kommt nicht so, daß man es beobachten könnte. Man wird nicht sagen: siehe: hier, oder: dort. Denn siehe, das Reich Gottes ist mitten unter euch [im Kommen]" (Lk 17,20f.).

Seine eigene Sicht der Gegenwart als Kommen der Herrschaft Gottes hat Jesus positiv in seinen Gleichnissen vorgetragen: Wie das Wachstum der Saat vollzieht sich das Kommen der Gottesherrschaft als umfassendes Machtgeschehen (Mk 4,26–29), das der Mensch durch seine Macht weder fördern noch hindern kann. Durch dieses Geschehen erst wird dem Menschen alle seine Macht gegeben; er hat diese Gabe zu gebrauchen, ja zu mehren (Mt 25,16–30), und zwar so, daß er dabei der Treue und Huld, der Freigebigkeit Gottes entspricht (Mt 20,1–16; 18,23–35; 5,43–48).

Als *Urheber* dieses Erschlossenseins des schon jetzt offenen Himmels, der Gegenwart als des Kommens der Gottesherrschaft, hat Jesus ausdrücklich Gott selbst in Anspruch genommen. Dies bezeugt ein Spruch, der bereits den gespaltenen Erfolg seines Eintretens für die Gegenwart der kommenden Gottesherrschaft spiegelt: „Ich preise dich, Vater, Herr des Himmels und der Erde, daß du dies vor Weisen und Verständigen verborgen und es den Unmündigen offenbart hast" (Mt 11,25 Par).
Die *Wirkung* der von Jesus empfangenen Offenbarung ist wiederum so völlig durch ihren Inhalt bestimmt, daß sie zu Recht in den erschlossenen Inhalt des Berichtes von der Taufe Jesu selbst hineingenommen wird. Wenn der Offenbarungsinhalt die Gegenwart – als das Kommen des eschatologischen Heiles – ist, dann ist in diesem Inhalt zugleich auch eine besondere Qualität des in dieser Gegenwart existierenden Personseins erschlossen: Indem Jesus die kommende Gottesherrschaft gegenwärtig weiß, weiß er auch sich in der Nähe, umgeben von der kommenden Gottesherrschaft. Dementsprechend hat er sein Gottesverhältnis als besonderes Vertrauensverhältnis zum Vater verstanden. Das wird am deutlichsten in Jesu Gebetsanrede: „Abba" (Vater) (Mk 14,36). Dieses Selbstverständnis qualifiziert nun insofern die Gesamtexistenz Jesu, als es diese in den Dienst der gegenwärtig kommenden Gottesherrschaft stellt: In der Einheit seines Redens und Handelns bezeugt Jesus hinfort die Gegenwart der kommenden Gottesherrschaft. Dabei knüpft dieses Zeugnis an Johannes den Täufer an, weicht aber zugleich entscheidend von ihm ab:

„Die Zeit ist erfüllt. Die Gottesherrschaft *kommt gegenwärtig*. Tut Buße und glaubt an das Evangelium" (Mk 1,15).

Die von Deutero-Jesaja in den Blick gefaßte Zeit des Erschallens der Freudenbotschaft, daß Jahwe allein König ist, ist also nun erreicht; jetzt erschallt diese Botschaft, daß das (kommende) Reich Gottes gegenwärtig ist. Angesichts dessen gilt es, Buße zu tun und dieser Botschaft zu glauben. Darin faßt sich das Ganze der gebotenen Entsprechung zur kommenden Gottesherrschaft zusammen.

Durch dieses Lebenszeugnis für die gegenwärtig kommende Gottesherrschaft gelangt nun zwangsläufig auch Jesu eigene Person in eine bedeutungsvolle Stellung. Aufgrund des Inhalts seiner Botschaft kann Jesus gar nicht anders, als für sein Wirken einen ganz bestimmten Anspruch zu erheben. Nämlich den: Werkzeug der gegenwärtig kommenden Gottesherrschaft zu sein. Und dieser mit dem Eintreten für die Gottesherrschaft selbst unlöslich verbundene Anspruch gab zu Fragen Anlaß, sowohl von seiten der anerkannten Vertreter der Orthodoxie (Mk 3,22ff.; 11,27–33 Parr) als auch von seiten Johannes' des Täufers. Die ersten verlangen ein Jesus legitimierendes Wunderzeichen (Mk 8,11–13 Parr). Aber Jesus weist sich nicht durch ein zusätzliches Wunder aus, sondern verweist statt dessen auf das mit seinem Wirken gegenwärtige Geschehen selbst, das ausweisendes Zeichen genug ist (Mt 16,1–4 Par). Ebenso erhält Johannes auf seine Frage: „Bist du es, der da kommen soll?" nur einen Hinweis auf das, was im Wirken Jesu tatsächlich geschieht: „Blinde werden sehend, und Lahme gehen, Aussätzige werden rein und Taube hören, Tote werden auferweckt und den Armen wird das Evangelium verkündet. Und selig ist, wer an mir keinen Anstoß nimmt" (Mt 11,1–6 Par). Die einzige Antwort Jesu auf die Frage nach seiner Person ist der Hinweis auf das, was in seinem Eintreten für die Gottesherrschaft geschieht. In diesem Eintreten für die Gottesherrschaft übt Jesus Vollmacht aus: predigend, heilend und als Ausleger der Tora (Mt 7,29 Parr; Mk 1,27 Par; Mt 5,15ff. Parr). Aber diese Vollmacht kommt nicht seiner menschlichen Person als solcher zugute. Sie bringt ihn nicht in eine Sonderstellung, sondern trägt ihm gerade den Verlust sozial wichtiger Bindungen und Güter ein (Mk 3,31–35 Parr). Sie privilegiert ihn aber auch nicht religiös: Jesus beharrt nicht auf seinem Status als „Sohn" des himmlischen Vaters (Phil 2,6), sondern bietet seinen Jüngern Einstimmung in die Vater-Anrede und damit die Nähe zur gegenwärtig kommenden Gottesherrschaft an (Lk 11,1–4 Par). Ja, die mit dem Eintreten für die Gottesherrschaft verbundene Vollmacht erhöht Jesu menschliche Person nicht und gewährt ihr nicht einmal Schutz gegen tödliche Angriffe. Im Gegenteil: Jesu Dienst für die Gottesherrschaft schließt den Einsatz seiner menschlichen Person bis in den Tod hinein ein; und das hat Jesus gewußt. Das Taufgeschehen, das sein Leben für die Gottesherrschaft in Anspruch nimmt, vollendet sich erst in einem noch bevorstehenden Taufgeschehen unter dramatischen Konflikten. Darauf weist uns folgendes Wort Jesu:

„Ein Feuer auf die Erde zu bringen, bin ich gekommen, und wie sehr wünschte ich, es wäre schon entfacht. Mit einer Taufe aber muß ich getauft werden, und wie ist mir so bange, bis sie vollendet ist [...] Meint ihr, daß ich gekommen sei, Frieden auf der Erde zu schaffen? Nein, sage ich euch, sondern Entzweiung." (Lk 12,49–51)

Bedenkt man die hervorragende Rolle, die die Prophetie des Deutero-Jesaja für Johannes und Jesus gespielt hat, so ist nicht auszuschließen, daß Jesus selbst schon die Notwendigkeit seines Leidens als die Erfüllung dieser Prophetie gewußt hat

(Lk 22,37; Mt 8,31ff. Par). Jedenfalls gilt: Der Inhalt der von Jesus empfangenen religiösen Offenbarung bewirkt, daß er für die kommende Gottesherrschaft als „Knecht Gottes" eintritt bis zum Tode am Kreuz.
Von hier aus gewinnt auch jenes anspruchsvollste Wort Jesu seinen Sinn, das wir überhaupt überliefert haben, der „Bekenner-Verleugner-Spruch":

„Ich sage euch: wer sich zu mir bekennt vor den Menschen, zu dem wird sich auch der Sohn des Menschen bekennen vor den Engeln Gottes. Wer aber mich verleugnet vor den Menschen, der wird auch verleugnet werden vor den Engeln Gottes" (Mk 8,38 Par).

Jesus nimmt also in der Tat auf Grund seines Offenbarungsempfangs diese eschatologisch entscheidende Stellung für sich in Anspruch. Aber er nimmt sie nicht in Anspruch für sich als die durch Offenbarungsempfang ausgezeichnete menschliche Person, sondern er nimmt sie in Anspruch ausschließlich für sich als den bis zum Tode am Kreuz treuen Zeugen der von ihm empfangenen Offenbarung und damit letztlich für deren Inhalt selbst: also für die – ihn beanspruchende, sich in seinem Wirken manifestierende – gegenwärtig kommende Gottesherrschaft.

Religiöse Offenbarung, die das Christentum begründet

Die von Jesus empfangene religiöse Offenbarung macht ihm den Anspruch der gegenwärtig kommenden Gottesherrschaft auf sein Leben unbezweifelbar und bewirkt, daß er sein ganzes Leben und Sterben von ihr in Anspruch nehmen läßt. Die von Jesus empfangene Offenbarung begründet also den Wirklichkeitsbezug, in dem er sein Leben führt. Keineswegs aber begründet sie damit zugleich auch schon den Wirklichkeitsbezug, in dem seine Jünger und alle Mitglieder seiner Gemeinde ihr Leben führen, also den Wirklichkeitsbezug der christlichen Gestalt des menschlichen Lebens.
Wir wollen uns zunächst klarmachen, wie dieser Wirklichkeitsbezug des christlichen Lebens inhaltlich bestimmt sein muß, wenn er als Wirklichkeitsbezug eines Lebens in der Jüngerschaft Jesu in Betracht kommen soll. In einem zweiten Schritt können wir uns dann fragen, wie er zustande kommt.
Jesus hat selbst klar ausgesprochen, worin das Leben in der Jüngerschaft zu ihm besteht: Nämlich darin, an ihm nicht Anstoß zu nehmen, sich zu ihm zu bekennen, an das – in der Einheit seines Handelns und Redens erscheinende – Evangelium zu glauben (Lk 7,18–25 Par; Lk 12,8 Par; Mk 1,15). Diese sicher auf Jesus selbst zurückgehenden Formeln sagen alle dasselbe: Das Jüngerverhältnis zu Jesus besteht darin, daß Menschen sich auf Jesu Lebenszeugnis für die sein Leben beanspruchende Gottesherrschaft einlassen, ihm also nachfolgen (Mt 10,37; 16,24f.; 19,27; Lk 9,57–62). Ein Jünger Jesu zu sein, bedeutet also zunächst: zu erkennen, daß das Leben Jesu zur Gänze *Zeugnis für die* (Joh 5,36; 8,37), ja – *Manifestation der* kommenden Gottesherrschaft ist (Lk 7,22; 10,23ff., 11,20; 12,54; 17,20ff.); also zugespitzt: im Blick auf die Ganzheitsgestalt des Lebens Jesu so den Himmel offen und den Geist herabkommen zu sehen, wie sich dies beides für Jesus selbst anläßlich seiner Taufe erschlossen hatte. Und dann bedeutet die Jüngerschaft zu Jesus weiterhin, der durch Jesus ergehenden Aufforderung und Einladung Folge zu leisten, auch das eigene Leben dem Anspruch der Gottesherrschaft zu unterstellen. Die Jünger sollen mit Jesus zusammen unter dem Anspruch der gegenwärtig kommenden und dann vollendeten Gottesherrschaft leben (Lk 14,16–24 Par). So ist also das Leben der Jünger Jesu im Glauben an ihn ein Leben in der Gemeinschaft[14] mit dem ganz der Gottesherrschaft hingegebenen, von ihr beanspruchten Leben Jesu.

14 Ausdruck findet diese Gemeinschaft in der Nachfolge und im Mahl: Vgl. Mk 14,3–8; Lk 7,36; Mk 2,15ff. Par; Mk 9,6ff.; Lk 5,27ff. – Die Mahlgemeinschaft mit Jesus als Hinweis auf das Mahl der eschatologischen Heilszeit: Lk 14,15 (vgl. auch Mt 8,11); 22,18.

Dieses christliche Leben in der Gemeinschaft mit dem Leben Jesu ist also offenkundig ein Leben, das in gewisser Hinsicht dem Leben Jesu gleicht, in anderer Hinsicht aber von ihm verschieden ist. Es gleicht dem Leben Jesu darin, daß die Wirklichkeit, die das christliche Leben bestimmt, ebenso wie die Wirklichkeit, die Jesu Leben bestimmte, die gegenwärtig kommende Gottesherrschaft ist. Aber das Leben der Jünger ist insofern von dem Leben Jesu selbst unterschieden, als die Wirklichkeit des Reiches Gottes für die Jünger Jesu in anderer Weise manifest ist als für Jesus selbst: Für Jesus selbst war die gegenwärtig kommende Gottesherrschaft manifest geworden als Inhalt einer religiösen Offenbarung, die sich am Hören der Predigt des Johannes und an der Taufe durch Johannes entzündete und beides überbot. Hingegen ist für die Jünger Jesu die gegenwärtig kommende Gottesherrschaft dadurch manifest, daß sie Inhalt einer religiösen Offenbarung ist, die – angesichts des Lebenszeugnisses Jesu – dieses Zeugnis nicht überbietet, sondern gerade bestätigt.
Jesus fordert die Menschen zum „Glauben an das Evangelium" auf, das heißt zum Glauben an sein Lebenszeugnis für die Gottesherrschaft. Voraussetzung dieser Einladung ist, daß er weiß, dieses sein Lebenszeugnis ist wahr (Joh 5,32ff.) und die gegenwärtig kommende Gottesherrschaft in seinem Leben manifest (Lk 11,20). Aber diese für das Leben Jesu schlechthin grundlegende Tatsache schließt noch nicht ein, daß zugleich auch für die von ihm zur Gemeinschaft eingeladenen Menschen das Wirken der Gottesherrschaft in seinem Leben erkennbar ist. Das zeigt sich daran, daß zwar die Einladung ohne Bedingung an alle ergeht, aber erhebliche Teile der Mitwelt darauf mit Mißverständnissen, schroffer Ablehnung oder sogar tätlichen Angriffen reagieren. Und es zeigt sich noch drastischer an den Mißverständnissen sogar der ihm nahestehenden Menschen (Mt 19,16; 26,51ff.). Besonders Jesu Gehorsam bis in den Tod wurde von seinen Jüngern zunächst nicht als notwendiger Bestandteil, sondern als Widerlegung seines Lebenszeugnisses von der Gottesherrschaft aufgefaßt (Mk 14,50 Par).

Simon Petrus

Mißverstehen, ja Verleugnung sind insbesondere von Simon (Petrus) überliefert (Mt 16,23; 26,69): Erst nach Jesu Tod wurde die Ganzheitsgestalt des Lebens Jesu auch für ihn zur Manifestation der auch sein Leben beanspruchenden Gottesherrschaft. Jesus erschloß sich ihm als diejenige Person, durch deren Leben sich die Gottesherrschaft manifestiert; also zufolge der traditionellen Vorstellung: als der Christus Gottes (der Messias). Daß es sich bei diesem Erschließungsvorgang um eine besondere religiöse Offenbarung handelte, die von der für Jesu Leben grundlegenden völlig verschieden ist, kommt in der Erzählung vom Christusbekenntnis des Petrus ausdrücklich zur Sprache:

„Als Jesus in die Gegend von Cäsarea Philippi gekommen war, fragte er seine Jünger: Für wen halten die Leute den Menschensohn? Da sagten sie: Etliche für Johannes den Täufer, andere für Elia, noch andere für Jeremia oder einen der Propheten. Er sagte zu ihnen: Ihr aber, für wen haltet ihr mich? Da antwortete Simon Petrus und sprach: Du bist der Christus, der Sohn des lebendigen Gottes. Jesus aber antwortete und sprach zu ihm: Selig bist du Simon (Petrus), Sohn des Jonas, denn Fleisch und Blut hat dir das nicht geoffenbart, sondern mein Vater in den Himmeln." (Mt 16,13–17)

Hier wird gesagt, wie ein Mensch zu dem von Jesus geforderten Glauben an das in seinem Leben Gestalt gewinnende Evangelium kommt, nämlich kraft eines besonderen Erschließungsgeschehens von Gott her. Im unmittelbaren Anschluß an diese Geschichte folgt beim Evangelisten Matthäus ein Jesuswort, welches besagt, daß auf diesen Glauben des Petrus, der sich auf die von Gott selbst gewirkte Erschließung Jesu als des Christus richtet, die christliche Gemeinde gegründet werden soll (Mt 16,18–20). In den synoptischen Parallelen fehlt zwar diese Interpretation, die den

Christusglauben des Petrus auf den Empfang einer besonderen Offenbarung zurückführt und den so begründeten Glauben als das Fundament der christlichen Gemeinde ausspricht. Und auch aus anderen Gründen kann man die Echtheit dieser Worte bezweifeln. Aber dennoch hat die uns hier begegnende Anschauung folgenden harten historischen Kern[15]: Nach der von allen Jüngern als Katastrophe erlebten Kreuzigung (Mk 14,50 Par) war Petrus der erste, dem der Gekreuzigte als Auferweckter lebendig erschien. Das geht aus den Ostererzählungen des Lukas hervor, die historisch am ergiebigsten sind: Der Bericht der Frauen vom leeren Grab findet bei den Jüngern keinen Glauben (Lk 24,11). Aber als die Jünger aus Emmaus mit der Neuigkeit nach Jerusalem kommen, daß ihnen der Herr erschienen sei (Lk 24,13–35), werden sie von den Elfen schon mit der einerseits bestätigenden, ihnen aber zugleich andererseits die Priorität raubenden Feststellung empfangen:

„Der Herr ist wirklich auferweckt und dem Simon (Petrus) sichtbar gemacht worden" (Lk 24,34).

In diesem einen Satz haben wir den historisch zuverlässigsten Bericht über diejenige Offenbarung, die dem christlichen Leben, dem Leben eines Jüngers Jesu seinen besonderen Wirklichkeitsbezug gibt. Bei aller Kürze ist die Aussage dennoch so klar formuliert, daß wir auch an ihr die für jedes Erschließungsgeschehen wesentlichen Aspekte erkennen können:

Der Petrus berührende *situative Anlaß* ist nicht – wie in der Offenbarung an Jesus – die Predigt und Taufe des Johannes; auch nicht eine besondere Wundertat oder ein besonderes Wort Jesu vor seinem Tod, sondern eben die das Kreuz einschließende Ganzheitsgestalt des Lebens Jesu, das die gegenwärtig kommende Gottesherrschaft bezeugte. Die Betroffenheit des Petrus ist aber dennoch ebenso umfassend wie im Falle Jesu: Wie Jesus sich selbst der Taufe unterzogen hatte, so hatte Petrus selbst sein Leben in Jesu Nähe geführt. In beiden Fällen ist also der Gegenstand, an dem sich das Erschließungsgeschehen abspielt, eine Erinnerung an eine kurz zurückliegende Teilnahme an einer ihrerseits schon religiös bestimmten Lebensform.

Einbezogen in den Erschließungsvorgang ist Petrus visuell – und völlig passiv. Das kommt prägnant in der passivischen Konstruktion des Urtextes zur Sprache, den wir korrekt so wiedergeben müssen: „Er (der auferweckte Gekreuzigte) wurde für Petrus sichtbar gemacht."

Der erschlossene *Inhalt* ist ein bestimmtes Werk Gottes: der Gekreuzigte, der von Gott selbst auferweckt wurde. Indem dieses Werk Gottes dem Petrus sichtbar gemacht wird, wird ihm deutlich und gewiß, daß das Leben Jesu, und zwar einschließlich seines zunächst so schwer verständlichen Sterbens, von der gegenwärtig kommenden Gottesherrschaft in Anspruch genommen ist und diese bezeugt.

Als *Urheber* dieses Geschehens wird in dem kurzen Bericht – wiederum durch die passivische Sprechweise – Gott selbst genannt. So sind auch hier wieder Inhalt und Urheber des Erschließungsgeschehens eins. Und insofern ist der Offenbarungsinhalt durch sich selbst gewiß.

Kraft dieser Gewißheit *wirkt* die Offenbarung: Wie vorher schon Jesus, so wird jetzt Petrus selbst für die Gottesherrschaft in Anspruch genommen. Die Überlieferung von der späteren Kreuzigung des Petrus in Rom bringt dies zum Ausdruck.

Man wird nun fragen: Ist diese für die christliche Gemeinde grundlegende religiöse Offenbarung zugleich die einzige in der Geschichte der Kirche? Schon das Neue Testament berichtet, daß sie nicht die einzige war.

15 Vgl. hierzu: U. Wilckens: Auferstehung. Das biblische Auferstehungszeugnis, historisch-kritisch untersucht und erklärt. Stuttgart/Berlin 1970, besonders S. 76ff. und 160ff.

(2) Welche Unterschiede und welche Übereinstimmungen bestehen zwischen den Offenbarungen an Jesus von Nazaret und an Petrus?

....

....

....

....

....

....

Paulus

Paulus schreibt, daß der auferweckte Gekreuzigte „dem Kephas (Petrus) erschien, dann den Zwölfen. Hernach erschien er mehr als 500 Brüdern auf einmal, von denen die Mehrzahl bis jetzt noch am Leben ist, einige aber entschlafen sind. Hernach erschien er dem Jakobus, dann den Aposteln. Zuletzt aber von allen erschien er [...] auch mir" (1 Kor 15,5–7). Von den meisten dieser Erschließungsvorgänge wissen wir so wenig, daß wir ihre innere Struktur nicht erkennen und beurteilen können. Nur die von Paulus empfangene Offenbarung (Gal 2,12ff.; Apg 9,1–9) kennen wir soweit, daß wir sagen können, sie ist in bestimmter Hinsicht von anderer Art als die von Petrus empfangene.
Paulus kannte Jesus persönlich nicht. Was er als gesetzestreuer Pharisäer bei einem Aufenthalt in Jerusalem kennen, hassen und verfolgen lernte, war die *Botschaft* der Christen: Der nach dem jüdischen Gesetz rechtmäßig Gekreuzigte ist von Gott selbst auferweckt, als Zeuge seiner gegenwärtig kommenden Herrschaft in Anspruch genommen und – gegen den auf die Tora gestützten Urteilsspruch der Jerusalemer Autoritäten – ins Recht gesetzt worden (Apg 2,14–36). Die Wende im Leben des Paulus besteht darin, daß er aus einem Verfolger dieser Botschaft zu ihrem Bekenner und Missionar wurde. Und zwar – wie er selbst sagt – durch eine Offenbarung, durch die es dem, „der mich von meiner Mutter Leib an ausgesondert und durch seine Gnade berufen hat, gefiel, seinen Sohn an mir zu offenbaren, damit ich ihn unter den Heiden verkündigen sollte" (Gal 1,12–16). Obwohl Paulus selbst dieses Erschließungsgeschehen in eine Reihe stellt mit den von Petrus und den Aposteln empfangenen religiösen Offenbarungen, haben in seinem Falle doch einige der wesentlichen Aspekte des Erschließungsgeschehens eine andere Gestalt als bei Petrus.

Zwar liegt auch für Paulus die *Gewißheit* und damit die existenzverwandelnde Wirksamkeit der Offenbarung in der Tatsache, daß Gott zugleich *Urheber* und *Inhalt* der Offenbarung ist. Aber der situative Anlaß ist für Paulus andersartiger; der Offenbarungsinhalt ist anders akzentuiert und dementsprechend ist es auch die Art seiner Wirkung: Zunächst sind der situative Anlaß für Paulus nicht das Leben und Sterben Jesu und die Erinnerung an das eigene Leben in seiner Nähe; sondern der situative Anlaß ist für ihn die Begegnung mit der christlichen Botschaft von der Auferweckung des Gekreuzigten durch Gott. Paulus ist also nicht durch das Leben Jesu berührt, sondern nur durch das Glaubenszeugnis der Gemeinde, daß Jesus als der auferweckte Gekreuzigte der Christus sei. Dieser Sachverhalt unterscheidet die Erschließungserfahrung des Paulus von derjenigen seines Generationsgenossen Petrus und verbindet ihn mit allen Christen bis auf diesen Tag. Sodann besitzt der für Paulus erschlossene *Inhalt* zwei besondere Pointen: Einerseits gehört für Paulus zum Inhalt der Offenbarung, daß die von ihm zuvor als falsch und verkehrt gehaßte Botschaft *wahr* ist. Deshalb wird der Inhalt der Botschaft bei ihm auch schlichtweg als „die Wahrheit" angesprochen (1 Kor 13,6; 2 Kor 6,7; 11,10; 12,6; 13,8; Gal 2,5.14). Andererseits konzentriert sich das Erschließungsgeschehen für Paulus

Abb. 3: Die Bekehrung Pauli. Federzeichnung Rembrandts, um 1639

Paulus sieht (!) etwas, das für uns ebenso verborgen ist wie für seine Begleiter. Wir und sie sehen nur seinen Sturz.

Aus: „Rembrandt legt die Bibel aus" (Zeichnungen und Radierungen aus dem Kupferstichkabinett der Staatlichen Museen Preußischer Kulturbesitz, Berlin). Bearb. von Christian und Astrid TÜMPEL. Hrsg. von Hans-Martin HELBICH. Berlin 1970, Zeichnung Nr. 123.

inhaltlich auf denjenigen Aspekt der Botschaft, der sie für Paulus zunächst falsch erscheinen ließ: Nämlich auf die Ersetzung der jüdischen Heilsvorstellung „Gerechtigkeit aus Werken" durch die christliche Heilsvorstellung „Gerechtigkeit Gottes" und die Ersetzung des Heilsweges „Gesetzesbefolgung" durch den Heilsweg „Glaube an das Evangelium Christi" (Röm 3,21 ff.). Genau diese zuerst bekämpften Pointen der christlichen Botschaft sind es, die sich durch die Erscheinung des Gekreuzigten als des Auferweckten für Paulus als wahr erweisen und dann zum inhaltlichen Zentrum der Paulinischen Verkündigung werden.
Dieser besondere inhaltliche Akzent der Paulinischen Offenbarung drückt sich auch in ihrer existenzbestimmenden *Wirkung* aus: Das Lebenswerk des Paulus wird die *Heiden*mission, und sein Lebenskampf gilt allen Formen von eigenmächtiger (gesetzlicher) Heilsvergewisserung.

Beispiele aus der Geschichte des Christentums: Augustinus und Luther

Die formale Variabilität des Offenbarungsgeschehens, das den christlichen Glauben fortwährend trägt, wollen wir abschließend an zwei berühmten und folgenreichen Fällen aus der Kirchengeschichte betrachten: an den Erschließungvorgängen, welche das Christentum und die Theologie AUGUSTINS (354–430) und Martin LUTHERS (1483–1546) geprägt haben.

Augustinus

Anders als die Apostel lebt AUGUSTIN[16] in einer Welt, in der das Christentum so weit verbreitet ist, daß es in die Stellung der anerkannten Staatsreligion des Römischen Reiches einrückt. Christ zu sein ist zwar noch keine Selbstverständlichkeit, aber dabei, eine zu werden. Das spiegelt sich in AUGUSTINS Biographie:

Seine Kindheit verbrachte er im nordafrikanischen Thagaste. Die Mutter war Christin, der Vater noch Heide. Er wurde aber Katechumene und empfing kurz vor seinem Tode die Taufe. AUGUSTIN selbst war zwar als Kind noch nicht getauft worden, aber von Kind an durch seine fromme Mutter mit den Riten und Überzeugungen der christlichen Frömmigkeit vertraut. Art und Intensität dieses christlichen Einflusses zeigen sich daran, daß die Mutter zum Beispiel den Vorrang des himmlischen Vaters vor seinem leiblichen betonte. Dieser verhielt sich dem Sohn gegenüber keineswegs gleichgültig: Er sorgte für eine höhere Schulbildung und ermöglichte ihm dann eine Ausbildung als Rhetor in Karthago. Hier flößte CICEROS Dialog *„Hortensius"*, der als Schulbuch benutzt wurde, dem jungen Studenten eine lebenslang anhaltende Begeisterung für die „Philosophie" ein, das heißt für eine auf eigener Einsicht gründende Welt- und Lebensanschauung. Damit eröffnete sich für ihn ein Grundproblem seines Lebens: Lassen sich die christlichen Überzeugungen seiner Kindheit als freie Einsicht festhalten? Gegebenenfalls wie? In diesen Fragen meldete sich eine tief verwurzelte Lebensproblematik an. Das zeigt sich daran, daß es einer ganzen Reihe beruflicher, zwischenmenschlicher und intellektueller Erfahrungen bedurfte, um diese Frage so zu beantworten, daß er sich schließlich zum Verzicht auf Ehe und Beruf und zur Übernahme einer christlich-mönchischen Lebensform entschied. In der Osterzeit des Jahres 387 ließ er sich in Mailand taufen, kehrte dann über Rom und Karthago nach Thagaste zurück und wurde 391 im benachbarten Hippo zum Presbyter und dann 5 Jahre später zum Bischof ordiniert.

Die reichlich vorhandenen Quellen zeigen, daß die sich kreuzenden Linien der persönlichen, beruflichen, zwischenmenschlichen und intellektuellen Entwicklung AUGUSTINS sich jeweils in verschiedene Phasen gliedern, die sich durch einschneidende Ereignisse voneinander abheben. Wir wollen hier besonders seine intellektuelle Entwicklung in den Blick fassen: Ausgelöst wird sie durch die Hortensius-Lektüre. Ihre erste Phase besteht darin, daß er mit dem Anspruch des christlichen Manichäismus sympathisiert, einer Geisteshaltung, die nicht auf Autorität, sondern auf freier Einsicht der christlichen Botschaft fußen will und deshalb auch anstößige Teile der biblischen Tradition – das anthropomorphe Gottesbild, den Schöpfungsmonismus (die vermeintlich christliche Lehre, Gott habe die Welt einschließlich des Übels in ihr geschaffen), die Inkarnationslehre – ablehnt.
Eine zweite Phase wird im Sommer des Jahres 386 dadurch eröffnet, daß AUGUSTIN die Schriften der neuplatonischen Philosophen PLOTIN und PORPHYRIUS in die Hände fallen. Ihre Lektüre revolutioniert bestimmte Grundvoraussetzungen seines gesamten bisherigen Denkens; sie läßt die manichäische Kritik zusammenbrechen und ermöglicht ihm eine von intellektuellen Anstößen freie Aneignung der orthodoxen Tradition. Diese dritte Phase, die im Winter 386/387 beginnt, verläuft in mehreren Abschnitten, die thematisch teils durch persönliches Interesse, teils durch die wechselnden Bedürfnisse seines kirchlichen Amtes bestimmt sind. Der Überblick zeigt, daß der entscheidende Umschwung in seinem Denken die Begegnung mit den neuplatonischen Schriften war. Sie befreite ihn von einer lähmenden Grundüberzeugung, die ihm bisher Verständnis und Anerkennung der traditionellen christlichen Lehre unmöglich gemacht hatte: daß alles Wirkliche als etwas im Raume Ausgebreitetes und durch die Sinne Wahrnehmbares vorgestellt werden muß. Hören wir AUGUSTINS eigenen Bericht über die Schwierigkeiten, die sich für ihn aus dieser Grundüberzeugung ergaben, und über ihre unvermutete Überwindung:

16 Zum Folgenden vgl.: J. NÖRREGAARD: Augustins Bekehrung. Tübingen 1923. – J. HESSEN: Augustinus und seine Bedeutung für die Gegenwart. Köln 1924. – Ders.: Augustins Metaphysik der Erkenntnis. Leiden [2]1960. Die Übersetzung der Texte aus dem VII. Buch der *„Bekenntnisse"* folgt: Augustinus. Confessiones. Eingeleitet, übersetzt und erläutert von Joseph BERNHART. München [2]1960.

Eine Reihe von Grundsätzen der ihm von Kind an vertrauten katholischen Lehre waren ihm nie zweifelhaft geworden, nämlich: „daß Du [Gott] bist, und daß Dein Wesen ohne Wandel ist, und daß den Menschen Deine Fürsorge und Dein Gericht gilt, und daß Du in Christus, Deinem Sohn, unserem Herrn, dazu in den Heiligen Schriften, die uns Deine ermächtigte katholische Kirche darreicht, für die Menschen den Weg des Heiles bereitet hast zu dem Leben, welches nach diesem Tode sein wird.
[Aber] umso beschämender war mein Unvermögen, etwas Wirkliches anders zu denken, als es sich mit diesen Augen sehen läßt. Wohl dachte ich Dich, mein Gott, nicht in Menschengestalt, seitdem ich einiges von Philosophie vernommen hatte [...], aber wie anders ich Dich denken sollte, das wollte mir nicht kommen. Ich fand mich gezwungen, auch von Deiner vergänglichen, unversehrbaren, unwandelbaren Natur eine Vorstellung zu machen, und ward dies auch nicht die Gestalt eines Menschenleibes, so doch etwas Körperhaftes im Raume, sei es nun der Welt eingegossen oder außer der Welt ins Unendliche hinausergossen. Denn was ich mir ohne solche räumliche Ausdehnung dachte, das schien mir nun einmal nichts zu sein, ja das bare Nichts [...] Ich machte mir aus Deiner Schöpfung eine gewaltig große Masse, gegliedert nach den verschiedenen Arten der Körper, sei es daß es wirklich Körper waren, oder daß nur ich in meiner Vorstellung reine Geister zu Körpern machte. [...] Dich aber, Herr, ließ ich diese Masse rings umfluten und sie durchdringen, doch allerwärts grenzenlos: So als wäre allenthalben Meer und durchs Unermeßliche allseits nichts als Meer ohne Enden und das hätte in sich einen Schwamm, wie groß auch immer, so doch in Grenzen und dieser Schwamm nun wäre durch und durch getränkt vom unermeßlichen Meer." (Conf. VII,1–11)

Den inhaltlichen Mangel dieser Vorstellungsweise beschreibt Augustin so:

„Ich bemerkte nicht, daß gerade diese [vorstellende] Geistestätigkeit, mit der ich die Vorstellungsbilder gestaltete, nicht etwas von dieser [räumlich-körperlichen] Art ist. Und sie hätte doch nicht gestalten können, wenn sie nicht auch selbst etwas Wirkliches wäre, sogar etwas Großes." (Conf. VII,2).

Dieses Große, die menschliche Geistestätigkeit, spricht er als das Bild Gottes im Menschen an. Die Erkenntnis und treue Anerkennung dieses Bildes Gottes im Menschen hätten den Menschen seine wahre Stellung unter Gott und über den körperlichen Dingen erkennen lassen:

„Es wäre das gerechte Wohlverhältnis und die rechte Mitte für mein Heil gewesen, treu Deinem Bild in mir zu bleiben und Dir dienend Herr über das zu sein, was Körper ist [...] Ich aber, ich hatte, da ich mich im Hochgefühle meines Selbst gegen Dich erhob, Augen nur für das, was seinen Ort im Raume hat [...] Mein geschwollenes [anmaßendes] Gesicht schloß mir die Augen zu." (Conf. VII,11)

Die quälende Folge dieser beschränkten Vorstellungsweise ist die Unlösbarkeit der Frage nach dem Ursprung des Bösen:

„Mir blieb der Ursprung des Bösen eine Frage, die sich nicht entwirren und nicht lösen wollte [...] Ich forschte, woher das Übel sei – und forschte übel und sah nicht das Üble meiner Forschung: Ich dachte mir Deine Schöpfung, die endliche, erfüllt von Dir, dem Unendlichen, und sprach: ‚Hier also Gott, und hier, was Gott erschaffen hat. Und gut ist Gott, er ist besser, ist gewaltig erhaben über dieses alles. Doch der Gute hat nur Gutes erschaffen: Und seht nur, wie er alles umgibt und in allem auch darinnen ist'. Wo also ist Raum für das Böse, und woher und auf welchem Wege hat es sich hereingeschlichen? Was ist seine Wurzel? Was sein Keim?" (Conf. VII,4 und 7)

Sollten irgendwelche Elemente dieses von Gott durchfluteten Ganzen böse sein, so ist entweder das Böse Teil des Ganzen oder die Ganzheit zerfällt in den Gegensatz des Guten und Bösen. Ist aber Gott in diesem unendlichen Ganzen, so heißt das: entweder ist das Böse in Gott oder es ist etwas ursprünglich Selbständiges Gott gegenüber. Beides widerstreitet der christlichen Überlieferung (vgl. Conf. VII,3). Oder soll man sagen:

„[Es] ist überhaupt nicht? Warum dann fürchten wir und scheuen, was nicht ist? Oder wenn wir so um nichts uns fürchten, ist doch jedenfalls die Furcht, die das Herz grundlos beunruhigt und peinigt, ein Übel, und dieses Übel ist um so schwerer, als doch nichts vorhanden ist, was zu fürchten wäre: Und dennoch fürchten wir. Entweder also ist da ein Übel, das wir fürchten oder das schon ist ein Übel, daß wir uns fürchten." (Conf. VII,7).

Soweit die quälende Widerspruchserfahrung. Nun zu ihrer Auflösung:

„Dank Deiner Fügung erhielt ich durch einen von maßlosem Stolze aufgeblähten Menschen einige Schriften der Platoniker, die aus dem Griechischen ins Lateinische übersetzt waren" (Conf. VII,13). Augustin läßt die in ihnen enthaltene Lehre auf sich wirken: „Von ihr aufgefordert, zu mir selbst zurückzukehren, betrat ich, von Dir geführt, mein Innerstes, und ich vermochte es, weil ‚Du mein Helfer geworden' Ich trat ein und schaute mit dem Auge meiner Seele, so schwach es war, hoch über diesem selben Auge meiner Seele, hoch über meinem Geist das unwandelbare Licht, nicht dieses allen gemeine, sichtbar allem Fleische, auch nicht ein größeres von derselben Natur, so als wenn es nur heller, viel heller leuchtete und in seiner Gewaltigkeit all jegliches erfaßte. Nein, nicht also war es, sondern etwas anderes, weit anderes als alles sonst. Auch war es nicht in der Weise *über* meinem Geiste, wie Öl auf Wasser oder der Himmel über der Erde, sondern erhaben über mich als das, was mich erschaffen hat, und ich war unter ihm als der, der ich von ihm geschaffen bin. Wer die Wahrheit kennt, kennt es. Und wer es kennt, der kennt die Ewigkeit [...] Und ich fragte mich: ‚Ist denn die Wahrheit Nichts, weil sie nicht Ort bei Ort sich durch Räume breitet, nicht durch begrenzte, nicht durch unbegrenzte?' Und Du riefst aus der Ferne: ‚Nein! Vielmehr: Ich bin, der ich bin'. Und ich hörte es, so wie man mit dem Herzen hört, und forthin gab es nichts mehr, aufgrund dessen ich noch hätte zweifeln können, und eher hätte ich gezweifelt, daß ich lebe, als daran, daß Wahrheit ist, die ‚an der Erkenntnis des Geschaffenen' (als deren Ursprung) erschaut wird [...] Denn wenn ich mich fragte, worauf es denn gründe, daß ich die Schönheit der körperlichen Dinge am Himmel und auf der Erde würdigen kann, und was für Maß mir zuhanden sei, wenn ich über Dinge, die so oder anders sein können, frischweg urteile und sage: ‚das ist, wie es sein soll, und jenes nicht' – wenn ich also fragte, wovon mein bestimmtes Urteil eigentlich bestimmt sei, so stieß ich jenseits meines doch selbst auch wandelbaren Geistes auf eine unwandelbare und in sich ewig feste Wahrheit." (Conf. VII, 16–23)

Indem nun aber so das Verhältnis zwischen Schöpfer und Geschaffenem als Verhältnis zwischen allem endlichen Erkannten und der ewigen Wahrheit als seinem Ursprung verstanden wird, erweist sich für Augustin auch der biblische Satz, daß alles Geschaffene gut ist (Gen 1,31), als wahr und die manichäische Behauptung, daß es Existierendes gäbe, welches böse ist, als falsch:

„[Denn] für Dich [die ewige Wahrheit, die Ursprung von allem ist] gibt es Bös und Übel überhaupt nicht, und nicht nur für Dich nicht, auch nicht für Deine Schöpfung in ihrer Allheit; denn außerhalb ist kein Etwas, das einbrechen, das die Ordnung, die Du dem Universum gesetzt hast, zerbrechen könnte. Unter seinen Teilen aber gilt für Übel manches, weil es mit manchem nicht zusammenstimmt; das nämliche aber stimmt doch wiederum zu anderem und ist gut so, und auch in sich selbst ist es gut. [...] Es sei mir ferne, noch zu sagen: ‚Dies sollte gar nicht sein!'." (Conf. VII,19)

Statt des Bösen entdeckt Augustin nun vielmehr die Ungerechtigkeit in der Welt:

„Und ich forschte, was die Verkehrtheit [Ungerechtigkeit] sei, und ich fand in ihr nicht wesenhafte Wirklichkeit, sondern Umsturz im Willen, einem Willen, der sich dem höchsten Wesen, Dir, Gott, entwindet ins Niedere hinab, ‚sein Herz hinauswirft' (Sir 10,10) und sich nach Außen hin aufbläht." (Conf. VII,22)

Augustin kommt aus diesen Überlegungen heraus zu folgendem Schluß:

„Sie sind nicht bei Trost, denen dies oder jenes an Deiner Schöpfung mißfällt, wie auch ich es war, als vieles, was Du erschaffen, mir mißfiel. Und weil sich nun meine Seele nicht so weit erkühnte, daß ihr mein Gott mißfallen hätte, so leugnete sie, daß das, was ihr mißfiel, Dein Werk sei. So war sie bis zum Glauben an zwei Urwesen fortgegangen und fand doch keine Ruhe und redete irr. Und wieder davon abgekommen, hatte sie sich einen Gott gemacht, der den grenzenlosen Raum allerorts erfüllt, und hatte ihn für Dich gehalten und im Herzen aufgestellt. Und so war sie abermals der Tempel ihres eigenen Götzen geworden, ein Greuel vor Dir. Da nahmst Du – mir war es nicht bewußt – trostreich mein Haupt an Dich und schlossest mir ‚die Augen, daß sie Eitles nicht mehr sehen' (Ps 118,37). Ich war eine Weile weg von mir, und Schlummer legte sich auf meinen Wahn. Und dann erwachte ich in Dir und sah Dich als den anderswie Unendlichen, und dies war nun ein Sehen, das nicht aus dem Fleische kam." (Conf. VII,20)

Soweit Augustins Bericht über das Zustandekommen seiner Einsicht, daß die sinnliche Welt in der unsinnlichen ewigen Wahrheit gründet, deren ebenfalls unsinnliches Bild die menschliche Geistestätigkeit ist.

AUGUSTIN schildert weiter, daß er nur für einen Augenblick die ursprüngliche Wahrheit schaute und dann in das Gewöhnliche zurückfiel. Aber die durch die Schau vermittelte Gewißheit blieb dauernd (Conf. VII,25). Hingegen: die dauernde *Anschauung* der Wahrheit gelingt nur als Anschauung der „Wahrheit in Person" (Conf. VII,25), in Jesus Christus, dem Fleisch gewordenen Schöpferwort. Diese Einsichten sind aber offenbar Folgerungen aus dem Erlebnis, die später gezogen wurden und nicht direkt zu ihm selbst gehörten.

Ob wir auch dieses Erschließungsgeschehen als religiöse Offenbarung im vorhin beschriebenen Sinne auffassen können, muß sich wieder aus einer Betrachtung seiner wesentlichen Aspekte ergeben:
Am religiösen Charakter der Offenbarung möchte man zunächst zweifeln, wenn man bedenkt, daß ihr situativer Anlaß die Begegnung mit einer Reihe von Schriften philosophischen Inhalts ist. Aber wir erinnern uns, daß nicht die situative Veranlassung über den religiösen Charakter eines Erschließungsvorgangs entscheidet, sondern dessen Inhalt und die Weise des Einbezogenseins seines Empfängers.
Was dieses *Einbezogensein* betrifft, so umfaßt es – wie bei allem Lesen und Verstehen – die Sinnesorgane und das Vorstellungsvermögen des Empfängers. Letzteres vor allem bei der Entschlüsselung der vorliegenden Texte. Und dies wird, wie der Bericht klar erkennen läßt, vom Empfänger aktiv vollzogen. Aber der Bericht läßt ebenso erkennen, daß der Empfänger in zweifacher Hinsicht passiv einbezogen ist:

- ihm begegnen die fraglichen Schriften ungesucht,
- er kann – unbeschadet seiner eigenen Leseaktivität – den Sinn der gelesenen Schriften nur erfassen, weil dieser ihm erschlossen wird.

AUGUSTIN selbst bezeugt diese Passivität des Vorgangs durch die Bestimmung seines *Urhebers:* Gott selbst ist es, der ihm die besagten Schriften äußerlich begegnen läßt und der AUGUSTINS Erkenntniskraft von den sinnlich erschaubaren Dingen (von den „sensiblen" Dingen) zur geistig erschaubaren Welt (zu den „intelligiblen" Gegenständen) hinwendet.
Daß AUGUSTIN in dieser Weise vom Urheber des Erschließungsvorgangs sprechen kann, ergibt sich nun aus dem erschlossenen *Inhalt.* Im engeren Sinne ist dieser Inhalt zunächst die Platonische Einsicht, daß die Ursprungsmacht von allem, was sinnlich erfaßbar ist, die unsinnliche, ewige Wahrheit ist. Diese Wahrheit manifestiert sich abbildhaft in der ebenfalls unsinnlichen menschlichen Geistestätigkeit. Schon dieser Inhalt würde den Erschließungsvorgang zu einem religiösen machen. Nun steht aber dieses sich an der Lektüre der neuplatonischen Schriften vollziehende Erschließungsgeschehen für seinen Empfänger in einem weiteren Zusammenhang: nämlich im Zusammenhang von dessen Kämpfen um das richtige Verständnis der überlieferten christlichen Lehre. Und insofern hat er noch einen weiteren religiösen Inhalt, der über den eben beschriebenen hinausgeht: Zugleich mit jener philosophischen Einsicht in den unsinnlichen Wahrheitscharakter der Ursprungsmacht wird AUGUSTIN klar, wie das christliche Reden von Gott nicht verstanden werden darf bzw. wie es verstanden werden muß. Gottes Unendlichkeit darf nicht als räumliche Unendlichkeit vorgestellt (verdinglicht) werden, sondern sie muß als das ganz unsinnliche (nicht vorstellbare) Verhältnis des ewigen Ursprungs zu den zeitlichen Erscheinungen gedacht und eingesehen werden. Dieser weitere Inhalt des Erschließungsvorgangs, der sich jetzt aus dem christlichen Kontext seines Empfängers ergibt, macht ihn zu einem Vorgang christlich-religiöser Offenbarung. In ihm wird ein Wesenszug des Gottes erschlossen, den die christliche Botschaft bezeugt. Und hier ist es nun charakteristisch, daß diese Einsicht in die Seinsweise des Gottes des christlichen Glaubens AUGUSTIN so erschlossen wird, daß sich ihm damit zugleich auch ein Zug seiner eigenen menschlichen Existenz erschließt: Er erkennt sich selbst als Sünder, der vor sich selbst ein Bild des Geschaffenen als Bild Gottes aufgerichtet hatte. Die Erschließung Gottes in seinem wahren Wesen beinhaltet also zugleich die Erschließung des Menschen als Sünder.[17]

Gleichwohl umfassen die Einsichten, die AUGUSTIN in diesem Erschließungsgeschehen zuteil werden, nur einen Teil der christlichen Offenbarung. Aber auch diese Beobachtung ist wiederum wichtig für unser Beispiel: sie zeigt, daß die Offenbarung, die den christlichen Glauben ermöglicht, nicht immer – und erst recht nicht, wenn es wie bei AUGUSTIN und den meisten heutigen Christen um die Bewährung und Aneignung einer von Kindesbeinen an vertrauten christlichen Tradition (eines Kinderglaubens) geht – mit einem Schlage das Ganze des Glaubensgegenstandes erschließt. Vielmehr eröffnen sie im Kontext des je individuellen Bildungsganges nach und nach mehr oder weniger große Bereiche, die sich schließlich zu der Einsicht zusammenfügen können, daß die Wirklichkeit als Kommen des – im Leben Jesu manifesten – Gottesreiches verstanden werden muß.

Die *Wirkung* des Vorgangs ergibt sich schließlich daraus, daß Inhalt und Urheber der gewährten Einsicht übereinstimmen: Diese Identität begründet für AUGUSTIN die Gewißheit der Existenz der Ursprungsmacht als einer unsinnlichen ewigen Wahrheit; eine Gewißheit, die sich in seinem Handeln ausdrückt: In seiner Entscheidung für die mönchische Form des christlichen Lebens.

Luther

Eine solche Entscheidung für das Mönchtum wurde auch für Martin LUTHER grundlegend:

Als Sohn aus aufstrebendem bürgerlichen Hause auf eine Karriere im öffentlichen Leben hin erzogen, geriet er als angehender Jura-Student während eines Gewitters in Lebensgefahr. Dieses Ereignis machte für ihn die Frage nach dem Gehorsam gegenüber Gott und seinem Willen dringlich, von dem seiner traditionellen Überzeugung zufolge die ewige Seligkeit abhängt. Er meinte, diesen Gehorsam nur in der Form des mönchischen Lebens, insbesondere durch Teilnahme an der intensiven mönchischen Bußpraxis, erbringen zu können. Eben mit dieser Bußpraxis machte er nun aber bestimmte problematische Erfahrungen, die ihn nicht in Ruhe ließen. Er sah sich zu dem Versuch einer theologisch-theoretischen Lösung der hier aufgebrochenen Probleme genötigt und war dabei bis zu der Einsicht gelangt, daß die den Menschen gerecht machende Gnade Gottes *(gratia gratum faciens)* nicht das Ergebnis einer Rechtfertigung sein könne, die vom Menschen selbst für seine bereuten und gebeichteten Sünden erbracht wurde. Vielmehr war er davon überzeugt, daß diese Gnade bereits das Prinzip, der Ausgangspunkt, des ganzen Bußprozesses sein müsse. Unsicher war ihm, *wie* diese Gnade als Prinzip der Buße, das heißt als Ermöglichung und Antrieb eines Lebens in guten Werken und im Widerstand gegen die Sünde, näher zu begreifen sei. Die Lösung, die er schließlich fand, besagt: die Gnade ist das Prinzip der Buße in der Weise, daß sie das Betroffenwerden eines Menschen durch das Wort Gottes ist. Durch das Geschehen dieses Wortes wird dem Menschen die Botschaft zunächst klar und dann auch wahr, daß Gott selbst zwar der Sünde feind, aber um des Opfers Christi willen dem Sünder gnädig ist, der diesem Heilswillen Gottes gehorcht. Und der Grundakt dieses heilsnotwendigen Gehorsams ist der Glaube. Als Prinzip des lebenslangen Bußweges erweist sich also die Offenbarung der von Gott selbst geschaffenen Gerechtigkeit im Geschehen des Wortes Gottes. Und der Vollzug dieser Lebensbuße ist der dem Inhalt dieser Offenbarung trauende aktive Glaube.[18] Wie war LUTHER zu dieser Lösung gekommen?

Er selbst hat in späteren Jahren rückblickend auf das entscheidende Erschließungsgeschehen hingewiesen: Bei dem Versuch der Auslegung des Römerbriefes bereitete ihm die Stelle Kap. 1 Vers 17 Schwierigkeiten: „Die Gerechtigkeit Gottes wird in ihm [dem Evangelium] offenbar." LUTHER sagt selbst:

17 Vgl. dazu G. EBELING: Cognitio Dei et hominis. In: Lutherstudien. I. Tübingen 1971, S. 221–272. Hier wird deutlich, wie vor allem die reformatorische Theologie immer wieder die unlösliche Einheit von Gottes- und Selbsterkenntnis unterstrichen hat.

18 Zum Ganzen vgl.: R. SCHWARZ: Vorgeschichte der Reformatorischen Bußtheologie. Berlin 1968. Und kurz: E. HERMS: Art. „Erfahrung". Systematisch-theologisch TRE X, S. 128–134.

„Ich haßte diese Vokabel ‚Gerechtigkeit Gottes', die ich durch die übliche Verwendung bei allen Lehrern gelehrt war philosophisch zu verstehen von der sogenannten formalen oder aktiven Gerechtigkeit, mittels derer Gott gerecht ist und die Sünder und die Ungerechten straft. Ich aber [...] liebte nicht, nein, haßte den gerechten und die Sünder strafenden Gott und war im stillen, wenn nicht mit Lästerung, so doch allerdings mit ungeheurem Murren empört über Gott: Als ob es wahrhaftig damit nicht genug sei, daß die elenden und infolge der Erbsünde auf ewig verlorenen Sünder mit lauter Unheil zu Boden geworfen sind durch das Gesetz der zehn Gebote, vielmehr Gott durch das Evangelium zum Schmerz noch Schmerz hinzufüge und auch durch das Evangelium uns mit seiner Gerechtigkeit und seinem Zorn bedrohe. So raste ich wilden und wirren Gewissens; dennoch klopfte ich beharrlich an eben dieser Stelle bei Paulus an mit glühend heißem Durst, zu erfahren, was St. Paulus wolle. Bis ich, dank Gottes Erbarmen, unablässig Tag und Nacht darüber nachdenkend, auf den Zusammenhang der Worte aufmerksam wurde, nämlich: ‚Gottes Gerechtigkeit wird darin offenbart, wie geschrieben steht: Der Gerechte lebt aus Glauben.' Da begann ich die Gerechtigkeit Gottes zu verstehen als die, durch die als durch Gottes Geschenk der Gerechte lebt, nämlich aus Glauben, und daß dies der Sinn sei: Durch das Evangelium werde Gottes Gerechtigkeit offenbart, nämlich die passive, durch die uns der barmherzige Gott gerecht macht durch den Glauben, wie geschrieben ist: ‚Der Gerechte lebt aus Glauben.' Da hatte ich das Empfinden, ich sei geradezu von neuem geboren und durch geöffnete Tore in das Paradies selbst eingetreten [...].
Wie sehr ich vorher die Vokabel ‚Gerechtigkeit Gottes' gehaßt hatte, so pries ich sie nun mit entsprechend großer Liebe als das mir süßeste Wort. So ist mir diese Paulus-Stelle wahrhaftig das Tor zum Paradies gewesen."[19]

Eine bisher in unserer Betrachtung noch nicht aufgetretene Gestalt besitzt zunächst der *situative Anlaß:* Was LUTHER berührt, ist der Text der kanonischen Schrift (hier des Neuen Testamentes).

Der sinnlichen „Abstraktheit" dieses Anlasses entspricht es, daß LUTHER „nur" über seine Einsicht in das Erschließungsgeschehen einbezogen ist. Dies allerdings passiv: durch Gottes Erbarmen achtet er schließlich auf den Gesamtzusammenhang der Stelle. Die Passivität dieses „Einfalls" ist freilich eingebettet in einen Zusammenhang intensiven eigenen Bemühens. Dieses Bemühen ist es, das durch den Einfall, auf den Kontext zu achten, zum Erfolg gebracht wird.

Der dadurch erschlossene *Inhalt* ist einerseits: die Ersetzung eines unerträglichen Verständnisses einer bestimmten Stelle durch ein anderes, befriedigenderes Verständnis derselben Stelle. Zugleich andererseits der Sachgehalt dieses neuen Textverständnisses, der einen zentralen Punkt der christlichen Botschaft ausmacht: das in der gegenwärtig kommenden Herrschaft Gottes wesentlich eingeschlossene Gerechtigkeitsschaffen Gottes selber. Dieser Inhalt gewinnt bei LUTHER dadurch einen besonderen Akzent, daß er in eine Problemlage hineinleuchtet, die durch die Frage nach dem Verhältnis zwischen dem Willen Gottes als Gesetz und als Evangelium bestimmt ist.

Urheber des Erschließungsvorgangs ist Gott und sein Erbarmen. Zugleich aber wird an LUTHERS Bericht deutlich, daß die Passivität des Erschließungsgeschehens nicht die eigene Bemühung ersetzt oder ausschließt, sondern sich in genauer Entsprechung zu ihr vollzieht: als von Gott selbst frei vollzogene Überwindung der Verblendung, welche die Eigenaktivität des Menschen hemmt.

Die *Wirkung* entspricht dem erschlossenen Inhalt: Das Selbstgefühl des Verstoßen- und Gequältseins von Gott und des Hasses auf Gott und seine Gerechtigkeit weicht einer ganz anderen Selbstempfindung: dem Gefühl von Seligkeit („Paradies") und Liebe zu Gott. Diese Wirkung – der Wechsel im Selbstgefühl – setzt freilich voraus, daß der erschlossene Wechsel vom alten zum neuen Verständnis des *Sinnes* der Paulusworte zugleich auch die Gewißheit ihres *Wahrseins* der so verstandenen Worte mit sich gebracht hat.

Diese frühe Erfahrung hat LUTHER später als beispielhaft für das Geschehen des Wortes Gottes, also für Gottes Selbstoffenbarung vermittels des Wortes angesehen, die den Rechtfertigungsglauben ermöglicht. Die allgemeine Struktur dieses Geschehens hat er folgendermaßen beschrieben:

Die notwendige Bedingung für das Geschehen des Wortes Gottes ist das Berührtsein eines Menschen durch das äußere Wort, den Zeichenbestand der christlichen Verkündigung und ein eigenes Bemühen um das Verständnis dieses Wortes. Vorausgesetzt wird dabei, daß dieses äußere Wort durch die Kirche begegnet, wobei es dann keinen grundsätzlichen Unterschied macht, ob als mündliches oder geschriebenes Wort. Daß diese Berührung durch das äußere Wort der Verkündigung zum Geschehen von Gottes eigenem Wort wird, ist nun aber hinreichend allein bedingt durch das Wirken des göttlichen Geistes, das sich auf zweierlei richtet:

• Es stellt gegen die verblendende Macht der Sünde die Erfassung der von den Zeichen *(signa)* gemeinten Sache *(res)* sicher. Insofern verhilft es der äußeren Klarheit der Schrift zum Zuge (darum ging es in der Erfahrung mit Römer 1,17).

• Es ist aber auch das Wirken des Geistes selbst, das über diese äußere Klarheit hinaus, die „innere Klarheit" der Schrift schafft. Diese besteht in der Einsicht, daß das, was die Worte sagen, die zutreffende Beschreibung der Lebenswirklichkeit des Hörers ist und deshalb auch für ihn Gültigkeit und Wahrheit besitzt. Die innere Klarheit besteht also im Bewußtsein der Wahrheit des in seiner äußeren Klarheit erfaßten Wortes. So geschieht das Wort Gottes, indem der Geist Gottes das äußere Wort der Verkündigung den Empfängern, die sich darum bemühen, klar und wahr macht. Dieses geistliche Geschehen des Wortes Gottes bewirkt bei seinen Empfängern die Gewißheit des Gnadenwillens Gottes, die ihnen den abverlangten Rechtfertigungsglauben und darin auch die Lebensbuße ermöglicht.[20]

Vergleicht man diese Lehre LUTHERS von Offenbarung als Geschehen des Wortes Gottes mit dem von uns im ersten Abschnitt entwickelten Begriff von religiöser Offenbarung, so ist deutlich, daß das Offenbarungsgeschehen, wie LUTHER es beschreibt, der beispielhafte Fall von religiöser Offenbarung im von uns bestimmten Sinne ist. Insofern besteht zwischen beiden Auffassungen eine sachliche Übereinstimmung.

Die übereinstimmenden Aussagen sind:

• Jedes Offenbarungsgeschehen entzündet sich an einem *situativen Anlaß,* der den Offenbarungsempfänger von außen trifft und leibhaft berührt. Wir haben gesehen, daß diese situative Veranlassung sehr unterschiedliche Gestalten annehmen kann. Dem trägt auch LUTHER Rechnung. Als äußeres Wort kommt für ihn nicht nur die Schrift, sondern ebenso das mündliche Wort, ja das Lebenszeugnis der Gemeinde im ganzen in Betracht.

• Das Erschließungsgeschehen der Offenbarung *bezieht* ihren Empfänger *völlig passiv ein;* und zwar so, daß seine handlungsbestimmenden Einsichten, seine Gewißheiten betroffen werden.

• *Inhalt* der religiösen Offenbarung ist das Verhältnis zwischen der Macht des Menschen und der Macht Gottes des Schöpfers. LUTHER hat gerade dies als das eigentliche Thema des Christentums unterstrichen. Ein besonderer Zug des Wesens Gottes ist dabei für ihn, daß Gottes Allmacht die Allmacht seines wirksamen Wortes, und das heißt die schöpferische Macht seines Sichoffenbarens ist.[21]

---

19 K. BORNKAMM / G. EBELING (Hrsg.): Martin Luther. Ausgewählte Schriften in 6 Bänden. Frankfurt 1982. Bd. I, S. 22ff.

20 Vgl. hierzu die einschlägigen Quellenstücke bei E. HIRSCH: Hilfsbuch zum Studium der Dogmatik. Berlin [4]1964, S. 74f., 84ff., 87, 88. – Zu Luthers Lehre vom Wort Gottes vgl. auch: R. HERRMANN: Von der Klarheit der Heiligen Schrift, 1958; F. BEISSER: Claritas scripturae bei Martin Luther, Göttingen 1966; H. BORNKAMM: Das Wort Gottes bei Luther. In: Luther. Gestalt und Wirkungen. Gesammelte Aufsätze. Gütersloh 1975, S. 147–186.

21 Dies hat LUTHER vor allem in seiner Auslegung der zusammengeschauten Aussagen Gen 1,1 und Joh 1,1 im großen Genesiskommentar entwickelt. Vgl. dazu D. LÖFGREN: Die Theologie der Schöpfung bei Luther. Göttingen 1960.

• Aufgrund dieses Inhalts der religiösen Offenbarung kann als ihr *Urheber* nur Gott selbst in Betracht kommen: nämlich Gott der Heilige Geist. Dessen Wirken verhilft zunächst der äußeren Klarheit der Schrift zum Zuge und lehrt dann alle Erwählten einzeln die Wahrheit dieses in seinem Sinn klargewordenen Zeugnisses. – Es ist das Besondere der christlichen Offenbarungslehre, daß als ihr Subjekt Gott als Heiliger Geist in Anspruch genommen wird. Und eben dies ergibt sich aus ihrem *Inhalt:* dem Wesen Gottes als schöpferische Offenbarungsmacht.

• Die *Wirkung* des Offenbarungsvorgangs geschieht ganzheitlich: Das Offenbarungsgeschehen bewirkt diejenige Gewißheit über das Verhältnis Gottes zum Menschen, in der dieser den göttlichen Willen aktiv erfüllen kann.

Mit der Erkenntnis dieser Übereinstimmung des im ersten Kapitel entwickelten Offenbarungsbegriffs mit dem reformatorischen Offenbarungsbegriff ist unser vorgegebenes Ziel erreicht: Wir haben uns vom weiten umgangssprachlichen Offenbarungsbegriff aus auf den besonderen theologischen Offenbarungsbegriff zurückbesonnen.
Damit sind wir zugleich auch von der Betrachtung beispielhafter Offenbarungsvorgänge in der Religions- und Christentumsgeschichte zu den *theologischen Theorien über diese Vorgänge* übergegangen. Dabei müssen wir einen Augenblick verweilen:

Die theologische Lehre von der Offenbarung in der Tradition evangelischer und römisch-katholischer Theologie

Aufgabe der Theologie ist die umfassende Erkenntnis des christlichen Glaubens. Deshalb gehört zur Aufgabe der Theologie auch eine Theorie über das Zustandekommen des Gegenstandsbezuges des Glaubens, also eine Theorie der Offenbarung und ihres Inhalts. Tatsächlich hat sich die Theologie auch – mit unterschiedlicher Intensität – dieser Aufgabe gewidmet. Dabei hatte das Schwergewicht zunächst ganz überwiegend auf der Klärung der Inhalte der für das christliche Leben grundlegenden Offenbarung gelegen. Diese Konzentration auf den Offenbarungsinhalt war unter anderem deshalb möglich, weil die Weise des Zugangs zu diesen Inhalten lange Zeit nicht als Problem empfunden und behandelt wurde. Erst die scholastische Theologie des europäischen Mittelalters hatte ein (zunächst fast rein akademisches) Interesse daran, zwei Zugangsarten zu Inhalten menschlicher Rede zu unterscheiden:
- den Zugang durch Offenbarung (für alle im christlichen Kanon und in der traditionellen kirchlichen Lehre zur Sprache kommenden Sachverhalte);
- den Zugang durch Vernunft (für alle im „Buch der Natur“ und der Geschichte geschriebenen, jedermann zugänglichen Gegenstände).

Aber so bedeutsam (und problematisch) diese Festsetzungen über das Verhältnis von Vernunft und Offenbarung auch waren, so vollzog sich doch ihre Einführung zunächst widerstands- und diskussionslos. Ins Zentrum theologischer Auseinandersetzungen trat das Thema erst verhältnismäßig spät. Zuerst, als durch die reformatorische Theologie die Frage nach der Autorität der Kirche gestellt wurde. Hier stand nicht zur Debatte, *ob* die Gegenstände des Glaubens durch Offenbarung zugänglich seien, sondern strittig war, *wie* denn der offenbarungsmäßige Zugang zu den gültigen Gegenständen des Glaubens beschaffen sei und infolge dessen dann auch, welche Sachverhalte überhaupt zu den Glaubensgegenständen zu zählen seien.

Auslösend für diesen Streit war LUTHERS Überzeugung vom freien Wirken des Geistes durch das äußere Schrift- und Predigtwort: *Allein* diesem Lehren des Geistes selbst durch Schrift und Verkündigung kommt die Autorität göttlicher Offenbarung zu. Dem Lehramt der Bischöfe (Pfarrer) kommt diese Autorität nur zu, soweit sie ihm und seinen Verlautbarungen wiederum durch das freie Wirken des Geistes gewährt wird. Und diese unverfügbar geistgewirkte Autorität des Lehramtes in der Kirche ist nicht rechtlich faßbar. – Auch über den Umfang des Glaubensgegenstandes besagt diese Luthersche Offenbarungslehre etwas: Da der Geist *durch die am Kanon* der biblischen Schriften *orientierte äußere Lehre* innerlich lehrt, können keine Gegenstände in Betracht kommen, die nicht am Kanon ausweisbar sind. Der Kanon ist also als Kriterium der Tradition anzusehen. Über diesem theologischen Streit, der zugleich eine ganze Reihe weiterer Themen mitberührte, zerbrach die kirchliche Gemeinschaft.

Er wurde aber gut hundert Jahre später überdeckt durch einen anderen Streit, in dem jetzt überhaupt bestritten wurde, daß Aussagen durch Offenbarung Wahrheitsgeltung erlangen. Nun wurde ausschließlich der Vernunft das Urteil über die Wahrheit von Aussagen zuerkannt. Gegen diese – schließlich kulturbeherrschende – Auffassung verteidigten sowohl die reformatorische als auch die katholische Theologie Offenbarung als den Zugang zum Wahrheitsbewußtsein des christlichen Glaubens. Diese neue Front rückte die alten innertheologischen Meinungsverschiedenheiten zwar zeitweilig in den Hintergrund, beseitigte sie aber keineswegs.

Zur heutigen Auseinandersetzung des Verhältnisses von Offenbarung und Vernunft

Wo stehen wir heute? Aus der Sicht evangelischer Theologie scheint der Streit um Vernunft oder Offenbarung überwindbar, wenn man die Behauptung fallen läßt, daß „Offenbarung“ eine Art des Zugangs zu Erkenntnisgegenständen ist, die den Rahmen dessen sprengt, was allgemein für die Zugänglichkeit von Erkenntnisgegenständen gilt.[22] Gerade die kritische Selbstreflexion der Vernunft in den letzten zweihundert Jahren auf die Bedingungen der Erkenntnis hat ergeben, daß zu diesen Bedingungen auch und gerade diejenige Schicht des unmittelbaren, also passiven Erschlossenwerdens oder „Erscheinens“ der erkennbaren Wirklichkeit gehört, von der wir eingangs gesprochen haben. Man kann also an der biblischen Überzeugung festhalten, daß der Wirklichkeitsbezug des christlichen Glaubens (der Bezug des christlichen Glaubens auf seine Gegenstände) durch Offenbarung zustande kommt, und gleichzeitig behaupten, daß *alles* menschliche Leben und auch *alle* religiösen Gestalten menschlichen Lebens ebenfalls durch Offenbarung in genau jenem Sinne zustande kommen. Von dieser Voraussetzung sind wir am Anfang ausgegangen.

Hinsichtlich des Urhebers derartiger Erschließungsvorgänge gilt dann zweierlei:

• Wenn ein Erschließungsvorgang als unbezweifelbar erlebt wird, schließt diese Erfahrung ein, daß sich die jeweilige Sache selbst zeigt. Es handelt sich dann also um die Annahme der Identität von Inhalt und Autor des Erschließungsgeschehens. Daß wir von dieser Identität so selten ausgehen, zeigt nur, wie wenige der uns erschlossenen Inhalte wir wirklich für unbezweifelbar halten, und wie viele Grade einer „ausreichenden Gewißheit“ es gibt, mit denen wir im Alltagsleben auskommen.

• Ob als Urheber eines solchen Erschließungsgeschehens „Gott“ in Betracht kommt, hängt dann vom Inhalt der religiösen Offenbarung ab; also davon, wie uns in einem Erschließungsgeschehen das Verhältnis zwischen menschlicher Macht und Ursprungsmacht erscheint. Aus dem erschlossenen *Wesen* der Ursprungsmacht ergibt sich, ob und wie sie selbst als Urheber auch des Erschließungsgeschehens angesehen werden muß. Für den christlichen Glauben gilt: Gottes Schöpfungs-, Versöhnungs- und Vollendungshandeln ist der Art nach Geisthandeln, also Handeln, in dem Gott selbst sich manifestiert. Dementsprechend nimmt der christliche Glaube Gott als Urheber in Anspruch:

22 Das ist zum Beispiel das Anliegen der Offenbarungslehre K. RAHNERS, wie er sie grundlegend in seiner bedeutenden Monographie: Hörer des Worts, München ^{2}1963, entwickelt hat.

- für das schöpferische Erschließungsgeschehen, durch das der Mensch überhaupt auf zu erkennende und zu gestaltende Gegenstände bezogen ist;
- für die Offenbarung des Sinnes und der Wahrheit der christlichen Botschaft von Jesu Leben als leibhafter Manifestation der gegenwärtig kommenden Gottesherrschaft (mit diesem Erschließungsgeschehen durchbricht Gott die Verblendung, die das im vorigen Absatz angesprochene schöpferische Offenbarungshandeln Gottes verkennt; vgl. Röm 1,20);
- für jene noch ausstehende Offenbarung, welche die geschöpfliche Existenz vollenden wird. Diese Vollendung wird durch die eschatologische Offenbarung erreicht werden, daß Gottes Herrschaft ihr Ziel erreicht hat.

Ist nun eine Versöhnung von Offenbarung und Vernunft in der angedeuteten Weise erreichbar, so tritt dann wieder der Unterschied der theologischen Lehren über das Offenbarungsgeschehen in den Mittelpunkt. Die Geschichte der gegensätzlichen Lehrmeinungen kann hier nicht einmal angedeutet werden. Wir wollen aber kurz kenntlich machen, wo der Unterschied häufig gesehen wurde, aber nicht liegt, und welche Ansichten wirklich strittig sind.

Zur konfessionellen Auseinandersetzung über den Offenbarungsbegriff

Schon in der Reformationszeit gewann die römisch-katholische Theologie den Eindruck, die Offenbarungslehre protestantischer Theologie unterscheide sich dadurch grundsätzlich von der eigenen, daß sie den Umfang der *Quellen* der Offenbarung anders bestimme; nämlich so, daß ausschließlich der altkirchliche Kanon biblischer Schriften und nicht auch die geschriebene oder ungeschriebene Tradition der Kirche (etwa Konzilien) als Quelle der Offenbarung in Betracht komme. Die römisch-katholische Theologie hielt dies für eine Verkürzung, und dementsprechend setzte das Tridentiner Konzil (1545–1563) fest, daß als Quellen der Offenbarung Kanon und Tradition zu gelten haben.[23] Inzwischen ist aber deutlich geworden, daß diesem Streit ein Mißverständnis des protestantischen Grundsatzes „nur durch die Schrift" *(sola scriptura)* zugrunde liegt:
Freilich wurde dieses Mißverständnis durch die Verwendung dieses Grundsatzes in bestimmten Phasen der protestantischen Theologie unterstützt. Faßt man nämlich die „Inspiration" der kanonischen Schriften so auf, daß diese identisch sind mit dem Wort Gottes, dann sind sie in der Tat eine Quelle, aus der die Erkenntnis des Offenbarungsinhaltes geschöpft werden kann. Und wenn nur ihnen, nicht aber der kirchlichen Überlieferung dieser Inspiriertheits- und Wort-Gottes-Charakter zukommt, so sind sie in der Tat die einzige derartige Quelle.
Aber diese Lehre erweist sich als in sich mit großen Schwierigkeiten belastet, und sie gibt auch weder die Pointe des reformatorischen Grundsatzes *sola scriptura* noch die reformatorische Offenbarungslehre zutreffend wieder. Zunächst muß man fragen: Welche Gründe gibt es eigentlich für diese Beschränkung der Inspiration allein auf die kanonischen Schriften? Diese Frage wird besonders dringlich, wenn man die historische Tatsache ernst nimmt, daß alle Schriften des neutestamentlichen Kanons nicht von Jesus selbst stammen, sondern erst in der Gemeinde abgefaßt und auch erst verhältnismäßig spät (im 2. Jahrhundert n. Chr.) durch kirchliche Entscheidungen aus der Masse christlich-religiöser Literatur als maßstäbliche (kanonische) Sammlung ausgesondert wurden. Eine protestantische Theologie, die diese historische Lage berücksichtigt, kann also den Kanon selbst nur als Teil und Ergebnis kirchlicher Tradition ansehen und ihn deshalb keinesfalls gegen die Tradition ausspielen.

23 Vgl. J. R. Geiselmann: Die Heilige Schrift und die Tradition. Freiburg 1962. – Dazu einschränkend: J. Ratzinger: Offenbarung und Überlieferung. In: K. Rahner / J. Ratzinger: Offenbarung und Überlieferung. Freiburg 1965.

Der Bezug der Inspiration allein auf die kanonischen Schriften wird aber auch aus der sachlichen Einsicht heraus bedenklich, daß damit die Pointe der reformatorischen Schrift- und Offenbarungslehre verspielt ist. Für die Bedeutung des Grundsatzes *sola scriptura* im Zusammenhang der Theologie Luthers ist nämlich zweierlei entscheidend:

- Dieser Grundsatz betraf „nur" eine Frage der Methode, die bei der Klärung von Streitigkeiten hinsichtlich Lehre und Ordnung der Kirche zu befolgen ist. Luther vertrat den Grundsatz, daß als letzter Maßstab in allen derartigen Fragen nichts anderes als die Aussagen der kanonischen Schriften in Betracht kommt und alle anderen Lehraussagen, von wem immer sie stammen mögen, nur insoweit Maßstab sind, als sie mit dem Kanon übereinstimmen und nicht willkürlich über ihn hinausgehen. Es handelt sich hier also um ein positives Interesse an der kirchlichen Tradition und ihrer Reinheit: Luthers Grundsatz *sola scriptura* besagt insofern gar nichts anderes als: daß der Kanon eben der Kanon ist.
- Damit verkannte Luther nicht im geringsten, daß diese Maßstäblichkeit des Kanons nur zur Wirkung gelangen kann, indem er in der Kirche gebraucht, und das heißt: verstanden und ausgelegt wird. Jene methodische Regel ist also in der Tat solange nicht ausreichend, als nicht auch die Fragen der Auslegung des Kanons behandelt werden. Auch dazu hat Luther eindeutig Stellung genommen: Dafür, daß der Kanon selbst kanonisch wirksam wird, ist nicht ausschlaggebend, *wer* die Auslegung vornimmt, sondern *wie,* nach welchen methodischen Regeln, der Kanon ausgelegt wird. Hier sah Luther, daß der Kanon nur dann als Kanon ernst genommen wird, wenn der buchstäbliche Sinn des Textes Maß und Grenze aller übertragenen Deutungen ist; daß die schwierigen Stellen des Kanons im Sinne der klaren Stellen auszulegen sind; und, daß sich der von der alten Kirche behauptete kanonische Wert dieser Schriftensammlung für die verbindliche Entscheidung aller Fragen der kirchlichen Lehre und Ordnung bewährt.

Was aber nun von großem Gewicht ist: Luther macht all diese Aussagen, ohne die kanonische Schrift als solche mit dem Wort Gottes selbst gleichzusetzen. Das Wort Gottes – einzige Autorität für den Glauben in der Kirche – ist und bleibt auch die Tat Gottes selbst. Sie besteht darin, daß Gott dort, wo Menschen sich um die Auslegung und das Verstehen der Botschaft bemühen, zweierlei nach freiem Belieben erschließt:
- gegen die auf die Herrschaft der Sünde zurückgehende Verblendung: den buchstäblichen Sinn der biblischen Botschaft;
- ebenfalls gegen die Herrschaft des Unglaubens im Herzen der Hörer: das Wahrsein der christlichen Botschaft.

Und damit zeigt sich: Der Kern der reformatorischen Offenbarungslehre liegt nicht in der Behauptung, daß ausschließlich der Kanon inspirierte Quelle des Offenbarungsgeschehens sei, sondern in einer ganz bestimmten Zuordnung von menschlichem und göttlichem Handeln im Offenbarungsgeschehen. Diese Zuordnung bestimmt das Offenbarungsgeschehen so, daß es überhaupt unmöglich wird, von mehreren oder auch nur von einer in menschliche Hand gegebenen „Quelle" der Offenbarung zu sprechen. Reformatorische Theologie erfaßt Offenbarung als das Geschehen der durch den Geist Gottes geweckten Erschließung von Sinn und Wahrheit des Lebenszeugnisses Jesu; wobei sie dieses geistliche Erschließungsgeschehen *notwendig* bedingt weiß durch ein menschliches Reden und Hören, das bestimmten kanonischen Regeln folgt. Hinreichend bedingt ist dieses Erschließungsgeschehen aber erst durch das stets frei bleibende Geisthandeln Gottes.

Hier liegt das Zentrum des Gegensatzes zwischen römisch-katholischer und evangelischer Theologie bis heute: Sowohl die Aussagen des Tridentiner Konzils als auch die Aussagen des Ersten und des Zweiten Vatikanums widersprechen dieser

evangelischen Lehre vom freien Lehren des Geistes durch das äußere Wort der Kirche an den Herzen aller Glaubenden. Ihre aus römisch-katholischer Sicht untragbaren Aussagen sind:
Grundlegend die Behauptung, daß alles tradierende und lehrende Handeln von Christen – auch wenn sie als Amtsträger der Kirche handeln – in sich selbst nicht eine Vergegenwärtigung der Offenbarung Gottes ist, sondern menschlicher Vollzug der (durch die Offenbarung gebotenen) Bezeugung der Offenbarung und als solche stets fehlbar. Die Offenbarung besteht in demjenigen Geisthandeln Gottes selbst, welches das Glaubenszeugnis der Gemeinde frei bestätigt oder auch als fehlerhaft entlarvt. Das unfehlbare Lehramt, das die Kirche zusammenhält, ist also das des Geistes selbst, der sich des menschlichen Redens und Lehrens in der Kirche frei bedient und unter gar keinen Bedingungen – also auch nicht denen einer Excathedra-Entscheidung – mit dem der kirchlichen Amtsträger zusammenfällt.
Dieses unfehlbare Lehramt des Geistes beseitigt evangelischem Verständnis zufolge nicht die Notwendigkeit, sondern begründet sie, daß Kirchenleitungen *mit ihren menschlichen und deshalb nie unfehlbaren* Kräften die Bekenntnis- und Schriftgemäßheit des von den kirchlichen Amtsträgern den Gemeinden dargebotenen äußeren Wortes beurteilen und einfordern (CA 28). Die Regeln für den Vollzug solcher Lehrbeurteilung schließen das Recht der Gemeinden selbst, Lehre zu beurteilen, nicht aus, sondern setzen es voraus und sind nur dessen durch menschliches Recht *(iure humano)* geregelte Form.
Die Aufgabe der ökumenischen Bewegung kann einstweilen nicht sein, diese Unterschiede zum Verschwinden zu bringen. Sie kann nur Formen entwickeln, mit diesen Unterschieden bewußt und respektvoll umzugehen. Aus der Sicht der protestantischen Theologie ist ein solcher Versuch möglich und sinnvoll, weil für sie der Gegensatz nicht auf der Ebene der Offenbarung selbst liegt, sondern lediglich auf der Ebene der theologischen Beschreibung der Offenbarung. Die Offenbarung Gottes unterscheidet sich selbst von ihrer Beschreibung durch Menschen, ohne dieses menschliche Werk als solches zu vergleichgültigen.
Zwar muß einer unannehmbaren theologischen Lehre in der Christenheit wirksam widersprochen werden (vgl. LUTHERS eindringliche Absage an das kanonische Recht). Aber gleichwohl kann keiner Gestalt theologischer Lehre die Kraft zuerkannt werden, die unfehlbare Lehre des Geistes selbst endgültig außer Kraft setzen zu können. Aus der Sicht protestantischer Theologie folgt hieraus, daß Mängel der theologischen Theorie kein hinreichender Grund zur Aufkündigung der christlichen Glaubens- und Lebensgemeinschaft sind. Dementsprechend hat die Vereinigte Evangelisch-Lutherische Kirche Deutschlands (VELKD) bereits die Einladung zur Interkommunion auch an römische Katholiken ausgesprochen.[24]

Zur Frage der inhaltlichen Absolutheit religiöser Offenbarung

Sowohl die römisch-katholische als auch die evangelische Theologie halten den Absolutheitscharakter fest, den der christliche Glaube für die ihn ermöglichende Offenbarung beansprucht. Darum wollen wir uns zum Abschluß darüber verständigen, in welchem Sinne dem Offenbarungsvorgang diese Eigenschaft der Absolutheit zukommt.
„Absolutheit" wird der Offenbarung aufgrund ihres Inhaltes zugesprochen. Und dies in zweierlei Sinn: einerseits im Blick auf den Offenbarungsempfänger, andererseits im Verhältnis zum Inhalt anderer (religiöser) Weltanschauungen.

24 Vgl. dazu *Lutherische Monatshefte* 12 (1973), S. 139–144 und 14 (1975), S. 507–511, 557–562.

Absolutheit im Blick auf den Offenbarungsempfänger

Für seinen Empfänger ist jedes Erschließungsgeschehen absolut im Sinne der Alternativlosigkeit. Der Inbegriff der Sachverhalte, die einem Menschen erschlossen sind, macht den gesamten Horizont der für ihn erkennbaren Wirklichkeit aus, zu dem es für ihn keine Alternative gibt. Das gilt zunächst für alle empirischen Sachverhalte, die einer Person erschlossen sind. Aber ebenso alternativlos ist natürlich auch für jeden von uns das Bild des Verhältnisses unserer innerweltlichen Macht zur Macht des Ursprungs, wie es uns jeweils in religiöser Offenbarung erschlossen ist. Selbst in dem Falle, daß uns mehrere mögliche Auffassungen dieses Verhältnisses bekanntgeworden sind, kann doch keiner von uns willkürlich und von sich aus wählen, daß eine beliebige Auffassung für ihn wahr sei. Vielmehr ist jeder von uns vor eigenem Wählen jeweils auf die eine Auffassung festgelegt, die ihm als wahr erschlossen ist und einleuchtet. Und selbst wenn diese eine Auffassung inhaltliche Elemente aus mehreren der ihm bekannten Weltanschauungen verbindet, bleibt es doch dabei, daß die uns jeweils einleuchtende Auffassung *ein* einheitlicher Zusammenhang von Überzeugungen ist.

Absolutheit im Verhältnis zu anderen Weltanschauungen

Damit haben wir aber auch schon den Ansatz für die Antwort auf die zweite Frage: nämlich auf die Frage, ob ein Offenbarungsinhalt sich als allen anderen überlegen und insofern „absolut" erweisen könne. Die Antwort kann jedenfalls nur auf der Ebene des Wahrheitsbewußtseins gefunden werden, das jeweils einzelnen Personen passiv erschlossen ist.
Nun haben wir eben festgestellt, daß für jede Person nur *eine* Sicht des Verhältnisses zwischen innerweltlicher Macht und Ursprungsmacht als wahr gewiß sein kann. Das bedeutet: Jedem von uns kann nur dasjenige religiöse Verhältnis als wahr erschlossen sein, das alle wahren Teile der uns jeweils bekannten religiösen Auffassungen in sich vereint.
Nun wäre freilich eine solche Auffassung, die den Wahrheitsgehalt aller jeweils bekannten religiösen Auffassungen einbezieht, abhängig von der individuellen Bekanntschaft mit religiösen Anschauungen. Es würde sich also nur um eine relative Absolutheit handeln. Mehr als diese relative Absolutheit käme einem Offenbarungsinhalt nur dann zu, wenn wir überzeugt wären, daß er nicht nur allen uns bekannten religiösen Anschauungen überlegen ist, sondern allen, die wir überhaupt für möglich halten. Und diese uneingeschränkte Absolutheit ist es, die der christliche Glaube für die ihm zugrunde liegende Offenbarung in Anspruch nimmt. Diesen Anspruch bringt der Hebräerbrief so zur Sprache:

> „Nachdem Gott vor Zeiten zu vielen Malen und auf vielerlei Weise zu den Vätern geredet hat durch die Propheten, hat er *am Ende dieser Tage* zu uns geredet durch den Sohn, den er *zum Erben von allem* eingesetzt hat." (Hebr 1,1f.)

Dieser Text bringt die für den christlichen Glauben wesentliche Überzeugung zum Ausdruck, daß die Offenbarung der Wahrheit der christlichen Verkündigung die letzte und innerweltlich unüberbiet*bare* Offenbarung Gottes ist. Das heißt also, daß diese Offenbarung die Wahrheitsmomente aller überhaupt möglichen Inhalte von Offenbarung beinhaltet. Um diesen Anspruch zu bewahrheiten, muß gezeigt werden, daß und wie der Inhalt der christlichen Offenbarung die Wahrheitsmomente anderer Weltanschauungen in sich aufnimmt.
Die damit angedeutete Antwort auf die Frage nach der inhaltlichen Absolutheit von Offenbarung befriedigt aber möglicherweise nicht. Man könnte ja einwenden, daß auch bei Anwendung des eben beschriebenen Absolutheitskriteriums immer noch die Entscheidung der Absolutheitsfrage allein auf der Ebene des Wahrheits-

bewußtseins von Einzelpersonen getroffen wird. Auch wenn man zugesteht, daß eine jenes Kriterium berücksichtigende Absolutheitsentscheidung nicht willkürlich gefällt wird, so bliebe sie doch immer noch bezogen auf das Wahrheitsbewußtsein von jeweils einzelnen.
Dieser Hinweis auf die Relativität der Absolutheitsentscheidung ist sicherlich richtig. Dann aber könnte man noch weiter einwenden, daß man doch erst denjenigen Offenbarungsinhalt absolut nennen kann, über dessen Wahrsein unabhängig vom Wahrheitsbewußtsein einzelner Personen entschieden wird. Denn nur ein Inhalt, über dessen Gültigkeit schon überindividuell entschieden ist, kann der Inhalt des Glaubens einer Gemeinschaft sein, die möglicherweise alle lebenden Personen umfaßt.
Aber gegen diesen Einwand wäre nun zu fragen: Wie soll jene Annahme, daß über die Absolutheit eines Offenbarungsinhaltes schon überindividuell entschieden ist, ihrerseits als wahr erkannt werden? Das kann doch wiederum nirgendwo anders als im Wahrheitsbewußtsein einzelner Personen geschehen. Die Individualität des Wahrheitsbewußtseins läßt sich also auch auf jenem Wege nicht ausklammern.
Und was im übrigen die erwähnte Möglichkeit betrifft, daß ein Offenbarungsinhalt Gegenstand eines die ganze lebende Menschheit umfassenden Wahrheitsbewußtseins wird, so hängt diese Möglichkeit zunächst davon ab, ob der betreffende Offenbarungsinhalt selbst so beschaffen ist, daß er uns die Wahrheitsmomente aller möglichen anderen religiösen Offenbarung zu vereinigen scheint. Nur für einen solchen Offenbarungsinhalt können wir die *Möglichkeit* zugeben, daß er universale Anerkennung findet. Ob diese Möglichkeit dann aber tatsächlich *verwirklicht* wird, das hängt davon ab, ob tatsächlich für jedermann der Inhalt als uneingeschränkt integrationskräftig erschlossen wird. Und dieses Universalwerden des auf die Christusbotschaft gerichteten Wahrheitsbewußtseins erwarten alle Christen vertrauensvoll vom freien Geisthandeln des Vaters Jesu Christi selbst. Sie erwarten es davon, daß er die Verkündigung der Kirche in den Herzen ihrer Hörer nach seinem Wohlgefallen bewahrheitet.

Auch der in dieser Studieneinheit entwickelte Begriff von Offenbarung schließt also wesentlich eine Theorie über die Wahrheit religiöser Rede (überlieferter und heute zu sprechender) ein. Aber etwas anders als Studieneinheit 5, wird hier diese Wahrheit nicht als ein *Anspruch* bestimmt, der für bestimmte Sätze von bestimmten Instanzen erhoben wird und *als derartiger Anspruch* den Glaubensgehorsam fordert, sondern die Wahrheit der religiösen (hier: der christlichen) Botschaft ist bestimmt als Inhalt desjenigen *Evidenz*geschehens, das alle Glaubenden einzeln betrifft und ihren Glaubensgehorsam ermöglicht. Dieser Gehorsam ist *Glaubens*gehorsam nicht deshalb, weil er sich auf das beanspruchte, aber nicht evidente Wahrsein der christlichen Botschaft richtet, sondern gerade weil er sich auf *ihr* durch den Geist unverfügbar *evident* gewordenes Wahrsein richtet. Und er ist deshalb der Akt des *heils*entscheidenden Gehorsams, weil seine Verweigerung die unser menschliches Leben in der Wurzel zerstörende Verleugnung derjenigen Evidenz ist, die wir als uns von Gott selbst gegeben, und das heißt: absolut verpflichtend, erleben.

(3) (a) Warum kann Offenbarung – wie sie in dieser Studieneinheit beschrieben wurde – eine Absolutheit *nur* im Blick auf ihre Inhalte zugesprochen werden?

....

....

....

....

....

....

....

....

(b) Wodurch unterscheiden sich das Bewußtsein von der *relativen* Absolutheit eines religiösen Offenbarungsinhalts und das Bewußtsein von der *uneingeschränkten* Absolutheit eines solchen Offenbarungsinhaltes?

....

....

....

....

(c) Warum kann die Entscheidung über die Absolutheit eines Offenbarungsinhaltes ausschließlich im Wahrheitsbewußtsein jeweils einer einzelnen Person fallen?

....

....

....

....

....

Zusammenfassende Überlegungen

Wir sind mit diesen Überlegungen zu unserer Ausgangsfrage zurückgekehrt: Ist Offenbarung eine Erschließung von Spezialkenntnissen an einzelne unter Ausschluß anderer, die als solche die zwischenmenschliche Kommunikation als Verkehr zwischen Gleichen zerstört? Wir müssen jetzt antworten: Im Gegenteil. Gerade die religiöse Offenbarung im hier dargelegten Sinne ist es, die einer Person den partnerschaftlichen Umgang mit anderen Personen allererst ermöglicht. Das kann man nach allem, was wir uns im Vorstehenden über das Wesen religiöser Offenbarung klargemacht haben, folgendermaßen „beweisen“:

- Der Inhalt der religiösen Offenbarung ist jeweils das Verhältnis zwischen der Ursprungsmacht und der innerweltlichen Situation des Offenbarungsempfängers. Das bedeutet: Dem Offenbarungsempfänger erscheint mit seiner individuellen Situation zugleich der allgemeine Horizont von möglichem Personsein-in-der-Welt überhaupt; und zwar so, daß er ihn als solchen aktiv erfassen und begreifen kann. Es ist also religiöse Offenbarung, die darüber entscheidet, ob und wieweit eine einzelne Person die Verfassung von allem möglichen leibhaften Personsein überhaupt begreifen kann.

- Davon, wie eine Person nun tatsächlich das Wesen des leibhaften Personseins überhaupt begreift, hängt dann die Weise ab, wie diese Person ihre eigene Lebenswirklichkeit bewußt einschätzt und wie sie mit ihr umgeht. Dabei schließen diese Einschätzung und dieser Umgang mit der eigenen Lebenswirklichkeit notwendig alle zu dieser Lebenswirklichkeit hinzugehörenden Beziehungen zu anderen Personen mit ein.

- Es ist stets die jeweilige religiöse Offenbarung, die darüber entscheidet, welches Verständnis eine Person von ihrem eigenen Dasein und vom Dasein aller ihrer Mitpersonen entwickeln und wie sie demgemäß mit sich und anderen umgehen kann. Wenn also ein Mensch tatsächlich anderen Menschen partnerschaftliche Achtung und Respekt vor der Unverfügbarkeit ihrer Überzeugungen entgegenbringt, so ist eine solche partnerschaftliche Haltung nicht *bedroht,* sondern gerade umgekehrt *ermöglicht* durch den Gehalt derjenigen religiösen Offenbarung, die für seine eigene Weltsicht und Lebensführung grundlegend ist.

17. Bekenntnis zum Schöpfer

Autor der Studieneinheit: Winfried Thiel

Winfried Thiel (44), Studium der evangelischen Theologie in Berlin. 1970 Promotion, 1976 Habilitation in Berlin. Seit 1982 Professor für Altes Testament an der Philipps-Universität Marburg.
Veröffentlichungen zur Prophetenforschung und zur Sozialgeschichte Alt-Israels.

Allgemeine Einführung

Im Zentrum des christlichen Glaubens steht das Bekenntnis zu Jesus Christus und seinem Heilswerk. Dementsprechend begann der Teil dieses Buches, der sich mit der Darstellung der christlichen Religion befaßt, mit Themen, die das Leben und Wirken Jesu von Nazaret und die Christusbotschaft zum Gegenstand hatten.
Die älteste christliche Bekenntnisformulierung, das „römische Taufsymbol", kennt noch kein Bekenntnis zum Schöpfer, sondern nur zu „Gott, dem Vater, dem Allmächtigen". Damit war eine notwendige Abgrenzung gegenüber dem Polytheismus der heidnischen Völker vollzogen. Das jüngere „apostolische Glaubensbekenntnis", das dann allgemeine Gültigkeit erlangte, formuliert den Glauben an „Gott, den Vater, den Allmächtigen, den Schöpfer des Himmels und der Erde". Das ist der uns heute vertraute Wortlaut des 1. Artikels. Daß er vor allem mit Wendungen aus dem Alten Testament formuliert ist, hat seinen guten Grund. Denn der Schöpfungsglaube stützt sich überwiegend auf alttestamentliche Zeugnisse, die von der Evangeliumsverkündigung des Neuen Testaments dann übernommen und vorausgesetzt werden. Mit der Aufnahme des Schöpfungsglaubens in das christliche Bekenntnis bezeugte die Alte Kirche die Identität des Gottes des Alten Testamentes, des Gottes Israels, mit dem Gott des Neuen Testamentes, dem Vater Jesu Christi. Sie tat dies in bewußtem Gegensatz gegen eine theologische Strömung, die in Hinblick auf die Unvollkommenheit und die Leiden der Welt zwischen einem bösen Schöpfer und einem guten Erlösergott unterscheiden wollte *(Manichäismus)*. Demgegenüber hielt die Alte Kirche daran fest, daß der Schöpfergott (des Alten Testamentes) und der Erlösergott (des Evangeliums) ein und derselbe sei. Damit war eine dualistische Welterklärung abgewehrt. Zugleich war damit bezeugt, daß das Werk des Schöpfergottes eine gute Schöpfung sei und die Leiden und Nöte der Welt ihren ursprünglichen Charakter verkehren. Das ist die Aussage des Schöpferglaubens geblieben, der seit der Entscheidung der Alten Kirche einen unaufgebbaren Bestandteil des christlichen Glaubensbekenntnisses bildet.
Nicht allein die christliche Kirche kennt den Schöpfungsglauben. Eine besondere Rolle spielt er im Judentum, dessen heilige Schrift ja das Alte Testament der Bibel darstellt. Aber auch die andere große Religion, die heute besondere Ausdehnungskräfte entfaltet, der Islam, kennt den Glauben an den Schöpfergott, wenngleich sein Stellenwert nicht so hoch ist. Da der Islam jüdische und christliche Anschauungen in sich vereint hat, dürften auch seine Schöpfungsaussagen aus diesen Wurzeln befruchtet sein.
Überraschender ist es, daß die Schöpfungsvorstellung in den mannigfaltigsten Ausprägungen über die ganze Erde verbreitet ist. Zahlreiche Völker und Religionen kennen Schöpfungserzählungen. Diese mögen teilweise durch die Tätigkeit christlicher Missionare beeinflußt worden sein; in der Regel sind es jedoch eigenständige Bildungen dieser Völker. Schöpfungserzählungen sind also in nahezu allen Teilen der Welt unabhängig voneinander entstanden und weiterüberliefert worden. Ohne Berücksichtigung dieses weltweiten Redens von Schöpfer und Schöpfung ist auch der biblische Schöpfungsglaube nicht voll zu verstehen.

• In zahlreichen Völkern und Religionen wird von der Schöpfung des Menschen und der Welt erzählt, wobei die zugrunde liegenden Vorstellungen außerordentlich ungleichartig und mannigfaltig sind:

Ursprünglich wurde offenbar von Welt- und Menschenschöpfung gesondert gesprochen, doch wuchsen beide Themen wohl bald zusammen. Die Weltschöpfung kann einfach als Ausbreitung schon vorhandenen Erdbodens (Afrika) verstanden werden oder als Aussonderung eines Freiraums aus der chaotischen Urgewalt des Meeres. Die Welt kann dabei als überdimensionales Ei (Finnland) vorgestellt werden oder als ein Raum, der durch Teilung des als Chaosdrachen personifizierten Ur-Ozeans entsteht (Babylon). Die Erschaffung des Menschen kann so beschrieben werden, daß der Schöpfergott die Menschen „macht", ohne daß damit genauere Vorstellungen verbunden wären (Afrika), oder sie kann als ein der Tätigkeit eines Handwerkers oder Künstlers vergleichbares „Formen" einer großen Figur aus Lehm (Java) dargestellt werden. Diese ausgewählten Schöpfungsvorstellungen sind nur ein schmaler Ausschnitt aus dem viel reichhaltigeren Repertoire von Schöpfungsdarstellungen in den Religionen der Welt.

• Die Entstehung von Schöpfungsmythen ist nicht einer primitiv-wissenschaftlichen Nachfrage nach dem Ursprung von Welt und Menschen zu verdanken, sondern dem Anliegen, das Bestehen der Welt und des menschlichen Lebens durch Beschwörung der Ur-Anfänge zu sichern und zu wahren:

Der Mensch urtümlicher Religion fühlte den Bestand seiner Lebenswelt und damit sich selbst ständig bedroht durch dämonische Mächte, vor allem aber durch die nur mühsam gebändigten ordnungs- und menschenfeindlichen Gewalten des Chaos, die immer auf eine Gelegenheit lauern, die geordnete Welt wieder zu verschlingen. Eine Möglichkeit des Menschen, an der Sicherung des Bestehenden mitzuwirken, bestand im gottesdienstlichen Vortrag der Schöpfungsmythen, durch den der Anfang immer neu beschworen wurde.

• Die Schöpfungsaussagen der Bibel haben an den Vorstellungen der Umwelt teil, sie nehmen sie auf und verändern sie gemäß der Besonderheit des biblischen Gottesglaubens:

So kennt die Bibel die Vorstellung von einem der Schöpfung vorgegebenen Ur-Stoff und das Bild des wie ein Handwerker schaffenden Gottes. Beide Vorstellungen sind aber nur gebrochen und uneigentlich verwendet; denn der Schöpfergott der Bibel handelt souverän und bedarf keiner Hilfsmittel. Seinen Händen entstammt eine gute Schöpfung; deshalb ist die Vorstellung eines Mißlingens, aus dem das Böse entsteht, ausgeschlossen. Zur Souveränität des Schöpfers gehört auch, daß ihn keine widergöttlichen Elemente an der Schöpfung hindern können, also auch keinen „Rohstoff" für die Erschaffung der Welt und der Menschen bieten. Dabei entfällt folgerichtig auch die Befürchtung, daß das Chaos jemals eigenmächtig in die geordnete Welt einbrechen könnte.

• Die biblischen Schöpfungsberichte wollen Grundaussagen über Welt und Menschen und ihr Verhältnis zu Gott als ihrem Schöpfer treffen:

Die biblischen Schöpfungsberichte (besonders herangezogen war der erste Bericht, 1 Mose 1,1–2,4a) betonen die souveräne Freiheit des Schöpfergottes, der in unhinterfragbarer Weise Welt und Menschen voraus ist. Damit ist eine grundsätzliche Distanz zwischen Schöpfer und Geschöpf festgestellt. Der Mensch ist als begrenzte, fehlsame, vergängliche Kreatur eingestuft, die auf den Schöpfer als ihren Erhalter angewiesen ist. Gleichzeitig wird aber auch auf eine letzte Unanschaulichkeit und Unzugänglichkeit der Schöpfung verwiesen. Die Schöpfung Gottes schließlich ist gute Schöpfung. Das Böse, Finstere kann in seiner letzten Herkunft nicht erklärt werden. Es hat aber keine Eigenkraft und wird von Gott in den Dienst genommen. Die Störung kommt in die gute Schöpfung Gottes durch die Schuld und den Ungehorsam des Menschen.

• Die Aussage vom Geschaffensein des Menschen zeigt ihm seine Grenzen als endliches Geschöpf und verweist ihn auf seine Verantwortung gegenüber seiner Umwelt und seinem Schöpfer:

Der Schöpfungsauftrag in 1 Mose 1,28 spricht dem Menschen eine königliche Herrschaft über die ganze Welt zu. Damit ist nicht Ausbeutung oder gar Zerstörung der Schöpfung durch den Menschen gemeint, sondern ihre Bewahrung und Sicherung in der Stellvertretung des Schöpfers. Der Schöpfungsauftrag nimmt den Menschen in den Dienst und legt ihm Verantwortung für die Schöpfung auf. Diese Dimension eines sachgemäßen, verantwortlichen Verhaltens zur Umwelt als Mit-Geschöpf gilt es neu zu entfalten.

Nach dem Durcharbeiten dieser Studieneinheit sollen Sie in der Lage sein,

- die Stellung des biblischen Schöpfungsglaubens innerhalb eines weltweiten Redens von Schöpfer und Schöpfung in den unterschiedlichsten Völkern und Religionen zu beschreiben,
- die Herausbildung des biblischen Schöpfungsglaubens als geschichtlichen Prozeß darzustellen,
- die Besonderheiten des biblischen Schöpfungsglaubens auf dem Hintergrund altorientalischer Schöpfungsmythen und Weltbilder herauszuheben und abzugrenzen,
- die Konsequenzen des Glaubens an den einen Schöpfergott für das Welt- und Menschenverständnis zu benennen,
- die Bedeutung des christlichen Schöpfungsglaubens für die Entwicklung der Wissenschaft, besonders der Naturwissenschaften, sowie für die gegenwärtige Umweltkrise zu umschreiben.

Vorstellungselemente des Schöpfungsglaubens

Die Grundlagen der biblischen Schöpfungstheologie enthält das Alte Testament. Wo das Neue Testament von Gott dem Schöpfer spricht, beruht es auf den alttestamentlichen Aussagen und bezieht diese in seine Christusbotschaft ein.

Dennoch muß man überrascht feststellen, daß die Rede von Schöpfer und Schöpfung auch im Alten Testament weder zentral ist noch besonders häufig auftritt. Der Eindruck einer großen Gewichtigkeit des Schöpfungsglaubens wird vor allem durch die beiden Schöpfungsberichte nahegelegt, die die Bibel volltönend eröffnen. Aber dieser Eindruck trügt. In weiten Bereichen des alttestamentlichen Schrifttums, etwa in den Geschichtsbüchern und in den Prophetenschriften, kommt das Thema „Schöpfung" kaum oder nur am Rande vor. In anderen Textgruppen begegnet es hingegen häufiger:

- in den Erzählungen vom Ur-Anfang der Menschheit (der „Urgeschichte" in 1 Mose 1–11),
- in den Psalmen (im Psalter selbst; in den in andere biblische Bücher eingefügten Psalmen),
- in von der Psalmensprache beeinflußter Literatur wie dem Buch des anonymen Propheten „Deutero-Jesaja" (Jes 40–55) und in Weisheitsschriften (z. B. „Buch der Sprichwörter" und „Buch Ijob").

Ähnliches gilt für die Rede von der Schöpfung in der altorientalischen Literatur, also in der Umwelt des Alten Testaments. Sie erscheint auch dort überwiegend in den Mythen vom Anfang, im Gotteslob und in den Schriften der Weisheit, einer altorientalischen Form frühwissenschaftlicher Welterklärung und -bewältigung durch Sammeln und Ordnen des Beobachtbaren. Dies bestätigt unsere Erkenntnis, daß das Alte Testament in der Schöpfungsvorstellung am Erbe des Alten Vorderen Orients teilnimmt – ein Erbe, das nur den Sonderfall einer uralten Menschheitstradition darstellt, die sich in vielen, unterschiedlichen Bereichen der Erde unabhängig voneinander gebildet hat.

Wir hatten schon an den oben genannten Beispielen aus Afrika, Indonesien, Finnland und Babylonien gelernt, wie unterschiedlich und vielgestaltig die Vorstellungen von der Schöpfung überall ausgeprägt sind. Dies gilt aber ebenso, wenn wir nur den Raum des Alten Vorderen Orients in Betracht ziehen. Hier lassen sich besonders vier verschiedene Vorstellungen voneinander unterscheiden:

1. Die Schöpfung als Ergebnis eines Götterkampfes

Der wilde, archaische Bericht des babylonischen „Enuma elisch"-Epos erinnert in seiner Schilderung, wie Marduk die Tiamat, die Repräsentantin der chaotischen Salzwasser-Urflut, tötete und aus ihren Hälften Himmel und Erde bildete. Das babylonische Schöpfungsepos kennt als Anfangserscheinung die Urflut, ein ungebändigtes, chaotisches Wesen, das man sich wie einen Drachen vorstellte. Aus ihm wurden die Götter geboren, die bald mit dem Erzeuger in Konflikt geraten. Der Süßwasserozean, das männliche Prinzip der Urflut, wird von den Göttern überwunden. Als sein weibliches Gegenstück, der wilde Salzwasserozean Tiamat, mit vielen Helfershelfern gegen die Götter auf den Plan tritt, sind diese vor Schreck gelähmt. Allein Marduk, der Stadtgott von Babylon, nimmt den Kampf mit dem Urflut-Drachen auf und tötet ihn. Aus seinen Hälften bildet er die Welt und setzt feste Riegel und Wächter an den Himmel, damit das dort eingesperrte Chaoswasser nicht mehr in die geordnete Welt einbrechen kann.

2. Die Schöpfung als Geburt durch die „Mutter Erde"

Diese Vorstellung wird am Ende des finnischen Schöpfungstextes berichtet: In dieser Sage aus der Mythensammlung „Kalewala" werden Wind, Nebel und Meer als Anfangserscheinungen dargestellt. Im Wasser spielt die Luftgöttin Ilmatar, und eine Riesenente nistet auf ihrem Knie. Die Göttin zerschlägt durch eine Bewegung die Eier im Nest. Aus den Hälften des größten Eis entstehen Erde und Himmel – eine Vorstellung, die die Gewölbeform des Firmaments widerspiegelt. Aus Dotter und Eiweiß bilden sich Sonne und Mond, aus den Splittern der Eischalen Sterne und Wolken. Die Erzählung hat also fast durchweg mit der Weltentstehung zu tun. Erst der letzte Satz betrifft Vegetation und Lebewesen, die von der „Mutter Erde" geboren werden: „Und die Erde brachte hervor Gras und Moos, Büsche und Bäume, Tiere und Menschen."[1]

3. Die Schöpfung als ein (handwerkliches) Herstellen oder Formen

Diese Vorstellung beherrschte die Batak-Überlieferung aus Java, in der der Schöpfergott Menschen aus Lehm knetete. In dieser javanischen Erzählung wird die Erschaffung der Welt nur ganz knapp am Anfang erwähnt. Sonst handelt es sich um die Entstehung des Menschen, den der Schöpfergott wie ein Töpfer aus Lehm knetet. Das Gebilde wird durch einen Geist beseelt. Doch ist die Lehmfigur zu groß geworden; sie kippt um und zerschellt am Boden. Aus den Splittern entstehen die bösen Geister. Erst eine zweite Figur, die wiederum aus Lehm geformt wird, aber nun angemessene Lebenskraft erhält, wird zum lebensfähigen Menschen, zum Mann. Die Vorstellung vom handwerklich-bildnerischen Gestalten wird bei der Erschaffung der Frau aufgegeben, weil dem Schöpfer der Rohstoff zu einer weiteren Menschenfigur ausgeht. Die Frau wird aus einer Fülle von Eigenschaften gestaltet, die aus dem Kosmos, aus Pflanzen- und Tierwelt genommen sind. Nach ihrer Erschaffung stellt sich sogleich die ganze Zwiespältigkeit der Geschlechtsbeziehung in Liebe und Haß, in Zueinander- und Auseinanderstreben heraus.

4. Die Schöpfung durch das bloße Befehlswort eines Gottes

Sie ist im Alten Orient außerhalb der Bibel am deutlichsten in Ägypten bezeugt. Es gibt zwar keine mythische Erzählung aus Ägypten, die von einem Gott berichtet, der durch sein Wort schöpferisch wirkt. Wohl aber existiert ein dogmatischer Lehrtext, das sog. *„Denkmal memphitischer Theologie"*. Hier wird Ptah, der Stadtgott von Memphis, als Schöpfer bezeichnet, der durch seinen Verstand und sein gebietendes Wort die Götter und alle Dinge hervorgebracht hat.

Alle diese Typen von Schöpfungsvorstellungen sind auch im Alten Testament vorhanden, werden allerdings in der deutschen Übersetzung nicht immer leicht erkennbar. Anschließend einige Bibelstellen in einer (den bekannten Wortlaut etwas verfremdenden) modernen Übersetzung:

---

1 Nach Rudolf Jockel (Hrsg.): Götter und Dämonen. Mythen der Völker. Darmstadt/Genf 1953, S. 590.

(A)	1 Mose 1,3	Gott sprach: „Licht soll entstehen!" Da entstand Licht.
(B)	1 Mose 1,24	Gott sagte: „Die Erde soll Lebewesen je nach ihren Arten hervorgehen lassen: Nutztiere, Kleingetier und wilde Tiere je nach ihren Arten."
(C)	1 Mose 2,7	Gott der HERR bildete den Menschen aus Staub vom Ackerboden und blies Lebensatem in seine Nase. So wurde der Mensch zu einem Lebewesen.
(D)	Ps 74,13–17	Du hast mit deiner Kraft das Meer aufgestört, du hast zerbrochen die Köpfe der Drachen in den Wassern, du hast zerschmettert die Häupter des Leviathan, hast ihn zum Fraß gegeben den Fischen des Meeres. Du hast hervorbrechen lassen Quellen und Bäche, du hast ausgetrocknet uralte Ströme. Dein ist der Tag, und dein ist die Nacht; du hast hingestellt Leuchte und Sonne. Du hast bestimmt alle Grenzen der Erde, Sommer und Winter, du hast sie gebildet.
(E)	Ps 89,10–12	Du gebietest über den Aufruhr des Meeres, wenn seine Wellen sich türmen, du bringst sie zum Schweigen. Du hast den Drachen zertreten wie Aas, mit deinem starken Arm hast du deine Feinde zerstreut. Dein ist der Himmel und dein auch die Erde, der Erdkreis und was ihn füllt, du hast sie gegründet.
(F)	Ps 90,1–2	Herr, eine Zuflucht warst du uns von Geschlecht zu Geschlecht; ehe die Berge geboren wurden, ehe Erde und Länder in Wehen kreißten, warst du, Gott, von Urzeiten bis in fernste Zukunft.
(G)	Ps 139,15	Mein Wesen kennst du vollauf, mein Gebein blieb dir nicht verborgen, obwohl ich im Verborgenen gebildet wurde, obwohl ich gewoben wurde in den Tiefen der Erde.

(1) Ordnen Sie diese Texte den oben aufgeführten 4 Typen von Schöpfungsvorstellungen zu:

(a) Tragen Sie in die Spalte 1 die Ziffer des von Ihnen wiedererkannten Typs ein.

(b) Kreuzen Sie in den Spalten 2 und 3 unter „Nein" oder „Ja" an, ob Sie Veränderungen des oben beschriebenen Typs erkennen.

(c) Falls Sie Veränderungen erkennen, beschreiben Sie sie kurz in Spalte 4.

	1	2	3	4
		Veränderungen		
Text	Typ Nr.	Nein	Ja	Beschreibung der Veränderung(en)
(A)				....
(B)				....
(C)				....
(D)				....
(E)				....
(F)				....
(G)				....

Daß diese recht unterschiedlichen Vorstellungen nebeneinander im Alten Testament vorkommen, läßt erkennen, daß es auf den genauen Vorstellungsgehalt dieser Aussagen gar nicht mehr ankam und daß eine einheitliche Schöpfungskonzeption und ein damit verbundenes einheitliches Weltbild nicht beabsichtigt ist. Diese Vorstellungen können nicht nur unausgeglichen nebeneinander stehen; sie können auch miteinander verbunden werden. Wir sehen, daß in 1 Mose 1,24 die „Mutter-Erde"-Vorstellung in die übergeordnete Anschauung vom Schöpfungswort Gottes einbezogen worden ist. Lesen wir noch einen Vers weiter (V. 25), stellen wir fest, daß als Ergebnis des göttlichen Befehls nicht etwa – wie zu erwarten – die Erde die Tiere hervorbringt, sondern daß Gott selbst sie „macht". Hier wird also ein dritter Typ (Nr. 3) des Redens von der Schöpfung sichtbar. Auf engem Raum, in zwei Versen, werden die Vorstellungen vom „Machen, Herstellen" und von der „Mutter Erde" in die übergeordnete Konzeption des göttlichen Schöpfungswortes eingegliedert.

Es ist offensichtlich, daß diesen Vorstellungen von der Schöpfung – mit der Ausnahme der Konzeption vom Schöpfungswort – kein Eigengewicht zukommt. Sie sind lediglich „mythische Chiffren" oder poetische Bilder geworden, um etwas letztlich Unanschauliches auszudrücken: daß Gott Welt und Menschen geschaffen hat. Das bestätigt sich, wenn man den ganzen Gehalt des alttestamentlichen Gottesglaubens berücksichtigt. Die Vorstellung, daß Gott wie ein menschlicher Handwerker Dinge „herstellt", ist ebenso ausgeschlossen wie die Anerkennung einer eigenschöpferischen Macht der Erde oder gar die Vorstellung von einem urzeitlichen Kampf Gottes mit einem schöpfungs- und ordnungsfeindlichen Ur-Ungetüm (Drache, Leviathan).

Zur Geschichte des Schöpfungsglaubens

Daß das Alte Testament an so wenig zentraler Stelle von der Schöpfung spricht, daß es Schöpfungstraditionen der Umwelt aufnimmt und dabei deren Vorstellungsgehalte souverän entleert um der bloßen Aussage willen, ist angesichts des alttestamentlichen Gottesglaubens erklärlich. Israel, das Volk des Alten Testaments, hat in seiner Anfangszeit seinen Gott nicht im Raum der Natur erfahren. Als es noch in einzelnen Gruppen unseßhaft an den Steppenrändern Palästinas lebte, die Landwirtschaft nur gelegentlich betrieb und sich im wesentlichen von der Kleinviehzucht ernährte, kannte es anscheinend noch keine Schöpfungsvorstellung. Es erfuhr seinen Gott als einen führenden, mitgehenden und aus schweren Gefahren rettenden Gott. Damit war es nicht wie die seßhaften Bauernvölker der Umwelt an den Bereich der Natur, der Vegetation, verwiesen, sondern an den Erfahrungsraum der Geschichte. Die größte Rettungstat dieser Frühzeit, die das Gottesverständnis Israels fortdauernd bestimmte, war die Befreiung aus Ägypten. Der Gott Israels war seitdem bestimmt als der, „der sein Volk aus Ägypten geführt hatte".

Nach der Ansiedlung in Palästina lernte Israel Schöpfungsvorstellungen von den Kanaanäern kennen. Wie die anderen seßhaften, agrarischen Völker des Alten Vorderen Orients kannten die kanaanäischen Bewohner Palästinas Schöpfungserzählungen, die zwar nicht überliefert sind, sich aber nicht sonderlich von den Traditionen der Nachbarvölker unterschieden haben werden.

Über die kanaanäische Religion liegen wenige Quellen vor. In erster Linie kommen die Mitteilungen des Alten Testaments in Betracht, die freilich zerstreuter, indirekter und polemischer Art sind. Eine der großen Entdeckungen dieses Jahrhunderts im vorderorientalischen Raum hat uns neues Quellenmaterial beschert. Im Jahre 1928 stieß man durch Zufall auf die Reste der großen Hafenstadt Ugarit in Nordsyrien (heute Ras Schamra nördlich von Latakia), die um 1200 v. Chr. zerstört wurde. Die sofort einsetzenden und bis heute andauernden Ausgrabungen haben eine Fülle von Texten, darunter auch Mythen und Epen, zutage gefördert. Dadurch besitzen wir nun Originalquellen „kanaanäischer" Religion. (Die

Ugariter selbst betrachteten sich nicht als Kanaanäer!) Sie geben wichtige Hinweise auf die Religion im vorisraelitischen Palästina, wobei man allerdings den weiten geographischen Abstand von Ugarit und die besonderen lokalen und regionalen Ausprägungen der Religion in Palästina berücksichtigen muß.

Mit zunehmenden Kontakten zwischen Israeliten und Kanaanäern sowie mit dem Hineinwachsen in die landwirtschaftliche Lebensweise, die das Interesse für Natur und Vegetation steigerten, wuchs die Einwirkung kanaanäischer Religiosität, die ganz stark vom „Stirb und Werde" der Vegetation, vom Wechsel zwischen Saat und Ernte, Regen- und Trockenzeit bestimmt war, auf die Israeliten. Viele dieser Einflüsse hat Israel abgewehrt, weil sie der Eigenart seines Gottesglaubens widersprachen; andere wiederum hat es positiv angenommen. Dazu zählte auch die Schöpfungsvorstellung, die eine unangefochtene Denkvoraussetzung der agrarischen Welt darstellte. Als eine solche weltbildhafte Vorgabe, die dem eigenen Glauben an den Geschichts- und Rettergott nicht widersprach, sondern ihn eher bereicherte, konnten die Israeliten die Rede von der Schöpfung übernehmen. Aus eben diesem Grund wurde die Schöpfung – zumindest zunächst – in Israel kein Gegenstand des Glaubens und des Bekenntnisses und bildete deshalb auch kein zentrales Thema alttestamentlicher Glaubenserfahrung. So wurde auch keine einheitliche Schöpfungslehre entwickelt, sondern die unterschiedlichen, vorgegebenen Schöpfungsvorstellungen konnten nebeneinander bestehen bleiben, konnten umgewandelt und schließlich zu bloßen „Chiffren" umfunktioniert werden. Dessenungeachtet gewann die Rede von der Schöpfung in der Glaubens- und Theologiegeschichte Israels im Laufe der Zeit immer größere Bedeutung und wurde schließlich zu einem Bestandteil des israelitischen Gottesglaubens und zu einem Gegenstand des Bekenntnisses.

Nach dieser Skizze der Gesamtentwicklung, die wir vorausgeschickt haben, kehren wir in die Frühzeit Israels zurück. Hier werden die seßhaften und zur landwirtschaftlichen Lebensweise übergegangenen Sippen an den verschiedensten Stellen nachbarschaftliche Verbindungen zu kanaanäischen Bauern aufgenommen haben, die man wohl stärker veranschlagen muß als die in der Bibel häufiger mitgeteilten Feindseligkeiten. Dabei mögen die Israeliten bereits Schöpfungsvorstellungen kennengelernt und vielleicht schon in ihren Gottesglauben einbezogen haben. Dies können wir nur mutmaßen, aber nicht beweisen. Hingegen können wir durch mehrere biblische Belege eine außerordentlich wichtige Schaltstelle zwischen Israel und kanaanäischer Religiosität erschließen: die Stadt Jerusalem.

Im Jahre 998 v. Chr. eroberte David die zwischen den Stammesterritorien von Juda und Benjamin gelegene Stadt Jerusalem und machte sie zur Hauptstadt seines Reiches. Die Einnahme der Stadt erfolgte durch Überrumpelung, ohne Erstürmung und Zerstörung. Die Bevölkerung blieb wohl unangefochten weiter wohnen. In dieser Stadt muß sich in der Folgezeit ein friedlicher und fruchtbarer, wenngleich nicht ganz unproblematischer Austausch zwischen israelitischer und jerusalemisch-kanaanäischer Kultur, Religion und Tradition vollzogen haben. Zu den an Israel vermittelten Gütern jerusalemischer Religiosität gehörte auch die Schöpfungsvorstellung. Denn im vorisraelitischen Jerusalemer Götterhimmel gab es einen Schöpfergott: El Eljon.

In 1 Mose 14,18–20 wird von einer Begegnung zwischen dem israelitischen Erzvater Abra(ha)m und dem (kanaanäischen) König Melchisedek von (Jeru-)Salem berichtet. Letzterer ist nicht nur König, sondern auch „Priester des El Eljon". In dieser Eigenschaft spricht er über Abraham einen Segen aus:

> „Gesegnet sei Abram von El Eljon,
> dem Schöpfer des Himmels und der Erde."

Hier haben wir den wohl ältesten Text in der Bibel vor uns, der denjenigen Wortlaut bietet, der uns aus der Formulierung des christlichen Glaubensbekenntnisses so vertraut ist. Und er bezieht sich auf einen Jerusalemer Gott! Es leidet kaum einen Zweifel, daß uns mit diesem Text (V. 19) ein Stück alter jerusalemischer Überlieferung überkommen ist, das Israel aufgenommen hat. (Der Erzvater Abram repräsentiert hier offenbar das Volk Israel.)

Wer die geläufigen Bibelübersetzungen vergleicht, findet dort die Wiedergabe „der höchste Gott". Tatsächlich läßt sich der Name El Eljon so übersetzen. Er war Name und „Titel" zugleich. Anscheinend war El Eljon der höchste Gott der Jerusalemer Götterwelt. Die Auffaßbarkeit seines Namens als Titel erleichterte es den Israeliten, diesen Gott als eine „Sonderform" ihres eigenen Gottes zu verstehen. So wurde El Eljon, der „höchste Gott", mit dem Gott Israels gleichgesetzt. Er brachte dem durch geschichtliche Rettungstaten ausgewiesenen Wesen des Gottes Israels ein neues Wesensmerkmal hinzu: die Schöpferqualität.

Dieser Vorgang ist weniger überraschend, als es zunächst den Anschein hat. Israel lernte im agrarischen Leben Palästinas Dimensionen kennen, in denen es bisher seinen Gott noch nicht in entscheidender Weise wirkend erfahren hatte: Natur und Vegetation. Daß Gott über die Natur verfügen konnte, um sein Volk aus schwerer Gefahr zu erretten, hatte man bei der Befreiung aus Ägypten, bei der Vernichtung der ägyptischen Streitwagentruppe am Schilfmeer und an den Speisungs- und Wasserwundern in der Wüste erlebt. Zu einem umfassenden Vorstellungskomplex vom Wirken Gottes in der Natur hatten sich diese Erfahrungen aber noch nicht verdichtet. Dazu war die Ansiedlung im Kulturland Palästina ein wichtiger Anstoß. Dort aber wurden von den Landesbewohnern andere Götter verehrt, deren Domäne gerade Natur und Vegetation waren. Lag es nicht nahe, sie anzuerkennen oder sie dem eigenen, in der Geschichte handelnden Gott hinzuzufügen?

In dieser Versuchung hat Israel freilich immer gestanden. Aber sie widersprach seiner ursprünglichen Gotteserkenntnis fundamental. Gott hatte sich Israel nicht nur in seinem Namen „Jahwe" offenbart, er hatte sein Volk auch auf einen Grundsatz verpflichtet, der seine Formulierung später im 1. Gebot erhielt: Andere Götter und ihre Verehrung duldete Jahwe nicht in seinem Volk. So mußte Israel mit den Gottheiten des Kulturlandes in eine Auseinandersetzung eintreten, die positiv oder negativ ausgehen konnte. Wo man religiöse Aussagen antraf, die zur Wesensart des eigenen Gottes stimmten und sie sogar ergänzten, konnte man den jeweiligen Gott als „Sonderform" des eigenen Gottes erkennen und ihn mit Jahwe gleichsetzen. So geschah es auch mit El Eljon. Hingegen war der Vegetationsgott Baal mit Jahwe unvereinbar; zu ihm konnte es nur Abgrenzung geben. Aber auch dieser Vorgang bereicherte den Gottesglauben, nämlich um die Erkenntnis, daß es der eigene Gott war und nicht Baal, der für die Fruchtbarkeit des Landes, der Tiere und der Menschen sorgte. Es war ein kritischer Auswahlprozeß, den Israel nach der Maßgabe des 1. Gebotes und nach den Erfahrungen mit seinem Gott vollzog, aber es war gleichzeitig ein Prozeß der Bereicherung der bisherigen Gotteserkenntnis: Gott erschien immer größer und in immer neuen Bereichen wirkend.

Ein Ausblick in die engere Umwelt mag das Ausgeführte bekräftigen. In den oben schon genannten Texten aus Ugarit und in anderen altsyrischen Quellen ist der Schöpfergott ebenfalls El (wiederum zugleich Name wie Titel ‚Gott"), dessen lokale Ausprägung El Eljon von Jerusalem wir bereits kennengelernt hatten. Dieser El ist allerdings ein alter, untätiger Gott, der zwar noch Konflikte in der Götterwelt schlichtet, sonst aber, der Menschheit und ihren Problemen entfernt, der Muße obliegt. Für den Weltlauf, besonders das ständige zyklische Geschehen von Werden und Vergehen der Vegetation, ist der junge, dynamische Gott Baal zuständig. Schöpfung und Erhaltung der Schöpfung sind hier auf zwei göttliche Personen aufgeteilt. Da Israel keinen Polytheismus kannte, ist in der Bibel der Schöpfergott selbstverständlich auch der Erhalter.

Ehe wir die Ausprägung der Schöpfungsvorstellung in der Bibel weiterverfolgen, scheint es geboten, die bisher erzielten Ergebnisse zusammenzufassen. Das tun Sie am besten selbst:

(2) (a) Notieren Sie noch einmal die 4 wichtigsten Typen von Schöpfungsvorstellungen im Alten Vorderen Orient und im Alten Testament:

1. ....

....

2. ....

....

3. ....

....

4. ....

....

(b) Kennzeichnen Sie den Umgang Israels mit diesen vorgegebenen Vorstellungen, und benennen Sie die Folgerungen, die man daraus ziehen muß.

....

....

....

....

....

(c) Skizzieren Sie die zunehmende Annäherung Israels an die Schöpfungsvorstellung und die Voraussetzungen, Umstände und Konsequenzen dieses Vorganges.

....

....

....

....

Der ältere Schöpfungsbericht in 1 Mose 2,4b–25

Wenden wir uns jetzt den biblischen Schöpfungsvorstellungen zu. Die Bibel wird von zwei Schöpfungsberichten eröffnet, deren jüngerer voransteht (1 Mose 1,1–2,4a), während der ältere folgt. Betrachten wir zunächst den älteren Bericht.

Literarischer Charakter

Dieser Schöpfungsbericht stammt von einem uns namentlich nicht bekannten Verfasser, der von der Wissenschaft „Jahwist" genannt und im 10. Jahrhundert v. Chr. angesetzt wird. Das war eine Epoche, in der Israel unter David und Salomo im Zenit seiner Macht stand und einen großen Teil des Vorderen Orients beherrschte – dies übrigens zum ersten und einzigen Mal in seiner Geschichte. In diesen Zeitraum der politischen Macht, des äußeren Glanzes und der Herrschaft über die Nachbarvölker verkünden die Texte des Jahwisten in verhaltener Weise ihre den Zeitgenossen leichter als uns verständliche Botschaft.

Der Text darf nur mit Vorbehalt als „Schöpfungsbericht" bezeichnet werden. Er bildet nämlich mit dem folgenden 3. Kapitel eine literarische und thematische Einheit und müßte dann richtiger als eine Erzählung vom Werden des Menschen, von seiner Schuld und Strafe bezeichnet werden. Jedoch sind in dieser großen Einheit zwei vorgegebene Überlieferungskomplexe enthalten: eine Menschenschöpfungsgeschichte und eine Tradition vom ersten Menschen im Gottesgarten. Beide sind in der literarischen Gestaltung durch den Jahwisten zu einer Einheit zusammengewachsen. In Kapitel 2, das in erster Linie von der Schöpfung berichtet, sind die Verweise unübersehbar, die auf die Gartengeschichte in Kapitel 3 hinführen. Außerdem hat der Jahwist noch Wissensstoffe unterschiedlicher Herkunft in seinen Text aufgenommen. Es wäre eine unsachgemäße Abstraktion, wenn wir aus diesem bewußt gestalteten Text nur die Passagen auswählen und erläutern wollten, die allein von der Schöpfung handeln. Lediglich eine Passage über die vier Weltströme, die von dem Gottesgarten ausgehen (V. 10–14), lassen wir unberücksichtigt.

Es folgt jetzt der Text (1 Mose 2,4b–25) in einer modernen Übersetzung:

4b Als Jahwe, Gott, die Erde und den Himmel machte, – 5 noch war kein Steppenbusch auf Erden, noch wuchs kein Kraut auf dem Feld, denn Jahwe, Gott, hatte noch nicht regnen lassen auf den Erdboden, und es war kein Mensch da, den Erdboden zu bebauen, 6 nur Grundwasser (?) stieg von der Erde auf und feuchtete den ganzen Erdboden, – 7 da bildete Jahwe, Gott, den Menschen aus Staub vom Erdboden und hauchte seiner Nase Lebensodem ein; so ward der Mensch ein lebendes Wesen. 8 Dann pflanzte Jahwe, Gott, einen Garten in Eden gegen Osten und dahinein setzte er den Menschen, den er gebildet hatte. 9 Und Jahwe, Gott, ließ vom Erdboden aufsprießen allerlei Bäume, lieblich anzusehen und gut zu essen, aber den Baum des Lebens mitten im Garten und den Baum der Erkenntnis (von gut und böse).

10 Ein Strom aber entspringt in Eden, den Garten zu bewässern; von da ab teilt er sich und wird zu vier Armen. 11 Der eine heißt Pischon, das ist der, der ganz Chawilaland umfließt, wo das Gold ist; 12 das Gold jenes Landes aber ist kostbar; dort gibt es auch Bedolach(harz) und Schohamsteine. 13 Der zweite Strom heißt Gichon, das ist der, der das ganze Land Kusch umfließt. 14 Der dritte Strom heißt Chiddekel, das ist der, der östlich von Assur fließt, und der vierte Fluß ist der Eufrat.

15 Und Jahwe, Gott, nahm den Menschen und setzte ihn in den Garten Eden, ihn zu bebauen und zu bewachen. 16 Und Jahwe, Gott, gebot dem Menschen und sprach: Von allen Bäumen des Gartens darfst du essen; 17 aber von dem Baum der Erkenntnis (von gut und böse) darfst du ja nicht essen, denn des Tages, da du davon issest, mußt du des Todes sterben.

18 Da sprach Jahwe, Gott: Es ist nicht gut, daß der Mensch allein sei; ich will ihm eine Hilfe schaffen, die ihm entspricht. 19 So bildete Jahwe, Gott, aus Erde alles Getier des Feldes und alle Vögel des Himmels und brachte sie zu dem Menschen, um zu sehen, wie er sie nennen würde; und wie der Mensch sie nennen würde, so sollten sie heißen. 20 Und der Mensch gab allem Vieh und allen Vögeln des Himmels und allem Getier des Feldes Namen; aber für ‚den' Menschen fand er keine Hilfe, die ihm entsprochen hätte.

21 Da ließ Jahwe, Gott, einen Tiefschlaf auf den Menschen fallen, so daß er einschlief, und er nahm ihm eine der Rippen und schloß die Stelle mit Fleisch zu. 22 Und Jahwe, Gott, baute ein Weib aus der Rippe, die er vom Menschen genommen hatte, und brachte es dem Menschen. 23 Da sprach der Mensch: „Das ist nun endlich Bein von meinem Bein und Fleisch von meinem Fleisch. Diese wird man (iššā) Weib nennen, weil sie vom (iš) Mann genommen ist." 24 Darum wird ein Mann seinen Vater und seine Mutter verlassen und seinem Weibe anhangen, und sie werden zu einem Fleisch. 25 Die beiden aber, der Mensch und sein Weib waren nackt, aber sie schämten sich nicht.[2]

Vor uns haben wir eine schlichte Erzählung, die gerafft und lebendig formuliert, bedächtig voranschreitet und einen klaren, erzählerischen Spannungsbogen beschreibt. Sie stammt sichtlich aus der Lebenswelt des palästinischen Bauern, dessen Existenz von der Fruchtbarkeit des Ackerbodens und von der Gabe reichlichen und regelmäßigen Regens abhängt und der die unfruchtbare, wasserlose Wüste als abschreckenden Gegensatz zu seiner eigenen Umwelt empfindet.

Der Zustand vor der Schöpfung

Es fällt sogleich auf, daß von der Erschaffung der Welt kaum die Rede ist. Eher beiläufig wird erwähnt, daß Gott „Erde und Himmel", das heißt die Gesamtheit der Welt, „machte". Aller Nachdruck liegt in dieser Erzählung auf der Erschaffung des Menschen und seiner engeren Umwelt.

2 Übersetzung von Gerhard von Rad: Das erste Buch Mose. Genesis (Das Alte Testament Deutsch 2/4). Göttingen [6]1961, S. 58f. In V. 20 hat der Kommentator eine Textkorrektur vorgenommen.

Abb. 1: Die Erschaffung der Welt. Titelbild von Martin Luthers Bibelübersetzung, Holzschnitt, 1534

Quelle: Martin LUTHER: Biblia Germanica 1545. Deutsche Bibelstiftung (Hrsg.). Stuttgart [2]1980. Faksimiledruck.

Den Völkern des Altertums war es in der Regel nicht möglich, ein „Nichts" zu denken. Sie konnten den Zustand vor der Schöpfung nur als Verneinung, als Noch-Nicht-Vorhandensein des jetzt Bekannten und Vertrauten, umschreiben. Eine Schöpfungserzählung aus Guatemala beginnt so:

„Es gab noch keinen Menschen und kein Tier, keinen Vogel, keinen Fisch, keinen Krebs, keinen Baum und keinen Stein; es gab weder Höhlen noch Schluchten, weder Pflanzen noch Wälder."[3]

Vergleichen wir nun dazu den Anfang des babylonischen Schöpfungsmythos *„Enuma elisch":*

1„Als droben der Himmel (noch) nicht genannt,
Drunten der Grund (noch) nicht benamt war,
Als der uranfängliche Apsu, ihr Erzeuger,
(Und) Mummu-Tiamat, die sie alle gebiert,
5(Noch) ihre Wasser zusammenfließen ließen,
Ried nicht entsprossen, Rohrwuchs nicht erschienen,
Von den Göttern keiner erstanden,
Sie (noch) unbenannt und die Geschicke nicht bestimmt waren,
Da wurden in ihrer Mitte die Götter erschaffen."[4]

Dieser Absatz mit seinem Hinweis auf das Noch-Nicht-Vorhandensein der Vegetation („Ried" und „Rohrwuchs") erinnert stark an unseren Text in 1 Mose 2, der das gleiche vom „Steppenbusch" und „Kraut auf dem Felde" aussagt. Als nicht unerheblich möge sogleich vermerkt werden, daß im babylonischen Mythos auch die Götter geschaffen werden, und zwar aus den Ur-Elementen des Süßwasser- und Salzwasserozeans. Davon kann im biblischen Text keine Rede sein. Gott ist unhinterfragbar von Anfang an da; er hat weder Ur-Elemente noch chaotische Gegengewalten vor sich. Sein Schöpfungswerk vollzieht sich ohne Vorgeschichte und ungestört.

Der Anfang dieses Textes, der so stark auf das Noch-Nicht-Vorhandensein der Vegetation und des Fruchtbarkeit schaffenden Regens abhebt (V. 5), trifft auch gleich eine Aussage über die Bestimmung des Menschen: Seine Lebensaufgabe ist es, das Land zu bebauen. Wir kommen auf diesen Sachverhalt unten (zu V. 15) noch einmal zurück.

Einigermaßen rätselhaft ist die Bedeutung von Vers 6. Schon der wichtigste Begriff des Satzes, oben in der Übersetzung mit „Grundwasser" wiedergegeben, ist in seiner genauen Bedeutung nicht recht zu fassen. Offenbar soll eine (unzureichende) Ausnahme von der allgemeinen Wasserlosigkeit beschrieben werden. Vielleicht ist hier die Restform einer andersartigen Schöpfungstradition erhalten. Oder es wird einfach die Erfahrung widergespiegelt, daß auch in der Wüste hin und wieder Quellen auftreten, die aber nur auf eng umgrenzten Flächen (Oasen) Vegetation ermöglichen.

Die Erschaffung des Menschen

Die ganze Beschreibung in V. 4b–6 mündet in den Nachsatz V. 7, auf dem alles Gewicht liegt: Gott bildet den Menschen aus Staub vom Ackerboden. Das ist ein zunächst durchaus anschaulicher Vorgang handwerklicher Art. In einem Schöpfungsmythos der Batak auf Java wird auch gesagt, daß der Schöpfer etwas Lehm

3 Text nach: Rudolf JOCKEL (Hrsg.): Götter und Dämonen, a.a.O., S. 364. Es handelt sich um eine Überlieferung des Maya-Volkes der Quiché in Guatemala nach der Mythensammlung Popol Vuh.

4 Übersetzung von Hartmut SCHMÖKEL in: Walter BEYERLIN (Hrsg.): Religionsgeschichtliches Textbuch zum Alten Testament. Göttingen 1975, S. 108.

nahm und daraus eine menschliche Gestalt knetete. In diese Vorstellung paßt genau das „Bilden“ des Menschen im Bibeltext. Gemeint ist die Tätigkeit des Töpfers. Das hebräische Wort, das mit „bilden“ übersetzt ist, bezeichnet überwiegend das Tun des Töpfers. Daß ein Gott die Menschen wie ein Töpfer aus geeignetem Material „formt“, ist nicht nur in Indonesien, sondern auch in der Umwelt Israels belegt, nämlich in Ägypten. Hier ist es der widderköpfige Gott Chnum, der (zumindest in Vorstellungen der Spätzeit) Menschen und Tiere wie ein Töpfer schafft und deshalb auch mit der Töpferscheibe abgebildet wird. Von ihm heißt es in einem späten Text:

„Menschen, Kleinvieh, Vögel, Fische, Schlangen, Skorpione, alle sind das Werk seiner Hände, seine Arbeit ist dauerhaft. Er hat sie alle auf seiner Töpferscheibe zusammengefügt.“[5]

Abb. 2: Chnum als Menschenschöpfer

Es handelt sich um ein Flachbild aus Luxor aus der Zeit der 18. Dynastie. Man kann es grob um 1400 v. Chr. datieren. Auf der Töpferscheibe stehen der Kronprinz Amenophis III. und sein „Ka“ (so etwas wie ein geistiger, Lebenskraft tragender Doppelgänger, den jeder Mensch besitzt).

Aus: Hugo GRESSMANN: Altorientalische Bilder zum Alten Testament. Berlin/Leipzig ^{2}1927, Tafel CXXIII, Nr. 303.

Es ist wenig wahrscheinlich, daß Israel diese Vorstellung aus Ägypten übernommen hat. Sie ist verbreiteter, so daß es sich um Erscheinungen ohne gegenseitige Abhängigkeit handeln dürfte.

Wir sahen schon oben im Zusammenhang mit Aufgabe 1, daß die Vorstellung vom Gott, der wie ein Töpfer den Menschen bildet, jäh verlassen wird. Der Mensch wird nicht etwa aus Ton oder Lehm geknetet (wie in der Überlieferung der Batak), sondern aus „Staub vom Erdboden“ gebildet. Staub ist kein geeignetes Material zum Töpfern. Die Anschaulichkeit wird hier zugunsten einer Aussage über das Wesen des Menschen durchbrochen. Er ist Staub, und zum Staub wird er zurückkehren (3,19). Auf diese Weise wird gleichzeitig angedeutet, daß sich das Schöpferhandeln Gottes jenseits des Vorstellbaren vollzieht.

5 Aus: Hermann KEES: Ägypten (Religionsgeschichtliches Lesebuch. 10). Tübingen ^{2}1928, S. 19.

Daß der Staub vom „Erdboden“ genommen ist, unterstreicht nochmals die Bindung des Menschen an seine Lebensgrundlage, das Ackerland, und seine Weisung zur existenzerhaltenden Arbeit. Im Urtext kommt das noch klarer heraus, weil dort – im Deutschen nicht nachvollziehbar – beide Begriffe fast gleich sind und damit die Zusammengehörigkeit schon vom Gleichklang her umschreiben: *adam* (Mensch) – *adama* (Ackererde).

Durch das Einblasen des Lebensatems wird der Mensch zum Lebewesen; damit ist aber nicht gemeint, der Mensch sei eine Zweiheit von Leib und Seele oder Materie und Intellekt. Für alttestamentliche Anthropologie ist der Mensch vielmehr eine Ganzheit, und als Ganzheit lebt und stirbt er. Aber sein Leben verdankt er dem von Gott verliehenen Lebenshauch. Wenn Gott ihn zurückzieht, stirbt der Mensch.

Der erschaffene Mensch wird von Gott sogleich versorgt. Wie ein Gärtner legt Gott für ihn einen Baumgarten an, der ihm Nahrung bieten soll. Ein uraltes, mythisches Motiv, wonach der Ur-Mensch in einem Gottesgarten lebte, ist hier aufgenommen. Es dient einerseits dazu, die Versorgung des Geschöpfes durch seinen Schöpfer zu zeigen – der Schöpfer ist auch der Erhalter. Andererseits wird die Geschichte von der Verschuldung der Menschen und ihrer Vertreibung aus dem Garten (Kap. 3) vorbereitet. Ein weiteres Bindeglied dazu bildet die Nennung der verschiedenen Bäume am Ende von Vers 9. Die Verse 10–14 lassen wir auf sich beruhen und setzen wieder mit Vers 15 ein.

Wesen und Bestimmung des Menschen

Gott setzt den Menschen in den Garten (V. 15). Dabei wird – über Vers 8 hinaus – eine Aufgabenstellung für den Menschen umschrieben: Er soll den Garten bearbeiten und ihn hüten. Ihm ist die Pflege des Gartens anvertraut. Dieser ist kein Paradies im Sinne eines Schlaraffenlandes, eines Ortes seligen Nichtstuns und Genießens. Er ist ein Ort menschlicher Tätigkeit. Der Mensch ist von vornherein an die Kulturarbeit gewiesen, die der eigenen Versorgung dient.

Diese Vorstellung von der Bestimmung des Menschen steht in bemerkenswertem Gegensatz zur Auffassung der Umwelt Israels. Nach den babylonischen Mythen werden die Menschen ausdrücklich zur Bedienung und Versorgung der Götter geschaffen. Im Epos *„Enuma elisch“* wird in Tafel VI von der Erschaffung der Menschen berichtet. Marduk, der Sieger über das Chaos-Ungeheuer Tiamat und der Schöpfer der Erde aus den Teilen der getöteten Tiamat, beschließt, auch Menschen zu erschaffen:

„Ein Gewebe von Blut will ich machen, Gebein will ich bilden,
Um ein Wesen entstehen zu lassen: Mensch sei sein Name.
Erschaffen will ich ein Wesen, den Menschen.
Ihm auferlegt sei der Dienst der Götter zu ihrer Erleichterung.“[6]

Die Götter einigen sich, für die Erschaffung des Menschen einen aus ihrer Mitte zu opfern. Es ist Kingu, der im Bunde mit der Tiamat den Aufruhr gegen die Götter angeführt hatte. Er wird zur Strafe für seine Rebellion geschlachtet und dem Gott Ea, dem Vater Marduks, übergeben, der nun die Menschenschöpfung ausführt:

„Als sie ihn gebunden hatten, brachten sie ihn vor Ea.
Sie ließen ihn seine Strafe erleiden,
seine Adern durchschnitten sie.
Aus seinem Blute schuf er die Menschheit.
Er schrieb ihr den Dienst der Götter vor,
um diese (davon) zu befreien.“ (S. 145 f.)

6 Übersetzung aus: Die Schöpfungsmythen, Darmstadt 1980, S. 145.

Noch drastischer wird dieser Vorgang im *Atramchasis-Mythos* beschrieben, einem Text, der erst in der letzten Zeit in größerem Umfang rekonstruiert werden konnte und der bemerkenswerte Parallelen zur biblischen Urgeschichte aufweist. Er stammt aus der altbabylonischen Epoche und ist somit einige Jahrhunderte älter als *„Enuma elisch“* (18./17. Jh. v. Chr.). Von einer Weltschöpfung ist darin nicht die Rede, wohl aber von der Erschaffung des Menschen. Der Mythos beginnt mit der Beschreibung der großen Arbeitslast, die die Götter anfänglich zu bewältigen hatten:

> „Als die Götter (auch noch) Menschen waren,
> trugen sie die Mühsal, schleppten den Tragkorb.
> Der Götter Tragkorb war groß,
> die Mühsal schwer; viel Beschwerde gab es.“[7]

Die Götter befreien sich von der Last, indem sie diese einer unteren Göttergruppe aufbürden. Aber auch dieser wird die Arbeit zu schwer; sie streikt und rebelliert. Der Ausweg ist die Erschaffung des Menschen:

> „Sie riefen die Göttin, fragten
> die Hebamme der Götter, die weise Mami:
> ‚Du bist der Mutterleib, der die Menschheit erschafft,
> erschaffe den Urmenschen, daß er das Joch auf sich nehme!
> Er nehme das Joch auf sich, das Werk des Enlil,
> den Tragkorb des Gottes trage der Mensch!‘“ (S. 21)

Auch hier wird ein Gott geschlachtet, um den Menschen schaffen zu können. Nur ist es kein widergöttliches, dämonisches Wesen wie Kingu, sondern ein „Gott, dem Planungsfähigkeit eignet“ (so nach der Interpretation von Wolfram VON SODEN, die aber nicht unbestritten ist). Sein Fleisch und Blut werden mit Lehm vermischt, und daraus entstehen die Menschen:

> „Mami öffnete ihren Mund
> und sprach zu den großen Göttern:
> Das Werk habt ihr mir befohlen,
> und nun vollende ich es hiermit;
> den Gott habt ihr geschlachtet mit seiner Planungsfähigkeit.
> Eure schwere Mühsal schaffe ich hiermit ab:
> euren Tragkorb leg ich dem Menschen auf.“ (S. 22)

Nach beiden babylonischen Epen werden die Menschen dazu geschaffen, um den Göttern die Arbeit abzunehmen und um sie zu bedienen. Damit dürfte einmal die normale Kulturarbeit gemeint sein, also die Feldbestellung und die Instandhaltung der Kanäle, aber auch im engeren Sinn der Dienst für die Götter, also der Gottesdienst: Tempelbau, Kult, Begehung von Festen und Darbringung des Opfers, des „Brotes der Götter“. Auf diesem Hintergrund wird der Abstand des biblischen Berichtes eindrucksvoll klar: Der Mensch ist hier auch zur Kulturarbeit geschaffen; diese dient aber der eigenen Erhaltung. Eine „Bedienung“ seitens des Menschen braucht Gott nicht.

Ein noch auffälligerer Unterschied zu den babylonischen Texten fällt ins Auge. Der Mensch ist von Anfang an durch und durch Geschöpf, reiner Mensch. Er ist zwar mit dem göttlichen Lebenshauch begabt, enthält aber keine göttlichen „Bestandteile“, seien es positive, seien es negative. Der große Abstand zwischen Schöpfer und Geschöpf wird streng eingehalten. Ebensowenig wie ein göttlicher wird dem Menschen ein dämonischer, widergöttlicher Wesensanteil zugeschrieben. Hier wie andernorts in der Bibel wird es peinlich vermieden, Gott die Erschaffung des Bösen zuzuschreiben. Die Schöpfung Gottes ist gute Schöpfung; das setzt auch diese Erzählung voraus, und der voranstehende jüngere Schöpfungsbericht stellt es ausdrücklich dar. Der Ursprung des Bösen ist letztlich unerklärbar. Die Schuld des Menschen gründet in seiner eigenen Entscheidung.

Gott überläßt dem Menschen alle Baumfrüchte des Gartens zur Nahrung. Nur die Früchte *eines* Baumes sind ausgenommen; ihr Genuß würde den Tod bringen. Dieser Passus (V. 16f.) zielt wieder auf die folgende Geschichte vom „Sündenfall“. Wie so oft in der Bibel, wird ein Verbot auf dem Hintergrund einer viel größeren Erlaubnis ausgesprochen (*alle* Früchte – nur die *eines* Baumes nicht). Zweierlei bringt diese Stelle über das Wesen des Menschen zum Ausdruck. Mit dem Verbot setzt Gott dem Menschen einen Raum der Freiheit, nämlich der Freiheit zur Entscheidung. Er kann frei wählen, wie er sich zu Gott verhalten will. Mit dem Verbot ist aber auch etwas anderes ausgesagt: Als Geschöpf sind dem Menschen Grenzen gesetzt, die er nicht ohne Schaden für sein Weiterleben überschreiten kann. Zum Geschöpfsein des Menschen gehört nicht nur seine Entscheidungsfreiheit, sondern auch seine Begrenztheit und Vergänglichkeit. Diese anzuerkennen und zu respektieren, wäre die angemessene Wahrnehmung der Entscheidungsfreiheit.

Der Mensch in Gemeinschaft

Eine Selbstbesinnung Gottes (V. 18) eröffnet eine neue Szene. Zum Menschsein des Menschen gehört auch, daß er „nicht allein“ ist. Zum Menschen gehört die Gemeinschaft. Deren ursprünglichste Form ist die Geschlechtsgemeinschaft. „Eine Hilfe, die ihm entspricht“ umschreibt das, was wir heute „Partner“ nennen. Um einen solchen dem Menschen entsprechenden Partner zu finden, „bildet“ Gott die Tiere, die der Mensch aber nicht als Partner anerkennt. Von theoretischen Erwägungen über die Allwissenheit Gottes, der von vornherein entscheidet, was für den Menschen gut ist und was nicht, ist dieser Zusammenhang weit entfernt. Er benutzt im Gegenteil die Vorstellung vom „experimentierenden“ Gott, um eine weitere Aussage über den Menschen zu treffen.

Die Tradition vom Schöpfergott, der erst „üben“ mußte und dem dabei einiges mißlang, ist auch sonst in Schöpfungsgeschichten anzutreffen. In der bereits erwähnten Erzählung der Batak auf Java mißlang dem Schöpfer die Menschenschöpfung derart, daß die Teufel und Dämonen entstanden. In der Bibel wird jedoch, wie wir schon sahen, niemals Gott die Erschaffung des Bösen zugeschrieben. Der Absatz will nicht nur die Entstehung der Tiere und die Stellung des Menschen zu ihnen erklären. Er beschreibt außerdem einen weiteren Freiraum, der dem Menschen zugestanden wird: Gott bestimmt nicht irgendein Wesen als seine „Hilfe“; der Mensch darf selbst entscheiden, wen er als den ihm gemäßen Partner anerkennt. Das geschieht dadurch, daß er den Tieren Namen gibt. Namengebung bedeutet Ausüben eines Hoheitsaktes, Zuweisen der Funktion und Bestimmung des Verhältnisses zum Menschen. Indem dies dem Menschen selbst übertragen wird, ist ihm auch eine besondere Stellung zwischen Gott und den Tieren und als Herr der Tierwelt zugewiesen.

In der letzten Szene (V. 21–25) erschafft Gott die Frau, indem er eine Rippe des Mannes „ausbaut“. Auch dies eine trotz der Anschaulichkeit von Worten und Begriffen letztlich unvorstellbare Handlung! Sie will die enge Zusammengehörigkeit von Mann und Frau als schon vom Ursprung her gegeben darstellen, und dies erkennt der Mann in seinem Jubelruf beim Erblicken der Gefährtin an.

---

7 Übersetzung von Wolfram VON SODEN in: Ders.: Konflikte und ihre Bewältigung in babylonischen Schöpfungs- und Fluterzählungen. *Mitteilungen der Deutschen Orientgesellschaft* 111 (1979), S. 1–33 (bes. S. 18).

Bevor wir diesen Schöpfungsbericht verlassen, empfiehlt es sich, die wichtigsten Erkenntnisse zusammenzufassen. Sie tun das am besten wieder selbst:

(3) Fassen Sie die Ergebnisse der Auslegung von 1 Mose 2,4b–25 zusammen, indem Sie die folgenden Fragen beantworten:

(a) In welcher Weise wird die Vorstellung vom handwerklich (wie ein Töpfer) schaffenden Gott durchbrochen und aus welchem Anliegen heraus?

....
....
....
....
....

(b) Welche Bestimmung hat der Mensch von seiner Erschaffung an (besonders im Vergleich mit den babylonischen Parallelen)?

....
....
....
....
....
....

(c) Welche Aussage über das Wesen des Menschen enthält das Verbot, von den Früchten des einen Baumes zu essen?

....
....
....
....
....
....
....

(d) Um welcher Aussage willen nimmt der Verfasser die Tradition vom „mißlungenen Schöpfungsversuch" bei der Erschaffung der Tiere auf?

....
....
....
....
....
....

(e) Welche elementare Wesensbestimmung des Menschen wird mit dem Beschluß zur Erschaffung der Frau und mit der Art ihrer Ausführung getroffen?

....
....
....
....
....
....

Abb. 3: Michelangelo: Die Erschaffung Adams. Szene aus der Deckenmalerei in der Sixtinischen Kapelle

Links liegt, noch willenlos hingestreckt, Adam, der durch den Finger Gottes zum Leben erweckt wird. Rechts wird Gottvater von einer Gruppe nackter Engelskinder getragen. Mit seinem linken Arm umfaßt er die (noch ungeschaffene) Eva und deutet mit der linken Hand auf den (noch ungeborenen) Christusknaben. Damit schlägt der Künstler einen Bogen von der Erschaffung des ersten Menschen zur Menschwerdung Christi. Vergleicht man diese Darstellung mit dem Ablauf in 1 Mose 2, wird klar, wie frei der Künstler deutet und wie wenig er sich durch den Wortlaut der biblischen Geschichte leiten läßt.

Aus: Fritz Erpel: Michelangelo (Welt der Kunst). Berlin 1981, Tafel 6.

in Rom (um 1511)

Der jüngere Schöpfungsbericht in 1 Mose 1,1–2,4a

Wir sahen, wie in der älteren „Schöpfungsgeschichte" alte Vorstellungen aufgenommen sind, um grundsätzliche Aussagen über das Wesen des Menschen zu treffen. Man hat im Laufe der Theologiegeschichte auch nur selten den Versuch unternommen, aus diesem Text eine gleichsam wissenschaftliche Erklärung der Menschenentstehung zu entfalten. Dafür stand dieser Bericht wohl zu sehr im Schatten der ersten, die Bibel eröffnenden Schöpfungsgeschichte, der wir uns nun zuwenden.

1 Am Anfang schuf Gott den Himmel und die Erde. 2 Die Erde aber war wüste und leer gewesen, Finsternis lag über dem Urmeer und ein Gottessturm schwebte über der Wasserfläche. 3 Da sprach Gott: Es werde Licht, und es ward Licht. 4 Gott aber sah das Licht, daß es gut war. Dann schied Gott zwischen dem Licht und der Finsternis. 5 Das Licht nannte Gott Tag, die Finsternis Nacht. So ward Abend und so ward Morgen: ein Tag. 6 Dann sprach Gott: Es entstehe ein Firmament in den Wassern, das bilde eine Scheidewand zwischen den Wassern, und es geschah so. 7 So machte Gott das Firmament und schied zwischen den Wassern unter dem Firmament und dem Wasser über dem Firmament. 8 Und Gott nannte das Firmament Himmel. So ward Abend und so ward Morgen: zweiter Tag.
9 Dann sprach Gott: Das Wasser unterhalb des Himmels sammle sich an einem Ort, daß das Trockene sichtbar werde; und so geschah es. 10 Und Gott nannte das Trockene Erde; die Ansammlung des Wassers Meer. Und Gott sah, daß es gut war. 11 Dann sprach Gott: Aufgrünen lasse die Erde Grünes, nämlich Kraut, das Samen bringt nach seinen Arten und Fruchtbäume, die Früchte tragen nach ihrer Art, in denen Same ist auf Erden. Und so geschah es. 12 So brachte die Erde Grün hervor, Kraut, das Samen bringt nach seiner Art und Bäume, die Früchte tragen, in denen Same ist, nach ihrer Art; und Gott sah, daß es gut war. 13 So ward Abend und so ward Morgen: dritter Tag.
14 Dann sprach Gott: Es sollen Leuchten werden am Firmament des Himmels, damit sie scheiden zwischen Tag und Nacht und sollen dienen zu Zeichen, für Festzeiten, für Tage und Jahre. 15 Und seien Leuchten am Firmament des Himmels, um zu leuchten über der Erde. Und so geschah es. 16 So machte Gott die beiden großen Leuchten: Die größere zur Herrschaft über den Tag, die kleinere zur Herrschaft über die Nacht, dazu die Sterne. 17 Und Gott setzte sie an das Firmament des Himmels, um zu leuchten über die Erde, 18 um über Tag und Nacht zu herrschen und zu scheiden zwischen Licht und Finsternis. Und Gott sah, daß es gut war. 19 So ward Abend und so ward Morgen: vierter Tag.
20 Dann sprach Gott: Wimmeln sollen die Gewässer von einem Gewimmel von lebenden Wesen und Vögel sollen über der Erde hinfliegen am Firmament des Himmels. Und es geschah so. 21 So schuf Gott die großen Seeungetüme und alle lebendigen regen Wesen, von denen das Wasser wimmelt nach ihren Arten und alle geflügelten Vögel nach ihren Arten. Und Gott sah, daß es gut war. 22 Dann segnete sie Gott und sprach: Seid fruchtbar, mehret euch und füllet das Wasser in den Meeren; die Vögel aber sollen sich auf Erden vermehren. 23 So ward Abend und so ward Morgen: fünfter Tag.
24 Dann sprach Gott: Die Erde bringe hervor lebendige Wesen nach ihren Arten; Vieh, Kriechtiere und das Wild des Feldes nach seinen Arten; und so geschah es. 25 So machte Gott die Landtiere nach ihren Arten, das Vieh nach seinen Arten und alle Kriechtiere auf der Erde nach ihren Arten. Und Gott sah, daß es gut war. 26 Dann sprach Gott: Wir wollen Menschen machen nach unserem Bild, uns ähnlich; die sollen herrschen über die Fische des Meeres, über die Vögel des Himmels, über das Vieh, über alle ‚Landtiere' und über alle Kriechtiere, die auf Erden kriechen. 27 So schuf Gott den Menschen nach seinem Bilde; nach Gottes Bild schuf er ihn; männlich und weiblich schuf er sie. 28 Und Gott segnete sie und sprach zu ihnen: Seid fruchtbar, mehret euch, füllet die Erde und macht sie euch untertan und herrscht über die Fische des Meeres, die Vögel des Himmels und über alles Getier, das sich auf Erden regt.
29 Dann sprach Gott: Hier gebe ich euch alles Kraut, das Samen sät auf der ganzen Erde und alle Bäume mit samentragenden Baumfrüchten, das sei eure Nahrung. 30 Allen Tieren des Landes, allen Vögeln des Himmels und allen Kriechtieren auf der Erde, in denen lebendiges Wesen ist, ‚gebe ich' alles Grüne des Krautes zur Nahrung. Und so geschah es. 31 Und Gott sah alles, was er gemacht hatte und siehe, es war sehr gut. So ward Abend und so ward Morgen: sechster Tag.
2,1 Also wurden vollendet der Himmel und die Erde mit ihrem ganzen Heer. 2 Und Gott vollendete am siebenten Tage sein Werk, das er gemacht hatte und ruhte am siebenten Tag von all seinem Werk, das er gemacht hatte. 3 Und Gott segnete den siebenten Tag und heiligte ihn, denn an ihm ruhte er von all seinem Werk, das er schaffend gemacht hatte. 4a Dies ist die Entstehungsgeschichte des Himmels und der Erde, als sie geschaffen wurden.[8]

---

8 Übersetzung von Gerhard von Rad: Das erste Buch Mose, a.a.O., S. 34f. Auch hier hat der Kommentator einige offensichtliche Fehler des hebräischen Textes berichtigt.

Zeitumstände und literarischer Charakter

Dieser Bericht ist um Jahrhunderte jünger als derjenige in 1 Mose 2,4b–25. Er dürfte im 6. Jahrhundert v. Chr. entstanden sein und spricht aus einer grundlegend geänderten Situation. Die Zeit der Größe Israels ist graue Vergangenheit; man lebt jetzt in einer Epoche der drückendsten Ohnmacht und der tiefsten Demütigung: es ist die Zeit des Babylonischen Exils.

Die Israeliten haben den Untergang ihrer beiden Staaten, die Zerstörung der heiligen Stadt Jerusalem, die Verbrennung des großartigen Tempels und die Verschleppung großer Teile der Bevölkerung in das ferne Mesopotamien erleben müssen. Der Besitz des verheißenen Landes ist verlorengegangen. Vor allem aber: Der sein Volk schützende und rettende Gott Israels hat nicht nur nicht eingegriffen, sondern er hat die Seinen sogar dem Gericht überliefert. Aus dieser Zeit der Glaubens- und Existenzkrise Israels stammt dieser Text. Er ist anscheinend unter den Verschleppten in Babylonien geschrieben worden, die dort den Glanz und die Macht der babylonischen Götter ständig vorgeführt bekamen und sicher auch die babylonischen Mythen und Epen kennengelernt hatten.

Auf diesem Hintergrund ist das Geschichtswerk entstanden, dem unser Text angehört. Wir nennen es wegen seines auffallenden Interesses für den kultischen und priesterlichen Bereich die „Priesterschrift". Darin besteht also eine Gemeinsamkeit zwischen älterem und jüngerem Schöpfungsbericht: Beide eröffnen ein Geschichtswerk, dessen erster Akt die Schöpfung ist – auch dies ein Zeugnis für die Einbeziehung der Schöpfung in den Glauben an den geschichtlich handelnden Gott. Ansonsten gibt es aber wenig Gemeinsamkeiten zwischen dem ersten und dem zweiten Schöpfungsbericht. Mit 1 Mose 1 treten wir in eine ganz andere Welt des Denkens, Formulierens und Gestaltens ein. Das haben Sie beim Durchlesen der Übersetzung sicher schon selbst bemerkt und werden nun Ihre Eindrücke leicht festhalten können:

(4) Vergleichen Sie den jüngeren Schöpfungsbericht von 1 Mose 1 mit dem älteren von 1 Mose 2 nach den unten genannten Gesichtspunkten, und tragen Sie Ihre Beobachtungen in eine Tabelle ein.

Gesichtspunkte	1 Mose 1,1–2,4a	1 Mose 2,4b–25
Stil	....	....
Form	....	....
Gegenstand der Schöpfung	....	....
Wie schafft Gott?	....	....
Wie wirken die Texte auf Sie?	....	....

Die Weise des Schöpferhandelns Gottes

Der Text beginnt mit einem Satz, der überschriftartig das Ganze des folgenden Berichtes umreißt: „Am Anfang schuf Gott den Himmel und die Erde." Gott ist also von Ur-Anfang her da, ja, er setzt durch sein Schöpferhandeln überhaupt erst den Anfang, schafft damit die Zeit, ist selbst aber ohne Anfang und Ende. Er schafft das Weltganze, das durch das Wortpaar „Himmel und Erde" ausgedrückt wird. Das Wort „schaffen", das hier erscheint, wird in der Regel nur von Gott gebraucht. Es ist ein theologischer Begriff, der also keinen Vergleich des göttlichen Tuns mit dem menschlichen „Machen" und „Verfertigen" zuläßt und den Vorgang der göttlichen Schöpfung völlig ins Unvorstellbare rückt. So wird in diesem Vers der gewaltige Abstand zwischen Schöpfer und Geschöpf ebenso wie das Geheimnis des göttlichen Schaffens gewahrt.

Angesichts dieses Befundes hat man nicht selten gefragt, ob hier nicht eine „Schöpfung aus dem Nichts" *(creatio ex nihilo)* ins Auge gefaßt sei. Diese Frage muß man als unangemessen zurückstellen, weil dem israelitischen Denken derartige abstrakte Überlegungen fernlagen. Sie traten erst mit dem Einfluß des Hellenismus und seiner Denkformen auf Palästina in Erscheinung. So findet sich auch die wohl erste Formulierung der „Schöpfung aus dem Nichts" in dem apokryphen 2. Makkabäer-Buch aus dem 1. Jahrhundert v. Chr.:

„... schaue auf zum Himmel und zur Erde und sieh alles an, was darin ist, und bedenke, daß diese Dinge aus solchen, die nicht waren, von Gott gemacht sind ..." (2 Makk 7,20)

Im Neuen Testament scheint diese Auffassung dann vorausgesetzt zu sein, wenn Gott etwa von Paulus als der bezeichnet wird, der „das Nichtseiende ins Dasein ruft" (Röm 4,17). Im Alten Testament trifft man sie noch nicht an. Die bewußte Unanschaulichkeit, mit welcher der erste Schöpfungsbericht von Gottes Handeln spricht, bereitet sie allenfalls vor.

Nach der alle Vorstellbarkeit abwehrenden Formulierung des ersten, thematischen Verses wirkt die eingeschobene Feststellung des zweiten Verses überraschend. Sie spricht vom Vorhandensein einer öden Wüstenei, von der „Finsternis über dem Urmeer" und von einem über die Wasserfläche hinwegfegenden Gottessturm. Was hier gemeint ist, ist der Gegensatz zum Kosmos, zur geordneten Welt, nämlich das Chaos. Es ist geradezu ein mythologisches Überbleibsel. Denn das „Urmeer" ist, wie das hebräische Wort anzeigt, offenbar nichts anderes als die Tiamat des babylonischen Mythos, der chaotische Salzwasserozean, den Marduk besiegen mußte und aus dem er das Weltganze bildete. Und der „Gottessturm" – erinnert er nicht an den Sturm und die „grimmigen Winde", mit denen Marduk den Leib der Tiamat füllte?

Aber was ist aus den mythischen Elementen des Götterkampfes hier geworden? Sie sind kaum anderes als atmosphärische Erscheinungen, die den Zustand des Ungeordneten umschreiben. Nicht der geringste Widerstand gegen den Schöpfergott geht von ihnen aus; Götterkampf und Göttermord werden nicht einmal angedeutet. Es kann hinzugefügt werden, daß auch die Chaosdrachen, deren Besiegung im Mythos der Erschaffung der Welt vorausgeht – ähnliche Wesen wie die babylonische Tiamat –, an einer späteren Stelle des Textes begegnen (V. 21: „die großen Seeungetüme"). Aber auch sie sind keine widergöttlichen Gewalten mehr, sondern Geschöpfe Gottes wie die anderen Wassertiere. Die ehemals mythischen Elemente sind aller ihrer Wesenheit entkleidet, sind nur noch Naturphänomene des Anfangs oder Geschöpfe Gottes. Die Entmythologisierung des Mythos ist zum Ziel gekommen.

Ohne den geringsten Widerstand, in souveräner Freiheit vollzieht Gott die Schöpfung, und er vollzieht sie durch das Wort. Auch dabei bleibt das Geheimnis der göttlichen Schöpfung gewahrt; denn Gottes Befehlswort hat keinen Adressaten: es wirkt allein durch das Aussprechen. Das Schöpfungswort setzt sich fort in der Trennung. Durch Aufteilung entsteht die geordnete Welt. Zuerst entsteht das Licht.

Die Aussage, daß auch die Finsternis von Gott geschaffen wird, ist vermieden. Die Herkunft des Dunklen, Unheimlichen bleibt offen; es wird nicht auf Gott zurückgeführt. Von den Geschöpfen Gottes gilt das Urteil des Schöpfers, daß sie „gut“ sind. Davon ist die Finsternis ausgenommen, wohl aber wird sie von Gott in Dienst genommen und bekommt ihre Funktion zugewiesen. Sie bildet die Nacht.

In sechs „Werktagen“ werden außerdem acht Werke untergebracht. Der Verfasser hat demnach dem überlieferten Material erst die Wochen-Schematik aufgeprägt. Das geschieht sicher zur Ordnung des Stoffes, aber ebenso zugunsten einer Aussage: Gott hat auch die Zeit geschaffen.

Weltbildhafte Elemente

Der zweite Schöpfungstag (V. 6–8) handelt von der Erschaffung des Himmelsgewölbes. Hier wird wiederum deutlich, daß der Bericht auf überkommener Tradition fußt. Gott spricht sein Schöpfungswort, danach „macht“ er selbst das Firmament. Hier schlägt also die Vorstellung vom „Anfertigen, Herstellen“ durch; von ihr war das dem Verfasser überlieferte Material („Tatbericht“) beherrscht. Er ordnet es in die Konzeption vom schaffenden Gotteswort ein und deutet es dadurch um: Gottes Tun vollzieht sich durch sein Schöpfungswort.
In diesem Absatz finden wir auch Elemente des altorientalischen Weltbildes wieder. Bei dem babylonischen Epos *„Enuma elisch“* war davon schon die Rede: Wenn Marduk aus den beiden Hälften der Tiamat die Welt bildet, so heißt das, daß der Kosmos von allen Seiten durch den chaotischen Ur-Ozean begrenzt und umgeben, die Welt also ein Freiraum innerhalb der Urflut ist, der natürlich von dieser ständig bedroht bleibt. Eine Restform dieses Weltbildes finden wir hier wiedergegeben, wenn wir lesen, daß das Firmament zwischen den Wassern unterhalb und oberhalb des Himmels wie eine Scheidewand trennen soll. Die Herausbildung des Luftraumes und des Festlandes wird dann beim nächsten Schöpfungswerk mitgeteilt.
Aus dieser Stelle und zahlreichen Einzeltexten hat man ein alttestamentliches Weltbild zu erschließen gesucht. Es ist freilich ebenso wie das babylonische Weltbild eine moderne Rekonstruktion, während wir aus Ägypten originale Abbildungen besitzen.

Abb. 4: Rekonstruktion des alttestamentlichen Weltbildes

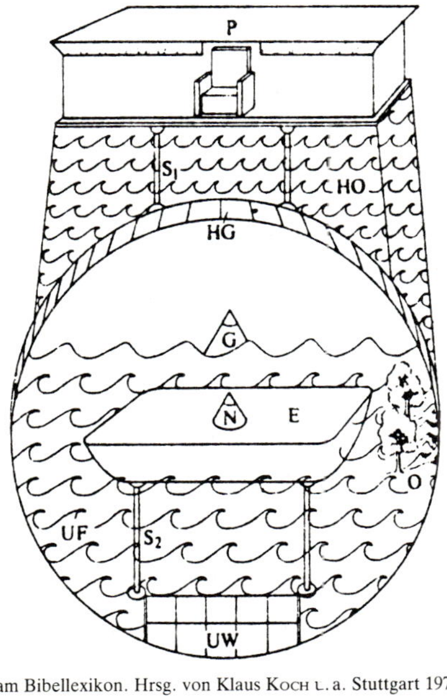

P = Palast und Thron Gottes
S_1 = dessen Stützbalken
HO = Himmelsozean
HG = Himmelsgewölbe
G = Gottesberg im Norden
O = Bäume/Berge des Sonnenaufgangs
E = Erdscheibe
N = Nabelberg
UF = Urflut
S_2 = Stützpfeiler der Erde
UW = Unterwelt

Aus: Reclam Bibellexikon. Hrsg. von Klaus Koch u.a. Stuttgart 1978, S. 539.

Abb. 5: Rekonstruktion des babylonischen Weltbildes

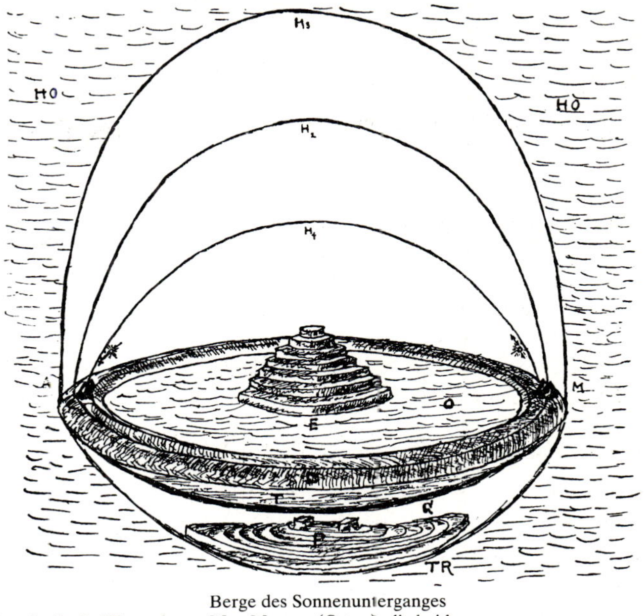

E = Erde
H_1, H_2, H_3 = 1., 2., 3. Himmel
HO = himmlischer Ozean
O = irdischer Ozean
T, G = Tiefe und Grund des O
A = Abend (Westen); die beiden Berge des Sonnenunterganges
M = Morgen (Osten); die beiden Berge des Sonnenaufganges
D = Damm des Himmels
TR = die 7 Mauern und der Palast (P) des Totenreiches

Aus: Bruno Meissner: Die Kultur Babyloniens und Assyriens (Wissenschaft und Bildung. 207). Leipzig 1925, S. 57.

Abb. 6: Das ägyptische Weltbild, nach einer Mumienkistenmalerei des Neuen Reiches (1570–1085 v. Chr.)

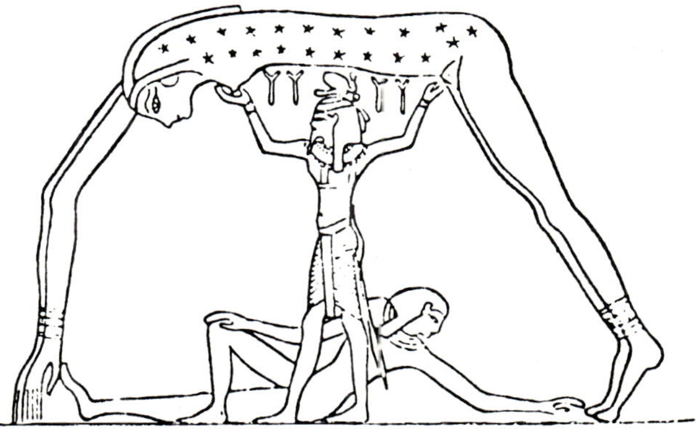

Die Himmelsgöttin wird von dem Luftgott über dem Erdgott gehalten.

Aus: Othmar Keel: Die Welt der altorientalischen Bildsymbolik und das Alte Testament. Am Beispiel der Psalmen. Zürich/Einsiedeln/Köln/Neukirchen 1972, S. 27, Abb. 28.

Zur Erläuterung: Das alttestamentliche Weltbild *(Abb. 4)* zeigt große Ähnlichkeiten mit dem babylonischen *(Abb. 5),* aber wenig mit dem ägyptischen „Weltgebäude“ *(Abb. 6).* Letztere stimmen wenigstens insofern überein, als auch nach ägyptischer Vorstellung der Kosmos aus der Trennung einer ursprünglichen Einheit entstanden ist. Himmel und Erde waren einst eine Ganzheit. Sie werden nun durch den Luftraum auseinandergehalten: *Abb. 6* zeigt, wie der Luftgott Schu die Himmelsgöttin Nut trägt und gleichzeitig von dem Erdgott Geb trennt.

So reizvoll und lehrreich ein solcher Vergleich auch sein mag, so ist doch zu bedenken: Die moderne Nachbildung des alttestamentlichen Weltbildes stützt sich auf mehrere verstreute Textabschnitte, von denen kein einziger dieses Weltbild zum Gegenstand hat. Das gilt auch für unseren Text: Weltbildhafte Elemente werden übernommen und als „Bausteine" verwendet. Ein Weltbild selbst wird weder entwickelt noch ausgeführt. Ein geschlossenes theoretisches System im Sinne des modernen Weltbild-Begriffs gab es in Israel nicht.

Bemerkenswert ist die Umwandlung dieser weltbildhaften Elemente durch ihre Einordnung in den Bericht vom souveränen Handeln des Schöpfers. Wie die Urflut selbst sind auch die ober- und unterhimmlischen Gewässer entmythologisiert. Jede chaotische Wirkungskraft ist ihnen genommen. Sie können die Welt nicht mehr bedrohen. Gott verfährt mit ihnen nach Belieben, benutzt sie auch als Werkzeug bei dem großen Gericht der Sintflut – aber Eigenmacht haben sie nicht. Nur der Schöpfer verfügt über die Welt; er hält sie, und sie wird nicht mehr ins Gestaltlose absinken.

Vegetation und Gestirne

Zu den nächsten Schöpfungswerken mögen einige Hinweise genügen. Bei der Erschaffung der Vegetation (V. 11f.) greift der Bericht wiederum auf eine traditionelle Vorstellung zurück, die der „Mutter Erde". Sie liegt hier besonders nahe, weil aus der Erde ja tatsächlich die Pflanzen aufwachsen. Aber auch diese Wirksamkeit der Erde ist dem göttlichen Befehlswort unterworfen und wird durch dieses erst in Gang gesetzt. Das gleiche Verfahren ist bei der Erschaffung der Landtiere zu beobachten (V. 24f.). Wir hatten dies oben (Aufgabe 1) bereits festgestellt.

Bei der Erschaffung der Gestirne ist wiederum die entmythologisierende Absicht des Berichtes zu bemerken. Sonne, Mond und weitere Gestirne sind in der Umwelt Israels Gottheiten, besonders in Babylonien. Hier erlebte gerade in der Zeit des Babylonischen Exils (der unser Text entstammen dürfte) der Mondgott Sin eine große Aufwertung. Gegen diese Astralkulte eifert der Text nicht einmal. Er rückt die Gestirne einfach an die ihnen zukommende Stelle. Sie sind auch nur Geschöpfe und haben ihre Funktion als „Leuchten", was jeden Anschein eigener göttlicher Würde ausschließt.

Der Schöpfungsauftrag an den Menschen

Als Höhepunkt der Schöpfung erscheint zuletzt die Menschheit. Sie wird sogleich in geschlechtlicher Unterschiedenheit geschaffen. Hier erkennen wir eine Absicht des älteren Berichtes wieder: Zum Menschsein gehört das Sein in Gemeinschaft, deren erste die Geschlechtsgemeinschaft ist. Dementsprechend verleiht Gott den Menschen den Segen der Fruchtbarkeit und der Vermehrung. Außerdem wird dem Menschen eine außergewöhnliche Hoheitsstellung unter allen Geschöpfen zugewiesen: Er wird nach „Gottes Bild" geschaffen, und er erhält den Auftrag der Herrschaft über die Erde. „Bild Gottes" ist ein königlicher Titel, der nun auf die Menschheit als Ganze ausgedehnt erscheint. Der Mensch bekommt dadurch die Position eines Repräsentanten, eines Statthalters Gottes auf Erden, zugesprochen – eine einzigartige Würde unter den Geschöpfen. Damit verbunden ist der Auftrag zur Beherrschung der Welt.

Er wird auffällig hart ausgesprochen. Die hier gebrauchten Worte „untertan machen" und „herrschen" können auch „trampeln, niedertreten" bedeuten. An dieser Stelle ist der Text dem Mißverständnis ausgesetzt, als sei in ihm die rücksichtslose Ausbeutung von Tieren und Pflanzen nicht nur erlaubt, sondern geboten. Folgerichtig muß sich der Vorwurf anschließen, in diesem Herrschaftsauftrag *(dominium terrae)* liege die Wurzel für unsere heutige Umweltkrise.

Dies jedoch ist eine Fehlinterpretation des Textes. Daß so schroffe Ausdrücke gebraucht werden, soll die Unbedingtheit und die Universalität des menschlichen Herrschaftsauftrages sicherstellen. Über die Art und Weise der Herrschaftsausübung sagen die Begriffe nichts aus. Wenn der Mensch als „Bild Gottes" eine königliche Bezeichnung erhält, so ist nicht der unterdrückende Charakter einer Königsherrschaft angesprochen, sondern der Aspekt der Fürsorge, des Schutzes und der Erhaltung. Positive Züge des Königsideals sind es, die dem „Herrscher Mensch" zugeschrieben werden.

Daß diese Interpretation zutrifft, zeigen die folgenden Verse (29f.). Menschen wie Tieren wird lediglich Pflanzennahrung zugewiesen. Die Herrschaft über die Erde und die Tierwelt erlaubt es dem Menschen nicht einmal, die Tiere zum Zwecke des Nahrungserwerbs zu töten! Blutvergießen ist untersagt. Es ist keine Ordnung der Gewalt, die mit der Schöpfung gesetzt ist, sondern eine Ordnung der Fürsorge und Verantwortung. Weit davon entfernt, dem Menschen die Aussaugung der Natur und ihrer Ressourcen freizugeben, beauftragt ihn das *dominium terrae* damit, seine Umwelt zu hüten und zu bewahren. Die Erfüllung dieses Auftrages hat er vor dem Schöpfer zu verantworten. Noch eines schließt das *dominium terrae* ebenfalls aus: jedwede Herrschaft des Menschen über den Menschen, und damit auch die Beherrschung eines Geschlechtes durch das andere.

Die Absicht des Schöpfers: die gute Schöpfung

Es ist eindeutig, daß der Verfasser gegen die Erfahrungen seiner Lebenswirklichkeit schreibt. Er lebt in einer patriarchalischen Gesellschaft, in welcher der Mann die herrschende Rolle spielt. Er lebt in einer Zeit, in der Gewalt und Blutvergießen gang und gäbe sind. Er lebt in einer Welt, in der ganz selbstverständlich Tiere für den menschlichen Nahrungserwerb getötet werden. Er beschreibt also keine erfahrbare Wirklichkeit, auch kein urzeitliches „goldenes Zeitalter"; er beschreibt überhaupt keinen geschichtlich faßbaren Zeitabschnitt. Was er beschreibt, ist die vom Schöpfer gewollte Welt: eine Welt ohne Gewalt und Blutvergießen, in der sich die menschliche Herrschaft über die Welt als Schutz und Fürsorge darstellt. Die „vegetarische Schöpfungsordnung" umschreibt so etwas wie eine Ur-Absicht; nicht eine Welt, wie sie war, noch wie sie ist, sondern eine Welt, wie sie nach dem Willen ihres Schöpfers sein sollte.

Diese, nur diese Welt erhält das Urteil ihres Schöpfers „sehr gut" (V. 31). Hatte Gott schon die einzelnen Schöpfungsakte als „gut" befunden, faßt er nun sein Urteil über die Schöpfung als Gesamtheit zusammen. Das hebräische Wort, das mit „gut" wiedergegeben wird, ist umfassender und umschließt auch das „Schöne, Sinnvolle, Zweckmäßige". Die Schöpfung, wie sie der Schöpfer gewollt hat, ist vollkommen gut und sinnvoll. Die Frage, wie sich diese gute Schöpfung und die Güte des Schöpfers zu der von Not, Leid und Gewalt geprägten Welt verhalten, ist hier unangemessen. Denn die empirische, leidende Welt und die „erschöpfte Schöpfung" sind nicht gemeint; sie entsprechen nicht der Absicht des Schöpfers, sondern entspringen einer Verkehrung der Schöpfung, die in der Schuld der Geschöpfe gründet. Kampf ums Dasein, Gewalt und Blutvergießen gehören in die von Gott gewollte und geschaffene Welt nicht hinein. Der Bogen von der Schöpfungs- zur Sintflutgeschichte, der dies überdeutlich zeigt (vgl. besonders 1 Mose 6,11–13), bezeugt aber gleichzeitig, daß Gott auch diese verderbte Welt hält und trägt und nicht mehr in chaotische Zustände zurücksinken lassen will. An die Stelle der Weltangst kann Weltvertrauen treten.

Ehe wir in eine abschließende Würdigung des Textes eintreten, versuchen wir wieder eine Zusammenfassung der wichtigsten Ergebnisse, die Sie selbst vornehmen:

(5) (a) Welche Rolle spielen die mythischen Elemente in diesem Text? Nennen Sie die wichtigsten Beispiele, und kennzeichnen Sie die damit verbundene Aussageabsicht.

....

....

....

....

....

....

(b) Welche Absicht verfolgt die Darstellung der Schöpfung durch das Wort „schaffen“ und durch die Konzeption vom schöpferischen Befehlswort?

....

....

....

....

....

....

(c) Erklären Sie Stellenwert und Aussageziel der Vorstellung von der Schöpfung in 6 (7) Tagen.

....

....

....

....

....

....

(d) Beschreiben Sie den Sinn der Bezeichnung des Menschen als „Bild Gottes“ und seiner Beauftragung mit der Herrschaft über die Erde.

....

....

....

....

....

....

Schöpfungsbericht und Naturwissenschaft

In 1 Mose 1 zeigt sich zum ersten Mal der Ansatz einer Schöpfungslehre. Die schematisch-ordnende Darstellung zeugt ebenso dafür wie der trocken-gelehrte Stil. Der Verfasser hat offenbar die Wissenschaft seiner Zeit in die Darstellung einbezogen. Aber eine naturgeschichtliche Erklärung der Welt- und Menschenentstehung beabsichtigte er nicht. Dafür hat er den „Wissensstoff“ zu stark eingeschränkt. Die mythologischen Elemente (eben das zeitgenössische „Wissen“ um die Schöpfung) sind entschlossen entmythologisiert; die Anschaulichkeit ist auf ein Mindestmaß, ja fast auf ein Nichts zurückgeschraubt. Die Vorgänge der Schöpfung sind der Vorstellbarkeit entzogen; sie bleiben das Geheimnis des Schöpfers, das nicht hinterfragbar ist. Als Schöpfung eignet der Welt etwas letztlich Unerklärliches und Unnahbares. So verweist der Text den Menschen auf die Grenzen seines Seins als Geschöpf und auf die Grenzen seiner Erkenntnis der Welt als Schöpfung.
Es war daher eine grundsätzliche Fehldeutung, als man diesen Text als echtes, geoffenbartes Dokument über den (naturgeschichtlichen) Vorgang der Welt- und Menschenentstehung auffaßte. Dieses Verständnis hat die Theologiegeschichte jahrhundertelang mehr oder weniger eindeutig beherrscht und diesen Schöpfungsbericht in ein unverdientes Zwielicht gerückt Er erschien nun als Ausdruck des geozentrischen Weltbildes und dadurch als Zwangsjacke für das naturwissenschaftliche Forschen.

Abb. 7: Das biblische Weltbild nach Kosmas Indikopleustes

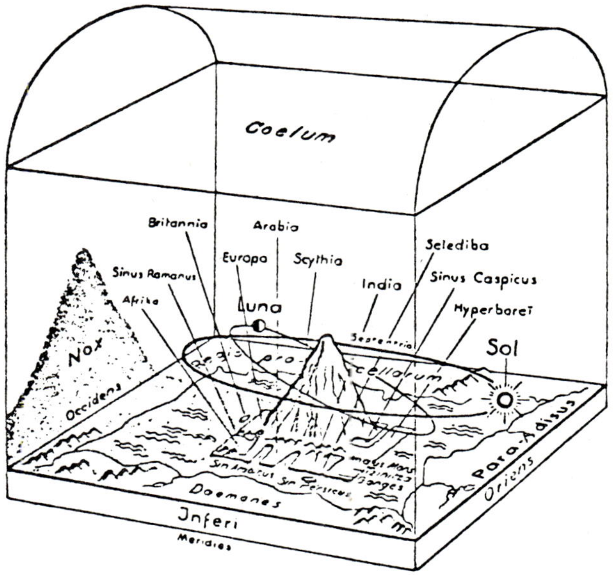

KOSMAS INDIKOPLEUSTES („Indienfahrer“) im 6. Jahrhundert n. Chr. war einer der ersten, der in seiner *„Christlichen Topographie“* ein biblisches Weltbild entwickelte (mit der Erde als Scheibe).
Einen Reflex dieser Rekonstruktion des KOSMAS in der modernen Literatur findet man in der lesenswerten, amüsanten und ebenso militant anti-christlichen Erzählung von Arno SCHMIDT: *„Kosmas oder Vom Berge des Nordens“*.

Aus: Arno SCHMIDT: Seelandschaft mit Pocahontas. Erzählungen. Frankfurt/Hamburg 1966, S. 151.

1 Mose 1 war (zusammen mit Jos 10,12) das Hauptzeugnis in dem langwährenden unheilvollen Konflikt zwischen christlicher Theologie und naturwissenschaftlicher Forschung, in dem die Kirche viel Schuld auf sich lud, weil sie mit Zähigkeit eine überholte Welterklärung verteidigte und sich im Widerstand gegen das von KOPERNIKUS und KEPLER eingeführte und begründete heliozentrische Weltbild verbiß. Besonders hart und unversöhnlich äußerte sich die Auseinandersetzung in den Inquisitionsprozessen gegen Giordano BRUNO und Galileo GALILEI, die dem ersteren den Feuertod brachten und dem letzteren den Widerruf seiner wissenschaftlichen Erkenntnisse abnötigten.

Aus diesem Streit zwischen „christlichem“ und modernem Weltbild entstand eine verhängnisvolle Kluft zwischen Glauben und Wissen, Theologie und Naturwissenschaft, Schöpfungsglauben und Evolutionstheorie. Die Folgen, darunter eine weitgehende Entchristlichung von Wissenschaft und Wissenschaftlern, brauchen wir hier nicht auszuführen. Eine der Ursachen aber war die unzutreffende Deutung des Schöpfungsberichtes als eines unverrückbare Wahrheiten festhaltenden naturwissenschaftlichen Dokumentes. Wir sind heute von jener Auslegungstradition frei geworden und sehen die Verbindungsfäden des Berichtes zu einem vergangenen, altorientalischen Weltbild; wir sehen aber auch, wie dünn sie sind und wie souverän der Verfasser sie benutzt, um seine eigenen Aussagen über Welt und Menschen als Schöpfung Gottes zu treffen.

Konsequenzen des Schöpfungsglaubens

In der lehrhaften Form des ersten Schöpfungsberichtes steckt noch eine Feinheit, die wir nicht überhören dürfen: das *Lob des Schöpfers,* das verhalten in den Urteilen über die „gute", ja „sehr gute" Schöpfung aufklingt. Im Gotteslob liegt einer der ursprünglichsten Orte der Schöpfungsaussage. Aus der Freude über die Größe der Schöpfungswerke klingt spontan das Lob des Schöpfers auf. Im ersten Schöpfungsbericht ist es in einem Text enthalten, der wohl als erster eine Schöpfungstheologie entwirft.

Ein poetischer Reflex der Schöpfungstheologie von 1 Mose 1, nun aber voll hineingenommen in das Gotteslob, findet sich in Psalm 8:

> „4 Wenn ich den Himmel betrachte, den du gemacht hast,
> Mond und Sterne, wie du sie angeordnet hast:
> 5 Wie kannst du dich um den Menschen kümmern?
> Was ist das für ein Wesen, daß du dich seiner annimmst?
> 6 Es fehlt nur wenig, und er wäre Gott!
> Macht und Glanz hast du ihm verliehen.
> 7 Du läßt ihn über deine Geschöpfe herrschen,
> du hast ihm alles unterworfen:
> 8 Schafe und Rinderherden
> und das Wild auf freiem Feld;
> 9 die Vögel in der Luft und die Fische,
> die im Meer dahinziehen.
> 10 Herr, unser Gebieter,
> wie herrlich wirkst du auf der ganzen Erde."[9]

Offenbar in der Zeit des Babylonischen Exils vollzogen sich der Schritt zur Schöpfungstheologie und die volle Einbeziehung der Schöpfung in den Glauben Israels. In diese Epoche gehört nicht nur die Priesterschrift, der wir die erste durchgestaltete Ausprägung einer Schöpfungstheologie in 1 Mose 1 verdanken. In der Exilszeit und unter den nach Babylonien Verschleppten wirkte auch der erste Prophet, der – beeinflußt vom Gotteslob der Psalmen – die Einbeziehung der Schöpfung in seine Botschaft vollzog, der anonyme Verfasser von Jes 40–55, den wir Deutero-Jesaja nennen. Seine Heilsverkündigung von einer herrlichen Rückkehr der Verschleppten in ihre Heimat begründet er mit der souveränen Macht des Schöpfers. Es ist wohl kein Zufall, daß sich auch in dieser Zeit und gerade bei diesem Propheten der Monotheismus durchsetzt, der – wie wir noch sehen werden – in Israel eine unleugbare Nähe zum Schöpfungsglauben besitzt.

In der nachexilischen Zeit häufen sich die Belege von schöpfungstheologischen Aussagen. Die Schöpfung ist in den Glauben Israels voll einbezogen; sie bekommt sogar Bekenntnischarakter, ohne ihren Zusammenhang mit dem Gotteslob zu verlieren. Ein sprechendes Beispiel dafür ist Ps 136, ein liturgischer Hymnus, der offenbar im Gottesdienst des nachexilischen Tempels aufgeführt wurde. Auf jede Zeile, wohl von einem Sprecher vorgetragen, antwortete die Gemeinde mit einem Kehrvers. Dieser durchgehende liturgische Ruf und die gesamte Redeweise des Psalms machen diesen zu einem besonders eindringlichen Gotteslob.

Der Psalm geht an den Vorgängen der Heilsgeschichte entlang, die Gott für sein Volk gewirkt hat. Die erste dieser Heilstaten war die Schöpfung. Sie eröffnet die Geschichte, ist nach dem Verständnis des Psalmisten wohl gar ein Teil von ihr – wie eben die Schöpfung in der Urgeschichte des Jahwisten und der Priesterschrift auch in die Geschichte hineinführt und ihr selbst angehört. Indem man die Schöpfung in den Glauben an den geschichtlich handelnden Gott hineinnimmt, wird auch das Geschichtshandeln Gottes von seinem Bezug auf das Volk Israel nun auf das Weltganze ausgedehnt. Denn dem Schöpferhandeln Gottes eignet Universalität, welche die Volksgeschichte übersteigt und sie in den Rahmen einer Weltgeschichte einfügt. Folgerichtig schließt der Psalm mit einem Preis Gottes des Erhalters, „der Speise gibt allem Fleisch" (V. 25).

Im *Neuen Testament* wird die alttestamentliche Schöpfungstheologie selbstverständlich vorausgesetzt. „Vielleicht ist der Glaube an den Schöpfer das Haupterbe Israels an die Christenheit."[10] Er wird nun in die Christusbotschaft und in die weltweite Verkündigung des Evangeliums hineingenommen. Nicht nur bei Paulus, auch in anderen Schriften wird Jesus Christus von der Geschöpflichkeit aller Menschen ausgenommen. Er war schon immer bei Gott und hatte an der Schöpfung Anteil. Diese aus dem Mythos herrührende Rede von der Präexistenz des Gottessohnes umschreibt die Bedeutsamkeit Jesu, die ihn von den anderen Menschen abhebt. Sein Heilswerk ist um so nötiger, als die ganze Schöpfung durch die Schuld der Menschen der Vergänglichkeit unterworfen ist, unter diesem Schicksal leidet und sehnlich auf die Lösung aus dem Todesschicksal wartet. Aus ihren eigenen Kräften vermag sie das nicht, zudem der Mensch der Anerkennung seines Wesens als Geschöpf und der ihm damit gesetzten Grenzen und Aufgaben schuldhaft immer wieder ausweicht. Die Hoffnung der Kreatur ist dann notwendig in das Christusgeschehen eingebunden, das sie endlich aus dem Leiden in die Herrlichkeit bringen soll.

Diese äußerst knappe Skizze, die sich vor allem auf Paulinische Texte stützt (vgl. bes. Röm 8), läßt deutlich werden, wie sich bei neuer Akzentsetzung durch den Bezug auf die Christusbotschaft doch Grundaussagen des alttestamentlichen Schöpfungsglaubens durchhalten.

Die *Schöpfungsvorstellung* ist, wie wir sahen, durchaus dem Boden des Polytheismus entwachsen. Bei ihrer Übernahme durch Israel stieß sie auf einen Gottesglauben, der durch geschichtliche Erfahrungen mit diesem Gott sowie durch dessen Forderung der Alleinverehrung (1. Gebot) geprägt war. Diese Auseinandersetzung bewirkte einschneidende Veränderungen der Schöpfungsvorstellung, die der Eigenart des Gottesglaubens Israels entsprachen:

- Die Schöpfung wurde der Heilsgeschichte vorgeordnet bzw. in sie einbezogen.
- Die Schöpfung wurde ein Argument für die Souveränität und alleinige Macht Gottes.
- Die Schöpfung wurde zunehmend als ein letztlich unerkennbarer und nicht hinterfragbarer Vorgang verstanden (Zurückdrängung und Entleerung des Mythos, Verringerung des weltbildhaften „Wissens").

In dieser Interpretation blieb die Schöpfung kein bloßes weltbildhaftes Geschehen (als Denkvoraussetzung) – das für den Glauben wenig bedeutsam wäre. Sie wurde zur Schöpfungstheologie, wuchs in das Bekenntnis hinein und gewann zunehmende Bedeutung als theologische und anthropologische Aussage.

9 Aus: E. Gerstenberger / K. Jutzler / H. J. Boecker: Psalmen in der Sprache unserer Zeit. Neukirchen-Vluyn/Zürich/Einsiedeln/Köln ²1976, S. 23.

10 Werner H. Schmidt: Alttestamentlicher Glaube in seiner Geschichte. Neukirchen-Vluyn ⁴1982, S. 179.

Ihre eigentliche Wirkungskraft entfaltete die Schöpfungstheologie nicht aus sich selbst, sondern auf dem Hintergrund des 1. Gebotes. In der Bindung an den Gott des 1. Gebotes ergaben sich vom Schöpfungsglauben her gewichtige Folgerungen für das Welt- und Menschenverständnis:

• Die *Entgötterung* der Welt: Das 1. Gebot bestritt den Polytheismus an sich nicht. Es setzte sogar das Vorhandensein anderer Götter voraus, verlangte aber von Israel, daß es ausschließlich seinem Gott dienen sollte – eine in den Religionen des Alten Vorderen Orients einmalige Forderung. Mit der Übertragung der Schöpfungsvorstellung auf diesen für Israel einzig „zuständigen“ Gott mußte sich nahezu zwangsläufig auch die Überzeugung einstellen, daß die anderen Götter bestenfalls auch nur Geschöpfe, wenn nicht gar „Nichtse“ seien. So hat der mit dem 1. Gebot verbundene Schöpfungsglaube die Herausbildung des Monotheismus wirksam vorangetrieben.

• Die *Entdämonisierung* der Welt: Natur und Menschheit werden nicht mehr von göttlichen und halbgöttlichen Wesen erfüllt, mit deren Hinterlist man rechnen und deren Ansprüche man in allen möglichen Lebenslagen berücksichtigen muß.

• Die *Entmagisierung* der Welt: Da diese nur noch Geschöpf ohne göttliche Kräfte ist, kann und braucht man sie nicht durch Mittel der Zauberei und der Beschwörung zu beeinflussen.

• Die *Entmythisierung* der Welt und die Freiheit zur rationalen Welterklärung: Die Vorgänge in der Welt sind nicht mehr als Folgen von Geschehnissen im Götterkreis zu verstehen. Dadurch entfiel auch jede wirkende Macht der Gestirne, wie sie sogar bis heute in der Horoskopgläubigkeit fortwirkt. Die Erkenntnis von der Geschöpflichkeit der Gestirne gab das Universum mit den Himmelskörpern der wissenschaftlichen Erforschung frei. Diese Entgötterung der Welt mit allen Nebenwirkungen bedeutete für den Menschen eine unermeßliche Befreiung. Man hatte weder mit göttlichen Wesen noch mit dämonischen Mächten im eigenen Lebens- und Erfahrungsbereich zu rechnen. Welt, Natur, Menschheit, Gesellschaft, Kultur und Wissenschaft gehörten auf die Seite des Geschöpflichen und waren von dem Schöpfer durch einen gewaltigen Abstand getrennt. Sie waren nun dem Menschen als Erkenntnisgegenstand und Arbeitsfeld anvertraut.

• Die Offenheit zum *Kulturwirken:* Sie tritt an den Platz einer kultisch-rituellen Verehrung von Natur und Vegetation als Gottwesen.

• Die Offenheit zur *Wissenschaft:* Die denkend-experimentelle Erforschung von Vorgängen in Natur und Menschheit tritt an die Stelle eines Verharrens in der statischen, mythologischen Weltinterpretation.

• Die Entwicklung eines neuen *Gesellschaftsverständnisses:* Die Gesellschaftsordnung wurde nun als eine menschliche Institution erfahrbar, da ihre Verwurzelung in mythisch-rituellen Vorstellungen und die Vergöttlichung oder Heroisierung ihrer Repräsentanten (z.B. im „göttlichen Königtum“) wegfiel. War dieser heilige Charakter erst einmal verschwunden, war die Gesellschaft Anfragen, Kritiken und Veränderungsversuchen offen. Die biblischen Überlieferungen bezeugen, daß es der Wille Gottes war, an welchem der Zustand der Gesellschaft gemessen und (in der prophetischen Sozialkritik) völlig verurteilt wurde.

• Die Entwicklung eines radikalen *Geschichtsverständnisses:* Der Mensch, jeder vermeintlichen göttlichen oder dämonischen Kraft in sich entkleidet, muß sich als geschichtlich Existierender verstehen. Er ist, selbst Geschöpf und daher der Hilfe bedürftig, in die kreatürliche Welt gestellt und auf die Verantwortung für sie festgelegt. In der Fürsorge für die Welt und in der Wahrung ihres Bestandes liegt seine Aufgabe.

• Die *Bejahung des Geschöpfseins* und damit der Begrenztheit der menschlichen Existenz: Als Geschöpf findet der Mensch seine natürlichen Grenzen in seiner Vergänglichkeit und seiner Fehlbarkeit. Er ist nicht ewig, sondern endlich; er ist nicht allwissend, sondern dem Irrtum unterworfen; er ist nicht allmächtig, sondern in seinen Möglichkeiten beschränkt. Er ist und bleibt auf seinen Schöpfer angewiesen. Er muß sich das Gelingen schenken lassen, und er muß dafür danken können. Ausgeschlossen ist damit eine Ideologisierung der menschlichen Möglichkeiten und der Wissenschaft, die große Versuchung, welche die wissenschaftlich-technischen Revolutionen der Neuzeit mit sich gebracht haben. Uns ist es aufgegeben, wieder bescheidener zu werden, unsere Grenzen nicht nur wahrzunehmen, sondern auch anzunehmen, unserer Verantwortung innezuwerden und schließlich die durch ein vordergründiges Nutzdenken verschüttete Freude an der Schöpfung sowie den Lobpreis des Schöpfers wiederzugewinnen.

(6) (a) Wie beurteilen Sie das Verhältnis der biblischen Schöpfungstheologie zu den Theorien der neuzeitlichen Naturwissenschaft über die Entstehung der Welt und die Entwicklung des Menschen?

....
....
....
....
....
....
....
....
....
....
....
....
....
....

(b) Wie beurteilen Sie den Beitrag der Schöpfungsberichte und des Schöpfungsglaubens zur gegenwärtigen Diskussion um die Umweltkrise?

....
....
....
....
....
....
....
....
....
....
....
....
....
....

18. Rechtfertigung

Autor der Studieneinheit: Wilfried Härle

Wilfried Härle (43), Professor für Systematische Theologie an der Philipps-Universität Marburg. Studium der evangelischen Theologie in Heidelberg und Erlangen. 1969 Promotion zum Dr. theol. in Bochum, 1973 Habilitation für „Systematische Theologie" in Kiel. 1977–78 Dozent für Philosophie an der Theologischen Fakultät der Universität Groningen. Seit 1978 in Marburg. *Veröffentlichungen* zur Theologie Karl Barths, zur Rechtfertigungslehre (teilweise zusammen mit E. Herms) sowie zur Ethik. Studienbuch „Systematische Philosophie".

Allgemeine Einführung

Sowohl bei der Entstehung des Christentums (d.h. bei seiner Trennung vom Judentum) als auch bei der Entstehung des Protestantismus (d.h. bei seiner Trennung vom römischen Katholizismus) haben die unterschiedlichen Auffassungen über die Rechtfertigungslehre eine entscheidende Rolle gespielt. Aus verschiedenen Gründen ist das Interesse an der Rechtfertigungslehre aber in der Neuzeit (bis in die Gegenwart hinein) im allgemeinen Bewußtsein und auch in der Christenheit zurückgetreten und hat anderen – scheinbar oder tatsächlich wichtigeren – Fragen Platz gemacht. Deswegen ist es heute nicht mehr selbstverständlich zu wissen, worum es in dieser Lehre überhaupt geht und auf welche Fragen sie eine Antwort geben will. Unter der Voraussetzung, daß die Rechtfertigungslehre auch heute noch eine entscheidende Bedeutung für den Menschen besitzt, werden jedoch die unterschiedlichen Fassungen und Interpretationen dieser Lehre wichtig. Was heißt es, „gerechtfertigt" zu werden? Wer rechtfertigt den Menschen? Unter welchen Bedingungen geschieht dies? Und was bedeutet das für den Menschen?

Die christliche Rechtfertigungslehre geht von der Überzeugung aus, daß die Beziehung zu Gott, unserem Schöpfer, der sich in Jesus Christus als der barmherzige Vater geoffenbart hat, die grundlegende Beziehung für den Menschen ist, von der alle Aspekte und Bereiche seines Lebens bestimmt werden. Wegen dieses grundsätzlichen Charakters wurde in der Geschichte der christlichen Kirche und Theologie immer wieder betont, daß die Rechtfertigungslehre kein Einzelthema der christlichen Glaubenslehre neben anderen sei, sondern das Zentralthema bzw. der Interpretationsschlüssel für alle anderen Themen.

Der Streit über diese Fragen hat – wie gesagt – nicht nur Judentum und Christentum, sondern auch Katholizismus und Protestantismus dauerhaft entzweit. Bestehen die Gegensätze über diese Fragen in alter Schärfe weiter? Gibt es Annäherungen oder sogar noch unausgeschöpfte Einigungsmöglichkeiten? Kann die Trennung der „semitischen Religionen" und der christlichen Konfessionen im Hinblick auf die Rechtfertigungslehre überwunden werden, oder besteht sie nach wie vor zu Recht und ist theologisch zu verantworten?

Nach dem Durcharbeiten dieser Studieneinheit sollen Sie in der Lage sein,

- die wichtigsten unterschiedlichen Auffassungen zur Rechtfertigungslehre von der Zeit des Neuen Testaments bis zur Neuzeit darzustellen;
- die Bedeutung dieser Unterschiede für das Verständnis des Christseins und des menschlichen Lebens zu beurteilen;
- die Ursachen und Folgen des Zurücktretens der Rechtfertigungslehre in der Neuzeit zu beschreiben.

Aktuelle theologische Fragestellungen im Umkreis der Rechtfertigungslehre

Wenn die Rechtfertigungslehre es mit der Frage nach der grundlegenden Beziehung zu tun hat, von der Sinn und Wert menschlichen Lebens abhängt, dann besteht naturgemäß eine unmittelbare Beziehung zwischen der Rechtfertigungslehre und den Fragen nach dem Menschsein, nach unserem Verständnis von Wesen und Bestimmung des Menschen *(Anthropologie)*.

In diesem Zusammenhang meldet sich mit Nachdruck die Frage, wie sich denn die Rechtfertigungslehre zur Lehre vom rechten Handeln des Menschen *(Ethik)* verhalte. Konkurrieren beide letztlich miteinander? Oder ist gerade das ethische Handeln dasjenige, woran die Entscheidung über Sinn und Wert des menschlichen Lebens fällt?

Außerdem bildet auch noch heute einen wesentlichen Streitpunkt im Umfeld der Rechtfertigungslehre, was diese Lehre für das Verständnis der Kirche bedeute *(Ekklesiologie)*. Welches Kirchenverständnis ist also der Rechtfertigungslehre angemessen? Oder: Welche Kritikpunkte ergeben sich von der Rechtfertigungslehre her am Selbstverständnis und an der Gestalt der Kirche?

Schließlich ist mit einer solchen grundlegenden Beziehung offenbar etwas gemeint, was letztgültig über Sinn und Wert menschlichen Lebens entscheidet. Damit stellt sich – ganz zu Recht – eine Gedankenverbindung zu einem „Jüngsten" (letzten) Gericht ein, in dem endgültig und unbestechlich über den Menschen entschieden wird. Damit haben wir als weiteren Bezugspunkt der Rechtfertigungslehre die Lehre von den „letzten Dingen" *(Eschatologie)*.

Wir wollen an diesen 4 Problemfeldern die aktuelle theologische Bedeutung der Auseinandersetzungen um die Rechtfertigungslehre verdeutlichen:

1. Anthropologie, 2. Ethik, 3. Ekklesiologie, 4. Eschatologie.

Rechtfertigung und Anthropologie

Für den Menschen ist charakteristisch, daß er nicht nur in einer Beziehung zu seiner Umwelt, sondern immer auch in einer Beziehung zu sich selbst existiert. Er macht mit sich selbst Erfahrungen. Er nimmt sich wahr. Er denkt über sich nach. Er setzt sich Ziele. Mit diesen Beziehungen ist immer so etwas wie eine Distanz zu sich selbst verbunden, und diese hat zur Folge, daß er mit sich uneins, in sich entzweit, von sich entfremdet sein kann.

Beispiele: Ich mache an mir selbst die Erfahrung, daß ich andere bevormunde, obwohl ich das gar nicht will. Oder ich setze mir Ziele, von denen ich weiß, daß ich sie nicht erreichen kann.

Der Mensch ist nicht einfach – wie ein Stein – mit sich selbst identisch; seine Identität ist bedroht und muß immer neu im Wechsel der Lebensgeschichte gewonnen werden. Dies ist aber nur möglich, indem er über sich selbst nachdenkt und sich selbst bestimmt. Dabei spielen das Vorbild, die Berichtigung oder die Kritik anderer Menschen eine wichtige Rolle. Andere sagen zu mir: „Du kannst gut zuhören", oder: „Du gehst uns mit Deiner Rechthaberei auf die Nerven." Solche – ausgesprochenen oder unausgesprochenen – Urteile beeinflussen und prägen von klein auf unsere Selbstbeurteilung. Aber wenn der Prozeß der Einordnung des Einzelnen in die Gemeinschaft *(Sozialisation)* gelingt, dann wird der Mensch von solchen Urteilen seiner Umwelt auch ein Stück weit unabhängig. Er hat sein eigenes Urteil (auch über sich selbst), in dem er sich nicht so leicht irremachen läßt.

Wie erlangt der Mensch diese Selbständigkeit und Unabhängigkeit? Eine weithin anerkannte psychologische Theorie sagt, daß Identität nur ausgebildet werden könne auf der Basis von „Urvertrauen“, das heißt auf der Basis einer grundlegend positiven Einstellung zur Wirklichkeit und zum eigenen Leben.[1] Und solches Urvertrauen setze voraus, daß der Mensch vor allem in seiner frühen Kindheit die Erfahrung des Angenommenseins und verläßlicher positiver Beziehungen gemacht hat.

Was haben diese Überlegungen mit Rechtfertigung zu tun? Könnte Rechtfertigung verstanden werden als diejenige positive Grundbeziehung für den Menschen, die ihm Selbstannahme ermöglicht? Wird mit der Rechtfertigung Gottes eine Instanz zur Sprache gebracht, die uns in ganz grundlegender Weise die Erfahrung des Angenommenseins und einer verläßlichen positiven Grundbeziehung erschließt? Kann also Rechtfertigung Urvertrauen vermitteln? Ist Gottes rechtfertigendes Urteil vielleicht sogar die Größe, die uns ein Stück weit vom Urteil der anderen, ja sogar vom eigenen Urteil unabhängig machen könnte? (Vgl. 1 Kor 4,1–5)

Aber im Blick auf das Menschenbild stellen sich von der Rechtfertigungslehre her weitere Fragen: Können wir davon ausgehen, daß der Mensch von Natur aus gut und „annehmbar“ ist, oder muß er dazu erst gemacht werden? Und wenn letzteres der Fall ist: Wodurch? Sind wir vom Beginn unseres Lebens an in Unrecht und Sünde verstrickt, oder geraten wir erst durch unsere eigenen falschen Entscheidungen in solche Verstrickungen hinein?

Beispiel: Was bedeutet es, daß wir in ein Gesellschaftssystem hineingeboren wurden, dessen Wohlstand zu einem erheblichen Teil (wenn auch auf komplizierte und schwer durchschaubare Weise) auf der wirtschaftlichen Benachteiligung der „Dritten Welt“ beruht? Sind wir damit vom Beginn unseres Lebens an in so etwas wie einen Sünden-Zusammenhang verwickelt? Oder haben wir erst dann an dieser Sünde Anteil, wenn wir uns dessen bewußt sind und nichts dagegen tun, obwohl wir es könnten?

Wie ist es überhaupt um unsere ethischen Fähigkeiten bestellt? Können wir, wenn wir nur wollen, das Gute tun? Oder muß uns diese Fähigkeit erst zuteil werden? Verfügen wir eigentlich über unseren Willen? Und wie ist es mit der Freiheit des Menschen bestellt?

Die letztgenannten Fragen scheinen alle schon vorauszusetzen, daß die für den Menschen grundlegende Beziehung durch dessen rechtes Handeln bestimmt wird und von ihm abhängt. Aber ist das eigentlich so sicher? Und was bedeutet das für Menschen, deren Handlungsmöglichkeiten weitgehend eingeschränkt oder fast nicht mehr vorhanden sind? Worauf kommt es eigentlich letztlich im menschlichen Leben an? Alle diese Fragen werden innerhalb der Rechtfertigungslehre angesprochen, und viele von ihnen sind auch innerhalb der christlichen Tradition durchaus strittig. Deshalb wird es so sein, daß wir am Ende der Studieneinheit nur verhältnismäßig wenige einmütige Antworten auf die Fragen nach dem Menschen in der Hand haben werden. Aber vielleicht können gerade diese Strittigkeit und Offenheit etwas von der Bedeutung und dem Gewicht dieser Fragen bewußtmachen.

Rechtfertigung und Ethik

Auf einige ethische Grundfragen sind wir schon im ersten Abschnitt gestoßen. Und das war kein Zufall. Denn der Mensch kann nicht nur, er muß wählen, sich verhalten, handeln. Und er kann dabei zu sich selbst, zu seinen Mitmenschen, zu seiner Umwelt in Zwiespalt geraten. Die grundlegenden Beziehungen seines Lebens können gestört/zerstört werden. Woran soll sich also menschliches Handeln orientieren? Und welche Bedeutung kommt dem rechten Handeln für die grundlegende(n) Beziehung(en) zu?

1 Siehe hierzu vor allem E. H. Erikson: Wachstum und Krisen der gesunden Persönlichkeit. In: Ders.: Identität und Lebenszyklus (1961). Frankfurt [7]1981, S. 55ff.

Es wird sich durchgehend zeigen, daß wir damit das Grundproblem der Rechtfertigungslehre angesprochen haben. Dabei lassen sich – vereinfacht – 3 Grundpositionen unterscheiden:

1. Rechtfertigung ist allein vom rechten Handeln des Menschen abhängig. Gott rechtfertigt den, der sich durch sein Handeln als gerecht erwiesen hat. Dabei kann hier die Frage offenbleiben, ob der Mensch zum rechten Handeln der Unterstützung durch Gottes Hilfe bedarf oder ob er dies aus eigener Kraft zustande bringt.

2. Rechtfertigung ist nicht ausschließlich, aber auch vom rechten Handeln des Menschen abhängig. Sie beruht zwar entscheidend auf Gottes Gnade und/oder dem Glauben des Menschen; aber nur wenn das rechte Handeln hinzukommt, rechtfertigt Gott den Menschen.

3. Rechtfertigung ist vom rechten menschlichen Handeln unabhängig; sie erfolgt allein aus Gnade und/oder allein aus Glauben. Dabei kann das rechte Handeln als Auswirkung der Rechtfertigung verstanden werden, also als etwas, was notwendigerweise hinzukommt, oder als etwas in diesem Zusammenhang völlig Gleichgültiges.

Der stärkste Bezug zwischen Rechtfertigung und Ethik steht offenbar im 1. Modell. Aber es erhebt sich der Einwand, ob ein rechtes Handeln, das Mittel zum Zweck der eigenen Rechtfertigung ist, überhaupt noch rechtes Handeln sei. Liefert also das 3. Modell die solidere Verknüpfung: rechtes Handeln als Konsequenz der Rechtfertigung? Aber was, wenn diese Konsequenz nun ausbleibt? Wird dann die Rechtfertigung gewissermaßen zurückgenommen? Dann war das Handeln offenbar doch eine – nachträgliche – Bedingung. Es handelte sich dann bloß um „Rechtfertigung auf Bewährung“. Oder bleibt die Rechtfertigung unabdingbar in Kraft? Aber ist sie dann nicht ein Freibrief für jede denkbare ethische Verkommenheit? Also vielleicht das 2. Modell als „goldener Mittelweg“, der beide Gefahren vermeidet? Oder handelt es sich dabei gar nicht um den goldenen Mittelweg, sondern viel eher um einen „faulen Kompromiß“, der gerade beide Gefahren verbindet?

Ein besondere Frage soll noch kurz angesprochen werden, obwohl sie – wegen ihrer Schwierigkeit – in dieser Studieneinheit selbst keine Rolle spielt. Aber sie ist in den neuesten Diskussionen über Fragen der Gesellschafts- und Wirtschaftsordnung immer wieder aufgetaucht und ist für unsere Gegenwart von großer Wichtigkeit. Es handelt sich um das Verhältnis von Rechtfertigung und Leistung.

Was bedeutet eine bestimmte Position in der Rechtfertigungslehre für die Frage nach der Bedeutung von Leistung für den einzelnen und für die gesamte Gesellschaft? Müssen Rechtfertigungslehre und Gesellschaftsordnung an diesem Punkt parallel gehen, einander entsprechen, oder handelt es sich dabei um ganz unterschiedliche Sachverhalte? Was folgt beispielsweise aus der Aussage, die Rechtfertigung des Menschen hänge nicht von seiner Leistung ab, für die Rechtmäßigkeit und den Stellenwert des Leistungsprinzips in der Gesellschaft, etwa in der Schule, im Beruf und in der Wirtschaft? Oder welche Auswirkungen hat umgekehrt die Anerkennung von Leistung als Prinzip der Gesellschaft auf die Rechtfertigungslehre? Können und sollen sich kirchliche Stellungnahmen zu gesellschaftlichen Fragen an der Rechtfertigungslehre orientieren? Wenn ja, in welcher Weise? Läßt sich Rechtfertigung gesellschaftlich umsetzen? Oder ist sie ein gesellschaftlich unwesentliches Geschehen am Einzelmenschen? Oder gibt es andere Zusammenhänge zwischen beiden?[2]

2 Vgl. Denkschrift der EKD: „Leistung und Wettbewerb“, sowie A. H. Gunneweg / W. Schmithals: Leistung, 1978; K. H. Gesell: Rechtfertigung und Leistung, 1975. (Vgl. dazu die Bibliographie im „Anhang“.)

Rechtfertigung und Ekklesiologie

Die zuletzt gestellten ethischen Fragen betreffen auch die Kirche als Institution. Muß nicht wenigstens dieser Teil der Gesellschaft den Prinzipien der (jeweiligen) Rechtfertigungslehre entsprechen? Muß es also nicht wenigstens in den christlichen Kirchen weniger leistungsorientiert, weniger gesetzlich und dafür „gnädiger“ zugehen als normalerweise in der Gesellschaft?

Was bedeutet die Rechtfertigung überhaupt für die Gestalt, den Aufbau und das Wirken der Kirche?

Man kann – idealtypisch – zwei Positionen zu dieser Frage unterscheiden, die sich nicht notwendigerweise gegenseitig ausschließen, die aber doch ganz unterschiedliche Akzente setzen:

- Die Kirche ist von Gott gerechtfertigt. Das bezieht sich auf ihre einzelnen Glieder, aber auch auf die Kirche im ganzen. Und zufolge dieser geschehenen Rechtfertigung ist der Kirche der Geist Gottes gegeben, der sie vor Verfehlung und Irrtum bewahrt. Diese gerechtfertigte Kirche hat den Auftrag, die ihr anvertraute Gnade verantwortlich zu bewahren, zu verwalten und weiterzugeben.
- Auch die Kirche bedarf immer neu der Rechtfertigung durch Gott. Das gilt für die einzelnen Glaubenden, aber auch für die Kirche im ganzen. Die Kirche hat nicht den Heiligen Geist, sondern sie muß ihn immer neu erbitten, damit sie vor Verfehlung und Irrtum bewahrt werde. Diese der Rechtfertigung bedürftige Kirche hat den Auftrag, die Botschaft von Gottes rechtfertigendem Handeln sich selbst immer neu zusprechen zu lassen und zu verkündigen.

Das in der ersten Position angedeutete Kirchenverständnis vermittelt ein hohes Maß an Sicherheit und Orientierung. Man weiß, wohin man sich zu wenden hat und wo das Heil und die Wahrheit zu finden sind. Andererseits besteht hier immer die Gefahr der kirchlichen Selbstsicherheit und des Machtdenkens. Die Kirche dieses Typus neigt dazu, das letztgültige Urteil Gottes in die eigene Regie zu nehmen und sich damit eine Position anzumaßen, die keinem Menschen zukommt.

Diese Gefahr ist beim Kirchenverständnis der zweiten Position grundsätzlich ausgeschlossen. Die Menschlichkeit, Fehlbarkeit und Rechtfertigungsbedürftigkeit dieses Kirchentypus stehen (im Prinzip) außer Frage. Aber bleibt eine solche Kirche ihrer Umwelt dadurch nicht vielleicht die Orientierung und Vergewisserung schuldig, die man – zu Recht? – von ihr erwartet?

Die Frage, ob die Rechtfertigungslehre heute noch die Kirchen trennt, kann man nur dann verantwortlich beantworten, wenn man den Zusammenhang zwischen Rechtfertigungslehre und Kirchenlehre (einschließlich der Lehre vom Amt) sorgfältig bedacht hat.

Abb. 1: Die allgemeine Totenauferstehung und das Endgericht

Die allgemeine Totenauferstehung und das Endgericht.

[11]Und ich sah einen großen, weißen Stuhl und den, der daraufsaß; vor des Angesicht floh die Erde und der Himmel, und ihnen ward keine Stätte gefunden. [12]Und ich sah die Toten, beide, groß und klein, stehen vor Gott, und Bücher wurden aufgetan. Und ein anderes Buch ward aufgetan, welches ist das Buch des Lebens. Und die Toten wurden gerichtet nach der Schrift in den Büchern, nach ihren Werken. [13]Und das Meer gab die Toten, die darin waren, und der Tod und die Hölle gaben die Toten, die darin waren; und sie wurden gerichtet, ein jeglicher nach seinen Werken. [14]Und der Tod und die Hölle wurden geworfen in den feurigen Pfuhl. Das ist der andere Tod. [15]Und so jemand nicht ward gefunden geschrieben in dem Buch des Lebens, der ward geworfen in den feurigen Pfuhl.

Aus: Das Neue Testament unsers Herrn und Heilandes Jesu Christi nach der deutschen Übersetzung D. Martin Luthers. Mit Bildern von Rudolf Schäfer. Stuttgart 1963, S. 393.

Rechtfertigung und Eschatologie

Die Eschatologie handelt von der letzten Bestimmung und vom endgültigen Ziel der Welt. Damit ist sie in gewisser Hinsicht das Gegenstück zur Lehre von der Schöpfung. Handelt diese vom Ursprung und Grund der Welt, so jene von deren Vollendung. Zu den „letzten Dingen“ gehört für den christlichen Glauben – wie übrigens auch für Judentum und Islam – das Jüngste (d. h. letzte) Gericht („... zu richten die Lebenden und die Toten“). Damit hat der Gedanke eines letztgültigen, weil alles durchschauenden und einbeziehenden Urteils Gottes eine anschauliche Gestalt gewonnen.

Die Rechtfertigungslehre steht immer schon in diesem eschatologischen Horizont, weil es in ihr um die grundlegende Beziehung des Menschen zu Gott geht, die über Sinn und Wert des menschlichen Lebens letztgültig entscheidet. Aber für viele Menschen unserer Zeit sind gerade die eschatologischen Vorstellungen wie Wiederkunft Christi, Auferstehung der Toten, ewiges Leben und auch Jüngstes Gericht (einschließlich Himmel und Hölle) schwer verstehbar und noch schwerer nachvollziehbar geworden. Kann man diese eschatologischen Vorstellungen durch die Rechtfertigungslehre erneuern und in unsere Gedankenwelt hereinnehmen?

Nehmen wir zwei Aussagen aus dem Johannesevangelium:
„Wer glaubt, hat das ewige Leben“ (6,47).
„Wer an ihn glaubt, wird nicht gerichtet, wer nicht glaubt, ist schon gerichtet“ (3,18).

Sind hier wesentliche eschatologische Aussagen unter Bezugnahme auf Elemente der Rechtfertigungslehre „entmythologisiert“ und in nachvollziehbare Vorstellungen übersetzt worden? Ist damit alles gesagt, oder lassen sich von hier aus auch andere Vorstellungen neu erschließen? Dann wäre die Rechtfertigungslehre vielleicht nicht ein Ersatz für die Eschatologie, sondern ein neuer Zugang zu ihr?

Die Aussagen aus dem Johannesevangelium weisen aber nicht nur auf diesen Problemaspekt hin, sondern auch erneut auf die Frage nach dem Maßstab für das letztgültige Urteil Gottes über den Menschen. Joh 3,18 und 6,47 nennen eindeutig und ausschließlich den Glauben an Jesus Christus als den Maßstab, an dem schon jetzt das Urteil über den Menschen fällt. Aber in Off 20,12 heißt es eindeutig: „sie wurden gerichtet, ein jeglicher nach seinen Werken“.

Und auch nach der Aussage des bekannten Gleichnisses vom Weltgericht in Mt 25 macht der Menschensohn sein Urteil davon abhängig, was ein Mensch für einen seiner geringsten Brüder getan bzw. nicht getan hat (Mt 25,40 und 45). Schließlich gibt es sogar bei Paulus, der doch die Auffassung vertritt, der Mensch werde gerechtfertigt „durch Glauben, unabhängig von Werken des Gesetzes“ (Röm 3,28), an verschiedenen Stellen Aussagen über ein Gericht Gottes, das sich an den Werken des Menschen orientiert bzw. auf sie bezieht:

„Denn wir alle müssen vor dem Richterstuhl Christi offenbar werden, damit jeder seinen Lohn empfängt für das Gute oder Böse, das er im irdischen Leben getan hat“ (2 Kor 5,10) sowie „. . . einen anderen Grund kann niemand legen als den, der gelegt ist: Jesus Christus. Ob aber jemand auf dem Grund mit Gold, Silber, kostbaren Steinen, mit Holz, Heu oder Stroh weiterbaut: das Werk eines jeden wird offenbar werden; jener Tag wird es sichtbar machen, weil es im Feuer offenbart wird. Das Feuer wird prüfen, was das Werk eines jeden taugt. Hält das stand, was er aufgebaut hat, so empfängt er Lohn. Brennt es nieder, dann muß er den Verlust tragen. Er selbst aber wird gerettet werden, doch so wie durch Feuer hindurch.“ (1 Kor 3,11–15)

Lassen sich die verschiedenen Aussagen miteinander vereinbaren – etwa so, wie Paulus das in dem zuletzt zitierten Text aus 1 Kor 3 andeutet –, oder bleiben hier unauflösbare Spannungen?

Haben diese Gedanken und Vorstellungen eine Bedeutung nur für unser individuelles Leben und Sterben, oder gibt es hier auch einen Bezug zu den uns alle bewegenden Fragen nach der Zukunft der Menschheit und der Welt? Eröffnet die Rechtfertigungslehre für die Welt eine Perspektive der Zukunft und der Hoffnung?

In den kommenden vier Kapiteln dieser Studieneinheit werden Sie eine Reihe von Antworten kennenlernen, die innerhalb der christlichen Überlieferung auf die Fragen gegeben werden, die wir in diesem vorangestellten Kapitel unter verschiedenen Aspekten angerissen haben. Dabei werden wir so vorgehen, daß wir uns zunächst mit dem Ursprung der Rechtfertigungslehre im Neuen Testament beschäftigen, dann deren Wirkungsgeschichte in der Alten Kirche und im Mittelalter an einigen exemplarischen Punkten kurz betrachten; sodann uns der Rechtfertigung als dem Zentralthema der Reformationszeit zuwenden und mit einem Abschnitt über „Rechtfertigung im neuzeitlichen Lebenszusammenhang“ den geschichtlichen Überblick abschließen.

In diesen vier Kapiteln werden Sie keine einmütigen, sondern oftmals umstrittene Antworten kennenlernen. Deswegen sind Ihre eigene Urteilsbildung und Stellungnahme ganz unerläßlich. Wir möchten Sie daher anregen, auf den folgenden Zeilen die Antwort festzuhalten, die Sie jetzt – nach der Lektüre dieses einleitenden Kapitels – auf die Frage gäben.

(1) Wovon ist die grundlegende Beziehung des Menschen zu Gott abhängig bzw. wodurch wird diese Beziehung bestimmt? Versuchen Sie, dabei auch Gründe für Ihre Auffassung anzugeben.

....
....
....
....
....
....
....
....
....
....
....
....
....
....
....
....

Rechtfertigung im Neuen Testament

Die christliche Rechtfertigungslehre ist eine theologische Schöpfung des Apostels Paulus. Um das entscheidend Neue an ihr zu verstehen, müssen wir jedoch kurz den alttestamentlich-frühjüdischen Hintergrund betrachten, von dem sie sich abhebt. Wir fragen sodann, worin inhaltlich das Besondere dieser Paulinischen Lehre besteht. Weiter wollen wir uns der Frage stellen, ob diese Lehre mit der Verkündigung, dem Wirken und dem Geschick Jesu Christi übereinstimmt, so daß sie als angemessene Entfaltung und Deutung seiner Sendung bezeichnet werden kann. Schließlich wollen wir wenigstens kurz danach fragen, wie sich die Paulinische Rechtfertigungs-Theologie zu den entsprechenden Aussagen in den übrigen Schriften des Neuen Testaments verhält.

Der alttestamentlich-frühjüdische Hintergrund der Paulinischen Rechtfertigungslehre

Paulus war ein theologisch gebildeter Pharisäer, das heißt, er war ein frommer Jude, der das Alte Testament und die Überlieferungen des Volkes Israel nicht nur durch und durch kannte, sondern der auch danach trachtete, den Willen Gottes in allen Einzelheiten zu befolgen. Rückblickend konnte er von sich sagen:

„Ihr habt doch gehört, wie ich früher als gesetzestreuer Jude gelebt habe ... In der Treue zum jüdischen Gesetz übertraf ich die meisten Altersgenossen in meinem Volk und mit dem größten Eifer setzte ich mich für die Überlieferungen meiner Väter ein" (Gal 1,13f.), oder: „Ich wurde am 8. Tag beschnitten, bin aus dem Volk Israel, vom Stamm Benjamin, ein Hebräer von Hebräern, lebte als Pharisäer nach dem Gesetz ... und war untadelig in der Gerechtigkeit, wie sie das Gesetz vorschreibt" (Phil 3,5f.).

Aus diesen beiden Äußerungen geht deutlich hervor, welche Bedeutung das Gesetz für die jüdische Frömmigkeit hatte. Will man die Bedeutung des Gesetzes-Gedankens für die jüdische Frömmigkeit richtig verstehen, so muß man vor allem auf die Vorstellung von der Erwählung bzw. vom Bund zurückgreifen: Israel wußte, daß Gott der Herr aller Völker sei und ihnen eine Ordnung gegeben habe. Israel selbst verstand sich im besonderen als das Volk, das Gott erwählt, aus Ägypten herausgeführt und mit dem er einen Bund geschlossen hatte. Die Satzung für diesen Bund war das Gesetz, wie es beispielhaft in den Zehn Geboten zusammengefaßt, aber in einer Fülle von Einzelvorschriften und Bestimmungen auch auf die alltägliche Lebenspraxis hin ausgelegt worden war. Gesetz und Bund bildeten also eine untrennbare Einheit. Gott hatte seinem Volk das Gesetz gegeben, weil er es zu seinem Bundesgenossen haben wollte. Von seinem Bundespartner fordert Gott im Gesetz ebenso bundesgemäßes Verhalten, und das heißt – im biblischen Sinn des Wortes – „Gerechtigkeit", wie er selbst sich als „gerecht" erwiesen hat und erweisen wird. Gerecht ist der Mensch dann, wenn er sich dem Bund und seiner Satzung gemäß verhält. Gerecht ist Gott, weil er die Gerechtigkeit des Volkes mit Wohltaten vergilt, weil er den Unschuldigen nicht unterliegen und umkommen läßt.
Aber Israel weiß auch, daß die Geschichte des Bundes von Anfang an eine Geschichte menschlichen Ungehorsams und Bundesbruchs, also von menschlicher Ungerechtigkeit, ist. Insbesondere gegen das 1. Gebot hat das Volk fortgesetzt gesündigt. Das wird beispielhaft deutlich an der Erzählung vom Goldenen Kalb: Während Mose von Gott die Tafeln mit den Geboten erhält, macht sich das Volk ein Stierbild aus Gold, das es zu seinem sichtbaren Gott erklärt.

Gibt es angesichts dieser Situation, in die das ganze Volk und jeder einzelne verstrickt sind, überhaupt eine Möglichkeit der Rettung? Ja, sagen das Alte Testament und das Frühjudentum: Das Gesetz ist und bleibt der Weg zum Heil. Durch Umkehr und durch das Tun dessen, was das Gesetz gebietet, insbesondere durch das Geben von Almosen und durch andere Werke der Barmherzigkeit, kann der Mensch – vielleicht – Gottes Gnade und Vergebung erlangen. Durch Gesetzeserfüllung ist es dem Menschen möglich, gute Werke zu tun, die Gott im Gericht gegen die Sünden der Menschen aufwiegen wird. Hat der Mensch dann einen „Schatz von guten Werken" (4. Esra 8,36), so wird er von Gott im Endgericht gerecht gesprochen und geht in die ewige Seligkeit ein. Überwiegen hingegen seine Sünden, so wird er verurteilt und wird in die ewige Qual (Hölle) gestoßen.

Daneben findet im Alten Testament aber immer wieder die Hoffnung Ausdruck, Gott werde aus reinem Erbarmen dem Sünder vergeben (Ps 130,3f.), ihm ein neues Herz schenken und mit ihm einen neuen Bund schließen (Jer 31,31ff.; Ez 36,26f.). An diesen Stellen ist das Alte Testament sozusagen zum Neuen Testament hin offen.

Fassen wir die wesentlichen Gedanken noch einmal kurz zusammen:

- Das Gesetz ist seiner Absicht nach der Heilsweg für den Menschen und daher eine gute Gabe Gottes.
- Für den, der das Gesetz nicht hält, wird es jedoch zum Spiegel seiner Sünde und damit zum Maßstab seiner Verurteilung.
- Gott erweist sich gerecht, indem er den Bund mit seinem Volk einhält und dem Volk immer wieder die Möglichkeit der Umkehr gibt.
- Das Volk und der einzelne Israelit erweisen sich als gerecht, wenn sie den Bund mit Gott einhalten, also das Gesetz befolgen.
- Gott spricht den gerecht, dessen gute Werke seine Sünden aufwiegen. Vielleicht wird Gott sogar denen vergeben, die keinen Schatz an guten Werken erworben haben.

Das Alte Testament und das Frühjudentum kennen also durchaus die Vorstellung einer Rechtfertigung des Menschen durch Gott. Aber dabei gilt grundsätzlich: *Gott rechtfertigt nur den Gerechten.* Und gerecht ist, wer den Willen Gottes tut, wie er im Gesetz geoffenbart ist.

Grundzüge der Paulinischen Rechtfertigungslehre

Paulus hat die alttestamentlich-frühjüdische Anschauung von der Rechtfertigung des Gerechten umgestürzt, aber nicht, weil ihm dieser Heilsweg zu anstrengend gewesen wäre. Im Gegenteil, er konnte ja von sich sagen, er sei in der vom Gesetz vorgeschriebenen Gerechtigkeit „untadelig" gewesen und in seiner Treue zum jüdischen Gesetz habe er die meisten seiner Altersgenossen übertroffen (Gal 1,14). Wie kommt dieser Mann dann aber dazu, rückblickend zu sagen:

„Doch was mir damals ein Gewinn war, das habe ich um Christi willen als Verlust erkannt. Ja noch mehr: ich sehe alles als Verlust an, weil die Erkenntnis Christi Jesu, meines Herrn, alles übertrifft. Seinetwegen habe ich alles aufgegeben und halte es für Unrat, um Christus zu gewinnen und in ihm zu sein. Nicht meine eigene Gerechtigkeit suche ich, die aus dem Gesetz hervorgeht, sondern jene, die durch den Glauben an Christus kommt, die Gerechtigkeit, die Gott aufgrund des Glaubens schenkt (Phil 3,7–10).

Will man diesen radikalen Sinneswandel des Paulus verstehen, so muß man wenigstens zwei Ereignisse zur Erklärung heranziehen:

• Paulus ist in Berührung gekommen mit der christlichen Botschaft von der Auferweckung des Gekreuzigten, und er hat diese Botschaft offenbar durch den Teil der christlichen Gemeinde kennengelernt, für den die Befolgung des Gesetzes nicht mehr verbindlich und heilsnotwendig war. Diese „Hellenisten" hat Paulus als gesetzestreuer Pharisäer mit allem Eifer verfolgt (Phil 3,6; Gal 1,13; vgl. auch Apg 8,1–3 und 9,1–2).

• Paulus hatte ein (visionäres) Erlebnis, in dem er „sah" und erkannte: der Gekreuzigte, Jesus von Nazaret, lebt. Er ist von Gott auferweckt worden (1 Kor 9,1; 15,8; Gal 2,12 und 15f.; vgl. auch Apg 9,3ff.; 22,5ff.; 26,12ff.).

Dabei war für Paulus nicht die Erkenntnis umstürzend neu, daß Gott Tote auferwecken kann. Dies war für ihn als frommen Juden und Pharisäer vielmehr eine durchaus vertraute Vorstellung. Aber sein ganzes theologisches Denken geriet ins Wanken angesichts der Einsicht, daß Gott den Gekreuzigten, den doch das Gesetz verfluchte (Gal 3,13), auferweckt hat. Das hieß doch, daß Gott durch sein Handeln am Gekreuzigten die Heilsbedeutung des Gesetzes durchgestrichen und damit eine neue Weltzeit eröffnet hatte. Und für diese neue Weltzeit gilt: *Die Gerechtigkeit kommt nicht aus dem Gesetz, sondern aus dem Glauben an Christus.*

Wie begründet Paulus diese Aussage? Er erkennt in der Begegnung mit der Christusbotschaft, daß der Versuch des Menschen, sich durch das Tun des Gesetzes vor Gott als gerecht zu erweisen, dem Glauben an Gott als den Schöpfer und Herrn des Menschen widerspricht. Jeder solche Versuch hat ja – gerade wenn er (scheinbar) gelingt – zur Folge, daß der Mensch vor Gott einen Anspruch erwirbt, dessen er sich rühmen kann; einen Anspruch, den Gott (in seiner Gerechtigkeit) anzuerkennen und zu belohnen hat (Röm 4,4). Und Paulus sieht nun ein: mit dieser

Vorstellung werden die Hoheit und die Schöpfermacht Gottes grundsätzlich verkannt. Vor Gott gilt doch: „Was hast du, das du nicht empfangen hättest? Wenn du es aber empfangen hast, warum rühmst du dich, als hättest du es nicht empfangen?" (1 Kor 4,7). So erweist sich gerade der Versuch, vor Gott eine eigene Gerechtigkeit durch Gesetzesgehorsam zu erwerben, als Sünde, nämlich als Mißachtung Gottes (1 Kor 1,28f.). Aber mehr noch: Das Gesetz selbst verführt – entgegen seiner eigentlichen Absicht – den Menschen zur Sünde:

„Ich hätte ja von der Begierde nichts gewußt, wenn nicht das Gesetz gesagt hätte: Du sollst nicht begehren. Die Sünde erhielt durch das Gebot den Anstoß und bewirkte in mir alle Begierde, denn ohne das Gesetz war die Sünde tot. Ich lebte einst ohne das Gesetz; aber als das Gebot kam, wurde die Sünde lebendig, ich dagegen starb und mußte erfahren, daß dieses Gebot, das zum Leben führen sollte, den Tod bringt." (Röm 7,7–10)

Das heißt für Paulus nicht, daß das Gesetz selbst Sünde sei (Röm 7,7), aber das Gesetz erweist sich als unfähig, Sünde zu überwinden. Es bringt sie vielmehr ans Licht (Röm 3,20) und stachelt sie an.

Aber wenn das Gesetz durch Christus als untauglich erwiesen wird, den Menschen zum Heil zu führen – was hat das zur Folge? Für Paulus ist das Entscheidende die positive Erkenntnis, die sich an diese negative Einsicht anschließt bzw. ihr schon zugrunde liegt: „Christus ist das Ende des Gesetzes, und jeder, der an ihn glaubt, wird gerecht" (Röm 10,4). Das heißt, Gott hat in Christus den Weg zum Heil eröffnet: den Glauben. Durch den Glauben an Christus wird der Mensch aus Gottes Gnade gerechtfertigt, unabhängig von den Werken des Gesetzes (Röm 3,28). Das bedeutet:

- Der Mensch kann seine Rechtfertigung vor Gott nicht verdienen (durch Werke), sondern nur empfangen (durch den Glauben) (Gal 2,16).
- Gott rechtfertigt den, der kein Gerechter, sondern ein Sünder (Röm 3,23f.), ja ein Gottloser (Röm 4,5) ist.
- Im Kreuzestod und in der Auferweckung Jesu Christi hat Gott die Rechtfertigung des Sünders ein für allemal vollzogen und läßt sie nun im „Wort vom Kreuz" (1 Kor 1,18) allen Menschen verkündigen (Röm 5,6–11; 2 Kor 5,18–21).
- Im Glauben nimmt der Mensch dieses „für uns" Röm 8,32; 1 Thess 5,10) geschehene Heilsereignis an, indem er sich als einen versteht, der mit Christus gekreuzigt und auferweckt ist (Röm 6,3ff.; Gal 2,19f.); und er anerkennt gerade auf diese Weise die Schöpfermacht Gottes (Röm 4,17).

Mit diesen vier Thesen haben wir die Grundbestimmungen der Paulinischen Rechtfertigungslehre kurz erläutert, nämlich:

Rechtfertigung geschieht

– unabhängig von den Werken	– um Christi willen
– aus Gottes Gnade	– durch den Glauben

Dabei ist es wichtig, die Bedeutung des Paulinischen Verständnisses von „Glauben" richtig zu erfassen. Glaube ist für Paulus nicht die intellektuelle Zustimmung zur Heilsbedeutung von Kreuz und Auferstehung Jesu Christi, also nicht die Zustimmung zu einer Heilslehre, sondern die existentielle Aneignung dieses Ereignisses. Glauben heißt: sich selbst von diesem Heilsereignis her neu verstehen, und das heißt zugleich: auf diese Heilstat Gottes sein ganzes Vertrauen setzen. Deshalb und nur deshalb kann Paulus von einer Rechtfertigung durch den Glauben bzw. im Glauben sprechen.

Das mögliche Mißverständnis, als ginge es beim Glauben um eine intellektuelle (an Stelle einer moralischen) Leistung, die nun die neue (christliche) Vorbedingung für die Rechtfertigung wäre, wird ausgeschlossen durch die Erkenntnis, daß der Glaube von seinem Inhalt her die Verneinung allen Selbstruhmes ist. Wenn Glauben heißt, sein ganzes Vertrauen auf die Heilstat Gottes setzen, dann ist damit eben auch ausgeschlossen, daß man sein Vertrauen auf seinen eigenen Glauben setzen, ihn also als verdienstliches Werk betrachten könnte.

Glaube ist also für Paulus nicht eine Art einfachere oder minderwertige Ersatzleistung des Menschen an Stelle des eigentlich geforderten Gesetzesgehorsams, sondern die einzige der Wirklichkeit Gottes und des Menschen angemessene Weise, wie der Mensch seine Gerechtigkeit von Gott empfangen kann (Röm 4,17–22; Gal 3,6–11). Das heißt aber, der Glaube selbst ist der Beginn einer neuen, gottgewollten Existenz (2 Kor 5,17), in der der Mensch den Willen Gottes nicht nur erkennt, sondern auch vollbringt. Und deswegen werden die Glaubenden auch von der Verurteilung durch das Gesetz nicht mehr getroffen. Dem Glaubenden ist (mit dem Glauben) der Geist Gottes gegeben, der gute Früchte hervorbringt und darum „in der Liebe wirksam" wird (Gal 5,6 und 22f). Und gerade dadurch erfüllt der Glaubende den Willen Gottes, wie er im Gesetz Ausdruck gefunden hat (Röm 13, 8–10). Ja, man kann sogar im Sinne des Apostels Paulus sagen: Nur der Glaubende kann den Willen Gottes, wie er im Gesetz seinen Ausdruck findet, erfüllen (Röm 8,1–11).

Kommt es für Paulus also doch (auch) auf das Gesetz an? Ja und nein. Ja, weil das im Gesetz Gebotene gültig bleibt und – in der Liebe – gerade vom Glaubenden getan werden soll und getan wird. Nein, weil das Tun der Werke des Gesetzes niemals Mittel oder Bedingung für das Heil des Menschen sein kann:

Die Forderung Gottes an den Menschen bleibt in der Rechtfertigungslehre des Apostels Paulus uneingeschränkt gültig, aber sie wird nun nicht mehr als Bedingung für die Rechtfertigung des Menschen verstanden, sondern als deren Konsequenz.

Das ist der grundlegende Unterschied zur alttestamentlich-frühjüdischen Rechtfertigungslehre, und auf diesen Unterschied kommt alles an.

Voraussetzungen der Rechtfertigungslehre im Wirken und Geschick Jesu Christi

Am Anfang dieses Kapitels haben wir gesagt, daß die Rechtfertigungslehre eine theologische Schöpfung des Apostels Paulus ist. Aber das Christentum hat seine Identität ja nicht durch seine Beziehung zu Paulus, sondern zu Jesus Christus. Ist die Rechtfertigungslehre also eine bloße „Paulinische", oder ist sie eine echt „Christliche" Lehre?

Nun sahen wir zwar bereits, daß in der Paulinischen Lehre entscheidend auf die Person und das Werk Jesu Christi Bezug genommen wird; aber für Paulus waren dabei nur Kreuz und Auferstehung Jesu Christi von Bedeutung. Auf die Worte und Taten Jesu von Nazaret nimmt er gar keinen Bezug. Aber können Tod und Auferstehung Jesu Christi überhaupt richtig verstanden werden, wenn man sie nicht in Beziehung zu seiner Verkündigung und seinem Wirken versteht?

Die Verkündigung und das Wirken Jesu bildeten seinem eigenen Anspruch nach und auch zufolge des Eindrucks, den seine Nachfolger von ihm gewannen, eine untrennbare Einheit. Er verkündigte die anbrechende Gottesherrschaft und den Anspruch Gottes auf das ganze menschliche Leben, und er stand für beides durch sein eigenes Tun ein. Dabei wäre es zumindest mißverständlich und irreführend, wenn man annähme, Jesus habe das Gesetz Gottes weniger ernst genommen und weniger radikal verstanden als das übrige Judentum seiner Zeit. In gewisser Hinsicht ist sogar das Gegenteil der Fall: Das Gesetz wird radikaler verstanden als im übrigen Judentum, und zwar gerade dadurch, daß die Fülle der Gebote und Vorschriften von

Jesus zurückgeführt wird auf die Forderung Gottes, die an die Wurzel der menschlichen Existenz greift und der man sich nicht durch Interpretationskünste entziehen kann. Sehr treffend hat der Neutestamentler Günther BORNKAMM diese Radikalisierung beschrieben:

Die „Kasuistik der jüdischen Gesetzlichkeit [...] hat ihr Kennzeichen darin, daß sie immer engere Maschen eines Netzes knüpft in dem Bestreben, das ganze Leben des Menschen einzufangen. Aber sie läßt mit jeder neuen Masche ein neues Loch und spart mit ihrem Eifer, konkret zu werden, doch in Wahrheit das Herz des Menschen aus. Diese ‚Herzlosigkeit' gehört zum Wesen aller Kasuistik. Die konkreten Weisungen Jesu dagegen greifen durch die Lücken und Löcher nach dem Herzen des Menschen und treffen dorthin, wo sein Dasein gegenüber dem andern und gegenüber Gott wirklich auf dem Spiel steht."[3]

Diese Radikalisierung des Gotteswillens ist gegenüber dem Glaubenszeugnis des Alten Testaments nicht willkürlich ersonnen, sondern liegt sogar in dessen innerer Konsequenz. Wenn Gott der Schöpfer der Welt und des Menschen ist, dann hat er Anspruch nicht bloß auf bestimmte Taten und Unterlassungen des Menschen, sondern auf dessen ganzes Leben, auf seine ungeteilte Liebe. Gott zu lieben mit ganzem Herzen und ganzer Seele und den Nächsten zu lieben wie sich selbst (wie schon das Alte Testament es fordert), das ist darum nach dem Verständnis Jesu der Inbegriff der Forderung Gottes an den Menschen (vgl. Mk 12,30f. Parr. zus. mit Dtn 6,5 und Lev 19,18).

Die Radikalisierung der Forderung Gottes führt aber überraschenderweise nicht zum Überwiegen des Gerichtsgedankens und der Gerichtsandrohung. Im Unterschied etwa zu Johannes dem Täufer verkündet Jesus das Kommen der Gottesherrschaft als Heil – und zwar gerade als Heil für die Armen, die Kranken und die Sünder (Mt 5,3ff.; Mk 2,13–17; Lk 19,1–10). Das Hereinbrechen der Gottesherrschaft in Verkündigung und Wirken Jesu kommt gerade den Verlorenen zugute (Lk 15), und darum ist vor Gott nicht der gerechtfertigt, der auf seine guten Werke verweisen kann, sondern derjenige, der seine Sünde demütig bekennt und Gott um Gnade bittet (Lk 18,9–14).

Das sieht wie ein Widerspruch aus: einerseits die radikale Forderung Gottes, andererseits die Heilszusage für die Sünder. Bei näherem Zusehen erweist sich aber, daß beides aus einer gemeinsamen Wurzel stammt: aus dem Verständnis Gottes als des liebenden Vaters. Dieser Beziehung Gottes zum Menschen ist seitens des Menschen nur ungeheuchelte Liebe zu Gott und zum Mitmenschen angemessen. Jedes andere Verhalten würde die Liebe des Vaters oder deren Geltung (auch) für alle (anderen) Menschen mißachten. Gott – und gerade darin zeigt er sich als der wahrhaft liebende Vater – macht seine Liebe weder im positiven noch im negativen vom menschlichen Verhalten abhängig. Er erweist sich gerade darin als „vollkommen", daß er seine Sonne aufgehen läßt über Bösen und Guten und daß er regnen läßt über Gerechte und Ungerechte (Mt 5,45–48). Und daraus ergibt sich die unbedingte Aufforderung an den Menschen, nun auch seinerseits niemanden aus seiner Liebe auszuschließen. Weil Gott auch die Bösen und Ungerechten (nicht die Bosheit und die Ungerechtigkeit!) liebt, darum sollen auch wir unsere Feinde lieben (Mt 5,44; Lk 6,35). *In der Feindesliebe enthüllt sich das Wesen Gottes, und in ihr gipfelt darum auch die Forderung an den Menschen.* Aber – hatte Jesus denn recht, wenn er Gott so verkündigte? War dies Gottes-Offenbarung oder Gottes-Lästerung?

Die für das Christentum grundlegende Bedeutung des Osterglaubens besteht darin, daß diese Frage – von Ostern her – positiv entschieden war. Gott hatte sich in der Auferweckung Jesu Christi von den Toten zu ihm bekannt, ihm Recht gegeben und ihn damit „erhöht" (Phil 2,9; Röm 1,4). Erst dadurch wurden die Verkündigung und das Wirken Jesu von Gott gerechtfertigt. Deswegen wären die christliche Verkündigung und der christliche Glaube nach der Aussage des Paulus ohne die Auferwekkung Jesu von den Toten leer und sinnlos (1 Kor 15,14 und 17).

Mit den letzten Aussagen haben wir schon bewußt die Linie zum Paulinischen Schrifttum und zu seiner Rechtfertigungslehre hin ausgezogen. Der Rückblick auf Verkündigung und Wirken Jesu hat gezeigt, daß wesentliche Elemente der Paulinischen Rechtfertigungslehre bereits dort vorgeformt und vorhanden sind.

(2) Nennen Sie wichtige Punkte der Übereinstimmung zwischen Verkündigung und Wirken Jesu und der Paulinischen Rechtfertigungslehre.

....

....

....

....

....

....

....

....

....

In der Verkündigung und im Wirken Jesu hat das Gesetz bereits seine Stellung als Vorbedingung für das Heil verloren. Die „Hellenisten" und insbesondere Paulus haben diese Konsequenz deutlich gemacht. Und damit haben sie zugleich eine Grenze überschritten, die von Jesus selbst noch nicht überschritten wurde: die Grenze zur (gesetzesfreien) *Heidenmission.* Wenn das Mosaische Gesetz nicht länger Vorbedingung für das Heil war, dann brauchte man auch nicht von Heiden (= Nicht-Juden) zu verlangen, daß sie dieses Gesetz erfüllten (z.B. sich beschneiden ließen und die jüdischen Speisevorschriften übernahmen), bevor sie Christen werden konnten. Das konsequente Eintreten für diese Erkenntnis und ihre tatkräftige Umsetzung im Rahmen seiner Missionsreisen bleiben die großen theologischen und kirchengeschichtlichen Leistungen des Apostels Paulus. Erst durch die gesetzesfreie Heidenmission wurde das Christentum zu einer Weltreligion. Erst dadurch wurde aber auch die Trennung vom Judentum unvermeidlich.

Daß die Hellenisten und Paulus mit ihren Einsichten und Forderungen unter den Christen des 1. Jahrhunderts nicht nur Zustimmung, sondern auch heftige Kritik und Ablehnung ernteten, dafür gibt das Neue Testament noch genügend Hinweise. Insbesondere auf dem „Apostelkonzil" von Jerusalem im Jahre 48 n. Chr. wurde die Auseinandersetzung über die Gesetzesfrage im Blick auf die Heidenmission offensichtlich in heftiger Form geführt (siehe Gal 2,1–5 und Apg 15,1–12).

Obwohl die Auffassung des Paulus in Jerusalem offenbar von den „Säulen" der Gemeinde (Jakobus, Petrus und Johannes – Gal 2,9) anerkannt wurde, hieß dies keineswegs, daß sich die christliche Kirche im ganzen seine Lehre zu eigen gemacht hätte. Aber mit dieser Feststellung sind wir schon beim Thema des nächsten und letzten Abschnitts dieses Kapitels:

Die Paulinische Rechtfertigungslehre im Zusammenhang des Neuen Testaments

Eine Rechtfertigungslehre im eigentlichen Sinn des Wortes gibt es im Neuen Testament nur an zwei Stellen: bei Paulus und bei Jakobus. Und diese beiden Antworten stehen zueinander in starker Spannung. Bevor wir uns dieser Frage

3 G. BORNKAMM: Jesus von Nazareth. Stuttgart/Berlin/Köln/Mainz [12]1980, S. 93f.

etwas genauer zuwenden, wollen wir kurz das Verhältnis der Paulinischen Rechtfertigungslehre zu den Auffassungen des übrigen Schrifttums im Neuen Testament darstellen.
Dabei kann man allgemein feststellen, daß Teile der Paulinischen Lehre an zahlreichen Stellen in den anderen Schriften des Neuen Testaments vorkommen, daß es aber zu der Gesamtsicht des Paulus im übrigen Schrifttum des Neuen Testaments keine genaue Entsprechung gibt.

Gemeinsam ist allen Schriften die Einsicht in die Heilsbedeutung von Kreuz und Auferstehung Jesu Christi, wenn diese Bedeutung auch im einzelnen unterschiedlich interpretiert und unterschiedlich stark betont wird. Gemeinsam ist auch die Erkenntnis, daß Gott dem Menschen (in der Taufe) um Christi willen die Sünde vergibt und daß diese Vergebung im Glauben angenommen wird. An verschiedenen Stellen des Neuen Testaments kommt ferner zum Ausdruck, daß Gott gerade den (vor Gott) Niedrigen, den Sünder, erhöht und gerechtspricht (Lk 1,46–55; 18,9–14; Mt 5,33ff. Parr; Lk 6,20ff.). Insbesondere im Johanneischen Schrifttum findet der Gedanke Ausdruck, daß im Blick auf den Glauben jetzt schon das endgültige Gerichtsurteil Gottes über den Menschen fällt (Joh 3,18; 5,24).

Aber nirgends als bei Paulus ist das Heilswerk Jesu Christi so deutlich als Ende der Gesetzesgerechtigkeit und als Begründung der Glaubensgerechtigkeit zur Sprache gebracht worden. Und dieses Verständnis Jesu Christi ist für ihn kein Einzelthema des christlichen Glaubens neben anderen, sondern der Schlüssel zum richtigen Verständnis des christlichen Glaubens überhaupt. In der Rechtfertigungslehre wird deutlich, was der christliche Glaube über Gott und den Menschen (und die Welt) von Jesus Christus her zu sagen hat. Und damit erweist sich die Rechtfertigungslehre bei Paulus als das *Zentrum christlicher Lehre* überhaupt.

Dies erklärt auch, warum Paulus gleich zweimal einen ganzen Brief der Rechtfertigungslehre gewidmet hat: den Galaterbrief, in dem er sein Verständnis der christlichen Lehre gegen die Bedrohung durch Gesetzlichkeit verteidigen mußte, und den Römerbrief, in dem er einer ihm noch unbekannten christlichen Gemeinde sein Verständnis der christlichen Lehre darlegte.

Aber gerade in dieser grundsätzlichen Auffassung steht der Rechtfertigungslehre des Paulus nun die des Jakobusbriefs gegenüber. Der Übersichtlichkeit wegen stellen wir die wichtigsten gegensätzlichen Aussagen einander direkt gegenüber:

Paulus	Jakobus
Wenn Abraham aufgrund von Werken Gerechtigkeit erlangt hat, dann hat er zwar Ruhm, aber nicht vor Gott (Röm 4,2). Er zweifelte nicht im Unglauben an der Verheißung Gottes, sondern wurde stark im Glauben, und er erwies Gott Ehre, fest davon überzeugt, daß Gott die Macht besitzt, zu tun, was er verheißen hat. Darum wurde der Glaube ihm als Gerechtigkeit angerechnet (Röm 4,20–22). ...wir sind der Überzeugung, daß der Mensch gerecht wird durch Glauben, unabhängig von Werken des Gesetzes (3,28).	Wurde unser Vater Abraham nicht aufgrund seiner Werke als gerecht anerkannt? Denn er hat seinen Sohn Isaak als Opfer auf den Altar gelegt. Du siehst, daß bei ihm der Glaube und die Werke zusammenwirkten und daß erst durch die Werke der Glaube vollendet wurde. So hat sich das Wort der Schrift erfüllt: Abraham glaubte Gott, und das wurde ihm als Gerechtigkeit angerechnet [...] Ihr seht, daß der Mensch aufgrund seiner Werke gerecht wird, nicht durch den Glauben allein (2,19–24).

Kann ein Widerspruch noch deutlicher ausfallen als in diesen beiden Aussagen – noch dazu, wo ein und dasselbe Beispiel, Abraham, jeweils die entgegengesetzte These belegen soll? Ein unauflösbarer Widerspruch liegt jedenfalls dann vor, wenn Paulus und Jakobus mit den Begriffen „Glaube" und „Werke" jeweils dasselbe meinen. Gerade das ist aber zweifelhaft.

Bei „Werken" denkt Jakobus – wie sein ganzer Brief zeigt – an Taten der Liebe, nicht an die Einhaltung von Zeremonial- oder Speisegesetzen des Alten Testaments (Jak 1,27; 2,8, 15f., 25). Bei Paulus sind die „Werke (des Gesetzes)" dagegen sehr viel weiter zu fassen. Er denkt immer auch an die durch das Zeremonialgesetz gebotene Beschneidung (Röm 2,25ff.; 4,9ff.; Gal 2,3; 5,2–6) sowie an das Einhalten anderer kultischer Vorschriften (Gal 2,12ff.; 4,10). Aber darauf beschränkt sich sein Verständnis von Werken natürlich nicht. Zu den Werken des Gesetzes kann für Paulus auch die Erfüllung des Dekalogs und des Liebesgebotes gehören (Röm 2,21ff.; 13,8–10; Gal 3,12). Deshalb wird man nur feststellen können, daß der Begriff „Werke (des Gesetzes)" bei Paulus weiter ist (und einen anderen Akzent hat) als der Begriff „Werke" bei Jakobus.

Deutlicher ist der Unterschied beim Glaubensbegriff: Wenn Jakobus „Glauben" beschreibt als Überzeugtsein von der Existenz eines einzigen Gottes (Jak 2,19), dann ist das zwar auch nach seinem Verständnis offenbar die dürftigste Form von Glauben – die ja auch die Dämonen haben –, aber daß Jakobus eine solche „tote" (Jak 2,17 und 26) Überzeugung überhaupt als „Glauben" bezeichnen kann, das unterscheidet ihn schon grundlegend von Paulus.

Für Paulus ist „Glauben" dasjenige Vertrauen auf die Macht und Liebe Gottes, für das die Haltung Abrahams, der unbeirrt auf Gott hoffte, beispielhaft ist (Röm 4,17–22). Dieser Glaube ist niemals tot, sondern er ist „in der Liebe wirksam" (Gal 5,6), weil der Mensch in seinem Glauben an Gottes Geist Anteil hat, der notwendigerweise Frucht bringt (Röm 5,5; Gal 5,22f.). Von jener „toten" Überzeugung würde auch Paulus nie behaupten, daß sie den Menschen „retten" könne (Jak 2,14). Und umgekehrt kann doch auch Jakobus davon sprechen, daß Gott „die Armen in der Welt auserwählt" habe, „um sie durch den Glauben reich und zu Erben des Königreichs zu machen, das er denen verheißen hat, die ihn lieben" (Jak 2,5).

Also ein bloßes Mißverständnis – bloß ein Streit um Worte? Keineswegs! Zwar besteht zwischen Paulus und Jakobus Einigkeit darüber, daß ein „toter Glaube" den Menschen nicht retten kann, und daß das, was Jakobus die „Werke", Paulus „die Frucht des Geistes" nennt, unverzichtbar zum Christsein hinzugehört. Aber Paulus könnte keinesfalls der Aussage zustimmen, daß folglich „der Mensch aufgrund seiner Werke gerecht wird, nicht durch Glauben allein" (Jak 2,24). (Ebenso wäre auch Jak 2,21–23 für Paulus so nicht akzeptabel.) Im Sinne des Paulus muß man dem mißverstandenen Glauben, gegen den Jakobus zu Recht zu Felde zieht, nicht eine Addition von Glauben und Werken, sondern den lebendigen Glauben entgegensetzen, der im Vertrauen auf Gott besteht und sich in der Liebe auswirkt.

Aber ist das nicht genau das, was Jakobus allem Anschein nach meint? Er scheint doch Christen kennengelernt zu haben, die sich – vielleicht im Namen des Paulus – auf einen rechtfertigenden Glauben beriefen, der offenbar in erkennbarer Weise fruchtlos und tot war. Der Gefahr eines solchen falsch verstandenen Paulinismus will Jakobus wohl wehren, indem er auf die Notwendigkeit der Werke verweist. Und er benennt damit erstmals ein Problem und einen Mißbrauch der Rechtfertigungslehre, die in ihrer Geschichte immer wieder als Möglichkeit aufgetaucht sind oder jedenfalls als solche Möglichkeit beschworen wurden. Dem Jakobusbrief kommt das Verdienst zu, dieses Problem gesehen und benannt zu haben. Aber seine „Lösung" des Problems orientiert sich nur an den Symptomen und ist als solche nicht nur unzureichend, sondern sogar gefährlich. Sie kann ja unschwer wieder hineinführen in jene Werkgerechtigkeit, gegen die der christliche Glaube sich abgrenzte, weil er in ihr einen Ausdruck der Sünde sah. Die Lösung des von Jakobus angesprochenen Problems muß in einer Klärung des Glaubensverständnisses gesucht werden. Dies hat der Jakobusbrief nicht geleistet, und hier bleibt er hinter dem theologischen Erkenntnisstand eines Paulus zurück. (Dies gilt übrigens für die meisten Theologen der folgenden Jahrhunderte.) Aber er hat ein Anliegen zur Sprache gebracht, das die Rechtfertigungslehre zu Recht als ständige Anfrage durch ihre Geschichte hindurch begleiten wird.

Rechtfertigungslehre in der Alten Kirche und im Mittelalter

Obwohl LUTHER als der bedeutendste theologische Vertreter der Rechtfertigungslehre neben und nach Paulus gilt, können wir die 1500 Jahre zwischen den Paulinischen Briefen und der Reformationszeit nicht einfach überspringen: Die in der Alten Kirche und in der mittelalterlichen Theologie weiterentwickelten Auffassungen über Rechtfertigung bilden den Hintergrund, ohne den die Rechtfertigungslehre LUTHERS und der Streit um die Rechtfertigungslehre in der Reformationszeit gar nicht richtig verstanden werden können. Das gilt in positiver Hinsicht: LUTHER knüpfte an AUGUSTIN an, das Tridentinum an THOMAS von Aquin. Aber es gilt auch in negativer Hinsicht: Die spätmittelalterliche (nominalistische) Rechtfertigungslehre ist der theologische (und kirchengeschichtliche) Hintergrund, von dem sich LUTHER und die Reformation bewußt absetzte.

Diese Begründung für die Beschäftigung mit der altkirchlichen und mittelalterlichen Rechtfertigungslehre liefert uns auch die Kriterien zu deren Begrenzung. Wir werden uns auf die drei eben genannten Bezugspunkte beschränken, ohne die man den Neuansatz und den Streit um die Rechtfertigungslehre in der Reformationszeit nicht richtig versteht: AUGUSTIN, THOMAS von Aquin und die spätmittelalterliche Theologie.

Die Gnaden- und Rechtfertigungslehre bei Augustin

Das erste Kapitel dieses Studientextes schloß mit einer Gegenüberstellung von Paulus und Jakobus, bei der Paulus deutlich den Vorzug erhielt. Die Theologiegeschichte der ersten 4 Jahrhunderte ging von der entgegengesetzten Entscheidung aus. Zwar wurden die Paulinischen Aussagen zur Rechtfertigungslehre auch dort immer wieder zitiert und interpretiert, aber allgemeingültige Auffassung war die Rechtfertigungslehre, wie wir sie aus dem Jakobusbrief kennen: die Rechtfertigung des Menschen erfolgt durch Glauben *und* Werke. Aber das damit entstandene unklare Neben- und Miteinander von Gottes Gnadenhandeln, das im Glauben angenommen wird, und menschlichen Werken, die sich am Gesetz orientieren, drängte zu einer Entscheidung. Dabei waren beide Möglichkeiten denkbar: der Ansatz beim Tun des Menschen oder beim Handeln Gottes. Und beide Lösungen wurden zu Beginn des 5. Jahrhunderts im Westteil des Römischen Reiches unabhängig voneinander entwickelt und gerieten alsbald in eine heftige Auseinandersetzung. Die Vertreter dieser Positionen hießen PELAGIUS (gest. nach 418) und AUGUSTIN (gest. 430).

PELAGIUS und seine Schüler vertraten eine sehr einfache und dem allgemeinen theologischen Denken weitgehend entsprechende Rechtfertigungslehre. Sie gingen davon aus, daß Gott gerecht sei, und das heißt für sie, daß er jedem zuteil werden läßt, was er verdient hat: dem Bösen Böses, dem Guten Gutes. Dieser Gerechtigkeit würde es nun nach Auffassung des PELAGIUS widersprechen, wenn der Mensch ohne eigene Schuld mit der Sünde seiner Voreltern (Adam und Eva) behaftet oder dieser von Gott unterworfen würde. Deshalb geht PELAGIUS davon aus, daß jeder Mensch von Natur aus gut und frei ist. Es steht bei ihm selbst, das Böse oder das Gute zu tun. Zwar verlocken die schlechten Vorbilder der Mitmenschen und die leiblichen Begierden zur Sünde, aber Gott gibt jedem Menschen durch seine Gnade die Hilfe, die er braucht, um dieser Verlockung widerstehen zu können. Auch die Gnade Jesu Christi – und das heißt für PELAGIUS: die Lehre und das Vorbild Jesu Christi – ist eine solche Hilfe für den Menschen, die es ihm erleichtert, Gottes Willen zu tun. Aber grundsätzlich sind auch diejenigen, die nichts von Christus wissen, dazu in der Lage, diesen Willen zu erfüllen. Das Heil erlangt der Mensch demzufolge durch seine Taten, insbesondere durch einen asketischen Lebenswandel.

Dieser Lehre von der „Gerechtigkeit allein aus Werken“ trat mit aller Vehemenz AUGUSTIN entgegen, der durch die Beschäftigung mit den Paulusbriefen und durch seine eigene bewegte Lebensgeschichte zur genau entgegengesetzten Überzeugung gelangt war. Ist für PELAGIUS der Mensch von Natur aus gut, so sieht AUGUSTIN im Gegensatz dazu den Menschen völlig bestimmt durch den Sündenfall Adams. Die Sünde Adams, die darin bestand, daß er wie Gott sein wollte, hat zur Folge, daß die menschliche Natur nun dem Zwang zum Sündigen unterworfen und also unfähig zum Guten ist. Adam mußte nicht sündigen, aber durch den Fall verlor er diese Freiheit. Die sinnliche Begierde beherrschte ihn nun völlig, und durch die Zeugung gab er, da diese mit Sinnlichkeit verbunden ist, die Sünde an seine Nachkommen weiter. Die Menschheit, die so durch die Sünde infiziert und verderbt ist, ist nach seiner Auffassung verloren; sie kann sich nicht selbst helfen. Nur weil Gott aus Gnade durch Jesus Christus die Erlösung geschaffen hat, können die sündigen Menschen gerettet werden. Dabei ist es für AUGUSTIN selbstverständlich: Diese Gnade kann der Mensch sich durch nichts verdienen. Sie wird ihm „gratis“ gegeben, und sie bewirkt die Erneuerung des Menschen, aufgrund deren er glauben, Gutes tun und auf diese Weise sogar Verdienste erwerben kann. Diese Verdienste sind zwar letztlich Gaben Gottes, aber als Früchte der Gnadenwirkung im Menschen sind sie doch erforderlich.

Wie ist es dann aber zu erklären, daß nicht alle Menschen die von Gott geforderten guten Werke hervorbringen? AUGUSTIN verweist hierfür konsequenterweise nicht auf die unterschiedliche Bereitschaft der Menschen, sondern auf Gottes Vorherbestimmung *(Prädestination)*. Gott hat in seinem unerforschlichen Ratschluß nur einen Teil der Menschen zum Heil erwählt. Diesen Teil läßt er seiner Gnade teilhaftig werden und führt ihn so unwiderstehlich zum Heil. Gottes Gerechtigkeit besteht demzufolge für AUGUSTIN nicht darin, daß Gott an den Menschen so handelt, wie diese es verdienen, sondern darin, daß er aus Gnade durch seine Liebe einige Menschen gerecht macht.

An diesem Moment – Gott spricht den Sünder nicht nur gerecht, sondern er macht ihn gerecht – ist AUGUSTIN viel gelegen. Ja, im Sinne AUGUSTINS muß man geradezu umgekehrt sagen: Gott macht den Sünder durch seine Gnade bzw. Liebe gerecht, und aufgrund der Werke der Liebe, welche die Liebe Gottes im Sünder hervorbringt, wird Gott ihn im Jüngsten Gericht gerechtsprechen. Diese Betonung der den Menschen zur Liebe bewegenden Liebe Gottes ist das Herzstück der Theologie AUGUSTINS. Deswegen wird er nicht nur als der Theologe der Gnade, sondern als der Theologe der Liebe bezeichnet. In diesem Sinn hebt er die Notwendigkeit der Werke hervor und kann von einer Rechtfertigung aus Glauben und Werken sprechen. Aber beide – Glaube und Werke – sind Wirkungen Gottes im Menschen.

Die Theologie AUGUSTINS ist aus dem Streit um die Gnade siegreich hervorgegangen, und die Lehre des PELAGIUS wurde verworfen. Dennoch ist AUGUSTIN nicht voll aufgenommen worden. Folgende Anliegen seiner Theologie gelten aber seit dem 6. Jahrhundert (Synode von Orange, 529) als allgemein anerkannte kirchliche Lehre:

- Der natürliche Mensch ist von sich aus unfähig zum wahrhaft Guten.
- Die Gnade Gottes geht allem guten Wollen und Tun des Menschen voran und bewirkt es.
- Menschliche Verdienste sind nur möglich durch die Eingießung des Heiligen Geistes bzw. der Liebe Gottes, und sie sind insofern selbst ein Werk Gottes.

Dagegen wurden nicht ausdrücklich als kirchliche Lehre anerkannt: Augustins Prädestinationsauffassung sowie seine These, daß die Gnade Gottes im Menschen unwiderstehlich wirke und zu ihrem Ziel komme. Hier blieben für die kommenden Jahrhunderte offene Fragen und Streitpunkte, die nach weiterer Klärung und gedanklicher Durchdringung riefen.

Die Gnaden- und Rechtfertigungslehre bei Thomas von Aquin

Mit THOMAS von Aquin (gest. 1274) lernen wir den Theologen kennen, dessen Gnaden- und Rechtfertigungslehre für das Tridentinum und für die römisch-katholische Kirche bis heute größte Bedeutung hat. Zugleich ist er ein Theologe, der bewußt das Grundanliegen AUGUSTINS aufnimmt und mit einem begrifflichen Instrumentarium durchdringt, das von ARISTOTELES her gewonnen ist. Auf diese Weise entwickelt THOMAS eine Rechtfertigungslehre, die vor allem an der Verhältnisbestimmung von göttlichem und menschlichem Wirken orientiert ist. Dabei geht THOMAS ebenso wie AUGUSTIN davon aus, daß die Natur des Menschen durch den Sündenfall verderbt und der Mensch zu wirklich Gutem nicht fähig sei. Deswegen wird das Fundament des Rechtfertigungsgeschehens allein durch die (zuvorkommende) Gnade Gottes gelegt, und der Mensch kann diese Gnade durch nichts verdienen. THOMAS nimmt auch darin einen echt Augustinischen Gedanken auf, daß er die Möglichkeit und die Notwendigkeit menschlicher Verdienste festhält und diese zugleich als Gaben Gottes auffaßt. Aber er versucht, diesen Zusammenhang deutlich zu machen, indem er – gegen AUGUSTIN – davon ausgeht, daß auch der gefallene Mensch einen freien Willen besitze.

Grundlegend ist für THOMAS die Mitteilung der göttlichen Gnade. Durch sie erlangt der Mensch Vergebung und die Kraft zum sittlichen Handeln. Einerseits ist diese Kraft die Bedingung dafür, daß sich der Wille dem Guten zuwenden kann. Andererseits sind aber auch die Hinwendung des Menschen zu Gott (= Glaube) und die Abkehr von der Sünde notwendige Voraussetzung dafür, daß Gottes Gnade im Menschen zu ihrem Ziel kommt. Auf diese Weise wirkt die Gnade mit dem menschlichen Willen zusammen, wobei immer zu bedenken ist, daß der freie menschliche Willen seinerseits von der Gnade Gottes bewegt ist. Deshalb kann THOMAS diesen ganzen Prozeß als ein Wirken Gottes deuten und sich damit der Prädestinationsvorstellung AUGUSTINS annähern. Andererseits hält er aber daran fest, daß es menschliche Sünde (und nicht göttliches Wirken) ist, wenn der Mensch sich nicht auf die Gnade vorbereitet.

So kann man bei THOMAS feststellen, daß im Rahmen der Gnadenlehre AUGUSTINS ein Spielraum für den freien Willen des Menschen und dessen „Mitwirkung" im Rechtfertigungsgeschehen geschaffen wird. Grundlegend bleibt dabei stets die Betonung der Gnade Gottes, die alles wirkt und bei allem mitwirkt. Aber auf dieser Grundlage will THOMAS – gegen AUGUSTIN – die Freiheit und Verantwortung des Menschen zur Geltung bringen. Damit eröffnen sich freilich wieder neue Interpretationsmöglichkeiten hinsichtlich des Zusammenwirkens von Gott und Mensch im Rechtfertigungsgeschehen.

Rechtfertigung in der spätmittelalterlichen Theologie

Die entscheidende Veränderung der Rechtfertigungslehre in der spätmittelalterlichen Theologie, die dann zum Auslöser des reformatorischen Widerspruchs wird, setzt mit einem Gedanken ein, der sich später auch bei den Reformatoren wiederfindet: Gott muß nichts, was das Geschöpf leistet, als Verdienst anerkennen und entgelten. Er ist völlig frei und souverän. Aber heißt das nicht auch: Gott ist völlig „unberechenbar" und verfährt ganz willkürlich? Kann man dann noch dem Evangelium von Gottes Barmherzigkeit glauben? DUNS SCOTUS (gest. 1308) und die ihm folgende Theologie hilft sich hier mit der Unterscheidung zwischen einer absoluten und einer geordneten Macht Gottes. In seiner absoluten Macht *(potentia absoluta)* könnte Gott völlig willkürlich verfahren; denn Gott unterliegt keiner Nötigung. In seiner geordneten Macht *(potentia ordinata)* hat Gott sich jedoch selbst gebunden an die Heilsordnung, die er in Jesus Christus geoffenbart hat. Von daher kann DUNS SCOTUS die These vertreten, daß Gott sich in seiner geordneten Macht entschieden habe, den (und nur den) mit ewigem Leben zu belohnen, der von Gott selbst Gnade empfangen hat und diese seinerseits nicht verwirft.

An dieser Stelle gewinnt die Tatsache große Bedeutung, daß der Begriff „Gnade" schon in der Alten Kirche, erst recht aber in der mittelalterlichen Theologie einen Bedeutungswandel erfahren hatte. Dadurch, daß in der Theologie der Alten Kirche und des Mittelalters aus dem Begriff „Gnade" immer stärker die Bezeichnung für eine dem Menschen von Gott durch das Sakrament mitgeteilte Gabe bzw. innere Qualität wurde, konnte und mußte sich nun die Frage stellen, ob der Mensch nicht auch ohne diese Gnade von Gott angenommen werden könne – und gemeint war damit: ohne die dem Menschen eingegossene Gnade.

Diese Möglichkeit wird dann von Wilhelm von OCKHAM (gest. 1349 oder 1350) ausdrücklich bejaht, und zwar mit einer besonderen, für die Theologie im Spätmittelalter folgenschweren Akzentsetzung: Gott könnte dem Menschen auch ohne das Geschenk seiner Gnade das ewige Leben zuteil werden lassen; denn der Mensch sei von sich aus (auch nach dem Sündenfall) durchaus in der Lage, Glaube, Hoffnung und Liebe in sich zu erwecken und hervorzubringen. Und wenn der Mensch tue, was in seinen Kräften steht, dann dürfe er darauf hoffen, daß Gott ihn rechtfertige, das heißt, ihm die Sündenstrafen erlassen werde und ihm seine Gnade eingieße. Erst durch diese Gnade freilich – so habe Gott es geordnet – verdiene der Mensch das ewige Leben wirklich.

Damit haben sich *drei folgenschwere Veränderungen* in der Rechtfertigungslehre – nicht nur gegenüber AUGUSTIN, sondern auch gegenüber THOMAS – ergeben:

- Am Anfang steht nun nicht mehr die Gnade Gottes, sondern der Appell an den Menschen, aus eigener Kraft das Gesetz zu erfüllen, also Gott von ganzem Herzen zu lieben.
- Wenn der Mensch dies erreicht hat, so darf er darauf hoffen, daß Gott ihn rechtfertigen wird, das heißt, ihm die Sündenstrafen erläßt und seine Gnade eingießt. Die Rechtfertigung ist also nicht Grund, sondern Folge des sittlichen Handelns des Menschen.
- Diese dem Menschen eingegossene Gnade macht ihn vor Gott angenehm und ermöglicht es ihm, sich nun das ewige Leben zu verdienen – wobei freilich auch dies von Gottes freier Annahme abhängig bleibt.

Es kann nicht verwundern, daß es vor allem von AUGUSTIN geprägte Theologen waren, die schon im 14. Jahrhundert gegen diese Auffassungen protestierten, und es ist daher auch nicht überraschend, daß es ausgerechnet ein Augustiner-Mönch war, der dann im 16. Jahrhundert den Widerspruch gegen diese theologische Lehre und die sich aus ihr ergebende kirchliche Praxis unüberhörbar zur Geltung brachte.

Rechtfertigung als Zentralthema der Reformationszeit

Wir wollen in diesem Kapitel so vorgehen, daß wir uns zunächst mit dem Entstehungszusammenhang der reformatorischen Rechtfertigungslehre beschäftigen, uns dann deren Hauptaspekte thesenartig vergegenwärtigen, um danach die Rechtfertigungslehre als Kontroversthema zwischen den christlichen Konfessionen zusammenfassend darzustellen und zu würdigen. Wenden wir uns also zunächst der Rechtfertigungslehre LUTHERS und des Trienter Konzils zu.

Der Entstehungszusammenhang der reformatorischen Rechtfertigungslehre

Über LUTHERS kirchlichen und theologischen Werdegang sind wir gut genug unterrichtet, um zu wissen, daß er seine theologische Ausbildung anhand der Werke der damals modernen, und das heißt der von OCKHAM beeinflußten Theologie erhalten hat. Deren Gnaden- und Rechtfertigungslehre, die wir am Ende des vorigen Kapitels kennengelernt haben, stürzte LUTHER in schwere Gewissensqualen. Dabei bekam ein einziger Bibelvers eine entscheidende Funktion. An ihm spitzte sich für LUTHER zunächst die Verzweiflung zu – dann ereignete sich an ihm der reformatorische Durchbruch:

„Denn im Evangelium wird Gottes Gerechtigkeit offenbart aus Glauben zum Glauben, wie geschrieben steht: Der Gerechte lebt aus Glauben." (Röm 1,17)

Solange LUTHER hierbei von ARISTOTELES her „Gerechtigkeit Gottes" verstand als die Eigenschaft des richtenden Gottes, der jedem unbestechlich das gibt, was er verdient, und solange LUTHER mit der Ockhamistischen Theologie „Glauben" als die Gottesliebe verstand, die der Mensch als Vorbedingung der Rechtfertigung aus seinen Kräften zu erbringen hatte – solange war dieser Bibelvers das neutestamentliche (und als solches endgültige) Gerichtsurteil über den Menschen, jedenfalls in der Sicht Martin LUTHERS. Denn LUTHER erkannte, daß wirkliche Gottesliebe solange nicht möglich ist, als sie Mittel zur Rechtfertigung des Menschen, und damit verkappte Selbstliebe, ist.

Wie es dann zum „reformatorischen Durchbruch" LUTHERS kam, das hat er selbst ein Jahr vor seinem Tod in bewegenden Worten geschildert:

„Ich aber, der ich, so untadelig ich auch als Mönch lebte, vor Gott mich als Sünder von unruhigstem Gewissen fühlte und mich nicht darauf verlassen konnte, daß ich durch meine Genugtuung versöhnt sei, liebte nicht, nein, haßte den gerechten und die Sünder strafenden Gott und war im stillen, wenn nicht mit Lästerung, so doch allerdings mit ungeheurem Murren empört über Gott: Als ob es wahrhaftig damit nicht genug sei, daß die elenden und infolge der Erbsünde auf ewig verlorenen Sünder mit lauter Unheil zu Boden geworfen sind durch das Gesetz der zehn Gebote, vielmehr Gott durch das Evangelium zum Schmerz noch Schmerz hinzufüge und auch durch das Evangelium uns mit seiner Gerechtigkeit und seinem Zorn bedrohe. So raste ich wilden und wirren Gewissens; dennoch klopfte ich beharrlich an eben dieser Stelle bei Paulus an mit glühend heißem Durst, zu erfahren, was St. Paulus wolle.
Bis ich, dank Gottes Erbarmen, unablässig Tag und Nacht darüber nachdenkend, auf den Zusammenhang der Worte aufmerksam wurde, nämlich: ‚Gottes Gerechtigkeit wird darin offenbart, wie geschrieben steht: Der Gerechte lebt aus Glauben.' Da begann ich die Gerechtigkeit Gottes zu verstehen als die, durch die als durch Gottes Geschenk der Gerechte lebt, nämlich aus Glauben, und daß dies der Sinn sei: Durch das Evangelium werde Gottes Gerechtigkeit offenbart, nämlich die passive, durch die uns der barmherzige Gott gerecht macht durch den Glauben, wie geschrieben ist: ‚Der Gerechte lebt aus Glauben.' Da hatte ich das Empfinden, ich sei geradezu von neuem geboren und durch geöffnete Tore in das Paradies selbst eingetreten. Da zeigte mir sofort die ganze Schrift ein anderes Gesicht...
Wie sehr ich vorher die Vokabel ‚Gerechtigkeit Gottes' gehaßt hatte, so pries ich sie nun mit entsprechend großer Liebe als das mir süßeste Wort. So ist mir diese Paulus-Stelle wahrhaftig das Tor zum Paradies gewesen. Später las ich Augustins Schrift Über den Geist und den Buchstaben. In ihr bin ich wider Erwarten darauf gestoßen, daß auch er die Gerechtigkeit Gottes ähnlich erklärt: als die, mit der Gott uns bekleidet, indem er uns rechtfertigt. Und obwohl dies noch unvollkommen gesagt ist und in bezug auf die Zurechnung der Gerechtigkeit nicht klar alles erläutert, gefiel es mir doch, daß dort als Gerechtigkeit Gottes die gelehrt wird, durch die wir gerechtfertigt werden."[4]

LUTHER gewinnt also ein neues Verständnis des Begriffs „Gerechtigkeit Gottes" und von daher einen neuen Zugang zur Heiligen Schrift und zur Theologie im ganzen. Damit steht von vornherein die Rechtfertigungslehre im Zentrum seiner reformatorischen Theologie. Sie ist nicht ein Teil, sondern der Schlüssel zur ganzen Theologie.

4 WA 54, 185f., nach M. LUTHER: Ausgewählte Schriften. Hrsg. von K. BORNKAMM / G. EBELING. Bd. I, S. 22–24.

Hauptaspekte von Luthers Rechtfertigungslehre

Wir sahen oben, daß LUTHER sich nicht nur dankbar und zustimmend auf AUGUSTIN beruft, sondern zugleich von ihm ein wenig abrückt. AUGUSTIN habe zwar bereits die Gerechtigkeit Gottes als die gelehrt, „durch die wir gerecht werden", aber es sei „noch unvollkommen gesagt" und AUGUSTIN habe „in bezug auf die Zurechnung der Gerechtigkeit nicht klar alles erläutert", wenn er die Gerechtigkeit Gottes als diejenige bezeichnet, „mit der Gott uns bekleidet". Anhand der Zustimmung und Kritik gegenüber AUGUSTIN kann man recht gut die Hauptaspekte von LUTHERS Rechtfertigungslehre vorstellen. Und dies soll nun thesenartig geschehen.

Indem LUTHER die Gerechtigkeit Gottes als diejenige versteht, durch die wir gerechtfertigt werden, knüpft er wieder an die biblische Bedeutung von „Gerechtigkeit" als Bundestreue an. Durch seine Bundestreue rechtfertigt Gott den Menschen. Und diese Rechtfertigung gilt dem Sünder, der vor Gott nichts vorzuweisen hat. Die Rechtfertigung geschieht voraussetzungs- und bedingungslos.

Aber LUTHER erkennt, daß es unangemessen ist, die Rechtfertigung als ein Bekleidetwerden mit Gerechtigkeit zu bezeichnen. Ebenso lehnt er die Vorstellung einer eingegossenen Gerechtigkeit oder eingegossenen Gnade ab. Statt dessen spricht er von der „Zurechnung" der Gerechtigkeit. Rechtfertigung wird also mit der Bibel verstanden als eine personale Beziehung, nicht als eine naturhafte Verbindung.

Gott spricht den Sünder gerecht, indem er ihn um Christi willen als Gerechten behandelt und ihm seine Sünde nicht zurechnet. Darin nimmt Gott sein endgültiges Gerichtsurteil über den Menschen vorweg. Und dieses Urteil will nicht feststellen, wie der Mensch ist, sondern es setzt eine neue Geltung, indem es dem Menschen Gerechtigkeit zuspricht.

Dieses Urteil kann vom Menschen nur gehört und angenommen werden im Glauben, das heißt im Vertrauen auf die Botschaft von der Rechtfertigung. Im Glauben kommt die Rechtfertigungsbotschaft beim Menschen zum Ziel. Glaube ist dabei keine Leistung des Menschen, sondern das durch die Rechtfertigungsbotschaft ermöglichte und erweckte Vertrauen auf Gottes Liebe. Mit dem Glauben geschieht demzufolge zugleich die entscheidende Erneuerung des Menschen.

Wenn der Mensch glaubt, daß Gott ihn unabhängig von seinen Werken rechtfertigt, so wird nach LUTHERS Überzeugung die „Energie" und Tatkraft, die der Mensch bisher auf den Versuch seiner Selbstrechtfertigung verwendet bzw. verschwendet hat, frei für die Liebe zum Mitmenschen. In dieser Liebe erfüllt der Mensch den Willen Gottes, und zwar gerade in der Wahrnehmung seiner alltäglichen Pflichten. Diese „Werke" sind Früchte empfangener Liebe und können deshalb nie Verdienste des Menschen sein, geschweige denn vor Gott einen Anspruch begründen.

Im Unterschied zu Paulus betont LUTHER, daß die Verwirklichung des Willens Gottes in diesem irdischen Leben immer nur bruchstückartig möglich sei. Da aber nur der in sich „gerecht" ist, der den Willen Gottes ohne Einschränkung erfüllt, bleibt der Mensch in seinem irdischen Leben immer Sünder. Dabei kann LUTHER sagen: Wir sind teils Sünder, teils Gerechte, und er rechnet in dieser Hinsicht mit einer Entwicklung des Menschen von der Sünde hin zur Gerechtigkeit. Die grundlegende Aussage lautet aber: Wir sind ganz Sünder und ganz gerecht. Die Aussage „ganz Sünder" faßt dabei das „teils-teils" zusammen und stellt es dem gegenüber, was Gott dem Menschen, der in sich Sünder ist, zuspricht: die ganze Gerechtigkeit.

Luther hat immer wieder die Rechtfertigungslehre in Beziehung gesetzt zur Unterscheidung zwischen Gesetz und Evangelium. Tatsächlich geht es beide Male um dasselbe. Das Gesetz sagt dem Menschen, was er tun soll. Und mit dem, was das Gesetz fordert, hat es ganz recht. Aber das, was das Gesetz fordert, Glauben und Liebe, kann man durch Forderung nicht erreichen, sondern nur durch Zuspruch: durch das Evangelium. Das Evangelium schenkt, was das Gesetz fordert. Deswegen braucht derjenige, der dem Evangelium glaubt, als Glaubender das Gesetz nicht mehr. Er tut, was das Gesetz fordert, und darum kann das Gesetz ihn nicht belangen. Ja, Luther sagt sogar, der Glaubende könne – der Liebe und Vernunft entsprechend – „neue Dekaloge machen". Aber der Christ ist nicht bloß Glaubender. Er ist immer auch „Weltperson" und „Sünder". Als Weltperson akzeptiert der Christ das Gesetz als Regel des Zusammenlebens, die das Böse eindämmt. Als Sünder braucht der Christ das Gesetz als den Spiegel, der ihm seine Sünde vorhält – damit er „zu Christus hinkrieche" und von ihm sich erneut Vergebung zusprechen lasse. Das Gesetz als Weisungsinstanz für den Christen als Glaubenden ist dagegen für Luther abgetan und erledigt. Die Grundgedanken der Lutherischen Rechtfertigungslehre haben in dem allegorischen Gemälde „Gesetz und Gnade" von Lukas Cranach d. Ä. und seiner Werkstatt bildhaften Ausdruck gefunden.

„Cranachs Darstellung von Gesetz und Evangelium, das er um 1529 wahrscheinlich in enger Zusammenarbeit mit Luther entwickelte, stellt die wohl bedeutendste dogmatische Gestaltung der Ikonographie der evangelischen Lehre dar. In dieser allegorischen Darstellung des Menschen vor Gott zwischen Sündenfall und Erlösung versuchte Cranach im Zusammenhang der Klärung der Glaubensgrundlagen in volkstümlicher Verständlichkeit das neue reformatorische Menschenbild darzustellen. [...] Der antithetische Bildaufbau zwischen Altem und Neuem Testament ist durch die klare Zweiteiligkeit des Bildaufbaus, dessen Mitte der Lebensbaum markiert, verdeutlicht. Die linke Hälfte umfaßt das Gesetz des Alten Testamentes, die rechte das neutestamentarische Evangelium. Zentral für die linke Hälfte ist das Gesetz, das Moses, in einer Gruppe mit den Patriarchen stehend, vorweist. Nach Paulus' Antithese von Gerechtigkeit und Gnade ist aber der Stachel des Todes die Sünde; die Kraft

Abb. 2: Lukas Cranach d. Ä. und Werkstatt: Gesetz und Evangelium – Sündenfall und Erlösung. Allegorie auf Gesetz und Gnade, nach 1529

Quelle: Nürnberg. Germanisches Nationalmuseum. *Aus.* Reformation in Nürnberg. Katalog, Bd. 1. Nürnberg 1979, Tafel zwischen S. 144/145.

aber der Sünde ist das Gesetz. Der nackte Mensch ist als Sünder gehetzt vom Todesschicksal und dämonischen Mächten im Angesicht der nicht erfüllten Gebote der von Moses vorgehaltenen Gesetzestafeln. Vor dem unerbittlichen Richter, der oben in den Wolken thront, bleibt ihm nur die Flucht in die verzehrende Glut der Hölle. Auf die Alternative verweist Johannes d. T. als Mittler zwischen Altem und Neuem Testament, zwischen Moses und Christus, die Gestalt des Mahners, von der Luther sagt, daß er die Leute bring in den Himmel und hinwegnehme die Hölle. Der Täufer steht auf der Seite des Lebens, neben dem in seiner rechten Hälfte blühenden Baum, dessen linke, alttestamentarische Seite verdorrt ist. In dieser rechten Hälfte zeigt Gott sein eigentliches, evangelisches Gesicht als Überwinder des bisher unüberwindlichen Satans und Todes. Von der Verkündigung über die Kreuzigung bis zur Auferstehung und Himmelfahrt ist es eine klare Linie tröstlicher Verheißung von Leben, in dem Christus selber den Tod überwunden hat. Das Lamm mit der österlichen Siegesfahne vor dem Kreuz zeugt von seinem Triumph."[5]

(3) An welchen Punkten unterscheidet sich die Rechtfertigungslehre LUTHERS von der AUGUSTINS und THOMAS'? Nennen Sie je einen wesentlichen Punkt:

....

....

....

....

....

....

....

....

....

Die Rechtfertigungslehre als Kontroversthema zwischen den Konfessionen

Im Verhältnis der protestantischen Konfessionen (Lutheraner, Reformierte, Freikirchen) zueinander bildet die Rechtfertigungslehre in inhaltlicher Hinsicht kein Unterscheidungskriterium. Allenfalls hinsichtlich ihres Stellenwertes lassen sich konfessionsspezifische Unterschiede feststellen. So ist beispielsweise in der reformierten bzw. calvinistischen Theologie die Rechtfertigungslehre der Prädestinationslehre zu- und untergeordnet. Aber auch in dieser Hinsicht gibt es keine klaren Grenzziehungen zwischen den verschiedenen Konfessionen. Die Rechtfertigungslehre hatte für die reformatorischen Kirchen von Anfang an die Funktion einer gemeinsamen Unterscheidungslehre gegenüber dem römischen Katholizismus. Daß dies auch von römisch-katholischer Seite so gesehen wurde, belegen der breite Raum und das sachliche Gewicht, welche die Beschäftigung mit der Rechtfertigungslehre im Rahmen des Konzils von Trient (1545–63) erhielt. Im Januar 1547 verabschiedete das Konzil auf seiner sechsten Sitzung das Rechtfertigungsdekret, das die bis heute gültige katholische Lehrauffassung zu diesem Thema wiedergibt.

Das Rechtfertigungsdekret des Tridentinums setzt sich selbst die Aufgabe, die aufgekommene „irrige Lehre von der Rechtfertigung" zurückzuweisen, und will „die wahre und gesunde Lehre von der Rechtfertigung vorlegen".[6] Die Namen der Reformatoren werden in diesem Text nirgends genannt, aber natürlich sind sie gemeint. So heißt es auch in der deutschen Ausgabe des Konzilstextes: „Es galt [...], die grundlegende Irrlehre Luthers zurückzuweisen, die ja gerade in seiner Rechtfertigungslehre besteht [...]" (S. 496).

In ihrem positiven Gehalt folgt die tridentinische Rechtfertigungslehre weitgehend der Auffassung des THOMAS von Aquin. Sie geht davon aus, daß der Sünder nur aufgrund der durch Christus erworbenen Verdienste gerechtfertigt werden kann. Die im Ruf Christi ergehende vorlaufende Gnade erweckt den Menschen, so daß er sich der Rechtfertigung „in freier Zustimmung zu dieser Gnade und freier Mitwirkung mit ihr" (S. 500f.) zuwenden kann, indem er sich von der Sünde abkehrt, die Taufe begehrt und sich vornimmt, ein neues Leben zu führen. Auf diese Vorbereitung erfolgt in der Taufe die Rechtfertigung selbst, durch die der Mensch „aus einem Ungerechten zu einem Gerechten" (S. 502) wird. Die Rechtfertigung bewirkt also nach tridentinischer Auffassung nicht nur eine neue Geltung, sondern durch die in der Taufe eingegossene Gnade ein neues Sein des Menschen. Diese Gnade wird dem Menschen aber – je nach Gottes Willen sowie nach der eigenen Vorbereitung und Mitwirkung – in individuell unterschiedlichem Maße zuteil. Den damit verliehenen Gnadenstand kann und soll der Mensch nicht nur unbefleckt bewahren, sondern durch gute Werke mehren. Dabei können die Gerechfertigten immer wieder in leichte (läßliche) Sünden fallen, ohne daß sie doch damit aufhören, Gerechtfertigte zu sein. Aber auch die Möglichkeit der Todsünde und damit des Herausfallens aus der Rechtfertigungsgnade kann nicht ausgeschlossen werden. Die so Gefallenen bedürfen der erneuten Rechtfertigung im Sakrament der Buße.

So wirken nach tridentinischem Verständnis Gott durch seine stets vorangehende und alles menschliche Wirken ermöglichende Gnade und der Mensch durch seine nachfolgenden und von Gott ermöglichten Werke zusammen. Demzufolge kann sich das Tridentinum einerseits die Paulinische Aussage zu eigen machen, daß der Mensch „ohne Verdienst" (S. 500) gerechtfertigt werde. Andererseits kann der Verdienstgedanke – unter der Voraussetzung der Gnade – wie bei AUGUSTIN und THOMAS aufgenommen und positiv gewürdigt werden. Von den Gerechtfertigten gilt darum, daß sie, wenn sie im Stand der Gnade bleiben (also ohne Todsünde sterben), das ewige Leben „wirklich verdienen" (S. 512).

Wenn man sich fragt, wo das Tridentinum selbst die konfessions-spezifischen Unterschiede zur reformatorischen Rechtfertigungslehre sieht, so sind es vor allem folgende fünf Punkte, die ausdrücklich verworfen werden:

- Die Mißachtung des Menschen als wollendes und handelndes Subjekt, das auch in der Rechtfertigung mitwirken kann.
- Die Überschätzung der Macht der Sünde, und zwar sowohl vor als auch nach der Rechtfertigung.
- Die Fixierung auf den als Vertrauen definierten Glauben, neben dem keine Werke gelten und der dem Menschen unbedingte Heilsgewißheit verleiht.
- Die Beschränkung der Rechtfertigung auf einen Akt der Anrechnung und die Außerachtlassung der umwandelnden Wirkung der Gnade.
- Die Ausblendung des Vergeltungs- und Verdienstgedankens sowohl hinsichtlich der zeitlichen Sündenstrafen als auch im Blick auf den himmlischen Lohn.

Sucht man nach einem gemeinsamen Nenner für die in diesen Verwerfungen sich ausdrückende positive Absicht, so kann man sagen: nach römisch-katholischer Auffassung denkt die reformatorische Rechtfertigungslehre zu gering von den durch die Gnade hervorgerufenen Veränderungs-, Handlungs- und Mitwirkungsmöglichkeiten des Menschen. Sie kennt nur die übermächtige Sünde und das Vertrauen auf die sündenvergebende Gnade Gottes und weiß nichts – oder jedenfalls viel zuwenig – von der erneuernden Gnade. Kurz gesagt: Die katholische Rechtfertigungslehre mutet und traut offenbar dem Menschen mehr zu, weil sie Gottes Gnade mehr zutraut.

---

5 Reformation in Nürnberg – Umbruch und Bewahrung. Katalog zur Ausstellung „Reformation" im German. Nationalmuseum Nürnberg 1979. Bd. I. Nürnberg 1979, S. 134.

6 J. NEUNER / H. ROOS: Der Glaube der Kirche in den Urkunden der Lehrverkündigung. Regensburg [8]1971, S. 498.

Bringt man die Einwände des Tridentinums auf eine solche Formel, so wird deutlich, welches ernsthafte und berechtigte theologische Anliegen – ganz abgesehen von ihrem pädagogischen Wert – sich in dieser Rechtfertigungslehre ausspricht. Und vermag sie nicht dieses Anliegen zu verbinden mit allen entscheidenden biblischen Formeln: allein aus Gnade, um Christi willen, ohne unser Verdienst, durch den Glauben, aber auch: durch die Werke (Jak 2,24)?

Bevor wir näher auf die Bedeutung und die bleibende Gültigkeit des hier sichtbaren Gegensatzes eingehen können, sollen die reformatorischen *Gegeneinwände* gegen das römisch-katholische Rechtfertigungsverständnis zur Sprache kommen. Auch hier lassen sich fünf Punkte als Einwände gegen die katholische Auffassung nennen:

• Die Sünde wird nicht genügend ernst genommen, ja moralisch mißverstanden, wie sich das etwa an der Unterscheidung in leichte und schwere Sünden zeigt.

• Das Verständnis von Gnade ist mehrdeutig, da Gnade zwar in erster Linie Gottes Huld, in zweiter Linie aber auch eine dem Menschen eingegossene Gabe ist, die der Mensch hat.

• Der Glaube wird mißdeutet, als bedürfe er einer Ergänzung durch das Tun von Werken, und als sei er nicht – als unbedingtes Vertrauen auf Gott – die einzige Weise, wie der Mensch die Rechtfertigung empfangen kann.

• Die Lehre von den Verdiensten ist irreführend, da kein (gutes) Werk des Menschen vor Gott irgendeinen Anspruch begründen kann.

• Zwischen kirchlicher Rechtfertigungslehre und Gottes Rechtfertigungshandeln wird eine gefährliche Gleichrangigkeit dadurch hergestellt, daß die Annahme der („unfehlbaren") tridentinischen Rechtfertigungslehre zur notwendigen Bedingung für die Rechtfertigung vor Gott gemacht wird.

Versucht man auch hier, die verschiedenen Einwände zusammenzufassen, so ließe sich formulieren: Das römisch-katholische Verständnis von Sünde, Gnade, Glauben, Werken und kirchlicher Lehre werde dem Unterschied zwischen Gott und Menschen nicht gerecht, weil es nicht grundlegend genug zwischen Gott als dem Schöpfer und dem Menschen als seinem Geschöpf unterscheidet. Statt dessen führe diese Rechtfertigungslehre eine mittlere Ebene ein, auf der göttliches und menschliches Wirken sich gegenseitig ergänzen und bedingen.

Beziehen sich diese wechselseitigen Einwände bzw. Vorwürfe nun auf wesentliche, bleibende Merkmale der jeweiligen Rechtfertigungslehre oder auf bloß zeitbedingte, vielleicht auf Mißverständnissen beruhende, vielleicht auch nur zugespitzte Aussagen? Hat der Gegensatz in der Rechtfertigungslehre also (weiterhin) kirchentrennenden Charakter, oder sind sich Katholiken und Protestanten heute faktisch einig in der Rechtfertigungslehre?

In einem ungewöhnlich offenen und selbstkritischen Vergleich zwischen der Rechtfertigungslehre des evangelischen Theologen Karl Barth (1886–1968) und der Rechtfertigungslehre des Tridentinums ist es Hans Küng im Jahre 1957 gelungen, eine ganze Reihe von gegenseitigen Einwänden als unzutreffend zu erweisen oder doch stark zu relativieren. Und Küng kommt schließlich zu dem Ergebnis, in der Rechtfertigungslehre bestehe eine „grundsätzliche Übereinstimmung [. . .] zwischen katholischer und evangelischer Theologie".[7] Zu einem ähnlichen Resultat kam im Jahr 1971 der evangelische Theologe Horst Georg Pöhlmann in seiner Untersuchung über die Rechtfertigungslehre in ihrer Bedeutung für das Verhältnis zwischen evangelischer und katholischer Theologie.[8] Hält diese These der Nachprüfung stand?

7 H. Küng: Rechtfertigung. Die Lehre Karl Barths und eine katholische Besinnung. Einsiedeln 1957, S. 276, ähnlich S. 269 und S. 274.

8 H. G. Pöhlmann: Rechtfertigung. Die gegenwärtige kontroverstheologische Problematik zwischen der evangelisch-lutherischen und der römisch-katholischen Kirche. Gütersloh 1971.

Es ist sicher nicht zu bestreiten, daß Küng mit seinen sorgfältigen Analysen Verständigungsmöglichkeiten in der Rechtfertigungslehre aufgewiesen hat, die eine ganze Reihe der gegenseitigen Vorwürfe in dieser Frage als unsachgemäß, jedenfalls als viel zu pauschal erscheinen lassen. Dennoch kann bei einer sorgfältigen theologischen Überlegung auch nach diesen Arbeiten der Eindruck bestehen bleiben, daß die von Küng, Pöhlmann und vielen anderen festgestellte Einigkeit in der Rechtfertigungslehre nicht aus einer Einmütigkeit im theologischen Ansatz resultiert, sondern sich vielmehr aus dem Nachweis ergibt, daß trotz grundsätzlich verschiedenartiger Ansatzpunkte in vielen Einzelfragen bei beiderseitigem guten Willen erstaunliche Annäherungen und Übereinstimmungen möglich sind.

Der grundlegende Unterschied, der nach wie vor besteht, läßt sich am Gnadenverständnis am besten aufweisen. Nach katholischer Auffassung ist Gottes Gnade (allenfalls) „in erster Linie" (so Küng, S. 196) ein Sein und Verhalten Gottes – aber sie ist dies nie ausschließlich. Sie ist immer auch eine Gabe, die den Menschen zuteil wird. Dabei liegt der Gegensatz zwischen evangelischer und katholischer Auffassung nicht darin, daß die Gnade Gottes schöpferisch, verändernd wirkt – dies betont die evangelische Theologie gerne mit –, sondern der Gegensatz liegt darin, daß nach römisch-katholischer Auffassung aus dem schöpferischen Charakter der Gnade folgt, daß Gnade auch etwas Geschöpfliches, dem Menschen Innewohnendes ist. Die katholische Theologie kann hier von „geschaffener Gnade" *(gratia creata)* sprechen. Wenn zur Begründung hierfür darauf hingewiesen wird, daß doch auch bei Paulus von Gnadengaben die Rede sei, so ist demgegenüber zu erwidern, daß Gnadengaben aus Gnade gegebene Gaben sind, die von der Gnade als Gabe wohl zu unterscheiden sind.

Durch das unterschiedliche Verständnis von Gnade erfolgt in den beiden unterschiedlichen theologischen Traditionen jeweils eine Weichenstellung, die das gemeinsame Bekenntnis zur „Rechtfertigung allein aus Gnade" zu einer mehrdeutigen Formel macht.

(4) Welche beiden Interpretationsmöglichkeiten der Formel „Rechtfertigung allein aus Gnade" ergeben sich von den unterschiedlichen Gnadenverständnissen her?

....

....

....

....

....

....

....

....

....

....

....

Diese Mehrdeutigkeit im Begriff der Gnade hat zur Folge, daß auch die Begriffe „Sünde", „Glaube" und „Werke" mehrdeutig werden können, so daß man noch nicht von einer wirklichen Einigung in diesem grundlegenden Glaubensartikel sprechen kann. Für die evangelische Theologie und Kirche ist die Einheit in der Rechtfertigungslehre jedenfalls eine unerläßliche Bedingung für die Einheit der Konfessionen und damit auch für die äußere Einheit der christlichen Kirche. Und daß diese Einheit noch aussteht, dafür gibt es – wie wir jetzt gesehen haben – jedenfalls auch ernsthafte theologische Gründe.

Rechtfertigung im neuzeitlichen Lebenszusammenhang

Die Überschrift dieses Kapitels ist identisch mit dem Titel eines Buches, das im Jahre 1974 im Auftrag des Theologischen Ausschusses der Vereinigten Evangelisch-Lutherischen Kirche Deutschlands herausgegeben wurde. Dieses Buch versucht, die veränderten geschichtlichen Bedingungen in bezug auf die Rechtfertigungslehre zu benennen und Ansätze zur Neuinterpretation der Rechtfertigungslehre zur Diskussion zu stellen. Ganz entsprechend soll auch in diesem Kapitel zunächst von den Veränderungen und Problemen die Rede sein, die sich im neuzeitlichen Lebenszusammenhang für das Verständnis der Rechtfertigungslehre ergeben haben, und danach soll beispielhaft ein Ansatz zur Neuinterpretation der Rechtfertigungslehre vorgestellt werden.

Die Rechtfertigungslehre unter neuzeitlichen Bedingungen

Im Jahre 1963 tagte in Helsinki die IV. Vollversammlung des Lutherischen Weltbundes. Sie hatte sich zum Ziel gesetzt, die Bedeutung der Rechtfertigungslehre für die Gegenwart zu klären und zu formulieren. Aber die Vollversammlung scheiterte an dieser Aufgabe. Sie sah sich außerstande, einmütig und klar zu sagen, was Rechtfertigung heute bedeutet.

Macht man sich klar, welche Bedeutung diese Lehre für das evangelische Verständnis des Christentums besitzt, so ist leicht einzusehen, daß diese Erfahrung des Scheiterns bedrückend wirken mußte. Sie hat aber zugleich die Wirkung gehabt, ein neues intensives Nachfragen nach der Bedeutung der Rechtfertigungslehre und nach deren neuzeitlichen Rahmenbedingungen auszulösen.

Daraus erwuchsen Studienarbeiten wie das obengenannte Werk *„Rechtfertigung im neuzeitlichen Lebenszusammenhang"*. Dort heißt es gleich zu Beginn:

> „Die Rechtfertigungsgewißheit scheint [...] von einem neuen Weltbewußtsein abgelöst worden zu sein, in dem sich der Mensch als allgemeine Macht alles Endlichen begreift, vor der sich alles zu rechtfertigen hat. Demzufolge wird auch Heil nicht in der rechtfertigenden Gnade Gottes gesucht, sondern in der schöpferischen Bewältigung der menschlichen Zukunft. In dieser Lage kann dann die klassische Rechtfertigungslehre nur noch als eine sinnentleerte Formel der Vergangenheit erscheinen."[9]

Der neuzeitliche Mensch versteht sich nicht mehr als von Gott abhängiges und vor Gott schuldiges Geschöpf, sondern viel eher als die Instanz, vor der sich alles – auch Gott – zu rechtfertigen hat. Demzufolge kann auch das Heil nicht mehr von Gottes, sondern nur noch vom menschlichen Handeln erwartet werden. Eben damit wird aber der Mensch nun selbst zum – gnadenlos – Angeklagten hinsichtlich des Unheils in der Welt.

Es ist unschwer zu erkennen, daß der damit angedeutete Prozeß seinem Ursprung und seiner Richtung nach als ein Befreiungsvorgang, als Ausgang aus einer Situation der Unmündigkeit, zu verstehen ist. Und als solcher hat er selbst eine seiner Wurzeln in der Rechtfertigungslehre. Schon bei Paulus wird ja Rechtfertigung verkündet mit einem großen Befreiungs- und Freiheitspathos:

> „Solange der Erbe unmündig ist, unterscheidet er sich in keiner Hinsicht von einem Sklaven, obwohl er Herr ist über alles; er steht unter Vormundschaft und sein Erbe wird verwaltet bis zu der Zeit, die sein Vater festgesetzt hat. So waren auch wir, solange wir unmündig waren, Sklaven der Elementarmächte dieser Welt. Als aber die Zeit erfüllt war, sandte Gott seinen Sohn, geboren von einer Frau und dem Gesetz unterstellt, damit er die freikaufe, die unter dem Gesetz stehen, und damit wir die Sohnschaft erlangen." „Zur Freiheit hat uns Christus befreit. Bleibt daher fest und laßt euch nicht von neuem das Joch der Knechtschaft auflegen!" (Gal 4,1–5 und 5,1)

Und aus LUTHERS Schrift *„Von der Freiheit eines Christenmenschen"* (1520) ist zumindest ein Satz allgemein bekannt: „Ein Christenmensch ist ein freier Herr über alle Dinge und niemandem untertan."[10]

Beide, sowohl Paulus als auch LUTHER, ergänzen freilich diese Aussagen so, daß sie nicht als Aufforderung zur Willkür oder zur Rücksichtslosigkeit mißverstanden werden können. Paulus sagt: „Ihr seid zur Freiheit berufen, Brüder. Nur nehmt die Freiheit nicht zum Vorwand für das Fleisch, sondern dient einander in Liebe!" (Gal 5,13). Oder im Blick auf seine eigene Person: „Da ich also von niemand abhängig war, habe ich mich für alle zum Sklaven gemacht [...]" (1 Kor 9,19). Und LUTHER ergänzt die obige These unter Berufung auf 1 Kor 9,19 mit den Worten: „Ein Christenmensch ist ein dienstbarer Knecht aller Dinge und jedermann untertan" (a.a.O.).

Es ist leicht zu sehen, daß die jeweils ersten Aussagen nicht durch die folgenden aufgehoben, sondern nur verdeutlicht und abgesichert werden. Freiheit hebt die Verpflichtung zur Liebe nicht auf, und sie schafft dennoch Unabhängigkeit und Mündigkeit.

Es muß hier nicht untersucht werden, wie groß der Anteil dieses religiös begründeten Freiheitsgedankens an den neuzeitlichen Autonomie- und Emanzipationsbestrebungen faktisch war. Daß es einen solchen Anteil gibt, kann man nicht ernsthaft bestreiten. Und ebensowenig kann man bestreiten, daß diese Autonomie- und Emanzipationsbestrebungen teilweise zu Ergebnissen geführt haben, durch die nun gerade jene religiösen Voraussetzungen grundsätzlich in Frage gestellt wurden. In den radikal religionskritischen und atheistischen Strömungen der Neuzeit wandte sich menschliche Autonomie gegen jede Abhängigkeit, auch und gerade gegen die grundlegende Abhängigkeit von Gott.

Dabei waren sich viele Denker, von denen der Atheismus durchdacht wurde (z.B. JEAN PAUL oder Friedrich NIETZSCHE) durchaus dessen bewußt, daß diese „Freiheit von Gott" einen ungeheuren Preis kostet: den Verlust von Halt und Orientierung sowie die Übernahme der Verantwortung für diese gott-los gewordene Welt.

Die ethischen Fragen gewinnen „nach dem Tod Gottes" eine Dringlichkeit und Radikalität wie nie zuvor. Dringlich werden sie, weil nur vom richtigen menschlichen Handeln das Geschick der Welt abhängt. Radikal werden sie, weil Gott als Maßstab und Orientierungspunkt für das sittliche Handeln ausfällt. Der Mensch wird zum letztinstanzlichen Gesetzgeber und zur alleinverantwortlichen vollziehenden Gewalt in der Welt. Und selbst die Aufgabe der richterlichen Gewalt kommt allein ihm zu, nämlich seinem Gewissen, das KANT treffend als den „inneren Gerichtshof" beschreibt, bei dem der Mensch Ankläger, Angeklagter und Richter in einer Person ist.

Mit alledem ist offenbar der Rechtfertigungslehre in ihrer traditionellen Gestalt der Boden entzogen. Die Rechtfertigungslehre beruhte ja auf der Gewißheit von der Existenz eines Gesetzgebers, Anklägers und Richters außerhalb des Menschen und über dem Menschen. Auf dessen Weisheit, Gerechtigkeit und Gnade durfte der

9 W. LOHFF / Chr. WALTHER: Rechtfertigung im neuzeitlichen Lebenszusammenhang. Gütersloh 1974, S. 7f.

10 M. LUTHER: Ausgewählte Schriften. Hrsg. von K. BORNKAMM / G. EBELING. Bd. I, S. 239. Die entsprechende Aussage bei Paulus findet sich 1 Kor 9,19. (In der angegebenen Luther-Ausgabe steht versehentlich 1 Kor 9,16.)

Mensch hoffen oder gar ihrer gewiß sein. Was aber, wenn dieses „außerhalb" und „über" gar nicht (mehr) vorhanden sein sollte?

Hinfällig wird dann die Möglichkeit, Rechtfertigung von Gottes Gnade zu erwarten, auf seine Gemeinschaft stiftende Gerechtigkeit zu trauen. Aber nicht hinfällig wird damit die Rechtfertigungsfrage, die Frage also, wer oder was letztgültig über den Sinn und Wert des menschlichen Lebens entscheidet, wovon diese Entscheidung abhängig ist und wie sie ausfällt.

Damit scheint der Mensch unter neuzeitlichen Bedingungen angesichts der Rechtfertigungs-Frage in folgendes Dilemma zu geraten:

- Entweder er nimmt seinen Zweifel an Gott (sozusagen den Religionskritiker und Atheisten in sich selbst) ernst und verzichtet auf eine Rechtfertigung von Gott her, indem er sich konsequent mit der gesellschaftlichen Anerkennung oder dem Versuch seiner Selbstrechtfertigung begnügt.
- Oder er nimmt das Unzureichende gesellschaftlicher Anerkennung und die Unmöglichkeit, sich selbst für sein Dasein zu rechtfertigen, ernst und flüchtet sich in die – vielleicht illusionäre – Geborgenheit und Ermutigung einer göttlichen Rechtfertigung.

Bleiben nicht entweder der Zweifel und damit die Wahrhaftigkeit oder die Rechtfertigung und damit die Ermutigung zum Leben auf der Strecke? Endet die Rechtfertigungslehre in der Neuzeit in dieser Aporie?

„Die Rechtfertigung des Zweiflers" – ein Interpretationsansatz

In einem Vortrag aus dem Jahre 1924 hat Paul TILLICH die ungewohnte Formel von der *Rechtfertigung des Zweiflers* geprägt. Damit wird von ihm ein Interpretationsansatz der Rechtfertigungslehre vorgelegt, der von dem oben beschriebenen Dilemma zwischen Zweifel und Rechtfertigung ausgeht und es zu überwinden versucht. Wenn es so etwas gäbe wie die Rechtfertigung des Zweiflers, dann könnte ja nicht länger die Rede sein von einem Dilemma zwischen Rechtfertigung und Zweifel. Daß wir uns hier ganz zu Recht auf TILLICH beziehen, zeigt schon der Beginn seines Vortrags, an dem er seine Themafrage präzisiert:

„Die Frage, die unser Thema uns stellt, ist folgende: Welche Bedeutung hat die Rechtfertigung, das Durchbruchsprinzip des Protestantismus, gegenüber dem Zweifel an seinen Voraussetzungen? – Wenn unbestreitbar ist, daß unsere gesamte gegenwärtige Lage bestimmt ist durch diesen Zweifel, durch den Verlust der Voraussetzungen des Rechtfertigungsglaubens, so kann die Frage auch so gestellt werden: Was hat der *articulus stantis et cadentis ecclesiae* (Artikel, mit dem die Kirche steht und fällt) dem gegenwärtigen Protestantismus in seiner der Reformation gegenüber fundamental veränderten Lage zu sagen?"[11]

Bei dem Versuch, diese Fragen zu beantworten, geht Tillich von einer wichtigen Beobachtung aus: Für PAULUS war die jüdische Gesetzesfrömmigkeit, für LUTHER waren das Mönchtum und das Bußsakrament die Voraussetzung, ohne die die jeweilige Rechtfertigungslehre gar nicht möglich gewesen wäre. Aber das neue Verstehen der Rechtfertigung ereignete sich gerade so, daß diese Voraussetzungen aufgebrochen und in Frage gestellt wurden. Aber auch die jeweils neue Erkenntnis brauchte alsbald eine Form, in der sie gelebt, dargestellt und gelehrt werden konnte. (TILLICH nennt dies eine „Realisierung".) Und dieser Prozeß von Durchbruch und Realisierung ist natürlich mit der Reformation nicht zu Ende gekommen, ja er kann nicht an ein Ende kommen, weil zwischen dem göttlichen Durchbruch einer neuen Erkenntnis und ihrer menschlichen Realisierung nach seiner Meinung immer ein Unterschied besteht. Dieser Prozeß begründet die Dynamik der Rechtfertigungslehre und erklärt, warum gerade in dieser Lehre kein endgültiges theologisches Ergebnis erzielt werden kann.

11 P. TILLICH: Rechtfertigung und Zweifel. In: Gesammelte Werke. Bd. VIII. Stuttgart 1970, S. 85.

Was heißt das für die Rechtfertigung unter neuzeitlichen Bedingungen? Die Realisierung der reformatorischen Rechtfertigungslehre besteht in der Heilsgewißheit, und das heißt in der Gewißheit, daß der Mensch aus der Beziehung zu Gott den Sinn des Lebens und die Wahrheit schlechthin empfängt. Aber gerade diese Gewißheit ist den neuzeitlichen Menschen so fragwürdig geworden, wie es LUTHER fragwürdig geworden war, ob er durch seine Bußübungen Gottes Gnade erringen könne. LUTHER scheiterte an der mittelalterlichen Frömmigkeit. *Der moderne Mensch scheitert an der Wahrheits- und Sinngewißheit.* Er zweifelt. Aber „zweifeln" heißt eben nicht: mit einer Sache fertig sein, sondern von ihr ohne festen Halt umgetrieben und verunsichert zu sein.

Abb. 3: Ernst Barlach: Der Zweifler, 1937

Aus: Günter GLOEDE: Gestalt und Gleichnis bei Ernst Barlach. Berlin ²1967, Nr. 90.

„Der Zweifler im religiös bedeutungsvollen Sinn ist derjenige Mensch, der mit dem Verlust der religiösen Unmittelbarkeit Gott, die Wahrheit und den Lebenssinn verloren hat oder auf irgendeinem Punkte des Weges zu diesem Verlust steht und doch nicht in diesem Verlust ausruhen kann, sondern getroffen ist von der Forderung, Sinn, Wahrheit und Gott zu finden.

Der Zweifler ist also derjenige, den das Gesetz der Wahrheit mit seiner ganzen rücksichtslosen Gewalt gepackt hat und der, da er dieses Gesetz nicht erfüllen kann, der Verzweiflung entgegengeht. Der Zweifler befindet sich also in der Lage dessen, der an seinem Heil verzweifelt, nur daß für ihn das Unheil nicht das Verwerfungsurteil Gottes, sondern der Abgrund der Sinnleere ist." (S. 89)

Diese Situation des neuzeitlichen Menschen hat Tillich praktisch durchlitten – auf den Schlachtfeldern des Ersten Weltkrieges – und theoretisch durchdrungen. Und der Gedanke der „Rechtfertigung des Zweiflers" wird für ihn zu dem Schlüsselerlebnis, das es ihm überhaupt erst ermöglichte, Theologe zu bleiben.

„Der Schritt, den ich selber in diesen Jahren tat, war die Einsicht, daß das Prinzip der Rechtfertigung durch den Glauben sich nicht nur auf das religiös-moralische, sondern auch auf das religiös-intellektuelle Leben bezieht. Nicht nur der, der in der Sünde ist, sondern auch der, der im Zweifel ist, wird durch den Glauben gerechtfertigt. Die Situation des Zweifelns, selbst des Zweifelns an Gott, braucht uns nicht von Gott zu trennen. In jedem tiefen Zweifel liegt ein Glaube, nämlich der Glaube an die Wahrheit als solche, sogar dann, wenn die einzige Wahrheit, die wir ausdrücken können, unser Mangel an Wahrheit ist. Aber wird dies in seiner Tiefe und als etwas, das uns unbedingt angeht, erlebt, dann ist das Göttliche gegenwärtig; und der, der in solch einer Haltung zweifelt, wird in seinem Denken ‚gerechtfertigt'. So ergriff mich das Paradox, daß der, der Gott ernstlich leugnet, ihn bejaht. Ohne dies hätte ich nicht Theologe bleiben können."[12]

(5) Welche Parallelen zwischen der traditionellen Rechtfertigungslehre und Tillichs Anschauung von der „Rechtfertigung des Zweiflers" können Sie diesem Text entnehmen?

....

....

....

....

....

In seiner Schrift *„Der Mut zum Sein"* hat Tillich im Jahre 1952 diese Gedanken nochmals aufgenommen und mit Hilfe des Begriffs „Bejahung" formuliert. Er beschreibt dort die Frage folgendermaßen:

„Gibt es einen Mut, der die Angst vor der Sinnlosigkeit und den Zweifel besiegen kann? [...] Gibt es einen Glauben, der angesichts von Zweifel und Sinnlosigkeit bestehen kann?" Und er fährt fort: „Wenn man nicht versucht, dieser Frage auszuweichen, gibt es nur eine Antwort, nämlich die, daß der Mut, der Verzweiflung standzuhalten, selber Glaube ist und Mut zum Sein gleichsam an seiner äußersten Grenze ausdrückt. In dieser Situation ist der Sinn des Lebens auf den Zweifel an dem Sinn des Lebens reduziert. Aber da dieser Zweifel selbst ein Akt des Lebens ist, ist er etwas Positives trotz seines negativen Inhalts [...] In der religiösen Sprache würde man sagen, daß man sich bejaht als bejaht trotz des Zweifels an dem Sinn einer solchen Bejahung."[13]

Tillich versucht also, die Rechtfertigung auch für die Lebenssituation zu interpretieren, in der Gott und der Sinn des Daseins zweifelhaft geworden sind. Durch die Antwort, die er gibt, wird diese Situation nicht verwandelt oder aufgehoben, wohl aber kann sie nun ertragen, ausgehalten, gelebt werden. Rechtfertigung und Zweifel schließen sich nicht länger aus.

Viele sehen in solchen kühnen Gedanken eine unerlaubte Grenzüberschreitung der Theologie auf den Atheismus zu. Tillichs Interpretation der Rechtfertigungslehre erscheint dann als ein Ausverkauf oder Verrat der Theologie. Für andere eröffnen gerade diese Überlegungen einen Zugang zur Theologie im allgemeinen und zur Rechtfertigungslehre im besonderen.

---

12 P. Tillich: Die Protestantische Ära. In: Gesammelte Werke. Bd. VII. Stuttgart 1962, S. 14.

13 P. Tillich: Der Mut zum Sein. In: Gesammelte Werke. Bd. XI. Stuttgart 1969, S. 129.

19. Christliche Hoffnung

Autor der Studieneinheit: Herbert Vorgrimler

Herbert Vorgrimler (56), Studium der Philosophie und Theologie in Freiburg i. Br. und Innsbruck, 1953 Priesterweihe, 1958 Promotion in Innsbruck, bis 1968 am „Lexikon für Theologie und Kirche" und bei der Edition der Konzilstexte tätig. 1968 Professor für Dogmatik an der Staatlichen Theologischen Fakultät in Luzern, seit 1972 Professor für Dogmatik und Dogmengeschichte am Fachbereich Katholische Theologie der Universität Münster. Veröffentlichungen zur Dogmengeschichte, zur Eschatologie und zum christlich-marxistischen Dialog.

Allgemeine Einführung

Trotz der Rückbindung an die Botschaft und das Geschick Jesu Christi erweist sich das Christentum nicht als eine rückwärts gewandte Religion. Es ist vielmehr von Anfang an von einer starken Erwartungshaltung geprägt. Die Erwartung richtet sich, aufbauend auf der jüdischen Mutterreligion und entsprechend dem zentralen Inhalt der Verkündigung Jesu, auf das Kommen der universalen Herrschaft Gottes. Im Reich Gottes sollen die Träume von einer wahrhaft humanen Menschheit endlich verwirklicht werden: Friede, Versöhnung und Gerechtigkeit sind möglich und werden von Gott in Aussicht gestellt. In Jesus von Nazaret kam, nach christlicher Überzeugung, das Gottesreich als Angebot ganz nahe, aber es wurde nicht universal wahrgenommen. Für Christen bleiben die von Jesus vorgelegten Verhaltensmodelle bestimmend. Sie zeigen, wie das Reich Gottes schon hier und heute wenigstens an bestimmten Orten und in bestimmten Situationen, privat und öffentlich, verwirklicht werden kann.
In christlicher Sicht ist es entscheidend für die Hoffnung auf eine universale Herrschaft Gottes, daß sie Rettung auch für die Toten bedeutet. Das unterscheidet sie grundlegend von nichtgläubigen Erwartungshaltungen. Gott hat sich als derjenige geoffenbart, bei dem es keine vergessenen Opfer, keine Zukurzgekommenen oder Überflüssigen gibt. Von wirklicher Macht und Herrschaft Gottes könnte auch gar keine Rede sein, wenn sie an der Grenze des Totenreiches endete. So wuchs schon auf dem jüdischen Mutterboden des Christentums die Überzeugung heran, daß ein Mensch, der sich auf Gott verläßt, im Tod in der Liebe und Treue Gottes geborgen ist. In der Auferweckung Jesu identifizierte sich Gott mit Jesu befreiender Botschaft und Praxis, und zugleich bekundete er damit den Weg zur universalen Verwirklichung seines Reiches: sie wird nicht mehr Ergebnis menschlicher Anstrengung, sondern grundlegende Verwandlung durch Gott sein, Vollendung der Menschheitsgeschichte und Schöpfung, Auferweckung der Toten.
Mit der entschiedenen Ausweitung der christlichen Erwartung auf die Rettung der Toten war die Gefahr gegeben, daß Christen sich auf ein „Jenseits" fixierten und konkrete innerweltliche Aufgaben vernachlässigten. Der Wunsch, „in den Himmel zu kommen", kann von Egoismus geprägt sein. Dem setzte das Christentum von Anfang an die von Israel übernommene Gerichtserwartung entgegen: Das Kommen zu Gott bedeutet nicht nur Rettung, sondern auch Rechenschaft. Diese Botschaft soll nicht die ohnedies Schwachen und Zukurzgekommenen entmutigen, sondern im Gegenteil Kräfte zu weltveränderndem Verhalten freisetzen. Maßstab des Gerichts würde die praktizierte Liebe sein – und das meint nicht zuletzt die Parteinahme für jene Unterdrückten und Leidenden, mit denen sich Gott in Jesus selbst identifiziert hatte. Diese Zusammenhänge kamen in der jüngsten Vergangenheit den Christen wieder neu zum Bewußtsein, nicht zuletzt durch kritische Anfragen „von außen" her

angestoßen. Wie genau Gegenwart und Zukunft miteinander verbunden sind, wie sich die Praxis der Menschen und die Vollendung durch Gott zueinander verhalten, darüber gehen die Meinungen christlicher Interpreten auseinander. Gesichert ist die Erkenntnis, daß bloß passives Abwarten oder mutlose Resignation den Erwartungen des kommenden Gottes nicht genügen.

Wenn Sie diese Studieneinheit durchgearbeitet haben, sollen Sie in der Lage sein,

- die Frage, ob das Christentum eine nach rückwärts oder einseitig nach einem „Jenseits" orientierte Religion ist, zu beantworten;
- sich über die Begründung einer Hoffnung über den Tod hinaus und für die unzähligen Toten der Menschheitsgeschichte ein Bild zu machen;
- Grundstrukturen heutiger Zukunfts- und Hoffnungstheologien, die sich um die Vermittlung von gegenwärtigen christlichen Aufgaben und der Zukunft Gottes bemühen, aufzuzeigen.

Hoffnung für die Lebenden und für die Toten im biblischen Zeugnis

Der christliche Glaube ist, aufbauend auf seinem jüdischen Mutterboden, von Anfang an durch eine starke Erwartungshaltung geprägt. Gegenstand dieser Erwartung ist eine neue, bessere und bleibende Zukunft. Im jüdisch-christlichen Glaubensbewußtsein wurde das von Gott erhoffte Neue und Endgültige in unterschiedlichen Perspektiven durchdacht: Hoffnung für die Heutigen? Für kommende Generationen? Hoffnung auch für die Toten, für die Milliarden Vergessener? Hoffnung für die Menschheitsgeschichte und für die Bühne, auf der sie sich abspielt, also Hoffnung für die Erde und den Kosmos? Oder Hoffnung „jenseits" dieser Welt? Eine Zukunft nur in geistigem Sinn, für Unfaßbares, Gedankliches, Seelisches, oder eine Zukunft auch für die Materie? Gewiß ruht der christliche Glaube auf dem biblischen Zeugnis, aber dieses selbst gibt nicht auf alle die Menschen bedrängenden Zukunftsfragen eindeutige Antworten. Manches hat in biblischer Sicht Vorrang, manches entwickelt sich erst in einem allmählichen Erkenntnisprozeß, anderes ist undenkbar ohne Anstöße von außen, von nichtchristlichen Religionen im alten Orient her. Dieser Entwicklungsvorgang im glaubenden Nachdenken setzt sich in nachbiblischer Zeit fort; er dauert bis heute an. Die Anhänger der christlichen Religion hatten sich mit ihrer Zukunftserwartung nicht nur mit den Jenseitsvorstellungen der Anhänger anderer Religionen auseinanderzusetzen. Sie mußten und müssen sich bis zur Gegenwart dem andersartigen, nichtgläubigen Zukunftsdenken und seinen Herausforderungen für das Christentum stellen. Bei einem so komplexen Vorgang ist es nicht weiter erstaunlich, daß sich innerhalb des Christentums nur wenige grundsätzliche und einheitliche Überzeugungen im Hinblick auf die Zukunft zeigten und daß neben diesem wenigen Gemeinsamen eine Vielfalt theologischer Ausdeutungen im Raum steht. Heute ist zu beobachten, daß diese Meinungsunterschiede nur noch in wenigen Einzelfragen auf die christlichen Konfessionen aufteilbar sind. In den wichtigeren Streitfragen gehen die Unterschiede quer durch die noch getrennten christlichen Kirchen. Karg ist die sprachliche Ausformulierung, in der sich alle Christen gemeinsam als Hoffende und Erwartende bekennen, wenn sie im Apostolischen Glaubensbekenntnis sprechen: „Ich glaube an die Auferstehung des Fleisches und an das ewige Leben", und wenn sie im gleichen Text von dem zu Gott aufgenommenen Jesus bekennen: „Er wird wiederkommen von dort, zu richten die Lebenden und die Toten." Damit ist nur ein Teil der in der Bibel grundgelegten Hoffnungen und Verheißungen wiedergegeben.

Der Diesseitsgehalt der Hoffnung

Die ältesten Schriftpropheten Israels haben eine schreckliche Drohbotschaft auszurichten: Dem Volk wird am „Tag Jahwes" eine furchtbare Katastrophe in Aussicht gestellt, der keiner entrinnen wird. Das Gericht werde hereinbrechen, weil Recht und Gerechtigkeit nicht verwirklicht, Menschen entehrt wurden und Gott nicht in der Weise Ehre erfuhr, in der er zu ehren ist, nämlich nicht in kultischen Festen, sondern in der Herbeiführung wirklich humaner Zustände. Unterschiedliche Schichten und Stilmittel des Alten Testaments zeigen das Nachdenken über die Gründe, warum die Gegenwart so unheilvoll ist – Andrängen der Feinde von außen, harte Gegensätze im Innern, Epidemien, Tyrannei, Exil –, und die Rückschlüsse, daß sie so unheilvoll ist, weil der Wille Gottes von Anfang an keine Geltung erlangte. So entstehen in der Rückfrage nach dem Anfang die Idealentwürfe paradiesischer Zustände, die zeigen sollen, wie es in der Gegenwart aussehen könnte, wenn es nach Gottes Willen gegangen wäre. Andere Rückgriffe, etwa auf die noch nicht von Königtum und Priesterschaft verdorbene Gesellschaft Israels, wollen Impulse für eine Neugestaltung der Verhältnisse nach dem Willen Jahwes, für die Errichtung von „Gegengesellschaften" vermitteln, Impulse, die besagen wollen: so, wie es zwar nicht im Paradies, aber einmal in der Frühgeschichte Israels gewesen war, so kann und muß es wieder werden, weil Gott es so will.

So werden die Ankündigungen von Gericht und Katastrophen immer wieder und immer deutlicher überboten von Verheißungen: Noch gibt es eine Chance zur Rettung, ja, Gott ist bereit, das Neue unausdenklich besser werden zu lassen, als das Alte je gewesen war – vorausgesetzt nur, das Volk kehre zu ihm um und lasse die Träume von einer humanen Menschheit Wirklichkeit werden. In die Verheißungen wird auch die nichtmenschliche Schöpfung, werden die nichtgläubigen Völker einbezogen: Gott will in jeder Hinsicht heile Verhältnisse, und Friede ist unter allen Entzweiten möglich. Israel klammert sich im Glauben an eine Wende, die Gott innerhalb der Geschichte herbeiführen werde, und es kann kein Zweifel daran sein, daß die neuen, heilen und für immer bleibenden Zustände für hier, für diese Erde, für diese Zeit erhofft werden. Auch dort, wo die von Gott angeregten Propheten die Geschichtswende mit Begriffen eines völligen Neuanfangs – „neuer Himmel und neue Erde" – in Aussicht stellen, ist nicht die Rede von einer neuen Welt jenseits von Raum und Zeit. Im Alten Testament beginnt sich als Inbegriff der Erwartungen die Herrschaft, Königsherrschaft oder das Reich Gottes einzubürgern: Alle Verweigerungen und Treulosigkeiten des Volkes sind und bleiben umgriffen von der Vergebung und der größeren Treue Gottes, der sein Schöpfungsziel erreichen wird, inmitten einer geheilten und versöhnten Menschheit zu herrschen.

Dieses Thema des Reiches Gottes macht Jesus zu seiner ureigenen Sache, zum Zentrum seiner Zeichenhandlungen und seiner Verkündigung. Jesus ändert nichts an den Inhalten der diesseitigen Hoffnung. Aber anders als bei früheren Propheten Israels erklärt er, daß die Entscheidung für das Gelingen des Reiches Gottes gebunden ist an die Entscheidung für seine eigene Person und Botschaft. Seine Verkündigung der nahe herbeigekommenen Gottesherrschaft ist geprägt von einem einzigartigen Gottesverhältnis und einer gespannten Naherwartung. Anders als bei seinem Lehrer, dem Täufer Johannes, herrscht bei Jesus nicht der Gerichtsgedanke, sondern ein Gottesbild vor, das von einem unbegrenzten und bedingungslosen Liebes- und Vergebungswillen eines zugleich väterlichen und mütterlichen Gottes bestimmt ist. In seiner Konzentration auf die Aufgabe, den ihn sendenden Gott zu offenbaren, betont er, daß Gott allein das Angebot seiner Herrschaft macht, daß Gott allein das Kommen seines Reiches ermöglicht und daß Gott allein seine Herrschaft zu universaler Vollendung führen wird. Diese starke Betonung des göttlichen Wirkens hat zu unterschiedlichen (nicht konfessionsspezifischen) christlichen Auslegungen geführt.

Dazu kommt noch die Schwierigkeit, vor die sich die christliche Theologie gestellt sieht, nicht nur bei der Verkündigung des historischen Jesus anzusetzen und von ihr her den Inhalt christlicher Hoffnung zu bedenken, sondern alles auch im Licht des Todes und der Auferweckung Jesu zu sehen. Das aber bedeutet, daß die christliche Hoffnung unterschiedlich verstanden wird je nach dem unterschiedlichen Verständnis von Erlösung und nach dem Verständnis dessen, wovon wir erlöst sind. Ergibt sich hier eine unterschiedliche Sicht, dann wird auch verschieden vom Verhältnis Gottes zu seiner Schöpfung, zur Welt und zur Menschheit gedacht. Wie verschieden die Auffassungen sein können, zeigt ein Blick auf bedeutende evangelische Theologen:

• Karl BARTH in seiner frühen Zeit und die anderen Vertreter der von ihm begründeten „Dialektischen Theologie“ sehen einen unendlichen qualitativen Unterschied zwischen Gott und der Welt des Menschen. Die wahre Situation des Menschen ist dadurch geprägt, daß Gott allein das Leben ist, der Mensch im Tod steht. Wichtig ist dann nicht der Ablauf der Zeit (und was in ihr geschieht) auf ein Ende zu, wichtig ist nicht ein Endgeschehen, sondern wichtig ist allein, daß der unendliche qualitative Abstand zwischen Gott und Mensch aufgehoben wird. Das ist nur von Gott allein her, aber zu jeder Zeit möglich. Alle biblischen Aussagen über das Kommende sind nach der frühen Theologie Karl BARTHS nur Chiffren für jenen Begegnungsaugenblick, in dem Gottes Heilshandeln – jenseitig bleibend – die Zeit berührt, die Nichtigkeit des Menschen offenbarend und zugleich den Sünder erlösend.

• Paul ALTHAUS erwartet von der menschlichen Geschichte nichts Positives. Sie steht bleibend unter dem Zeichen der Sünde. Gottes Tat bezog sich auf den Sünder, und sie ist „vollendet“. Anders als BARTH spricht ALTHAUS jedoch auch von dem Gott, der kommen wird, um die gebrochene Gestalt dieser Welt zu erneuern und zu vollenden. So bleibt an der vollendeten Tat Gottes doch noch etwas zu vollenden. ALTHAUS vermag freilich nicht zu denken, Menschen könnten an dieser Vollendung aktiv Anteil haben.

• Paul TILLICH versuchte, das Christusereignis mit den sprachlichen Möglichkeiten neuerer Philosophien zu formulieren; dabei kam er auf den Begriff des Seins, der sowohl der Schöpfung Gottes als auch Gott selbst zukommt. Anders als bei Karl BARTH ist damit die Brücke über den Abgrund zwischen Gott und Mensch auch abgesehen von der Erlösung geschlagen: alles geschaffene Sein ist durch einen inneren Seinsbezug mit Gott als dem Sein-Selbst verbunden. Nun ist für TILLICH alles Sein in der Christuswirklichkeit neu begründet worden, es ist im Grunde schon „Neues Sein“. Innerhalb der menschlichen Geschichte wirkt dieses „Neue Sein“ sich aus als „Mut zum Sein“, nämlich als eine weltformende Kraft, die an der menschlichen Zukunft arbeitet.

• Wolfhart PANNENBERG, von einer erneuerten Aufmerksamkeit für die „Reich-Gottes“-Botschaft bei Jesus bestimmt, denkt das entscheidende versöhnende Geschehen nicht in der Vergangenheit, sondern in der Zukunft. Zugrunde liegt bei ihm eine Vision der Einheit (als Inbegriff versöhnter Zustände), die eine Einheit der Welt und eine Einheit aller Menschen sein muß, soll sie wirkliche Einheit sein. Ermöglicht ist eine solche Einheit, weil Gott sich als ein einziger zu erkennen gegeben hat. Erreicht wird die Einheit der Welt durch einen Prozeß, in dem frühere Gegensätze versöhnt werden. So vollzieht sich Versöhnung prozeßhaft auf die eine Zukunft hin. Sind in der Zukunft Liebe und Einheit aller Dinge und aller Menschen möglich, dann muß insgeheim diese Einheit auch schon jede Situation der Vergangenheit und jede Gegenwartserfahrung bestimmt haben: Gott. Auch hier ist Gott nicht radikal von der Wirklichkeit des Menschen geschieden, sondern in ihm und durch ihn am Werk.

Ähnlich fundamentale Unterschiede in der grundlegenden Sicht auf die Zukunft finden sich auch innerhalb der katholischen Theologie. Manche möchten das Reich Gottes als eine rein zukünftige Größe verstehen, die durch Gott allein herbeigeführt werden würde. Oder das Reich Gottes wird völlig in das Jenseits von Raum und Zeit entrückt, so daß diese Welt nichts mit ihm zu tun hätte. Hier wird nun, wenn vom „Diesseitsgehalt der Hoffnung“ die Rede ist, auf eine andere Auffassung näher eingegangen, die sich nicht wenige Theologen aller Konfessionen zu eigen gemacht haben. Ausgangspunkt dafür ist die Erkenntnis, daß Jesus selbst an Verhaltensmodellen aufgezeigt hat, wie Gottes Herrschaft wenigstens an bestimmten Orten und in bestimmten Situationen (wenn auch nicht universal) wahrgenommen und verwirklicht werden kann, beispielsweise durch die Praxis von Feindesliebe, Herrschaftsverzicht und beständige Treue in der Partnerschaft. In diesen Modellen wird die wahrhaft humane Gestalt von Menschheit, die dem Willen Gottes entspricht, sichtbar.

Schon in neutestamentlicher Zeit begannen diese diesseitigen Inhalte der christlichen Hoffnung bewußtseinsmäßig zurückzutreten. Erhebliche Reste von ihnen blieben in ethischen und sozialen Impulsen übrig (z. B. bei Paulus in der Aufforderung, „Früchte des Geistes“ zu erbringen), doch geriet deren Zusammenhang mit der Verwirklichung des Reiches Gottes aus dem Blickfeld. Zwar setzten christliche Erneuerungsbewegungen in der Kirchengeschichte immer wieder zu einer Neubelebung des Reich-Gottes-Gedankens an, aber die Versuche, ihn institutionell in Wirklichkeit zu überführen, scheiterten; ähnlich wie nichtchristliche Revolutionen verkamen sie meist in Gewalttätigkeiten.

(1) Was ist unter „Diesseitigkeit“ der Reich-Gottes-Botschaft zu verstehen?

....

....

....

....

....

....

....

Hoffnung für die Toten

Nach heutigem Erkenntnisstand war in der ältesten uns erreichbaren Zeit Israels eine sehr nüchterne Haltung gegenüber dem Tod üblich. Eine bewußte Abwehr der Totenkulte, die zu den religiösen Gepflogenheiten der Nachbarvölker gehörten, mag dazu beigetragen haben. Entsprechend dem hebräischen Menschenbild galt der Leib des Menschen mit dem Tod als unwiederbringlich verloren, während sein Lebensprinzip im Grunde gar nicht als menschlich, sondern als göttliche Leihgabe aufgefaßt wurde: nahm Gott den „Lebensatem“ eines Menschen zu sich zurück, so wurde der Leib zu Staub – der Mensch war unwiderruflich tot. Jahrhundertelang lebten die Urväter der jüdischen und auch der christlichen Religion in der Verehrung des Offenbarungsgottes ohne den Glauben an ein wie immer geartetes Leben nach dem Tod. Aber auf die Dauer konnte sich Israel der Frage nach dem Schicksal des Menschen im Tod, die in der Umwelt (Ägypten, Persien usw.) so eindrucksvoll beantwortet wurde, nicht entziehen. Zunächst fand auch in Israel die Vorstellung Eingang, der Mensch gelange im Tod in eine Art Unterwelt, in der er als kümmerlicher Schatten, von Gott und Menschen geschieden, ein freudloses Dasein friste. Aber diese Vorstellung provozierte eine theologische Frage von erheblicher

Tragweite: Wäre es im Ernst denkbar, daß Jahwes Treue zu den ihm vertrauenden Menschen an der Grenze dieser Unterwelt ende? Falls dem so wäre, fände die Macht Gottes ihre Grenze an den Pforten dieser Unterwelt: Gott und Unterwelt wären zwei unabhängige, jeweils in ihrem Bereich höchste Mächte. Eine solche Idee widersprach dem Glauben Israels an Jahwe als den einzigen wirklichen Gott und widersprach allen Erfahrungen mit seiner Treue. So entstand in Israel die feste Glaubensüberzeugung, daß Gott den, der ihm im Leben die Treue hielt, im Tod nicht im Stich lassen werde. Gegen allen Anschein von Zerstörung und Verwesung wurde der Glaube gesetzt: das Ich, das sich auf Gott verläßt, ist im Tod bei Gott aufgehoben (besonders eindrücklich ist in dieser Hinsicht Psalm 73).

Unter dem Einfluß der griechischen Umwelt, in der viele Juden in der Zerstreuung lebten, konnte es nicht ausbleiben, daß von da aus auch die Frage gestellt wurde, wie ein solches Gerettetwerden im Tod genauer zu denken sei. Die Weisheitsliteratur zeigt das Vorstellungsmodell, das vom Hellenismus übernommen wurde: Der Mensch bildet eine zeitlich befristete Union aus materiellen Elementen, dem Leib, und einem eher geistig und daher unsterblich zu denkenden Lebensprinzip, der Seele. Entsprechend diesem Denkmodell wäre das zu Gott gerettete, dem Tod enthobene Ich die Seele des Menschen. Nach dem weisheitlichen Bewährungsdenken wurde diese Vorstellung zunächst nur auf die gerechten Menschen, die Versuchungen standhielten und dafür Lohn erwarten durften, angewandt: die Seelen der Gerechten sind in Gottes Hand.

Die Überwältigung sogar des Kernlandes Israel durch hellenistische Besatzung und die Erfahrung, daß auch führende klerikale und theologische Kreise des Gottesvolkes nicht immun waren gegen heidnische Versuchungen, führten zu einer Erschütterung der diesseitsorientierten Hoffnungen. Die Resignation spiegelt sich in der „Apokalyptik“ genannten Literatur wider. Der gegenwärtigen Weltzeit wird nichts anderes mehr als Katastrophen, vernichtendes Gericht und Untergang in Aussicht gestellt. Nichts aus ihr kann Gott als Material für eine neue schöpferische Aktion dienen: eine zweite Weltzeit, einen „neuen Äon“, der trotz allem „hinter“ dem Untergang erhofft wird. Die Apokalyptik entwickelte erstmals eine Theologie, die den Opfern der bisherigen Unheilsgeschichte Gerechtigkeit zu schaffen sucht: Lebend in den neuen Äon gelangen werden vor allem jene, die in der bösen Weltzeit Widerstand geleistet und für ihren Glauben den Tod erduldet haben. Sie werden in ihrem Tod zu Gott auferweckt und auch mit ihrem Leib für den kommenden Äon (das „Leben der zukünftigen Welt“, wie das christliche Glaubensbekenntnis in der Formulierung der Apokalyptik sagt) aufbewahrt. Das nachdrücklichste biblische Zeugnis für diese Theologie einer Märtyrererweckung ist in 2 Makk 7 erhalten. Das gläubige Nachdenken apokalyptischer Kreise führte jedoch den Gedanken noch weiter. Dem Anspruch der Gerechtigkeit wäre nicht Genüge getan, wenn Henker und Folterer einfach in Vergessenheit ruhen dürften und nur die gemarterten Glaubenszeugen die neue Weltzeit erlebten. Im Namen der ausgleichenden Gerechtigkeit müsse es auch eine Auferweckung der Bösen mit dem Ziel ihrer dauernden Bestrafung geben. Dan 12 bezeugt diese Glaubenserwartung einer auch leiblichen Auferweckung von Guten und Bösen. Zu keiner Zeit übernahmen alle Angehörigen des Volkes Israel diese Auferstehungshoffnung, vielmehr kam es gerade über der Auferweckungsfrage zu Parteibildungen, wie sie uns aus Streitgesprächen in den synoptischen Evangelien entgegentreten.

Jesus von Nazaret gehörte zu jenen Juden, die von der Macht Jahwes über die Todesgrenze hinaus überzeugt waren. Er hoffte auf eine Auferweckung der Gerechten und Frommen in ihrem Tod, aber er sprach nie ausführlich davon, weil er die alles verändernde Wende noch zu erleben glaubte, die machtvolle Ankunft der Herrschaft Gottes, in deren Bereich es keinen Tod mehr gäbe. Für die Menschen im Jüngerkreis war Jesus, nachdem seine direkte Mission gescheitert war, mit Sicherheit nicht verloren, sondern geborgen in Gott. Daß sie ihn aber als lebendig auch in seiner Leiblichkeit erfuhren, mußten sie als Bestätigung seines ganzen Lebens, seiner Praxis und seiner Botschaft durch Gott verstehen. In der Auferweckung Jesu verbürgte sich Gott für das Werk seines Sohnes, ja er identifizierte sich mit ihm. Zunächst mußte das wie ein Ausnahmehandeln Gottes an einem Einzigen erscheinen. Die baldige Erwartung des Reiches Gottes bei Jesus wurde ergänzt um den Aspekt des abermaligen Kommens, der „Wiederkunft“ *(Parusie)* Jesu: Da er selbst die Entscheidung der Menschen für das Reich Gottes an die Entscheidung für ihn selbst und seine Botschaft gebunden hatte, würde sein abermaliges Kommen die Offenlegung aller Entscheidungen, das Gericht, bedeuten. Der Gekreuzigte war nicht wie irgendein Märtyrer oder Prophet zu Gott gerettet worden; dadurch, daß Gott ihn als den Auferweckten und Lebendigen zur Erscheinung brachte, ließ er verstehen, daß dieser Jesus zu gottgleicher Würde, zum Sohn, zum Herrn und zum Richter eingesetzt war.

Mit der Verzögerung der Parusie und mit der Erfahrung, daß immer mehr Christen aus den jungen Gemeinden starben, stellte sich die Frage nach dem Schicksal der Entschlafenen. Vor allem Paulus betonte mit Nachdruck, daß die Toten keinen Nachteil haben würden gegenüber den Lebenden: Die Auferweckung Jesu bedeutet über seine eigene Person hinaus, daß das erwartete Reich Gottes nicht vollständig, nicht denkbar sein würde, wenn die Toten nicht dazugehörten. So gesehen war die Auferweckung Jesu der Beginn von Totenerweckungen, war Jesus selbst der erste der Entschlafenen, dem viele folgen würden. Sterben hieß für Paulus zum Herrn kommen. Aus einer ganz persönlichen Christuserfahrung und -verbundenheit bekannte Paulus seine Sehnsucht danach, dieses (vorläufige) Leben abschließen zu dürfen. Aus seinen Formulierungen ergab sich für die frühchristlichen Gemeinden eine deutliche Absage an diese Welt und an eine konkrete Hoffnung für diese Welt: Der Glaubende ist in dieser Welt wie ein Fremder, er hat hier keine bleibende Stätte, seine Heimat ist in den Himmeln.

So verschob sich die Perspektive: Das Reich Gottes war nur noch verbal, im Vaterunser und im Glaubensbekenntnis, Gegenstand christlicher Erwartung. Insgeheim war es durch die Person Jesu Christi ersetzt worden: nicht der Ankunft der Gottesherrschaft, sondern dem eigenen Kommen in den Himmel, zu Jesus, galt die christliche Hoffnung. Der Inbegriff von Erwartung und Hoffnung lag für viele Generationen von Christen jedenfalls jenseits des Todes und der Geschichte – allerdings in eine unfaßbare Ferne verschoben und außerhalb jeder menschlichen Vorstellungskraft entrückt. An einem „Jüngsten Tag“ würden alle (oder vielleicht doch nur die Glaubenden?) zu universalem Gericht und universaler Vollendung auferstehen. Die gottwidrigen Mächte und Gewalten, die in der Zwischenzeit die Welt noch scheinbar beherrschen und die Glaubenden in Not und Drangsal stürzen können, würden dann vernichtet. Aber die neue Schöpfung wäre nicht eine Wiederherstellung der alten, sondern etwas vollkommen Neues, für das jetzt noch jede Anschauungsmöglichkeit fehlt. Eingehend spricht Paulus in 1 Kor 15 über diese Vollendung und ihre Unanschaulichkeit.

(2) Wie verschiebt sich seit Paulus die Perspektive der christlichen Erwartungshaltung?

....

....

....

....

....

....

....

Hermeneutische Fragen

Die biblischen Aussagen über christliche Hoffnung und Zukunft werfen zahlreiche Verstehensprobleme auf. Bei allen biblischen Aussagen über das Endgeschehen, sei es hinsichtlich der Geschichtswende, sei es hinsichtlich des menschlichen Einzelschicksals, werden bildhafte, symbolische und mythische Elemente verwendet, die zum Teil sehr schwer zu interpretieren sind. Versuche in der christlichen Glaubens- und Theologiegeschichte, dieses Material buchstäblich zu übernehmen und daraus ein einheitliches Lehrgebäude mit chronologischen, geographischen und physikalischen Angaben über die „Letzten Dinge" des Menschen und der Welt zu errichten, sind gescheitert. In der wissenschaftlichen Erörterung ist längst klargestellt, daß dieses Material von den alten Schriftstellern zur Veranschaulichung verwendet wurde; anderes wurde von den prophetischen Verkündigern, auch von Jesus, in der Art von Sprichwörtern oder geläufigen Redensarten eingesetzt, um den Ernst der Entscheidungssituation zu verdeutlichen; bei solchen Drohgesten sind auch die Gepflogenheiten orientalischer Übertreibung zu berücksichtigen. In der christlichen Auslegung wurden diese Einsichten, auch nachdem sie wissenschaftlich gewonnen worden waren, lange Zeit nicht zur Kenntnis genommen. In vorwissenschaftlicher Zeit wurden bildhafte und dramaturgische Elemente – insbesondere auch solche aus der apokalyptischen Literatur – aus ihrem Zusammenhang herausgenommen, isoliert überliefert und buchstäblich verstanden. In der nachbiblischen Theologie finden sich so, schon von der Frühzeit an und bis ins 20. Jahrhundert reichend, mannigfaltige, an biblischen Bildern festgemachte Jenseitsspekulationen und Versuche, mit Hilfe vorwissenschaftlicher Weltbilder eine Art Jenseitsgeographie mit verschiedenartigen Aufenthaltsbereichen zu entwerfen. Von der literarischen Eigenart der Apokalyptik her entstanden Chronologien der Endzeit; die in der Bibel geschilderten Katastrophen dienten als Anhaltspunkte, um das Ende der Welt vorauszuberechnen. Von der kirchlichen Verkündigung wurde dieser ganze Bereich häufig zu Drohungen und Einschüchterungen mißbraucht (vgl. auch die Darstellungen von Jüngstem Gericht, Hölle und Teufeln in der christlichen Kunst). Es bedurfte einer großen theologischen Anstrengung, bis die eigentlichen biblischen Aussagen hinter der Einkleidung erkannt werden konnten. Hier sind wenigstens Rudolf BULTMANN mit seinem Entmythologisierungsprogramm und Karl RAHNER mit seiner Hermeneutik eschatologischer Aussagen zu nennen.

Der entscheidende Fortschritt besteht in der Einsicht, daß die christliche Zukunftstheologie nicht eine Art vorwegnehmender Reportage künftiger Ereignisse ist, sondern das Nachdenken des christlich glaubenden Menschen aus seiner heutigen Situation heraus auf die endgültige Vollendung dieser Situation. Die heutige Situation des Glaubenden ist bestimmt von der ihn betreffenden, ihn anrührenden Gotteserfahrung in der Offenbarung Jesu Christi. So unbekannt die Zukunft auch sein mag und so „leer" der Informationsgehalt der Bibel hinsichtlich kommender Ereignisse ist, für den Glaubenden gibt es dennoch bekannte Faktoren der Zukunft, auf die er sich in Hoffnung verläßt. Diese Faktoren sind die in Jesus Christus geschehene Erlösung und „hinter" ihr der unbegreifliche und die Menschheit unbegreiflich liebende Gott. Der Glaubende baut darauf, daß diese Faktoren sich in Ewigkeit nicht mehr ändern werden. Ein „Mehr" an Information gibt die biblische Offenbarung hinsichtlich der Zukunft nicht her. Nimmt man so mit BULTMANN den Unterschied zwischen Sachgehalt und Sprachgestalt biblischer Zukunftsaussagen ernst, dann ergibt sich hinsichtlich christlicher Lehraussagen über die Zukunft, der Eschatologie, der von Karl RAHNER formulierte Grundsatz:

„Die Eschatologie meint den erlösten Menschen, wie er jetzt ist; von *ihm aus* weiß sie das Zukünftige als das *selig* Unbegreifliche, das in Freiheit (also in der Gefahr des Verlustes) anzunehmen ist; *dieses* Zukünftige, das in Bildern beschworen, aber nicht in Reportage schon jetzt vorgestellt werden kann, wird dem Menschen gesagt, weil er seine Gegenwart nur bestehen kann, wenn er sich in der Bewegung weiß auf seine Zukunft hin, die der unbegreifliche Gott in seinem eigenen Leben ist."[1]

Abb. 1: Hieronymus Bosch: Triptychon mit dem Garten der Lüste. Rechter Flügel, Ausschnitt: Die Schreckgespenster der Hölle, um 1500

Museo del Prado, Madrid

Freilich ist die Verstehensfrage mit diesem Grundsatz nicht vollends gelöst. Offen bleibt weiterhin, was mit „Erlösung" eigentlich gemeint ist. Von dieser Fragestellung sind schon biblische Zukunftsaussagen geprägt: Es handelt sich um die Verhältnisbestimmung von „präsentischer" und „futurischer" Eschatologie:

- *Präsentische Aussagen* herrschen etwa in einer bestimmten Schicht des Johannes-Evangeliums vor, in der es heißt, daß *jetzt* das Gericht ergeht und *jetzt* das ewige Leben der Glaubenden beginnt. In einer extremen Ausprägung konnte das zu der Auffassung führen, daß Christen über das jetzt Bekannte hinaus nichts Neues mehr erwarten dürfen.

---

1 K. RAHNER: Eschatologie. In: Sacramentum Mundi. Bd. I. Freiburg i. Br. 1967, S. 1188.

• *Futurische Aussagen* richten sich auf die Tatsache, daß Vollendung in jeder Hinsicht noch aussteht, für den einzelnen Menschen (solange er den Tod noch zu bestehen hat) wie für Menschheit und Kosmos. Auch findet die sich über das Alte und Neue Testament hin erstreckende Beobachtung eine angemessenere Würdigung, daß jede Erfüllung einer göttlichen Verheißung neue Erwartungen entbindet.[2]

Die unterschiedlichen christlichen Auffassungen über Hoffnung und Zukunft haben ihre Wurzeln großenteils in diesen hier genannten, noch nicht aufgearbeiteten hermeneutischen Fragen.

Erbe im Widerstreit

In den kirchlichen Gemeinschaften führten die Prozesse der Aufnahme, des Verstehens und der jeweiligen Erneuerung biblischer Hoffnungs- und Zukunftsaussagen zu Formulierungen lehrhafter, aber auch bekenntnishafter Art, die zum Teil erheblich voneinander abweichen. Manche dieser Formulierungen haben besonders im römisch-katholischen Bereich dogmatische Geltung, das heißt, die katholischen Lehrinstanzen sind der Meinung, ein Aufgeben dieser Formulierungen brächte die Identität der Kirche als Glaubensgemeinschaft in der Geschichte in Gefahr, es müsse daher unter allen Umständen vermieden werden. Im folgenden werden einige grundlegende Positionen dieser Art umrissen.

Ein christliches Menschenbild

Schon in einigen frühchristlichen Gemeinden wurde nicht einfachhin davon gesprochen, daß Gott einen Menschen oder dessen Ich im Tod zu sich rette; vielmehr setzte man dafür den Begriff „Seele“ ein. Es wurde bereits erwähnt, daß die Weisheitsliteratur Israels zum Teil den hellenistischen Seelenbegriff übernommen hatte. Dessen genauere Herkunft ist nicht bei den großen griechischen Philosophen (PLATON und ARISTOTELES), sondern in der griechischen Volksreligiosität zu suchen. Bestimmte jüdische und frühchristliche Kreise nahmen an, daß die Seele beim Tod des Gerechten zu Gott gehe, beim Tod des Sünders an den Ort jenseitiger Strafe gelange. Der Leib wurde, als der Verwesung verfallen, aufgegeben. Wo man eine Auferweckung des Leibes erhoffte, erwartete man einen mit dem alten irdischen Leib identischen, wenn auch zum Besseren verwandelten Auferweckungsleib. Die Seele dachte man sich nach dem Tod nicht einfach leibfrei, sondern in einer Art stofflich-feiner Qualität, aber, solange nicht der ganze Mensch in der Auferweckung wiederhergestellt war, in einer Art Mangelzustand. Mit dieser Auffassung war das Problem eines „Zwischenzustands“ der Seele zwischen dem Tod und der Auferweckung gegeben.

Durch die Verwendung des hellenistischen Leib- und Seeledenkens in manchen biblischen Büchern war der Boden vorbereitet, auf dem bedeutende Theologen des christlichen Altertums, insbesondere ORIGENES und AUGUSTINUS, eigentlich Platonische Denkformen in das Christentum übernehmen konnten. Bei PLATON sind eine dualistische Abwertung der Leiblichkeit, die Vorstellung der „Geistigkeit“ der Seele und damit ein gewisses triumphales Unsterblichkeitsbewußtsein angesichts des Todes grundgelegt: „Das Sterbliche am Menschen stirbt, das Unsterbliche und Unzerstörbare jedoch zieht wohlbehalten ab, dem Tod aus dem Wege.“[3] Erst recht hingen die heidnischen Neuplatoniker, die ORIGENES und AUGUSTINUS beeinflußten, einem Dualismus an. Für die Theologen der alten Kirche war der Leib zwar nicht einfach das Böse, die Seele das Göttliche. Sie hielten aber den Leib für den geringeren Teil, die Seele für das Bessere am Menschen, und betrachteten Leib und Seele als zwei getrennte, trennbare Substanzen, die zu einer bloß äußerlichen Einheit zusammengefügt seien.

Diese Sicht wurde in der scholastischen Theologie verändert. THOMAS von Aquin übernahm das Menschenbild des ARISTOTELES und gestaltete es schöpferisch um. Für ihn sind Leib und Seele zwar zwei trennbare Seinsgegebenheiten. Er erklärt aber, daß sie so aufeinander angewiesen sind wie Materie und Form. In der Aristotelischen Philosophie ist Materie das zu Gestaltende und Form das gestaltgebende Prinzip. Die vernunftbegabte Seele ist das Prinzip der Formgebung und Belebung des Menschen. Diese Auffassung ist ganzheitlicher als die Platonische. Seele und Leib werden bei ihr nicht als zwei nachträglich zu einer Einheit zusammengefügte Wirklichkeiten verstanden, sondern wirklich ist immer nur der eine und ganze Mensch. In dieser Sicht ist der Leib für die Seele nicht Kerker oder Hindernis, wie PLATON gemeint hatte. Der menschliche Geist wird hier so verstanden, daß ein Mensch nur auf dem Weg über seinen Leib Wahrheit finden und Gutes lieben kann. Im Tod zerbricht diese „an sich“ nicht teilbare Einheit Mensch. Wenn die scholastischen Theologen den Tod als Trennung von Leib und Seele bezeichnen, meinen sie etwas anderes als die Platoniker, für die der Tod die Befreiung der Seele zum Wesentlicheren ist. Für die scholastischen Theologen ist der Tod, der die Lebenseinheit von Leib und Seele zerstört und unter dem Vorzeichen „Folge der Sünde“ steht, die Vernichtung des Menschseins des Menschen. Der Leib hört auf zu sein. Ein Teil des Menschen wird in einem unnatürlichen Zustand erhalten, die zu einem Krüppelwesen verstümmelte Seele. Der Grund, warum Theologen wie THOMAS von Aquin an einem verkümmerten Fortbestehen der Seele nach dem Tod festhalten zu müssen meinten, war die radikale Ausrichtung auf die Auferweckung der Toten. Von ihr her stellte sich die dringliche Frage nach der Identität des irdischen mit dem vollendeten Menschen. Aus der antiken Philosophie war der Scholastik die Überzeugung geläufig, daß die Materie nicht der Grund für die Identität sein kann, da sich die ganze Leibesmaterie in ständigem Fluß befindet. Von seiner Konzeption der Form her ergab sich für THOMAS zwingend die Schlußfolge-

Der thronende Patriarch Abraham hält ein Tuch, das lächelnde Gestalten – die Seelen Verstorbener darstellend – birgt; symbolisch empfängt er die Seligen auf diesem Abguß eines Teils der Portalskulpturen an der Kathedrale St. Etienne in Bourges, Frankreich. Das Tor des Hauses, in dem Abraham sitzt – zu verstehen als die Himmelspforte –, wird von Petrus bewacht. Neben ihm steht ein Mönch, dem als nächstem die Erlösung zuteil werden wird, während oben Kronen haltende Engel die himmelwärts Steigenden erwarten. Wie es den Verdammten ergeht, zeigt ein anderer Teil des gleichen Skulpturenschmucks.

Dämonen pferchen die Verdammten in den siedenden Höllenkessel auf diesem Teil des Tympanons an der Kathedrale von St. Etienne. Es wird gezeigt, wie die Sünder – darunter, an Krone und Mitra erkennbar, ein König und zwei Bischöfe – sich auf den heißen Vorgeschmack der ewigen Pein vorbereiten, die ihrer harrt. Der Topf brodelt im feurigen Atem eines Ungeheuers, das die Hölle selbst darstellt, während Kröten, weitere teuflische Werkzeuge der Strafe, in die Zunge eines Ehrabschneiders und in die Brüste einer wollüstigen Dirne beißen.

2 J. MOLTMANN: Theologie der Hoffnung. München [10]1977, S. 98.

3 PLATON: Phaidon 106 e.

rung, daß der Mensch in seiner Ganzheit und Identität nicht wiedererstehen könne, wenn die Form erst einmal zerstört sei. Daher werde Gott die Form, wenn auch verstümmelt, erhalten bis zur Auferweckung, das heißt Neuwerdung des ganzen Menschen.

Damit war die Lehre von der Unsterblichkeit der Seele als einer Offenbarungswahrheit, die philosophisch beweisbar sei, entstanden. Im theologischen Sinn ist diese Unsterblichkeit nicht eine „natürliche", auf die der Mensch sich eigenmächtig berufen könnte: Sie besagt, daß ein Mensch im Tod, so wie einst im Leben, in Beziehung zu Gott steht, ein von Gott Gerufener bleibt, und daß immer ein bestimmter Mensch der von Gott Gewollte, Geschaffene und in Zukunft Auferweckte ist; dabei gewährleistet die Seele als gleichbleibender Faktor, die Gott in Schöpfungsmacht und Gnade bewahrt, die Identität des irdischen mit dem vollendeten Menschen.

Die Lehren von der Seele als der Form des Leibes und von der Unsterblichkeit der Seele wurden von mehreren kirchlichen Instanzen festgeschrieben (u. a. Konzil von Vienne 1312, V. Laterankonzil 1513). Die evangelische Christenheit blieb im ganzen gegenüber diesen Auffassungen der scholastischen Theologie ablehnend, und zwar ursprünglich nicht deswegen, weil das auf PLATON und seine Schüler zurückgehende scholastische Menschenbild die biblischen Aussagen über den Menschen verfälscht hätte. Der Widerstand ergab sich aus der reformatorischen Konzentration auf Gott allein, auf sein Verhalten gegenüber der Sünde der Menschen, auf Rechtfertigung und Versöhnung allein im Kreuz Jesu Christi. Infolge dieser konzentrierten Aufmerksamkeit für das Gottesverhältnis des Menschen vermied schon Martin LUTHER eine philosophische Beschäftigung mit der Frage, wie der Mensch nach dem Tod seine Identität behalten könne. Seine Auffassung von Unsterblichkeit brachte er in die Formulierung ein: derjenige, mit dem Gott redet, im Zorn oder in der Gnade, sei gewiß unsterblich. Dem entsprechend wollte beispielsweise ein so sehr um die „Rettung" der Schöpfung Gottes bemühter Theologe wie Paul ALTHAUS nicht von der Unsterblichkeit der Seele, sondern von Unsterblichkeit, das heißt Unaufhebbarkeit, des personalen Gottesverhältnisses sprechen. Von diesem Gottesverhältnis sagte ALTHAUS mit Nachdruck, daß es den Menschen in der Ganzheit seiner seelisch-leiblichen Existenz betreffe. Im Gottesverhältnis stehen sich zwei völlig verschiedene Größen gegenüber: die absolute göttliche Macht und die absolute menschliche Ohnmacht. Dieses Mißverhältnis kommt im Tod am deutlichsten zum Vorschein: Nichts rettet den Menschen über den Abgrund seines völligen Endes wenn nicht die auferweckende Macht Gottes, über die kein Mensch mit irgendeinem Mittel verfügen kann.

Ein sehr großer Teil der evangelischen Theologen folgt auch heute dieser Sicht des Todes: Der Tod betrifft den Menschen radikal und völlig als Vernichtung; nichts am Menschen überdauert den Tod. Nur Gott überdauert den Tod, seine Treue allein bleibt. Im Menschen bleibe weder ein göttliches noch ein geschöpfliches Etwas, sagte Karl BARTH, sondern es bleibe nur das Tun und Verhalten des Schöpfers seinem Geschöpf gegenüber. Die Auferweckung ist bei Theologen wie Jürgen MOLTMANN und Eberhard JÜNGEL nicht als Hinübernahme in ein andersgeartetes, neues Leben, nicht als Aufwecken aus einem Todesschlaf gedacht, sondern als absolute Neuschöpfung eines Menschen aus dem Nichts, die nicht denkerisch erschlossen und damit erwartet, sondern nur glaubend erhofft werden kann.

Der letzte Grund, warum evangelische Christen dieses Nichts so stark betonen, liegt in der Sünde des Menschen. Sie prägte den Tod Jesu Christi am Kreuz, und sie prägt, auf andere Art, auch den Tod jedes einzelnen Menschen. Am deutlichsten wurde dies in der Todestheologie Eberhard JÜNGELS formuliert: Sünde ist nach ihm die Zerstörung von Verhältnissen, und dies findet seinen deutlichsten Ausdruck im Tod: in ihm ist alles vollends verhältnislos geworden. Die Liebe Gottes, die selbst in den Tod ging, war und ist allein imstande, neue Verhältnisse zu schaffen. Diese neuen Beziehungen oder Verhältnisse können nicht am früheren Menschen anknüpfen, der in seiner Sünde ja alle Möglichkeiten dazu zerstört hat. Von einer Identität des gestorbenen und des auferstandenen Menschen kann daher nur im Blick auf Gottes Handeln am Menschen die Rede sein. Gott „verewigt" das endliche Leben des Menschen. Von sich aus hat der Mensch nichts anzubieten, das der Tödlichkeit des Todes entgehen könnte. In dieser Auffassung ist kein Platz für eine Seele, die eine Art menschlicher Beziehungsträger über den Tod hinaus wäre.

Die katholische Christenheit vermag dieser Sicht nicht zu folgen, weil sie weniger radikal von der Sünde des Menschen denkt; sie sieht im menschlichen Leben auch unabhängig von Kreuz und Auferstehung Jesu Christi nicht nur Scheitern, Ohnmacht oder überheblichen Aufstand gegen Gott. Dennoch erkennen auch katholische Theologen es als ein großes Verdienst an, dem Unsterblichkeitspathos der deutschen Aufklärungsphilosophen, die den Ernst des Todes entscheidend abschwächten, Widerstand geleistet zu haben.
Daß die katholische Kirche an den oben skizzierten Positionen festhält, zeigen die dieses Menschenbild zusammenfassenden Aussagen des II. Vatikanischen Konzils:

„In Leib und Seele einer, vereint der Mensch durch seine Leiblichkeit die Elemente der stofflichen Welt in sich: Durch ihn erreichen diese die Höhe ihrer Bestimmung und erheben ihre Stimme zum freien Lob des Schöpfers. Das leibliche Leben darf also der Mensch nicht geringachten; er muß im Gegenteil seinen Leib als von Gott geschaffen und zur Auferwekkung am Jüngsten Tage bestimmt für gut und der Ehre würdig halten. Durch die Sünde aber verwundet, erfährt er die Widerstände seiner Leiblichkeit. Daher verlangt die Würde des Menschen, daß er Gott in seinem Leibe verherrliche und ihn nicht den bösen Neigungen seines Herzens dienen lasse.
Der Mensch irrt aber nicht, wenn er seinen Vorrang vor den körperlichen Dingen bejaht und sich selbst nicht nur als Teil der Natur oder als anonymes Element in der menschlichen Gesellschaft betrachtet, denn in seiner Innerlichkeit übersteigt er die Gesamtheit der Dinge. In diese Tiefe geht er zurück, wenn er in sein Herz einkehrt, wo Gott ihn erwartet, der die Herzen durchforscht, und wo er selbst unter den Augen Gottes über sein eigenes Geschick entscheidet. Wenn er daher die Geistigkeit und Unsterblichkeit seiner Seele bejaht, wird er nicht zum Opfer einer trügerischen Einbildung, die sich von bloß physischen und gesellschaftlichen Voraussetzungen herleitet, sondern erreicht er im Gegenteil die tiefe Wahrheit der Wirklichkeit."[4]

Die neuere katholische Theologie sucht die logischen Schwierigkeiten, die mit diesem Menschenbild gegeben sind, zu überwinden. Ausgangspunkt sind Überlegungen, daß im Tod – unter der Voraussetzung, daß das Ich zu Gott gerettet wird – wesentliche Merkmale der menschlichen Leiblichkeit erhalten bleiben: In der Endgültigkeit des Menschen, die ihm in seinem Tod geschenkt wird, ist ein Stück seiner Welt „verinnerlicht", die Ernte seiner Zeit ist eingeborgen; die vielfachen Beziehungen zu anderen Menschen sind mit bewahrt.

Nicht nur für wenige Auserwählte, für dieses oder jenes Individuum, gilt diese Hoffnung, daß sie einen Zustand von Endgültigkeit erreichen. Die Hoffnung ist vielmehr ausgeweitet auf alle: daß alle Gestorbenen insgesamt in eine endgültige Gestalt gelangen können, in der sie voll das verwirklichen, was mit „Menschheit" eigentlich gemeint ist: gelungene Kommunikationsgemeinschaft. Von grundlegender und überragender Bedeutung ist dabei die Kommunikation mit Jesus Christus. Als er, von Gott auferweckt und erhöht, zu Gott gelangte, trat ein „Stück" Menschheit in die Dimension Gottes ein, und damit wurde der „Himmel" eröffnet als der Raum oder Ort oder Zustand universaler gelungener Kommunikation, wo Gott für immer mit den Menschen ist und Menschen für immer beieinander sind.

4 Zweites Vatikanisches Konzil: Pastoralkonstitution „Gaudium et Spes", Artikel 14.

Von solchen Überlegungen aus sucht die neuere katholische Theologie den Gedanken noch weiter zu treiben: Wenn Gott Menschen in ihrem Tod zu sich nimmt – was die katholische Christenheit nicht nur von Jesus glaubt, sondern auch von den Menschen, die sich als „Heilige" zu ihm bekannt haben –, dann wäre der Gedanke nur schwer nachvollziehbar, daß diese Menschen unterschiedlich gestaltet wären, die einen mit Leib und Seele (wie Jesus, wie vielleicht die vielen Heiligen, von deren leiblicher Auferweckung das Matthäusevangelium berichtet (Mt 27,52f.)), die andern aber nur als vom Leib getrennte Seelen. Heutige katholische Theologen möchten doch eher annehmen, daß Gott allen Auferweckten ihre neue Leiblichkeit schenkt. So würde die Schöpfung Gottes ihre Vollendung finden, nicht in einem blitzartigen Geschehen eines Jüngsten Tages, sondern in einem Prozeß:

„Die geschaffene Gesamtwirklichkeit, die Welt, wächst in [den] und durch die leibgeistigen Personen, deren ‚Leib' sie gewissermaßen ist, durch deren Tod langsam in ihre eigene Endgültigkeit hinein."[5]

Die Ausführungen bei Paulus in 1 Kor 15,42–49 zeigen, daß es Christen nicht verboten ist, sich Gedanken darüber zu machen, wie es sich mit der Vollendung der Menschen verhalten könnte. Paulus sagt dort, die neue Leiblichkeit werde der alten Leiblichkeit eher unähnlich als ähnlich sein. Wie könnte es sich dann doch um denselben Menschen handeln? In katholischer Sicht, die sich auf eine bestimmte christliche Tradition stützt, ist die Identität des auferweckten Menschen mit dem früheren, der eine irdische Geschichte mit Gott hatte, durch die „Seele" ermöglicht, die Gott durch seine schöpferische Macht vor völliger Vernichtung bewahrt. So gesehen besteht kein Grund, warum dieser Vollendungsprozeß nicht „Auferwekkung im Tod" heißen dürfte. Die christliche Hoffnung richtete sich demnach nicht darauf, daß im Tod zunächst die Seele zu Gott genommen, sondern vielmehr darauf, daß die eine und ganze Vollendung dem Menschen unmittelbar im Tod geschenkt würde. Der Begriff eines „Zwischenzustands" wird damit entbehrlich.

Gedanken dieser Art, aber auch die zurückhaltende evangelische Auferweckungshoffnung, sind zweifellos von einem starken Interesse am menschlichen Individuum geprägt. Ein solches Interesse kann die Gestalt eines unchristlichen Heilsegoismus annehmen, bei dem das Schicksal anderer Menschen und der Menschheitsgeschichte insgesamt ausgeblendet sind. Es kann aber auch notwendiges Gegenstück zu kollektivistischen Tendenzen sein. Die Leugnung einer Rettungsmöglichkeit aus dem Tod und die Behauptung einer unsterblichen Gattung Menschheit etwa bei Feuerbach sind nicht nur logisch unvereinbar, sie sind auch eine inhumane und trostlose Perspektive.

Verantwortung und Rechenschaft

Die Aussagen der jüdisch-christlichen Religion zu einem *Gericht* hatten großen Einfluß auf Gewissensbildung und ethische Verantwortlichkeit, und dies um so mehr, als sich in der christlichen Tradition von früh an zu der Vorstellung eines Endgerichts universaler Art die Überzeugung gesellte, jeden Menschen erwarte im Tod ein individuelles Gericht Gottes. Zu allen Zeiten wurde das Kriterium des Gerichts je nach der praktizierten Liebe (entsprechend Mt 25) beachtet; dies trug ganz erheblich zum Stellenwert sozialer Tugenden und caritativer Werke in der christlichen Religion bei.

Die Theologie verstand vom kirchlichen Altertum an das Gericht, in seinen beiden Formen: als individuelles und universales Ereignis, unter drei Aspekten:

- als Vergeltung (seit Cyprian im 3. Jahrhundert),
- als gerechten Ausgleich (seit Augustinus) und
- als Selbsteinsicht (Origenes).

In der heutigen Reflexion treten die beiden erstgenannten Aspekte zurück: sie gelten als kaum nachvollziehbar angesichts des christlichen Gottesbildes, Gott sei zugleich Gerechtigkeit und Liebe, und er sei in seiner Liebe gerade auch zum Verlorenen und Sünder so mächtig, daß er ihn richtend zu einem Menschen umschaffen könne, der auch den Ansprüchen der göttlichen Gerechtigkeit genügen kann. Die Angst vor Gott und seinem Strafgericht – eine häufig dem Mißbrauch und der Manipulation ausgesetzte Angst – weicht heute zunehmend der Hoffnung auf einen erbarmenden Gott. Diese Hoffnung ist nicht dasselbe wie Gewißheit, und darum mindert sie den Ernst der Verantwortung nicht. In der früheren Geschichte war die kritische Kraft der beiden ersten Aspekte des Gerichtsgedankens sehr stark. Viele Christen fanden Trost und Ermutigung bei dem Gedanken, vor dem Gericht Gottes seien alle Menschen gleich, auch weltliche Tyrannen und kirchliche Hierarchen.

Die Konzeption des Origenes gelangt in der heutigen (vor allem katholischen) Theologie zu neuer Geltung. Das Gericht wird verstanden als Begegnung des Menschen mit Gott, eine personale Begegnung, in der die ernüchternde Wahrheit über den Menschen unerbittlich ans Licht tritt, aber aufgefangen wird von der Wahrheit der Liebe Gottes.

Die biblischen Worte über die Möglichkeit, daß ein Mensch auf dem Wege der *Verdammung* ewig verlorengehen und in eine Strafhölle gelangen könne, stoßen in der heutigen Zeit auf Unverständnis und Ablehnung. Die biblischen Autoren scheinen keine besondere Feinfühligkeit gegenüber Menschen empfunden zu haben, die sich durch bewußte Abkehr von Gott und seinen Weisungen selbst in den Bereich der Gottferne begaben. Das Neue Testament übernahm Bilder alttestamentlicher Höllenvorstellungen in der Art sprichwörtlicher Redewendungen, vor allem das Bild eines riesigen Berges von Leichen der Götzenanbeter mit einem darin befindlichen, nie sterbenden Wurm und das Bild eines nie erlöschenden Feuers. Auch das Bild eines weltjenseitigen Strafortes mit Gequälten und quälenden Geistern wurde vom Neuen Testament übernommen. Mit der Johannesapokalypse setzt das Interesse an phantasievollen Ausmalungen der Hölle ein. Die kirchliche Verkündigung gab biblische und historische Äußerungen über die mögliche jenseitige Verdammung weiter und trug damit nicht nur zur Gewissensschärfung, sondern auch zu skrupelhaften Qualen vieler Generationen von Christen bei.

Die heutige Theologie berücksichtigt die Aufgabe, genau zu unterscheiden, was in der Schrift die Absicht (eventuell die mit übertriebenen Drohungen unterstrichene Absicht) einer Aussage, was verdeutlichendes Bild und was sprichwörtliche Redewendung ist. Sie versteht die biblischen Höllenworte vor dem Hintergrund des ganzen Evangeliums, des Kreuzes Jesu Christi und der Osteroffenbarung Gottes als des zugleich barmherzigen und siegreichen Herrn der Geschichte. Sie zieht daraus die Schlußfolgerung, daß Heil und Unheil oder, mit den Bildworten der Bibel, Himmel und Hölle nicht zwei gleichrangige Möglichkeiten für den Menschen sind. Heil bedeutet den wirksamen, allen Menschen, gerade auch den Verlorenen und Sündern, geltenden Liebeswillen Gottes und zugleich Gottes Macht, das Ziel dieses Willens auch tatsächlich zu erreichen. Dieses Heil ist nach der endgültigen Offenbarung Gottes in Jesus Christus Wirklichkeit. Unheil aber bedeutet die Möglichkeit des Menschen, sich dem Anruf des göttlichen Liebeswillens zu verweigern und so selbst die Ferne statt der Nähe Gottes zu wählen. Die Bilder der Hölle weisen auf den Ernst der Entscheidung hin, die ein Mensch in seinem Leben in der Richtung auf Gottes- und Menschenliebe (in Einheit) zu treffen hat.

5 K. Rahner / H. Vorgrimler: Kleines Theologisches Wörterbuch. Freiburg i. Br. [14]1983, S. 412.

Abb. 2: Albrecht Dürer: Die Apokalypse des Johannes, Blatt 4 und 7. Holzschnitte, 1498

The Fogg Museum of Art, Cambridge, Mass.

Das vierte Blatt des Zyklus gehört zu DÜRERS bekanntesten Holzschnitten. Die vier Reiter – es sind, von links nach rechts, Tod, Hunger, Pest und Krieg – stürmen über die Erde. Unter den Augen eines Engels trampeln sie Männer und Frauen nieder, während die Knochenmähre des Todes einen Bischof zu Boden reißt, der in den Rachen eines Höllendrachens fällt.

Eine ganze Anzahl der sich steigernden apokalyptischen Plagen sind in diesem einen Blatt, dem siebenten des Zyklus, zusammengefaßt. Indes Gott zuschaut und die Posaunen der Engel das nahende Unheil verkünden, stürzen zwei Riesenhände einen Berg ins Meer, fällt ein Stern herab, kentern Schiffe und verheeren Feuerbrände und Heuschrecken das Land.

Diese beiden theologischen Gegebenheiten, Wirklichkeit und Möglichkeit, sind ungleichgewichtig. Die meisten Theologen, die sich heute um ein Verständnis der entsprechenden biblischen Bilder bemühen, sind der Meinung, daß der Hinweis auf die Möglichkeit einer endgültigen Abkehr des Menschen von Gott nicht aufgegeben werden dürfe, weil diese Möglichkeit zur Freiheitssituation des Menschen gehöre. Ohne diese Möglichkeit wäre der Mensch nur eine Marionette in den Händen Gottes, hilflos seiner Vorherbestimmung ausgeliefert. In christlicher Sicht kann und muß es aber offenbleiben, ob je ein Mensch von dieser Möglichkeit völliger Verweigerung Gebrauch macht. Mit Ausnahme einer calvinistischen Richtung hat die christliche Tradition eine negative Vorherbestimmung des Menschen abgelehnt. Christliche Hoffnung in ihrer zweifachen Orientierung erstrebt vielmehr die Vollendung des Individuums und alles dessen, was zu ihm gehört – auch mit seinen Zweifeln, inneren Kämpfen und seelischen Auseinandersetzungen einer Glaubensentscheidung, und sie erwartet die Vollendung der Schöpfung Gottes im ganzen.

In weiten Bereichen der Christenheit, in der lateinischen Kirche wie in östlichen und auch in evangelischen Kirchen, werden bestimmte verstorbene Christen als Heilige betrachtet bzw. verehrt, während nirgendwo im christlichen Glauben von einem konkreten Menschen angenommen wird, er sei mit Sicherheit von Gott für immer verdammt. Das ist ein Hinweis auf das Ungleichgewicht von Hoffnung und Angst: christliche Hoffnung ist stärker als der Pessimismus, stärker auch als eine realistisch-erbarmungslose Sicht auf Verbrecher. Die meisten Theologen sind sich einig, daß festes Hoffen etwas ganz anderes ist als sichere Gewißheit, und daß die Hoffnung *für alle* das Äußerste ist, was der christliche Glaube über den endgültigen Ausgang sagen könne.

Über die Frage, ob es für Menschen nach ihrem Tod die Möglichkeit einer *Läuterung* gebe, bis sie jenen Zustand erreicht hätten, der Gottes würdig ist, sind sich die christlichen Konfessionen bis heute nicht einig. Eindeutige biblische Zeugnisse für ein Läuterungsgeschehen nach dem Tod gibt es nicht. Der Gedanke, die Vollendung des Menschen enthalte auch ein Moment des Leidens an seiner Vergangenheit, ist jedoch dem Judentum zur Zeit Jesu und so auch dem Neuen Testament nicht fremd. Die altkirchlichen Theologen waren der Ansicht, daß nur eine abgebüßte Schuld wirklich vergeben werden könne. Diese Meinung kleideten sie in drastische bildhafte Vorstellungen nach der Art jenseitiger Konzentrationslager – oder sie verwendeten feinere Gedanken von einem Reinigungsprozeß, der von der Taufe an bis in die Ewigkeit hinein dauere. Unter beträchtlichem Niveauverlust in den Vorstellungen beharrte die lateinische Kirche darauf, die Seelen Verstorbener, die nur leichtere Schuld zu verantworten hatten, würden an einem „Reinigungsort" (im „Fegfeuer") mit zeitlicher „Feuerqual" gestraft. Die östlichen Kirchen nahmen zwar eine Läuterung zwischen dem individuellen Tod und dem universalen Gericht an, ließen sich jedoch nicht auf einen „Ort" und ein „Feuer" bei dieser Läuterung ein. Die Reformatoren richteten drastische Angriffe gegen die Fegfeuerlehre – wegen des damit verbundenen Aberglaubens, etwa über einen Loskauf „armer Seelen" durch Ablaßgeld – und lehnten sie schließlich ganz ab, da sie in ihr eine Beeinträchtigung der rein gnadengeschenkten Vergebung sahen. Daraufhin lehrte das Konzil von Trient die Existenz einer Läuterung nach dem Tod, bei der nicht Schuld vergeben, sondern Sündenstrafen aufgearbeitet würden; gleichzeitig warnte es vor abergläubischen Mißbräuchen.

In der heutigen Auslegung verstehen katholische Theologen die Läuterung als einen Vorgang am Gericht. Es handelt sich nicht um eine von außen verhängte Strafe, aber um einen leidschaffenden Integrationsprozeß, über dessen „Dauer" nichts gesagt werden kann. Dieser Integrationsprozeß wird notwendig, wenn ein Mensch mit einer zwar nicht total, aber teilweise falschen Lebensentscheidung der Wahrheit und Wirklichkeit Gottes begegnet. Zugrunde liegt die allen Christen gemeinsame Überzeugung, daß kein Mensch, auch nicht der an Gottes Gnade und Vergebung glaubende, im Lauf seines Lebens einen Zustand erreichen kann, in dem er bereits von sich aus vollendet und der Kommunikation mit Gott in dessen unmittelbarer Nähe fähig wäre.

(3) Welche Gemeinsamkeiten bestehen zwischen den christlichen Konfessionen hinsichtlich der Rettung des menschlichen Ich aus dem Tod?

....

....

....

....

....

....

....

Neues Nachdenken über christliche Hoffnung

Die christliche Religion hält in allen ihren konfessionellen Ausprägungen daran fest, daß in Jesus Christus die letzte und unüberholbare Willensäußerung Gottes gegenüber der Menschheit erfolgte. In der Praxis und Botschaft, in Kreuz und Auferweckung Jesu wurde der Sinn der Menschheitsgeschichte anschaulich gemacht, und es wurde unumstößlich bekundet, daß von dem versöhnten Gott her die Geschichte als Heil ausgehen soll. Dieser positive Wille Gottes zur Menschheit macht die menschliche Freiheit nicht unwirksam – das wird in den Zeichenhandlungen Jesu und vor allem in seinem Kreuz deutlich. Die Auferweckung des einen Jesus läßt erkennen, daß das Heil nicht vollendet, sondern „nur" unumkehrbar begründet wurde. Die Vollendung, so besagt diese einzelne bezeugte Auferweckung, hat sich Gott vorbehalten. Die Auferweckung Jesu aus dem Tod ist Verheißung für alle Menschen und in alle Situationen hinein, die von sich aus keine aktiven Möglichkeiten der Zukunftsbewältigung (mehr) besitzen. In allen verzweifelten Gestalten – der Entehrung, Unfreiheit, Passivität – hat sich Gott in Jesus diese Situationen von Menschen zu eigen gemacht. Zwischen der Auferweckung Jesu und der Auferwekkung anderer Menschen erstreckt sich der Prozeß der noch unvollendeten Erlösung.

Heutige Fragen

Wie genauer die in Jesus Christus geschehene „Wende" zu verstehen ist, darüber gehen die Meinungen innerhalb des Christentums auseinander. Manche Formulierungen können einem Ideologieverdacht und der Vermutung, das Christusereignis solle durch die Abwertung der nichtchristlichen und vorchristlichen Menschheitsgeschichte besonders hervorgehoben werden, nicht entgehen, so beispielsweise wenn gesagt wird, das geschichtliche Ereignis Jesus Christus sei das Ereignis des Endes der Geschichte oder die Vorwegnahme der Zukunft Gottes. Die einmalige und entscheidende Stellung Jesu wird nicht beeinträchtigt, wenn man an einem „Überschuß" der alttestamentlichen Verheißungen über Jesus hinaus festhält.

Und wie genauer die unvollendete Erlösung zur Vollendung geführt wird, auch darüber besteht bei Christen keine Einigkeit. Es gibt Glaubensaussagen wie: „Die Vollendung der Zukunft hat Gott sich vorbehalten" oder „Jesus Christus wird sich in seiner kosmischen Herrscherstellung durchsetzen" oder „Gottes Vorentscheidung für einen guten Ausgang der Menschheitsgeschichte ist in Jesus mit unumstößlicher Sicherheit geoffenbart" oder „Gottes Verheißungen bleiben in Geltung, und zu ihnen gehört, daß Gottes Geist selbst die Erfüllung der Verheißungen bewirkt": Mit solchen Glaubensaussagen ist keineswegs eine Alleinwirksamkeit Gottes beim Prozeß der zu vollendenden Erlösung mitausgesprochen. Erlösung wäre falsch verstanden, würde sie als „objektiv" fertig zubereitet aufgefaßt, die im Ablauf der Geschichte nur noch den einzelnen Menschen „subjektiv" zugute kommen müsse. Aber auch Deutemodelle von der Zukunft her sind umstritten, weil sie sich nicht bewährt haben, so etwa, wenn gesagt wird, die vollendete Erlösung rage in zeichenhaften Handlungen schon in die Gegenwart herein. Das ethische Handeln in Verantwortung vor Gottes Zukunft ist nicht auf die Setzung von Zeichen beschränkt: Erlösung im vollen Sinn des Wortes ist nur verwirklicht, wenn die konkreten Menschen in allen ihren Schichten und Dimensionen, auch in ihrer geschichtlichen und gesellschaftlichen Verflochtenheit, heil geworden sind.

Das christliche Bekenntnis zur Vollendung der Menschheitsgeschichte und des Einzelmenschen in der Zukunft Gottes, in das die vergangene Geschichte und die „Toten in Christus" einbegriffen sind, wenn ernsthaft von Erlösung und Vollendung die Rede sein soll, kann einen spezifisch christlichen Beitrag in die allgemeine Diskussion über die Sinnfrage, die Vollendbarkeit der Geschichte und das Subjekt

Abb. 3: Pieter Bruegel: Die Tugenden. Vorlageblätter für Kupferstiche, hier: „Die Hoffnung“ (Ausschnitt). 1560.

Hoffnung Über einem tobenden Sorgenmeer stehend, bleibt die Hoffnung gelassen

der Gesamtgeschichte einbringen. Die Zeit als solche ist, wie die philosophische Diskussion ergeben hat, unvollendbar, ebenso wie die Materie als solche unvollendbar ist. Behelfsweise könnte von der „objektiven“ Zeit (die zahlenmäßig meßbar ist) und der „subjektiven“ Zeit (des Erlebens, der Erfahrungen) ausgegangen werden. Eine Vollendung von der „objektiven“ Zeit aus zu denken ist sinnlos. Man käme so zu einem (unchristlichen) Begriff der Ewigkeit, der endlose Dauer, endlose Abfolge aneinandergereihter Einheitsmomente, nicht aber Vollendung besagt. Aber auch von der „subjektiven“ Zeit aus kommt man der Vollendung nicht näher; denn auf dieser Zeitlinie gibt es kein „jenseits des Vergänglichen“, keine Einheit des erlebten Augenblicks aus Vergangenheit, Gegenwart und Zukunft: „denn dies ist die einzig gewisse Zukunft für alles: daß es gewesen sein wird“.[6] Die meisten christlichen Theologen verstehen Vollendung und Ewigkeit nicht als endlose Fortsetzung des bisher Bekannten, sondern als Aufhebung der Zeit, und zwar so, daß dasjenige, was in der Zeit gültig geworden ist (in Liebe, in ethischer Entscheidung), in Endgültigkeit eingesetzt wird. Das aber kann ein innerzeitliches oder innergeschichtliches Subjekt nicht bewirken; ein einzelnes Individuum nicht, denn es vermag sich nicht außerhalb seiner Zeit in Geltung zu setzen, aber auch ein kollektives Subjekt – wie, mit Karl Marx, etwa das Proletariat – nicht, denn es entgeht dem Schicksal des Individuums nicht.

Ein weiterer Fragekomplex, der hier abschließend genannt sei, ergibt sich aus dem Nachdenken darüber, wie Gott sein schöpferisches Handeln zur Vollendung bringen wird und wie sich sein Tun verhält zur Menschheit mit ihrer Freiheit, welche die Schöpfung schuldhaft verändern, ja zerstören kann. Was kann der Glaube darüber wissen? Er darf und muß ausgehen vom schöpferischen Eingreifen Gottes bei der Auferweckung Jesu. Katholische wie auch evangelische Theologen (unter letzteren etwa Konrad Stock und Wolfhart Pannenberg) fassen es als „ein die Welt erneuerndes Anfangsgeschehen“ auf, welches „das alle Wirklichkeit setzende Anfangsgeschehen zugleich wiederholt und überbietet“, so daß darin auch eine Offenbarung des Zieles und Endes der Schöpfung läge.[7] Seit der Mitte des 20. Jahrhunderts nimmt das gläubige Denken zunehmend eine Vereinbarkeit von Schöpfungstheologie und naturwissenschaftlicher Evolutionstheorie an. Damit tritt eine alte theologische These wieder ins Bewußtsein, daß „Schöpfung“ nicht nur eine Initiative Gottes „am Anfang“, sondern ein fortdauerndes, das Geschaffene bejahendes Wirken Gottes ist.

Im Blick auf die Evolution bedeutet Schöpfung auch den ganzen Prozeß der Werdewelt als Naturwelt und als Geschichtswelt. Ist wegen der Mitbeteiligung von Natur und Menschen also doch ein weiterer Faktor außer Gott an der Vollendung beteiligt? Ist Vollendung von ihrer wissenschaftlich erfaßbaren (weil evolutiven) Seite her doch vorhersagbar? Solche Fragen bringen für die römisch-katholische Theologie mit ihrer Konzeption der Einheit von Natur und Gnade erheblich weniger Schwierigkeiten als für die von der Reformation herkommende Theologie, die sich im ganzen mit Schlußfolgerungen viel mehr zurückhält und oft dem Prozeßdenken das Schema von Abbruch und Neuanfang entgegensetzt.

---

6 B. Welte: Zeit und Geheimnis. Freiburg i. Br. 1975, S. 21.

7 Vgl. K. Stock: Creatio nova – creatio ex nihilo. *Evangelische Theologie* 36 (1976), S. 206.

Denkmodelle und Praxisimpulse

Erhebliche Schwierigkeiten erwachsen aus dem Sachverhalt, daß die biblische Offenbarung weder eindeutig eine neue Schöpfung als zweite, von der ersten verschiedene Welt in Aussicht stellt noch eine Erneuerung dieser Welt verheißt. Sie spricht „nur" von den zu Gott geretteten Menschen. Ist die Schlußfolgerung berechtigt, daß Natur und Welt als wesentliche Bestandteile zum Menschen gehören, so daß von der erhofften Rettung der Menschheit her auch die Rettung der Welt erhofft werden darf?

Entwicklung und Verwandlung

Das erste Denkmodell, das bis heute Einfluß auf christliches Zukunftsdenken ausübt, ist das des französischen Jesuiten und Paläontologen Pierre TEILHARD de Chardin (1881–1955). Im Hinblick auf die Entwicklung von Kosmos und Menschheit besagt es folgendes: Die (von TEILHARD für erwiesen gehaltene) Evolution vollzog sich im Kosmos in großen Sprüngen, als aus der „Geosphäre" das Leben hervortrat (die „Biosphäre") und aus dieser Geist und Bewußtsein erwuchsen (die „Noosphäre"). Allerdings setzte sich bei diesem letzten Sprung zum Menschen nicht wie in der vor- und nebenmenschlichen Welt das Stärkere durch, sondern das Differenziertere und Kompliziertere. Der Mensch ist Achse und Spitze der Evolution, der Kernpunkt einer Bewegung des „Sich-Zusammenfaltens" und der „Konvergenz". Damit ist ein Abbild der Bewegung des Kosmos gesetzt. Aber mit der Entstehung des Menschen tritt ein neuer Faktor in die Evolution ein. Nicht mehr nur das sich selbst auseinanderfaltende Leben ist Triebkraft der Entwicklung, sondern die Menschheit wirkt mit ihm zusammen aktiv und in Freiheit den weiteren Gang der Evolution. Nach TEILHARD ist diese nun im letzten Stadium angekommen. Es ist durch ein immer größeres Zusammenwachsen der Menschheit (aktiv gesteuert durch die Mittel von Technik und Wissenschaften) gekennzeichnet. Diese Bewegung ist bereits die in Gang befindliche Vollendung der Schöpfung Gottes. Ihr Ziel ist Gott, das „Konvergenz-Zentrum der Kosmogenese", eine Kraft, die „von vorn" zieht und der Evolution ihre Richtung gibt, und die „von innen" beim Werden von allem immer schon am Werk ist.

In der Sicht des christlichen Glaubens ist diese Kraft nicht einfachhin Gott, sondern der Gott-Mensch Jesus Christus. Er war und ist jene Kraft, die die Entwicklung von innen her auf immer größere Einheit hin antreibt (wie nach TEILHARD aus 1 Kor 15,28; Kol 1,15–18 zu entnehmen sei) und sie „von vorn" zu ihrer Vollendung hin „zieht". Dieser Prozeß ist zugleich der Prozeß der Vergöttlichung der Menschheit oder ihres Werdens zur Gott-Menschheit. Am Ziel der letzten Stufe der Evolution, der „Christogenese", angelangt, am „Punkt Omega", der „Krönung der Inkarnation", wird die vergöttlichte Menschheit mit dem Gott-Menschen Jesus Christus eins sein. Zu dieser „totalen Komplexität" gelangt sie jedoch nur auf dem Weg einer weiteren Verwandlung, einer Transformation; denn Geist und Materie müssen dann ein Verhältnis der völligen Einheit und gegenseitigen Durchdringung angenommen haben, das ihnen jetzt noch nicht zukommt. Der Vorwurf, die Menschheit vollende sich nach dieser Idee selbst, trifft nicht zu; denn für TEILHARD gibt es Vollendung „von sich aus" grundsätzlich nicht: Gott ist es, der in Jesus Christus dem Prozeß von Anfang an das „Können" gibt und ihn zu einer „ultra-humanen Vollendung" führt. In seiner Konzeption, einer mystischen Vision mit christlichen und naturwissenschaftlichen Elementen, sah TEILHARD eine Verbindung zweier Impulse, des humanistischen und marxistischen „Vorwärts" sowie des christlichen „Aufwärts".

Die im ganzen optimistische Weltsicht TEILHARDS und seine Auffassung, daß der kosmische und humane Weltprozeß Bleibendes, wenn auch der Verwandlung Bedürftiges hervorbringt, sind auch deshalb im katholischen Bereich von einer gewissen Bedeutung, weil sich das II. Vatikanische Konzil in seiner Weltsicht von TEILHARD anregen ließ. Nach Art TEILHARDS sagt es zum Konvergenzprozeß der menschlichen Geschichte:

„Gottes Wort, durch das alles geschaffen ist, ist selbst Fleisch geworden, um in vollkommenem Menschsein alle zu retten und das All zusammenzufassen. Der Herr ist das Ziel der menschlichen Geschichte, der Punkt, auf den hin alle Bestrebungen der Geschichte und der Kultur konvergieren, der Mittelpunkt der Menschheit, die Freude aller Herzen und die Erfüllung ihrer Sehnsüchte. Ihn hat der Vater von den Toten auferweckt, erhöht und zu seiner Rechten gesetzt; ihn hat er zum Richter der Lebendigen und Toten bestellt. Von seinem Geist belebt und geeint, schreiten wir der Vollendung der menschlichen Geschichte entgegen, die mit dem Plan seiner Liebe zusammenfällt: ‚alles in Christus dem Haupt zusammenzufassen, was im Himmel und was auf Erden ist' (Eph 1,10)."[8]

Zum Bleiben der Erträge menschlicher Aktivität nach vorausgehender Verwandlung sagt das Konzil unter anderem:

„Alle guten Erträgnisse der Natur und unserer Bemühungen nämlich, die Güter menschlicher Würde, brüderlicher Gemeinschaft und Freiheit, müssen im Geist des Herrn und gemäß seinem Gebot auf Erden gemehrt werden; dann werden wir sie wiederfinden, gereinigt von jedem Makel, lichtvoll und verklärt, dann nämlich, wenn Christus dem Vater ein ewiges, allumfassendes Reich übergeben wird." (Artikel 39)

Innerweltliche und absolute Zukunft

Das Zukunftsdenken Karl RAHNERS schließt sich nahtlos an die hier zusammengefaßten Überlegungen an. Entsprechend einem spezifisch katholischen Verständnis des Verhältnisses von Gott und Menschen kann RAHNER Gott und Menschheit nicht in Konkurrenz miteinander sehen, kann er grundsätzlich eine Alleinwirksamkeit Gottes bei der Vollendung von Menschheit und Geschichte nicht akzeptieren. Die Aussagen, daß Gottes Reich kommen, daß Gott die Geschichte beenden wird und daß die Menschheitsgeschichte sich möglicherweise (in Selbsttranszendenz) selbst überschreitet in die Zukunft Gottes hinein, daß die Menschen „Täter des Endgültigen" sind, schließen sich für RAHNER nicht aus, sondern sie sind grundsätzlich vereinbar.

Diese Vereinbarkeit sucht RAHNER mit Hilfe der Unterscheidung von innerweltlicher und absoluter Zukunft darzustellen. Zukunft, die nach allgemeinem Sprachgebrauch das vom Menschen als Utopie Vorausgesetzte, Planbare und in der Geschichte Erreichbare bezeichnet, heißt bei ihm innerweltliche oder innergeschichtliche Zukunft. Auf sie ist ein mechanisch-evolutives Zukunftsmodell nicht anwendbar, da der Mensch die Voraussetzungen der Zukunft biologischer, psychologischer, gesellschaftlicher Art und vor allem das Freiheitsverhalten der Menschen weder voll vorhersagen noch voll einplanen kann. Sie ist von sich her nicht vollendbar, wenn man unter „Vollendung" das bleibende und erfüllende Aufbewahrtsein in Endgültigkeit versteht, da die Welt nur ein Endliches durch ein anderes ersetzen kann. Und der denkbare Abbruch der Geschichte durch Selbstzerstörung der Menschheit kann nicht sinnvollerweise „Vollendung" heißen. Das aber, worauf die Menschheit nicht hingeht, sondern was von sich her auf die Menschheit zukommt: die der Welt vorausliegende, nicht beeinflußbare Zukunft, nennt RAHNER die „absolute Zukunft". Ihre Existenz entnimmt er den Glaubensaussagen von Gott als dem Herrn der Geschichte, der sein Reich vollenden wird, und zwar in der Wiederkunft Christi. Da diese Vollendung völlig bestimmt ist von der Unendlichkeit und beseligenden Nähe Gottes, ist „absolute Zukunft" nur ein anderer Name für Gott.

8 Zweites Vatikanisches Konzil: Pastoralkonstitution „Gaudium et Spes", Artikel 45.

Sixtinische Kapelle, Vatikan, Rom

◁ *Abb. 4:* Michelangelo: Jüngstes Gericht, Fresko. Ausschnitt, 1536–1541

Es kann nach Rahner nicht Aufgabe des Christentums sein, bei der Planung der innerweltlichen Zukunft irgendeiner nichtchristlichen Weltanschauung Konkurrenz zu machen. Christen sind nach seiner Auffassung sowohl frei als auch verpflichtet, gemeinsam mit Andersdenkenden schöpferische Utopien zu entwickeln und ihnen im Interesse der Humanisierung der Welt zur Geltung zu verhelfen. Die besondere Aufgabe des Christentums besteht vielmehr darin, in der Menschheit die Frage nach der absoluten Zukunft offenzuhalten, da ein Verdrängen dieser Frage unweigerlich die Verneinung einer menschlichen Zukunft mit sich brächte. In Rahners Verständnis ist die ernsthaft gestellte Frage nach der absoluten Zukunft gleichbedeutend mit dem Zulassen von Transzendenzerfahrungen, die sich nicht nur im Bereich des denkenden Geistes und des Emotionalen ergeben, sondern auch und vor allem im Bereich der Praxis, genauer gesagt in der Praxis von (nicht bloß privat verstandener) Liebe. Von seinem Konzept der Gnade als Selbstmitteilung Gottes her sagt Rahner, daß dasjenige, was in der Zielrichtung der innerweltlichen Zukunft von Menschen in Menschenliebe erwirkt wird, nicht nur zugleich Liebe zu Gott, sondern auch Liebe Gottes ist. So gesehen, gibt es ein Sich-Öffnen auf die absolute Zukunft nur im konkreten Akt des Vorgriffs auf die konkrete, in Liebe zu schaffende innerweltliche Zukunft. Darum kann Rahner die Folgerung ziehen:

„Die Geschichte selbst baut ihre eigene Endgültigkeit; das Bleibende ist das *Werk* der konkreten Liebe in der Geschichte; sie bleibt selbst als vom Menschen getane und nicht nur ihr moralisches Destillat, das die Geschichte als ausgepreßten ‚Treber‘ hinter sich ließe.“[9]

Dieses Bleiben der Menschheit und ihrer gelungenen Geschichte in der Liebe ist jetzt nicht erfahrbar zu machen; Voraussetzungen dafür sind grundlegende Veränderungen, vor allem die Aufhebung des Todes. So bleibt immer auch Raum für menschliche Verweigerung. Die Menschheit könnte sich der mitmenschlichen Liebe und damit der Gottesliebe endgültig versagen. Damit wäre die Entschiedenheit Gottes zu einem grundsätzlich positiven Ausgang der Menschheitsgeschichte nicht durchkreuzt: Während Gott die ihn annehmende Menschheit durch Verwandlung vollendete, könnte sich der inhuman gewordene Teil der Menschheit zu einer Art findiger Tiere „zurückkreuzen“ oder sich mit dem Planeten zerstören. Im Hinweis auf diese offene Möglichkeit liegt bei Rahner ein größerer Realismus als in der optimistisch-evolutiven Sicht anderer katholischer Auffassungen.

Hoffnung aus dem Kreuz

Wesentliche Impulse einer neuen christlichen Zuwendung zur Hoffnung sind dem Philosophen Ernst Bloch zu verdanken. Er bestimmt den Menschen von dem her oder auf das hin, was er noch nicht ist, aber sein kann, will oder soll. Diesem Verständnis des Menschen als eines Wesens im zukunftsoffenen Prozeß mit der Hoffnung als „kognitivem Richtungsakt“ entspricht ein Verständnis der Welt im Zustand des „Experiments“, als unabgeschlossen und veränderbar. In Blochs „Ontologie des Noch-Nicht-Seins“ ist die „Prozeßwirklichkeit“ des Seienden die welthafte Entsprechung zum utopischen Bewußtsein: „Alles Wirkliche verläuft mit Noch-Nicht in ihm.“[10] Die Utopie würde nicht zu Veränderung, zu zukunftsorientierter Praxis führen, verbliebe sie im bloßen Bereich der Phantasie. Sie muß sich an wirklichen Möglichkeiten ausrichten, konkrete Utopie sein. Konkrete Utopie ist der „Berührungspunkt zwischen Traum und Leben, ohne den der Traum nur abstrakte

9 K. Rahner: Zur Theologie der Zukunft. München 1971, S. 192.
10 E. Bloch: Das Prinzip Hoffnung. Frankfurt 1959, S. 111.

Utopie, das Leben aber nur Trivialität abgibt" (S. 165). BLOCH denkt jedoch nicht nur an die Zukunft als Kette aus jeweils neuer verwirklichter Möglichkeit (das „Novum"), er möchte auch ein Gelingen des Weltprozesses und der Identitätsfindung des Menschen in Aussicht stellen, das „Ultimum", die „Heimat". In diesem Zusammenhang möchte er das Problem des Todes, der „Macht der stärksten Nicht-Utopie", mit einem Nachdenken über den „Kern des Existierens" offenhalten und so darüber sprechen, daß nicht eine materialistische Resignation hinsichtlich des Einzelmenschen am Ende steht: „Wo immer Existieren seinem Kern nahekommt, beginnt Dauer, keine erstarrte, sondern eine, die Novum ohne Vergänglichkeit, ohne Korrumpierbarkeit enthält" (S. 1390). Im Menschen liegt also ein Existenzkern, der sich der Macht des Todes gegenüber resistent verhält.

BLOCHS utopisches Denken stellte eine besondere Herausforderung des Christentums dar, weil es ausdrücklich die jüdisch-christliche Hoffnung beerben, Elemente dieser Tradition beibehalten und gegen andere Elemente ausspielen wollte:

„Die totale Hoffnungsexpansion des Humanismus kam nirgends anders als in der Bibel auf die Welt: Welches Grundbuch von Hoffnung könnte einem Transzendieren ohne Transzendenz, ohne eine als seiend gesetzte, inhaltlich dick gefüllte, philosophisch wichtiger sein."[11]

Ein Denken, das die Heilung, weil Identitätsfindung des Menschen von einem Weltprozeß erwartete, mußte vor allem auf eine Theologie herausfordernd wirken, die sich einen Neuanfang ausschließlich vom Versöhnungshandeln Gottes versprach, auf die evangelische. Am nachhaltigsten und eindrucksvollsten nahm Jürgen MOLTMANN die Herausforderung an. In seiner umfassenden Darlegung der christlichen Hoffnung versucht er zu zeigen, daß der Gott der Bibel nicht der undynamische, systemstabilisierende „Gott" der bürgerlichen Religion, sondern der zugleich „Ganz-Andere" und „Ganz-Ändernde" ist, der grundsätzlich Neues als seine Zukunft verheißen hat und der darum der Transzendenz des Menschen keine Grenzen setzen kann. MOLTMANN gelingt es aber auch, auf große menschliche Mängel der Philosophie BLOCHS hinzuweisen, in der das Böse, die Erfahrungen von Leiden und Sinnlosigkeit nicht ernst genommen sind, ein Transzendieren in eine größere Humanität hinein also gerade nicht garantiert ist.

Demgegenüber mutet der christliche Glaube eine „Hoffnung gegen alle Hoffnung" zu im Vertrauen auf den Gott, der in der Auferweckung Jesu die Überwindung des Todes für alle grundgelegt und in Aussicht gestellt hat. Mit ihr ist die Tat Gottes am „Ende der Tage" vorweggenommen, die Zukunft Gottes mitten in der Geschichte schon angekommen. Die Vermittlung des Verheißenen und Erhofften an andere, an die Welt, wird nach MOLTMANN nur geleistet, wenn direkte praktische Konsequenzen aus der Verheißung gezogen werden. Der Gehorsam des Christen gegenüber seiner Sendung besteht darin, daß er „mitleidend mit dem Elend des Seienden in die erlösende Zukunft des Seienden vorgreift und ihm so Versöhnung, Rechtfertigung und Bestand stiftet".[12] „Indem wir uns und die Verhältnisse verändern, indem wir die Zukunft Gottes vorwegnehmen, wandern wir aus der Vergangenheit aus und in die Zukunft hinein."[13]

Diese Verbindung von göttlicher Verheißung und menschlicher Aktivität angesichts der Zukunft ist innerhalb evangelischen Denkens erstaunlich. Aber MOLTMANN gibt dabei die Theologie des Kreuzes nicht auf. Die Vorwegnahme des Reiches Gottes hat für ihn keinen anderen konkreten Ort als das Kreuz, das heißt, am Gekreuzigten wird sichtbar, was an der Welt nicht in Ordnung ist. Durch das stellvertretende Leiden Jesu und das darauf folgende Bekenntnis Gottes zu seiner Solidarität, ja Identität mit Jesus eröffnet der leidende Gott den Leidenden die Hoffnung. Die christlich erhoffte Zukunft beginnt für MOLTMANN nicht bei den Nicht-Leidenden, sie beginnt nicht „oben", sondern „unten", bei denen, die menschlich gesehen keine Hoffnung und Zukunft haben. Darum sieht sich christliche Hoffnung nach MOLTMANN immer in verwandtschaftlicher Nähe zu revolutionären Zukunftshoffnungen, in kritischer Distanz zu Fortgeschrittenen und „Entwickelten". Mit diesem Ansatz seines Hoffnungsdenkens wurde MOLTMANN zu einem wichtigen Mitträger der in den sechziger Jahren entstehenden „Politischen Theologie".

11 E. BLOCH: Tübinger Einleitung in die Philosophie. Bd. II. Tübingen 1964, S. 51.
12 J. MOLTMANN: Theologie der Hoffnung, a.a.O., S. 267.
13 J. MOLTMANN: Das Experiment Hoffnung. München 1974, S. 81.

Hoffnung aus gefährlicher Erinnerung

Christliche Hoffnung hat heute dort eine besondere Ausprägung gewonnen, wo Christen sich der öffentlichen und praktischen Verantwortung ihrer Hoffnung bewußt wurden. Dabei ist es nicht in erster Linie wichtig, ob solche Bewußtseinsprozesse von Impulsen der Politischen Theologie angeregt wurden, und auch die Frage, ob die Beachtung der öffentlichen und praktischen Seite der christlichen Hoffnung mit Recht den Namen „Politische Theologie" trage, ist zweitrangig. Was hier in Gang gekommen ist, läßt sich jedenfalls gut dokumentieren mit Gedankengängen bei Johann Baptist METZ, zu denen sich beachtliche Beiträge von Jürgen MOLTMANN, Dorothee SÖLLE, Helmut GOLLWITZER und anderen gesellen.
Zunächst setzten diese Hoffnungsimpulse mit einem optimistischen Grundzug ein. Der Unterschied zwischen griechischer und biblischer Religion wurde im Hinblick auf die Welt derart verstanden, daß die alten Griechen die Welt als Naturwelt auffaßten, während im biblischen Verständnis Welt als eine auf die Verheißung Gottes hin entstehende Geschichtswelt erscheint. Für sie stehen die Hoffenden in Verantwortung. Sie sind „Bauleute" oder „Mitarbeiter" bei der Verwirklichung der „eschatologischen Gottesstadt", des Weltzustandes, in dem die Verheißungen Gottes von Friede, Gerechtigkeit, Freiheit verwirklicht worden sind. Diese Verwirklichung ist also nicht reines Geschenk Gottes, das von der Praxis der „Hoffenden" unabhängig wäre: die Verheißungen Gottes müssen wirksam gemacht, sie müssen „bewahrheitet", ihre Wahrheit muß „getan" werden. Aber das Reich Gottes ist nicht Ergebnis der menschlichen Tätigkeit allein: alle Bemühungen um eine gerechte, den Verheißungen Gottes entsprechende Gesellschaft stehen unter dem „eschatologischen Vorbehalt" Gottes, dem allein Initiative und Vollendung zukommen.

Für diese christliche Auffassung ist es wichtig, daß das Christentum Widerstand leistet gegen die Fortschrittsideologien, die das Erbe der Aufklärung bilden. Kraft zum Widerstand gewinnen Christen aus der „Passionsgeschichte" der Menschheit. Die christlichen Erinnerungen werden als gefährlich entdeckt wegen ihres Zukunftsgehaltes: in der Auferweckung Jesu kündigt sich eine „Revolution" an, die Sachwalterin der Toten und ihrer Hoffnungen ist und die Träger sozialer und politischer Macht zur Rechtfertigung zwingen wird. Die gefährlichen Erinnerungen verwehren es, Heilsgeschichte und Weltgeschichte einfach gleichzusetzen:

„Heilsgeschichte ist jene Weltgeschichte, in der den besiegten und vergessenen Möglichkeiten menschlichen Daseins, die wir ‚Tod' nennen, ein Sinn in Aussicht gestellt wird, der durch den Ablauf künftiger Geschichte nicht widerrufen oder aufgehoben wird."[14]

Diese revolutionäre Kraft der christlichen Hoffnung wurde nicht nur in Europa wiederentdeckt, sie prägt auch die christliche Praxis der unterschiedlichen Theologien der Befreiung, insbesondere in Lateinamerika.

14 J. B. METZ: Glaube in Geschichte und Gesellschaft. Mainz 1977, S. 100.

Die neuere Phase dieses christlichen Denkens ist gegenüber der optimistischen Grundstimmung der ersten Zeit eher „apokalyptisch" gefärbt. Gegenüber einem allzu positiven und mechanischen Evolutionsdenken – wie es in der Versöhnung von christlichem Glauben und Naturwissenschaften bei TEILHARD zutage trat – erinnert es sich an den besonderen Zeitkern der Reich-Gottes-Botschaft, an das Ende der Zeit, das biblische Gottesbild, nach dem Gott nicht das Andere zur Zeit, sondern deren Begrenzung und Abbruch ist. Wiedergewonnen werden soll das apokalyptische Bewußtsein als Katastrophenbewußtsein, als Bewußtsein vom katastrophischen Wesen der Zeit. Damit soll das Vertrauen der Christen in den Fortschritt mit Hilfe positiv verlaufender technologischer und ökonomischer Weltprozesse zerstört und die christliche Praxis, die „Nachfolge Christi", unter Zeitdruck gebracht werden. In der Erinnerung an die möglicherweise nahe drohende Katastrophe – die in der biblischen Sicht auch eine der Möglichkeiten Gottes ist – nähert sich christlich religiöses Denken anderen, die vor der Bedrohung durch Wachstums- und Fortschrittsideologien als eigentlichen Zerstörern der Hoffnung warnen.

(4) Welche Begründungen bestehen für eine aktive christliche Verantwortung gegenüber der Vollendung der Schöpfung in Gott?

....

....

....

....

Christliche Hoffnung – unverändert

Die Schlußfolgerung mag banal klingen: Christliche Hoffnung heute ist in vielfacher Hinsicht das, was sie immer schon war. Sie ist Hoffnung und nicht Wissen: sie hofft gegen den Strom, gegen Trends, Meinungen und Wahrscheinlichkeiten, aufgrund einiger Zeugnisse über die Macht und Treue Gottes zur Menschheit, über den Tod hinaus. Sie hofft für den einzelnen Menschen, gegen harte und bittere Lebens- und Sterbenserfahrungen, erliegt also nicht einem bequemen Wunschdenken. Sie hofft für alle, da es nicht christlich wäre, für irgendeinen Menschen weniger zu erhoffen als für sich selbst. Sie weiß nicht, wie weit die Grenzen des Ich hinausreichen, das heißt, sie weiß nicht, wie vieles von der bekannten und unbekannten Welt der Menschheit, dem Kosmos, sie in ihre Hoffnung einbeziehen darf. Sie hofft auf Vollendung des Fragmentarischen, auf Bleiben des Gültigen. Und dadurch auf Seligkeit.
Christliche Hoffnung hat epochale Gestalten. In der Gegenwart hat ihre ethische Seite starkes Gewicht gewonnen. Hoffnung bedeutet Verpflichtung zu konkretem, verantwortetem Handeln in der Gegenwart. Aber über die Art und Weise, wie Gegenwart und Zukunft in der Hoffnung verbunden sind, gehen christliche Auslegungen zum Teil weit auseinander. Im allgemeinen tritt jedoch die Auffassung von einer Alleinwirksamkeit Gottes bei der Vollendung der menschlichen Geschichte zurück. Soziale und mitmenschliche Beziehungen gelten immer weniger als bloßes Übungsmaterial, an dem der einzelne Mensch sich bewährt; sie gelten mehr und mehr als zu den Menschen gehörig und mit den Menschen ihrer Zukunft entgegengehend. Die Zukunftsbegeisterung, die kurze Zeit manche Formen des Christentums prägte, tritt sehr stark zurück, da die Möglichkeiten der Menschheit zu weltweiter Zerstörung offenbarer werden. Die Hoffnung wird dadurch neuen Bewährungen ausgesetzt: sie kann nicht länger leichthin auf den Fortschritt der Evolution vertrauen, kann nicht hoffen, Gott werde mit der kräftigen Mithilfe der Menschheit die Ziele der Schöpfung erreichen. Vielmehr wagt sie eher zu hoffen, Gott werde sich trotz allem als Gott, als der in Vergebung Vollendende, erweisen.

20. Gemeinde – Basis des Christentums

Autor der Studieneinheit: Josef Müller

JOSEF MÜLLER (53), Studium der Philosophie und Theologie in Freiburg i. Br., 1957 Priesterweihe, 1959 Promotion zum Dr. theol., bis 1966 im Seelsorge- und Schuldienst, 1966 Dozent für Religionspädagogik am Priesterseminar St. Peter (Schwarzwald), 1969 Habilitation für Pastoraltheologie, 1970 Professor für Pastoraltheologie in Bamberg, 1973 Professor für Religionspädagogik in Wien, dort von 1977–1982 Professor für Pastoraltheologie, seit Wintersemester 1982/83 Professor für Pastoraltheologie in Freiburg i. Br.
Veröffentlichungen zu pastoraltheologischen und pastoralpraktischen Fragestellungen der Theologie. *Forschungsschwerpunkte:* Situationsspezifische Verkündigungs- und Seelsorgeformen.

Allgemeine Einführung

Nach wie vor kommen viele Christen, besonders auch Jugendliche und Erwachsene, die sich von der Kirche distanzieren, anläßlich der religiösen Riten an den „Lebenswenden" mit der Kirchengemeinde in Berührung. Äußerungen wie diese: „Wir sind zwar keine Kirchgänger, aber wünschen, daß unser Kind getauft wird", sind keine Seltenheit. Eine große Zahl von Christen erwartet von der Kirchengemeinde in erster Linie die „kirchliche Versorgung".

Viele Menschen stellen die Frage nach der Notwendigkeit von Kirche und Gemeinde. Kann man nicht für sich selbst und allein Christ sein – ohne die Institution und Organisation, ohne den kirchlichen, vor allem durch das kirchliche Amt vertretenen Apparat? Kann man nach dem Evangelium nicht auch ohne die Vermittlung und die Zwischeninstanz Kirche leben, die in der Kirchengemeinde am Ort in Erscheinung tritt? Eine gegensätzliche Position vertreten Theologen, die auf dem Standpunkt stehen, daß sich „Kirche" als „Stiftung Jesu" nur in der Sozialgestalt der „Gemeinde" verwirklichen lasse.

Für die meisten Christen ist das Bild der „Gemeinde" geprägt von eigenen Erfahrungen, die sie im Lauf ihres Lebens mit konkreten Gemeinden gemacht haben. Kontakte und Begegnungen mit der konkreten Gemeinde am Ort („Pfarrei" oder „Pfarrgemeinde") sind nicht immer positiv.

Manche haben große Schwierigkeiten bei dem Gedanken, daß die Heilsvermittlung an die Gemeinschaft der Kirche gebunden ist, wie sie sich in den konkreten Gemeinden verwirklicht. Der inzwischen in allen christlichen Kirchen und darüber hinaus fast selbstverständliche Gebrauch des Ausdrucks „Gemeinde" für die „kirchliche" Gemeinde darf die ungelösten Probleme nicht übersehen lassen, die damit zusammenhängen, daß eine theologische Klärung des Begriffs und der wesentlichen Aufgaben der Gemeinde noch in ihren Anfängen steckt und in den Hauptaussagen von der Lehre über die „Kirche" geprägt ist. Dennoch lassen sich einige wesentliche Aussagen thesenartig zusammenfassen:

- „Gemeinde" ist für den Christen eine Form, wie er in Gemeinschaft seinen Glauben verwirklichen kann.
- In der Geschichte der christlichen Gemeinde gab und gibt es immer eine Vielzahl von Gemeinde- und Gemeinschaftsformen, in denen Christen die Jüngerschaft als Nachfolge Christi zu verwirklichen suchten und suchen.
- Insofern kann und soll Gemeinde – vor allem in der konkreten Gestalt der Ortsgemeinde – einen „Raum" rettender Beziehungen zu Jesus Christus und damit zu Gott und zugleich zu den Menschen bilden.

- „Lebens-“ und damit „menschennahe“ Formen von Gemeinde gehören zu deren Auftrag, den Menschen in einer echten Zeit- und Weggenossenschaft Gottes umfassendes Heil zu bezeugen und damit Lebensräume für die gläubige Annahme dieses Heils zu schaffen.
- Es kann jedoch keine für jeden einzelnen Christen zwingend verbindliche Form geben, in der er seinen Glauben leben „muß“.
- Sosehr der Glaube gemeinschaftlich gelebt wird (Jesus ruft stets in die Gemeinschaft seiner Jünger), darf die Zugehörigkeit zu einer *bestimmten* Gemeinde keinen notwendigen Maßstab für die Gläubigkeit und das Christsein des Einzelnen darstellen.

Im Zusammenhang mit Gemeinde gibt es eine verwirrende Begriffsvielfalt: Es ist neben „Gemeinde“ von „Pfarrgemeinde“, „Pfarrei“, „Kirchengemeinde“, „Gottesdienstgemeinde“, „Basisgemeinde“ die Rede. Eine Begriffsklärung und -abgrenzung erscheint notwendig:

Basisgemeinde: Der Begriff hat seine Heimat in den lateinamerikanischen Kirchen, wo man die „Comunidades de Base“: „Basisgemeinschaften“ oder „-gruppen“ kennt. Im deutschsprachigen Raum versteht man unter „Basisgemeinden“ und „-gemeinschaften“ hauptsächlich kleinere Einheiten in den herkömmlichen Pfarreien, die versuchen, die Gemeinde mit intensiven Aktivitäten zu verlebendigen. (Häufig spricht man dann von „Intensivgemeinde“.)

Ortsgemeinde: hier in dem vom II. Vatikanischen Konzil (in der Kirchenkonstitution Nr. 28) eingeführten Sprachgebrauch von der „Kirche am Ort“ in der konkreten Gestalt der Pfarrgemeinde gebraucht.

Personalgemeinde: der auch kirchenrechtlich faßbare Personenkreis, der unter Leitung eines eigenen Seelsorgers ein eigenständiges Gemeindeleben führt (z. B. Hochschul-, Soldaten-, Ausländergemeinden ...).

Pfarrgemeinde: Wortverbindung der Begriffe „Pfarrei“ und „Gemeinde“. Der Begriff „Pfarrei“ meint mehr den klar umgrenzten Lebensraum der Seelsorge, der Begriff „Gemeinde“ das spannungsvolle Element der Gemeinschaft der Glaubenden, welche die Nachfolge Christi zu leben versuchen.

Nach dem Durcharbeiten der Studieneinheit sollen Sie in der Lage sein,
- die Vorzüge und Schwierigkeiten einer genaueren Begriffsbestimmung von „Gemeinde“ und „Pfarrei“ zu erläutern;
- das geschichtliche Werden von „Gemeinde“ und „Pfarrei“ zu beschreiben;
- die Grundaufgaben und Lebensäußerungen einer christlichen Gemeinde darzulegen;
- einzelne Elemente, die nach Auffassung heutiger Theologie für das Leben des Christen in der „Gemeinde“ unabdingbar sind, zu bestimmen;
- Gemeindeformen, die es neben der Pfarrei im Sinne der „Ortsgemeinde“ gibt, zu charakterisieren;
- eigene Erfahrungen und Standpunkte im Hinblick auf Kirche und Gemeinde mit der in dieser Studieneinheit aufgezeigten „Idealvorstellung“ von Gemeinde zu vergleichen;
- wesentliche Elemente einer notwendigen ständigen Erneuerung des Christseins in der Gemeinde zu beurteilen.

Zum geschichtlichen und gesellschaftlichen Bezugsrahmen der Begriffsbildung

Im Zusammenhang einer Begriffsbestimmung hatte Ferdinand KLOSTERMANN als theologischen Grundsatz formuliert: „Kirche als Stiftung Jesu kann sich nur als Gemeinde realisieren.“[1] In einer 1970 erschienenen „Handreichung für den pastoralen Dienst“ mit dem Titel *„Die Gemeinde“* heißt es: Die Kirche hat, gleichgültig ob sie sich „als Pfarrei, Diözese oder Weltkirche“ verwirklicht, „wesentlich gemeindlichen Charakter, und zwar im theologischen, nicht im soziologischen Sinne verstanden“.[2] Die Verfasser begründen die konsequente Verwendung des Ausdrucks „Gemeinde“ damit, daß bei dem Wort „Kirche“ die Gefahr bestehe, daß „der Gemeindecharakter, das menschlich Verbindende, zurückgedrängt und Kirche oft nur als Institution, als Apparat verstanden“ werde (S. 28f.). Daraus wird deutlich, daß durch die Übernahme des Begriffs Gemeinde der Gemeinschaftscharakter der Kirche betont werden soll.

Andere Theologen dagegen sagen: „Es gibt Gemeinden praktisch nur in theologischen Büchern und in den Köpfen geistlicher Ideologen, die Selbsttäuschungen unterliegen und noch nicht gemerkt haben, daß es [...] Hirten gibt, die sich selber weiden.“[3]

Diese Zitate zeigen, daß es in der Frage nach Wesen und Auftrag der christlichen Gemeinde verschiedene Antworten gibt. Das Spektrum reicht vom Ruf nach einer „demokratischen“ und „herrschaftsfreien“ Gemeinde über die Verwendung des Gemeindebegriffs lediglich für bestimmte Gemeindetypen bis zur eben angeführten Identifizierung von „Kirche“ mit „Gemeinde“.

Nach Auffassung von Werner JETTER wurde der Ausdruck „Gemeinde“ im theologisch geprägten Sinn für eine Gemeinde am Ort auch auf evangelischer Seite hauptsächlich erst vom 19. Jahrhundert an gebraucht. Im katholischen Bereich wurde die Bezeichnung „Gemeinde“ etwa seit 20 Jahren, das heißt etwa seit dem Zweiten Vatikanischen Konzil, immer mehr gebräuchlich. In beiden Kirchen wird der Ausdruck „Gemeinde“ vor allem für die Ortsgemeinde, die Gottesdienstgemeinde, besondere Formen von Personalgemeinden (z. B. Hochschulgemeinden, Krankenhausgemeinden, Ausländergemeinden) verwendet.[4]

Der inzwischen in beiden großen christlichen Kirchen und darüber hinaus fast selbstverständliche Gebrauch des Ausdrucks „Gemeinde“ darf die ungelösten Probleme nicht übersehen lassen, die damit zusammenhängen, daß die „Theologie der Gemeinde“ noch in ihren Anfängen steckt und in der Hauptsache von der Sprachregelung einer „Lehre von der Kirche“ geprägt ist.[5]

Dieser Tatbestand hat etwa in den Dokumenten des Zweiten Vatikanischen Konzils seinen Niederschlag gefunden, besonders in der Konstitution über die Kirche.[6] Dort ist die Rede von der „Teil“- oder „Ortskirche“. Gemeint ist in der Hauptsache die bischöfliche Ortskirche; freilich ist an einer wichtigen Stelle auch von der „Ortsgemeinde“ die Rede, der ein „Priester“ vorsteht (ebd., Nr. 28).

Bis vor kurzem fußten auch in der evangelischen Praktischen Theologie die theologische Reflexion und Interpretation der Gemeinde hauptsächlich auf der Lehre von der Kirche.[7] Wobei neuerdings – vor allem im evangelischen Bereich – Versuche

1 Ferdinand KLOSTERMANN: Prinzip Gemeinde. Gemeinde als Prinzip des kirchlichen Lebens und der Pastoraltheologie als Theologie dieses Lebens (Wiener Beiträge zur Theologie. 11). Wien 1965, S. 49.

2 Henry FISCHER / Norbert GREINACHER / Ferdinand KLOSTERMANN: Die Gemeinde. Mainz ^{2}1970, S. 26.

3 Heinz Robert SCHLETTE: Thesen zum christlichen Gemeindeverständnis. In: Max SECKLER (Hrsg.): Begegnung. Festschrift für Heinrich Fries. Graz 1972, S. 133.

4 Vgl. Werner JETTER: Die Chancen der Orts-Gemeinde. *Wissenschaft und Praxis in Kirche und Gesellschaft* 66 (1977), S. 8.

5 Vgl. dazu u.a. Jürgen MOLTMANN: Kirche in der Kraft des Geistes. Ein Beitrag zur messianischen Ekklesiologie. München 1975, bes. S. 318–362, und Karl LEHMANN: Gemeinde. In: Christlicher Glaube in moderner Gesellschaft (Enzyklopädische Bibliothek. Teilband 29). Freiburg/Basel/Wien 1982, bes. S. 8–23.

6 Dogmatische Konstitution des Zweiten Vatikanischen Konzils über die Kirche: „Lumen Gentium“, proklamiert am 21. 11. 1964. In: K. RAHNER / H. VORGRIMLER: Kleines Konzilskompendium. Freiburg 1966, S. 123–200; hier Nr. 28.

7 Vgl. Christof BÄUMLER: Gemeindeaufbau. In: Ferdinand KLOSTERMANN / Rolf ZERFASS (Hrsg.): Praktische Theologie heute. München/Mainz 1974, S. 417–419.

unternommen werden, Fragen des Gemeindeaufbaus unter eher soziologischen und sozialpsychologischen Gesichtspunkten der Gemeinwesenarbeit zu durchdenken und entsprechende Praxisentwürfe vorzulegen.[8]

Der Begriff „Gemeinde" spielt auch im Zusammenhang verschiedener freikirchlicher Gemeinschaften und Bewegungen eine Rolle, die sich als Gemeinschaften bewußter Christen verstehen und sich aus ihrem Selbstverständnis als „Mitgliedschafts- oder Vereinskirchen" sowohl von den Landes- bzw. Territorialkirchen auf der einen wie auch von der Volkskirche auf der anderen Seite unterscheiden (vgl. besonders die „Freien evangelischen Gemeinden").

Elemente einer soziologischen Gemeindedefinition

Wenn es darum geht, den Begriff der Gemeinde als Basis des Christentums auf dessen Verwendung und Tragfähigkeit zu prüfen, muß darauf geachtet werden, daß von „Gemeinde" vor allem im gesellschaftlichen Bereich gesprochen wird. Wer der jüngsten Geschichte der Übernahme des Gemeindebegriffs in den theologischen Sprachgebrauch nachgeht, findet, daß der Ausdruck zunächst für die bürgerliche bzw. politische Gemeinde verwendet wird. Auf dieser Ebene bezeichnet der Ausdruck „Gemeinde" eine „örtliche Gemeinschaft" – konkret eine Dorf- oder eine Stadt-Gemeinde. Die Begriffsverwendung wird in der Sprache der Soziologie und von der Politikwissenschaft genauer bestimmt: So definiert der Soziologe René König „Gemeinde" als „eine mehr oder weniger große lokale gesellschaftliche Einheit, in der Menschen zusammenwirken, um ihr wirtschaftliches, soziales und kulturelles Leben zu fristen".[9] Im Staatslexikon der Görresgesellschaft finden sich unter dem Stichwort Gemeinde folgende Elemente einer Begriffsbestimmung:

„Der Begriff der politischen Gemeinde ist von den Begriffen der Kirchengemeinde, Realgemeinde, Kulturgemeinde usw. zu unterscheiden und wird in Gesetzen [...] häufig als ‚örtliche Gemeinschaft' umschrieben. Sie gilt soziologisch unter Betonung des Nachbarschaftsprinzips als ‚globale Gesellschaft auf lokaler Basis'. Sie wird juristisch als eine dem Staat eingegliederte Gebietskörperschaft mit Selbstverwaltung durch eigene, gewählte Organe verstanden, die im eigenen Namen ‚alle Angelegenheiten der örtlichen Gemeinschaft im Rahmen der Gesetze in eigener Verantwortung regelt'. Unter den ‚rechtsfähigen Verwaltungseinheiten' ragt sie durch örtliche Volksvertretung, Gebietshoheit und Allseitigkeit des Wirkungskreises im Rahmen der Gesetze hervor. Sie ist die engste, volksnächste politische Einheit im gebietskörperschaftlich strukturierten Aufbau von Gemeinden, Gemeindeverbänden, Ländern und Bund."[10]

Damit wird deutlich, daß der Begriff „Gemeinde" ein breites Spektrum gesellschaftlicher Wirklichkeit beschreibt. Der Bedeutungskern liegt in einem verhältnismäßig dauerhaften Miteinander von Personen, das in einem für alle Beteiligten gemeinsamen Bezugspunkt begründet ist. Insofern stellt der Begriff „Gemeinde", wie er aus der gesellschaftlichen Wirklichkeit entnommen ist, einen „Baustein" dar, der im kirchlichen Bereich eine soziale Wirklichkeit beschreiben soll, der jedoch eine Glaubenswirklichkeit, das heißt ein geistliches Moment, zugrunde liegt. Wir haben es mit einem „Lehnwort" zu tun, das daraufhin geprüft werden muß, ob es den gemeinten Inhalt auch wirklich tragen kann.

Ferdinand Reisinger vergleicht in diesem Zusammenhang den Begriff mit einer Art äußeren Hülse, einer „Außenhaut", die einen Inhalt trägt. Es versteht sich, daß eine solche Hülse nicht für alle Zeiten gültig sein muß.[11] Die Formulierung „Gemeinde – Basis des Christentums" trifft daher nur in einem weiteren Sinn zu. Letztlich ist der „sammelnde und einende Ruf Gottes" die Basis des Glaubens und damit der „Grund" der Glaubensgemeinschaft.

(1) In welchem Zusammenhang ist der Sprachgebrauch „Gemeinde" üblich? Benennen Sie wichtige Merkmale einer eher sozialwissenschaftlichen Gemeindedefinition.

....

....

....

....

....

....

....

....

....

....

....

Ein geschichtlicher Abriß der Entwicklung der Seelsorge in der „Pfarrei" – „Gemeinde"

Die Entwicklung läßt sich in der Geschichte der christlichen Gemeinde verfolgen.[12] Die frühen christlichen Gemeinden wurden als „Stadtgemeinden" gebildet und seelsorglich betreut. Die Leitung der „Stadtkirche" hatte der Bischof, um den es ein Kollegium von Presbytern („Älteste"), Diakonen und anderen Mitarbeitern gab. Im Laufe der Zeit trat neben die Stadtgemeinde das System der „Pfarrei" oder „Parochie", die dadurch entstand, daß der Bischof in das benachbarte – eher dünn besiedelte – Land Priester zur Seelsorge aussandte.

Im Mittelalter entwickelte sich dieses Pfarrsystem in einer engen Verflechtung gesellschaftlicher und kirchlicher Strukturen, wobei es, aus heutiger Sicht betrachtet, zu einschneidenden Veränderungen kam. In der Agrar- und Feudalgesellschaft bildeten sich etwa vom 8. und 9. Jahrhundert an in wachsender Zahl Pfarreien, die vom betreffenden Grundherrn als „Eigenkirchen" verstanden und entsprechend verwaltet wurden. Die Grundherren fühlten sich für die Religion ihrer Leute verantwortlich und besoldeten für sie einen eigenen Seelsorger.

Mit diesem geschichtlichen Entfaltungsprozeß des Pfarrsystems hängen pastorale und seelsorgliche Entwicklungen zusammen, die teilweise zu verhängnisvollen Überfremdungen des Lebens der christlichen Gemeinden und der Ausübung des geistlichen Amtes führten. In diesem Zusammenhang soll vor allem auf die rechtliche Praxis des „Pfarrbanns" hingewiesen werden.

Unter „Pfarrbann" versteht man die Vorschrift, daß die Gläubigen in einem festumschriebenen Bezirk ausschließlich einem für sie zuständigen Pfarrer zugewiesen wurden. Sie konnten ihre Verpflichtung zum Sonntagsgottesdienst nur in der „Pfarrkirche" erfüllen; bei ihrem Pfarrer mußten sie die Sakramente empfangen.

8 Vgl. Gert Schneider: Grundbedürfnisse und Gemeindebildung. Soziale Aspekte für eine menschliche Kirche. München/Mainz 1982, und Norbert Mette (Hrsg.): Wie wir Gemeinde wurden. Lernerfahrungen und Erneuerungsprozesse in der Volkskirche (Praxis der Kirche. Nr. 41). München/Mainz 1982.

9 Vgl. René König: Die Gemeinde im Blickfeld der Soziologie. In: Handbuch der kommunalen Wissenschaft und Praxis. Hrsg. von H. Peters. Bd. 1: Kommunalverfassung. Berlin/Göttingen/Heidelberg 1956, S. 18–50, bes. S. 19 u. 26.

10 Erich Becker: „Gemeinde". In: Staatslexikon der Görresgesellschaft. Bd. 3. Freiburg i. Br. 1959, S. 687f.

11 Ferdinand Reisinger: „Christliche Gemeinde" – Möglichkeiten und Grenzen. In: Ders. (Hrsg.): Menschsein in der Gesellschaft. Christliche Fundamente und Perspektiven (Linzer Philosophisch-theologische Reihe. 17). Linz 1983, S. 109.

12 Zur Geschichte der Pfarrei und der pfarrlichen Seelsorge vgl. bes. Michael Pfliegler: Pastoraltheologie. Wien/Freiburg/Basel 1962, S. 69–95.

Die Kirchengüter dienten weniger dem Unterhalt des unmittelbaren Seelsorgers, sondern wurden für die Patronatsherren aufgrund ihres Herrschaftsrechts eine einträgliche Einnahmequelle. In diesem Zusammenhang entwickelte sich die Trennung zwischen dem „Pfründewesen“ und der „Seelsorge“, die der Pfründeinhaber (oft ein Kloster oder eine weltliche Herrschaft) durch einen „Hilfsgeistlichen“ versehen ließ. Weitere Schritte in der Entwicklung lassen sich durch das Pfarrkonzept der Reformation auf der einen und die Reformtendenzen des Trienter Konzils auf der anderen Seite erkennen.

Die Reformation hatte zunächst das System der Territorialpfarrei übernommen: „Cuius regio, eius religio“ („Unter wessen Herrschaft, dessen Religion“) lautete nach wie vor das Prinzip des – nun eher landesherrlichen – Denkens. Zwar ließ man an die Stelle des katholischen Priesters den evangelischen *Prediger* treten. An die Stelle der ihm auferlegten Pflicht der „Leitung der Seelen“ (der *„cura“* bzw. des *„regimen animarum“* – heute könnten wir das mit „Seelsorge“ übersetzen) trat der kirchliche Dienst der öffentlichen Evangeliumsverkündigung und der schriftgemäßen Sakramentenverwaltung. Die Pfarrer sollten sich als „Kirchen-Diener“ fühlen, ein in den reformatorischen Kirchenordnungen bevorzugter Ausdruck für das Amt des Pfarrers.

Dennoch darf nicht übersehen werden, daß hinter diesem Leitbild der Pfarrei oder, wie man seit LUTHER auch zu sagen pflegte, der „Gemeinde“ eine veränderte Auffassung der Rolle der Gemeinde steht: Die christliche Gemeinde sollte als „Glaubensgemeinschaft am Ort“ das Programm der mündigen Christen verwirklichen. Freilich ist nicht zu verkennen, daß dieses Vorhaben durch die nach wie vor vorhandenen Strukturen der „Kirchenobrigkeiten“ vielfach erschwert wurde. An die Stelle der bischöflichen traten die landesherrlichen Bestimmungen und Vorschriften.

Auf katholischer Seite gab das Konzil von Trient pastoralen Erfordernissen den Vorrang. Jede Diözese sollte in ein lückenloses Netz von klarumschriebenen Pfarreien eingeteilt und diesen ein Pfarrer als der zuständige Seelsorger zugewiesen werden. Dem Pfarrer wird strenge „Residenzpflicht“ vorgeschrieben, das heißt, er muß in der Pfarrei wohnen und soll ständig anwesend sein. Durch seinen Wohnort ist jeder Christ einer bestimmten Pfarrei zugeteilt. Die pastorale Zielsetzung bildete das biblische Bild vom „guten Hirten“, der seine Pfarrkinder persönlich kannte.

Dieses Konzept der Pfarrei, das sich wesentlich aus der „Landseelsorge“ entwickelt hat und in ländlichen Gebieten bis in unsere Tage hinein maßgebend blieb, wurde spätestens durch die Bevölkerungsexplosion der Städte im 19. und 20. Jahrhundert so total in Frage gestellt, daß Fachleute das Ende der territorial umschriebenen Pfarrstruktur voraussagten.[13]

(2) Wie hat sich die Seelsorge im Rahmen der Pfarrei (der Gemeinde) im Laufe der geschichtlichen Entwicklung der Pfarrei bzw. Gemeinde entfaltet und verändert?

....

....

....

....

....

....

....

13 Vgl. Hans SCHILLING: „Kritische Thesen zur ‚Gemeindekirche‘“. *Diakonia* 6 (1975), S. 78.

Gemeinde im Neuen Testament

Aus der Sicht der Evangelien kann Gemeinde als „grundlegend geprägt durch Jesus und die Jesus-Botschaft“ beschrieben werden. „Die Orientierung an der Person und der Sache [Jesu] ist die fundamentale Voraussetzung: insofern ist die Jesus-Rezeption als solche der entscheidende gemeindebildende Faktor.“[14] Das Neue Testament kennt keine einheitliche Bezeichnung für das, was wir „christliche Gemeinde“ nennen, sondern verwendet eine Vielzahl von Begriffen und Namen, die zugleich deutlich machen, daß es keine klare Unterscheidung zwischen der Einzelgemeinde und der ganzen Kirche gibt. Wenn die Evangelien, die Autoren der apostolischen Briefe und der übrigen neutestamentlichen Schriften von der „Ekklesia“, der „Kirche“, sprechen, haben sie entweder die „Gesamtkirche“ oder die „Kirche am Ort“ vor Augen. Das veranschaulicht vor allem die Verwendung des „Ekklesia“-Begriffs bei Paulus, auf die weiter unten eingegangen wird.

Übereinstimmendes in Aussagen neutestamentlicher Texte

Soweit sich die einzelnen Schriften des Neuen Testaments mit verschiedenen Aspekten von „Kirche“ und „Gemeinde“ beschäftigen, stimmen sie darin überein, daß es immer um die eine Kirche geht, die Auswirkung und Abbild der Einheit Jesu mit dem Vater ist. „Mag es unterschiedliche Stufen und Formen der ‚Ekklesia‘, der ‚Kirche‘ geben, einen Pluralismus des Glaubens, der Lehre, des Evangeliums gibt es nach dem Neuen Testament nicht.“[15] Es gibt nur den einen Herrn, die eine Erlösungstat, der sich die Kirche und damit die Gemeinde verdanken. Das besagt freilich nicht, daß es in der Urkirche, in der Urgemeinde, bloß „uniformierte“ Auffassungen und Standpunkte gegeben hätte.

Unter dieser Voraussetzung sollen einige Gesichtspunkte und Merkmale des neutestamentlichen Gemeindebegriffs und Gemeindebildes für die im Zusammenhang der Überlegungen dieser Studieneinheit gestellten Fragen dargestellt werden.

Gemeinde im Neuen Testament unter dem Anspruch der „Jüngerschaft“

Nach dem Matthäusevangelium ist die Glaubensgemeinschaft der Kirche vorausgebildet in der Jüngerschar des irdischen Jesus: In ihm ist die Gottesherrschaft so nahe gekommen, daß sie zur persönlichen Erfahrung wurde. In seinem programmatischen Buch *„Wie hat Jesus Gemeinde gewollt?“* geht Gerhard LOHFINK von der Grundthese aus, daß sich vor allem die Jüngergemeinde bemühte, im Sinne der Evangelien die „Gemeinschaftsdimension des Gottesreiches darzustellen und zu leben“.[16] An diese Gemeinde richtet sich die Botschaft Jesu. Deshalb müssen ihre Forderungen vor allem im Raum der Gemeinde verwirklicht werden. Sie soll durch die alles durchdringende Kraft des Evangeliums „Gärstoff“ für die Welt sein.

Am Jüngerkreis kann auch heute die wesentliche Aufgabe der Gemeinde abgelesen werden: Die Jünger sind „ein offener Kreis“ derer, die hinter Jesus hergehen, eine „Bruderschaft“ der „entschlossenen Nachfolger“.[17] Auch heute gehört es zum Ruf in die „Jüngerschaft“, auf das Wort Jesu Christi hin in die Nachfolge einzutreten,

14 Josef BLANK: Kirche – Gemeinde oder/und Institution? *Diakonia* 4 (1973), S. 237f., vgl. dazu bes. Studieneinheit 13: „Werden und Selbstverständnis der christlichen Kirche“.

15 Heinrich SCHLIER: Ekklesiologie des Neuen Testaments. In: Mysterium Salutis. Grundriß Heilsgeschichtlicher Dogmatik. Bd. 4/1. Einsiedeln/Zürich/Köln 1972, S. 211.

16 Gerhard LOHFINK: Wie hat Jesus Gemeinde gewollt? Freiburg/Basel/Wien 1982, S. 88.

17 Heinrich SCHLIER: Ekklesiologie des Neuen Testaments, a.a.O., S. 116.

konkret dem Herrn im Dienst der Kirche nachzufolgen, Kirche aber auch im Geist der Nachfolge zu gestalten. Mehr Verantwortung heißt mehr Nachfolge. Von daher müßte die Übernahme der verschiedenen Dienste in der Gemeinde einmal bedacht werden.

Kirche/Gemeinde für das Volk

Für die bibeltheologische Grundlegung eines rechten Gemeindeverständnisses ist der Bezug der Kirche, der Gemeinde zum Volk wichtig. Die Frohbotschaft gilt „dem ganzen Volk" (u.a. Lk 2,11). In den synoptischen Evangelien scheint die gesamte Sozialstruktur der frühen Kirche auf: Im Volk gibt es Reiche, Arme, Soldaten, Zollbeamte, Dirnen, Asoziale. Auch die Paulinischen Briefe kennen den Unterschied zwischen der Kirche für das Volk und einer davon abgehobenen „lebendigen Gemeinde" im Sinne der heutigen Diskussion um die „Volks"- und „Gemeindekirche" noch nicht. Wolfgang Lück schreibt: „Überspitzt könnte man formulieren", daß es Paulus „nicht um die Gemeinde, sondern um Christus" geht: „Christus ist der Handelnde, und nicht die Christen oder die Gemeinde".[18]

Eine Gemeinde, die sich vom Volk trennt, würde einer „Elite-Ideologie" verfallen, die sich keineswegs vom Evangelium her rechtfertigen läßt, sondern von dorther eindeutig kritisiert wird.[19] In der Gemeinde sammelt Jesus Christus das „Volk Gottes", in dem Menschen aller Altersstufen, Klassen und aus den verschiedenen Nationen zur Einheit zusammengeführt werden sollen.

Eine Kirche „im Volk und mit dem Volk" fördert die Gemeindebildung vor allem, wenn sich viele einzelne engagierte Gemeindemitglieder um die Verlebendigung der Gemeinde sorgen. In diesem Zusammenhang ist der Ausdruck „Kirche für das Volk" positiv zu bewerten. (Die Auseinandersetzung mit Fragen, die sich aus dem Problem „Volkskirche" ergeben, erfolgt in den Studieneinheiten 24: „Kirche und Gesellschaft" und 25: „Volkskirche und neue Religiosität".)

Der Glaube aufgrund des Wortes und die Gemeinschaft des Herrenmahles als Lebenselemente der Gemeinde

Die Kirche und die Gemeinden entstehen durch das apostolische Wort: es bildet ihre Quelle und ihre bleibende innere Kraft. In der Apostelgeschichte lesen wir: „Tag für Tag lehrten sie [die Christen] unermüdlich im Tempel und in den Häusern und verkündeten das Evangelium von Jesus, dem Christus" (Apg 5,42; 2,41 u. 6,7). Das geisterfüllte Wort als „die aktuelle Tradition", die Taufe und die Feier des Herrenmahles erwecken und bewahren die Gemeinde der Glaubenden und Liebenden inmitten der Welt (vgl. 1 Joh 5,6.9ff.).

Die Verwendung des „Gemeinde"-Begriffs bei Paulus

Der biblische „Ekklesia"-Begriff ist für Paulus und die Urgemeinde eine beinahe selbstverständliche Kategorie. „Ekklesia" ist fast ausschließlich die Übersetzung des hebräischen Begriffes „qahal" („Versammlung"), der an verschiedenen Stellen des Alten Testaments die Gesamtgemeinde Israels und ihre Versammlung bezeichnet. So heißt es zum Beispiel in 1 Chr 13,4: „Die ganze Versammlung stimmte dem Vorhaben zu; denn der Plan gefiel dem ganzen Volk." (Vgl. ebd. 28,2.8; Dt 16,8; 32,43; Ps 22,23.26; Ps 26,5.12 u.a.) In der griechischen Bibelübersetzung wurde „qahal Jahwe" („Versammlung des Volkes Gottes") mit „Ekklesia Kyriu" („,Versammlung' des Herrn") übersetzt. Diesen Begriff übernahm Paulus etwa in der Formulierung der Grußadresse der beiden Korintherbriefe (1 Kor 1,2 u. 2 Kor 1,1) und der beiden Thessalonicherbriefe. Diese lautet beispielsweise: „An die Gemeinde (‚Ekklesia') von Thessalonich, die in Gott, unserem Vater, und in Jesus Christus, dem Herrn, ist" (1 und 2 Thess 1,1).

Abb. 1: Die Versammlung der Gemeinde. Elfenbeinschnitzerei, 6.–7. Jahrhundert, Louvre

Aus: Claude Tresmontant: Paulus in Selbstzeugnissen und Bilddokumenten. Hamburg 1959, S. 81.

Paulus spricht ferner von den Gemeinden als den „berufenen Heiligen" (Röm 1,7, vgl. 8,27). Die „Ekklesia" ist die Gemeinde der „Herausgerufenen", der „Heiligen", der von Gott „Erwählten". Gemeinde ist also nicht etwas, was sich selbst schafft, sondern Kirche wie Gemeinde werden von Gott erwählt und gerufen.

18 Wolfgang Lück: Die Volkskirche. Kirchenverständnis als Norm kirchlichen Handelns. Stuttgart/Berlin/Köln/Mainz 1980, S. 67.

19 Josef Müller: Gemeinde – Reform? Kritisches Korrektiv oder Zufluchtsort. Wien 1983, S. 56.

Verschiedene Gemeinde-Formen der einen Kirche:

- Die „Gesamtkirche"

An hervorragender Stelle benützt Paulus für die ganze „Kirche Gottes" die Bezeichnung „Ekklesia" (z.B. 1 Kor 10,32).

- Die „Ortskirche" – „Ortsgemeinde"

Wie das für das Neue Testament charakteristische Zueinander von Einzelgemeinden, Hausgemeinden und Gesamtkirche zu sehen ist, zeigt 1 Kor 1,2, wo es heißt, daß die „Kirche Gottes" in Korinth (also in der jeweiligen „Ortskirche") in Erscheinung tritt; das heißt, die ganze Kirche wird in der Einzelgemeinde präsent. In den einzelnen Orts- und Hausgemeinden ist jeweils das „Volk Gottes" versammelt. Für Paulus ist es selbstverständlich, daß die Einzelgemeinden miteinander in Beziehung stehen. So bilden beispielsweise die Gemeinden in Jerusalem und Rom dem Wesen nach eine Einheit; es gibt nicht zwei oder drei „Völker Gottes".
Das hat Folgen für die Einzelkirche am Ort. Sie repräsentiert das Volk Gottes in der Welt und kann letztlich nur glaubwürdig sein, wenn sie selbst diese Einheit wahrt. Zu dieser Einheit mahnt der Apostel seine Gemeinde immer wieder.
Im Römerbrief schreibt Paulus: „Seid untereinander eines Sinnes!" (12,16; vgl. 12,3ff. u. 1 Kor 1,10). „Gemeinde-Gottes-Sein" und Sichabschließen lassen sich nicht miteinander vereinbaren.

- Die zur Feier des Herrenmahls versammelte „Gemeinde"

In 1 Kor 11,18 bezeichnet Paulus die zur Feier des Herrenmahls versammelte Gemeinde mit dem Begriff „Ekklesia". Das 11. Kapitel des 1. Korintherbriefs, das Fragen des Gemeindegottesdienstes gewidmet ist, berichtet ausführlich über die Entwicklung des *eucharistischen Mahles,* das sich vom „Gemeindemahl" zur „Sättigung" der Teilnehmer unterscheidet (11,17–34).

- Die „Hausgemeinden"

Den Ausdruck „Ekklesia" verwendet Paulus auch für die Hausgemeinde. Das 16. Kapitel des Römerbriefs enthält die Aufforderung: „Grüßt auch die Gemeinde, die sich in ihrem Haus versammelt..." (16,5; vgl. 1 Kor 16,19). Gelegentlich spricht er auch in der Mehrzahl von den „Ekklesiai"; darunter befinden sich unter Umständen auch mehrere „Hausgemeinden" (u.a. 1 Kor 14,33f.; 2 Kor 11,8.28).

Gemeinde unter dem Anspruch der „königlichen", „priesterlichen", „prophetischen" Aufgabe des Gottesvolkes im 1. Petrusbrief

Der Verfasser des 1. Petrusbriefes sieht den besonderen Auftrag des neutestamentlichen Gottesvolkes aufgrund der Erwählung und Sendung durch Gott darin, die Aufgaben des von Gott zum Eigentum erwählten Volkes Israel zu übernehmen. Dessen Ehrentitel, die auf der Gabe Gottes beruhen (Ex 19,5f.), überträgt der neutestamentliche Autor auf die Glieder der Kirche und sagt von ihnen: Sie „sind ‚Könige', sie haben Macht [...] Sie sind alle ‚Priester' und haben freien Zugang zu Gott. Sie verkündigen mit ihrem Wort und ihren Taten die göttliche Macht des Erbarmens, die sie an sich selber erfahren haben, den anderen Menschen" (vgl. 1 Petr 2,9f.).[20] Die Kirche, der Leib Christi, ist ein „Raum sakramentaler Heilsgegenwart und -wirksamkeit" aufgrund der „stellvertretend für die ganze Welt gewirkten Heilstat Christi". Das gemeinsame Priestertum der Gläubigen hat in erster Linie „prophetischen Charakter".

20 Heinrich SCHLIER: Ekklesiologie des Neuen Testaments, a.a.O., S. 197.

Nach Wolfgang LÜCK hat die Gemeinde den „herrscherlichen" Auftrag, einen „bergenden Lebensraum" zu ermöglichen. Wörtlich spricht der Verfasser von einem „‚königlichen', Asyl gewährenden Handeln der Kirche", das „Räume" des gegenseitigen Sich-Annehmens schafft.[21] Als „erlöste Kirche" bildet die Kirche in der Kraft und im Geist des auferweckten und erhöhten Herrn ein „geistiges Haus" (1 Petr 2,5), eine Stätte der Bruderliebe (1 Petr 3,8).

Ziel der priesterlichen Sendung in die Welt – in der die Christen letztlich „Fremde" sind und bleiben, weil sie das Heil nicht von der Welt und den Menschen erwarten, sondern von Jesus Christus und seiner Zukunft – ist die Orientierung am Reich Gottes, an den von Jesus Christus für die Nachfolge gesetzten Maßstäben (1 Petr 2,2). Daraus ergibt sich die Aufgabe des Dienstes an der Gemeinde aus der von Gott gewährten Kraft (1 Petr 4,10).[22]

Der prophetische Auftrag ist die durch die geistgewirkte Verkündigung zum Christusbekenntnis führende Rechenschaft von der Hoffnung, welche die Glaubenden erfüllt und trägt (1 Petr 3,15).

So erfüllen die ganze Gemeinde und jedes Glied in ihr mit den drei hoheitlichen Funktionen des Gottesvolkes den Auftrag, Zeugnis abzulegen von dem Wort, aus dem die Gemeinde selbst „neu geboren" wurde (1 Petr 1,23).[23]

Möglichkeiten einer Übertragung biblischer Gemeindemodelle

Das Neue Testament bietet kein „grundlegendes ‚Modell'" für die Verwirklichung der Kirche in der Gemeinde an. Andererseits sind die Aussagen der neutestamentlichen Texte von der „Ekklesia" „verbindliche Anrufe der verschiedensten Art an den Glauben, diese maßgebenden Anrufe nachzudenken und nachzuleben, und im Hören auf sie die Kirche nach den in ihnen enthaltenen Wesensmerkmalen zu ‚erbauen'".[24]

Rückfragen an die Urkirche – etwa die Konzeption der Paulinischen Gemeinden – haben deshalb ihre Berechtigung, weil die Gemeindekonzeptionen der ersten Christengeneration in der Bibel ihren Niederschlag gefunden und gleichsam einen unüberholbaren dogmatischen Rang bekommen haben. Die Möglichkeit zu glauben wird uns durch die früheren Generationen vermittelt. Wir sind nicht die ersten, die Christsein, Kirche und Gemeinde zu leben versuchen. Wir dürfen der alten Kirche zutrauen, daß auch in ihr Christsein gelungen ist. Darum ist die Rückfrage an die früheren Christengemeinden keine Verlegenheitslösung, sondern ein berechtigtes Anliegen. Die frühere Geschichte unseres Glaubens ist nicht beliebig. Wir treffen darin Verbindlichkeiten und Orientierungen für das Christsein in der Gemeinde.

Andererseits hat die heutige Zeit, wenn von der Urkirche die Rede ist, oft ein zu idealisiertes Bild der Kirche des Anfangs vor Augen. Norbert BROX deutet das Bild der urchristlichen Gemeinde – die in der Lehre der Apostel verharrt, zum Gebet versammelt ist, mit der Feier der Eucharistie, mit gemeinsamem Besitz, Armensorge und brüderlicher Verbundenheit, beim ganzen Volk beliebt und ständig wachsend (vgl. Apg 2,44–47; 4,32) – als eine nachträglich idealisierte Zeichnung.

21 Wolfgang LÜCK: Die Volkskirche, a.a.O., S. 86.
22 Heinrich SCHLIER: Ekklesiologie des Neuen Testaments, a.a.O., S. 197.
23 Josef MÜLLER: Gemeinde, a.a.O., S. 60f.
24 Heinrich SCHLIER: Ekklesiologie des Neuen Testaments, a.a.O., S. 102.

BROX vergleicht die Texte der Apostelgeschichte mit den Paulusbriefen und den Evangelien. Letztere „wissen nichts von solchen Idealzuständen. Die Kirche war damals nicht so konfliktlos [...] Es gab Gruppen, Richtungen, Differenzen, und zwar in damals wichtigen Fragen wie [...] Enderwartung, Taufverständnis, Christusbild, auch in gemeindepraktischen Dingen wie Disziplin, Gottesdienst, Ämterordnung, außerdem im Verhältnis zu Staat und Gesellschaft."[25]

Die Urgemeinde ist uns in manchen Details fremd, etwa mit ihrer Naherwartung. Sie lebte in ihrer Situation ohne die uns bekannten Dogmen, ohne die uns geläufige Kirchenorganisation. Sie war nicht problemlos in ihrer Einstellung zur Sklaverei oder gegenüber der politischen Macht. Solche Andeutungen zeigen, daß ein naives Befragen der Urkirche, ein Kopieren-Wollen beispielsweise der Konzepte der Paulinischen Gemeinden, nicht ohne weiteres möglich ist.

Beim Umgang mit der Heiligen Schrift dürfen wir nicht vergessen, daß es zu der Zeit ihrer Entstehung und in der frühen Geschichte der Kirche Einzelne, Gemeinschaften, Gemeinden und große Teile der Kirche gibt, die mit Überzeugung und Schwung versucht haben, Kirche zu verwirklichen. Diese Zeugnisse sind nicht ohne Grund überliefert worden. Sie können für uns hilfreich sein, selbst wenn damals nicht alle Fragen beantwortet wurden, die uns heute interessieren.

(3) Welche Funktion können biblische Gemeindemodelle für die Verwirklichung von Kirche und Christsein heute haben?

....

....

....

....

....

....

....

....

....

....

....

....

....

....

....

....

Grundlinien einer systematischen Gemeindetheologie

Im Zusammenhang dieser Studieneinheit ist eine systematische Darlegung und Entfaltung einer Theologie der „Ortsgemeinde" schon deshalb nicht möglich, weil sie weder auf evangelischer noch auf katholischer Seite umfassend vorliegt. Die folgenden Überlegungen setzen deshalb bei einigen zentralen theologischen Aussagen an, um sie auf die Problemstellung der Einheit zu befragen.

25 Norbert BROX: Frühkirchliche und heutige Nöte mit der christlichen Gemeinde. *Diakonia* 11 (1980), S. 364–384, hier S. 366.

Versammlung und Aufbau der Gemeinde. Grundlegende Positionen einer Theologie der Gemeinde aus evangelischer Sicht

Die Frage nach dem Wesen und dem Auftrag der Gemeinde läßt sich nur aus dem Zentrum des theologischen Denkens beantworten: letztlich aus der Grundstruktur der Kirche. „Daß dabei die Gemeinschaft mit Christus die Basis für die Gemeinschaft der Glaubenden untereinander bildet, ist [...] in der reformatorischen Definition der Kirche als Gemeinde der Gläubigen festgehalten (Confessio Augustana VII)."[26]

Gemeinde Jesu Christi

Nach wie vor ist der christologische Ansatz mit seinem Rückhalt in der Lehre vom Heiligen Geist und der Erlösungslehre, wie er in der Kirchlichen Dogmatik von Karl BARTH zusammengefaßt wurde,[27] in dieser Hinsicht maßgebend.[28] Indem Christus die Gemeinde „durch seinen Heiligen Geist als *seine* Gemeinde versammelt, aufbaut und aussendet",[29] wird sie durch die Gegenwart Jesu Christi in Wort und Sakrament zu seinem Leib. Aus dieser Sicht ist die empirisch vorfindliche Gemeinde der Leib Christi. Christus existiert nie ohne die Seinen. Abgesehen davon, daß die Gemeinde im Rahmen der Versöhnungslehre BARTHS als die „vorläufige Darstellung der ganzen in Christus gerechtfertigten Menschenwelt" gesehen wird,[30] erscheint der Gedanke, daß die Gemeinde das Werk des Heilshandelns Jesu Christi ist, für die heutige Theologie des Gemeindeaufbaus bedeutsam: „So wenig wir die Macher unseres Heils sind, so wenig sind wir die Macher der Kirche", die Macher der Gemeinde – ein Gedanke, „der dem aktiven modernen Menschen besonders schwer eingehen" dürfte.[31]

Wort – Sakrament – Amt als Fundamente der Gemeinde

Die Betonung der theologischen Sicht des Gemeindeaufbaus ergibt sich vor allem aus der „weithin geschlossenen und in sich stimmigen Konzeption" von Gemeinde aufgrund der klaren Vorstellungen Martin LUTHERS von dem, „was Kirche ist und zu tun hat".[32] Die Kirche hat „ihr Zentrum in der Verkündigung des Evangeliums und der Spendung der Sakramente". Deshalb lebt sie „gerade hierin nicht aus sich selbst", sondern ist „Kreatur des Worts [...], geschaffen aus dem erlösenden Handeln Jesu Christi". Ihm ist sie verpflichtet; die Amtsträger haben in der Gemeinde „seine getreuen Sachwalter und Diener zu sein [...] Alle sonstigen Aktivitäten sind am Bezug zu diesem Zentrum zu messen" (S. 21).

26 Wolfhart PANNENBERG: Reich Gottes, Kirche und Gesellschaft in der Sicht systematischer Theologie. In: Christlicher Glaube in moderner Gesellschaft (Enzyklopädische Bibliothek, Teilband 29). Freiburg/Basel/Wien 1982, S. 119–135, hier: S. 129.

27 Vgl. bes. Karl BARTH: Kirchliche Dogmatik. Die Lehre von der Versöhnung. Bd. IV/1 u. 2. Zürich 1953 u. 1955.

28 Vgl. dazu Ernst-Wilhelm WENDEBOURG: Die Christus-Gemeinde und ihr Herr. Eine kritische Studie zur Ekklesiologie Karl Barths. Berlin/Hamburg 1967, u. Christof BÄUMLER: Die Lehre von der Kirche in der Theologie Karl Barths. *Theologische Existenz heute.* Neue Folge, H. 118, 1964.

29 Karl BARTH: Kirchliche Dogmatik. Bd. IV/1, a.a.O., S. 767.

30 Vgl. Ernst Wilhelm WENDEBOURG: Die Christus-Gemeinde, a.a.O., S. 14.

31 Martin BRECHT: Beobachtungen zum Gemeindeaufbau bei Martin Luther. In: Hans-Martin MÜLLER / Dietrich RÖSSLER (Hrsg.): Reformation und Praktische Theologie. Festschrift für Werner Jetter. Göttingen 1983, S. 12.

32 Ebd., S. 21 u. 10. Vgl. auch Eberhard WINKLER: Impulse Luthers für die heutige Gemeindepraxis. Stuttgart 1983.

Der sammelnde und einende Ruf Gottes stellt die entscheidende Basis der Gemeinde dar. In einem evangelischen theologischen Lexikon findet sich deshalb folgende Definition von Gemeinde:

„Die christliche Gemeinde ist die durch Gottes Schöpferrede in das welthafte Dasein gerufene Versammlung von Menschen, die sich durch Jesus Christus im Heiligen Geist zum Dienst aneinander und zur Sendung an die Welt erwählt wissen. Zwei Wesenselemente begründen den Begriff: der versammelnde Anruf Gottes (Wort Gottes) und die den Ruf verwirklichende Antwort (Glaube) der Sichversammelnden. Im Ereignis des göttlichen Rufes und der menschlichen Antwort gewinnt die Gemeinde greifbare Gestalt. Im Zusammenfall beider wird der Begriff Gemeinde gesetzt.“[33]

Martin BRECHT schreibt im Hinblick auf Fragen des Gemeindeaufbaus:

Von dieser Mitte ausgehend, „sollte man sich über Strittiges verständigen, nur von daher läßt sich Klarheit gewinnen, was Gestaltwerdung der Liebe Gottes oder [...] selbstmächtige Ideologie, aktivistische Werkerei oder utopische Schwärmerei ist. Die Formen des durch das Evangelium bestimmten Dienstes können sehr variabel sein, ebenso die Weise, wie er wahrgenommen wird. Hier macht das Evangelium seinerseits kreativ und erfinderisch. Es ist allerdings Sorge zu tragen, daß das Fundament nicht verrückt wird und daß an Gottes Bau [der Gemeinde] möglichst sachgemäß gearbeitet wird“.[34]

Bei den Fragen nach dem kirchlichen Amt konzentrieren sich die Probleme im innerevangelischen Gespräch auf die grundlegenden Funktionen des Amtes durch die Wortverkündigung und die Sakramentsverwaltung, insofern diese die Gestalt eines besonderen Dienstes in der Gemeinde haben, zu dem die Ordination im Sinne der besonderen Bestellung und Beauftragung erforderlich ist. Dabei ergibt sich auch eine immer deutlicher zutage tretende Übereinstimmung in den ökumenischen Theologengesprächen, die in den entsprechenden Dokumenten des Ökumenischen Rates der Kirchen ihren Niederschlag finden. Darin wird „von dem einen besonderen (ordinierten) Amt gesprochen, das der Gemeinde gegenübersteht als ‚Zeichen der Priorität der göttlichen Initiative und Autorität im Leben der Kirche‘“.[35] Es hat die Aufgabe, „das Evangelium zu verkünden und die Sakramente dem Evangelium gemäß zu verwalten, so daß dadurch der Glaube geweckt und die Gemeinde Christi auferbaut wird“.[36] Das Amt ist begründet im Amt der Apostel und der Sendung der Apostel durch Christus.[37] Jürgen MOLTMANN schreibt darüber: Nicht die „Amtsträger“ als solche „treten der Gemeinde ‚gegenüber‘, sondern Christus. Was sie tun und sagen, geschieht im Namen des dreieinigen Gottes.“[38]

Die Gemeinde am Ort – Subjekt der ständigen Reform

Die Reformation hielt grundsätzlich am Gefüge der Ortsgemeinde fest; wollte aber gerade damit das Programm durchsetzen, an jedem Ort durch Predigt, Gottesdienst und Diakonie Gemeinde Jesu Christi zu verwirklichen. Werner JETTER stellt dazu fest:

„Das reformatorische Kirchenverständnis hat durch seinen Grundartikel in der Augustana dazu angehalten, nicht nur Kirche als konkrete Gemeinde, als congregatio fidelium [„Versammlung der Gläubigen“] am Ort, sondern genau so die konkrete Gemeinde am Ort als Kirche, als geschichtliche, sichtbare Kirche und nicht etwa nur als unsichtbare Gesinnungsgemeinschaft zu betrachten.“[39]

Nach der Leitidee dieses Kirchenbildes geht es demnach in der Gemeinde darum, für die Christen das Programm einer intensiven Glaubensgemeinschaft aufzustellen und zu verwirklichen. Das reformatorische Kirchenkonzept hat nach Ansicht JETTERS „die Gemeinde nicht als Schar der wahren Gläubigen auszusondern und dingfest zu machen versucht“, sondern hat es bei jener Gestalt belassen, „die der geschichtlichen Kirche wesenhaft eignet“ (ebd.).

Nach dem reformatorischen Kirchen- und Gemeindeverständnis war der Ortsgemeinde die Aufgabe zugedacht, „‚Gemeinde‘ zu sein und damit Elemente der aufbrechenden Christenheit [...] neu zum Tragen zu bringen“ (ebd.). Dabei setzte die Reformation ihre Hoffnung auf die „Kommunikation des wahren christlichen Glaubens in Wort und Sakrament, beides am Evangelium als der Mitte der Schrift orientiert“, und auf „immer neue Identifikationen, die sich im kirchlichen Leben, in der Kommunikation des Glaubens“ ereignen. JETTER schreibt: „Wo das Evangelium als Rechtfertigung [...] verstanden und [...] in der Freiheit eines Christenmenschen konkret wird, da legt es sich nahe, die Kirche als Gemeinschaft der Heiligen, als Versammlung der Gläubigen zu denken und diese dann jeder [...] Entmündigung entnommen zu wünschen“ (S. 9). Damit soll die „Kirche am Ort als Gemeinde und in der Gemeinde am Ort die Kirche erfahrbar werden“ (S. 11).

In diesem Zusammenhang ist auch die Spannung zwischen dem ordinierten Amt – in der konkreten Gestalt des Pfarramts – und dem „allgemeinen Priestertum“ der Gemeinschaft der Glaubenden zu sehen. Je mehr das Miteinander der verschiedenen Dienste auf dem Hintergrund der gemeinsamen Verantwortung am Dienst der Einheit gesehen wird, desto mehr gewinnt im evangelischen Bereich der „Dienst an der Einheit“ an Bedeutung.[40]

(4) Welche Gesichtspunkte sind für eine Theologie der Gemeinde aus evangelischer Sicht maßgebend?

....

....

....

....

....

....

Der theologische Ansatz bei der „Kirche am Ort“.
Elemente einer Theologie der Gemeinde aus katholischer Sicht

Für die – freilich erst in Anfängen – vorhandenen Elemente einer Theologie der Gemeinde auf katholischer Seite,[41] und zwar sowohl für die Darlegungen der systematischen Theologie im Zusammenhang mit der Lehre von der Kirche als auch für die Überlegungen der praktischen Theologie zum Aufbau der Gemeinde, sind vor allem die Ausführungen des Zweiten Vatikanischen Konzils grundlegend.

33 G. GLOEGE: Artikel „Gemeinde“. In: Die Religion in Geschichte und Gegenwart (RGG). Bd. II. Tübingen 1958, Sp. 1325.
34 Martin BRECHT: Beobachtungen zum Gemeindeaufbau bei Martin Luther, a.a.O., S. 21.
35 Vgl. „Das Amt“. In: Konsenstext der Kommission für Glauben und Kirchenverfassung des Ökumenischen Rates der Kirchen (Accratext), Nr. 14. In: Geiko MÜLLER-FAHRENHOLZ (Hrsg.): Eine Taufe – Eine Eucharistie – Ein Amt. Frankfurt ²1976, S. 21–48.
36 Vgl. „Das Evangelium und die Kirche“. Bericht einer internationalen lutherischen/römisch-katholischen Studienkommission (Maltabericht) 1972, Nr. 61. In: G. GASSMANN u.a. (Hrsg.): Um Amt und Herrenmahl. Frankfurt 1974, S. 23–54. Vgl. auch „Taufe, Eucharistie und Amt“. Konvergenzerklärungen der Kommission für Glauben und Kirchenverfassung des Ökumenischen Rates der Kirchen (Limatext) 1982, Nr. 13.
37 Vgl. Ulrich KÜHN: Kirche (Handbuch Systematischer Theologie. Hrsg. von Carl Heinz Ratschow. Bd. 10). Gütersloh 1980, S. 191.
38 Jürgen MOLTMANN: Kirche in der Kraft des Geistes. Ein Beitrag zur messianischen Ekklesiologie. München 1975, S. 330.
39 Werner JETTER: Die Chancen der Orts-Gemeinde. *Wissenschaft und Praxis in Kirche und Gesellschaft* 66 (1977), S. 11.
40 Ulrich KÜHN: Kirche, a.a.O., S. 193.
41 Vgl. bes. Karl LEHMANN: Die Gemeinde, a.a.O., S. 9f.

Das ortskirchliche Prinzip als Herausforderung

Zwar wird unter der „Ortskirche" nach der katholischen theologischen Tradition zunächst die bischöfliche Ortskirche (die „Diözese" bzw. das „Bistum") verstanden. Dagegen unterstreicht die neuere Gemeindetheologie im Anschluß an das Zweite Vatikanische Konzil die Repräsentation der einen Kirche in der örtlichen Gemeinde immer deutlicher (LEHMANN, S. 20–22).

Die Strukturierung der Kirche in „Gemeinden am Ort" bringt zum Ausdruck, daß die Kirche nicht durch den Zusammenschluß von Menschen – oder gar durch die Bildung von Sympathiegemeinschaften – entsteht, sondern als „Kirche Gottes" eine Gegebenheit ist, die der Einzelne vorfindet. Deshalb ist schon die Bezeichnung „Gemeinde" als Übersetzung des Ekklesia-Begriffs geeignet, die theologische Dimension zur Sprache zu bringen, wonach „Gemeinde" die von Gottes Geist an einem bestimmten Ort oder innerhalb eines konkreten Personenkreises zusammengeführte Gemeinschaft ist.[42] Es gibt die „Objektivität der Ortsgemeinde", welche die Garantie dafür bietet, daß Menschen aller Gruppen und Schichten in der Kirche zusammenkommen. Wenn es nur nach reiner „Sympathie" ginge, würden viele in unseren Gemeinden sicher nicht berücksichtigt werden; an viele würde niemand denken, für viele würde sich niemand verantwortlich wissen. Als erlebbare Kirche am Ort ist die Gemeinde mehr als die Summe ihres eigenen Wirkens. Sie ist jener von Gott eröffnete Raum, in dem sich das Leben aus dem Glauben entfalten kann.[43]

Abb. 2: Gemeinde heute – Ausdruck der Zusammengehörigkeit im Glauben

Aus: Eine Pfarre stellt sich vor... Informationsbroschüre der Pfarrgemeinde Schwechat (bei Wien), 1982, S. 2.

Die Gemeinde ist der Schnittpunkt, an dem sich der persönliche Glaube und der Glaube der Kirche begegnen. Somit ist die Gemeinde jener „Ort", in dem der Glaube des Einzelnen in die Dimension der Kirche und in die gemeinsame Verantwortung einbezogen wird. Die Ortsgemeinde gewährleistet, daß Menschen aller Schichten, aller gesellschaftlichen Gruppen zusammen ihren Glauben leben. In der Gemeinde gibt es Arme und Reiche, gebildete und einfache Menschen. Die Ortsgemeinde bringt zum Ausdruck, daß die Kirche Versöhnung und Einheit stiften kann. Wenn das Glaubenlernen und -können auf die zwischenmenschliche Vermittlung, auf Lebensgemeinschaft angewiesen sind, ist es Ausdruck der Zusammengehörigkeit im Glauben, wenn der Christ auch Glaubensaustausch pflegt mit den Menschen, die mit ihm am gleichen Ort wohnen. Neben anderen gemeindlichen Verwirklichungsformen von Kirche stellt deshalb gerade die Ortsgemeinde nach wie vor eine Herausforderung für das Christsein dar.

Mit dem Charakter der Kirche als „Ortsgemeinde" ist freilich auch die Gefahr verbunden, daß sich die Gemeinde zu sehr an einen bestimmten Ort „fixieren" läßt. Nach dem 1. Korintherbrief sind die Christen „heimatlos" (1 Kor 4,11), denn ihre „Heimat [...] ist im Himmel" (Phil 3,20). Aus solchen neutestamentlichen Aussagen ergibt sich jene notwendige Distanz zu den Eigengesetzlichkeiten einer Gemeinde, die manchen Christen – besonders auch manche hauptamtlichen Mitarbeiter – zu ausschließlich an einen Ort binden.

Gemeinschaft (communio) als Wesenselement

Wenn in jeder Gemeinde die Kirche anwesend ist, entsteht dadurch gleichzeitig eine wesensnotwendige Verbindung der Einzelgemeinde mit der Gesamtkirche. Diese Gemeinschaft (lat. *communio*) der Einzelkirchen untereinander bzw. der Einzelkirchen mit der Gesamtkirche ist ein grundlegendes Element für die einzelne Gemeinde. Die Gesamtkirche entsteht nicht erst durch den nachträglichen Zusammenschluß der Einzelgemeinden; sie ist nicht etwa bloß ein organisatorischer Dachverband. Der Tübinger Dogmatiker Walter KASPER schreibt dazu: „Einzelkirche und Gesamtkirche sind gleich ursprünglich. Die Gesamtkirche realisiert sich in Einzelkirchen, und die Einzelkirchen sind nur dadurch Kirchen, daß sie miteinander Communio haben."[44] Diese „Communio" ist in einer dreifachen Richtung zu verwirklichen:

• Communio zwischen den Gemeinden

Die einzelne Gemeinde ist „durch ihre Herkunft und ihre Sendung immer schon offen auf die umfassendere Gemeinschaft der Kirche". Schon die Gemeinden der „Frühzeit bezeugen durch Kollekten, Briefverkehr, Anzeigen über Vorgänge in ihnen, Gastfreundschaft, gemeinsame Sorge für die Bewahrung des rechten Glaubens [...], Gewährung der Eucharistiegemeinschaft usw. die innerste Verflechtung der einzelnen Ortsgemeinden untereinander".[45]

• Communio mit der Gesamtkirche

Diese Gemeinschaft setzt das Bemühen um die – bei allen Unterschieden – von Jesus Christus verheißene Realität des einen Volkes Gottes voraus. Die Gemeinden müssen offen sein für die Weltkirche; die Weltkirche muß offen sein für die Gemeinden. In den einzelnen Gemeinden beteuert man zwar immer wieder: „Uns gehen die Christen und die Menschen in anderen Regionen der Welt etwas an. Wir gehören als ‚Weltkirche' zusammen." Wenn es jedoch um gesamtkirchliche Vor-

42 Vgl. Karl LEHMANN: Neuer Mut zum Kirchesein. Freiburg/Basel/Wien 1982, S. 29. LEHMANN nimmt hier Bezug auf die Gemeindedefinition der Würzburger Synode.

43 Vgl. das durchgängige Anliegen in Josef MÜLLER: Lebensräume des Glaubens. Wege zur Verwirklichung der Kirche in Gruppe und Gemeinde. München 1981.

44 Walter KASPER: Kirche und Gemeinde. In: Ders.: Glaube und Geschichte. Mainz 1970, S. 278.

45 Karl LEHMANN: Die Gemeinde, a.a.O., S. 20f.

gänge und Entscheidungen geht, sagen manche: „Das ist nicht unsere ‚Wellenlänge', die wir in unserer Gemeinde brauchen." So bleiben häufig die Kollekten für Anliegen der Weltkirche im Bewußtsein vieler das einzige verbindende Element, das von der Weltkirche in die Gemeinde hineinreicht.

- Communio in der Gemeinde

Ohne diese letzte Einheit in der eigenen Gemeinde wird auch der Dialog unter den Gemeinden nicht möglich. „Communio" (= „Kommunion") erschließt sich nur in der gelebten Gemeinschaft von Glaube, Hoffnung und Liebe.

Die Einheit wahren: Zum besonderen Auftrag von „Amt" und „Dienst" in der Gemeinde

Paulus bringt Ursprung und Auftrag des Amtes in 2 Kor 5,18–20 auf die Formel von dem von Jesus Christus begründeten und in seinem Namen vollzogenen „Dienst der Versöhnung". Damit ist gesagt, daß der Dienst des kirchlichen Amtes nach Paulus nicht bloß eine reine Funktion, sondern ein geistlicher Dienst ist, zu dem der Geist Jesu Christi befähigt. Das bedeutet, daß das Amt nicht von der Basis, also aus der Gemeinde, abgeleitet werden kann. „Leitung", das heißt „Sammlung" und „Einigung", der Gemeinde können „nur von Christus her und auf ihn hin geschehen". Zu diesem Dienst bedarf es der Rechtfertigung, die in der Ermächtigung und Sendung durch Jesus Christus gründet. Von daher erhält das Amt seine Autorität.[46]

Deshalb entspricht das kirchliche Amt nur dort sinnvoll dem Evangelium, wo es aus der „Communio" der von Gott begründeten Gemeinschaft der Kirche herauswächst und so Gemeinschaft schafft, daß die Gläubigen im Amt die Christuswirklichkeit und das Wirken des Heiligen Geistes zu erkennen vermögen. So gehört der Dienst des kirchlichen Amtes ursprünglich zum Aufbau der Gemeinde und zur Einigung der Christen im Miteinander des Glaubens. Das Amt hält die verschiedenen Dienste und Charismen in der Gemeinde zusammen, die es aufgrund des gemeinsamen Priestertums, der für alle gleichen Berufung durch Taufe und Firmung gibt.

Immer wieder neigen einzelne Gemeindemitglieder, besonders auch Mitarbeiter, dazu, ihre persönliche Begabung oder ihre Meinung absolut zu setzen. Mit der Gabe des Geistes an alle, die glauben, wird die Einheit zur Aufgabe. Paulus setzt sich mit aller Entschiedenheit dafür ein, daß die Gemeinde „eins" sei (1 Kor 1,10; Phil 2,2). Das einzig verläßliche Kriterium für die Ordnung der Geistesgaben in der Gemeinde sind die Aufrichtung und der Nutzen der Gemeinde (vgl. 1 Kor 12–14).

Die gegenseitige Verwiesenheit von Kirche und Gemeinde

Die Überlegungen zu den Ansätzen einer neuen Gemeindetheologie auf katholischer Seite sollen zusammenfassend noch einmal auf die grundlegende Beziehung zwischen Kirche und Gemeinde hinweisen.

Ziel der Verlebendigung der Gemeinde ist es, möglichst vielen Christen in den Gemeinden bewußtzumachen, daß die Gemeinde ihre Wurzel und den Ursprung ihrer Sendung im Handeln Gottes hat. Deshalb ist auch schon in den ersten Ansätzen einer Theologie der Ortsgemeinde, der Pfarrei, davon die Rede, daß die Pfarrei eine Glaubens- und eine Liebesgemeinschaft ist und nicht bloß eine „kirchenrechtliche Einrichtung". Eine Ortsgemeinde ist auch nicht lediglich ein „Verwaltungsbereich" der Kirche. Sie wird dort verwirklicht, „wo der Altar des Wortes, des Sakramentes und der Bruderliebe steht".[47] In den einzelnen Gemeinden, „auch wenn sie oft klein und arm sind oder in der Diaspora leben, ist Christus gegenwärtig".[48]

In diesem Zusammenhang muß allerdings auch die Frage beantwortet werden: Gibt es Kirche nur und ausschließlich als Gemeinde?

Im Vorwort zu seinem Buch *„Wie hat Jesus Gemeinde gewollt?"* trifft Gerhard Lohfink die Feststellung: „Was wir heute Kirche nennen, ist nichts anderes als die Gemeinschaft derer, die bereit sind, in dem von Jesus gesammelten und durch seinen Tod geheiligten Volk Gottes zu leben."[49] Nach der Ansicht der Autoren des bereits genannten Bändchens *„Die Gemeinde"* hat Jesus aus der großen Volksmenge seine „Gemeinde" gebildet und einen „Kreis von Jüngern" gesammelt, um sie „in ein persönliches Verhältnis", in eine „Schicksalsgemeinschaft mit ihm" zu berufen:[50]

> „So entstand Gemeinde der ihm Nachfolgenden, an ihn Glaubenden. Aus diesem Kreis wählte er die Zwölf, die er aussandte in Kraft und Vollmacht; auf Petrus, den ersten der Zwölf, baute er, wie auf einen Fels, seine Israel-Gottesgemeinde. Dieser Gemeinde verhieß er seinen Geist als Geist der Einheit, der sie zur Brudergemeinde zusammenbinden sollte, aber auch als Geist der Wahrheit, als Beistand und Bezeuger seiner Gegenwart bis zu seiner Parusie. Ihr stiftete er ein einzigartiges Gedächtnismahl für seinen Tod und seine Auferstehung, das sie auch als sichtbare Mahlgemeinde zusammenhalten sollte bis zur Erfüllung im Reiche Gottes (vgl. Lk 22,16). Dieser Gemeinde vermachte er das Reich. Sie hat Anteil am Neuen Bund in seinem Blut (1 Kor 11,25), das Neue Israel, das ‚aus jedem Stamm und jeder Sprache, jedem Volk und jedem Geschlecht' kommt und welches das Lamm ‚zu einem Königtum gemacht hat und zu Priestern für unseren Gott, daß sie herrschen über die Erde' (Offb 5,9f.). So sollte diese Gemeinde offenkundig Gemeinde in die Zukunft hinein, ja bis in die Eschata hinein sein." (S. 27f.)

Die Wiedergabe dieses Zitats verdeutlicht, wie manche Theologen den gemeindlichen Charakter der Kirche verstehen. Nach ihrer Auffassung entspricht dem neutestamentlichen Verständnis von Kirche nur eine Kirche, „die sich in Gemeinden konkretisiert" (S. 29).

Bei aller Berechtigung der Betonung des Gemeinschaftscharakters der Kirche erhebt sich die Frage, ob die einseitige Herausstellung der Gemeinde nicht die Gefahr der völligen Einebnung des besonderen Wesens der Kirche hervorruft. In letzter Konsequenz könnte die Gleichsetzung von „Kirche als Gemeinde" zur völligen Aufgabe wenn nicht Abschaffung des Begriffs „Kirche" führen. Hinter dem unterschiedlichen Gebrauch des Ekklesia-Namens im Neuen Testament steckt doch wohl auch die Erfahrung, daß die Entfaltung der Kirche zu einer inneren Aufgliederung in verschieden strukturierte Gemeinschaftsformen führen mußte.[51]

Wie es nach Paulus in den Gemeinden verschiedene Glieder mit verschiedenen Aufgaben und Diensten gibt (vgl. bes. 1 Kor 12), übernehmen und erfüllen auch die einzelnen Formen von Gemeinde in der Kirche verschiedene Aufgaben. In diesem Zusammenhang ist etwa an Krankenhaus- und Hochschulgemeinden zu denken.

---

46 Hermann Josef Pottmeyer: Zur theologischen Konzeption der pastoralen Dienste und ihrer Zuordnung. *Theologie und Glaube* 66 (1976), S. 322.

47 Karl Rahner: Über die Gegenwart Christi in der Diasporagemeinde nach der Lehre des Zweiten Vatikanischen Konzils. In: Ders.: Schriften zur Theologie. Bd. 8. Einsiedeln/Zürich/Köln 1967, S. 422.

48 Kirchenkonstitution „Lumen Gentium", a.a.O., Nr. 26.

49 Gerhard Lohfink: Wie hat Jesus Gemeinde gewollt?, a.a.O., S. 7.

50 Henry Fischer / Norbert Greinacher / Ferdinand Klostermann: Die Gemeinde, a.a.O., S. 27.

51 Vgl. Lothar Roos: Begriff und Gestalt der kirchlichen Gemeinde. *Lebendige Seelsorge* 27 (1976), S. 302.

Manche Gemeinden entfalten im Ausstrahlungsbereich einer Ordensgemeinschaft eine große Lebendigkeit. Aber auch die verschiedenen Formen von Pfarrgemeinden dienen dem Ganzen der Kirche – eher „progressive" Gemeinden genauso wie mehr „konservative". Es muß Gemeinden geben, die neue Wege zu gehen suchen, die sich der Auseinandersetzung mit den unterschiedlichen Zeitströmungen stellen. Daneben wird es immer Gemeinden geben, die sich besonders um die Wahrung der Tradition bemühen. Auch wenn nicht jede Form von Gemeinde von vornherein gelingt, bedarf die Kirche einer Vielfalt an Gemeinden, ist der ständige Dialog zwischen den Gemeinden notwendig.

Die berechtigte Vielfalt an Gemeindeformen hat freilich dort ihre Grenzen, wo die eigene Gemeindevorstellung absolut gesetzt wird, wo gesagt wird, nur dieses Gemeindekonzept ist das gültige, nur diese Vorstellung von Gemeinde ist theologisch richtig. Jede Gemeinde lebt vom Zeugnis der anderen.

(5) Welche Ansätze zu einer Theologie der Gemeinde gibt es aus katholischer Sicht?

....
....
....
....
....
....
....
....
....
....
....
....
....
....

Sendung und Dienst der Gemeinde. Wege der Verwirklichung

An dieser Stelle sei besonders auf die Grundelemente der Gemeindedefinition der Würzburger Synode hingewiesen: Der Grund – die Basis – einer Gemeinde bilden das Wort und die Feier der Sakramente, besonders die Taufe und das Herrenmahl. Das Leben der Gemeinde vollzieht sich in der durch das Amt und die vielfachen Dienste und Befähigungen gewährleisteten Einheit. Das Ziel der Gemeinde sind sowohl die Verherrlichung Gottes wie der Dienst an den Menschen. Zur christlichen Gemeinde gehört deshalb die Spannung zwischen Sammlung und Sendung, Aktion und Kontemplation, Offenheit und Eindeutigkeit.

Die Verwirklichung der kirchlichen Grundaufgaben in der Gemeinde

Die Grundvollzüge der Kirche: Verkündigung, Feier der Liturgie – vor allem der Sakramente – und die christliche Diakonie werden für den Einzelnen in der Gemeinde erfahrbar. Hier wird das Wort Gottes verkündet, wird die Eucharistie gefeiert, werden die Sakramente gespendet, müht man sich um die Erfüllung des Liebesgebotes.

Der Dienst am Wort: Verkündigung

Je weniger in der gesamtgesellschaftlichen Situation soziale und personale Bezüge die Weitergabe des Glaubens stützen, desto größere Aufgaben kommen auf den „Dienst am Wort" zu. Die Menschen suchen nach Orientierung, nach einem tragenden Lebenssinn (vgl. die Studieneinheiten des Themenblocks I).

Der vordringlichste Ort des Nachdenkens über den Glauben ist dort, wo Menschen sich im Licht des Evangeliums über ihr Schicksal und ihr Leben besinnen. Aufgabe der Verkündigung im weiteren Sinn ist nicht, in erster Linie über vergangene Ereignisse zu informieren, sondern den Menschen jetzt und hier zu sagen, daß sie das wahre Leben finden, wenn sie sich an Jesus Christus halten. Darin ist die christliche Botschaft unverwechselbar und unaustauschbar. Aus dem Glauben an das ewige Leben kann Zuversicht wachsen.

Mit dem Begriff „Verkündigung" ist an dieser Stelle etwas Umfassendes gemeint: nicht nur die Predigt, die Katechese, der Religionsunterricht durch die jeweils kirchlich beauftragten Zeugen, sondern auch alle anderen Weisen, in denen das Zeugnis vom Christusereignis weitergegeben wird. Deshalb gehören zur Verkündigung auch die Feier des Herrenmahles „als Quelle [...] aller Evangelisation" und der Bruderdienst, durch den die Gemeinde auferbaut wird.[52] Im eigentlichen Sinn der Wortverkündigung gehören zu dieser Aufgabe besonders alle Vorgänge in der Gemeinde aus dem Bereich der kirchlichen Erwachsenenbildung, auch die vielen Gesprächskreise und Einzelgespräche, die auf die konkreten Lebensverhältnisse aus der Perspektive des Evangeliums eingehen und Licht ins Leben bringen.

Wenn es darum geht, durch das eigene Zeugnis zu zeigen, daß die christliche Botschaft auch auf Zeitfragen Antworten bietet, sind zu diesem Austausch alle Mitglieder der Gemeinde aufgerufen. Aus den Sakramenten Taufe und Firmung haben alle die Berufung und Sendung, Zeugen Christi in der Welt zu sein. Deshalb ist für die Verkündigung im obengenannten Sinn neben den amtlich Beauftragten die ganze Gemeinde verantwortlich.

Abb. 3: Feier des Herrenmahls – Tischgemeinschaft Gottes

Aus: Eine Pfarre stellt sich vor... Informationsbroschüre der Pfarrgemeinde Schwechat (bei Wien), 1982, S. 30.

52 Dekret des Zweiten Vatikanischen Konzils über Dienst und Leben der Priester: „Presbyterorum Ordinis". In: K. Rahner / H. Vorgrimler: Kleines Konzilskompendium, a.a.O., Nr. 5 und 6.

Der Gottesdienst: Feier der Liturgie

Neben der Verkündigung ist besonders die Feier des Herrenmahles und der Sakramente „Höhepunkt“ des Lebens der christlichen Gemeinde.[53] Die Feier des Gottesdienstes ist die zentrale Lebensfunktion der Gemeinde: In ihr konkretisiert sich das Handeln Gottes an der Welt, an der Gemeinde und am Einzelnen. Der Gottesdienst ist jene Stelle, an der sich der Einzelne in den schwierigen Situationen seines Lebens nicht als alleingelassen erfährt, sondern die Gewißheit erhält, daß die Kirche gerade an den „Knotenpunkten“ des Lebens das in Jesus Christus geschenkte Heil neu gegenwärtig sein läßt. So wird den Teilnehmern an der gottesdienstlichen Feier bewußt: Wir leben von der Hingabe Jesu. Im Gottesdienst erhalten wir Anteil am Leben des gekreuzigten und auferweckten Herrn.

Über die Liturgiefeier eröffnen sich neue Möglichkeiten des Lebens der Gemeinde im Sinne einer christlichen Grundhaltung, die sich nicht am Haben und Besitzen, sondern am Verschenken, Teilgeben und Teilnehmen orientiert (vgl. Studieneinheit 21: „Gottesdienst und Sakrament“).

Diakonie: Tätige Liebe

Die durch den Dienst am Wort verkündete und in der liturgischen Feier erfahrene Liebe Jesu, seine Sorge um den Menschen, sein Dasein für die anderen werden durch das gelebte Zeugnis der Liebe gegenüber den anderen glaubwürdig. Die Verkündigung und der Gottesdienst werden in der Gemeinde zur Sendung in die konkrete Not der Menschen. Eine Gemeinde lebt nicht ohne den Bruderdienst. Die Gemeinde „müßte in besonderer Weise eine Zone der Menschlichkeit sein, ein Ort brüderlicher Aufgeschlossenheit, des gegenseitigen Ertragens und der unverdrossenen Annahme des einen durch den anderen“.[54]

Die gelebte Diakonie ist eine entscheidende Grundfunktion der Gemeinde. Ihre Formen können wechseln und sich wandeln, wie es einen Wandel der menschlichen Nöte gibt. Im Alltag gibt es viele unauffällige Not: seelisch Kranke, einsam Trauernde, gescheiterte Existenzen, solche, die am Zerbrechen ihrer Ehe leiden, auch solche, die mit der pastoralen Praxis der Gemeinde nicht zurechtkommen. In der dienenden Gesinnung Jesu werden die Dienenden und die der Hilfe Bedürftigen in seinem Geist eine liebende Gemeinschaft, werden sie füreinander zum Zeichen der Gegenwart Christi. Deshalb darf eine christliche Gemeinde die Sorge um die Notleidenden nicht nur an Institutionen abschieben, sosehr Caritas und Diakonie regelmäßig auch durch organisierte Hilfe vermittelt werden.

Insofern wird die Frage nach dem Ort, den das diakonische, caritative Wirken im Leben der Gemeinde einnimmt, zur Rückfrage an ihr Selbstverständnis. In der Nachfolge Jesu leben bedeutet Liebe üben, handeln in seinem Geist. Davon kann sich keiner ausnehmen. Niemand darf sich seinen „Mitmenschen entziehen“ (vgl. Jes 58,7), wobei entsprechende Spezialaufgaben – etwa der Kranken- und Altenarbeit – zusätzlicher Mitarbeiter bedürfen. Aber auch dafür gibt es in der Gemeinde eine Fülle von „Begabungen“ („Charismen“) und „Diensten“ – „Berufungen“, die es allerdings zu wecken und zu fördern gilt, soll die Gemeinde zu einem Ort der tätigen Caritas werden.

Ein Hauptvorwurf, der gegen die Praxis mancher Gemeinden erhoben wird – gleichgültig um welche „Richtung“ es sich beim jeweiligen „Typ“ von Gemeinde handelt –, heißt: „Die Gemeinde geht am Leben der einfachen Leute vorbei und bevorzugt nur eine bestimmte ‚Elite‘.“ Seelsorgliche Kontakte und Einzelgespräche anläßlich der Pastoral an den „Lebenswenden“ machen die Gefahr bewußt, daß ein zu „elitäres“ Gemeinde- oder Pfarrkonzept, mit dem ein Pfarrer alles, und zwar alles auf einmal, erreichen will, das Leben der Menschen verfehlen kann. Hier gibt es viele verborgene Ängste, Befürchtungen, Trostlosigkeit, Verwundungen, Störungsherde vielfacher Art, unter denen die Menschen leiden; Dinge, die Einzelne innerlich belasten und unter Druck setzen. Die Seelsorge darf die Augen nicht verschließen vor den größer werdenden wirtschaftlichen Problemen, die auf eine zunehmende Zahl von Jugendlichen und Erwachsenen in der Lebensmitte zukommen. Ganz zu schweigen von den sozialen Problemen der Älterwerdenden und der alten Menschen. Alle diese inneren und äußeren Schwierigkeiten blockieren den Weg vieler zur Gemeinde.[55]

Abb. 4: Nächstendienst – wesentlicher Aspekt des christlichen Gemeindeverständnisses

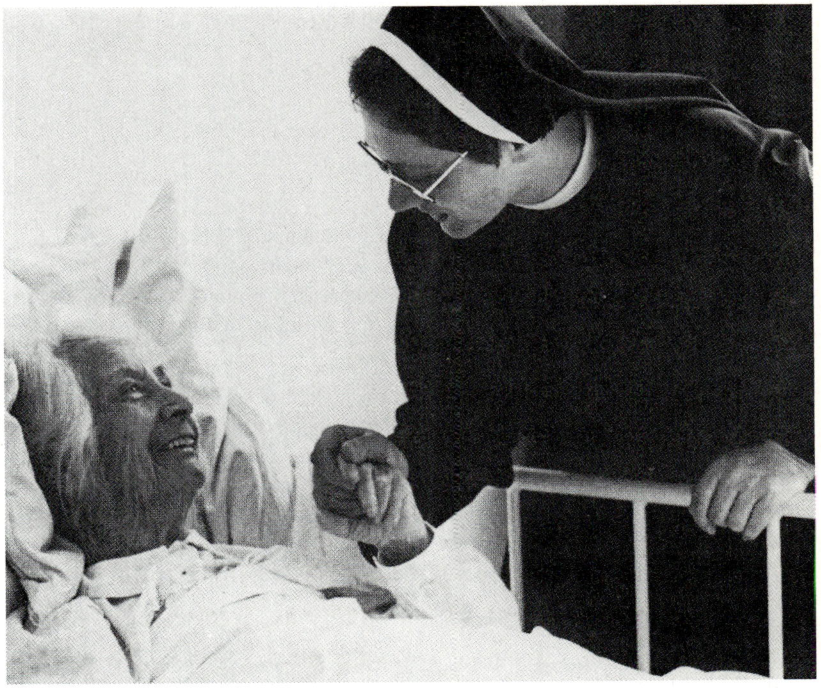

Aus: H. Janssen: Kirche erleben – Glaube erfahren. Kevelaer 1979, S. 163.

In vielen Gemeinden liegen wichtige Akzente der Bemühung der Gemeindemitglieder im gesellschaftlich-politischen Bereich der Verantwortung der Gemeinde. Ganz im Sinne einer Äußerung von Helmut Gollwitzer, der über die Verantwortung der christlichen Gemeinde gegenüber der Welt sagt:

„Die christliche Gemeinde soll nicht nur in ihren einzelnen Gliedern mit ihren unterschiedlichen und oft genug weit auseinandergehenden Ermessens- und Tagesentscheidungen, sondern auch in ihrem gemeinsamen Dasein als Gemeinde Zeuge des Evangeliums in der Welt und an die Welt sein [...] Dieses Zeugnis muß [...] ein politischer Faktor sein, muß also auf die Welt verändernd wirken, nicht die Welt ins Reich Gottes verwandeln, wohl aber im Glauben an Gottes Reich je und je einen verändernden Einfluß auf die Umwelt der Gemeinde, auf die Bürgergemeinde ausüben.“[56]

53 Konstitution des Zweiten Vatikanischen Konzils über die heilige Liturgie: „Sacrosanctum Concilium“, ebda, Nr. 10.

54 Karl Lehmann: Die Gemeinde, a.a.O., S. 29.

55 Vgl. Josef Müller: Gemeinde, a.a.O., S. 148.

56 Helmut Gollwitzer: Die christliche Gemeinde in der politischen Welt (Schriften der Studiengemeinschaft der Evangelischen Akademien). Tübingen 1954, S. 59.

(6) Welche pastoralen Grundaufgaben sind für das Wirken der Gemeinden grundlegend?

....

....

....

....

....

....

....

....

....

....

....

....

....

....

Strukturelemente der Gemeinde

Es wird immer deutlicher erkennbar, daß für die Verwirklichung der Gemeinde allgemeine Angebote einer „Seelsorge für alle“ nicht genügen. Der Weg zur Gemeinde führt vor allem über personale Beziehungen zu gläubigen Christen. Sie vermitteln auch einen persönlichen Zugang zum Mitleben in einer Gemeinde.

Hier zeichnet sich auch ein Verständnis von „Seelsorge“ ab, das nicht nur Auswirkungen auf das Selbstverständnis und das Rollenbild des Seelsorgers hat. Wenn immer mehr Menschen „für das Finden des Lebenssinns und die Bewältigung existentieller Daseinsnöte“ nach einem verlangen, der „in geistlichen Fragen [der] ‚Erfahrene‘ [ist], dem man sich anvertrauen kann, gerade in den existentiellen Nöten des persönlichen Lebens“[57], ergeben sich daraus nicht nur eindeutige Schwerpunkte für den seelsorglichen Dienst in der Gemeinde, sondern auch Akzente für die Mitarbeit in der Gemeinde.

Offene Gemeinde

Die Aufgabe der christlichen Gemeinde besteht nicht bloß in der Sammlung von Anhängern, sondern darin, Gottes Wort, die Botschaft von seiner Gerechtigkeit und seinem Frieden allen Menschen zu verkünden. Die christliche Gemeinde hat eine Sendung zum Heil der ganzen Welt. Sie ist deshalb von Grund auf missionarisch ausgerichtet.

Darum soll die einzelne Gemeinde ein erfahrbares Zeichen der Hoffnung sein für alle Menschen. Dieser Auftrag kann nur erfüllt werden, wenn ihn alle Mitglieder der Gemeinde in der Offenheit Jesu für alle bejahen und übernehmen. Dann darf sich die Gemeinde jedoch, bei aller Wahrung der notwendigen Identität, nicht in erster Linie abgrenzen wollen von denen, die nicht dazugehören, sondern sie soll sich als Ort der Sammlung und Beheimatung anbieten.

Eine Gemeinde ist nur dann wirklich offen, wenn sie möglichst intensiv auch in außerkirchliche Bereiche hineinwirkt. Während man in der traditionellen Pastoral die „Kirchlichkeit“ am Nachweis der Teilnahme am innerkirchlichen (besonders gottesdienstlichen) Leben gemessen hat, wäre eine missionarische Gemeinde aus der Sicht ihres Auftrages dann „kirchlich“, wenn sie inmitten unserer Lebenswelt zum Zeugnis unserer spezifisch christlichen Hoffnung bereit ist.

Nach Eugen Rosenstock-Huessy keimt „die Saat des Christentums“ schon jetzt „in weltlichen Lebensformen ebenso reichlich wie in den Kirchenbänken, und einige Seelen werden sich von dem Lichte vollen christlichen Bewußtseins abwenden und an der Peripherie verchristlichter Berufe leben müssen, wo sie nur indirekt von den Folgen des Christentums umgeben sind [...] Faktisch leben ja Millionen bereits so. Aber unsere Liebe muß sie erreichen.“[58]

Eine wichtige Konsequenz wäre die Beachtung aller Schnitt- und Berührungspunkte, an denen die Gemeinde in Kontakt kommt mit den Menschen. Eine einladende Pastoral würde die Gemeinde aber auch zum „Asyl“ und „Schutzraum“ werden lassen für alle Geschädigten, Behinderten, Kleinen und Isolierten, denen situationsgerechte Hilfe zuteil werden soll.

Von daher muß die Forderung nach der Offenheit der Gemeinde „für die Menschen“, und zwar für alle, unterstrichen werden. Aufgabe der Christen ist es, dort zu sein, wo die Menschen leben. Dort sollen sie ein Stück Erfahrung vermitteln, was ihnen selbst Gemeinde gibt.

Gemeinde als Gemeinschaft von Gemeinschaften

Die vielfach vorhandene strukturelle Anonymität und Passivität der Gemeinde wird durch die Bildung überschaubarer Gruppen überwunden. Viele Gemeindemitglieder finden über eine kleinere Gemeinschaft den Anschluß an die Gemeinde. In solchen Gemeinschaften wird ein intensiveres Leben nach dem Evangelium angestrebt. Die Mitglieder der Gruppen praktizieren einen Lebensstil, der in der größeren Gemeinde zunächst nicht möglich ist. Aber hier entsteht ein lebensfördernder Austausch: Die Gemeinde braucht die kleinen Gemeinschaften als Lebensform; diese wiederum werden in die größere Gemeinschaft der Gemeinde einbezogen, von ihr beraten, gegebenenfalls auch kritisiert. Das bedeutet, daß keine Gruppe und Gemeinschaft mit ihren Problemen alleingelassen wird. Das gegenseitige Sichakzeptieren schafft ein Klima der wechselseitigen Ermutigung und Anregung.

Ihr Fundament hat diese Kommunikation „im Verständnis der Kirche als eines Leibes mit vielen Gliedern, die durch Christus miteinander verbunden sind und um ihre Abhängigkeit voneinander wissen. Sie ist tätigwerdendes Offensein der Christen im Aufeinanderhören, im Miteinandersprechen, im Voneinanderlernen. Zur Kommunikation gehört der Austausch von Erfahrungen und Gedanken, besonders in persönlichen Begegnungen. Kommunikatives Verhalten macht den einzelnen Christen und die Kirche als Ganzes in der heutigen Gesellschaft glaubwürdig und damit für den Weltdienst fähiger.“[59]

Wenn Gemeinde heute deutlicher als „Gemeinschaft verschiedener Gemeinschaften“ gesehen wird, die alle aufeinander angewiesen sind, dem Ganzen dienen und in dem Maß zur Wirkung kommen, als sie sich nicht isolieren, sondern ins Ganze hineingeben und am Ganzen orientieren, steht dahinter das Leitbild des „Mitein-

---

57 Heinz Fleckenstein: Erwartungen der Gläubigen an die Kirche, die Priester und die kirchliche Seelsorge. In: Ders. / Gerhard Gruber / Georg Schwaiger / Ernst Tewes (Hrsg.): Ortskirche – Weltkirche. Festgabe für Julius Kardinal Döpfner. Würzburg 1973, S. 666.

58 Eugen Rosenstock-Huessy: Des Christen Zukunft oder Wir überholen die Moderne. München/Hamburg 1965, S. 153.

59 Beschluß „Räte und Verbände“. In: Gemeinsame Synode der Bistümer in der Bundesrepublik Deutschland. Beschlüsse der Vollversammlung. Offizielle Gesamtausgabe I. Freiburg/Basel/Wien ^{4}1978, S. 655.

anderglaubens". Je mehr durch kleinere Gemeinschaften Räume der Begegnung und Beziehung geschaffen werden, desto mehr werden diese Gruppen zu Orten des pastoralen Handelns und zu lebensnahen Formen der Verwirklichung des Christseins in unserer Gesellschaft (vgl. Studieneinheit 26).

Gemeinsame Verantwortung und Mitarbeit

Pfarrer, Mitarbeiter, einzelne Bezugspersonen, Gruppen und Gemeinschaften stehen in einer wechselseitigen Hinordnung im Dienst der Sendung der Gemeinde. Neben dem amtlich bestellten Gemeindeleiter spielen die Mitarbeiter eine besondere Rolle. Das aufgrund der Taufe empfangene „Christenamt" (Martin LUTHER) ist zugleich Berufung in die Mitverantwortung der Gemeinde. Die Kirchenkonstitution des Zweiten Vatikanischen Konzils betont die gemeinsame Berufung, die brüderliche Gemeinschaft aller Gläubigen „zum Aufbau des Leibes Christi".[60]

Abb. 5: Christliches Engagement in der Welt

Aus: Wolfgang DINGER / Rudolf VOCK (Hrsg.): Heimatlos in der Kirche? München 1980, S. 67.

Die Übernahme von Mitverantwortung in der Gemeinde ist freilich auch eine Frage der Fähigkeit und in Zusammenhang damit der entsprechenden Aus- und Weiterbildung. Für viele Gemeindemitglieder bedeutete es eine Überforderung, wenn ihnen, gar von heute auf morgen und ohne entsprechende Bildungsangebote, die Übernahme von Mitplanung und Mitverantwortung abverlangt würde. Es genügt nicht, einsichtig zu machen, daß alle aufgrund der Taufe und Firmung bzw. Konfirmation Mitverantwortung zu tragen haben. Mitverantwortung erfordert Sachkenntnis. Die vielfältigen Dienste in der Gemeinde können nur dann wirksam geleistet werden, wenn die zur Mitarbeit Bereiten ihren Aufgaben und bereits vorhandenen Fähigkeiten entsprechend ausgebildet und in ihrer Arbeit begleitet werden. Dafür ist neben einer Einführung in den besonderen Tätigkeitsbereich vor allem eine spirituelle und pastorale Bildung erforderlich.

Angesichts der Tatsache, daß es viele – besonders junge Menschen – schwerhaben, Wege zum Glauben zu finden, gewinnen besondere „Bezugspersonen" an Bedeutung. Bezugsgruppen oder einzelne Christen knüpfen jenes Netz von Beziehungen, das mithilft, daß der Glaube wachsen und sich vertiefen kann. Sosehr Christsein eine Sache der persönlichen Entscheidung ist, ist der einzelne doch auch auf tragfähige Beziehungen zu anderen angewiesen, die sein Leben teilen. Einer allein schafft es oft nicht, in den alltäglichen Situationen gegen mancherlei Widerstände im Glauben fest zu stehen. Hier sind es Einzelne oder Gemeinschaften, die den Glauben mittragen helfen. Durch das Zeugnis solcher Bezugspersonen und -gruppen lebt der Glaube der Gemeinde. So zeigt sich, wie sehr schließlich auch das Amt in der Gemeinde im gemeinsamen Miteinander-Dienen auf die mit dem Charisma der Glaubensbegleitung anderer Begabten angewiesen ist.

Fast in jeder Gemeinde gibt es „geistbegabte" Persönlichkeiten, kraftvolle Verkünder und passiv Leidende, die für die anderen stellvertretend eintreten. Mit dem Heiligen Geist wird in der Gemeinde ein dynamisches, vorwärtsdrängendes und veränderndes Prinzip wirksam. „Dem *Geist* verdankt die Gemeinde Christi, die Ekklesia, immer neue Einfälle und Wege, immer neue und überraschende Gaben, Charismen und Krafterweise, außergewöhnliche und alltägliche, äußerlich feststellbare und innerlich erfahrbare."[61]

(7) Nennen Sie wichtige Strukturelemente der Gemeinde.

....
....
....
....
....
....
....
....
....
....

60 Kirchenkonstitution „Lumen Gentium", a.a.O., Nr. 32.

61 Ferdinand KLOSTERMANN: Veränderung in der Kirche als theologisches und praktisches Problem. In: Ders. / Rolf ZERFASS (Hrsg.): Praktische Theologie heute, a.a.O., S. 643.

21. Gottesdienst und Sakrament

Autor der Studieneinheit: Werner Jetter

WERNER JETTER (71), 1927/31 Seminare Maulbronn und Blaubeuren, 1931–1935 Studium der ev. Theologie, 1935–1939 Württembergischer Kirchendienst, 1939–1945 Kriegsdienst und Gefangenschaft, 1945–1961 Pfarrer in Buoch und in Stuttgart (Gedächtniskirche). 1952 Promotion. Ab 1961 o. Professor für Praktische Theologie in Tübingen, 1978 emeritiert. Seit 1969 Leiter des Stiftungs-Instituts für Praktische Theologie an der Universität Tübingen.
Wissenschaftliche Arbeiten auf dem Gesamtgebiet der Praktischen Theologie, Mitherausgeber der Zeitschrift *Pastoraltheologie*. 1961–1979 Frühprediger an der Tübinger Stiftskirche.

Allgemeine Einführung

Religiöse Institutionen verkörpern hohe Ansprüche. Unter allen Einrichtungen der Kirchen trägt ihr Gottesdienst den anspruchsvollsten Namen. Er spricht zugleich aus, worin die Kirchen den ganzen Sinn ihres Wirkens und Daseins erblicken. Entsprechend hoch wird von ihnen die Bedeutung ihrer veranstalteten Gottesdienste eingeschätzt. Der Gottesdienst gilt ihnen als „entscheidendes Ereignis kirchlicher Praxis" (E. JÜNGEL); als „der Höhepunkt, dem das Tun der Kirche zustrebt, und zugleich (als) die Quelle, aus der alle ihre Kraft strömt", als „heilige Handlung, deren Wirksamkeit kein anderes Tun der Kirche an Rang und Maß erreicht" (Liturgiekonstitution des II. Vatikanischen Konzils).

Hohe Ansprüche werden immer von kritischen Fragen begleitet. Es ist gut, wenn diese die Kirchen nicht bloß von außen treffen, sondern die Theologie sie auch selbst stellt und selbstkritisch bedenkt. Zwischen den rivalisierenden Religionen ist umstritten, ob man dem wahren Gott oder falschen Göttern diene. Die Religionskritik zieht deren Wirklichkeit grundsätzlich in Zweifel; sie betrachtet die Religion als eine Illusion und hält den Gottesdienst für einen Priesterbetrug, um die Gewissen beherrschen zu können. Die Frömmigkeit fragt nach seiner inneren Wahrhaftigkeit und ob nicht das persönliche und soziale Verhalten einen Akt frommer Heuchelei aus ihm machen. Und die Theologie stellt in der Konkurrenz der Konfessionen die Frage, in welchen gottesdienstlichen Formen die Wahrheit christlicher Gotteserfahrung und ihre Wirklichkeit am angemessensten ausgedrückt und am lebensvollsten weitervermittelt werden.

Christlicher Gottesdienst begegnet nur in konfessionell ausgeprägten Formen. Es sind dies die ziemlich einheitlichen Gestalten des ostkirchlichen (orthodoxen) Gottesdienstes, der auf das Anbetungsgeschehen der „göttlichen Liturgie", und des katholischen Gottesdienstes, der am stärksten auf das sakramentale Opfergeschehen in der Eucharistie ausgerichtet ist. Daneben die mehrgestaltigen evangelischen Gottesdienste lutherischer oder reformierter Herkunft und ihre freikirchlichen Abkömmlinge, die alle sehr stark durch Predigt und Lehre bestimmt erscheinen – wenn man einmal davon absieht, was sich sonst noch alles in Sekten, Geistkirchen, neuen Missionskirchen aus ihnen heraus oder auch gegen sie entwickelt hat. Überall entspricht der typischen Gottesdienstform auch ein entsprechendes Gottesdienstverständnis; überall prägt sich dies auch in der Kirchengestalt und in der Frömmigkeit aus.

Das theologische Nachdenken über den christlichen Gottesdienst hat lange Zeit fast ausschließlich den konfessionellen Verschiedenheiten und ihrem Wahrheitsanspruch gegolten. Es ist dabei immer mehr zu einer Angelegenheit für Experten geworden. Es hat auf der Laien-Ebene lange Zeit fast nur die gefühlsmäßigen Vorurteile verfestigt. Mittlerweile wissen und sehen die Menschen weltweit mehr voneinander – auch von den Religionen und Konfessionen. Dazu haben sich in der jetzt so manipulierbar und zerstörbar erscheinenden Welt die religionskritischen Anfragen tief im Lebensgefühl eingenistet, aber auch neues Verlangen nach religiöser Erfahrung geweckt. Und schließlich scheint sich die Völkerwelt gerade durch ihre unheilvolle Zerrissenheit ein ebenso unheilvolles gemeinsames Schicksal zu bereiten. Diese weltweiten Entwicklungen lassen verstärkt nach der gemeinsamen religiösen Eigenart des christlichen Glaubens und seiner Gottesdienste fragen. Sie machen empfindlich gegen exklusive Wahrheitsansprüche. Die Frage nach der Bedeutung konfessioneller Unterschiede im christlichen Gottesdienst wird immer mehr von der grundlegenden Frage nach seinem Sinn und seiner Lebensbedeutung überholt. Wozu ist ein solcher Gottesdienst nötig? Läßt sich Gott nur unter solchen Formen verehren? Können die Menschen sich noch immer seiner alten Formen, ja überhaupt solcher Formen bedienen? Gibt es überzeugende neue Formen für heute? Eine wachsende Abkehr vom Gottesdienst ist heute für seine Lage ebenso kennzeichnend wie ein mehr oder weniger starkes Drängen auf seine Erneuerung.

Anspruch und Erscheinungsbild des kirchlichen Gottesdienstes klaffen heute in der westlichen Welt oft bestürzend weit auseinander. Die anfangs langsam schwindenden Teilnehmerzahlen sind in den drei letzten Jahrzehnten krisenhaft abgesunken, auch in den „kirchlichen Kreisen". Das Ausmaß der Krise kann örtlich und konfessionell sehr verschieden sein. Es ist aber kaum mehr zu übersehen, daß hier eine Art überkonfessioneller „Laienbewegung" die Notwendigkeit regelmäßiger Gottesdienstteilnahme für sich persönlich verneint – durch lautlose Abstimmung mit den Füßen. Damit kündigt sich, so scheint es, keine durchgängige Abwendung von der Kirche an, erst recht kein bewußter Abschied vom Christentum. Doch wird so die Frage nach Begründung und Lebensbedeutung des Gottesdienstes ungemein dringlich. Man muß gewiß auch an den alten konfessionellen Fragestellungen theologisch weiterarbeiten. An der dazu erforderlichen Geduld muß es sich zeigen, wie ernst man den Gottesdienst und das Gewissen der Gesprächspartner nimmt. Doch läßt die Gottesdienstkrise jetzt viele mit verständlicher Ungeduld auf eine Art vor-konfessioneller Verständigung zugehen. Ziel kann freilich nicht das Kunstgebilde eines christlichen Einheitsgottesdienstes sein. Aber kann es nicht in einem gottesdienstlichen Gestalten und Verhalten bestehen, das gerade in seiner Vielfalt die größere Gemeinschaft des Glaubens offen zum Ausdruck bringt und so für die Lebensbedeutung des Gottesdienstes spricht?

Der Sonntagsgottesdienst galt seit frühesten Zeiten als Herzstück christlicher Sonntagsheiligung; er gehört noch immer zum selbstverständlichen Erscheinungsbild des kirchlichen Lebens. Die Teilnahme an ihm, vor allem der regelmäßige Kirchgang, ist aber für den Großteil der Kirchenmitglieder schon längst nicht mehr selbstverständlich. Ihm machen offensichtlich nicht nur die veränderten Lebensgewohnheiten zu schaffen, sondern vor allem auch die Veränderungen im Denken. Das bringt nicht nur seine überlieferten Formen in neue Bewegung; vielmehr ist jetzt die Frage nach seiner Notwendigkeit für das christliche Leben ungemein dringlich geworden: die Doppelfrage nach dem Sinn, den er in sich selbst trägt, und nach dem, was er fürs Leben austrägt. Man verlangt in manchen Lebenszusammenhängen noch immer nach ihm; jedoch sind die Anzeichen einer lautlosen Krise quer durch die Konfessionen und Gegenden hindurch nicht mehr zu übersehen.

Die kritischen Anfragen – auch die unausgesprochenen – treffen den christlichen Gottesdienst heute in allen drei Hinsichten, die für sein Verständnis wesentlich sind. Sie gelten nicht nur der Frage, ob einzelne kultische Formen noch zeitgemäß seien, sondern fragen auch radikal, ob er als kultische Form von Zeitgenossen noch nachvollzogen werden könne und auch in christlicher Sicht noch überzeugend erscheine. Die alte Frage bekommt neuen Nachdruck, wieviel an ihm liege und ob nicht der ethische Gottesdienst eines aufrichtigen christlichen Lebens im Glauben der einzig wahre christliche Gottesdienst wäre. Verleitet er nicht zu sehr dazu, sich an frommen Worten und Formen zu erbauen, wo es doch vor allem auf tapfere, weltverändernde Taten ankäme?

Das Nachdenken über den Gottesdienst ist nicht nur Experten vorbehalten. Auch seine Erneuerung darf man nicht allein den leitenden Praktikern überlassen. Die „Laien“ haben dabei ein nötiges Mitspracherecht. Weil Gottesdienste in der Regel stark von ihren Formen bestimmt sind, sind sie nicht einfach Spielplatz für Experimente. Beharrlichkeit muß noch längst nicht Erstarrung bedeuten, und eine Erneuerung kann sich auch mit der Wiederentdeckung altüberlieferter Formen verbinden. Immer aber sollten derartige Versuche als normales Lebenszeichen der Gottesdienstgemeinde gelten.

In den letzten Jahrzehnten haben neue Versuche die Kirchgänger oft überrascht, manchmal gestört und geärgert, nur selten angelockt und noch seltener voll überzeugt. Das explosive Aufkommen dieser Versuche war ein Spiegel der stark empfundenen Krise. Auf keinen Fall wollten da ein paar Praktiker ihren Einfallsreichtum ausspielen. Konnten und können sie nicht auch die Wortführer einer sonst stimmlosen Laienunruhe sein, die nicht will, daß unsere Gottesdienste bloß auf Gewohnheiten, Richtigkeiten und Abgrenzungen beharren und darin erstarren?

Großkirchlich hat das Nachdenken über den Gottesdienst und seine Erneuerung auf katholischer Seite zur hochbedeutsamen Liturgiereform des Zweiten Vatikanums geführt, besonders zur offiziellen Aufwertung des Wortgottesdienstes. Auf evangelischer Seite wird man durch eine stärkere Hinwendung zum Abendmahl überrascht, besonders zu gelösteren, ökumenisch, theologisch und menschlich offeneren Weisen der Abendmahlsfeier. So hat die Gottesdienstkrise nicht nur beschwerliche, sondern auch ermutigende Folgen gezeitigt. Die Frage nach dem Sinn des Gottesdienstes, nach seiner Eigenart und seinen Schwerpunkten hat hohe gesamtkirchliche Dringlichkeit bekommen. Seine weithin verlorene Lebensbedeutung wiederzugewinnen, bleibt ein hochrangiges Ziel.

Nach dem Durcharbeiten dieser Studieneinheit sollen Sie sich in der Fähigkeit gefördert sehen,

- den Grundsinn und die spannungsvolle Grundstruktur eines christlichen Gottesdienstes zu bestimmen, seinen Verlauf zu analysieren und ihn von seiner religiösen Mitte her zu beurteilen;
- die konfessionelle Vielfalt des christlichen Gottesdienstes, die an seine Mitte gebundene kirchliche Freiheit zu seiner Gestaltung und die besondere Eigenart und Funktion der kirchlichen Hauptsakramente aufzuzeigen;
- die gegenwärtige kritische Situation der kirchlichen Gottesdienste im Umbruch des Lebensgefühls und des Lebensstils zu überblicken und sowohl die kritische theologische Grundeinstellung zum Kult wie den hohen kirchlichen Rang kultischer Veranstaltungen wie die menschliche Bedeutung kultischen Verhaltens zu ermessen.

Zur Entstehung des christlichen Gottesdienstes

Der Gottesdienst ist mehrdimensional zu verstehen: kultisch als Institution, ethisch als Gesinnung und Lebensverhalten, theologisch als uns von Gott her widerfahrender Dienst. Die Absicht des christlichen Gottesdienstes geht dahin, die Gottesgeschichte und Gotteserfahrung des christlichen Glaubens so zu vergegenwärtigen, daß alle drei Dimensionen zur Anschauung und zum Tragen kommen. Darauf ist seine Gestalt und sind seine Formen ausgerichtet.

Der Studientext trägt zuerst Beobachtungen zur Entstehung des christlichen Gottesdienstes zusammen.

Vielfalt und Freiheit

Am Beginn der Geschichte des christlichen Gottesdienstes steht eine große *Vielfalt* seiner Gestalten. Sie setzt eine ebenso große Freiheit seiner Gestaltung voraus.

Der theologische Kommissionsbericht der europäischen Sektion für die Vierte Weltkonferenz für Glauben und Kirchenverfassung in Montreal 1963 hat diesen Sachverhalt so beschrieben: „Wir finden in der Bibel fast alle Gottesdienstformen, die in der späteren Geschichte des christlichen Kultus vorkommen. Im Alten Testament finden wir den Opferkult und [...] sogar Spuren des Synagogengottesdienstes mit seiner Ausrichtung auf die Verlesung des Gesetzes und der Propheten und die Gebete der versammelten Gemeinde. Das Neue Testament gibt uns nur sehr wenige wirkliche Beschreibungen des frühchristlichen Gemeindegottesdienstes [...] Und in beiden trifft man überall eine reiche Vielfalt von Typen des persönlichen Gebetslebens [...], aber [...] keine Bevorzugung des Gemeindegottesdienstes gegenüber der Hausandacht und umgekehrt, [...] keine Konkurrenz zwischen einem Sakramentsgottesdienst und einem Gottesdienst, der im wesentlichen aus Wortverkündigung und Gebet besteht. Es gibt keine Anzeichen dafür, daß der Unterschied zwischen freien Gebeten und dem Gebrauch fest formulierter Gebete irgendwelche Kontroversen hervorgerufen hat [...] Die Tendenz, eine bestimmte Gottesdienstform zur Norm zu erheben, ist für eine spätere Zeit mit ihren Trennungen und Streitigkeiten bezeichnend [...] Im Neuen Testament findet sich eine größere Vielfalt von Gottesdienstformen [...], als in der Mehrheit der getrennten Kirchen und Traditionen heute.“[1]

Zurückhaltung gegenüber Kultusbegriffen

Statt der Neigung, Gottesdienstformen durch Vorschriften zu regeln, fällt in neutestamentlicher Zeit eine umgekehrte Neigung auf: Kultische Benennungen werden vorsätzlich nicht verwendet; für die gottesdienstlichen Veranstaltungen wie für die leitenden Personen werden alltagssprachliche Wörter gebraucht.

Man nannte die Gemeindezusammenkünfte schlicht „Versammlungen“. Für die Leitungsfunktionen gab es bewußt weltliche Titel wie Aufseher, Hilfspfleger, Älteste. Man hat auch für das, was man in den gottesdienstlichen Versammlungen tat, noch auf lange Zeit keinen zusammenfassenden Begriff geprägt. Das Wort „Cultus“ ist erst im Mittelalter in den kirchlichen Sprachgebrauch übergegangen.

> *Kultus:* Die indogermanische Sprachwurzel „qel“ läßt an ein „Sich-Herumbewegen“ und „In-Bewegung-Bringen“ denken. Das lateinische Wort *colere* meint die Fähigkeiten des Menschen, durch die er sich seine Welt wohnlich macht. So haben Kultus und Kultur denselben Ursprung und zielen auf Ortsfestigkeit, Seßhaftigkeit. In der Wüste und auf der Wanderschaft gibt es keinen dauerhaften Kult. Das Alte Testament sieht daher in Israels Wüstenzug diejenige Zeit, in der das Volk Gottes ohne Kult unmittelbar von der Hand (Gottes) in den Mund lebt.
> LUTHER gibt das Wort *colere* mit „pflegen und warten“ wieder; in diesem Beieinander zweier eigentlich gleichbedeutender Worte hat die deutsche Sprache die aktive Tätigkeit und die zugleich erwartungsvolle Empfangsbereitschaft genial eingefangen, die jede Religionsausübung kennzeichnen. Auch der Starkult und der Personenkult leben von der Faszination, die von den betreffenden Personen ausgeht, und vermehren sie zugleich.
> Religiöser Kult ist notwendig etwas Besonderes. Er wahrt seine Besonderheit durch besondere Orte, Zeiten und Verhaltensweisen. Nur so kann sich die besondere Bedeutung der Religion selbst darstellen. Dies geschieht am dichtesten im kultischen Bild, seiner Aufstellung und Verehrung, sei es vor der Stirnwand im Heiligtum oder im „Herrgottswinkel“ des Hauses. Doch wird es damit auch zur ständigen Gefahr allen Kultes, daß das ausgesondert Besondere, das die Mitte des Lebens darstellen und verkörpern will (wie die Kirche im Dorf), zum Abgesonderten wird, dem man vielleicht noch zu seiner Zeit, an seinem Ort und auf seine Weise Genüge tut, aber eben im Tempel, im abgeschrankten Sakralbereich. Man möchte wohl auch, daß es dort, im heiligen Bezirk, verbleibt und man im Leben nach eigenem Gutdünken schalten und walten kann. Dann werden aus Gefäßen des Kultischen rasch die Reliquien eines vergangenen Lebens.

1 Arbeitsheft III: „Gottesdienst“. Zürich 1973, S. 10f.

Schon in der Synagoge hat man sich der geheimnisvoll-sakralen Welt des „Kultischen“ gegenüber sehr zurückhaltend gezeigt. Der christliche Gottesdienst wollte erst recht nicht mit „heidnischem“ Kultusbetrieb verwechselt werden; er sollte sich voll dem Leben im Alltag zuwenden. Man mußte zwar Zeiten für die gemeinsamen Gebete und die Versammlungen festlegen. Man hat aber zunächst auf besondere heilige Orte und Versammlungshäuser verzichtet. Als man sie später brauchte, hat man das Modell nicht vom griechischen Tempel, sondern von der weltlichen Markt- und Gerichtshalle *(Basilika)* hergenommen.

Die kultischen Fachausdrücke gebrauchte man, sehr bezeichnend, für etwas anderes: Einerseits beschrieb man damit den Heilsweg und das Heilswerk Christi – der Hebräerbrief veranschaulicht es mit dem hohenpriesterlichen Tun in Israels Tempel (etwa Hbr 7). Andererseits wollte man gerade das Christenleben im Alltag damit kennzeichnen – man sieht die in alle Welt zerstreute Christenheit als das priesterliche Gottesvolk an (1 Petr 2,9) und nennt dies den „wahren und angemessenen Gottesdienst“, wenn Christen sich nicht dem in aller Welt üblichen Verhalten gleichschalten lassen, sondern „angesichts des Erbarmens Gottes“ ihr „lebendiges und heiliges Opfer“ ganz darin sehen, Leib und Leben dem erbarmenden Willen Gottes im Alltag zu widmen (Röm 12,1f.).

Das ist die neutestamentliche Grundhaltung: Ihr braucht keinen Tempel, wenn ihr selbst Gottes heiliger Tempel seid, in dem sein Geist wohnt (1 Kor 3,16). „Laßt euch als lebendige Steine zu einem geistlichen Haus aufbauen, zu einer heiligen Priesterschaft, um durch Jesus Christus geistige Opfer darzubringen, die Gott gefallen“ (1 Petr 2,5). Ihr sollt nicht nur zu festen Zeiten und Gelegenheiten, sondern „ohne Unterlaß“ beten (1 Thess 5,17). Ihr müßt Gott nicht auf dem oder jenem heiligen Berg, sondern „im Geist und in der Wahrheit anbeten“ (Joh 4,24). „Wer meint, er diene Gott, aber seine Zunge nicht in Zaum hält, der betrügt sich selbst und sein Gottesdienst ist wertlos. Ein reiner und makelloser Dienst vor Gott, dem Vater besteht darin, für Witwen und Waisen zu sorgen, wenn sie in Not sind...“ (Jak 1,26f.): Diese Stimme aus dem Jakobusbrief bleibt deutlich im Gleichklang mit dem leiblichen Bruderhaus Jesu, dem gottesfürchtigen Judentum.

Das Schwergewicht all dieser Stellen liegt eindeutig auf dem „ethischen“ Gottesdienst, und man sieht sich dabei an die Einstellung Jesu zum Sabbat erinnert. Sein Weg geht jedenfalls nicht nahtlos in ein Christentum über, das vor allem im Kult leben will. Ob ihm nicht eher ein Christentum guter Gesinnung und guter Taten entspräche? Jenes weitverbreitete Christentum, das jede Gottesdienstfeier als etwas bloß Äußerliches betrachtet und im Kult nicht mehr sehen mag als eine moralische Besserungsanstalt für kleine Leute? Ist nicht gerade ein kultloses Christentum jener andere, „alles übersteigende“ Weg, dem Paulus das Hohelied der Liebe (1 Kor 13) gewidmet und als Höchstgestalt des Christenlebens dem Bild eines von anderen Geistesgaben erfüllten und gefährdeten gottesdienstlichen Gemeindelebens gegenübergestellt hat?

Jesus hat kein Lehrsystem und keine Kirchenverfassung hinterlassen; erst recht kein Kultgesetz und keine Gottesdienstordnung. Wäre die Gründung einer Kirche oder die Stiftung einer Religion sein Programm gewesen, dann hätte er vor allem einen Kult anordnen müssen. Aus einer kritischen, vom kirchlichen Lehramt abgewiesenen „modernistischen“ katholischen Theologie stammt der berühmte Satz: „Jesus verkündigte das Reich Gottes, aber was kam, war die Kirche“ (Alfred Loisy). Man könnte ihn variieren: „Jesus wollte Nachfolger haben, aber was kam, waren die Kirchgänger!“ Diese Sätze sind sicherlich überspitzt. Aber „Reich Gottes“ und „Nachfolge Jesu“ bleiben Stichworte, die als Stachel des Geistes im Fleisch jeder nur mit sich selbst beschäftigten oder in ihre Gottesdienstfeiern verliebten Kirche wirken. Jesus hat im Horizont einer bedrohten Welt und nicht in dem einer wohlgeordneten Kirche gedacht, an ein beteiligtes Leben im Gedränge ihrer Nöte, nicht an eine Sendung, die vor allem aus kultischen Feierstunden bestünde.

Der „selbstverständliche“ Gottesdienst

Dennoch wird überall in den neutestamentlichen Schriften, in den Briefen wie in den Evangelien und natürlich erst recht in der Apostelgeschichte, christlicher Gottesdienst als besondere Veranstaltung fast verblüffend selbstverständlich vorausgesetzt. Man kommt im Namen Jesu zusammen, um miteinander zu beten (Mt 18,20). Man tauft sozusagen vom ersten Tag an, ohne davon viel Aufhebens zu machen (Apg 2,41; 1 Kor 1,13f.). Man feiert das Mahl in den Häusern, nicht an einem fremden Kultort, im Tempel etwa, wo es wohl schwerlich erlaubt worden wäre, und stimmt dabei Lobgesänge an (Apg 2,46f.). Man befaßt sich dort mit Sünden und Nöten (Mt 18,17; 1 Kor 5,1ff.), mit Gemeindeproblemen, mit persönlichen Schicksalen zwischen Geburt und Grab (Röm 16,1ff., 2 Kor 5,1; 9,1ff.). Man liest dann Briefe vor (Kol 4,16f.), läßt durch Propheten und Lehrer Worte deuten, die im Alten Testament stehen oder von Jesus überliefert sind (Eph 4,8–11). Vielen Abschnitten im Neuen Testament ist bei der Niederschrift schon der Gottesdienst als „Sitz im Leben“ zugedacht worden. Die Gemeindeversammlungen in Korinth machen keinen „kultischen“ Eindruck, sondern wirken äußerst menschlich, spontan, ungeformt, enthusiastisch und auch zerstritten. Paulus kam das allzu menschlich oder auch allzu geistlich vor: er verlangte mehr Ordnung. Aber „Gottesdienste“ wollten diese Versammlungen allemal sein. Und: Wenn Paulus dort zur Ordnung rief, dachte er nicht an eine geschlossene Gesellschaft, sondern an eine Gemeinschaft mit offener Tür, an ein Tun, das auch Außenstehenden verständlich sein sollte (1 Kor 14, besonders Vers 23).

Paulus predigt in der Synagoge

Sittenkodex, 13. Jahrhundert

Solche Versammlungen, wenig sakral und sehr menschlich, kann man in der werdenden Christenheit überall voraussetzen. Wer im Neuen Testament hören will, was eine Gemeinde oder die Kirche sei, sieht sich auf ihre Gottesdienste verwiesen. Dort stellt ihr gelebter Glaube sich dar. Die erste Beschreibung der Jerusalemer Urgemeinde schildert in einer Szene, die deutlich „idealtypisch“ gemeint ist, eigentlich nur ihren Gottesdienst. Das Ende der Pfingsterzählung in der Apostelgeschichte kann dafür geradezu als Mustervorlage gelten: „Sie hielten an der Lehre der Apostel fest und an der Gemeinschaft, am Brechen des Brotes und an den Gebeten“ (Apg 2,42ff.). Vom ersten Atemzug an tritt die Kirche als eine gottesdienstliche Glaubensgemeinschaft ins Licht der Geschichte. Man hat sich im Lauf der Zeit oft gegen ein zu großes Gewicht der Kirche und ihrer leitenden Ämter gewehrt und sich dabei aufs Urchristentum berufen. Gegen ihre gottesdienstlichen Versammlungen ist ein solcher Protest nirgendwo grundsätzlich lautgeworden, soviel man auch im Einzelfall dagegen einwenden mochte. Und die Grundformen solcher Versammlungen sind überall die jener „Mustervorlage“ geblieben: Gemeinschaft ums Wort, ums Mahl, ums Gebet. Die Taufe gehört zwar auch mit dazu, und von ihr war in der Pfingsterzählung unmittelbar vorher die Rede; sie ist aber für den regelmäßigen Gottesdienst nicht typisch.

Um ihren Gottesdienst hat sich das ganze Leben der neuen Glaubensgemeinschaft organisiert: ihre Rechtsformen, ihre Ordnungen, ihre Dienste und Ämter. Die Verzahnung mit den kirchlichen Ämtern ist bezeichnend: sie stellen im Gottesdienst dar, was sie für das Gemeindeleben bedeuten, und immer mehr ist es gerade die ihnen im Kult zukommende Würde, die sie mit Autorität ausstattet. Auch das Alltagsleben wird vom Gottesdienst aus geformt: der Tageslauf erhält durch die Tagesgebete den Rhythmus, die Woche durch den gottesdienstlichen Anfang am Sonntag. Der Jahreslauf wird durch wiederkehrende Feste unterbrochen und gegliedert, der Lebenslauf an allen herausragenden Stellen von gottesdienstlichen Feiern begleitet.

Immer deutlicher ist der sonntägliche Gemeindegottesdienst ins öffentliche Bewußtsein getreten. Vorher stand er oft im Schatten der Heimlichkeit, des Verbots, oder im Verdacht, daß sich hier „Atheisten" versammelten: weil man dort einen geschichtlichen Menschen religiös verehrte, das ganze Zeremoniell wenig kultisch erschien und die Christen sich weigerten, ihren Glauben wohlverträglich unter dem Himmel der allgemeinen Religionsvermischung unterbringen zu lassen. Jetzt wurde seine zentrale Stellung und damit die Gleichsetzung von Kirche und Gottesdienst zu einer öffentlichen Erfahrung.

So ist es geblieben. Der Volksmund sagt immer noch, man gehe in die Kirche, wenn man zum Gottesdienst geht. Der Pfarrer „hält" Kirche, so wie der Lehrer Unterricht hält. Die Kirche – das ist ihr Gottesdienst. Dieser besondere Gottesdienst ist dann auch jene besondere Kirche; an den Konfessionen sieht man dies bis heute.

Die theologische Kirchenlehre schließt sich dem an. Man definiert die Kirche an den klassischen Stellen mit gottesdienstlichen Begriffen. Paulus sieht in ihr den „Leib Christi", weil ihr Gottesdienst die Gemeinschaft am Leibe Christi ist. Das Apostolikum bekennt sich zur Kirche als „communio sanctorum". Das kann sowohl Gemeinschaft *am* wie Gemeinschaft *der* Heiligen meinen. Der Sinn ist, daß die Gemeinschaft an den heiligen Elementen (dem eucharistischen Brot und Wein) die Gottesdienst feiernde Gemeinde zu einer Gemeinschaft von Heiligen, von Gott zugehörigen Glaubenden macht. Auch das Augsburger Glaubensbekenntnis definiert die Kirche vom Gottesdienst her: „Es wird auch gelehrt, daß allezeit müsse eine heilige, christliche Kirche sein und bleiben, welche ist die Versammlung aller Gläubigen, bei welchen das Evangelium rein gepredigt und die heiligen Sakramente lauts des Evangelii gereicht werden" (Art. VII). Und wenn heute katholische Theologen Christus als „Ursakrament" und die Kirche als „Grundsakrament" bezeichnen, verwenden sie den Zentralbegriff ihres Gottesdienstverständnisses, um Christus und die Kirche zu verklammern. Der Gottesdienst als geformte Veranstaltung bildet die Verbindung zwischen dem Weg und Werk Christi mit der Institution Kirche. Da liegt kein Kirchen- und Kultprogramm vor. Und doch ist der kirchliche Gottesdienst aus der Hinterlassenschaft Jesu ganz selbstverständlich hervorgegangen.

(1) Wie lassen sich die Vielfalt der werdenden Gottesdienstformen und die Zurückhaltung gegenüber den gebräuchlichen Kultbegriffen erklären?

....

....

....

....

....

....

....

Zur Begründung des christlichen Gottesdienstes

Die Glaubenden haben sich ganz selbstverständlich im Tempel und in ihren Häusern zusammengefunden (Apg 2,46; 1 Kor 16,19), um auf ihre Art Gottesdienst zu halten, ihren Glauben und ihre Gemeinschaft zu stärken und sich in der Erkenntnis des Willens Gottes in ihrem Leben zu fördern. Die Formen ihrer Zusammenkünfte haben sich bald verfestigt – man griff sie aus dem Umfeld auf, und die Einflüsse von dorther haben auch weiterhin mitgeformt, bewußt oder unbewußt, als Vorbild oder als Gegenbild. Doch den Hauptanstoß gaben weder äußere Einflüsse noch pragmatische Überlegungen: er lag in der Hinterlassenschaft Jesu selbst bereit, auch wenn es dort keine unmittelbaren Kultanordnungen gab.

Jesus hat sich schwerlich schon eine um ihre Gotteshäuser her organisierte Kirchengemeinschaft vorgestellt, die nach der vorausgesagten Zerstörung des Jerusalemer Tempels (Mk 13,2) die Stelle des alten Gottesvolks einnehmen sollte. Er hat auch aus der Jüngergemeinschaft nicht so etwas wie einen christlichen Sondersynagogenverband machen wollen, gegen die jüdische Synagoge, aus der man ihn in seiner Heimatstadt verstoßen hatte (Lk 4,16ff.).

Die Evangelien haben die Hinterlassenschaft Jesu bewahrt in einer Fülle von Szenen mächtigen Helfens, von einprägsamen Gleichniserzählungen, von nicht einzuholenden Aussprüchen aller Art. Mit einem einzigen Begriff zusammengefaßt: in seiner Lebensgeschichte, die in seiner Leidensgeschichte ihr Ende und ihre Vollendung fand. In ihr hat er der Menschheit sich selbst hinterlassen. Für die von ihr Ergriffenen hat dieses Leben eine bedingungslose Einladung an alle verkörpert, ihr mühseliges und verkehrtes Leben trotz allem an der nahegekommenen gnädigen Gottesherrschaft aus- und aufzurichten, ihr entgegenzuleben und so ins wahre Leben der Kinder Gottes zu kommen.

Die Ostererfahrung hat aus dieser menschlichen Lebensgeschichte die Gottesgeschichte des christlichen Glaubens gemacht. Als sie vollbracht war, kam es heraus, was sie in Wahrheit war und für alle Zeit bleiben sollte: die Lebens- und Leidensgeschichte der allen Menschen sich zuwendenden Liebe Gottes. Eine Gegengeschichte gegen frommes Geltungsbedürfnis und gottlose Selbstsucht, gegen rücksichtslose Genußsucht und grausame Herrschsucht.

So sollte sie nun in den Evangelien geschrieben stehen und auch mit ihrem Widerhall in den Briefen der werdenden Kirche die Glaubenden begleiten: als die wahre Lebensgeschichte im erfülltesten Sinn dieses Wortes, als die heilbringende Geschichte vom wahren Leben in einer sich selbst zerstörenden Welt, als die heimlichste Liebesgeschichte der Welt, als die Geschichte einer einzigartigen, tragend-mitmenschlichen Zuwendung zum menschlichen Leben in seinem Glanz und in seinem Elend, in der sich eine allen Menschen geltende Gottesliebe enthüllt. Nun war ans Licht gekommen, daß sich im Leben und Sterben Jesu nicht eine Tragödie abspielte, sondern seine Sendung erfüllte. Das war sein „Gottesdienst": das eigene Leben rückhaltlos an die erbarmende, versöhnende, rettende Liebe Gottes hinzugeben, in ihrem Dienst sich selbst zu opfern. Indem er seinem Gott so diente, hat er den Dienst seines Gottes selbst vollstreckt – mitten unter den Menschen, in ihrem von Sünden entstellten und dem Tod verfallenden Leben. Seitdem stellt sein Lebensweg mehr als ein unerreichbares Vorbild der Selbsthingabe für alle Welt dar. Er umschließt das „Geheimnis des Glaubens": daß Gott so ist und so wirkt, wie es im Gottesdienst Jesu vollbracht worden ist – als erbarmende, versöhnende, rettende Liebe zu seinen verlorenen Geschöpfen in einer verlorenen Welt. Daß dies Gottes volle und ganze Wahrheit und Wirklichkeit für uns ist, wie man es hier, im Dienst solcher Liebe, auf dem Dienst-, Lebens- und Leidensweg Jesu ein für alle Male erfährt.

Der Christenheit liegt keine sensationelle Gotteserscheinung zugrunde, an deren Ort man ein Heiligtum baut und hofft, daß sie sich dort zu besonderen Zeiten wiederhole. Wer in dieser Hoffnung ins „Heilige Land" pilgert, kann das Reisegeld sparen. Der Christenheit liegt diese eine Lebensgeschichte als die Gottesgeschichte ihres Glaubens vor, von der sie sich mitnehmen läßt auf den Weg neuer Gotteserfahrung.
Daß sie dies ist, sieht man ihr nicht an. Alle Lebensgeschichten geraten ins Strombett zahlloser anderer Geschichten, vermischen sich mit vielen Einflüssen, können darin unkenntlich werden, zerteilen sich in ein breites Delta und münden schließlich ins Meer des Vergessens. Darum verlangt der Glaube selbst danach, daß man seine Gottesgeschichte nicht nur aufbewahrt, in Büchern verschließt, sondern sie bekennt, sich um sie versammelt, sie vergegenwärtigt und wiedererkennt; daß man das Leben immer wieder unterbricht, um sich für die Gotteserfahrung in dieser Lebensgeschichte zu öffnen. Wann, wo und wie immer dies sein kann: mitten unter den Menschen, denen man in den Spuren Jesu und im Hören auf diese Gottesgeschichte begegnet – im Freien, im Haus, im Versteck. Aber auch in einer Kirche mitten im Dorf, im Gewühl unserer Städte, in der Trostlosigkeit ihrer Mauer-, Fenster- und Balkonfluchten.

Verwahren, versammeln, unterbrechen, vergegenwärtigen, bekennen und wiedererkennen: es sind die ursprünglichen Aufgaben jeglichen Kultes, nach denen der Glaube selbst verlangt, um der Hinterlassenschaft Jesu willen. Kein Kult kann erzwingen, daß seine Aufgaben immer gelingen. Denn für eine Lebensgeschichte und erst recht für diese Gottesgeschichte bleibt aller Kult ein zu enger Rahmen. Aus dem für die Menschheit geopferten Leib wird da ein Kult-Element, aus dieser einmaligen Lebens- und Leidensgeschichte eine geregelte Liturgie; aus dem Himmel, den der Gottesdienst Jesu über der Erde offen ausgespannt hält, wird ein Kirchendach mit konfessionellen Türmen und Türmchen. Reicht die Wirkung seiner Hinterlassenschaft nicht viel weiter? Kann diese Geschichte nicht auch in eigener Kraft ihren Fortgang nehmen, ohne die Krücken des Kultes? Kann sie nicht einfach fortwirken, so, wie sie sich abgespielt hat: auf den Straßen, in Häusern, auf einem Bergrücken, am Strand, im Fischerboot, auf einem Brunnenrand; im Seesturm, in sengender Hitze, unter Leidenden und unter Gesunden, bei Tischgesprächen und im Nachtgespräch?

Sie kann und tut dies in ihrer eigenen Kraft. Und doch muß der Glaube sich auch im Kult zu ihr bekennen und um sie versammeln. Er muß dafür sorgen, daß sie sich nicht zur beliebigen Lebensgeschichte ermäßigt und nicht versickert in dem, was jedermann aus ihr machen oder nicht machen mag: daß im Gottesdienst die Gottesgeschichte die Feiernden im Gewissen anrühre, sie von Schuld und Bedrükkung freimache, fürs Leben stärke, zum Beten anleite, sie im Glauben gewisser mache, zum Lieben dränge und zum Hoffen ermutige. Daß diese Lebens- und Gottesgeschichte über der feiernden Kirche den weltweiten Horizont des Reiches Gottes, der kommenden gnädigen Gottesherrschaft für alle aufreiße und so aus Kirchgängern in aller Unscheinbarkeit doch wieder Nachfolger werden: das sind die Erwartungen, die der Glaube allen Entmutigungen zum Trotz immer wieder mit der feiernden Vergegenwärtigung seiner Gottesgeschichte in der Predigt und in den gottesdienstlichen *Liturgien* verbindet.

Liturgie: ein griechisches Wort, das freiwilligen oder bezahlten Dienstleistungen im öffentlichen Interesse galt, allmählich auch für heidnische Kultdienste gebraucht und gerade deshalb für den christlichen Gottesdienst lange gemieden wurde.
Am frühesten hat man es in der Griechisch sprechenden Alten Kirche für Kultakte übernommen, bis es dort zum gängigen Namen für den Hauptgottesdienst, für die Eucharistiefeier, wurde: „die göttliche Liturgie".
Im Abendland führten die Humanisten das griechische Fremdwort ein. Katholisch kommt es erst seit dem 16., offiziell sogar erst seit dem 18. Jahrhundert, für den gesamten öffentlichen Kult in Gebrauch, der nach den amtlich anerkannten liturgischen Büchern vollzogen wird.
Der protestantische Sprachgebrauch ist meist eingeengt: man versteht häufig nur die festgeschriebenen Teile des Gottesdienstes darunter, im Gegensatz zur Predigt und allem frei Formulierten. Denn die Predigt soll ja den Glaubensweg in der anfechtungsvollen Alltagswelt festhalten und ermutigen, während der Gottesdienst als Liturgie ihn unter die Zukunftsschau der „himmlischen Liturgie", des erlösten Lebens vor Gott, stellen will.
Von der Ökumene her ist es auch in den dogmatischen Entwürfen der Kirchenlehre üblich geworden, „Leiturgia" als eine der drei Grundfunktionen der Kirche zu bezeichnen, nämlich als den Gott zugewandten Grundsinn all ihres Lebens und Wirkens, neben dem der Welt zugekehrten Zeugnis („Martyria") und ihrem den menschlichen Nöten aller Art gewidmeten Dienst („Diakonia").
Daß der Begriff „Liturgie" von seinen Ursprüngen her die Bedeutung eines öffentlichen Tuns in einer Gemeinschaft und für diese mitenthält, läßt ihn besonders geeignet erscheinen: er greift über die Vorstellung bloßer Kultvollzüge hinaus. Auch die ganz von Priestern und Chören „aufgeführten" ostkirchlichen Liturgien sind durchaus auf ein innerlich beteiligtes Miterleben des Kirchenvolks hin angelegt.

In der evangelischen Theologie wird die historische, dogmatische und praktische Gottesdienstlehre als „Liturgik" bezeichnet und als Teildisziplin der Praktischen Theologie betrieben, von der *„Liturgiewissenschaft"* als historischer Hilfsdisziplin unterstützt. In der katholischen Theologie ist Liturgiewissenschaft jetzt zur umfassenderen Bezeichnung geworden, nachdem das II. Vatikanum sie ausdrücklich unter die Hauptfächer des Theologiestudiums aufgenommen hat.

Die Christenheit hat ihre Gottesdienste überall selbst gestaltet und oft umgestaltet. Sie hat auch viel über sie nachgedacht. Sie hat ihren Gottesdienst sich aber nicht selbst ausgedacht. Schon gar nicht als Machtinstrument, um die Kirche und ihre Herrschaft über die Gewissen in der Gesellschaft zu festigen. Dazu kann er verkommen, aber er kommt nicht dort her. Niemand ist eines Tages auf ihn gekommen. Er ist in ihr entstanden als Ausdruck und Ausfluß der Hinterlassenschaft Jesu, seines gegenwärtigen und bleibenden Lebens, und so auch ihres Lebens. Weil es bei Jesus bleiben sollte, gerade auch nach seinem Tod, darum blieben die Christen dort, wo man bei Jesus blieb: in der Apostellehre, in der Gemeinschaft, beim Brotbrechen und beim gemeinsamen Beten.

(2) Inwiefern kann man sagen, der kirchliche Gottesdienst sei nicht von Jesus selbst eingerichtet worden, aber dennoch auf ihn zurückzuführen?

....

....

....

....

....

....

....

....

....

....

Zum Wortteil des Gottesdienstes

Zum Kernbestand eines voll ausgebauten Gottesdienstes gehören fast überall ein Wort-Teil mit Schriftlesung und Predigt und ein Sakraments-Teil. Die beiden Teile werden in den Konfessionen verschieden gewichtet.

Vielzahl und Vielfalt im Wortteil

Schon Konfirmanden lernen, daß für die Protestanten der Predigtgottesdienst kennzeichnend ist, während die Abendmahlsfeier irgendwie, wenn auch nicht regelmäßig, dazugehört. Für Katholiken liegt alles an der Eucharistiefeier, früher auch „Messe“ genannt; die Predigt gehört zu jenem Teil, den man bis vor wenigen Jahren die „Vor-Messe“ nannte und heute als „Wortgottesdienst“ bezeichnet. Das Vatikanum II hat inzwischen die Predigt zum verbindlichen Regelbestandteil des eucharistischen Gottesdienstes gemacht.

Zur Konstitution „Über die heilige Liturgie“ des II. Vatikanischen Konzils: Das Konzil wurde am 11. 10. 1962 eröffnet. Die Arbeit an der Liturgie stand ursprünglich an 5. Stelle der in Angriff zu nehmenden Aufgaben. Sie wurde sowohl wegen ihrer Wichtigkeit als auch wegen der erhofften Einigungsmöglichkeit an erster Stelle verabschiedet und am 4.12.1963 mit überwältigender Mehrheit angenommen. Die Anregungen einer weit zurückreichenden liturgischen Bewegung sind damit in die gesamtkirchliche Verantwortung übernommen worden. Diese Gottesdienstreform will den in der eucharistischen Darbringung von Leib und Blut Christi gipfelnden Gottesdienst nicht mehr nur als einen Akt kirchlicher Gottesverehrung, sondern vorrangig als Erfahrungsort göttlicher Heilszuwendung verstehen und erleben lassen. Sie will mit der Verständlichkeit auch die unmittelbare Erlebnisfähigkeit und die aktive Mitbeteiligung der Gemeinde steigern. Daher wird nicht nur die Predigt zum verbindlichen Bestandteil des Gottesdienstes gemacht, sondern auch an der Stelle der bislang geheimnisvoll still gesprochenen priesterlichen „Kanongebete“ das vernehmlich vor der Gemeinde gesprochene eucharistische „Hochgebet“ wiederhergestellt, der Opfergedanke in größerer Fülle erschlossen und der Schwerpunkt von der Frage nach dem Geheimnis der Elemente von Brot und Wein stärker auf das Hineingenommenwerden in das „Geheimnis des Glaubens“ verlegt. Das Konzil hat mit der Einführung der Muttersprache und der Freigabe regionaler Veränderungen die Liturgie beweglicher gemacht und doch ihre gesamtkirchliche Einheitlichkeit und das einhellige Gottesdienstverständnis festgehalten. Es hat sich im Eucharistieteil den orthodoxen, im Wortteil den protestantischen Kirchen ein Stück weit angenähert, aber die Bewertung des Priestertums im Kern unangetastet gelassen. Von traditionalistischer wie von psychoanalytisch-religionskritischer Seite hat dies besonders scharfe Kritik auf sich gezogen, daß es – ähnlich wie der protestantische Gottesdienst – zur „Zerstörung der Sinnlichkeit“ führe (A. LORENZER) und sein religiöses Kultgeheimnis rationalistischer Geheimnislosigkeit ausliefere.

Die protestantischen Kirchen neigen heute dazu, das Abendmahl häufiger, wenn möglich, im Hauptgottesdienst und nicht erst nach diesem zu feiern. Beide Entwicklungen sind ökumenisch beeinflußt.

Im orthodoxen Gottesdienst ist die „Eucharistie“ mit Priesterkommunion fester Bestandteil der gesamten „Liturgie“ und heißt dort auch selbst so; gepredigt dagegen wird selten.

Eine Schriftlesung fehlt in keiner Konfession. Im evangelischen Gottesdienst wird in der Regel ein dem Sonntag fest zugewiesener oder auch frei gewählter, den Predigttext ergänzender Bibelabschnitt vorgelesen. Im katholischen Gottesdienst ist die Schriftlesung doppelt vorgesehen, wenn nicht gar dreifach: (Altes Testament), Epistel und Evangelium. In den orthodoxen Kirchen ist vierfache Lesung die Regel: Gesetz, Propheten, „der Apostel“ (Briefe) und „der Herr“ (Evangelien). Kulthandlungen brauchen stets Worte. Zumindest wird der Name des zu verehrenden Gottes genannt, oder seine Umschreibung, falls er als „tabu“ gilt. Auch wortlosen Kultakten wie dem heiligen Tanz, der schweigenden Prozession oder Meditation und dem Stillen Gebet wird mit Worten ihr Sinn vorgegeben. Am christlichen Gottesdienst fällt die beherrschende Stellung des Wortes auf: die Vielzahl und Vielfalt seiner Aufgaben. Vorchristlich ist nur die Synagoge, nachchristlich nur die Moschee ihm darin in etwa vergleichbar. Im kirchlichen Gottesdienst haben nicht nur die Schriftlesungen, der Predigttext und die mehr oder weniger freie Predigt über diesen einen festumrissenen Platz. Man beginnt die ganze Versammlung ausdrücklich „im Namen“ Jesu oder des Dreieinigen Gottes, heißt die Gemeinde mit einem apostolischen Gruß oder einem anderen Bibelwort willkommen. Sodann werden feststehende Bittrufe laut, können ein allgemeines Schuldbekenntnis und eine allgemeine Gnadenzusage erfolgen. Manchmal wird ein altkirchliches Glaubensbekenntnis gesprochen. Die Predigt wird von vorgeformten oder auch freien Gebeten umgeben. In ihnen muß freier Raum für nötige Fürbitten sein. Dann hat das Vaterunser seinen Platz. Dazwischen stimmt die Gemeinde Psalmengesänge, Bitt-, Lob-, Dank- oder Glaubenslieder an. Zuletzt wird man im Schutzmantel eines biblischen Segens-Zuspruches entlassen.

Erinnern – Vergegenwärtigen – Weiterverweisen

Der „Name“, der hier bekannt und angerufen wird, enthält schon die ganze Gottesgeschichte, und deren Echo erfüllt alle Stücke, die den Wortteil des Gottesdienstes ausmachen, oder schwingt in ihnen mit. Sie alle sollen die drei Hauptaufgaben wahrnehmen helfen, um die es bei der Hinterlassenschaft Jesu geht: sie sollen jene Lebens- und Leidensgeschichte der Liebe Gottes inmitten der Welt erinnernd bewahren, bezeugend vergegenwärtigen und viele weiterweisend in sie einbeziehen. Weil es um ihre lebendige Weitergabe geht, spielt das „Wort“ im christlichen Gottesdienst eine so grundlegende Rolle. Und weil solche Weitergabe auf den drei Fahrbahnen des Erinnerns, des Vergegenwärtigens und des Weiterweisens gleichzeitig erfolgen soll, darum ist die Vielfalt des Wortes in ihm so groß.

Es begegnet vor allem in der Gestalt biblischer Texte, die fast immer Bericht und Zeugnis zugleich sind und oft schon ein Stück menschlichen Lebens mitanklingen lassen, wo man sie als die heilige Gottesgeschichte verliest. Man denke nur an die „Weihnachtsgeschichte“ (Lk 2) am Heiligen Abend: Sie erzählt, was „sich begab“, wie es sich auch sonstwo begeben kann: staatliche Befehle bewegen Menschenmengen; Asylsuchende finden nur mühsam eine wenig menschenwürdige Herberge. Unschuldige müssen wegen der Furcht eines Herrschers ihr Leben verlieren. Sie erzählt zugleich, was sich darin zutrug und nicht in die Begebenheiten einer Biographie paßt: der Jubel der Engel aus dem geöffneten Himmel. So kann diese „Schriftlesung“ als ganz ausgeformte, wie auf Goldgrund gemalte Gottesgeschichte erscheinen und doch unser Leben berühren und zum Einstimmen in ihren Jubel verlocken.

Daneben erscheint das „Wort“ aber auch als eine freie, persönliche Rede – in der Predigt. Es ist in solcher Freiheit in hohem Maße gefährdet: wenn der Prediger angefochten ist oder wenn er anspruchsvolle Selbstgewißheit mit Glaubensgewißheit verwechselt; aber auch, wenn modische Strömungen und gängige Schlagworte ihn beherrschen. Wenn sein leidenschaftlich beteiligtes Herz den Prediger fortreißt oder wenn er, um niemandem weh zu tun, vor den Erwartungen seiner Hörer und Hörergruppen, die hoffen, daß die Predigt ihre Wünsche und Meinungen bestätigt, aufgibt und im stillen sarkastisch oder verzagt wird. Die Predigt kann als gottesdienstlich regelmäßig erfordertes Wort der Routine verfallen: ein Wort, das immer zur Hand und so selten das jetzt benötigte Wort ist. Darum braucht sie den Anhalt am Text. Er soll das freie Wort der Predigt nicht in seinem Gefängnis festhalten, sondern ihm Vollmacht gewähren. Er soll zu einer Rede verhelfen, die Beladene entlasten und ermutigen und Menschen zu Freigängern in der Wahrheit und der Liebe Gottes machen kann. Er soll einer Rede widerstehen, die sie nur zu Parteigängern für die eigenen Überzeugungen machen will.

Das Wort im Gottesdienst kann belehrend oder erklärend bleiben; ein Reden über die Sache statt aus ihr heraus. Es kann rein bewahrend wirken: eine alte Formel, die festhält, was die Christenheit aufgrund dieser Gottesgeschichte seit alters als ihren

Glauben bekennt. Es kann handelndes Wort sein, das uns mitbeteiligt, äußerlich und innerlich, im Bekenntnis eigener Schuld; Wort, das zum Zuspruch wird, dessen Segen uns weitergeleitet und schützt; gesungenes Wort, in dem wir aus uns heraustreten, uns etwas von der Seele singen und zusammenstimmen mit fremden oder bekannten Nachbarn in der Kirchenbank, in dem wir einstimmen ins Loben und Klagen der Christenheit vieler Zeiten und uns in den Schutz ihrer Lieder begeben. Es kann Gebetswort sein, in dem uns der Atem der betenden Christenheit anrührt und das in seinen alten Sätzen dennoch viel Raum läßt für alles, was unser heutiges Leben bedrängt; ein Bitten, das immer wieder anfangen kann oder sich krönt mit dem Gebet, das zur unmittelbarsten Hinterlassenschaft Jesu wurde: mit jenem Herrengebet, dem man nichts mehr hinzufügen kann oder müßte, weil es unsere Mühe ums Leben und unsere Not mit den anderen und mit uns selbst und mit den Rätseln der Welt in den Hoffnungsraum seiner Lebens- und Leidensgeschichte, seiner Gottesgeschichte aufnimmt.

Apostolisches Lehren

Erinnerndes Bewahren, bezeugendes Vergegenwärtigen, weiterweisendes Einbeziehen: im „Festhalten an der Lehre der Apostel" sind alle drei Aufgaben miteinander verbunden. Man denkt zuerst an die vielstimmigen erinnernden Texte, Berichte und Lehren der Erstzeugen im Neuen Testament. Man denkt aber zugleich an die dort zu suchende, daraus zu gewinnende, die Vielstimmigkeit bündelnde „apostolische Lehre", die „reine Lehre des Evangeliums", die unter den vielen Zeugen- und Verführerstimmen der Vergangenheit wie der Gegenwart die wahre Stimme dessen heraushören helfen soll, in dessen Namen sie reden. Jene „pura doctrina evangelii", die in der Reformation zum Sprengsatz für viele allzulang nicht mehr hinterfragte Traditionen wurde und immerzu zur Verantwortung theologischer Arbeit ruft. Man soll aber auch an das heute weitergehende apostolische Lehren denken: das kirchenamtliche wie überhaupt das öffentlich verantwortete christliche Wort, die „publica doctrina evangelii", die öffentliche Lehre des Evangeliums. Das Wort, das ermitteln will, wie jene Lebens- und Gottesgeschichte den Menschen heute unter lastenden Ängsten und lockenden Freiheiten zu einem freien, gehorsamen und vertrauensvollen Leben vor Gott und aus Gott hilft. Beim „Festhalten an der Lehre der Apostel" geht es ja nicht um ein Stehenbleiben bei ihr, sondern um Schülerschaft, die solches Lehren nicht fest-, sondern fortschreibt. Die auch im Gottesdienst nicht bloß mit Altvertrautem erbaulich beschwichtigen, sondern weiterbauen will auf dem gelegten Grund, in der Hoffnung, daß es dann standhalten kann (vgl. 1 Kor 3,10ff.).
Solches „Lehren" will den Gottesdienst nicht isolieren, sondern gerade einbeziehen in das breite Kommunikationsnetz, in dem sich die Hinterlassenschaft Jesu aus eigener Kraft weitervermittelt. Denn diese verlangt ja nicht nur im Gottesdienst, sondern allenthalben nach einem freien Wort, das den Christusweg Jesu nicht bloß beschreibt und bewahrt, sondern zur Gegenwart bringt. Es ist immer wieder die Bibel selbst, die Bewegung in dieses Kommunikationsnetz bringt, die solches „Lehren" hereinkommen läßt in viele Wirklichkeitsfelder: in die Schule, die Bildungswelt, die Wissenschaft; in die häusliche und persönliche Frömmigkeit; in die hohe Kunst und die Volkskunst; in den Gemeindechoral, das geistliche Lied oder Spiel; in Volkslied und Volkspoesie wie in die große Literatur; in Glaubens- und Lebensgespräche jeglicher Art. Überall kann sich – durch Theologie, Kirche, Kunst oder Bildung vermittelt – das Lehren der Apostel auswirken.
Der Gottesdienst ist die Erstgestalt solcher Weitervermittlung. Denn in ihm gibt es keine anderen Zwecke. In ihm stellt sich jene Lebensgeschichte der Liebe Gottes ein Stück weit fast wie in der Urgestalt dar: hinter den Dienern am Wort, die dort jeden, der hören will, öffentlich lehren, kann das Bild des lehrenden Jesus inmitten der Jünger und einer hörenden Menge auftauchen. Es ist dafür gesorgt, daß es zu keiner anmaßenden Gleichsetzung kommt. Doch soll gerade die Predigt trotz Kanzel und Kirchenraum die Erinnerung wachhalten, daß das Lehren Jesu auf die Straßen hinausweist; dorthin, wo alle Menschen ihr alltägliches Leben in Selbstsicherheit, Mühsal und Ängsten hinbringen.

Gottesdienst und Gotteserfahrung

Die Predigt gilt zu Recht als Gipfel des Wortgottesdienstes. Sie ist in der Welt des Kultes ohne Vorbild. Sie steht als eine eigene Form zwischen den Lehrvorträgen der jüdischen Schriftgelehrten und der Straßenpredigt antiker Wanderlehrer, welche die Moral der stoischen Philosophie allgemein bekannt machen wollten. Wie das Lehren Jesu unterwegs erfolgte und ins tägliche Leben hinausdrängt, so kommt durch die Predigt das Alltagsleben mit der Alltagssprache in den Gottesdienst herein. Das macht aus ihr eine fast gegen-kultische Form. Sie sprengt den Rahmen des Gottesdiensts nicht, sofern sie sich nicht betont salopp gibt und zum Gassenjargon greift, was aber selten etwas anderes als eben Ärger bewirkt. Sie soll sich einer geziemenden, aber nicht sakral-feierlich stilisierten Sprache („Sprache Kanaans") bedienen und Alltagsluft mitbringen – sonst kann man sie unter der Kirchtür wieder vergessen. Sie soll den kultischen und den ethischen Gottesdienst miteinander verbinden, in einer für den Dienst Gottes empfänglichen Lebensgestalt.
Die Alltagssprache schränkt die Worte oft nur auf ihren Verkehrswert ein. Der Gottesdienst soll so mit dem Wort umgehen, daß er weder die Predigt einfach banal werden läßt noch das Beten vor lauter Feierlichkeit sozusagen aus dem Verkehr zieht. Gerade in ihm soll das Wort menschlich bleiben und ja nicht auf Stelzen gehen, wohl aber jenes Gewicht behalten, das ihm die Sprache des einfachen Volkes meist beläßt, aber das Kauderwelsch der „informierten Gesellschaft" oft raubt. Denn mit unsern Worten können wir Dinge und Menschen, Vorgänge, Beziehungen und Erfahrungen benennen, festhalten und weitergeben, wieder hervorrufen und uns vor Augen stellen. Mit ihrer Hilfe ordnet sich unsere Welt, fangen wir an, uns selbst in ihr zu begreifen. Das Wort wohnt in den Wurzeln des Menschseins: Vertrauen entsteht mit dem Namen, bei dem man uns ruft; mit der Sprache der Mutter, die – auch noch unverstanden – dafür einsteht, daß sie es gut mit uns meint. Worte helfen uns, die Welt wohnlich zu machen, Nahes festzuhalten, Fremdes herbeizurufen, wenn es uns lockt, oder abzuwehren, wo es uns erschreckt. Wo der Umgang mit der Sprache seelenlos wird und wir die Dinge nur noch wie Flaschen in die Regale unseres Wissens einordnen und die Worte wie Etiketten daraufkleben, kann man von einem Wortgottesdienst schwerlich noch viel erwarten.
Platte Verständlichkeit ist ein zu niedriges Ziel für gottesdienstliches Handeln. Bekenntnis und Zuspruch, Gebet und Segen folgen eigenen Stilgesetzen. Und doch dürfen auch sie nicht ganz aus jener Sprachwelt ausscheiden, in der die Predigt das menschliche Leben bespricht. Denn es geht im christlichen Gottesdienst nicht um solche Gotteserfahrungen, die man nur dort machen könnte, gut abgeschirmt hinter den Kirchenmauern. Man kann sehr nachdenklich fragen, wie viele unmerkliche Gotteserfahrungen wir etwa dem Kinder- und Familienleben entziehen, wenn unsere Gesangbuchlieder bloß noch im Gottesdienst, aber nicht mehr zu Hause lautwerden. Die Gottesgeschichte, die der Gottesdienst feiernd bezeugt, ist und bleibt eine Lebensgeschichte. Sie läßt sich gedanklich zwar auf ein „Wortgeschehen" verengen. Aber sie will weder durch theologischen Tiefsinn beeindrucken noch in religiöse Stimmung versetzen, sondern Menschen dem „Fleisch gewordenen Wort" begegnen lassen. Sie will, daß wir die Nähe Gottes in einem leibhaften und zerbrechlichen Menschenleben erfahren – und gerade dort „voller Gnade und Wahrheit" (Joh 1,14): in der Lebensgeschichte seiner Liebe.

◁ *Abb. 1:* Predigt – Gipfel des Wortgottesdienstes

Aus: Ansätze 34, Sondernummer zum XI. Deutschen Evangelischen Kirchentag, 1963, in Dortmund, S. 7.

Sie soll uns Mut machen, einer Liebe zu vertrauen, die wir selbst nicht aufbringen können; die uns einholt und immer voraus bleibt; die zu uns steht und uns widersteht wie Gott selber. Mitten im Widerstreit vieler anderer Lebenserfahrungen, die uns ein erfolgreiches Leben nach anderen Rezepten versprechen oder vom Glücksspiel mit dem undurchdringlichen Zufall sprechen. Die Erfahrungen, von denen das Wort im Gottesdienst spricht und die man auf dem Weg der Gottesliebe macht, lassen sich nicht nach Erfolgen bewerten. Sie wollen nicht abgezählt, sondern gewagt und gewogen werden. Auch ein Leben, dem wenig gelingt, kann erfüllt sein, wenn die Gottesgeschichte des Glaubens es auf den Weg der Liebe mitnimmt.

(3) Worin sehen Sie die besonderen Stärken und Schwächen des „Wortes" im Gottesdienst?

....

....

....

....

....

....

....

....

....

....

....

....

Zum Sakramentsteil des Gottesdienstes

Wenn evangelische Theologen vom Sakrament reden, stehen sie fast immer zuerst vor der Frage, ob nach den Befunden im Neuen Testament, nach den Überlieferungen aus der Alten Kirche und nach der vorherrschenden Praxis in der weltweiten Christenheit die Feier am „Tisch des Herrn" nicht in der Regel zu jedem christlichen Gottesdienst gehören oder gar dessen abschließenden Höhepunkt bilden sollte. War die Entscheidung der Reformatoren für die Vorherrschaft des Predigtgottesdienstes nur eine bedauerliche Verengung? Tatsächlich hat sie ja zu einer spürbaren Verkümmerung der Bedeutung des Sakraments in der protestantischen Glaubensfrömmigkeit und zu einer erheblichen Erschwerung gemeinsamer Gottesdienste konfessionsverschiedener Christen geführt.

Vollgottesdienst? Gemeinsamer Gottesdienst?

Wer heut über den Gottesdienst nachdenkt, tut es immer unter dem Eindruck seiner jahrhundertealten Haupttypen. Er geht von dem aus, was man evangelischerseits gewöhnlich mit dem wenig schönen Wort „Hauptgottesdienst" bezeichnet: ein kombiniertes Gebilde, auf eine gottesdienstliche Vollgestalt angelegt, zu der außer Bibellesung und Predigt, Gebet und Bekenntnis, Lied und Segen, jedenfalls als Programm, immer auch eine Abendmahls- oder Eucharistiefeier gehört.

Daraus wird, vor allem in protestantischen Kreisen, die Forderung nach dem „Vollgottesdienst“ – eine wenig glückliche Wortbildung. Alle Fachsprachen stumpfen das Sprachgefühl ab. Vor allem den Begriff „Nebengottesdienst“, den man für die Gottesdienste neben dem Hauptgottesdienst, von der Schulandacht bis zur „selbständigen“(!) Abendmahlsfeier, gebraucht, sollte man ohne Umschweife aus dem Verkehr ziehen. Kein Gottesdienst, in welch schlichten Formen auch immer, sollte als Nebensache eingestuft werden.

Sakramente: Das lateinische Wort gilt meist einer heiligen, mit einem symbolstarken Zeichen oder Verhalten verbundenen „Sprechhandlung“ und dient stets als Übersetzung des griechischen Wortes *mysterion.* Unter diesem versteht man ganz allgemein Geheimnisse, zumal religiöser Art, oder Geheimkulte mit geheimnisvollen, meist auch geheimgehaltenen Ritualen („Mysterienreligionen“ des Altertums, im Mittelmeerraum und besonders im Vorderen Orient verbreitet und weit ausstrahlend). Da man in diese eingeweiht werden muß, sind solche Rituale meist reinigende Aufnahme- oder Eröffnungshandlungen oder deren immer wieder erforderliche Wiederholungen (z. B. „Bluttaufen“), oft mit der Übergabe geheimgehaltener heiliger Formeln, Namen oder Gebete verbunden, auch mit Einkleidung in neue Gewänder. Sakrament ist erst allmählich zum strikten Oberbegriff für die christliche Taufe und die Eucharistie geworden und meint im Protestantismus ausschließlich diese, während der Katholizismus auch der Firmung, der Beichte/Buße (mit Absolution), der Eheschließung, der „Letzten Ölung“ (jetzt: „Krankensalbung“) und der Priesterweihe denselben Rang zuschreibt, also sieben Sakramente zählt, und diese noch mit einer Reihe von – weniger wirksam vorgestellten und weniger verbindlichen – „Sakramentalien“ umgibt. Ostkirchlich spricht man nach wie vor von „Mysterien“.

Die jahrhundertealte Gewöhnung an die konfessionellen Hauptgottesdienste führt dazu, daß man auch in jener Aufzählung am Ende der Pfingstgeschichte die Einzelbestandteile eines geschlossenen kirchlichen Hauptgottesdienstes sieht. Wahrscheinlich haben die frühchristlichen Gemeindezusammenkünfte dem Lehren, dem gemeinsamen Beten und der Feier des Herrenmahles gedient, sei es mit, sei es auch ohne ein gemeinsames Sättigungsmahl („Agape“), das oft mit dem „Brechen des Brotes“ verbunden sein mochte. Aber man konnte sich je nach Bedarf und Gelegenheit auch nur zum einen oder zum anderen Zweck zusammenfinden. Liebesmahl und Herrenmahl mußte man wohl am frühesten trennen, weil sich hier die Unterscheidung am schnellsten verwischte. Für ein Herrenmahl im Haus konnte nach jüdischem Vorbild die Autorität des Hausvaters ausreichen. Aber zum „Lehren“ konnte man sich doch wohl nur dort versammeln, wo jemand auch tatsächlich lehren – oder jüdischer: „klären“ – konnte. Zumal der Besitz von Schriften noch eine Seltenheit war. So darf man sich den christlichen Gottesdienst nicht von vornherein nach einheitlichem Schema vorstellen. Die Entwicklung zu einem „Hauptgottesdienst“ ging mit der Ausgestaltung einer einheitlichen amtlichen Leitungsautorität Hand in Hand, und regionale Unterschiede blieben häufig bestehen.

Die Frage, ob es in den Anfangszeiten einen reinen „Wortgottesdienst“ neben den Mahlfeiern gab und welches Gewicht er besaß, ist strittig geblieben. Den Begriff hat erst die Neuzeit geprägt. Er soll daran erinnern, daß die Auswahlmöglichkeit der gottesdienstlichen Wortgestalten breiter ist, als die im evangelischen Gottesdienst vorherrschende, vom Mißlingen bedrohte Predigt erkennen läßt. Die liturgische Bewegung in der katholischen Kirche will mit diesem Begriff sowohl den evangelischen Predigtgottesdienst wie den Wortteil des katholischen Gottesdienstes (früher als „Vormesse“ bezeichnet) aufwerten. Der „Wortgottesdienst“ soll in seinem eigenständigen Wert anerkannt und auch für die Eucharistiefeier als unentbehrlich erklärt werden. Dadurch sollen sich auch die Möglichkeiten gemeinsamer ökumenischer Gottesdienste vermehren. Dennoch haftet dem Begriff unvermeidlich ein einschränkender Unterton an. Er wird von der Frage begleitet, wie weit er genüge. Er trägt die Frage in sich, was es mit dem Sakrament auf sich habe. Muß nicht in einer vollen kirchlichen Gemeinschaft der gemeinsame Tisch des Herrn in der Mitte stehen?

Die protestantische Ökumene hat für die Gottesdienstpraxis das Überbrückungsangebot gastfreundlicher Tischgemeinschaft gemacht. Auf katholischer wie orthodoxer Seite hat man dies mit neuer Herzlichkeit, aber mit dem alten theologischen Nachdruck verneint. „Nach orthodoxer und römisch-katholischer Überzeugung besteht noch nicht genügend Glaubensgemeinschaft zwischen den Kirchen, um gemeinsam zum Tisch des Herrn zu gehen“,[2] so der Würzburger Bischof SCHEELE, der als erstes katholisches Mitglied der „Kommission für Glauben und Kirchenverfassung“ im Ökumenischen Rat der Kirchen angehört. Er hat sich 1983 am Gottesdienst der Weltkirchenkonferenz von Vancouver durch eine Schriftlesung beteiligt, aber wie die orthodoxen Teilnehmer nicht am Abendmahl teilgenommen, und diesen Gottesdienst „die größte derzeit mögliche Form der Gemeinsamkeit zwischen den Kirchen“ genannt. Die Frage, was die Sakramente für den Gottesdienst und die Kirchengemeinschaft bedeuten, ist nach wie vor offen.

Das Fleisch gewordene Wort

Man kann die Schmucklosigkeit des Wortgottesdienstes positiv sehen. Nüchterne Schlichtheit kann glaubwürdig wirken. Mehr sein als scheinen ist für einen Gottesdienst keine verkehrte Losung. Zwar kann man der Worte leicht überdrüssig werden, aber auch überladene Liturgien können zum Überdruß führen. „Pomp“ war der Haupteindruck, den die frühe Christenheit vom heidnischen Kult hatte. Dem hat man mit Abscheu den Rücken gekehrt. Und als es dann auch im kirchlichen Gottesdienst „Pomp“ gab, haben manche Sekten sich davon abgewandt und ein Stück urchristlicher Glaubwürdigkeit wiederzugewinnen versucht.

Die Schlichtheit des Wortgottesdienstes darf aber nicht dazu führen, daß der Glaube zum bloßen Gottesgedanken verblaßt und der Gottesdienst zu einer bloßen Erinnerung (etwa an den Höchstwert der Nächstenliebe) verkümmert. Er lebt von einer Gottesgeschichte, die in einer Lebensgeschichte, in der Fülle und Armut eines menschlichen Lebens begegnet. Er feiert ein „Fleisch gewordenes Wort“ (Joh 1,14).

Der Prolog des Johannesevangeliums bringt damit den Anspruch dieser Gottesgeschichte auf seinen kühnsten Begriff. „Fleisch“ meint das natürliche Jedermanns-Leben. Jenes Lebendürfen, das der Mensch nur empfangen und hinnehmen kann, mit dem er auch das Sterbenmüssen gleich mitempfängt. Das geschichtliche Leben, eingebettet in eine nicht selbst ausgesuchte Umgebung, gelebt unter den Machern und Opfern einer bestimmten Epoche, in der jeder mehr mitzuerleiden hat, als er je mitzubestimmen vermag. Und doch hat es jeder auf eigene Rechnung und Gefahr und unter seinem eigenen Namen zu leben. Nicht irgendein, sondern dieser Mensch steht da mit seinem Namen unverwechselbar für dieses Leben und Sterben, auch wenn sein Name unter Millionen nur wenigen etwas bedeutet und auch diese wenigen ihn bald wieder vergessen.

Die Lebensgeschichte Jesu hat ihren Namen behalten, sagt die Christenheit. Derselbe Politiker, der Jesu Sterben verfügte, hat seinen Namen dort festschreiben lassen. Und der Hauptmann des Hinrichtungstrupps hat ihm den Nachruf gehalten:

2 Paul-Werner SCHEELE in *epd-Nachrichtendienst,* Nr. 32 vom 11. 8. 1983, S. 11f.

Wahrhaftig, der hat nicht für sich gelebt, sondern für seinen Gott, und ist für diesen so verlassen gestorben. „Wahrhaftig, das war Gottes Sohn!" (Mt 27,54).

Der Johannesprolog gibt dies in großer gedanklicher Kühnheit so wieder: In Jesus hat das Wort, das jedes von Gott geschaffene Leben und Wesen als seinen Schöpfungssinn in sich trägt, einen Eigennamen bekommen. Das Leben und Sterben Jesu sagt nunmehr, wie sich der göttliche Schöpfungssinn in den Geschöpfen erfüllt. Es zeigt, wodurch das von Zerfall und Zufall zerrissene Leben in dieser Welt zu seinem Frieden, zum Heil, zur ungeteilten Daseinsfülle gelangt, und was unser Leben „im Fleisch", das unter der Herrschaft der Vergänglichkeit steht, doch schon von deren Knechtschaft befreit. Es gilt, das Wort, das hier und so „Fleisch" wurde, zu hören. Als ein Wort, das allen heimlichen und unheimlichen Machthabern des „Fleisches" widerspricht: den Abgöttern unserer Wunschträume und dem Schreckensgott unserer Lebensangst; dem Übergott unserer Selbstüberforderung und dem Hochleistungsgötzen in unserem Nacken. Als Fleisch gewordenes Wort wird dieser brüderliche Menschensohn mit seiner unbestechlichen und doch unbeirrbaren Liebe zu unserem Begleiter, zum Anwalt der guten Schöpfung Gottes, zum Fürsprecher aller seiner Kinder, der Armen wie der Reichen, der Beglückten und der Bedrückten, der Hinfälligen und der Überschwenglichen.

Vor diesem Fleisch gewordenen Wort erscheint der Gott der Philosophen wie ein blasses Gedankengebilde; jenes unpersönliche Gottwesen, das in einem leeren Himmel Hof hält und niemanden kennt. Am Fleisch, am Leben dieses Menschensohns, läßt sich das Urwort seines Lebens, das erste Schöpfungswort, das Wort „Vater" ablesen. Im Angesicht dessen, der so wie nur er den Willen Gottes vollstreckt und geschehen läßt „wie im Himmel, so auf Erden", sind dessen Züge zu erkennen, den wir nun in seinem Namen als unseren Vater im Himmel anrufen sollen. Sein Glaubensweg gibt sich als wahres Leben aus Gott und vor Gott unter den harten Gesetzen der Welt zu erfahren. Der „Mitgänger", der diesen Glaubensweg angefangen und vollendet hat, ist zum „Vorgänger" ewigen Lebens für uns geworden.

Dies alles ist mitten in unserer Welt so geschehen, unwiderruflich und unumstößlich; nicht nur in Gedanken, sondern in historischer Wirklichkeit. Eine datierbare Lebensgeschichte hat sich da abgespielt, an deren Beginn Kyrenius Landpfleger in Syrien war und bei deren Ende Pilatus als Statthalter in Jerusalem amtierte. In einem Leben aus Fleisch und Blut, mit einem Namen, der nicht mehr vergessen wird, mit einer Sprache, die nicht mehr verstummt. In einem Leben und Sterben, das er nicht für sich lebte und starb, sondern uns hinterließ. Unter einem Namen, der seine Sendung ausspricht und eine Berufung für uns enthält. Mit Worten, die uns helfen können, zu glauben und zu beten. Mit Worten, die man nicht bloß im Mund führen, sondern in die Hand und den Mund nehmen kann: „... nehmt und eßt, das ist mein Leib ... Trinkt alle daraus, das ist mein Blut" (Mt 26,26f.).

Wort und Sakrament

Das Neue Testament gebraucht den Sammelbegriff „Sakrament" nicht. Wo es von den Geheimnissen Gottes, den „Mysterien" redet, denkt es noch nicht an besondere gottesdienstliche Handlungen. Die Wendung „Wort und Sakrament" ist erst in der Kirchensprache geläufig geworden. Sie drückt aus, daß es um zwei verschiedenartige Weisen gottesdienstlicher Vermittlung geht, die beide notwendig sind und einander ergänzen – ohne daß sie im gleichen Gottesdienst immer beisammen sein müßten. Bei „Sakrament" ist vor allem an die Eucharistie und die Taufe zu denken; die zwei Hauptsakramente, auf die keine christliche Kirche verzichtet.

Beide bezeugen die Lebensgeschichte Jesu als die christliche Gottesgeschichte – wie die Apostellehre dies tut und das ihr entspringende, frei lehrende, bekennende und betende Wort. Aber sie tun es so, daß sie jene Lebensgeschichte in sich verkörpern und zugleich leibhaft damit in die Lebensgeschichte der Glaubenden eingreifen. Die Taufe tut dies mit ihrem einmaligen, als Tauftag datierten Vollzug; die eucharistische Kommunion durch das oft wiederholte leibhafte, ebenso unvertretbar persönliche Empfangen. So kann man beide als lebensgeschichtliche Verkörperungen der christlichen Gottesgeschichte verstehen. Als zwei besonders dichte, handgreifliche Versinnlichungen des „Fleisch gewordenen Wortes".

Darin steckt die besondere Schwierigkeit, die sie vielen bereiten. Denn sie schließen den Abstand aus; sie beteiligen jeden persönlich. Technisch gesprochen: Man kann sie im Rundfunk und Fernsehen an der entscheidenden Stelle nicht übertragen. Man kann sie natürlich mit Worten schildern und in Bildern zeigen, auch wenn die Scheu der Feiernden und manchmal sogar der Reporter doch ziemlich groß bleibt. Der Sakramentsempfang kommt ja der Gebetshaltung nahe – er verleiblicht sozusagen jene „Empfänglichkeit" gegenüber dem Geheimnis des Lebens, um das es beim Beten stets geht, und es sollte auch für die religiöse Intimsphäre so etwas wie einen Bilder- und Datenschutz geben. Aber im Wortgottesdienst ist das Empfangen ein Hörvorgang. Man kann ihn deshalb im Rundfunk übertragen und „im Geist" voll daran teilnehmen, und persönlich davon ergriffen werden. Beim Sakrament bleibt die Hauptsache unübertragbar. Der geistige Empfang läßt sich da nicht von dem „mit Herzen, Mund und Händen" ablösen. Jeder Kirchgänger, der aus persönlichen Hemmungen in der Kirchenbank sitzen bleibt während die anderen zur Mahlfeier vortreten, empfindet, wie problematisch seine Distanz bleibt.

Die Eucharistiefeier verklammert den kultischen und den ethischen Gottesdienst unausweichlich persönlich. Das Sakrament verlangt die ausdrückliche, persönliche Gegenwart, die leibhafte Anteilnahme. Deshalb gehört immer auch ein ausdrücklicher Entschluß dazu. Und deshalb verlangt es auch eine ausdrucksstarke Gestaltung. Schon das Beten, im Kern ganz innerlich, braucht eine äußere Geste: Daß man die Hände faltet oder erhebt oder vors Gesicht hält; daß man niederkniet oder aufsteht; mindestens, daß man sich absondert – wenn es bloß das Kämmerlein ist, von dem Jesus sprach, oder der Herrgottswinkel der Stube, oder doch die zugeschlossene Tür. Auch das Sakrament drängt auf besonderen Ausdruck. Man kann zwar das Abendmahl auch dort feiern, wo man ohnehin miteinander am Tisch sitzt. Aber dort ist dann die innere Abgrenzung ganz besonders erschwert – schon in Korinth hat hier das fehlende Unterscheidungsvermögen zu unwürdigen Zuständen geführt (1 Kor 11,29). Das gleiche gilt für die Taufe. Jeder empfindet es, wenn er in Illustrierten etwa Großtaufen in einem Schwimmbad zu sehen bekommt: der Baderaum ist für die Taufe ein schwieriger Platz.

Im Sakrament kommt also wie beim Wort, aber auch darüber hinaus, zweierlei besonders kräftig zum Ausdruck: daß es der Gottesgeschichte des Glaubens um unsere persönliche Beteiligung geht, mit Leib und Leben; und daß es dort vorrangig immer etwas zu empfangen gibt. Auch wer hört, geht auf Empfang. Aber es kann leicht beim bloßen Anhören ohne innere Beteiligung bleiben. Je mehr man sich anhören muß, desto häufiger ist dies der Fall. Das Sakrament verlangt den ausdrücklichen Schritt, die leibhafte Mitbeteiligung. Auch die Teilnahme mit Händen und Füßen kann so äußerlich bleiben wie die mit den Lippen; um so häufiger, je stärker sie durch das Kirchengebot oder den Druck der Sitte herbeigeführt wird. Doch jene Entschlußschwelle zum leibhaften Mitfeiern behält ihre hohe Bedeutung: die Zuhörer müssen sie jedesmal neu überschreiten, wenn sie zu Mitfeiernden werden wollen.

(4) Worin sehen Sie die besonderen Stärken und Schwächen des „Sakraments" im Gottesdienst?

....

....

....

....

....

....

....

....

....

....

....

....

Die beiden Hauptsakramente

Taufe und Mahlfeier sind Kulthandlungen. Das „Lehren" kann sich auch ohne feste Formen, ganz geistig, abspielen; seine Schuld oder seinen Glauben bekennen und beten, das kann auf ganz persönliche Weise geschehen. Eine Abendmahls- bzw. Eucharistiefeier jedoch wird immer eine kirchliche Kulthandlung sein, im Dom wie in der Dorfkirche, im Krankenzimmer, in der Gefängniszelle. Man kann diese Handlung nicht an sich selbst vollziehen. Man muß sie aus der Hand eines Beauftragten empfangen. Alle Kirchen behalten die offizielle Wahrnehmung des apostolischen Lehrens wie besonders die Verwaltung der Sakramente (mit Ausnahme der Nottaufe) den durch ihr Amt Beauftragten vor und legen die Bedingungen für solche Beauftragung fest. Das kirchliche „Amt" meint überall einen solchen Auftrag auf längere Frist oder auf Lebenszeit.

Viele Christen leben heute fast „kultlos", das heißt ohne Wortgottesdienst oder Abendmahl bzw. Eucharistie. Die Taufe ist dann das letzte kultische Band für die, die immerhin noch zur Kirche gehören wollen. Wer auf sie und die Kirchenzugehörigkeit ganz verzichtet, legt selten noch Wert darauf, dennoch als Christ zu gelten. Praktisch begegnet heute ein kultloses Christentum vor allem dort, wo man die Taufe nicht unterlassen, aber vergessen hat, wo Menschen entweder nicht mehr Christen sein wollen und dies trotzdem noch irgendwie sind, oder wo sie gern weiterhin als Christen erscheinen möchten, ohne es freilich zu sein.

Das Sakrament, vorab die Taufe, bezeichnet eine lebensgeschichtliche Beziehung des Einzelnen zum kirchlichen Christentum und stellt sie objektiv fest. Darin geht es über das, was das Wort tut, hinaus. Die Sakramente verleihen nach evangelischer Sicht keine anderen Gnaden, sondern verbinden nur auf andere, ihnen je eigentümliche Weise mit der einen, heilsamen Gnade Gottes, da die Begegnung mit dem gnädigen Gott und der Empfang des Heils, das er schenkt, keiner Steigerung fähig sind. Doch gelten für das Verständnis in beiden Konfessionen die Sakramente, auch als ein Teilnahme und Empfang erheischendes Handeln, zugleich als „sichtbares Wort".

Im Beschluß „Sakramentspastoral" der Gemeinsamen Synode der Bistümer der Bundesrepublik Deutschland wird zu den Sakramenten unter anderem folgendes ausgeführt:

„Alle Sakramente sind in Jesus Christus begründet. In seiner Menschheit, in seinem Leben, Sterben und in seiner Auferstehung ist ‚die Güte und Menschenliebe Gottes, unseres Retters', unter uns erschienen (Tit 3,4). Christus ist das Zeichen, in dem wir die Sorge Gottes für uns Menschen erkennen und erfahren, er ist das Ursakrament. Durch den Heiligen Geist, den Christus uns sendet, bleibt er mit seinem Heilswerk durch die Zeiten unter uns gegenwärtig. Die Kirche als die vom Heiligen Geist geeinte Gemeinschaft der Gläubigen ist für die Welt das bleibende Zeichen der Nähe und Liebe Gottes. So ist sie ‚in Christus gleichsam das Sakrament, das heißt Zeichen und Werkzeug für die innerste Vereinigung mit Gott wie für die Einheit der ganzen Menschheit' (LG 1). In den einzelnen Sakramenten entfaltet sich das sakramentale Wesen der Kirche in die konkreten Situationen des menschlichen Lebens. In den sakramentalen Zeichen, die aus dem Lebensbereich des Menschen genommen sind, begegnet uns Christus und schenkt uns sein Heil. Voraussetzung für diese Heilsbegegnung mit Christus ist das Geschenk des Glaubens, der den Menschen das Heil in Christus suchen läßt. In diesem Glauben erkennt er in menschlichen Zeichen das Wirken Gottes und öffnet sich ihm. Der Empfang eines Sakramentes ist deshalb nicht ein Vorgang, in dem man nur ‚etwas' bekommt, eine Sache von noch so hoher Qualität, sondern das Sakrament zeigt eine persönliche Beziehung an und schafft sie."[3]

Die Sakramente erzählen dieselbe Geschichte, welche die Lehre der Apostel verkündigt. Sie sind Erzählhandlungen. Die Worte, die zu ihnen gehören, erzählen nicht nur, was in ihnen vorgeht, sondern vor allem, was ihnen voraufging und aus ihnen hervorgehen soll. Sie erzählen, aufs knappste zusammengedrängt, die Lebensgeschichte Jesu als Berufung zum Glauben. Nicht seine Biographie, die sich nicht herstellen läßt, sondern die Gottesgeschichte darin. Es sind die Eckdaten des Christusweges Jesu, die sie handelnd darstellen: die Taufe steht am Beginn seiner Sendung, das letzte Jüngermahl an der Schwelle zum Tod, der seine Sendung vollendet.

Die Taufe

In den alten Ländern der Christenheit ist die Taufe zur allgemeinen Sitte geworden. Sie wird von allen Kirchen verlangt und fast überall als Unmündigentaufe vollzogen, abgesehen von jungen Missionskirchen und einigen Pfingstkirchen. Der Nachdruck, den die Kirche auf sie legt, hat einen starken Verbündeten im elterlichen Erleben des ihnen anvertrauten neuen, kindlichen Lebens und in dessen augenfälliger Schutzbedürftigkeit. Der Gedanke, daß Gott mit seiner Gnade uns immer voraus ist, hat in diesem Zusammenhang eine sehr einleuchtende Kraft.

Dennoch empfindet man die Unmündigentaufe immer wieder als ein Problem.[4] Man hat die Kindertaufe oft vordergründig als allzu bequeme Rekrutierungsmethode verdächtigt, mit der sich die Großkirchen ihren Nachwuchs an geborenen Mitgliedern beschaffen, und argumentiert im Interesse der eigenen Entscheidung des Täuflings. Man kann fast alle Stimmen des Neuen Testaments gegen diese Sitte ins Feld führen. Dort spiegelt sich die christliche Anfangssituation wider. Wie weit in neu gewonnenen Christenhäusern auch unmündige Kinder gleich mitgetauft wurden, bleibt undeutlich. In jedem älteren Kirchenwesen bleiben die missionarischen Situationen verdeckt. Da herrschen überall kräftige Sitten und Vorentscheidungen; es gibt keine reine Entscheidungssituation für freie Entschlüsse. Da wirft jeder Wunsch nach anderer Taufpraxis das viel schwierigere Problem der Wiedertaufe auf. Man kann die Kindertaufe als eine verdunkelte Taufe ansehen. Für ungültig erklären könnte man sie aber nur, wenn das persönliche Glaubensbekenntnis und damit etwas anderes als sie selbst das Entscheidende wäre. Daß sie grundsätzlich einmal vollzogen wird, ist nirgends bestritten. Sie bildet damit das sichtbarste ökumenische Einheitsband.

---

3 Offizielle Gesamtausgabe I. Freiburg/Basel/Wien 1976, S. 240f.

4 Vgl. u.a. Carl Heinz RATSCHOW: Die christliche Taufe. Gütersloh 1972. – Robert LEUENBERGER: Taufe in der Krise. Stuttgart 1973.

Abb. 2: Die Taufe – vorweggenommene Auferweckung des neuen Menschen

Privatfoto

Man hat also die Taufe fast immer schon hinter sich, wenn man nach ihr zu fragen beginnt, mit dem ganzen Gewicht ihrer Einmaligkeit, die sie lebenslang und christenheitsweit gültig sein läßt. Man kommt auch persönlich selten mit ihr in Berührung: wenn eigene Kinder oder Enkel oder Freundeskinder getauft werden sollen oder wenn man Taufpate wird. So ist die Taufe, trotz der Unruhe um die Kindertaufe, im ganzen wenig umstritten. Die gängige Praxis rückt sie in die Nähe einer kirchlichen Segenshandlung, läßt sie als sinnigen, rührenden Brauch erscheinen, den die Kirchen aufgrund des Taufbefehls Christi und in der Erinnerung an den kindersegnenden Jesus vollziehen. Die Symbolik der Taufhandlung spricht heute, in der verniedlichten Form, kaum mehr an. Daß es da um durchgreifende Reinigung von den Sünden, um den Freispruch vom ererbten Verhängnis, um die Versiegelung mit dem Heiligen Geist gehe, wird nicht sonderlich deutlich. Paulus hat das Taufgeschehen unter massiver Verwendung antiker Mysteriensprache so veranschaulicht:

„Wißt ihr denn nicht, daß wir alle, die wir auf Christus Jesus getauft worden sind, auf seinen Tod getauft worden sind? Wir wurden mit ihm begraben durch die Taufe in den Tod, und wie Christus durch die Herrlichkeit des Vaters von den Toten auferweckt wurde, so sollen auch wir als neue Menschen leben.“ (Röm 6,3f.)

Die Taufe als vorweggenommenes Begräbnis des alten und als vorweggenommene Auferweckung des neuen Menschen – wirkt dies verglichen mit unserer Taufpraxis nicht stark überzogen?

Die Hauptfrage ist nicht, ob die Kirchen Recht oder Pflicht haben, auch Christenkinder zu taufen. Die Hauptfrage gilt ihrer Lebensbedeutung. Bei keiner Kulthandlung ist die kirchliche Forderung so entschieden, und bei keiner ist es so offenkundig, daß ihr Sinn sich nicht auf ihren Vollzug gemäß der Agende beschränken kann, sondern an ihrer Lebensbedeutung hängt. Sie verändert das kreatürliche und bedrohte Leben nicht in sich selbst. Es wird in eine neue Grundrichtung gebracht, einer anderen, verändernden Macht, einem neuen, erneuernden Geist anvertraut. Gerade dies will die Taufe erzählen. Sie ist ja nicht zufällig in die werdende Christenheit hineingekommen, etwa weil es auch anderswo Waschungen, Tauchbäder, Reinigungsrituale gab. Sie ist vielmehr dem Anfang des Christusweges, der Lebens- und Leidensgeschichte Jesu zufolge zur Eingangs- und Sendungshandlung für die Gottesgeschichte des christlichen Glaubens geworden.

Agende (lat. *agenda* – das zu Handelnde): Agenden sind Bücher, welche die gottesdienstlichen Feiern und Handlungen in ihrem Aufbau und Wortlaut enthalten. Sie sind meist so gestaltet, daß sie mit gutem Anstand im Gottesdienst benutzt werden können. Sie enthalten auch Angaben für das liturgische Verhalten derer, die den Gottesdienst leiten. Dabei sind solche Anweisungen meist klein und rot gedruckt, damit sie nicht versehentlich mit vorgetragen werden – daher der Name „Rubriken“. Katholisch ist für das ganze Agendenwerk auch der Name „Rituale“ in Gebrauch; soweit es die Meßordnung enthält, kann es auch „Missale“ heißen. „Agende I“ meint in der Regel das Buch, das den Hauptgottesdienst ordnet. Daneben stehen die Agenden für die Sakramentsfeiern und die kirchlichen „Handlungen“ *(Kasualien)*. „Lektionar“ *(Perikopenbuch)* ist der Agendenteil, der die Bibelabschnitte *(Perikopen)* für die Schriftlesungen und die Predigttexte enthält. Die häufig gehörte Formel „Als Schriftlesung hören wir…“ ist ebenso unschön wie unnötig, sofern sie nicht ausdrücklich von der Verlesung des Predigttextes abgehoben werden muß; man lese die Schrift mit Buch- und Kapitelangabe – die Rubrikenangabe ist eine fürs Hören entbehrliche Schulmeisterei.
Mit dem Gebrauch der Agenden sind immer gewisse Probleme verbunden. Wo und an welchen Stellen sind sie bis in den Wortlaut verbindlich, damit die Gemeinde im Vertrauten bleibt? Wo muß und wie weit darf man sie an die Situationen anpassen? Stört das Lesen, sollte man mehr auswendig vortragen? Besonders empfindlich gegen Erstarrung, aber erst recht gegen Mißbrauch sind die Gebete; auf Anpassung an die gegenwärtige Lage angewiesen sind die Fürbitten, wenngleich sie auch allgemeine und bleibende Gegenstände besitzen. Wieweit stören neue Übersetzungen bei vertrauten Schriftlesungen, wieweit helfen sie weiter? Gottesdienstreform ist immer auch Agendenreform, kann sich aber nicht allein darauf beschränken. Die Zunahme privater Agendenversuche läßt undeutlich werden, daß hier die Kirche und nicht ein religiöser Selbstdarsteller beten sollte, weist aber auch auf Reformbedürftigkeit hin. Der Protestantismus schwankt dann oft zwischen Zwangsjacke und Loseblattsammlung hin und her. Freier Umgang mit den Agenden setzt immer Bildung, Formsicherheit und theologisches Urteilsvermögen voraus.

Die kirchlichen Taufagenden erwähnen die Taufe Jesu durch Johannes im Jordan nur selten. Die Lehrbücher stellen korrekt fest, daß diese gar keine christliche Taufe sein konnte. Sie ist das Zeichen bußfertiger Erwartung der Gottesherrschaft gewesen, das man als einmaliges Siegel solcher Hoffnung empfing. Aber sie wurde zum Auftakt des Christusweges, den Jesus gehen sollte. Mit der Taufe im Jordan beginnt seine Sendung, die das kommende Gottesreich ansagt. Da wird seine Berufung besiegelt, kraft deren er alsbald dann seine Jünger berief. So beginnt sein Weg: als Träger und Werkzeug des Geistes, der „auf ihn herabkommt“. Der Weg des Sohnes, von dem die Stimme des Vaters sagt: „den sollt ihr hören“ (Mt 3,16f.; vgl. dazu Mt 17,5). Mit seiner Taufe setzt er sich an die Spitze des Zuges aller, die dann in seinem Namen zur Kindschaft Gottes berufen und ins hörbereite, von seinem Geist getriebene Leben aufgenommen werden sollen.

Die Theologie hat nicht bloß den Unterschied beider Taufen herausgearbeitet, sondern auch beide verknüpft. Wo immer sich kirchliche Kunst der Taufbecken annahm und sie mit Symbolen und biblischen Geschichten zierte, fehlt die Taufe Jesu fast nirgends. Auch LUTHERS Tauflied setzt bei ihr ein: „Christ, unser Herr, zum Jordan kam nach seines Vaters Willen. Von Sankt Johann die Taufe nahm, sein

Werk und Amt zu erfüllen. Da wollt er stiften uns ein Bad, zu waschen uns von Sünden, [...] es galt ein neues Leben" (Ev. Kirchengesangbuch 1953, Nr. 146).
Als der Christusweg zu Ende gegangen war und die Kunde davon aus der Enge des Landes am Jordan in die Weite der Völkerwelt hinausgetragen werden sollte, ist die Taufe aufs neue an den Anfang des Christenweges gestellt worden – als Besiegelung der Jüngerberufung zu ihrer weltweit gewordenen Sendung:

„Mir ist alle Macht gegeben im Himmel und auf Erden. Darum gehet zu allen Völkern und macht alle Menschen zu meinen Jüngern, tauft sie auf den Namen des Vaters und des Sohnes und des Heiligen Geistes und lehrt sie, alles zu befolgen, was ich euch befohlen habe." (Mt 28,18ff.)

Das ist mehr als ein „Taufbefehl". Es ist das Sendungsvermächtnis Jesu. Die Berufung zu seiner Jüngerschaft soll nun viele Menschen in der ganzen Welt dazu bringen, im Christusweg Jesu den Grund ihres Glaubens und die Kraft ihres Lebens zu finden. Sie sollen gewiß sein, daß diese Gottesgeschichte nicht wieder verstummt, sondern ihre umfassende Macht und ihre wahre Lebendigkeit behält – „alle Tage, bis ans Ende der Welt". In dieser Gewißheit sollen sie viele unterweisen, den Christusweg Jesu in ihre menschlichen Lebenswege hineinnehmen und dort mit der Taufe festmachen. Sie soll nun das Zeichen, das Datum und Faktum ihrer Annahme und ihrer bleibenden Berufung zur Jüngerschaft Jesu sein.

Die Taufe wird in diesen Versen nicht wie eine Neuigkeit eingeführt. Sie wird dort nicht „eingesetzt", sondern wie etwas Selbstverständliches vorausgesetzt. Woher anders als von jener Taufe, mit welcher der Christusweg Jesu begann? Und so wird dort auch für die kirchliche Taufe nichts im einzelnen angeordnet: wann, wie, wo und von wem getauft werden solle. Paulus hat sie bewußt örtlichen Helfern überlassen, um keine Sonderanhänger an seine Person zu binden. Es hätte den Kirchen manches Kopfzerbrechen erspart, wenn es hier wirklich einen Taufbefehl mit Ausführungsbestimmungen gegeben hätte – möglichst mit einer Mindestaltersgrenze.

Es wird dort jedoch nur eines festgeschrieben: die trinitarische Taufformel. Von ihr hängt seitdem die weltweite Anerkennung ab. Aber auch diese Formel ist dort nicht als Bestandteil der Taufagende gemeint – als Geheimformel etwa, die dem Taufwasser himmlische Kräfte verliehe. Sie ist die Kurzform des christlichen Glaubensbekenntnisses, das zur Taufunterweisung gebraucht und in der Taufe öffentlich abgelegt wird. Sie benennt die Richtung des Jüngerwegs, umschreibt den Macht- und Lebensraum, in den die Berufung zur Jüngerschaft Jesu hineinnimmt: In diesem Sohn, auf den der Geist Gottes herabkommt, ist die Stimme des Vaters zu hören. Die trinitarische Formel legt nicht nur fest, was die Taufe in der Christenheit gültig macht. Sie sagt auch, worin sich ihr Sinn erfüllt: wenn die Glaubenden sich zum Weg des Sohnes bekennen, zu seinem Vater im Himmel beten und sich dem Geist anvertrauen, der von ihm ausgeht und für den er gutsteht bis ans Ende der Welt, also hinfort „in der Taufe leben".

In der Sendung Jesu geht es nicht um ein paar religiöse Ideen, die das Gespräch der Philosophen bereichern. Ihr geht es um den Anbruch einer neuen Lebensweise, um den Aufbruch eines neuen Gottesvolkes; um das Ziel einer neuen Menschheit, die sich von der Berufung zur Kindschaft Gottes her versteht. Da soll alles, was von Religion oder Politik, von der Wirtschaft oder von der Spannung der Geschlechter her Menschen entzweit, wieder zu einer bereichernden Lebensmöglichkeit werden – in neuer Freiheit, Gleichheit und Brüderlichkeit. Da soll Hoch und Nieder, Mündigen und Unmündigen das gleiche Recht der Gotteskindschaft zuteil werden:

„Ihr seid alle durch den Glauben Kinder Gottes in Christus Jesus. Denn ihr alle, die ihr auf Christus getauft seid, habt Christus (als neues Kleid) angelegt. Es gibt nicht mehr Juden und Griechen, nicht Sklaven und Freie, nicht Mann und Frau." (Gal 3,26–28)

Das soll keine Utopie bleiben, von der man bloß träumen kann, weil ja der „alte Mensch" noch immer weiter da ist. Da stoßen unsere Zertrennungen vielmehr auf eine Gegengeschichte: auf jene Gottesgeschichte, die in der Jordantaufe anhob und sich in der Leidenstaufe auf der Hinrichtungsstätte vollendet hat. Sie gibt sich als Wort, das Fleisch geworden ist, das Geschichte gemacht hat und weiterhin macht und sich nicht mehr totschweigen läßt. Alles, was bloß zum Tod führen kann im Leben der Menschen und Völker – Schuld, Resignation, Lieblosigkeit, Überheblichkeit, Herrschaft und Knechtschaft der vielen Ängste – das gehört zu dem, woran Jesus starb, und soll im Grab bleiben, wenn seine Lebensmacht Menschen zum neuen Leben beruft.

Die Taufe ist jene unumstößliche Tatsache, die unsere Lebensgeschichte an das dort verheißene und zu empfangende Leben anschließt und über alle späteren Fakten und Daten ebenso wie über alle Kirchen- und Lehrschranken hinüber in Geltung bleibt. Sie besiegelt eine Berufung, die jedem ohne Verdienst und Würdigkeit zukommt; ein Leben, das dem Mündigen wie dem Unmündigen zuvorkommt und das man nur empfangen kann; eine neue Lebensrichtung, eine Lebenserlaubnis, von der wir Gebrauch machen sollen, dem „alten Menschen" zum Trotz, der Mitwelt zum Wohl, der Menschheit zum Heil.
Indem die Taufe unsere Lebensgeschichte konkret und historisch an das in Jesus erschienene Leben und an die Gemeinschaft anschließt, die daraus erwuchs, verkörpert sich durch sie seine Lebensgeschichte in der unsrigen. Und zwar als Oster-Sakrament: als das Zeichen, an dem sich das „alte" Leben den Tod holen soll, weil es uns ein neues Leben aus den Kräften der Auferstehung und der künftigen Welt bezeugt und eröffnet. Es macht den Lebensweg der Glaubenden samt allem, was ihnen dort widerfährt oder auch mißlingt, und trotz allem, worin sie da Schuld auf sich laden, zur noch verhüllten Gestalt ihres neuen Lebens. Die Taufe hält uns den guten Weg Gottes lebenslang offen: den Weg der Freiheit seiner Kinder in der Fron dieser Welt.
Die Besonderheit der Taufe steht und fällt mit ihrer Einmaligkeit. Ob sie auch Kindern auf Wunsch ihrer Eltern erteilt werden darf, ist nicht die entscheidende Frage. Sie führt dazu, daß man schließlich nur noch nach der zureichenden Christlichkeit oder gar Kirchlichkeit der Taufeltern oder der Taufbewerber fragt. Als ob es dafür gesicherte Maßstäbe gäbe! Woran will man sie messen? Wer durchschaut die Motive? Auch verschärfte Patenamts-Anforderungen brächten nur kümmerliche Kirchlichkeits-Garantien zutage. Man kann im Grunde immer nur das Taufverlangen selbst ernst nehmen, sofern es nicht durch den Augenschein kraß widerlegt wird. Die Einpflanzung in die Gottesgeschichte des christlichen Glaubens kann nicht erst dort erlaubt sein, wo man schon voll darin lebt. Jedenfalls sollte die Taufe nicht als Gnadenerweis der Kirche erscheinen.
Es gibt hier eine dringlichere, aber auch leichter lösbare Frage. Sie gilt einer Form der Taufpraxis, welche die Einmaligkeit und Besonderheit der Taufe deutlicher heraustreten ließe, als dies derzeit der Fall ist. Die heute gängige Form kommt den Elternwünschen nach einem Schutz- und Segensgeleit für die Kinder entgegen. Sie bestätigt auch manche Vormeinungen der Volksfrömmigkeit. Sie wirkt nicht nur auf die Kritiker nicht streng genug. Kleine Ordnungsregeln wie die Nötigung, sie im Gemeindegottesdienst und am Taufsonntag vollziehen zu lassen, bessern hier nichts. Dies unterstreicht nur ihren kirchlichen Charakter, kann aber weder in der Gemeinde noch bei den Eltern das Taufbewußtsein erkennbar verstärken. Kirchtaufen im Sonntagsgottesdienst bringen entfremdeten Eltern diesen nicht näher. In der Gemeinde schwanken die Gefühle zwischen freundlicher Duldung und heimlicher Ungeduld, und das Taufgefolge bekommt zwischen Rührung und Sorge vorm Kindergeschrei von Predigt und Taufansprache nur einen undeutlichen Eindruck. Bei der Gemeinde nimmt die Gewöhnung zu, und die Hauptbetroffenen sind einer kirchlichen Verpflichtung nachgekommen.

Theologische Systematik mag einen Gottesdienst mit Predigt und beiden Hauptsakramenten als Idealfall betrachten. In Wirklichkeit ist diese Lösung weder für den regelmäßigen Gottesdienst noch für die einmalige Taufe ideal. Wäre nicht ein stärkeres Bewußtsein von der besonderen Lebensbedeutung der Taufe dadurch aufzubauen, daß man sie in der Praxis nur noch als ein besonderes, einmaliges Erlebnis beginge? Mir scheint die Wiederherstellung fester kirchlicher Taufzeiten, wie sie die alte Kirche noch kannte, ein Weg zu sein, der Erwägung verdiente. Die Oster-, Pfingst- und Epiphanienzeit (um den 6. Januar), vielleicht um den Kirchweihsonntag vermehrt, könnten ein sinnhaltiges Vierteljahresangebot ergeben. Hier lägen viele Möglichkeiten für eine eindrucksvollere Feier und für eine ausführlichere Taufelternunterweisung, für eine wirkliche Gemeindebeteiligung und einen menschlich-geselligen Zusammenhang bereit – wenn man den Taufgästen eine gemeinsame Mahlzeit anböte, die Geschwister der Täuflinge mit aktiv werden ließe, Taufelternseminare abhielte und insgesamt solchen Taufzeiten die volkskirchliche Würde der Konfirmationstermine verschaffte. Wo man die Taufe nur ins Kirchenübliche einordnet und ihre Außergewöhnlichkeit nicht mehr aufscheinen läßt, trägt man zu ihrer Verdunkelung bei.

Die Mahlfeier

Mit der Taufe hat man nur selten persönlich zu tun. Zur Abendmahlsfeier werden die Gottesdienstteilnehmer ziemlich regelmäßig eingeladen. Und so, wie sich das „Kirchenvolk" von selbst in Kirchgänger und Nichtkirchgänger aufteilt, wiederholt es sich beim Abendmahl noch mal: viele Kirchgänger nehmen nie oder selten daran teil; eine kleine, heute wachsende Gruppe tut es regelmäßig oder sogar sehr häufig. Bei Katholiken und Orthodoxen gehört die Eucharistie nicht bloß zum Bestand, sondern sie ist der Höhepunkt des Gottesdienstes, und daß man das Sakrament dabei persönlich empfängt, ist für Katholiken meist selbstverständlich. Im protestantischen Gottesdienst steht es damit anders, ebenso auch in der ostkirchlichen Eucharistiefeier.
Daß diese Mahlfeier eine Erzählhandlung ist, leuchtet unmittelbar ein. Wenn man in den reformatorischen Kirchen vom „Abendmahl" spricht, tritt dies besonders heraus. Im schwäbisch-oberdeutschen Raum hat man lange sogar vom „Nachtmahl Christi" geredet. „Der Herr Jesus in der Nacht, da er verraten ward...": so beginnt ja die Erzählung, die diese ganze Gemeinschaftsfeier bestimmt. Man sieht da eher eine Tischgemeinschaft vor sich als eine feierlich aufgeführte Liturgie oder einen Kultakt am Altar, bei dem etwas „ausgespendet" wird. In den Kirchen der Reformation hat man sich bei strittigen Sachen möglichst dicht ans Neue Testament anschließen wollen. Der Name „Abendmahl" steht mehr im Schatten der Leidensgeschichte als im Licht österlicher Verklärung, das die „Eucharistie" überstrahlt; dieser Name paßt sicher auch besser zu einer Feier, die am frühen Morgen stattfindet.
Am einfachsten war es, vom heiligen Mahl, von der „sacra coena", vom Tisch oder Mahl des Herrn, zu sprechen. In der katholischen Kirche hatte sich für lange Zeit das Wort „Messe" eingebürgert, vom letzten Wort dieser Handlung her: „ite, missa est", „geht hin, ihr seid jetzt entlassen" – ins Tagwerk oder ins Sonntagsvergnügen. Für manche vielleicht ein genauso ersehntes Stichwort wie das Amen am Ende der Predigt. Heute lautet dieses Entlaßwort wie fast überall: „Gehet hin im Frieden." In den konfessionellen Kämpfen ist das „Meßopfer" dann zum Inbegriff dessen geworden, was die Reformatoren leidenschaftlich bekämpften. Unpolemisch sprach man vom „Sakrament des Altars", und an dieses ließ der Ausdruck „Sakrament" vorwiegend denken. Allerdings so, daß dann immer die Frage mitschwang, wie handgreiflich und leibhaft man nun eigentlich mit der Gegenwart Christi im Gottesdienst rechne.
Neuerdings greift man am liebsten wieder auf den altkirchlich gängigen, ostkirchlich gebräuchlichen Namen „Eucharistie" zurück. Aufgrund der Liturgiereform des II. Vatikanums soll dieser Name nun auch die tief eingewurzelte Bezeichnung „Messe" ablösen. Man geht ökumenisch aufeinander zu und sucht auch über strittige Meßopfervorstellungen hinauszugelangen. Dank seines Alters wird dieser Name wohl die meisten Stimmen der Christenheit auf sich vereinigen. Vielleicht hilft er auch, den protestantischen Abendmahlsfeiern etwas von ihrer lastenden Schwere zu nehmen. Der Begriff nimmt das Dankgebet Jesu beim Brotbrechen, bei seinem letzten Mahl auf: „... nahm er das Brot, sagte Dank, brach's, gab's seinen Jüngern und sprach..." – wahrscheinlich eine für ihn bezeichnende Geste. Eucharistie umfaßt die Anbetung Gottes überhaupt, das ganze Lob- und Dankopfer christlichen Lebens, den Dank „für alle seine Gaben, die wir empfangen haben". Leider hat sich noch keine Eindeutschung dafür gefunden. So mag noch viel Zeit verstreichen, bis das evangelische Kirchenvolk nicht „zum Abendmahl gehen" oder „das Abendmahl nehmen", sondern „die Eucharistie feiern" will.

Die Mahlfeier vergegenwärtigt, was Jesus mit seinem letzten Mahl in der Jüngergemeinschaft sagen und tun wollte, so wie es die Evangelien, Paulus und die ersten Christen aufbewahrt haben. Es ist die Nacht des Verrats; die letzte Frist, sein Leben noch selbst zu gestalten. Wer mit gebundenen Händen abgeführt wird, kann über nichts mehr verfügen; wenn die letzten Qualen beginnen, versiegen die letzten Worte. Da faßt Jesus sein Leben und sein kommendes Sterben in einer Szene zusammen. Er bringt nicht den Ertrag seines Weges auf eine Formel für Lehrsysteme und läßt die Jünger auch nicht – wie einst den sterbenden Mose – einen Blick auf das Land der verheißenen Zukunft werfen. Er hat keine Macht, kein Geld, kein Programm, keine Idee, keine Höchstwerte zu hinterlassen. Sein Vermächtnis kann nur in seinem Leben bestehen, in diesem ganz der Liebe Gottes geopferten Leben. Es ist ein vom nahenden Passahfest inspiriertes Mahl, bei dem man das Passahlamm ißt mit den Broten, die für den Auszug bereitgelegt sind, und das ein Segensbecher beendet, den der Gastgeber allen Geladenen reicht. Darum nimmt er das Brot, teilt es ihnen aus, ergreift dann den Becher und reicht diesen weiter. Dies ist die Frucht seines Lebens und Sterbens: ein für das Leben der Welt gebrochenes Brot – sein geopferter Leib: „Nehmt und eßt vom Brot des Lebens." Ein allen, die nach Heil verlangen, gereichter Kelch – sein vergossenes Blut: „Nehmt und trinkt vom Kelch des Heils!"

So faßt diese Szene sein Leben zusammen, seine Sendung und ihre Vollendung. Er entzieht sich dem Verrat nicht, dessen Opfer er wird. Er macht daraus seinen eigenen Opfergang, um ganz auf die Liebe zu den Menschen zu setzen, für die er gesandt ist. Er verwandelt dieses Opfer, in dem sich die Liebe vollendet und sein Leben erfüllt, in eine Gabe für viele.

So ist dieses Mahl sein Vermächtnis geworden; sein Testament, das sein Leben und Sterben mit seiner Frucht und Bedeutung verwahrt und erschließt. Alle Kirchen bezeugen dieses Leben und Sterben als die Gottesgeschichte, von der sie leben. Sie erzählen sie weiter, wie dies alle taten, aus deren Feder das Neue Testament hervorging. Dort ist diese Mahlszene vierfach aufbewahrt in ähnlichem Wortlaut (Mk 14,22–25; Mt 26,26–29; Lk 22,14–20; 1 Kor 11,23–25); dazu, bei Johannes, in einer zeichenhaften Rede über „das Brot des Lebens" verschlüsselt (Joh 6,22ff.).

Am intensivsten bezeugen die Kirchen diese Gottesgeschichte dort, wo sie dieses Mahl als das Vermächtnis Jesu feiernd begehen und darin das „Geheimnis des Glaubens" anbetend verehren.

Sie erinnern damit nicht nur an sein vergangenes Leben. Sie begehen es als ein Stück ihres gegenwärtigen Lebens, als seinen tragenden Grund und sein schlagendes Herz.

◁ *Abb. 3:* Die Mahlfeier – das Vermächtnis Jesu

Aus: Wir – die Kirche. Ihre Gestalt und ihr Auftrag heute. Hrsg. und bearbeitet von William Lane GRAFFAM. Gelnhausen/Berlin-Dahlem 1962, S. 56.

Sie bezeugen so, woher sie die Fülle des Lebens erwarten, und verbinden damit keinen anderen Zweck. Und sie leben, solange sie dies tun. Darum haben sie dieses Vermächtnis Jesu, das Gedächtnis seines vollendeten Christuswegs, in ihre amtliche Obhut genommen. Es soll nicht vergessen, mißbraucht, verfälscht und vertan werden, sondern die Kirche und die Glaubenden stärken und nähren. Sie haben es zum Sakrament ihrer Glaubensgemeinschaft gemacht; zur Feier, in der sich die Vermächtnisworte Jesu unzertrennlich mit den hier auszuteilenden Gaben verbinden.

So sollen die Feiernden in das Leben hereingeholt werden, das hier zu empfangen ist, das diese Gottesgeschichte aus sich entbindet. Darum sollten sie zu dieser Feier alle Gaben mitbringen, die Gott in ihr Leben gelegt hat, und sie im Licht dieser Gottesgeschichte als lebendiges Opfer im Gottesdienst ihres Lebens gebrauchen (vgl. Röm 12,1f.). Darum sollten sie aber auch und erst recht alle Lasten mitbringen, die den Gottesdienst ihres Lebens behindern und lähmen: jede nicht wieder gutzumachende Schuld, alle unbewältigten Versuchungen, alle ihre Kämpfe mit den Mächten des Bösen, denen sie aus eigener Kraft nicht entkommen. All dies sollen sie hier vom Erbarmen Gottes bedecken lassen, um dann wieder aufs neue dem Gottesdienst ihres Lebens nachzugehen, hinkend, wie Jakob nach dem Streit mit dem Engel, aber dennoch in Gnaden.

Darum sollten sie auch ihre Furcht vorm Sterben, ihre Todesangst und ihre Lebensangst mitbringen. Denn das Vermächtnis seines im Tod vollendeten Lebens ist auch für Menschen, die sterben müssen, bestimmt. Sein Leben hat auch die Verlassenheit des Sterbens durchmessen; nicht heroisch, sondern ganz menschennah, unter Zittern und Zagen. Die Unterpfänder dieses der Liebe Gottes in der Welt menschlicher Sünden und menschlichen Sterbens geopferten Lebens soll das Vermächtnismahl Jesu in unser vergehendes Leben hineinlegen – auch wo der Tod schon beginnt, uns von unseren Gaben wie von unseren Lasten zu lösen. Sie stehen auch dort für ein Leben gut, das über den Tod hinüber in Kraft bleibt und uns auch im Sterben nicht verläßt.

Es geht um die neue Gotteserfahrung auf dem Christusweg Jesu, die diese Lebensgeschichte der Liebe Gottes unter uns aufgetan hat. Sie hat sich im Vermächtnismahl Jesu verdichtet und will mit den eucharistischen Gaben immer wieder in unsere Lebensgeschichte eingehen. Sie sollen dort die Erfahrung des „Gottes von unten" bekräftigen, der nicht das Leben verklärt oder die Weltgeschichte erklärt, der weder den Tod fernhält noch die Natur enträtselt. Der bei den Bedrängten und Angefochtenen bleibt, dessen Kraft in den Schwachen mächtig wird. Der hat den Tisch seines Knechtes, unseres Herrn, im Angesicht seiner Feinde bereitet (Ps 23,5) – während diese ihre Ränke schmieden, die Tempelwache die Helme aufsetzt und den ratlosen Freunden der Wankelmut aus dem Gesicht spricht. Dieser Tisch ist von einer Liebe gedeckt, gegen die sich Fromme, Gottlose und Gleichgültige mit ihrem Wunsch nach Selbstverwirklichung immerzu sträuben; die unserer uneinsichtigen Lieblosigkeit und dem brutalen Nützlichkeitsdenken das Gericht ansagt und doch alle einschließen will und niemanden ausschließt, der sich ihr nicht selbst entzieht. Er bezeugt eine Liebe, die alles erträgt, glaubt und hofft, allem standhält und niemals aufhört; die keiner von uns selbst aufbringt und die dennoch in unser Leben eindringt. Sie hat dem, der hier sein geopfertes Leben im Brot und im Wein verschenkt, den Namen verliehen, der „größer als alle Namen ist" (Phil 2,9).

Kulthandlungen wirken meist abweisend. Sie werden oft nach strengen, geheimnisvoll anmutenden Regeln vollzogen und machen die Zuschauer häufig befangen. Wenn man sich an ihnen beteiligen soll, stört es oft sehr, wenn ihre Formen häufig wechseln; man will nicht verunsichert werden. Auch bei dieser Mahlfeier, die so sehr auf Beteiligung drängt, gibt es Dinge, die abweisend wirken: Äußerliches, wie beim protestantischen Abendmahl der gemeinsame Kelch, den man nun mehr und mehr durch andere Austeilungsweisen ersetzt – nicht ohne Verlust an symbolischer Ausdruckskraft. Kirchliches, wie die spürbare kirchenamtliche Obhut, aus der allzulange eine äußerliche Sakramentsdisziplin wurde, als man Maßnahmen des Glaubensverhörs und der Kirchenzucht mit der Zulassung verband. Eine große Hemmschwelle hat auch die konfessionelle Theologie aufgerichtet. Der Streit um die rechte, allein wahre Abendmahlslehre hat auch dort, wo man ihn schon längst nicht mehr verstand, zu der ängstlichen Frage geführt, was man wohl glauben müsse, um solche Feier recht zu begehen? Die Angst vor der Zumutung, hier etwas kirchenkonform, aber dem eigenen Denken zuwider glauben zu „müssen“, hat vielen die Freude an dieser Feier zerstört.

Die Gaben, die in diesem Vermächtnismahl Jesu ausgeteilt werden, verkörpern nach seinem vollendeten Sterben ganz real sein vollbrachtes Opfer. Der konfessionelle Streit hat hier freilich vieles verschattet. Zwischen dem lutherischen und dem reformierten Flügel in den Kirchen der Reformation ging es da ja nicht nur um das Daseinsrecht von Unionskirchen, die beide Flügel umfaßten (vgl. „Leuenberger Konkordie“), sondern im Kern immer darum, ob die verschiedenen Auffassungen von der wirklichen Gegenwart Christi in den Elementen der Abendmahlsfeier einander ausschlössen und eine Kirchengemeinschaft verhinderten – also um eine Verlängerung jener Kluft, die sich zwischen der reformatorischen und der katholischen Sakramentslehre aufgetan hatte und die bis heute noch nicht voll überbrückt werden konnte. Genügt es, die „geistliche“ oder „realsymbolische“ Gegenwart Christi – seine „Realpräsenz“ – an der Feier im Ganzen und am Glauben der Mitfeiernden personal festzumachen? Begleitet und umfaßt diese Realpräsenz nicht auch die Elemente dieser Feier, das Brot und den Wein, so daß man mit ihnen im feiernden Gebrauch zugleich den Leib und das Blut Christi empfängt, in dessen Lebens- und Sterbensgeschichte, in dessen Heilshandeln man sich hier einbezogen erfährt (Lehre von einer „Konsubstantiation“)? Oder muß man noch weiter gehen und die wirkliche Gegenwart Christi als bleibende Verwandlung der Elemente von Brot und Wein in den Leib und das Blut Christi durch die Feier der Eucharistie lehren (Lehre von der „Transsubstantiation“)?

> *„Leuenberger Konkordie“:* Die innerprotestantischen Auseinandersetzungen um das Abendmahl gehen auf die Reformationszeit zurück, besonders auf den Bruch zwischen LUTHER und ZWINGLI (→ *Marburger Religionsgespräch*). Sie wurden dann vor allem als Streit um das Daseinsrecht eines unierten, aus lutherischen und reformierten Landeskirchen vereinigten Kirchentums („altpreußische Union“) geführt.
> Der Kirchenkampf im Dritten Reich hatte hier kräftige Annäherungen bewirkt; diese Bemühungen wurden nach dem Zweiten Weltkrieg wiederaufgenommen. Die 8 „Arnoldshainer Thesen“ von 1957 konnten keine kirchenamtliche Anerkennung finden; sie führten aber zur Arbeitsgemeinschaft der „Arnoldshainer Konferenz“ 1967, in der sich die unierten Landeskirchen von Rheinland, Westfalen, Bremen, Kurhessen-Waldeck, Hessen-Nassau, die reformierten Landeskirchen Nordwestdeutschlands und die lutherische Landeskirche Oldenburg zusammenschlossen und der auch Vertreter der württembergischen Landeskirche und des Reformierten Bundes gastweise angehören, auf der Basis gegenseitiger Abendmahlsgemeinschaft und Ämteranerkennung. Im selben Jahr 1967 begannen auch offizielle Lehrgespräche zwischen den lutherischen, den reformierten und den unierten Kirchen in Deutschland – man hielt eine Übereinstimmung in der rechten Lehre des Evangeliums und der rechten Verwaltung der Sakramente, aber keine organisatorische Gleichheit für nötig. Auf europäischer Ebene gab es schon seit 1955 in mehreren Phasen solche innerprotestantischen Verständigungsbemühungen. Sie führten 1971 im schweizerischen Leuenberg zum Beschluß, 1973 zur Verabschiedung einer „Konkordie reformatorischer Kirchen in Europa“, der sich die überwiegende Mehrzahl dieser Kirchen anschloß. So hat auch die EKD in ihrer Grundordnung von 1974 feststellen lassen, daß die Verschiedenheit der Bekenntnisse in ihr keine kirchentrennende Bedeutung besitze und zwischen ihnen Abendmahlsgemeinschaft bestehe, und hat neuerdings auf ihrer Synode in Worms (31.10.–4.11.1983) diese Konkordie ausdrücklich zu einem Bestandteil ihrer Grundordnung gemacht.

Man muß die ernsthafte Absicht sehen, die Feiernden hier nicht bloß christlichen Ideen, sondern der „Fleisch“ gewordenen Wirklichkeit der Gottesgeschichte des christlichen Glaubens begegnen zu lassen, nicht nur in der Beliebigkeit bloßer Gedanken und Erinnerungen, sondern in der Wirklichkeit ihrer Lebensgeschichte. Doch auch der Preis dieses scharfsinnigen, angestrengten und manchmal auch überanstrengt wirkenden theologischen Nachdenkens und der sich daraus zuweilen ergebenden Verwerfungen ist hoch – in der Besinnung auf die Wirklichkeit des Leibes Christi hat man dessen Einheit verletzt und, anders als die unterm Kreuz würfelnden Soldaten (Joh 19,23ff.), seinen Leibrock doch wieder zerschnitten.

Innerprotestantisch hat der Abendmahlsstreit die Abendmahlsfeiern lange Zeit mit dem Übergewicht von Lehrvorstellungen belastet, die sie dann manchmal geradezu zu einer Art Indoktrination mit der Hostie werden und das befreite Aufatmen des Glaubens zu einer mühsamen kirchlichen Glaubensleistung verkümmern ließen. Insgesamt bleibt hier die Frage bestehen, ob sich unter dem Eindruck solcher Lehrstreitigkeiten nicht eine allzu einseitige Ausrichtung der Aufmerksamkeit auf das ergibt, was wohl mit dem Brot und dem Wein auf dem Altar vor sich gehe, die die Feiernden dort empfangen, und was nach dem Feiergebrauch davon zu halten sei. Läuft man so nicht Gefahr, die Selbstprüfung des Gewissens mit einem Übermaß intellektuellen Nachdenkens zu beschweren, statt Menschen durch die Feier dieses Mahles und den Empfang seiner Gaben inmitten ihres beschwerten Lebens der Vergebung gewiß und ihres Glaubens froh werden zu lassen?

Man wird aus der verschlossenen Kulthandlung die offene Erzählhandlung wieder hervorholen und in ihr Erstgeburtsrecht einsetzen müssen, um den verschütteten Zugang zu dieser Feier wieder zu öffnen. Es muß dann kein bloßes Gedächtnismahl daraus werden. Aber muß man den Blick nicht vor allem dorthin richten, wo uns die sakramentlichen Gaben selbst hinweisen: auf das Leben, das sich uns hier mitteilt und um unser Leben annimmt? Auf jenes Leben, das in seinem Leib gelebt, in dessen Zerbrechen vollendet und mit seinem Blut besiegelt worden ist? Auch in diesen „Einsetzungsworten“ bleibt fast alles offen, was zur Anordnung einer Kulthandlung gehört: Wann, wo, wie und wie oft man dieses Mahl feiern, wer es empfangen und wer es austeilen soll. Sie schreiben nur eines fest: es muß das Gedächtnis Christi vergegenwärtigen; nicht bloß Erinnerungen an ihn, sondern das Vermächtnis seines ganzen Lebens und Sterbens; den Weg seines von der Liebe Gottes ermächtigten und ganz zu Ende gegangenen Lebens. Wo und wie immer man es feiern mag – in der großen Gemeinde oder in einem Privathaus, mit Reichen und Armen, mit Christen aus Israel und aus dem Heidentum, unter Gesunden oder bei Kranken –, man muß es so tun, wie es seinem Gedächtnis gebührt, „wahrhaft würdig, recht und heilsam“. Es will in dieser Feier etwas von jener allen geltenden, sich allen zuwendenden Liebe aufleuchten, die das Leben erhellt und die Gemeinschaft erwärmt. Nicht so, daß da einer praßt und ein anderer darbt und man dann schnell noch das Abendmahl feiert – wie Paulus es bei den korinthischen Christen anmahnen mußte. Nicht so, als ob es dort um Lehrsätze oder Appelle zu tun wäre. Auch nicht so, daß dann zwei Klassen von Christen entstehen: Menschen, die zum Abendmahl kommen und darin ihre Frömmigkeit vorweisen, und andere vom Rand und aus den unteren Stockwerken, die ihm ganz fernbleiben, abgestumpft in ihrer Tagesfron. Nicht so, daß sich einer brüstet und ein anderer entrüstet und ein paar

Erschrockene nur noch „von ferne stehen“ wie jener Zöllner im Tempel. Brecht dieses Brot und teilt dieses Mahl so, daß sich das Gedächtnis, nein das Leben Christi in eurer Mitte erneuert! Daß an seiner Liebe eure unversöhnliche Lieblosigkeit stirbt!

Diese Feier soll die Augen vom eigenen und vom fremden Versagen abwenden. Sie will viele Sünden zudecken. In ihr sollen die Klagelieder verstummen und die Augen und Herzen für die Nöte der anderen sich öffnen; so daß man nach Wegen sucht, ihnen abzuhelfen. Erzählhandlungen rücken das Erzählte so sinnenfällig in die Gegenwart, daß man sich unwillkürlich miteingereiht fühlt. Diese Mahlfeier will die Befangenheit einer Kulthandlung selbst überwinden, ohne schal und alltäglich zu werden. Sie will einem Spiel auf offener Bühne gleichen, bei dem man plötzlich unter den Zuschauern Tische aufstellt und sie einlädt, dort Platz zu nehmen. So bleiben wir durch sie gefragt, warum wir es so schwernehmen, aus uns herauszugehen und neben die anderen zu treten? Warum auch die Feiernden sich dort meistens als Einzelgänger versammeln? Warum sie den Glauben hinter oft so verschlossenen Gesichtern verwahren und sowenig Freude darüber zeigen, daß auch andere mit ihnen das gleiche brauchen und dasselbe empfangen?

Die Frage nach Feierweisen, die dieses Mahl besser erschließen, ist wieder offen. Wo es selten gefeiert wird, kann es uns entschwinden. Wo es zur allsonntäglichen Gewohnheit wird, kann es sich entleeren. Braucht diese Feier nicht beides: das schlichte, nach Zeit und Form verläßliche Angebot – und die Vielfalt lebendiger Formen, in denen sie sich mit der Vielgestalt unseres Lebens und darin mit unserem Glauben und Glaubenwollen verbündet?

(5) Erwägen Sie, von den verschiedenen Möglichkeiten der eucharistischen Feierweisen ausgehend, die Vor- und die Nachteile traditioneller bzw. neu geschaffener Gottesdienstformen. Geben Sie an, in welcher Art von Gottesdiensten Sie diese bevorzugen.

....

....

....

....

....

....

....

....

....

Christentum und Kult

Rituelle, geregelt wiederholte Verhaltensweisen reichen tief in das ursprüngliche Welterleben hinab. Sie sind Versuche, Verläßlichkeiten zu schaffen im Umgang mit der Natur, mit Menschen, Dingen und Mächten. Aus probeweiser „Begehung“ wird gekonnter „Umgang“. Bald sondert sich vom vernünftig erklärbaren Alltagsverhalten der Umgang mit den ungewöhnlichen Wechselfällen und Grenzerfahrungen des Lebens ab. Es entstehen die Kultakte einer unmittelbaren Religionsausübung, in der sich die religiösen Vorstellungen darstellen. Mit Gebeten und Opfern, beschwörendem Wort und heiliger Handlung nimmt auch der Einzelne an besonderen Orten und Zeiten an der gemeinschaftlichen Verehrung der Gottheit teil und erhofft davon ihren Segen. Man gibt nicht nur, um mehr zu bekommen, sondern auch, weil man schon so vieles bekam.

Kann man Gott überhaupt auf diese Art Dienste erweisen? Dient solcher Kult nicht doch nur dazu, erwünschte Verhältnisse religiös zu befestigen? Kann die Religion eines guten Lebenswandels nicht auf solche „Hofdienste“ (Kant) gern verzichten? Zumal solcher Kult zwar die Glaubenden eng zusammen-, Andersglaubende aber meistens streng ausschließt und nicht selten fanatischen Eifer entzündet?

Bibel und Theologie richten ihr Hauptaugenmerk auf die Selbstsucht des menschlichen Herzens, das im Kult oft nur sein eigenes Sicherheitsstreben versteckt. Sie sehen Kult und Alltag sich gegenseitig in Frage stellen. Und vielleicht haben wir es heute sogar mit einem Wandel der Menschlichkeit selbst zu tun, weil vielleicht der Mensch des industriellen Zeitalters nicht mehr religiös sein und sich deshalb auch nicht mehr kultisch verhalten kann und in Zukunft vielleicht nur noch ein kultloses Christentum Überlebensaussichten hat?

Hinter dem Gottesdienst der Christenheit steht der Lebens- und Leidensweg Jesu, der zur Gottesgeschichte und damit zur Lebensmitte des christlichen Glaubens geworden ist. Denn da ging es ausschließlich um eine neue Weise, Gott zu erfahren und von ihm angenommen zu werden. Gottesgeschichten werden in aller Welt in den Heiligtümern verwahrt und im Kult nachvollzogen. Auch die Christenheit hat sich alsbald um ihre Gottesgeschichte als gottesdienstliche Glaubensgemeinschaft gebildet.

Freilich, sie war keine Kultlegende, sondern blieb eine Lebensgeschichte aus Fleisch und Blut. Sie wollte sich keine religiöse Sonderwelt schaffen, sondern die verborgene Anwesenheit Gottes inmitten der menschlichen Geschichte und eine neue, die Bestimmung des menschlichen Lebens umkehrende Gotteserfahrung bezeugen. Dies hat den Gottesdienst in der Christenheit von Anfang an auch auf einen Dienst an dieser Welt ausgerichtet und immer wieder zu Aufbruchsbewegungen geführt, die sich unter Berufung auf Jesus vom vorhandenen, selbstsicheren Kirchen- und Kultwesen absetzen wollten; oft auf der Linie der Kultkritik alttestamentlicher Propheten. Dort galt dann der arme Wanderprediger aus Nazaret mehr als jede kultisch verehrte Christusgestalt, das entschiedene Christentum der Bergpredigt mehr als schöne Gottesdienste, Parteinahme für die Bedrängten und Armen mehr als lange Gebete. In ihrem Kielwasser segelte oft, wenn auch mit äußerster Vorsicht, jene protestantische Bürgerreligion mit, die nur zu gern bereit war, auf den kultischen Gottesdienst ganz zu verzichten und den Schwerpunkt auf das Berufs- und Familienleben zu legen.

Das Christentum hat solche gegenkultischen Strömungen mit seiner am Kult orientierten kirchlichen Gestalt zusammenzuhalten vermocht. Man muß urteilen, daß es nur so weltgeschichtlich wirksam werden und überleben und weit über Kult und Kirche hinaus wirken konnte, ohne in allen möglichen Kanälen zu versickern. Im kultlosen Christentum lebt Jesus als Vorbild. Ohne Vorbilder kann niemand leben, aber überlebensgroße Vorbilder stiften kein Heil. Die christliche Gottesgeschichte will unser Leben mit einem sich uns zuwendenden, bei uns bleibenden, uns begleitenden und beschenkenden, brüderlich mitmenschlichen und doch gottermächtigten Leben verbinden, das uns die Nähe der Liebe Gottes im Stückwerk unserer Lebensversuche erfahren läßt.

Dazu aber werden die grundlegenden Lebensformen des Kultes gebraucht, und die Christenheit hat sich ihrer aus guten, zwingenden Gründen bedient. Denn der Geist errichtet auch die geschichtlichen Neubauten aus vorhandenem Material, und die Hinterlassenschaft Jesu bot es selbst an: das lehrende Wort, das Gebet, das er hinterließ, die Taufe als Berufungssiegel eines neuen Lebens, das Brotbrechen, das die Glaubenden um den Opfergang der Gottesliebe zusammenschließt. Worte und Handlungen, welche die Glauben begründende Gottesgeschichte und die Glaubensgemeinschaft leibhaft nacherleben lassen, aus Betrachtern Teilnehmer machen und die Nachwachsenden einüben. So ist der christliche Kult zur selbstverständlichen Lebensäußerung und Selbstdarstellung, zum Werkzeug der Glaubensvermittlung, zum wirksamsten Missionar und stärksten Erzieher der Kirche geworden.

Seine Grenzen liegen in der stets drohenden Veräußerlichung. Je strenger die Formen sind, desto näher liegen auch die Routine, das Geplapper, das selbstlaufende Vokabular, das gedankenlose Ritual. Und doch muß der Kult der Anwalt nicht bloß der guten Manieren im Gottesdienst, sondern überhaupt der Bedeutung des Äußeren in der Religion bleiben. Er muß jener absichtlichen Formlosigkeit widerstehen, die so oft das Vorgegebene unter- und das Eigenschöpferische überschätzt.

Natürlich kann der Kult auch zur bloßen Maske religiöser Pflichterfüllung werden, hinter der man himmlischen Lohn oder doch freie Hand fürs weltliche Leben erhofft. Doch die Grenze, an der die Theologie besonders wachsam sein muß, liegt dort, wo sein anspruchsvolles Eigengewicht dazu führt, ihn und seine Formen für zeitlos und ausschließlich gültig zu erklären, als ob man nur so dem wahren Gott dienen könne. Dann wird er rasch vollends zum heilsnotwendigen Ort der Gottesbegegnung überhöht, an dem man Gott Genüge tun kann und zeitlose Geborgenheit findet. Sowenig er sich für andere Zwecke einspannen lassen darf, sowenig darf der Kult selbst zum Heilsgeschehen oder zum verbindlichen Heilsweg erklärt werden – als könnte man irgendwo „Heil an sich" empfangen, abgesehen vom unheilvollen Leben, dem es zum Heil werden soll. Verabsolutierung seiner Heilsbedeutung und Isolierung vom Leben sind die beiden Sackgassen, die ihn zu vollenden versprechen und in Wahrheit um seine Bedeutung bringen. Aber viele Kultstätten sind so angelegt, daß der Kult sich dort der sakralen Betretenheit als „Endstation" darbietet.
Die Christenheit bedient sich des Kults. Sie will und kann ihn zum Ort der Verherrlichung Gottes und zur Stätte des Atemholens machen. Aber sie will nicht, daß der Glaube sich nur auf den Kult beschränkt, Gott nur noch im Kult und nicht auch im Alltagsleben erfahren will, die Frommen nur noch als Kultmenschen und die Kirchen nur noch als Verwalterinnen einer umfassenden Kultdisziplin erscheinen. Die Faszination des Kultes ist groß. Aber sein Hauptproblem liegt nicht in ihm, sondern im Menschen, der keine Gewalt über sein Herz hat, das sich Gott hingeben und doch selbst behalten will. Diese Kluft kann der Kult niemals schließen, sondern immer nur überbrücken. Was ihn nötig macht, bleibt seine Schranke. Nicht der Kult, nur die Liebe deckt die Menge der Sünden, und wer käme ihr nach! Er bleibt ein Not-Behelf im wahrsten Sinne des Wortes. Er muß heilsdienlich, nicht heilsnotwendig sein wollen und behält eine zeitgebundene Dienstgestalt inmitten anderer kirchlicher Dienstgestalten.

Dem muß der christliche Gottesdienst in seinem Selbstverständnis und in seiner Gestaltung Rechnung tragen. Er darf der Faszination des Kultischen nicht erliegen. Es scheint, daß der protestantische Gottesdienst (wie schon der synagogale) am weitesten geht bei dem Versuch, kultische Betretenheit nicht aufkommen zu lassen und doch die kultischen Formen zu wahren. Aller christliche Kult will in all seinen Formen unser gegenwärtiges Leben in seinen Vollzug einbeziehen und es mit jener Lebensgeschichte der Liebe Gottes zusammensprechen. Darum spielt in ihm grundsätzlich das Wort, und gerade auch das sich immer wieder frei in die Gegenwart wagende Wort, eine so unentbehrliche Rolle – es hält so stets auch die Kluft des gespaltenen Herzens bewußt. Darum wird selbst seine intimste Feier der Gemeinschaft mit Gott und untereinander nicht überschwenglich, sondern bleibt mit dem Bekenntnis der eigenen Sünden verbunden und lädt Menschen ein zur Versöhnung untereinander. Daher bleiben im christlichen Kult so schwierige Spannungen bestehen. Wo man offene Gemeinschaft und ungezwungene Feierlichkeit sucht, braucht man viel Bildung und Formgefühl.

Damit bleibt christlicher Kult stets auch den Wandlungen der öffentlichen Kommunikation und ihren Krisen ausgesetzt – und so heute auch der veränderten Sonntagslandschaft. Und sicher braucht der Glaube in einer vom säkularisierten Lebenszuschnitt geprägten Welt auch andere als kultische Vermittlungsformen; etwa ein leiseres, unaufdringliches Weggeleit ohne den steilen kirchlich-geistlichen Anspruch des Kults. Aber die Arbeits- und Wohnräume unseres Lebens sind ja von der Vernunft nicht so leicht leerzurechnen, und die Alltagserfahrungen unseres Lebens machen weiterhin unentwegt von muttersprachlichen Vorstellungsmitteln Gebrauch – weit über das wissenschaftliche Schulheft hinaus. Es wäre voreilig, wollte man Kultvollzüge heute bloß noch bei Hinterwäldlern für möglich halten. Was Gott durch den Kult empfange, kann man sich fragen. Aber muß man nicht auch fragen, ob der Mensch mit dem Kult nicht vielleicht das letzte Asyl für den Mehrwert des Lebens verlöre, in einer nur noch von beschränkten Fachleuten verwalteten Welt?
Unterm Diktat der reinen Begriffs- und Informationssprache geht das poetische Denken, das noch etwas auslöst, und geht die Gemütssprache verloren, die noch etwas erwartet, erbittet, erhofft. Wo es nur noch ums Funktionieren geht, leistet man noch Freizeitprogramme ab, kann aber keine Feste mehr feiern. Die mechanisierte Zeit kennt bloß noch Termine, aber kein Wort mehr, das ein nachdenkliches oder festliches „Heute" beschert. Worauf soll einer noch warten, der keinen Segen mehr kennt? Was kann einer noch opfern, der sich alles selbst verschafft, aber nichts mehr empfängt?

Die Krise des Kults ist zuinnerst eine Krise des Betens. Das Gebet ist die schlichteste und die dichteste Form der Religionsausübung: bittend ihre Alltäglichkeit, dankend ihre Feierlichkeit, fürbittend ihre Mitmenschlichkeit. Es unterbricht das Tun, um sich ihm von innen her zuzuwenden. Es ist die Innenseite des Kults, Ausdruck und Inbegriff eines empfänglichen Lebens vor Gott und aus Gott. Nimmt der Kult mit dem Bitten-, Erwarten- und Empfangenkönnen nicht Züge des Menschlichen in seinen Schutz, die uns nicht abhandenkommen dürfen?

Kultischer Gottesdienst steht nicht im Belieben der Kirchen, doch können sie ihn nach ihrer Einsicht gestalten. Für die Glaubenden muß er ein freies Angebot bleiben. Denn dies will er auch vermitteln: das Angebot jenes Lebens, das die Liebe Gottes für uns und für viele vollbracht hat. Denn durch dieses Leben werden vom Tod gejagte, von Sünden geplagte Menschen trotz allem zum Vertrauen berufen, zur Liebe befreit und zur Hoffnung für diese Erde ermutigt. Das Wort in Zuspruch und Lehre, die Taufe, die Mahlfeier werden weiterhin seine Hauptträger sein, und das Gebet Jesu, das Welt und Leben umspannt, wird sein Atemraum bleiben bis ans Ende der Zeiten.

(6) Zählen Sie einige Gründe auf, die kultisches Ausdrucks- und Glaubensverhalten (a) für den christlichen Glauben und (b) für menschliches Leben überhaupt erwünscht erscheinen lassen.

(a) ....

....

....

....

....

(b) ....

....

....

....

Zur Zukunft des Gottesdienstes

In allen Konfessionen betrachtet die Glaubenslehre den Gottesdienst als die entscheidende kirchliche Lebensäußerung. Unter dem Eindruck der Gottesdienstkrise denken kirchliche Praktiker manchmal über Wege nach, den Gottesdienst zu ersetzen, weil es vielen so leichtfällt, ihn zu entbehren. Im Blick auf seine Zukunft wird man unter anderem die nachstehenden vier Punkte bedenken müssen:

1. Dem regelmäßigen Sonntagsgottesdienst sind heute und wohl auf längere Sicht dürre Zeiten verordnet. Die Sitte des Sonntagskirchgangs ist voll von der Krise getroffen. Dennoch werden die Kirchen die alte Bewußtseinsdreiheit von Sonntag, Kirche und Gottesdienst nicht ohne dringendste Not aufkündigen dürfen. Es geht nicht um ihre gesellschaftliche Stellung, sondern um ihre öffentliche Aufgabe. An einem gewissenhaft vollzogenen, für jedermann offenen sonntäglichen Gottesdienstangebot liegt nach wie vor viel. Es ist nicht auszuschließen, daß auch Sitten sich ändern und die marktgängigen Freizeitprogramme sich eines Tages erschöpfen. Durchaus nicht jedermann kann sie sich leisten. Ein Angebot, das davon nicht abhängig ist, was der Wohlstand sich leisten kann, steht der Kirche gut an.

„Leere Kirchen": 1962 betrachteten sich insgesamt 45%, 1966 39% und 1971 32% der Befragten als „regelmäßige Kirchgänger".
Unter den evangelischen Christen gingen die Zahlen von 28% bis auf 16% zurück; in Kleinstädten am stärksten, in Mittelstädten am geringsten. Man kann annehmen, daß dabei 1–2maliger Gottesdienstbesuch im Monat als regelmäßig empfunden wird. Nach der EKD-Statistik für 1975 haben 1,5 Millionen evangelische Christen (5,5%) am Sonntagsgottesdienst teilgenommen, am Heiligen Abend die 4fache Zahl. Berlin verzeichnete zwischen 1966 und 1971 einen Rückgang um 27%. In der bayerischen Diaspora rechnete man 1972 in Großstädten mit 2–4%, in Mittelstädten mit 5–6%, in kleineren Orten mit 8–10% Kirchgängern, darunter zwei Drittel weiblich; von den 25–44jährigen kamen gerade noch 1%. Dazwischen ging der Jahresdurchschnitt gelegentlich auch vorübergehend etwas nach oben.
Unter Studierenden haben sich im Jahr 1967 nach einer Allensbacher Untersuchung 52%, 1978 aber nur noch 6% der katholischen Studenten als regelmäßige Kirchgänger bezeichnet – die evangelischen Studierenden gingen im selben Zeitraum von 13% auf 5% zurück.

In den holländischen Kirchen schmolz die Zahl der Kirchgänger zwischen 1966 und 1974 von 50% auf 20% (Hervormde Kerk), von 95% auf 60% (Geref. K.) und von 64% auf 35% (kath. K.) zusammen, und es war in diesen allen mit weiteren Abnahmen zu rechnen.

In der lutherischen Staatskirche in Schweden rechnete man im Landesdurchschnitt 1973 mit 2,5%, in Stockholm 1974 mit 0,8% – wobei manchmal dem Rückgang im Hauptgottesdienst sogar eine wachsende Beteiligung am sonstigen Gemeindeleben gegenüberstehen konnte.
Der französische Protestantismus beklagte zwischen 1962 und 1974 eine Abnahme um nicht weniger als 47%.

Insgesamt liegen im deutschen Sprachgebiet die katholischen Teilnehmerzahlen weithin erheblich über denen der protestantischen Kirchgänger.

Die statistischen Zahlen sind großenteils den Mitteilungen des evangelischen Pressedienstes entnommen.

2. Der Sonntagsgottesdienst war lange ein Zeichen dafür, daß man die Welt- und Lebensverhältnisse von christlicher Sinngebung her einverständlich zu deuten vermochte. Heute scheint beides weit auseinanderzuklaffen. Manche nehmen dann im Gottesdienst zu übertriebener Weltlichkeit ihre Zuflucht, um seiner Isolierung vom Leben zu entgehen, andere zu betonter Feierlichkeit, um seine Besonderheit zu unterstreichen. Verweltlichung („Entsakralisierung") oder Rückkehr zum Mysterium sind jedoch unfruchtbare Alternativen. Denn sein rechtes Verständnis und seine Lebendigkeit hängen genau von jener eigentümlichen Urspannung, jenem offenen Hin und Her zwischen (kultischer) Feier und (weltlichem) Leben ab, durch die er den Glauben beleben und einüben soll.

„Sonntagspflicht": Schon im Jahr 313 hat im spanischen Elvira eine auch sonst auf sittenstrenge Abgrenzung gegenüber dem Heidentum bedachte Synode in ihrem can. 21 festgelegt, wer drei Sonntage bei der Messe schuldhaft fehle, solle als sichtbares Zeichen der Zurechtweisung für eine befristete Zeit ganz von ihr ausgeschlossen werden. Die Kirche war damals im Begriff, aus einer bedrängten zur staatlich geförderten Religion zu werden: sie hatte jetzt Anlaß genug und auch die äußere Möglichkeit zu solch kirchlicher Zucht in Sachen ihres Gottesdienstes – war sie doch bestrebt, sowohl den Eintritt zu erleichtern, als auch einen Rückzug zu erschweren. Solche Sonntagspflicht galt aber ausschließlich dem Gottesdienst, nicht auch der von Konstantin bald darauf angeordneten sonntäglichen Arbeitsruhe. Jener Canon 21 von Elvira wurde später auf verschiedenen anderen Synoden wiederholt und fand auch im katholischen Kirchenrecht Eingang, bis hin zum Cod. iur. can. von 1917 – in der Neufassung von 1983 ist es can. 1247.

Petrus Canisius hat dann in seinem Großen Katechismus von 1555 erstmals fünf „Kirchengebote" formuliert. Sie betreffen Regelungen für das der kirchlichen Autorität anbefohlene kultische Leben und verpflichten die Gläubigen „streng, d.i. unter einer schweren Sünde". Das zweite Kirchengebot lautet: „Du sollst an Sonn- und Feiertagen die hl. Messe mit Andacht hören." Die Katechismen der Bistümer, in die diese Kirchengebote als Lernstoff eingegangen sind, sagen dann unter anderem, daß man sich sowohl durch schuldhaftes Versäumen der Messe als auch durch unehrerbietiges Betragen während der Messe an diesem zweiten Kirchengebot versündigen könne.

Im katholischen Gebet- und Gesangbuch *„Gotteslob",* Ausgabe des Bistums Rottenburg, heißt es unter Ziff. 67,2 anläßlich der Beichtanleitung:
„Das Versäumen der sonntäglichen Eucharistiefeier ohne schwerwiegenden Grund ist eine ernsthafte Verfehlung vor Gott und der Gemeinde. Wer sich ohne Grund immer wieder der sonntäglichen Eucharistiefeier entzieht, steht in schwerem Widerspruch zu dem, was er seiner Gemeinde als getauftes und gefirmtes Mitglied schuldig ist, und er weist damit zugleich undankbar das Angebot Gottes zurück."

Die Kirche mußte freilich die Verpflichtung zur Messe in der eigenen Pfarrgemeinde mit der Zeit fallenlassen, das Angebot der sonntäglichen Meßfeiern vermehren und eine weitherzige Auslegung der Sonntagspflicht durch die „Gläubigen" hinnehmen, wie auch manchen Streit darüber, bei welchen Teilen der Messe man zugegen gewesen sein müsse; die Zahl der das Sakrament nicht persönlich empfangenden Gottesdienstbesucher war zuweilen groß. Gemeint war von ihr mit der Sonntagspflicht immer eine Bekundung persönlicher Hingabe und innerer Teilnahme. Ihretwegen hat auch das II. Vatikanische Konzil im Art. 56 der Liturgie-Konstitution den Predigtteil ausdrücklich in die Sonntagspflicht einbezogen, zumal gerade unter bedrängten Kirchenverhältnissen dem Gottesdienst oft die gesamte Aufgabe des Bekenntnisses und der Unterweisung im Glauben zufalle.

Der Begriff der Sonntagspflicht wird allerdings seine innere Problematik nicht wirklich abstreifen und sich in der Praxis schwerlich ganz aus dem Schatten der ihn begleitenden religiösen Drohgebärden herausbewegen können. Im *„Neuen Glaubensbuch"* wird dies offen so ausgesprochen:
„So wenig man den Glauben erzwingen kann, so wenig kann man den Empfang der Sakramente erzwingen. Die Kirche muß die Sakramente immer wieder anbieten, zu ihrem Empfang einladen, sie so ansprechend wie möglich vollziehen [...] [Doch] wie der Glaube jedes einzelnen Menschen persönlich ist und [...] eine Lebensgeschichte durchläuft, so kann auch die Sakramentspraxis eines Christen in den verschiedenen Lebensaltern durchaus verschieden sein. Jeder über Ermahnung und Einladung hinausgehende Versuch, eine bestimmte Sakramentspraxis zu erzwingen, würde aus dem sachlichen Brennpunkt des kirchlichen Lebens die organisierte Heuchelei machen."[5]

3. Im Verfall alter Sitten treten neue hervor. Man sieht jetzt die Festgottesdienste, das Feierabendmahl, den Familiengottesdienst, die „Kasualien", aber auch außergewöhnliche Gottesdienste, etwa in Taizé oder Papstmessen oder Kirchentagsver-

5 Johannes Feiner / Lukas Vischer (Hrsg.): Neues Glaubensbuch. Der gemeinsame christliche Glaube. Freiburg/Basel/Wien/Zürich ^{3}1973, S. 389f.

sammlungen, mit neuen Augen. Tiefen Lebenseinschnitten zwischen Geburt und Grab, Festzeiten und mancher Geselligkeit, Großveranstaltungen um Fragen des Menschheitsschicksals und Begegnungen mit ungewöhnlichen Formen glaubwürdigen Christentums kommt eine neue Bedeutung zu. Sie stellen Unterbrechungen dar, die uns persönlich stärker anrühren als der gewöhnliche Sonntagsgottesdienst, der es zwar tun will, aber meist nicht mehr tut. Es sind solche Situationen, in denen sich Grenzen öffnen im Lebensgeschick, im Weltschicksal, zur anderen Konfession, zu einem neuen Lebensstil, zu anderen Menschen. Der Reiz des Ungewöhnlichen hält sie lebendig. Ihnen kann offenbar eine gottesdienstliche Gestaltung, in alten oder in neuen Formen, am besten Ausdruck verleihen. Sie wird dort geradezu selbstverständlich und überzeugend („es gibt keine Veranstaltung, an der mehr junge Menschen teilnehmen als beim Kirchentag, und keine, bei der weniger junge Menschen sind als im sonntäglichen Gottesdienst"[6]). Entsteht an diesen besonderen Haltepunkten heute ein symbolisches Netz, das für viele die unlesbar gewordene Lebenswelt auffängt und ihnen Zeit gewährt, ein neues Lebensvertrauen zu fassen und zu wagen? Ein weitmaschiges Angebot, das doch irgendwie vom Vorhandensein, vom Fortbestand und vom Wissen um den sonntäglich angebotenen kirchlichen Gottesdienst zehrt, auch wenn man ihn nur im seltenen Bedarfsfall in Anspruch nimmt?

4. Es könnte sich heute auch ein neuer Bedeutungszuwachs für den Gottesdienst, zumal den ungewöhnlichen, herausbilden, der mit einem neuen Gespür für die Gottesgeschichte des Glaubens zusammenhängt, die er vergegenwärtigen will – mit der Einsicht nämlich, daß diese auch als Gegengeschichte gelesen werden will. Müssen im christlichen Gottesdienst nicht mehr und anders als bisher gerade solche Kräfte ihren öffentlichen Ausdruck finden, die sich in einer wissenschaftlich-technisch entfesselten, politisch mißbrauchten und wirtschaftlich ausgebeuteten Leistungswelt aller Selbstzerstörung zum Trotz zum Anwalt für ein Leben in der Ehrfurcht vor dem Unverfügbaren machen, Schuldverkettungen auflösen und für Versöhnung eintreten? Gewinnt so der Gottesdienst die Dimension der Ausschau, der Hoffnung und des Widerstandes zurück, die er in den Großkirchen weitgehend eingebüßt hat?

Ich sehe nicht, daß es Gestalten des christlichen Lebens geben könnte, die auf das Lob des hier empfangenen Lebens und auf die Feier des Dankes in ihrer Mitte grundsätzlich verzichten könnten. Wenn die Christenheit nichts mehr zu begehen hätte, hätte sie bald auch nichts mehr zu sagen.

(7) Können Sie Gesichtspunkte anführen, in welcher Weise eine Gottesdienstreform die Erneuerung der Kirche fördern kann?

....

....

....

....

....

....

....

....

....

....

6 Johannes Rau in: *Evangelische Kommentare* 7 (1982), S. 382.

22. Religion und Erziehung

Autor der Studieneinheit: Karl Ernst Nipkow

Karl Ernst Nipkow (56), Dr. phil., seit 1968 Professor für Praktische Theologie (Religionspädagogik) an der Evangelisch-Theologischen Fakultät der Universität Tübingen und Lehrtätigkeit in Erziehungswissenschaft an der Fakultät für Sozial- und Verhaltenswissenschaften. Vorstandsvorsitzender des Comenius-Instituts, Mitglied der Kammer der EKD für Bildung und Erziehung.
Veröffentlichungen zur Religionspädagogik, kirchlichen Bildungspolitik, Allgemeinen Pädagogik und Schulpädagogik.

Allgemeine Einführung

Das Verhältnis des Einzelnen zur Religion wird maßgeblich durch die Erfahrungen mitbestimmt, die er in der religiösen Erziehung als Kind und Jugendlicher gemacht hat. Der Blick muß jedoch über Kindheit und Jugendzeit hinausgehen. Der Erwachsene bleibt ebenfalls Eindrücken und Einflüssen ausgesetzt, die ihn prägen. Das Thema „Religion und Erziehung" umgreift alle Lebensphasen und betrifft die verschiedensten Orte der religiösen Erziehung, Unterweisung und Begleitung: die Familie, Kindergarten und Kindergottesdienst, Religionsunterricht in den Schulen, kirchlichen Unterricht in den Ortsgemeinden, kirchliche Jugendarbeit und die Einrichtungen kirchlicher Erwachsenenbildung.

Wie religiös zu erziehen sei und ob man es überhaupt vermag, ist freilich ein Problem. Viele Eltern sind ratlos, weil ihr eigener Glaube unsicher ist. Die rationalen Kategorien der modernen Welterkenntnis und die Inhalte und Sprachformen der christlichen Überlieferung stehen sich wie zwei Welten gegenüber. Zugleich spüren nicht wenige Erwachsene, daß damit das Thema Religion für sie nicht abgetan sein kann. Sie suchen für sich selbst und für ihre Kinder überzeugende Antworten auf die Frage nach dem Sinn des Lebens.

In dieser Situation hat sich die gegenwärtige Religionspädagogik auf evangelischer wie katholischer Seite gewandelt. Sie nimmt den Traditionsabbruch ernst. Sie versucht zu vermeiden, was in der christlichen Erziehung die Ermutigung zum Glauben verhindern könnte. Sie will dem Geist des Evangeliums entsprechen und scheut nicht die offene und selbstkritische Auseinandersetzung.

Zwei Hauptaufgaben stellen sich:

- Die erste Aufgabe umschließt das Bemühen, die mit der Gottesfrage gegebene Frage nach der Wahrheit der christlichen Überlieferung und der Wahrheit unseres Lebens im Unterricht so anzugehen, daß er nicht nur Wissensstoff vermittelt, sondern um diese Wahrheitsfrage kreist. Die evangelische und katholische Religionspädagogik unserer Tage versuchen dies. Die Chancen des neuen, gesprächsoffenen Weges scheinen hierbei größer zu sein als die Risiken.

- Die zweite Aufgabe berücksichtigt die Einsicht, daß die Erwachsenen selbst der Schlüssel der Erziehungsaufgabe sind, auch der religiösen Erziehung. Darum ist zu fragen, welchen besonderen Herausforderungen sie sich jeweils in den Stadien ihres Lebens gegenübersehen und was dies für die religiöse Lebenslinie bedeutet. Es ist wichtig, daß Jugendliche und Erwachsene füreinander offenbleiben und gemeinsam nach dem Sinn von Leben und Glauben suchen.

Nach dem Durcharbeiten dieser Studieneinheit sollen Sie in der Lage sein,
- die wichtigsten Motive der christlichen Kirche für eine christliche Erziehung und Unterweisung zu begründen und hinsichtlich der Spannungen, die zwischen diesen Motiven auftreten können, zu beurteilen;
- die Interessen der Eltern, der Jugendlichen und des Staates an religiöser Erziehung zu charakterisieren und im Vergleich zu den Beweggründen der Kirche zu bestimmen;
- den Wandel in den religionspädagogischen Grundauffassungen in diesem Jahrhundert in den wichtigsten Merkmalen zu beschreiben und nach seinen Chancen und Risiken einzuschätzen;
- die Frage, in welchem Sinne überhaupt Religion und Glaube lehr- und lernbar sind, zu erörtern;
- die Gründe für die besondere Bedeutung bestimmter Aufgaben religiöser Erziehung darzulegen, im einzelnen für:
  - die Anbahnung religiöser Grunderfahrungen in der Familie,
  - die Klärung nicht nur der ethischen, sondern auch der Glaubensprobleme im Religionsunterricht,
  - schließlich die pädagogische Begleitung der Erwachsenen und die gemeinsame Verständigung zwischen der älteren und jüngeren Generation.

Beweggründe und Grundformen religiöser Erziehung

Bei dem Thema „Religion und Erziehung“ kann man eine engere und eine weitere Themafassung voneinander unterscheiden: Zunächst denken wir an eine *bestimmte religiöse Erziehung innerhalb einer Religionsgemeinschaft,* zum Beispiel in Form kirchlichen Unterrichts (Sakramentenkatechese, Konfirmandenunterricht) und an die entsprechenden innerkirchlichen Erwartungen, dann aber auch an die Frage, welche Bedeutung die Religion einschließlich der religiösen Erziehung für die *allgemeine Erziehung in einer Gesellschaft* hat.

Besonders wenn in Staaten wie der Bundesrepublik der Religionsunterricht an öffentlichen Schulen stattfindet oder die theologische Ausbildung an staatlichen Universitäten angesiedelt ist, spielen offensichtlich *gesellschaftliche Erwartungen* eine Rolle, die über die innerkirchlichen hinausgehen, sich aber auch mit ihnen verbinden können, wenn die Kirchen ihrerseits ein Interesse an Auswirkungen ihrer kirchlich orientierten christlichen Erziehung auf das allgemeine Erziehungs- und Bildungssystem haben.

„Religion“ umschreibt Sachverhalte, die heute als Folge einer geschichtlichen Entwicklung innerhalb und außerhalb der Religionsgemeinschaften für Menschen von Bedeutung sind.

So können denn auch einzelne *Eltern* vor der Frage stehen, ob sie ihr Kind taufen und religiös oder gar kirchlich-christlich erziehen lassen sollen, obwohl sie selbst aus der Kirche ausgetreten sind. – In Großstädten wie in Westberlin nehmen mehr Schüler am Religionsunterricht teil, als von der Kirchenmitgliedschaft her anzunehmen wäre. Nicht zur Kirche gehörige Eltern melden ihre Kinder an, und diese bleiben als Jugendliche im Religionsunterricht. Obwohl sie nicht getauft und von ihren Eltern nicht kirchlich-christlich erzogen worden sind, entwickeln sie religiöse Interessen. Auch die heranwachsenden *Jugendlichen* haben eigenständige Erwartungen.

Unser Thema verzweigt sich. Man kann auch sagen: Es erschließt sich von verschiedenen Seiten. Die Beweggründe für religiöse Erziehung sind in folgenden Problemfeldern zu suchen:
- bei den Religionsgemeinschaften,
- bei den Eltern,
- bei den Kindern und Jugendlichen selbst und
- beim Staat und der Gesellschaft im ganzen.

Zur Sicht der Religionsgemeinschaften

Aus der Sicht der Religionsgemeinschaften gibt es drei Grundmotive für religiöse Erziehung: das Interesse an der Erhaltung der Religion, an der Vertretung ihres Wahrheitsanspruchs sowie an der verantwortlichen gedanklichen Durchdringung der Religion. Der Erörterung dieser Grundmotive wenden wir uns nun der Reihe nach zu.

Religiöse Erziehung und der Fortbestand der Religion

Alle kirchlichen und theologischen Anstrengungen nutzen für den Fortbestand von Religion wenig, wenn die Übertragung der Glaubenstradition von der älteren auf die jüngere Generation nicht mehr gelingt. Das ist so selbstverständlich, daß es keinen offiziellen Vertreter einer Religion kränken darf, wenn man nüchtern vom Interesse an *Bestandserhaltung* und *Fortsetzung* spricht.

Um das Gemeinte zu bezeichnen, gebraucht man heute Begriffe aus der Soziologie, die seit einigen Jahren auch in den pädagogisch-religionspädagogischen Sprachgebrauch eingedrungen sind. Wie die soziale Gemeinschaft im ganzen, die Gesellschaft ein Interesse daran hat, die junge Generation in den sozialen Gesamtkörper einzugliedern, zu „sozialisieren“ – hierauf bezieht sich der Begriff „Sozialisation“ ohne weiteren Zusatz –, so geht es entsprechend in den Religionsgemeinschaften um „religiöse Sozialisation“. Der erste Ort hierfür ist seit alters her die Familie („primäre“ Sozialisationsinstanz). Im Laufe der Zeit wurden aber auch besondere Formen pädagogischer Vermittlung entwickelt, Einrichtungen einer „sekundären“ Sozialisation.

- *Lernen durch Teilnahme und Einübung*

Eine große Rolle spielten besonders früher Weisen ganzheitlicher Einübung in die religiöse Glaubens- und Lebensform.

Zur Zeit der Alten Kirche ging der Taufe der erwachsenen Taufbewerber (Katechumenen), die in der Osternacht vollzogen wurde, eine zum Teil dreijährige Einführungs- und Erprobungszeit voraus, in der die Katechumenen unter anderem am ersten Teil des Gottesdienstes (Wortgottesdienst) teilnahmen, noch nicht an der Meßfeier (Eucharistie) selbst. „Besonders dringlich“ war dieses längere Einleben „im heidnischen Milieu, wo kein Altes Testament pädagogisch zu Christus hinführte und die Entscheidung für Christus wegen der öffentlichen Ächtung größeren Tiefgang haben mußte.“[1] In den 40 Tagen vor Ostern („Quadragesima“ oder Fastenzeit) wurden sie sodann in Exerzitien besonderer Art hineingenommen, in geistliche Übungen des Betens und Fastens, verbunden mit Exorzismen, durch die im Namen Gottes die widergöttlichen Mächte hinausbeschworen werden sollten, die von der Person Besitz ergriffen hatten. Die abschließende belehrende Einführung in den geheimnisvollen Sinn der Sakramente erfolgte in manchen Gegenden erst nach der Erfahrung der Taufe und dem Erstempfang des Altarsakraments, in der Osterwoche – so der Brauch vom 3. bis 5. Jahrhundert.

Noch heute ziehen sich manche katholische Christen und zunehmend auch evangelische für eine Zeit zu Exerzitien in ein Kloster oder ein Haus der inneren Einkehr zurück (zur Bedeutung des kommunitären Lebens in der Gegenwart vgl. STE 26).

Im Konfirmandenunterricht will man ebenfalls nicht beim bloßen Unterricht stehenbleiben. Vielfach verbindet man ihn mit gemeinsamen Freizeiten. „Lernen, was es heißt, als Christ in unserer Zeit zu leben“, so die Aufgabe des Konfirmandenunterrichts nach Weert Flemmig, soll konkret im Umgang miteinander spürbar werden.[2]

---

1 Rupert Berger: Art. „Katechumenat“. In: Ders.: Kleines liturgisches Wörterbuch. Freiburg/Basel/Wien 1969, S. 204.

2 Weert Flemmig in: ru – Praxis 1, Gütersloh 1973, S. 26.

- *Belehrung und Unterricht*

Vertrauter ist uns jedoch der andere Weg, sind uns die Formen religiöser Belehrung und unterrichtlicher Unterweisung in besonderen pädagogischen Institutionen. Innerhalb der Gemeinde handelt es sich um die Sakramentenkatechese (kath.) bzw. den Konfirmandenunterricht (ev.), an den öffentlichen Schulen um den Religionsunterricht, der in der Bundesrepublik konfessionell getrennt erteilt wird.

Nach Meinung der Mehrheit der Forscher entstanden im Judentum bereits im 1. Jahrhundert v. Chr. besondere Elementarschulen für die religiöse Unterweisung in der Tora für Kinder ab etwa dem 5. Lebensjahr, allerdings nur für Jungen. Vom Islam sind die Koranschulen bekannt. Im christlichen Mittelalter sind unter anderem die Klosterschulen zu nennen. Eine systematische christliche Unterweisung fehlt jedoch in diesen Jahrhunderten. Erst vom 16. Jahrhundert an wird durch die Reformation im Zusammenhang mit einer grundlegenden Erneuerung des Schulwesens ein systematisch zu erteilender christlicher Unterricht an den Schulen eingeführt, der in der Regel zweistündig pro Woche gehalten werden soll – unser heutiger Religionsunterricht.

- *Zur Bedeutung von Gottesdienst und Gemeindeleben*

Mit der Erziehung in der Familie, den besonderen Weisen geistlicher Einübung und den unterrichtlichen Formen sind wichtige Gelegenheiten religiöser Erziehung genannt. Aber noch fehlt die Mitte des Ganzen. Höhepunkte und zugleich Zentren der Ausstrahlung des Glaubens einer Religionsgemeinschaft sind auch in pädagogischer Hinsicht, im Blick auf die heranwachsende Generation, die Feste, die gemeinsam begangen werden (vgl. STE 2). Eine zentrale Bedeutung sollte vor allem die Feier des sonntäglichen Gemeindegottesdienstes haben (vgl. STE 21). In ihm versammelt sich die christliche Gemeinde um den auferstandenen Herrn, um sein Wort zu hören und die Abendmahls-(Eucharistie-)feier zu begehen. In keiner christlichen Kirche wird so stark wie in den Ostkirchen bis heute betont, daß sich die Einführung der Kinder von früh an in erster Linie durch die Teilnahme an der Liturgie vollziehen soll.
Manche Eltern, sogar der Kirche persönlich distanziert gegenüberstehende, möchten gerade über den Gottesdienst Kontakt (zurück)gewinnen und für ihre Kinder anbahnen, haben aber große Schwierigkeiten. Eine junge Mutter (29) von zwei Kindern (1 und 2 Jahre) bemerkt:

„Ich möchte am liebsten mit meiner Familie gehen, und zwar mit meinen kleinen Kindern, die eben noch nicht ruhig sitzen können, sich einfach nicht ruhig verhalten können. Kleine Kinder wirken als Störfaktor in unserer Gemeinde, und das liegt meiner Meinung nach daran, daß die Gottesdienste so aufgebaut sind, daß sie eigentlich nur für die Erwachsenen bestimmt sind, und dann eigentlich auch nur für die ältere Generation; denn das ‚Mittelalter' wird kaum in unseren Gottesdiensten angesprochen, da sie eben gar nicht die Möglichkeit haben, mit ihren Kindern zusammen in die Kirche zu kommen. Ich möchte das nicht verallgemeinern. Ich glaube, daß es schon viele Kirchen und einzelne Gemeinden gibt, in denen wirklich Familiengottesdienste stattfinden [...]"[3]

Die junge Frau differenziert; aber der Gesamteindruck bei ihr und anderen bleibt: Könnten nicht unsere Kirchen kinderfreundlicher sein? Offenbar ersetzen die besonderen Kindergottesdienste, so sinnvoll sie unter dem Gesichtspunkt der altersgemäßen Anpassung der Unterweisung sind, nicht die notwendige gemeinsame Erfahrung vor aller besonderen Unterweisung.

Das Problem kehrt bei den Jugendlichen verschärft wieder. Sind unsere Gottesdienste für die junge Generation ansprechend genug, für die Teenager und die jungen Leute zwischen 20 und 30? Dies ist weitgehend nicht der Fall. Die Zentralveranstaltung der christlichen Kirche, der sonntägliche Gottesdienst, ist in unserer volkskirchlichen Situation in der Bundesrepublik keineswegs zugleich der zentrale pädagogische Ort, an dem Kinder und Jugendliche zusammen mit der Gemeinde der erwachsenen Christen den Glauben lernen. Jugendliche und junge Erwachsene beklagen vor allem dreierlei: die fehlende Erfahrung von Gemeinschaft, die geringe Gelegenheit, den Gottesdienst mitgestalten zu können, und die mangelhafte Verständlichkeit der Predigt.

Abb. 1: Ein Junge entdeckt allein die Kirche bei einem Besuch am Alltag

Aus: Regine Schindler/Hartmut W. Schmidt: Florian in der Kirche. Lahr 1979, S. 17.

3 Aus einem Interview, durchgeführt vom Süddeutschen Rundfunk, über „Religion in der Alltagswirklichkeit" (Reporterin: Heidi Krienke).

Trotz dieser oder gerade wegen dieser Lage möchten heute manche Religionspädagogen den *Zusammenhang der christlichen Erziehung mit dem Leben der Ortsgemeinde* stärken. (Zur Einschätzung der Bedeutung der konkreten Gemeinden darf auf Studieneinheit 20 verwiesen werden.) Zu erinnern ist an die Anstöße, die 1975 in Nairobi von der 5. Vollversammlung des Ökumenischen Rates der Kirchen ausgegangen sind. Sie gab uns westlichen Christen viel zu denken. Nicht nur für die Ostkirchen (ihrer Natur nach Volkskirchen), sondern auch und erst recht für die jungen Kirchen in der „Dritten Welt" (Freiwilligkeitskirchen) ist der Sonntag der Tag des Gottesdienstes und zugleich ein Tag gemeinsamer pädagogischer Grunderfahrungen, der in die ganze Woche hineinwirkt.

In Seoul hat mich im Spätsommer 1981 beeindruckt (als ich im Zusammenhang mit Gastvorlesungen eingeladen war, gleich zweimal hintereinander vor jeweils mehreren hundert Gottesdienstbesuchern zu predigen), daß während des ganzen Sonntags das große Gottesdienstgebäude ein Ort für ein vielfältiges, reiches Zusammenleben war. In einen Raum wurde der Gottesdienst für Mütter mit Kleinstkindern durch Lautsprecher übertragen. In anderen Räumen fand nach dem Gottesdienst für verschiedene Altersgruppen Unterricht statt. Anderswo wurde ein gemeinsames Essen vorbereitet für die, die über Mittag bleiben wollten. Hier saß man gesellig beisammen, dort wurde gespielt. In dieser Gemeinde kennt man sich, obwohl es sich um eine große Gemeinde handelt.

Angeregt durch die Taizé-Bewegung, die evangelische und katholische Christen umfaßt und besonders Jugendliche anzieht, will in pointierter Weise der evangelische praktische Theologe und Religionspädagoge Klaus MEYER ZU UPTRUP dem alten Gedanken, daß die *Liturgie die ursprüngliche Katechese* sei, zu neuem Leben verhelfen. Er richtet seine Aufmerksamkeit hierbei besonders auf die Rolle des *Gebets:*

„‚Das liturgische Gebet ist Bewegung, ist Kraft zum Leben. Es unterweist und verkündet, es wiederholt ohne Ende von Jahrhundert zu Jahrhundert das Lob, die Anbetung, den Glauben, die Liebe und die Hoffnung des Gottesvolkes', heißt es im Vorwort zur ‚Kleinen täglichen Liturgie' der Schwestern von Pomeyrol. Das ist so, weil Liturgie in der Dimension des Dialogs mit Gott geschieht. Und im Nachwort heißt es ganz schlicht und einfach: ‚Das Gotteslob ist die wahre Katechese, die das Volk Gottes nährt und lehrt. Es ist zugleich Predigt und Zeugnis'."[4]

Zur Veranschaulichung heißt es dann sehr persönlich weiter:

„Ich möchte dies zunächst durch ein Erlebnis deutlich machen. In den siebziger Jahren bin ich in zwei Sommern mit meiner ganzen Familie in Taizé gewesen. Meine drei Söhne, die wir daheim kaum zum Kirchgang bewegen können, sind dort mit großer Selbstverständlichkeit dreimal oder wenigstens zweimal täglich zu den Gebeten in die Kirche gegangen. Französisch konnten sie damals noch nicht; es genügte, daß sie im Miterleben der Liturgie ein Bibelwort und ein Gebet auf Deutsch mitbekamen. Sie haben dabei genau das mit allen Sinnen begriffen, was ich aus dem Gebetbuch der Schwestern von Pomeyrol angeführt habe, auch ohne daß sie es in solche Worte fassen konnten. Liturgie ist ursprüngliche Katechese. Alles unterrichtliche Reden über Gottesdienst muß eine erschließende Erfahrung voraussetzen; sonst wird mit leeren Begriffen hantiert. Liturgie geschieht im Dialog mit Gott, ist gemeinsame Antwort auf Gottes Handeln, auf die Verkündigung. Christlicher Glaube wird gelernt, wenn eine Mutter ihr Kind mit in ihr Beten hineinnimmt, wenn eine Gemeinde junge Menschen mit in die Freude ihres Gotteslobes hineinzieht." (S. 1f.)

Religiöse Erziehung und der Wahrheitsanspruch der Religion

Religionsgemeinschaften haben ein fundamentales Interesse an religiöser Erziehung im Sinne der Eingliederung der jungen Generation. Der Beweggrund, das Grundmotiv, ist, die menschenmöglichen Voraussetzungen dafür mitzuschaffen, daß Glaubenstradition und Glaubensleben erhalten und fortgesetzt werden. Dieser Ausgangspunkt hat uns veranlaßt zu entfalten, in welchen Formen sich diese „religiöse Sozialisation" vollzogen hat und noch vollzieht bzw. wieder vollziehen sollte. Im Spiegel der zitierten persönlichen Zeugnisse erscheint nun der genannte Beweggrund für religiöse Erziehung zugleich in einem neuen Licht. Begriffe wie „Bestandserhaltung" und „Fortsetzung" sind institutionssoziologisch gedacht, sie schauen auf den äußeren Fortbestand einer Religionsgemeinschaft als Institution. Das Ganze hat aber auch eine Innenseite. Es ist immer wieder letztlich die Gotteserfahrung selbst, die *Glaubenserfahrung der Erwachsenen,* die einfach nötigt, sie weiterzusagen und weiterzutragen – an erster Stelle den eigenen Kindern. Wenn es im Alten Testament heißt:

„Du sollst den Herrn, deinen Gott, lieben von ganzem Herzen, von ganzer Seele und mit aller deiner Kraft. Und diese Worte, die ich dir heute gebiete, sollen dir ins Herz geschrieben sein, und du sollst sie deinen Kindern einschärfen und sollst davon reden, wenn du in deinem Hause sitzest und wenn du auf dem Wege gehst, wenn du dich niederläßt und wenn du aufstehst [...]" (Dtn 6,4–7) (Übers. nach der Zürcher Bibel),

spürt man, daß das „Den-Kindern-Einschärfen-Wollen-und-Sollen" aus dem eigenen vollen Herzen kommt. Es handelt sich um Worte, die einem selbst „ins Herz geschrieben" worden sind, um glückhafte, heilsame Erfahrungen vom liebenden und wiederzuliebenden Gott, die bis heute Eltern veranlassen, ihre Kinder in ihren Glauben mit hineinzunehmen.

Erfahrungen einzelner Menschen können dabei die ganze Kirche neu in Bewegung bringen und auch der religiösen Erziehung neue Impulse verleihen. Dies ist für die neuzeitliche Entwicklung der christlichen Kirchen durch die Glaubenserfahrung Martin LUTHERS und anderer Reformatoren geschehen. So wie in ihrer Glaubenserfahrung Gott selbst das Subjekt, der eigentliche Lehrer, ist, so ist bei diesem Lehrer nie auszulernen:

„Können wir das in einer Stunde auslernen, was Gott selbst nicht auslehren kann, der doch daran von Anfang der Welt bis zu Ende lehrt, woran alle Propheten samt allen Heiligen zu lernen hatten, noch immer Schüler geblieben sind und bleiben müssen?"[5]

Wie die sozialgeschichtlichen Forschungen von Philipp ARIÈS gezeigt haben, setzt sich schon vom Spätmittelalter an in Europa ein neues Erziehungspathos durch.[6] Reformation und Gegenreformation verstärken es nochmals in einer kaum zu überschätzenden Weise. Die Erziehung des Kindes wird von nun an eine große, ja, eine heilige Sache, darüber hinaus die Erziehung überhaupt, die Selbsterziehung und die gegenseitige Erziehung auch der Erwachsenen. LUTHER schärft es allen gleichermaßen ein, zumal den vermeintlich sich vollkommen dünkenden Frommen und den sich gebildet dünkenden Theologen. Die oben zitierten Worte sind seiner Vorrede zum *„Großen Katechismus":* „an alle Christen, sonderlich aber an alle Pfarrherrn und Prediger" entnommen. LUTHER schreibt „Katechismen" für alle. Berühmt wird sein *„Kleiner Katechismus".* Katholische Theologen machen es ihm bald nach, wie Petrus CANISIUS, der Verfasser ähnlicher Katechismen für die römisch-katholische Kirche.

Auf dieser inneren Linie der Begründung religiöser Erziehung, die in der lebendigen Glaubenserfahrung einzelner Menschen und der Religionsgemeinschaft im ganzen wurzelt, verschwistert sich der Erziehungswille mit dem Willen zu *öffentlicher Verkündigung und Sendung in der Welt* („Mission"). Im Christentum ist der Lehrauftrag in den Missionsauftrag eingebettet:

4 Klaus MEYER ZU UPTRUP: Liturgie und Katechese. In: Jahrbuch für Liturgik und Hymnologie. 26. Band. Kassel 1982, S. 1. Zur pädagogischen Bedeutung der Sakramente aus katholischer Sicht siehe Günter BIEMER: Katechetik der Sakramente. Freiburg/Basel/Wien 1982.

5 Martin LUTHER: Erste Vorrede zum Großen Katechismus. In: Bekenntnisschriften der Ev.-Luth. Kirche. Göttingen 1979, S. 552 (Zitat an gegenwärtiges Deutsch angeglichen).

6 Philipp ARIÈS: Geschichte der Kindheit. München [3]1976 (frz.: L'enfant et la vie familiale sous l'ancien régime. Paris 1960).

„Mir ist alle Macht im Himmel und auf der Erde gegeben. Darum geht zu allen Völkern und macht alle Menschen zu meinen Jüngern, tauft sie auf den Namen des Vaters und des Sohnes und des heiligen Geistes und lehrt sie, alles zu befolgen, was ich euch geboten habe [...]" (Mt 28,18b–20a).

Mission und Lehre, Verkündigung und Erziehung gehen Hand in Hand. Was aller Welt mitzuteilen ist, ist selbstverständlich auch den eigenen Kindern weiterzugeben. Das Grundmotiv in dieser Perspektive ist nicht das Interesse an der Bewahrung und Fortsetzung der religiösen Institution, sondern die Dynamik der erfahrenen religiösen Wahrheit. Beides kann zwar in der Kirche, sofern sie eine lebendige religiöse Institution ist, die aus dem Ringen um die Wahrheit lebt, nicht voneinander getrennt werden. Beides muß aber gerade darum zugleich voneinander unterschieden werden, damit die Kirche für Gott als ihr Subjekt offen bleibt.

Wo die Wahrheit des Glaubens in der Kirche neu zum Durchbruch kommt, tritt die Sorge um Bestand und Fortsetzung des Alten zurück; neue Anfänge und neue Fortsetzungen stehen vor Augen. Grundsätzlich hat auch die religiöse Erziehung an beiden Seiten Anteil, an der Bewahrung und am Aufbruch, an alten und an neuen Kontinuitäten. Sie kann festhalten, „konservativ" sein, und vorwärtsdrängen, „progressiv" sein.
Die *Grundform* dieser zweiten Motivationslinie sind weniger die Eingewöhnung und Befestigung (s.o.) als der Appell und der Ruf zur Nachfolge.

Nach dem Ersten Weltkrieg bestand auf evangelischer Seite die sog. Dialektische Theologie, gegen jedes harmonisierende Kulturchristentum, darauf, daß Gott Gott und der Mensch (nur) Mensch sei und zwischen beiden ein totaler Abstand bestehe. Nichts anderes tue so not, als gemeinsam auf Gottes Wort zu hören. Keine andere Aufgabe habe die Kirche so ernst zu nehmen wie die Verkündigung dieses Wortes. Wie die Predigt wurden auch Seelsorge und Erziehung von diesem Verkündigungsauftrag her bestimmt: „Erziehung als Verkündigung". Eines der ersten Bücher, die diesen Ansatz auf den Religionsunterricht übertrugen, rückte bezeichnenderweise den Begriff der „Entscheidung" in den Mittelpunkt: Der Religionsunterricht soll den jungen Menschen „in die Entscheidung stellen".[7]

Wie sind solche Aufbrüche zu beurteilen? Auch eine neue Erziehung aus einem neuen Wahrheitsanspruch heraus kann zweideutig werden. Hierzu zwei Beispiele:

Auf evangelischer Seite hat die befreiende reformatorische Entdeckung der Rechtfertigung allein aus Glauben (vgl. STE 18) das dann entstehende Schulwesen wie überhaupt das evangelische Erziehungsdenken der folgenden Jahrhunderte nicht davor geschützt, anstelle des „Evangeliums" das „Gesetz" an die erste Stelle zu setzen. Erziehung als „Zucht" im Sinne von Einordnung und Unterordnung kehrt noch um 1930 im evangelischen Erziehungsdenken als Hauptmotiv wieder.
In der Zeit der Aufklärung fordern große Theologen und Pädagogen wie Friedrich Schleiermacher eine grundlegende Neuorientierung der religiösen Erziehung am Leitgedanken selbständiger und individueller religiöser „Bildung" (vgl. hierzu noch unten S. 360–361). Im ganzen erhalten sich jedoch im 19. Jahrhundert unter dem Namen der „Bildung" die alten, unfreien Erziehungsmuster mit großer Beharrungskraft – und für beide wird die christliche Wahrheit in Anspruch genommen (zur Doppelwertigkeit religiöser Wahrheitsansprüche vgl. STE 5).

Wie die Praxis christlicher Erziehung tatsächlich aussieht, hängt offensichtlich einmal daran, wie theologische Wahrheitsansprüche und nichttheologische, gesellschaftliche Erziehungsinteressen sich wechselseitig deuten, unterstützen und verbünden. Im 19. Jahrhundert betrifft dies zunehmend das Verhältnis von Christentum und Nationalismus.

Zum anderen kann eine religiöse Wahrheitserfahrung den Blick auf jeden anderen Weg als den eigenen verstellen, ja, verboten erscheinen lassen. Dann verwandelt sich eine Erziehung aus der Wahrheit in eine Erziehung aus Zwang. Aus einem Weg, auf dem Gott den Menschen frei machen will, wird ein Weg, auf dem Menschen andere unfrei machen. Die eigene Zwanghaftigkeit im Wahrheitsbesitz wird auf die Kinder und Jugendlichen übertragen. Darf aber das Evangelium als eine versöhnende und befreiende Botschaft selbst unfrei vermittelt werden, ohne daß sich die Kirche fundamental widerspricht?

Religiöse Erziehung und die Bildungsnotwendigkeit der Religion

„Erziehung" betrifft ein aspektreiches Phänomen. Es wird Zeit, diesen Begriff näher zu entfalten, um begriffliche Klarheit zu gewinnen.

- Der bereits eingeführte interpretierende Begriff „Sozialisation" betont Erziehung als *soziale Eingliederung*. Bei diesem weiten Erziehungsverständnis geraten alle erziehungswirksamen Einwirkungen der Umwelt ins Blickfeld, seien sie planmäßig oder zufällig, beabsichtigt oder unbeabsichtigt, bewußt oder unbewußt prägend.
- Der soeben gefallene Begriff der „Bildung" richtet sich im Sprachgebrauch seit dem 18. Jahrhundert demgegenüber vor allem auf eine *persönliche Ausstattung des Einzelnen* (Bildung als Ergebnis) und auf den *persönlichen, individuellen Weg* dahin (Bildung als Vorgang). Hierbei stehen geistige Fähigkeiten im Vordergrund: Erziehung als Bildung.
- Wer fordert, die Jugend müsse besser erzogen werden, denkt an noch etwas Drittes, an „Erziehung" als *sittliche Erziehung*, früher häufig auch „Zucht". Dieser Begriff fiel ebenfalls am Ende des vorigen Abschnitts. Heute spricht man von „ethischer Erziehung", „Moralerziehung" oder „Werterziehung", wenn man diesen engeren Erziehungsbegriff meint.
- Im wissenschaftlichen Sprachgebrauch kann der Begriff „Erziehung" (wie in „Erziehungswissenschaft") auch als Oberbegriff für alle drei genannten Aspekte verwendet werden.

Die Notwendigkeit von „Bildung" erschließt das letzte Grundmotiv. Im Christentum haben Glaube und Bildung von Anfang an miteinander zu tun. Judentum, Christentum und Islam sind Religionen, die auf geoffenbarte „Worte" zurückgehen und sie in einer heiligen „Schrift" weitertragen. Sobald dieses Schriftstadium gegeben ist, genügen die Formen mündlicher Tradierung (Erzählung) und liturgischer Vergegenwärtigung (Gottesdienst) nicht mehr. Es gilt dann, die Worte als Schrift lesen und schreiben zu können. Daher rührt in allen drei Religionen die hohe Bedeutung von Schulen, wobei bezeichnenderweise in den alten jüdischen Elementarschulen, in den Koranschulen und auch in den Anfängen des christlichen Schulwesens das Lesen und Schreiben an den heiligen Schriften selbst gelernt wurde. Eins haftete am anderen.

Mit diesem Ansatzpunkt ist noch nicht gesagt, ob jedes Mitglied der Religionsgemeinschaft in gleicher Weise einen selbständigen geistigen Zugang zu den Quellen der Glaubenswahrheit haben soll, ob es mithin eine Trennung von gebildetem Klerus und Theologenschaft einerseits und weniger theologisch gebildeten Laien andererseits gibt oder nicht. Ebenso ist zunächst noch nicht entschieden, ob oder in welchem Ausmaß die geoffenbarte Schrift „ausgelegt" werden darf oder gar soll (für den Koran vgl. STE 8). In den christlichen Kirchen gab es hier in beiden Hinsichten lange Zeit Schranken. Deutlich sind aber schon in den Anfängen der Kirche auch die zukunftsweisenden Grundlagen zu erkennen.

Wenn man die Lehrbriefe des Apostels Paulus an die Gemeinden in Korinth, Rom und anderswo zum Maßstab nimmt, wird das Bestreben sichtbar, möglichst alle Gemeindeglieder in den Stand zu setzen, über ihren Glauben gedanklich Rechenschaft abzugeben. Man staunt über das hohe theologische Anspruchsniveau, das Paulus seinen Adressaten in seiner „theologischen Erwachsenenbildung" zumutet. Da die Offenbarung des biblischen Gottes eine Offenbarung in der Geschichte und im Wort, das Fleisch geworden, ist: eine Offenbarung mithin in menschlicher und damit mehrdeutiger Vermittlung, sehen sich die urchristlichen Gemeinden von früh an ferner zu theologischer Auslegung veranlaßt. Sie umschließt die geschichtliche

7 Gerhard Bohne: Das Wort Gottes und der Unterricht. Berlin 1929, ³1965.

Deutung (Verbindung zum Alten Testament), die Klärung, die Verteidigung und die Abgrenzung ihrer Ostererfahrung. Auch hierfür sind die neutestamentlichen Briefe ein Beispiel. Christlicher Glaube wird denkender Glaube. Das Ja zur Theologie schloß ein Ja zu theologischer und religiöser Bildung ein.

Heute stellen sich die *Bildungseinrichtungen der Kirche* als ein kaum noch zu überschauendes Feld dar. Sie reichen vom Elementarbereich (konfessionelle Kindergärten) bis zur Universität, von der Kindheit bis zu Einrichtungen der Erwachsenenbildung. In den modernen Gesellschaften sind Ausbildung und Bildung als Voraussetzung für sachgerechtes Handeln, besonnenes Urteilen und menschliches Miteinander selbstverständlich geworden. Die grundlegenden Bildungsaufgaben sind hierbei im Umgang mit der Glaubenstradition dieselben geblieben. Es geht darum, die Glaubensüberlieferung zu verstehen, über sie Klarheit zu gewinnen und sich mit anderen über sie verständigen zu können, auch dann, wenn man sich nicht einigen kann. Dabei darf „Bildung" nicht intellektuell verengt gesehen werden – erst „Bildung als Lebensform" im Raum gelebten individuellen und gemeinsamen Lebens macht wohl den tiefsten Sinn von Bildung sichtbar (vgl. dazu S. 356ff.). Für die religiöse Bildung ist daher in den christlichen Kirchen an einem Bildungsbegriff festzuhalten, der sich auf die geistliche und weltliche Lebenspraxis des Christentums im ganzen bezieht und, hierin eingeschlossen, auf „Bildung als Reflexion".

Es wird im Zusammenhang des Religionsunterrichts noch näher darauf einzugehen sein, welcher besonderen Problematik dieses letzte Grundmotiv ausgesetzt ist. Auch diese dritte Perspektive ist doppelwertig: Reflexion kann Glauben befestigen, aber auch zerstören. Jeder weiß, was Glaubenszweifel intellektueller Art bewirken können und wie man oft mehr unbewußt als bewußt gefährliche Fragen, ob Gott mehr als nur eine Erfindung des Menschen ist oder ob die Toten wirklich wie Christus auferstehen werden, von sich fernhält. Bildung ist auch ein Risiko (ausführlicher dazu S. 369–371).

Fassen wir zusammen: Der Gedankengang hat *drei Beweggründe* dafür entfaltet, warum von seiten der Religionsgemeinschaft, hier besonders der christlichen Kirchen, religiöse Erziehung schlechthin notwendig ist. Es geht

1. um den Fortbestand der Religions- bzw. Glaubensgemeinschaft,
2. um den Wahrheitsanspruch der Glaubenserfahrung und
3. um die Rechenschaft und Verständigung über die Glaubensinhalte.

Religiöse Erziehung erscheint dementsprechend in *drei Grundformen:*

1. als Versuch, den Glauben weiterzugeben und die Heranwachsenden und Erwachsenen in die Glaubensgemeinschaft einzugliedern durch Teilnehmenlassen, Eingewöhnung und Befestigung (Beten in der Familie, Miterleben im Gottesdienst, gemeinsames Begehen von Festen und Feiern, Einüben von Verhalten, Vermittlung von Kenntnissen),
2. als Bemühung, zu überzeugen und für den Glauben zu gewinnen durch Appell, Ermahnung, Einschärfen des Wahrheitsanspruchs, Ruf zur Entscheidung und Nachfolge („verkündigendes" Erzählen, persönliches Bekennen und Stellungnehmen in Familie, Gemeinde, Schule und Gesellschaft), und
3. als Bestreben, dem Einzelnen zu einem persönlichen Glauben zu verhelfen, über den selbständig gedanklich Rechenschaft abgegeben werden kann, durch Denkanstöße, Reflexionshilfen, freie Aussprache, kritische Auseinandersetzung, wissenschaftliche theologische Prüfung (Religionsunterricht, kirchliche Erwachsenenbildung, theologische Ausbildungs- und Bildungseinrichtungen).

Schließlich ließen sich auch schon *drei Probleme* erkennen:

1. die Gefahr des Bedeutungsverlusts durch Erstarrung oder Entleerung, wenn das Interesse am Fortbestand der konventionellen Formen überwiegt oder die Wissensvermittlung mechanisch erfolgt und zu keiner persönlichen Aneignung führt,
2. die Gefahr der Verfälschung des religiösen Wahrheitsanspruchs durch gesellschaftliche Zwecksetzungen und die Gefahr des Gewissenszwanges, wenn das Interesse an aufdringlicher Werbung und an Absicherung der Wahrheit um jeden Preis intolerant macht,
3. die Gefahr der Zerstörung der Glaubensgewißheit, wenn die menschliche Kritik sich selbst absolut setzt.

Zur Sicht der Eltern

Religiöse Erziehung ist heute nicht nur eine Angelegenheit der Kirchen, sondern auch eine selbständige Angelegenheit vieler einzelner Menschen, besonders Eltern, und zwar unabhängig davon, ob sie mit der Kirche eng verbunden sind und sich als ihre Glieder verstehen oder nicht. Wir haben einerseits eine Familie kennengelernt (s. das Beispiel auf S. 357), die aus persönlicher Bindung an den Glauben der Kirche christlich erzieht. Andere tun es bewußt nicht mehr. Dazwischen treffen wir nicht wenige an, die das, was sie für sich selbst nicht mehr oder nur noch bedingt für wichtig erachten, gleichwohl ihren Kindern nicht von vornherein vorenthalten möchten. Welche Beweggründe haben sie?

Wir zitieren die folgenden Überlegungen aus dem Tagebuch einer werdenden Mutter. Dabei wird deutlich, daß die Frage der christlichen Erziehung mit der *Taufe* zusammenhängt. Die Kirche unterrichtet, weil sie tauft und das Sakrament nicht unverstanden bleiben soll. Wer getauft wird, hat dann auch ein Recht auf diesen Unterricht:

‚Soll ich mein Kind taufen lassen? Das evangelische Familienbildungsheim, ich hab' mich dort zur Schwangerschaftsgymnastik und Säuglingspflege angemeldet, lädt werdende Eltern zu einem Gespräch über dieses Thema ein. Bis dahin war es eigentlich keine Frage für mich gewesen. Ich werde mein Kind nicht taufen lassen. Das stand für mich fest. Ich kann es nicht einen Weg gehen lassen, von dem ich selber mich längst abgewendet habe."[8]

Die junge Frau ist aus der Kirche ausgetreten, wird sich aber im Laufe ihrer Überlegungen klar, daß sie ihren „christlichen Hintergrund längst nicht abgestreift" hat. Das Christentum wirkt vor allem durch seine „Werte" in die Gesellschaft hinein.

„Immer noch sind für mich christliche Werte wie die Nächstenliebe, die Parteilichkeit für die Schwachen, Armen, Benachteiligten verbindlich. Immer noch bin ich bereit, die Kirche gegen ungerechte Angriffe in Schutz zu nehmen. Ich schätze ihre Sozialarbeit bei uns wie in der Dritten Welt und habe vor christlich motivierten Männern wie Gollwitzer, Böll, Albertz große Achtung. Ich wünschte, auch mein Kind könnte sich an Menschen wie ihnen orientieren, könnte die Werte, die sie zu leben suchen, akzeptieren lernen. Fehlt mir leider nur das Wesentliche, der Glaube an den persönlichen, christlichen Gott. Wie kann ich mein Kind also taufen lassen? [...]
Soll ich mein Kind ohne, gegen oder mit Hilfe der Kirche erziehen? Und was werde ich ihm sagen, wenn es mich nach dem Kind in der Krippe fragt, nach dem Tod oder nach der Auferstehung? Oder wenn es wissen will, was ist das eigentlich, Gott? Irgendwann einmal habe ich aufgehört, darüber nachzudenken, weil ich zu keiner Lösung kam. Ich habe die Religion zu den Akten gelegt, auf später verschoben. Mit der Kirche, der ich mit 20 zürnte und die ich mit 30 gleichgültig verließ, habe ich mich schon lange nicht mehr auseinandergesetzt. Ich glaube, es ist Zeit, das Unerledigte nachzuholen, mich noch einmal auf das Thema einzulassen, vielleicht mit weniger Emotionen und Illusionen wie früher. Was auch dabei herauskommt, ich kann mich nicht länger davor drücken, denn das Kind wird Fragen stellen."

8 Aus einem Beitrag der Sendereihe „Lebenserfahrung" der Redaktion „Kirche und Gesellschaft" des Süddeutschen Rundfunks (Autorin: Karla Krause).

Eine andere junge Frau – wir haben sie schon oben mit ihren Äußerungen über den Gottesdienst kennengelernt – rückt ebenfalls als ihr Motiv, ihr Kind taufen und entsprechend erziehen zu lassen, die ethische Seite der Religion in den Mittelpunkt, akzentuiert aber anders, hebt nicht so stark das sozialpolitische Engagement hervor: „Ich hoffe, daß ihnen eines Tages vermittelt wird, was Gut und Böse, was Liebe ist, daß Liebe zwischen den Menschen ist und wie ich den Nächsten lieben kann." Daneben nennt sie mehrfach noch eine ganz andere Dimension: Sie sieht die Kirche als einen Raum, wo man „Schutz", „Geborgenheit" und „Trost" finden kann.[9]

Diese Aussagen sind repräsentativ für die beiden „Funktionsbereiche" der Kirche, auf die sich nach Karl-Wilhelm Dahm in unserer volkskirchlichen Situation die Erwartungen der Mehrheit nach wie vor in erster Linie richten:

- den der Vermittlung grundlegender Wertorientierung und
- den der helfenden Begleitung in Lebens- und Sinnkrisen.[10]

In beiden Hinsichten besteht noch eine hohe Übereinstimmung mit dem Christentum (nicht unbedingt mit der Kirche) unter dem Gedanken: Das Christliche ist die Liebe. Auf dieser Ebene trauen sich dann Eltern noch eine Mitwirkung in der so verstandenen „christlichen" Erziehung zu. In allem, was darüber hinausgeht und nicht nur die ethischen Folgen, sondern auch die Grundlagen des Glaubens betrifft, besonders die Glaubenslehren, wie „Tod und Auferstehung", sind diese Eltern sehr unsicher.

Die Frage nach den Formen und Orten religiöser Erziehung, die wir schon oben stets mitstellten und auch jetzt weiterverfolgen und die nun die Familie betrifft, kann daher mit dem Blick auf sie nur mit Vorsicht und Skepsis beantwortet werden. In wie vielen Familien wird noch in umfassender und intensiver Weise unmittelbar christlich erzogen und nicht nur beiläufig auf die ethisch-kulturelle Bedeutung der christlichen Werte für das Leben aufmerksam gemacht? Wir wissen es nicht. Wir können nicht einmal genau mit früheren Zeiten vergleichen und davon ausgehen, „daß elterlicher Einfluß ‚früher' mehr bewirkt hat als (zählbare) rituelle Disziplin. Darüber aber gibt es nur Vermutungen oder sporadische historische Zeugnisse, aber keine systematisch vergleichenden sozialwissenschaftlichen Längsschnittuntersuchungen."[11] Der Beitrag der Eltern besteht allerdings noch in erheblichem Ausmaß in einer mittelbaren Hilfestellung, in einer indirekten Einleitung einer möglichen religiösen Lebenslinie ihrer Kinder, indem sie versuchen, „durch die Taufen der Kleinkinder und/oder die positive Sanktionierung der Konfirmation (immer stärker mit kurz vorher erfolgter Taufe) ‚Kontakt' herzustellen, über dessen Fortsetzung dann der Einzelne – sanktionsfrei – entscheiden soll" (S. 121f.).

„Das eigene Kind soll, wenn es erwachsen ist, selbst frei entscheiden." Dieser Satz und die in ihm sich ausdrückende Lebensauffassung ist ein Grundsatz für die meisten Menschen unserer Zeit. Vor allem immer mehr Eltern der jüngeren Generation wenden ihn auf ihre Kinder wie auf sich selbst an. Religion und religiöse Erziehung werden dadurch nicht uninteressant, auch die Kirchen bleiben im weiteren Sinne noch im Blickfeld, selbst wenn man sich in der eigentlichen Kirche, der „Kirche der Frommen", fremd fühlt (S. 119ff.). Man läßt sich durchaus gefallen, von ihr angesprochen zu werden. Die Kirchen sind mit dem im Blick, was sie zu „bieten" haben, als ein „Angebot", aus dem man persönlich auswählt. All das kann sich noch in einem lockeren volkskirchlichen Rahmen vollziehen – die meisten bleiben ja offiziell Kirchenmitglieder. Das Moment der persönlichen Wahl und Gestaltung des eigenen christlichen Lebens einschließlich der eigenen christlichen Glaubenspraxis ist selbst bei eng mit der Kirche verbundenen Christen anzutreffen. Wir erinnern an den Bericht über den Besuch der ganzen Familie in Taizé. Die religiöse Landschaft gerät in vielerlei Hinsicht in Bewegung. Besonders junge Leute machen sich heute auf, um religiöse Spiritualität an verschiedenen Orten zu erfahren (vgl. hierzu ausführlicher STE 25).

Wie läßt sich das Gesagte im Blick auf unser Begründungs- und Legitimationsproblem religiöser Erziehung zusammenfassen? In verhältnismäßig großer Unabhängigkeit vom Selbstverständnis der Kirchen gibt es heute eigene Beweggründe, um sich der Religion und religiösen Erziehungseinrichtungen zuzuwenden. Sie verdanken sich (um die zwei genannten Funktionsbereiche zu bündeln)

- dem Bedürfnis nach Sinn- und Wertorientierung und wurzeln, wie wir jetzt sehen, in dem
- Ideal einer freien und selbständigen Lebensgestaltung und entsprechenden individuellen Religiosität.

Wie soll die Kirche auf diese Erwartungen antworten? Wie hat sie sich in der Erziehung bereits hierauf eingestellt? Wie soll sie mit unterschiedlichen Elternerwartungen umgehen, wenn auf der einen Seite Eltern für ihre Kinder Christen wie Gollwitzer, Böll und Albertz zum Vorbild wünschen und auf der anderen Seite andere Eltern diese Linie ablehnen und gerade eine gegenteilige Beeinflussung erhoffen?

Zur Sicht der Kinder und Jugendlichen

„Was auch dabei herauskommt, ich kann mich nicht länger davor drücken, denn das Kind wird Fragen stellen." Der Ernst, mit dem jene werdende Mutter sich diese Situation vorstellt, spiegelt ihren Respekt vor ihrem Kind als einer eigenen Person. Das schon eingeführte Grundmotiv der Freiheit und Selbständigkeit der Person, der persönlichen Lebensgestaltung und des individuellen Glaubens, kehrt bei den Kindern und Jugendlichen wieder.

Kinder können nach allem fragen, weil ihnen alles noch neu ist, und so fragen sie auch nach dem, was es mit religiösen Begriffen oder Sachverhalten auf sich hat – falls sie sie überhaupt kennenlernen. Manche Fragen von Kindern erscheinen uns „kindisch" („Ist Gott ein Mann?" – „Ist Maria Gottes Frau?").[12] Die sind jedoch nicht „kindisch", sondern „kindlich", weil sie der Eigenart des Kindes entsprechen, seinen Auffassungs- und Denkformen (dazu ausführlicher noch S. 371–372). In der neueren pädagogischen Anthropologie wird das Kindsein als ein eigener „wesentlicher Modus des Menschseins" verstanden. Kinder sind anders, denken anders, glauben anders.

Als Martinus J. Langeveld Mitte der fünfziger Jahre diese Einsicht ausarbeitete, hatte er Grund, sie als kritische Anfrage der philosophischen und theologischen Anthropologie entgegenzuhalten: „Wie sporadisch findet man bei dem philosophischen Anthropologen – sei er Christ oder Humanist – eine Andeutung davon, daß ihm die Tatsache, daß der Mensch als Kind anfängt, etwas bedeutet! Wie selten hat auch der Philosoph etwas über das Kind als wesentlichen Modus des Menschseins zu sagen!"[13]

---

9 Aus dem Interview, zitiert in Fußnote 3.

10 Karl-Wilhelm Dahm: Religiöse Kommunikation und kirchliche Institution. In: K.-W. Dahm / N. Luhmann / D. Stoodt: Religion – System und Sozialisation. Darmstadt/Neuwied 1972, S. 142f.

11 Andreas Feige: Erfahrungen mit Kirche. Daten und Analysen einer empirischen Untersuchung über Beziehungen und Einstellungen junger Erwachsener zur Kirche. Hannover 1982, S. 121.

12 Die Fragen sind der Sammlung von Heinz Manfred Schulz entnommen: Was macht Gott den ganzen Tag? Kinder fragen nach dem Glauben – Eltern und Erzieher geben Antwort. Mainz 1974.

13 Martinus J. Langeveld: Studien zur Anthropologie des Kindes. Tübingen (1956) ^{2}1964, S. 107.

Daraus muß man ableiten, daß Kinder auch ein Recht haben, ihren kindgemäßen Weg zu gehen. Es wäre ebenso falsch, ihnen grundsätzlich Religion vorzuenthalten, wie ihnen gegen ihre Möglichkeiten eine Glaubensweise aufzuzwingen, die nur für Erwachsene angemessen ist. Sie haben ein Recht darauf, Religion selbständig zu entdecken und auf ihre Weise zu glauben. Das schließt nicht aus, sondern setzt voraus, daß man ihnen in stellvertretender Verantwortung Gelegenheit dazu gibt. Die Überlegungen jener werdenden Mutter sind ein Beispiel stellvertretend wahrgenommener und vorweggenommener Verantwortung.

Bestimmte religiöse Erwartungen haben Kinder noch nicht. Wir können wissenschaftlich nicht erkennen, daß sie von Natur Christ, Jude oder Muslim werden wollen. Wenn sie bei ihren Fragen Kategorien einer bestimmten Religion verwenden, tun sie das, weil sie davon durch die Umwelt gehört haben. Untersuchungen über „Kind und Religion" sind mit Vorsicht aufzunehmen. Manche erheben an religiösen Interessen und Erwartungen von Kindern nur das, was Umwelt und Religionsunterricht als Ergebnis hinterlassen haben. Man kommt dann in einen Zirkel, und das Bild wechselt mit der jeweils zugrunde liegenden kirchlichen Situation: In ländlichen Gebieten mit hoher Kirchenbindung werden auch bei den Kindern frommere Erwartungen anzutreffen sein als bei Kindern aus Familien in kirchlich distanzierten Großstadtvororten.

In einer kleinen *Fallstudie* hat Volker SCHMIDT in einer Großstadt festgestellt, welch Trümmerfeld ungeordneter, falscher und existentiell völlig bedeutungsloser biblisch-christlicher Überlieferungselemente in den Köpfen seiner Schüler einer 4. Grundschulklasse herrscht:[14]

1. *„In der Vorstellungswelt vieler Schüler vermischen sich Elemente biblisch-theologischer Tradition übergangslos mit solchen aus einer volkstümlich-religiösen Symbolwelt."* Ein Beispiel: „Wenn wir eine Sünde machen, bestraft Gott uns. Er hat nur Knochen, er ist ein Geist. Er soll im Himmel ein Paradies haben." Hier gehen „Gottesvorstellung und Vorstellung vom Tod als ‚Knochenmann' ineinander über. Darüber hinaus ist eine für die Schüler unverständliche Aussage biblisch-theologischer Denktradition mit Hilfe von Vorstellungen aus anderen Bereichen uminterpretiert und neu konkretisiert: Aus ‚Gott ist Geist' wird ‚Gott ist *ein* Geist' ...". (S. 169) (s. *Abb. 2*).

2. *„Im Hinblick auf die biblisch-theologische Überlieferung läßt sich ein erheblicher Traditionsabbruch feststellen.* Typisch ist

a) *eine Vermischung verschiedenartiger Überlieferungsdetails* [...] ‚Ich weiß, daß Jesus den armen Leuten Brot von seinem Körper gegeben hat.' Hier werden unverstandene Informationsteile zusammengefügt. Der Satz enthält als Bruchstücke folgende Überlieferungselemente: Jesus hat sich um die Armen gekümmert. Jesu Leib empfangen die Christen im Abendmahl als Brot. Möglicherweise kommt als weiteres Element hinzu, daß Jesus einer hungrigen Menschenmenge auf wunderhafte Weise vermehrtes Brot gegeben hat, die Speisung der Fünftausend." Typisch ist

b) *„Eine Reduzierung von Überlieferungszusammenhängen auf ein unwichtiges Detail und dessen besondere Herausstellung:* ‚Ich weiß, daß Jesus am Nagel gehangen hat', formuliert ein Schüler. Für manche Schüler verbindet sich mit der Kreuzigung Jesu nicht einmal die Vorstellung von einem schmerzhaften Vorgang ..." (S. 171).

Von diesen und ähnlichen Beobachtungen kommt SCHMIDT zur dritten Zusammenfassung:

3. *„Schließlich zeigen die Aussagen der Schüler eine Herauslösung der biblisch-theologischen Symbole oder Traditionszusammenhänge aus ihrem verhaltenssteuernden oder existenzbedeutsamen Interpretationszusammenhang"* (S. 172). Der liebende, hilfreiche, menschenfreundliche Gott kommt im Grunde nur in einer einzigen Schüleräußerung zum Vorschein. Vielfach zeigt sich statt dessen ein Zug zur „Übermächtigkeit" und „Brutalität" (S. 173) (s. *Abb. 3*). Wenn man die Tendenzen richtig deute, so meint SCHMIDT, „findet sich bei diesen säkular aufgewachsenen Kindern einerseits ein – im Sinne der orthodoxen Tradition – sinnentleertes Informationschaos vor; andererseits scheinen die Gottesvorstellungen – möglicherweise im Zuge einer mystischen Gesamttendenz – in Verbindung mit den Wünschen und Ängsten der Schüler angesichts der Faszination von Macht, Herrschaft und Gewalt zu stehen." (ebd.).

14 Die folgenden Zitate aus Volker SCHMIDT: Biblisch-theologische Tradition im Bewußtsein einer 4. Klasse. In: *ru, Zeitschrift für die Praxis des Religionsunterrichts* 4 (1974), Heft 4, S. 165–173.

Abb. 2: Gott ist ein Geist ...

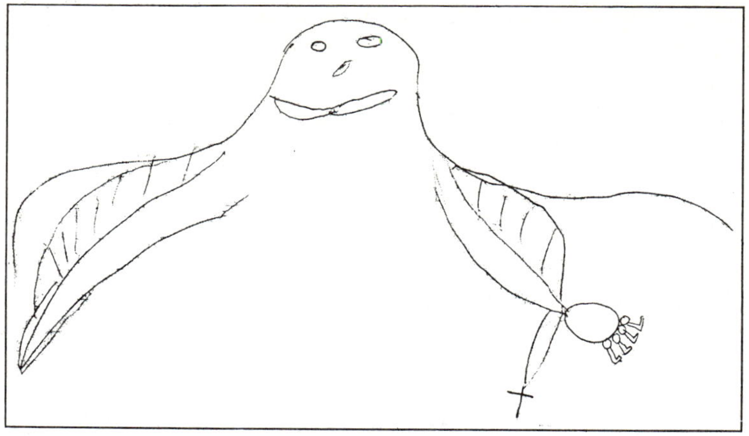

Abb. 3: Gott ist gewalttätig ...

Kinderzeichnungen aus der zitierten Fallstudie.

Es gibt nicht *die* Sicht der Kinder hinsichtlich Religion, sondern eher eine jeweils andere Realität, die der Religionslehrer vorfindet. Dieser Realität kommt jedoch ein eigenes Gewicht zu. Es ist notwendig, sich wie die Situation der Kinder auch die der Jugendlichen nüchtern zu vergegenwärtigen. Was bleibt von der religiösen Erziehung und Unterweisung, sei es in der Familie, in den Gemeinden oder in der Schule, hängen? Ein junges Mädchen mit Namen Brigitte (19) zählt auf, was ihr ihrer Erinnerung nach von der Kirche als Glaube abgefordert worden ist. Es ist ein ähnliches Trümmerfeld von Unverstandenem oder miteinander Verwechseltem, und zwar ohne daß auch nur in einem Wort eine persönliche Betroffenheit sichtbar wird (vgl. den 3. Punkt der Beobachtungen V. SCHMIDTS).

„Naja, z. B. auch die Verkündung der Gebote, das da mit den Steintafeln. Oder wie der da durchs Wasser marschiert oder übers Wasser, also jedenfalls da, wo sich das Wasser geteilt hat. Ach ja, und dann auch da, wo er übers Wasser marschiert ist. Und dann gibt's da noch so'ne Geschichte, an die kann ich mich noch sehr stark erinnern, warum, das weiß ich allerdings nicht. Jedenfalls: da sind die also konfrontiert worden mit Priestern und da ist jedes Mal ein Opfer dargebracht worden und Gott hat da sich praktisch mit einer Stichflamme das Opfer dann geholt ...".[15]

Im Unterschied zu Kindern entwickeln Jugendliche auch eine reflektierte Sicht der christlichen Religion, die man untersuchen kann. Sie tragen ganz bestimmte Erwartungen an die kirchliche Erziehung und an den Religionsunterricht heran. Ende des zweiten Lebensjahrzehnts ist die Grundhaltung zur Kirche ähnlich wie bei vielen ihrer Eltern: „Man tritt nicht dafür ein, aber man tritt auch nicht aus" (S. 565).

Zum Religionsunterricht hat man insgesamt eine positivere Haltung, die aber ebenfalls nicht schon mit einem engagierten Eintreten für die Religion zu verwechseln ist. Immerhin ist es bemerkenswert, daß von jungen Leuten, die für den deutschen Raum nördlich der Mainlinie repräsentativ befragt worden sind, 83% den Religionsunterricht in untergeordneter bzw. gleichrangiger Stellung im schulischen Angebotskanon befürworten; nur 17% meinen, auf Religionsunterricht „kann in der Schule verzichtet werden" (S. 25). Wenn man fragt: „Welche Themen und Probleme im Religionsunterricht haben Sie besonders interessiert bzw. interessieren Sie?", nennen ungefähr zwei Drittel (64%) „Fragestellungen mit explizit genanntem Bezug auf deren christlich-religiös-philosophische Perspektive"; ein Drittel (35%) nennen „Probleme konkreter, alltäglicher Lebensführung" ohne eine solche Perspektive. Bei den zwei Dritteln betrifft diese christlich-religiös-philosophische Perspektive ungefähr zu gleichen Teilen „ethisch-(religiös-)philosophische Thematiken" (32%), „christliche, theologisch-dogmatische Thematiken" (37%) und „theologisch-institutionell (kirchliche)" Perspektiven (29%) (S. 26f.).

Sucht man nach einem *Kerninteresse,* das immer wieder von den meisten ausgesprochen wird, ist es die Erwartung, daß die Kirche im Grunde trotz aller Enttäuschungen und Unverständlichkeiten, die sie einem bereitet hat und noch bereitet, ein menschlicheres Leben fördere: sie kümmert sich um den Menschen.

Eike (21), Bundeswehrsoldat, von Beruf Schriftsetzer, aus Dortmund, kann nicht „an die ganze Sache" glauben – gemeint sind die Glaubenslehren –, hält sich aber deswegen nicht für ungläubig. Er findet ferner „dieses direkt Kirchliche, ja, also die strengen Sachen" wie „Beten" und regelmäßigen „Kirchenbesuch" für „nicht gut". Eine gewisse Gleichgültigkeit gegenüber den Glaubenslehren, Abwehr gegenüber dem geforderten kirchlichen Verhalten – dies das Bild auf der einen Seite. Aber dann ein volles Ja auf der anderen Seite, wo es um den Menschen geht:
„... das, was die Kirche überhaupt macht, also das finde ich überhaupt unheimlich gut, und deswegen möchte ich auch gläubig sein. Dieser ganze Wille, den heutigen Menschen nicht so, kraß ausgedrückt, verkommen zu lassen. Das ist also meine Meinung, daß das das Wichtigste ist." (S. 572)

15 Zitiert nach Andreas FEIGE: Erfahrungen mit Kirche, a.a.O., S. 569f.

Den Menschen „nicht verkommen lassen" – das kann vielerlei in sich schließen: zum Beispiel, daß der Mensch nicht moralisch verkommt. Es schwingt aber auch mit, dafür zu sorgen, daß die Würde des Menschen nicht verletzt wird, und schließlich das Gefühl, die Kirche könne dabei helfen, daß der heutige Mensch nicht überhaupt zugrunde geht.

Was kann aus der Sicht der Kinder und Jugendlichen zusammenfassend festgehalten werden?

1. Als Personen, die selbständig ihren Lebens- und Glaubensweg gehen wollen und sollen, haben sie ein eigenes Recht auf religiöse Orientierung. Es ist philosophisch in dem schon besonders auf S. 361 eingeführten Gedanken der personalen Freiheit verwurzelt, anthropologisch im Eigencharakter und Eigenwert von Kindheit und Jugendzeit.

2. Von dem Augenblick an, wo Heranwachsende ausdrückliche Erwartungen an Kirche und Religion äußern, ähneln diese Erwartungen denen der Erwachsenen, die wir schon kennengelernt haben (vgl. S. 360–361). Sie richten sich ebenfalls auf Hilfe im Felde persönlicher, zwischenmenschlicher und sozialer Lebensprobleme. Diese sollen nach der Meinung der Mehrheit auch aus religiöser Sicht, nicht nur für sich, abgeklärt werden. Der Religionsunterricht soll als Religionsunterricht erkennbar bleiben. Der Schwerpunkt des Interesses liegt wie bei den eigenen Eltern im ethisch-anthropologischen Bereich. Man hofft, im christlich-kirchlichen Raum das Menschliche deutlicher zu erfahren und glaubwürdiger bewahrt zu sehen.

3. Unabhängig von den ausdrücklich geäußerten Erwartungen ist die Realität der religiösen Situation unserer Kinder und Jugendlichen eine Herausforderung, die auf das pädagogische Handeln der Kirche zurückfällt und zu Selbstkritik zwingt.

Zur Sicht des Staates und der Gesellschaft

Viele Eltern haben die religiöse Erziehung wegen der Schwierigkeiten, die sie mit sich bringt, längst anderen übertragen. Im allgemeinen Bewußtsein der Bevölkerung stehen hierfür Institutionen mit Fachleuten (Pfarrer, Religionslehrer) zur Verfügung, die dafür ausgebildet sind. Je mehr die religionspädagogischen Berufe wie die pädagogischen überhaupt „professionalisiert" worden sind, desto weniger vertrauen leider die Laien noch ihren eigenen Erfahrungen und Fähigkeiten.

Im Unterschied zu den rein innerkirchlichen Bildungseinrichtungen wird der Religionsunterricht in der Bundesrepublik in Zusammenarbeit mit den Kirchen vom Staat in seinem öffentlichen Schulsystem getragen. Damit kommt abschließend der Staat als Interessenträger für die religiöse Erziehung in den Blick, und zwar in zweierlei Weise. Als Repräsentant der Gesamtgesellschaft dient er den Interessen seiner Bürger. Er möchte auch alle gesellschaftlichen Gruppen fördern, besonders wenn ihr Beitrag für das Wohl des Ganzen wichtig ist. Er steht in diesem Sinne als Rechts-, Kultur- und Erziehungsstaat über den Sonderinteressen und vertritt sie zugleich im Rahmen des gesellschaftlichen Gesamtinteresses und Gesamtwohls, indem er sie miteinander auszubalancieren sucht.

Das ist jedoch nicht alles: „Der Staat ist sich in der Schule gleichsam zweimal gegeben."[16] Er ist auch eine „Macht neben anderen Mächten, die um Wirkung und Nachwuchs ringen, dafür hat er wie die anderen Bildungsmächte bevorzugte Organe im Bildungszusammenhang – Geschichte und Staatsbürgerkunde –, und alle Forde-

16 Erich WENIGER: Die Theorie der Bildungsinhalte und des Lehrplanes. Weinheim o. J., S. 62 (ursprünglich in kürzerer Fassung in: H. NOHL/L. PALLAT [Hrsg.]: Handbuch der Pädagogik. Bd. III. Langensalza 1930).

rungen, die er von seinen konkreten Staatsaufgaben aus stellt, müssen erst in bildungsgerechte Formen übertragen werden“ (S. 62f.), so die von dem Pädagogen Erich WENIGER 1930 getroffene Unterscheidung, die deutlich machen will, daß der Staat, abgekürzt gesprochen, zugleich überparteilich und parteilich ist.

• *Der Staat und die Förderung der Religion*

Als freiheitlicher Rechts-, Kultur- und Erziehungsstaat (vgl. Art. 2 GG) hat der Staat der Bundesrepublik wie schon die Weimarer Republik ein fundamentales Interesse daran, daß die vornehmste und am gewissenhaftesten zu behandelnde Freiheit, „die Freiheit des Glaubens, des Gewissens und die Freiheit des religiösen und weltanschaulichen Bekenntnisses“ (Art. 4 GG), gemäß der deutschen Auslegungstradition nicht nur „unverletzlich“ ist (ebd.), sondern positiv gefördert werden muß („positive Religionsfreiheit“). Es gibt andere Staaten (USA), die zur Verwirklichung der Religionsfreiheit auf einer strikten Trennung von Staat und Kirche bestehen, mit der Folge, daß in staatlichen Einrichtungen wie Schulen keine religiöse Erziehung stattfindet. Der Staat enthält sich jeder Mitwirkung – zumindest theoretisch („negative Religionsfreiheit“). Zwar gibt es auch in Deutschland seit der deutschen Reichsverfassung von 1919 keine Staatskirche mehr; das heißt, der Staat darf sich mit keiner besonderen Religionsgemeinschaft identifizieren. Er muß weltanschaulich neutral sein. Er läßt es aber hierbei nicht bewenden, sondern nimmt seine Gesamtverantwortung darüber hinaus insoweit positiv wahr, als er den oben behandelten Interessenträgern religiöser Erziehung auch im staatlichen pädagogischen Handlungs- und Aufsichtsbereich Gelegenheiten zur Wahrnehmung ihrer religiösen Interessen anbietet. Die betreffenden Bestimmungen sind wegen ihres Gewichts und ihres Charakters als Ausdruck von Freiheitsrechten im Grundrechtsteil des Grundgesetzes verankert.

Wie bereits im Abschnitt über die *Eltern* (S. 360f.) und über die *Kinder und Jugendlichen* (S. 361ff.) angedeutet, ist im Blick auf sie das Verhältnis zu Religion und religiöser Erziehung im Grundwert der persönlichen Selbstbestimmung verwurzelt. Das entspricht unserer Verfassung, die jedem das „Recht auf die freie Entfaltung seiner Persönlichkeit“ gewährt (Art 2 GG). Abgesehen vom „natürliche(n) Recht der Eltern und [der] zuvörderst ihnen obliegende[n] Pflicht“ zur Pflege der Erziehung ihrer Kinder überhaupt (Art. 6 GG, das sog. „Elternrecht“), ist das besondere Interesse, das die zuständigen Erziehungsberechtigten für die religiöse Erziehung des Kindes haben, berücksichtigt als „das Recht, über die Teilnahme des Kindes am Religionsunterricht zu bestimmen“ (Art. 7,2 GG).

Den *Kindern* wird daneben ein eigenes Selbstbestimmungsrecht in Sachen Religion zuerkannt. Nach § 5,1 des Gesetzes über die religiöse Kindererziehung vom 15.7.1921[17] ist das Kind bereits vom vollendeten 10. Lebensjahr an zu hören, wenn während bestehender Ehe ein Elternteil wünscht, „daß das Kind in einem anderen als dem zur Zeit der Eheschließung gemeinsamen Bekenntnis oder in einem anderen Bekenntnis als bisher erzogen, oder daß ein Kind vom Religionsunterricht abgemeldet werden soll“ (§ 2). Hat das Kind das zwölfte Lebensjahr vollendet, „kann es nicht gegen seinen Willen in einem anderen Bekenntnis als bisher erzogen werden“ (§ 5,2). Mit 14 ist es dann voll religionsmündig: „Nach der Vollendung des vierzehnten Lebensjahres steht dem Kinde die Entscheidung darüber zu, zu welchem religiösen Bekenntnis es sich halten will“ (§ 5,1). Daraus ist das Recht abgeleitet worden, auch darüber entscheiden zu dürfen, ob es am Religionsunterricht teilnehmen will oder nicht. (In manchen Bundesländern gilt diese Regelung vom vollendeten 18. Lebensjahr an.)

Den *Religionsgemeinschaften* schließlich räumt der Staat eine Mitwirkung am schulischen Religionsunterricht aufgrund der Bestimmung ein, daß „unbeschadet des staatlichen Aufsichtsrechtes“ „der Religionsunterricht in Übereinstimmung mit den Grundsätzen der Religionsgemeinschaften erteilt“ wird (Art. 7, Abs. 3, Satz 2). Nicht unwichtig ist natürlich bereits, daß der Religionsunterricht „in den öffentlichen Schulen mit Ausnahme der bekenntnisfreien Schulen ordentliches Lehrfach“ ist (Art. 7,3,1) (vgl. Arbeitsunterlage 1 im Währendteil). Er ist ein normales Unterrichtsfach wie alle anderen Fächer auch. In beiden Sätzen drücken sich die hohe Einschätzung der Bedeutung der Religion für die Erziehung aus und die Achtung vor der Rolle, die die Religionsgemeinschaften mit ihrem authentischen Selbstverständnis dabei zu spielen haben. Der Staat hat seinerseits die volle Verantwortung dafür, daß der Religionsunterricht tatsächlich als ordentliches Lehrfach behandelt, das heißt regelmäßig erteilt und normal plaziert wird, nicht etwa nur in ungünstige Eckstunden.

• *Der Staat und die Nützlichkeit der Religion*

Bis jetzt ist die Aufgabe des Staates als freiheitlicher Rechtsstaat in den Blick gekommen, der für die Wahrung von Grundwerten und Grundrechten zu sorgen hat. In der folgenden Aussage des namhaften Staatskirchenrechtlers Axel VON CAMPENHAUSEN schwingt aber noch mehr mit. Es spielt eine Erfahrung eine Rolle, die sich der Staat immer wieder in auffälliger Regelmäßigkeit zunutze gemacht hat: *die gesellschaftliche Nützlichkeit christlicher Religion.*

„Die Hereinnahme der religiös bestimmten sittlichen Erziehung in die Schule ist eine Voraussetzung für das Bestehen der freiheitlich demokratischen Ordnung. Die Gesellschaft, das staatliche Gemeinwesen ist, wie mir scheint, geradezu verpflichtet, die religiöse Bindung anzuerkennen und zu fordern. Die Verfassungen der Bundesländer legen Ehrfurcht vor Gott, Achtung vor der religiösen Überzeugung anderer, Selbstbeherrschung und Verantwortungsbewußtsein, Hilfsbereitschaft, Duldsamkeit, Wahrhaftigkeit, Nächstenliebe und ähnliche Eigenschaften als Erziehungsziele fest. Hier wird deutlich, welches Gewicht das religiös neutrale Gemeinwesen der von der religiösen Überzeugung bestimmten sittlichen Erziehung zuerkennt.“[18]

„Religionsunterricht als Kirche in der Schule verstanden erweckt den Eindruck, als handle es sich hierbei um ein Privileg der Kirche. Das trifft aber nicht zu. Er ist ein ordentliches Lehrfach, im Interesse der Schüler und ihrer Eltern und zugleich ein Vorbehalt zugunsten der Schule. Als Ort der Auslegung der Überlieferung kann die Schule der christlichen Tradition nicht entraten. Indem diese nicht religionskundlich, sondern konfessionell gelehrt wird und einen festen Platz in der Schule behalten hat, erlaubt der Religionsunterricht der Schule, in der sittlichen Erziehung an die stärksten sittlichen Bindungen anzuknüpfen, nämlich an die Religion.“ (S. 95)

Wo auf den Staat als Wahrer des „Interesse(s) der Schüler und ihrer Eltern“ abgehoben und das Mißverständnis einer Privilegierung der Kirchen abgewehrt wird, haben wir es mit dem Staat in seiner ersten Rolle zu tun. Wo für die sittliche Erziehung in der Religion und religiösen Erziehung ein zusätzlicher fester Rückhalt gesucht wird, nähern wir uns der zweiten Rolle. Sie läßt sich nach mehreren Merkmalen hin entfalten:

• Der Staat beansprucht die Religion für den gesamtgesellschaftlichen Zweck der ideellen Integration, verstanden als Sicherung der Loyalität der Bürger zu den gesellschaftlichen Leitwerten und politischen Grundüberzeugungen. Religion soll damit den inneren Zusammenhalt der Gesellschaft mit gewährleisten. Daß es so gemeint ist, gibt A. VON CAMPENHAUSEN selbst zu erkennen, wenn er auf die Einsichten der Sozialwissenschaften zu diesem Thema verweist und O. H. VON DER GABLENTZ zitiert: „Keine Gesellschaft kann auf die Dauer ihre Mitglieder zusammenhalten, wenn sie nicht mittelbar oder unmittelbar über sich hinaus auf einen übergreifenden Sinngehalt hinweist.“[19]

• Religion und religiöse Erziehung werden in einem Zweck-Mittel-Denken „instrumentalisiert“. Man kann auch sagen: sie werden „funktionalisiert“, das heißt auf bestimmte Funktionen (Aufgaben) hin beansprucht, die, aufs Ganze der Religion gesehen, nur bestimmte Seiten ihrer selbst ausmachen; man „reduziert“ mithin gleichzeitig.

17 Gesetz über die religiöse Kindererziehung vom 15. Juli 1921, mit Einleitung und Erläuterungen hrsg. von TH. VON DER PFORDTEN. München/Berlin/Leipzig 1922.

18 Axel VON CAMPENHAUSEN: Der Religionsunterricht im weltanschaulich neutralen Staat. In: Wolfgang G. ESSER (Hrsg.): Zum Religionsunterricht morgen. Bd. 1. München/Wuppertal 1970, S. 87.

19 A.a.O., S. 87, mit Verweis auf VON DER GABLENTZ: Art.: *„Integration“*. In: Wörterbuch der Sozialwissenschaft. Stuttgart 1955, S. 234.

• Immer wieder sind in der deutschen Schulgeschichte zwei Funktionen gesellschaftlich verwendet worden: die moralisch-sittlichen Folgen der christlichen Religion zum Zwecke der Verinnerlichung der gesellschaftlichen Normen und die Indienstnahme der religiösen Gefühle; denn sie führen zu den „stärksten" Bindungen.

• Auf Grund seiner konkreten „Staatsaufgaben" (E. WENIGER) und seines sich wandelnden politischen Selbstverständnisses wandeln sich selbstverständlich auch die Wertvorstellungen, für die dann der Staat jeweils vom Religionsunterricht einen Beitrag wünscht. In diesem Sinne nimmt der Staat auch Partei.

Heute sind es unter anderem die oben zitierten Werte und Erziehungsziele. Für den Beginn des 19. Jahrhunderts ist der „Bericht der Sektion des Cultus und Unterrichts" an den preußischen König vom 1.12.1809 aufschlußreich. Er ist von Wilhelm VON HUMBOLDT unterschrieben, muß aber damit nicht in jeder Hinsicht dessen persönliche Meinung wiedergeben:
„Die schwierige Aufgabe ist, die Nation geneigt zu machen und bei der Geneigtheit zu erhalten, den Gesetzen zu gehorchen, dem Landesherrn mit unverbrüchlich treuer Liebe anzuhängen, im Privatleben mäßig, sittlich, religiös, zu Berufsgeschäften tätig zu sein und endlich sich gern, mit Verachtung kleinlicher und frivoler Vergnügungen, ernsthaften Beschäftigungen zu widmen.
Dahin aber gelangt die Nation nur dann, wenn sie auf der einen Seite klare und bestimmte Begriffe über ihre Pflichten hat und diese Begriffe, vorzüglich durch Religiosität, in Gefühl übergegangen sind[...] Das hauptsächlichste Bemühen muß daher dahin gehen, durch die ganze Nation, nur nach Maßgabe der Fassungskraft der verschiedenen Stände, die Empfindung nur auf klaren und bestimmten Begriffen beruhen zu lassen und die Begriffe so tief einzupflanzen, daß sie im Handeln und dem Charakter sichtbar werden, und nie zu vergessen, daß religiöse Gefühle dazu das sicherste und beste Bindemittel an die Hand geben."[20]

Die staatlich beanspruchten gesellschaftlichen Funktionen von Religion sind im Prinzip dieselben, wie sie schon aus der Äußerung CAMPENHAUSENS abgelesen werden konnten. Sie werden einschließlich des psychologischen Grundes für die erhoffte Wirksamkeit („das sicherste und beste Bindemittel") in aller Offenheit ausgesprochen, mit dem präzisierenden Hinweis:

„Die Erziehung wird unmittelbar auf religiöse Gefühle gegründet, auf Furcht und Liebe zu einem immer allgegenwärtigen höhern Wesen. Belohnungen und Bestrafungen werden dadurch fast unnütz[...]" (S. 79)

Das gesellschaftliche und religiöse Pflichtbewußtsein sind nun so eng miteinander verbunden und im Innern befestigt, wie es äußerer Zwang nie vermöchte. – Das staatliche Interesse an christlicher Erziehung wechselt im weiteren Verlauf der geschichtlichen Entwicklung entsprechend den besonderen gesellschaftspolitischen Bedürfnissen. Ende des Jahrhunderts spricht ein Erlaß des Kaisers WILHELM II. vom 1.5.1889, unterschrieben vom Reichskanzler VON BISMARCK, aus:

„Schon längere Zeit hat mich der Gedanke beschäftigt, die Schule in ihren einzelnen Abstufungen nutzbar zu machen, um der Ausbreitung sozialistischer und kommunistischer Ideen entgegenzuwirken. In erster Linie wird die Schule durch Pflege der Gottesfurcht und der Liebe zum Vaterlande die Grundlage für eine gesunde Auffassung auch der staatlichen und gesellschaftlichen Verhältnisse zu legen haben[...]" (S. 194).

Wieder schaut man zuerst auf den Beitrag der christlichen Religion. – Ende der Weimarer Republik werden in einem Schulerlaß des Innenministers Freiherr VON GAYL vom 28.7.1932 deutschnationale Bildungspolitik und christliche Überzeugung aufs engste zusammengesehen.

„Die Erziehung zur Staatsgesinnung und zum Volksbürgertum empfängt ihre stärkste innerliche Kraft aus den Wahrheiten des Christentums. Zu sehr hat das Christentum unser Volk in seinem tiefsten Wesen bestimmt, als daß man Deutschtum und Christentum, deutsche und christliche Erziehung voneinander trennen könnte. Treue und Verantwortung gegenüber Volk und Vaterland haben ihre tiefste Verankerung im christlichen Glauben." (S. 252)

20 Zitiert nach Gerhardt GIESE (Hrsg.): Quellen zur deutschen Schulgeschichte seit 1800. Göttingen 1961, S. 75f.

Wir fassen auch jetzt zusammen. Der Staat ist in doppelter Weise in der deutschen Erziehungs- und Schulgeschichte an der christlichen Erziehung, besonders am Religionsunterricht, interessiert:

1. gemäß seinem gegenwärtigen Selbstverständnis als eines freiheitlich-demokratischen Rechts- und Kulturstaates an der Förderung religiöser Freiheit, persönlicher religiöser Bildung und öffentlicher Wirksamkeit der Religionsgemeinschaften – um der einzelnen Bürger und um der Religion selbst willen,
2. zugleich damit aber auch am Beitrag der Religion und der religiösen Erziehung für die allgemeine ideelle gesellschaftliche Integration und für besondere wechselnde gesellschaftspolitische Zwecke – um der Gesellschaft willen, und zwar verhältnismäßig unabhängig vom Selbstverständnis der Religionsgemeinschaften.

Wandel und Probleme religiöser Erziehung

Bevor Sie sich dem 2. Hauptthema dieser Studieneinheit zuwenden, denken Sie bitte über die beiden folgenden Fragenkomplexe nach; sie dienen zugleich der zusammenfassenden Rückbesinnung auf die im 1. großen Hauptkapitel des Studientextes aufgeworfenen Fragen.

(1) Welche Spannungen ergeben sich möglicherweise bereits innerhalb der Kirchen hinsichtlich der Frage, wie christliche Erziehung in der Familie, in der Gemeinde und im Religionsunterricht in der Schule aussehen sollen, wenn man die dargestellten drei Interessen- und Motivrichtungen miteinander vergleicht (S. 356–360)? Wo liegt Ihrer Meinung nach der Hauptkonflikt? Haben Sie eigene Beobachtungen und Erfahrungen dazu gemacht?

....
....
....
....
....
....
....
....

(2) In welche Richtung(en) wird die Kirche pädagogisch gedrängt, wenn man die Erwartungen der Eltern (S. 360f.), der Heranwachsenden (S. 361ff.) und des Staates (S. 363ff.) hinzunimmt? Aus welchen Gründen würden Sie diesen Erwartungen folgen oder sie zurückweisen? Notieren Sie Ihre Antworten in Stichpunkten und vergleichen Sie sie mit der folgenden Darstellung.

....
....
....
....
....
....
....
....
....
....

Die Kirchen stehen heute in Erziehung und Unterricht nicht nur unter dem großen allgemeinen Erwartungsdruck, sich der gesellschaftlichen Entwicklung anzupassen, sondern sie sehen sich auch unterschiedlichen Erwartungen gegenüber. Wie haben sie bereits reagiert? Überzeugt der eingeschlagene religionspädagogische Weg? Oder handelt es sich anstelle einer sachgerechten Antwort um eine schlechte Anpassung?

Der darzustellende Wandel berührt die Bildungsverantwortung der Kirche im ganzen. Sollte vielleicht angesichts der Grundspannung zwischen einer „geschlossenen", „eingliedernden" und einer „offenen", „begleitenden" religiösen Erziehung zweigleisig verfahren werden: integrierende Katechese in der Kirche, offener Religionsunterricht in der Schule? Manche sehen die Kirche in einem „Bildungsdilemma", weil sie es allen recht machen will und darum vielleicht keinem wirklich recht machen kann.

Es ist aufschlußreich, daß die Frage, ob überhaupt Religion bzw. Glaube lehrbar und lernbar sei, zu dem Zeitpunkt aufbricht, als die Schwierigkeiten der Glaubensvermittlung besonders zugenommen haben – Ende des vorigen, Anfang unseres Jahrhunderts. Diese Frage ist bis heute lebendig. Erst wenn man sich beides klarmacht, die Grenze pädagogischer Vermittlung und die bleibende Verantwortung, kann man die heute notwendigen wichtigsten Aufgaben angemessen beschreiben.

Das 2. Hauptkapitel des Studientextes folgt dem angedeuteten Gedankengang. Es behandelt nacheinander folgende Aufgabenbereiche:
- den religionspädagogischen Weg in der Gegenwart,
- Bildungsdilemma und Bildungsverantwortung der Kirche,
- Religion lehren? Glauben lernen? und
- Glauben lernen im Lebenslauf und zwischen den Generationen.

Der religionspädagogische Weg in der Gegenwart

Gemeint sind die Grundgedanken der religionspädagogischen Reform auf evangelischer und katholischer Seite in der Bundesrepublik vor allem in den letzten 25 Jahren. Weil die Herausforderungen im ganzen dieselben sind, haben die Religionspädagogen in beiden großen Kirchen einen ähnlichen Weg beschritten. Auch in anderen europäischen Ländern haben sich ungefähr zur gleichen Zeit verwandte Gedanken durchgesetzt. Dies deutet darauf hin, daß eine allgemeine geschichtliche Entwicklung im Spiel ist. Sie hat zwei zusammengehörende Seiten.

Die allgemeine Entwicklung ist nicht nur als Verlust von Religion zu beschreiben, sondern auch als *Wandel von Religion,* nicht nur als Entkirchlichung, Entchristlichung, Verweltlichung („Säkularisierung"), sondern auch als Vorgang der Entstehung neuer Formen von Religiosität oder „säkularer Ergriffenheit"[21] (vgl. auch STE 25). Auf der einen Seite gehört der Rückgang manifester Kirchlichkeit (regelmäßiger Gottesdienstbesuch) zu den markantesten sozialen Trends in der Bundesrepublik. Er spiegelt den Verlust der Selbstverständlichkeit, zur Kirche zu gehören und seine Kirchenzugehörigkeit aktiv zu äußern. Die Kirche ist ferner in der Alltagsethik auf dem Rückzug. Viele Menschen brauchen sie nicht, um ihre normalen Handlungsprobleme zu bewältigen. In Beruf und Freizeit, in Wirtschaft und Politik, im Rechts- und Erziehungswesen ist Gott weithin ausgeklammert.
Verbreitet sind schließlich die gedanklichen Schwierigkeiten, die man mit den Glaubenslehren der Kirche hat. Bezeichnenderweise belastet das aber den modernen Menschen nicht sonderlich. Er fühlt sich nicht zu unbedingter Loyalität verpflichtet. Viele Menschen interpretieren die kirchliche Überlieferung auf ihre Weise, verengen sie auf das, was sie verstehen können, oder deuten sie symbolistisch um: Gott wird zum bildhaften Ausdruck für die Möglichkeit des Menschen, nach dem Vollkommenen zu streben; Jesus Christus das Symbol für menschliche Humanität. Dies ist die andere Seite: der neue, freie Umgang mit den christlichen Überlieferungsstücken, die mehr oder weniger und in dieser oder jener Weise in die eigene Lebensansicht eingeschmolzen werden, falls man sie nicht ganz beiseite schiebt.

An die Stelle einer „traditionalen" Bindung mit den Merkmalen der Selbstverständlichkeit der Bindung, der Treue zur Kirche als Institution, der breiten Orientierung des Alltagshandelns an kirchlichen Weisungen, der fast widerspruchslosen Annahme der kirchlichen Lehren und der Selbstverpflichtung, die christliche Religion an die junge Generation weiterzugeben, ist ein freier und individueller Umgang getreten mit den Merkmalen der bewußten Wahl oder Ablehnung, der Selbstdefinition als Christ, auch wenn man nicht Kirchgänger ist, der auswählenden Orientierung an christlichen Werten, der kritischen Prüfung kirchlicher Dogmen und der Freigabe der eigenen Kinder. Das universellste Interesse des modernen Menschen gilt „der persönlichen Bewegungs- und Entscheidungsfreiheit". Ebenso „heilig" und „absolut verteidigungswürdig" ist, damit zusammenhängend, der „zeitliche Schutz der Privatsphäre gegenüber den Ansprüchen der Organisation" (G. Schmidtchen, S. 64).

Diese Entwicklung ist nicht nur auf das Unabhängigkeitsstreben des Einzelnen zurückzuführen, sondern hat auch *strukturelle soziale Faktoren als Ursache:*
- Keine einzige soziale Institution sieht sich von sich aus mehr in der Lage – die Kirchen versuchen es ebenfalls nicht mehr –, auf alles allein Antwort zu geben. Eine zusammenhängende Sicht des Lebens im ganzen mit Handlungsanweisungen für alles einzelne zu finden, wird weithin dem Individuum überlassen.
- Die soziale Kontrolle des Staates wie der Kirchen hat hinsichtlich der kirchlichen Mitgliedschaft nachgelassen. Ob und wie man Christ ist, zieht nicht mehr die sozialen Sanktionen nach sich, wie das früher der Fall war.
- Wenn die traditionellen kirchlichen Lehren auf die rationalen Denkformen unseres wissenschaftlichen Zeitalters treffen, empfinden dies viele Menschen so, als müßten sie in zwei verschiedenen Welten leben („kognitive Dissonanz").

• Im *protestantischen Raum* hat man dem doppelten Vorgang des Traditionsbruchs und gleichzeitig der freien Umgestaltung des Christentums bereits Anfang unseres Jahrhunderts insbesondere mit der Forderung einer „modernen Predigt" (Friedrich Niebergall) und eines „modernen Religionsunterrichts" (Otto Baumgarten) zu entsprechen versucht. Sie sollten den Bedürfnissen des fragenden und zweifelnden Menschen von heute gerecht werden. Bereits hundert Jahre früher hatte Friedrich Schleiermacher den neuen pädagogischen Hauptgrundsatz für den evangelischen Religionsunterricht unter dem Stichwort der „Selbständigkeit" ausgegeben, ohne daß sich aber diese Sicht in der „Lernschule" des 19. Jahrhunderts und im Religionsunterricht hätte durchsetzen können.
Erst nach der Jahrhundertwende bricht sich die „liberale" Religionspädagogik Bahn und verbindet sich mit der neuen allgemeinen reformpädagogischen Bewegung, der „Pädagogik vom Kinde aus", der Arbeitsschulbewegung, der Jugendbewegung und anderen Teilströmungen. Doch nach dem Ende des Ersten Weltkrieges wird das Steuer wieder herumgeworfen. Die Vertreter der Dialektischen Theologie (Karl Barth u.a.) sehen alle Versuche einer harmonischen Versöhnung zwischen der modernen Kulturentwicklung und dem Christentum im Zeichen des ethischen

21 Gerhard Schmidtchen: Was den Deutschen heilig ist. Religiöse und politische Strömungen in der Bundesrepublik Deutschland. München 1977, S. 41.

Fortschritts durch den Weltkrieg als Illusion entlarvt. Man drängt auf religiöse Umkehr und auf eine Erneuerung des wahren Gottesglaubens an Jesus Christus. Zusätzlich tragen die Erfahrungen im Kirchenkampf zwischen 1933 und 1945 dazu bei, daß man sich als „Bekennende Kirche" sammelt und zu festigen sucht.

Die Folge ist, daß man in der christlichen Erziehung wieder den Weg der einübenden Vermittlung und Befestigung geht: durch verkündigendes Erzählen biblischer Geschichten, durch die Hineinnahme der Schüler in gemeinsames Singen und Beten im Konfirmandenunterricht und auch im Religionsunterricht, durch eine bekenntnishafte und auf Zustimmung durch die Schüler gerichtete Weitergabe des Glaubenswissens, kurz, durch eine christliche Erziehung und Unterweisung als „Kirche in der Schule".[22] Ansätze des liberalen Arbeits- und Erlebnisunterrichts, der in seiner Blütezeit Mitte der zwanziger Jahre auf „freie geistige Tätigkeit" mit „selbständiger Ziel- oder Problemstellung" durch die Schüler, „selbsttätiger Veranschaulichung und Vertiefung", „freier Aussprache der Schüler" und ähnliches ausgerichtet war, werden wieder zurückgedrängt.[23]

• Auf *katholischer Seite* ist die Entwicklung ähnlich wechselvoll. Neben der Aufgeschlossenheit für die modernen Ideen und Nöte der Zeit, wie sie sich in der sozialethischen Enzyklika *„Rerum novarum"* (1891) spiegelt, die dem Papst Leo XIII. den Beinamen „Arbeiterpapst" einträgt, stehen die engen Grenzziehungen für die kritisch-wissenschaftliche Schriftauslegung durch denselben Papst (1902 Einsetzung der päpstlichen Bibelkommission) und der Kampf gegen die theologische katholische Reformbewegung, den „Modernismus", besonders durch seinen Nachfolger Pius X. In der katholischen Sicht der christlichen Erziehung ist die Enzyklika *„Divini illius magistri"* von 1929 durch Pius XI. das deutlichste Dokument für den Willen, gegen den Zeitgeist die Geschlossenheit einer christ-katholischen Erziehung zu setzen. Nicht nur der Religionsunterricht soll seine dogmatische Eindeutigkeit festhalten, alle Unterrichtsfächer sollen in der katholischen Schule – um die Beibehaltung des konfessionellen Schulwesens hatte man auf katholischer und evangelischer Seite in der Weimarer Republik erbittert gekämpft – vom katholischen Geist durchflutet bleiben.

„Die bloße Tatsache, daß an einer Schule (oft noch mit allzu großer Einschränkung) Religionsunterricht erteilt wird, bringt sie noch nicht in Übereinstimmung mit den Rechten der Kirche und der christlichen Familie und gibt ihr noch nicht die nötige Eignung für den Besuch der katholischen Kinder. Dafür ist notwendig, daß der ganze Unterricht und Aufbau der Schule: Lehrer, Schulordnung und Schulbücher, in allen Fächern unter Leitung und mütterlicher Aufsicht der Kirche von christlichem Geiste beherrscht sind, so daß die Religion in Wahrheit die Grundlage und Krönung des ganzen Erziehungswerkes in allen seinen Abstufungen darstellt, nicht bloß in den Elementar-, sondern auch in den Mittel- und Hochschulen."[24]

Der religiöse Traditionsabbruch und der freie Umgang mit der religiösen Tradition, dieser skizzierte doppelseitige epochale Prozeß, sollte auch religionspädagogisch durch das Konzept einer weltanschaulich „geschlossenen" christlichen Erziehung aufgehalten werden.

Nach 1945 wird in beiden Kirchen dieser Weg einer nicht nennenswert hinterfragten Glaubensvermittlung und kirchlich eingliedernden Erziehung zunächst fortgesetzt. Er ließ sich jedoch im schulischen Religionsunterricht nicht durchhalten:

• Auf *evangelischer Seite* hatte man dem Unterrichtsfach einen anderen Namen gegeben: „Evangelische Unterweisung" (programmatisch Helmuth Kittel, 1947).

Es sollte nicht den üblichen Unterrichtscharakter tragen, daher „Unterweisung" statt „Unterricht". Auch sollte nicht von Religion allgemein, sondern vom Evangelium die Rede sein; daher nicht „Religions"-Unterricht, sondern „Evangelische" Unterweisung. „Evangelische Unterweisung ist Unterweisung im rechten Umgang mit dem Evangelium".[25] Die Hauptaufgabe wurde darin gesehen, mit der Bibel, die wieder zentrale Bedeutung gewonnen hatte, so umzugehen, daß dabei das Wort Gottes „verkündigt" und „gehört" wurde: „‚Vor dem Angesicht Gottes' stehend müssen auch wir das Zeugnis der Propheten, Evangelisten und Apostel hören, dann hören wir es recht, d.h. dann hören wir Gottes in Christus an uns ergehendes Wort." (S. 11)

• Auf *katholischer Seite* waren ebenfalls die entwicklungspsychologischen Fragen nach dem Schüler, seiner Situation und Entwicklung und die methodischen Fragen nach dem „Wie" zurückgedrängt worden. In den Mittelpunkt wurde die Frage nach dem „Was" gestellt.

„Die Antwort formuliert das zentrale Anliegen: ‚Das Dogma sollen wir kennen, verkündigen müssen wir das Kerygma'", schreibt Wolfgang Bartholomäus und zitiert das epochemachende Werk für diese „materialkerygmatische Neubesinnung", J. A. Jungmanns Buch *„Die Frohbotschaft und unsere Glaubensverkündigung"* von 1936.[26] „Verkündigung des Kerygma, ohne [...] (aufklärerische) Reflexion auf die Möglichkeiten der Empfänger, aufgefüllt mit der (dialektisch-theologischen) ‚Souveränität des Wortes Gottes', galt als Gebot der Stunde." (S. 55)

Zusammenfassend könnte man diese Zeit von den dreißiger bis zu den frühen sechziger Jahren in beiden Kirchen die der „Verkündigungskatechetik" nennen. Sie wurde zunächst auf evangelischer, dann auch auf katholischer Seite seit etwa Ende der fünfziger Jahre durch einen neuen Weg abgelöst, der für den Religionsunterricht wieder stärker die Bedingungen der öffentlichen Schule und die geschichtlichen Veränderungen in der Gesellschaft berücksichtigte. Abgesehen davon hatten sich viele Verkündigungstheoretiker über die Religionsunterrichtspraxis getäuscht. Der Unterricht selbst war im wesentlichen „Lernschule" geblieben, unterrichtliche Stoffvermittlung, nicht Verkündigung und lebendige Begegnung mit Gottes Wort, mit um so schwächer werdendem Erfolg, je mehr sich die Schule im ganzen langsam didaktisch-methodisch reformierte.

Überblickt man die religionspädagogische Reform der letzten 25 Jahre und bettet sie in jene neuzeitliche Gesamtentwicklung ein, die bereits in der Aufklärungsepoche einsetzt (s.o. Schleiermacher, S. 84), ist der Begriff „Reform" wahrscheinlich nicht einmal angemessen. Es handelt sich um einen „Paradigmenwechsel". Unter einem „Paradigma" versteht man ein Grundmuster oder Grundmodell. Wieso hat sich in der religiösen Erziehung das Grundmuster verändert? Der Religionsunterricht (zum Teil auch die Gemeindekatechese und der Konfirmandenunterricht) will heute nicht mehr vermeintlich Selbstverständliches durch „traditionales Lernen" stützen, sondern problematisiert seinerseits das nur dem Anschein nach religiös Selbstverständliche. Der Wechsel des Paradigmas besteht in der Ablösung „einübender Vermittlung" durch eine „problematisierende Vermittlung" – eine auf den ersten Blick paradoxe Formel –, in der Ablösung von „traditionalem Lernen" durch möglichst „selbständiges Entdecken".

„Traditionaler" Bindung als dem Grundmuster (Paradigma) früherer Zeiten entsprach das „traditionale" Lernen. „Traditional" ist die „Eigenschaft eines sozialen Handelns bzw. eines sozialen Verhältnisses, das auf dem unbefragten Glauben der Akteure an die Gültigkeit oder

22 Repräsentativ Martin Rang: Handbuch für den biblischen Unterricht. Theoretische Grundlegung und praktische Handreichung für die christliche Unterweisung der evangelischen Jugend. 2 Bde (1939). Tübingen [3]1948.

23 Vgl. statt aller: Otto Eberhard (Hrsg.): Lebendiger Religionsunterricht. Neue Folge des Arbeitsschulmäßigen Religionsunterrichts in gesammelten Stundenbildern. Stuttgart 1925.

24 Pius XI: Rundschreiben über die christliche Erziehung der Jugend. Autorisierte Ausgabe. Lateinischer und deutscher Text. Freiburg/Brsg. o.J., S. 67.

25 Helmuth Kittel: Vom Religionsunterricht zur Evangelischen Unterweisung. Hannover [3]1957 ([1]1947), S. 10.

26 Wolfgang Bartholomäus: Einführung in die Religionspädagogik. Darmstadt 1983, S. 54f.

Heiligkeit von Überlieferungen beruht."[27] Für traditionales Verhalten charakteristisch sind die Gewohnheit und die Selbstverständlichkeit, und zwar als Merkmale des sozialen Systems (z.B. der Kirche) im ganzen.

Der gegenwärtige Religionsunterricht will demgegenüber gerade zum Befragen des Gewohnten und Selbstverständlichen anleiten. Das neue Muster hat folgende Merkmale:

1. *Theologische und pädagogische Verantwortung.* Die allgemeinste Folgerung, die evangelische und katholische Religionspädagogen aus der Vielfalt der Erwartungen gezogen haben, berührt die Verantwortung für die religiöse Erziehung. Der schulische Religionsunterricht wie im Grunde die christliche Erziehung überhaupt werden heute aus der Sicht der Kirchen (und ihrer Theologie) und aus der Perspektive der Kinder und Jugendlichen (und damit der Pädagogik) zu verantworten gesucht. Beachtet werden ferner der Gesamtauftrag der Schule, die Erwartungen der Eltern, der Gesellschaft und des Staates. Man spricht abgekürzt von einer doppelten Verantwortung – einer theologischen und pädagogischen.

2. *Zielentwürfe und Bedingungsanalysen.* Die Ausführungen dieses Studientextes zeigen außerdem, daß das Feld der Bedingungen komplizierter geworden ist. Die traditionellen Anliegen der Kirche treffen auf strukturelle soziale Veränderungen und auf Veränderungen der Einstellungen der einzelnen Menschen, wie etwa das Interesse an freierer, persönlicherer Lebensgestaltung. Sie treffen aber auch auf religiöse Gleichgültigkeit und fehlende christliche Erziehung in der Familie. Hieraus hat man gefolgert: Wir dürfen nicht hochgesteckte Ziele verfolgen, ohne empirisch zu prüfen, ob sie überhaupt verwirklicht werden können. Zur wissenschaftlichen Religionspädagogik gehören daher heute Zielentwürfe und Bedingungsanalysen. Diese können nicht ohne Hilfe der Sozialwissenschaften (Soziologie, Psychologie, Politologie) sachgerecht durchgeführt werden.

3. *Gesellschaftskritik – Ideologiekritik – Kirchenkritik.* Wir haben uns nicht den Blick davor verstellen dürfen, daß Staat und Gesellschaft immer wieder vom Christentum das abrufen, was gar nicht sein Zentrum ist. Sie schauen nicht auf Jesus von Nazaret, auf Kreuz und Auferstehung, sondern auf die „christlichen Werte", die dabei helfen sollen, den jeweils geltenden Wertekanon der Gesellschaft bis hin zu konkreten moralischen Verhaltensnormen und gesellschaftspolitischen Interessen zu stützen. Zweifellos sind die Kirchen zu allen Zeiten im Namen des Evangeliums verpflichtet, zum Wohle des Menschen und zum Wohle des Ganzen der Gesellschaft beizutragen, allerdings ohne den Geist des Evangeliums dabei preiszugeben.

Einige Vertreter der Religionspädagogik haben darum jene Kritik entwickelt und auf die gesellschaftliche Verwendung von Religion und christlicher Erziehung angewendet, die man „Ideologiekritik" nennt: Sie wollen in Sachen Religion den Widerspruch aufklären zwischen dem, was an sich theologisch gelten sollte (und von dem man denkt, daß es auch die (religions)pädagogische Wirklichkeit bestimme), und dem, was tatsächlich in Kirche und Gesellschaft der Fall ist. „Ideologie" meint in diesem besonderen Sinne ein „falsches Bewußtsein", „Ideologiekritik" seine Aufdeckung. So verstandene Ideologiekritik setzt als „Kritik von innen", als immanente Kritik an. Sie kritisiert ein theologisches oder religionspädagogisches Selbstverständnis, das meint, die christliche Erziehung werde von theologischen Absichten bestimmt, während diese nachweisbar von nichttheologischen Faktoren, von politischen Interessen, gesellschaftlichen Gruppeninteressen und besonderen pädagogischen Vorlieben unterlaufen werden, welche die christliche Erziehung ausrichten.[28]

4. *Wissenschaftsorientierung.* Was für die Religionspädagogik als Wissenschaft gilt, muß nach Meinung der Mehrheit der Religionspädagogen auch für die religionspädagogische Praxis Gültigkeit haben. Sie ist heute von Geist und Methoden offenen wissenschaftlichen Fragens bestimmt. Von den fünfziger Jahren an wurden schrittweise die wissenschaftlichen theologischen Methoden aufgenommen (z.B. historisch-kritische Bibelexegese), seit den sechziger Jahren verstärkt humanwissenschaftliche Fragestellungen (anthropologische, ethische, psychologische, soziologische u.a.) und in geringerem Ausmaß auch religions- und ideologiekritische Perspektiven.

5. *Religionsunterricht als schulische Notwendigkeit.* Die Begründung des Unterrichtsfachs „Religionslehre" in der öffentlichen Schule erfolgt seit Martin Stallmanns epochemachendem Buch von 1958: *„Christentum und Schule"* (man beachte den Titel) nicht mehr in erster Linie von jenen Grundmotiven der Kirche her, die den Fortbestand der Religion und die missionarische Sendung betreffen, sondern die mit dem rechtverstandenen Bildungsauftrag der Schule und der analogen Bedeutung von Bildung für die Kirche zusammenhängen. Die Schule darf nicht nur bedeutungsarme „Lernschule" sein, in der den Schüler vor lauter Stoffhuberei nichts mehr persönlich betroffen macht und ihm kaum etwas wirklich zu denken gibt. Sie sollte eine Stätte sein, wo nach der „Fragwürdigkeit" und nach der „Wahrheit" der „menschlichen Existenz" gefragt und dem Schüler bei dieser Wahrheits- und Sinnsuche geholfen wird. Hierfür ist die Behandlung des Christentums von den biblischen Anfängen bis zur Gegenwart unerläßlich.[29]

Da der christliche Glaube auf seinem Weg durch die Geschichte wie jede andere Religion Gestaltungsformen (Institutionen, Sitten, Verhaltensweisen, schriftliche Überlieferungen, religiöse Kunstwerke) hervorbringt und nur diese „Objektivationen" im Grunde dem Religionslehrer zur Verfügung stehen – über Gottes Wort selbst verfügt er nicht –, ist nach Stallmann das „Christentum [...], mit dem es die Schule zu tun hat, [...] mit dem Namen ‚Religion' richtig benannt" (S. 191). Es ist daher wieder unbestritten üblich geworden, von „Religionsunterricht" zu reden.

6. *Veränderung des Inhaltsgefüges: biblische Texte und der Kontext der Welt.* In ihren Inhalten haben sich der katholische wie der evangelische Religionsunterricht nach anfänglichen Reformeinseitigkeiten auf ein „Kontextmodell" eingespielt: die Texte der Bibel und die Lehren der Kirche werden mit dem Kontext der Welt konfrontiert. „Kontext der Welt" meint die Erfahrungen der Schüler in ihrer Lebenswelt und andere nichtchristliche Lebensauffassungen. Dabei kreisen die einen Unterrichtsstunden schwerpunktmäßig um gegenwärtige Themen und Probleme („thematisch-problemorientierter" Religionsunterricht), um von ihnen aus zur Bibel zurückzufragen, andere um biblische Grundaussagen („Bibelorientierung"), um von ihnen aus das menschliche Leben in Gegenwart und Zukunft zu erhellen. In der Regel greifen beide Orientierungsweisen in den neueren Lehrplänen ineinander.

27 Art.: *„Traditional"*, in: Lexikon der Soziologie. Hrsg. von Werner Fuchs u.a. Köln/Opladen 1973, zit. n. A. Kuphal: Abschied von der Kirche. Traditionsabbruch in der Volkskirche. Gelnhausen/Berlin/Stein 1979, S. 160.

28 Zu dem hier zugrunde gelegten Ideologiebegriff vgl. W. Hofmann: Wissenschaft und Ideologie, in: Dieter Ulich (Hrsg.): Theorie und Methode der Erziehungswissenschaft. Weinheim/Basel 1972, S. 194f., und die Übersicht über die verschiedenen Ideologiebegriffe bei Wolfgang Klafki: Aspekte kritisch-konstruktiver Erziehungswissenschaft. Weinheim/Basel 1976, S. 50ff.

29 Dies der Grundgedanke bei Martin Stallmann: Christentum und Schule. Stuttgart 1958.

7. *Realistisches Zielspektrum.* Mit Unterstützung durch offizielle kirchliche Dokumente auf katholischer und evangelischer Seite wird schließlich befürwortet, daß der Religionsunterricht seine Ziele lebensnah setzt und den Umgang mit den Schülern offen, vertrauensvoll und freiheitlich zu gestalten versucht.

Die Gemeinsame Synode der Bistümer in der Bundesrepublik Deutschland hat 1974 auf ihrer Würzburger Synode zum Religionsunterricht erklärt, daß er allen Schülern gerecht werden solle:

„Dem gläubigen Schüler hilft der Religionsunterricht, sich bewußter für diesen Glauben zu entscheiden und damit der Gefahr religiöser Unreife oder Gleichgültigkeit zu entgehen. Dem suchenden oder im Glauben angefochtenen Schüler bietet er die Möglichkeit, die Antworten der Kirche auf seine Fragen kennenzulernen und sich mit ihnen auseinanderzusetzen. Er kann somit seine Bedenken und Schwierigkeiten in den Erkenntnisprozeß einbringen. Dem sich als ungläubig betrachtenden Schüler, der sich vom Religionsunterricht nicht abmeldet, ist im Religionsunterricht Gelegenheit gegeben, durch die Auseinandersetzung mit der Gegenposition den eigenen Standort klarer zu erkennen oder auch zu revidieren."[30]

Die Synode hält es für sinnvoll, daß nicht mehr nur ein einziges Ziel angestrebt wird, sondern ein Zielspektrum (vgl. zu diesem Gedanken die Tatsache des Spektrums von Erwartungen im Eingangskapitel. Selbstverständlich bleibt als das letzte Ziel einer Skala, daß „die Schüler, je nach Möglichkeit, angestoßen von diesem Unterricht, zu einer engagierten Begegnung mit der Wirklichkeit des Glaubens, einschließlich der konkreten Kirche, bereit und fähig sind". Aber es heißt auch: „Es ist ein Gewinn, wenn die Schüler beim Verlassen der Schule Religion und Glaube zumindest nicht für überflüssig oder gar unsinnig halten" (S. 21).

Abb. 4: Eine offene Unterrichtssituation, die trotzdem die Aufmerksamkeit sammelt

Aus: Kursbuch Religion. Arbeitsbuch für den Religionsunterricht im 5./6. Schuljahr. Stuttgart/Frankfurt/Berlin/München 1976, S. 21.

8. *Vertrauen, Offenheit, Freiheit, Dialog – das neue Grundmuster im Umgang.* Der Umgang mit den Schülern will ihren Interessen, Erwartungen, Fragen und Zweifeln sanktionsfrei Raum gewähren (s. *Abb. 4*). Auch der Lehrer soll nicht in seinem Gewissen gegängelt werden. Gemäß dem frei machenden Evangelium soll der Religionsunterricht von einem freiheitlichen und versöhnenden Geist getragen werden. 1971 hat der Rat der Evangelischen Kirche in Deutschland in einer Stellungnahme zu den verfassungsrechtlichen Fragen des Religionsunterrichts die grundgesetzlichen Bestimmungen über den Religionsunterricht in Art. 7 GG von Art. 4 GG her neu interpretiert, vom Gedanken der Freiheit des Glaubens, des Gewissens und des Bekenntnisses. Er hat auch klargestellt, was nach evangelischem Verständnis unter der Maßgabe zu verstehen sei, daß der Religionsunterricht „in Übereinstimmung mit den Grundsätzen der Religionsgemeinschaften erteilt" werden müsse (Art. 7, 3 GG). Damit ist nicht (mehr) die autoritative Vermittlung „positiver Lehrsätze und Dogmen" gemeint. Es heißt vielmehr:

„Die Bindung an das biblische Zeugnis von Jesus Christus schließt nach evangelischem Verständnis ein, daß der Lehrer die Auslegung und Vermittlung der Glaubensinhalte auf wissenschaftlicher Grundlage und in Freiheit des Gewissens vornimmt."[31]

Ausdrücklich nimmt die Stellungnahme des Rates in diesen offenen Prozeß der Auslegung und Erörterung auch die anderen „geschichtlichen Formen des christlichen Glaubens (Kirchen, Denominationen, Bekenntnisse)" und „die Auseinandersetzung mit nichtchristlichen Religionen und nichtreligiösen Überzeugungen" hinein:

„Das theologische Verständnis der ‚Grundsätze der Religionsgemeinschaften' korrespondiert mit einer pädagogischen Gestaltung des Unterrichts, der zugleich die Fähigkeit zur Interpretation vermittelt und den Dialog und die Zusammenarbeit einübt" (ebd.).

Bildungsdilemma und Bildungsverantwortung der Kirche

Der eingeschlagene religionspädagogische Weg ist alles andere als problemlos. Denn was ist erfolgt? Genau besehen etwas Paradoxes: Eine Institution wie der Religionsunterricht, die etwas positiv vermitteln soll, tut dies, indem sie erlaubt, daß das zu Vermittelnde zugleich kritisch problematisiert wird. Die Religionspädagogik hat sich auf jenen Grundgedanken eingelassen, den wir im 1. Hauptkapitel zuerst von einzelnen Zeitgenossen (Eltern), dann von Jugendlichen und schließlich auch vom freiheitlich-demokratischen Staat her immer gebieterischer auftreten sahen: *das neuzeitliche Freiheits- und Wahrheitsbewußtsein.* Was das für den Unterricht bedeutet, hat der Erziehungswissenschaftler Herwig BLANKERTZ im folgenden didaktischen Grundsatz formuliert:

„Die Inhalte dürfen mit ihren Ansprüchen den Educandus [Lernenden] nicht determinieren, sondern als bildende Lehre müssen sie so verwandt werden, daß sie zugleich kritische Vernunft entbinden, die sich, potentiell jedenfalls, auch gegen die Inhalte selbst muß richten können. Mit anderen Worten: Was die Jugend aus den ihr von der Erwachsenengeneration angewiesenen und als Vorwegnahme der Zukunft gedachten Inhalten der Bildung macht, bleibt dieser Jugend überlassen. Für dieses Recht der Jugend steht in der bildungstheoretischen Didaktik der Begriff der Bildung."[32]

---

30 *Der Religionsunterricht in der Schule. Ein Beschluß der Gemeinsamen Synode der Bistümer* in der Bundesrepublik Deutschland (Würzburg 1974). Hrsg. vom Sekretär der Gem. Synode, Bonn, Beringstr. 30, S. 18.

31 *Stellungnahme des Rates der Ev. Kirche in Deutschland zu verfassungsrechtlichen Fragen des Religionsunterrichts* vom 7. Juli 1971, in: Kirchenkanzlei der EKD (Hrsg.): Die evangelische Kirche und die Bildungsplanung. Eine Dokumentation. Gütersloh/Heidelberg 1972, S. 124.

32 Herwig BLANKERTZ: Theorien und Modelle der Didaktik. München 1969, [9]1975, S. 41f.

(3) Lesen Sie bitte noch einmal die auf S. 369 zitierten Sätze aus dem Beschluß der Würzburger Synode von 1974. Welche der Zielvorstellungen erfüllt genau den Umstand, daß sich das Ergebnis des Religionsunterrichts bei einigen Schülern „gegen die Inhalte selbst" richten könnte?

....

....

....

....

....

....

....

....

....

....

Die Kirche hat sich mit dem Ja zu einem freien und selbständigen Umgang mit der Glaubenstradition auf „Bildung" eingelassen. Bildung hat zwar nicht nur, aber auch den Aspekt „kritischer Vernunft" (H. BLANKERTZ). Die Kirche hat sich damit nicht nur der geschichtlichen Entwicklung angepaßt, sondern auch ihr eigenes theologisches Erbe erneuert. Erinnern wir uns: Von den drei Beweggründen zur christlichen Erziehung war der dritte die Hilfe zu persönlicher Bildung, zu selbständig reflektierter Religiosität, zu denkendem Glauben (S. 359f.). Dieses dritte Motiv stand und steht freilich in Spannung zu den anderen beiden Motiven, besonders zu dem ersten, dem Interesse am Fortbestand des selbstverständlich Gültigen. Daher gerät die Kirche in ein Bildungsdilemma: Sie braucht das, was sich zugleich gegen sie wenden kann: Bildung.

Einerseits verlangt der zunehmend freier und individueller gestaltete Umgang des Einzelnen mit Religion („Subjektivität"), daß die Glaubenstradition bei den Menschen einsichtig und argumentativ eingeführt wird. Der Weg des Nachdenkens ist jedoch andererseits stets gleichzeitig eine Bewährung und eine Bedrohung für Religion gewesen. Nicht wenige fürchten ihn. Die konservativen Mitglieder in den Kirchen drängen darauf, daß die Glaubenslehre als ein gültiges Erbe vermittelt wird, das nicht zur Diskussion steht. Angesichts dieser Erwartungen „liegt es für die Kirche mehr als nahe, eben diese Selbstverständlichkeit zu stabilisieren".[33]

Andere sehen den Ausweg in einer Zweigleisigkeit: Wenn man schon im Religionsunterricht in der Schule mehr Offenheit zulassen muß, so soll wenigstens die Gemeindekatechese um so geschlossener sein. Gegen diese Aufteilung spricht jedoch bereits, daß die Jugendlichen im Konfirmandenunterricht nicht andere sind als im Religionsunterricht. Es wäre eine Selbsttäuschung, bei ihnen fromme Aufgeschlossenheit zu erwarten und zu hoffen, mehr erreichen zu können. Eher scheint das Gegenteil der Fall zu sein. Die schon zitierte Untersuchung über die Probleme der Mitgliedschaft in der Evangelischen Kirche in Deutschland (EKD) aus der ersten Hälfte der siebziger Jahre kommt zu folgendem Ergebnis:

„Die Absicht der Kirche, durch ihre Maßnahmen der innerkirchlichen Sozialisation die Mitglieder zur selbständigen, persönlichen Übernahme ihrer Mitgliedschaft zu führen, gelingt nur sehr teilweise. Eine Mehrheit der Befragten beurteilt den Konfirmandenunterricht als Erlebnis und hinsichtlich seiner informativen Wirkung zwar positiv. Aber insgesamt überwiegt die Kritik, vor allem hinsichtlich der existenziell-religiösen Bedeutung des Unterrichts." (S. 161f.)

33 Helmut HILD (Hrsg.): Wie stabil ist die Kirche? Bestand und Erneuerung. Ergebnisse einer Meinungsbefragung. Gelnhausen/Berlin 1974, S. 249.

Demgegenüber ist der Religionsunterricht besser als sein Ruf. Er hat eine besondere Chance. Mehr noch als dem Konfirmandenunterricht ist es ihm möglich, Jugendliche in jenen Jahren zu begleiten, in denen sie eine größere Sensibilität für Fragen nach dem Sinn des Lebens und der eigenen Identität entwickeln und auch reflexionsfähiger werden. Die Untersuchung von Andreas FEIGE, in der junge Erwachsene befragt worden sind, unterstützt die Hypothese, „daß die Herausbildung des Verhältnisses zur ‚Kirche' auch, vielleicht sogar: überwiegend von den Faktoren abhängig ist, die Problemeinsichten fördern: ‚Bildung' und ‚Wissen'. Diese werden in unserer Bildungsgesellschaft in dem dafür speziell ausdifferenzierten System ‚Schule' vermittelt."[34] Einfacher gesagt: Im Elternhaus können zwar emotionale religiöse Grunderfahrungen gemacht werden. Im Kindergottesdienst, Kindergarten, im Konfirmandenunterricht und in der Sakramentenkatechese werden neben einer elementaren Einführung in die Glaubenslehre religiöse Gemeinschaftserfahrungen weiterhin wichtig bleiben und möglich sein. Aber erst der Religionsunterricht nach dem 14. Lebensjahr (dem Zeitpunkt der Konfirmation) hat über weitere wichtige Lebensjahre hin die Chance, jene Grunderfahrungen und -einstellungen, die meist unreflektiert-emotional übernommen worden sind, zu reflektieren, nicht zuletzt auch die mit der Konfirmation getroffene Entscheidung. Alle genannten Institutionen sind aufeinander angewiesen.

Fassen wir zusammen: Das neue religionspädagogische Grundmuster („Paradigma") der „problematisierenden Vermittlung" und „selbständigen, kritischen Aneignung" birgt das Risiko bewußter Distanzierung von Kirche und Religion gerade auf Grund des Religionsunterrichts in sich. Mehr noch aber birgt die Fortsetzung einer vorkritischen, traditionalen Glaubensvermittlung in der Gemeindekatechese (Sakramentenkatechese und Konfirmandenunterricht) das Risiko, daß aufgeweckte Schüler und auf Argumente wartende junge Erwachsene einer Kirche den Abschied geben, die sie intellektuell im Stich läßt. Entsprechend sind die Chancen eines gesprächsoffenen und gedanklich ehrlichen Religionsunterrichts (und Konfirmandenunterrichts) größer als die Gefahren – vorausgesetzt, folgende Umstände werden beachtet:

Unter entwicklungspsychologisch-pädagogischen Gesichtspunkten beginnen *Kinder* ihre religiöse Lebenslinie nicht mit kritischer Offenheit und Rationalität. Besonders das kleine Kind braucht die Grunderfahrung einer verläßlichen, sicheren, unzweideutigen Welt, die nicht fortwährend in Frage gestellt wird. Das neue Paradigma darf sich schon aus entwicklungspsychologischen und pädagogischen Gesichtspunkten nicht absolutsetzen. Der Weg zum Glauben beginnt mit religiösen Gefühls- und Gemeinschaftserfahrungen (vgl. dazu auch noch S. 372–375).

Auch für den *Jugendlichen* ist die Annahme falsch, er suche nur Selbständigkeit und Freiheit, sei nur auf Rationalität und Kritik aus. Es gibt auch in der Jugendzeit die wachsende Sehnsucht, Menschen zu finden, zu denen man gehört, und eine gemeinsame Lebensauffassung, die man mit anderen in selbstverständlicher Gewißheit teilt. Besonders haben Untersuchungen über Mädchen und junge Frauen gezeigt, daß diese nicht nur nach Identität im Sinne von Autonomie streben, sondern auch nach der Erfahrung von Intimität und der Übernahme von Verantwortung für andere. Nach Carol GILLIGANS Beobachtungen scheint das Bedürfnis nach Zugehörigkeit dem Identitätsbedürfnis parallel- und z.T. vorauszugehen.[35] Daher spielen auf dem Weg zum Glauben die Erfahrungen von Liebe, Zärtlichkeit, Sorge, Mitleid und Verantwortung eine ebenso große Rolle. Das alte Paradigma der

34 Andreas FEIGE: Erfahrungen mit Kirche, a.a.O. (Anm. 11), S. 33.

35 Carol GILLIGAN: Die andere Stimme. Lebenskonflikte und Moral der Frau. München 1984 (amerik.: In a Different Voice, 1982).

„einübenden, integrierenden Vermittlung" ist damit keineswegs wieder kritiklos gerechtfertigt. Aber es enthält Momente von bleibender pädagogischer Wahrheit. Die Bildungsverantwortung der Kirche ist hier wie dort wahrzunehmen.

Lehrbare Religion? Lernbarer Glaube?

Es ist begreiflich, daß in Zeiten, in denen die Schwierigkeiten der Glaubensvermittlung bewußt werden und zunehmen, die Frage aufbrechen muß, wieweit überhaupt Religion oder Glaube gelehrt und gelernt werden können. Gegenläufige Motive sind hierbei im Spiel:

• Nicht nur der chronisch werdende *pädagogische Mißerfolg* kann veranlassen nachzuweisen, daß die eigentliche Religion gar nicht lehrbar sei, um sie so der Frage nach Erfolg oder Mißerfolg zu entziehen. Auch die Besinnung auf die Sache der Theologie, wenn man diese wieder streng als Offenbarung, als Selbstmitteilung Gottes aus seiner Freiheit und Souveränität faßt, muß die Frage aufwerfen, was denn selbst in der Predigt und erst recht in Erziehung und Unterricht überhaupt menschlich verfügbar ist. Das Interesse besteht dann darin, auch von dieser Seite aus der Religionspädagogik grundsätzliche Grenzen zu ziehen. Auf evangelischer Seite war dies zweite Motiv für die Verkündigungskatechetik zwischen 1930 und 1960 bestimmend.

• Dieselbe schwieriger werdende Situation kann freilich auch dazu motivieren, einen *pädagogischen Optimismus* zu vertreten und nachzuweisen, daß Religion lehrbar sei. Umstritten war dabei eigentlich nie, daß die „objektive Religion" vermittelbar sei, wie sie etwa in lehrbarem biblischen Wissen oder in kirchlichen Tatsachen objektivierten, das heißt vergegenständlichten Ausdruck gefunden habe. War aber auch die „subjektive Religion", der persönliche, innere Glaube vermittelbar? Anfang dieses Jahrhunderts hat Richard KABISCH psychologisch nachzuweisen versucht, daß im Grunde auch dieser Glaube pädagogisch geweckt werden könne. KABISCH setzte dabei allerdings bereits voraus, daß in jedem Menschen Religion gleichsam von Natur angelegt sei.[36]

Die früheren Jahrhunderte kannten das Problem so nicht. Das hing zum einen damit zusammen, daß überhaupt das systematische Nachdenken über „Pädagogik" erst im 17. Jahrhundert (J. A. COMENIUS) und noch deutlicher im 18. Jahrhundert (Aufklärungspädagogik) einsetzte. Zum anderen unterschied man zwar zwischen Gottes Handeln und dem Handeln, das Menschen möglich ist (und hierzu zählten Erziehung und Unterricht), aber man sah sich damit nicht einem grundsätzlichen Dilemma gegenüber. Die Unterscheidung war theologisch notwendig und konnte die katechetische Praxis entlasten. Für LUTHER war die Vermittlung des Katechismuswissens mit dem selbstverständlichen Erwerb eines „handwerklichen" Grundwissens vergleichbar: Wer Christ sein wollte, mußte wissen, worum es dabei ging, um sein Lebenswerk (Handwerk) als Christ zu verstehen. Für die katholische Tradition verteilten sich das Verfügbare und das Unverfügbare entsprechend dem „Natur-Gnade-Modell": Unbeschadet des gnädigen Handelns Gottes am Menschen kann dieser Gott entgegengehen, und hierbei können andere ihm, auch pädagogisch, helfen. Man konnte die Aufgabe christlichen Unterrichts in dieser Weise bestimmen und begrenzen, ohne in beunruhigende Selbstzweifel zu geraten, ob das auch genug sei; die breite christliche Sozialisation vollzog sich noch verhältnismäßig problemlos in einer „christlichen Gesellschaft" durch die selbstverständliche („traditionale") Teilnahme am christlichen Leben in Gottesdienst und Alltag (vgl. die erste Grundform religiöser Erziehung, S. 356–358).

36 Richard KABISCH: Wie lehren wir Religion? Göttingen 1910.

Erst als der Geist der Neuzeit sich auf der Schwelle zum Aufklärungszeitalter auswirkte und die kirchlichen Bindungen lockerte, blickte man bewußter auf pädagogische Mittel, um zum Glauben zu erziehen – dies ist das große Interesse des Pietismus. Jetzt werden die Bemühungen um eine wirkungsvolle christliche Erziehung und Unterrichtsmethodik verstärkt. Die moderne Lehrbarkeitsproblematik wird eingeleitet.

Zu welchen Einsichten ist man in dieser Frage heute gekommen? Sind nun Religion und Glaube lehrbar oder nicht? In einer bestimmten Hinsicht, ja. Religiöses Lernen ist ein Teil des allgemeinen Lernens, religiöse Entwicklung ist eingebettet in die allgemeine Entwicklung; Gott als Erzieher und Lehrer des Menschen bedient sich auch der Menschen als Erzieher und Lehrer. Dem widerspricht nicht, daß jemand seinen Glauben als Geschenk Gottes deuten kann, das er nicht durch Lernen erworben habe. Damit wird ausgedrückt, daß er sich nicht nur aus seinen eigenen Überlegungen heraus von der Wahrheit der an ihn herangetragenen Botschaft habe überzeugen können. Es ging ihm plötzlich auf, es wurde ihm offenbar (vgl. STE 16), an der entscheidenden Stelle ohne sein Zutun. Die Kirche spricht darum mit Recht von einer geoffenbarten Wahrheit. Ferner besagt die Rede vom Glauben als Geschenk, daß mir auch mein Leben im Lichte meines Glaubens nicht einfach als Folge eigener Selbsterziehungsversuche und fremder Erziehungs- und Umwelteinflüsse erscheint, sondern als ein Ineinander von Versagen und Gelingen, bei dem mir in geheimnisvoller Weise eine Macht über mir hilft, ein anderer, Gott.
Beide Perspektiven haben ihr Recht und ihren Sinn, 1. die *pädagogischen Gesichtspunkte*, 2. die *lerntheoretischen*, 3. die *entwicklungspsychologischen* und 4. der *theologische* Gesichtspunkt. Sie müssen voneinander unterschieden werden, weil sie jeweils etwas Eigenes aussagen wollen. Sie müssen zugleich zusammengesehen werden, weil in der Wirklichkeit selbst beides zusammenhängt: Gottes Wirken und menschliche Lebensbedingungen.

Wir wollen uns diese Zusammenhänge noch einmal konkret verdeutlichen. Zwei Erzieherinnen tauschen in einem katholischen Kindergarten Erfahrungen aus:

„Ich habe ein Kind gehabt, es ist letztes Jahr gekommen, und es hat noch nie was erfahren von Gott. Wo das Wort mal gefallen ist von den Kindern, da war es ganz sprachlos und enttäuscht, weil es noch nie was erfahren hat von Gott und noch nie was gehört hat."
„Da kann es doch nicht enttäuscht sein, doch eher neugierig?" „Doch, es war enttäuscht. Die anderen Kinder haben erzählt, daß Gott die Natur erschaffen hat, und haben Beispiele gebracht. Das Kind war enttäuscht und ist ruhig geworden und war traurig, weil es noch nichts gehört hat."[37]

1. Aus der Sicht der Pädagogik und Entwicklungspsychologie ist dies gut verständlich. Kinder sind von früh auf aktive Erkunder ihrer Umwelt. Sie möchten an ihr mit anderen zusammen teilnehmen und sie in allen Richtungen für sich entdecken. Was sie an den christlichen Festen (Weihnachten) erfahren oder sonst von Gott und Jesus hören, empfinden sie dabei als Bestandteile ein und derselben Welt, nicht als eine Sonderwelt. Sie lernen zunächst Religion, wie sie alles sonst lernen. Wenn jenes Kind aus der Kindergartengruppe nicht irgendwann einmal konkret etwas von Gott, der die Natur geschaffen haben soll, erfährt, wird es nie zum biblischen Schöpfungsglauben kommen, weil bereits der Ausgangspunkt fehlt. In diesem Sinne ist Glaube abhängig von Erziehung und Unterricht.

2. Für Religion und Glauben gelten auch dieselben Lerngesetzmäßigkeiten wie für anderes. Vieles lernt ein Kind durch Beobachtung – man spricht vom Beobachtungslernen. Zugleich findet ein wechselseitiger Anpassungsprozeß statt, in wechselseiti-

37 Aus der Reihe „Der grüne Punkt" des Süddeutschen Rundfunks vom 18. 4. 1983 (Verf.: Burkhard STEINMETZ).

ger Interpretation zwischen Ich und Umwelt – man spricht vom „Interaktionslernen“ oder „strukturierenden Lernen“. Was ist damit gemeint?[38] Einerseits paßt das Kind neue Beobachtungen und Begriffe an das an, was es schon weiß. Diese Anpassung an die eigenen Auffassungsstrukturen und Denkformen wird mit Jean PIAGET „Assimilation“ genannt. Wenn das Neue zu andersartig ist und sich nicht mehr an die alten Denkweisen anpassen läßt, müssen sich umgekehrt diese an die neuen Erfahrungen anpassen. Bei dieser Anpassung des Ich an die Umweltstrukturen spricht man von „Akkommodation“. So oder so nun wird auch religiöse Sprache verarbeitet. Zwei Beispiele für „Assimilation“:

Am unmittelbarsten weiß ein Kind etwas über seine eigenen Eltern, weil das zu seiner nächsten Umwelt gehört. Neue Begriffe, der Name „Gott“ als Bezeichnung für ein lebendiges Wesen, werden an diese Erfahrungen mit den eigenen Eltern angepaßt. Da es selbstverständlich ist, daß jedes Kind Eltern hat, kann darum zurückgefragt werden: „Wo leben Gottes Eltern?“ Wenn es erfährt, daß Gott die Natur erschaffen hat, entspricht es der kindlichen Logik, sich zu erkundigen: „Wer hat Gott erschaffen?“

Nehmen wir an, daß in einem katholischen Elternhaus bereits eine Einführung in das besondere katholische Verständnis des Geheimnisses der Eucharistie (Herrenmahl/Abendmahl) stattgefunden hat. Da darf es dann nicht verwundern, wenn ein Fünfjähriger fragt: „Wie kam denn Gott in das Brot hinein, wenn er nicht hineingebacken wurde?“ Und noch ein Siebenjähriger fragt: „Gott ist zwar im Brot, aber wie kommt er rein?“[39]

3. Das Vorstellungsvermögen des Kindes ist bereits zu differenziertem Denken fähig, aber es haftet in diesem Alter noch am konkret Vorstellbaren. Das Kind „begreift“, was es wortwörtlich mit Händen „greifen“ kann. Das Denken braucht konkrete Handlungen bzw. Operationen („konkret operationales Denken“). Erst in den folgenden Jahren entwickelt sich das Vermögen, formal abstrakt und hypothetisch zu denken, das heißt das Mögliche, nur Denkbare: man lernt, das Denken zu denken („formale Operationen“). Jetzt versteht man, warum ein Kind auf der Stufe der konkreten Denkoperationen eine an sich nicht wörtlich zu nehmende Aussage wörtlich nehmen muß. Es kann noch nicht Brot und Wein symbolisch oder sakramental als Leib und Blut Jesu Christi in einem höheren Sinne „begreifen“. Später ist es ihm vielleicht möglich. Es wird zur „Akkommodation“ gedrängt:

Die „konkret operationalen“ Vorstellungen („hineingebacken“, „hineingekommen“) erscheinen Kindern im Übergang zum zweiten Lebensjahrzehnt als einfach unangemessen. Sie stellen fest, daß sie auch von den Erwachsenen nicht geteilt werden. Daher werden sie in Richtung auf ein angemessenes Verständnis etwa so verändert: „Das mit dem Brot und Wein ist mehr geistig zu verstehen. Jesus ist mit dem dabei, was er bedeutet.“

4. Neben allen diesen Gesichtspunkten steht der theologische Gesichtspunkt: In ihn fließen die Erfahrungen ein, die es nicht mehr gestatten, den eigenen Glauben nur als Ergebnis von Erziehung, Lernen und Entwicklung zu sehen. Es bleibt ein menschlich nicht verfügbarer Aspekt. Darum sind beide Sätze zugleich richtig: „Man kann zum Glauben erziehen und Glauben lernen“ und „Glaube ist nicht erziehbar und nicht lernbar“. Um bei unserem Beispiel zu bleiben, wird nun der Erwachsene theologische Begriffe zu finden suchen, die das Verfügbare und Unverfügbare, das Erklärbare und Nichterklärbare gleichzeitig ausdrücken. Daher ist in der Abendmahlstheologie davon die Rede, daß beim Altarsakrament Jesus Christus „in, mit und unter“ dem Brot und Wein gegenwärtig ist. Religiöse Sprache muß, wenn sie sachgemäß sein will, verhüllend-deutlich sein, geheimnisvoll-offenbar zugleich. Daß sie dabei in Bildern, Metaphern, Gleichnissen spricht (Jesus als das „Brot des Lebens“, Joh 6,35), ist kein Behelf, sondern notwendig. Es wäre nicht richtig, die metaphorische Sprache irgendwie zu ersetzen. Kinder lernen erst als Heranwachsende langsam, Bilder als Bilder, Symbole als Symbole, Metaphern als Metaphern zu verstehen. Das Vertrautwerden mit religiöser Sprache ist in diesen allgemeinen Entwicklungsvorgang eingebettet.

Es ist aufschlußreich, daß dieselbe Formal aus der Abendmahlslehre von dem systematischen Theologen Gerhard EBELING für die christliche Glaubenserfahrung im ganzen verwendet wird, wenn er sagt, daß sich „allein in, mit und unter der gesamten Lebenserfahrung Glaube als Erfahrung ereignet“,[40] und der Religionspädagoge Hans-Jürgen FRAAS dieselbe Formel auf den pädagogischen Vorgang der Glaubensvermittlung überträgt: „Sie vollzieht sich [...] ‚in, mit und unter‘ den allgemeinen Lern- und Sozialisationsbedingungen.“[41]

Wir fassen zusammen und vertiefen: Es kommt bei diesem schwierigsten Problem unseres Themas „Religion und Erziehung“ alles darauf an, daß man die humanwissenschaftlichen Perspektiven (pädagogische, lerntheoretische, entwicklungspsychologische) und die theologischen nicht vermischt, aber auch nicht voneinander trennt. Das zeigt sich noch einmal am Begriff der „Erfahrung“. Wir haben ihn bisher häufig verwendet. Weil christlicher Glaube mit menschlichen Erfahrungen zusammenhängt, knüpft die moderne Religionspädagogik in ihrer Praxis an die Erfahrungen der Kinder, Jugendlichen und Erwachsenen an. Wieder aber werden das Verfügbare und das Unverfügbare sichtbar. Auf der einen Seite kann die eigene Erfahrung eine Verstehenshilfe auf dem Weg zum Glauben sein. Sie kann aber auf der anderen Seite auch ein großes Hindernis sein, wenn die eigene Alltagserfahrung in unserer Welt die Rede von Gottes Liebe nicht für möglich und glaubhaft hält *(Anfechtungserfahrung)* oder wenn sich das eigene Ich gegen die Umkehr zu Gott wehrt *(Widerstandserfahrung)*. Wenn Theologen oder Religionspädagogen sagen, daß Glaube nicht lehrbar sei, meinen sie letztlich diese Dimension, welche die Heilserfahrung selbst betrifft *(soteriologische Dimension)*: Tod und Auferstehung, Schuld und Vergebung – die unbegreifliche Dialektik des gnädigen Gottes in einer zum Teil so gnadenlosen Welt. Wenn sie sagen, daß Glaube lernbar sei, meinen sie demgegenüber die Dimension der vorbereitenden Hinführung und der Verstehenshilfe *(hermeneutisch-didaktische Dimension)*.[42]

Glauben lernen im Lebenslauf und zwischen den Generationen

Wenn man das Ineinander von pädagogischen Voraussetzungen und theologischer Verantwortung ernst nimmt, hat das weitreichende Konsequenzen. Christliche Lehrer und Erzieher dürfen ihre Hände keineswegs in den Schoß legen. Es genügt weder theologisch noch erst recht pädagogisch, naiv darauf zu vertrauen, daß eine theologisch korrekt formulierte und weitergesagte Glaubensaussage ohne weiteres Glauben bewirkt. Die gesamte Lebenserfahrung spielt eine Rolle mitsamt allen anderen allgemeinen pädagogischen Einwirkungen in Elternhaus, Schule, Kirche und Gesellschaft. Dies soll nach drei Seiten abschließend entfaltet werden: sehr einfach gesagt, zur Seite des am Glaubenlernen beteiligten Gefühls, des Verstandes und der Erfahrung von Gemeinschaft. Wir nehmen dabei nacheinander Kindheit, Jugend und das Erwachsenenalter in den Blick, obwohl selbstverständlich die drei Seiten der Aufgabe für jedes Lebensalter gelten:

38 Vgl. Funk-Kolleg Pädagogische Psychologie. Hrsg. von F. E. WEINERT u.a. Bd. 1. Frankfurt 1974, S. 114–118.

39 Aus: Heinz Manfred SCHULZ: Was macht Gott den ganzen Tag?, a.a.O. (Anm. 12), S. 65.

40 Gerhard EBELING: Die Klage über das Erfahrungsdefizit der Theologie als Frage nach ihrer Sache, in: Ders.: Wort und Glaube. Bd. 3. Tübingen 1977, S. 14f.

41 Hans-Jürgen FRAAS: Glauben und Lernen. Ein theologisch-didaktischer Leitfaden für die Elementarerziehung. Göttingen 1978, S. 35.

42 Zum obigen Abschnitt und zum folgenden vgl. vom *Verf.*: Grundfragen der Religionspädagogik. Bd. 3: Gemeinsam leben und glauben lernen. Gütersloh 1982, bes. Kap. 2 und 4.

- *Gottesbild und Gefühlserfahrungen*

Gottesbild und Gottesverhältnis des Menschen scheinen in vielfältiger Weise mit den allgemeinen Gefühlserfahrungen in der Kindheit in Verbindung zu stehen, mit dem, was Mutter und Vater im ganzen für das Kind und noch für den Jugendlichen bedeuten. Die allgemeine Erziehung und die religiöse beeinflussen sich hierbei wechselseitig.

Ein strenges oder gar autoritäres Elternhaus kann (muß nicht) das Gottesbild autoritär einfärben. Aber auch eine Mutter, die ihr Kind in übertriebener Liebe an sich bindet und es so viel zu lange von sich abhängig macht, kann dem späteren Verhältnis des Heranwachsenden zur Religion schaden. Möglicherweise will sich der Jugendliche abrupt aus der elterlichen Abhängigkeit befreien. Wiederum muß es zwar nicht, aber kann es dann sein, daß er auch die religiöse Bindung zerreißt, die er seinem Elternhaus verdankt und die für ihn nun viel zu sehr mit seiner allgemeinen Abhängigkeitserfahrung verknüpft ist und seinem Streben nach Selbständigkeit im Wege steht. In diesem Sinne beeinflußt die allgemeine Erziehung die religiöse.

Der umgekehrte Einfluß liegt vor, wenn eine „christliche" Erziehungsauffassung den allgemeinen Erziehungsstil bestimmt. Es gibt eine lange Tradition christlicher Erziehung, die den Kindern überwiegend eine Last aufbürdete, die Last von Schuldgefühlen, es zugleich Gott und den Eltern nicht recht gemacht zu haben. Gott wurde nur als Verkörperung von Forderungen vermittelt: „Du hattest so viel an mir verboten, daß ich nicht mehr zu lieben war", schreibt Tilmann MOSER, ein Psychoanalytiker, der diese von Angst erfüllte religiöse Erziehung erlebt hat, vor allem die Angst vor dem Gericht Gottes.[43] Er erlebte Gott nicht als Liebe, die ohne Gegenleistung geschenkt wird, sondern nur als Gnade, die an Vorbedingungen, besonders an Wohlverhalten, geknüpft war. Da er die bedingungslose Liebe nicht erfahren hatte, konnte er sich auch selbst nicht mehr lieben und wurde schließlich ein verschlossener „Nörgler an den anderen", voll Mißtrauen, wenn ihm Menschen liebend begegneten; er konnte es ihnen nicht abnehmen (S. 35).

Es gibt aber auch das andere Wechselverhältnis. Wer von seinen Eltern oder später als Erwachsener von einem Lebenspartner Liebe erfahren hat, die nicht Besitz ergreifen und festhalten will, vor allem, wer bedingungslose menschliche Zuwendung gespürt hat, hat einen Vorgeschmack der Liebe Jesu erhalten. Umgekehrt kann im Lichte der Liebe Jesu, der „das Gleichnis Gottes" ist[44], die immer unzulängliche elterliche wie überhaupt menschliche Liebe verwandelt werden. Mit dem katholischen Religionspädagogen Adolf EXELER kann man zusammenfassen:

„Religiöses Lernen ist um so wirksamer, je mehr es in den alltäglichen Umgang der Menschen miteinander eingefügt ist. Entscheidende Erfahrungen der Kinder im Umgang mit ihren Eltern sind Angenommensein und Ermöglichung von Vertrauen. Das ausdrückliche Gespräch über Gott ist zwar *auch* wichtig, aber es genügt für sich allein niemals."[45]

Man kann diese Sätze nur unterstreichen, muß aber dabei auf einen wichtigen Umstand aufmerksam machen. In vielen Familien wird in einer Atmosphäre des Vertrauens und der Liebe, ja, auch der Fähigkeit, Schuld einzugestehen und sich diese Schuld zu verzeihen, gelebt und erzogen, ohne daß daraus notwendig christlicher Glaube hervorgehen muß. „Kein einziges Gefühl muß die religiöse Erfahrungswelt – und jedes Gefühl kann sie vorbereiten", so schon vor Jahren die richtige Einsicht des holländischen Religionspädagogen Martinus J. LANGEVELD.[46] Für den ausdrücklichen christlichen Glauben ist das „ausdrückliche Gespräch" über Gott, Jesus Christus und die Lehren der Kirche notwendig. Das ist in jeder geschichtlich-konkreten Religion so. Hier aber besteht heute ein Problem, das eine noch größere Herausforderung darstellt als die Vermittlung religiöser Grunderfahrungen auf der Ebene des Gefühls.

- *Elementare Erschließung der Glaubenslehre*

„Wie reden wir zu den Kindern und Jugendlichen von der christlichen Religion?" Die rechte Rede und gedankliche Rechenschaft, ohne sich selbst und der jungen Generation Denkhemmungen aufzuerlegen, sind die Aufgabe, die vor allem dem Religionsunterricht als einem schulischen Unterrichtsfach gemäß ist, die ihm aber an einer Stelle auch große Schwierigkeiten macht, in der zeit- und sachgemäßen Verdeutlichung der sog. Glaubenslehren. Der wegen seiner Lebensnähe von den Schülern geschätzte Religionsunterricht läuft Gefahr, daß er über der Behandlung von Gegenwartsfragen und ethischen Problemen – so wichtig sie bleiben – die elementare Deutung der Inhalte des Glaubensbekenntnisses vernachlässigt.

Anke, 18 Jahre alt, hat den „problem- bzw. themenorientierten" Religionsunterricht, der auch auf den Konfirmandenunterricht abgefärbt hat, mitgemacht und blickt zurück. Ihre Auffassung steht für die vieler Jugendlichen:
„So in der Kirche bin ich eigentlich auch früher nie gewesen, sondern nur so zur Konfirmandenzeit. Und der Konfirmandenunterricht, der war wirklich toll, der war astrein! Wir sind auch sehr viel weggefahren, also so über das Wochenende. Zweimal haben wir auch eine Landfreizeit gemacht. Das waren dann jeweils 10 Tage. Und dann haben wir viel über Dinge gesprochen und diskutiert, z. B. über Entwicklungsländer. Das fand ich also alles unheimlich gut, und auswendigzulernen brauchten wir überhaupt nichts. Aber wenn wir diskutiert haben, dann sind wir auch immer irgendwie auf die Bibel zu sprechen gekommen."[47]

Die Gemeinschaftserfahrungen bleiben in guter Erinnerung. Sie spielen mit Recht eine große Rolle (vgl. dazu STE 25). Auch das Besprechen von Fragen und Erörtern von Problemen sind für Anke wichtig. Wie die Eltern und der Staat sind die Jugendlichen hinsichtlich des Religionsunterrichts besonders an ethischen Fragen interessiert, hier an der Frage der sozialen Gerechtigkeit im Nord-Süd-Gefälle. Daß Jugendliche und Eltern, Staat und gesellschaftliche Gruppen zum Teil in sehr unterschiedlicher Weise das Christentum ethisch und politisch in Anspruch nehmen möchten, darf allerdings auch nicht vergessen werden.

Aber nicht nur diese Unterschiedlichkeit der Erwartungen macht dem Religionslehrer oder Pfarrer Schwierigkeiten. Er kann zum einen von der intensiven Arbeit mit der Bibel abgedrängt werden, auch wenn es in Ankes Unterricht anders gewesen sein mag. Zum anderen können mangelhafte Informiertheit und fehlende Betroffenheit hinsichtlich der theologischen Grundaussagen die Folge sein. Wir erinnern uns in beiden Hinsichten an das „Trümmerfeld" von Bruchstücken, das wir im 1. Hauptkapitel in den Aussagen von Kindern und Jugendlichen angetroffen haben (vgl. S. 361–363).

Noch schwerer wiegt es, wenn der Erwartungsdruck von Eltern, Gesellschaft und Schülern dazu führt, daß das Christentum insgesamt nur noch als ethisch-soziale Größe und damit, theologisch gesprochen, unter dem Gesichtspunkt von „Leistung" und „Werken" gesehen wird.

---

43 Tilmann MOSER: Gottesvergiftung. Frankfurt 1976, S. 19.

44 Eberhard JÜNGEL: Gott als Geheimnis der Welt. Tübingen 1977 (^{4}1982), S. 394.

45 Adolf EXELER: Religiöse Erziehung – aber wie? Elternbild und Gottesbild, in: Jürgen HOEREN/Marianne MÜSSLE (Hrsg.): Miteinander glauben lernen. Impulse für Eltern und Erzieher. Mainz 1982, S. 20f.

46 Martinus J. LANGEVELD: Das Kind und der Glaube. Braunschweig u. a. 1959, S. 77 (holl.: Kind en religie, Utrecht 1956).

47 Zitiert nach Andreas FEIGE: Erfahrungen mit Kirche, a.a.O. (Anm. 11), S. 517.

Auf diesem Hintergrund sind jene neueren Versuche zu verstehen, die sich um eine elementare Theologie[48] und um einen „elementarisierenden" christlichen Unterricht bemühen.[49] „Elementar" meint mehrerlei:

• Es geht um die Konzentration auf das Grundlegende und Einfache (nicht Simplifizierte), um die Aufdeckung *elementarer Strukturen* (1. Bedeutung des lat. Wortes *elementum:* „Grundbestandteil"). Viele werden durch eine komplizierte theologische Arbeit verwirrt, für die alle Gegenstände wissenschaftlich gleich wichtig sind. Demgegenüber ist nach den Grundaussagen der Bibel zu fragen und nach dem, was die Mitte des christlichen Glaubens, das Evangelium, eigentlich sagen will.

• Der Weg zum Elementaren meint den Rückgang auf die Anfänge des Verstehens (2. Bedeutung des Wortes *elementum:* „Anfangsgründe"). Müssen wir nicht im Gespräch mit uns selbst, mit Kindern, Jugendlichen und anderen Erwachsenen immer wieder elementar von vorn anfangen, wenn wir angesichts der vielen Gegenerfahrungen und Einwände in unserer Zeit buchstabieren wollen, was Glaube ist? Die Entdeckung der *elementaren Anfänge* bezieht sich ferner auf die in unserem Lebenslauf jeweils neuen Ausgangspunkte für ein erneuertes Verstehen. Jede Lebenskonstellation in unserer Biographie birgt einen eigenen Zugang.

• Elementar meint das, was einen elementar betroffen macht. Wir sagen dann: „Das hat mich unmittelbar berührt" oder „Das hat (eine) elementare Bedeutung für mich". Auch die manchmal so kompliziert und fremd anmutenden Glaubenslehren verdanken sich meist *elementaren Erfahrungen* von Menschen. Es kommt daher darauf an, daß wir mit unseren elementaren Fragen der elementaren Lebens- und Glaubenserfahrungen ansichtig werden, die als Erfahrungshintergrund hinter den überlieferten Glaubenssätzen der Kirche und hinter den Stücken der biblischen Überlieferung stehen. Wir müssen den Menschen in und hinter den Texten begegnen, ihrer Lebensgeschichte mit Gott, damit unsere Glaubensgeschichte beginnen kann.

• Inmitten dieser drei genannten Aspekte des Weges zum Elementaren wird dann vielleicht, so darf man hoffen, ein Gespräch über die *elementare Wahrheit* des Glaubens möglich sein. Dies Gespräch läßt sich am wenigsten pädagogisch planen.

In allem ist die Anbahnung des Verständnisses *religiöser Sprache* wichtig. Sie ist eine symbolisch-metaphorische Sprache. In unserer Zeit verkümmert der Sinn für jene Sprache, die weder die bürokratische Verwaltungs- noch die rationale Wissenschafts-, noch die stereotype Alltagssprache ist. Religiöse Sprache und poetische Sprache, die beide miteinander verwandt sind, erleiden dasselbe Schicksal. Darum kann, wie Religionspädagogen heute annehmen, die Aufmerksamkeit auf beides auch eine neue Sensibilität für beides fördern.[50]

48 Beispiele für elementare Theologie bei Hans Stock: Evangelientexte in elementarer Auslegung. Göttingen 1981.

49 Vgl. hierzu vom *Verf.:* Grundfragen der Religionspädagogik. Bd. 3, S. 185–232.

50 Den Zugang über die Sprache der Bibel verfolgt seit Jahren Ingo Baldermann, s. bes. in: Die Bibel – Buch des Lernens, Göttingen 1980. Zur Erschließung des symbolisch-metaphorischen Charakters religiöser Sprache s. Peter Biehl: Erfahrung als hermeneutische, theologische und religionspädagogische Kategorie. Überlegungen zum Verhältnis von Alltagserfahrung und religiöser Sprache, in: Hans-Günther Heimbrock (Hrsg.): Erfahrungen in religiösen Lernprozessen. Göttingen 1983.

• *Generationenübergreifendes, gemeinsames Lernen*

Im Grunde sind nicht die Kinder und Jugendlichen, sondern die *Erwachsenen* das Problem auch der religiösen Erziehung.

„Mit der Kirche, der ich mit 20 zürnte und die ich mit 30 gleichgültig verließ, habe ich mich schon lange nicht mehr auseinandergesetzt. Ich glaube, es ist Zeit, das Unerledigte nachzuholen..."

Mit diesen nochmals zitierten Sätzen sei an jene Frau erinnert, die ihr erstes Kind erwartet, das „Fragen stellen" wird. Nicht wenige Eltern werden durch ihre Kinder wieder auf die Religion aufmerksam. Andere erleben es, daß sie mit ihren heranwachsenden Töchtern und Söhnen zusammen „gemeinsam leben und glauben lernen". Mit dieser Perspektive sei abschließend auf einen jüngeren Vorstoß in der religionspädagogischen Diskussion aufmerksam gemacht. Er hat zwei Brennpunkte: Statt bei dem Thema „Religion und Erziehung" nur an die Kinder und Jugendlichen zu denken, wird ebenso stark an die Begleitung der Erwachsenen gedacht. Ferner ist ein verändertes Verständnis von Erziehung leitend: Aus einem einseitigen Lernen nur der Jüngeren von den Älteren wird ein gemeinsames Lernen.

Abb. 5: Gemeinsames Lernen

Aus: Konsequenzen. Zeitschrift für die Arbeit in Gemeinde, Diakonie, Ökumene und Mission 10 (1976), Heft 5, S. 7.

Für diese neue Perspektive sprechen drei Gründe:

• Heute wird immer klarer erkannt, welche Bedeutung *Entwicklung und Lernen im Erwachsenenalter* behalten und welche Rolle für die persönliche religiöse Lebenslinie die *sozialen Beziehungen* spielen, der Kontakt zur kirchlichen Ortsgemeinde, zu Bekannten, die Christen sind, zu religiösen Gruppen.

„Es ist nicht so, daß von einem gewissen Alter an fertige und nicht mehr prägbare Erwachsene in die Gesellschaft, ‚in das Leben' entlassen werden; das gesellschaftliche Leben selbst hat in allen Phasen sozialisierende Wirkung, bestärkt oder löscht Verhaltensweisen."[51] Dies gilt auch für die Religiosität. „Die Prägbarkeit durch religiöse Vorstellungen und Praktiken ist offenbar in der Kindheit am größten." Aber: „Ob die Kindheitsreligiosität für die späteren Lebensphasen Bedeutung gewinnt oder nicht, hängt von der späteren Lebenssituation ab, von einer intakten Beziehung zu einer Gemeinde im Erwachsenenalter" (S. 30).

51 Gerhard Schmidtchen: Was den Deutschen heilig ist, a.a.O. (Anm. 21), S. 29.

(4) Lesen Sie bitte noch einmal genau die Äußerungen der beiden jungen Frauen auf S. 357 und S. 360f.

– Was vermißt die Mutter im ersten Beispiel?

....

....

....

....

....

– Wie könnte eine Hilfe für die Frau im zweiten Beispiel konkret aussehen?

....

....

....

....

....

Wenn Sie über beide Fragen nachgedacht haben, werden Sie vielleicht verstehen, warum der katholische Religionspädagoge Henry C. SIMMONS die Lebensjahre zwischen 30 und 60 „die vergessenen Jahre" („the forgotten years") genannt hat und die Lebenszeit in diesen Jahrzehnten die Zeit einer „stillen Reise" („quiet journey").[52] In der lauten Hektik ihrer Alltagsgeschäfte überhören die Erwachsenen die leisen Stimmen, die seelischen Signale, die ihnen sagen wollen, ihre religiöse Lebenslinie und damit ihre innere Glaubensgeschichte nicht zu vergessen. Die Kirchen können ihrerseits ebenfalls die Erwachsenen in diesen Lebensjahrzehnten vergessen. SIMMONS trifft seine Feststellungen mit dem Blick auf die kirchlichen Verhältnisse in den USA und Kanada, obwohl dort die meisten Kirchen – es sind Freiwilligkeitskirchen – familienähnlichen Zusammenhalt aufweisen. In unseren Volkskirchen werden die Menschen noch weniger von der Gemeinde und ihrem Gottesdienst angezogen. Es fehlt weithin ein Gemeindeleben als ein Feld lebendiger Begegnung und Begleitung. Die Erneuerung in der religiösen Erziehung müßte jedoch mit der Erneuerung der Gemeinde beginnen. Veröffentlichungen aus der jüngeren Zeit setzen deshalb mit neuen Leitgedanken und praktischen Vorschlägen hier an und sprechen vom „Lernort Gemeinde".[53]

Aus empirischen Untersuchungen wissen wir, daß die *Schwelle zum Erwachsenenalter* und das folgende *dritte Lebensjahrzehnt* die Lebenszeit sind, in der weitreichende religiöse Weichenstellungen erfolgen:

„An der Schwelle zum dritten Lebensjahrzehnt, am Beginn relativ selbstbestimmten Lebens, wo eigene Orientierungen mit mehr Erfolgschancen realisiert werden können; wo unter den vergleichsweise komfortablen Bedingungen unserer materiell so reichen Industriegesellschaft auch viele Stil-Alternativen verwirklicht werden können; in dieser Situation der Freiheit der Wahl, der Unangefochtenheit des Augenblicks; der Realisierbarkeit von Lebenslust und -genuß; nicht zuletzt: angesichts der Horizontenferne von Lebensangst und eigener Endlichkeitserfahrung – in dieser Situation des Übergangs, in einem solchen Lebens- und Erlebniskontext muß Kirche sich anfragen lassen, ob sie sich als Repräsentant hilfreicher Lebensbewältigung für ein junges Erwachsenendasein zu eignen scheint."[54]

Aber gerade zu Beginn dieses dritten Lebensjahrzehnts tritt die Kirche als Gesprächspartner immer weniger auf oder verliert ihre Überzeugungskraft.
In den *folgenden Lebensjahrzehnten* ist eine der pädagogisch bedeutsamen Grundfragen, ob die älter werdenden Erwachsenen sowohl beweglich genug bleiben als sich auch ernsthaft um einen eigenen klaren religiösen Standort bemühen. Sind sie noch lernbereit und veränderungsfähig? Die Jugendlichen können sie dann als Partner erleben. Und haben sie überhaupt Antworten gefunden? Sind sie gesprächsfähig in Fragen der Religion? Die Jugendlichen können sich dann an ihnen orientieren, ohne von ihnen abhängig zu werden. Wer statt dessen entweder nur die unbewegliche Kompaktheit seiner Glaubenshaltung den Jüngeren entgegenzuhalten hat oder gar nichts zu sagen weiß, darf sich nicht wundern, wenn das Gespräch zwischen den Generationen abbricht.

• Gemeinsames Lernen ist notwendig, weil jüngere und ältere Menschen heute gleichermaßen einem beschleunigten *gesellschaftlichen Wandel* ausgesetzt sind. Ferner finden Veränderungen ungleichzeitig in unterschiedlichen Teilgruppen statt. Jugendliche brechen Brücken schneller ab, als die Erwachsenen sich mitverändern können. Teilgruppen entwickeln radikaler abweichende Lebensmuster als die Mehrheit der sich nur langsam mitwandelnden Bevölkerung. Die gesellschaftlichen Lebens- und Überlebensprobleme verschärfen sich rapider, als die Lernleistungen nachwachsen können. Was kann die Kirche tun, damit die Generationen miteinander sprechen und voneinander lernen? Diese Frage kann hier nur gestellt, nicht beantwortet werden.

• Theologisch gesehen ist das *gemeinsame Lernen* geboten, weil vor Gott keiner auslernt. Die Versöhnung der Generationen steht unter einer biblischen Verheißung. Das Alte Testament schließt mit ihr im letzten Satz seines letzten Buches, und Lukas nimmt sie im ersten Kapitel seines Evangeliums (1,17) wieder auf:

„Bevor aber der Tag des Herrn kommt, der große und furchtbare Tag, sende ich zu euch den Propheten Elija. Er wird das Herz der Väter wieder den Söhnen zuwenden und das Herz der Söhne ihren Vätern."(Mal 3,23)

52 Henry C. SIMMONS: The Quiet Journey: Psychological Development and Religious Growth from Ages Thirty to Sixty: In: Religious Education LXXI (1976), S. 132ff.

53 Vgl.: *Zusammenhang von Leben, Glauben und Lernen.* Empfehlungen zur Gemeindepädagogik, vorgelegt von der *Kammer der EKD für Bildung und Erziehung.* Gütersloh 1982. – Vom *Verf.* vgl.: Grundfragen der Religionspädagogik. Bd. 3: Gemeinsam leben und glauben lernen, bes. Kap. 2 und 5.

54 Andreas FEIGE: Erfahrungen mit Kirche, a.a.O., S. 133f.

23. Christliche Ethik

Autor der Studieneinheit: Johannes Gründel

JOHANNES GRÜNDEL (55), Studium der Philosophie, Psychologie, Mediävistik und Theologie. 1952 Priesterweihe, 1959 Promotion in Theologie an der Universität München, 1966 Habilitation für das Fach „Moraltheologie". Seit 1968 Professor für Moraltheologie an der Universität München. Verfasser zahlreicher wissenschaftlicher Arbeiten aus der Geschichte der Moraltheologie, zu Grundlagenfragen einer theologischen Ethik und zu konkreten ethischen Problemen. Herausgeber der *„Studien zur Geschichte der katholischen Moraltheologie"*.

Allgemeine Einführung

Zahlreiche Probleme bedrängen heute den Menschen, ja die gesamte Menschheit. Es geht um das Glücken und Gelingen menschlichen Lebens und Zusammenlebens – was ist hierfür wichtig, was ist richtig? Wie kann das als richtig Erkannte in die Tat umgesetzt werden?

Für Immanuel KANT zählt die ethische Frage zu den drei wichtigsten Fragen des Menschen: „Mein Plan der Bearbeitung des Feldes der reinen Philosophie ging auf die Aufklärung der drei Fragen: 1. Was kann ich wissen? 2. Was soll ich tun? 3. Was darf ich hoffen?" Mit der Wissensfrage beschäftigt sich die Philosophie der Erkenntnistheorie; eine Antwort auf die 3. Frage versuchen die Religionswissenschaften.

„Was soll ich tun?" ist die eigentliche ethische Frage. Sie erweist sich heute – angesichts der Bedrohungen unserer Zukunft – als besonders dringlich. Was ist zu tun, wenn in den unterentwickelten Ländern der Dritten Welt die Bevölkerung ständig noch weiter anwächst? Welche Änderungen im Wirtschaftsgefüge und im Lebensstil sind erforderlich, wenn der Ausbeutung der naturalen Energiequellen, aber auch der Verschmutzung und Zerstörung unserer Umwelt Einhalt geboten werden soll? Inwieweit ist der Ausbau der Kernenergie zur Erhaltung des Wohlstandes noch verantwortbar, wenn er mit einer zunehmenden Bedrohung menschlicher Gesundheit durch Atomkraftwerke oder durch den zu lagernden Atommüll verbunden bleibt? Wo liegen die Grenzen für biologische und humangenetische Veränderungen am menschlichen Erbgut, wenn Freiheit und Würde menschlichen Lebens geachtet bleiben sollen? Welches politische Konzept kann einerseits unsere freiheitliche rechtsstaatliche Gesellschaftsordnung vor fremden Übergriffen schützen, gleichzeitig aber auch dem noch zunehmenden Wettrüsten der Blockstaaten Einhalt gebieten – also die Frage nach einer Friedensethik? Welches sind Kriterien für einen gerechten Lohn, welche Funktion besitzt menschliches Eigentum – kann, darf oder soll in bestimmten Situationen eine Vergesellschaftung von Großbetrieben erfolgen? – Neben diesen gesellschaftspolitisch bedeutsamen Problemen stehen auch zahlreiche individualethische Fragen an, wenn es um den Schutz menschlichen Lebens, um die Bedeutung von Sexualität und Ehe, um Wahrheit und Wahrhaftigkeit geht.

Für diese in nahezu allen menschlichen Lebensbereichen anstehenden Fragen gibt es keineswegs einen Katalog fertiger Antworten. Sie gehören jedoch in den Bereich der *Ethik als der Wissenschaft vom sittlichen Verhalten* des Menschen. Ethik befaßt sich mit den Wert- und Normvorstellungen, mit dem Gewissen, der Freiheit und Verantwortung des Menschen. Dabei wurden im Verlauf der Geschichte verschiedene Akzente gesetzt. Wo man sich allein auf die innere, eine Handlung stützende Gesinnung der Person bezieht, spricht man von *Gesinnungsethik,* wo lediglich die unmittelbaren Auswirkungen der Tat beachtet werden, ist von *Erfolgsethik* die Rede. Beide Ansätze sind einseitig und führen in eine Sackgasse. Erst im rechten Spannungsverhältnis von Gesinnung und Auswirkung des Tuns wird menschliches Verhalten in seiner sittlich bedeutsamen individuellen und sozialethischen Ausrichtung hinreichend erfaßt. Dies ist auch das eigentliche Anliegen einer *Verantwortungsethik.*

Für den Christen stellt sich darüber hinaus die Frage, welche Bedeutung der Glaube für sein Handeln besitzt: unterscheidet sich der Christ in seinem Tun vom Nichtchristen? Was macht die Eigenart einer auf dem christlichen Glauben gründenden Ethik aus? Um diese grundlegenden, den einzelnen ethischen Fragen vorausgehenden Probleme geht es in dieser Studieneinheit: *um den Stellenwert und die Bedeutung menschlichen Gewissens, menschlicher Erfahrung und sittlicher Normen, um Freiheit und Verantwortung des Menschen und um die Bedeutung des christlichen Glaubens für sein Leben und Handeln.*

Dabei lassen sich für den Christen aus der Bibel keineswegs so einfach unmittelbare konkrete sittliche Normen ableiten. Vielmehr geht es darum, jene Grundlinien menschlicher Verantwortung aufzuzeigen, die mit den zentralen Glaubensaussagen gegeben sind: daß der Mensch Geschöpf und Abbild des Dreifaltigen Gottes ist, daß er aus eigener Schuld in die Gottesferne und Sünde geriet und somit auch ursächlich Anteil am bestehenden Unheil in der Welt hat, daß durch Menschwerdung, Kreuz und Auferstehung Jesu Christi dem Menschen Heil und Versöhnung angeboten werden und daß er somit Hoffnung auf „Leben in Fülle" besitzt – eine Hoffnung, die über diese Zeit seines konkreten irdischen Lebens und über diese Welt hinausreicht. Soll christlicher Glaube eine Frohbotschaft sein, so muß ihr befreiender und versöhnender Charakter auch in den Weisungen für das sittliche Verhalten des Menschen zum Ausdruck kommen.

Nach dem Durcharbeiten dieser Studieneinheit sollen Sie in der Lage sein,

- den Sinngehalt des Gewissens als Ruf in die Verantwortung und die absolute Verbindlichkeit des konkreten Gewissensspruches (auch im Irrtum) zu bestimmen;
- das subjektive (formale) Element (Grundentscheidung und Absicht) und seine Bedeutung für das sittlich gute Handeln vom objektiven (materialen) Element und seiner Bedeutung für das sittlich richtige Handeln zu unterscheiden;
- den Stellenwert menschlicher Erfahrung und konkreter sittlicher Normen als Hilfen für den sachgerechten Entscheid richtig einzuschätzen und dabei die verschiedenen Begründungsmöglichkeiten sittlicher Normen darzulegen;
- die Bedeutung der Freiheit als Voraussetzung sittlichen Handelns und die Eigenart kreativer Freiheit zu erläutern sowie die beiden Formen der Wahlfreiheit (Entscheidungsfreiheit) und der Freiheit der Entschiedenheit zu bewerten;
- die Eigenart der in der Bibel vorhandenen ethisch bedeutsamen Aussagen – vor allem der Zehn Gebote und der Bergpredigt – als Grundlage einer christlichen Ethik zu begründen.

Christliche Ethik – Vorausüberlegungen

Ethik hat es mit dem sittlichen Verhalten des Menschen, seiner Freiheit und Verantwortung, seinem Handeln zu tun. Das Bedürfnis, für das Verhalten Regeln, Maßstäbe und Entscheidungshilfen aufzustellen, dürfte in der Struktur des

Menschen verankert sein. Während im tierischen Bereich das Verhalten weithin instinktiv gesteuert ist, kommt eine solche Steuerung dem Menschen als Aufgabe zu. In allen Kulturen begegnen wir festen Lebensformen, die als ungeschriebene Gesetze oder Traditionen wie auch als fest geformte Satzungen das Zusammenleben ermöglichen wollen. Wo immer sich eine Gruppe bildet, entstehen auch gemeinsame Wertvorstellungen, gewisse Übereinstimmungen und schließlich Verhaltensregeln, die selbst normativ für alle festgelegt und mit gewissen Sanktionen umkleidet werden. Sie dienen dem Funktionieren des Gruppenlebens, grenzen aber zugleich auch die Gemeinschaft von anderen ab.

Mit *Ethos* werden jene Wertvorstellungen bezeichnet, die in einem Volk, einer Gruppe oder in einzelnen Menschen lebendig sind und die man beim konkreten Handeln zu verwirklichen sucht. Ein solches Ethos bleibt geprägt von nicht tiefer reflektierten überlieferten Traditionen und Normen. So bildete sich beispielsweise im Anschluß an den griechischen Arzt HIPPOKRATES jenes bis heute noch gültige ärztliche Ethos heraus, das dem Kranken Hilfe und Heilung verspricht und zugleich Schaden sowie Tötung des Menschen ausschließt. Ethos des Juristen wird es sein, dem Einzelnen sein Recht zu verschaffen und in der Gesellschaft dem Unrecht Einhalt zu gebieten durch entsprechende strafgesetzliche Regelung. Im Ethos einer Gruppe zeigt sich, was an tatsächlichen Verhaltensweisen – zuweilen mit gewissen Verkürzungen – noch lebendig ist

Mit *Moral* wird heute weithin das konkrete Verhalten eines Menschen oder einer Gruppe umschrieben, das auf eine zugrunde liegende Haltung, auf ein Ethos, schließen läßt. So spricht man von einer „schlechten Moral", wenn Vertrauen, Zuverlässigkeit und Ehrlichkeit nicht mehr vorhanden sind oder wenn das konkrete Verhalten solches vermuten läßt. Wenn in einer Gemeinschaft bestimmte Wertvorstellungen nicht mehr anerkannt werden und sich zunehmend hinsichtlich des geforderten sittlichen Verhaltens Unsicherheit breitmacht, ja, eine klare Orientierung mangelt, spricht man von einer „Krise der Moral". Gerade in unserer pluralen Gesellschaft mit recht unterschiedlichen weltanschaulichen Vorstellungen zeichnet sich heute weithin eine solche Unsicherheit ab, die eine Neubesinnung auf die grundlegenden verpflichtenden Wertvorstellungen in einem freiheitlich demokratischen Staatsgebilde erforderlich macht.

Ethik nun ist die philosophische Disziplin oder Wissenschaft, die sich mit den Voraussetzungen, aber ebenso auch mit den konkreten Normen menschlichen Verhaltens befaßt. Sie versucht, die Entstehung konkreter Handlungsregeln und ihre Verbindlichkeit zu prüfen, allgemeingültige Grundsätze aufzustellen und die Argumentationsmethoden zu klären.

Eine *christliche Ethik* gründet auf den Aussagen der von Jesus Christus verkündeten und in der lebendigen Überlieferung der Kirche weitergegebenen Frohbotschaft des christlichen Glaubens; sie hat das Ziel, den Anspruch dieser biblischen Botschaft an den Menschen aufzuzeigen, dabei aber jeweils auch die gesellschaftlichen und situativen Bedingungen der Zeit- und Lebenswelt zu berücksichtigen. Der Aufruf zur Umkehr und zur Nachfolge Jesu im Glauben an die mit ihm angebrochene Gottesherrschaft ist ein radikaler Anspruch, der menschliches Handeln in einen neuen Gesamtsinn einfügt. Doch ist damit noch kein fertiges System konkreter, spezifisch christlicher Handlungsnormen gegeben. Während an den evangelischen Fakultäten die christliche Ethik als „theologische Ethik" eine Teildisziplin der Systematischen Theologie darstellt, hat sich in der katholischen Tradition als eigene Disziplin die Moraltheologie herausgebildet, die im 17. bis 19. Jahrhundert stark normativen kasuistischen Charakter trug und bald der Praktischen, bald der Systematischen Theologie zugeordnet wurde. Heute wird auch in der katholischen Theologie diese Disziplin weithin als theologische Ethik der Systematischen Theologie zugeordnet. Sie stellt ihre Aussagen unter die zentralen Glaubenswahrheiten von Schöpfung, Sünde und Schuld, Erlösung und Vollendung in Jesus Christus. Mit dieser Begründung unterscheidet sich die theologische Ethik von einer philosophischen Ethik.

Zu den grundlegenden Themen einer christlichen Ethik zählen das Gewissen, die Bedeutung der Erfahrung für die Entstehung sittlicher Normen, Freiheit und Verantwortung des Menschen und schließlich die Frage, welche Bedeutung christlicher Glaube und die biblischen Offenbarungstexte für das Handeln des Menschen besitzen.

Das Gewissen als Ruf in die Verantwortung

Wer vom „Gewissen" spricht, denkt dabei zunächst an eine spezifisch menschliche Erfahrung, die jedem in irgendeiner Weise bekannt, dennoch aber sehr vielschichtig ist: etwa als Verpflichtungsgefühl, als Schuldbewußtsein nach einer vorsätzlich schlechten Tat, als Aufruf, eine bestimmte negative Haltung abzulegen und eine Wertordnung, die für die eigene Person als unbedingt verbindlich erlebt wird, zu bejahen. Das Gewissen ist nicht ein bloßes „Wissen um ...", sondern berührt auch wesentlich den emotionalen und den willentlichen Bereich des Menschen, ruft ihn in seine Verantwortung.

Bereits die ältesten ägyptischen Kulturzeugnisse berichten von einer kritischen und anklagenden Instanz, die der Mensch in seinem Inneren erfährt und auf die er unbedingt zu hören hat. In der griechischen Tragödie begegnen wir eindrucksvollen Schilderungen, die das *Gewissenserlebnis* bildhaft umschreiben. In den mythischen Gestalten der Erinnyen, die als Rachegeister, Furien oder Frauen mit Schlangenhaaren den Mörder so lange herumtreiben, bis er sein Verbrechen gesühnt hat, kommt die Erfahrung des schlechten Gewissens zum Ausdruck.

Dichter und Philosophen der Stoa sehen im Gewissen die Verbindung des Menschen mit dem ordnenden Weltgeist: ein Wissen um das Gute. Schon bei MENANDER, vor allem aber bei OVID, gilt das Gewissen als „Gott in uns"; es läßt den Menschen an den ewigen Gesetzen teilnehmen. SENECA spricht von einem in uns wohnenden heiligen Geist, der unser Böses und Gutes beobachtet. Jedenfalls dürfte es die Überzeugung vieler Völker sein, daß der Mensch eine Verpflichtung gegenüber einer höheren Ordnung besitzt und über ein Organ um diese Ordnung erfährt, die in bestimmten christlichen Auslegungstraditionen als „Stimme Gottes" gedeutet wird.

Das biblische Gewissensverständnis

Den Offenbarungstexten der Bibel liegt ein religiöses Gewissensverständnis zugrunde. Das Gewissenserlebnis wird in Beziehung zum persönlichen Gott gebracht, dessen unbestechlichem Richterspruch der Mensch unterliegt. Adam und Eva verstecken sich nach dem Sündenfall vor Gott, werden aber zur Verantwortung gerufen (Gen 3,8–13). Der Brudermörder Kain erfährt die Gewissensunruhe als unerträgliche Folge seiner schweren Verschuldung, treibt rastlos und ruhelos auf der Erde umher und verbirgt sich vor Gottes Angesicht (Gen 4, 12–15). Von David wird berichtet, daß ihm sein Gewissen schlägt, als er heimlich seinem Herrn und Verfolger Saul einen Zipfel des Mantels abschneidet (1 Sam 24,6) und als er sich vor Gott schwer schuldig fühlt, weil er das Volk zählen ließ (2 Sam 24,10). Das Wort „Gewissen" *(syneidesis)* begegnet uns in den beiden alttestamentlichen – allerdings von LUTHER nicht als echt anerkannten – Lehrbüchern der Weisheit (17,10) und Jesus Sirach (13,30; 32,27), vor allem aber in den Schriften des Apostels Paulus, der diesen Begriff von der Philosophie der Stoa übernimmt. Im Gewissen eines jeden Menschen meldet Gott seinen Willen an; selbst die Heiden, die das Gesetz Gottes nicht kennen, haben als Lehrmeister ihr Gewissen. So schreibt Paulus an die in der heidnisch-römischen Umwelt lebenden Christen der Gemeinde von Rom:

Abb. 1: Der Sündenfall – Anfang menschlicher Gewissensqual

Fresko des MICHELANGELO, Ausschnitt aus dem Jüngsten Gericht, 1536–1541. Rom, Sixtinische Kapelle.

„Wenn Heiden, die das Gesetz nicht haben, von Natur aus das tun, was im Gesetz gefordert ist, so sind sie, die das Gesetz nicht haben, sich selbst Gesetz. Sie zeigen damit, daß ihnen die Forderung des Gesetzes ins Herz geschrieben ist; ihr Gewissen legt Zeugnis davon ab, ihre Gedanken klagen sich gegenseitig an und verteidigen sich – an jenem Tag, an dem Gott, wie ich es in meinem Evangelium verkündige, das, was im Menschen verborgen ist, durch Jesus Christus richten wird." (Röm 2,14–16)

Nach Paulinischem Verständnis besitzt jeder Mensch die Fähigkeit, in seinem Herzen wenigstens die sittlichen Grundforderungen als Anruf Gottes zu vernehmen. Das Gewissen ist somit für Paulus die unmittelbare Richtschnur für das konkrete Tun des Menschen, die letzte Instanz, nach welcher der Einzelne gerichtet wird. Nicht äußere Gesetzestreue, sondern die Treue gegenüber dem Gewissen ist für die Beurteilung des Handelns des Menschen ausschlaggebend – unabhängig davon, ob dieses Gewissen von Jesus Christus her motiviert ist oder nicht. Dabei gibt es durchaus die Möglichkeit, daß bei gleicher Tätigkeit ein verschiedener Gewissensspruch vorliegt. Paulus zeigt dies am Beispiel des Genusses von Götzenopferfleisch: Wer glaubt, Opferfleisch guten Gewissens essen zu können, der soll es tun. Wer jedoch Bedenken hat, der lasse es sein (vgl. 1 Kor 8,1–13). Allerdings kennt der Apostel eine Grenze: die Liebe zu jenen Brüdern, die aufgrund unseres Verhaltens Ärgernis nehmen könnten:

„Doch gebt acht, daß diese eure Freiheit nicht den Schwachen zum Anstoß wird. Wenn nämlich einer dich, der du Erkenntnis hast, im Götzentempel beim Mahl sieht, wird dann nicht sein Gewissen, da er schwach ist, verleitet, auch Götzenopferfleisch zu essen? Der Schwache geht an deiner ‚Erkenntnis' zugrunde, er, dein Bruder, für den Christus gestorben ist. Wenn ihr euch auf diese Weise gegen eure Brüder versündigt und ihr schwaches Gewissen verletzt, versündigt ihr euch gegen Christus. Wenn darum eine Speise meinem Bruder zum Anstoß wird, will ich überhaupt kein Fleisch mehr essen, um meinem Bruder keinen Anstoß zu geben." (1 Kor 8,9–13)

Die Verpflichtung des Gewissens ist so unbedingt, daß der Apostel zur Beteuerung der eigenen Wahrhaftigkeit an das Gewissen der anderen Menschen appelliert: „So empfehlen wir uns vor dem Angesicht Gottes jedem menschlichen Gewissen" (2 Kor 4,2). Schließlich findet sich im Römerbrief jener Satz, der für die christliche Gewissenslehre zum klassischen Grundsatz wurde: „Alles, was nicht aus Glauben geschieht, ist Sünde" (Röm 14,23). „Glauben" *(pistis)* kann auch mit „Überzeugung" übersetzt werden. Das Gewissenserlebnis wird hier vom Glauben mitumfangen. Wo ein Mensch auf die Botschaft des Herrn hört und sein ganzes Leben in den Glaubensvollzug mit hineinnimmt, ist jene letzte Verpflichtung gegeben, die dem Gewissen zukommt.

Theologische Deutungsmodelle des Phänomens Gewissen

AUGUSTINUS spricht – nicht in den philosophischen, wohl aber in den theologischen Werken – häufiger über das Gewissen *(conscientia);* er versteht darunter das Innere des Menschen, der vor dem Forum des persönlichen Gottes nach seinem religiösen Stand und sittlichen Verhalten befragt wird. Gewissen ist das religiöse Organ, die „Antenne" des Menschen zum Göttlichen, das den Menschen aufnahmebereit macht für das Überirdische und Transzendente. Es ist zugleich auch Träger des sittlichen Bewußtseins. Doch liegt bei AUGUSTINUS der Schwerpunkt nicht im funktionellen moralischen Gewissen, sondern in der Gottbezogenheit des Menschen.

Im *Mittelalter* unterscheiden die Theologen zwischen einem Urgewissen oder der Gewissensanlage *(synteresis)* – die jedem Menschen jene Grundtendenz vermittelt: „das Gute muß getan, das Böse unterlassen werden" – und dem konkreten Gewissensspruch *(conscientia)*. Wo es um eine Entscheidung, um ein konkretes Urteil geht, wird der Spruch des Urgewissens auf den jeweiligen Fall angewandt. Im konkreten Gewissensurteil kann menschliche Vernunft durch Begierde und Leidenschaft irregeleitet werden: Darum soll sich der Mensch immer wieder um eine Läuterung seiner inneren Einstellung und um die rechte Ausrichtung seines Tuns mühen. Dennoch bleibt – wie besonders THOMAS von Aquin betont – jeder Mensch an seinen klaren Gewissensspruch gebunden, sei dieser im Urteil richtig oder falsch. Jede Abweichung vom Gewissensspruch ist unerlaubt, da das Gewissen „im Namen Gottes" gebietet. Wer seinem Gewissensspruch zuwider handelt, bekundet damit seine Bereitschaft, Gottes Gebot zu übertreten; er sündigt. Solange der Irrtum des Gewissensspruches als solcher nicht erkannt wird (unüberwindlich irrendes Gewissen), bindet dieser Spruch den Menschen unbedingt. Mit dieser Unterscheidung von Gewissensanlage und Gewissensspruch kann die mittelalterliche Theologie die Erfahrung der Unbedingtheit des Gewissens, zugleich aber auch die Relativität und damit die Fehlbarkeit und Fragwürdigkeit des einzelnen Gewissensspruches miteinander verbinden. Allerdings sollte gerade in der spätmittelalterlichen Bußpraxis diese Gewissenslehre stark legalistische Züge erhalten; das Gewissen wird nicht mehr als Weg der Gotteserfahrung erlebt, sondern lediglich als Spruch, inwieweit sich der Einzelne normgerecht verhalten hat oder nicht. Hier setzt auch die Kritik der Reformatoren an.

Martin LUTHER begegnete in der zeitgenössischen Bußpraxis Menschen mit „geängsteten", „erschrockenen", „angefochtenen" und „unruhigen" Gewissen, die sich im Rahmen jener spätmittelalterlichen Bußpraxis gedrängt fühlten, sich mit bestimmten Vorleistungen oder guten Werken das Heil zu verdienen. Sein Anliegen ist es, diesen Christen ohne Vorbedingung die Vergebung der Sünden zuzusprechen, so daß sie allein aufgrund des Glaubens an Gottes Verheißung ein „fröhliches Gewissen" und „Frieden und Trost des Gewissens" erhalten. LUTHER und den Reformatoren ging es darum, das Gewissen vom Druck eines gesetzesfrommen Denkens zu befreien und vom Evangelium her zu deuten. Der natürliche Ausweg führt jedoch in die Selbstrechtfertigung und somit noch tiefer in die Gewissensnot hinein. Darum schlägt sich im natürlichen oder unerlösten Gewissen menschlicher Egoismus und der Versuch der Selbstrechtfertigung nieder. Erst in der Begegnung mit dem Wort der Vergebung bzw. der Rechtfertigung wird das böse Gewissen zum „getrösteten", „befreiten" und „guten Gewissen". Angesichts der Vergebung wird die Anklage des Gewissens zur Lüge, gegen die der Gerechtfertigte an Christus appellieren darf. Das gute Gewissen aber ist nicht Ergebnis sittlicher Selbstprüfung, sondern gründet in dem durch das Evangelium geschenkten Glauben; insofern es an Christus gebunden ist, befreit es den Menschen von Sünde, Tod, Gesetz und menschlichen Satzungen.[1]

Für Dietrich BONHOEFFER ist das natürliche (= unerlöste) Gewissen einerseits „Zeichen der Entzweiung des Menschen", zugleich aber auch „Ruf zur Einheit des Menschen mit sich selbst". Niemals darf man gegen das eigene Gewissen handeln:

> „Der Gewissensruf im natürlichen Menschen ist der Versuch des Ich, sich in seinem Wissen um Gut und Böse vor Gott, vor den Menschen und vor sich selbst zu rechtfertigen und in dieser Selbstrechtfertigung bestehen zu können [...] So bleibt der Mensch in seinem Gewissen gebunden an ein selbstgefundenes Gesetz, das konkret in verschiedener Gestalt auftreten kann, aber bei dem Verlust des eigenen Selbst unüberschreitbares Gesetz bleibt."[2]

Im Glauben jedoch wird jede gottlose Selbstrechtfertigung des Menschen von seiten des natürlichen Gewissens entlarvt und das Gewissen befreit:

> „Jesus Christus ist mein Gewissen geworden. Das bedeutet, daß ich die Einheit mit mir selbst nur noch in der Hingabe meines Ich an Gott und Menschen finden kann. Nicht ein Gesetz, sondern der lebendige Gott und der lebendige Mensch, wie er mir in Jesus Christus begegnet, ist Ursprung und Ziel meines Gewissens." (S. 259)

Mit dieser theologischen Deutung des Gewissensphänomens haben LUTHER und die Reformatoren die neuzeitliche Idee der Gewissens- und Religionsfreiheit begründet und in kühner Weise proklamiert; weil der Mensch in seinem Gewissen allein an Gott gebunden ist, darf keine irdische Autorität in Sachen des Gewissens und des Glaubens auf ihn Zwang ausüben. Zugleich werden mit der Unterscheidung von erlöstem und unerlöstem Gewissen die enge Verbundenheit von Glauben und Gewissen sowie die alleinige Rechtfertigung durch Jesus Christus unterstrichen. Die Gefahr einer solchen Unterscheidung liegt aber darin, die Bedeutung des Gewissens für den Nichtchristen zu unterschätzen; Paulus spricht ja auch den Heiden die Befähigung zu, im Gewissen den Aufruf Gottes zu erfahren. Insofern muß das sog. natürliche oder unerlöste Gewissen nicht nur als Bastion einer Selbstverteidigung gedeutet werden. Auch der Nichtchrist vermag im Anspruch seines Gewissens zu erkennen, daß von ihm die Tat der Gerechtigkeit und der Liebe verpflichtend eingefordert wird. Nur verschärft sich im christlichen Zusammenhang dieser Gewissensanspruch. Im Glauben an die Vergebung wird dann der Weg zur Befreiung von Schuld und vom „schlechten Gewissen" gewiesen.

Innerhalb des katholischen Gewissensverständnisses kam gerade dieser theologische Bezug auf den christlichen Glauben und die befreiende Vergebung zu kurz. Zudem wurde – besonders im 19. Jahrhundert – der Gehorsam gegenüber der Autorität bisweilen stärker herausgestellt als der Gehorsam gegenüber dem Gewissen. Zugleich haben allerdings verschiedene katholische Theologen (vor allem Johann Michael SAILER, Johann Baptist HIRSCHER und der spätere Kardinal John Henry NEWMAN) ein stärker personalistisch und theologisch ausgerichtetes Gewissensverständnis herausgearbeitet.

1 Vgl. hierzu: Martin LUTHER: Sermon von dem Sakrament der Buße (1519); weiterhin: Wilfried HÄRLE: Gewissen. In: Evangelisches Staatslexikon. Stuttgart [2]1966, S. 871–874.

2 Dietrich BONHOEFFER: Ethik. Hrsg. von Eberhard BETHGE. München 1963, S. 26 u. 258.

Auch für den katholischen Christen gibt es keinen Ersatz des Gewissens durch eine Autorität. Jeder ist persönlich zur Verantwortung aufgerufen und kann diese nicht der Autorität überlassen oder abtreten. Im 13. Jahrhundert betont bereits THOMAS von Aquin:

> „Der Untergebene hat nicht über den Befehl des Vorgesetzten zu urteilen, wohl aber über die Erfüllung des Befehles, soweit sie ihn angeht; denn jeder ist gehalten, seine Handlungen nach dem Wissen zu prüfen, das er von Gott hat."[3]

Kardinal NEWMAN hat den Vorrang des Gewissens auch gegenüber dem Papst in einem offenen Brief an den Herzog von Norfolk folgendermaßen ausgedrückt:

> „Es gibt also, so scheint es, außergewöhnliche Fälle, in denen das Gewissen mit dem Wort eines Papstes in Widerstreit geraten kann und man dem Gewissen trotz jenes Wortes folgen muß [...]
> Deshalb ist es niemals erlaubt, gegen unser Gewissen zu handeln, wie das Vierte Lateran-Konzil sagt: ‚Quidquid fit contra conscientiam, aedificat ad gehennam.'
> Diese Auffassung vom Gewissen ist, wie ich weiß, sehr verschieden von derjenigen, die in der heutigen Zeit in der Wissenschaft, in der Literatur und in der öffentlichen Meinung verbreitet ist. Sie gründet auf der Lehre, daß das Gewissen die Stimme Gottes ist; während es heute überall zum guten Ton gehört, es in irgendeiner Weise als eine Schöpfung des Menschen zu betrachten [...]
> Das Gewissen ist weder weitsichtige Selbstsucht noch das Verlangen, mit sich selbst in Einklang zu stehen; sondern es ist ein Bote von Ihm, der sowohl in der Natur als auch in der Gnade hinter einem Schleier zu uns spricht und uns durch seine Stellvertreter lehrt und regiert. Das Gewissen ist der ursprüngliche Statthalter Christi, ein Prophet in seinen Mahnungen, ein Monarch in seiner Bestimmtheit, ein Priester in seinen Segnungen und Bannflüchen. Selbst wenn das ewige Priestertum in der Kirche aufhören könnte zu existieren, würde im Gewissen das priesterliche Prinzip fortbestehen und seine Herrschaft ausüben [...]
> Wenn ich genötigt wäre, bei den Trinksprüchen nach dem Essen ein Hoch auf die Religion auszubringen (was freilich nicht ganz das Richtige zu sein scheint), dann würde ich trinken – freilich auf den Papst, jedoch zuerst auf das Gewissen und dann erst auf den Papst."[4]

Probleme der Gewissenserfahrung

Die Existenz einer menschlichen Sollensinstanz, die anklagt oder Erfüllung verlangt, bringt im Zusammenhang des Gewissensirrtums und des synthetischen Charakters der Gewissenserfahrung eine Reihe von Problemen mit sich.

- *Der Gewissensirrtum und seine Bedeutung*

Im Aufruf zur Verantwortung und Entscheidung hat das Gewissen stets recht, ist es vor Irrtum geschützt. Insofern uns das Gewissen aber auch sagt, in welchen einzelnen konkreten Taten unsere Verantwortung wahrzunehmen ist, kann es erfahrungsgemäß irren. Dennoch behält auch ein solches dem Menschen vom Gewissen irrigerweise auferlegtes Werk für den Betreffenden seinen verpflichtenden Charakter. Wenn eben jemandem – wie etwa bei Zeugen Jehovas – das Gewissen kategorisch verbietet, an sich eine Bluttransfusion vornehmen zu lassen, dann darf dies der Betreffende auch nicht tun, selbst wenn dadurch sein Leben schwer gefährdet würde. Nicht im formalen Gebieten und Verbieten, das heißt in der Erfahrung der Verpflichtung als solcher, kann das Gewissen irren, sondern in der Bedeutung, die es bestimmten Werken und Handlungen „für mich" beimißt. Auch in den Irrtümern sind wir als Menschen nicht aus der Verantwortung vor Gott entlassen.

3 THOMAS von Aquin: De veritate, qu. 17 a. 5 ad 4.

4 John Henry NEWMAN: Offener Brief an den Herzog von Norfolk. In: Matthias LAROS / Werner BECKER (Hrsg.): John Henry Newman. Polemische Schriften (Bd. 4 der ausgewählten Werke). Mainz 1959, S. 160–162 und 171.

„Indem das Gewissen auf diese Weise den Menschen ganz Gott unterstellt, macht es ihn innerlich frei von den Menschen und Mächten dieser Welt. Diese Freiheit ist die heute so viel beredete Gewissensfreiheit. Sie zählt zu den Grundrechten des Menschen und meint den strengen Rechtsanspruch, den jedermann darauf hat, von niemandem gezwungen oder genötigt zu werden, gegen die ihm von seinem Gewissen auferlegten Gebote und Verbote zu handeln [...] Einen Menschen dazu nötigen, gegen sein Gewissen zu handeln, heißt also nicht weniger als das: Gott seinen absoluten Anspruch auf den Menschen streitig zu machen. Die Gewissensfreiheit ist nur eine notwendige Folge des exklusiven Eigentumsrechts, das Gott am Menschen als seinem Geschöpf hat. Biblisch gesprochen: als Sklave Gottes ist der Mensch befreit von einer Versklavung an Menschen (1 Kor 7,22.23).“[5]

Dennoch darf der Gewissensirrtum nicht als unbedeutend abgetan werden. Für den schuldlos Irrenden mag er zunächst noch belanglos sein. Er kann aber gerade für die Mitmenschen wie für die uns aufgetragene Gestaltung dieser Welt in Gerechtigkeit und Liebe verhängnisvolle Wirkungen besitzen. Solcher Irrtum ist Ausdruck jener Macht der „Sünde der Welt“, die als objektiver Ungeist noch das Herz der Menschen verhärtet und die Gestaltung einer gerechten und friedvollen Ordnung in dieser Welt zu vereiteln trachtet.

- *Der synthetische Charakter der Gewissenserfahrung*

Die klassische Gewissenslehre des Mittelalters mit der Unterscheidung zwischen Gewissensanlage und Gewissensspruch bringt zwar die Vielschichtigkeit der Gewissenserfahrung zum Ausdruck, bedarf aber heute einer Korrektur. Weder kann von einer statischen Anlage gesprochen werden, die jeweils eine entsprechende Prägung erfährt, noch von einer Zuweisung des konkreten Gewissensspruches an eine der verschiedenen seelischen Kräfte: Verstand, Wille oder Gemüt. Die Gewissensanlage ist eben nicht einfach ein bestimmtes seelisches Organ ähnlich den Sinnesorganen des Menschen; vielmehr geht es um ein Zusammenwirken aller seelischen Kräfte des Menschen, um eine „synthetische Gewissenserfahrung“: im Blick auf die Unterscheidung von Gut und Böse ist der Mensch mit allen seinen Seelenkräften gefordert. Der Mensch als Ganzer ist Träger des Gewissenserlebnisses, zugleich aber auch Objekt des Gewissensspruches, der ihn „trifft“. Dabei ist dieser Gewissensspruch weder bloß Speicher oder Niederschlag bestimmter verinnerlichter Erfahrungen, noch kann er aus einer spontan tätig werdenden Anlage allein erklärt werden. Beides ist hier gegeben: sowohl eine verinnerlichte soziale Steuerung wie eine in der Person des Menschen gründende Beziehung zu Welt und Umwelt. In der Erfahrung des Gewissensspruches kommen sowohl der unauswechselbare Charakter einer je einmaligen Erfahrung wie auch die durch Umwelt und Sozialisation erfolgte Fremdsteuerung zum Tragen. Das Gewissen als Anlage und das Gewissen in seiner Entwicklung stehen also nicht in einem unaufhebbaren Widerspruch zueinander; es geht um eine Form der Gesamtgestalt menschlich-personalen Lebens in bezug auf gut und böse. Darum können Einzelwissenschaften nur Teilaspekte dieser Gewissenserfahrung erfassen. Eine ganzheitliche vielschichtige Aussage über das Gewissensphänomen vermag nur eine Integrierungswissenschaft wie die Ethik zu treffen. Es geht um die Moralfähigkeit und Verantwortung des Menschen schlechthin. Aus der Erfahrung wissen wir, daß sich menschliches Leben nur in der Begegnung mit einem Du und in der Gemeinschaft zu entfalten vermag. Dies gilt für den zwischenmenschlichen Bereich; der Christ bezieht aber diese Erfahrung auch auf die Gottesbegegnung. In diesem Beziehungsgefüge ist das Gewissen nicht nur Aufruf zur Selbstverwirklichung, sondern appelliert auch zur Gestaltung und Entfaltung der zwischenmenschlichen Beziehungen in Gerechtigkeit und Liebe – wo dies nicht geschieht, meldet es seinen Anspruch als „schlechtes Gewissen“ an. Insofern besteht die Wahrheit des Gewissens darin, daß es uns den Sinn für die Liebe als einer wesentlichen Bestimmung unseres Daseins erschließt; es ist ein Ruf in die Freiheit und Verantwortung unseres gemeinschaftlichen Lebens und Zusammenlebens. Aus christlicher Sicht wird es somit als ein personales und religiöses Ereignis verstanden.

Auch die Funktion des Gewissens hat sich heute gegenüber einer traditionellen Interpretation katholischer Prägung geändert; ging es – besonders bei einem kasuistisch-moralischen Gewissensverständnis – um das Erlernen rechter Verhaltensweisen oder um die Anwendung sittlicher Normen auf eine konkrete Situation, so zählt heute die Gewissensentscheidung selbst als sittlicher Akt. In einer pluralen Gesellschaft wird dem Einzelnen eine Entscheidung zugemutet; er erfährt sich dabei als Subjekt, das für sein Tun und Lassen zur Verantwortung gezogen werden kann. Menschliche Freiheit kommt in der Gewissensentscheidung der menschlichen Person in besonderer Weise zum Ausdruck. Wegen der sozialen Bedingtheit unseres Lebens bedarf jedoch das Gewissen auch ständig einer Sachorientierung. Eine rein subjektivistische Einstellung und ein individualistisches Gewissen ohne Rückbindung an die soziale Umwelt käme menschlicher Willkür gleich und könnte nicht den Anspruch erheben, als Gewissensspruch berücksichtigt zu werden. Einer solchen Orientierung dienen sittliche Normen. Dieser hier angedeutete Wandel des modernen Gewissensverständnisses kommt auch in den zentralen Aussagen des II. Vatikanischen Konzils zum Ausdruck (Pastoralkonstitution, insbesondere Artikel 16).

(1) Zeigen Sie auf, was unter „Gewissensfreiheit“ zu verstehen ist und welche Bedeutung dem „irrigen Gewissen“ zukommt.

....

....

....

....

....

....

....

....

....

Humanwissenschaftliche Deutungsmodelle des Phänomens Gewissen

Unter den modernen wissenschaftlichen Disziplinen hat sich in besonderer Weise die Psychoanalyse mit dem Phänomen des Gewissens beschäftigt. Hier war es vor allem Sigmund Freud, der zur Entstehung der in der Sozialisation erworbenen Gewissensinhalte und zur Bedeutung der Entwicklungsphasen des Menschen für die Entfaltung des Gewissens einen entscheidenden Beitrag geleistet hat, der nicht nur für die weitere psychologische, sondern auch für die anthropologische und theologische Interpretation des Gewissensphänomens, wenngleich mit gewissen Einschränkungen, von Bedeutung bleibt.

- *Zur Entwicklung des Über-Ich nach Sigmund Freud*

Sigmund Freud baute in seiner dritten Schaffensperiode (1910–1925) seine Untersuchungen zum Narzißmus und zum Aggressionstrieb zu einer Trieblehre aus; er verbindet sie mit der Theorie über die gesamte Persönlichkeit, die aus dem Zusammenwirken von Es, Ich und Über-Ich gebildet wird.

---

5 Bruno Schüller: Das irrige Gewissen. In: Karl Rahner / Otto Semmelroth: Theologische Akademie. Bd. 2. Frankfurt 1965, S. 17.

Schema 1: Entfaltung der psychischen Struktur des Menschen nach Sigmund Freud

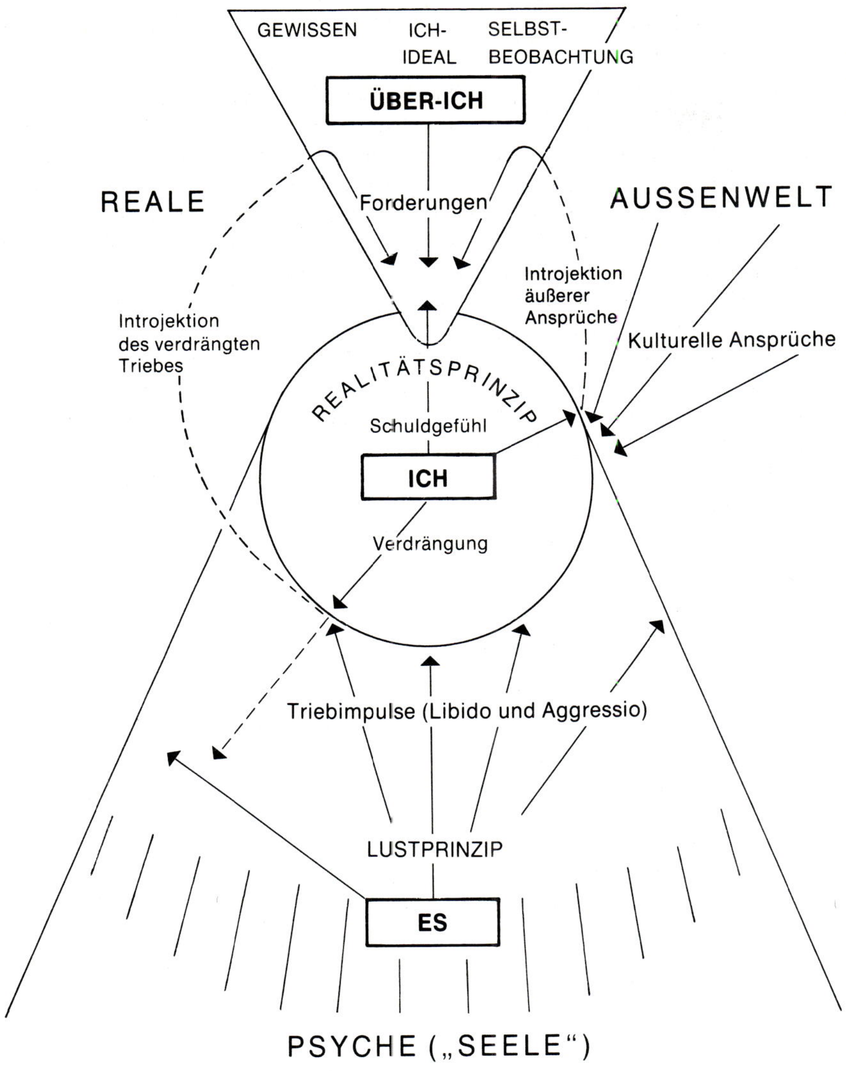

Das *Es* gilt als Urschicht der Seele. Es beinhaltet ein ungeordnetes Reservoir aller Triebenergien, vor allem die *Libido (Lust-Trieb)* sowie den *Aggressionstrieb.* Hier herrscht allein das *Lustprinzip* vor, das heißt, die Triebe streben rücksichtslos nach Verwirklichung, heben sich aber im Es gegenseitig in ihrer Energie auf.

Im Kontakt mit den *Ansprüchen* der *realen Außenwelt* spürt das Individuum zunehmend Widerstand gegen die Rücksichtslosigkeit seiner eigenen *Triebimpulse* und beginnt, diese zu verdrängen, falls sie keine Möglichkeit der Verwirklichung haben.

Es kommt zur Herausbildung der bewußten *Ich*-Instanz, welche die entgegengesetzten Ansprüche von Es und Realität mit Hilfe des von ihm interpretierten *Realitätsprinzips* auszugleichen trachtet. Dabei kommt es zur teilweisen *Verdrängung* von Aggressionsneigungen, deren Verwirklichung dem Ich unmittelbar schaden würde (z.B. der Wunsch nach Beseitigung des Vaters). Diese Verdrängungen sowie die Ansprüche der Realität werden nun *verinnerlicht (introjiziert)* und in die neu sich bildende Instanz des *Über-Ich* aufgenommen, wo sie in den Funktionen von *Selbstbeobachtung, Ich-Ideal* und dem eigentlichen *Gewissen* als Forderungen gegen das Ich erscheinen. Der Forderung des Gewissens entspricht beim Ich das *Schuldgefühl,* derjenigen der Selbstbeobachtung das *Minderwertigkeitsgefühl.*

Original: DIFF-Redaktion

Freud nimmt an, „daß vielleicht die Menschheit als Ganzes ihr Schuldbewußtsein, die letzte Quelle von Religion und Sittlichkeit, zu Beginn ihrer Geschichte am Ödipuskomplex erworben hat".[6] Im Anschluß an den griechischen Mythos vom Schicksal des Königs Ödipus, der den Vater erschlagen und irrtümlicherweise die eigene Mutter geehelicht hat, sieht Freud in der normalen Entwicklung der Beziehung der Kinder zu ihren Eltern eine positive Einstellung zum gegengeschlechtlichen Elternteil gegeben, die verbunden ist mit einer negativen zum gleichgeschlechtlichen: Die begehrende Liebe des kleinen Knaben zu seiner Mutter (Inzestwunsch) läßt einen Haß aufkommen gegenüber dem Vater als Rivalen (Tötungswunsch). Indem sich das Kind später nach und nach mit dem gleichgeschlechtlichen Elternteil identifiziert, wird der Ödipuskomplex überwunden: es ist die Geburtsstunde des Über-Ich.

Nach Freud vollzieht sich diese Entwicklung bereits um das 5./6. Lebensjahr. „Das Über-Ich wird den Charakter des Vaters bewahren und je stärker der Ödipuskomplex war, je beschleunigter [...] seine Verdrängung erfolgte, desto strenger wird später das Über-Ich als Gewissen, vielleicht als unbewußtes Schuldgefühl über das Ich herrschen."[7]

Dem Über-Ich schreibt nun Freud die Funktion des Gewissens zu; im Schuldbewußtsein kommt die Spannung zwischen Ich und Über-Ich zum Ausdruck.
Für Freud ist das Schuldgefühl das wichtigste Problem der Kulturentwicklung. Auch die Gemeinschaft bildet ein Über-Ich aus, das seine Ideale formt und seine Forderungen erhebt; sie betreffen die Beziehungen der Menschen untereinander und werden in der Ethik zusammengefaßt:

„Die Ethik ist also als ein therapeutischer Versuch aufzufassen, als Bemühung, durch ein Gebot des Über-Ichs zu erreichen, was bisher durch sonstige Kulturarbeit nicht zu erreichen war."[8]

- *Bedeutung der Gewissenstheorie von Sigmund Freud*

Freuds Überlegungen gründen auf jenen Erfahrungen, die er zu seiner Zeit (im Wien der Jahrhundertwende) mit seinen Patienten gemacht hat. Dabei begegnete er gerade bei einem sehr engstirnigen Verständnis christlichen Glaubens dem „Diktat eines grausamen Über-Ich". Insofern bekam Freud vornehmlich die negative Seite des Gewissenserlebnisses in den Blick: das Gewissen als Verbots- und Strafinstanz. Was er mit dem Über-Ich bezeichnet, ist eine unbewußte Vorgestalt des Gewissens eines weithin fremdgesteuerten Menschen. Doch geht es ihm um die Stärkung des Ichs. Die naturwissenschaftliche Engführung der Position Freuds wurde in der Zwischenzeit von der Psychoanalyse überwunden, zuerst von seinem Schüler C. G. Jung.

Die Bildung des reifen Gewissens

Die Gewissenstheorie von S. Freud ist für das Verständnis eines reifen Gewissens von großer Bedeutung. Wenn Triebverzicht auf Liebesgewinn angewiesen ist, dann spielt die dem Kind zugewandte Elternliebe für die Entfaltung und Bildung des Gewissens eine entscheidende Rolle. Weder ein grausames Über-Ich noch eine am überlieferten Sittenkodex ausgerichtete Moral erscheinen dann ausreichend; vielmehr bleibt gerade dem Heranwachsenden die Entwicklung zur Eigenverantwortung und Mündigkeit aufgegeben:

---

6 Sigmund Freud: Vorlesungen zur Einführung in die Psychoanalyse. Gesammelte Werke, Bd. XI, S. 344.
7 Sigmund Freud: Das Ich und das Es. Gesammelte Werke, Bd. XIII, S. 263.
8 Sigmund Freud: Das Unbehagen in der Kultur. Gesammelte Werke, Bd. XIV, S. 503.

„Die menschliche Persönlichkeit entfaltet sich kernhaft im Übergang vom Ich-Ideal, das seinen Schwerpunkt in der unbewußten Struktur hat, zum reifen Gewissen, das sich an der bewußt erfaßten geistig-sittlichen Wertnorm orientiert. Ethisch gesehen bedeutet die Entfaltung eine allmähliche Ablösung der heteronomen Moral durch eine autonome."[9]

Das Kleinkind wird noch ganz und gar von außen nach elterlichen Geboten und Verboten gesteuert, in der Pubertät verlegt es dann die richtende Instanz nach innen (gut ist, was der eigenen Einsicht entspricht). Der letzte Reifungsschritt des Gewissens – erst mit dem Erwachsenwerden – wird schließlich nach einer verbindlichen Sicherheit im Bereich der Transzendenz Ausschau halten. C. G. JUNG betont, daß sich erst in der personalen Reife die Frage nach dem wahren Gott als letzter Realität und väterlicher Liebesinstanz stellt und jenseits der Lebensmitte endgültig in den Vordergrund tritt.[10]

Von der Kindheit zur Reife vollzieht sich darum die Entfaltung der Gewissensautorität etwa in folgendem dialektischen Dreischritt:

Schema 2: Entfaltung der Gewissensautorität

	Kindheit	Jugend	Reife
Autorität gegeben durch:	objektive bio-psycholog. Vaterinstanz	subjektive introjiziert-geistige Vaterinstanz	transzendente religiöse Vaterinstanz
Gewissen gegeben als:	Ich-Ideal (heteronom)	Wertfindung und Normbindung	Gewissen (autonom)

Aus: Gottfried GRIESL: Pastoralpsychologische Studien. Innsbruck 1966, S. 171.

Die Gewissensbildung verläuft also parallel mit der Entfaltung des Charakters und der Persönlichkeit des Menschen. Sie vollzieht sich nicht von selbst, sondern bleibt dem Menschen als Aufgabe gestellt. Insofern das Gewissen ganzheitlich-personal zu verstehen ist, gibt es keine Erziehung ohne eine entsprechende Formung und Entfaltung des kindlichen Gewissens. Sie ist gleichzeitig Erziehung zu persönlicher Verantwortung. Wird dies vernachlässigt, begnügt man sich mit der Entfaltung eines Über-Ich, so trägt den Schaden davon nicht nur die betroffene menschliche Person, sondern auch das freiheitlich demokratische Gefüge einer Gesellschaft. Erst recht verlangt christlicher Glaube jenen mündigen Menschen, der nicht unter dem Diktat eines strafenden Über-Ich steht, sondern aus freier Verantwortung heraus sein Leben und das Leben der Gemeinschaft zu gestalten vermag.

(2) Was ist nach Sigmund FREUD mit „Es", „Ich" und „Über-Ich" gemeint?

....

....

....

....

....

....

....

....

9 Gottfried GRIESL: Pastoralpsychologische Studien. Innsbruck 1966, S. 170.

10 Carl Gustav JUNG: Die Beziehungen der Psychotherapie zur Seelsorge. Zürich 1948, S. 16.

Die Bedeutung der Erfahrung für die Entstehung sittlicher Normen und deren Begründung

Für die Entstehung sittlicher Normen ist neben dem Rückgriff auf Offenbarungsinhalte und Naturrecht vor allem auch die menschliche Erfahrung als Erkenntnisquelle zu berücksichtigen. „Erfahrung" ist jedoch ein äußerst komplexer Begriff, der vielfach verschieden interpretiert wird. Wir wollen daher im folgenden genauer zusehen, wie Erfahrungstatsachen, die sich in bereits gelebter und überlieferter Ethik niedergeschlagen haben, mit der Frage nach dem rechten Tun in der Gegenwart zusammenhängen. Um den Stellenwert der Erfahrung innerhalb der Ethik zu bestimmen, unterscheiden wir zunächst zwischen formaler und materialer Sittlichkeit und untersuchen dann die Rolle der Erfahrung für die Entstehung konkreter Handlungsnormen, und zwar sowohl in allgemeiner Hinsicht als auch in der besonderen Art religiös motivierter Erfahrung, wie sie sich in den biblischen Schriften niedergeschlagen hat.

Formale und materiale Sittlichkeit

Sittliches Verhalten besitzt sowohl ein subjektives (oder formales) als auch ein objektives (oder materiales) Element. Die richtige Grundhaltung und Bereitschaft zu einem gerechten und liebevollen Verhalten gegenüber dem Mitmenschen allein genügt noch nicht; es stellt sich die Frage, was im einzelnen auch tatsächlich gerecht und liebevoll ist bzw. als solches erfahren wird. Aus der subjektiven Einstellung heraus (dem „Wie") bestimmt sich die sittliche Qualität der handelnden Person: sie ist sittlich gut, wenn die Grundeinstellung und die konkrete Absicht in Ordnung sind, (sittlich) böse, wenn dies nicht der Fall ist. Wird jedoch die Handlung als solche entsprechend ihrem objektiv-materialen Gehalt beurteilt: ob und inwieweit sie dem betreffenden Menschen und seinem Heile dient, so gilt als Werturteil „sachlich (sittlich) richtig" oder „sachlich (sittlich) falsch". Für diese „Richtigkeit" wollen konkrete Handlungsnormen eine Hilfestellung vermitteln; doch nehmen sie dem Einzelnen den sittlichen Entscheid nicht ab.

Fragt man also: „*Was* soll ich tun?", so ist die material-inhaltliche Seite der Sittlichkeit im Blick. Uns Menschen bleibt aufgegeben, in der konkreten Situation auch entsprechend richtig zu handeln. Insofern ist es Aufgabe der menschlichen Vernunft, den jeweils an uns gestellten Anspruch zu vernehmen, dessen Verbindlichkeit über das Gewissen erfahren wird.

Menschliche Erfahrung als Ursprung konkreter Handlungsnormen

Der Begriff „Erfahrung" zählt zu den Grundbegriffen der philosophischen Erkenntnistheorie. Im Unterschied zum bloß Gedachten und zu dem, was der Tradition entstammt oder von einer Autorität angenommen wird, bildet die Erfahrung eine eigene Form von Erkenntnis. Sie besitzt den Charakter der Unmittelbarkeit. Das bedeutet noch nicht, daß derartige Normen willkürlich gesetzt werden dürfen; sie werden in der sehr vielschichtig zu verstehenden Wirklichkeit bereits vorgefunden oder bilden sich bald gruppendynamisch heraus und müssen als konkrete Handlungsnormen immer wieder an die jeweils andersartige Wirklichkeit mit ihrer Zielsetzung angepaßt werden. Insofern tragen wir Menschen nicht nur eine Gehorsamsverantwortung gegenüber diesen Normen, sondern auch eine Mitverantwortung für die Gestaltung und Begründung sittlicher Verhaltensregeln und Normen.

Menschliches Handeln soll vernünftig bleiben – übrigens gilt dies auch vom Christen und seinem Glauben. Darum müssen jene sittlichen Regeln, die das verantwortliche Handeln des Menschen bestimmen, grundsätzlich der menschlichen Einsicht offenstehen. Dies schließt nicht aus, daß solche Handlungsnormen aus dem christlichen Offenbarungsverständnis des Menschen und der Welt heraus eine tiefere und weiter reichende Begründung erfahren können.

Neben diesem subjektiven Erfahren gibt es auch eine „objektivierte Erfahrung" – gemeint sind der Niederschlag und Besitz solcher verarbeiteten Wahrnehmungen. Das Gesamt der vorhandenen Erfahrungen eines Individuums nennen wir dann „Lebenserfahrung".

Wir erfahren die Wirklichkeit schon über bestimmte Modelle. Auch die vermeintlich unmittelbaren Erfahrungen sind schon voller menschlicher Konstrukte. Dabei werden oftmals überholte Wirklichkeitsmodelle verwendet, wenngleich uns in der Reflexion bewußt wird, daß unsere Rede nicht mehr dem heutigen Wissensstand entspricht. So sagen wir am Morgen zwar immer noch „die Sonne geht auf" und verwenden dabei jenes Weltbild, das noch aus der Zeit vor GALILEI und KOPERNIKUS stammt. Dennoch wissen wir, daß sich nicht die Sonne um die Erde, sondern die Erde um die Sonne dreht. Auch unsere volkstümliche Sprache über ethische und religiöse Vorgänge bleibt weithin bestimmt durch Modelle, die dem heutigen Stand ethischen und theologischen Wissens nicht immer entsprechen. Wenn wir von feststehenden allgemeingültigen Handlungsnormen sprechen, so sollte uns dennoch bewußt sein, daß diese relativ bleiben und stets den Stempel ihrer Zeit tragen. Solche Normen fallen nicht einfach vom Himmel, sondern entstammen einer langen menschlichen Erfahrung, jenen Verhaltensweisen, die sich bewährt haben. Sie sind geschichtlich entstanden und wollen immer wieder neu auf ihre Geltung hin geprüft werden.

- *Aufgabe der Objektivierung unserer Erfahrungen*

Nun zählt es zu den leidvollen menschlichen Erfahrungen, daß die eigene unmittelbare Erfahrung der Täuschung ausgesetzt bleibt; sie bedarf darum einer Objektivierung. So ursprünglich unsere eigenen Erfahrungen auch sind, sie besitzen doch eine leibliche Außenseite, über die es eine Verständigung mit anderen gibt. Insofern müssen die eigenen Erfahrungen mit den Erfahrungen anderer konfrontiert und über die in Traditionen und Normen bereits verkörperten objektivierten Erfahrungen vorausgehender Generationen überprüft werden. Anderenfalls bliebe der Mensch völlig subjektivistisch auf sich selbst geworfen. Gerade weil der einzelne Mensch nicht die notwendige Distanz zur Beurteilung seiner einmaligen Erfahrung besitzt, bedarf er des Gegenübers, des Modells und bestimmter Leitbilder. Er muß darum die unmittelbare eigene Erfahrung aus der subjektiven Beliebigkeit herauszunehmen versuchen. Trotzdem gibt es keine letzte objektive Eindeutigkeit von Erfahrungen.

- *Biblische Offenbarung als Niederschlag von Heilserfahrung*

Immer wieder wird die Frage aufgeworfen, wodurch sich Christen von Nichtchristen unterscheiden, was das von ihnen geforderte Verhalten charakterisiere. Diese Frage richtet sich nicht nur auf das Besondere einer christlichen Ethik; es geht vielmehr um das Selbstverständnis christlichen Glaubens und Handelns.
Nun wäre es zu einfach zu meinen, der Christ besitze in den Aussagen der Heiligen Schrift und darüber hinaus in den konkreten Anweisungen kirchlicher Autorität bereits jene konkreten Normen, die ihm einen weiteren Entscheid ersparen und die sein Handeln von dem Handeln des Nichtchristen unterscheiden. Die biblischen Offenbarungstexte enthalten jedoch ihrerseits Berichte von Gotteserfahrungen, die Menschen in der Alltagswirklichkeit gemacht haben: Ob es sich um die Berufung Abrahams handelt, in ein fremdes Land zu ziehen, oder um jene überwältigende Gotteserfahrung des Mose am Berg Sinai – In den Berufungsgeschichten der Propheten und in vielfältigen alttestamentlichen Erzählungen begegnen uns Erfahrungsberichte.

Auch am Anfang der christlichen Tradition stehen Zeugnisse lebendiger Gotteserfahrung, welche die Jünger mit Jesus und nach seinem Tod gemacht, über die sie reflektiert, die sie geprüft, weitergegeben und somit auch objektiviert haben. Sollen Menschen unserer Zeit jene biblischen Berichte von Heilserfahrung erfassen, so müssen diese verständlich erzählt werden. Wo dies geschieht, werden Menschen mit ihren eigenen Erfahrungen diese Berichte aufnehmen und durch sie in ihren eigenen Erfahrungen wiederum ein Stück weitergeführt, in eine tiefere Gotteserfahrung gebracht werden. Insofern wird Gottes- und Heilserfahrung nicht direkt, sondern indirekt durch Geschichten von Erfahrungen vermittelt. Im Lichte der biblischen Texte und der darin bekundeten Erfahrungstradition werden Menschen in ihren Erfahrungen – die ja verschiedenen Deutungen offenstehen – ein Stück weitergeführt. Die biblischen Autoren aber drücken ihre Erlebnisse in den Begriffen ihrer Zeit und ihrer Lebenswelt sowie in ihren Fragestellungen aus. Darum können und dürfen wir diese Texte auch nicht einfach unreflektiert und unmittelbar für unsere Zeit übernehmen. Es bedarf der hermeneutischen Fragestellung, das heißt der Rückfrage nach dem Bedeutungsgehalt, den die früheren Autoren ihren Berichten aus ihrer Zeit heraus gegeben haben: Jesus ist keine zeitlose, übergeschichtliche abstrakte Größe, die losgelöst aus ihrer Umwelt und der damaligen Zeit verstanden werden dürfte. Er steht gewissermaßen am Wendepunkt der Geschichte, am Ausgang jener Periode, die wir heute als Altes Testament bezeichnen, zugleich aber am Anfang und Höhepunkt der mit ihm angefangenen Gottesherrschaft auf Erden.

Dieser vom Glauben her erweiterte Erfahrungshorizont eröffnet dem, der in die Nachfolge Christi eintritt, eine tiefere Dimension von Leben, Heil und Hoffnung – auch über den Tod hinaus. Darin – nicht durch konkrete sittliche Handlungsnormen – unterscheidet sich christliche Ethik von einem rein innerweltlichen Entwurf einer Ethik. Es gibt somit ein Ineinander und Miteinander biblischer Offenbarung und heutiger Erfahrung, das sich als fruchtbar erweist. Weder kann aus den biblischen Texten eine unmittelbare Antwort auf die heute anstehenden konkreten Probleme gefunden werden, noch ist unsere Gegenwart in ihrer Aktualität hinreichendes Kriterium, nach dem sich alles beurteilen ließe; denn auch unsere Zeit hat ihre eigenen Voraussetzungen und besonderen Sensibilitäten. Auch unsere heutigen Erfahrungen sind begrenzt wie die aller Menschen im Laufe der Geschichte. Dennoch bilden sie den Verstehenshorizont, auf dem wir die biblischen und von der Kirche verkündeten Erfahrungen und konkreten sittlichen Normen aufnehmen und in ihrem Bedeutungsgehalt für unsere Zeit umsetzen können. Für die Verbindlichkeit der biblischen Botschaft wie auch für die Objektivierung individueller religiöser Erfahrungen besitzt darüber hinaus die Gemeinde der Glaubenden – die sich sehr bald als Kirche versteht – eine unersetzliche Bedeutung. Ein Christentum ohne Kirche würde die positive Bedeutung der jeweiligen Institution als einer dem Menschen und seiner Leiblichkeit eigentümlichen Existenzweise menschlichen Zusammenlebens unterschätzen. Kirche als glaubende Gemeinde bleibt darum keine bloße Gesinnungsgemeinschaft, sondern besitzt auch ihre äußeren Strukturen, ihre rechtlich verfaßte Seite, selbst wenn diese immer wieder erstarren und zum Stein des Anstoßes werden können. Doch tragen alle Gläubigen Mitverantwortung dafür, daß die rechtlichen Strukturen nicht vorherrschend werden und eine lebendige Tradition wie ein tiefes Glaubensleben diese Kirche charakterisieren und dementsprechend auch das Handeln der Christen mitbestimmen.

(3) Was ist mit „sittlich gut", was mit „sittlich richtig" gemeint? Worauf beziehen sich diese beiden Aussagen?

....

....

....

....

....

....

....

....

....

....

....

....

....

Die menschliche Natur als Quelle sittlicher Normen

Das Sittliche läßt sich bestimmen als Anspruch der geschaffenen Wirklichkeit an die menschliche Person. Darum ist bei der Suche und Begründung sittlicher Normen nach jenen Sinnwerten zu fragen, die sich im menschlichen Verhalten, in Ehe und Familie, in Gesellschaft und Staat und in den jeweiligen Situationen im einzelnen darstellen. Der Schlüsselbegriff „menschliche Natur" öffnete von jeher den Weg zu jenen sittlichen Handlungsnormen, die ohne Rückgriff auf die Wortoffenbarung und logisch unabhängig von ihr vom Menschen erschlossen werden können. Gerade im katholischen Bereich wurde der Rückgriff auf die Struktur und Wesensnatur des Menschen für die Findung sittlicher Normen besonders herausgestellt. Dabei verfiel man in der Vergangenheit einem statischen und zum Teil auch verengten biologistischen Verständnis von Natur. Reformatorische Theologen waren weitaus skeptischer, indem sie die erbsündliche Verderbtheit des Menschen und seiner Natur stärker herausstellten und somit einen unmittelbaren Rückgriff auf eine menschliche Natur für die Begründung sittlicher Normen ablehnten.

Dem biblischen Daseinsverständnis ist ein heutiger Naturbegriff fremd; die Heilige Schrift berichtet stets vom Eingreifen Gottes in die Geschichte des Menschen, legt Zeugnis ab für eine Heilsgeschichte. Insofern besitzen auch biblische Weisungen stets einen konkreten Bezug auf den Menschen und seine Umwelt; sie tragen den Charakter einer situativen Ethik.

Die biblische Neubesinnung in der theologischen Ethik hat heute, soweit auf die menschliche Natur zurückgegriffen wird, zu einer radikalen Vergeschichtlichung der gesamten Wirklichkeit geführt. Das Geschichtsverständnis läßt es nicht mehr zu, einfachhin von einer vorgegebenen statischen Wesensnatur des Menschen auszugehen und davon die gesamte künftige Entwicklung abzuleiten. Auch die Natur des Menschen trägt geschichtlichen Charakter, ist offenzuhalten für weitere Ergänzungen und Entwicklungen. Das gilt ebenso für die konkreten sittlichen Weisungen: Sie tragen geschichtlichen Charakter, stehen im Dienste des Menschen und der menschlichen Gesellschaft und besitzen eine gewisse Entlastungsfunktion, müssen aber immer wieder neu auf ihre Gültigkeit hin geprüft werden.

Selbst wenn heute von einem bleibenden Grundbestand menschlicher Werte wie Freiheit, Gleichheit und Solidarität oder Brüderlichkeit gesprochen wird, so handelt es sich hierbei um formale Aussagen, die immer wieder neu inhaltlich eine Auffüllung erfahren. Die abendländische Geschichte hat zur Genüge gezeigt, wie verschieden diese ursprünglich biblischen Werte im Mittelalter, im 18. Jahrhundert von der Französischen Revolution und schließlich im ausgehenden 20. Jahrhundert verstanden werden können. Wir selbst erleben, wie unterschiedlich die Inhalte der Begriffe „Freiheit", „Demokratie" und „Frieden" heute innerhalb der jeweiligen politisch und ideologisch bestimmten Gruppierungen verstanden werden. Dennoch bleiben die weltweiten Versuche um eine Verständigung auf gemeinsam tragende Grundwerte der Freiheit und der Personwürde des Menschen bedeutsam.

Norm und Weisung

Der Normbegriff stammt eigentlich aus der Soziologie. Er ist weder der klassischen Theologie noch der Bibel bekannt. Wenn im Alten Testament von dem Mosaischen Gesetz oder den fünf Büchern Mose, von den Anweisungen Jahwes durch die Priester und Propheten gesprochen wird, ist von der Tora die Rede. Tora aber besagt eher „Weisung". „Weisung" erfaßt besser das Unterwegssein des Menschen auf ein Ziel hin; im Unterschied zu „Norm" und „Gesetz" beinhaltet „Weisung" bereits eine gewisse Dynamik und Lebendigkeit. Dieses Wort entspricht dem Bild der Kompaßnadel, die den Menschen zwar eine Ausrichtung auf ein Ziel hin vermittelt, ohne jedoch schon im einzelnen die Teilziele oder Zwischenstationen festzulegen. Der Begriff „Weisung" wird auch der Geschichtlichkeit und dem damit gegebenen Wandel konkreter sittlicher Handlungsnormen sowie der Offenheit für neue Erkenntnisse besser gerecht. Unsere Gesellschaft ist ja nicht mehr durch ein geschlossenes Weltbild geprägt, in welchem der Glaube an eine ewig gültige Ordnung und an eine unveränderliche Natur des Menschen die Grundlage der Lebens- und Weltgestaltung bildet. Vielmehr bewegen wir uns in einer geschichtlich offenen Gesellschaft, die nicht ungeprüft bestimmte Verhaltensregeln übernimmt, sondern kreativ vorgehen muß. Eine solche Offenheit nach vorn, auf die Zukunft hin, wird auch gerade vom Neuen Testament und seinen endzeitlich ausgerichteten Aussagen her gefordert.

Konkrete Handlungsnormen, die eine negative Aussage enthalten („du sollst nicht..."), wird es als Abgrenzung immer wieder geben müssen. Solche Verbote sind aber nur die Kehrseite jener positiven Aufgabenstellung, für die sich besser der Begriff „Weisung" anbietet.

Christliche Normenbegründung

Aufgabe einer christlichen Ethik ist es, den Inhalt sittlicher Handlungsnormen aufzuzeigen und deren Verbindlichkeit abzustützen. Dabei finden heute zwei Grundtypen Verwendung:

• *Die Autoritätsargumentation:* Inhalt und Verbindlichkeit einer sittlichen Forderung werden dadurch begründet, daß man sich auf Aussagen der Heiligen Schrift – etwa mit dem Hinweis auf die Zehn Gebote des Alten Testamentes oder auf die Bergpredigt im Neuen Testament –, auf die Tradition, auf bestehende Normen oder auf Aussagen einer Autorität im gesellschaftlichen oder kirchlichen Bereich beruft. Eine solche Begründung richtet sich an den menschlichen Willen, ruft auf zum Gehorsam. Sie erweckt leicht den Eindruck einer Außensteuerung des Menschen, einer Fremdbestimmung. Selbstverständlich ist ein solcher Rückgriff auf die Autorität möglich und notwendig. Er reicht aber nicht aus; wenn christlicher Glaube vernünftiger Glaube bleiben soll, müssen auch sittliche Forderungen in ihrer inneren Vernünftigkeit aufgezeigt werden. Einer theologischen Ethik, die immer wieder auf die Aussagen der Heiligen Schrift zurückgreift oder auf die Tradition verweist, obliegt die Aufgabe, den inneren Sinn einer Verpflichtung aufzuzeigen. Nur so kann eine sittliche Forderung zuinnerst angenommen und für den Menschen bestimmend werden.

Auch nach katholischem Verständnis gibt es keine gesonderte Erkenntnis in dem Sinn, als könnte sich kirchliche Autorität die notwendige und mögliche Vernunftargumentation ersparen. Die ganze Kirche als Gemeinschaft gläubiger Menschen ist der Ort, wo Gottes Botschaft gehört, verstanden und gelebt werden soll. Für die Findung und Formulierung konkreter sittlicher Weisungen bleibt zu beachten, daß dies ein geschichtlicher Prozeß ist.

• *Die Vernunftargumentation:* Sie versucht, den Sinn der Geltung konkreter sittlicher Handlungsnormen aufzuzeigen. Nur auf diese Weise können Normen einsichtig gemacht werden; auch kirchliche Autorität trägt gesellschaftliche Verantwortung dafür, daß Sinn und Begründung sittlicher Normen erschlossen werden; einen blinden Gehorsam gibt es nicht. Insoweit sich auch eine rein philosophische Ethik der Vernunftargumentation bedient, unterscheidet sich eine solche Argumentation formal nicht von einer theologisch-ethischen. Im 13. Jahrhundert hat bereits THOMAS von Aquin im Anschluß an ARISTOTELES auf die entscheidende Bedeutung der Vernunftargumentation hingewiesen. Wer mit dem Hinweis auf die Irrtumsmöglichkeit menschlicher Vernunft diese Argumentationsform einfach dem Autoritätsargument unterordnet, übersieht, daß ja auch menschliche Autorität dem Irrtum ausgeliefert bleibt, und verzichtet damit auf jene Grundlage, die für die Theologie als Wissenschaft und für ein Gespräch mit den verschiedensten wissenschaftlichen Disziplinen unentbehrlich erscheint. Wenn von reformatorischen Theologen bisweilen die Vernunftargumentation auf der Ebene des Heiles in Frage gestellt wird, dann bedeutet dies keine grundsätzliche Abwertung des Gebrauchs der Vernunft; im Gegenteil: auf diese Weise soll gerade dem Gebrauch der Vernunft in der Welt Raum gegeben und menschliche Freiheit und Verantwortung gegenüber kirchlicher Bevormundung und bloßer Autoritätsargumentation geschützt werden. Damit wird die Autoritätsargumentation nicht völlig abgewertet; sie bedarf jedoch eines rationalen Aufweises. Bei ihr werden allerdings Inhalt und Verbindlichkeit der Norm von der Autorität her begründet, während sich die Vernunftargumentation wesentlich auf den Sinngehalt, die Erfahrung mit diesen Normen und deren Bewährung im konkreten Leben stützt.

Von der Gesetzesmoral zur Verantwortungsethik

1. Ende des 19. Jahrhunderts bildete sich gerade in der katholischen Moraltheologie auf der Grundlage eines statischen und ungeschichtlichen Naturverständnisses eine Moral heraus, die mit einer Fülle von konkreten Handlungsanweisungen mehr kasuistisch-rechtliche Züge trug und als *Gesetzesmoral* bezeichnet werden kann. Aus der Natur als einer vorgegebenen Seinsordnung versuchte man konkrete sittliche Normen für das jeweilige Handeln abzuleiten. Diese Normen wurden selbst wiederum als unveränderlich ausgegeben. Während es in der mittelalterlichen Theologie noch THOMAS von Aquin als eine Aufgabe der Vernunft bezeichnete, mit ihr schöpferisch jene Normen zu finden, die dem Wohle des Menschen dienen, bestand nun in diesem legalistischen Ansatz die Aufgabe der Vernunft lediglich darin, die bereits vorgegebene Ordnung – die als göttliche Natur- und Wesensordnung gedeutet wurde – zu erkennen und daraus unmittelbar die Konsequenzen für das Handeln zu ziehen. Ein solches Modell entsprach zwar dem Bedürfnis weiter Volksschichten nach konkreten Handlungsanweisungen, es gründete aber auf einer allzu optimistischen, ja naiv anmutenden Erkenntnistheorie, die da meinte, den Willen Gottes unmittelbar im konkreten Gesetz erfassen zu können. Sittlichkeit erwies sich hier als Gesetzesgehorsam. Eine solche Gesetzesmoral aber wird der Wirklichkeit nicht hinreichend gerecht.

2. Eine extreme Reaktion darauf stellt jene *Situationsethik* dar, welche die geschichtliche Lage jeder Person und ihrer Handlungen als völlig einmalig ansieht und die konkrete Entscheidung nur aus der jeweiligen Situation hervorgehen läßt, ohne sich um bestehende Traditionen und Handlungsnormen zu kümmern. Eine solche extreme Situationsethik kommt einer reinen Gesinnungsethik gleich; sie betont den subjektiven Bereich sittlichen Verhaltens auf Kosten der objektiv-materialen Gehalte sittlichen Handelns und bleibt ebenso unzureichend wie jene Erfolgsethik, die sich nur um die unmittelbaren Auswirkungen der Tat kümmert.

Schema 3: Aufriß ethischer Modelle: Gesetzesmoral, extreme Situationsethik und Verantwortungsethik

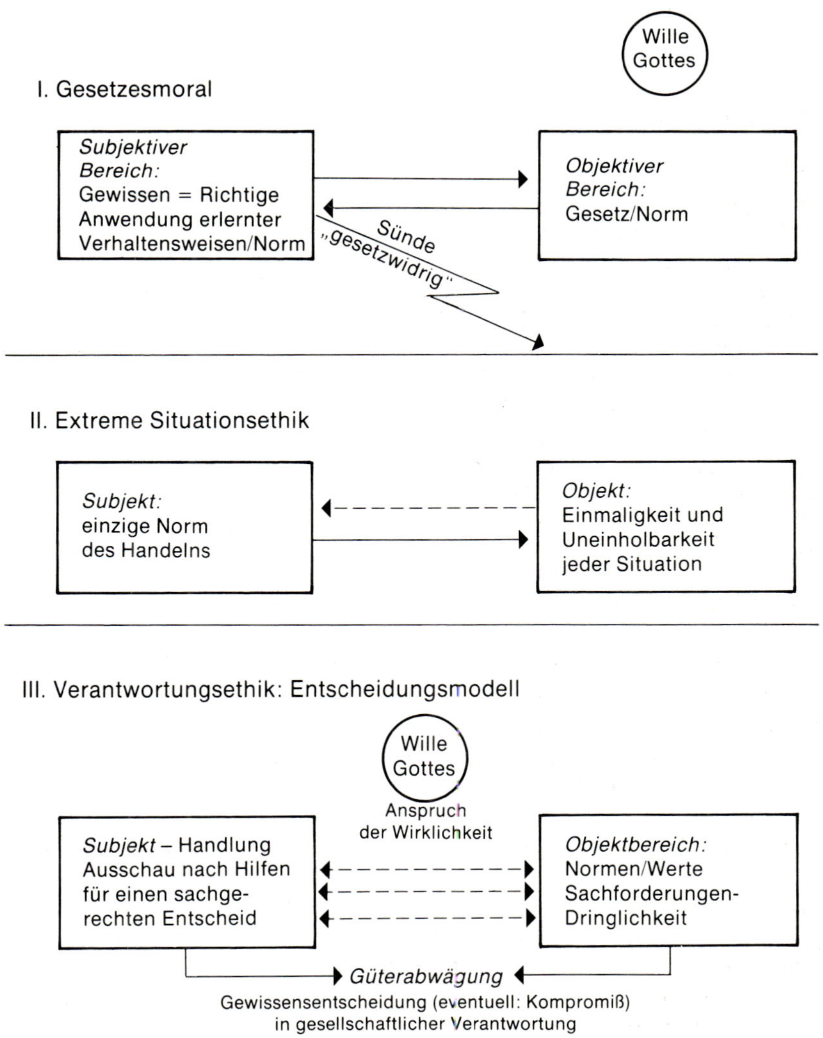

3. Als Lösung dieser beiden Extremformen bietet sich ein mittlerer Weg an, der die Problematik der Entscheidungsfindung durch Verantwortung berücksichtigt: die *Verantwortungsethik* mit dem Entscheidungsmodell. Sie geht aus von der Tatsache, daß Autorität, Gesetze und Normen Orientierungshilfen zur Erkenntnis des sittlich Geforderten (Richtigen) darstellen, jedoch im konkreten Einzelfall jeweils eine Abwägung der zur Konkurrenz stehenden Güter und deren Dringlichkeit vorgenommen werden muß. Ein solches Modell ist weitaus schwieriger, setzt eine differenzierte Kenntnis und Entscheidungsbereitschaft voraus und kann leicht mißbraucht werden – entspricht aber besser der dem Menschen aufgetragenen Verantwortung und dem biblischen Ansatz einer christlichen Ethik.

(4) Welche Hauptargumentationstypen für die Begründung konkreter sittlicher Handlungsnormen kennen Sie? Welcher räumen Sie einen Vorzug ein, und warum?

....

....

....

....

....

....

....

....

....

....

....

Freiheit als Voraussetzung menschlicher Verantwortung

Dem Menschen kann man nur Verantwortung zusprechen, wenn er auch bei seinem Handeln die Wahl zwischen mehreren Möglichkeiten besitzt. Sittliche Freiheit äußert sich in der Willensentscheidung; sie ist nur im Akt, in der Entscheidung und Wahl faßbar. Sie will also ausgeübt werden. Wer von sich behauptet „ich bin frei", aber diese seine Freiheit nicht in seinem Leben und Handeln verwirklicht, erscheint unglaubwürdig. Zwar werden zahlreiche menschliche Entscheidungen als frei angesehen, die sich im nachhinein weithin als durch Charakter, Umwelt und Erziehung oder andere psychische oder soziale Faktoren festgelegt erweisen; eine vertiefte Einsicht in die Voraussetzungen menschlichen Handelns läßt häufig Zweifel an der Existenz menschlicher Freiheit aufkommen. Die Natur kennt ihrerseits eine strenge Abfolge von Ursache und Wirkung; doch läßt sich diese Abfolge nicht einfach auf den Menschen übertragen. Ihm werden Entscheidungsfreiheit und Verantwortung zugesprochen. Sowenig die Existenz menschlicher Freiheit im strengen Sinne „bewiesen" werden kann, so ist noch weniger deren Nicht-Existenz „beweisbar". Die Leugnung menschlicher Freiheit erscheint noch unsinniger als die Annahme eines Mindestmaßes von Eigenständigkeit und Entscheidungsfreiheit.

Sinn und Struktur menschlicher Entscheidungsfreiheit

Jeder Mensch steht vor der Aufgabe, seinem Handeln eine Orientierung, eine Zielsetzung zu geben. Ist jemand zu dieser Reife gelangt, seine vernünftigen und eigengewählten Handlungen zu verantworten und für deren Wirkungen einzutreten, sprechen wir von „Mündigkeit". Es geht also um menschliche Selbstbestimmung, um eine gewisse Verfügung über die Seelenkräfte, wobei diese Selbstbestimmung immer noch konkret durch charakterliche Voraussetzungen und den sozialen Kontext der Umwelt begrenzt wird. Aber auch zu seiner eigenen Geschichte wie zur Umwelt kann sich der Mensch noch „antwortend" beziehen.

Mit der *Freiheit der Entscheidung* ist zunächst die Möglichkeit gemeint, sich auf einen obersten Maßstab festzulegen, der schließlich auch weitere Entscheidungen mitbestimmt. Zu den grundlegenden Alternativen zählen Egoismus und Liebe. Doch sind wir keineswegs ständig vor die Wahl gestellt; es entspricht der Alltagserfahrung, daß jene Situationen einer wirklichen Grundentscheidung verhältnismäßig selten sind. Wahlfreiheit besagt, daß die betreffende Person die Möglichkeit besitzt, über ihr Tun und Handeln in gewisser Weise zu entscheiden, zwischen verschiedenen Möglichkeiten zu wählen. Insofern sich der Einzelne von einer Verpflichtung, einem Sollen aufgerufen weiß, aber auch anders handeln kann, ist er vor die Entscheidung gestellt und aufgerufen, seine Freiheit zu gebrauchen, sich zu entscheiden. Selbst wenn er nicht wählt, auf eine Entscheidung verzichtet, bedeutet ein solches Verhalten bereits indirekt eine Wahl: eine negative Stellungnahme zu seiner Freiheit. In diesem Sinne steht hier der Mensch, so er ein entsprechendes Maß an Einsicht und Handlungsfreiheit besitzt, vor der Notwendigkeit, diese seine Freiheit zu gebrauchen, will er nicht nur durch fremde Elemente gesteuert werden. Dabei kann die Freiheit der Wahl und der eigenen Entscheidung wesentlich durch äußere politische Macht behindert werden. Doch verbleibt auch hier zumindest noch die Möglichkeit zum Widerstand, und sei es auch nur ein passiver geistiger Widerstand. Dabei besteht Freiheit „in der Beherrschung des Wechselspiels verschiedener Fremdbestimmungen, nicht in einem Freiraum unbeeinflußter Menschlichkeit. So wie der Glaube sich nicht von der Vernunft gefährdet sieht, so die Freiheit nicht von der Erkenntnis von Fremdbestimmungen, da diese das Freiheitsphänomen nicht berühren."[11]

Freiheit besitzt also eine fundamentale Bedeutung für den Menschen als Person und die ihm zugewiesene Verantwortung. In der Realität verwirklicht sich diese menschliche Freiheit aber oft nur schwach und unzureichend; sie wird behindert durch Egoismus, Irrtum oder anderweitige psychologische und äußere Momente. Wo zudem nur das Interesse an der eigenen Freiheit besteht und auf die Freiheit anderer keine Rücksicht genommen wird, liegt egozentrisches Verhalten vor, wird sittliche Freiheit in ihrer Beziehung zum Mitmenschen mißachtet.

Mit der Entscheidung zu einem positiven Wert, einer Aufgabe, einer Verpflichtung, tritt die Person aus der Entfremdung heraus, erweist sie sich als mündig. Wird die Entscheidungsfreiheit positiv verwirklicht, so tritt eine neue Form von Freiheit ein: die *Freiheit der Entschiedenheit*[12]. Jede Entscheidung bedeutet zugleich Verzicht auf andere Möglichkeiten, Mut zum Abschied. Doch kann personales Leben nicht reifen ohne eine solche Entscheidung und ohne die Bereitschaft, zu der einmal getroffenen Wahl auch zu stehen. Häufig begegnet man dem Einwand, durch eine endgültige Bindung – eine Glaubensentscheidung, eine eheliche Bindung, ein Versprechen, ein Gelübde – enge der Mensch seine Freiheit ein und gebe sie für die Zukunft auf. Doch erst in der Beständigkeit der Person, im Stehen zum Entscheid, wird der Einzelne für den anderen auch vertrauenswürdig. Darum gehört es zur personalen Reife, wenn ein Lebensentwurf, eine Entscheidung gewagt und damit eine Bindung übernommen wird. Umgekehrt kann es Ausdruck von Unreife und Unmündigkeit sein, wenn eine Entscheidung ständig hinausgeschoben oder auf sie gänzlich verzichtet wird.

11 Dietmar Mieth: Gewissen. In: Christlicher Glaube in moderner Gesellschaft, Teilband 12. Freiburg u. a. 1981, S. 137–184, Zitat S. 161.

12 Vgl. hierzu Bruno Schüller: Gesetz und Freiheit. Düsseldorf 1966.

An diesen beiden Begriffen, an der Wahlfreiheit bzw. Freiheit der Entscheidung und an der Freiheit der Entschiedenheit, wird deutlich, daß sich menschliche Freiheit nicht nur negativ als Befreiung vollzieht, sondern zugleich auch positiv als Bindung und Selbstverfügung auf ein Ziel hin versteht.

Für den Apostel Paulus bedeutet die Umkehr des Menschen zum Glauben und zur Nachfolge Jesu eine Entscheidung, die zwar den Menschen einbindet in den „einen Leib", in den die Christen „hineingetauft" sind; doch wertet er dies als eine Berufung zur „Freiheit und Herrlichkeit der Kinder Gottes" (Röm 8,21): Der Christ ist darum frei vom Gesetz (1 Kor 10,29) und von der Sünde (Röm 6,18 u. a.); denn „zur Freiheit hat uns Christus befreit". „Bleibt daher fest und laßt euch nicht von neuem das Joch der Knechtschaft auflegen!" (Gal 5,1).

Die persönliche Freiheit des Menschen ist also niemals schrankenlose Willkür oder Zügellosigkeit; sie beinhaltet auch die Bereitschaft, für sich selbst und für andere Verantwortung zu übernehmen. Freiheit, wie sie im Grundgesetz verankert ist, bedeutet auch Freiheit zur Mitwirkung und Mitbestimmung in der Gesellschaft und im Staat. Jeder Bürger soll sich an dieser Freiheit aktiv beteiligen, keiner soll sich ausschließen.

(5) Zeigen Sie den Unterschied zwischen Wahlfreiheit und Freiheit der Entschiedenheit auf.

....

....

....

....

....

....

....

....

....

....

Zusammengehörigkeit von Freiheit und Bindung

Negativ besagt Freiheit zunächst eine Ungebundenheit, eine Unabhängigkeit und Unbestimmtheit im Blick auf einen Bestimmungsgrund. Freisein von materieller Not, von Krankheit, Angst und Zwang, von einem unmittelbaren Eingebundensein in die Geschehnisse der Natur, das war schon immer menschliches Bestreben und gehört zur Geschichte der Befreiungsversuche des Menschen. Sie werden aber stets nur begrenzt gelingen.
Insofern jeder in einer Welt vielschichtiger notwendiger Beziehungen steht, schließt Freiheit auch ein Bezugsverhältnis mit ein. Wer sich von allen unmittelbaren Beziehungen lösen möchte, wird – ohne daß er dies vielleicht bemerkt – in neue Bindungen geraten, die unter Umständen noch gefährlicher sind, da sie ihm gar nicht bewußt werden. Wer sich aus Geschichte, Tradition und Kultur herauslöst, bleibt um so fester eingebunden in die Gegenwart, ihre Zwecke und Bedürfnisse. Der geschichtslos lebende Mensch wird zum Sklaven des Augenblicks. Dies war auch die einseitige und darum nicht tragfähige Konzeption einer extremen Situationsethik. Ein völlig beziehungslos gelebtes Leben in Ungebundenheit gibt es nicht. Darum ist ein radikales „Freisein von" nicht denkbar; es würde dem dialogischen Verständnis des Menschen, der gerade durch die Beziehungen zu seinen Mitmenschen überhaupt erst sein Menschsein verwirklichen kann, nicht gerecht.

Unsere gegenwärtige Zeit nimmt zur Freiheit des Menschen eine zwiespältige Haltung ein. Einerseits wurden von seiten der Existenzphilosophie und ihrer nachwirkenden Strömungen die Freiheit des Menschen zu hoch eingestuft und die tatsächlich vorhandenen Verflechtungen nicht hinreichend beachtet. Andererseits bestreitet man aufgrund materialistisch-biologischer und tiefenpsychologischer Voraussetzungen menschlichen Handelns oft menschliche Freiheit in ihrer Existenz. In beiden Positionen liegt ein wahrer Kern: das Vorhandensein menschlicher Freiheit, gleichzeitig aber auch ihre Begrenzung. Menschen rechnen zu allen Zeiten mit einem Mindestmaß an Freiheit; dies bekunden die bestehenden Normen und Ordnungen, denen man in allen Kulturschichten begegnet. Um ein Zusammenleben zu ermöglichen, werden eben Sollensforderungen aufgestellt.

Menschliche Freiheit erweist sich notwendig als zielgerichtete und gebundene Freiheit. Freiheit und Bindung gehören zusammen. Insofern verstehen wir hier Freiheit nicht als Willkür oder Beliebigkeit; sie ist eine gerichtete, gebundene Freiheit. Ohne sie gibt es keine menschliche Verantwortung, kein sittlich gutes oder böses Tun. Das II. Vatikanische Konzil hat dies besonders herausgestellt:

„17. *(Die hohe Bedeutung der Freiheit).* Aber nur frei kann der Mensch sich zum Guten hinwenden. Und diese Freiheit schätzen unsere Zeitgenossen hoch und erstreben sie leidenschaftlich. Mit Recht. Oft jedoch vertreten sie sie in verkehrter Weise, als Berechtigung, alles zu tun, wenn es nur gefällt, auch das Böse. Die wahre Freiheit aber ist ein erhabenes Kennzeichen des Bildes Gottes im Menschen: Gott wollte nämlich den Menschen ‚in der Hand seines Entschlusses lassen', so daß er seinen Schöpfer aus eigenem Entscheid suche und frei zur vollen und seligen Vollendung in Einheit mit Gott gelange. Die Würde des Menschen verlangt daher, daß er in bewußter und freier Wahl handle, das heißt personal, von innen her bewegt und geführt und nicht unter blindem innerem Drang oder unter bloßem äußerem Zwang. Eine solche Würde erwirbt der Mensch, wenn er sich aus aller Knechtschaft der Leidenschaften befreit und sein Ziel in freier Wahl des Guten verfolgt sowie sich die geeigneten Hilfsmittel wirksam und in angestrengtem Bemühen verschafft. Die Freiheit des Menschen, die durch die Sünde verwundet ist, kann nur mit Hilfe der Gnade Gottes die Hinordnung auf Gott zur vollen Wirksamkeit bringen. Jeder aber muß vor dem Richterstuhl Gottes Rechenschaft geben von seinem eigenen Leben, so wie er selber Gutes oder Böses getan hat."[13]

Kreative Freiheit

Freiheit hat man nicht einfach, sondern Freiheit vollzieht sich nur handelnd – wobei man nicht irgend etwas tut, sondern im Handeln selbst erst als sittliches und verantwortliches Wesen hervorgeht. So wie sich der Dichter im Gedicht ausspricht, ja erst durch die Dichtung zum Dichter wird, wie der Künstler sich selbst in seinem Werk darstellt, so verwirklicht sich der Mensch in der verantwortungsbewußt vollzogenen freien Tat als sittliches Wesen, gestaltet diese Welt mit und gewinnt dadurch auch ein entsprechendes Bild von sich selbst und vom Urheber und Schöpfer dieser Welt. Gott hat nicht einfach eine fertige Welt ins Dasein gesetzt, sondern schafft weiter an unserer Welt durch den Menschen. Jede Entscheidung bleibt ein Wagnis; sie kann auch falsch getroffen werden – mit oder ohne Schuld – und furchtbare Konsequenzen nach sich ziehen.

In der jüdischen Legende vom Rabbi Josua kommt die Entscheidungsnot, wie sie in unserer unheilen Welt immer wieder gegeben sein kann, in ihrer ganzen Tragik zum Ausdruck:

„Zu Rabbi Josua ben Levi kam eines Tages ein Flüchtling und sprach: ‚Die Häscher des Königreichs sind hinter mir her, um einer Staatssache willen mein Leben zu nehmen; verbirg du mich und errette mich!' Und Rabbi Josua sah sein gehetztes Angesicht, nahm ihn auf in seinem Haus und verbarg ihn.

13 Vaticanum II: Pastoralkonstitution „Gaudium et Spes", art. 17.

Gegen Abend umringten die Häscher die Stadt, sandten einen Boten hinein und ließen sagen: ‚Der Flüchtling ist in die Stadt geflohen. Gebt ihn heraus, wo nicht, so soll euer aller Leben für seines büßen'. Da lief das Volk auf dem Markt zusammen, die Weiber erhoben ihre Stimme in Geschrei, und die Menge brandete um Rabbi Josua, daß er ihnen rate und helfe. Er aber stand bleich und still in ihrer Mitte und erbat Bedenkzeit bis zum Morgen.
Da es Nacht war, saß Rabbi Josua in seiner Stube bei der brennenden Lampe. Vor dem verhüllten Fenster klang noch das Heulen aufgeregter Weiber. Im Zimmer war es still. In den Decken des Lagers ruhte der Flüchtling im erschöpften Schlaf, das Licht der Lampe entdeckte scharfe Schatten in seinem unter Träumen angstvoll zuckenden Gesicht. Rabbi Josua aber saß in Bangigkeit über der schweren Entscheidung, die ihm aufgeladen war, und wußte sich nicht zu helfen. Leben lag in seinen Händen. In der einen dieses gehetzte, das zu ihm geflohen war, in der anderen das Leben seiner Gemeinde. Durfte er den vertrauenden Flüchtling opfern? Durfte er die ihm anvertrauten Menschen in Gefahr bringen? Er bebte, daß er nicht mit reinem Herzen die Frage entscheide, an der er selbst so nah beteiligt war. Und er wagte nicht allein zu handeln, zu verantworten die furchtbare Wahl. So suchte er sich Rat bei den Meistern der Lehre, die vor ihm gewesen waren. Er saß vor der Lampe, gebeugt über die Bücher, und forschte im Gesetz und in der Mischna nach. Zuletzt fand er ein Wort, das entschied: ‚Wenn das Leben vieler in Gefahr ist, so darf der Angeklagte ausgeliefert werden'. Er lehnte sich zurück im Stuhl und atmete tief auf. Hinterm Fenstervorhang graute schon der Morgen. Rabbi Josua sah mit schlaflos brennenden Augen übergroß die Schrift der Mischna, erkannte aber nicht die Schrift im Angesicht des Menschen, jenes Flüchtlings, der sich seinem Schutz anempfohlen hatte. Er beugte sich über das Lager und schüttelte den Schlafenden wach: ‚Ich bin verantwortlich für die Gemeinde, von meiner Hand wird dein Leben gefordert. Ich habe nach bestem Wissen und Gewissen die Mischna durchforscht und die Vorschrift gefunden: wo das Leben vieler in Gefahr steht, darf der Angeklagte ausgeliefert werden'. So sprach der Rabbi Josua tonlos. Der Flüchtling aber sank zurück in Todesangst. Rabbi Josua sprach hastig weiter: ‚Entkommen kannst du nicht, denn die Stadt ist von Häschern umstellt. Ich muß dich ausliefern um der vielen Leben willen, die mir anvertraut sind. Erspare mir die letzte Bitterkeit, daß ich Gewalt gegen dich anwende, und liefere dich selbst aus!' Des Lehrers Entschlossenheit aber war größere Gewalt als Faust und Schlag. Der Flüchtling sah die letzte Brücke seiner Rettung brechen. Vor der Stadt erschollen die Signale der Häscher; heulend vor Angst stürzte das Volk gegen Rabbi Josuas Haus. Und er stand bleich und still in ihrer drängenden Mitte, während der Flüchtling hinausging, sein einziges Leben zu opfern.
In der nächsten Nacht saß Rabbi Josua wieder still bei der Lampe. Draußen auf der Straße verklang der Jubel des geretteten Volkes. Sein Gesicht aber war bleich; er wußte seine Gemeinde in Sicherheit, den Flüchtling aber tot. Wieder prüfte er alles, was seinen Entschluß bestimmt hatte. Doch plötzlich bemerkte er in der Stille draußen leises Bewegen an der Wand, und die Tür öffnete sich. Eine große Gestalt trat herein, es war der Prophet Elia. Josua stand auf und grüßte ihn mit schweigendem Gruß. Der Prophet sah zunächst stumm im Zimmer umher, deutete auf das leere Lager und fragte: ‚Wo ist der Flüchtling?' – Rabbi Josua erschrak und antwortete hastig: ‚Die Häscher drohten, wenn er nicht ausgeliefert würde, die ganze Stadt zu zerstören. Ich aber forschte nach bestem Gewissen in der Mischna und fand eine Vorschrift: wo das Leben vieler in Gefahr steht, darf der Angeklagte ausgeliefert werden'. Der Prophet aber stand, als höre er nicht, und fragte erneut nach dem Flüchtling. Rabbi Josua sank zurück in seinen Stuhl, bedeckte sein Gesicht mit den Händen, konnte aber vor dem forschenden Blick des Propheten nicht bestehen und antwortete bebend: ‚Er ist gegangen, sich selbst auszuliefern, denn ich sprach mit ihm, und ich fand eine Vorschrift in der Mischna ...' Da trat der Prophet dicht an den Rabbi und sprach mit starker Stimme: ‚Warum warst du nicht eingedenk der Mischna der Frommen, die allein in den Herzen der Gerechten geschrieben steht? Bist du darum ein Gerechter ohne Fehl, daß du an den Buchstaben der Vorschrift dich klammerst? Siehe, in der bittersten Not helfen nicht die Meister der Lehre, weder die vorher waren, noch die nachher sein werden, da bist du mit Gott allein und mußt vor ihm erleiden die menschliche Nichtigkeit bis auf den Grund. Wehe dir, daß du geflüchtet bist zu irdischer Hilfe und hast Gottes Angesicht nicht ertragen!'
Und der Prophet wandte sich und ging hinaus ohne Gruß. Rabbi Josuas Kopf aber sank auf den Tisch nieder in bitterster Not, und er erkannte, daß er falsch gewählt hatte.“ [14]

Gerade an dieser Beispielgeschichte wird uns eindrücklich vor Augen geführt, daß sittliche Entscheidungssituationen keineswegs immer eine eindeutig befriedigende Lösung zulassen, sondern bisweilen auch in schuldhafte Verstrickungen führen können.

14 Johannes Gründel: Normen im Wandel. München 1980, S. 172–175; gekürzt übernommen aus: E. Schubert-Christaller: In deinen Toren Jerusalem. Jüdische Legenden. Heilbronn [6]1978, S. 71–75.

Abb. 2: Menschliche Freiheit durch die Gnade Gottes

Holzschnitt von Walter Habdank. *Aus:* In Erwartung. Freiburg u. a. 1981, S. 27.

Menschliche Freiheit und Gnadenwirken Gottes

Die Theologie fragt nach der Möglichkeit menschlicher Freiheit angesichts der Glaubensüberzeugung, daß Rechtfertigung und Heil des Menschen allein aus Glaube und Gnade erfolgen. Dies war auch Thema der großen Auseinandersetzung zwischen Erasmus und Luther über die Willensfreiheit. Erasmus beschuldigte Luther, durch seine Gnadenlehre gerade das zu leugnen, was ja das Wesen des Menschen ausmache: seine Willensfreiheit, die ihn vom Tier und den unbeseelten Lebewesen unterscheide. Dabei übersah er den existentiellen Erfahrungshintergrund Luthers und wertete seine Aussagen geradezu als abstrakte Lehre der Leugnung des freien Willens; zugleich argumentierte er auf der Ebene menschlicher Psychologie. Luther hingegen ging es um eine existentielle Erläuterung des Gnadenwirkens Gottes. Er beschuldigt die Verteidiger der Willensfreiheit, daß sie das Kreuz Christi überflüssig machten:

„Da will ich nun die Schutzherren des freien Willens gewarnt haben, daß sie wissen, daß sie Christum verleugnen, wenn sie den freien Willen behaupten. Denn wenn ich durch mein Verdienst die Gnade Gottes erlange, was ist mir dann Christi Gnade vonnöten, die anstelle meiner Gnade anzunehmen ist?“[15]

Luther hält durchaus daran fest, daß der Mensch in irdischen Dingen die Fähigkeit zum Wählen besitze; nur lehnt er dort, wo es darum geht, das Gute zu wollen und zu tun – also wo es existentiell um das Heil des Menschen geht –, die Rede von menschlicher Freiheit ab, da hierin der Mensch durch die Sünde zum Guten unfähig wurde. Auf den Einwand des Erasmus, warum Gott dem Menschen ein Gesetz gegeben habe, wenn er keinen freien Willen besäße, antwortet Luther, das Gesetz sei nur dazu da, dem Menschen die Unfähigkeit des freien Willens zum Halten der Gebote zu verdeutlichen. Luther will hier die eigentlich befreiende Botschaft und den Trost des Evangeliums vor dem Versuch menschlicher Selbsterlösung und Selbstrechtfertigung retten. In seiner Schrift *„Von der Freiheit eines Christenmenschen“* (1520) äußert er sich positiv zur Freiheit in dem Sinne, daß sie keine natürliche Eigenschaft des Menschen sei, sondern nur aus dem Glauben heraus existieren kann. Ohne einen solchen Glauben an Christus lebe der Mensch in der Knechtschaft; Christus habe uns darum befreit von Sünde, Gesetz und Tod. Menschliche Freiheit aber bleibt stets an den Glauben als Gnadengabe gebunden. In diesem Sinne gilt: „Der Christenmensch ist ein freier Herr über alle Dinge und niemand untertan.“[16]

(6) Welche Aussagen macht Luther über die Willensfreiheit des Menschen?

....

....

....

....

....

....

....

....

....

....

....

15 Martin Luther: De servo arbitrio. WA 18, S. 777.
16 Martin Luther: Von der Freiheit eines Christenmenschen. WA 7, S. 49.

Wesensmerkmale einer christlichen Ethik

Für den Glaubenden stellt sich in besonderer Weise die Frage, welche spezifischen Handlungs- und Wertmaßstäbe sich aus seiner weltanschaulichen Gebundenheit ergeben, welche Bedeutung also der Glaube konkret für das Handeln besitzt. Dabei sind für das Christentum vor allem die Maßstäbe der biblischen Überlieferung von Bedeutung.

Die Bibel als zentrale Quelle christlicher Ethik

Eine christliche Ethik wird sich an der zentralen Quelle christlichen Glaubens, an der Bibel, ausrichten. Dabei sind insbesondere zwei Merkmale von Bedeutung: der Dekalog sowie das ethische Verhalten Jesu selbst.

- *Der Dekalog als das Bundesgesetz des Volkes Israel*

Im Alten Testament begegnen uns unter den verschiedenen überlieferten Verbotsreihen die Zehn Gebote: der Dekalog (= Zehn Worte). Sie gelten als das Bundesgesetz, das im Zusammenhang mit der Gottesoffenbarung am Sinaigebirge überliefert wird. Der Dekalog enthält keine Maximalforderungen, sondern will vielmehr eine äußerste Grenze abstecken, die von jedem Israeliten zu respektieren ist. Eigentlich müßte man eher von „Zehn Verboten“ als „Zehn Geboten“ sprechen; denn nur das dritte und vierte Gebot werden positiv formuliert, die übrigen negativ als Verbote. Doch weisen letztlich auch diese Verbote auf jene für das Zusammenleben der Menschen grundlegenden Werte hin.
Dabei existieren zwei verschiedene Fassungen: Ex 20,2–17 und Dt 5,6–21. In der letzteren Überlieferung finden sich nicht unwesentliche Zusätze – besonders bei der Begründung des Sabbatgebotes, das gesellschaftlich-sozial motiviert wird: weil Israel Sklave in Ägypten war, soll es jetzt auch seine Sklaven am Sabbat schonen.

Geht man vom vorliegenden Text aus, so ließen sich die Gebote in zwei Gruppen aufteilen: in solche, die das Verhältnis des einzelnen Israeliten zu seinem Gott Jahwe regeln, und in andere, die das Verhalten zum Mitmenschen betreffen. In der christlichen Tradition wurden dementsprechend auch die Gebote der ersten Tafel auf das Gottesverhältnis, die der zweiten Tafel auf das mitmenschliche und gesellschaftliche Verhalten bezogen. Doch bleibt eine solche Aufteilung recht oberflächlich; sie übersieht, daß alle Gebote und Verbote die Existenz des Volkes Israel als Bundesvolk Gottes betreffen.

Religion und Leben, Glauben und Handeln gehören zusammen. Wenn sich Gottes Wille im Anspruch der Wirklichkeit niederschlägt, dann sind auch jene Normen und Gesetze, die ein gerechtes und friedvolles Zusammenleben der Menschen regeln wollen, Ausdruck des Willens Gottes und somit im weiteren Sinne Gesetz Gottes. Dies schließt nicht aus, daß solche Gesetze in ihrer Ausformung und Gestaltung dem Wandel der Zeit unterworfen bleiben. Auch die Zehn Gebote sind ihrem Inhalt nach Niederschlag einer gewachsenen Tradition innerhalb des Volkes Israel. Schon in der Einleitung kommt der Bezug zum Bundesgott, der sein Volk aus der Knechtschaft Ägyptens befreit hat, zum Ausdruck. Israel sieht in Jahwe seinen Gott, den eigentlichen Herrn. Insofern gibt es keinen weltlichen Bereich; das gesamte Leben trägt religiösen Charakter. Es gehört zur Grundüberzeugung des israelitischen Glaubens, daß mit diesem Dekalog der Bundesgott seinem Volk Leben anbietet. In diesem Bundesgesetz kommt zum Ausdruck, daß Gott dieses Volk als sein Eigentum erwählt hat. Wer diese Mindestforderungen nicht einzuhalten bereit ist, für den bleibt auch kein Platz mehr im Volk Israel.

Seit dem 4. Jahrhundert wurden die Zehn Gebote als Inbegriff und Summe aller Gesetze verstanden. AUGUSTINUS war der Meinung, daß alles übrige, was Gott geboten hat, auf jene zehn Worte zurückgeführt werden könnte, wenn man diese nur sorgfältig erforscht und richtig versteht. Jahrhunderte hindurch wurde auch im christlichen Bereich an der Auffassung festgehalten, der Dekalog sei Grundlage und Inbegriff christlicher Sittlichkeit. Für katholische Katechismen, aber auch für die beiden Katechismen Martin LUTHERS blieb der Dekalog Grundschema für die Darstellung der christlichen Sittenlehre. So zählten die Zehn Gebote zur Grundordnung unserer abendländischen Kultur, die jedes Kind auswendig lernte und als Richtschnur für seine Gewissensbildung aufnahm. Dennoch bieten sie eher eine Minimalmoral, die entscheidend einer Ergänzung durch die neutestamentlichen Weisungen Jesu bedarf. Jesus selbst wandte sich gegen eine starre Erfüllung dieser Gebote; er übertrat dort die einzelnen kultischen Anweisungen des Sabbatgebotes, wo es um das Wohl des Menschen ging, und rechtfertigte sein Verhalten mit der Bemerkung: „Der Sabbat ist für den Menschen da, nicht der Mensch für den Sabbat" (Mk 2,27).

• *Die Radikalisierung sittlichen Verhaltens durch Jesus*

Die Botschaft Jesu, wie sie uns in den Schriften des Neuen Testamentes verkündet wird, hat ihre eigene Wirkungsgeschichte; sie ist in den jeweiligen kulturellen Umkreis eingebettet und geschichtlich vermittelt. Biblische Texte sind Ausdruck geronnener Erfahrungen und müssen richtig entschlüsselt werden, sollen sie auch zu neuen lebendigen Glaubenserfahrungen werden. In den vorliegenden neutestamentlichen Aussagen Jesu finden sich zwar keine völlig neuen Forderungen. Doch hat sich Jesus gegen eine äußere Gesetzesbefolgung gewandt und sittliches Verhalten auf seine eigentlichen Wurzeln zurückgeführt, im wahrsten Sinne des Wortes „radikalisiert".

Eine klassische Zusammenfassung der zentralen Forderungen Jesu findet sich in der *Bergpredigt* (Mt 5–7). In den sog. Antithesen („den Alten wurde gesagt ... Ich aber sage euch") vermittelt Jesus gegenüber dem vorgegebenen Gesetzesverständnis der Pharisäer mit seiner prophetischen Aussage einen neuen positiven Ansatz von Sittlichkeit. Gott beansprucht den Menschen weitaus umfassender, als dies im alttestamentlich-jüdischen Gesetz zum Ausdruck kommt. Nicht nur die Tötung eines Menschen, sondern bereits der Zorn gegenüber dem Mitbruder verstößt gegen die geforderte Achtung des Rechtes und der Heiligkeit eines jeden Lebens. Das Böse bricht eben bereits im Inneren des Menschen auf, in einer Tiefe, in die hinein kein Gesetz reicht. Hier werden die Grundentscheidungen gefällt. Wenn Gottes Erbarmen umfassend und grenzenlos ist, dann muß auch der Mensch in seinem Erbarmen alle Begrenzungen durchstoßen und sogar dem Feind gegenüber bereit sein zu Versöhnung und zur Liebe. Ähnliches gilt von Jesu Aussage gegenüber dem Ehebruch. Hier wird die Verantwortung von der vollzogenen Tat auf die Grundentscheidung und Gesinnung, als die eigentliche Wurzel der Sittlichkeit, verlagert. Auch die Forderung „Leistet dem, der euch etwas Böses antut, keinen Widerstand!" (Mt 5,39) soll den Teufelskreis von Haß und Vergeltung durchbrechen und Raum schaffen für eine umfassende Verzeihungsbereitschaft und Liebe.

Es wäre falsch, wollte man aus diesen verbindlichen Zielforderungen Jesu unmittelbar wieder eine konkrete gesetzliche Norm machen. Keine vordergründige Gehorsams-, sondern eine Gesinnungs- und Verantwortungsethik wird hier verkündet, in der das Gute einsichtig gemacht werden soll und die Weisungen eine Aufruffunktion bekommen. Hinsichtlich der hier geforderten Grundentscheidung gibt es keinen Kompromiß, sondern nur Eindeutigkeit. Das kommt zum Ausdruck in den Bildern vom Auge, das – so es Anstoß gibt – herausgerissen werden soll, oder von den Gliedern des Leibes, die – wenn sie Anstoß geben – lieber abgeschlagen werden sollen, als daß der ganze Mensch in die Hölle geworfen wird (Mt 5,29f.). Durch diese bildhaften Übersteigerungen nähern sich die Aussagen der Paradoxie. Gottes Liebe läßt sich nicht mehr auf den Buchstaben der Tora und auf die Auslegung durch das Gesetz festlegen. Das hier Geforderte ist gesetzlich nicht einklagbar. Deswegen dürfen auch die Antithesen Jesu nicht selbst wiederum zum konkreten Handlungsgesetz gemacht werden. Ebenso verhängnisvoll aber wäre es, die Verbindlichkeit dieser Zielsetzungen zu bestreiten und diese Forderungen ihrer Radikalität zu berauben. Jesus selbst hat das, was er lehrte, auch praktiziert und ist somit durch sein Leben und Sterben zur lebendigen Norm schlechthin geworden.

Zusammenfassend können wir also festhalten:

Jesus selbst hat den Dekalog nicht aufgehoben (vgl. dazu STE 7: „Juden und Christen"). Doch wurde der Sinn der Gebote gewandelt: Jesus füllt die alten Formen mit neuem Inhalt und radikalisiert sie, indem er auf die Lauterkeit der Gesinnung und des Herzens abhebt und sittliches Handeln auf den ihm zugrunde liegenden Ursprung einer positiven Grundentscheidung für Gott und den Menschen zurückführt.

Die Spannung zwischen Anspruch und Wirklichkeit

Sosehr jede „Vergesetzlichung" der Bergpredigt dem eigentlichen Anliegen der Botschaft Jesu widerspricht und zu weltfremden utopischen Forderungen führt, sosehr wäre es ebenfalls verfehlt, diese Forderungen lediglich auf die innere Gesinnung zu beziehen und eine reine Gesinnungsethik zu verkünden. Auch die Folgen des Verhaltens bleiben unserer Verantwortung zugewiesen. Darum heißt es in der Bergpredigt nicht umsonst: „an ihren Früchten werdet ihr sie erkennen" (Mt 7,16). Der radikale Anspruch Jesu steht in Spannung zur Wirklichkeit einer noch unheilen Welt, in der eben dem Bösen Widerstand geleistet werden muß. Diese Spannung zwischen Realität und Idealität muß durchgehalten werden, selbst wenn die Forderung zunächst als Überforderung anmutet. Wenngleich in der Grundhaltung oder Gesinnung jeder Kompromiß ein Verrat an der Forderung Jesu wäre, so kann doch auf der konkreten Handlungsebene das Ziel oftmals nur in einzelnen Schritten angegangen werden. Dies entspricht dem Unterwegssein des Menschen, dem Prozeßcharakter menschlichen Lebens. In der geforderten konkreten Entscheidung wird auf der Handlungsebene der Kompromiß als realistischer Weg beschritten werden müssen. Er bedeutet noch keinen Verzicht auf die radikale Forderung der Zielnorm.

Am Beispiel der Friedenssicherung und der geforderten Gewaltfreiheit soll dies verdeutlicht werden:

Eine Sicherung der Freiheit und des Friedens auf der Welt ist noch nicht damit erreicht, daß wir auf die Forderung des Gewaltverzichts der Bergpredigt fundamentalistisch zurückgreifen. Es könnte sein, daß ein radikaler Pazifismus dem Bösen in der Welt mehr Raum gäbe und den Frieden stärker bedrohte als jene Einstellung, die damit rechnet, daß es Gewalt gibt, daß sie bisweilen unvermeidbar ist und daß man sich mit ihr auseinandersetzen muß, um eben nur das unbedingt notwendige Maß an Gewaltanwendung zum Schutz der Freiheit des Einzelnen und der Gemeinschaft zu befürworten. Eine solche Einstellung bezeugt Wirklichkeitssinn; sie muß noch keineswegs den Aufruf der Bergpredigt zur Gewaltlosigkeit mißachten. Das Problem von Gewaltanwendung und Gewaltlosigkeit erweist sich so nur als ein Scheinproblem. Es geht um die Frage nach einer berechtigten und einer unberechtigten Gewaltanwendung, um die Verhältnismäßigkeit der Mittel gegenüber den Zielen. Uns bleibt eine Begrenzung des Gewaltgebrauchs aufgegeben. Macht wird um so menschlicher sein, je weniger Gewalt und Zwang sie anwenden muß. Wer jedoch die Notwendigkeit von Macht und Gewalt in dieser Welt überhaupt leugnet, überläßt die Führung der Macht des Stärkeren und des Bösen. Insofern wird in der geforderten konkreten Entscheidung oftmals nur ein Kompromiß als realistischer Weg möglich bleiben. Dies entspricht dem „Gesetz der Gradualität"; es ist ein Gesetz der „kleinen Schritte auf das Ziel hin".

(7) Charakterisieren Sie die Spannung zwischen ethischer Grundgesinnung und praktischer Verwirklichung einer ethischen Handlung.

....
....
....
....
....
....
....
....
....
....
....
....
....
....

Innerweltliche Ethik und christliche Moral

Insofern christlicher Glaube und eine auf diesem Glauben gründende Ethik vernünftigen Charakter tragen, dürfte auch in Fragen der Sittlichkeit über die Grenze des Glaubens hinaus das Gespräch mit Nichtchristen sinnvoll und möglich sein. Denn christliche Moral enthält keine völlig neuen Forderungen, die allgemeinem menschlichen Denken nicht zugänglich wären. Dennoch werden aus den grundlegenden Glaubensaussagen heraus einige Akzente anders als in einer innerweltlichen Ethik gesetzt.

Eine christliche Moral besitzt folgende Wesenselemente:

• *Religiös-responsorischer Charakter:* Menschliche Existenz ist Gott unterstellt; sittliches Bemühen trägt den Charakter der Antwort auf den vorausgehenden Ruf Gottes, ist also aufgenommen in den Dialog mit Gott. Auch die Rechenschaft vor dem eigenen Gewissen ist in diese religiöse Verantwortung vor Gott miteinbezogen.

• *Weitergreifende Motivierung:* Sosehr es dem Christen in seinem sittlichen Verhalten um echtes Menschsein und um Gerechtigkeit und Liebe geht, insofern sich Jesus mit dem Mitmenschen, besonders mit den Schwachen, Armen, Kranken und Ausgestoßenen identifiziert (Mt 25,40: „Was ihr für einen meiner geringsten Brüder getan habt, das habt ihr mir getan"), so lassen sich Gottesbegegnung und Leben in der Gemeinschaft nicht trennen; die Forderungen einer sozialen Gerechtigkeit, der Nächstenliebe und Brüderlichkeit erhalten eine größere Radikalität und Unbedingtheit. Nächstenliebe und Gottesliebe sind nunmehr das eine Doppelgebot; sie lassen sich nicht voneinander trennen.

• *Radikalität und Maßstab der Liebe:* In der Forderung „Ihr sollt also vollkommen sein wie es auch euer himmlischer Vater ist" (Mt 5,48) wird als Maß menschlichen Liebens die unendliche Barmherzigkeit und Liebe Gottes angegeben, eine Forderung, die – sähe sich der Mensch allein auf die eigenen Kräfte angewiesen – nur als Überforderung erscheinen müßte.

• *Vorrang der Gnade oder des Empfangens:* Christliche Moral darf nicht zur Leistungsmoral werden. Wer nur auf die eigenen Kräfte baut und sein Heil selbst wirken möchte, wird bald an der eigenen Ohnmacht und Unfähigkeit zerbrechen. Eine rein natürliche Ethik kann es durchaus zu einer beachtlichen Höhe sittlichen Strebens bringen; für den Christen bleibt Heil Gnadengeschenk, das er nur von Gott her empfangen kann. Selbst im sittlichen Versagen weiß sich der Christ noch von Gottes Liebe umfangen, solange er diese nicht zurückstößt. Ein solches Wissen um die Gnade Gottes darf den Menschen zwar nicht verleiten, leichtsinnig Gottes Barmherzigkeit herauszufordern. Es nimmt aber doch einer christlichen Moral jene Verkrampfung und Traurigkeit, die für den charakteristisch sind, der an einer Aufgabe immer wieder scheitert. Insofern werden die sittlichen Bemühungen und die „guten Werke" nicht sosehr Bedingung für das Heil, sondern vielmehr dankbare Antwort für die in Christus erfolgte Heilszusage bleiben.

• *Heilsgeschichtlich-eschatologischer Charakter:* Insofern eine christliche Moral an Jesus Christus und das mit ihm angebrochene Reich Gottes gebunden bleibt, das heißt an die Heilsverheißung, ist sie auch eine Moral der Heilszeit und trägt somit endzeitlichen (eschatologischen) Charakter; sie steht in der Spannung zwischen dem bereits mit Jesus angebrochenen Reich Gottes und der noch ausstehenden Vollendung. Die Zukunftserwartungen eines Christen gehen darum über die des Nichtchristen hinaus, transzendieren diese Welt und Zeit. Dementsprechend werden auch in den endzeitlich bestimmten Texten des Neuen Testamentes als charakteristische Grundhaltungen gefordert: Wachsamkeit, Bereitschaft und Nüchternheit, Standhaftigkeit und Hoffnung.

Dies schließt nicht aus, daß auch eine rein innerweltliche Ethik zu ähnlichen Tugenden durchstößt. Das eigentlich spezifisch Christliche bleiben die Gestalt Jesu Christi, sein Heilswerk und seine Heilsverheißung.

24. Kirche und Gesellschaft

Autor der Studieneinheit: Trutz Rendtorff

TRUTZ RENDTORFF (54), Studium der Theologie und Soziologie, 1956 Promotion zum Dr. theol., 1961 Habilitation für Systematische Theologie, 1961 Ordination als Pfarrer der evangelischen Kirche. Seit 1968 o. Professor für Systematische Theologie, mit besonderer Berücksichtigung der Ethik, in München. Vorsitzender der Kammer für Öffentliche Verantwortung der Evangelischen Kirche in Deutschland (seit 1980), 1. Vorsitzender der Wissenschaftlichen Gesellschaft für Theologie (seit 1979), Präsident der Ernst-Troeltsch-Gesellschaft (seit 1981).

Allgemeine Einführung

Die Kirche lebt in der Gesellschaft und ist Teil der Gesellschaft. Dies gilt für die großen Kirchen in unserem Land, die römisch-katholische und die evangelische Kirche, gleichermaßen – trotz beträchtlicher konfessioneller Unterschiede. Die Kirche lebt aber nicht aus der Gesellschaft und hat eine Sendung, die nicht einfach ein Teil des gesellschaftlichen Bewußtseins ist. Zwischen diesen beiden Aussagen besteht eine Spannung. Sie ist charakteristisch für die Kirche als Volkskirche – Kirche im Volke und Kirche für das Volk, und beides als Kirche in der Gesellschaft. Darum heißt „Volkskirche sein" eine geistliche und theologische Herausforderung an die Kirche, „offene Kirche" zu sein. Die Situation der Volkskirche wird darum diskutiert an der Nahtstelle, an der es immer zu Streit kommt: die politische Rolle der Kirche in der Gesellschaft. *Wie verhält sich der politische Einfluß der Kirche zu ihrem besonderen geistlichen Auftrag?* Das ist die moderne Fassung einer durchaus traditionsreichen Frage. Deshalb wird die Geschichte des Weltverhältnisses der christlichen Kirche erörtert, jedenfalls in einigen prägenden Merkmalen: die Bergpredigt Jesu und die Suche nach der besonderen Vollkommenheit; die Idee eines christlichen Naturrechts als Vereinigung von Schöpfung und Erlösung; die Lehre von den zwei Regimenten, dem geistlichen und dem weltlichen Regiment innerhalb der einen Christenheit. Auf diesen Stationen sind die Voraussetzungen gelegt, mit denen die Kirche in die moderne Auseinandersetzung eingetreten ist, eine Auseinandersetzung nicht nur zwischen Kirche und Staat, sondern auch und gerade innerhalb der Kirchen selber. Auf dem Hintergrunde der Geschichte werden deshalb die Fragen neu gestellt, wie sich Kirche und Gesellschaft in der Demokratie zueinander verhalten. Der Volkskirche als offener Kirche muß eine Gesellschaft als offene Gesellschaft entsprechen. Das Verhältnis von Kirche und Gesellschaft verläuft über den Christen als Bürger und den Bürger als Christen. So hören die Fragen, die für die Spannung typisch sind, auch nicht auf.

Das Verhältnis von Kirche und moderner Gesellschaft steht einerseits im Zeichen zunehmender Entkirchlichung, andererseits unterscheiden sich die großen christlichen Kirchen von Sekten und religiösen Vereinen dadurch, daß sie als Volkskirchen ihren geistlichen Auftrag als „offene Kirchen" verstehen, die sich an alle Menschen wenden. Die Existenz der Kirche in der Gesellschaft hat eine kritische Bedeutung gegenüber allen gesellschaftlichen Totalitätsansprüchen. Diese kritische Aufgabe ist in der Geschichte des Christentums sowohl durch die Unterscheidung von „Kirche" und „Welt" (Zwei-Reiche-Lehre) wie durch den ethischen Anspruch eines universalen Naturrechts zum Ausdruck gebracht worden. Ein wichtiger Bezugspunkt für die damit gesetzte christliche Verantwortung ist das Konzept der Menschenrechte, in dem die Freiheit des Menschen und der Anspruch der Humanität zusammengefaßt sind. In der Gegenwart ist ein Prozeß im Gange, in dem sich das ökumenische Verständnis der Kirche mit der ökologischen Verantwortung für die Zukunft der Erde als der dem Menschen anvertrauten Welt verbinden. Die Kirche hat in allen diesen Hinsichten eine stellvertretende Verantwortung in der Gesellschaft, die im Geiste der christlichen Grundverantwortung wahrgenommen werden soll.

Kirche als offene Kirche, das ist eine sozialethische Forderung an die Kirche, sich in der Wahrnehmung ihres Auftrages an die Grundelemente einer offenen Gesellschaft zu halten; es ist aber auch eine sozialethische Forderung an die Gesellschaft – der offenen Kirche soll eine offene Gesellschaft entsprechen. So wird das Gesamtthema zusammengefaßt in der Frage nach der Rolle der Kirche in der Demokratie.

Wenn Sie die Studieneinheit durchgearbeitet haben, sollen Sie in der Lage sein,

- die Kirche als Volkskirche in ihrer mehrfachen Bedeutung zu interpretieren;
- über wichtige historische Voraussetzungen im Verhältnis von Kirche und Gesellschaft Auskunft zu geben;
- die in jeder Diskussion auftretende Spannung von politischer und geistlicher Erwartung an die Kirche zu analysieren;
- die besondere Bedeutung der Demokratie für das Verhältnis von Kirche und Gesellschaft zu bewerten.

Kirche als Volkskirche

Die Kirche als Volkskirche, das ist die Kirche in der Gesellschaft, deren Mitglieder weithin auch die Glieder der Gesellschaft sind; das ist die Kirche einer Christenheit, die in größerer Nähe oder Ferne zu den Institutionen der Kirche lebt. Die Volkskirche ist soziologisch wie theologisch, ihrer Gestalt wie ihrem Wesen nach eine offene Kirche. Das gilt, trotz aller konfessionellen Unterschiede, für die sog. Großkirchen, die katholische wie die evangelische Kirche in gleicher Weise. Engagement und Kritik gehören hier eng zusammen. Eine lebendige Kirche ist auch eine Kirche, die der Kritik nicht entzogen ist – weil sie nicht in vornehmer Distanz zum konkreten Leben der Gesellschaft existieren kann, sondern eben Kirche in und für die Gesellschaft ist.

Die Kirche in der Gesellschaft der Bundesrepublik

Die äußeren Merkmale sprechen hier scheinbar eine deutliche Sprache. Von der Gesamtbevölkerung der Bundesrepublik Deutschland und Berlins (West) gehörten 1977 etwa 26,7 Millionen der evangelischen Kirche, rund 26,8 Millionen der römisch-katholischen Kirche an. Demnach sind 43,5% der Bevölkerung Mitglieder der evangelischen Kirche und 43, 6% Mitglieder der römisch-katholischen Kirche. Daneben zählen rund 1,2 Millionen zu verschiedenen evangelischen Freikirchen und ungefähr 700000 zu orthodoxen Kirchengemeinschaften und zu den Altkatholiken, die sich gegen Ende des 19. Jahrhunderts von Rom getrennt haben. Nimmt man alles zusammen, dann kommt ein Ergebnis heraus, dem zufolge ungefähr 90% der Bevölkerung organisatorisch zur „Kirche" zählen. „Volkskirche" hieße dann, daß von den Mitgliedern her „Kirche" und „Gesellschaft" nahezu identisch sind. Nun gibt es hier durchaus bemerkenswerte Veränderungen. Über Kirchenaustritte ist in den zurückliegenden Jahren viel diskutiert worden. Über die Zunahme von Gastarbeitern, die aus nicht-christlichen Ländern stammen, wird gerade heftig debattiert. Doch weder die Kirchenaustritte noch die Zunahme von Angehörigen anderer Religionsgemeinschaften sind im Blick auf die Gesamtstatistik von so erheblicher Bedeutung, daß sich an der Ausgangssituation etwas grundsätzlich geändert hätte. Aber was solche Zahlen nun tatsächlich bedeuten, darüber kann man sehr verschiedener Meinung sein.

Wie wird man Mitglied der Kirche? Nach allgemeinchristlicher Überzeugung wird die Mitgliedschaft in der Kirche durch die rechtmäßig auf den Namen des Dreieinigen Gottes vollzogene Taufe eines Kindes oder eines Erwachsenen begründet. Aber die Taufe als Sakrament besagt nur etwas über die geistliche Bedeutung der Zugehörigkeit zur Kirche, sie gibt keine bestimmte Regel für die organisatorische Art dieser Zugehörigkeit. Taufe und Volkskirche gehören immerhin in der Weise eng zusammen, als eine Kirche, die mit guten Gründen die Praxis der Kindertaufe übt, auch in dem Sinne eine Volkskirche ist und sein will, daß sie für alle Menschen offen ist und sich mit ihrer Verkündigung und mit ihrem Handeln an alle Menschen wendet. In diesem Sinne darf darum die Kirche als Volkskirche nicht nur von ihrem Mitgliederbestand her gesehen werden. Zu dem „Istbestand" der Mitglieder gehört das „Sollen" eines Auftrags der Kirche.

Die Kirche als Volkskirche sollte wie ein offenes Haus verstanden werden, in dem verschiedene Menschen miteinander leben. Die Frage darum, was die Statistik über die Kirche besagt, muß so aufgenommen werden, wie die Kirche der großen Zahl ihrer Mitglieder entspricht. Über die Mitglieder ist in der Kirche die Gesellschaft gegenwärtig. An sie ist die Kirche gewiesen, zu ihr hin soll sie offen sein. Das unterscheidet sie von einer Sekte oder einem privaten religiösen Verein.

Die Kirche gegenüber der Gesellschaft

Jetzt haben wir bereits angefangen, in einem anderen Sinne von „der Kirche" zu reden. „Kirche" – das sind nicht nur die Mitglieder. In erster Linie denkt man ja vielmehr an die Bischöfe und Pfarrer, an Papst und Kirchenleitung, an die Amtsträger der Kirche, die den Menschen gegenübertreten, vor allem im Gottesdienst, aber eben auch bei der Taufe und bei den anderen sakramentalen und kirchlichen Handlungen. Dann ergibt sich ein anderes Bild; etwas zugespitzt ist es dann die Kirche ohne Mitglieder, die Kirche als Institution. Und das ist keineswegs die eine Kirche, sondern das sind verschiedene Kirchen, nach der Reformation als Konfessionen getrennt, mit sehr verschiedenen Organisationsformen. Untersuchungen über das Kirchenbild in unserer Gesellschaft ergeben immer wieder, daß die meisten Menschen, wenn sie an „die Kirche" denken, in erster Linie an die Kirche der Pfarrer, der Dome und Kathedralen, der Gottesdienste denken, von denen etwas Bestimmtes erwartet wird, was man vom Staat oder von der Gesellschaft so nicht erwartet.

Eine Kirche ohne Mitglieder wäre allerdings ein Unding. Aber es hat doch immer wieder Schwierigkeiten gemacht, die Kirche, wie sie geistlich und theologisch verstanden wird, mit ihrer konkreten Existenz in der Gesellschaft zusammenzudenken. Im ersten Entwurf einer Konstitution, das heißt also einer lehrmäßigen Aussage über die Kirche, der dem I. Vatikanischen Konzil der römischen Kirche vorlag, kann man zum Beispiel die folgenden Sätze finden:

> „Die Kirche besitzt alle Eigenschaften einer wahren Gesellschaft. Die Kirche ist nicht Glied oder Teil irgendeiner anderen Gesellschaft, mit keiner anderen irgendwie vermengt. In sich selbst ist sie so vollkommen, daß sie sich von allen menschlichen Gesellschaften abhebt und weit über sie hinausragt. Die Kirche ist in ihrer Verfassung so völlig abgegrenzt und bestimmt, daß keine Gesellschaft, die von der Einheit des Glaubens oder von der Gemeinschaft dieses Leibes getrennt ist, irgendwie Teil oder Glied der Kirche genannt werden könnte. Die Kirche ist auch nicht durch die verschiedenen Gesellschaften, die sich christlich nennen, zerstreut und geteilt, sie ist ganz in sich gesammelt und zur Einheit geschlossen. Die Kirche ist eine geistliche und ganz übernatürliche Gesellschaft."[1]

In solchen Formulierungen tritt die Kirche als eigene Gesellschaft der menschlichen Gesellschaft gegenüber, so deutlich abgegrenzt, daß man sich fragen muß, wie die eine Gesellschaft mit der anderen überhaupt zusammenhängt. Damit sind tiefreichende theologische Fragen verbunden, die aber doch auf konkrete und praktische Antworten warten.

Konkrete Beziehungen von Kirche und Gesellschaft

Die Deutschen Evangelischen Kirchentage und die Deutschen Katholikentage sind gute Beispiele, wie die Kirche gegenüber der Gesellschaft als Kirche in der Gesellschaft auftritt. Zunächst ein Wort zur organisatorischen Gestalt.

Die *Kirchentage* sind keine Veranstaltungen der sog. Amtskirche, das heißt keine offiziellen Veranstaltungen der Evangelischen Kirche in Deutschland bzw. der Deutschen Bischofskonferenz. Der Deutsche Evangelische Kirchentag ist in seiner heutigen Form als Laienbewegung von Reinold VON THADDEN-TRIEGLAFF ins Leben gerufen worden. Der Rechtsträger ist ein „Verein zur Förderung des DEKT e. V.". Mitglieder dieses Vereins sind Vertreter der Landeskirchen, verschiedener Vereinigungen, wie der Deutsche Evangelische Frauenbund, die Evangelischen Akademien, die Evangelische Akademikerschaft, Organisationen der Sozialarbeit und verwandte Einrichtungen. Im wesentlichen wird der Kirchentag also getragen von Laien, die in der kirchlichen Arbeit engagiert sind.

Entsprechendes gilt vom *Deutschen Katholikentag*. Er wird getragen vom Zentralkomitee der Deutschen Katholiken, einem Zusammenschluß katholischer Verbände, Vereinigungen und Zusammenschlüsse. Die katholischen Verbände haben eine lange Tradition, die in Deutschland weit ins 19. Jahrhundert zurückreicht. Katholische Arbeiterbewegung, Handwerker, Unternehmer, Akademiker, Ärzte und viele andere Gruppen sind hier vereinigt. Diese verschiedenen Vereinigungen und Organisationen, aus denen sich die Katholikentage bilden, stellen so etwas wie eine aktive Kirche innerhalb der Kirche dar; aber ihre besonderen Merkmale stammen doch aus gesellschaftlichen Lebensbereichen, Berufen und sozialen Schichten. Sie sind beides: Repräsentanten der Gesellschaft in der Kirche oder der Kirche in der Gesellschaft. Dennoch haben sie für die Kirchen insgesamt eine große und prägende Bedeutung. Denn auf diesen Kirchentagen findet in konzentrierter Form – verstärkt durch die Medien – die Diskussion der Themen statt, die auch sonst das öffentliche Leben beherrschen: Frieden und Abrüstung, Umwelt und Dritte Welt, Ausländer und Erziehung und so ziemlich alles, was die Gesellschaft bewegt. Zugleich sind diese Kirchentage große gottesdienstliche Versammlungen, massenhaft besuchte Bibelstunden und Seelsorgekreise; das heißt, daß sich auf den Kirchentagen das innere Leben der Kirchengemeinden darstellt und profiliert. Es wird gesungen und gebetet, und es wird um Wege der Erneuerung des kirchlichen Lebens diskutiert.

Beide großen Kirchen haben sich eine Reihe von Instrumenten geschaffen, um sich gezielt und fundiert an Staat und Gesellschaft wenden zu können. So hat die katholische Deutsche Bischofskonferenz eine Reihe von Kommissionen, in denen die öffentlichen Stellungsnahmen vorbereitet werden. Der Rat der Evangelischen Kirche in Deutschland, das Leitungsgremium der EKD, hat eine Reihe von sog. Kammern (wie die Kammer für Öffentliche Verantwortung oder die Sozialkammer), in denen Denkschriften zu aktuellen Problemen ausgearbeitet werden, wie 1965 die Denkschrift „Vertreibung und Versöhnung" zum Verhältnis der Deutschen zu Polen, die sog. Ostdenkschrift, oder die Denkschrift „Frieden wahren, fördern und erneuern" im Jahre 1981 zur Friedensdiskussion. Man kann diese Aufzählung fortsetzen.

---

1 J. NEUNER / H. ROOS: Der Glaube der Kirche in den Urkunden der Lehrverkündigung. Regensburg [7]1965, S. 229ff.

Kritik an der Kirche

Dabei fehlt auch nicht die Kritik. Die jüngste Geschichte des Verhältnisses der Kirchen zur Gesellschaft ist ständig begleitet von kritischen Stimmen, die zumeist darauf abzielen, die Kirche kümmere sich viel zuviel um Fragen von Politik und Gesellschaft; sie solle sich mehr und stärker auf ihre eigentliche Aufgabe der Verkündigung, der Seelsorge und der christlichen Erziehung besinnen und nicht hinter den jeweils aktuellen Fragen hinterherlaufen. In dieser Kritik liegt ein berechtigter Kern; denn die Gefahr, daß die Kirchen nur ein Spiegelbild der Gesellschaft sind, ist nicht von der Hand zu weisen. Andererseits kann die Kirche nicht in dem modernen Sinne eine Volkskirche sein und gleichzeitig so tun, als ob sie von den großen Auseinandersetzungen in der Gesellschaft unberührt wäre, als ginge sie das nichts an. Damit die Kirche geistlich lebendig bleibt, gleichsam ihr inneres Leben lebendig erhält, muß sie auch an den konkreten Fragen der Zeit teilnehmen; sonst könnte sie einer inneren Erstarrung verfallen. Andere Kritiker bemängeln ebenfalls jahraus jahrein, daß die Kirche in politischen und gesellschaftlichen Fragen nicht eindeutig genug und nicht hinreichend entschieden Stellung nimmt; viele ihrer Äußerungen hätten zu sehr einen kompromißhaften Charakter; dann wird von der Kirche eine deutlichere Parteinahme verlangt, was zumeist besagt, daß die Kirche nachdrücklich „nein" sagen soll, wo man im übrigen „sowohl – als auch" sagt.

Nun gibt es Themen, bei denen die Kirchen sich gemeinsam sehr eindeutig und entschieden engagiert haben; dafür ist etwa die Entwicklungspolitik ein klares Beispiel, gerade weil es dabei zu einer sehr engen Zusammenarbeit zwischen der Katholischen und der Evangelischen Kirche gekommen ist. In der Frage des Schwangerschaftsabbruchs hat die Katholische Kirche nie einen Zweifel daran gelassen, daß sie die neue Gesetzgebung auf diesem Gebiet entschieden ablehnt. Solche und vergleichbare Beispiele sind häufig wenig populär und finden deswegen auch ein geringeres öffentliches Echo.

Aber im großen und ganzen gilt auch für diese andere Art der Kritik, daß sich die Kirche nicht außerhalb der Meinungsvielfalt und der Mehrheitsbildung in Gesellschaft und Staat stellen kann. Es handelt sich ja in den meisten Fällen um Fragen, bei denen es nicht um letztgültige Wahrheiten geht, sondern um Themen und Entscheidungen, bei denen die ethische Vernunft zur Verantwortung gerufen ist. Die Kritik, die wir hier zitiert haben, ist denn auch sehr verwandt der Kritik, die am gesellschaftlichen Pluralismus geübt wird, die unter der Vielzahl der Stimmen leidet, aus denen sich die Öffentlichkeit zusammensetzt, und die überhaupt die gewünschte Eindeutigkeit vermißt.

(1) Erläutern Sie die Vorstellungen, die mit den Begriffen „Kirche in der Gesellschaft" und „Kirche gegenüber der Gesellschaft" verbunden sind.

....

....

....

....

....

....

....

....

....

....

....

....

Kirche und Säkularisierung

In diesem Kapitel werden wir einige Fragen diskutieren, die sich im Blick auf den Ort der Kirche in der modernen Welt stellen. Seit der Aufklärung des 18. Jahrhunderts ist die intellektuelle Verbindlichkeit der Lehren der Kirche immer wieder in Zweifel gezogen worden. Das hat tiefe Rückwirkungen auf das Verständnis des christlichen Glaubens gehabt. Aber mindestens ebenso nachhaltig ist die Autorität der Kirche in allen Fragen der Lebensführung, der Ethik und der Politik bestritten worden. Welches ist die Rolle der Kirche in der modernen Welt? Das ist die Frage, die uns jetzt beschäftigen soll.

Säkularisierung – Ende der Religion?

Im Grunde ist es erstaunlich, daß die Kirchen heute einer so großen öffentlichen Aufmerksamkeit begegnen. Darum wird auch immer wieder der Verdacht geäußert, das sei nur ein äußerliches Phänomen, in Wahrheit lebten wir in einem Zeitalter fortschreitender Entchristlichung, die Zahl der wirklichen Christen sei ganz klein.

In dieser Diskussion geht es um Fragen, die schwer präzise zu beantworten sind. Schon Martin LUTHER hat die Auffassung vertreten, ein Christ sei eine seltene Erscheinung in der Welt und die Christen lebten als kleine zerstreute Minderheit in der Welt. Und wenn man weiter zurückgeht in der Geschichte, dann wird man finden, daß die Klage über den erbärmlichen Zustand der Christenheit die ganze Kirchengeschichte begleitet hat. Nun ist die Kirchengeschichte nicht das Jüngste Gericht, bei dem entschieden wird, welches die Böcke und welches die Schafe sind, wer also wahrhaft zu Gott gehört. Daraus kann man keine historischen Urteile ableiten. Tatsache ist, daß sich alle Prognosen über einen zwangsläufigen, gleichsam gesetzmäßig verlaufenden Rückgang der Religion in den modernen westlichen Gesellschaften als falsch erwiesen haben. Und auch in den totalitären Gesellschaftssystemen des Ostens existieren Kirche und Religion weiterhin und nehmen zu, obwohl die offizielle Doktrin das Gegenteil beabsichtigt und vorausgesagt hat, trotz massiven politischen Drucks und offener Diskriminierung der Religion. Auch die moderne Gesellschaft ist nicht auf dem Wege zu einer Gesellschaft ohne Religion. Im Gegenteil gibt es heute sehr viel mehr Anzeichen für neue religiöse Bewegungen innerhalb und außerhalb der Kirchen, als man vor wenigen Jahrzehnten noch für möglich gehalten hat.

Die Urteile darüber, warum das so ist, gehen allerdings weit auseinander. Da gibt es die sog. Kompensationstheorie, die besagt, daß mit der Religion, der Religiosität entgangener Lebenserfolg und versagte Lebenserfüllung kompensiert werden; da gibt es die Irrationalismustheorie, die besagt, daß die zunehmende Rationalisierung aller Lebensbezüge in einem durch Technik und Wissenschaft bestimmten Zeitalter zu Reaktionen des Irrationalen veranlasse und die Religion der Zufluchtsort des Irrationalen sei. Wir befassen uns mit dem Stichwort „Säkularisierung" heute unter der Voraussetzung, daß damit jedenfalls keine eindeutige geschichtliche Trendaussage verbunden ist. Vielmehr geht es darum, wie sich die Legitimationsbasis für den Einfluß der Kirche auf die Gesellschaft verändert hat, das heißt die Berechtigung der Kirche zu öffentlicher Wirkung.

Das Problem der Säkularisierung

Der Begriff „Säkularisierung" hatte zunächst einen ganz begrenzten rechtlichen Sinn. Am Beginn des 19. Jahrhunderts wurde im Zuge der Neuordnung der inneren und äußeren Verhältnisse der europäischen Staaten im „Reichsdeputationshauptschluß" (1803) festgelegt, daß die kirchlichen Besitztümer, sofern mit ihnen

Gebietsansprüche verbunden waren, die wiederum die Grundlage von territorialen Herrschaftsansprüchen waren, zu „säkularisieren“ seien; sie wurden in staatliche, nichtkirchliche Verfügungsgewalt überführt. So wurden die zum Teil großen Besitzungen von Klöstern säkularisiert, die Verbindung von Bischofsämtern mit Fürstentümern wurde aufgehoben. Insgesamt war das eine sehr einschneidende Enteignungsaktion, wobei die alten Rechte zum Teil durch staatliche Zahlungen abgelöst wurden, die noch heute den Rechtstitel für bestimmte staatliche Zuwendungen an die Haushalte der Kirchen bilden. Die Säkularisierung hatte aber nicht nur einen ökonomischen Effekt, sondern bezog sich, wie schon angedeutet, auch auf direkte politische, gleichsam staatliche Einflußrechte der Kirche, Regierungsvollmachten, Stellenvergabe und Ähnliches. In diesem, im einzelnen sehr komplizierten Vorgang hat sich die für die moderne Gesellschaft wichtige und charakteristische Trennung von Kirche und Staat zugunsten der politischen Alleinzuständigkeit der weltlichen Gewalt vollzogen. Der säkulare Staat trat überall, wo das noch nicht geschehen war, die Alleinherrschaft an.

Dieser Säkularisierung lag die Überzeugung zugrunde, daß die Zugehörigkeit zum Staat, zur Rechtsgemeinschaft, zum Gemeinwesen nicht länger an die Religion, an die Konfession, an das Bekenntnis gebunden sein sollte. So hat die Forderung nach der Religionsfreiheit ja auch diese doppelte Bedeutung: Einerseits bedeutet diese Forderung, daß jeder einzelne Mensch frei entscheiden soll, ob und vor allem welcher Religion er zugehören will; andererseits kann die Forderung der Religionsfreiheit im Staat nur verwirklicht werden, wenn der Staat selbst religiös neutral ist, also die Zugehörigkeit zu ihm und die Ausübung staatlicher Gewalt nicht direkt an die Kirchenzugehörigkeit gebunden sind. Bürgerrechte nicht abhängig zu machen vom Bekenntnis, das ist darum ein wesentlicher Baustein für den modernen Rechtsstaat. Die Kirchen haben diesen Prozeß der Säkularisierung vorwiegend als eine negative Entwicklung angesehen.

Im Anschluß an diesen politisch-rechtlichen Sinn hat man dann auch in einem übertragenen Sinne von „Säkularisierung“ als „Verweltlichung“ gesprochen. Indem der äußere Einfluß der Kirche zurückgedrängt wurde, wurde die Verweltlichung als Teil eines Prozesses verstanden, in dem das Leben der Gesellschaft insgesamt, also auch im Verhalten der Menschen und in ihren Köpfen, „säkularisiert“ wurde. In einem übertragenen Sinne bedeutet dann Säkularisierung die Ausbreitung von Lebensorientierungen, die nicht mehr durch die Kirchen und ihre Verkündigung geprägt sind. Säkularisierung hat den Klang von Emanzipation als Abwendung von der Tradition der Kirche. Je nachdem, wie dieser Prozeß eingeschätzt wurde, konnte in ihm ein Unglück oder ein Weg der Befreiung gesehen werden. Heute ist die Frage, wie sich unter den Bedingungen der Säkularisierung die Rolle der Kirche in der Gesellschaft bestimmen läßt.

Säkularisierung und politische Legitimation

Einfluß als Macht, Macht als politische Macht – wenn es darum geht, dann ist sofort die Frage: Wer ist dazu legitimiert, das heißt, wer hat dazu ein originäres Recht bzw. wem ist das Recht zur Machtausübung übertragen worden? Stellt man die Frage so, dann ist ohne Zweifel klar, daß den Kirchen als Institutionen, als Amtskirche, keinerlei direkte politische Macht zukommt. Niemand hat im Staat der Kirche politische Macht übertragen, so wie das etwa durch Wahlen im Blick auf Parlament und Regierung geschieht. So elementar und einfach das ist, so kompliziert stellt sich das im konkreten Leben dar. Die Frage nach der politischen Macht hat nämlich zwei Seiten: einmal die Seite der Legitimation, also des Zustandekommens der übertragenen Kompetenz, des legitimen Anspruchs; zum andern die Seite der Ausübung von Macht und Einfluß. Nimmt man unser Problem genauer unter die Lupe, dann stellt sich die Frage nach der „Macht“ und dem „Einfluß“ der Kirche so dar: Die Kirche hat in der Tat keine direkte politische Macht; sie ist dazu weder legitimiert noch kann sie solche Macht direkt ausüben. Aber die Kirche hat sehr wohl indirekte Macht und indirekten Einfluß, nämlich auf den Vorgang der Legitimation, der Machtübertragung, wie auch auf die Prozesse der Machtausübung. Das Medium für diese indirekte Macht und diesen indirekten Einfluß ist die Öffentlichkeit, die öffentliche Meinung; denn von ihr sind Staat und Politik in einem schwer bestimmbaren Sinne ständig abhängig, von ihr werden sie beeinflußt und bestimmt. Die Öffentlichkeit, das ist aber nichts anderes als das bewußte und das Bewußtsein bestimmende Leben der Gesellschaft. Nicht also die Tatsache, ob die Kirche über die Gesellschaft solche indirekte Macht und Einfluß hat, kann bestritten werden, sondern allein, ob sie auch ein Recht dazu hat, von diesen Einflußmöglichkeiten Gebrauch zu machen, ob sie dazu legitimiert sei.

Offenkundig ist es so, daß es kein rechtliches oder politisches Verfahren gibt, dem zufolge die Kirche ausdrücklich zu solchem Machteinfluß, wie immer er sich im einzelnen darstellt, legitimiert werde. Die einzige hier zu nennende Legitimation ist die Anerkennung der Selbständigkeit der Kirchen durch die Verfassung. Aber das ist nicht eine Legitimation zu politischem Einfluß, sondern zur Freiheit ihres eigenen Auftrages. An ihn wenden sich darum die Fragen, die wir hier diskutieren.

Die Autorität der Kirche – geistlich und politisch?

Es ist die Frage nach der Autorität der Kirche. Denn wenn sich die Kirche öffentlich zu politischen Fragen äußert – und irgendwie sind alle gesellschaftlich wichtigen Fragen auch politische Fragen, bei denen es um das geht, was gemacht oder verhindert werden soll –, dann ist die Frage ja nicht von der Hand zu weisen, ob sie das mit einer besonderen Autorität tut, die nur ihr zukommt, also mit ihrer Autorität als Kirche Jesu Christi. Das ist nun insofern ein kontroverses Problem, als die Autorität der Kirche zwischen den Konfessionen selbst umstritten ist und bis zum heutigen Tage ein ungelöstes Problem des ökumenischen Dialogs darstellt. Darauf können wir an dieser Stelle nicht eingehen. Von der Seite des Staates und der Gesellschaft aus stellt sich die Frage nämlich einfacher dar: Eine besondere Autorität kann die Kirche dann und nur dann in Anspruch nehmen, wenn ein bestimmtes politisches Urteil und eine besondere soziale Weisung als solche auch und zugleich ein notwendiges Merkmal des christlichen Glaubens sind; das kann aber nur in solchen Fällen gegeben sein, wo es nicht nur um Politik geht, sondern eben zugleich auch um das Heil und die ewige Seligkeit des Menschen, um die christliche Wahrheit. Denn sie allein ist die unbestrittene und besondere Legitimationsbasis der Kirche in der Öffentlichkeit. Wenn man das einmal klar erkannt hat, dann muß es niemanden wundern, wenn im Zusammenhang mit politischen Äußerungen und Einflußnahmen der Kirche jeweils sofort die Frage diskutiert wird, ob dies auch eine Glaubensfrage sei, eine Frage, bei der die Wahrheit des Glaubens auf dem Spiel steht. Denn aus Vernunftgründen wird man oft verschiedener Meinung sein können, aber in Glaubensfragen ist das eben anders. Wenn die Kirche diesen Anspruch, also einen ihr sehr wohl zukommenden theologischen Anspruch, nicht mit entschiedener Deutlichkeit erheben kann, dann wird sie sich auch nicht auf ihre Autorität berufen können. Dann kann sie nicht die Autorität des Evangeliums gegen die Autorität des Politischen stellen.

Aus den eben dargelegten Gründen trägt die Kirche darum auch der Unterscheidung von geistlicher und politischer Autorität dadurch Rechnung, daß sie in der Regel ihre Macht und ihren Einfluß nur im Sinne des Ratens und Mahnens geltend macht, Ratschläge und Ermahnungen, die sich an alle Christen als Bürger und Bürger als Christen richten. Ratschläge und Ermahnungen kann man nämlich nicht erzwingen; man kann niemanden mit äußerer Gewalt dazu zwingen, sie anzunehmen. Und Ratschläge und Ermahnungen sind auch nicht von der Art, daß sich an ihnen die Wahrheit und die Zugehörigkeit zur Kirche überhaupt entscheiden. Man kann ihnen widersprechen, man kann zu ihnen Stellung nehmen. Sie beanspruchen keine absolute Autorität.

Es gibt also eine zutreffende Bedeutung der politisch verstandenen Säkularisierung, die auch von den Kirchen zu achten ist.

Die innere Verbindlichkeit des gemeinsamen Lebens

Man muß das Problem der Säkularisierung aber noch von einer anderen Seite aus beleuchten. Wenn man unter „Säkularisierung" nämlich verstehen würde, daß nicht nur der Staat und die Politik religiös neutral gehandhabt werden sollen, sondern daß für die Menschen überhaupt keine inneren Verbindlichkeiten mehr gelten sollten, dann würde auch der gute Sinn der Säkularisierung sinnlos. Säkularisierung kann nicht Bindungslosigkeit bedeuten. Wenn alle Mitglieder der Gesellschaft ausschließlich ihren eigenen unmittelbaren Vorteil suchten, wenn gleichsam Rücksichtslosigkeit zum Prinzip des gesellschaftlichen Lebens würde, könnte es auch kein gemeinsames Leben geben. Staat und Gesellschaft sind darauf angewiesen, daß es eine Dimension innerer Verbindlichkeit gibt, die nicht von außen erzwungen wird, eine Anerkennung überindividueller Werte und Grundsätze, die nicht nur auf Befehl hin befolgt werden. Hier öffnet sich der Blick auf einen notwendigen Einfluß von Orientierungen, wie sie im Christentum etwa mit der Nächstenliebe und der Bereitschaft zur Vergebung überliefert werden, der um des öffentlichen Lebens willen geboten ist. Im Hintergrunde der oft sehr vordergründigen Diskussionen um die Rolle der Kirchen in der Gesellschaft steht darum eine Bildungsaufgabe, die es mit der Bildung der Person, mit der Gemeinschaftsfähigkeit des Einzelnen zu tun hat. Hier lassen sich das geistliche und politische Element nicht trennen, hier gehören sie vielmehr unlöslich zusammen. Wenn wir davon ausgegangen sind, daß es keine Gesellschaft ohne Religion gibt und geben soll, dann hat das vor allem mit dem Aufbau und der Funktion dieser inneren Verbindlichkeit zu tun, wo Wahrheit und Wahrhaftigkeit zusammenfinden sollen, wo Freiheit und Verantwortung zueinanderkommen, wo Selbständigkeit und Dienst sich nicht ausschließen. Insofern ist es eine durchaus richtige, keineswegs unpolitische Auskunft, wenn gesagt wird, in erster Linie müsse sich die öffentliche Rolle der Kirche darin bewähren, daß und wie sie im Sinne und im Geiste ihrer eigenen Sendung Einfluß auf die Menschen auszuüben vermöchte. Diese Autorität der Kirche ist, auch und gerade wo sie außerpolitischer oder vorpolitischer Natur ist, von langfristig erheblicher Bedeutung für die politische Gesellschaft.

(2) Charakterisieren Sie anhand der genannten Problemfelder die Rolle der Kirche in der modernen Welt.

....

....

....

....

....

....

....

....

Sozialethische Grundorientierungen

Die Existenz der Kirche in der Gesellschaft hat eine kritische Bedeutung gegenüber allen gesellschaftlichen Totalitätsansprüchen. Diese kritische Aufgabe ist in der Geschichte des Christentums sowohl durch die Unterscheidung von „Kirche" und „Welt" (Zwei-Reiche-Lehre) wie durch den ethischen Anspruch eines universalen Naturrechts zum Ausdruck gebracht worden. Ein wichtiger Bezugspunkt für die damit gesetzte christliche Verantwortung ist das Konzept der Menschenrechte, in dem die Freiheit des Menschen und der Anspruch der Humanität zusammengefaßt sind.

Die humane Verbindlichkeit christlicher Imperative

Die Grundorientierungen, die in unserer Gesellschaft wie allgemeine Forderungen, wie Imperative, verkündet und in Anspruch genommen werden, sind – mehr oder minder deutlich – aus der Geschichte des Christentums hervorgegangen. Das bedeutet aber nicht, daß die Kirche hier gleichsam ein Monopol auf die Auslegung und Konkretisierung dieser Imperative hätte.

Der Apostel Paulus hat die Gemeinde etwa in diesem Sinne angesprochen: „Was wahrhaftig ist, was ehrbar, was gerecht, was keusch, was lieblich, was wohllautet, ist etwa eine Tugend, ist etwa ein Lob, dem denket nach!" (Philipperbrief 4,8). Im Vordergrund steht also nicht der exklusive Anspruch, ein Ausschließlichkeitsanspruch der christlichen Lebensführung, sondern die Aufforderung, offen zu sein für alles Gute. So hat Paulus an anderer Stelle auch gesagt: „Prüfet alles und das Gute behaltet" (1. Thessalonicherbrief 5,21). So hat denn auch die antike, vor allem die stoische Ethik an den Anfängen der christlichen Ethik Pate gestanden. Christliche Imperative sind deswegen sehr oft die Verstärkung und Vertiefung von humanen Verbindlichkeiten, die auch außerhalb der Kirche anerkannt werden. Das ist ein sehr wichtiger Gesichtspunkt. Denn nur unter dieser Voraussetzung wird man auch die Geschichte des Christentums richtig verstehen, während sie unter der Annahme von exklusiven, außerhalb der Kirche unzugänglichen ethischen Forderungen unverständlich wird. In diesen Zusammenhang gehört auch die Bedeutung des Dekalogs, also der Zehn Gebote aus dem Alten Testament, die so etwas wie fundamentalste ethische Grundregeln formulieren, aus denen sich ganz allgemeine und generell anerkannte Rechtsgrundsätze entwickelt haben.

Die theologische Frage lautet dann, ob diese Aufnahme humaner Ethik oder diese Formulierungen von elementaren Grundsätzen nicht doch unter ganz besonderen Voraussetzungen stehen, die einen gewissen Ausschließlichkeitsanspruch begründen. Die Zehn Gebote etwa stehen in der Fluchtlinie des 1. Gebotes, Gott als den alleinigen Herrn anzuerkennen. Dieses Glaubensgebot hat vor allem Martin LUTHER immer wieder als die Summe des Gesetzes bezeichnet, aus der alle anderen Gebote folgen.

Und für das Neue Testament gilt dann, daß der Glaube an Jesus Christus den eigentlichen Unterschied ausmacht. Eine gute und zutreffende Antwort auf diese Frage nach dem Verhältnis von humaner Verbindlichkeit und christlichem Anspruch kann so lauten: Der christliche Glaube als Vertrauen auf Gott begründet die freie innere Zustimmung zu dem Willen Gottes, der für alle Menschen gilt und deswegen auch eine allgemeine humane Verbindlichkeit hat. Er begründet nicht exklusive Imperative nur für Christen, aber er macht in besonderer Weise sensibel für die Absicht, die Richtung solcher Imperative.

Das kann man an einigen Beispielen diskutieren. So ist etwa das Gebot der Nächstenliebe mit Sicherheit ein besonderes Merkmal der christlichen Ethik. Doch hat dieses Gebot seine klaren alttestamentlichen Voraussetzungen. So steht 3 Mose 18: „Du sollst Deinen Nächsten lieben wie dich selbst." Es hat auch seine zeitgenössischen Parallelen in der sog. goldenen Regel, deren eine, negative Fassung etwa lautet: „Was Du nicht willst, das man Dir tu', das füg auch keinem andern zu." In unserer modernen ethischen Sprache lassen sich mit dem Gebot der Nächstenliebe etwa Begriffe wie Solidarität, Brüderlichkeit oder auch Partnerschaft verbinden, also sozialethische Imperative, die auf die Sozialität des Menschen verweisen, als Auftrag und Aufforderung an die Lebensführung.

Versöhnung ist ein großes und wichtiges Wort in der christlichen Tradition. Dabei steht die Versöhnung des Menschen mit Gott im Vordergrund, die von Gott selbst ausgeht. Der Kontext der Versöhnung ist die Vorstellung eines Rechtsverhältnisses, das verletzt worden ist und wiederhergestellt wird. Darum hängt Versöhnung, auch in der theologischen Verwendung, eng mit Gerechtigkeit zusammen. Gerechtigkeit Gottes ist ein wichtiger biblischer Gedanke; Gerechtigkeit ist aber zugleich auch ein wesentlicher Imperativ von humaner Verbindlichkeit. An diesem Beispiel kann man nun dieses zeigen: Gerechtigkeit braucht Versöhnung, oder – wie wir auch sagen können – Vergebung. Denn niemand ist jemals vollkommen gerecht. Gerechtigkeit wird immer wieder verletzt. Das Gelingen von Gerechtigkeit schließt darum die Fähigkeit ein, mit Rechtsverletzungen konstruktiv umzugehen, sie zu überwinden, ohne daß dabei der Mensch verlorengeht. So ist die Verbindung von Gerechtigkeit mit Vergebung eine sehr wichtige Vertiefung unseres Verständnisses von Recht und Ordnung. Daß Gerechtigkeit nicht tötet, sondern zum Leben helfen soll, dieser Gedanke, mehr noch: diese lebensnotwendige Einsicht, kann erst Platz greifen, wenn auch die Schuld des Menschen bejaht wird, wenn es einen offenen Umgang mit Schuld geben kann. Das aber ist wieder besonders charakteristisch für das Christentum, in dem die Schuld im Lichte der Vergebung eine solche, nicht alltägliche Wahrnehmung findet. Aber die Kriterien der Gerechtigkeit: wie die Billigkeit, daß jeder zu dem Seinen kommt, die gegenseitige Anerkennung, die Verpflichtung auf eine überindividuelle Ordnung des gemeinsamen Lebens, das alles ist von allgemeiner humaner Verbindlichkeit.

Imperative des Naturrechts

Wenn man von allgemeiner humaner Verbindlichkeit spricht, dann hat das mit einer Überzeugung zu tun, die sich auch und vor allem in der Idee des Naturrechts Geltung verschafft hat. In der allgemeinen wissenschaftlichen Diskussion ist von Naturrecht gesprochen worden als von einem großen „Friedensvorschlag" für das politische und gesellschaftliche Zusammenleben der Menschen. Unter den Bedingungen der konfessionellen Spaltung ging es darum, ob es für „Kirche" und humane „Gesellschaft" eine gemeinsame Bezugsebene gibt. Mit Begriff und Vorstellung eines Naturrechts ist vor allem nach 1945 die Frage nach einer solchen gemeinsamen und zugleich verbindlichen ethischen Bezugsebene immer wieder nachhaltig diskutiert worden. Das geschah und geschieht auf dem Hintergrunde einer großen und inhaltsreichen Tradition der Naturrechtslehre seit der Antike.

Die für alle Naturrechtslehren maßgebliche Unterscheidung ist die zwischen einem Recht, das von Natur aus gilt, und einem Recht, das durch Gesetzgebung erst in Kraft gesetzt wird. Diese Unterscheidung ist begrifflich die von „Naturrecht" und „positivem Recht". In dem Ausdruck „positiv" liegt nämlich die Bedeutung „gesetzt", also durch Gesetze gemacht. ARISTOTELES hat in der *„Nikomachischen Ethik"* diese Unterscheidung zuerst formuliert, und zwar im Blick auf das Recht der *polis,* das Staatsrecht, als umfassende allgemeine Rechtsordnung. Dort heißt es: Das Staatsrecht ist teils durch Natur, teils durch Gesetz festgelegt: *durch Natur* (natürliches Recht) ist festgelegt, was überall dieselbe Verbindlichkeit hat, und zwar unabhängig davon, ob es von Menschen in Kraft gesetzt worden ist oder nicht; *durch Gesetz* (positives Recht) ist das festgelegt, was auch anders hätte geregelt werden können, aber nun nicht mehr anders gelten soll, wenn es festgelegt ist.

Mit dieser Unterscheidung zwischen einem „Recht durch Natur", das eine universale Geltung hat, und einem „Recht durch Gesetz", das nur kraft Gesetzesspruchs gilt, ist die Grundspannung namhaft gemacht, in der die Naturrechtslehre steht. Gegenüber dem vom Menschen gemachten Gesetz kann sich die Rechtsvernunft auf das allgemeine Naturrecht berufen, das heißt, das Naturrecht kann als kritische Instanz gegenüber der „Menschensatzung" in Anspruch genommen werden. Die Sophisten, mit denen sich ARISTOTELES auseinandersetzte, vertraten die Auffassung, Recht sei allein das, was durch Gesetz vom Menschen dazu erklärt wird. Diese Auffassung kann aber dazu führen, daß auch Unrecht durch Gesetz zu positivem Recht erklärt wird. Diese Erfahrung ist besonders kraß im Gesetzgebungsverfahren des Nationalsozialismus gemacht worden, aber sie ist überall und immer wieder möglich. Darum ist das Interesse am Naturrecht, die Renaissance des Naturrechtsgedankens nach 1945 vor allem aus solchen Erfahrungen zu erklären. Aber die Berufung auf das Naturrecht kann auch die Quelle für die Verweigerung des Gesetzesgehorsams sein, wenn sich jemand auf das Naturrecht als das höhere Recht gegenüber bestimmten Gesetzesforderungen beruft. In diesem Sinne hat die Berufung auf das Naturrecht auch eine revolutionäre Komponente, das heißt, sie kann dazu führen, daß die Rechtsordnung überhaupt in Frage gestellt wird. Das positive Recht gewährleistet eine bestimmte Rechtssicherheit gegenüber miteinander konkurrierenden Auffassungen des Naturrechts.

Diese Spannung zwischen Naturrecht und positivem Recht hat der große Rechtslehrer Gustav RADBRUCH 1947 im Rückblick auf das Dritte Reich so formuliert:

> „Vor allem muß die Achtung vor dem Gesetz wiederhergestellt werden. Die Staatsgewalt des Dritten Reiches hat das Gesetz immer wieder schamlos gebrochen. Heiligste Menschenrechte, Leben, Freiheit, Ehre, wurden ohne auch nur den Vorwand der Gesetzlichkeit tausendfach mit Füßen getreten. Alles, was nach der Ansicht oder nach dem Vorgeben der Machthaber dem Volke nützte, galt als erlaubt. Jetzt gilt es, die Rechtssicherheit erneut zu errichten, die Bindung des Staates an sein eigenes Gesetz zu erneuern, den Rechtsstaat wiederaufzubauen.
> Aber neben der Wiederherstellung der Achtung vor dem Gesetz hat der deutsche Jurist noch eine zweite Aufgabe, die zu dieser ersten fast in einem Gegensatz zu stehen scheint. Vielfältig haben die Machthaber der zwölfjährigen Diktatur dem Unrecht, ja dem Verbrechen die Form des Gesetzes gegeben. Sogar der Anstaltsmord soll durch ein Gesetz untergründet gewesen sein, freilich in der monströsen Form eines unveröffentlichten Geheimgesetzes. Die überkommene Auffassung des Rechts, der seit Jahrzehnten unter den deutschen Juristen unbestritten herrschende Positivismus und seine Lehre ‚Gesetz ist Gesetz', war gegenüber einem solchen Unrecht in der Form des Gesetzes wehrlos und machtlos; die Anhänger dieser Lehre waren genötigt, jedes noch so ungerechte Gesetz als Gesetz anzuerkennen. Die Rechtswissenschaft muß sich wieder auf die jahrtausendalte gemeinsame Weisheit der Antike, des christlichen Mittelalters und des Zeitalters der Aufklärung besinnen, daß es ein höheres Recht gebe als das Gesetz, ein Naturrecht, ein Gottesrecht, ein Vernunftrecht, kurz ein übergesetzliches Recht, an dem gemessen das Unrecht Unrecht bleibt, auch wenn es in die Form des Gesetzes gegossen ist."[2]

Die weiterführende Frage ist dann die, worin denn die „Natur" des „Rechts durch Natur" bestehe. Auch darauf hat ARISTOTELES eine bestimmte Antwort formuliert. Die Natur des Menschen ist es, ein staatsbildendes Lebewesen zu sein, ein „zoon politikon". Diese Formulierung aus der *„Politik"* des ARISTOTELES besagt, daß „Natur" des Menschen im Sinne einer „Bestimmung" des Menschen zu begreifen sei, als Ziel seiner Lebensführung. Die „Natur" ist das Allgemeine, in dem die Menschen sich über ihre individuellen Interessen und Bedürfnisse hinaus ein

2 Gustav RADBRUCH: Die Erneuerung des Rechtes (1947). In: W. MAIHOFER (Hrsg.): Naturrecht oder Rechtspositivismus? Darmstadt [2]1972, S. 1ff.

gemeinsames, gerechtes, eben politisches Gemeinwesen schaffen sollen. Das ist der politische Imperativ des Naturrechtes, dem alle Einzelinteressen einzugliedern und unterzuordnen sind. Mit solchen Bestimmungen ist die Naturrechtslehre auf den Weg gebracht, nicht abgeschlossen, sondern eröffnet. Denn was die wahre Natur des Menschen sei, genau das ist dann immer wieder in den Streit geraten.

In der christlichen Theologie ist die Aufnahme des Naturrechtsgedankens durch wechselvolle Positionen bestimmt. Ein erstes wichtiges Thema war dabei das Verhältnis der „Natur" im Sinne der antiken Philosophie zur „Schöpfung" im Sinne der Bibel. Einer direkten Übernahme des Naturrechtsgedankens stand die Lehre von der Sünde des Menschen entgegen. Nach dem Sündenfall ist der unmittelbare Rückgang auf die Natur des Menschen nicht mehr möglich. Die wahre Natur des Menschen ist in der Schöpfung Gottes *(creatio dei, creatura dei)* gegeben. Da diese aber durch die Sünde des Menschen verderbt ist, kann die wahre Natur nur im Rückgang auf den Willen des Schöpfers, auf Gott selbst, bestimmt werden. Dieser Wille Gottes ist aber auch Inhalt des Gesetzes, wie es Mose gegeben worden ist. In diesem Zusammenhang ist dann das Wort des Paulus aus Röm 2,14.15 ausgelegt worden: „Wenn nun die Nichtjuden, die das Gesetz nicht haben, von Natur aus tun, was das Gesetz will, so tragen sie, obwohl sie es nicht haben, das Gesetz gleichwohl in sich. Denn sie erweisen, daß, was das Gesetz zu tun gebietet, in ihren Herzen geschrieben ist. Zeuge dafür sind ihr Gewissen und ihre Gedanken, die sich untereinander verklagen oder auch verteidigen." Nicht das positive, geschriebene Gesetz im Sinne des mosaischen Gesetzes ist das „Naturgesetz" Gottes oder der Schöpfung, sondern der ursprüngliche Sinn des Gesetzes ist das, was das Gesetz zu tun gebietet, also was der Wille Gottes ist, wie er dem Gesetz zugrunde liegt. Die für Paulus und die christliche Theologie maßgebliche Unterscheidung ist die zwischen dem geschriebenen mosaischen Gesetz und dem ursprünglichen Gesetzeswillen Gottes. Jedoch ist die Absicht hier eine andere als bei ARISTOTELES. Es geht bei Paulus um die Erfüllung des Willens Gottes durch den Menschen; und dabei geht es vor allem darum, ob dieser Wille Gottes durch den Gehorsam gegenüber dem Gesetz erfüllt wird oder, anders und ursprünglicher, durch den Glauben, das rückhaltlose Vertrauen auf Gott. Die christliche Theologie blickt also zunächst in eine andere Richtung als die Philosophie des ARISTOTELES und der antiken Naturrechtslehre.

Die Verbindung von christlicher Glaubenslehre und antikem Naturrecht vollzieht sich dort, wo die Frage beantwortet werden soll, worin denn der Glaube des Christen in Übereinstimmung mit dem Willen Gottes das Maß seiner Lebensführung finden soll. In Aufnahme und Auseinandersetzung mit dem philosophischen Denken treten die Versuche auf, die Antwort so zu finden: Der Mensch soll in Übereinstimmung mit seiner wahren göttlichen Bestimmung sein Leben führen; diese wahre göttliche Bestimmung ist aber als solche zugleich die Bestimmung der wahren Natur des Menschen.

THOMAS von Aquin hat es unternommen, das Naturrecht letztlich auf das wahre Sein der Natur zurückzuführen, welches die geschaffene Natur mit dem Sein Gottes gemeinsam hat. Über diese ausdrücklich theologische Seinslehre hat er eine Brücke über die tiefe Kluft der Sündhaftigkeit des Menschen zur wahren Natur Gottes geschlagen und sie durch eine differenzierte Lehre von der Entsprechung *(Analogie)* zwischen dem göttlichen Sein und dem menschlichen Sein begehbar gemacht. Darüber ist es immer wieder zu folgenreichen theologischen Kontroversen gekommen, weil es so erscheinen konnte, daß diese Brücke auch ohne den Glauben für den Menschen begehbar sei. Darauf kam es THOMAS in gewisser Weise auch an, weil die Universalität des göttlichen Willens, des Guten überhaupt, durch die Sünde des Menschen nicht außer Kraft gesetzt sein kann. So wichtig darum das christliche Verständnis des Naturrechtes war, um die Kraft des Guten gegenüber der Sünde des Menschen zur Geltung zu bringen, so sehr setzte es sich zugleich dem Einwand aus, daß der Mensch von sich aus dem Willen Gottes entsprechen kann.

Die Lehre des THOMAS ist in dem Grundsatz zusammengefaßt: „bonum est faciendum, malum evitandum", „das Gute ist zu tun, das Böse ist zu meiden" (Summa theol. I,2, Qu. 94, a.2). Diese Formulierung kann als das oberste Naturrechtsgebot gelten. Sie ist auf Einwände gestoßen; denn sie hat offenkundig einen zirkelhaften Charakter; sie kann auf den Satz hinauslaufen: Zu tun ist, was zu tun geboten ist; zu vermeiden ist, was zu vermeiden ist. Doch ein solcher Satz wie der des THOMAS verweist eben darauf, daß es Sache der Vernunft sei zu bestimmen, was das Gebotene ist, und was zu vermeiden ist. Letztlich geht es um die Geltung des Vernunftprinzips im Naturrecht, wenn das Naturrecht eine so allgemeine Geltung haben soll und mit der Wesensbestimmung der Natur des Menschen verbunden wird.

Damit sind auch Gesichtspunkte der prominentesten Naturrechtslehrer der Stoa aufgenommen. Sie appellierten an die dem Menschen mit seiner Natur gegebene Urteilsinstanz, die humane Vernunft. In dieser Vernunftbegabung hat die Stoa das höchste Gut *(summum bonum)* der menschlichen Natur erblickt, so daß das vernunftgemäße Leben als identisch mit dem naturgemäßen Leben galt *(vivere secundum naturam)*. Die christliche Theologie hat diesen Gedanken aufgenommen, umgeformt und erweitert. Sie hat ihn auf die ursprüngliche Schöpfung Gottes bezogen und mit der in der biblischen Schöpfungsgeschichte formulierten Vorstellung von der Gottebenbildlichkeit *(imago dei)* verbunden. Der Mensch soll sich seiner Natur gemäß als Abbild Gottes verstehen und wissen. Der Glaube an Jesus Christus gilt dann als die Anleitung zu einer Verwirklichung der wahren Menschennatur, wie sie in Jesus Christus erneuert worden ist. In der modernen Diskussion um das Naturrecht ist deswegen auch dieser Gesichtspunkt in den Vordergrund getreten. Es geht nicht in erster Linie um eine von der Natur aus vorgegebene Ordnung des Staates oder der Gesellschaft, der sich der Mensch einfügen soll. Es geht vielmehr um ein ursprüngliches Menschenbild, um ein Selbstverständnis des Menschen, dem gemäß die gesellschaftlichen und politischen Ordnungen und die Gesetze eingerichtet werden sollen. Die menschliche Natur kann als eine Art „Auftragsnatur" verstanden werden; das heißt, daß die naturrechtlichen Imperative mit dem Menschen selbst gegeben sind: der Mensch als das Wesen, das seine Natur zu verantworten hat und dem die Ordnungen des Lebens entsprechen sollen.

Diesen Gedanken hat der katholische Moraltheologe Albert AUER in Auseinandersetzung mit der Naturrechtstradition so formuliert:

Er sagt, daß „die letzte Quelle des Rechtes nicht die Gemeinschaft ist, eher in der geistigen Persönlichkeit des Menschen liegt, in seiner Menschenwürde und seiner Freiheit". Und in Auseinandersetzung mit der katholischen Tradition fährt er fort, „daß von diesen Werten nach Thomas von Aquin Recht nicht abgeleitet werden könne; vom Individualismus müßten wir ja überhaupt losgerissen werden, um wieder den Blick für Körperschaftsdenken zu gewinnen. Ich glaube nun nicht, daß wir Mangel gelitten hätten an Aufforderung hierzu und an hartem Dienst am Ganzen." Er nimmt den Grundsatz auf, der der Verfassung der Bundesrepublik Deutschland zugrunde liegt: „Der Staat ist um des Menschen willen da, nicht der Mensch um des Staates willen." Und er fährt fort: „Der Wortlaut ist hart: aber naturrechtlich gesehen und auf dem Hintergrund des NS-Staates trifft er die volle Wahrheit. Wir müssen heute erzogen werden zur Wahrheit der Grenzen, die jedem gesellschaftlichen Ganzen in der nach den metaphysischen Grundlagen eindeutig feststehenden geistigen Menschennatur gesetzt sind. Der Einzelmensch in seiner Würde ist Träger unabdingbarer Ansprüche und Forderungen, ist Quell des Naturrechtes oder des Rechts zum eigenen Ich, der unantastbaren Eigenregion, die als vorrechtlicher und vorstaatlicher Status naturalis, als geistige Autonomie bezeichnet werden muß." „Darum muß heute das Moment der Würde des Menschen in den Vordergrund geschoben werden samt dem Bewußtsein, daß sie ruht in der Ebenbildlichkeit Gottes."[3]

3 Albert AUER: Der Mensch und das Recht. In: W. MAIHOFER (Hrsg.): Naturrecht oder Rechtspositivismus?, a.a.O., S. 464f.

Damit ist folgendem Gedankengang Raum gegeben: Das Naturrecht enthält nicht Anweisungen zu zeitlos unveränderlich gültiger Ordnung, die wie ein Gesetzbuch der Natur die Lebensführung vorschreiben. Eine solche Auffassung ließe sich auch nicht mit der Erfahrung des geschichtlichen Wandels vereinbaren. Das Naturrecht verweist vielmehr auf eine ethische Verbindlichkeit gleichsam hinter den positiven Ordnungen und Gesetzen der Gesellschaft auf die sittliche Verantwortung des Menschen. Auf dieser Linie ist das moderne naturrechtliche Denken eingegangen in die Überzeugung von der Würde der Person, der Menschenwürde, die ihm von Natur aus zukommt. Und das ist zugleich das Fundament geworden für die Konzeption der Menschenrechte, wie sie schließlich in die Charta der Menschenrechte der Vereinten Nationen Eingang gefunden haben. Hier, in einem solchen Zusammenhang, ist die Verbindung von christlichen und säkularen Motiven schwer auflösbar. Die Menschenrechte sind für alle da, ohne Unterschied des Bekenntnisses. Sie können deswegen auch nicht von nur einer Glaubensrichtung beansprucht werden. Die Fortbildung und Konkretisierung der Menschenrechte ist denn auch der Imperativ, der – von dieser Tradition her gesehen – den aktuellen Stand der Naturrechtsdiskussion am prägnantesten bezeichnet.

Imperative der Zwei-Reiche-Lehre

Von anderer Art ist die Bedeutung der Zwei-Reiche-Lehre für die sozialethische Grundorientierung. In diesem Abschnitt soll vor allem nach der aktuellen Bedeutung der Unterscheidung der beiden Regierweisen Gottes gefragt werden, wie sie in der Theologie und Ethik der Reformation formuliert worden ist.

Am Anfang stand die Erwartung des nahen Endes der Welt. Die Antworten der Bergpredigt, die besondere Vollkommenheit der Christen, werden im christlichen Naturrecht, das christliche und humane Ethik vereint, verändert. In der Unterscheidung des geistlichen und des weltlichen Regiments aber tritt die Spannung der Anfänge wieder hervor. Das sind die geschichtlichen Voraussetzungen der modernen Debatte.

Zunächst sprechen wir von dem Verhältnis der Naturrechtslehre zur Lehre von den zwei Reichen. Die Naturrechtslehre zielte innerhalb der christlichen Theologie vor allem auf eine Harmonisierung oder Verständigung mit der antik-heidnischen Philosophie und Soziallehre. Die Zwei-Reiche-Lehre ist demgegenüber durch die Abgrenzung und die Auseinandersetzung mit der antiken Weltauffassung bestimmt. Insofern haben die beiden ethischen Theorien unterschiedliche Erkenntnisinteressen. Wenn man beispielsweise AUGUSTIN als den geistigen Urheber der Zwei-Reiche-Lehre ansieht – trotz gewisser Vorstufen schon im Neuen Testament –, dann ist diese andere Absicht offenkundig. AUGUSTIN entwickelte seine Lehre vom Gottesstaat *(civitas dei)* im Gegenüber zum Weltreich *(civitas terrena)* als Antwort auf den Vorwurf der römischen Zeitgenossen, der Einfall der Goten im Jahre 410 in Rom sei die Folge davon, daß Rom nicht mehr dem alten Glauben folgte, sondern statt dessen dem christlichen Glauben Raum gegeben habe. Im Kern ging es also, angesichts einer offenkundigen weltpolitischen Katastrophe, um eine Art religionspolitischer Schuldzuweisung. AUGUSTIN hat seine Lehre von den zwei Reichen zur Verteidigung des Christentums entwickelt und damit weit über den konkreten Anlaß hinaus Impulse für die Deutung des Verhältnisses von Kirche und Staat, Christentum und Gesellschaft gegeben. Die Unterscheidung der beiden Reiche, Gottes Reich und Weltreich, zielt darauf, die Selbständigkeit der Kirche gegenüber dem römischen Reich wie überhaupt gegenüber den Geschicken der Weltreiche theologisch zu begründen. Diese theologische Begründung können wir hier nur in einem Spitzensatz erfassen, in dem zum Ausdruck kommt, in welcher Weise der qualitative Unterschied der beiden Reiche von AUGUSTIN gesehen wird: die beiden Reiche unterscheiden sich darin, daß das eine durch die Liebe zu Gott *(amor dei)*, das andere durch die Selbstliebe *(amor sui)* bestimmt ist: „Zwei Liebesweisen bringen die zwei Herrschaftsverbände hervor, die irdische die Selbstliebe bis hin zur Verachtung Gottes, die himmlische aber die Gottesliebe bis hin zur Verachtung seiner selbst.“[4] Diese wahrhaft radikale theologische Scheidung wird von AUGUSTIN in den Horizont des Weltendes, der Eschatologie, des Weltgerichtes gestellt. Im Grunde handelt es sich zwischen den beiden Reichen um unversöhnliche Gegensätze. Diese Augustinische Lehre hat denn auch nicht das letzte Wort behalten, sie wird in den folgenden Jahrhunderten von einer ganz anderen Unterscheidung eingeholt. Das ist die Unterscheidung zwischen den verschiedenen Gewalten *(potestates)*, nämlich der geistlichen und der weltlichen Gewalt, Papst und Kaiser, Bischöfe und Fürsten; es ist die Unterscheidung zwischen den beiden „Schwertern“ *(gladii)*, dem geistlichen und dem weltlichen Regiment innerhalb des einen Reiches. Hier geht es also nicht um die radikale Abgrenzung nach außen, sondern um eine Unterscheidung innerhalb des einen *corpus christianum*. Diese Unterscheidung zielt bereits stärker auf die beiden Regimente oder Regierweisen Gottes. In dieser mittelalterlichen Theorie bereiteten sich die Voraussetzungen vor für die Unterscheidung von Kirche und Staat, wie sie sich in der Neuzeit in der Gestalt der modernen Verfassungsstaaten durchgesetzt hat.

Martin LUTHER hat dieser Problematik wiederum eine andere Wende gegeben, indem er die Unterscheidung nunmehr auf die Stellung des Christen innerhalb der Welt bezieht. Damit wird es zu einer Unterscheidung, die vor allem von den Glaubenden selbst erkannt und vollzogen werden muß. Diese neue Fassung kommt am eindringlichsten und deutlichsten bereits in der Freiheitsschrift LUTHERS von 1520 zum Ausdruck, auch wenn dort die Begrifflichkeit der Zwei-Reiche-Lehre nicht direkt vorkommt. Aber die Grundstruktur des neuen Verständnisses bei LUTHER tritt doch klar hervor. Dort heißt es im ersten Paragraphen: „Ein Christenmensch ist ein freier Herr über alle Ding und niemand untertan. Ein Christenmensch ist ein dienstbar Knecht aller Ding und jedermann untertan.“ LUTHER spricht davon, daß ein jeglicher Christenmensch „zweierlei Natur“ sei, nämlich geistlicher und leiblicher Natur. Freiheit ist in erster Instanz die Frucht des Glaubens für den inwendigen geistlichen Menschen, denn äußerliche Dinge vermögen den Menschen nicht frei und fromm zu machen. Sein Verständnis der Freiheit folgt aus seiner Grundüberzeugung, daß der Mensch seine Gerechtigkeit vor Gott nicht durch seine Werke erlangt, durch sein Bemühen, das Gute zu tun, sondern allein durch die Gnade, die dem Menschen im Glauben, durch das rückhaltlose Vertrauen zu Gott zuteil wird. Auf diesen Gesichtspunkt kommen wir noch wieder zurück. Die entscheidende Pointe der *libertas christiana* ist darum, daß die guten Werke, die vom Menschen als Christen getan werden, nicht um seiner selbst willen getan werden, sondern allein dem Nächsten zu Nutze. „Wenn er nun ganz frei ist, dann macht der Christ sich wiederum williglich zum Diener für seinen Nächsten, um ihm zu helfen und mit ihm umzugehen und zu handeln wie Gott mit ihm durch Christus gehandelt hat.“ Für den Christen gilt, „gegen meinen Nächsten auch zu werden ein Christus wie Christus mir geworden ist und nichts mehr tun denn was ich nur sehe, das ihm not, nützlich und selig sei, während ich doch durch meinen eigenen Glauben aller Dinge in Christus genug habe“. Das ist der Zusammenhang zwischen den beiden Naturen von innen her.[5]

In anderer Weise hat CALVIN von LUTHER die Unterscheidung der beiden Regierweisen Gottes im Glauben und in der Liebe zum Nächsten übernommen. In seinem großen Werk *„Unterricht in der christlichen Religion“* heißt es, „daß es unter den Menschen zweierlei Regiment gibt. Das eine ist geistlich *(spirituale)*: es

4 AUGUSTIN: Civitas Dei, Buch XIV, 28.

5 Martin LUTHER: Von der Freiheit eines Christenmenschen. In: Luthers Werke. Hrsg. von O. CLEMEN. Bd. 2, S. 25.

unterweist das Gewissen zur Frömmigkeit und zur Verehrung Gottes. Das andere ist bürgerlich *(politicum)*: es erzieht uns zu den Pflichten der Menschlichkeit und des bürgerlichen Lebens, die unter den Menschen zu wahren sind." „Das Regiment von der ersten Art betrifft das Leben der Seele, das von der zweiten dagegen hat es mit dem zu tun, was zu dem gegenwärtigen Leben gehört". Wie auch LUTHER betont CALVIN dann die unterschiedliche Zielrichtung des hier und dort gebotenen Tuns:

„Diese Unterscheidung hat zur Folge, daß wir das, was das Evangelium von der geistlichen Freiheit lehrt, verkehrterweise auf die bürgerliche Ordnung beziehen, als ob etwa die Christen nach dem äußeren Regiment den menschlichen Gesetzen weniger unterworfen wären, weil ihr Gewissen vor Gott frei geworden ist, – als ob sie deshalb aller Dienstbarkeit nach dem Fleische entnommen würden, weil sie nach dem Geist frei sind!"

Um der Liebe willen bekommen so die weltlichen Ordnungen auch für den Christen eine eigene und selbständige Verbindlichkeit. Diese Welt aber steht noch unter dem Gesetz der Sünde und bedarf deswegen auch der äußeren Zucht, der Gewalt und des Zwanges. Das ist der eigentlich schwierige Punkt in der Lehre der zwei Regierweisen Gottes. Der Zusammenhang der äußeren Ordnung, auch als Zwangsordnung, mit der Liebe ist darin zu sehen, daß Gott durch die Instrumente äußerer Ordnung seine Welt erhält auch gegen das Böse und die Sünde des Menschen, so daß die äußere Ordnung ein Element der Liebe Gottes ist.[6]

Die Frage, die die Reformatoren der Neuzeit hinterlassen haben, lautet: Sind deswegen die bestehenden Ordnungen in jedem Falle und unveränderlich zu achten? Das wäre eine falsche, gegen den ursprünglichen Sinn gerichtete Antwort, die allerdings oft genug gegeben worden ist. Auch die äußeren Ordnungen des Lebens, des Staates, der Gesellschaft sollen daran gemessen werden, welchem Zweck sie innerhalb des menschlichen Lebens dienen. In der neueren Theologie hat man sich damit geholfen, daß man von einer „Notordnung" (Helmut THIELICKE) oder einer bloßen „Erhaltungsordnung" gesprochen hat. Für unseren Zusammenhang ist nun wichtig, daß für die Beurteilung der weltlichen Ordnung alle die Gesichtspunkte eine Rolle spielen können und dürfen, die in der klassischen Naturrechtslehre eine Rolle gespielt haben. Und insofern ist es dann auch naheliegend und notwendig, die aktuelle Bedeutung der Unterscheidung der zwei Reiche dort zu suchen und zu finden, wo es um das zugrunde liegende Menschenbild geht. Damit kommen wir wieder auf die früheren Aussagen zurück. Der besondere theologische Ausgangspunkt bei Martin LUTHER ist es, daß der Mensch vor aller Sittlichkeit und vor allem guten Tun als Christ zu der befreienden Einsicht kommt, daß er von Gott bedingungslos angenommen und anerkannt ist. Seine wahre Natur ist nicht das Ergebnis seiner eigenen Leistung. Die Anerkennung des Menschen geht von Gott aus. Das aber ist der Grund und das Fundament auch für die sozialethischen Konsequenzen, die heute aus dieser Auffassung gezogen werden müssen.

Die aktuelle Bedeutung wird heute in der folgenden Richtung gesehen: Die Würde des Menschen, die Personwürde, ist nicht das Ergebnis der Selbstverwirklichung des Menschen, der Erfolg seiner Fähigkeit, aus seiner Natur von sich aus etwas Gutes zu machen. Die ursprüngliche Würde des Menschen liegt vor und jenseits seiner Werke. Sie kommt ihm deswegen „gratis" zu. Dieser Gedanke aus der Lehre von der Rechtfertigung des Sünders durch Gottes Gnade in Jesus Christus kann nun aber durchaus als ein theologisch begründeter Rechtstitel verstanden werden; das heißt, daß sich der Mensch darauf berufen kann, auch gegen ganz andere Erfahrungen, die er mit sich selbst, seiner sittlichen Schwäche oder Stärke macht: ein elementares Recht auf Anerkennung unabhängig von der sozialen Rolle und dem Ort, den er in Staat und Gesellschaft innehat.

6 CALVIN: Unterricht in der christlichen Religion. Neukirchen 1963, III, 19, 15.

Dieser aus der Unterscheidung von „geistlicher" und „weltlicher" Natur des Menschen gewonnene Gedanke der Rechtfertigung ist heute nutzbar zu machen für die Bedeutung der Menschenrechte. Dann ergibt sich dabei folgende wichtige Vertiefung: Menschenrechte, im Sinne der Personwürde, kommen nicht nur dem „starken" Menschen zu, also Menschen, die fähig und in der Lage sind, ihr unmittelbar eigenes Lebensrecht wahrzunehmen, und die man deswegen in ihrer Freiheit auch schützen soll. Menschenrechte kommen auch dem schwachen, abhängigen, im empirischen Sinne unselbständigen Menschen zu. Wenn man einmal ganz konkret an die historischen Umstände der amerikanischen Menschenrechtserklärungen im letzten Drittel des 18. Jahrhunderts denkt, dann waren es damals ja bestimmte, sehr aktive und leistungsstarke Individuen, die diese *human rights* für sich gegenüber der von ihnen beauftragten Regierung reklamierten. Das starke Individuum als empirische und sachliche Voraussetzung der Menschenrechte – das ist eine unzureichende Bestimmung ihres sozialethischen Gehalts. Die Achtung der Würde der Person auch im Falle ihrer Schwäche, Armut, Krankheit, Unterdrükkung – das alles sind Imperative, die sich darauf berufen müssen, daß der Mensch diese Rechte und diese Würde nicht von sich her hat, selbstbegründet; sie kommen ihm zu, weil er ein Mensch Gottes ist, auch gegen den Augenschein. Menschen dürfen niemals endgültig über andere Menschen verfügen; sie sollen im anderen Menschen denjenigen achten, den Gott liebt und anerkannt hat. Dies ist ein heute außerordentlich aktueller Fall für die Anwendung der Unterscheidung zwischen dem, was die Aufgabe weltlich-politischen Handelns und seine Reichweite ist, und dem, was in einem letztgültigen Sinne den Menschen als Gottes Geschöpf ausmacht und worüber niemand verfügen darf. Von da aus gesehen, stehen auch die Menschenrechte in einem transzendenten Begründungszusammenhang, der sehr viel mit der Geschichte des Christentums zu tun hat.

Zugleich aber sind sie ein sehr gutes Beispiel dafür, daß die Kirche hier keine Exklusivansprüche anzumelden hat. Denn das Konzept der modernen Menschenrechte ist ja nicht allein und nicht einmal in erster Linie aus den Kirchen hervorgegangen, sondern hat sich zum Teil auch gegen ihren Widerstand konkretisiert.

Einige sozialethische Konsequenzen

Das Christentum bietet nicht die Lösung der ethischen Probleme an, mit denen wir es zu tun haben. Seine Bedeutung liegt vielmehr darin, die Aufmerksamkeit zu wecken und zu sensibilisieren für Aufgaben und Konflikte. Das Gewissen nicht als sanftes Ruhekissen, sondern als waches und beunruhigtes Gewissen – das wäre eine angemessene Beschreibung dessen, worauf es hier ankommt. Heinrich FRIES hat die Kirche als „Gewissen der Gesellschaft" bezeichnet. Das Gewissen weist über das Vorhandene hinaus, aber es stellt auch in die Solidarität mit der vorhandenen Welt. „Als Gewissen der Gesellschaft ist die Kirche mit der Gesellschaft solidarisch, als sie dazu beiträgt, einen moralischen Grundkonsens und einen Katalog der Grundwerte zu erarbeiten und lebendig zu erhalten: Treue und Glauben, Gerechtigkeit, Wahrhaftigkeit, Solidarität, Toleranz, Freiheit als Freiheit für andere." Aber diese Formel „Gewissen der Gesellschaft" begründet keinen Monopolanspruch, sondern einen Auftrag, „Anwalt des Menschen und des Menschlichen zu sein". Darum ist die Kirche stellvertretend, im Humanen vermittelt, Orientierungsort auch für Gesellschaftskritik, nicht „problemlos Legitimator des Bestehenden". Wir referieren hier einige Konsequenzen, die FRIES daraus zieht:

Deshalb kann es der Kirche nicht gleichgültig sein, welche Struktur eine gesellschaftliche Verfassung hat, ob sie den Menschen zur Freiheit befreit oder ihn wie in den totalitären und diktatorischen Systemen unterdrückt und ausbeutet, in gesellschaftliche Zwänge nimmt und dabei den Menschen zum Mittel macht. Es qualifiziert die Kirche als Zeichen des Reiches Gottes, wenn sie mit der modernen Gesellschaft insofern solidarisch wird, als sie sich in den Dienst der Befreiung des Menschen, auch der politischen und gesellschaftlichen Befreiung aus menschenunwürdigen Systemen stellt, wie es heute in manchen Teilen Lateinamerikas geschieht. Dort macht sich die Kirche zur Stimme derer, die selbst keine Stimme haben, indem sie für die Armen und Unterdrückten Partei ergreift. Hier wie auch in den totalitären Systemen des Ostens wird die Kirche als Ort der Freiheit erfahren und damit ihrer ureigensten Bestimmung anheimgegeben – „zur Freiheit hat uns Christus frei gemacht, Galaterbrief 5,1".[7]

(3) Worin liegt die Bedeutung der Kirche gegenüber allen gesellschaftlichen Totalitätsansprüchen?

....

....

....

....

....

....

....

....

....

....

....

Sozialethische Konkretionen

Wir haben bisher immer allgemein von „der" Kirche und nur gelegentlich von Unterschieden zwischen den beiden großen Kirchen, der römisch-katholischen und der evangelischen Kirche, gesprochen. Wir haben auch zumeist sehr allgemein von „der" Gesellschaft gesprochen. In diesem Kapitel soll darum gezeigt werden, zu welchen Konkretisierungen von Kirche und Gesellschaft die Diskussion ganz bestimmter sozialethischer Herausforderungen der Gegenwart Anlaß gibt, und es sollen dabei Vorschläge für eine solche Konkretisierung behandelt werden. In der Theologie spricht man seit einiger Zeit vom „Kontext", der in theologische und ethische Aussagen eingehen müsse, von „kontextueller Theologie", um diese Seite der Aufgabe einer Konkretisierung zu bezeichnen und um dem Eindruck zu wehren, die Kirche habe eine zeitlose, von den geschichtlichen Bedingungen ihrer Existenz völlig unabhängige Position zu vertreten. Die Bezugnahme auf den Kontext kann dabei auch in durchaus kritischer Absicht erfolgen, um zu zeigen, wie zeitbedingt oder eben kontextuell bestimmte Einstellungen und Positionen der Kirche waren oder sind.

Kirchen im Kontext

Das Verhältnis von Kirche und Gesellschaft stellt sich sehr verschieden dar, je nach dem politischen und gesellschaftlichen Kontext.

7 Heinrich FRIES: Kirche in moderner Gesellschaft. In: Christlicher Glaube in moderner Gesellschaft. Bd. 29, Freiburg 1982; insbesondere S. 172 u. 174.

Das naheliegende Beispiel dafür ist die Rolle der Kirche in der DDR. Damit wollen wir hier beginnen, weil es gerade für die evangelische Kirche eine besondere Herausforderung darstellt. In den Jahrzehnten nach 1945 existierte die Evangelische Kirche Deutschlands (EKD) als Zusammenschluß aller evangelischen Landeskirchen in den zwei getrennten staatlichen und gegensätzlichen gesellschaftlichen Systemen der Bundesrepublik Deutschland und der Deutschen Demokratischen Republik. Die Einheit der Kirche gerade im organisatorischen und institutionellen Sinne war die einzige gesamtdeutsche Institution, die über zwei Jahrzehnte nach der Gründung der selbständigen Staatsgebilde in Deutschland bestand. Im Jahre 1969 fand diese äußere Einheit ihr Ende. Die evangelischen Kirchen in der DDR schlossen sich zu einem eigenen Bund der Kirchen in der DDR zusammen. Das Festhalten an der äußeren Einheit der EKD hatte sich in zunehmendem Maße als eine schwere Belastung der Existenz der Kirche in der DDR erwiesen. Worauf es in unserem Zusammenhang ankommt, ist, daß diese Belastung nicht zuletzt mit den gesellschaftspolitischen und allgemeinpolitischen Aktivitäten der Kirche zusammenhing. Die Kirche in der DDR stand lange Zeit in dem Verdacht, ein gleichsam vorgeschobener Posten des Westens im sozialistischen Lager zu sein, eine Art subversive Organisation. In einem über gut zehn Jahre sich hinziehenden Prozeß hat sich dann eine neue Orientierung durchgesetzt, die sich am besten an der Formel „Kirche im Sozialismus" ablesen läßt, wie sie in der evangelischen Kirche der DDR ausgebildet worden ist. Mit dieser Formulierung wird zum Ausdruck gebracht, daß die Kirche ihre Stellung in einer sozialistischen Gesellschaft wie dem Staat der DDR akzeptiert und im Rahmen ihrer Selbständigkeit auch zu einem bestimmten Maß an Loyalität gegenüber dem Staat bereit ist.

Diese Formulierung heißt nicht, daß die Kirche den Sozialismus sowjetischer Art in seiner marxistisch-leninistischen Prägung uneingeschränkt bejaht. Sie besagt aber, daß die Kirche anerkennt, daß dieser Staat unlöslich mit einer bestimmten Ideologie verknüpft ist, so daß auch die Wahrnehmung seiner staatlichen Aufgabe die Orientierung an dieser Ideologie einschließt.

Unter den Bedingungen der DDR ist die Trennung von Kirche und Staat generell und durchgehend vollzogen. Es gibt keinen der Situation in der Bundesrepublik vergleichbaren alltäglichen und dichten Dialog zwischen Vertretern der Kirche und des Staates auf allen Ebenen des staatlichen und gesellschaftlichen Lebens. Aber es gibt einen sehr vorsichtig und diplomatisch geführten Dialog auf der obersten Ebene von Staat und Kirche. Die Kirche ist dort also, aufs Ganze gesehen, sehr viel weniger „in" der Gesellschaft, als das in der Bundesrepublik der Fall ist. Deswegen begreift sie sich in zunehmendem Maße auch viel stärker als striktes Gegenüber zum Staat. Zwar ist die Kirche in der DDR noch eine Volkskirche. Bei der letzten dafür verfügbaren Zählung haben sich zum Beispiel knapp über 50% der Bevölkerung der DDR als zur Kirche zugehörig gerechnet. Man hat für diese Situation die Formel der „kleiner werdenden Volkskirche" geprägt. Dabei ist natürlich entscheidend, ob die Kirche sich trotz der äußeren Bedrängnisse noch im Sinne der „offenen" Kirche als Volkskirche versteht. Das ist auch vorwiegend so. Aber die Möglichkeiten einer direkten Mitwirkung der Kirche an öffentlichen Angelegenheiten sind sehr viel geringer. Durch das starke Gegenüber zum Staat, der ja den Anspruch erhebt, mit der Gesellschaft identisch zu sein, sieht sich die Kirche allerdings auch in der Lage, sehr viel direkter allein kirchliche Positionen zu vertreten und kirchliche Aussagen zu machen ohne Rücksicht auf einen Pluralismus, wie er für eine Kirche in der Gesellschaft notwendig eine Rolle spielt. Daraus erklären sich in immer deutlicherem Maße auch Unterschiede in politisch wichtigen Stellungnahmen wie jetzt in der Friedensfrage, auf die wir später noch eingehen werden.

Was nun aber – gegenläufig zu dem bisher Gesagten – außerordentlich bemerkenswert ist, das ist die Tatsache, daß der Kirche in der DDR eine gesellschaftliche Funktion zuwächst, die sie so gar nicht selbst sucht. Da die Kirche die einzige staatlich nicht kontrollierte Großorganisation ist, stellt sie auch einen nichtstaatlichen Raum einer Öffentlichkeit dar, die, wenn auch begrenzt, so etwas wie eine stellvertretende Funktion für eine fehlende staatsfreie Gesellschaft übernimmt. Musik, Dichtung, Kunst, alternative Lebensformen und Protestbewegungen suchen den Raum der Kirche, um sich äußern und entfalten zu können. Aus dem besonderen Kontext heraus wächst also der Kirche eine gesellschaftliche Rolle zu, die so in einer offenen Gesellschaft nicht gegeben ist.

Nehmen wir ein anderes Beispiel: Die Rolle der katholischen Kirche in Polen. Man hat mit Recht immer wieder darauf hingewiesen, daß Polen, lange bevor man es als kommunistischen Staat „Volksrepublik Polen" ansprechen kann, ein katholisches Land, genauer: eine katholische Nation ist. Der Kontext, eine überaus wechselvolle staatliche Geschichte mit großen Ein- und Umbrüchen, hat dazu beigetragen, daß die katholische Kirche das stärkste Element, ja Fundament der nationalen Einheit der Polen war und ist. So sieht sich die Regierung außerstande, das Land gegen die Kirche zu regieren. Und die Kirche sieht sich, zumal in Krisenzeiten am Rande des Bürgerkrieges oder Volksaufstandes, in eine sehr zentrale innen- und außenpolitische Funktion gedrängt, wie man das in den zurückliegenden Jahren sehr genau beobachten konnte. Auch das ist ein im Grunde unvergleichlicher, besonderer Kontext mit entsprechenden Folgen für die Kirche.

Wieder ganz anders bietet sich das Bild der Kirche, wenn man nach Nordamerika, zu den USA blickt. Aus Gründen der geschichtlichen Entwicklung gibt es in den Vereinigten Staaten keine Staatskirchen, sondern nur Freikirchen, eine Vielzahl von Denominationen, das heißt Kirchen nicht eines bestimmten Bekenntnisses, wie in Europa, sondern verschiedener, oft kaum sehr scharf zu unterscheidender Richtungen. Ihr Fundament ist die örtliche einzelne Gemeinde. Die kirchlichen Zusammenschlüsse und Kirchenleitungen spielen denn auch eine vergleichsweise geringe Rolle. Der Einfluß der Kirche in den USA ist ein direkt gesellschaftlicher Einfluß vorwiegend auf der lokalen Ebene. Er wirkt ins Politische hinein über die Einflußnahme auf einzelne Abgeordnete im Senat und im Repräsentantenhaus. Erst in jüngster Zeit entwickeln auch die Kirchen in den USA ein Instrumentarium der Einwirkung auf die Öffentlichkeit, wie wir es in unserem Lande kennen. Die Kirchen in den USA sind sehr elementar ein Stück amerikanischer Gesellschaft mit allen Merkmalen des Pluralismus und Individualismus, wenig institutionellem, aber starkem moralischen Einflußpotential.

Als letztes Beispiel soll auf die damit wieder unvergleichbare Situation in Lateinamerika verwiesen werden. Der südamerikanische Kontinent ist, unter Gesichtspunkten der Kirchengeschichte, ein katholischer Kontinent. Das gilt auch trotz der vielen außerordentlich lebendigen halbchristlichen und nichtchristlichen religiösen Bewegungen. In bezug auf Staat und Gesellschaft sind diese Länder vor allem katholisch. Die katholische Kirche in Lateinamerika ist seit geraumer Zeit durch ihren Kontext bestimmt, der mit dem Schlagwort von der „Dependencia" charakterisiert werden kann, das heißt, die kulturelle, ökonomische und politische Abhängigkeit, ursprünglich von den Kolonialmächten Spanien und Portugal, aber seit geraumer Zeit und vor allem jetzt von den USA. Von diesem Kontext her durchzieht die Kirche eine tiefe Krise, deren Trennungslinie rechts und links zwischen der Loyalität gegenüber den herrschenden Schichten und der Unterstützung der Befreiungsbewegungen verläuft. Die Politisierung des gesamtgesellschaftlichen Konflikts hat auch die Kirche in Lateinamerika ergriffen und stellt für sie eine schwere Zerreißprobe dar.

Man könnte und kann diese Beispiele nun fortführen, im Blick auf Afrika, Asien oder das riesige sowjetische Imperium. Kirchen im Kontext – das führt zu sehr wichtiger Konkretisierung von Unterschieden, die man nicht leicht beiseite schieben darf.

Auf diesem Hintergrunde ist dann auch die Bedeutung der ökumenischen Bewegung unseres Jahrhunderts zu sehen. Das gilt vor allem für die protestantische Ökumene des Weltkirchenrates in Genf, in dem in zunehmendem Maße auch die orthodoxen Kirchen des Ostens und Südeuropas eine Rolle spielen. Das gilt auch für die in sich sehr ökumenisch-vielfältige römische Kirche. Es gilt schließlich für die Beziehungen aller untereinander: Überall spielt der verschiedene Kontext eine erhebliche Rolle, aber es wächst auch die Einsicht in die Aufgabe, so etwas wie einen Kontext der Weltgesellschaft wahrzunehmen und ihm Ausdruck zu verleihen. Das ist eine der ganz großen Zukunftsaufgaben der Kirche in der Gesellschaft.

Die sozialethischen Positionen der Kirchen sind aber bis jetzt noch immer sehr stark und unübersehbar von ihrem jeweiligen Kontext geprägt. Das ist das Problem, mit dem es die Ökumene zu tun hat, das aber auch die Frage nach der Einheit der Kirche aufwirft.

Kirchen im Pro und Contra der Weltprobleme

Von einer anderen Seite her fällt Licht auf die Kontextualität von Kirche und Ethik, wenn man untersucht, was denn auf der Tagesordnung der Kirchen steht. Man hat davon gesprochen, die Kirche müsse sich an die Tagesordnung der Welt halten, um konkretes Zeugnis ablegen zu können. Eine solche Redeweise zeigt, daß sie aus dem Kontext von Konferenzen und Tagungen stammt, die eben ihre Tagesordnungen haben. Und Ökumene ist ja nur zu einem kleinen Teil kirchliches Gemeindeleben, es ist überwiegend ein Konferenzgeschehen. Dasselbe gilt auch für die vielen Stellungnahmen der Kirchen zu den Fragen der Zeit.

Am Beispiel der Umweltproblematik und der Friedensfrage soll jetzt erörtert werden, in welchem Konflikt sich die Kirchen heute befinden, zu welchen Konkretionen sie veranlaßt werden:

Die *Umweltproblematik* läßt sich als Datum öffentlicher Wahrnehmung ziemlich genau datieren, nämlich mit dem ersten Bericht des *Club of Rome: „Grenzen des Wachstums",* aus dem Jahre 1971. Anlaß und Inhalt dieser weltweiten Problematik sollen hier nicht dargestellt werden. Zur Diskussion gestellt werden soll vielmehr der Konflikt, in dem sich die christlichen Kirchen hier befinden:

Die Umweltproblematik ist, pauschal und stichwortartig, die Folge des technisch-zivilisatorischen Prozesses. Sie ist vom Menschen gemacht, aber nicht beabsichtigt. Es handelt sich um die nichtgewollten Folgen des technisch-ökonomischen Fortschritts. Die Aufmerksamkeit für die Umweltschäden im weitesten Sinne weckt denn auch die Kritik an den Ursachen, genauer: an dem Verursacher. Das ist, allgemein gesprochen, der Mensch der wissenschaftlich-technischen Zivilisation des Westens, noch genauer: der vor allem durch den Protestantismus bestimmten westlichen Welt.

Für die Kirchen legt es sich nahe, Anwalt des Lebens, der unversehrten Natur, des technisch unbehinderten Lebens zu sein. Wenn man nun das Bewußtsein dafür aktiviert, daß „die moderne Gesellschaft" ja auch eine gewaltige Emanzipation aus dem Raum und der Autorität der Kirche war – wir haben davon gesprochen –, dann bietet sich für das kirchliche Bewußtsein die Antwort an, hier handele es sich heute um das verdiente Ende einer im Grunde ohnehin unchristlichen Entwicklung. Es sei insofern Zeit für die Kirchen, aus diesem ganzen Prozeß gleichsam auszusteigen. Aus katholischen Richtungen kann man die Meinung hören, der Katholizismus sei ohnehin nicht verantwortlich zu machen, weil diese moderne Technik das Kind protestantischer Rationalität sei. Aus evangelischen Richtungen hört man, die ganze Entwicklung sei Folge gottloser Autonomiebestrebungen des neuzeitlichen

Menschen. Carl Amery dagegen hat die Formel von den „gnadenlosen Folgen des Christentums“ geprägt und damit eine Globalschuldzuweisung heilsgeschichtlichen Ausmaßes formuliert.

Da wir nun wissen können und heute bereits wissen, daß die Folgen der technischen Zivilisation nur durch konsequentere Kontrolle der Technik durch Technik überwunden werden können, stehen die Kirchen vor der Frage, ob sie ihr geistliches und moralisches Gewicht gegen oder für einen neu qualifizierten Fortschritt einbringen wollen. Würden die Kirchen die moderne Entwicklung, die auch die Umweltschäden produziert hat, als das Offenbarwerden eines Verrats an der christlichen Tradition hinstellen, um ihn mit dem Verrat an der Neuzeit zu beantworten, dann wäre das sicher nicht der Weg der Verantwortung. Denn Verantwortung für die Umwelt kann ernsthaft nicht gegen, sondern nur mit Technik und Wissenschaft wahrgenommen werden. Wahrscheinlich steht darum den Kirchen in diesem Zusammenhang eine neue Bewährungsprobe für ihr Verhältnis zur Gesellschaft bevor. Das soll hier einmal zur Diskussion gestellt werden.

Anders gelagert, aber ähnlich strukturiert, ist die Auseinandersetzung in der *Problematik des Friedens im nuklearen Zeitalter,* die gegenwärtig alle Kirchen erregt. Hier stellt sich für sie neu und sehr eindringlich die Frage, wie sie es mit einem konsequenten Pazifismus halten. Denn die derzeit im Vordergrund stehende Diskussion um eine neue Generation von Nuklearwaffen ist bei besonnener Betrachtung nicht darauf zu begrenzen. Es geht sehr viel grundsätzlicher um die politische, die friedenspolitische Ordnungsfunktion von staatlicher und darin auch militärischer Gewalt. Ein „Nein ohne jedes Ja“ zu Atomwaffen wird, wenn es ernst gemeint ist, hier nicht haltmachen können, sondern muß zu einem „Nein ohne jedes Ja“ zu Waffen überhaupt führen. Das könnte für die Haltung der Kirchen bedeuten: Damit wollen wir nichts zu tun haben. Das wäre, geschichtlich gesehen, der Rückgang auf die Haltung, welche die Kirche in den ersten Jahrhunderten eingenommen hat, bevor sie durch Konstantin in die Weltverantwortung hineingenommen wurde. In der heutigen Lage wäre das aber die Verweigerung solidarischer Mitverantwortung mit unabsehbaren Folgen für das ganze Feld der Beziehungen von Kirche und Politik, Staat und Gesellschaft. Der entscheidende Punkt ist nun dieser: Ablehnung von Verantwortung unter den heute gegebenen Bedingungen ist keine Lösung des heute gestellten Problems einer internationalen gewaltfreien Friedensordnung. Schädliche und gefährliche Folgen der Politik können nur durch verantwortungsvolle Politik überwunden werden. Darin liegt die Parallele zur Umweltproblematik. Diese Verantwortung kann aber nicht mit einem „Nein ohne jedes Ja“ formuliert und gestaltet werden. Auch in dieser Frage müssen die Kirchen ihre Haltung heute neu bestimmen und klären. Allerdings: für die christliche Kirche gilt, daß allein der Friede in der Zielrichtung christlicher Ethik liegt, nicht der Krieg. Das ist heute, unter den Bedingungen der nuklearen Bewaffnung, ein kategorischer Imperativ. Die Auseinandersetzung, in welche die Christen wie alle Bürger verwickelt sind, ist eine Auseinandersetzung um den richtigen und erfolgreichen Weg zum Frieden. Hier kann es keine absoluten Urteile geben. Diese Auseinandersetzung muß sich politisch, im Rahmen der Verfassung und der politischen Willensbildung einer freien Gesellschaft, vollziehen. Darum ist es auch unangebracht und irreführend, den Widerspruch gegen eine bestimmte Sicherheitspolitik zum Fall eines Widerstandes zu erklären, wie er gegenüber einem Unrechtsregime geboten sein kann, das keine freie Auseinandersetzung um die Wege der Politik zuläßt.

Es sind die Konkretionen, an denen die Probleme deutlich werden. Sie zeigen, daß – wie wir schon einmal gesagt haben – die Kirchen in der Welt nicht die Repräsentanten für die Lösung der Welträtsel sind. Sie sind Stätten gesammelter und konzentrierter Sensibilität für das Problematische der Welt.

Aber sie sind eben nicht nur dies. Die Kirchen haben auch und nicht zuletzt die Aufgabe, Anwalt einer Hoffnung, eines Vertrauens und einer Zuversicht zu sein, die Menschen dazu befreit, auch in Lagen der Verwirrung und der steigenden Ausweglosigkeit Schritte in der Welt zu bedenken und zu tun, die das Gelingen des Lebens stärken – eben weil sie dem Glauben an das letztgültige Gelingen des Lebens bei Gott vertrauen.

(4) Welche Fragen ergeben sich aus dem Konzept einer „kontextuellen Theologie“?

....

....

....

....

....

....

....

....

....

....

....

....

....

....

....

....

IV. Zukunft der Religion – Zukunft der Menschheit

Religionen wandeln im Laufe der Geschichte ihre Gestalt und ihre Ausdrucksformen. Sie werden geprägt durch ihre kulturelle, soziale und politische Umwelt, und sie wirken ihrerseits auf diese Umwelt ein. Der letzte Themenblock, der den Blick in die Zukunft richtet, beginnt mit Ansätzen neuer Religiosität, mit neuen Lebens- und Glaubensformen vor allem in kleineren Gruppen und Gemeinschaften, die sich von traditionellen Formen der Kirchlichkeit und des religiösen Lebens abheben und unterscheiden. Nicht selten wollen solche neuen Gruppierungen auch bewußt die bisherigen Schranken zwischen den Konfessionen und Religionen überwinden oder jedenfalls durchlässiger machen. Aber auch unabhängig von diesem Zugang stellt sich die Aufgabe, innerhalb des Christentums, zwischen den Religionen und mit nicht-religiösen Weltanschauungen Formen der Begegnung, der Auseinandersetzung und der Zusammenarbeit zu finden, die den Herausforderungen der Gegenwart durch die großen Zukunftsprobleme der Menschheit gerecht werden. Die Frage nach dem Beitrag der Religionen für die Gestaltung der zukünftigen Welt wird so zugleich zur Frage nach der zukünftigen Bedeutung, dem Lebensrecht und den noch unausgeschöpften Möglichkeiten der Religion.

25. Volkskirche und neue Religiosität

Autor der Studieneinheit: Karl Ernst Nipkow

Karl Ernst Nipkow (56), Dr. phil., seit 1968 Professor für Praktische Theologie (Religionspädagogik) an der Evangelisch-Theologischen Fakultät der Universität Tübingen und Lehrtätigkeit in Erziehungswissenschaft an der Fakultät für Sozial- und Verhaltenswissenschaften. Vorstandsvorsitzender des Comenius-Instituts, Mitglied der Kammer der EKD für Bildung und Erziehung.
Veröffentlichungen zur Religionspädagogik, kirchlichen Bildungspolitik, Allgemeinen Pädagogik und Schulpädagogik.

Allgemeine Einführung

Seit einiger Zeit ist vor allem in den westlichen Industriegesellschaften ein Wiederaufleben von Religion zu beobachten. In der in den USA schon vor über 15 Jahren, hierzulande erst später einsetzenden Erforschung der Phänomene werden zur zusammenfassenden Bezeichnung der verschiedenen schillernden Erscheinungen unterschiedliche Begriffe gebraucht. Man spricht von „neuer Religiosität", „neuen religiösen Bewegungen", „neuem religiösen Bewußtsein", „neuer Mystik", „Okkultismus", „Kulten" und (in der Bundesrepublik) auch von „Jugendreligionen" bzw. „Jugendsekten".

Mit den Begriffen ist nicht immer dasselbe gemeint. Manchmal verbergen sich unter den Bezeichnungen nur Ausschnitte aus dem Gesamtspektrum. Wer von „Jugendreligionen" spricht, meint lediglich ganz bestimmte, meist synkretistische (d.h. Lehren verschiedenen Ursprungs verschmelzende) neue Organisationen wie zum Beispiel die „Vereinigungskirche" des Koreaners San Myung Mun. Zu den Jugendreligionen zählt man insgesamt eine Gruppe hauptsächlich asiatisch beeinflußter Bewegungen, zu denen außer der „Vereinigungskirche" noch die „Transzendentale Meditation", die „Neo-Sannyas-Bewegung" und einige andere gezählt werden.

Auch wir wollen schwerpunktmäßig Beispiele aus dieser Gruppe wählen, aber nicht nur. In der religionssoziologischen und -psychologischen Forschung zeigt sich immer deutlicher, daß man zu einem angemessenen Verständnis nur gelangt, wenn man die Gesamtentwicklung berücksichtigt. Sie schließt auch neue Formen christlicher Religiosität bzw. neuere christliche Bewegungen ein (evangelikale Strömungen, charismatische Erneuerungsbewegungen, liturgische Strömungen, neue Kommunitäten). In gewisser Weise kann man die insgesamt wahrzunehmende Individualisierung und Pluralisierung des religiösen Lebens schon in den Volkskirchen selbst feststellen; daher die Themaformulierung: „Volkskirche und neue Religiosität". Im Mittelpunkt der Ausführungen werden jedoch die neuen religiösen Bewegungen stehen.

Das Wiederaufleben des Interesses an Religion, das übrigens aufgrund von Umfragen mit dazu geführt hat, das Thema „Religion" in die Reihe der Funkkollegs aufzunehmen, wirft eine ganze Reihe von Fragen auf. Warum entsteht eine neue Aufmerksamkeit gerade in unserer Zeit, in modernen Gesellschaften? Eher wäre das Gegenteil zu erwarten – eine Abnahme von Religiosität. Wie ist es zu erklären, daß die neuen nichtchristlichen religiösen Organisationen oder die sich vom üblichen Gemeindeleben abhebenden neuen Formen christlicher Spiritualität besondere Anziehungskraft haben? Wie lassen sich die Phänomene angemessen beschreiben, erklären und bewerten?

Es ist wahrscheinlich nicht so, daß nur solche Menschen – meist sind es jüngere – von den neuen Organisationen und Gruppen angesprochen werden, die von den Kirchen zuvor enttäuscht worden sind. Es werden auch Menschen angezogen, die zunächst gar nichts mehr mit Religion zu tun haben wollten, aber dann feststellen, daß ihnen etwas Wichtiges in ihrem Leben fehlt. Viele Wissenschaftler meinen, daß dies mit einer Krise des Lebenssinns in unserer Zeit zusammenhänge. Es wird sich jedoch zeigen, daß wir auch in dieser Hinsicht genauer fragen müssen, um zu erklären, warum die Antworten hierauf nicht mehr nur oder sogar weniger von den Kirchen erwartet werden, sondern statt dessen von neuen Angeboten. Für Kirche und Theologie sind die zu behandelnden Erscheinungen eine ernst zu nehmende Herausforderung.
Der moderne Mensch fühlt sich frei, sein Leben selbst zu bestimmen – einschließlich seines Verhältnisses zur Religion. Diese Tendenz der Individualisierung ist nicht erst an der Anhängerschaft neuer religiöser Organisationen abzulesen, sondern setzt bereits in den Volkskirchen selbst ein. Sie äußert sich in Umbildungen der hergebrachten Formen und Lehren christlicher Religion und verstärkt so die bereits vorhandene Pluralisierung des Religiösen.

Die christlichen Kirchen dürfen die neuen Erscheinungen nicht nur als Anfrage von außen sehen. Innerhalb der Kirche selbst spielen sich vergleichbare Vorgänge ab, wie am Beispiel der „Charismatischen Gemeinde-Erneuerung" gezeigt werden wird. Nimmt nicht generell Religion die Gestalt immer mehr sich individualisierender und damit zwangsläufig pluralistischer Formen an, und zwar schon in den Volkskirchen selbst? Wie sollen die Kirchen mit dieser religiösen Pluralisierung umgehen? Die andere Herausforderung beruht darin, daß die neue Religiosität tief zweideutig ist: Im Namen neuer religiöser Alternativen wird nicht nur mehr religiöse Freiheit angestrebt, sondern zum Teil totale Abhängigkeit eingehandelt.

Im Blick auf die Zukunft vertreten die neuen Bewegungen meist ein universales Heilsprogramm, das sie aber paradoxerweise nur in Gestalt einer partikularen Organisation vorbringen können. Es ist daher zu vermuten, daß als Ergebnis anstatt einer Weltreligion aufgrund universaler Integrationskraft nur eine weitere Form von Gruppenreligiosität verbleibt. Noch problematischer ist es, wenn zugleich totalitäre dogmatische Ausschließlichkeitsansprüche vertreten werden, die Menschen trennen und nicht verbinden.

Nach dem Durcharbeiten der Studieneinheit sollen Sie in der Lage sein,

- einen Überblick über das Gesamtspektrum neuer Religiosität zu geben;
- anhand der Kenntnis einiger ausgewählter neuer religiöser Bewegungen bestimmte spezifische und gemeinsame Merkmale darzustellen;
- die Gründe, warum gerade in unseren modernen Gesellschaften eine gewisse neue religiöse Aufmerksamkeit zu beobachten ist, zu erörtern;
- die Art, wie sich manche neuen religiösen Organisationen gegen die moderne Zeit richten und zugleich sich ihrer Mittel und Denkwege bedienen, zu beschreiben;
- die besondere Anziehungskraft neuer religiöser Gruppen zu erläutern;
- die für die Kirchen besonders herausfordernden Aspekte neuer Religiosität einzuschätzen.

Zukunft und neue Religiosität

Studieneinheit 25 steht als erste unter der Frage nach der „Zukunft der Religion und der Zukunft der Menschheit", der Leitidee von Themenblock IV. Diese Doppelfrage stellt sich in ihrer ersten Hälfte zunächst als Frage nach der Zukunft des Christentums, und zwar in Form der Volkskirche. Obwohl man fast überall in der westlichen Welt Anzeichen einer „neuen Religiosität" beobachten kann, ist die große Mehrheit unserer Kirchenmitglieder wie überhaupt der Bevölkerung nicht von ihr berührt. Der Begriff der „neuen Religiosität" darf nicht zu einer Überbewertung des Phänomens verführen.

Neue religiöse Bewegungen – ein Thema der Mehrheit?

Wissen vielleicht speziell die Jugendlichen mehr über die neuen religiösen Bewegungen? Sind sie innerhalb der Gesamtbevölkerung stärker daran interessiert oder gar aktiv beteiligt? Die in der Bundesrepublik seit Jahren für einige dieser neuen Organisationen verwendeten Bezeichnungen „Jugendreligionen" oder „Jugendsekten" könnten diese Vermutung stützen. Das tatsächliche Bild ist aber anders.

Dies zeigen unabhängig voneinander zwei der neuesten empirischen Untersuchungen zur Jugendforschung, auch wenn beide zum Thema „Jugendreligionen" mehr beiläufig Daten gesammelt haben:

Nach der kirchensoziologischen Erhebung von Andreas FEIGE über die „Erfahrungen mit Kirche" bei jungen Erwachsenen in der Bundesrepublik[1] wußten zum Zeitpunkt der Befragung (Sommer 1980) 83% der befragten jungen Erwachsenen nicht einmal einen Namen zu nennen, nur 16,5% waren dazu in der Lage (283 von 1725) (S. 42, vgl. S. 386, 388). Der Kreis verkleinerte sich noch einmal drastisch, als man die Frage auf Kontakte ausdehnte. Es blieben 125 Personen übrig, die signalisierten, sie hätten schon einmal Kontakte gehabt. Bei den allermeisten hat er sich aber wieder verflüchtigt (S. 42). Nur eine Minderheit von 11 Personen (= 0,64%) sprachen von einem Kontakt, verweigerten aber dessen Nennung (S. 43), weil das eine völlig private Sache sei und keinen etwas angehe (S. 389). A. FEIGE faßt zusammen, „daß auf der Basis dieser Erhebung zumindest jene Gruppierungen ‚kein Thema' zu sein scheinen, die in der Massenpublizistik den breiten Raum einnehmen" (S. 43).

Nach der sogenannten Shell-Studie „Jugend '81", einer repräsentativen Untersuchung jugendlicher Lebensstile und Alltagskulturen,[2] rechnen sich ebenfalls nur 1% der befragten Jugendlichen zu den „neuen Jugendreligionen" oder „leben so ähnlich"; 6% gehören zwar nicht dazu, „finde(n) solche Leute aber ganz gut". Den anderen sind sie entweder „ziemlich egal" (29%), man kann sie „nicht so gut leiden" (44%), oder man bekämpft sie als „Gegner/Feind" (15%). Zum Vergleich bedenke man, daß hinsichtlich anderer Gruppenzugehörigkeiten 36% „Fans von Musikgruppen" sind (dazu 30% Sympathisanten), 23% sind „Motorrad-Fans" (dazu 30% Sympathisanten), 31% ordnen sich der Bewegung der „Umweltschützer" zu (+ 50%), 18% (+ 17%) sind „Fußball-Fans", 16% (+ 18%) „Disco-Fans" usw. (S. 488).

Für die Mehrheit der jungen Menschen steht Religion nicht im Vordergrund ihres Lebens, weder traditionelle christlich-kirchliche Religiosität noch „neue Religiosität". Im übrigen ist ein Hinweis bei FEIGE aufschlußreich. Es besteht ein hochsignifikanter Zusammenhang der *Informiertheit* über „Jugendreligionen" mit der *Schulbildung* der befragten jungen Erwachsenen: „Je höher die Schulbildung, desto häufiger die Fähigkeit, einen Namen zu nennen."[3]

Wie auch andere Untersuchungen nahelegen, ist eine ausgesprochen religiöse Suche, wenn überhaupt, eher bei jenen jungen Leuten zu finden, denen durch einen längeren Aufenthalt in weiterführenden Schulen und auf der Universität Zeit und (durch entsprechende intellektuelle, soziale und moralische Entwicklungsherausforderungen) Gelegenheit gewährt worden ist, intensiver über sich selbst und den Sinn ihres Lebens nachzudenken.

Ganz ähnlich finden sich unter den Erwachsenen in den neuen (psycho-)religiösen Bewegungen wie der Neo-Sannyas-(Bhagwan-)Bewegung oder der Transzendentalen Meditation Angehörige der gehobenen Mittelschicht, kaum Arbeiter.

▷ *Ist „neue Religiosität" ein Phänomen der Gebildeten?* ◁

1 Andreas FEIGE: Erfahrungen mit Kirche. Daten und Analysen einer empirischen Untersuchung über Beziehungen und Einstellungen junger Erwachsener zur Kirche. Hannover 1982.

2 Jugend '81. Lebensentwürfe, Alltagskulturen, Zukunftsbilder. Studie im Auftrag des Jugendwerks der Deutschen Shell. Opladen 1982.

3 Andreas FEIGE: Erfahrungen mit Kirche (Anm. 1), S. 43.

Zukunft und Religion – eine Verbindung der Hoffnung?

Im Jahre 1982 hat Dieter BOSSMANN die Ergebnisse einer Schülerumfrage über die „Zukunftserwartungen der Jugend" veröffentlicht.[4] Wieweit werden Zukunft und Religion miteinander verknüpft? Nach diesem Material fast so gut wie gar nicht.

An der 1977–1980 durchgeführten Umfrage beteiligten sich rund 2500 Jugendliche aller Schularten und aus dem ganzen Bundesgebiet (S. 7). Den Schülern und Schülerinnen im Alter von 10–20 Jahren waren keine engen Antwortmöglichkeiten zur Auswahl vorgegeben. Sie sollten Aufsätze zum Thema „Wie ich mir die (meine) Zukunft vorstelle" schreiben.

Ist es verwunderlich, wenn im Vordergrund heute die Sorgen und Hoffnungen hinsichtlich des zukünftigen Arbeitsplatzes und Berufs stehen? Daß selbstverständlich ferner Liebe, Ehe, Familie einen großen Raum der Äußerungen einnehmen? Religiöse Antworten könnte man bei dem Gedanken an *Alter und Tod* erwarten. Schon Zehn- bis Dreizehnjährige denken darüber nach. Keineswegs alle können sich dabei mit der Vorstellung beruhigen: „Wenn ich Großvater werde, habe ich den Zweck meines Lebens erfüllt" (S. 141). Der Gedanke an ein langes Siechtum wie überhaupt Sterben und Tod bereiten schon in diesem Alter Angst. Nur „für einige junge Menschen bedeutet der Tod nichts Endgültiges", stellt BOSSMANN fest (S. 142); „sie glauben an ein daran sich anschließendes Weiterleben". Es scheint kein Zufall zu sein, daß unter den wenigen religiösen Bemerkungen hierzu – gemessen an den üblichen christlichen Vorstellungen – bereits andersartige, „neue" aus dem Munde einer dreizehnjährigen Realschülerin zu hören sind:

„Ich werde bestimmt Angst haben vor dem Sterben, denn ich bin ein sehr lebensfreudiges Mädchen. Aber ich glaube an das Weiterleben der Seele und die Wiedergeburt. Das gibt mir etwas Trost." (S. 144)

Die Überschrift von Themenblock IV des vorliegenden Bandes: ZUKUNFT DER RELIGION – ZUKUNFT DER MENSCHHEIT zielt nicht auf den individuellen Lebensweg, sondern auf den kollektiven Weg in die Zukunft. Wie äußern sich Jugendliche zur *allgemeinen Entwicklung?* BOSSMANN faßt zusammen:

„Die Jungen und Mädchen blicken mit Besorgnis, zum Teil mit gravierenden Ängsten in die allgemeine, politische, gesellschaftliche, ökonomische und ökologische Zukunft. An oberster Stelle steht die Angst vor Umweltzerstörung und Krieg. Es überwiegt die Skepsis, ob die Erwachsenen derzeit bereit und in der Lage sind, die erforderliche Wende zu vollziehen. Aufgabe der älteren Generation bleibt es nach Auffassung der Jugendlichen, die Voraussetzungen dafür zu schaffen, daß Zukunft von ihnen (überhaupt noch) gestaltet werden kann." (S. 189)

In dieser Zusammenfassung werden Religion und christliche Kirchen nicht genannt. Auf den 45 Seiten zum Abschnitt „Allgemeine Entwicklung" findet sich auch nur eine kleine Handvoll von solchen Selbstzeugnissen, welche die Fragen der Zukunft der Menschheit mit dem Blick auf die Bedeutung und die Zukunft der Religion zusammenbringen. Da BOSSMANNS Umfrage keinerlei quantitativen Ziele verfolgt, kann man aus dieser Zurückhaltung keine genauen zahlenmäßigen Schlüsse ziehen und höchstens vermutend fragen: Für wie viele Menschen ist Gott überhaupt noch nicht nur eine Hoffnung für ihr individuelles Leben und Sterben, sondern auch eine reale Hoffnung für die Zukunft der Welt?

Die Rede von „neuer Religiosität" darf nicht überschätzt, aber auch nicht unterschätzt werden. Es gibt zu viele Anzeichen dafür, daß die religiöse Frage, wenn man sie weiter faßt und nicht nur an traditionelle kirchliche Frömmigkeit denkt, bei manchen Menschen neu lebendig ist. Und schon in der Boßmann-Studie fallen bei den wenigen Äußerungen zum Verhältnis von Zukunft und Religion zwei typische Richtungen auf, in die sich die Gedanken und Hoffnungen bewegen.

4 Dieter BOSSMANN: Zukunftserwartungen der Jugend. Eine Schülerumfrage. Tübingen 1982.

Neue religiöse Bewegungen mit individueller und universaler Problemlösungs- und Erlösungsprogrammatik

„Je mehr ich darüber nachdenke, um so mehr mache ich mich auch mit dem Gedanken vertraut, daß ich Deutschland verlassen möchte", schreibt Bettina, 15 Jahre alt, Gymnasiastin. „Diese Nation ist mir zu kalt, zu eigensinnig und egoistisch. Jeder lebt sein eigenes Leben, und tut so, als ob er das Wort ‚Nächstenliebe' noch nie gehört hat. Ich meine, da könnten wir uns noch eine ganze Menge von den Südländern, Indern und Afrikanern abgucken. Trotzdem weiß ich nicht, ob ich alles das schaffe, denn meine Eltern, das weiß ich, weil sie es mir schon oft gesagt haben, würden enttäuscht und traurig sein, wenn ich Deutschland verlassen würde. Wie gesagt, sind dies alles hier nur meine Vorstellungen, was nun konkret passiert, liegt in Gottes Hand, und ich weiß, daß er mich den Weg führen wird, den er für mich bestimmt hat, und ich werde dankbar alles aus seiner Hand nehmen. Denn nur Jesus bietet Halt und Ruhe im Wirbel dieses Lebens und nur mit seiner Hilfe wird man auf dieser Erde bestehen. ‚Herzlich lieb habe ich Dich, Herr, meine Stärke.' Ps 11,1. ‚Rufe mich an in der Not, so will ich Dich erretten, und Du sollst mich preisen.' Ps 15,50."[5]

Daneben setzen wir die Äußerungen Eckhards, auch 15 Jahre alt, ebenso Schüler an einem Gymnasium:
„Ich glaube, daß die Zukunft nicht ohne Jesus Christus geht. Das atomare Problem wird zu stark werden, wenn Jesus uns nicht hilft. Wir Völker hassen einander zu sehr. Die Nächstenliebe wird nicht mehr praktiziert. Das muß sich ändern in der Zukunft. Wenn sich jeder Einzelne für Jesus entscheidet, lieben wir uns alle. Wir beuten die Rohstoffe und die wichtigsten Energiequellen nicht mehr so aus. *Es gibt keinen Krieg mehr.* Die Frage: Ist das überhaupt vorstellbar? Für mich, ja. Ich will mit diesem Text nicht sagen, daß ich Pfarrer werden will – obwohl wir sie auch als sehr wichtig brauchen werden. Wenn wir Jesus annehmen, dann ist es eigentlich eine heile Welt. Ein Paradies auf Erden so ungefähr. Ich selbst habe erfahren, daß Jesus Christus Wirklichkeit ist. Ich werde mein Leben nach Jesus richten. Ich halte es auch für sehr wichtig, daß, wenn sich die Welt nicht ganz entscheidet für den einen Herrn, eine christliche Partei in unser Staatssystem eingeführt wird. Alle wichtigen Sachen stehen in der Bibel. Danach gäbe es keine Todesstrafe, denn das würde auch gegen die Gesetze Gottes verstoßen. Alle Gebote Gottes werden an die Spitze aller Gesetze gestellt. Ich könnte gar nicht so viel über die Änderungen schreiben. Jesus soll der Mittelpunkt unseres Lebens werden. Reichtum wird Nebensache. Jeder hilft jedem finanziell, damit meine ich Völker–Völker, Rassen–Rassen, Staaten–Staaten. Hunger gäbe es demnach auch nicht mehr. Aber das wird eines der schwierigsten Probleme in Zukunft: Es könnte eine Übervölkerung auf der Erde stattfinden. Auch die laufende Motorisierung wird ein Problem. Aber alles könnte durch Jesus geregelt werden. Die Zukunft und meine Zukunft funktioniert nur mit Jesus."[6]

(1) 1. Vergleichen Sie die beiden Äußerungen unter den Gesichtspunkten: (a) wie über die Zukunft, (b) wie über die Rolle der christlichen Religion nachgedacht wird und (c) wie die Gedanken an die Zukunft und an die Religion miteinander verbunden werden. Wo sind Gemeinsamkeiten, wo Unterschiede?

....

....

....

....

....

....

....

....

....

....

5 Dieter Bossmann: Zukunftserwartungen der Jugend, a.a.O., S. 205.

6 Dieter Bossmann: Zukunftserwartungen der Jugend, a.a.O., S. 210f.

2. Wie stehen Sie zu den Auffassungen der beiden Jugendlichen? Versuchen Sie, bevor Sie weiterlesen, Ihre eigenen Beobachtungen und Gedanken aufzuschreiben.

....

....

....

....

....

....

Manches klingt beidemal ganz ähnlich und ist auch ähnlich, vor allem die Aussagen über die eigene Religiosität als persönliche Nachfolge, als persönlicher Glaube an Jesus. In beiden Fällen wird ferner die „christliche" Gesellschaft kritisch beim Wort genommen, die so tut, als habe sie das Wort „Nächstenliebe" noch nie gehört. Beide jungen Menschen wollen verbindlich mit dem Ernst machen, was für sie als Folge des Glaubens die Mitte christlichen Lebens ist: ein Leben in der Liebe. Dann gehen die Vorstellungen auseinander.

Bettina will fort, Deutschland verlassen, und sie sucht für sich persönlich „Halt", „Ruhe", „Hilfe" zur Lebensbewältigung („auf dieser Erde bestehen"). Sie lebt aus einer persönlichen Bibel- und Gebetsfrömmigkeit und schließt mit zwei ihr wichtig gewordenen Psalmstellen.

Eckhard denkt innerhalb der Spannung von „Flüchten" und „Standhalten" (H. E. Richter)[7] eindeutig an konkrete, aktiv zu leistende Aufgaben. Er blickt ferner nicht nur auf seine persönliche Zukunft, sondern mehr noch auf „die" Zukunft: „die Zukunft und meine Zukunft funktioniert nur mit Jesus". Während für das Mädchen die erwartete religiöse Hilfe auf die Beruhigung des Innern, auf Trost und Geborgenheit ausgerichtet ist („... dies alles ... liegt in Gottes Hand"), wendet der Junge die Christusnachfolge zu einem Programm christlicher Weltgestaltung mit tendenziell theokratischen Zügen um. Unter „Theokratie" versteht man eine Staatsverfassung, in der, wie in der islamischen Welt zur Zeit im Iran des Ayatollah Khomeini, die religiösen Gesetze die obersten Staatsgesetze sind („alle Gebote Gottes werden an die Spitze aller Gesetze gestellt"). Der persönlichen religiösen Utopie, dem heilen persönlichen Leben mit Jesus bei Bettina, wird die religiöse Weltutopie zur Seite gestellt: „Es gibt keinen Krieg mehr...", „Ein Paradies auf Erden so ungefähr...", „Dann ist es eigentlich eine heile Welt".

Man muß vorsichtig sein, verschiedene Phänomene zu schnell auf einen allgemeinen Begriff bringen zu wollen. Auf dem Hintergrund vieler Forschungsergebnisse über religiöse Strömungen heute kann man jedoch schon jetzt bei diesem ersten Durchgang durch das Thema verstehen, warum Michael Mildenberger seinem Buch über *„Die religiöse Revolte"* den bezeichnenden Untertitel „Jugend zwischen Flucht und Aufbruch" gegeben hat.[8] Übertragen auf die Aufgabe und Rolle von Religion heute, könnte man sagen: „Religion als Instrument zu Flucht und Aufbruch". Eine eigentümliche Zweideutigkeit der Religion wird sichtbar, ein nach beiden Richtungen nicht unproblematischer Sachverhalt. Denn erfüllt sich, um im Blick auf die obigen Lebenszeugnisse beim christlichen Glauben zu bleiben, die Botschaft vom Gekreuzigten und Auferstandenen in der individuellen Beruhigung der Seele, wie bei Bettina? Was aber geschieht umgekehrt mit der Liebe und dem

7 Vgl. den Buchtitel von Horst Eberhard Richter: Flüchten oder Standhalten. Reinbek 1976.

8 Michael Mildenberger: Die religiöse Revolte. Jugend zwischen Flucht und Aufbruch. Frankfurt 1979.

Frieden Gottes, wenn sie auf Gesetzeswegen und von Staats wegen durchgesetzt werden sollen, so, als ließe sich Gottes Friede für die Welt wie ein technischer Vorgang handhaben? Die Sprache verrät, wie technologisches Denken sich der religiösen Erfahrung bemächtigt: „... alles könnte durch Jesus *geregelt* werden. Die Zukunft und meine Zukunft *funktioniert* nur mit Jesus" (s.o., Hervorhebungen durch den Autor).

Was in dem letzten Selbstzeugnis eines – man berücksichtige dies! – Fünfzehnjährigen als religiöse Hoffnung technologisch umgesetzt werden soll (formuliert in der Sprache, in der unsere Jugendlichen aufwachsen: der Sprache der Technik und Machbarkeit), gibt nicht das theologische Selbstverständnis der christlichen Kirchen wieder. Aber sind die organisierten Kirchen wirklich davor gefeit, im Zeitalter naturwissenschaftlich-sozialwissenschaftlicher Rationalität und technologischer Planung nicht alle technologischen Mittel und Medien mit ausnutzen zu wollen? Sind sie gefeit vor den Gedanken religiöser Machbarkeit und neoklerikaler Plan- und Beherrschbarkeit?

In den neuen christlichen Frömmigkeitsströmungen treten den Kirchen im Grunde zwei alte Versuchungen gegenüber: der *religiöse Rückzug in die private fromme Innerlichkeit,* der bezeichnenderweise auch mit äußeren Fluchtgedanken wie Auswanderungswünschen verbunden sein kann und der die Welt im großen ganzen sich selbst überläßt, und genau umgekehrt die *theokratische Bemächtigung der Welt,* ihre tendenzielle Unterwerfung unter religiöse Gesetze – und geschähe es im Namen der Liebe. Beide Male sind dieselben Ursachen zu erkennen: das Leiden an der lieblosen Kälte und dem selbstzerstörerischen Aggressionspotential in unserer Zeit und die Hilflosigkeit vor der ebenfalls Angst erzeugenden, undurchschaubaren Komplexität unserer gesellschaftlichen Lebenswirklichkeit. Unter dem ersten leidet die Seele; das zweite überfordert den Verstand. Auf diesem Hintergrund wird Religion als Leben in einer von Liebe erfüllten, menschlich warmen, problemlosen, heilen Welt gesucht, die endlich wieder einfach und klar geworden ist.

Dieser Wunsch kann, ja, muß zwei Ausdrucksformen entbinden: die Sehnsucht nach einer kleinen, überschaubaren Gruppe um der persönlichen Geborgenheit willen und die Vorstellung von einer totalen religiösen Regelung aller Probleme menschlichen Zusammenlebens im ganzen. „Neue Religiosität" ist in der Tat beides: *privatisierende Gruppenreligiosität* und *Programmatik globaler Harmonie.* Wir sprechen von „individueller und universaler Problemlösungs- und Erlösungsprogrammatik".

In der Kirchengeschichte waren manche Formen des mönchischen Lebens durch die erste Bewegungsrichtung, den Rückzug aus der Welt, charakterisiert. In der gegenwärtigen Ordensfrömmigkeit und in den neuen christlichen Kommunitäten dieses Jahrhunderts wird demgegenüber versucht, spirituelle Innerlichkeit und aktive Weltverantwortung miteinander zu verbinden (vgl. STE 26). Die zweite Ausdrucksform wird gewöhnlich als theokratisches „Schwärmertum" bezeichnet und hat ebenfalls Vorläufer in der Geschichte der christlichen Kirche, zum Beispiel im 16. Jahrhundert: Man möchte das Reich Gottes schon hier auf Erden verwirklichen, weil man so an den Lebensverhältnissen leidet, daß man um jeden Preis die Strukturen der Welt verändern will.

Die Gefahren sind deutlich; aber die große und fruchtbare Herausforderung von beiden Seiten sei ebenfalls ernst genommen. Die Menschen, die heute mit neuer Entschiedenheit religiös sein wollen, sind eine kritische Anfrage an die Oberflächlichkeit und Angepaßtheit der meisten Glieder der Kirchen und an die Profillosigkeit der Christen und der christlichen Institutionen. Statt von privatem Rückzug kann und muß man auch von der notwendigen Rückkehr zu Gott reden, statt von schwärmerischer religiöser Gesetzlichkeit auch von der notwendigen konkreten Verbindlichkeit christlichen Lebens. Für christliches Denken muß die ständige kritische Selbstunterscheidung verpflichtend bleiben.

Die Neo-Sannyas- oder Bhagwan-Bewegung

Die neuen nichtchristlichen religiösen Organisationen sind hinsichtlich ihrer Antworten für die Zukunft viel weniger zurückhaltend als die vorsichtigen christlichen Kirchen mit ihrer abwägenden Theologie. Sie bieten sich mit großem Pathos als individuelle und als menschheitliche Problemlösungs- und Erlösungsinstrumente an. Die Zukunft der Religion wird von ihnen in zum Teil kaum zu überbietender Deutlichkeit in Form *globaler Zukunftsschau und -planung* propagiert. Die konservativen kirchlichen Bewahrer der Religion werden durch den Typus des religiösen Manager-Gurus überholt. Er scheint in seiner Person beide oben genannten Seiten zu vereinen. Für seine Anhänger verkörpert er den ersehnten verinnerlichten, spirituellen Menschen wie den erfolgssicheren, weltumspannend denkenden Planer und Organisator – eine für den modernen Menschen anziehende Synthese. Für sich abrufbar ist zunächst die erste Seite. Bei der Neo-Sannyas- oder Bhagwan-Bewegung[9] kann man zwischen Bhagwan-„Kunden" und Bhagwan-„Gläubigen" unterscheiden.[10]

Wolfgang, Anfang Zwanzig, hatte berichtet, daß ihn die *gruppentherapeutischen Angebote* in Poona weitergebracht hätten, daß er sich nun freier fühle, weniger blockiert durch Hemmungen und innere Spannungen, ausgeglichener, innerlich ruhiger. Man erkennt die erste der beiden Grunderwartungen wieder, die oben an religiösen Hoffnungen junger Christen verdeutlicht worden sind. Wolfgang verwendet die Bhagwan-Bewegung, eine psychoreligiöse Bewegung, unter dem *psychischen* Aspekt: *Religion als persönliche Seelen- und Lebenshilfe.*

Anschließend hatte sich der Leiter eines Bhagwan-Zentrums in Süddeutschland, Swami Prem Gunakar, als fähiger Organisator und geistlicher Führer in einer Person selbst dargestellt, ja, als einer, der sich auf dem Wege zum höchsten Ziele weiß:

> „Ich weiß, daß ich zu einem erleuchteten Meister geboren bin. Ob ich es in diesem Leben schaffe, das weiß ich noch nicht. Das ist ein langer Ausbildungsprozeß. Ich weiß, daß in mir das Potential zu einem erleuchteten Meister wie zum Beispiel Bhagwan angelegt ist. Wann es zum Ausbruch kommt, das ist nicht meine Entscheidung. Das ergibt sich. Ich will mal sagen, im Sinne christlicher Terminologie: ‚Sein Wille', da meine ich jetzt Gottes Wille, ohne zu wissen, was Gott ist, ‚sein Wille geschehe...'"[11]

Quelle der Gewißheit ist für Gunakar ein übernatürliches Wissen, das ihm durch Intuition „eingegeben" wird; das „Reich der Intuition" aber sei „das Reich Gottes":

> „Ich empfange meine Informationen nur noch direkt. Wie ein Blitz schlägt es in mich ein. Das ist nicht so, als ob ich nun Stimmen höre, sondern das ist einfach da. Und ich verstehe jetzt auch, was zum Beispiel Jesus meinte, als er sagte: ‚Ich bin der Weg, die Wahrheit.' Auf diesen Punkt will ich jetzt ansprechen. ‚Ich bin die Wahrheit', das heißt einfach: es ist einfach da." (ebd.)

Seine religiöse Gewißheit und sein Sendungsbewußtsein veranlassen Gunakar, sich als Glied in der „Tradition erleuchteter Meister" seit den ersten großen Religionsstiftern zu sehen, in einer Linie mit „Jesus von Nazaret", „Buddha", „Laotse" und anderen bis zum Bhagwan Shree Rajneesh. Hierbei fällt der wichtige Hinweis auf das Zentrum dieser

9 Zur Kurz- und Erstinformation über diese Bewegung wie über alle anderen Jugendreligionen und Psycho-Kultgruppen s. die Faltblätter, die durch die Ev. Zentralstelle für Weltanschauungsfragen (Hölderlinplatz 2A, 7000 Stuttgart) erhältlich sind; ferner Friedrich-Wilhelm Haack: Die Neuen Jugendreligionen (1974), 21., überarb. Aufl., München 1982, und Ders.: Jugendreligionen, München 1979. Zur Einführung und Vertiefung unerläßlich ferner Michael Mildenberger: Die religiöse Revolte (Anm. 8); s. ferner Ludger Zinke (Hrsg.): Religionen am Rande der Gesellschaft. München [2]1978. – Zum Verständnis der Bhagwan-Bewegung s. bes.: Ingrid Riedel / Michael Mildenberger: Bhagwan Shree Rajneesh. Modell einer psycho-religiösen Bewegung. Information Nr. 78, III/80, hrsg. von der Ev. Zentralstelle für Weltanschauungsfragen, Stuttgart 1980.

10 Reinhart Hummel / Bert Hardin: Asiatische Religionen in Europa. *Concilium* 19 (1983), 1. S. 26–31.

11 Zit. nach: Poona liegt jetzt auch in Deutschland. Eine Sendung der Dienstag-Redaktion des Süddeutschen Rundfunks. Red. Gerhard Rein (1980).

synthetischen Lehre: jeder erleuchtete Meister ist ein „Kanal" der *einen kosmischen und zugleich individuellen „Energie"*. Sie ist die Quelle und Inbegriff allen menschlichen Vervollkommnungsstrebens:

„Jedem ist diese Quelle zugänglich, früher oder später. Er muß nur was dafür tun. Bhagwan ist für mich eine Energie, der Ausdruck einer Energie, die überall im Kosmos vorhanden ist, die aber durch ganz bestimmte Kanäle, und so ein Kanal ist Bhagwan, so ein Kanal war Jesus von Nazareth, und so ein Kanal waren alle Meister, Buddha, Laotse, Zarathustra usw., die Zen-Meister, die Sufi-Meister. Wenn dieser Zugang, wie es bei mir der Fall ist, direkt vorhanden ist, dann ist die Gegenwart, die physische Gegenwart des Meisters, nicht mehr erforderlich. Dann entsteht um den, der mit dieser Energie verbunden ist, ebenfalls ein ‚Buddhafeld', was natürlich noch relativ klein ist im Vergleich zu Poona. Aber trotzdem ist das, was ich Bhagwan nenne, der Ausgangspunkt. Und es besteht auch gar keine Notwendigkeit, sich davon irgendwie zu lösen, sondern in dieser Bewegung, die jetzt entsteht, wird sich eine Tradition erleuchteter Meister gründen [...] Jetzt ist Bhagwan der Meister, und ich rate jedem, die Chance auszunutzen." (ebd.)

In den Ausführungen Prem GUNAKARS zeigt sich die Neo-Sannyas-Bewegung von ihrer zweiten Seite. Sie ist nicht nur eine auf die alltägliche Lebensbewältigung und individuelle Selbstvervollkommnung zugeschnittene „*psycho*-religiöse Bewegung", sondern zugleich eine „psycho-*religiöse* Bewegung" im Sinne eines „synkretistischen Meisterkults" und einer „esoterischen Mysterienschule".[12]

Um den Sinn des Wortes „Kult" in dem hier verwendeten religionswissenschaftlichen Begriff „Meisterkult" zu verstehen, ist auf die *Beziehung zwischen „Jünger" und „Meister"* näher einzugehen. Hierzu sei auf die dokumentarischen Aufzeichnungen der abendlichen „Darshans" in Poona verwiesen (*darshan* bedeutet im Sanskrit soviel wie „schauen"), der Zwiegespräche zwischen Bhagwan und jenen, die ihn aufsuchen.[13]

In der Einleitung zu diesen Aufzeichnungen beschreibt Swami Prem NIRVANO diese „Beziehung zwischen Jünger und Meister":

Sie ist „eine ganz und gar intime, eine Liebesbeziehung. Auf eine solche Beziehung passen keine Begriffe aus der durch Macht und Herrschaft geprägten Sozialwelt. Auslieferung und Vertrauen sind allererste Voraussetzung, daß Liebe entstehen und wirken kann. Und auf das Wirken, auf Veränderung, auf persönliches Wachstum durch Liebe kommt hier alles an. In äußerster Intimität und dabei – eins von vielen Paradoxen – in aller Öffentlichkeit. Die Beziehung zwischen Meister und Jünger ist intim, aber nicht privat. Das Intimste, sonst Peinliche, wird vor allen gesagt. Es ist darum in seiner Wirkung nicht weniger intim [...]" (S. 6). Der Sinn der Begegnung mit Bhagwan ist es, über das eigene gegebene „Ich" hinauszukommen und dabei alles Vertraute, auch die bisher geltenden „Werturteile" (S. 9), zurückzulassen.

Es wird noch an anderer Stelle zusammenfassend darauf hingewiesen werden müssen (vgl. dazu S. 417f.), wie problematisch, ja gefährlich es für bestimmte Menschen werden kann – besonders für solche, die seelisch labil sind –, sich öffentlich preiszugeben und auszuliefern. Die Beteiligten werden veranlaßt, gegebenenfalls mit ihrem ganzen früheren Leben zu brechen, so daß man, „so sagt Bhagwan, dabei tausend Tode stirbt" (S. 8), um dann unter einem neuen Namen ein Leben in der Wahrheit zu leben. Was rechtfertigt diese „Auslieferung" an Bhagwan? Nach dem Selbstverständnis der Bewegung der Umstand, daß Bhagwan die letzte Wahrheit kennt und in ihr lebt. Zumindest nähern sich die folgenden Sätze „vergottenden" Aussagen:

„Er hat den Sprung überlebt und spricht als Mensch zu uns, nicht als Gott. Er lebt im Göttlichen, er spricht aus ihm, aber durch eine vorgehaltene Maske seiner ‚Persona' – denn ‚ihn' als separates Ich gibt es nicht mehr. Eine ungewohnte Vorstellung, aber schon die äußersten Ausläufer der Ausstrahlung, die von ihm ausgeht, verbürgen dem, der sich nicht verschließt, die Wirklichkeit der ungeheuren Lebensenergie und geistigen Strahlkraft, die von einem ausgeht, der diesen Tod des Ich gestorben und eingegangen ist in das unbegrenzte Bewußtsein, das man das ‚Göttliche' nennt, das sich uns nur deshalb verbirgt, weil es überall alles durchdringt, während wir im Ich gefangensitzen." (S. 8)

Es ist nur konsequent, daß die neueste Selbstbezeichnung der Bhagwan-Bewegung, die sich in einer so ausgeprägten Weise um Bhagwan Shree RAJNEESH als einen Heilsbringer konzentriert, „Rajneeshismus" ist. Dieser „Rajneeshismus" kann synkretistisch genannt werden, weil in die Gesamtschau die Religionsstifter verschiedenster Religionen integriert werden. Beherrschend bleiben jedoch die *zentralen Vorstellungen der Religionen Asiens:* Grundlegend ist die monistische Vorstellung des All-Eins-Seins, die Vorstellung von der alles zusammenschließenden einen göttlichen Energie im Kosmos wie im einzelnen Menschen, ferner die Lehre von der Wiederverkörperung und die Auffassung von verschiedenen Erscheinungen der einen Wahrheit in „erleuchteten Meistern", schließlich – als das individuelle Ziel und in buddhistischer Terminologie, die für die gegenwärtige, letzte Phase der Bhagwan-Bewegung charakteristisch ist[14] – die Überwindung des eigenen Ich, des Ego, durch die Realisierung der „Buddha-Natur"; um sie entsteht ein „Buddha-Feld", das auf andere ausstrahlt. Das alles weiß man nun nicht von selbst, sondern man muß eingeweiht werden. Dies ist der Sinn der Bezeichnung „esoterische Mysterienschule".

Wer mit der Neo-Sannyas-Bewegung zuerst in Berührung kommt, trifft zunächst nur auf die verschiedenen gruppendynamischen und therapeutischen Angebote. Er wird in verschiedenen *Meditations*übungen einer Palette westlicher gruppendynamischer Techniken mit asiatischem Einschlag ausgesetzt, für die ein Phasenwechsel von Erregung und Entspannung charakteristisch ist:

„Bhagwan baut seine Methode der ‚Dynamischen Meditation' aus einem Phasenwechsel von Erregung und Entspannung auf, von Versunkenheit und Ekstase, die sich zur Katharsis, zum reinigenden Ausbruch steigern und schließlich in gelöstem Tanz ausklingen kann. Phasen chaotischen Atmens, des Schreiens und Tobens, münden in tiefes Innehalten und befreite Bewegungen. Bhagwan ist überzeugt, daß wir modernen Menschen nicht direkt – ohne vorherige Lösung der Spannungen – den Übergang vom Streß des Alltags in die Versenkung der Meditation finden können [...] Im Purvodaya-Zentrum für Therapie und Meditation in Margarethenried, einem der Bhagwan-Zentren in Deutschland, werden diese Techniken wie folgt erläutert: ‚Diese Techniken haben bioenergetischen Charakter. Mach sie total, jedoch nicht zu ernsthaft. Sie dienen der Befreiung der inneren Energie, der Lösung von Blockaden und Überwindung der Rationalität.'" (S. 13f.)

Wer sich näher einläßt, erkennt die neue Religion. Die Gegenwart ist gleichsam ‚Heils'-Zeit („jetzt ist Bhagwan der Meister"). Was zunächst nach „Befreiung der inneren Energie" (erläutert als „Lösung von Blockaden und Überwindung der Rationalität"), noch nicht nach Religion klingt, ist in Wirklichkeit eine umfassende Weltanschauung synkretistischen Gepräges. Sie in ihrem weltanschaulich-*religiösen* Charakter zu definieren, ist nicht leicht. Ingrid RIEDEL und Michael MILDENBERGER sprechen von einer „moderne(n) Religiosität", die zum Teil auch den Hinduismus hinter sich lasse und auf die das Attribut „synkretistisch" nur bedingt zutreffe. Die uminterpretierende Eingliederung von Traditionen verschiedener Weltreligionen zu einer Gesamtschau kann nach wie vor synkretistisch im *weiteren* Sinne genannt werden. Jeder soll sich wiederfinden. Bhagwan will der verbreiteten Abneigung westlicher Menschen entgegenkommen, religiösen Traditionen folgen zu müssen, die für den modernen Menschen nicht mehr plausibel sind. So wird auch die christliche Glaubenstradition diesem Bedürfnis angepaßt, bei der Gestalt Jesu mit „offenkundigen Umdeutungen" (S. 26), zumal Bhagwan bei der Kreuzigung Jesu in größte Schwierigkeiten kommt (S. 19).

Von einem anderen Gesichtspunkt aus „vertritt Bhagwan eigentlich keine ‚synkretistische', also die Religionen einfach vermischende Weltanschauung, wie sie sich etwa in der späten Antike entwickelte. Vielmehr stellt er eine moderne Religiosität dar, die gleichsam jede geschichtlich konkrete Religion, jeden ausdrücklichen Gottesglauben hinter sich gelassen hat. Auf die Frage ‚Existiert Gott?' antwortet er: ‚Dinge existieren – nicht Gott. Ein Stuhl existiert, weil er in die Nicht-Existenz gehen kann [...] Aber zu sagen, daß Gott existiert, ist einfach Unsinn, hat keine Bedeutung, denn es ist nicht möglich, daß er nicht existiert. *Gott ist*

12 Vgl. zu diesen Bezeichnungen Reinhart HUMMEL / Bert HARDIN: Asiatische Religionen in Europa (Anm. 10).

13 Bhagwan Shree RAJNEESH: Sprengt den Fels der Unbewußtheit! Ein Darshantagebuch. Frankfurt 1979.

14 Vgl. Ingrid RIEDEL / Michael MILDENBERGER: Bhagwan Shree Rajneesh (Anm. 9), S. 11ff.

Existenz. Die wirkliche Seinsheit. Wenn wir jedoch sagen, daß Gott existiert, dann machen wir etwas aus dem Wort *Gott.* Dann wird Gott zu einer Sache. Aber Gott ist keine Sache, noch ist er eine Person… *Gott ist keine Person – er ist pure Existenz'* (Sannyas 5 + 6/1976). Bhagwan denkt sozusagen in der Zeit ‚nach dem Glauben an Gott'; damit hat er auch den Hinduismus überschritten. Er zieht sich auf die in der menschlichen Existenz vorgegebene religiöse Basis zurück und nimmt keinen der Inhalte, in denen sich die religiösen Grundfragen und Grunderfahrungen des menschlichen Daseins ausgedrückt haben, mehr wörtlich, sondern alle durchweg symbolisch." (S. 26)

Transzendentale Meditation oder „Die Weltregierung des Zeitalters der Erleuchtung"

Im Jahre 1958 gründete der Mönch Maharishi Mahesh Yogi die Bewegung der „Transzendentalen Meditation".[15] Die doppelte Ausrichtung kehrt auch bei ihr wieder. Zunächst sei wieder die *individuelle* Problemlösungsfunktion, die Funktion persönlicher Lebenshilfe, in einem Selbstzeugnis veranschaulicht:

„Ich darf vorausschicken", schreibt eine Oberstudienrätin aus Baden-Württemberg im August 1983 in einem Leserbrief, „daß ich vor neun Jahren die Transzendentale Meditation erlernte und seit sechs Jahren das Sidhi-Programm ausübe. Als Lehrerin im öffentlichen Dienst könnte ich es mir nicht erlauben – weder meiner Schulleitung und meinen Kollegen gegenüber, noch meinen Schülern und deren Eltern gegenüber –, ein Engagement einzugehen, das nicht seriös und nicht von ausschließlich positiven Auswirkungen wäre. Es ist in meiner Umgebung kein Geheimnis, das ich TM ausübe. Nicht selten werde ich von Menschen angesprochen, die sich dafür interessieren oder die Meditation selbst erlernen möchten, weil sie erkennen, wie wirkungsvoll und zugleich einfach diese Methode der Tiefenentspannung ist. Schließlich fällt es auf, wenn ein Lehrer über die Jahre in seinem Beruf mehr Energie und Durchhaltevermögen bekommt, mehr körperliche und nervliche Stabilität zeigt, wenn ihm die Arbeit mit den Schülern mehr Spaß macht, wenn ihm die täglichen Aufgaben leichter fallen, um nur einige wenige der positiven Auswirkungen zu nennen, die ich selbst erfahren habe […] Was wir tun, ist nichts anderes, als durch tiefe Ruhe in uns Ordnung und Harmonie zu schaffen. Dabei zapfen wir eine Energiequelle an, die in uns und in jedem Menschen vorhanden ist, die aber durch Verspannungen den wenigsten Menschen voll zugänglich ist. Durch regelmäßige Meditation werden diese Blockaden beseitigt, der Zugang zur Quelle wird freigelegt und die Energie kann in unser Leben einfließen und Harmonie schaffen […]"

„Neue Religiosität"? Ist das überhaupt „Religion"? Zunächst ist wieder nur von einer „Methode der Tiefenentspannung" die Rede; sie soll im Berufsalltag helfen, Probleme besser zu bewältigen und in der eigenen Person „Ordnung und Harmonie zu schaffen". Der Grund der Hoffnung ist wie bei der Bhagwan-Bewegung die in allen Menschen vorhandene innere „Energie". Eine religiöse Deutung dieser Energie wird nicht erwähnt. Die neue Methode erscheint in diesem Selbstzeugnis zunächst auch nur als ein Versprechen für eine harmonische Zukunft des Einzelnen. Der religiöse und menschheitlich-universale Totalanspruch bleibt verdeckt bzw. wird verschwiegen. Einen Gegensatz zum christlichen Glauben sieht die Briefschreiberin ebenfalls nicht:

„Die Vorstellung, daß TM im Widerspruch zum Christentum stehen könnte, ist mir völlig fremd. Ich selbst bin in der christlichen Tradition aufgewachsen. Mein Glaube und meine religiöse Erfahrung haben sich vertieft, seitdem ich TM ausübe."

Traditioneller volkskirchlicher Hintergrund und neue Meditationspraxis werden miteinander bruchlos verbunden. Ist das wirklich alles? – Im Unterschied zu dieser Sicht behauptet die Organisation des Maharishi Mahesh Yogi von sich selbst, ein Problemlösungspotential von *globaler* Bedeutung zu besitzen. Sie definiert ihr Programm nicht nur als Entspannungstechnik, sondern tritt als „Weltregierung des Zeitalters der Erleuchtung" auf. In ganzseitigen Annoncen wird in bundesdeutschen Wochenzeitungen für sie geworben. Der Name „Transzendentale Meditation", eine vergleichsweise noch bescheidene Bezeichnung, wird durch die „Wissenschaft der kreativen Intelligenz und der Technologie des Vereinheitlichten Feldes" ergänzt. Der Aufruf ergeht nicht mehr nur an Einzelne, sondern an die Regierungen aller politischen Systeme.

Abb. 1: Anzeige der Transzendentalen Meditation

Seine Heiligkeit Maharishi Mahesh Yogi

Begründer der Wissenschaft der Kreativen Intelligenz und der Technologie des Vereinheitlichten Feldes (1971 – 1982); Gründer der Maharishi European Research University, Schweiz (1975) und Deutschland (1982); Gründer der Maharishi University of Natural Law, England (1982); Gründer der Maharishi International University, USA (1971); Gründer der Maharishi Academy of Vedic Science, Indien (1980); Gründer der Weltregierung des Zeitalters der Erleuchtung (1976).

Die Weltregierung des Zeitalters der Erleuchtung ist eine nicht-politische, nicht-religiöse, weltweite Organisation, an der die Bevölkerung von über einhundert Ländern beteiligt ist. Sie bemächtigt sich nicht irgendeiner Funktion bestehender Regierungen, noch ersetzt sie diese in irgendeiner Weise.

Die Weltregierung des Zeitalters der Erleuchtung genießt Souveränität im Bereich des Bewußtseins, Autorität in der unbesiegbaren Kraft des Naturgesetzes, und ihre Aktivität gründet in der ewig dynamischen Stille des vereinheitlichten Feldes aller Naturkräfte, von dem aus die unendliche Vielfalt des Universums ohne Probleme in vollendeter Weise regiert wird.

Das vereinheitlichte Feld aller Naturgesetze ist von der Supergravitationstheorie der Quantenphysik umrissen worden, und, wie jüngst Maharishi ans Licht gebracht hat, ist das vollständige Wissen darüber in der uralten Vedischen Literatur enthalten. Die Anwendung dieses wunderbar vollkommenen Wissens über die Funktionsweise der Natur führte zu Maharishis integriertem System der Erziehung, der Gesundheit, der Verwaltung, der Verteidigung und der Rehabilitation.

Neue Prinzipien und Programme, um alle Lebensbereiche des einzelnen und der Nation zu bereichern und zu verherrlichen, haben dem Leben überall einen neuen Horizont der Vollkommenheit eröffnet.

Auf dieses praktische Wissen gründet sich die Einladung der Weltregierung an alle Regierungen, zu einer neuen Ebene des problemfreien Regierens emporzusteigen.

Die Maharishi-Technologie des Vereinheitlichten Feldes, auf das tägliche Leben angewandt, wird die evolutionäre Kraft des Naturgesetzes beleben, um das Leben in allen positiven Werten zu festigen: Der einzelne wird sich eines Lebens frei von Problemen und Leiden erfreuen; jede Nation wird ein integriertes nationales Bewußtsein, kulturelle Integrität, Eigenständigkeit und Unbesiegbarkeit genießen, und die ganze Völkerfamilie wird sich an dauerhaftem Weltfrieden erfreuen.

REGIERUNGEN EINGELADEN

IHRE PROBLEME ZU LÖSEN

DIE WELTREGIERUNG DES ZEITALTERS DER ERLEUCHTUNG ERKLÄRT ihre Bereitschaft, die Probleme jeder Regierung zu lösen, ungeachtet des Ausmaßes und der Natur des Problems – ob politisch, ökonomisch, sozial oder religiös, und unabhängig von dem jeweiligen System – sei es Kapitalismus, Kommunismus, Sozialismus, Demokratie oder Diktatur.

Jede Regierung ist eingeladen, zur Lösung ihrer Probleme mit der Weltregierung des Zeitalters der Erleuchtung einen Vertrag abzuschließen, wobei die entstehenden Kosten erst zu erstatten sind, wenn das gesetzte Ziel erreicht ist.

1983 kann das Jahr der Erfüllung für jede Regierung werden.

* Absolute Vertraulichkeit wird zugesichert.

* Konsultationen, Diskussionen, Entsendung von Delegationen sowie Durchführbarkeitsstudien sollten nicht erforderlich sein, denn jeder Regierung ist bekannt, was erreicht werden muß, und die Weltregierung hat bereits Techniken entwickelt, die allen Anforderungen gerecht werden.

* Die Regierung soll das Ziel festsetzen, die Stufen bestimmen und die Erfolgskriterien für jede Phase festlegen.

* Die Weltregierung des Zeitalters der Erleuchtung wird das Projekt dementsprechend gestalten und durchführen.

* Der erste Schritt soll eine schriftliche Absichtserklärung der Regierung an den Bildungsminister der Weltregierung des Zeitalters der Erleuchtung, Seelisberg, Schweiz, sein.

* Der Vertrag wird dann von einem beiderseits akzeptierten internationalen Anwaltsbüro in Zusammenarbeit mit einer internationalen Bank abgefaßt.

Es bleibt zu hoffen, daß jede Regierung dieses Angebot in demselben Geist absoluter Ernsthaftigkeit, Einfachheit und vollkommenen Vertrauens aufnimmt, in dem es – zum Schutz von Leben, Glück und Harmonie in der Völkerfamilie – öffentlich verkündet wird.

„Mit dem Segen Guru Devs steht das Leben auf Erden jetzt an der Schwelle des immerwährenden Sonnenscheins des Zeitalters der Erleuchtung."
—Maharishi

Diese Einladung an alle Regierungen, ihre Probleme zu lösen, ist Ausdruck einer Woge der Erfüllung der Feierlichkeiten zum Silberjubiläum von Maharishis weltweiter Bewegung für Transzendentale Meditation, 1957 – 1983.

Aus: Der Spiegel, 37. Jg., Nr. 35, 29. 8. 1983.

15 Zur Erstinformation vgl. Literaturangaben in Anm. 9. Zum Charakter der TM als Religion und zu ihrem Verhältnis zum biblischen Glauben vgl. Michael Mildenberger / Albrecht Schöll: „Die Macht der süßen Worte". Zauberformel TM. Die Bewegung der Transzendentalen Meditation. Wuppertal 1977.

Der Guru-Manager bietet seine Wahrheit als Ware an. Religion oder was sich unter anderem Namen (wie in diesem Falle) an ihre Stelle setzt, aber dieselben Funktionen erfüllen soll, will zu einer politischen Kraft werden – das theokratische Denkmodell im modernen Gewande, als Angebot auf dem freien Markt.

Worauf gründet sich das angebotene „praktische Wissen“ in der Einladung der selbsternannten Weltregierung an alle Regierungen, „zu einer neuen Ebene des problemfreien Regierens emporzusteigen“?

„Die Weltregierung des Zeitalters der Erleuchtung genießt Souveränität im Bereich des Bewußtseins, Autorität in der unbesiegbaren Kraft des Naturgesetzes, und ihre Aktivität gründet in der ewig dynamischen Stille des vereinheitlichten Feldes aller Naturkräfte, von dem aus die unendliche Vielfalt des Universums ohne Probleme in vollendeter Weise regiert wird.
Das vereinheitlichte Feld aller Naturgesetze ist von der Supergravitationstheorie der Quantenphysik umrissen worden, und, wie jüngst Maharishi ans Licht gebracht hat, ist das vollständige Wissen darüber in der uralten Vedischen Literatur enthalten. Die Anwendung dieses wunderbar vollkommenen Wissens über die Funktionsweise der Natur führte zu Maharishis integriertem System der Erziehung, der Gesundheit, der Verwaltung, der Verteidigung und der Rehabilitation [...]
Die Maharishi-Technologie des Vereinheitlichten Feldes, auf das tägliche Leben angewandt, wird die evolutionäre Kraft des Naturgesetzes beleben, um das Leben in allen positiven Werten zu festigen: Der Einzelne wird sich eines Lebens frei von Problemen und Leiden erfreuen; jede Nation wird ein integriertes nationales Bewußtsein, kulturelle Integrität, Eigenständigkeit und Unbesiegbarkeit genießen, und die ganze Völkerfamilie wird sich an dauerhaftem Weltfrieden erfreuen.“

Auf die Ausgangsfrage nach der „Zukunft der Religion und der Zukunft der Menschheit“ bleibt die TM-Bewegung die Antwort nicht schuldig. Aus dem Programm zur Lösung von Alltagsproblemen des Einzelnen wird ein universales Programm zur Lösung aller Weltprobleme und zur Erlösung aus den Zwängen und Leiden des Lebens überhaupt. Das „Neue“ dieser Art Problemlösungs- und Erlösungsreligiosität ist eine eigentümliche Verbindung, die *Verbindung von Religion mit moderner Wissenschaft.* In der „uralten Vedischen Literatur“, den altindischen religiösen Weisheitsschriften mit ihrem All-Eins-Bewußtsein von der Einheit allen individuellen Lebens mit dem kosmischen, ist „das vollständige Wissen“ über die rettende Wahrheit im Grunde schon längst vorhanden. Was „Seine Heiligkeit, Maharishi Mahesh YOGI“ jüngst „ans Licht gebracht hat“, ist die (vermeintliche) Identität dieses religiösen Wissens mit den Einsichten der modernen Quantenphysik. Eine Bewegung, die mit Reinhart HUMMEL unter religionswissenschaftlichem Gesichtspunkt als Teil einer schon im vorigen Jahrhundert einsetzenden neohinduistischen Missionsbewegung in Europa und Asien beschrieben werden kann,[16] erscheint im Gewande einer „Maharishi-Technologie des Vereinheitlichten Feldes“. War die Integration verschiedener religiöser Traditionen zu einer universalen Gesamtschau der eine Schlüssel für die Anziehungskraft neuer religiöser Organisationen (s. die Neo-Sannyas-Bewegung), so wird hier ein zweiter erkennbar: Man verleiht seiner Lehre den Anschein wissenschaftlicher Beweisbarkeit – in einer wissenschaftsgläubigen Zeit ein immer noch naheliegender Weg, um so der Religion oder der an ihre Stelle tretenden Ideologie (die TM lehnt die Selbstbezeichnung „Religion“ ab) einen Platz in der Gegenwart und Zukunft zu sichern. Dabei hat sich in der Geschichte der christlichen Kirchen im Verhältnis zu den Wissenschaften und ihrem Wahrheitsbewußtsein längst der Irrtum dieses Weges herausgestellt, dem freilich auch das Christentum stets ausgesetzt bleibt.

„Durch die Sprache der Wissenschaft scheinen die Ideologien jene Allgemeingültigkeit zu besitzen, die der Religion in der neuzeitlichen Gesellschaft abhanden gekommen ist. Sie scheinen so die gesellschaftliche Funktion der Religion besser zu erfüllen als diese selbst und somit die Religion in dieser Funktion definitiv abzulösen. Doch gerade der Anspruch der Ideologien auf wissenschaftliche Allgemeingültigkeit hat sich als unglaubwürdig erwiesen, und zwar nicht nur wegen zufälliger und prinzipiell behebbarer Mängel und Irrtümer, sondern aus einem tieferen Grunde: Ein abschließendes Wissen vom Ganzen der Lebenswelt ist in der Form wissenschaftlicher Erkenntnis nicht erreichbar. Diese muß daher stets auf Prüfung und Revision hin offen bleiben und kann sich nicht in der Weise der Ideologien dogmatisch abschließen. Mit ihrem Dogmatismus haben die Ideologien ironischerweise den religiösen Dogmatismus fortgesetzt, den die christliche Religion mit der Glaubensspaltung und in der Folge mit dem Verlust ihres Anspruchs auf Allgemeingültigkeit bezahlen mußte. Ohne ihren Anspruch auf wissenschaftliche Allgemeingültigkeit aber sehen sich die Ideologien auf den Status menschlicher Meinungen reduziert, und als bloße Meinungen können sie nicht die verbindliche Sinndeutung der Lebenswelt leisten, die ehedem von der Religion erfüllt wurde.“[17]

In dem letzten Satz ist bereits auch eine Antwort auf die Frage angedeutet, die die Leitperspektive dieses Kapitels betrifft: *neue Religiosität und Zukunft.* Welche Maßstäbe können für die Bewertung der Zukunftsbedeutung genannt werden? Als zukunftsträchtig wird sich wahrscheinlich die religiöse Erneuerung erweisen, die *universale Integrationskraft* besitzt, als zukunftswürdig jene, die *universale humane Substanz* in sich birgt, die allgemeinmenschlich überzeugt. Beide bisher behandelten Bewegungen behaupten das eine wie das andere. Die Neo-Sannyas-Bewegung will durch die vereinnahmende Interpretation und Eingliederung verschiedener religiöser Traditionen universale Geltung erlangen. Kann dies generell überzeugen, wenn dabei auf Kosten des Selbstverständnisses dieser Traditionen und der in ihnen sich aussprechenden authentischen Erfahrungen schwere Umdeutungen zwecks Anpassung erfolgen? Die Bewegung der TM sucht den universalen Geltungsanspruch durch wissenschaftliche Bestätigungen zu sichern. Wenn dieser Versuch schon im Ansatz verfehlt ist, wie Wolfhart PANNENBERG mit Recht feststellt, bleiben nur „Meinungen“ neben anderen. Damit wird jedoch eine grundlegende Verlegenheit der neuen religiösen Organisationen deutlich: Sie können ihre universale Programmatik mit dem Anspruch auf allgemeine Zukunftsbedeutung nur im Rahmen einer neuen partikularen Organisation vorbringen. Vom Zeitgenossen erwartet man, daß er gerade in dieser neuen besonderen Organisation die allgemeine Lebenswahrheit anerkenne. Der universale Anspruch einer Religion allein genügt daher nie. Sie muß sich in ihrer Integrationskraft erweisen, und das wird sie wohl nur, wenn sie allgemeinmenschliche Qualität besitzt.

Von den pseudoreligiösen Verbindungen von Wissenschaft und Religion in sektenähnlichen Bewegungen sind die Versuche von Wissenschaftlern, zu einem neuen Gespräch zwischen moderner Physik und Philosophie einschließlich östlicher Weisheitslehren zu kommen, zu unterscheiden. Hierauf kann jedoch nicht eingegangen werden.[18]

Die „Vereinigungskirche“ des San Myung Mun

Anders als bei der Neo-Sannyas-Bewegung, die das allgemeine Heil eher von der persönlichen, individualistisch gedeuteten Selbstbefreiung erwartet – obwohl sich diese Bewegung immer mehr auch kommerzieller und öffentlichkeitswirksamer Methoden bedient –, und noch massiver als die Transzendentale Meditation versucht seit Jahren die „Vereinigungskirche“ (Unification Church) des Koreaners

16 Vgl. Reinhart HUMMEL: Indische Mission und neue Frömmigkeit im Westen. Religiöse Bewegungen Indiens in westlichen Kulturen. Stuttgart u. a. 1980.

17 Wolfhart PANNENBERG: Die theokratische Alternative. In: R. LÖW / P. KOSLOWSKI / Ph. KREUZER (Hrsg.): Fortschritt ohne Maß? Eine Ortsbestimmung der wissenschaftlich-technischen Zivilisation. München 1981, S. 245.

18 Vgl. Carl Friedrich VON WEIZSÄCKER: Der Garten des Menschlichen. München/Wien 1977, S. 169–186 (Wer ist das Subjekt in der Physik?); Fritjof CAPRA: Der kosmische Reigen. Physik und östliche Mystik – ein zeitgemäßes Weltbild. München [5]1982; Ders.: Wendezeit, Bern u. a. [5]1983.

San Myung Mun das politische Gesamtfeld auf unserem Planeten unter „die göttlichen Prinzipien“, die Lehre dieser Bewegung, zu stellen und entsprechend zu verändern.[19] Der erhobene Anspruch ist nicht nur der einer neuen universalen *Weltdeutung,* einer Deutung der gesamten Menschheitsgeschichte und der Weltgesetze überhaupt, sondern diese Bewegung tritt mit dem Anspruch einer *Weltmacht* auf, anscheinend legitimiert, in globaler Form politisch einzugreifen.

Abb. 2: Zum Weltbild der Vereinigungskirche

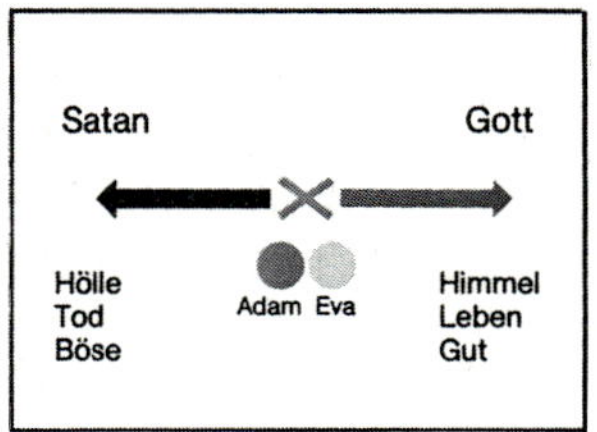

Gottes Plan, die Welt, die mit Satan begann, auf Seine Seite zurückzuholen, beruht auf der Trennung in Kain und Abel und kann auf diesen Nenner gebracht werden. Die Trennung in Kain- und Abel-Welten vor der Ankunft des Messias manifestiert sich in der kommunistischen und der demokratischen Welt. Es ist die horizontale Entwicklung des vertikalen Planes, den Gott in der Geschichte durchgeführt hat. Deshalb wird der Herr dort erscheinen, wo die beiden Mächte Demokratie und Kommunismus einander gegenüberstehen, das heißt, am Brennpunkt von Gottes Liebe und Satans Haß. Diese Linie der Konfrontation ist der 38. Breitengrad auf der Halbinsel Korea. Der 38. Breitengrad in Korea hat eine entscheidende Bedeutung in Gottes Plan. Er ist nicht nur die Frontlinie zwischen Demokratie und Kommunismus; er ist auch die Frontlinie zwischen Gott und Satan.

Immer wenn Gott Seinen Willen durchführen will, stellt sich Satan dagegen und versucht, Gottes Wirken zu vereiteln. So wird Gottes Frontlinie zur Frontlinie Satans. Am stärksten bekämpfen — von allen Bemühungen, die Gott unternimmt — würde Satan die Vorbereitung der Nation, die den Messias empfangen soll. Das Herzstück des Wiederherstellungsprozesses ist die Religion. Darum arbeitet Gott in Seinem weltweiten Wiederherstellungsplan daran, die Menschen durch die Früchte der Weltreligionen auf den Messias vorzubereiten. Satan dagegen will alle Religion vernichten. Als Gott Korea für den Messias vorbereitete, versuchte Er die Religion in ganz Korea zu fördern — Satan wollte sie völlig ausrotten. Darum waren der Korea-Krieg, der entlang des 38. Breitengrades ausbrach, und die sich daraus ergebende Teilung Koreas nicht bloß die Folgen eines nationalen Bürgerkrieges wegen territorialer Streitigkeiten. Es war die Konfrontation zwischen dem demokratischen und dem kommunistischen Block und darüber hinaus zwischen Gott und Satan. Es hat himmlische Bedeutung, daß sich viele Nationen (16) beteiligten und den Plan der Wiederherstellung unterstützten, obwohl sie selbst nicht unmittelbar von dem Konflikt betroffen waren.

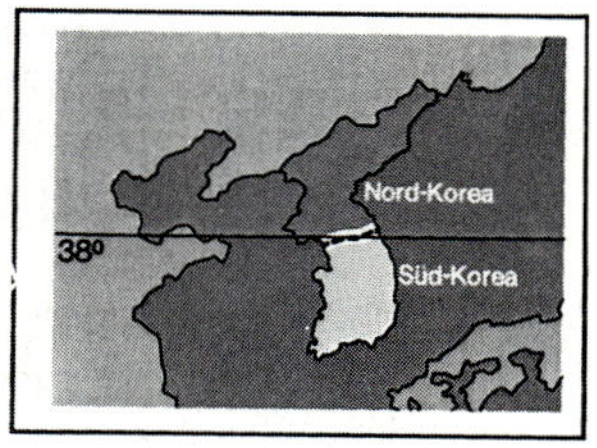

Aus: Chung Hwan Kwak: Das Prinzip in Grundzügen. Stufe 4. Frankfurt 1981, S. 237.

In der im Unterschied zum Monismus der Bhagwan-Bewegung stärker dualistischen Lehre dieser Bewegung stehen sich „Gott“ und „Satan“ menschheits- und weltgeschichtlich gegenüber. Die biblischen und christlichen Vorstellungen von der Schöpfung Gottes, von Gottes Handeln im Volke Israel, von seiner Erlösungstat in Jesus Christus und der Erwartung der Wiederkunft Christi werden in eine neue Geschichtstheologie hinein verlängert und dabei in einer so verzerrenden Weise umgedeutet, daß sie mit dem Selbstverständnis der christlichen Kirche völlig unvereinbar sind.[20] Mun selbst sieht sich als den dritten Adam und den zweiten Christus. In „Gottes Wiederherstellungsplan“ sind er, seine (zweite) Frau und seine Kinder als die „vollkommene Familie“ das neue Instrument Gottes zum Heil der Menschheit, nicht der unverheiratet gebliebene Jesus von Nazaret.

Der Wiederherstellungsplan wird sodann auf die politische Ebene übertragen. Für Mun, einen radikalen und militanten Antikommunisten, verkörpert sich das Böse in der Welt im Kommunismus. „Die Erlösung der Welt heißt für Mun auch Erlösung vom Kommunismus.“[21] Für die Verwirklichung dieses Zieles sind alle Mittel recht: Mittel psychischen Drucks auf die Anhänger im Umgang nach innen, kommerzielle, finanzielle und politische Mittel im Umgang nach außen: vom Geldsammeln auf der Straße durch die eigenen Mitglieder über die Aufwertung des Ansehens der Organisation durch die Abhaltung von Konferenzen mit der Einladung namhafter internationaler Wissenschaftler bis zu Kauf oder Kontrolle (über Mehrheitsanteile) von Wirtschaftsunternehmen aller Art (Kosmetik, Schwermaschinen, Verlage, Banken) und zum Streben nach politischem und militärischem Einfluß. Der Bericht eines Untersuchungsausschusses des amerikanischen Repräsentantenhauses, der sog. Frazer-Report, kommt zu dem Ergebnis, „daß Mun mit Hilfe der Unification Church und ihrer zahlreichen aktiven Organisationen so viel Einfluß in Amerika gewinnen wolle, daß er die Politik in wichtigen Fragen diktieren, die Gesetzgebung beeinflussen und in die Wahlpolitik einsteigen könne.“[22]

In dieser „Kirche“ bzw. neuen „Religion“ gerät der universale *Integrationsanspruch* – unser erstes Kriterium – einer entsprechend genannten „*Vereinigungs*kirche“ in eine tiefe Zweideutigkeit. In der in ein Reich des Guten und ein Reich des Bösen aufgeteilten Welt soll die eine Seite die andere ideologisch und faktisch besiegen, um dadurch den Endzustand der Menschheit in Gestalt einer gottzentrierten sozialistischen Gesellschaft zu erreichen. Die Trennung in einen kapitalistischen und einen kommunistischen Block ist notwendig, um zur Synthese zu kommen.

Neue Religion tritt ferner als *dogmatisch geschlossene Weltanschauung* mit einem letztlich autoritären, militanten *theokratischen Handlungskonzept* auf. Damit aber kann man auch keinen religiösen Gesamtentwurf mehr erkennen, der in einer offenen Gesellschaft allgemeinmenschliche Bedeutung erlangen könnte – unser zweites Kriterium.

Neue Religiosität in der modernen Gesellschaft

Wie kann nach der exemplarischen Einführung in ausgewählte Erscheinungsformen neuer religiöser Bewegungen, die unter einer ersten systematischen Fragestellung, der Zukunftsperspektive, erfolgte und wegen der Beispiele ausführlicher sein mußte, das Gesamtfeld noch breiter erkannt, begrifflich präzisiert und zeitgeschichtlich erklärt werden?

Zum Spektrum neuer Religiosität

Das Gesamtphänomen darf nicht auf die sog. nichtchristlichen „Jugendreligionen“ verengt werden. „Neue Religiosität“ verweist zunächst auf den Raum innerhalb der christlichen Kirchen selbst.

19 Zur Erstinformation vgl. Literaturangaben Anm. 9. Die Hauptschrift ist: Die göttlichen Prinzipien. Hrsg. von der Gesellschaft zur Vereinigung des Weltchristentums e. V., Frankfurt 1973 (engl.: The Divine Principle, 1. Aufl. 1966).

20 Vgl. die dogmatische Auslegung der göttlichen Prinzipien durch Chung Hwan Kwak: Das Prinzip in Grundzügen. Stufe 4. Hrsg. von der Vereinigungskirche e. V., Frankfurt 1981 (amerik.: Outline of *The Principle* – Level 4, 1980).

21 Hans J. Geppert: An seinem Wesen soll die Welt genesen. *Deutsches Allgemeines Sonntagsblatt,* Nr. 28, vom 10. Juli 1983.

22 Zit. nach Hans J. Geppert: An seinem Wesen soll die Welt genesen (Anm. 21).

Neue Religiosität innerhalb der christlichen Kirchen

1. Sie umfaßt die *evangelikale Religiosität* der früheren „Jesus People" und ähnlicher neuerer Gruppen.[23] Kennzeichnend sind die persönliche Jesus-Nachfolge, die Bedeutung von Bekehrung und Wiedergeburt, die sich anschließende verbindliche christliche Lebensführung, das feste Vertrauen in die biblischen Aussagen als geoffenbarte Wahrheit, zum Teil mit einem wörtlichen („fundamentalistischen") Verständnis, und ein evangelistisch-missionarisches Sendungsbewußtsein, das auf die Rettung des Einzelnen gerichtet ist.

Abb. 3: Kalifornischer Teenager macht während einer Taufe des Jesuszeichen

Aus: TIME, 21. Juni 1971.

Das verbindliche Leben als Christ kann sich bei manchen evangelikalen Strömungen auch in einem deutlichen sozialen Engagement äußern, als Einsatz für Frieden und Gerechtigkeit, etwa im Kampf gegen Rassismus (vgl. in den USA die sog. „left-evangelicals", in der Bundesrepublik exemplarisch die südafrikabezogenen Aktivitäten der „Offensive Junger Christen" in Bensheim[24]).

23 Zu ihrer näheren Beschreibung s. N. BAYER u.a. (Hrsg.): Religion im Untergrund. Die religiösen Randgruppen Jugendlicher in der Schweiz – eine Herausforderung. Zürich/Einsiedeln/Köln 1975, S. 25ff.

24 Vgl. die Selbstdarstellung von Irmela HOFMANN: Kein Tag wie jeder andere. Tagebuch aus zehn Jahren einer Bensheimer Großfamilie. Wuppertal 1978, und den regelmäßig erscheinenden „Freundesbrief aus Bensheim".

Zu den evangelistisch-missionarischen Gruppen unter Jugendlichen sind auch die zur Zeit rund 900 Schülergebets- und Bibelkreise in der Bundesrepublik zu zählen. In ihnen treffen sich christliche Schüler und Schülerinnen vor Beginn des Vormittagsunterrichts zu einer kurzen Andacht und in den großen Pausen zu Gesprächen mit anderen Mitschülern.[25]

2. Eine etwas andere Form ist die *charismatische Religiosität*. Die Bewegung der „Charismatischen Gemeinde-Erneuerung", wie sie sich hierzulande seit 1974 nennt, ist mit den Pfingstkirchen verwandt und „ein ökumenisches Ereignis".[26] Sie zeigt sich in der evangelischen und besonders in der katholischen Kirche. Sie ist bei uns noch nicht so weit verbreitet wie anderswo. Ihr Anliegen ist die Erneuerung des geistlichen Lebens der Ortsgemeinden. Mit der evangelikalen Frömmigkeit hat sie die Betonung der persönlichen Wiedergeburt gemeinsam. Der Durchbruchserfahrung, der „Umkehr", schließt sich der öffentliche Akt der „Lebensübergabe" an, der vor der Gemeinde am Altar durch Niederknien und Gebet erfolgt. Der Akzent liegt weniger auf der Bindung an das Wort Gottes in der Heiligen Schrift als auf der unmittelbaren Erfahrung der Nähe Gottes durch seinen *Geist*. In pfingstlerisch-charismatischen Kreisen brechen bestimmte „Geistesgaben" („Charismen") der urchristlichen Gemeinden neu auf, die Gabe des „prophetischen Redens", das „Sprachengebet" (das frühere sog. „Zungenreden") und die Fähigkeit zu „Glaubensheilungen" durch Gebet und Handauflegen. Heribert MÜHLEN, der führende katholische Theologe dieser Bewegung in der Bundesrepublik, schreibt:

„Der geschichtlich neue Aufbruch von Geistesgaben, die zum Leben der urkirchlichen Gemeinden gehörten, im Laufe der Geschichte aber in den Hintergrund getreten sind (vgl. Mk 16,17f.; Röm 12; 1 Kor 12–14; Eph 4,11–16), gehört zu den erstaunlichen Phänomenen der Glaubensgeschichte im 20. Jahrhundert."[27]

3. Einen dritten Typus könnte man als *liturgische Religiosität* bezeichnen, obwohl diese Formulierung zum Teil einseitig ist. Ihre schon klassisch gewordene neue Verkörperung in unserem Jahrhundert ist die Taizé-Bewegung, die sich um den Prior der ökumenischen Taizé-Bruderschaft, Roger SCHÜTZ, sammelt, in dem kleinen burgundischen Dorf Taizé in Frankreich ihr Zentrum hat und vor allem durch das große Jugendkonzil aus dem Jahre 1974 und die nicht nachlassende Anziehungskraft auf Tausende von Jugendlichen in Europa bis heute bekannt geworden ist. Im Sinne von Taizé sollen „Kontemplation und Kampf" verbunden werden. Gebet, Schweigemeditationen, Erneuerung alter liturgischer Traditionen, kurz: der Gottesdienst als Feier der Gemeinschaft mit Gott und als Lob Gottes bildet zwar die Mitte, soll aber in den Gottesdienst im Alltag der Welt ausstrahlen. Die Anhänger der Taizé-Bewegung verstehen sich um Jesu Christi willen als Anwälte für die leidenden und unterdrückten Menschen in aller Welt (vgl. zur Taizé-Bewegung und zu ihrem Einfluß auf neue Kommunitäten vor allem STE 26).[28]

Die hier gemeinte Gesamtströmung ist nicht nur von Taizé abhängig; es gibt sie auch sonst.[29] Das Grundmodell des neuen christlichen Glaubens und Lebensbildes ist

25 Vgl. die christliche Schülerarbeit der Studentenmission in Deutschland (SMD) und das Buch von Manfred VONIER: Schüler fragen nach Jesus. Modell einer christlichen Schülergruppe. Wuppertal 1975.

26 Heribert MÜHLEN (Hrsg.): Geistesgaben heute. Mainz 1982. Vgl. auch Heribert MÜHLEN: Einübung in die christliche Grunderfahrung. Unter Mitarbeit von Arnold BITTLINGER, Erhard GRIESE und Manfred KIESSIG. Teil I u. II. Mainz [10]1982. Seit 1984 nennt sich die Bewegung „Geistliche Gemeinde-Erneuerung".

27 Heribert MÜHLEN (Hrsg.): Geistesgaben heute, a.a.O., S. 7.

28 Zur Einführung s. A. STÖCKL: Taizé. Geschichte und Leben der Brüder von Taizé. Gütersloh 1978.

29 Vgl. u.a. Ingrid REIMER (Hrsg.): Alternativ leben in verbindlicher Gemeinschaft. Evangelische Kommunitäten, Lebensgemeinschaften, junge Bewegungen (Hrsg. von der Ev. Zentrale für Weltanschauungsfragen, Stuttgart 1979).

jedoch dasselbe. Charakteristisch scheint – wie schon bei der Charismatischen Gemeinde-Erneuerung – der übergemeindliche und zum Teil ökumenische Ansatz zu sein. Erich ELTZNER und Claus Jürgen WIZISLA beschreiben die Gruppen so:

„Die Gruppen kommen vielfach übergemeindlich, oft auch überkonfessionell zusammen und praktizieren einen übergemeindlichen intensiven Frömmigkeitsstil mit liturgischen Andachten und Abendmahlsfeiern, Kreuzweg-Stationen und Osternacht-Gottesdiensten. Zugleich tauschen sie ihre Glaubenserfahrungen und Alltagsprobleme in intensiven Gesprächen über der Bibel aus und üben sich so im verbindlichen Zusammenleben als Christen. In der Gemeinschaft der Gleichgesinnten und Gleichgestimmten wird der Glaube nicht diskutiert, sondern praktiziert, die Bibel nicht kritisiert, sondern meditiert und in diesem allen Kirche als Familie Gottes erlebt. Meditation und Aktion, Heiligung und Weltverantwortung sind hier eng verbunden."[30]

4. Auf dem Spektrum schließen sich als nächste die zahlreichen christlich motivierten Jugendlichen an, die in Friedensinitiativen, entwicklungspolitischen Arbeitsgruppen oder ökologisch ausgerichteten Kreisen politisch aktiv sind. Hier werden die Übergänge fließend. Die Verbundenheit mit der Kirche nimmt unterschiedlichste Gestalt an. Charakteristisch ist der Wunsch, es nicht nur bei einer Änderung der Gesinnung oder bei bloßen Worten zu belassen, sondern zu handeln und entsprechend einen neuen Lebensstil zu leben. Mit Vorbehalten könnte man – bewußt allgemein gehalten – von *praktisch-politischer Alltagsreligiosität* sprechen.
Wenn wir den Begriff „Religiosität" noch etwas weiter fassen, ist religiöse Sinnsuche bis „in den letzten Winkel der Alternativszene" hinein zu spüren.[31] Sie verbindet sich mit der Erprobung ökologisch-reformerischer Lebensexperimente – und umgekehrt: manche sog. Alternativen bilden, möglicherweise ohne es zu merken, neue religiöse Rituale und religiös getönte Lebensutopien aus. Die Formeln „anders leben" und „christlich anders leben" gehen an manchen Orten ineinander über.[32]
Man muß bei dem Versuch zögern, für die zuletzt genannten Gruppen einen übergreifenden religiösen Charakter ausmachen zu wollen. Ihre Verhaltensweisen werden zum großen Teil mit ähnlichen Verhaltensweisen nichtchristlicher Gruppen verwechselbar. Das „Christliche" behält seinen Ort vor allem in grundlegenden Handlungsmotivationen, vor allem aus dem Geist der Bergpredigt.

Neue nichtchristliche religiöse Gruppen und Organisationen

1. Die Schwierigkeit der Identifizierung, ja auch der Selbstidentifizierung, gilt ebenso für die ineinander übergehende „emotionale" und „religiöse Subkultur" der 60er und 70er Jahre und ihre mehr verborgenen Fortsetzungen heute. Dem Typus nach könnte man von einer *synkretistisch-mystischen Religiosität* sprechen, denn mit Hilfe von Drogenexperimenten und Meditationspraktiken werden Zustände der Bewußtseinserweiterung und Verschmelzungserfahrungen angestrebt: der Weg nach innen als ein Weg in einen bewußtseinstranszendenten Bereich.[33] Nahezu alle erreichbaren mystisch-meditativen Traditionen der Religionsgeschichte werden aufgesucht. Ziel ist die Erfahrung des Einen, das zugleich das Ganze ist und in dem das einzelne Bewußtsein und das einzelne Ich versinken. Mit dem Hinweis auf den synkretistischen Gebrauch der verschiedensten religiösen Traditionsstücke, von den Drogenriten der Indianerstämme in der mexikanischen Wüste (vgl. den persönlichen Erfahrungsbericht des amerikanischen praktischen Theologen Harvey COX[34]) bis zu den Versenkungsübungen der asiatischen Hochreligionen, ist jedoch das Feld christlicher neuer Religiosität längst verlassen.

2. Im Vordergrund der öffentlichen Aufmerksamkeit in der Bundesrepublik stehen seit Jahren nicht die religiösen Bewegungen innerhalb der christlichen Kirchen oder in ihrem Umfeld, sondern die außerhalb des Christentums. Hier wiederum ist es weniger der religiöse „Untergrund" als vor allem das Feld der sog. *Jugendreligionen* bzw. *Jugendsekten.*[35]
Zu ihnen zählt man als einzige mit einem eher christlichen Ansatz die „Familie der Liebe" (vormals „Kinder Gottes"). Sie ist unter ihrem Führer, dem Amerikaner „Mose" David BERG, Ende der 60er Jahre aus der Hippie-Bewegung in Kalifornien hervorgegangen und versteht sich als die wahre, endzeitliche „Jesusgemeinde". Im Grunde haben jedoch die Anweisungen und Prophezeiungen BERGS „die Aussagen der Bibel faktisch längst in den Hintergrund gedrängt".[36]
Schwer einzuordnen ist als nächstes die sog. „Scientology Church", eine „Kirche" mit „wissenschaftlichem" Lebenshilfeprogramm (gegründet Anfang der 50er Jahre durch den Amerikaner L. Ron HUBBARD).
Zu den indischen Missions- und Guru-Bewegungen gehören sodann die „Ananda-Marga"-Bewegung des Guru Sri ANANDAMURTHI (gegründet 1955), die „Divine-Light-Mission" um den Guru MAHARAJ JI (gegründet 1960) und die Hare-Krishna-Gesellschaft, als „Internationale Gesellschaft für Krishna-Bewußtsein" 1966 durch Swami PRABHUPADA gegründet.
Als neo-hinduistische Meditationsbewegungen sind die Bewegung der „Transzendentalen Meditation" zu nennen – 1958 von Maharishi Mahesh YOGI gegründet – und die „Neo-Sannyas"- bzw. „Bhagwan"-Bewegung, wohl die einflußreichste neben der TM im Umkreis der „psycho-religiösen Bewegungen". Ihr Haupt ist der schon genannte Guru Bhagwan Shree RAJNEESH (ursprünglich Universitätsdozent für Philosophie) (Gründung 1974). (Zu beiden sei an die Abschnitte oben S. 410ff. und S. 412f. erinnert.)
Nicht zuletzt ist die *„Vereinigungskirche"* („Mun-Sekte") des Koreaners San Myung MUN aufzuführen, nach Michael MILDENBERGER ein religiöser „Kampfbund" von wachsenden politischen Dimensionen, der religiöse Mission und politische Kreuzzugsideologie miteinander verbindet (vgl. oben S. 413f.).

Zur Bezeichnung der Phänomene

Kann man die genannten christlichen und nichtchristlichen Erscheinungsformen überhaupt einem Begriff unterordnen? Wohl kaum. Die verwendeten Bezeichnungen sind entweder zu eng oder zu weit.

1. „Jugendreligionen" sagen die einen, aber sie blicken dann nur auf die synkretistischen neuen Organisationen und übersehen, was sich im christlichen Raum selbst abspielt. Im übrigen ist der Begriff „Jugendreligionen" auch darum eine irreführende Bezeichnung, weil gerade die größeren Organisationen wie die Transzen-

30 Erich ELTZNER / Claus-Jürgen WIZISLA: Frömmigkeitsentwicklungen in der Ev. Jugendarbeit: In: Martin AFFOLDERBACH (Hrsg.): Praxisfeld: Kirchliche Jugendarbeit. Gütersloh 1978, S. 105f.

31 Michael MILDENBERGER: Die religiöse Revolte, a.a.O., S. 39.

32 Vgl. die Selbstzeugnisse und Berichte in Herbert A. GORNIK (Hrsg.): Anders leben. Christliche Gruppen in Selbstdarstellungen. Gütersloh 1979, und: Ders. (Hrsg.): Ich lebe anders. Persönliche Versuche eines alternativen Lebensstils. Gütersloh 1980.

33 Dazu s. Reimar LENZ: Konzeptionen des Überbewußtseins. Geistesgeschichtlicher Ort der Konzeptionen des Überbewußtseins. In: P.-M. PFLÜGER (Hrsg.): Religiöse Erfahrung im Ausbruch aus den Traditionen. Stuttgart 1976, S. 49–93.

34 Harvey COX: Licht aus Asien. Verheißung und Versuchung östlicher Religiosität. Stuttgart/Berlin 1978, S. 37ff.

35 Zum folgenden vgl. die einschlägigen Abschnitte bei Michael MILDENBERGER: Die religiöse Revolte (Anm. 8). Vgl. ferner Friedrich-Wilhelm HAACK: Jugendreligionen – Ursachen, Trends, Reaktionen. München 1979.

36 Michael MILDENBERGER: Die religiöse Revolte (Anm. 8), S. 85.

dentale Meditation, die Bhagwan-Bewegung und die Vereinigungskirche meist Erwachsene an sich ziehen, freilich vor allem jüngere zwischen 20 und 30.

2. „Neue Mystik" sagen andere; aber sie vergessen, in welch starkem Maße es nicht nur um religiöse Versenkung geht, sondern auch um religiös motiviertes Handeln und einen neuen Lebensstil.

3. „Neue religiöse Bewegungen" oder „neue religiöse Organisationen" werden vielfach als Bezeichnungen gebraucht. Aber auch sie stimmen nur zum Teil. Sie treffen zu bei Organisationen wie der Vereinigungskirche, der TM und zunehmend auch der Bhagwan-Bewegung. Ihre Gründer schaffen mit ihren Planungsstäben zur Durchsetzung ihrer weltumspannenden Absichten immer stärker ein ganzes Netzwerk von religiösen Zentren, „wissenschaftlichen" Institutionen, Geschäftsunternehmen, Presseorganen bis hin zu politischen Instrumenten (vgl. oben S. 412f. und S. 413f.). In anderer Hinsicht werden jene Abgrenzungen unbrauchbar, die sich noch am traditionellen Gegensatz „Kirche" und „Sekte" oder überhaupt an institutionellen Faktoren orientieren. Dies gilt wie für die „religiöse Subkultur" besonders für die neue Religiosität innerhalb des Christentums. Hier paßt auch der in den Vereinigten Staaten häufig verwendete Begriff „Kulte" *(cults)* nicht.

4. „Freie religiöse Szene" ist, was sich sonst noch abspielt und nicht in neuer „organisierter" Religion ausdrückt – insgesamt ein Vorgang immer größerer Pluralisierung und Individualisierung. Er setzt im Grunde schon seit längerem in den christlichen Volkskirchen selbst ein. Ihre Ränder zerfließen. Immer mehr Menschen machen sich ihr eigenes Christentum zurecht, ihr „Auswahlchristentum" (P. M. ZULEHNER).[37] Die freigesetzte, von den Kirchen nicht mehr gebundene religiöse Substanz strahlt außerhalb der gewohnten Ordnungen und der traditionellen kirchlichen Frömmigkeit auf und bildet eigene Wirkungsfelder aus. Sinnvoll ist es daher, mit K.-H. EIMUTH und M. OELKE von einer „‚freien' religiösen Szene" neben den organisierten traditionellen Kirchen und neuen Organisationen zu sprechen.[38] Zu ihr zählen die vielen jungen Menschen, die auf oft diffuse Art von religiöser Unruhe ergriffen sind. Sie besuchen nicht die üblichen Gottesdienste, mischen sich aber zu Tausenden unter das offene Dach eines Kirchentags. Zu dieser freien religiösen Szene gehört zuletzt auch das verzweifelt-hoffnungsvolle Suchen Einzelner im Raum des religiös-lebensreformerischen Experiments.

5. „Neue Religiosität" wird häufig in dieser Studieneinheit gesagt; aber auch diese Formel birgt Probleme. Ist wirklich alles *neu?* Die Taizé-Frömmigkeit will gerade alte liturgische Traditionen erneuern. Die neuen christlichen Kommunitäten knüpfen fast durchweg an das Leben der ersten urchristlichen Gemeinden als ihrem Vorbild an. Verschüttete biblische Armutstraditionen und Friedenshoffnungen werden wieder lebendig. Ideologisch-religiös geprägte Jugendaufbrüche gab es schon Anfang dieses Jahrhunderts in der Jugendbewegung, Erweckungsbewegungen in Amerika und in Europa schon im 19. Jahrhundert und früher. Reinhart HUMMEL hat nachgewiesen, daß die synkretistischen „neuen Jugendreligionen", wenn man sie unter der Perspektive „religiöser Bewegungen Indiens (und Asiens überhaupt) in westlichen Kulturen" betrachtet, als Teile eines bereits seit dem 19. Jahrhundert in Schüben sich vollziehenden Prozesses der Umwandlung und Verbreitung hinduistisch-buddhistischer Religionen unter „missionarischem" Vorzeichen zu verstehen sind. Asien schickt sich schon seit längerer Zeit an, in die christliche Welt mit einem eigenen Sendungsbewußtsein einzudringen.[39]

37 Paul Michael ZULEHNER: Religion nach Wahl. Grundlegung einer Auswahlchristenpastoral. Wien 1974; Ders.: Auswahlchristen. In: J. PFAMMATTER / F. FURGER (Hrsg.): Volkskirche – Gemeindekirche – Parakirche. Einsiedeln 1981, S. 109–137.

38 K.-H. EIMUTH / M. OELKE: Jugendreligionen und religiöse Subkultur. Frankfurt 1979.

39 Reinhart HUMMEL: Indische Mission und neue Frömmigkeit im Westen (Anm. 16).

Und ist tatsächlich alles überhaupt *Religion?* Hierzu sind bereits mehrfach Zweifel geäußert worden. Fließende Übergänge konnten beobachtet werden. Man sollte nur dann eindeutig von „Religiosität" bzw. „Religion" reden, wenn eine die Totalität des Lebens umfassende Gesamtdeutung die Mitte bildet und dabei auf eine transzendente Macht über allem Seienden oder im Sein im ganzen verwiesen wird. Weder ganz neu noch in jeder Erscheinungsform wirklich Religion – aber warum trifft das Angebot dieser Bewegungen gerade jetzt auf Resonanz? Diese Frage ist mit dem Hinweis auf historische Vorläufer nicht zu beantworten.

Religion im Wandel – religiöse Alternativen als Absage an die moderne Welt und als ihr Ausdruck

Man könnte meinen, daß ein Wiederaufleben von Religion in den modernen Gesellschaften unwahrscheinlich ist. Für genau das Gegenteil lassen sich jedoch auch Gründe anführen. Gerade „das Unbehagen in der Modernität" kann auch eine religiöse Gegenreaktion hervorrufen. Sie vollzieht sich offensichtlich im Rahmen einer „entmodernisierenden", gegenkulturellen Bewegung überhaupt. Diese These vertreten die Religionssoziologen Peter L. BERGER, Brigitte BERGER und Hansfried KELLNER in ihrem gleichnamigen Buch:

„Die Modernität hat die Menschen von den einengenden Kontrollen der Familie, der Sippe, des Stammes oder der kleinen Gemeinschaft befreit. Sie hat dem Individuum vorher ungekannte Wahlmöglichkeiten und Bahnen der Mobilität eröffnet. Sie hat enorme Kräfte freigemacht, sowohl für die Lenkung der Natur als auch für die Bewältigung menschlicher Angelegenheiten. Die Befreiungen hatten jedoch einen hohen Preis. Er läßt sich vielleicht am leichtesten wieder mit dem Begriff der ‚Heimatlosigkeit' bezeichnen. Die Ideen und Bewegungen der Entmodernisierung versprechen Befreiung von den vielen Formen des Unbehagens in der Modernität. Wiederum läßt sich der Gehalt dieser versprochenen Befreiung am knappsten mit dem Begriff ‚Heimat' bezeichnen. Der Impuls der Entmodernisierung, ob er rückwärts in die Vergangenheit oder vorwärts in die Zukunft blickt, strebt eine Umkehr der modernen Entwicklungen an, die zur Folge hatten, daß der einzelne ‚entfremdet' und den Drohungen der Sinnlosigkeit überlassen wurde."[40]

Peter L. BERGER und seine Mitautoren deuten die verschiedenen neuen religiösen Gestaltungen, die sie etwas einseitig als „Wiederaufleben des Okkultismus" zusammenfassen, als Teil dieser allgemeinen Entmodernisierungstendenzen:

„[...] alles wird viel weniger verwirrend, sobald man den Aspekt der Gegen-Definition des Phänomens begriffen hat: Was auch immer diese Bewegungen und Gruppen trennen mag, ihnen gemeinsam ist ihre heftige Ablehnung der Wirklichkeitsdefinitionen, die der funktionellen Rationalität zugehören. Sie alle sind somit, zumindest zum Teil, Versuche, das Unbehagen in der Modernität zu bewältigen." (S. 184)

Kann man jedoch die neuen religiösen Bewegungen, wie überhaupt manche anderen gegenwärtigen Alternativbewegungen, nur als antimoderne Absetzbewegungen und als resignative oder gar destruktive Reaktionen betrachten? Was spricht hierfür?

Absage – Rückzug – Destruktion

Wenn man den erfolgsorientierten, fortschrittsbewußten Menschen als typisch modern ansieht, läßt sich die in vielen religiösen und alternativen Bewegungen anzutreffende *Absage an den Materialismus und technischen Fortschrittsglauben* als antimodern bezeichnen. Alternativen werden ja vornehmlich in westlichen Wohlstandsgesellschaften gesucht, und hier verliert besonders bei Jugendlichen und Erwachsenen aus ökonomisch gesicherten, gehobenen Bildungsschichten das Angebot an materiellen Gütern an innerer Anziehungskraft – auch wenn man sich seiner

40 Peter L. BERGER / Brigitte BERGER / Hansfried KELLNER: Das Unbehagen in der Modernität. Frankfurt/New York 1973, S. 168.

bedient. Man leidet „Mangel im Überfluß"[41] und versucht, „die Erfahrung des schroffen Widerspruchs zwischen materieller Verwöhnung und geistig-emotioneller Entbehrung" (S. 26) zu verarbeiten. „Funktionelle Rationalität", das herrschend gewordene Zweck-Mittel-Denken, das hauptsächlich auf die leistungsfähigsten, funktionstüchtigsten Instrumente zur Lebensbewältigung ausgerichtet ist, läßt die Frage nach dem Lebenssinn offen. Erfahrungen von Lebenssinn werden immer knapper; Sinn aber ist nicht herstellbar. Muß er darum nicht ganz woanders, in einem Bereich jenseits der Funktionsmechanismen der Gesellschaft und des funktionell arbeitenden Bewußtseins, gesucht werden?

Als antimodern ist auch die *Absage an die Autonomie des Individuums* anzusehen. Vorbild ist besonders für viele Jugendliche nicht mehr die durchsetzungsfähige, ihrer selbst mächtige Persönlichkeit. Verlockend werden Wege, die neue Geborgenheit und „Heimat" versprechen. Ersehnt wird die alternative oder religiöse „Gruppe" mit ihrem engen sozialen und emotionalen Beziehungsgefüge. Als seelische Erleichterung, ja Befreiung werden geradezu die Aufhebung des Ich (des „Ego", vgl. Neo-Sannyas-Bewegung) und die Abhängigkeit von der geistlichen Autorität des religiösen Führers bzw. Gurus empfunden; denn die Gruppe wie die grandiose Guru-Persönlichkeit werden unbewußt zum Ersatz-Ich.[42] Die intellektuelle und psychische Selbständigkeit werden weitgehend aufgegeben. Der Schritt ist nicht weit bis zu den immer wieder festzustellenden Fällen der Persönlichkeitszerstörung.

Dabei scheint nach amerikanischen wie deutschen Befunden eine Wechselbeziehung zu bestehen: aus „Patienten" werden „Pilger" nach Poona (oder heute den Ashrams in Deutschland und in anderen Ländern) und umgekehrt, das heißt, die Betreffenden müssen nach einer solchen Gruppenzugehörigkeit (wieder) behandelt werden.[43] Manche sind entweder schon vor Eintritt in eine neue religiöse Organisation psychisch krank gewesen und psychiatrisch behandelt worden, oder sie waren psychotisch disponiert, und die Zugehörigkeit zur sektenartigen Gruppe führte zu einem psychotischen Erstausbruch.[44]
Bei einer Untersuchung von 15 Fällen von Sektenangehörigen im Psychiatrischen Landeskrankenhaus Wiesloch und in der Psychiatrischen Universitätsklinik Heidelberg war das erste bei 5, das zweite bei 10 Patienten der Fall. Für die letzten „waren eine basale Schwäche in der Ich-Konstitution, Identitätsunsicherheit hinsichtlich der Geschlechtsrolle, Introvertiertheit, Kontaktschwäche, Reduktion des energetischen Potentials, erhöhte psychische Vulnerabilität [Verletzbarkeit] sowie persistierende symbiotische Primärbeziehungen als vorgegebene Faktoren festzustellen."[45]
Die Fälle, die Lang untersucht, beziehen sich auf Anhänger, die als Patienten kommen und daher eine Auswahl bilden. Zahlenmäßig weniger problematische Auswirkungen stellt aus ärztlicher Sicht Gunther Klosinski fest. Er diagnostiziert bei gut einem Viertel (8 von 30) problematische psychische Auswirkungen.[46]

41 Jörg Bopp: Wir machen es jetzt: Zur Moral der Jugendlichen. In: Kursbuch 60, ‚Moral'. Berlin 1980, S. 24.

42 Hinter diesem Satz stehen Annahmen der sog. Narzißmustheorie; zu Recht und Grenze ihrer Anwendung auf die Deutung der neuen Religiosität vgl. u. a. Karl Ernst Nipkow: Neue Religiosität, gesellschaftlicher Wandel und die Situation der Jugendlichen. *Zeitschrift für Pädagogik* 27 (1981), 3, S. 392–396.

43 Dick Anthony u. a.: Patients and Pilgrims. *American Behavioral Scientist* 20 (1977), 6, S. 861–886.

44 In diesen Fällen, so faßt Hermann Lang die Antwort auf die Frage nach einer möglichen krankmachenden Wirkung zusammen, kann „diese Zugehörigkeit bei entsprechenden Vorbedingungen zu einer mitverursachenden Situation für eine Psychose werden" (Können Jugendsekten krank machen? In: K. G. Karbe / M. Müller-Küppers [Hrsg.]: Destruktive Kulte. Gesellschaftliche und gesundheitliche Folgen totalitärer pseudoreligiöser Bewegungen. Göttingen 1983, S. 82).

45 Hermann Lang: Können Jugendsekten krank machen? (Anm. 44), S. 81.

46 Gunther Klosinski: Psychologische und psychodynamische Aspekte religiöser Konversion. Zu neureligiösen Bewegungen am Beispiel der Neo-Sannyas-Bewegung. Eine Vergleichsstudie bei der Neo-Sannyas-Bewegung und der Gesellschaft für Transzendentale Meditation mittels biographischer Interviews. Habilitationsschrift, Tübingen 1983, S. 203.

Umbildungen – Neubildungen – Wandel

Absage und Rückzug, entmodernisierende oder antimoderne Gegenreaktion und Destruktion sind jedoch nur die eine Seite. Was sich abspielt, sind auch Um- und Neubildungen von Moralauffassungen, Lebensstilen – und eben Religion. Die Suche nach neuer Religiosität ist zum Teil eine Suche nach neuen Werten, und umgekehrt. Beides kann als Ausdruck ein und derselben Dynamik gedeutet werden, die einerseits oft genug nur eine Absetzbewegung ist, andererseits aber mehr oder weniger klar auch den Willen zu einer neuen Lebensordnung enthält. Sie ist in der Tat häufig nur ein Wille, eine Absichtserklärung und in der Verwirklichung dann kaum überzeugend, wenn sie sich in der Alternativszene als chaotisch-ungeordnete oder nostalgisch rückwärts gewandte Lebensstilsuche äußert und im religiösen Bereich als „wilde, zum Teil kulturell rückfällige Religiosität".[47] Sie ist in anderen Phänomenen aber auch mehr.

Die neue Lebensstilsuche hat eine ernst zu nehmende ethische Dimension. Dem Materialismus in Ost und West werden „postmaterielle" Werte gegenübergestellt, die das Sein, nicht das Haben betonen.[48] Hier ist es angemessen, nicht nur von Wertzerfall, sondern auch von „Wertwandel" zu reden.[49]

Entsprechend kann man nicht nur Religionsverlust und Glaubenszerfall feststellen, sondern auch *religiösen Wandel.* So wird auch das Christentum in einigen neuen religiösen Bewegungen nicht einfach beiseite geschoben, sondern in das Neue aufgenommen. In manchen Bewegungen, besonders den asiatisch beeinflußten, kommt es hierbei zu einer theologisch abzuweisenden synkretistischen Umwandlung, vor der besonders dann gewarnt werden muß, wenn der Synkretismus christlich kaschiert wird. In anderen Bewegungen, vor allem im innerkirchlichen Raum, werden dagegen in Vergessenheit geratene christliche Traditionen wiederentdeckt: Geisttraditionen in der Charismatischen Gemeinde-Erneuerung, Gemeinschafts- und Armutstraditionen in den neuen kommunitären Lebensformen, pazifistische christliche Impulse in der Friedensbewegung, liturgische Traditionen in der Taizé-Bewegung.

Ähnliches geschieht mit der christlichen Ethik: Es zerfallen nicht nur christliche Werte (bezeichnenderweise zusammen mit konventionellen gesellschaftlichen, wie es vor allem für die Erschütterung der protestantisch beeinflußten westlichen Berufs-, Arbeits- und Leistungsethik[50] sowie für die Sexualethik[51] zutrifft) – es werden auch alte christliche Werte erneuert: der Sinn des einfachen Lebens, die Bedeutung von Verzicht, Dienst und Opfer.

Was sich mithin im ganzen vollzieht, ist offensichtlich ein komplizierterer Vorgang. Neue Religiosität und Moral sind Absetzbewegung und Umwandlung in einem. Es zeigen sich Zusammenhänge, die einem *allgemeinen sozialen Wandel* zuzugehören scheinen, der erst möglichst genau verstanden werden muß, bevor man gesellschaftlicher- und kirchlicherseits auf ihn reagiert.

47 Gerhard Schmidtchen: Was den Deutschen heilig ist. Religiöse und politische Strömungen in der Bundesrepublik Deutschland. München 1979, S. 17, 19 u. ö.

48 Ronald Inglehart: The Silent Revolution: Changing Values and Political Styles Among Western Publics. Princeton, N.J. 1977.

49 So die vorsichtig gewendete These von Peter Kmieciak: Wertstrukturen und Wertwandel in der Bundesrepublik Deutschland. Göttingen 1976, und H. Klages / P. Kmieciak (Hrsg.): Wertwandel und gesellschaftlicher Wandel. Frankfurt/New York 1979.

50 Peter Kmieciak: Wertstrukturen und Wertwandel in der Bundesrepublik Deutschland (Anm. 49), S. 334ff.

51 Gerhard Schmidtchen: Was den Deutschen heilig ist (Anm. 47), S. 13f.

Entmodernisierung und Anpassung an die Moderne – eine dialektische Deutung

In welchem Sinne es sich nicht nur um einen einfachen Gegensatz zur Moderne handelt, wird schließlich auch daran sichtbar, wie stark manche neuen religiösen Bewegungen selbst dort, wo sie unsere Zeit inhaltlich ablehnen, formal ihren Entwicklungsstrukturen und Denkkategorien verhaftet bleiben.

1. *Glaubensmischformen* zeigen sich – und zwar schon seit längerem – in höheren Bildungsschichten in Form vergeistigter oder symbolistisch umgedeuteter christlicher Religiosität. Es scheint so zu sein, „daß Zeiten gesellschaftlicher Veränderungen immer zugleich Zeiten aufsteigenden Synkretismus sind".[52] Ernst TROELTSCH hatte diese vergeistigte Religiosität die „heimliche Religion der Gebildeten" genannt:[53] Gott als „Demiurg" oder „naturteleologische oder panentheistische" Gottesvorstellungen,[54] Glaube an „eine Art überirdischen Geist, eine außermenschliche Kraft" (51%), gegenüber Glauben an „einen Gott in persönlicher Gestalt" (17%).[55]
Gleichzeitig wächst in der Breite der Bevölkerung unserer Gesellschaften – gleichsam als eine zweite Form von Synkretismus – die Anfälligkeit für das Okkulte und Übernatürliche, zum Teil explosionsartig, wie manche meinen: Christliches, Parapsychologisches, Astrologisches und anderes mehr gehen wunderliche, wenig reflektierte Verbindungen ein.
Hinzu treten nun als neue, dritte Form von Synkretismus die christlich-asiatischen Glaubensmischformen. Warum sie in der bekannten auffälligeren Weise erst seit einigen Jahren Resonanz finden, ist nicht leicht zu erklären.
Vielleicht hat zu diesem neuen Stadium das räumliche Zusammenwachsen unserer Welt beigetragen. Über die modernen Medien und Urlaubsreisen sind nahezu unbegrenzt Informationen über andere Religionen und Kulturen zugänglich geworden. Manche machen auch nur mit, weil es modisch, weil es „schick" geworden ist.[56] Deutsche Beobachter stellen ebenfalls fest, daß in den Alternativbewegungen einiges lediglich eine „demonstrative Lebensstil-Suche" sei und die „Zurschaustellung" wichtiger werde als die „existenzielle Gestaltung".[57] Der Wunsch, einmal ganz anders, auch religiös ganz anders zu sein, paßt allerdings in unsere Zeit, in der es immer leichter wird, *Rollen zu wechseln.* Auch die Ergebnisse der Konversionsforschung illustrieren das: Manche jungen Menschen schwenken von einer Gruppe zur anderen um: von politischen Gruppen zu Psychogruppen, von diesen zu religiösen; man spricht von „Kippbewegungen"[58] und „seriellen Alternativen"[59].

2. *Religionsfreiheit* und *Toleranz* sind die Voraussetzungen all dieser Synkretismen mit ihrem abweichenden religiösen Verhalten. Ihnen entspricht es, daß Religion, mit Peter L. BERGER, eine Sache der persönlichen „Wahl" und damit auch die „Häresie" geradezu zum „Imperativ" geworden ist.[60] Im Zeichen der Religionsfreiheit sind staatliche und kirchliche Loyalitäten getrennt worden. Um als Staatsbürger akzeptiert zu werden, muß man nicht ein orthodoxer Kirchenchrist oder überhaupt religiös sein. In der religiösen Sphäre sind Wahl und Gestaltung freigegeben. Die Elemente der christlichen Tradition, bisher kirchlich gebunden, werden zu Neubildungen gleichsam frei verfügbar.

3. *Direkte inhaltliche Nähe zu den Leitideen der Neuzeit* zeigen besonders jene Bewegungen, die man dem Typus einer monistisch-entgrenzenden, liberalistischen Religiosität zuordnen kann. Die für die monistisch-mystisch getönte religiöse Seelenerfahrung (Beispiel: Neo-Sannyas-Bewegung) charakteristischen Merkmale wie der Monismus, der Relativismus (d.h. der vielgestaltige Charakter der Wahrheit), die Toleranz, der Synkretismus und der Idealismus passen zu Grundhaltungen unserer Zeit, sprechen modernes Denken an, sind anderen Formen von Religiosität möglicherweise darum „adaptiv überlegen".[61]

4. *Modernes Wissenschaftsgehabe* schließlich kennzeichnet nicht wenige neue religiöse Bewegungen – auch dadurch Ausdruck unserer Zeit. Die skurrile Art, wie in der „Scientology-Church" (man beachte bereits den Namen) ein pseudowissenschaftliches Gerät zur Messung des elektrischen Hautwiderstandes eine Rolle spielt, um verborgenen Gefühls- und Konfliktlagen auf die Spur zu kommen, sei nur beiläufig erwähnt. Ausdrücklich wird eine Verbindung von geoffenbarter Heilslehre und wissenschaftlicher Wahrheit in der Vereinigungskirche angestrebt: „Das Prinzip", die dem S. M. MUN geoffenbarte Heilswahrheit, „führt [...] zur Vereinigung der inneren Wahrheiten, nach denen die Religion stets suchte, und der äußeren Wahrheiten, die die Wissenschaft erforscht".[62] Auf die pseudowissenschaftlichen Identifikationsversuche in der Bewegung der Transzendentalen Meditation ist schon ausführlich eingegangen worden (S. 412f.) Hierbei enthüllte sich, daß die funktionelle bzw. „technologische" Rationalität in Form der „Maharishi-Technologie" das Denken bestimmt: Die neue (religiöse) Ideologie wird als „modern", als wissenschaftliche Theorie und Technologie ausgegeben; Wissenschaft und Technologie werden dadurch umgekehrt ideologisch verbrämt.
Die neuen religiösen Bewegungen, so läßt sich zusammenfassen, verwehren einlinige geschichtliche Deutungen. Sie sind einerseits eine Absage an die moderne Welt und weichen vom Gewohnten ab, bis hin zum Bizarren und Destruktiven. Sie stellen jedoch andererseits auch Umbildungen und Neubildungen dar, die neben hochproblematischen Synkretismen ernst zu nehmende Anfragen enthalten. Das Ganze spielt sich in unserer Zeit ab, deren Denkmuster (Religionsfreiheit, Toleranz, Relativismus, Wissenschaftsglaube) einerseits abgelehnt, andererseits in Anspruch genommen werden. Daher sind die Erscheinungen Verneinung und Ausdruck unserer Lage in einem.

Zur Anziehungskraft neuer religiöser Bewegungen auf Jugendliche

Wenn Alternativen gesucht werden, entsteht ein spezielles Problem. Es gibt auch unter den Alternativen noch einmal Alternativen. Was ist dafür ausschlaggebend, daß die eine und nicht die andere gewählt wird? Unter religionssoziologischen und theologischen Gesichtspunkten ist hierbei vor allem eine Frage interessant: Wenn denn in den modernen Gesellschaften die Religion keineswegs abstirbt, sondern weiterhin oder gar in neuer Weise für viele Menschen wichtig ist – warum suchen diese die Antworten nicht in der Kirche, sondern auf anderen religiösen Wegen?

52 Gerhard SCHMIDTCHEN: Was den Deutschen heilig ist (Anm. 47), S. 74.
53 Nach Colin CAMPBELL: The Secret Religion of the Educated Classes. *Sociological Analysis* 39 (1978), 2, S. 146–156.
54 Gerhard SCHMIDTCHEN: Was den Deutschen heilig ist (Anm. 47), S. 67f.
55 Emnid-Institut: Gott heute. Informationen über Ergebnisse von Umfragen im Jahre 1979. *epd-Dokumentation* 12 (1980), S. 3–34.
56 John LOFLAND: ‚Becoming a World-Saver'. Revisited. *American Behavioral Scientist* 20 (1977), 6, S. 815.
57 Gerd WARTENBERG: Die Gurus der demonstrativen Lebensstil-Suche. In: Kursbuch 55, ‚Sekten'. Berlin 1979, S. 125–136.
58 Jörg BOPP: Der linke Psychodrom. In: Kursbuch 55, ‚Sekten'. Berlin 1979, S. 77.
59 James T. RICHARDSON / Mary STEWART: Conversion Process Models and the Jesus Movement. *American Behavioral Scientist* 20 (1977), 6, S. 827.
60 Dies ist die Grundthese in Peter L. BERGER: Der Zwang zur Häresie. Religion in der pluralistischen Gesellschaft. Frankfurt 1980 (amerik.: The Heretical Imperative, 1979).
61 So die Vermutung Colin CAMPBELLS (Anm. 53), S. 153.
62 Chung Hwan KWAK: Das Prinzip in Grundzügen (Anm. 20), S. 19.

Zur „Erklärung" der neuen religiösen Bewegungen werden mit Vorliebe „funktionale" Argumente vorgebracht. Hier herrscht in der Forschung große Übereinstimmung. Aber bei genauerem Zusehen enthüllen sich die Antworten als wenig befriedigend. Funktional wird dort argumentiert, wo man fragt, was etwas für etwas anderes leistet. Von der neuen Religiosität wird dann gesagt, daß sie in einer bestimmten gesellschaftlichen oder individuellen Situation zur Befriedigung gewisser Bedürfnisse beitrage. Auf der allgemeinsten Ebene werden diese Bedürfnisse mit einer sog. *Orientierungs- und Sinnkrise* in unserer Zeit in Zusammenhang gebracht – eine sehr allgemeine Erklärung. Mit ihr müßten die Erklärungsversuche eigentlich erst beginnen.

(2) Suchen Sie in den voraufgehenden Kapiteln (auch in den Selbstzeugnissen) nach Beispielen für eine „funktionale" Deutung neuer religiöser Bewegungen. Wo werden individuelle Bedürfnisse und gesellschaftliche Problemlagen mit der Leistung religiöser Angebote in Zusammenhang gebracht?

....

....

....

....

....

....

....

....

....

....

....

....

....

....

....

....

....

....

Funktionale „Erklärungen" treffen Wichtiges. Aber sie sind im Grunde keine schlüssigen Erklärungen; denn für die meisten Bedürfnisse, die durch neue religiöse Gruppen befriedigt werden, etwa das Bedürfnis nach Gemeinschaft, gibt es neben den schon erwähnten kirchlichen Alternativen (in diesem Fall etwa die Gemeinschaftserfahrung in einer Konfirmandengruppe) auch nichtreligiöse Alternativen (in diesem Fall etwa die Gemeinschaft eines Sportvereins). Wissenschaftlich spricht man von „funktionalen Äquivalenten". „Äquivalent" im genauen Sinne, d. h. von gleicher Leistungsfähigkeit, sind eine volkskirchliche Konfirmandengruppe oder ein Sportverein im Verhältnis zu einer neuen religiösen Gruppe dann, wenn für einen jungen Menschen die Gemeinschaftserfahrung in jener Konfirmandengruppe und einer sich daran anschließenden gemeindlichen Jugendgruppe tatsächlich jede weitere Suche erübrigt. Wie kommt es, daß für manche Jugendliche (und entsprechend Erwachsene) jene „Äquivalente" nicht befriedigen? Kurz: Was macht neue religiöse Bewegungen sowohl gegenüber den traditionellen Angeboten der Volkskirche wie gegenüber nichtreligiösen Alternativen anziehend? Und was bedeuten die Befunde hierzu als Herausforderung für die Kirchen?

Es gibt keine Untersuchungen über einen unmittelbaren Vergleich der Anziehungskraft neuer religiöser Bewegungen mit der Attraktivität oder Nichtattraktivität der Kirchen. Man kann jedoch indirekt Schlüsse ziehen, indem man einen anderen Zugang wählt, der zugleich besonders für die pädagogischen und religionspädagogischen Aufgaben wichtig ist: Was macht neue religiöse Bewegungen besonders für *Jugendliche* anziehend?

Wir greifen auf die sehr allgemeine Hypothese zurück, daß das Wiederaufleben von Religion mit einer Orientierungs- und Sinnkrise in unserer Zeit zusammenhänge. Schlagworte wie „Sinnkrise" sind jedoch in dieser Allgemeinheit ebenso unbefriedigend wie der Satz, neue Religiosität erfülle das Bedürfnis nach Sinnorientierung. Es sei daher genauer gefragt, was damit im Erleben Jugendlicher heute konkret gemeint ist. Methodisch sei so vorgegangen, daß Befunde aus verschiedenen Zweigen der Jugendforschung zur Erfahrung von Sinn oder Sinnlosigkeit und religionswissenschaftliche Befunde über die Merkmale neuer religiöser Bewegungen aufeinander bezogen werden. Es zeigen sich überraschende Wesensverwandtschaften.

Formen der Sinnstiftung und die Rolle von Religion

Es ist zu vermuten, daß neue Religiosität nicht bei Kindern auftritt, sondern frühestens bei Jugendlichen, aber zugleich auch verstärkt bei ihnen, einschließlich der jungen Erwachsenen. Dies trifft zu.[63] Die Entscheidung für eine gegenüber dem durchschnittlichen volkskirchlichen Verhalten abweichende Religiosität setzt zumindest ein gewisses Maß an persönlicher Sensibilität, Reflexivität und Entscheidungsbereitschaft voraus, wie sie erst bei Jugendlichen anzutreffen ist.

Im Spiegel der Untersuchung von Motiven bei Selbstmordversuchen ist freilich zu erkennen, daß auch bei Jugendlichen und Erwachsenen Sinn „offensichtlich auf *sehr unterschiedlichen Niveaus konstituiert* wird und jeweils *Unterschiedliches bedeutet* – zumindest psychologisch".[64] Die erfahrene Sinnlosigkeit und das Konzept von Sinn zeigen „Stadien" der Entwicklung von kurzfristig auftretenden, punktuellen, objektiven Anlässen wie Familienschwierigkeiten, Liebeskummer, schlechte Schulnoten, durch die bereits für den einen Jugendlichen das ganze Leben sinnlos erscheint, bis zu einer Sinnlosigkeitserfahrung bei einem anderen, die alle Lebensbereiche und die Gesamtverfassung der Person umschließt und zu einer zeitlich andauernden Depression führt.[65] Erst in diesem Stadium wird auch der Begriff der Sinnlosigkeit oder des Sinnes auf die Einbettung der eigenen Biographie in einen umfassenderen, das Individuum übersteigenden Sinnzusammenhang bezogen, etwa auf *Sinnstiftung durch eine religiös-metaphysische Gesamtdeutung des Lebens.*

„‚Sinnlosigkeit' besteht hier nicht mehr in der Vergeblichkeit einzelner Handlungen, sondern in dem Mangel an guten Gründen für die eigene Existenz und die gesamte Lebensführung." Ein gutes Beispiel ist die Aussage eines Jugendlichen, der auf die „Notwendigkeit einer biographischen Integration verweist, damit ‚das Leben [nicht] unter den Fingern davonrutscht', d. h. in unverbundene Einzelhandlungen zerfällt". (S. 356)

63 Vgl. unter anderem die Zahlen zur TM bei Michael Mildenberger: Die religiöse Revolte (Anm. 8), S. 137; zur Neo-Sannyas-Bewegung die Zahlen bei Reinhart Hummel / Bert Hardin (Anm. 10), S. 27.

64 Rainer Döbert: Sinnstiftung ohne Sinnsystem? Die Verschiebung des Reflexionsniveaus im Übergang von der Früh- zur Spätadoleszenz und einige Mechanismen, die vor möglichen Folgen schützen. In: Wolfram Fischer / Wolfgang Marhold (Hrsg.): Religionssoziologie als Wissenssoziologie. Stuttgart u. a. 1978, S. 53.

65 Rainer Döbert / Gertrud Nunner-Winkler: Formale und materiale Rollenübernahme: Das Verstehen von Selbstmordmotiven im Jugendalter. In: Wolfgang Edelstein / Monika Keller (Hrsg.): Perspektivität und Interpretation. Frankfurt 1982, S. 320–374.

Soweit ein Aspekt der Jugendforschung. Religionswissenschaftlich gesehen ist nun gerade Religion dadurch charakterisiert, daß sie eine individuell und universal bedeutsame Gesamtdeutung des Lebens geben will (vgl. S. 409f.); denn Religion bezieht sich auf die Brüchigkeit und Bedürftigkeit des Lebens als solche.[66] Da nun ganz allgemein bereits die Jugendzeit eine *Zeit des Übergangs* aus der Abhängigkeit in die Selbständigkeit, aus der Geborgenheit in kleinen Sozialgruppen in größere gesellschaftliche Sozialkreise ist und damit als eine *Zeit der Krise,* nämlich der seelischen Labilität und der Suche nach neuen Orientierungen gekennzeichnet werden kann, ist auch mit einer möglichen neuen Aufgeschlossenheit für religiöse Orientierungen zu rechnen.

Dies muß aber keineswegs so sein. Entwicklungspsychologisch gesehen können Jugendliche (und bleibend auch Erwachsene) ihren Lebenssinn auch an Teilaufgaben ihres Alltags anstatt an der Frage nach dem Gelingen ihres Lebens im ganzen festmachen. Es genügt dann entsprechend eine *Sinnstiftung durch lebensaspektbezogene Teilantworten.* Dies erklärt übrigens, warum bei den angeführten Selbstzeugnissen (wie natürlich in der Volkskirche überhaupt) christliche wie nichtchristliche neue Bewegungen auch lediglich unter einem ethisch-praktischen Aspekt der Hilfe für die Bewältigung von Alltags- und Berufsproblemen in Anspruch genommen werden können (wenn man so will, der „Problemlösungs"-Aspekt gegenüber dem „Erlösungs"-Sinn von Religion; vgl. S. 409f.).

Gesellschaftlich gesehen, kann ein weiterer Umstand hinzukommen: Die Jugendlichen, welche die Realität in fast allen ihren Aspekten als brüchig erfahren und als Antwort eine *religiöse Lebensform* suchen (nicht nur – verkürzt – praktische Lebenshilfe), sind wohl auch darum eine Minderheit, weil unsere Gesellschaft eine Reihe von „Mechanismen" enthält, „die vor zuviel Reflexivität schützen"[67], so daß sich die Frage nach dem Lebenssinn gar nicht so stellt, daß sie der religiösen Antwortdimension enspräche. Es kann auch sein, daß nicht einmal der Sinn der Sinnfrage verstanden wird. Was an die Stelle tritt, kann man paradoxerweise eher als *Sinnstiftung durch Sinnvermeidung* bezeichnen. Rainer Döbert bemerkt hierzu,

> daß „es in unserer Gesellschaft eine ganze Reihe von Möglichkeiten gibt, die Gesamtbiographie so zu organisieren, daß sich die Frage nach dem Sinn des Lebens überhaupt nicht stellt oder daß das Leben als sinnvoll empfunden wird, ohne daß religiöse Deutungssysteme irgendeine Rolle spielen" (S. 65). „Rastlose Berufsarbeit", „glückliches Familienleben" und „Rückzug auf die Konsumsphäre" können hier bereits völlig ausreichen (S. 65f.).

An diese Sachverhalte ist zu erinnern, da unser Thema der neuen Religiosität der philosophischen, von manchen Theologen gern aufgenommenen Annahme neue Nahrung geben wird, daß jeder Mensch von Natur religiös sei. Wie immer man über diese Annahme philosophisch und theologisch befinden mag – viele gesellschaftliche und lebensgeschichtliche Faktoren können heute eine religiöse Sinngebung des Lebens verhindern.

Biographische Re-Integration durch religiöse Wiedergeburt und neuen Namen

Wo nun dennoch gerade junge Menschen religiös werden, fragt man sich, warum sie eher durch die neuen Strömungen angezogen zu werden scheinen als durch die traditionellen. Wer das Gefühl hat, sein ganzes Leben rutsche ihm gleichsam unter den Fingern davon, steht vor der Frage, wie sein Leben festgehalten und biographisch neu integriert werden kann. Im Vergleich zu den traditionellen Verkündigungsformen der Kirche zielen nun beide, die neuen nichtchristlichen wie die meisten christlichen Strömungen sehr viel stärker auf ein *besonderes religiöses bekehrungsartiges Erlebnis,* durch das sich eine solche biographische Re-Integration ereignen kann. Wenn das alte Leben keine sinnstiftende Zukunft mehr vor sich sieht, muß es sterben und muß ein totaler Umbruch erfolgen. Bekehrungen werden seit altersher in der christlichen Tradition auch als Wiedergeburt bezeichnet. Der Mensch wird neu geboren, fängt eine neue Biographie an. In manchen Bewegungen erhält der Anhänger dementsprechend einen neuen Namen: aus Erika Ruppert und Helmut Kleinknecht werden Didi Uma und Dada Lokesha.[68] Beeinflußt durch ihre traditionellen volkskirchlichen Gewohnheiten, zögern die meisten Menschen, sich auf solche Bekehrungs- und Umkehrerlebnisse zu richten. Wer aber tatsächlich an dem Sinn seiner ganzen Biographie irre geworden ist, scheint genau diese totale Neuorientierung zu brauchen.

Neue Zukunftshoffnung durch religiöse Geschichtsdeutung

Sinnlosigkeits- wie Sinnerfahrung stehen in einer *Zeitdimension.* Sinn hat mit Zukunft zu tun. Es geht zunächst um die *persönliche Zukunft.* Nach den jugendpsychiatrischen Befunden Reinhart Lempps lassen sich die typischen Reifungsstörungen Jugendlicher heute – wie die Symptome der „Depression" und des „Rückzugs in die Kindheit" – aus dem „Mangel an Zukunftsperspektiven" erklären. Die Folge ist eine „Reifungsstörung als Sinnkrise", so ausdrücklich Lempp selbst.[69] Die persönliche Zukunft kann offensichtlich durch die angstbesetzte Frage nach der *kollektiven Zukunft* der Gesellschaft schwer beeinträchtigt werden. Umgekehrt ist für die persönliche Sinnerfahrung innerhalb der Zeitdimension eine überzeugende, in der Gesellschaft zuversichtlich gelebte allgemeine Zukunftsperspektive in Form eines überindividuellen Ideals (nationale Größe, Fortschritt, Kreuzzugsideologie, revolutionärer Kampf, Weltfrieden o. ä.) eine wichtige Stütze. Wie aber steht es mit der humanen Substanz oder der Glaubwürdigkeit solcher Zukunftsideale?

Es ist unschwer zu erkennen, welche Anziehungskraft auch hier neue religiöse Organisationen gewinnen können, wenn sie in einer unsicher gewordenen Gesellschaft und in Kirchen, die mit der „Eschatologie", der Lehre von den Letzten Dingen, nichts mehr recht anzufangen wissen, anscheinend klare Auskünfte über „Gottes Wiederherstellungsplan" auf Erden geben, so die „Vereinigungskirche" (vgl. S. 413f.), oder über die Lehre von der „Wiederverkörperung" in einem anderen Leben, so die Neo-Sannyas-Bewegung (vgl. S. 410ff.). Auch die evangelikalen Strömungen in den christlichen Kirchen betonen viel stärker geschichtstheologische Aspekte wie endzeitliches Gericht und Erlösung. Wer immer, besonders als Jugendlicher, sich in eine solche überindividuelle zukünftige Sinnperspektive als von ihr getragener und aktiv beitragender Einzelner einfügen kann, gewinnt eine Grundlage für seine individuelle Zukunft.

Gemeinschaftserfahrung durch Gruppenreligiosität und die emotionale Einbettung des Ich

Wie auf der *Zeit*dimension läßt sich die „Sinnkrise" auch auf der *emotional-sozialen* und der *kognitiven Dimension* konkreter fassen. Die Jugendforschung hat herausgearbeitet, welche große Bedeutung für Jugendliche heute die „Gruppe" und die „Gesellschaft der Altersgleichen" gewonnen hat.[70] Das Soziale als das nationale, europäische oder menschheitliche Allgemeine bleibt für die meisten Jugendlichen

66 Dietrich Rössler: Die Vernunft der Religion. München 1976.

67 Rainer Döbert: Sinnstiftung ohne Sinnsystem? (Anm. 64), S. 65.

68 Ihre Geschichte erzählt Michael Mildenberger (Anm. 8), S. 22ff., S. 7f.

69 Reinhart Lempp: Reifungsstörung als Sinnkrise. In: Walter Hornstein u. a.: Jugend ohne Orientierung? Zur Sinnkrise der gegenwärtigen Gesellschaft. Weinheim/Basel [2]1983, S. 76ff., hier bes. S. 79f.

70 Zuletzt vgl. die Shell-Studie: Jugend '81 (Anm. 2).

ungreifbar und oft nur ein vages Versprechen auf die Zukunft. Daher wird statt dessen das Soziale als das zwischenmenschlich Nahe, Greifbare, schon jetzt Erlebbare gesucht. Sinn hat auch hiermit zu tun, denn individuelles Sinnerleben ist auf soziale Kommunikation angewiesen. Persönlicher Sinn und persönliche Identität werden gesellschaftlich mitkonstituiert. Das Individuum wird das, als das andere es ansprechen. Das Individuum macht „sich die Welt im Gespräch mit anderen zu eigen". Ihm bleiben „Identität und Welt nur solange wirklich [...], wie das Gespräch mit anderen aufrechterhalten wird".[71] „Die subjektive Wirklichkeit der Welt hängt mit anderen Worten am dünnen Faden des Gesprächs" (S. 18).

Man kann historisch belegen, daß der moderne Mensch in dem Maße immer stärker *soziale Zwischengebilde* braucht, wie in der Neuzeit das Individuum und das Allgemeine (als abstrakter Staat und unübersichtlicher werdende Gesellschaft) auseinandertreten. Für fast alle Jugendlichen und Erwachsenen behält daher die Familie als sinnvermittelndes soziales Gebilde große Bedeutung. Daneben sind es Vereine, Nachbarschaften, Kreise – und können es eben auch neue religiöse Gruppen werden: Die neue Religiosität ist bezeichnenderweise weithin *Gruppenreligiosität.* Sie lebt von ganz engen zwischenmenschlichen Beziehungen, die religiös vertieft und begründet werden. Mitglieder einer religiösen Gruppe erleben in ihr das Gegenteil der konventionellen Formen der Volks- und Amtskirche, in denen sich selbst regelmäßige Gottesdienstbesucher, besonders in den Städten, meist nur flüchtig oder gar nicht kennen.

Historisch gesehen, ist in der Geschichte der Neuzeit auf der Schwelle zum Aufklärungszeitalter besonders vom *Pietismus* die Gruppe als bedeutungsvolle soziale religiöse Form, als Gebets- und Bibelkreis der Frommen, wiederentdeckt worden. Man kann fragen, wieweit nicht die quasi-religiöse Selbsterfahrungskultur unserer Tage das pietistische Modell fortsetzt. Dieses Modell ist besonders bei den „Banden", den Gruppen für Erwachsene, später auch für Kinder und Jugendliche, in der Herrnhuter Brüdergemeine des Grafen Nikolaus von Zinzendorf anzutreffen. Die wechselseitige Beobachtung, Kontrolle und Ermahnung hinsichtlich der Frömmigkeit jedes einzelnen und seiner christlichen Lebensführung spielten in ihnen eine große Rolle und übten einen nicht unerheblichen Gruppendruck aus. Man könnte noch weiter ausholen und überlegen, ob nicht schon die Sektenbildungen seit dem Spätmittelalter in dem hier angedeuteten Zusammenhang zu sehen sind.

Mit der Bedeutung der (religiösen) Gruppengemeinschaft für die Sinnerfahrung Jugendlicher hängt eng die dadurch möglich werdende Überwindung der Krise des *Selbstwertgefühls* zusammen. Die traditionelle christliche Verkündigung ist eher auf die Schuld- und Sünden- als auf die Selbstwert- und Identitätsproblematik des Menschen gerichtet. Anders die meisten neuen religiösen Gruppen. In ihnen kommt der „liebenden" Gemeinschaft der höchste Stellenwert zu. Wenn man sich versammelt, vermittelt die Gruppe jedem, den sie umfängt, eine ständige, wechselseitige Zuwendung. Der Ankömmling fühlt sich vom ersten Augenblick an von dieser Zuwendung eingehüllt. Sie gehört zum Teil zu einer manipulativen Charakter annehmenden Psychotechnik der Anwerbung.

„Man hat mich ständig angelächelt, in den Arm genommen, gestreichelt. Ich fühlte mich als ein ganz besonderer Mensch, den jeder braucht" – so die Wiedergabe einer solchen Erfahrung des sog. *„love-bombing"*.[72]

Die Stützung des geschwächten Selbstwertgefühls durch die *Anlehnung an die grandiose Persönlichkeit des Guru* ist ein weiteres Merkmal der neuen Gruppen, das sich nahtlos hinzufügen läßt, um plausibel zu machen, warum gerade emotionell verunsicherte und an sich selbst zweifelnde Menschen, besonders junge Menschen, von dieser Art neuer Religiosität auch in einem hochproblematischen Sinne „gefangengenommen" werden können.

71 Peter L. Berger: Zur Dialektik von Religion und Gesellschaft. Frankfurt 1973, S. 17.
72 Zit. nach John Lofland (Anm. 56), S. 812.

Umfassende, einfache, pseudowissenschaftlich klare Gesamtdeutungen

Gemeinschaft, Geborgenheit, persönliche Anerkennung sind wichtig; aber sie versagen gegenüber dem Wunsch, sich auf die Zufälligkeiten unseres Lebens einen Reim zu machen und die Widersprüche des Daseins gedanklich zu bewältigen. Jugendliche brauchen nicht nur die Gruppe als Kreis von Menschen, sondern auch die *Gruppenideologie* wie überhaupt eine „Ideologie".

Gruppenideologie wird mit Erik H. Erikson verstanden als „ein in sich geschlossenes Gebilde aus gemeinsamen Symbolen, Ideen und Idealen, das (ob es nun auf einem ausdrücklichen Dogma, einer versteckten Weltanschauung, einem hochstrukturierten Weltbild, einer politischen Überzeugung oder einem ‚way of life' beruht) seinen Anhängern eine zusammenhängende, wenn auch systematisch vereinfachte Orientierung in Raum und Zeit, Mitteln und Zielen anbietet."[73]

Es bestätigt sich die Vermutung, daß die Anziehungskraft neuer religiöser Bewegungen zuletzt darauf beruht, daß sie genau dies präsentieren: *Gesamtdeutungen* des Lebens, und zwar in möglichst plausiblen *einfachen Formen.* Die Faszination durch eine logisch stimmige und zugleich umfassende Heilserkenntnis scheint fast ebenso ausschlaggebend zu sein wie die religiöse Gefühls- und Gemeinschaftserfahrung.

Mit Bezug auf die Meher-Baba-Bewegung stellt Dick Anthony fest, daß den Suchenden „ein integriertes kosmologisches und moralisches Gefüge" von klaren Antworten angeboten wird: „dies konnte die Psychotherapie nicht liefern".[74] Letztlich ist eben die psychiatrische Hilfe doch kein „funktionales Äquivalent". Religion kann demgegenüber letzte, unbedingte und alles umschließende Antworten geben. Für die Anhänger der Neo-Sannyas-Bewegung sind die zahllosen Vorträge des Bhagwan mit ihren alle Lebensthemen umspannenden Antworten eine unersetzliche Quelle der Orientierung. In der „Vereinigungskirche" wird alles durchsichtig und klar, weil die Bereiche Gottes und des Satans scharf gegeneinander abgegrenzt sind und alle dogmatischen Aussagen auf einige wenige einfache, letzte „Prinzipien" zurückgeführt bzw. aus ihnen abgeleitet werden. Dabei scheut man nicht den Versuch, wie wir gesehen haben, diese Einfachheit und Klarheit auch pseudowissenschaftlich abzusichern. Ein Mitglied der Vereinigungskirche schwärmt: „Es ist wunderbar, es ist so wissenschaftlich und erklärt alles."[75]

Die christlichen Kirchen bieten demgegenüber mit ihrer wissenschaftlichen theologischen Arbeit einen Pluralismus von Auslegungen, auch wenn heute die Versuche, die gemeinsame Mitte aller christlichen Theologie zu umschreiben, verstärkt werden. Die kritische und auf differenziertes Denken gerichtete wissenschaftliche Haltung der Theologie steht jedoch grundsätzlich dem Wunsch nach einfachen religiösen Lösungen entgegen.

Zusammenfassend läßt sich vermuten, daß insbesondere die kombinierte Bewältigung der Sinnkrise auf *allen Dimensionen gleichzeitig* die besondere Anziehungskraft der neuen religiösen Organisationen erklären könnte: auf der zeitlichen Dimension der individuell biographischen und allgemeinen Zukunftsperspektive, der sozial-emotionalen und der kognitiven. Dies leisten die alten Kirchen heute so nur noch bedingt. Die Stärken der Volkskirchen in der Bundesrepublik, ihre vergleichsweise hohe Liberalität, ihr geringer Gruppendruck und ihre kritisch abwägende Theologie, erscheinen in den Augen der Menschen, die nach zweifelsfreier Gewißheit verlangen, als Schwächen.

73 Erik H. Erikson: Identität und Lebenszyklus. Frankfurt 1973, S. 202.
74 Dick Anthony u. a.: Patients and Pilgrims (Anm. 43), S. 870.
75 Zit. nach John Lofland (Anm. 56), S. 811.

Neue Religiosität als Herausforderung der Kirchen

Wie sollen die beschriebenen Phänomene nicht zuletzt theologisch beurteilt werden? Bereits auf Grund der Wahl des Ausschnitts aus dem Gegenstandsfeld und des Vorverständnisses des Beurteilers schwanken die Bewertungen.

Zum Spektrum der Bewertungen und zum Ausgangspunkt theologischer Beurteilung

1. Wem selbst neue Bewußtseinserlebnisse und mystische Erfahrungen zuteil geworden sind, kommt gelegentlich zu *überschwenglichen Erwartungen.* Kulturphilosophen und Künstler holen dann manchmal besonders weit aus. Man sieht mit dem Wiederaufleben von Religion eine Zeitenwende, einen Äonenwechsel, eine „innere Evolution" heraufziehen,[76] eine „Gegenkultur".[77] Die Sinnkrise in einer materialistischen Welt kann nach Theodore ROSZAK nur durch eine grundlegende spirituelle Erneuerung überwunden werden. Bedingung ist, daß wir erkennen, daß wir „bis hinunter in unseren letzten Kern" religiöse Wesen sind, und daß wir uns „im Lichte der asiatischen Religionen" der „uns innewohnenden Göttlichkeit" bewußt werden.[78]
Diese, theologisch gesehen, fragwürdige Tendenz zur Selbstverwirklichung, ja Selbsterlösung aus den Kräften bzw. der „Energie" der eigenen menschlichen Natur ist immer wieder anzutreffen. Wohin es konkret gehen soll, welches die nächsten Schritte für eine solche Zeitenwende sein könnten, bleibt allerdings bei ROSZAK vage, „dann beginnt ihm die visionäre Luft auszugehen", wie ein Kritiker ironisch bemerkt. „Da ist von ‚therapeutischer Übergangs*technologie*' die Rede, [...] da muß nichts getan werden, als ‚im Lichte still zu stehn'."[79]

2. Im Gegensatz hierzu ist der Blick anderer aktiver Träger der religiösen Gegenkultur von zum Teil *tiefen Zweifeln* und *Skepsis* erfüllt. Für Reimar LENZ ist bereits Mitte der 70er Jahre die eigentlich kreative Phase vorüber. Es fehlten die Breitenwirkung und die institutionalisierende Kraft. LENZ hat aber bezeichnenderweise nur die esoterischen Experimente Einzelner und kleiner neuer Kommunen vor Augen, nicht die religiösen Umorientierungen als Phänomen breiter Kreise, etwa in den psychoreligiösen Bewegungen oder in den Kirchen. In dem von ihm gewählten Ausschnitt aus dem Spektrum vollzieht sich alles andere als eine wirkliche Zeitenwende.

„Die religiöse Subkultur ist der verzweifeltste gesellschaftliche Ort, den man finden kann, eine Oase hoffnungsvoller Ohnmacht."[80] Vom „synkretistischen Untergrund", wie er ihn sieht, haben darum auch die Kirchen „nichts zu fürchten und nur wenig zu hoffen" (ebd.). Statt religiös aufgeladener neuer Geschichtsmetaphysik wird das Gegenteil bekannt: „Ich glaube weder an das geschichtsmächtige Anbrechen eines Gottesreiches noch an die komplette, perfekte gesellschaftliche Selbsterlösung der Menschheit."[81] (Vgl. demgegenüber die Programmatik der Vereinigungskirche und der TM, S. 412f. und S. 413f.).

3. Die meisten amerikanischen Soziologen denken pragmatisch und kommen zu gemäßigt positiven Beurteilungen. Ihr Interesse ist es, die menschliche Nützlichkeit und soziale Integrierbarkeit der neuen Bewegungen und Kulte zu erweisen. Indem sie ihre Aufmerksamkeit auf die fundamentalistisch-evangelikalen, charismatisch-pfingstlerischen, okkulten und psychoreligiösen Bewegungen richten, welche in den USA breite bürgerliche Schichten erfassen, meinen sie die gesellschaftliche Nützlichkeit, Anpassungsfähigkeit und Ungefährlichkeit auch nachweisen zu können.

Die neuen religiösen Bewegungen, so das Urteil Irving ZARETSKYS und Mark LEONES, „sind weder pathologisch noch in der Regel radikal. Sie leiten gemäßigte Veränderungen ein und beschützen die etablierte gesellschaftliche Ordnung."[82]

Sie formen die soziale Identität, stützen das Selbstwertgefühl und helfen bei Lebensproblemen. Die Zugehörigkeit zu einer religiösen Gemeinschaft, selbst in bizarrer Verkörperung, gibt emotionale Sicherheit. Mehr noch: für die amerikanischen Wissenschaftler ist das Ganze gar nicht so neu. Die Geschichte der Vereinigten Staaten ist voll von solchen Erweckungsbewegungen und Gruppenbildungen. So werden dann die Deutungen zum Teil auch entsprechend recht amerikanisch:

„Was der gegenwärtigen religiösen Revolution ihre Stärke gibt, ist ihr typisch amerikanischer und unternehmerischer Charakter. Wir haben es mit dem Warenangebot des Zwischenhändlers als religiösem Führer zu tun." Zum Muster gehören „die lockere und verzweigte Organisation, die Do-it-yourself-Theologie und die Einstellung, daß gepredigt werden kann, was immer der Markt erträgt". (S. XXXIV)

4. Die theologischen Bewertungen sind in der Bundesrepublik in ihren Tendenzen unterschiedlich. Die Fixierung auf die „Jugendreligionen" bzw. „Jugendsekten", mit dem Interesse, sie abzuwehren, führt in der Regel zu einer *negativen Beurteilung* („destruktive Kulte") mit dem Blick auf Gefahren für Kirche, Staat und Gesellschaft.[83]

5. Wer statt dessen schon in der Analyse des Gegenstandsfeldes breiter ansetzt, wie es auch hier versucht worden ist, muß zu einem stärker *abwägenden Urteil* kommen. Dies sei unter Rückbezug auf die bisherigen Ausführungen näher verdeutlicht:
Auf der einen Seite sind in der Auseinandersetzung *kritische Unterscheidungen und Abgrenzungen* erforderlich. Nicht immer ist es jedoch leicht, Bewertungen von Informationen und Deutungen zu unterscheiden.

Lesen Sie noch einmal die Abschnitte S. 409–414 und S. 417f. Versuchen Sie, zwischen Aussagen zu unterscheiden, die entweder informieren, deuten oder bewerten. Die letzteren stehen zur Diskussion.

....

....

....

....

....

....

....

....

....

76 Ronald STECKEL: Herz der Wirklichkeit. In: Ingrid RIEDEL (Hrsg.): Der unverbrauchte Gott. Neue Wege der Religiosität. Bern/München/Wien 1976, S. 213.

77 Theodore ROSZAK: Gegenkultur – Gedanken über die technokratische Gesellschaft und die Opposition der Jugend. München 1973.

78 Ders.: Ethics, ecstasy and the study of new religions. In: J. NEEDLEMAN / G. BAKER (eds.): Understanding the New Religions. New York 1978, S. 61, 58.

79 Rolf SCHWENDTER: Theorie der Subkultur (1973). Neuausgabe mit einem Nachwort, sieben Jahre später. Frankfurt 1978, S. 376.

80 Reimar LENZ: „Es war einmal" – ein Märchen für übermorgen. In: Ingrid RIEDEL (Hrsg.): Der unverbrauchte Gott (Anm. 76), S. 208.

81 Ders.: Thesen zur Selbstkritik der religiösen Subkultur. In: Ingrid RIEDEL (Hrsg.): Der unverbrauchte Gott (Anm. 76), S. 101.

82 Irving I. ZARETSKY / Mark P. LEONE (eds.): Religious Movements in Contemporary America. Princeton 1974, S. XXXV.

83 Vgl. etwa Rüdiger HAUTH: Die nach der Seele greifen. Psychokult und Jugendsekten. Gütersloh 1979; Hanns-Seidel-Stiftung (Hrsg.): Die neuen Jugendreligionen. Herausforderung für Gesellschaft, Staat und Kirche, Schriftenreihe H. 15 (1979), ⁴1981; Klaus G. KARBE / Manfred MÜLLER-KÜPPERS (Hrsg.): Destruktive Kulte. Gesellschaftliche und gesundheitliche Folgen totalitärer pseudoreligiöser Bewegungen. Göttingen 1983.

Der breitere Ansatz, der nicht nur die synkretistischen nichtchristlichen Organisationen, sondern auch die neueren christlichen Bewegungen berücksichtigt, nötigt auf der anderen Seite bereits durch dieses analytische Vorgehen dazu, auftauchende Rückfragen auch auf die christlichen Bewegungen anzuwenden. Im vorangegangenen Kapitel (S. 419–422) sind die Merkmale beschrieben worden, welche die Anziehungskraft der neuen Bewegungen auszumachen scheinen. Gefahren klangen ebenfalls schon an, waren aber auf die nichtchristlichen Organisationen bezogen. Grundsätzlich gelten die Gefahren auch für christliche „Gruppenreligiosität“:

- emotionale Abhängigkeit und wechselseitiges Anklammerungsverhalten zwischen den Gruppenmitgliedern,
- naive Autoritäts- und Harmoniegläubigkeit (mit Jesus werden alle Probleme gelöst),
- Preisgabe selbständigen, kritischen Denkens in der unbesehenen Übernahme anscheinend völlig eindeutiger religiöser Wahrheit,
- Rückzug in ein religiöses Ghetto.

Die grandiose Persönlichkeit der Gurus in den asiatisch beeinflußten Bewegungen wurde als Projektionsideal beschrieben, dem man sich völlig übergeben kann, um das eigene schwache Ich zu stützen. Die konkrete menschliche Person des Gurus tritt dabei hinter seiner Idealisierung zurück. Untersuchungen zeigen, daß eine Jesus-Frömmigkeit ähnlich strukturiert sein kann und auch der historische Jesus hinter einer idealisierten Projektion zurücktritt. Er wird „entwirklicht, zeitlos, super und zum Projektionsziel aller Ideale, Wünsche und Lebensziele“.[84]

Der breitere Ansatz bewirkt mithin, daß man die nichtchristlichen religiösen Bewegungen als Anfragen an das eigene Christentum anzusehen lernt, als Veranlassung zu *selbstkritischer Prüfung.* Man wird ferner veranlaßt, sich mit dem breiteren Spektrum auch Wertvolles vor Augen zu führen. Beides sollte der *Erneuerung* der Kirche aus ihren *eigenen Ursprüngen,* Traditionen und gegenwärtigen Aufbrüchen dienen. Vieles, was Menschen in neuen religiösen Bewegungen suchen und zum Teil auch finden, kann in der eigenen biblisch-christlichen Überlieferungs- und Frömmigkeitsgeschichte wiederentdeckt werden.

Die Beschäftigung mit der Zen-Meditation kann, wie der amerikanische Theologe Harvey Cox beschreibt, zu einer neuen und vertieften Einschätzung der Bedeutung des Sabbats führen.[85] Der Hunger nach Gemeinschaft verweist auf Geist und Leben der urchristlichen Gemeinschaften und christlichen Kommunitäten durch die Jahrhunderte (vgl. dazu auch STE 26, Teil 1); die Sehnsucht nach einem alternativen Leben verweist auf den Gott der Bibel, der alles neu machen kann und will. Die bizarre Vielfalt der neuen Religiosität (vgl. dazu auch STE 26, Teil 2, zur Frauenspiritualität und feministischen Theologie) ist zum Teil die Antwort auf die Verarmung des religiösen Lebens in den Kirchen, welche die Fülle ihrer eigenen Traditionen und zukünftigen Möglichkeiten erst jetzt in unseren Tagen staunend wahrnehmen, oder die Antwort auf einseitige Auslegungen dieser Traditionen. Im Rahmen der ökumenischen Begegnungen lernen Christen der westlichen Kirchen heute besonders durch intensive Bekanntschaft mit den Ostkirchen, den ältesten Kirchen, und den jungen Kirchen in der Dritten Welt, den jüngsten Kirchen. Unsere Volks- und Amtskirchen brauchen offenbar selbst gegenüber den Bewegungen, die ausdrücklich in den Kirchen verbleiben und ihrer Erneuerung dienen wollen, Zeit, um zu einem angemesseneren Verständnis zu finden. Waren zum Beispiel viele Stellungnahmen der Kirchenleitungen gegenüber der „Charismatischen Gemeinde-Erneuerung“, vor allem auf evangelischer Seite, in den 60er Jahren noch „defensiv oder ablehnend“, weil manche Ausdrucksformen ein neues „Schwärmertum“ befürchten ließen, so sind neuere katholische und evangelische Stellungnahmen positiver.[86]

Der gebotene Weg des Umgangs mit den neuen Phänomenen ist, um zusammenzufassen, der Weg des Verstehens, der kritische Auseinandersetzung und Selbstkritik einschließt. Als erstes sollten dabei stets die den Erscheinungen der neuen Religiosität zugrunde liegenden menschlichen Nöte und Fragen zu verstehen gesucht und ernst genommen werden. Selbst wenn Anhänger einer „Jugendreligion“ aus eigenem Antrieb ihr enttäuscht den Rücken kehren sollten, ist das zugrunde liegende Problem nicht damit entschieden: denn „kann durch die erfahrene Enttäuschung die Sehnsucht als dementiert gelten, die sie [die jungen Menschen] in die Bewegung führte“?[87]

Religiöse Individualisierung und Pluralisierung und der Weg einer offenen Volkskirche

Der oben gewählte breite Ansatz der Analyse hat schon mehrfach anklingen lassen, daß die Entwicklung neuer religiöser Bewegungen für die volkskirchliche Gestalt des Christentums nicht etwas völlig Fremdes ist. Es handelt sich vielmehr um einen übergreifenden Vorgang. Er bringt in den neuen Organisationen nur besonders augenfällig zum Ausdruck, nämlich durch ungewohnte Formen, was sich im Grunde schon seit längerem in den Volkskirchen selbst vollzieht. In „Volkskirche und neuer Religiosität“ spiegelt sich dieselbe Dynamik der Zeit, ein sich verstärkender Prozeß der *Individualisierung* und damit zwangsläufig auch der *religiösen Ausdifferenzierung* und *Pluralisierung.* Religion ist weithin Sache der persönlichen, privaten Entscheidung geworden. Eine der Ursachen liegt im Selbstverständnis des modernen Menschen, der sich frei fühlt, sein Leben selbst zu bestimmen, einschließlich seines Verhältnisses zur Religion.

Diese Freiheit der Wahl schließt hinsichtlich der *Gestalt der Religion* ein, daß man die überlieferten christlichen Lehren für sich passend auslegt oder nur das übernimmt, was man annehmbar und überzeugend findet. Dasselbe gilt für die christliche Lebensführung. Bei den meisten Mitgliedern der Kirche fallen diese individuell vorgenommenen Umdeutungen und Umwandlungen im volkskirchlichen Alltag nicht weiter auf, zumal wenn sie (nominell) Mitglieder der Kirche bleiben. Dies ist bei der ganz überwiegenden Mehrheit der Fall; insofern erscheinen die Volkskirchen als stabil.[88] Volkskirchen, besonders von der Größe wie hierzulande, üben außerdem keinen Gruppenzwang aus. Sie kontrollieren nicht, welchen Reim sich ein Predigthörer tatsächlich auf die Auslegung einer biblischen Geschichte macht oder welcher Vorstellung von Gott und Jesus Christus er genau anhängt.

Ingrid RIEDEL und Michael MILDENBERGER stellen fest, daß Bhagwan Shree RAJNEESH alle religiösen Traditionen nur noch symbolisch verstehe und nicht mehr wörtlich nehme (s. o. S. 412). Wir zitierten Befunde, wonach ebenso auch viele Menschen in unserer Bevölkerung (und das heißt immer auch in unserem Kirchenvolk) symbolistische Umdeutungen vornehmen (s. o. S. 419). Manche Menschen gehen nun weiter. Sie fügen unbekümmert Elemente aus verschiedenen Religionen zusammen, ganz gleich, ob das Ergebnis noch christlich genannt werden kann oder nicht. Sie werden zu potentiellen Mitgliedern neuer religiöser Gruppen, falls sie nicht, wie viele, im Niemandsland zwischen traditioneller Kirchlichkeit und neuer religiöser Anhängerschaft verbleiben. Andreas FEIGE hat jüngst aufgezeigt, wie schwer es diesen Menschen fällt, ihr Christsein überhaupt noch zu definieren (S. 99f., 119ff.). Sie sehen sich selbst in Distanz zur „eigentlichen“ Kirche der „Frommen“ und ihrer „wahren Lehre“, möchten aber weiterhin, wenn auch in lockerer Weise, ebenfalls noch zur Kirche gehören.

Wie soll sich die Kirche ihnen gegenüber verhalten? Nicht erst bei den augenfällig abweichenden, sondern schon bei der großen Mehrheit der volkskirchlichen Christen steht der Kirche dasselbe Grundproblem – wörtlich – „ins Haus“.

84 J. DUSS-VON WERDT: Die Familie als Hauptagentur der religiösen Sozialisation. In: N. BAYER u. a.: Religion im Untergrund (Anm. 23), S. 201.

85 Harvey COX: Licht aus Asien (Anm. 34), dort das Kapitel: Meditation und Sabbat. Besinnung auf biblische Traditionen, S. 75ff.

86 Heribert MÜHLEN (Hrsg.): Geistesgaben heute (Anm. 26), S. 8, mit dem Hinweis auf neuere Dokumente, abgedruckt in: Dokumente zur Erneuerung der Kirche. Mainz 1982. Von evangelischer Seite vgl. Johannes HANSELMANN: Gelebte Religion als Frage an kirchenleitendes Handeln. In: Johannes HANSELMANN / Dietrich RÖSSLER: Gelebte Religion. München 1978, S. 48.

87 So fragt mit Recht Arnold PFEIFFER: Neue religiöse Bewegungen. *Theol. Pract.* 15 (1980), 1, S. 93f.

88 Vgl. zuletzt die Befunde bei Andreas FEIGE: Erfahrungen mit Kirche (Anm. 1).

Es gibt grundsätzlich zwei Antwortrichtungen. In dem Maße, wie sich die „Kirchentreuen", die „Frommen", nebst Theologen und Kirchenführern von diesen volkskirchlichen Mitgliedern distanzieren, ist deren *distanzierte Kirchlichkeit* immer auch das Ergebnis einer *distanzierenden Kirche.*[89] Man kann aber auch einen anderen theologischen Standort wählen, nicht bei einer „religiösen Norm", einem normativen Bild des rechten Christen, sondern bei der „gelebten Religion". Unter dieser Formel gehen der evangelische praktische Theologe Dietrich RÖSSLER und der evangelische Landesbischof Johannes HANSELMANN auf jene religiöse Lebenspraxis zurück, die der theologischen Klärung und dem kirchenleitenden Handeln immer schon vorausliegt.[90] Sie unterstellen mit Recht, daß das Ringen um die Wahrheit des menschlichen Lebens und um den Sinn der Rede von Gott zunächst immer schon hier stattfindet.

Die „entscheidenden Probleme der Kirchenleitung (brechen) nicht an der Frage der Durchsetzung normativer Programme auf, sondern dort, wo sich jene Dimension grundlegender Sinnorientierung innerhalb der Lebenspraxis zur Geltung bringt."[91] Hier zeichnet sich eine wichtige Einstellungsänderung ab.
Sie dringt bis in die verwendete Begrifflichkeit vor. Sprach und spricht man hinsichtlich jener volkskirchlichen Mitglieder auf der einen Seite abfällig von „Kirche ohne Entscheidung", „Gewohnheitschristentum", „Traditionschristen", „Taufscheinchristen", „Abständigen", „Randständigen" usw., so redet man heute häufiger entweder neutral von „volkskirchlichem Christentum"[92] oder mit positivem Unterton eben von „gelebter Religion" und, so auf katholischer Seite, von „Volksreligion als Religion des Volkes".[93]

Das theologische Denkmodell, das diese positive Einschätzung der Volkskirche ermöglicht und damit auch eine freiere Haltung zu den bereits in ihr sich vollziehenden Wandlungen christlicher Religion (Individualisierung, Pluralisierung), ist auf evangelischer Seite eine *Theorie des neuzeitlichen Christentums auf der Grundlage der Rechtfertigungslehre.*[94] Im Namen der Rechtfertigung des Sünders allein aus Gnade durch Glauben wird die Volkskirche als „Institution der Freiheit" verstanden. Einfacher formuliert: Von keiner besonderen sichtbaren, von Menschen zu leistenden Gestalt christlicher Religiosität oder Frömmigkeit soll das abhängig gesehen oder gemacht werden, was als Gottes Verheißung für alle Menschen und als freies Gnadenhandeln geglaubt werden soll. Die im Glauben erfahrene Freiheit darf dem Mitchristen und Mitmenschen nicht als Zwang weitergegeben werden. Jeder hat die Konkretisierung des Glaubens in seinem Leben persönlich zu verantworten. Für das kirchenleitende Handeln bedeutet diese Perspektive, die Volkskirche für möglichst viele offenzuhalten und nicht durch Menschenhand, sprich kirchliche „Gesetzlichkeit", dort Grenzzäune aufzustellen, wo nur Gott selbst als der Herr der Kirche letztlich urteilen kann.

Nochmals Johannes HANSELMANN: „Es geht entscheidend darum, der Sendung der Kirche den weitest möglichen Horizont offenzuhalten, die Freiheit des Rechtfertigungsglaubens zur Darstellung zu bringen und die Einheit der Kirche als lebendiges Geschehen und Vielfalt zu bewahren."[95]

Ist eine solche, ausgesprochen protestantisch-liberale Sicht theologisch richtig? Man muß genau hinsehen und erkennen, was mit dem Bekenntnis zur „Einheit der Kirche" nach wie vor festgehalten wird. Die Konkretisierung des Glaubens in persönlicher Verantwortung ist nicht als *beliebig* „frei bleibende Folge" anzusehen, die *irgendwohin* führen kann; sie hängt nach LUTHER „an der Konformität mit Christus ... und bedeutet Gliedschaft in der Gemeinde als dem Leib Christi".[96] Von daher ist die Ausrichtung neuer christlicher Spiritualität auf ein verbindliches christliches Leben, sofern sie innerhalb der Gesamtkirche verbleiben will, eine ernste Anfrage an alle übrigen Glieder einer „allzu offenen" Volkskirche.

Liberalistische Auflösung und doktrinäre Redogmatisierung und der Weg theologischer Wahrheitsprüfung

Sendung der Kirche und Offenheit, Freiheit in Vielfalt und zugleich Einheit der Kirche – darin liegt eine sehr spannungsvolle, konfliktträchtige Aufgabe der christlichen Kirchen für die Zukunft. Dies gilt besonders auch darum, weil die in den neuen nichtchristlichen Organisationen zu beobachtende Gefahr der *liberalistischen Auflösung* und der *doktrinären Redogmatisierung* ebenfalls innerhalb der Mauern der Volkskirche selbst „ins Haus steht": in Gestalt konservativer Gruppen, welche die Amtskirche zu entschiedenerer Disziplin in den moralischen Fragen der christlichen Lebensführung und zu größerer Geschlossenheit hinsichtlich der Eindeutigkeit der Glaubenslehre auffordern, und auf dem anderen Flügel in Gestalt liberaler Gruppen, die das Umgekehrte erwarten. „Neue Religiosität" ist heute beides: Ausdruck nicht nur weiterer religiöser Befreiungsversuche, sondern auch Rückkehr zu dem, was man abgekürzt „restaurative Ordnungsreligion" nennen könnte.
Die gemeinsame moderne Situation scheint bei unterschiedlichen Menschen unterschiedliche Krisen hervorzurufen, bei den einen vor allem immer noch das Leiden an zuwenig Freiheit, bei den anderen genau umgekehrt tiefe Unsicherheit wegen eines Übermaßes an gesellschaftlicher und individueller Freiheit. Amerikanische Religionssoziologen sprechen im ersten Falle von einer „Krise der Entfremdung", im zweiten von einer „Krise der Anomie": sie klagt die fehlende sittliche, religiöse und politische Ordnung ein. Ob man entsprechend einen mehr „liberalen" und einen mehr „konservativen" „Persönlichkeitstyp" annehmen darf, wäre noch genauer zu untersuchen. Sichtbar ist jedenfalls, daß die neuen religiösen Bewegungen teils mehr auf das eine, teils mehr auf das andere Bedürfnis reagieren; es lassen sich grob zwei Typen unterscheiden: der liberalistische, monistisch-entgrenzende Typus (Beispiel: Neo-Sannyas-Bewegung) und der dogmatisierende, dualistisch-abgrenzende Typus (Beispiel: Vereinigungskirche).[97]

Die größte Probe für die christlichen Kirchen in der Zukunft liegt wahrscheinlich an dieser Stelle. Sollen sie grundsätzlich stärker den Weg der Freiheit nach innen und

89 Hierzu besonders treffend der Kommentar zu den Befunden FEIGES von Christoph BIZER in: A. FEIGE: Erfahrungen mit Kirche (Anm. 1), S. 208f.
90 Johannes HANSELMANN / Dietrich RÖSSLER: Gelebte Religion. München 1978.
91 Johannes HANSELMANN: Gelebte Religion als Frage an kirchenleitendes Handeln. In: Johannes HANSELMANN / Dietrich RÖSSLER: Gelebte Religion (Anm. 90), S. 35.
92 Dieter STOODT / Edmund WEBER: Volkskirchliches Christentum. Kirchentheoretische und religionspädagogische Erkenntnisse. In: A. FEIGE: Erfahrungen mit Kirche (Anm. 1), S. 299ff.
93 Karl RAHNER u. a. (Hrsg.): Volksreligion – Religion des Volkes. Stuttgart u. a. 1979. – Zur positiven Würdigung volkskirchlicher Religiosität, aber auch zu ihrer Fragwürdigkeit (Privatisierung, abgespaltene Freiheitsdynamik) vgl. von katholischer Seite auch Paul M. ZULEHNERS Deutung der von ihm so genannten „Leutereligion" („Leutereligion". Eine neue Gestalt des Christentums auf dem Weg durch die 80er Jahre? Freiburg/Brsg. 1982).
94 In vorliegendem Studienband vertreten durch die Position von Trutz RENDTORFF (vgl. die vorausgegangene STE 24); vgl. ferner die Studie des Theol. Ausschusses der VELKD (Vereinigte Evangelisch-Lutherische Kirche Deutschlands): Wenzel LOHFF / Lutz MOHAUPT (Hrsg.): Volkskirche – Kirche der Zukunft? Leitlinien der Augsburgischen Konfession für das Kirchenverständnis heute. Hannover 1977.
Auf katholischer Seite ermöglicht die Lehre vom „anonymen Christentum" (Karl RAHNER) eine positivere theologische Deutung des von strenger kirchlicher Gebundenheit gelösten „Christentums innerhalb und außerhalb der Kirche" (vgl. den gleichnamigen, Karl RAHNER zugeeigneten Band, hrsg. von Elmar KLINGER, Freiburg 1976).
95 Johannes HANSELMANN: Gelebte Religion als Frage an kirchenleitendes Handeln (Anm. 90), S. 47.
96 So Karlheinz STOLL, Leitender Bischof der VELKD, auf der Coburger Synode der VELKD im September 1983.
97 Barbara HARGROVE: Integrative and Transformative Religion. In: J. NEEDLEMAN / G. BAKER (Anm. 78), S. 257–266; Th. ROBBINS / D. ANTHONY / J. RICHARDSON: Theory and Research on Today's ‚New Religions'. *Social Analysis* 39 (1978), 2, S. 95–122.

außen gehen – oder grundsätzlich stärker einen Weg der Abgrenzung nach innen und außen? Innerhalb und außerhalb der christlichen Kirchen vollzieht sich ja die Dynamik, der hier nachgegangen worden ist.

Die Antwort hierauf sollte das Ja zur *Freiheit* sein, weil die Kirche sonst einem fundamentalen Selbstwiderspruch unterliegt: Das frei machende Evangelium darf nicht unfrei vermittelt werden. Diese Perspektive muß den Umgang mit jedem bestimmen, auch mit anderen Weltreligionen und neuen religiösen Bewegungen. Die volle Antwort darf aber auch nicht einfach von dem Verlangen der einen nach doktrinärer Eindeutigkeit und der anderen nach mehr Freiheit für alle möglichen Abweichungen abhängig gemacht werden. Sie muß aus Unterscheidungen in der Sache der Theologie selbst erwachsen und sich an der Frage nach der *Wahrheit* orientieren. Was heißt das?

Der Zulauf von jungen Menschen zu neuen Bewegungen des einen Typs (dogmatisierender, dualistisch-abgrenzender Typus) mit klaren Moralvorstellungen zeigt einerseits, was Verbindlichkeit in der Lebensführung für viele Jugendliche mit Recht bedeutet. Aber das kann andererseits für die Kirche nicht heißen, daß sie sich, dem Sicherheitsverlangen in der Situation der Auseinandersetzung über die Werte nachgebend, als Retter gesellschaftlicher Werte anbietet oder gar in einen simplen dualistischen Gegensatz zurückfällt, in der Annahme, man könne auch in der Moral und Ethik absolute Sicherheit erlangen und in prinzipieller Klarheit Gut und Böse einander gegenüberstellen, weil man ebenso sicher zwischen Rechtgläubigen und Ungläubigen unterscheiden könne. Diese Gesetzlichkeit führt zur Selbstrechtfertigung und hat die Rechtfertigung aus Gnade gegen sich.

Andererseits darf sich die Problematik von Schuld und Sünde nicht monistisch-mystisch verflüchtigen und in einen Bewußtseins-, Therapie- und Lernprozeß auflösen (liberalistischer, monistisch-entgrenzender Typus). Der christliche Glaube sieht das menschliche Dasein nicht in einem anonymen kosmischen, schicksalhaften Zusammenhang, wie die asiatische Religiosität, sondern in einem schuldhaften, vom Menschen mitzuverantwortenden Zusammenhang.[98] Leben und Heil des Menschen werden geschichtlich und personal interpretiert als Gnade, Versöhnung, Gerechtigkeit und Friede, nicht ungeschichtlich und apersonal als Harmonie, Wohlgefühl und Entgrenzung. Die neue Religiosität der Selbsterfahrung wird besonders den gesellschaftlichen Schuldverflechtungen nicht gerecht. Sie klammert die politischen und moralischen Herausforderungen unserer Zeit weithin aus.

Es ist ein gutes Zeichen, daß viele christlich motivierte junge Menschen weder den Weg einer restaurativ-autoritären Ordnungsreligion noch den einer liberalistischen Selbsterfahrungsreligiosität mitgehen. Sie gehen einen dritten Weg. Als Beispiel wären die Jugendlichen der Taizé-Bewegung zu nennen sowie ein großer Teil der Kirchentagsjugend. Sie suchen ethische und politische Verantwortungsübernahme im Glauben, ohne sich auf Kosten anderer in einem Freund-Feind-Denken zu stabilisieren. Sie suchen zugleich die inneren Kraftquellen des Glaubens in Gebet, Stille, Meditation, Abendmahl, kurz, in einer neuen Spiritualität – ohne hieraus eine neue Ideologie zu machen. Ihr Weg der Verbindung von christlicher Weltverantwortung und Spiritualität führt durch die falschen Alternativen von Liberalisierung und Redogmatisierung hindurch.

Zusammenfassend gilt für den theologischen Umgang mit neuen religiösen Bewegungen beides: Für die Wahrheitssuche ist christliche Freiheit zu gewähren, aber der Spielraum der Freiheit bleibt an die kritische Frage nach der Wahrheit gebunden. Dies schließt Beurteilungen und Abgrenzungen im Geist des freien Dialogs ein. Die neuen religiösen Organisationen müssen sich fragen lassen, ob auch sie diesem doppelten Kriterium folgen oder sich absolutsetzen wollen.

98 Helmut Aichelin: „Die Seele kann so schnell nicht fliegen." Kritischer Dialog mit der neuen Religiosität. In: I. Riedel (Hrsg.): Der unverbrauchte Gott (Anm. 76), S. 56ff.

26. Formen christlicher Spiritualität heute

Autorinnen der Studieneinheit:
Waltraud Herbstrith/Elisabeth Moltmann-Wendel
unter Mitarbeit von Herlinde Pissarek-Hudelist

Waltraud Herbstrith (Sr. Teresia a Matre Dei OCD) (56), Karmelitin. Studium der Germanistik und Neuphilologie. 1953 Eintritt in den Kölner Karmel. 1962 Mitarbeit am Edith-Stein-Archiv. Seit 1963 publizistisch tätig. 1978 Mitbegründerin des Edith-Stein-Karmels Tübingen. Herausgeberin verschiedener Reihen zur Spiritualität des Karmels und zu Fragen der Meditation. *Schwerpunkte:* Teresa von Avila, Edith Stein, Therese von Lisieux, Johannes vom Kreuz.

Elisabeth Moltmann-Wendel (58), Studium der Theologie in Berlin und Göttingen. 1951 Promotion. Verheiratet, 4 Kinder. Publizistin und Autorin im Bereich Frau, Theologie, Kirche.

Allgemeine Einführung

Neue Wege des Glaubens und des religiösen Lebens hat es in der Geschichte immer gegeben und wird es auch in Zukunft immer geben müssen. Dabei wird nicht nur Neues aus bewährter Tradition hervorgehen, sondern es gilt hier auch, gänzlich neue und ungewohnte Wege zu beschreiten. Hierbei ist zu beachten, daß sich jeder, der in der Gesellschaft ungewohnte Wege sucht, von dorther angreifbar macht. Darüber hinaus ist jeder neue Denkansatz von Natur aus leichter Mißverständnissen ausgesetzt, zumal auch eine neue Perspektive in ihrer Darstellung notwendig subjektiv und auswählend verfahren muß. Aus welchem Kontext ein einzelnes Zitat stammt, auf welchen Erfahrungshintergrund es sich beruft und welchen Stellenwert es innerhalb der Diskussion hat, kann unter solchen Umständen nicht immer zureichend verdeutlicht werden. Äußerungen einschlägiger Autorinnen und Autoren können so weniger differenziert erscheinen, als es der Wirklichkeit entspricht.

Die vorliegende Studieneinheit will versuchen, von zwei verschiedenen Zugängen her in die Problematik religiöser Praxis und deren historische und geistige Grundlagen einzuführen. Einer so verstandenen Praxis wird am ehesten der umfassende Ausdruck „Spiritualität" gerecht:

• Der erste Teil der Studieneinheit behandelt Eigentümlichkeit und konkrete Verwirklichung heutiger christlicher Spiritualität von einem Gesichtspunkt aus, der die für Männer und Frauen gemeinsame Basis des Menschlichen und Christlichen anspricht. Spiritualität meint dabei ein geistliches Streben, ein Suchen nach Erfahrung, nach Verlebendigung der Botschaft Christi, die immer wieder aus geschichtlichen Zwängen und Verkrustungen befreit werden muß. Spirituelle Strömungen sind ein Zeichen von Leben in den Kirchen. Sie deuten an, daß das „Grundwasser des Lebens nicht versiegt" ist (vgl. Joh 7,38), daß es aufsteigen will,

um Einzelnen und Gruppen einen neuen Lebenshorizont zu schenken. Neue Wege des Glaubens sind Wege der Hoffnung, der Befreiung, des Vertrauens in die Zukunft. Sie machen Menschen, die sich auf sie einlassen, fähig, mit anderen zusammen eine bessere, menschlichere Welt aufzubauen. Neue Formen der Spiritualität bilden sich dort, wo das Wort der Bibel nicht toter Buchstabe bleibt, sondern in lebendigen Menschen konkrete Gestalt annimmt. Jesu Geist regt uns an, in kleineren und größeren Gruppen miteinander menschliches Leben zu gestalten und einzuüben. Diese Lebensentwürfe, seien sie Orden, Kommunitäten, Säkularinstitute, Bruder- oder Schwesternschaften genannt, können Zeichen der Orientierung und Hoffnung sein.
Diese Vorstellung von Spiritualität bedenkt nicht ausdrücklich, ob Männer und Frauen einen verschiedenen Zugang, eine verschiedene Sicht und verschiedene Möglichkeiten der Verwirklichung dieser Spiritualität haben.

• Der zweite Teil der Studieneinheit faßt den Begriff „Spiritualität" demgegenüber weiter und mehr der angelsächsischen Tradition entsprechend. Er umfaßt in dieser weiten Bedeutung auch „Lebenshaltung", „Lebenseinstellung" im ganzen. Spiritualität ist also in dieser Charakterisierung nicht auf religiöse Innerlichkeit beschränkt, sondern meint zugleich die gesamte Lebenshaltung des Menschen, die einerseits von der Gesellschaft geprägt wird und andererseits auch wieder auf sie zurückwirkt.
Die Frage nach ihrer Identität ist heute zur Lebensfrage vieler Frauen geworden. Die großen Ordnungen, die ihnen ein bestimmtes Wertgefühl gaben, haben sich gewandelt. Gesellschaftliche Erfahrungen, daß das Wirtschaftswachstum nicht unbegrenzt ist, ökologische Bestandsaufnahmen, daß Menschen die Natur verantwortungslos ausbeuten, psychologisches Wissen, daß wir mit unserem Körper entsprechend ausbeuterisch umgehen, verdichten sich heute im Leben und in der Erfahrungswelt von Frauen.
In einer zweiten Hinsicht hat der Begriff dann aber auch eine spezifisch christliche Dimension, indem Frauen mit einem neuen Bewußtsein ihrer selbst, „mit neuen Augen" die Bibel lesen und sich mit der christlichen Tradition auseinandersetzen. Aus diesem gegenwärtigen Frauenbewußtsein entwickelt sich – parallel zu anderen alternativen religiösen Bewegungen – eine Frauenspiritualität, eine Seins- und Transzendenzerfahrung, welche die in Kirche und bürgerlicher Gesellschaft vergessenen Lebenszusammenhänge wieder sichtbar werden läßt. Einzelne Gruppen treten aus ihrer Macht- und Stimmlosigkeit heraus und repräsentieren eine Wirklichkeit, die den Lebensvorstellungen vieler Menschen entspricht.
Nicht wenige aber werden auch mit den neuen Überlegungen und Wegen dieser Frauenspiritualität Schwierigkeiten haben; denn das je eigene Frau- und Mannsein kommt ins Spiel, wenn ausdrücklich über das eigene oder andere Geschlecht gesprochen wird. Bei der Auseinandersetzung mit dem hier vorgestellten Thema muß man daher damit rechnen, sich auf eigene und fremde Emotionen und Blockaden einzulassen. Da die gesellschaftliche Stellung von Frauen und Männern verschieden ist, denken Frauen und Männer von unterschiedlichen Verstehensvoraussetzungen her.

Nach dem Durcharbeiten dieser Studieneinheit sollen Sie in der Lage sein,

- die Problematik der Spiritualität und deren Verwirklichungswege in verschiedenen Bereichen der Lebensgestaltung darzustellen,
- die Bedeutung von kommunitärem Leben als Verwirklichung von christlichem und kirchlichem Engagement zu bestimmen,
- die gegenwärtige Frauenspiritualität im Horizont der christlich geprägten abendländischen Gesellschaftsordnung zu beurteilen.

Neue Wege des Glaubens in christlichen Gemeinschaften

Jede Zeit hat ihre eigene Sprache und Gedankenwelt. Wir erleben gerade in den letzten Jahren, wie schnell und intensiv angesichts der politischen und wirtschaftlichen Entwicklung des ausgehenden 20. Jahrhunderts die Fragen nach Sinn und Ziel des Lebens erneut aufbrechen und in den Möglichkeiten unserer Zeit zur Sprache kommen.

Die Suche nach Sinn zeigt sich in unserer technisierten Welt auch darin, daß Menschen die Stille suchen; Schweigezeiten, in denen sie sich und die sie umgebende Welt neu und unverstellt erfahren. Nicht zuletzt durch die zunehmende Begegnung mit östlichen Kulturen erwacht auch in Europa der Wunsch, in einen einseitig rational organisierten Alltag Zeiten der Besinnung einzubeziehen, um wieder fähig zu werden für die Begegnung mit dem Heiligen, mit Christus und seiner Botschaft.

Zur Entstehung und Entwicklung neuer Spiritualität

Das Erwachen des kommunitären Lebens in der evangelischen Kirche in unserer Zeit wie die Impulse, die auf katholischer Seite vom II. Vatikanischen Konzil ausgegangen sind, zeigen eine deutliche Rückbesinnung auf die Situation der frühchristlichen Gemeinden.

Kontrastgesellschaft – Gegenöffentlichkeit

In der Urkirche wurde von den Christen gesagt: „Seht, wie sie einander lieben." Christen fielen in den Anfängen unserer Kirche auf als „Kontrastgruppe". Ihr Verhalten war anders als das Leben im alltäglichen Wettstreit um Geld, Macht, gesellschaftliches Prestige. Die Christen verkündeten Gottes zuvorkommende Liebe, die Gleichheit von Mann und Frau.

Der Neutestamentler Gerhard LOHFINK benennt in einer Studie zu den Anfängen der christlichen Kirche die ersten Gemeinden als „Kontrastgesellschaft". Er bewundert das Selbstbewußtsein dieser ersten Christen, die sich „Volk Gottes" nannten und durch ihr sozial anderes Verhalten der Umwelt auffielen. Gerade die rasche Ausbreitung des frühen Christentums ist unter anderem darauf zurückzuführen, daß die brüderliche und schwesterliche Liebe der ersten Gemeinden starke soziale Ausstrahlungskraft und Wirkung hatte.

Viele reagieren heute in den Kirchen eher umgekehrt. Die Situation der heutigen Christen ist weitgehend durch Angleichung an die allgemeinen gesellschaftlichen Verhältnisse gekennzeichnet:

> „Aufs Ganze gesehen haben sich die Kirchen in Westeuropa in einer bestürzenden Weise mit der übrigen Gesellschaft und ihren Strukturen bewußtseinsmäßig identifiziert. Widerstand oder Verweigerung vollziehen sie höchstens punktuell. Daß die Kirche im ganzen eine alternative Art von Gesellschaft sein müßte, ist den Christen Westeuropas nicht mehr bewußt oder gelangt gerade erst in den letzten Jahren langsam wieder in ihr Bewußtsein."[1]

Weil von vielen – vor allem Jugendlichen – das kritische Bewußtsein der Kirche als Volk Gottes in unserer Zeit vermißt wird, konzentriert sich ihr Interesse wieder mehr auf die Person Jesu von Nazaret.

---

1 Gerhard LOHFINK: Wie hat Jesus Gemeinde gewollt? Freiburg/Basel/Wien 1982, S. 245.

Herbert A. GORNIK faßt diese Entwicklung in seinem Buch *„Anders leben“* folgendermaßen zusammen:

„Es gibt ungezählte Landkommunen, Wohngemeinschaften, Meditationszirkel und therapeutische Gruppen – auch, und vielleicht gerade in der christlichen Szene. Ihnen allen bedeutet Jesus viel, manchen die Kirche wenig. Bei einigen findet sich kein konventionelles christliches Bekenntnis, aber alle Selbstdarstellungen vermitteln ein reiches, spirituelles, solidarisches Leben. Bei fast keiner Gruppierung bestehen Konfessionsschranken.
Diese fraternitären Gemeinwesen bieten dem einzelnen Lebensbereicherung und sind Ausdruck einer sozialen Erneuerung von innen und unten her.
In aller Bescheidenheit und Begrenztheit zeigen die Selbstdarstellungen Modelle für den Wunsch nach der Alternative. Selbstverwaltung und Abbau von Vorrechten (Gleichheit), neue Solidarität (Schwesterlichkeit, Brüderlichkeit) und bewußte Formen eines reflektierten Ausbruchs aus dem Alltag kennzeichnen viele Gruppen.“[2]

Jesus, der Mann aus Nazaret, der vor allem auch Worte der Sanftmut, des Gewaltverzichts, der Heilung hat, ist für viele, vor allem junge, suchende Menschen in die Mitte des Interesses gerückt. Sie lesen die Schrift, bilden Gebetsgruppen, engagieren sich sozial, aber sie empfinden die Kirche nicht im Sinne LOHFINKS als Kontrastgesellschaft. Kirche hat für viele einen Verfremdungseffekt. Entweder wirkt sie drohend, als Instanz für Moralvorschriften, oder bürgerlich angepaßt, ausgeliefert an die Zwänge der Industrie- und Wohlstandsgesellschaft, ohne geistigen Freiraum, ohne Erfahrung von Transzendenz.

In dieser Situation entwickelt sich die Hoffnung vieler Christen gegen den allgemeinen Trend der Gesellschaft. Wir erleben heute einen Aufbruch, eine Sehnsucht nach „alternativem Leben“, das unsere angepaßte, verbürgerlichte, Ängsten und Destruktion ausgesetzte Gesellschaft übersteigt, nach Leben, das von anderswoher geboren wird. Es bildet sich in solchen Gruppen, die nach einem anderen, engagierten Lebensstil suchen, wiederum eine „Gegenöffentlichkeit“, die am Beispiel der frühen Christen Maß nimmt, um von daher die allgemeine Öffentlichkeit zu reformieren:

„Wir Christen haben eine Hoffnung. Diese Hoffnung ist von einer Wucht und von einer Bedeutung für Gott, für uns und für die ganze Welt, daß sie einfach wieder Raum bekommen muß. Wir wissen: Hoffnung drängt ins Wort. Hoffnung von Christen muß sich eine von ihr geprägte Öffentlichkeit erzeugen, will sie überhaupt existieren. Ich bin davon überzeugt: unter den heutigen Umständen muß das eine Gegenöffentlichkeit werden [...] Deshalb ist es für die Existenz christlicher Hoffnung geradezu entscheidend, daß die öffentliche Sprache von ihr durchdrungen und geprägt wird.“[3]

Auch in zahlreichen religiös ungebundenen Gemeinschaften zeigt sich heute ein beachtliches Engagement, das sich zu Wort meldet im Hinblick auf die Tatsache, daß wir in einer Welt leben, in der wir das Teilen, das friedliche Zusammenleben, Verzicht, Opfer, Armut und Solidarität unbedingt brauchen und lernen müssen, um das Überleben der Menschheit zu sichern.

Diese Gegenöffentlichkeit darf sich aber nicht elitär gegen die allgemeine Öffentlichkeit abheben; vielmehr soll sie in dieser Welt bezeugen, daß die populären Werte und Maßstäbe nicht die letzten und einzigen Orientierungen menschlichen Lebens darstellen. Christen können diese „Gegenöffentlichkeit“ und „Kontrastgesellschaft“ aufzeigen, indem sie bezeugen, daß mit dem Tode und der Auferstehung Jesu etwas Neues in die Welt gekommen ist, das eine Kraft beinhaltet, „der gegenüber Revolutionen der üblichen Art Harmlosigkeiten sind“.[4]

2 Herbert A. GORNIK (Hrsg.): Anders leben. Christliche Gruppen in Selbstdarstellungen. Gütersloh 1979, S. 7.

3 Norbert LOHFINK: Der Geschmack der Hoffnung. Christen und christliche Orden. Freiburg 1983, S. 7 und 56.

4 Gerhard LOHFINK: Wie hat Jesus Gemeinde gewollt (Anm. 1), S. 144.

In der evangelischen und katholischen Kirche gibt es diese Versuche, durch Bildung von Lebensgemeinschaften so etwas wie eine „Kontrastgesellschaft“, eine „Gegenöffentlichkeit“, zu schaffen. Wir wollen in den folgenden Kapiteln einige dieser Gruppen vorstellen. Zunächst jedoch werfen wir einen kurzen Blick auf die Entwicklung der letzten Jahrzehnte, welche entscheidend waren für erneuernde Entwicklungen in Orden und Gemeinschaften.

Erwachen des kommunitären Lebens in der evangelischen Kirche in unserem Jahrhundert

Seit dem 19. Jahrhundert und vor allem seit dem Ersten Weltkrieg hat sich auch im evangelischen Raum das Bedürfnis gezeigt, daß Frauen und Männer in kleinen Gruppen oder ordensähnlichen Niederlassungen ein religiöses Leben in Gemeinschaft führen wollten. Dieser Umstand ist um so bemerkenswerter, als der Protestantismus das „Leben in Gemeinschaft“ seit LUTHER im wesentlichen abgebrochen hatte – zugunsten einer einseitig individuell akzentuierten Frömmigkeit. Es war unter anderen der dänische Religionsphilosoph Sören KIERKEGAARD, der darauf hinwies, daß nicht die eigentliche Idee klösterlichen Lebens falsch ist, sondern vielmehr das im Mittelalter weithin praktizierte „Eliteklostertum“. Dieses wurde von protestantischer Seite zu Recht kritisiert, bedauerlicherweise aber mit dieser Kritik sogleich alles Klosterleben abgeschafft.

KIERKEGAARD vertrat daher – zu seiner Zeit nicht unumstritten – die Ansicht, daß „richtiges“ Klosterleben durchaus auch „evangelisch“ sei und deshalb wieder eingeführt werden sollte. Diese Gedanken waren auch ökumenisch von großer Bedeutung. Gegen den Kulturprotestantismus seiner Zeit, der sich zu undistanziert den weltlichen Dingen hingab, schrieb er in seinen Tagebüchern:

„Darüber ist kein Zweifel, daß unsere Zeit, daß überhaupt der Protestantismus das Kloster wieder brauchen könnte, oder daß es da wäre. ‚Das Kloster‘ ist ein wesentliches dialektisches Moment im Christlichen, darum müssen wir es auch draußen haben als ein Seezeichen, um zu sehen, wo wir sind – selbst wenn auch ich selbst just nicht in eines gehen wollte. Aber wenn da wirklich in jeder Generation wahres Christentum ist, so müssen auch Individuen dasein, die diesen Drang haben. Was würde Luther denken, wenn er jetzt sich umsehen würde.
Daß also in unserer Zeit gar keine Menschen mehr sind, die das Religiöse überwältigt hat – daß wir alle so stark geworden sind – oder so schwach in Religiosität!“[5]

KIERKEGAARDS Worte wurden erst nach dem Ersten Weltkrieg ernstgenommen – was sich in der Neubildung zahlreicher bruderschaftlicher Vereinigungen mit Ordenscharakter zeigte.[6]

Das II. Vatikanische Konzil und die Erneuerung des Ordenslebens

In der katholischen Kirche entwickelte sich vor allem seit dem Zweiten Vatikanischen Konzil eine an der Bibel orientierte Neubesinnung über Strukturen und Selbstverständnis der Orden. Der seit dem 13. Jahrhundert für das Ordensleben übliche Begriff „Stand der Vollkommenheit“ wurde weitgehend fallengelassen. Das II. Vatikanum betont, daß die Berufung zum Ordensleben wie die Berufung zum Christsein überhaupt Gnade ist. Freiwerden für Gott, für den Dienst am Bruder, der Schwester. Wenn Ordensleben immer neu ein Zeichen wird für die Freiheit, zu der „Christus uns befreit hat“ (Gal 5,1), wird die reformatorische Polemik gegen das Ordensleben im Grunde hinfällig. Das Anliegen des II. Vatikanum, in den Orden

5 Sören KIERKEGAARD: Die Tagebücher. Ausgewählt und übertragen von TH. HAECKER. München [4]1953, S. 284.

6 Über die Geschichte dieser Entwicklung informiert am besten: J. HALKENHÄUSER: Kirche und Kommunität. Ein Beitrag zur Geschichte und zum Auftrag der kommunitären Bewegung in den Kirchen der Reformation. Paderborn 1977.

starre, nicht mehr zeitgemäße Formen aufzubrechen und die geistliche Vorstellung der damaligen Gründer im heutigen Lebens- und Weltkontext zu verwirklichen, schlägt sich in folgendem Text nieder:

„Zeitgemäße Erneuerung des Ordenslebens heißt: ständige Rückkehr zu den Quellen jedes christlichen Lebens und zum Geist des Ursprungs der einzelnen Institute, zugleich aber deren Anpassung an die veränderten Zeitverhältnisse [...]
Letzte Norm des Ordenslebens ist die im Evangelium dargelegte Nachfolge Christi. [...]
Die Institute sollen dafür sorgen, daß ihre Mitglieder die Lebensverhältnisse der Menschen, die Zeitlage sowie die Erfordernisse der Kirche wirklich kennen, damit sie die heutige Welt im Licht des Glaubens richtig beurteilen und den Menschen mit lebendigem apostolischen Eifer wirksamer helfen können. [...]
Lebensweise, Gebet und Arbeit müssen den körperlichen und seelischen Voraussetzungen der Menschen von heute, aber auch – soweit die Eigenart des Instituts es verlangt – den Erfordernissen des Apostolats, den Ansprüchen der Kultur, der sozialen und wirtschaftlichen Umwelt entsprechen."[7]

Wir sind heute sensibler geworden für das, was unsere Welt, das Miteinander und Füreinander der Menschen, das Wirken des Geistes Christi in uns angeht. Seit dem II. Vatikanum ist ein neues Gemeinschaftsbewußtsein erwacht. Intensiver als bisher wird Gemeinde erfahren (vgl. STE 20). Es kann daher nicht sinnvoll sein, die Orden von der Entwicklung dieses neuen Bewußtseins abzugrenzen und darauf zu beharren, daß die Ordensberufung ein qualitativ bevorzugter Weg der Nachfolge Jesu sei. Solche Tendenzen wirkten immer absondernd und trennend. Wer mit dem Evangelium Ernst machen will, erkennt, daß Gott in Jesus Christus jeden, der sich zu ihm bekennt, ausnahmslos zur Nachfolge ruft:

„Jedem Christen ist das ganze Evangelium aufgegeben. Es gibt vor Gott letztlich [...] keinen auf verschiedene Stände aufgeteilten Doppelweg, einen ‚vollkommenen', den der Orden, und einen ‚weniger vollkommenen', den der Laien [...]
Alle Christen sind aufgrund ihrer Taufe auf verschiedene Weise zur Heiligkeit berufen [...]
Es ist das Evangelium selbst, das die Einheit von Gottes- und Nächstenliebe nachdrücklich betont. Es gibt keine isolierte Gottesliebe."[8]

Wir können heute keine Zweiteilung mehr vornehmen: hier kirchliche Orden – dort Christen in der Welt, sondern es geht um eine neue Erfahrung des „Wir". Wir Christen in der Welt haben eine gemeinsame Berufung und einen gemeinsamen Weg zum gleichen Ziel: Frieden zu bringen und Heil in eine in sich zerrissene Menschheit, Hoffnung und Freude, wo Hoffnungslosigkeit und Trauer den Menschen zerstören. Dieses „Wir" beginnt in der ursprünglichsten Zelle der Kirche, in der Familie. Von dort wurde es zu allen Zeiten hineingetragen in Freundschaften, in kleine Gruppen von Menschen, die gemeinsam den Anruf Gottes konkretisieren wollten.

In der katholischen Kirche hat sich seit den Tagen des frühen Mönchtums das religiöse Leben in Gemeinschaft, im Ordensleben herausgebildet und bis heute die Kirche geprägt. Überblickt man die Entfaltung der verschiedenen Ordensgemeinschaften in der Geschichte, zeigt sich in der Regel immer der gleiche Vorgang: Gründung einer kleinen Gemeinschaft unter einem charismatischen Führer, wie etwa BENEDIKT von Nursia, BERNHARD von Clairvaux, FRANZISKUS von Assisi, oder Bildung einer Lebensgemeinschaft ohne große Gestalt an der Spitze wie der Karmel; dann Ausbreitung und Entfaltung in wachsenden Großgruppen, die allmählich Züge der Erstarrung aufweisen, schließlich Reformversuche und Neubeginn in kleinen, überschaubaren Gruppen.

7 II. Vatikanisches Konzil. Dekret über die zeitgemäße Erneuerung des Ordenslebens („Perfectae caritatis"). In: K. RAHNER / H. VORGRIMLER: Kleines Konzilskompendium. Freiburg 1966, S. 318f.

8 G. GRESHAKE: Erwartungen der Kirche an die Orden. *Ordensnachrichten* 1 (1980), S. 4u. 7. (Auch in: Orden als Lebensmodell. Hrsg. von W. HERBSTRITH. München 1983, S. 79f.)

Kommunitäres Leben im evangelischen Raum

In den folgenden Abschnitten sollen einige Gemeinschaften im Bereich der evangelischen Konfession zu Wort kommen. Dabei sollen Geschichte und Umstände des jeweiligen religiösen Neuaufbruchs zugleich Auskunft über Grundanliegen und Ziele der Gemeinschaften geben.

Taizé

Seit den 40er Jahren hat vor allem die durch den Schweizer Pfarrer Roger SCHÜTZ gegründete Brüdergemeinschaft in Taizé die evangelische wie katholische Kirche aufmerken lassen. Taizé ist nicht nur der Name eines kleinen Dorfes in Burgund in Frankreich, sondern ein geistlicher Begriff: Ort des gemeinsamen Lebens für 70 Brüder der Communauté von Taizé, die in Ehelosigkeit, in Gütergemeinschaft und in Anerkennung einer Autorität leben.

In den vergangenen Jahren entwickelte sich Taizé zu einem geistlichen Zentrum, vor allem für junge Menschen, die aus allen Nationen kommen. Sie wollen geistliches Leben heute leben, miteinander Wege der Versöhnung und des Friedens gehen, den Skandal der Glaubenstrennung beenden.

Zugleich leben hier viele Jugendliche bewußt für eine bestimmte Zeit nach dem Vorbild der klösterlichen Brüdergemeinschaft, das heißt nach der „Regel von Taizé", die wesentlich auf Roger SCHÜTZ zurückgeht. Darin heißt es beispielsweise:

„Laß in deinem Tag Arbeit und Ruhe von Gottes Wort ihr Leben empfangen [...]
In deinem Beten und Meditieren suche nach dem Wort, das Gott an dich richtet, um es gleich auszuführen. Lies also wenig, aber verweile.
Damit dein Gebet wahrhaftig sei, mußt du in harter Arbeit stehen. Begnügtest du dich mit dilettantischer Lässigkeit, so wärest du unfähig, wirklich Fürbitte zu tun. Dein Gebet findet zur Ganzheit, wenn es eins ist mit deiner Arbeit. [...]
Bei deiner täglichen Arbeit vergleiche dich nicht mit den anderen Brüdern. Suche in aller Schlichtheit deinen Dienst zu versehen, der stets nötig ist für das Zeugnis des Ganzen."[9]

Im folgenden Gespräch über das geistliche Leben in Taizé wird deutlich, warum gerade junge Leute aus der ganzen Welt immer wieder nach Taizé kommen, obgleich ihnen manchmal ihre eigene Kirche daheim nicht mehr viel bedeutet:

Was zieht junge Leute aus der ganzen Welt nach Taizé, fragt man, wenn sie ihre eigene Kirche zu Hause nicht mehr beachten?
„Hier in Taizé haben wir keine Erklärung dafür, warum junge Menschen zu Hause nicht in die Kirche gehen. Wie alle andern kennen wir die Tatsache. Genauso, wie wir sehen, daß sie hier in Massen beten, manchmal 10000 auf einmal. Warum? Ich habe das Gefühl, daß es etwas mit Bedeutungsfülle zu tun hat. Die Jungen tun sich schwerer als die Älteren, etwas zu tun, wenn dessen Bedeutung ihnen nicht unmittelbar klar ist. Wenn sie den Sinn eines Gottesdienstes oder eines Gebets nicht erkennen, dann handeln sie sofort und machen sich davon. Das Gebet muß einen zentralen Sinn für ihr Leben haben, sie müssen existentiell damit fertigwerden können. Die Annahme oder Ablehnung des Gebets stehen in Beziehung zur allgemeinen Tendenz zum Subjektivismus hin, der ein Zeichen unserer Zeit ist. Das hier gezeigte Interesse am Gebet steht auch im Zusammenhang mit der Gegenwart der Brüder, für die das Gemeinschaftsgebet sehr viel bedeutet. Das spornt die andern an. Immer da, wo Menschen ein echtes Leben zusammen leben, wird so etwas wie ein unsichtbares Band geschaffen, eine Gemeinschaft, die fühlbar und ein Anziehungspunkt für andere wird. Diese Erscheinung findet sich nicht nur in Taizé, sondern in vielen kleinen und großen religiösen Gemeinschaften, selbst in örtlichen kirchlichen Gruppen. Taizé ist einfach ein Ort, wo das sichtbarer, fühlbarer wird."

Erklären die jungen Leute je, warum sie in Taizé in die Kirche gehen und zu Hause nicht?
„Ich habe nie eine einzige Erklärung entdeckt, sondern eher ein ganzes Bündel von persönlichen Beweggründen. Der meist gehörte Grund ist, glaube ich, das Schweigen, das

9 Frère ROGER: Die Regel von Taizé. Freiburg 1977, S. 31.

einen festen Bestandteil der Liturgie bildet. Aber auch die Freiheit, die Gottesdienste zu besuchen oder nicht, die Haltung beim Gebet einzunehmen, die man gern hat: Knien, Stehen, Bücken. Dann wird das Gebet nicht nur intellektuelle Übung, sondern etwas, das man mit dem ganzen Leib tut. Viele sagen, die Liturgie, besonders das Singen, zöge sie an. Und auch der liturgische Jahreskreis, dem man hier folgt. [...] Das Gebet in Taizé ist ein wichtiger Teil des Tagesrhythmus. So wird ein enges Band geknüpft zwischen Kontemplation und Aktivität, zwischen dem, was man denkt, und dem, was man tut. Ich habe übrigens in Unterhaltungen erfahren, daß sehr viele Jugendliche, zu Hause und anderswo, zu Zeiten, wo kein Gottesdienst stattfindet, in die Kirche gehen. Was sie ablehnen, ist mehr die Routine und der konventionelle Stil der Feiern als das Gebet selbst. Sie haben eben keine Zeit für Vorstellungen, die ihnen nichts bedeuten."[10]

Die Frauengemeinschaft von Grandchamp

Im Laufe der Jahre bildete sich parallel zur Entwicklung in Taizé eine Gemeinschaft von Frauen, die sich in Grandchamp, einem Ort in der französischen Schweiz, niederließen und sich ebenfalls auf die „Regel von Taizé" als für ihr Leben verbindlichen Maßstab verpflichteten.

Diese Frauengruppe hatte erkannt, daß es für die öffentliche Arbeit, aber auch für die innere Spiritualität wichtig ist, in einer Kerngruppe zusammenzuleben. Von daher entwickelte sich eine „ordensähnliche" Gemeinschaft mit dem Selbstverständnis und dem Anspruch, an der Einheit und Versöhnung der Christen und aller Menschen zu arbeiten, und in diesem Sinne eine „Parabel der Gemeinschaft" zu sein.

„Friedensstifter" zu sein, hat für die Schwestern von Grandchamp einen faßbaren Inhalt: Viele Menschen, die ihr Leben ganz oder zum Teil in den Dienst der Versöhnung zwischen verfeindeten Bevölkerungsgruppen gestellt haben, die den Aufbau gewaltfreier Bewegungen gerade in Spannungsgebieten oder unter den unterdrückten Menschen bestimmter Staaten mitorganisieren, oder die sich unabhängig von tagespolitischen Anlässen konsequent gegen die Überrüstung des „entwickelten Teils der Welt" einsetzen, finden bei den Schwestern von Grandchamp Raum für Stille und Besinnung.

Der Laurentiuskonvent in Wethen

Diese Gemeinschaft ist nicht leicht vorzustellen: Sie vertritt weder ein politisches Programm noch eine besondere konfessionelle Orientierung. Dennoch bilden politische und religiöse Momente einen wichtigen Bestandteil ihres Lebensalltags. Vor allem wichtig für die Mitglieder ist das intensive, am Christentum orientierte Leben in Gemeinschaft. Ein Mitglied berichtet:

„Gemeinsames Leben unter einem Dach, mit einer Kasse, gehörte ebenso zu den Grundstrukturen der Anfangszeit wie gemeinsame Entscheidungen und ein geregeltes geistliches Leben (zu dem z.B. täglich zwei bis drei Gebetszeiten gehörten). Offen blieb die Frage der Arbeitsfelder. Je nach den Fähigkeiten der Beteiligten, war vieles denkbar. Berufe konnten beibehalten oder aufgegeben werden. Das war eine zweitrangige Frage. Sie war zu entscheiden unter dem Gesichtspunkt, was dem eigentlichen Anliegen, dem gemeinsamen Leben förderlich war. Allerdings gab es eine Grundregel: es sollten in der Regel keine kirchlichen Berufe sein, schon gar nicht pfarramtliche (obwohl zwei der drei Theologen waren). *Wir wollten ‚Laien' sein.* Dahinter standen die Einflüsse der Gedanken von Charles de Foucauld, dem Gründer der kleinen Brüder Jesu, die Erkenntnis, daß Veränderungen selten von oben, meist nur von unten zu bewirken sind. Auf die Kirche angewandt hieß das in unseren Augen, daß eine wirksame Erneuerung nicht von den Schaltstellen der Hierarchie, sondern von den Laien ausgehen müsse. (Heute würde man sagen: von der Basis!) [...] Es ging um den Verzicht auf bestimmte soziale Rollen und die mit ihnen immer mitgegebenen Zwänge und Begrenzungen."[11]

10 R. Brico: Taizé. Frère Roger und die Gemeinschaft. Freiburg 1979, S. 90f.
11 In: H. A. Gornik: Anders leben (Anm. 2), S. 12.

Die rege Anteilnahme des Konvents am Leben der Kirche sowie an allgemeinen gesellschaftlichen und politischen Problemen – wobei man grundsätzlich auf das Erstreben einflußreicher Stellungen und Ämter in der Kirche verzichtet und statt dessen im Kleinen, an der Basis, neue Wege sucht – hat schon häufig interessante Auswirkungen gehabt: in der Arbeit mit Obdachlosen in Köln und Bonn, die heute von der „Fördergemeinschaft Kinder in Not" fortgeführt wird, wurde auf dem Wege der „Gemeinwesenarbeit" versucht, den Obdachlosen bei der Äußerung ihrer wirklichen Bedürfnisse, der Gestaltung eines humanen, die eigene Entwicklung ermöglichenden Lebensraumes, der Durchsetzung ihrer berechtigten Ansprüche an die öffentliche Hand zu helfen, statt ihnen nur Mildtätigkeit zukommen zu lassen.

Die Anregungen und die Mitarbeit des Laurentiuskonvents bei unkonventionellen Entwicklungsdiensten wie „Eirene" und „Weltfriedensdienst", bei der „Aktionsgemeinschaft Dienst für den Frieden" und der evangelischen Initiative „Church and Peace" unterstützten Einfluß und Ausbau dieser Dienste. Das vom Laurentiuskonvent auf dem Düsseldorfer Kirchentag 1972 organisierte „Schalom-Forum" inspirierte stark den „Markt der Möglichkeiten", der von den heutigen Kirchentagen nicht mehr wegzudenken ist.

Die Wohngemeinschaft des Küppershofes bei Aachen

Der Küppershof ist ein ehemaliger Gutshof, der heute von einer bunten Gruppe, bestehend aus Alleinstehenden, Ehepaaren und deren Kindern, als Wohn- und Lebensbereich genutzt wird.

Die Bewohner, deren Zusammensetzung öfters wechselte, verstehen sich als Wohngemeinschaft und Großfamilie, die zusammen wirtschaften, sich aber zugleich auch geistliche Motivation und Zielsetzung als Grundlage für eine dauerhafte Gemeinschaft gaben. Dabei orientierte man sich vor allem an Vorbild und Lebensstil der frühen christlichen Gemeinden, wie er beispielsweise in der Apostelgeschichte berichtet ist:

> [42]Sie hielten an der Lehre der Apostel fest und an der Gemeinschaft, am Brechen des Brotes und an den Gebeten. [...] [44]Und alle, die gläubig geworden waren, bildeten eine Gemeinschaft und hatten alles gemeinsam. [45]Sie verkauften Hab und Gut und gaben davon allen, jedem so viel, wie er nötig hatte. [46]Tag für Tag verharrten sie einmütig im Tempel, brachen in ihren Häusern das Brot und hielten miteinander Mahl in Freude und Einfalt des Herzens. (Apg 2,42.44–46)

Ein besonderes Anliegen der Bewohner des Küppershofes waren die Fragen nach Besitz sowie der Lebensform der Familie in heutiger Zeit, die durch vielfache geistige Verunsicherung, verbunden mit wachsenden wirtschaftlichen Problemen, gekennzeichnet ist:

„Der Aufruf, alles gemeinsam zu haben, führte in unserer Gemeinschaft zu einer völligen *Vermögens- und Gütergemeinschaft.* Das bedeutet, daß die einzelnen ihr Vermögen und ihre Einkünfte zusammenlegen. Dabei herrscht in der Großfamilie Küppershof nicht die Meinung, daß alle in finanzieller Hinsicht gleich behandelt werden müssen, sondern daß jeder das bekommt, was er ‚nötig hat', d.h. was zur Entfaltung seiner Persönlichkeit wichtig ist [...]

Es geht uns in unserem Verhältnis zum Geld um Armut in einer besonderen Weise: Armut meint hier innere Freiheit von materiellen Gegebenheiten, sie meint inneres Freisein [...]

Von daher geht es uns in diesem Bereich nicht um prinzipielle Enthaltsamkeit. Geld ist notwendig, damit sich der einzelne so entfalten kann, wie das Gott möglicherweise für ihn vorgesehen hat. Es ist uns ein großes Anliegen, daß die Begabungen der einzelnen gefördert werden, auch wenn sie kostspielig sind [...]

Der zweite Zugang zu unserer Lebensform entwickelt sich aus der *Situationsanalyse der heutigen Familie,* aus der Frage nach einer Perspektive für die Familie in der Zukunft.

Bei der Situation der heutigen Familie fiel auf, daß die Reduktion der einstmaligen Großfamilie auf die Kleinfamilie des Industriezeitalters dazu geführt hat, daß die Kleinfamilie ihren Funktionen als Kernzelle zur Auferbauung und Erhaltung der Gesellschaft nicht mehr gerecht wird."[12]

Bei dem Bestreben, in Fragen der Familie weiterzudenken, stieß man als Vorbild auf die Beziehung Jesu zu seinen Jüngern.

Man erinnerte sich auch an das in der Bibel erwähnte „Haus der Purpurkrämerin Lydia, wo der gemeinsame Glaube ein tiefes familiäres, bergendes und zugleich heilendes Band darstellt [...] Wir erkannten, daß der gemeinsame Glaube und der Wille, sich von Gott den Lebensweg als einzelner und als Gemeinschaft weisen zu lassen, zu einer tiefen inneren Verwandtschaft führt; [...] Schrittchenweise erklärten und erklären wir uns dazu bereit, unsere Kleinfamilien und unsere Herzen zu öffnen, um andere Menschen mit in die Familien hineinzunehmen." (ebd.)

Die Offensive junger Christen in Bensheim

In der „Offensive junger Christen" haben sich seit 1968, dem Höhepunkt der damaligen Studentenunruhen, junge Erwachsene in einer eher offenen Organisation zusammengetan. Ihre Ziele sind: christliches Engagement in Kirche und Welt, Antwortversuche auf akute Zeitprobleme, praktische Einübung sowie alternative Modelle für Christsein in Europa und der Dritten Welt.

Die Organisation wird nach eigenem Bekunden nicht von irgendeiner Partei oder Kirche finanziert, sondern ausschließlich durch die eigenen Mitglieder. Die Geschichte ihrer Entstehung ist gleichermaßen interessant und ungewöhnlich:

„Nicht nur Verwandte, auch einige unserer besten Freunde wähnten uns von allen guten Geistern verlassen, als sie hörten, daß wir unser Eigenheim verkauften und mit ‚fremden' jungen Leuten in eine leerstehende Villa einzogen. Wir, das war ein Ehepaar mit fünf Kindern zwischen 4 und 14 Jahren und einem siebenjährigen Pflegesohn, zu dem außer einer Stenotypistin und einigen Studenten bald noch ein Theologiestudent mit seiner Frau und eine pensionierte Lehrerin kamen. Wir hatten sie alle bei unseren Schüler- und Studentenkonferenzen kennengelernt, die in den ersten Jahren unseres gemeinsamen Lebens den Schwerpunkt unserer Arbeit bildeten [...]
Inzwischen ist aus der Großfamilie eine ganze Kolonie geworden, zu deren Stamm vier Familien mit ihren Kindern und vier Unabhängige (Ledige) gehören. Wir wohnen zusammen in mehreren alten Häusern auf einem Gelände am Hang des Odenwaldes mit alten Obstbäumen und einem großen Gemüsegarten.
Jedes Jahr im Oktober laden wir etwa 20 junge Männer und Mädchen ein, die uns auf Kontakttagen kennengelernt haben und ein Jahr lang unser Leben teilen und mit uns ‚leben lernen für die Zukunft'."[13]

Das innere Leben der Bensheimer Gruppe ist besonders geprägt durch das Suchen nach verantwortlichem Umgang der Beziehungen zwischen den Geschlechtern, durch Abbau der Überbewertung des Intellektuellen bei der täglichen praktischen Arbeit sowie Dankbarkeit für die täglich neu dem Menschen zur Verfügung gestellte Welt, deren Pflege und Erhaltung dem Menschen aufgegeben sind.

Die besondere Aufmerksamkeit der Gruppe für mögliche und persönliche Anforderungen gegenüber dem Anderen zeigt sich in der folgenden Schilderung über die Lösung von Konflikten, die unvermeidlich auch in diesem Kreis auftreten:

„Wir haben gelernt, daß Konflikte gelöst werden können und daß man an Krisen wachsen kann, sonst hätte die Großfamilie keine zehn Jahre überlebt. –
Zweierlei ist uns dabei aufgefallen: Daß manchmal die eigentlichen Probleme gar nicht auf dem Tisch liegen, sondern am Tisch sitzen. Deshalb bemühen wir uns, offen und ehrlich miteinander zu reden; ehrlich dabei vor allem sich selbst gegenüber und den eigenen Motiven. Rivalität und Neid sind tägliche Kampfgefährten, die man – wie das Rumpelstilzchen – erst beim Namen nennen muß, bevor man mit ihnen fertig werden kann.

12 H. A. Gornik: Anders leben (Anm. 2), S. 28–30.
13 H. A. Gornik: Anders leben (Anm. 2), S. 16f.

Noch etwas anderes ist wichtig geworden: Daß es nötig sein kann, Monate vergehen zu lassen, bis für die Lösung eines anstehenden Problems Übereinstimmung gefunden wird. Wir haben gelernt, daß es sich lohnt, aufeinander zu warten; denn Menschen sind wichtiger als Planungsziele.
Alternativ leben heißt für uns, sich der Wirklichkeit stellen; nicht nur einem persönlichen Ausschnitt davon, sondern auch den großen Zusammenhängen." (ebd.)

Die geistliche Ausrichtung und Kraft, welche für die Gruppe den Hintergrund ihrer Arbeit bildet, erwächst auch hier aus dem Gedanken der Nachfolge Jesu und dem Beispiel der frühen Gemeinden:

„Darum sitzen wir täglich miteinander im Gespräch über der Bibel und treffen uns in unserer geräumigen Keller-Kapelle regelmäßig zur Fürbitte und zum politischen Gebet. Unsere Erfahrung ist, daß die Verankerung in der inneren ‚Mitte' um so fester sein muß, je weiter unsere Aktionen als Offensive sich ausweiten.
Die Konsequenz der Botschaft Jesu und der frühen Kirche hat Paulus im Römerbrief (Kap. 12) mit den Worten zusammengefaßt:
‚Gestaltet eure Lebenspraxis nicht nach den Verhaltensmustern der heutigen Menschheit, sondern wandelt euch durch Erneuerung eures Denkens, damit ihr den Willen Gottes fürs Ganze herausfinden könnt, das Gute.'
Sich den Trends und Zwängen der Umwelt nicht anzupassen, sondern ‚nicht mehr für sich selbst zu leben' (2 Kor 5), wenn die anderen rundum das Gegenteil tun, das will eingeübt sein. Aber dazu braucht es auch eine brennende Überzeugung, die keiner von uns aus sich selber schöpfen kann, denn das bißchen Idealismus, das einer mitbringt, verfliegt im Zusammenleben nur allzuschnell."[14]

(1) Charakterisieren Sie die hier vorgestellten Gemeinschaften nach ihrer je spezifischen Ausrichtung und Eigenart.

....
....
....
....
....
....
....
....
....
....
....

Ordensleben und Gemeinschaften im katholischen Raum

Ähnlich wie im Bereich der evangelischen Konfession zeigte sich auch im katholischen Raum in den letzten Jahren eine zunehmende Tendenz zur Neuordnung älterer bzw. Gründung neuer Orden und ordensähnlicher Gemeinschaften mit jeweils spezifischen Ausrichtungen. In den folgenden Abschnitten wollen wir einige dieser Gemeinschaften mit Hilfe ihrer Selbstzeugnisse darstellen.

Die „Kleinen Brüder und Schwestern" von Charles de Foucauld

Zur selben Zeit wie in Taizé bildete sich im katholischen Raum der Orden der „Kleinen Brüder und Schwestern", die sich auf Charles de Foucauld als ihre Gründerpersönlichkeit berufen. Foucauld gehört zu den großen geistlichen

14 H. A. Gornik: Anders leben (Anm. 2), S. 111f.

Gestalten unseres Jahrhunderts. Unter dem Einfluß der Spiritualität TERESAS von Avila und des franziskanischen Geistes entwickelte er eine kontemplative Spiritualität, deren Ziel es ist, mitten unter den Menschen die Gegenwart Christi wachzuhalten.

Der ehemalige hohe Offizier der französischen Armee wurde 1916 in seiner Araberhütte in der Sahara, wohin er sich zurückgezogen hatte, um unter den Eingeborenen sein Christsein zu leben, ermordet aufgefunden. Sein ursprüngliches Ziel, kleine Gruppen von Brüdern ohne monastische Klausur unter den Armen in der Wüste zu gründen, konnte er daher nicht mehr verwirklichen.

Erst Jahre nach seinem Tod setzte der Franzose René VOILLAUME die Gedanken FOUCAULDS in die Tat um. Zentraler Gedanke der Ordensangehörigen dieser jungen Kommunität war das christliche Vorbild konsequenter Armut und Bescheidenheit.

Charles DE FOUCAULD wollte, daß seine Kleinen Brüder und Schwestern sich in kleinen Gruppen ohne die traditionelle mönchische Klausur unter die Menschen begeben und das harte Leben der Armen teilen sollten. Bruder und Schwester der Armen zu sein bedeutete aber in letzter Konsequenz, nicht nur diese zu lieben, sondern auch sozial mit ihrem ganzen Leben zur Klasse der Armen zu gehören:

„Die Armut Jesu ist ein Geheimnis, das wir lebenslang ergründen müssen. Je mehr wir darin eindringen, desto mehr entdecken wir, wie sehr es Geheimnis ist. Die Armut stammt aus der Liebe des unendlich Einfachen, aus der höchsten menschgewordenen Armut, die sich nach den Armen und Elenden sehnt. Sie ist selbst demütig und kann Stolz und Härte nicht ertragen. Jede stolze und harte Armut ist tot und entfernt uns von Jesus [...]
Die lebendige Armut ist mild, sie erbarmt sich über das Leid. Sie ist fröhlich und großmütig, immer bereit, zu leihen oder zu schenken. Sie ist friedliebend und völlig furchtlos.“[15]

Auf der Grundlage dieser Spiritualität Charles DE FOUCAULDS haben sich heute verschiedene geistliche Gemeinschaften entwickelt, deren Mitglieder als Eheleute, als Unverheiratete oder als Priester in ihrem normalen Lebensbereich verbleiben. Die Möglichkeit zusammenzukommen, gemeinsam die Heilige Schrift zu lesen und Anbetung zu halten, hängt hier weitgehend davon ab, wie weit verstreut die Mitglieder wohnen und wie sie es sich einrichten können. Manche treffen sich wöchentlich für verhältnismäßig kurze Zeit, andere an einem Wochenende im Monat, wieder andere können nur in größeren Abständen an Besinnungstagen oder -wochen teilnehmen.

Die interessante Spannung zwischen Offenheit und fester Orientierung im alltäglichen Leben verdeutlicht der folgende kleine Ausschnitt aus ihrer Regel:

„Der Kleine Bruder muß gleichzeitig Arbeiter und ein Mann des Gebetes sein, er muß ein Leben des Schweigens führen und an den Anliegen und Sorgen seiner Kameraden und Brüder teilnehmen. Er muß ein Kontemplativer sein, der von allem losgelöst ist, der aber gleichzeitig die Freiheit hat, die Dinge in bestimmter Weise zu gebrauchen. Alle diese offenbaren Gegensätze müssen sich in der Einfachheit unsrer innersten Haltung aufheben. Diese Haltung also gilt es vor allem zu definieren; alles übrige geht aus ihr hervor.“ (S. 39)

Mutter Teresa – die Missionarinnen der Nächstenliebe

Weltweit bekannt wurde auch das Werk Mutter TERESAS von Kalkutta, die durch ihre Ordensgründungen in erster Linie den Sterbenden und Verlassenen beistehen will.

Über das Ausgangserlebnis ihrer Motivation lesen wir: „Mutter Teresa fand beim Gang durch einen der 3000 registrierten Slums von Kalkutta eine Sterbende im Straßenschmutz. Ratten hatten sie schon angefressen. Ihre ekelerregenden Wunden strömten einen pestilenzartigen Gestank aus. Mutter Teresa sah: Hier war nicht mehr zu helfen; der Tod würde bald ein neues, namenloses Opfer haben. Was also tun? Vorübergehen? Jeder andere hätte sich abgewandt. Nicht so Mutter Teresa. Sie lud die Halbtote auf, wusch ihre Wunden und sorgte mit der Liebe einer Mutter für ihre Kinder für diese unbekannte Sterbende: ‚Damit sie wenigstens in den letzten Stunden ihres erbärmlichen Lebens die Würde zurückerhielt, ein Menschenwesen zu sein...‘ – In einem Seitentrakt des Tempels der indischen Rachegöttin Kali entstand das erste ‚Sterbehaus‘ der Mutter Teresa.“[16]

1939 kamen die ersten jungen indischen Frauen zu Mutter TERESA und boten ihre Hilfe an. Mutter TERESA gründete eine neue Ordensgemeinschaft, die Missionarinnen der Nächstenliebe. Zu den traditionellen drei Gelübden: Ehelosigkeit, Armut, Gehorsam, legen ihre Schwestern ein viertes Gelübde ab: sie dienen den Ärmsten der Armen. Eine ihrer Schwestern berichtet:

„Wir wollen ganz leben wie die Armen, damit wir wirklich spüren, wie es ihnen zumute ist. Es ist nämlich ein großer Unterschied, für die Armen zu arbeiten und dabei in ganz annehmbaren Verhältnissen zu leben oder für sie zu arbeiten, und dabei selbst ganz arm zu sein, wie wir es tun. Es ist schwieriger und härter, aber auch wunderbar.“ (S. 13)

Mutter TERESA gründete auch einen Brüderorden: die Missionare der Nächstenliebe. Die Stützpunkte der 1800 Schwestern und 300 Brüder sind über die ganze Welt verbreitet. Unter den caritativen und diakonischen Persönlichkeiten unserer Zeit ist sie sicher die bekannteste. In ihren Aufzeichnungen schreibt sie:

„Das große Übel ist der Mangel an Liebe und Erbarmen, die schreckliche Gleichgültigkeit gegenüber dem Nächsten, der am Wegrand lebt, von Ausbeutung, Mißachtung, Armut und Krankheit heimgesucht [...] In Kalkutta arbeiten unsere Schwestern und Brüder für die Ärmsten der Armen, für die, die niemand haben will, die von niemandem geliebt werden, für die Kranken und Sterbenden. Sie arbeiten für die Leprakranken und die kleinen Kinder. Aber, ich kann sagen, daß ich in diesen 25 Jahren unserer Tätigkeit dort niemals einen armen Menschen habe murren, fluchen oder sich beklagen hören.“[17]

Die „Mönche von Jerusalem“ in Paris

Vor allem in Frankreich ist in den letzten Jahren das Erwachen einer neuen Spiritualität mönchischen Lebens zu beobachten gewesen. Ein solches Experiment stellt auch die Gemeinschaft der „Mönche von Jerusalem“ dar. Mitten im Stadtzentrum von Paris, umgeben von aller Hektik, Lärm und Schmutz leben und arbeiten etwa 30 junge Männer (von denen einige Priester sind) in einer klösterlichen Gemeinschaft. Sie wollen im hektischen Durcheinander von Paris ein Zentrum der Stille, der Sammlung ermöglichen.

Wie die Mönche von einst verwenden sie die Begriffe: Wüste – Einsamkeit – Gottsuchen. Aber sie leben diese Wirklichkeit inmitten der Menschen, sie teilen mit ihnen die „Wüste“, die Öde, die Verlassenheit der Großstadt. „Bei den Menschen bleiben und ihnen beistehen“, ist ihr Lebensprogramm. Die neuen Mönche teilen dabei Glaubenserfahrung aus, geben religiöse Erfahrung weiter.

Dreimal am Tag kommen sie zum Gottesdienst zusammen. Ihre Gesänge erinnern an die Liturgie orthodoxer Klöster. Ihren weißen Habit tragen sie nur zur Liturgie; an ihrem Arbeitsplatz, im Büro sind sie nicht von den anderen Angestellten zu unterscheiden. Vielleicht ist es gerade die Verbindung von kontemplativem Leben und aktiver Solidarität mit der Welt, die diesen Weg der Mönche von Paris für die Umwelt so faszinierend erscheinen läßt. Hier gibt es – anders als im traditionellen Kloster – nicht die abgesicherte Existenz, sondern eher die berufliche Unsicherheit,

15 R. VOILLAUME: Mitten in der Welt. Charles de Foucauld und seine Kleinen Brüder. Freiburg 1955, S. 125f.

16 Mutter Teresa von Kalkutta. Geistliche Texte. Mainz 1978, S. 25.

17 Mutter TERESA: Worte der Liebe. Freiburg 1977, S. 34 und 90.

die die Mönche mit vielen Berufstätigen heute teilen. In einem Bericht wird dieser Lebensentwurf folgendermaßen beschrieben:

„In der Bankfiliale an der Rue de Rivoli im ersten Pariser Stadtbezirk nennen ihn seine Kollegen einfach ‚Pierre'. Bei dem hektischen Betrieb bleibt für längere Gespräche meist nur wenig Zeit, ‚aber mit Pierre kann ich doch in den paar freien Minuten ungezwungen auch mal über meine eigenen mehr persönlichen Probleme reden', meint Roland R., ein Kollege aus der Wechselabteilung. Zuerst hatten sich die Angestellten aus der Banque Nationale gewundert, daß Pierre nur am Vormittag zu arbeiten brauchte. Schließlich sagte es Pierre seinen Kollegen: ‚Ich bin Mönch, ich bin Mitglied einer ganz neuen Ordensgemeinschaft, hier ganz in der Nähe, in der Kirche St. Gervais, gegenüber vom Rathaus' [...]
Pierres Kollegen waren verwundert, ein solcher Mönch paßt nicht in ihre Klischeevorstellungen. ‚Da hat sich die Kirche wieder was Neues einfallen lassen', meinte ein Kollege ein bißchen ironisch, aber doch voller Hochachtung. Frère Pierre, der Mönch von St. Gervais, bleibt für seine Kollegen auch nach dieser ‚Offenbarung' einfach Pierre. Die meisten Mitglieder der Gemeinschaft ‚Die Mönche von Jerusalem' gehen vormittags einer regelmäßigen Arbeit nach, als Lehrer und Angestellte vor allem."[18]

Der Karmel – ein kontemplatives Ordensmodell

Am Modell des Karmelordens können wir verfolgen, wie das ursprüngliche Charisma eines Ordens sich durch verschiedene Phasen der Entwicklung, der Anpassung, der soziologischen Umstände durchträgt und immer neue Modelle der gelebten Spiritualität aus sich entläßt.

Der Orden des Karmel wurde im 13. Jahrhundert durch eine kleine Einsiedlergemeinschaft auf dem Berg Karmel in der Nähe von Haifa gegründet. In einer Erläuterung der Ordensregel lesen wir:

„Die Brüder verstanden sich als Laien-Eremiten, sie unterschieden nicht zwischen Priester und Nicht-Priester. Der Leiter des neuen Lebensmodells war nicht Abt, sondern Prior. Zwischen ihm und den Eremiten gab es kein Gehorsamsverhältnis wie zwischen Vater und Sohn, sondern eine Haltung gegenseitiger Treue, ausgerichtet auf das gemeinsame Ziel, die Gemeinschaft mit Gott."[19]

Ihre Lebensregel bestand fast ganz aus Worten der Heiligen Schrift. Aufgrund der Rückeroberung des Heiligen Landes durch die Sarazenen mußten die Brüder vom Berge Karmel seit 1238 das Karmelgebirge verlassen. Die Anpassung an die europäischen Verhältnisse geschah nicht ohne Konflikte. Vor allem seit Franziskus von Assisi und dem Spanier Dominikus, die große Reformbewegungen innerhalb der Kirche auslösten, bedeutete Nachfolge Jesu, das Evangelium mitten in der Welt zu leben, ohne Besitz und ohne festen Wohnsitz. Das arme Leben wurde zur Predigt, man engagierte sich mit den untersten Schichten der wachsenden Stadtbevölkerung, man nahm das Brudersein ernst.
Eine der berühmtesten Nachfahrinnen der Brüder vom Berge Karmel wurde Teresa von Avila, die spanische Mystikerin. Zusammen mit dem Mystiker und Kirchenlehrer Johannes vom Kreuz wollte sie im 16. Jahrhundert zum Geist der Wüstenväter, der Eremiten auf dem Karmel, zurückkehren. Ohne es eigentlich zu beabsichtigen, leitete sie eine Reform ein, die zur Gründung eines neuen Ordens führte, des Teresianischen Karmel. Durch die Gründung kleiner Frauenkommunitäten trug die Idee des Karmel bereits im 16. Jahrhundert zu einer für die damalige Zeit ungewöhnlichen Entwicklung und Selbständigkeit der Frau bei.

Nicht zuletzt aus diesen Gründen erhielt Teresa von Avila zusammen mit Katarina von Siena 1970 von Papst Paul VI. – als erste und bisher einzige Frauen – den Titel einer Kirchenlehrerin. Gegen den Widerstand von Theologen, die glaubten, Frauen seien nicht dazu fähig, führte Teresa im Tagesplan ihrer Klöster zwei Stunden freies inneres Gebet ein – eine Stunde am Morgen, eine am späten Nachmittag.

In ihrer Autobiographie schreibt sie: „Ich sehe im inneren Gebet nichts anders als einen freundschaftlichen Austausch, bei dem wir uns oft still mit dem unterhalten, von dem wir wissen, daß er uns liebt." Ihren Schwestern rät sie: „Gewöhnt euch daran, Jesus stets bei euch zu haben [...] Ich bitte euch jetzt nicht, über ihn nachzudenken [...] Ich bitte euch nur, ihn anzuschauen. Wer hindert euch denn, die Augen der Seele [...] auf diesen Herrn zu richten?"[20]

Aber es geht Teresa nicht um eine bloß innerliche Seligkeit, um den eigenen Frieden, vielmehr ist sie stark kirchlich-missionarisch orientiert, etwa wenn sie schreibt: „Die Welt steht in Flammen [...] Jetzt ist nicht die Zeit, Gott um unwichtige Dinge zu bitten."

Ihren Beitrag zur Erneuerung von Religiosität und Kirche sieht Teresa in der Lebensgemeinschaft mit Jesus, in Anbetung und Fürbitte, die sich in caritativer und sozialer Hinsicht als echt erweisen müssen.
Bis zu ihrem Tod im Jahre 1582 hatte sie 17 Karmelgemeinschaften als „kleine Zellen des Gebetes" gegründet. Heute gibt es in Deutschland 19 Karmelitinnenklöster, die letzte Gründung erfolgte 1982 in Berlin.

Auch heute noch bilden Gebet und schweigende Betrachtung den zentralen Schwerpunkt des Lebens im Karmel. Dabei ist aber zu bedenken, daß trotz der starken Betonung der Intimität mit Gott und des Für-sich-Seins auch in den kontemplativen Ordensgemeinschaften der Ost- und Westkirche der Gedanke des Mit-Leidens an der Welt und mit den Menschen nie unbekannt war. Sicher haben manche Formen der Lebensweise, wie zu starke Abschirmung, mangelnde Kommunikation, fehlendes Wissen über psychologische und anthropologische Gesetze, Menschen auch in Isolierung oder Verkümmerung geführt. Diesem Mangel, der in allen organisierten Gruppen auftreten kann, suchte das II. Vatikanische Konzil zu begegnen mit seinen neuen Erkenntnissen über die Situation des Menschen in der heutigen Welt, über die Aufgabe der Kirche in einer sich wandelnden Gesellschaft, über die Stellung der Ortskirche und die Teilnahme auch der streng kontemplativen Klöster an den Nöten und Aufgaben von Kirche und Welt.

Auch heute bilden sich neue Zellen im Teresianischen Karmel, nicht als Affront gegen Bisheriges, sondern als Entfaltung und Weiterentwicklung der kontemplativen Berufung des Karmelordens. Immer neu muß ein Ordenscharisma auf die Lage der Zeit, auf das Menschenbild hin abgehorcht werden.

„Seit dem Konzil erleben wir eine zunehmende Verlebendigung der kontemplativen Orden. Man ist auf der Suche nach den neuen Formen der aktiven Präsenz in der Kirche, der Präsenz unter den Christen und unter den Menschen, die noch ein Gespür haben für das, was die sichtbare und machbare Welt übersteigt! Aktive Präsenz, das heißt, daß man selbst etwas beitragen muß, um gegenwärtig zu sein [...] Dazu genügt nicht, daß man hinter Klostermauern betet. Das verlangt mehr. Zu dieser aktiven Präsenz kommt den Kontemplativen eine zweifache theologische Entwicklung in der Kirche, die sich in unserer Zeit abzeichnet, entgegen: ein stärkeres Bewußtsein der Orden, Kirche zu sein, sowie die immer tiefere Erkenntnis der Unabtrennbarkeit von Kontemplation und Aktion, von Mystik und Sendung, von Hinhören auf Gottes Wort und Weitersagen der Botschaft."[21]

In einer Gesellschaft, die sich weitgehend als nach-christlich empfindet, ist es vor allem in der Anonymität der Großstädte wichtig, daß Kirche im Kleinen entsteht, daß Menschen einander begegnen und sich im Glauben und gegenseitiger Liebe

18 Marcel Morand: Wo man aufatmen kann. Die neuen Mönche von Paris. *Bilder der Gegenwart* 33 (1981), S. 1–7.

19 Karmelregel. Eingeleitet von O. Steggink, J. Tigcheler, K. Waaijman. Almelo 1978, S. 33.

20 Vgl. Anna M. Strehle OCD: Jeder soll in seiner Zelle bleiben. *Christ in der Gegenwart* 33 (1981), S. 238; sowie: W. Herbstrith: Teresa von Avila, die erste Kirchenlehrerin. München [4]1981.

21 Friedrich Wulf SJ: Die kontemplativen Orden in Kirche und Gesellschaft heute. In: K. Kurzhals / E. Bossler (Hrsg.): Teresa von Avila 1582 – 1982. München 1982, S. 18.

finden. Frauen, die heute in kontemplativen Zellen leben wollen, müssen sich, wie TERESA von Avila, von der Not der Menschen, der Kirche betreffen lassen, müssen an den Freuden und Leiden ihrer Mitmenschen, wie das II. Vatikanische Konzil sagt, Anteil nehmen. Zu einem häufig gehörten kritischen Einwand von Außenstehenden gegenüber dem karmelitanischen Ordensleben schreibt die Priorin des Tübinger Karmels, Sr. Anna Maria STREHLE:

„Ich könnte mir denken, daß Sie sich [...] manchmal fragen, was wir Schwestern den ganzen Tag tun, ob wir nicht irgendwo anders sinnvoller eingesetzt wären, ob so eine Ordensgemeinschaft überhaupt notwendig ist. Mit diesen Bedenken stehen Sie nicht allein. Haben die Orden wirklich etwas mit dem Leben [...] zu tun? Ist das Ordensleben nicht etwas für Leute, die sich für besonders fromm halten oder mit dem Leben nicht zurechtkommen? In Krankenhäusern und Schulen mögen Ordensleute wichtig sein; man ist bei ihnen gut aufgehoben, man lernt etwas. Aber brauchen wir Ordenschristen in der Gemeinde [...]? Solche Fragen sind berechtigt. Es läßt sich nicht leugnen, daß die Orden vielfach darauf bedacht waren, sich von den übrigen Christen abzuheben. ‚Trennung von der Welt' war das Kennzeichen. Trotzdem haben sich die Orden in der vom Christentum geprägten Gesellschaft nicht isoliert, oft waren sie sogar sehr einflußreich."[22]

Die Schwestern des 1978 in Tübingen gegründeten Edith-Stein-Karmels sagen über ihr Selbstverständnis:

„Daß unser Karmel gerade in Tübingen gegründet wurde, ist nicht Zufall. Hier, wo wissenschaftliche Theologie auf hohem Niveau betrieben wird, wo Studenten eine Fülle von Wissen vermittelt bekommen, sollte eine Stätte entstehen, die durch Stille und Gebet geprägt ist. Unser Karmel-Leben läßt dem Gespräch mit Gott und dem schwesterlichen Miteinander viel Raum. Es soll ein Zeichen sein, daß angesichts der Überbewertung des rationalen Denkens in unserer Zeit Anbetung, Lobpreis und stilles Verweilen vor Gott notwendig sind."[23]

Außer den hier kurz vorgestellten Kommunitäten wären noch eine Vielzahl weiterer Gruppen und Initiativen vorzustellen, von denen für den Bereich der evangelischen Kirche 3 Gemeinschaften wenigstens noch Erwähnung finden sollen: die „Christusbruderschaft in Selbitz", die „Jesusbruderschaft" in Gnadental/Taunus und die „Communität Casteller Ring". Auch im katholischen Bereich gibt es noch zahlreiche weitere Gemeinschaften, etwa: die „Fokolare-Bewegung", die „Schönstatt-Gruppen" oder die „Missionsärztlichen Schwestern" mit ihrer deutschen Zentrale in Essen. Ihnen allen ist gemeinsam der Anspruch, der aus der Erfahrung der Anrede Jesu an die eigene Person erwächst und der zu engagiertem Leben aus dem Geist der Botschaft Jesu befähigt.
Als charakteristische Elemente dieser Lebenshaltung finden wir immer wieder: persönliches Gebet, Zeiten der betrachtenden Stille, die mit Zeiten des Engagements wechseln, Offenheit für Gemeinschafts- und Gruppenerfahrung sowie Abkehr von Lebenswegen, die sich als einseitig konsum- und leistungsbezogene Irrwege unserer Zeit herausgestellt haben.

(2) Charakterisieren Sie die hier vorgestellten Gemeinschaften nach ihrer je spezifischen Ausrichtung und Eigenart.

....
....
....
....
....
....
....

22 Anna M. STREHLE OCD: Jeder soll in seiner Zelle bleiben (Anm. 20), S. 237f.

23 Edith-Stein-Karmel Tübingen. In: Karmel in Deutschland. Hrsg. von Ulrich DOBHAN OCD / Veronika E. SCHMIDT OCD. München 1981, S. 105f.

Meditationsbewegung und charismatische Gemeindeerneuerung

Seit Jahren machen bedeutende Theologen und Meditationsleiter darauf aufmerksam, daß es für den Menschen in unserer rationalistisch geprägten Zeit gefährlich ist, wenn Glaube und Religion zu sehr gedanklich und autoritär vermittelt werden. Wird der Mensch nicht mehr in seinen tieferen Schichten angesprochen, besteht die Gefahr, daß Gott unerfahrbar und unwirklich wird. Die in unseren Tagen häufig beklagte Gleichgültigkeit gegenüber den Fragen des Glaubenslebens ist ein Ausdruck dieser Situation. Demgegenüber wird mehr und mehr deutlich, wie sehr es gelingen muß, den Menschen, die nach religiöser Wirklichkeit und Erfahrung suchen, diese auch im Bereich des Glaubens, der Nachfolge Jesu, zu erschließen. Aufrufe und Willensimpulse allein genügen nicht. Der Suchende muß vielmehr lernen zu hören, zu schweigen, sich loszulassen, sich anzuvertrauen.

Aus diesem Bedürfnis heraus hat sich seit den 70er Jahren in ganz Europa eine Art Meditationsbewegung vor allem unter Jugendlichen gebildet. Diese Meditationsbewegung trägt weithin ökumenische Züge: Meditationszentren entstehen, meist von Ordensleuten geleitet, in denen Suchende aus allen Konfessionen sich dem Anspruch des Schweigens stellen. Auch die von Amerika kommende Charismatische Gemeindeerneuerung trägt Elemente des zeitweisen Schweigens in sich. Mehr aber pflegt sie das spontane Gebet, den geistlichen Austausch im Gespräch. Es bilden sich Gebetsgruppen, die als Elemente der Gottesverehrung Gesang und Lobpreis bevorzugen.

Daß dabei verstärkt auch Einflüsse östlicher Religions- und Meditationsformen zum Tragen kommen, scheint insgesamt kein Schaden für die Tradition christlicher Spiritualität zu sein. (Zur Problematik der Vermischung östlicher und westlicher Frömmigkeitsformen vgl. vor allem STE 25: „Volkskirche und neue Religiosität".) Als christlicher Zenmeister bemüht sich zum Beispiel P. ENOMIYA-LASSALLE, östliche Meditationsformen als echte Hilfe den suchenden Christen und Nichtchristen im Westen anzubieten. Dies ist nur scheinbar ein Widerspruch: Denn es war dem Christentum von Anfang an eigen zu integrieren, was in anderen Religionen oder Philosophien auf das Heilsereignis Christi hinweist. LASSALLE versucht, seine Zenerfahrung in den mystischen Strom der abendländischen Tradition hineinzustellen und Übereinstimmungen aufzuweisen. Als Zenmeister im strengen Sinn des Wortes ist er der Praxis zugewandt.

Dieses Angebot des Schweigens fördert die Bildung von Gruppen und Kernkreisen, die Meditationszentren aufbauen oder in die Gemeinden hineinwirken. So entstanden zahlreiche Meditationszentren in ganz Europa. Sie sind an die Namen bedeutender Persönlichkeiten geknüpft, wie etwa: Graf DÜRCKHEIM, Pater ENOMIYA-LASSALLE SJ, Pater Viktor LÖW OFM, Pater Bernhard SCHERER SJ, Pater Willigis JÄGER OSB, Willi MASSA und andere.

Ein neueres Beispiel einer geglückten Initiative stellt das Geistliche Zentrum in Neusatzeck im badischen Bühlertal dar. Vor einigen Jahren wurde es durch Initiative von Joseph SAUER/Freiburg ermöglicht, hier ein Exerzitienhaus einzurichten, das in zahlreichen Kursen und geistlichen Wochenenden eine vielfältige und wirksame Spiritualität unter Jugendlichen und Erwachsenen entfaltet.

Das Anliegen von J. SAUER, inmitten unserer Lebenswelt zu authentischer Sinnfindung zu verhelfen, beschreibt er selbst folgendermaßen:

„Es geht um ‚Tiefenbohrungen' durch alle Vordergründigkeiten und Ideologien hindurch, um auf die unverstellte Wirklichkeit zu stoßen und darauf zu bauen; es geht um eine existentielle und geistliche Diagnose aller Grundbefindlichkeiten und Erfahrungen, um die Transparenz auf die unverwechselbare Berufung, wie auch um den unbedingten Anspruch, die eigene Identität zu finden und sich vertrauend anzunehmen. Der letzte befreiende Sinn kann nicht daran vorbei gefunden werden. Auf diesem Weg wird der Glaube erfüllende und heilende Wirkungen bringen. In bewußter Auseinandersetzung mit dem offenen und anonymen Atheismus will das geistliche Zentrum seine Besucher motivieren, im Licht des Glaubens ihren christlichen Auftrag in ihrer Welt und Gemeinde zu entdecken und zu bejahen. Auf diesem Weg soll der einzelne befähigt werden, den Grundakt des Lebens, das vertrauensvolle Sich-Überlassen in den Willen Gottes, wie er sich im konkreten Lebensraum bekundet, zu vollziehen."[24]

Über den Zusammenhang und die Beziehung von charismatischen Gebetsgruppen und den amtlichen Kirchen schreibt der Kirchenhistoriker E. Iserloh:

„Erneuerungsbewegungen sind durchweg nicht vom Amt ausgegangen, nicht von der hierarchischen Kirche angestoßen worden. Sie hatten ihren Ursprung in kleinen Gruppen in der Welt und lebten aus dem Charisma der Glieder der Kirche. Liegt darin das Geheimnis ihres Lebens und ihrer Fruchtbarkeit, dann gehört zu diesem Geheimnis der Kirche aber auch, daß solchen Bewegungen der Durchbruch erst gelungen ist und sie erst zum Tragen kamen, wenn und sobald das Amt der Kirche sie aufgegriffen hat. Umgekehrt sind manche Reformbewegungen gescheitert und häretisch geworden, weil das hierarchische Amt nicht genügend Offenheit, nicht den notwendigen pastoralen und religiösen Sinn hatte, um die Zeichen der Zeit zu erkennen und das berechtigte Anliegen in den vielfach kirchenkritischen Bewegungen aufzugreifen."[25]

Gemeinsamkeiten und Zukunftsoffenheit

Ein Überblick über spirituelle Lebensformen, die sich in den Großkirchen vor allem von der Basis her in Gruppen und Kommunitäten verwirklichen, zeigt uns, daß auch heute in den christlichen Kirchen Dynamik und Lebenskraft stecken. Gerade die Vielfalt der verschiedenen Gemeinschaften in Stil und Aussagekraft spricht für die geistige und geistliche Lebendigkeit solcher Lebensentwürfe. Der Mensch ist kein vereinzeltes, zur Einsamkeit verdammtes Wesen, sondern eines, das sich in Gemeinschaft mit anderen erfahren darf. Eine Gruppe ist um so reicher, je lebendiger sich die einzelnen auf die Kommunikation mit Gott und untereinander einlassen und sich gegenseitig von ihrem Reichtum mitteilen. Wenn Jesus bittet: „Alle sollen eins sein: Wie du, Vater, in mir bist und ich in dir bin, sollen auch sie in uns eins sein, damit die Welt glaubt, daß du mich gesandt hast" (Joh 17,21), dann ist hier nicht eine abstrakte Uniformität gemeint, eine tödliche Gleichmacherei, sondern ein Einssein in der Vielfalt.

Unsere Darstellung ging daher von der Überzeugung aus, daß das Gemeinsame christlicher Spiritualität tiefer reicht als die Verschiedenheiten. Diese integrative Sichtweise führte zu folgenden positiven theologischen Auswirkungen:

• Die alten schematischen Gegenüberstellungen: Orden/Ehe und katholisch/evangelisch werden durchbrochen zugunsten einer neuen Zusammenschau gleichwertiger Lebensentwürfe von Ehe und Ordensberufung im Raum des Religiösen.

• Durch die Betonung der Gemeinsamkeiten erweist sich diese Sichtweise auch grundsätzlich für andere Weisen christlicher Spiritualität offen, die nicht ausdrücklich angesprochen wurden.

Dieser Zugang zum Thema „Spiritualität" weiß sich daher auch einer *Spiritualität der Zukunft* verpflichtet, wie sie bei Karl Rahner folgendermaßen formuliert ist:

„– sie ist bereit, positiv und negativ aus der Vergangenheit der Kirche immer neu zu lernen;
– sie konzentriert sich auf das Wesentlichste christlicher Frömmigkeit;
– sie versucht, deutlicher als bisher aus einer einsamen, unmittelbaren Erfahrung Gottes und seines Geistes zu leben;
– sie sucht die brüderlich/schwesterliche Gemeinschaft, in der dieselbe, alles tragende Geisterfahrung gemacht werden kann;
– sie ist darin kirchlich, daß sie die Armseligkeit und Unzulänglichkeit der Kirche selbstverständlich mitträgt und mitausleidet."[26]

(3) Charakterisieren Sie das Gemeinsame der evangelischen und katholischen Gemeinschaften.

....
....
....
....
....
....
....
....
....
....

Zur gegenwärtigen Frauenspiritualität

Wie bereits in der allgemeinen Einführung beschrieben, bedient sich der 2. Hauptteil eines weiter gefaßten Begriffs von Spiritualität im Sinne einer umfassenden Lebenshaltung. Gleichzeitig wird dieser so gebrauchte Begriff in einem engen Zusammenhang mit der speziellen Problematik weiblicher Identität in Religion und Gesellschaft erörtert.

Patriarchat und Nicht-Identität

Die Erfahrung von Nicht-Identität bei Frauen ist vielschichtig. Sie kann sich an einem Punkt entzünden, sie kann an allen Fronten aufbrechen, und sie kann auch verdeckt sein von anerlernten und noch immer funktionierenden weiblichen Verhaltensweisen, von der Bereitschaft der Frauen, sich mit dem Vorhandenen zu arrangieren.

Um die Widersprüchlichkeit deutlich zu machen, in der Frauen in unserer Kultur leben, sollen zunächst einige dieser Alltagserfahrungen ins Gedächtnis gerufen werden, ohne die auch die Ansätze einer neuen Frauenspiritualität nicht verstanden werden können.

Zunächst einige Kennzeichen und Erfahrungen unserer alltäglichen, patriarchal geprägten Umwelt, die uns oft gar nicht bewußt sind:

– Frauen werden über den Mann definiert: Frau Schmidt, Frau Pfarrer. Sie werden mit seinem Beruf, seiner Gesellschaftsschicht identifiziert und haben zunehmend Schwierigkeiten, eine eigene Identität zu finden. Der Mann bestimmt die soziale Stellung und den Lebensraum der Frau. Sie begleitet ihn in „emotionaler Ergebenheit"[27]. Ihr verbleibt das Herz, aber im Sinne einer jederzeit abrufbaren Dienstleistung.

24 Joseph Sauer: Mystagogie in der Welt. Neusatzeck 1980, S. 4.
25 E. Iserloh: Charisma und Institution im Leben der Kirche (Wiesbaden 1977). In: H. Mühlen (Hrsg.): Dokumente zur Erneuerung der Kirche. Mainz 1982, S. 10f.
26 Karl Rahner: Praxis des Glaubens. Geistliches Lesebuch. Hrsg. K. Lehmann / A. Raffelt. Zürich/Freiburg 1982, S. 39–51.
27 Horst E. Richter: Der Gotteskomplex. Hamburg 1979, S. 100.

– Der Mann beansprucht Vernunft und Willen. Er bestimmt, was Natur ist. Sexualität und Leiblichkeit der Frau sind seinen geistigen, moralischen und psychologischen Vorstellungen unterworfen. Diese Herrschaft in Form von rationaler Dominanz erleidet auch die „Anima" des Mannes, seine eigene Gefühlswelt. Zur Verdrängung und Selbstkontrolle erzogen, verkümmert dabei etwas Ganzheitliches, zu dem auch der Mann angelegt ist.

– Die Frau bezieht ihr Selbstvertrauen und Selbstgefühl von einer Mutter, die diese Nicht-Identität durch tradierte Strukturen verinnerlicht hat und wegen mangelnder Ich-Stärke und Orientierung an selbständigen Leitbildern ihre Tochter nicht freigeben kann, sondern eher in die gleiche Rolle drängt. Der Sohn dagegen darf die nichterfüllten Lebenserwartungen der Mutter erfüllen, was ihm einerseits größere Freiheit und Selbstsicherheit gibt, auf der andern Seite ihn aber in Selbstbehauptung durch Leistung treibt.

– Frauen müssen sich in einer männlich geprägten Leistungskultur behaupten, die sie nicht entsprechend ihren Leistungen (Mutterschaft, Hausarbeit) wertet und die ihre Lebensvorstellungen nicht akzeptiert, während der Mann sich eher mit dieser Kultur identifizieren und ihre Normen anerkennen kann.

Ursachen der Frauenbewegung

Das Wissen und das Bewußtsein um die Situation der Frau hat sich in den letzten zwanzig Jahren neu entfaltet. Mehrere Ursachen haben dazu geführt:

- Eine *wachsende Demokratisierung* unserer Gesellschaft, als deren Folge die im Grundgesetz festgelegte Gleichstellung der Frau in den verschiedenen Bereichen eingelöst wird. Frauen werden sich ihrer Rechte und Möglichkeiten am Arbeitsplatz und in der Familie bewußt.
- *Medizinisch-technische Entwicklungen,* z. B. die Erfindung der Pille, die Frauen zunächst die Chance gibt, über ihren Körper zu bestimmen.
- Eine *zunehmende Individualisierung* in unserer Kultur und Gesellschaft; Abbau von Ordnungsvorstellungen, welche die Frage nach der Identität des Einzelnen mit sich bringt.
- Die *Minderheitenbewegung* in aller Welt, die Farbige, diskriminierte Gruppen, Jugendliche, Behinderte und auch Frauen erfaßt hat, und die zu Selbstbestimmung und Eigenverantwortung auffordert.
- Die heutige Frauenbewegung, der *Feminismus,* der speziell die psycho-soziale, ökonomische und kulturelle Situation der Frau analysieren und verändern will.

Das Wort „Feminismus" erzeugt bei Männern und auch bei vielen Frauen Ängste, aber keiner, der sich ernsthaft mit der Situation der Frau in unserer Kultur befaßt, kann an der feministischen Herausforderung vorbei. Es sei deshalb kurz auf die Entstehung der Bewegung und auf ihr zentrales Anliegen eingegangen.

• *Neues Körperbewußtsein*

Ging es der alten Frauenbewegung der Jahrhundertwende um die Gleichberechtigung der Frau, so entzündet sich die neue Bewegung an der Diskussion um den § 218 und damit an der physischen Selbstbestimmung der Frau. Viele Frauen, die in der 68er Studentenbewegung gegen eine kapitalistische Ausbeutung auf die Straße gegangen waren, meinten jetzt in der staatlichen Verfügungsgewalt über ihren Körper, im Verbot der Abtreibung oder in der Fristenlösung, das noch tiefer greifende gesellschaftliche Grundübel menschlicher Entfremdung zu sehen. Die Sexualität der Frau, die nicht mehr durch Gebärzwang eingeengt, sondern neu erlebt werden sollte, wurde für viele zum Ausgangspunkt der Bewegung. Dabei ergaben sich überraschende neue Aspekte: einmal für die Frau selbst, ihre geschichtliche, gegenwärtige und zukünftige Rolle in Familie und Gesellschaft, und darüber hinaus auch Erkenntnisse über die Struktur unserer Gesellschaft. Frauen entdeckten sich als Opfer von Verhaltensweisen, die sie in der Vorherrschaft des Mannes sowie seiner politischen und sexuellen Macht begründet sahen. Sie deckten auf, daß in dieser Konsequenz Mutterschaft ihr „Beruf" sei und sich Ehe und Hausfrauendasein zwangsläufig ergäben. Sie sahen sich als Opfer einer vielseitigen Gewalt, die von brutaler physischer Gewalt über psychische Unterdrückung bis zur politischen Ohnmacht reiche. Manchen mag das Pathos dieser Anklagen abschrecken. Aber sie zeigen, daß die Wunden unserer Gesellschaft heute zunehmend sichtbar geworden sind.

Konkrete Beispiele dieser Unterdrückung ließen sich zeigen an der derzeitigen Diskussion über die Notwendigkeit von Frauenhäusern, über verschiedene Formen psychischer Gewalt in der Ehe. Aber auch im Bereich des Denkens und der Sprache zeigt sich, wie stark die „männlichen", vorwiegend begrifflich-analytischen Denkschemen, die in der Wissenschaft zum Tragen kommen, einem „weiblichen" Ganzheitsempfinden zuwiderlaufen und eher geeignet sind, offene Prozesse zu schließen als neue Wirklichkeiten wahrzunehmen.

• *Korrektur des gesellschaftlichen Bewußtseins*

Ein weiterer wichtiger Aspekt der feministischen Herausforderung war, daß die einengenden gesellschaftlichen Strukturen nicht nur Frauen, sondern auch Männern deutlich wurden und Psychologen, Ärzte und Soziologen auf den Plan riefen. Die alte patriarchale Weltordnung, nach der der Mann Vernunft und Willen besitzt, für „die Errechnung und Bemächtigung der Natur" sorgt, nach der die Frau ihn „in emotionaler Ergebenheit" begleitet und nach der ihr das Herz verbleibt, „im Sinne einer jederzeit potentiell abrufbaren Dienstleistung" – dieses Selbstverständnis wurde als spaltend für Persönlichkeit und Gesellschaft verstanden und als Ursache von Krankheiten gesehen.[28]

Der Kontrolle der Frau durch den Mann – das wurde jetzt deutlich – entspricht die Kontrolle des Willens und Verstandes über unseren Körper, der sich gegen diese Vergewaltigung mit Krankheiten wehrt.[29] Parallel dazu ist auch die Ausbeutung der Natur zu sehen. Was Frauen an sich, ihrem Körper, ihrer sozialen Situation beobachten, schien ihnen nur *ein* Phänomen einer weit größeren Kulturkrise.

Wir können als Ergebnis der Untersuchung über Ursachen und Ziele der Frauenbewegung bzw. des Feminismus festhalten:

„1. Er beinhaltet eine fundamentale und radikale Befreiung von Frauen zu autonomen Menschen; er ist also ein (sozial-)psychologischer Prozeß.
2. Er setzt eine genaue Analyse der sozialen und wirtschaftlichen Faktoren voraus, die bei der Unterdrückung der Frauen im Spiel (gewesen) sind; er ist auch ein sozialer und ökonomischer Prozeß.
3. Feminismus lehnt sich gegen die einseitig maskuline Kultur auf; er ist damit eine Form von Gegen-Kultur."[30]

Im persönlichen Bereich versteht sich also Feminismus als ein „Befreiungsprozeß von Frauen zu autonomen Menschen". Im Mittelpunkt steht daher die Frage: Wer bin ich als weiblicher Mensch?, statt der Frage: „Wer soll ich gemäß Meinung und Erwartung anderer sein?" (S. 20).

28 Horst E. Richter: Der Gotteskomplex (Anm. 27), S. 100.
29 Vgl. etwa D. Kamper / Chr. Wulf: Die Wiederkehr des Körpers. Frankfurt 1982.
30 Catharina J. M. Halkes: Gott hat nicht nur starke Söhne. Grundzüge einer feministischen Theologie. Gütersloh 1980, S. 20.

Im gesellschaftlichen Bereich ist der Ausgangspunkt „die feministische Gesellschaftstheorie vom Patriarchat, das heißt des unversöhnlichen Gegensatzes zwischen Männern und Frauen, der den Klassengegensätzen übergeordnet und aus dem die Unterdrückung der Frauen in allen Gesellschaften abgeleitet wurde".[31]

Was ist Patriarchat?

Die Ohnmachtserfahrungen von Frauen drängten – um Machtverhältnisse zu ändern – zunächst einmal dazu, sichtbar und verstehbar zu machen, wo Macht ist und worin sie besteht. Frauen begannen zu analysieren, was sie ohnmächtig, identitätslos macht, und stießen auf das Phänomen Patriarchat, Patriarchalismus. Bis dahin hatte man mit diesem Begriff unterschiedliche und blasse Vorstellungen verbunden: Nach dem Rechtschreibe-Duden heißt patriarchalisch: „altväterlich, ehrwürdig". Patriarchat ist einmal „Würde und Amtsbereich eines kirchlichen Patriarchen" und zweitens: „Vaterherrschaft, gesellschaftliche Struktur, in der der männliche Elternteil Familienoberhaupt ist". Für Theologen sind Patriarchen darüber hinaus entweder biblische Erzväter oder hohe geistliche Würdenträger in den Ostkirchen. Dominierend und gültig war vor allem bis dahin die gesellschaftliche Definition des Soziologen Max WEBER gewesen, wonach Patriarchalismus einer der primären Typen der traditionalen Herrschaft eines meist primär ökonomischen und familialen Hausverbandes sei, der mit dem Auseinanderfallen von Haushalt und Betrieb ende.

Diese eingeschränkte Bedeutung von Patriarchat wurde nun in der Patriarchatsforschung der 70er Jahre überholt. Durch verschiedene Veröffentlichungen wurde zunächst die – von vielen Wissenschaften ignorierte – religionspsychologisch schon vorhandene Sicht erweitert, wie sie beispielsweise von Erich NEUMANN 1956 in seinem Buch *„Die große Mutter"* vertreten worden war. Zentrale Ansicht dieses Buches war die These, daß Patriarchat und patriarchales Bewußtsein unsere Gegenwart prägen und in ihrer abendländisch-rationalen Form „zur losgelösten Begrifflichkeit des modernen Bewußtseins" geführt haben. „Dieses Bewußtsein aber bedroht die Existenz der abendländischen Menschheit, denn die Einseitigkeit der männlichen Entwicklung hat zu einer Hypertrophie (Überbetonung) des Bewußtseins auf Kosten des ganzen Menschen geführt."[32]

In ihrem grundlegenden Buch, das die Anfänge der Frauenbewegung begleitete, *„Sexual Politics"* (deutsch: Sexus und Herrschaft) verband die Amerikanerin Kate MILLET soziologische und psychologische Vorstellungen zu einer in alle Bereiche der modernen Gesellschaft einschneidenden Kulturkritik:

„Der Grund ist darin zu suchen, daß unsere Gesellschaft, wie alle anderen historischen Zivilisationen, ein Patriarchat ist. Das Militär, die Industrie, die Technologie, die Universitäten, die politischen Ämter, das Finanzwesen, kurz, jeder Zugang zur Macht innerhalb der Gesellschaft, einschließlich der Polizeigewalt, liegt in männlichen Händen. Da Politik auf Macht beruht, kommt dieser Erkenntnis große Bedeutung zu. Was immer an übernatürlicher Autorität, an ‚Göttlichem', an ethischen und moralischen Werten, an Philosophie und Kunst in unserer Kultur erhalten ist, [...] stammt von Männern."[33]

Diese soziologischen Untersuchungen wurden nun zum Ausgangspunkt einer ungewöhnlichen Analyse des Zusammenhangs von intimem Sexualverhalten und politischen Machtstrukturen. Die Analyse kam zu dem Ergebnis, den „Koitus als Modellfall für Sexualpolitik auf intimster Basis" (S. 31) zu verstehen. Freilich hing die Behauptung eines diesbezüglichen Zusammenhangs davon ab, in welcher Weise männliches Leistungsdenken (männliche Aktivität) und weibliche Erwartungshaltung (weibliche Rezeptivität) vorab zusammengedacht und festgelegt wurden. Zum anderen war die Analyse auch bestimmt durch einen vorgegebenen Bedeutungsgehalt des Begriffes Sexualpolitik bzw. der Definition von Politik:

„Selbstverständlich ist von persönlichen Intimitäten bis zum politischen Trend ein großer Schritt. Ehe der Ausdruck ‚Sexualpolitik' sinngerecht verwendet werden kann, muß daher vor allen Dingen die unvermeidliche Frage beantwortet werden: ‚Kann die Beziehung zwischen den Geschlechtern überhaupt in einem politischen Licht gesehen werden?' Die Antwort hängt davon ab, wie man Politik definiert. In dieser Untersuchung wird ‚Politik' nicht als die ziemlich enge und ausschließliche Welt der Konferenzen, Vorsitzenden und Parteien betrachtet, sie definiert vielmehr die machtstrukturellen Beziehungen, aufgrund derer eine Gruppe von Menschen von einer anderen regiert wird." (S. 31)

Durch solche und ähnliche Untersuchungen waren die Ohnmachtserfahrungen von Frauen von Gewalt, Diskriminierung, physischer und geistiger Ausbeutung in einer gesellschaftlichen Analyse zusammengeflossen und verstehbar gemacht.
Die älteren Analysen zur Situation der Frau – wie sie von August BEBEL[34] und Friedrich ENGELS[35] schon vorlagen – waren zunächst überholt: waren aus marxistischer Perspektive Frauen den ausgebeuteten Arbeitern zuzuordnen und galt als der Hauptwiderspruch in der Gesellschaft der von Ausbeutern und Ausgebeuteten, so wurde der „Nebenwiderspruch", der Unterschied der Geschlechter, jetzt zum Hauptwiderspruch. Die Herrschaft zwischen den Geschlechtern sei der Konflikt, der zutiefst unser Sozialgefüge präge.

Schließlich ging der Begriff „Patriarchat" aus dem soziologischen Sprachraum in den Bereich religiös-apokalyptischer Sprache und Vorstellungen über. Statt das patriarchale Zeitalter – wie es der frühe Erforscher des Mutterrechts, J. J. BACHOFEN[36], tut – als Fortschritt in der Entwicklung der menschlichen Kultur zu sehen, wurde es jetzt zur zerstörerischen Macht. „Die Tragödie des Patriarchats", meint der Ethnologe Ernest BORNEMAN, seien sowohl die Zerstörung des weiblichen Bewußtseins als auch „die Zerstörung des Mannes als Resultat seines Versuches, die Frau zu seiner Sklavin zu machen". [37] Nach BORNEMAN sind Männer nur in mutterrechtlichen Gesellschaften frei von der Zwangsvorstellung, ihre Männlichkeit Tag und Nacht unter Beweis stellen zu müssen. Nur wo es keine Vorherrschaft des einen Geschlechts über das andere gebe, könnten Menschen zur Reife gelangen.

Im Faltblatt der „Fraueninitiative 6. Oktober" heißt es entsprechend: „Wir müssen das Patriarchat beenden, bevor das Patriarchat die Welt zerstört". Und noch massiver sagt es die radikale Feministin und Theologin Mary DALY, der zufolge die vorherrschende Religion auf dem gesamten Planeten das Patriarchat ist. Mary DALY fordert, daß Frauen „sich als erstes über die Tatsache klar werden [müssen], daß sie besetzt/Besitz sind: von den Strukturen des Bösen und von jenen, die diese Strukturen kontrollieren und legitimieren".[38] Wo Patriarchat in dieser Weise nur noch als Dämonie erlebt wird, bleibt – außer schicksalhafter Ergebung – lediglich die Möglichkeit, „religiöse" Gegenkräfte zu entfalten. Diese gefährliche Dämonisierung verlangt nach irrationalen Lösungen, anstatt brauchbare Lösungen zu entwickeln.

31 Lottemi DOORMANN (Hrsg.): Keiner schiebt uns weg. Zwischenbilanz der Frauenbewegung in der Bundesrepublik. Weinheim/Basel 1979, S. 34.
32 Erich NEUMANN: Die große Mutter. Olten 1956, S. 67.
33 Kate MILLET: Sexus und Herrschaft. München 1971, S. 33.
34 August BEBEL: Die Frau und der Sozialismus. Berlin 1946.
35 Friedrich ENGELS: Ursprung der Familie, des Privateigentums und des Staates. MEW. Bd. 21. Berlin 1962.
36 Johann J. BACHOFEN: Das Mutterrecht. Hrsg. von Hans J. HEINRICHS. Frankfurt 1975.
37 Ernest BORNEMAN: Das Patriarchat. Frankfurt 1975, S. 542.
38 Mary DALY: Gyn/Ökologie. München 1981, S. 61. – Dies.: Jenseits von Gottvater, Sohn & Co. München 1980.

Was ist Matriarchat?

Wichtig für die hier interessierende Frauenspiritualität war nun im nächsten Schritt die Entwicklung einer eigenen Frauenforschung:

Wie andere sich als ohnmächtig erlebende Gruppen nach der Phase von Zorn und Wut in der zweiten Hälfte der 60er Jahre ihre Identität und Geschichte entdeckten, so stießen Frauen jetzt auf ihre eigene Geschichte. Parallel zu den Schwarzen der USA, die ihre Roots (Wurzeln) wiederfinden und damit Religion und Selbstbewußtsein, drehten Frauen die bekannte Geschichte um, entdeckten dabei sich selbst, die Unterseite, Kehrseite der Geschichte, und vor allem die Vorgeschichte als ihre eigene Geschichte. Nach einem bekannten Wortspiel ging es darum, statt der „his-story“ die „her-story“ zu entdecken.

Der Begriff „Frauenforschung“ ist eine Übersetzung des amerikanischen Women's Studies. „Er benennt sowohl einen neuen Lehr- und Forschungsschwerpunkt, neue Lehr- und Forschungsmethoden [...] als auch das neue Bildungskonzept, in dem all die genannten Aspekte zusammentreffen.“ Seit 1969 werden an amerikanischen Colleges und Universitäten Lehrveranstaltungen angeboten, „in denen die amerikanische Frau, ihre Psyche und Sozialisation, ihr rechtlicher, politischer, ökonomischer und sozialer Status, ihre Geschichte sowie ihre literarischen, künstlerischen und kulturellen Leistungen thematisiert und problematisiert werden [...] Die curricularen Bemühungen sind hauptsächlich darauf verwandt worden, Definitionen und Analysen von Geschlechtsstereotypen im öffentlichen Leben (Lohndiskriminierung, Ehe- und Scheidungsgesetze, Frauen und Kirche usw.) zu entwickeln, aber auch in der Geschichtswissenschaft, Literatur, im Film und in anderen Bereichen der Kultur; sie konzentrieren sich weiterhin auf Sozialisations- und Erziehungsprozesse, durch die die Stereotypen perpetuiert werden und auf die Vorstellung angeborener Geschlechtsunterschiede.“[39]

Diese neuen Lehrinhalte haben auch neue Lehr- und Lernstrategien hervorgebracht, die sich hauptsächlich in einer partnerschaftlich, gemeinsam verstandenen Lern- und Lehrsituation verwirklichten. Die feministische Wissenschaft der Women's Studies ist inzwischen in die unterschiedlichsten Fachdisziplinen vorgestoßen: in die Literatur- und Sprachwissenschaft, wozu auch Untersuchungen über die Verankerung geschlechtsspezifischer Stereotypen in der Sprache und über wechselseitige Bedingtheit von Sprache und Vorstellung bzw. Verhalten gehören. Dazu sollen Werke bekannter Autorinnen neu interpretiert, vergessene Autorinnen aufgefunden und neu eingeschätzt und die Werke zeitgenössischer feministischer Autorinnen gefördert werden.

In den Disziplinen Soziologie, Psychologie, Politologie und Theologie werden Objektivität und Neutralität einer Forschung, die den Mann als Norm, die Frau als Abweichung versteht und auf die Beibehaltung des Status quo abzielt, in Frage gestellt.

- *Feminismus und Theologie*

In der Theologie kam es zu einer Begegnung zwischen Feminismus und der jüdisch-christlichen Tradition, die ab 1971 zunächst in Amerika als sogenannte feministische Theologie ebenfalls zu einer echten Bewegung gemeinschaftlichen Lebens und Lernens wurde. Die deutschbürtige Neutestamentlerin Elisabeth Schüssler-Fiorenza beschreibt aus eigener Erfahrung ein solches sechswöchiges Sommerprogramm an der Universität Grailville:

Es „versucht, nicht nur neue Formen von Theologie, sondern auch neue Weisen des Lernens zu finden. Mitarbeiter ermöglichen die Lebensgemeinschaft von Lernenden; Professorinnen helfen Studentinnen, ihre eigenen theologischen Projekte zu erforschen, und unterstützen sie in der Vorbereitung von Gruppenvorhaben. Behandelte Themen sind zum Beispiel: Die Befreiungstheologie in feministischer Kritik, Sprache, Mythos und Symbol, Sexualität und Spiritualität, Lehrplan für einen christlichen Feminismus, das Selbst als Quelle des Theologisierens, Voraussetzungen von institutioneller und sozialer Veränderung, Biographie als Theologie, die Erforschung kirchlichen Dienstes, Ganzheit und Gottesdienst.“[40]

- *Feminismus und Geschichte*

Die Vorgeschichte unserer Kultur liegt für die meisten Bildungsbürger im Dunkeln. Entsprechend ihrer abendländisch-geistesgeschichtlichen Erziehung setzt die eigentliche Entwicklung mit der griechischen Geschichte ein. Das davor liegende Urdunkel von Stammesgeschichten, Mutterkulturen und schriftlosen Überlieferungen entspricht nicht dem eigenen Selbstverständnis und den Kulturvorstellungen. Die Vorgeschichtsforschungen über das Mutterrecht von Bachofen und Ranke-Graves[41] waren nie populär geworden. Die Vorgeschichtsforschungen von Frauen wie Bertha Eckstein-Diener[42] und Josefine Schreier[43] waren weithin unbekannt geblieben. Jetzt wurden sie wieder aufgenommen und verstärkt, vor allem durch archäologische Entdeckungen matrifocaler Siedlungen, das heißt Siedlungen, in denen Frauen zentrale Rollen spielten, und durch Sprachforschungen, durch die der weiblich geprägte Ursprung der Sprache deutlich wurde.[44] Mythen- und Symbolforschung, verbunden mit tiefenpsychologischen Erkenntnissen, ließen die Dominanz der Frau in frühen Menschheitskulturen vermuten.

Ein Beispiel mag dies verdeutlichen und die Veränderung unseres männlich bestimmten Wertsystems aufzeigen: Schlange oder Drache, die in vielen Märchen noch als heilbringend und glückverheißend dargestellt sind und zugleich ein phallisches Symbol darstellen, gelten heute allgemein als abscheuerregend, bösartig, verführend, und im Symbol des Drachentöters Georg oder Herakles ist diese Weltsicht prägend für uns geworden. Märchen, Mythen, vorgeschichtliche Funde, z.B. die kretischen Schlangengöttinnen, zeigen aber eine andere, unserem Bewußtsein vorhergehende Wirklichkeit, in der der Rhythmus von Leben und Tod, Werden und Vergehen, im Symbol der sich häutenden, neu werdenden Schlange das Leben prägte. Sie war das Symbol der Frau, das dann in der bekannten biblischen Paradiesgeschichte zum verführerischen Tier und im patriarchalen Denken zum negativen, bedrohenden Symbol wurde, das mit Manneskraft getötet werden mußte. Damit war die Herrschaft sowohl über die Frau als auch über Naturkräfte und auch die tieferen emotionalen Schichten des Menschen, sein Unbewußtes, besiegelt.

Die urgeschichtlich orientierte Matriarchatsforschung ist heute eine Wissenschaft, der man sich von verschiedenen Bereichen nähern kann; sie ist aber hier nicht darstellbar.[45] Ob es Matriarchate im strengen Sinn, das heißt als politische Frauenherrschaft, gegeben hat, ist dabei umstritten. Folgender Forschungsüberblick gibt hier wertvolle Hinweise:

„Bei der historischen Nachprüfung findet sich kein Matriarchat, auch keine andere allgemeine Kulturstufe der Menschheit. Eine Menge Übertreibungen gibt es im ‚Mutterrecht‘ und viele Fehlinterpretationen. Aber Fragmente des Werkes bleiben erhalten. Es hat den Blick gelenkt auf Gesellschaften, in denen die Rolle der Frau eine ganz andere war als in Griechenland und Rom und im übrigen Abendland. Es hat den Blick freigegeben auf Gesellschaften ohne Patriarchat. [...] Entscheidend dürfte sein, daß er [Bachofen] als erster

---

39 Jutta Menschik: Feminismus. Geschichte, Theorie, Praxis. Köln 1977, S. 113 und 115. Vgl. auch: Evelyn Sullerot: Die Wirklichkeit der Frau. München 1979; Rosemary Ruether: Sexismus und Reden über Gott. In: Renate Duelli-Klein u.a.: Feministische Wissenschaft und Frauenstudium. Hamburg 1982.

40 E. Schüssler-Fiorenza: Für eine befreite und befreiende Theologie: Frauen in der Theologie und feministischen Theologie in den USA. *Concilium (D)* 14 (1978), S. 287–294.
Vgl. auch: H. Pissarek-Hudelist: Feministische Theologie – eine Herausforderung? *Zeitschrift für Katholische Theologie* 103 (1981), S. 289–308; 400–425.

41 Robert Ranke-Graves: Die weiße Göttin. Berlin 1981.

42 Sir Galahad (Bertha Eckstein-Diener): Mütter und Amazonen. Die erste weibliche Kulturgeschichte. Frankfurt 1981.

43 Josefine Schreier: Göttinnen. Ihr Einfluß von der Urzeit bis zur Gegenwart. Hrsg. von Gisela Meussling. München 1978.

44 Richard Fester u.a.: Weib und Macht. Frankfurt 1980.

45 Vgl. zum Überblick über die Matriarchatsforschung: Heide Göttner-Abendroth: Die Göttin und ihr Heros. – Renate Duelli-Klein / Maresi Nerad / Sigrid Metz-Göckel (Hrsg.): Feministische Wissenschaft und Frauenstudium. Hamburg 1982.

den Glauben an die Universalität der patriarchalischen Familie erschüttert hat, die man mit Adam und Eva beginnen und unangefochten bis in das 19. Jahrhundert als Institution der Männer zu ihrer Verfügung stehen ließ. Das ‚Mutterrecht' relativierte diese Perspektive. Das Matriarchat der Frühzeit verunsicherte manchen Patriarchen der Gegenwart in seiner Rolle als ehrwürdiger Greis. Plötzlich hörte man wieder den Klang von Herrschaft im Wort, von Herrschaft, die diskutiert werden konnte. Der Patriarch war ein Mann geworden, der sich rechtfertigen mußte. Allerdings hat Bachofen ihm dafür gleichzeitig ein nicht ungefährliches Arsenal von Hieb- und Stichwaffen mitgeliefert, angefangen von der Aitiologie [Begründungserzählung] des Mythos bis zur Darstellung der Entwicklungsgeschichte als Übergang von weiblicher Stofflichkeit zu männlichem Geist, von der Natur zur Kultur. Damit war der Patriarch mit dem Prädikat ‚kulturell wertvoll' ausgestattet und eine natürliche Ungleichheit von Frauen und Männern postuliert, die schwer zu überwinden war. Auf der anderen Seite konnte ein Matriarchat die frühe Frauenbewegung auch wieder ermutigen, denn immerhin wurde ein anderer gefährlicher Mythos dadurch beschädigt, nämlich der von der natürlichen Überlegenheit der Männer als des stärkeren Geschlechts."[46]

Wichtig ist, welche Bedeutung diese Gesellschaften für Frauen bekamen und was sie an Grundwerten für eine eigene, bis dahin nie erlebte Geschichte vermittelten.

- *Aktuelle Konsequenzen*

Was fasziniert heute Frauen an matrifocalen Kulturen oder matristischen Gesellschaften?
Die Frau hat den Besitzstand und vererbt ihn ihrer Familie. Sie wird in allen drei Lebensphasen: als junges Mädchen, als Mutter, als weise alte Frau, verehrt. (Im Patriarchat wird sie als jugendliches Sexsymbol verehrt, als Mutter gebraucht, aber als alte Frau vergessen.) Sie ist Priesterin und neben einer entscheidenden religiösen Funktion Hüterin von Kunst und Wissenschaft. Sie repräsentiert Leben, und die Rolle des Mannes ist: Dienst am Leben.

Körper und Natur des Menschen werden nicht beherrscht, sondern stellen eigene Lebensbereiche mit eigenen Ausdrucksformen dar, denen der ihnen gemäße eigene Wert wieder zuerkannt wird.

Eine natürliche Sozialität, die nicht durch Herrschaftsstrukturen verschüttet ist, schafft ein friedliches Zusammenleben. In Kreta, der noch am besten beschreibbaren matriarchalen Kultur, fand man beispielsweise keine Waffen, die auf Kriegführung hinweisen.

Auch wenn man eine gewisse Verführbarkeit durch Wunschphantasien in Rechnung stellen darf: der Mythos vom Matriarchat oder genauer gesagt von matristischen Kulturen hat seine Tradition und seine Faszination – auch auf Männer. Und er hat auch einen Realitätskern. Dies zeigen anthropologische und ethnologische Untersuchungen.

Hinter dem kulturgeschichtlichen Matriarchat taucht dabei ein psychisches Matriarchat auf: die Sehnsucht nach einer tiefen Übereinstimmung mit dem Sein – fern aller patriarchalen Entfremdung, die Suche nach dem Glück, das wir in unserer Gesellschaft vielfach verloren haben, ein rückwärtsgewandter Traum, der mit unserer Vernunft und der Realität im Widerstreit liegt, aber Hoffnung und Phantasie auf Veränderung mobilisieren kann.

In diesem „Wiedererinnern", in dieser psychischen Paläontologie taucht eine Frauengestalt auf: die Göttin, in *sich* ruhend, nicht am Mann, Weisheit und Wissen verkörpernd, eine in unserer Kultur bisher nicht erlebte Identifikationsfigur. Frauen *haben* eine Geschichte, nur verdrängt, verschüttet und vergessen, und sie versuchen heute daraus wieder Lebenskraft zu beziehen.

46 Uwe Wesel: Der Mythos vom Matriarchat. Über Bachofens Mutterrecht und die Stellung von Frauen in frühen Gesellschaften. Frankfurt ^{2}1981, S. 66.

„Mir ist bewußt", schreibt die Schriftstellerin Christa Wolf, „daß mein Rückgriff in eine weit, ur-weit zurückliegende Vergangenheit [...] auch ein Mittel gegen die unauflösbare Trauer ist, die Flucht zurück als eine Flucht nach vorn."[47]

Die Wiederentdeckung der eigenen Geschichte lenkt den Zorn und die selbstzerstörerische Resignation gegenüber einer Dämonie des Patriarchats in sanftere und sinnvollere Bahnen, auch wenn der Verlust dessen, was einmal war, zunächst noch schmerzhafter sichtbar wird.

Frauenspiritualität heute

Zum ersten Mal in unserer geschriebenen Geschichte scheint ein Wissen und Bewußtsein von Frauen aufzubrechen, das einen vollständig eigenen Standpunkt, eigenen Lebensstil und eigenes Weltverhältnis darstellt. Einzelnes davon ist in allen durch die Geschichte gehenden Emanzipationsversuchen schon zu beobachten, auch wenn viele der bisherigen Versuche von Frauen, sich zu artikulieren, in Anpassung an die vorhandenen Strukturen, Denkmuster und Lebensweisen endeten. „Wenn sie nicht mehr weiß, was sie eigentlich ist, kann sie nur noch versuchen, sich in der männlichen Gesellschaft zu bewähren, sich mit männlichen Mitteln Macht und Ansehen [zu] verschaffen."[48] Weil sie heute mehr weiß, woher sie kommt und was sie eigentlich ist, kann sie authentisch Alternativen leben. Natürlich ist dieses Wissen und Bewußtsein nicht für alle Frauen typisch und prägend. Es zu artikulieren und zu experimentieren bleibt einer kleinen Gruppe vorbehalten. Aber dennoch ist heute ein wachsendes Bewußt-Werden von Frauen aller Schichten und aller Nationen zu beobachten, das zumeist aus unterschiedlichen Leidenserfahrungen herrührt und sich in unterschiedlichen Engagements äußert. Es fällt zusammen mit dem Zweifel an der Dominanz des Geistes über die Natur, des Cartesianischen Axioms vom Primat logischen Denkens und der Überzeugung, daß mechanistisches Weltdenken nicht mehr trägt. Es findet seine Entsprechung in Friedens- und Ökologiebewegungen, in denen traditionelle Herrschafts- und Feindbilder hinterfragt werden.

Der komplexe Bereich von Frauen-Wissen und -Bewußtsein läßt sich am besten im Begriff der „Spiritualität" fassen. Spiritualität wird bei uns meist im Sinn von „Frömmigkeit" gebraucht und hat entsprechende Aggressionen bei politisch radikalen Frauen ausgelöst, als ob hier eine neue Unterdrückten-Mentalität gepflegt würde. Im angelsächsischen Sprachgebrauch, der für Vorstellungen der internationalen Frauenbewegung wichtig ist, steckt dahinter auch: Lebenshaltung, Lebenseinstellung. Juanita Weaver und Judy Davies schreiben dazu:

„Die heutige Frauenbewegung hat Frauen die Möglichkeit gegeben, die Realität von einer Klarheit wahrzunehmen, die eine große Vielschichtigkeit zu umfassen sucht. Männerbeherrschte Kulturen, welche die Welt hauptsächlich rational begreifen, haben diese Wahrnehmung als unbedeutend beiseite geschoben. Rationalität ist nicht nur rational, linear und in entweder/oder aufgeteilt – sie ist ebenso irrational und überrational. Da wir kein neues Wort besitzen für das Ringen um ein Verständnis für diese Totalität und für ein Einbeziehen dieses Verständnisses in unser Handeln, nennen wir es Spiritualität."[49]

Auffallend für diese neue ganzheitliche Frauenspiritualität scheint dreierlei:

- *Mit dem Körper begreifen*

Die Ohnmacht, die Frauen zunächst spüren, wenn sie beginnen, sich ihrer bewußt zu werden, ist oft das Gefühl der Lähmung. Andere haben sie zum Objekt gemacht, sie

47 Christa Wolf: Voraussetzungen einer Erzählung: Kassandra. Darmstadt 1983, S. 72.
48 Ernest Borneman: Das Patriarchat (Anm. 37), S. 543.
49 Juanita Weaver / Judy Davies: Dimensionen der Spiritualität. *Frauenoffensive,* Journal Nr. 9, München 1978.

ihrer Eigenbestimmung beraubt, haben sich Bilder, Wünsche und Vorstellungen von ihr gemacht: „... der entsetzliche Vorgang der Versteinerung, der Verdinglichung am lebendigen Leib“[50]. Die Frau sollte mütterlich, schön, attraktiv, allzeit einsatzbereit, jederzeit verfügbar sein. Aber was wollte *sie* denn eigentlich?

Zu sich kommen Frauen, wenn sie die Versteinerung lösen, sich wieder fühlen, sich wieder spüren und ihr unterdrückter, kontrollierter Körper wieder eigenes Leben entfaltet. Die rezeptiven Fähigkeiten, gegen die als typisch weibliche Eigenarten Frauen sich zunächst leidenschaftlich gewehrt haben, bekommen jetzt sinnvolle Funktionen. Was ihnen durch eine einseitig rationale Erziehung abhanden gekommen war, kehrt jetzt dabei in faszinierender Weise für sie wieder: sie entdecken, daß sie mit dem Körper begreifen und daß dies ein umgreifenderes Erkennen ist als das nur logisch-rationale. Mit dem Körper begreifen heißt für sie: Phantasie entfalten, Erfahrungen dominieren lassen, neue Sprache finden, Subjekt sein und auf Verobjektivierungen verzichten. Dieses Begreifen liegt jedoch nach wie vor im Konflikt mit dem abendländischen Denken, das den Weg der begrifflichen Sonderung und rationalen Analyse gegangen ist.

- *Eins-sein mit dem Ganzen*

Mit ihrem Körper entdecken Frauen ihre Zyklen und zugleich die Zyklen der Erde wieder. Geburt und Tod sind die von der modernen Gesellschaft ins Abseits gedrängten Grunderfahrungen des Lebens, die in der Göttin verkörpert waren. Wie das lineare, zielgerichtete rationale Denken das Erfahrungsdenken verdrängt hat, so hat die Loslösung des Geistes von der Materie unsere Trennung von ganzheitlichen Lebensabläufen bewirkt. Aus Herrschaft des Geistes wurde letztlich Feindschaft gegenüber dem Beherrschten. Auch Männer sind davon betroffen: Irene Hardach-Pinke schreibt dazu:

> „Wie die lineare Zeit, so kann auch das kontinuierliche Prinzip der Männlichkeit als Einengung, Begrenzung, Zwang zur meßbaren Leistung erfahren werden, als Verdrängung und Verleugnung männlicher Zyklizität. Der immer fruchtbare Mann fühlt sich in unserer Gesellschaft ständig gezwungen, potent zu sein.“[51]

Wie Frauen in sich etwas von der Ganzheit des Lebens wiederfinden, so sehen sie auch in der Umwelt und Natur etwas von dieser zerstörten und zutiefst zusammengehörenden Ganzheit. Beides, Mensch und Natur, gehört unlösbar zusammen, kann nicht getrennt und als abgesondert zu heilen betrachtet werden:

> „Es ist ein ganzheitliches Verständnis der Welt, ein Weg, uns wieder zusammenzuschließen; ein Weg, uns selbst und die Welt zu lieben, während wir an ihrer Veränderung arbeiten.“[52] Das Verwandt-Sein aller Dinge, das Beieinander-Sein, das mehr umfaßt als die Summe unserer Teile, regeneriert Kräfte, die zersplittert waren. Zugleich entspricht dies der revolutionären physikalischen Weltsicht, die heute von Naturwissenschaftlern entwickelt wird: „Die feministische Spiritualität beruht auf dem Bewußtsein des Eins-seins aller lebenden Formen und ihres zyklischen Rhythmus von Geburt und Tod, woraus sich ein Verhalten gegenüber dem Leben ergibt, das zutiefst ökologisch ist.“[53]

Es ist kein Zufall, daß auch gerade eine Frau, die Sterbeforscherin Elisabeth Kübler-Ross, die uns abhanden gekommenen Rhythmen von Tod und Leben wieder aufgedeckt hat.[54] Wo der Tod akzeptiert wird als ein Teil unseres Lebens, kann aus Todesangst eine Lebenskunst werden.

50 Christa Wolf: Voraussetzungen einer Erzählung: Kassandra (Anm. 47), S. 148.
51 Irene Hardach-Pinke: Schwangerschaft und Identität. In: Die Wiederkehr des Körpers. Hrsg. von D. Kamper / Chr. Wulf. Frankfurt 1982.
52 Juanita Weaver / Judy Davies: Dimensionen der Spiritualität (Anm. 49).
53 Fritjof Capra: Wendezeit. Bern/München 1982, S. 469.
54 Elisabeth Kübler-Ross: Interviews mit Sterbenden. Stuttgart 1980.

- *Realität schaffen*

Frauen erfahren ihre Lebenswirklichkeit, wie sie sich in ihren Wünschen, Lebenserwartungen und ihrer eigenen Geschichte darstellt, als nicht-real, das heißt nicht wirklichkeitsbestimmend. Real ist, was Macht hat und die Abläufe unserer Gesellschaft bestimmt. „Realist ist heute“, sagt Christa Wolf, „wer auf dem Boden der Tatsachen steht – ein Boden, der in den Plänen dieser ‚bleichen‘ Realisten bereits verseucht ist.“[55]

Frauen haben oft eine andere Wirklichkeit erlebt als Männer. Aus der Perspektive von Verlierern etwa sieht Geschichte anders aus als aus der Perspektive von Siegern. Sie haben sehr oft ihr eigenes Wertsystem entwickelt, danach gelebt und sich selbst bewahrt. Heute drängt diese Realität an die Oberfläche und verschafft sich Gehör. Sie entspricht gesellschaftlich-politischen Forderungen wie der Einführung nicht-expansiver Wirtschaftssysteme und Ideologien, einer Kritik des westlichen Kapitalismus und des östlichen Staatskapitalismus, der Auflösung hierarchischer und patriarchaler Gesellschaftsstrukturen und der Schaffung eines neuen Wertsystems, das sich am ganzheitlichen Menschen orientiert, beispielsweise die Identitätsfindung über das Karrieredenken stellt und globale Solidarität statt Konkurrenzdenkens fördert.

Als Grundprinzip bleibt auf jeden Fall: die Vielfalt im Gegensatz zur geschlossenen Einheit und das organische Eins-sein als Verkörperung der Vielfalt. Politische Entwicklungen irgendwo auf der Erde sind von daher nicht mehr gleichgültig, sondern betreffen uns alle und fordern uns heraus. In der Friedensbewegung haben Frauen führenden Anteil und gestalten eigene, nur von Frauen getragene Initiativen.

(4) Welche Faktoren haben zu einer neuen Frauenspiritualität geführt?

....
....
....
....
....
....
....
....
....
....
....
....

Christentum und Patriarchat

Auf den ersten Blick scheint eine Spiritualität, welche auf den in Frauen brachliegenden, unterdrückten und nun wiedererweckten Kräften aufgebaut ist, einer – allerdings verengten – Sicht des Christentums zu widersprechen. Vor allem im Bezug auf dessen anthropologisches Grundverständnis, das ausgeht von der steten geschöpflichen Angewiesenheit auf Gott sowie der Kritik an allem menschlichen Autonomiestreben.

55 Christa Wolf: Voraussetzungen einer Erzählung: Kassandra (Anm. 47), S. 118.

Darüber hinaus vertritt das Neue Testament in großen Teilen eine hierarchisch-patriarchale Weltordnung, die entsprechend der sogenannten zweiten alttestamentlichen Schöpfungsgeschichte (Gen 2,4b–25) die Frau vom Mann ableitet: Eva wurde aus Adams Rippe geschaffen. Dieser Weltordnung entsprechend hat die Frau passiv-rezeptive Funktionen, soll schweigen, dem Mann untertan sein, bei Wissensdurst ihn fragen, bescheiden, demütig und unauffällig gekleidet sein. Aus dieser Unterordnung konnte dann auch der Schluß gezogen werden, daß die Frau zuerst gesündigt habe und deshalb in besonderer Weise erlösungsbedürftig sei (vgl. Jesus Sirach 25,13–26,18; 42,9–14 und vor allem 1 Tim 2,9–15).

Diese patriarchale, den Mann in den Mittelpunkt stellende Weltsicht ist nicht spezifisch jüdisch-christlich. Man kann sie in allen patriarchalen Weltbildern finden. Verhängnisvoll wurde sie dort, wo sie prägend wurde für das christliche Abendland, religiösen Absolutheitsanspruch erhob, alte Kulturen erstickte und neue Gleichheitsansprüche von Frauen unterdrückte.

Vergessen wird jedoch immer wieder, daß es in der christlichen Tradition auch den Ansatz einer demokratisch-charismatischen, freikirchlichen Gleichheitsordnung gibt. Danach sind Frau und Mann gleichgestellt, werden nicht von ihren angeblich naturbedingten Unterschieden, sondern von ihren Charismen, den von Gott verliehenen Gnaden- und Schöpfungsgaben her verstanden. Diese Tradition scheint schwächer belegt in der Bibel, ist jedoch deutlich vorhanden und hat auch in der Christentumsgeschichte Traditionen gebildet. Sie gründet sich auf den ersten Schöpfungsbericht (Gen 1–2,4a), wonach Mann und Frau gleichzeitig erschaffen wurden. Sie findet bei Paulus ihren stärksten Ausdruck (Gal 3,28), daß es in Christus weder Juden noch Griechen, weder Knechte noch Freie, weder Mann *noch* Frau gibt. Sie speist sich aus den Jesuserzählungen, und sie gehört in messianische Visionen wie die des Propheten Joel, nach der auf alles Fleisch Gottes Geist ausgegossen werden soll und alle Söhne und Töchter weissagen werden (Joel 2,28). Diese Gleichheitstradition ist durch alle Jahrhunderte in vielen Anfangsphasen von Sekten, Freikirchen und in den Anfangsphasen revolutionärer Traditionen aufgebrochen, wurde aber von den Großkirchen bekämpft und an den Rand gedrängt. Einen umfassenden Überblick über exegetische Ergebnisse, die an diese weithin vergessene biblisch-christliche Tradition erinnern, gibt folgender Text von E. Schüssler-Fiorenza:

„Das neue Selbstverständnis der Christengemeinde hob sämtliche Religions-, Klassen- und Kastenunterschiede auf und ermöglichte damit nicht nur Heidenchristen und Sklaven, sondern auch Frauen, in der frühchristlichen Bewegung wichtige Ämter zu übernehmen. Frauen waren in dieser Bewegung nicht Randfiguren, sondern übten als Apostel, Propheten und Missionare führende Aufgaben aus.

Wie die Auseinandersetzungen des Paulus mit seinen Gegnern zeigen, war der Leitungsdienst der *Apostel* für die im Entstehen begriffene christliche Bewegung von höchster Bedeutung. Nach Auffassung des Paulus bleibt das Apostelamt nicht auf die Zwölfe beschränkt. Apostel sind alle die Christen, die Augenzeugen der Auferstehung waren und vom auferweckten Herrn mit dem Missionswerk beauftragt wurden (1 Kor 9,4). Wie Lukas sagt, konnten als Ersatz für Judas nur solche Christen gewählt werden, die Jesus bei seinem Wirken in Galiläa begleitet hatten und auch Augenzeugen seiner Auferstehung gewesen waren (Apg 1,21). Gemäß allen vier Evangelien trafen diese von Paulus und Lukas aufgezählten Kriterien des Apostelamtes auch auf Frauen zu. Frauen begleiteten Jesus von Galiläa nach Jerusalem und waren Zeuginnen seines Todes (Mk 15,4 und Par.). Überdies waren Frauen gemäß sämtlichen Kriterien der historischen Wahrheit die ersten Zeugen seiner Auferstehung, denn diese Aussage konnte nicht jüdischem Denken entspringen oder von der Urkirche erfunden sein. Der Umstand, daß diese Frauen nicht anonym gelassen, sondern namentlich aufgeführt werden, läßt darauf schließen, daß sie in der christlichen Bewegung in Palästina eine wichtige Rolle spielten. Als ihre Anführerin erscheint Maria Magdalena, denn alle vier Evangelien geben ihren Namen wieder, während in bezug auf die anderen Frauen die Namen variieren. Somit waren nach den in den Evangelien niedergelegten Traditionen Frauen die ersten apostolischen Zeugen für die Grundaussagen des urchristlichen Kerygmas: sie bezeugten Jesu Wirken, seinen Tod, sein Begräbnis und seine Auferstehung.

Wenn man die Berichte der Evangelien näher prüft, gewahrt man jedoch darin bereits eine Tendenz, die Rolle von Frauen als Zeuginnen und Verkünderinnen des Osterkerygmas geringer zu veranschlagen. Diese Tendenz macht sich im Markusevangelium bemerkbar, das betont: Die Frauen ‚sagten niemandem etwas davon, denn sie fürch[te]ten sich sehr‘ (16,8). Sie liegt auch offenkundig vor in der von Lukas gemachten Bemerkung, die Elf und ihre Genossen hätten das alles ‚für bloßes Geschwätz gehalten und ihnen nicht geglaubt‘, sondern seien von ihnen weggegangen (24,11). Und in Apg 1,21 bemüht sich Lukas, die Frauen vom Apostelamt auszuschließen, indem er bloß Männer als Ersatz für Judas in Frage kommen läßt. Die gleiche Neigung widerspiegelt sich in dem von Lukas wiedergegebenen Bekenntnis: ‚Der Herr ist wirklich auferweckt worden und ist dem Simon erschienen‘ (Lk 24,34). Dieses Lukasbekenntnis entspricht der vorpaulinischen Glaubensüberlieferung, die in 1 Kor 15,3ff. wiedergegeben wird und Kephas und die Elf als die Hauptzeugen der Auferstehung nennt, aber keine der Frauen anführt. Das Bestreben, das erste Zeugnis der Frauen in seinem Wert herabzusetzen, tritt auch in der Redaktion des vierten Evangeliums zutage, das angelegentlich versichert, Petrus und der Liebesjünger, nicht aber Maria Magdalena hätten als erste an die Auferstehung geglaubt (20,1–18). In der heutigen Exegese scheint ebenfalls das Bestreben vorhanden zu sein, die Bedeutung der Frauen als der ersten Zeugen für die Auferstehung abzuschwächen. ‚Wenn Frauen und nicht Männer als die ersten Zeugen für die Auferstehung geschildert werden, so hat das lediglich eine präliminäre und intermediäre Funktion, denn gemäß dem jüdischen Gesetz waren Frauen nicht zum Zeugenamt zuständig.‘

Wenn man Röm 16,7 unvoreingenommen liest, so treffen wir damit auf eine Stelle im Neuen Testament, worin eine Frau Apostel genannt wird. Es liegt kein Grund vor, Junia als eine Kurzform des Männernamens Junianus anzusehen, denn Junia war damals ein bekannter Frauenname. H. J. Lagrange ist deshalb der Auffassung, Andronicus und Junia seien ein Missionarsehepaar wie Aquila und Prisca. Beide sind Mitgefangene des Paulus. Sie waren schon vor Paulus Christen und sind hervorragende Gestalten unter den ‚Aposteln‘.

Schon ganz von Anfang an spielten *Propheten* in der frühchristlichen Bewegung eine außerordentlich wichtige Rolle. Da sie als inspirierte Sprecher im Namen des auferstandenen Herrn tätig waren, gründete ihre Autorität auf göttlichen Offenbarungen. Paulus führt die Propheten wiederholt unmittelbar nach den Aposteln an. Er bewertet die Gabe der Prophetie höher als die Glossolalie. Trotz des Auftretens falscher Propheten hatten, wie die Apokalypse und die Didache zeigen, die Propheten auch noch am Ende des ersten Jahrhunderts große Autorität. Nach Didache 13,1–7 stehen den Propheten bei der Eucharistiefeier leitende Funktionen zu.

Wie Lukas sagt, wird der Geist der Prophetie Frauen wie Männern verliehen. Als christliche Propheten erwähnt er besonders die vier Töchter des Philippus (Apg 21,9). Deren Ruf war in der Urkirche so groß, daß nach dem Zeugnis des Eusebius (Ecc. Hist. III,31) die Gemeinden Kleinasiens gegenüber den Forderungen des Papstes Viktor sich auf ihren apostolischen Ursprung beriefen, indem sie darauf hinwiesen, daß die Töchter des Philippus in der Provinz Asien begraben seien. Für Paulus ist es etwas Gegebenes, daß Frauen prophezeien und liturgische Funktionen ausüben, nur wünscht er, daß sie dies auf passende Weise tun (1 Kor 11,2–16). Am Ende des ersten Jahrhunderts übte in der Gemeinde von Thyatira eine Prophetin gewaltigen Einfluß aus (Offb 2,20ff.). Wir wissen nicht, wie die Prophetin, die ‚Jezabel‘ genannt wird, in Wirklicheit hieß, doch muß sie offenbar das Haupt einer ganzen Prophetengruppe gewesen sein. Sie und ihre Anhänger befürworteten anscheinend eine gegenteilige Haltung gegenüber der heidnischen Umgebung. Während der Prophet Johannes radikalen Widerstand und Opposition gegenüber Rom und seinem Kult forderte, trat diese Prophetin für eine Adaptation und Koexistenz ein. Es ist jedoch zu betonen, daß sie nicht das Haupt einer häretischen Gruppe war, sondern sie übte ihre leitende Rolle innerhalb der Gemeinde aus und ihr Kreis gehörte dieser an. Sie scheint eine ähnliche Autorität und ebensoviele Jünger gehabt zu haben wie Johannes, der Autor der Apokalypse. Ihr Einfluß muß weitergedauert haben, denn Thyatira wurde um die Mitte des zweiten Jahrhunderts zum Zentrum der montanistischen Bewegung, in der Prophetinnen eine hervorragende Rolle spielten (Epiphanius, Heres. 51,33)

Wenn wir uns die verstreuten Angaben über die führende Rolle von Frauen in der urchristlichen *Missionsbewegung* vor Augen halten, ersehen wir, daß das Missionswerk von Frauen ebenso bedeutend war wie das von Barnabas, Apollos oder Paulus. Frauen befanden sich unter den wohlhabenden, angesehenen Bekehrten der Urkirche (vgl. Apg 17,2.4). Da sie sich oft zusammen mit ihrer ganzen Familie und dem Gesinde taufen ließen, ergab es sich von selbst, daß sie zu Leiterinnen von Hauskirchen wurden. In Phlm 2 grüßt Paulus Apphia, ‚unsere Schwester‘, die zusammen mit Philippus und Archippus wahrscheinlich ein führendes Mitglied der Hauskirche in Kolossä war. Die Kirche in Philippi begann mit der Bekehrung einer Geschäftsfrau namens Lydia aus Thyatira (Apg 16,1. 16,14f.). Der Autor des Kolosserbriefes spricht von Nympha von Laodizea und der ‚Kirche in ihrem Hause‘ (Kol 4,15). Paulus sendet zweimal Grüße an das Missionarsehepaar Prisca und Aquila und die

‚Kirche in ihrem Hause' (1 Kor 16,9; Röm 16,5). Die Fragen, die gewisse Personen aus dem Kreis einer Frau namens Chloē an ihn richteten, waren für ihn der Anlaß, den ersten Korintherbrief zu schreiben.
Doch nicht nur als Hausherrinnen spielten Frauen in der Missionstätigkeit der ersten Christen eine führende Rolle, die der Bedeutung der jüdischen Frauen von Nichtjuden in der religiösen Propaganda des Judentums gleichkam, sondern sie beteiligten sich auch aktiv am Missionswerk selbst. Paulus empfiehlt neben einer Maria auch Tryphäna und Tryphosa und ‚die liebe Persis', die ‚für den Herrn große Mühe auf sich genommen hat' (Röm 16,6.12). Das griechische Zeitwort, das er hier verwendet, bezeichnet bei Paulus für gewöhnlich die Missionstätigkeit, die Verkündigung der Frohbotschaft und die Glaubensunterweisung. In Phil 4,2–3 sagt Paulus ausdrücklich, Frauen, nämlich Evodia und Syntyche, hätten an seiner Seite ‚für das Evangelium gekämpft'. Sie haben, gleichsam in sportlichem Wettkampf mit Paulus, Clemens und den weiteren Mitmissionaren des Paulus, sich für die Sache des Evangeliums eingesetzt. Paulus hätte sich kaum eines so starken Ausdrucks wie ‚kämpfen' bedient, wenn er bloß hätte sagen wollen, diese Frauen hätten ihn materiell unterstützt. Er hält den Einsatz der beiden Frauen für so wichtig, daß er befürchtet, ihre Meinungsverschiedenheiten und Konflikte könnten die Gemeinde zu Philippi in ernstliche Gefahr bringen.
Zwei der hervorragendsten Frauen in den paulinischen Kirchen werden in Röm 16 erwähnt. Die erste, Phöbe, wird als *diakonos* und *prostatis* bezeichnet. Die Exegeten suchen die Bedeutung beider Titel abzuschwächen, weil sie auf Frauen angewandt werden. Wenn Paulus die Bezeichnung *diakonos* auf sich selbst, auf Apollos, Timotheus, Tychikus oder Epaphras anwendet, geben die Exegeten das Wort für gewöhnlich mit ‚Gehilfe' oder ‚Diakon' wieder, während sie es hier mit ‚Dienerin' oder ‚Diakonisse' übersetzen. Wie aus 1 Kor 3,5.9 erhellt, ist der Titel gleichbedeutend mit *synergos*, ‚Mitarbeiter' im Missionswerk. Nicht nur der Titel bezeichnet Phöbe als Missionarin; sie erhält, wie andere Glaubensboten, auch ein Empfehlungsschreiben. Da Phöbe als Diakon der Kirche von Kenchreä bezeichnet wird, muß sie in dieser Gemeinde ein führende Stellung gehabt haben. Zweitens wird Phöbe als *prostatis* bezeichnet, was für gewöhnlich mit ‚Helferin' oder ‚Beschützerin' wiedergegeben wird. Das Wort kommt im Neuen Testament nur hier vor, in der jüdischen Literatur hat es jedoch den Beisinn von ‚Anführer', ‚Vorsteher', ‚Statthalter', ‚Protektor' oder ‚Verwalter'. Paulus verwendet das Zeitwort, aus dem dieses Substantiv gebildet ist, in 1 Thess 5,12, wo er die Gemeinde ermahnt, ‚die anzuerkennen, die sich bei euch mühen und euch im Namen des Herrn leiten ...'. In 1 Tim 3,4f.; 5,17 bezeichnet das Zeitwort den Bischofs-, Diakons- oder Ältestendienst. Darum ist anzunehmen, daß Phöbe in der Gemeinde von Kenchreä ein solches Amt innehatte. Sie war für viele und auch für Paulus eine Autoritätsperson.
Priska war, zusammen mit ihrem Gatten Aquila, neben Paulus, Barnabas, Timotheus und Apollos eine führende Gestalt in der Heidenmission. Der Umstand, daß von sechs Malen ihr Name viermal vor dem ihres Gatten angeführt wird, bezeugt, daß sie eine führende Stellung hatte. Paulus nennt das Ehepaar seine ‚Mitarbeiter' und betont, daß nicht nur er, ‚sondern alle Gemeinden der Heiden ihnen dankbar' sind. Ihr Haus war ein Missionszentrum in Korinth (1 Kor 16,19), Ephesus (Apg 18,18) und Rom (Röm 16,5). Da sich Lukas in der Apostelgeschichte auf den großen Glaubensboten Paulus konzentriert, erwähnt er das Ehepaar nur nebenbei, doch deuten seine Bemerkungen an, daß seine Quellen mehr von ihm wissen, als er berichtet. Daß er überhaupt von den beiden spricht, ist ein Zeichen dafür, ‚daß sie für die Geschichte der christlichen Mission so wichtig waren, daß Lukas sie nicht übergehen konnte'. Wie Apg 18,26 andeutet, hatten sie nicht nur auf Paulus, sondern auch auf Apollos großen Einfluß.
Viele Angaben über die Stellung der Frau im Urchristentum sind verlorengegangen. Die wenigen Hinweise, die in patriarchalischen Berichten auf uns gekommen sind, bilden gleichsam bloß die Spitze eines Eisbergs; sie lassen uns ahnen, was wir verloren haben."[56]

In den Gleichheitstraditionen, die uns bekannt sind oder die jetzt sichtbar werden, wie beispielsweise die Funde von Nag Hammadi, aus denen wir jetzt eine lange Gemeindetradition kennen, wo Frauen auch Führungspositionen hatten und wo auch weibliche Gottesvorstellungen zu Hause waren,[57] hat auch Gott oft seinen patriarchalen Nimbus verloren. Er wird „Freund", ist „Quelle des Lebens" und kann auch zu „Gott, unsere Mutter" werden. Wo die Herrschaftsdistanz verlorengeht, ist dann auch der Mensch freundschaftlich eingebettet in die Gotteskräfte, erfährt sie direkt und lebt souverän aus ihnen. Solche Vorstellungen vom nicht-hierarchischen Gott und in ihm lebenden Menschen tauchen vor allem in der Mystik auf und begegnen auch da wieder, wo es im Christentum zu reformatorischen Neuansätzen kommt, etwa beim jungen LUTHER und bei SCHLEIERMACHER.

Es sind zwei Wirkungsgeschichten des Christentums auf Frauen zu beobachten: eine, die sich trotz erfahrener und geschriebener Frauenfeindlichkeit an der befreienden und eigene Kräfte freisetzenden Jesustradition entzündet, und eine, die an den frauenfeindlichen hierarchischen Mustern sich ihrer selbst bewußt wird. Die letzte dominiert heute und radikalisiert sich.

Die oben beschriebene weibliche Sozialisation mit ihrem nicht zu Identität kommenden Selbstverständnis wird in dieser zweiten Richtung durch die religiöse Sozialisation als verstärkt negativ empfunden. Die Kirchen werden als Machtinstrumente erlebt, die dazu tendieren, die gesellschaftliche Entwicklung zu bestätigen und Fortentwicklungen eher aufzuhalten. Die Praxis der Kirchen mit ihrer schweigenden Mehrheit von Frauen in den Kirchenbänken, die es in der protestantischen Kirche Frauen schwermacht, ihre eigenen Formen zu finden, und die in der katholischen Kirche Frauen nicht zum Priesteramt zuläßt, wird als kränkend und demütigend empfunden. Die theologischen Denkstrukturen werden weithin als abstrakt und lebensfern angesehen. In der Frauenbewegung haben sich Feindbilder vom allmächtigen Gott und dem nichtigen und nur durch Gehorsam und Unterwerfung erlösten Menschen entwickelt. Viele Frauen spüren ihre Ohnmacht in einer hauptsächlich von Männern geprägten Institution. Sie fühlen sich in scheinbar in der Bibel festgelegte Rollen gedrängt, sie empfinden sich als menschliche „Objekte", für die „man" denkt, die möglichst caritativ eingesetzt und ihrer Eigenverantwortung beraubt werden. Die Identitätskrise der Frauen im Christentum erweist sich als tiefer und ihre Identitätsfindung mühsamer als in der Gesellschaft. Der Aufbruch aus ihrer „Versteinerung" (Christa WOLF) ist mit noch mehr Ängsten verbunden. Feministische Theologie ist ein Versuch, die ursprünglich vorhandenen Gleichheitstraditionen des Christentums aufzudecken und bewußt zu machen und in gegenwärtigen Frauenvorstellungen wieder lebendig werden zu lassen.

Christliche Frauenspiritualität

In der gegenwärtigen christlichen Frauenspiritualität ist die Erfahrung wichtig, daß Ganzheit in der Befreiungstradition des Evangeliums angeboten, zugesagt, ja gefordert ist. Die Jesus-Frauentradition der Evangelien ist die geschichtliche und emotionale Quelle, aus der die Erfahrungen von Nicht-Identität und das Wiederfinden von Kraft und Persönlichkeit kommen. Neu im christlichen Raum ist jedoch die Form, in der dies geschieht.

Wie in der obigen Einteilung lassen sich wieder drei Bereiche charakterisieren:

- *Mit dem Körper begreifen*

Das Übermaß an lange aufgestauter und nicht ausgesprochener Erfahrung äußert sich bei Frauen sowohl im Zorn über erlittene Kränkung und Benachteiligung als auch in bis dahin kaum zugelassenen Lustgefühlen angesichts bisher nicht gekannter Kräfte und Fähigkeiten. Aus solcher Erfahrung ist durch Frauen ein neuer konkreter Umgang mit der Bibel entstanden, der zentral zur gegenwärtigen christlichen Frauenspiritualität gehört.

Waren in der ersten Phase bewußter Frauenarbeit seit den 20er Jahren nur das rationale Erfassen des Textes sowie die Suche nach seinem Skopus, seiner Sinnspitze, seiner überpersönlichen Verkündigung, das Ziel der Beschäftigung, so

56 Elisabeth SCHÜSSLER-FIORENZA: Die Rolle der Frau in der urchristlichen Bewegung. *Concilium* 12 (1976), S. 3–9, hier S. 5–7.
57 Elaine PAGELS: Versuchung durch Erkenntnis. Frankfurt 1981.

werden heute immer mehr auch andere Wege beschritten. Obgleich der wissenschaftliche Umgang mit biblischen Texten für den Bereich wissenschaftlicher Forschung unbestritten ist, hat sich in der konkreten Bibelarbeit ein interessanter Wandel vollzogen: Lust, Spaß, Wut, Betroffenheit und Enttäuschung, die in der Konfrontation der eigenen Situation mit dem biblischen Text entstehen, treten in den Mittelpunkt. So kann beispielsweise das Knien von Frauen vor Jesus oder der Umgang des Patriarchen Abraham mit Sara dazu beitragen, demütigende Haltungen und männliche Manipulationen Frauen aus ihrem eigenen Leben heraus bewußt zu machen. Da können aber auch bis dahin fast nie beachtete Erzählungen von Frauenheilungen wie etwa die von der blutenden Frau (Mk 5,24ff.) zum Schlüsselerlebnis für die eigene, bis in die Körperhaltung hineinreichende Heilung werden. Ein Beispiel dafür, wie in dieser Weise biblische Inhalte mit persönlichem Empfinden meditativ verbunden werden, gibt der folgende Text zur Geschichte von der Heilung der gekrümmten Frau (Lk 13,10ff.):

„Fühlen wir einmal, was es heißt, gekrümmt zu sein. Spielen wir einmal diese Haltung: zusammengezogen sein, nicht aufsehen können. Erleben wir einmal nach, was es heißt, nicht nach oben sehen zu können, keinen Himmel, keine Sonne zu sehen, nur ihren Abglanz – keinen Menschen anblicken zu können, nur seine Stimme zu hören und ihn vielleicht von unten wahrzunehmen.
Wir merken: Wir sind nicht mehr ganz, wir können nicht mehr alles wahrnehmen. Unsere Muskeln verspannen sich. Unser Rücken schmerzt. Auf dem Hamburger Kirchentag hat eine Frauengruppe versucht, diese Geschichte nachzuerleben und nur fünf Minuten gekrümmt dazusitzen. Die Zeit wurde unerträglich lang. Auch in unserer Sprache, mit der wir uns ausdrücken und einander mitteilen, geben wir dies sehr bildhaft wieder. Und wir sollten auch dies einmal nacherleben:
Wir sind bedrückt – auf uns lastet etwas, das macht uns Kummer, das macht uns unfähig, uns aufzurichten, anderes wahrzunehmen und uns zu freuen. Wir sind deprimiert, und das heißt: niedergedrückt, zu Boden gedrückt, wir haben Depressionen, diese namenlosen Traurigkeiten, die wir nicht erklären können – und in solchen Zeiten gibt es keine Hoffnung, keinen Himmel, keine Chance, keine Weite über mir.
Wer solche Krümmung erlebt, dem ist ein Teil des Lebens abgeschnitten. Viele Behinderte erleben das tagtäglich. Viele Kranke wissen es. Aber auch vielen anderen, obwohl äußerlich unversehrt, sind ganze Lebensbereiche abgeschnitten. Menschen, die eine Wohnung suchen, wo sie sie selbst sein können und sich frei fühlen; Ausländer, die ihre Kultur und Persönlichkeit in unserer ihnen fremden Kultur nicht ausleben dürfen; Menschen, die keine Arbeit finden, die ihnen Geld und Selbstwert gibt.“[58]

Auch das Wiederentdecken von Mythen und Symbolen wird gerade für Frauen wichtig. Von der Psychotherapie, Mythen- und Märchenforschung angeregt, ist der Mythos heute ein neuer, reizvoller Zugang zur Bibel. Die Kenntnis von Farben-, Tiersymbolik beispielsweise erschließt Tiefenschichten unseres Bewußtseins. Frauen entdecken darüber hinaus aber noch eine andere Dimension des Mythos: den in noch tiefere Schichten unseres Bewußtseins reichenden matriarchalen Mythos. Wir erwähnten bereits das Schlangensymbol, das Fruchtbarkeits-, Weisheits- und Heilungssymbol der Frau, das in der patriarchalen Geschichte abgewertet wurde und heute wieder das verschüttete Bewußtsein der Frau, ihr Wissen und ihre Stärke präsentiert. Im Bild von Marthas Drachenbändigung ist davon noch etwas erhalten.[59]

An diesem Punkt wird auch der kritische Aspekt von Frauen gegenüber der Bibel deutlich: wie in manchen Texten (z. B. in der Apokalypse) der Drache/die Schlange in patriarchalen Vorstellungen zum negativen Symbol geworden ist, so sind aus der existentiellen Erfahrung heutiger Frauen auch manche anderen patriarchalen Texte schwer zu verkraften und werden in ihrer Frauenfeindlichkeit abgelehnt.

58 Elisabeth Moltmann-Wendel in: Johannes Kuhn (Hrsg.): Lebenserfahrungen mit Worten der Bibel. Stuttgart 1983, S. 78–82.

59 Vgl. dazu und zu Folgendem: Elisabeth Moltmann-Wendel: Ein eigener Mensch werden. Gütersloh 1980.

Die geschriebene Tradition wird nicht mehr bedingungslos übernommen. Sie erweist ihre Bedeutung an ihrer lebendig und frei machenden Funktion. Die geschriebene Tradition wird aber fortgesetzt in Theopoetik und Theophantasie, in denen Glaubensaussagen und Gotteserfahrungen umgedichtet, neu gefaßt und weiterverarbeitet werden.

Um den verlorenen Zugang, die aberzogene Spontaneität wiederzugewinnen, müssen wir aus einem ganzheitlichen Lebensgefühl wieder denken, fühlen, leben und handeln lernen. Dafür sollten wir eine vergessene Kunst: unsere Phantasie, wieder für die Theologie entdecken. *Theophantasie* ist in einer frauenfremden Theologie und Kirche notwendig, um das Evangelium von der Befreiung wieder lebendig zu machen. Mit solcher Phantasie kann abstrakt und frauenfremd gewordene Theologie wieder zu dem werden, was sie einmal war, und den ganzen Menschen berühren. Solche Kraft ist die Kraft des Heiligen Geistes, die Erstarrtes wieder lebendig macht. Diese Kraft hat man allerdings Frauen in der Kirche nie recht zugetraut. Um so mehr sollten wir heute unsere Spiritualität, unser Geistvertrauen und Selbstvertrauen entfalten. Möglichkeiten solcher Theo-Phantasie sind:
- Kunst und Kultur benutzen, um verschüttete frauenfreundliche oder matriarchalische Traditionen wieder aufzudecken.
- Die in die Literatur abgewanderten alttestamentlichen Frauen wieder in die kirchliche und gesellschaftliche Wirklichkeit zu integrieren versuchen.
- Die biblischen Erzählungen von Frauen einmal nach ihren menschlichen Eigenheiten, ihrer Biographie, ihrer Persönlichkeit wiedererstehen lassen, ohne nach christologischen und jesuanischen Aspekten zu fragen.
- Die eigene christliche Sozialisation an ihnen aufarbeiten, fragen, wie sie mir früher begegnet sind und wie sie mir heute begegnen.
- Mut zur Subjektivität bekommen und frauenfeindliche wie frauenunfreundliche Stellen der Bibel offen ablehnen. Männliche Schriftsteller wie Paulus, Lukas, Johannes so schildern und nach dem beurteilen, wie sie die Befreiung der Frau erlebten und wie sie sie in ihren Gemeinden umsetzten.
- Die Freiheit haben, patriarchalische Metaphern in weibliche zu verwandeln: Sohn durch Tochter, Vater durch Mutter ersetzen; neue Metaphern entdecken.
- Die Bibel aus einem weiblichen Lebensgefühl heraus interpretieren: nicht aus dem Gefühl von Zerrissenheit, Sünde und Schuld, sondern aus dem Gefühl des Angenommen- und Geheiltseins.
- Mit neuen Erzählformen, Hörerlebnissen, dramatischen Umformungen Geschichte neu erzählen, verselbständigen und die eigene Geschichte begleiten. Wo Gott als befreiend erfahren wird, öffnet sich die Bibel mit unzähligen neuen Möglichkeiten.

• *Eins-sein mit dem Ganzen*

Heute dominiert in Bildung, Erziehung und Verhalten noch immer der abendländische Geist über den zu kontrollierenden Leib. Die mangelnde Bereitschaft von Kirche und Theologie, sich mit den Erkenntnissen der Tiefenpsychologie auseinanderzusetzen und die Integration von Geist und Leib, Bewußtem und Unbewußtem in Ethik, Anthropologie und Erlösungslehre zu verarbeiten, wird gerade in der Frauenfrage schmerzhaft deutlich.

In der heutigen Frauenerfahrung, ganz zu sein, steckt die Absage an die erlittenen Abspaltungen, nach denen der Mensch im ständigen Konflikt zwischen Körper und Geist sich befindet und denen vor allem die Frau mit ihrer angeblich schwächeren, labileren Struktur ausgeliefert ist. Früher drückte sich dieses Mißverhalten darin aus, daß man in der Frau vor allem „Eva“, die Verführerin zur Sünde, und die Sünde vornehmlich in der Sexualität sah.

Damit ist das alte Gotteskonzept vom dominierenden, Natur und Fruchtbarkeitskulte überwindenden Gott grundsätzlich in Frage gestellt. In der christlichen Frauenspiritualität geht es dabei um die Wiedergewinnung von Lebensrhythmen. Es sind die Rhythmen, die unseren Zyklus bestimmen, uns ein Körpergefühl wiedergeben, Lust ohne Scham- und Schuldgefühle erleben lassen, die unter einem lebens- und naturentfremdeten Gott und solcher Weltschau verlorengingen.

Das aufbrechende panentheistische Lebens- und Weltgefühl, das Gott nicht in der Natur aufgehen läßt, aber die Natur auch in Gott entdeckt, ist die Absage an Herrschaft und die Zuwendung zu Freundschaft und Partnerschaft, die in neuer Schwesterlichkeit schon erlebt wird. Es hat Tradition im Christentum, auch wenn der Verdacht der „natürlichen Theologie" oder Ketzerei es immer begleitete. Es ist heute eine Herausforderung an Kirche und Theologie, ob sie bereit ist, das Lebensgefühl vieler Menschen, vor allem der Frauen, ernst zu nehmen.

- *Realität schaffen*

Frauen waren in der Kirche lange auf frauenspezifische Aufgaben, und das waren pflegerische, erziehende und dienende Funktionen, die einer angeblich weiblichen Natur entsprachen, festgelegt. Der Anspruch, ganz zu sein und das Ganz-sein der Schöpfung und Welt widerzuspiegeln, schafft jedoch ein Stück *neuer* Weltverantwortung – die aber mit dem alten Verantwortungsgefühl, das auf Betreuen und damit schließlich „Herrschen" hinauslief, nichts mehr zu tun hat. Man könnte es eher ein Stück kosmischer Solidarität nennen.

Nach dem Zweiten Weltkrieg begann langsam ein Bewußtsein politischen Engagements zu wachsen. Hilfreich war dabei etwa die aus den USA in die Bundesrepublik gekommene Weltgebetstagbewegung, eine internationale, interkonfessionelle Frauenvereinigung, die aus dem Wunsch nach Versöhnung und Frieden wuchs und seit 1968 ein Internationales Komitee gegründet hat. Seitdem wird in vielen Ländern der Welt an einem Freitag im März von Frauen ein Gebetsgottesdienst gestaltet, für den ein bestimmtes Land die Vorbereitung übernimmt und dessen besondere Anliegen in diese Gebetsliturgien einfließen. Gebet umfaßt hier Kenntnisse über die soziale und politische Situation des betreffenden Landes und wird Ausdruck der kulturell unterschiedlichen Frauenspiritualität. Gebet verhilft dazu, „informierter zu beten und zu handeln". Es bringt aber auch intensive kulturbedingte theologische Auseinandersetzungen. Die Vorbereitung, die sich auf örtlicher Ebene in Frauengruppen vollzieht, ist ein Bewußtseinsprozeß für eine weltweite Solidarität von Frauen. Der Freitag im März ist „ein Fenster zur Welt, ein Lichtblick in einer Männerkirche, ein Schritt auf ein gemeinsames Ziel".[60]
Intensiviert hat sich das politische Engagement von Frauen in den letzten Jahren in einzelnen Initiativen, etwa der Aktion: „Kauft keine Früchte von Südafrika". Wieweit diese Aktion die südafrikanische Wirtschaft trifft, mag dahingestellt sein. Wichtig bleibt, daß Frauen selbständig und selbsttätig werden, aus politischer Gleichgültigkeit befreit und aus persönlicher Ohnmacht herausgeholt werden, daß sie Konflikte in der Öffentlichkeit durchstehen lernen, konfliktfähig werden und die Resonanz südafrikanischer Christen ihnen ein Selbstwertgefühl aus praktizierter Solidarität gibt.

In verschiedenen gesellschaftlichen und politischen Engagements wird heute eine christliche Frauenspiritualität sichtbar, die aus eigenen Visionen von der Ganzheit unseres Lebens ausgeht, gegen die trennenden und zerstörenden Strukturen anlebt, eine neue Sprache und unkonventionelle Riten entwickelt. Damit wird eine Realität geschaffen, in der bereits die christliche Hoffnung von der messianischen Gemeinschaft schon hier ihren Anfang nimmt.

(5) Beschreiben Sie Elemente des neuen Umgangs mit der Bibel im Bereich feministischer Spiritualität.

....
....
....
....
....
....
....

60 Angelika Schmidt-Biesalski: Ein Freitag im März. Gelnhausen 1982, S. 1.

27. Die ökumenische Aufgabe der Christen

Autor der Studieneinheit: Geiko Müller-Fahrenholz

Geiko Müller-Fahrenholz (45), Studium der Evangelischen Theologie in Göttingen, Tübingen, Bonn und an der Yale Univers., New Haven, USA. 1968 Ordination zum Pastor in der Ev.-luth. Landeskirche Hannovers, 1972 Promotion zum Dr. theol. Von 1974 bis 1979 Exekutivsekretär beim Ökumenischen Rat der Kirchen in Genf. Seit 1979 Direktor der Evangelischen Akademie Nordelbien. – Veröffentlichungen auf den Gebieten der Systematischen und Ökumenischen Theologie.

Allgemeine Einführung

Es ist das Ziel dieser Studieneinheit, einen Eindruck davon zu vermitteln, worin heute „die ökumenische Aufgabe der Christen" bestehen könnte. Es sei gleich eingangs erwähnt, daß ein solches Vorhaben riskant ist. Sicher könnte man die ökumenischen Aufgaben der Christen auch anders darstellen und gewichten. Das Riskante liegt auch darin, daß der Eindruck entstehen könnte, es handele sich hier ausschließlich um eine „Aufgabe", eine Pflicht also, der man sich wohl oder übel stellen müsse. Die ökumenische Bewegung ist jedoch zuerst und zumeist eine große Chance, ungewohnte Einsichten zu gewinnen, befreiende und weiterführende Erfahrungen zu machen. Indem sie die Christen bereichert, beansprucht sie auch ihre Mitarbeit. Insofern kann von „Aufgabe" erst dann die Rede sein, wenn zuvor von dem Gewinn und der Bereicherung gesprochen wird.

Auf diesem Hintergrund wird der Begriff des Ökumenischen bestimmt und entfaltet. Beiträge führender Ökumeniker lassen erkennen:

Ökumene, das ist
- die Betroffenheit über die Trennung der Kirche;
- die Bewegung der über die Welt verstreuten Kirchen zur sichtbaren Einheit in Glaube, Gottesdienst, Dienst und Leben;
- die Verantwortung aller Kirchen für die Nöte des ganzen bewohnten Erdkreises;
- die in persönlicher christlicher Überzeugung verwurzelte Bereitschaft, über die ererbten Grenzen hinaus für Solidarität, Eintracht und Erneuerung einzutreten.

Daraus ergibt sich für die Behandlung dieses Themas ein doppelter Weg: Die Aufgaben von heute lassen sich nur dann ausfindig machen, wenn man sich darum bemüht, Begriff, Geschichte und programmatische Perspektiven der Ökumene kennenzulernen. Ein solcher Einblick erschließt uns die Vielgestaltigkeit der ökumenischen Bewegung, die vor etwa hundert Jahren ihren Anfang nahm, jedoch erst in unserem Jahrhundert ihre prägende Wirkung zu entfalten begonnen hat, und die noch immer der Verbreitung und Vertiefung bedarf. Sie ist mithin unsere Geschichte und daher auch unsere Aufgabe.
Das ökumenische Engagement ist eine Sache der Christen, insoweit und weil sie Kirchen angehören. Wenn also das Thema den Christen ökumenische Aufgaben zuspricht, dann hat das nur den Sinn, die Notwendigkeit der persönlichen Beteiligung zu unterstreichen. Natürlich haben auch die Kirchen durch ihre Leitungsämter, Lehrer, Pfarrer und anderen Verantwortlichen die Aufgabe, die ökumenische Sache voranzubringen. Es wäre sinnlos, in dieser Angelegenheit zwischen Christen und ihrer Kirche zu unterscheiden.

Wohin geht der Weg? Zwei Fundamentalaufgaben der Ökumene werden vorgestellt:

- Möglichkeiten einer praktischen Einheit der Kirchen, vor allem der katholischen Kirche und der evangelischen Kirchen. Solche Vorschläge können sich auf große theologische Gemeinsamkeiten stützen, die inzwischen erarbeitet worden sind.
- Überwindung der immer bedrohlicher werdenden Gegensätze zwischen Reich und Arm in der Welt. Mit mildtätiger Hilfe ist es nicht getan. Ohne Gerechtigkeit für alle gibt es für niemand rechten Frieden. Das politisch-ethische Engagement der Ökumene bindet den Ost-West-Gegensatz mit dem Nord-Süd-Konflikt zusammen. „Friede und Gerechtigkeit" ist die Formel, welche die Richtung angibt.

Hier schließt sich der zweite Gesichtspunkt an. Um ökumenische Aufgaben annehmen und gestalten zu können, sollten Sie sich darüber Klarheit verschaffen, welche Erfahrungen Sie bereits gemacht haben und welches Ihre Einstellungen bei dieser Frage sind. Daß Sie in diesem Zusammenhang auf die Informationen der 15. Studieneinheit zurückgreifen müssen, sei nur am Rande erwähnt. Darüber hinaus können Ihnen vielleicht folgende Fragen eine Hilfe sein:

- Kennen Sie verschiedene Kirchen und Religionsgemeinschaften in Ihrer Umgebung? Haben Sie eine Vorstellung davon, wie bei ihnen ein Gottesdienst verläuft oder wie die Gemeinde organisiert ist? Kennen Sie konfessionsverschiedene Ehepaare? Welche Einstellung haben Sie dazu?

- Kennen Sie ausländische Mitbürger, Studenten oder Asylanten? Was für Begegnungen haben Sie erlebt, und wie denken Sie darüber? Haben Sie Kontakt zu Dritte-Welt-Aktionen oder entwicklungspolitisch engagierten Gruppen? Was finden Sie richtig daran, was nicht? Was sind Ihre Empfindungen, wenn Sie in den Medien über Welthunger, Folter oder Bürgerkriege lesen? Welche Abwehrhaltungen können Sie bei sich beobachten?

Nach der Bearbeitung dieser Studieneinheit sollen Sie in der Lage sein,

- Ihre bisherigen Einsichten und Einstellungen in einen umfassenderen Zusammenhang einzuordnen;
- den Begriff und die Aufgaben der ökumenischen Bewegung klarer zu bestimmen;
- die wichtigsten historischen Ursprünge der Ökumene und damit ihre prägenden Impulse zu charakterisieren;
- das Geflecht der ökumenischen Organisationen von heute zu erläutern;
- die wesentlichsten Aufgaben und Ziele ökumenischer Arbeit für die Zukunft darzustellen.

Rückblick in die Geschichte der ökumenischen Bewegung

Die Geschichte der Kirche ist zu allen Zeiten auch eine Geschichte ihrer Glaubenskämpfe und Spaltungen. Spuren davon lassen sich bereits im 1. Korintherbrief feststellen (1 Kor 1, 10ff.). Kämpfe um die Wahrheit der christlichen Botschaft, um die rechte Gestalt des Gottesdienstes und des kirchlichen Lebens, um die Form der kirchlichen Ämter konnten gar nicht ausbleiben, wo sich christliche Gemeinden in verschiedenen Völkern, Kulturen, Weltanschauungen und Lebensformen heimisch machten und natürlich auch von ihrer Umwelt beeinflußt wurden. Diese Vielfalt in Theologie und Kunst, Liturgie und Liedern, Dienstformen und Kirchentypen ist nicht nur unvermeidlich, sondern auch notwendig und gut, solange bei allem der gemeinsame Bezugspunkt auf Jesus Christus unmißverständlich erhalten und erkennbar blieb.

Kirchengeschichte – eine Geschichte ihrer Spaltungen

Aus solcher Vielfalt ist immer wieder tiefe Zwietracht hervorgegangen. So entfremdeten sich seit dem 4. Jahrhundert große Kirchen im Mittleren Osten, Persien, Armenien und Ägypten von den westlichen Kirchen, die unter der Leitung der Patriarchate von Konstantinopel und Rom standen. Diese alte Kirchenspaltung zu überwinden, ist heute Teil und Aufgabe der ökumenischen Bewegung.
Das Jahr 1054 bezeichnet die Trennung *(Schisma)* zwischen Rom und Byzanz (Konstantinopel), nachdem es vorher viele theologisch, kulturell und machtpolitisch bestimmte Entfremdungen und Verfeindungen gegeben hatte. Seitdem gingen die Kirche des Westens (oder die „lateinische") und die Kirche des Ostens (oder die „griechische") getrennte Wege. Erst in unseren Tagen erfolgten wichtige Schritte der Annäherung. Ein konkretes Ziel besteht in der Herstellung voller Kirchen- und Sakramentsgemeinschaft.
Im 16. Jahrhundert war Deutschland die Region, in der sich eine folgenschwere Teilung innerhalb der Kirche des Westens vollzog. Ausgelöst durch Martin LUTHER (1483–1546) und verstärkt durch andere Reformatoren wie Johannes CALVIN (1509–1564), entwickelten sich vor allem in Mittel- und Nordeuropa getrennte Kirchen. Die Religionskriege der Folgezeit, vor allem der 30jährige Krieg (1618 bis 1648), gehören zu den verheerendsten Folgen kirchlicher Verfeindung.
Innerhalb der Kirchen der Reformation spalteten sich wieder neue Glaubensgemeinschaften ab, die zumeist auf wichtigen, aber nicht allgemein akzeptierten Impulsen der Erneuerung und Heiligung des Christenlebens basieren. Zu nennen sind besonders die Methodisten und Baptisten, die vor allem in den USA die zahlenmäßig stärksten Kirchen geworden sind.
Diese Geschichte der Spaltungen hat tiefe Spuren im Glaubensbewußtsein und in der Frömmigkeit hinterlassen. Der Aufweis der eigenen Existenzberechtigung ging oft mit der Verketzerung anderer Glaubensgemeinschaften Hand in Hand. Noch heute finden sich Hemmungen und Vorurteile, die ein offenes, vertrauensvolles Eingehen auf die Glaubensweisen und Lebensformen benachbarter Kirchen erschweren, obwohl offene feindselige Polemik schon seit Jahrzehnten abgebaut worden ist.
Die unglückseligen Folgen von Kirchenspaltungen haben in den vergangenen Jahrhunderten Menschen auf den Plan gerufen, die die Versöhnung und Einigung der Kirchen bewirken wollten.[1] Dennoch kam es erst im 19. und 20. Jahrhundert zu einer die Welt umspannenden Bewegung, die sich der ökumenischen Versöhnung verschrieb. Wie ist dieser überraschende Wandel zu erklären?

Bedingungen für das Aufkommen der ökumenischen Bewegung im 19. Jahrhundert

Das 19. Jahrhundert ist geprägt von dem Glauben an die „unbegrenzten Möglichkeiten" der Welt. Die letzten „weißen Flecke" auf dem Globus verschwanden. Träger dieser umwälzenden Prozesse waren die Industrienationen Europas und Nordamerikas, wobei zuerst Großbritannien und dann die USA Vormachtstellungen in der Welt errangen. An diesem kolonialistischen Landraub beteiligten sich jedoch nach Kräften auch andere Länder in Europa. Das zaristische Rußland bildete keine Ausnahme.
Wirtschaftlich betrachtet, waren der rasche Aufschwung der Industrialisierung und die dadurch geweckten Konsumbedürfnisse auf die Rohstoffe der Welt angewiesen. Was über drei Jahrhunderte hinweg das Verhältnis Lateinamerikas zu den europäischen Machtzentren bestimmt hatte, nämlich eine kontinuierliche Ausplünderung

1 Vgl. R. ROUSE / St. C. NEILL: Geschichte der Ökumenischen Bewegung. Bd 1: 1517–1948. Göttingen 1957.

der Ressourcen dieses Kontinents für den Aufschwung Europas, das wurde nunmehr auf Afrika und Asien übertragen.[2]

Zugleich war diese kolonialistische Epoche von einem großen Sendungsbewußtsein getragen. Es galt, die Zivilisation des christlichen Abendlandes zu den „Wilden" zu bringen. Wie alt und bedeutend die Kulturen in Asien, Afrika und Amerika auch sein mochten, sie galten als grundsätzlich unterlegen, als rückständig gegenüber dem Fortschritt und dem ungestümen Elan der Moderne.

Hinter der Maske des Fortschritts aber zeigten sich auch andere Erscheinungen: In der Verweltlichung der Gesellschaft verlor die Kirche ihre wie selbstverständlich angenommene Geltung und mußte sich unter diesen Bedingungen neu auf ihr Zeugnis und ihre diakonische Glaubwürdigkeit besinnen. Bei den wachsenden Massen des Industrieproletariats hatten die Kirchen weder Stimme noch Kredit. Sie mußten die politischen und ethischen Aspekte des Evangeliums neu entdecken. Sie fühlten sich dadurch herausgefordert, daß die proletarische Bewegung sich ihre sozialistische „Internationale" schuf.[3]

Daneben sind jedoch auch andere Aspekte zu bedenken: Seit dem 18. Jahrhundert war die „Heidenmission", wie man bevorzugt sagte, immer stärker als Aufgabe der reformatorischen Kirchen, vor allem in ihren pietistischen Kreisen, erkannt worden. Das 19. Jahrhundert brachte diese Arbeit zur Blüte. Missionare trugen die Botschaft von Jesus Christus in alle Teile der Welt. Dabei entdeckten sie aber auch, wie sehr ihre konfessionelle Zerstrittenheit und Konkurrenz dieser Botschaft Schaden zufügten.

Was schließlich die Entdeckerbegeisterung betrifft, so fand sie auch unter jungen und aufgeschlossenen Christen ihre Entsprechung. Der Internationalismus ließ sie über die engen Zäune ihrer Kirchen und Länder schauen. Sie entdeckten Freunde in anderen Kirchen, gemeinsame Ziele hinter äußerlich verschiedenen Formen. Die Idee brach sich Bahn, daß die Kirchenspaltungen überwindbar seien und daß die Verfeindungen und Verketzerungen durch Versöhnung und Gemeinschaft abgebaut werden könnten.

Ökumenische Zusammenschlüsse in der 2. Hälfte des 19. Jahrhunderts

Aus missionarischem Elan, internationalen Begegnungen, ethischer und diakonischer Sorge für die verelendeten Opfer des Industrieproletariats erwuchsen vielfältige Zusammenschlüsse:

- 1846 wurde die „Evangelische Allianz" als ein „Bruderbund des Gebetes und des Kampfes gegen den Unglauben" gegründet. Bemerkenswert ist hier, eine welch entscheidende Bedeutung dem Gebet zugedacht wurde (vgl. die Schlußbetrachtung, S. 460–461).

- 1855 entstand in Paris der „Weltbund der Christlichen Vereine junger Männer". Man verständigte sich auf eine knappe Formulierung der gemeinsamen Glaubensgrundlage. Diese sogenannte „Pariser Basis" lautet: „Die Christlichen Vereine junger Männer haben den Zweck, solche jungen Männer miteinander zu verbinden, *welche Jesum Christum nach der Heiligen Schrift als ihren Gott und Heiland anerkennen,* in ihrem Glauben und Leben Seine Jünger sein und gemeinsam danach trachten wollen, das Reich ihres Meisters unter den jungen Männern auszubreiten."[4] Diese Formel wurde fast hundert Jahre später als Grundaussage des Ökumenischen Rates der Kirchen (ÖRK) wieder aufgenommen. Sie hat also große Bedeutung erlangt.

- 1886 entstand unter den Studenten der „Studentenmissionsbund", der unerwartet großen Anklang fand (über 20000 Studenten gingen bis 1945 durch ihn in die Mission) und die Ökumene stark förderte.

- 1893 wurde der „Weltbund der Christlichen Vereine weiblicher Jugend" ins Leben gerufen. Er stellte eine der wenigen Möglichkeiten für Frauen dar, selbst international und missionarisch aktiv zu werden.

- 1895 entstand der „Christliche Studentenweltbund". Wie keine andere brachte diese Bewegung die führenden ökumenischen Leitungspersonen hervor. Ihre Bedeutung ist schwerlich zu überschätzen. In ihr empfingen alle jene Personen ihre „Feuertaufe", die später in den verschiedenen ökumenischen Arbeitszweigen verantwortliche Führungsaufgaben übernommen haben.

Die offiziellen Kirchen und ihre leitenden Organe hatten ungleich größere Schwierigkeiten, sich über ihre Grenzen hinauszuwagen. Immerhin kam es in diesem Zeitraum zu internationalen Zusammenschlüssen von Kirchen gemeinsamer Konfession. Seit 1867 gibt es die Lambeth-Konferenzen, Treffen der Bischöfe aus allen Provinzen der Anglikanischen Gemeinschaft. Der Reformierte Weltbund besteht seit 1875, die Ökumenische Methodisten-Konferenz seit 1881. 1891 kommt der Internationale kongregationalistische Rat hinzu, 1905 der Baptistische Weltbund. Die Altkatholiken, die sich im Protest gegen die Lehrentscheidungen des I. Vatikanischen Konzils von Rom lossagten, suchten 1874/75 Verbindung mit den Orthodoxen und Anglikanern. Die Lutherischen Kirchen fanden erst verhältnismäßig spät zu einem internationalen Zusammenschluß: 1923 gründeten sie in Eisenach den Lutherischen Weltkonvent.

Man wird diese Bemühungen nicht im vollen Sinne als „ökumenisch" bezeichnen dürfen. Dennoch förderten diese innerhalb der konfessionellen Grenzen verlaufenden internationalen Kontakte die Kenntnis der unterschiedlichen kulturellen, sozialen und politischen Gegebenheiten und trugen damit zu einer größeren theologischen Weite und zu Ansätzen wechselseitiger Hilfe bei.

Nicht übersehen dürfen wir die *sozialreformerischen Bewegungen,* die in der zweiten Hälfte des 19. Jahrhunderts aufkamen. So ist zum Beispiel der Internationale Rat für Sozialen Dienst *(International Social Service Council)* zu nennen, eine in Großbritannien entstandene Einrichtung, die zur praktischen sozialen Arbeit unter den vielen Opfern der Industrialisierung aufrief.

Einheit als Frucht der Mission: John R. Mott und der Internationale Missionsrat

Im Zentrum der internationalen Missionsbewegungen, der Erneuerung unter den Studenten in vielen Ländern der Erde und der beginnenden ökumenischen Bewegung steht ein amerikanischer Laienprediger: John R. Mott. Sein ganzes Denken und Handeln ist davon durchdrungen, daß die geschichtliche Weltlage um die Jahrhundertwende die einzigartige Möglichkeit bietet, alle Völker für Christus zu gewinnen. So heißt eines seiner Bücher: *„Die Entscheidungsstunde der Weltmission und wir".*[5] „Entscheidungsstunde" – das ist für Mott die einmalige, von Gott gegebene Chance, alle Menschen für das Reich Gottes zu gewinnen. Sein Wahlspruch stammt aus der Bergpredigt Jesu: „Euch aber muß es zuerst um sein Reich und um seine Gerechtigkeit gehen; dann wird euch alles andere dazugegeben" (Mt 6,33). Diese heilsgeschichtliche Chance sieht er durch seine Analyse der Welt bestätigt. In der Tat zeigten damals die Völker Asiens und Afrikas eine große Bereitschaft, die Ideale und Ziele der westlichen Zivilisation anzunehmen. Mott

2 Vgl. E. Galeano: Die offenen Adern Lateinamerikas. Die Geschichte eines Kontinents von der Entdeckung bis zur Gegenwart. Wuppertal [7]1980.

3 Vgl. H. J. Margull: Ökumenische Bewegung. Erste Phase (1846): 1910–1920. *Verkündigung und Forschung. Beihefte zur Evangelischen Theologie* 2 (1977), S. 58ff.

4 R. Rouse / St. C. Neill: Geschichte der Ökumenischen Bewegung, a.a.O., S. 450.

5 J. R. Mott: Die Entscheidungsstunde der Weltmission und wir. (dt.) Basel 1911.

Abb. 1: Dr. John R. Mott, der „größte Reisemissionar seit Paulus", mit dem Blick auf die Weltkarte

Foto: ÖRK, Genf.

beschwor deshalb die großen Kolonialmächte seiner Zeit, ihre Macht nicht zu mißbrauchen und damit die Völker in den Kolonien gegen sich aufzubringen. In dem erwähnten Buch schreibt er:

„Ungerechte Besitzergreifungen seitens der abendländischen Nationen üben einen unbeschreiblich schlechten Eindruck auf die nichtchristlichen Länder aus [...] Sie sind Beweise für die Ohnmacht der christlichen Religion." (S. 129)

Er wollte daher die Kirchen aus ihrer Ohnmacht führen, und dazu gehörten ihre Einheit sowie ein neues Sendungsbewußtsein für die Mission. „Die Evangelisierung der Welt in dieser Generation!" war sein Motto:

„Wenn sie [die Kirche] sich der gegenwärtigen Weltkrisis nicht gewachsen zeigt und ihre Verpflichtungen gegen die ganze Welt einlöst, wird sie an Kraft auf dem Missionsfeld und in der Heimat einbüßen [...] Es handelt sich um nichts Geringeres als um die Frage, ob das Christentum die Weltreligion ist oder nicht." (S. 195)

In diesem Zitat stoßen wir auf eine Doppeldeutigkeit, die befremden mag: John R. Mott ist ein Kind seiner Zeit, und das brennende Verlangen, Gottes Reich auf Erden zu bauen, verschmilzt mit dem abendländischen Sendungsbewußtsein seiner Epoche. War sein weltmissionarischer Eifer eine religiöse Spielart des Kolonialismus? Ein solcher Vorwurf verkennt, daß Mott durchaus die bedenklichen Seiten imperialer Machtgier sah. Es bleibt gleichwohl zu beachten, was ein so großer Bewunderer von Mott wie Visser't Hooft 1965 sagte: „Der Mangel an Selbstkritik zur Zeit Motts [...] war für die christliche Situation in der ganzen Welt charakteristisch: Man war immer noch gemeinsam davon überzeugt, daß die christliche Zivilisation vorwärts marschierte. Diese Generation war ‚triumphalistisch'. Man kann es aus den Berichten der Missionsgesellschaften, des Weltstudentenbundes und des CVJM herausspüren."[6]

6 W. A. Visser't Hooft: Rede zum 100. Geburtstag von Mott. In: Die ganze Kirche für die ganze Welt. Hauptschriften. Bd. 1. Stuttgart 1967, S. 259.

Das Urteil „triumphalistisch" darf jedoch nicht dazu führen, Menschen wie Mott als Propagandisten eines selbstsicheren, aggressiven Christentums zu bezeichnen. Er war ein Christ, der trotz aller zeitbedingten Befangenheit eine radikal neue und weltweite Vision von der Nachfolge Jesu Christi entwickelte und dem Christentum weltgeschichtliche Dimensionen erschließen wollte.

Mit dieser Vision wurde Mott zur bestimmenden Gestalt der Weltmissionskonferenz von Edinburgh, 1910. In der theologischen und organisatorischen Arbeit unterstützte ihn Joseph H. Oldham (1874–1969). Diese Konferenz versammelte zum ersten Male 1200 offizielle Vertreter von Missionsgesellschaften. Die Englisch sprechende Welt war sehr stark vertreten. Aus den „jungen" Kirchen waren nur 17 Teilnehmer eingeladen. Sie spielten aber eine wichtige Rolle. In acht Kommissionen, die ausführlich durch Studien vorbereitet worden waren, behandelte man Probleme der Mission. Nach langer Debatte verständigten sich die Teilnehmer einstimmig darauf, einen Fortsetzungsausschuß zu berufen. Er konstituierte sich 1921 als „Internationaler Missionsrat" (IRM); sein Präsident war Mott.
Die Edinburgher Konferenz gilt als Anfang und Modell der ökumenischen Bewegung dieses Jahrhunderts. Von Anfang an war die Bewegung für die Einheit der Kirchen auf Mission, also auf Verkündigung und Weltverantwortung, bezogen.
Der Internationale Missionsrat hat bis zu seiner Verschmelzung mit dem Ökumenischen Rat der Kirchen im Jahre 1961 (vgl. *Schema 1* auf S. 450) viele Anstöße gegeben, die nicht nur für die Fragen der Mission, sondern auch für allgemeine theologische wie ethische Fragestellungen bedeutsam wurden. Folgende Aspekte seien hervorgehoben:

- Die jungen Kirchen wurden auf ihrem Weg zur Selbständigkeit gefördert, Ausbildungszentren entstanden und einheimischer Nachwuchs wurde ausgebildet.
- Die Herausforderungen der Kirche durch die wachsende Säkularisierung im Westen und die zunehmende Bedeutung der anderen Religionen wurden seit 1928 reflektiert. Die zeitgerechte Gestalt christlicher Verkündigung wurde zum ständigen Thema der ökumenischen Missionstheologie.
- Schon 1924 wurde mit Oldhams Buch *„Das Christentum und das Rassenproblem"* die Frage des Rassismus für Kirche und Theologie aufgeworfen.

(1) Beschreiben Sie die wichtigsten Impulse und Ziele der Bewegung für Weltmission.

....

....

....

....

....

....

....

(2) Wie würden Sie Ihre Auffassung von Mission begründen? Unterscheidet sie sich von den oben geschilderten Perspektiven? Welche Schwerpunkte würden Sie wählen?

....

....

....

....

....

....

....

Sichtbare Einheit: Bischof Charles Brent und die Bewegung für Glauben und Kirchenverfassung

> „Herr Jesus, dessen Wille es ist, Deine Herde zu sammeln und uns alle eins zu machen in Dir, sieh unser ernsthaftes Verlangen, in den Frieden und die Einheit Deines Auftrags versammelt zu werden. Führe uns, die wir den Weg verloren haben, auf den Weg, der zu Dir und zu Deinem Ziel führt ...“[7]

Dieses Gebet ist von Bischof BRENT. Er war bei aller Arbeitslast ein Mann des Gebetes und der Meditation. Diese Konzentration auf Jesus Christus mag ihm geholfen haben, eine Aufgabe zu erkennen und aktiv voranzubringen, die viele Praktiker und Theoretiker für unmöglich hielten: die Einheit der Kirche, nicht nur in organisatorischen und äußerlichen Aspekten, sondern eine Einheit in zentralen Fragen des Glaubens, des Gottesdienstes, der kirchlichen Ämter und Verfassungsordnungen.
BRENT erlebte die Weltmissionskonferenz von 1910 in Edinburgh mit. Dort entwickelte er seine Vision: Es sei an der Zeit, die Vertreter der getrennten Kirchen zu einer Glaubenskonferenz zu versammeln, um mit ihnen über die Gemeinsamkeiten und Unterschiede zu beraten und die Chancen für konkrete Vereinigungen (Kirchenunionen) zu fördern. Gemeinsame Grundlage sollte das Bekenntnis zu Jesus als Gott und Heiland sein. Auf dieser Basis, die an die Pariser Formel anknüpft, sollte es möglich sein, die Lehrunterschiede zwischen den Kirchen zu thematisieren, gemeinsame Interpretationen zu entwickeln und den Kirchen zur Aneignung zu übermitteln.
Das klingt spröde. Wenn man sich aber vor Augen führt, welche weitreichenden, nicht selten verheerenden Folgen aus Lehrstreitigkeiten über die Taufe, das Abendmahl, das Bischofsamt, das Papstamt – um nur vier zu nennen – entstanden sind, begreift man, welche Chancen der Versöhnung darin liegen könnten, wenn sich die Kirchen auf gemeinsame Positionen verständigen würden.

Als BRENT seine Überlegungen in seiner „Episcopal Church“ vortrug, wirkten sie geradezu ansteckend. Es schien, als hätten Personen in anderen amerikanischen Kirchen auf einen solchen Impuls gewartet; so groß war die Bereitschaft, diese Bewegung für „Faith and Order“ zu fördern. Zuerst fand sie Anhänger und aktive Mitarbeiter in den USA, wie zum Beispiel den Rechtsanwalt Robert GARDINER. Freilich war dort die Vielzahl von Kirchen und Denominationen besonders auffällig, zeigte sich der Skandal der Kirchenspaltung in extrem auffälliger Weise. Bald aber machten sich kleine Gruppen von Faith-and-Order-Leuten auf den Weg, um die Kirchenleitungen in Europa zur Mitarbeit zu bewegen. Dabei wurden auch viele Bemühungen darauf gewandt, die römisch-katholische Kirche zu beteiligen. Aber damals – übrigens im wesentlichen bis zum II. Vatikanischen Konzil – gab es in Rom nur eine abweisende Haltung zu solchen Unternehmungen. Auch die Orthodoxen Kirchen und die „jungen Kirchen“ Asiens und Afrikas wurden gebeten, diese Bewegung zu ihrer eigenen Sache zu machen.[8]

Der Erste Weltkrieg unterbrach diese Bemühungen. Doch schon 1919 war man wieder aktiv. Nur die deutschen Kirchen, die einen großen Anteil an der nationalen Erbitterung über den verlorenen Krieg und die als ungerecht empfundenen Bedingungen des Versailler Vertrags hatten, hielten sich abseits. Mit der Orthodoxie in der Sowjetunion war kein Kontakt möglich, weil diese Kirchen nach der leninistischen Revolution 1917 eine schwere Verfolgungszeit durchmachten und erst nach dem Zweiten Weltkrieg die Möglichkeit erhielten, am ökumenischen Dialog teilzunehmen.

7 Zitiert bei St. C. NEILL: Männer der Einheit. Kassel 1961, S. 54.
8 K.-Chr. EPTING: Ein Gespräch beginnt. Zürich 1972.

1927 trafen sich über 400 Abgesandte von 108 Kirchen in Lausanne am Genfer See. In Sektionen arbeitete man über Fragen des Evangeliums, die Glaubensbekenntnisse der Kirche, das geistliche Amt und die Sakramente. Natürlich waren die Verständigungsschwierigkeiten sehr groß, schon deshalb, weil nur wenige Vertreter fremde Sprachen beherrschten. Dennoch waren alle zutiefst begeistert von der neuen Erfahrung: Es gab einen anderen Weg als den der ständigen Kontroversen – den der Verständigung!

Davon legt der 1. Teil der „Lausanner Erklärung“ Zeugnis ab:

> „I. Der Ruf zur Einheit
> Von der Konferenz einstimmig angenommen
>
> 5 Gott will die Einheit. Unsere Anwesenheit auf dieser Konferenz legt Zeugnis dafür ab, daß wir unsern Willen unter seinen Willen beugen wollen. Wie immer wir die Anfänge der Entzweiung rechtfertigen mögen, wir beklagen, daß sie weiterdauern und anerkennen es als unsere Pflicht, fortan in Buße und Glauben dafür zu wirken, daß die zerstörten Mauern der Christenheit wieder aufgebaut werden.
>
> 6 Gottes Geist ist in unserer Mitte gewesen. Er war es, der uns hier zusammengerufen hat. Daß er unter uns war, wurde in unsern Gottesdiensten, unsern Beratungen und in unserer Gemeinschaft offenbar. Er hat uns geholfen, uns gegenseitig zu entdecken. Er hat unseren Horizont erweitert, unser Verständnis vertieft und unsere Hoffnung vermehrt. Wir haben ein Wagnis unternommen, und Gott hat unser Wagnis gerechtfertigt. Wir können niemals wieder dieselben sein, die wir bisher waren. Unsere Dankbarkeit muß sich darin zeigen, daß wir unablässig darum bemüht sind, die Einsichten, die uns hier geschenkt worden sind, mit unseren Heimatkirchen, zu denen wir gehören, zu teilen.
>
> 7 Mehr als die Hälfte der Welt wartet noch auf das Evangelium. Im eigenen Lande und draußen wenden sich ungezählte Menschen von der Kirche ab, weil sie als Gemeinschaft keine Kraft besitzt. Was wir geneigt sind, als Luxus anzusehen, betrachten unsere Missionen als Notwendigkeit. So lehnen sich die Kirchen auf dem Missionsfeld bereits in Ungeduld auf gegen die Zerspaltung der Kirche des Westens und unternehmen selbständig das kühne Wagnis der Einigung. Wir Glieder der auf dieser Konferenz vertretenen Kirchen können nicht dulden, daß unsere geistlichen Kinder uns zuvorkommen. Mit ihnen müssen wir uns zu dem Werk rüsten, dessen erste Anfänge Gott so reich gesegnet hat, und zusammen arbeiten, bis unser gemeinsames Ziel erreicht ist.
>
> 8 Manche von uns, die Pioniere dieser Arbeit, sind über dem Streben nach Einheit alt geworden. Auf die Jugend richten wir unseren Blick: möge sie die Fackel hochhalten! Viel zu lange haben wir Männer sie allein getragen: den Frauen muß hinfort ihr Teil an der Verantwortung zugewiesen sein. So wird die gesamte Kirche erreichen, was keine Teilkirche jemals zu vollbringen hoffen kann.
> Wir sind durch Gottes unmißverständlichen Ruf zusammengeführt worden. Durch seine Führung im Glauben gestärkt, schreiten wir in eben diesem Glauben vorwärts.“[9]

Ein Fortsetzungsausschuß betrieb die Sache von Faith and Order weiter. Als BRENT 1929 starb, übernahm der bedeutende englische Kirchenführer William TEMPLE – der spätere Erzbischof von Canterbury – die Leitung. Zehn Jahre später fand in Edinburgh die 2. Weltkonferenz statt. Die Arbeitsweise und die Themen blieben ähnlich, doch war die allgemeine Situation dadurch schwer beeinträchtigt, daß sich in Deutschland die nationalsozialistische Diktatur durchgesetzt hatte. Wichtige, ökumenisch aktive Kreise der deutschen Kirche arbeiteten als Bekennende Kirche im Untergrund.

Man kann die Erfahrungen in der Bewegung für Glauben und Kirchenverfassung bis an die Schwelle des Zweiten Weltkrieges in folgenden Punkten summieren:

- Der Weg zur Einheit führt über Kommunikation zur Kommunio (Gemeinschaft). Darin liegt der große Wert der Konferenzen.
- Das Bekenntnis zur einen heiligen Kirche *(una sancta)* schafft eine geistig-geistliche Realität: im Getrennten zeigt sich Christus.

9 Zitiert aus: L. VISCHER (Hrsg.): Die Einheit der Kirche (Theologische Bücherei. 30). München 1965, S. 30f.

- Die Anomalie der Trennungen wird offenkundig.
- Die Überwindung der Unkenntnis über die anderen Kirchen führt zu einem vertieften Verständnis der eigenen Tradition.
- Der Bestand an Gemeinsamkeiten ist so groß, daß neben der Anerkennung unvereinbarer Punkte echte gemeinsame Einsichten zustande kommen.
- Die Kirchen finden es schwer zu beweisen, warum sie getrennt bleiben wollen.
- Die Bedeutung von nichttheologischen Faktoren für das Leben der Kirche wird erkannt, besonders nach 1933.
- Es geht ein mittelbarer Einfluß auf die Bestrebungen von Kirchenunionen aus.

(3) Beschreiben Sie die Ziele von Bischof BRENT.

....

....

....

....

....

....

....

....

....

....

(4) Charakterisieren Sie Ihre Eindrücke bei der Lektüre der Lausanner Erklärung von 1927.

....

....

....

....

....

....

....

....

....

....

....

Einheit im Dienst: Nathan Söderblom und die Bewegung für Praktisches Christentum (Life and Work)

Wir haben von sozialreformerischen Bewegungen gesprochen, die im 19. Jahrhundert auftauchten (vgl. vor allem oben S. 446). Sie wurden Anfang des 20. Jahrhunderts in gewisser Weise durch eine Bewegung von Christen fortgesetzt, die zuerst in England und Deutschland entstand und sich „Weltbund für Freundschaftsarbeit der Kirchen" nannte. Hier arbeiteten viele Laien mit. Ihr gemeinsames Anliegen war, ihren christlichen Glauben gegen die nationalen und sozialen Spannungen ins Feld zu führen. Hier kamen Sozialreformer, religiöse Sozialisten und Pazifisten zusammen. Der bekannteste deutsche Vertreter dieses Weltbundes für Freundschaftsarbeit war Friedrich SIEGMUND-SCHULTZE. In den 30er Jahren war auch Dietrich BONHOEFFER in dieser Bewegung aktiv. Die Schwäche dieser Arbeit war, daß sie von einzelnen engagierten Christen, nicht aber von den Leitungsgremien der Kirchen getragen wurde.

Radikaler und umfassender war dagegen die Aufgabe, der sich Erzbischof Nathan SÖDERBLOM aus Schweden verschrieb. Daß er aufgrund seines Entsetzens über den Ersten Weltkrieg dazu kam, die Einigung der Kirchen für den praktischen Dienst am sozialen und politischen Frieden anzustreben, hat nicht nur biographische Gründe. Gewiß war er beschämt, daß die beiden Völker, die er am meisten liebte, gegeneinander zu Felde zogen, nämlich Deutschland und Frankreich. Fundamentaler waren seine theologischen Überzeugungen. Er glaubte an einen lebendigen Gott, der durch die Geschichte hindurch wirkt. Ebenso stellte er sich den christlichen Glauben als die Seele des gesellschaftlichen Lebens vor. Folglich mußte die Kirche sich auf ihre universale Bedeutung besinnen, um Seele und Gewissen der internationalen Ordnung zu werden. SÖDERBLOM hielt sehr viel vom „Völkerbund", der nach 1919 als Instrument internationaler Konfliktbewältigung geschaffen wurde. Entsprechend dachte er sich einen Kirchenbund als die innere Kraft, als das religiöse Herz des Völkerbundes. Ähnlich hatte sich 1920 auch der Patriarch von Konstantinopel in seinem berühmten Sendschreiben an die Christenheit geäußert. Wenn SÖDERBLOM seit 1919 an seiner Vision einer Weltkonferenz für „Life and Work" arbeitete, bis sie endlich 1925 in Stockholm durchgeführt werden konnte, dann betrieb er das nicht als ein Praktiker oder religiös motivierter Politiker, sondern als ein bewußter Christ, der dazu beitragen wollte, daß die Kirchen auf dem Höhepunkt ihrer Berufung stehen sollten. Entsprechend wurden in Stockholm folgende Fragen behandelt:

- Die Verpflichtung der Kirche gegenüber Gottes Weltplan
- Die Kirche und die wirtschaftlichen und industriellen Fragen
- Die Kirche und die sozialen und sittlichen Fragen
- Die Kirche und die Beziehungen der Völker zueinander
- Die Kirche und die christliche Erziehung
- Methoden der praktischen und organisatorischen Zusammenarbeit der Kirchengemeinschaften.

Geist und Dynamik dieser großen Versammlung kommen sehr treffend in der „Botschaft an die Christenheit" zum Ausdruck, die am Ende der zwölftägigen Beratungen verabschiedet wurde. Sie wird im folgenden in Auszügen wiedergegeben:

Nachdem in den beiden ersten Abschnitten über die Vorbereitung, Zusammensetzung und Arbeitsweise der Konferenz berichtet wird, heißt es programmatisch in Absatz 3 und 4:

„3 Wir bekennen vor Gott und der Welt die Sünden und Versäumnisse, deren die Kirche sich durch Mangel an Liebe und mitfühlendem Verständnis schuldig gemacht hat. Menschen, die mit Ernst nach Wahrheit und Gerechtigkeit trachteten, haben sich von Christus ferngehalten, weil seine Nachfolger ihn vor der Menschheit so unvollkommen vertreten haben. Der Ruf der gegenwärtigen Stunde an die Kirche muß deshalb ein Bußruf sein und doch auch ein Ruf zu einem freudigen Neuanfang aus der unerschöpflichen Kraftquelle Jesus Christus.
4 Es erfüllt uns mit tiefster Dankbarkeit, daß nach Gottes gnädigem Willen und geleitet durch seinen Geist die Vertreter so vieler christlicher Gemeinschaften zusammengeführt worden sind, daß sie in solcher Gemeinschaft ihren Glauben, ihre Hoffnung und ihre Liebe zu ihrem Herrn und Heiland Jesus Christus erneuert haben. Es erfüllt uns mit tiefster Dankbarkeit, daß wir, trotz deutlich vorhandener starker Verschiedenheit des Standpunktes, imstande gewesen sind, uns über so viele schwere Fragen in Wahrheit und Liebe auseinanderzusetzen und dabei auch jene Rücksichtnahme auf den anderen zu üben, wie sie nur der Geist Gottes schenken kann. Wenn wir alle zusammen, ein jeder in seiner Muttersprache, das Gebet des Herrn beteten, dann wurden wir unseres gemeinsamen Glaubens froh und erlebten wie nie zuvor die wahre Einheit der Kirche Christi."
Daraufhin beschreibt das Dokument einige Ergebnisse. Sie seien erreicht worden, heißt es, weil „wir unter seinem Kreuz die Pflicht anerkannt (haben), sein Evangelium auf allen

Gebieten des menschlichen Lebens zu der entscheidenden Macht zu machen – im industriellen, sozialen, politischen und internationalen Leben“.
Nachdem in dem Absatz 8 Fragen einer internationalen Ordnung aufgezeigt worden sind, heißt es: „Wir bitten die Kirchen, mit uns ein Gefühl zu haben für die Schrecken des Krieges, wie auch für seine Unzulänglichkeit für die wirkliche Lösung internationaler Streitfragen, und dafür zu beten und zu arbeiten, daß unter dem Zepter des Friedefürsten ‚Güte und Treue einander begegnen, Gerechtigkeit und Friede sich küssen‘.“
In den Abschnitten 9–13 nennt die Erklärung die wichtigsten erzieherischen Fragen und wendet sich mit der Bitte um aktive Mitarbeit an Arbeiter und Jugendliche.
Der Schlußabschnitt zeigt noch einmal eindrücklich die christliche Mitte der Konferenz:
„14 Nur soweit wir, jeder einzelne, durch Innerlichkeit zur Einheit gelangen, werden wir zur wahrhaften Geistes- und Gesinnungseinheit vordringen. Je näher wir dem gekreuzigten Christus kommen, um so näher kommen wir einander, wie verschieden auch die Farben sein mögen, in denen unser Glaube das Licht widerstrahlen läßt. Unter dem Kreuze Jesu Christi strecken wir einander die Hände entgegen, denn der gute Hirte starb dafür, daß er die zerstreuten Kinder Gottes zusammenführte. In dem gekreuzigten und auferstandenen Herrn allein liegt die Hoffnung der Menschheit.
‚Dem aber, der überschwenglich tun kann über alles, was wir bitten oder verstehen, nach der Kraft, die da in uns wirket, Ihm sei Ehre in der Gemeinde, die in Christus Jesus ist, zu aller Zeit und von Ewigkeit zu Ewigkeit!‘ Amen!“[10]

Die Botschaft fand ein großes Echo. Viele hörten hier zum ersten Male, wie die Kirchen der Welt mit einer Stimme zu den gewaltigen sozialen und politischen Lebensfragen das Wort ergriffen, und schlossen sich dieser „Bewegung für praktisches Christentum“ bereitwillig an.
Es ist heute vielfach vergessen, in welch radikaler Weise sich diese Bewegung zum Problem des Krieges geäußert hat. 1928 hieß es zum Beispiel in einer Stellungnahme: „Wir glauben, daß sich der Krieg, als ein Werkzeug zur Schlichtung internationaler Streitigkeiten betrachtet, mit dem Geist und den Methoden Christi und deshalb auch mit dem Geist und den Methoden der Kirche nicht verträgt.“ Alle zwischenstaatlichen Konflikte müßten vor einem internationalen Schiedsgericht geregelt werden. Keine christliche Gemeinschaft dürfe einen Krieg unterstützen, der trotz eines vorliegenden Schiedsspruches erklärt werde.[11]

Der Nationalsozialismus der dreißiger Jahre, vor allem die Diktatur der Nationalsozialisten in Deutschland, stellte eine harte Bewährungsprobe für diese Ansätze dar. 1937 fand dann die 2. Weltkonferenz für Praktisches Christentum in Oxford statt. 425 Vollmitglieder waren anwesend, aber keine Katholiken, keine Deutschen. Welche Aufgabe hatte die Kirche in der Welt der Völker? So paradox es klingt: Sie mußte Kirche sein, das heißt unbedingte, unbeirrbare Gemeinschaft zwischen allen Menschen – gleich welcher Rasse und Nation – in der Nachfolge Jesu Christi:

„Die Kirche hat keine wichtigere Aufgabe und kann der Welt keinen größeren Dienst leisten, als wenn sie wahrhaft Kirche ist, d.h. wenn sie im Glauben das Wort Gottes verkündet, sich gebunden weiß an den Willen Jesu Christi, ihres einzigen Herrn, und in ihm eins ist als wahre Gemeinschaft der dienenden Liebe.“[12]

Es mag wohl sein, daß es diese Bußgesinnung war, die der ökumenischen Bewegung die Kraft und das moralische Gewicht gegeben hat, im Zweiten Weltkrieg nicht zerrieben, sondern stark zu werden und zu wachsen.

(5) Skizzieren Sie den speziellen Ansatz von Söderblom. Gibt es nach Ihrer Meinung Aspekte, die heute noch von Bedeutung sind?

....
....
....
....
....
....

Struktur und Arbeitsgebiete des Ökumenischen Rates der Kirchen und andere ökumenische Arbeitsformen, insbesondere der römisch-katholischen Kirche

Der Blick in die historische Entwicklung der ökumenischen Bewegung vor dem Zweiten Weltkrieg hat erkennen lassen, daß sich verschiedene Strömungen nebeneinander – aber durch Personen eng miteinander verschränkt – entfalteten. Wie diese sich zusammenfügten, um im Ökumenischen Rat der Kirchen eine gemeinsame Geschichte zu gestalten, ohne dabei die je eigenen Themenschwerpunkte zu vergessen, zeigt folgendes Schaubild:

Schema 1: Die historische Entwicklung der ökumenischen Bewegung

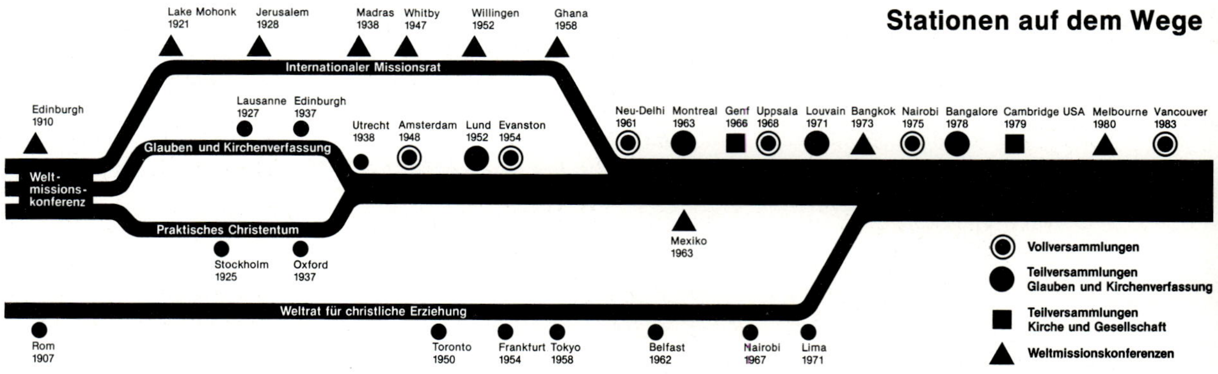

Aus: „Was ist der Ökumenische Rat der Kirchen?“, Genf 1983.

Die bisherige Darstellung hat den „Weltrat für christliche Erziehung“ unberücksichtigt gelassen. Es handelt sich dabei im wesentlichen um eine nordamerikanische Initiative, die einen Schwerpunkt in der Sonntagsschularbeit hatte und sich dann rasch ausbreitete.
Das Schaubild ist insofern nützlich, als es die einzelnen Strömungen und ihre allmähliche Verschmelzung zeigt. Es verstärkt aber den Eindruck, als hätte es sich bei dem Internationalen Missionsrat und dem Weltrat für christliche Erziehung um

10 K. Kupisch (Hrsg.): Quellen zur Geschichte des deutschen Protestantismus. 1871 bis 1945, Göttingen 1960, S. 173–177 (Auszüge).
11 R. Rouse / St.C. Neill: Geschichte der Ökumenischen Bewegung. Bd. II: Göttingen 1958, S. 209.
12 Aus der „Botschaft an die christlichen Kirchen“. In: Kirche und Welt in ökumenischer Sicht. Bericht der Weltkirchenkonferenz von Oxford über Kirche, Volk und Staat. Genf 1938, S. 260.

weit voneinander entfernte Bewegungen gehandelt. Dieser Eindruck ist irrig, denn faktisch gab es sehr viele enge Verbindungen durch Personen, die in allen Arbeitszweigen mit aktiv waren.

Wir wollen anhand eines Diagramms der Struktur des Ökumenischen Rates der Kirchen von 1983 eine querschnittartige Bestandsaufnahme vornehmen:

Schema 2: Struktur des Ökumenischen Rates der Kirchen

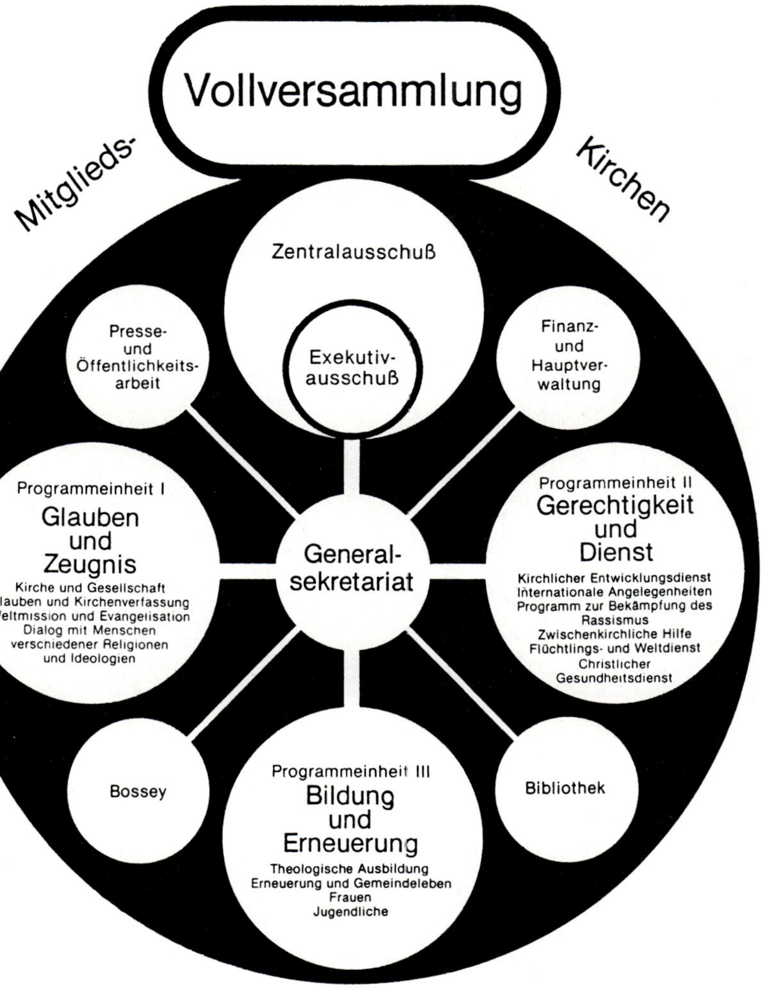

Aus: „Was ist der Ökumenische Rat der Kirchen?", Genf 1983.

Es geht uns nicht darum, alle einzelnen Aspekte dieses Schaubildes zu erläutern, sondern eine Übersicht über die Programmarbeit des Rates zu gewinnen. Sie ist in *drei Programmeinheiten* zusammengefaßt.

• Die Programmeinheit I: „Glauben und Zeugnis" legt einen Schwerpunkt auf die theologische Arbeit, und zwar in vierfacher Hinsicht:

1. Die Abteilung „Kirche und Gesellschaft" befaßt sich intensiv mit dem Verhältnis von Theologie und Ethik. Es geht darum, ein theologisch-ethisches Grundkonzept zu finden, das zur Orientierung in unserer komplexen Welt dienen kann. So hat man in den letzten Jahren das Konzept einer gerechten, partizipatorischen und überlebensfähigen Weltgesellschaft formuliert, um wirtschaftliche wie soziale Gerechtigkeit mit zwischenmenschlicher Chancengleichheit und ökologischer Balance zu verbinden. Diese Abteilung sucht den Dialog mit Naturwissenschaftlern, Volkswirten, Ingenieuren und Politikern. Damit setzt sie Aufgaben fort, die in der Bewegung für Praktisches Christentum zuerst gesehen wurden.

2. Die Abteilung „Glauben und Kirchenverfassung" ist schon vom Namen her als Nachfolgeorganisation der alten Bewegung für Glaube und Kirchenverfassung erkennbar. Ihre Aufgabe besteht satzungsgemäß darin, die Kirchen unablässig daran zu erinnern, daß sie ihre Spaltungen überwinden und ihre in Christus geglaubte Einheit in der Welt sichtbar bewähren müssen. Auf einer Konferenz in der indischen Stadt Bangalore wurde formuliert:

„Alle, die Christus in seinem Leib durch sein Leiden, seinen Kreuzestod und seine Auferstehung zusammengefügt hat, darf niemand wieder auseinanderreißen. Die Liebe, die in Jesus Christus ist, hält uns zusammen. Deshalb ist es Sache dankbarer und gehorsamer Jüngerschaft, sich mit Trennungen nicht zufriedenzugeben, sondern beständig neu in den Kampf einzutreten, alte und neue Barrieren, die uns voneinander trennen, niederzureißen."[13]

Das umfassendste Ergebnis einer über 50jährigen Arbeit an Übereinstimmungen zu Taufe, Eucharistie (Abendmahl) und Amt wurde 1982 in Gestalt der „Lima-Texte" verabschiedet.[14]

3. Die Arbeitsgruppe „Weltmission und Evangelisation" steht ziemlich klar in der Tradition des Internationalen Missionsrates. Ihre Aufgabe besteht darin, das Zeugnis von Jesus Christus in Wort und Tat in allen Teilen der Welt zu fördern. Von den Gründervätern wie Mott unterscheidet sich die heutige Missionstheologie erheblich. Das abendländische Überlegenheitsbewußtsein ist längst überholt. „Mission in allen sechs Erdteilen" ist schon seit zwanzig Jahren die Devise. Das Verhältnis von Verkündigung und solidarischer Hilfe muß beständig neu bestimmt werden: Mission ist ohne Gesellschaftkritik nicht denkbar.

4. Die Abteilung für den „Dialog mit Menschen verschiedener Religionen und Ideologien" ist aus dem Bereich der Weltmission hervorgegangen. Sie sucht der Tatsache Rechnung zu tragen, daß das Christentum die anderen Religionen und Weltanschauungen nicht schlicht als zu bekämpfende Gegner betrachten darf, sondern mit ihnen in einen Dialog eintreten muß. Was gibt es von ihnen zu lernen? Wo gilt es, mit ihnen zusammenzuarbeiten? Daß solcherart Fragen bei den Anhängern einer konservativen „Heidenmission" auf Ablehnung stoßen, kann nicht verwundern.

• Die Programmeinheit II: „Gerechtigkeit und Dienst" hat fünf Abteilungen:

1. Als erste sei der *Kirchliche Entwicklungsdienst* genannt (englisch: CCPD, d. h. The Churches Commission for Participation in Development). Der englische Titel beschreibt viel genauer als der deutsche, was hier angestrebt wird: Partizipation in der Entwicklung der armen Regionen der Welt. Es geht nicht um Hilfe als Einbahnstraße von den reichen zu den armen Ländern, sondern um gemeinsame Arbeit an besseren Bedingungen, gerechteren Wirtschaftsordnungen für alle Menschen. Dieser Arbeitszweig ist erst mit der Entdeckung der kirchlichen Entwicklungshilfe in den 60er Jahren entstanden.

2. Eine sehr viel ältere Tradition hat die Abteilung, die sich um *internationale Angelegenheiten* kümmert. Sie wurzelt in den Kreisen politisch engagierter Christen, die schon in den 20er Jahren internationale Abmachungen zur Förderung von

13 G. Müller-Fahrenholz (Hrsg.): Bangalore 1978. Sitzung der Kommission für Glauben und Kirchenverfassung. Beihefte zur *Ökumenischen Rundschau*. 35. Frankfurt 1979, S. 228.

14 Taufe, Eucharistie und Amt. Konvergenzerklärungen. Frankfurt [4]1983.

Frieden und sozialer Gerechtigkeit anstrebten. Diese Abteilung hat nach dem Zweiten Weltkrieg einen wichtigen Beitrag zur Erarbeitung der Menschenrechtskonventionen der Vereinten Nationen geleistet.[15]

3. Die Abteilung *Programm zur Bekämpfung des Rassismus* wurde 1969 eingerichtet; sie erfuhr wegen ihrer Zuweisung von Finanzmitteln an politisch umstrittene Organisationen und Freiheitsbewegungen viel Anfeindung und Kritik. Sie setzt aber lediglich in die Praxis um, was bereits seit den 20er Jahren von Kirchen gesagt wurde, nämlich, daß Rassismus eine der ärgsten Sünden gegen Gott und einen unerträglichen Angriff gegen die Würde der Menschen darstelle. Dieses Programm versucht daher, rassisch verfolgte Menschen materiell, rechtlich und politisch zu unterstützen.[16]

4. Die Abteilung für *Zwischenkirchliche Hilfe, Flüchtlings- und Weltdienst,* von Umfang und Mitarbeiterschaft die größte, gehört seit den 30er und 40er Jahren zu den wesentlichen Aufgaben der Ökumene. Hier geht es um vielfältige Programme der Hilfe. Dazu gehören Projekte unterschiedlicher Art, die in nationalen Expertenteams entwickelt, betreut oder begutachtet werden.

5. Der *Christliche Gesundheitsdienst* ist im Grunde ein Ableger der Missionsarbeit und konzentriert sich auf Fragen medizinischer Vorsorge und Hilfe. Diese Arbeit ist besonders in der Dritten Welt sehr angesehen, weil sie dazu beiträgt, die Lebenschancen der Ärmsten, das sind Mütter und Kleinkinder, zu verbessern.[17]

• Die Programmeinheit III: „Bildung und Erneuerung" faßt vier Abteilungen zusammen. Sie haben im großen und ganzen die pädagogische Aufgabe, den Kirchen in der Gestaltung ihres Lebens und im ökumenischen Lernen behilflich zu sein. Zum Teil gehen jedoch die Aufgaben über diesen pädagogischen Rahmen hinaus und umgreifen theologische, ethische und gesellschaftliche Fragen.

1. Die Abteilung für *theologische Ausbildung* bemüht sich darum, den Kirchen bei der Ausbildung ihrer Prediger und Pastoren zu helfen. Das Stipendienprogramm und die Erarbeitung von Fernkursen gehören in diesen Zusammenhang.
2. In der Abteilung für *Erneuerung und Gemeindeleben* konzentriert man sich darauf, ökumenische Anliegen mit dem alltäglichen Leben der Christen in ihren Gemeinden zu vermitteln.
3. Die *Frauen-Abteilung* arbeitet dafür, daß die Frauen in den Kirchen der Welt Raum und Selbstvertrauen finden, um ihren Beitrag in Kirche und Gesellschaft zu leisten. Sie hat zum Beispiel – zusammen mit „Faith and Order" – in den letzten Jahren den großangelegten Studienprozeß zum Thema „Die Gemeinschaft von Frauen und Männern in der Kirche"[18] durchgeführt und damit nicht zuletzt für die feministische Theologie viele Anstöße gebracht.
4. In der *Jugendabteilung* setzt sich bis heute das Interesse der Ökumene an der jungen Generation fort. Hier liegen die Initiativen für Begegnung und Austausch junger Christen und die Behandlung ihrer drängendsten Fragen.

In diesen Abteilungen spielen die Impulse eine Rolle, die in dem Weltrat für christliche Erziehung lebendig waren.

15 Vgl. W. Müller-Römheld: Art.: Kommission der Kirchen für internationale Angelegenheiten. In: Ökumene-Lexikon. Frankfurt 1983, Sp. 680–682.

16 B. Sjollema: Isolation der Apartheid. Die Zusammenarbeit des Westens mit Südafrika: Richtlinienentscheidungen des Ökumenischen Rates der Kirchen und die Antworten der Kirchen (Texte zum Kirchlichen Entwicklungsdienst. 12). Frankfurt 1983.

17 Das wichtigste Mitteilungsorgan dieser Abteilung ist die Zeitschrift *Contact,* die beim ÖRK in Genf bestellt werden kann.

18 Der zusammenfassende Bericht, der *„Sheffield Report",* liegt bisher noch nicht in deutscher Sprache vor. Die englische Version erschien unter: C. Parvey: The Community of Women and Men in the Church – The Sheffield Report. Genf 1983.

Der knappe Überblick zeigt, wie sehr sich der Katalog ökumenischer Aufgaben entfaltet hat. Alte Ansätze haben sich ausgeweitet, neue mußten ergänzt werden. Die vielen Abteilungen spiegeln wider, wie komplex das große „Projekt Ökumene" inzwischen geworden ist. Es bestätigt sich zugleich, wie wichtig es ist, in der Fülle der Aufgaben den zentralen Impuls der Einheit der Kirche im Dienst an der Erneuerung und den Frieden der Welt stets im Auge zu behalten.[19]

Abb. 2: Die ersten drei Generalsekretäre des ÖRK: rechts W. A. Visser't Hooft (1948–1966), links Eugene C. Blake (1966–1973), Mitte Philip Potter (1973–1984). Bild anläßlich der Feier zum 25. Jahrestag des Bestehens des ÖRK in der Genfer Kathedrale St. Pierre

Foto: KNA, Frankfurt

Neben dem Ökumenischen Rat der Kirchen gibt es andere weltweite Zusammenschlüsse:

• Die *konfessionellen Weltbünde (World Confessional Families)* wurden bereits kurz in ihrer Entstehungszeit beleuchtet (vgl. dazu oben S. 446f.). Es würde zu weit führen, Aufbau und Aufgaben dieser Gremien zu beschreiben. Im Grundsätzlichen sind sie der Struktur des Ökumenischen Rates der Kirchen verwandt. Sie haben also Vollversammlungen, auf denen die Delegierten der Mitgliedskirchen Ziele und Programme festlegen. Solche Vollversammlungen bilden kleinere Leitungsgremien und Kommissionen für bestimmte Zwecke, zum Beispiel für Studien, diakonische Aufgaben usw. Die tägliche Arbeit liegt bei Sekretariaten, die sehr unterschiedlich ausgestattet sein können: Während der Lutherische Weltbund zum Beispiel einen Stab von ca. 100 Personen unterhält, sind es im Reformierten Weltbund (RWB) weniger als 10.

19 Über die Arbeit des ÖRK informieren folgende Zeitschriften: Die Monatszeitschrift *One World* (nur in Englisch); *Ecumenical Review,* Vierteljahreszeitschrift; *International Review of Missions,* Vierteljahreszeitschrift. Erscheinungsort: ÖRK, Genf. – Deutschsprachige ökumenische Zeitschriften sind: *Ökumenische Rundschau* (Schriftleiter: Professor D. H. Krüger), vierteljährlich, Frankfurt; *Una Sancta* (Schriftleiter: Pater Dr. Gerhard Voss, Niederaltaich), vierteljährlich, Freising.

• Die *Orthodoxen Kirchen* haben keine vergleichbare zentrale Organisation. Obwohl der Patriarch von Konstantinopel einen Ehrenvorrang innehat, legen doch alle orthodoxen Kirchen großen Wert auf ihre Selbständigkeit. Sie arbeiten aber alle zusammen in der Vorbereitung eines Pan-Orthodoxen Konzils, bei dem versucht werden soll, eine größere Gemeinschaft angesichts der gegenwärtigen Herausforderungen zu finden.

• Noch weniger als die Orthodoxie gehört die *Römisch-katholische Kirche* ihrer inneren Struktur und ihrem Selbstverständnis nach in die Reihe der konfessionellen Weltbünde. Aber da sie eine Weltkirche ist, hat es sich für sie als praktisch erwiesen, auf dieser Ebene mitzuarbeiten. In diesem Zusammenhang ist es wichtig, die Entwicklung des ökumenischen Gedankens in der römisch-katholischen Kirche zu beleuchten.

Die *ökumenischen Perspektiven der römisch-katholischen Kirche* müssen eigens bedacht werden.[20] Es wurde bereits darauf hingewiesen, daß Rom der ökumenischen Bewegung zuerst sehr reserviert gegenübergestanden hat. Was sich da im Raum des Protestantismus entwickelte, wurde über Jahrzehnte als für die katholische Kirche unwichtig hingestellt. Im wesentlichen herrschte die Auffassung vor, daß die Frage der Einheit der Kirche dadurch gelöst werden müsse, daß alle abgespaltenen und getrennten kirchlichen Gemeinschaften in den Schoß der einen heiligen katholischen Kirche zurückkehrten. Die Enzyklika *„Mortalium Animos"* von 1928 verurteilte die ökumenischen Bemühungen jener Zeit in kategorischer Weise als einen verschwommenen theologischen Liberalismus.

Erst in den 30er Jahren bahnten sich Kontakte an, die aber sehr inoffiziellen Charakter hatten. Sie wurden von den katholischen Theologen geprägt, denen in besonderer Weise an der Wiederentdeckung der Bibel gelegen war. Die Bibelbewegung, die Liturgische Bewegung, die Una-sancta-Bewegung waren wichtige Wegbereiter des ökumenischen Gedankens in der römisch-katholischen Kirche. Yves Congars Buch *„Chrêtiens Désunis"* (Getrennte Christen) von 1937, ebenso die Zeitschrift *Catholica* unter Robert Grosche, das bahnbrechende Werk von Joseph Lortz über die Reformation in Deutschland aus dem Jahre 1939/40 bereiteten eine neue Betrachtungsweise vor. Der Ökumenische Arbeitskreis evangelischer und katholischer Theologen, der von Bischof Wilhelm Stählin (Oldenburg) und Erzbischof Jäger (Paderborn) 1946 gegründet und jahrelang geleitet wurde und bis heute besteht, hat ökumenische Pionierarbeit geleistet. Dennoch durfte sich kein Katholik an der 1. Vollversammlung des Ökumenischen Rates der Kirchen 1948 in Amsterdam beteiligen.

Nach 1950 fand jedoch der ökumenische Gedanke auch unter Katholiken immer größeren Anklang. Damals begann Pater Willebrands, der spätere Kardinal, seine ökumenische Tätigkeit. Aber erst die Einberufung des II. Vatikanischen Konzils durch Papst Johannes XXIII. bedeutete eine entschiedene Wende. Es sollte ein ökumenisches Konzil sein in dem Sinn, daß die Frage der Einheit der Christen ein Grundthema dieses Konzils wurde. Es verstand sich als ein Reformkonzil. Vertreter der getrennten Kirchengemeinschaften sollten eingeladen werden. Kardinal Augustin Bea wurde für das 1960 geschaffene „Sekretariat zur Förderung der christlichen Einheit" verantwortlich. Er erwies sich als ein bedeutender Förderer der Ökumene.

Das Konzil selbst entwickelte sich zu einem wichtigen Dialog zwischen den Konzilsvätern und den Beobachtern. In der Bewegung für Glauben und Kirchenverfassung gab es bald die intensivsten Kontakte. Das Konzil hat in der 1964 verkündeten dogmatischen Konstitution über die Kirche (Kap. 8) den nicht römisch-katholischen Kirchen und Konfessionen ausdrücklich die Qualität von Kirchen und kirchlichen Gemeinschaften zuerkannt, je nach deren eigenem Selbstverständnis. Dies geschah im Blick auf die in ihnen gegebene kirchliche Realität in Glauben und Leben, in Gottesdienst, Frömmigkeit und Diakonie. Das Verhältnis der römisch-katholischen Kirche zu ihnen wurde als Verbundenheit *(coniunctum esse)* bestimmt, die viele Möglichkeiten konkreter Verwirklichung findet.

1964 verabschiedete das Konzil auch das Dekret über den Ökumenismus.[21] Es beklagt den unheilvollen Zustand der Spaltung, erkennt die ökumenische Bewegung als eine von Gottes Geist inspirierte Sache an und entwickelt dazu katholische Grundsätze. Dies ist der Text, mit dem sich Rom der ökumenischen Bewegung „amtlich" anschließt. Das Dekret sagt in Artikel 5: „Die Sorge um die Wiederherstellung der Einheit ist Sache der ganzen Kirche, sowohl der Gläubigen wie auch der Hirten, und geht einen jeden an, je nach seiner Fähigkeit." Als besonders

Abb. 3: Papst Paul VI. mit dem damaligen Generalsekretär Blake bei einem gemeinsamen Gebetsgottesdienst im Zentrum des ÖRK in Genf, 1969

Foto: ÖRK, Genf.

20 Vgl. W. A. Visser't Hooft: Die Welt war meine Gemeinde. Autobiographie. München 1972, S. 85ff., 383ff.

21 Vgl. K. Rahner / H. Vorgrimler: Kleines Konzilskompendium. Freiburg 1966, S. 229ff.

zukunftsweisend ist der Hinweis in Artikel 11 zu sehen. Dort heißt es, daß im Dialog „mit den getrennten Brüdern" nicht vergessen werden dürfe, daß es „eine Rangordnung oder ‚Hierarchie' der Wahrheiten innerhalb der katholischen Lehre gibt, je nach der verschiedenen Art ihres Zusammenhangs mit dem Fundament des christlichen Glaubens". Dieses Konzept macht es möglich, zwischen wesentlichen und weniger wesentlichen Aspekten zu unterscheiden und damit für die Verständigung zwischen den Kirchen eine wesentliche Hilfe zu geben.

Im Anschluß an das II. Vatikanum sind vielfältige Schritte getan worden. In Kreisen, Gemeinden und Ordensgemeinschaften, in Arbeitsgemeinschaften und Forschungsgruppen hat sich viel Gemeinsames entwickelt. Eine besondere Erwähnung verdient die Gemeinsame Synode der Bistümer in der Bundesrepublik Deutschland (1971–1975). Auch bei den Vollversammlungen des Ökumenischen Rates der Kirchen waren ab 1968 offizielle Vertreter der römisch-katholischen Kirche anwesend, in Vancouver nahm 1983 der deutsche katholische Bischof SCHEELE an der Leitung eines Gottesdienstes teil. In der Kommission für Glauben und Kirchenverfassung arbeiten 12 katholische Theologen mit Sitz und Stimme mit.

Die Weltbünde, die Orthodoxen Kirchen und die Kirche Roms sehen ihren wichtigsten Auftrag darin, die lehrmäßigen Differenzen zwischen ihnen zu bearbeiten und Übereinstimmungen hervorzubringen.[22] Vor allem ist dabei auch zu prüfen, ob die früher ausgesprochenen gegenseitigen Verwerfungen heute noch aufrechterhalten werden können. Da die Meinungsverschiedenheiten zum Teil sehr tief gehen, ist hier in zweiseitigen, also bilateralen Gesprächen sehr viel zu tun. Im Ansatz berührt sich diese Arbeit sehr eng mit dem Auftrag der Kommission für Glauben und Kirchenverfassung des Ökumenischen Rates der Kirchen, nur daß letztere den Dialog zwischen vielen Kirchen zugleich führt, also multilateral arbeitet. Die bilateralen Gespräche verstehen sich daher als Bestandteile eines größeren Dialogs und können multilaterale Einigungsprozesse nicht ersetzen, aber ihnen dienen und helfen. Es ist kaum noch möglich, die vielen bilateralen Unternehmungen im Auge zu behalten, die zur Zeit betrieben werden. In einer besonders intensiven Weise ist die katholische Kirche beteiligt. Das Einheitssekretariat in Rom führt Dialoge mit Orthodoxen Kirchen, mit den Lutheranern, den Reformierten, den Methodisten usw. Und da diese wiederum mit den anderen Dialoge eingerichtet haben, existiert ein beeindruckendes, wenn auch manchmal verwirrendes Geflecht von Gesprächen.

Was ist das Ziel all dieser Bemühungen? Welche Vorstellung von Einheit leitet sie? In dieser Frage gibt es gegenwärtig eine lebhafte Diskussion. In ihr wird ein Begriff gebraucht, der in diesem Zusammenhang eine große Bedeutung bekommen hat: „Einheit als versöhnte Verschiedenheit".

Die lutherischen Theologen GASSMANN/Genf und MEYER/Straßburg bezeichnen dieses Konzept als „eine wichtige Orientierungshilfe im gegenwärtigen Prozeß ökumenischen Ringens, indem es einen Weg der Einheit beschreibt, der nicht notwendig die Preisgabe konfessioneller Tradition und konfessioneller Identität impliziert. Es ist ein Weg lebendiger Begegnung, geistlicher Erfahrung miteinander, theologischen Dialogs und gegenseitiger Korrektur, auf dem sich die jeweilige Besonderheit des Partners nicht verliert, sondern sich läutert, wandelt und erneuert und so für den anderen als legitime Ausprägung des Christseins und des einen christlichen Glaubens sichtbar und bejahbar wird. Die Verschiedenheiten werden nicht ausgelöscht. Sie werden auch nicht einfach konserviert und unverändert beibehalten. Sie verlieren vielmehr ihren trennenden Charakter und werden miteinander versöhnt.

22 Für den lutherisch-katholischen Dialog seien beispielhaft zwei Texte genannt: 1. Das Herrenmahl, 2. Das geistliche Amt in der Kirche. Hrsg. von der Gemeinsamen römisch-katholischen/evangelisch-lutherischen Kommission. Paderborn/Frankfurt [8]1980 und [3]1982.

Dieses Element der Versöhnung gilt es in allen Einheitsbemühungen stark zu machen. Denn Einheit und Versöhnung meinen nicht bloße Koexistenz. Es geht um wirkliche kirchliche Gemeinschaft, zu der die Anerkennung der Taufe, die Herstellung eucharistischer Gemeinschaft, die gegenseitige Anerkennung der kirchlichen Ämter und eine verpflichtende Gemeinsamkeit in Zeugnis und Dienst als konstitutive Elemente hinzugehören."[23]

Es wird betont, daß dies nur eine Definition für unterwegs sei. Aber was sie anstrebt, ist weitreichend: Anerkennung der Taufe (was zum Beispiel mit den Baptisten – noch – große Schwierigkeiten bereitet), Herstellung eucharistischer Gemeinschaft, gegenseitige Anerkennung der kirchlichen Ämter, verpflichtende Gemeinschaft in Zeugnis und Dienst. Zugleich will diese Definition aber die konfessionellen Verschiedenheiten gewahrt wissen. Wie das allerdings praktisch aussähe, bleibt die Frage. Wie soll zum Beispiel eine verpflichtende Gemeinschaft in Zeugnis und Dienst aussehen, welche Gestalt sollten die Formen gemeinsamen Gottesdienstes bekommen, wenn gleichwohl die konfessionellen Gestalten von Kirche als „legitime Ausprägungen des Christseins" „sichtbar und bejahbar" erhalten bleiben sollen?

Auf diese Fragen werden wir zurückkommen, wenn wir im folgenden Kapitel die Zukunftsaufgabe der „Einheit der Kirche" behandeln. In diesem Zusammenhang sei betont, daß die konfessionellen Weltbünde mit ihrer Zielvorstellung eine konfessionell bestimmte Variante zu dem Einheitsmodell vortragen, das bei der Kommission für Glauben und Kirchenverfassung formuliert wurde. Dort jedoch möchte man einen Schritt weiter gehen: Im Blick auf die Situation vor Ort denkt man an konkrete Unionen, also Vereinigungen. Im Blick auf die weltweite Zusammengehörigkeit stellt man sich „konziliare" Zusammenschlüsse vor, also eine neue Art von ökumenischen Konzilen. Diese Zielvorstellung wurde 1975 in Nairobi den Mitgliedskirchen des Ökumenischen Rates der Kirchen vorgelegt. Sie lautet:

„Die eine Kirche ist als konziliare Gemeinschaft von Gemeinden (local churches) zu verstehen, die ihrerseits tatsächlich vereinigt sind. In dieser konziliaren Gemeinschaft hat jede der Gemeinden zusammen mit den anderen volle Katholizität, sie bekennt denselben apostolischen Glauben und erkennt daher die anderen als Glieder derselben Kirche Christi an, die von demselben Geist geleitet werden. Wie die Vollversammlung in Neu-Delhi ausführte, gehören sie zusammen, weil sie die gleiche Taufe empfangen haben und das gleiche Heilige Abendmahl feiern; sie erkennen die Mitglieder und geistlichen Ämter der anderen Gemeinden an. Sie sind eins in ihrem gemeinsamen Auftrag, das Evangelium von Christus in ihrer Verkündigung und in ihrem Dienst in der Welt und vor der Welt zu bekennen. Zu diesem Zweck ist jede Einzelgemeinde bestrebt, die angebahnten Beziehungen aufrechtzuerhalten und neue Beziehungen zu ihren Schwestergemeinden anzuknüpfen und diesen Beziehungen in konziliaren Zusammenkünften Ausdruck zu verleihen, wo immer die Erfüllung ihres gemeinsamen Auftrags dies erfordert."[24]

Ein Vergleich dieser Definitionen zeigt weitgehende Berührungspunkte und interessante Unterschiede. Doch darüber hinaus mag man sich fragen: Was nützen solche Definitionen, wenn sie doch beide so weit von der Realität, in der sich die Kirchen befinden, entfernt sind? Der unverzichtbare Wert solcher Zielbeschreibungen liegt darin, daß sie den Kirchen bereits heute eine inspirierende und wegweisende Kraft vermitteln können, die es leichter macht, den Weg nach vorn ins Auge zu fassen.

Freilich zeigt sich bei solchen Definitionen zugleich, wie wichtig es ist, daß sich die Gemeinden und christlichen Gruppen an der Basis konkret an den Bemühungen um mehr Gemeinschaft beteiligen und daß die Kirchenleitungen beständig versuchen, den Bewegungsspielraum für ökumenische Initiativen zu erweitern und mitzugestalten.

Die ökumenische Bedeutung der konfessionellen Weltbünde wird sich darin bewähren, ob sie ihren Mitgliedskirchen in der Wahrnehmung ökumenischer Begegnungen und Zusammenschlüsse behilflich sind. Wo aber die Weltbünde aus

23 G. GASSMANN / H. MEYER: Die Einheit der Kirche. Voraussetzungen und Gestalt. LWB Report 15, Genf 1983, S. 15.

24 Bericht von Nairobi 1975. Frankfurt 1975, S. 26.

Gründen der Selbsterhaltung Gemeinden und Bischofskonferenzen, Diözesen und Mitgliedskirchen hemmen oder behindern, werden sie der ökumenischen Sache Schaden zufügen.

Es muß wenigstens anmerkungsweise darauf aufmerksam gemacht werden, daß in diesem Kapitel die Gremien unberücksichtigt geblieben sind, die auf kontinentaler Ebene arbeiten. Für uns wäre das die *Konferenz Europäischer Kirchen* (KEK). Sie macht es sich zur Aufgabe, die Verständigung zwischen den Kirchen in Ost- und Westeuropa voranzutreiben. Dies geschieht, indem die mehr protestantischen Kirchen des Westens mit den überwiegend orthodoxen des Ostens in fruchtbare Verbindung gebracht werden. Ein weiterer Schwerpunkt der KEK umfaßt die Menschenrechte und die Bemühungen um eine Friedensordnung in Europa.
Es sollte ebenfalls nicht unerwähnt bleiben, daß es auch *Protestbewegungen* gegen den Ökumenischen Rat der Kirchen und die ökumenische Öffnung der römisch-katholischen Kirche gibt. Im Bereich der evangelischen Christenheit sind es vor allem konservative Kreise, die einen Verrat der alten Missionstheologie befürchten und die politisch-ethischen Ansätze kritisieren. Dabei spielt ein starker antikommunistischer Affekt eine große Rolle. Im Katholizismus handelt es sich um konservative Kreise, die vor allem einen Verrat der ursprünglichen katholischen Identität befürchten (vgl. die Bewegung um Bischof Lefebvre).

Schwerpunkte der ökumenischen Tagesordnung von heute

Die vorigen Kapitel haben erkennen lassen, wie umfangreich und vielschichtig die Tagesordnung der Ökumene ist. Im folgenden soll an zwei Schwerpunkten gezeigt werden, wie sich die Gesprächslage zur Zeit darstellt. Wir stellen die beiden klassischen Themen in den Vordergrund. Sie haben uns vom Anfang der ökumenischen Bewegung an begleitet:

1. Einigung der Kirchen und 2. Friede und Gerechtigkeit.

Einigung der Kirchen

Wir haben bei der Diskussion der konfessionellen Weltbünde die gegenwärtig leitenden Zielvorstellungen für die Einheit der Kirchen vorgetragen. Vor kurzem haben sich die beiden katholischen Theologen Fries und Rahner mit Vorschlägen für die Einigung der Kirchen zu Wort gemeldet. In acht Thesen fassen sie die Aspekte zusammen, die eine Einigung der katholischen und evangelischen Kirchen ermöglichen sollen. Da dies die zentrale ökumenische Aufgabe für uns in Mitteleuropa darstellt, kommt diesem Vorstoß besondere Bedeutung zu. Die Thesen haben folgenden Wortlaut:

„Was sollen wir sagen, und zwar ganz kurz, wenn wir gefragt werden, ob nach unserer Meinung in absehbarer Zeit eine Glaubens- und Kircheneinheit unter den großen christlichen Kirchen erzielt werden könne? Eine schwierige Frage, die die meisten Christen wohl mit nein beantworten. Wir sagen aber ja unter folgenden Bedingungen, die uns in relativ kurzer Zeit dann durchaus erfüllbar scheinen, wenn man diese Einheit als eine so radikale Verpflichtung von Jesus her empfindet, daß man den Mut hat, viele an sich nicht unwichtige Bedenken zurückzustellen. Folgende sind die Bedingungen, die wir meinen (es kann sein, daß wir einige vergessen):

I. Die Grundwahrheiten des Christentums, wie sie in der Heiligen Schrift, im Apostolischen Glaubensbekenntnis und in dem von Nicäa und Konstantinopel ausgesagt werden, sind für alle Teilkirchen der künftig einen Kirche verpflichtend.
II. Darüber hinaus gelte ein realistisches Glaubensprinzip: in keiner Teilkirche darf dezidiert und bekenntnismäßig ein Satz verworfen werden, der in einer anderen Teilkirche ein verpflichtendes Dogma ist. Im übrigen ist aber über These I hinaus kein ausdrückliches und positives Bekenntnis in einer Teilkirche zu einem Dogma einer anderen Teilkirche verpflichtend gefordert, sondern einem weitergehenden Konsens der Zukunft überlassen. Das gilt erst recht von authentischen, aber nicht definierten Lehrerklärungen der römischen Kirche. Das ist besonders bei ethischen Fragen zu beachten. Bei diesem Prinzip würde nur das getan, was jede Kirche heute schon ihren eigenen Angehörigen gegenüber praktiziert.
III. Es gibt in dieser einen Kirche Jesu Christi, gebildet aus den sich einigenden Kirchen, regionale Teilkirchen, die weitgehend ihre bisherigen Strukturen beibehalten können. Diese Teilkirchen können auch auf demselben Territorium weiterbestehen, da dies auch von einer katholischen Ekklesiologie und von der Praxis der römischen Kirche, z. B. in Palästina, her nicht unmöglich ist.
IV. a) Alle Teilkirchen erkennen Sinn und Recht des Petrusdienstes des römischen Papstes als konkreten Garanten der Einheit der Kirche in Wahrheit und Liebe an.
b) Der Papst seinerseits verpflichtet sich ausdrücklich, die damit vereinbarte Eigenständigkeit der Teilkirchen anzuerkennen und zu respektieren. Er erklärt (iure humano), daß er von seiner obersten, ihm vom Ersten Vatikanum her nach katholischen Prinzipien zustehenden Lehrautorität (ex cathedra) in einer Weise Gebrauch machen werde, die juristisch oder sachlich einem allgemeinen Konzil der ganzen Kirche entspricht, so wie ja seine bisherigen Kathedralentscheidungen in Übereinstimmung und Fühlungnahme mit dem katholischen Gesamtepiskopat ergangen sind.
V. Alle Teilkirchen haben nach alter Überlieferung Bischöfe an der Spitze ihrer größeren Untergliederungen. Die Bischofswahl in diesen Teilkirchen braucht nicht in der jetzt in der römisch-katholischen Kirche normal geltenden Weise geschehen (auch das neue römische Kirchenrecht kennt andere Weisen der Bischofsbestellung als durch die freie Wahl des Papstes: can. 377 § 1).
VI. Die Teilkirchen leben in einem gegenseitigen brüderlichen Austausch in allen ihren Lebensdimensionen, so daß die bisherige Geschichte und die Erfahrung der früher getrennten Kirchen im Leben der anderen Teilkirchen wirksam werden können.

Abb. 4: Der Wunsch nach Versöhnung am Tisch des Herrn fand seinen unvergeßlichen Ausdruck beim Ökumenischen Pfingsttreffen in Augsburg 1971, hier beim Schlußgottesdienst im Rosenau-Stadion

Foto: KNA, Frankfurt

VII. Ohne Präjudiz über die theologische Legitimität des bis jetzt bestehenden Amtes in den getrennten Kirchen nach dem Urteil einer anderen Kirche verpflichten sich alle Teilkirchen, von nun an die Ordination durch Gebet und Handauflegung so vorzunehmen, daß ihre Anerkennung auch der römisch-katholischen Teilkirche keine Schwierigkeiten bereitet.

VIII. Zwischen den einzelnen Teilkirchen besteht Kanzel- und Altargemeinschaft.“[25]

Es ist natürlich unmöglich, diese Thesen hier im einzelnen zu kommentieren. Doch soll versucht werden, Berührungspunkte zu der bisher behandelten Thematik aufzuzeigen:

These I benennt die Basis: die Heilige Schrift sowie das Apostolische und das Nizänisch-Konstantinopolitanische Glaubensbekenntnis, als Bekenntnis der ungeteilten Kirchen in Ost und West. An diesen Punkten dürfte es keine Schwierigkeiten geben. Schon 1927 in Lausanne wurden hier die Übereinstimmungen festgestellt.

These II beschäftigt sich mit der Frage, wie sich die vereinigten Kirchen zu den Glaubenssätzen stellen sollen, die für die anderen verpflichtend sind. Hier kommt der Gedanke des II. Vatikanums zum Tragen, daß es eine „Hierarchie der Wahrheiten“ gebe, so daß nicht jeder dogmatische Satz die gleiche Heilsbedeutung beanspruchen kann. Hier lassen die beiden Autoren einen erheblichen Spielraum zu. Die Einschränkung besteht darin, daß keine Kirche, die sich vereinigen will, Lehrsätze einer anderen als häretisch ablehnen dürfte. Evangelische Christen sind damit herausgefordert zu fragen, ob für sie zum Beispiel das Dogma der leiblichen Aufnahme Marias in den Himmel als häretisch oder als theologisch zulässig angesehen werden kann.

These III macht den Vorschlag, daß die sich einigenden Kirchen als „Teilkirchen“ nebeneinander bestehen bleiben. Dieser Gedanke lehnt sich an die Vorstellungen an, die mit dem Konzept der „Einheit in versöhnter Verschiedenheit“ bezeichnet werden können.

These IV befaßt sich mit dem Petrusdienst. Hier besteht besonders für die evangelischen Christen das Problem, in welcher Gestalt sie das Papsttum als Dienst der Einheit anerkennen können. Dabei wird die in These IV b angegebene Einschränkung eine Hilfe sein.

These V sieht vor, daß alle Teilkirchen von Bischöfen geleitet werden. Das ist für lutherische Kirchen kein Problem, wohl aber für solche, die andere Leitungsformen entwickelt haben.

These VI beschäftigt sich mit der naheliegenden Frage, wie sich das Zusammenleben von Teilkirchen gestalten solle. Die Rede ist von einem „brüderlichen Austausch in allen Lebensdimensionen“. Das Konfessionsspezifische soll nicht abgewertet oder abgeschafft werden, sondern das gemeinsame Leben und Zeugnis intensivieren.

These VII führt einen weiteren Aspekt auf, der zur Frage der Anerkennung der geistlichen Ämter gehört: Die Ordination soll so geschehen, daß sie von katholischer Seite anerkannt werden kann.

These VIII stellt in lapidarer Kürze etwas sehr Wesentliches fest, nämlich Kanzel- und Altargemeinschaft, das heißt volle Gemeinschaft in dem gottesdienstlichen Leben und ein Ende der Spaltungen am Tisch des Herrn unter der Voraussetzung, daß die genannten Bedingungen erfüllt sind.

25 H. Fries / K. Rahner: Einigung der Kirchen. Reale Möglichkeit (Quaestiones Disputatae. 100). Freiburg 1983, S. 17f.

Abb. 5: Auf Grund der Lima-Texte fand in Vancouver ein eucharistischer Gottesdienst statt. Das Bild zeigt (von links nach rechts): P. Thompson (Brüderkirche, Jamaica), P. Henry (Methodist, Benin), Pastorin Lidell (Lutherisch, Dänemark), Erzbischof Runcie von Canterbury (Anglikaner, England), Pastorin Pattiasina-Torch (Reformiert, Indonesien), Bischof Jesudaran (Vereinigte Kirche, Indien), P. Dr. Wallace (Vereinigte Kirche, Kanada)

Foto: ÖRK, Genf

Welche empfindlichen Reaktionen und Affekte mit solchen Thesen angesprochen werden, kann jeder leicht nachprüfen. Ein Gespräch in einer Gruppe über diese Vorschläge wird rasch die Widerstände hervortreten lassen. Aber genau an dieser Stelle wird sich zeigen, ob uns das Ziel der Einheit auch Opfer und radikale Neuansätze wert ist.

Die Thesen von Fries und Rahner fußen auf den Arbeiten der Kommission für Glauben und Kirchenverfassung. Die „Lima-Papiere“ zu Taufe, Eucharistie und Amt zeigen, wie stark sich die Kirchen, die sich gerade in diesen Fragen weit auseinandergelebt hatten, im Laufe dieser gemeinsamen Forschungsarbeit wieder nahegekommen sind. Die drei Texte geben jeweils zuerst die biblischen Begründungen. Sie entfalten dann die Bedeutung von Taufe, Eucharistie und Amt und bringen darin die Punkte zum Ausdruck, in denen neue Übereinstimmungen gefunden wurden. Sie machen schließlich Ausführungen zur Praxis und zu liturgischen Aspekten. Damit geben die Texte neue Impulse für das theologische Nachdenken[26] und die gottesdienstliche Praxis[27].

(6) Versuchen Sie, die Position von Fries / Rahner wiederzugeben.

....

....

....

....

....

....

....

26 Einen informativen und kritischen Kommentar zu den „Lima-Papieren“ bietet das Konfessionskundliche Institut (Hrsg.): Kommentar zu den Lima-Erklärungen über Taufe, Eucharistie und Amt (Bensheimer Hefte. 59). Göttingen 1983.

27 Vgl. Die Eucharistische Liturgie von Lima. Einführung von Max Thurian. Sonderdruck. Frankfurt 1983.

(7) Welche Meinung haben Sie zu diesen Vorschlägen?

....
....
....
....
....
....
....
....
....
....

Frieden und Gerechtigkeit

Die Kluft zwischen Reich und Arm wird immer größer. Philip POTTER sprach von der Konfrontation zwischen Ost und West, Nord und Süd und wies darauf hin, daß das Überleben der Menschheit selbst auf dem Spiel stehe.
Die Beschäftigung mit dem *Schema 2* (S. 451) hat gezeigt, daß es Hilfsabteilungen, entwicklungsbezogene Maßnahmen und Arbeitsgruppen gibt, die für mehr Frieden zwischen den Völkern und Bevölkerungsgruppen eintreten.

Ähnlich ist die Situation auch auf der Ebene der Gemeinden. Hilfsprogramme werden unterstützt. Dritte-Welt-Gruppen versuchen, neben der materiellen Hilfe das Bewußtsein für entwicklungsbezogene Probleme zu fördern. Umweltschutz-Vereine treten für einen sorgfältigeren Umgang mit der Natur ein. Daneben haben sich auf breiter Front Friedensgruppen gebildet, die sich im wesentlichen auf Abrüstungsfragen konzentrieren.
Es ist vielen Menschen, die in solchen Vereinigungen tätig sind, nicht in voller Schärfe bewußt, daß sie damit Anteil an einem umfassenden Thema der Ökumene haben. Die Sorge um die „Dritte Welt", um den Frieden der Welt und um die ökologische Lebensfähigkeit der Natur sind Aspekte ein und derselben Aufgabe. Es darf deshalb nicht geschehen, daß ein Aspekt gegen die anderen ausgespielt wird.

Bei der letzten Vollversammlung des Ökumenischen Rates der Kirchen in Vancouver trafen Kirchenvertreter aufeinander, die einseitig von dem Elend des Hungers geprägt waren, von der zunehmenden Mißachtung der Menschenrechte, von der Ausbeutung der Natur oder von der weltweit zerstörerischen Gefahr der Atomwaffen. Es bedurfte angestrengter Zusammenarbeit, um das Grundthema hinter diesen einzelnen Anliegen herauszustellen. Das geschah in der „Erklärung zu Frieden und Gerechtigkeit". Einige Abschnitte werden im folgenden wiedergegeben:

„8. Die Völker der Erde brauchen Frieden und Gerechtigkeit. Frieden ist nicht nur die Abwesenheit von Krieg. Frieden kann nicht auf ungerechten Strukturen aufgebaut werden. Frieden setzt eine neue internationale Ordnung voraus, die begründet ist auf Gerechtigkeit für alle Völker und in allen Völkern und auf Respekt für die gottgegebene Menschlichkeit und Würde jedes Einzelnen. Frieden, sagt uns der Prophet Jesaja, ist die Frucht der Gerechtigkeit.
9. Die Kirchen sind heute aufgerufen, ihren Glauben neu zu bekennen und Buße zu tun für ihr Schweigen angesichts von Ungerechtigkeiten und Bedrohungen des Friedens. Für die Jünger Christi gibt es keine Alternative zur biblischen Vision vom Frieden, der Gerechtigkeit für alle einschließt, zur Vision der Ganzheit und der Einheit des ganzen Volkes Gottes. Dies ist das Gebot der Stunde.
10. Die ökumenische Auffassung von Frieden und Gerechtigkeit beruht auf dem Glauben, daß es nirgendwo je Frieden geben kann, wenn es nicht überall für alle Gerechtigkeit gibt.

Abb. 6: Blick in die Plenarsitzungen der VI. Vollversammlung in der Sporthalle der Universität von Vancouver/Kanada, 1983

Foto: ÖRK, Genf

13. Der flagrante Mißbrauch der Doktrin der nationalen Sicherheit zur Rechtfertigung von Unterdrückung, ausländischer Intervention und immer weiter anwachsenden Verteidigungsetats bereitet große Sorgen. Solange die legitimen Rechte anderer Nationen auf Souveränität und Sicherheit vernachlässigt oder verneint werden, kann kein Staat behaupten, er sei sicher. Sicherheit kann deshalb nur durch gemeinsame Anstrengungen der Staaten verwirklicht werden und kann auch nicht von Gerechtigkeit getrennt werden. Das Konzept der ‚gemeinsamen Sicherheit' von Staaten muß durch ein Konzept der ‚Sicherheit der Bevölkerung' untermauert werden. Wahre Sicherheit für die Bevölkerung erfordert die Respektierung der Menschenrechte einschließlich des Rechts auf Selbstbestimmung sowie soziale und wirtschaftliche Gerechtigkeit für alle Menschen innerhalb eines jeden Staates und politische Rahmenbedingungen, die diese Gerechtigkeit gewährleisten.
23. Christen können die Gefahren unserer Zeit weder als naturgegeben hinnehmen, noch dürfen wir verzweifeln. Als Gläubige, die sich zu einem Herrn und Heiland bekennen, zu Jesus Christus, dem Friedefürst, ist uns die Haushalterschaft über die Hoffnung Gottes für die Zukunft der Schöpfung anvertraut. Wir kennen Gottes Liebe und bekennen einen Herrn der Geschichte, in dem uns das Leben in seiner ganzen Fülle verheißen ist. Die Gnade Gottes ist ewig, und der Heilige Geist wirkt unter uns, indem er die Liebe erweckt, die die Furcht vertreibt, unsere Vision vom Frieden erneuert, unsere Phantasie belebt, uns durch die Wüste führt und uns befreit und eint. Immer mehr Völker der Welt erheben sich, fordern Gerechtigkeit und schreien nach Frieden. Das sind Zeichen der Hoffnung in unserer Zeit.
25. Wir rufen die Kirchen dringend auf, die Regierungen – und zwar vor allem die Regierungen derjenigen Länder, die über Atomwaffen verfügen oder die die Fähigkeit dazu haben – nachdrücklich aufzufordern, ein völkerrechtliches Instrument auszuarbeiten und zu ratifizieren, mit dem sowohl der Besitz als auch der Einsatz von Atomwaffen als Verbrechen gegen die Menschheit geächtet wird. (... an international legal instrument which would outlaw as a crime against humanity the possession as well as the use of nuclear arms). Ebenso bitten wir die Kirchen, ihre Regierungen zu drängen, das Recht auf Kriegsdienstverweigerung aus Gewissensgründen anzuerkennen und Gelegenheiten für gewaltfreie alternative Dienste zu schaffen.

26. Auf dieser Grundlage und im Geiste des Aufrufs der Fünften Vollversammlung an die Kirchen, ‚ihre Bereitschaft (zu) betonen, ohne den Schutz von Waffen zu leben‘, *sind wir der Überzeugung, daß Christen erklären sollten, daß sie es ablehnen, sich an einem Konflikt zu beteiligen, bei dem Massenvernichtungswaffen oder andere Waffen, die wahllos alles zerstören, eingesetzt werden.*“[28]

Die Erklärung hat den Vorteil, die „Dritte-Welt“-Probleme mit denen der Friedenspolitik zu verknüpfen und die biblische Zusammengehörigkeit von Frieden und Gerechtigkeit klar hervorzuheben. Ihre Schwäche besteht darin, daß sie den dritten Aspekt, nämlich den der Schöpfung und der ökologischen Verantwortung, nicht mit gleicher Deutlichkeit herausarbeitet.

(8) Versuchen Sie, die Formel von Vancouver: „Frieden und Gerechtigkeit“ mit anderen Formeln im politischen Raum (zum Beispiel „Frieden in Freiheit“ oder „Frieden durch Abschreckung“) kritisch zu vergleichen.

....

....

....

....

....

....

....

....

....

....

Das Herz der Ökumene – zwei Schlußbetrachtungen

In zwei Schlußbetrachtungen soll noch einmal vom Kern der ökumenischen Bewegung die Rede sein, nachdem wir über Geschichte, Struktur und Aufgaben gesprochen haben. Gerade die Vielfältigkeit der Probleme und Argumente kann dazu verleiten, zentrale Anliegen zu übersehen.

Wie ist die ökumenische Sache in der Bibel verankert?

Wenn man bei allgemeinen Anhaltspunkten einsetzt, wird man zuerst auf den Gedanken des *Volkes Gottes* und des *Reiches Gottes* stoßen. Die ökumenische Bewegung sieht ihre zentrale Aufgabe darin, das Volk Gottes, das unter den Völkern der Welt verstreut lebt, als eine einträchtige Gemeinschaft sichtbar zu machen. Dieses Sichtbarmachen dient nicht dem Zweck, daß sich Gottes Volk von den anderen Menschen absetzt, sondern um allen so zu dienen, daß auch sie ihre Gotteskindschaft entdecken und bewähren; denn Gottes Liebe umgibt alle Kreatur, sein Reich und seine Herrschaft gelten allen. Jesus hat sein Leben und Wirken als Anbruch der Gottesherrschaft verstanden wissen wollen (vgl. u. a. Mt 4,23; 6,33). Seine Jünger sind die, welche sich als Menschen verstehen, die mit ihrem Herrn beten: „Dein Reich komme“ und in ihrem Leben Zeugen und Zeichen dieses Reiches sind.[29]

28 W. Müller-Römheld (Hrsg): Bericht aus Vancouver 1983, S. 157–168 (Auszüge).

29 „Dein Reich komme“ war das Thema der Weltmissionskonferenz des ÖRK 1980 in Melbourne. Vgl. M. Lehmann-Habeck (Hrsg.): Dein Reich komme. Frankfurt 1980.

Zeugen und Zeichen für das Reich Gottes zu sein, bedeutet zugleich, in einen beständigen Kampf gegen die Todesmächte und Gewalten, die diese Erde in Aufruhr und Vernichtung stoßen möchten, einzutreten (vgl. Eph 6, 10–20). Dieser kämpferische Impuls für das Reich Gottes ist in der Ökumene von Anfang an lebendig.

Wie stark die Einheit der Kirche mit dem einen Herrn verbunden ist, zeigt der Epheserbrief an vielen Stellen. Eine klassische Bedeutung haben folgende Verse erlangt:

„[...] und bemüht euch, die Einheit des Geistes zu wahren durch den Frieden, der euch zusammenhält. *Ein* Leib und *ein* Geist, wie euch durch eure Berufung auch *eine* gemeinsame Hoffnung gegeben ist, *ein* Herr, *ein* Glaube, *eine* Taufe, *ein* Gott und Vater aller, der über allem und durch alles und in allem ist.“ (Eph 4,3–6)

Die Betonung der Einheit des Leibes Christi führt aber nicht zu einer Mißachtung der unterschiedlichen Gaben und Begabungen. Daß die vielfältigen Gnadengaben (griech.: *charismata*) nur dann schöpferisch und produktiv sein können, wenn sie in einem Organismus zusammenarbeiten, zeigt Paulus eindrucksvoll in Röm 12,3–8 und 1 Kor 12.

Eine sehr große Rolle für die Suche nach der Einheit der Kirche hat Jesu Bitte gespielt, die bei Johannes in seinem Hohepriesterlichen Gebet begegnet:

„Aber ich bitte nicht nur für diese hier, sondern auch für alle, die durch ihr Wort an mich glauben. Alle sollen eins sein: Wie du, Vater, in mir bist und ich in dir bin, sollen auch sie in uns sein, damit die Welt glaubt, daß du mich gesandt hast.
So sollen sie vollendet sein in der Einheit, damit die Welt erkennt, daß du mich gesandt hast und die Meinen ebenso geliebt hast wie mich.“ (Joh 17,20.21.23)

Hier tritt mit zwingender Dringlichkeit die Zusammengehörigkeit von Einheit und Zeugenschaft hervor. Dem entspricht nicht minder zwingend die Klage des Apostels Paulus in 1 Kor 1,10ff. über die Spaltungen in der Gemeinde von Korinth: „Ist Christus geteilt?“ – Diese Frage läßt erkennen, daß die Spaltungen unter den Jüngern Jesu Christi eine Spaltung Christi bedeuten, das heißt eine Verstümmelung seiner Liebe und seiner Kraft.

Der 1. Petrusbrief entfaltet das Bild eines Tempels oder eines Hauses (griech.: *oikos*), in welchem Jesus der Eckstein, der auserwählte Grundstein ist. Und die Christen werden aufgerufen: „Laßt euch als lebendige Steine zu einem geistigen Haus aufbauen!“ (1 Petr 2,5). Wenn man nun bedenkt, daß das griechische Wort *‚oikouméne‘* mit einem „bewohnten Haus“ zu tun hat, dann wird sehr schön deutlich, wie zutreffend das Bild von den „lebendigen Steinen“ zur Aufgabe der Ökumene paßt. Philip Potter hat diesen Zusammenhang in seinem Rechenschaftsbericht in Vancouver eindrucksvoll entfaltet.[30]

Dieser kurze Einblick in biblische Grundzüge, die für das Leben der Ökumene grundlegend sind, läßt sich auf einen Punkt, besser auf eine Gestalt, konzentrieren: auf Jesus, den Christus und Messias. Ein Wort zieht sich durch die Verlautbarungen der vielen Konferenzen: Indem wir Christus näherkommen, kommen wir einander näher. Nur durch ihn entdecken wir, wie bedürftig wir sind. Nur in ihm erkennen wir uns im anderen. Es ist der Geist Christi, der sich als Geist der Wahrheit und Einheit mitteilt und so in den Kirchen die Kraft zur Versöhnung freisetzt. Dies ist, was man oft den christozentrischen Charakter der ökumenischen Bewegung genannt hat.

Das Gebet

Mit dieser Konzentration auf Jesus Christus und seinen Geist hängt ein anderer, oft übersehener Grundzug der Ökumene zusammen, nämlich das *Gebet*. In Danksagung und Fürbitte bringt die Christenheit Freude und Leid der Welt durch Jesus

30 Vgl. W. Müller-Römheld (Hrsg.): Bericht aus Vancouver 1983 (Anm. 28), S. 213–226.

Christus vor Gott. Solches Beten ist die verschwiegene Quelle der Ökumenischen Bewegung.[31]

Wir hörten, daß die Evangelische Allianz als eine weltweite Bruderschaft des Gebets ins Leben gerufen wurde. Unvergessen ist Abbé COUTURIER, der Priester in Lyon, der seit Anfang der 30er Jahre unermüdlich für das Gebet geworben hat. Die *Gebetswoche für die Einheit der Christen* wurde durch ihn begründet und gefördert. Sie wird überall in der Welt, in vielen Kirchen und Klöstern befolgt und stellt eines der wichtigsten Bindeglieder zwischen den Kirchen dar.

Von Bischof BRENT, dem Gründer der Bewegung für Glauben und Kirchenverfassung, hörten wir, wie bedeutsam für ihn das regelmäßige Gebet war. Auch so ein energischer und praktisch denkender Mann wie John MOTT hob immer wieder hervor, wie wichtig das Gebet sei:

„Das zentrale Problem der Mission ist: Wie kann man in den Christen die Gabe der Fürbitte erwecken? [...] Die Evangelisation der Welt ist in erster Linie kein Fazit von Ziffern, Reichtum, Wissen und Sachkenntnis, sondern ein Ergebnis der ungehinderten Wirksamkeit Gottes. Solche göttliche Offenbarung ist je und je mit Gebet verbunden gewesen."[32]

Als Nathan SÖDERBLOM in jungen Jahren mit dem Studentenweltbund in intensiven Kontakt kam, faßte er seine ökumenischen Ziele in einem Gebet zusammen:

> „Herr, gib mir Demut und Weisheit, der großen Sache der freien Einheit deiner Kirche zu dienen."[33]

Er war es auch, der dem Liederbuch, das zur Stockholmer Konferenz 1925 geschaffen wurde, den Titel gab: *„Communio in adorando et serviendo oecumenica"*, das heißt: Ökumenische Gemeinschaft in Anbetung und Dienst. Ohne Anbetung Gottes konnte nach der tiefen Überzeugung des schwedischen Erzbischofs kein Dienst an den Menschen auf längere Sicht Erfolg haben.

Wo sie am stärksten ist, ist die ökumenische Bewegung immer eine Gebetsgemeinschaft. So sieht es auch das II. Vatikanische Konzil. In dem bereits erwähnten Dekret über den Ökumenismus heißt es: „Diese Bekehrung des Herzens und die Heiligkeit des Lebens ist in Verbindung mit dem *privaten und öffentlichen Gebet* für die Einheit der Christen als die Seele der ganzen ökumenischen Bewegung anzusehen".[34]

Nach allem ist es nur folgerichtig, daß 1978 nach mehrjährigen Vorarbeiten ein ökumenischer Fürbittkalender erschien.[35] Inzwischen in etwa 20 Sprachen veröffentlicht, stellt dieses Werk eine einmalige Hilfe zum beständigen Gebet der Christenheit füreinander dar.

Warum ist Fürbitte das Herz der Ökumene? Warum ist es das Erste und Letzte, was Christen füreinander tun können, wenn für alles andere die Hände gebunden sind? Lukas VISCHER schreibt dazu:

„Fürbitte hat ihren Ursprung in Christus selbst [...] Sie ist nicht in erster Linie eine Äußerung menschlicher Frömmigkeit [...] Wer Fürbitte leistet, setzt im Grunde nur fort, was er [Christus] für uns getan hat [...] Die gegenseitige Fürbitte ist darum auch nicht eine fromme Übung, die sich die Kirchen auferlegen sollen, um auf diese Weise ein neues Band der Einheit zu schaffen. Fürbitte ist in erster Linie Antwort, nicht menschliche Initiative, zu der wir uns entschließen oder nicht entschließen können."[36]

---

31 Vgl. R. ROUSE / St.C. NEILL: Geschichte der Ökumenischen Bewegung (Anm. 1), S. 476–482; L. VISCHER: Fürbitte. Frankfurt 1979.

32 J.R. MOTT: Die Entscheidungsstunde der Weltmission und wir (Anm. 5), S. 191.

33 Zit. nach: St.C. NEILL: Männer der Einheit (Anm. 7), S. 27.

34 Art. 8 (Anfang), zit. nach K. RAHNER / H. VORGRIMLER: Kleines Konzilskompendium (Anm. 21), S. 238.

35 Die deutsche Ausgabe: Für Gottes Volk auf Erden. Ökumenischer Fürbittkalender. Frankfurt 1979.

36 L. VISCHER: Fürbitte (Anm. 31), S. 13 und 15.

Fürbitte und Danksagung sind also nichts anderes als der immer wieder unternommene Versuch der Konzentration auf das Zentrum. Deshalb gehören Christozentrismus und Fürbitte unauflöslich zusammen. Und weil es diese Konzentration gibt, kann die Fürbitte das Herz öffnen für die Not und das Elend dieser Welt, denen sonst unser Bewußtsein gar nicht standhalten könnte. Allein den Betern kann es noch gelingen, all dem entsetzlichen Unrecht, dem millionenfachen Hungertod unschuldiger Kinder, dem Aberwitz des über zwanzigfachen Overkills ins Auge zu sehen, ohne zynische Gleichgültigkeit und ohne feige Augenwischerei. Die Fürbitte ist die Quelle, aus der wir Mut zum Leben schöpfen und Zuversicht, für eine Zukunft zu arbeiten, die für viele Mitmenschen bereits sinnlos geworden ist.

(9) Versuchen Sie, die für die Einheit der Ökumene grundlegende Verankerung in der Bibel und in Christus zu skizzieren.

....
....
....
....
....
....
....
....
....
....
....
....
....
....
....
....
....
....
....

28. Mission als Dialog? Die Koexistenz der Weltreligionen

Autor der Studieneinheit: Horst Bürkle

Horst Bürkle (59), Studium der Theologie und der Philosophie. 1952 Mag. theol./New York. 1956 Promotion, 1964 Habilitation/Hamburg. 1965–68 Gastprofessur an der ostafrikanischen Universität Makerere in Kampala/Uganda. Seit 1968 o. Professor und Vorstand des Instituts für Missions- und Religionswissenschaft an der Evangelisch-Theologischen Fakultät der Universität München. 1973–75 Prorektor der Universität München. – Veröffentlichungen zu Fragen des interreligiösen Dialogs, der Theologie der Mission und der Ökumene.

Allgemeine Einführung

Der Begriff „Mission" begegnet uns in der Bibel nicht. Aber er bezeichnet, was mit der Aussendung der Jünger durch Jesus (Mk 6,7–13) gemeint ist und was sich als Auftragsbewußtsein der Christen im Blick auf andere durch die Geschichte der Kirche fortsetzt. Der lateinische Gottesdienst schließt bis heute mit der Aufforderung: „Gehet hin, jetzt beginnt Eure Sendung!" Damit setzt er eine alte christliche Tradition fort, nach der Gottesdienst und Dienst an den Menschen zusammengehören.

Der Grund dafür liegt im Wesen der christlichen Offenbarung. Sie ist im Unterschied zur alttestamentlich-jüdischen Gottesgemeinde eine Heilsbotschaft für alle Menschen. Darum läßt sich auch die Kirche nicht mehr auf völkische, staatliche, rassische oder kulturelle Bereiche begrenzen. Begriffe wie „Volk Gottes", „himmlische Staatsbürgerschaft" oder „auserwähltes Geschlecht" weisen im Neuen Testament darauf hin, daß die geschichtsbedingten Grenzen dieser natürlichen Gemeinschaften hier endgültig aufgehoben sind. Diesem universalen Charakter entspricht es, daß Menschen anderer Kulturen und Religionen beteiligt werden. Die Kirche in ihrer bisherigen Gestalt wird in diesem Prozeß vertieft, bereichert und erweitert. Mission, als Dialog verstanden, bedeutet, daß die Menschen, an die sich die christliche Botschaft richtet, selbst mit ihren besonderen Voraussetzungen „zu Wort kommen". Sprache und Denkweise, Lebenserfahrungen sowie Werte und Phänomene ihrer vorchristlichen Religionen haben in diesem Dialog ihren bestimmten Stellenwert. In einer Welt, die sich zunehmend mehr als die eine Welt und Menschheit mit ihren unterschiedlichen Kulturen entdeckt, wird in der gegenwärtigen Erscheinungsform des Christentums das besondere westlich-europäische Gepräge der Kirche sichtbar. Aber was sich im Verlaufe der bisherigen Kirchengeschichte als ein solcher dialogischer Vorgang missionarischer Beteiligung vollzogen hat, ist nicht abgeschlossen, sondern setzt sich als missionarischer Prozeß in bezug auf noch andere Menschheitsgruppen und ihre besonderen Traditionen fort. Dialog ist darum kein „Einbahnverkehr", in dem nur der eine Teil empfängt, was der andere zu geben hat. Wie jeder echte zwischenmenschliche Kommunikationsvorgang ist „Verstehen und Bezeugen" eng ineinander verwoben. Die aus der Arbeit der christlichen Mission hervorgegangenen Kirchen in der Dritten Welt stellen eine nicht hoch genug einzuschätzende ökumenische Bereicherung der gesamten Christenheit dar.

Nicht alle Religionen kennen von Hause, was das Christentum unter „Mission" versteht. Geburtsreligionen, dem Hinduismus etwa, wie den Stammesreligionen, aber auch den chinesischen Religionen des Taoismus oder des Konfuzianismus ebenso wie dem japanischen Shinto ist dieser Gedanke fremd. Vom Buddhismus gilt, daß der Weg, den der Buddha als Pfad zur Erlösung wies, allgemeine Gültigkeit in Anspruch nimmt. Als nachjüdisch-nachchristliche Religion nimmt der sich durch und durch missionarisch verstehende Islam eine Sonderstellung ein. Durch die Begegnung mit der christlichen Mission und durch den Dialog mit christlichem Gedankengut haben sich auch in einer „Geburtsreligion" wie dem Hinduismus, der von Haus aus keine Bekehrung kennt, einzelne missionarische Unternehmen und neue Formen der Ausbreitung in der westlichen Welt ergeben. Ähnliches gilt für eine ganze Anzahl fremdreligiöser Gruppierungen mit ihren Anhängern in Europa und in den beiden Amerikas.

Nach der Beschäftigung mit dem Stoff dieser Studieneinheit soll es Ihnen möglich sein,

- die biblischen Grundlagen für das Missionsverständnis darzulegen;
- sich mit den verschiedenen Einwänden gegen das missionarische Auftragsverständnis kritisch auseinanderzusetzen;
- die Funktion der Mission als Mittlerdienst zwischen europäischen und außereuropäischen Kulturen und Geisteshaltungen zu beschreiben;
- die wichtigsten Äußerungen des Zweiten Vatikanischen Konzils und der im Weltrat zusammengeschlossenen protestantischen Kirchen in ihrer Bedeutung für die Mission einzuschätzen;
- Beispiele für den interreligiösen und interkulturellen Dialog der Mission zu geben.

Biblische Grundlegungen für das Missionsverständnis

Sosehr das christliche Verständnis der Mission erst in Person und Werk Jesu begründet ist, sowenig lassen sich die Aussagen des Neuen Testaments von Aussagen des Alten Testaments, welche die Geschichte des Gottesvolkes in einen universalen Zusammenhang stellen, trennen. Die prophetische Verheißung gilt der Sammlung der Völker, in der sich Gott als der Herr der Geschichte erweisen wird. Der „Tag Jahwes" wird als Gerichtstag verkündet, an dem die Geschichte zu ihrem Ziel kommen wird. Die Vorstellung der Propheten schildert eine alle Völker der Menschheit umfassende Pilgerfahrt zum heiligen Berg der Offenbarung, zum Zion oder „Gottesberg" (Jes 2,1–4; Jer 3,17; Jes 25,6–9 u. a.).

Was in der Geschichte des Bundes Israels offenbart wurde, tritt dann aus dieser Begrenzung heraus in das Bewußtsein der Völker allgemein. Aufgrund der Epiphanie Gottes selber werden sie alle sich versammeln am „Nabel der Welt" und nach seiner Weisung fragen (Ez 38,12). Indem so die noch fernen Völker hinzukommen, wird die Herrschaft Gottes für alle offenbar (Jes 60,1 ff.). Sie alle werden damit zu „Verkündern" der großen Taten Gottes. In der griechischen Übersetzung des Alten Testaments, in der Septuaginta, steht an dieser Stelle derselbe Begriff, der die frohe Botschaft, das Evangelium, bezeichnet. Die Vorstellung ist, daß in der Endzeit die Völker selbst zu Boten und Zeugen dieser guten Nachricht werden, daß Gott, der Herr Israels, Herr aller Völker und des Universums ist.

In diese endzeitliche Erfüllungshoffnung gehört auch die Sendung des „Knechtes" Gottes (Jes 42,1 ff.). Die prophetische Ankündigung seiner Mission wird zuerst Israel verkündet. Sein Leiden aber gilt den „Vielen" (Jes 52,13 ff.). Darum hat Gott ihn zu einem „Licht für die Völker" bestimmt (Jes 42,6; 49,6; 51,4). Durch sein Zeugnis sollen sie Gott erkennen.

Das Neue Testament sieht die Sendung Jesu als Geschichte der Erfüllung dieser alttestamentlichen prophetischen Tradition. Im Kreuz und in der Auferstehung Jesu Christi vollziehen sich Gericht und Aufrichtung der Gottesherrschaft über alle Völker (Phil 2,10ff.). Sosehr sich Jesus in seinem geschichtlichen Wirken im Rahmen der Verheißungsgeschichte Israels bewegte und darauf beschränkte (Mt 15,24), so universal ist die Folge seines Leidens, Sterbens und Auferstehens als Gottes gnädige Zuwendung zur Menschheit verstanden. Das Ende der alten Weltzeit ist damit angebrochen (Mt 11,5; 12,28). Jetzt ist die Zeit da, daß sich um Jesu Christi willen nicht nur die Juden, sondern auch die Völker („Heiden") zu Gott kehren sollen. Entsprechend dem endzeitlichen Erfüllungscharakter des Kreuzesgeschehens ist die Mission selber ein endzeitliches Geschehen (Mt 13,10).

Im Missionsauftrag (Mt 28,18–20) ist diese Bestimmung der neuen Gemeinschaft mit dem auferstandenen Christus zusammengefaßt:

„Mir ist alle Macht gegeben im Himmel und auf der Erde. Darum geht zu allen Völkern und macht alle Menschen zu meinen Jüngern; tauft sie auf den Namen des Vaters und des Sohnes und des Heiligen Geistes, und lehrt sie, alles zu befolgen, was ich euch geboten habe. Seid gewiß: Ich bin bei euch alle Tage bis zum Ende der Welt."

(1) Erklären Sie den Missionsauftrag in Mt 28,18–20 unter Bezug auf andere biblische Aussagen.

....
....
....
....
....
....
....
....
....
....

Gründe für die Kritik an der Mission

Die Kritik an der Mission hat in der Gegenwart unterschiedliche Voraussetzungen. Wir wollen uns die wesentlichen Einwände kurz vor Augen führen und sie hinsichtlich ihrer Gründe befragen.

Missionsgeschichte und Kolonialzeit

Immer wieder stößt man auf den Einwand, die christliche Missionsarbeit der letzten 500 Jahre sei eine Begleiterscheinung der Geschichte der kolonialen Machtentfaltung europäischer Staaten in Übersee gewesen; sie sei nur in diesem Zusammenhang zu erklären. Darum bedeute das Ende der Kolonialzeit auch die Beendigung missionarischer Dienste. Schärfer noch lautet eine weitergehende Kritik: Die Missionare hätten im Grunde genommen die politischen Interessen der Kolonialmächte unterstützt. Der Buchtitel des marxistischen Autors Heinrich LOTH spricht in diesem Zusammenhang von *„Kolonialismus unter der Kutte"*.[1] Daraus resultiert die Forderung, daß Mission schlechthin zu verwerfen sei und deshalb zu unterbleiben habe.

Dem ist folgendes entgegenzuhalten: Die Möglichkeit, dem Missionsauftrag nachzukommen, wie ihn die Kirche von Anfang an verstanden hat, hing für die europäischen Kirchen in bezug auf die außereuropäischen Kontinente zunächst davon ab, daß Zugangsmöglichkeiten und Wege in die Länder dieser Kontinente erschlossen wurden. Ehe der Schiffahrtsweg etwa nach Indien und in diesem Zusammenhang das bis dahin noch unbekannte Amerika entdeckt wurden, war selbstverständlich auch eine Mission in diesen Ländern nicht möglich. Die Interessen, welche die europäischen Mächte in der Folge dieser Entdeckungen betrieben, waren wirtschaftlich und machtpolitisch bestimmt. Dabei darf nicht übersehen werden, daß die Zeit der kolonialen Vorherrschaft für die Länder der Dritten Welt durch die dabei auch erfolgende Erschließung, wirtschaftliche Entwicklung und Ausbildungsförderung wesentliche Voraussetzungen für die in der Mitte dieses Jahrhunderts beginnende Selbständigkeit dieser Länder bereitstellte. Meist ent-

Abb. 1: Der Missionar James Chalmers schlichtet im Jahre 1878 einen Streit unter Papuas in Neuguinea

Aus: P. RICHTER: Bannerträger des Evangeliums in der Heidenwelt. Teil IV. Stuttgart 1908, S. 121.

1 Heinrich LOTH: Kolonialismus unter der Kutte. Berlin 1960.

stammten die Missionare denjenigen Heimatländern, die auch in den betreffenden Kolonien die Oberherrschaft innehatten. Hier lagen Berührungspunkte. Die Aufgabe und das Ziel des Missionars aber waren andere als die des Kolonialbeamten. Seine Verkündigung brachte den Menschen eine bis dahin unbekannte, neue „Freiheit der Kinder Gottes" (Röm 8,21). Sie bildete nicht nur die Voraussetzung für die Freiheit von den vorchristlichen Bindungen der sakralisierten Gesellschaftszwänge in Kaste und Stamm, sondern letztlich auch für die Beseitigung des Sklavenhandels und für ein neues Verständnis menschlicher Würde. Auf diese Wertorientierung sind heute auch die selbständigen Staaten der Dritten Welt angewiesen, wenn es um die Rechte der Person, um demokratische Freiheiten und zwischenstaatliche Beziehungen geht. Zu allen diesen Entwicklungen hat die Mission ihren pionierhaften Beitrag geleistet. An der Vorbereitung der Selbständigkeit der neuen Staaten hatten die Christen dieser Länder und ihre aus der Missionsarbeit hervorgegangenen Kirchen wesentlichen Anteil.

Abb. 2: Missionar Ziemann verteidigt 1851 einen Hindu, der Christ geworden ist, gegen die Dorfbewohner

Aus: P. Richter: Bannerträger des Evangeliums in der Heidenwelt. Bd. II. Stuttgart 1905, S. 79.

„Reis-Christen"

Kein Geringerer als Gandhi hat die Arbeit der christlichen Missionen in Indien auch deswegen kritisiert, weil er sah, daß die Menschen oft weniger aus Glaubensüberzeugung als vielmehr der Vorteile wegen, die ihnen die Mission brachte, Christen wurden. Zu solchen Vorteilen zählten nicht nur Hilfen in Form von Nahrung und Kleidung, sondern auch medizinische Versorgung und schulische wie handwerkliche Ausbildung. Es ist von daher kein Zufall, daß die erste Generation der Führer in den neuen Staaten der Dritten Welt in vielen Fällen ihre erste Ausbildung in Einrichtungen und Schulen der christlichen Mission erhalten hat. Bis in die handwerklichen Fertigkeiten hinein waren die Missionsstationen in dieser Hinsicht für lange Zeit oft die einzigen und ersten Entwicklungshilfezentren.

Die abwertende Bezeichnung „Reis-Christen" zielt auf die Tatsache, daß die begleitenden Hilfen der Mission durchaus nicht immer als Hinweise und als zeichenhaftes Handeln auf den christlichen Glauben hin verstanden wurden. Die Zahl derjenigen, die in der einen oder anderen Weise im Umkreis der missionarischen Dienste zutage liegende nützliche Vorteile wahrnehmen konnten, war darum immer größer als die Zahl derjenigen, die den Weg zum christlichen Glauben und in seine Gemeinschaft fanden. Die Kritik an dieser Tatsache weist aber auf einen notwendigen Zusammenhang hin, der damals wie heute Probleme aufwirft. Es ist die Zusammengehörigkeit von Zeugnis und Dienst, von Evangeliumsverkündigung und Hilfe für den Menschen. Wer dem Hungernden allein das Wort vom Brot des Lebens, das in Ewigkeit satt macht (Joh 6,33), verkünden wollte, ohne ihm zugleich den leiblichen Hunger zu stillen, bliebe ein unglaubwürdiger Zeuge Jesu Christi. Aber es gibt keine Garantie, daß derjenige, der beides empfängt, nicht dennoch nur die sichtbare Hilfe wahrnimmt. In dieser Hinsicht stößt auch das missionarische Handeln notwendig auf Mißverständnisse, wie sie dem predigenden und speisenden Jesus entgegengebracht wurden (vgl. Joh 6,15 als Folge des Speisungswunders).

Paternalismus und die Forderung eines „Moratoriums"

Der Missionar war auf Grund seiner Herkunft und Vorbildung der einheimischen Bevölkerung in vieler Hinsicht überlegen. Er verfügte nicht nur über Mittel, sondern auch über Fähigkeiten, die es sonst nicht gab. Das führte unausweichlich dazu, daß er oft in eine Rolle hineinwuchs, die vom heutigen Standpunkt aus Anlaß zur Kritik bietet. Der Mission wird häufig unter diesem Gesichtspunkt „paternalistisches" Verhalten bescheinigt. Junge afrikanische oder asiatische Literatur zeichnet nicht selten ein Bild des Missionars früherer Zeiten aus der „Froschperspektive". Wer heute als Entwicklungshelfer oder Mitarbeiter einer überseeischen Kirche unter den Menschen dort lebt, weiß sehr wohl, wie schwer es selbst in der Gegenwart noch ist, das Gefälle zu überbrücken, das der Unterschied im Lebensstandard, in der Ausbildung und in anderen Fertigkeiten mit sich bringt. Er wird darum auch verständnisvoller sein im Blick auf die ungleich schwerere missionarische Situation vergangener Zeiten.

Aus den ehemaligen Missionsfeldern sind inzwischen selbständige Kirchen und Diözesen unter einheimischer Leitung geworden. Der Missionar kommt heute als Mitarbeiter. Von ihm wird erwartet, daß er sich einfügt in die Gemeinschaft einer Kirche, die aus den ersten pionierhaften Anfängen christlicher Mission herausgewachsen ist.

Die Kritik am paternalistischen Verhalten in der Mission geht heute gelegentlich über in die Forderung nach einem Verzicht auf die Entsendung von Missionaren überhaupt. Stimmen dieser Art waren von einzelnen Theologen und aus dem

Abb. 3: Rajateaner kehren von Tahiti statt mit den sonst üblichen Gefangenen als Beute mit Bibeln heim: „Hier, das sind die Opfer, das ist die Siegesbeute, die wir mitbringen"

Nach: P. Richter: Bannerträger des Evangeliums in der Heidenwelt. Bd. I. Stuttgart 1905, S. 125.

Weltrat der Kirchen zu hören. Das Stichwort „Moratorium" bezeichnet eine solche Festschreibung des erreichten Standes. Begründet wird diese Forderung damit, daß gesagt wird, die Gegenwart europäischer Missionare hindere die jungen Kirchen an ihrer eigenständigen Entfaltung. Als selbständige Kirchen sollten sie ihre Angelegenheiten allein und ohne fremde Hilfe regeln. Aber angesichts der dringenden Anfragen nach Mitarbeit und Hilfe, die aus diesen überseeischen Kirchen selber immer wieder kommen, erweist sich diese Forderung als situationsfremd und falsch. Sie erinnert jedoch daran, daß der Dienst der Mission heute allein als gemeinsamer Auftrag von Kirchen in der Dritten Welt und von Kirchen bei uns wahrgenommen werden kann.

Diese unabdingbare Partnerschaft ist Voraussetzung dafür, daß das Zeichenhafte verstanden wird, das in solcher weltweiten, ökumenischen Zusammenarbeit liegt. Sie ist Hinweis darauf, daß heute kein Teil der Christenheit mehr für sich allein leben kann. Die regionale Kirche erweist sich damit als integraler Teil einer übergreifenden Einheit. In ihr zählen nicht das Alter oder die Jugend, nicht der Grad von Entwicklung oder Fortschritt. Gegenseitiges Geben und Nehmen kennzeichnet in der Gegenwart diese weltweite Kooperation. Der Missionar wird damit zum Mittler von Impulsen und geistlichen Reichtümern, die heute von den Christen in ehemaligen Missionsländern zurückfließen in die geistlich oft sehr viel ärmeren Kirchen Europas und Nordamerikas.

(2) Setzen Sie sich mit den Einwänden gegen die Mission auseinander.

....

....

....

....

....

....

....

Die theologischen Voraussetzungen für den missionarischen Dialog

Weil das Christentum seinem Wesen nach nicht an völkische und kulturelle Grenzen gebunden ist (Universalreligion), ist es auf den „Dialog" mit Menschen anderer Religionen und Kulturen angewiesen. Erst dadurch, daß diese Menschen mit ihren eigenen geistigen, kulturellen und religionsgeschichtlichen Erfahrungen und Werten beteiligt werden, vermag der universale Charakter seiner Botschaft Ausdruck und Gestalt zu gewinnen. Mission und Dialog sind darum keine Gegensätze, sondern beide wesentlicher Bestandteil des „Gespräches der Religionen" im Ringen um letzte Wahrheit.

Dialogorientierung durch das Zweite Vatikanische Konzil (1962–65)

Unter den Dokumenten des II. Vatikanischen Konzils sind vor allem zwei für das dialogische Verständnis christlicher Mission von Bedeutung: die „Erklärung über das Verhältnis der Kirche zu den nichtchristlichen Religionen" und das „Dekret über die Missionstätigkeit der Kirche". Die Völker und ihre Kulturen werden unter zwei Gesichtspunkten mit der Gemeinschaft der Christen in Beziehung gesehen: Zum einen sind es der schöpfungsmäßig gegebene Ursprung aller Menschen und ihre gemeinsame göttliche Bestimmung, die Christen und Nichtchristen miteinander verbinden. Zum anderen ist es die Berufung durch das Evangelium, die allen Menschen gilt und die keine Grenzen der Religion, Rasse oder geschichtlicher Räume kennt. So vollzieht das II. Vatikanische Konzil eine prinzipielle Öffnung zu den Menschen unterschiedlicher religiöser Beheimatung:

„In unserer Zeit, da sich das Menschengeschlecht von Tag zu Tag enger zu vereinen sucht und die Beziehungen unter den verschiedenen Völkern sich mehren, erwägt die Kirche mit um so größerer Aufmerksamkeit, in welchem Verhältnis sie zu den nichtchristlichen Religionen steht. Gemäß ihrer Aufgabe, Einheit und Liebe unter den Menschen und damit auch unter den Völkern zu fördern, faßt sie vor allem das ins Auge, was den Menschen gemeinsam ist und sie zur Gemeinschaft untereinander führt.
Alle Völker sind ja eine einzige Gemeinschaft, sie haben denselben Ursprung, da Gott das ganze Menschengeschlecht auf dem gesamten Erdkreis wohnen ließ; auch haben sie Gott als ein und dasselbe Ziel. Seine Vorsehung, die Bezeugung seiner Güte und seine Heilsratschlüsse erstrecken sich auf alle Menschen [...]
Die Menschen erwarten von den verschiedenen Religionen Antwort auf die ungelösten Rätsel des menschlichen Daseins, die heute wie von je die Herzen der Menschen im tiefsten bewegen: Was ist der Mensch? Was ist Sinn und Ziel unseres Lebens? Was ist das Gute, was die Sünde? Woher kommt das Leid, und welchen Sinn hat es? Was ist der Weg zum wahren Glück? Was ist der Tod, das Gericht und die Vergeltung nach dem Tode? Und schließlich: Was ist jenes letzte und unsagbare Geheimnis unserer Existenz, aus dem wir kommen und wohin wir gehen?"[2]

2 Erklärung über das Verhältnis der Kirche zu den nichtchristlichen Religionen. In: K. Rahner / H. Vorgrimler: Kleines Konzilskompendium. Freiburg ^{8}1972, S. 355.

Sein Verständnis des Dialogs mit den nichtchristlichen Religionen erläutert der Konzilstext dann am Beispiel des Hinduismus, des Buddhismus, des Islam und des Judentums. Dabei werden jeweils diejenigen religiösen Grundanschauungen und Verhaltensweisen hervorgehoben, die sowohl für das Selbstverständnis der betreffenden Religion kennzeichnend sind als auch besondere Themen für den Dialog darstellen. Zusammenfassend wird festgestellt:

„Die katholische Kirche lehnt nichts von alledem ab, was in diesen Religionen wahr und heilig ist. Mit aufrichtigem Ernst betrachtet sie jene Handlungs- und Lebensweisen, jene Vorschriften und Lehren, die zwar in manchem von dem abweichen, was sie selber für wahr hält und lehrt, doch nicht selten einen Strahl jener Wahrheit erkennen lassen, die alle Menschen erleuchtet. Unablässig aber verkündet sie und muß sie verkünden Christus, der ist ‚der Weg, die Wahrheit und das Leben' (Joh 14,6), in dem die Menschen die Fülle des religiösen Lebens finden, in dem Gott alles mit sich versöhnt hat.
Deshalb mahnt sie ihre Söhne, daß sie mit Klugheit und Liebe, durch Gespräch und Zusammenarbeit mit den Bekennern anderer Religionen sowie durch ihr Zeugnis des christlichen Glaubens und Lebens jene geistlichen und sittlichen Güter und auch die sozial-kulturellen Werte, die sich bei ihnen finden, anerkennen, wahren und fördern." (S. 356f.)

Entsprechend wird Mission als Dialog mit diesen religiösen und kulturellen Werten der Völker verstanden. Es wird daran erinnert, daß die Auswirkungen christlicher Religion sich bis weit in die weltliche Geschichte dieser Völker hinein verfolgen lassen. Freiheitsbewegungen, Fortschritt in wirtschaftlicher und technischer Hinsicht, soziale Verantwortung und neue zwischenmenschliche Beziehungen waren oftmals Folgen verstandener und gelebter christlicher Botschaft:

„In der Tat war das Evangelium in der Geschichte, auch der profanen, den Menschen ein Ferment der Freiheit und des Fortschritts und bietet sich immerfort als Ferment der Brüderlichkeit, der Einheit und des Friedens dar."
„Missionarische Tätigkeit ist nichts anderes und nichts weniger als Kundgabe oder Epiphanie und Erfüllung des Planes Gottes in der Welt und ihrer Geschichte, in der Gott durch die Mission die Heilsgeschichte sichtbar vollzieht [...] Was an Gutem in Herz und Sinn der Menschen oder auch in den jeweiligen Riten und Kulturen der Völker keimhaft angelegt sich findet, wird folglich nicht bloß nicht zerstört, sondern gesund gemacht, über sich hinausgehoben und vollendet zur Herrlichkeit Gottes, zur Beschämung des Satans und zur Seligkeit des Menschen."
„Die Anwesenheit der Christen in den menschlichen Gemeinschaften muß von jener Liebe beseelt sein, mit der Gott uns geliebt hat, der will, daß wir einander mit derselben Liebe begegnen (vgl. 1 Joh 4,11). Die christliche Liebe erstreckt sich auf alle ohne Unterschied von Rasse, gesellschaftlicher Stufe oder Religion [...] Es soll der Wunsch der Gläubigen sein, bei dieser Tätigkeit in kluger Weise bei den Vorhaben mitzuarbeiten, die von privaten sowie öffentlichen Institutionen, von Regierungen, internationalen Organen, von den verschiedenen christlichen Gemeinschaften und auch von den nichtchristlichen Religionen unternommen werden."[3]

Das Programm des Ökumenischen Rates der Kirchen (WCC) für den Dialog mit Menschen anderer Religionen und Ideologien (1971)

Im Jahre 1968 gab der Weltrat der Kirchen dem schon in früheren Jahren aufgenommenen Dialog mit Menschen anderer Religionen einen institutionellen Rahmen. Zuvor hatte es regionale Studienzentren in verschiedenen Teilen der überseeischen Kirchen gegeben, die diese Aufgabe jeweils in ihrem Bereich wahrgenommen haben. In der Grundsatzerklärung zu diesem Thema, die der Zentralausschuß 1971 auf seiner Sitzung in Addis Abeba unter der Überschrift abgab: „Der Ökumenische Rat der Kirchen und der Dialog mit Menschen anderer Religionen und Ideologien", heißt es unter anderem:

„Unser Glaube an Jesus Christus, der für alle Menschen aller Zeiten Mensch wurde, trägt uns im Dialog. Der Ausdruck dieses Glaubens in Leben und Zeugnis der Kirche veranlaßt uns, Beziehungen zu Menschen anderer Religionen und Ideologien zu unterhalten. Jesus Christus befreit uns und führt uns heraus aus unserer Isolierung in einen echten Dialog mit anderen Menschen. Wir vertrauen der Verheißung Jesu Christi, daß der Heilige Geist uns in alle Wahrheit leiten wird."

In bezug auf das Verhältnis von Dialog und Mission wird unter anderem gesagt:

„Das Evangelium verpflichtet zum Bezeugen der Liebe Gottes in Christus. Gerade der Dialog um der gegenseitigen Verständigung willen verliert seinen Sinn, wenn wir nicht als Christen das Heil bezeugen, das uns in Jesus Christus zuteil geworden ist. Es besteht jedoch unter uns und in unseren Kirchen eine akute Meinungsverschiedenheit, ob die Betonung des Dialogs die Wirksamkeit dieser Mission abschwächen wird oder ob die Gemeinschaft des Gesprächs über allerlei menschliche und über geistliche Fragen, die durch den Dialog geschaffen wird, die Mission vorantreibt."

Deutlich wird in dieser Erklärung herausgestellt, daß der Dialog im Dienst der eigenständigen Gestalt asiatischen und afrikanischen Christentums und neuer Ausdrucksformen des christlichen Glaubens steht. Da es dabei aber nie allein um die regionalen Belange einer Teilkirche geht, sondern durch sie auch der übrigen Weltchristenheit in der Einheit des Glaubens daran teilgegeben wird, erfolgt auf diese Weise ein ständiger Vertiefungs- und Anreicherungsprozeß in Richtung auf die Einheit der Christen:

„Wo immer die Kirche ihr Leben in konkreten Formen zum Ausdruck bringt, muß sie das Evangelium in bestimmten kulturellen und intellektuellen Formen zum Ausdruck bringen. Im Wechselspiel zwischen den Elementen der Offenbarung und den Aspekten einer bestimmten Kultur besteht die Gefahr, daß die Offenbarung durch diese kulturellen Elemente überdeckt und entstellt werden kann. Nichts ist gewonnen, wenn man diese Gefahr zu umgehen versucht. Neue Kriterien zur Entscheidung darüber, welches verantwortbare Formen für einen Ausdruck des christlichen Glaubens in verschiedenen Kulturen sind, müssen entwickelt werden."[4]

Gerade mit dem zuletzt Gesagten wird deutlich auf die Spannung hingewiesen, die in solchem Dialog durchgehalten werden muß. Da es nicht nur um äußerliche Formen und Gebräuche, um Sprache und Riten geht, bedarf es einer ständigen kritischen Überprüfung, was in einer bestimmten Tradition und örtlichen Situation in den Dienst des Evangeliums zu treten vermag.

(3) Welche Gründe gibt es nach den Erklärungen des Zweiten Vatikanischen Konzils und des Ökumenischen Rates der Kirchen für den Dialog mit Menschen anderer Religionen, und in welchem Verhältnis stehen Dialog und Mission zueinander?

....
....
....
....
....
....
....
....
....
....
....
....

3 Dekret über die Missionstätigkeit der Kirche, in: Ebd., S. 618f., 621f.

4 Dialog mit anderen Religionen. Material aus der ökumenischen Bewegung. Hrsg. von H. J. MARGULL / S. J. SAMARTHA. Frankfurt 1972, S. 43, 47.

Themen des Dialogs

Worin der Dialog mit Menschen aus anderen religiösen Traditionen und Kulturen besteht, wollen wir uns an einzelnen Beispielen verdeutlichen. Wir wählen dabei stellvertretend für andere Bereiche Indien, und hier wiederum Themen, die in der Begegnung zwischen Christentum und Hinduismus heute Vorrang haben. Ein zweiter Fragenkreis gilt der Begegnung der afrikanischen Christenheit mit dem Erbe ihrer Stammesreligionen; auch dabei sollen einzelne Fragen beispielhaft für zahlreiche andere behandelt werden.
Dabei geht es einmal darum, daß bestimmte Traditionen in der vor- und außerchristlichen religiösen Tradition im Unterschied zum europäischen Christentum Elemente der Ausprägung eines eigenständigen Christseins werden können. Zum anderen macht das Evangelium den wesentlichen Unterschied zu Inhalten dieser Religionen deutlich, die sich nicht für eine Neuinterpretation christlichen Glaubens eignen. Letztlich sind es die Kirchen und ihre Christen in diesen Ländern selber, die durch ihr Leben und durch ihr Zeugnis entscheiden, wie dieser Prozeß des Aufnehmens und der Abgrenzung gegenüber den fremdreligiösen Inhalten und Ausdrucksformen verläuft.

Fragen, die der Hinduismus den Christen stellt

Das Leben des gläubigen Hindu ist von der Geburt bis zum Tode geprägt und begleitet von seiner Religion. Hinduismus ist keineswegs nur ein einzelner Aspekt im Leben. Er ist das Fundament aller Lebensbezüge sowohl des Einzelnen wie seiner Gemeinschaft. Schon von der Geburt an wird der indische Mensch durch lebensbegleitende Riten *(rites de passage)* immer tiefer in den Hinduismus eingeführt. Dabei fällt dem Hausvater als Oberhaupt der Familie zugleich eine wichtige religiöse Funktion zu. Schon der Vorgang einer Geburt wird so rituell vorbereitet und begleitet. Der Tag der ersten Speisung mit fester Nahrung wird ebenso von der ganzen Verwandtschaft eines Kindes gefeiert wie die feierliche Aufnahme *(Initiation)* in die Großfamilie und Kaste des heranwachsenden Knaben. Höhepunkte im Leben des gläubigen Hindu sind vor allem die Hochzeit und die heiligen Handlungen im Zusammenhang des Todes. So ist das Leben des Einzelnen eingebunden in den Vollzug seiner Religion. Es gliedert sich in einzelne Lebensstufen *(āshrama)*. Die letzte und höchste dieser Stufen ist erreicht, wenn der alternde Mensch seine Pflichten in Familie und Beruf getan hat und sich zu einem frommen kontemplativen Leben von der Gesellschaft zurückzieht. Kehrt er dann nach Jahren der spirituellen Einkehr wieder in sein Dorf zurück, so wird er von allen hoch geehrt als ein besonders heiliggemäßer Mensch, der anderen den Weg zur Verwirklichung ihrer religiösen Bestimmung zu weisen vermag.

Neben den zahlreichen häuslichen frommen Verrichtungen spielt sich die Religion der Hindus vor allem in täglichen Andachten und Riten in den Tempeln ab. Der Gottesdienst ist somit keineswegs auf eine kurze lehrhafte wöchentliche Veranstaltung begrenzt, wie wir sie zum Teil an bestimmten verkürzten Formen eines christlichen Gottesdienstes europäischer Art wahrnehmen können. Auch spielt sich solche religiöse Praxis nicht abgeschlossen hinter Mauern ab, sondern ist meist öffentlich. Die verschiedenen Andachtsformen *(Pūjā)* in den Tempeln werden zu jeder Tageszeit vollzogen. An den großen Tempelfesten und Prozessionen nimmt über Tage hin die gesamte Öffentlichkeit eines Ortes teil. Indien kennt heilige Stätten, zu denen der fromme Hindu nicht nur einmal in seinem Leben wallfahrtet. Bei solchen Gelegenheiten erlebt sich der Einzelne als Teil eines größeren Ganzen, das sich nicht nur als soziale Einheit, sondern eben als heilige Gemeinschaft im Vollzug desselben religiösen Glaubens darstellt.

Abb. 4: Christu-Kula Ashram in Tirupatur, Indien

Aus: Arno Lehmann Die Kunst der Jungen Kirchen. Berlin 1955, S. 135.

Wie intensiv der Hindu seinen Tageslauf durch den Vollzug seiner verschiedenen Andachten ordnet, soll am Beispiel seiner *Pūjā*-Verrichtungen verdeutlicht werden:

„Heute steht in jedem Hindu-Haus eine Anzahl von mehr oder weniger kunstvollen Mūrtis, Götterbildern, vor denen täglich Pūjā dargebracht wird. Eine Vernachlässigung der Pūjā würde Unglück über das Haus bringen. Je nach Sekte sind die Einzelheiten der Pūjā, die zu verwendenden Gefäße, Instrumente und Materialien und die auszuführenden Riten, verschieden [...] In der feierlichen Form besteht die Pūjā aus 64 einzelnen Zeremonien – im Alltag in den Familien werden gewöhnlich nur 16 oder 18 daraus vollzogen.“[5]

Wir können uns leicht vorstellen, was solche selbstverständlichen gottesdienstlichen Formen, die durch die Jahrhunderte indisches Leben geprägt haben, für die Praxis und Gestaltung eines indischen Christentums bedeuten. Gerade wenn man von allem außerchristlichen Götterkult und Opfervorstellungen absieht, so bleiben doch

5 K. Klostermaier: Hinduismus. Köln 1965, S. 118f.

religiöse Grundstrukturen sichtbar, die auch für das kirchliche Leben elementar sind. Auch die Christenheit hat nicht nur in Gestalt von religiöser Sitte und vielseitigem Brauchtum, in besonderen Festanlässen im Laufe des Kirchenjahres und in regelmäßigen häuslichen Andachtsformen dafür gesorgt, daß das Leben des Einzelnen und der ihn umgebenden Gemeinschaft auf vielfältige Weise religiös „durchwoben" war. Glaube sucht nach Gestalt und Ausdruck. Er will das Leben in seiner Ganzheit durchdringen und umfassen. Im Dialog mit dem Hinduismus werden die Christen – nicht nur in Indien – herausgefordert, Vollzug und Ausdruck gelebter Frömmigkeit neu zu bedenken. Damit werden Verluste und Verzichte ausgeglichen, die eine einseitig rational und ausdrucksarm gewordene moderne europäische Auffassung von Christentum zeigt.

Der indische Mensch drückt sich nicht nur durch Worte aus, sondern vermag seiner Religiosität noch auf andere Weise beredten Ausdruck zu verleihen. Dazu zählen vor allem Methoden der Versenkung und des Schweigens, die den Menschen in Tiefen seiner selbst gelangen lassen, die wir mit dem Begriff „Unbewußtes" nur unzureichend bezeichnen. Auch der uns geläufige Begriff der „Meditation" reicht nicht aus, um die in den verschiedenen Schulen des Yoga praktizierten Wege zu erfassen. Hingebende Verehrung der Gottheit findet sich vor allem in der *Bhakti*-Frömmigkeit. In ihr erlebt der Gläubige in mystischer Versenkung und nicht selten in ekstatischen Zuständen Einigung mit der von ihm verehrten Gottheit. Er wird zu einem Teil derselben und damit selber „vergöttlicht". Hier liegen zugleich die Grenzen, die auch der Dialog mit dem Hinduismus auf seiten des christlichen Glaubens nicht zu überschreiten vermag. Für den Christen bleibt die Person Jesu Christi die Voraussetzung für die Gemeinschaft mit dem Vater. Aber auch die Bibel kennt eine der indischen hingebenden Gottesliebe in Gestalt der Bhakti vergleichbare Christusmystik. Bei allem entscheidenden Unterschied zwischen dem indischen Götterpantheon und der Offenbarung Gottes in der geschichtlichen Gestalt Jesu Christi erinnert uns die indische Bhakti-Frömmigkeit doch zugleich an heute zwar zurückgetretene, für die Kirchen jedoch wesentliche Anbetungs- und Verehrungsweisen.

Im Hinduismus spielen Symbole, Bilder und Zeichen eine wichtige Rolle. Auch der Tanz steht im Dienste religiöser Inhalte, ist „Verkündigung" und Vermittlung gemeinsamen Glaubens. So wie in der Wahl der Farben und Formen nichts zufällig ist, ebenso sind auch die „Aussagen" im Kulttanz eindeutig und für jeden verständlich. Es kann darum nicht überraschen, wenn heute indische Christen auch den christlichen Gottesdienst durch solche Symbolsprache des Tanzes bereichern. Auch hier gilt wie in allen Fällen der Aufnahme außerchristlicher Ausdrucksformen, daß zu solchem „Rückgriff" auf traditionelle Verhaltensweisen oft erst der Abstand einer zweiten und dritten Generation in der christlichen Kirche befähigt. Die Lösung von den Bindungen an die Götter Indiens muß vollzogen sein, um aus der neuen Freiheit eines Christenmenschen heraus das Alte in den Dienst des neuen Glaubens stellen zu können.

(4) Beurteilen Sie die Bedeutung einzelner für den Hinduismus wesentlicher Erscheinungsformen (z.B. Kultgemeinschaften, Riten, Meditation u.a.) für die Begegnung und Auseinandersetzung mit dem Christentum.

....

....

....

....

....

....

Religion für den ganzen Menschen – Der Dialog mit dem afrikanischen Erbe

Von den zahlreichen Themen, die sich heute dem Christentum in Afrika in bezug auf das kulturelle und religiöse Erbe dieser Menschen stellen, sollen hier nur einzelne angesprochen werden. Am deutlichsten treten die afrikanischen Elemente im kirchlichen Leben heute bei zahlreichen Sondergruppen *(Independent Churches)* zutage, die sich von den großen Kirchen getrennt haben. In immer neuen Abspaltungen haben diese Bewegungen an Praktiken und Überlieferungen angeknüpft, die in ihrer Stammesreligion schon beheimatet waren und die sie im Unterschied zum europäischen Kirchentum zum Teil auch in der Bibel zu finden meinten. Dazu gehört vor allem die unmittelbare Geisterfahrung, die sich auf göttliche Eingebungen, Träume und Visionen beruft. So lebt in diesen Bewegungen das prophetische Amt ebenso wie die Praxis der Glaubensheilungen wieder auf.

Eine anschauliche Darstellung dieser afrikanischen christlichen Sonderentwicklungen im südafrikanischen Raum gibt folgende Schilderung eines Heilungsgottesdienstes:

„In der Jamengweni-Halle zu Ekuphakameni, 18 Meilen nördlich von Durban, hatte sich eine erregte Gruppe von etwa 250 Frauen zu einem Gottesdienst versammelt, der von Rev. J. G. Shembe, B.A., von der Nasiräerkirche gehalten werden sollte. Manche hatten auf dieses Ereignis monate- oder sogar jahrelang gewartet. Man konnte die Dringlichkeit ihrer Erwartung spüren. Alle anderen Ärzte hatten versagt, und nun waren sie, in aller Hoffnungslosigkeit voller Hoffnung, zum ‚Diener' gekommen [...] Der Diener steht vor der Menge der Frauen, streckt seine rechte Hand über die Versammlung aus, von der einen Seite zur anderen, und bewegt seine langen nervösen Finger, während er betet: ‚Herr, ich bitte dich, gib ihnen Leben in ihren Mutterleib und ihren Geist, auf daß sie Kinder gebären mögen.' Er löst den langen schwarzen Schleier seines Vaters, von dem man glaubt, er vermittle verborgene Lebenskräfte [...] Die Wirkung ist verblüffend. Fast alle zucken zusammen, als ob sie einen kräftigen elektrischen Schlag erhielten [...] Eine andere Frau benimmt sich wie eine Besessene, sobald der Prophet in ihre Nähe kommt. Er fordert mich auf, ihr Geschrei anzuhören. Aus ihrem Unterbewußtsein kommt ein Strom von Bildern und Vorstellungen. Sie sieht Leute, die versuchen, sie zu ermorden: ‚Ihr wolltet mich mit Hilfe einer weißen Schlange zurückholen. Aber jetzt glaube ich an X ... Er wird mir helfen.'"[6]

In diesem Bericht kommen bereits deutlich Elemente der ursprünglichen afrikanischen Religiosität zum Vorschein: Da ist zunächst die Anknüpfung an alttestamentliche Vorbilder in der Selbstbezeichnung der Kirche als „Nasiräerkirche". Nasiräer waren in Israel gottgeweihte Menschen, die sich durch eine besondere Lebensweise aufgrund eines Gelübdes auszeichneten und über besondere göttliche Gaben verfügten. Religion erlebt der afrikanische Mensch als lebensermöglichende und -bewahrende göttliche Kraft. Der von P. Tempels, einem Missionar im ehemaligen Kongo, geprägte Begriff zur Kennzeichnung der afrikanischen Religiosität heißt darum „force vitale" und zielt auf eben diese Erfahrung.[7] Für den afrikanischen Menschen kann auch die Materie in den Dienst des Heiligen treten und eine vermittelnde Funktion übernehmen. Das wird deutlich in dem oben zitierten Bericht in der Verwendung des schwarzen Schleiers, mit dem der charismatisch begabte „Prophet" den Heilungsgottesdienst durchführt. Daß es sich bei solchen Gottesdiensten nie nur um gedankliche Vermittlung von Predigtinhalten handelt, zeigt sich in der ekstatisch-visionären Art, in der sich die Heilung begehrende Frau äußert. Das Unbewußte ist in Gestalt von Bildern und übernatürlichen Vorstellungen beteiligt und macht sich in ungewöhnlichen Verhaltensweisen Luft. Schließlich ist da ein uneingeschränktes Vertrauen auf die Hilfe, die sie von der Person des Heilers erwartet.

6 B. G. M. Sundkler: Bantupropheten in Südafrika. Stuttgart 1964, S. 251–253.
7 P. Tempels: Bantu-Philosophie. Heidelberg 1956.

Wir sehen an einem solchen Beispiel, welche Elemente ursprünglich afrikanischer Stammesreligionen in der Begegnung und Auseinandersetzung mit der christlichen Botschaft eine Rolle spielen. So ist es nur natürlich, daß afrikanische Christen diejenigen Texte des Alten und Neuen Testamentes bevorzugen, in denen sie eine Nähe zu den Traditionen und Erfahrungen ihrer Stammesreligionen wahrzunehmen meinen. Hierher gehören vor allem der Zusammenhang von körperlichem und seelischem Heil, wie er uns in der Verbindung von Sündenvergebung und heilendem Handeln bei Jesus selbst begegnet. Hinzu kommt das charismatische Element, das uns aus der Gemeinde in Korinth in Gestalt von Zungenreden und Prophetie bekannt ist. Über allem Lehrhaften steht die unmittelbare Erfahrung der Gegenwart Gottes und Jesu Christi. In diesem Sinne können wir sagen, daß weder die Historie noch die ferne Zukunft im Sinne einer endzeitlichen Erwartung als vielmehr die gegenwärtige Nähe für den Glauben bestimmend sind. Gerade in dieser Hinsicht jedoch bedarf es im Dialog auch der Korrektur und Ergänzung. Gegenwärtige und unmittelbare Erfahrung im Glauben bedarf des Rückbezuges auf den biblischen und geschichtlichen Jesus Christus. Erst von der endzeitlichen Orientierung her gibt das „ewige Jetzt" des immer sich wiederholenden, in sich geschlossenen und darum geschichtslosen afrikanischen Lebenskreises echte Zukunft frei. Christus ist nicht nur der in seiner Gemeinde gegenwärtige, sondern immer auch der kommende, zur Vollendung der Geschichte wiederkehrende Herr.

Abb. 5: Hinwendung zum Gekreuzigten angesichts bedrohender Mächte

Aus: Ich liege auf meiner Matte und bete. Afrikanische Gebete. Gesammelt und bearbeitet von F. Pawelzik. Wuppertal [5]1966, S. 35.

Zwei Themen sind im Dialog mit Afrika von besonderem Gewicht: die Kirche als der neue „Stamm" Gottes und die Verbindung zu den Toten. Der einzelne Mensch versteht sich niemals als ein isoliertes Individuum, sondern stets als integralen Teil einer organischen, alle Lebensbezüge umfassenden Gemeinschaft. „Der afrikanische Mensch sagt zuerst ‚Wir', bevor er ‚Ich' zu sagen lernt", so hat es ein Theologe des schwarzen Kontinents einmal formuliert.[8] Dieses starke Wir-Gefühl kommt in mannigfacher Weise zum Ausdruck. Die das Leben des Einzelnen begleitenden Riten und Kulthandlungen sind letztlich Integrationsstufen in die Gemeinschaft des Stammes. Vor allem in der Initiation, in der Heirat, aber auch in den den Tod begleitenden religiösen Handlungen kommt dies zum Ausdruck. Beim Hüttenbau der Wadschagga, eines Stammes am Kilimandscharo in Ostafrika, helfen alle verwandten Sippen mit und bestätigen in Liedern und symbolischen Handlungen ihre Zusammengehörigkeit. Der Bau der Hütte selber wird so zu einem sichtbaren Bekenntnis zur bestehenden Einheit. Grundlegend ist dafür das blutsmäßige Verwandtschaftsverhältnis. Blut bedeutet gleiche Ahnen und damit dieselben Götter. Sie sind es, die letztlich die Gemeinschaft garantieren und Ursprung und Gegenwart bestimmen. Von diesen Voraussetzungen aus ist es verständlich, daß auch die Kirche, als „der neue Stamm Christi", wie das Neue Testament sagen kann, für die Menschen in Afrika ein weit umfassenderes Gemeinschaftserlebnis ist als für moderne Europäer. An die Stelle der alten Blutsverwandtschaft tritt damit die neue Familie mit ihrer Bruderschaft in Christus. Aber sie darf nicht weniger konkret, leibhaft und umfassend sein, als es die alte Gemeinschaft des Stammes war. Hier gewinnt aufgrund dieser besonderen vorchristlichen Erfahrungen des afrikanischen Christen vieles von dem neue Gestalt, was in der frühen Christenheit ganz selbstverständlich zum Kirchesein dazugehörte.

In der Religion des Stammes spielen die Toten eine entscheidende Rolle. Sie sind nicht vergessen, sondern werden als „Lebend-Tote", wie sie der afrikanische Theologe J. S. Mbiti einmal nannte, am Leben der Gemeinschaft beteiligt.[9] Von ihnen wird Hilfe erwartet. Sie gelten als die „höheren Machtträger" (E. Dammann), in deren Händen Wohl und Wehe der Nachlebenden liegt.[10] Immer wieder erleben wir es heute, daß auch unter Christen dieser Ahnenkult heimlich wieder aufbricht oder weiter gepflegt wird. Der Dialog mit den afrikanischen religiösen Traditionen wird darum gerade das Verhältnis zu den Toten für Christen zu einem wichtigen Thema machen. Der 2. Artikel des Apostolischen Glaubensbekenntnisses

8 Mündliche Information. Vgl. auch J. S. Mbiti: Afrikanische Beiträge zur Christologie. In: Theologische Stimmen aus Asien, Afrika und Lateinamerika. Bd. 3. Hrsg. von G. F. Vicedom. München 1968, S. 83f.

9 J. S. Mbiti: Afrikanische Religion und Weltanschauung. Berlin 1974, S. 104–114. – Vgl. auch J. V. Taylor: Du findest mich, wenn du den Stein aufhebst. Christliche Präsenz im Leben Afrikas. München 1965, S. 126–134.

10 E. Dammann: Die Religionen Afrikas. Stuttgart 1963, S. 10–18.

spricht davon, daß Christus in das Reich des Todes hinabgestiegen ist. Dies bekommt hier wieder erhöhte Bedeutung. Auch die Toten sind von ihm heimgeholt worden und gehören zur großen Gemeinschaft der Kirche. Das kommt in der Paulinischen Bildrede vom „Leib Christi" zum Ausdruck, der Raum und Zeit übersteigt und die Generationen der Lebenden und der Verstorbenen vereint. Damit aber steht die Kirche – nicht nur in Afrika – vor der Aufgabe, wie sie in neuer Weise wieder in ihren Gottesdiensten und in der Feier der Sakramente die Gemeinschaft mit den in Christus Verstorbenen nicht allein ins Bewußtsein bringt, sondern zu einer christlichen Erfahrung werden läßt.
Beide Themen sind Beispiele eines Dialoges, die nicht allein von den Christen aus den Stammesreligionen zu bedenken sind. Wir haben hier Beispiele für eine Rückwirkung aus den ehemaligen Missionsländern auf unsere Kirchen in der westlichen Welt. Sie werden durch den ökumenischen Kontakt mit diesen Teilen der überseeischen Christenheit zu einer neuen Praxis und zur Wiederentdeckung biblischer Dimensionen veranlaßt, die im Zuge abendländischer Entwicklungen in Vergessenheit geraten sind.

(5) Welche der in afrikanischen unabhängigen Kirchen begegnenden Sonderentwicklungen können sich auf biblische Vorbilder berufen, und welche entstammen den ursprünglichen afrikanischen Religionen?

....

....

....

....

....

....

Die Gestalt des christlichen Zeugnisses in jungen Kirchen – Theologie, Kunst, Liturgie, Gebet

Religionen wie der Hinduismus und der Buddhismus durchlaufen angesichts der Herausforderungen durch eine neuzeitliche Welterfahrung (Technik, Wissenschaft) und beflügelt durch ein neues Nationalbewußtsein Prozesse der Reformen und Anpassungen. Dabei kommt es zu einer auch für die christlichen Kirchen fruchtbaren Aufnahme und eigenständigen Anverwandlung christlicher Glaubensaussagen in Theologie, Kunst und Liturgie.

Theologische Beiträge aus den Kirchen der Dritten Welt

Der Dialog zwischen Christen und Nichtchristen in den Ländern der Dritten Welt hat dazu verholfen, daß diese Kirchen ihre eigenen Themen beigetragen und eigene Akzente in der *Theologie* gesetzt haben. Wir wollen uns dies an zwei Beispielen aus der theologischen Arbeit in Indien verdeutlichen:

• Von dem aus Bengalen stammenden christlichen Denker Brahmabandhav Upadhyaya stammt ein Hymnus auf die Dreieinigkeit, in Sanskrit verfaßt:

Ehre für Saccidānanda,
dem Seienden, dem Bekannten, der voller Wonne ist:
Höchstes Ziel,
verachtet von der Welt, ersehnt von Heiligen.

Der Allmächtige, der Ehrwürdige, die Fülle, der Ungeteilte,
höher als das Höchste, das Ferne und das Nahe,
in sich selbst voller Bezug, nach außen ohne Bezug,
der Heilige, der Bewußte,
den menschlicher Verstand kaum zu erreichen vermag.

Der Vater, der erste Beweger, der Ungeschaffene, der große Herr,
Ursache aller Dinge,
samenloser Same des Baumes des Seins,
von dessen Blick alles, das ist, hervorgeht,
der Beschützer der Welt.

Der ungeschaffene Sohn, das endlose Wort,
die große „Person",
das Abbild des Vaters, wesenhafte Weisheit,
der Retter.

Der gesegnete Geist, wesenhafte Wonne,
der aus der Einheit von sat und Logos hervorgeht,
der heiligmacht, der Schnelle, der Offenbarer des offenbarten Sohnes,
Geber des Lebens.[11]

Der lange in Indien arbeitende Theologe Robert H. S. Boyd erläutert den indischen Wurzelboden dieses Hymnus:

„Man kann der Schlußfolgerung kaum widerstehen, daß alle *Personalität* in Christus konzentriert ist, der aber nicht nur von Gott getrennt gedacht ist, sondern auch niedriger ist in bezug auf Gott, dem Grund alles Seins, dem *nirguṇa Brahman* (Gott ohne Eigenschaften). Wäre es jedoch nicht möglich, daß auf Grund seiner tiefen Verehrung und seines Verständnisses der Trinität Brahmabandhavs Interpretation annehmbarer als die Tillichs ist? Daß die indische Beschreibung von Brahmā als *sat, cit* und *ananda,* wenn auf den dreieinigen Gott bezogen, in der Tat als ‚Instrument' der Gottesbeschreibung nützlicher ist als die Begriffe ‚Tiefe' und ‚Sein'? Brahmabandhav verwendet nicht die griechische Terminologie Chalcedons, und doch scheint seine Verehrung der Dreiheit-in-Einheit und Christi, des Logos, ihn über die ‚Kluft' zwischen ‚dem Mann für andere' und ‚dem Grund alles Seins' zu tragen. Seine Hymnen führen uns vielleicht weiter als seine durchreflektierten Argumente."[12]

• Der aus Südindien stammende P. Chenchiah zeigt uns beides: Verlebendigung und Aktualisierung des christlichen Glaubens durch Betonung der Christusteilhabe einerseits und Schwierigkeiten mit der Versöhnungslehre andererseits:

„Chenchiah befaßte sich natürlich eingehend mit dem Leben und dem Zeugnis des einzelnen Christenmenschen; das zeigt sich schon an seiner Abneigung gegen die organisierte Kirche und an seiner Empfehlung des Ashram-Ideals. Die Frage, wie sich der einzelne Glaubende die Erlösung ‚aneignet', scheint er zu umgehen. Er betont die Sünde kaum und weist ausdrücklich die Lehre vom Fall zurück. Für ihn – und darin unterscheidet er sich von Appasamy – besteht ‚das Werk Christi in dem, was er *ist,* nicht in dem, was er tut'. Sein soteriologischer Ansatz wird vielleicht am deutlichsten in seinen Worten: ‚Das Christentum ist wesentlich der biologische Vorgang des Geborenwerdens in Christus durch den Heiligen Geist (...) Indische christliche Theologie ist die Wissenschaft von geistlicher Genetik. Sie befaßt sich mit der Entstehung eines neuen Menschentyps, des christlichen, und mit seiner Fortpflanzung auf Erden.'
Unter Verwendung gewisser indischer Begriffe führt Chenchiah uns etwas tiefer ein in sein Verständnis der Glaubenseinheit des einzelnen mit Christus, so zum Beispiel wenn er sie als *sāyujya* beschreibt. Diese *sāyujya* ist nicht zu verstehen als vollkommene Absorption oder Ineinssetzung, sondern als ein Vorgang, bei dem der *bhakta* (Verehrer) selbst sozusagen ‚ein Christus' wird. ‚Ich denke, daß die zwei großen Triebe der indischen Christen ein Verlangen nach direktem Kontakt mit Jesus *(pratyakṣa)* und ein Streben nach Wiedergeburt sind, eines Geborenwerdens des Sohnes Gottes im Abbild Jesu *(punarjanma).* Es ist nicht so sehr das Verlangen, ein Christ, das heißt, ein Nachfolger Christi zu sein, als mit Christus identifiziert zu werden, also nach *sāyujya* mit Christus, ein Verlangen, das den Apostel Paulus sagen ließ: ‚Nicht ich lebe, sondern Christus lebt in mir.'
Wie andere indische Theologen ist Chenchiah sehr kritisch gegenüber Versöhnungstheorien, die auf juridischen Vorstellungen beruhen, oder die die Versöhnung als Substitution oder als

11 Brahmabandhav Upadhyaya, in: H. Bürkle (Hrsg.): Indische Beiträge zur Theologie der Gegenwart. Stuttgart 1966, S. 83f.
12 R. H. S. Boyd: Theologie im Kontext indischen Denkens, in: Ebd., S. 83.

Opfer verstehen. ‚Das juridische Verständnis des Christentums ist der Versuch, den christlichen Glauben auf die Ideologie des römischen Staates zu reduzieren, mit anderen Worten, ein Versuch, Jesus in der Begrifflichkeit des Opferkultes oder gesetzlicher Wiedergutmachung, der Gesetzesübertretung und der dafür vorgesehenen Strafe zu interpretieren.‘
Die Notwendigkeit der in Christus geschehenen Offenbarung muß nach Chenchiah auf andere Weise aufgewiesen werden. ‚Sowohl Paulus als auch Johannes betrachten Christus als neue Schöpfung – als Beginn eines neuen Kapitels menschlichen Schicksals in der Geschichte (...) Das Christentum ist nicht in erster Linie eine Lehre von der Erlösung, sondern die Ankündigung der Ankunft einer neuen Schöpfungsordnung in Jesus. Das ist unsere aufregende Entdeckung, die wir der Menschheit bekanntzumachen schulden.‘
Für Chenchiah war dies in der Tat die ‚aufregende Entdeckung‘ – die Tatsache, daß Christus der neue Mensch ist, und daß wir alle neue Menschen durch Einswerden mit ihm in der Kraft des Heiligen Geistes werden können. Seine Schriften sind im wesentlichen christozentrisch, und darin liegt deren Stärke, im Vergleich auch mit Theologen wie Brahmabandhav und Monchanin, die trotz ihrer tiefen Verpflichtung Christus gegenüber letztlich doch die Differenzierung zwischen Christus und dem Glaubenden zu transzendieren suchen und nach *sāyujya* mit dem als *nirguṇa Brahman* verstandenen Gott streben. Ein solcher *advaita* ist für Chenchiah gänzlich unmöglich. So schreibt er: ‚Möge jeder wohl verstehen, daß wir nichts außer Christus als verpflichtend ansehen.‘ Für ihn ist das wesentliche Element einer jeden Theologie die Antwort auf die Frage, ob der einzelne wirklich mit Christus in Verbindung gebracht wird. Man ist auf jeden Fall tief beeindruckt von der Wirklichkeit seines *anubhava* (religiöse Erfahrung) und von der Art und Weise, wie seine ganze Theologie in Christus und dessen Auferstehung gegründet ist.
Zusammenfassend läßt sich sagen, daß Chenchiah seiner kulturellen Umwelt tief verpflichtet war – seiner eigenen hinduistischen Erziehung, und besonders seinen Berührungen mit Sri Aurobindo und Meister C.V.V. Diese Berührungen machten seine Bewunderung für die kulturellen Aspekte des Hinduismus größer und vermittelten ihm neue Einsichten in dreifacher Weise: Die Notwendigkeit des Erscheinens einer neuen Kraft *von außen her,* die unser geistliches Leben erneuert; die praktische Möglichkeit, diese neue Kraft für den einzelnen wirksam werden zu lassen; und die Tatsache, daß Gott in und durch das Geschaffene am Werk ist, so daß wir wahres Leben nicht durch Entsagung und ‚Rückzug‘ von der Welt, sondern in ‚der Fülle des Lebens‘ finden. Weder Aurobindo noch Meister C.V.V. konnten ihm jedoch die Quelle dieser neuen Kraft zeigen. Er hatte sie schon in Christus – und zwar in Christus allein – gefunden.“[13]

Ausdrucksformen christlicher Kunst in Asien und Afrika

Mannigfach sind die Ausdrucksformen, die Christen in Asien und Afrika im Dialog mit den religiösen und kulturellen Überlieferungen ihrer Heimatländer für ihren Glauben finden. Ein Beispiel dafür ist der *Tanz,* wie er in Indien seit alters gepflegt wird.

Der Inder Johnson Gnanabaranam nennt seinen christlichen Glauben einen „neuen Tanz“ und drückt damit in indischen Metaphern den Unterschied zu den alten Tänzen der Hindu aus:

Ein neuer Tanz

Thai, Thaka Thai, Thai Thaka Thai, Thai, Thai.

Ich bin eine kleine Tänzerin.
Ich höre den Rhythmus,
und nach dem Rhythmus bewegen sich
mein Kopf, meine Hände und meine Beine.

Ich höre die Melodie,
und nach der Melodie bewegen sich
meine Augen, meine Finger und meine Füße.

Ich singe die Worte des Liedes,
und nach ihnen gestalte ich Figuren.

Meine Tanzfiguren hängen von den Worten des Liedes ab,
die Worte sind mit der Melodie verwoben,
und die Melodie verbindet sich mit dem Rhythmus.

Herr, so tanze ich:
Thai Thaka, Thai Thaka, Thai Thai Thai.

Herr, die Shiva-Anbeter sagen:
Gott Shiva tanzt mit Parvathi, seiner Frau
auf einer silbernen Bühne und auf einer goldenen Bühne.
Shiva sei der Schöpfer aller Tänze
vom Manipuri bis zum Kathakali.

Die Vishnu-Anbeter sagen:
Gott Krishna tanzt mit den Gopis, den Kuhhirtinnen.
Er tanzt auf dem Kopf der Schlange
und hält ihren Schwanz mit zwei Fingern.

Die Leute meines Landes sagen:
Dämonen und Engel tanzen,
singen und musizieren bezaubernd.
Die Leute in meinem Land
schnitzen und bemalen Figuren
der tanzenden Göttinnen und Götter.
Thati Thai, Thati Thai, Thai Thai.

Herr Jesus Christus, Du kannst nicht tanzen.
Du kannst einfach nicht tanzen:
Deinen Kopf kannst Du nicht bewegen,
denn er ist mit Dornen gekrönt.
Deine Augen kannst Du nicht aufschlagen,
denn Blut hat sie verklebt.
Deine Hände kannst du nicht rühren,
denn sie sind ans Kreuz genagelt,
und Deine Finger nicht,
denn die Handflächen sind durchbohrt.
Du kannst nicht tanzen,
denn Deine Beine und Füße sind ans Kreuz geschlagen.

Herr Jesus Christus:
Kein Rhythmus klingt um das Kreuz,
keine Melodie singt um das Kreuz;
Du kannst nicht singen am Kreuz
und kannst nicht tanzen am Kreuz.

Ich aber, Herr, ich blicke auf Dein Kreuz.
Dein Kreuz lehrt mich einen neuen Tanz,
einen Tanz, den man keinen Engel,
keine Göttin, keine Götter hat tanzen gesehen.
Dein Kreuz lehrt mich einen neuen Tanz.

Tief in meinem Herzen höre ich neue Rhythmen klingen:
Liebe deinen Nächsten.
Liebe, liebe die, die gleichgültig an dir vorübergehn.
Liebe, liebe, liebe auch deine Feinde.

Ich blicke auf das Kreuz,
und tief in meinen Ohren höre ich
eine neue Melodie,
die ich niemals vorher hörte:
Heilig ist Gott,
so sei auch du heilig in deinen Gedanken,
heilig in deinen Worten,
heilig in deinen Gebärden und Taten.

Während ich auf das Kreuz blicke,
beginnt mein Mund von selbst zu singen:
Jesus, Du bist mein Guru;
Jesus, Du bist mein Stellvertreter;
Jesus, Du bist mein Gott.

Herr, ich sehe Dein Kreuz,
und ich tanze den Tanz des Sohnes,
der verloren war, aber dann umkehrte,
einen Tanz der Reue.

13 Ebd., S. 99f.

Ich tanze den Tanz des Sämanns,
einen Tanz der Evangeliumspredigt.

Ich tanze den Tanz des barmherzigen Samariters,
einen Tanz der Hilfe in der Not.

O Jesus, der Du am Kreuz nicht tanzen konntest,
wie gütig bist Du,
mich neue, ganz neue Tänze zu lehren.
Sie gefallen dir.
Sie gefallen mir.
Sie gefallen vielen anderen.
Thai Thaka! Thai Thai! Thati Thai![14]

Für den afrikanischen Menschen verbindet sich mit den Rhythmen der Trommeln und des Tanzes oftmals noch die Erinnerung an die Macht der Magie und des Zaubers. Erst dort, wo die Angst vor ihnen in der Kraft des neuen Glaubens gebannt ist, vermögen sie das Neue zu künden:

Sie tanzen um die Trommeln herum

Du weißt, lieber Gott,
meine Leute halten doch viel von Juju.
Ich glaube da nicht mehr dran,
seit ich an dich glaube.
Aber manchmal
habe ich doch noch Angst davor.
Jetzt wollen die mir
wieder was mit Juju machen.
Die wollen mir
was Böses in den Kopf tun.
Die glauben daran.
Die trommeln dafür,
die tanzen dafür,
und die singen dafür.
Und ich kann nichts daran machen.
Ich glaube auch nicht mehr richtig daran,
aber ich habe doch Angst davor.
Du bist ja viel stärker als Juju.
Halleluja, Halleluja,
du bist mein Gott,
mein, mein, mein.
Mein großer Gott,
groß, groß, groß.
Mein starker Gott,
stark, stark, stark.
Mein lieber Gott,
lieb, lieb, lieb.
Mein Erlöser, mein Heiland,
mein Vater, Vater, Vater.
Meine Hütte,
mein Schatten ...[15]

Wo die biblische Verkündigung Gestalt gewinnt in *Bild und Skulptur,* nimmt sie deutlich die Züge der eigenen Welt und ihrer Menschen an. Die Kirchen in der Dritten Welt sind reich an solchem Ausdrucksvermögen. Eine vielfältige Symbolsprache in Formen und in Farben tritt in den Dienst der Vergegenwärtigung und der unmittelbaren Anschauung des Glaubensgeheimnisses.
Wir wählen als Beispiele dafür eine papuanische Christusdarstellung aus Neuguinea, eine afrikanische Darstellung der Heimkehr des verlorenen Sohnes, eine brasilianische Madonna und eine Marienstatue aus Neuseeland.

14 Johnson Gnanabaranam: Heute, mein Jesus. Erlangen [5]1967, S. 47–49.
15 *Aus:* Ich liege auf meiner Matte und bete. Afrikanische Gebete. Gesammelt und bearbeitet von F. Pawelzik. Wuppertal [3]1962, S. 34.

Abb. 6: Papuanische Christusdarstellung aus Neuguinea

Aus: Arno Lehmann: Die Kunst der Jungen Kirchen. Berlin 1955, S. 193.

Abb. 7: Sam Songo: Die Rückkehr des verlorenen Sohnes (Afrika)

Aus: Arno Lehmann: Die Kunst der Jungen Kirchen. Berlin 1955, S. 105.

Abb. 8: Madonna, von Claudio Pastro, São Paulo, Brasilien

Motiv einer Weihnachtskarte des Deutschen Instituts für Ärztliche Mission, Tübingen 1979.

Abb. 9: Marienstatue aus Neuseeland

Aus: Arno Lehmann: Die Kunst der Jungen Kirchen. Berlin 1955, S. 189.

(6) Auf welche Weise befruchten die jungen Kirchen der Dritten Welt Ausdrucksformen christlicher Lehre und Liturgie?

....

....

....

....

....

....

....

....

....

....

Die Weltreligionen im Spannungsfeld von universalem Selbstverständnis und Koexistenz

Wir haben uns mit der biblischen Begründung, mit bestimmten geschichtlichen Erscheinungsformen und mit dem dialogischen Charakter der christlichen Mission in bezug auf die anderen Religionen beschäftigt. Dabei darf nicht übersehen werden, daß sich auch andere Weltreligionen auf die ganze Menschheit beziehen. Die Wege, die sie für das Heil kennen und weisen, sollen für alle Menschen gelten. Darin liegt auch im Falle einer Religion wie des Hinduismus oder des Buddhismus bei aller Vielfalt ihrer Erscheinungsformen ein letzter „Absolutheitsanspruch".

Solches „universale" Selbstverständnis kommt in diesen Weltreligionen weniger in einer ausgrenzenden oder ablehnenden Haltung gegenüber anderen Religionen zum Ausdruck, vielmehr versuchen sie, die Vorstellungen und Überlieferungen anderer Religionen durch eine eigene Deutung in den Zusammenhang der eigenen Religion zu integrieren. Bereits Buddha, aber auch Vertreter des neueren Hinduismus und des heutigen Buddhismus haben dafür neben theoretischen Begründungen sprechende Bilder und gleichnishafte Verkündigungsmodelle benutzt. Wir wollen uns einzelne solcher Vergleiche näher ansehen und nach dem Anspruch fragen, der gegenüber anderen Religionen in ihnen erhoben wird:

• Eine der ältesten Gleichnisreden, die schon in den Reden des Gautama Buddha überliefert wird und dann auch in der Auslegungsgeschichte des Hinduismus bis in die neueste Zeit immer wieder eine Rolle spielt, ist das *Gleichnis vom Elefanten und den Blinden.* Bei dem Versuch, den Elefanten wahrzunehmen und zu beschreiben, sind ihre Wahrnehmung und ihr Verstehen begrenzt durch den jeweiligen Standort, von dem aus sie sich dem Elefanten nähern. Sie vermögen jeweils nur das ihnen Zugängliche an ihm zu ertasten. Das so von einem jeden verschieden Erfaßte müssen sie für das Ganze nehmen – das sich ihnen aber doch entzieht. Allein dem Sehendgewordenen entbirgt sich die ungeteilte, ganze Wahrheit. Er aber hat auch Verständnis für die begrenzten und noch vorläufigen Tastversuche derer, denen die Augen noch gehalten sind und die darum im Fuß, im Stoßzahn oder im Rüssel des Elefanten das Ganze erfaßt zu haben meinen. Die Deutung dieser Bildrede lautet so: Erst der erleuchtete Mensch, welcher der Lehre des Buddha gefolgt ist oder der sich auf die Wege des Hinduismus begeben hat, die zur Befreiung *(mokṣa)* führen, hat Zugang zur ganzen Wahrheit. Vorher mag vieles richtig erahnt werden, mögen Teile erkannt werden. Deshalb lohnt es sich nicht, über solche vorläufigen, sich

widersprechenden Wahrnehmungen zu streiten; sie müssen notwendigerweise unterschiedlich ausfallen. Nur der Sehendgewordene weiß, daß es zwischen solchen Teilwahrheiten keine letzten Gegensätze geben kann. Sie ergänzen sich und sind integrale Bestandteile einer umfassenderen Wirklichkeit. Solche universale Erkenntnis gilt als Frucht und Verheißung der eigenen hinduistischen oder buddhistischen Wahrheit.
Auf diese Weise verbindet sich mit dem eigenen Anspruch auf den Zugang zur unbedingten, ganzen Wirklichkeit zugleich auch ein tolerierendes Verständnis für diejenigen, die – aufgrund ihrer durch geschichtliche und andere Umstände bedingten Situationen – noch in den sie begrenzenden eigenen Überzeugungen gefangen sind.

• Ein anderer Vergleich geht auf die vorläufige Rolle zurück, die andere Religionen im Lichte der eigenen hinduistischen religiösen Erfahrung spielen. Es gibt für den Wanderer *verschiedene Wege zum Gipfel.* Manche von ihnen kommen auch Um- und Irrwegen gleich. Entscheidend aber soll nicht die oft höchst unterschiedliche Anmarschroute sein, sondern allein das Gipfelerlebnis. Im Licht dieses Erlebens sind alle Wege, die zum Gipfel führen, relativ. Es lohnt sich nicht über sie zu streiten. Worauf es allein ankommt, ist der erst dort oben zu gewinnende Gipfelblick. Solche Gipfelerfahrung aber ist allein im hinduistischen Erleuchtungsvorgang zu gewinnen. Nach hinduistischem Verständnis befindet sich der Mensch mit allem, was er wahrnimmt, in der diese Welt und Geschichte kennzeichnenden täuschenden *māyā*-Situation. Von ihr läßt sich der Mensch in seinen verschiedenen religiösen Erlösungsvorstellungen täuschen. Nur wer die Pfade der Entsagung, der Meditation und des inneren Abschiedes von allen irritierenden Umwelteinflüssen „nach innen" geht, vermag solche „Irrtümer" loszuwerden und zur Erleuchtung *(mokṣa)* zu gelangen. Solche indische religiöse Zielvorstellung will darum bewußt auf alle lehrhaften und inhaltlichen Beschreibungen dieses „Gipfelerlebens" verzichten. Auch sie unterlägen immer noch den Begrenzungen dieser Māyāwelt. Derjenige, der Erleuchtung in diesem Sinne erreicht hat, verzichtet auf alle Vorstellungen oder Definitionen derselben.

• Auch für diesen „Verzicht" auf ein religiöses Bekenntnis zugunsten solchen „mystischen" Erlebens kennt der Osten zahlreiche Vergleiche. Einer von ihnen ist die *Erzählung vom Farbbottich,* in dem indische Frauen ihre Saristoffe färben. Der Besitzer des Bottichs fragt eine jede nach ihrem Farbwunsch, und jede erhält aus demselben Bottich ihren Sari zurück mit der von ihr gewünschten Farbe. Nur eine von ihnen verzichtet darauf, einen eigenen Farbwunsch zu äußern. Sie wünscht sich die „Farbe", die der Inhalt des Bottichs selber enthält. Damit erweist sie sich als „Erleuchtete" im Sinne des Hinduismus; denn sie vermengt das „Absolute", das diese Religion zu vermitteln beansprucht, nicht mehr mit ihren eigenen Erwartungen und Vorstellungen.

Auch der Buddhismus kann in solchen Vergleichen die absolute Gültigkeit der Lehre Buddhas gegenüber anderen Religionen herausstellen. In diesem Falle zählt allein das nur wenigen erreichbare Ziel des *nirvāṇa.* Im Vergleich zu ihm liegen alle anderen Wege religiöser Praxis oder auch Glaubensinhalte noch in den Leiden verursachenden Abhängigkeiten und Bindungen.

Worauf es uns am Beispiel dieses hinduistischen und buddhistischen Selbstverständnisses ankommt, ist die Tatsache, daß sich mit diesen Religionen ein absoluter Anspruch verbindet, der allgemeine Geltung erhebt. Dem widerspricht natürlich zunächst im Hinduismus die Tatsache, daß die *karma*-bedingten Existenzweisen der Menschen höchst unterschiedliche Voraussetzungen für diese Wege zum Heil darstellen. Auch im Falle des Buddhismus schließt die Tatsache, daß der Buddha den achtfachen Pfad zur Erleuchtung nur für wenige als gangbar erachtete, diesen Anspruch auf Allgemeingeltung nicht aus. Das erklärt, warum wir in diesen Religionen – sei es in Gestalt einer um einen Guru sich scharenden Jüngergemeinde im Hinduismus oder in Form des buddhistischen Mönchsordens *(saṃgha)* – eine Tendenz zum Elitären feststellen können. Jenseits aller Kasten- und Sektenunterschiede überschauen die „Fortgeschrittenen" die situations- und schicksalsbedingten religiösen Unterschiede. Was sich dem Unerleuchteten noch als Gegensatz darstellen mag, verliert für den Erleuchteten seine Widersprüchlichkeit.

Darum verkünden die modernen Sprecher der östlichen Religionen, daß die Weisheit des Ostens der Schlüssel zur Einheit der Religionen sei. Aus der Mitte ihrer eigenen religiösen Erfahrung heraus wenden sie sich an die Menschen aller Religionen und fordern sie auf, aus den Schranken ihrer spezifischen Glaubensweisen herauszutreten und sich den Wegen hinduistischer und buddhistischer Weisheit zu öffnen. Die Feststellung „Asien missioniert im Abendland" ist darum nicht allein ein Buchtitel,[16] sondern beschreibt diesen Anspruch, mit dem sich heute Vertreter dieser östlichen Religionen gerade auch an die Menschen in westlichen Ländern wenden. Dabei wird man mit dem Begriff „Mission" in dieser Hinsicht vorsichtig umzugehen haben. Er entspricht dem besonderen Verständnis des christlichen Sendungsauftrages, den es in dieser Weise – mit Ausnahme des Islam – in keiner anderen Weltreligion gibt. Aber in dieser Hinsicht muß der Islam als eine nachchristliche Religion verstanden werden, die ohne Zusammenhänge mit der älteren jüdisch-christlichen Offenbarungsgeschichte nicht zu verstehen ist und aus diesen Traditionen wesentliche Elemente übernommen hat. Die Präsenz der östlichen Religionen in den Industrieländern des Westens kann dabei höchst unterschiedliche Gestalt haben. Sie reichen von Yogaschulen über die verschiedenen Gemeinschaften mit ihren besonderen Führern und Stiftergestalten bis zu tibetischen Tempelgemeinschaften oder Zentren Zen-buddhistischer Meditation. Dabei ist nicht zu übersehen, daß die organisierten Formen christlicher Missionsunternehmungen bereits Ende des vorigen Jahrhunderts Eingang in die weltweiten Bewegungen östlicher Religionen gefunden haben. In der von dem Inder Swami VIVEKANANDA gegründeten „Ramakrishna-Mission" hat der Hinduismus eine weltweite Bewegung erhalten, die nach dem Vorbild christlicher Missionsorden ihre „Missionsstationen" auch in den Großstädten westlicher Länder aufgebaut hat. Bildungsarbeit, soziale Engagements und eine reichhaltige publizistische Tätigkeit stehen hier ebenso im Dienste der Ausbreitung vedantischen Gedankengutes und hinduistischer religiöser Praktiken wie eine intensive Schulungs- und Tagungstätigkeit (vgl. auch STE 10).

Auch im Falle des Islam begegnen wir Formen der Mission, die sich in gezielter, organisierter und zentral gelenkter Missionsarbeit an Nichtmuslime in vielen Ländern der Welt wenden. Neben den für bestimmte Länder und in deren Sprachen und Denktraditionen ausgebildeten Missionaren der Al-Azhar-Universität in Kairo ist es vor allem die Ahmadiya-Mission, die in solcher Weise gezielt arbeitet und auch in Westdeutschland ihre Missionsstationen unterhält.

Angesichts dieser Entwicklungen stehen wir heute vor einer neuen Situation im Blick auf das Verhältnis der Religionen zueinander. Waren es durch Jahrhunderte hindurch allein das Christentum und der Islam, die sich ihrem Glaubensverständnis entsprechend als eine Botschaft an alle Menschen verstanden, so gilt das in der Gegenwart auch für Religionen wie den Hinduismus und den Buddhismus, aber auch für bestimmte Richtungen japanischer neuer Religionsgemeinschaften. Missionarisches Bewußtsein ist zu einem interreligiösen Phänomen geworden.

16 K. HUTTEN / S. VON KORTZFLEISCH (Hrsg.): Asien missioniert im Abendland. Stuttgart 1962.

Hinzu kommt, daß sich in den Ländern mit einer Bevölkerung aus verschiedenen Religionen deutliche Entwicklungen zu synkretistischen Religionsgemeinschaften vollziehen. In ihnen mischen sich die verschiedensten religiösen Elemente mit christlichen Anschauungen. So ist Lateinamerika und vor allem Brasilien heute von Entwicklungen erfaßt, welche die ursprüngliche afrikanische Stammesreligion, wie sie von den Negersklaven einmal mitgebracht wurde, mit Elementen indianischer Religiosität und mit europäischen spiritistischen Praktiken vermengen und dem eigenen christlichen Traditionsgut beimischen. Diese neuen Kultgemeinschaften (Umbanda, Macumba oder Candomblé) entfalten eine starke missionarische Anziehungskraft. Wer zu ihnen gehört, kommt sich gegenüber einem Angehörigen einer christlichen Kirche fortschrittlich und überlegen vor.

In dieses dynamische Feld sich universal verstehender und missionarisch ausbreitender oder sich synkretistisch anreichernder fremder Religionen tritt heute die christliche Mission ein. Der „Dialog", den sie zu führen hat, kann darum die Tatsache nicht außer acht lassen, daß ihr universales Auftragsverständnis auf vielerlei missionarischen „Gegenverkehr" seitens anderer Religionen trifft. Auch in den christlichen Stammländern des Abendlandes sind die Christen nicht mehr „unter sich". Herausfordernd und einladend begegnen sie in nächster Nachbarschaft Menschen ihrer Sprache und Kultur, die sich einer anderen Religion angeschlossen haben, für die sie werbend und einladend missionarischen Zeugendienst tun. Eine solche veränderte interreligiöse Begegnungssituation aber wirft die Frage nach der „Koexistenz der Weltreligionen" in neuer und veränderter Weise auf.

Die „Koexistenz" der Weltreligionen kann unter diesen Umständen nicht als ein gegeneinander abgeschlossenes, je für sich stehendes und indifferentes bloßes Nebeneinander der Religionen gesehen werden. Vielmehr schließt die Tatsache, daß es diese verschiedenen Religionen gibt, mit ein, daß das Element der Allgemeingültigkeit und damit des auch anderen Menschen geltenden Anspruchs wesentlich dazugehört. Dieser Allgemeinanspruch kann sich – wie wir am Beispiel des Hinduismus und des Buddhismus sahen – in der Art seiner Weitergabe und Bezeugung von Judentum, Christentum oder Islam unterscheiden. Daneben finden sich heute auch unter östlichen und fernöstlichen Religionen missionarische Praktiken in Gestalt institutionalisierter Weitergabe und „Verkündigung", wie sie dem Christentum und dem Islam eigen sind. Das aber bedeutet, daß der interreligiöse „Dialog" mit dieser missionarischen Dynamik der Religionen nicht nur zu rechnen hat, vielmehr gehört sie wesentlich dazu. Wer die fremden Religionen lediglich lehrbuchhaft als in sich geschlossene Systeme und Überlieferungen betrachtet, verkennt die „missionarische" Dynamik, die auch ihnen eigen ist. Ein echter Dialog muß darum dieses entscheidend dazugehörige Element miteinschließen. Von „Koexistenz" kann darum nicht in dem Sinne die Rede sein, daß dieses entscheidende Element künstlich ausgeklammert wird. Der Preis für eine solche künstlich zu schaffende spannungsfreie Zone, die sich die Auseinandersetzung um die letzte Wahrheit, mit der es religiöser Glaube zu tun hat, aussparen zu können meint, wäre zu hoch. Er würde bedeuten, daß einer Religion gerade das genommen würde, was sie aufgrund der ihr eigenen Verbindlichkeit und Überzeugungskraft eben zur „Religion" macht. Darin unterscheidet sich die Religion von philosophischen Vorstellungen oder Weltanschauungen.

Für den christlichen Glauben im richtig verstandenen Dialog mit anderen Religionen bedeutet dies, daß er den ihm eigenen Sendungsauftrag nicht aus solcher Begegnung ausklammern darf. Man würde um eines falsch verstandenen „Koexistenz"-Verständnisses willen dem Dialogpartner gegenüber die halbe Wahrheit unterschlagen. Das bedeutet nicht, daß das, was in einem Dialog zur Sprache kommt, nicht mitbestimmt sein muß durch die besonderen Verstehensvoraussetzungen. Nicht alles kann zu jeder Zeit und unter allen Umständen „vermittelt" werden. Koexistenz der Religionen ist damit nichts Statisches, sondern ein langer, vielleicht sehr langer Prozeß gegenseitiger Bemühung, Menschen einer anderen Religion besser zu verstehen, um von ihnen verstanden werden zu können. Verstehen aber bedeutet dabei keineswegs nur einen verstandesmäßigen Vorgang rationaler Einsicht. Hier ist der ganze Mensch beteiligt mit seinem Gefühl und mit dem Anschauungsunterricht seines Lebens. Die Überzeugungskraft, die in solchem Lebenszeugnis liegt, kann darum oft eine deutlichere Sprache sprechen als eine lautstarke „Verkündigung". Gerade in dieser Hinsicht ist die zeichenhafte Existenzweise von Einzelnen und Ordensgemeinschaften, die den religiösen Inhalten leibliche Gestalt verleihen, von unentbehrlicher Bedeutung. Exemplarisches religiöses Leben gehört wesentlich zu den Ausdrucksformen, die auch von Menschen anderer Religionen verstanden werden. Die Frage nach der „Koexistenz der Weltreligionen" weist damit in ein dynamisches und bewegtes Feld interreligiöser Beziehungen. In ihm hat sich christlicher Glaube auszuweisen und zu bewähren als Zeugnis des „Geistes der Kraft und der Liebe" (2 Tim 1,7). Nur dann bleibt er Hinweis auf Empfangenes. Im geschichtlichen Miteinander verschiedener Religionen behält er damit seinen Zeugnischarakter. Als solcher vermag er die Tatsache der „Koexistenz" zu ertragen, ohne seine Gewißheit und Eindeutigkeit darin einzubüßen.

(7) Wie läßt sich das Verhältnis von „Koexistenz" und universalem Anspruch in den Weltreligionen näher bestimmen?

....

....

....

....

....

....

....

....

....

....

....

....

....

....

....

29. Christentum und Marxismus – ein Beispiel ideologischer Auseinandersetzung

Autor der Studieneinheit: Ferdinand Reisinger

FERDINAND REISINGER (38), Studium der Philosophie, katholischen Theologie und politischen Wissenschaft in Salzburg. Seit 1983 Professor für Gesellschaftslehre an der katholisch-theologischen Hochschule in Linz/Oberösterreich.
Wissenschaftliche Interessenschwerpunkte: Politische Theologie, Atheismusforschung, Konfrontation: Christentum – Marxismus, theologische Ökonomiekritik.

Allgemeine Einführung

Das Christentum versteht sich als Glaubensgemeinschaft und hat den ganzen Menschen zum Ziel, der Kommunismus will als politische Kraft die Lebensbedingungen der Völker verändern und nimmt ebenfalls Einfluß auf den ganzen Menschen – nur allzu leicht aber werden die Menschen nach der einen oder anderen Seite hin Opfer eines Systems. Angesichts dieser Situation stellt sich die Frage: Können Marxismus und Christentum jemals miteinander existieren? Seit geraumer Zeit existieren sie nebeneinander; aber es gibt zahlreiche Reibungsflächen zwischen christlichen Anschauungen und marxistisch-kommunistischen Plänen. Viele Zeitgenossen meinen, es müßte nicht so viele Reibungsflächen geben.

Seit mehr als hundert Jahren gibt es die marxistische Bewegung; seit allem Anfang steht sie in Konkurrenz zum Christentum. Trotz der beiderseitigen Anfeindungstendenz spielen beide Bewegungen als „Ideologien“ eine nicht zu übersehende Rolle. Die Geschichte dieser hundert Jahre könnte uns freilich auch schon manche Lehre bieten. Darum stellen sich Rückfragen: Müssen Christen und Marxisten einander wirklich und notwendig feindlich begegnen? Würden sie ihre Identität verlieren, wenn es zu einer Verbrüderung der bisher feindlichen Parteien käme? Sind Christentum und Marxismus miteinander völlig unversöhnbar? Diese Fragen werden seit geraumer Zeit diskutiert. Und diese Diskussion ist notwendig. Will man einer illusorischen Scheinehe zwischen Christen und Marxisten wehren, muß man das Gewicht der Tradition(en) ausreichend berücksichtigen.

Auf der anderen Seite drängen die Probleme und die „Zeichen der Zeit“ in einem Ausmaß, daß wir uns den Luxus grundsätzlicher geistig-ideologischer Unversöhnlichkeit kaum noch leisten können. Die Fragen drängen im konkreten Detail an die Hellhörigen heran: Gibt es Möglichkeiten, daß man „ein Stück Weges gemeinsam geht“?
Es ist nicht mehr angebracht, von dem Marxismus (in der Einzahl) und von dem Christentum (in der Einzahl) zu sprechen. Marxismus ist nicht gleichzusetzen mit der kommunistischen Wirklichkeit; Christentum ist nicht dasselbe wie Praxis und Taktik der kirchlichen Amtsvertreter. Die Anliegen der einen wie der anderen Bewegung könnten zu einer „Inspiration“ für die jeweils andere Strömung werden.
Tatsächlich leben Christen und Marxisten ja nicht in getrennten Welten; unser gemeinsamer Planet ist voll von unausweichlichen Problemen: Wir sollen die Fragen nach einem sinnvoll gestalteten Leben in einer spät- bis nachkapitalistischen Phase zu lösen suchen (das gilt gleicherweise für die westliche wie für die östliche Welt!). Und es stehen Herausforderungen zur Erledigung an, die durch die politische Konfrontation unterschiedlich motivierter Machtblöcke gegeben sind. Wir spüren in unseren Tagen – wie kaum einmal zuvor –, welche Rolle ideologische Fixierungen bei den Menschen spielen; nur selten dringt das Bewußtsein an die Oberfläche, daß es hüben wie drüben um die Menschen gehen müßte, die eine Chance zum Überleben und zur möglichst freien Gestaltung des Lebens erhoffen. Die politischen Herrschafts- und Vorherrschaftsansprüche und die Investitionen „zur Sicherung vor der Übermacht des Feindes“ erscheinen allenthalben als absurd. Dennoch ist es nicht ratsam, kurzschlüssig über die bestehenden Machtfaktoren und Machtverhältnisse hinweg einem blinden Versöhnungsutopismus zu verfallen. Weder die realen Machtfaktoren noch die in den Völkern aufgestauten Empfindungen und Ängste, noch die von der Geschichte geformten Denkschemata sollte man leichtfertig geringachten. Vielmehr ist das Problem der Konfrontation in unseren Tagen zu einer Frage nach den verantwortbaren Methoden geworden. Das Bemühen, einander und die gemeinsame Situation zu verstehen, könnte helfen, eine Brücke zu bauen. Ein wichtiger Pfeiler einer solchen Brücke wäre das Miteinander-Reden; wenn dieser Träger fehlt, kann es von vornherein kein Zueinander geben.
Das Thema beanspruchter *(Vor-)herrschaft* und militärischer Interessensicherung müßte gemeinsam befragt werden. Ebenso ist das Problem des *Weltfriedens* ein zentrales und umfassendes Thema; es müßte von vielen Seiten her angegangen werden. Gesprächsbereitschaft und Gesprächsfähigkeit sind Grundpfeiler, wenn man Bedingungen für eine friedlichere Zukunft schaffen will.
Solches Miteinander-Reden, also jedes ernsthafte Gespräch, ist an eine Voraussetzung gebunden: es muß realitätsbezogen geführt werden. Die Bedingung, um im Gespräch auf dem Boden der Realitäten zu bleiben, ist die Kenntnis der Sachlage. Solche Kenntnis resultiert aus dem Wissen um die wesentlichen Faktoren und aus der Einsicht in die geschichtlichen Hintergründe.
Wenn man sich mit der *Geschichte der Auseinandersetzung zwischen Christentum und Marxismus* beschäftigt, befaßt man sich mit einem nicht unbedeutenden Teil der Fakten, die unser Zeitgeschehen beeinflussen. Solche Beschäftigung hat nicht das Ziel, eine Harmonisierung der Standpunkte heraufzubeschwören. Es geht zuerst um das wechselseitige Begreifen, damit weitere Entscheidungen möglich werden.

Nach dem Durcharbeiten dieser Studieneinheit sollen Sie in der Lage sein,

- die Hauptabsichten der Religionskritik von Karl MARX und Friedrich ENGELS darzulegen;
- die Wirkungsgeschichte der marxistischen Religionskritik in der kommunistischen (Anti-)Kirchenpolitik nachzuzeichnen;
- den in den Kirchen entstandenen Anti-Kommunismus als Reaktion auf die marxistische Religionskritik aufzuzeigen;
- die Gründe für eine Veränderung des Klimas in den Beziehungen zwischen Christen und Marxisten zu erklären;
- mit kritischem Bewußtsein die eigene Einstellung und ihre Interessenstandpunkte zu durchleuchten;
- die Extrempositionen eines systemfixierten Konfrontationskurses und einer standpunktlosen Harmonisierungstendenz zu unterscheiden.

Zur Problemstellung der Konfrontation von Christentum und Marxismus

„Alle Möglichkeiten der Religion sind erschöpft“ – so schrieb Friedrich ENGELS im Jahr 1844; er meinte, für diese Behauptung wissenschaftliche Gründe zu haben.[1] Ganz ähnlich dachte zu dieser Zeit und in dieser Sache sein Weg- und Kampf-

1 Karl MARX / Friedrich ENGELS: Werke (MEW). Bd. 1–32 u. 2 Erg. Bde. Berlin 1957 ff.; hier Bd. 1, S. 544 (= MARX / ENGELS: Über Religion [ÜR], S. 254).

gefährte Karl MARX. Die Geschichte hat dieser Behauptung nicht ganz recht gegeben. Dennoch halten die Marxisten auch heute noch an dieser Vorhersage ihrer „denkerischen Väter" fest.

Welche Antwort können religiöse Menschen auf diesen Satz geben? Reicht es aus, wenn sie darauf hinweisen, daß die Wirklichkeit diesen Satz widerlegt hat?

MARX und ENGELS machten sich ihre Gedanken nicht in einem geschichtslosen Raum. Ihre Anschauungen und Absichten müssen vor allem im Rahmen des neuzeitlich-aufklärerischen Verändern-wollens und des autonomen Zukunftsoptimismus des 18. und 19. Jahrhunderts verstanden werden.
Die Religion und ihre Existenzbegründung hat angesichts der massiven Kritik von vielen Seiten keinen leichten Stand – und doch gibt es sie nach wie vor: die Religionen, das Christentum. Es stellt sich also die Frage: Ist Religion ein unüberwindlicher Teil des Menschen? Vermögen selbst härteste religionsfeindliche Kräfte sie nicht zu vernichten? Oder waren nur die Vertreter der Religionen bisher nicht zu überlisten?
Die Begegnung zwischen Christentum und Marxismus bzw. zwischen Marxisten und Christen war über lange Zeit allein vom Aspekt der *Existenzberechtigung* von religiösen bzw. atheistischen Anschauungen geprägt. Man stellte sich gegenseitig radikal in Frage, gerade weil man Vertreter einer religiösen bzw. religionslosen Weltdeutung war.
Trotz der jahrzehntelangen feindlichen Gegenposition der Christen ist der politische und ideologische Einfluß des Marxismus weltweit angewachsen. Andererseits erlebt das Christentum mancherorten – nicht zuletzt in marxistisch orientierten Gebieten – neuen Zulauf. Es erhebt sich die Frage: Sind Marxismus und Christentum notwendigerweise Gegner? Oder gibt es eine Form von weitgehender friedlicher Koexistenz beider Anschauungen?

Abb. 1: „Schattenspiel" von Tomi Ungerer

Aus: B. BARRACLOUGH (Hrsg.): Die Welt des Christentums. München 1982, S. 329.

Die Antwort auf die so gestellten Fragen kann nicht eindeutig ausfallen. Denn bei beiden Erscheinungen – beim Marxismus wie beim Christentum – handelt es sich um geschichtliche und damit veränderliche und sich verändernde Größen. Auch wenn beide Weltanschauungen sich so geben, als wären sie wenigstens in ihrem Kern unwandelbar, so tun sich dem historischen Rückblick doch interessante Veränderungsvorgänge dar. Es ist beispielsweise keineswegs mehr so eindeutig auszumachen, was denn der Marxismus bzw. das Christentum ist und wer die „reine Form" der jeweiligen Anschauung repräsentiert. Was Christentum meint und was Marxismus heute bedeutet, ist also nicht leicht oder eindeutig abzuklären. Die Meinung einzelner Vertreter ist darum nicht gleichbedeutend mit der Haltung des Marxismus oder des Christentums im ganzen.
Eine realistische Betrachtungsweise wird freilich nicht von definitorischen Ausgrenzungen her ans Werk gehen; damit wäre für die Beurteilung der Wirkmächtigkeit dieser Größen nichts gewonnen. Auch eine Ausdifferenzierung in unterschiedliche Typen von Marxismus und dergleichen ist nur von relativem Wert. Man sollte vielmehr zuerst die historische Tatsache zur Kenntnis nehmen: *Marxismus und Christentum bestimmen seit geraumer Zeit als geschichtlich bedeutsame Strömungen das Welt- und Menschenbewußtsein durch ihr real-gesellschaftliches Wirken.* Auch muß gesehen werden, daß sie nicht voneinander abgegrenzt und nur nebeneinander wirken; sie hatten und haben eine deutliche *Kontaktnahme* zueinander. Die geschichtlichen Begebenheiten des Bezugnehmens aufeinander bzw. die Konfrontation gegeneinander sollen im folgenden skizziert und analysiert werden: Innerhalb der Erörterungen über Religion und ihr Wirken in der Welt geht es hier also um die „Geschichte einer realen Auseinandersetzung" mit einer sich als religionslos verstehenden und behauptenden Bewegung.

Um der Fülle der theoretischen und praktischen Materialien dieser mehr als hundertjährigen Auseinandersetzung Herr zu werden, wollen wir im folgenden drei Typen der Begegnungsform unterscheiden:

(1) Marxismus und Christentum als konträre geschlossene Systeme
(2) Marxismus und Christentum als umfassende Bewegungen auf verschiedenen Verständnisebenen
(3) Marxismus und Christentum als gesellschaftswirksame Bewegungen, die sich gegenseitig als Herausforderung akzeptieren

Bei dieser Vorgehensweise muß im Auge behalten werden, daß man sich die „Begegnungstypen" nicht in geschichtlichem Nacheinander vorzustellen hat, daß sie vielmehr in verschiedenen Interessengruppen gleichzeitig aktuell und akut sein können. Vor allem im Blick auf die Zukunft ist noch nicht ausgemacht, wie sich das Verhältnis von Christentum und Marxismus weiterentwickeln wird: ob in einem Zueinander, Miteinander oder Gegeneinander, und wie weit die beiden Größen bereit sind, tatsächlich ein Stück Weges aufeinander zuzugehen.
Bei unserem Vorgehen wird alsbald offenkundig werden: nicht nur die Auseinandersetzungen selbst geschehen von einem jeweiligen Interessenstandpunkt aus, sondern auch die Betrachtung der Geschichte dieser Auseinandersetzung ist nicht objektiv denkbar. Bei allem Bemühen um ein zuverlässiges und überprüfbares Vorgehen in der Beleuchtung der Ereignisse wird der Standpunkt des Beobachters nicht zu verbergen sein.
Diese Überlegungen möchten ein Stück Aufklärungsarbeit sein, damit sich Christen angesichts der radikalen Infragestellungen über ihre Zukunftshoffnungen und deren Grund Rechenschaft geben können. Möglicherweise ist gerade in diesem Zusammenhang ein Satz des 1. Petrusbriefes (3,15) besonders aktuell, wo es heißt: „Was werdet ihr denen sagen, die euch nach dem Grund eurer Hoffnung fragen?" Wenn die Ansicht von ENGELS aufrechterhalten wird, wonach „... alle Möglichkeiten der Religion erschöpft" sind – was bleibt den Christen dann noch an Zukunftshoffnung?

Marxismus und Christentum als konträre geschlossene Systeme

Die in der Überschrift ausgedrückte Gegensätzlichkeit ist durch feindliche Konfrontation gekennzeichnet. Sie hat ihre Wurzeln ohne Zweifel schon bei Marx und den Vätern des Marxismus/Kommunismus. Vom offiziellen Marxismus wird in „treuer Gefolgschaft" diese Haltung als verbindlich tradiert. Sie steht zur Religion in einem Gegensatz „wie Feuer und Wasser".

Die Religion bei Karl Marx und Friedrich Engels

Es wäre eine Verfälschung der Tatsachen, wollte man die Radikalität der Religionskritik von Marx, Engels und den übrigen „großen Vätern des Kommunismus" geringschätzen. In ihrer Jugend waren Marx und Engels zunächst auch mit religiösen Fragen und Antworten konfrontiert. Im jüdischen Elternhaus von Marx spielte Religion zwar keine vordringliche Rolle; Engels hingegen durchlebte eine Kindheit intensiver Religiosität in pietistischer Umgebung. Beide entwickelten aber schon bald eine kritisch-ablehnende Haltung gegenüber Religion und Christentum. Ein Überblick über ihr Leben zeigt, daß die Sache der Religion gewiß kein vorzüglicher Interessengegenstand im Leben der beiden war; man kann aber auch nicht davon ausgehen, daß für beide die Existenz des Religiösen jemals völlig belanglos geworden wäre. Trotz der so weitreichenden Wirkung auf eine Vielzahl von Menschen wird man von ihnen nicht als von eigenständigen Religionskritikern sprechen können; vieles haben sie von bedeutenden Kritikern der Vergangenheit übernommen – vor allem von Ludwig Feuerbach, der „das Wesen des Christentums" und „das Wesen der Religion" als durchschaut erklärte.[2] Zusammen mit der – vor allem von G.W.F. Hegel vertretenen – „erledigten idealistischen Philosophie" verurteilten sie alle Religion, also auch das Christentum, als nicht mehr zeitgemäß.

Die Fragestellung von Marx hatte sich – im Gegensatz zu Feuerbach und anderen Religionskritikern seiner Zeit – allerdings verändert: Sein Problem war nicht mehr die Frage nach dem Wesen der Religion, sondern die Suche nach dem Existenzgrund von Religion, geleitet durch die Frage: „Warum gibt es überhaupt (noch) Religion?"

In einem grundlegenden Text des fünfundzwanzigjährigen Marx, am Anfang der *„Kritik der Hegelschen Rechtsphilosophie"* (1843), findet sich seine bündige Diagnose. Die für unser Interesse bedeutendste Passage lautet:

„Das Fundament der irreligiösen Kritik ist: *Der Mensch macht die Religion,* die Religion macht nicht den Menschen. Und zwar ist die Religion das Selbstbewußtsein und das Selbstgefühl des Menschen, der sich selbst entweder noch nicht erworben oder schon wieder verloren hat. Aber *der Mensch,* das ist kein abstraktes, außer der Welt hockendes Wesen. Der Mensch, das ist *die Welt des Menschen,* Staat, Sozietät. Dieser Staat, diese Sozietät produzieren die Religion, ein *verkehrtes Weltbewußtsein,* weil sie eine *verkehrte Welt* sind. Die Religion ist die allgemeine Theorie dieser Welt, ihr enzyklopädisches Kompendium, ihre Logik in populärer Form, ihr spiritualistischer Point-d'honneur [Ehrenstandpunkt], ihr Enthusiasmus, ihre moralische Sanktion, ihre feierliche Ergänzung, ihr allgemeiner Trost- und Rechtfertigungsgrund. Sie ist die *phantastische Verwirklichung* des menschlichen Wesens, weil das *menschliche Wesen* keine wahre Wirklichkeit besitzt. Der Kampf gegen die Religion ist also mittelbar der Kampf gegen *jene Welt,* deren geistiges *Aroma* die Religion ist.
Das *religiöse* Elend ist in einem der *Ausdruck* des wirklichen Elendes und in einem die *Protestation* gegen das wirkliche Elend. Die Religion ist der Seufzer der bedrängten Kreatur, das Gemüt einer herzlosen Welt, wie sie der Geist geistloser Zustände ist. Sie ist das Opium des Volkes." (MEW 1/378 = ÜR 98f.)

Nach Marx gibt es für die bestehenden religiösen Überzeugungen also ein konkretes Bedürfnis, und zwar bei solchen Menschen, die ihr Menschsein noch nicht begriffen bzw. ergriffen haben oder denen das Mensch-werden-Können auf verschiedenste Weise vorenthalten wird. Folglich werde im selben Maß, in dem die Grundlagen zum Menschsein verändert, das heißt verbessert werden, jede Religion absterben. Marx wie Engels haben Religion also durchaus ernst genommen, freilich mit dem typisch aufklärerischen Anspruch der Überwindung von sogenannten „religiösen Restbeständen". Christentum und Religion hatten für sie noch zu tun mit den „idealistischen Flausen", mit Dummheit und Aberglauben. Religion wäre demnach im Grunde inhaltslos; denn sie stürzt letztlich in sich selber zusammen (vgl. MEW 27/412 = ÜR 98).

Auch die zuerst bewunderten Väter der Religionskritik wie Ludwig Feuerbach, Bruno Bauer und David Friedrich Strauss wurden später als nicht konsequent genug kritisiert: Marx ging es um eine Erledigung der Fragen der Religion durch einen entscheidenden Schritt:

„Die Aufhebung der Religion als des *illusorischen* Glücks des Volkes ist die Forderung seines *wirklichen* Glücks. Die Forderung, die Illusion über seinen Zustand aufzugeben, ist die *Forderung, einen Zustand aufzugeben, der der Illusionen bedarf.* Die Kritik der Religion ist also im *Keim* die *Kritik des Jammertales,* dessen *Heiligenschein* die Religion ist.
Die Kritik hat die imaginären Blumen an der Kette zerpflückt, nicht damit der Mensch die phantasielose, trostlose Kette trage, sondern damit er die Kette abwerfe und die lebendige Blume breche. Die Kritik der Religion enttäuscht den Menschen, damit er denke, handle, seine Wirklichkeit gestalte wie ein enttäuschter, zu Verstand gekommener Mensch, damit er sich um sich selbst und damit um seine wirkliche Sonne bewege. Die Religion ist nur die illusorische Sonne, die sich um den Menschen bewegt, solange er sich nicht um sich selbst bewegt.
Es ist also die *Aufgabe der Geschichte,* nachdem das *Jenseits der Wahrheit* verschwunden ist, die *Wahrheit des Diesseits* zu etablieren. Es ist zunächst die *Aufgabe der Philosophie,* die im Dienste der Geschichte steht, nachdem die *Heiligengestalt* der menschlichen Selbstentfremdung entlarvt ist, die Selbstentfremdung in ihren *unheiligen Gestalten* zu entlarven." (MEW 1/378f. = ÜR 98f.)

Abb. 2: Karikatur auf die Religionskritik der linkshegelianischen Philosophen David Friedrich Strauß, Bruno Bauer und Ludwig Feuerbach

Bruno Bauer, auf einem „Strauß" reitend, treibt die Symbole der vier Evangelisten – Löwe, Adler, Engel und Stier – in den „Feuerbach".

Aus: Karl Marx und Friedrich Engels. Ihr Leben und ihre Zeit. Berlin 1978, S. 28.

2 Ludwig Feuerbach: Das Wesen des Christentums, 1841; Vorlesungen über das Wesen der Religion, 1851.

Friedrich ENGELS dachte ähnlich, wenn er folgendermaßen argumentiert:

„Wie gesagt, auch uns ist es darum zu tun, die Haltlosigkeit, die innere Leere, den geistigen Tod, die Unwahrhaftigkeit des Zeitalters zu bekämpfen; mit allen diesen Dingen führen wir einen Krieg auf Leben und Tod. [...] wir wissen, was wir wollen. Wir wollen den Atheismus [...] aufheben, indem wir dem Menschen den Gehalt wiedergeben, den er durch die Religion verloren hat; nicht als einen göttlichen, sondern als einen menschlichen Inhalt, und die ganze Wiedergabe beschränkt sich einfach auf die Erweckung des Selbstbewußtseins. Wir wollen alles, was sich als übernatürlich und übermenschlich ankündigt, aus dem Wege schaffen und dadurch die Unwahrhaftigkeit entfernen, denn die Prätension [Anmaßung] des Menschlichen und Natürlichen, übermenschlich, übernatürlich sein zu wollen, ist die Wurzel aller Unwahrheit und Lüge [...]
Wir reklamieren den Inhalt der Geschichte; aber wir sehen in der Geschichte nicht die Offenbarung ‚Gottes', sondern des Menschen, und nur des Menschen. Wir haben nicht nötig, um die Herrlichkeit des menschlichen Wesens zu sehen, um die Entwicklung der Gattung in der Geschichte, ihren unaufhaltsamen Fortschritt, ihren stets sicheren Sieg über die Unvernunft des einzelnen, ihre Überwindung alles scheinbaren Übermenschlichen, ihren harten, aber erfolgreichen Kampf mit der Natur bis zur endlichen Erringung des freien, menschlichen Selbstbewußtseins, der Einsicht von der Einheit des Menschen mit der Natur, und der freien, selbsttätigen Schöpfung einer auf rein menschliche, sittliche Lebensverhältnisse begründeten neuen Welt – um alles das in seiner Größe zu erkennen, haben wir nicht nötig, erst die Abstraktion eines ‚Gottes' herbeizurufen und ihr alles Schöne, Große, Erhabene und wahrhaft Menschliche zuzuschreiben; wir brauchen diesen Umweg nicht, wir brauchen dem wahrhaft Menschlichen nicht erst den Stempel des ‚Göttlichen' aufzudrücken, um seiner Größe und Herrlichkeit sicher zu sein. Im Gegenteil, je ‚göttlicher', d.h. unmenschlicher etwas ist, desto weniger werden wir es bewundern können. Nur der *menschliche* Ursprung des Inhalts aller Religionen rettet ihnen hier und da noch etwas Anspruch auf Respekt; nur das Bewußtsein, daß selbst der tollste Aberglaube doch im Grunde die ewigen Bestimmungen des menschlichen Wesens enthalte, wenn auch in noch so verrenkter und verzerrter Form, nur dies Bewußtsein rettet die Geschichte der Religion und namentlich des Mittelalters vor der totalen Verwerfung und vor dem *ewigen* Vergessen, was sonst allerdings das Schicksal dieser ‚gottvollen' Geschichten sein würde. Je ‚gottvoller', desto unmenschlicher, desto tierischer, und das ‚gottvolle' Mittelalter produzierte allerdings die Vollendung menschlicher Bestialität, Leibeigenschaft, *jus primae noctis* usw. Die Gott*losigkeit* unseres Zeitalters [...] ist eben seine Gott*erfülltheit*." (MEW 1/544ff. = ÜR 255ff.)

Gerade weil sie am Phänomen Religion nicht vorbeigehen konnten, plädierten MARX wie ENGELS für eine aktive Konfrontation mit der religiösen Wirklichkeit im Volk. Im *„Manifest der Kommunistischen Partei"* (1848) steht als Programm: „Der Kommunismus aber schafft die ewigen Wahrheiten ab, er schafft die Religion ab" (MEW 4/480 = ÜR 70). Bisweilen gehen die Forderungen noch weiter: Religion ist „zu verurteilen", ja man „muß den ganzen Überbau [...] in die Luft sprengen" (MEW 4/473 = ÜR 69). Der folgende bedeutsame Satz sagt auch Vieles aus über die Art und Weise, wie man den Kampf zu führen gedenkt: „Die Religion kann nur auf eine feindselige oder frivole Weise angegriffen werden" (MEW 1/11 = ÜR 102). Ähnlich erscheint die Position von Friedrich ENGELS, wenn er schreibt: Wir haben „der Religion und den religiösen Vorstellungen ein für allemal den Krieg erklärt und kümmern uns wenig darum, ob man uns Atheisten oder sonst irgendwie nennt" (MEW 1/545 = ÜR 255).

Hinter diesen Sätzen stecken freilich differenziertere kritische Überlegungen und teilweise auch persönlich-frustrierende Erfahrungen mit der konkreten Verwirklichung der Religion in der damaligen Zeit, besonders mit dem pietistischen Protestantismus.

In den kritischen Auseinandersetzungen mit christlichen Grundsätzen zur Lösung sozialer Fragen zeichnete MARX die „sozialen Prinzipien des Christentums". Er spricht von „absurden Windbeuteleien über die solidarischen Verpflichtungen der Gesellschaft", von „imaginären Überschüssen und nicht akzeptablen Wechseln auf Gott Vater, Sohn und Kompanie"; und er hält dann schrittweise Abrechnung mit der Geschichte des Christentums:

„Die sozialen Prinzipien des Christentums haben jetzt achtzehnhundert Jahre Zeit gehabt, sich zu entwickeln, und bedürfen keiner ferneren Entwicklung durch preußische Konsistorialräte.
Die sozialen Prinzipien des Christentums haben die antike Sklaverei gerechtfertigt, die mittelalterliche Leibeigenschaft verherrlicht und verstehen sich ebenfalls im Notfall dazu, die Unterdrückung des Proletariats, wenn auch mit etwas jämmerlicher Miene, zu verteidigen.
Die sozialen Prinzipien des Christentums predigen die Notwendigkeit einer herrschenden und einer unterdrückten Klasse und haben für die letztere nur den frommen Wunsch, die erstere möge wohltätig sein.
Die sozialen Prinzipien des Christentums setzen die konsistorialrätliche Ausgleichung aller Infamien in den Himmel und rechtfertigen dadurch die Fortdauer dieser Infamien auf der Erde.
Die sozialen Prinzipien des Christentums erklären alle Niederträchtigkeiten der Unterdrücker gegen die Unterdrückten entweder für gerechte Strafe der Erbsünde und sonstigen Sünden oder für Prüfungen, die der Herr über die Erlösten nach seiner unendlichen Weisheit verhängt.
Die sozialen Prinzipien des Christentums predigen die Feigheit, die Selbstverachtung, die Erniedrigung, die Unterwürfigkeit, die Demut, kurz alle Eigenschaften der Kanaille, und das Proletariat, das sich nicht als Kanaille behandeln lassen will, hat seinen Mut, sein Selbstgefühl, seinen Stolz und seinen Unabhängigkeitssinn noch viel nötiger als sein Brot.
Die sozialen Prinzipien des Christentums sind duckmäuserisch, und das Proletariat ist revolutionär." (MEW 4/200 = ÜR 81)

In seiner Schrift *„Zur Judenfrage"* (1843) nahm MARX den heftigsten Anstoß an der Herrschaft der christlichen Religion in der Form des damaligen „christlichen Staates". Er versucht darin die Unvereinbarkeit des sogenannten christlichen Staates mit dem Anspruch des Evangeliums zu begründen; er behauptete die Unmöglichkeit der Emanzipation des religiösen (jüdischen wie christlichen) Menschen, es sei denn, er emanzipiere sich von seinem religiösen und „bürgerlichen" Wesen. Seine Schlußfolgerungen sind darum eindeutig und klar. In der *„Kritik der Hegelschen Rechtsphilosophie"* schreibt er:

„Die Kritik des Himmels verwandelt sich damit in die Kritik der Erde, die Kritik der Religion in die Kritik des Rechts, die Kritik der Theologie in die Kritik der Politik [...] Die Kritik der Religion endet mit der Lehre, daß der Mensch das höchste Wesen für den Menschen sei, also mit dem kategorischen Imperativ, alle Verhältnisse umzuwerfen, in denen der Mensch ein erniedrigtes, ein geknechtetes, ein verlassenes, ein verächtliches Wesen ist." (MEW 1/379, 385)

An Radikalität und Deutlichkeit lassen diese Absichtserklärungen wenig zu wünschen übrig.

Jeglichem sozialen Engagement von christlich motivierten Menschen stand MARX skeptisch, eigentlich sogar feindlich gegenüber. 1869 schrieb er in einem Brief an Friedrich ENGELS: „Ich habe mich überzeugt, daß energisch gegen die Pfaffen losgegangen werden muß. Die Hunde kokettieren, wo es passend scheint, mit der Arbeiterfrage." (gestrafft nach MEW 32/371)

Eine positive Würdigung von Religion ist also für MARX und ENGELS ausgeschlossen. Dennoch soll aber wenigstens eine Anekdote erwähnt werden, welche die Tochter von MARX übermittelt hat: Er erzählte den Kindern gern vom Zimmermannssohn aus Nazaret; und er sagte: „Trotz alledem, wir können dem Christentum viel verzeihen, denn es hat gelehrt, die Kinder zu lieben."[3]

Die Briefe von MARX geben einen Einblick in seine kämpferische Natur und in die Härte seiner Forderungen, man begegnet freilich auch den Grenzen seiner menschlichen Persönlichkeit; und es wäre sicher eine Verzerrung der Biographie, wollte man aus ihm einen Heroen machen. Diese Gefahr ahnte er vermutlich, wenn er von sich selbst sagte, daß er kein Marxist sein wolle.

3 Zit. nach: Helmut HIRSCH: Marx und Moses. Frankfurt 1980, S. 125.

Das Engagement, mit dem er und seine Genossen in den politischen Kampf zogen, die Unerbittlichkeit, mit der die gesellschaftlichen und wirtschaftlichen Analysen durchgezogen wurden, prägten auch die Vorgangsweise gegen jegliche metaphysische Philosophie, gegenüber den christlichen Grundsätzen, gegenüber den Kirchen sowie Glaube und Christentum im ganzen.

„Feindschaft“ ist ein Schlüsselbegriff, der nicht nur die religionskritischen Auseinandersetzungen, sondern die marxistische Doktrin im ganzen wesentlich durchzieht. Die politische und ökonomische Entwicklung wird in der Deutung des Geschichtsganges als „Klassengegensatz“ gesehen; Religion steht in dieser Beurteilung klar auf der Seite der zu überwindenden und zu beseitigenden „Ideologien“. In der Beurteilung der Methoden zur Erreichung des radikal anderen Zustandes (Kommunismus) läßt Marx keine halben Lösungen gelten: Kampf und Revolution sind die theoretisch begründeten und praktisch notwendigen Forderungen.

(1) Welche Forderungen ergeben sich aus der Marxschen These von der Religion als „Produkt der Gesellschaft“ für das Programm der „Aufhebung von Religion“?

....

....

....

....

....

....

....

....

Kommunistische Religionspolitik und christlicher Antikommunismus

Nicht nur die kritische, sondern die feindliche Note prägte im wesentlichen auch die ersten Generationen des sich entwickelnden Sozialismus/Kommunismus.

Bei Wladimir I. Lenin beispielsweise findet man genauso radikale Töne gegen die Religion wie bei Marx und Engels:

„Die Religion ist eine von verschiedenen Arten geistigen Joches, das überall und allenthalben auf den durch ewige Arbeit für andere, durch Not und Vereinsamung niedergedrückten Volksmassen lastet. Die Ohnmacht der ausgebeuteten Klassen im Kampf gegen die Ausbeuter erzeugt ebenso unvermeidlich den Glauben an ein besseres Leben im Jenseits, wie die Ohnmacht des Wilden im Kampf mit der Natur den Glauben an Götter, Teufel, Wunder usw. erzeugt. Denjenigen, der sein Leben lang arbeitet und Not leidet, lehrt die Religion Demut und Langmut hienieden und vertröstet ihn mit der Hoffnung auf himmlischen Lohn. Diejenigen aber, die von fremder Arbeit leben, lehrt die Religion Wohltätigkeit hienieden, womit sie ihnen eine recht billige Rechtfertigung ihres ganzen Ausbeuterdaseins anbietet und Eintrittskarten für die himmlische Seligkeit zu erschwinglichen Preisen verkauft. Die Religion ist das Opium des Volks. Die Religion ist eine Art geistigen Fusels, in dem die Sklaven des Kapitals ihr Menschenantlitz und ihre Ansprüche auf ein halbwegs menschenwürdiges Leben ersäufen.
Doch der Sklave, der sich seiner Sklaverei bewußt geworden ist und sich zum Kampf für seine Befreiung erhoben hat, hört bereits zur Hälfte auf, ein Sklave zu sein. Durch die Fabrik der Großindustrie erzogen und durch das städtische Leben aufgeklärt, wirft der moderne klassenbewußte Arbeiter die religiösen Vorurteile mit Verachtung von sich, überläßt den Himmel den Pfaffen und bürgerlichen Frömmlern und erkämpft sich ein besseres Leben hier auf Erden.“[4]

4 Sozialismus und Religion (1905), zit. nach: W. I. Lenin: Über die Religion. Berlin 1972, S. 6f.

Später formulierte Lenin prägnant:

„Ein Marxist muß Materialist sein, d. h. ein Feind der Religion, doch ein dialektischer Materialist, d. h. ein Materialist, der den Kampf gegen die Religion nicht abstrakt, nicht auf dem Boden einer abstrakten, rein theoretischen, sich stets gleichbleibenden Propaganda führt, sondern konkret, auf dem Boden des Klassenkampfes, wie er sich *in Wirklichkeit* abspielt, der die Massen am meisten und am besten erzieht.“[5]

Abb. 3: Die Lage der Arbeiter zur Zeit der Industriellen Revolution. Holzschnitt von Frans Masereel

Aus: S. H. Scholl: Katholische Arbeiterbewegung in Westeuropa. Bonn 1966, S. 33.

Lenin bezieht also die Religion in die politische Strategie ein. Solange Religion sich als Verbündete im Befreiungskampf gebrauchen läßt, kann man sich ihrer bedienen; mit solcher „Großzügigkeit“ nahm jedoch der Kommunismus, der sich unterdessen zur Weltanschauung des atheistischen, dialektischen und historischen Materialismus weiterentwickelt hatte, nichts von seiner religionskritischen Tendenz zurück. Soweit der nun schon entstandene kommunistische Staat Religion noch gelten ließ, mußte sich diese als „Privatsache“ bescheiden:

5 Über das Verhältnis der Arbeiterpartei zur Religion (1909), zit. nach: W. I. Lenin: Über die Religion (Anm. 4), S. 27.

„Erklärung der Religion zur Privatsache – mit diesen Worten wird gewöhnlich die Stellung der Sozialisten zur Religion ausgedrückt. Doch die Bedeutung dieser Worte muß man genau definieren, damit sie keine Mißverständnisse hervorrufen können. Wir fordern, daß die Religion dem Staat gegenüber Privatsache sei, können sie aber keinesfalls unserer eigenen Partei gegenüber als Privatsache betrachten.“[6]

Die offizielle marxistische *Religionspolitik* ist in den hundert Jahren seit dem Tod von Karl Marx nicht von den religionskritischen Absichten abgerückt. Sie hat sich vielmehr stets zu der Aufgabe bekannt, alle Religion überwinden und auslöschen zu wollen. Ein Blick in die gängige antikirchliche Erziehungs- und Propagandaliteratur aus den Ostblockländern läßt erkennen, daß man über die Argumente der Revolutionsväter nicht hinauszugehen gewillt ist, daß man also bei den stereotypen Formeln stehenbleibt, wie etwa „Religion ist Opium des Volkes“ (Marx).

Aber auch im *Christentum* hatte sich seit Beginn der Konfrontation mit dem Marxismus das Schema vom „größten Feind“ weiter ausgebreitet. Die Christen fühlten sich durch jegliche aufklärerische Religionskritik existentiell bedroht, insbesondere aber durch die Angriffe von kommunistischer Seite. Die einflußreichen Vertreter der christlichen Konfessionen konnten und wollten nicht erkennen, daß Kurzsichtigkeit und eine zuweilen sehr private Auslegung der Glaubensbotschaft harte Kritik geradezu provozieren mußten; sie wollten oder konnten nicht sehen, daß Christen durch Versäumnisse im sozialen Bereich und durch ideologisch-politische Fixierungen auf der Seite der Besitzenden und Herrschenden das Aufbegehren und die Wut der „proletarischen Klasse“ mit bedingten.

Abb. 4: Christliches Engagement für die Not der Umwelt. Bild Raffaellis

Ein Prediger der Heilsarmee, die 1880 in London gegründet wurde und durch ernste Frömmigkeit und soziales Engagement den christlichen Kontakt mit dem Proletariat zurückzugewinnen suchte.

Aus: G. Barraclough (Hrsg.): Die Welt des Christentums. München 1982, S. 245.

6 W. I. Lenin: Über die Religion (Anm. 4), S. 7.

Gewiß darf man nicht übersehen, daß es im 19. Jahrhundert auch Ansätze zu christlich inspirierter Sozialreform gegeben hat. Dabei muß zunächst Wilhelm Weitling mit dem „Evangelium der armen Sünder“ als herausragendes Beispiel für einen christlichen Kommunismus genannt werden. Darüber hinaus ist im Bereich der Evangelischen Kirche auf das Werk von Johann Heinrich Wichern zu verweisen, auf katholischer Seite muß das Engagement von Bischof Wilhelm Emmanuel von Ketteler gewürdigt werden. In den Kirchen gab es fast überall karitative und diakonische Organisationen; ihre Tätigkeiten vermochten aber den Kern der Lage nicht zu verändern. Nicht die kirchlichen, sondern die antikirchlichen Arbeitnehmerbewegungen hatten eine entscheidende Wirksamkeit. Die offizielle katholische Kirche reagierte auf die „neue Lage“ erst 1891 mit der ersten Sozialenzyklika, *„Rerum novarum“* (Papst Leo XIII.). Die „neuen Lösungsvorschläge“, wie sie die sozialistischen Vorkämpfer vertraten, wurden dabei als zu radikal und gefährlich beurteilt. Eine Lösung der sozialen Probleme sah man nur auf dem Weg, den die Kirche wies, auf keinen Fall ohne ihre Zustimmung.

Je mehr sich der Sozialismus und Kommunismus durchsetzen konnten, um so deutlicher versuchte sich die christliche Hierarchie von ihnen zu distanzieren, suchten die kirchlich Verantwortlichen „ihr Volk“ vom kommunistischen Einfluß fernzuhalten. Eine ausdrücklich gegnerische Position wurde – durch den Gang der politischen Entwicklung bedingt – in den Jahren nach 1930 deutlich. Hatte Papst Leo XIII. den Kommunismus bzw. Sozialismus hauptsächlich wegen seiner „irrigen Soziallehre“ abgelehnt, so bekam in der zweiten großen Sozialenzyklika, in *„Quadragesimo anno“* von Papst Pius XI. (1931), das andere Argument mehr Gewicht: Der Kommunismus bzw. Sozialismus ist deswegen für Christen nicht akzeptabel, weil er einer atheistischen Grundhaltung entspringt. Nach der Machtergreifung der Nationalsozialisten in Deutschland formulierte derselbe Papst in einem eigenen Rundschreiben (*„Divini Redemptoris“,* 1937) die Hauptargumente der entschiedenen Ablehnung „gegen den gottlosen Kommunismus“: der atheistische Ansatz führe zu einem falschen Bild vom Menschen und der Gesellschaft. Die Überbetonung der gesellschaftlichen und ökonomischen Dimension lasse die personale Würde und die „ewige Berufung des Menschen“ verlorengehen. Den Kommunisten wird heuchlerisches Vorgehen auf allen Linien unterstellt:

„Des weiteren beraubt der Kommunismus den Menschen seiner Freiheit, der geistigen Grundlage seiner moralischen Lebensführung; der Persönlichkeit des Menschen nimmt er jede Würde und jeden moralischen Halt im Aufruhr blinder Instinkte. Was das Verhältnis des Einzelmenschen zur Gemeinschaft angeht, so anerkennt er keinerlei naturgegebene Rechte der menschlichen Persönlichkeit, da sie nach ihm nichts anderes ist als ein einfaches Rad im Gefüge einer Maschine. In den Beziehungen der Menschen untereinander proklamiert er das Prinzip der absoluten Gleichheit unter Leugnung einer jeglichen Überordnung und einer jeglichen Autorität, die etwa von Gott begründet wäre […].
Das, Ehrwürdige Brüder, ist das neue Evangelium, das der bolschewikische und atheistische Kommunismus als Heilsbotschaft und Erlösung der Menschheit bietet! Ein System voll von Irrtum und Trugschlüssen, das ebenso der gesunden Vernunft wie der göttlichen Offenbarung widerspricht. Es ist Umsturz jeder gesellschaftlichen Ordnung, weil Vernichtung ihrer letzten Grundlagen! Es ist Verkennung des wahren Ursprungs, der Natur und des Zweckes des Staates! Es ist Entrechtung, Entwürdigung und Versklavung der menschlichen Persönlichkeit!“[7]

Derselbe Papst hatte sich zur gleichen Zeit mit dem Rundschreiben *„Mit brennender Sorge“* auch gegen den Nationalsozialismus gewandt. Dennoch kommt man in der neueren historischen Forschung zum Thema „Kirche und Drittes Reich“ zu dem Urteil, die Kirchen hätten in den entscheidenden Jahren eher mit dem Hitler-Regime gegen den drohenden Kommunismus/Bolschewismus paktiert als umgekehrt. Diesem Befund kann man kaum trächtige Argumente entgegensetzen. „Die

7 Papst Pius XI: Enzyklika „Divini Redemptoris“ (1937), zit. nach: Emil Marmy: Mensch und Gesellschaft in christlicher Schau. Freiburg i. Br. 1945, Nr. 176 und 179.

rote Gefahr“, die „Gefahr aus dem Osten“, sollte mit allen Mitteln gestoppt und zurückgedrängt werden. Kirche und Politik spielten in dieser Absicht entscheidend zusammen. Am markantesten geschah dies in der Zeit des beginnenden „Kalten Krieges“ zwischen Ost und West: Anläßlich einer politischen Wahl in Italien verkündete der Vatikan 1949 ein Dekret, in dem – bei Androhung der Strafe des Ausschlusses von der Kirchengemeinschaft *(Exkommunikation)* – den Christen das Wählen der kommunistischen Partei oder die Beschäftigung mit kommunistischen Ideen förmlich verboten wurde.

(2) Fassen Sie die Argumente zusammen, mit denen die katholische Kirche zu Beginn dieses Jahrhunderts ihren massiven Antikommunismus begründete.

....

....

....

....

....

....

....

....

....

....

....

....

....

Über die Haltung der evangelischen Kirche in Deutschland urteilt der Theologe Günter Brakelmann:

„Im ganzen wird man sagen müssen, daß die Jahrzehnte vor dem ersten Weltkrieg eine Zeit stärkster Polarisierungen zwischen Kirche und Sozialismus wie zwischen Christen und Sozialisten gewesen ist. Die Versuche der beiden Pfarrer Rudolf Todt und Friedrich Naumann, auf dem Boden einer genauen Quellenkenntnis der sozialistischen Bewegung einen kritisch-konstruktiven Dialog aufzunehmen, sind für den Gesamtprotestantismus Ausnahmen geblieben. Auch die Anfänge des sogenannten religiösen Sozialismus in der Schweiz und in Deutschland vor 1914 bringen keinen Durchbruch im kirchlichen Protestantismus zum Dialog zwischen Sozialismus und Christentum.“ [...] „Man verbiß sich in weltanschauliche Positionskämpfe. Den politischen Kern der Sache verfehlte man weithin.“

In den Jahren nach 1930 wurde die Antiposition gegenüber Sozialismus und Kommunismus noch politisch und ideologisch überlagert:

„Das Gros der Kirche blieb bei seiner ungebrochen antimarxistischen, antisozialistischen und antidemokratischen Einstellung. Man behielt und stabilisierte seine Berührungsängste nach ‚links‘. Um so deutlicher fiel die Option für die politische Rechte aus. Der nationalkonservative Protestantismus verstand sich als Teil der völkisch-nationalen Abwehrfront gegen den Marxismus im Innern und den Bolschewismus von außen. Er machte sich keine große Mühe, im einzelnen zwischen Sozialdemokratie, deutschem Kommunismus und bolschewistischem Marxismus/Leninismus zu unterscheiden. Sie alle waren für ihn nur verschieden konsequente Ausführungen desselben Prinzips radikaler Säkularität und militanter Religionsfeindschaft.“[8]

Zweifelsohne gab es vereinzelt Leute, die sich nicht scheuten, quer zum kirchlichen Trend zu stehen. Ausdruck dieser Richtung ist die These 5 des „Darmstädter Wortes des Bruderrates“ aus dem Jahre 1947. Dort heißt es:

8 Günter Brakelmann: Kirche und Marxismus (Funkmanuskript), 1982, S. 4, 6, 8f.

„Wir sind in die Irre gegangen, als wir übersahen, daß der ökonomische Materialismus der marxistischen Lehre die Kirche an den Auftrag und die Verheißung der Gemeinde für das Leben und Zusammenleben der Menschen im Diesseits hätte gemahnen müssen. Wir haben es unterlassen, die Sache der Armen und Entrechteten gemäß dem Evangelium von Gottes kommendem Reich zur Sache der Christenheit zu machen.“[9]

Das Feindbild „Kommunismus“ blieb aber auch weiterhin noch tief in das allgemeine „christliche“ Bewußtsein eingegraben; es wurde bisweilen auch intensiv suggeriert und propagiert. Rationale Argumente spielten bzw. spielen dabei zumeist eine geringe Rolle; eine Dämonisierung „des Anderen“, der „widerchristlichen Macht schlechthin“ motivierte (streckenweise auch heute noch) zu einer systematisch-starren Antiposition – so vor allem in jenen Ländern, wo kommunistische Herrschaft das Leben der Christen und christlicher Gemeinschaften hart einschränkt, wo es den selbsternannten marxistischen Machthabern aber dennoch nicht gelingt, das Wirken christlichen Geistes und Lebens völlig zu behindern.

Marxismus und Christentum als umfassende Bewegungen auf verschiedenen Verständnisebenen

Das Erbe von Marx und Engels an die sich entfaltende kommunistische Bewegung enthielt viele Anreize und Handlungsimperative; aber diese Aussagen und Impulse sind vielschichtig und in manchen Belangen voller Spannungen, manchmal sogar widersprüchlich. Daraus erklärt es sich, daß die *Wirkungsgeschichte* der Ideen und Aktionen nach unterschiedlichen Richtungen auszugreifen begann. Schon vom späten Engels und vor allem von Lenin wurde durch deutliche Grenzziehung und durch massive Sanktionen den Linienkämpfen ein Ende zu setzen gesucht (so etwa gegen Leo Trotzki und Eduard Bernstein). Die führende Rolle der Partei wurde als Notwendigkeit postuliert; Abweichlertum („Revisionismus“) galt und gilt als Verrat an der gemeinsamen Sache.

Neue Bewegungen begannen auch den „festen Bau des Christentums“ bzw. der (katholischen) Kirche zu erschüttern. In einer massiven Angstreaktion versuchte man von seiten der Kirche alle liberalen Tendenzen und alle Öffnung der Theologie noch einmal zu disziplinieren (besonders in der Antimodernismus-Bewegung zu Beginn dieses Jahrhunderts).

Einige mutige Vertreter in den Kirchen und im Marxismus riskierten allerdings den Blick über die Grenzen und stellten in diesem Zusammenhang neue und unbequeme Fragen. Marxisten machten neue Entdeckungen: Herbert Marcuse veröffentlichte und kommentierte 1932 bisher unbekannte Texte des jungen Karl Marx (vor allem die „Pariser Manuskripte“ von 1844), die im weiteren großes Interesse fanden und entsprechende Bedeutung gewinnen sollten. Theologen machten sich ans intensive Studium der Grundschriften des Marxismus. Man entdeckte dabei oft eine ungeahnte Nähe in den Anliegen.

Eine intensive Auseinandersetzung mit der Kritik der Religion durch Marx und Engels stellt das Buch *„Die marxistische Religionskritik und der christliche Glaube“* des evangelischen Theologen Helmut Gollwitzer dar; dieses Buch ist nicht nur ein markantes Beispiel für eine solide Auseinandersetzung, sondern auch ein Zeugnis für die Betroffenheit durch die marxistischen Vorwürfe. Der Verfasser sieht in der nach wie vor bestehenden Aktualität dieser Kritik eine Chance für die Christen, daß sie sich im Rahmen dieser Beschäftigung selbst besser verstehen lernen:

9 Zit. nach: Günter Brakelmann: Kirche und Marxismus (Anm. 8), S. 11.

„Der marxistische Atheismus kann also nicht isoliert beurteilt werden, als sei er die zufällige Erfindung einiger besonders ehrfurchtsloser und areligiöser Menschen. Es könnte ja zutreffen, daß im Marxismus, seiner eigenen Behauptung gemäß, Gehalt und Konsequenz des neuzeitlichen Denkens an den Tag kommt; jedenfalls wird das nicht vor der Prüfung bestritten werden dürfen und jedenfalls kann sich der Marxismus dabei auf den mächtigen Strom des Rationalismus in der Neuzeit berufen, ohne den die Entfaltung z. B. der modernen Wissenschaft nicht denkbar ist. Mit dieser rationalistischen Tradition wird im Marxismus Ernst gemacht. Marxismus ist praktisch ernstgenommener Rationalismus, der es ablehnt, sich durch die vorläufig noch andauernde Koexistenz mit anderen Anschauungen relativieren und in Frage stellen zu lassen. Darin liegt sein Unterschied zu der gemütlichen Toleranz, die der bürgerliche Atheismus der Religion gewährt; darum schockiert er die an jene gemütliche Toleranz längst gewöhnten Christen und erscheint ihnen als besonders boshaft, statt daß sie erkennten, wie der Marxismus mit dem Atheismus auch den Gegensatz zum christlichen Glauben – und damit auch diesen selbst endlich wieder ernst nimmt."[10]

Auf solchen Anregungen bauen viele wissenschaftliche Einzelarbeiten (vor allem jüngerer Theologen und Philosophen) auf, die das Verständnis für den Marxismus und für seine Haltung zur Religion aufdecken wollen.

Aber nicht nur wissenschaftliches Interesse brachte christliche Theologen und marxistische Denker einander näher. Während des Zweiten Weltkrieges erlebten nicht selten Marxisten und Christen das gleiche Schicksal der Verfolgung durch das nationalsozialistische Regime; sie kamen sich dabei auch menschlich näher. Unter dem Eindruck solcher Erfahrungen eines gemeinsamen Feindes und aufgrund der wachsenden Unzufriedenheit mit den systemstabilisierenden Tendenzen in den offiziellen „Hauptquartieren" drängten sich Fragen auf, wie etwa:
- Sind Christentum und Marxismus völlig unversöhnlich?
- Ist es notwendig, sich so radikal feindlich zu begegnen und sich gegenseitig zu verketzern?
- Gibt es beim jeweils anderen nicht auch Positives zu sehen, möglicherweise sogar zu erlernen und zu übernehmen?

Ein Vergleich zwischen dem Christentum als religiöser Bewegung und dem Marxismus als politischer Weltanschauung provozierte Fragen wie die folgenden:
- Sind die beiden Bewegungen auf der gleichen Ebene wirksam?
- Muß der Marxismus notwendigerweise als atheistische Weltanschauung angesehen werden?
- Wie wesentlich ist der Atheismus für den Marxismus?

Intensivere Untersuchungen der geschichtlichen Berührungspunkte setzten ein. Manche versuchten in positiver Absicht, der Beurteilung der anderen Seite mehr Gerechtigkeit widerfahren zu lassen. Das gegenseitige Kennenlernen hatte umgekehrt freilich auch oftmals den Zweck, den Gegner nicht nur in seinen positiven Punkten, sondern auch an seinen Schwachstellen besser kennenzulernen. Die Beschäftigung mit dem bisherigen Gegner wirkte in manchen Bereichen belebend auf das eigene festgefahrene und „ausgetrocknete" Denksystem. Christliche Theologie und marxistisches Denken kamen in Bewegung. Man konnte sich nicht mehr als alleiniger Wahrheitsverwalter mit Alleinvertretungsanspruch verstehen.

Die Bereitschaft, sich auf die Argumentationsweise des anderen „Lagers" einzulassen, war allerdings auch nicht gefahrenlos. Vielen Marxisten brachte das Interesse für christliche bzw. „westliche" Denkungsart den Vorwurf des „Revisionismus" ein; nicht selten bezahlten sie ihr Engagement mit Redeverbot, mit Parteiausschluß, wenn nicht sogar mit dem Verlust einer wissenschaftlichen Karriere.

10 Helmut GOLLWITZER: Marxistische Religionskritik und christlicher Glaube. München 1965, S. 14f.

Abb. 5: Das Ringen zweier Mächte. Karikatur von David Low, 1949

Aus: Karl Dietrich BRACHER: Die Krise Europas. 1917–1975. Propyläen Geschichte Europas. Bd. 6. Frankfurt/Berlin/Wien 1976, S. 271.

Auf kirchlicher Seite betrachtete man diese Art von Kontaktnahme zunächst mit Skepsis. Allmählich aber machte sich ein Gesinnungswandel breit: In der Evangelischen Kirche Deutschlands befaßten sich bei Kirchentagen und Akademietagungen immer mehr Christen mit dem Marxismus.

„So gründete im Oktober 1950 der Leiterkreis der Studiengemeinschaft der Evangelischen Akademien einen ‚Arbeitskreis über das Menschenbild des Marxismus'. Diese Kommission, zu der Theologen, Philosophen, Sozialwissenschaftler und Historiker gehörten, hat über 20 Jahre lang im Auftrag der Kirche Probleme des Marxismus und Fragen des Verhältnisses von Christentum und Marxismus verhandelt. Die Veröffentlichungen dieser Kommission in vielen Bänden sind bis heute eine Fundgrube für eine ernste Auseinandersetzung mit Philosophie und Praxis des Marxismus."[11]

In der katholischen Kirche bewirkten es vor allem der mutige Optimismus von Papst JOHANNES XXIII. und die von ihm entfachte Zuversicht des II. Vatikanischen Konzils, daß man einen Schritt „zu allen Menschen guten Willens" unternahm. Die Kirche war jetzt bereit zu einem Dialog. In der Pastoralkonstitution über die Kirche in der Welt wurde formuliert:

„Der Wunsch nach einem solchen Dialog, geführt einzig aus Liebe zur Wahrheit und unter Wahrung angemessener Diskretion, schließt unsererseits niemanden aus, weder jene, die hohe Güter der Humanität pflegen, ihren Schöpfer aber noch nicht anerkennen, noch jene, die Gegner der Kirche sind und sie auf verschiedene Weise verfolgen. Da Gott, der Vater, Ursprung und Ziel aller ist, sind wir alle dazu berufen, Brüder zu sein. Und darum können und müssen wir aus derselben menschlichen und göttlichen Berufung ohne Gewalt und ohne Hintergedanken zum Aufbau einer wahrhaft friedlichen Welt zusammenarbeiten."[12]

11 Günter BRAKELMANN: Kirche und Marxismus (Anm. 8), S. 12f.
12 Vaticanum II: Pastoralkonstitution über die Kirche in der Welt von heute, Nr. 92.

Trotz langer Debatten wollten die Konzilsväter keine neuerliche Verurteilung des Kommunismus als vorzüglichem Feind der Kirche festschreiben. Im Abschnitt über den Atheismus wird in der Pastoralkonstitution auf die Phänomene und die Argumente des sozial motivierten Atheismus, wie ihn MARX begründete, konstruktiv eingegangen:

„Unter den Formen des heutigen Atheismus darf jene nicht übergangen werden, welche die Befreiung des Menschen vor allem von seiner wirtschaftlichen und sozialen Befreiung erwartet. Er behauptet, daß dieser Befreiung die Religion ihrer Natur nach widerstreite, insofern sie die Hoffnung des Menschen auf ein künftiges und fälschliches Leben richte und ihn dadurch vom Aufbau des irdischen Gesellschaftslebens abschrecke. Daher bekämpfen die Anhänger dieser Lehre, wo sie zur staatlichen Macht kommen, die Religion heftig, breiten besonders in der Erziehung der Jugend den Atheismus auch mit den Mitteln jener Pression aus, die der öffentlichen Gewalt zur Verfügung steht." (Past. Konst., Nr. 20/2)

Der Marxismus ist damit nicht ausdrücklich genannt, aber eindeutig gemeint; auch dieser Atheismus wird nicht eigentlich „verurteilt", vielmehr entschieden „zurückgewiesen". Unter dem Titel „Die Haltung der Kirche zum Atheismus" wird dann ausgeführt:

„Die Kirche hält daran fest, daß die Anerkennung Gottes der Würde des Menschen keineswegs widerstreitet, da diese Würde eben in Gott gründet und vollendet wird. Denn der Mensch ist vom Schöpfergott mit Verstand und Freiheit in Gemeinschaft begründet; vor allem ist er als Sohn zur Gemeinschaft mit Gott und zur Teilnahme an seiner Seligkeit berufen. Außerdem lehrt sie, daß durch die eschatologische Hoffnung die Bedeutung der irdischen Aufgaben nicht gemindert wird, daß vielmehr ihre Erfüllung durch neue Motive gestärkt wird." (Past. Konst., Nr. 21/3)

Durch die Errichtung eines eigenen römischen Sekretariats für die Nicht-Glaubenden wollte man den Dialog mit den Marxisten offiziell fördern. Die Theologen wurden sogar angehalten, sich pflichtgemäß mit den Hauptthesen und den verschiedenen Erscheinungsweisen des Kommunismus zu beschäftigen.

Papst PAUL VI. präsentierte in seiner Antrittsenzyklika *„Ecclesiam suam"* (1964) seine Vorstellungen über einen „klugen Dialog". Es ist lohnend, seine Vorstellungen mit dem zu vergleichen, was etwa gleichzeitig ein Neomarxist, der Prager Philosoph Milan MACHOVEČ, über die *Erfordernisse und Hindernisse des Dialogs* ausführte. Der Papst zählt zuerst die folgenden moralischen Kriterien auf, die das Gespräch prägen sollten:

„Eifrige und selbstlose Liebe wird unseren Dialog leiten müssen [...] unser Dialog soll keine Grenzen und keine Berechnung kennen [...] unser Dialog soll allgemein sein, katholisch, d. h. daß er sich mit jedem einläßt, vorausgesetzt, daß man ihn nicht zurückweist [...] Diese Form der Beziehung beweist das Bestreben nach Korrektheit, Wertschätzung, Sympathie, Güte auf seiten dessen, der ihn aufnimmt; sie schließt eine aprioristische Verurteilung, eine beleidigende und gewohnheitsmäßige Polemik und eitles, unnützes Reden aus [...] Daher ist das Gespräch [...] eine Kunst geistiger Mitteilung."

Als „Eigenschaften" solchen Dialogs erwartet der Papst der Reihe nach: Klarheit, Sanftmut, Vertrauen und pädagogische Klugheit, und zusammenfassend betont er:

„In einem so geführten Dialog verwirklicht sich die Verbindung von Wahrheit und Liebe, von Klugheit und Güte."[13]

In ähnlicher Weise spricht Milan MACHOVEČ zuerst von den Bedingungen des Dialogs. Er meint, es brauche „Mut, sich zu öffnen" und „das persönliche Engagement" der Dialogwilligen, und er fordert dann sogar: „Jeder Teilnehmer muß sein gesamtes Wissen dem anderen zur Verfügung stellen, sei er ihm Freund oder Gegner." Die Hindernisse des grenzenüberwindenden Gesprächs sieht MACHOVEČ hauptsächlich auf gesellschaftlicher Ebene: „Das bisher relativ geringe Niveau von Bildung und Kultur vieler Menschen gehört sicherlich zu den wesentlichsten Hindernissen des Dialogs". Weitere Probleme bestehen für ihn wegen des „Prinzips der Hierarchisierung der Gesellschaft", wegen der „Überspezialisierung, Überorganisierung und des Antagonismus verschiedener politischer Systeme".[14]

Unter solchen Voraussetzungen ist auch ein Gespräch über die Grenzen zwischen Marxisten und Christen hinweg vorstellbar. In diesem Sinn ging Papst PAUL VI. in seinen Sozialrundschreiben, besonders in *„Populorum progressio"* (1967) und *„Octogesima adveniens"* (1971) zu einer differenzierteren Beurteilung der ökonomischen Leitlinien und Systeme unserer Zeit über. Er kritisierte nicht mehr allein die sozialen Lehren des Kommunismus, sondern ebenso scharf den Liberalismus und Kapitalismus und empfahl die kirchliche Soziallehre als den dritten Weg zwischen den Extremen. Bei PAUL VI. wurde durchgehend deutlich, daß er eine Heilung der Weltprobleme keineswegs mehr allein aus dem Westen, sondern – wenn überhaupt – in gleichem Maß von den positiven Kräften des Ostens erwartete.

In der letzten Sozialenzyklika der katholischen Kirche, in *„Laborem exercens"* (1981) von JOHANNES PAUL II., greift dieser aus dem Osten kommende und mit dem Kommunismus wohlvertraute Papst ein Grundproblem menschlichen Daseins auf, das Karl MARX schon vor 140 Jahren zu analysieren begann: das Problem des Menschseins in der Arbeit. Mit diesem Rundschreiben ist auch kirchenamtlich – zumindest indirekt – ein Dialog mit Anschauungen des Marxismus in die Wege geleitet; es geht weltweit um das Eingespanntsein der Menschen in die Mechanismen der heutigen Industriewelt. Gewiß übernimmt der Papst als Repräsentant der katholischen Kirche nicht unbesehen die Diagnosen von MARX und den Marxisten; aber die neu gesetzten Schwerpunkte (etwa: „Arbeit vor Kapital") dokumentieren einen deutlichen Schritt in die Nähe der Marxschen Analysen und Hoffnungen.

Die bisweilen erfolgenden offiziellen *diplomatischen Kontakte* zwischen Kirchenvertretern und politischen Repräsentanten der Ostblockstaaten dürfen im Hinblick auf eine grundsätzliche Bedeutung nicht überschätzt werden; sie zeigen aber, daß Marxisten angehalten sind, die Existenz der Kirche zu respektieren. Derartige Begegnungen wären vor 30 Jahren in der Ära von STALIN und Papst PIUS XII. kaum denkbar gewesen.

Die Spannungen, die sich in marxistisch-kommunistischen Ländern zwischen den herrschenden Parteien und teilweise gläubigem Volk auftun (insbesondere in Polen), erzwingen geradezu in irgendeiner Weise Dialog und Kooperation. Die Machthaber geraten bei der Begründung ihrer Programme und Aktionen in einen schwierigen Argumentationsnotstand, wenn sie sich in diesen Situationen noch als „getreue Marxisten" ausweisen wollen.

Daß es daneben auch die Möglichkeit der fairen Kontaktnahme gibt, beweist die Phase der vielbeachteten *Dialoggespräche* zwischen Christen und Marxisten, wie sie in den späten 60er Jahren (unter Leitung der Paulusgesellschaft) stattgefunden haben. An den großen Gesprächsveranstaltungen in Salzburg (1965), Herrenchiemsee (1967) und Marienbad (1968) beteiligten sich namhafte Vertreter der Wissenschaften aus West und Ost. Es waren dies allerdings keine „offiziellen Gespräche", wie deutlich betont wurde:

„Die Paulusgesellschaft ist nicht die Kirche, und die tschechische Akademie der Wissenschaften ist keine politische Institution. Was hier vorbereitet wurde, das ist eine wissenschaftliche Diskussion über grundlegende theoretische Probleme, die Christen und Marxisten in gleicher Weise interessieren, in der sie ihre Positionen darlegen und ihre Vorstellungen von Lösungen konfrontieren können."[15]

---

13 Zit. nach: Papst PAUL VI.: Ecclesiam suam. Die Wege der Kirche. Recklinghausen o. J. [1964], S. 29ff.

14 Milan MACHOVEČ: Vom Sinn des menschlichen Lebens. Freiburg 1964, S. 207–215.

15 Zit. nach Erich KELLNER (Hrsg.): Schöpfertum und Freiheit in einer humanen Gesellschaft. Wien 1969, S. 19.

Die Fülle der angesprochenen Fragen und Probleme machte deutlich, was zur damaligen Zeit (des „Prager Frühlings“) in der Luft lag. Unter dem Rahmenthema „Schöpfertum und Freiheit“ trat immer mehr der Aspekt der Sorge und Verantwortung für eine *humane Gesellschaft* zutage. Die Probleme, bei denen sich Marxisten – auch in der Theorie – schwertun (Sinn des Lebens, Fragen um das Sterben und den Tod), wurden von Vertretern des Kommunismus ohne Scheu angesprochen (Milan Machoveč, Vitezslav Gardavsky). Aber auch christliche Theologen merkten ihr Defizit an Orientierung in brisanten weltbestimmenden Fragen.[16]

Diese Art der Dialoggespräche wurde bedauerlicherweise von zentraler Seite, das heißt von Kommunisten und Kirchenamtsvertretern, als gefährlich angesehen. Durch die Ereignisse in der CSSR im August 1968 wurde der Dialogsbegeisterung und der Möglichkeit zu weiteren Gesprächen ein jähes Ende bereitet.

Neben solchen Gesprächen gab es in dieser Zeit (von 1968–1974) auch ein Medium der wissenschaftlichen Kommunikation zwischen Christen und Marxisten: Die *Internationale Dialog-Zeitschrift* (gegründet und herausgegeben von Karl Rahner und Herbert Vorgrimler). Darin wurden aktuelle und praktische Fragen referiert und diskutiert – bis zur Möglichkeit der Mitgliedschaft von Priestern in kommunistischen Parteien; die Atheismus-Thematik wurde als derzeit nicht vordringlich weitgehend ausgespart. Alsbald zeigten sich jedoch von seiten der Verantwortlichen in der Kirche Bedenken, daß diese wissenschaftliche Zeitschrift zu einem kommunistischen Propaganda-Organ werden könnte, und sie entzogen die weiteren Subventionen.

Die Erfahrungen mit der „ersten Dialogphase“ sind zweifelsohne bedeutsam; und das jähe Ende ist im selben Maß entmutigend. Man kann und muß aus den bisherigen Erfahrungen jetzt einiges lernen über die jeweilige Dialogfähigkeit und -willigkeit. Festzuhalten bleibt, daß dem „großen Dialog“ durch äußeren Druck ein Ende gemacht wurde. Seither scheint auch das Interesse aneinander streckenweise zu versanden; die wissenschaftlichen Dispute haben sich fürs erste erschöpft. Aber auf anderen Ebenen geht die Auseinandersetzung zwischen Christen und Marxisten weiter. Auch wenn die Partei-Hierarchen im Osten einen Einfluß von außen her zu verhindern trachten, gibt es doch immer wieder Anzeichen, daß das Suchen und Denken im stillen weitergeht; und man erfährt allenthalben von neuen systemkritischen Bewegungen und Aktionen.

Im Westen ist marxistisches Gedankengut eine Zeitlang wie eine Modeerscheinung in die breite – vor allem studentische – Öffentlichkeit gedrungen. Impulse des *Neomarxismus,* wie sie von Ernst Bloch, Herbert Marcuse und von der Frankfurter Schule (Max Horkheimer, Theodor W. Adorno) repräsentiert und von Emigranten aus dem Osten (Leszek Kolakowski oder Rudolf Bahro) aktualisiert wurden, wirkten sich auf die denkerischen Ansätze in Politologie, Soziologie und Psychologie intensiv aus; sie prägten die Entwürfe der philosophischen Ästhetik und wirkten auch auf die politische (parlamentarische und außerparlamentarische) Praxis: Marxistische Gesellschaftsanalysen und -interpretationen, der Anspruch umfassender Ideologiekritik, massive Kritik an den politischen und ökonomischen westlich-kapitalistischen („imperialistischen“) Tendenzen und das Unbehagen an der „verbürgerlichten Lebensweise“ breiter Bevölkerungsschichten brachten eine weitere Auseinandersetzung mit dem marxistischen Denken mit sich.

16 Dokument-Bände der Gespräche der Paulusgesellschaft: Erich Kellner (Hrsg.): Christentum und Marxismus – heute. Wien 1966. – Weiterführend zur Thematik: Hans Friedrich Steiner: Marxisten-Leninisten über den Sinn des Lebens. Essen 1970; Ferdinand Reisinger: Der Tod im marxistischen Denken heute. München/Mainz 1977; Manfred Spieker: Neomarxisten und Christentum. Zur Problematik des Dialogs. München [2]1976.

Da die Beschäftigung mit den Marxschen Analysen automatisch zu konkretem Parteiergreifen motiviert, bekamen in den westlich-demokratischen Staaten marxistische Gruppierungen zusätzliches Gewicht. Man erkannte zugleich, wie viel der etablierte (Welt-)Kommunismus gegenüber seinen Versprechungen schuldig bleibt; und so entstanden utopische Vorstellungen eines verbesserten Kommunismus („Euro-Kommunismen“), die ihre Existenzfähigkeit allerdings erst unter Beweis stellen müssen.

Es zeugt wohl von übertriebener Angst, wenn bestimmte Gruppen meinen, hinter jeglicher Befassung mit Marxismus gleich eine aus dem Osten gesteuerte kommunistische Infiltration sehen zu müssen. Solche Angst ist gekennzeichnet von mangelndem Vertrauen in die Kraft der eigenen Argumente und Möglichkeiten.

Mit einer naiven Verbrüderung und mit dem Versuch einer bequemen Harmonisierung der Standpunkte von Marxisten und Christen ist freilich einer wirklichen Begegnung ebensowenig gedient; denn die christliche Botschaft enthält allemal auch kritische, antitotalitäre Impulse, die nicht im Verborgenen gehalten werden dürfen. Auch den marxistischen Ansichten gegenüber muß die Botschaft Jesu in ihrer radikal humanen Bedeutsamkeit bezeugt werden. Daß es nicht überall leicht und selbstverständlich ist, diese Botschaft auszusprechen und wirksam zu machen, daß es vielmehr viel Mut zum Glaubenszeugnis braucht, beweist das Schicksal von vielen christlichen Glaubensgefährten in den kommunistisch regierten Ländern: Sie setzen für ihren Glauben ihre Karriere aufs Spiel, manchmal sogar das Leben.

Unterdessen aber tritt zusehends deutlicher die Tatsache zutage, daß wir manche Probleme unserer heutigen „nachkapitalistischen Welt“ nicht mehr in separater Eigenbrötelei lösen können, daß vielmehr eine *Kooperation* zugunsten einer gemeinsamen Zukunft und der nächsten Generation ein Erfordernis der Stunde ist – an alle Menschen (gleich welcher Weltanschauung), wenn es nur tatsächlich um die Erhaltung der Menschheit und einer menschenwürdigen Welt geht. Die offene Frage ist, ob die machtbesessenen „Herrscher dieser Welt“ (hüben und drüben) solche Koexistenz und Kooperation wollen bzw. zulassen.

(3) (a) Nennen Sie einige Eigenschaften des dialogischen Umgangs mit verschiedenen Weltanschauungen.

....

....

....

....

....

....

....

(b) Welche Einstellung setzt ein wirklicher Dialog voraus?

....

....

....

....

....

....

....

....

Marxismus und Christentum als gesellschaftswirksame Bewegungen, die sich gegenseitig als Herausforderung akzeptieren

Die Erfahrungen des Dialogs haben es trotz Rückschlägen mit sich gebracht, daß weitere Neugierde an den Denkgebäuden und Aktionsprogrammen der Gesprächspartner entstanden ist. Die Tatsache, daß Christen und Marxisten nicht streng voneinander abgeschieden leben, bedingte die Notwendigkeit, sich auf die Argumente der anderen Seite einzulassen. Diese Unumgänglichkeit schuf aber auch die Möglichkeit, sich gegenseitig auf weiterführende bewußtseinsverändernde Konsequenzen vorzubereiten. Marxismus und Christentum konnten so zu einer „positiven Inspiration" (KOLAKOWSKI) füreinander werden. Derartige Erfahrungen ereignen sich in dem Maße, in dem man den anderen besser kennenlernt, aber auch in der Einsicht, daß man die eigenen Positionen positiv wie kritisch zu beleuchten und zu bewerten lernt. Unter dieser Rücksicht bleiben voraussichtlich Christen und Marxisten füreinander noch für geraume Zeit eine massive Herausforderung; es bleibt die Frage, ob diese Chancen gesehen und genutzt werden.

Einsichten in das Begrenzte und Unerledigte im jeweils eigenen Bereich

Weltanschauliche Systeme haben es an sich, daß sie sich ideologisch-apologetisch abzusichern trachten, daß sie kaum zur konsequenten Selbstkorrektur bereit sind. Bisweilen aber bricht sich auch die Einsicht Bahn, daß es ohne Selbstbesinnung auf die gemachten Fehler nicht weitergehen kann.

Die christlichen Glaubensgemeinschaften haben in den letzten Jahrzehnten umfassende innerkirchliche Kritik zu spüren bekommen, und sie haben sich auch zum Bekenntnis des Versagens bereit gefunden (Past. Konst., Nr. 19/3 u. 36).

Auch kritische Marxisten riskieren es, die schweren Fehler im kommunistischen Herrschaftsapparat schonungslos aufzuzeigen. Ein etwaiges Eingestehen von Fehlern und Versäumnissen müßte freilich auf beiden Seiten über den Gesinnungswandel hinaus zu einer veränderten Praxis führen. Etliche von den Vorwürfen, die MARX und ENGELS zu ihrer Zeit gegen Religion und Christentum vorbrachten, sind auch heute noch nicht überholt, haben vielmehr gerade in der jetzigen Situation aktuelle Bedeutung. Die Beispiele unheilvoller Identifikation und Verquickung von Religion und Politik müßten sich noch immer die Frage gefallen lassen, die MARX an die Möglichkeit eines „christlichen Staates" gestellt hat (MEW 1/347–377). Und wenn Christen ihre Praxis vom Liebesgebot her begründen, bleibt die Anfrage von MARX bzw. ENGELS bestehen, ob damit wirklich mehr gemeint ist als „Gefühlsduselei" (MEW 4/4–17 = ÜR 258–264; MEW 22/453 = ÜR 135).

Im selben Maß, in dem sich der Marxismus der Massen zu bemächtigen begann, vollzog sich im christlichen Denken ein Rückzug auf das Existentielle und Private. Die Vermittlung zwischen christlich gefordertem Personalismus und dem Konzept des „gesellschaftlichen Menschen" in Richtung auf den „menschlichen Menschen" ist weitgehend noch zu leisten. In der Frage nach der Humanität genügt es nicht, wenn Menschenwürde und Menschenrechte propagiert werden, die Christen sich dabei aber nur selbstbewußt geben und die Marxisten unbelehrbar bleiben. Die Konfrontation der Konzepte des christlichen und des kommunistischen Menschenbildes ist in die Wege geleitet worden, sie ist aber keineswegs schon abgeschlossen.

Eine ausreichende Würdigung von Forschungsleistungen verlangt es, daß man den jeweiligen Entstehungshintergrund, die Bedingtheit und Abhängigkeit von Anschauungen mitberücksichtigt. Im Fall von MARX und ENGELS wird klar, daß deren religionskritische Väter dem Selbstverständnis der Theologie und des heutigen Christentums noch vieles zu sagen hätten, weil von dieser radikalen Kritik noch vieles unberücksichtigt geblieben ist. Wenn man solche Hintergründe beachtet, werden auch bei MARX und ENGELS viele Details, die sich auf das Christentum beziehen, erneut aktuell. Man bekommt den Eindruck, daß es kaum ein theologisches Thema gibt, zu dem sich MARX oder ENGELS nicht wenigstens in einer kurzen Passage ihres Werkes geäußert haben. Oft zeigen solche Bemerkungen gerade keine systematisch-kritische Absicht; darum ist für Theologen eine Antwort auf die angesprochenen Einwände oft sehr schwierig.

In diesem Zusammenhang ist es wichtig, die Meinung von MARX und ENGELS über den *Atheismus* noch einmal hervorzuheben: Weder MARX noch ENGELS ging es in erster Linie um eine Fixierung des Atheismus im Leben der Menschen. Sie trachteten vielmehr – im Sinne eines vollendeten Humanismus – nach einer Aufhebung des Zustandes, welcher der Religion oder des Atheismus bedarf. Man erhoffte eine humanistische Gesinnung jenseits von Religion und Atheismus (MEW ErgBd 1/583 = ÜR 67). Freilich bleiben – wenigstens zur Zeit noch – Fragen und religiöse bzw. antireligiöse „Bedürfnisse", solange jener Zustand nicht erreicht ist, der das so verstandene religiöse Bewußtsein nicht mehr notwendig macht.

Wie kommen Kommunisten bzw. im Herrschaftsbereich des Kommunismus lebende Menschen aber mit dieser Haltung zurecht? Wollen sie konsequent gottlos bleiben? Was erfahren sie zwischen selbstgewissem Promethismus und leerer Fatalität, zwischen der Überzeugung, der Mensch verdanke alle Errungenschaften nur sich selbst und besorge sein Geschick völlig autonom, und bloßer Sinnlosigkeit?[17]

Neue Ansätze unter Einbeziehung von Elementen der anderen Seite

ENGELS war der Meinung, der Atheismus würde ganz selbstverständlich um sich greifen; die Sache der Religion wäre bald und ein für allemal erledigt. Marxisten unserer Zeit sehen den Sachverhalt anders.

Der tschechische Philosoph Vitezslav GARDAVSKY zog 1968 ein verblüffendes Resümee: Er gab seinen interessanten „Betrachtungen eines Marxisten über Bibel, Religion und Atheismus" den Titel *„Gott ist nicht ganz tot"*.[18] Nicht nur in diesem Buch findet sich ein Hinweis darauf, daß Marxisten an der Bibel Interesse zeigen und Geschmack zu finden scheinen. Die Bibel ist ihnen beachtenswert, auch wenn sie eine theistische, das heißt „mit Gott argumentierende" Welt- und Menschendeutung für überholt anschauen.

Schon Jahrzehnte früher hatte Bertolt BRECHT in seinen Lehrgedichten und -stücken erkennen lassen, wie sehr biblische Inspiration mit marxistischem Engagement vereinbar ist.

Den umfassendsten Versuch einer „marxistischen Religionsphilosophie" entwikkelte Ernst BLOCH. War es zuerst, in seinem Hauptwerk *„Das Prinzip Hoffnung"*, die Fülle der zukunftsträchtigen Gehalte, die ihn in der Bibel ansprachen, so ging es ihm Jahrzehnte später ausdrücklich um das „Beerben der Religion in ihren positiven Gehalten". BLOCHS religionsphilosophische Studie trägt den Titel *„Atheismus im Christentum"*.[19] Mit der Methode der „detektorischen Bibelkritik", durch das Lesen

17 Vgl. Ferdinand REISINGER: „... der Tod darf nicht leben". In: Ders. / Günter ROMBOLD (Hrsg.): Marxismus und Christentum. Linz 1983, S. 107f.
18 Vitezslav GARDAVSKY: Gott ist nicht ganz tot. München 1968.
19 Ernst BLOCH: Atheismus im Christentum. Frankfurt 1968.

der biblischen Schriften „gegen den Strich“, hofft er die Erfahrungen der untersten Gesellschaftsklasse aufzuspüren. BLOCH sieht in der jüdisch-christlichen Glaubensgeschichte eine „Enttheokratisierung“ (Entthronung Gottes) am Werk; der Auszug der Israeliten aus Ägypten ist für ihn nicht ein „Exodus mit Gott“, sondern der Anfang eines „Exodus aus Gott“, das heißt aus dem „Gott da oben“. Die Geschichte von Jesus, dem Menschensohn, bedeutet den „Selbsteinsatz des Menschen in Jahwe“; damit tritt der Mensch in seine wirkliche Bestimmung ein. In der Ketzergeschichte (von den Propheten bis Thomas MÜNTZER) lebt für BLOCH ein Befreiungsimpuls fort. Dieser Impuls des Heraustretens, diese Hoffnung, stellt für ihn das „Ausgebären eines verborgenen Kerns“, den er „Humanum“ nennt, dar. Religion ist ihm in dieser Form, also in der Weise des „Transzendierens ohne Transzendenz“, keine überflüssige, sondern eine höchst aktuelle Verhaltens- und Aktionsweise. Solcherart aufgeklärtes Denken bedeutet „konkrete Utopie“, „tätige, wissenschaftlich fundierte Hoffnung – Hoffnung ohne allen Aberglauben“. Zusammenfassend kann er sogar sagen: „Wo Hoffnung ist, da ist Religion.“ Ernst BLOCH, der zeitlebens vom marxistischen und damit auch materialistischen Standpunkt aus philosophierte, hat durch sein Hoffnungsdenken und seine kritische Bibelinterpretation den christlichen Theologen eine gewaltige Denkaufgabe vorgelegt.[20] Was zur Zeit in den Entwürfen einer „materialistischen Bibelauslegung“ modern wird, wurde von BLOCH bereits ein Stück weit praktiziert (vgl. STE 19).

Von solcher Betrachtungsweise her ist es nicht weit zu der Schlußfolgerung, in der Jesustradition Spuren eines „Urkommunismus“ zu sehen (vgl. bes. Apg 2,45: „Jeder brachte, was er besaß, und sie hatten alles gemeinsam“). Die Schlußfolgerung, wonach die Absicht des marxistischen Kommunismus eine Verwirklichung des biblischen Versprechens bedeute, ist ohne Zweifel überzogen. Zu deutlich haben MARX und ENGELS selbst die Prinzipien des Christentums und damit auch die biblischen Ansätze kritisiert und über Bord geworfen. Es bleibt aber als Tatbestand zu registrieren, daß die Gestalt des Jesus von Nazaret auf Marxisten aller Generationen eine nicht unbedeutende Anziehungskraft ausübte.[21]

Eine auch für Christen beachtenswerte Deutung Jesu als „Menschensohn“ lieferte Milan MACHOVEČ mit dem Buch *„Jesus für Atheisten“*.[22] Der engagierte Dialog-Partner MACHOVEČ versuchte mit dieser Studie die Umsetzung der gegenseitigen Inspiration in neue, noch unentdeckte Perspektiven hinein.

Angesichts solchen (neo-)marxistischen Engagements für einen Entwurf des „neuen Menschen“ und der Visionen von einem „Sozialismus mit menschlichem Angesicht“ erhebt sich die Frage, wo die Gründe dafür liegen und welche realen Aspekte übersehen werden, wenn es in der Wirklichkeit kaum nach dem Heraufkommen einer humaneren Gesellschaft aussieht. Stehen derartige Entwürfe ebenfalls unter dem Ideologieverdacht, also unter dem Vorbehalt, die Wirklichkeit zu übersehen, daß der Mensch weitgehend, und noch immer, und auch in marxistisch geprägten Ländern, ein „erniedrigtes, geknechtetes, verlassenes, verächtliches Wesen“ ist?

Auf diese realen Verhältnisse beginnen sich unterdessen – besonders in den „Entwicklungsländern“ – viele Christen zu besinnen. In diesem Zusammenhang ist vom Entstehen einer neuen Art theologischen Denkens zu reden, die sich gleichsam „im Schatten des Marxismus“ entwickelt.

Zunächst hatte Ernst BLOCH mit seiner Hoffnungsphilosophie ein Umdenken der europäischen Theologie in Richtung auf eine zukunftsorientierte „Theologie der Hoffnung“ angeregt, für die das gleichnamige Buch von Jürgen MOLTMANN als typisch gelten mag. Dann haben die Phase des Dialogs und die Konfrontation mit der „Kritischen Theorie“ der Frankfurter Schule eine Hinwendung zu einer „Theologie der Welt“ mit sich gebracht. In den Entwürfen einer neuen „Politischen Theologie“, wie sie vor allem Johann B. METZ entwickelt hat, geht es nicht um eine theologische Überhöhung des Politischen gleich welcher Art und Richtung, sondern um die Überwindung einer rein aufs Private gerichteten Theologie und um ein Einholen der gesellschaftlichen Belange in christliche Kategorien.

In den Ländern der Dritten und Vierten Welt, besonders in Südamerika, ist – unter dem Druck von Ausbeutung und Unterdrückung – eine „Theologie der Befreiung“ entstanden. Integrale Befreiung, das heißt umfassende Überwindung der politisch-gesellschaftlich-ökonomischen Zwänge, wird dabei als Anliegen und Ziel aller christlichen Tätigkeiten verstanden. Die Theologen dieser Richtung müssen sich oft gegen die Verdächtigung wehren, daß sie dem Marxismus Tür und Tor öffnen. Das Anliegen einer „integralen Befreiung des Volkes“ wird aber unterdessen auch von kirchenamtlichen Programmen unterstrichen, beispielsweise vom Schlußdokument

Abb. 6: Christentum in Lateinamerika – schwierige Position zwischen politischem Engagement und Berufung auf das Evangelium

Aus: G. BARRACLOUGH (Hrsg.): Die Welt des Christentums. München 1982, S. 309.

20 Hermann DEUSER / Peter STEINACKER (Hrsg.): Ernst Blochs Vermittlungen zur Theologie. München/Mainz 1983.

21 Vgl. Helmut ROLFES: Jesus und das Proletariat. Düsseldorf 1981.

22 Milan MACHOVEČ: Jesus für Atheisten. Stuttgart 1972.

der lateinamerikanischen Bischofskonferenz von Puebla, 1979. Bei seinem Besuch im Jahr 1980 hat Papst JOHANNES PAUL II. zwar erhebliche Bedenken gegen das radikale Programm sozialer Veränderungen angemeldet, die Forderung nach Gerechtigkeit aber bekräftigt. Selbstverständlich bleibt in solchem Zusammenhang eine Auseinandersetzung bzw. Solidarisierung mit anderen gleichzeitig wirkenden Kräften unausweichlich, natürlich auch mit den marxistischen Bewegungen.

Etliche christliche Theologen bemühen sich, die marxistischen Gesellschaftsanalysen als brauchbare Methode in das theologisch-praktische Konzept einzubauen. Man sollte diesen mutigen Theologen zutrauen, daß ihnen die „Unterscheidung der Geister“ nicht fremd ist und daß sie sich von Machtinteressen nicht billig vereinnahmen lassen.

Diese neuen Ansätze führen von einer „Theologie *für das* Volk“ über eine „Theologie *des* Volkes“ zu einer „Theologie *mit dem* Volk“. Solcher Basis-Theologie wird man nicht mehr so leicht den Vorwurf der Wirklichkeitsfremdheit und des billigen ideologischen „Überbaus“ machen können; derartiges Nachdenken ist von solcher oft auch revolutionären Ungeduld getragen, daß es sich mit „billigen Vertröstungen auf eine andere Welt“ nicht länger zufriedengibt. Solches Denken und Handeln wirkt wie ein Sauerteig, ein „Salz der Erde“, wie ein Hoffnungsgut zur Erlangung menschenwürdigerer Lebensverhältnisse.

(4) (a) Welche Elemente enthält der Gedanke vom „Beerben der Religion in ihren positiven Gehalten“ von seiten neomarxistischer Autoren?

....

....

....

....

....

....

....

....

(b) Welche Aspekte sind für die christliche Theologie durch die Beschäftigung mit dem Marxismus bedeutsam geworden?

....

....

....

....

....

....

....

....

Der gemeinsame Weg angesichts dringlicher und wesentlicher Probleme

Seit den gesellschaftlichen und ökonomischen Analysen von Karl MARX hat sich die Welt in vielem verändert; die Wandlung zum humaneren Dasein steht freilich noch weitgehend aus. Im Gegenteil: die Gefahr einer Minderung, ja der totalen Zerstörung der menschlichen Lebenschancen ist allgegenwärtig. Der Anspruch der Aufklärung, die Menschheit von Abhängigkeiten und Entfremdungen zu befreien, ist weitgehend nicht eingelöst.

MARX hatte Religion als „Dasein eines Mangels“ angesehen (MEW 1/352 = ÜR 90); ENGELS schrieb: „Um alles in seiner Größe zu erkennen, haben wir es nicht nötig, die Abstraktion eines ‚Gottes‘ herbeizurufen [...] wir brauchen diesen Umweg nicht“ (MEW 1/546 = ÜR 256). Die Situation der heutigen Welt und Menschheit zeigt freilich, daß auch ohne religiöse Garantien die Mängel nicht aufgehört haben, und daß die Menschheit dabei ist, ungemein kostspielige Umwege (wie etwa der angeblichen Interessensicherung im gigantischen Rüstungswettlauf) zu gehen. Haben sich allenthalben andere Glaubens-Garanten („Götzen“) breitgemacht?

An die Stelle alter Abhängigkeiten sind neue getreten; und auch jene Abhängigkeitsverhältnisse, die schon MARX in den ersten Abschnitten des *„Kapitals“* aufgedeckt hat, bestehen noch. Er sah im „Warenfetischismus“, also der abstrakten Herrschaft von Produktions- und Handelsmechanismen, einen Rest der religiös-bürgerlichen Entfremdung (MEW 23/85–98). Es bedürfte heute einer intensiven, allgemeinen Diskussion, in der man erörtert, ob die „theologischen Mucken“, die MARX in den Waren- und Kapitalsverhältnissen entdeckt hat, nicht eine Form neuer, freilich anonymer „Religiosität“ widerspiegeln; und Christen wie Marxisten ist die Aufgabe gestellt, eine aktuelle und konstruktive „Götzenkritik“ zu entwickeln.

Im ökonomischen und oft kriegerischen Interessenkampf der Weltmächte geht es um den Anspruch von Herrschaftserweiterung, um den Ausbau von Vorherrschaft. Der Ruf nach einer friedlicheren Lösung der Konflikte, der Wunsch nach einem Stopp des Rüstungswahnsinns machen jetzt bei Christen und Marxisten, im Osten wie im Westen die Frage nach den angebrachten und erlaubten Mitteln zur Konfliktlösung brennend und aktuell (vgl. etwa die Initiativen der Friedensbewegungen und die Friedenshirtenbriefe).

Die Furcht vor der Vernichtungsmöglichkeit der gesamten Menschheit müßte dazu antreiben, alle Herrschaftsideologien so weit als möglich zu kritisieren; jede Sicherheitsideologie müßte gerade auch von der christlichen Botschaft her durchleuchtet und ent-täuscht werden. Ist Sicherheit nicht weitgehend ein „Götze“ geworden, geschützt durch ein Tabu, das nicht angetastet werden darf?

Die Auseinandersetzungen der Weltmächte spielen sich – wenigstens derzeit noch – großteils auf der Ebene propagandistischer Wortgefechte ab. Die Großen reden allseits mit den gleichen Worten, meinen aber nicht dasselbe. Hinter Worthülsen verbergen sich nicht selten imperialistische Herrschaftsansprüche.

Das von MARX als „bürgerlich“ gebrandmarkte Bewußtsein der Eigensucht und des Eigennutzes (MEW 1/377) beherrscht die entscheidenden politischen Kräfte am Ende des 20. Jahrhunderts nicht weniger als zur Mitte des 19. Jahrhunderts. Von irgend jemandem einen großzügigen Verzicht auf Vorherrschaft zu erwarten, wäre nichts anderes als Illusion. Der fortwährende Kampf um die Vorherrschaft auf dieser Erde radikalisiert die Methoden und Mittel der Konfrontation. Welche Wege sind denkbar, damit es zu „beherrschter Herrschaft“[23] kommen könnte?

Solange nicht die militärischen Waffen das Entscheiden haben, bleibt noch der Weg der Konfrontation der Anschauungen und Lösungsmodelle im gemeinsamen Gespräch. Die Zeit müßte vorbei sein, wo man einander nur inhumane Interessen unterstellte und wo der anderen Seite jeglicher gute Wille abgesprochen wurde. Die absolute Verteidigung der eigenen Sicherheiten mit allen erfindbaren Mitteln verbaut mit Gewißheit den Weg und die Chancen zu mehr sozialer Gerechtigkeit für alle Menschen. Die Christen könnten zeigen, daß Glauben, Hoffen und Lieben nicht sosehr ideologieverdächtige Sicherheitsbegriffe sind, daß diese Haltungen vielmehr praktische Risikobereitschaft in sich schließen.

23 Vgl. Eberhard JÜNGEL: Zum Wesen des Friedens. München 1983, S. 69.

Jeglicher totale Machtanspruch ist fragwürdig geworden. Im Zuge der *dialogischen Konfrontation* wurde deutlich, daß Marxisten an den positiven Gehalten des Christentums interessiert sind; und die Christen sind lernbereit geworden, weil sie die Grenzen der eigenen bisherigen Praxis erkannt haben; sie haben gemerkt, daß auch MARX und die Marxisten etwas zur Lösung der so bedrängenden Probleme zu bieten haben. Gedanken und Wahrheiten sind – mehr oder minder – frei zugänglich. Vielleicht besteht darin ein Funke von Zukunftshoffnung: Daß MARX nicht mehr allein den Marxisten gehört, und JESUS nicht mehr allein den Christen!

(5) Welche Verhaltensmaßstäbe können angesichts der heutigen ideologischen und politischen Auseinandersetzung der Machtblöcke als charakteristisch für eine christlich motivierte Argumentation gelten?

....

....

....

....

....

....

....

....

....

....

....

....

....

....

....

30. Die Zukunft der Menschheit und die Antworten der Religionen

Autor der Studieneinheit: Hans Waldenfels

HANS WALDENFELS SJ (53), Lic. phil. (Pullach), Dr. theol. (Rom), Dr. theol. habil. (Würzburg), seit 1977 Professor für Fundamentaltheologie, Theologie der nichtchristlichen Religionen und Religionsphilosophie an der Katholisch-Theologischen Fakultät der Universität Bonn; 1. Vorsitzender des Internationalen Instituts für missionswissenschaftliche Forschungen.
Veröffentlichungen zum neuzeitlichen Offenbarungs- und Glaubensverständnis, zu missionstheologischen Fragen, zum interreligiösen und interkulturellen Dialog, vor allem im Verhältnis von Christentum und fernöstlichem Buddhismus.

Allgemeine Einführung

Religionen wandeln im Laufe der Geschichte ihre Gestalt und ihre Ausdrucksformen. Sie werden geprägt durch ihre kulturelle, soziale und politische Umwelt, und sie wirken ihrerseits auf diese Umwelt ein. Der letzte Themenblock, der den Blick in die Zukunft richtet, begann mit Ansätzen neuer Religiosität, mit neuen Lebens- und Glaubensformen vor allem in kleineren Gruppen und Gemeinschaften, die sich von traditionellen Formen der Kirchlichkeit und des religiösen Lebens abheben und unterscheiden. Nicht selten wollen solche neuen Gruppierungen auch bewußt die bisherigen Schranken zwischen den Konfessionen und Religionen überwinden oder jedenfalls durchlässiger machen. Aber auch unabhängig von diesem Zugang stellt sich die Aufgabe, innerhalb des Christentums, zwischen den Religionen und mit nicht-religiösen Weltanschauungen Formen der Begegnung, der Auseinandersetzung und der Zusammenarbeit zu finden, die den Herausforderungen der Gegenwart durch die großen Zukunftsprobleme der Menschheit gerecht werden. Die Frage nach dem Beitrag der Religionen für die Gestaltung der zukünftigen Welt wird so zugleich zur Frage nach der zukünftigen Bedeutung, dem Lebensrecht und den noch unausgeschöpften Möglichkeiten der Religion.

Wenn die Religion als für den Menschen konstitutiv definiert wird, ist ihre Zukunft mit der Zukunft der Menschen engstens verbunden. Auch in der Zukunft öffnet sich die religiöse Dimension, wann immer die jeweilige existentielle, persönliche oder kollektive Situation nach Entscheidungen und Handlungsabläufen verlangt, die von Einzelwissenschaften wie Soziologie, Psychologie oder Wirtschaft letztlich nicht begründet und gemeistert werden können. Solche Situationen sind beispielsweise die Grenzerfahrungen der Geburt und des Todes, individual- und sozialethische Konflikte oder der Übergang von der engen, nationalen oder rassischen Identifizierung zur grenzüberschreitenden, multinationalen, menschlichen Solidarisierung. Ein solches Verständnis von Religion umfaßt neben den „klassischen" Religionen auch die von Paul TILLICH als „Quasi-Religionen" eingestuften Bewegungen, Phänomene und Einstellungen wie Marxismus, Maoismus und sogar Atheismus.
Künftig werden aber die Religionen oder die Quasi-Religionen vermutlich nicht mehr so sehr bestätigend eine jeweilige gesellschaftliche Ordnung als Ideologie stützen, wie es bisher die Volks- und menschheitlichen Religionen hauptsächlich taten. „Religion" aktiviert dann noch viel mehr als Utopie das prophetische Potential. Das christliche Phänomen der lateinamerikanischen oder philippinischen Basisgemeinden weist ebenso stark in diese Richtung wie manche Prozesse im thailändischen Buddhismus oder auch im nach-maoistischen Marxismus-Leninismus der Volksrepublik China.

Nach dem Durcharbeiten dieser Studieneinheit sollen Sie die Fähigkeit gewonnen haben,

- die wesentlichen Elemente der Positionsbeschreibung des europäischen Christentums herauszustellen;
- die Heilsangebote der Weltreligionen in ihren Grundzügen zu bestimmen;
- die inhaltlichen Verschiedenheiten und Gemeinsamkeiten der Weltreligionen mit dem Christentum zu beurteilen.

Zur Positionsbestimmung des europäischen Christentums heute[1]

Angesichts der erschreckenden biologisch-biotechnischen Möglichkeiten praktischer Rationalität erhebt sich der Ruf nach umfassenderen Dimensionen. Dabei ist zweierlei nicht zu übersehen:

• Für viele Menschen bis in die Kreise der Verkündiger hinein ist leider die Theologie mit ihrem oft mühsamen Ringen um das Verständnis und die Darlegung der christlichen Lehre Teil eines für den Lebensprozeß wenig tauglichen Glasperlenspiels. Entsprechend wirkt die Theologie – nicht zuletzt auch in ihren systematischen Kerngebieten – auf viele, auch nachdenkliche Zeitgenossen beziehungslos. Da aber Theologie oft genug vermeintlich mehr Probleme schafft als löst, läßt man sich auf theologische Erörterungen besser erst gar nicht mehr ein.
• Auf der anderen Seite grenzt das heimliche Verlangen nach Frömmigkeit, nach einem heilen Innenraum, nach Integration und innerer Sammlung – jedenfalls nach dem, was ein Bestehen des Lebens im „Alltag draußen“ erst möglich macht, weil es ihm Sinn und Ziel vermittelt – nicht selten an das Irrationale. Im Extremfall führt Irrationalität gar zur Verwechslung von Spiritualität und Spiritistisch-Schamanistischem.

Angesichts dieser Verhältnisse wird man sich fragen dürfen: Hat die Krise der Theologie im allgemeinen Bewußtsein nicht vielleicht wesentlich damit zu tun, daß sich im Laufe der fast zweitausendjährigen Geschichte das logische Element so sehr in den Vordergrund geschoben hat, daß es in gewissem Sinne zum Alleinentscheidenden geworden ist, jedenfalls nicht zuletzt zur Verkürzung des religiösen Empfindens geführt hat? In Zeiten eines verhältnismäßig festen und unerschütterten Glaubens konnte die Theologie sich unter Voraussetzung dieses Glaubens auf das Verstehen des göttlichen Wortes, seine Übersetzung in die Sprache der Zeit und in die jeweils erforderliche Lebenspraxis konzentrieren. In einer Zeit hingegen, in der die Anfechtung des Glaubens selbst groß ist, muß die Theologie in ihrem eigenen Interesse die Begegnung mit Gott und die Wahrnehmung seiner den Menschen umsorgenden Präsenz auch in allem, was ihr zu widersprechen scheint, zum großen Thema ihres Bemühens machen. Nur wo Gott das große Thema der Theologie bleibt, ist die Gefahr zu vermeiden, daß sie sich in Leerformeln ergeht, in ihrer Praxisbezogenheit zur Lebenshilfe und in ihrer Theorie zur Religionskunde degradiert wird.
Ausdruck des heutigen Problembewußtseins ist im übrigen die Tatsache, daß – bei aller Behutsamkeit, mit der er zu verwenden ist – der Begriff „Gotteserfahrung“ in der Theologie Hausrecht erhalten hat. Er besagt: Gott will als hier und heute präsenter erfahren werden, ja mehr noch: Er muß, mit allen menschlichen Kräften erfaßt, im Herzen der Menschen Platz finden. „Erfahrung“ besagt dann aber auch: Gott ist der Unverfügbare, dem der Mensch sich aussetzen muß, will er seine Erfahrung machen. Der Mensch muß sich als Angesprochenen verstehen, wenn er mit Gott sprechen will. So ist denn auch schon der Nachvollzug des Schreis Jesu am Kreuze: „Mein Gott, mein Gott, warum hast du mich verlassen?“ (Mt 27,46) der Anfang eines neuen Bewußtseins göttlicher Präsenz.

„Weg, Wahrheit und Leben“: Vom alternativen Leben

Im Johanneischen Jesuswort heißt es:

„Ich bin der Weg, die Wahrheit und das Leben.“ (14,6)

In der Begegnung mit asiatischer Spiritualität erhält nicht zuletzt das Wort „Weg“ einen neuen Klang. „Tao“ ist vor allem anderen „Weg“. Japan nennt seine einheimische Religion „Shintō“: „Weg“ der Götter. Buddhas Lehre besteht in einer „Weg“weisung. Gerade die fernöstlich-japanische Religiosität wird uns buddhistisch nicht selten bis in die Einübung des Alltäglichen hinein als Dō: „Weg“ vorgestellt.

Dabei möchte Religion und allen voran das Christentum nichts anderes sein, als was Martin HEIDEGGER unter „Be-wëg-ung“ verstanden hat, nämlich Wegstiftung, die unser Leben mit Wegen versieht. Aus dem Sprachgebrauch der schwäbisch-alemannischen Mundart heraus hat HEIDEGGER „be-wëg-en“ mit „Weg“ in Zusammenhang gebracht und ursprünglich als „einen Weg bahnen, z.B. durch tief verschneites Land“, erläutert. Er fährt dann fort:

> „Vielleicht verbirgt sich im Wort ‚Weg‘, Tao, das Geheimnis aller Geheimnisse des denkenden Sagens, falls wir diese Namen in ihr Ungesprochenes zurückkehren lassen und dieses Lassen vermögen. Vielleicht stammt auch noch und gerade die rätselhafte Gewalt der heutigen Herrschaft der Methode daher, daß die Methoden, unbeschadet ihrer Leistungskraft, doch nur die Abwässer sind eines großen verborgenen Stromes, des alles be-wegenden, allem seine Bahn reißenden Weges. Alles ist Weg.“[2]

Sowohl in der Ablösung der Lehre aus dem Zusammenhang des Weges wie in der Verkürzung der Wegweisung zur wissenschaftlichen und praktisch-technischen Methodik liegt aber ein wesentlicher Grund für den Verlust des eigentlich Religiösen. Zu unserer abendländischen Situation gehört es, daß auf der einen Seite das Christentum sich im Bewußtsein der Menschen mehr und mehr als die höhere Stufe eines immer weniger verarbeitbaren Wissens festgesetzt hat, dessen Umfang unter dem wissen-wollenden Zugriff der Wissenschaften und Technologien zugleich zusammenzuschmelzen scheint, und auf der anderen Seite das religiöse Angebot Asiens deutlich als Wegangebot in Erscheinung tritt.

Wie sehr dies der Fall ist, zeigt schon die Tatsache, daß es vor allem Naturwissenschaftler sind, die heute von der wechselseitigen Ergänzung von West und Ost, abendländisch-neuzeitlicher Wissenschaftlichkeit und asiatischer Spiritualität sprechen und dabei das Christentum entweder verschweigen oder doch nur in dem Maße gelten lassen, in dem es Analogien zum asiatischen Religionsangebot enthält.[3]

Diese Spannung aushalten besagt aber: unterwegs, noch nicht am Ziel zu sein. Gerade hier stellt sich dann die Frage: „Unterwegs – wohin?“ Ein zielloses Umherwandern kann zur Hölle werden. Christen haben das Jesuswort: „Ich bin der Weg.“ Warum aber sprechen sie nicht deutlicher von diesem Weg in Person? Daß „Nachfolge Christi“ heute für viele wieder ein sinnvolles, bedenkenswertes Wort ist, sollte in der Tat Mut machen – deutet es doch eine spürbare Rückbesinnung auf den Wegcharakter des Christentums an.

---

1 Der Autor greift hier teilweise auf einen Vortrag zurück, der am 25.4.1984 auf einer Tagung der Hanns-Martin-Schleyer-Stiftung in München gehalten wurde.

2 M. HEIDEGGER: Unterwegs zur Sprache. Pfullingen 1959, S. 198.

3 Vgl. H. DOLCH: Die Gottesfrage heute in naturwissenschaftlicher Sicht. In: J. PFAMMATTER / F. FURGER (Hrsg.): Theologische Berichte. XII. Zürich u.a. 1983, S. 25–61.

Religionsgeschichtlich lassen sich zwei grundlegende Konzeptionen des Religiösen erkennen:[4]

• *Konservative Konzeption:* Es gibt Religionen, die von der Einsicht geprägt sind, daß es ein inneres Gesetz aller Dinge, eine zugrundeliegende Ordnung gibt, der es Ausdruck zu verleihen gilt. Dieses Gesetz, diese Ordnung kann verborgen sein; daher ist es immer wieder in Erinnerung zu rufen. Die Mächtigkeit des Gesetzes verhindert es aber, daß es durch irgend etwas in der Welt letztlich in Frage gestellt und zerstört werden könnte, weder durch auftretende Naturkatastrophen und Unfälle noch durch menschliches Fehlverhalten. Als Mikrokosmos ist der Mensch Abbild der großen Ordnung. Wo er das nicht einsehen will und die Ordnung erschüttern zu können glaubt, gibt er sich angesichts der immer neuen Erfahrung seiner Ohnmächtigkeit gegenüber dem Gesamtablauf der Dinge der Lächerlichkeit preis. Er bleibt doch nur der winzige Windhauch, der kommt und vergeht. Sünde wäre in diesem Zusammenhang bereits ein viel zu großes Wort. Wichtig ist nur, daß der Mensch zur Ein-Sicht in die wahre Natur der Dinge kommt und dementsprechend lebt.

• *Kritische Konzeption:* Das Chaotische in der Welt, das Nicht-sein-Sollende, das Blut der ungerecht Ermordeten, der Kindermord, der Umgang mit dem Lebendigen überhaupt ruft nach Versöhnung und Heilung, ruft nach Wiederherstellung der erahnten und irgendwie niemals vergessenen Unschuld des Anfangs. Auch hier gibt es das fundamentale Gefühl der Ohnmacht. Doch der Mensch findet sich hier nicht mit der Unordnung ab. Er ruft nach Heil und Erlösung. Dieser Ruf kann im ursprünglichen Sinn des Wortes als „Gebet", als Bitte um Heil und Erlösung angesprochen werden. Damit verbindet sich die Einladung zur Umkehr, zur Buße, im weiteren Sinne zur Kritik bzw. zur Ausbildung eines kritischen Bewußtseins.

Wir brauchen nun nicht zu prüfen, ob die skizzierten Typen wirklich in reiner Form vorkommen oder ob sich nicht zumindest in den Weltreligionen beide Aspekte irgendwie verbinden. Auf jeden Fall kann man sagen, daß sowohl das konservative wie das kritische Bewußtsein seine religiöse Wurzel hat. Es ist aber dann nicht zu übersehen, daß die asiatische Religiosität – wenn auch in den großen Gestalten des Hinduismus, Taoismus, Konfuzianismus, Buddhismus und Shintoismus mit je anderer Akzentsetzung – gesellschaftspolitisch eher konservativ und nicht zuletzt deshalb angesichts der heute auch in Asien auftretenden zukunftsorientierten Fragestellungen eher distanziert erscheint. Wenn Religion in Asien gesellschaftspolitisch kritisch auftritt und das allgemein-kritische, vor allem aber das sozialkritische Bewußtsein fördert und stärkt, so lassen sich sehr bald christliche Einflüsse ausfindig machen.

Das gilt es zu sehen, wenn man die komplizierte Situation in Europa betrachten will und dort den Ruf nach alternativem Leben vernimmt. Der Disput um das Verhältnis zwischen einer eher konservativen und einer eher kritischen Stoßrichtung des Religiösen ist unabgeschlossen. Beide Züge sind zweifellos erkennbar. Dennoch gibt es heute unterschwellig gegenüber der Religion eher eine im zuvor beschriebenen Sinne konservative Erwartungshaltung. Diese betrifft aber gerade nicht den in der Geschichte des Christentums heraufgeführten Zustand. Der Ruf nach alternativem Leben möchte denn auch die konkrete Lebensverwirklichung abgesetzt sehen von dem, was geschichtlich geworden ist – nicht zuletzt die gesellschaftlichen Formen unseres bürgerlichen Lebens.[5] Gibt man zu, daß diese letztlich in Verbindung mit dem religiösen, konkret: dem christlichen Einfluß ausgebildet worden sind, so schließt die Abkehr vom bürgerlichen Leben zugleich eine Abkehr vom Christentum ein.

An dieser Stelle ergeben sich eine Reihe von Fragen: Kann das Christentum wirklich für alle gesellschaftspolitischen Konsequenzen, für die man sich auf das Christentum beruft, verantwortlich gemacht werden? Ist die Abkehr von den Handlungsimpulsen, den Wissenschaften und Technologien, die einem aktiven Willen zur Weltbeherrschung und -gestaltung entsprungen und schwerlich ohne die jüdisch-christliche Tradition denkbar sind, verbunden mit der Rückkehr zu einem – im ursprünglichen Sinne des Wortes – „beschaulichen" Leben, eine wirkliche Lösung? Können wir heute unkritisch zu einem „natürlichen", vegetarisch-gesunden, freudvoll-paradiesischen Leben zurückkehren, wo wir doch inzwischen überall in der Welt den Spuren der „zweiten Natur" unserer eigenen Zivilisationsprodukte begegnen? Auf welche Insel der Seligen wollen wir fliehen? Ist die Wiedererweckung der Utopie einer unschuldigen Welt nicht wie alle utopischen Träume, die im Laufe der Geschichte geträumt worden sind, auf ein bitteres Erwachen angelegt?

Wir können hinter das kritische Bewußtsein einer unterscheidenden Rationalität nicht zurück. Freilich verfehlt dieses kritische Bewußtsein sein Ziel, wenn es nicht zugleich ein *selbst*kritisches Bewußtsein ist. Selbstkritisches Bewußtsein aber besagt einmal: Der Mensch weiß, daß er sich nicht selbst zum selbstbestimmenden Maßstab aller Ordnungen eingesetzt hat; er erkennt an, daß es eine allen gesetzten Ordnungen zugrundeliegende, nicht auf ihn zurückgehende Ordnung gibt, die er selbst zu respektieren hat. Nicht das Ich, sondern das Nicht-Ich ist der umfassende Horizont des Lebens. Hier gibt es dann einen Berührungspunkt mit dem asiatischen Denken, das zumal im buddhistischen *anatta:* „Nicht-Ich, Nicht-Selbst", einen Schlüsselbegriff entwickelt hat. Auch der Christ sagt „Nicht-Ich", doch dieses Nicht-Ich ist in letzter Instanz Gott als göttliches Du. Selbstkritisches Bewußtsein im Christentum Europas aber besagt dann: Es ist zu unterscheiden zwischen dem Zeiten und Räume übersteigenden Inhalt christlicher Botschaft und deren zeit- und raumbedingtem Gewand. Zu allen Zeiten besteht die Gefahr, daß gegen den Geist des Apostelkonzils gesündigt wird und Forderungen im Raum stehen, welche die Wahrheit der christlichen Botschaft zu verdunkeln drohen. Der Ruf nach alternativen Lebensformen sieht sich häufig dort beantwortet, wo Menschen der ursprünglichen Botschaft Jesu begegnen.

Im Alten Testament heißt es:

„Leben und Tod lege ich dir vor, Segen und Fluch. Wähle also das Leben, damit du lebst, du und deine Nachkommen." (Dtn 30,19)

Der Satz „Wähle das Leben!" hat in der deutschen Kirche einen eigenen Klang erhalten. Er verweist nicht zuletzt auf den nötigen Einsatz für das ungeschützte menschliche Leben. Unbemerkt davon und vermutlich ohne Beziehung zur katholischen Verwendung des Wortes in der Bundesrepublik ist „Wähle das Leben!" auch Titel eines Buches, das ein Gespräch zwischen dem Ehrenpräsidenten der neubuddhistischen japanischen Laienbewegung Sōkagakkai, D. Ikeda, und dem verstorbenen englischen Kulturphilosophen Arnold Toynbee zum Inhalt hat.[6] Dem Japaner gelingt es dabei nicht nur, Toynbee kritische Bemerkungen zum Christentum, sondern auch angesichts der in der heutigen Gesellschaft anstehenden Probleme den Führungsanspruch des Buddhismus in der Welt vertreten zu lassen. Demzufolge wäre es die spirituelle Kraft des Buddhismus, die sich heute herausgefordert sieht, da das Christentum sich nach Meinung beider zur Lösung heutiger Fragen als unfähig erwiesen hat.

4 Vgl. zum Folgenden C. von Korvin-Krasinski: Kosmozentrik – Anthropozentrik? Eine religions- und kulturmorphologische Analyse. In: W. Strolz / H. Waldenfels (Hrsg.): Christliche Grundlagen des Dialogs mit den Weltreligionen. Freiburg u. a. 1983, S. 44–75.

5 Zur Kritik vgl. J. B. Metz: Jenseits bürgerlicher Religion. Reden über die Zukunft des Christentums. München/Mainz 1980; P. Eicher: Bürgerliche Religion. Eine theologische Kritik. München 1983; W. Müller: Bürgertum und Christentum. In: Christlicher Glaube in moderner Gesellschaft. Bd. 18, S. 5–58.

6 Vgl. A. Toynbee / D. Ikeda: Wähle das Leben! Ein Dialog. Düsseldorf 1982.

Hier wie in vielen ähnlichen Fällen geht die Kritik am Christentum freilich hauptsächlich von dessen Wirkungen in der Geschichte aus. Der grundlegende biblisch-neutestamentliche Impuls kommt nicht mehr zur Sprache. Wo dieser noch mit der Gestalt Jesu verbunden wird, wird Jesus von allem entblößt, was ihn der reinen Menschlichkeit, damit der radikalen Endlichkeit und Relativität menschlicher Existenz entreißt und ihm eine universale Bedeutung für die menschliche Sinngebung und Heilsfindung verleiht. Selbst wenn Jesus als ein Wort von Gott angesprochen wird, so ist er doch nicht *das* Wort Gottes; er ist nicht *die* Selbstaussage Gottes in seiner Selbstentäußerung; er ist nicht *der* Weg, *die* Wahrheit und *das* Leben. Das Christentum hat folglich nur dann eine Chance, wenn es ihm gelingt, die Nachfolge Jesu als den konsequentesten Weg menschlicher Selbstverwirklichung in Selbstentäußerung darzutun. Wir können auch sagen: *Um Gottes willen* muß es uns um das Leben des Menschen und der Menschheit gehen; umgekehrt muß es uns *um des Menschen und der Menschheit Leben willen* um Gott gehen.

Weghaftigkeit, Wahrheit und Lebensverheißung, abgelesen an der Person Jesu, bilden die drei tragenden Pfeiler christlicher Religiosität. Sie sind nicht neu. Neu sind sie nur dort, wo falsches Beharren den Wegcharakter, der Streit um Formeln die Wahrheit des Weges Jesu und die Vielfalt der Ersatzformen vermeintlich christlichen Lebens die grundlegende Lebensverheißung der Botschaft Jesu verdunkelt oder doch verstellt haben und sich das Licht der Gestalt Jesu dann trotzdem Bahn bricht.

An dieser Stelle ist dann auch die Kirche zur selbstkritischen Besinnung herausgefordert. Es kann nicht zufriedenstellen, wenn der heutige Mensch in ihr mehr eine bedeutende und einflußreiche gesellschaftliche Größe mit langer wechselvoller Geschichte und einer bis heute effektiven Organisationsstruktur erblickt denn eine spirituelle Realität, den „Tempel des Heiligen Geistes“ (1 Kor 6,19), eine lebenspendende, weil mit dem Gott der Lebendigen und nicht der Toten (vgl. Mt 22,32 par.) verbundene Gemeinschaft, der es um nichts mehr geht als um den Einsatz für das Leben der Menschen. Zuviel Selbstzentriertheit, zuviel Sorge um den eigenen Bestand, zuviel Enge und Kleinlichkeit verhindern nicht selten, daß der Geist Gottes als das beherrschende Element der Kirche in Erscheinung tritt.

Sterbendes Weizenkorn: Untergang des Abendlandes?

Die Besinnung auf das Abendland lädt uns ein, angesichts ihrer Bestreitung auf so grundlegende Werte wie Wahrheit und Rationalität, Recht und Wissenschaft, Freiheit und Person zu reflektieren und uns des unbestreitbaren Einflusses europäischen Denkens bei der Ausbildung des einen Weltbewußtseins heute zu erinnern. Wer hier in großer Sorge um Europa lebt, muß aber dann das Gesetz des sterbenden Weizenkorns beachten:

> „Wenn das Weizenkorn nicht in die Erde fällt und stirbt, bleibt es allein; wenn es aber stirbt, bringt es reiche Frucht.“ (Joh 12,24)

Europa hat an sich selbst wechselnde Zeitströmungen erlebt. Das beweisen die Geschichte des abendländischen Geisteslebens und ihre Periodisierung, die Geschichte der Gesellschafts- und Staatsformen, die sich ersetzenden Kunststile, die sich wandelnden Weltanschauungen.

Der Beginn der Neuzeit war geprägt durch den Griff Europas nach den anderen, nach europäischem Bewußtsein bis dahin unverbundenen Kontinenten der Welt. Europa wurde gleichsam der Einigungsfaktor der Welt. Doch was jahrhundertelang als einzigartige Leistung Europas betrachtet wurde, verfällt in unseren Tagen der verbreiteten Kritik, Ausdruck des europäischen Imperialismus, europäischer Herrschsucht, europäischen Machtstrebens gewesen zu sein. Dieser Vorwurf ist keineswegs auf den marxistisch-maoistisch beherrschten Bereich der Dritten Welt beschränkt, sondern wird beispielsweise auch in Japan erhoben.

Auf das Christentum übertragen, sieht sich dieses in seiner europäischen Gestalt in die Anklage imperialistischen Verhaltens insofern einbezogen, als es in der Neuzeit im Schatten politischer Kräfte, später auch unter ihrem Schutz („Patronat“) die Botschaft Christi verbreitet hat. Dementsprechend wird das Missionswerk der Kirche heute vielfach als Akt einer geistigen Kolonialisierung gedeutet. Was jahrhundertelang Stolz der Kirche war, wird ihr heute zum Vorwurf gemacht (vgl. STE 28). Zugleich setzt sich in fast schon bedrohlicher Weise die Ansicht durch, das Christentum sei die Wurzel der vielfältigen gesellschaftlichen Fehlentwicklungen der Neuzeit: Weil Europa keine Ethik der Macht entwickelt habe, konnte sich das technische Vermögen ungehemmt entfalten, konnten sich im Marxismus der gleichschaltende Mechanismus und in der liberalistischen Freiheitsideologie der rücksichtslose egoistische Einsatz der Mächtigen und Stärkeren durchsetzen.

Dabei leiden sowohl die marxistische Gleichheits- wie die liberalistische Freiheitsideologie am Verlust wahrer Brüderlichkeit. Diese zerbricht dort, wo der Vater stirbt und die Brüder – miteinander konkurrierend – an die Stelle des Vaters zu treten bemüht sind. Die Balance der neuzeitlichen Ideale Freiheit, Gleichheit, Brüderlichkeit ist folglich dort zerbrochen, wo Brüder – Menschen – sich daran gemacht haben, ihren Vater – Gott – zu töten. Es ist konsequent, wenn der Verkünder des Gottesmordes, Friedrich NIETZSCHE, nicht nur zum Propheten eines gott-losen Nihilismus, sondern auch des Willens zur Macht geworden ist.

Das Drama des europäischen Gottesmordes beobachten die Asiaten mit Interesse. Sie haben einen eigenen Begriff des Nichts bzw. der Leere (skt. *śūnyatā*), der nicht atheistisch und nihilistisch besetzt ist; sie bieten ihr Denken als Medizin für das kranke Europa an. Für den Fernen Osten selbst hatte schon lange die Parole gegolten, zwar die fremde Geschicklichkeit, ihre Technik und Zivilisationsformen zu lernen, doch dabei die eigene Seele zu retten. Seit Jahrhunderten gilt für Japan im Blick auf China das Motto „Wakon Kansai“: „japanische Seele, chinesische Geschicklichkeit“. Übertragen auf das Verhältnis zum Abendland lautet es: „Wakon Yōsai“: „japanische Seele, westliche Technik“.

Aufgrund einer solchen eigenen Einstellung hat der japanische Philosoph Keiji NISHITANI schon vor Jahren festgestellt:

> „Das europäische Denken scheint mir im allgemeinen zu sehr in sich selbst verfangen zu sein. Mir kommt das wie eine Ironie der Weltgeschichte vor, daß dieses Abendland, dessen zivilisatorischer Impuls wie ein Schock auf die anderen Kulturen der Menschheit gewirkt und sie in Bewegung gebracht hat, nun an eben diesen Bewegungen der außereuropäischen Kulturen kaum oder gar nicht teilnimmt.“[7]

Der stolze Anspruch, der einst von Europa ausging, als es aus der Achse Rom–Athen, dann Rom–Konstantinopel in die Nord-Süd-Achse hineinwuchs und aus dem Römischen Reich Deutscher Nation heraus zur Welteroberung ansetzte, scheint zusammenzubrechen. Europas Führungsanspruch ist jedenfalls fragwürdig geworden. Dennoch ist nicht zu übersehen:

- Wenn Europa heute von innen und außen Kritik erfährt, so schließt eine solche Kritik sowohl Enttäuschung wie Erwartung ein. Europa hat eine Chance, wenn es durch alle Härte der Kritik, die es erfährt, die Erwartungen nicht überhört und übersieht, die in den alternativen Angeboten, die sich ersatzweise aufdrängen wollen, zur Sprache kommen.

---

7 So nach H. FISCHER-BARNICOL: Fragen aus Fernost. Eine Begegnung mit dem japanischen Philosophen Nishitani. *Hochland* 58 (1966), S. 205–218; Zitat: S. 215.

• Die Wurzel des Europas, aus dem wir Europäer heute leben, ist nicht so sehr die Antike Griechenlands und Roms, sondern das in der Welt der Antike genauso wie bei den nördlichen Barbaren und Heiden heimisch gewordene, inkulturierte Christentum. Angesichts der Tatsache, daß Europa das, was es geworden ist, letztlich – in Anerkennung oder Ablehnung – auf dem Boden des Christentums geworden ist, ist dieses Christentum in die Kritik als Äußerung von Enttäuschung und Erwartung einbezogen.

Wir haben zuvor auf die fehlende Ethik der Macht hingewiesen. Die Versuchung, der sich das Christentum im Laufe der Geschichte Europas und dann der Welt ausgesetzt gesehen hat, ist die Versuchung, aus dem Dienst an der Menschheit eine Herrschaft über Menschen, ja über die Menschheit zu machen. Dieser Versuchung ist die Kirche als organisierte Gestalt des Christentums nicht selten erlegen:

• *Einerseits* stellen wir fest, daß die christlichen Grundwerte sich immer mehr als allgemein menschliche erweisen bzw. als solche angenommen werden. In dem Maße, als sie allgemein menschlich werden, werden sie dem Christentum als ihm eigentümlich abgesprochen. Es gibt gar eine Art Ausraubung und Entblößung des Christentums, bei der ihm alles genommen wird außer dem unverdaulichen Rest seines Absolutheitsanspruchs; mit diesem bleibt es dann gleichsam am Wege der Geschichte zurück.

• *Andererseits* ist das Christentum – und das ist hier vor allem das Christentum in seiner europäisch-abendländischen Gestalt – voller Sorge um seine Identität. Muß aber nicht diese europäische Identität des Christentums sterben, damit im eigentlichen Sinne weltweit gültiges Christentum möglich wird? Inzwischen hat die abendländische Kirche Entwicklungen eingeleitet, die geeignet sind, aus uniformer Einheit zu einer pluriformen, in allen Sprachen der Welt gültigen Verkündigung der Botschaft Christi und zu einer in allen Kulturen möglichen Nachfolge Christi zu führen.

Im Matthäus-Evangelium wird der Tod Jesu als Anbruch der eschatologischen Gottesherrschaft beschrieben: Als Jesus am Kreuze starb, hauchte er den Geist aus. Die Wirkungen der Geisthauchung werden in verschiedenen Schilderungen zum Ausdruck gebracht (vgl. Mt 27,51–54). Es ist die Rede von der Bekehrung des heidnischen Römers, von der Öffnung der Gräber und der Auferstehung der Toten, von kosmischer Erschütterung und dem Niederreißen des trennenden Vorhangs im Tempel. Jesu Tod schafft Freiheit und Erlösung.

Die asiatische Spiritualität besteht – nicht zuletzt in ihrer klassisch-buddhistischen Gestalt – auf einer radikalen Absage an jede Egozentrik und Selbstzentriertheit. Ein Schlüsselwort der buddhistischen Spiritualität lautet *anatta* – ein Begriff, der vielfältige spekulative Deutungen und Übersetzungen, vor allem in der Richtung von Nicht-Ich, Nicht-Selbst, erfahren hat. Die verschiedenen Deutungsversuche dürfen jedoch nicht darüber hinwegtäuschen, daß es im *anatta* letztlich nicht um spekulativ-metaphysische Fragestellungen, sondern um den praktischen Vollzug geht. Diesem Vollzug von *anatta* kann der Christ nur die Weise seines Selbstvollzugs an die Seite stellen. Auch von Christen fordert die christliche Spiritualität *anatta.* Doch die Ich- und Selbstlosigkeit besagt christlich Durchlässigkeit für das Du, das Ihr und Wir. Man kann vielleicht gar formulieren: *Anatta* ist für den Christen nichts anderes als Du, Ihr, Wir. Näher an die gewohnte christliche Sprache formuliert: Das bleibende Grundgesetz christlicher Spiritualität ist die selbstvergessene Liebe zu Gott und den Menschen. Das mag alltäglich, ja banal klingen. Nicht banal ist es freilich, ob und wie wir dieses Grundgesetz verwirklichen:

– ob wir auf unseren Rechten bestehen oder uns für die Rechte der Rechtlosen, Ohnmächtigen und Schwachen einsetzen,
– ob wir uns in negativer Ich-Losigkeit und damit zugleich in negativer Ego-zentrik von den Leidenden in dieser Welt zurückziehen oder uns ihnen in Selbst-Losigkeit aktiv zuwenden und uns dabei in der Nachfolge des sich bis in den Tod entäußernden Gottessohnes wissen.

Was in diesem Sinne aus einem christlichen Europa als Botschaft Christi in die Welt gegangen ist, mag heute als Echo aus fremden Ländern zu uns zurückkehren und viele von uns insofern überraschen, als sie das eigene Erbe vergessen haben. Das Echo aus fernen Landen zeigt aber dann zugleich, daß der Geist Gottes sich nicht fesseln läßt und auch uns selbst auf vielen Wegen zu treffen weiß.

Die Heilsangebote der Weltreligionen[8]

Jede Religion ruft auf ihre Weise den Menschen in seine Erfüllung. Diese kann viele Namen tragen: Heil, Erlösung, Befreiung, Friede, Heimat, Himmel, Schau, Licht, Leben, Ewigkeit. Alle diese Namen deuten aber darauf hin, daß der Mensch aus einer unerfüllten Situation abgeholt wird.
In unserer Überlegung schauen wir vor allem auf die Religion der Juden, das Christentum, den Islam, den Hinduismus und Buddhismus. Die beiden letzten hängen ursprungsmäßig so eng zusammen wie auch Judentum und Christentum, daß auf die eine Religion nicht gut gesehen werden kann, ohne die andere zu beachten. Anders der Islam: Einerseits hat er Judentum und Christentum als wesentliche Faktoren seines Umfeldes, andererseits nimmt er beiden gegenüber eine kritische Rolle ein. Für das Christentum bedeutet er zusätzlich eine kritische Instanz, weil er nachchristlich den Unüberbietbarkeitsanspruch des Christentums seinerseits in Frage stellt.

Alle Religionen wollen Heil

Angesichts der allgemeinen Unheilssituationen in der Welt wollen alle Religionen Heil vermitteln. Wir brauchen nur auf die grundlegenden Inspirationen zu achten, die in den verschiedenen Religionen durch alle Wechselfälle der Geschichte hindurch jahrhunderte-, in einigen Fällen gar jahrtausendelang wirksam geblieben sind.

Das *Judentum* hat bis heute den Glauben der Väter an den befreienden Gott nicht verloren. In alle Widrigkeiten hinein, in die Verbannung Ägyptens und Babylons, in die Besetzung durch Rom und die Zerstörung Jerusalems, in die Zerstreuung, die Folterungen durch die mittelalterliche Inquisition und die Verfolgungen im Dritten Reich wurden die Juden von der bleibenden Verheißung an Abraham begleitet:

„Abraham – Vater der Menge – wirst du heißen; denn zum Stammvater einer Menge von Völkern habe ich dich bestimmt. Ich mache dich sehr fruchtbar und lasse Völker aus dir entstehen; Könige werden von dir abstammen. Ich schließe meinen Bund zwischen mir und dir samt deinen Nachkommen, Generation um Generation, einen ewigen Bund: Dir und deinen Nachkommen werde ich Gott sein. Dir und deinen Nachkommen gebe ich ganz Kanaan, das Land, in dem du als Fremder weilst, für immer zu eigen, und ich will ihnen Gott sein.“ (Gen 17,5–8)

Das große Volk und das neue Land haben die Juden als Zukunftsvision – wenn auch manchmal oft nur in einem heiligen Rest – durchhalten lassen. Volk und Erde aber bedeuten immerzu eine neue Heimat. Wie stark diese Inspiration geblieben ist,

8 Der Autor folgt hier weitgehend dem Kap. „Die Religionen versprechen Heil“ seiner kleinen Schrift *„Der Gekreuzigte und die Weltreligionen“.* Zürich u. a. 1983, S. 11–33.

zeigen zwei Dinge: Einmal ist die Wiederentstehung des Staates Israel Ausdruck des Glaubens der Juden an die bleibende Identität des Volkes. Bei allen Spannungen, welche diese Neugründung Israels bis heute nach sich zieht, ist das zu beachten. Sodann ist bedenkenswert, wie sehr die Vorstellung von einem kommenden messianischen Reich und Land selbst über das Judentum hinausgewirkt hat. Damit meinen wir nicht zunächst den Universalisierungsprozeß, den die Verheißung an Abraham und die Väter im Christentum erfahren hat. Wir möchten hinweisen auf aus dem Judentum kommende Denker der Neuzeit wie Karl Marx oder Ernst Bloch, die in ihren Antworten auf Fragen und Nöte unserer Zeit der Verheißung der neuen Erde in ihrer Zukunftsperspektive Ausdruck verliehen haben. Wenn Marx von seinem proletarisch-kommunistischen Reich der Gleichheit träumt, so liegt über diesem der Schimmer der Verheißung des messianischen Reiches. Das bleibt auch gültig, wo Ernst Bloch in seinem *„Prinzip Hoffnung"* seine Träume nach vorwärts treibt und die Vision des Reiches vorträgt, auch wenn dieses kein Reich Gottes, sondern ein Reich des Menschen ist; dieses Reich beerbt die Religion, und wir dürfen hinzufügen: die Religion seiner Herkunft.[9]

Beerbt worden ist das Judentum auch durch das *Christentum*. Die Verheißungen der Juden finden sich hier wieder. Zwei Jesusworte beschreiben in eindringlicher Weise den Umkreis der heilend-befreienden Wirksamkeit seines Tuns. Auf die zweifelnde Frage des Täufers Johannes im Gefängnis: „Bist du der, der kommen soll, oder müssen wir auf einen andern warten?" läßt er ihm mit Prophetenworten antworten:

> „Blinde sehen wieder, Lahme gehen, und Aussätzige werden rein; Taube hören, Tote stehen auf, und den Armen wird das Evangelium verkündet." (Lk 7,22)

In der Schilderung der Gerichtsszene aber wird der Maßstab darin gesetzt, in welchem Umfang das heilend-befreiende Wirken Jesu im Leben der Jünger und in ihrer je eigenen Zeit nachvollzogen wird. Angesichts der Leidenssituationen der Menschen, dem Hunger, dem Durst, der Fremde und Obdachlosigkeit, der Nacktheit, der Krankheit, der Gefangenschaft, stellt er fest:

> „Amen, ich sage euch: Was ihr für einen meiner geringsten Brüder getan habt, das habt ihr mir getan." (Mt 25,40)

Jesus selbst steht auf der Seite derer, die nicht durch Erfolg gesegnet sind, die nicht zu den Siegern und den Etablierten, den Mächtigen und Rechthabenden, Reichen und Besitzenden gehören. Das Kreuz Christi wird selbst zur Teilhabe am Leben der ungerecht Verstoßenen und Verurteilten, Anteil an der erlittenen Bosheit und Treulosigkeit, an Verrat und Unrecht der Menschen. Das Kreuz wird damit zugleich zur Offenbarung der Möglichkeiten des Menschen und zeigt, aus welchen Fernen und Tiefen der Mensch, wenn er geheilt sein will, heimgeholt werden muß.

Der christliche Glaube sagt aber mehr: Er bekennt, daß das Kreuz die Offenbarung bleibender Treue Gottes ist:

> „Gott hat seinen Sohn nicht in die Welt gesandt, damit er die Welt richtet, sondern damit die Welt durch ihn gerettet wird." (Joh 3,17)

Der Tod Jesu offenbart das Wesen Gottes nicht als a-pathisch, sondern als sym-pathisch. In ihm offenbart sich – mit den Worten des japanischen Theologen K. Kitamori – der „Schmerz Gottes", sein Mit-leiden. In seinem Todesschrei: „Mein Gott, mein Gott, warum hast du mich verlassen?" (Mt 27,46) offenbart Jesus die Erfahrung der äußersten Gottesferne als gleichzeitigen Aufgang neuer Gottnähe; denn sein Schrei enthält eine Anrede – „Du" – und setzt damit den Abwesenden in seiner Abwesenheit paradoxerweise gegenwärtig. Der Durchgang durch das Todestal wird Weg zum Leben, die Solidarität des Sündenlosen mit den Sündern Eröffnung von Versöhnung und Frieden.

Vom Todesschicksal Jesu her fällt aber Licht auf das Schicksal all derer, die selbst unter dem Joch ihres Kreuzes stehen. Auch sie haben eine Chance. Interessanterweise verweist der Hebräerbrief auf das Schicksal der Ahnherren des Glaubens in der Geschichte Israels. Sie werden zu Vorbildern, es ihnen gleichzutun. Sie alle leben unter der Verheißung, deren Erfüllung sie jedoch nicht erleben:

> „Sie alle, die aufgrund des Glaubens von Gott besonders anerkannt wurden, haben das Verheißene nicht erlangt, weil Gott erst für uns etwas Besseres vorgesehen hatte; denn sie sollten nicht ohne uns vollendet werden." (Hebr 11,39)

Der Blick auf Jesus weckt Glauben und Hoffnung; er enthebt aber nicht der Aufgabe, selbst den Weg des Lebens in der Erfüllung der Liebe zu gehen: Liebe, die Solidarität mit dem leidenden Jesus ist und zugleich aktive Solidarität mit den leidenden Mitmenschen heute, Liebe, die nicht nur schaut (Kontemplation), sondern sich nicht abfindet mit dem Leiden der Menschen (Kampf), Liebe, die nicht nur im privaten Leben vollzogen wird, sondern Raum fordert in der gesellschaftlichen Öffentlichkeit.

Blicken wir von hier aus zunächst auf den *Buddhismus*. Die Frage nach dem Leiden hat Buddha nicht losgelassen; er konnte und wollte sich nicht mit ihm abfinden. Er fragt nach der Ursache und Überwindung des Leidens und forscht nach den Wegen der Überwindung. Die Antwort teilt er nicht als einen Zuspruch Gottes oder einer Gottheit mit. Gott kommt gleichsam in seinem Leben nicht vor. Was er öffentlich ausspricht und verkündet, ist eine Einsicht, die in ihm selbst zum Durchbruch gekommen ist. Über den Inhalt dieser Einsicht gibt es unterschiedliche Deutungen:

- Zum einen hängt diese von der Bestimmung der Leidensursache ab. Wird diese als grenzenlos ausgreifendes Verlangen – „Durst" (skt. *tṛṣṇā*) – bestimmt, so besteht die Befreiung im Erlöschen des Verlangens, Nirvāṇa. Wird sie mehr als Unerleuchtetheit und Unwissen (skt. *avidyā*) angesprochen, so ist die Erlösung mehr in einer Erleuchtung – jap. *satori,* „Verkosten" – geschenkt.
- Zum anderen können wir nachträglich im Blick auf die großen Richtungen des Buddhismus, die Richtung der Alten – Theravāda – und die Richtung des Großen Fahrzeugs – Mahāyāna –, auch sagen: Der Weg des Theravāda wirkt weltflüchtiger im Sinne einer Absage an eine Scheinwirklichkeit, die es zu durchbrechen gilt. Auf die Frage: „Durchbruch – wohin?" erfolgt insofern keine Antwort, als die Benennung der wahren Wirklichkeit den Prozeß der Anhänglichkeit und des Verlangens erneut in Gang zu setzen droht, er aber gerade abgeschnitten werden soll. Der andere Weg benennt diese Wirklichkeit zwar auch negativ als „leer" oder gar „Leere" (skt. *śūnya(tā)*), doch diese erhält zugleich einen außerordentlich positiven, lichtvollen Charakter, auch wenn sie namenlos bleibt. Es fällt auf, daß die Erleuchtungsgestalt des Buddha vielgesichtig wird und ein „Pantheon" von Buddhas entsteht. Der ans Ziel Gelangte ist nicht mehr der von seinem empirischen Ich zu seinem wahren Selbst Befreite, aber gerade darin zugleich allem Entrückte, sondern derjenige, der im Hingang zum Ziel zur Erkenntnis gelangt, daß ihm der Rückgang zu den Leidenden, Suchenden, den Blinden und Irrenden aufgetragen bleibt. Die neue Idealgestalt ist hier der Bodhisattva, eine Gestalt, die so sehr kultiviert wird, daß Menschen den Grund ihrer Erleuchtung in der Kraft des Fremden, nicht in der eigenen Kraft suchen und aus der Kraft des Fremden, aus der Zuneigung des oder der Bodhisattvas leben. Hier erhält das Heil dann auffallenderweise ein Gesicht: Amida, der Strahlende, der im Reinen Land, im Paradies des Westens thront. Es ist auch hier nicht der Ort, die Geschichte des Heils und der Heilsvermittlung näher auszuführen. Doch bleibt nicht zu übersehen, daß das Große Fahrzeug eine eigentliche Lehre von der Heilsvermittlung in der sogenannten Drei-Körper-Lehre (skt. *trikāya*) entwickelt hat, die in Zukunft entschiedener mit den Aussagen der christlichen Theologie zur Heils- und Offenbarungsvermittlung zu vergleichen ist.

9 E. Bloch: Das Prinzip Hoffnung. Frankfurt 1959.

Heilsvermittlung kennt auch der *Hinduismus*. Sie geschieht einmal in den vedischen Opfervorstellungen und -riten, deren genaue Kenntnis das Privileg der nicht zuletzt dadurch zur Herrschaft gelangten Brahmanen war. Heilsvermittelnd wirken die in spät- und nachvedischer Zeit entstehenden Systeme, die auf ihre Weise Spekulation und Praxis/Meditation miteinander verbinden. Die Frage, wieweit gerade auch der Buddhismus als ein solches Heilssystem anzusprechen ist, verdient in Zukunft noch eingehenderes Bedenken.

Spricht der Buddhismus von der Erreichung des „Anātman“, der Ich- und Selbstlosigkeit, so betont der Hinduismus die Erreichung des wahren Ich und Selbst, der Verwirklichung des Ātman im Brahman, der alles bergenden Weltseele. Wie im Buddhismus dort, wo der Durchbruch geschehen ist, der Mensch *im* Saṃsāra des Nirvāna, im Kreislauf der Dinge des unwandelbaren Grundes ansichtig wird, so gilt bis heute die Verwirklichung des „Ātman ist Brahman“ oder des „Tat tvam asi“, „Ich bin Du“, als die höchste Verwirklichung hinduistischer Einsicht. Diese Formel ist Ausdruck höchster Loslösung und Befreiung (skt. *moksha* oder *mukti*).

Doch wie wir im Buddhismus erleben, daß die Heilseinsicht Gesichter erhält, die zur Zuwendung werden, so stoßen wir auch im Hinduismus auf solche Gesichter, die von der Frömmigkeit aufgegriffen werden. Dazu gehört vor allem Vishnu, der bewahrend und befreiend sich zuwendende Gott, der in vielfältigen Gestalten (skt. *avatāra*) sich den Menschen zuwendet. Solche Gestalten sind nicht notwendig nur menschlicher Art. Doch die bedeutendste, Krishna, ist dem indischen Volk durch die *„Bhagavadgītā“*, den Gesang des Erhabenen, nämlich Krishna – in hohem Maß vertraut. Dieses Lied ist von großen Denkern bis in unsere Tage immer neu übersetzt und kommentiert worden, und es ist sicher nicht ganz ohne Grund, wenn Inder als christliche Analogie zur Herablassung des Avatāra die Inkarnation Christi anführen. Sowohl im Hinduismus wie im Buddhismus liegt die Erlösung aber in der Überwindung des Kreislaufs der Wiedergeburten.

Wir haben den *Islam* an den Schluß gesetzt. Er bekennt sich wie Judentum und Christentum zu Gott dem barmherzigen Richter. Die Frage ist aber: Ist der Islam im eigentlichen Sinn eine Erlösungsreligion? Oder ist nicht seine Verkündigung der Offenbarung zugleich der Weg zur Befreiung aus Sünde und Schuld? Tatsache ist, daß von Erlösung fast nicht gesprochen wird. Offensichtlich bedarf der Mensch im Islam keiner besonderen Erlösung mehr, wenn er nur sich immer neu dem Willen Gottes unterwirft. Eine bleibende, untilgbare Schuld widerspricht der Größe und Majestät Gottes. So ist auch der christliche Gedanke der Erbsünde für den Muslim nichtssagend. Leid und Schuld werden ausgelöscht sein, wenn die ganze Welt dem Willen Gottes unterworfen ist. Insofern ist die Ausbreitung des Islam unter allen Völkern der entscheidende Weg zur Tilgung von Schuld.

Die Tatsache aber, daß der Islam sich in seiner Zeit – im Gegensatz zu Juden und Christen – als Botschaft an die „Fremden“ in der Wüste verstand – die beiden Wurzeln *'rb* und *ġrb* im Arabischen, von denen „arabisch“ und „fremd“ abgeleitet sind, liegen sehr dicht beieinander –, gibt ihm heute die Chance, sich als Religion der unterprivilegierten, nicht-weißen Völker in Afrika und Asien anzubieten. Eine Religion, die auch in unseren europäischen Ländern heute nach den christlichen Großkirchen die dritt- oder gar die zweitgrößte Anhängerschaft hat, muß von uns beachtet werden.

Fassen wir diesen Abschnitt zusammen, so können wir festhalten: Jede große Religion verspricht den Menschen unter verschiedensten Namen und auf verschiedenen Wegen Heil. „Heil“ ist dabei ein Name für Ganzheit, Erfüllung, Frieden. Israel spricht von „Schalom“ und meint damit im privaten wie im gesellschaftlichen Raum Friede, Wohlergehen, Zufriedenheit, Versöhnung. Das Christentum spricht von ewigem Leben, der neuen Stadt, dem neuen Himmel und der neuen Erde, der Gemeinschaft der Heiligen, der seligen Schau. Wie im Judentum ist das neue Land aber Folge der Erlösung und Befreiung, die das Zeitliche genauso betrifft wie das Zeit und Raum Umfassende. Ägypten und Exil sind und bleiben geschichtliche Wirklichkeiten, die wie Krankheit, Hunger, Armut, Unwissenheit nicht in ein quasimetaphysisches Verständnis hinein übersprungen werden dürfen, soll nicht dem Verständnis von Heil ein weltflüchtiger Grundzug anhaften. Weltflucht würde eben nicht die Geschichte und Gesellschaft heilen, sondern das Heil in der Distanz suchen lassen.

Von Erlösung, Befreiung, Erleuchtung, Erwachen ist auch im Bereich der asiatischen Großreligionen die Rede. Gerade hier aber wird es die große Aufgabe sein zu zeigen, wie durch das Nirvāṇa das Saṃsāra, durch das Namenlose das Namhafte befreit wird. Wie wird in einer negativen Darstellung der Dinge dennoch eine befreite Sicht der Zeit und der Geschichte geboten? Unübersehbar ist, daß Hinduismus wie Buddhismus bemüht sind, die Konformität ihres Denkens mit dem wissenschaftlichen Denken unserer Zeit zu erweisen. Dennoch gibt es wohl wenige Denker, die wie der japanische Religionsphilosoph K. Nishitani versuchen, die Wiedergeburtslehre zu entmythologisieren und dabei Raum zu gewinnen für eine aus dem Buddhismus kommende Unterscheidung der Zeit und der Geschichte.[10] In dem großen analytischen Werk des japanischen Indologen H. Nakamura *„Ways of Thinking of Eastern Peoples: India–China–Tibet–Japan“* fällt auf, welch eine geringe Rolle das geschichtliche Denken bei ihm spielt; auffallenderweise wird dieser Mangel im asiatischen Denken von ihm auch nicht eigens vermerkt.[11]

Die revolutionäre Potenz der islamischen Bewegung ist unübersehbar, ebenso ihre gesellschaftsformende Kraft. Nicht zu leugnen ist ihre geschichtliche Ausstrahlung. Welche Rolle aber kommt dem einzelnen Menschen, seiner Freiheit, seinen Grundrechten zu? Gerade in den uns begegnenden fundamentalistischen wie traditionalistischen Formen des Islam wird unmißverständlich die Theozentrik gegenüber einer neuzeitlichen, auch vom Christentum vertretenen Anthropozentrik vertreten. Die Frage nach dem Heil des Menschen ist kein zentrales Thema; die Antwort auf die Frage ergibt sich aus der rechten Einstellung zu Gott und seinem Willen.

Der Anspruch auf Heil für alle

Mit ihrem Anspruch, den Weg zum Heil, zur Erlösung, zur Erleuchtung, zum Frieden, zur Erfüllung und Selbstverwirklichung, aber auch zur vollkommenen Gesellschaft und zu einer alle zufriedenstellenden Zukunft zu kennen, treten die Religionen auch in unserer Zeit auf. Nun ist es aber nicht dasselbe zu behaupten, der vorgeschlagene Weg sei für alle gangbar, und festzustellen, der vorgeschlagene Weg sei der einzig mögliche, weil allein wirksame und seligmachende.

So beweist die Geschichte des *Buddhismus* bis in die Gegenwart, daß die Grundlehre des Buddha, grundsätzlich einen für alle gangbaren Weg zu lehren, immer neu wiederhergestellt worden ist. Zu seinen Lebzeiten hatte er die Kastenordnung als heilsbedeutsam zurückgewiesen. Die großen Reformen, der Übergang vom – daher verächtlich so genannten – Kleinen Fahrzeug: Hīnayāna zum Großen:

10 Vgl. dazu ausführlicher Hans Waldenfels: Absolutes Nichts. Freiburg u. a. ^{3}1980, S. 121–150.

11 H. Nakamura: Ways of Thinking of Eastern Peoples: India–China–Tibet–Japan. Honolulu (Hawaii) ^{2}1964.

Mahāyāna, aber auch der Wechsel vom Meditationsbuddhismus (jap. *Zen*) zum Buddhismus der vertrauenden Anrufung, dem Amida-Buddhismus, haben stets auch die Überwindung eines elitären Buddhismus zum Ziel gehabt. Wo der Buddhismus aber im Lauf seiner Ausbreitungsgeschichte auf andere Religionen stieß, hat er in ihnen nur selten zu bekämpfende Gegner gesehen. Vielmehr erblickt er in ihnen dem Verständnishorizont der Völker angepaßte Formen oder Vorformen der eigenen Lehre. G. Mensching hat entsprechend zwar auch dem Hinduismus und Buddhismus einen Absolutheitsanspruch zugeschrieben, diesen jedoch (im Gegensatz zum exklusiven) als einen inklusiven Absolutheitsanspruch benannt.[12]

Deutlich wird ein solcher inklusiver Absolutheitsanspruch auch im *Neohinduismus*. Ramakrishna und Vivekananda sind gute Beispiele dafür. Ramakrishna (1834–86) war Priester in einem Kālītempel, also Hindu, rühmte sich aber, als solcher einmal in der Rolle des gläubigen Christen sich in die Gestalt Christi vertieft zu haben, sodann auch in der Weise der Muslime gelebt zu haben. So großherzig und tolerant eine solche Haltung auch erscheint, so wenig darf doch übersehen werden, daß die Haltungen als Hindu vollzogen wurden und so angesichts der drei großen Religionen des indischen Subkontinents die umfassende Weite des Hinduismus dokumentieren sollten. Sein Schüler Vivekananda wird seinerseits mit den Worten zitiert:

„Ich heiße alle vorhandenen Religionen willkommen und bin bereit, Gott in allen zu dienen, in welcher Gestalt es auch sei: Ich bete in der Moschee des Mohammedaners, ich knie vor dem Kruzifix in der christlichen Kirche, ich betrete den buddhistischen Tempel, um Zuflucht zu Buddha und seinem Gesetze zu nehmen, und ich meditiere in den Wäldern mit dem Hindu, der das Licht sucht, das in allen Herzen leuchtet."[13]

Gegenüber einer solchen Einstellung wirkt das *Christentum* exklusiv. Es versteht sich als die offene Tür zum Heil, doch wer sie nicht durchschreitet, bleibt außerhalb des Heils. Die lange Geschichte von Exklusivität und Offenheit ist hier nicht nachzuzeichnen. Festgesetzt hat sich jedenfalls in stärkerem Maß der Gedanke der Ausschließlichkeit. In der Kirchenkonstitution, Nr. 14, des II. Vatikanischen Konzils steht der um eine Nuance erweiterte Satz:

„Der eine Christus ist Mittler und Weg zum Heil, der in seinem Leib, der Kirche, uns gegenwärtig wird; indem er aber selbst mit ausdrücklichen Worten die Notwendigkeit des Glaubens und der Taufe betont hat (vgl. Mk 16,16; Joh 3,5), hat er zugleich die Notwendigkeit der Kirche, in die die Menschen durch die Taufe wie durch eine Türe eintreten, bekräftigt. Darum können jene Menschen nicht gerettet werden, die um die katholische Kirche und ihre von Gott durch Christus gestiftete Heilsnotwendigkeit wissen, in sie aber nicht eintreten *oder in ihr nicht ausharren* wollen."

Nicht nur der nicht erfolgende Eintritt, auch der Austritt aus der Kirche kann Ausdruck mangelnder Einsicht in ihr Wesen sein. Zum anderen wird mehrfach von denen gesprochen, die ohne Schuld das Evangelium Christi und seine Kirche nicht kennen; von solchen sagt dieselbe Konstitution, daß sie, wenn sie Gott aus ehrlichem Herzen suchen und seinen im Anruf des Gewissens erkannten Willen unter dem Einfluß der Gnade in der Tat zu erfüllen trachten, das ewige Heil erlangen können (vgl. ebd. Nr. 16). Auch die positiven Aussagen über andere Religionen stehen im Raum. Doch ist die Verbindung zwischen dem in ihnen angekündigten oder gar geschenkten Heil und dem Heil, das im Kreuz Christi begründet ist, theologisch bislang wenig bedacht. In der Regel wird jedem auf anderen Wegen erworbenen Heil zumindest die verborgene Wirksamkeit des Kreuzes zugesprochen, so daß jedenfalls, wer immer das endgültige Heil erlangt, dieses kraft des Kreuzes Christi erlangt.

Das *Judentum* war von seinem Ursprung als Volk Israel vom Gedanken der Auserwählung gekennzeichnet. Es ist damit aber hineingewachsen in die Rolle eines Heilszeichens für alle Völker. Das bedeutet aber nicht, daß alle Erlösungsbedürftigen Juden werden müßten. Der Gedanke der Völkerwallfahrt (vgl. Jes. 2,2–6) hat auch heute Gültigkeit. Insofern scheint für Juden Gott auf vielen Wegen zu seinem Ziel zu führen, wenn nur nach dem gegebenen Beispiel der Weg Gottes gesucht und gegangen wird. Eine reduzierte Form von Exklusivität zeigt auch der *Islam*. Er bekundet vom Koran her einen gewissen Respekt vor den Leuten der Schrift. Gemeint sind die Juden der Tora und die Christen des Evangeliums. Der gemeinsame Ursprung in Abraham läßt sie alle auf dem von Gott gewollten Weg die Unterwerfung unter seinen Willen suchen. Lehnen die Muslime den Alleinanspruch auf Heilsvermittlung bei Juden wie Christen ab, so sind ihre Urteile über die Gott nicht kennenden Heiden hart. Ihnen gegenüber haben sie eine verpflichtende Botschaft auszurichten, die sie mit allen Mitteln durchzusetzen suchen.

Alle Religionen stehen vor der Unheilssituation der Menschen. Leiden, Schuld und Tod beschreiben Lebenssituationen der Menschen, auf die gerade von den Religionen eine Antwort erwartet wird. Alle Religionen versprechen dem Menschen Heil und Erfüllung, Erlösung und Befreiung. Gerade weil dieses aber nach der Botschaft der Religionen auf vielen Wegen angeboten wird, stellt sich erst recht die Frage: Was bedeutet den Religionen der Anspruch des Kreuzes? Ist der Gekreuzigte nur *ein* Heilsverkünder unter vielen? Wie steht es um das Selbstverständnis des Christentums und um seinen Anspruch, wo viele Ansprüche im Raum stehen?

Das Christentum und die Weltreligionen[14]

In einer Zeit wachsender Nachbarschaft zu den anderen Religionen und deren Anhängern ist es Aufgabe aller, dialog- und kooperationsfähig, in Grenzfällen aber auch protestfähig zu sein. Daher werden im folgenden noch einmal thesenhaft einige Überlegungen zum Verhältnis von Christentum und den anderen Weltreligionen angestellt. Dabei lassen wir zunächst immer einen Vertreter der einzelnen Religionen – mit einem Zitat aus der Kollegstunde 30 des Funkkollegs „Religion" – selbst zu Wort kommen und schließen dann eine vergleichende Positionsbeschreibung mit dem Christentum an.

Zum Hinduismus

Zum Verhältnis von Christentum und Hinduismus in der heutigen Zeit äußert sich der Hindu Dr. Tilak Raj Chopra von der Universität Bonn:

„Indien ist die Heimat mehrerer Weltreligionen. Es gibt kaum eine Religion der Welt, die in Indien nicht vertreten ist. Das Modell des religiösen Pluralismus, das wir aus der indischen Geschichte kennen, ist sicherlich nicht das beste. Aber ein besseres Modell kann ich mir nicht vorstellen. Gewiß, an Verbesserungen läßt es viel zu wünschen übrig. Das Verhältnis meiner Religion zu den anderen möchte ich von Aufgeschlossenheit gekennzeichnet sehen. Ich glaube, wir Menschen sind Suchende und können voneinander lernen. Fanatismus, Dogmatismus, zu

---

12 G. Mensching: Der offene Tempel. Die Weltreligionen im Gespräch miteinander. Stuttgart 1974, S. 19f.

13 So Vivekananda in einer Rede über „The Way to the Realisation of Universal Religion"; vgl. H. von Glasenapp: Indische Geisteswelt I. Baden-Baden o.J., S. 294–295.

14 Zur Gesamtproblematik sei ausdrücklich verwiesen auf die kleine, aber informative Veröffentlichung des Autors *„Religionen als Antworten auf die menschliche Sinnfrage"*. München 1980.

viel Bedeutung von Äußerlichkeiten, Institutionalisierung, Intoleranz – dies alles kann für eine Religion, auch für meine eigene, nicht von großem Nutzen sein. Echte Religiosität, Toleranz gegenüber anderen Religionen, Betonung der gelebten Religion, dies – so meine ich – kann einer Religion nie schädlich sein.
Der Hinduismus ist sanatana dharma, *das heißt, die ewige Religion des Menschen. Der Mensch ist göttlichen Ursprungs und sucht nach Selbstverwirklichung. Mit anderen Lebewesen hat er vieles gemein.* Dharma, *Religiosität, zeichnet ihn aber aus. Als Mensch hat er die Willensfreiheit, sich für die Erlösung, Selbstverwirklichung, den Weg zurück zum göttlichen Ursprung zu entscheiden. Der Heilsweg ist nicht leicht, vor allem äußere körperliche und innere geistige Reinheit sind der erste Schritt. Der Hinduismus legt großen Wert auf die richtige Lebenspraxis. Nicht Bekenntnis steht für den Hindu an erster Stelle, sondern das richtige Verhalten. Deswegen macht es ihm keine Schwierigkeiten, gute Menschen anderer Glaubensgemeinschaften als solche anzuerkennen, weil sie nach seiner Meinung auf dem richtigen Weg sind.*
Der Hinduismus ist die älteste religiöse Tradition der Welt. Eine ununterbrochene Kontinuität zeichnet diese Religion aus. Doch diese uralte Tradition stellt sich der Gegenwart. ‚Im Wandel das Wesentliche bewahren', das ist seit jeher die Devise gewesen. Insofern können wir die hinduistische Religion konservativ nennen. Ich möchte feststellen, daß der Hinduismus sich heute eher einer kritisch-konservativen Lebenseinstellung verpflichtet fühlt."[15]

▷ *Was ergibt der Vergleich zwischen Hinduismus und Christentum?* ◁

Das fremdartige Sinnangebot findet vor allem dort Beachtung und Zuspruch, wo es auf kritische und unterbetonte Aspekte des eigenen Angebots stößt. Im Sinne eines vernünftigen Lernprozesses ist es daher richtiger, nicht zunächst die Schwachstellen des Partners zu suchen, sondern seine wertvollen Inhalte zu beachten. Hier aber lassen sich im Vergleich mit dem christlichen Sinnangebot unter anderem folgende Aussagen treffen:

- Im Hinduismus ist das Angebot der Befreiung nicht an eine historische Person wie Jesus von Nazaret gebunden.
- Das Gottesbild läßt eine große Variationsbreite zu und reicht von einer Vergöttlichung und Absolutsetzung des eigenen inneren Kerns bis zur liebenden Hinkehr zu einem sich mir zuwendenden liebenden Gott.
- Der Hinduismus begegnet dem Sinnsuchenden nicht zunächst mit der Verkündigung einer verbindlichen Lehre, sondern mit dem Hinweis auf eine Mehrzahl von spirituellen Praktiken, die zur Selbstfindung des Menschen und seiner ganzheitlichen Erfüllung führen.
- Der Hinduismus gewinnt seine Gestalt nicht zunächst in einer imponierenden Organisation kirchenähnlicher Art, sondern in spirituell ausstrahlenden Menschen, geistlichen Meistern, Gurus, Meditierenden, Asketen, Yogis, Bhaktas, die dann unter Umständen zur Bildung neuer spontaner Gruppen der Übung und Nachfolge führen.
- Die Lehre der Reinkarnation erscheint „menschlicher", weil sie den Menschen nicht mit der Strenge des unwiderruflichen „Ein-für-allemal" meines jetzigen Lebens und meines von mir selbst zu sterbenden Todes bedroht, sondern einen Ausweg und die Chance neuer Bewährung eröffnet.

In diesem Zusammenhang sei auf eine im Dialog lange übersehene Schwierigkeit hingewiesen, die heute sowohl im Gespräch mit Hindus wie mit Buddhisten in gleicher Weise zu beachten ist: Bei der Übersetzung von Grundbegriffen ist mit größerer Umsicht zu verfahren, so daß nicht übereilt Gleichsetzungen oder umgekehrt kritische Unterscheidungen vorgenommen werden.

Beispiele von Gleichsetzungen sind etwa die Übersetzung *„avatāra"* mit „Inkarnation" und die Einordnung der „Inkarnation" Gottes in Jesus Christus als *einen* Fall von „avatāra" oder die Übersetzung von *„trimūrti"* mit „Dreifaltigkeit", wobei übersehen wird, daß es in Indien neben der „Drei-" auch die „Vier-" und Mehrgesichtigkeit des Göttlichen gibt. Nicht genug gewarnt werden kann aber auch vor einer zu schnellen Gleichsetzung von *„Sozialismus"* mit den uns bekannten Formen des Sozialismus.
Ein Beispiel für trennende Unterscheidungen ist das oft ungeprüft eingeführte Begriffspaar *„persönlich–unpersönlich"* als Schwerpunktbezeichnungen für das Verständnis des Göttlichen, aber auch des Menschen in West und Ost. Hier wird zuwenig beachtet, daß „Person" im Osten mehr als Begrenzung und Abgrenzung, damit negativ als Einladung zum Egoismus, nicht aber als Ausdruck einzigartiger Würde gesehen wird, folglich das Leben innerhalb der Gesellschaft (lat. *societas*) und Gemeinschaft (lat. *communitas*) das höhere Ideal darstellt.

Zum Buddhismus

Wenn nicht alles täuscht, ist den asiatischen Religionen der Gedanke einer aktiven Weltveränderung und einer positiven Weltgestaltung doch weniger eigen als den Religionen der abrahamitischen Ökumene (Juden, Christen, Moslems). Ist die Welt nicht am Ende doch das Vordergründige in ihren Erscheinungsformen, das Unwirkliche in ihrer Vielheit und Zerrissenheit? Muß nicht der Blick durch die Vielheit hindurch das Eine treffen? Der Buddhist Yoshinori Takeuchi, emeritierter Professor der Universität in Kyoto/Japan, betont:

„Wo die Verweltlichung wächst, ist das Ergebnis klar: Der Mensch zerstört sich selbst in seiner Isolation. Wir müssen uns daher aus der Isolation befreien und zur ursprünglichen Einheit, zur Persönlichkeit, zurückfinden, die in der Religion gegeben ist und auch in Zukunft verwirklicht sein will.
Nach meiner Meinung ist der Buddhismus nicht die einzige Religion der asiatischen Völker. Nur ein Teil von ihnen glaubt an den Buddhismus. Dennoch ist der Buddhismus eine Religion der Toleranz, und ich hoffe, daß der Streit zwischen den Religionen im heutigen Asien, der dahin führt, daß jede Religion die Wahrheit für sich beansprucht, aufhört. Ich wünsche, daß die Toleranz wächst und ein Weg zur Einheit der Religionen und zu harmonischen, kreativen Tätigkeiten führt.
Es ist notwendig, daß wir einander an die Hand nehmen und zu einer neuen, kreativen Einheit gelangen, auf daß wir die Isolation überwinden, die die Zukunft der Welt zu überlagern droht."[16]

▷ *Was ergibt der Vergleich zwischen Buddhismus und Christentum?* ◁

Auf der 2. Vollversammlung der Föderation asiatischer Bischofskonferenzen (FABC), die vom 19.–25. November 1978 bei Kalkutta stattfand, machte der Vertreter des Heiligen Stuhls, Erzbischof D. S. Lourdusamy, in seiner Eröffnungsrede deutlich, daß es zwischen Christentum und Asien in spiritueller Hinsicht einen Austausch von Geschenken geben kann. Geht man von der christlichen Grundspiritualität aus, so hat das Christentum folgendes anzubieten:
- ein personal formuliertes Gebet, das seinen Adressaten beim Namen rufen darf und kann, weil es durch Jesus Christus gelernt hat, Gott „Vater" zu nennen,
- ein kommunitäres Gebet, das in der Höchstform der Liturgie den Mittler Jesus Christus in der Gemeinde gegenwärtig werden und aus dieser Gegenwärtigsetzung die Gemeinde immer neu entstehen läßt,
- die Einbettung des Gebetes in den Vollzug der Liebe zu allen Menschen,
- die Wirksamkeit des göttlichen Geistes in allem menschlichen Tun.

Dem steht das Angebot des Buddhismus gegenüber:
- der Aufruf, das kontemplative Leben wieder ernst zu nehmen und Zeiten der Innerlichkeit, der Sammlung und des Schweigens neu einzuüben,
- die Skala der Wege und Mittel, die die Meditation und ein vertieftes Gebetsleben fördern: Entsagung, der Sinn für das Symbolische und Hintergründige, für die

15 Zitat aus Kollegstunde 30 des Funkkollegs „Religion". Produktion des SDR, Stuttgart 1984.

16 Zitat aus Kollegstunde 30 des Funkkollegs „Religion". Produktion des SDR, Stuttgart 1984.

Bedeutung des Leiblich-Körperlichen, die Einübung in die Wahrnehmung des anderen in der Erfahrung der Immanenz, aber auch der kosmischen Grundeinheit, die Erfahrung der inneren Freiheit,
- die Einladung zu einem interreligiösen Dialog, der nicht auf der Basis theoretischer Erörterungen, sondern auf der Basis eines Austausches geistlicher Erfahrungen beruht,
- die Einladung an die Christen, in ihrer Verkündigung nicht die Ansätze, Methoden und Wege anderer Religionen geringzuschätzen und aus Unkenntnis oder Überheblichkeit Angebote zu machen in Feldern, in denen sie selbst erst wieder Übende werden müßten,
- die Herausforderung der asiatischen Spiritualität in einer Zeit, die viele Zeitgenossen als eine nachchristliche und oft gar als eine nachreligiöse Epoche ansprechen.

Die Akzente, die Erzbischof Lourdusamy gesetzt hat, machen deutlich: Eine christliche Auseinandersetzung mit dem Buddhismus kann heute nicht mit der Absicht geführt werden, die eigene christliche Position in apologetischer Hinsicht theoretisch abzusichern. Sie kann schon gar nicht mit den Mitteln der Herabsetzung des Partners geführt werden. Für den Christen wird vielmehr die Ernsthaftigkeit der fremdreligiösen Bemühungen ein Anruf sein, in der Glaubenspraxis und -erfahrung wieder so gesprächsfähig zu werden, daß ein Austausch in der Spiritualität, das heißt in den Erfahrungen der Geistgeführtheit, möglich wird. Ob die asiatischen Meditationsmethoden und die Einfachheit des Lebens, die mehr als alles andere im Westen herausfordernd wirken, zunächst einladen, in der christlichen Tradition nach Entsprechungen zu suchen und diese neu zu üben, oder ob sie auch von Christen stellenweise als ein Weg zur Wiedererlangung meditativer Tiefe benutzt werden, kann so lange offenbleiben, als die Praxis unzureichend erscheint.

Was das Christentum umgekehrt für den Buddhismus bedeutet, kann unter anderem in folgenden Punkten eines vertieften Gesprächs in der Zukunft entfaltet werden:
- das Gottesverständnis angesichts der Namen- und Gesichtslosigkeit des Absoluten im Buddhismus,
- die Würde der menschlichen Person angesichts der Rede von der Ichlosigkeit des Menschen,
- die positive Bedeutung von Welt und Geschichte und die Verantwortung des Menschen seiner Welt gegenüber angesichts der Einladung zu radikaler Weltentsagung.

Zum Islam

Angesichts der modernen Welt befinden sich die verschiedenen Religionen in einem geistlichen Wettstreit. Welche Religion sich in den Bedrohungen des modernen Lebensgefühls besser bewährt, ob es den „mystischen“ Religionen Asiens besser gelingt als den „prophetischen“ Abrahamsreligionen, ist zur Stunde nur schwer zu sagen. Der Moslem Dr. Devlet Khálid Durán vom Deutschen Orient-Institut in Hamburg charakterisiert die Situation des Islam:

„Der Islam versteht sich als gesunden Mittelweg zwischen zwei Extremen, das heißt zwischen unbotmäßiger Weltzugewandtheit und unmäßiger Weltabgewandtheit. Im Arabien des Propheten Mohammed hatten die Juden ein Image als krasse Materialisten. Die Christen dagegen kannte man sozusagen als spirituelle Alternative, als Aussteiger aus der Gesellschaft. Das mag auf die vielen christlichen Eremiten im damaligen Arabien zurückzuführen sein. Die Moslems nun strebten dazwischen den Ausgleich an und betonten Mäßigung bei gleichzeitiger Verantwortung gegenüber Diesseits und Jenseits mit dem Islam als Religion von sowohl Herz als auch Vernunft. Deshalb erleben wir Moslems asiatische Religionen wie den Hinduismus nicht als mystische Alternative zur prophetischen Tradition des Nahen Ostens. Wir streben seit jeher eine multidimensionale Glaubenspraxis an und erleben dabei in den eigenen Reihen starke Schwankungen. Während unserer Geschichte ist es uns nicht immer gelungen, den Pendelschlag einzuhalten. So gibt es einen nah-östlichen Islam der prophetischen Tradition und einen mystischen.“[17]

▷ *Was ergibt der Vergleich zwischen Islam und Christentum?* ◁

Die Nähe von Christentum und Islam hat im Laufe der Geschichte zu zahlreichen Belastungen geführt, die eine Verständigung oder gar einen Dialog bis heute recht schwierig erscheinen lassen. Zu bedenken sind folgende Punkte:

- Der Islam ist nachchristlich entstanden und stellt für Christen schon deshalb eine Herausforderung dar.
- Der Koran nimmt nicht nur zum Judentum, sondern auch zum Christentum, zur Rolle Jesu sowie zu grundlegenden Lehren des Christentums Stellung; er bestreitet den universalen Heilsanspruch Christi.
- Die Begegnung von Christentum und Islam stand lange Zeit (und steht stellenweise auch heute noch) im Zeichen von Eroberung und Abwehr: Die Ausbreitung des Islam hat im frühen Mittelalter in Kleinasien und Nordafrika zum Untergang blühender christlicher Kirchen geführt und ist auch später als Bedrohung empfunden worden. Umgekehrt belasten die christlichen Kreuzzüge das Verhältnis beider Religionen.
- Fraglich ist auch, ob der Islam wirklich dialogfähig und -bereit ist oder ob – ein ähnlicher Verdacht besteht vielfach ja auch noch gegenüber der christlichen Dialoghaltung – nicht „Dialog“ nur ein Mittel zum Zweck ist, das überall dort Anwendung findet, wo der Islam noch eine wenig beachtete Minderheit darstellt und der Raum für die Verwirklichung des „ǧihād“ erst geschaffen werden muß.
- Zusätzliche Belastungen für den Dialog sind
  - die Verflechtung von Religion und Politik im Islam,
  - das fehlende Gegenüber zur kirchlichen Gemeinde und zur Kirche überhaupt,
  - die Schwierigkeit, authentische Gesprächspartner zu finden, die verbindlich für den Islam sprechen können.

Einen wichtigen Berührungspunkt zwischen Christentum und Islam stellt das jeweilige *Jesusbild* dar. War man jahrhundertelang davon ausgegangen, daß Mohammed nur eine mangelhafte Kenntnis des Christentums gehabt habe, so zeigen neuere Untersuchungen genauer, daß er sich zwar nicht mit den Lehrentscheidungen der alten Konzilien auseinandergesetzt hat, dafür aber sehr wohl eine weitverbreitete Form des Christentums als Gesprächspartner hatte, nämlich das in Syrien lebendige semitische Christentum. Wie es dem Islam um den rechten Weg zu Gott geht, so ist auch diese Gestalt des Christentums stärker als das paulinische und hellenistische Christentum von der Vermittlung des rechten Weges geprägt. Entsprechend wäre aber dann einmal festzustellen, daß die Jesusgestalt aus der Reihe der Propheten deutlich herausragt, sodann die Kritik an der christlichen Trinitätslehre und der Deutung des Kreuzestodes Jesu von seiten des Islam zu prüfen.

Zweimal findet sich im Koran eine Schilderung der Verkündigung Jesu: Sure 19, 16–21 und 3,45–48. Beide Texte bezeugen das christliche Bekenntnis: „Geboren aus Maria der Jungfrau.“ Beide sprechen kritisch vom Wesen Jesu:

17 Zitat aus Kollegstunde 30 des Funkkollegs „Religion“. Produktion des SDR, Stuttgart 1984.

In Sure 19,30 sagt Jesus von sich selbst: „Ich bin der Diener Gottes. Er hat mir die Schrift gegeben und mich zu einem Propheten gemacht.“

Dem folgt Mohammeds Feststellung: „Es steht Gott nicht an, sich irgendein Kind zuzulegen. Gepriesen sei er! (Darüber ist er erhaben.) Wenn er eine Sache beschlossen hat, sagt er zu ihr nur: sei!, dann ist sie.“ (19,34)
Zu beachten ist aber, daß der Koran hier nicht von „Sohn“, sondern von *„Kind“* spricht, folglich eine Gottessohnschaft ablehnt, die die Einzigartigkeit Gottes gefährdet.

In Sure 3,49 nennt Jesus sich „Zeichen von eurem Herrn“, von dem Gott selbst wiederum sagt: „Jesus! Ich werde dich verklären und zu mir (in den Himmel) erheben und rein machen, so daß du den Ungläubigen entrückt bist.“ (3,55)

Mohammed vergleicht dann seinerseits Jesus mit Adam: „Jesus ist (was seine Erschaffung angeht) vor Gott gleich Adam. Den schuf er aus Erde. Hierauf sagte er zu ihm nur: sei!, da war er.“ (3,59)

Die entschiedenste antitrinitarische Stelle findet sich in Sure 4,171 f. Auch hier geht es um Jesu Wesen. Mohammed lehnt die „Dreiheit“ ab: Es gibt nur einen Gott, nicht drei; denn Gott zeugt keinen „Sohn“ (im Sinne einer biologischen Gottessohnzeugung). Auch hier aber findet sich das Wort „Gottesknecht“, das von Paulus im Philipperbrief 2 mit der Einsetzung zum „Herrn“ im Kreuzestod verbunden wird:

„Ihr Leute der Schrift! Treibt es in eurer Religion nicht zu weit und sagt gegen Gott nichts aus, außer der Wahrheit! Christus Jesus, der Sohn der Maria, ist (nicht Gottes Sohn. Er ist) nur der Gesandte Gottes und sein Wort, das er der Maria entboten hat, und Geist von ihm. Darum glaubt an Gott und seine Gesandten und sagt nicht (von Gott, daß er in einem) drei (sei)! Hört auf (solches zu sagen! Das ist) besser für euch. Gott ist nur ein einziger Gott. Gepriesen sei er! (Er ist darüber erhaben) ein Kind zu haben. Ihm gehört (vielmehr alles), was im Himmel und auf Erden ist. Und Gott genügt als Sachwalter. Christus wird es nicht verschmähen, ein (bloßer) Diener Gottes zu sein, auch nicht die (Gott) nahestehenden Engel...“

In derselben Sure, 4,155–159, ist auch die Rede von der Kreuzigung Jesu. Mohammed greift dabei in den Streit um Jesus ein. Den Juden spricht er ab, Jesus gekreuzigt zu haben. Juden wie Christen wirft er vor, nicht die wahre „Gnosis“, das heißt das wahre „Wissen“ von Jesus, zu haben. Dieser ist von Gott zu sich erhoben worden und wird am Tage der Auferstehung Zeuge im Gericht sein.

„... Und diejenigen, die über ihn uneins sind, sind im Zweifel über ihn. Sie haben kein Wissen über ihn, gehen vielmehr Vermutungen nach. Und sie haben ihn nicht mit Gewißheit getötet. Nein, Gott hat ihn zu sich (in den Himmel) erhoben. Gott ist mächtig und weise...“ (4,157 f.)

Als Ergebnis kann festgehalten werden:

- Nach Mohammeds Lehre kann Jesus nicht „Sohn Gottes“ genannt werden, da ein solcher Glaube den Glauben an den einen Gott zerstört.
- Das Verhältnis Jesu zu Gott ist aber im Koran dahingehend beschrieben, daß Jesus ganz von Gott, seiner Mächtigkeit und Seinem Willen bestimmt und umfangen ist.
- Eine besondere Aufmerksamkeit verdient der Einfluß der Gottesknecht-Theologie im Koran.
- Nach Ansicht C. Schedls leugnet Mohammed nicht die Tatsache der Kreuzigung Jesu, sondern die falsche Interpretation dieser Kreuzigung; denn ein Gesandter Gottes kann im Tode nicht vernichtet werden: Gott erhöht ihn und läßt ihn siegen.[18]
- Während so die Erhöhung des Gottesknechtes – gegen die Juden – betont wird, findet das Erlösungswerk Christi keine Beachtung.

Angesichts der ausgeprägten Sorge des Islam um die Reinerhaltung des Glaubens an die Einmaligkeit und Einzigartigkeit des Gottseins Gottes, wie sie auch in der Jesus-Diskussion in Erscheinung tritt, und angesichts seiner konsequenten Theozentrik muß sich das Christentum fragen lassen, wie der Sinn menschlichen Lebens in diesen Rahmen hinein zu vermitteln ist. Erwecken die asiatischen Religionen den Eindruck, als könne die Sinnfrage unter Umgehung der Gottesfrage behandelt werden, so scheint der Islam seine Gesprächspartner zunächst in die strenge Unterwerfung unter Gottes Fügung zu rufen und darin dann die Antwort auf die Sinnfrage des Menschen zu erblicken.

18 C. Schedl: Muhammad und Jesus. Die christologisch relevanten Texte des Koran, neu übersetzt und erklärt. Wien u. a. 1978, S. 561.

Zu den „neuen Religionen“

Der Trend zur Säkularisierung und zum Absterben der Religion überhaupt ist nicht so eindeutig und geradlinig, wie es lange Zeit den Anschein hatte. Die Erscheinungsformen und Erfolge der neueren religiösen Bewegungen weisen auf Stellen im menschlichen Leben hin, die von den traditionellen Religionen heute unerfüllt bleiben; insofern stellen sie auf ihre Weise eine neue Form der Religionskritik dar, die zwar vielfach auf die Ablehnung traditioneller Religionen hinausläuft, sich aber nicht in der Ablehnung erschöpft, sondern schöpferisch neu nach religiösen Antworten und Lösungen ruft.
Dr. Chopra und Dr. Khálid Durán äußern sich aus der Sicht des Hindu bzw. des Moslem über die „neuen Religionen“ im Westen:

„Ich finde es begrüßenswert, daß auch hinduistische Bewegungen heute ihre Botschaft in anderen Teilen der Welt verkünden. Da es keine hinduistische Großkirche gibt, wird die Botschaft naturgemäß nur von Sampradayas, *von einzelnen hinduistischen Traditionen und Bewegungen getragen, die nicht den Hinduismus schlechthin repräsentieren, was übrigens auch nicht möglich wäre.“*[19]

„Die Jugend muslimischer Länder ist vielleicht deshalb weniger anfällig für die in Europa zur Mode gewordenen Ableger asiatischer Religionen (wie Buddhismus und Hinduismus). Im Gegenteil, wir sind ja selbst zu Exporteuren unserer Mystik, des Sufitum, *geworden, und können uns über schlechten Absatz nicht beklagen. Es scheint sogar, als ob wir zur Zeit den europäischen Markt beherrschen, und offensichtlich brauchen wir uns um die Zukunft des Islam nicht zu bangen.“*[20]

▷ *Was ergibt der Vergleich zwischen „neuen Religionen“ und dem Christentum?* ◁

Die in Studieneinheit 25 dargestellten, in der Bundesrepublik tätigen „neuen Religionen“ lassen erkennen, daß ein theoretischer Dialog recht schwierig ist. Auch die grundsätzliche Anerkennung der Glaubens- und Religionsfreiheit kann nicht der aufklärenden Kritik an solchen Gemeinschaften im Wege stehen. Für den Christen offenbaren die Problemfelder, für die junge Menschen sich nicht von den großen Kirchen, sondern von den neuen religiösen Bewegungen Hilfen versprechen, zugleich das Defizit im konkreten Sinnangebot der Kirchen. Dieses Defizit kann unter anderem darin bestehen,
- daß über der Verkündigung endgültigen Heils die vordergründigen Ängste der Menschen übersehen werden,
- daß über dem „Seelenheil“ das konkrete Kranksein des Menschen an Einsamkeit, Streß, Unerfülltheit vergessen wird,
- daß bei allem Einsatz für Notleidende in fernen Landen und bei allen sonstigen kirchlichen Aktivitäten die Sehnsucht nach Ruhe, Geborgenheit, Stille, damit auch nach Meditation und Gebet, nicht vernommen wird,
- daß in der Anonymität der modernen Industrielandschaft, die mit ihren zivilisatorischen Fortschritten und den Massenmedien auch das ganze Umland beeinflußt,

19 Zitat aus Kollegstunde 30 des Funkkollegs „Religion“. Produktion des SDR, Stuttgart 1984.
20 Zitat aus Kollegstunde 30 des Funkkollegs „Religion“. Produktion des SDR, Stuttgart 1984.

die großkirchliche anonyme Gemeinde keine wahre Hilfe darstellt und junge Menschen sich in überalterten Gemeinden und kirchlichen Gemeinschaften nicht mehr heimisch fühlen,
- daß vielen die Klarheit der Lehraussagen und Lebensanweisungen, aber auch asketisch-moralische Appelle des Verzichtes fehlen.

Die Auseinandersetzung mit den neuen religiösen Aufbrüchen kann sich folglich nicht in apologetischer Abwehr erschöpfen, die evtl. noch kirchliche Verbote und staatliches Eingreifen zur Hilfe ruft. Vielmehr müssen sich unsere Großkirchen mühen, aus den Erfahrungen mit den neuen religiösen Bewegungen Lehren für sich zu ziehen. Dabei mögen sie einmal verlorengegangene oder vergessene Möglichkeiten, die etwa in der Gebets- und Meditationstradition des Christentums schlummern, neu beleben. Sie müßten aber auch innerhalb der Kirchen solchen Gruppen-, Gemeinschafts- und Gemeindeformen Raum geben, die aus christlichem Geist den Lebensfragen heutiger Menschen wenigstens ein Stück weit entgegenkommen. Sie müßten zugleich als verbürgerlichte Kirchen des Abendlandes lernen, daß der geschichtliche Prozeß begonnen hat, in dem die abendländische Kirche aufhört, zum Maßstab für Kirche überhaupt genommen zu werden.

Eine wirklich dialogische Haltung zwischen Christentum und anderen Religionen setzt auf allen Seiten voraus,
- daß das Fremde vom Christentum nicht nur kritisch eingeordnet, sondern auch in seiner Faszination, seiner Neuheit, Andersheit und Eigentümlichkeit zur Kenntnis genommen wird,
- daß umgekehrt die anderen auch der Faszination, der Neuheit, Andersheit und Eigentümlichkeit des Christentums ausgesetzt sind,
- daß alle Religionen sich bemühen müssen, die Treue gegenüber dem eigenen Grundimpuls dadurch zu leben, daß sie diesen immer besser verstehen lernen, artikulieren, verwirklichen und zur Geltung bringen.

Insofern als die Weltreligionen aber niemals nur im Gegenüber zueinander stehen, sondern miteinander im Gegenüber zur Welt, muß die dialogische Konkurrenz der Religionen am Ende erneut auf die Anfragen der Welt hin geöffnet werden.

Christentum und Religionen in der Konkurrenz mit anderen Sinnangeboten

In der heutigen Welt sind die Religionen nicht mehr die alleinigen Sinnvermittler. Die neuzeitlich-abendländische Religionskritik hat in ihrer radikalsten Form zur Absetzung Gottes und der Götter geführt und den Menschen selbst als seinen eigenen Sinnschöpfer inthronisiert. Die Geschichte des Atheismus und der Reichtum seiner Erscheinungsformen ist hier nicht zu schildern; es muß aber daran erinnert werden. Vielerorts ist die Rede vom Atheismus inzwischen verschwunden, weil deutlich erkannt wurde, daß es sich bei ihr um eine reine Gegenrede handelt. An ihre Stelle ist die positive Rede vom Humanismus, von der Wissenschaft, von Psycho- und Gesellschaftsanalyse, von Psycho- und Gruppentherapie, von politischen Leitbildern, Marxismen und Sozialismen u.a.m. getreten. Vieles aus diesen Programmen ist hilfreich und sollte folglich auch von Gläubigen beachtet werden. Einhalt gebieten müssen Christentum und Religionen aber, wo Methoden und Systeme, Praktiken und Denkweisen ideologisiert, autoritär und totalitär eingesetzt und in gewissem Sinne zum Religionsersatz gemacht werden. Kritik muß laut werden,
- wo aus Wissenschaftlichkeit naive Wissenschaftsgläubigkeit wird,
- wo menschliches Können zum moralischen Maßstab menschlichen Dürfens wird,
- wo aus einem Gottesleugner ein Verehrer anonymer Götzen wird,
- wo technische und wirtschaftliche Prozesse und Mechanismen die Frage nach Freiheit, Heil, Menschenwürde, Gerechtigkeit, Sinn u. ä. überdecken und verdrängen.

Im übrigen ist die Zeit, in der die Religion nur noch als „Opium des Volkes" gesehen wurde, vorbei. Das Scheitern des Menschen in seinen eigenen Werken, die Hilflosigkeit gegenüber Prozessen, die sich inzwischen zu verselbständigen und selbständig weiterzuentwickeln beginnen, lassen den Menschen erneut nach sinnstiftenden Kräften suchen. Diese können verborgen in ihm selbst schlummern oder ihm auch von außen geschenkt werden. Die Zeit, in der das Ende der Religion vor der Tür zu stehen schien, hat einer Periode Platz gemacht, die im Zeichen der Zukunft der Religion steht. Ob dieses neue Zeichen ein trügerisches Zeichen ist oder nicht, wird davon abhängen, wieweit die Religionen selbst ihre Chance nutzen.

Die Chance der Religionen aber besteht darin,
- daß sie den Menschen in der Unheilssituation erreichen, in der er sich befindet,
- daß sie ihre eigene Heilsbotschaft und ihre Heilstaten in einer Weise vermitteln, daß der Mensch zum Hörer und Täter des Wortes werden kann,
- daß sie den Menschen aus seiner selbstgewählten, -geschaffenen und -verschuldeten Gefangenschaft befreien und die Worte „Erlösung", „Befreiung", „Freiheit" wieder einen umfassenden und unüberwindbaren Sinngehalt erhalten.

Wo es den Religionen gelingt, dem Menschen den wahren Grund seines Menschseins zu eröffnen und ihm mehr Menschlichkeit zu schenken, als er sich selbst bei all seinen eigenen Bemühungen zu beschaffen fähig ist, brauchen sie die Konkurrenz mit den nichtreligiösen Sinnangeboten nicht zu fürchten.

Dokumentation

1. Das II. Vatikanische Konzil zum Verhältnis zu den anderen Weltreligionen

Das II. Vatikanische Konzil sagt von der Begegnung der Kirche mit den nichtchristlichen Religionen:

„Die Menschen erwarten von den verschiedenen Religionen Antwort auf die ungelösten Rätsel des menschlichen Daseins, die heute wie von je die Herzen der Menschen im tiefsten bewegen: Was ist der Mensch? Was ist Sinn und Ziel unseres Lebens? Was ist das Gute, was die Sünde? Woher kommt das Leid, und welchen Sinn hat es? Was ist der Weg zum wahren Glück? Was ist der Tod, das Gericht und die Vergeltung nach dem Tode? Und schließlich: Was ist jenes letzte und unsagbare Geheimnis unserer Existenz, aus dem wir kommen und wohin wir gehen?" (Nostra Aetate Nr. 1)

Das II. Vatikanische Konzil hat in derselben Erklärung den *Hinduismus* als Antwortsangebot auf die Fragen nach dem Sinn des Menschseins und der Welt so zusammengefaßt, daß die verschiedenen Großetappen der Geschichte ebenso wie die verschiedenen Heilswege wiederzuerkennen sind:

„... Im Zusammenhang mit dem Fortschreiten der Kultur suchen die Religionen mit genaueren Begriffen und in einer mehr durchgebildeten Sprache Antwort auf die gleichen Fragen. So erforschen im Hinduismus die Menschen das göttliche Geheimnis und bringen es in einem unerschöpflichen Reichtum von Mythen und in tiefdringenden philosophischen Versuchen zum Ausdruck und suchen durch aszetische Lebensformen oder tiefe Meditation oder liebend-vertrauende Zuflucht zu Gott Befreiung von der Enge und Beschränktheit unserer Lage." (Nr. 2)

Wie den Hinduismus hat die Konzilserklärung auch den *Buddhismus* gewürdigt:

„In den verschiedenen Formen des Buddhismus wird das radikale Ungenügen der veränderlichen Welt anerkannt und ein Weg gelehrt, auf dem die Menschen mit frommem und vertrauendem Sinn entweder den Zustand vollkommener Befreiung zu erreichen oder – sei es durch eigene Bemühung, sei es vermittels höherer Hilfe – zur höchsten Erleuchtung zu gelangen vermögen." (Nr. 2)

In der knappen Darstellung sind a) drei der vier edlen Wahrheiten zur Sprache gebracht (1: „Ungenügen der veränderlichen Welt", 3: Ziel: „Befreiung"/„Erleuchtung", 4: „Weg"), b) die Grundunterscheidung in kleines und großes Fahrzeug in der Zielbeschreibung angedeutet (*entweder* – mehr negativ – „vollkommene Befreiung" *oder* – mehr positiv – „höchste Erleuchtung") und c) innerhalb des großen Fahrzeugs die Richtungen des Meditations- und des Bodhisattva-Buddhismus angesprochen (*sei es* „eigene Bemühung", *sei es* mit „höherer Hilfe").

Ausdrücklich nennt die Kirchenkonstitution Nr. 16 den *Islam* an der Stelle, wo die Ausrichtung des Evangeliums auf alle Menschen beschrieben wird. Im Anschluß an die Aussage über die Juden heißt es:

„... Der Heilswille umfaßt aber auch die, welche den Schöpfer anerkennen, unter ihnen besonders die Muslim, die sich zum Glauben Abrahams bekennen und mit uns den einen Gott anbeten, den barmherzigen, der die Menschen am Jüngsten Tag richten wird ..."

Ausführlicher als zu den großen asiatischen Religionen nimmt sodann die Erklärung „Nostra Aetate", Nr. 3, zum Islam Stellung:

In einem *ersten Abschnitt* nennt der Text grundlegende Punkte des islamischen Glaubensbekenntnisses und der Glaubenspraxis. Die Bezeugung der Hochachtung gegenüber dem Islam stellt zweifellos einen Markstein im Wandel der christlichen Einstellung zum Islam dar. Diese Tatsache bleibt auch bestehen, wenn man dem Text nachsagen kann, daß er kritische Fragen offensichtlich unerwähnt läßt. Das gilt sowohl hinsichtlich des Prophetentums Mohammeds und des von ihm verfaßten Koran wie auch hinsichtlich einer Reihe kritischer Fragen zur Moralauffassung der Moslems, zumal im Bereich der Ehe.

Im *zweiten Abschnitt* werden Ansatzpunkte zum Dialog genannt:
- Heilung der immer noch vorhandenen Wunden,
- Bemühen um gegenseitiges Verstehen,
- Einsatz für gemeinsame humane Ziele.

Erst wo ein gewisser Grad gegenseitiger Sympathie und Kooperation gewachsen ist, wird langsam auch der Weg frei für einen theologischen Dialog und den Austausch geistlicher Erfahrungen. Schon heute hat das neue Interesse an Meditation und Mystik auch erneut auf die islamische Mystik und ihre großen Vertreter aufmerksam werden lassen.

„Mit Hochachtung betrachtet die Kirche auch die Muslim, die den alleinigen Gott anbeten, den lebendigen und in sich seienden, barmherzigen und allmächtigen, den Schöpfer Himmels und der Erde, der zu den Menschen gesprochen hat. Sie mühen sich, auch seinen verborgenen Ratschlüssen sich mit ganzer Seele zu unterwerfen, so wie Abraham sich Gott unterworfen hat, auf den der islamische Glaube sich gerne beruft. Jesus, den sie allerdings nicht als Gott anerkennen, verehren sie doch als Propheten, und sie ehren seine jungfräuliche Mutter Maria, die sie bisweilen auch in Frömmigkeit anrufen. Überdies erwarten sie den Tag des Gerichtes, an dem Gott alle Menschen auferweckt und ihnen vergilt. Deshalb legen sie Wert auf sittliche Lebenshaltung und verehren Gott besonders durch Gebet, Almosen und Fasten.
Da es jedoch im Lauf der Jahrhunderte zu manchen Zwistigkeiten und Feindschaften zwischen Christen und Muslim kam, ermahnt die Heilige Synode alle, das Vergangene beiseite zu lassen, sich aufrichtig um gegenseitiges Verstehen zu bemühen und gemeinsam einzutreten für Schutz und Förderung der sozialen Gerechtigkeit, der sittlichen Güter und nicht zuletzt des Friedens und der Freiheit für alle Menschen."

Das Verhältnis zum *Judentum* wird in Artikel 4 beschrieben. Vergleichen Sie dazu insbesondere SBB 3, S. 86.

II. Vatikanisches Konzil, „Nostra Aetate". In: K. Rahner / H. Vorgrimler: Kleines Konzilskompendium. Freiburg [8]1972, S. 349–359.

2. Der Ökumenische Rat der Kirchen: Leitlinien zum Dialog mit Menschen verschiedener Religionen und Ideologien

Im Jahr 1971 hatte der Zentralausschuß des Ökumenischen Rates der Kirchen in Addis Abeba eine „vorläufige" Grundsatzerklärung und Leitlinien zum Dialog mit Menschen verschiedener Religionen und Ideologien angenommen. In den folgenden Jahren wurden verschiedene bilaterale und multilaterale Treffen mit Partnern aus anderen Religionen veranstaltet, um die Probleme zu erforschen, die sich damit stellten. Das Nachdenken über diese Probleme geht in den Kirchen in verschiedenen Teilen der Welt sowie in ökumenischen Versammlungen weiter. Die Konsultation, die 1977 in Chiang Mai in Thailand zum Thema „Dialog in der Gemeinschaft" gehalten wurde, hat sich als eine wichtige Phase in diesem kontinuierlichen Prozeß erwiesen. Die in Chiang Mai angenommene Erklärung wurde 1977 vom Zentralausschuß des Ökumenischen Rates entgegengenommen, wobei „das hohe Maß an Übereinstimmung und gegenseitigem Verständnis begrüßt wurde, das unter Teilnehmern mit ganz unterschiedlichen theologischen Standpunkten erzielt werden konnte". Diese Erklärung, anhand der Reaktionen aus den Kirchen noch einmal durchgesehen, bildet die theologische Grundlage für die Leitlinien, aus denen wir den 2. Teil, „Dialog", hier im Wortlaut folgen lassen.

„C. *Gründe für den Dialog*

16. Die Formulierung ‚Dialog in der Gemeinschaft' ist insofern nützlich, als sie das christliche Nachdenken über den Dialog konkret macht. Darüber hinaus lenkt sie die Aufmerksamkeit auf die Gründe für ein Leben im Dialog, die sich in zwei ineinandergreifende Kategorien aufteilen lassen.
Heute lebt die Mehrzahl der Christen in unmittelbarer Gemeinschaft mit Menschen, die anderen Religionen und Ideologien angehören. Sie leben in Familien mit manchmal unterschiedlichen religiösen und weltanschaulichen Überzeugungen; sie leben als Nachbarn in denselben Städten und Dörfern; und sie müssen ihre mitmenschlichen Beziehungen so gestalten, daß darin das Füreinander der Menschen und ihr Bemühen um gegenseitiges Verstehen zum Ausdruck kommen. Diese Form des Dialogs ist

praktisch-konkret. Es geht dabei um die Probleme des heutigen Lebens – soziale, politische, ökologische Probleme sowie vor allem um den Alltag und das Familienleben.
Es gibt aber auch Probleme, die über die konkrete Ortsebene hinausgehen. Hier müssen sich die Christen auf den Dialog einlassen, um eine erweiterte Gemeinschaft zu schaffen, in der Friede und Gerechtigkeit umfassender verwirklicht werden können. Dies wiederum führt zu einem Dialog zwischen Gemeinschaften, in dessen Rahmen Fragen von nationalem und internationalem Interesse verhandelt werden.

17. ‚Dialog' läßt sich ebensowenig wie ‚Gemeinschaft' genau definieren. Er muß vielmehr als ein Lebensstil beschrieben, erfahren und entwickelt werden. Als Menschen haben wir sprechen gelernt; wir unterhalten uns, plaudern, geben und empfangen Informationen, wir diskutieren – aber all das ist noch kein Dialog. Gelegentlich führen unsere Gespräche und Beziehungen zu einer tieferen Begegnung, öffnen wir uns über ein intellektuelles Interesse hinaus den Problemen des anderen. Das geschieht in Familien und unter Freunden und zwischen denen, die derselben Religion oder Ideologie angehören. Uns geht es jedoch vor allem um den Dialog, der über die Grenzen von Religionen, Ideologien und Kulturen hinausgeht, auch dann, wenn die Gesprächspartner sich über zentrale Aspekte des menschlichen Lebens nicht einig sind. Der Dialog kann als ein geeigneter Weg der gehorsamen Erfüllung des Gebotes gesehen werden: ‚Du sollst kein falsch Zeugnis reden wider deinen Nächsten.' Der Dialog hilft uns, das Bild unseres Nächsten, der einer anderen Religion oder Ideologie angehört, nicht zu entstellen. Viele Christen machen die Erfahrung, daß dieser Dialog auf dem Boden gegenseitigen Vertrauens und der Achtung vor der Unantastbarkeit der Identität des anderen tatsächlich möglich ist.

18. Der Dialog ist daher ein grundlegender Bestandteil unseres christlichen Dienstes in der Gemeinschaft. Im Dialog erfüllen die Christen das Gebot: ‚Liebe Gott und deinen Nächsten wie dich selbst.' Ihr Eintreten für den Dialog ist Ausdruck ihrer Liebe und gibt Zeugnis von der Liebe, die ihnen in Christus zuteil geworden ist. Es ist ein freudiges Ja zum Leben gegen das Chaos und eine gemeinsame Suche mit allen, die Bundesgenossen des Lebens sind, nach den einstweiligen Zielen einer besseren menschlichen Gesellschaft. Darum ist ‚Dialog in der Gemeinschaft' keine Geheimwaffe im Arsenal einer aggressiven christlichen Militanz, sondern ist vielmehr ein Mittel, den Glauben an Christus im Dienst an der Gemeinschaft mit den Mitmenschen zu leben.

19. So verstanden ist der Dialog ein ganz besonderes und legitimes Element des christlichen Lebens, das mit anderen Formen des Dienstes in jeder Weise vergleichbar ist. ‚Ganz besonders' heißt indessen nicht ‚vollständig anders geartet' oder ‚exklusiv'. Im Dialog bemühen sich die Christen, ‚wahrhaftig zu sein in der Liebe' und sich nicht unkritisch ‚bewegen und umhertreiben zu lassen von jeglichem Wind der Lehre' (Eph 4,14–15). Und indem sie Zeugnis ablegen, erkennen sie, daß heute die meisten Situationen Dialogbereitschaft erfordern. Aus diesem Grund sehen wir zwischen Dialog und Zeugnis überhaupt keinen Widerspruch. Mehr noch, wenn Christen mit ihrer Bindung an Jesus Christus in den Dialog eintreten, dann wird ihnen die dialogische Beziehung immer wieder Gelegenheit zu glaubwürdigem Zeugnis geben. Darum können wir den Mitgliedskirchen des ÖRK aus ehrlicher Überzeugung heraus den Dialog als eine Möglichkeit empfehlen, Jesus Christus in der Welt heute zu bekennen. Gleichzeitig können wir unseren Gesprächspartnern aus ehrlicher Überzeugung versichern, daß wir nicht manipulieren, sondern ihnen als aufrichtige Weggenossen auf unserer Pilgerfahrt begegnen wollen, um mit ihnen darüber zu sprechen, was Gott nach unserer Glaubensüberzeugung in Jesus Christus getan hat, der uns voranging und dem wir im Dialog aufs neue begegnen möchten.

D. *Die theologische Bedeutung der Menschen anderer Religionen und Ideologien*

20. Christen, die den aufrichtigen ‚Dialog in der Gemeinschaft' mit Menschen anderer Religionen und Ideologien suchen, können den eindringlichen Fragen nach dem Platz dieser Menschen im Handeln Gottes in der Geschichte nicht ausweichen. Und sie stellen sich diese Fragen nicht rein theoretisch, sondern versuchen zu erkennen, was Gott im Leben von Millionen von Männern und Frauen tun mag, die zusammen mit Christen leben und Gemeinschaft mit ihnen suchen, auch wenn sie dabei andere Wege beschreiten. Im Mittelpunkt des Dialogs sollten daher die Menschen anderer Religionen und Ideologien stehen und nicht abstrakte, unpersönliche Systeme. Das heißt nicht, daß die Bedeutung der religiösen Traditionen und ihrer Wechselbeziehungen geleugnet wird. Aber es ist entscheidend zu untersuchen, wie die verschiedenen Glaubensrichtungen und Ideologien dem täglichen Leben von einzelnen und Gruppen seine Ausrichtung geben und so den Dialog auf beiden Seiten beeinflussen.

21. Wenn Christen sich in diesem Geist den theologischen Fragen zuwenden, sollten sie sich leiten lassen von …
Bußfertigkeit, denn sie wissen, wie leicht sie Gottes Offenbarung in Jesus Christus mißdeuten, sie in ihrem Tun verraten und sich eher als Besitzer der göttlichen Wahrheit ausgeben denn als das, was sie wirklich sind, nämlich unwürdige Empfänger der Gnade;
Demut, denn sie entdecken oft in Menschen anderer Religionen und Ideologien in solchem Maße Spiritualität, Hingabe, Mitgefühl und Weisheit, daß es sich ihnen verbieten sollte, gleichsam von einer überlegenen Warte aus ein Urteil über andere zu fällen; vor allem sollten sie sich hüten, Begriffe wie ‚anonyme Christen', ‚christliche Präsenz', ‚unbekannter Christus' in einem Sinne zu verwenden, in dem diese Formulierungen von denen, die sie zu theologischen Zwecken geprägt haben, nicht gemeint waren, oder so, daß sie dem Selbstverständnis von Christen und anderen schädlich sind;
Freude, denn sie predigen nicht sich selbst; sie predigen Jesus Christus, den viele Menschen der Religionen und Ideologien unserer Zeit als Propheten, Heiligen, Lehrer, Vorbild anerkennen; den aber die Christen als Herrn und Heiland, als treuen Zeugen und als den, der da kommt (Off 1,5–7), bekennen;
Lauterkeit, denn nur in dieser bußfertigen, demütigen Freude in Jesus Christus können sie den Dialog mit anderen beginnen und anderen von ihren Erfahrungen und ihrem Zeugnis berichten, gleichzeitig aber auch deren tiefste Überzeugung und Einsicht kennenzulernen suchen. Dies alles bedeutet: sich zu öffnen und sich auszusetzen, sich verletzen zu lassen – eine Fähigkeit, die wir am Vorbild unseres Herrn Jesus Christus sehen und die wir mit dem Wort Verwundbarkeit zusammenfassen.

22. Nur in diesem Geist können Christen hoffen, schöpferische Antworten auf die theologischen Fragen zu finden, die sich im Zusammenhang mit anderen Religionen und Ideologien stellen. Christen verschiedener Herkunft und Tradition gelangen vor allem in folgenden Bereichen zu einem wachsenden Verständnis:
– Der Schöpfungslehre muß neue Beachtung geschenkt werden, zumal sie diese im Licht des christlichen Verständnisses von Gott, der einen Heiligen Trinität, und im Licht der Auferstehung und Verherrlichung Christi sehen.
– Im Dialog tauchen grundsätzliche Fragen nach dem Wesen und Handeln Gottes und der Lehre vom Heiligen Geist auf; die christologische Diskussion muß in diesen umfassenden Zusammenhang eingebettet werden.
– Die Bibel mit all den Hilfsmitteln der kirchlichen Tradition und Gelehrsamkeit, die ihrem Verständnis und ihrer Aneignung dienen, muß als Grundlage für das christliche Nachdenken über die sich ergebenden Fragen schöpferisch genutzt werden; sie bietet beides, Ermutigung und Warnung, auch wenn man sich den Dialogpartnern gegenüber nicht auf sie berufen kann.
– Die theologischen Probleme der Einheit der Kirche müssen ebenfalls im Zusammenhang mit den Bemühungen um den Dialog gesehen werden.
– Ziel des Dialogs ist nicht, die Religionen und Ideologien unserer Zeit auf den kleinsten gemeinsamen Nenner zu bringen, und auch nicht, lediglich Symbole und Konzepte zu vergleichen und zu diskutieren, sondern eine wahre Begegnung zwischen jenen spirituellen Einsichten und Erfahrungen zu ermöglichen, die nur in den tiefsten Gründen des menschlichen Daseins zu finden sind.

23. Wir freuen uns auf weitere fruchtbare Diskussionen über diese (und viele andere) Fragen in unseren christlichen Kreisen und überall dort, wo ein Dialog stattfindet. Daneben gibt es aber auch Fragen, in denen eine Einigung schwerer fällt oder sogar unmöglich ist; auch diese Fragen empfehlen wir der weiteren theologischen Aufmerksamkeit:
– In welchem Verhältnis steht das universale Schöpfungs-/Heilshandeln Gottes an der ganzen Menschheit zu seinem besonderen Schöpfungs-/Heilshandeln in der Geschichte Israels sowie in der Person und dem Werk Jesu Christi?
– Sollen Christen von dem Wirken Gottes im Leben aller Menschen nur in der vorsichtigen Hoffnung sprechen, daß sie vielleicht etwas von ihm verspüren werden, oder sollen sie mit kräftigeren Worten von Gottes Selbsterschließung gegenüber den Menschen anderer Religionen und Ideologien sowie im Ringen der Menschheit reden?
– Wie finden Christen in der Bibel Maßstäbe für ihre Haltung gegenüber Menschen anderer Religionen und Ideologien? Das heißt, wie können sie sowohl die Autorität, die

der Bibel von Christen aller Jahrhunderte zugesprochen wurde und die auch ihnen vorgegeben ist, berücksichtigen (wobei bestimmte Fragen zur Autorität des Alten Testaments für die christliche Kirche angemerkt werden müssen), als auch der Tatsache Rechnung tragen, daß ihre Gesprächspartner von ihren heiligen Büchern und Traditionen her andere Ausgangspunkte und Quellen haben?
– Wie stellt sich das Wirken des Heiligen Geistes in biblischer Sicht und christlicher Erfahrung dar, und ist es richtig und hilfreich, das Wirken Gottes außerhalb der Kirche im Sinne der Lehre vom Heiligen Geist zu begreifen?

E. *Synkretismus*

24. Im Dialog müssen die Christen kühn sein und bereit, Risiken einzugehen; gleichzeitig müssen sie aufmerksam sein und hellwach für Gott. Ist Synkretismus eine Gefahr, vor der sie sich hüten müssen?

25. Es ist fraglos notwendig, die christliche Botschaft für jede Zeit und jeden Ort echt und unverfälscht zu ‚übersetzen'. Diese Notwendigkeit wird bereits dann deutlich, wenn sich die Bibelübersetzer daran machen, die Bibel in eine bestimmte Sprache zu übersetzen, und abwägen müssen, welche kulturellen und philosophischen Assoziationen deren Worte haben. Es gibt aber auch eine erweiterte ‚Übersetzung' der Botschaft, wo sie in einer künstlerischen, dramatischen, liturgischen und insbesondere zwischenmenschlichen Form ausgedrückt wird; einer Form, welche geeignet ist, den echten Gehalt der Botschaft echt in die konkrete Situation zu vermitteln. Dabei werden häufig, nach theologischer Prüfung, die Symbole und Vorstellungen einer bestimmten Gemeinschaft verwendet.

26. Trotz verschiedener Versuche, das Wort ‚Synkretismus' zu retten, hat der Begriff nach seinem bisherigen Gebrauch in der christlichen Diskussion heute einen eindeutig negativen Unterton. Das ist offenkundig der Fall, wenn man das Wort wie die Vollversammlung in Nairobi gebraucht, nämlich als den ‚bewußten oder unbewußten Versuch des Menschen, aus Elementen verschiedener Religionen eine neue Religion zu schaffen'. Synkretismus in diesem Sinne wird auch von den Dialogpartnern abgelehnt, auch wenn möglicherweise der eine oder andere in seiner Selbstentfremdung aus vielen Quellen Hilfe schöpfen möchte und darum im Synkretismus nichts Negatives sieht.

27. Der Synkretismus-Begriff wird indessen auch in viel weiterem Sinn verwendet als in Nairobi und soll vor allem vor zwei anderen Gefahren warnen:
Die erste Gefahr liegt darin, daß Christen bei dem Versuch, die christliche Botschaft zu ‚übersetzen' – für eine bestimmte Kultur oder in der Hinwendung zu Religionen und Ideologien, mit denen sie im Dialog stehen –, zu weit gehen und die Reinheit christlichen Glaubens und Lebens aufs Spiel setzen könnten. Sie haben die Bibel als Wegweiser, doch ist es immer mit Risiken verbunden, das Evangelium in eine neue Situation hinein zu sagen: denken wir beispielsweise an den Kampf der ersten Christen gegen die Häresie in der Debatte mit den Gnostikern oder an die Verfälschung des Evangeliums in den sogenannten ‚Staatsreligionen' des Westens. Es ist heilsam, solchen Beispielen nachzugehen, damit nicht der Eindruck entsteht, der Synkretismus könne nur in bestimmten Kontinenten um sich greifen.
Die zweite Gefahr besteht darin, daß eine Religion unserer Zeit nicht aus sich selbst gedeutet, sondern in den Rahmen einer anderen Religion oder Ideologie gestellt wird. Das verstößt sowohl gegen die Grundregeln der Wissenschaft wie des Dialogs. Auf diese Art und Weise kann das Christentum synkretistisch verformt werden, wenn es lediglich als eine besondere Spielart irgend eines anderen Zugangs zu Gott betrachtet wird. Ebenso kann eine andere Religion synkretistisch verfälscht werden, indem sie lediglich als ein teilweises Verstehen dessen gesehen wird, was die Christen in ganzer Fülle zu wissen glauben. Weitere Untersuchungen werden sich insbesondere damit befassen müssen, wie sich diese Form des Synkretismus zwischen einer Religion und einer Ideologie abspielen kann.

28. Hier liegen in der Tat Gefahren, und Christen und Kirchen werden unterschiedlich beurteilen, wann diese Gefahren drohen oder wann sie bestimmte christliche Unternehmungen bereits erfaßt haben. Obwohl sie die Gefahren kennen, sollten die Christen jedoch das Wagnis des forschenden Glaubens begrüßen und freudig eingehen. Die spezifischen Risiken des Synkretismus in der heutigen Welt sollten die Christen nicht vom Dialog abhalten. Sie sind umgekehrt ein zusätzlicher Grund, den Dialog zu beginnen und sich dabei um eine Klärung der anstehenden Fragen zu bemühen.

29. Innerhalb der ökumenischen Bewegung haben die Praxis des Dialogs und des bekennenden Zeugnisses gelegentlich gegenseitigen Argwohn hervorgerufen. Gott hat viel Geduld mit seiner Kirche und gibt ihr Raum und Zeit, seinen Weg und seinen Reichtum zu erkennen (vgl. 2 Petr 3:9). Auch in der ökumenischen Gemeinschaft ist es notwendig, einander Raum und Zeit zu gewähren – Raum und Zeit zum Beispiel in Indien oder Ghana, um den Reichtum des Evangeliums in einer sich vom ‚hellenisierten' Europa ganz wesentlich unterscheidenden Kultur zu entdecken; Raum und Zeit beispielsweise in Korea, um die bemerkenswerte evangelistische Arbeit, die dort zur Zeit von den Kirchen geleistet wird, weiterzuentwickeln; Raum und Zeit auch in Europa, um sich auf eine neue Situation einzustellen, in der die säkulare Weltlichkeit heute durch ein neues religiöses Interesse verändert wird, das sich nicht in überkommenen Formen ausdrückt. Gerade die Vielgestaltigkeit des Dialogs muß im Hinblick auf den jeweiligen Inhalt und im Zusammenhang mit dem spezifischen Kontext gesehen werden."

Ökumenischer Rat der Kirchen: Leitlinien zum Dialog mit Menschen verschiedener Religionen und Ideologien. Offizielle deutsche Übersetzung. Evangelische Zentralstelle für Weltanschauungsfragen, Arbeitstexte 19. Stuttgart 1979.

3. Weltkonferenz der Religionen für den Frieden

Bei einer Tagung über das Thema „Religion und Frieden" im Jahre 1966 in Washington einigten sich Vertreter verschiedener Religionen auf die Empfehlung, Möglichkeiten ausfindig zu machen, eine Weltkonferenz zum Thema Frieden zu veranstalten, an der sich die religiösen Gruppen der ganzen Welt beteiligen sollten. Diese Spur verfolgte man weiter auf einem Symposion in New Delhi 1968 mit 50 Teilnehmern aus Japan, Indien und den USA, es folgten Treffen in Kyoto/Japan im gleichen Jahr, im Februar 1969 in Istanbul, im Juli und Dezember 1969 in Kyoto. Schließlich kam es zur ersten Weltkonferenz der Religionen für den Frieden („World Conference on Religion and Peace") vom 16.–21. Oktober 1970 in Kyoto. Dem Vorbereitungskomitee gehörten namhafte Führer verschiedener religiöser Gemeinschaften an. Die zentrale Rolle darin spielte der unitarische Theologe Dr. Homer A. JACK (USA), der als Generalsekretär fungierte. Dabei waren Führer japanischer religiöser Erneuerungsbewegungen, die noch Hiroshima miterlebt hatten, wie Rev. Nikkyō NIWANO, Gründer der Risshō Kōsei-Kai, und Völkerrechtler wie zum Beispiel Dr. Dana McLean GREELEY. Katholischerseits wirkte der damalige Bischof John J. WRIGHT von Pittsburgh (USA) mit, der dann später, als römischer Kurienkardinal, dafür sorgte, daß auch der Vatikan diese Bemühungen unterstützte. Erzbischof Angelo FERNANDES von New Delhi arbeitete entscheidend bei den Vorbereitungen mit; er ist heute Präsident der Weltkonferenz.
In Kyoto reifte der Entschluß, die so hoffnungsvoll begonnene Arbeit fortzusetzen. Eine internationale Organisation wurde gegründet mit dem Namen „World Conference on Religion and Peace" (WCRP). In der Nähe des Sitzes der Vereinten Nationen in New York wurde im Dezember 1970 ein Sekretariat eröffnet. Bald darauf erhielt WCRP beim ECOSOC, dem Economic and Social Council der Vereinten Nationen, Beraterstatus.
Im Herbst 1974 fand dann die zweite Weltkonferenz in Europa statt, und zwar in Löwen in Belgien. Im Zusammenhang der ersten Versammlung der „Asiatischen Konferenz der Religionen für den Frieden" in Singapur wurde dann die Einberufung der dritten Weltkonferenz für den Frieden nach Nordamerika, und zwar nach Princeton, auf den Herbst 1979 beschlossen. Hier hieß das Thema: „Religion im Kampf um eine Weltgemeinschaft". Die Teilnehmer – 383 Delegierte aller Religionen aus 47 Ländern, dabei zum ersten Mal auch 8 Vertreter aus der Volksrepublik China: Buddhisten, Muslime und Christen – verfaßten einen aufrüttelnden Appell für eine gerechtere internationale Wirtschaftsordnung, die auf den Grundbedürfnissen der Menschheit aufgebaut ist.
Im August 1984 fand die 4. Weltkonferenz in Nairobi in Kenya statt. Ihr Thema lautete: „Die Religionen für Menschenwürde und Weltfrieden".

Konferenzerklärung von Kyoto (1970)

„Die Weltkonferenz der Religionen zum Thema Frieden stellt einen historischen Versuch dar, Männer und Frauen aller größeren Religionsgemeinschaften zusammenzuführen, um das aktuelle Thema Frieden zu diskutieren. Wir treffen uns an einem Wendepunkt der Zeit. In diesem Augenblick stehen wir grausamen und ungerechten Kriegen und rassischer, sozialer und wirtschaftlicher Gewalt gegenüber. Die Fortdauer des menschlichen Lebens auf unserem Planeten ist von atomarer Vernichtung

bedroht. Niemals gab es solche Verzweiflung unter den Menschen. Unsere tiefe Überzeugung, daß die Weltreligionen einen wirklich wichtigen Dienst für die Sache des Friedens leisten können, hat uns nach Kyoto aus den vier Himmelsrichtungen zusammengeführt. Bahai, Buddhisten, Confuzianer, Christen, Hindus, Jains, Juden, Moslems, Shintoisten, Sikhs, Anhänger von Zoroaster und Vertreter anderer Religionen, wir alle trafen uns hier im gemeinsamen Interesse für den Frieden.
Als wir zusammen waren, um uns mit dem überragenden Thema des Friedens zu befassen, entdeckten wir, daß die Dinge, die uns einen, wichtiger sind als die Dinge, die uns trennen.
Wir fanden, daß wir gemeinsam besitzen:
– eine Überzeugung von der fundamentalen Einheit der menschlichen Familie, von der Gleichheit und Würde aller Menschen;
– ein Gefühl für die Unantastbarkeit des Einzelnen und seines Gewissens;
– ein Gefühl für den Wert der menschlichen Gemeinschaft;
– eine Erkenntnis, daß Macht nicht gleich Recht ist, daß menschliche Macht nicht sich selbst genügen kann und nicht absolut ist;
– der Glaube, daß Liebe, Mitleid, Selbstlosigkeit und die Kraft des Geistes und der inneren Wahrhaftigkeit letztlich größere Macht haben als Haß, Feindschaft und Eigeninteressen;
– ein Gefühl der Verpflichtung, an der Seite der Armen und Bedrückten zu stehen gegen die Reichen und die Bedrücker;
– eine tiefe Hoffnung, daß letztlich der gute Wille siegen wird.
Wegen dieser Überzeugungen, die uns gemeinsam sind, glauben wir, daß den Männern und Frauen aller Religionen ein besonderer Auftrag gegeben wurde, mit allen ihren Kräften des Geistes und des Herzens sich um den Frieden und um die Schaffung des Friedens zu bemühen, um Diener des Friedens zu sein. Als gläubige Männer und Frauen bekennen wir in Demut und Reue, daß wir sehr oft unsere religiösen Ideale und unsere Verpflichtung zum Frieden verraten haben. Es ist nicht die Religion, die die Fehler beging, sondern die Anhänger der Religion taten dies. Dieser Verrat der Religion kann und muß korrigiert werden.
Wenn wir den drängenden Herausforderungen zum Frieden in der zweiten Hälfte des 20. Jahrhunderts gegenüberstehen, müssen wir die Probleme der Abrüstung, der Entwicklung und der Menschenrechte erörtern. Es ist deutlich, der Friede ist in Gefahr durch das immer schnellere Wettrüsten, durch die sich stets vergrößernde Kluft zwischen Reichen und Armen in und zwischen den Nationen und durch die tragische Verletzung der Menschenrechte auf der ganzen Welt. In unseren Überlegungen zu den Problemen der Abrüstung kamen wir zu der Überzeugung, daß Friede nicht gefunden werden kann durch eine Anhäufung von Waffen. Deshalb fordern wir unverzügliche Schritte zur allgemeinen Abrüstung, die alle Vernichtungswaffen, die konventionellen, atomaren, chemischen und biologischen, umfaßt. Wir finden, daß die Probleme der Entwicklung durch die Tatsachen verschlimmert wurden, daß die Mittel, die man für Forschung und für Herstellung sowie die Anhäufung solcher Waffen verwendete, einen großen, unangemessenen Teil der Mittel der Menschheit verbrauchen. Wir sind überzeugt, daß diese Mittel stattdessen dringend benötigt werden, um die Ungerechtigkeiten zu bekämpfen, die Kriege oder andere Formen sozialer Gewalt herbeiführen. Jede Gesellschaft, in der jedes vierte Kind stirbt, ist im Kriegszustand. Während Entwicklung von sich aus wohl nicht Friede bringt, kann kein dauernder Friede ohne sie bestehen. Darum unterstützen wir die Bemühungen der Vereinten Nationen, die Siebziger-Jahre zu einer Dekade der Entwicklung für die gesamte Menschheit zu machen.
Die sozialen Mißstände, die deutlich in der Welt von heute zu erkennen sind, machen den Zusammenhang zwischen Frieden und der Anerkennung, der Förderung und dem Schutz der Menschenrechte deutlich. Rassendiskriminierung, die Unterdrückung völkischer und religiöser Minderheiten, die Folterung politischer und anderer Gefangener, gesetzliche und de-facto-Verleugnung politischer Freiheit und der Chancengleichheit, die Verleugnung der Gleichberechtigung der Frau, jede Form kolonialistischer Unterdrückung, alle diese Verletzungen der Menschenrechte sind verantwortlich für die Eskalation der Gewalt, die die menschliche Zivilisation erniedrigt.
Während wir als Teilnehmer dieser Konferenz für uns selbst sprechen, als Menschen aus vielen Religionen, beseelt von einem tiefen Verlangen nach Frieden, versuchen wir auch, für die große Mehrheit der menschlichen Familie zu sprechen, die machtlos ist und deren Stimme selten gehört wird: für die Armen, die Ausgebeuteten, die Flüchtlinge und alle, die heimatlos sind, und deren Leben, Wirkungsfeld und Freiheit durch Kriege zerstört wurden. Wir sprechen zu unseren Religionsgemeinschaften, den Oekumenischen Räten und allen interkonfessionellen Bemühungen um den Frieden, zu den Nationen, beginnend mit unserer eigenen, zu den Vereinten Nationen und zu Männern und Frauen außerhalb der festen Religionsgemeinschaften, denen ebenfalls das menschliche Wohlsein am Herzen liegt. Jedem und allen, beginnend mit uns selbst, sagen wir, daß Ausgangspunkt für jede ernste Bemühung im menschlichen Bereich – im erzieherischen, industriellen, wissenschaftlichen, sozialen und religiösen – die feierliche Annahme der Tatsache bildet, daß die Menschen und alle ihre Wege jetzt im gleichen Schicksal verbunden sind. Wir leben oder sterben zusammen. Wir können weiter fortfahren, einem gemeinsamen Untergang zuzutreiben, oder wir können uns gemeinsam im Kampf um den Frieden engagieren. Wir können nicht ehrlich den Krieg verurteilen und die Dinge, die den Krieg verursachen, wenn nicht unser persönliches Leben vom Gedanken des Friedens geprägt wird und wenn wir nicht bereit sind, die notwendigen Opfer dafür zu bringen. Wir müssen alles, was in unserer Macht liegt, tun, um die öffentliche Meinung zu bilden und das Gewissen der Öffentlichkeit zu wecken, damit sie einen festen Standpunkt gegen den Krieg und gegen die illusorische Hoffnung auf Frieden durch einen militärischen Sieg einnimmt.
Wir sind überzeugt, daß die Religionen trotz ihrer historisch gewachsenen Verschiedenheiten nun versuchen müssen, alle Menschen in diesem Bemühen um wahren Frieden zu vereinen. Wir glauben, daß wir verpflichtet sind, die sektiererischen Grenzen zu überschreiten, um auch mit denen, die außerhalb der historischen Religionen unseren Wunsch nach Frieden teilen, zusammenzuarbeiten.
Wir verpflichten uns, unsere eigenen Nationen zu warnen, daß der Kraftaufwand, militärische Macht zu vervollkommnen und zu erhalten, der Weg zum Unglück ist. Dies schafft ein Klima der Furcht und des Mißtrauens; dies verlangt den Einsatz von Mitteln, die für die Linderung der Not, für Gesundheit, Wohnung und Wohlfahrt gebraucht werden sollten. Es fördert die Eskalation des Wettrüstens, das jetzt das Leben der Menschen auf der Erde bedroht. Es verschärft die Unterschiede der militärischen und wirtschaftlichen Blöcke. Es sieht den Frieden als einen bewaffneten Waffenstillstand an oder als Gleichgewicht des Schreckens. Es lehnt eine wirklich universale Sorge für das Wohl aller als utopisch ab. Zu all diesem sagen wir ‚Nein'.
Wir wünschen, unsere Sorge um den Frieden den Vereinten Nationen zu übermitteln. Die Vollendung und Erhaltung des Friedens erfordert nicht nur eine Anerkennung der Existenz der Vereinten Nationen, sondern noch mehr Unterstützung und Ausführung ihrer Entscheidungen. Wir empfehlen dringend die allgemeine Mitgliedschaft aller Nationen in den Vereinten Nationen, eine gerechtere Verteilung der Macht und Verantwortung bei ihrem Verfahren. Wir fordern die Mitgliederstaaten auf, ihre Führung anzunehmen, wenn es darum geht, Probleme zu lösen, die zu Konflikten führten oder führen können.
Wir hoffen, daß diese Konferenz uns helfen wird, die Verantwortung, die wir als gläubige Männer und Frauen für die Vollendung eines wahren und dauernden Friedens tragen, zu sehen und anzunehmen."

Konferenzerklärung von Princeton (1979) (Auszug)

„Unser Bemühen: Aktivierung aller Kräfte für den Frieden

A. Eine gerechte internationale Wirtschaftsordnung

Es beunruhigt unser Gewissen, daß 800 Millionen Menschen in den Entwicklungsländern noch in Armut leben, daß viele Millionen in Not sind, weil sie physisch unfähig sind zu arbeiten, und daß 40% der Weltbevölkerung nicht lesen und schreiben können. Die Kluft der wirtschaftlichen Ungleichheit zwischen den entwickelten und sich noch entwickelnden Ländern hat sich während dieses Jahrzehnts vergrößert. Weil alle großen Religionen auf soziale und wirtschaftliche Gerechtigkeit und auf rechtmäßigen Anteil aller Männer und Frauen am Reichtum der Erde besonderen Wert legen, rufen wir alle Gläubigen der ganzen Welt auf, für eine gerechte und ausgeglichene Wirtschaftsordnung zu arbeiten, in der Würde und Menschlichkeit, die in Harmonie mit der Natur stehen, niemandem versagt werden.
Solch eine neue internationale Wirtschaftsordnung der wachsenden Gerechtigkeit und Gleichheit würde alle Nationen anregen, eine lebensfähige und selbständige nationale Wirtschaftsordnung anzustreben, die fähig ist, sich am internationalen Handel auf der Basis der Gleichberechtigung statt der Abhängigkeit zu beteiligen. Um diese neue Sicht zu verwirklichen, muß der politische und soziale Wille vorhanden sein, ein ausgeglichenes wirtschaftliches Wachstum weltweit zu fördern und dessen Profit für die Abschaffung der Armut, die Erfüllung der wesentlichsten Grundbedürf-

nisse zu verwenden sowie partnerschaftliche Handelsbeziehungen zwischen Industrie- und Entwicklungsländern zu schaffen. Wir rufen alle Gläubigen auf, für die Beseitigung der Strukturen wirtschaftlicher und sozialer Ungerechtigkeit in ihren Ländern sich einzusetzen und die Regierung sowie die öffentliche Meinung für ein Programm gegen die Armut zu mobilisieren. Wir rufen alle religiösen Institutionen, die wirtschaftliche Mittel zu ihrer Verfügung haben, auf, sich einzusetzen für soziale Verbesserungen, Verminderung der Not und Hilfe für die Armen.
Unser Gefühl für religiöse Verantwortung drängt uns, aufs neue zu betonen, daß soziale Gerechtigkeit und demokratische Mitbestimmung bei Entscheidungsprozessen wesentlich für echte Weiterentwicklung sind. Wir sind der Meinung, daß passende Maßnahmen auf nationalen wie internationalen Ebenen getroffen werden müssen, um sicherzustellen, daß transnationale Konzerne und Unternehmen aller wirtschaftlichen Systeme nicht unangemessene wirtschaftliche, politische und soziale Macht in dem Gastland ausüben.
Der ganze Reichtum des Universums ist ein gemeinsames Erbe, das für alle verwaltet werden muß. Wir verteidigen die Rechte der kommenden Generationen auf die planetarischen Rohstoffquellen, die weise verwendet und nicht im Raubbau ausgeschöpft werden sollen.

B. Nukleare und konventionelle Abrüstung

Wir glauben, daß die menschliche Familie auf Erden heute ganz besonders betroffen ist von der drohend auftauchenden Gefahr atomarer Vernichtung, die entweder absichtlich oder zufällig entstehen könnte. Wir stellen fest, daß trotz SALT I und II Kernwaffenarsenale dauernd wachsen. Dies unterstreicht die Dringlichkeit, eine weltweite Bewegung ins Leben zu rufen, die den Krieg und alle Waffen der Massenvernichtung ächtet.
Wir sehen den SALT-II-Vertrag zwischen den USA und der UdSSR als eine ermutigende Entwicklung zur atomaren Abrüstung an. Wir hoffen, daß er ratifiziert wird, so daß SALT-III-Verhandlungen bald beginnen können. Es ist die Pflicht der organisierten Religionen, sich der Verbreitung der Kernwaffen, des Wettrüstens zwischen den USA und der UdSSR sowie der Ausdehnung der konventionellen Waffen in der ganzen Welt entgegenzustellen. Atommächte dürfen nicht ihre Atomwaffen gegen Atom- oder Nichtatomstaaten gebrauchen oder damit drohen.
Ein weltweiter moralischer und religiöser Feldzug, der ‚nein' sagt zu allen Arten des Krieges zwischen Nationen oder Völkern, ist unser Aufruf an Regierungen, religiöse Gruppen und alle Männer und Frauen, die ein Gewissen und einen Glauben haben. Diese Bewegung muß auf Abrüstung und gewaltfreie Mittel zur Erhaltung der Sicherheit hinarbeiten. Als Vorbedingung ist es wichtig, eine Atmosphäre des Vertrauens zu schaffen und den Geist der Versöhnung zwischen den Völkern zu pflegen.
Um diese Ziele zu erreichen, schlagen wir vor, die folgenden Schritte unverzüglich zu unternehmen:

- Abbruch aller Atomversuche, Forschungsunternehmen, Herstellung, Verbreitung und Entwicklung von atomaren Waffen und von anderen Massenvernichtungsmitteln;
- ein umfassender Vertrag, der jegliche Atomversuche untersagt;
- effektive Überwachungsmethoden, um die Ausführung dieser Maßnahmen zu sichern;
- eine Konvention der Vereinten Nationen gegen den Gebrauch aller Massenvernichtungswaffen. Diese sollte erklären, daß solcher Gebrauch ein Verbrechen gegen die Menschheit ist.

Um die Abhängigkeit von Waffen zu vermindern, schlagen wir vor, daß die Mechanismen für internationale Sicherheit durch die Vereinten Nationen gestärkt werden, daß alle Nationen bedingungslos alle Beschlüsse des Sicherheitsrates ausführen und daß das gegenwärtige Konzept des Gleichgewichts der Kräfte durch ein System kollektiver Sicherheit ersetzt wird in Übereinstimmung mit der Charta der Vereinten Nationen.
Wir drücken unsere tiefe Betroffenheit aus über das massive Anwachsen der militärischen Ausgaben, die bis zu 400 Milliarden US-$ jährlich anstiegen. Es scheint uns eine grausame Ironie, daß – während Millionen Menschen mit hungrigem Magen schlafen – Nationen und ihre Regierungen einen großen Teil ihres Geldes für Bewaffnung ausgeben und damit die Forderungen der sozialen Gerechtigkeit mißachten. Wir appellieren deshalb an die Mitglieder und Führer unserer Gemeinschaften, all ihren politischen und moralischen Einfluß geltend zu machen, um eine starke Verminderung der laufenden Militärausgaben ihrer eigenen Nationen zu erreichen, sowie darauf zu dringen, daß die so ersparten Gelder für Entwicklung in der gesamten Welt verwendet werden.

C. Menschenrechte

Wir bestätigen unsere Zustimmung zur Erklärung der Menschenrechte der Vereinten Nationen, so wie wir dies bereits in Kyoto und Löwen getan haben. Wir bedauern, wenn Menschenrechte einem Individuum oder einer Gemeinschaft versagt werden. Wir verpflichten uns, alle Gesellschaften, Organisationen und Gruppen zu unterstützen, die für Menschenrechte kämpfen und sich ihrer Verletzung widersetzen. Wir verurteilen religiöse Diskriminierung in jeglicher Form und bitten die Vereinten Nationen dringend, eine Erklärung und einen Kontrakt über die Ausrottung der Intoleranz und Diskriminierung, die auf Religion oder Glauben beruht, zu verabschieden. Wir bestätigen das Recht der Bürger auf Kriegsdienstverweigerung. Wir bitten religiöse Körperschaften dringend, ihre Regierungen zu veranlassen, alle Erklärungen, Konventionen und Verträge der Vereinten Nationen, die sich mit dem Schutz und der Förderung der Menschenrechte befassen, zu ratifizieren und durchzusetzen. Alle Religionen, denen wir uns verpflichtet fühlen, stimmen mit uns überein, den Schwachen gegen den Starken zu schützen, auf der Seite des Unterdrückten gegen den Bedrücker zu stehen, menschliches Leben zu achten, ebenso wie die Gewissensfreiheit und die Freiheit der Meinungsäußerung sowie die Würde aller Menschen. Wir unterstützen die Erklärung und Konvention der Vereinten Nationen gegen Rassismus und rassische Diskriminierung und bitten alle Regierungen, sich ihr anzuschließen. Die Aktionen der Vereinten Nationen gegen Apartheid sollten von allen Staaten, Organisationen und Einzelpersonen durchgeführt werden.
Weil WCRP III in das internationale Jahr des Kindes, das unter der Schirmherrschaft der Vereinten Nationen steht, fällt, bestätigen wir auch unseren Glauben an die Erklärung der Generalversammlung der Vereinten Nationen von 1959, daß die Menschheit „dem Kind das Beste schuldet, was sie zu geben hat", und daß das Kind „in einem Geist des Verstehens, der Toleranz, der Freundschaft unter den Völkern, des Friedens und der allgemeinen Brüderlichkeit" erzogen werden soll. Wir rufen alle Gläubigen auf der ganzen Welt auf, mitzuhelfen, daß in jedem Land soziale, wirtschaftliche und bevölkerungspolitische Maßnahmen getroffen werden, die eine bessere und schönere Zukunft für jedes Kind sichern. Es ist ungeheuer wichtig, daß die Jugend aktiv in die religiöse Bewegung für den Frieden einbezogen wird. Interreligiöse Zusammenkünfte der Jugend sollten ermutigt werden.
Wir bestätigen, daß jeder Mensch frei und für die Freiheit geboren ist und daß alle die gleiche Würde und die gleichen Rechte haben sowie daß jegliche Diskriminierung auf Grund des Geschlechts unvereinbar mit der Menschenwürde ist. Wir sind überzeugt, daß Praktiken, Vorurteile oder Gesetze, die die volle Teilnahme der Frauen am politischen, sozialen, wirtschaftlichen, kulturellen und religiösen Leben ihrer Länder verhindern, moralisch nicht aufrechtzuerhalten sind und abgeschafft werden sollten.

D. Umwelt und Energiekrise

Die Erde ist in wachsendem Maß bedroht vom menschlichen Mißbrauch der Umwelt auf der Suche nach materiellem Vorteil. Wir gefährden die künftigen Generationen durch unsere Ausschöpfung von nicht sich erneuernden, natürlichen Rohstoffen, durch unsere Verschmutzung der Luft und des Wassers mit chemischen und radioaktiven Abfällen und durch unsere übermäßige Ausbeutung des Bodens in manchen Teilen der Welt. Eine Energiekrise starrt uns an. Durch die geringere Versorgung mit Öl werden Nationen und auch der einzelne Opfer bringen und Alternativen entwickeln müssen für, wenn möglich, erneuerungsfähige Energiequellen. Sie werden sogar ihren Lebensstil ändern müssen. Die Kräfte aller unserer Religionen sind notwendig, um die Achtung für die Umwelt der Natur, in der wir leben, zu pflegen, um ihre Rohstoffe zu erhalten und einen Lebensstil zu entwickeln, der in Harmonie mit der gesamten Natur steht.* Die Kinder der Erde müssen die begrenzten Rohstoffe bewahren, so daß der Reichtum dieser Erde nicht verschwendet wird.

E. Erziehung zum Frieden

Die religiösen Körperschaften auf der ganzen Welt müssen größere Erziehungsprogramme in Angriff nehmen, um die gegenseitige Hochschätzung aller Völker und Kulturen zu vermehren und die Verpflichtung auf Werte des Friedens zu fördern. Unsere bisherigen Bemühungen genügten nicht. Deshalb widmen wir uns erneut der Erziehung der Kinder, der Jugend und Erwachsenen, der Heranbildung unserer religiösen Führer, um die Werte des Friedens und des Verstehens in unserem Verhalten im persönlichen und öffentlichen Leben wirksamer werden zu lassen."

---

* Die Versammlung nahm die Ansicht einiger Teilnehmer zur Kenntnis, daß keine Weiterentwicklung von Kernkraft geschehen sollte.

Appell an die 2. Sondervollversammlung über Abrüstung der Vereinten Nationen (1982)

„Im Gedenken an die Schrecken von Hiroshima und Nagasaki; im Bewußtsein der nicht rückgängig zu machenden medizinischen und sonstigen Folgen eines nuklearen Kriegs; in der Erkenntnis, daß die Verhinderung eines atomaren Krieges unsere einzige Hoffnung ist, der totalen Vernichtung der Menschheit zu entgehen; zum Zeugnis dafür, daß die Menschen ein tiefes Verlangen nach einer Welt ohne Krieg in sich tragen; in dem Wunsch, dem in aller Welt grassierenden Gefühl der Angst entgegenzuwirken (deswegen ‚in aller Welt', weil es ein Irrtum ist zu glauben, ein atomarer Krieg könne begrenzt oder gewonnen werden); und dazu bestimmt, die Ehrfurcht vor dem Leben zu unterstreichen, *fordern wir,* Vertreter der Weltreligionen, darunter Menschen aller Rassen und Kulturen, solidarisch mit den Millionen der Armen und Niedrigen, die keine Stimme haben und deren Schicksal auf dem Spiel steht,

1. die Unterzeichnung einer Konvention, die den Einsatz atomarer Waffen ächtet als eine Verletzung der Charta der Vereinten Nationen und ein Verbrechen gegen die Menschheit;
2. den Beschluß, das sofortige ‚Einfrieren' bestehender atomarer Waffenarsenale als einen ersten Schritt auf atomare Abrüstung hin zu empfehlen;
3. den Verzicht auf Versuche mit atomaren Waffen in allen Gegenden durch alle Staaten;
4. die Annahme und Ingangsetzung eines umfassenden Abrüstungsprogramms, das zu einer allgemeinen und vollständigen Entwaffnung unter effektiver internationaler Kontrolle führt;
5. die Verwendung von Mitteln, die zur Zeit in der ganzen Welt für Waffen verwendet werden, für die Ausrottung des Hungers in der Welt und für umfassende menschliche Entwicklung."

Die beiden ersten Dokumente sind den Publikationen über die drei bisherigen Weltkonferenzen entnommen: M. A. Lücker (Hrsg.): Religionen – Frieden – Menschenrechte. Dokumentation der ersten Weltkonferenz der Religionen für den Frieden, Kyoto 1970. Wuppertal 1971; Dies.: Neue Perspektiven des Friedens. Bericht über die 2. Weltkonferenz der Religionen für den Frieden, Löwen 1974. Wuppertal 1975; Dies.: Den Frieden tun. Die 3. Weltversammlung der Religionen für den Frieden Princeton 1979. Freiburg 1980. Das letzte Dokument übersetzte Wolfgang Wunden.

Laufende Veröffentlichungen von WCRP:

„Religion for Peace, Quarterly Newsletter of WCRP", edited by the International Secretariat, 777 United Nations Plaza, New York, N.Y. 10017, USA.
„Informationen", herausgegeben vom Europäischen Sekretariat, erscheint zwei- bis dreimal pro Jahr.
In Abständen erscheinen ferner „WCRP-Reports", herausgegeben vom Internationalen Sekretariat zu aktuellen Themen, wie: Abrüstung, Menschenrechte, Flüchtlingsprobleme. Sie werden jeweils in den beiden laufenden Veröffentlichungen angezeigt.

Das deutsche Sekretariat von WCRP unter der Leitung von Pfarrer Hermann Benz befindet sich in 7000 Stuttgart 80, Lieschingstraße 44.

4. Krieg und Friede – Texte aus den Weltreligionen

Die Debatte über Krieg und Friede in der Sicht der Religionen ist durch zwei Vorurteile belastet:
Erstens erscheint dabei fast zwangsläufig das Bild des waffensegnenden Priesters – ein Klischee, mit dem die Friedensunfähigkeit der Religion überhaupt vielfach schon als bewiesen gilt. Auch in weiten Teilen der neueren Friedensforschung wird unterstellt, meist mit fragwürdiger Begründung, daß Menschen mit ausgeprägter religiöser Überzeugung von sich aus „kriegsbereiter" seien als andere, ja daß insbesondere Christen mehr dazu neigen als Nichtchristen, militärische Macht als geeignetes Mittel zur Lösung von Konflikten anzusehen.
Zweitens wird Religion in jeglicher Gestalt, wenn man ihr denn doch positive Bedeutung für den Frieden zuerkennen will, nur zu leicht ganz auf den Bereich des Friedens der Seele mit Gott beschränkt – als eine Art Schutzgebiet für den Einzelmenschen, der, von den Sachzwängen der Wirklichkeit überfordert, nach Lebenssinn und überweltlicher Hilfestellung sucht.

Beide Vorurteile erschweren die Friedensdiskussion und Friedensarbeit im religiösen Horizont erheblich, da sie den religionsgeschichtlichen und religionsphänomenologischen Gegebenheiten offenkundig nicht gerecht werden können. Zugleich behindern sie damit auch die Bemühungen seitens der Religionen, je für sich oder gemeinsam die Herausforderungen einer Situation anzunehmen, in der die Frage des Friedens längst nicht mehr nur die Schlichtung lokaler oder regionaler Streitfälle betrifft, sondern die Bedingungen des Überlebens der gesamten Menschheit.

Damit ist bereits gesagt, daß die Religionen ihrerseits nicht mit überholten Leitbildern und unkritisch tradierten Positionen in die Auseinandersetzung eintreten dürfen. Sie müssen vielmehr bereit sein, sich einem „aggiornamento", einem „Heutigwerden", auszusetzen, das sie zur Aufarbeitung historischer Rückstände befähigt, um ihr eigenes Potential für eine neue, zeitgemäße Friedensordnung zu entwickeln und allen, die daran arbeiten, zugänglich zu machen. Allerdings müßte den Religionen dann auch zugestanden werden, daß ihr Potential anderer Art sein kann, als es etwa nach den Voraussetzungen einer a-religiösen Friedensforschung zu sein hätte. Man wird also damit zu rechnen haben, daß die Religionen die menschliche Vernunft nicht allein an eine sich als autonom verstehende eindimensionale Rationalität verweisen, sondern auch an über-menschliche, der Vernunft vorgegebene Erkenntnis und Einsicht, die wirklich verantwortliches Denken und Handeln angesichts der globalen Bedrohung des Friedens erst möglich machen.

Die folgende kleine Zusammenstellung von Texten kann in diesem Rahmen nur eine sehr begrenzte Funktion erfüllen. Sie will keinesfalls irgendwelche aktuellen Thesen beweisen, zu moralisierenden Wertungen anleiten oder Material zu ideologischer Abstützung für bestimmte politische Positionen anbieten. Sie will auch nicht die konkrete Vielfalt religionsgeschichtlicher Befunde auf eine Ebene projizieren. Sie soll lediglich Einblicke in den geschichtlichen Prozeß der Meinungsbildung liefern, der allen Religionen heute neu aufgegeben ist und in den jede von ihnen mit charakteristisch eigenen Voraussetzungen eintritt.

Wie ein *Hindu-Denker* im Rahmen des modernen interreligiösen Gesprächs über den Frieden die Hindu-Position vertritt, zeigen Auszüge aus einer Ansprache mit dem charakteristischen Thema „Friede ist unser eigentliches Wesen", die Swami Chidananda Saraswati, Leiter des Sivananda-Ashrams in Rishikesh (Indien), im November 1976 auf einer „Asiatischen Konferenz für Religion und Frieden" in Singapore gehalten hat:

„Verehrung des universalen Höchsten Wesens ist unser kosmischer Seinsgrund, unsere unsichtbare Stütze und unser letztes Ziel. Das Wesen unseres innersten Seins ist Gott, und Gott ist Friede. Daher ist Friede das Wesen unseres innersten Seins – tiefer, unermeßlicher, unvergänglicher Friede. Dieser Friede bist Du selbst. Sich selbst so zu verstehen, selber so zu sein, das ist recht eigentlich Religion. Religion als innere Zucht, als Einübung der Annäherung an Gott und als Läuterung des Herzens ist heute von neuem zu bewähren, da die Menschheit allzu lange lediglich mit Zeremonien und Theologie, mit Dogmen und Ritualen abgespeist worden ist. Wenn hingegen Religion als Läuterung, Zucht und Einübung in Erscheinung tritt, werden auch die Verschiedenheiten der Religionen einmünden in die eine Menschheitsreligion und wird für jeden einzelnen das Paradies spiritueller Wahrnehmung offen stehen. Vom einzelnen wird diese Erfahrung dann auch in die Bereiche der Natur und ins Gesamtbewußtsein der Menschheitsgesellschaft eindringen.
Die Ursachen für Feindseligkeit, Kampf, Gewalt, Krieg und Haß dürfen ja nicht naiv ausschließlich auf soziale und wirtschaftliche Zusammenhänge zurückgeführt werden; vielmehr sind sie im innersten Wesen des Menschen zu suchen. Sozio-ökonomische Bedingungen haben zwar ihre Bedeutung, sind aber nie die letzte und eigentliche Ursache. Vielmehr ist unsere Welt zu begreifen als Schauplatz des Wirkens verschiedenster Kräfte, die innerhalb der Gemeinschaft der Menschen am Werk sind. Nur wo dies verstanden wird, verfällt man nicht in den Fehler jener simplifizierenden Theorien von Krieg und Frieden, die ausschließlich mit den politischen und wirtschaftlichen Faktoren rechnen.
Das vedische Denken, auf dem die Hindu-Religion in allen ihren Ausprägungen beruht, erkennt in der Psyche des Menschen die Dreieinigkeit des Menschlichen, des Animalischen und des Göttlichen. Religiöse Verwirklichung beginnt mit der Überwindung des Tierischen im Menschen (pashu), setzt sich fort in der Läuterung des Menschlichen, entfaltet sich in sittlichem Handeln und erfüllt sich in der Erweckung des dritten Faktors, des Göttlichen, das unser eigentliches Wesen konstituiert. Die anderen beiden Aspekte, das Menschliche und das Animalische, haben demgegenüber nur zeitlich begrenzte Bedeutung und stellen gleichsam einen Überbau über dem eigentlichen geistigen Wesen des Menschen dar, der als solcher nicht von Dauer ist.

Der wahre Grund des Weltfriedens und der allgemeinen Wohlfahrt ist somit die Reinigung des Herzens, die Veredlung menschlichen Strebens, die Läuterung des Geistes und des Denkens. Eine harmonische Weltordnung, eine neue Ära des Verstehens und guten Willens setzen die Umwandlung menschlichen Verhaltens voraus, das Fortschreiten von roher Brutalität und animalischen Instinkten zu ethischem Bewußtsein und spirituellem Erwachen. Wohlfahrt der Menschen in Gestalt des Weltfriedens, der Abwesenheit von Haß und Krieg ist durch bloße Diplomatie, politische Winkelzüge und durch Militärbündnisse nicht zu erreichen. Auch Konferenzen, Verträge und Absprachen reichen nicht aus, da sie stets durch Egoismus, Eigensucht und Hinterlist pervertiert werden können. Krieg und Friede, Moral und Unmoral, Gewalt und Gewaltlosigkeit haben ihren tiefsten Grund im menschlichen Herz. Die äußeren Verhältnisse sind letztlich nur Auswirkungen des Zustands der inneren Beschaffenheit der Menschen. Die Welt ist ohne Veränderung des Menschen nicht zu verändern. Kriege werden geführt, solange Haß, Mißgunst und Mißtrauen die Herzen der Menschen regieren. Ebensowenig wird sich an sozialer und wirtschaftlicher Ungleichheit und Ungerechtigkeit etwas ändern, solange Selbstsucht, Unaufrichtigkeit und Rücksichtslosigkeit unter den Menschen herrschen.
Wenn die Menschen, ihrer besseren Einsicht zuwider, in ihrem brutalen, eher tierischen als menschlichen Verhalten fortfahren, wohin wird sie ihr Weg führen? Was ist dann unsere Kultur noch wert? Laßt uns darum aufmerken. Laßt uns den Weg des Dharma, der Gerechtigkeit, nicht verlassen. Laßt es nicht zu, daß der Mensch seine Zukunft zerstört, seine Mitmenschen ausplündert. Unverbrüchlich waltet das Gesetz von Ursache und Wirkung, das Gesetz des Karma, das als uneingeschränkt geltendes, wissenschaftlich nachprüfbares Prinzip unser Geschick bestimmt. Nur menschliche Arroganz will nicht wahrhaben, daß die Menschenwelt lediglich einen Bruchteil des ganzen Universums ausmacht; Weisheit dagegen unterstellt sich dem universalen Gesetz und gewinnt damit Gewißheit und Glück. Du, Mensch dieser Zeit, hast die Wahl. Du bist Herr deines Geschicks – dies ist das Gesetz. Höre die Stimme der ewigen geistlichen Weisheit, des Erbes der ganzen Menschheit. Laßt uns in diesem Licht wandeln; laßt uns leben, um seinen göttlichen Schein offenbar zu machen."

A Brief Report of the Asian Conference on Religion and Peace, S. 99–105.

Unter den *neubuddhistischen Bewegungen,* die heute besonders um die Zuordnung von innerem Frieden und Weltfrieden bemüht sind, ist vor allem die 1938 in Japan gegründete RISSHŌ KŌSEI-KAI („Gesellschaft für Aufrichtung von Recht und mitmenschlichen Beziehungen") zu nennen. Ihr Mitbegründer und jetziger Präsident, NIKKYŌ NIWANO, hat sich programmatisch zum Friedensauftrag geäußert:

„Die erste Voraussetzung zur Verwirklichung des Weltfriedens ist, wie ich glaube, die Versöhnung im Herzen der Menschen oder der innere Frieden. Shakyamuni (= Buddha) sagte: ‚Sei mir gleich, sei ein Mensch wie ich.' Wenn sich jeder von uns die gleiche Gesinnung wie die des Shakyamuni aneignet, so könnte der Frieden schon morgen hergestellt werden. Frieden heißt der Zustand der Harmonie und Ausgeglichenheit zwischen Menschen untereinander sowie zwischen Mensch und Natur. Man muß dem Frieden auf zweierlei Wegen nahezukommen suchen, sowohl innerlich als auch äußerlich. Äußerlich ist die Errichtung einer Instanz wünschenswert, welche die politischen Prozesse und die Außenpolitik der Länder zu kontrollieren und die Streitigkeiten zwischen den Staaten zu richten imstande ist. Jedoch führen alle Bemühungen um Verbesserung der politischen Mechanismen zu keinem Ergebnis, solange keine Friedensbereitschaft in den Herzen der Menschen vorhanden ist.
Deshalb müssen die Religionen alles daran setzen, gleichzeitig mit der Errichtung der Institutionen auch die Herzen der Menschen umzuwandeln. Außerdem müßten wir religiösen Menschen noch viel mehr bemüht sein, die Umweltverschmutzung zu bekämpfen, welche die Harmonie zwischen Mensch und Natur zerstört. Der Buddhismus sieht in der Begierde des Menschen die Grundursache der Friedensstörung. Zur Herstellung des Friedens müßten wir uns also mit den verschiedenen Begierden der Menschen auseinandersetzen.
Die größte Chance zur Verwirklichung des Friedens sehe ich in dem Bewußtwerden der Menschenliebe. Weil auch Entwicklung in vielerlei Hinsicht vom Frieden untrennbar geworden ist, halte ich es für eine der wichtigen Aufgaben in der Friedensarbeit, zur Verbesserung der Lebensumstände und dadurch zur Erreichung der Menschenwürde in den Entwicklungsländern beizutragen.
Von den Politikern verlange ich, Bodhisattvas zu sein. Wer Politiker werden möchte, muß in seinem Herzen den Wunsch haben, der Welt und den Menschen zu dienen. Diese Einstellung ist identisch mit dem Ideal des Bodhisattva-Weges. Wenn diese Grundhaltung vorhanden ist, dann sind Politiker und Religionsführer Bundesgenossen auf dem Wege zur Verwirklichung des gemeinsamen Wohls und zur Verbesserung der Welt."

ITALIAANDER, Religion, S. 65f., 71.

Im modernen *Islam* sind Stimmen nicht zu überhören, die unter dem Eindruck der allgemeinen Krise der Religion für eine selbstkritische Besinnung plädieren, in deren Vollzug die Frage von Krieg und Frieden in neuem Licht erscheint. Eine führende Stellung in dieser Gruppe hat der Soziologe Dr. Hasan ASKARI, Professor an der Osmania University in Hyderabad (Indien), der auf der Konsultation in Arnoldshain 1971 unter anderem folgendes ausführte:

„Unter den Muslimen besteht eine starke Tendenz, Glaube und Geschichte, Glaube und Welt miteinander zu verwechseln. Die Schlüsselbegriffe in diesem Zusammenhang sind ‚Gemeinschaft' und ‚Staat'. Das Schicksal des Islam wird mit der geschichtlichen Karriere dieser Institutionen identifiziert. Man kann aber nicht ohne weiteres leugnen, daß der Islam – oder jede andere Glaubensform – das ist, was seine Anhänger empfinden, denken und tun. Man sollte daran aber als Grundsatz festhalten und nicht despotisch darüber urteilen. Daraus ergeben sich zwar nicht viele, aber schwerwiegende Folgen: Die Muslime in Asien und Afrika sind eifrig daran interessiert, sich technisch und wirtschaftlich weiterzuentwickeln, und sie betrachten den Islam als eine stützende geistliche Kraft oder eine aufbauende sozio-ökonomische Ideologie, mit deren Hilfe sie ihre materiellen und geschichtlichen Ziele erreichen wollen, und vergessen dabei, daß der Islam viel mehr als das ist. Er ist eine Kraft, die den Menschen von der Endlichkeit seiner geschichtlichen Notwendigkeiten befreit. Zweitens wird der Muslim durch die zur Macht führenden frühen Glaubenserfahrungen des Islam dazu verführt, den Glauben nach der Macht zu beurteilen. Diese Beziehung konnte sich jedoch niemals zu einer Norm herausbilden, sie blieb im Bereich des Empfindens. Von daher konnten die politischen Institutionen im Islam niemals nach einem beständigen Prinzip geleitet werden. Die Normen der individuellen Frömmigkeit, die Möglichkeiten einer Konsensbildung, die Unfehlbarkeit des Imam, die Weisheit der Theologen, die Katholizität des Dogmas konnten nur mit Gewalt herangezogen werden, um eine gähnende Leere in der politischen Theorie zu füllen, in der ein extremer Pol die Ansicht vertrat, ‚Tyrannei ist besser als Chaos', und auf der anderen Seite Gewalttätigkeit und Aufruhr herrschten. Da ihm stabile politische Institutionen und eine entsprechende politische Theorie fehlen, muß der Muslim in seinem Denken von der Romantik angezogen werden, um ein gewisses Gleichgewicht herzustellen.
Der Aufruf zur Rückkehr zur Reinheit und Einfachheit des frühen Islam ist der psychologische Ausdruck und der Aufruf zur Vereinigung aller islamischen Völker zu einem politischen Raum ist der politische Ausdruck ein und desselben umfassenden Romantizismus. Die moderne politische Ordnung beruht zwar auf neuen Systemen wirtschaftlicher und sozialer Organisation, aber sie neigt dazu, die rassische und kulturelle Identität zu verschärfen und besonders herauszustellen. Wenn man sich die Kalifate, Sultanate und verschiedenen Formen des Nationalismus ansieht, so ist die islamische Religion und politische Ordnung heute kein einheitliches und unveränderliches Phänomen mehr. Politisieren ohne politische Grundsätze und Angst ohne Krisenbewußtsein stürzen die islamischen Völker heute in eine chaotische Situation hinein, wo aus Kommunikation kein Vertrauen wird und aus Zusammenschlüssen keine Institutionen wachsen.
Das hat eine zweifache Auswirkung: Im religiösen Bereich wird der Islam mehr und mehr als Prinzip der politischen Einheit angesehen. Das ist eine eindeutige Auflösung der ‚letzten und ursprünglichen Religion', um einen Satz von Prof. Syed Hossein Naser zu benutzen. Im soziologischen Bereich wird der Islam mehr und mehr als eine Ideologie und ein System angesehen, als eine Antwort auf die heutigen säkularen Ideologien. Beide Auswirkungen hängen miteinander zusammen: die eine ist von Bedeutung für den internationalen Islam, die andere für den nationalen Islam. Die Welt als ganze, die Menschheit als ganze kommt in diesem Rahmen nicht vor. Das islamische Denken wird damit unzeitgemäß. Es entrüstet sich über diese Beurteilung und verrät damit seine Blindheit gegenüber dem Zeitalter, in dem es lebt. Hier besteht auch wieder – und in noch stärkerem Maße – eine Kluft zwischen dem Islam und den Muslimen.
Es gibt Zeichen der Hoffnung bei solchen Muslimen, die entweder als Minderheiten leben oder bei anderen im Westen. Nur sie werden verhältnismäßig weniger betroffen sein von den erwähnten Konsequenzen. Ihnen wird es nicht in erster Linie um den Islam als Prinzip politischer Einheit unter den islamischen Völkern oder um die ideologische Wirksamkeit des Islam beim Aufbau einer islamischen Gesellschaft in einem islamischen Land gehen. Ihr Anliegen wird es vielmehr sein, wie sie unter Nicht-Muslimen Muslime sein können, wie sie den Islam mit der gegenwärtigen Situation in Beziehung setzen können und wie sie sich mit Andersgläubigen gegenseitig bereichern können.
Die Krise ist heute so ungeheuer vielschichtig, daß sie bei allem Vertrauen auf Einfachheit und Genauigkeit nicht von der einen oder anderen Universallehre überwunden werden kann. Die Krise verlangt einen Durchbruch zwischen den Lehren und zwischen den Gläubigen. Die

Krise trägt damit bei zur Gestaltung der wahren Universalität eines bestimmten Glaubens. Das gleiche gilt auch für einen Christen. Dabei besteht ein Risiko – aber ein lohnendes Risiko –, daß man die selbstgenügsame Universalität seiner Auffassung opfert. Was sich daraus ergibt, ist natürlich ungewiß, aber dennoch wünschenswert. Darin, daß uns die Art und Weise, wie wir an der Krise eines anderen Menschen teilhaben, nicht vorgegeben ist, wird Gott ‚Salam', Frieden, wird er ‚Rama', Gnade.
Auch hier ist wieder das Wichtigste, daß der Muslim auf das Kreuz blickt. Zu seinem Verständnis des Kreuzes als Muslim sollte gehören, daß alle tragischen (tieferen) Symbole der Religion daran zu messen sind, wie häufig sie angewandt werden und wie unheilvoll es ist, wenn man sie vergißt. Das Kreuz ist (vor allem) für einen Christen ein existenzielles Symbol – der Hinweis auf das paradoxe Nebeneinander von Verpflichtung und Verrat in einem Gläubigen. Für einen Muslim sollte es ein Hinweis auf eine ungewisse Beziehung zwischen Glauben und Geschichte sein. Mit Hilfe dieser beiden Metaphern, Krise und Tragik, können Islam und Christentum einander näherkommen.
Christentum und Islam kommen einander wieder näher, nicht im Kampf, sondern in Frieden. Dieses Zusammenkommen als solches ist ein Zeichen für das Vertrauen auf ihre Tradition und ihre Verpflichtung. Es ist ein Zeichen dafür, daß sie in vollem Sinne ihr gemeinsames Erbe leben. Argwohn und Mißtrauen weichen langsam dem Vertrauen und der Zusammenarbeit. An die Stelle der Taktik tritt das Gewissen, an die des Argumentierens die Anerkennung, an die der Polemik das Gebet.
Wenn ein Muslim sich zum Gebet erhebt, steht das ganze Universum mit ihm in Verbindung. Indem wir uns zum Gebet erheben, stellen wir uns gegen unser Zeitalter, um es zu retten."

Askari schließt mit folgendem Gebet:

„Im Namen Gottes des Schöpfers und des Wissenden, des Helfenden und des Erhörenden danke ich meinen Brüdern für ihre Liebe und Freundlichkeit.
Gott loben und danken ist ein Anfang, nach der Mitte unserer Existenz zu streben. Ich bete, daß einer, der unter vielen erhaben und gelassen bleibt und uns trotz unseres Stolzes nicht verläßt, uns helfen und führen möge, einander auf dem Boden der Liebe zu begegnen, und unseren Augen die Kraft wiedergeben möge, sein Licht zu sehen, das schon immer auf dieser Erde war, auch wenn wir es nicht sehen."

H. Askari: Die Probleme der Welt aus der Sicht des Islam. In: Schultze/Trutwin, Weltreligionen, S. 58–64, 69.

Der *jüdische* Religionswissenschaftler R. J. Zwi Werblowsky, Professor an der Hebräischen Universität in Jerusalem, hat gerade als Jude dem interreligiösen Gespräch über Krieg und Frieden einen wichtigen Dienst getan, indem er auf der ersten „Weltkonferenz der Religionen für den Frieden" in Kyoto 1970 zu nüchterner Einschätzung der Möglichkeiten der Religionen im Hinblick auf die Erhaltung des Friedens aufrief:

„Friede ist ein politisches Problem. So wie die meisten politischen Probleme hat es seine sozialen und wirtschaftlichen Dimensionen. Entwicklung ist ein wirtschaftliches Problem. Als solches hat es politische und soziokulturelle Dimensionen. Menschenrecht ist ein soziojuristisches Problem mit seinen eigenen politischen und wirtschaftlichen Aspekten. Alle drei sind sittliche Probleme, einfach deshalb, weil sie menschliche Probleme sind. Ein religiöser Mensch wird an diese Probleme mit einer religiösen Motivation herangehen, getrieben von einer religiösen Verpflichtung, und er handelt in einem sittlichen Klima, das von seinem Verständnis seiner Religion bestimmt ist. Dies macht damit das Problem des Friedens nicht weniger politisch oder das Problem der Entwicklung weniger wirtschaftlich oder das Problem der Menschenrechte weniger juristisch. Mit anderen Worten: wenn religiöse Menschen sich diesen Problemen irgendwie ernsthaft zuwenden wollen, dann müssen sie die Tugend des Realismus üben und nüchtern ihre eigenen Fähigkeiten einschätzen. Beschäftigung mit Problemen, die tief in den politischen, sozialen, psychosozialen und ökonomischen Bewegungen und Spannungen unserer Zeit verwurzelt sind, bedeutet, daß man sich auf die Dauer auf Experten verläßt. Selbst, wenn die Experten irren – manchmal irren sie sehr –, ist es nicht der religiöse Mensch, sondern ein besonnener Experte, der diese Irrtümer und Fehler analysieren und korrigieren muß. Kein Maß von Religion, sondern nur soziologische Erkenntnis wird uns sagen, welche Art von Erziehungshilfen oder welches Bildungsprogramm einem Entwicklungsland auf dem Weg zur Freiheit helfen wird oder umgekehrt seine Unterentwicklung und seine Ungleichheit in einer, wenn auch vielleicht grotesken, ‚modernisierten' Form erhalten wird. Man braucht keinen Theologen, um zu erklären, daß landwirtschaftliche Modernisierung zum Wachstum von Arbeitslosigkeit und von größeren, unmenschlicheren Elendsvierteln führt. Man braucht nicht Anhänger einer bestimmten Religion zu sein, um zu erkennen, daß die Verbreitung von Kommunikationsmitteln, ob dies nun Transistor-Radios, Fernseh-Apparate oder -Satelliten sind, die Menschen feineren und gerisseneren Formen der Manipulation aussetzt, lange bevor sie die neuen Möglichkeiten intellektueller Freiheit nutzen können. Um mit diesen Problemen fertig zu werden, ist die Zuständigkeit der Fachleute wichtiger als theologische Manifeste. Und wenn ich auch der erste bin, um auf der Notwendigkeit einer wirklichen philosophischen und/oder theologischen Klärung unserer zugrundeliegenden Voraussetzungen und Werte zu bestehen, so meine ich doch, daß man auf manche modische Wortgebung verzichten könnte... Offensichtlich brauchen wir alle, ob wir nun an einen Schöpfer und Schöpfung glauben oder nicht, Fachleute und Techniker zum Planen, zum Beraten und zur Ausführung, und wir tun dies auf der Basis von Auswahl, Entscheidung, Verpflichtung und Werten, die jenseits der Technik und des Fachwissens sind und die in unserer menschlichen Kenntnis begründet sind. Unglücklicherweise ist oft diese Kenntnis sogar in religiösen Kreisen hoffnungslos altmodisch. Ob wir nun mit den sittlichen Implikationen unserer schnellgaloppierenden Geschichte Schritt halten, ist mehr eine Frage der Offenheit unserer Reaktion und unserer Beweglichkeit als der Religion. Selbst wenn gerade Ihre Religion Sie tiefen Anteil an Fragen des Friedens nehmen läßt, dann bietet dies doch keine Gewähr für das rechte Verständnis der neuen Dimensionen, die dieses Problem im Atomzeitalter angenommen hat. Religiöse Menschen scheinen sich vor zwei verborgenen Gefahren hüten zu müssen: die Gefahr, von ihren eigenen Worten berauscht zu werden, und die Gefahr, die Bedeutung dessen, was sie tun, zu überschätzen. Zu leicht werden wir in diesem magischen Kreis unserer geliebten Einbildung, in unserer Gruppenphraseologie und in unseren flüchtigen, aber sehr spektakulären Gesten gefangen...
Wir wissen, daß unsere Interessen von vielen anderen geteilt werden, die sich nicht als religiös bezeichnen. Aber wir nehmen an, daß ein beträchtlicher Teil der Menschheit sich als irgendwie religiös zugeordnet ansieht, und wir nehmen weiterhin an, daß, solange wie religiöse Gruppen mit Organisationsstrukturen, bürokratischen Maschinen und finanzieller Ausstattung existieren, es für religiöse Menschen, die sich um bestimmte Dinge sorgen, nicht unvernünftig ist, zusammenzukommen mit dem Ziel, ihre Möglichkeiten zu prüfen und eine realistische Aufstellung zu machen von dem, was sie vernünftigerweise als ihren Beitrag mit den ihnen zur Verfügung stehenden Mitteln zu geben hoffen. Diese Mittel schließen nicht nur Fonds ein, sondern auch organisatorische Strukturen, Kommunikationsmittel, Werbung von Mitgliedern, Formen verschiedener Einflußnahme und schließlich nicht zuletzt die Verfügbarkeit einer erstaunlich großen Zahl von wirklich sich für die Sache einsetzenden Einzelpersönlichkeiten. Diese voraufgegangene Prüfung ist wesentlich, denn der Einfluß der Religion auf die sozialen, politischen und ökonomischen Wirklichkeiten ist nicht nur begrenzter, als manche Begeisterte zu denken scheinen, sondern Religionen sind selbst (sowohl in ihren institutionalisierten oder halbinstitutionalisierten als auch in ihren freier fließenden Formen) Teil sozialer Systeme. Die Religionen hängen von ihnen ab, sind von ihnen beeinflußt und mit ihnen verbunden, obwohl sie offensichtlich nicht mit ihnen gleichzusetzen sind. Darum ist es von äußerster Wichtigkeit, einen klaren Einblick in die Natur und den Zweck des tatsächlichen Einflusses, den die religiösen Initiativen und Aktivitäten ausüben können, zu gewinnen, wie auch in die Arten des Feedback, das die religiösen Subsysteme bewußt und mit Bedacht in das größere Sozialsystem einfließen lassen können. Die religiösen Menschen, die zu einer Lösung der drückendsten Übel der Welt beitragen möchten, müssen klar dem Paradox, das manche wohlgemeinte Bemühung beeinträchtigt, ins Auge schauen: Je enger die Kontakte religiöser Körperschaften oder Persönlichkeiten mit Machtzentren und je größer daher die oft illusorischen Möglichkeiten der Einflußnahme sind, um so mehr werden sie gefangen von der unvermeidlichen Zweideutigkeit des Kompromisses und des politischen Spiels. Religionen gefallen sich oft darin, auf den kompromißlosen Radikalismus ihrer Gründer, Märtyrer und Heiligen hinzuweisen. In Wirklichkeit zeichnen sie sich aus in der Kunst, Privilegien zu wahren, auf den Wogen der Volksgunst zu segeln, die andere in Gang gesetzt hatten, und sehr zart aufzutreten."

Lücker, Religionen, S. 47–49.

Hans-Werner Gensichen: Krieg und Friede. Texte aus den Weltreligionen. Evangelische Zentralstelle für Weltanschauungsfragen, Arbeitstexte 25. Stuttgart 1984.

5. Hat die Religion Zukunft? – Stimmen zur Problematik der Säkularisierung

Der Vorgang der Verweltlichung *(Säkularisierung)* menschlicher Verhaltensweisen, gesellschaftlicher Normen und sittlicher Forderungen ist eine Erscheinung aller Religionen. Wir beleuchten dieses Phänomen an den Brennpunkten der heutigen Zeit, an denen diese Kennzeichen besonders deutlich hervortreten, in Japan, Amerika und Europa.

Der japanische Buddhist Shizuteru UEDA charakterisierte in seinem Beitrag „Der Buddhismus und das Problem der Säkularisierung" auf dem 5. Salzburger Humanismusgespräch bereits im Jahre 1970 die geistige Situation Japans als völlig säkularisiert. Die grenzenlose Anwendung der wissenschaftlich-technischen Gesetze auch auf außertechnische Bereiche führte zu einer transzendenzfremden Welt.

„Inmitten dieser modernen Welt stehen wir unentrinnbar vor einer radikalen Frage: entweder vor der Frage, ob die Religion nicht überflüssig geworden ist, nicht endgültig überwunden worden ist, oder vor der Frage, ob die Menschheit, vorausgesetzt, daß die Religion die letzte Grundlage für das Menschsein sei, mit der Unmöglichkeit der Religion nicht in äußerste Enthumanisierung geraten ist? Vielleicht ist die Wirklichkeit der Geschichte mit einem solchen sauberen Entweder-Oder nicht entsprechend zu erfassen. Sicherlich ist aber heute von Anfang an neu zu fragen, was die Religion überhaupt ist, und zwar in eins damit, was der Mensch eigentlich ist. Diese Situation bedeutet auch eine religiöse Krise, und zwar im doppelten Zusammenhang: 1. Krise der Religion, das heißt Unmöglichkeit oder Bedrohung des Bestehens für die Religion, wenigstens in ihren herkömmlichen Gestalten, 2. Krise der Menschheit, das heißt radikale Infragestellung des Wesens des Menschen in seiner Religionslosigkeit.
Wenn nun die Säkularisierung in diesem Stadium – unabhängig von dem jeweiligen Charakter der Religionen – ihre Herkunft im Weltcharakter der heutigen technologischen Welt hat und wenn diese inzwischen zum Weltschicksal geworden ist – es gibt heute die nicht-europäischen Länder im strengen Sinn nicht –, so sind Japan und der Mahayana-Buddhismus in Japan vom Problem der Säkularisierung in vollem Maße betroffen. Für Japan war seit 100 Jahren die Modernisierung, die zugleich Verwestlichung bedeutet, eine lebensnotwendige Aufgabe. In zwei Etappen, nämlich zum ersten Male nach 1868 mit gewisser Distanzierung und bewußter nationaler Zielsetzung, wie eine damalige Losung ‚Japanisches Herz, westliche Wissenschaft und Technik' zeigt, und dann zum zweiten Male seit 1945 mit bewußtem Wegwerfen der Tradition, hat Japan eifrig von Europa und dann von Amerika gelernt und sich die moderne Wissenschaft und Technik angeeignet. Heute lebt Japan in und von der technologischen Welt, wie die Tatsache zeigt, daß Japan die drittgrößte Industrienation der Welt ist. Diese Entwicklung wird nicht mehr angehalten werden. Das bedeutet für Japan andererseits einen Bruch mit der Tradition. Ist der Mahayana-Buddhismus noch imstande, mit seinen alten Gedanken der Weltrückkehr auch die moderne Industriegesellschaft Japans zu decken? Oder entzieht sich diese vielmehr grundsätzlich dem Weltbegriff des buddhistischen Denkens? Der Buddhismus ist in einer Verlegenheit, ja in großer Verlegenheit. Oben habe ich von einem Dualismus von Buddhismus und Welt in ihrer dynamischen wunderbaren Ergänzung gesprochen. Für solchen Dualismus muß aber eine bestimmte Voraussetzung gegeben sein, muß ein Ort erschlossen sein, wo die beiden Größen selbständig, zugleich doch auf die Weise unterschiedlicher Ununterschiedenheit verbunden sind, nicht im uninteressierten Nebeneinander. Die Voraussetzung ist, daß die beiden Seiten sich als in sich unabgeschlossen wissen. Der Mahayana-Buddhismus ist ‚nach zehn Richtungen grenzenlos offen' (sino-jap. Jippoku). Die Welt, die zum Beispiel mehrere Jahrhunderte lang durch die konfuzianische politische und sittliche Ordnung als ein strukturell in sich ziemlich festes Gefüge konstruiert war, weiß sich ihrerseits doch im Grunde als in sich unabgeschlossen, weil das Prinzip der konfuzianischen Sozialordnung im ‚Himmel' (sino-jap. Ten) liegt. Die Welt hat also den Ursprung ihrer Strukturordnung im letzten, im offenen ‚Himmel'. Dieser metaphysische Grenzbegriff des Konfuzianismus ‚Himmel' ist dann mit dem mahayanabuddhistischen Begriff ‚Leere' (Ku), als deren Bild manchmal der leere Himmelraum (Koku) dient, austauschbar. Diese gegenseitige Austauschbarkeit und Übersetzbarkeit der beiden Prinzipien auf Grund der jeweiligen Offenheit, das ist die Voraussetzung für den genannten Dualismus, das Gegenüber-Zusammenspiel. Nun ist mit der technologischen Welt diese Voraussetzung verlorengegangen, wenigstens scheint es so in der heutigen Situation. Der Buddhismus bleibt auf seine Weise offen. Die technologische Welt ist aber, wie oben gezeigt, prinzipiell in sich geschlossen, und zwar mit dem Bewußtsein der grenzenlosen Erweiterungsmöglichkeit ihrer eigenen Herrschaft. Der Buddhismus ist in eine Welt versetzt, die den Buddhismus grundsätzlich ignoriert. Nicht nur das. Diese Welt weiß alle Probleme, sogar solche Probleme, auf die nur die Religion Antwort geben könnte, auf ihre eigene Weise zu lösen. Statt der buddhistischen Gelassenheit bietet diese Welt Beruhigungspillen an, statt der bodhisattwaschen karitativen Tätigkeit den großorganisierten Versicherungsapparat. Die technologische Welt sieht in der Religion eine Ersatztechnik, die endgültig überholt ist, wobei sie keine Ahnung davon hat, daß die Technologie ihrerseits als Allheilmittel eine Ersatzreligion werden kann. Was zu tun übrigbleibt, muß weiter technisch bewältigt werden. Der Buddhismus mit seiner Offenheit für die Welt läuft heute in der technologischen Welt leer. Er befindet sich vielleicht zum ersten Male in seiner ganzen Geschichte in einer prinzipiell fremden Welt, an der seine Assimilierungskraft und Dualismusfähigkeit zu scheitern scheinen. Der Buddhismus ist in großer Verlegenheit. Diese Umstände veranlassen ausländische Beobachter, auch solche, die selber langjährige Erfahrung mit Japan haben, zur Feststellung, daß Japan ein total säkularisiertes Land sei. ‚In Japan spielt die Religion nur wenig Rolle, so wenig wie in keinem anderen Kulturland. Japan ist durch und durch säkularisiert' (Rogendorf)."

Oskar SCHATZ (Hrsg.): Hat die Religion Zukunft? Graz/Wien/Köln 1971, S. 266–269.

Der Religionssoziologe Peter L. BERGER sieht auf der Tagesordnung ein noch drängenderes Problem – das der großen Sehnsucht nach Sinn- und Wertorientierung, nach Transzendenz.

„Die heutige christliche Theologie dreht sich zu einem so großen Teil noch um die Frage: ‚Was hat der moderne Mensch dem christlichen Glauben zu sagen?' Antworten darauf lassen sich im Sinne dieser oder jener Komponente der modernen Weltanschauung geben oder auch im Sinne dieser oder jener modernen kulturellen oder soziopolitischen Praxis. Sicher, aus den neuen Konstellationen, die sich aus dem jeweiligen Augenblick der Geschichte ergeben, lassen sich immer theoretisch wie praktisch bestimmte Dinge lernen. Mit dem hier Gesagten soll auf keinen Fall reaktionären Nostalgien oder Blindheit gegenüber neuen Erkenntnissen des Lebens im zwanzigsten Jahrhundert das Wort geredet werden. Doch wenn irgend etwas uns heutzutage betroffen macht, dann ist es die Armut der Modernität. ‚Was hat der moderne Mensch dem christlichen Glauben zu sagen?' Die wahrscheinliche Antwort lautet: ‚Nicht mehr, als er bereits gesagt hat!' Die Tatsache ist der Grund für die Sterilität von so vielem, was heutzutage als christlicher Kampf mit dem Zeitgeist ausgegeben wird –: die zigfache Neuinterpretation von Hegel, Marx oder Freud, um sie in irgendeine Art von Einklang mit dem Christentum zu bringen, und der zigfache Versuch, eine plausible christliche Praxis im Gewande dieser oder jener modernen revolutionären Bewegung zu entwickeln, ganz zu schweigen von dem ängstlichen Lauschen auf das Erlöserwort in den letzten Ergüssen jener traurigen Typen, die von den Massenmedien als Kulturpropheten verkauft werden. Am sterilsten von allem ist jeder neue Versuch, das Christentum dem schmackhaft zu machen, was als das säkulare Bewußtsein des modernen Menschen gilt. Ironischerweise ist jedes Bemühen in dieser Hinsicht insofern vergeblich und sinnlos, als genau diese moderne Säkularität sich heute in der Krise befindet. Was an der heutigen Welt am augenfälligsten ist, das ist nicht so sehr ihre Säkularität, sondern vielmehr ihr großer Hunger nach Erlösung und nach Transzendenz. [...]
Gewiß, es wird auch weiterhin Menschen geben, denen [die] kognitiven Gaben der Modernität erschreckend, aufregend, ungeheuer provozierend erscheinen. In der Regel sind dies Menschen, die gerade dieses oder jenes enge religiöse Milieu hinter sich gelassen haben und für die Modernität eine große Emanzipation, eine Befreiung darstellt. Man mag ihre Befreiung begrüßen und von Herzen einverstanden sein mit ihrer Entdeckung, daß die moderne Situation der Unterwelt ihrer bisherigen Erziehung und Entwicklung (zumindest intellektuell) vorzuziehen sei. Doch es besteht kein Grund, ihre Verehrung der Modernität zu teilen oder ihre Erkenntnis, daß sie moderne Menschen sind oder geworden sind, zu einem theologischen Dauerthema zu machen. In solch einem Fall kann man darauf hinweisen [...], daß ein anderes ‚Anderes' als die Modernität für die christliche Theologie ein weit gewinnbringenderes Stimulans sein könnte. Dieses ‚Andere', es sei hier wiederholt, ist das unglaublich reiche Panorama der Weltreligionen, ein ‚Anderes', das unermeßlich vielversprechender ist für den christlichen Theologen, so wie es unermeßlich nützlicher ist, in den Upanischaden zu forschen, als in den letzten Hervorbringungen heutiger Ideologen. *Kurz, sich von der Auseinandersetzung mit der Modernität zur Auseinandersetzung mit Benares hinzuwenden bedeutet einen Ausweg aus der Sackgasse der heutigen Theologie.*
Dieses Kapitel trägt den ziemlich optimistischen Untertitel ‚Der heraufkommende Wettstreit der Religionen'. Dieser Optimismus sollte vielleicht ein wenig abgeschwächt werden. Der Untertitel ist nicht als soziologische Voraussage gemeint. Auf der Ebene der soziokulturellen Realität findet diese Auseinandersetzung bereits statt. Sie gehört, wie oben ausgeführt, zum Wesen der pluralistischen Situation. Doch wird diese Situation von der christlichen Theologie als Herausforderung verstanden? Oder, nebenbei, von Denkern anderer religiöser Traditionen? Es wäre vermessen, in dieser Hinsicht Vorhersagen anzustellen. Die Geschichte ist voller Beispiele dafür, daß die Herausforderungen einer Situation verfehlt oder falsch verstanden wurden. Die hier zur Debatte stehende Auseinandersetzung *sollte* kommen, das ist die eine Feststellung. Die andere lautet, daß die Auseinandersetzung, wenn sie kommt, zu einer Neubelebung religiösen Denkens in jeder Tradition führt, die an ihr teilnehmen mag.
Für die christliche Theologie wird solch ein induktives Programm eine Anzahl von Unternehmungen mit sich bringen, die durchaus nebeneinander herlaufen können. Da ist vor allen anderen Dingen die fortgesetzte *reprise* der christlichen Tradition in dem fortgesetzten

Versuch, den Erfahrungsuntergrund der Tradition und seine ‚Korrelation' (um Tillichs glücklichen Ausdruck zu benutzen) mit der eigenen Erfahrung freizudecken. Da ist die Auseinandersetzung mit dem Judentum, eine so naheliegende Auseinandersetzung, der sich jedoch christliche Theologen auf ihrem kognitiven wie erfahrungsmäßigen Felde so wenig stellen. Trotz der vielfältigen Kontakte zwischen Christentum und Judentum, vor allem auch in Amerika, kann man unstreitig sagen, daß die meisten dieser Kontakte (aus verschiedenen Gründen) kaum Fragen nach Wahrheitsansprüchen aufwerfen. Da ist die Auseinandersetzung mit dem Islam, einer entscheidenden Alternative innerhalb der monotheistischen Sphäre und einer eminent wichtigen Brücke zu den indischen Religionswelten. Da ist die große Auseinandersetzung mit Benares, die im vorliegenden Kapitel umrissen worden ist. Und halten wir auch fest, daß keine Äußerung, die hier über den Wettstreit mit den sogenannten Weltreligionen gefallen ist, die Einsichten schmälern oder abtun soll, die aus anderen Religionstraditionen mit weniger historischer Wirkungsweite stammen, sei es aus den Traditionen in Afrika, Amerika oder sonstwo. Niemand, der beispielsweise die sich wundersam aus dem Dschungel von Guatemala erhebenden Tempel von Tikal gesehen oder die Trommeln einer afrikanischen Nacht gehört hat, wird die durch solche Manifestationen repräsentierten Religionserfahrungen aus seinen Überlegungen verbannen oder achtlos beiseite tun.

Bringt ein solches Programm Gefahren für die christliche Theologie mit sich? Einige sicherlich. Doch sie sind ziemlich sicher nicht größer als die Gefahren, die einhergingen mit früheren Auseinandersetzungen, sagen wir mit der griechischen Philosophie im Zeitalter der Kirchenväter und dann erneut in der mittelalterlichen Scholastik oder auch in der Anwendung moderner historischer Forschung im neunzehnten Jahrhundert. Vertrauen in die eigene Erfahrung hat eine persönliche wie auch eine intellektuelle Dimension, wie Troeltsch es so treffend formuliert hat. Dazu gehört die nüchterne Überzeugung, daß Wahrheit stets seine eigene Gewähr bietet und daß folglich, was sich durch eigene Kraft als Wahrheit gesetzt hat, nicht von späteren Wahrheitsfindungen für null und nichtig erklärt werden kann. Falls ein solch induktives Programm ‚versagt', dann nicht im Sinne eines Versagens der Wahrheit, jedenfalls nicht wenn es um Theologie geht. Intellektuell ‚versagen' alle Programme letzten Endes. Es gibt kein allumfassendes, endgültiges, nicht zu erschütterndes Gedankensystem, nicht ‚in diesem Zeitalter'. Wenn man der Theologie ein Programm vorschlägt, so heißt das noch lange nicht, daß man auf eine letzte große Synthese hofft, die jedermann überzeugen wird. Es heißt ganz schlicht und einfach, daß man einen bestimmten Forschungsgang anregen möchte, der in diesem besonderen Augenblick der Geschichte nutzbringend sein wird, nicht mehr, aber auch nicht weniger.

An dieser Stelle sollte auch noch etwas anderes gesagt werden: Religion ist ihrem Wesen nach keine intellektuelle Unternehmung. Theologen neigen von Zeit zu Zeit dazu, dies zu vergessen (in dieser Hinsicht sind sie nicht schlimmer als andere theoretisch arbeitende Intellektuelle). Die Geschichte des Christentums ist nicht die Geschichte der christlichen Theologie. Es ist vielmehr die Geschichte einer bestimmten Art religiöser Erfahrung und religiösen Glaubens. Folglich hängt die Zukunft des Christentums nicht von einem theologischen Programm ab. Man muß also sehr vorsichtig sein, damit man der Versuchung widersteht, sein eigenes theologisches Programm als die eine einzige Sache zu präsentieren, die in dieser Zeit den Glauben oder die Kirche retten kann. Solche und ähnliche Behauptungen sind immer falsch (sie werden nebenbei in aller Regelmäßigkeit über das gesamte theologische Spektrum von rechts nach links aufgestellt). Wenn das Christentum eine Zukunft hat, dann im Wiederaufleben christlicher Erfahrung und Frömmigkeit bei Menschen, die niemals ein theologisches Buch gelesen haben. Dennoch ist das, was die Theologen tun, für die Entfaltung des Christentums in der Geschichte nicht irrelevant. Es kann hinderlich oder hilfreich sein. Zuweilen kann es sogar eine wichtige Rolle spielen (jemand hat einmal von der lutherischen Revolution geschrieben, sie habe mit einer Verschwörung der älteren Semester begonnen). Ein bestimmtes theologisches Programm vorschlagen heißt also auch, den Theologen anraten, sie sollten hilfreicher sein, wiederum nicht mehr, aber auch nicht weniger.

Für die Christen liegt die Geschichte in Gottes Hand. Das Neue Testament fordert die Christen auf, die Zeichen der Zeit zu beachten, stellt aber gleichzeitig auch fest, daß die Zeichen nur schwer zu entziffern sind und daß manche sogar in die Irre führen können. Der Herr kommt – soviel wird in zitternder Glaubensgewißheit bekräftigt –, doch Gott entscheidet über das Wann und Wie. Bis der Herr kommt, können die Christen nur warten und sich den Forderungen des Augenblicks stellen. Der religiöse Denker und der Theologe, auch sie müssen tun, was die Situation von ihnen fordert, doch als Christen müssen sie Abstand nehmen von übermäßiger Spekulation darüber, was bei ihren Bemühungen herauskommt. Auch die Zeichen der heutigen Situation sind schwer zu entziffern, sie sind verwirrend und voller widersprüchlicher Möglichkeiten, selbst im Sinne soziologischer Vorhersage, ganz zu schweigen im Sinne eines eschatologischen Geschichtsschemas. Die Diskussion über die Säkularisierung ist dafür ein gutes Beispiel. Historiker und Sozialwissenschaftler tun sich schwer, sich darüber einig zu werden, was Säkularisierung in der Vergangenheit gewesen und was sie heute ist, gar nicht zu reden davon, was sie in Zukunft sein wird. Das gleiche gilt für jede andere Manifestation der Modernität.

Es ist durchaus möglich, daß die Modernität, sagen wir, in hundert Jahren ziemlich genau das ist, was sie heutzutage ist. Das würde bedeuten, daß die moderne Säkularität dann ihre heutigen Schwierigkeiten überwunden hat. Es ist aber auch möglich, daß die Modernitätskrise zu einer mächtigen Wiederbelebung religiöser Kräfte, christlicher oder nicht-christlicher, führen wird. Es besteht kein Grund, die Möglichkeit auszuschließen, daß die Zukunft neue, bislang noch unbegreifliche Hierophanien mit sich führt. Der Christ, und sonderlich der christliche Denker, muß gegenüber all den Möglichkeiten einer in Gottes Hand liegenden Zukunft aufgeschlossen bleiben. In dieser aufgeschlossenen Haltung muß er sich auch den Forderungen des heutigen Augenblicks zu stellen suchen."

Peter L. Berger: Der Zwang zur Häresie. Religion in der pluralistischen Gesellschaft. Frankfurt 1980, S. 197f., 199–203.

Eine erneute und vertiefte Hinwendung zur Religion ist für den evangelischen Theologen Wolfhart Pannenberg häufig Kennzeichen unserer Gegenwart. Er sieht darin ein wesentliches Element für das Überleben unserer „offenen" Gesellschaft.

„Die Erfahrungen der Sinnlosigkeit und der Entfremdung im öffentlichen Leben gerade auch der fortgeschrittenen säkularen Industriegesellschaften führen vielfach zu einer neuen Hinwendung zur Religion. Darin darf man nicht in jedem Falle nur irrationale Flucht in den Gedanken an ein besseres Jenseits erblicken; die Hinwendung zur Religion kann auch die Hinwendung zu den Grundlagen einer tragfähigen Erneuerung des gesellschaftlichen Diesseits selber bedeuten. Allerdings scheint eine solche Erneuerung heute trotz bitterer Erfahrungen zumindest in den westeuropäischen Industrieländern weithin noch eher von einer Umstrukturierung der Gesellschaft nach den Grundsätzen sozialistischer Ideologien erwartet zu werden. Das ist nicht unverständlich, wenn man bedenkt, daß die ideologische Sprache sich für viele immer noch durch den Schein wissenschaftlicher Allgemeingültigkeit vorteilhaft von der Religion abhebt. Zudem erscheinen die Positionen zumindest der christlichen Konfessionen als von der neuzeitlichen Entwicklung überholt. So ist es durchaus denkbar, daß die ‚Legitimationskrise' der westlichen Gesellschaften die Menschen zunächst eher zu einem ideologischen Engagement treibt und namentlich dazu, ihre Hoffnungen auf ein sozialistisches Gesellschaftssystem zu setzen, bevor die Scheinhaftigkeit der ideologischen Verheißungen durchschaut und die Religion als sowohl realistischere als auch solidere Alternative für eine Erneuerung der Gesellschaft erkannt werden kann. Es steht zu vermuten, daß die unausbleibliche Enttäuschung an den ideologischen Verheißungen der Errichtung einer wahrhaft humanen Gesellschaft schließlich dazu führen wird, daß sich wieder ein allgemeines Bewußtsein von der Bedeutung der Religion für die Humanität bilden wird. Allerdings läßt sich nicht voraussagen, ob eine solche Entwicklung zugunsten des Christentums oder anderer Formen der Religion verlaufen wird. Jedenfalls ist die Konkurrenz anderer Religionen für das Christentum auf die Dauer weit gefährlicher als der Druck des Säkularismus und die Unterdrückung des Glaubens durch als Herrschaftssystem etablierte ideologische Heilslehren. Daß die Religion absterben könnte, ist heute weniger als im 18. oder 19. Jahrhundert zu erwarten, nachdem die Grenzen sowohl des Säkularismus als auch ideologischer Gesellschaftssysteme offenbar geworden sind. Ungleich gefährdeter dürfte die Zukunft der säkularen Industriegesellschaft des Abendlandes mit ihren ‚alteuropäischen' Prinzipien von Würde und Freiheitsrechten des Individuums sein. Die Erörterung der Frage nach dem Verhältnis von Religion und Gesellschaft dient daher heute weniger der Sorge um den Fortbestand der Religion als vielmehr derjenigen um das Überleben der ‚offenen Gesellschaft'. [...]

Es ist durchaus denkbar, daß eine Gesellschaft, die durch das Experiment ideologischer Ordnungssysteme und eine Unterdrückung der Religion gegangen ist, ihre Zuflucht in einer totalitären Form theokratischer Herrschaft suchen könnte. Auf dem Boden westlicher pluralistischer Gesellschaften wäre dergleichen wohl nur nach tiefgreifenden ökonomischen und politischen Erschütterungen vorstellbar. Außerdem bietet die christliche Religion in ihrem heutigen Entwicklungsstand in all ihren großen Konfessionskirchen dafür kaum Ansatzpunkte. Ein Rückfall ins Mittelalter ist weniger wahrscheinlich. Aber selbst im Mittelalter war eine christlich geprägte Gesellschaftsform durch die für das Christentum als Kultursystem typische Differenz zwischen Kirche und politischer Ordnung der Gesellschaft bestimmt. In dieser Differenz findet die auf die Prophetie und Apokalyptik der Bibel zurückgehende Überzeugung ihren Ausdruck, daß die politische Bestimmung des Menschen in keiner von Menschen begründeten und geleiteten politischen Ordnung ihre endgültige Realisierung finden kann, die vielmehr allein im Reiche Gottes erreicht wird, in welchem Gott unmittelbar in den Herzen der Menschen herrschen wird. Diese endgültige Bestimmung des Menschen ist nur in der Kirche schon gegenwärtig zugänglich, und zwar zeichenhaft, sakramental, für den Glaubenden. Darin liegt einerseits eine Relativierung der politischen Ordnung als einer stets nur vorläufigen Gestalt der menschlichen Bestimmung zur Gemeinschaft. Andererseits ist darin aber auch die relative Eigenständigkeit des Säkularen gegenüber dem Leben der Kirche begründet, die den Boden für die Entfaltung der christlichen Kultur gebildet hat. Dennoch ist das Mittelalter wie in anderer Weise schon das Byzantinische Reich den Gefahren des Dogmatismus und Klerikalismus nicht entgangen, die das Bild der christlichen Religion nicht nur in der Perspektive ihrer neuzeitlichen Kritiker entstellt haben. Das Christentum ist in seiner Geschichte für diese Gefahren in so hohem Maße anfällig gewesen, weil der christliche Glaube durch das Bewußtsein von der Gegenwart des Endgültigen charakterisiert ist. Das gilt schon für Jesu eigene Verkündigung der Gegenwart der Gottesherrschaft in seinem Auftreten, und im Dogma der Inkarnation sowie im christlichen Bewußtsein von der Gegenwart Jesu Christi in seiner Kirche setzt sich dieses Motiv fort. Wird es nicht durch andere Faktoren gemildert, so kann sich dieses eschatologische Bewußtsein leicht als dogmatische Arroganz und als Herrschaftsanspruch der Kirche über die Welt ungeachtet ihrer prinzipiellen Säkularität äußern. Aus dem Zeitalter der Glaubenskämpfe ist aber eine neue Entwicklungsstufe des Christentums hervorgegangen, die die Prinzipien von Toleranz und Pluralität in den Gedanken der christlichen Liebe aufgenommen hat und die durch das II. Vatikanische Konzil auch von der römisch-katholischen Kirche rezipiert worden ist. Auf dieser Entwicklungsstufe des Christentums haben die abendländischen Gesellschaften heute, jedenfalls unmittelbar, im Falle einer Besinnung auf ihre christlichen Wurzeln keinen Rückfall ins Mittelalter zu befürchten, obwohl die latente Gefahr von Rückfällen in Klerikalismus und Dogmatismus durchaus bestehen bleibt. Viel ungewisser ist jedoch, ob das Christentum im heutigen Stand seiner Entwicklung überhaupt das für die Begründung der Einheit der gesellschaftlichen Lebenswelt notwendige Maß an Einheit des Glaubensbewußtseins und des kirchlichen Lebens aufbringen könnte. Dabei geht es weniger um das in den verschiedenen Kirchen unterschiedliche Ausmaß von innerkirchlichem Pluralismus, sondern vor allem um die Fortdauer der konfessionellen Zerrissenheit, die zwar faktisch viel von ihrer Schärfe verloren hat, aber auch heute nicht formell überwunden ist. Nur eine Beseitigung der aus dem Dogmatismus und Klerikalismus der Vergangenheit entstandenen Spaltungen, die nicht die Unterschiede zwischen den historisch gewachsenen Kirchenorganisationen, wohl aber ihre gegenseitige Ausschließung aufheben muß, kann die Abwendung von den Fehlentwicklungen der Vergangenheit glaubhaft besiegeln und dem neuen Bewußtsein christlicher Einheit, das heute schon weithin vorhanden ist, dazu verhelfen, dauerhafte Gestalt zu erlangen. Dieses Ziel der ökumenischen Bewegung der Gegenwart ist über die kirchliche Gestalt des Christentums hinaus vor allem auch deshalb bedeutsam, weil mit der Anerkennung eines innerchristlichen Pluralismus notwendig auch das Verhältnis des Christentums zu den außerchristlichen Religionen und zu nichtreligiösen Einstellungen verändert wird, und das ist wiederum folgenreich für die gesellschaftlichen Wirkungen des Christentums. Erst dieser Prozeß ökumenischer Erneuerung, der die Anlässe beseitigt, die zu Beginn der Neuzeit zur Emanzipation der politischen Ordnung der öffentlichen Kultur von der in konfessionelle Gegensätze zerfallenen christlichen Religion geführt haben, kann in der Frage nach dem Verhältnis von Religion und Gesellschaft im Bereich der Kulturwirkungen des Christentums ein neues Kapitel eröffnen. Ob das noch rechtzeitig geschieht für die in die Folgeprobleme des Säkularismus verstrickten Gesellschaften des abendländischen Kulturkreises und ob sie darin noch einen Ausweg aus ihren Aporien zu erkennen vermögen, steht freilich dahin."

Wolfhart Pannenberg: Die theokratische Alternative. In: Fortschritt ohne Maß? Eine Ortsbestimmung der wissenschaftlich-technischen Zivilisation. Hrsg. von R. Löw / P. Koslowski / Ph. Kreuzer. München 1981, S. 246f., 249ff.

Anhang

Die Herausgeber

Peter FIEDLER (45), Studium der Katholischen Theologie und der Klassischen Philologie in München und Freiburg, hier Staatsexamen und Promotion; nach Referendars- und Assessorenzeit ab 1969 wissenschaftlicher Assistent am Exegetischen Seminar, Neutestamentliche Abteilung, der Universität Freiburg; 1975 Habilitation und Venia legendi für Biblische Einleitungswissenschaften und Neutestamentliche Exegese; von 1977 bis 1982 Mitarbeit am Seminar für Pädagogik und Katechetik beim Projekt „Das Judentum im katholischen Religionsunterricht“; 1979 Professor für Katholische Theologie/Religionspädagogik an der Pädagogischen Hochschule in Lörrach und jetzt in Ludwigsburg.
Veröffentlichungen vor allem zur Jesus- und Evangelienforschung, zu theologischen und religionspädagogischen Problemen des christlich-jüdischen Verhältnisses.

Heinrich FRIES (73), Dr. theol., em. Professor der Katholisch-theologischen Fakultät der Universität München, zuvor in Tübingen. Bis 1979 Vorstand des Seminars für Fundamentaltheologie und des Instituts für Ökumenische Theologie.
Veröffentlichungen zu Fragen der Religionsphilosophie, der Theologie der Offenbarung, des Glaubens, der Kirche, der Ökumene. Herausgeber des „Handbuchs theologischer Grundbegriffe“, der „Beiträge zur ökumenischen Theologie“, der „Newman-Studien“ und der „Klassiker der Theologie“.

Wilfried HÄRLE (43), Professor für Systematische Theologie an der Philipps-Universität Marburg. Studium der evangelischen Theologie in Heidelberg und Erlangen. 1969 Promotion zum Dr. theol. in Bochum, 1973 Habilitation für „Systematische Theologie“ in Kiel. 1977–78 Dozent für Philosophie an der Theologischen Fakultät der Universität Groningen. Seit 1978 in Marburg.
Veröffentlichungen zur Theologie Karl BARTHS, zur Rechtfertigungslehre (teilweise zusammen mit E. HERMS) sowie zur Ethik. Studienbuch „Systematische Philosophie“.

Reinhart HUMMEL (55), nach Studium der Theologie und Promotion im Fach Neues Testament als Gemeindepastor in Schleswig-Holstein, 1966–1973 als Principal eines Theologischen Colleges in Kotopad/Indien, danach als Wissenschaftlicher Assistent in Heidelberg. 1979 habilitiert für Religions- und Missionswissenschaft. Seit 1981 Leiter der Evangelischen Zentralstelle für Weltanschauungsfragen.
Veröffentlichungen hauptsächlich über Themen der missionarischen und dialogischen Begegnung der Religionen mit Schwerpunkt Hinduismus.

Josef MÜLLER (53), Studium der Philosophie und Theologie in Freiburg i. Br., 1957 Priesterweihe, 1959 Promotion zum Dr. theol., bis 1966 im Seelsorge- und Schuldienst, 1966 Dozent für Religionspädagogik am Priesterseminar St. Peter (Schwarzwald), 1969 Habilitation für Pastoraltheologie, 1970 Professor für Pastoraltheologie in Bamberg, 1973 Professor für Religionspädagogik in Wien, dort von 1977–1982 Professor für Pastoraltheologie, seit WS 1982/83 Professor für Pastoraltheologie in Freiburg i. Br.
Veröffentlichungen zu pastoralhistorischen und -praktischen Fragestellungen der Praktischen Theologie. *Forschungsschwerpunkte:* Situationsspezifische Verkündigungs- und Seelsorgeformen.

Karl Ernst NIPKOW (56), seit 1968 Professor für Praktische Theologie (Religionspädagogik) an der Evangelisch-theologischen Fakultät der Universität Tübingen, zugleich als Erziehungswissenschaftler Mitglied der dortigen Fakultät für Sozial- und Verhaltenswissenschaften. Zuvor mehrere Jahre Unterrichtstätigkeit an Gymnasien sowie Lehrtätigkeit in Gymnasialpädagogik an der Universität Marburg (1961–1965) und als Professor für Allgemeine Pädagogik an der Pädagogischen Hochschule Hannover (1965–1968).
Veröffentlichungen zur Religionspädagogik, kirchlichen Bildungspolitik, Allgemeinen Pädagogik und Schulpädagogik (u. a. „Grundfragen der Religionspädagogik“, 3 Bde.).

Arno SCHILSON (40), Studium der Katholischen Theologie in Frankfurt und Tübingen; nach praktischer Seelsorgearbeit in Frankfurt 1973 Promotion zum Dr. theol. in Tübingen; 1974 Wissenschaftlicher Assistent an der dortigen Katholisch-theologischen Fakultät; 1981 Habilitation für Dogmatik und Dogmengeschichte in Tübingen; seit 1981 Professor für Dogmatik an der Johannes Gutenberg-Universität Mainz.
Veröffentlichungen zu theologischen Aspekten von LESSINGS Werk und dessen Wirkungsgeschichte, zur Theologie der Aufklärungszeit sowie zu Fragen der Christologie und der Sakramententheologie.

Peter SCHMOOCK (50), Studium der Germanistik, Anglistik, Erziehungswissenschaft an den Universitäten Kiel und Hamburg. Promotion 1965. Lektor an der Universität Delhi (Indien) (1966–68). Referent für Erziehungswesen der Deutschen UNESCO-Kommission, Köln (1968–71). Stellvertretender Hauptbereichsleiter „Allgemeine wissenschaftliche Weiterbildung“, Koordinator der Funkkollegs am Deutschen Institut für Fernstudien an der Universität Tübingen.
Veröffentlichungen zu internationalen Bildungsfragen und mediendidaktischen Vermittlungsproblemen.

Johannes WALLMANN (54), Studium der Evangelischen Theologie und Philosophie in Berlin und Tübingen; erstes theologisches Examen Halle/Saale 1954; Promotion Zürich 1961; zweites theologisches Examen Stuttgart 1964; wissenschaftlicher Mitarbeiter der Kommission zur Herausgabe der Werke Martin LUTHERS 1961–1965 in Tübingen; Habilitation für Kirchengeschichte 1968 an der Ruhr-Universität Bochum; 1968 Dozent, 1970 außerplanmäßiger Professor, 1971 ordentlicher Professor für Kirchengeschichte (Reformationsgeschichte; neuere Kirchengeschichte) in Bochum.
Veröffentlichungen zur Reformationsgeschichte und neueren Kirchengeschichte (u. a. Kirchengeschichte Deutschlands II. Von der Reformation bis zur Gegenwart, 1973). Herausgeber der „Beiträge zur Historischen Theologie“; Mitherausgeber der „Zeitschrift für Theologie und Kirche“ und des Jahrbuchs „Pietismus und Neuzeit“.

Materialien zur Religionsgeschichte

Die Welt der Israeliten

Auf ihrer Wanderschaft kamen die Israeliten im Lauf von über 1000 Jahren in fast alle Teile des damaligen Nahen Ostens. Wie die Bibel berichtet, verließ die Familie des israelitischen Patriarchen Abraham um die Mitte des 2. Jahrtausends v. Chr. ihre Heimatstadt Ur; als Nomaden zogen diese Menschen über den „Fruchtbaren Halbmond“ westwärts nach Kanaan. Abrahams Nachfahren wanderten jedoch in den Süden nach Ägypten aus, wo sie bis zu ihrer Flucht um 1225 v. Chr. als Sklaven arbeiten mußten. Als sie von Moses nach Kanaan zurückgeführt wurden, erhielten sie die Gesetze, die das Fundament ihres monotheistischen Glaubens bildeten. Sie ließen sich wieder in Kanaan nieder und gründeten ein Königreich, das bis zum 6. Jahrhundert v. Chr. bestand.

Der „fruchtbare Halbmond“ Kleinasiens um die Mitte des 2. Jahrtausends v. Chr.

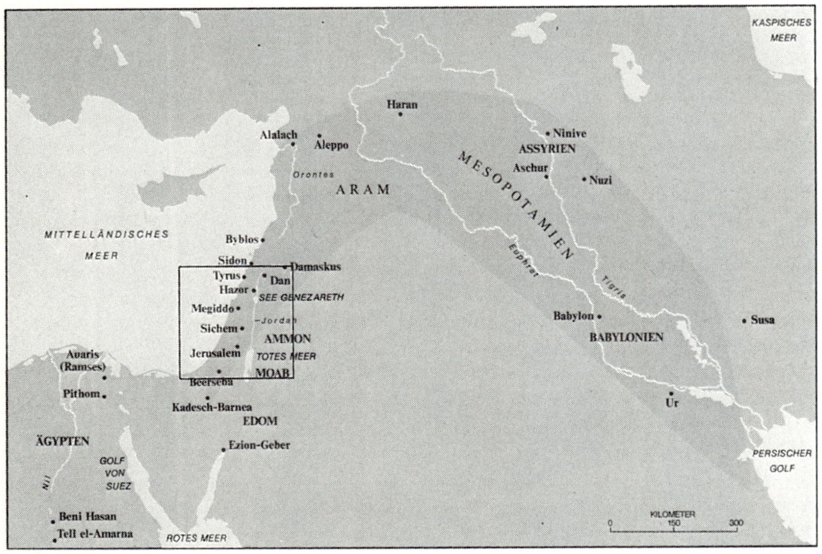

Aus: Die Israeliten. Time-Life-Redaktion. Amsterdam ^{2}1976, S. 13.

Im „fruchtbaren Halbmond“ *(gerastert),* einem breiten, gut bewässerten Gebiet vom Mittelmeer bis zum Persischen Golf, spielten sich die ersten Jahrhunderte der israelitischen Geschichte ab. Dieses reiche Land und seine nähere Umgebung war die Heimat zahlreicher Städte *(fettgedruckt)* und Königreiche *(Großbuchstaben).* Viele Völker strebten nach der Herrschaft über Kanaan. Kanaan, der Küstenstreifen zwischen dem Mittelmeer und dem Jordan *(Kasten),* maß an seiner breitesten Stelle nur 110 Kilometer. Im 10. Jahrhundert v. Chr. gründeten die Israeliten hier die Monarchie durch Saul.

Kurzer geschichtlicher Überblick über die Entwicklung des Judentums

Im 13. Jh.	*Exodus:* Herausführung der unterdrückten Hebräer aus Ägypten durch Mose
12./11. Jh.	Zeit der „Richter“ = Stammes- oder charismatischer Führer, die bei größeren Bedrohungen für israelitische Stämme hervortreten, vor allem gegenüber den Philistern, einem kurz nach 1200 v. Chr. in die südwestliche Küstenebene Kanaans eingedrungenen Volk unbekannter Herkunft
Ende 11. Jh.	Errichtung des Königtums durch Saul
Anf. 10. Jh.	König David macht Jerusalem (Zion) zur Hauptstadt. Sein Sohn und Nachfolger Salomo baut den (1.) Tempel.
letztes Drittel d. 10. Jh.	Zerfall des Reiches Salomos in das Nordreich „Israel“ (bis 722) und das Südreich „Judäa“ (bis 587/6)
587/6–539/8	Babylonisches Exil; von der Rückkehrerlaubnis des Perserkönigs Kyros machen nicht alle Juden im Exil Gebrauch: seitdem Diaspora-Judentum
515	Einweihung des wiederaufgebauten (2.) Tempels
5. (/4.?) Jh.	organisatorischer und religiöser Wiederaufbau Judäas durch Nehemia und Esra
323	nach dem Tod Alexanders, der die persische Oberhoheit beendet hatte, gerät Judäa unter die Herrschaft der Nachfolgestaaten Ägypten und Syrien
167–164	Makkabäer-Aufstand gegen die drohende Überfremdung der jüdischen Religion
2./1. Jh.	Wiedergewinnung der staatlichen Selbständigkeit unter der Makkabäer-(Hasmonäer-)Dynastie
63	Eroberung Jerusalems durch die Römer
37-4	unter dem römischen Vasallenkönig Herodes Beginn des Tempelausbaus (Westmauer erhalten)
66–74 und 132–135	jüdische Aufstände gegen die Römer führen zur Zerstörung des Tempels und Jerusalems (Römer führen 135 den Namen „Palaestina“ ein)
1./6. Jh.	rabbinisches Judentum
638	Jerusalem und Judäa/Galiläa unter islamischer Herrschaft, die – abgesehen von der Kreuzfahrerherrschaft im 12./13. Jh. – bis zur Eroberung durch England 1917 andauerte
7./11. Jh.	geistige Führung des Judentums durch die Leiter der babylonischen Gelehrtenschulen
9./12. Jh.	„Goldenes Zeitalter“ der Juden im islamischen Spanien
1135/1204	Mose ben Maimon (Moses Maimonides): Hauptvertreter der mittelalterlichen jüdischen Religionsphilosophie, Verfasser wichtiger halachischer Werke und von 13 „Glaubensartikeln“
Ende 11./16. Jh.	Wiederholte Judenverfolgungen in Deutschland (seit den Kreuzzügen), die zu Auswanderungen vor allem nach Polen führen (der mittelalterliche jüdisch-deutsche Dialekt ist im Jiddischen des osteuropäischen Judentums erhalten geblieben)
1492 und 1497	Ausweisung aller Juden aus Spanien (nach der Rückeroberung vom Islam: Reconquista) und Portugal; sie gehen hauptsächlich ins türkische Herrschaftsgebiet, also auch ins jüdische Mutterland
16. Jh.	in Zefat (Safed) in Galiläa leben der Mystiker Isaak Luria und Joseph Karo, der die halachische Schrift *„Schulchan aruch“* („Gedeckter Tisch“) verfaßt; dieses Werk hat im orthodoxen Judentum bis heute Gültigkeit
ca. 1700–1760	Israel ben Eliezer, mit dem Beinamen „Baal Schem (Tow)“, Begründer des neuzeitlichen osteuropäischen Chassidismus (in Aufnahme mystischen Gedankenguts des jüdischen Mittelalters)
Ende 18./19. Jh.	Judenemanzipation infolge der Aufklärung; die allmähliche Verwirklichung in Mittel- und Westeuropa förderte zum Teil Assimilation an die nichtjüdische Umwelt
19. Jh./1. Hälfte	Aufkommen des Liberalen Judentums und des Reformjudentums in Deutschland
19. Jh./2. Hälfte	Antisemitismus und Verfolgungen in Europa führen zu einer ersten Einwanderungswelle nach Palästina (1882 ff.) und zur modernen zionistischen Bewegung (1897 fand in Basel der 1. Zionistische Weltkongreß statt)
1922–1948	Britische Mandatsregierung in Palästina
1933–1945	Judenverfolgungen in Deutschland und seit Kriegsausbruch in den besetzten Ländern – mit dem erklärten Ziel der „Vernichtung der jüdischen Rasse in Europa“ (Reichstagsrede Hitlers 1939)
14. 5. 1948	Gründung des Staates Israel

Die politischen Verhältnisse zur Zeit Jesu

Israel war in den Jahren 37–4 v. Chr. ein mit den Römern „verbündetes“ Königreich unter Herodes dem Großen. Nach seinem Tod wurde sein Gebiet, praktisch ein Vasallenstaat, von den Römern unter seine Söhne geteilt. Zur Zeit Jesu sah die Landkarte so aus:

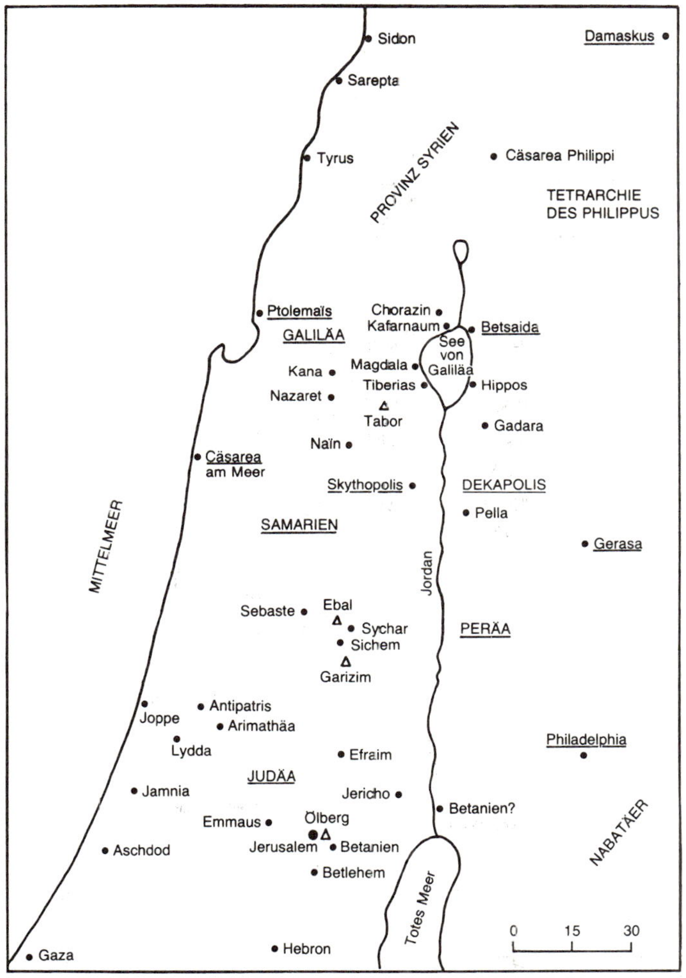

Aus: Die Bibel. Einheitsübersetzung der Heiligen Schrift. Freiburg/Basel/Wien 1980, Karte 10, Seite 1449.

Israel umfaßt das Gebiet zwischen dem Mittelmeer im Westen und dem transjordanischen Hochplateau im Osten, zwischen der Sinaiwüste im Süden und den Gebieten des heutigen Libanon und Syrien im Norden. Wir müssen uns aber bewußt sein, daß diese Bezeichnung nicht eindeutig ist: Bewohnt war es zur Zeit Jesu von Juden, Samaritanern und von einer nichtjüdischen, vorwiegend semitischen Bevölkerung mit einer hellenisierten, griechischsprachigen Oberschicht vor allem im Küstengebiet und im Ostjordanland. Die makkabäischen Könige und auch Herodes verstanden sich als Könige „Israels“ (obwohl Herodes über ein „gemischtes“ Gebiet regierte); die römische Provinz, die im Laufe des ersten Jahrhunderts nach und nach aus den Herodeischen Gebieten entstand, hieß „Judäa“ und war ein besonderes Teilgebiet der größeren Provinz Syrien. Seit dem letzten großen jüdischen Aufstand um 135 n. Chr. trägt die Provinz den Namen „Palästina“, der an die Philister anknüpft. Mit diesem Namen wollten die Römer den alten Namen „Judäa“ vermeiden.

Judäa und *Samarien* standen seit dem Jahr 6 n. Chr. unter direkter römischer Verwaltung als Prokuratur (Provinzgebiet mit besonderen Verhältnissen), weil der dort zunächst regierende Herodessohn von den Römern wegen Unfähigkeit abgesetzt werden mußte. Der Prokurator residierte in Caesarea, einer überwiegend hellenistischen Neugründung des Herodes am Meer, und kam nur gelegentlich nach Jerusalem.

Galiläa stand mit Teilen des Ostjordanlandes (Peräa) bis 39 n. Chr. unter der Regierung des Herodessohns Herodes Antipas, nicht unter direkter römischer Verwaltung. Herodes Antipas war also der „Landesherr“ Jesu (vgl. Lk 13,31 ff.). Residenzstadt war das neu gegründete Tiberias am See Gennesaret (See von Galiläa).

Nordostpalästina, östlich des Jordan, stand unter der Herrschaft des Herodessohns Philippus, der in der kleinen Stadt Julias (früher: das Dorf Betsaida) am See Gennesaret regierte.

Außerdem gab es in Palästina zahlreiche *hellenistische Städte,* die sich politisch selbst verwalten konnten. Solche mehrheitlich von Nichtjuden besiedelten Städte gab es vor allem im Küstengebiet am Mittelmeer, etwa Caesarea, Ptolemais (Akko), und im Nordosten einen Städtebund („Dekapolis“) mit u. a. Skythopolis (Bethsean), Gerasa, Damaskus, Philadelphia (Amman).

Ausserbiblische Daten	Biblische Daten
66: Pompeius römischer Befehlshaber im Osten	
64: Syrien römische Provinz	
64 v. Chr. – 330 n. Chr.: Römische Zeit	
51–30: Kleopatra VII., Königin in Ägypten	
47–44: Julius Cäsar	
41–30: Marcus Antonius	(40) 37 bis 4 v. Chr.: Herodes der Große (bzw. der Ältere), Sohn des Antipater, König über Judäa, Galiläa, Samarien, Idumäa und Peräa
27 v. Chr. – 14 n. Chr.: Oktavius Augustus	
13 v. Chr. – 45/50 n. Chr.: Philo von Alexandria, jüdischer Religionsphilosoph	
6–4 v. Chr.: Quintilius Varus, Statthalter von Syrien	
5 v. Chr. – 65 n. Chr.: Seneka	
	4 v. Chr.: Tod des Herodes und Verteilung seines Reiches unter die Söhne Archelaus (Ethnarch von Judäa, Idumäa und Samarien), Antipas (bis 39 n. Chr. Tetrarch von Galiläa und Peräa) und Philippus (bis 34 n. Chr. Tetrarch von Nordtransjordanien)
1 v. Chr.: Germanien wird römische Provinz	
6/7 n. Chr.: Quirinius, Statthalter von Syrien	6. n. Chr.: Archelaus wird entthront; Judäa, Idumäa und Samarien werden römische Provinz. Volkszählung, Zensus des Quirinius. Zusammenschluß der sog. Zeloten; Unruhen unter Judas dem Galiläer
	6–15 n. Chr.: Hannas Hoherpriester
14–37: Tiberius, Kaiser von Rom	
	17–22: Gründung von Tiberias durch Herodes Antipas
	18–37: Josef Kajaphas, Hoherpriester
	26–36: Pontius Pilatus, römischer Statthalter in Judäa
	29: Enthauptung des Täufers
	30?: Kreuzigung Jesu (7. April / 14. Nisan)
	um 33: Märtyrertod des Stephanus
	33/35: Bekehrung des Paulus
37: Geburt des jüdischen Historikers Flavius Josephus	
39: Petronius, Legat von Syrien	

Nach: Die Bibel. Einheitsübersetzung der Heiligen Schrift. Freiburg/Basel/Wien 1980, S. 1437/1438.

Bedeutende Ereignisse zur Geschichte und Kultur des Islam

570 Mohammed in Mekka geboren
595 Mohammed heiratet Chadidscha, eine reiche Witwe
608 Bau der Kaaba in Mekka als Haupttheiligtum in Arabien
610 Auf dem Berg Hira hat Mohammed seine erste Offenbarung: Der Engel Gabriel verkündet ihm, daß er der Prophet Gottes ist
622 Die Moslems ziehen nach Medina: die Hedschra. Mohammed baut sein Haus in Medina als Versammlungsort seiner Anhänger und als Modell späterer Moscheen
624 Die Moslems schlagen die Mekkaner bei Bedr
630 Das eroberte Mekka wird geistiges Zentrum des Islam
632 Nach der „letzten Pilgerfahrt“ nach Mekka stirbt Mohammed in Medina

DIE ERSTEN VIER KALIFEN

632 Abu Bekr wird erster Kalif
633 Die Moslems erobern Syrien und den Irak
634 Nach dem Tode Abu Bekrs wird Omar zum Kalifen gewählt
639 Beginn der Eroberung Ägyptens
640 Persien unter islamischer Herrschaft
644 Omar wird ermordet; Osman kommt zur Macht
650 Osman setzt die offizielle Textfassung des Korans fest
656 Osman ermordet; sein Nachfolger ist Ali; Beginn innerer Kämpfe
661 Ein charidschitischer Eiferer ermordet Ali in der Moschee von Kufa

DAS KALIFAT DER OMAIJADEN

661 Moawija wird Kalif und bestimmt Damaskus zur Hauptstadt
670 Kairuan wird Hauptstadt der Provinz Nordafrika; die große Moschee von Kairuan von Ukba ibn Nafi gegründet
680 Moawija stirbt, gefolgt von seinem Sohn Jesid; Alis Sohn Hussein wird mit seinem kleinen Heer bei Kerbela vernichtend geschlagen
691 Der Kalif Abd al-Malik baut den Felsendom in Jerusalem
696 Eine arabische Währung wird eingeführt; das Arabische wird zur offiziellen Verwaltungssprache des Islam
711 Einbruch der Moslems in die Iberische Halbinsel und das Industal
717 Omar II. tritt die Herrschaft an und verkündet innere Reformen
732 Karl Martell bringt den Vorstoß der Moslems bei Poitiers zum Stehen
738 Meldung über arabische Handelsniederlassung in Kanton, China
740 Moslemische Kolonie bei Kilwa in Ostafrika
747 Die Abbasiden stürzen die Omaijadenherrschaft in Persien
750 Abu'l-Abbas schlägt Merwan II.; Ende der Omaijadenherrschaft

DAS KALIFAT DER ABBASIDEN

750 Abu'l-Abbas wird Kalif und bestimmt Haschimija zur Hauptstadt
751 Araber lernen von chinesischen Gefangenen die Papierherstellung
754 Mansur tritt die Nachfolge seines Bruders Abu'l-Abbas an
756 Der Omaijade Abd al-Rahman gründet das Emirat von Córdoba
762 Mansur gründet die neue Hauptstadt Bagdad
765 Dschurdschis ibn Bachtischu gründet eine medizinische Schule in Bagdad
767 Abu Hanifa, Gründer der Rechtsschule der Hanafiten, stirbt im Kerker
786 Harun al-Raschid wird Kalif
788 Marokko wird unter der Dynastie der Idrisiden unabhängig
795 Malik ibn Anas, Gründer der Rechtsschule der Malikiten, stirbt
799 Tunesien unter den Aghlabiden unabhängig
803 Harun ermordet den Barmekiden Dschafar, dessen Familie seit Generationen die Wesire stellte
809 Harun stirbt; Krieg zwischen seinen beiden Söhnen
813 Haruns Sohn Ma'mun besiegt seinen Bruder und wird Kalif
813 Kalif Ma'muns Regierungszeit, zugleich Blütezeit des Mathematikers Chwarismi, des Übersetzers Honein und des Philosophen Kindi
814 Schafii, Gründer der schafiitischen Rechtsschule, geht nach Ägypten und schreibt dort seine grundlegende Abhandlung, die *Risala*
815 Abu Nuwas, berühmter Poet am Abbasidenhof, stirbt
825 Die Aghlabiden beginnen mit der Eroberung Siziliens
827 Die Lehre der Mutasiliten wird für 22 Jahre Staatsdoktrin
833 Mu'tasim wird Kalif und umgibt sich mit einer Wache aus türkischen Sklaven
836 Mu'tasim verlegt die Hauptstadt von Bagdad nach Samarra
851 Erste arabische Beschreibung Chinas und der indischen Küste
868 Ibn Tulun begründet die Dynastie der Tuluniden in Ägypten
892 Samarra wird aufgegeben; Bagdad wird wieder Hauptstadt
910 Die schiitischen Fatimiden unterwerfen Nordafrika und regieren als Kalifen
912 Durchsetzung des Islam bei den Bulgaren an der Wolga
921 Erste arabische Beschreibung Rußlands von Ibn Fadlan
922 Halladsch, sufischer Mystiker und Märtyrer, wegen Ketzerei hingerichtet
925 Rasi (Rhazes), bekannter Arzt des Mittelalters und Verfasser des ersten wissenschaftlichen Buches über die Pocken, stirbt
929 Aus dem Emirat von Córdoba wird ein drittes Kalifat
945 Die persischen Bujiden nehmen Bagdad und beherrschen das Reich
969 Die Fatimiden erobern Ägypten und erbauen Kairo als Hauptstadt
970 Die Seldschuken werden Moslems und besetzen den größten Teil Persiens
998 Mahmud von Ghazna annektiert Teile von Persien und Nordindien
1010 Der Herrscher von Gao am mittleren Niger tritt zum Islam über
1030 Das spanische Omaijaden-Kalifat zerfällt in kleine Königtümer
1037 Ibn Sina (Avicenna), Arzt und Philosoph, stirbt
1055 Die Seldschuken erobern Bagdad und setzen die Abbasiden wieder als Herrscher ein
1071 Schlacht von Manzikert; die Seldschuken entreißen den Byzantinern Kleinasien
1085 Die Christen nehmen Toledo; Beginn der Rückeroberung Spaniens
1087 Die Moslems erbauen Timbuktu als Handels- und Bildungszentrum
1090 Chinesische Überlieferung erwähnt Gebrauch des Kompaß durch die Araber
1096 Ghasali, Mystiker und Theologe, beginnt sein bedeutendes Werk „Erneuerung der Religionswissenschaften“
1096 Die Kreuzritter erreichen Konstantinopel und stoßen südwärts vor
1099 Die Kreuzritter erobern Jerusalem
1171 Saladin stürzt die Fatimiden und erneuert die Orthodoxie. Ibn Ruschd (Averroes) schreibt seinen Aristoteleskommentar
1187 Saladin schlägt das Kreuzritterheer bei Hittin und nimmt Jerusalem
1211 Der Türke Iletmisch gründet das Sultanat von Delhi
1258 Der Mongole Hulagu Chan erobert Bagdad; Ende der Abbasidenherrschaft

DER ISLAM NACH 1258

1259 Hulagu Chan errichtet ein Observatorium bei Maragha in Persien
1260 Die Mamelucken gebieten den Mongolen Einhalt. Das Sultanat der Mamelucken beherrscht Ägypten und Syrien
1292 Marco Polo entdeckt ein islamisches Königreich auf Sumatra
1295 Ghasan Chan, mongolischer Herrscher Persiens, zum Islam bekehrt
1325 Ibn Battuta bricht in Tanger zu seiner berühmten Reise auf
1345 Ibn Battuta berichtet über den Vorstoß des Islam auf der Malaiischen Halbinsel
1353 Fertigstellung des Hauptbaues der Alhambra in Granada
1375 Ibn Chaldun, größter Historiker des Islam, beginnt die *mukaddima*
1379 Tamerlan bricht von Norden in Persien ein
1390 Tod des größten persischen Lyrikers Hafis
1453 Die osmanischen Türken gewinnen den Byzantinern Konstantinopel ab
1492 Granada von den Christen genommen; Ferdinand und Isabella verbrennen islamische Bibliotheken; Vertreibung von Moslems und Juden
1502 Ismail der Safavide gründet das persische Reich, nimmt den Titel Schah an und erklärt den Glauben der Schiiten zur Staatsreligion
1520 Beginn der 46jährigen Regierungszeit Solimans des Prächtigen
1526 Schlacht von Panipat; Babur erobert das Sultanat von Delhi und gründet das Mogulreich
1535 Soliman erteilt Frankreich besondere Handelsrechte
1556 Akbar wird Kaiser und erweitert das Mogulreich
1583 Eindringen des Islam auf den Philippinen, Celebes und Neuguinea
1600 Schah Abbas I. macht Isfahan zur Hauptstadt Persiens
1648 Das Tadsch Mahal als Mausoleum der Gattin des Schah Dschehan fertiggestellt
1683 Die Osmanen belagern erfolglos Wien
1699 Vertrag von Karlowitz; die Osmanen verlieren Land in Europa
1757 Robert Clive schlägt den Nawab von Bengalen; Beginn der britischen Herrschaft über Indien
1798 Napoleon I. besetzt Ägypten, begleitet von einer wissenschaftlichen Expedition
1803 Die Briten nehmen Delhi unter Belassung einer Marionettenherrschaft der Moguln
1805 Mehemed Ali unbestrittener Herrscher Ägyptens
1826 Mahmud läßt die Janitscharen ermorden und beginnt mit Reformen
1881 Briten besetzen Ägypten, Franzosen besetzen Tunesien
1901 Mohammed Ikbal, indisch-moslemischer Dichter, veröffentlich seine Werke in Lahore
1906 Revolution in Persien führt zur konstitutionellen Monarchie
1908 Die Jungtürken revoltieren und schaffen eine parlamentarische Regierung
1922 Kemal Atatürks Reformprogramm führt zur Entstehung der türkischen Republik

Nach: Desmond Stewart: Die Frühzeit des Islam. In der Reihe: Zeitalter der Menschheit. Eine Weltkulturgeschichte. Amsterdam 1969, S. 184/185.

Arabien und der Mittlere Orient zur Zeit Mohammeds

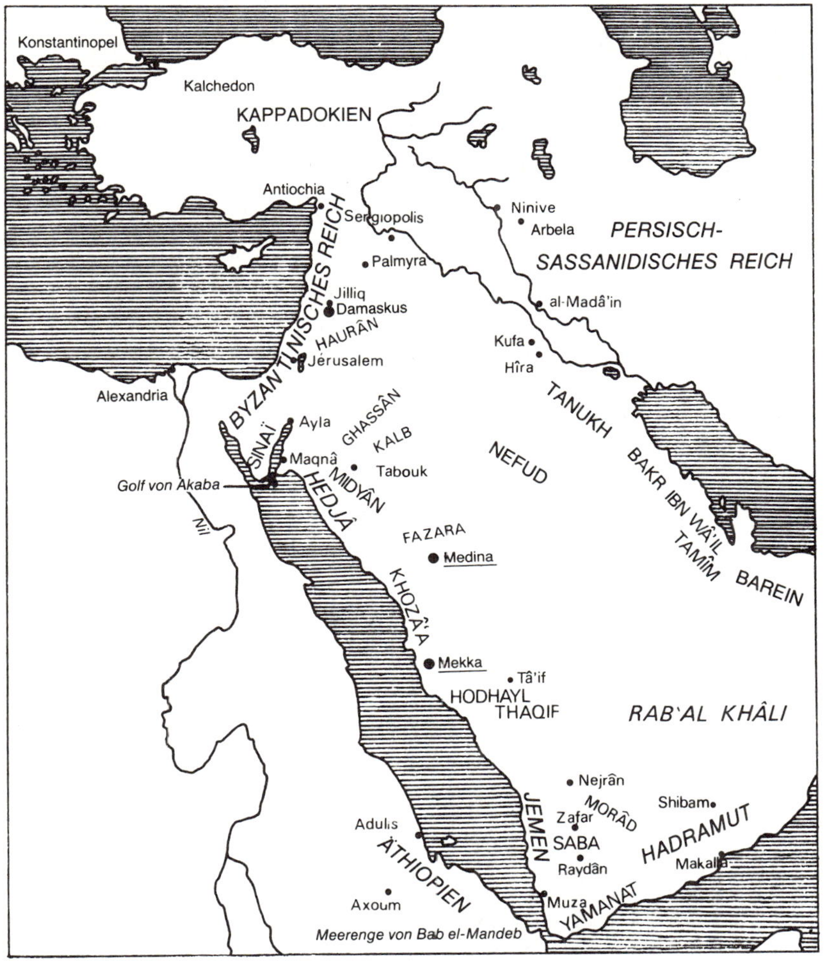

Aus: Umberto Rizzitano: Mohammed und der Islam. Gütersloh o. J., S. 227.

Zeittafel zur Entwicklung von Hinduismus und Buddhismus

	Hinduismus		Im Westen		Buddhismus
Vor Christus					
ab 1500	Abfassung der vedischen „Sammlungen“				
ab 800	Abfassung der Upanischaden			563–483	Gautama Buddha
500 v. Chr. bis 500 n. Chr.:	Entstehung der philosophischen Systeme			um 250	Kaiser Ashoka. Ausbreitung nach Sri Lanka
				ab 100	Entstehung des Mahayana
	Bhagavadgita			80	Niederschrift des Pali-Kanons
(Zeitenwende)					
	Patanjali (Yoga-Sutras)			1. Jhdt.	Ausbreitung nach China
				498–561	Bodhidharma (Zen)
ca. 500	Aufkommen der Shakti-Verehrung			552	Ausbreitung nach Japan
				642	Ausbreitung nach Tibet
seit 700	Stärkerer Einfluß der Bhakti				
um 800	Shankara (Advaita-Philosoph)				
um 1100	Ramanuja (Bhakti-Philosoph)			um 1100	Glaubensbuddhismus (Amida-B.) in Japan
				um 1200	Erlöschen des B. in Indien
um 1500	Kabir Chaitanya				
1834–1886	Ramakrishna				
1863–1902	Vivekananda				
1872–1950	Sri Aurobindo				
			Im Westen		
		1875	Theosophische Gesellschaft		
		1879	E. Arnolds „Licht Asiens“		
				1891	Mahabodhi Society
		1893	Weltparlament der Religionen, Chikago		
1897	Ramakrishna Mission Vedanta Gesellschaften u. a. im Westen			1903	Buddhistischer Missionsverein in Deutschland
1920	Swami Yogananda in die USA				
				ab 1924	Gründung buddhistischer Gemeinden und Häuser in Deutschland
				1952	Lanka Dhammaduta Society („Buddhist Mission for Germany“)
				seit 1952	Zunehmender Mahayana-Einfluß in Deutschland
				1954–1956	6. buddhistisches Konzil in Rangun
				1958	Deutsche Buddhistische Union
seit 1960	Guru-Bewegungen im Westen				
1968	Auroville				

Die Entstehung der größeren gegenwärtig bestehenden Kirchen

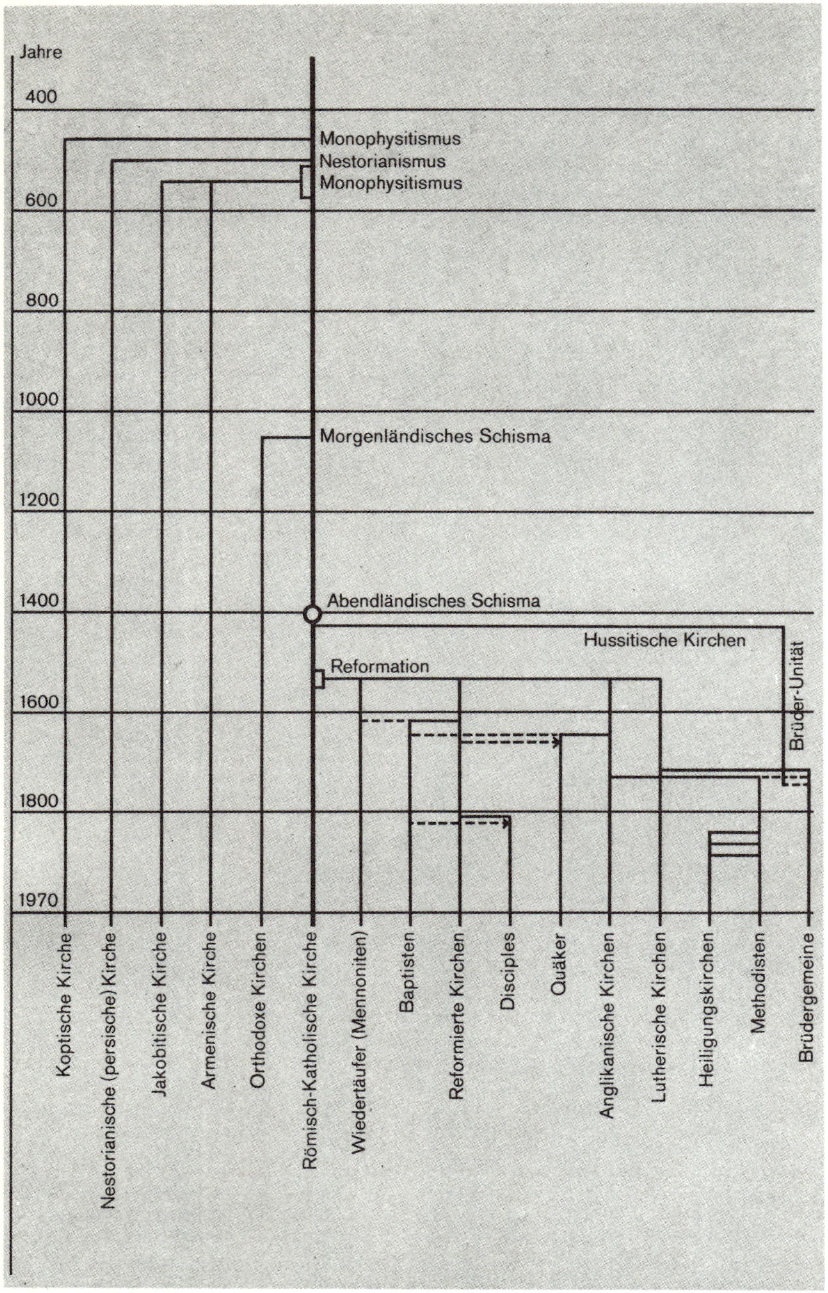

Aus: Atlas zur Kirchengeschichte. Hrsg. v. H. Jedin, K. S. Latourette u. a. Freiburg 1970, S. 148.

Vgl. dazu auch die „Unterschiedlichen Stammbäume des Christentums“ in *Schema 1* auf Seite 244, das einmal – wie hier oben – zeigt, daß sich im 11. Jahrhundert die Orthodoxen Kirchen und im 16. Jahrhundert die Reformatorischen Kirchen von der Römisch-Katholischen Kirche trennten, zum anderen aber die Verzweigungen der einen Kirche darstellt, ohne zu beurteilen, wer sich von wem abspaltete.

Die wichtigsten Daten und Ereignisse der Kirchengeschichte

64	Brand Roms unter Kaiser Nero
	Christenverfolgungen: Wir unterscheiden zwei Phasen: (a) Zeit der sporadischen Verfolgung einzelner Christen, bis 249 (Kaiser Decius); z. B. Bischof Polykarp von Smyrna (um 156?) Justin, Lehrer in Rom (um 165?) Märtyrer von Lyon (um 180) Märtyrer von Scili/Nordafrika (180) Perpetua und Felicitas in Karthago (um 202) (b) Zeit der großen Verfolgungen: 249–251 Kaiser Decius 257–258 Kaiser Valerian 303–305 Kaiser Diokletian und seine Mitregenten; Kaiser Galerius führt sie bis 311 in seinem Herrschaftsgebiet weiter.
311	30. April: Toleranzedikt des Kaisers Galerius
306–337	Kaiser Konstantin
312	28. Oktober: Schlacht an der Milvischen Brücke (Rom): Sieg über Maxentius; Konstantin ist Alleinherrscher im westlichen Römerreich. – Im Jahre 324 siegt er über seinen Mitkaiser Licinius und wird Alleinherrscher im ganzen Reich.
313	Gericht über die Donatisten; 314 in gleicher Sache: die Synode von Arles.
325	Konzil von Nizäa
361–363	Kaiser Julian; Versuch einer heidnischen Restauration des Reiches
374–397	Bischof Ambrosius von Mailand
378–395	Kaiser Theodosius
380	Durch Reichsgesetz wird das Christentum Staatsreligion
395	Teilung des Reiches in Ost- und Westrom
5. Jhd.	*Nestorianer* nach Nestorius, 431 abgesetzter Patriarch von Konstantinopel: Christus wurde nur gesinnungsmäßig mit dem ewigen Logos (= Wort Gottes) eins. (heute: „Apostolische Kirche des Ostens“, auch Assyrische Kirche genannt) *Monophysiten* (heute auch „Nicht-Chalcedonenser“ genannt: Christus ist „die fleischgewordene Natur des göttlichen Logos“) Heute in den Orientalischen Nationalkirchen präsent: – Äthiopische Orthodoxe Kirche – Koptische Orthodoxe Kirche in Ägypten – Syrisch-Orthodoxe Kirchen in Syrien und Indien (= „Jakobiten“, nach Jakob Boradai, 490–578) – Armenische Apostolische Kirche in Sowjet-Armenien
494	Schreiben des Papstes Gelasius I. an den oströmischen Kaiser über die „zwei Gewalten“
Seit 498/9	Christianisierung des Frankenreiches unter Chlodwig I.
527–565	Kaiser Justinian I.
751/754	Königsweihe des Frankenkönigs Pippin III. (d. J.). Pippinsche Schenkung als Grundlage des Kirchenstaats
800	Kaiserkrönung Karls des Großen in Rom durch Papst Leo III.
962	Übertragung des Kaisertums auf das ostfränkische Reich: Kaiserkrönung Ottos I. in Rom. Das Pactum Ottonianum regelt die Beziehungen zum Papst.
1054	Gegenseitige Bannerklärung zwischen Rom und Konstantinopel. Spaltung in die orthodoxen Ostkirchen und die abendländische Römisch-katholische Kirche.
1075–1122	Investiturstreit in Deutschland. Papst Gregor VII. exkommuniziert König Heinrich IV. (1077 Gang nach Canossa). Das Wormser Edikt 1122 regelt die Investitur.
1184	Bann gegen Petrus Waldus (Waldenser)
1415	Hinrichtung von Jan Hus als Ketzer (Hussiten, „Böhmische Brüder“)
1517	Luthers 95 Thesen
1521	Wormser Reichstag

1525 ff.	Täuferbewegung
1529	Speyerer Reichstag: „Protestation"
1529	Marburger Religionsgespräch (Luther/Zwingli)
1530	Augsburger Reichstag
1534	„Kirche von England" (Anglikaner)
1541	Genfer Reformation (Calvin) (Reformierte Kirchen)
1545–63	Konzil von Trient: Katholische Reform
1555	Augsburger Religionsfrieden: Rechtliche Anerkennung der Reformation, damit konfessionelle Spaltung des Deutschen Reiches
1561	Tod von Menno Simons (Mennoniten)
ca. 1560	John Knox in Schottland (Presbyterianer)
ab 1560	Puritanismus in England
Mitte 17. Jhd.	Independenten (Dissenters, Kongregationalisten) in England
ab 1647	George Fox (England), William Penn (Amerika 1681) (Quäker)
1648	Der Westfälische Friede von Münster und Osnabrück regelt nach dem Dreißigjährigen Krieg (1618–48) die Abgrenzung der Konfessionen in Deutschland
ca. 1740	John Wesley in England (Methodisten)
1776/1791	Religionsfreiheit (Toleranz) als Verfassungsprinzip in den USA; Trennung von Staat und Kirche
1789–95	Trennung von Staat und Kirche in der Französischen Revolution durch Verdrängung des Christentums aus dem öffentlichen Leben
1803	Abschaffung der geistlichen Fürstentümer in Deutschland durch den Reichsdeputationshauptschluß (Säkularisation des Kirchengutes). Dadurch ergibt sich eine durchgreifende territoriale Neuordnung Deutschlands
1848/49	Die Deutsche Nationalversammlung (Paulskirchenparlament in Frankfurt) proklamiert mit den „Grundrechten des deutschen Volkes" auch die Trennung von Staat und Kirche
1878	William Booth in England (Heilsarmee)
1919	Die Verfassung des Deutschen Reiches (von der Nationalversammlung in Weimar beschlossen, daher als „Weimarer Reichsverfassung" bezeichnet) ordnet die Trennung von Staat und Kirche
20. Jhd.	Pfingstkirchen

Texte zur Geschichte des Verhältnisses von Kirche und Staat

Die Zusammenstellung dieser Texte markiert die einzelnen Stadien des wechselhaften Verhältnisses von Kirche und Staat, angefangen mit der Geschichte des Römischen Reiches und seiner Verfolgung, Duldung und Förderung des Christentums, über die mittelalterliche Auseinandersetzung um den Primat zwischen Papsttum und Kaisertum (Investiturstreit) bis hin in die Gegenwart mit ihrer Trennung beider Mächte.

Voraussetzungen der Konstantinischen Wende

1. Cicero zum religiösen Verständnis des römischen Volkes

„Mögen die einzelnen Völker uns in vielem voraus sein, so übertreffen wir doch alle an Religiosität und durch die einzigartige Weisheit, daß alles der Regierung und Lenkung durch die Götter unterstellt ist!"

Aus: Cicero: Über die Haruspizien, 19.

2. Der Christ und die staatliche Ordnung

13 „Jeder leiste den Trägern der staatlichen Gewalt den schuldigen Gehorsam. Denn es gibt keine staatliche Gewalt, die nicht von Gott stammt; jede ist von Gott eingesetzt. 2 Wer sich daher der staatlichen Gewalt widersetzt, stellt sich gegen die Ordnung Gottes, und wer sich ihm entgegenstellt, wird dem Gericht verfallen. 3 Vor den Trägern der Macht hat sich nicht die gute, sondern die böse Tat zu fürchten; willst du also ohne Furcht vor der staatlichen Gewalt leben, dann tue das Gute, so daß du ihre Anerkennung findest. 4 Sie steht im Dienst Gottes und verlangt, daß du das Gute tust. Wenn du aber Böses tust, fürchte dich! Denn nicht ohne Grund trägt sie das Schwert. Sie steht im Dienst Gottes und vollstreckt das Urteil an dem, der Böses tut. 5 Deshalb ist es notwendig, Gehorsam zu leisten, nicht allein aus Furcht vor der Strafe, sondern vor allem um des Gewissens willen. 6 Das ist auch der Grund, weshalb ihr Steuern zahlt; denn in Gottes Auftrag handeln jene, die Steuern einzuziehen haben. 7 Gebt allen, was ihr ihnen schuldig seid, sei es Steuer oder Zoll, sei es Furcht oder Ehre."

Aus: Paulus: Der Brief an die Römer, 13,1–7.

3. Das Neue Testament über das Verhältnis der Gläubigen zum Staat

„Ich mahne nun vor allen Dingen, daß Bitten, Gebete, Fürbitten und Danksagungen für alle Menschen verrichtet werden, für die Könige und Obrigkeiten, damit wir ein stilles, ruhiges Leben führen können in aller Frömmigkeit und Heiligkeit." (1 Tim 2,1-2)

4. Tacitus über die Christenverfolgungen unter Nero

„... Um dem Gerücht – der Kaiser habe selbst den Brand gelegt – ein Ende zu machen, schob Nero andere als Schuldige vor und belegte sie mit ausgesuchten Strafen. Diejenigen nämlich, die bei der ungebildeten Menge wegen ihrer Schandtaten verhaßt und Christen genannt werden ..."

Aus: Tacitus: Annalen 15, 44,2-5.

5. Tertullian über die Christen als allgemeine Sündenböcke

„Wenn der Tiber die Mauern überflutet, wenn der Nil die Felder nicht überflutet, wenn der Himmel sich nicht rührt, wenn die Erde sich bewegt, wenn eine Hungersnot, wenn eine Seuche wütet, gleich schreit man: ‚Die Christen vor den Löwen!'"

Aus: Tertullian: Apologeticum 40,2.

Die Konstantinische Wende

6. Kaiser Galerius: Toleranzedikt vom 30. April 311

„Sie dürfen also wieder Christen sein und ihre Versammlungsstätten wieder herrichten, unter der Bedingung jedoch, daß sie in keiner Weise gegen die Ordnung handeln. In einem weiteren Schreiben werden wir den Provinzgouverneuren Anweisung geben, was sie zu beachten haben. Auf Grund dieses unseres Gnadenerlasses ist es deshalb ihre Pflicht, zu ihrem Gott für unser Heil, für das des Staates und für ihr eigenes zu beten, damit das Staatswesen in jeder Hinsicht unversehrt bleibt und sie selbst sicher in ihren Wohnsitzen leben können."

Aus: Lactantius: Todesarten der Verfolger, 34; Eusebius: Kirchengeschichte VIII 17,3-10.

7. Kaiser Konstantin: Religionsfreiheit für die Christen

„... In heilsamer und vernünftiger Erwägung glaubten wir, den Entschluß fassen zu müssen, ganz und gar keinem die Erlaubnis zu versagen, sich der Religionsausübung der Christen oder der ihm sonst am ehesten zusagenden Religion zu ergeben, damit die höchste Gottheit, deren Verehrung wir aus freiem Herzen ergeben sind, uns in allem ihre gewohnte Gunst und Gnade erzeige ..."

Aus: Lactantius: Todesarten, 48.

8. Kaiser Konstantin über den christlichen Kult im Interesse des römischen Staates

„Die Kleriker sollen durch nichts von dem der Gottheit schuldigen Dienst abgezogen werden, sondern ohne alle Beunruhigung nur ihrem eigenen Gesetz folgen. Bringen sie doch offenkundig dadurch, daß sie ihres höchsten Amtes gegenüber der Gottheit walten, unermeßlichen Segen über den Staat."

Aus: Eusebius, Kirchengeschichte X 7,2.

9. Kaiser Theodosius: Das Christentum wird Staatsreligion (28. Februar 380)

„Alle Völker, über die wir ein mildes und maßvolles Regiment führen, sollen, so ist unser Wille, in der Religion verharren, die der göttliche Apostel Petrus den Römern übergeben hat, wie es die von ihm verkündete Religion bis heute erklärt, und zu der sich der Bischof Damasus (von Rom) und auch der Bischof Petrus von Alexandrien, ein Mann von apostolischer Seligkeit, offensichtlich bekennen [es folgt das Bekenntnis an den Dreifaltigen Gott]. Nur diejenigen, die diesem Gesetz folgen, sollen, so gebieten wir, katholische Christen heißen; die übrigen aber, die wir für toll und wahnsinnig halten, sollen den Schimpf ketzerischer Lehre tragen. Auch dürfen ihre Versammlungsstätten nicht als Kirchen bezeichnet werden. Endlich soll sie vorab die göttliche Vergeltung, dann aber auch unsere Strafgerechtigkeit treffen, die uns durch himmlisches Urteil übertragen worden ist."

Aus: Codex Theodosianus XVI, 1,2.

Die Folgerungen aus der Konstantinischen Wende

10. Papst Gelasius I. über die geistliche und weltliche Gewalt

„Zwei sind es, erhabener Kaiser, durch die die oberste Stelle in der Welt regiert wird, die geheiligte Autorität der Bischöfe und die kaiserliche Gewalt. Von diesen beiden ist die Last der Priester um so schwerer, da sie auch selbst für die Könige der Menschen vor Gottes Gericht Rechenschaft ablegen müssen. Denn ihr wißt es, allergnädigster Sohn, ihr überragt wohl an Würde das ganze Menschengeschlecht, dennoch beugt ihr fromm den Nacken vor dem Amtswalter der göttlichen Dinge und erwartet von ihnen die Mittel zum Seelenheil." (Brief 12, von 484, an Kaiser Anastasius)

11. Kaiser Justinian über die beiden Gewalten

„Die größten Geschenke, die Gott in seiner unendlichen Güte den Menschen gegeben hat, sind das Priestertum und das Kaisertum. Das Priestertum sorgt für die göttlichen Dinge, das Kaisertum für die menschlichen, über die es die Oberaufsicht hat. Alle beiden entströmen dem gleichen Prinzip und führen das Menschengeschlecht zu seiner Vollendung. Aus diesem Grund liegt den Herrschern nichts mehr am Herzen als die Ehre der Priester, denn diese beten unaufhörlich zu Gott für sie. Wenn die Geistlichkeit gerechten Sinnes ist und sich ganz Gott anvertraut, wenn der Herrscher den Staat regiert, dann ergibt sich daraus eine ungemein nützliche Harmonie. So gilt also unsere erste Sorge den wahren göttlichen Lehren und der Ehre der Geistlichkeit." (6. Novelle, von 535).

Geistliche und weltliche Gewalt im Mittelalter

12. Fränkische Reichsannalen: Die Kaiserkrönung Karls des Großen (800)

„Als der König gerade am hl. Weihnachtstag sich vom Gebet vor dem Grab des sel. Apostels Petrus zur Messe erhob, setzte ihm Papst Leo eine Krone aufs Haupt und das ganze Römervolk rief dazu: dem erhabenen Karl, dem von Gott gekrönten großen und friedenbringenden Kaiser der Römer Leben und Sieg! und nach den lobenden Zurufen wurde er vom Papst nach der Sitte der alten Kaiser durch Kniefall geehrt und fortan, unter Weglassung des Titels Patricius, Kaiser und Augustus genannt."

Aus: Quellen zur karolingischen Reichsgeschichte. 1. Teil. Hrsg. von R. Rau, Darmstadt 1955 (Ausgewählte Quellen zur deutschen Geschichte des Mittelalters. 5), S. 74f.

13. Brief Kaiser Karls des Großen im Jahre 796 an Papst Leo III.

„Durch die Gebete Eurer apostolischen Heiligkeit soll die göttliche Gnade herbeigerufen werden, damit mich einerseits überall der apostolische Segen begleite und andererseits der Sitz der Römischen Kirche durch unsere Ergebenheit mit Gottes Hilfe beschützt werde. Unsere Aufgabe ist es, gemäß dem Beistand der göttlichen Güte überall die Heilige Kirche Christi vor dem Ansturm der Heiden und vor der Verwüstung durch die Ungläubigen mit Waffen draußen zu verteidigen und drinnen durch die Anerkennung des katholischen Glaubens zu festigen. Eure Aufgabe, Heiligster Vater ist es, wie Mose mit erhobenen Händen unseren Kampf zu unterstützen."

Aus: C. Mirbt / K. Aland (Hrsg.): Quellen zur Geschichte des Papsttums. Bd. 1. Tübingen [6]1967, S. 261.

14. Papst Gregor VII.: Dictatus Papae (Rechtsansprüche des Papstes) (1075)

„1. Einzig und allein von Gott ist die römische Kirche gegründet.
2. Nur der römische Papst trägt zu Recht den Titel des universalen Papstes.
3. Er ganz allein kann Bischöfe absetzen und auch wieder einsetzen.
4. Sein Legat, auch wenn er einen geringeren Grad bekleidet, führt auf jedem Konzil den Vorsitz vor den Bischöfen; er kann diese absetzen.
5. Auch Abwesende kann der Papst absetzen.
6. Von anderer Gemeinschaft ganz abgesehen, darf man mit Exkommunizierten sich nicht einmal in demselben Hause aufhalten.
7. Nur er darf, wenn es die zeitliche Notwendigkeit verlangt, neue Gesetze erlassen, neue Gemeinden gründen, aus einer Kanonie eine Abtei machen und umgekehrt, ein reiches Bistum teilen und arme zu einem einzigen zusammenlegen.
8. Nur er verfügt über die kaiserlichen Insignien.
9. Alle Fürsten haben die Füße einzig und allein des Papstes zu küssen.
10. Nur sein Name darf in der Kirche genannt werden.
11. In der ganzen Welt gilt nur dieser Papsttitel.
12. Der Papst kann Kaiser absetzen.
13. Er kann im Falle der Not Bischöfe von einem zum andern Bistum versetzen.
14. Er kann in der ganzen Kirche, wie er will, Kleriker ordinieren.
15. Wer von ihm ordiniert ist, kann wohl eine andere Kirche leiten, aber nicht in ihr dienen. Von einem anderen Bischof darf er keinen höheren Rang empfangen.
16. Keine Synode darf ohne seine Weisung eine allgemeine genannt werden.
17. Gegen seine Autorität kann kein Kapitel und kein Buch als kanonisch gelten.
18. Sein Entscheid kann von niemandem aufgehoben werden, er selbst aber kann Urteile aller anderen Instanzen aufheben.
19. Über ihn besitzt niemand richterliche Gewalt.
20. Niemand darf den verurteilen, der an den apostolischen Stuhl appelliert.
21. Wichtigere Rechtsfälle aller Kirchen müssen vor ihn gebracht werden.
22. Die römische Kirche hat nie geirrt und wird nach dem Zeugnis der heiligen Schrift auch in Ewigkeit nicht irren.
23. Wenn der römische Papst in kanonischer Wahl erhoben ist, dann wird er ohne Zweifel nach dem Zeugnis des heiligen Ennodius von Pavia heilig durch die Verdienste des heiligen Petrus, wie auch viele Kirchenväter bestätigen und wie es auch in den Dekreten des heiligen Symmachus enthalten ist.
24. Auf seinen Befehl hin und mit seiner Erlaubnis dürfen Untergebene [gegen ihre Vorgesetzten] Klage erheben.
25. Auch ohne Beschluß einer Synode kann er Bischöfe ein- und absetzen.
26. Wer nicht mit der römischen Kirche übereinstimmt, kann nicht als katholisch [rechtgläubig] gelten.
27. Er kann Untertanen vom Treueid gegen unbillige [Herrscher] entbinden."

Aus: Geschichte in Quellen. Hrsg. von W. Lautemann / M. Schlenke. Bd. 2. München [2]1978, Nr. 245.

15. Papst Bonifatius VIII.: Bulle „Unam sanctam" (1302)

„Beide Schwerter hat die Kirche in ihrer Gewalt, das geistliche und das weltliche. Dieses aber ist für die Kirche zu führen, jenes von ihr. Jenes gehört dem Priester, dieses ist zu führen von der Hand der Könige und Ritter, aber nur wenn und solange der Priester es will. Ein Schwert aber muß dem anderen untergeordnet sein; die weltliche Macht muß sich der geistlichen fügen."

Aus: Quellen zur Geschichte des Mittelalters. Hrsg. von G. Guggenbühl. 1954, Nr. 269.

16. Marsilius von Padua: *„Verteidiger des Friedens"* (1324)

„Zweck des Priestertums ist also Erziehung der Menschen und Belehrung darüber, was nach dem evangelischen Gesetz notwendig ist zu glauben, zu tun oder zu unterlassen, um das ewige Heil zu erlangen und der ewigen Pein zu entrinnen [...]
Aber um diese These klarer herauszustellen, dürfen wir nicht übersehen: Bei dieser Untersuchung ist nicht die Frage, was Christus, wahrer Gott und wahrer Mensch, in dieser Welt an Gewalt und Machtvollkommenheit gehabt hat und hat, auch nicht, was oder wieviel davon er dem seligen Petrus und den anderen Aposteln und deren Nachfolgern, Bischöfen oder Priestern hätte übertragen *können* – denn hierüber sind die Christusgläubigen in den vorliegenden Fragen nicht im Zweifel –, sondern wir wollen und müssen untersuchen, welche Gewalt und Machtvollkommenheit ihnen Christus in dieser Welt hat verleihen *wollen* und tatsächlich verliehen hat und von welcher er sie durch Rat oder Gebot ausgeschlossen und ferngehalten hat.
Daher genügt es für die gegenwärtige Absicht zu zeigen, und ich werde es zuerst zeigen: Christus selbst ist nicht in die Welt gekommen, um über die Menschen zu herrschen oder sie nach einem Gericht... zu richten oder zu regieren im zeitlichen Sinn, sondern vielmehr in Anpassung an den Stand der gegenwärtigen Welt sich unterzuordnen; ja, er wollte von einer

solchen Gerichtshoheit oder Regierungsgewalt nach seinem Vorsatz sich selbst und auch seine Apostel und Jünger ausschließen und hat sie ausgeschlossen, und folglich hat er deren Nachfolger, die Bischöfe oder Priester, von jeder solchen Regierung oder weltlichen Herrschaft, einer zwingenden, ausgeschlossen – durch sein Vorbild und auch mit Worten durch Rat oder Gebot. Dasselbe haben auch, so werde ich zeigen, die hervorragenden Apostel als Christi wahre Nachfolger getan und haben es ihre Nachfolger tun gelehrt; weiter habe Christus wie die Apostel selbst sich beständig der zwingenden Rechtsprechung der Fürsten der Welt in sachlicher und persönlicher Beziehung unterwerfen wollen und unterworfen; und alle anderen, denen sie das Gesetz der Wahrheit gepredigt und durch ihre Schriften anempfohlen haben, hätten sie dasselbe zu tun gelehrt und geboten bei Strafe der ewigen Verdammnis."

Aus: Marsilius von Padua: Verteidiger des Friedens. Hrsg. von H. Kusch. 2 Bde. Darmstadt 1958, S. 8.

Die Kirchenhoheit des Staates in der Neuzeit und die Forderung nach Trennung von Staat und Kirche

17. Augsburger Religionsfriede (1555)

„(Wir) setzen (fest), [...] daß künftig niemand ... um keinerlei Ursachen willen ... den anderen befehden, bekriegen, berauben ... soll. Und damit solcher Landfriede auch in bezug auf die Religionsspaltung [...] gehalten werde, sollen die kaiserliche Majestät, ... auch Kurfürsten, Fürsten und Stände des Heiligen Reiches keinen Stand [...] der Augsburgischen Konfession wegen ... gewaltsam überziehen [...], sondern bei solcher Religion ... friedlich bleiben lassen ... Dagegen sollen die Stände, die der Augsburgischen Konfession zugehörig sind, jene Reichsstände, die der alten Religion anhängen, Geistliche oder Weltliche, ... gleicherweise bei ihrer Religion ... unbehelligt bleiben ... lassen. Doch sollen alle anderen, die den beiden genannten Religionen nicht anhängen, in diesem Frieden nicht gemeint, sondern gänzlich ausgeschlossen sein."

Aus: Der Augsburger Religionsfriede vom 25. September 1555. Hrsg. von K. Brandi. Göttingen [2]1927, S. 35–39.

18. Martin Luther: *„Von weltlicher Obrigkeit, wie weit man ihr Gehorsam schuldig sei"* (1523)

„Darum muß man diese beiden Regimente mit Fleiß voneinander scheiden und beides bleiben lassen: eines, das fromm macht, das andere, das äußerlich Frieden schaffe und bösen Werken wehret. Keines ist ohne das andere genug in der Welt. Denn ohne Christi geistliches Regiment kann niemand vor Gott fromm werden durchs weltliche Regiment. Ebenso erstreckt sich Christi Regiment nicht über alle Menschen, sondern allezeit sind der Christen am wenigsten, und sind sie mitten unter den Unchristen. [...]
Aufs erste ist zu merken, daß die zwei Teile Adamskinder, deren einer in Gottes Reich unter Christus, deren anderer in der Welt Reich unter der Obrigkeit ist (wie oben gesagt), zweierlei Gesetz haben. Denn ein jegliches Reich muß seine Gesetze und Recht haben, und ohne Gesetz kann kein Reich bestehen, wie das genugsam die tägliche Erfahrung ergibt. Das weltliche Regiment hat Gesetze, die sich nicht weiter erstrecken als über Leib und Gut und was äußerlich ist auf Erden. Denn über die Seele kann und will Gott niemand regieren lassen als sich selbst alleine. Darum: wo weltliche Gewalt sich vermißt, der Seele Gesetze zu geben, da greift sie Gott in sein Regiment und verführet und verderbet nur die Seelen. Das wollen wir so klar machen, daß mans mit Händen greifen solle, auf daß unsere Junker, die Fürsten und Bischöfe sehen, was sie für Narren sind, wenn sie die Menschen mit ihren Gesetzen und Geboten zwingen wollen, so oder so zu glauben. [...]
Der Seele soll und kann niemand gebieten, er wisse ihr denn den Weg gen Himmel zu weisen. Das kann aber kein Mensch tun, sondern Gott allein. Darum soll in den Sachen, die der Seele Seligkeit betreffen, nichts als Gottes Wort gelehrt und angenommen werden."

Aus: Luther Deutsch. Die Werke Martin Luthers. Hrsg. von K. Aland, Bd. 7. Berlin 1954, S. 16f., 30f.

19. Entscheid Friedrichs des Großen in einem Streit um die Errichtung einer katholischen Schule im evangelischen Berlin 1740:

„Die Religionen müssen alle toleriert werden, und muß der Fiskal nur das Auge darauf haben, daß keine der andern Abbruch tue; denn hier muß jeder nach einer Façon selig werden."

Aus: E. Thrändorf (Hrsg.): Kirchengeschichtliches Lesebuch. Bd. 3. Dresden 1912, S. 43.

20. Allgemeines Preußisches Landrecht (1794): Von den Rechten und Pflichten der Kirchen und geistlichen Gesellschaften

„Allgemeine Grundsätze
§ 1. Die Begriffe der Einwohner des Staats von Gott und göttlichen Dingen, der Glaube und der innere Gottesdienst können kein Gegenstand von Zwangsgesetzen sein.
§ 2. Jedem Einwohner im Staate muß eine vollkommene Glaubens- und Gewissensfreiheit gestattet werden.
§ 3. Niemand ist schuldig, über seine Privatmeinungen in Religionssachen Vorschriften vom Staate anzunehmen.
§ 4. Niemand soll wegen seiner Religionsmeinungen beunruhigt, zur Rechenschaft gezogen, verspottet oder gar verfolgt werden [...]

1. Abschnitt: Von Kirchengesellschaften überhaupt
Grundsatz
§ 13. Jede Kirchengesellschaft ist verpflichtet, ihren Mitgliedern Ehrfurcht gegen die Gottheit, Gehorsam gegen die Gesetze, Treue gegen den Staat und sittlich gute Gesinnungen gegen ihre Mitbürger einzuflößen.
Unerlaubte Kirchengesellschaften
§ 14. Religionsgrundsätze, welche diesem zuwider sind, sollen im Staate nicht gelehrt und weder mündlich noch in Volksschriften ausgebreitet werden.
§ 15. Nur der Staat hat das Recht, dergleichen Grundsätze, nach angestellter Prüfung, zu verwerfen und deren Ausbreitung zu untersagen. [...]

Verhältnis der Kirchengesellschaften gegen den Staat, gegen andere Kirchengesellschaften und gegen ihre Mitglieder.
§ 27. Sowohl öffentlich aufgenommene als bloß geduldete Religions- und Kirchengesellschaften müssen sich in allen Angelegenheiten, die sie mit andern bürgerlichen Gesellschaften gemein haben, nach den Gesetzen des Staats richten [...]
§ 32. Die Privat- und öffentliche Religionsausübung einer jeden Kirchengesellschaft ist der Oberaufsicht des Staats unterworfen [...]
§ 34. Die Anordnung öffentlicher Bet-, Dank- und andrer außerordentlichen Festtage hängt allein vom Staate ab.
§ 35. Inwiefern die bereits angeordneten Kirchenfeste mit Einstellung aller Handarbeiten und bürgerlichen Gewerbe begangen werden sollen oder nicht, kann nur der Staat bestimmen.
§ 36. Mehrere Kirchengesellschaften, wenn sie gleich zu einerlei Religionspartei gehören, stehen dennoch unter sich in keiner notwendigen Verbindung [...]
§ 39. Protestantische Kirchengesellschaften des Augsburgischen Glaubensbekenntnisses sollen ihren Mitgliedern wechselseitig die Teilnahme auch an ihren eigentümlichen Religionshandlungen nicht versagen, wenn dieselben keine Kirchenanstalt ihrer eigenen Religionspartei, deren sie sich bedienen können, in der Nähe haben [...]
§ 55. Wegen bloßer von dem gemeinen Glaubensbekenntnisse abweichender Meinungen kann kein Mitglied ausgeschlossen werden.
§ 56. Wenn über die Rechtmäßigkeit der Ausschließung Streit entsteht, so gebührt die Entscheidung dem Staate.
§ 57. So weit mit einer solchen Ausschließung nachteilige Folgen für die bürgerliche Ehre des Ausgeschlossenen verbunden sind, muß vor deren Veranlassung die Genehmigung des Staats eingeholt werden."

Aus: Staat und Kirche im 19. und 20. Jahrhundert. Hrsg. von E. R. Huber / W. Huber. Bd. 1. Berlin/München 1973, S. 1–11.

21. Bill of Rights von Virgina (1776)

„Artikel 16. Religion oder die Pflicht, die wir unserem Schöpfer schulden, und die Art, wie wir ihr nachkommen, kann lediglich durch Vernunft oder Überzeugung geleitet werden, nicht durch Zwang oder Gewalt, und deshalb haben alle Menschen gleichen Anspruch auf freie Ausübung der Religion gemäß den Geboten des Gewissens; es ist eine gegenseitige Pflicht aller, christliche Geduld, Liebe und Güte im Verkehr untereinander zu üben."

Aus: F. Hartung: Die Entwicklung der Menschen- und Bürgerrechte von 1776 bis zur Gegenwart. Göttingen [3]1964, S. 37.

22. Französischer Nationalkonvent: Beschluß über den Kult des höchsten Wesens (1794)

„1. Das französische Volk erkennt die Existenz des höchsten Wesens und die Unsterblichkeit der Seele an.

2. Es bekennt, daß der dem höchsten Wesen gebührende Kultus die Erfüllung der Menschenpflichten ist. Unter diesen Pflichten werden in erste Linie gesetzt: Verabscheuung der Treulosigkeit und der Tyrannei, Bestrafung der Tyrannen und Verräter, Unterstützung der Unglücklichen.
3. Es sollen Feste eingeführt werden, welche den Zweck haben, den Menschen zum Gedenken der Gottheit und zur Würde seines Wesens zurückzuführen."

Aus: H. Hermelink: Das Christentum in der Menschheitsgeschichte. Bd. 1. Stuttgart 1951, S. 64.

23. Manifest „Heilige Allianz" (1815)

„Im Namen der heiligen und unteilbaren Dreieinigkeit. Ihre Majestät, der Kaiser von Österreich, der König von Preußen und der Kaiser von Rußland, haben infolge der großen Ereignisse, die den letzten drei Jahren ihr Gepräge geben, und insbesondere der Wohltaten, welche die göttliche Vorsehung den Staaten erwiesen hat, deren Regierungen ihr Vertrauen und ihre Hoffnung allein auf sie setzten, die innige Überzeugung von der Notwendigkeit gewonnen, ihre gegenseitigen Beziehungen auf die erhabenen Wahrheiten zu gründen, welche uns die ewige Religion Gottes des Heilandes lehrt. Sie erklären feierlich, daß der gegenwärtige Akt nur den Zweck hat, im Angesicht der ganzen Welt ihren unerschütterlichen Entschluß zu bekunden, zur Richtschnur ihres Verhaltens im Innern ihrer Staatsverwaltung wie im politischen Verhalten nach außen nur die Vorschriften dieser heiligen Religion, die Vorschriften der Gerechtigkeit, der Liebe und des Friedens anzunehmen, welche, weit entfernt, nur für das Privatleben bestimmt zu sein, im Gegenteil besonders die Entschlüsse der Fürsten beeinflussen und alle ihre Schritte leiten müssen, da sie das einzige Mittel sind zur Befestigung der menschlichen Einrichtungen und zur Ausfüllung ihrer Mängel. [...]
Infolgedessen soll als der einzige Grundsatz des Handelns sowohl zwischen den Regierungen wie zwischen ihren Vertretern der gelten, sich gegenseitig Dienste zu erweisen, durch ein unwandelbares Wohlwollen die wechselseitige Zuneigung, die sie zueinander tragen, zu betätigen, sich untereinander nur als Glieder einer und derselben Nation von Christen anzusehen."

Aus: H. Hermelink: Das Christentum in der Menschheitsgeschichte. Bd. 1. Stuttgart 1951, S. 304f.

24. Paulskirchenparlament: Die Grundrechte des deutschen Volkes (Abschnitt VI der Reichsverfassung) (1848/49)

§ 144. Jeder Deutsche hat volle Glaubens- und Gewissensfreiheit. Niemand ist verpflichtet, seine religiöse Überzeugung zu offenbaren.
§ 147. Jede Religionsgesellschaft ordnet und verwaltet ihre Angelegenheiten selbständig, bleibt aber den allgemeinen Staatsgesetzen unterworfen. Keine Religionsgesellschaft genießt vor anderen Vorrechte durch den Staat; es besteht fernerhin keine Staatskirche.
Neue Religionsgesellschaften dürfen sich bilden; einer Anerkennung ihres Bekenntnisses durch den Staat bedarf es nicht.
§ 148. Niemand soll zu einer kirchlichen Handlung oder Feierlichkeit gezwungen werden.

Aus: Quellen zur Geschichte des 19. Jahrhunderts. Hrsg. von W. Kampmann. Paderborn ²1950, S. 53f.

25. Verfassung des Deutschen Reichs (Weimarer Reichsverfassung) (1919): Religion und Religionsgesellschaften

„Dritter Abschnitt: Religion und Religionsgesellschaften
Art. 135. Alle Bewohner des Reichs genießen volle Glaubens- und Gewissensfreiheit. Die ungestörte Religionsübung wird durch die Verfassung gewährleistet und steht unter staatlichem Schutz. Die allgemeinen Staatsgesetze bleiben hiervon unberührt.
Art. 136. Die bürgerlichen und staatsbürgerlichen Rechte und Pflichten werden durch die Ausübung der Religionsfreiheit weder bedingt noch beschränkt.
Der Genuß bürgerlicher und staatsbürgerlicher Rechte sowie die Zulassung zu öffentlichen Ämtern sind unabhängig von dem religiösen Bekenntnis.
Niemand ist verpflichtet, seine religiöse Überzeugung zu offenbaren. Die Behörden haben nur soweit das Recht, nach der Zugehörigkeit zu einer Religionsgesellschaft zu fragen, als davon Rechte und Pflichten abhängen oder eine gesetzlich angeordnete statistische Erhebung dies erfordert.
Niemand darf zu einer kirchlichen Handlung oder Feierlichkeit oder zur Teilnahme an religiösen Übungen oder zur Benutzung einer religiösen Eidesform gezwungen werden.
Art. 137. Es besteht keine Staatskirche.
Die Freiheit der Vereinigung zu Religionsgemeinschaften wird gewährleistet. Der Zusammenschluß von Religionsgesellschaften innerhalb des Reichsgebiets unterliegt keinen Beschränkungen.
Jede Religionsgesellschaft ordnet und verwaltet ihre Angelegenheiten selbständig innerhalb der Schranken des für alle geltenden Gesetzes. Sie verleiht ihre Ämter ohne Mitwirkung des Staates oder der bürgerlichen Gemeinde.
Religionsgesellschaften erwerben die Rechtsfähigkeit nach den allgemeinen Vorschriften des bürgerlichen Rechts.
Die Religionsgesellschaften bleiben Körperschaften des öffentlichen Rechtes, soweit sie solche bisher waren. Anderen Religionsgesellschaften sind auf ihren Antrag gleiche Rechte zu gewähren, wenn sie durch ihre Verfassung und die Zahl ihrer Mitglieder die Gewähr der Dauer bieten. Schließen sich mehrere derartige öffentlich-rechtliche Religionsgesellschaften zu einem Verbande zusammen, so ist auch dieser Verband eine öffentlich-rechtliche Körperschaft.
Die Religionsgesellschaften, welche Körperschaften des öffentlichen Rechtes sind, sind berechtigt, auf Grund der bürgerlichen Steuerlisten nach Maßgabe der landesrechtlichen Bestimmungen Steuern zu erheben.
Den Religionsgesellschaften werden die Vereinigungen gleichgestellt, die sich die gemeinschaftliche Pflege einer Weltanschauung zur Aufgabe machen.
Soweit die Durchführung dieser Bestimmungen eine weitere Regelung erfordert, liegt diese der Landesgesetzgebung ob.
Art. 138. Die auf Gesetz, Vertrag oder besonderen Rechtstiteln beruhenden Staatsleistungen an die Religionsgesellschaften werden durch die Landesgesetzgebung abgelöst. Die Grundsätze hierfür stellt das Reich auf.
Das Eigentum und andere Rechte der Religionsgesellschaften und religiösen Vereine an ihren für Kultus-, Unterrichts- und Wohltätigkeitszwecke bestimmten Anstalten, Stiftungen und sonstigen Vermögen werden gewährleistet.
Art. 139. Der Sonntag und die staatlich anerkannten Feiertage bleiben als Tage der Arbeitsruhe und der seelischen Erhebung gesetzlich geschützt.
Art. 140. Den Angehörigen der Wehrmacht ist die nötige freie Zeit zur Erfüllung ihrer religiösen Pflichten zu gewähren.
Art. 141. Soweit das Bedürfnis nach Gottesdienst und Seelsorge im Heer, in Krankenhäusern, Strafanstalten oder sonstigen öffentlichen Anstalten besteht, sind die Religionsgesellschaften zur Vornahme religiöser Handlungen zuzulassen, wobei jeder Zwang fernzuhalten ist.

Aus: Die Verfassung des Deutschen Reichs vom 11. August 1919. Hrsg. von H. Mosler. Stuttgart 1977, S. 43f.

26. Grundgesetz für die Bundesrepublik Deutschland (1949)

Artikel 4
(1) Die Freiheit des Glaubens, des Gewissens und die Freiheit des religiösen und weltanschaulichen Bekenntnisses sind unverletzlich.
(2) Die ungestörte Religionsausübung wird gewährleistet.
[...]
Artikel 7
[...]
(3) Der Religionsunterricht ist in den öffentlichen Schulen mit Ausnahme der bekenntnisfreien Schulen ordentliches Lehrfach. Unbeschadet des staatlichen Aufsichtsrechtes wird der Religionsunterricht in Übereinstimmung mit den Grundsätzen der Religionsgemeinschaften erteilt. Kein Lehrer darf gegen seinen Willen verpflichtet werden, Religionsunterricht zu erteilen.
[...]
Artikel 140
Die Bestimmungen der Art. 136, 137, 138, 139 und 141 der deutschen Verfassung vom 11. August 1919 sind Bestandteil dieses Grundgesetzes.

Aus: Heinrich Schönfelder: Deutsche Gesetze. München 1982.

Mitglieder der Weltreligionen

Religionen	Nordamerika	Südamerika	Europa	Asien	Afrika	Ozeanien	Welt
Christen	260924600	197642000	334467100	103740700	147400400	18781100	1062955900
röm.-kath.	142433400	186660800	178000400	57300100	57950100	5230600	627575400
orthodox	5650600	351200	45100000	2340000	8800200	390100	62632100
protestant.	112840600	10630000	111366700	44100600	80650100	13160400	372748400
Juden	7610700	738600	4110200	4290700	229400	73900	17053500
Muslime	1580900	405100	20200600	378100100	153220400	87000	553594100
Zoroastrier	2700	2600	14000	228200	1100	1000	249600
Shintoisten	45000	–	–	32000000	–	–	32045000
Taoisten	32000	13000	13500	20000000	800	2900	20062200
Konfuzianer	99000	58000	440000	157500000	2000	18000	158117000
Buddhisten	330000	240000	240000	248770100	15000	23700	249618800
Hindus	310000	635000	440000	458600000	850000	325000	461160000
Zusammen	270934900	199734300	359925400	1403229800	301719100	19312600	2554856100
Bevölkerung	395365000	262963000	766325000	2777385000	536589000	24458000	4763085000

Aus: Encyclopædia Britannica. 1984: Britannica Book of the Year. Chicago 1985, S. 365.

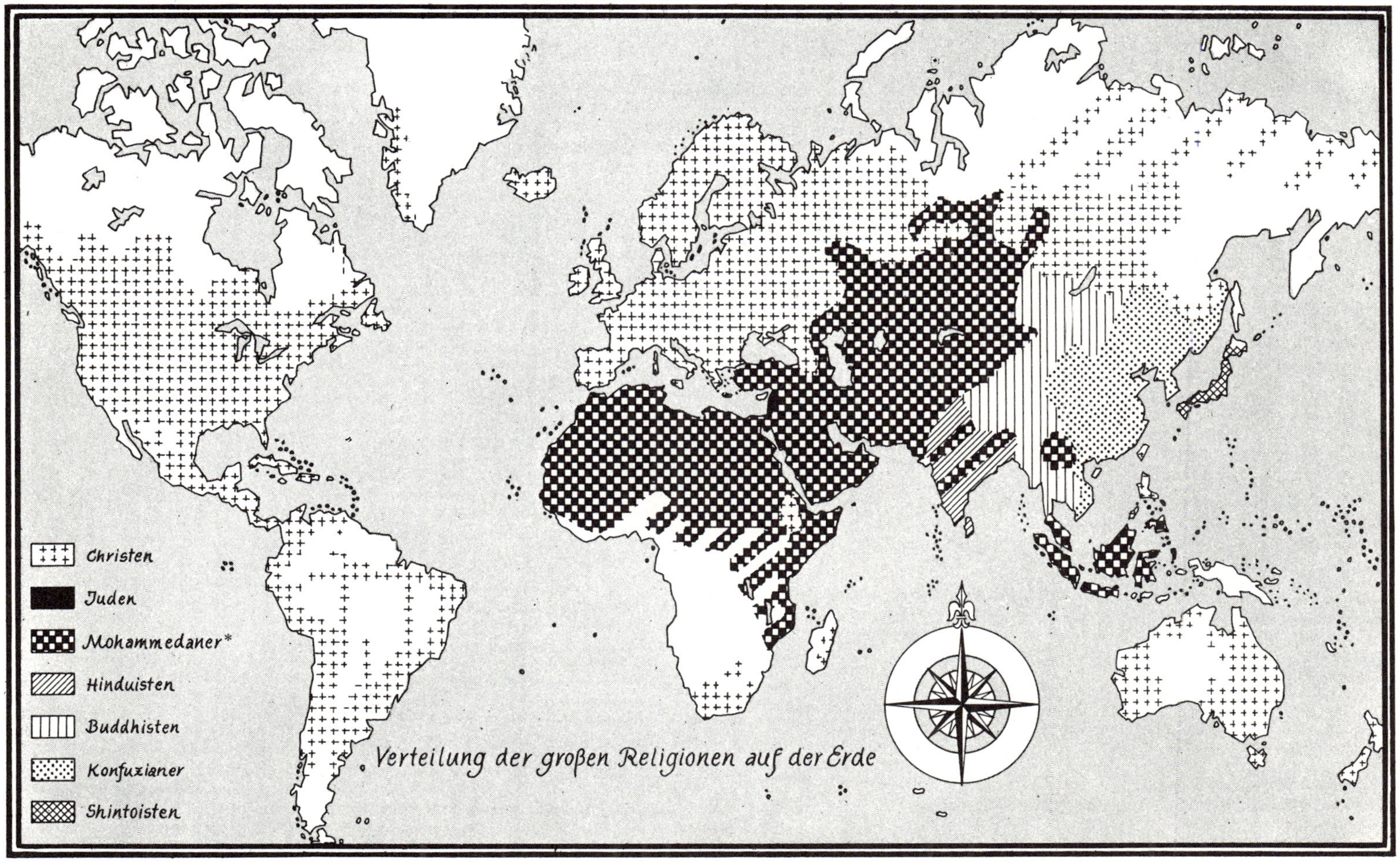

Aus: Hans-Joachim Schoeps: Religionen. Wesen und Geschichte. Gütersloh 1961, S. 168.

* Zur Namengebung „Mohammedaner/Muslime" vgl. besonders S. 122.

Aufgabenlösungen

Lösungen zur 1. Studieneinheit

Aufgabe 1

- *Etymologische Herleitung:* lat. *religere:* „achten, hüten, pflegen" (CICERO); *re-eligere:* „wiedererwählen" (AUGUSTINUS); *religare:* „binden", „Rückbindung des Menschen an Gott" (LACTANTIUS).
- F. SCHLEIERMACHER: Religion ist das Gefühl schlechthinniger Abhängigkeit.
- R. OTTO: Religion ist das Kreaturgefühl angesichts des Numinosen.
- P. TILLICH: Religion ist das Ergriffensein von dem, was uns unbedingt angeht.
- *Zusammenfassende theologische Umschreibung:* Religion ist die Rückbindung des Menschen an eine außerhalb seiner selbst bestehende und ihn im Ganzen betreffende Wirklichkeit oder Macht.

Aufgabe 2

LUCKMANN sieht in der Religion die Funktion, dem Menschen eine umfassende Sinndeutung der Wirklichkeit zu geben. Im „Transzendieren" vollzieht der Mensch seine Religion. Erst dadurch gelingt es ihm, allgemein verbindliche Werte und Verhaltensnormen zu sichern und menschliches Zusammenleben zu ermöglichen.
LUHMANN führt diesen Grundgedanken in seiner umfassenden Systemtheorie weiter aus. Religion hat hier die unentbehrliche Funktion, die Unbegreifbarkeit der komplexen Weltzusammenhänge für den Einzelnen durchsichtig zu machen (unbestimmte Komplexität in bestimmbare Komplexität zu transformieren). Erst durch solche Einsichten („Reduktionen") gelingt es dem Menschen, die Ungewißheit zu ertragen und damit seine Existenz zu sichern.

Aufgabe 3

- Es fehlt ein Gegenüber zum weltlich geprägten („säkularisierten") Alltag: Sonn- und Feiertage werden gleichermaßen weitgehend profan erlebt.
- Tourismus und Freizeitindustrie füllen die Zeit aus, die früher durch religiöse Inhalte geprägt war.
- Von außen („sekundär") gesteuerte Sachzwänge, Anforderungen und Erwartungshaltungen bestimmen den Alltag.
- Einflüsse durch Massenmedien bewirken eine zunehmende Gleichschaltung der allgemeinen Meinung.
- Die verfremdete Zeiterfahrung des Alltags kennt fast nur noch ein eintöniges Nebeneinander alltäglicher Lebensvollzüge.
- Begeisterungslosigkeit und Einförmigkeit, die es schwermachen, Neues und Einmaliges zu erfahren, führen zu einer Eindimensionalität des heutigen Alltags.

Aufgabe 4

- Geistesgeschichtliche Entwicklung seit der Aufklärung
- Aufkommen der modernen Naturwissenschaft
- Emanzipatorische Tendenzen in Philosophie und Literatur
- Religionskritik (vor allem im 19. Jahrhundert)
- Das unverständliche und unbewältigte Problem des Leidens

Aufgabe 5

Das Konzept des „religionslosen Christentums"
- trennt die christliche Botschaft vom gekreuzigten Gott (Jesus Christus) von dem Gottesbild aller traditionellen monotheistischen Religionen, die Gott als allmächtigen und guten Schöpfer der Erde verstehen;
- versucht die Gottheit mit neuen Begriffen zu fassen, die sich vom traditionellen Vokabular der Religionen abheben;
- zieht aus der Vorstellung vom gekreuzigten Gott weitgehende sozialpolitische Konsequenzen: Veränderung der bestehenden (Unrechts)Verhältnisse, Bibel und Religiosität als Motivationselemente für mehr Mitmenschlichkeit u. dgl.

Die Problematik dieses Konzepts liegt darin, daß
- in einer weitgehend auf Zwischenmenschlichkeit ausgerichteten Religiosität die Beziehungen zu einer transzendenten (göttlichen) Wirklichkeit zu kurz kommen;
- das Christentum ohne seine eigenen geschichtlichen Wurzeln nicht richtig verstanden werden kann.

Aufgabe 6

Gegebenheiten, an denen sich religiöse Elemente der Alltagswelt ablesen lassen:
- Statistische Untersuchungen belegen ein gewisses bleibendes Interesse an religiösen Themen und religiöser Praxis.
- Wachsender Einfluß außereuropäischer Religionen auf unsere Denk- und Lebensgewohnheiten.
- Ein neuerliches Interesse an Jesus von philosophischer und literarischer Seite.
- Die Aufmerksamkeit, die religiösen Großveranstaltungen (Katholikentagen/Kirchentagen) entgegengebracht wird.

Aufgabe 7

Grundwerte und Grundhaltungen wie Anerkennung der Menschenwürde, Unantastbarkeit des Lebens sowie Toleranz können durch wissenschaftliche Methoden weder begründet noch gesichert werden. Die Frage, ob eine Tat gut oder zu verwerfen ist, muß Maß nehmen an einem letztlich als absolut gut erkannten Wert, der nicht mehr zur menschlichen Disposition gestellt werden kann. Keine sittliche Wertung ist ohne Bezug zu einem „Absolutum" möglich. Darin wird die Bedeutung der Religion erkennbar.
Die menschliche Sehnsucht nach Sinnhaftigkeit des Lebens orientiert sich insbesondere an der Frage nach Grund und Ziel des Lebens und der Welt. Dabei wird Sinn deutlich in kleinen Bereichen alltäglicher Erfahrung, etwa von Vertrauen, Liebe, aber auch in Leiderfahrungen, die aufzeigen, daß es so nicht sein soll. In diesen Sinnerfahrungen leuchtet eine Ahnung von einem umfassenden Lebenssinn auf, der zu Recht religiös interpretiert werden darf.

Lösungen zur 2. Studieneinheit

Aufgabe 1

(a) *Kult* von lat. *cultus:* „Pflege", „Verehrung": Gesamtheit aller Traditionen, Rituale, Symbolhandlungen und spontanen Aktionen zur Verehrung der Gottheit.
Ritual: Bestandteil des Kults, wiederholbarer Ablauf immer gleicher Zeichenhandlungen, hat Wiedererkennungsfunktion, Beheimatungsfunktion, Ordnungsfunktion u. a.
(b) Gottheiten sind Personifizierungen des Selbstverständnisses einer Gruppe, die eine gemeinsame Geschichte hat.
(c) *Symbol:* vieldeutiges Sinnbild, im Kontext der Beziehung zwischen Menschen zu verstehen, daher immer mit der Geschichte der jeweiligen Gruppe zusammenhängend.
Zeichen: eindeutig durch Definition (Mathematik).
Klischee: zum Zeichen verkommenes Symbol, dessen ursprüngliche Bedeutung nicht mehr wahrgenommen und das nun mißverstanden wird.

Aufgabe 2

Hauptfunktionen des Festes:
- Grundsätzlich: sozialhygienische Funktion.
- Im einzelnen u. a.:
  - Funktion der Angstbewältigung, Verklärung der notvollen Gegenwart, Bewältigung von Ambivalenzen, z. B. Integration von Konkurrenz und Kooperation, Wünschen nach Selbständigkeit und Zugehörigkeit, Passivität und Aktivität, Anpassung und Veränderung;
  - Funktion der Erinnerung an gemeinsame Geschichte und der Vorausschau auf gemeinsame Zukunft;
  - Funktion der Solidarisierung;
  - Funktion der Repräsentation der Gottheit und ihres Volkes.

Aufgabe 3

- *Tiefenpsychologisch:* Verständigung als Therapeutikum, hermeneutische Orientierung.
- *Verhaltenspsychologisch:* Korrektur falschen Verhaltens, Erzielung richtigen Verhaltens durch Verhaltenstraining.
- *„Biblisch-theologisch":* Verständigung und Verkündigung werden in gewisser Weise als Gegensätze verstanden; dazwischen ist ein „Bruch" (THURNEYSEN). Der Unterschied von Gottheit und Menschheit wird stärker betont als die liebevolle Beziehung zwischen beiden oder gar als Gottes Menschwerdung (protestantisch-reformierte gegen katholische und lutherische Tradition).

Lösungen zur 3. Studieneinheit

Aufgabe 1

Während sich die klassische Religionskritik mit der christlichen Religion und deren Aussagen kritisch auseinandersetzt, stellt sich für den Positivismus das Problem der direkten Auseinandersetzung mit der Religion überhaupt nicht. Antworten auf Fragestellungen, deren Richtigkeit nicht aus der Empirie beweisbar ist, lehnt der Positivismus ab. Damit wird der Auseinandersetzung mit der Religion – sei es aus theistischer oder atheistischer Sicht – zwangsläufig die Grundlage entzogen.

Aufgabe 2

(a) • Nach FEUERBACH ist Religion eine Projektion des Menschen, deren dieser zur Verarbeitung und Kompensation seiner Endlichkeit, seines Elends und seiner Sehnsüchte bedarf. Religion ist für FEUERBACH damit der Inbegriff menschlicher Wünsche und Hoffnungen. Die religiösen Vorstellungen über Gott, Mensch und Welt entstehen aus der Differenz zwischen der Endlichkeit des einzelnen Individuums und der Unendlichkeit des menschlichen Wesens.
• Nach MARX ist Religion Kennzeichen einer gesellschaftlichen und wirtschaftlichen Entfremdung des Menschen. Weil der Mensch im Elend dieser Welt lebt, projiziert er seine Wünsche in eine andere; dadurch entsteht Religion. Es bedarf daher der Veränderung der Zustände, weil diese einerseits zur Religionsbildung führen und andererseits wiederum durch die Religion gerechtfertigt werden.
• Nach FREUD dient Religion dazu, die menschliche Hilflosigkeit erträglicher zu machen. Damit verspricht Religion im Gegensatz zur Realität Geborgenheit. Wie das Kind sich der Realität durch Wunschdenken entzieht, will auch der Erwachsene sich nicht eingestehen, daß es keine Erfüllung der tiefsten Wünsche und Sehnsüchte des Menschen, keinen Sinn und Wert des Lebens gibt. Diesem Infantilismus will FREUD mit einer Erziehung zur Realität begegnen.

(b) Gott wird von NIETZSCHE verneint, weil nur durch den Tod Gottes der vom Machttrieb geprägte Übermensch möglich wird. Mit dem Tode Gottes entfällt auch der Glaube an eine Sinnhaftigkeit und Zielgerichtetheit in dieser Welt, ebenso jegliche bisher gültige Moral und Ethik.
Die Folgerung SARTRES aus der Nicht-Existenz Gottes ist die völlige Freiheit des Menschen. Diese völlige Freiheit besteht in dem Frei-Sein von Werten, Bindungen und Normen. Da es keine Zielgerichtetheit menschlicher Geschichte und Existenz gibt, ist das menschliche Leben im Prinzip absurd.

Aufgabe 3

(a) Naturwissenschaften und Religion schließen sich deswegen nicht aus, weil es neben den naturwissenschaftlichen auch andere Aspekte menschlicher Existenz gibt (Konflikt, Scheitern, Schmerz, Ungerechtigkeit, Unterdrückung), die Gegenstand theologischer Reflexion sind.
(b) Ergebnisse naturwissenschaftlicher Forschung können sowohl zum Nutzen als auch zum Schaden der Menschen verwandt werden. Die Interpretationsbandbreite dessen, was als nützlich bzw. schädlich angesehen wird, ist allerdings sehr groß.
Die Korrektivfunktion einer aus christlicher Ethik gewonnenen Verantwortungshaltung besteht darin, daß sie fragend und kritisch die Auswirkungen technologischer Entwicklung und deren Anwendung begleiten und dort Einwände erheben wird, wo Mensch und Menschlichkeit das Opfer technologischer Mißbräuche zu werden drohen.

Aufgabe 4

Theologie kann Glauben dem Vorwurf der Illusion nie grundlegend entziehen. Theologie kann ebenso die These von der Projektion – mit Beweisen abgesichert – nicht widerlegen.
Die Theologie gibt aber zu bedenken, daß die christliche Religion nicht nur auf „Projektionswünsche" des Menschen verengt werden kann, sondern daß die Lebenswirklichkeit des Menschen von Phänomenen geprägt ist, die durch technische Vernunft nur unzureichend gefaßt werden können und daher metaphysisch gedeutet werden. Außerdem ist mit dem Aufweis der Religion als einer Projektion menschlicher Wünsche in Göttergestalten hinein noch nichts Endgültiges über die Existenz oder Nichtexistenz der Götter bzw. des christlichen Gottes gesagt.
Weiterhin gilt es zu bedenken, daß der christliche Gott durch den Menschen nicht einfach bestätigt wird, sondern daß er immer auch der Ganz-Andere (BARTH) ist. Ein Gott der Armut, der Erniedrigung und des Sterbens am Kreuz entstammt sicherlich nicht den Wunschvorstellungen des Menschen.

Der Nihilismus negiert neben der Religion auch alle traditionellen Wertmaßstäbe, Bindungen, Normen und Werte. Durch die Forderung eines Herrenmenschenideals (NIETZSCHE) besteht die Gefahr, daß der Mensch gerade nicht dadurch zu sich selbst findet, daß er sich an die Stelle Gottes setzt. Die fehlenden Wertmaßstäbe fordern den Kampf aller gegen alle heraus, bei dem sich schließlich der Stärkere durchsetzen würde. Die christliche Religion beansprucht aber durch die ihr innewohnende Ethik, den Menschen Wege aufzuzeigen, die ein humaneres Zusammenleben ermöglichen können.

Lösungen zur 4. Studieneinheit

Aufgabe 1

(a)
– THOMAS von Aquin
Eine philosophische Lösung des Theodizee-Problems müßte die Notwendigkeit des Leidens in der Welt bei Annahme eines guten Schöpfergottes unter Ausschluß einer besseren Möglichkeit zeigen, da das Wissen der Philosophie notwendige Einsichten zu vermitteln hat. THOMAS zeigt aber „nur" die *Möglichkeit* des Leidens in der Welt bei Annahme eines guten Schöpfergottes, da er die Widerspruchsfreiheit der Glaubenswahrheit „Gott existiert" auch angesichts des Leidens in der Welt demonstrieren will, nicht aber die philosophische Notwendigkeit dieses Sachverhalts.
– G. W. LEIBNIZ
Eine philosophische Lösung des Theodizee-Problems müßte die Notwendigkeit des Leidens in der Welt bei Annahme eines guten Schöpfergottes unter Ausschluß einer besseren Möglichkeit zeigen, da das Wissen der Philosophie notwendige Einsichten zu vermitteln hat. LEIBNIZ zeigt aber „nur" die *Notwendigkeit* des Leidens in der Welt bei Annahme eines guten Schöpfergottes, da er die notwendige Widerspruchsfreiheit der beiden Sachverhalte „Gott existiert" und „Die Welt ist (daher) die beste aller möglichen Welten" beweist, nicht aber die den Verstand übersteigende Möglichkeit einer leidensfreien Welt demonstrieren kann, da er sich ja auf den Verstand als Mittel der Erkenntnis stützt.

(b)
Das Theodizee-Problem ist verstandesmäßig nicht lösbar, weil der Mensch entweder die *Notwendigkeit* alles in der Welt Gegebenen einsehen müßte und sich damit als unfrei begriffe, oder aber die *Möglichkeit* alles in der Welt Gegebenen – mithin auch des Leidens – verstünde, sich als frei erkennen müßte, nicht aber die Notwendigkeit des Leidens einsehen könnte. Entweder also kann die Notwendigkeit alles in der Welt Gegebenen oder aber dessen Möglichkeit eingesehen werden: wenn alles notwendig so ist, wie es ist, kann eine den Verstand übersteigende Möglichkeit nicht ausgeschlossen werden; wenn alles so, wie es ist, möglich ist, ist noch nicht dessen Notwendigkeit erwiesen. Möglichkeit und Notwendigkeit müßten hier zusammengedacht werden, obwohl sich daraus ein Widerspruch ergibt – daher ist das Theodizee-Problem für den Verstand nicht lösbar.

Aufgabe 2

Die Früh-griechische Religion kennt (noch) nicht die Vorstellung eines guten allmächtigen Schöpfergottes, der als Schöpfer von allem auch Schöpfer des Leidens sein könnte. Da nun das gesamte Dasein des Menschen der Macht des Gegensatzes ausgesetzt ist, der nicht von den Göttern hervorgebracht ist, gilt es für den Menschen, zwischen den jeweils gegensätzlichen Seiten stets das rechte Maß zu wahren. Die Überschreitung dieses Maßes ist *Hybris:* sie zieht Leiden und Tod nach sich, die die Götter zwar zuteilen, nicht aber geschaffen haben. Eine Ursache für das Leiden ist also Hybris, eine Ursache der Hybris aber kann letztlich nicht angegeben werden; deshalb entsteht zwar kein Theodizee-Problem, aber es ist auch keine Erklärung des Leidens möglich.

Aufgabe 3

Da alles Dasein vergänglich ist, Vergänglichkeit aber leidvoll, ist alles Dasein Leiden. Dieses Leiden ist bedingt durch die konditionalen Verflechtungen, die überall herrschen und nichts unvergänglich lassen. Da alles miteinander verflochten ist, gibt es auch nichts Unvergänglich-Beharrendes: kein „Ich", keinen „Gott". Wenn es aber kein „Ich" gibt, kann „Ich" nicht leiden; wenn es keinen „Gott" gibt, kann es auch kein Theodizee-Problem geben. Leidens- und Gottesvorstellung sind gemeinsam als Illusion durchschaut, wenn die Vorstellung des „Ich" als Illusion erkannt ist. Die Vorstellung eines guten Schöpfergottes, der real existierte, scheitert schließlich auch an ihrer eigenen Widersprüchlichkeit angesichts eines als real genommenen Leidens in der Welt. Nur die Aufhebung dieser „Realität" beseitigt den im Theodizee-Problem liegenden Widerspruch, indem das Problem selbst aufgehoben wird.

Aufgabe 4

Alles Leiden ist – wie alles in der Welt – von Gott geschaffen. Daher kann eine Erklärung dieses göttlichen Schöpferwillens, der die Menschen zum Guten führen will, bei dem Hinweis auf die notwendige Demut vor dem Schöpferwillen beginnen (Ijob), bei der für den Menschen notwendigen Belehrung durch „Züchtigungen" verweilen und schließlich daraus die Erkenntnis ziehen, daß alles – auch die Leiden – zum Guten führen müsse, weil die Belehrung durch Leiden als Mittel zur Heiligung zu Gott führt (Rabbi Aqiba). Vor diesem Ziel sind aber alle Leiden so belanglos, daß sie in die Nichtigkeit aufgehoben sind: dann aber stellt sich das Theodizee-Problem nicht, das ja den Widerspruch zwischen der Güte Gottes und dem Leiden in der Welt bedenkt.

Aufgabe 5

Alles Leiden ist – wie alles in der Welt – von Gott geschaffen. Gott aber muß sich vor seiner Schöpfung nicht „rechtfertigen", wie es im Theodizee-Problem gefordert ist; sucht man dennoch nach einem Sinn (nicht Grund!) von Leiden, so erkennt man darin stets eine göttliche Belehrung: sei es, um eine zu enge Bindung an die Welt zu verhindern, sei es, um Sünden zu strafen. Alle Leiden sind mithin Wege zu Gott, alle Leiden unwichtig, wenn der Glauben nicht Schaden nimmt. So kann der Sinn der Leiden zwar letztlich nicht erklärt werden, weil deren Notwendigkeit zu erklären den Verstand übersteigt, aber er kann auch nicht bestritten werden. Somit ist das Problem der Theodizee zwar nicht gelöst, weil es als Problem des Verstandes nicht lösbar ist, als Problem des Glaubens bedarf es aber auch keiner Lösung, weil das demutsvolle und dankbare Gottvertrauen bei allen Fügungen „Islam" („Hingabe an Gott") ist.

Aufgabe 6

Augustinus erkennt das Böse als Mangel an (geschuldetem) Guten. Wenn das Böse als Mangel erscheint, so ist es an sich selbst nichts, also auch nicht von Gott geschaffen; die Möglichkeit des Menschen, nach diesem Nichtigen zu streben, erklärt sich aus der Herkunft des Menschen aus dem Nichts. Drängt der durch „Unbesonnenheit" geleitete Mensch zu dem, was nichts ist, so kann er den göttlichen Schöpfungswillen nicht brechen, der alles zum Guten führen will: denn eben diesem Willen ist es eigen, den menschlichen Willen zum Bösen zur Umkehr bringen zu können. Dieser Vorgang entspricht genau der „Schöpfung aus dem Nichts", die nur ein allmächtiger Gott vermag: wenn Böses nichtig ist, so ist der Wandel vom Bösen in Gutes ein Schöpfungsakt. Böses als Ursache von Leiden spricht mithin nicht gegen die Existenz Gottes, sondern dafür.

Aufgabe 7

Eine weder dem Verstand widersprechende noch ihm unterworfene Hoffnung ist allen monotheistischen Religionen eigen. Aus der Endlichkeit des Menschen erwächst die Einsicht auch in die Endlichkeit des Leidens. Aus dieser Erkenntnis wiederum ergibt sich eine Herausforderung an die Hoffnung, daß daher auch alles Leiden dieser Welt letztlich aufgehoben werde. Das Theodizeeproblem spricht insofern für, nicht gegen die Existenz eines guten Gottes.

Lösungen zur 5. Studieneinheit

Aufgabe 1

Über den Ursprung der Welt, den Sinn des menschlichen Lebens, die Normen des menschlichen Handelns und ähnliche Themen wird sowohl in der Philosophie als auch in der religiösen Verkündigung gesprochen. Philosophische Argumente können zwar theoretische Einsichten vermitteln und dem Menschen helfen, seine Lage besser zu verstehen; sie können ihm aber die Entscheidung darüber nicht abnehmen, wie er sich zu dieser seiner Lage verhält. Die religiöse Verkündigung erschöpft sich nicht in theoretischer Information. Sie verheißt dem Menschen eine Zuwendung Gottes, die er zu seinem Heil ergreifen oder zu seinem Unheil zurückweisen kann. Ganz ähnlich, wie der Rat eines Eheberaters das Gespräch zwischen Ehegatten nicht ersetzen kann. Der Eheberater kann dem ratsuchenden Menschen helfen, seine Lage besser zu verstehen, aber ihm die Entscheidung nicht abnehmen, wie er sich zu dieser seiner Lage verhält. Das heilende Gespräch zwischen den Partnern erschöpft sich nicht in theoretischer Information. Es spricht, wenn es gelingt, dem einen Partner die Zuwendung des anderen zu und kann heilend wirken, wenn er diese Zusage ergreift, aber auch unheilvolle Folgen haben, wenn er sie zurückweist. Theoretische Klärungen – seien sie philosophischer oder psychologischer Natur – können den Menschen befähigen, seine Entscheidung zu treffen; nur Sprachhandlungen, die Zuwendung wirksam aussprechen und ebenso wirksam annehmen oder verweigern, können diese Entscheidung wirksam vollziehen.

Aufgabe 2

Gehorsam ist die Bereitschaft, sich aus freiem Entschluß Handlungsanweisungen zu eigen zu machen, die man sich nicht selbst gegeben hätte. Die Pflicht zum Gehorsam ist eine Folge der Solidaritätspflicht, weil gemeinsames Handeln nicht möglich wäre, wenn der Einzelne nicht eigene Handlungsabsichten zurückstellte, um sich fremde Handlungsziele und Handlungsnormen zu eigen zu machen. Aber Gehorsam setzt Freiheit voraus. Es kann also keine Pflicht zum Gehorsam geben, wenn der Gehorsam die eigene Freiheit aufhöbe. Eine Pflicht zum Gehorsam kann es also dann nicht geben, wenn der Gehorsam nicht nur gegen die Überzeugungen des Einzelnen, sondern gegen sein Gewissen verstieße. Glaubensfragen sind aber immer Gewissensfragen. Darum scheint die Unterwerfung des Glaubens und damit des Gewissens unter fremde Entscheidungen sittlich unverantwortbar zu sein.
Die sittlich verantwortete Freiheit heißt „Geistesfreiheit", das heißt die Fähigkeit, sich vernünftig, also kommunikationsfähig und gemeinschaftsfähig, zu verhalten. Nur die Freiheit des Geistes macht die Zustimmung zum Wahrheitsanspruch von Aussagen möglich. Darum kann es keinen Wahrheitsanspruch geben, der verlangt, die Freiheit des Geistes aufzugeben. Das erkennen sogar Religionen an (z.B. die katholische Kirche in ihrer Konzilserklärung über die Religionsfreiheit). Dann aber scheint es unmöglich zu sein, dem Wahrheitsanspruch einer Religion in einem Akt des Gehorsams zuzustimmen.

Aufgabe 3

Geistesfreiheit, von Philosophen auch „Autonomie der Vernunft" genannt, ist die Fähigkeit, die bloß individuellen Neigungen und Interessen zurückzustellen zugunsten derjenigen Regeln, die es möglich machen, vernünftig zu urteilen und zu handeln und dadurch objektive und allgemeingültige Wahrheit zu erreichen. Die Folge dieser Geistesfreiheit ist die Fähigkeit zum selbständigen Urteil über das, was wahr und gut ist. Auch für Paulus zeigt sich die „Geistbegabung" darin, daß der Mensch alles beurteilen kann und dabei zugleich zu einem gemeinsamen Urteil, also zur Verständigung mit anderen Menschen, findet. Auch ist der Geistbegabte in seinem Urteil frei und keinem fremden Urteil unterworfen. Er „beurteilt alle und wird von niemandem beurteilt". Aber diese Fähigkeit ist nach dem Verständnis des Apostels Paulus nicht eine selbstverständliche, naturgegebene Voraussetzung menschlichen Denkens und Handelns, sondern eine Gabe, die der Mensch dadurch empfängt, daß er am „Geist Gottes", das heißt an Gottes eigenem Selbstbewußtsein, Anteil gewinnt. Nur so wird der Mensch fähig, zu beurteilen, „was Gottes ist", das heißt, was Gott zum Heil der Menschen wirken will und was der Mensch, diesen Heilsabsichten Gottes entsprechend, tun soll.

Aufgabe 4

Die ideologische Befangenheit des menschlichen Denkens, wie sie in der philosophischen Ideologietheorie beschrieben wird, besteht darin, daß der Mensch von dem Interesse geleitet ist, sich in der Auseinandersetzung gesellschaftlicher Gruppen einen Konkurrenzvorteil zu verschaffen. Das gelingt auf die Dauer nur dadurch, daß er sich selbst ins Recht, seine Konkurrenten ins Unrecht setzt. Scheinbar ganz sachliche Argumente werden so zum Mittel im gesellschaftlichen Konkurrenzkampf. Die christliche Botschaft von der Rechtfertigung des Sünders macht deutlich, daß der Wille, „seine eigene Gerechtigkeit aufzurichten" zu den „Prägungen" gehört, denen das menschliche Denken in „dieser Weltzeit" unterliegt. Sie macht dem Menschen diesen seinen oft verschleierten Willen zur Selbstgerechtigkeit offenbar und bietet ihm die Überwindung dieser Befangenheit an: Im Vertrauen auf Gottes Vergebung hat der Mensch es nicht nötig, sich ins Recht zu setzen. Und erst wenn er von diesem Selbstrechtfertigungszwang befreit ist, gewinnt er die Möglichkeit, gemeinsam mit seinen Mitmenschen zu beurteilen, „was Gottes Wille ist, das Gute, Zustimmungswürdige, Vollkommene".

Lösungen zur 6. Studieneinheit

Aufgabe 1

Der Sabbat ist „Feiertag" (wörtlich: „auf daß ruhe") für die Familie im engeren (Sohn und Tochter) und weiteren Sinn (Knecht und Magd, also für die Sklaven), aber auch für den im jüdischen Land lebenden „Fremden" (Nichtjuden). Darüber hinaus soll auch das Vieh (Ochs und Esel als Arbeitstiere) einen Tag der Schonung haben.

Aufgabe 2

Die betende Gemeinde befindet sich in der Diaspora. Sie lebt in der Hoffnung, daß Gott die Rückkehr in die Heimat (Zion/Jerusalem als Zentrum) ermöglichen wird. Für das „Offenbarwerden des Gottesreiches" wird nicht nur die Rückführung der Juden erwartet, die in der Diaspora leben, sondern auch die Erneuerung des „Heiligtums" (Tempels) in Jerusalem.

Aufgabe 3

Israel ist durch Gottes Gebote geheiligt; der Sabbat ist dem Menschen zur Erinnerung an die Schöpfung und an die Herausführung aus Ägypten „zum Anteil gegeben". Die universale Ausrichtung des Erwählungsglaubens wird durch das Motiv „Gedenken des Schöpfungswerkes" ausgesprochen; denn hier geht es um die gesamtmenschheitliche Bedeutung des Sabbats.

Aufgabe 4

Das Gebet sieht die Gabe der Tora („Satzungen des Lebens") als Zeichen von Gottes „großer Liebe", seines „großen, reichen Erbarmens" an; denn diese „Satzungen" begründen ein sinnerfülltes Leben. Die Möglichkeit, die Weisung Gottes, seine „Satzungen", zu erfüllen, sieht das Gebet darin grundgelegt, daß Gott die Betenden „begnadigt" und „belehrt", also in seiner bereitwilligen Zuwendung zum Menschen.

Aufgabe 5

Die Sätze der „Schrift" (Bibel), die am Ende zitiert werden, stellen nicht bloß die Erinnerung an eine ferne Vergangenheit dar. Vielmehr wird das Erlösungsgeschehen, von dem die Schrift spricht, als gegenwärtig bedeutsam verstanden („auch uns mit ihnen" hat Gott aus der Knechtschaft geführt); deshalb soll auch den Kindern immer wieder (an Pessach) davon erzählt werden. Dem Text zufolge geschieht diese Vergegenwärtigung spürbar im Essen des ungesäuerten Brotes *(Mazza)* und des bitteren Krautes.

Lösungen zur 7. Studieneinheit

Aufgabe 1

Nach HARNACK trat Jesus vom ersten Augenblick an in Gegensatz zum offiziellen Judentum, insbesondere zum jüdischen Gesetzesverständnis. Auch WILCKENS erklärt den Antijudaismus des Neuen Testaments für theologisch „essentiell". Demgegenüber verstehen MUSSNER und VON DER OSTEN-SACKEN das Gesetzesverständnis Jesu im Rahmen des Judentums seiner Zeit; er ist gleichsam ein „Reformjude", der aber nicht den Rahmen des Judentums verläßt.

Aufgabe 2

Die heidenchristlichen Gemeinden standen nicht in der Kontinuität mit der jüdischen Tradition und verstanden sich deshalb als vom Judentum unterschiedene religiöse Gemeinschaften. Die Zerstörung Jerusalems durch die Römer im Jahre 70 n. Chr. wurde auch in judenchristlichen Kreisen als Gericht Gottes über die Juden interpretiert, so daß sich jetzt Ansätze eines „Antijudaismus" innerhalb des Neuen Testaments finden.

Aufgabe 3

Paulus hält an der Solidarität mit dem jüdischen Volk fest und tritt fürbittend für sein Volk ein. Zugleich wendet er sich gegen die These von der „Verwerfung" Israels und hält die Hoffnung offen, daß am Ende ganz Israel gerettet werden wird.

Aufgabe 4

(a) Grundlegende Gemeinsamkeiten zwischen Juden und Christen sind: die gemeinsame Bibel; der Glaube an den *einen* Gott, den Schöpfer Himmels und der Erde (vgl. den ersten Artikel des christlichen Glaubensbekenntnisses), der in der Geschichte seines Volkes und der Menschheit handelt.

(b) Die Tora bildet auch für das Neue Testament und die christliche Tradition die Grundlage der Ethik (vgl. die Bergpredigt und den „Kleinen Katechismus"). Die Auseinandersetzung des Paulus über die Geltung der Tora richtet sich nicht gegen Juden, sondern gegen Christen, die auch für Heidenchristen die Gültigkeit der Tora fordern.

Aufgabe 5

(a) Die wichtigsten Vorwürfe gegen die Juden sind Schuld am Tode Jesu; Gottesmord; Ritualmord; Hostienschändung; Brunnenvergiftung.

(b) Die theologisch begründeten Vorwürfe gegen die Juden bilden den Ausgangspunkt und die Basis für alle weiteren Beschuldigungen. Bis in den neuzeitlichen Antisemitismus spielt das christliche Element eine Rolle, da die christlichen Kirchen ihm nicht Widerstand geleistet haben (weil sie das jüdische Volk als verworfen betrachteten).

Aufgabe 6

Die neuen Ansätze zur Verständigung zwischen Christen und Juden stellen vor allem die Aufarbeitung der gemeinsamen Geschichte sowie die Herausbildung und Fortführung des Dialogs in den Vordergrund.

Lösungen zur 8. Studieneinheit

Aufgabe 1

Die mekkanischen Suren verkünden den einen Gott und das Endgericht, während die medinensischen Suren alle Bereiche des menschlichen Lebens in die göttliche Weisung einbeziehen und daher eine Scheidung der Lebensbereiche in Weltliches und Religiöses nicht zulassen.

Aufgabe 2

„Siegel der Propheten" meint, daß Mohammed in der Reihe der Propheten der letzte ist und nach ihm keiner mehr kommen wird, da die durch ihn verkündete göttliche Offenbarung nach islamischer Überzeugung ohne jede Entstellung im Koran vorliegt und es folglich keines weiteren Propheten mehr bedarf.

Aufgabe 3

Die islamische Theologie hält an der Handlungsfreiheit des Menschen fest, bettet die Taten des Menschen jedoch in den größeren Rahmen des göttlichen Heilsplanes ein.

Aufgabe 4

Die fünf Säulen des Islam sind:

schahāda:	Bekenntnis: Ich bezeuge, es gibt keine Gottheit außer Gott; ich bezeuge, Mohammed ist der Gesandte Gottes
salāt:	fünfmaliges tägliches Gebet
zakāt:	Almosensteuer
Fasten:	im Monat Ramadān während des Tages Enthaltung von Speise, Trank, Rauchen usw.
Hağğ:	Wallfahrt nach Mekka im Wallfahrtsmonat

Aufgabe 5

Theologisch haben Mann und Frau vor Gott die gleichen Verpflichtungen und unterliegen in gleicher Weise dem Gericht. Dieser Gleichstellung vor Gott entspricht aber keine Gleichbehandlung in der klassischen Gesellschaft. Der Mann beherrscht das Erscheinungsbild in der Öffentlichkeit; die Rolle der Frau ist vornehmlich die der Mutter und Hausfrau. Unterschiedliche Regelungen gelten für Mann und Frau hinsichtlich der Zahl der Eheschließungen, der religionsverschiedenen Ehen sowie beim Scheidungsrecht.

Aufgabe 6

Es geht um soziale Gerechtigkeit auf der Grundlage eines ausgewogenen Verhältnisses zwischen Besitz und einer aus Besitz entspringenden sozialen Verantwortung gegenüber den Mittellosen. Dies wird durch die *zakāt* idealtypisch zum Ausdruck gebracht, weil deutlich wird, daß der Erwerb von Eigentum bejaht und gleichzeitig die damit verbundene soziale Verpflichtung von Eigentum gesehen wird.

Lösungen zur 9. Studieneinheit

Aufgabe 1

Wirtschaftliche und soziale Schwierigkeiten, insbesondere die Arbeitslosigkeit auf dem Lande und hohe Inflationsraten, haben in der Türkei zu großen Binnenwanderungen in die städtischen und industriellen Zentren im Westen des Landes geführt. Diese Bewegung setzt sich in der Auswanderung in die mitteleuropäischen Industrieregionen fort. Hinzu kommt als weiterer Grund für nicht wenige Türken die politische und ideologische Polarisierung in der Türkei. Gleichzeitig benötigte die deutsche Wirtschaft seit Ende der fünfziger Jahre in wachsendem Umfang ausländische Arbeitskräfte, die zunehmend in der Türkei angeworben wurden.

Aufgabe 2

In islamischen Ländern sind Kultur und Gesellschaft, Arbeitsrhythmus und Lebensgewohnheiten ganz nach den Bedürfnissen der islamischen Frömmigkeitspraxis gestaltet. In der mitteleuropäischen Industriegesellschaft herrschen andere Organisationsformen und Arbeitsabläufe. Daraus ergeben sich für die Muslime Konflikte zwischen ihrer religiösen Verpflichtung und den gesellschaftlichen und ökonomischen Zwängen, die auf Dauer kaum erträglich sind. Zudem steht die europäische Kultur (Eßgewohnheiten, aber auch Wertvorstellungen usw.) oft im Gegensatz zur kulturell-religiösen Praxis der Muslime.

Aufgabe 3

Assimilation bedeutet die umfassende Angleichung einer zugewanderten Minderheit an die neue gesellschaftliche und kulturelle Umwelt. Sie schließt den Verlust der bisherigen Identität ein.
Segregation (wörtlich: Trennung) ist umgekehrt der Versuch, die soziale, ethnisch-kulturelle und religiöse Identität des Herkunftslandes durch Abgrenzung von der neuen Umwelt möglichst unverändert festzuhalten; sie führt in der Konsequenz zum Ghetto.
Integration ist zu verstehen als Bemühung, den zugewanderten Ausländern die Teilnahme am gesellschaftlichen Leben mit seinen Chancen und Pflichten durch Eingliederung und Lernprozesse so weit wie möglich zu öffnen, ohne aber ihre eigene Identität zu zerstören. Diese wird sich verändern, doch bleibt ein selbst zu bestimmender Kern erhalten. Integration ist nur möglich durch eine gegenseitige Annäherung und Annahme zwischen den Ausländern und der deutschen Gesellschaft.

Lösungen zur 10. Studieneinheit

Aufgabe 1

Die entscheidende Ursache ist das neue Sendungsbewußtsein der östlichen Religionen im 19. Jahrhundert, zu dessen Entstehung die Begegnung mit westlicher Zivilisation und christlicher Mission freilich beigetragen hat. Die Ausbreitung östlicher Religiosität nahm in dem Maße zu, wie der Westen nach religiösen und kulturellen Alternativen zu suchen begann. Zusätzliche Faktoren sind beispielsweise die verbesserten Verkehrsmöglichkeiten und die Übersetzung religiöser Literatur des Ostens.

Aufgabe 2

Das Heilsziel sind die Befreiung aus dem Kreislauf der Wiederverkörperungen und die Vereinigung mit dem Brahman. Darum die Aufforderung, die Einheit mit dem Brahman als Meditationsgegenstand zu wählen. Diese Meditation führt zu einem Bewußtseinszustand, in dem das unterscheidende Denken ausgelöscht und die Einheit mit dem Brahman persönlich erfahren wird.

Aufgabe 3

Nach buddhistischer Lehre ist das Leben grundsätzlich Leiden, weil der Mensch in seiner Unwissenheit gierig an den Dingen haftet, die in Wirklichkeit vergänglich und leer sind und keine Befriedigung gewähren. Befreiung vom Leiden setzt also Überwindung der Gier voraus, und die ist nur möglich, wenn der Mensch sein Ich-Bewußtsein überwindet.

Aufgabe 4

Der Neohinduismus hat ein universales Sendungsbewußtsein entwickelt, das indische Spiritualität als Rettung der Welt proklamiert. Ferner hat er das traditionelle Kreislaufdenken durch das moderne Evolutionsdenken ersetzt und auch Jesus sowie das Christentum in seine religiöse Synthese einbezogen.

Aufgabe 5

(a) Im *Komplementaritätsmodell* kommen eine tolerante Haltung und Bereitschaft zum Ausdruck, das Gute in anderen Kulturen gelten zu lassen. Dem *Pervertierungsmodell* geht es vor allem um die ursprüngliche Bedeutung und Tiefe fremder religiöser Traditionen und darum, daß sie nicht mißbraucht werden. Das *Vakuum- und Herausforderungsmodell* bringt die persönliche Betroffenheit und Bereitschaft zu religiös-kultureller Selbstkritik des Westens zum Ausdruck.
(b) Ich selbst ...

Lösungen zur 11. Studieneinheit

Vorbereitungsaufgabe 1

Matthäus 26,36–46 hält sich sehr eng an den Markustext. Mehr als die Hälfte des Wortlautes stimmt mit Markus überein. Manche Veränderungen sind nur stilistische Verbesserungen. Inhaltlich wichtige Veränderungen sind: V. 38.40 „mit mir“: Daß zwischen Jesus und den Jüngern eine bleibende Gemeinschaft herrscht, ist ein wichtiger Matthäischer Gedanke, vgl. 28,20: „ich bin bei euch alle Tage bis ans Ende der Welt.“ V. 39.42: Vor allem in V. 42 wird deutlich, daß Matthäus die Gebetsformulierung an das Unservater (Mt 6,10!) anpaßt. Jesus betet selbst vorbildlich, wie er es gelehrt hat. V. 44: Verbesserung der Erzählung; Markus erzählte nicht, daß Jesus ein drittes Mal wegging.
Lukas 22,39–46: Die Übereinstimmungen mit Markus sind ganz gering. Das ist untypisch im Ganzen des Evangeliums, aber in der Passionsgeschichte bei Lukas häufig, so daß man sich fragt, ob Lukas nicht neben Markus noch eine besondere Quelle gekannt hat. Auch hier fällt die Nähe zum Unservater auf (V. 42). Die Erscheinung des Engels V. 43f. ist Lukanisches Sondergut. Liegt eine spätere legendäre Ausschmückung der Gethsemanegeschichte vor?

Vorbereitungsaufgabe 2

Die Johanneische Szene ist ganz abstrakt, unplastisch. Sie ist fast keine Geschichte mehr, sondern in eine Rede Jesu hineingenommen. An die Gethsemaneszene des Markus erinnert V. 27 und auch V. 23 (= Mk V. 41). Andere Verse erinnern an andere Abschnitte des Markusevangeliums (V. 25: vgl. Mk 8,35; V. 26: vgl. Mk 8,34 und Mk 10,44; zu V. 28 kann man Lk 22,43 vergleichen). Der Johanneische Text wirkt geheimnisvoll; Ausdrücke wie „erhöhen“ (V. 32) oder das Wort vom Weizenkorn (V. 24) sind nicht ohne weiteres verständlich. Daß Jesu Sterben „Verherrlichung“, „Erhöhung“ und „Gericht über diese Welt“ ist, ist tiefer Ausdruck des Glaubens, der weiß, daß der Tod Jesu nicht das Ende, sondern gerade Grund des Heils ist. Der Johanneische Text ist also eine tiefsinnige Meditation des Glaubens.

Aufgabe 1

Richtig ist Alternative (d). – Vgl. dazu. S. 185f.

Aufgabe 2

(a) *Mt 4,8–10:* ein mythologischer Text (Satan!), in dem vermutlich die Gemeinde ausdrückt, daß sie Jesus nicht als Weltenherrscher im politischen Sinn versteht.
Mk 12,13–17: Es gibt keine entscheidenden Gründe, die gegen die Echtheit dieses Textes sprechen.
Mk 11,15–17: Auch hier gibt es keine entscheidenden Gründe gegen die Historizität dieser Episode. Aber: Es geht Jesus nach diesem Text um den Tempel als Ort des Gebets. Er wurde nach diesem Vorfall offensichtlich nicht verhaftet; er spielte auch in seinem Prozeß keine Rolle. Es handelt sich am ehesten um eine begrenzte Aktion Jesu (Symbolhandlung?).

(b) *Mk 12,13–17* meint nicht, wie man oft denkt, eine fein-säuberliche Trennung von Gehorsam gegenüber dem Staat und Gottesdienst. Das Gewicht liegt auf dem, wonach Jesus nicht gefragt wurde, was aber viel wichtiger ist: Gebt (vor allem) Gott, was Gott gehört!
Die Symbolhandlung *Mk 11,15–17* zeigt einerseits, daß Jesus keinen Umsturz inszenierte (dann hätte er weitermachen müssen und nach der erfolgreich abgeschlossenen Aktion im Tempel diesen nicht einfach verlassen dürfen), andererseits aber, daß er einen Konflikt mit den Machthabern im Tempel nicht scheute.

Aufgabe 3

(a) *Äth. Hen. 46* knüpft an Dan 7 an. Der Menschensohn ist aber klar eine individuelle Gestalt, deren Gerechtigkeit betont wird. Seine wichtigste Aufgabe ist der Kampf gegen die Mächtigen und Könige; er hat also eine „messianische" Funktion. *Äth. Hen. 71* knüpft an 1 Mose 5,24, die Entrückung Henochs, an („ich" = Henoch). Die Entrückung Henochs in den Himmel entspricht der Auffahrt des Menschensohns mit den Wolken des Himmels in Dan 7,13. Henoch wird mit dem Menschensohn gleichgesetzt; seine Aufgabe ist die Herbeiführung des endzeitlichen Friedens. Das Wandeln „in seinen Wegen" ist entscheidend, ähnlich wie Lk 12,8f.! *4 Esra 13* (der späteste der drei Texte?) zeigt wiederum einen kriegerischen Typ der Menschensohnerwartung, der nur noch locker an Dan 7 anknüpft. Die entscheidende Aufgabe des Menschensohns ist der Kampf, die Erlösung der Schöpfung vom Zentrum der Welt, dem Zion, aus. Eng sind die Berührungen mit Offb 19,11ff.

(b) Für die Jesusworte *Lk 12,8f.* und *17,26–30* ist charakteristisch, daß sie das Kommen des Menschensohns nicht schildern und ausmalen, sondern nur warnen (ähnlich bei den Gottesreichworten Jesu!). Lk 12,8f. spiegelt am deutlichsten den Anspruch, den Jesus für seine Worte stellt (vgl. ähnlich äth. Hen. 71,16!). In Lk 17,26ff. sind die Plötzlichkeit und Unberechenbarkeit des Kommens des Menschensohns wichtig. Das Moment des Krieges des Menschensohns gegen die Mächte der Welt fehlt bei Jesus völlig; der Menschensohn ist ausschließlich Richter. Beide Worte knüpfen nicht direkt an Dan 7 an.

Aufgabe 4

1. Mk 2,19: Die Gegenwart Jesu ist eine Freudenzeit und entbindet von dem in jüdischen Gruppen üblichen regelmäßigen Fasten (vom AT geboten ist nur das Fasten am Versöhnungstag).
2. Lk 9,59f.: Der Ruf in die Nachfolge Jesu entbindet auch von den höchsten Pietätspflichten.
3. Lk 17,20f.: Jesus verbindet das Kommen des Gottesreichs mit seiner eigenen Wirksamkeit.
4. Mt 8,11f.: Jesus kündigt in diesem Drohwort in drastischer Weise Israel das Gericht an, während die Heiden sich mit Israels Vorvätern zur endzeitlichen Freudenmahlzeit im Reich Gottes treffen werden. Er setzt sich damit über Israels Hoffnung, als erwähltes Volk im Zentrum des Gottesreichs zu stehen, hinweg.
5. Lk 12,49f.: In diesem Spruch verbindet Jesus in geheimnisvoller Weise seine eigene Sendung mit dem Weltgericht (Feuer) und bezieht zugleich eigenes künftiges Leiden (Taufe: Untertauchen in Wasser; vermutlich Symbol für Leiden, Anfechtung, Tod?) mit ein.
6. Lk 11,21–23: Das Gleichnis vom „Stärkeren" ist vermutlich auf Jesu Wirksamkeit zu beziehen. Mindestens im jetzigen Zusammenhang handelt es von Jesu Sieg über den Teufel. Der Schlußvers 23 macht klar, daß das Verhältnis zu Jesus das Entscheidende ist.

Aufgabe 5

V. 24: Zitat aus Ps 22,19. Jesus erfüllt in seinem Sterben die Schrift.
V. 30f.: Indirekter Hinweis auf die Rettung der Menschen durch Jesus, die gerade darin geschah, daß er nicht vom Kreuz herabstieg.
V. 34: Jesus stirbt mit den Worten von Ps 22,2, das heißt als frommer Gläubiger, mit einem biblischen Gebet, und erfüllt so die Schrift (die Stelle meint nicht, daß Jesus sich wirklich von Gott verlassen gefühlt hat).
V. 38: Das Zerreißen des Tempelvorhangs symbolisiert, daß Jesu Tod Gericht über den Kult Israels bedeutet.
V. 39: Das Bekenntnis des heidnischen Hauptmanns zum Gottessohn deutet an, daß aufgrund von Jesu Tod der Glauben der Heiden an Gottes Sohn möglich wird.

Lösungen zur 12. Studieneinheit

Aufgabe 1

Voraussetzungen der neutestamentlichen Auferstehungsbotschaft:
- Erfahrung der Hilfe Gottes für das Volk Israel in der ägyptischen Knechtschaft, der Babylonischen Gefangenschaft und während der Zeit des makkabäischen Aufstandes.
- Erwartung der endzeitlichen Totenerweckung als Lohn für die am Glauben festhaltenden Juden.
- Botschaft Jesu vom Reich Gottes und der darin begründete Heilbringeranspruch.

Aufgabe 2

- Paulus erwartet das Kommen des Herrn zu seinen Lebzeiten.
- Er stellt sich dieses Kommen von oben, vom Himmel, her in Richtung auf die Erde unten vor.
- Nach unserem heutigen Weltbild gibt es kein Oben und Unten im Weltall mehr, auch keinen Himmel als „Ort" Gottes.
- Der Text sagt nichts über die Mehrzahl der Menschen aus, nämlich die nicht an den Auferstandenen glaubenden Menschen.
- Aussageziel des Textes ist es, den Christen in Thessalonich die tröstliche Zuversicht zu geben, daß ihre verstorbenen Angehörigen mit ihnen an der Heilsvollendung Anteil erhalten werden. Der Text will aber keine Belehrung über das Schicksal der gesamten Menschheit am Ende der Welt geben.

Aufgabe 3

Einflüsse zeitgenössischer Welt- und Menschenbilder auf die Auferstehungsbotschaft:
- biblisch-frühjüdische Einflüsse
- gnostische Einflüsse

Aufgabe 4

Die Liste von „Erscheinungsempfängern" in 1 Kor 15,5–8 dient offensichtlich der Vergewisserung der Auferstehungsbotschaft: Wenn der Auferstandene so vielen Menschen „erschienen" ist – und man kann damals die meisten noch befragen –, dann läßt sich die Parole „Eine Auferstehung der Toten gibt es nicht" der Meinung des Paulus nach nicht halten.
(Wenn in einigen alten Übersetzungen [und Handschriften] am Ende von Vers 5 die „Elf" statt der „Zwölf" genannt werden, dann handelt es sich um eine nachträgliche „Korrektur" in der frühen Kirche. Damit soll die Übereinstimmung mit den Angaben in Mt 28,16 und Lk 24/Apg 1 hergestellt werden, wo das Ausscheiden des Verräters aus dem Zwölfer-Kreis in sozusagen „historisierender" Weise berücksichtigt ist.)

Aufgabe 5

Die Erklärungshypothese, daß die „Erscheinungs"-Aussage zur Legitimation dient, paßt zu den Aussagen in Gal 1 und 1 Kor 9,1.

Aufgabe 6

Paulus äußert „die Gewißheit und Zuversicht, daß auch der Kosmos in seinen Mächten uns nicht von der Liebe Gottes trennen kann. So gewaltig dessen Macht ist, so mannigfach die Mächtigkeiten dieses Daseins sind, die uns feindlich begegnen als Mächtigkeiten der Versuchung, Verlockung und Bedrohung, sie richten nichts aus gegen Gottes uns festhaltende Liebe. [...] Es sind zehn Mächte genannt, und es ist bezeichnend, welche hier erscheinen. Es gibt nebenbei eine Ahnung, wie der Apostel die Welt und das menschliche Leben sieht. Nicht nur der Mensch, sondern auch der Kosmos, in dem er lebt, machen das menschliche Dasein aus. An erster Stelle solcher Mächte steht der Tod, [der] nach 1 Kor 15,26 der ‚letzte Feind' ist und so die mächtigste Macht. Aber hier steht er mit einer anderen ‚Macht' zusammen: [mit dem Leben.] Auch [...] das Lebensganze und jeder Lebensaugenblick kann ‚mächtig', d.h. verlockend, ablockend von der Liebe Gottes und bedrohlich sein. Gerade auch das ruhige und harmlose – nicht weniger als das bewegte und gefährliche Leben – kann zu etwas Feindseligem werden, eben dadurch, daß es von der Liebe Christi scheidet. [...] Die Trennung, die diese Macht des Lebens bewirken kann, geschieht so, daß es sich zwischen den Herrn und uns mit seinen Verlockungen oder Leiden stellt und dem entgegenwirkt, was Röm 14,7–9 von den Christen gesagt wird: daß sie dem Herrn leben und sterben und nicht sich selbst und damit ihrer Welt. Als zweites Paar werden Engel und Mächte genannt, wobei Engel auch Mächte sind, wie etwa Kol 2,18; auch 1 Kor 4,9; 6,3; 11,10, und

beide als Mächtigkeiten des dämonischen Kosmos gemeint sind (vgl. die Aufzählung in 1 Kor 15,24; Eph 1,21; Kol 1,11). Zu diesen Mächten gehören auch [...] Weltkräfte der verschiedensten Art. Es gehört zum Wesen dieser Mächte und Kräfte, daß sie anonym sind und überpersonal, aber konkrete Wirkung – eben die Trennung von Christi Liebe – haben. Bezeichnend ist, daß zwischen diesen Mächten Gegenwärtiges und Zukünftiges stehen, also die Zeit in ihrer Gegenwart und Zukunft als Macht, Gegenwart etwa im Geist der Zeit und Zukunft als wirksame und verlockende Utopie. In solchem und ähnlichem Sinn ist diese ‚Macht' eine stete Versuchung und Bedrohung, die uns von der Liebe Christi und von Gottes Liebe in Christus abbringen wollen. Aber nicht nur die Zeit, sondern auch der ‚Raum' in seiner Mächtigkeit ist eine Gefahr, eine Dimension, in die man sich im Denken der Angst und des Übermuts verlieren kann [...].
Höhe ist eine astrologische Bezeichnung für den Zwischenraum zwischen der Stellung eines Sternes und dem Zenit und *Tiefe* der Himmelsraum unter dem Horizont, aus dem die Gestirne aufsteigen, beide also die Höhe und Tiefe des Weltalls, der Weltenraum als übermächtige Heimatlosigkeit. Alle diese Mächtigkeiten, gegenüber denen der von ihnen umfangene und angegangene Mensch ohnmächtig ist, können *eines* freilich nicht: uns von der Liebe Gottes trennen, die er uns in Jesus Christus erwiesen hat und erweist. Der Mensch ist von der Liebe Gottes in allen Situationen und gegenüber allem feindlichen Wesen unerschütterlich festgehalten. Es gibt, wie Paulus zuletzt sagt, keine Schöpfung, die den Menschen der Liebe Gottes entreißen könnte, wenn sich der Mensch selbst nicht von ihr scheidet, d. h. nach unserem Kapitel summarisch: wenn er im Geist in Jesus Christus bleibt und sich der Führung des Geistes anvertraut bis in seine Taten hinein. Man kann auch sagen: wenn er dem Herrn bis zum letzten vertraut. Nicht zufällig endet unser Kapitel mit der liturgischen Formulierung: die Liebe Gottes, die in Christus Jesus ist, unserem Herrn."

Aus: H. SCHLIER: Der Römerbrief. Freiburg 1977, S. 280f. (Im Original sind z. T. die griechischen Begriffe verwendet.)

Aufgabe 7

- Streichung unwahrscheinlicher Züge
  z.B. Salbungsabsicht einer Leiche mindestens 40 Stunden nach dem Tode; Frage der Frauen nach der Öffnung des Grabes, die sie selbst nicht bewerkstelligen können.
- Verdeutlichungen
  z.B. Erklärung der Öffnung des Grabes durch göttliches Eingreifen (Erdbeben, Engel); eindeutige Identifizierung der Gestalt im Grab als Engel des Herrn (Aussehen, Kleidung, Reaktion der Grabwächter).
- Angleichungen an den eigenen Erzählzusammenhang
  z.B. Weglassen der Salome; Einfügung des Hinweises auf die Grabwächter.

Aufgabe 8

Entsprechungen zwischen Mt 28,16–20 und Phil 2,6–11:
- Das anbetende Niederfallen der elf Jünger: Phil 2,10
- Die Verleihung universaler Macht durch Gott: Phil 2,9f.
- Der daraus resultierende universale Anspruch (auf „alle Völker"): Phil 2,10f. (Kniebeuge und Bekenntnis symbolisieren die Lebensausrichtung auf den Erhöhten, entsprechend Mt 28,20a)
- Taufe „auf den Namen des Vaters und des Sohnes und des Heiligen Geistes": Phil 2,11
- Bekenntnis zu Jesus Christus als dem Herrn (bei der Taufe übernommen)
- Wirkmächtiger Beistand des Erhöhten; für die Gemeinde, die Phil 2,9–11 betet, gilt das in gleicher Weise.

Lösungen zu Studieneinheit 13

Aufgabe 1

Der Zusammenhang zwischen der Reich-Gottes-Predigt Jesu und der Entstehung der Kirche ist indirekter Art. Das Reich Gottes, das Jesus verkündigte, ist nicht identisch mit Kirche, jedoch zielte diese Verkündigung auf die Sammlung des endzeitlichen Gottesvolkes und hatte somit Scheidungen und Gruppierungen zur Folge: die einen lehnten diese Predigt ab, die anderen verstanden sich als Anwärter auf die Gottesherrschaft. Die Reich-Gottes-Predigt Jesu zeigt grundsätzlich den Willen Jesu zur Gemeinschaft an.

Aufgabe 2

Das Alte Testament konnte der frühen Christenheit bald als „Heilige Schrift" nicht mehr genügen. Lediglich in seinem auf Christus hinweisenden Charakter war es ihr von bleibender Bedeutung – unbeschadet des bleibenden Wertes der Aussagen, die das Neue Testament etwa hinsichtlich des Verhältnisses Gott/Welt/Mensch macht. Andererseits bestand ein Interesse festzuhalten, was sich beim Auftreten Jesu alles ereignet, was er gepredigt hatte. Schriften wie die Briefe des Apostels Paulus wurden als echte und rechtmäßige Interpretation der Gottestat in Jesus Christus verstanden. Die Anfechtungen der Gnosis (und ganz besonders das Auftreten des Marcion) wirkten wohl unmittelbar verursachend für die Entstehung des neutestamentlichen Schriftkanons.

Aufgabe 3

Die nachapostolische Kirche lehnt sich bei ihrem Selbstverständnis eng an das Neue Testament an: Kirche ist begründet im geheimnisvollen Ratschluß Gottes, und deshalb selbst Mysterium. Sie ist Volk Gottes und Leib Christi. Gegenüber den kirchenbezogenen Aussagen des Neuen Testaments fällt die Fülle der symbolischen und bildhaften Aussagen auf.

Aufgabe 4

Die Kirche ist „apostolisch" insofern sie ständig auf Lehre und Dienst der Apostel bezogen bleibt. Sie sind das bleibende Fundament, auf dem die Kirche steht. Besonders in ihren Amtsträgern und durch ihre Amtsträger bleibt die Kirche auf die Apostel und ihr Tun rückverwiesen und an sie gebunden.

Lösungen zur 14. Studieneinheit

Aufgabe 1

Im Jahre 311 beendet Kaiser GALERIUS die Verfolgung der christlichen Kirche. An dieser Entscheidung ist Kaiser KONSTANTIN nicht direkt beteiligt. In der Schlacht an der Milvischen Brücke im Jahr 312 erlebt er Christus als den „stärkeren Gott". Von da an baut er auf die Hilfe Christi und sieht in der christlichen Religion die kultisch-religiöse Grundlage für das Staatswohl. Der Kaiser bleibt der antiken politischen Religiosität fest verbunden und überträgt deren Grundgedanken auf das Christentum.

Aufgabe 2

Im Rahmen der antiken politischen Religiosität wird durch die Unterscheidung von „Innerem" und „Äußerem" der Kirche eine Verhältnisbestimmung angestrebt und das „Äußere" der Kirche der Sorge und Aufsicht des Kaisers unterstellt. Die Gewichtung fällt dabei in Ost- und Westrom unterschiedlich aus. Für die westliche Reichshälfte wird die Bestimmung des Kaisers als „Sohn der Kirche" entscheidend.

Aufgabe 3

Durch den Umstand, daß einzelne deutsche Territorien entgegen dem reichsrechtlichen Verbot der Reformation im Wormser Edikt von 1521 die Reformation einführen, erhalten die jeweiligen Obrigkeiten eine politische Schutzfunktion gegenüber Kaiser und Reich sowie eine kirchliche Ordnungsfunktion gegenüber den Gemeinden und Pfarrern ihres Territoriums. Seit der Neuordnung in Sachsen und Hessen 1526/27 entwickelt sich das Landesherrliche Kirchenregiment, das von LUTHER als „Notbischofsamt", von MELANCHTHON als religiöses Aufsichtsamt begründet wird. Mit dem Augsburger Religionsfrieden, 1555, wird die Kirchenhoheit der Obrigkeiten reichsrechtlich bestätigt. LUTHERS Lehre, daß das weltliche Regiment über die Seele nicht gebieten darf, enthält ein kritisches Korrektiv zu jener Entwicklung, ebenso die Betonung kirchlicher Eigenständigkeit bei CALVIN.

Aufgabe 4

Richtig sind die Alternativen (a) und (b). (c) ist falsch: Die Französische Revolution bereitete die Trennung von Staat und Kirche in Frankreich vor, schrieb diese jedoch nicht gesetzlich fest. Die Nationalversammlung faßte 1790 zwar eine Reihe von Beschlüssen im Hinblick auf das Verhältnis von Staat und Kirche; diese Beschlüsse regelten jedoch ihr Verhältnis nicht endgültig. Erst „nach mancherlei Schwankungen in den Beziehungen zwischen Staat und Kirche kommt es in Frankreich dann 1904–08 zur gesetzlich geregelten Trennung beider Institutionen" (vgl. S. 241).

Aufgabe 5

Von der naturrechtlich-säkularistischen Begründung des Staatszwecks her ist dieser auf die irdische Wohlfahrt der Untertanen begrenzt. Religions- und Bekenntnisfreiheit gehört zu den grundlegenden Menschenrechten. Neben diese Begründung treten beispielsweise in der Französischen Revolution eine rationalistisch-atheistische Ablösung von den Inhalten des Christentums und der Angriff auf die Kirche als Teil des alten Gesellschaftssystems.

Lösungen zur 15. Studieneinheit

Aufgabe 1

Der linke „Stammbaum" zeigt an, daß sich im 11. Jahrhundert die orthodoxen Kirchen und im 16. Jahrhundert die Reformatorischen Kirchen von der römisch-katholischen Kirche abspalteten; in der römisch-katholischen Kirche ist durch das päpstliche Einheitsamt die Einheit der Kirche grundsätzlich, wenngleich nicht vollkommen in der Fülle der Katholizität gewahrt.
Der rechte „Stammbaum" verweist auf Spaltungen in der einen Kirche, ohne zu beurteilen, wer sich von wem „abgespalten" hat. Die römisch-katholische Kirche ist wie die anderen Konfessionskirchen ein Teil der Kirche Christi, eine partikulare „Konfession". Die Einheit gründet in der gemeinsamen Wurzel bzw. im gemeinsamen Stamm.

Aufgabe 2

Dafür spricht: Alle christlichen Konfessionen begründen ihre Lehre von der Bibel her. Sie gilt als apostolisches Urzeugnis und enthält wie kein anderes Dokument authentisch das „Wort Gottes".

Dagegen spricht: Die Auslegung der Heiligen Schrift ist zwischen den Konfessionen umstritten. Einige Kirchen betonen die Zuständigkeit des bischöflichen Lehramtes für eine verbindliche Auslegung der Bibel und für die Frage, ob auch über die Bibel hinausgehende Erfahrungen der kirchlichen Tradition als eine für den rechten Glauben verbindliche Führung des Heiligen Geistes gewertet werden dürfen. Andere Kirchen betonen, daß die Bibel als Norm für die Verkündigung und für die Gestaltung des kirchlichen Lebens ausreiche. Häufig jedoch sind Auslegungen widersprüchlich, so daß unter Berufung auf dieselbe Bibelstelle unterschiedliche Lehren vorgetragen werden und die Bibel ihre Rolle als Einheitsband der Konfessionen verliert.

Aufgabe 3

(a) Bei der „Konziliaren Gemeinschaft von Ortskirchen" als Endziel sind die bisher getrennten Konfessionen aufgehoben, während beim Modell der „Versöhnten Verschiedenheit" die konfessionellen Ausprägungen durchaus bewahrt sind, jedoch ihren kirchentrennenden Charakter verlieren. Eine Kombination beider Modelle als „Versöhnte Verschiedenheit in Konziliarer Gemeinschaft" bleibt zu erörtern. Die Gemeinschaft mit dem Papst muß dabei keineswegs ausgeschlossen sein; ob jedoch auch Gemeinschaft „unter" dem Papst nötig ist, ist umstritten.
(b) „Konziliare Gemeinschaft" hat eine lange Tradition: Sie begann mit dem „Apostelkonzil" in Jerusalem (Apg. 15) und setzte sich vor allem in den 7 Ökumenischen Konzilien von 325 bis 787 fort. Eine Versöhnte Verschiedenheit der Konfessionen hat in der Leuenberger Konkordie zwischen den lutherischen und reformierten Kirchen in Europa ein Modell gefunden: die Konfessionen bleiben verfassungsmäßig eigenständig, aber es besteht volle Kanzel- und Abendmahlsgemeinschaft inklusive der gegenseitigen Anerkennung der Ämter. Ob die Gemeinschaft mit dem Papst von allen Christen so verstanden werden muß, wie das I. Vatikanische Konzil sie formulierte, wird vor allem im orthodox-katholischen Dialog geprüft. Die Orthodoxie hat stets höchstens einen „Ehrenprimat" des Bischofs von Rom anerkannt; Rom wiederum kann heute von den orthodoxen „Schwesterkirchen" sprechen und Eucharistiegemeinschaft für möglich erachten, ohne daß die Orthodoxen die Dogmen des I. Vatikanums anerkennen.
(c) Ihre eigene Anschauung über eine mögliche Einheitsgestalt der Kirche ist vermutlich auch konfessionell geprägt: Geben Sie sich bitte selbst Rechenschaft, warum Sie eine sichtbare Einheitsgestalt der Kirche für nötig oder für unerheblich halten und warum Sie dem einen oder dem anderen Modell einen Vorzug geben.

Lösungen zur 16. Studieneinheit

Aufgabe 1

(a) *Inhalt:* Familiensituation und Persönlichkeit von Herrn Peters.
Urheber: der Nachbar.
Empfänger: Klaus Weier.
Situativer Anlaß: Der Nachbar erzählt über Herrn Peters.
Leibhaftes Einbezogensein: Akustische Affektion. Sie verlangt zeitweilig eine völlige Konzentration aller personalen Aktivität auf ihre Verarbeitung.
Wirkung: Neue Haltung K. Weiers gegenüber Herrn Peters; eine neue Einschätzung seiner Persönlichkeit und ein neuer Umgang mit ihr.

(b) „Offenbarung" im allgemeinen Sinne können alle Erschließungsvorgänge genannt werden, durch die uns überhaupt Wirklichkeit so vorgegeben wird, daß wir mit ihr aktiv – erkennend und handelnd – umgehen können.
„Religiöse Offenbarung" nennen wir diejenigen Erschließungsvorgänge, die einen andersartigen Inhalt als alle sonstigen Erschließungsvorgänge haben: nämlich die Tatsache der schlechthinnigen Abhängigkeit unserer Macht von der Ursprungsmacht und die besonderen Züge dieses Abhängigkeitsverhältnisses. Aufgrund dieses besonderen Inhaltes hat religiöse Offenbarung auch eine besondere Wirkung: Sie bestimmt das für uns maßgebliche Bild unserer Lebenswirklichkeit im ganzen, also unsere Grundhaltung dem Leben gegenüber.

(c) Wegen ihres Inhaltes: Dieser ist ein zwischenmenschliches Verhältnis und nicht das Verhältnis unserer Macht zur Ursprungsmacht.

Aufgabe 2

Die Unterschiede betreffen:

- den *Inhalt:* Im Falle Jesu ist der Offenbarungsinhalt, daß die Gegenwart das Kommen der Gottesherrschaft ist; im Falle des Petrus ist der Offenbarungsinhalt, daß Gott das Lebenszeugnis Jesu für die gegenwärtig kommende Gottesherrschaft bestätigt hat;
- natürlich den *Empfänger:* Jesus und Petrus;
- den *situativen Anlaß:* im Falle Jesu ist er das Getauftwerden durch Johannes; im Falle des Petrus ist er das von Petrus erinnerte eigene Mitleben mit dem am Kreuz gestorbenen Jesus.

Dem Petrus wird in gewisser Hinsicht „mehr" erschlossen als Jesus. Nämlich: daß Jesu Zeugnis wahr ist; und: daß sich im Geschick Jesu die Gottesherrschaft manifestiert (also in der traditionellen Vorstellung: daß Jesus der *Christus* ist). Indem Petrus das Wahrsein des Lebenszeugnisses Jesu erschlossen wird, wird ihm auch erschlossen: die Gegenwart ist das Kommen der Gottesherrschaft, wie sie sich im Geschick Jesu zu manifestieren begonnen hat. Petrus wird wie Jesus als Zeuge für die Gottesherrschaft beansprucht.

Aufgabe 3

(a) Im Blick auf ihre *Geschehensstruktur* kann der Offenbarung Absolutheit nicht zugesprochen werden. Denn die Geschehensstruktur von Offenbarung ist die Struktur desjenigen Erschließungsgeschehens, durch das uns Menschen ganz allgemein Wirklichkeit so erschlossen wird, daß wir erkennend und handelnd mit ihr umgehen können und müssen. Würde man der Offenbarung eine hiervon abweichende Geschehensstruktur zusprechen, so müßte man entweder annehmen, daß unser *Gewißsein* kein einheitlicher Zusammenhang wäre. Man müßte also nicht nur verschiedene Inhalte unseres Gewißseins annehmen, sondern auch verschiedene Weisen unseres Gewißseins. Aber das liefe auf die Behauptung hinaus, daß unser Bewußtsein und die für es erkennbare Wirklichkeit keinen *einheitlichen* Zusammenhang bilden. Oder man müßte annehmen, daß wir der Offenbarungsinhalte überhaupt nicht so *gewiß* werden wie anderer Sachverhalte. Dann würden sie uns auch nicht so verpflichten, wie unsere sonstigen Gewißheiten es tun.
Man könnte ferner daran denken, der Offenbarung Absolutheit aufgrund ihres *Urhebers* zuzusprechen. Aber der ist gerade ihr *Inhalt.* Wir sind des Urhebers der religiösen Offenbarung – Gottes – nur gewiß, weil er ihr Inhalt ist.

(b) Das Bewußtsein von der *relativen* Absolutheit eines religiösen Offenbarungsinhaltes ist nur das Bewußtsein, daß er alle für uns wahren Behauptungen derjenigen Weltanschauungen einschließt, die uns im Augenblick bekannt sind; wir schließen aber nicht aus, daß es eine Weltanschauung geben könnte, die mehr für uns wahre Einsichten enthält als die religiöse Offenbarung. Demgegenüber besagt das Bewußtsein von der *uneingeschränkten* Absolutheit der religiösen Offenbarung: Es *kann* keine Weltanschauung geben, die eine wahre Einsicht enthält, die über den Offenbarungsinhalt hinausgeht.

(c) Weil ausschließlich das Wahrheitsbewußtsein je einer einzelnen Person über die Absolutheit des Offenbarungsinhaltes unentschieden sein kann. Und selbst eine Behauptung wie diese: „Die positive oder negative Entscheidung über die Absolutheit eines Offenbarungsinhaltes fällt nicht im Wahrheitsbewußtsein von je-einzelnen Personen" könnte sich – wenn sich überhaupt ihre Wahrheit oder Falschheit erweisen soll – nur jeweils im Wahrheitsbewußtsein einzelner Personen als wahr oder falsch erweisen.

Lösungen zur 17. Studieneinheit

Aufgabe 1

	1	2	3	4
		Veränderungen		
Text	Typ Nr.	Nein	Ja	Beschreibung der Veränderung(en)
(A)	4	X		
(B)	2		X	Dem Wort untergeordnet (Fusion mit 1)
(C)	3		X	„Staub" ist kein geeignetes Material
(D)	1	X		
(E)	1	X		
(F)	2	X		
(G)	2	X		

Erläuterung zu C: „Staub" wählt der Verfasser um einer Aussage über den Menschen willen: „Staub bist du, und zu Staub sollst du werden" (vgl. 3,19).

Aufgabe 2

(a) 1. Schöpfung durch Drachenkampf
2. Schöpfung durch die „Mutter Erde"
3. Schöpfung durch „Machen, Herstellen"
4. Schöpfung durch das Wort

(b) Der Umgang ist auswählend. Die einzelnen Vorstellungen stehen ohne Ausgleich nebeneinander, so daß es keine einheitliche Schöpfungsvorstellung gibt. Die Vorstellungen selbst sind nur noch mythische Chiffren oder poetische Bilder für die beabsichtigte Aussage.

(c) Frühzeit in der Steppe: keine Schöpfungsvorstellungen belegt; Gott erfahren als der Führende, Rettende, besonders: als der aus Ägypten Befreiende. Die Schöpfungsvorstellung hat Israel erst im Kulturland nach dem Übergang zum seßhaften, agrarischen Leben von den Kanaanäern kennengelernt. Eine besonders gut greifbare Stelle der Vermittlung war Jerusalem, dessen Schöpfergott El Eljon mit dem Gott Israels gleichgesetzt wurde. Die Schöpfungsvorstellung wurde in den eigenen Glauben an den geschichtlich handelnden Gott, den Gott des ersten Gebotes, aufgenommen und nach den Besonderheiten dieses Gottesglaubens verändert.

Aufgabe 3

(a) Gott bildet den Menschen aus dem ungeeigneten „Rohstoff" Staub, das heißt, der Mensch ist vergänglich; er wird zum Staub zurückkehren.

(b) Der Mensch ist von Anfang an auf den Ackerbau angewiesen. Auch während er im Gottesgarten verweilt, hat er diesen zu pflegen und zu bebauen. Seine Bestimmung ist die Kulturarbeit, die der eigenen Erhaltung dient. Er ist nicht dazu geschaffen, den Göttern bzw. Gott die Arbeit abzunehmen oder sie/ihn zu bedienen und zu versorgen.

(c) Der Mensch bekommt die Freiheit der Entscheidung darüber eingeräumt, wie er sich zu Gott verhalten soll. Zugleich wird er auf seine Begrenztheit als Geschöpf verwiesen, für das nicht alles gut und nützlich, sondern manches schädlich und lebensbedrohend ist.

(d) Gott weist dem Menschen nicht von sich aus einen Partner zu; er läßt ihm die Freiheit, selbst zu bestimmen, wer als sein Partner taugt.

(e) Zum Menschsein gehört das Sein in Gemeinschaft. Deren fundamentalste Form ist die Geschlechtsgemeinschaft. Die Erschaffung der Frau aus der Rippe des Mannes verweist auf die vom Ursprung her gegebene enge Zusammengehörigkeit von Mann und Frau.

Aufgabe 4

Gesichtspunkte	1 Mose 1,1–2,4a	1 Mose 2,4b–25
Stil	schematisch, wiederholungsreich	knapp und lebendig
Form	lehrartig, nur Mindestmaß an Erzählung	erzählend
Gegenstand der Schöpfung	ganzer Kosmos, Vegetation, Tierwelt, zuletzt der Mensch	der Mensch und seine Umwelt (bes. Tiere); Kosmos nur angedeutet
Wie schafft Gott?	durch sein Wort und durch sein „Machen"	durch „Bilden", „Machen" und „Bauen"
Wie wirken die Texte auf Sie?	geordnet, stärker reflektiert, gewissermaßen „wissenschaftlich"	urtümlich-naiv

(Da die letzte Frage sich auf die Eindrücke bezieht, die die Texte bei Ihnen hervorrufen, können die oben als mögliche Antworten formulierten Stichworte nur etwa die Richtung des zu Erwartenden angeben.)

Aufgabe 5

(a) Sie sind völlig entmythologisiert: Die Urflut ist nur noch ein Weltphänomen, die Drachen sind bloße Geschöpfe (Seetiere), die Gestirne „Leuchten" und keine Gottheiten; die Fruchtbarkeit der „Mutter Erde" ist dem Befehlswort Gottes untergeordnet. Ausgedrückt wird dadurch die Alleinwirksamkeit und Souveränität Gottes, der sein Schöpfungswerk völlig ungehindert ausführt.

(b) Sie entziehen die göttliche Schöpfung aller Vergleichbarkeit im menschlichen Tun und damit aller Anschaulichkeit und Vorstellbarkeit. Dadurch wird das Geheimnis des göttlichen Tuns gewahrt und auf den unendlichen Abstand zwischen Schöpfer und Geschöpf sowie auf eine letzte Unergründbarkeit der Schöpfung verwiesen.

(c) Das Wochen-Schema ist einem älteren Traditionsstoff (mit acht Werken) aufgeprägt worden, um das überlieferte Material zu ordnen. Vor allem soll dargestellt werden, daß die Zeiteinteilung und damit die Zeit selbst von Gott geschaffen sind. Eine naturgeschichtliche Erklärung, als habe Gott die Welt wirklich in 7 Tagen geschaffen, verfehlt die Aussageabsicht.

(d) „Bild Gottes" ist ein königlicher Titel, der – auf die ganze Menschheit übertragen – diese zum Repräsentanten Gottes auf Erden macht. Trotz der harten Formulierung des Herrschaftsauftrags, der seine Unbedingtheit ausdrückt, ist keine Ermächtigung zur Ausbeutung der Erde gemeint. Die Tiere dürfen nicht einmal zum Nahrungserwerb getötet werden. Die Herrschaft des Menschen ist gemeint als schützend, fürsorglich, bewahrend. Der Herrschaftsauftrag verpflichtet den Menschen zum Hüter seiner Welt und zur Verantwortung dieser und ihrem Schöpfer gegenüber.

Aufgabe 6

Folgende Antworten etwa wären denkbar:

(a) Von einer irrigen Auslegung der Schöpfungsberichte als offenbarte Dokumente über die Welt- und Menschenentstehung ausgehend, hat ein irregeleiteter Schöpfungsglaube sich selbst zur Wissenschaft erklärt und dadurch die Entwicklung der Naturwissenschaft erheblich behindert. Diese Epoche ist überwunden. Die Schöpfungsberichte beruhen zwar auf den wissenschaftlichen Kenntnissen und dem Weltbild ihrer Zeit, benutzen sie aber in Auswahl und als „Bausteine", um Grundaussagen über Gott, die Welt und den Menschen zu machen, vor allem, um das Geschaffensein von Welt und Menschheit auszudrücken. Ist das erkannt, entfallen die Gegensätze zwischen Schöpfungsglaube und Naturwissenschaft. In der Folge des Schöpfungsglaubens und seiner Wirkungen, die eine Entgötterung und Entmythisierung der Welt und die Freiheit zur rationalen Welterklärung bedeuteten, lag und liegt freilich der Antrieb zur Ermöglichung und Förderung der Wissenschaft und der Erforschung der Welt. Gleichzeitig wehrt der Schöpfungsglaube einer Ideologisierung der Wissenschaft und einem ungehemmten Fortschrittsoptimismus, indem er auf die Grenzen des Menschen als Geschöpf, das heißt seine Irrtumsfähigkeit, Fehlsamkeit und Vergänglichkeit, ebenso hinweist wie auf die letzte Unerkennbarkeit und Unhinterfragbarkeit der Welt als Schöpfung.

(b) In der gegenwärtigen Ökologiediskussion kann der Schöpfungsglaube eine große Rolle spielen. Der Herrschaftsauftrag über die Welt von 1 Mose 1,28 *(dominium terrae)* meint keine Ausbeutung der Welt durch den Menschen, sondern verpflichtet ihn zu deren Bewahrung und Behütung. Als Geschöpf ist der Mensch für seine Mitgeschöpfe verantwortlich. Wie Krieg, Gewalt, Blutvergießen gehört die Zerstörung der Umwelt nicht in die von Gott gewollte und hervorgerufene gute Schöpfung hinein. Als Geschöpf ist der Mensch auf seine Grenzen verwiesen, die ihm die Illusion unbegrenzter Machbarkeit nehmen. In der Anerkennung seiner Begrenztheit und seiner Stellung in der Welt als Mit-Geschöpf, in der Wiedergewinnung der vom Nutzdenken unverstellten Freude an der Schöpfung und des Schöpferlobs sollte der Mensch auch zu einem angemessenen Umweltverhalten gelangen können.

Lösungen zur 18. Studieneinheit

Aufgabe 1

Persönliche Stellungnahmen

Aufgabe 2

- Der Mensch kann und muß sich die Liebe Gottes nicht durch seine Gesetzestreue verdienen
- Gott liebt auch die Bösen, die Ungerechten, die Sünder
- Gottes Forderung an den Menschen wird durch die Liebe Gottes gegenüber dem Gesetzesübertreter nicht hinfällig
- Die Forderung Gottes läßt sich zusammenfassen im Doppelgebot der Liebe

Aufgabe 3

LUTHERS Rechtfertigungslehre unterscheidet sich dadurch von der Rechtfertigungslehre AUGUSTINS, daß LUTHER Gnade ausschließlich als Gottes Haltung (Gunst) gegenüber dem Menschen versteht und nicht als eine dem Menschen eingegossene Gabe. Außerdem lehnt LUTHER den Verdienstgedanken (in bezug auf Gott) in jeder Form ab. Luthers Rechtfertigungslehre unterscheidet sich von der Rechtfertigungslehre THOMAS' von Aquin auch hinsichtlich des Verdienstgedankens. Außerdem lehnt LUTHER den Gedanken einer „Mitwirkung" des Menschen im Rechtfertigungsgeschehen ab.

Aufgabe 4

Interpretationsmöglichkeit 1: Rechtfertigung allein aufgrund von Gottes vergebender, den Menschen bedingungslos annehmender Liebe.
Interpretationsmöglichkeit 2: Rechtfertigung aufgrund der guten Werke, die der Mensch mit Hilfe der ihm eingegossenen Gnade Gottes hervorgebracht hat.

Aufgabe 5

- Sowenig die Rechtfertigung von *moralischen* Vorleistungen des Menschen abhängig gemacht werden darf, sowenig darf sie von *intellektuellen* Vorleistungen abhängig gemacht werden.
- Der *Zweifel* ist auf intellektuellem Gebiet eine Entsprechung zu dem, was auf moralischem Gebiet die *Sünde* ist.
- Wie es „Sünde" nur in bezug auf den *Willen Gottes* gibt, so gibt es „Zweifel" nur in bezug auf die *Wahrheit.*
- Das Ergriffensein von der *Liebe* Gottes ist die Rechtfertigung des Sünders; entsprechend ist das Ergriffensein von der *Wahrheit* die Rechtfertigung des Zweiflers.

Lösungen zur 19. Studieneinheit

Aufgabe 1

„Diesseitigkeit" der Reich-Gottes-Botschaft meint: Gott hat nach jüdisch-christlichem Glauben seinen Willen bekundet, eine neue, bessere und endgültige Zukunft herbeizuführen, in der er seine Schöpfung zur Vollendung bringt. In dieser Zukunft sollen wahrhaft humane Verhältnisse herrschen, alle den Menschen erniedrigenden und zerstörenden Faktoren beseitigt sein. Das Reich Gottes soll konkret und sichtbar in der Menschheit verwirklicht werden.

Aufgabe 2

Seit Paulus droht das Reich Gottes als zentraler Inhalt der christlichen Hoffnung und Praxis zurückzutreten hinter der individuellen Hoffnung, das bloße Ich werde zu Gott gerettet werden. Wenn sich die ganze Hoffnung auf den Tod und dessen Überwindung konzentrierte, wären die Erde und der Kosmos als Orte der Zukunft und Herrschaft Gottes abgeschrieben.

Aufgabe 3

Für alle Konfessionen ist die Hoffnung auf eine universale Herrschaft Gottes entscheidend, in die ausdrücklich auch die Toten eingeschlossen sind.

Aufgabe 4

Christliche Praxis ist eine Praxis der Liebe, und Liebe ist eine weltverändernde Kraft, da sie sich mit allem, was Menschen leiden macht, nicht abfinden kann. Diese verändernde Praxis verändert den Glaubenden und die Schöpfung Gottes nach „vorwärts", dem ankommenden Gott entgegen, ohne den Anspruch zu erheben, alles selbst zur Vollendung führen zu können.

Lösungen zur 20. Studieneinheit

Aufgabe 1

Der Ausdruck „Gemeinde" wird in erster Linie für die bürgerliche bzw. politische Gemeinde verwendet. In diesem Zusammenhang versteht man unter „Gemeinde" eine mehr oder weniger große örtlich gebundene gesellschaftliche Einheit, konkret: eine Dorf- oder Stadtgemeinde.
Das wichtigste Merkmal der Umschreibung des Gemeindebegriffs ist ein verhältnismäßig dauerhaftes Zusammenwirken von Menschen, die an einem bestimmten Ort ihr soziales, wirtschaftliches und kulturelles Leben in eigener Verantwortung (Selbstverwaltung) gestalten.

Aufgabe 2

In der frühen Christenheit entwickelte sich im Einzugsbereich der (hauptsächlich vom Bischof geleiteten) Stadtkirche bzw. -gemeinde die „Pfarrei" als selbständige Seelsorgeeinheit. In den Pfarreien waren vom Bischof bestellte Priester für die Seelsorge verantwortlich. Im Mittelalter entwickelte sich das System von Pfarreien – in enger Verflechtung von gesellschaftlichen und kirchlichen Strukturen – vor allem in Richtung eines „Eigenkirchenwesens": Die Grundherren (Klöster und weltliche Herrschaften) betrauten eigene Seelsorger mit den Aufgaben der Seelsorge in ihrem Pfarrgebiet. (Eine große Rolle spielten in diesem Zusammenhang Vorschriften, durch welche die Pfarrangehörigen in einem bestimmten Gebiet gänzlich an den für sie zuständigen Pfarrer verwiesen wurden: man spricht vom sog. „Pfarrbann".) Die Reformation hat das System der territorial ausgerichteten Pfarrei übernommen. An die Stelle des katholischen Priesters trat der evangelische Prediger als „Pfarrer" mit den Aufgaben der Evangeliumsverkündigung und der Sakramentenverwaltung.
Auf katholischer Seite bemühte sich das Konzil von Trient, die Seelsorge innerhalb der Pfarrei nach dem Ideal des Pfarrers als „Hirt" seiner Gläubigen zu erneuern.
Dieses Leitbild der Pfarrei, das sich wesentlich in ländlichen Strukturen entwickelt hatte, blieb bis in unsere Tage hinein maßgebend, wurde jedoch spätestens durch die Bevölkerungsexplosion in den Städten derart in Frage gestellt, daß Fachleute das Ende der territorial umschriebenen Pfarrstruktur voraussagten. Dennoch hat der Gedanke, daß jeder Christ über seinen Wohnort mit der Kirche in Verbindung steht, bleibende Bedeutung.

Aufgabe 3

Neutestamentliche „Gemeindemodelle" haben eine Vorbild- und Anregungsfunktion. Der Rückgriff auf Formen der Gemeindebildung, die in der Bibel beschrieben werden, bietet Orientierungshilfen für das Christsein in der heutigen Gemeinde. Bleibende Gesichtspunkte dabei sind u. a.:

- der Gedanke der entschiedenen Nachfolge im Kreis der „Jüngergemeinde", die bereit ist, für die ganze Gemeinde Verantwortung zu übernehmen;
- das Anliegen der „Gemeinde mitten im Volk", das vor elitären Formen der Gemeindebildung bewahren hilft;

- die Vielfalt der Gemeindeformen, in denen auch für unsere Tage eine Ermutigung zur „Vielfalt in Einheit“ liegt;
- die dreifache Beauftragung zur „königlichen, prophetischen und priesterlichen“ Sendung in die Welt, durch welche die Gemeinde und jeder Einzelne für den Glauben Zeugnis ablegen.

Aufgabe 4

Die Fundamente der christlichen Gemeinde bilden die Verkündigung des Wortes Gottes, die Verwaltung der Sakramente durch das ordinierte Amt und die Kommunikation des Glaubens in der Gemeinschaft der mündigen Gemeinde, die als Träger der ständigen Erneuerung immer wieder Elemente der aufbrechenden Christenheit verwirklicht.

Aufgabe 5

Gemeinde ist die an einem bestimmten Ort oder innerhalb eines bestimmten Personenkreises durch Wort und Sakrament begründete Gemeinschaft, die zur Verherrlichung Gottes und zum Dienst am Menschen in der Welt berufen ist. Die Gemeinde wird durch den Dienst des Amtes geeint und geleitet.

Aufgabe 6

Grundvollzüge der Kirche in der Gemeinde sind die Verkündigung des Wortes, die Feier der Liturgie – vor allem der Sakramente – und die christliche Diakonie *(Caritas)*. Durch die Wahrnehmung dieser Grundaufgaben wird die Gemeinde zu einem „Ort“, an dem im Geiste Jesu das Leben im Licht des Evangeliums gedeutet, das von Gott geschenkte Heil gefeiert und Liebe geübt wird.

Aufgabe 7

Wichtige Strukturelemente der Gemeinde sind:

- die missionarische Offenheit, welche die Gemeinde zu einer einladenden Gemeinschaft werden läßt;
- die Kommunikation des gelebten Glaubens, die dazu beiträgt, daß aus der Gemeinde eine „Gemeinschaft von Gemeinschaften“ wird, die in Einheit mit der Gesamtkirche und den übrigen Gemeinden lebensnahe Räume des Christseins eröffnet;
- die gemeinsame Verantwortung und Mitarbeit vieler Einzelner und verschiedener Gruppen, die jenes Netz von Beziehungen knüpfen, das die Grundlage ist, daß Glaube wachsen und sich vertiefen kann.

Lösungen zur 21. Studieneinheit

Aufgabe 1

Jesus hat – vielleicht in Erwartung des nahen Endes der Geschichte – keine Gottesdienstformen angeordnet. So blieb es den Gemeinden überlassen, Formen des Gedenkens und der Erwartung seines Kommens im Geist und seiner vollendenden Wiederkunft zu entwickeln und sich dazu von ihrer jüdischen oder heidnischen Umwelt anregen zu lassen. Die Kultbegriffe waren fremdreligiös besetzt, fremder Kult oft erstarrt oder pomphaft und von mythischen Geschichten beherrscht, während der christliche Glaube mit Schwerpunkt einem Leben auf den Spuren des geschichtlichen Jesus gelten sollte.

Aufgabe 2

Es gibt kein von Jesus hinterlassenes Kultgesetz. Er hat am Tempel- und Synagogengottesdienst teilnehmen können, aber Freiheit vom gesetzlichen Sabbatverständnis bewiesen. Doch ist sein eigener Weg, auf dem er mit Vollmacht lehrte und aus dem Gebet heraus wirkte, zwischen der in einer Taufe besiegelten Berufung und der in einem Mahl zusammengefaßten Vollendung durch die Ostererfahrung zur tragenden Gottesgeschichte des Glaubens geworden und so auch mit Lehre und Gebet (Vaterunser), mit Taufe und Vermächtnismahl zum tragenden Inhalt des feiernden, gottesdienstlichen Gedenkens.

Aufgabe 3

Das *Wort* ermöglicht vielfältigere Vergegenwärtigung der christlichen Gottesgeschichte und zugleich einen Grundkonsens in ihrem Verständnis; es ist beweglicher als deutendes Wort, kann die Bibel unmittelbarer reproduzieren, schließt unkultische Verbreitung und geistliche Teilnahme ein und ist auch für das Sakrament unentbehrlich.

Aufgabe 4

Das *Sakrament* besitzt dichtere Gegenständlichkeit und Anschaulichkeit, ist in seiner Tatsächlichkeit auch umfassender als das differenzierende und damit auch trennende Wort; es macht leibhafte Teilnahme unumgänglich, verkörpert die Historizität der Gottesgeschichte und ihre kirchliche Auswirkung greifbar und kann in höherem Grad persönlich vergewissernd wirken.

Aufgabe 5

Traditioneller Gottesdienst ist von formelhafter Erstarrung bedroht, ermöglicht aber Beheimatung, kann das „Bleibende“ in der Gottesbeziehung verkörpern und von Dauerreflexion entlasten. Neue Formen können sich Situationen besser anpassen, mehr schöpferische Teilnahme entbinden, mit dem gewandelten Lebensgefühl Schritt halten, auch in der Formsprache. Sie können auch verunsichern, überfordern und durch konkretere Parteinahme schwierige Konflikte hervorrufen. Reguläre Gottesdienste sind gegen Neuversuche spröd, außergewöhnliche lassen auch ungewöhnliche Formen erwarten.

Aufgabe 6

(a) Kultischer Gottesdienst wird als organisatorische Mitte kirchlich-institutionellen Lebens benötigt. Er soll den religiösen Grundcharakter des Christentums sicherstellen: daß es in seiner Mitte in erster Linie um Gotteserfahrung geht, und zwar um Begegnung mit einem nicht selbst erdachten, sondern zu empfangenden Leben aus der Gottesgeschichte des christlichen Glaubens.

(b) Er ist ein ambivalentes, aber nötiges Asyl für das Wissen um das Nicht-Errechenbare und Nicht-Machbare im Leben und eine Hilfe zum Beten, kann ein „empfängliches“ Grundverhalten und eine „erwartungsvolle“ Sprachlichkeit fördern, gibt religiöser Äußerung Form und Schutz.

Aufgabe 7

Eine Gottesdienstreform kann durch konfessionelle Unterschiede angeregt werden, Gegensätze entschärfen und das Bewußtsein der Kirchengemeinschaft vertiefen. Sie kann Veränderungen im Verständnis des Evangeliums und des Glaubens in der Erlebnisschicht unübersehbar und (im Doppelsinn dieses Wortes) zu „Anstößen“ machen. Sie kann die persönliche Mitbeteiligung anregen, aber durch subjektive Willkürlichkeit den Gottesdienst, dem sie aufhelfen möchte, auch schädigen.

Lösungen zur 22. Studieneinheit

Aufgabe 1

Der Hauptkonflikt wird sich wahrscheinlich zwischen dem Interesse der Kirche am Fortbestand und am inneren Zusammenhang der Glaubensgemeinschaft und dem Streben des Einzelnen nach persönlicher, selbständiger Religiosität ergeben. In der religionspädagogischen Praxis können dementsprechend Formen des Eingliederns und Einübens zu Formen der kritischen Auseinandersetzung in Spannung geraten.
Spannungen können ferner zwischen dem ersten und zweiten Grundmotiv aufbrechen, wenn im geschichtlichen Wandel der christliche Wahrheitsanspruch neu interpretiert wird und zu traditionellen Auslegungen und kirchlichen Lehrmeinungen in Gegensatz tritt. Auch dies kann sich religionspädagogisch auswirken.

Aufgabe 2

Die *Eltern* erwarten von der Kirche vor allem, daß die christliche Religion zur moralischen Erziehung und Charakterbildung beiträgt, zur Vermittlung christlicher Werte. Insgesamt können jedoch die Erwartungen recht unterschiedlich sein und selbstverständlich auch die Hilfe zum Glauben selbst betreffen. Die *Heranwachsenden* denken bei ihren Erwartungen in

der Regel sehr stark von ihren alltagsnahen, persönlichen Bedürfnissen her. Der *Staat* hat Interesse am ethischen Beitrag der Kirchen, an der Stärkung des Wertekanons der Gesellschaft. Im übrigen wacht er über die Religionsfreiheit.
Unter dem theologischen Gesichtspunkt, daß die Kirche für die Menschen dazusein hat, weil sich auch Gott selbst in Jesus Christus vorbehaltlos den Menschen zuwandte, hat die Kirche kein Recht, die genannten Erwartungen zurückzuweisen, wenn es um das menschliche Wohl des Einzelnen oder das Wohl des Ganzen geht und sie etwas dazu beitragen kann. Problematisch wird es jedoch, wenn, etwa in wechselnden politischen Lagen, die Kirchen sich politischen Zwecken anpassen sollen, die mit dem Geist des Evangeliums in Widerspruch geraten.

Aufgabe 3

Nach den Zielsetzungen der Synode für den Religionsunterricht soll dem sich als ungläubig betrachtenden Schüler Gelegenheit gegeben werden, „durch die Auseinandersetzung mit der Gegenposition den eigenen Standort klarer zu erkennen oder auch zu revidieren". Diese Aussage drückt einerseits den Wunsch aus, der Schüler möge Zugang zum christlichen Glauben gewinnen („den eigenen Standort revidieren"), läßt aber auf der anderen Seite auch als Ergebnis gelten, daß der Schüler mit Hilfe des christlichen Religionsunterrichts den eigenen (nichtchristlichen) Standort klarer erkennt und festhält.

Aufgabe 4

Die Frau im ersten Beispiel fühlt sich nicht ermutigt, zusammen mit ihren kleinen Kindern den Gottesdienst zu besuchen. Sie wünscht Familiengottesdienste. Unterschwellig schwingt noch eine grundsätzliche Enttäuschung mit: Sie fühlt sich im Gottesdienst, wie sie ihn kennt, nicht angesprochen.
Die junge Frau im zweiten Beispiel, die ein Kind erwartet, ist ernsthaft an einer neuen Begegnung mit dem christlichen Glauben und der Kirche interessiert, obwohl sie aus der Kirche ausgetreten ist. Das soziale Engagement der Kirche hat sie nach wie vor geschätzt. Hier liegt nicht ihr Problem. Ihre Fragen – die ihr im Gewande der Fragen, die ihr Kind einmal stellen wird, als ihre eigenen Fragen bewußt werden – betreffen den Kern: die Auferstehungsbotschaft und die Rede von Gott. Ihr wird weniger gedient sein, wenn man ein allgemeines Gespräch über religiöse Kindererziehung führt und etwa darüber, wie geschickt man auf Kinderfragen antworten soll. Sie erwartet einen offenen und persönlichen Gedankenaustausch, bei dem ihre Gesprächspartner – etwa in einem Gemeindehauskreis – ehrlich zu erkennen geben, wie sie selbst glauben.

Lösungen zur 23. Studieneinheit

Aufgabe 1

Gewissensfreiheit besagt: jedermann hat einen Anspruch darauf, nicht zu einem Handeln genötigt zu werden, das seinem klaren Gewissensspruch widerspricht. Diese Gewissensfreiheit zählt zu den Grundrechten des Menschen und sollte auch in den Verfassungen der Völker verankert werden.
Auch der *irrige Gewissensspruch* behält, solange der Irrtum als solcher nicht erkannt ist, seine Verbindlichkeit. Dennoch sollte der Irrtum nicht verharmlost werden, da er Ausdruck der in der Welt noch vorhandenen Macht der Sünde ist und verhängnisvolle Wirkungen haben kann.

Aufgabe 2

S. FREUD erblickt im *Es* die Urschicht der Seele, das Reservoir aller Lebensimpulse. Wo das „Es" vorherrscht, steht der Mensch unter dem Diktat seiner Triebbedürfnisse. – Das *Über-Ich* ist die Kontrollinstanz der Persönlichkeit, für FREUD das „Gewissen"; es entsteht weithin aus dem Es sowie der Autorität der Eltern und kontrolliert die triebhaften Impulse des Individuums. – Das *Ich* bildet sich als neue Instanz heraus; es steht in einem Dreifrontenkrieg: gegenüber den Triebimpulsen des Es, den Forderungen des Über-Ich und den Anforderungen der Außenwelt (Realität).

Aufgabe 3

Mit *sittlich gut* ist die Grundeinstellung oder konkrete Absicht der handelnden Person gemeint. Diese Aussage bezieht sich also auf das subjektive formale Element sittlichen Verhaltens. – Mit *sittlich richtig* ist die sachliche Stimmigkeit, der objektiv materiale Gehalt der Tat, gemeint, insoweit sie den Erfordernissen der Wirklichkeit und damit dem Willen Gottes entspricht.

Aufgabe 4

Für die Begründung sittlicher Handlungsnormen gibt es die *Autoritätsargumentation* und die *Vernunftargumentation*. Letzterer gebührt der Vorzug; sittliches Verhalten bleibt vernünftiges Verhalten. Darum sollen Handlungsnormen von ihrem Sinngehalt her erschlossen, einsichtig gemacht werden. Die Bevorzugung des Autoritätsargumentes erweckt zudem leicht den Eindruck einer Fremdbestimmung.

Aufgabe 5

Die *Wahlfreiheit* bezieht sich auf die Möglichkeit der Wahl. Mit der Entscheidung geht sie jedoch über in die *Freiheit der Entschiedenheit*. Letztere ist Ausdruck der Beständigkeit und der Reife der Person. Sie ist die Grundlage für vertrauenswürdiges Zusammenleben.

Aufgabe 6

Martin LUTHER bestreitet nicht grundsätzlich die menschliche Willensfreiheit; er möchte sie jedoch eingebunden wissen in den Glauben und lehnt jeden Anspruch auf Heil und Rechtfertigung ab. Nicht durch Werke des Gesetzes, sondern durch Glauben und Gnade empfängt der Mensch den Trost des Evangeliums und Rechtfertigung durch Jesus Christus. Christliche Freiheit kann für ihn nur aus dem Glauben an Jesus Christus heraus gelebt werden.

Aufgabe 7

Jedes menschliche Handeln steht vor einer grundlegenden Zweideutigkeit: Es steht in der Spannung von Zielnorm und Handlungsebene. Diese Spannung resultiert aus der Erfahrung, daß man auf der Handlungsebene oft genug hinter dem verpflichtenden Sollensanspruch einer einmal gefällten Grundentscheidung (z.B. dem hohen christlichen Anspruch der Friedenssicherung und Feindesliebe) zurückbleibt. Diese Dialektik zwischen dem Gewollten einerseits und dem Getanen andererseits verweist darauf, daß der ursprüngliche Wille unter den Bedingungen der tatsächlichen Welt und Menschlichkeit zunächst nur ein leiblich-verkörperter Wille sein kann, das heißt belastet mit allen Schwächen, die zum Menschen hinzugedacht werden müssen. Diese Einsicht verweist aber auch auf die weitere Tatsache, daß alles menschliche Handeln in Gemeinschaft bzw. im Kontakt zu den Handlungsentscheidungen anderer geschieht, die oft genug der eigenen Zielnorm entgegengestellt sind. Trotz dieser bleibenden Spannung braucht der Sollsinn ethischen Handelns nicht als nur theoretisch interessant oder als sinnlos zu erscheinen. Es gilt vielmehr, die Praxis an der ethischen Grundgesinnung, etwa dem Grundentscheid der Nachfolge Jesu, zu orientieren.

Lösungen zur 24. Studieneinheit

Aufgabe 1

Gemessen an der Zahl der Kirchenmitglieder sind die beiden größten Kirchen – ungeachtet der Kirchenaustritte in den vergangenen Jahren – nach wie vor Volkskirchen. Allerdings läßt sich die „Lebendigkeit" der Kirchen nicht allein am Mitgliederbestand ablesen. Wichtig ist, wie die Kirchen ihren Auftrag gegenüber ihren Mitgliedern und der Gesellschaft insgesamt wahrnehmen. In diesem Zusammenhang sind beispielsweise der Deutsche Evangelische Kirchentag und der Deutsche Katholikentag zu nennen, die in den vergangenen Jahren auf eine erhebliche Resonanz gestoßen sind. Nicht zuletzt besitzen die Kirchen Instrumentarien, um sich direkt an Staat und Gesellschaft wenden zu können. So verfügt etwa der Rat der EKD über eine Reihe von Kammern, in denen die sogenannten Denkschriften verfaßt werden.

Aufgabe 2

Ungeachtet der Zurückdrängung des äußeren Einflusses der Kirche und trotz der Verweltlichung in den „Herzen und Köpfen" vieler Menschen hat sich die Religion sowohl im Westen als auch in den Staaten des real existierenden Sozialismus als erstaunlich lebendig erwiesen. Obwohl die Kirchen kein politisches Mandat besitzen und keine politische Macht direkt ausüben können und wollen, nutzen die Kirchen ihr Recht – beispielsweise in Form der Denkschriften –, ihren Einfluß im Sinne des Ratens und Mahnens geltend zu machen. Leitlinie ist dabei die Verbindlichkeit überindividueller Werte und Grundsätze.

Aufgabe 3

Ausgehend von dem Naturrecht als einer überstaatlich ethischen Verbindlichkeit und der Aufnahme des Naturrechtsgedankens in die christliche Theologie, hat die Kirche „als das Gewissen der Gesellschaft" überall dort ihr Wort zu erheben, wo ein menschenwürdiges Leben – verstanden als Freiheit von wirtschaftlicher Not und starken gesellschaftlichen Zwängen – nicht möglich ist. Die Kirche wird deshalb versuchen, in denjenigen totalitären oder diktatorischen Gesellschaftssystemen als Korrektiv zu wirken, in denen Menschen unterdrückt und ausgebeutet werden.

Aufgabe 4

Die sozialethischen Positionen der Kirchen zur Gesellschaft sind stark durch den jeweiligen gesellschaftspolitischen Kontext geprägt. Das Verhalten der Kirche in der DDR gegenüber Staat und Gesellschaft muß sich zwangsläufig anders darstellen als etwa die Kirchenpolitik der katholischen Kirchen in Lateinamerika oder in Polen. Dies wirft die Frage nach der Einheit der Kirchen auf. Natürlich befinden sich auch die Kirchen der Bundesrepublik Deutschland in einem kontextuellen Bezug. Wenn sich die Kirchen hierzulande zu drängenden politischen Problemen zu Wort melden, dann werden verschiedene Erwartungen an die Kirche gestellt: Die Herrschenden erwarten eine moralische Legitimation ihres Tuns durch die Kirchen, die oppositionellen Gruppierungen erwarten ihrerseits eine Stärkung durch die Kirche. Angesichts der Kompliziertheit drängender Probleme kann sich aber eine verantwortungsvolle Kirche nicht ohne weiteres für die eine oder andere politische und damit auch konzeptionelle Richtung entscheiden. Hier befindet sich die Kirche in einem Konflikt. Wie soll sie sich angesichts des Erwartungsdrucks verhalten? Gelöst wird dieser Konflikt dadurch, daß man darauf verweist, daß die Kirchen die Probleme nicht lösen können, sondern Sensibilität für die Probleme in der Welt und deren Lösungen wecken sollen.

Lösungen zur 25. Studieneinheit

Aufgabe 1

1. (a) Bettina möchte Deutschland verlassen und auswandern, weil nach ihrer Meinung die Menschen kalt, eigensinnig und egoistisch sind. Im Vordergrund steht die Enttäuschung auf der Ebene zwischenmenschlicher Beziehungen. – Eckhard bedrücken dagegen stärker allgemeine gesellschaftliche Probleme, die noch dazu die eigene Gesellschaft übergreifen und die „Völker", „Rassen" und „Staaten" in der ganzen Welt betreffen (atomare Bedrohung, Völkerhaß, Ausbeutung von Rohstoffen, Hunger, Übervölkerung). Auch Bettina denkt jedoch nicht nur „provinziell": sie weiß, daß man von anderen Völkern lernen kann („Südländern", „Indern", „Afrikanern"). – In beiden Fällen wirkt die allgemeine Erfahrung auf die persönliche Zukunftsperspektive zurück.
   (b) Bettinas Äußerungen spiegeln schlichtes, festes Gottvertrauen. Auch für Eckhard ist Jesus Christus eine „Wirklichkeit" in seinem persönlichen Leben, auf die er sich verläßt. Ihn interessieren jedoch mehr noch die allgemeinen ethischen, sozialen und politischen Folgen der christlichen Religion, und zwar nicht nur in seinem privaten Leben („ich werde mein Leben nach Jesus richten"), sondern auch und besonders im öffentlichen Leben („Jesus soll der Mittelpunkt unseres Lebens werden").
   (c) Bettina verbindet die Religion nur mit ihrer persönlichen Zukunft, und zwar in dem für sie trostreichen Gedanken an Gottes Führung. Auch Eckhard hat zwar einen „individualistischen" Ausgangspunkt: Wie er soll sich jeder für Jesus „entscheiden", ihn „annehmen". Aber er denkt zugleich auf einer christlich-politischen Ebene (christliche Partei; Gottes Gebote sollen die staatlichen Gesetze bestimmen usw.). Bettina schwebt keine allgemeine christliche Weltverbesserung vor. Genau dies ist jedoch die utopische Hoffnung von Eckhard („Paradies auf Erden" u. a.).
2. Persönliche Stellungnahme

Aufgabe 2

„Funktionale" Erklärungen finden Sie beispielsweise in Kap. 25.1.3 zusammengefaßt auf S. 20 ff. (zu den Funktionen von Religion hinsichtlich individueller und universeller Problemlösungs- und Erlösungsbedürfnisse) und in Kap. 25.2.3 auf S. 37 (im Zitat von Peter L. Berger zur Funktion von Religion angesichts des „Unbehagens in der Modernität").

Aufgabe 3

Bei der Behandlung der Neo-Sannyas- bzw. Bhagwan-Bewegung (S. 410–412) waren die Ausführungen zur „dynamischen Meditation" oder zu den zentralen Vorstellungen der Religionen Asiens Beispiele für Information; die Beschreibung der Funktion dieser Meditationsübungen und therapeutischen Methoden als „Lebenshilfe" bzw. Hilfe zur „Selbstverwirklichung" war eine wertneutrale Deutung; die Darstellung der Punkte, in denen die Bhagwan-Bewegung mit dem Christentum nicht vereinbar ist (in der Gottesfrage, in der Deutung Jesu, in der Sicht der menschlichen Gemeinschaft und sozialen Verantwortung), enthielt Bewertungen aus christlicher Sicht.

Bei der „Transzendentalen Meditation" (S. 412–413) dienten der Abdruck eines Zeugnisses einer TM-Anhängerin und der Abdruck der Werbeanzeige und die ausführlichen Zitate hieraus informativen Zwecken; der Hinweis auf den Zusammenhang mit den schon im vorigen Jahrhundert einsetzenden neohinduistischen Missionsbewegungen hatte deutenden Charakter; die Infragestellung des Anspruchs auf Allgemeingültigkeit durch wissenschaftliche Beweisführung enthielt (mit Pannenberg) Bewertungen aus philosophiseh-wissenschaftstheoretischer Sicht.

Bei der Behandlung der „Vereinigungskirche" S. M. Muns (S. 413–414) bezogen sich die bewertenden Aussagen auf die Unvereinbarkeit mit den christlichen Grundauffassungen, auf die Methoden, Anhänger zu gewinnen, und auf die autoritär-militanten Züge in politischer Hinsicht.

Lösungen zur 26. Studieneinheit

Aufgabe 1

Taizé: deutlich ökumenische Orientierung, verkörpert eine spirituelle Ausrichtung an den Polen „Aktion" (Kampf gegen soziale Ungerechtigkeit und politische Unrechtsstrukturen) und „Kontemplation" (betrachtendes Gebet und Meditation als Ausgangspunkt des Handelns).

Frauengemeinschaft von Grandchamp: versteht sich – parallel zur Männergemeinschaft von Taizé – als Kommunität von Frauen. Sie vertreten dieselben Ziele. Starke Aktivitäten in Friedensarbeit und -erziehung.

Laurentiuskonvent: Gemeinschaft von Laien, die u. a. einen deutlichen Unterschied zwischen ordinierten, hauptamtlichen Vertretern der Kirche und Seelsorge festhalten wollen und sich als Basis („Kirche von unten") verstehen. Konkrete Präsenz in der Friedensarbeit und -erziehung.

Wohngemeinschaft Küppershof: Weitgehend offene Gemeinschaft von Alleinstehenden und Familien, die sich als „Großfamilie" verstehen. Biblisch-spirituelle Orientierung. Starke Beschäftigung mit dem Anspruch biblischer Armut.

Offensive junger Christen/Bensheim: politisch motiviertes christliches Engagement für Kirche und Welt. Konzentration auf die Problematik des Miteinanderlebens in Gemeinschaft.

Aufgabe 2

„Kleine Brüder und Schwestern" Charles de Foucaulds: hohe Bedeutung der in der Nachfolge Jesu begründeten Armut und persönlichen Anspruchslosigkeit.

Missionarinnen der Nächstenliebe/Mutter Teresa: Hinwendung zum täglichen Elend in den Slums von Kalkutta/Indien und an anderen Orten, weltweit. Solidarisierung mit Armen, Unterdrückten und einsam sterbenden Menschen.

Mönche von Jerusalem/Paris: spirituelle Orientierung inmitten der Hektik und Anonymität einer Großstadt. Schlichtheit der Lebensführung und des religiösen Angebots. Verbindung von aktiver Tätigkeit „in der Welt" und Zurückgezogenheit in die ordensähnliche Gemeinschaft.

Karmel: mehr oder weniger „streng" zu kennzeichnende Ausrichtung auf Kontemplation, Gebet und Stille als den tragenden Säulen des Lebensentwurfs. Orientiert sich an der Lebensform der frühen Karmelklöster sowie der mystischen Frömmigkeit der Teresa von Avila. Will eine Stätte der Offenheit, des Gebets und des spirituellen Angebots inmitten der Welt sein.

Aufgabe 3

Gemeinsam sind Orientierung an biblischen bzw. jesuanischen Lebensformen: Gemeinschaft, regelmäßiges Gebet, Zeiten der Stille sowie des Engagements, Orientierung an biblischer Armut und zum Teil an Ehelosigkeit.

Aufgabe 4

Erfahrungen von Unrechtsverhältnissen in der Gesellschaft bzw. im persönlichen Umgang der Geschlechter zu Lasten der Frauen. Wiedererinnerung feministischer bzw. matristischer Denk- und Lebensformen in nahezu allen Bereichen. Gewahrwerden „männlicher Dominanz" im politischen, kulturellen und wirtschaftlichen Bereich. Starke Betonung von als ausdrücklich feminin qualifizierten Erfahrungen der Ganzheit, Körperlichkeit und Natürlichkeit.

Aufgabe 5

Die biblischen Erzählungen werden – häufig der traditionellen Auslegung entgegengesetzt – als Zeugnisse ganzheitlichen Umgangs Jesu mit den Menschen bzw. der Menschen untereinander gelesen, biblische Symbole aus der Sicht von Frauen interpretiert und auf die konkrete Lebenssituation hin aktualisiert. Unter Berufung auf die befreiende Tradition biblischer Spiritualität werden neue und unübliche Glaubens- und Lebenshaltungen angeregt und zu leben gesucht. Im Christentum erzogene Frauen geraten oft in Konflikte mit traditionellen Vorstellungen, etwa von Sünde, vom männlichen Gott. In den Jesusgeschichten entdecken sie aber verschüttete Freiheitstraditionen des Christentums wieder und setzen diese kreativ aus eigener Erfahrung in neue Sprache und Bilder um. Herausgelöst aus den alten Ordnungen, suchen Frauen nach Identität und religiöser Bestätigung des neuen Weges.

Lösungen zur 27. Studieneinheit

Aufgabe 1

Die Überzeugung, allen Völkern der Erde (den Heiden) das Evangelium zu schulden (Mt 28, 18–20), ein entsprechend großes Sendungsbewußtsein, verbunden mit dem Bewußtsein von weltgeschichtlicher Dringlichkeit und der Einsicht, daß dies nur in möglichst intensiver Eintracht aller Kirchen und Missionsgesellschaften ins Werk gesetzt werden kann – diese Motive prägen die Weltmissionsbewegung. Aus ihnen leiten sich auch die Ziele ab: Förderung der Selbständigkeit junger Kirchen bei gleichzeitiger intensiver theologischer, administrativer sowie finanzieller Zusammenarbeit, möglichst genaue Beachtung der politischen, sozialen und kulturellen Bedingungen, Verbindung von Evangeliumspredigt mit sozialem und politischem Engagement.

Aufgabe 2

Diese Frage dient Ihrer persönlichen Vergewisserung, die Sie vielleicht im Gespräch mit anderen präzisieren und klären können. Viele der ursprünglichen Motive sind auch heute noch von Bedeutung. Freilich wird man heute sehr viel selbstkritischer mit dem abendländischen Sendungsbewußtsein umgehen, die eigene Bedürftigkeit nach missionarischer Erneuerung feststellen, das religiöse Gewicht der anderen Weltreligionen sowie die kulturelle Eigenständigkeit nichteuropäischer Kulturkreise angemessen würdigen. Der Anspruch des Christentums, die bestimmende Religion der Welt zu sein (oder zu werden), ist unter den gegenwärtigen Umständen illusorisch.

Aufgabe 3

Die Ziele von Bischof Brent:
- Überwindung der Spaltungen der Christenheit an ihren lehrmäßigen, theologischen, verfassungsmäßigen und liturgischen Wurzeln;
- Arbeitsmethode der gemeinsamen Beratung anstelle der ständigen kontroversen Auseinandersetzungen;
- Einbeziehung der maßgeblichen und einflußreichen Kirchenvertreter;
- Versöhnung der evangelischen und orthodoxen Kirchen mit Rom;
- sichtbare Vereinigung von Kirchen ermöglichen.

Aufgabe 4

Bei der Erarbeitung Ihrer persönlichen Einstellung sind Ihnen folgende Stichpunkte vielleicht eine Hilfe:
- das Element der Buße (Abs. 5);
- die Entdeckung, daß theologische Zusammenarbeit wirklich möglich ist und die Beteiligten tiefgreifend verändert (Abs. 6);
- die Dringlichkeit der Einheit im Blick auf die Mission (Abs. 7);
- die Einbeziehung der Jugend und der Frauen (Abs. 8).

Aufgabe 5

Söderblom glaubt an Gott als die zentrale, schöpferische und versöhnende Kraft zwischen allen Menschen. Er schreibt deshalb der Kirche die Funktion zu, als schöpferische und versöhnende Kraft zwischen allen Völkern zu leben und zu wirken *(Life and Work)*. Einheit der Kirche ist wichtig, weil sie die friedensstiftende Präsenz der Kirche bewährt. Der Akzent liegt auf der in Glauben und Gottesdienst verwurzelten ethischen Aktion; dabei tritt ein pazifistischer Einsatz in den Vordergrund.

Aufgabe 6

Eindrücklich ist bei Fries / Rahner das Bewußtsein von der Dringlichkeit der Aufgabe der Einheit. Dafür bringen sie die Bereitschaft auf, gewohnte und für wesentlich gehaltene konfessionelle Positionen aufzugeben. Ausgangspunkt ist für sie die Übereinstimmung in den Glaubensbekenntnissen der frühen Christenheit. Alle späteren Entwicklungen in Leben und Praxis der Kirchen sind dem Ziel der Einheit unterzuordnen. Grenze: Die Kirchen dürfen sich nicht in einzelnen Lehrfragen die Rechtgläubigkeit absprechen. Wichtig ist die Vorstellung von „Teilkirchen", also regionalen Größen, in denen konfessionelles Erbe und frömmigkeitsspezifische Eigenarten beibehalten werden können. Alle sollen sich einig sein in der Anerkennung des Petrusdienstes des Papstes, ohne dessen jurisdiktionelle Vollmacht übernehmen zu müssen. Gemeinschaft in den Sakramenten und in der Verkündigung ist Ziel und Lebenselixier dieser größeren Einheit.

Aufgabe 7

Hier ist Ihre eigene Meinung gefragt. Sie werden vielleicht prüfen wollen, ob Ihnen die Ideen von Fries und Rahner einleuchten, wo Ihre Widerstände liegen und inwieweit Sie sich eine Realisierung vorstellen könnten.

Aufgabe 8

Die beiden als Beispiele genannten Formeln stehen in deutlicher Spannung zu der Formel von Vancouver. Sie übersehen, daß Frieden in Gerechtigkeit wurzelt, also ohne Menschenrechte für alle, ohne Beseitigung krassesten wirtschaftlichen Elends nicht wirksam werden kann. „Freiheit" ist dagegen ein wenn auch wichtiger, so doch begrenzter Begriff (nämlich Teil von Gerechtigkeit), aber er nimmt die Unfreiheit der anderen in Kauf zugunsten der eigenen Freiheit. Die Abschreckungsdoktrin basiert ausschließlich auf dem Element gegenseitiger Bedrohung und läßt die Fragen der Gerechtigkeit völlig außer acht. Dies ist allerdings eine Argumentation, die im Rahmen dieser Frage nur den Charakter eines Beispiels hat. Ihr eigener kritischer Vergleich wird sicher noch andere Aspekte zutage fördern.

Aufgabe 9

- Jesus hat sein Wirken als Anbruch des einen Gottesreiches verstanden.
- Die Einheit der Kirche in Christus wird an vielen Stellen der Bibel eindringlich dargestellt (Eph 4,3–6), ohne daß die Vielfalt der Gnadengaben geleugnet würde (Röm 12,3–8; 1 Kor 12).
- Das „Hohe priesterliche Gebet" legt Zeugnis für die Suche nach der Einheit ab (Joh 17,20,21,23).
- Spaltung der Gemeinde (Kirche) wird als Spaltung Christi und Verstümmelung seiner Liebe und Kraft begriffen (1 Kor 1, 10ff.).

Lösungen zur 28. Studieneinheit

Aufgabe 1

Der Auftrag an die Jünger, sich an alle Völker zu wenden (Mt 28,19), nimmt alttestamentliche prophetische Ankündigungen im Blick auf die Völkerwelt auf (z. B. Jes 2,1–4; 42,6ff.; Jer 3,17 u. a.). Der Ruf in die Jüngerschaft entspricht den Aufforderungen zur Nachfolge in den Evangelien (z. B. Mt 4,19; 19,21; Mk 2,14; Lk 9,59; Joh 1,43 u. a.), der Taufbefehl entspricht der missionarischen Praxis in den neutestamentlichen Gemeinden (Apg 2,38; 8,12; 10,48; 16,18; 18,8; Röm 6,8; 1 Kor 12,13 u. a.).

Aufgabe 2

Bei den Einwänden gegen die Mission ist zu unterscheiden, ob sie erhoben werden aufgrund einer Ablehnung christlichen Glaubens überhaupt oder als Kritik bestimmter zeitbedingter Erscheinungen in der Geschichte der Mission (z. B. politische Einflüsse, zivilisatorische und kulturelle Überfremdung durch Europa, mangelnde kirchliche Selbständigkeit u. a. m.).

Aufgabe 3

Ethische Werte aus den Traditionen der Völker sollen aufgenommen, Sprachen und Kulturen für die Ausbildung einer eigenständigen einheimischen Gestalt der Kirche in den Ländern der Dritten Welt herangezogen und der ökumenische partnerschaftliche Austausch in der Weltchristenheit dadurch bereichert werden.

Aufgabe 4

In der Wiederentdeckung der Rolle der Meditation, in bestimmten Glaubensdisziplinen und Übungen (Askese, Fasten, Schweigen, Körperhaltung und Atemtechnik), aber auch durch neue Formen kommunitären Zusammenlebens (Ashram) u. a. m. hat die indische Christenheit wertvolle Impulse aus den außerchristlichen religiösen Praktiken aufgenommen, die sie auch anderen Teilen der Christenheit vermitteln kann.

Aufgabe 5

Im ganzheitlichen Ausdruck des Glaubens, wie er in Glaubensheilungen, in zahlreichen charismatischen Gaben, aber auch im Erfahrungsbereich des Unbewußten (Träume, Visionen u. a.) sichtbar wird, werden biblische Vorbilder wiederaufgenommen. Dagegen liegen zum Beispiel in bestimmten magischen Praktiken, in Reinigungsriten oder auch in den Bindungen der Kirche an die Verwandtschaftssysteme (Klan, Stamm) vorchristliche Einflüsse.

Aufgabe 6

Die Gotteserfahrung ist eingebettet in den Schöpfungszusammenhang. Im Christusbekenntnis spielen die mystische und sakramentale Gegenwart Jesu Christi eine wichtige Rolle. Besondere Gaben des Heiligen Geistes treten neu in Erscheinung. Der Gottesdienst der christlichen Gemeinde gewinnt reichere Gestalt durch Ausdrucksmöglichkeiten (Liturgie, Symbole, Gestik u. a.) unter lebendiger Beteiligung vieler.

Aufgabe 7

Echte Koexistenz der Weltreligionen setzt voraus, daß die Religionen sich unverkürzt in ihrem wahren Selbstverständnis begegnen können. Dazu gehört für das Christentum und andere Religionen auch das ihnen eigene missionarische Auftragsverständnis.

Lösungen zur 29. Studieneinheit

Aufgabe 1

Feuerbach erwartete die Überwindung religiöser Vorstellungen (hauptsächlich) von einer Umkehr des menschlichen Bewußtseins, von der Zurücknahme der Schätze, die (geistig) in der Religion nach außen projiziert werden.

Marx sieht in der Religion weniger ein Individualphänomen als vielmehr eine gemeinsame Sache, ein Bedürfnis einer gesellschaftlichen Gruppe; dementsprechend betont er die Notwendigkeit der Veränderung der sozialen Verhältnisse: (nur) wenn sich die Gesellschaft (radikal!) ändert, fallen die Voraussetzungen für die religiöse Ergänzung, das heißt: wenn die Mängel in der Gesellschaft behoben sind, wird auch das Mangel-Phänomen „Religion" absterben.

Aufgabe 2

Man verwies zunächst auf die Gefahren, die vom Kommunismus ausgehen. Man setzte sich dann mit den sozial-politischen Anschauungen der Sozialisten/Kommunisten auseinander und behauptete, ihre Anschauungen seien irrig, das heißt der gesunden Vernunft widersprechend. Im letzten galt das Argument, daß die prinzipielle atheistische Position mit der des Glaubens in keiner Weise vereinbar wäre. Aus diesen Argumenten folgten als Reaktion: Zurückweisung, das Ausprägen eines Feindbildes.

Aufgabe 3

(a) Dialog bedeutet zunächst „verstehendes Gespräch"; dies setzt voraus, daß man bereit ist, auf den Gesprächspartner einzugehen, das heißt zuzuhören. Im Dialog soll man den anderen (als anders) mit seinen Eigenarten annehmen – mit seinen Wissensschätzen ebenso wie mit seinen Grenzen. Dialog kann gewiß auch Auseinandersetzung sein, Kontroverse in einer gemeinsamen Sache; Dialog ist aber nicht Auseinandersetzung gegen einen anderen, sondern mit einem anderen. Bereitschaft zum Dialog meint nicht schwaches Aufgeben der eigenen Position, vielmehr die Bereitschaft, mit einem Streit-Partner ein Stück Weges gemeinsam zu suchen, weiterzugehen.
(b) Dialog setzt vor allem Klugheit voraus; damit ist freilich nicht Raffinesse gemeint, die den andern mit (hohlen) Argumenten vereinnahmen möchte. Klugheit (die eine der christlichen Kardinaltugenden ist!) hat auch keine Scheu vor der Konfrontation in der Öffentlichkeit.

Aufgabe 4

(a) Ernst Bloch, der diesen Ausdruck prägte, sah in der Religion nicht nur die Faktoren, die die Menschen an ihrer Entfaltung behindern (könnten). Für ihn sind im religiösen Denken auch Erfahrungen und Hoffnungen lebendig, die andeuten, in welche Richtung eine Veränderung zu mehr Menschlichkeit denkbar wäre. Das Interesse von Marxisten am Christentum zeigt, daß man aus dem Schatz der religiösen Erfahrungen lernen möchte. Darum ist besonders auch die Gestalt Jesu faszinierend und bewundernswert. Wenn Marxisten von „Beerbung der Religion" sprechen, wollen sie den magisch/religiösen Rest (Aberglauben) zurücklassen, die für das Menschsein trächtigen Inhalte aber übernehmen.

(b) Zunächst haben christliche Theologen erkannt, daß sie lange Zeit in privatistischer Verengung gedacht haben. In der „politischen Theologie" wurden gesellschaftliche Deutekategorien als dringlich anerkannt. In den Ländern der Dritten Welt wurde man – durch die Konkurrenz marxistischer Lösungsmodelle – auf die Kernwahrheiten der christlichen Botschaft verwiesen: Erlösung bzw. Befreiung wird als vordringliches Thema erachtet. Wie Erlösung bzw. Befreiung christlich zu verstehen ist, läßt sich (praktisch!) weitgehend nur in Bezugnahme auf die marxistischen Impulse verdeutlichen. Die Herausforderung des Marxismus führt die christliche Theologie aber auch vor die Notwendigkeit, die Argumente der Bestreitung Gottes (Atheismus) konsequent zu reflektieren. Der Marxismus fordert die christliche Theologie also stets zur Begründung der Existenzberechtigung von Religion heraus.

Aufgabe 5

- Kritische Einwände gegen die bleibende Versuchung, die eigene Existenz durch Errichtung vielfältiger Götzen (z. B. Rüstung, Konsum, Wohlstand) zu sichern.
- Verzicht auf politische Vorherrschaft und ideologische Bevormundung; Kritik jeglicher Herrschaftsideologien; Skepsis gegenüber Alleinvertretungsansprüchen.
- Dialogbereitschaft sowie praktische Risikobereitschaft im gegenseitigen Umgang; Distanz zu Mißtrauen und ideologischer Verdächtigung.
- Zusammenfassend: Verhaltensmaßstäbe, wie sie in den Begriffen „Glaube", „Liebe" und „Hoffnung" angezeigt sind.

Bibliographie

I. Textausgaben

Die BIBEL: Einheitsübersetzung der Heiligen Schrift. Gesamtausgabe. Katholisches Bibelwerk / Deutsche Bibelstiftung. Stuttgart 1980 (Lizenzausgaben in verschiedenen Verlagen).

Gesamtausgabe des Alten und Neuen Testaments, herausgegeben im Auftrag der Bischöfe Deutschlands, Österreichs, der Schweiz, des Bischofs von Luxemburg, des Bischofs von Lüttich, des Bischofs von Bozen-Brixen. Für die Psalmen und das Neue Testament auch im Auftrag des Rates der Evangelischen Kirche in Deutschland und des Evangelischen Bibelwerks in der Bundesrepublik Deutschland.

Der KORAN. Übersetzung von Rudi PARET. W. Kohlhammer Verlag, Stuttgart ²1980.

Hervorragende Übersetzung des Heiligen Buches des Islams.

Die vierundzwanzig Bücher der HEILIGEN SCHRIFT. Übersetzt von Leopold ZUNZ. V. Goldschmidt Verlag, Basel 1980.

Bedeutende Übersetzung der Hebräischen Bibel.

Der TALMUD. Ausgewählt, übersetzt und erklärt von Reinhold MAYER. 5., durchgesehene und erweiterte Auflage. W. Goldmann Verlag, München 1980.

Zuverlässig eingeleitete und kommentierte Ausgabe.

II. Allgemeine einführende Literatur

Horst BÜRKLE: Einführung in die Theologie der Religionen. Wissenschaftliche Buchgesellschaft, Darmstadt 1977.

Aus der Analyse des Selbstverständnisses und der religiösen Praxis fremder Religionen lassen sich durch eine „Theologie der Religionen“ neue Aspekte für die Theologie gewinnen. Dies wird in dem nicht ganz einfach geschriebenen, aber anregenden Werk besonders an den Beispielen Hinduismus, Buddhismus und Afrikanische Religionen versucht.

Ernst DAMMANN: Grundriß der Religionsgeschichte (Theologische Wissenschaft Band 17). W. Kohlhammer Verlag, Stuttgart ²1978.

Einführendes, gut verständliches Werk mit einem Überblick über die Vielfalt der Religionen.

Johannes FEINER / Lukas VISCHER (Hrsg.): Neues Glaubensbuch. Der gemeinsame christliche Glaube. Herder Verlag, Freiburg-Basel-Wien-Zürich ¹⁶1981.

Kompetente katholische und evangelische Theologen beschreiben in leicht faßlicher Weise den gemeinsamen christlichen Glauben und bemühen sich zugleich um Offenlegung der weiterhin umstrittenen Fragen. Als Einstieg und begleitende Lektüre ohne größere fachliche Ansprüche bestens geeignet.

Hubertus G. HUBBELING: Einführung in die Religionsphilosophie. (UTB 1152). Verlag Vandenhoeck & Ruprecht, Göttingen 1981.

Eine kurze historische und ausführlichere systematische Einführung in die Grundfragen der Religionsphilosophie vom Standpunkt der analytischen Philosophie aus. Die Fragen der religiösen Erkenntnis und der Gottesbeweise spielen eine besondere Rolle in diesem Buch. Relativ anspruchsvolle Lektüre, die aber ohne fachliche Vorkenntnisse zu bewältigen ist.

Walter KASPER: Einführung in den Glauben. Matthias-Grünewald-Verlag, Mainz 1972.

In Auseinandersetzung mit neuzeitlichen Fragestellungen und Infragestellungen des christlichen Glaubens gibt dieser Band einen Durchblick zu dessen wesentlichen Momenten und Inhalten. Trotz akademischen Niveaus eine allgemeinverständliche Darstellung.

Gerhard LOHFINK: Jetzt verstehe ich die Bibel. Ein Sachbuch zur Formkritik. Verlag Katholisches Bibelwerk, Stuttgart ³1974.

Wissenschaftlich zuverlässige allgemeinverständliche Einführung in einen heute sachgemäßen Umgang mit der Bibel.

Georg PICHT / Enno RUDOLPH (Hrsg.): Theologie – was ist das? Kreuz Verlag, Stuttgart/Berlin 1977.

Hervorragende Vertreter ihres Faches stellen die einzelnen Arbeitsbereiche der theologischen Wissenschaften vor, woran sich ein Diskussionsbeitrag aus allgemein-philosophischer Sicht anschließt. Der Band gibt einen ausgezeichneten Einblick in die innere Vielfalt der Theologie.

Hans Walter WOLFF / Günter BORNKAMM: Zugang zur Bibel. Eine Einführung in die Schriften des Alten und Neuen Testaments. Kreuz Verlag, Stuttgart/Berlin 1980.

Grundlegende Einführung in theologische Hauptthemen der Bibel.

Heinz ZAHRNT: Die Sache mit Gott. (dtv 846). München ³1978 u.ö.

Eine leicht verständliche und anregend geschriebene Einführung in die Geschichte der evangelischen Theologie von der Zeit nach dem Ersten Weltkrieg bis in die 60er Jahre. Bei allem Bemühen um sachliche und genaue Darstellung bezieht der Autor deutlich Stellung und scheut auch vor scharfem Urteil nicht zurück.

III. Nachschlagewerke

Erwin FAHLBUSCH (Hrsg.): Taschenlexikon Religion und Theologie. 4 Bde. Verlag Vandenhoeck & Ruprecht, Göttingen ⁴1983.

Übersichtlich angelegtes, gutes Gebrauchslexikon.

Friedrich HAUCK / Gerhard SCHWINGE (Hrsg.): Theologisches Fach- und Fremdwörterbuch. Verlag Vandenhoeck & Ruprecht, Göttingen ⁵1982.

Knappe und präzise Erläuterung von theologischen Fachbegriffen.

Karl RAHNER (Hrsg.): Herders Theologisches Taschenlexikon. 8 Bde. Herder Verlag, Freiburg-Basel-Wien 1972f.

Ausführliches Grundlagenlexikon, nach lexikalischen Stichwörtern aufgebaut.

Karl RAHNER / Herbert VORGRIMLER (Hrsg.): Kleines theologisches Wörterbuch. Herder Verlag, Freiburg-Basel-Wien ¹⁰1976.

Systematisch ausgerichtetes, anspruchsvolles Lexikon.

Literatur zur 1. Studieneinheit

Einführende Literatur

Alfred BERTHOLET: Wörterbuch der Religionen. Stuttgart 1952.

Dietrich BONHOEFFER: Widerstand und Ergebung. Hrsg. von E. BETHGE. München ⁷1951.

Bernhard CASPER: Alltagserfahrung und Frömmigkeit. In: Christlicher Glaube in moderner Gesellschaft. Freiburg/Basel/Wien 1980. Teilband 25, S. 39–72.

Harvey COX: Die Stadt ohne Gott. Stuttgart ⁵1969.

Heinrich FRIES: Gott – die Frage unserer Zeit. München 1973.

Ders.: Abschied von Gott? Freiburg/Basel/Wien 1979.

Helmut GOLLWITZER: Krummes Holz – aufrechter Gang. Zur Frage nach dem Sinn des Lebens. München 1970.

Franz KÖNIG: Religionswissenschaftliches Wörterbuch. Freiburg 1956.

Hans KÜNG: Existiert Gott? Antwort auf die Gottesfrage der Neuzeit. München/Zürich 1978.

Günter LANCZKOWSKI: Einführung in die Religionsphänomenologie. Darmstadt 1978.

Karl-Heinz WEGER (Hrsg.): Religionskritik von der Aufklärung bis zur Gegenwart. Freiburg/Basel/Wien 1979.
Heinz ZAHRNT: Wozu ist das Christentum gut? München 1974.

Weiterführende Literatur

Peter L. BERGER: Zur Dialektik von Religion und Gesellschaft. Elemente einer soziologischen Theorie. Frankfurt 1973.
Ernst BLOCH: Das Prinzip Hoffnung. Frankfurt 1968.
Ders.: Atheismus im Christentum. Frankfurt 1968.
Emerich CORETH / Johannes B. LOTZ: Atheismus, kritisch betrachtet. München/Freiburg 1971.
Heinrich FRIES / Peter GLOCKMANN: Ich sehe keinen Gott. Ein Dialog zwischen Naturwissenschaft und Theologie. Freiburg/Basel/Wien 1979.
Helmut GOLLWITZER: Was ist Religion? Fragen zwischen Theologie, Soziologie und Pädagogik. München 1980.
Gerardus VAN DER LEEUW: Phänomenologie der Religion. Tübingen ^{4}1977.
Thomas LUCKMANN: Das Problem der Religion in der modernen Gesellschaft. Freiburg 1963.
Niklas LUHMANN: Funktion der Religion. Frankfurt 1977.
Karl RAHNER (Hrsg.): Ist Gott noch gefragt? Zur Funktionslosigkeit des Gottesglaubens. Düsseldorf 1973.
Trutz RENDTORFF: Gesellschaft ohne Religion? München 1975.
Oskar SCHATZ (Hrsg.): Hat die Religion Zukunft? Graz/Wien/Köln 1971.
Max SCHELER: Vom Ewigen im Menschen. Berlin 1933.
Gerhard SZCZESNY: Die Antwort der Religionen. München 1964.
Heinz ZAHRNT: Gott kann nicht sterben. Wider die falschen Alternativen in Theologie und Gesellschaft. München 1970.

Spezielle Literatur

Bernhard CASPER: Wesen und Grenzen der Religionskritik. Feuerbach – Marx – Freud. Würzburg 1974.
Mircea ELIADE: Die Religionen und das Heilige. Salzburg o. J.
Helmut GOLLWITZER: Die marxistische Religionskritik und der christliche Glaube. Hamburg 1965.
Gotthold HASENHÜTTL: Gott ohne Gott. Ein Dialog mit Jean-Paul Sartre. Graz/Wien/Köln 1972.
Rudolf OTTO: Das Heilige. Über das Irrationale in der Idee des Göttlichen und sein Verhältnis zum Rationalen. München 1947.
Richard SCHAEFFLER: Die Religionskritik sucht ihren Partner. Freiburg 1974.

Literatur zur 2. Studieneinheit

Einführende Literatur

Adolf ADAM / Rupert BERGER: Pastoralliturgisches Handlexikon. Freiburg 1980.
Gute und knappe Information zu allen kultisch-liturgischen Fragen.
Jürgen HEUMANN: Symbol – Sprache der Religion. Stuttgart 1983.
Einführung in die Thematik, mit Hilfen für Religionsunterricht und Erwachsenenbildung.
Werner JETTER: Symbol und Ritual. Göttingen 1978.
Als Lehrbuch für unsere Studieneinheit geeignet. Umfassende Literaturangaben.
Carl Gustav JUNG / Marie-Louise VON FRANZ u. a.: Der Mensch und seine Symbole. Olten 1968.
Allgemeinverständliches Standardwerk.
Gerardus VAN DER LEEUW: Phänomenologie der Religion. Tübingen ^{4}1977.
„Klassiker" der vergleichenden Religionswissenschaft.
Joachim SCHARFENBERG /Horst KÄMPFER: Mit Symbolen leben. Olten 1980.
Angewandte Symboltheorie unter dem seelsorgerlichen Gesichtspunkt der Konfliktbearbeitung.
Dietrich STOLLBERG: Artikel „Religionspsychologie". In: ARNOLD/EYSENCK/MEILI (Hrsg.): Lexikon der Psychologie. Bd. 3. Freiburg 1972, S. 163–172.
Geo WIDENGREN: Religionsphänomenologie. Berlin 1969.

Weiterführende Literatur

Harvey COX: Das Fest der Narren. Stuttgart ^{4}1974.
Mircea ELIADE: Geschichte der religiösen Ideen. 3 Bde. Freiburg 1979 ff.
Standardwerk.
Hans-Günter HEIMBROCK: Phantasie und christlicher Glaube. München 1977.
Anwendung der neueren psychoanalytischen Narzißmustheorie auf theologische Fragen und Texte.
William JAMES: Die Vielfalt religiöser Erfahrung. Übers. und hrsg. von E. HERMS. Olten 1979.
Klassisches Standardwerk.
Gerhard M. MARTIN: Fest und Alltag. Stuttgart 1973.
Bausteine einer neuen Theorie des Festes.
Ders.: Die utopische Funktion des Festes. *Anstöße. Aus der Arbeit der Evangelischen Akademie Hofgeismar* 28 (1981), S. 28–35.
Gerd-Heinz MOHR: Lexikon der Symbole. Düsseldorf/Köln 1971.
Eckart OTTO / Tim SCHRAMM: Fest und Freude. Stuttgart 1977.
Informationen zum biblischen Befund.
Josef PIEPER: Zustimmung zur Welt. Eine Theorie des Festes. München 1963.
Paul RICOEUR: Die Interpretation. Frankfurt 1974.
Grundlegendes Werk zur Hermeneutik zwischen Philosophie, Theologie und Psychoanalyse.
Ders.: Hermeneutik und Psychoanalyse. München 1974.
Peter SCHELLENBAUM: Stichwort: Gottesbild. Stuttgart 1981.
Beispiele und Anregungen aus der Schule C. G. JUNGS.
Heinrich und Margarethe SCHMIDT: Die vergessene Bildersprache der christlichen Kunst. München 1981.
Dietrich STOLLBERG: Wenn Gott menschlich wäre... Stuttgart 1978.
Aufsätze zu Seelsorge, Theologie und Psychologie.
Christoph WILHELMI: Handbuch der Symbole. Frankfurt 1980.

Spezielle Literatur

Manfred JOSUTTIS / Gerhard Marcel MARTIN (Hrsg.): Das heilige Essen. Kulturwissenschaftliche Beiträge zum Verständnis des Abendmahls. Stuttgart 1980.
Susanne LANGER: Philosophie auf neuen Wegen. Das Symbol im Denken, im Ritus und in der Kunst. Frankfurt 1965.
Richard RIESS (Hrsg.): Perspektiven der Pastoralpsychologie. Göttingen 1974.
Ders.: Seelsorge. Orientierung, Analyse, Alternativen. Göttingen 1973.
Yorik SPIEGEL (Hrsg.): Erinnern – Wiederholen – Durcharbeiten. Zur Sozialpsychologie des Gottesdienstes. Stuttgart 1972.
Wilhelm STÄHLIN: Symbolon. Vom gleichnishaften Denken. 3 Bde. Stuttgart 1958 ff.
Dietrich STOLLBERG: Seelsorge durch die Gruppe. Göttingen ^{3}1975.
Ders.: Wahrnehmen und Annehmen. Seelsorge in Theorie und Praxis. Gütersloh 1978.

„Symbole": Neue Reihe von Monographien zu Themen wie: Farben, Drachen, Schöpfungsmythen, Berg und Höhle, Jungfrau und Kind, Weltuntergang. Stuttgart 1982ff.

Paul TILLICH: Gesammelte Werke. Stuttgart 1959ff., speziell Bd. V.

Zur Gruppenarbeit in Studienzirkeln:

Dietrich STOLLBERG: Lernen, weil es Freude macht. München 1982.

Allgemeinverständliche Einführung in die Themenzentrierte Interaktion (TZI) nach Ruth C. COHN, entwickelt aus den Erfahrungen und Erkenntnissen der Psychoanalyse und Gruppenpädagogik/-therapie.

Literatur zur 3. Studieneinheit

1. Einführende Literatur

Heinrich FRIES (Hrsg.): Gott – die Frage unserer Zeit. München 1973.

Die hier vorgelegten Beiträge wurden ursprünglich als Kontaktstudium an der Universität München gehalten. Sie sind allgemeinverständlich. Die Inhalte entsprechen weitgehend den in Studieneinheit 3 erörterten Themen, erweitert um biblische und katechetische Teile.

Bernhard CASPER: Wesen und Grenzen der Religionskritik. Feuerbach – Marx – Freud. Würzburg 1974.

Die kleine Schrift eignet sich besonders für einen ersten Einblick in die religionskritischen Positionen des 19. Jahrhunderts und gibt dem Leser zugleich Möglichkeiten der Befragung der Religionskritik vom Standpunkt christlicher Philosophie und Religion an die Hand.

2. Weiterführende Literatur

Karl-Heinz WEGER (Hrsg.): Religionskritik von der Aufklärung bis zur Gegenwart. Freiburg/Basel/Wien 1979.

Das Taschenbuch bietet in Art eines Lexikons eine Einführung in das Denken von 93 Autoren, die der Religionskritik zugerechnet werden können. Querverweise und ausführliche Literaturangaben machen es zu einem Arbeitsbuch und Nachschlagewerk für breitere Kreise, das sich vor allem auch wegen seines Preises empfiehlt.

Hans KÜNG: Existiert Gott? Antwort auf die Gottesfrage der Neuzeit. München/Zürich 1978.

Das Werk, das von der innerkirchlichen Kritik an seinem Autor nicht berührt wurde, gibt einen Überblick über die Gottesfrage in der Philosophie der Neuzeit. Wer sich ernstlich mit den hier angesprochenen Themen auseinandersetzen will, findet hier eine wissenschaftlich fundierte und zugleich gut lesbare Einführung. Der über einhundertseitige Anmerkungsapparat (S. 769–875) bietet breite Hinweise auf weiterführende und spezielle Literatur zu den einzelnen Themen.

Helmut GOLLWITZER: Krummes Holz – aufrechter Gang. Zur Frage nach dem Sinn des Lebens. München [8]1979.

Das Buch geht zurück auf Vorlesungen an den Universitäten Berlin und München. In Auseinandersetzung sowohl mit individualistischen als auch kollektivistischen Strömungen in der gegenwärtigen Philosophie und Weltanschauung wird aus christlicher Sicht eine Annäherung an die Sinnfrage vorgestellt.

3. Spezielle Literatur

Bernhard WELTE: Nietzsches Atheismus und das Christentum. Darmstadt 1958.

Allgemeinverständliche und immer noch aktuelle Darstellung und Würdigung der Grundgedanken NIETZSCHES. In 5 Schritten fragt WELTE nach den eigentlichen konstruktiven Ansätzen der Philosophie NIETZSCHES. Bemerkenswert ist vor allem der Versuch, in behutsamer Weise gemeinsame Wurzeln atheistischer und religiöser Positionen aufzuzeigen, um damit dem Dialog zwischen Atheismus und Religion einen Weg zu weisen.

Literatur zur 4. Studieneinheit

Einführende Literatur

H. KÜNG: Gott und das Leid. Theologische Meditationen. 18. Zürich/Einsiedeln/Köln [6]1977.

L. OEING-HANHOFF / W. KASPER: Negativität und Böses. In: Christlicher Glaube in moderner Gesellschaft 9 (1981), S. 147–201.

Weiterführende Literatur

J. B. BRANTSCHEN / H. SCHIPPERGES / E. RINGEL / E. ZENGER: Leiden. In: Christlicher Glaube in moderner Gesellschaft 10 (1980), S. 5–50.

Concilium. Heft 11. 12. Jahrgang (1976): Leiden und christlicher Glaube. Mainz 1976.

H. FRIES: Theologische Überlegungen zum Verhältnis von Hoffnung und Utopie. In: Christlicher Glaube in moderner Gesellschaft 23 (1982), S. 72–86.

G. JASPER: Wie erklärt Israel seine leidvolle Führung? *Judaica* 21 (1965), S. 1–26.

W. KASPER: Das theologische Problem des Bösen. In: W. KASPER / K. LEHMANN (Hrsg.): Teufel – Dämonen – Besessenheit. Zur Wirklichkeit des Bösen. Mainz 1978, S. 41–69.

W. MOSTERT: Gott und das Böse. *Zeitschrift für Theologie und Kirche* 77 (1980), S. 453ff.

S. SCHREINER: Jüdisch-theologisches Denken nach Auschwitz – Ein Versuch seiner Darstellung. *Judaica* 36 (1980), S. 1–13 und 49–56.

H. W. SCHUMANN: Buddhismus. Stifter, Schulen und Systeme. Olten/Freiburg i. Br. 1976.

B. UHDE (Hrsg.): Die Bibel und die Religionen. Religionsgeschichtliche Quellentexte (= Die Bibel. Bd. 8). Salzburg 1979.

Literatur zur 5. Studieneinheit

Einführende Literatur

R. SCHAEFFLER: Religion und kritisches Bewußtsein. Freiburg 1973.

Das Werk behandelt die Frage, auf welche Weise das religiöse Bewußtsein den Anspruch, absolut maßgebliche Wahrheit zu vermitteln, mit der Kritik an allem menschlichen Wissen von dieser Wahrheit verbindet.

Weiterführende Literatur

W. KASPER (Hrsg.): Absolutheit des Christentums. Quaestiones disputatae 79. Freiburg 1972.

Ein Sammelband mit Beiträgen, die unter verschiedenen Gesichtspunkten die Frage behandeln, wie sich der Anspruch des Christentums, absolute Wahrheit zu vermitteln, unter den heutigen Bedingungen verstehen und rechtfertigen läßt.

Johannes B. LOTZ: Person und Freiheit. Quaestiones disputatae 83. Freiburg 1979.

Der Autor führt den Nachweis, daß ein religiöses Verständnis der menschlichen Person die Freiheit des Denkens nicht beschränkt, sondern neu begründet.

R. SCHAEFFLER: Glaubensreflexion und Wissenschaftslehre. Quaestiones disputatae 82. Freiburg 1980.

Das Buch untersucht die Frage, wie sich der Wahrheitsanspruch der christlichen Botschaft zum Wissenschaftsanspruch der Theologie verhält und wie die theologische Wissenschaft im Lauf ihrer Geschichte zur Entstehung und Entwicklung eines kritischen Wissenschaftsverständnisses beigetragen hat.

W. KERN (Hrsg.): Die Theologie und das Lehramt. Quaestiones disputatae 91. Freiburg 1982.
Ein Sammelband mit Beiträgen, die am Beispiel des Verhältnisses von theologischer Forschung und lehramtlicher Entscheidung das Wahrheitsverständnis des Christentums erörtern.

Literatur zur 6. Studieneinheit

1. Quellen

Die vierundzwanzig Bücher der Heiligen Schrift. Übersetzt von Leopold ZUNZ. Basel 1980.
Bedeutende jüdische Übersetzung der Hebräischen Bibel.

Der TALMUD. Ausgewählt, übersetzt und erklärt von Reinhold MAYER. München [5]1980.
Zuverlässig eingeleitete und kommentierte Ausgabe.

Sidur Sefat Emet [Gebetbuch]. Mit deutscher Übersetzung von Rabbiner Dr. S. BAMBERGER. Basel 1967.

Die Pessach-Haggada. Erzählung von dem Auszuge Israels aus Ägypten – an den beiden ersten Pessach-Abenden. Mit Illustrationen. Übersetzt von W. HEIDENHEIM. Basel 1981.

Die Schrift. Die hebräische Bibel. Das Alte Testament. Verdeutscht von Martin BUBER gemeinsam mit Franz ROSENZWEIG. Neu bearbeitete Ausgabe in vier Bänden: Die fünf Bücher der Weisung – Bücher der Geschichte – Bücher der Kündung – Die Schriftwerke. Heidelberg 1976–1979.
Äußerst anspruchsvolle Übersetzung aus sprachschöpferischer Kraft.

Jakob J. PETUCHOWSKI: Gottesdienst des Herzens. Eine Auswahl aus dem Gebetsschatz des Judentums. Freiburg/Basel/Wien 1981.
Knapp, aber zuverlässig eingeleitete und kommentierte Auswahl.

2. Einführende Literatur

Ernst Ludwig EHRLICH: Geschichte Israels von den Anfängen bis zur Zerstörung des Tempels (70 n. Chr.). Berlin/New York [2]1980.
Kurze Darstellung, die auf die in der Forschung diskutierten Fragestellungen aufmerksam macht.

Ismar ELBOGEN / Eleonore STERLING: Die Geschichte der Juden in Deutschland. Wiesbaden 1982.

Georg FOHRER: Glaube und Leben im Judentum. Heidelberg 1979.
Grundinformationen über jüdischen Glauben und jüdisches Leben.

Robert Raphael GEIS: Vom unbekannten Judentum. Freiburg i. Br./Basel/Wien 1961.

Die geistige Gestalt des heutigen Judentums. Münchener Akademie-Schriften. Katholische Akademie in Bayern. Hrsg. von Franz HENRICH. Band 47. München 1969.
Mit Beiträgen von E. L. EHRLICH, J. BLOCH, F. HEER, E. SIMON, W. P. ECKERT.

Roland GRADWOHL: Die Worte aus dem Feuer. Wie die Gebote das Leben erfüllen. Mit einem Geleitwort von F. MUSSNER. Freiburg/Basel/Wien 1978.
Authentische Darstellung jüdischer Lebenspraxis.

Hermann GREIVE: Die Juden. Grundzüge ihrer Geschichte im mittelalterlichen und neuzeitlichen Europa. Darmstadt 1980.
Informativer Überblick.

Arthur HERTZBERG: Der Judaismus. Genf 1973.

Michael KRUPP: Zionismus und Staat Israel. Ein geschichtlicher Abriß. Mit einem Geleitwort von H. GOLLWITZER. Gütersloh 1983.
Zuverlässige Grundinformation.

N. Peter LEVINSON: Ein Rabbiner erklärt die Bibel. München 1982.
Exemplarische jüdische Schriftauslegung der Gegenwart.

Pnina Navè LEVINSON: Einführung in die rabbinische Theologie. Darmstadt 1982.
Nach den Themen „Gott“, „Mensch“, „Welt“ angeordnete Einführung mit ausführlichen Literaturhinweisen (teilweise kommentiert).

Werner LICHARZ / Martin STÖHR (Hrsg.): Einladung ins Lehrhaus. Beiträge zum jüdischen Selbstverständnis. Frankfurt 1981.
Mit Beiträgen von Sch. BEN-CHORIN, H. BRUEN, E. L. EHRLICH, A. H. FRIEDLANDER, R. R. GEIS, R. GRADWOHL, N. P. LEVINSON, J. POSEN, Sh. TALMON.

Jakob J. PETUCHOWSKI: Beten im Judentum. Stuttgart 1976.
Beten im jüdischen Selbstverständnis.

Bernhard RÜBENACH (Hrsg.): Begegnungen mit dem Judentum. Stuttgart/Berlin 1981. *Dem Buch liegen Sendungen des Südwestfunks zugrunde.*

Shmuel SAFRAI: Das jüdische Volk im Zeitalter des Zweiten Tempels. Information Judentum. 1. Neukirchen-Vluyn 1978. *Zuverlässiger Überblick.*

3. Weiterführende Literatur

Leo BAECK: Das Wesen des Judentums. Wiesbaden o. J. [1978] (Nachdruck der erweiterten Auflage: Frankfurt 1922).
Klassische Darstellung aus der Hand des führenden deutschen Rabbiners im 20. Jahrhundert.

Haim Hillel BEN-SASSON (Hrsg.): Geschichte des jüdischen Volkes. 3 Bde. München 1978–1980.
Von israelischen Historikern erarbeitetes Sammelwerk.

Michael BROCKE / Herbert JOCHUM (Hrsg.): Wolkensäule und Feuerschein. Jüdische Theologie des Holocaust. Abhandlungen zum christlich-jüdischen Dialog. 13. München 1982.
Enthält wichtige Beiträge zur Holocaust-Diskussion vor allem in Israel und den USA.

Martin BUBER: Werke. 3 Bde.: Zur Philosophie. Zur Bibel. Zum Chassidismus. München 1963.
Gesammelte Schriften des (besonders in Deutschland) einflußreichen Religionsphilosophen.

W. P. ECKERT / N. P. LEVINSON / M. STÖHR (Hrsg.): Jüdisches Volk – Gelobtes Land. Die biblischen Landverheißungen als Problem des jüdischen Selbstverständnisses und der christlichen Theologie. München 1970.
Fundierte Erörterungen der theologischen Dimension von Land und Volk Israel.

Ze'ev W. FALK: Die Stellung der Frau in der Halacha. Probleme jüdischer Existenz. *Freiburger Rundbrief* 25 (1973), S. 206–211.

Abraham Joshua HESCHEL: Gott sucht den Menschen. Eine Philosophie des Judentums. Information Judentum. 2. Neukirchen-Vluyn 1980.
Aus der Tradition erschlossenes modernes jüdisches Selbstverständnis.

Johann MAIER: Geschichte der jüdischen Religion. Von der Zeit Alexanders des Großen bis zur Aufklärung. Mit einem Ausblick auf das 19.–20. Jahrhundert. Berlin/New York 1972.
Informative Gesamtdarstellung mit reichen Literaturangaben.

Franz ROSENZWEIG: Der Stern der Erlösung. Der Mensch und sein Werk. Gesammelte Schriften. II. Abteilung. Im Jahre der Schöpfung 5736. Mit einer Einführung von Reinhold MAYER. Den Haag [4]1976.
Sorgfältig eingeleitete Neuausgabe des bahnbrechenden Werkes des deutschen Religionsphilosophen.

Peter SCHÄFER: Studien zur Geschichte und Theologie des rabbinischen Judentums. Leiden 1978.
Profunde Analysen und Durchblicke.

Hans Joachim SCHOEPS: Jüdische Geisteswelt. Zeugnisse aus zwei Jahrtausenden. Darmstadt/Genf o. J.

Gershom SCHOLEM: Die jüdische Mystik in ihren Hauptströmungen. Frankfurt 1980.

Standardwerk.

Ernst SIMON: Entscheidung zum Judentum. Essays und Vorträge. Frankfurt 1979/1980.

Modernes jüdisches Selbstverständnis aus persönlichem Erleben.

Literatur zur 7. Studieneinheit

1. Quellensammlungen

Karl Heinrich RENGSTORF / Siegfried VON KORTZFLEISCH (Hrsg.): Kirche und Synagoge. Handbuch zur Geschichte von Christen und Juden. Darstellung mit Quellen. 2 Bde. Stuttgart 1968 und 1970.

Grundlegendes Quellenwerk mit ausführlichen Kommentaren für die Zeit vom Beginn des Christentums bis zum Jahr 1933.

Robert Raphael GEIS / Hans-Joachim KRAUS (Hrsg.): Versuche des Verstehens. Dokumente jüdisch-christlicher Begegnung aus den Jahren 1918–1933. München 1966.

Kommentierte Sammlung von Aufsätzen jüdischer und christlicher Autoren.

Klemens RICHTER (Hrsg.): Die Katholische Kirche und das Judentum. Dokumente von 1945–1982. Freiburg 1982.

Sammlung von Dokumenten mit ausführlicher Einleitung des Herausgebers und Kommentaren aus katholischer (Erich ZENGER) und jüdischer (Ernst Ludwig EHRLICH) Sicht.

2. Weiterführende Literatur

- *Zum Verhältnis von Christen und Juden*

Dietrich GOLDSCHMIDT / Hans-Joachim KRAUS (Hrsg.): Der ungekündigte Bund. Neue Begegnungen von Juden und christlicher Gemeinde. Stuttgart/Berlin ²1963.

Der Band enthält die Bibelarbeiten, Vorträge und Diskussionen der Arbeitsgemeinschaft „Juden und Christen" beim Deutschen Evangelischen Kirchentag in Berlin 1961; ferner eine ausführliche kommentierte Darstellung der Erklärungen aus der Evangelischen Kirche Deutschlands und der Ökumene zum Verhältnis von Christen und Juden aus den Jahren 1932–1961 sowie eine ausführliche Bibliographie.

Helmut GOLLWITZER / Eleonore STERLING (Hrsg.): Das gespaltene Gottesvolk. Stuttgart/Berlin 1966.

Der Band setzt den vorher genannten fort und enthält die Materialien der Arbeitsgemeinschaft „Juden und Christen" von den Kirchentagen in Dortmund (1963) und Köln (1965) sowie weitere Texte und Bibliographien zum Thema.

Rolf RENDTORFF (Hrsg.): Arbeitsbuch Christen und Juden. Zur Studie des Rates der Evangelischen Kirche in Deutschland. Gütersloh ²1980.

Ausführliche, nach Stichworten gegliederte Entfaltung der Aussagen der Studie „Christen und Juden" des Rates der Evangelischen Kirche in Deutschland von 1975 mit Bibliographien zu jedem Einzelabschnitt.

Clemens THOMA: Christliche Theologie des Judentums. Aschaffenburg 1978.

Ein erster Versuch einer zusammenhängenden Darstellung des Judentums aus christlicher (katholischer) Sicht und der Probleme des christlichen Antijudaismus sowie der neuen Ansätze zum Verständnis des Judentums. Das Buch ist übersichtlich fortlaufend in kurze Paragraphen gegliedert.

Franz MUSSNER: Traktat über die Juden. München 1979.

Der katholische Neutestamentler schreibt im bewußten Gegensatz zu den in der frühen Kirche üblichen „Traktaten gegen die Juden" (Tractatus adversus Judaeos) einen Traktat für die Juden. Hinter dem Buch steht „ein langjähriger Lernprozeß, ein wahres Umdenken", zu dem der Verfasser auch die Leser einladen möchte, um „über Israel, den älteren Bruder und ‚die Wurzel' der Kirche, anders und neu zu denken". Dabei werden vor allem ausführlich Texte des Neuen Testaments behandelt, die für das Verhältnis von Christen und Juden von Bedeutung sind.

Bernhard RÜBENACH (Hrsg.): Begegnungen mit dem Judentum. Stuttgart/Berlin 1981.

Das Buch enthält eine Auswahl aus einer großangelegten Sendereihe des Südwestfunks Baden-Baden 1980/1981.

Peter VON DER OSTEN-SACKEN: Grundzüge einer Theologie im christlich-jüdischen Gespräch. München 1982.

Gleichsam das evangelische Gegenstück zu dem Buch von MUSSNER (s. o.) mit einer stärker systematisch-theologisch ausgerichteten Fragestellung.

Clemens THOMA: Die theologischen Beziehungen zwischen Christentum und Judentum. Darmstadt 1982.

Dieses knappere Buch des Autors in der Reihe „Grundzüge" der Wissenschaftlichen Buchgesellschaft (Band 44) entfaltet die Themen mehr unter systematischen Gesichtspunkten.

Arnulf H. BAUMANN (Hrsg.): Was jeder vom Judentum wissen muß. Gütersloh 1983.

Dieses Taschenbuch faßt in Buchform eine Serie von Faltblättern zusammen, die vom Arbeitskreis Kirche und Judentum der Vereinigten Evangelisch-Lutherischen Kirche seit 1976 herausgegeben worden sind. Die 25 Faltblatt-Texte sind jetzt übersichtlich systematisch gegliedert und mit Registern und Bibliographien versehen.

- *Zum Verhältnis von Deutschen und Juden*

Wanda KAMPMANN: Deutsche und Juden. Die Geschichte der Juden in Deutschland vom Mittelalter bis zum Beginn des Ersten Weltkrieges. Heidelberg 1963.

Eine ausführliche, übersichtlich gegliederte Darstellung des wechselvollen Schicksals der Juden in Deutschland. Sehr anschauliche, lebhafte Darstellung.

Leo SIEVERS: Juden in Deutschland. Die Geschichte einer zweitausendjährigen Tragödie. Hamburg 1977.

Übersichtlich gegliederte und reich bebilderte Geschichte von der Zeit KARLS DES GROSSEN bis zur „Endlösung der Judenfrage" und der Zeit danach.

Bernd MARTIN / Ernst SCHULIN (Hrsg.): Die Juden als Minderheit in der Geschichte. München 1981.

Das Buch enthält die Vorträge einer Ringvorlesung für Hörer aller Fakultäten an der Universität Freiburg i. Br. im Winter 1980/81. Die Vorträge behandeln die Geschichte der Juden seit der hellenistisch-römischen Antike, jedoch mit dem Schwerpunkt auf der Geschichte der Juden in Europa, insbesondere in Deutschland.

Juden in Deutschland 1983 – integriert oder diskriminiert? Ein Symposion. Landau (Pfalz) 1983.

Dieses Buch gibt die Vorträge wieder, die in der Reihe „Frankenthaler Gespräche" im Januar 1983 gehalten wurden.

- *Zur unterrichtsdidaktischen Darstellung*

Bernhard UHDE (Hrsg.): Judentum im Religionsunterricht. Sekundarstufe II. Einführung, Texte, Unterrichtsmodelle, Arbeitsmaterial. München 1978.

Zuverlässige Sachinformation und didaktische Aufbereitung. Sehr gut geeignet für das Selbststudium.

G. BIEMER / E. L. EHRLICH (Hrsg.): Lernprozeß Christen Juden. Bd. 1–2: Düsseldorf 1980/81; Bd. 3–4: Freiburg 1984.

Sorgfältig erarbeitete, richtungweisende theologische und didaktische Grundlegung zum Verhältnis von Juden und Christen, mit Unterrichtsentwürfen für die Sekundarstufen und einem Arbeitsbuch. Hervorgegangen aus der Arbeit des Freiburger Forschungsprojektes „Judentum im katholischen Religionsunterricht".

Literatur zur 8. Studieneinheit

Quellen

Der KORAN. Übersetzung von Rudi PARET. Stuttgart ³1983.
Hervorragende Übersetzung des Heiligen Buches des Islams.

Der KORAN. Übersetzt von Max HENNING. Einleitung und Anmerkungen von Annemarie SCHIMMEL. Stuttgart 1980.
Enthält die islamische Einteilung nach medinensischen und mekkanischen Suren.

Einführende Literatur

Smail BALIĆ: Ruf vom Minarett. Weltislam heute – Renaissance oder Rückfall? Eine Selbstdarstellung. Wien 1979.
Gut lesbare Einführung von einem Muslim, der die europäischen Meinungen über den Islam sehr gut kennt und sachkundig eine korrigierende Darstellung versucht.

A. FALATURI / W. STROLZ (Hrsg.): Glauben an den einen Gott. Menschliche Gotteserfahrung im Christentum und im Islam. Freiburg/Basel/Wien 1975.
Verschiedene Beiträge eines Kolloquiums zu Themen wie Jesus-Bild im Islam, Offenbarungsverständnis, Mohammed, Verhältnis zu den Ungläubigen, Säkularisierung, islamische Mystik.

M. FITZGERALD / A. Th. KHOURY / W. WANZURA (Hrsg.): Mensch, Welt, Staat im Islam. Graz/Wien/Köln 1977 (Reihe: Islam und die westliche Welt, Bd. 2).
Ein Band zu Themen wie Der Mensch vor Gott im Islam, die islamische Frau zwischen Tradition und Emanzipation, Weltverständnis im Islam, Zur Theologie des Gesetzes im Koran, die Gesellschaft im Islam: Theokratie, Islam in der Politik und in der modernen Gesellschaft.

Herbert GOTTSCHALK: Weltbewegende Macht Islam. Wesen und Wirken einer revolutionären Glaubensmacht. Bern/München 1980.
Eine allgemeinverständliche Einführung in den Islam, bei der auch die kulturellen Leistungen in der Kunst zur Sprache kommen.

Adel Th. KHOURY: Einführung in die Grundlagen des Islams. Graz/Wien/Köln 1978 (Reihe: Islam und die westliche Welt, Bd. 3).
Eine ziemlich vollständige und einfach geschriebene Einführung in die wesentlichen Glaubensvorstellungen und Verhaltensvorschriften für den Muslim auf koranischer Grundlage. Historische Entwicklungen bleiben unberücksichtigt.

Anton SCHALL (Hrsg.): Fremde Welt Islam. Einblicke in eine Weltreligion. Mainz 1982 (Veröffentlichungen der Rabanus-Maurus-Akademie, Frankfurt/M.).
Einführende Vorträge einer Akademie-Tagung zu den Themen: Mohammed, Leben im Islam, christliche Antworten auf den Islam, Recht und Religion im Islam.

Monika TWORUSCHKA: Allah ist groß. Religion, Politik und Gesellschaft im Islam. Gütersloh 1983.
Eine sehr gut verständliche Einführung in die Religion des Islam unter Berücksichtigung der gesellschaftlichen, kulturell-geschichtlichen und politisch-religiösen Aspekte dieser Religion.

Weiterführende Literatur

Peter ANTES: Ethik und Politik im Islam. Stuttgart/Berlin/Köln/Mainz 1982.
Allgemeinverständliche Gesamtdarstellung der islamischen Ethik im individuellen und sozialen Feld, mit zahlreichen Literaturangaben zu Einzelfragen.

Louis GARDET: Islam. Köln 1968.
Eine gut lesbare, aber anspruchsvolle Einführung allgemeiner Art in den Islam.

Tilman NAGEL: Der Koran. Einführung – Texte – Erläuterungen. München 1983.
Eine gut lesbare Auswahl von Korantexten mit Kommentar zu ausgewählten Themen islamischer Theologie und Ethik.

W. Montgomery WATT / Alfort T. WELCH: Der Islam. I. Stuttgart/Berlin/Köln/Mainz 1980.
Dies ist der 1. Band einer auf 3 Bände konzipierten Darstellung des Islam in der Reihe „Die Religionen der Menschheit“. Ein Standardwerk.

Spezielle Literatur

- Islamische Geschichte:

Der Islam. 2 Bde. Frankfurt ⁶1980. (Fischer Weltgeschichte. Bd. 14 und 15).
Komplette Darstellung der islamischen Geschichte mit guten Zeittafeln und Literaturhinweisen am Ende eines jeden Bandes.

- Mohammed:

Rudi PARET: Mohammed und der Koran. Geschichte und Verkündigung des arabischen Propheten. Stuttgart/Berlin/Köln/Mainz ⁵1980.
Die Darstellung ist wissenschaftlich die zur Zeit beste, wenn es um die innere Entwicklung der frühen Tätigkeit und Predigt Mohammeds geht.

Maxime RODINSON: Mohammed. Luzern/Frankfurt 1975.
Im Gegensatz zu Paret, der bei Mohammed einsetzt, zeichnet R. eine geistesgeschichtliche Gesamtschau der Entwicklung auf der arabischen Halbinsel seit dem frühen Christentum. PARET und RODINSON sind folglich als komplementäre Studien zu betrachten.

- Islamisches Recht:

Said RAMADAN: Das islamische Recht. Theorie und Praxis. Wiesbaden 1980.
Eine gut lesbare Einführung in die Grundbegriffe des islamischen Rechtes.

- Stellung der Frau:

Wiebke WALTHER: Die Frau im Islam. Stuttgart/Berlin/Köln/Mainz 1980.
Eine gute Darstellung praktisch aller wichtigen Fragen mit kulturgeschichtlichen Parallelen aus Europa.

- Toleranz:

Adel Th. KHOURY: Toleranz im Islam. München/Mainz 1980.
Eine sachliche Darstellung sowohl der theoretischen Positionen als auch der historischen Wirklichkeit.

- Islamische Wirtschaftsordnung:

Volker NIENHAUS: Islam und moderne Wirtschaft. Positionen, Probleme und Perspektiven. Graz/Wien/Köln 1982 (Reihe: Islam und westliche Welt. Bd. 6).
Ziemlich komplette Darstellung der Thematik, in jedem Falle einschlägig und empfehlenswert.

- Islamische Mystik:

Richard GRAMLICH: Die schiitischen Derwischorden Persiens. 3 Teile. Wiesbaden 1965–81.
Nachschlagewerk von bleibender Bedeutung zur Erforschung aller einschlägigen Lehren und Vorstellungen der islamischen Mystik durch die Geschichte hindurch.

Annemarie SCHIMMEL: Mystische Dimensionen des Islam. Aalen 1980.
Während GRAMLICH eher als Nachschlagewerk gedacht ist, handelt es sich hierbei um eine ansprechende, nicht weniger kenntnisreiche Gesamtdarstellung.

- Islamischer Volksglaube:

Rudolf KRISS / Hubert KRISS-HEINRICH: Volksglaube im Bereich des Islams. 2 Bde. Wiesbaden 1960–61.
Ein bis heute in den Details und der Vollständigkeit einzigartiges Buch.

- Islam und Europa:

Das Islambild im christlichen Mittelalter

Richard W. SOUTHERN: Das Islambild des Mittelalters. Stuttgart/Berlin/Köln/Mainz 1981.

Es handelt sich hierbei um Vorlesungen, die einzelne Aspekte in ansprechender Form behandeln und auf solider Quellenkenntnis beruhen.

Der islamische Einfluß auf Europa

Sigrid HUNKE: Allahs Sonne über dem Abendland. Unser arabisches Erbe. Frankfurt 1965.

Ein mehrfach ins Arabische übersetztes Buch, das einen guten Eindruck vermittelt und dessen Inhalt – zumindest der Tendenz nach – zum Allgemeinwissen des gebildeten Muslim im Orient gehört.

Das Bild des Europäers

Rotraud WIELANDT: Das Bild der Europäer in der modernen arabischen Erzähl- und Theaterliteratur. Beirut 1980 (Reihe: Beiruter Texte und Studien. Bd. 23).

Eine sehr umfangreiche und gut lesbare Studie, die sämtliche für die Thematik wichtigen Texte verarbeitet hat.

- Der Islam in der Gegenwart:

Aus der Fülle der Bücher seien hier nur 2 herausgegriffen:

Landeszentrale für politische Bildung in Baden-Württemberg (Hrsg.): Brennpunkt Mittel-Ost. Stuttgart/Berlin/Köln/Mainz 1981.

Bassam TIBI: Die Krise des modernen Islams. Eine vorindustrielle Kultur im wissenschaftlich-technischen Zeitalter. München 1981.

Literatur zum Beitrag „Zum historischen Verhältnis von Islam und Christentum"

Joseph SCHACHT / C. E. BOSWORTH: Th Legacy of Islam. Oxford [2]1974 (deutsch: Hartmut FÄHNDRICH (Hrsg.): Das Vermächtnis des Islam. 2 Bde. Zürich/München 1980).

Umfassende Informationen zum Thema.

Siegfried RAEDER: Der Islam und seine Welt. Eine historisch und theologisch orientierte Einführung (Christentum und Islam, Heft 14). Wiesbaden 1982, S. 61–84.

Einführende Darstellung zur Kirche in der Islamwelt.

Richard W. SOUTHERN: Das Islambild des Mittelalters. Stuttgart 1981.

Zur geistigen Auseinandersetzung des mittelalterlichen Abendlandes mit dem Islam.

Literatur zur 9. Studieneinheit

Einführende Literatur

Jürgen MICKSCH (Hrsg.): Zusammenleben mit Muslimen. Eine Handreichung. Frankfurt [6]1983.

Die Broschüre bietet anschauliche Informationen über religiöse Überzeugungen und Vorschriften, kulturelle Gewohnheiten und gesellschaftliche Hintergründe türkischer Familien in Deutschland und vermittelt Anregungen zum besseren Zusammenleben. Als erste Einführung besonders geeignet.

Sekretariat der Deutschen Bischofskonferenz (Hrsg.): Muslime in Deutschland. Arbeitshilfen. 26. Bonn 1982.

In dieser „Arbeitshilfe" greift die katholische Kirche die vielfältigen Fragen der muslimischen Präsenz in Deutschland auf. Das Heft verbindet Informationen über die Lage der muslimischen Bevölkerung und eine grundsätzliche Besinnung über das Verhältnis von Christentum und Islam mit der Orientierung über die Aufgaben der Kirche angesichts der neuen Situation. Es bietet einen guten Einstieg in die Thematik und vermittelt die Argumentation der römisch-katholischen Kirche.

Karl-Heinz MEIER-BRAUN / Yksel PAZARKAYA (Hrsg.): Die Türken. Berichte und Informationen zum besseren Verständnis der Türken in Deutschland. Frankfurt/Berlin/Wien 1983.

Das Taschenbuch enthält Beiträge, die unter verschiedenen Aspekten die türkische Bevölkerung in der Bundesrepublik Deutschland darstellen und dabei besonders die Situation in der Türkei berücksichtigen. Vor allem der umfangreiche Länderbericht von Y. PAZARKAYA über die Türkei vermittelt eine Fülle von Informationen. Das Buch hat teilweise einen säkularistischen islamkritischen Akzent.

Weiterführende Literatur

Muhammad S. ABDULLAH: Geschichte des Islams in Deutschland. Islam und Westliche Welt. Band 5. Graz/Wien/Köln 1981.

Vor dem Hintergrund der historischen Anfänge im 18. Jahrhundert stellt der Autor mit einer Fülle von Material die gegenwärtige Lage der muslimischen Bevölkerung und ihre Organisationen dar und diskutiert abschließend die Frage der rechtlichen Anerkennung und den Stand des christlich-islamischen Dialogs.

Hans-Jürgen BRANDT / Claus-Peter HAASE (Hrsg.): Begegnung mit Türken, Begegnung mit dem Islam. Ein Arbeitsbuch. Hamburg 1981.

Umfangreiche Materialsammlung (Ringbuch in 2 Teilen) zu allen mit der Präsenz islamisch-türkischer Bevölkerungsgruppen sich ergebenden Erfahrungen und Aufgaben. In erster Linie für die Erwachsenenbildung gedacht. Der 2. Teil enthält eine umfassende Literaturliste.

Jürgen MICKSCH / Michael MILDENBERGER (Hrsg.): Christen und Muslime im Gespräch. Eine Handreichung. Frankfurt 1982.

Diese Broschüre, von einer europäischen ökumenischen Studiengruppe erarbeitet, greift die wichtigsten theologischen Fragen im Christentum und im Islam auf und versucht, im Horizont der neuen Situation in Europa das christlich-islamische Glaubensgespräch zu fördern. Sie soll aber auch Christen helfen, ihren eigenen Glauben im Gegenüber zum Islam besser zu verstehen.

Spezielle Literatur

Smail BALIĆ: Ruf vom Minarett. Weltislam heute – Renaissance oder Rückfall? Wien [2]1979.

Eine Art Katechismus über Lehre und Praxis des Islam, geschrieben von einem bosnischen Muslim für Muslime in deutschsprachigen Ländern. Der Autor fordert „konsequenten Humanismus und Weltoffenheit" von einem erneuerten Islam.

Ludwig HAGEMANN: Christentum für das Gespräch mit Muslimen. Altenberge 1982.

Der katholische Theologe entfaltet, ausgehend von der Notwendigkeit einer neuen Begegnung zwischen den Religionen angesichts der gewandelten Weltlage, die biblisch-christliche Glaubenstradition. Ziel ist eine Darstellung der wesentlichen Momente des christlichen Glaubens – Offenbarung, Christologie, Kirche usw. – für „unsere muslimischen Glaubensbrüder".

Christoph ELSAS (Hrsg.): Identität. Veränderungen kultureller Eigenarten im Zusammenleben von Türken und Deutschen. Hamburg 1983.

Der Band ist aus einem Forschungsprojekt an der Freien Universität Berlin hervorgegangen. In verschiedenen Beiträgen werden die religiösen, kulturellen und psychologischen Faktoren in der Identitätsbildung und -wahrung bei der türkischen Bevölkerung in Berlin untersucht. Das Buch macht die Entwicklungsprozesse deutlich, denen Türken in der Begegnung mit der deutschen Umwelt ausgesetzt sind.

Literatur zur 10. Studieneinheit

Einführende Literatur

Die Bibel und die Religionen. Religionsgeschichtliche Quellentexte. Hrsg. von Bernhard UHDE (Bd. 8: Die Bibel. Hrsg. von G. STEMBERGER u. M. PRAGER). Salzburg 1979.
Ein empfehlenswerter Bildband mit informativem Textteil.

Harvey COX: Licht aus Asien. Verheißung und Versuchung östlicher Religiosität. Stuttgart/Berlin 1978.
Der amerikanische Theologe reflektiert kritisch persönliche Erfahrungen mit östlicher Meditation und ihren Entstellungen in der westlichen Kultur.

Kurt DOCKHORN: Neo-Hinduismus. Indiens Auseinandersetzung mit dem 20. Jahrhundert. Arbeitstexte Nr. 11 der Ev. Zentralstelle für Weltanschauungsfragen, Stuttgart 1972.
Wichtige Texte des modernen Hinduismus, beispielsweise von S. RADHAKRISHNAN und Sri AUROBINDO, in deutscher Übersetzung mit Einleitung und Sanskrit-Glossar.

Heinrich DUMOULIN: Begegnung mit dem Buddhismus. Eine Einführung. Freiburg/Br. 1978.
Ausgehend von der heutigen Dialogsituation, bietet der Jesuit und langjährige Japan- und Buddhismuskenner eine verständliche Einführung in die zentralen Themen des Buddhismus.

Reinhart HUMMEL: Indische Mission und neue Frömmigkeit im Westen. Religiöse Bewegungen Indiens in westlichen Kulturen. Stuttgart u. a. 1980.
Der Autor untersucht religionswissenschaftlich zwölf im Westen operierende Gruppen und ihre Gründer-Gurus, ihr Sendungsbewußtsein, die Art, wie sie ihr Verhältnis zum Christentum bestimmen und ihre Anpassung an die westliche Situation.

Friso MELZER: Indien greift nach uns. West-östliche Begegnungen mit dem modernen Hinduismus. Stuttgart 1962.
Populäre, aber verläßliche Darstellung des Einflusses, den der Hinduismus auf Menschen des Westens und umgekehrt das Christentum auf Indien ausgeübt haben, aus evangelischer Sicht.

Michael MILDENBERGER: Heil aus Asien? Hinduistische und buddhistische Bewegungen im Westen. Stuttgart 1974.
Eine verständnisvolle und zugleich kritische Darstellung, die diese Bewegungen als Symptom der religiösen Gesamtsituation versteht.

Horst RZEPKOWSKI: Buddhismus in geistiger Auseinandersetzung mit der modernen Welt. Arbeitstexte Nr. 12 der Ev. Zentralstelle für Weltanschauungsfragen. Stuttgart 1973.
Wichtige Texte des modernen Buddhismus, beispielsweise von D. T. SUZUKI und H. NAKAMURA, in deutscher Übersetzung mit Einleitung.

Robert Ch. ZAEHNER: Der Hinduismus. Seine Geschichte und seine Lehre. München 1964.
Eine gut lesbare Darstellung aus der Sicht des bekannten katholischen Religionswissenschaftlers, der anhand wichtiger Grundbegriffe die Entwicklung des Hinduismus aufzeigt.

Weiterführende Literatur

Peter ANTES: Die Botschaft fremder Religionen. Hinduismus, Buddhismus, Islam. Mainz 1981.
Kurzgefaßte, leicht lesbare Einführung in diese drei Religionen.

Bhagavadgita. Des Erhabenen Sang. Übertragen von Leopold VON SCHROEDER. Düsseldorf 1965.

Bhagavadgita. Übersetzt von R. BOXBERGER, neu bearbeitet von H. VON GLASENAPP. Stuttgart 1955.
Diese Ausgabe bietet eine recht freie, gereimte Übertragung dieses hinduistischen Grundtextes. Die Schroeder-Ausgabe ist genauer.

Buddhismus der Gegenwart. Hrsg. von H. DUMOULIN. Freiburg/Br. 1970.
Ein hervorragender Sammelband über den heutigen Buddhismus in allen Kontinenten, mit einer Darstellung der Grundlehren des Buddhismus von H. NAKAMURA und des Buddhismus in der westlichen Welt von E. BENZ.

Buddhismus in Deutschland. Eine Chronik. Hrsg. von der Deutschen Buddhistischen Union. Hamburg 1973.
Eine von Dr. H. HECKER erarbeitete offizielle Selbstdarstellung des Buddhismus in Deutschland.

Christus und die Gurus. Asiatische religiöse Gruppen im Westen. Im Auftrag des Deutschen Ökumenischen Studienausschusses und der Ev. Zentralstelle für Weltanschauungsfragen hrsg. von L. SCHREINER und M. MILDENBERGER. Stuttgart 1980.
Ein sorgfältig gearbeiteter Sammelband, der sich um faire Darstellung und christliche Orientierung bemüht.

Edward CONZE: Der Buddhismus. Wesen und Entwicklung. Stuttgart [5]1974.
Eine bereits klassisch gewordene Darstellung des Buddhismus und seiner Schulrichtungen.

Heinrich DUMOULIN: Der Erleuchtungsweg des Zen im Buddhismus. Frankfurt 1976.
Hier wird das Zen dem westlichen Leser aus seinen buddhistischen Wurzeln und seiner Geschichte verständlich gemacht.

Carl M. EDSMAN: Die Hauptreligionen des heutigen Asiens. Tübingen 1976.
Eines der wenigen Taschenbücher, die bei der Darstellung von Hinduismus, Buddhismus, Islam und chinesischer Religionen auch reichhaltiges Material zur Gegenwart dieser Religionen bieten.

Mircea ELIADE: Yoga. Unsterblichkeit und Freiheit. Zürich 1977.
Das unentbehrliche moderne Standardwerk über den Yoga in seinen vielfältigen geschichtlichen Ausprägungen, auch außerhalb des Hinduismus.

Helmuth VON GLASENAPP: Die fünf Weltreligionen. Düsseldorf/Köln 1963.
Gut lesbare Darstellung mit Tendenz zur Idealisierung östlicher Religionen.

Jan GONDA: Die Religionen Indiens. Bd. I und II. Stuttgart 1960/63.
Das religionswissenschaftliche Standardwerk über den Hinduismus, zuverlässig und umfassend.

Hans Jürgen GRESCHAT: Die Religion der Buddhisten. München/Basel 1980.
Ein verständlich geschriebenes Lehrbuch für Leser ohne besondere Vorkenntnisse, das auch die gelebte buddhistische Religion und ihr Verhältnis zu anderen Religionen und Ideologien beschreibt.

Hinduismus (Reihe „Weltreligionen heute"). Materialien für Schule und Erwachsenenbildung. Planung, Texte, Kopiervorlagen, Dias. Hrsg. von K. BÄTZ. Zürich/Köln 1979.
Umfangreichste Sammlung von Texten, Bildmaterial usw. für Unterrichtszwecke. Die meisten der im Funkkolleg zitierten Hinduismustexte sind ihm entnommen.

Klaus KLOSTERMAIER: Hinduismus. Köln 1965.
Eine eindringliche Studie aus der Feder eines um Dialog bemühten katholischen Theologen und Religionswissenschaftlers mit langjähriger Indienerfahrung.

NYANATILOKA: Buddhistisches Wörterbuch. Kurzgefaßtes Handbuch der buddhistischen Lehren und Begriffe. Konstanz [2]1976.
Von einem europäischen Buddhisten vom konsequenten Theravada-Standpunkt aus verfaßt.

Pfad zur Erleuchtung. Buddhistische Grundtexte. Übersetzt und hrsg. von H. VON GLASENAPP. Düsseldorf/Köln (Neuausgabe) 1974.
Eine geglückte Zusammenstellung von Texten des Kleinen, Großen und Diamantfahrzeugs. Die meisten der im Funkkolleg zitierten Buddhismustexte sind diesem Buch entnommen.

Hans Wolfgang SCHUMANN: Buddhismus. Stifter, Schulen und Systeme. Olten/Freiburg/Br. 1976.
Eine ausführliche Darstellung der verschiedenen buddhistischen Schulrichtungen.

Daisetz Taitaro SUZUKI: Der westliche und der östliche Weg. Essays über christliche und buddhistische Mystik. Frankfurt/Berlin/Wien 1974.

Der „große alte Mann des Zen im Westen" untersucht das Verhältnis zwischen Meister Eckharts Mystik und dem Zen u.a.m.

Hans WALDENFELS: Meditation – Ost und West. Einsiedeln 1975.

Eine gründliche, auf Dialog angelegte Studie des katholischen Theologen über das Angebot östlicher Meditation, mit dem Schwerpunkt auf dem Buddhismus.

Ders.: Der Gekreuzigte und die Weltreligionen. Zürich 1983.

Beschreibt die Herausforderung der Weltreligionen durch die zentrale christliche Botschaft vom Gekreuzigten und die Antwort moderner Vertreter dieser Religionen auf sie.

Spezielle Literatur

Christentum im Spiegel der Weltreligionen. Kritische Texte und Kommentare. Hrsg. von H.-J. LOTH / M. MILDENBERGER / U. TWORUSCHKA. Stuttgart 1978.

Hugo M. ENOMIYA-LASSALLE: Zen-Meditation für Christen. München/Bern ^{4}1978.

Erlösung in Christentum und Buddhismus. Hrsg. von A. BSTEH. (Beiträge zur Religionstheologie. 3). Mödling 1982.

Erich FROMM / Daisetz T. SUZUKI / Richard de MARTINO: Zen-Buddhismus und Psychoanalyse. Frankfurt 1976.

Wilhelm HALBFASS: Indien und Europa. Perspektiven ihrer geistigen Begegnung. Basel/Stuttgart 1981.

Literatur zur 11. Studieneinheit

Textausgaben

Die BIBEL: Einheitsübersetzung der Heiligen Schrift. Gesamtausgabe. Katholisches Bibelwerk / Deutsche Bibelstiftung. Stuttgart 1980 (Lizenzausgaben in verschiedenen Verlagen).

Im allgemeinen gut und zuverlässig.

Das Neue Testament. Übersetzt und kommentiert von Ulrich WILCKENS. Hamburg/Köln/Zürich ^{6}1979.

Glänzende Übersetzung; knapper, zuverlässiger Kommentar.

Zürcher Evangelien-Synopse. Hrsg. von C. H. PEISKER. Zürich ^{15}1976.

Synoptische Darstellung der ersten drei Evangelien, mit ausgewählten Johannes-Parallelen. Zürcher Übersetzung.

Einführende Literatur

M. BUBER: Zwei Glaubensweisen. Zürich 1950.

Gelungene Intuition des Unterschieds zwischen jüdischer und griechischer (christlicher?) Glaubensweise.

R. BULTMANN: Das Urchristentum im Rahmen der antiken Religionen. Zürich 1949.

Interessant zu lesende Darstellung des Weltverständnisses von Judentum, Hellenismus, Gnosis, Urchristentum.

W. G. KÜMMEL: Die Theologie des Neuen Testaments nach seinen Hauptzeugen. Das Neue Testament Deutsch (NTD). Neues Göttinger Bibelwerk. Hrsg. von Gerhard FRIEDRICH und Peter STUHLMACHER. Ergänzungsband 3. Göttingen ^{4}1980.

Gute Einführung in die Theologie Jesu, des Paulus und des Johannesevangeliums.

E. LOHSE: Umwelt des Neuen Testaments. NTD. Ergänzungsband 1. Göttingen ^{5}1981.

Zuverlässige Einführung in die jüdische und hellenistische Umwelt des Neuen Testaments.

Weiterführende Literatur

G. BORNKAMM: Jesus von Nazareth. Stuttgart ^{12}1980.

R. BULTMANN: Jesus. Gütersloh ^{2}1977.

H. BRAUN: Jesus. Der Mann aus Nazareth und seine Zeit. Gütersloh ^{4}1982.

Drei „klassische" Jesusbüchlein kritischer protestantischer Autoren.

L. GOPPELT: Theologie des Neuen Testaments. I. (Hrsg. von J. ROLOFF). Göttingen ^{3}1978.

Ausführliche Darstellung der Verkündigung Jesu, „konservativer" als die drei vorher genannten Jesusbücher.

D. FLUSSER: Jesus in Selbstzeugnissen und Bilddokumenten. Reinbek 1971.

Profiliertes Jesusbuch eines jüdischen Autors.

M. MACHOVEČ: Jesus für Atheisten. Gütersloh 1980.

Engagiert geschriebenes Jesusbuch aus der Feder eines marxistischen Philosophen; trotz mancher schwieriger Hypothesen glänzend.

R. PESCH: Wie Jesus das Abendmahl hielt. Der Grund der Eucharistie. Freiburg 1977.

Allgemeinverständliche und gründliche Untersuchung der einschlägigen Texte des Neuen Testamentes zur Frage, ob und wie Jesus das letzte Mahl mit den Jüngern gehalten hat.

DERS.: Das Abendmahl und Jesu Todesverständnis. Freiburg 1978.

Interessante, vom Konsens der Forschung abweichende, gründliche exegetische Untersuchung.

E. SCHILLEBEECKX: Jesus. Die Geschichte von einem Lebenden. Freiburg ^{6}1978.

Ausführliches, interessantes Jesusbuch eines katholischen Dogmatikers.

Spezielle Literatur

E. SCHWEIZER: Das Evangelium nach Markus. NTD 1. Göttingen ^{5}1978.

Ders.: Das Evangelium nach Matthäus. NTD 2. Göttingen ^{15}1981.

Ders.: Das Evangelium nach Lukas. NTD 3. Göttingen 1982.

Zur Zeit die besten allgemeinverständlichen Kommentare zu den synoptischen Evangelien; geeignet als Arbeitshilfe zur Lektüre der Evangelien.

H. SCHÜRMANN: Jesu ureigener Tod. Freiburg ^{2}1976.

Stimulierendes kleines Büchlein, das eine große Debatte über Jesu Tod in Gang gebracht hat.

Jesus und der Menschensohn. Festschrift für A. VÖGTLE. Hrsg. von R. PESCH und R. SCHNACKENBURG. Freiburg 1975.

Schüler und Freunde des großen Freiburger Exegeten würdigen in zahlreichen Fachaufsätzen dessen Verdienste um die historisch-kritische Jesusforschung.

Literatur zur 12. Studieneinheit

Einführende Literatur

J. KREMER: Die Osterevangelien. Geschichten um Geschichte. Stuttgart/Klosterneuburg 1977.

Allgemeinverständliche, auf das heutige Glaubensverständnis ausgerichtete Auslegung der Ostererzählungen der Evangelien.

E. SCHWEIZER: Auferstehung – Wirklichkeit oder Illusion? *Evangelische Theologie* 41 (1981), S. 2–19.

Souveräner Überblick über die Thematik mit Aktualisierung von Joh 11 aus.

E. SCHWEIZER: Jesus Christus im vielfältigen Zeugnis des Neuen Testamentes. Gütersloh [5]1979.

Klare, zuverlässige Einführung in die Vielfalt christologischer Ansätze und Entwürfe in den neutestamentlichen Überlieferungen.

A. VÖGTLE: Was Ostern bedeutet. Meditationen zu Matthäus 28,16–20. Freiburg/Basel/Wien [4]1983.

Exemplarische Auslegung einer Ostererzählung als Einführung in das Gesamtverständnis der Auferstehungsbotschaft.

A. VÖGTLE / E. LOHSE: Geschichte des Urchristentums. In: Ökumenische Kirchengeschichte, I. Hrsg. von R. KOTTJE / B. MOELLER. Mainz/München [2]1977, S. 3–69.

Übersichtlich zusammenfassende Darstellung der Entwicklung vom Auftreten Jesu bis zur frühchristlichen Mission und Gemeindebildung.

U. WILCKENS: Auferstehung. Das biblische Auferstehungszeugnis, historisch untersucht und erklärt. Gütersloh [3]1981 (= Stuttgart/Berlin 1974).

Umsichtige Darstellung und Erörterung der neutestamentlichen Auferstehungsverkündigung im biblisch-frühjüdischen Horizont.

Weiterführende Literatur

J. BECKER: Auferstehung der Toten im Urchristentum. (Stuttgarter Bibelstudien. 82.) Stuttgart 1976.

Untersucht die Zusammenhänge zwischen der Osterbotschaft und Aussagen über die Hoffnung für die Verstorbenen (Christen) in der Paulinischen und Johanneischen Verkündigung.

K. M. FISCHER: Das Ostergeschehen. Göttingen [2]1980.

Untersucht die Auferstehungsbotschaft unter eingehender Berücksichtigung der gegenwärtigen wissenschaftlichen Fragestellungen.

Neues Glaubensbuch. Der gemeinsame christliche Glaube. Hrsg. von J. FEINER / L. VISCHER. Freiburg/Basel/Wien und Zürich 1973. Darin: Gott in Jesus Christus, S. 101–290.

Ökumenisch erarbeitete Darstellung der neutestamentlichen Christuszeugnisse und ihrer systematischen Entfaltung in den Grundlinien.

W. PANNENBERG: Das Glaubensbekenntnis. Ausgelegt und verantwortet vor den Fragen der Gegenwart. Gütersloh [4]1982.

J. RATZINGER: Einführung in das Christentum. Vorlesungen über das Apostolische Glaubensbekenntnis. München [4]1980.

Zwei repräsentative Auslegungen von einem evangelisch- und einem katholisch-systematischen Standpunkt aus.

R. SMEND / U. LUZ: Gesetz. Stuttgart/Berlin/Köln/Mainz 1981.

Perspektivenreiche Erörterung eines Zentralthemas der biblischen Verkündigung, insbesondere auch der neutestamentlichen Christusbotschaft.

A. VÖGTLE: Der verkündigende und verkündigte Jesus „Christus". In: Wer ist Jesus Christus? Hrsg. von J. SAUER. Freiburg/Basel/Wien 1977, S. 27–91.

Eingehende Erörterung des Zusammenhangs zwischen der Verkündigung Jesu – einschließlich seines Heilsmittleranspruchs – und der nachösterlichen Christusverkündigung.

Spezielle Literatur

F. HAHN: Christologische Hoheitstitel. Ihre Geschichte im frühen Christentum (Forschungen zur Religion und Literatur des Alten und Neuen Testaments. 83.) Göttingen [3]1966.

Erörtert grundlegend die Entwicklung der neutestamentlichen Christusbekenntnisse.

„Jesus, Gottes Sohn?" – Thema des Hefts 3 der Zeitschrift: *Concilium* 18 (1982).

Die einzelnen Beiträge skizzieren Grundlagen und Tendenzen in der heutigen christologischen Diskussion.

A. SCHILSON / W. KASPER: Christologie im Präsens. Kritische Sichtung neuer Entwürfe. Freiburg/Basel/Wien [4]1981.

Verhilft zur Orientierung über gegenwärtige Fragestellungen in der wissenschaftlichen Diskussion.

K. WENGST: Christologische Formeln und Lieder des Urchristentums. Gütersloh 1972.

Untersucht detailliert Herkunft und Sinn urchristlicher Bekenntnisformeln und Hymnen.

H. WISSMANN / G. STEMBERGER / P. HOFFMANN / R. STAATS / F. WINTZER / F. MILDENBERGER: Art. „Auferstehung" (I. der Toten, II. Jesu Christi). In: Theologische Realenzyklopädie. IV. Berlin/New York 1979, S. 441–575.

Informiert vom religionsgeschichtlichen, neutestamentlichen, altkirchlichen, praktisch-theologischen und dogmatischen Standpunkt aus; umfassende Literaturangaben.

Literatur zur 13. Studieneinheit

Einführende Literatur

Josef FINKENZELLER: Von der Botschaft Jesu zur Kirche Jesu Christi. Zweifel – Fragen – Probleme – Antworten. München 1974.

Gibt in verständlicher Weise einen Überblick über den Zusammenhang zwischen dem Auftreten Jesu und dem Entstehen der Kirche; bringt grundsätzliche Überlegungen zum kirchlichen Selbstverständnis.

Dogmatische Konstitution des Zweiten Vatikanischen Konzils über die Kirche („Lumen Gentium"). In: K. RAHNER/H. VORGRIMLER: Kleines Konzilskompendium. Freiburg [16]1982.

Bietet grundlegend das katholische Selbstverständnis von Kirche, das aber in vielem das des Neuen Testamentes und der alten Kirche darstellt.

Weiterführende Literatur

Gerhard LOHFINK: Wie hat Jesus Gemeinde gewollt? Zur gesellschaftlichen Dimension des christlichen Glaubens. Freiburg/Basel/Wien 1982.

Legt die genaueren Zusammenhänge zwischen dem Auftreten Jesu und der Sammlung des endzeitlichen Gottesvolkes dar. Zieht die Linien aus bis zum Selbstverständnis der frühen Kirche.

Gerd THEISSEN: Soziologie der Jesusbewegung. Ein Beitrag zur Entstehungsgeschichte des Urchristentums. München [3]1981.

Analysiert vor allem die lange vernachlässigten soziologischen Aspekte der Entstehung der Kirche.

Spezielle Literatur

Yves CONGAR: Die Lehre von der Kirche. Von Augustinus bis zum abendländischen Schisma (HDG. III, 3c). Freiburg/Basel/Wien 1979.

Bietet das kirchliche Selbstverständnis für einen Zeitraum, der sich auf rund tausend Jahre erstreckt.

Johannes DANTINE: Die Kirche vor der Frage nach ihrer Wahrheit. Göttingen 1980.

Im Anschluß an die klassische Lehre wird die reformatorische Lehre von den „notae ecclesiae" dargestellt. Zugleich wird versucht, sie für kirchliches Selbstbewußtsein der Gegenwart fruchtbar zu machen.

Peter STEINACKER: Die Kennzeichen der Kirche. Eine Studie zu ihrer Einheit, Heiligkeit, Katholizität und Apostolizität. Berlin 1982.

Auf hohem wissenschaftlichen Niveau wird die Lehre von den „notae ecclesiae" geschichtlich und systematisch vorgestellt und insbesondere die innere Verbindung zwischen den „Kennzeichen" und der Struktur christlichen Glaubens bedacht.

Literatur zur 14. Studieneinheit

Quellentexte

Hugo RAHNER: Kirche und Staat im frühen Christentum. München 1961.

Adolf Martin RITTER: Kirchen- und Theologiegeschichte in Quellen. In: Alte Kirche. Neukirchen-Vluyn 1977.

Allgemeines

Adolf Wilhelm ZIEGLER: Religion, Kirche und Staat in Geschichte und Gegenwart. Bd. 1: Geschichte. München 1969.
Detaillierter Überblick über die Zeit vom Alten Orient bis zur Gegenwart, mit reichhaltigen Literaturangaben, die eine Weiterarbeit ermöglichen.

Georg DENZLER (Hrsg.): Kirche und Staat auf Distanz. Historische und aktuelle Perspektiven. München 1977.

Walther Peter FUCHS (Hrsg.): Staat und Kirche im Wandel der Jahrhunderte. Stuttgart/Berlin 1966.
Zwei Sammlungen von allgemeinverständlichen Einzelbeiträgen zu den wichtigsten Problemen und Epochen vom Urchristentum bis zur Gegenwart (zu letzterer bei DENZLER 15 Beiträge, die auch die außerdeutsche Situation berücksichtigen).

Antike

Torben CHRISTENSEN: Christus oder Jupiter. Göttingen 1981.

Hermann DÖRRIES: Konstantin der Große. Stuttgart 1958.

Rudolf FREUNDENBERGER: Das Verhalten der römischen Behörden gegen die Christen im 2. Jahrhundert. München 1969.

Richard KLEIN (Hrsg.): Das frühe Christentum im Römischen Staat. Darmstadt 1971.

Heinrich KRAFT (Hrsg.): Konstantin der Große. Darmstadt 1974.

Gerhard RUHBACH (Hrsg.): Die Kirche angesichts der Konstantinischen Wende. Darmstadt 1976.

Peter STOCKMEIER: Glaube und Religion in der frühen Kirche. Freiburg 1973.

Karl VOIGT: Staat und Kirche von Konstantin dem Großen bis zum Ende der Karolingerzeit. Stuttgart 1936. (Nachdruck) Aachen 1965.

Mittelalter

Walter BRAUNFELS (Hrsg.): Karl der Große. Lebenswerk und Nachleben. 5 Bde. Düsseldorf 1965–68.
Monumentales Sammelwerk zur Epoche KARLS des Großen, enthält vor allem im 1. Band Beiträge zum Thema Kirche – Staat.

Ulrich DUCHROW: Christenheit und Weltverantwortung. Stuttgart 1970.
Traditionsgeschichtliche Darstellung der Zwei-Reiche-Lehre, die eine informative Übersicht zum Verhältnis von Weltlichem und Geistlichem von AUGUSTIN bis LUTHER bietet.

Hellmut KÄMPF (Hrsg.): Canossa als Wende (Wege der Forschung. 12.). Darmstadt [3]1976.
Forschungsbeiträge zur Auseinandersetzung zwischen GREGOR VII. und HEINRICH IV. und zu deren Bedeutung für Kaisertum und Papsttum.

Walter ULLMANN: Kurze Geschichte des Papsttums im Mittelalter. Berlin 1978.
Einführung in die Problematik des Kampfes um die Universalherrschaft aus profanhistorischer Sicht.

Harald ZIMMERMANN (Hrsg.): Otto der Große (Wege der Forschung. 450). Darmstadt 1976.
Forschungsbeiträge zu Königtum und Kaisertum, zu Reich und Papsttum bei OTTO I.

Reformation und Neuzeit

Josef BOHATEC: Calvins Lehre von Staat und Kirche, mit besonderer Berücksichtigung des Organismusgedankens. Breslau 1937. Nachdruck Aalen 1968.
Ausführliche Darstellung mit eingehender Quellenanalyse, welche die Beziehungen des Themas zum theologischen Ansatz CALVINS herausarbeitet.

John S. CONWAY: Die nationalsozialistische Kirchenpolitik 1933–1945. München 1969.
Grundlegende Monographie über das Verhältnis des Dritten Reiches zu evangelischer und katholischer Kirche.

Alfred FARNER: Die Lehre von Kirche und Staat bei Zwingli. Tübingen 1930. Nachdruck Darmstadt 1973.
Übersichtliche Information über ZWINGLIS Lehren zum Wesen der Kirche, des Staates und des Verhältnisses beider.

Martin HECKEL: Staat und Kirche nach den Lehren der evangelischen Juristen Deutschlands in der ersten Hälfte des 17. Jahrhunderts (Jus Ecclesiasticum. 6.). München 1968.
Grundlegende Untersuchung zur staatskirchenrechtlichen Situation nach dem Augsburger Religionsfrieden mit informativen Anhängen zu zentralen Begriffen.

Heinrich HERMELINK: Das Christentum in der Menschheitsgeschichte von der Französischen Revolution bis zur Gegenwart. 3 Bde. Tübingen/Stuttgart 1951–55.
Eine aus den Quellen gearbeitete Darstellung, welche das Staatskirchentum des 18./19. Jahrhunderts, die politischen Ideen und die Beziehungen der Kirche zum Staat von 1789–1914 ausführlich behandelt.

Hans-Walter KRUMWIEDE: Zur Entstehung des landesherrlichen Kirchenregiments in Kursachsen und Braunschweig-Wolfenbüttel. Göttingen 1967.
Informative Zusammenfassung der Vorstellungen LUTHERS, MELANCHTHONS und ihrer Schüler sowie der Entwicklung der Rechts- und Organisationsformen seit 1527.

Gunter WOLF (Hrsg.): Luther und die Obrigkeit (Wege der Forschung. 85.). Darmstadt 1972.
Sammlung von Forschungsbeiträgen zu LUTHERS Lehren über den Staat und die Zwei Reiche bzw. Zwei Regimente.

Literatur zur 15. Studieneinheit

Einführende Literatur

Konrad ALGERMISSEN: Konfessionskunde. Neu bearbeitet von H. FRIES / W. DE FRIES / E. ISERLOH / L. KLEIN / K. KEINATH. Paderborn [8]1969.

Erwin FAHLBUSCH: Kirchenkunde der Gegenwart (Theologische Wissenschaft. Bd. 9). Stuttgart 1979.

Friedrich HEYER (Hrsg.): Konfessionskunde. Berlin 1977.

Kirchen auf gemeinsamem Wege (Kirchen im Lehrgespräch, Kirchen im gemeinsamen Zeugnis, Kirchen im gemeinsamen Handeln). Hrsg. von J. J. DEGENHARDT / H. TENHUMBERG / H. THIMME. Kevelaer 1977.

Reinhard FRIELING / Ernst-Albert ORTMANN: Katholisch und Evangelisch. Informationen über den Glauben (Bensheimer Hefte. 46.). Göttingen [6]1980.

Kleines Handbuch für evangelisch-katholische Begegnungen. Mit einem Geleitwort von Eduard LOHSE. Hrsg. vom Kirchenamt der Evangelischen Kirche in Deutschland. Göttingen 1983.

Ökumenischer Katechismus. Kurze Einführung in Wesen, Werden und Wirken der Ökumene. Stuttgart [7]1977.

Weiterführende Literatur

Evangelischer Erwachsenenkatechismus. Kursbuch des Glaubens. Hrsg. im Auftrag der Katechismuskommission der Vereinigten Evangelisch-Lutherischen Kirche Deutschlands. Gütersloh [4]1982.

Evangelischer Gemeindekatechismus. Hrsg. im Auftrag der Katechismuskommission der VELKD. Gütersloh 1979.

Botschaft des Glaubens. Ein katholischer Katechismus. Im Auftrag der Bischöfe von Augsburg und Essen hrsg. von Andreas BAUR / Wilhelm PLÖGER. Donauwörth / Essen 1978.

Grundriß des Glaubens. Katholischer Katechismus zum Unterrichtswerk Zielfelder. ru (Zeitschrift für die Praxis des Religionsunterrichts), München 1980.

Neues Glaubensbuch. Der gemeinsame christliche Glaube. Hrsg. von J. FEINER / L. VISCHER. Freiburg / Zürich 1973.

Spezielle Literatur

Zweites Vatikanisches Konzil. Konstitutionen, Dekrete und Erklärungen. In: K. RAHNER / H. VORGRIMLER (Hrsg.): Kleines Konzilskompendium. Freiburg/Basel/Wien [12]1982.

Bekenntnisse der Kirche. Bekenntnistexte aus zwanzig Jahrhunderten. Hrsg. von Hans STEUBING. Wuppertal [2]1977.

Dokumente wachsender Übereinstimmung. Sämtliche Berichte und Konsenstexte interkonfessioneller Gespräche auf Weltebene. Hrsg. von H. MEYER / H. J. URBAN / L. VISCHER. Frankfurt/Paderborn 1983.

Reihe „Die Kirchen der Welt". Hrsg. von Hans Heinrich HARMS / Hanfried KRÜGER / Günter WAGNER / Hans-Heinrich WOLF. Stuttgart 1959ff.: Bd. I: Die orthodoxe Kirche, 1959, [2]1970; II: Die Baptisten, 1964; III: Die Altkatholische Kirche, 1966, [2]1978; IV: Die Kirche von England und die anglikanische Kirchengemeinschaft, 1966; V: Die Brüder-Unität, 1967; VI: Der Methodismus, 1968; VII: Die Pfingstkirchen, 1971; VIII: Die Mennoniten, 1971; IX: Die Kirche der Brüder, 1971; X: Die unierten Kirchen, 1973; XI: Der Kongregationalismus, 1973; XII: Koptisches Christentum, 1973; XIII: Die syrischen Kirchen in Indien, 1974; XIV: Die Quäker, 1974; XV: Die Evangelisch-Lutherische Kirche, 1977; XVI: Die Kirche der Jünger Christi, 1977; XVII: Die reformierten Kirchen, 1977; XVIII: Die Kirche Armeniens, 1978.

Literatur zur 16. Studieneinheit

1. Zur religionsphilosophischen bzw. philosophischen Vertiefung

E. HUSSERL: Erfahrung und Urteil. Redigiert und hrsg. von Ludwig LANDGREBE. Hamburg 1948.

I. T. RAMSEY: Religious Language. An Empirical Placing of Theological Phrases. London 1957.

2. Zur Geschichte des Offenbarungsbegriffs

M. SEYBOLD u. a.: Die Offenbarung von der Schrift bis zum Ausgang der Scholastik. In: SCHMAUS / GRILLMEIER / SCHEFFCZYK (Hrsg.): Handbuch der Dogmengeschichte. Bd. I. Heft 1a. Freiburg/Basel/Wien 1971.

H. WALDENFELS (u. L. SCHEFFCZYK): Die Offenbarung von der Reformation bis zur Gegenwart. In: SCHMAUS / GRILLMEIER / SCHEFFCZYK (Hrsg.): Handbuch der Dogmengeschichte. Bd. I. Heft 1b. Freiburg/Basel/Wien 1977.

P. EICHER: Offenbarung. Prinzip neuzeitlicher Theologie. München 1977.
Beste Darstellung der gegenwärtigen Diskussion. Informiert auch scharfsinnig über gegenwärtige protestantische und römisch-katholische Positionen.

H. SCHULTE: Der Begriff der Offenbarung im Neuen Testament. München 1949.

3. Systematische Darstellungen des evangelischen und römisch-katholischen Offenbarungsverständnisses

K. BARTH: Das christliche Verständnis der Offenbarung. Theologische Existenz heute. NF. 12. München 1948.

J. RATZINGER / B. RIGAUX: Kommentar zur Dogmatischen Konstitution über die Göttliche Offenbarung. In: LThK, Das Zweite Vatikanische Konzil. Bd. II. Freiburg/Basel/Wien 1967, S. 497–583.

F. BEISSER: Claritas Scripturae bei Martin Luther. Göttingen 1966.

4. Zur Problematik der Absolutheit des Offenbarungsinhaltes

E. TROELTSCH: Die Absolutheit des Christentums und die Religionsgeschichte. Tübingen 1902.
Der Autor vertritt die Auffassung einer bloß relativen Absolutheit des Christentums.

J. HESSEN: Der Absolutheitsanspruch des Christentums. München 1963 (vergriffen).

Literatur zur 17. Studieneinheit

1. Einführende Literatur

Claus WESTERMANN: Schöpfung (Themen der Theologie. 12). Stuttgart 1983 (erweiterte Studienausgabe).
Eine gut lesbare, allgemeinverständliche Einführung in die Thematik, die sich auf das Alte Testament beschränkt und besonders die beiden Schöpfungsberichte in 1 Mose 1 und 2 interpretiert.

Gerhard VON RAD: Das erste Buch Mose. Genesis (Das Alte Testament Deutsch 2/4). Göttingen [11]1981, S. 34–53, 58–69.
Ein wissenschaftlich fundierter, aber für breite Leserkreise gedachter Kommentar; wichtig für die Auslegung der beiden Schöpfungsberichte und ihre Stellung innerhalb ihres literarischen Zusammenhangs.

Philipp NÜCHTERN (Hrsg.): Die Urgeschichten (Schriftauslegung für Predigt, Bibelarbeit, Unterricht). Stuttgart 1967, S. 17–113.
Ein Buch, das besonders Religionslehrern und Pfarrern Arbeitshilfen geben will, aber auch von jedem Interessierten mit Gewinn gelesen werden kann. Auf die Darstellung des Standes der Textauslegung (mit Nachweis von wissenschaftlicher und allgemeinverständlicher Literatur) folgen verschiedene Arbeitsanleitungen, die Material aus der Geistesgeschichte beibringen und besonders das Verhältnis zur Naturwissenschaft und zur technischen Daseinsgestaltung ansprechen.

Rudolf BORCHERT: Gott, Welt und Mensch. Nach der Überlieferung von Genesis 1–3 (Handbücherei für den Religionsunterricht. 14). Gütersloh 1972.
Der erste Teil des Werkes enthält eine geraffte und allgemeinverständliche Auslegung der beiden Schöpfungsberichte (sowie der Sündenfallgeschichte), während ein zweiter, didaktischer Teil über die Möglichkeiten der Darbietung im Unterricht reflektiert und dabei Voraussetzungen der Schüler, Zugangsmöglichkeiten, Darbietungsformen, Unterrichtsweise und Arbeitsmittel berücksichtigt. Eine besondere Empfehlung verdient die ausführliche Bibliographie, die von Textausgaben, Kommentaren, exegetischen Spezialarbeiten bis zu didaktisch-methodischer Literatur und zum Nachweis von Arbeitsmitteln reicht.

Werner H. SCHMIDT: Alttestamentlicher Glaube in seiner Geschichte. Neukirchen-Vluyn [4]1982, S. 178–186.
Ein knapper, aber vorzüglich orientierender Überblick über Herkunft und Entwicklung der Rede von der Schöpfung im ganzen Alten Testament.

Gerhard VON RAD: Die biblische Schöpfungsgeschichte. In: Schöpfungsglaube und Evolutionstheorie. Stuttgart 1955, S. 25–37.

Günther BORNKAMM: Der Schöpfungsglaube der Christen, ebd., S. 123–137.

Während der erste Beitrag den besonderen Gehalt des Schöpfungsberichtes von 1 Mose 1 herausarbeitet, legt der zweite die Umrisse und Absichten des gesamtbiblischen Schöpfungsglaubens dar.

Wolfgang TRILLING: Im Anfang schuf Gott... Leipzig ²1964.

Ders.: Denn Staub bist du. Leipzig 1965.

Die Bände geben kurze, allgemeinverständliche Einführungen in die beiden Schöpfungsgeschichten und in die Paradiesgeschichte.

Mehr oder weniger ausführliche Einführungen in die Thematik vermitteln auch die Artikel in den Nachschlagewerken:

C.-M. EDSMAN / G. E. WRIGHT / O. MICHEL / G. GLOEGE / P. KLEMM: Art. Schöpfung. In: Die Religion in Geschichte und Gegenwart V. Tübingen ³1961, Sp. 1469–1492.

Der Artikel beschreibt Grundlegung und Ausprägung der Thematik in der Religionsgeschichte, im Alten und Neuen Testament, in der Theologiegeschichte und der Dogmatik sowie in der kirchlichen Unterweisung.

O. PLÖGER / W. KASCH / E. KINDER: Art. Schöpfung. In: Evangelisches Kirchenlexikon III. Göttingen 1959, Sp. 831–839.

Ein sehr viel knapperer Überblick über die religionsgeschichtliche, alttestamentliche, neutestamentliche und dogmatische Dimension der Thematik.

E. JACOB / B. REICKE / G. LINDESKOG: Art. Schöpfung. In: Biblisch-Historisches Handwörterbuch III. Göttingen 1966, Sp. 1710–1715.

Stellt die Ausprägung der Schöpfungsvorstellung im Alten Vorderen Orient, im Alten Testament, im Frühjudentum und im Neuen Testament dar.

J. NELIS: Art. Schöpfung. In: H. HAAG (Hrsg.): Bibel-Lexikon. Einsiedeln 1968, Sp. 1546–1552.

H. HAAG: Art. Schöpfungsbericht, ebd., Sp. 1552–1556.

Der erste Artikel verfolgt die Thematik in der Umwelt Israels, im Alten und im Neuen Testament, der zweite widmet sich der Auslegung des Schöpfungsberichts in 1 Mose 1,1–2,4a.

2. Weiterführende Literatur

Claus WESTERMANN: Genesis. 1. Teilband: Genesis 1–11 (Biblischer Kommentar Altes Testament I/1). Neukirchen-Vluyn ²1976, S. 26–65, 104–321.

Eine außergewöhnlich ausführliche und gründliche wissenschaftliche Kommentierung der Urgeschichte des 1. Mose-Buches; zu empfehlen für Leser mit großer Geduld und langem Atem.

Werner H. SCHMIDT: Die Schöpfungsgeschichte der Priesterschrift. Zur Überlieferungsgeschichte von Genesis 1,1–2,4a und 2,4b–3,24 (Wissenschaftliche Monographien zum Alten und Neuen Testament. 17). Neukirchen-Vluyn ³1974.

Der Schwerpunkt der Monographie liegt auf der Analyse des ersten Schöpfungsberichtes. Nach einer Prüfung der Vorgeschichte des Stoffes in der Umwelt Israels geht der Verfasser der Entstehungsgeschichte des Textes (aus einem überlieferten „Tat-Bericht“ und einem interpretierenden „Wort-Bericht“) nach und arbeitet seine theologischen Intentionen (unter ständiger Berücksichtigung des gesamten Alten Testaments) heraus. Ein sehr viel kürzerer Anhang behandelt die jahwistische Schöpfungs- und Paradiesgeschichte in 1 Mose 2,4b–3,24. Ein anspruchsvolles Werk, wegen seines theologischen Gewichts sehr zu empfehlen.

Rainer ALBERTZ: Weltschöpfung und Menschenschöpfung. Untersucht bei Deuterojesaja, Hiob und in den Psalmen (Calwer Theologische Monographien. A,3). Stuttgart 1974.

Erweist durch eine Analyse der Schöpfungsworte bei Deuterojesaja (Jes 40–55), im Hiob-Buch und im Psalter unter Heranziehung von Paralleltexten, daß Weltschöpfung und Menschenschöpfung zwei ursprünglich selbständige Weisen des Redens von der Schöpfung darstellten, deren erstere im Gemeindegottesdienst, letztere im kleinen Kreis der Familienbittzeremonie gepflegt wurde. Beide Überlieferungen wurden erst seit der Exilszeit zu einer Einheit verbunden.

Ulrich MANN: Schöpfungsmythen. Vom Ursprung und Sinn der Welt. Stuttgart/Berlin 1982.

Keine Textsammlung, sondern eine religionswissenschaftliche Darstellung und Interpretation der Schöpfungsmythen in primitiven Religionen und in Hochkulturen und Hochreligionen, in die auch die „Biblische Religion“ eingeordnet wird.

Eberhard WÖLFEL: Welt als Schöpfung. Zu den Fundamentalsätzen der christlichen Schöpfungslehre heute (Theologische Existenz heute. 212). München 1981.

Ein außerordentlich dicht formulierter Versuch, im Horizont gegenwärtiger Wirklichkeitserfahrung Schöpfungslehre als systematisch-theologische Dimension zurückzugewinnen. In diesem Zusammenhang diskutiert der Verfasser besonders den Sinn der Rede von der „Schöpfung aus dem Nichts“ und vom Menschen als „Bild Gottes“.

Jürgen MOLTMANN: Gott in der Schöpfung. Ökologische Schöpfungslehre. München 1985.

Der Autor entfaltet eine Schöpfungslehre im Gespräch mit Theologen aus den verschiedenen Konfessionen, aus der jüdischen Tradition sowie mit Naturwissenschaftlern und Technologen.

3. Spezielle Literatur

(a) Textsammlungen

Die Schöpfungsmythen. Ägypter, Sumerer, Hurriter, Hethiter, Kanaaniter und Israeliten. Darmstadt 1980.

Eine repräsentative Ausgabe der altvorderorientalischen Schöpfungstexte, die in Übersetzung geboten und durch Einleitung und Kommentierung interpretiert werden. Besonders interessant ist das Vorwort von Mircea ELIADE, das in Wesen und Funktion von Schöpfungsmythen einführt.

Rudolf JOCKEL (Hrsg.): Götter und Dämonen. Mythen der Völker. Darmstadt/Genf 1953.

Ein Band, der wohl mehr belletristischen als wissenschaftlichen Anspruch erhebt und gerade deshalb als Einführung in die bunte Welt der Mythologie vieler Völker gut geeignet sein dürfte. Die Schöpfungsmythen stehen meist am Anfang der jeweiligen Abschnitte. Die Textauswahl belegt eindrücklich, daß Schöpfungserzählungen in fast allen Kulturzonen der Erde existieren.

Wolfram VON SODEN: Konflikte und ihre Bewältigung in babylonischen Schöpfungs- und Fluterzählungen. *Mitteilungen der Deutschen Orientgesellschaft* 111 (1979), S. 1–33.

Der Aufsatz ist bemerkenswert, weil er die erste vollständige deutsche Übersetzung der Tafeln I–III des Atramchasis-Mythos enthält (S. 18–32). Wichtig sind aber auch die Vorstellung und Interpretation des Textes, die – zum Teil im Vergleich mit dem Epos „Enuma elisch“ – der Übersetzung vorausgeschickt werden.

(b) Schöpfung und Naturwissenschaft

Carl Friedrich VON WEIZSÄCKER: Die Tragweite der Wissenschaft. I. Schöpfung und Weltentstehung. Die Geschichte zweier Begriffe. Stuttgart 1964.

Nach einer einfühlsamen Interpretation kosmologischer Mythen und des ersten Schöpfungsberichtes der Bibel verfolgt der Verfasser die Entwicklung der Naturwissenschaft und den parallel verlaufenden Vorgang der Säkularisierung bis in unser Jahrhundert.

Karl RAWER / Karl RAHNER: Weltall – Erde – Mensch. In: Christlicher Glaube in moderner Gesellschaft. 3. Freiburg/Basel/Wien 1981, S. 5–85.

Stefan Niklaus BOSSHARD: Evolution und Schöpfung, ebd., S. 87–127.

Während der erste Beitrag sehr ausführlich dem Verhältnis von Theologie und Naturwissenschaft nachgeht, konfrontiert letzterer die Hauptergebnisse der Evolutionstheorie mit den Aussagen der biblischen Schöpfungsberichte und gelangt zu einer abschließenden Synthese.

(c) Schöpfung und Umweltkrise

Odil Hannes STECK: Welt und Umwelt. Stuttgart/Berlin/Köln/Mainz 1978.

Untersucht die alt- und neutestamentlichen Aussagen über die Problematik unter besonderer Berücksichtigung der Schöpfungstexte und zieht Folgerungen für die gegenwärtige Situation.

Gerhard LIEDKE: Im Bauch des Fisches. Ökologische Theologie. Stuttgart/Berlin 1979.

Ein gut lesbares Taschenbuch, das mit starkem Engagement Ausmaß und Konsequenzen der Umweltkrise nachzeichnet. Im Hinblick darauf werden die Intentionen des Herrschaftsauftrags (dominium terrae) herausgearbeitet und eine ökologische Auslegung der Schöpfungstexte vorgeführt. Abschließende Ratschläge wollen zu praktischem Handeln anleiten.

Udo KROLZIK: Umweltkrise – Folge des Christentums? Stuttgart/Berlin 1979.

Überprüft den im Titel enthaltenen Vorwurf und beweist seine Unrichtigkeit: Die Umweltkrise ist in Wahrheit eine Folge der Säkularisierung. Davon ausgehend, sieht der Verfasser besondere Aufgaben der Theologie bei der Meisterung der anstehenden Probleme.

Philipp SCHMITZ (Hrsg.): Macht euch die Erde untertan? Schöpfungsglaube und Umweltkrise. Würzburg 1981.

Ein Sammelband, dessen einzelne Beiträge die im Untertitel genannte Problematik von verschiedenen Seiten her reflektieren. Von der exegetischen Befragung der Schöpfungstexte über dogmatische, moraltheologische und profanwissenschaftliche Erwägungen reicht der Bogen bis zur Vorstellung von praktischen Konsequenzen und Ratschlägen.

Literatur zur 18. Studieneinheit

1. Einführende Literatur

G. GRESHAKE: Geschenkte Freiheit. Einführung in die Gnadenlehre. Freiburg 1977.

W. HÄRLE: Art. Rechtfertigung. In: Taschenlexikon Religion und Theologie. Bd. IV. Göttingen ^{4}1983, S. 200–209.

G. MÜLLER: Die Rechtfertigungslehre. Geschichte und Probleme. Gütersloh 1977.

O. H. PESCH / A. PETERS: Einführung in die Lehre von Gnade und Rechtfertigung. Darmstadt 1981.

2. Vertiefende Literatur

J. BAUR: Die Rechtfertigungslehre in der Geschichte des christlichen Heilsverständnisses. Bd. 1. Gütersloh 1968.

E. H. ERIKSON: Identität und Lebenszyklus. Aufsätze. Frankfurt (1966) ^{2}1974.

K.-H. GESELL: Rechtfertigung und Leistung. Theologische Perspektiven. *forum religion* 2/3 (1975), S. 31–39.

F. GOGARTEN: Verhängnis und Hoffnung der Neuzeit. Die Säkularisierung als theologisches Problem. München/Hamburg 1966.

A. H. J. GUNNEWEG / W. SCHMITHALS: Leistung. Stuttgart/Berlin/Köln/Mainz 1978.

W. HÄRLE / E. HERMS: Rechtfertigung. Das Wirklichkeitsverständnis des christlichen Glaubens. Ein Arbeitsbuch. Göttingen 1980.

E. HERMS: Explikationsprobleme des Rechtfertigungsthemas und die Prinzipien des wissenschaftlichen Dialogs zwischen protestantischer und römisch-katholischer Theologie. *KuD* 21 (1975), S. 277–314.

H. KÜNG: Rechtfertigung. Die Lehre Karl Barths und eine katholische Besinnung. Einsiedeln (1957) ^{4}1964.

W. LOHFF / Chr. WALTHER: Rechtfertigung im neuzeitlichen Lebenszusammenhang. Studien zur Neuinterpretation der Rechtfertigungslehre. Gütersloh 1974.

G. MARON: Kirche und Rechtfertigung. Eine kontroverstheologische Untersuchung, ausgehend von den Texten des Zweiten Vatikanischen Konzils (Kirche und Konfession. 15). Göttingen 1969.

O. H. PESCH: Gerechtfertigt aus Glauben. Luthers Frage an die Kirche. (Quaestiones Disputatae. 97). Freiburg/Basel/Wien 1982.

A. PETERS: Glaube und Werk. Luthers Rechtfertigungslehre im Lichte der Heiligen Schrift. Berlin/Hamburg (1962) ^{2}1967.

H. G. PÖHLMANN: Rechtfertigung. Die gegenwärtige kontroverstheologische Problematik zwischen der evangelisch-lutherischen und der römisch-katholischen Kirche. Gütersloh 1971.

K. RAHNER: Kleiner theologischer Traktat über den Ablaß. In: Ders.: Schriften zur Theologie. Bd. VIII. Einsiedeln/Zürich/Köln 1967, S. 472–487.

E. SCHOTT: Einig in der Rechtfertigungslehre? Unter besonderer Berücksichtigung der Rechtfertigungslehre Luthers. *Luther-Jahrbuch* 26 (1959), S. 1–24.

„Leistung und Wettbewerb". Sozialethische Überlegungen zur Frage des Leistungsprinzips und der Wettbewerbsgesellschaft. Eine Denkschrift der Kammer der EKD für soziale Ordnung. Gütersloh 1978.

P. TILLICH: Rechtfertigung und Zweifel (1924). In: Gesammelte Werke. Bd. VIII. Stuttgart 1970, S. 85–100.

J. WERBICK: Rechtfertigung des Sünders – Rechtfertigung Gottes. Thesen zur ökumenischen Diskussion in der Rechtfertigungslehre. *KuD* 27 (1981), S. 45–257.

Literatur zur 19. Studieneinheit

Paul ALTHAUS: Die letzten Dinge. Lehrbuch der Eschatologie. Gütersloh 1922, ^{10}1970.

Das einflußreiche Werk des lutherischen Dogmatikers bezieht, in Gegenposition zu Karl BARTH, die Welt als Schöpfung Gottes ausdrücklich in die christliche Hoffnung ein; es sammelt als „Lehrbuch" zugleich die Äußerungen der Tradition zum Thema.

Karl BARTH: Die Auferstehung der Toten (1924). Zollikon-Zürich ^{4}1953.

Der große Erneuerer der evangelischen Theologie im 20. Jahrhundert konnte die Lehre von der christlichen Hoffnung in seiner unvollendeten „Kirchlichen Dogmatik" nicht mehr behandeln. In ihr und in seinem „Römerbrief" tritt seine Grundposition hinsichtlich der Zukunft an verschiedenen Stellen zutage. Das hier genannte kleinere Werk faßt sie zusammen.

Eberhard JÜNGEL: Tod. Stuttgart 1971, ^{4}1977.

Der evangelische Systematiker legt hier, in Auseinandersetzung mit naturwissenschaftlichen Positionen, aber auch mit der katholischen Sicht von Leib und Seele, eine Theologie des Todes vor, die sich stark an Martin Luthers Auffassung vom Sterben Gottes am Kreuz und seinem Sieg über Sünde und Tod orientiert.

Helmut MERKLEIN / Erich ZENGER (Hrsg.): Eschatologie und Friedenshandeln. Stuttgart 1981.

Ein Sammelband verschiedener Autoren aus verschiedenen Konfessionen, dessen Beiträge über konkrete „diesseitige" Impulse (zu Frieden, Versöhnung, Veränderung) sprechen, die sich aus der biblischen Sicht von Hoffnung und Zukunft ergeben.

Jürgen MOLTMANN: Theologie der Hoffnung. München 1964, [10]1977.

Das Standardwerk der neueren Besinnung auf die christliche Hoffnung, das die Impulse Ernst BLOCHS aufnimmt und sich mit ihnen kritisch auseinandersetzt. Zugleich eine umfassende Darstellung der in der Bibel enthaltenen Hoffnungsimpulse.

Franz-Josef NOCKE: Eschatologie. Düsseldorf 1982.

Ein Leitfaden zur Eschatologie, mit beträchtlichem didaktischen Geschick für Schüler der Oberstufen und Studienanfänger in katholischer Theologie geschrieben.

Karl RAHNER: Theologie der Zukunft. München 1971.

Enthält die aus dem Dialog mit Marxisten entstandenen Aufsätze RAHNERS über die Zukunftsverantwortung der Christen.

Joseph RATZINGER: Eschatologie – Tod und ewiges Leben. Regensburg 1977.

Versucht die neuen Ansätze im christlichen Denken der Hoffnung und Zukunft, vor allem die Politische Theologie, aus dem Geist PLATONS zu kritisieren. Versteht sich selbst als Teil einer katholischen Dogmatik.

Richard SCHAEFFLER: Was dürfen wir hoffen? Darmstadt 1979.

Der Verfasser stellt die katholische und evangelische Hoffnungstheologie kritisch dar. Das Buch kann als wertvoller Forschungsüberblick gelten.

Georg SCHERER: Das Problem des Todes in der Philosophie. Darmstadt 1979.

Ein Standardwerk über die Verarbeitung des Todesproblems in der Philosophie. Der Verfasser ist selbst in der Philosophie des christlichen Personalismus engagiert.

Herbert VORGRIMLER: Hoffnung auf Vollendung. Freiburg 1980.

Versuch einer Darstellung der biblischen Begründung und der Hauptthemen der Eschatologie aus katholischer Sicht. Viele Literaturangaben.

Herbert VORGRIMLER: Der Tod im Denken und Leben des Christen. Düsseldorf 1978, [2]1982.

Versucht die gedanklichen Probleme und Lebensfragen des Themas und christliche Antworten darauf darzustellen. Weiterführende Literaturangaben.

Literatur zur 20. Studieneinheit

1. Einführende Literatur

Karl LEHMANN: Gemeinde. In: Christlicher Glaube in moderner Gesellschaft (Enzyklopäd. Bibliothek, Teilbd. 29). Freiburg/Basel/Wien 1982, S. 5–65.

Der Verfasser bietet einen verläßlichen Überblick über den gegenwärtigen Stand theologischer und pastoraler Überlegungen zum Thema „Gemeinde“. Wertvoll ist die kenntnisreiche und ausgewogene Beurteilung augenblicklicher Entwicklungen und Trends.

Wolfgang LÜCK: Die Volkskirche. Kirchenverständnis als Norm kirchlichen Handelns. Stuttgart/Berlin/Köln/Mainz 1980.

Auf dem Hintergrund des Gemeindelebens legt der Verfasser theologisch fundiert Probleme der „volkskirchlichen“ Praxis dar.

Wolfgang LÜCK: Praxis: Kirchengemeinde. Stuttgart/Berlin/Köln/Mainz 1978.

Die aus der seelsorglichen Arbeit in der Gemeinde entstandenen theologischen und soziologischen Überlegungen untersuchen und beleuchten Entwicklungen und Tendenzen in vielen Kirchengemeinden.

Josef MÜLLER: Gemeinde – Reform? Kritisches Korrektiv oder Zufluchtsort. Wien 1983.

Der Verfasser nimmt – auf der Grundlage biblischer und systematischer Überlegungen zur Theologie der Gemeinde – engagiert Stellung zu aktuellen Fragen der Gemeindeerneuerung. Das Buch bildet für viele Fragen der Studieneinheit 20 den praktischen und theologischen Hintergrund.

Josef MÜLLER: Lebensräume des Glaubens. Wege zur Verwirklichung der Kirche in Gruppe und Gemeinde. München 1981.

In einer allgemein verständlichen Sprache befaßt sich das Buch mit den unterschiedlichen Dimensionen, in denen sich heute Christsein vollzieht: den verschiedenen Formen von Gemeinde, Gemeinschaften und Gruppen.

2. Weiterführende Literatur

Gerhard LOHFINK: Wie hat Jesus Gemeinde gewollt? Zur gesellschaftlichen Dimension des christlichen Glaubens. Freiburg/Basel/Wien 1982.

Im Licht neutestamentlicher Texte stellt das Buch die Leitidee des von Jesus gesammelten und durch seinen Tod geheiligten Gottesvolkes als Fundament des Gemeindelebens dar.

Norbert METTE (Hrsg.): Wie wir Gemeinde wurden. Lernerfahrungen und Erneuerungsprozesse in der Volkskirche (Praxis der Kirche. 41). München/Mainz 1982.

Eine Gruppe von Autoren (größtenteils Gemeindepfarrer) schildert den Aufbruch von Gemeinden: Dabei wird deutlich, wie Bemühungen engagierter Christen den Stil der Kommunikation und der Seelsorge prägen.

Jürgen MOLTMANN: Neuer Lebensstil. Schritte zur Gemeinde. München 1977.

Als Gemeindemitglied formuliert der Verfasser Grundprinzipien des Gemeindelebens: u. a. Offenheit, Solidarität, Freundschaft, Feste.

Paul WESS: Gemeindekirche – Zukunft der Volkskirche. Der Lernweg einer Pfarrgemeinde. Wien/Freiburg/Basel 1976.

Nach Ansicht des Verfassers, der in seinem Buch den „Lernweg“ der Gemeinde Wien-Machstraße beschreibt, hängt die Zukunft der Kirche von lebendigen Gemeinden ab.

3. Spezielle Literatur

Leonardo BOFF: Die Neuentdeckung der Kirche. Basisgemeinden in Lateinamerika. Mainz [2]1980.

Das Buch eröffnet theologisch reflektierte Zugänge zum Phänomen der lateinamerikanischen Basisgemeinden und entwirft damit zugleich ein Bild der Kirche der Zukunft.

Hubert FRANKEMÖLLE (Hrsg.): Kirche von unten. Alternative Gemeinden. Modelle · Erfahrungen · Reflexionen (Praxis der Kirche. 37). München/Mainz 1981.

Ein „Lesebuch“, entstanden aus einer Vorlesungsreihe, die theologische Reflexionen mit Praxisberichten alternativer Gemeindemodelle verbindet.

Norbert GLATZEL: Gemeindebildung und Gemeindestruktur. Ein Beitrag der Christlichen Sozialwissenschaften zu einer Kernfrage des christlichen Lebens (Abhandlungen zur Sozialethik. Bd. 14). München/Paderborn/Wien 1976.

Der Verfasser untersucht Prozesse und Strukturen der Gemeindebildung aus theologischer und sozialwissenschaftlicher Perspektive.

Michael GÖPFERT / Christian MODEHN (Hrsg.): Kirche in der Stadt. Erfahrungen, Experimente, Modelle in europäischen Großstädten. Stuttgart/Berlin/Köln/Mainz 1981.

Vor dem Hintergrund gesellschaftlicher Gegebenheiten beschreiben einzelne Beiträge modellartige Versuche, in europäischen Großstädten Kirche als Gemeinde zu verwirklichen.

Ulrich KÜHN: Kirche (Handbuch Systematischer Theologie. Bd. 10). Gütersloh 1980.

Im Rahmen einer dogmatischen Lehre von der Kirche reflektiert der Verfasser wichtige Fragestellungen von Theologie und Praxis der Gemeinde auf der Basis vorgelegter theologischer Grundentwürfe (u. a. von Karl BARTH und Paul TILLICH).

Literatur zur 21. Studieneinheit

1. Allgemein einführende Literatur

Friedrich KALB: Grundriß der Liturgik. Eine Einführung in die Geschichte, Grundsätze und Ordnungen des lutherischen Gottesdienstes. München [2]1982.

Adolf ADAM: Erneuerte Liturgie. Eine Orientierung über den Gottesdienst heute. Freiburg [5]1982.

Christoph ALBRECHT: Einführung in die Liturgik. Göttingen ²1983.
Friedrich WINTZER: Praktische Theologie. Neukirchen-Vluyn 1982. (Darin: Manfred JOSUTTIS: Theologie des Gottesdienstes bei Luther. Der Gottesdienst als Ritual. Der Traugottesdienst. Gottesdienstreform im Katholizismus)
Rupert BERGER: Kleines liturgisches Wörterbuch. Freiburg 1969.

2. Zur Bedeutung des Kults

Gerardus VAN DER LEEUW: Phänomenologie der Religion. Tübingen ²1956.
Richard SCHAEFFLER / Peter HÜNERMANN: Ankunft Gottes und Handeln des Menschen. Thesen über Kult und Sakrament (Quaestiones disputatae. 77). Freiburg 1977.
Werner JETTER: Symbol und Ritual. Anthropologische Elemente im Gottesdienst. Göttingen 1978.
Alfred LORENZER: Das Konzil der Buchhalter. Die Zerstörung der Sinnlichkeit. Eine Religionskritik.
Scharfe atheistische Gegenposition gegen die Liturgieauffassung des II. Vatikanischen Konzils, dahinter gegen das protestantische Gottesdienstverständnis.

3. Zur katholischen Liturgiereform

Emil Joseph LENGELING: Die Konstitution des Zweiten Vatikanischen Konzils über die heilige Liturgie. Lateinisch-deutscher Text (Reihe: Lebendiger Gottesdienst Heft 5/6). Regensburg-Münster ²1965.
Theodor MAAS-EWERD / Klemens RICHTER (Hrsg.): Gemeinde im Herrenmahl. Zur Praxis der Meßfeier. Freiburg ²1976.
George A. LINDBECK: Dialog unterwegs. Eine evangelische Bestandsaufnahme zum Konzil. Im Auftrag der luth. Stiftung für oekumenische Forschung. Göttingen 1965. (Darin: Vilmos VAJTA: De sacra liturgia. Die Neuordnung des Gottesdienstes im Zweiten Vatikanischen Konzil, S. 113–143.)

4. Zur Geschichte und Lehre des evangelischen Gottesdienstes

Vilmos VAJTA: Die Theologie des Gottesdienstes bei Luther. Göttingen ²1954.
Karl Ferdinand MÜLLER / Walter BLANKENBURG (Hrsg.): Leiturgia. Kassel 1954.
Alfred EHRENSPERGER: Die Theorie des Gottesdienstes in der späten deutschen Aufklärung (1770–1815). Zürich 1971.
Gottfried KLAPPER (Hrsg.): Zur Theologie des Gottesdienstes (Fuldaer Hefte. 23). Hamburg 1976.
Gerhard BEETZ (Hrsg.): „Wort und Sakrament" (Jahrb. d. Ev. Bundes. XXVI). Göttingen 1983.
Eberhard JÜNGEL: Anfechtung und Gewißheit des Glaubens. Oder wie die Kirche wieder zu ihrer Sache kommt (Kaiser Traktate. 23). München 1976.

5. Ökumenisches

„Gottesdienst" – Arbeitsheft III der Vierten Weltkonferenz für Glauben und Kirchenverfassung. Zürich 1963.
Geiko MÜLLER-FAHRENHOLZ (Hrsg.): Eine Taufe, eine Eucharistie, ein Amt. Drei Erklärungen der Kommission für Glauben und Kirchenverfassung. Korntal 1975.
„Taufe, Eucharistie und Amt" – Konvergenzerklärung der Kommission für Glauben und Kirchenverfassung des Ökumenischen Rates der Kirchen. Mit einem Vorwort von W.H. LAZARETH und N. NISSIOTIS. Frankfurt/Paderborn ¹⁻³1982.

6. Zur gegenwärtigen Krise und Diskussion des Gottesdienstes

Manfred SEITZ (Hrsg.): Gottesdienst in einer rationalen Welt. Religionssoziologische Untersuchung (G. SCHMIDTCHEN). Stuttgart/Freiburg 1973.
Manfred SEITZ / Lutz MOHAUPT: Gottesdienst und öffentliche Meinung. Kommentare und Untersuchungen zur Gottesdienstumfrage der VELKD. Stuttgart/Freiburg 1977.
FISCHER / LENGELING / SCHAEFFLER / SCHULZ / MÜLLER-SCHWEFE: Kult in der säkularisierten Welt. Regensburg 1974.
Ernst LANGE: Chancen des Alltags. Überlegungen zur Funktion des christlichen Gottesdienstes in der Gegenwart. Stuttgart/Gelnhausen 1965.
DAIBER / DANNOWSKI / LUKATIS / ULRICH: Gemeinden erleben ihre Gottesdienste. Erfahrungsberichte. Gütersloh 1978.
KALB / WOLF / KLEEMANN: Gottesdienst (Evangelische Zeitstimmen. 47). Hamburg 1969.
Lutz MOHAUPT: Feiern, Hören, Handeln – zur Gottesdienstumfrage der VELKD (reihe gottesdienst. 5). Hamburg 1974.
Werner JETTER: Bemerkungen zur Situation und zum Verständnis des Gottesdienstes heute. In: „Fides et communicatio" – Festschrift für Martin Doerne. Göttingen 1970, S. 183–214.
Werner JETTER: Unser Gottesdienst – Ende oder Wiederentdeckung? *Liturgische Blätter der evangelischen Landeskirche der Pfalz,* Heft 28/29, 1980, S. 5–29.
„Abendmahl und Gemeindeerneuerung". Pastoraltheologie, Heft 3 (hrsg. von P. CORNEHL / R. CHRISTIANSEN). Göttingen 1983.

Literatur zur 22. Studieneinheit

1. Quellenwerke

Klaus WEGENAST (Hrsg.): Religionspädagogik. Bd. 1: Der evangelische Weg. Darmstadt 1981 (Wege der Forschung, Bd. 209).
Klaus WEGENAST (Hrsg.): Religionspädagogik. Bd. 2. Der katholische Weg. Darmstadt 1983 (Wege der Forschung, Bd. 603).
Die beiden Bände dokumentieren die geschichtliche Entwicklung der Religionspädagogik auf evangelischer und katholischer Seite vom Anfang dieses Jahrhunderts. Gegenstand sind vor allem die konzeptionellen Vorstellungen und die Versuche der wissenschaftstheoretischen Begründung der Disziplin.

2. Einführende Literatur

Der Religionsunterricht in der Schule. Ein Beschluß der Gemeinsamen Synode der Bistümer in der Bundesrepublik Deutschland. Heftreihe: Synodenbeschlüsse, Nr. 4 (Bezugsquelle: alle Synodalbüros in den Bistümern und das Sekretariat der Synode, 53 Bonn, Beringstr. 30)
Der Beschlußtext wurde auf der 6. Vollversammlung der Synode (20.–24. 11. 1974 in Würzburg) angenommen. Er spiegelt aus katholischer Sicht das neue Grundmuster eines Religionsunterrichts, der theologisch und pädagogisch verantwortet werden soll.
Die evangelische Kirche und die Bildungsplanung. Eine Dokumentation. Hrsg. von der Kirchenkanzlei der Evangelischen Kirche in Deutschland. Gütersloh/Heidelberg 1972.
Die Dokumentation enthält neben den Referaten und Entschließungen der 4. Synode der EKD vom 12. 11. 1971 in Frankfurt kirchenoffizielle Stellungnahmen zum gegenwärtigen Religionsunterricht aus evangelischer Sicht, auch unter verfassungsrechtlichen Gesichtspunkten.

Wolfgang BARTHOLOMÄUS: Einführung in die Religionspädagogik. Darmstadt 1983.

Geschichtlicher Grundriß und jüngste systematische Erörterung religionspädagogischer Praxis und Theorie aus der Feder eines katholischen Religionspädagogen.

Karl Ernst NIPKOW: Grundfragen der Religionspädagogik. Bd. 1: Gesellschaftliche Herausforderungen und theoretische Ausgangspunkte. Gütersloh 1975, [3]1984; Bd. 2: Das pädagogische Handeln der Kirche. Gütersloh 1975, [3]1984; Bd. 3: Gemeinsam leben und glauben lernen. Gütersloh 1982.

Versuch eines Gesamtkonzepts aus evangelischer Sicht. Der 3. Band, der auch für sich gelesen werden kann, berücksichtigt besonders die religiöse Entwicklung von Kindern, Jugendlichen und Erwachsenen und eignet sich am besten als Einstieg.

3. Weiterführende Literatur

Erich FEIFEL / Robert LEUENBERGER / Günter STACHEL / Klaus WEGENAST (Hrsg.): Handbuch der Religionspädagogik. Bd. 1: Religiöse Bildung und Erziehung. Theorie und Faktoren. 1973; Bd. 2: Didaktik des Religionsunterrichts und Wissenschaftstheorie. 1974; Bd. 3: Religionspädagogische Handlungsfelder in kirchlicher Verantwortung, 1975; alle: Gütersloh/Zürich/Einsiedeln/Köln.

Dies repräsentative Handbuch ist auf der Ebene der Herausgeber wie der zahlreichen Autoren eine katholisch-evangelische Gemeinschaftsproduktion und eignet sich zur Vertiefung in spezielle Fragen aus allen einschlägigen religionspädagogischen Handlungsfeldern.

Literatur zur 23. Studieneinheit

1. Quellensammlungen

John Henry NEWMAN: Polemische Schriften. Abhandlungen zu Fragen der Zeit und der Glaubenslehre. Übersetzt von Erentrudis KAWA und Max HOFMANN. Mainz 1959 (= IV. Band der ausgewählten Werke von John Henry Kardinal NEWMAN, herausgegeben von Matthias LAROS und Werner BECKER).

2. Zur Thematik des Gewissens

Reinhold MOKROSCH: Das religiöse Gewissen. Historische und sozialempirische Untersuchungen zum Problem einer (nach)reformatorischen religiösen Gewissensbildung bei 15- bis 19-Jährigen. Stuttgart u. a. 1979.

Das Buch zeigt Grenzen und Möglichkeiten religiöser Gewissensbildung in der religionspädagogischen Praxis auf, wobei besonders das Gewissensverständnis von LUTHER, CALVIN, KANT, HEIDEGGER, EBELING, FREUD und JUNG dargestellt wird.

Dietmar MIETH: Gewissen. In: Christlicher Glaube in moderner Gesellschaft. Hrsg. von F. BÖCKLE u. a. Teilband 12. Freiburg 1981, S. 137–184.

Fritz OSER: Das Gewissen lernen. Probleme intentionaler Lernkonzepte im Bereich der moralischen Erziehung. Olten/Freiburg 1976.

Die Möglichkeit einer Gewissenserziehung wird mit den Erklärungsmodellen der Soziologie, der Psychologie, der Philosophie und der Theologie dargelegt, um den Pädagogen für die Unterrichtsplanung den Prozeß zu einem offenen, harmonischen und autonomen Gewissen aufzuzeigen.

Gewissen und Gewissensbildung. Mit Beiträgen von Otto ENGELMAYER, Johannes GRÜNDEL, Anton NEUHÄUSLER, Franz PÖGGELER, Friedrich J. SCHEIDT, Hermann SCHRÖDTER. Donauwörth [2]1971.

Heinz HÄFNER: Das Gewissen in tiefenpsychologischer Sicht. In: Charlotte HÖRGL / Fritz RAUH (Hrsg.): Grenzfragen des Glaubens. Theologische Grundfragen als Grenzprobleme. Einsiedeln u. a. 1967, S. 113–151.

Johannes GRÜNDEL: Das Gewissen als „norma normans" und als „norma normata". In Charlotte HÖRGL / Fritz RAUH (Hrsg.): Grenzfragen des Glaubens. Theologische Grundfragen als Grenzprobleme. Einsiedeln u. a. 1967, S. 389 bis 422.

Johannes GRÜNDEL: Entfaltung des kindlichen Gewissens. Anregungen für Eltern und Lehrer. München [3]1978.

Die Hauptphasen des Entwicklungsprozesses vom Kind über den Jugendlichen und die Möglichkeiten von Fehlentwicklungen bei der Gewissensbildung angesichts überholter Erziehungsmethoden werden herausgestellt.

Karl Ernst NIPKOW: Gott und Gewissen in der Erziehung. In: Martin HENGEL / Rudolf REINHARDT (Hrsg.): Heute von Gott reden. München/Mainz 1977, S. 83–112.

Johannes STELZENBERGER: Conscientia bei Augustinus. Studie zur Geschichte der Moraltheologie. Paderborn 1959.

Ernst SPENGLER: Das Gewissen bei Freud und Jung. Zürich 1964.

Fritz OSER: Das Gewissen lernen. Probleme intentionaler Lernkonzepte im Bereich der moralischen Erziehung. Olten/Freiburg 1976.

J. BLÜHDORN (Hrsg.): Das Gewissen in der Diskussion (Wege der Forschung. 37). Darmstadt 1976.

Niklas LUHMANN: Die Gewissensfreiheit und das Gewissen. *Archiv des öffentlichen Rechts* 90 (1965), S. 257–286.

Stephan PFÜRTNER: Politik und Gewissen – Gewissen und Politik. Zürich/Einsiedeln/Köln 1976.

Antoni J. NOWAK: Gewissen und Gewissensbildung heute in tiefenpsychologischer und theologischer Sicht. Wien/Freiburg/Basel 1978.

Gerhard KLIER: Gewissensfreiheit und Psychologie. Berlin 1978.

3. Zum Charakteristikum einer christlichen Ethik

Alfons AUER: Autonome Moral und christlicher Glaube. Düsseldorf 1971.

Die Offenbarung entwirft keine eigene Moral, sondern übernimmt vorgeprägte Verhaltensmodelle – allerdings kritisch. Was sie spezifisch einbringt, betrifft die Motivation und den Sinnhorizont des Sittlichen.

Rudolf SCHNACKENBURG: Die Bergpredigt. Utopische Vision oder Handlungsanweisung? (Schriften der Katholischen Akademie in Bayern. Hrsg. von Franz HENRICH. 107). Düsseldorf 1982.

Mit Beiträgen von Johannes GRÜNDEL, Hans Richard REUTER und Rudolf SCHNACKENBURG.

Bernhard STOECKLE: Handeln aus dem Glauben. Moraltheologie konkret. Freiburg/Br. 1977.

Eine leichtverständliche Einführung als Orientierung christlichen Lebens, die christliches Handeln abhebt von einer falschverstanden unbedingten menschlichen Autonomie.

Klaus DEMMER / Bruno SCHÜLLER (Hrsg.): Christlich glauben und handeln. Fragen einer fundamentalen Moraltheologie in der Diskussion. Düsseldorf 1977.

Ein moraltheologisches Sachbuch mit Beiträgen von Alfons AUER, Klaus DEMMER, Franz FURGER, Edouard HAMEL, Bernhard HÄRING, Walter KERBER, Alfons KLINGL, Johannes B. LOTZ, Dalmazio MONGILLO, Hans ROTTER, Philipp SCHMITZ, Franz SCHOLZ, Bruno SCHÜLLER, Louis VEREECKE und Helmut WEBER.

Trutz RENDTORFF: Ethik. Grundelemente, Methodologie und Konkretionen einer ethischen Theologie. Bd. 1 u. 2. Stuttgart 1980/1982.

4. Handbücher zur christlichen Moral

Franz BÖCKLE: Fundamentalmoral. München 1977.

Diese Ausgabe bietet eine aktuelle Gesamtdarstellung der moraltheologischen Prinzipienlehre auf dem Hintergrund der derzeitigen Diskussion und unter Berücksichtigung soziologischer Theorien.

Johannes GRÜNDEL: Normen im Wandel. Eine Orientierungshilfe für christliches Leben heute. München 1980.

Die Bedeutung der Erfahrung für die Begründung sittlicher Normen und das christliche Freiheitsverständnis in einer pluralen Gesellschaft werden anhand vieler Beispiele aufgezeigt.

Bernhard HÄRING: Frei in Christus. Moraltheologie für die Praxis des christlichen Lebens. Bd. I–III. Freiburg/Br. 1979–1981.

Das umfangreiche Lebenswerk will Ermutigung zum Leben im Glauben aus der Zuversicht in die Kraft des Evangeliums vermitteln. Der Akzent liegt besonders auf der Moralverkündigung der Kirche.

Anselm HERTZ / Wilhelm KORFF / Trutz RENDTORFF / Hermann RINGELING (Hrsg.): Handbuch der christlichen Ethik. Bd. 1–3. Freiburg/Br. 1978–1982.

Dieses anspruchsvolle Handbuch mit einer Fülle von Beiträgen will die Brücke zwischen christlichem Lebenswissen und der von der technischen Entwicklung geprägten modernen Welt schlagen. Im Lichte der neuesten Erkenntnisse aller Wissenschaften entwickelt dieses Werk eine konkrete handlungsleitende Ethik.

Karl HÖRMANN: Lexikon der christlichen Moral. Innsbruck ²1976.

Ambrosius Karl RUF: Grundkurs Moraltheologie. Bd. I u. II Freiburg/Br. 1975/1977.

Mit verschiedenen Denkmodellen soll hier in Anlehnung an didaktische Ansätze einer breiten Leserschicht für den Unterricht christliche Ethik vermittelt werden. Es geht um die Grundfragen Gesetz und Norm sowie Gewissen und Entscheidung.

Bernhard STOECKLE (Hrsg.): Wörterbuch christlicher Ethik. Freiburg/Br. ³1983.

Literatur zur 24. Studieneinheit

Befragte Katholiken. Zur Zukunft von Kirche und Glaube. Hrsg. von K. FORSTER. Freiburg 1973.

Erneuerung der Kirche – Stabilität als Chance? Folgerungen aus einer Umfrage. Hrsg. von J. MATTHES. Gelnhausen 1975.

Diese beiden Bände sind die Kommentierung von zwei der wichtigsten empirischen Erhebungen über die Einstellung von katholischen und evangelischen Christen in der Bundesrepublik zu ihrer Kirche. Sie bestätigen, aber korrigieren auch vor allem gängige Urteile über die Rolle der Religion in unserer Gesellschaft.

Volkskirche – Kirche der Zukunft? Hrsg. von W. LOHFF / L. MOHAUPT. Hamburg 1977.

Eine Sammlung von Beiträgen aus der lutherischen Theologie um das umstrittene Verständnis der Volkskirche, biblisch, historisch und gegenwartsbezogen.

Ernst Wolfgang BÖCKENFÖRDE: Kirchlicher Auftrag und politische Entscheidung. Freiburg 1977.

Beiträge eines bekannten katholischen Juristen zu den verfassungsrechtlichen und grundsätzlich politischen Aspekten des Verhältnisses von Kirche und Staat in der Demokratie.

Ernst Wolfgang BÖCKENFÖRDE / Franz BÖCKLE (Hrsg.): Naturrecht in der Kritik. Mainz 1973.

Anselm HERTZ: Das Naturrecht. In: Handbuch der christlichen Ethik. Band 1. Freiburg 1978, S. 317–338.

Die hier gesammelten Beiträge und die Darstellung von A. HERTZ geben den Stand der Diskussion um das Naturrecht und die Geschichte seines Verständnisses in übersichtlicher Weise wieder.

Reich Gottes und Welt. Die Lehre Luthers von den zwei Reichen. Hrsg. von H. H. SCHREY (Wege der Forschung. 107). Darmstadt 1969.

Hans Werner SCHÜTTE: Zweireichelehre und Königsherrschaft Christi. In: Handbuch der christlichen Ethik. Band 1. Freiburg 1978, S. 339–353.

Die hier gesammelten Beiträge geben die unterschiedlichen und z. T. auch strittigen Auffassungen von der Zweireichelehre wieder; an deren Diskussion knüpfen die Darstellung und Auswertung von H. W. SCHÜTTE an.

Menschenrechte und Demokratie. Hrsg. von Johannes SCHWARTLÄNDER. Straßburg 1981.

Modernes Freiheitsethos und christlicher Glaube. Beiträge zur juristischen, philosophischen und theologischen Bestimmung der Menschenrechte. Hrsg. von Johannes SCHWARTLÄNDER. Mainz/München 1981.

In diesen beiden Bänden ist die neue Auseinandersetzung um das christliche Verständnis der Menschenrechte in der Gegenwart dokumentiert und analysiert.

Martin HONECKER: Der politische Auftrag der Kirche. In: Handbuch der christlichen Ethik. Band 2. Freiburg 1978, S. 253–265.

Johannes NEUMANN: Kirche und Staat. Handbuch der christlichen Ethik. Band 2. Freiburg 1978, S. 266–280.

In diesen beiden Abhandlungen werden von einem evangelischen und einem katholischen Autor bestimmte Probleme und Aspekte in dem Verhältnis von Kirche und Staat, Kirche und Politik erörtert und exemplarisch Konsequenzen dargestellt. Sie sind insofern charakteristisch für die heutige Diskussionslage.

Menschenwürdige Gesellschaft, nach katholischer Soziallehre, evangelischer Sozialethik, demokratischem Sozialismus, liberaler Ordnungslehre. Hrsg.: Staatsbürgerliche Bildungsstelle des Landes Nordrhein-Westfalen in Verbindung mit dem Landesbezirk [NRW] des Deutschen Gewerkschaftsbundes u. a. Köln ²1963.

In diesem Bande werden auf übersichtliche Weise die Grundzüge der genannten Gesellschaftsauffassungen dargestellt und miteinander verglichen.

Die Denkschriften der Evangelischen Kirche in Deutschland. Band 1ff. Gütersloh 1978ff.

Hier handelt es sich um die Sammlung der Denkschriften aus der Evangelischen Kirche in Deutschland, welche die Lehrbildung in der evangelischen Kirche in vielen gesellschaftlichen und politischen Fragen darstellen.

Handbuch der christlichen Ethik. Hrsg. von A. HERTZ / W. KORFF / T. RENDTORFF / H. RINGELING. Band 1 und 2. Freiburg 1978; Band 3 (Wege der christlichen Praxis). Freiburg 1982.

Bei diesem Werk handelt es sich um das erste ökumenische (evangelisch-katholische) Gemeinschaftswerk zur christlichen Ethik, das sowohl grundsätzliche wie aktuelle und praktische Fragen der Ethik und Sozialethik erörtert.

Literatur zur 25. Studieneinheit

Einführende Literatur

Friedrich-Wilhelm HAACK: Die Neuen Jugendreligionen (1974). Teil 1. München ²¹1982.

Zur ersten Informierung geeignet.

Michael MILDENBERGER: Die religiöse Revolution – Jugend zwischen Flucht und Aufbruch. Frankfurt 1979.

Umfassende und gründliche Darstellung nicht nur der „Jugendreligionen", sondern der neuen religiösen Bewegungen im ganzen.

Faltblätter der Ev. Zentralstelle für Weltanschauungsfragen zur Vereinigungskirche (1980), Scientology Church (1980), Kinder Gottes (1980), Transzendentale Meditation (1980), Neo-Sannyas-Bewegung (1982).

Kurzinformationen erhältlich von der EZW, 7000 Stuttgart 1, Hölderlinplatz 2 A.

Weiterführende Literatur

Harvey COX: Licht aus Asien. Verheißung und Versuchung östlicher Religiosität. Stuttgart 1978 (amerik.: Turning East. The Promise and Peril of the New Orientalism. New York 1977).

Aus teilnehmender Beobachtung entstandene, in die Tiefe führende Würdigung und theologische Auseinandersetzung aus christlicher Sicht.

Friedrich-Wilhelm HAACK: Jugendreligionen. Ursachen – Trends – Reaktionen. München 1979.

Dieses materialreiche Buch setzt bereits Kenntnisse voraus. Der Verfasser bringt seine Sicht der Jugendreligionen und erweitert das allgemeine Wissen.

Reinhart HUMMEL: „Jugendsekten“ – Symptom einer Gesellschaftskrise? Arbeitstexte Nr. 22 III/82. Ev. Zentralstelle für Weltanschauungsfragen, Stuttgart.

Aspektreiche Zusammenstellung verschiedener Einzelbeiträge zum gesellschaftlichen Hintergrund, zu den Kontroversen in der Beurteilung, zu psychiatrischen Befunden und zu den Herausforderungen für die Kirchen.

Klaus G. KARBE / M. MÜLLER-KÜPPERS (Hrsg.): Destruktive Kulte. Gesellschaftliche und gesundheitliche Folgen totalitärer pseudoreligiöser Bewegungen. Göttingen 1983.

Die Schrift enthält Tagungsbeiträge und untersucht die Gruppierungen besonders unter dem Aspekt der negativen Auswirkungen auf den Einzelnen.

Karl Ernst NIPKOW: Neue Religiosität, sozialer Wandel und die Situation der Jugendlichen. *Zeitschrift für Pädagogik* 27 (1981), 3, S. 379–402.

Die Abhandlung gibt Überblicks- und Hintergrundsinformationen zum Forschungsstand, unter besonderer Berücksichtigung der Probleme des Jugendalters.

Karl Ernst NIPKOW: Neue Religiosität, Jugend und Sinnfrage. In: Walter HORNSTEIN u. a. (Hrsg.): Jugend ohne Orientierung? Zur Sinnkrise der gegenwärtigen Gesellschaft. Weinheim/Basel [2]1983, S. 30–56.

Die ersten Abschnitte dieses Aufsatzes ergänzen die Ausführungen im Studientext, der letzte Teil enthält eine Auseinandersetzung aus theologischer Sicht.

Lothar SCHREINER / Michael MILDENBERGER: Christus und die Gurus – asiatische religiöse Gruppen im Westen. Ev. Zentralstelle für Weltanschauungsfragen, Stuttgart 1980.

Vertiefende allgemeine Informationen besonders zu den Themenkreisen Meditation, religiöse Gemeinschaft und Dialog.

Spezielle Literatur

Friedrich-Wilhelm HAACK: Scientology – Magie des 20. Jahrhunderts. München 1982.

Eine wissenschaftlich erarbeitete Information auf Grund detaillierter Nachforschungen.

Oliver VON HAMMERSTEIN: „Ich war ein Munie“. München 1980.

Bericht einer Befreiung von der Vereinigungskirche.

Rüdiger HAUTH: Kinder Gottes. Weg und Irrweg einer Jugendsekte (1976). München [5]1979.

Kurze Einzeldarstellung, die einzige zu dieser Gruppierung.

Günter KEHRER (Hrsg.): Das Entstehen einer neuen Religion. Das Beispiel der Vereinigungskirchen. München 1981.

Sehr verschiedene Einzelbeiträge, welche die Vereinigungskirche als „neue Religion“ würdigen.

Ingrid RIEDEL (Hrsg.): Der unverbrauchte Gott. Neue Wege der Religiosität. Bern/München/Wien 1976.

Die verschiedenen Beiträge behandeln nicht die „Jugendreligionen“, sondern (in Selbstzeugnissen, Analysen und Stellungnahmen) die Wandlungen der religiösen Situation überhaupt, unter besonderer Berücksichtigung der „emotionalen oder religiösen Subkultur“.

Ingrid RIEDEL / Michael MILDENBERGER: Bhagwan Shree Rajneesh. Modell einer psychoreligiösen Bewegung. Informationen Nr. 78 III/80. Ev. Zentralstelle für Weltanschauungsfragen, Stuttgart.

Aufschlußreiche Analyse der Bhagwan-Bewegung, hilfreich für eine angemessene Urteilsbildung.

Literatur zur 26. Studieneinheit

Zu Kirche und Kommunität

Barbara ALBRECHT: Dimensionen evangelischer Armut. Freising 1978.

Rudolf BOCK / Gerd DOMANN (Hrsg.): Riskierte Brüderlichkeit. Orden und Kommunitäten. Olten 1979.

Serge BONNET / Bernard GOULEY: Gelebte Einsamkeit. Eremiten heute. Freiburg 1982.

Karlfried Graf DÜRCKHEIM: Durchbruch zum Wesen. Bern/Stuttgart/Wien [6]1975.

Herbert A. GORNIK (Hrsg.): Anders leben. Christliche Gruppen in Selbstdarstellungen. Gütersloh 1979.

Johannes HALKENHÄUSER: Kirche und Kommunität. Geschichte und Auftrag der kommunitären Bewegung in den Kirchen der Reformation. Paderborn 1978.

Waltraud HERBSTRITH (Hrsg.): Orden als Lebensmodell. Erwartungen – Ansprüche – Tendenzen. München 1983.

Hugo M. ENOMIYA LASSALLE: Meditation als Weg zur Gotteserfahrung. Köln 1972.

Norbert LOHFINK: Der Geschmack der Hoffnung. Christsein und christliche Orden. Freiburg 1983.

Lydia PRÄGER (Hrsg.): Frei für Gott und die Menschen. Evangelische Bruder- und Schwesternschaften in Selbstdarstellungen. Stuttgart [2]1964.

Ingrid REIMER (Hrsg.): Alternativ leben in verbindlicher Gemeinschaft. Stuttgart 1979.

Hans WALDENFELS / Josef JÄGER (Hrsg.): Kirche in der Großstadt. Düsseldorf 1983.

Zum Feminismus

Ernest BORNEMAN: Das Patriarchat. Frankfurt 1975.

Kate MILLET: Sexus und Herrschaft. München 1971.

Erich NEUMANN: Die große Mutter. Olten 1956.

Uwe WESEL: Der Mythos vom Matriarchat. Frankfurt [2]1981.

Zur feministischen Theologie

Mary DALY: Gyn/Ökologie. München 1981.

Catharina HALKES: Gott hat nicht nur starke Söhne. Gütersloh 1980.

Elisabeth MOLTMANN-WENDEL: Frauenbefreiung. Biblische und theologische Argumente. München [3]1982.

Dies.: Ein eigener Mensch werden. Frauen um Jesus. Gütersloh [3]1982.

Herlinde PISSAREK-HUDELIST: Feministische Theologie – Eine Herausforderung? *Zeitschrift für Katholische Theologie* 103 (1981), S. 289–308, 400–425.

Rosemary Radford RUETHER: Frauen für eine neue Gesellschaft. Aus dem Amerik. von Angelika ESSIG. München 1979.

Literatur zur 27. Studieneinheit

H. KRÜGER / W. LÖSER / W. MÜLLER-RÖMHELD (Hrsg.): Ökumene-Lexikon. Frankfurt 1983.

Dieses informative Nachschlagewerk erschien nach Fertigstellung des Manuskriptes. Es beschreibt die wichtigsten Bewegungen, Themen, Personen und Ereignisse in der Ökumene und stellt den neuesten Stand der Forschung vor.

H. KRÜGER: Ökumenischer Katechismus. Frankfurt [7]1977.

Der Autor bietet einen in Fragen und Antworten aufgeteilten, deshalb „Katechismus" genannten Überblick über Geschichte und Schwerpunkte der Ökumenischen Bewegung. Eine knappe und informative Orientierungshilfe!

W. A. VISSER'T HOOFT: Die Welt war meine Gemeinde. Autobiographie. München 1972.

In anschaulicher Form erzählt der „Architekt der ökumenischen Bewegung" von seinem Leben und beschreibt damit zugleich die wichtigsten Etappen und Probleme der Ökumene.

Derselbe: Ursprung und Entstehung des Ökumenischen Rates der Kirchen. Beiheft zur Ökumenischen Rundschau 44, Frankfurt 1983.

Der Autor hat dieses Buch als über 80jähriger geschrieben. Eine sehr informative Schrift, die in erzählender Form die wesentlichen Gestalten und Ereignisse aus der Zeit von 1920 bis 1950 vor Augen stellt. Im Anhang stehen wichtige Dokumente aus der Gründungszeit des ÖRK.

L. VISCHER: Fürbitte. Frankfurt 1979.

Eine biblische Entfaltung der Fürbitte. Zeigt sehr anschaulich die ökumenischen Implikationen.

„Für Gottes Volk auf Erden". Ökumenischer Fürbittkalender. Frankfurt 1979 (weitere Auflagen).

H. FRIES / K. RAHNER: Einigung der Kirchen – Reale Möglichkeit (Quaestiones Disputatae. 100). Freiburg i. Br. 1983.

In acht Thesen und ausführlichen Erläuterungen stellen die Autoren ihren Vorschlag für eine Einigung der Kirchen vor. Ein aktueller katholischer Beitrag, der viel Diskussion hervorrufen sollte.

3. Einführende Literatur

Peter BEYERHAUS: Allen Völkern zum Zeugnis. Biblisch-theologische Besinnung zum Wesen der Mission. Wuppertal 1972.

Der Band gibt Orientierungshilfe zum sachgemäßen Verständnis der Mission angesichts zeitbedingter Kritik und Infragestellung.

Horst BÜRKLE: Einführung in die Theologie der Religionen. Darmstadt 1977.

Theologische Grundlegung und Beispiele für den Dialog mit Hinduismus, Buddhismus und Stammesreligionen sowie ein ausführliches Literaturverzeichnis zum Thema.

Stephen NEILL: Mission zwischen Kolonialismus und Ökumene. Die Aufgabe der Kirche in der sich wandelnden Welt. Stuttgart 1962.

Der ehemalige Bischof der Kirche von Südindien und Anwalt einer ökumenisch orientierten Mission zeichnet hier ein Bild ihrer schöpferischen Spannungsfelder.

Gerhard ROSENKRANZ: Die christliche Mission. Geschichte und Theologie. München 1977.

Das Alterswerk des Tübinger Missions- und Religionswissenschaftlers, in dem umfassend über die biblische Grundlegung, die Anfänge und die Geschichte der Mission sowie über deren heutige theologische Aspekte informiert wird.

Ders.: Der christliche Glaube angesichts der Weltreligionen. Bern 1967.

Der kleine Band gibt einen guten Überblick über die Begegnung des Christentums mit anderen Religionen in Geschichte und Gegenwart.

Heinz Robert SCHLETTE: Die Religionen als Thema der Theologie. Überlegungen zu einer „Theologie der Religionen" (Quaestiones Disputatae. 22). Freiburg/Basel/Wien 1964.

Ein Beitrag zur nachkonziliaren Diskussion über das theologische Gespräch mit den nichtchristlichen Religionen.

Josef SCHMITZ (Hrsg.): Das Ende der Exportreligion. Perspektiven für eine künftige Mission. Düsseldorf 1971.

Der kleine Sammelband mit Beiträgen evangelischer und katholischer Autoren enthält unter anderem einen Aufsatz zur biblischen Grundlegung der Mission des Münchner Neutestamentlers Ferdinand HAHN.

Literatur zur 28. Studieneinheit

1. Bibliographie

Ernst BENZ / Minoru NAMBARA: Das Christentum und die nichtchristlichen Hochreligionen. Begegnung und Auseinandersetzung. Eine internationale Bibliographie. Beiheft 5 zur Zeitschrift für Religions- und Geistesgeschichte. Leiden 1960.

2. Dokumente

Dokumente des Zweiten Vatikanischen Konzils. Authentische Textausgaben. Lateinisch-deutsch. Bd. VIII. Trier 1966.

Enthält das für die dialogische Ausrichtung des missionarischen Auftrages maßgebende und richtungweisende Dekret über die Missionstätigkeit der Kirche.

Hans-Jochen MARGULL (Hrsg.): Zur Sendung der Kirche. Material aus der ökumenischen Bewegung. Frankfurt 1972.

Eine Auswahl der wichtigsten Verlautbarungen des Weltrates der Kirchen zum Thema „Mission".

Ders. zus. m. Stanley J. SAMARTHA (Hrsg.): Dialog mit anderen Religionen. Frankfurt 1972.

Der Sammelband bietet die wichtigsten Materialien aus dem Programm des Weltrates der Kirchen „Der Dialog mit Menschen anderer Religionen und Ideologien".

Literatur zur 29. Studieneinheit

1. Einführende Literatur

Karl MARX / Friedrich ENGELS: Über Religion. Berlin (Ost) [2]1976.

Diese Textsammlung läßt die Interessen der kommunistischen Religionskritik durchscheinen; der Band bildet aber (bes. in der 2. Auflage) eine wertvolle Quelle und Übersicht für die Befassung mit dem Thema: Marx, Engels und die Religion.

W. I. LENIN: Über die Religion. Berlin (Ost) 1972.

Robert STEIGERWALD: Marxismus – Religion – Gegenwart. Frankfurt a. M. 1973.

Aus der Sicht des heutigen DDR-Sozialismus werden hier die gängige Religionskritik und die Auseinandersetzung mit neuen theologischen Strömungen propagiert.

Helmut GOLLWITZER: Die marxistische Religionskritik und der christliche Glaube. München 1965.

Dieses Bändchen war eine der ersten Früchte der intensiven christlichen Befassung mit MARX und seiner Religionskritik. Es ist in vielen Belangen immer noch nicht überholt.

2. Weiterführende Literatur

Iring FETSCHER: Der Marxismus. Seine Geschichte in Dokumenten. Philosophie, Ideologie, Ökonomie, Soziologie, Politik. München 1967.

Das Standardwerk als Textsammlung; auch die Wegbereiter und Fortführer der Marxschen Ideen kommen zu Wort.

Milan MACHOVEČ: Marxisten und Christen – Brüder oder Gegner? Gütersloh 1978.

Eine aufschlußreiche Sammlung von Aufsätzen des engagiert um eine Begegnung zwischen Christen und Marxisten bemühten (ehemals) Prager Philosophen.

Ders.: Jesus für Atheisten. Stuttgart 1972.

Angeregt vom Ausdruck „Jesus – Menschensohn", versucht der Autor, die Menschlichkeit und das soziale Engagement Jesu hervorzustreichen; Jesus wird dabei aber nicht billig säkularisiert.

Ernst BLOCH: Atheismus im Christentum. Frankfurt 1968.

Die wichtigste marxistische religionsphilosophische Befassung mit der jüdisch-christlichen Tradition. Der Autor kommt zu dem Ergebnis: „Nur ein Atheist kann ein guter Christ sein; nur ein Christ kann ein guter Atheist sein."

Iring FETSCHER / Milan MACHOVEČ (Hrsg.): Marxisten und die Sache Jesu. München/Mainz 1974.

Acht namhafte (Ex-)Marxisten (darunter E. BLOCH, L. KOLAKOWSKI u. a.) beschreiben ihre Betroffenheit durch Jesus. I. FETSCHER gibt in der Einführung einen Überblick über die Attraktivität Jesu in der Geschichte des Marxismus.

Ferdinand REISINGER / Günter ROMBOLD (Hrsg.): Marxismus und Christentum. Linz 1983.

Aktuelle Analysen und Fortführungen des christlich-marxistischen Dialogs.

Helmut ROLFES (Hrsg.): Marxismus – Christentum. Mainz 1979.

3. Spezielle Literatur

Helmut FLEISCHER: Marx und Engels. Freiburg 1972.

Eine übersichtliche Analyse der Werke und des Werdegangs der Väter der marxistischen Bewegung.

Giulio GIRARDI: Marxismus und Christentum. Wien 1968.

Wegweisende Studien eines engagierten christlichen Dialogpartners.

Erich KELLNER (Hrsg.): Christentum und Marxismus – heute. Wien 1966.

Ders. (Hrsg.): Schöpfertum und Freiheit in einer humanen Gesellschaft. Marienbader Protokolle. Wien 1969.

Die beiden Bände dokumentieren die wichtigsten Dialoggespräche der Paulusgesellschaft (Salzburg und Marienbad).

Literatur zur 30. Studieneinheit

Muhammad Salim ABDULLAH: Der Islam und die Probleme der Gegenwart. Evangelische Mission, Jahrbuch 1974, S. 27–45.

Asian Conference on Religion and Peace, Singapore 1976. A Brief Report. Tokyo 1977.

Auf dem Weg zur Weltgemeinschaft. Grundlagen und Erfordernisse des Zusammenlebens. Memorandum Multilateraler Dialog Colombo, Sri Lanka, April 1974. Ökumenischer Rat der Kirchen, Genf 1975.

Fritz BAMMEL: Die Religionen der Welt und der Friede auf Erden. München 1957.

Heinz BECHERT: Buddhismus, Staat und Gesellschaft in den Ländern des Theravada-Buddhismus. 3 Bde., Frankfurt/Berlin 1966ff.

Peter L. BERGER: Der Zwang zur Häresie. Religion in der pluralistischen Gesellschaft. Frankfurt 1980.

Walbert BÜHLMANN: Alle haben denselben Gott. Begegnung mit den Menschen und Religionen Asiens. Frankfurt 1978.

Christen und Juden.
- Eine Studie des Rates der Evangelischen Kirche in Deutschland. Gütersloh 1975.
- Arbeitsbuch zur Studie des Rates der Evangelischen Kirche in Deutschland. Im Auftrag der Studienkommission Kirche und Judentum hrsg. von Rolf RENDTORFF. Gütersloh 1979.

Edward CONZE (Hrsg.): Im Zeichen Buddhas. Frankfurt/Hamburg 1957.

Kenneth CRAGG: The Call of the Minaret. London/New York ²1959.

Faith and Ideologies. An Ecumenical Discussion. Memorandum of the Cartigny Consultation. World Council of Churches, Geneva 1975: Study Encounter Vol. 11, No. 3.

A. FALATURI / W. STROLZ / S. TALMON: Zukunftshoffnung und Heilserwartung in den monotheistischen Religionen. Freiburg 1983.

E. FASHOLÉ-LUKE a.o. (eds.): Christianity in Independent Africa. London 1978, S. 370–388.

Lukas FISCHER: Veränderung der Welt – Bekehrung der Kirchen. Denkanstöße der Fünften Vollversammlung des Ökumenischen Rates der Kirchen in Nairobi. Frankfurt 1976.

M. K. GANDHI: Non-Violence in Peace and War. 2 Bde., Ahmedabad 1942, 1949.

Franz VON HAMMERSTEIN: Von Vorurteilen zum Verständnis. Dokumente zum jüdisch-christlichen Dialog. Frankfurt 1976.

L. G. HEWAGE: Metta. Building Defences of Peace in the Minds of Men. Moratuwa 1974.

Rolf ITALIAANDER (Hrsg.): Eine Religion für den Frieden. Erlangen 1973.

Gerhard JASPER (Hrsg.): Muslime – unsere Nachbarn. Beiträge zum Gespräch über den Glauben. Im Auftrag der Kommission „Gemeindedienst für Weltmission und Ökumene" des Deutschen Evangelischen Missions-Rates. Frankfurt 1977.

Klaus KLOSTERMAIER (Hrsg.): Mahatma Gandhi – Freiheit ohne Gewalt. Köln 1968.

Heinz-Jürgen LOTH / Michael MILDENBERGER / Udo TWORUSCHKA (Hrsg.): Christentum im Spiegel der Weltreligionen. Eine Publikation der Evangelischen Zentralstelle für Weltanschauungsfragen. Stuttgart ²1979.

Maria A. LÜCKER (Hrsg.): Religionen, Frieden, Menschenrechte. Wuppertal 1971.

Hans Jochen MARGULL / Stanley J. SAMARTHA (Hrsg.): Dialog mit anderen Religionen. Material aus der ökumenischen Bewegung. Frankfurt 1972.

John S. MBITI: The Prayers of African Religion. London 1975.

Gustav MENSCHING: Der offene Tempel. Die Weltreligionen im Gespräch miteinander. Stuttgart 1974.

Michael MILDENBERGER (Hrsg.): Denkpause im Dialog. Perspektiven der Begegnung mit anderen Religionen und Ideologien. Frankfurt 1978.

Kenneth W. MORGAN: The Religion of the Hindus. New York 1953.

J. Robert NELSON / Wolfhart PANNENBERG (Hrsg.): Um Einheit und Heil der Menschheit. Frankfurt ²1976.

Wolfhart PANNENBERG: Erwägungen zu einer Theologie der Religionsgeschichte. In: *Ders.:* Grundfragen systematischer Theologie. Göttingen 1967, S. 252–295.

C.-H. RATSCHOW (Hrsg.): Ethik der Religionen. Stuttgart u. a. 1980, S. 349–436.

Stanley J. SAMARTHA (Ed.): Living Faiths and Ultimate Goals. A discussion on the meaning of salvation according to a Hindu, a Buddhist, a Jew, a Christian, a Muslim and a Marxist. World Council of Churches, Geneva 1974.

Oskar SCHATZ (Hrsg.): Hat die Religion Zukunft? Graz u. a. 1971.

Herbert SCHULTZE / Werner TRUTWIN (Hrsg.): Weltreligionen – Weltprobleme. Düsseldorf/Göttingen 1973.

R. STEINWEG (Hrsg.): Der gerechte Krieg: Christentum, Islam, Marxismus (Friedensanalysen 12). Frankfurt 1980, S. 13–71.

Gerhard SZCZESNY: Die Antwort der Religionen. Hamburg 1971.

J. B. TAYLOR (Ed.): Christians meeting Muslims. WCC Papers on 10 Years of Christian-Muslim Dialogue. World Council of Churches, Geneva 1977.

Muhammad Abu ZAHRA: Begriff des Krieges im Islam. Kairo [o. J.] (ca. 1955).

Gesamt-Verzeichnis der Bibelstellen

Namen und Abkürzungen der biblischen Bücher

Altes Testament

Gen	Das Buch Genesis
Ex	Das Buch Exodus
Lev	Das Buch Levitikus
Num	Das Buch Numeri
Dtn	Das Buch Deuteronomium
Jos	Das Buch Josua
Ri	Das Buch der Richter
Rut	Das Buch Rut
1 Sam	Das erste Buch Samuel
2 Sam	Das zweite Buch Samuel
1 Kön	Das erste Buch der Könige
2 Kön	Das zweite Buch der Könige
1 Chr	Das erste Buch der Chronik
2 Chr	Das zweite Buch der Chronik
Esra	Das Buch Esra
Neh	Das Buch Nehemia
Tob	Das Buch Tobit
Jdt	Das Buch Judit
Est	Das Buch Ester
1 Makk	Das erste Buch der Makkabäer
2 Makk	Das zweite Buch der Makkabäer
Ijob	Das Buch Ijob
Ps	Die Psalmen
Spr	Das Buch der Sprichwörter
Koh	Das Buch Kohelet
Hld	Das Hohelied
Weish	Das Buch der Weisheit
Sir	Das Buch Jesus Sirach
Jes	Das Buch Jesaja
Jer	Das Buch Jeremia
Klgl	Die Klagelieder
Bar	Das Buch Baruch
Ez	Das Buch Ezechiel
Dan	Das Buch Daniel
Hos	Das Buch Hosea
Joël	Das Buch Joël
Am	Das Buch Amos
Obd	Das Buch Obadja
Jona	Das Buch Jona
Mi	Das Buch Micha
Nah	Das Buch Nahum
Hab	Das Buch Habakuk
Zef	Das Buch Zefanja
Hag	Das Buch Haggai
Sach	Das Buch Sacharja
Mal	Das Buch Maleachi

Neues Testament

Mt	Das Evangelium nach Matthäus
Mk	Das Evangelium nach Markus
Lk	Das Evangelium nach Lukas
Joh	Das Evangelium nach Johannes
Apg	Die Apostelgeschichte
Röm	Der Brief an die Römer
1 Kor	Der erste Brief an die Korinther
2 Kor	Der zweite Brief an die Korinther
Gal	Der Brief an die Galater
Eph	Der Brief an die Epheser
Phil	Der Brief an die Philipper
Kol	Der Brief an die Kolosser
1 Thess	Der erste Brief an die Thessalonicher
2 Thess	Der zweite Brief an die Thessalonicher
1 Tim	Der erste Brief an Timotheus
2 Tim	Der zweite Brief an Timotheus
Tit	Der Brief an Titus
Phlm	Der Brief an Philemon
Hebr	Der Brief an die Hebräer
Jak	Der Brief des Jakobus
1 Petr	Der erste Brief des Petrus
2 Petr	Der zweite Brief des Petrus
1 Joh	Der erste Brief des Johannes
2 Joh	Der zweite Brief des Johannes
3 Joh	Der dritte Brief des Johannes
Jud	Der Brief des Judas
Offb	Die Offenbarung des Johannes

Altes Testament

Neues Testament

Gesamt-Verzeichnis der Eigennamen

Gesamt-Glossar/Gesamt-Index der Fachausdrücke

Abendmahl(sfeier): s. Mahlfeier
Ablaß(streit): 222, 223
Advaita-Vedānta: 166, 167
Afrika: 446, 448, 466ff., 470
Agende: 347 *(Definition)*
Ahnen: 30, 32, 35
Aleviten (150): nach Ali, dem Schwiegersohn Mohammeds, benannte Gruppierung innerhalb des schiitischen Islam. Die Wohngebiete der Aleviten liegen hauptsächlich in der mittleren und südöstlichen Türkei. Neben religiösen Unterschieden gibt es starke soziale und politische Spannungen zwischen Aleviten und orthodoxen Muslimen in der Türkei.
Alltagswirklichkeit: STE 1, 68
Almosensteuer: *s. zakāt*
Altes Testament: 96, 100f., 102, 489
Alt-Katholische Kirchen: 249
Amt (216f., 324f., 328f., 331, 335, 339, 343): hier im Sinne des besonderen Amtes (vor allem für die Funktionen des kirchlichen Leitungsamtes) gebraucht, das durch „ordinierte" (bestellte, geweihte) Personen ausgeübt wird.
- Amtsträger *(kirchlich)* 212, 216f., 219, 220, 223, 225, 226, 235 *(Schema)*, 239, 244f., 249, 251, 252, 253, 257

Ananda-Marga-Bewegung: 416
Anglikanische Kirchen: 216, 249, 251, 252f.
Animismus: 38
Anthropologie: 292f.
Antisemitismus: 95, 103ff., 114ff.
Apokalyptik (200, 311, 312): Strömung (oder besser vielleicht: Unterströmung) jüdischer Frömmigkeit, in deren Zentrum die Hoffnung auf ein nahes Weltende und die neue Zukunft Gottes stand. Apokalyptik gibt es im Judentum seit dem 2. Jahrhundert v. Chr.; sie wurde besonders in Krisenzeiten wichtig. Aus dieser Bewegung stammen als literarische Dokumente die verschiedenen jüdischen Apokalypsen (Offenbarungsschriften) mit vielen Visionen. Das wichtigste christliche Beispiel einer solchen Schrift ist die neutestamentliche Johannesapokalypse.
Apostel (204, 205, 213, 215, 216, 218, 219, 225f., 244, 246, 248, 249, 255, 257): *Allgemein:* Als „(Ab-)Gesandter" vertritt, vergegenwärtigt ein Apostel den, der ihn sendet. *Im Urchristentum:* Der Apostolat (= das „Amt" des Apostels), der Autorität über die Grenzen einer einzelnen Gemeinde hinaus einschließt, verwirklichte sich in der Verkündigung der Christusbotschaft und – daraus folgend – in der Gründung (und Betreuung) von Gemeinden. Die Zahl solcher urchristlichen Apostel ist nicht bekannt. Die Eingrenzung auf „die zwölf Apostel" ist eine Konstruktion von Lukas/Apostelgeschichte (vgl. demgegenüber die getrennte Nennung der „Zwölf", entsprechend den zwölf „Stämmen" Israels, und „aller Apostel" in 1 Kor 15,5 und 7).
Apostelgeschichte (201, 202, 206, 207): zweites Werk des Verfassers des Lukas-Evangeliums, um 90 n. Chr. entstanden. Der Titel, der erst in der frühkirchlichen Tradition aufkam, ist irreführend. Wie bei den Evangelien handelt es sich in erster Linie um eine Verkündigungsschrift. Gestützt auf überliefertes Quellenmaterial, zeichnet der Verfasser seinen Lesern ein Idealbild der Kirche des Anfangs und ihren gottgewollten Weg von Jerusalem (dem Zentrum des Judentums) nach Rom (dem Zentrum des Heidentums).
Arafat *(Berg):* 126, 128
Aramäisch (187, 202, 208): semitische, dem Hebräischen verwandte Sprache, die ursprünglich in Syrien gesprochen wurde und sich seit dem Exil der Juden (6. Jh. v. Chr.) auch in Palästina mehr und mehr ausgebreitet hat. Fast sicher die Muttersprache Jesu; denn zur Zeit Jesu wurde in Palästina im wesentlichen Aramäisch, vielleicht in abgelegeneren Gegenden noch Hebräisch, gesprochen. In den Städten sprach man weithin Griechisch; viele Menschen waren zweisprachig.
Arianer, Arianismus: 218, 231, 232
Armenier (247): Volksgruppe, deren Siedlungsgebiet vom Osten der Türkei bis zum Kaukasus reichte. Die Armenier wurden bereits im 2. und 3. Jahrhundert Christen, ihre Kirche ist die älteste Nationalkirche der Welt. Zwischen 1915 und 1918 gab es schwere Verfolgungen und Deportationen der Armenier durch die türkische Regierung, denen Hunderttausende zum Opfer fielen.
Ashram (164, 175, 347): ursprünglich in Indien entstandene, heute aber auch in anderen Ländern verbreitete, klosterähnliche Einrichtung, wo religiös motivierte Menschen ein Gemeinschaftsleben mit Arbeit und Gebet/Meditation führen.
Asien: 446, 448, 469, 472, 489, 495
Atheismus (14, 15f., 24, 37, 39–47, 481, 482, 484, 487, 498): Leugnung der Existenz oder jeder Erkenntnis Gottes (Theoretischer Atheismus). Der praktische Atheismus klammert die theoretische Frage aus, verwirklicht aber eine Daseinsbestimmung, als ob Gott nicht existierte. Bei der Würdigung des Atheismus muß jeweils gefragt werden, welcher Gott oder welche Vorstellung von Gott geleugnet wird.
Ātman (166, 167, 168, 172, 175, 493): im Hinduismus Bezeichnung für den unvergänglichen, dem Kreislauf der Wiedergeburten nicht unterworfenen Personkern, der letztlich mit dem *Brahman* (s.d.), dem Urgrund von allem, identisch ist. Die Einsicht in diese Identität bedeutet Erlösung aus dem Kreislauf der Wiedergeburten.
Auferstehung, Auferweckung, Auferstehungsbotschaft, -glaube: 189, 193, 196, STE 12, 212, 213, 214, 219, 220, 308, 310f., 313f., 315, 321
- Aussagen der Bibel 198
- Christologische Entwürfe 209ff.
- Vorstellungen frühjüdischer Gemeinschaften 198f.
- Quellen 199ff., 202ff., 204ff., 207ff.

Aufklärung (145, 147, 486): Haltung, die den Anspruch erhebt, den „Ausgang des Menschen aus seiner selbstverschuldeten Unmündigkeit" (Kant) in die Wege zu leiten. Aufklärerisches Denken will die Menschen ent-täuschen, es will die Abhängigkeiten bewußtmachen und die nicht notwendigen Abhängigkeiten überwinden helfen. Ein wichtiger Strang des Aufklärungsdenkens ist die konsequente Kritik der Religion. Die Aufklärungstendenz ist bis ins 19. Jahrhundert hinein geprägt von weitgehend unkritischem Fortschrittsoptimismus. Im 20. Jahrhundert wurden die unreflektierten Voraussetzungen der Aufklärung in Frage gestellt, vor allem von Vertretern der Frankfurter Schule: Horkheimer, Adorno u.a. („Negative Dialektik", „Dialektik der Aufklärung").
Augsburg
- Augsburger Bekenntnis (Confessio Augustana) 217, 223ff. *(Abb.)*, 238, 249, 255
- Augsburger Religionsfrieden 238, 239, 521 *(Auszug)*.

Babylonisches Exil: 89, 286, 288, 290, 516
Baptisten: 251f.
Bekenntnis: 213, 214, 217ff., 232, 243, 249, 254, 255, 256
Bergpredigt (376, 384, 390, 392): Sammlung von Worten Jesu, die im Matthäusevangelium, Kapitel 5–7 (Par.: Lukas) zusammengefaßt überliefert werden.
Beten: s. Gebet
Bewegung für Glauben und Kirchenverfassung (Faith and Order): 448f., 451, 452, 459
Bewegung für Praktisches Christentum (Life and Work): 449f., 451
Bhagavadgītā (165, 166, 167, 168, 493): bedeutende und weit verbreitete Dichtung innerhalb der religiösen Literatur des Hinduismus. Die Bhagavadgītā (*sanskr.:* „Des Erhabenen Gesang") ist Teil eines großen Versepos, in welches sie als in sich geschlossenes Ganzes eingefügt wurde. Die vorliegende Fassung dürfte um 900 n. Chr. auf Grundlage von Gedanken und Texten, deren Entstehung in die ersten nachchristlichen Jahrhunderte zu verlegen ist, erstellt worden sein. Inhalt ist die Lehrrede Krishnas (daher der Titel), welcher die Erlösungswege des Hinduismus und deren scheinbare Widersprüche zur Harmonie bringt, indem er sich selbst als Ziel aller Erlösungs- und Heilswege offenbart.
Bhagwan/B.-Bewegung: s. Neo-Sannyas-Bewegung
Bibel: 101
- Exegese 4
- Verhältnis zur Tora 100f.
- Entstehung des NT 214f.; s. auch Altes Testament, Neues Testament

Bildersturm, Bilderverbote: 27, 29, 218
Bischof: 213, 216f., 223, 225, 227, 229, 232, 234, 235 *(Schema)*, 236, 238, 239, 245, 247, 248 *(Schema)*, 249, 251, 257
Brahman (166, 167, 168, 170, 175, 493): im Hinduismus der unvergängliche, unwandelbare Urgrund, das Absolute, aus dem alles Seiende hervorgegangen ist und in das es zurückkehrt. Für viele Hindus ist die Verehrung des unpersönlichen, eigenschaftslosen Brahman die höchste Form der Gottesverehrung überhaupt.
Brüder: 252
Buddhismus: 53, 58, 59ff., 141, 163f., 170–174, 178f., 464, 468, 471, 472
- geschichtliche Entwicklung 517 *(Chronologie)*
- zentrale Vorstellungen 141, 170–174
- Buddha–Dharma–Sangha 170f.
- Entstehung der „Fahrzeuge" 171
- Theodizee-Problem 59ff.
- Unterschiede zum Christentum 178f., 495f.
- Unterschiede zum Hinduismus 172f.

Canossa: 236
Caritas *(lat.: „Liebe")* (333): im weiteren Sinn die christliche Grundaufgabe der Nächstenliebe. Im engeren Sinn neh-

men caritative Aufgaben besonders auch die kirchlichen Organisationen wahr; auf evangelischer Seite das Diakonische Werk, auf katholischer Seite der Caritasverband. – s. auch Diakonie.

Charisma (griech. *charis:* „Geschenk", „Gnade") (415, 429, 433, 441): Begabung des Menschen, die ihm von Gott zum Nutzen der Gemeinschaft geschenkt ist und auf seinen natürlichen menschlichen Fähigkeiten aufbaut.

Charismatische Gemeinde-Erneuerung (407, 415, 416, 418, 424, 434): seit 1974 Bezeichnung für eine besonders in der katholischen, aber auch in der evangelischen Kirche der Bundesrepublik ähnlich wie in vielen anderen Ländern auftretende christliche Erneuerungsbewegung, die aus der Erfahrung des Geistempfanges lebt; seit 1984: Geistliche Gemeinde-Erneuerung.

Christentum: 9, 16f., 30, 47, 48, 49, 64ff., 101f., STE 11–24
- Entstehung 96–99, 192, STE 13, STE 14, STE 15, STE 24
- zentrale Vorstellungen STE 11, STE 12, STE 16–23
- getrennte Konfessionen STE 15
- Judentum STE 7, 109–116, 196, 205, 292, 294, 297, 298
- Islam 119f., 121f., 136–146, 147 *(Abb.)*, 159–162, 464, 496f., 499
- „Heidenchristen" (98ff., 201): ehemalige Heiden, die den Christusglauben angenommen hatten. Nach Apg 11,20 wurde der Schritt zur Heidenmission von hellenistischen „Judenchristen" in Antiochia vollzogen. Dort tauchte dann zum ersten Mal der Name „Christianer" (= Christen) auf (Apg 11,26). Die rasche Zunahme der „Heidenchristen" in den ersten Jahrzehnten des Christentums hat schwerwiegende theologische Probleme hervorgerufen, die das Verhältnis der Kirche zum Judentum – bis heute – betreffen.
- „Judenchristen" (98, 202): Messias-Jesus-Anhänger aus dem Judentum des Mutterlandes oder der Diaspora. Die Grenze läßt sich nicht geographisch ziehen, da es auch im Mutterland hellenistische Juden gab (vgl. Apg 2,5 für Jerusalem).
- Römisches Reich s. d.
- Hinduismus 465f., 489, 494f., 499
- Buddhismus 178f., 489, 495f., 499
- Afrika 466ff., 470
- neue Religionen STE 25, 497f.
- Marxismus STE 29
- Weltreligionen 494–498, 523 *(Statistik)*
- Christentum heute 488–491
- religionsloses Christentum 16f.
- Statistik 19

Christologie: 209ff.
- christologische Hoheitstitel: 185–191, 201, 209
- indirekte Christologie 192f.
- „Christologie von unten" 211

Christusbekenntnis: STE 12

Christusbruderschaft in Selbitz: 434

Communität Casteller Ring: 434

Confessio Augustana: s. Augsburg

Corpus Christianum („Christlicher Körper") (236, 237): Kunstbegriff der modernen Geschichtsschreibung, der – an eine Redeweise Luthers angelehnt – die eigentümliche Einheit des christlichen Abendlandes im Mittelalter ausdrücken soll: In der europäischen Staatenwelt, die ideell durch das Reich und die Kirche einheitlich zusammengefaßt ist, bilden Menschheit und Christenheit eine Einheit, das Volk Gottes, welches nach biblisch-christlicher Lehre „Leib Christi" ist. Dieser Leib besitzt sein Haupt im erhöhten Christus. Da aber der Kaiser bzw. der Papst sich als Repräsentant (Beauftragter oder gar Stellvertreter) Christi verstehen, gelten sie als irdisches Haupt der Christenheit. Vom juristischen Sinn des Begriffs „Corpus" (Körperschaft) her ergeben sich rechtliche und politische Folgerungen, die Lebensweise der Christen von religiösen Vorgaben her einheitlich zu reglementieren.

D

Damaskus-Erlebnis: 202, 204, 206, 267f. *(Abb.)*

Darshan: 411

„Davidssohn": 186, 187, 209f.

DDR: 401

Dekalog (296, 384, 389f., 396): die Zehn Gebote, die sowohl in Ex 20,1–17 als auch in Dtn 5, 6–21 überliefert sind. Die beiden Fassungen stimmen nicht völlig miteinander überein. Die christlichen Konfessionen weichen in der Zählweise der Zehn Gebote voneinander ab. Strittig sind dabei zwei Fragen: (a) Gehört das Bilder-Verbot zum 1. Gebot hinzu oder ist es ein eigenes 2. Gebot? (b) Gehört das Verbot, die Frau des Nächsten zu begehren, mit dem Verbot, den Besitz des Nächsten zu begehren, zusammen, oder handelt es sich um zwei selbständige Gebote? Weil die Strittigkeit das erste und das letzte Gebot betrifft, ist die gesamte Zählung der Gebote von diesen (unterschiedlichen) Entscheidungen abhängig.

Denkschriften: s. Evangelische Kirchen

Dharma: 170f.

Diakon: 216, 247, 250, 251

Diakonie *(griech.:* „Dienst"[leistung], „Liebesdienst" 329, 333f. *(Abb.)):* Christliche Diakonie bezeichnet die vielfältigen Formen des dienenden Einsatzes der Christen im Bereich der Nächstenliebe und -hilfe (s. auch Caritas).

Dialektische Theologie: 359, 366f.

Dialog
- D. mit anderen Religionen (inter-, zwischenreligiöser D.) 451, 488, 495, 496, 497, 499ff.; Mission als D. STE 28
- D. zwischen Christentum und Marxismus STE 29
- ökumenischer D. STE 29

Diaspora (-Judentum) (93f., 516): Schon lange vor der christlichen Zeit gab es eine jüdische Diaspora, vor allem seit dem Babylonischen Exil (nach der Zerstörung Jerusalems 587/6 v. Chr.). Das hellenistische, das heißt Griechisch sprechende und von griechischer Kultur beeinflußte Diaspora-Judentum des Mittelmeerraumes war für die urchristliche Mission die Brücke ins Heidentum. Aus Diaspora-Juden, die ins Mutterland zurückgekehrt waren, bildete sich neben der „Urgemeinde" einheimischer Messias-Jesus-Anhänger eine eigene urchristliche Gemeinde in Jerusalem unter Führung der „Sieben", zu denen Stephanus gehörte. Diese Gemeinde heißt nach Apg 6,1 „die Hellenisten", die Gemeinde der Aramäisch sprechenden Anhänger Jesu „die Hebräer".

Diesseitigkeit des Reiches Gottes, Diesseitsgehalt der Hoffnung: 309f.

Divine-Light-Mission: 416

Dogma (griech: *dokeín:* „als richtig erscheinen") (217ff., 246, 249, 252, 255, 256): *Ursprünglich allgemein:* Inhalt einer Entscheidung darüber, was theoretisch als wahr, praktisch als verpflichtend anerkannt wird. *Sodann speziell:* Inhalt einer Entscheidung darüber, welche religiösen Aussagen innerhalb einer Religionsgemeinschaft als wahr anerkannt werden müssen, wenn diese Religionsgemeinschaft sich nicht die Grundlage ihrer Gottesverehrung und Lebenspraxis entziehen soll. In der Theologie wird unter Dogma eine „von der Kirche proklamierte Grundlehre" verstanden. Der evangelische Theologe G. Gloege, der diese Definition seinem Artikel *Dogma* im evangelischen Lexikon „Religion in Geschichte und Gegenwart" zugrunde legt, zieht daraus die Folgerung: „Das Dogma ist seinem Wesen nach die kirchliche Grundgestalt christlicher Lehre [...] (Als) Glaubensaussage der Kirche über Gottes universales Handeln an der Welt [...] verpflichtet das Dogma die gesamte Christenheit im Ganzen: in Lehre und Leben" (Die Religion in Geschichte und Gegenwart, 3. Aufl., Bd. II, S. 222 und 224). Weil das so verstandene Dogma nicht menschliche Lehrmeinungen zum Inhalt hat, sondern die von Gott geoffenbarte Heilswahrheit, verstehen katholische Theologen unter Dogma einen Satz, „den die Kirche ausdrücklich als von Gott geoffenbart so verkündet, daß seine Leugnung von der Kirche als Häresie (Ketzerei) verworfen und mit dem Anathema (Ausschluß) belegt wird" (K. Rahner in seinem Artikel *Dogma* in dem katholischen „Lexikon für Theologie und Kirche", Bd. III, S. 439). Das Dogma enthält inhaltlich keine Erweiterung dessen, was in Schrift und apostolischer Tradition enthalten ist. Aber seiner Form nach will es ausdrücklich („explizit") erklären, was in der Bibel und der apostolischen Überlieferung unausdrücklich („implizit") enthalten ist. Die Proklamation eines Dogmas erfolgt durch ein allgemeines Konzil (nach katholischer Auffassung durch ein allgemeines Konzil oder durch den Papst, wenn er „ex cathedra" spricht, das heißt in einem klar erkennbaren außerordentlichen Akt seines Lehramts). Es hat zur Folge, daß derjenige Christ, der die Wahrheit des Dogmas bestreitet, sich aus der Glaubensgemeinschaft der Kirche ausschließt.

dominium terrae: 288

Donatismus: 232

Dreifaltigkeit, Trinitätslehre: 185, 208, 210f. *(Abb.)*

Dritte Welt: 452, 457, 460, 462, 463, 468–471, 485, 490

du'ā *(Anrufung):* 124

Dynamismus: 38

E

Einweihung: s. Initiation

Ekklesia(-Begriff, -Name): 325, 326f., 330, 331

Ekklesiologie: 294

„elementare Theologie", Elementarisierung: 374

Enuma elisch (-Epos) (277, 281, 282f., 287): babylonisches Weltschöpfungsepos, um die Mitte des 2. Jahrtausends v. Chr. entstanden.

Episkopaltheorie: 239

Erleuchtung (170, 171, 493): zentraler Begriff für die asiatischen Religionen; im Buddhismus die entscheidende Erkenntnis über die Bedingtheit allen Entstehens und damit auch allen Leidens. Wer sie durchschaut, bringt sie zum „Verwehen" *(Nirvāna).*

Erlösung: 310, 312f., 317f.

„Erscheinung", „Erscheinungsaussage": 199, 202ff., 208

Erschließungsgeschehen (Erschließungsvorgang) (259–274): diejenige Klasse von Ereignissen, die der Begriff „Offenbarung" in all seinen Fassungen – in der weitesten ebenso wie in seinen besonderen religiösen Fassungen – bezeichnet. Ein Erschließungsgeschehen ereignet sich überall dort, wo Wirkliches einem Menschen so aufgeht (passives Geschehen), daß er aktiv dazu Stellung nehmen kann und muß (aktivitätsbegründende Funktion). Ein Erschließungsgeschehen qualifiziert also jeweils die gegenwärtige Situation seines Empfängers neu (zeitlich-situationsbezogene Funktion) und schafft für ihn die absolut verpflichtenden Bedingungen seines Umgangs mit den Dingen und Personen in der Welt (ethisch-kommunikative Funktion).

Erwachsenenbildung: 355, 359, 360

Erziehung: STE 22
- Beweggründe und Grundformen 356–365
- Wandel und Probleme 365–375
- Weltrat für christliche Erziehung 450, 452

Es: 380ff. *(Schema)*

Eschatologie (200, 205, 210, 292, 294f. *(Abb.),* 312f. *(Abb.),* 391, 399, 491): die Lehre von den Letzten Dingen, vom Ende der Welt und der Wiederkunft Christi, dem Weltgericht und der allgemeinen Totenauferstehung (betreffend). Die Verkündigung Jesu und der Glaube der Urgemeinde waren sehr stark von der Erwartung des Kommens des Reiches Gottes, das heißt eschatologisch bestimmt.

Esoterik (423): nur für Eingeweihte bestimmt, geheim, im weiteren Sinne etwas, das nur durch besondere Offenbarungen, Eingebungen, Einführungen den Anfängern zugänglich wird.
- esoterische Mysterienschule 411

Essener (214): jüdische, stark priesterlich geprägte Gruppe, die sich im 2. Jahrhundert v. Chr. vom offiziellen Tempel in Jerusalem trennte, sich in die Wüste oder in besondere Niederlassungen zurückzog und dort ihre sehr strenge Praxis des Gesetzes und der rituellen Reinheit pflegte. Zu den Essenern gehörte das Kloster in Qumran am Toten Meer, wo seit 1947 wichtige Handschriften gefunden wurden (vgl. S. 38, *Abb. 4*).

Ethik (*griech.:* „Sittenlehre") (21f., 293, STE 23, 491): Lehre vom rechten (moralischen) Handeln des Menschen und von dessen Begründung. Alle Ethik ist abhängig von einem Wesensentwurf des Menschen, der das Ziel des Lebens und den Weg zu diesem Ziel bestimmt.
- christliche Ethik 376f. *(Begriffsbestimmung),* 389ff.
- biblisches Gewissensverständnis 377f.
- Ethische Modelle *(Schema)* 385
- Erfolgsethik 376, 385
- Gesinnungsethik 376, 385, 390
- Situationsethik, situative E. (376, 384, 385 *(Schema),* 387): Konzeption einer Ethik, welche die Einmaligkeit der jeweils bestehenden Situation der handelnden Person unterstreicht und eine Begründung wie Beurteilung konkreten Handelns mit allgemeinen Normen ablehnt; denn die geschichtliche Situation jeder Person und ihrer Handlung wird als so einmalig angesehen, daß die sittliche Entscheidung nur aus der jeweils konkreten Lage hervorgehen kann.
- Sozialethik 72–77, 396–403
- Verantwortungsethik 376, 385 *(Schema)*
- sittliche Weisungen 384, 390

Ethos: 377

Eucharistie (*griech.:* „Danksagung") (327, 332f., s. auch Mahlfeier): hier für den in der katholischen Kirche gefeierten Sakramentengottesdienst gebraucht.

Evangelien: 183, 187, 188, 189, 193, 194, 197, 198, 199, 202, 203, 206, 207, 208, 209
- Matthäusevangelium 184, 208, 209, 491
- Markusevangelium 184, 207, 208, 209
- Lukasevangelium 184, 201, 207, 208, 209
- Johannesevangelium 184, 210
- synoptische Evangelien (183 *(Schema),* 185, 186, 194): Darunter versteht man das Matthäus-, das Markus- und das Lukasevangelium, weil diese drei Evangelien so eng miteinander verwandt sind, daß man sie „zusammenschauend", *synoptisch,* lesen kann.

Evangelische Allianz (Evangelical Alliance) (446, 459): übernationale freiwillige Verbindung einzelner Christen, 1846 entstanden, erreichte mit internationalen Hauptversammlungen in der 2. Hälfte des 19. Jahrhunderts großen Einfluß. Sie versteht sich als eine streng auf die Bibel bezogene weltweite Bruderschaft. Zu ihren wichtigsten Anliegen gehören die zum Anfang des Jahres veranstalteten Allianz-Gebetswochen.

Evangelische (Evangelisch-Lutherische) Kirchen: 239, 242, 249f., 250 *(Verfassung),* 251, 255
- Evangelische Kirche in Deutschland (EKD):
  - Rat der Evangelischen Kirche in Deutschland 107
  - Reichsbruderrat der Evangelischen Kirche in Deutschland (103, 104): In der Zeit des Dritten Reiches wurde die in Opposition zur offiziellen, mit dem Staat kooperierenden Kirche stehende „Bekennende Kirche" durch Bruderräte auf örtlicher und regionaler Ebene repräsentiert, die ihre Zusammenfassung im Reichsbruderrat fanden. Dieser blieb auch nach 1945 zunächst noch neben dem „Rat der Evangelischen Kirche in Deutschland" bestehen, verzichtete aber nach der Annahme der Grundordnung der Evangelischen Kirche in Deutschland auf der Kirchenversammlung in Eisenach im Juli 1948 auf kirchenleitende Funktionen.
  - Synode der Evangelischen Kirche in Deutschland (250: Ev. Kirchenverfassung): Nach der 1948 verabschiedeten Grundordnung der Evangelischen Kirche in Deutschland ist die Synode der EKD das höchste Organ. Sie wird durch gewählte Abgeordnete der Gliedkirchen (d.h. der in der EKD zusammengeschlossenen Landeskirchen) gebildet, ergänzt durch vom Rat der EKD berufene Abgeordnete.

Evolution: 175, 318, 319, 322

Existentialismus: 44

Exodus; Exodusgemeinde (81, 82, 88, 89, 91, 516): *Exodus:* Auszug des Volkes Israel aus Ägypten. *Exodusgemeinde:* hier für die Gemeinde verwendet, die den Auszug aus Ägypten erlebt hat.

„Fahrzeug" *(Schulrichtung im Buddhismus):* 171, 173, 174, 179

Faith and Order: s. Bewegung für Glauben und Kirchenverfassung

„Familie der Liebe": 416

Fanatismus (lat. *fanum:* „der heilige Bezirk") (37, 38, 77): *Ursprünglich:* Verhalten von Menschen, die sich im heiligen Bezirk aufgehalten (z.B. an Gottesdiensten teilgenommen) haben und nun in Räume zurückkehren, die „profan" heißen, weil sie *pro fano:* „dem heiligen Bezirk vorgelagert" sind. Da solche Menschen sich, unter dem Eindruck der Begegnung mit dem Göttlichen, oft befremdlich verhielten, wurden sie schon im Altertum „fanatici" genannt. *Sodann speziell:* Verhalten von Menschen, welche die unbedingte Verpflichtung auf Gott und seinen Willen dadurch zu erfüllen versuchen, daß sie diesen göttlichen Willen (oder was sie dafür halten) in der profanen Welt gewaltsam durchsetzen und sich dabei über die Verhaltensregeln hinwegsetzen, die sonst im Profanbereich gelten (klassisches Beispiel: Grausamkeiten in Religionskriegen). Die christliche Begründung für die Ablehnung des Fanatismus besteht darin, daß Jesus selbst als Freund derer auftrat, die meinten, seine Feinde sein zu müssen (Solidarität mit den Sündern, Fürbittgebet für die Henker).

Fasten *(im Islam):* 125f. *(Abb.)*

„Fegefeuer": 317

Feier: 16, 19, 24, 29, 30, 33f., 37, 88 *(im Judentum),* 129f. *(im Islam)*

Feminismus: 435–444
- Feministische Theologie (438): Bewegung von Frauen, die von ihren gesellschaftlichen Erfahrungen ausgehen und diese im Sinne einer Neuorientierung der Theologie geltend machen.

Fest: s. Feier

Fokolare(-Bewegung): 434

Frau: 426, 427, 433, 435–444
- Frauenspiritualität 424, 426, 435–444
- Weltgebetstagsbewegung 444

Frauengemeinschaft von Grandchamp: 430

Freie evangelische Gemeinden: 253

Freiheit: 44, 386–389, 400
- Entscheidungsfreiheit, Freiheit der Entscheidung, Wahlfreiheit 386f.
- Freiheit der Entschiedenheit 376, 386f.
- Freiheit der Religionsausübung, Religionsfreiheit 73, 379, 395, 497, 519–522 *(Dokumentation)*
- Freiheit des Geistes, Geistesfreiheit 68, 71–74
- Freiheit des Gewissens, Gewissensfreiheit 71–77, 377–382
- Willensfreiheit 389
- Kreative Freiheit 387f.
- Freiheit und Gnade 389
- Freiheit und Gehorsam 71–77

Fremdenfurcht (Xenophobie): 151

Frieden, Friedensfrage, Friedenssicherung, Problematik des Friedens, Weltfrieden: 390f., 403, 444, 457f., 504–509 *(Texte)*

Frömmigkeit(stypen): 25f., 37, 256

Fundamentalismus (lat. *fundamentum:* „Grundlage") (152f., 154, 158): aus dem christlichen Sprachgebrauch übernommene Bezeichnung für eine radikale Strömung innerhalb des heutigen Islam. Die „Fundamentalisten" setzen sich für eine konsequente Rückkehr zu den ursprünglichen Ordnungen des Islam ein. Kennzeichnend sind ein gesetzlich-formalistisches Verständnis des Islam, die ideologische Forderung eines „islamischen Staates" und die Bildung politisch aktiver Kadergruppen.

„fünf Säulen des Islam": 123–129
- Almosensteuer *(zakāt)* 124f. *(Abb.),* 133
- Fasten 125f. *(Abb.)*
- Gebet *(salāt)* 123 *(Abb.)*
- Glaubensbekenntnis *(schahāda)* 123 *(Abb.)*
- Pilgerfahrt, Wallfahrt *(hağğ)* 126–129 *(Abb.)*

Gebet, Beten: 9, 19, 31, 32, 338, 340, 341, 342, 343, 345, 347, 352, 353, 356, 358, 448, 458f., 468, 489, 495, 497
- Weltgebetstagsbewegung 444

Gehorsam: s. Glauben

Geist: 73ff., 77
- Freiheit des G., Geistesfreiheit s.d.

Holocaust (20f., 93, 104, 114): Dieses aus dem Griechischen stammende Wort bedeutet „Ganz-Brandopfer" und steht in den Übersetzungen des Alten Testaments (Lev 1,3; vgl. Gen 22). Vor allem in den Vereinigten Staaten ist dieser Ausdruck zur Bezeichnung für die Ermordung der europäischen Juden in der Zeit des Dritten Reiches geworden. „Holocaust" in diesem spezifischen Sinne trat damit an die Stelle allgemeinerer Begriffe wie „Genozid" (Völkermord) oder des dem Vokabular der Nationalsozialisten entstammenden Ausdrucks „Endlösung". Im heutigen Hebräisch wird das Wort „Ha-scho'a" („die Katastrophe") gebraucht.
Hybris (59): griechisches Wort, dessen Bedeutung mit „Hinausgehen über das rechte Maß", „Überheblichkeit" und der daraus folgenden Verletzung göttlicher und/oder menschlicher Rechte getroffen wird. In der griechischen Religion zieht Hybris stets Strafe, im äußersten Falle den Tod des Überheblichen, nach sich.

Identität (26, 27): Übereinstimmung mit sich selbst (d.h. verschiedener Zielvorstellungen und Selbstbilder in einer Person), Selbstverständnis, Selbstbewußtsein.
Ideologie (474, 487): System von Anschauungen, mit deren Hilfe es den Menschen gelingt, ihre Lebenswirklichkeit zu deuten und zu bestehen. In dem Ausmaß, in dem die Menschen noch von ihren Möglichkeiten entfernt sind bzw. ferngehalten werden, bedürfen sie der „ideologischen Ergänzung", insbesondere durch die Religion. Für Marx und Engels war religiöses Denken das markanteste Beispiel von ideologischem Bewußtsein. Da die Zustände der Entfremdung noch nirgends vollständig aufgehoben sind, ist Ideologie an den jeweiligen Interessenstandpunkt gebunden; sie stellt damit ein einseitiges, oft verkürztes, mitunter sogar falsches Bewußtsein dar. „Ideologiekritik" ist der Versuch, ideologische Fixierungen aufzubrechen, falsches Bewußtsein aufzudecken, die in einer Ideologie Befangenen zu ent-täuschen.

Investitur („Einkleidung") (235, 236): Amtseinführung eines Geistlichen, besonders eines Bischofs, und die damit verbundene Belehnung mit Gütern und Rechten. Seit dem frühen Mittelalter, vor allem seit Kaiser Otto I., wird sie durch den weltlichen Herrscher ausgeübt (durch die Übergabe von Ring und Stab), weil die Bischöfe als königliche Lehnsträger auch eine öffentliche Funktion innehaben und weil dem König/Kaiser eine sakrale Würde als Führer der Christenheit eignet. Im *Investiturstreit* (1075–1122) wird diese Form als „Laieninvestitur" kritisiert und durch das Wormser Konkordat verändert, indem die Belehnung mit dem weltlichen Amt (symbolisiert durch das Zepter) von der Bischofskonsekration getrennt wird.

Kalif (117f. *(Karte)*, 135f., 138, 140): Nachfolger Mohammeds als Leiter und damit Oberhaupt der *umma* (s.d.). 1924 durch Atatürk abgeschafft.

Kanon (*griech.* „Maßstab", „Richtschnur") (214ff., 219, 273f.): Bezeichnung kirchlicher Regeln. Im engeren Sinne der von der Kirche für göttlich inspiriert gehaltene und daher unbedingt bindende Bestand der Heiligen Schriften (Gegensatz: *Apokryphen*). Die einzelnen Konfessionen erkennen teilweise unterschiedliche Schriften als „kanonisch" an.
Karma (*sanskr.:* „Werk", „Handeln") (166, 171): Wirkung bzw. Konsequenz des Handelns für den Täter in diesem Leben und in späteren Wiederverkörperungen. Insofern bedeutet Karma auch „das Gesetz der automatischen Vergeltungskausalität der Taten", das heißt, gutes Karma verhilft zu besseren Wiederverkörperungen, nicht aber direkt zur Befreiung (s. Moksha).

Kasualien (lat. *casus:* „Fall") (347): gottesdienstliche Handlungen, die bestimmte, allgemein vorhersehbare und doch individuell besondere Lebensvorfälle – wie die Grenz- und Übergangserfahrungen von Geburt und Tod, Eintritt ins Erwachsenenleben oder in die Ehe, oder in einen besonderen kirchlichen oder missionarischen Beruf – auffangen, feiernd bewußt machen, begehen und begehbar machen. Hauptbeispiele sind die (Säuglings-) Taufe, die Konfirmation/Firmung, die kirchliche Trauung, die Bestattung und die Ordination/Priesterweihe. Jedes dieser Ereignisse hat seine Besonderheit. Demgemäß fehlt auch eine sie alle eindeutig bestimmende Sammelbezeichnung; auch ist das Gewicht, das ihnen jeweils beizulegen ist, unter sich und in den Konfessionen verschieden. Man kann von „Amtshandlungen", „kirchlichen Handlungen", „Segens- oder Weihehandlungen" sprechen und sie teils als Sakramente, teils als „Sakramentalien", teils als „Zeremonien" bewerten. Was jeweils erwartet wird, ist das allgemeine Ritual, dies aber in individueller, fallbezogener Zuwendung (Kasualpredigt).
Kasuistik (lat. *casus:* „Fall") (385): Methode der Sittlichkeitslehre, welche die Konkretisierung allgemeiner sittlicher Weisungen bis in einzelne Fälle hinein vornimmt. Dabei ergibt sich häufig eine spitzfindige Überbetonung des Einzelfalles, dessen Lösung eine zu große Bedeutung gegenüber der Einmaligkeit der menschlichen und personalen Gegebenheit beigemessen wird. Typisch für kasuistisches Moralempfinden sind unpersönlich formulierte Anweisungen, die ein peinliches Bemühen um Vermeidung von Gesetzesübertretung verraten, also letztlich nur

sagen, was nicht getan werden darf, ohne jedoch dabei zu eigenem Tun zu ermutigen. Das Neue Testament berichtet von der oftmals kasuistischen Gesetzesauffassung der Pharisäer (vgl. Lk 14,5), gegen die sich Jesus unter anderem in den sog. Antithesen der Bergpredigt ausdrücklich wendet, indem er ein neues Interpretationsprinzip aufzeigt, das die Verwirklichung des göttlichen Willens nicht allein im Buchstaben des Gesetzes *(Tora)* sucht, sondern in einer Grundentscheidung des Menschen zu Gott.

Katechumenen: 268, 356

Katholizität: 225f.
- Katholisch s. Alt-Katholische Kirchen; Römisch-Katholische Kirche

Kemalismus: 149

Kind
- Einstellungen 361ff., 370
- Kindergarten 355, 360, 370, 371
- Kindergottesdienst 355, 357, 370

Kirche: 3, 9, 16, 18, 35, 212, 225f., 322, 323, 325–332, 401ff., 448, 490, 491, 498
- „Kirchenstiftungstheorien" 212ff.
- Werden und Selbstverständnis STE 13
- Kirchengeschichte 4, 520 *(Daten)*
- Kirchenspaltungen 218, 223, 243, 244 *(Schema),* 246, 445, 448, 520 *(Schema)*
- Kirchenstaat 234
- Konstantinische Wende 220f., STE 14
- Römischer Staat 228–231
- Französischer Staat im MA 234f.
- Deutscher Staat im MA 235ff.
- Säkularisation/Säkularisierung s. d.
- Lehren 217, 309, 313, 317, 342, 359, 394ff., 396–401
- Kritik 394
- Kirche und Gesellschaft STE 24
- Kirche und Staat STE 14, 519–522 *(Dokumentation)*
- Staatskirchentum s. d.
- „Kirche im Kontext" 401ff.
- „Kirche im Sozialismus" 401ff.
- Kirchentage 20, 34, 393
- „Konziliare Gemeinschaft von Ortskirchen" 257
- Volkskirche 18f., 392ff., 401, STE 25
- Statistik 254, 354, 523
- Kirchengemeinde s. Gemeinde
- Landesherrliches Kirchenregiment s. d.
- Ökumenischer Rat der Kirchen s. Ökumene
- Die einzelnen Kirchen s. unter ihren Namen

„kismet": 122f.

Kleine Brüder/Kleine Schwestern Jesu: 431f.

Klischee: s. auch Symbol und Zeichen

Kolonialismus: 445f., 446f., 461ff.

Kommunikation: 24, 25, 28, 33, 34f.

Kommunismus (476, 478f., 479f., 482f., 484f.): In einer der Frühschriften von MARX, den *„Pariser Manuskripten"* von 1844, findet sich ein Entwurf, eine Vision dessen, was er als Kommunismus erstrebte: „Der Kommunismus als positive Aufhebung des Privateigentums als menschlicher Selbstentfremdung und darum als wirkliche Aneignung des menschlichen Wesens durch und für den Menschen; darum als vollständige, bewußt und innerhalb des ganzen Reichtums der bisherigen Entwicklung gewordene Rückkehr des Menschen für sich als eines gesellschaftlichen, d.h. menschlichen Menschen. Dieser Kommunismus ist als vollendeter Naturalismus = Humanismus, als vollendeter Humanismus = Naturalismus, er ist die wahrhafte Auflösung des Widerstreites zwischen dem Menschen mit der Natur und mit dem Menschen, die wahre Auflösung des Streits zwischen Existenz und Wesen, zwischen Vergegenständlichung und Selbstbestätigung, zwischen Freiheit und Notwendigkeit, zwischen Individuum und Gattung. Er ist das aufgelöste Rätsel der Geschichte und weiß sich als diese Lösung" (MEW, ErgB 1/536). In der Wirklichkeit der geschichtlichen Entwicklung bzw. Verengung ist aus dem hier genannten Ideal des Kommunismus ein ideologisch fixiertes politisches System geworden.

Konfession: 238, 242, 487
- konfessionelle Weltbünde 446, 452f., 454
- getrennte Konfessionen STE 15

Konfirmation: 370
- Konfirmandenunterricht 356, 357, 367, 370, 373

Kontemplation (lat. *contemplari:* „betrachten") (492, 514): Weise des Gebets und der Meditation mit dem Ziel, durch innere Ruhe und Gelöstheit für das Wort Gottes offen zu werden.

Kontext, kontextuelle Theologie: 401ff.

Konzil (211, 218f., 221, 224, 232, 244, 245f., 247, 249, 255, 257, 273, 453, 454, 496): Konzilien (auch: Synoden) sind nach katholischem Verständnis Versammlungen von Vertretern der Gesamtkirche oder von Teilkirchen, um über wichtige Angelegenheiten zu beraten und Entscheidungen zu fällen. Dementsprechend gibt es *ökumenische Konzilien* (d.h. die Gesamtkirche betreffende) und *Partikular-Konzilien* (etwa Reichs- oder Provinzsynoden). Die katholische Kirche zählt bis heute offiziell 21 ökumenische Konzilien.
- Konzilien:
  - Nizäa (325) 218, 232, 246
  - Konstantinopel (381) 218
  - Ephesus (431) 218
  - Chalzedon (451) 218, 247f.
  - Konstantinopel (553) 218
  - Konstantinopel (680/81) 218
  - Nizäa (787) 218, 246
  - Konstantinopel (869) 218, 246
  - Vienne (1312) 314
  - Konstanz (1414–1418) 252
  - Florenz (1439–1443) 246
  - Trient (1545–1563) 219, 224, 273, 300, 301, 304f., 309, 317, 325
  - Vatikanische Konzilien s. d.
- Konziliarismus (221): Lehre, die das allgemeine Konzil als höchste Instanz in der Kirche betrachtet. Trat historisch sowohl in gemäßigter als auch in extremer Form auf. Höhepunkt des Konziliarismus zu Beginn des 15. Jahrhunderts. Das Zweite Vatikanische Konzil (1962–1965) nimmt berechtigte Anliegen des Konziliarismus durch die Lehre von der Kollegialität der Bischöfe auf.

„Konziliare Gemeinschaft von Ortskirchen" 257

Koran (63, 118, 119, 120, 121, 122, 124 *(Abb.),* 125, 126, 129, 130, 131, 132, 134, 135, 136, 138, 140, 143, 144, 146, 147, 154, 155, 159, 160, 494, 496, 497, 499): arabisches Wort, dessen Bedeutung mit „Lesung", „Vortrag", „Rezitation" angegeben werden kann. Das Wort bezeichnet die Sammlung der durch den Propheten MOHAMMED vorgetragenen Offenbarungen Gottes, die der Prophet wörtlich rezitierte und die als unverfälschtes und unfälschbares Gotteswort das Heilige Buch der Religion des Islam bilden.

Kreuzfahrer, Kreuzzüge: 96, 104, 109f., 134, 136, 138, 140, 141, 142, 143, 496, 516

Kult(us) (9, 16, 25f., 27, 30f., 32f., 34, 37, 337f. *(Definition),* 339, 340, 342, 344, 352f.): „Religionspflege", öffentliche gemeinsame Gottesverehrung.

Kulturkampf (1871–1887) (242): In Deutschland ging der erste zu einer gesetzgeberischen Maßnahme führende Anstoß zum Kulturkampf vom katholischen Bayern aus, das streng staatskirchliche Prinzipien vertrat: Auf Antrag Bayerns billigte der Reichstag am 10.12.1871 ein Gesetz über den Mißbrauch der Kanzel. Mit diesem Gesetz war der Konflikt zwischen Kirche und Staat vorprogrammiert: Als der Erzbischof von Köln mit kirchlichen Maßnahmen gegen Professoren der katholisch-theologischen Fakultät Bonn vorging und vom Staat erwartete, daß er sich ihm anschließe, reagierte BISMARCK mit der Aufhebung der katholischen Abteilung im preußischen Kultusministerium. Er war nicht gewillt, eine Einschränkung der Staatsräson hinzunehmen. Hinzu kam noch, daß sich die katholische Zentrumspartei zum Sprecher aller durch die Entscheidungen von 1866 und 1870/71 überrannten Volksgruppen machte; sie mobilisierte nicht nur die Katholiken, sondern auch Welfen und Polen unter Ausnutzung der Verfassung gegen das Reich. Hierin erblickte BISMARCK den Aufstand aller Reichsfeinde und in der Verkopplung mit dem römischen Katholizismus das Wiedererstehen des alten Machtstreites zwischen Königtum und Priestertum (*Investiturstreit;* s. Investitur). Seinen Höhepunkt erreichte der Kulturkampf durch die preußischen „Maigesetze" von 1873, ergänzt durch die auf ihnen fußenden Strafbestimmungen von 1874/75. Die wesentlichsten Bestimmungen der „Maigesetze" waren u.a.: Die Ausbildung der Geistlichen sollte nur an staatlichen Schulen und Universitäten erfolgen und ihre Anstellung nach dem theologischen Examen von dem Bestehen eines „Kulturexamens" abhängig gemacht werden. Von der Kirche Disziplinierte sollten das Berufungsrecht an einen staatlichen Gerichtshof haben; diesem stand zugleich das Recht zu, Geistliche abzusetzen, deren Amtstätigkeit das öffentliche Leben störe. Die weiteren Gesetze der Jahre 1874/75 bezogen sich im wesentlichen auf die Auswirkungen der „Maigesetze" und enthielten Strafbestimmungen, die bis zur Sperrung der Staatszuschüsse und einer staatlichen Vermögensverwaltung reichten. 1880 begann der allmähliche Abbau der Maigesetze, den die beiden „Friedensgesetze" (1886 und 1887) im wesentlichen vollendeten. Die dadurch erfolgte Lokkerung führte zur förmlichen Erklärung Papst LEOS XIII. am 23.5.1887, daß der Kulturkampf beendet sei.

Kunst: 25, 27, 29, 34, 468–471

Küppershof: 430f.

Kurden (149, 150): Volksgruppe mit eigener Sprache und Identität. Die Wohngebiete liegen in den Grenzregionen der Türkei, Iraks und Irans.

Kurie (234f., 236, 237): die päpstliche Kanzlei in Rom mit ihren verschiedenen Verwaltungseinheiten, die von Kardinälen geleitet werden.

Laizismus (149): Der Begriff ist von dem Wort „Laie" im Gegensatz zu „Priester" abgeleitet. Laizismus ist einer der Grundsätze, auf denen das Selbstverständnis der modernen Türkei aufgebaut ist. Laizismus bedeutet die scharfe Trennung von Staat und Religion und die Etablierung der staatsbürgerlichen Grundwerte im säkularen europäischen Verständnis.

Landesherrliches Kirchenregiment (238f., 242, 249): Kirchenhoheit der Obrigkeiten in den evangelischen Territorien des Deutschen Reiches, die – seit Einführung der Reformation angebahnt – reichsrechtlich durch den Augsburger Religionsfrieden 1555 begründet wurde und bis zur Abschaffung der Monarchie 1918 galt. Da die Landesherren die ehemals bischöflichen Rechte übernahmen, wurde ihre Kirchenleitung auch als „Summepiskopat" (oberstes Bischofsamt) bezeichnet.

Lateinamerika: 401, 402, 445, 473, 485 *(Abb.)*

Laurentiuskonvent: 430

Lausanner Erklärung: 448f. *(Text)*

Läuterung: 317

Leib: 310f., 313ff.

Leid(en): 10, 15, 20, STE 4, 170, 174, 492
- Leidenserklärung s. Theodizee

„Leuenberger Konkordie": 351 *(Sachtext)*

„Leute der Schrift", „Leute des Buches", „Leute des Vertrags": 122, 136f., 152, 160

Liebe, Nächstenliebe: 101, 376, 378, 379, 380, 386, 390, 391, 399f.

Life and Work: s. Bewegung für Praktisches Christentum

Lima-Texte: 451, 456

Liturgie (*griech.:* „Dienst des Volkes") (16, 18f. *(Abb.),* 20, 24, 34, 332, 333, STE 21, 357f., 359, 360): zusammenfassende Bezeichnung für die verschiedenen offiziellen Gottesdienste der Kirchen.
- Entstehung 337ff.
- Grundaussagen 339f.
- Hauptgottesdienst 340, 341, 343f., 347, 354
- Kindergottesdienst 355, 357, 370
- Nebengottesdienst 344
- Sonntagsgottesdienst 337, 348, 354f.
- Vollgottesdienst 343f.
- Wortgottesdienst 340–343
- Sakramentsteil 343–352
- Gottesdienstreform 354f.

Logos (210): griechischer Begriff für „Wort". Im weiteren, philosophischen Sinne als die allem Seienden zugrundeliegende göttliche Weisheit verstanden. Im Johannesevangelium (1. Kap.) im Zusammenhang der Präexistenz und Mitwirkung Jesu Christi bei der Schöpfung verwendet.

Lukasevangelium: 184, 201, 207, 208, 210

Mahlfeier (Abendmahl[sfeier], Eucharistie(feier): 336, 337, 340, 341, 343–346, 349–352 *(Abb.),* 353, 354, 356, 357; s. Messe, Meßfeier

Manichäismus (268, 276): auf den Religionsstifter Mani (216–276 n. Chr.) zurückgehende religiöse Bewegung der Spätantike. Ihr Grundkennzeichen ist eine radikale Gegenüberstellung von gutem und bösem Weltprinzip, die sich bekämpfen. Weiterhin charakteristisch sind der Einbezug fremder religiöser Inhalte und das dadurch ermöglichte hohe Maß an Anpassung an die jeweilige religiöse Umgebung.

Mantra (166, 170): im Hinduismus ein Wort oder eine Formel, die – richtig ausgesprochen – eine eigene Potenz darstellen, da ihnen geheime Macht innewohnt. Diese kann durch wiederholtes Aussprechen gesteigert werden. Zumeist handelt es sich um metrische Silben oder Verse. Bis in die Gegenwart gelten die Kenntnis von Mantras sowie ihre richtige und oftmalige Wiederholung als heilswirksam; sie sind eine der am meisten angewandten Formen religiöser Praxis der indischen Religionen.

Marburger Religionsgespräch (28): Klärungsversuch unterschiedlicher Lehrmeinungen protestantischer Richtungen vom 1.–4.10.1529, vertreten durch Luther und Melanchthon (Wittenberg), Zwingli und Ökolampad (Zürich) sowie Bucer und Hedio (Straßburg). Einigung wurde zwar in 14 der 15 Marburger Artikel erreicht, nicht jedoch in der entscheidenden Frage von Christi Präsenz im Abendmahl. Dennoch war das Marburger Religionsgespräch für die Protestanten ein Erfolg: es stärkte die Gemeinsamkeit der protestantischen Lehre und ermöglichte die Annäherung des Landgrafen Philipp von Hessen an Zürich; auch die Abendmahlsfrage erwies sich im Laufe der folgenden Zeit als entschärft.

Markusevangelium: 184, 185, 207, 208

Mar-Thoma-Kirche: 248

Marxismus (42, STE 29, 487, 490, 498): Sammelname für den materialistischen Humanismus von Karl Marx sowie dessen Weiterentwicklungen (Marxismus-Leninismus, Maoismus, Revisionismus usw.). Gemeinsam sind diesen Richtungen das von Marx formulierte Ziel der freien Selbstverwirklichung des Menschen, seine Befreiung aus der (historisch bedingten) Entfremdung und die Analyse dieser Entfremdung; sie ist nach Marx verursacht durch das Tauschwesen des Kapitalismus und durch die sich aus dem Warentausch und aus dem Privateigentum an Produktionsmitteln ergebende Arbeitsteilung.
- Neomarxismus 483

Matthäusevangelium: 184, 208, 210, 491

Medina: 117, 120
- Verfassung von Medina 120 *(Text)*

Meditation (118, 168f., 172, 175, 176, 177, 179, 493, 497): Übung der inneren Sammlung und Versenkung, bei der äußere Objekte als Konzentrationshilfen verwendet werden können. Im religiösen Bereich als Hilfe zur Vereinigung mit Gott bzw. dem Göttlichen angewendet. Im Hinduismus ist die Meditation die vorletzte Stufe des Yogapfades (s. *Yoga, Zen*).

Mekka: 117, 118, 119, 120, 121, 123, 126, 127 *(Abb.),* 128 *(Pilgerstationen)*

Mennoniten: 251

Menschenrechte: s. Recht(e)

Menschensohn: 187–191

Menschenwürde: 9, 23

Messe, Meßfeier: s. Mahlfeier

Messias: 96, 101, 185f., 187, 201, 202, 205, 209

Methodisten: 252f.

Midrasch (85, 86): „Deutung", „Untersuchung"; rabbinische Bibelauslegung und (die) daraus entstandene Literatur.

millet: 151f., 154

Mischna: 83f., 87, 98

Mission: 142, 145f., 163, STE 28
- Biblische Grundlegung 460f.
- Kritik an der Mission 461ff.
- Missionarischer Dialog 463–468
- Anverwandlung christlicher Glaubensaussagen 468–471
- Koexistenz der Weltreligionen 471ff.
- Internationaler Missionsrat 446, 447, 450, 451

Missionare/Missionarinnen der Nächstenliebe: 432

Missionsärztliche Schwestern: 434

Moksha (*sanskr.:* „Befreiung") (166, 493): hinduistisches Heilsziel. Endgültige Befreiung des Selbst *(Ātman)* aus dem Kreislauf der Wiederverkörperungen sowie Vereinigung mit dem Göttlichen. Als wichtigste Wege zur Befreiung gelten im Hinduismus die Zeitliches und Ewiges unterscheidende Erkenntnis, die gläubige Hingabe und das selbstlose Handeln.

Mönche von Jerusalem (Paris): 432f.

Mongolen: 138, 141

Monismus: 38

Monophysiten: 247

Monotheismus (38, 61–66): aus griechischen Wörtern gebildeter Begriff, der den Glauben an einen einzigen Gott, der Schöpfer, Herr und Richter von allem ist, bezeichnet. Für den Monotheismus ist die Existenz anderer Götter neben oder unter dem einen Gott ausgeschlossen. Gegensatz: *Polytheismus* (s. d.)

Moral: 376, 381, 385, 391
- Gesetzesmoral 385f. *(Schema)*

Muslim *(Begriffsklärung):* 122

Mysterium: 38, 344, 345, 354

Mythos (24, 27, 36): bedeutet etymologisch zunächst: „Wort"; kann beschrieben werden als ein frühes „Wort" von Göttern und Heroen, das der Mensch sich auf der Suche nach Erkenntnis von Welt und Mensch erdenkt. Als Bezug dienen hauptsächlich der Kosmos *(Kosmogonie)* sowie der Anfang der Welt *(Ätiologie)*. Der Mythos vergegenwärtigt die Ursprünge und Prinzipien der Welt, um dadurch die Gegenwart sowie die Zukunft zu erhellen und zu sichern. Die Götter sind dabei die Handelnden. Sie werden rein innerweltlich als personifizierte Grundkräfte des Alls gedacht. Mythische Motive der Schöpfungserzählungen sind beispielsweise: Paradiesgarten, Lebensbaum, Schlange, Meeresungeheuer, Schaffung des Menschen aus Ton usw.

Nächstenliebe: s. Liebe

Naherwartung: 212

Naturrecht: s. Recht(e)

Naturwissenschaft: 14, 37f., 39f., 45ff.

Neo-Sannyas-Bewegung, Bhagwan-Bewegung, Rajneeshismus (407, 408, 410ff., 413, 414, 416, 418, 419, 421, 424, 425): hervorgegangen aus der 1974 von Bhagwan Shree Rajneesh erfolgten Gründung eines religiösen Zentrums *(Ashram)* in Poona in der Nähe von Bombay (Indien); seit 1981 ist der Sitz der Bewegung in Antelope, Oregon, USA. – Die Bezeichnung „Sannyas" verweist auf den Sannyāsin – im Hinduismus der Mönchs- oder Wanderasket, der jenseits der Normen des Kastensystems steht und innere Befreiung erreicht hat.

Nestorianer: 247

Neues Testament: 96, 98, 99, 101, 102, 212, 214ff., 217, 219f., 225f., 244f., 250, 254f., 490

Nicht-Ich-Lehre: s. Ich

Nihilismus (43f., 47, 49f., 490): Weltanschauung, die alle Werte, Ideale, Ziele ablehnt. Philosophische Anschauung von der Nichtigkeit alles Bestehenden.

Nirvāna (*sanskr.:* „Verwehen", „Erlöschen") (163, 171, 172f., 492, 493): buddhistisches Heilsziel; Zustand der Begierdelosigkeit, der schon zu Lebzeiten erreicht werden kann. In ihm sind das Leiden überwunden und der Kreislauf der Wiedergeburten *(Karma)* beendet.

Nonkonformisten (241): aus der englischen Situation des 16./17. Jahrhunderts in seinem Widerstand evangelisch-calvinistischer Gruppen gegen die anglikanische Staats-

„Jenseitige", die Grenzen der sinnlichen Welt Überschreitende. Lehre vom jenseitigen Wesen Gottes.

Über-Ich (380ff. *(Schema)*): nach S. Freud die in der Kindheit verinnerlichten Forderungen und Verbote der Eltern und der Gesellschaft. Beim Erwachsenen tritt das Über-Ich unbewußt im Gewissen, in Idealbildungen, Verhaltensnormen, Werturteilen, Identifikationen und Nachahmungen auf; kollektive Sitten, Gebräuche und *Tabus* (s.d.) einer Gesellschaft beeinflussen ebenfalls die Entwicklung des Über-Ich und werden ihrerseits dadurch wieder beeinflußt.

Umma (117, 118, 120f., 122, 126, 134, 135, 136, 151f.): islamische Gemeinde, d.h. der islamische Staat als politisch-religiöse Einheit aller Muslime unter der Leitung des *Kalifen* (s.d.).

Untergrund (416): soziologischer Begriff, der auf „radikale Subkulturen" im Sinne von „Gegenkulturen" angewendet worden ist (s. *Subkultur*). Während Subkulturen normalerweise mit der gesellschaftlichen Mehrheitskultur über bestimmte Brücken noch verbunden bleiben, „bezeichnet ‚Untergrund' die Totalisierung der Subkultur: Sie löst sich von den Institutionen und insistiert auf ihrer Autonomie" (Dieter Baacke).

Upanischaden (164, 165, 166, 176): Bestandteil der Veden, der heiligen Schriften des Hinduismus. Der Name leitet sich von der Bedeutung „Sich-hin-setzen" ab; er zeigt damit die ursprüngliche Form der Texte an, die mündlich von einem Lehrer vorgetragen wurden, während sein Schüler sich zu ihm setzte. Entstanden etwa in der ersten Hälfte des 1. Jahrtausends v. Chr. und lange Zeit redigiert, enthalten sie vor allem das philosophische Wissen der Ātman-Brahman-Lehre, das zur Erlösung aus dem Kreislauf der Wiedergeburten befähigt. So bilden die U. auch den Abschluß der Veden und deren geistigen Höhepunkt – weshalb ihr Studium bis in die Gegenwart betrieben und vertieft wird.

Utopie (319f., 487, 489): im ursprünglichen Sinn: „Nirgendsland" (Titel einer Schrift des Thomas Morus: *„Utopia"*, 1516). In der heutigen Philosophie und Theologie: positiv etwas real Mögliches und Entworfenes, welches das Bestehende überholt; negativ das als Folge eines extremen Mißbrauchs menschlicher Möglichkeiten (Technik usw.) Befürchtete. Da menschliche Selbstverwirklichung ein Prozeß ist, gibt es kein Menschsein ohne Utopie. Die philosophisch und theologisch umstrittene Frage besteht darin, ob sich Mensch und Menschheit ihre Vollendung utopisch vorstellen und Zug um Zug selbst herbeiführen können oder ob die Vollendung außerhalb menschlicher Macht steht (d.h. Gott allein vorbehalten ist).
– konkrete Utopie 320f.

Vatikanische Konzilien (224): die beiden letzten „ökumenischen" Konzilien der römisch-katholischen Kirche. *Erstes Vatikanisches Konzil:* Tagt auf vier Sitzungen, 1869–1870. Bringt vor allem die Definitionen der Lehre vom katholischen Glauben und von Primat sowie Unfehlbarkeit des Papstes in bestimmten Fragen des Glaubens und des religiösen Lebens. *Zweites Vatikanisches Konzil,* 1962–1965: Vier Sitzungsperioden. Ergänzt vor allem in der Sicht von der Kirche das Vorgängerkonzil. Besonders wichtig sind die Dogmatische Konstitution über die Kirche (Kirche als Mysterium, Kollegialität der Bischöfe, ökumenische Orientierung der römisch-katholischen Kirche), die Dogmatische Konstitution über die göttliche Offenbarung (personales Offenbarungsverständnis, Primat der Hl. Schrift) und die pastorale Konstitution über die Kirche in der Welt von heute (Aufgabe der Kirche und der einzelnen Christen in der heutigen Gesellschaft).
– Erstes Vatikanisches Konzil/Vatikanum 217, 224, 249, 273, 393, 446
– Zweites Vatikanisches Konzil/Vatikanum 103, 106, 213, 216, 217, 219, 220, 224, 225, 246, 248, 249, 251, 257, 273, 314, 319, 323, 329, 330, 335, 336, 340, 341, 349, 354, 380, 387, 427, 428, 433, 434, 448, 453, 454, 456, 459, 463, 464, 481

Vedānta (164, 166, 175, 176): Mit der Bezeichnung „Vedānta" (*sanskr.:* „Ende des Veda") wird ein bedeutendes philosophisches System des Hinduismus gekennzeichnet, das seine Ausprägung zu Ende des 1. Jahrtausends n. Chr. erhielt. Es erhebt den Anspruch, den vollen Gehalt der „Veden", der religiösen Schriften des Hinduismus, zu erkennen und auszulegen; deshalb ergibt sich ein streng monistisches System, das alle erscheinende Vielfalt in der Welt als Illusion *(māyā)* durchschaut und die Einheit von Ātman und Brahman erkennt. Wichtigste literarische Grundlage für Vedānta sind die *Upanischaden* (s.d.)
– Ādvaita-Vedānta 166, 167
– Vedānta-Gesellschaften 164

Vereinigungskirche (Unification Church International) (407, 413, 414, 416, 417, 419, 421, 422, 423, 425): gegründet durch den Koreaner San Myung Mun; Religionsgemeinschaft, Mittelpunkt eines verzweigten Gefüges von Teilorganisationen, deren Zusammenhang mit der Vereinigungskirche oft unklar ist. Charakteristisch sind der radikale Dualismus von guten und bösen Mächten, der militante Antikommunismus und die fanatische Unterordnung der Mitglieder unter die Autorität des Meisters.

Yoga (164, 167f. *(Abb.)*, 170, 177 *(Abb.)*, 178, 179): im Hinduismus Bezeichnung für körperlich-geistige Übungen zur Erlangung der Befreiung *(Moksha)* und Unsterblichkeit. Läuterung, Körperbeherrschung, Konzentration, Meditation und Vereinigung mit dem Göttlichen sind dabei die wichtigsten Elemente.

Zakāt (124f. *(Abb.)*, 133): Almosensteuer (3. Säule des Islam).

Zen, Zen-Buddhismus (*Zen = japan.:* „Meditation") (164, 171, 173 *(Abb.)*, 179): in China entstandene Meditationsschule des Mahāyāna-Buddhismus, die den plötzlichen Durchbruch zur Erleuchtung und zur Schau des eigenen Wesens betont.

„Zwei-Gewalten-Lehre", Lehre von den „zwei Gewalten", Formel von „beiden Gewalten"; „zwei Regimente"; „zwei Reiche" ; „Zwei-Reiche-Lehre" (233, 392, 396, 399f.): Augustin hatte nach der Eroberung Roms durch Alarich eine Verteidigungsschrift für die Kirche verfaßt *(„De civitate dei„)*, in der er die beiden „Reiche" der *civitas dei* und der *civitas terrena* unterschied (Zwei-Reiche-Lehre). Daran knüpfte die Lehre von den zwei Regimenten an; sie galt aber vor allem der Ordnung des Verhältnisses zwischen Papst und Kaiser in der einen christlichen Welt.

Funkkolleg „Religion“ – Zielsetzung, Konzeption, Wirkung

Die Funkkollegs sind Studienprogramme im Medienverbund, die seit 1969 mit erheblicher Breitenwirkung zu den unterschiedlichsten geisteswissenschaftlichen und naturwissenschaftlichen Themen durchgeführt werden. Insgesamt haben sich in die bisher 18 Kollegs über 400000 Teilnehmer eingeschrieben. Die Verantwortung der Entwicklung und Ausrichtung der Funkkollegs teilen sich die Landesrundfunkanstalten Hessischer Rundfunk, Radio Bremen, Saarländischer Rundfunk, Süddeutscher Rundfunk, Südwestfunk und der Westdeutsche Rundfunk, das Deutsche Institut für Fernstudien an der Universität Tübingen (DIFF), die Volkshochschul-Landesverbände Baden-Württemberg, Bremen, Hessen, Rheinland-Pfalz, Saarland sowie Nordrhein-Westfalen, die Kultus- bzw. Wissenschaftsverwaltungen der Länder Baden-Württemberg, Bremen, Hessen, Rheinland-Pfalz, Saarland und Nordrhein-Westfalen sowie die wissenschaftlichen Hochschulen dieser Bundesländer.

Die wissenschaftlichen Inhalte der in den Funkkollegs dargestellten Disziplinen werden in 4 Medien vom Kollegiaten erarbeitet: in jeweils 60-Minuten-Sendungen, dem schriftlichen Studienmaterial, Studienbegleitzirkeln und den Prüfungen der Hausarbeiten und Klausuren. Das Funkkolleg besitzt dabei eine große Flexibilität in der Kombinationsmöglichkeit dieser einzelnen Medien von seiten des Kollegiaten, der sich aus den einzelnen Verbundelementen allererst sein eigenes Funkkolleg zusammenstellen kann.

1. Zur Zielsetzung des Funkkollegs

Das Funkkolleg „Religion“, dessen Konzeptentwicklung bei Günter Biemer und Karl Ernst Nipkow lag und unter dem Vorsitz von Josef Müller und Karl Ernst Nipkow von Peter Fiedler, Heinrich Fries, Wilfried Härle, Reinhart Hummel, Arno Schilson und Johannes Wallmann als Wissenschaftliche Leitung unter Mitwirkung zahlreicher Autoren realisiert wurde, ist von den Medienverbundpartnern unter der Federführung des Süddeutschen Rundfunks vom Oktober 1983–November 1984 veranstaltet worden. Es versuchte in einem „offenen, konfessionell kooperativen Modell“ eine große Gruppe von persönlich und beruflich Betroffenen anzusprechen. Die didaktische Schwierigkeit bestand hier wie bei jedem Funkkolleg nicht nur darin, die unterschiedlichen kognitiven Niveauunterschiede des heterogenen Adressatenkreises aus Studenten, Lehrern und allgemein Interessierten aufzufangen, sondern ein Curriculum zu entwerfen, das auch ohne ein besonderes fachsystematisches Vorauswissen und ohne die Kenntnis eines fachspezifischen Vokabulars verständlich war. Die Kollegiaten sollten motiviert werden und motiviert bleiben, den Lehrinhalten im Medienverbund der Kollegstunden und der Studienbegleitbriefe zu folgen, das Dargebotene im Fernstudium aufzuarbeiten und sich so anzueignen, daß es auch in Prüfungen nachgewiesen werden kann. Dabei machen die Heterogenität der Teilnehmerschaft und das angestrebte wissenschaftliche Niveau einer zweisemestrigen Einführungsvorlesung die Schwierigkeiten des didaktischen Anspruchs deutlich.

2. Zur didaktischen Konzeption des Funkkollegs

Angesichts der heterogenen Teilnehmerschaft und ihrer divergierenden Interessen- und Bedürfnislage sowie vor allem aufgrund der Komplexität der angesprochenen Themenbereiche standen die Veranstalter bei der Entwicklung des Curriculums vor der Aufgabe, einen phänomenorientierten Ansatz mit einem fachsystematischen zu verbinden. Nur wenn es gelingen sollte, immer wieder anhand anschaulicher Beispiele der Lebenswirklichkeit vorzuführen, was die Religion zur Bestimmung und Lösung gesellschaftlicher Fragen beitragen kann, waren das Interesse der Teilnehmer über zwei Semester wachzuhalten und die Lernbemühungen insgesamt zum Erfolg zu führen.

Innerhalb des Medienverbunds übernahm die verlebendigende *Kollegstunde,* die zwischen Sachvortrag, Diskussion, Dialog, Fachgespräch und Kollegiatenerörterung wechselte, die Aufgabe, besonders wichtige und aktuelle Probleme des Generalthemas „Religion“ darzustellen.

Der *Studienbegleitbrief* griff die komplizierten Sachverhalte der Kollegstunde auf und vertiefte und systematisierte die fachlichen Informationen aus den behandelten Bereichen durch die fernstudiendidaktische Gestaltung. Der Studienbegleitbrief bot dem Lernenden eine klare, übersichtliche Struktur des Lernstoffs. Durch seine zahlreichen inhaltlichen und formalen Gliederungselemente gab er gerade dem Unbewanderten willkommene Orientierungshilfen.

In diesem Zusammenhang spielen die *Studienbegleitzirkel* eine wesentliche Rolle. Sie sind zwar „nur“ ein fakultatives, nichtsdestoweniger jedoch ein äußerst wichtiges Element des Medienverbunds „Funkkolleg“. Gerade eines der schwierigsten mit einem Fernstudium verbundenen Probleme, die Unpersönlichkeit des Lernens, zumal in einem Funkkolleg „Religion“, wird in den Zirkeln korrigiert: sie begegnen der Gefahr einer Isolation der Kollegiaten bei der Beschäftigung mit dem Lerngegenstand und ermöglichen die lebendige geistige Auseinandersetzung in einer Gemeinschaft von Gleichinteressierten. Stellen Kollegstunde und Studienbegleitbrief individuelle Lernphasen dar, so ist der Studienbegleitzirkel der soziale Ort kommunikativen Lernens, an dem nicht nur Verständnisschwierigkeiten überwunden, sondern auch das neue Wissen gefestigt, erweitert und in direkter Auseinandersetzung in Diskussion und Kritik produktiv angewendet werden.

Seit Beginn der Funkkollegs haben daher die Volkshochschulen einen wichtigen Part in der didaktischen Ausgestaltung des Medienverbunds gespielt. Knapp ein Viertel aller Teilnehmer eines Funkkollegs haben sich daher auch immer eigens zu den Veranstaltungen der heimatlichen Erwachsenenbildungseinrichtungen eingeschrieben. Beim Funkkolleg „Religion“ kam insgesamt eine Neuerung hinzu: die konfessionellen Bildungseinrichtungen beteiligten sich erstmals am Funkkolleg und stellten zusammen 164 Zirkel mit insgesamt 2284 Teilnehmern. Nun waren diese Einrichtungen naturgemäß vom Thema „Religion“ her besonders angesprochen und konnten das Volkshochschulangebot (mit 204 Zirkeln und 3092 Teilnehmern) kompetent und fachgerecht ergänzen. Dabei kam es auf allen Ebenen zu einer erfreulichen Kooperation zwischen den beteiligten Trägern der Erwachsenenbildung.

Das Funkkolleg „Religion“ hat über die Begleitzirkel an den Volkshochschulen und den konfessionellen Bildungseinrichtungen hinaus auch in anderen Bildungsbereichen positive Aufnahme gefunden. So wurde es vielfach in der gymnasialen Oberstufe als Leistungskurs, zum Teil in Verbindung mit Demonstrationsunterricht für auszubildende Referendare, aber vor allem im Bereich der Fachhochschulen, Pädagogischen Hochschulen und Universitäten als Direktveranstaltung oder im Rahmen anderer laufender akademischer Veranstaltungen eingesetzt: in Vorlesungen, Übungen und Seminaren. Daneben standen auch die Arbeitsgemeinschaften informeller Art, die Gesprächskreise auf lokaler Ebene, zur Belebung der Gemeindearbeit bis hin zur Seniorenbetreuung.

Erfreulich ist in diesem Zusammenhang die vielfältige Nutzung und flexible Handhabung des Medienverbundsystems und seiner Elemente gerade im Schul- und Hochschulbereich. So wurden in Vorlesungen und Übungen Einspielungen von Kollegstundenausschnitten und die Erörterung von Studienbegleitbrieftexten in die laufenden akademischen Veranstaltungen zur Einführung in die Theologie, zum Neuen Testament oder zur Kirchen- und Dogmengeschichte integriert. Der vorgegebene Zeittakt des Wochenrhythmus der Kollegstunden wurde häufig variiert und auf zusammenfassende Sitzungen und Übungen in Abständen von 2–3 Wochen verlagert. Besonders erfreulich waren diese Impulse, die auf die Hochschuldidaktik ausgehen, gerade dann, wenn das Funkkolleg „Religion" Anregung für interdisziplinäre Veranstaltungen mit anderen Hochschullehrern auf den Gebieten Philosophie und Naturwissenschaft gab oder eine versetzte Nutzung mit erweiterter Themenstellung in den Folgesemestern geplant ist.

Das didaktische Konzept des Funkkollegs in seiner vorliegenden Ausführung versteht sich damit als konkreter Beitrag zur Religionspädagogik, deren Theorie/Praxis-Verhältnis der weiteren Erprobung bedarf. Mit dem Funkkolleg „Religion" ist ein Großversuch bei etwa 24000 Teilnehmern erfolgreich durchgeführt worden. Unter diesem Aspekt hat das Funkkolleg auch einen Beitrag zur allgemeinen Religionspädagogik und zur Hochschuldidaktik geleistet.

3. Zur Wirkung des Funkkollegs

Das Funkkolleg wendete sich an alle Interessierten, die sich auf wissenschaftlicher Grundlage in die religiösen Fragen unserer Zeit einzuarbeiten beabsichtigen: an Studierende der Universitäten und anderer Hochschulen, die im Rahmen ihres Studiums religiöse Grundkenntnisse erwerben müssen; an Lehrer aller Schularten und Schulstufen, die im Rahmen ihres Unterrichts auch Religion vermitteln; an Teilnehmer aus einer breiten Öffentlichkeit, die sich für Grundfragen der Religion interessieren; und schließlich an Schüler der Sekundarstufe II, die Berufe anstreben, die religiöse Kenntnisse erfordern.

Im 1. Semester hatten sich 24066 Kollegiaten offiziell im Zentralbüro des Funkkollegs in Frankfurt angemeldet und die Teilnahmegebühr bezahlt.

Die absoluten Zahlen zeigen, daß Baden-Württemberg mit 25,7%, Nordrhein-Westfalen mit 25,3% und Hessen mit 21,0% die teilnahmestärksten Länder sind. Das stimmt auch mit der Teilnahmehäufigkeit bei den vorangegangenen Funkkollegs überein, obgleich die Beteiligung in Hessen hier in diesem Fall zurückgegangen ist. Setzt man die Teilnehmerzahlen allerdings in Beziehung zur Gesamtbevölkerung der beteiligten Länder, so zeigt sich, daß die größte „Dichte" an Funkkolleg-Teilnehmern doch in Hessen, die geringste in Nordrhein-Westfalen als dem bevölkerungsreichsten Bundesland anzutreffen ist.

Von den Teilnehmern sind die Gruppen D („Allgemein Interessierte") mit 38,0% und C („Lehrer") mit 36,4% die beiden stärksten „Säulen" der Kollegiatenschaft: ein Zeichen für die Nutzung des beruflichen und des allgemeinen wissenschaftlichen Weiterbildungsangebotes. Die zahlenmäßige Ausgewogenheit zwischen den „Allgemein Interessierten" und den „Lehrern" – bisher in keinem Funkkolleg so ausgeprägt – zeigt die besondere Rolle des Funkkollegs gerade auch im Rahmen der allgemeinen wissenschaftlichen Weiterbildung. Die Gruppe B („Studenten") ist dagegen mit 9,0% in der Beteiligung stark zurückgegangen.

Diese Teilnehmergruppierung ist auch im Vergleich mit den anderen Funkkollegs insofern interessant, als sie sich – bis auf die Studenten – an den bisherigen Mittelwerten orientiert, die über alle Funkkollegs hinweg folgende Eckdaten aufweisen: „Hochbegabte" (A) 2–7%, Studenten (B) 8–34%, Lehrer (C) 25–63%, Allgemein Interessierte (D) 11–47% und Schüler (E) 2–12%.

Die hohe Rückmeldequote von 22636 Teilnehmern, die auch das 2. Semester belegten, bestätigt die im ganzen positive Aufnahme des Funkkollegs: nur 5,9% brachen ihre Beteiligung ab. Das ist die bisher niedrigste Schwundquote in einem Funkkolleg überhaupt (im Vergleich zu anderen Kollegs: Funkkolleg „Literatur" 10%, Funkkolleg „Mensch und Umwelt" 9,6%, Funkkolleg „Geschichte" 8% mit den bisher geringsten Ausfällen; Funkkolleg „Mathematik" 38% mit dem bisher größten Drop-out). Dabei geht der Abbruch wie auch bei den letzten Funkkollegs weniger auf inhaltliche Probleme (4,7%) als vielmehr auf beruflich-familiär bedingte Zeitbelastungen (22,3%) zurück.

Die 1. Hausarbeit (wie alle Funkkolleg-Prüfungen nach dem Multiple-Choice-Verfahren) absolvierten 9494 Kollegiaten (39,4%), die 2. Hausarbeit 6250 Kollegiaten (26,0%). An der benoteten 1. Klausur beteiligten sich 5691 Kollegiaten (23,6%); dabei erreichten 19,6% die Note „sehr gut", 41,4% „gut", 26,6% „befriedigend", 9,8% „ausreichend", 2,2% bestanden nicht. Die 2. Klausur im September 1984 wurde von 4707 Kollegiaten (19,6%) geschrieben. Dabei erreichten 20,8% die Note „sehr gut", 44,7% die Note „gut", 26,2% erhielten „befriedigend", 7,4% „ausreichend" und nur 0,9% bestanden nicht. Nach Abschluß der Nachklausuren im November 1984 konnten damit über 5000 Teilnehmer (über 20%) das von den Kultusverwaltungen der beteiligten Länder verantwortete Zertifikat erhalten. (Im Vergleich zu anderen Funkkollegs: etwa 25% erwarben ein Zertifikat.)

Wie zu jedem Funkkolleg führt das Deutsche Institut für Fernstudien auch zum Funkkolleg „Religion" eine wissenschaftliche Begleituntersuchung durch, die eine Analyse der Strukturdaten der Teilnehmerschaft, Informationen über die Lernvoraussetzungen der Kollegiaten, über die Mediennutzung und Medienbeurteilung sowie die Beurteilung des Lernerfolgs und die Gesamtbewertung des Kollegs enthält. Naturgemäß kann eine solch umfangreiche Studie ihre Ergebnisse erst eine geraume Zeit nach Abschluß des Funkkollegs vorlegen. Einzelne Aspekte dieser Fragen lassen sich aufgrund des Datenmaterials, das der Hauptbereich „Forschung" des DIFF bereits ausgewertet hat, schon jetzt beantworten.

Die Kollegiaten – zur Hälfte (53,5%) evangelisch, zu zwei Fünfteln (39,3%) katholisch – brachten gute Lernvoraussetzungen mit: sie besaßen weitgehend Abitur oder Fachhochschulreife (78,5%), etwa ein Viertel (24,2%) ein abgeschlossenes Studium im Fach Theologie oder Religion. Neben berufsbezogenen Interessen (34,1%), vor allem der Religionslehrer (27,6%) zur Auffrischung und Erweiterung ihrer Kenntnisse sowie als Anregung für ihren Lehrberuf, überwog das persönliche Bildungs- und Informationsbedürfnis an allgemein religiösen Fragen (63,3%).

Für die Beurteilung der Medien „Kollegstunde" und „Studienbegleitbrief" gab es viel Lob: über die Hälfte der Teilnehmer (54,8%) fanden die Sendungen, fast drei Viertel (72,7%) die Studienbriefe gut oder sehr gut. Dabei war es den Autoren und Redaktionen gelungen, vor allem die sprachlichen Schwierigkeiten (17,5%) und den Zeitaufwand (etwa 4 Wochenstunden) in Grenzen zu halten. Erfreulich war die rege Beteiligung an den Begleitzirkeln der Volkshochschulen (14,4%) und der konfessionellen Bildungseinrichtungen (11,3%).

Insgesamt gesehen waren die Teilnehmer mit dem Funkkolleg „Religion" zufrieden (68,8%), zum Teil sogar sehr zufrieden (16,2%) – für die Veranstalter ein dankenswertes Zeichen für die Ausrichtung dieses Themas.

Peter Schmoock

Funk-Kolleg Religion

Herausgegeben von Peter Fiedler, Heinrich Fries, Wilfried Härle, Reinhart Hummel, Karl Ernst Nipkow, Josef Müller, Arno Schilson und Johannes Wallmann.
Verantwortlich: Reinfried Hörl;
Redaktion: Dr. Wolfgang Wunden.

Das Funk-Kolleg Religion ist eine Veranstaltung im Medienverbund, die
- von den Rundfunkanstalten Süddeutscher Rundfunk, Hessischer Rundfunk, Radio Bremen, Saarländischer Rundfunk, Südwestfunk und Westdeutscher Rundfunk,
- vom Deutschen Institut für Fernstudien an der Universität Tübingen,
- von den Volkshochschul-Landesverbänden Baden-Württemberg, Bremen, Hessen, Rheinland Pfalz, Saarland und Nordrhein-Westfalen,
- von den Kultus- und Wissenschaftsverwaltungen der genannten Länder,
- und von den Wissenschaftlichen Hochschulen der beteiligten Länder durchgeführt wurde.

Band 1 und 2 zusammen: 770 Seiten Originalausgaben. (GTB 1284)
Band 1: 394 Seiten. (GTB 1285)
Band 2: 376 Seiten. (GTB 1286)

Die Sendetexte des Funkkollegs „Religion" geben gut lesbar einen fundierten Überblick über
- **Die Religion im Alltag**
- **Weltreligionen**
- **Christliche Geschichte**
- **Grundüberzeugungen und Erwartungen des Christentums**

Breitenwirkung und hoher wissenschaftlicher Standard sind zum Markenzeichen der Funkkollegs geworden. Sie vermitteln Grundwissen und ziehen in Hinblick auf das jeweils behandelte Gebiet Bilanz: Welche Rolle spielen die Religionen und das Christentum heute?

Die Bemühungen, einmal in einem Funkkolleg Basiswissen des Christentums, Informationen über uns fremde Religionen und Beiträge zum interkonfessionellen Dialog zu vereinigen, reichen 12 Jahre zurück. Das Ergebnis kann sich sehen lassen. Christentum wird in weltoffener Form und ökumenischer Breite in einer Weise dargestellt, daß es dem kritisch fragenden Zeitgenossen Antwort zu geben in der Lage ist.

Inhaltsverzeichnis

Band 1
Grundelemente der Religiosität

Religion in der Alltagswirklichkeit – *Heinrich Fries;* Religiöse Ausdrucksformen – *Dietrich Stollberg;* Die Frage nach Gott als Frage des Menschen – *Peter Neuner;* Die Frage nach Gott und die Erfahrung des Leidens – *Bernhard Uhde;* Der Wahrheitsanspruch der Religion – *Richard Schaeffler.*

Weltreligionen in ihrer Bedeutung für unseren Lebensbereich

Juden und Judentum – *Ludwig Ehrlich;* Juden und Christen – *Rolf Rendtorff;* Islam – Religion, Kultur, Politik – *Peter Antes;* Muslime in unserer Gesellschaft – eine Herausforderung – *Michael Mildenberger;* Licht aus Asien? Hinduismus und Buddhismus im Westen – *Reinhart Hummel.*

Christentum

Anspruch und Leben Jesu von Nazareth – *Ulrich Luz;* Auferstehungsbotschaft und Christusbekenntnis – *Peter Fiedler;* Werden und Selbstverständnis der christlichen Kirche – *Harald Wagner;* Konstantinische Wende, Kirche und Staat – *Karl Suso Frank/Wolf-Dieter Hauschild;* Christentum in getrennten Konfessionen – *Reinhard Frieling.*

Band 2
Christentum

Offenbarung – *Eilert Herms;* Bekenntnis zum Schöpfer – *Winfried Thiel;* Rechtfertigung – *Wilfried Härle;* Christliche Hoffnung – *Herbert Vorgrimler;* Gemeinde – Basis des Christentums – *Josef Müller;* Gottesdienst und Sakrament – *Werner Jetter;* Religion und Erziehung – *Karl Ernst Nipkow;* Christliche Ethik – *Johannes Gründel;* Kirche und Gesellschaft – *Trutz Rendtorff.*

Zukunft der Religion – Zukunft der Menschheit

Volkskirche und neue Religiosität – *Karl Ernst Nipkow;* Formen christlicher Spiritualität heute – *Waltraud Herbstrith/Elisabeth Moltmann-Wendel;* Die ökumenische Aufgabe der Christen – *Geiko Müller-Fahrenholz;* Mission als Dialog? Die Koexistenz der Weltreligionen – *Horst Bürkle;* Christentum und Marxismus – ein Beispiel ideologischer Auseinandersetzung – *Ferdinand Reisinger;* Die Zukunft der Menschheit und die Antworten der Religionen – *Hans Waldenfels.*

Gütersloher Verlagshaus Gerd Mohn

Patmos Verlag GmbH